westermann

Nils Hinkelthein, Heinrich Hübscher, Hans-Joachim Petersen, Carsten Rathgeber,
Hannes Rewald, Klaus Richter, Dr. Dirk Scharf



# IT-Handbuch (Tabellenbuch)

Fachinformatiker/-in
IT-System-Elektroniker/-in

12. Auflage

Bestellnummer 235084

Diesem Buch wurden die bei Manuskriptabschluss vorliegenden neuesten Ausgaben der DIN-Normen, VDI-Richtlinien und sonstigen Bestimmungen zu Grunde gelegt. Verbindlich sind jedoch nur die neuesten Ausgaben der DIN-Normen und VDI-Richtlinien und sonstigen Bestimmungen selbst.

Die DIN-Normen wurden wiedergegeben mit Erlaubnis des DIN Deutsches Institut für Normung e.V. Maßgebend für das Anwenden der Norm ist deren Fassung mit dem neuesten Ausgabedatum, die bei der Beuth-Verlag GmbH, Saatwinkler Damm 42/43, 13627 Berlin, erhältlich ist.

**Zusatzmaterialien zu „IT-Handbuch (Tabellenbuch)“**

Für Lehrerinnen und Lehrer:

BiBox westermann inkl. E-Book

Lehrerlizenz BiBox Dauerlizenz: 978-3-14-103605-3
Kollegiumslizenz BiBox Dauerlizenz: 978-3-14-103734-0
Kollegiumslizenz BiBox Schuljahr: 978-3-14-107559-5

Für Schülerinnen und Schüler:

BiBox westermann inkl. E-Book

Schülerlizenz BiBox Schuljahr: 978-3-14-225178-3
BiBox Klassensatz PrintPlus Schuljahr: 978-3-427-81792-5

westermann GRUPPE



Druck und Bindung: Westermann Druck GmbH, Georg-Westermann-Allee 66, 38104 Braunschweig

ISBN 978-3-14-235084-4

Das IT-Handbuch (Tabellenbuch) ist ein umfassendes Nachschlage- und Lehrwerk zur Informationstechnik. Es ist besonders für die IT-orientierte Berufsausbildung im dualen Bildungssystem und für die IT-Weiterbildung geeignet. Auch vermittelt es Studierenden an Berufsakademien und Hochschulen sowie allen Personen, die an IT-Inhalten interessiert sind, ein fundiertes Einstiegs- und Überblickswissen.

Mit dem Buch werden informations- und softwaretechnische sowie kaufmännische Inhalte unter Beachtung einer handlungsorientierten Perspektive präzise und anschaulich vorgestellt. Es werden sowohl Grundlagen als auch Anwendungsbezüge berücksichtigt. Angesichts der Kunden- und Serviceorientierung der IT-Fachberufe und der Internationalisierung der aktuellen Berufswelt werden darüber hinaus projektorientierte Aspekte im Handbuch behandelt.

Die Informationen werden für die Lernenden übersichtlich dargeboten, um in vielfältigen Lehr-/Lernprozessen selbsttätiges Informieren, Planen, Entscheiden, Durchführen, Kontrollieren und Auswerten gestalten zu können. Dabei werden Kommunikations-, Kooperations- und Teamarbeitsfähigkeiten durch die deutliche Darstellung der Inhalte und Strukturzusammenhänge gefördert.

Der Informationszugriff wird durch
- den strukturierten Seitenaufbau,
- die orientierenden Seiten- und Zwischenüberschriften,
- die englischen Übersetzungen in den Überschriften,
- die vielfältigen Fotos und grafischen Darstellungen,
- die farblichen Ausgestaltungen und
- ein umfangreiches zweisprachiges Sachwortverzeichnis erleichtert.

Die Farbgebung in den Darstellungen erfolgt vorrangig nach funktionalen Gesichtspunkten.

Die Stoffauswahl und -darstellungen im IT-Handbuch sind an den Rahmenlehrplänen der KMK (2020) für den berufsbezogenen Unterricht der Berufsschule ausgerichtet.

Zwischen den Kapiteln des Buches und den Lernfeldern ergibt sich folgender Zusammenhang:
- Kapitel 1 (Unternehmen): Lernfeld 1
- Kapitel 2 (Arbeitsplatz): Lernfeld 2
- Kapitel 3 (Clients in Netzwerken): Lernfeld 3
- Kapitel 4 (Schutz): Lernfeld 4
- Kapitel 5 (Software): Lernfeld 5
- Kapitel 6 (Service): Lernfeld 6
- Kapitel 7 (Cyber-physische Systeme): Lernfeld 7
- Kapitel 8 (Daten): Lernfeld 8
- Kapitel 9 (Netzwerke und Dienste): Lernfeld 9
- Kapitel 10 (Elektrische Energieversorgung): Lernfeld 10 (IT-System-Elektronik)

Da im 3. Ausbildungsjahr für die Fachinformatik die Ausbildung in den Fachrichtungen Anwendungsentwicklung, Systemintegration, Daten- und Prozessanalyse sowie Digitale Vernetzung erfolgt und die dortigen Inhalte auf vorangehende Inhalte aufbauen, sind die neuen Inhalte in die vorangegangenen Kapitel integriert worden. Somit sind in Kapitel 4 bis 9 Inhalte aus den Lernfeldern 10, 11 und 12 eingebunden worden:
- Kapitel 4: Mit Inhalten aus den Lernfeldern 11b und 11d
- Kapitel 5: Mit Inhalten aus den Lernfeldern 10a und 11a
- Kapitel 6: Mit Inhalten aus dem Lernfeld 11b
- Kapitel 7: Mit Inhalten aus den Lernfeldern 10d, 12d
- Kapitel 8: Mit Inhalten aus den Lernfeldern 10c, 11b, 11c, 11d und 12c
- Kapitel 9: Mit Inhalten aus den Lernfeldern 10b und 12a

Zusammenfassung: Das IT-Handbuch kann
- unterrichtsbegleitend,
- zur Prüfungsvorbereitung,
- beim Selbststudium,
- für die Weiterbildung und
- bei den beruflichen Tätigkeiten eingesetzt werden.

Für Hinweise und Verbesserungsvorschläge sind Autoren und Verlag jederzeit aufgeschlossen und dankbar.

Autoren und Verlag

Köln und Braunschweig 2022

# Unternehmen

1

Zu Beginn der Berufsausbildung gilt es, den eigenen Ausbildungsbetrieb zu erkunden und seine Stellung in der Gesamtwirtschaft zu bestimmen. Jedes Unternehmen lässt sich durch ausgewählte Merkmale beschreiben und damit von anderen Unternehmen abgrenzen. In Form eines Steckbriefes kann der Ausbildungsbetrieb kurz charakterisiert werden. Merkmale können z. B. sein: Gründungsjahr des Unternehmens, Rechtsform, Unternehmensstandort(e), Anzahl der Beschäftigten, Struktur der Beschäftigten (evtl. Anteil der weiblichen Beschäftigten), Produktionsprogramm, Umsatz, Gewinn, Umsatz- und Gewinnveränderung gegenüber Vorjahren, Anteil des Auslandsumsatzes, Auslandsmärkte, Kundenzielgruppen.
Wird der eigene Ausbildungsbetrieb analysiert, reflektiert man auch die eigene Rolle und das eigene Handeln im Betrieb. Kompetenzerweiternd wirkt in jedem Fall eine selbsterstellte Präsentation über den Ausbildungsbetrieb.

## Modell der vollständigen Handlung

**Vorstellung** des eigenen Unternehmens unter Zuhilfenahme der idealtypischen Phasen des **„Modells der vollständigen Handlung“**

**Phase 1: „Informieren/Analysieren“**

Beispielhafte Fragen:
- Welche ökonomischen, ökologischen und sozialen Zielsetzungen verfolgt das Unternehmen?
- Welche inhaltlichen Schwerpunkte setzt das Unternehmensleitbild?
- Über welche Markt- und Kundenbeziehungen verfügt das Unternehmen?
- Welche Rolle nehme ich als Auszubildender in der Wertschöpfungskette des Unternehmens ein?
- Über welche Organisationsstruktur und Rechtsform verfügt das Unternehmen?

**Phase 2: „Planen“**

Beispielhafte Fragen:
- Welche Arbeitsschritte zur Erstellung einer adressatgerechten multimedialen Darstellung müssen geplant und organisiert werden?
- Wie viel Zeit ist für die einzelnen Arbeitsschritte einzuplanen?

**Phase 3: „Entscheiden“**

Beispielhafte Fragen:
- Für welche Arbeitsschritte wird sich nach Aufstellung von alternativen Plänen entschieden?
- Welche Zeitvorgaben sind für die gewählten Arbeitsschritte fest einzuplanen?

**Phase 4: „Durchführen/Ausführen“**

Beispielhafte Fragen:
- Wer führt wann welche Arbeitsschritte verantwortlich durch?
- Wie werden die Arbeitsergebnisse dem Plenum präsentiert?

**Phase 5: „Kontrollieren/Überprüfen/Bewerten“**

Beispielhafte Fragen:
- Nach welchen Kriterien werden die Handlungsprodukte (Präsentationen) bewertet?
- Wie wird die Bewertung durchgeführt?

**Phase 6: „Auswerten/Reflektieren“**

Beispielhafte Fragen:
- Welche Kompetenzen werden durch die einzelnen Arbeitsschritte erworben?
- Wie könnte die Durchführung der einzelnen Arbeitsschritte bei Folgeprojekten optimiert werden?

## Vorbereitung

1. Ziel bzw. Absicht formulieren
2. Ideen, Informationen und Materialien sammeln
3. Geeigneter Materialien im Hinblick auf das Ziel auswählen
4. Materialien sortieren, z. B. nach Kernaussagen, Hintergrundinformationen
5. Gewichtung vornehmen
6. Geeignete Methoden und Medien für die Präsentation auswählen und beachten
7. Besonderheiten der Adressaten und des Raumes beachten
8. Informationen wirkungsvoll aufbereiten
9. Präsentationsmanuskript erstellen

## Durchführung

- **Aspekte der Kommunikation beachten**
  1. Sachinhalt
  2. Appell
  3. Beziehung
  4. Selbstoffenbarung
- „Roten Faden" einhalten
- Zusammenspiel zwischen **verbalen Aussagen** und **Visualisierungen** einhalten
- Dramaturgie und Dynamik durch **Sprache** erreichen und geeignete Medien verwenden
- Funktion von **Sprechpausen**:
  Gelegenheit zum Atmen, eigene Gedanken neu ordnen, Denkpausen für Zuhörer, Aufmerksamkeit und Spannung
- **Haltung, Körpersprache**
  - Stehend:
    Leicht geöffnete Füße auf gleicher Höhe, Gewicht gleichmäßig verlagern, nicht schaukeln oder wippen, mit Händen und Armen ruhig die Visualisierung unterstützen
  - Sitzend:
    Aufrechte Haltung, Arme und Hände ruhig halten, nicht mit Gegenständen spielen
- Nicht zum Medium, sondern zu den Zuhörern sprechen (**Konzentration**)
- Medien nacheinander (z. B. durch Aufdecken) präsentieren (**Abfolge**)

## Nachbereitung

- **Selbstreflexion**:
  - Ziele erreicht bzw. nicht erreicht
  - Tatsächlichen Ablauf mit geplantem Ablauf vergleichen
  - Abweichungen festhalten, Gründe erforschen
  - Wirksamkeit einschätzen
- **Rückmeldung durch Teilnehmerinnen und Teilnehmer**:
  - Anonyme Bewertung/Beurteilung vornehmen lassen (z. B. Punktabfrage, Kartenabfrage über einzelne Elemente und/oder Gesamtpräsentation)
  - Ergebnis der Bewertung/Beurteilung präsentieren, eventuell Rückfragen stellen
  - Veränderungsvorschläge herausarbeiten

## Verwendung von Präsentationssoftware

- **Text**
  - Folie in Querformat einrichten
  - Folie nicht bis zum Rand beschriften
  - Textumfang begrenzen (nicht mehr als 8 Informationen)
  - Schriftgröße soll aus der Entfernung gut lesbar sein (z. B. Überschrift 36 pt ①, Teilüberschrift 28 pt ②, Text 20 pt ③)
  - Genügend großen Zeilenabstand (mindestens 1,5) verwenden
  - Geringe Anzahl von Schriftgrößen (3), Schriftarten, Schriftstilen (fett ①, ②, kursiv ③ …) und Schriftfarben verwenden
  - Gliederungen (z. B. Punkte) einfügen
  - Grafiktext ④ für besondere Hinweise spärlich einsetzen

**Überschrift** ①

- **Teilüberschrift 1** ②

  *Text Text Text Text Text Text*
  *Text Text Text Text Text Text*
  … ③

- **Teilüberschrift 1** ②
  *Text Text Tex*
  *Text Text*

Westermann ④

- **Grafik**
  - Auf einer Folie wenige Formen von Zeichnungsobjekten (z. B. Kreis, Rechteck, Pfeil) einsetzen ⑤
  - Füllfarben und Rahmenfarben entsprechend ihrer Bedeutung einsetzen (z. B. ist Rot eine Signalfarbe ⑥)
  - Füllfarben nur mit geringer Sättigung (blasse Farben) einsetzen, wenn sich Texte in den Zeichnungsobjekten befinden
  - Fülleffekte sparsam einsetzen (Farbverlauf ⑦, Struktur …)
  - Räumlichkeit durch 3D-Ansicht verdeutlichen ⑧
  - Räumlichkeit durch Überlappungen andeuten ⑨
  - Objekte gruppieren, um sie gemeinsam zu bearbeiten
  - Farbe von Folienhintergründen mit den Farben der Objekte abstimmen (dunkle Hintergründe bei Projektion, helle Hintergründe für den Ausdruck)

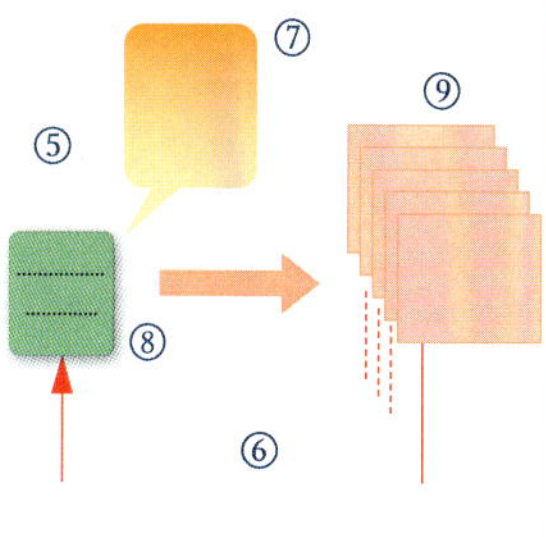

## Vorteile

- Sprachaussagen werden anschaulicher und verständlicher.
- Zusammenhänge werden deutlicher.
- Kernaussagen treten deutlich hervor.
- Redeanteil lässt sich verkürzen.
- Struktur tritt hervor.
- Bilder können komplexe Zusammenhänge auf „einen Blick“ verdeutlichen.

## Möglichkeiten

| | |
|---|---|
| **Text:** | Unterstützung der Sprache durch Folien, Plakate, Karten |
| **Tabellen:** | „Ordnung“ von Zahlen |
| **Bilder:** | Veranschaulichung komplexer Beziehungen, Assoziationen wecken |
| **Schaubilder:** | Strukturen und Abhängigkeiten |
| **Symbole:** | Reduzierung auf das „Wesentliche“ |

## Visualisierungs-Regeln

- Zuhörer müssen alle Materialien gut sehen und Texte gut lesen können, evtl. Sitzordnung ändern. Materialien zielgerichtet einsetzen
- Wirkung der Materialien bedenken (Pausen zum Betrachten einplanen)
- Texte übersichtlich und gut lesbar gestalten (Größe, Form, Farbe, Druckbuchstaben). Weniger ist oft mehr!
- Innere Ordnung muss durch Überschriften und Textanordnung deutlich werden.
- Dramaturgie durch geeignete Reihenfolge der Elemente herstellen
- Verknüpfung verbaler Aussagen mit bildhaften Darstellungen
- Blickkontakt während des Medieneinsatzes herstellen
- Wenn Medien nicht mehr benötigt werden, diese entfernen

## Wirkung von Farben

| | |
|---|---|
| Rot | Wärme, Nähe, erregend |
| Blau | Kälte, Ferne |
| Grün | Gesundheit, beruhigend |
| Gelb | Hell, leicht |
| Schwarz | Distanz, hart, schwer, eng |
| Weiß | Licht, leicht, leer |

| | |
|---|---|
| Braun | Gemütlich, vertraut |
| Grau | Leblos, langweilig |
| Violett | Zweideutig, unsachlich |
| Orange | Leuchtend |
| Rosa | Zart, zerbrechlich |
| Gold | Edel, gewichtig |
| Silber | Distanziert, kühl |

**Beispiel:**

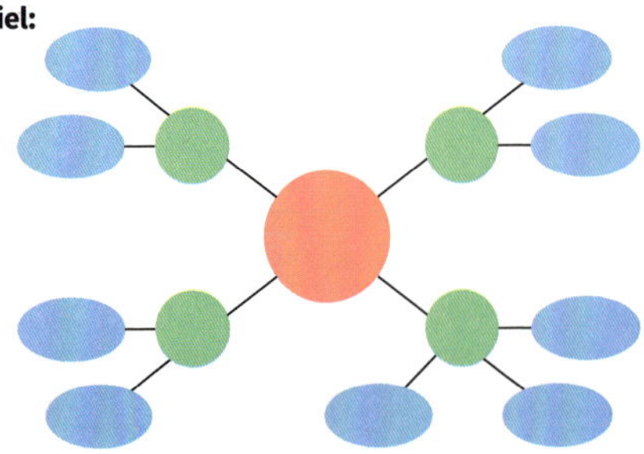

## Anordnung und Gestaltung

### Reihung

Themenstruktur wird deutlich.

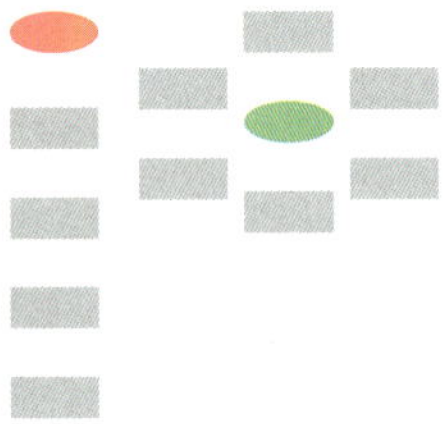

### Rhythmus

Erfassung von Zusammenhängen

### Betonung

Blick wird auf wichtige Aussagen gelenkt.

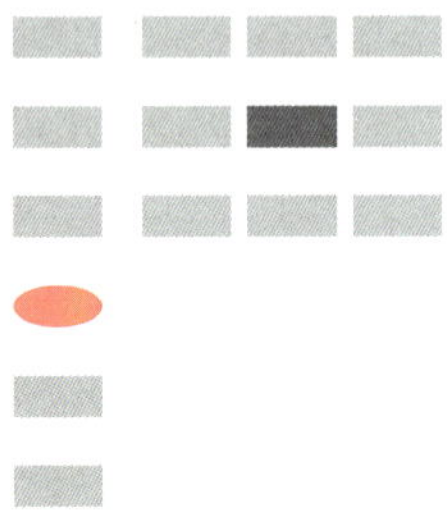

### Ballung und Streuung

Bearbeitungsschwerpunkte treten hervor.

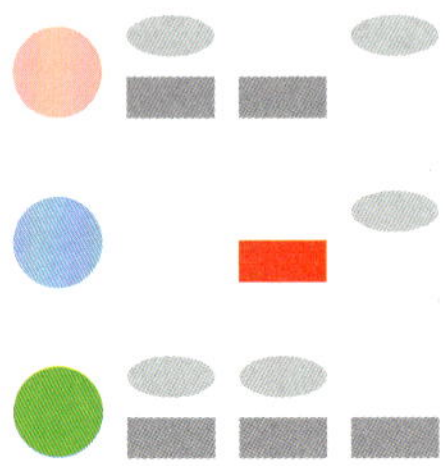

### Symmetrie und Asymmetrie

Ähnlichkeiten und Unterschiede treten hervor.

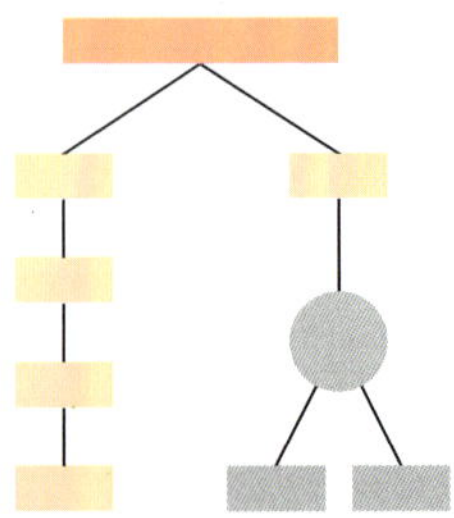

### Dynamik

Offene Struktur

## Abhängigkeiten

Es bestehen wechselseitige Abhängigkeiten zwischen

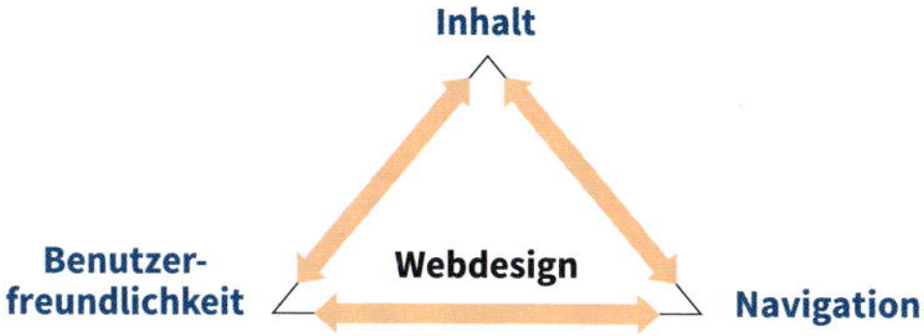


Bei Beachtung der wechselseitigen Abhängigkeiten entsteht eine benutzerfreundliche Website.

- **Inhalt**
  - **Was** wird dargestellt?
    Texte, Bilder Grafiken usw. der Website werden mit ihren Beziehungen (z. B. Rahmen, Hervorhebungen, Abgrenzungen, Tabellen) dargestellt (strukturierter Aufbau).
  - **Wie** und **womit** werden die Elemente dargestellt?
    Gestaltungselemente sind z. B. Farben, Banner, Buttons, Animationen.
- **Navigation**
  - **Wie** und **wodurch** wird der Benutzer zu bestimmten Elementen geführt?
  - Zielsetzung ist es dabei, den Benutzer in leichter Form z. B. über hierarchische Links und Navigationslinks zur Beantwortung seiner Fragen zu führen: Wo befinde ich mich? Worum geht es? Wohin kann ich gehen? usw.
  - Der „rote Faden" darf dabei nicht verloren gehen.
- **Benutzerfreundlichkeit (web usability):**
  Merkmale:
  - **Einfachheit** (z. B. überschaubare Darstellungen, wiederkehrende Strukturen verwenden)
  - **Lesbarkeit** (z. B. Schriftgröße beachten, Farben sinnvoll einsetzen, Animationen sparsam einsetzen)
  - **Verfügbarkeit** (z. B. Inhalte zum Druck anbieten, Ladezeit von Zusatzinformationen beachten)

## Probleme

Es besteht keine Kontrolle über das beim Abnehmer erscheinende Ergebnis. Deshalb sollte die Website so entwickelt werden, dass sie möglichst auf vielen Computerplattformen richtig und nicht verfälscht aufgebaut wird.

- **Farbdarstellung**
  Man kann nicht davon ausgehen, dass alle Benutzer über gleiche Farbpaletten verfügen. Deshalb sollten websichere Farben (216) verwendet werden.

- **Webbrowser**
  Die Interpretation des Quelltexts von Websites sollte mit allen gängigen Browsern getestet werden (Internet Explorer, Opera, Firefox, Edge, Chrome, Safira).
- **Monitore**
  Verschiedenartige Monitore (Abmessung, Auflösung) sind bei den Adressaten im Einsatz. Das Webdesign sollte deshalb so angelegt werden, dass die Website sich an jede Auflösung und Größe der Bildschirme bzw. der Browserfenster anpasst.

## Gestaltungselemente

- **Instrumente**
  W3C-konforme Techniken wie CSS, HTML, XHTML, XML, Java, Java Script einsetzen.
  **W3C:** World Wide Web Consortium zur Standardisierung der WWW-Techniken
  **CSS:** Cascading Style Sheets steuern das Erscheinungsbild einer Webseite
- **Farben**
  - Unter **Farbraum** (Rot, Grün, Blau) versteht man den theoretisch möglichen Farbumfang eines Geräts oder einer Software. Für die Gestaltung von Websites hat sich der **sRGB**-Farbraum etabliert.

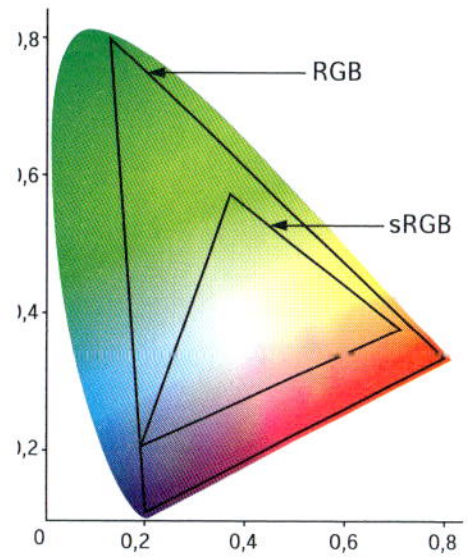


  - Es sollten nicht mehr als 6 verschiedene Farben verwendet werden.
  - Die physiologische Farbwirkung sollte beachtet werden. Farben werden unterschiedlich wahrgenommen und emotional bewertet.
  - Die Farbgestaltung sollte die Informationsaufnahme nur unterstützen.
- **Texte**
  Der Text sollte an mögliche Lesegewohnheiten der Adressaten angepasst sein:
  - Überschriften deutlich hervorheben (evtl. farblich),
  - Schlüsselwörter hervorheben (z. B. markiert, fett),
  - Text durch Zwischenüberschriften und Absätze gliedern,
  - einfache und verständliche Sprache verwenden (weniger ist häufig mehr),
  - Webschriften verwenden: Tahoma, Verdana, Arial, Helvetica,
  - Unterstreichungen nur für Verlinkungen verwenden.
- **Bilder**
  - Um die Ladezeit gering zu halten, sollte die Auflösung von Fotos 72 bis 104 dpi betragen. Größere Bildqualitäten können zum Download angeboten werden.
  - Dateiformate: .bmp, .tif, .tiff, .gif, .jpg.
  - Vektorgrafiken werden selten eingesetzt.
- **Rahmen**
  Sie werden als schmückendes Beiwerk eingesetzt, wie z. B. für Bilderrahmen, Trennlinien, Listenpunkte, Schmuckkanten. Diese Elemente können in html oder css erzeugt werden. Wichtig ist, dass alle grafischen Elemente aufeinander abgestimmt sind (auch farblich).
- **Banner**
  Sie besitzen einen hohen Wiedererkennungswert und können mit einem Logo versehen werden. Bei einem animierten Banner sollte dem Benutzer die Möglichkeit des Anhaltens gegeben werden (weniger ist mehr).
- **Button**
  Sie dienen als Navigationselemente und sind maßgeblich am Webdesign beteiligt. Mit einer entsprechenden Software können dynamische Buttons erzeugt werden.

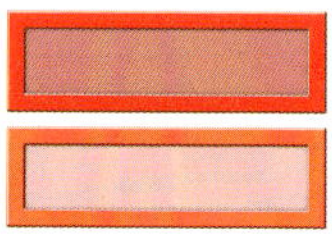

# Multimediale Darstellung eines Unternehmens
## Multimedia Presentation of a Company

Mit dem Begriff **Multimedia** sind Werke gemeint, die gleichzeitig mehrere Medien nutzen. Die multimediale Darstellung eines Unternehmens findet heute meistens im Internet statt. Auf einer multimedialen Webseite können neben Texten z. B. auch Bilder sowie Audio- und Videoelemente genutzt werden.

Da Webseiten auf verschiedensten Geräten (z. B. Smartphones) aufgerufen werden, empfiehlt es sich, ein responsives Webdesign (RWD) zu nutzen. Damit kann sich die Darstellung der Webseite dynamisch an das jeweilige Endgerät anpassen und somit Funktionalität und Benutzerfreundlichkeit gewährleisten.

### Schematischer Aufbau einer multimedialen Webseite mit responsivem Design

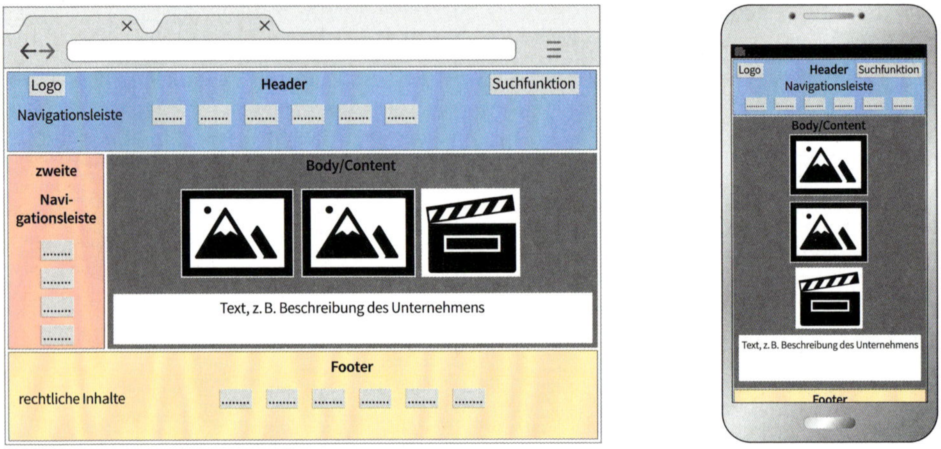


### Exemplarische Inhalte einer multimedialen Webseite

**Header**

Der Aufbau des Headers sollte auf sämtlichen Unterseiten beibehalten werden. Typische Inhalte des Headers sind
- das Logo des Unternehmens
- ein Suchfenster mit einem Lupensymbol
- eine direkte Möglichkeit der Kontaktaufnahme, z. B. via E-Mail
- Kunden-Log-In
- Verknüpfungsoptionen zu Social-Media-Kanälen
- bei einem Webshop ein Symbol für den Warenkorb
- Navigationselemente (oft animiert) mit Links zu den Hauptinhalten des Body-Bereiches, auch Hauptmenü genannt

**Body**

Im Body befinden sich die Inhalte (Content) der Webseite. Die möglichen Elemente sind vielfältig, denkbar sind z. B.
- Texte (vollständige oder Teaser-Texte)
- Bilder
- Audioelemente
- Videoelemente
- interaktive Elemente, z. B. Browser-Spiele

**Footer**

Im Footer befinden sich hauptsächlich rechtliche Inhalte, z. B. ein Link
- zum **Impressum** (lt. §5 Telemediengesetz (TMG) unterliegen Diensteanbieter für geschäftsmäßig angebotene Telemedien bestimmten Informationspflichten, so müssen z. B. Name, Anschrift und E-Mail-Adresse angegeben werden).
- zur **Widerrufsbelehrung**, vgl. §§ 312g und 355 Bürgerliches Gesetzbuch (BGB)
- zu den **Allgemeinen Geschäftsbedingungen** (AGB)

Häufig sind ergänzende Inhalte vorhanden, z. B. ein Link
- zur „Karriere-Seite", um neue Mitarbeiter zu gewinnen
- zur „Über-uns-Seite"
- zu Informationen über die Versand- und Zahlungsmodalitäten bei einem Webshop

**Zweite Navigationleiste**

In diesem Bereich können Navigationselemente aus dem Header wiederholt auftreten, es sind aber auch Navigationsmenüs möglich, die sich in Abhängigkeit vom Inhalt im Body verändern.

### Kriteriengeleitete Überprüfung einer multimedialen Webseite

Die Darstellung eines Unternehmens im Internet wird nur dann den gewünschten Erfolg haben, wenn die Zielgruppe die Webseite findet und mit dieser zufrieden ist. Zur Überprüfung können z. B. Usability-Tests (z. B. mittels „System Usability Scale") oder statistische Auswertungen verschiedener Online-Kenngrößen genutzt werden. Verschiedene Kriterien sind dabei denkbar, z. B.
- Eindeutigkeit (der User erkennt sofort und eindeutig, worum es auf der Webseite geht)
- Navigation (intuitiv nachvollziehbar und funktionsfähig)
- Optik (auf allen Seiten konsistent, Stichwort **Corporate Design**)
- Lesbarkeit/Erkennbarkeit von Texten, Bildern etc.
- Barrierefreiheit (Nutzbarkeit der Seite für Menschen mit z. B. Seh- oder Hörbehinderung)
- keine sog. Dead-Links („404 Not Found")
- angemessene Ladezeit der Seite
- leichte Auffindbarkeit über Suchmaschinen (Stichwort **SEO**)
- Nutzbarkeit auf allen Endgeräten in Bezug auf Hard- und Software
- Erfüllung von Sicherheitsstandards
- Erfüllung rechtlicher Vorgaben

Sicherlich kann man davon ausgehen, dass die Zuhörer einer Präsentation diese intuitiv, sozusagen aus dem Bauchgefühl heraus, bewerten. Geäußerte Gefühle des Publikums während oder nach der Präsentation können ohne Weiteres von den Gesichtern oder der Körperhaltung der Zuhörer abgelesen werden. Möchte man seine **Präsentationskompetenz** auf Dauer steigern, wird es aber sinnvoll sein, die **Bewertung der Präsentation** durch die Zuhörer **systematisch**, d. h. nach vorher **festgelegten Gesichtspunkten** (**Kriterien**), vornehmen zu lassen.

Mögliche **Bewertungskriterien** können sein:

- **Inhalt**
  - Umfang
  - Tiefe
  - sachliche Richtigkeit
  - Aktualität
  - Ausgewogenheit
- **Form der Darstellung**
  - Struktur/Gliederung
  - Visualisierung (z. B. Einsatz von Farben, Nutzung bildhafter Elemente)
  - Medienwahl
  - Angebot eines Handouts
- **Sprache**
  - Einhaltung der sprachlichen Normen (Rechtschreibung, Zeichensetzung, Grammatik)
  - Sprachmodulation (z. B. Wahl der Sprachgeschwindigkeit, Lautstärke, Betonung)
  - Einsatz einer adressatenbezogenen Sprache
  - Nutzung nonverbaler Mittel (z. B. Mimik, Gestik, Halten des Blickkontakts)
- **Äußere Erscheinung der Präsentierenden**
  - Kleidung
  - Körperhaltung
- **Einhaltung der geplanten Präsentationszeit**

Um diese Beobachtungskriterien zu bewerten, bieten sich unterschiedliche **Bewertungsmethoden** an, zum Beispiel:

- Fragebogen
- Kartenabfrage
- Abfrage eines Feedbacks nach festgelegten Feedbackregeln
- Blitzlicht (Zuhörer schildern spontan und unsystematisch – „blitzartig" – ihre Eindrücke)
- Stimmungsbarometer

Beispiel für einen **Bewertungsbogen** zur Sprachmodulation und Artikulation eines Präsentierenden:

### Rhetorik: Auswertungsbogen zur Sprachmodulation und Artikulation

Name des Redners: ____________________

| **Beobachtungsaspekte** | **Bewertung** (Zutreffendes bitte ankreuzen) | | | | **Name des Beobachters** |
|---|---|---|---|---|---|
| | **sehr gut** | **gut bis befriedigend** | **verbesserungsbedürftig** | **stark verbesserungsbedürftig** | |
| Lautstärke | | | | | |
| Sprachgeschwindigkeit | | | | | |
| Setzen von Sprechpausen | | | | | |
| Betonung | | | | | |
| Deutlichkeit der Artikulation | | | | | |
| Satzmelodie/Emotionalität der Sprache | | | | | |

Anmerkungen zur Bewertung (bei Bedarf):

____________________

____________________

Hinweis: „Meist ist es sinnvoller, dass nicht ein Beobachter viele verschiedene Beobachtungsaspekte auswertet – vielmehr gilt: „Weniger ist mehr!" Verteilen Sie daher die einzelnen Beobachtungsaspekte auf mehrere Beobachter".

Quelle: Krohne, Helmut/Richter, Klaus/Schuchard, Petra: Unsere Sprache im Beruf. 6. Auflage. Köln: Bildungsverlag EINS, 2011, BuchPlusWeb, S. 8.

## Merkmale

Die **Moderation** wird angewendet, um selbst organisiert und gemeinsam zielgerichtet Themen, Aufgaben, Probleme … in einer hierarchiefreien Atmosphäre zu bearbeiten.
Das Ziel ist dabei eine möglichst vielfältige, breite und effektive Beteiligung unter Berücksichtigung der Bedürfnisse und Interessen der Gruppenmitglieder.

Der **Moderator**, die **Moderatorin**
- ist nur methodischer Helfer (Katalysator, Leiter ohne Funktion eines Vorgesetzten),
- ist Prozess- bzw. Lern-Helfer (und erbringt eine Dienstleistung),
- „öffnet“ die Gruppe für das Thema,
- stellt eigene Meinungen und Ziele zurück,
- bewertet keine Meinungsäußerungen oder Verhaltensweisen,
- nimmt eine fragende Haltung ein (Aktivierung der Gruppe),
- hat Geduld und hört aufmerksam zu,
- stellt aktivierende Fragen und gibt Denkanstöße,
- verhindert Abschweifungen,
- fasst zusammen,
- visualisiert und akzentuiert,
- vergewissert sich, ob seine/ihre Visualisierungen mit den Beiträgen übereinstimmen,
- ist in der Regel mit einer weiteren Person zusammen,
- nimmt Rücksicht auf natürliche Bedürfnisse der Teilnehmerinnen und Teilnehmer (sinnvoller Wechsel von Arbeitsphasen und Pausen),
- hat den Raum angemessen vorbereitet (Sitzordnung, Material …).

## Moderationsphasen

| | **Beispiel:** |
|---|---|
| **Einstieg** ↓ | Eröffnung, Kennenlernen, Abklärung von Erwartungen |
| **Themen sammeln** ↓ | Themen sammeln, ordnen, gewichten |
| **Thema auswählen** ↓ | Entscheidung, Reihenfolgen festlegen |
| **Thema bearbeiten** ↓ | Arbeitsschritte festlegen, Informationen sammeln, Problem analysieren, Problem lösen |
| **Maßnahmen planen** ↓ | Maßnahmen beschreiben, Verantwortlichkeiten festlegen, Termine planen |
| **Abschluss** | Rückbesinnung, Vergleich mit Zielsetzung, Würdigung der Arbeitsweise und des Ergebnisses |

## Medien und Methoden

- Visualisierungskarten (Rechtecke, Kreise, Ovale …), Nadeln, Klebestifte, Scheren, große Papierbögen, Klebepunkte, Stifte in verschiedenen Ausführungen …
- Flip-Chart, Pinnwand
- Fragetechnik:
  Offene und geschlossene Fragen, Frage zurückgeben, Suggestivfrage, Gegenfrage, rhetorische Frage …
- Kennenlernen:
  Wir berichten über uns, „Steckbrief“ …
- Erwartungen:
  Brainstorming, Kartenabfrage, was soll passieren/nicht passieren, ich erwarte …
- Sammlung:
  Themenspeicher, Ein-Punkt- oder Mehrpunkt-Frage …
- Problemanalyse:
  Ursache-Wirkungs-Diagramm, Gegenüberstellungen, Netzbilder, Matrix, Mind-Map …
- Bearbeitung:
  Ablaufplan, Maßnahmenkatalog (z. B. was, wer, wozu, wann) …
- Abschluss:
  Reflexion, Stimmungsbarometer, Punktabfrage, Blitzlicht …
- Nachbereitung:
  Vergleich Soll-Ist, Konsequenzen …

## Produkt und Prozess

Während bzw. nach der Präsentation wird das vorgestellte **Handlungsprodukt** (z. B. ein Plakat) von den Zuhörenden bewertet, eventuell arbeitsteilig in Einzel-, Partner- oder Gruppenarbeit. Ziel ist es, die Präsentationskompetenz aller Beteiligten zu erweitern. Dazu ist es notwendig, das **Handlungsprodukt** und den **Präsentationsprozess** – man spricht sprachlich verkürzt auch vom **Produkt** und vom **Prozess** – zu reflektieren. Dieser **Reflexionsprozess** ist mehr als eine reine Bewertung, die meist durch einen Bewertungsbogen oder eine Punktabfrage durchgeführt wird.

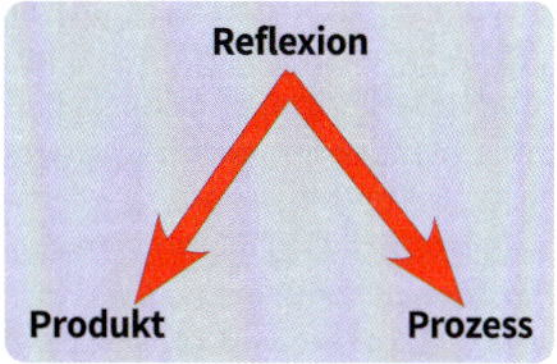


Der Reflexionsprozess ist in der Regel ein Gruppenprozess und geschieht mehrschichtig, d. h. durch eine intensive Gruppendiskussion mit einer anschließenden **Ergebnissicherung**. Zumindest bei der Selbstreflexion der Präsentierenden wird zusätzlich der zugrundeliegende **Lernprozess** reflektiert.

## Arten der Reflexion

Die **Reflexion** kann durchgeführt werden von

- den Präsentierenden selbst in Form einer **Selbstreflexion**,
- den Zuhörenden in Form eines **Fremdfeedbacks** (siehe S. 93), man spricht im Schulbereich vom **Schüler**- bzw. **Lehrkraft-Feedback**.

Die **Selbstreflexion** wie auch die **Fremdreflexion** können sich sowohl auf das erstellte Handlungsprodukt, den Präsentationsprozess als auch auf den Lernprozess, z. B. in der vorangegangenen Gruppenarbeit, beziehen. Je intensiver die Reflexion geschieht, umso wahrscheinlicher ist es, dass sich daraus eine Kompetenzsteigerung sowohl in der Fach- und Selbst- als auch in der Sozialkompetenz ergibt.

## Vorbereitung der Selbstreflexion

Beispielhafte **Fragen** zur Vorbereitung der Selbstreflexion:

- Wie haben wir in der Gruppe die Arbeit geplant und organisiert?
- Wie habe ich mich in den Arbeitsprozess eingebracht?
- Gab es Probleme bei der Zusammenarbeit im Team?
- Durch welche Schritte haben wir es geschafft, das Handlungsprodukt fertigzustellen?
- Haben wir uns allein auf unsere Erfahrungen gestützt oder haben wir neue Informationsquellen genutzt?
- Hatten wir bei der Teamarbeit besondere Aha-Erlebnisse?
- Welche Prozessschritte sehen wir im Rahmen des Präsentationsablaufs als besonders gelungen an, welche Schritte waren verbesserungsbedürftig?
- Welche Schlussfolgerungen ziehen wir aus unserer Zusammenarbeit, was können wir demnächst besser machen?

## Vorbereitung der Fremdreflexion

Beispielhafte **Fragen** zur Vorbereitung der Fremdreflexion:

- Wie war der Gesamteindruck der Präsentation?
- Was hat an der Präsentation – Produkt und/oder Prozess – besonders gefallen?
- Welche Inhalte und/oder Formen der Präsentation haben aus der Sicht der Zuhörenden nicht den gewünschten Effekt erreicht?
- Gibt es Vorschläge, wie das erstellte Handlungsprodukt verbessert werden könnte?
- Hatte man als Zuhörender den Eindruck, dass die Präsentierenden als soziale Gruppe agiert haben oder ähnelte es eher dem Auftritt von „Einzelkämpfern"?

## Unternehmensphilosophie und Unternehmensleitbild
### Corporate Philosophy and Corporate Mission Statement

2

Langfristige Grundlage für das Agieren eines Unternehmens im Markt ist die **Unternehmensphilosophie**. Diese „Weltanschauung" des Unternehmens legt grundlegende Wertvorstellungen und Ziele fest, die detailliert in Form von Unternehmensgrundsätzen im **Unternehmensleitbild** schriftlich fixiert werden. Eine ganz spezifische Unternehmensethik kann zum Beispiel dazu führen, dass ein Unternehmen sich spezielle soziale oder ökologische Ziele setzt. Gerade aber bei der Verfolgung dieser gewählten sozialen oder ökologischen Ziele kann es zu **Zielkonflikten** mit wirtschaftlichen Zielen kommen. Wird zum Beispiel in wirtschaftlich schwierigen Zeiten auf die Verfolgung vorher festgelegter sozialer oder ökologischer Ziele verzichtet, kann es unter Umständen zu langfristigen Problemen mit den Kunden kommen – die **Unternehmensidentität** wird aus Kundensicht nachhaltig gestört. Die Folge könnte sein, dass die Kunden zu einem Mitbewerber wechseln.

**Unternehmensphilosophie**
↓
**Unternehmensleitbild**
Unternehmensgrundsätze
↓
**Unternehmensidentität im Markt**

**Beispiel:**
Gesundheitsbedürfnisse der Kunden im Bereich Wohnen befriedigen
↓
Unternehmensgrundsätze der Lifestyle AG (Auszug):
- Wir orientieren uns an den konkreten Kundenbedürfnissen.
- Wir berücksichtigen ökologische Wohnbedürfnisse.

↓
Bereitstellung ergonomisch gestalteter Wohnmöbel

## Unternehmensstrategie und Unternehmensziele
### Corporate Strategy and Company Goals

2

### Begriff

Mithilfe von **Unternehmensstrategien**, d. h. langfristigen Planungen, positioniert sich das Unternehmen im Markt.
Dazu gehören:
- Festlegung der **Geschäftsfelder**, in denen das Unternehmen tätig sein soll,
- Aufstellung von **obersten Unternehmenszielen**,
- Bestimmung **unternehmenspolitischer Instrumente** (z. B. im Absatzbereich die Festlegung der Preispolitik) zur Beeinflussung der Marktgegebenheiten.

### Zielhierarchie

Um **oberste Unternehmensziele**, die sich direkt aus der Unternehmensphilosophie ableiten, verwirklichen zu können, müssen verschiedene **Einzelziele** in eine Rangfolge gebracht werden: Man spricht von einer **Zielhierarchie**.

**Unternehmensphilosophie**
**Unternehmensleitbild** → **Oberziel(e)**
**Unterziele**

**Beispiele von Einzelzielen:**

**Wirtschaftliche (ökonomische) Ziele**
- **Wachstumsziele:** Steigerung von Absatz, Marktanteil, Umsatz, Produktqualität
- **Erfolgsziele:** Gewinn, Rentabilität des Eigenkapitals bzw. des Gesamtkapitals
- **Finanzziele:** Sicherung der Liquidität, der Kreditwürdigkeit, der Kapitalstruktur

- **Soziale Ziele**
  Sicherung des Arbeitsplatzes, der Arbeitszufriedenheit, Ausbau der sozialen Leistung
- **Ökologische Ziele**
  Umweltverträgliche Produkte, Produktionsverfahren
- **Gesellschaftliche Ziele**
  Image, Corporate Identity, Macht

### Zielarten (Auswahl)

| Unterscheidungskriterium | Ausprägungen | Erklärung | Beispiele |
|---|---|---|---|
| Priorität | **strategische Ziele** | werden langfristig verfolgt | grundlegende Positionierung im Markt |
| | **operative Ziele** | werden kurzfristig verfolgt | Aufbau eines neuen Vertriebssystems |
| Formalisierungsgrad der Ziele | **Formalziele** | beschreiben langfristige, wünschenswerte Zielvorstellungen | Erhöhung des Marktanteils auf 60 % |
| | **Sachziele** | dienen der Verwirklichung der Formalziele durch Festlegung von konkreten Maßnahmen | Schnellere Erledigung der Auftragsabwicklung durch Software |
| Hierarchische Einordnung | **Oberziele** | werden im Topmanagement festgelegt | Langfristige Gewinnmaximierung |
| | **Unterziele** | werden im Middle Management zur Verwirklichung der Oberziele festgelegt | Senkung der Personalkosten im Bereich des Vertriebs |

# Arten und Aufgaben von Betrieben

**Classifications and Roles of Business Enterprises**

## Betrieb und Unternehmung

**Betrieb:**
Der Betrieb kann als planvoll organisierte Wirtschaftseinheit bezeichnet werden, in der Sachgüter und Dienstleistungen durch Kombination der Produktionsfaktoren unter Beachtung des Wirtschaftlichkeitsprinzips erstellt und abgesetzt werden, **unabhängig** vom Wirtschaftssystem.

Anm.: In der Fachliteratur werden die Begriffe „Betrieb" und „Unternehmung" z. T. unterschiedlich definiert.

**Unternehmung:**
= Betrieb des marktwirtschaftlichen Wirtschaftssystems, der gekennzeichnet ist durch

- selbstständige, autonome Bestimmung seines Wirtschaftsplans,
- Verfolgung des erwerbswirtschaftlichen Prinzips (Gewinnmaximierung).

Der Begriff Betrieb ist hier weiter gefasst als der Begriff Unternehmung.

## Arten von Betrieben

**nach Art der Leistung**

- Sachleistungsbetriebe, z. B. Computerhersteller
- Dienstleistungsbetriebe, z. B. Betriebe, die Netzwerke installieren

**nach Wirtschaftszweigen**

- Industriebetriebe
- Handwerksbetriebe
- Handelsbetriebe
- Kreditinstitute
- Versicherungsbetriebe
- Verkehrsbetriebe
- Digitale Dienstleistungsbetriebe

**nach dem vorherrschenden Einsatz eines Produktionsfaktors**

- arbeitsintensive Betriebe (hoher Lohnkostenanteil), z. B. Handwerksbetriebe
- anlage- oder kapitalintensive Betriebe (hoher Maschinenkostenanteil), z. B. Betriebe der chemischen Industrie
- materialintensive Betriebe (hoher Materialkostenanteil), z. B. Stahlwerke
- energieintensive Betriebe (hoher Energiekostenanteil), z. B. Betriebe der Aluminiumherstellung

**nach der rechtlichen Stellung in Verbindung mit den verfolgten Zielen**

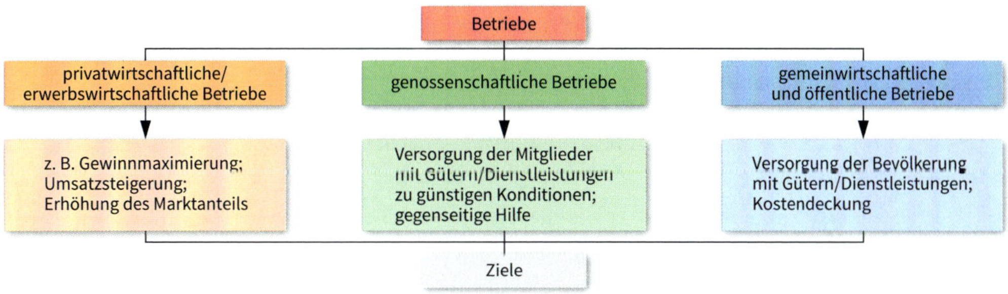


## Aufgaben von Betrieben

Die volkswirtschaftliche Aufgabe von Betrieben sollte es sein, durch den Einsatz von Produktionsfaktoren solche Sachgüter und Dienstleistungen zu erzeugen, die der Befriedigung menschlicher Bedürfnisse dienen und die den anderen Wirtschaftseinheiten (Betriebe und Haushalte) über den Absatzmarkt zur Verfügung gestellt werden.

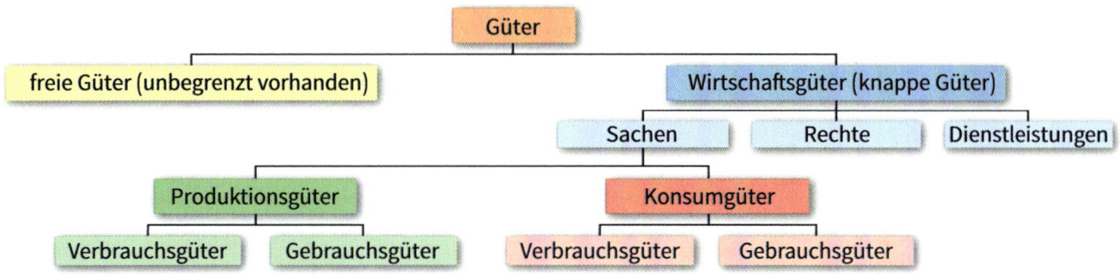


Die zunehmende Digitalisierung führt zu folgender weiteren Unterscheidung der Güter:

- **Physische Produkte**, z. B. Software-CD
- **Physische Dienstleistung**, z. B. ausgedruckte Fahrkarte
- **Digitale Produkte**, z. B. Download-Software
- **Digitale Dienstleistung**, z. B. Handy-Ticket

Da die Güter i. d. R. knapp sind, muss mit ihnen gewirtschaftet werden. Für wirtschaftliches Handeln (Handeln nach dem **ökonomischen Prinzip**) gelten die folgenden Grundsätze:
**Minimumprinzip:** Eine vorbestimmte Leistung mit möglichst geringen Mitteln erzielen.
**Maximumprinzip:** Mit gegebenen Mitteln die größtmögliche Leistung erzielen.

# Produktionsfaktoren und Faktorkombination

## Factors of Production and Factor Combination

Güter und Dienstleistungen werden erstellt durch die Kombination der sogenannten Produktionsfaktoren. Unterschieden werden die volkswirtschaftlichen und die betriebswirtschaftlichen Produktionsfaktoren.

## Volkswirtschaftliche Produktionsfaktoren

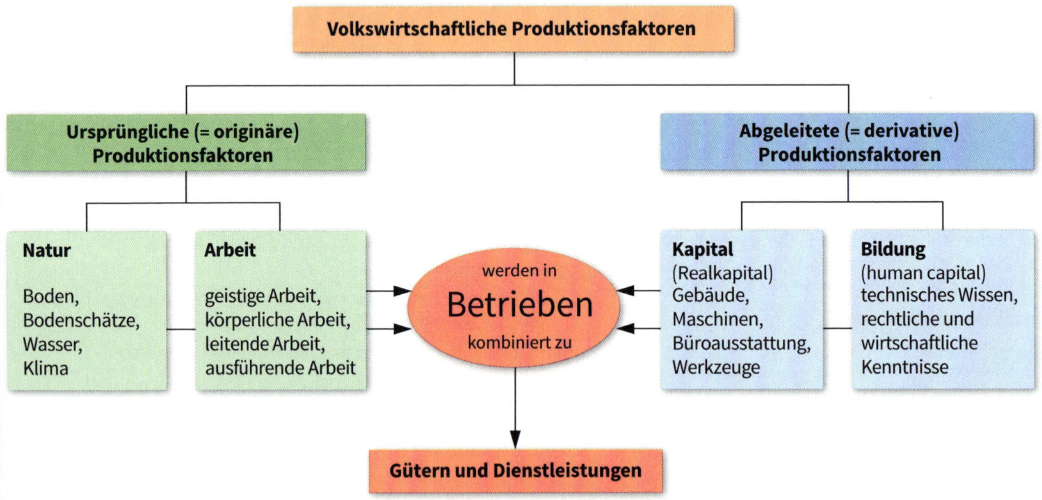


- Dieses System der Produktionsfaktoren eignet sich also zur **Theorie der Einkommensbildung und -verteilung** in einer Volkswirtschaft., denn es erklärt, wie sich der Ertrag der Faktorkombination auf die Produktionsfaktoren in Form von Arbeitslohn (Arbeit), Bodenrente, Pachten (Boden) und Zins (Kapital) verteilt. Der restliche Ertrag ist der Unternehmergewinn.

## Betriebswirtschaftliche Produktionsfaktoren

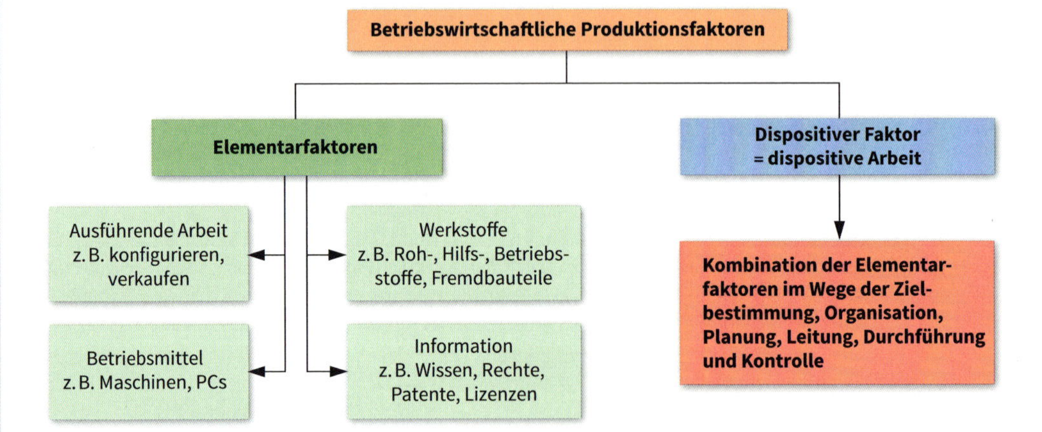


| | |
|---|---|
| **Rohstoffe** …<br>gehen direkt in das Produkt ein und stellen den Hauptbestandteil dar, z. B. Metall für Servergehäuse. | **Betriebsstoffe** …<br>gehen nicht in das Produkt ein, sind also nicht Bestandteil des Produktes, werden aber für die Herstellung benötigt, z. B. Energie. |
| **Hilfsstoffe** …<br>gehen ebenfalls direkt in das Produkt ein, sind aber nur Nebenbestandteile, z. B. Schrauben, Farbe, Klebstoffe. | **Fremdbauteile** …<br>sind fertige Produkte von Lieferanten, die unbearbeitet in ein Endprodukt eingebaut werden, z. B. Computerkomponenten wie Festplatten, Prozessoren. |

Dieses System der Produktionsfaktoren bildet z. B. die Grundlage für die Identifizierung, Analyse, Gestaltung und Optimierung von Geschäftsprozessen, die Wertschöpfungsrechnung, die Kosten- und Leistungsrechnung, die Prozesskostenrechnung, das Controlling usw.

# Marktstrukturen und ihre Auswirkungen
## Market Structures and their Effects

### Begriff Markt

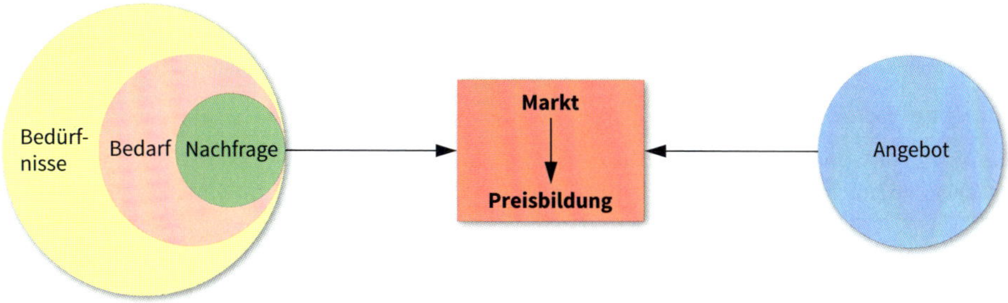


- **Bedürfnisse**
  ... sind Wünsche, die durch Mangelempfindungen des Menschen hervorgerufen werden, z. B. Trinken gegen Durst, Essen gegen Hunger;
  ... sind Triebfeder wirtschaftlichen Handelns.
- **Bedarf**
  ... ist der Teil der Bedürfnisse, der durch Kaufkraft gedeckt werden kann.
- **Nachfrage**
  ... ist der auf dem Markt wirksam werdende Bedarf.

In der Fachliteratur wird zwischen dem abstrakten und dem konkreten Markt unterschieden:

- Der **abstrakte Markt** ist eine Zusammenfassung von Angebots- und Nachfragebeziehungen. Er ist der theoretische Ort, an dem sich Angebot und Nachfrage treffen und an dem die Preisbildung stattfindet.
- Der **konkrete Markt** ist sachlich, zeitlich und örtlich bestimmt, z. B. die Fachmesse für digitale Unternehmen in Frankfurt a. M.: DIGITAL FURTUREcongress

### Marktarten

- **Unterscheidung nach Umfang der staatlichen Marktbeeinflussung:**
  - Freie Märkte (ohne Staatseingriff; Modell der freien Marktwirtschaft)
  - Regulierte Märkte
- **Unterscheidung nach Umfang der Marktzutrittsmöglichkeit:**
  - Offene Märkte (jedermann kann als Anbieter oder Nachfrager auftreten)
  - Geschlossene Märkte
- **Unterscheidung nach Stellung des Betriebs im Markt:**
  - Beschaffungsmärkte
  - Absatzmärkte
- **Unterscheidung nach Art der gehandelten Sachgüter und Leistungen:**
  - Werkstoffmärkte für Roh-, Hilfs- und Betriebsstoffe
  - Betriebsmittelmärkte
  - Arbeitsmärkte
  - Geld- und Kapitalmärkte
  - Informationsmärkte
- **Unterscheidung nach Art der Verwendung der Sachgüter und Leistungen:**
  - Investitionsgütermärkte
  - Konsumgütermärkte
- **Unterscheidung nach geografischen Gesichtspunkten:**
  - Inlandsmarkt (örtlich, regional, national)
  - Auslandsmarkt (EU-Markt, Weltmarkt)
- **Unterscheidung nach räumlich-zeitlichen Gesichtspunkten:**
  - Zentralisierte Märkte (Punktmärkte; zugleich organisierte Märkte),
  - Dezentralisierte Märkte (zugleich unorganisierte Märkte)
- **Unterscheidung nach Marktposition:**
  - Verkäufermärkte (Nachfrage > Angebot; Verkäufer haben starke Marktposition)
  - Käufermärkte (Angebot > Nachfrage; Käufer haben starke Marktposition)
- **Unterscheidung nach Vollkommenheit der Märkte:**
  - Vollkommene Märkte
  - Unvollkommene Märkte

### Marktformen

| Anbieter / Nachfrager | einer | wenige | viele |
|---|---|---|---|
| **einer** | bilaterales Monopol | beschränktes Nachfragemonopol | Nachfragemonopol |
| **wenige** | beschränktes Angebotsmonopol | bilaterales Oligopol | Nachfrageoligopol |
| **viele** | Angebotsmonopol | Angebotsoligopol | Polypol |

Erklärung: griech. mono = ein; olig = wenig; poly = viel

## Begriff

Die IT-Branche (**IT**, Abkürzung aus dem Englischen: **I**nformation **T**echnology, Deutsch: Informationstechnik oder Informationstechnologie) umfasst alle Unternehmen, die die „digitale maschinelle Erzeugung. Speicherung, Erhebung, Verarbeitung und Verbreitung von Daten" zum Gegenstand haben.

## Entwicklung der Branche

Die Bedeutung der IT-Branche in Deutschland wird durch die folgenden drei Eckwerte deutlich (Stand 2021):

- **Unternehmensumsatz** mit Informationstechnologie ca. 124 Mrd. €
- **Anzahl** der IT-Unternehmen: ca. 100000
- **Erwerbstätige** in der IT-Branche: ca. 1200000

Wie sich der Umsatz in der IT-Branche seit 2009 entwickelt hat, zeigt die folgende Grafik.

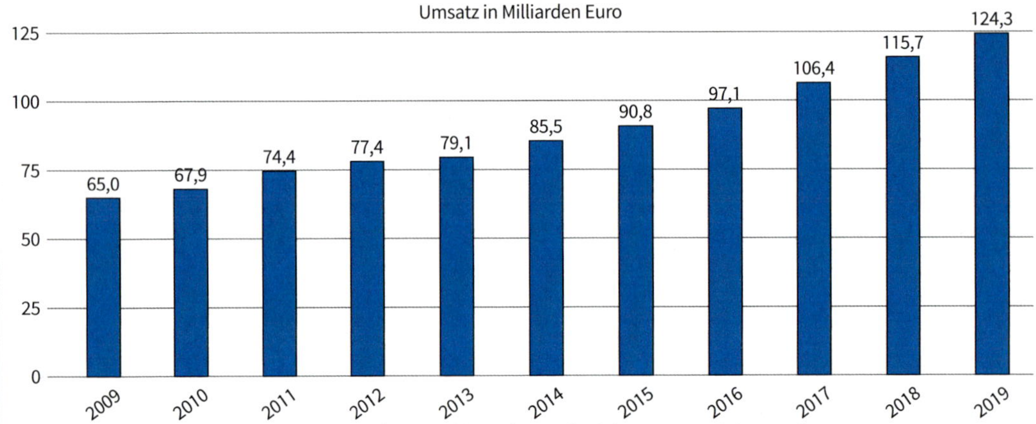


Die Daten entspringen den Umsatzsteuerstatistiken (Voranmeldungen) – veröffentlicht vom Statistischen Bundesamt unter: https://www.destatis.de/DE/Themen/Staat/Steuern/Umsatzsteuer/Publikationen/Downloads-umsatzsteuern/umsatzsteuerstatistik-zeitreihe-5733103197005.html (eingesehen am 04.02.2022) im Hinblick auf Unternehmen mit der Erbringung von Dienstleistungen der Informationstechnologie und von Informationsdienstleistungen. Zu beachten ist, dass in der Umsatzsteuerstatistik alle Unternehmen erfasst werden, die eine Umsatzsteuervoranmeldung abgeben müssen.

Die IT-Branche wird statistisch in **drei Segmente** unterteilt:

- **IT-Hardware**,
- **Software** und
- **IT-Services**.

Die folgende Grafik verdeutlicht die Entwicklung dieser drei Segmente in den Jahren 2019 bis 2021:

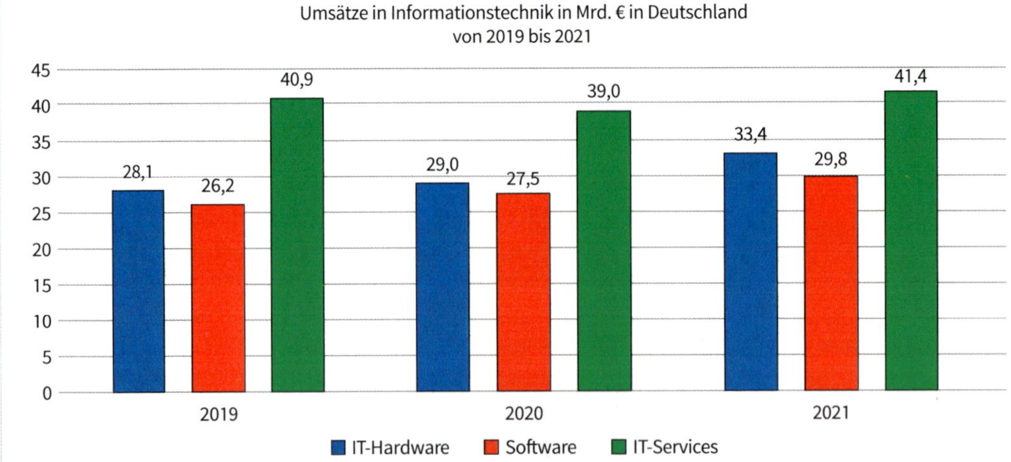


Zahlenangaben siehe Abbildung S. 19 oben

Die IT-Branche ist Teil des sogenannten **ITK-Marktes**, es werden dabei die Marktbereiche **Informationstechnologie**, **Telekommunikation** und **Unterhaltungselektronik** zusammengefasst. Die ITK-Marktzahlen werden vom **Branchenverband Bitkom e. V.** halbjährlich erhoben und veröffentlicht. Die entsprechende Entwicklung dieser drei Bereiche lässt sich aus folgender Tabelle ablesen:

bitkom

### ITK-Marktzahlen

| ITK-Markt Deutschland | Marktvolumen (in Mrd. Euro) | | | | Wachstumsraten | | |
|---|---|---|---|---|---|---|---|
| | 2019 | 2020 | 2021 | 2022 | 20/19 | 21/20 | 22/21 |
| **Summe ITK + CE** | **170,7** | **171,7** | **178,4** | **184,9** | **0,6%** | **3,9%** | **3,6%** |
| Consumer Electronics | 8,8 | 9,3 | 9,2 | 9,0 | 6,3% | -1,6% | -2,3% |
| Summe ITK | 161,9 | 162,4 | 169,2 | 175,9 | 0,3% | 4,2% | 4,0% |
| **Informationstechnik** | **95,2** | **96,4** | **102,5** | **108,6** | **1,3%** | **6,3%** | **5,9%** |
| IT-Hardware* | 28,1 | 29,0 | 31,4 | 33,2 | 3,1% | 8,3% | 5,7% |
| Software | 26,2 | 27,5 | 29,8 | 32,4 | 5,1% | 8,0% | 9,0% |
| IT-Services | 40,9 | 39,9 | 41,4 | 43,0 | -2,4% | 3,7% | 3,9% |
| **Telekommunikation** | **66,7** | **65,9** | **66,7** | **67,3** | **-1,1%** | **1,2%** | **0,9%** |
| TK-Endgeräte | 11,3 | 11,6 | 11,6 | 11,2 | 3,0% | 0,2% | -3,1% |
| TK-Infrastruktur | 6,9 | 6,8 | 6,7 | 6,9 | -2,1% | -0,9% | 2,2% |
| Telekommunikationsdienste | 48,5 | 47,6 | 48,4 | 49,2 | -1,9% | 1,7% | 1,7% |

*inkl. Halbleiter

### Wirtschaftssektoren

Die Statistiken belegen, welche Bedeutung die IT-Branche für unsere Volkswirtschaft besitzt. Wie sich die **Struktur der deutschen Volkswirtschaft** seit dem Beginn der Industrialisierung im 19. Jahrhundert verändert hat, zeigt die Entwicklung der einzelnen Wirtschaftssektoren. In der Regel werden drei Wirtschaftssektoren unterschieden::

- Der **primäre Sektor** bezeichnet die Urproduktion. Darunter werden alle Betriebe der Rohstoffgewinnung (Gewinnungsbetriebe) zusammengefasst. Hierzu gehören die Land-, Forst- und Fischwirtschaft, der Bergbau und die Öl- und Gasgewinnung.
- Der **sekundäre Sektor** beinhaltet die Be- und Verarbeitung von Rohstoffen in Handwerks- und Industriebetrieben (Weiterverarbeitungsbetriebe). Bedeutende Industriebranchen in Deutschland sind z. B. die Automobil-, die Maschinenbau- und die Chemieindustrie.
- Der **tertiäre Sektor** (Dienstleistungssektor) umfasst die „verteilende Wirtschaft“ (Handelsbetriebe) mit den Groß- und Einzelhandelsbetrieben sowie weitere Dienstleistungsbetriebe, wie z. B. Banken. Zunehmend werden Unternehmen des Informations- und Telekommunikationsbereichs gesondert zum **quartären Sektor** zusammengefasst.

3

### Wertschöpfung[1)] nach Wirtschaftssektoren

Deutsches Reich und Bundesrepublik[2)] 1850–2019

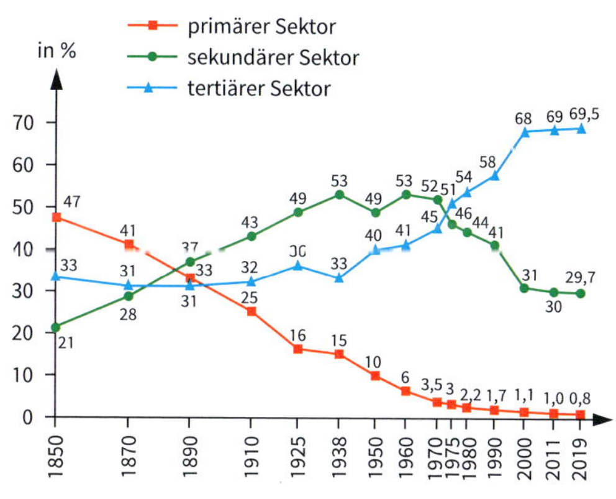


1) Gesamtsumme der wirtschaftl. Leistungen (Güter, Dienste) – heutzutage in der Regel das Bruttoinlandsprodukt
2) 1950–1990: Alte Länder | nach 1990: Gesamtdeutschland

4

Seit dem rasanten Wachstum der IT-Technologie in der 2. Hälfte des 20. Jahrhunderts wird auch vom **„Vier-Sektoren-Modell“** gesprochen, das die Eigenständigkeit eines Sektors **„Information“** betont:

| Sektor I: Information | Sektor II: Produktion | Sektor III: Dienstleistungen | Sektor IV: Landwirtschaft |
|---|---|---|---|

### Leistungsschwerpunkte und Kundenzielgruppen der IT-Unternehmen

Jedes IT-Unternehmen muss darüber selbst entscheiden, welche Unternehmensschwerpunkte – sogenannte **Leistungsschwerpunkte** – im IT-Markt gesetzt werden sollen. Dies drückt sich auch in der formulierten Unternehmensphilosophie bzw. im definierten Unternehmensleitbild aus (vgl. S. 14). Die daraus abgeleiteten Unternehmensziele korrespondieren mit der Ausprägung der bevorzugten **Kundenzielgruppen**. Das rasante Wachstum der IT-Branche hat vor allem dazu geführt, dass viele **Start-up-Unternehmen** spezielle Kundenzielgruppen bedienen, insbesondere in den Bereichen Software und IT-Services. So kümmern sich zum Beispiel viele Start-up-Unternehmen um die Entwicklung von Apps für besondere Kundenmärkte.

Inwieweit **Start-up-Unternehmen** mit bereits etablierten Unternehmen zusammenarbeiten, zeigt die folgende Untersuchung aus dem Jahr 2021:

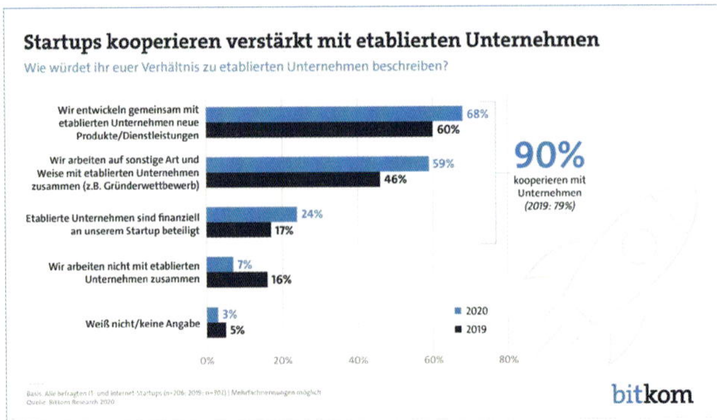


## Zukünftige Entwicklung der IT-Branche

Wie der Branchenverband Bitkom e. V. die weitere Entwicklung der IT-Branche sieht, zeigt deren Veröffentlichung zur Initiative „Digital Hubs Germany“:

„... Mit der Initiative „Digital Hubs Germany“ forcieren das Bundeswirtschaftsministerium und der Bitkom eine solche digitale Industriepolitik in Deutschland. Die besten Ideen entstehen, wenn Menschen mit verschiedenen Hintergründen zusammenkommen und gemeinsam an Problemen arbeiten. Deshalb entstehen zwölf offene Zentren, an denen sowohl Startups, als auch Mittelständler, international agierende Konzerne und Forschungseinrichtungen gemeinsam an digitalen Innovationen arbeiten.“

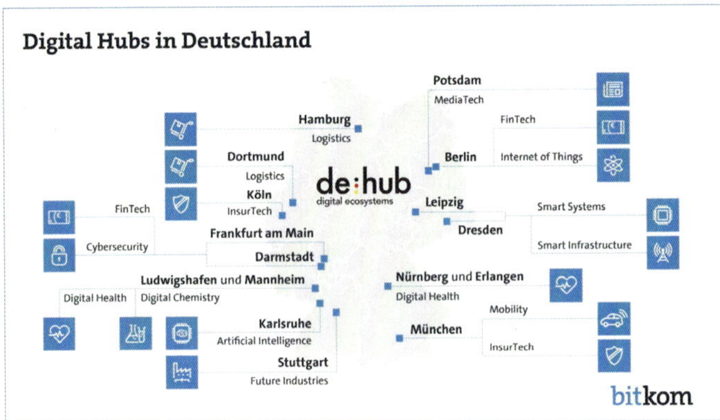


## Eigene Rolle als Auszubildender
### Your Own Role as an Apprentice

So wie man als junger Mensch seinen Platz in der modernen Gesellschaft einnimmt und immer wieder hinterfragt, gilt es auch, seine eigene Rolle als IT-Auszubildender im Unternehmen zu finden.

- Die **rechtliche Situation als Auszubildender** ist durch verschiedene Gesetze definiert, wie beispielsweise das Berufsbildungsgesetz (vgl. S. 78), das Jugendarbeitsschutzgesetz (vgl. S. 81) oder das Betriebsverfassungsgesetz (vgl. S. 82 f.).
- Die **soziale Situation als Auszubildender** wird durch soziale Schutzgesetze wie z. B. das Sozialgesetzbuch oder durch Inhalte des Ausbildungsvertrages bzw. eines Tarifvertrages (vgl. S. 87 f.) bestimmt.
- Trotz aller Schutzbestimmungen muss sich aber der Auszubildende über seine **psychologische Situation** - die Soziologen sprechen von der sozialen Rolle - im neuen beruflichen Umfeld klar werden. Er hat seine Rolle in den verschiedenen betrieblichen Teams (vgl. S. 93) herauszufinden. Er muss sich auf individuelle Persönlichkeiten mit unterschiedlichen kulturellen Hintergründen einstellen, dabei auch häufig eigene Vorurteile abbauen und sich offen und gesprächsbereit zeigen. Wichtig ist auch, die vielen Eigenheiten der speziellen IT-Welt mit ihren ständigen technischen Innovationen anzunehmen und sich auch den ökonomischen Bedingungen und Herausforderungen im eignen Unternehmen zu stellen. Der junge Auszubildende kann dabei auf die Erfahrungen betrieblicher Ansprechpartner zurückgreifen, wie z. B. Personen der Jugend- und Auszubildendenvertretung und des Betriebsrates oder von erfahrenen Arbeitskollegen bzw. Vorgesetzten.

5

**Betriebswirtschaftslehre**: Güter- und Finanzbewegungen eines Betriebs (nach Günter Wöhe)

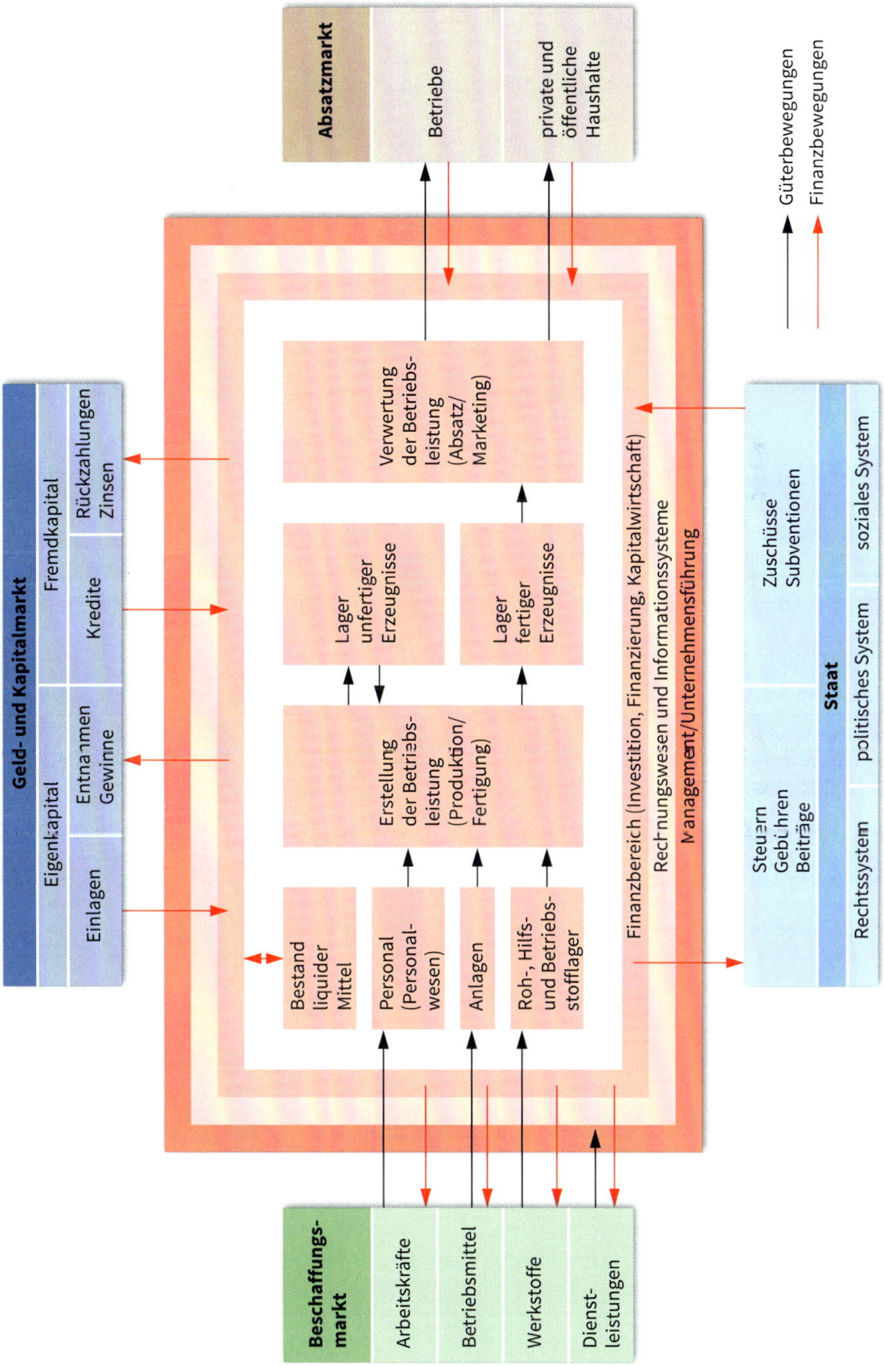

## Begriff und Berechnung der betrieblichen Wertschöpfung

Die **Wertschöpfung** eines Betriebes kann als die Differenz zwischen der vom Unternehmen in einer Periode (z. B. Geschäftsjahr) erbrachten Gesamtleistung und den vom Unternehmen in Anspruch genommenen Vorleistungen definiert werden. Sie bildet den Kern der ökonomischen Aktivitäten eines Unternehmens und gibt Aufschluss über dessen wirtschaftliche Leistungsfähigkeit.

Die Wertschöpfung errechnet sich wie folgt:

**Gesamtleistung – Vorleistungen – Abschreibungen = Wertschöpfung**

| **Gesamtleistung** | **Vorleistungen** |
|---|---|
| *hauptsächlich*<br>– Umsatzerlöse eigener Erzeugnisse<br>– Umsatzerlöse aus Handelswaren (von anderen Unternehmen gekaufte Güter zum Weiterverkauf)<br>*weitere möglich Leistungen*<br>– für den Eigenbedarf erstellte Anlagen (Eigenleistung)<br>– Mehrbestände produzierter, aber noch nicht verkaufter unfertiger und fertiger Erzeugnisse | *hauptsächlich*<br>– für die Herstellung der eigenen Erzeugnisse eingesetzte Roh-, Hilfs- und Betriebsstoffe sowie Fremdbauteile und fremde Dienstleistungen<br>– eingekaufte Handelswaren<br>*weitere mögliche Vorleistungen*<br>– Bestandsminderungen unfertiger und fertiger Erzeugnisse (= Leistungen der Vorperiode) |
| **Abschreibungen** | **Wertschöpfung (additiv)** |
| Produktionsmittel wie Gebäude, Maschinen, und Geschäftsausstattung verlieren durch Nutzung an Wert; Wertverlust = Abschreibung. Abschreibungen sind Vorleistungen i.w.S., da die Produktionsmittel entweder fremd beschafft wurden oder Eigenleistungen vorangegangener Perioden sind. | Die Wertschöpfung beinhaltet<br>– die bei der Herstellung der Erzeugnisse angefallenen Löhne, Gehälter, Soziale Abgaben (Arbeitnehmer),<br>– Steuern und Abgaben (Staat),<br>– Zinsen, Gewinn (Banken, Eigentümer) |

## Wertschöpfungskette

Eine **Wertschöpfungskette** zeigt die einzelnen, aneinander gereihten **Stufen der betrieblichen Wertschöpfung** während des Umwandlungsprozesses des Input (der Vorleistungen) zum Output (der Endprodukte = Leistungen). Der Begründer des Management-Konzeptes „Wertschöpfungskette", Michael E. Porter, unterscheidet dabei, wie die folgende Grafik zeigt, fünf **Primäraktivitäten**, die der unmittelbaren Wertschöpfung dienen, sowie vier sekundäre oder **unterstützende Aktivitäten**, die zwar nur indirekt zur Wertschöpfung beitragen, die aber zur Ausübung der Primäraktivitäten notwendig sind. Die Aktivitäten finden sich wieder in den **Geschäftsprozessen**.

Die Wertschöpfungskette dient als Grundlage zur Analyse und Optimierung die einzelnen Unternehmensaktivitäten, z. B. mithilfe einer Stärken- und Schwächenanalyse, um die Wettbewerbsfähigkeit des Unternehmens zu sichern. Als Analyseergebnis kann z. B. die Entscheidung Outsourcing oder Insourcing getroffen werden (Make or Buy).

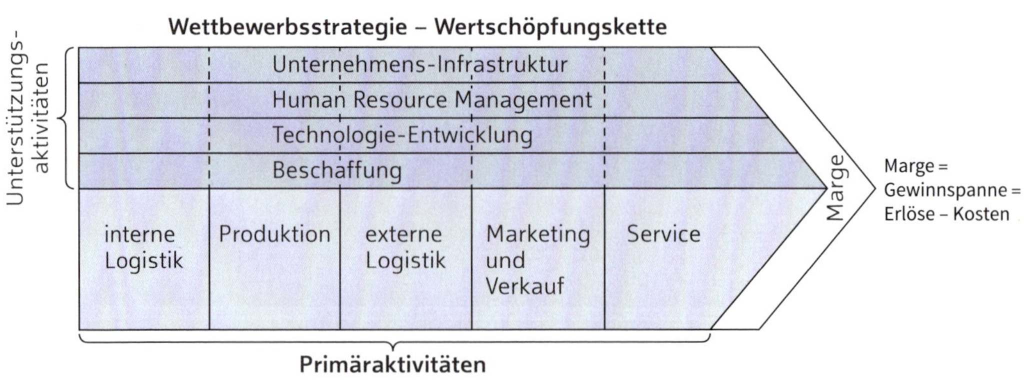

## Sekundäre Aktivitäten (Beispiele)

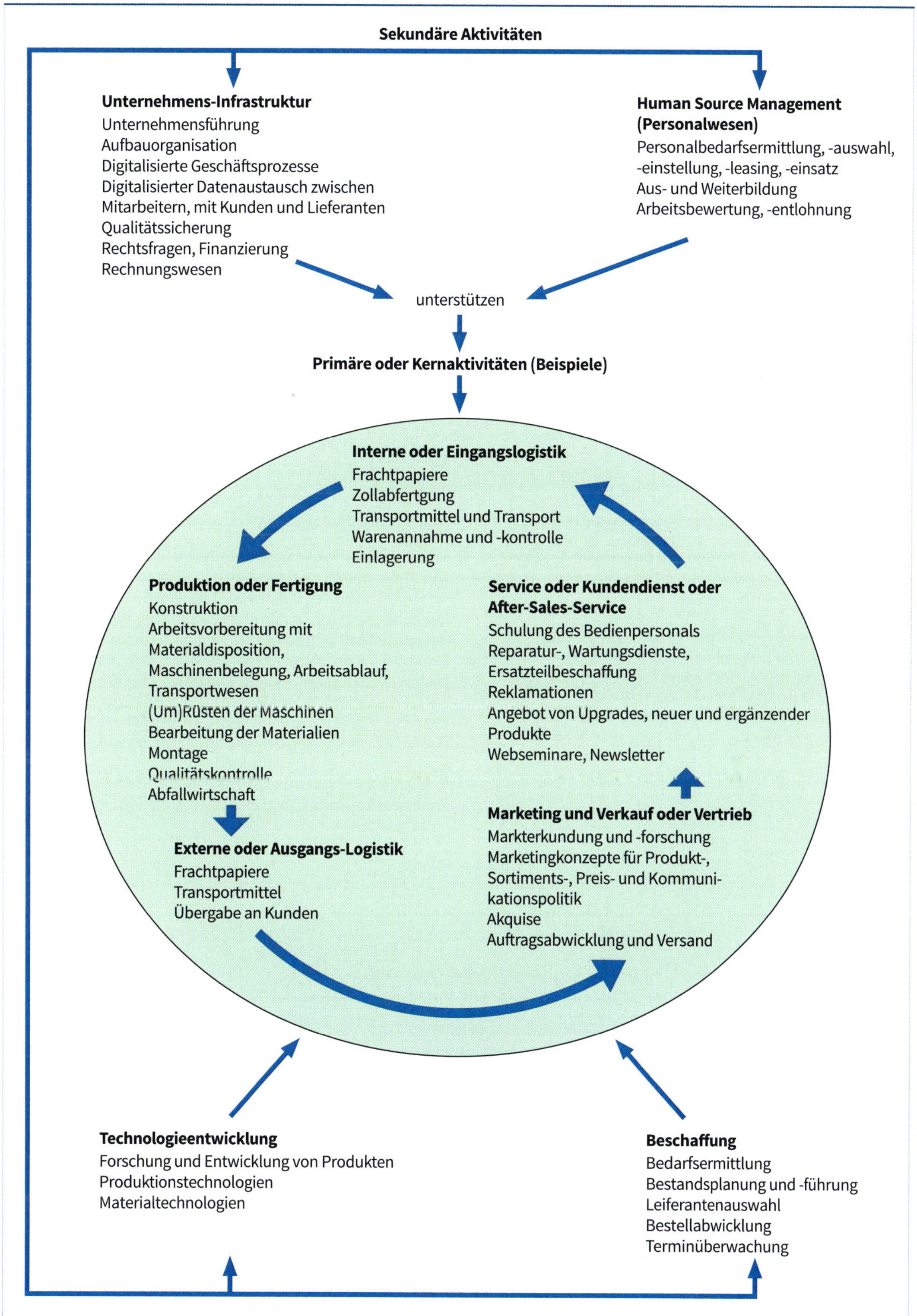

Die so genannte vierte industrielle Revolution, bekannt unter dem Begriff „Industrie 4.0“, ist durch eine neue Stufe der Organisation und Steuerung **unternehmensübergreifender Wertschöpfungsketten** über die gesamten Lebenszyklen von Produkten gekennzeichnet.

**Wertschöpfungskette über den Lebenszyklus eines Produktes:**

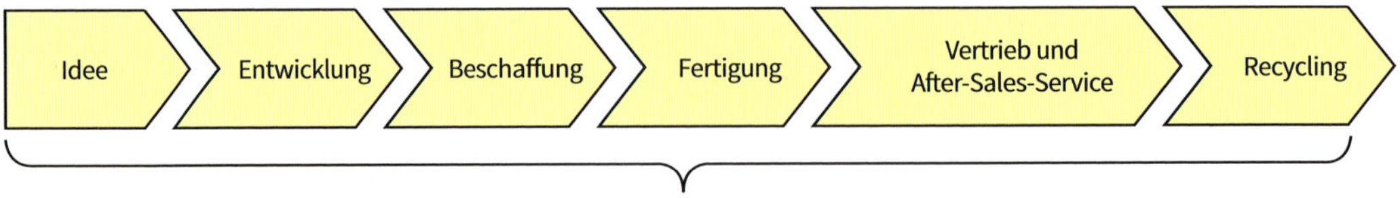


### Ziele

- Einrichtung unternehmensübergreifender, sich selbst organisierender, echtzeitoptimierter **Wertschöpfungsnetzwerke**
- **Optimierung** der Geschäfts- bzw. **Wertschöpfungsprozesse** im Hinblick auf z. B.
  - Kosten (Wirtschaftlichkeit),
  - Ressourcenverbrauch (Nachhaltigkeit),
  - Verfügbarkeit von Informationen
  - Klimaneutralität

### Voraussetzungen

- **Verfügbarkeit** relevanter **Informationen** in Echtzeit durch Vernetzung der an der Wertschöpfung Beteiligten
- Fähigkeit der Beteiligten, jederzeit aus den **Daten** den optimalen Ablauf des Wertschöpfungsgeschehens zu bestimmen
- Anwendung neuer **Kommunikationsstandards** (wie z. B. 5G-Standard) zur Gewährleistung der Anforderungen an Netzkapazität, Datenübertragungsgeschwindigkeit, Reaktionszeit und Datensicherheit

Die Wertschöpfungsketten orientieren sich zunehmend an folgenden Faktoren:

### Wachsende **Individualisierung der Kundenwünsche**

Früher haben eher Produzenten und Dienstleister bestimmt, was auf dem Markt angeboten wird. Heute bestimmt stärker die Nachfrage der Kunden den Markt.

Der **technologische Wandel** macht die Kunden zu gut vernetzten und informierten Akteuren, z. B. durch permanenten Zugang zu Suchmaschinen und Vergleichsportalen über Smartphone und Tablet und durch Informationsaustausch über soziale Netzwerke oder Messaging-Dienste,

### Zunehmende **ökologische Unternehmensausrichtung**

Getrieben durch die Veränderung des gesellschaftlichen Bewusstseins und durch nationale sowie internationale Gesetzgebung im Hinblick auf Themen wie Energiewende, Klimawandel, Nachhaltigkeit usw. gewinnt das Modell des **Wertschöpfungskreislaufs** stetig an Bedeutung. Zum Einen wirkt sich die Einbeziehung der vorgelagerten Stufen (Lieferanten) und der nachgelagerten Stufen (Kunden) unternehmensübergreifend auf die eigene Wertschöpfung eines Unternehmens aus. Zum Anderen wird die (innerbetriebliche) Wertkette nach Porter durch die Einbeziehung der schadlosen Entsorgung (Recycling) der Produkte nach ihrer Verwendung zu einem Wertschöpfungskreislauf erweitert; das Unternehmen übernimmt hier die Produktverantwortung im Sinne des Kreislaufwirtschafts- und Abfallgesetzes.

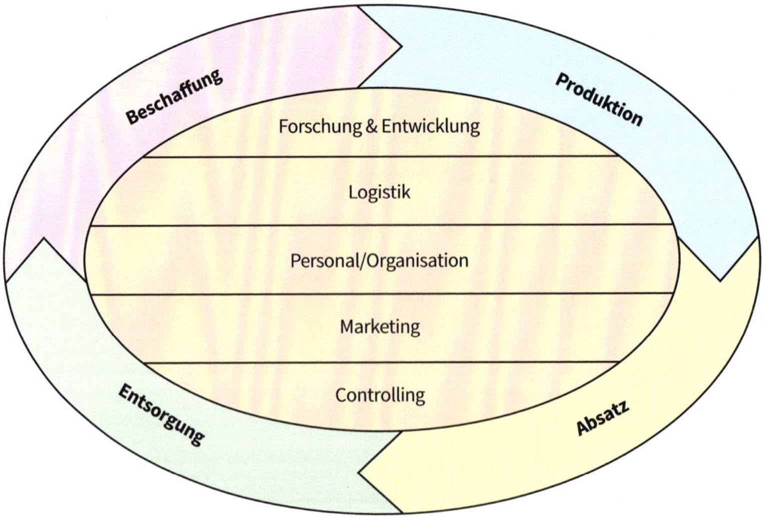

# Wirtschaftskreislauf
## Economic Circular Flow

6

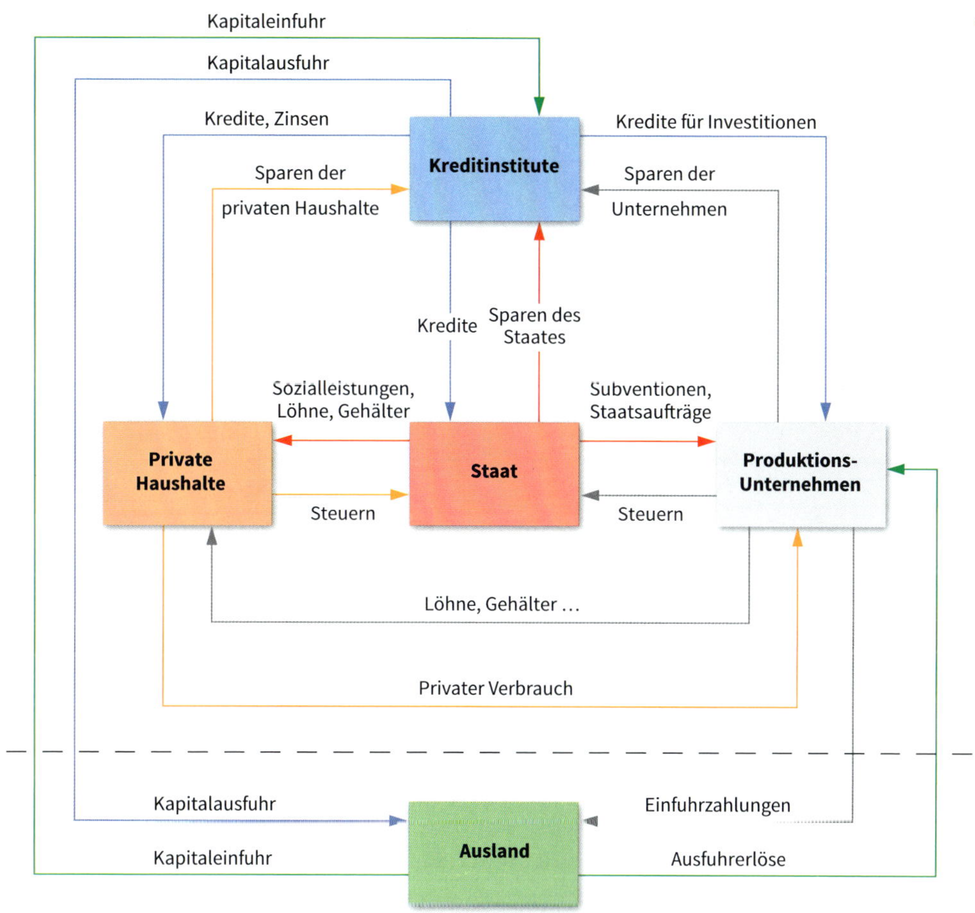


| Art des Wirtschaftssubjekts | Haupttätigkeiten, z. B. | Zwischen- und Endziele, z. B. |
|---|---|---|
| **Privater Haushalt** | ▪ Verkauf von Arbeitskraft<br>▪ Konsumieren<br>▪ Sparen | ▪ Sicherung der Existenz durch Erzielung von Einkommen zur Befriedigung von Bedürfnissen, Schaffung und Vermehrung von Eigentum und Ansehen |
| **Unternehmen**<br>a) Kreditinstitut<br><br>b) Produktionsunternehmen | ▪ Gewährung von Krediten<br>▪ Aufnahme von Krediten<br>▪ Abwicklung des Zahlungsverkehrs<br>▪ Produktion von Sachgütern und Dienstleistungen<br>▪ Investitionen | ▪ Sicherung der Existenz<br>▪ Deckung der Kosten (langfristig)<br>▪ Erzielung von positivem Nettogewinn<br>▪ Erweiterung der Einflussnahme auf Märkte<br>▪ Gewinnmaximierung |
| **Öffentlicher Haushalt,**<br>z. B. Gemeinde<br><br>7 | ▪ Einnahme von Steuern und Gebühren<br>▪ Durchführung von Haushaltsplänen<br>▪ Bereitstellung von Dienstleistungen<br>▪ Durchführung von Verwaltungsaufgaben | ▪ soziale Sicherung der Bürger<br>▪ Unterhaltung und Sicherung der Betriebsfähigkeit von Ver- und Entsorgungseinrichtungen<br>▪ Bau und Unterhalt von Sport-, Kultur-, Erholungs- und Verwaltungseinrichtungen<br>▪ Schutz der Bürger/-innen vor inneren und äußeren Gefahren |

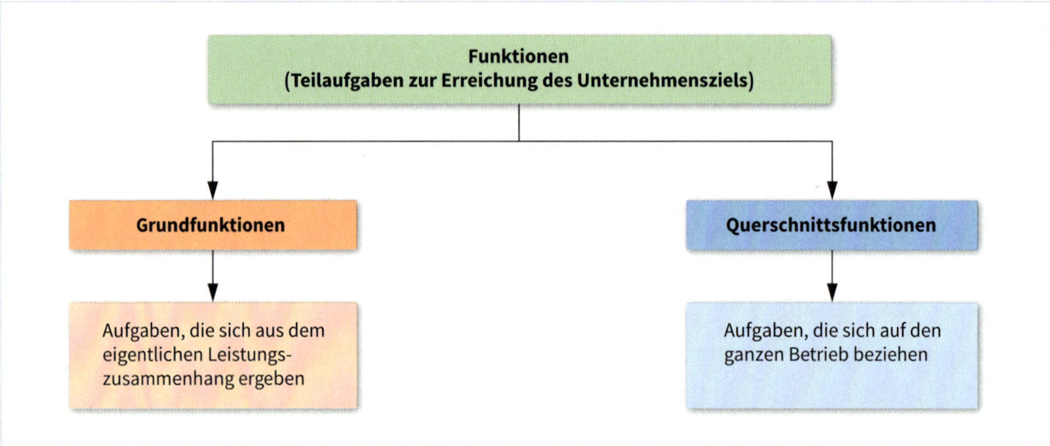


## Grundfunktionen und ihre Teilaufgaben

### Beschaffung

Zum Beispiel:
- Klärung des Bedarfs nach Art, Menge und Zeitpunkt
- Ermittlung der Bezugsquellen
- Einholung und Prüfung von Angeboten
- Bestellung
- Bestellungs-, Terminüberwachung
- Herbeiholen der Leistungen
- Übernahme mit Kontrolle, Qualitätsprüfung, Reklamationen
- Rechnungsprüfung

### Leistungserstellung

Zum Beispiel:
- Forschung und Entwicklung
- Konstruktion
- Planung des Fertigungsverfahrens
- Arbeitsvorbereitung
- Lagerung der Werkstoffe
- Fertigungsdurchführung
- Fertigungskontrolle
- Lagerung der Fertigerzeugnisse
- Verpackung
- Hilfsfunktionen wie Wartung, Instandhaltung, Energieversorgung, innerbetrieblicher Transport

### Absatz/Marketing

Zum Beispiel:
- Marktforschung, -erkundung
- Einsatz der Marketinginstrumente
- Absatzanbahnung (Anfragen bearbeiten, Angebote erstellen)
- Auftragsabwicklung
- Rechnungserstellung
- Kundenservice wie Beratung, Wartung, Reparaturen
- Kundenpflege

## Querschnittsfunktionen und ihre Teilaufgaben

### Finanzierung/Rechnungswesen

Zum Beispiel:
- Kapitalbedarfsrechnung
- Investitionsrechnung
- Finanzplanerstellung
- Eigen- oder Fremdfinanzierung
- Kreditbeschaffung
- Liquiditätsüberwachung
- Finanzbuchhaltung
- Jahresabschluss
- Bilanzanalyse
- Kosten- und Leistungsrechnung
- Statistik und Vergleichsrechnung
- Planungsrechnung

### Personalwesen

Zum Beispiel:
- Personalbedarfsermittlung
- Stellenausschreibung
- Personalauswahl
- Personaleinstellung
- Personalleasing
- Personalcontrolling
- Personaleinsatz
- Personalentwicklung (Personalförderung)
- Personalbetreuung (Sozialwesen)
- Arbeitsbewertung und Entlohnung
- Personalentlassung

### Informationswesen

Zum Beispiel:
- Ableitung des Informationsbedarfs aus dem Entscheidungsproblem
- Nutzung interner und externer, nichtelektronischer und elektronischer Informationsquellen
- Sammlung und Speicherung entscheidungsrelevanter Informationen im Data-Warehouse
- Verarbeitung (Transformation) originärer Informationen zu entscheidungsrelevanten Größen
- Informationsübermittlung (räumlich) und -ausgabe an Entscheidungsträger

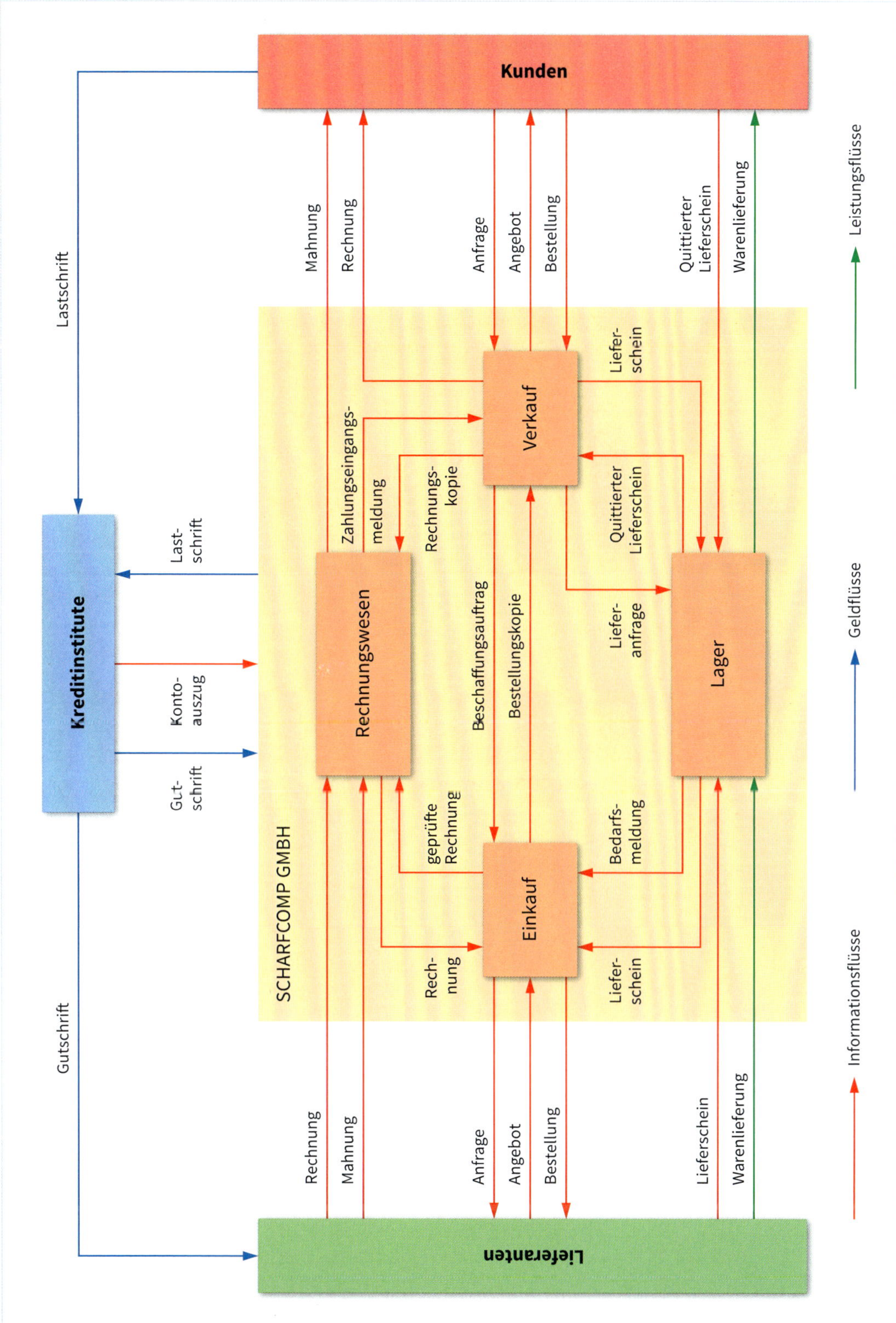

Kunden
Lieferanten
Kreditinstitute
SCHARFCOMP GMBH
Verkauf
Rechnungswesen
Lager
Einkauf
Lastschrift
Last-
schrift
Konto-
auszug
Gut-
schrift
Gutschrift
Mahnung
Rechnung
Anfrage
Angebot
Bestellung
Quittierter
Lieferschein
Warenlieferung
Liefer-
schein
Zahlungseingangs-
meldung
Rechnungs-
kopie
Quittierter
Lieferschein
Beschaffungsauftrag
Bestellungskopie
Liefer-
anfrage
geprüfte
Rechnung
Bedarfs-
meldung
Rech-
nung
Liefer-
schein
Rechnung
Mahnung
Anfrage
Angebot
Bestellung
Lieferschein
Warenlieferung
Leistungsflüsse
Geldflüsse
Informationsflüsse

## Abgrenzung des Begriffs Organisation

| Organisation | Improvisation | Disposition |
|---|---|---|
| System offiziell verkündeter, generell und auf Dauer angelegter Kompetenzen → bei konstanten Situationsbedingungen | vorübergehende, sich laufend ändernde Regelungen einer begrenzten Zahl von Teilhandlungen → bei sich ständig ändernden Situationsbedingungen | situationsabhängige Regelung eines Einzelfalls im Rahmen einer dauerhaft und umfassend angelegten Organisation |

## Bedeutungen des Begriffs

Organisation als
- Tätigkeit: Die Unternehmung wird organisiert.
- Zustand: Die Unternehmung hat eine Organisation.
- Institution: Die Unternehmung ist eine Organisation.

## Aufgabe

Zieloptimale Kombination der betriebswirtschaftlichen Produktionsfaktoren

**Bereiche der betrieblichen Organisation**

**Aufbauorganisation**

stellt den **Betrieb in Bereitschaft** dar.

Umfasst unter anderem:
- die Zerlegung der Gesamtaufgabe in Teilaufgaben,
- die Bildung von Stellen und Abteilungen,
- die Übertragung von Aufgaben, Kompetenzen und Verantwortung auf die einzelnen Mitarbeiter,
- die Darstellung des Unternehmensaufbaus mit Festlegung des Dienst- und Informationswegs und
- die Entwicklung von Führungformen und -techniken.

**Ablauforganisation**

stellt den **Betrieb in Aktion** dar.

Regelt unter anderem:
- den funktionalen Arbeitsablauf,
- den zeitlichen Arbeitsablauf und
- den räumlichen Arbeitsablauf.

Als **organisatorische Hilfsmittel** dienen:

- Aufgabengliederungsplan
- Organigramme
- Stellenbeschreibungen

- Kommunikationsdiagramm
- Arbeitsablaufkarte
- Flussdiagramm
- Prozesskettendiagramm
- Datenflussplan
- Balkendiagramm
- Netzplan

8

## Aufgabenanalyse/-synthese

- **Aufgabenanalyse**:
  Zerlegung ganzheitlicher Arbeitsprozesse in Teilaufgaben bis hin zu kleinsten Arbeitseinheiten wie Arbeitsgriffe und Griffelemente (zurückzuführen auf Frederick Winslow Taylor (1856–1915))
- **Aufgabensynthese:**
  Anschließende Zusammenfassung sachlogisch zusammenhängender Teilaufgaben zu Aufgabenkomplexen und Zuordnung an Aufgabenträger
- **Ergebnis:**
  Bildung von Stellen und Abteilungen

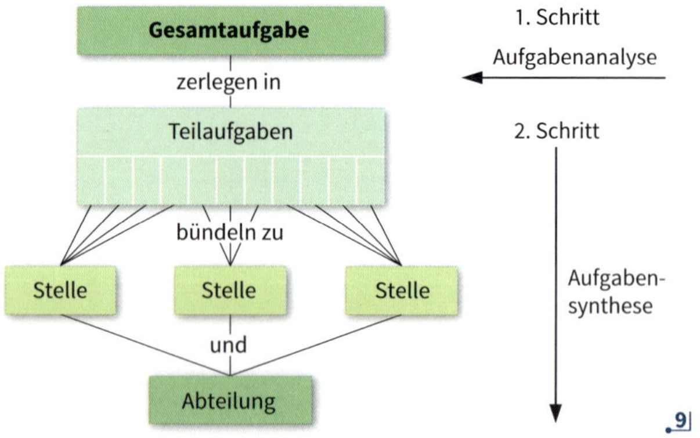


9

# Aufbauorganisation
## Company Organizational Structure

### Kriterien der Aufgabengliederung

**Gliederung der Aufgaben nach**

| Verrichtungen | Objekten | Rang | Phasen | Zweckbeziehung |
|---|---|---|---|---|
| z. B. Beschaffung<br>Produktion<br>Absatz<br>… | z. B. PC<br>Monitor<br>Scanner<br>Drucker<br>… | z. B. Dispositive Arbeit<br>Ausführende Arbeit<br>… | Planung<br>Durchführung<br>Kontrolle | Primäraufgaben (Leistungserstellung)<br>Sekundäraufgaben (z. B. Personalwesen) |

### Stellenbildung

**Begriff Stelle**

- Kleinste Organisationseinheit im Unternehmen
- Zusammenfassung von Teilaufgaben zum Aufgabenbereich einer Person

**Stellenarten**

**Linienstellen** (Instanzen)
- Anordnungsbefugnis
- Entscheidungsbefugnis

Beispiel: Abteilungsleiter Einkauf

**Ausführende Stellen**
- Keine Leitungs- und Entscheidungsbefugnis

Beispiel: Schreibkraft

**Stabsstellen**
- Hilfsstelle von Linienstellen
- Beratung
- Entscheidungsvorbereitung
- Keine Entscheidungs- und Anordnungsbefugnis

Beispiel: Rechtsabteilung

### Abteilungsbildung

**Begriff Abteilung**

- Zusammenfassung mehrerer Stellen unter einheitlicher Leitung

**Ziele**

- Schaffung überschaubarer, leicht kontrollierbarer Bereiche
- Strukturierung eines übersichtlichen Unternehmensaufbaus
- Schaffung von Verantwortungsbereichen mit speziellen Aufgaben

**Betriebshierarchie**

**Betriebsgliederung (= Betriebshierarchie)**

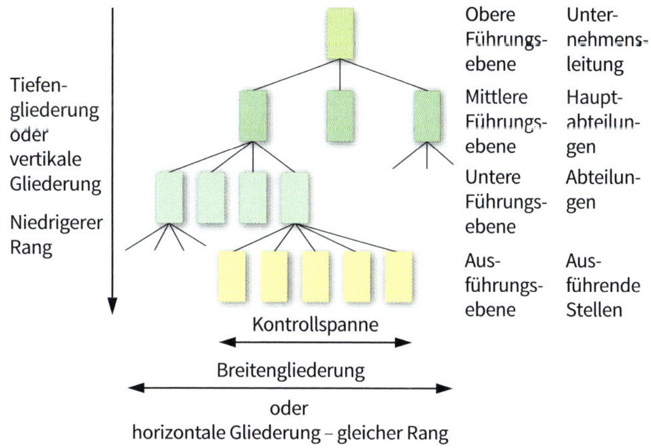


### Kriterien der Abteilungsbildung

**Funktionsorientierte Organisation**
(functional type of organization)

↓

Bildung von Abteilungen, wie „Einkauf“, „Verkauf“, „Finanzierung“

**Produktorientierte Organisation**
(product type of organization *oder* divisional organization)

↓

Bildung von Abteilungen, wie „Produkt A“, „Produkt B“, „Produkt C“

**Regionorientierte Organisation**
(geographical type of organization)

↓

Bildung von Abteilungen, wie „Deutschland“, „Westeuropa“, „Amerika“

**Personenorientierte Organisation**
(personal type of organization)

↓

Bildung von Abteilungen, wie „Friedrichs“, „Müller“, „Kramer“

# Aufbauorganisation
## Company Organizational Structure

### Stellenpyramide/Managementebenen

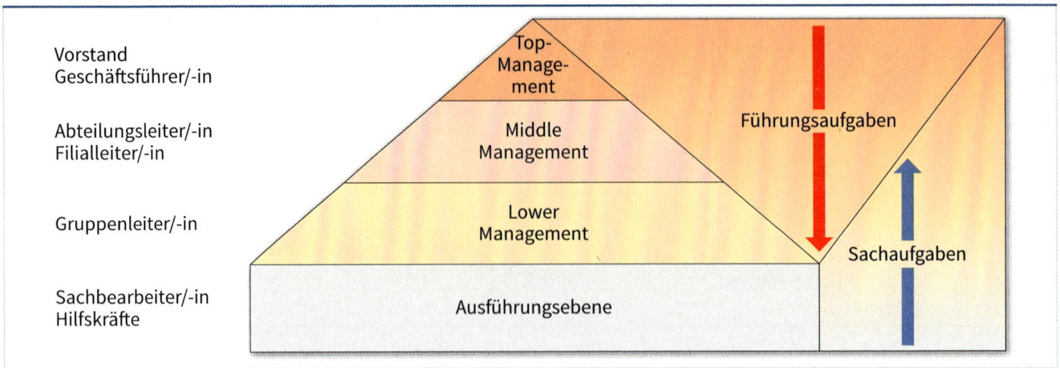


### Organigramm

| Begriff | Stellensymbole | Funktionen |
|---|---|---|
| Hilfsmittel zur grafischen Abbildung der Organisationsstruktur eines Unternehmens | In der Regel Rechtecke für Linienstellen<br>Häufig Elipsen für Stabsstellen | Veranschaulichung<br>▪ der Aufgabengliederung,<br>▪ des hierarchischen Aufbaus,<br>▪ der Über- und Unterordnungsverhältnisse,<br>▪ der Kommunikationsbeziehungen |

Beispiel funktionsorientierte Aufbauorganisation

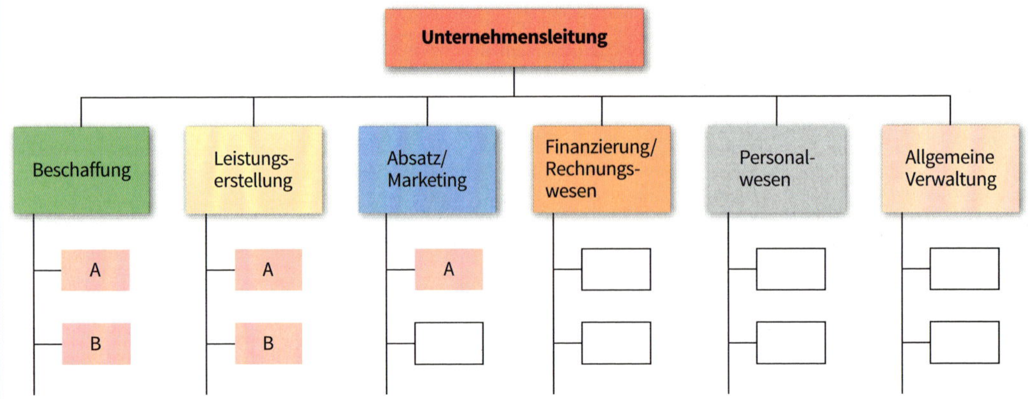


Beispiel produktorientierte Aufbauorganisation

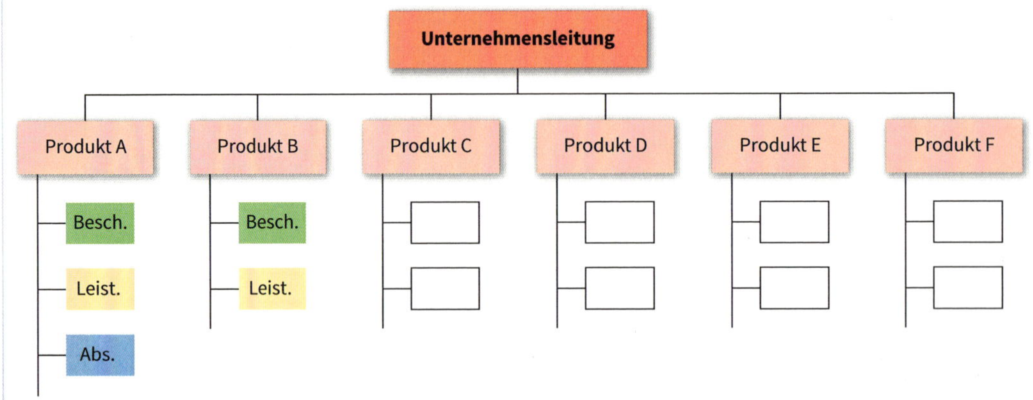

## Formen der Projektorganisationen

Drei grundsätzliche Formen der Projektorganisation hinsichtlich zunehmender Befugnisse der Projektleitung:

### Stab-Projektorganisation

Die Linienorganisation bleibt vollständig erhalten. Die Projektleitung als Stab übernimmt nur koordinierende Aufgaben, hat aber **keine Entscheidungs- oder Weisungsbefugnis**. Die Projektmitarbeiter arbeiten nebenamtlich für das Projekt.

Geeignet für kleine, unbedeutende Projekte geringer Komplexität mit geringem Zeitdruck und Standardtechnologie

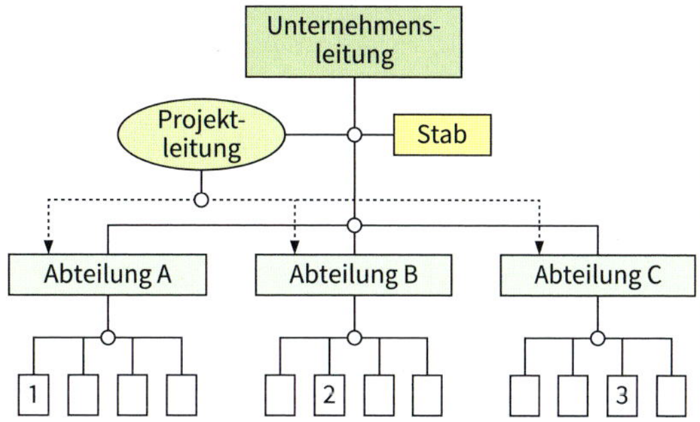


### Matrix-Organisation

In dieser Mischform werden **Kompetenzen zwischen Projektleitung und Linieninstanzen aufgeteilt**:

Die Projektmitarbeiter sind fachlich der Projektleitung, disziplinarisch ihren Linieninstanzen unterstellt; sie arbeiten in Teilzeit für das Projekt.

Geeignet für große, bedeutende Projekte mittlerer Komplexität mit mittlerem Zeitdruck und komplizierter Technologie

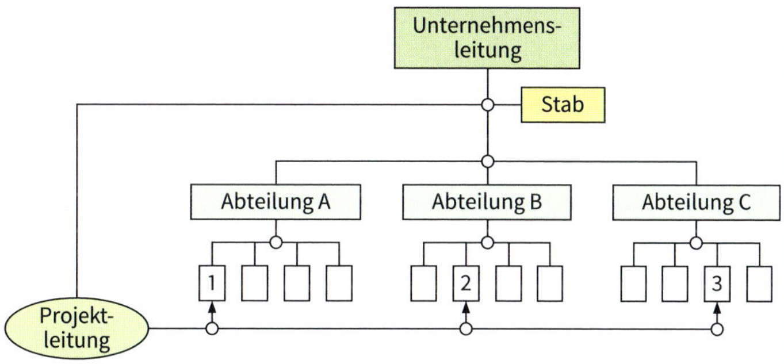


### Reine Projektorganisation

Die Projektmitarbeiter werden aus ihren bisherigen Abteilungen herausgelöst, sind fachlich und disziplinarisch der Projektleitung unterstellt und arbeiten ausschließlich für das Projekt.

Geeignet für sehr große und sehr bedeutende Projekte hoher Komplexität mit hohem Zeitdruck und neuer Technologie

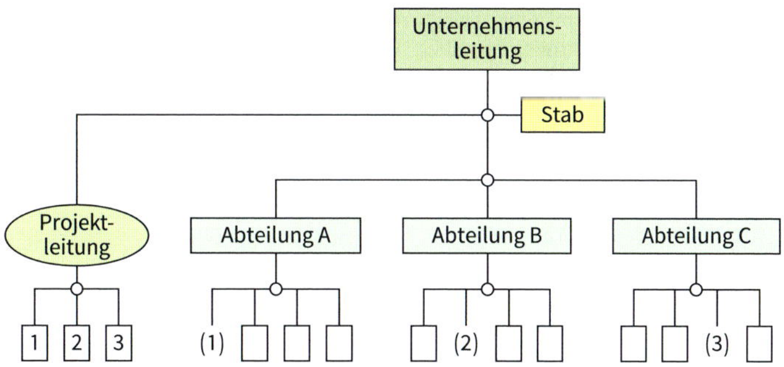


## Projektstruktur oder projektinterne Struktur

**Aufgaben des Lenkungsausschusses**:
- Erteilung des Projektauftrags
- Freigabe von Projektzielen und -planung
- Verfolgung des Projektfortschritts
- Treffen von Grundsatzentscheidungen

**Aufgaben der Projektleitung**:
- Projektplanung und -management
- Berichte an den Lenkungsausschuss

Bei Großprojekten häufig Bildung von Teilprojekten mit **Teilprojektleitern**

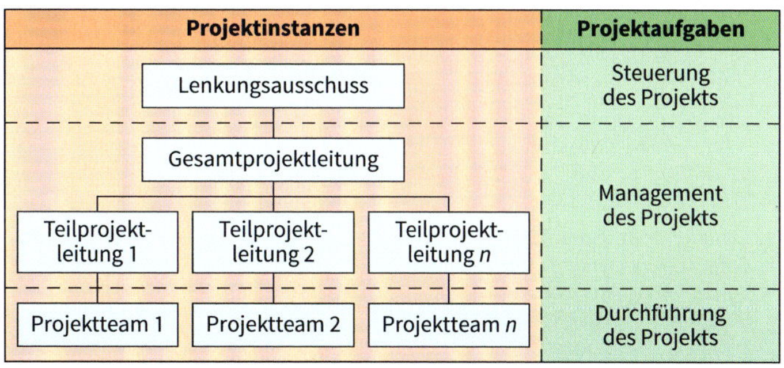

## Einliniensystem

- Eine untergeordnete Stelle erhält nur von einer übergeordneten Stelle Anweisungen.
- Eine untergeordnete Stelle gibt Meldungen/Vorschläge nur an die unmittelbar übergeordnete Stelle (Instanz).

**Beispiel:**

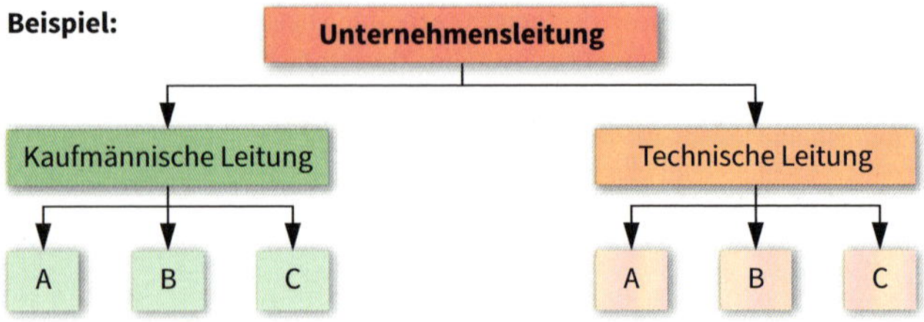


## Mehrliniensystem

- Eine untergeordnete Stelle erhält Weisungen von mehreren übergeordneten Stellen.

**Beispiel:**

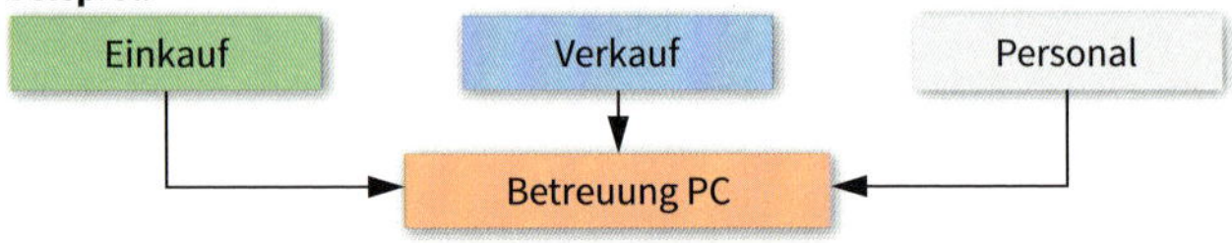


## Stab-Linien-System

- Ergänzung des Einliniensystems durch Stellen der Staborganisation
- Stabsstellen entlasten die Linienstellen. Sie dienen häufig nicht nur einer einzelnen Instanz (Direktionsassistent), sondern dem ganzen Unternehmen.

**Beispiel:**

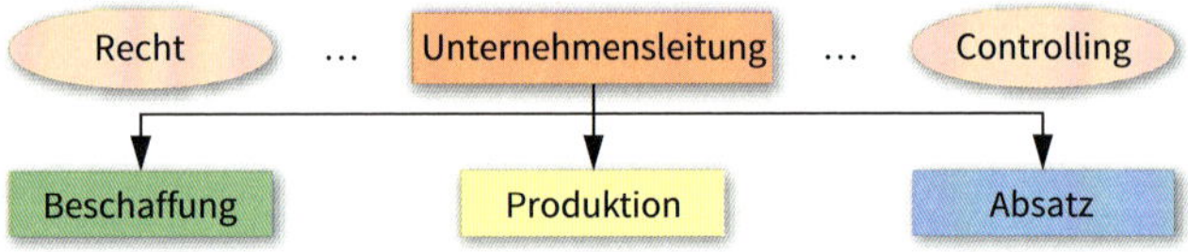


## Matrixorganisation

Weiterentwicklung des Mehrliniensystems, da jede Teilfunktion von zwei Entscheidungslinien beeinflusst wird.

Zwei Fachabteilungen mit unterschiedlichen Sichtweisen bemühen sich um die Lösung derselben Aufgabe.

## Grundidee

Kombination zweier gleichberechtigter Hierarchieebenen: Funktions- und produktorientierte Organisation

**Beispiel:** „Beschaffung zur Fertigung von PCs"
Der Produktmanager „PC" entscheidet über die Art der Materialien, der Leiter der Funktionsabteilung „Beschaffung" entscheidet über die Auswahl der Lieferanten.

**Beispiel:**

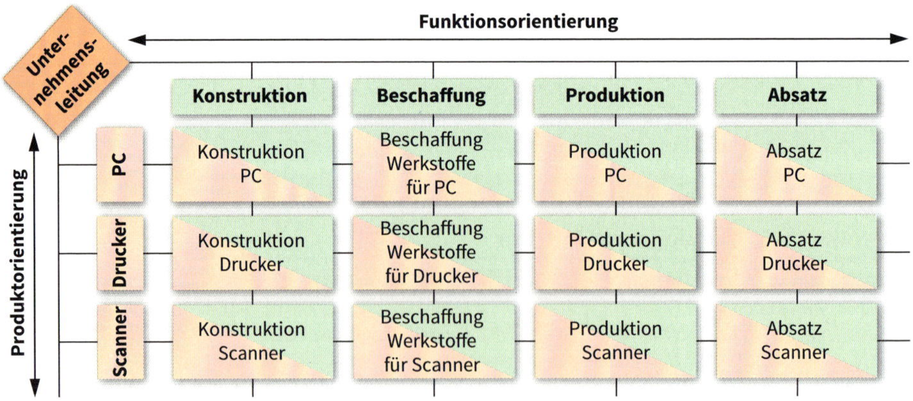


11

Bedeutung

- Förderung der Teamarbeit
- Entlastung der Unternehmensleitung
- Verbesserung der Qualität von Problemlösungen durch das Einbringen verschiedener Denkansätze

- Auftreten von Kompetenzproblemen
- Längere Entscheidungsdauer durch die Notwendigkeit der Abstimmung
- Häufigere Kompromissentscheidungen durch Konfliktvermeidungsstrategie der Abteilungsleiter

## Organisation nach strategischen Geschäftseinheiten

- Um große, insbesondere international agierende Industrieunternehmen oder -konzerne kaufmännisch effektiver führen zu können, werden im Unternehmen/Konzern häufig eigenständige Organisationseinheiten gebildet, die als **strategische Geschäftseinheiten** (**SGE**) oder **strategische Geschäftsfelde**r (**SGF**) bezeichnet werden.
- Eine strategische Geschäftseinheit kann ein Unternehmensbereich, eine Produktlinie, ein einzelnes Produkt oder eine Marke sein. Sie ist immer durch eine bestimmte **Produkt-Markt-Kombination** gekennzeichnet, wie das folgende Organigramm zeigt:

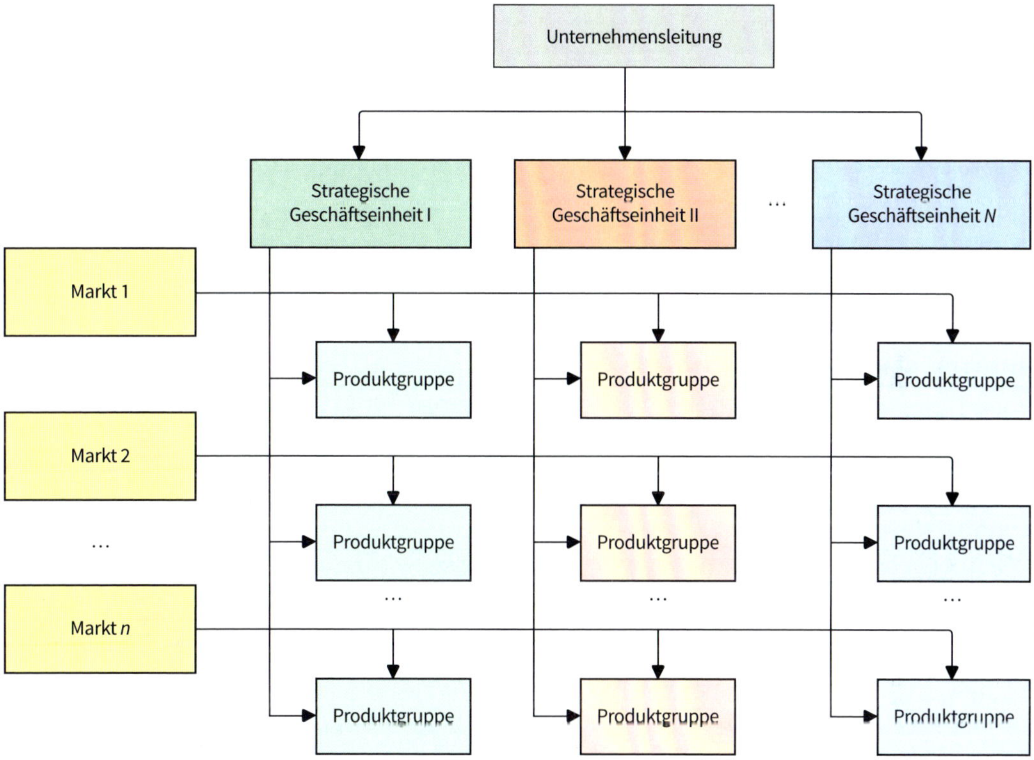


12

Darüber hinaus weisen strategische Geschäftseinheiten **weitere Merkmale** auf, zum Beispiel Wahrnehmung eigener Chancen, aber auch Eingehen eigener Risiken, Erstellung eigener Gewinn- und Verlustrechnungen (Profit Center) sowie insbesondere Entwicklung eigenständiger Markt- oder Wettbewerbsstrategien. Welche Marktstrategie jeweils anzuwenden ist, ergibt sich aus der Stellung des Geschäftsfelds im Markt, die wiederum mithilfe einer **Portfolio-Analyse** ermittelt und grafisch dargestellt werden kann.

Das gängigste Modell der Portfolio-Analyse ist die von der Boston-Consulting-Group entwickelte Vier-Feld-Matrix, bei der als

- externer Faktor das Marktwachstum (Senkrechte) und als
- interner Faktor der relative Marktanteil (Waagerechte)

abgetragen wird.

Das **Marktwachstums-/Marktanteils-Portfolio** verbindet vier Elemente:

| **Marktwachstum** | und | **Lebenszykluskonzept** |
|---|---|---|
| ▪ hoch | → | Einführungs- und Wachstumsphase |
| ▪ niedrig | → | Reife- und Sättigungsphase |
| **Marktanteil** | und | **Erfahrungskurve** |
| ▪ hoch | → | niedrige Stückkosten |
| ▪ niedrig | → | hohe Stückkosten |

13

## Nachteile der Funktionsorientierung

- Arbeitsplatz- und aufgabenbezogene Betrachtungsweise innerhalb einer Abteilung; Gliederung nach dem Prinzip der Tätigkeit
- Leistungsorientierung
- In der Regel Einzelarbeit und Routinearbeiten
- Erkennen, welche Tätigkeiten den Abteilungsnutzen erhöhen bzw. besonders kostenintensiv sind
- Wenig ausgeprägtes Kosten-Nutzen-Denken
- Ausrichtung der Leistungsprozesse auf Kosten und Zeit
- Betriebliche Prozesse laufen häufig „quer" zu den Funktionen.
- Engpässe durch Schnittstellen zwischen den Abteilungen
- Fehlende Datenintegration
- Datenredundanz

**Funktionale Arbeitsteilung**

14

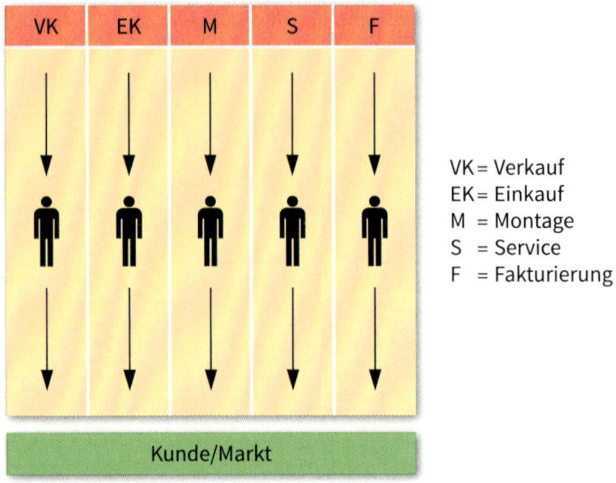


## Vorteile der Geschäftsprozessorientierung

- Bereichsübergreifende Betrachtungsweise; Gliederung nach dem Prinzip des Durchlaufs
- Ziel- und Ergebnisorientierung
- In der Regel Teamarbeit und konzeptionelle Problemlösungsarbeit
- Erkennen, welche Tätigkeiten den Kundennutzen erhöhen bzw. besonders kostenintensiv sind
- Ausgeprägtes Kosten-Nutzen-Denken wegen größerer Mitverantwortung
- Zielorientierte Ausrichtung der Leistungsprozesse am Kunden und am Markt

**Prozessorientierte Arbeitsteilung**

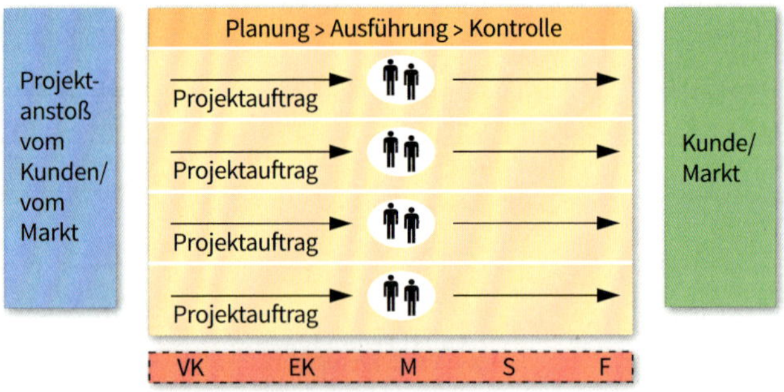


14

## Kombination funktions- und prozessorientierter Organisation

Prozessorientierung über die Funktionsabteilungen hinweg: Die Schnittstellenprobleme zwischen den Funktionsbereichen werden überwunden, und zum Kunden besteht nur noch eine Schnittstelle! Nach dem Motto: „One face to the Customer".

**Funktionsorientierte Organisation**

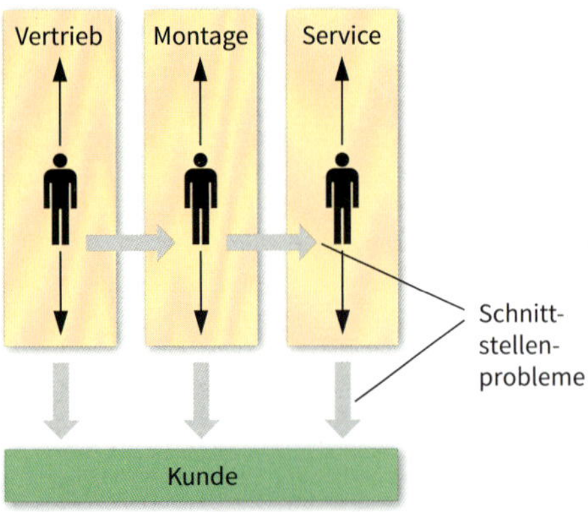


⇒

**Den Funktionsbereichen überlagerte prozessorientierte Organisation**

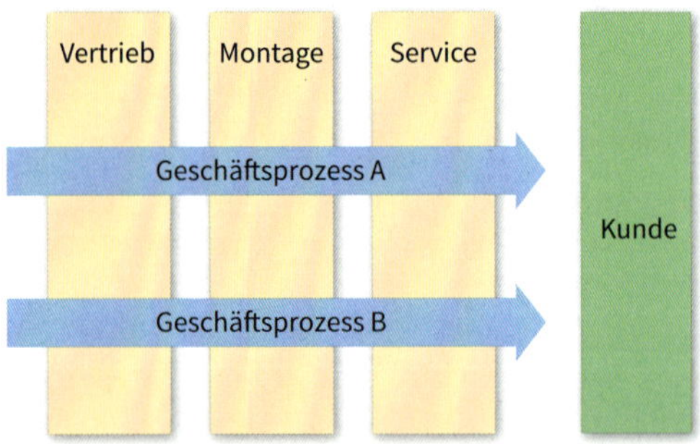


15

# Vollmachten
## Powers of Attorney

### Prokura

Die Prokura ermächtigt zu allen Arten von gerichtlichen und außergerichtlichen Geschäften und Rechtshandlungen, die der Betrieb **(irgend)eines** Handelsgewerbes mit sich bringt (§ 49 HGB).

| Arten | | |
|---|---|---|
| Einzelprokura | Gesamtprokura | Filialprokura |
| Ausübung der Vollmacht ohne Mitwirkung einer anderen Person | Ausübung der Vollmacht nur im Zusammenwirken mit einer anderen vertretungsberechtigten Person | Beschränkung der Vertretungsvollmacht auf den Betrieb einer Niederlassung |

### Handlungsvollmacht

Die allgemeine Handlungsvollmacht erstreckt sich auf alle Geschäfte und Rechtshandlungen, die der Betrieb eines **bestimmten** Handelsgewerbes gewöhnlich mit sich bringt (§ 54 HGB).

| Arten nach dem Umfang | | |
|---|---|---|
| Allgemeine Handlungsvollmacht | Artvollmacht | Spezialvollmacht |
| Auf Dauer erteilte Vollmacht, die zur Erledigung **aller** gewöhnlichen Rechtsgeschäfte in dem betreffenden Handelsgewerbe befugt | Auf Dauer erteilte Vollmacht, die zur Erledigung einer **bestimmten Art von wiederkehrenden** Geschäften befugt, z. B. Einkaufen | Vollmacht, die zur Erledigung eines **einzelnen** Rechtsgeschäfts ermächtigt, z. B. Kauf eines PCs |

### Erteilung der Vollmachten

16

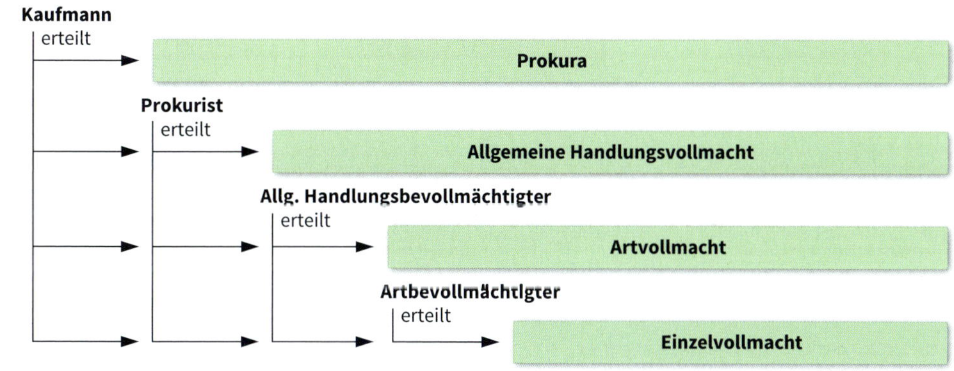


### Umfang der Vollmachten

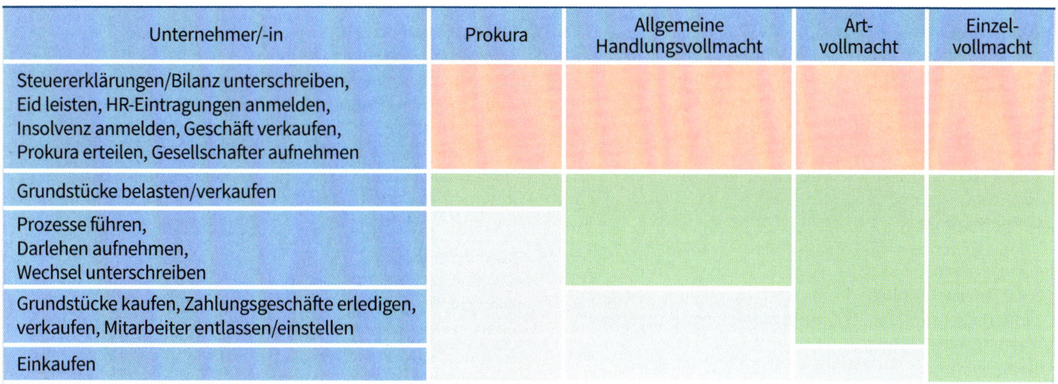


- Geschäfte, die ohne besondere Vollmacht möglich sind
- Geschäfte, für die eine besondere Vollmacht notwendig ist
- Geschäfte, für die eine Vertretungsvollmacht gesetzlich verboten ist

17

## Begriff

„Ein Geschäftsprozess besteht aus einer zusammenhängenden abgeschlossenen Folge von Tätigkeiten, die zur Erfüllung einer betrieblichen Aufgabe notwendig sind. Die Tätigkeiten werden von Aufgabenträgern in organisatorischen Einheiten unter Nutzung der benötigten Produktionsfaktoren geleistet. Unterstützt wird die Abwicklung der Geschäftsprozesse durch das Informations- und Kommunikationssystem IKS des Unternehmens.“ 18

**Beispiel:** Geschäftsprozess

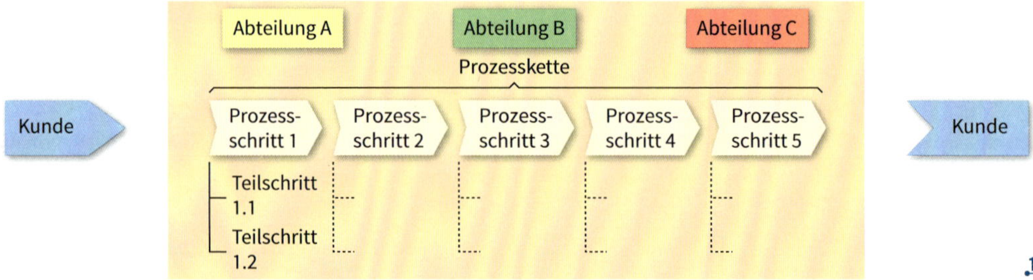


19

## Arten von Geschäftsprozessen

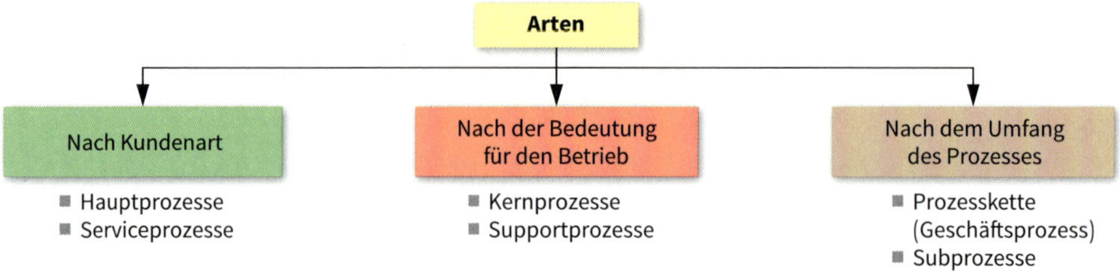


### Unterteilung nach Kundenart

**Hauptprozesse:**
Folge von zusammenhängenden Tätigkeiten, die an **externe** Kunden geleistet werden

**Serviceprozesse:**
Folge von zusammenhängenden Tätigkeiten, die an **interne** Kunden geleistet werden

### Unterteilung nach der Bedeutung für den Betrieb

**Kernprozesse:**
Geschäftsprozesse, mit denen die Hauptleistung eines Unternehmens erbracht wird, d. h. mit deren Hilfe die eigentliche Wertschöpfung (→ Betriebsertrag – Vorleistungen) erbracht wird. 20

**Kundennahe Kerngeschäftsprozesse**
in Industrieunternehmen sind zum Beispiel:

**Kundenbetreuung**
Kundenkontakte → Anfragebearbeitung → Projektierung → Angebotsausarbeitung → Vertragsverhandlungen → Auftragserteilung

**Auftragsbearbeitung**
Kundenauftragsannahme → Auftragsklärung → Auftragsbestätigung → Auftragseinplanung → Auftragsabwicklung

**Außenmontage**
Montageplanung → Erzeugnisversand → Kundenmontage → Auftragsabnahme

**Ersatzteilversorgung**
Verfügbarkeitsprüfung → Kommissionierung → Versand

**Wartungsabwicklung**
Wartungswerbung → Wartungsvertragsabschluss → Wartungsdurchführung → Ersatzteilabwicklung

**Zahlungsabwicklung**
Fakturierung → Zahlungseingangsbearbeitung → Zahlungseingangsüberwachung → Mahnwesen

**Wertschöpfungsintensive Kerngeschäftsprozesse**
in Industrieunternehmen sind zum Beispiel:

**Erzeugnisentwicklung**
Erzeugnisanalyse → Konstruktion → Berechnung → Zeichnungserstellung → Stücklistenerarbeitung → Erzeugnistest → Prototypenfertigung → Nullserie → Erzeugniseinführung

**Fertigung**
Fertigungsplanung → Fertigungssteuerung → Teilefertigung → Baugruppenmontage → Erzeugnismontage → Versand

**Supportprozesse:**
Geschäftsprozesse, die die Kernprozesse unterstützen, wie z. B. Beschaffung von Produktionsfaktoren, Lohnabrechnung

### Unterteilung nach dem Umfang des Prozesses

**Prozesskette (Geschäftsprozess):**
Reihung von zusammenhängenden Prozessen

**Subprozesse:**
Teil- oder Unterprozesse eines Geschäftsprozesses 21

## Geschäftsprozessarchitektur: Vier-Ebenen-Modell

**ARIS - House of Business Engineering**

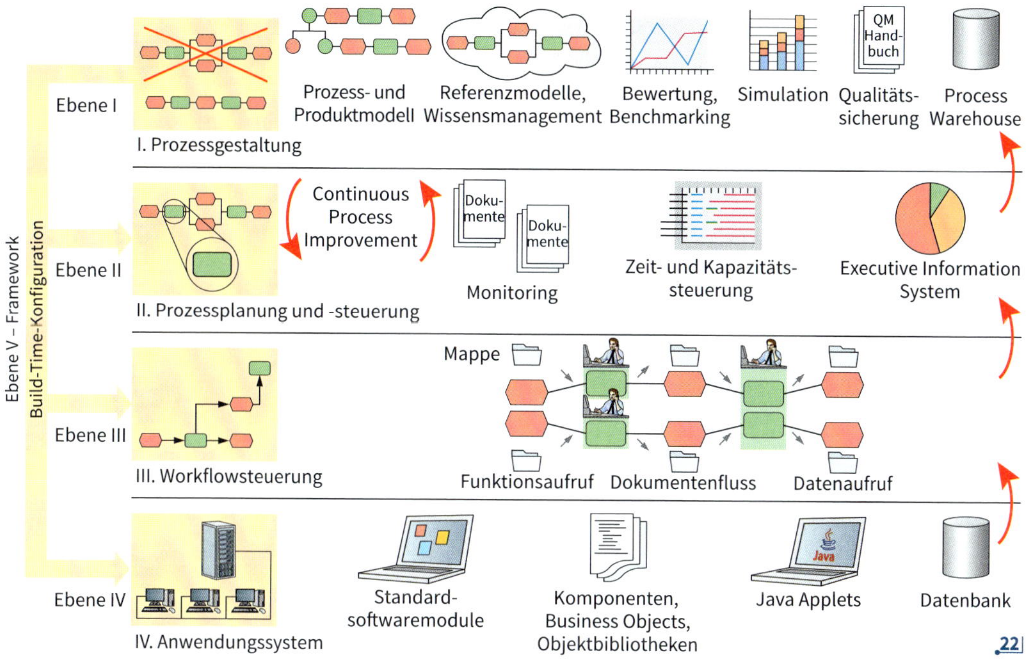


22

### Ebene I: Prozessgestaltung

- Analyse und Modellierung des Geschäftsprozesses und Optimierung der Prozessstruktur
- Unterstützung der Prozessoptimierung mit EDV-gestützten Werkzeugen, z. B. ARIS-Toolset
- Zur Einsparung von Kosten
  - eventuell Rückgriff auf Referenzmodelle (empirisch erhobene Best-Practice-Beispiele oder aus theoretischen Überlegungen)
  - Simulierung verschiedener Modelle auf dem PC zur Optimierung des Prozesses

### Ebene II: Prozessplanung und -steuerung

- Zuordnung von Funktionen (Aufgaben) auf Arbeitsplätze/ Arbeitsplatzgruppen für einen bestimmten Zeitraum
- Belegung der Abläufe mit Zeiten und Kapazitäten (Zeitabläufe geben Aufschluss über die Kapazitäts-auslastung der Arbeitsplätze und über die Dauer eines Geschäftsprozesses)
- Ermöglichung der Prozesskostenrechnung als wesentliches Steuerungsinstrument auch in der Verwaltung
- Durchführung einer mitlaufenden Kostenkalkulation von Abläufen durch den Einsatz von Workflow-Systemen

### Ebene III: Workflowsteuerung

Verfeinerung der Geschäftsprozessmodelle durch Betrachtung einzelner Vorgänge innerhalb des Prozesses:

- Zuteilung einzelner Vorgänge zu den ausführenden Organisationseinheiten
- Auswahl der günstigsten Möglichkeit bei alternativen Bearbeitungsstrategien unter Berücksichtigung aktueller Kapazitäten
- Sammlung von Informationen über realisierte Vorgänge und Ermittlung von Abweichungen von strategischen Vorgaben
- Aufzeigen kritischer Veränderungen in der Prozessentwicklung

23

### Ebene IV: Anwendungssystem

- Ebene der Prozessausführung durch Unterstützung der zur Funktionsausführung benötigten Bearbeitungsregeln
- „... ablauforganisatorische Integration der realen Aufgabenstellung (definiert in den Prozessmodellen) mit DV-Systemen (Standardsoftware, Individualsoftware) sowie Anwendungsdiensten“

23

[Quelle: Scheer, A. W./Zimmermann, V.: Geschäftsprozessmanagement und integrierte Informationssysteme, in: Töpfer, A. (Hrsg.): Geschäftsprozesse, a.a.O. 1998, S. 280]

## Sichten

Um unterschiedliche Geschäftsprozesse analysieren und darstellen zu können, werden sogenannte Sichten benutzt. („Sicht: Betrachtung einer bestimmten Ausprägung eines Geschäftsprozesses.“) 24|

[Quelle: Steinbuch, Pitter A.: Prozessorganisation, a.a.O. 1998, S. 98]

**Vorteile** der Nutzung von Sichten zur Prozessanalyse:

- Erhebliche Reduktion der Komplexität
- Einsatzmöglichkeit von speziellen, besonders geeigneten Verfahren für die verschiedenen Ausprägungen der Geschäftsprozesse
- Möglichkeit der Fokussierung auf einzelne Ausprägungen von Geschäftsprozessen bei Ausblendung anderer Gesichtspunkte
- Isolierung der verschiedenen Ausprägungen, um Experten gezielt einsetzen zu können
- Durch die Sichtendefinition liegt ein standardisierter Ordnungsrahmen für die Prozessanalyse ... vor. 24|

## ARIS-Konzept

Begriff

**ARIS**: **Ar**chitektur **i**ntegrierter Informations **s**ysteme
Konzept zur computerunterstützten Modellierung und Dokumentation von Geschäftsprozessen

Inhalt

Ausgangspunkt: Betriebswirtschaftliche Problemstellung (Geschäftsprozess)

Beschreibung des Geschäftsprozesses aus 5 **Sichtweisen:**

- Organisationssicht,
- Datensicht,
- Steuerungssicht,
- Funktionssicht,
- Leistungssicht

Zerlegung jeder Sichtweise in 3 Beschreibungsebenen **(Schichten):**

- Fachkonzeptebene,
- Datenverarbeitungskonzeptebene,
- Implementierungsebene

Sichten und Beschreibungsebenen der ARIS-Architektur.

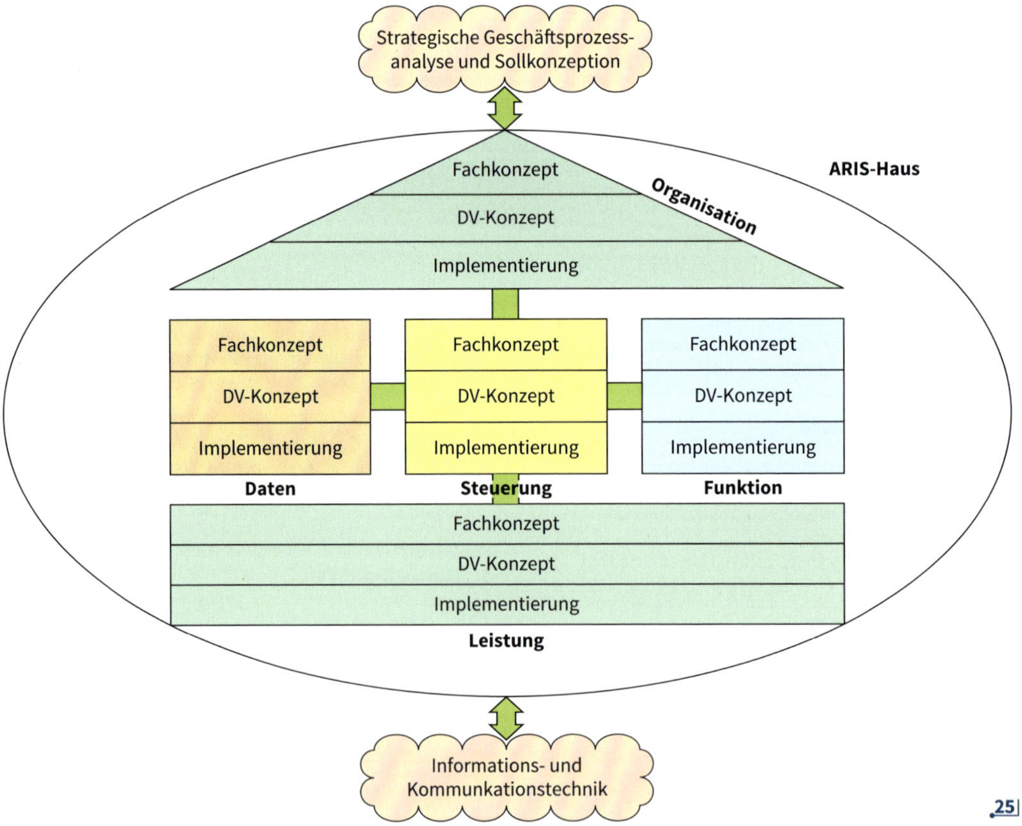


25|

## ARIS-Fachkonzeptebene

### Organisationssicht

Alle Elemente der **Aufbauorganisation**, wie Abteilungen, Stellen, Personen und deren Beziehungen zueinander, werden in der Organisationssicht beschrieben. Üblicherweise wird die Aufbauorganisation in **Organigrammen** abgebildet.

**Beispiel:** Ausschnitt aus einem Organigramm

26

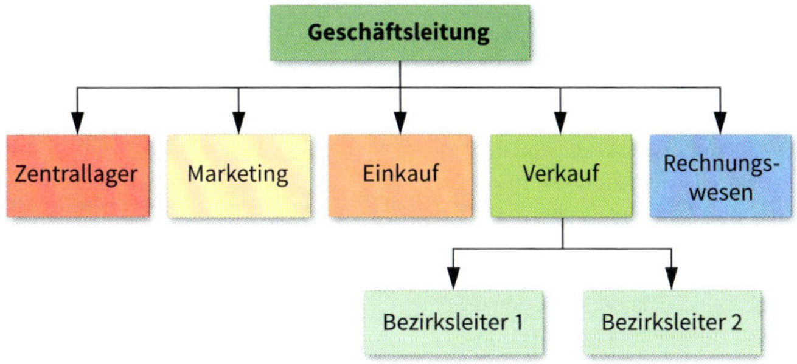


### Funktionssicht

In der Funktionssicht werden Vorgänge (Funktionen) und deren Zusammenhänge beschrieben. Als Kernmethode zur Beschreibung von Funktionen werden sogenannte **Funktionshierarchiebäume** verwendet.

**Beispiel**: Ausschnitt aus einem Funktionshierarchiebaum

27

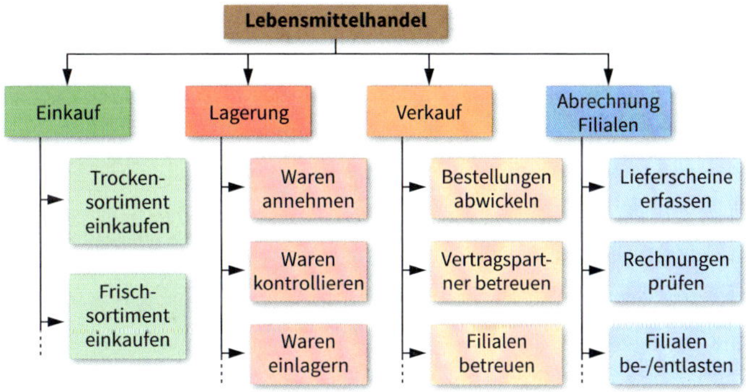


### Datensicht

Für die Gestaltung eines Informationssystems ist die Datensicht besonders wichtig. Die am weitesten verbreitete Entwurfsmethode ist das **Entity-Relationship-Modell** (ERM). Im ERM werden Entities (Objekte), Attribute und Beziehungen unterschieden. **Entities** sind reale oder abstrakte Dinge, die z. B. für einen zu analysierenden Geschäftsprozess von Bedeutung sind. Sie werden durch Rechtecke dargestellt.
**Attribute** sind Eigenschaften von Entities (Objekten), z. B. hat das Objekt Artikel eine Artikelnummer und einen Preis. Sie werden in Form einer Ellipse dargestellt.
**Beziehungen** sind logische Verknüpfungen zwischen Objekten.
Sie werden in Form einer Raute dargestellt. Der Komplexitätsgrad (Kardinalität) einer Beziehung wird dadurch bestimmt, wie viele andere Entities einem bestimmten Entity eines Typs zugeordnet werden können. Man unterscheidet 1:1-, 1:n-, n:1- und n:m-Beziehungen.

**Beispiel**: Ausschnitt aus einem Entity-Relationship-Modell

28

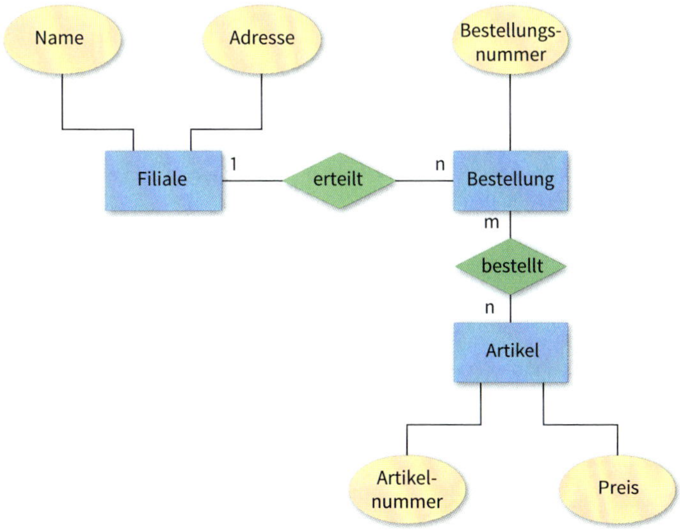

### Steuerungssicht

Wird ein Geschäftsprozess lediglich durch die 4 Sichten Organisationssicht, Datensicht, Funktionssicht und Leistungssicht beschrieben, kann zwar die Komplexität von Geschäftsprozessen reduziert werden, dafür gehen die Zusammenhänge der einzelnen Elemente zwischen den Sichten verloren. Durch die Steuerungssicht wird nun die Verbindung zwischen den anderen Sichten geschaffen.

**Erweiterte ereignisgesteuerte Prozessketten** 29
(eEPK) werden zur Beschreibung der Steuerungssicht eingesetzt (s. Abb. unten).
Sie zeigen die **Ablaufstruktur aus Ereignissen und Funktionen**. Ereignisse (z. B. Kundenbedarf) lösen Funktionen aus (z. B. Anfrage an das Unternehmen); Ereignisse sind andererseits Ergebnisse (z. B. Endergebnis „Fertigprodukt“) von Funktionen.

### Leistungssicht

In der Leistungssicht werden alle materiellen Leistungen eines Unternehmens, die Ergebnisse von (Teil-)Prozessen sind, strukturiert. Dabei handelt es sich z. B. um die Produkte und Dienstleistungen des Unternehmens.

**Beispiel**: Ausschnitt aus einem Produktbaum

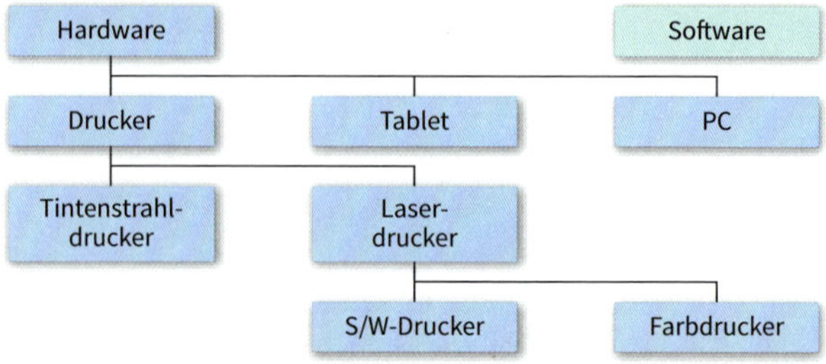


## Notation

### Begriff

Geschäftsprozesse werden in der Regel nicht als fortlaufender Text in Satzform beschrieben;
vielmehr haben sich grafische Notationen zur Beschreibung von Geschäftsprozessen durchgesetzt.

Als Standard haben sich dabei die **Ereignisgesteuerten Prozessketten (EPK)** durchgesetzt.
Daneben werden z. B. **Vorgangskettendiagramme (VKD)** und **Petri-Netze** benutzt.

**Beispiel:**
**Geschäftsprozess**
„Die eingegangene Lieferantenrechnung wird von der Rechnungskontrolle mithilfe der
- Bestellkopie und des
- Wareneingangsscheins

geprüft. Erweist sich die Eingangsrechnung bei der Rechnungsprüfung als fehlerhaft, so wird von der Rechnungskontrolle ein Begleitschreiben erstellt, in welchem der Rechnungsfehler ausgewiesen und dargestellt wird. Begleitschreiben und fehlerhafte Rechnung werden an den Lieferanten zurückgeschickt.

Ist die Eingangsrechnung fehlerfrei, so wird sie von der Buchhaltung mithilfe des Softwaresystems PROFBUCH verbucht. Die Konten werden in der Kontendatei fortgeschrieben und der Buchungssatz in der Buchungsdatei gespeichert.“ 30

[Quelle: Steinbuch, Pitter A.: Prozessorganisation, a.a.O. 1998, S. 339]

### Ereignisgesteuertes Prozesskettendiagramm

31

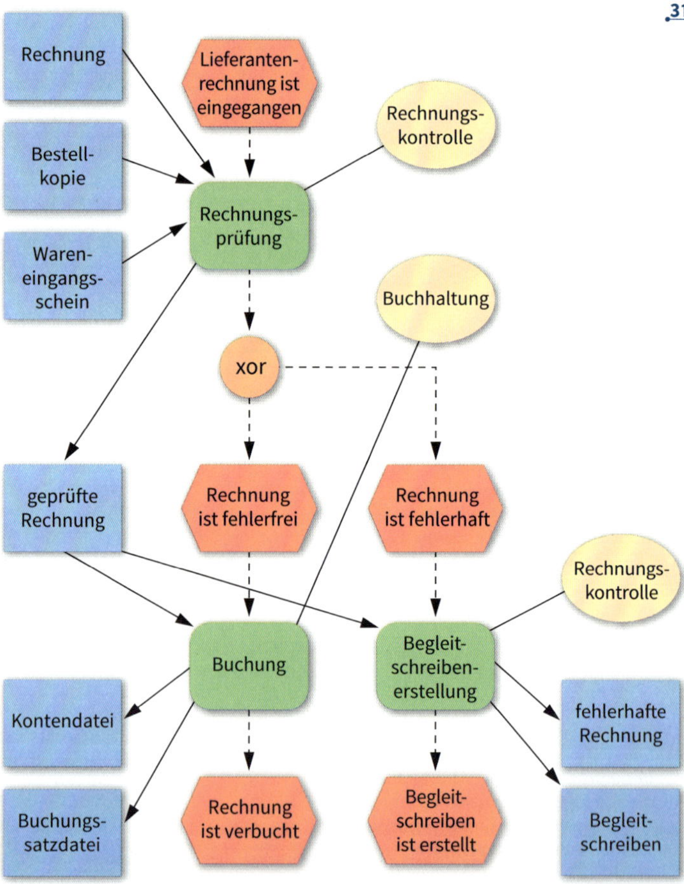

## Notation

| Sinnbilder der EPK-Technik | | | | | |
|---|---|---|---|---|---|
| Ereignis 32 | | Eingetretensein eines Zustands, der eine Folge auslöst | UND-Operator | | Verknüpfungsoperator UND |
| Funktion | | Verarbeitungsaktivität, die eine Transformation vom Eingangszustand in den Zielzustand bewirkt | ODER-Operator | | Verknüpfungsoperator ODER |
| Objekt | | Informations- oder Material- oder Ressourcenobjekt, also die Abbildung eines Gegenstands der realen Welt | EXKLUSIV-ODER-Operator | xor | Verknüpfungsoperator EXKLUSIV-ODER |
| Organisationseinheit | | Aufbauorganisatorische Stelle oder Gremium | Kontrollfluss | - - - - - -► | Ausweis der zeitlich logischen Abhängigkeiten von Ereignissen und Funktionen |
| Prozesswegweiser | | Navigationshilfe, zur Darstellung der Verbindung von einem bzw. zu einem anderen Prozess | Informations- und Materialfluss | ——► | Fluss von Informationen oder Materialien |
| | | | Organisationseinheitenzuordnung | —— | Zuordnung von Organisationseinheiten oder Ressourcen zu Funktionen |

## Verknüpfungsmöglichkeiten und -regeln ereignisgesteuerter Prozessketten

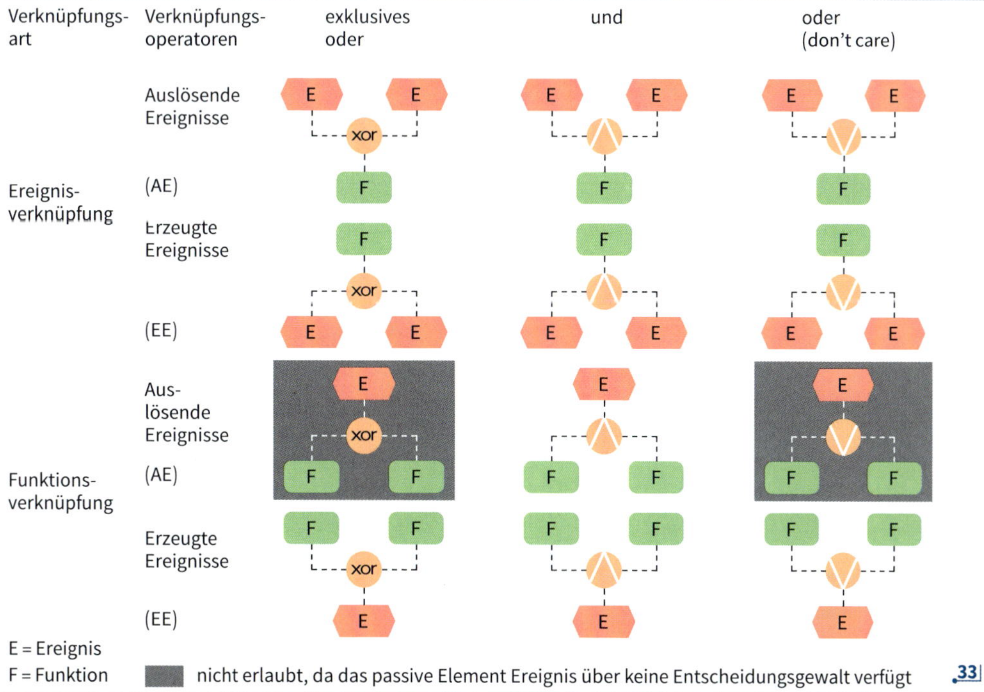


33

- Der zeitlich/logische Prozess ist auszuweisen.
- Prozessketten werden immer von einem Ereignis ausgelöst. Deswegen muss am Anfang mit einem Ereignis begonnen werden.
- Ereignisse sind nur solche Situationen, die eine oder mehrere Funktionen auslösen können oder von Funktionen ausgelöst werden.
- Im Kontrollfluss lösen sich Ereignisse und Funktionen ab.

34

- Der Informationsfluss ist nicht darzustellen, sondern nur die Informationsobjekte, also der Input und der Output.
- Entscheidungen werden ausschließlich bei Funktionen gefällt.
- Die Verknüpfungsverbote sind einzuhalten.
- Größere Prozessketten über zwei oder mehrere Seiten haben als Konnektoren zwischen den Seiten immer Ereignisse.
- Prozessketten enden immer mit einem Ereignis.

## Notation

**Petri-Netz**

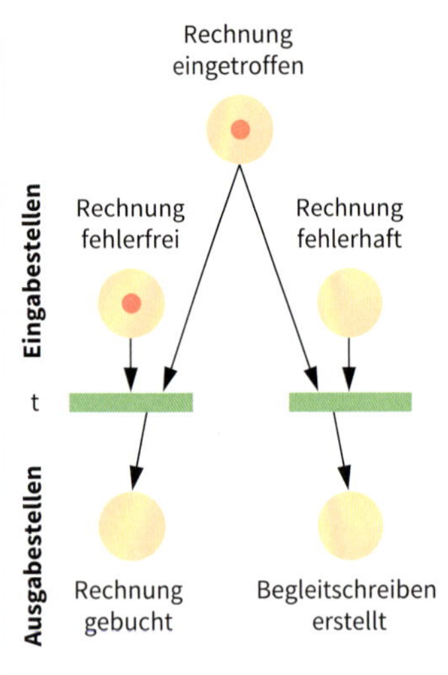


**Sinnbilder und Schaltregeln von Petri-Netzen**

| | | |
|---|---|---|
| **Stelle**<br>▪ dient als Zwischenablage von Informationen,<br>▪ auch Platz oder Zustand genannt |  | **Schaltregeln**<br>▪ Eine Transition t kann schalten (arbeiten), wenn jede Eingabestelle (dieser Transition) eine Marke enthält (Zutreffen einer Bedingung).<br>▪ Schaltet eine Transition t, wird aus jeder Eingabestelle eine Marke entfernt und zu jeder Ausgabestelle (dieser Transition) eine Marke hinzugefügt. |
| **Transition**<br>▪ Verarbeitung von Informationen,<br>▪ Weitergabe von Objekten,<br>▪ auch Zustandsübergang genannt |  | |
| **Marke**<br>▪ bezeichnet ein Objekt |  | Wenn eine Stelle mit einer Marke belegt ist, gilt der mit der Stelle beschriebene Zustand als eingetreten. |
| **Kante** |  | Stellen dürfen mittels einer Kante nur mit Transitionen verbunden werden. |

# Kontrolle von Geschäftsprozessen
## Control of Business Processes

### Erfolgsindikatoren

Nach einer **Einführungskontrolle** des neuen Geschäftsprozesses, dem Vergleich von Soll- und Istorganisation, wird eine **Zielerreichungskontrolle** durchgeführt: Festgestellte **Istergebnisse** werden mit den **Zielvorgaben** verglichen. Mithilfe von Erfolgsindikatoren kann geprüft werden, wie effektiv die Gestaltung eines Geschäftsprozesses erfolgte.

35

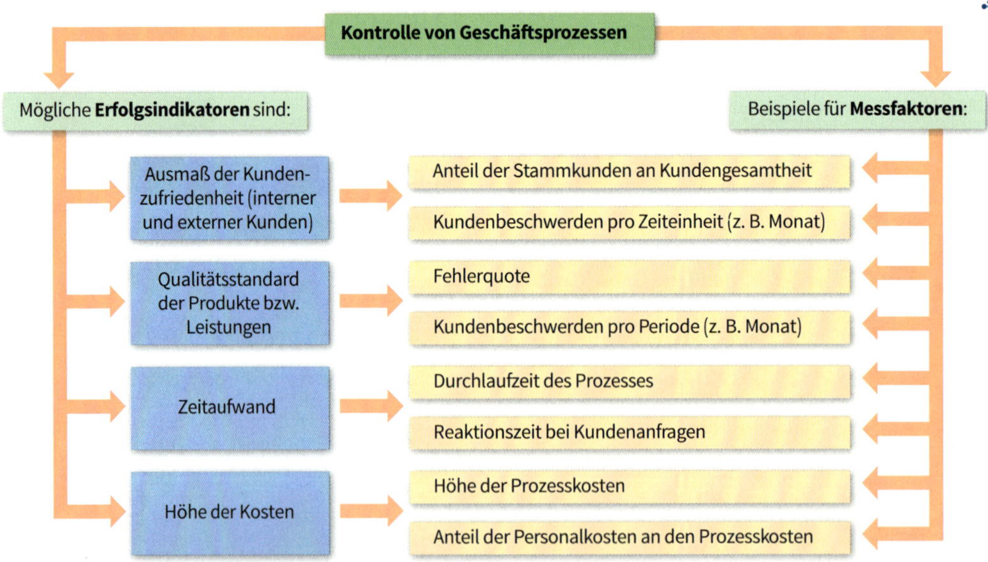


Da nicht alle Ergebnisse mengenmäßig bestimmbar sind, muss zwischen **quantitativen** und **qualitativen Messfaktoren** unterschieden werden.

## Die Marktsituation und unternehmerisches Handeln

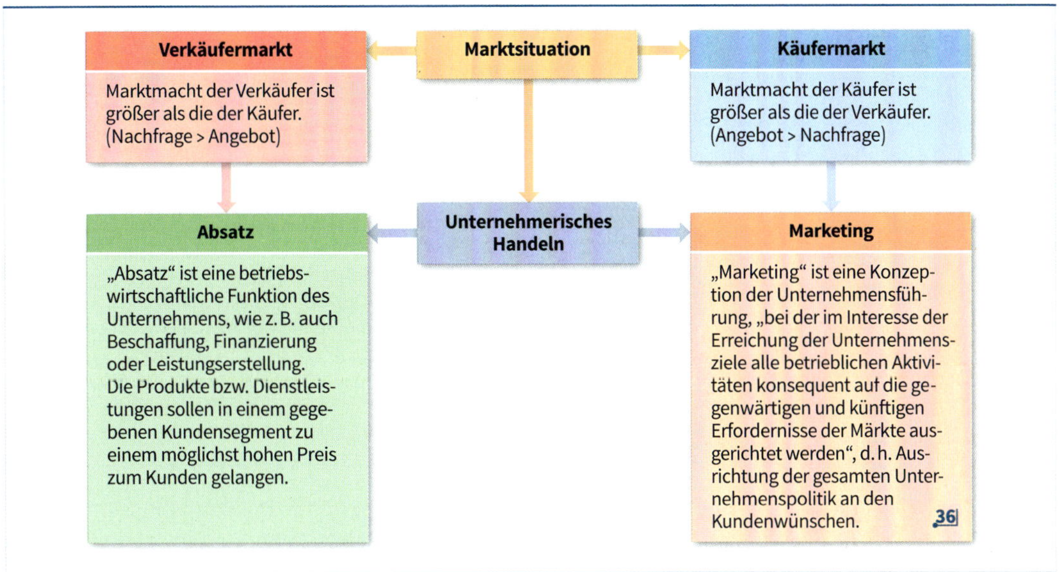


## Marketingkonzeption

Damit das IT-Unternehmen ein klares **Marketingkonzept** entwickeln kann, benötigt es genaue **Daten** über den zu bearbeitenden Markt, über die Merkmale der zu versorgenden Kunden. Eine genaue **Marktuntersuchung** liefert die entsprechenden Informationen. Daneben müssen die Mitbewerber (die Konkurrenten) auf dem Markt beobachtet und beurteilt werden, man spricht von einer **Konkurrenzanalyse**. Als Ergebnis der Abstimmung der erhobenen Daten mit der eigenen Unternehmensphilosophie (siehe auch S. 14) werden **Marketingziele** (z. B. Verstärkung der Kundenbindung) und das **Leistungsprogramm** (z. B. Umfang von IT-Services) festgelegt.

Mit ganz bestimmten absatzpolitischen Instrumenten (z. B. Leistungs-, Preis- und Werbepolitik) wird die **Marktbearbeitung** vorgenommen, damit die Unternehmens- bzw. Marketingziele erreicht werden können.

Die laufende **Überprüfung** des Marketingkonzepts führt zu neuen Daten und kann zur **Veränderung** der **Unternehmensphilosophie** und des **Marketingkonzepts** führen.

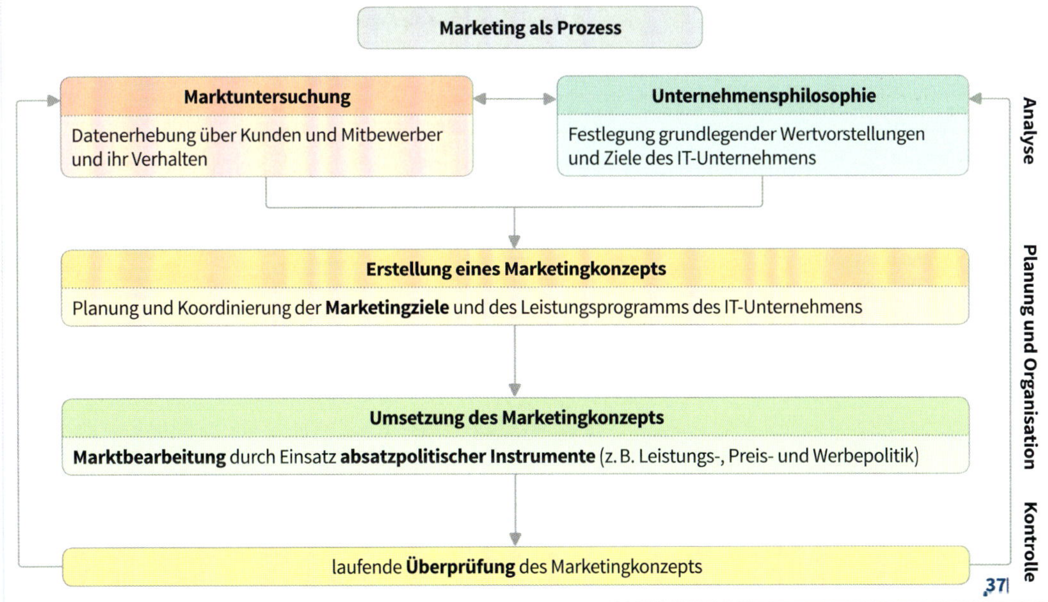

## Quantitative Analyse des Marktes

Bei der quantitativen Marktanalyse geht es um die Erfassung der mengen- und wertmäßigen Größe des Marktes sowie um die Prognose seiner Entwicklung in der Zukunft.

Dabei sind drei Marktgrößen zu unterscheiden:

Das **Marktpotenzial** entspricht der überhaupt möglichen Aufnahmefähigkeit eines Marktes für eine Güterart oder eine Art von Dienstleistungen.

Das **Marktvolumen** ist die realisierte oder prognostizierte effektive Absatzmenge aller Hersteller in einem Markt.

Der **Marktanteil** ist der realisierte Umsatz oder die realisierte Absatzmenge einer Unternehmung, ausgedrückt als Prozentsatz des Marktvolumens.

38

Marktwachstum und Marktanteil 39

| Marktvolumen \ Marktanteil | steigern | halten |
|---|---|---|
| wächst | + | + |
| stagniert | + | = |
| schrumpft | ? | – |

Absatzmenge: + steigt, – sinkt, = bleibt konstant, ? Wirkung offen

## Von der Marktuntersuchung zur Marketingkonzeption

40

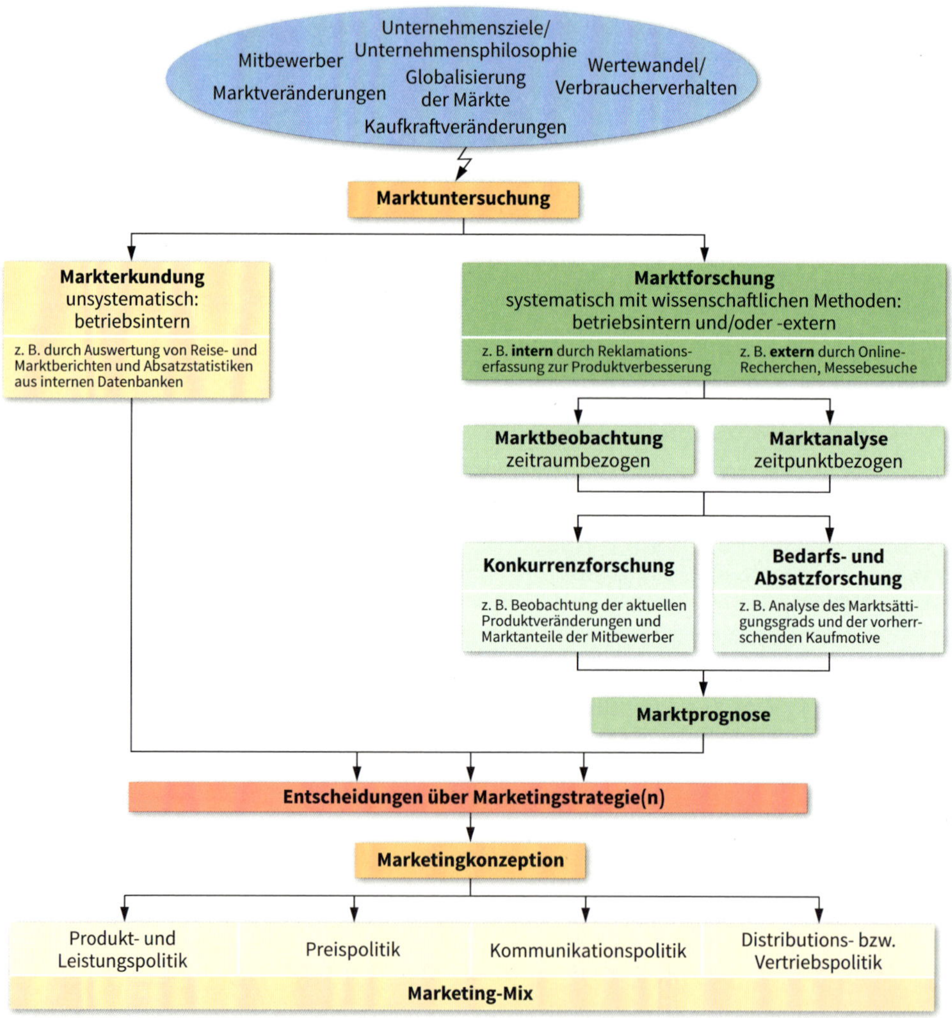

# Marktbeobachtung: Zielgruppen
Market Observation: Target Groups

**Zielgruppen der Marktbeobachtung**

- Konkurrenten (Mitbewerber)
- Kunden

# Konkurrenzanalyse
Competitor Analysis

## Untersuchungsschwerpunkte

Unternehmen erheben im Rahmen der **Konkurrenzanalyse** vor allem folgende Daten:

- Welche Konkurrenten (Mitbewerber) existieren regional, national und international?
- Welche Produkte bzw. Dienstleistungen bieten die Mitbewerber an?
- Welche Marktanteile besitzen die Mitbewerber im Hinblick auf die angebotenen Produkte bzw. Dienstleistungen im Gesamtmarkt bzw. in bestimmten Teilmärkten?
- Welche Marketingstrategie(n) verfolgen die Mitbewerber?
- Welche Stärken und Schwächen weisen die Mitbewerber auf?
- Mit welchen potenziellen Mitbewerbern muss demnächst gerechnet werden?

## Konkurrenzanalyse als Prozess

1. Bestimmung der Konkurrenzunternehmen mit ihren Produkten und Dienstleistungen
2. Erkennen der Strategien der Mitbewerber
3. Sammeln und Analysieren der Stärken und Schwächen der Mitbewerber
4. Einschätzung von Reaktionen der Mitbewerber auf (unsere) geplante(n) Marketingmaßnahme(n)
5. Festlegen von Marketingmaßnahmen gegenüber Mitbewerbern unter Berücksichtigung der eigenen Marketingsstrategie(n)

# Kundenanalyse
Customer Analysis

## Bedarfe der Kunden

Für jedes IT-Unternehmen gilt, die Bedarfe der Kunden kontinuierlich zu erfassen (z. B. in Datenbanken) und zu analysieren. Aus der Analyse der Daten lassen sich sogenannte **Kundenzielgruppen** nach übereinstimmenden Merkmalen (z. B. Umsatzhöhe, Unternehmensgröße, Bestellhäufigkeit, Unternehmensschwerpunkte, Kaufverhalten) bilden.

**Einteilung der Kunden nach Zugehörigkeit zur Kundendatei**

- Bestandskunden
- Neukunden

**Einteilung der Kunden nach Häufigkeit der getätigten Käufe**

- Stammkunden
- Laufkunden

**Einteilung der Kunden nach Umsatzanteil und ihrer Anzahl**

- A-Kunden (wenige Kunden mit hohem Umsatzanteil)
- B-Kunden (durchschnittliche Anzahl an Kunden mit mittlerem Umsatzanteil)
- C-Kunden (wenige Kunden mit geringem Umsatzanteil)

Das IT-Unternehmen muss betriebswirtschaftlich entscheiden, auf welche Kundengruppen es vornehmlich seine Marketingaktivitäten ausrichtet – in erster Linie werden es sicherlich seine A-Kunden sein. Es muss aber auch bedacht werden, dass es bestimmte B-Kunden gibt, bei denen – z. B. im Hinblick auf spezielle IT-Services – es sinnvoll erscheint, verstärkte Marketingaktivitäten zu unternehmen, damit sie langfristig zu A-Kunden werden. So können diesen Kunden z. B. bei Produktneuheiten oder neuen Serviceleistungen spezielle Einführungsrabatte gewährt werden.

# Kundenmanagement

## Customer Management

41

### Begriff und Zielsetzung

Internationaler Wettbewerbsdruck macht es für die Unternehmen zunehmend erforderlich, von der **Produkt-** zur **Kundenorientierung** überzugehen, das heißt der Kundengewinnung und -pflege erhöhte Aufmerksamkeit zu schenken.

Aufgrund der IT-Technologie ist es heutzutage möglich, zu vertretbaren Kosten mit dem **einzelnen** Kunden in Interaktion zu treten, z. B. durch die Nutzung von Datenbanken. Wird dies verwirklicht, spricht man vom **Kundenmanagement** (siehe auch S. 47 zum **C**ustomer **R**elationship **M**anagement).

### Phasen

| Phase des Kundenmanagements | Hauptaufgabe 42 |
|---|---|
| Die Zielkunden finden | ■ Zielmärkte definieren<br>■ Zielkunden gewinnen |
| Die Bedürfnisse der Zielkunden befriedigen | ■ Den Kundenwert in konkrete Kundenvorteile verwandeln<br>■ Die Marktangebote auf den Entscheidungskontext des Kunden abstimmen |
| Eine Bindung zu den Zielkunden aufbauen | ■ Loyalität der Kunden fördern<br>■ Ein Marktinformationssystem entwickeln |

**Erläuterungen:**

**Zielkunden finden**: Zu diesem Zweck wird der Gesamtmarkt in Teilmärkte, in **Marktsegmente**, zerlegt. In diesen Marktsegmenten werden die für das Unternehmen als am wichtigsten geltenden Kunden als **Zielkunden** identifiziert bzw. definiert. Da nicht alle Kunden in einem Teilmarkt gleich wertvoll für das Unternehmen sind, muss ihr **gegenwärtiger** und ihr **zukünftiger** Wert für das Unternehmen eingeschätzt werden. Die Folge könnte z. B. sein, dass man sich intensiver um die bestehenden Top-Kunden des Unternehmens kümmert, mit dem Ziel, sie langfristig an das Unternehmen zu binden.

**Bedürfnisse der Zielkunden befriedigen**: Einzelne Kundenzielgruppen erwarten je nach Marktsegment unterschiedliche oder unterschiedlich gewichtete Kundenvorteile (z. B. abhängig vom Einkommen), die vom Unternehmen individuell befriedigt werden müssen.

Wie man beim Produkt vom Produktlebenszyklus spricht, so spricht man auch beim Kunden vom **Kundenlebenszyklus:** In unterschiedlichen Lebenssituationen erwartet der Kunde andere Produkte (z. B. Kleinwagen als Jugendlicher, später Familienwagen). Die Positionierung des Produktange-bots muss darauf jeweils genau abgestimmt werden, damit die Unternehmensziele realisiert werden können.

**Bindung zu den Zielkunden aufbauen**: Das Kundenmanagement erfordert umfassende **Marktinformationssysteme**, mit denen die Kundendaten gesammelt und schließlich auch ausgewertet werden müssen.

Neben Angaben über Einkommen, Alter und Bildungsstand sind genaue Kundenpräferenzen, bestimmte Konsummuster zu erheben, man spricht von **Kundenprofildaten**. Die Erhebung der Daten muss zu passgenauen Kundenangeboten führen. Eine enge Verzahnung mit der Beschaffungsabteilung bzw. der Produktentwicklung ist aus diesem Grund notwendig. Softwaregestützte Plattformen wie **E**nterprise **R**esource **P**lanning und **S**upply **C**hain **M**anagement (siehe S. 47) unterstützen diesen Abstimmungsprozess.

Kann dem einzelnen Kunden ein individuelles Angebot unterbreitet werden, das den Kundenvorteil erhöht, lassen sich meist auch **langfristige Kundenbeziehungen** aufbauen.

# Customer Relationship Management (CRM)

Customer Relationship Management (CRM) 43

## Begriff

**CRM** stellt eine **Managementphilosophie** dar, die eine vollständige Ausrichtung des Unternehmens auf vorhandene und potenzielle Kundenbeziehungen zum Inhalt hat. Das Unternehmen hat sich also eher am Kunden und seinen Wünschen als am Produkt auszurichten.

CRM-Systeme koordinieren und optimieren marketingpolitische Entscheidungen in einem Anwendungssystem, das neben der Kunden- und Artikelstammdatenverwaltung z. B. noch die Komponenten Versandwegverfolgung und Callcenterunterstützung beinhaltet.

## Ziele

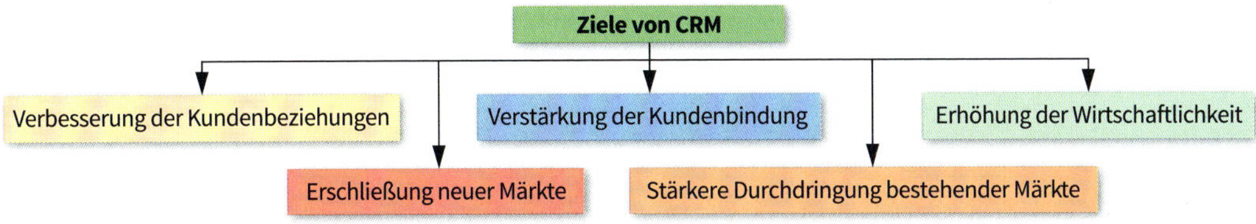


## Kundenorientierung 44

**Die zehn Gebote für kundenorientierte Unternehmen** (Auszug)

**1. Gebot**
Pflegen Sie einen engen Kontakt mit Ihren Kunden, dies gilt insbesondere für leitende Angestellte (dazu gehören: sehen, berühren, fühlen, sich treffen und in regelmäßigen Abständen – außerhalb der Geschäftsräume – ein Gespräch von Angesicht zu Angesicht mit dem Kunden zu führen).

**2. Gebot**
Machen Sie sich mit den Bedürfnissen, Erwartungen und Wünschen Ihrer Kunden vertraut. Es sollte das Ziel Ihrer gesamten Organisation sein, die Erwartungen Ihrer Kunden noch zu übertreffen.

**3. Gebot**
Überprüfen Sie regelmäßig die Zufriedenheit Ihrer Kunden mit Ihren Produkten und Dienstleistungen.
Ein ständiger Informationsfluss zwischen Ihnen und Ihren Kunden ist sehr wichtig – sei er positiv, neutral oder negativ. Verschließen Sie sich dem nicht, heißen Sie ihn willkommen!

**4. Gebot**
Konzentrieren Sie sich auf alle Ihre Leistungen, mit denen Sie die Wertschöpfung für den Kunden erhöhen, wie z. B. Qualität und Service, Umweltfreundlichkeit, Wirtschaftlichkeit, Eingehen auf die Wünsche und Bedürfnisse des Kunden, schnelle Lieferung sowie Leistung, Sicherheit u. a.

**5. Gebot**
Beziehen Sie Ihre Kunden in Ihre Entscheidungsfindung, in themenmäßige Schwerpunktgruppen, Treffen, Planungen und sogar in betriebsinterne Überlegungen ein. Schließen Sie sie nicht aus.

**6. Gebot**
Verlangen Sie von jeder Person innerhalb der Organisation, Ihre Kunden mindestens einen oder mehrere Tage im Jahr persönlich zu treffen und zu bedienen. Es gibt keinen Ersatz dafür, um am Puls Ihres Unternehmens und Ihrer Kunden zu bleiben …

[Quelle: Raab, Gerhard/Lorbacher, Nicole: Customer Relationship Management. Aufbau dauerhafter und profitabler Kundenbeziehungen, 2. Aufl., Heidelberg, Sauer-Verlag GmbH, 2002, S. 20 (verändert)]

# Supply Chain Management (SCM)

Supply Chain Management (SCM) 45

## Begriff

Bei **SCM** handelt es sich um ein **Managementkonzept**, das die Optimierung der gesamten Wertschöpfungskette zwischen den Lieferanten, Logistikdienstleistern und dem betreffenden Unternehmen durch Abstimmung des Geld-, Informations- und Materialflusses unter Umständen bis hin zum Kunden zum Inhalt hat. Gerade in Zeiten, in denen ergänzende Wertschöpfungsprozesse zunehmend in andere Unternehmen ausgelagert werden (siehe auch „Outsourcing" S. 110), ist es um so wichtiger, eng mit den Zulieferern zusammenzuarbeiten.

## Ziele

Mithilfe einer speziellen SCM-Software sollen folgende **Ziele** im Unternehmen erreicht werden:

- **Kostensenkung** im Beschaffungs-, Produktions- und Distributionsbereich durch schnelle Verfügbarkeit relevanter Entscheidungsdaten, Verringerung von Lagerbeständen und Beschleunigung von Durchlaufzeiten.
- **Zeitersparnis** durch Optimierung von Entscheidungsprozessen. Zum Beispiel kann das Unternehmen flexibler auf sich verändernde Rahmenbedingungen reagieren.
- Verbesserung der **Kundenorientierung** durch genauere Prognose von Entwicklungen entlang der gesamten Wertschöpfungskette. Zum Beispiel können Kundenwünsche umgehend an Lieferanten und Logistikdienstleister weitergeleitet werden.
- **Optimierung** von unternehmensübergreifenden **Planungs- und Steuerungsprozessen** durch enge Kooperation mit Geschäftspartnern.

# E-Commerce
E-Commerce

## Begriff

Electronic-Commerce („E-Commerce“ oder „E-Business“) ermöglicht die umfassende, **digitale Abwicklung von Geschäftsprozessen** zwischen Unternehmen und deren Kunden über private und öffentliche (Internet-)Netze. Dieser **Vertriebsweg** für Produkte und Dienstleistungen ermöglicht den Unternehmen viele neue Marketingaktivitäten in zusätzlichen Absatzmärkten. Dabei beinhaltet das Electronic-Commerce auch die digitale Bezahlung und, was digitalisierbare Güter (z. B. Musik, Videoclips) und Dienstleistungen angeht, eine digitale Übertragung.

## Ziele

E-Commerce beschleunigt die Abwicklung von Geschäftsprozessen, gestaltet häufig Prozessabläufe effizienter und senkt damit die Kosten für die Beteiligten. Auf Marktveränderungen (z. B. Preisveränderungen) kann mithilfe von E-Commerce schneller reagiert werden (z. B. über sofortigen Informationsaustausch). Außerdem kann die Reichweite von Marketingaktivitäten durch Formen des **Affiliate-Marketings**, bei der Website-Besucher durch Verlinkung mit anderen Webseiten verbunden werden, beträchtlich erhöht werden.

## Formen des E-Commerce

**B2B** = Business-to-Business: Geschäftsbeziehungen zwischen Unternehmen sowie öffentlichen Institutionen

**B2C** = Business-to-Consumer oder Business-to-Customer: „Electronic Shopping“ von Konsumenten, die über das Internet oder per Onlinedienst Waren kaufen

**B2G** = Business-to-Government: Geschäftsbeziehungen zwischen Unternehmen und staatlichen Einrichtungen

**Intra-Business:** Intra- und/oder Extranet unterstützen Geschäftsprozesse und Kommunikationsbeziehungen

## Elektronische Marktplätze im Beschaffungsprozess

Unternehmen vereinbaren mit Mitbewerbern, für den kostengünstigen Einkauf von Produkten einen gemeinsamen **Handelsplatz** im Internet einzurichten. Beispielsweise entstand über eine derartige Vereinbarung ein elektronischer Megamarktplatz für die Zuliefererbetriebe von Autokonzernen. Spezielle Softwarehäuser richten dazu geeignete **Portale** ein. Die ent-standenen **Online-Marktplätze** ermöglichen aufgrund der raschen elektronischen Reaktionsmöglichkeiten kurzfristige Dispositionen, die Preistransparenz erhöht sich. Viele Einzelarbeitsschritte des bisherigen Beschaffungsvorgangs werden verzichtbar. Die Einkäufer können sofort vergleichen, wer das günstigste Angebot offeriert; sie können sich auch zusammenschließen, um höhere Rabattsätze zu erreichen, oder sie führen Auktionen durch, bei denen die Lieferanten mit ihren Angeboten in Wettbewerb treten. Der Einkauf mittels der E-Commerce-**Plattform** führt in der Regel zu einer deutlichen Kostensenkung. Diese Preisvorteile beim Einkauf können kalkulatorisch dazu führen, dass die Unternehmen ihre Produkte und Dienstleistungen preiswerter im Absatzmarkt anbieten können. Betriebswirtschaftlich effizientere Lösungen führen somit volkswirtschaftlich zu einem verstärkten (internationalen) Wettbewerb und zu einer möglichen Erhöhung des Bruttoinlandsprodukts.

## Arten von Portalen

**Ziel:** Reduzierung der Informationsflut des Internets (Kosten- und Zeitersparnis) beim User, zielgruppenspezifisches Direktmarketing beim Anbieter (Vermeidung von Streuverlusten, Erhöhung der Kontaktrate)

↓

**Lösung:** Zielgruppenspezifischer Einsatz des Internets durch Nutzung von **Portalen**

↓

**Arten von Portalen**

**B2B-Portale**

für spezielle Produkte/Leistungen eines informationssuchenden **Unternehmers**

**Beispiel:** Ein Industriebetrieb sucht in einem Portal für Büroausstattung nach Schreibtischen.

**B2C-Portale**

für spezielle Produkte/Leistungen eines informationssuchenden **Konsumenten**

**Beispiel:** Ein Endverbraucher sucht in einem Portal für Musik nach einer CD-Rarität.

**Portal-Networks**

„Eingangstore“ für spezifische User, die Verknüpfungen zu **sämtlichen Bedürfnissen** des Users bieten

**Beispiel:** Ein Autokäufer sucht in einem Portal für Autos nach einem neuen Auto, einer geeigneten Finanzierung und einer günstigen Versicherung.

## Begriffliche Abgrenzung und Zielsetzung

Die **Zielsetzung** der Distributionspolitik, die mit den übergeordneten Zielen der Unternehmenspolitik (Unternehmensphilosophie) abgestimmt sein muss, besteht darin, „... das richtige Produkt zur richtigen Zeit, im richtigen Zustand, in der richtigen Menge am richtigen Ort den Abnehmern zur Verfügung zu stellen."

[Quelle: Knoblich, Hans: Absatzpolitik. Arbeitsbuch zu den Vorlesungen Absatzpolitik I und II, 4. Aufl., Göttingen 1994, S. 158]

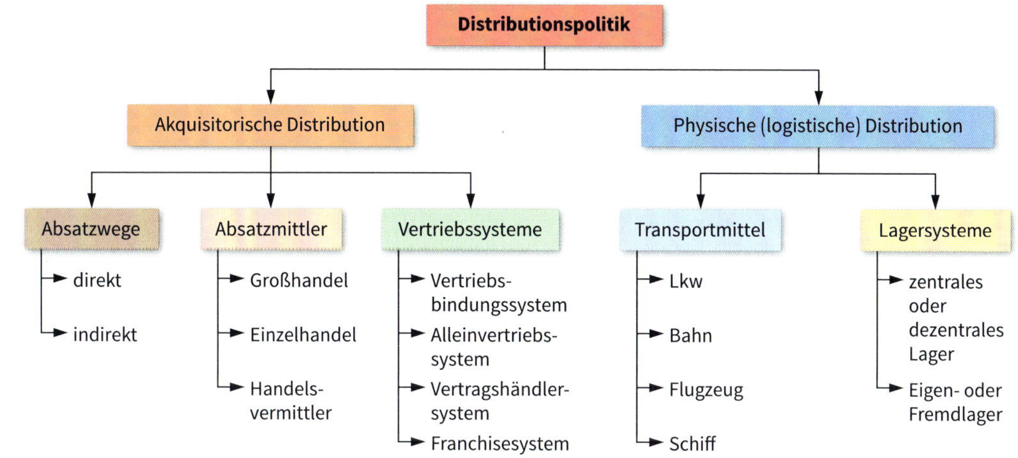


Die **akquisitorische Distribution** kann als das Management der Verteilungskanäle bezeichnet werden. Sie beschäftigt sich vor allem mit der Wahl des Distributionssystems.

[Vgl. Hüttner, a. a. O., S. 255]

Unter **physischer Distribution** (**Marketinglogistik**) versteht man die Planung, Steuerung, Realisation und Kontrolle aller Güter und Dienstleistungen, die von Anbietern zu den Abnehmern gelangen sollen.
[Vgl. Weis, H. C.: Marketing, Ludwigshafen 2007, S. 411 ff.]

## Entscheidungsbereiche der akquisitorischen Distribution

Entscheidung über den Absatzweg

### Direkter Absatzweg

Beim direkten Absatzweg übernimmt der Hersteller alle Verteilerfunktionen seines Produkts bis zum Verwender bzw. Konsumenten unter Umgehung des institutionellen Handels. Der Hersteller kann sich dabei entweder direkt an den Kunden wenden (z. B. über einen eigenen Webshop) oder es werden betriebseigene Absatzorgane (u. a. Verkaufsniederlassungen und/oder **Reisende**) dazwischengeschaltet.

### Indirekter Absatzweg

Beim indirekten Absatzweg verteilt der Hersteller sein Produkt mithilfe betriebsfremder Organe: Selbstständige Handelskettenglieder (**Groß-** und **Einzelhandel**) und/oder selbstständige Handelsvermittler (**Handelsvertreter**, **Kommissionär**, **Handelsmakler**).

### Bestimmungsfaktoren für die Wahl des Absatzwegs *

- Betriebsinterne Faktoren, wie u. a. Betriebsgröße (z. B. Groß- oder Kleinbetrieb) oder eigene Absatzorganisation (stark oder schwach ausgebaut).
- Die Eigenart der Ware, wie z. B. der Verwendungszweck (Produktionsmittel/Konsumgut) oder die Erklärungsbedürftigkeit (technische Komplexität)
- Betriebsexterne Faktoren, wie z. B. die Anzahl und Größe der Abnehmer, Entfernung zu den Absatzmärkten oder gesetzliche Bestimmungen

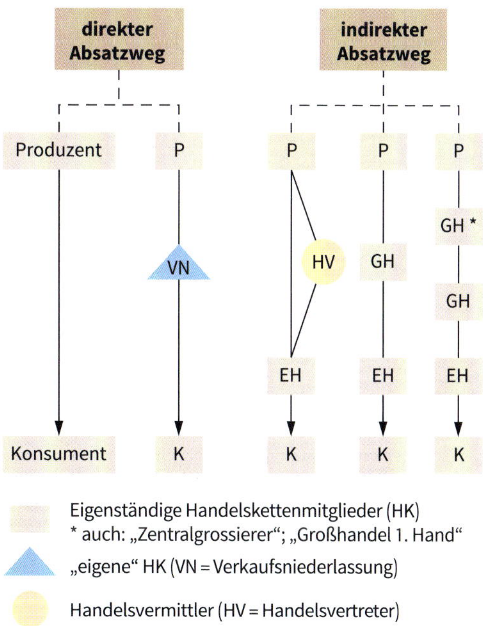


* [Vgl. Knoblich, H.: Absatzpolitik, a. a. O., S. 162 f.]

# Kontrolle von Unternehmenszielen/Verbesserungsprozesse
## Control of Business Objectives/Improvement Processes

„Nur wer sein Ziel kennt, findet den Weg". Diese Weisheit des chinesischen Philosophen Lotse trifft auch auf Unternehmen zu. Die Gesamtziele eines Unternehmens werden auf die verschiedenen Ebenen des Betriebes heruntergebrochen und bestimmen letztlich die Handlungsziele auf individueller Ebene.

### Hilfsmittel „SMART-Regeln" zur Bestimmung von Unternehmenszielen

| **SMART-Regeln**<br>(amerik.: **S**pecific **M**easurable **A**chievable **R**easonable **T**imed Bound)<br>Unternehmensziele sind … | Schlechtes Beispiel:<br>„Wir wollen den Umsatz steigern"<br>Gutes Beispiel: |
|---|---|
| **S**pezifisch: wenn sie eindeutig und klar beschrieben sind,<br>**M**essbar: wenn sie quantifizierbar sind,<br>**A**kzeptiert: wenn sie mit den Mitarbeitern vereinbart sind,<br>**R**ealistisch: wenn erreichbar, dennoch herausfordernd sind,<br>**T**erminiert: wenn konkrete Zeitangaben vorgegeben sind. | „Der Umsatz des Smartphones XI soll bis Ende des 3. Quartals 20… um 15% steigen."<br>Dieses Ziel ist eindeutig; es ist messbar; es wird akzeptiert, wenn es mit dem Mitarbeiter vereinbart wurde; die 15%-Steigerung muss erreichbar sein; der Termin der geplanten Zielerreichung ist bestimmt. |

### Messbarkeit quantitativer und qualitativer Ziele

Im Hinblick auf die Messbarkeit sind **quantitative** und **qualitative Unternehmensziele** zu unterscheiden.

- Quantitative Ziele sind durch unmittelbar oder direkt messbare Größen formulierbar. Mit solchen Größen arbeitet z. B. auch das Controlling in allen Unternehmensbereichen. Dabei kommen sowohl absolute Kennzahlen als auch Relationskennzahlen zum Einsatz.

**Beispiele unmittelbarer Messgrößen**

| Controllingbereich | Ziel | Betriebswirtschaftliche Messgröße | Dimension |
|---|---|---|---|
| Produktion | Produktion steigern | Ausbringungsmenge | Stück, kg, … |
| | Produktivität erhöhen (Output/Input) | $\frac{\text{Ausbringungsmenge}}{\text{Zahl der Arbeitsstunden}}$ | Stück, Std. |
| | Materialkosten senken | Wert des eingesetzten Fertigungsmaterials | € |
| Finanzwirtschaft | Liquidität verbessern | $\text{Barliquidität} = \frac{\text{liquide Mittel} \times 100}{\text{kurzfristige Verbindlichkeiten}}$ | €/€; % |
| | Umsatz steigern | $\text{Umsatz} = \frac{\text{Absatzmenge} \times \text{Preis}}{\text{Mengeneinheit}}$ | € |
| | Gewinn erhöhen | Unternehmensgewinn = Erträge – Aufwendungen<br>Betriebsgewinn = Umsatzerlöse – Kosten | € |
| | Eigenkapital (EK) besser verzinsen | $\text{Rentabilität des EK} = \frac{\text{Unternehmensgewinn}}{\text{Eigenkapital}} \times 100$ | €/€; % |
| | Fixkostendeckung verbessern | Periodenbezogener Deckungsbeitrag = Umsatzerlöse – variable Kosten<br>Stückbezogener Deckungsbeitrag = Preis – variable Stückkosten | € |

- Das Erreichen **qualitativer Ziele** kann nicht unmittelbar, sondern nur indirekt gemessen werden. Dazu müssen Ersatzgrößen (Indikatoren) gefunden werden, die diese Ziele zum Ausdruck bringen. Qualitative Ziele sind zum Beispiel Kundenzufriedenheit, Mitarbeiterzufriedenheit (Fluktuationsrate), Unternehmensimage (Kundenbewertungen auf Bewertungsportal – Anzahl Sterne), nachhaltige Produktion ($CO_2$-Ausstoß, Schonung von Ressourcen).

**Beispiel mittelbarer Messgrößen**

Die Kunden(un)zufriedenheit lässt sich zum Beispiel ablesen aus der Zahl der Reklamationen und aus den Ergebnissen von Kundenbefragungen. Die Anzahl der Kundenbesuche durch Außendienstmitarbeiter oder die Reaktionszeit auf Kundenanfragen können ebenfalls als Indikatoren herangezogen werden.

# Kontrolle von Unternehmenszielen/Verbesserungsprozesse
## Control of Business Objectives/Improvement Processes

### Analyse des Grades der Zielerreichung

Im Rahmen von (kontinuierlichen) Verbesserungsprozessen (**KVP**) wird der Grad der Zielerreichung kontrolliert, indem die Plan- oder Sollwerte mit den Ist-Werten verglichen, Abweichungen (insbesondere negative) identifiziert und deren Ursachen erforscht werden.

Die Länge der Kontrollintervalle hängt von der Fristigkeit der Unternehmensziele ab:

- **Langfristige Ziele** beinhalten in der Regel **Vision und Mission**. Die Vision bezieht sich auf den Zustand, in dem sich ein Unternehmen z. B. in 15 oder mehr Jahren befinden soll. Sie beschränkt sich nicht auf die wirtschaftliche Stellung beziehungsweise den messbaren Erfolg des Unternehmens, sondern drückt außerdem aus, wofür es stehen möchte. Eine Vision dient vor allem dazu, **sich selbst und die eigenen Mitarbeiter zu motivieren**. Visionen und Missionen haben dauerhaften Charakter.
- **Mittel- und kurzfristige Ziele** sind dagegen häufig zu kontrollieren, insbesondere das Erreichen der Handlungsziele auf individueller Ebene ist möglicherweise halbjährlich oder quartalsweise zu hinterfragen.

**Beispiele für mögliche Abweichungsursachen in der Produktion**

Das Brainstorming eines KVP-Workshops kann zu folgenden Ergebnissen führen: 47

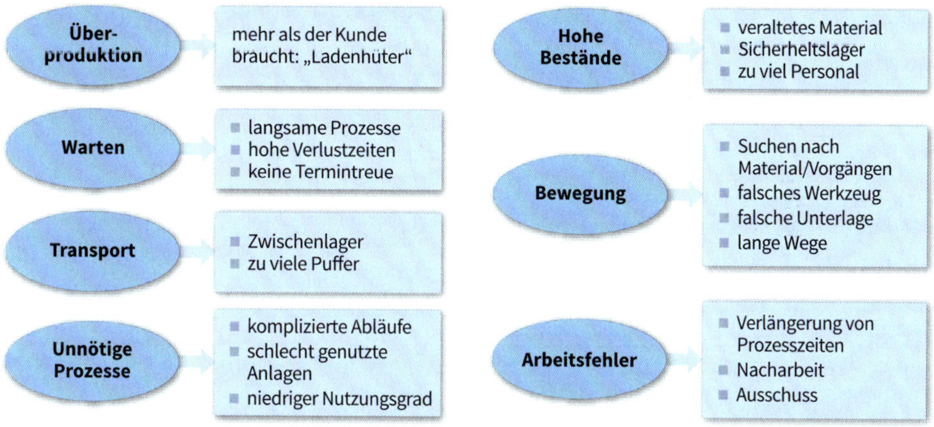


### Regelkreissystem zur Verfolgung von Unternehmenszielen

Das Ergreifen geeigneter **Maßnahmen**, insbesondere bei negativen Zielabweichungen, soll anschließend dazu führen, dass

- Ziele beibehalten, aber rechtzeitig gegengesteuert wird,
- Ziele beibehalten, aber die geplanten Messgrößen realistischer angesetzt werden oder
- Ziele auch aufgegeben werden müssen.

Beispiel: Verfolgung des Unternehmenszieles „Verbesserung der Umsatzrentabilität“

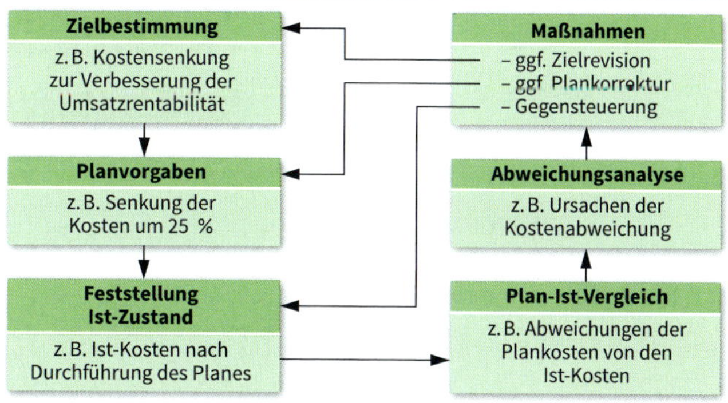


### Management by Objectives

Werden Unternehmensziele einvernehmlich zwischen Vorgesetzten und Mitarbeitern vereinbart (nicht „von oben“ vorgegeben), dann deutet das auf eine spezielle Art der Unternehmensführung hin, nämlich auf Management by Objectives:

| Begriff | Ziele | Voraussetzungen |
|---|---|---|
| Führung durch kooperative Zielfindung, wobei die Ziele keine einmal festgelegten Daten sind, sondern durch innerbetriebliche Prozesse und insbesondere den Markt beeinflusst werden und daher fortgeschrieben werden müssen | Objektivierung des Zielsetzungs- und Leistungsprozesses; eindeutige Strategien, Fortschrittsorientierung, leistungsbezogenes Vergütungssystem | Quantifizierung der Ziele; Festlegung klarer Aufgaben- und Verantwortungsbereiche und Delegation der entsprechenden Aufgaben; eindeutige Leistungs- und Beurteilungsmaßstäbe; Kontrolle durch Soll-Ist-Vergleich sowie Ermittlung und Analyse von Abweichungen |

## Firma

Die **Firma** eines Kaufmanns ist laut § 17 HGB der Name, unter dem er seine Geschäfte betreibt und die Unterschrift abgibt. Er kann unter seiner Firma klagen und verklagt werden.

## Firmengrundsätze

Damit Firmen im Markt eindeutig unterscheidbar sind, wurden sogenannte **Firmengrundsätze** aufgestellt:

### Firmenwahrheit, Firmenklarheit

Der gewählte Name soll wahr sein. Er soll keine Angaben enthalten, die geeignet sind, über geschäftliche Verhältnisse des Unternehmens, die für die Öffentlichkeit maßgeblich sind, irrezuführen (§ 18 HGB). Ein Kleinbetrieb darf also nicht unter einem Namen firmieren, der den Eindruck erweckt, es handele sich um ein Großunternehmen.

### Firmenbeständigkeit

Ändert sich der bürgerliche Name eines Kaufmanns oder wird das Unternehmen an ein anderes verkauft, so kann der alte Name des Unternehmens weitergeführt werden. Das bisherige positive Image des Unternehmens bleibt so erhalten.

### Rechtsformzusatz

Aus einem Zusatz beim Geschäftsnamen muss eindeutig hervorgehen, um welche Rechtsform es sich handelt, zum Beispiel: OHG, KG, GmbH, AG, e. K., e. Kfm., e. Kfr.

### Firmenausschließlichkeit

Jede neue Firma muss sich von allen an demselben Ort oder in derselben Gemeinde bereits bestehenden und in das Handelsregister eingetragenen Firmen deutlich unterscheiden (§ 30 HGB).

### Firmenöffentlichkeit

Jeder Kaufmann ist laut § 29 HGB verpflichtet, seine Firma in das zuständige Handelsregister eintragen zu lassen.

## Handelsregister

Jeder Kaufmann ist laut § 29 HGB verpflichtet, sein Unternehmen im Handelsregister (öffentliches Verzeichnis aller Kaufleute) anzumelden.

Die Eintragung wird im **elektronischen Unternehmensregister** (www.unternehmensregister.de) veröffentlicht.

Gegenstand der **Eintragung** sind u. a.:
- Firma,
- Sitz des Unternehmens,
- Gegenstand des Unternehmens,
- Inhaber,
- Haftungsverhältnisse,
- Rechtsform,
- besondere Rechtsverhältnisse (z. B. Prokura).

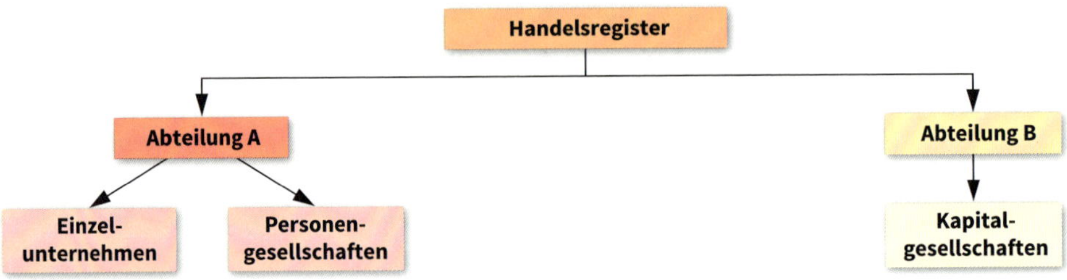


Eintragungen in das Handelsregister können sowohl **rechtserzeugend (konstitutiv)** als auch **rechtsbezeugend (deklaratorisch)** sein. Bei rechtserzeugenden Eintragungen tritt die Rechtswirkung erst durch die Eintragung ein (z. B. bei der Rechtsform von Kapitalgesellschaften).

Bei rechtsbezeugenden Eintragungen ist die rechtliche Wirkung bereits vorher eingetreten, dies wird durch die Handelsregister-Eintragung nur bestätigt (z. B. bei der Rechtsform von Personengesellschaften und der Rechtsstellung von Prokuristen).

## Bestimmungsgründe für die Wahl einer Rechtsform

Bevor eine oder mehrere Personen ein Unternehmen rechtlich gründen, müssen verschiedene Überlegungen zur **Wahl der geeigneten Rechtsform** angestellt werden:

- **Kapitalaufbringung** (Anzahl der Personen, Höhe der Kapitalsumme),
- **Haftungsumfang** (Voll- oder Teilhafter),
- **steuerrechtliche Behandlung** (z. B. des Gewinns),
- **Entscheidungsbefugnisse** (z. B. Geschäftführung, Vertretung),
- **Gewinn- und Verlustverteilung**,
- **rechtliche Vorschriften zur Mitbestimmung**.

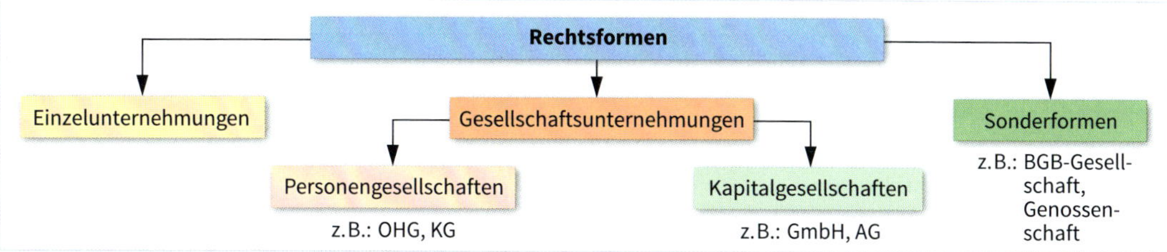


### Merkmale ausgewählter Rechtsformen

| Rechtsform / Merkmale | Einzelunternehmung | Offene Handelsgesellschaft | Kommanditgesellschaft | Gesellschaft mit beschränkter Haftung | Aktiengesellschaft |
|---|---|---|---|---|---|
| Allgemeines Merkmal | Kaufmann | Betrieb eines Handelsgewerbes | Betrieb eines Handelsgewerbes | Für jeden beliebigen Zweck | Für jeden beliebigen Zweck |
| Firma | Eingetragene(r) Kauffrau/-mann | OHG | KG | GmbH | AG |
| Anzahl der Gründer | 1 Person | mindestens 2 Personen | 2 und mehr Personen | mindestens 1 Person | mindestens 1 Person |
| Mindestkapital | Keine Vorschriften | Keine Vorschriften | Keine Vorschriften | Stammkapital (Gezeichnetes Kapital): 25 000 €[1] | Grundkapital (Gezeichnetes Kapital): 50 000 € |
| Haftung | ▪ Betriebs- und Privatvermögen<br>▪ unbeschränkt | ▪ Gesellschafter mit Einlage und Privatvermögen<br>▪ unbeschränkt, unmittelbar, solidarisch | ▪ Komplementäre: wie OHG-Gesellschafter<br>▪ Kommanditisten: beschränkt auf die Einlage | Gesellschaft beschränkt auf das Gesellschaftsvermögen | Gesellschaft beschränkt auf das Gesellschaftsvermögen |
| Gesetzliche Regelung der Geschäftsführungsbefugnis (Innenverhältnis) | Inhaber berechtigt und verpflichtet | ▪ Jeder Gesellschafter alleine<br>▪ Widerspruchsrecht des einzelnen Gesellschafters<br>▪ Zustimmung aller Gesellschafter bei außergewöhnlichen Geschäften | ▪ Komplementäre: wie OHG-Gesellschafter<br>▪ Kommanditisten: Kontrollrecht der Bilanz; Widerspruchsrecht bei außergewöhnlichen Geschäften | Der Geschäftsführer bzw. die Geschäftsführer gemeinsam | Alle Vorstandsmitglieder gemeinsam |
| Gesetzliche Regelung der Vertretungsbefugnis (Außenverhältnis) | Inhaber berechtigt und verpflichtet | Jeder Gesellschafter alleine | ▪ Komplementäre: wie OHG-Gesellschafter<br>▪ Prokuraerteilung an Kommanditisten möglich | Der Geschäftsführer bzw. die Geschäftsführer gemeinsam | Alle Vorstandsmitglieder gemeinsam |
| Gesetzliche Regelung der Erfolgsverteilung | insgesamt | ▪ Gewinn: 4 % auf die Kapitaleinlage, Rest nach Köpfen<br>▪ Verlust nach Köpfen | ▪ Gewinn: 4 % auf die Kapitaleinlage, Rest im angemessenen Verhältnis<br>▪ Verlust im angemessenen Verhältnis | Im Verhältnis der Geschäftsanteile | Im Verhältnis der Aktiennennbeträge |
| Organe | – | – | – | ▪ Geschäftsführer<br>▪ Aufsichtsrat (ab 500 Arbeitnehmern zwingend)<br>▪ Gesellschafterversammlung | ▪ Vorstand<br>▪ Aufsichtsrat<br>▪ Hauptversammlung |

[1] Das am 26. Juni 2008 vom Deutschen Bundestag beschlossene Gesetz zur Modernisierung des GmbH-Rechts und zur Bekämpfung von Missbräuchen **(MoMiG)** sieht als GmbH-Variante die **haftungsbeschränkte Unternehmergesellschaft (UG)** vor, die mit der Einzahlung von **1 Euro** durch die Gesellschafter entsteht. Diese GmbH darf ihre jährlichen Gewinne allerdings nicht im vollen Umfang ausschütten, dadurch soll das Mindeststammkapital der normalen GmbH von 25.000 Euro nach und nach angespart werden.

# Kommanditgesellschaft (KG) als Beispiel einer Personengesellschaft

## Limited Partnership (KG) as an Example of a Partnership



### Begriff

Laut § 161 HGB ist eine KG eine Gesellschaft, deren **Zweck** auf den Betrieb eines Handelsgewerbes unter **gemeinschaftlicher Firma** gerichtet ist. Bedingung ist weiterhin, dass es sowohl mindestens einen **Kommanditisten** (Teilhafter) als auch mindestens einen **Komplementär** (Vollhafter) gibt. Ein Mindestkapital ist nicht vorgeschrieben.

### Haftung und Geschäftsführung

Beim **Kommanditisten** ist die Haftung gegenüber den Gesellschaftsgläubigern auf den Betrag einer bestimmten Vermögenseinlage beschränkt, während beim **Komplementär** keine Haftungsbeschränkung existiert. Man nennt Letzteren deswegen auch persönlich haftenden Gesellschafter.

Jeder **Komplementär** haftet:

- **unbeschränkt** (mit Betriebs- und Privatvermögen),
- **gesamtschuldnerisch** (ein Gläubiger kann einzelnen Komplementär mit der Gesamtschuldsumme belasten und entsprechend verklagen),
- **unmittelbar** (ein Komplementär kann Gläubiger bei Forderung nicht auf andere Komplementäre verweisen).

Aus dieser grundsätzlichen Unterscheidung zwischen Voll- und Teilhafter ergibt sich, dass die Komplementäre die Geschäfte führen und die Kommanditisten prinzipiell von der Geschäftsführung ausgeschlossen sind. Allerdings hat der Kommanditist die Möglichkeit, bei außergewöhnlichen Entscheidungen zu widersprechen.

Die Geschäftsführung der Komplementäre ist prinzipiell eine **Einzelgeschäftsführung**, d. h., jeder kann allein Entscheidungen fällen. Nur bei **außergewöhnlichen Handlungen** (z. B. Bestellung eines Prokuristen oder Auflösung des Unternehmens) ist die Zustimmung aller Komplementäre notwendig.

Die KG wird **nach außen** durch die Komplementäre vertreten. Sie haben **Einzelvertretungsmacht**, d. h., jeder einzelne Vollhafter vertritt die KG sowohl bei gerichtlichen als auch bei außergerichtlichen Handlungen. Die Teilhafter, die Kommanditisten, haben keine Vertretungsmacht.

### Gewinn- und Verlustverteilung

In der Regel wird bei Gründung einer Kommanditgesellschaft ein **Gesellschaftsvertrag** schriftlich geschlossen. In diesem Vertrag befinden sich auch Angaben über die geplante **Gewinn- und Verlustverteilung**. Das unterschiedliche Engagement oder bestimmte Fachkenntnisse der einzelnen Gesellschafter können so von vornherein für die Ergebnisverteilung zu unterschiedlichen Anteilen führen.

Wird ein Gesellschaftsvertrag nicht vereinbart, so gilt die **gesetzliche Regelung** laut HGB. Danach erhalten sämtliche Gesellschafter zunächst 4 % auf ihr eingebrachtes Kapital. Übersteigt der zu verteilende Gewinn diese Höhe, ist der Rest im **angemessenen Verhältnis** zu verteilen.

Ein entstehender **Verlust** ist im angemessenen Verhältnis zu verteilen, allerdings kann der Kommanditist maximal bis zur Höhe seines Kapitalanteils belastet werden.

### Kündigung

Ein Kommanditist hat eine Kündigungsfrist von sechs Monaten zum Ende des Geschäftsjahrs.

### Auflösung der KG

Selbstverständlich kann eine Kommanditgesellschaft auch durch die entsprechende Entscheidung der Gesellschafter aufgelöst werden. Dazu ist ein Beschluss mit qualifizierter Mehrheit notwendig.

Beim **Tod eines Kommanditisten** übernimmt der Erbe die Pflichten und Rechte, es sei denn, etwas anderes ist im Gesellschaftsvertrag vereinbart.

# Gesellschaft mit beschränkter Haftung (GmbH)
**Limited Liability Company**

50

## Begriff und Bedeutung

Die Gesellschaft mit beschränkter Haftung ist laut § 13 f. GmbH-Gesetz eine Handelsgesellschaft mit **eigener Rechtspersönlichkeit**. Sie kann Eigentum erwerben, vor Gericht klagen und verklagt werden. Die Gesellschafter der GmbH sind mit Stammeinlagen am Stammkapital der Gesellschaft beteiligt. Die **Haftung** ist auf die Höhe des Gesellschaftsvermögens beschränkt.

Die **begrenzte Haftung** der Gesellschaft bzw. der einzelnen Gesellschafter hat dazu geführt, dass diese Rechtsform gerade in mittelständischen Unternehmen eine große Bedeutung gewonnen hat. Das Risiko der Selbstständigkeit kann somit begrenzt werden. Die Tatsache, dass eine GmbH auch nur von **einer Person** gegründet und geführt werden kann, unterstützt die Bedeutung für Kleinunternehmen.

## Firma

Die Firma, also der **Name der Gesellschaft**, kann eine Personen-, Sach- oder Fantasiefirma bzw. eine gemischte Firma sein, die zusätzliche Bezeichnung „Gesellschaft mit beschränkter Haftung" ist vorgeschrieben.

## Gesellschaftsvertrag

Der Gesellschaftsvertrag muss Folgendes enthalten:

1. Firma und Sitz der Gesellschaft,
2. Gegenstand des Unternehmens,
3. Betrag des Stammkapitals,
4. Zahl und Nennbeträge der Geschäftsanteile, die jeder Gesellschafter gegen Einlage auf das Stammkapital (Stammeinlage) übernimmt.

Der Gesellschaftsvertrag bedarf notarieller Form und ist von sämtlichen Gesellschaftern zu unterzeichnen.

## Kapitalaufbringung

Jeder Gesellschafter der GmbH leistet die sogenannte Stammeinlage als Anteil am Stammkapital der Gesellschaft. Das Stammkapital muss mindestens 25.000,00 €[1)], die Stammeinlage pro Gesellschafter mindestens 100,00 € betragen. Die Summe der Stammeinlagen muss mit dem Stammkapital übereinstimmen. Neben Geldeinlagen sind auch Sacheinlagen möglich.

## Gewinn- und Verlustverteilung

Jeder Gesellschafter hat einen Anspruch auf Gewinn im Verhältnis der Stammeinlagen (Geschäftsanteile), soweit der Gesellschaftsvertrag nichts anderes vorsieht. Entsprechendes gilt für die Verteilung von Verlusten.

## Organe

**Geschäftsführer**

Ein oder mehrere Geschäftsführer leiten die GmbH. Die Geschäftsführer können aus dem Kreis der Gesellschafter bestimmt werden, aber auch eine sogenannte dritte Person kann diese Aufgabe ausüben.

↑

**Aufsichtsrat**

Durch entsprechende Bestimmungen des Gesellschaftsvertrags kann als überwachendes Organ ein Aufsichtsrat eingerichtet werden; er ist ab 500 Arbeitnehmern gesetzlich vorgeschrieben (BetrVG). Der Aufsichtsrat wird von der Gesellschafterversammlung für vier Jahre bestellt.

↑

**Gesellschafterversammlung (Beschlussfassungsorgan der Gesellschafter)**

Die Beschlüsse (z. B. zur Gewinnverwendung oder Kapitalerhöhung) werden mit einfacher Mehrheit gefasst.

1) Das am 26. Juni 2008 vom Deutschen Bundestag beschlossene Gesetz zur Modernisierung des GmbH-Rechts und zur Bekämpfung von Missbräuchen (**MoMiG**) sieht als neue GmbH-Variante die haftungsbeschränkte **Unternehmergesellschaft** (**UG**) vor, die mit der Einzahlung von **1,00 €** durch die Gesellschafter entsteht. Diese GmbH darf ihre jährlichen Gewinne allerdings nicht im vollen Umfang ausschütten, dadurch soll das Mindeststammkapital der normalen GmbH von 25.000,00 € nach und nach angespart werden.

## Aktiengesellschaft (AG)
**Public Limited Company** 51

### Begriff

Die AG ist laut §1 AktG eine Gesellschaft mit eigener Rechtspersönlichkeit, bei der nur mit dem Gesellschaftsvermögen gehaftet wird. Diese Rechtsform hat ein in **Aktien** (Anteile) zerlegtes **Grundkapital**, das mind. 50.000 € aufweisen muss.

Bei den Aktien wird zwischen dem aufgedruckten **Nennbetrag** (Nennwert) und dem sich aufgrund von Angebot und Nachfrage an der Börse ergebenden **Kurswert** unterschieden.

### Bedeutung

Aktiengesellschaften bieten die Möglichkeit, große Geldsummen über die Ausgabe von Aktien aufzubringen. Damit können **Großinvestitionen** (z. B. Luft- und Raumfahrttechnik) vorgenommen werden, die bei anderen Rechtsformen häufig am Kapitalmangel scheitern. Ein zusätzlicher Vorteil ist bei börsennotierten Aktiengesellschaften die **leichte Übertragbarkeit** der Aktien.

### Organe

**Vorstand**

Leitendes/ausführendes Organ
(vertritt die AG nach außen, stellt Jahresabschluss und Lagebericht vor, beruft die Hauptversammlung ein)
Er wird höchstens auf 5 Jahre bestellt und besteht aus mindestens einer Person. Der Vorstand hat umfassende Berichtspflichten gegenüber dem Aufsichtsrat

↑ bestellt den Vorstand

**Aufsichtsrat**

Überwachendes Organ (Kontrollorgan)
(überwacht die Geschäftsführung und hat Recht auf Einsicht und Prüfung der Bücher)
Er wird auf 4 Jahre gewählt. Der Aufsichtsrat besteht aus mindestens drei Mitgliedern.

↑ wählt Aktionärsvertreter des Aufsichtsrats

**Hauptversammlung**

Beschlussfassendes Organ
(die Aktionäre haben Stimmrecht nach Nennbeträgen; sie entscheiden u. a. über die Verwendung des Bilanzgewinns)

## Einzelunternehmung
**Sole Proprietorship** 52

Viele mittelständische Unternehmen nutzen die Rechtsform der Einzelunternehmung. Die Darstellung der Vorteile dieser Rechtsform verdeutlicht, warum sie so weit verbreitet ist.

**Vorteile**:

- alleinige Entscheidungsfindung des Geschäftsinhabers
- rasche Entscheidungsfindung
- Gewinn steht allein dem Geschäftsinhaber zu

**Nachteile**:

- begrenzte Möglichkeit der Eigenkapitalerhöhung
- begrenzte Kreditwürdigkeit bei Aufnahme von Krediten
- unbeschränkte Haftung des Eigentümers

## Wirtschaftsorganisationen am Beispiel des Bitkom e.V.

„1999 gegründet, vertreten wir heute mehr als **2.000 Mitgliedsunternehmen** – darunter rund 1.000 leistungsstarke KMUs, über 500 innovative Tech-Startups, nahezu die Hälfte der 40 DAX-Unternehmen und viele weitere Global Player.
Unsere Mitglieder bieten Software und IT-Services, Telekommunikations- oder Internetdienste, stellen Geräte und Bauteile her, sind im Bereich der digitalen Medien oder der Netzwirtschaft tätig oder in anderer Weise Teil der digitalen Ökonomie. Darüber hinaus schließen sich immer mehr Unternehmen, die derzeit ihre gewachsenen Geschäftsmodelle digital weiterentwickeln wollen, quer durch alle Branchen dem Bitkom an.
Übergeordnetes Ziel des Bitkom ist es, Deutschland zu einem führenden Digitalstandort zu machen, die digitale Transformation der deutschen Wirtschaft und Verwaltung voranzutreiben, digitale Souveränität zu stärken und eine breite gesellschaftliche Teilhabe an den digitalen Entwicklungen zu erreichen. Dabei geht es bei unseren Bemühungen um den beschleunigten Ausbau von Gigabitnetzen und digitalen Infrastrukturen für Energie und Verkehr, für den Handel und Smart Homes, für Städte und Regionen. Es geht um die politische Flankierung datengetriebener Geschäftsmodelle, um Schutz und Sicherheit, Plattformmodelle, disruptive Technologien und die Arbeit 4.0.“ 53

## Berufsvertretungen und Gewerkschaften

Laut Artikel 9 des **Grundgesetzes** können zur Wahrung und Förderung der Wirtschaftsbedingungen Vereinigungen von Jedermann gebildet werden. Diese sogenannte **Koalitionsfreiheit** bezieht sich vor allem auf **Gewerkschaften** (Arbeitnehmervereinigungen) und **Arbeitgeberverbände**. Diese Organisationen sind in der Regel Branchenvereinigungen (z. B. die IG Metall), die wiederum jeweils in sogenannten Dachverbänden zusammengeschlossen sind, wobei der Dachverband BDA keine Tarifverträge abschließt, sondern nur die jeweiligen Branchenarbeitgeberverbände.

54

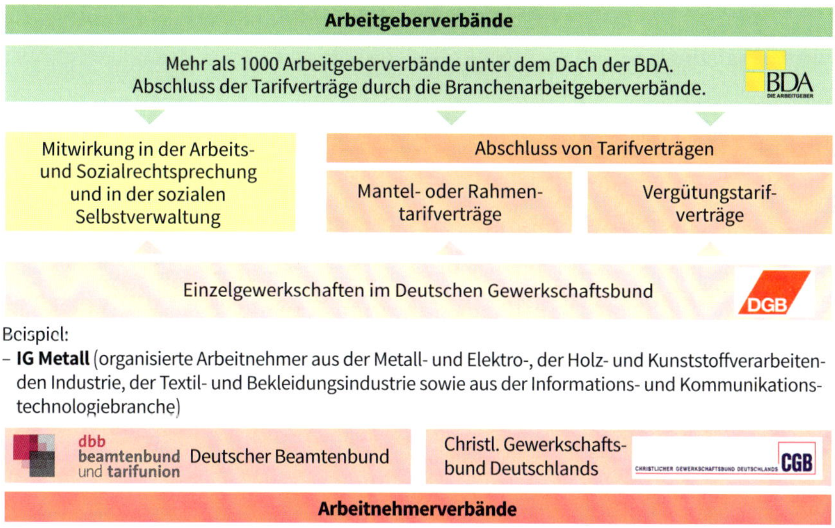


Sogenannte **Berufsverbände** vertreten die Interessen ihrer berufsbezogenen Mitglieder (z. B. Ingenieure) gegenüber staatlichen Institutionen (z. B. Ministerien), dem Gesetzgeber, Unternehmen, Medienvertretern oder allgemein der Öffentlichkeit. Aufgrund ihrer berufsfachlichen Ausbildung oder langjährigen beruflichen Erfahrungen können natürliche Personen Mitglied eines oder sogar mehrerer Berufsverbände sein.
Mitglieder von sogenannten **Fachverbänden** können neben natürlichen Personen auch juristische Personen oder Körperschaften sein.

## Industrie- und Handelskammern

Diese Kammern sind regional gegliederte Selbstverwaltungsorganisationen von Unternehmen der gewerblichen Wirtschaft. Es besteht für die betroffenen Gewerbetreibenden Zwangsmitgliedschaft. Die IHKs beraten ihre Mitglieder in wirtschaftlichen Angelegenheiten und vertreten ihre Interessen gegenüber Staat und Öffentlichkeit. Die Kammern sind Träger der dualen Berufsausbildung. Spitzenorgan der 82 IHKs ist der deutsche Industrie- und Handelskammertag (DIHK).

## Lobbyismus

Ob Wirtschaftsorganisationen, Berufsvertretungen oder Gewerkschaften - sie alle verstehen sich als **Interessenvertretungen** ihrer Mitglieder. Sie versuchen über ihre Öffentlichkeitsarbeit Einfluss auf die Entwicklung der Gesellschaft zu nehmen, was in einer **pluralistischen Gesellschaft** bewusst so gewollt ist. Zu einem Problem wird die Interessenvertretung erst durch einen übertriebenen **Lobbyismus**, bei dem sich die Allgemeinheit durch gezielte Einwirkungen der Interessensverbände auf die parlamentarischen Gremien (z. B. Bundestag) entmachtet fühlt.

## Bausteine der Sozialen Marktwirtschaft

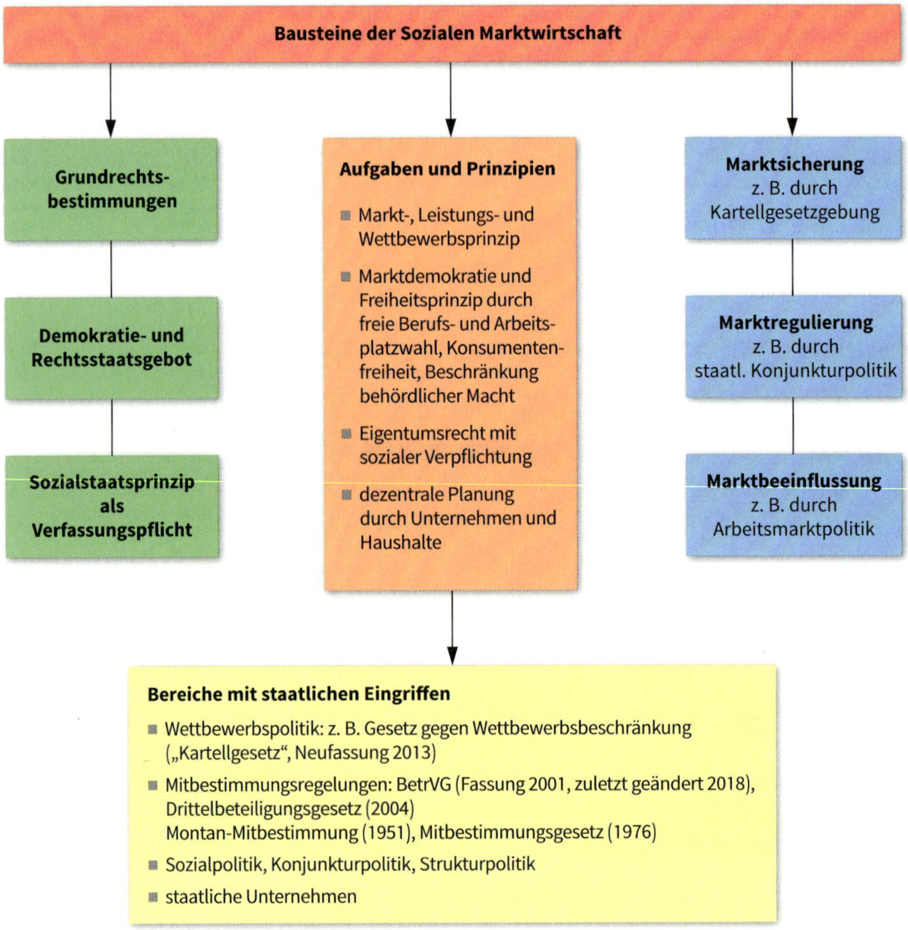


55

## Instrumente staatlicher Wettbewerbspolitik

Unter staatlicher Wettbewerbspolitik ist zum einen die **aktive Förderung des Wettbewerbs**, z. B. durch eine unabhängige, öffentlich geförderte Forschung bei kleineren und mittelgroßen Unternehmen, zu verstehen. Andererseits bedeutet staatliche Wettbewerbspolitik, dass **Unternehmenszusammenschlüsse**, die gegen die Prinzipien des freien Wettbewerbs verstoßen, zu verbieten und unter Strafe zu stellen sind.

Hierüber wacht auf der Grundlage des **Gesetzes gegen Wettbewerbsbeschränkung** (**GWB**) das Bundeskartellamt in Bonn. Dessen Wirken hat schon vielfach dazu geführt, dass Firmenzusammenschlüsse verhindert wurden, die zu einer marktbeherrschenden Stellung von Unternehmen geführt hätten.

## Instrumente internationaler Wettbewerbspolitik

Auf EU-Ebene wurde 1989 eine wirksame **Fusionskontrolle** institutionalisiert. Dafür ist die EU-Kommission zuständig. Bei ihr müssen Unternehmenszusammenschlüsse von EU-weiter Bedeutung ab einer bestimmten Größenordnung angemeldet bzw. von der EU-Kommission geprüft werden. Liegt durch den Zusammenschluss eine marktbeherrschende Stellung vor, ist die Fusion zu untersagen. Seit 1991 existiert ein Abkommen zwischen den USA und der EU, um marktbeherrschende Zusammenschlüsse von Unternehmen aus beiden Wirtschaftsräumen zu beschränken.

## Formen der Arbeitsteilung

**Arbeitsteilung**: Aufteilung der Produktion von Gütern und Dienstleistungen in Teilprozesse

**Formen der Arbeitsteilung**

- **betriebliche Arbeitsteilung:** Aufteilung von Arbeitsprozessen nach Abteilungen oder Arbeitsbereichen, z. B.: Einkauf, Produktion, Vertrieb, Rechnungswesen/Controlling
- **überbetriebliche Arbeitsteilung:** Hierbei unterscheidet man **berufliche**, **volkswirtschaftliche** (nationale) und **internationale** Arbeitsteilung.

**berufliche Arbeitsteilung**

Spezialisierung auf bestimmte Tätigkeiten in unterschiedlichen Berufen, z. B.:

- IT-Systemelektroniker/-in
- IT-Systemkaufmann/-frau
- Diplom-Ingenieur/-in

**volkswirtschaftliche Arbeitsteilung**

**vertikale Arbeitsteilung**

Arbeitsteilung nach Wirtschaftsstufen:

- Urproduktion
- Weiterverarbeitung
- Dienstleistungen

**horizontale Arbeitsteilung**

Spezialisierung innerhalb einer Wirtschaftsstufe, z. B. im Dienstleistungsbereich:

- Großhandel
- Einzelhandel
- Tranportunternehmen
- Banken

**internationale Arbeitsteilung**

Spezialisierung einzelner Nationen oder Wirtschaftsräume (meist Folge historischer Entwicklungen, wie der Globalisierung), z. B.:

- Rohstoffländer
- Industrieländer

## Positive und negative Auswirkungen der Arbeitsteilung

56

**Knappheit** – verlangt → **Wirtschaften** – bedeutet → **Arbeitsteilung**

**Positive Wirkungen**

- Steigerung der Produktivität und verbesserte Versorgung mit Gütern
- Rationelles Wirtschaften
- Steigerung des allgemeinen Wohlstands
- Förderung des Weltfriedens durch die internationale Wirtschaftsverflechtung

**Negative Wirkungen**

- Abhängigkeiten durch Verzicht auf Selbstversorgung
- Zunahme wirtschaftlicher und damit politischer Macht
- Weniger Unüberschaubarkeit des Wirtschaftsprozesses
- Motivationsverlust

**Arbeitsteilung** – verlangt →

- Koordination und Integration der einzelnen Wirtschaftsprozesse auf nationaler und internationaler Ebene
- Durchsetzung des Leistungsprinzips

## Wirtschaftliche Verflechtungen
**Economic Interdependencies**

Wirtschaftliche Verflechtungen von Unternehmen, befeuert durch die zunehmende Globalisierung der Wirtschaft, finden aus vielen Gründen auf unterschiedlichen Ebenen sowie in unterschiedlicher Intensität statt.

### Gründe von Unternehmenszusammenschlüssen

- Verringerung hoher Forschungs- und Entwicklungskosten
- Verbreiterung der Kapitalbasis
- Streuung des unternehmerischen Risikos
- Ausnutzung von Rationalisierungsvorteilen
- Erhöhung des Auslastungsgrads der Produktionsanlagen
- Erschließung neuer Beschaffungs- oder Absatzmärkte
- Begrenzung des Wettbewerbs/Aufteilung von Märkten

### Formen von Unternehmenszusammenschlüssen

**Unternehmenszusammenschlüsse**

nach der Richtung

- Horizontal (Unternehmen gleicher Produktions- bzw. Handelsstufen)
- Vertikal (Angliederung vorgelagerter oder nachgelagerter Produktions- oder Handelsstufen)
- Diagonal oder anorganisch (Angliederung branchenfremder Produktions- oder Handelsstufen)

nach dem Grad der Selbstständigkeit

- Arbeitsgemeinschaft
- Konsortium
- Interessengemeinschaft
- Kartell
- Konzern
- Fusion

### Kooperation

#### Arbeitsgemeinschaft

Beschränkte Zusammenarbeit von Unternehmen in ausgewählten Teilbereichen – in der Regel in Form einer vertraglichen Vereinbarung –, z. B. Bildung einer Werbegemeinschaft in einer Fußgängerzone. Die beteiligten Unternehmen behalten ihre rechtliche, größtenteils auch ihre wirtschaftliche Selbstständigkeit.

#### Konsortium

Unternehmen schließen sich für einen begrenzten Zeitraum zusammen, z. B. in Form einer BGB-Gesellschaft, um ein gemeinsames Projekt, z. B. Bau einer Autobahntrasse, durchzuführen. Die wirtschaftliche Selbstständigkeit wird nur in sehr geringem Umfang begrenzt.

#### Interessengemeinschaft

Unternehmen schließen sich zusammen, z. B. in Form einer BGB-Gesellschaft, um gemeinsam unternehmerische Tätigkeitsfelder zu bearbeiten, z. B. gemeinsame Forschung. Die wirtschaftliche Selbstständigkeit wird dadurch eingeschränkt.

#### Kartell

Ein vertraglicher Zusammenschluss rechtlich selbstständiger Unternehmen, die einen Teil ihrer wirtschaftlichen Selbstständigkeit mit dem Ziel aufgeben, den Wettbewerb zu beeinflussen oder auszuschalten, wird als Kartell bezeichnet. Der Begriff „Kartell" ist vom Lateinischen „charta" abgeleitet und bedeutet Schreiben oder Vereinbarung.

Verboten ist z. B. ein Preiskartell, bei dem die beteiligten Unternehmen für ein Produkt einen Einheits-, Höchst- oder Mindestpreis sowie zugehörige Produktions- oder Beschaffungsmengen vereinbaren.

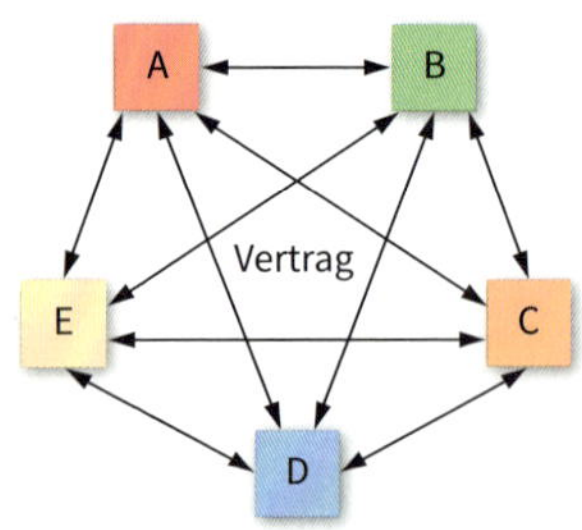

## Konzentration

### Konzern

Zusammenschluss von Unternehmen unter einheitlicher Leitung, die ihre rechtliche Selbstständigkeit behalten, ihre wirtschaftliche Selbstständigkeit dagegen völlig verlieren. Eine besondere wirtschaftliche und politische Bedeutung erlangen die sogenannten Multis (multinationale Konzerne). Prinzipiell kann zwischen Unterordnungs- und Gleichordnungskonzernen unterschieden werden.

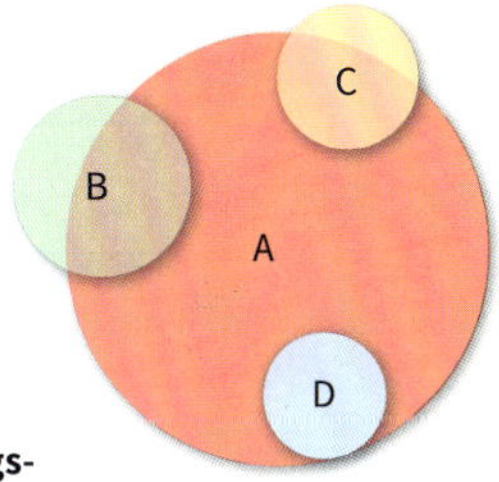


**Unterordnungs-konzern**

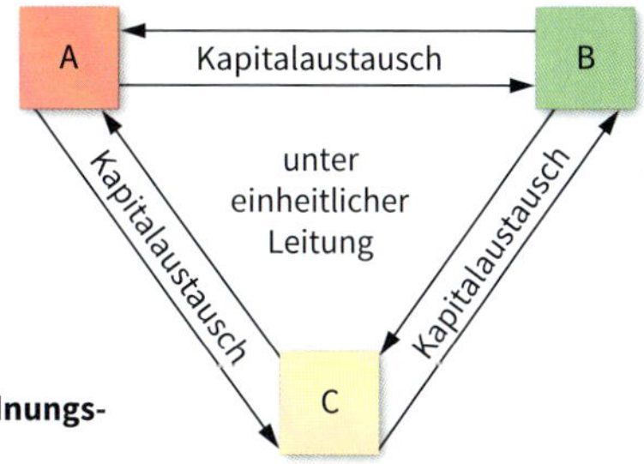


**Gleichordnungs-konzern**

### Fusion

Ehemals rechtlich und wirtschaftlich selbstständige Unternehmen schließen sich zu einem (neuen) Unternehmen zusammen, z. B. Verschmelzen eines deutschen und eines ausländischen Automobilunternehmens.

Unterschieden werden sogenannte „freundliche Übernahmen" (**mit Einverständnis** des übernommenen Unternehmens) und „feindliche Übernahmen" (**gegen den Willen** des übernommenen Unternehmens).

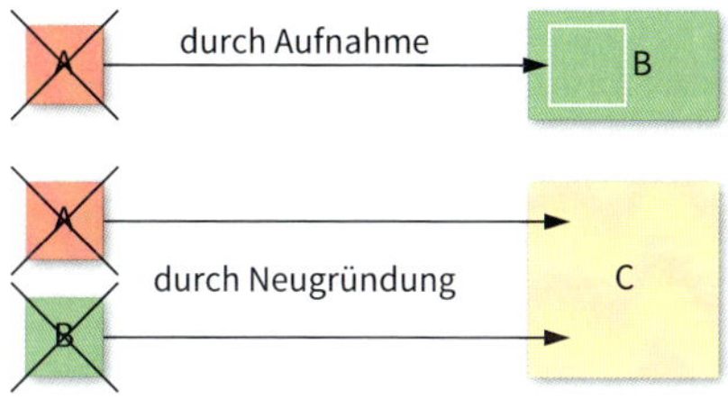


## Wettbewerbsrechtliche Regelungen nach dem Gesetz gegen Wettbewerbsbeschränkung (GWB)

Nach § 1 GWB gilt grundsätzlich ein **Kartellverbot:**

*„Vereinbarungen zwischen Unternehmen, Beschlüsse von Unternehmensvereinigungen und aufeinander abgestimmte Verhaltensweisen, die eine Verhinderung, Einschränkung oder Verfälschung des Wettbewerbs bezwecken oder bewirken, sind verboten."*

Gemäß § 2 GWB müssen Unternehmen grundsätzlich selbst prüfen, ob die von ihnen getroffenen (wettbewerbsbeschränkenden) Vereinbarungen mit anderen Unternehmen erlaubt sind (**freigestellte Vereinbarungen**). Dieses Selbstprüfungssystem kann zu einer falschen Beurteilung führen und birgt das Risiko in sich, dass gegen das Unternehmen Bußgelder oder Schadensersatzansprüche erhoben werden.

Für mittelständische Unternehmen gelten Ausnahmeregelungen nach § 3 GWB (**Mittelstandskartelle**).

## Bewertung der Marktstellung eines Unternehmens im Verhältnis zu seinen Wettbewerbern

Gemäß § 18, Abs. 3 GWB sind u. a. insbesondere zu berücksichtigen sein Marktanteil, seine Finanzkraft, sein Zugang zu den Beschaffungs- und Absatzmärkten, seine Verflechtung mit anderen Unternehmungen sowie mögliche rechtliche oder tatsächliche Schranken für den Marktzutritt anderer Unternehmen.

Mit der 9. Novelle des GWB zum 1. Juni 2017 hat der Gesetzgeber auf die Entwicklung der **digitalen Märkte** reagiert. Zur Bewertung der Marktstellung sind nach § 18 Abs. 3a GWB zusätzlich folgende Faktoren zu berücksichtigen: Netzwerkeffekte, Skaleneffekte, Zugang zu wettbewerbsrelevanten Daten sowie innovationsgetriebener Wettbewerbsdruck.

Außerdem wird in Abs. 2a GWB bestimmt, dass auch dann ein kartellrechtlich relevanter Markt vorliegt, wenn eine Leistung unentgeltlich erbracht wird, z. B. bei Suchmaschinen und Vergleichsportalen.

## Missbrauch einer marktbeherrschenden Stellung

Nach § 19 GWB ist die **missbräuchliche Ausnutzung** einer marktbeherrschenden Stellung durch ein oder mehrere Unternehmen verboten.

*„Ein Unternehmen ist marktbeherrschend, soweit es als Anbieter oder Nachfrager einer bestimmten Art von Waren oder gewerblichen Leistungen auf dem sachlich und räumlich relevanten Markt 1. ohne Wettbewerber ist oder keinem wesentlichen Wettbewerb ausgesetzt ist oder 2. eine im Verhältnis zu seinen Wettbewerbern überragende Marktstellung hat."*

**Globalisierung**

Verstärkung der internationalen Arbeitsteilung zu einer zunehmend verflochtenen, mittlerweile fast grenzenlosen mobilen Weltwirtschaft.

**Ursachen**

- Neue Kommunikationstechnologien (z. B. Internet) ermöglichen einen weltumspannenden Austausch von Waren, Dienstleistungen, Kapital und Arbeit
- Technisches Know-how und unternehmerisches Wissen können weltweit transferiert werden
- Fehlendes Kapital kann in unterentwickelten Regionen durch Investitionen ausländischer Unternehmen ausgeglichen werden
- Ausgefeilte Produktionstechnologien und hohe Produktqualität sind immer weniger standortgebunden

**Chancen**

- Nutzung von Kostenvorteilen in allen Wirtschaftsbereichen
- Anschluss unterentwickelter Regionen an weltwirtschaftliche Standards durch verstärkte Konkurrenzbeziehungen im Welthandel
- Zunahme kultureller Akzeptanz der unterschiedlichen Weltregionen
- Abbau der Gefahr von Kriegen durch zunehmende weltwirtschaftliche Abhängigkeiten

**Risiken**

- Bedrohung historisch gewachsener Sozialstandards (z. B. Sozialversicherung) durch den zunehmenden Globalisierungsdruck
- Verschlechterung der Umweltbedingungen durch eine verstärkte Wirtschaftstätigkeit
- Machtverlust von Nationalstaaten zugunsten von weltweit operierenden Konzernen („Global Players“)
- Gefahr einer ruinösen Konkurrenz zwischen den einzelnen Wirtschaftsregionen („Globalisierungsfalle“)

vgl.: Böker, Jürgen u. a.: Wirtschaftspolitik/Wirtschaftsordnung, Lehrerband, Winklers Verlag Darmstadt 2005, S. 41

## Welthandelsströme

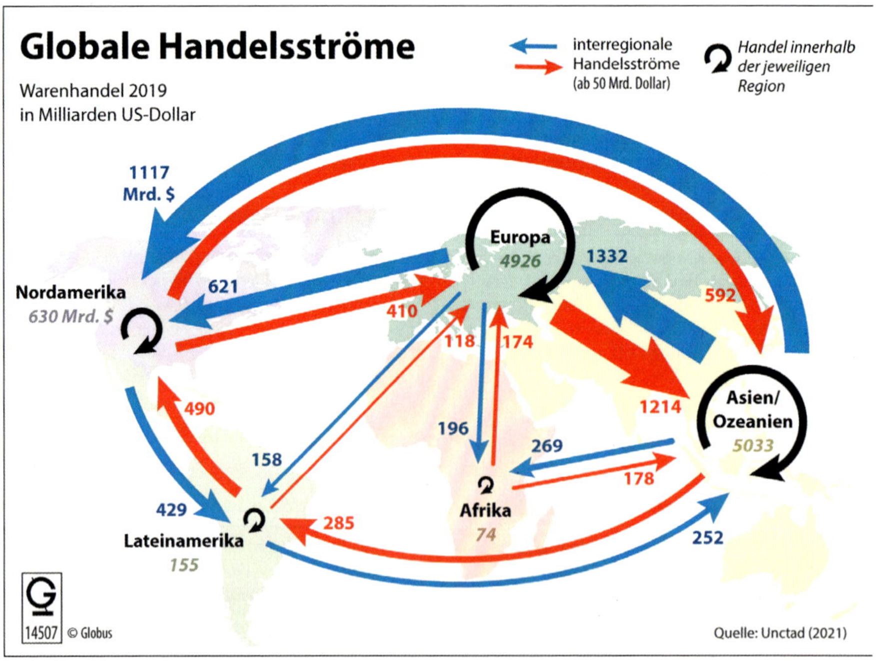

# Europäische Sozialcharta (ESC)

**European Social Charter**

## Begriff

In Ergänzung zur **Europäischen Menschenrechtskonvention** wurde vom **Europarat** die **Europäische Sozialcharta** 1961 verfasst – ein völkerrechtlich verbindliches Abkommen der Mitglieder des Europarates:

| **Europäische Menschenrechtskonvention** | **Europäische Sozialcharta** |
|---|---|
| ↓ | ↓ |
| Sicherung der bürgerlichen Menschenrechte | Festlegung der sozialen und wirtschaftlichen Grundrechte der Bevölkerung |

## Rechte der Bevölkerung durch die Europäische Sozialcharta

Die Fassung von 1961 umfasste folgende **19 Rechte**:

1. Jedermann muss die Möglichkeit haben, seinen Lebensunterhalt durch eine frei übernommene Tätigkeit zu verdienen.
2. Alle Arbeitnehmer haben das Recht auf gerechte Arbeitsbedingungen.
3. Alle Arbeitnehmer haben das Recht auf sichere und gesunde Arbeitsbedingungen.
4. Alle Arbeitnehmer haben das Recht auf ein gerechtes Arbeitsentgelt, das ihnen und ihren Familien einen angemessenen Lebensstandard sichert.
5. Alle Arbeitnehmer und Arbeitgeber haben das Recht auf Freiheit zur Vereinigung in nationalen und internationalen Organisationen zum Schutz ihrer wirtschaftlichen und sozialen Interessen.
6. Alle Arbeitnehmer und Arbeitgeber haben das Recht auf Kollektivverhandlungen.
7. Kinder und Jugendliche haben das Recht auf besonderen Schutz gegen körperliche und sittliche Gefahren, denen sie ausgesetzt sind.
8. Arbeitnehmerinnen haben im Falle der Mutterschaft und in anderen geeigneten Fällen das Recht auf besonderen Schutz bei der Arbeit.
9. Jedermann hat das Recht auf geeignete Möglichkeiten der Berufsberatung, die ihm helfen soll, einen Beruf zu wählen, der seiner persönlichen Eignung und seinen Interessen entspricht.
10. Jedermann hat das Recht auf geeignete Möglichkeiten der Berufsausbildung.
11. Jedermann hat das Recht, alle Maßnahmen in Anspruch zu nehmen, die es ihm ermöglichen, sich des besten Gesundheitszustandes zu erfreuen, den er erreichen kann.
12. Alle Arbeitnehmer und ihre Angehörigen haben das Recht auf soziale Sicherheit.
13. Jedermann hat das Recht auf Fürsorge, wenn er keine ausreichenden Mittel hat.
14. Jedermann hat das Recht, soziale Dienste in Anspruch zu nehmen.
15. Jeder Behinderte hat das Recht auf berufliche Ausbildung sowie auf berufliche und soziale Eingliederung oder Wiedereingliederung ohne Rücksicht auf Ursprung und Art seiner Behinderung.
16. Die Familie als Grundeinheit der Gesellschaft hat das Recht auf angemessenen sozialen, gesetzlichen und wirtschaftlichen Schutz, der ihre volle Entfaltung zu sichern vermag.
17. Mütter und Kinder haben, unabhängig vom Bestehen einer Ehe und von familienrechtlichen Beziehungen, das Recht auf angemessenen sozialen und wirtschaftlichen Schutz.
18. Die Staatsangehörigen einer Vertragspartei haben das Recht, im Hoheitsgebiet jeder anderen Vertragspartei gleichberechtigt mit deren Staatsangehörigen jede Erwerbstätigkeit aufzunehmen, vorbehaltlich von Einschränkungen, die auf triftigen wirtschaftlichen oder sozialen Gründen beruhen.
19. Wanderarbeitnehmer, die Staatsangehörige einer Vertragspartei sind, und ihre Familien haben das Recht auf Schutz und Beistand im Hoheitsgebiet jeder anderen Vertragspartei.

Die Bundesrepublik Deutschland unterzeichnete die Europäische Sozialcharta **1961** und ratifizierte sie 1966. Damit trat sie für Deutschland 1965 in Kraft.
**1996** wurde eine **revidierte Fassung** der Europäischen Sozialcharta verfasst, die 1999 in Kraft trat. Die ersten 19 Rechte bzw. Grundsätze wurden nur leicht korrigiert, ergänzt wurden sie aber durch folgende Festlegungen:

1. Alle Arbeitnehmer haben das Recht auf Chancengleichheit und Gleichbehandlung in Beschäftigung und Beruf ohne Diskriminierung aufgrund des Geschlechts.
2. Die Arbeitnehmer haben das Recht auf Unterrichtung und Anhörung im Unternehmen.
3. Die Arbeitnehmer haben das Recht auf Beteiligung an der Festlegung und Verbesserung der Arbeitsbedingungen und der Arbeitsumwelt im Unternehmen.
4. Alle älteren Menschen haben das Recht auf sozialen Schutz.
5. Alle Arbeitnehmer haben das Recht auf Schutz bei Kündigung.
6. Alle Arbeitnehmer haben das Recht auf Schutz ihrer Forderungen bei Zahlungsunfähigkeit ihres Arbeitgebers.
7. Alle Arbeitnehmer haben das Recht auf Würde am Arbeitsplatz.
8. Alle Personen mit Familienpflichten, die erwerbstätig sind oder erwerbstätig werden wollen, haben das Recht dazu, ohne sich einer Diskriminierung auszusetzen und, soweit dies möglich ist, ohne dass es dadurch zu einem Konflikt zwischen ihren Berufs- und ihren Familienpflichten kommt.
9. Die Arbeitnehmervertreter im Betrieb haben das Recht auf Schutz gegen Benachteiligungen und müssen geeignete Erleichterungen erhalten, um ihre Aufgaben wahrzunehmen.
10. Alle Arbeitnehmer haben das Recht auf Unterrichtung und Anhörung in den Verfahren bei Massenentlassungen.
11. Jedermann hat das Recht auf Schutz gegen Armut und soziale Ausgrenzung.
12. Jedermann hat das Recht auf Wohnung.

## Begriff und Ziele

Als kostenloser **Service der Europäischen Union** wurde das Europass-Rahmenkonzept im Jahr 2005 ins Leben gerufen und 2020 überarbeitet, um die Transparenz von Qualifikationen und Kompetenzen der Bürger in Europa zu erhöhen und um deren Mobilität zum Lernen und Arbeiten zu vereinfachen.

Konkret sollen mit dem Europass die folgenden **Ziele** erreicht werden:

- Der Europass soll die **Arbeitnehmer** dabei unterstützen, ihre Fähigkeiten, Kompetenzen und Qualifikationen europaweit vergleichbar darzustellen, um schneller einen Arbeits- oder Ausbildungsplatz zu finden.
- Der Europass soll **Arbeitgebern** helfen, die Fähigkeiten, Kompetenzen und Qualifikationen von Arbeitskräften besser nachvollziehen zu können.
- Der Europass soll **Einrichtungen** im Bereich der **allgemeinen und beruflichen Bildung** unterstützen und den Inhalt von Lehrplänen vermitteln.

Europass-Portal: www.europass.eu
Info und Beratung: www.europass-info.de

## Europass-Tools

Europass bietet zahlreiche Funktionen und Dokumente, die bei Bewerbungen hilfreich sind:

- **Europass-Profil**: In diesem Tool kann der Bewerber seine Kompetenzen beschreiben und jederzeit aktualisieren.
- **Europass-Editor für Lebensläufe**: Hiermit können Lebensläufe in verschiedenen Designs erstellt werden. Mit wenigen Klicks lassen sich Daten aus dem Profil übernehmen.
- **Europass-Editor für Bewerbungsschreiben**: Verschiedene Vorlagen dieses Editors können für ein geeignetes Bewerbungsschreiben genutzt werden.
- **Europass-Mobilitätsnachweis**: Er dokumentiert Kenntnisse, Fähigkeiten und Kompetenzen, die während eines Lernaufenthaltes im europäischen Ausland erworben wurden. Er wird von der entsendenden Einrichtung erstellt, wie z. B. Berufsschule, Kammer oder Unternehmen.
- **Europass-Zeugniserläuterungen**: Sie erläutern duale und viele schulischen Ausbildungsberufe und ergänzen die im Originalzeugnis enthaltenen Angaben.
- **Europass-Diploma-Supplement**: Dieser Diplomzusatz ergänzt die im Original-Hochschulabschluss enthaltenen Angaben und wird von der Hochschule ausgestellt.

## Europass-Profil (Ausschnitte)

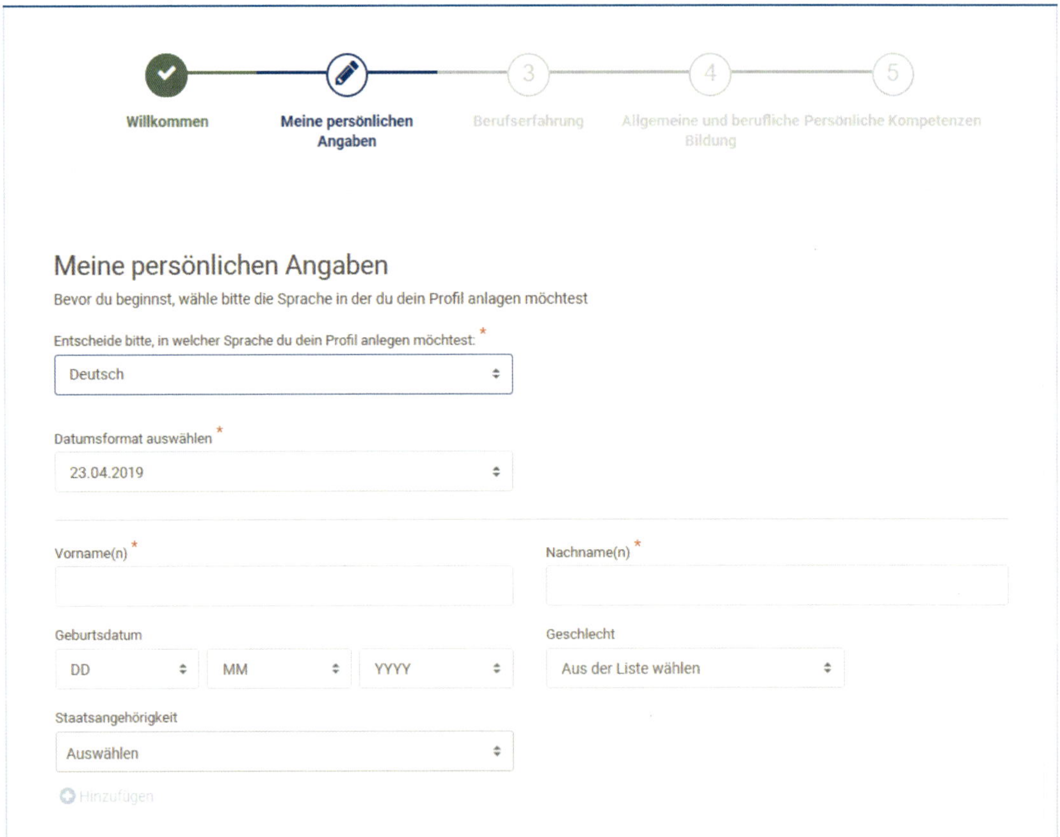

Willkommen – Meine persönlichen Angaben – 3 Berufserfahrung – 4 Allgemeine und berufliche Bildung – 5 Persönliche Kompetenzen

Meine persönlichen Angaben

Bevor du beginnst, wähle bitte die Sprache in der du dein Profil anlagen möchtest

Entscheide bitte, in welcher Sprache du dein Profil anlegen möchtest: *
Deutsch

Datumsformat auswählen *
23.04.2019

Vorname(n) *

Nachname(n) *

Geburtsdatum
DD | MM | YYYY

Geschlecht
Aus der Liste wählen

Staatsangehörigkeit
Auswählen

Hinzufügen

## Berufserfahrung

Bitte gib hier deine gesamte Berufserfahrung an. Dazu zählt nicht nur bezahlte Arbeit, sondern auch Freiwilligenarbeit, Praktika, Ausbildungen, freiberufliche Arbeit und sonstige Tätigkeiten.

### Neue Berufserfahrung

Beruf oder Funktion

Berufsbezeichnung

Arbeitgeber/in

Ort

Land

Auswählen

Von

DD MM YYYY

Bis

DD MM YYYY

## Allgemeine und berufliche Bildung

Beschreibe hier möglichst umfassend deine Bildungslaufbahn. Nimm sämtliche Bildungsgänge auf (Universität, Berufsausbildung, Online-Kurse, berufliche Weiterbildung).

### Neuen Eintrag (allgemeine und berufliche Bildung) hinzufügen

Bezeichnung der erworbenen Qualifikation

Bildungseinrichtung

Adresszeile 1

Adresszeile 2

Postleitzahl

Ort

Land

Auswählen

Website

Von

DD MM YYYY

Bis

DD MM YYYY

## Persönliche Kompetenzen

Hier kannst du deine Sprachkenntnisse und digitalen Kompetenzen angeben.

### Sprachkenntnisse

Hier kannst du Angaben zu deinen Sprachkenntnissen machen.

**Muttersprache**

Auswählen

Eine weitere Muttersprache hinzufügen

**Weitere Sprache**

Auswählen

Eine weitere Sprache hinzufügen

### Digitale Kompetenzen

Gib hier alle digitalen Kompetenzen an und gruppiere sie.

Digitale Kompetenzen

Hinzufügen

Du kannst digitale Kompetenzen aus der Liste wählen. Einfach eine Kompetenz anklicken und in das Suchfenster ziehen.

Microsoft Office

Sehr gute Kenntnisse im MS-Office (Word Excel Power-Point Outlook)

## Entgeltbegriff

Entgelt bezeichnet den Betrag, den der Arbeitgeber aufgrund eines Arbeitsvertrages dem Arbeitnehmer für dessen erbrachte Leistung zu zahlen hat. Entgeltzahlungen sind der Preis für den Einsatz des Produktionsfaktors Arbeit, die für das Unternehmen Kosten darstellen, für den Arbeitnehmer bilden sie die entscheidende Existenzgrundlage.

## Rechtliche Grundlagen

Die verschiedenen Formen der Arbeitsentgelte basieren auf unterschiedlichen rechtlichen Grundlagen:

- **Gesetze** (z. B. Mindestlohngesetz)
- **Tarifverträge** (zwischen Arbeitgeberverbänden und Gewerkschaften)
- **Betriebsvereinbarungen** (zwischen Arbeitgeber und Betriebsrat)
- **Arbeitsverträge** (zwischen Arbeitgeber und Arbeitnehmer)

Darüber hinaus können Arbeitgeber auch **freiwillig** Leistungen erbringen, um z. B. Arbeitnehmer stärker an das Unternehmen zu binden.

## Entgeltformen

| Formen des Arbeitsentgeltes, abhängig von … | | | | |
|---|---|---|---|---|
| **der Leistung** | **der Zeit** | **besonderen Gegebenheiten** | **Unternehmenserfolg** | **zusätzlichen Vereinbarungen** |
| – **Akkordlohn** (für mengenmäßig geleistete Arbeit in einem bestimmten Zeitraum)<br>– **Prämie**, z. B. Zeiteinsparprämie, Qualitätsprämie<br>– **Provision**, z. B. Umsatzprovision | – **Stundenlohn** (für Arbeiter)<br>– **Gehalt** (für Angestellte) | **Zulagen** für z. B. Sonn-, Feiertagsarbeit, Übernahme einer bestimmten Funktion wie Sicherheitsingenieur, soziale Fälle wie Kinder, Familie | **Beteiligungen**, z. B. am Unternehmensgewinn, am Unternehmenskapital (Aktienoptionen) | – **vermögenswirksame Leistungen**,<br>– **Betriebsrente**,<br>– **geldwerte Leistungen**, z. B. Arbeitskleidung, Firmenwagen, Werkswohnung |

## Entgeltabrechnung

| | | |
|---|---|---|
| Name, Personalnummer<br>Abteilung, Kostenstelle<br>Lohnsteuerklasse<br>Lohn-, Gehaltsgruppe<br>Versicherungsnummer<br>IBAN, BIC | Persönliche Daten | |
| | Bruttoentgelt (Gehalt, Lohn) | |
| ■ Anteil des Arbeitgebers zur **vermögenswirksamen Sparleistung** des Arbeitnehmers<br>■ Freiwillig oder gemäß Tarifvertrag | + ggf. vermögenswirksame Leistungen (Arbeitgeberanteil) | |
| | = steuerpflichtiges Bruttoentgelt | |
| Die Höhe der **Lohnsteuer** hängt ab von<br>■ Familienstand (Lohnsteuerklasse),<br>■ Einkommenshöhe,<br>■ Steuersatz. | – Lohnsteuer | |
| | – Solidaritätszuschlag | |
| | – ggf. Kirchensteuer | ■ Die **Kirchensteuer** beträgt je nach Bundesland 8 % oder 9 % von der Lohnsteuer. |
| | – Sozialversicherung (Arbeitnehmeranteil) | |
| | = Nettoentgelt | |
| | – ggf. vermögenswirksame Sparleistung | ■ **Staatliche Förderung** bei vermögenswirksamer Anlage von mindestens 7 Jahren und Nichtüberschreiten bestimmter Einkommensgrenzen<br>**Anlageformen und Förderung:**<br>– Bausparverträge mit 9 % für maximal 470 €/Jahr<br>– Beteiligungen am Produktivkapital mit 20 % für maximal 400 €/Jahr |
| | = Auszahlungsbetrag | Dieser Betrag wird dem Arbeitnehmer/der Arbeitnehmerin **auf das Konto** überwiesen; er kann sich noch weiter verringern, z. B. durch die Verrechnung gezahlter Vorschüsse oder den Abzug von Lohnpfändungen. |

**Solidaritätszuschlag*** (ab 1.1.2021)

| Festgesetzte ESt | %-Satz von ESt |
|---|---|
| < 16.956 € | 0 % |
| 16.956 € bis < 31.528 € | ansteigend bis < 5,5 % |
| ≥ 31.528 € | 5,5 % |

* Der Solidaritätszuschlag ist eine Ergänzungsabgabe zur Einkommensteuer, eingeführt 1991 zur Finanzierung insbesondere der Kosten der deutschen Einheit.

## Abgrenzung der Versicherungen

| Individual- oder Privatversicherungen | Gesetzliche Sozialversicherungen |
|---|---|
| Individualversicherungen kommen aufgrund eines zwischen dem Versicherungsnehmer und dem Versicherer abgeschlossenen **privatrechtlichen Versicherungsvertrages** zustande. Sie können die Sozialversicherung ergänzen.<br>**Beispiele**: Lebens-, Hausrat-, Kfz-, Haftpflicht-, Betriebsunterbrechungsversicherung | Die Sozialversicherung ist **gesetzlich vorgeschrieben**, ist also vom Willen der Beteiligten unabhängig. Sie kann weder schriftlich noch mündlich ausgeschlossen werden.<br>**Zweige**: Arbeitslosen-, Kranken-, Pflege-, Renten-, Unfallversicherung |

## Prinzipien der gesetzlichen Sozialversicherung

- Das **Solidaritäts - oder Solidarprinzip** beschreibt das grundlegende Prinzip der Sozialversicherung: ein Bürger ist nicht nur für sich selbst verantwortlich, sondern gewährt den Mitgliedern einer **Solidargemeinschaft** Hilfe und Unterstützung.

  Zum Beispiel sind alle Mitglieder der gesetzlichen Krankenversicherung (Solidargemeinschaft) in gleichem Umfang bei Krankheit abgesichert, da sich der Leistungsanspruch allein nach der Bedürftigkeit richtet (**Bedarfsprinzip**), nicht nach der Höhe der gezahlten Beiträge. Die zu versichernden Erkrankungsrisiken werden von allen Versicherten gemeinsam getragen.

- Das **Prinzip der Leistungsfähigkeit** besagt, dass sich die Höhe der Sozialversicherungsbeiträge grundsätzlich nach der Höhe der Bruttoarbeitseinkommen (z. B. werden Erträge aus Vermögen oder Erbschaften dabei nicht berücksichtigt) bemessen – bis zur Beitragsbemessungsgrenze. Ausgenommen ist die Unfallversicherung.

- Die Anwendung des **Prinzips Umlageverfahren** bedeutet, dass die Sozialversicherungen die laufenden Einnahmen aus den Beitragszahlungen für die laufenden Ausgaben für die Leistungen verwenden – „von der Hand in den Mund". Das heißt für die Rentenversicherung, dass die heutigen Arbeitnehmer (und Arbeitgeber) mit ihren Beiträgen die Renten der heutigen Rentner finanzieren. Dabei verlassen sich die heutigen Arbeitnehmer darauf, dass auch die nachfolgende Generation ihnen ihre Altersrente sichert (**Generationenvertrag**).

## Zweige, Träger, Leistungen und Beiträge der gesetzlichen Sozialversicherung

- **Zweige/Leistungen** der **gesetzlichen Sozialversicherung**
  - **Krankenversicherung**:
    zum Beispiel ärztliche und zahnärztliche Behandlung, Arznei- und Verbandsmittel, Krankenhausbehandlung, Krankengeld, Mutterschaftsvorsorge, Mutterschaftsgeld
  - **Pflegeversicherung**:
    ab 01.01.2017 gestaffelt jeweils in die Pflegegrade 1 bis 5: Häusliche Pflege (Kostenübernahme für ambulante Pflegedienste – Sachleistungen; Zuschuss für pflegende Angehörige, Nachbarn, Freunde – Geldleistungen), stationäre Pflege in Heimen
  - **Arbeitslosenversicherung**:
    zum Beispiel Berufsberatung, Arbeitsvermittlung, Insolvenzausfall-, Kurzarbeiter-, Arbeitslosengeld
  - **Rentenversicherung**:
    zum Beispiel Rehabilitation, Umschulung, Witwen-, Witwer-, Waisen-, Altersrente
  - **Unfallversicherung**:
    Maßnahmen zur Verhütung von Arbeitsunfällen, Berufsförderung zur Erhaltung, Besserung, Wiederherstellung der Erwerbsfähigkeit, Rente wegen Minderung der Erwerbsfähigkeit

- **Versicherungsträger**
  - KV: zum Beispiel AOK, Ersatzkassen
  - PV: bei den Krankenkassen errichtete Pflegekassen
  - AV: Bundesagentur für Arbeit
  - RV: zum Beispiel Deutsche Rentenversicherung Bund
  - UV: Berufsgenossenschaften

- **Versicherungsbeiträge**
  - Sie sind grundsätzlich je zur Hälfte von Arbeitnehmer und Arbeitgeber zu tragen.
  - In der Pflegeversicherung müssen kinderlose Arbeitnehmer ab dem 23. vollendeten Lebensjahr einen Zusatzbeitrag von 0,25 % zahlen, den sie allein zu tragen haben.
  - Die Beiträge zur gesetzlichen Unfallversicherung sind vom Arbeitgeber allein zu zahlen. Ihre Höhe richtet sich nach der Lohnhöhe der Arbeitnehmer und der Gefahrenklasse des Unternehmens
  - Zu den aktuellen Beitragssätzen siehe zum Beispiel: www.deutsche-sozialversicherung.de

- **Beitragsbemessungsgrenze**
  - Hiermit ist der Höchstbetrag des Bruttoentgelts gemeint, von dem Beiträge berechnet werden.
    Sie wird jährlich neu festgelegt. Für die Kranken- und Pflegeversicherung beträgt sie 75 % der Beitragsbemessungsgrenze der Renten- bzw. Arbeitslosenversicherung.

## Finanzierung der gesetzlichen Rentenversicherung

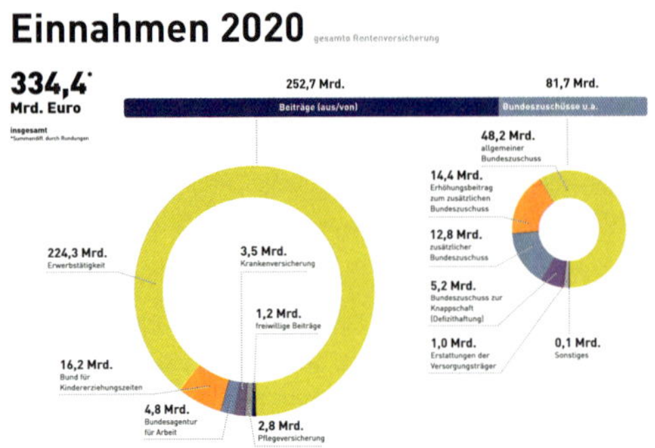


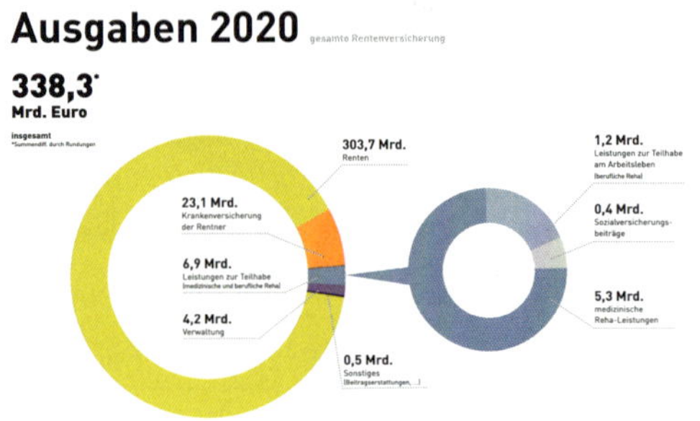


Die beiden Grafiken zeigen deutlich, dass die Ausgaben der Rentenversicherung nicht nur aus den Beiträgen der Arbeitnehmer und Arbeitgeber **finanziert** werden (Beitragssätze jeweils 9,3 %), sondern auch aus **Steuermitteln**.

## Ursachen der Altersrentenproblematik

- Die größten Herausforderungen ergeben sich aus dem **demografischen Wandel**, der den „**Generationenvertrag**" (siehe die beiden Grafiken unten) gefährdet, nämlich durch …
  - die zunehmende Zahl von Rentnern der geburtenstarken Jahrgänge 1955 bis 1969 (auch „**Baby-Boomer-Jahrgänge**" genannt); den Höhepunkt wird der 1964er-Jahrgang bilden,
  - den längeren Rentenbezug wegen der **steigenden Lebenserwartung** der Rentner,
  - die gleichzeitige **Verringerung** der erwerbstätigen **Beitragszahler**.
- Zusätzliche Kosten resultieren aus der Übernahme weiterer Aufgaben durch die Rentenversicherung und damit verbundener Ausgaben wie z. B. …
  - die rentenrechtliche Anerkennung von zusätzlichen 18 Monaten als Kindererziehungszeit bei Müttern oder Vätern vor 1992 geborener Kinder (sogenannte „**Mütterrente**"),
  - die Einführung der **vorgezogenen Altersrente** ohne Abschläge für besonders langjährig Versicherte, wenn 45 anrechnungsfähige Jahre vorliegen,
  - im Fall hoher **Arbeitslosigkeit** verringern sich die laufenden Einnahmen der Rentenversicherung aus den Beitragszahlungen, denn die Arbeitslosenversicherung zahlt während der Arbeitslosigkeit Beiträge nur von 80 % des letzten Bruttoentgelts. Gleichzeitig steigen die zukünftigen Rentenansprüche von Arbeitslosen aufgrund der geringeren Beitragszahlung nicht mehr so stark wie bisher.
- Schließlich sind nicht alle in Deutschland erwerbstätigen Personen in der gesetzlichen Rentenversicherung versichert. So existiert z. B. für **Beamte** ein **eigenständiges Versorgungssystem**. Auch Selbstständige und Freiberufler sind bisher nicht in der Rentenversicherung pflichtversichert, für sie ist eine Altersvorsorgepflicht geplant.

## Probleme des Generationenvertrags

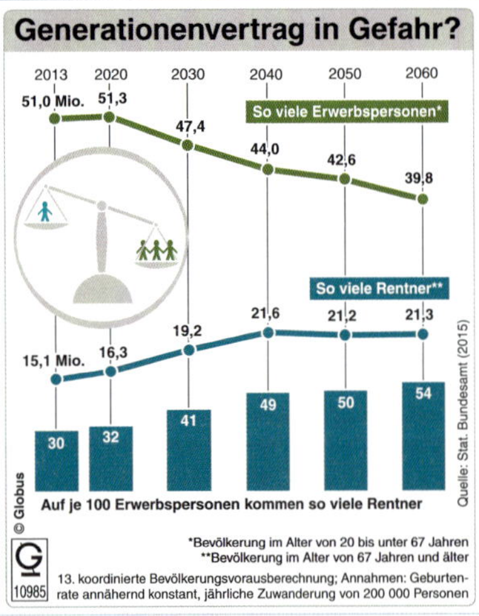


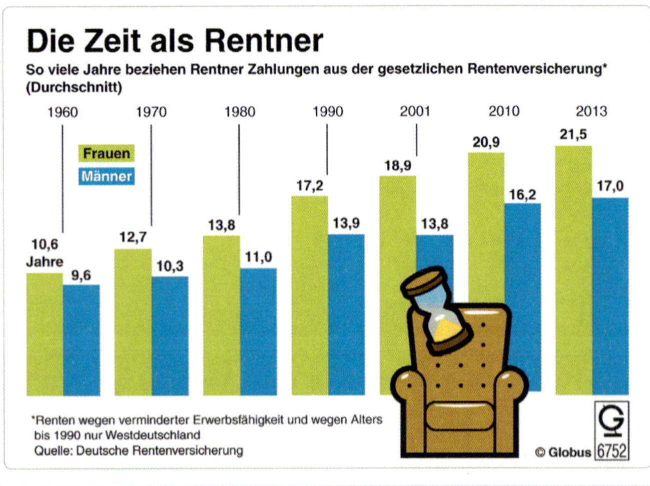

### Maßnahmen zur Sicherung der gesetzlichen Altersrente

**Erhöhung des Rentenalters**

Seit 2012 bis 2029 wird die Altersgrenze für die Regelaltersrente schrittweise von 65 Jahren auf 67 Jahre erhöht, begründet u. a. mit der steigenden Lebenserwartung der Rentner. Diese Maßnahme führt auf der jährlichen Einnahmenseite zu einer längeren Beitragszahlung, auf der Ausgabenseite zu einer Verkürzung der Zeit für die Rentenzahlungen.

**Absenkung des Rentenalters**

Unter Rentenniveau ist das Verhältnis der Rentenhöhe eines sogenannten Standardrentners (45 Versicherungsjahre) zum Netto-Durchschnittsentgelt der sozialversicherungspflichtigen Erwerbstätigen zu verstehen.

Im Rentenversicherungsbericht 2015 ging die Bundesregierung davon aus, dass sich das Rentenniveau wie folgt entwickelt:

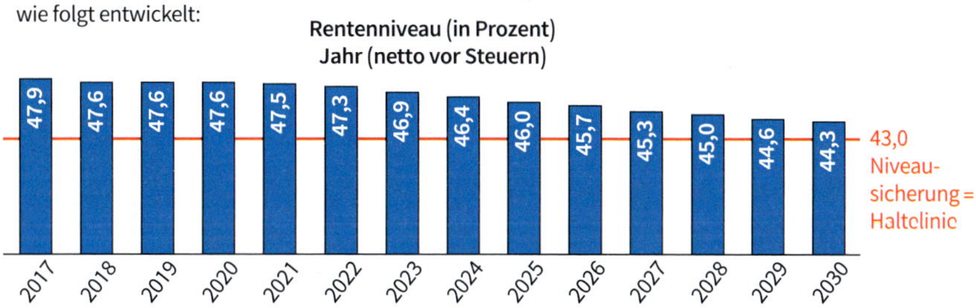


(Gemeinsame Finanzschätzung von BMAS und Deutsche Rentenversicherung Bund, Herbst 2015)

**Rentenanpassung der Altersgrenze**

Die Renten werden jedes Jahr mithilfe der so genannten Rentenanpassungsformel angepasst. Dabei spielen die folgenden Einflussfaktoren eine wesentliche Rolle, die insbesondere dem **demografischen Wandel** in Deutschland Rechnung tragen:
- die allgemeine Bruttolohn- und -gehaltsentwicklung
- die Höhe der **Altersvorsorgeaufwendungen** der beitragszahlenden, erwerbstätigen Arbeitnehmer
- der Nachhaltigkeitsfaktor (das zahlenmäßige Verhältnis von Erwerbstätigen und Rentnern) und
- die **Schutzklausel** für die Erwerbstätigen und Rentner (auch als doppelte Haltelinie bezeichnet), wonach der Beitragssatz bis 2030 maximal 22 % vom Bruttolohn, -gehalt betragen darf (je zur Hälfte von Arbeitnehmer und Arbeitgeber zu tragen) und das Rentenniveau bis 2030 nicht unter 43 % sinken darf.

## Private Altersvorsorge
Private Pension Scheme

Die obige Abbildung zeigt, dass das Rentenniveau seit 1990 kontinuierlich gesunken ist und nach den Vorausberechnungen der Bundesregierung (gemäß den Zielen der Alterssicherungspolitik) weiter bis auf 44,5 Prozent (2030) sinken wird. Diese Entwicklung soll teilweise durch eine private und betriebliche Alterssicherung abgemildert werden.

### Riester-Rente und Rührup-Rente

| Wesentliche Merkmale | Riester-Rente | Rührup-Rente |
|---|---|---|
| Berechtigte | alle rentenversicherungspflichtigen Arbeitnehmer und Auszubildende | jeder, also z. B. auch Selbstständige, Beamte |
| Staatliche Förderung | Grundzulage, Kinderzulagen, ggfs. Berufseinsteigerbonus | Steuervorteile im Rahmen der Einkommensteuererklärung |
| Förderhöchstgrenzen | 4 % vom Vorjahresbruttoentgelt, maximal: 2.100,00 €/Jahr | 22.172,00 € (Ledige)/44.344,00 € (Ehepaare) pro Jahr (Stand: 2020) |
| Mindesteigenbetrag | 60,00 €/Jahr | kein Mindesteigenbetrag |
| Auszahlung | als lebenslange Rente oder einmalige Kapitalauszahlung | nur als lebenslange Rente<br>Vertrag unkündbar, kein Anspruch auf Rückkauf |

### Vermögenswirksame Leistungen

**Bausparen**
Förderung über die **Arbeitnehmersparzulage** und ggfs. zusätzlich durch die **Wohnungsbauprämie**.

**Beteiligung am Produktivvermögen**
Förderung (z. B. des Kaufs von Aktien) nur durch die **Arbeitnehmersparzulage**

- Die jährliche staatliche Förderung beider Formen der Vermögensbildung hängt ab vom Nichtüberschreiten bestimmter **Einkommensgrenzen** und wird nur bis zu bestimmten **Höchstsparbeträgen** gewährt.
- Zur Finanzierung der Sparbeträge können tarifvertraglich oder durch Arbeitsvertrag vereinbarte **vermögenswirksame Leistungen** des Arbeitgebers eingesetzt werden (siehe im Einzelnen das **Vermögensbildungsgesetz**).

# Steuern und Transferzahlungen
## Taxes and Transfer Payments

### Staatseinnahmen

- Staatseinnahmen sind die Einnahmen von Bund, Ländern, Gemeinden, Gemeindeverbänden und Trägern der Sozialversicherungen.
- Sie setzen sich im Wesentlichen zusammen aus **Steuern**, Sozialversicherungsbeiträgen und Gebühren (z. B. Parkgebühren).
- 2019 betrugen die Staatseinnahmen laut Statistischem Bundesamt 1.497.437.000 €
- Sie werden benötigt für die Wahrnehmung öffentlicher Aufgaben, wie z. B. den Bau und Unterhalt von Straßen, Schulen, Krankenhäusern oder die Gewährleistung öffentlicher Sicherheit durch die Polizei.

### Steuern

Die Steuern lassen sich nach verschiedenen Kriterien einteilen:

**Steuerarten nach Steuerempfänger** 57

| Bundessteuern | Ländersteuern | Gemeindesteuern | Gemeinschaftssteuern |
|---|---|---|---|
| Beispiele:<br>■ Versicherungssteuer<br>■ Mineralölsteuer<br>■ Tabaksteuer | Beispiele:<br>■ Erbschaftssteuer<br>■ Kfz-Steuer<br>■ Biersteuer | Beispiele:<br>■ Gewerbesteuer<br>■ Grundsteuer<br>■ Hundesteuer | Beispiele:<br>■ Körperschaftssteuer<br>■ Lohn-/Einkommensteuer<br>■ Umsatzsteuer |

**Steuerarten nach dem Gegenstand der Besteuerung** 58

| Besitzsteuern | Verbrauchssteuern | Verkehrssteuern |
|---|---|---|
| Diese Steuern werden von **Einkünften** natürlicher und juristischer Personen bzw. von **Sachen** erhoben, z. B.<br>■ Einkommen-/Lohnsteuer<br>■ Gewerbesteuer<br>■ Grundsteuer | Diese Steuern belasten den **Konsum** von **Gebrauchs- und Verbrauchsgütern**, z. B.<br>■ Mineralölsteuer<br>■ Tabaksteuer<br>■ Kaffeesteuer | Diese Steuern belasten **Rechtsgeschäfte** wie Kaufverträge, Versicherungsverträge, z. B.<br>■ Umsatzsteuer<br>■ Grunderwerbsteuer<br>■ Versicherungsteuer |

**Steuerarten nach Art der Erhebung**

| Direkte Steuern | Indirekte Steuern |
|---|---|
| Steuerschuldner (-zahler) und Steuerträger (-belasteter) sind identisch (eine Person)<br>Beispiel Grundsteuer: Der Eigentümer eines Grundstücks (Steuerschuldner = Steuerträger) muss die Grundsteuer jährlich **selbst** an seine Gemeinde zahlen. | Steuerschuldner (-zahler) und Steuerträger (-belasteter) sind unterschiedliche Personen.<br>Beispiel Umsatzsteuer: Der Käufer eines PC (Steuerträger) bezahlt den Bruttopreis (also einschließlich USt) an den Verkäufer, der seinerseits (als Steuerschuldner) verpflichtet ist, die USt an den Staat abzuführen, zu zahlen. |

### Staatsausgaben

Auch die Staatsausgaben (2019: 1.542.690.000 € laut Statistischem Bundesamt) werden nach unterschiedlichen Gesichtspunkten eingeteilt, z. B. nach Transferzahlungen und Transformationsausgaben:

**Transferzahlungen**

- Bei den Transferzahlungen oder -ausgaben handelt es sich um Zahlungen, für die die Empfänger **keine unmittelbare Gegenleistungen** erbringen.
- Dabei stehen gesellschaftspolitische und soziale Ziele im Vordergrund.
- Zahlungen wie Renten und Arbeitslosengeld zählen nicht zu den Transferzahlungen, da die früheren Beitragszahlungen als Gegenleistung zu sehen sind.
- Transferzahlungen an **Unternehmen** werden als **Subventionen** bezeichnet.
  Beispiele: **Strukturanpassungshilfen** (Ausstieg aus der Kohleförderung), **Erhaltungshilfen** (Landwirtschaft) und **Produktivitätshilfen** (z. B. Förderung grüner Technologien)
- Transferzahlungen an **private Haushalte** erfüllen soziale Zwecke. Beispiele sind Kindergeld, Elterngeld, Sozialhilfe, Schüler-, Studenten- und Meister-BaföG.

**Transformationsausgaben**

- Transformationsausgaben sind staatliche Zahlungen für **Güter** und **Faktorleistungen**, zu unterteilen in **Personal-** und **Sachausgaben**, also Zahlungen mit unmittelbarer Gegenleistung (Leistungsentgelte oder Realausgaben).
- Beispiele für **Personalausgaben**:
  Löhne und Gehälter für Mitarbeiter der Stadtverwaltung, für die Polizisten, Staatsanwälte, Richter, Lehrkräfte, Soldaten.
- Beispiele für **Sachausgaben**:
  Digitale Ausrüstung für Schulen, Bau von Straßen und Flughäfen, militärische Geräte.

## Rechtsgeschäfte von natürlichen und juristischen Personen
### Legal Transactions by Natural and Legal Persons

Sowohl **natürliche Personen** (Menschen) als auch **juristische Personen** (des öffentlichen Rechts: z. B. Bund, Länder und Gemeinden; des privaten Rechts: z. B. Aktiengesellschaften) können rechtswirksame **Rechtsgeschäfte** abschließen.
Sie kommen durch **Willenserklärungen** zustande.
Entsteht ein Rechtsgeschäft durch die Willenserklärung einer Person (z. B. Testament), spricht man vom **einseitigen Rechtsgeschäft**.
**Zwei-** bzw. **mehrseitige Rechtsgeschäfte** kommen durch übereinstimmende Willenserklärungen von zwei oder mehreren Personen zustande, diese Rechtsgeschäfte werden als Vertrag bezeichnet.

## Vertragsarten
### Kinds of Contracts

| Vertragsart | Vertragspartner | Vertragsinhalt | Gesetzliche Regelung |
|---|---|---|---|
| Kaufvertrag | Käufer/Verkäufer | Entgeltliche Veräußerung von Sachen und Rechten | §§ 433–473 BGB |
| Verbrauchsgüterkauf | Verbraucher/ Unternehmer | Entgeltliche Veräußerung von beweglichen Sachen | §§ 474–479 BGB |
| Darlehensvertrag | Darlehensgeber/ Darlehensnehmer | Entgeltliche Überlassung eines Geldbetrags | §§ 488–498 BGB |
| Sachdarlehensvertrag | Darlehensgeber/ Darlehensnehmer | Unentgeltliche oder entgeltliche Überlassung von vertretbaren Sachen gegen spätere Rückerstattung gleicher Art, Güte und Menge | §§ 607–609 BGB |
| Ratenlieferungsvertrag | Verbraucher/ Unternehmer | Lieferung mehrerer zusammengehörend gekaufter Sachen in Teilleistungen und entgeltliche Entrichtung in Teilzahlungen | § 505 BGB |
| Schenkungsvertrag | Schenker/ Beschenkter | Unentgeltliche Zuwendung | §§ 516–534 BGB |
| Mietvertrag | Mieter/Vermieter | Entgeltliche Überlassung der vermieteten Sache zum Gebrauch | §§ 535–580 BGB |
| Pachtvertrag | Pächter/Verpächter | Entgeltliche Überlassung der verpachteten Sache zum Gebrauch sowie Genuss der Erträge | §§ 581–597 BGB |
| Leihvertrag | Verleiher/Entleiher | Unentgeltliche Überlassung von Sachen zum Gebrauch | §§ 598–606 BGB |
| Dienstvertrag | Arbeitnehmer/ Arbeitgeber | Entgeltliche Leistung von Diensten | §§ 611–630 BGB |
| Werkvertrag | Unternehmer/Besteller | Herstellung eines versprochenen Werks gegen Entgelt | §§ 631–651 BGB |
| Lizenzvertrag | Lizenzgeber/ Lizenznehmer | In der Regel entgeltliche Genehmigung des Rechteinhabers an ein Rechtssubjekt, ein gewerbliches Schutzrecht wirtschaftlich nutzen zu dürfen | diverse Einzelgesetze, z. B. Urheberrechtsgesetz |
| Gesellschaftsvertrag | Gesellschafter/ Gesellschafter | Gegenseitige Verpflichtung der Gesellschafter, die Erreichung eines gemeinsamen Zweckes in der durch den Vertrag bestimmten Weise zu fördern | §§ 705–740 BGB |
| Anmerkung: Servicevertrag siehe SLA, Seite 437 f. | | | |

## Begriff

Werden Leasingobjekte (z. B. Maschinen, Autos) durch einen Leasinggeber (z. B. einen Hersteller) vermietet, spricht man von Leasing.
Im **Leasingvertrag** sind in der Regel die folgenden Größen vereinbart:

- Höhe der Anzahlung,
- Vertragslaufzeit und
- Höhe der monatlichen Leasingrate.

Diese Größen werden individuell nach Kundenwünschen festgelegt.

Nach Ablauf der Vertragslaufzeit kann das Leasingobjekt weiter gemietet, zum Restwert gekauft oder zurückgegeben werden.

## Grundform des Leasings

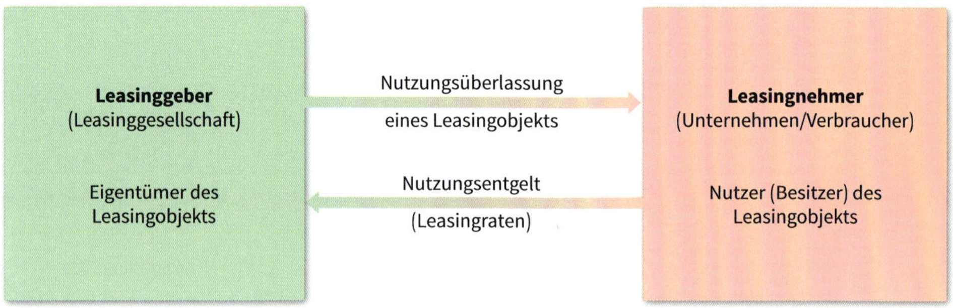


## Merkmale des Leasings

60

1. 100 %ige Fremdfinanzierung, also kein Eigenkapitalbedarf
2. Steuerliche Berücksichtigung der Leasingraten als Aufwand
3. In der Regel keine Bilanzierung von Leasingobjekt und Leasingfinanzierung
4. Kein Eigentum
5. Häufig Einbeziehung von Dienstleistungen
6. Vielfältige Erscheinungsformen mit unterschiedlicher Vertragsgestaltung
7. Die Vorteilhaftigkeit des Leasings lässt sich nur individuell ermitteln, da sie von einer Mehrzahl von Einflussfaktoren abhängt, die für jedes Unternehmen unterschiedlich sein können.

## Vorteile des Firmenleasings aus der Sicht des Leasingnehmers

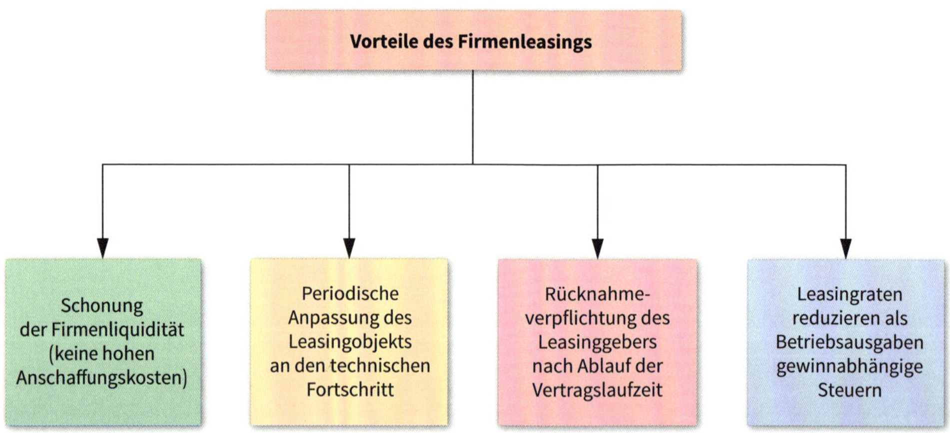

## Nachteile des Firmenleasings aus der Sicht des Leasingnehmers

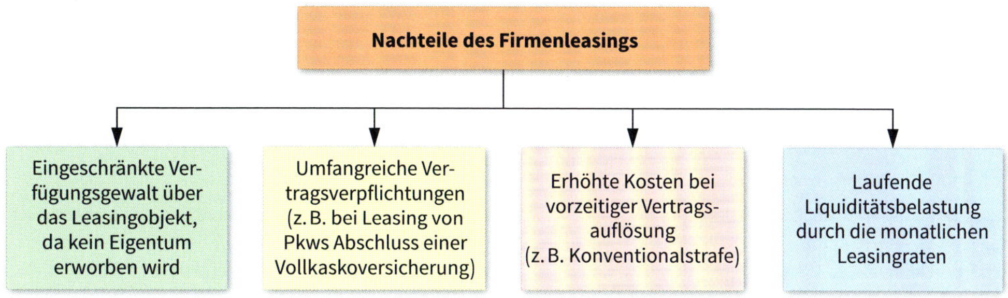


## Leasingarten

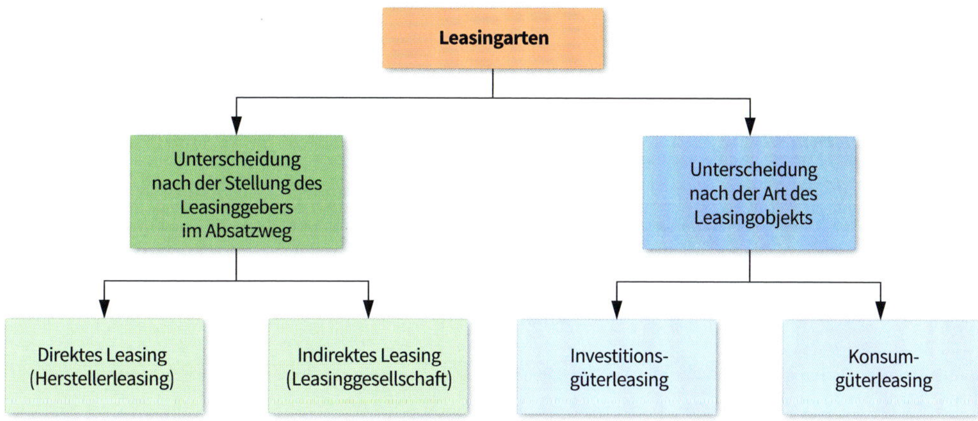


Direktes Leasing

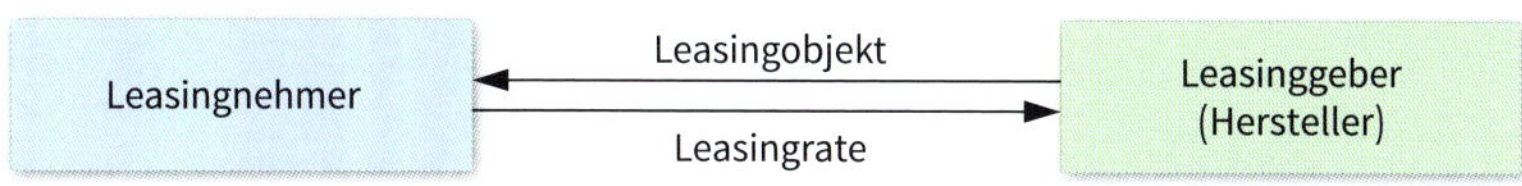


Inirektes Leasing

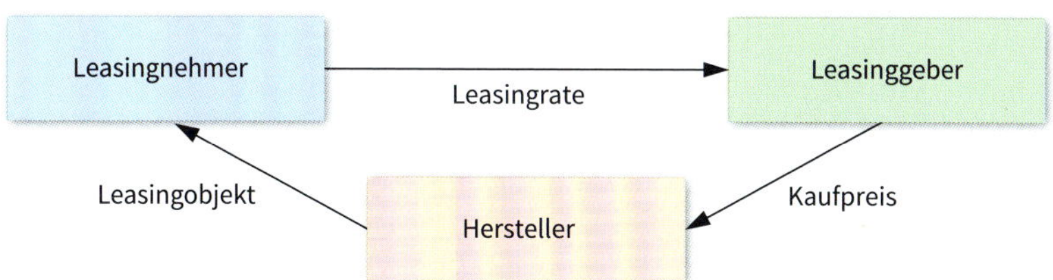


## Privatleasing

Leasen Privatpersonen Leasingobjekte (z. B. Autos, PCs), entfällt der steuerliche Vorteil für den Leasingnehmer. Trotzdem gibt es Leasingverträge, bei denen die Privatperson nicht schlechter gestellt sein muss als beim Finanzierungskauf. In diesen Fällen wird zur Förderung des Absatzes eines Produkts ein Kostenvorteil gewährt (z. B. bei Pkws einer auslaufenden Serie).

## Lieferantenkredit
### Supplier's Credit

62

Bei dieser Kreditart räumt der Lieferant dem Industrieunternehmen einen **Kredit** ein, sodass dieses die gelieferte Ware erst nach einer bestimmten Zeit, z. B. nach vier Wochen, bezahlen muss. Das Industrieunternehmen hat dieses **Zahlungsziel** mit dem Lieferanten im Kaufvertrag vereinbart. Dadurch wird es ihm möglich, seine Warenverbindlichkeiten aus den Umsatzerlösen der verkauften Waren zu begleichen; es benötigt dadurch wesentlich weniger Kapital von seiner Hausbank.

Dem Industrieunternehmen werden für die Inanspruchnahme des späteren Zahlungszeitpunktes direkt keine Zinsen ausgewiesen, sie werden aber vorher in die Verkaufspreise einkalkuliert. Um das Industrieunternehmen zu einer vorzeitigen Zahlung zu bewegen, wird ihm der Lieferant die Gewährung von **Skonto**, z. B. 2 % Skonto bei Zahlung binnen zehn Tagen, anbieten. Der Lieferant kann den Lieferantenkredit über die Vereinbarung eines **Eigentumvorbehalts** zusätzlich absichern.

**Beispiel:**
Kaufvertragsabschluss: 5. März
Vereinbartes Zahlungsziel: 15. April
Vereinbartes Lieferdatum: 15. März
Skonto: 2 % Skonto bei Zahlung innerhalb 14 Tagen

## Kontokorrentkredit
### Current Account Credit

63

Die Hausbank des Industrieunternehmens, also ein Kreditinstitut, gewährt ihm einen **Überziehungskredit** bis zu einem vereinbarten Höchstbetrag (**Kreditlimit**). Das Industrieunternehmen kann je nach Finanzbedarf das Geschäftskonto bis zum Limit überziehen. Die Bank verzinst nur den tatsächlich beanspruchten Kreditbetrag. Dafür berechnet sie ihm einen vereinbarten **Zinssatz**, zusätzlich kann die Bank – je nach Vereinbarung – noch eine Kreditprovision (Bereitsstellungsgebühr) für das Kreditlimit und eine Umsatzprovision für die Kontoführung berechnen. Sollte das Kreditlimit überzogen werden, wird das Kreditistitut einen erhöhten **Überziehungszinssatz** berechnen. Allerdings ist die Möglichkeit des Überziehens in der Höhe begrenzt.
Ein **Guthaben** wird in der Regel in Form von Habenzinsen verzinst. Kontokorrentkredite werden individuell zwischen Kreditinstitut und Industrieunternehmen ausgehandelt, die Konditionen (insbesondere Sollzinsen) richten sich vor allem nach der **Bonität** (dem Ruf, der Zahlungsfähigkeit) des Unternehmens.

**Beispiel:**
Einem Industrieunternehmen wird ein Kontokorrentkredit bis zu einem Limit von 250.000,00 € zu einem Zinssatz von 9,5 % eingeräumt, eine weitere Überziehung ist in Ausnahmefällen gegen einen höheren Zinssatz von 12,5 % bis zu einer Kredithöhe von 300.000,00 € möglich.

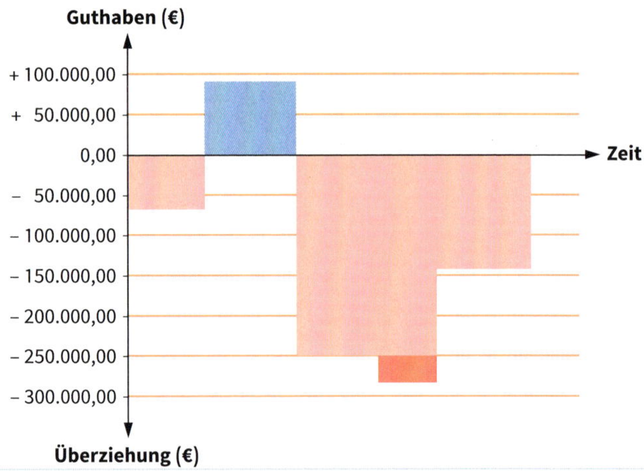


## Darlehen
### Credit

64

In einem **Darlehensvertrag** wird zwischen Darlehensgeber und -nehmer die **Überlassung eines Geldbetrags** gegen **Entgelt** (z. B. **Zinsen**) vereinbart. Diese Kreditform zählt zu den längerfristigen Kreditarten. Das Industrieunternehmen wird in der Regel ein Darlehen bei seinem Kreditinstitut aufnehmen, auch wenn andere Darlehensgeber denkbar sind, wie z. B. Geschäftsfreunde. Die Darlehenssumme kann je nach Vertragsart entweder in einer Summe am Tag der Fälligkeit oder in der Form gleich hoher Raten zurückgezahlt werden. Die Höhe des Zinssatzes richtet sich nach der Bonität des Darlehensnehmers, nach der Höhe des Darlehens, nach den angebotenen Sicherheiten und nach dem Zinsniveau auf dem Kapitalmarkt.

# Allgemeine Geschäftsbedingungen (AGB)
## General Standard Terms and Conditions



### Begriff

Nach § 305 BGB sind **Allgemeine Geschäftsbedingungen (AGB)** „alle für eine Vielzahl von Verträgen vorformulierten Vertragsbedingungen, die eine Vertragspartei (Verwender) der anderen Vertragspartei bei Abschluss eines Vertrages stellt“.

Der Endverbraucher spricht in diesem Zusammenhang von dem **„Kleingedruckten“**, das sich meist auf der Rückseite von Kaufvertragsformularen befindet. Geregelt werden darin z. B. Erfüllungsort und Gerichtsstand oder die Zahlungsbedingungen.

### Merkmale

Allgemeine Geschäftsbedingungen:

- sind **vorformulierte Vertragsbedingungen** (also nicht zwischen Käufer und Verkäufer einzeln ausgehandelte Vertragsbedingungen),
- werden für eine **Vielzahl von Verträgen** „gestellt“, d. h. formuliert,
- können für **einzelne Wirtschaftsbereiche**, z. B. für das Speditionsgewerbe, speziell von den beteiligten Unternehmen ausgearbeitet werden, man spricht dann von den **„zum Handelsbrauch erstarkten AGB“**.

### Sonderbestimmungen für den Verkauf an Endverbraucher

Da **Endverbraucher** im Gegensatz zu Unternehmern als besonders **schutzwürdig** gelten, räumt ihnen das BGB im Umgang mit Allgemeinen Geschäftsbedingungen besondere **Rechte** ein, z. B.:

- Endverbraucher müssen **ausdrücklich** auf die Allgemeinen Geschäftsbedingungen hingewiesen werden (z. B. auf der Vorderseite des Vertrags wird auf das „Kleingedruckte“ auf der Rückseite hingewiesen). Dieser ausdrückliche Hinweis kann in bestimmten Fällen auch durch einen **deutlich sichtbaren Aushang** am Ort des Vertragsabschlusses umgesetzt werden (z. B. bei der Benutzung von Parkplätzen). Dazu gehört, dass der Vertragspartner in zumutbarer Weise vom Inhalt der AGB Kenntnis nehmen kann und er mit ihnen **einverstanden** ist.
- Nachträgliche **kurzfristige Preiserhöhungen** für bestellte, aber noch nicht ausgelieferte Waren sind innerhalb vier Monaten nach Vertragsabschluss verboten und somit unwirksam.

Als prinzipiell **verboten** und damit unwirksam gelten weiterhin:

- eine **Verkürzung der gesetzlichen Gewährleistungsfrist** im Rahmen der Mängelhaftung,
- das Setzen einer **unangemessen langen Lieferfrist**,
- ein **Ausschluss der Haftung** des Verkäufers bei **grobem Verschulden**,
- der **Ausschluss des Rücktritts vom Vertrag** bei Leistungsstörungen,
- ein **Ausschluss von Kundenrechten** bei Leistungsstörungen (z. B. bei Reklamationsrechten oder beim Lieferungsverzug).

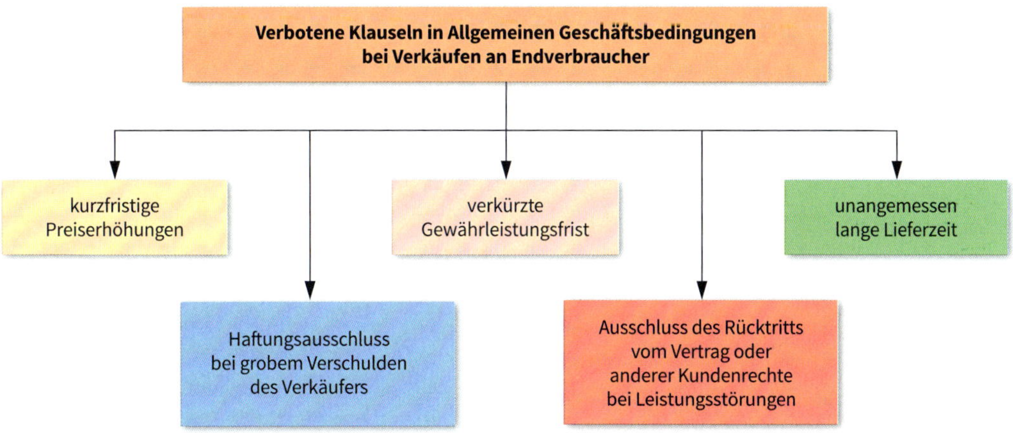


### Geltung von Allgemeinen Geschäftsbedingungen

- Häufig werden neben Allgemeinen Geschäftsbedingungen individuelle Vereinbarungen im Vertrag festgehalten, z. B. in Hinsicht auf Lieferungs- und Zahlungsbedingungen. Eventuell widersprechen einzelne Teile der AGB den einzeln ausgehandelten Bedingungen. In diesem Fall gilt der **„Vorrang der Individualabrede“**, d. h., dass einzeln ausgehandelte Vertragsabreden stets Vorrang vor den AGB haben.
- Möglich ist es auch, dass beide Vertragspartner AGB benutzen. Denkbar ist, dass sie sich in einzelnen Punkten **widersprechen**. In diesem Fall tritt an deren Stelle das **gesetzliche Recht** laut BGB.
- Werden völlig ungewöhnliche Vertragsklauseln als AGB benutzt (sogenannte **Überraschungsklauseln**), so werden sie rechtlich gesehen nicht Vertragsbestandteil, sind also unwirksam.
- Treten bei der Auslegung von AGB **Zweifel** zwischen den Vertragsparteien auf, gehen sie prinzipiell zulasten des Verwenders, werden also in dieser Hinsicht auch nicht wirksam.

# Gesetz gegen den unlauteren Wettbewerb (UWG)

## Act against Unfair Competition

66

Das Gesetz will verhindern, dass zu Zwecken des Wettbewerbs Handlungen vorgenommen werden, die **wettbewerbswidrig** sind und somit einen fairen Wettstreit zwischen allen Unternehmen behindern. Gleichzeitig sollen die Konsumenten vor irreführenden Angaben geschützt werden. Somit stellt das UWG eine **Rechtsnorm** dar, die indirekt über die Stärkung des Wettbewerbs den Schutz der Verbraucher bewirkt.

**Gesetz gegen den unlauteren Wettbewerb (UWG)**

Grundsätzlich **verboten** sind:

- unlautere geschäftliche Handlungen
- irreführende Werbung
- Mondpreiswerbung
- Lockvogelwerbung
- vergleichende Werbung (Ausnahmen siehe § 6 UWG)
- Verrat von Geschäfts- und Betriebsgeheimnissen
- unzumutbare Belästigung

**geregelt** u. a. in

**§ 1 UWG (Zweck des Gesetzes)**

Dieses Gesetz dient dem Schutz der Mitbewerber, der Verbraucherinnen und Verbraucher sowie der sonstigen Marktteilnehmer vor unlauteren geschäftlichen Handlungen.

**§ 3 UWG**

Unlautere geschäftliche Handlungen sind unzulässig, wenn sie geeignet sind, die Interessen von Mitbewerbern, Verbrauchern oder sonstigen Marktteilnehmern spürbar zu beeinträchtigen.

**§ 4 und 4a UWG** nennt Beispiele für unlautere geschäftliche Handlungen, insbesondere die Vornahme von Handlungen, die geeignet sind,

- die Entscheidungsfreiheit der Verbraucher oder anderer Marktteilnehmer durch Ausübung von Druck oder Ähnlichem zu beeinträchtigen,
- die geschäftliche Unerfahrenheit von Kindern und Jugendlichen auszunutzen,
- den Werbecharakter von Wettbewerbshandlungen zu verschleiern,
- die Kennzeichen, Waren, Dienstleistungen u. a. eines Mitbewerbers herabzusetzen oder zu verunglimpfen,
- Mitbewerber gezielt zu behindern.

**Rechtsfolgen bei Wettbewerbsverstößen im Sinne des UWG**

**privatrechtliche Ansprüche auf**

- Unterlassung
- Schadensersatz

**strafrechtliche Verfolgung**

- Freiheitsstrafen
- Geldstrafen

Das neue **Gesetz zur Bekämpfung unerlaubter Telefonwerbung und zur Verbesserung des Verbraucherschutzes bei besonderen Vertriebsformen** erweitert den Verbraucherschutz. Die wichtigsten **Bestimmungen** sind:

- Der Angerufene muss **vor dem Telefonat** seine **Einwilligung** zu dieser Form des Direktmarketings gegeben haben.
- Der Angerufene muss die Rufnummer des Anrufenden erkennen können, ein **Unterdrücken der Rufnummer** ist **unzulässig**.
- Bei Verstößen kann ein **Bußgeld** verhängt werden.

# Duales Ausbildungssystem in Deutschland
## Dual System of Education in Germany

Die berufliche **Erstausbildung** der staatlich anerkannten Ausbildungsberufe im Sinne des **Berufsbildungsgesetzes (BBiG)** von 1969 bzw. 2005 findet in Form **des dualen Ausbildungssystems** statt. Die Ausbildung erfolgt dabei an **zwei Lernorten**:

**Duales Ausbildungssystem**

- **Berufsschule**
- **Ausbildungsbetrieb**

Das **BBiG** benennt Rechte und Pflichten der an der Ausbildung beteiligten Personen und Institutionen und beschreibt die Ordnung/Organisation der Berufsbildung.

§ 5 des BBiG definiert als Grundlage einer ordnungsgemäßen Berufsausbildung die sogenannte **Ausbildungsordnung:**

**§ 4: Anerkennung von Ausbildungsberufen**

(1) Als Grundlage für eine geordnete und einheitliche Berufsausbildung kann das Bundesministerium für Wirtschaft und Technologie oder das sonst zuständige Fachministerium im Einvernehmen mit dem Bundesministerium für Bildung und Forschung durch Rechtsverordnung, die nicht der Zustimmung des Bundesrates bedarf, Ausbildungsberufe staatlich anerkennen und hierfür Ausbildungsordnungen nach § 5 erlassen.

(2) Für einen anerkannten Ausbildungsberuf darf nur nach der Ausbildungsordnung ausgebildet werden.

**§ 5: Ausbildungsordnung**

(1) Die Ausbildungsordnung hat festzulegen

1. die Bezeichnung des Ausbildungsberufes, der anerkannt wird,
2. die Ausbildungsdauer; sie soll nicht mehr als drei und nicht weniger als zwei Jahre betragen,
3. die beruflichen Fertigkeiten, Kenntnisse und Fähigkeiten, die mindestens Gegenstand der Berufsausbildung sind (Ausbildungsberufsbild),
4. eine Anleitung zur sachlichen und zeitlichen Gliederung der Vermittlung der beruflichen Fertigkeiten, Kenntnisse und Fähigkeiten (Ausbildungsrahmenplan),
5. die Prüfungsanforderungen.

Während der **Ausbildungsrahmenplan** verbindlich festlegt, was im Ausbildungsbetrieb zu vermitteln ist, wird im von der Kultusministerkonferenz (KMK) beschlossenen **Rahmenlehrplan** für den berufsbezogenen Unterricht der Berufsschule definiert, was der Lernort Berufsschule im berufsbezogenen Bereich zu vermitteln hat.

Rahmenlehrplan und Ausbildungsordnung des Bundes sind aufeinander abgestimmt (Rechtsgrundlage: „Gemeinsames Ergebnisprotokoll vom 30. Mai 1972").

Aufgrund von landesspezifischen Schulgesetzen erlassen die zuständigen Kultusministerien zusätzlich **Lehrpläne** für die sogenannten allgemeinbildenden Fächer (z. B. Deutsch).

Alle **Berufe** unterliegen einem stetigen Wandel, dies gilt auch für die IT-Berufe:

- Die **fachlichen Anforderungen** verändern sich, z. B. durch technische Innovationen oder die Weiterentwicklung rechtlicher Bestimmungen.
- Die Bedeutung der **inner**- und **außerbetrieblichen Kommunikation** nimmt zu, z. B. bei der Umsetzung des Beschwerde-Managements oder der Betreuung von „Schlüsselkunden". Auch die Anforderungen an unterschiedliche Fremdsprachenkenntnisse steigen.

Diese Trends verdeutlichen, dass die **Fort**- und **Weiterbildung** von entscheidender Bedeutung ist, um im gelernten Beruf weiterhin tätig sein zu können.

# Ausbildungsvertrag
## Articles of Apprenticeship

Der Ausbildungsvertrag wird zwischen dem **Auszubildenden** und dem **Ausbildenden** geschlossen. Bei minderjährigen Auszubildenden muss ein Erziehungsberechtigter den Vertrag mit unterzeichnen. Der Ausbildende, der Inhaber des Ausbildungsbetriebes, kann **Ausbilder** im Betrieb beauftragen, die Berufsausbildung des Auszubildenden im Einzelnen zu gewährleisten.

Der unterschriebene Ausbildungsvertrag wird der zuständigen **Industrie- und Handelskammer (IHK)** zur Prüfung vorgelegt und von ihr in das Verzeichnis der Berufsausbildungsverhältnisse eingetragen. Das **Berufsbildungsgesetz (BBiG)** regelt die Rechte und Pflichten von Auszubildenden und Ausbildenden.

# Rechte und Pflichten laut Berufsbildungsgesetz (BBiG)

**Rights and Duties of Vocational Training Act**

**Pflichten des Auszubildenden**
(= Rechte des Ausbildenden)

**Der Auszubildende hat ...**

- sich zu bemühen, die berufliche Handlungsfähigkeit zu erwerben, die erforderlich ist, um das Ausbildungsziel zu erreichen,
- die ihm im Rahmen seiner Berufsausbildung aufgetragenen Aufgaben sorgfältig auszuführen,
- am Berufsschulunterricht und an Prüfungen teilzunehmen,
- den Weisungen zu folgen, die ihm im Rahmen der Berufsausbildung von weisungsberechtigten Personen erteilt wurden,
- die für die Ausbildungsstätte geltende Ordnung zu beachten,
- Werkzeug, Maschinen und sonstige Einrichtungen pfleglich zu behandeln,
- über Betriebs- und Geschäftsgeheimnisse Stillschweigen zu wahren,
- ein Berichtsheft zu führen.

**Pflichten bei Ausübung einer Nebentätigkeit:**
Grundsätzlich ist die Ausübung einer Nebentätigkeit zwar erlaubt, sie darf den Auszubildenden aber nicht so stark belasten, dass er seine vertraglichen Pflichten, insbesondere das Erreichen des Ausbildungszieles, nicht mehr erfüllen kann. Aus diesem Grund ist die Ausübung der Nebentätigkeit mit dem Ausbildenden abzustimmen.

Zusätzliche Rechte und Pflichten, wie z. B. Urlaubsansprüche, besondere Schutzrechte Jugendlicher, werden in weiteren Gesetzen geregelt (siehe dazu auch Seite 79).

**Pflichten des Ausbildenden**
(= Rechte des Auszubildenden)

**Der Ausbildende hat ...**

- mit dem Auszubildenden einen Berufsausbildungsvertrag zu schließen und ihn schriftlich niederzulegen,
- mit dem Auszubildenden eine Probezeit zu vereinbaren (mindestens einen Monat, höchstens vier Monate),
- dafür zu sorgen, dass dem Auszubildenden die berufliche Handlungsfähigkeit vermittelt wird, die zum Erreichen des Ausbildungszieles notwendig ist,
- die Ausbildung planmäßig durchzuführen,
- dem Auszubildenden kostenlos die notwendigen Ausbildungsmittel zur Verfügung zu stellen,
- den Auszubildenden zum Besuch der Berufsschule sowie zum Führen von Berichtsheften anzuhalten,
- dafür zu sorgen, dass der Auszubildende charakterlich gefördert sowie sittlich und körperlich nicht gefährdet wird,
- sicherzustellen, dass dem Auszubildenden nur Verrichtungen übertragen werden, die dem Ausbildungszweck dienen und seinen körperlichen Kräften angemessen sind,
- den Auszubildenden für die Teilnahme am Berufsschulunterricht und an Prüfungen freizustellen,
- dem Auszubildenden eine angemessene Vergütung zu gewähren, dabei die Mindestausbildungsvergütung nach §17 BBiG zu beachten,
- dem Auszubildenden bei Beendigung der Ausbildung ein Zeugnis auszustellen.

## Kündigungsrecht laut BBiG
### Right to Give Notice According to the Vocational Training Act

- Voraussetzungen, unter denen der Berufausbildungsvertrag gekündigt werden kann, sind in die Vertragsniederschrift aufzunehmen (**§ 11**).

- Während der Probezeit kann das Berufsausbildungsverrhältnis jederzeit ohne Einhalten einer Kündigungsfrist gekündigt werden (**§ 22 Abs. 1**).

- Nach der Probezeit kann das Berufsausbildungsverhältnis nur gekündigt werden
  1. aus einem wichtigen Grund ohne Einhalten einer Kündigungsfrist,
  2. von Auszubildenden mit einer Kündigungsfrist von vier Wochen, wenn sie die Berufsausbildung aufgeben oder sich für eine andere Berufstätigkeit ausbilden lassen wollen (**§ 22 Abs. 2**).

- Die Kündigung muss schriftlich erfolgen (**§ 22 Abs. 3**).

- Wird das Berufsausbildungsverhältnis nach der Probezeit vorzeitig gelöst, kann der Auszubildende oder der Ausbildende unter Umständen schadensersatzpflichtig werden. Dies gilt nicht im Fall des **§ 22 Abs. 2 Nr. 2**.

## Gesetzliche Kündigungsfristen/Kündigungsschutz
### Legal Notice Periods/Protection against Dismissal

| Allgemeine Kündigungsfrist | Verlängerte Kündigungsfrist | | | | | | | |
|---|---|---|---|---|---|---|---|---|
| Zum 15. oder zum Ende eines Kalendermonats mit vierwöchiger Frist (§ 622 Abs. 1 BGB) | Betriebszugehörigkeit in Jahren | 2 | 5 | 8 | 10 | 12 | 15 | 20 |
| | Kündigungsfristen in Monaten zum Monatsende (§ 622 Abs. 2 BGB) | 1 | 2 | 3 | 4 | 5 | 6 | 7 |

**Besonderer Kündigungsschutz** gilt v. a. für folgende Personengruppen:

- Betriebsratsmitglieder sowie Jugend- und Auszubildendenvertreter,
- werdende Mütter, bzw. Mütter bis 4 Monate nach der Entbindung,
- Auszubildende nach der Probezeit,
- Schwerbehinderte.

## Wichtige Gesetze zum Arbeits- und Tarifrecht
### Important Laws of Labour and Collective Bargaining Right

- Gesetz zum Schutze der arbeitenden Jugend, kurz: Jugendarbeitsschutzgesetz (JArbSchG)
- Mindesturlaubsgesetz für Arbeitnehmer, kurz: Bundesurlaubsgesetz (BundUrlG)
- Kündigungschutzgesetz (KSchG)
- Gesetz zum Schutze der erwerbstätigen Mutter, kurz: Mutterschutzgesetz (MuSchG)
- Tarifvertragsgesetz (TVG)
- Arbeitszeitgesetz (AZG)
- Gesetz zum Schutz vor Missbrauch personenbezogener Daten (BDSG)
- Bürgerliches Gesetzbuch (BGB)
- Gesetz über die Mitbestimmung der Arbeitnehmer in den Aufsichtsräten und Vorständen der Unternehmen des Bergbaus und der Eisen und Stahl erzeugenden Industrie, kurz: Montanmitbestimmungsgesetz (MitbestG)
- Gesetz über die Drittelbeteiligung der Arbeitnehmer im Aufsichtsrat (DrittelbG)
- Gesetz über die Mitbestimmung der Arbeitnehmer, kurz: Mitbestimmungsgesetz (MitbestG)
- Betriebsverfassungsgesetz (BetrVerfG)
- Gesetz zur Ordnung des Handwerks, kurz: Handwerksordnung (HandwO)
- Allgemeines Gleichbehandlungsgesetz (AGG)
- Bundeselterngeld- und Elternzeitgesetz (BEEG)

## Mutterschutzgesetz (MuSchG)

- Das Gesetz **schützt die Gesundheit der Frau und ihres Kindes** am Arbeits-, Ausbildungs- und Studienplatz während der Schwangerschaft, nach der Entbindung und in der Stillzeit.
- Die schwangere Frau darf vom Arbeitgeber in den letzten **sechs Wochen vor der Entbindung** nicht beschäftigt werden, es sei denn, sie erklärt sich zur Arbeitsleistung ausdrücklich bereit (Erklärung kann für die Zukunft widerrufen werden).
- Der Arbeitgeber darf eine Frau bis zum Ablauf von **acht Wochen nach der Entbindung** nicht beschäftigen, z. B. bei Früh- und Mehrgeburten verlängert sich diese Schutzfrist auf zwölf Wochen.
- Eine schwangere oder stillende Frau darf vom Arbeitgeber nicht in einem Umfang beschäftigt werden, der die **vertraglich vereinbarte wöchentliche Arbeitszeit** im Durchschnitt des Monats übersteigt, Näheres regelt § 4. Der schwangeren oder stillenden Frau muss der Arbeitgeber nach Beendigung der täglichen Arbeitszeit eine ununterbrochene Ruhezeit von mindestens elf Stunden gewähren.
- Der Arbeitgeber darf eine schwangere oder stillende Frau **nicht zwischen 20 Uhr und 6 Uhr beschäftigen**, Ausnahmen regelt § 5.
- Der Arbeitgeber darf eine schwangere oder stillende Frau **nicht an Sonn- und Feiertagen beschäftigen**, Ausnahmen regelt § 6.
- Eine stillende Frau hat der Arbeitgeber auf ihr Verlangen während der ersten zwölf Monate nach der Entbindung **für die zum Stillen erforderliche Zeit freizustellen**, Näheres regelt § 7.
- Der Arbeitgeber hat bei der **Gestaltung der Arbeitsbedingungen** einer schwangeren oder stillenden Frau alle aufgrund der Gefährdungsbeurteilung nach § 10 erforderlichen Maßnahmen für den **Schutz ihrer physischen und psychischen Gesundheit sowie der ihres Kindes** zu treffen.
- In den § 18ff. bzw. im Fünften Buch des Sozialgesetzbuches wird die Zahlung des **Mutterschaftsgeldes**, des **Arbeitgeberzuschusses zum Mutterschutzgeld** während der Mutterschutzfristen und des Arbeitsentgelts bei Beschäftigungsverboten außerhalb der Mutterschutzfristen (sogenannter **Mutterschutzlohn**) geregelt.

## Schwerbehindertenrecht

Nach § 1 des **Allgemeinen Gleichbehandlungsgesetzes** (**AGG**) darf keine Person aufgrund ihrer Behinderung – wie auch zum Beispiel aus Gründen der ethnischen Herkunft, des Geschlechts, der Religion oder Weltanschauung, des Alters oder der sexuellen Identität – benachteiligt werden. Das Schwerbehindertenrecht war bis 2001 im sogenannten **Schwerbehindertengesetz** (**SchwbG**) geregelt, seitdem sind diese Rechte im **Neunten Buch Sozialgesetzbuch** (**SGB IX**) – Rehabilitation und Teilhabe von Menschen mit Behinderungen – niedergelegt. Personen sind demnach schwerbehindert, wenn bei ihnen der Grad der Behinderung wenigstens 50 % beträgt.

Das Gesetz sichert im Rahmen eines sogenannte Nachteilsausgleichs folgende Schutzvorschriften:

- Sicherstellung eines besonderen **Kündigungsschutzes**,
- Anspruch auf zusätzlich bezahlten Urlaub,
- Zahlung einer **Altersrente** für schwerbehinderte Menschen,
- **Beschäftigungspflicht** bei privaten und öffentlichen Arbeitgebern mit mindestens 20 Arbeitsplätzen (5 % der Arbeitsplätze müssen mit schwerbehinderten Personen besetzt werden, ansonsten muss eine Ausgleichsabgabe gezahlt werden).

## Geltungsbereich des Gesetzes

- Das Gesetz schützt **Kinder** (Personen unter 15 Jahren) und **Jugendliche** (Personen ab 15 Jahren, aber noch unter 18 Jahren), die sich in der Berufsausbildung befinden oder in einem Beschäftigungsverhältnis als Arbeitnehmer oder Heimarbeiter tätig sind (§ 1).
- Auf Jugendliche, die der Vollzeitschulpflicht unterliegen, finden die für Kinder geltenden Vorschriften Anwendung (§ 2).

## Arbeitszeit/Pausen/Schichtzeit

- Jugendliche dürfen nicht mehr als 8 Stunden täglich und nicht mehr als 40 Stunden wöchentlich beschäftigt werden.
- Wird die Arbeitszeit an einzelnen Werktagen verkürzt, kann die Arbeitszeit an anderen Tagen auf maximal 8,5 Stunden verlängert werden (§ 8).
- Ruhepausen müssen bei einer Arbeitszeit von mehr als viereinhalb bis zu sechs Stunden 30 Minuten, bei einer Arbeitszeit von mehr als sechs Stunden 60 Minuten mindestens betragen (§ 11).
- Die Pausenzeiten gelten nicht als Arbeitszeit (Ausnahme: Schichtzeit). Als Arbeitspause gilt nur eine Arbeitsunterbrechung von mindestens 15 Minuten (§ 11).
- Jugendliche dürfen nach Beendigung der täglichen Arbeitszeit nicht vor Ablauf einer ununterbrochenen Freizeit von mindestens 12 Stunden beschäftigt werden (§ 13).
- Bei Jugendlichen darf die Schichtzeit prinzipiell 10 Stunden nicht überschreiten.
- Ausnahmen: Im Bergbau unter Tage: maximal 8 Stunden, im Gaststättengewerbe, in der Landwirtschaft, in der Tierhaltung, auf Bau- und Montagestellen: maximal 11 Stunden (§ 12).
- Schichtzeit ist die tägliche Arbeitszeit unter Hinzurechnung der Ruhepausen (§ 4).

## Nachtruhe

- Jugendliche dürfen prinzipiell nur zwischen 6 und 20 Uhr beschäftigt werden (§ 14).
- Ausnahmen bei Jugendlichen über 16 Jahren:
  - im Gaststätten- und Schaustellergewerbe bis 22 Uhr,
  - in mehrschichtigen Betrieben bis 23 Uhr,
  - in der Landwirtschaft ab 5 Uhr oder bis 21 Uhr,
  - in Bäckereien und Konditoreien ab 5 Uhr.

## Fünftagewoche/Wochenendarbeit/Feiertagsruhe

- Jugendliche dürfen nur an 5 Tagen in der Woche beschäftigt werden. Die beiden wöchentlichen Ruhetage sollen nach Möglichkeit aufeinander folgen (§ 15).
- An Samstagen und Sonntagen dürfen Jugendliche prinzipiell nicht beschäftigt werden (§§ 16, 17).
- Zulässige Ausnahmen sind zum Beispiel:
  - in offenen Verkaufsstellen (Sa.),
  - in Bäckereien und Konditoreien (Sa.),
  - in Krankenanstalten (Sa., So.),
  - in der Landwirtschaft (Sa., So.).
- Am 24. und 31. Dezember nach 14 Uhr und an gesetzlichen Feiertagen dürfen Jugendliche prinzipiell nicht beschäftigt werden (§ 18); Ausnahmen sind in § 18 Abs. 2 geregelt.

## Urlaub

- Der bezahlte Erholungsurlaub beträgt laut § 19 jährlich …
  1. mind. 30 Werktage, wenn der Jugendliche zu Beginn des Kalenderjahrs noch nicht 16 Jahre alt ist,
  2. mind. 27 Werktage, wenn der Jugendliche zu Beginn des Kalenderjahrs noch nicht 17 Jahre alt ist,
  3. mind. 25 Werktage, wenn der Jugendliche zu Beginn des Kalenderjahrs noch nicht 18 Jahre alt ist.
- Der Urlaub soll Berufsschülern in der Zeit der Schulferien gegeben werden. Soweit er nicht in den Schulferien gegeben wird, ist für jeden Berufsschultag, an dem die Berufsschule während des Urlaubs besucht wird, ein weiterer Urlaubstag zu gewähren.

## Berufsschulunterricht

- Der Arbeitgeber muss den Jugendlichen für die Teilnahme am Berufsschulunterricht, an Prüfungen und außerbetrieblichen Ausbildungsmaßnahmen freistellen. Am Arbeitstag vor der schriftlichen Abschlussprüfung ist der Jugendliche außerdem freizustellen (§§ 9–10).

## Gefährliche Arbeiten

- Jugendliche dürfen keine Arbeiten ausführen, die ihre physische oder psychische Leistungsfähigkeit übersteigen, die ihre Gesundheit gefährden oder bei denen sie sittlich gefährdet werden (§ 22).

## Jugend- und Auszubildendenvertretung (JAV)
**Representation of Juvenile Employees and Trainees**

| Rechtsgrundlage | Wahlen |
|---|---|
| Betriebsverfassungsgesetz §§ 60–71 | Alle **zwei** Jahre in der Zeit vom 1. Oktober bis zum 30. November (§ 64). |

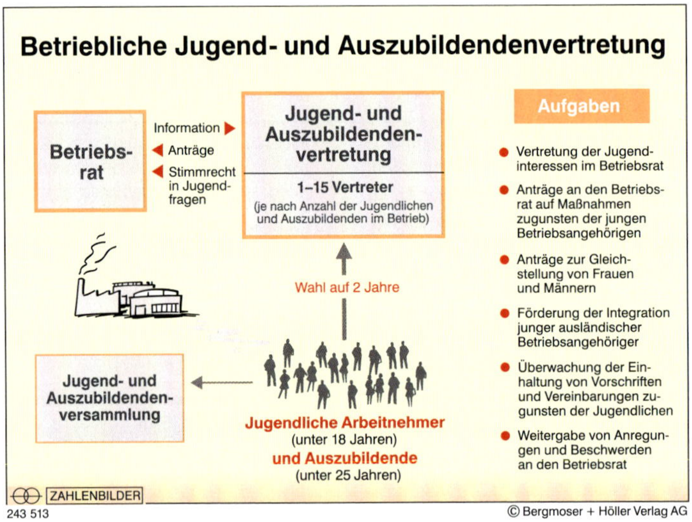


## Betriebsrat
**Works Council**

68

### Rechtsgrundlage

§ 1 ff. Betriebsverfassungsgesetz (BetrVerfG)

### Wahlen

| Amtszeit | Wahlberechtigte | Wählbarkeit |
|---|---|---|
| Alle **vier** Jahre in der Zeit vom 1. März bis zum 31. Mai (§ 13) | Alle Arbeitnehmer, die das 18. Lebensjahr vollendet haben (§ 7) | Alle Wahlberechtigten, die 6 Monate dem Betrieb angehören (§ 8) |

| Errichtung von Betriebsräten | Stellung des Betriebsrats |
|---|---|
| In Betrieben mit in der Regel mindestens 5 ständigen wahlberechtigten Arbeitnehmern, von denen 3 wählbar sind, werden Betriebsräte gewählt (§ 1). | Der Betriebsrat arbeitet unter Beachtung der geltenden Tarifverträge vertrauensvoll zum Wohl der Arbeitnehmer und des Betriebs mit dem Arbeitgeber zusammen (§ 2). |

### Allgemeine Aufgaben des Betriebsrats

- Überwachung der Einhaltung von Gesetzen, Unfallverhütungsvorschriften, Tarifverträgen und Betriebsvereinbarungen
- Beantragung von Maßnahmen, die dem Betrieb und der Belegschaft dienen, beim Arbeitgeber
- Förderung der Durchsetzung der tatsächlichen Gleichstellung von Frauen und Männern
- Förderung der Vereinbarung von Familie und Erwerbstätigkeit
- Weiterleitung und Unterstützung der Anregungen von Arbeitnehmern und Jugendvertretern
- Förderung der Eingliederung Schwerbehinderter
- Vorbereitung und Durchführung der Wahl einer Jugend- und Auszubildendenvertretung
- Förderung der Beschäftigung älterer Arbeitnehmer
- Förderung der Integration ausländischer Arbeitnehmer im Betrieb (§ 80)
- Förderung und Sicherung der Beschäftigung im Betrieb
- Förderung von Maßnahmen des Arbeitsschutzes und des betrieblichen Umweltschutzes (§ 80)

# Betriebsrat
Works Council

## Rechte des Betriebsrats

69

| ... in wirtschaftlichen Angelegenheiten | ... in personellen Angelegenheiten | ... in sozialen Angelegenheiten |
|---|---|---|
| **Beispiele:**<br>■ Unterrichtung über wirtschaftliche und finanzielle Lage des Unternehmens (§ 106)<br>■ Kenntnis von Rationalisierungsvorhaben und Investitionsprogrammen (§ 106) | **Beispiele:**<br>■ Erstellung von Personalfragebögen (§ 94)<br>■ Unterrichtung bei Einstellungen, Umgruppierungen und Versetzungen (§ 99) | **Beispiele:**<br>■ Mitentscheidung über Arbeitszeit, Pausenregelung und Urlaubsplanung (§ 87)<br>■ Mitbestimmung bei Kündigungen (§ 102) |

In **wirtschaftlichen** und **personellen** Angelegenheiten hat der Betriebsrat in der Regel ein **Mitwirkungsrecht**, in **sozialen** Angelegenheiten ein **Mitbestimmungsrecht** (Betriebsrat wird nicht nur informiert oder angehört, er hat auch mitzuentscheiden).

## Laufende Tätigkeiten des Betriebsrats

69

**Betriebsratssitzungen** und **Sprechstunden** des Betriebsrats finden in der Regel während der Arbeitszeit statt (§§ 30, 39).
Der Betriebsrat kann mit dem Arbeitgeber **Betriebsvereinbarungen** beschließen (z. B. über Errichtung von Sozialeinrichtungen) (§ 88).

**Betriebsversammlungen** sind vom Betriebsrat in jedem Kalendervierteljahr einzuberufen. Der Betriebsrat hat in der Betriebsversammlung einen Tätigkeitsbericht zu erstatten (§ 43).
Der Betriebsrat hat bzgl. Betriebs- und Geschäftsgeheimnissen **Geheimhaltungspflicht** (§ 79).

## Zahl der Betriebsratsmitglieder

- Die Zahl der Betriebsratsmitglieder hängt nach § 9 BetrVerfG von der Zahl der wahlberechtigten Arbeitnehmer im Unternehmen ab, z. B. 7 Betriebsräte, wenn das Unternehmen zwischen 101 und 200 wahlberechtigte Arbeitnehmer hat. Gleiches gilt nach § 38 BetrVerfG für die Zahl der von beruflicher Tätigkeit freigestellten Betriebsräte.
- Arbeiter und Angestellte müssen entsprechend ihrem zahlenmäßigen Verhältnis im Betriebsrat vertreten sein, wenn dieser aus mindestens 3 Mitgliedern besteht.
- Die Mitglieder des Betriebsrats sowie die Jugend- und Auszubildendenvertreter sind nach § 15 Abs. 1 KSchG während ihrer Amtszeit und 1 Jahr danach **unkündbar**.

# Sozialgerichtsbarkeit
Social Jurisdiction

## Sachliche Zuständigkeit

Die **Sozialgerichte** sind laut Sozialgerichtsgesetz (SGG) für Rechtsstreitigkeiten über gesetzliche Sozialleistungen zuständig. Dies sind im Wesentlichen strittige Fälle aus folgenden **Bereichen**:

- Arbeitslosenversicherung und Arbeitslosengeld II,
- Krankenversicherung,
- Pflegeversicherung,
- Unfallversicherung,
- Rentenversicherung,
- Schwerbehindertenrecht,
- Sozialhilfe,
- Soziales Entschädigungsrecht.

## Örtliche Zuständigkeit

Zuständig ist das Sozialgericht, das in der Rechtsbehelfsbelehrung im Widerspruchsbescheid genannt ist bzw. das Sozialgericht des Beschäftigungsorts des Klagenden.

## Instanzen

Bevor das Sozialgericht vom Klagenden angerufen wird, hat der betroffene Bürger in der Regel den Bescheid einer Behörde erhalten, gegen den **Widerspruch** eingelegt werden kann. Widerspruch und darauf folgender **Widerspruchsbescheid** werden als **Vorverfahren** bezeichnet. Danach kann das **Klageverfahren** in drei Instanzen beschritten werden.

**1. Instanz: Sozialgericht** – jeweils zuständig für einen Gerichtsbezirk, unterteilt in Kammern für bestimmte Rechtsgebiete

Das Urteil oder der Bescheid wird in einer mündlichen Verhandlung durch einen Berufsrichter als Vorsitzenden sowie 2 ehrenamtliche Richter formuliert.

**2. Instanz: Landessozialgericht** – zuständig in der Regel für ein Bundesland, unterteilt in Senate für bestimmte Rechtsgebiete

Das Landessozialgericht entscheidet über Berufungen gegen Urteile und über Beschwerden gegen Beschlüsse in dem jeweiligen Bundesland. Eine Tatsachenerhebung wie in der ersten Instanz ist auch in der zweiten Instanz möglich.

**3. Instanz: Bundessozialgericht in Kassel** – unterteilt in Senate für bestimmte Rechtsgebiete

Das Bundessozialgericht entscheidet über Revisionen gegen die Urteile von Landessozialgerichten und über Beschwerden gegen die Nichtzulassung der Revision. Die Tatsachenerhebung ist nur in der 1. und 2. Instanz möglich, beim Bundessozialgericht erfolgt nur eine Prüfung der möglichen Verletzung von Rechtsvorschriften.

## Arbeitsgericht

Können Konflikte im Arbeitsleben nicht einvernehmlich zwischen den Beteiligten gelöst werden, dient das Arbeitsgericht dazu, den Rechtsstreit zu klären und eine Entscheidung herbeizuführen.

**Beispiel:** Ein Arbeitnehmer klagt vor dem Arbeitsgericht gegen die Kündigung durch seinen Arbeitgeber.

## Örtliche Zuständigkeit

Örtlich zuständig ist das Arbeitsgericht, in dessen Bezirk der Beklagte seinen Wohn- oder Geschäftssitz hat.

## Sachliche Zuständigkeit

Die Arbeitsgerichte sind zuständig für:

| | |
|---|---|
| ▪ Streitfälle zwischen einzelnen Arbeitnehmern und -gebern<br>▪ Streitfälle zwischen Tarifvertragsparteien (Gewerkschaften und Arbeitgeberverbänden) | sogenanntes **Urteilsverfahren** |
| ▪ Streitfälle, die sich auf das Betriebsverfassungsgesetz beziehen (z. B. Errichtung eines Betriebsrats)<br>▪ Streitfälle, die sich auf das Mitbestimmungsgesetz beziehen (z. B. Wahl der Aufsichtsratsmitglieder) | sogenanntes **Beschlussverfahren** |

## Instanzen

In der **ersten Instanz**, d. h. vor dem **Arbeitsgericht**, kann sich jede Partei selbst vertreten, die Einschaltung eines Rechtsanwalts ist zwar möglich, aber nicht verpflichtend. Tarifvertragsparteien gewähren ihren Mitgliedern in der Regel Rechtsschutz, sodass Prozessvertreter die Mitglieder vor Gericht vertreten.

Bei Erhebung der Klage müssen angegeben werden:

1. Jeweils Name und Anschrift des Klägers und des Beklagten,
2. die genaue Forderung des Klägers,
3. die Begründung der Klage.

Ist die Klage bei Gericht eingegangen, wird vom Gericht zunächst ein Termin zur **Güteverhandlung** festgelegt. Sie wird von einem Berufsrichter allein durchgeführt. Ziel ist die gütliche Einigung der Parteien. Der Richter unterbreitet dazu nach einer **Erörterung** einen **Vorschlag**. Wird daraufhin ein **Vergleich** zwischen den Beteiligten geschlossen, ist der Rechtsstreit beendet. Im anderen Fall wird ein Termin für eine **Kammerverhandlung** festgelegt.

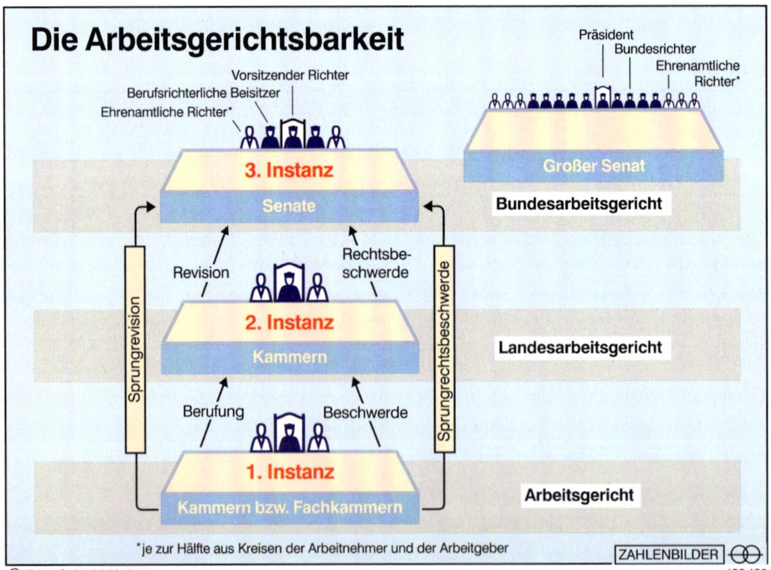

# Arbeitszeitregelungen
Working Time Regulations

## Ziele des Arbeitszeitgesetzes (ArbZG)

- Gewährleistung der Sicherheit und des Gesundheitsschutzes der volljährigen Arbeitnehmer bei der Arbeitszeitgestaltung
- Verbesserung der Rahmenbedingungen für flexible Arbeitszeiten
- Schutz der Arbeitsruhe an Sonntagen und staatlich anerkannten Feiertagen

## Arbeitszeit der Arbeitnehmer

- Die **werktägliche Arbeitszeit** darf laut § 3 des ArbZG grundsätzlich nicht **acht Stunden** überschreiten. Sie kann auf **bis zu zehn Stunden** nur verlängert werden, wenn innerhalb sechs Kalendermonaten oder binnen 24 Wochen im Durchschnitt acht Stunden werktäglich nicht überschritten werden.
- Die Arbeit ist laut § 4 des ArbZG durch im Voraus feststehende **Ruhepausen** von mindestens **30 Minuten** bei einer Arbeitszeit von mehr als sechs bis zu neun Stunden und 45 Minuten bei einer Arbeitszeit von mehr als neun Stunden insgesamt zu unterbrechen. Die Ruhepausen können in Zeitabschnitte von jeweils mindestens 15 Minuten aufgeteilt werden. Länger als sechs Stunden hintereinander dürfen Arbeitnehmer nicht ohne Ruhepause beschäftigt werden.
- Die Arbeitnehmer müssen nach Beendigung der täglichen Arbeitszeit eine ununterbrochene **Ruhezeit** von mindestens **elf Stunden** haben (Ausnahmen z. B. in Krankenhäusern oder Verkehrsbetrieben).

# Mitbestimmung
Co-determination

70

## Individual- und Kollektivrechte

Neben **individuellen** Rechten des Arbeitnehmers, die sich aus seinem Arbeitsvertrag und seinen individuellen Rechten laut §§ 81–84 des Betriebsverfassungsgesetzes (z. B. Recht auf Einsicht in die Personalakte) ergeben, kann der Arbeitnehmer **Kollektivrechte** durch besondere Organe (z. B. Betriebsrat handelt Betriebsvereinbarung aus) ausüben.

## Betriebliche Mitbestimmung (Überblick)

**Organe der betrieblichen Mibestimmung** (**Betriebsrat** und **Jugend- und Auszubildendenvertretung** siehe Seite 82 f.):

- Betriebsrat
- Betriebsversammlung
- Einigungsstelle
- Jugend- und Auszubildendenvertretung
- Sprecherausschuss
- Wirtschaftsausschuss

## Betriebsversammlung (§ 42 ff. Betr.VerfG)

Betriebsversammlungen sind vom Betriebsrat in jedem Kalendervierteljahr einzuberufen, geleitet werden sie vom Vorsitzenden des Betriebsrats.
Vor den versammelten Arbeitnehmern erstattet der Betriebsrat seinen Tätigkeitsbericht.
Der Arbeitgeber ist einzuladen, da er vierteljährlich über die wirtschaftliche Lage und über das Personal- und Sozialwesen zu berichten hat.

## Betriebsausschuss (§ 27 BetrVerfG)

Besteht ein Betriebrat aus mindestens 9 Mitgliedern, wird ein Betriebsausschuss gebildet, der die laufenden Geschäfte des Betriebsrats führt.

Der Betriebsrat kann dem Betriebsausschuss mit der Mehrheit der Stimmen seiner Mitglieder Aufgaben zur selbstständigen Erledigung übertragen; dies gilt nicht für den Abschluss von Betriebsvereinbarungen.

## Einigungsstelle (§ 76 BetrVerfG)

Sie dient zur Beilegung von Meinungsverschiedenheiten zwischen Arbeitgeber und Betriebsrat. Die Einigungsstelle ist bei Bedarf zu bilden; durch Betriebsvereinbarung kann eine ständige Einigungsstelle errichtet werden. Die Einigungsstelle besteht aus einer gleichen Anzahl von Beisitzern, die vom Arbeitgeber und dem Betriebsrat bestellt werden, sowie einem unparteiischen Vorsitzenden, der von beiden Seiten bestimmt wird. Beschlüsse werden mit einfacher Mehrheit gefasst.

## Wirtschaftsausschuss (§ 106 ff. BetrVerfG)

In Unternehmen mit mehr als 100 ständig beschäftigten Arbeitnehmern ist ein Wirtschaftsausschuss zu bilden.

Er hat die Aufgabe, wirtschaftliche Angelegenheiten mit dem Arbeitgeber zu beraten und den Betriebsrat zu informieren.

Der Wirtschaftsausschuss besteht aus mindestens 3 und höchstens 7 Mitgliedern, die vom Betriebsrat bestimmt werden.

Dieses Organ soll monatlich einmal zusammentreten.

## Sprecherausschuss (§ 1 ff. SprAuG)

In Unternehmen mit in der Regel mindestens 10 leitenden Angestellten werden Sprecherausschüsse der leitenden Angestellten gewählt. Der Sprecherausschuss soll mit dem Arbeitgeber vertrauensvoll zusammenarbeiten und vertritt die besonderen Interessen der leitenden Angestellten.

# Arbeitsrecht
**Labour Law**

## Ziele des Arbeitsrechts

Das **Arbeitsrecht** regelt vor allem durch Gesetze und Verordnungen das Verhältnis zwischen Arbeitnehmer und Arbeitgeber bei der **unselbstständigen Erwerbstätigkeit**. Wenn auch Arbeitnehmer und Arbeitgeber den Arbeitsvertrag prinzipiell frei gestalten können (sogenannte **Vertragsfreiheit**), so versucht das Arbeitsrecht, die unterschiedlichen Interessen beider Seiten durch Festlegung von Rechten und Pflichten zu schützen – gerade auch, wenn es zu Streitfällen kommt.

## Arten des Arbeitsrechts

Grundsätzlich unterscheidet man zwischen dem **Individualarbeitsrecht**, das das Verhältnis zwischen dem einzelnen Arbeitnehmer und Arbeitgeber regelt, und dem **Kollektivarbeitsrecht**, das vor allem dem Verhältnis zwischen Gewerkschaften und Arbeitgeberverbänden rechtliche Grenzen aufzeigt.

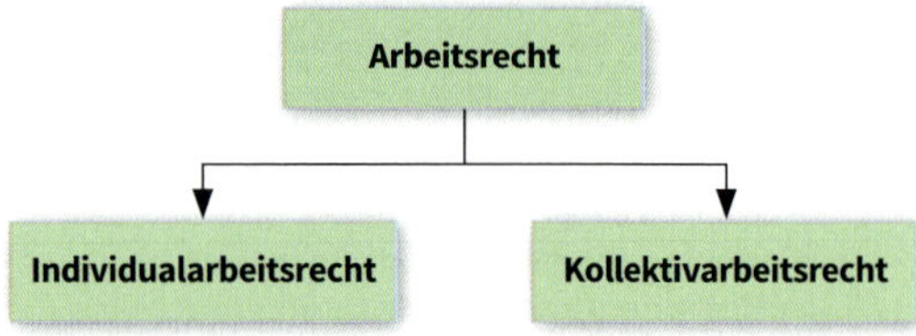


## Arbeitsvertragsinhalte

Wenn der **Arbeitsvertrag** auch mündlich geschlossen werden kann, so ist der Arbeitgeber dennoch nach dem **Nachweisgesetz** (NachwG) verpflichtet, bis spätestens einen Monat nach Arbeitsbeginn alle wesentlichen Vertragsbedingungen schriftlich niederzulegen, zu unterzeichnen und diesen Text dem Arbeitnehmer in **Schriftform** – die elektronische Form ist ausgeschlossen – auszuhändigen.

Diese **Niederschrift** muss folgende Inhalte aufweisen:

- Name und Anschrift der Vertragsparteien,
- Zeitpunkt des Beginns des Arbeitsverhältnisses,
- bei befristeten Arbeitsverhältnissen die vorhersehbare Dauer des Arbeitsverhältnisses,
- der Arbeitsort bzw. der Hinweis auf Einsatzmöglichkeit an verschiedenen Arbeitsorten,
- kurze Charakterisierung oder Beschreibung der vom Arbeitnehmer zu leistenden Tätigkeit,
- Zusammensetzung und Höhe des Arbeitsentgelts einschließlich der Zuschläge, Prämien und Sonderzahlungen und deren Fälligkeit,
- vereinbarte Arbeitszeit,
- Dauer des jährlichen Erholungsurlaubs,
- Fristen für die Kündigung des Arbeitsverhältnisses sowie
- Hinweis auf die Tarifverträge, Betriebs- oder Dienstvereinbarungen, die auf das Arbeitsverhältnis anzuwenden sind.

Allgemein gelten für Arbeitnehmer in einem Arbeitsverhältnis die **Dienstleistungspflicht** und die **Treuepflicht** gegenüber dem Arbeitgeber, der Arbeitgeber hat eine **Fürsorgepflicht** gegenüber seinem Arbeitnehmer.

In einem Arbeitsvertrag werden in der Regel neben den oben genannten Ausführungen laut Nachweisgesetz noch Aussagen zu folgenden Inhalten getroffen:

- Länge der Probezeit,
- Umfang und Abbau von Überstunden,
- Pflichten des Arbeitnehmers bei Erkrankung und sonstiger Arbeitsverhinderung,
- Geheimhaltungspflichten über betriebliche Vorgänge und Daten, eventuell auch sogenannte Konkurrenzklauseln,
- Möglichkeiten der Nebentätigkeiten sowie
- zusätzliche Vereinbarungen.

## Arbeitszeugnis

Eine besondere Verpflichtung des Arbeitgebers besteht in der Aushändigung eines Arbeitszeugnisses nach Beendigung der Tätigkeit.

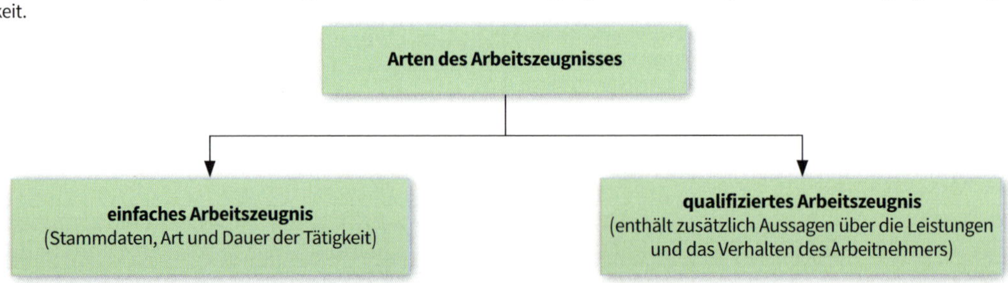

## Tarifautonomie

Das Recht der Tarifvertragsparteien, Tarifverträge ohne Einflussnahme des Staates frei aushandeln zu dürfen **(Tarifautonomie)**, ist im Artikel 9 Absatz 3 **Grundgesetz** abgesichert: „Das Recht, zur Wahrung und Förderung der Arbeits- und Wirtschaftsbedingungen Vereinigungen zu bilden, ist für jedermann und für alle Berufe gewährleistet. Abreden, die dieses Recht einschränken oder zu behindern suchen, sind nichtig, hierauf gerichtete Maßnahmen sind rechtswidrig." Näheres regelt das **Tarifvertragsgesetz**. Die Tarifvertragsparteien werden auch als **Sozialpartner** bezeichnet.

## Tarifvertragsparteien

**1. Möglichkeit:**

**Arbeitgeberverband** ↕ **Branchentarifvertrag** ↕ **Gewerkschaft**

Die Interessenvertretungen von Arbeitgebern und Arbeitnehmern handeln **Branchentarifverträge** (z. B. für die Metall verarbeitende Industrie) für einen bestimmten Tarifbezirk (z. B. ein Bundesland) in Form von **Flächentarifverträgen** aus.

**2. Möglichkeit:**

**Arbeitgeber** ↕ **Haustarifvertrag** ↕ **Gewerkschaft**

Die Gewerkschaft handelt mit einem großen Arbeitgeber (z. B. einem Konzern) einen **Haustarifvertrag** aus. Er gilt nur für dieses Unternehmen.

## Gründe für Tarifverträge

- Beide Vertragsparteien erhoffen sich mehr Macht, um die eigenen Interessen durchzusetzen („Einigkeit macht stark").
- Ökonomisch sind Tarifverträge sinnvoll, da Einzelverhandlungen zwischen einzelnen Arbeitgebern und -nehmern unnötig Zeit und Geld kosten würden.
- Arbeitgeber und -nehmer können langfristig planen, da während der Dauer eines Tarifvertrags **„Friedenspflicht"** (Verbot von Arbeitskampfmaßnahmen) besteht. Produktionsausfälle werden so vermieden, was sich auch volkswirtschaftlich positiv auswirkt.
- Die Aushandlung und der Abschluss von Tarifverträgen führt zur politischen Stabilisierung des Staates. Demokratische Spielregeln (zum Beispiel die Urabstimmung) wurden durch das Verfahren von Tarifvertragsverhandlungen eingeübt und verfestigen sich im Bewusstsein der Bürger.

## Ablauf von Tarifvertragsverhandlungen

Jede Gewerkschaft ist rechtlich frei, die genauen Bestimmungen zur Durchführung einer Urabstimmung festzulegen (z. B. den Mindestzustimmungsprozentsatz von zurzeit 75 %) oder ein Schlichtungsverfahren vorzusehen.

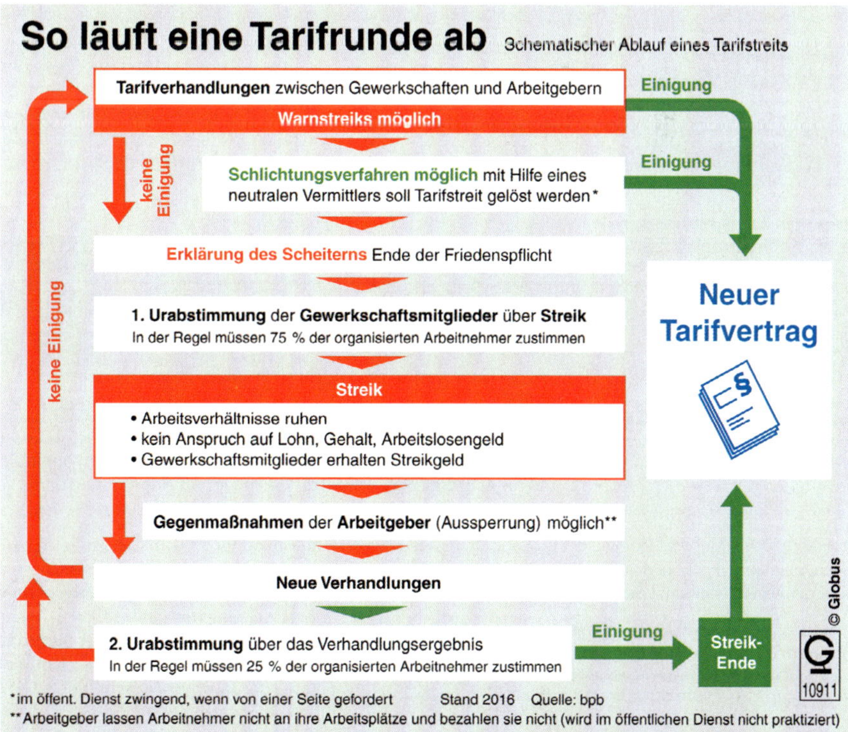

## Schlichtungsverfahren

Wird zwischen Gewerkschaft und Arbeitgeberverband ein sogenanntes **Schlichtungsverfahren** vereinbart, um harte Tarifauseinandersetzungen zu verhindern, schlägt ein neutraler **Schlichter**, der von beiden Tarifvertragsparteien akzeptiert wird (z. B. ein ehemaliger Bundesminister), eine Tariflösung vor.

Gewerkschaft wie auch Arbeitgeberverband sind allerdings nicht an diesen Schlichterspruch gebunden, sie können trotzdem ihre „Kampfmittel" einsetzen. Der politische Druck der Öffentlichkeit (z. B. über Massenmedien) und der Regierung führen aber in der Regel zu einer Übernahme des Schlichterspruchs.

## Streik und Aussperrung

Die Gewerkschaft ruft einen **Streik** aus, um ihre Tarifforderungen durchzusetzen.
Für diese Zeit des Verdienstausfalls erhalten die Gewerkschaftsmitglieder ein sogenanntes Streikgeld von ihrer Gewerkschaft, das sie vorher durch ihre Beitragszahlungen angespart haben.
Umfangreiche Streiks reduzieren die angesammelten Beiträge, die Streikkasse droht leer zu werden.
Bei den Arbeitgebern führen die Streiks unter Umständen zum Produktionsstillstand und damit zu Umsatz- und Gewinnausfällen.

Dieser enorme **wirtschaftliche Druck** auf beide Tarifvertragsparteien ist aber gewollt – nur dadurch kommt eine Tarifeinigung zustande.

Damit die Antwort des Arbeitgeberverbands auf den Streik – die **Aussperrung** – nicht zu einem sofortigen Zusammenbruch der Streikkasse der Gewerkschaft führt, sind Aussperrungen im Umfang rechtlich begrenzt – es geht darum, dass keine der beiden Seiten ein Übergewicht erhält.

Man spricht vom Grundsatz der **Verhältnismäßigkeit** (Übermaßverbot).

## Streikarten

- **Warnstreik:**
  Diese Streikart dient in der Regel in der ersten Verhandlungsphase zur Untermauerung der Gewerkschaftsforderungen; er umfasst nur relativ wenige Arbeitnehmer und wird nur für kurze Zeit durchgeführt.
- **Flächenstreik:**
  Unternehmen werden „in der Fläche" bestreikt, z. B. im gesamten Tarifbezirk.
- **Schwerpunktstreik:**
  Nur ausgewählte Unternehmen (z. B. Zulieferbetriebe) oder sogar nur bestimmte Abteilungen werden bestreikt.
  Diese Streikart ist für die Gewerkschaft kostengünstig, verspricht aber hohen Erfolg.
- **Politischer Streik:**
  Diese Streikart verfolgt rein politische Zwecke und ist durch Art. 9 Abs. 3 des **Grundgesetzes** nicht geschützt.
  Er kann allenfalls als letztes Mittel dienen, um die verfassungsmäßige Ordnung zu erhalten im Sinne des **Widerstandsrechts** laut Art. 20 Abs. 4 des Grundgesetzes: „Gegen jeden, der es unternimmt, diese Ordnung zu beseitigen, haben alle Deutschen das Recht zum Widerstand, wenn andere Abhilfe nicht möglich ist."
- **Wilder Streik:**
  Wird ein Streik nicht von einer Gewerkschaft, sondern von den selbstorganisierten Arbeitnehmern ausgerufen, spricht man von einem **wilden Streik**. Diese Form des Streiks zeigt, dass die streikenden Arbeitnehmer sich nicht von der Gewerkschaft vertreten fühlen.

## Arten von Tarifverträgen

- **Lohn- bzw. Gehaltstarifvertrag:**
  Regelt die Höhe des Arbeitsentgelts in der Regel für ein oder zwei Jahre.
- **Mantel- bzw. Rahmentarifvertrag:**
  „Ummantelt" den Lohn- bzw. Gehaltstarifvertrag durch die Festlegung bestimmter Rahmenbedingungen, wie z. B. Arbeitszeit, Urlaubsregelung, Lohngruppeneinteilung. Er hat in der Regel eine mehrjährige Laufzeit.

## Geltung von Tarifverträgen

Tarifverträge gelten prinzipiell nur für die **Arbeitnehmer**, die Mitglied der Gewerkschaft sind, und für **Arbeitgeber**, die Mitglied des Arbeitgeberverbands sind.

Ist zwar der Arbeitnehmer Mitglied der Gewerkschaft, der Arbeitgeber aber nicht Mitglied des Arbeitgeberverbands, muss der Arbeitgeber nicht das Tarifentgelt zahlen.

Arbeitnehmer, die kein Gewerkschaftsmitglied sind, erhalten von ihrem im Arbeitgeberverband organisierten Arbeitgeber trotzdem das zwischen den Tarifvertragsparteien vereinbarte Tarifentgelt.

Im anderen Fall würden die nicht organisierten Arbeitnehmer in die Gewerkschaft eintreten und deren Verhandlungsposition verbessern, was nicht im Interesse des Arbeitgebers sein kann.

Unter besonderen Umständen (z. B. bei Wettbewerbsverzerrungen) kann der Bundesminister für Arbeit und Sozialordnung einen Tarifvertrag für **allgemein verbindlich** erklären.
Zur Vermeidung von Tarifkollisionen (mehrere Gewerkschaften **in einem Unternehmen**) gilt der Grundsatz der **Tarifeinheit**: Nach § 4 TVG gilt für **alle** gewerkschaftlich organisierten Arbeitnehmer der Tarifvertrag der betrieblichen Mehrheitsgewerkschaft (Zahl der in der Mehrheitsgewerkschaft organisierten Arbeitnehmer).

# Fort- und Weiterbildung/Lebenslanges Lernen
## Advanced Education and Training/Lifelong Learning

Der rasche **technische Wandel** und die **Globalisierung** der Märkte führen dazu, dass die einmal erworbenen Qualifikationen rasch an Wert verlieren, man spricht in diesem Zusammenhang auch von der „**Halbwertzeit des Wissens**", die immer geringer wird. Passt man sich dieser Entwicklung nicht schnell genug an, besteht letztlich die Gefahr, arbeitslos zu werden oder zumindest unattraktive Tätigkeiten ausführen zu müssen.

Die **Fortbildung** bezieht sich eher auf die Fortführung der beruflichen Ausbildung, die **Weiterbildung** umfasst darüber hinaus die generelle Ausweitung der eigenen Qualifikationen, unabhängig vom gewählten Beruf. Diese begriffliche Trennung wird häufig nicht mehr benutzt. Stattdessen unterscheidet man z. B. die

- **Anpassungsfortbildung** (z. B. Anpassung an technischen Fortschritt),
- **Aufstiegsfortbildung** (Vorbereitung auf höherwertige Aufgaben),
- **Ergänzungsfortbildung** (Weiterbildung).

Laut § 1 Absatz 4 des **BBiG** soll die berufliche Fortbildung „es ermöglichen, die berufliche Handlungsfähigkeit zu erhalten und anzupassen oder zu erweitern und beruflich aufzusteigen".

Die klare Trennung zwischen Fort- und Weiterbildung verliert auch ihre Bedeutung durch die Diskussion um den Erwerb von **Schlüsselqualifikationen** (z. B. Team- und Kommunikationsfähigkeit) während der Berufserstausbildung. Diese Schlüsselqualifikationen sollen den Arbeitnehmer frühzeitig und umfassend auf die Veränderung in Wirtschaft und Gesellschaft vorbereiten. In der modernen Berufsausbildung wird deswegen nicht nur Wert auf **Fachkompetenz** gelegt, ebenso wichtig sind beispielsweise **Selbst**- und **Sozialkompetenz**.

Letztendlich gilt es, lebenslang zu lernen, um sich den wirtschaftlichen und gesellchaftlichen Veränderungen anpassen zu können.

# Lernstrategien
## Strategies of Learning

73

### Begriff

Beim Aneignen von Wissen, z. B. für eine Klassenarbeit oder eine Prüfung, geht es meist darum, aus schriftlich abgefassten Texten den Kerngehalt herauszufiltern und den Inhalt im Gedächtnis zu speichern. Soll das Wissen nicht nur kurzfristig abgespeichert werden, sondern möglichst **langfristig** zur Verfügung stehen, um es abrufen und in unterschiedlichen Lebenssituationen anwenden zu können, gilt es, **sich aktiv mit** den abzuspeichernden **Informationen** oder Daten **auseinanderzusetzen**.

Das Verfolgen der sogenannten Elaborationsstrategie (lat. laborare: arbeiten) beim Lernen besagt, dass man neue Wissensinhalte mit bereits bestehendem Wissen im Gehirn verküpfen muss, sie in vorhandene Wissensstrukturen integrieren muss. Das kann z.B. dadurch geschehen, dass man Fragen zu den neuen Wissensinhalten formuliert oder neue Beispiele zum Erlernten bildet, das Erlernte mit eigenen Worten erklärt oder „Eselsbrücken" zum bisherigen Wissen baut. Wird diese Lernstrategie erfolgreich angewandt, wird sich die Selbstkompetenz der Lernenden erhöhen. Bestimmte Lernprozesse finden auch erst in besonderen **Sozialformen**, z. B. in Partner- oder Gruppenarbeit, statt, wie zum Beispiel das Erlernen von Konfliktfähigkeit. Erst die Interaktion mit Kommunikationspartnern führt dann zu den angestrebten Lernergebnissen.

### Lernatmosphäre

Um Textinhalte verstehen und abspeichern zu können, muss man sich eine geeignete **Lernatmosphäre** schaffen. Dazu gehört:

- **Einrichten** eines angemessenen **Arbeitsplatzes**
  - geeignete Lese- oder Schreibfläche (z. B. Schreibtisch) schaffen, Zugang zu digitalen Medien ermöglichen
  - richtige Körperhaltung wählen: stehen (z. B. Stehpult), liegen (z. B. Arbeitsliege) oder sitzen (z. B. Bürostuhl)
  - gute Lichtverhältnisse schaffen
  - ausreichende Sauerstoffzufuhr sichern (z. B. durch Öffnen des Fensters)
  - eventuelle Störquellen (z. B. Lärm) beseitigen
  - Arbeitsmaterialien sortieren
  - Ergänzungsmaterialien bereithalten (z. B. Fremdwörterlexikon)

- **Wählen** der geeigneten **Tageszeit**
  - optimale Lernzeit auswählen (individuell unterschiedlich)
  - Ess- und Ruhephasen beachten
  - Gesamtlernzeit einschätzen (eventuell Mehrtagesplan aufstellen)

- **ernährungsphysiologische Erkenntnisse** nutzen
  - Flüssigkeitszufuhr ermöglichen (z. B. Mineralwasser oder Obstsaft)
  - „leichte Kost" verbrauchen (z. B. Joghurt, Obst)

## Textbearbeitung

Um einen schriftlich abgefassten Text erfassen zu können, sind einige **Techniken der Textbearbeitung** anzuwenden:

- Kernbegriffe oder -sätze markieren (Wichtiges wird vom Unwichtigen getrennt)
- Randnotizen machen (z. B. auch durch Nutzen von geeigneten Piktogrammen)
- Textteile/Absätze durch Teilüberschriften gliedern
- längere Textpassagen durch eigene Formulierungen zusammenfassen (z. B. durch Nutzen von Klebezetteln oder Karteikarten)
- bildhafte Elemente (z. B. Abbildungen, Diagramme) erschließen und Textpassagen zuordnen
- Zusammenhänge visuell verdeutlichen (z. B. durch Bilden von Verweisen oder Nutzen von Pfeilsymbolen)
- Strukturen des Textes herausarbeiten, z. B. durch:
  - Erstellen einer Textgliederung
  - Herstellen einer Mindmap
  - Anfertigen eines Ablaufdiagramms
  - Anlegen von Karteikarten mit Schlüsselbegriffen (einschließlich Erläuterungstext und Textverweis)
- offengebliebene Fragen herausschreiben und Ergänzungsliteratur suchen (z. B. mithilfe einer Internetrecherche)

## Wissensspeicherung

Um sich zentrale Textinhalte aneignen, sie speichern zu können, genügt es nicht, bestimmte Schlüsselbegriffe auswendig zu lernen. Vielmehr gilt es, sich mit den Inhalten und **Strukturen** auseinanderzusetzen. Beispielsweise können schriftlich **Fragen** an den Textgehalt formuliert werden, die den Text strukturell erschließen. Um eine Struktur zu erfassen, müssen aus unterschiedlichen Blickrichtungen Fragen an den Textgehalt gestellt werden, es müssen unterschiedliche **Fragekriterien** herausgearbeitet werden.

**Beispiel**: Analyse eines Wirtschaftstextes

Mögliche **Fragekriterien**:

- Wie könnte der Textinhalt aus betriebswirtschaftlicher Sicht gesehen werden?
- Wie könnte der Textinhalt aus volkswirtschaftlicher Sicht gesehen werden?
- Wie könnte der Textinhalt aus ökologischer Sicht gesehen werden?
- Wie könnte der Textinhalt aus gesellschaftspolitischer Sicht gesehen werden?
- Wie könnte der Textinhalt aus historischer Sicht gesehen werden?

Das Formulieren von Fragen an den Textgehalt dient zum einen dazu, **Zusammenhänge** innerhalb des neu zu erwerbenden Wissens herzustellen, zum anderen hilft es, neues Wissen mit bereits vorhandenen Wissensbeständen zu verknüpfen.

Gesteigert wird der **Lernerfolg**, wenn Fragen an die Struktur des Textes von mehreren Personen formuliert werden und ein Gruppengespräch, eventuell sogar eine **Gruppendiskussion**, daraus entsteht. Möglicherweise ergibt sich auch eine Änderung in der **Lernmotivation**.

In jedem Fall wird durch Verfolgung kooperativer Lernstrategien die sogenannte **Behaltensquote** erhöht, das Verbinden von Hören, Sehen und Sprechen (und eventuell auch Handeln) wirkt leistungssteigernd gegenüber der Nutzung nur einzelner Elemente (z. B. nur Hören oder nur Sehen).

## Zeitmanagementtechniken

Die Nutzung von sogenannten **Zeitmanagementtechniken** ermöglicht insbesondere effektives Arbeiten im Berufsalltag. Es geht dabei vor allem darum,

- den begrenzten, zur Verfügung stehenden Zeitraum (z. B. innerhalb eines Arbeitstages oder einer Arbeitswoche) für die anstehenden Aufgaben besser zu nutzen, indem die einzelnen Tätigkeiten in ihrer Abfolge optimal **geplant** werden,
- zu lernen, **Prioritäten** bei der Erledigung von Aufgaben zu **setzen**,
- sogenannte „**Zeitfresser**" im Arbeitsalltag zu erkennen und Strategien zu deren Eliminierung zu nutzen.

In der Fachliteratur werden verschiedene **Techniken des Zeitmanagements** beschrieben. Die bekanntesten sind:

- Nutzung einer einfachen **To-do-Liste** (Aufstellung der notwendigen Arbeitsaufgaben mit Schätzung der erforderlichen Arbeitszeit),
- Anwendung der **ALPEN-Methode**:
  **A**ufgaben notieren
  **L**änge der einzelnen Arbeitsschritte schätzen
  **P**ufferzeiten einplanen
  **E**ntscheidungen über Prioritäten treffen (Wichtiges vom Unwichtigen trennen)
  **N**achkontrolle durchführen (Soll-/Ist-Zeitvergleich bei der Erledigung der Aufgaben).
- Einsatz der **ABC-Analyse** (die zu erledigenden Arbeiten sind nach **Dringlichkeit** und **Wichtigkeit** einzuteilen):
  Konzentration auf die wichtigen und dringlichen **A-Aufgaben**, prüfen, ob sogenannte **B-** und **C-Aufgaben** eventuell **delegiert** werden können. Ähnlich geht die **Eisenhower-Methode** (benannt nach dem ehemaligen US-Präsidenten Eisenhower) vor, die in einer Vier-Feld-Matrix A-; B-, C- und D-Prioritäten unterscheidet:
  A-Priorität: wichtig und dringend
  B-Priorität: wichtig und weniger dringend
  C-Priorität: weniger wichtig, aber dringend
  D-Priorität: eher unwichtig, nicht dringend

Im Rahmen der modernen Berufsausbildung in den IT-Berufen wird die Vermittlung von Fach-, Selbst- und Sozialkompetenz gefordert. Eine Schlüsselrolle bei der Kompetenzerweiterung stellen die sogenannten **Methoden des selbstgesteuerten Lernens** dar.

Um selbstgesteuertes Lernen zu ermöglichen, müssen die Lernenden über die Fähigkeit verfügen, mehr oder weniger eigenständig Ziele im Lernprozess zu setzen und sich selbst – zumindest eingeschränkt – zu motivieren. Haben sich Lernende bereits mit Lernstrategien (vgl. S 89) und Arbeitstechniken (vgl. S. 90) auseinandergesetzt, werden sie Lernhindernisse rasch überwinden und Selbststeuerungsmaßnahmen erfolgreich umsetzen. Gesammelte Erfahrungen in unterschiedlichen Sozialformen, wie Einzel-, Partner- und Gruppenarbeit, können diesen Prozess unterstützen. Ergänzend sollte die Feedback-Kultur (vgl. S. 93) genutzt werden, um Lernprozesse auswerten zu können.

Immer wieder finden sich in der pädagogischen Fachliteratur Hinweise darauf, dass spezifische Methoden das selbstgesteuerte Lernen fördern. Gerade im berufsbezogenen Lernen werden folgende **Methoden** in diesem Zusammenhang genannt:

Projektmethode, Methode des vernetzten Denkens, Moderationsmethode, Zukunftswerkstatt, Szenariotechnik.

Zwei dieser Methoden sollen im Folgenden beispielhaft vorgestellt werden, die **Selbstorganisation** und **Kompetenzerweiterung** gezielt fördern.

## Begriff: Projekt

75

Das Projekt zählt zu den sogenannten methodischen Großformen des Unterrichts. Ausgehend von den Interessen der Beteiligten wird ein Thema oder Problem umfassend bearbeitet, d. h. geplant, durchgeführt und ausgewertet. Die Lehrkraft sieht sich dabei eher als Lernberater oder Moderator. Ergebnis des Projekts ist in der Regel ein Handlungsprodukt, z. B. eine erstellte Schülerzeitung.

## Ziele

75

- Förderung der Selbstorganisation und des Verantwortungsbewusstseins
- Herstellung von Problem- und Praxisbezug
- Realisierung fächerübergreifenden Unterrichts
- Förderung ganzheitlichen Denkens, Einbeziehen vieler Sinne
- Verstärkung von Interaktionsbeziehungen der Projektteilnehmer/-innen

## Projektphasen

75

**Projektinitiative**

Ausgangspunkt ist in der Regel eine Problemstellung oder eine Projektidee.

↓

**Projektskizze**

Die Projektteilnehmer/-innen setzen sich mit der Projektinitiative auseinander. Ergebnis des Diskussionsprozesses ist eine gemeinsame Projektskizze, die die Absichten und Ideen kurz umreißt.

↓

**Projektplan**

Ausgehend von der Projektskizze wird ein genauer Projektplan erstellt, der neben den einzelnen geplanten Projektschritten auch die Zeitplanung aufweist. Schriftlich festgehalten werden außerdem die Personen, die bestimmte Aufgaben zu übernehmen haben.

↓

**Projektdurchführung**

Aufgrund des Projektplans werden die einzelnen Projektschritte durchgeführt; eventuell ergibt sich die Notwendigkeit, die Planung leicht zu verändern. In der Regel wird am Ende des Projekts ein Handlungsprodukt erstellt sein.

↓

**Projektabschluss**

In der Abschlussphase wird das Handlungsprodukt vor einem ausgewählten Personenkreis (z. B. Schulöffentlichkeit, Internetbenutzer) präsentiert. Am Ende wird sicherlich der Ablauf des gesamten Projektprozesses kritisch reflektiert, sowohl inhaltlich als auch methodisch. Möglicherweise mündet das Projekt in der Absicht, längerfristig zu einem bestimmten Problem zusammenzuarbeiten( z. B. Gründung einer Arbeitsgemeinschaft).

Im gesamten Projektverlauf werden zusätzlich sogenannte **Fixpunkte** verankert. Das sind abgestimmte Zeitpunkte, zu denen die Projektteilnehmer zusammenkommen, um Informationen auszutauschen und sich so effektiv abzustimmen. Zusätzlich können Termine vereinbart werden, um Beziehungsprobleme zwischen den Projektteilnehmern aufzuarbeiten – man spricht von sogenannten **Metainteraktionen**.

## Begriff und Zielsetzung

Um komplexe Zusammenhänge in Wirtschaft und Gesellschaft verstehen und beurteilen zu können, reicht das lineare Denken – zum Beispiel in Form einer Ablaufkette – nicht mehr aus. Stattdessen müssen eine Vielzahl von wechselseitigen Abhängigkeiten und Verknüpfungen von einzelnen Elementen untersucht werden, man spricht von der **Methodik des vernetzten Denkens**. Die Komplexität eines Systems lässt sich mithilfe eines sogenannten **Netzwerks** veranschaulichen.

Die Netzwerktechnik hat das Ziel, die einzelnen Elemente (Faktoren) eines Systems und ihre Beziehungen in Form eines **Modells** abzubilden.

## Symbole der Netzwerktechnik

- Wirkungszusammenhänge einzelner Faktoren werden mithilfe von **Pfeilen** abgebildet, wobei die Stärke des Pfeils den Umfang oder Grad der Wirkung widerspiegelt.
- Eine **gleichgerichtete Wirkung** („je mehr … desto mehr …") wird durch ein **Pluszeichen**, eine **gegensätzliche Wirkung** („je mehr … desto weniger …" bzw. „je weniger … desto mehr …") durch ein **Minuszeichen** verdeutlicht.

**Beispiel**: Überlegungen zur Auswirkung einer Werbemaßnahme

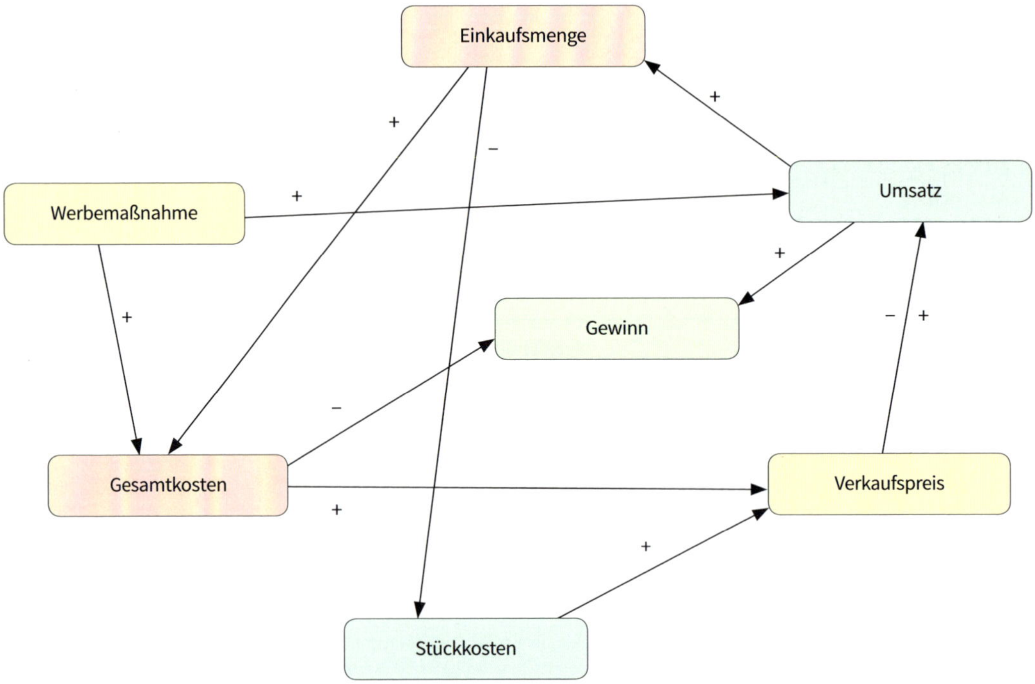


## Vorteile der Netzwerktechnik

- Da komplexe Zusammenhänge mithilfe des Netzwerks veranschaulicht werden, können zum Beispiel Langzeitwirkungen von bestimmten Maßnahmen nicht so leicht übersehen werden.
- Netzwerke ermöglichen eine Absicherung von Entscheidungsprozessen.
- Auch komplizierte Zusammenhänge können für Laien mithilfe von Netzwerken transparent gemacht werden. Die Netzwerktechnik unterstützt damit demokratische Entscheidungsprozesse.

## Grenzen der Aussagekraft

- Je mehr Elemente in ein Netzwerk eingefügt werden, desto unübersichtlicher wird es. Es besteht die Gefahr, dass die Unübersichtlichkeit einen Entscheidungsprozess eher erschwert als erleichtert.
- Werden nur die vermeintlich wichtigsten Elemente in das Modell aufgenommen, entsteht eventuell ein falsches Abbild der Wirklichkeit. Die Summe der Wirkungen von vielen kleinen Faktoren kann unterschätzt werden, es werden unter Umständen falsche Schlussfolgerungen gezogen.

# Teamarbeit
## Teamwork

77

### Begriff

Das Arbeiten in Teams ist heutzutage in allen gesellschaftlichen Bereichen zum Alltag geworden, in Unternehmen genauso wie in der Schule. Werden neue Mitarbeiter in Unternehmen eingestellt, wird nahezu überall Teamfähigkeit verlangt.

**Merkmale der Teamarbeit**

- Eine **Gruppe** von Personen (meist 5–10) arbeitet für ein **gemeinsames Ziel** zusammen.
- Die Zusammenarbeit ist häufig **zeitlich befristet,** z. B. im Rahmen eines Projekts.
- Eine Person führt i. d. R. als **Teamleiter** die Gruppe, er definiert sich eher als „Primus inter Pares" (Erster unter Gleichen).
- Bei der Verfolgung des Gruppenziels kommt es auf die Ausprägung eines **Wir-Gefühls** an; es werden dabei hohe Anforderungen an die **Kommunikationsbeziehungen** des Teams gestellt (z. B. Offenheit, Gleichberechtigung).
- Die gestellten **Aufgaben** sind meist so **komplex** und/oder **innovativ,** dass diese Arbeitsform ihre besonderen Vorzüge nutzt: Die Arbeitsleistung eines Teams ist mehr als die Summe der Einzelleistungen, man geht von **Synergieeffekten[1] („2 + 2 = 5")** aus.
- Die **Arbeitsverteilung** innerhalb des Teams sollte transparent und gerecht erfolgen, jedes Teammitglied hat sich aktiv am Gruppenprozess zu beteiligen.
- Die **Verantwortung** für das gemeinsame Ziel lastet auf allen Mitgliedern.
- **Konflikte** müssen deutlich angesprochen werden, sie werden in der Regel vom Team selbst gelöst, allerdings können auch externe Personen (z. B. Berater) zur **Teamentwicklung** herangezogen werden.
- Die **Bewertung** der Teamleistung kann sowohl **intern** als auch **extern** (z. B. durch die Unternehmensleitung) vorgenommen werden, sogenannte Feedbackregeln (siehe dazu unten) können dabei unterstützend eingesetzt werden.

[1] Synergieeffekt: Wirkung, die aus dem Zusammenschluss oder der Kooperation mehrerer Teilkomponenten hervorgeht

| Vorteile (Chancen) | Nachteile (Probleme) |
|---|---|
| ■ höhere Arbeitsleistung durch Ausnutzen von Synergieeffekten<br>■ hohe Arbeitsmotivation der Teammitglieder (z. B. durch Gleichberechtigung)<br>■ Teammitarbeiter bilden sich gegenseitig fort (Kostenersparnis)<br>■ Entwicklung eines guten Betriebsklimas (z. B. durch Entwickeln eines Wir-Gefühls)<br>■ Verbesserung von Kommunikationsbeziehungen durch Teamentwicklung | ■ geringere Arbeitsleistung und höherer Zeitaufaufwand durch die Notwendigkeit umfangreicher Maßnahmen zur Konfliktbewältigung<br>■ Kompetenzstreitigkeiten bei schlechter Teamentwicklung<br>■ Gefahr von „schlechten Kompromissen" durch Rücksicht auf Mehrheitsmeinung<br>■ Gruppendruck verschlechtert das Arbeitsklima<br>■ Dominanz von „Vielrednern" und „Besserwissern" |

# Feedbackregeln
## Feedback Rules

78

Lernt man über ein **Feedback** eines Kommunikationspartners, dienen diese Rückmeldungen dazu, sein eigenes Verhalten, seine eigenen Überlegungen zu überdenken und eventuell zu verändern. Ist man selbst in der Verantwortung, ein Feedback zu geben, sollte man bei diesem Mitteilungsprozess die folgenden **Regeln** beachten, um den Lernprozess effektiv zu gestalten:

1. **Hören Sie aufmerksam zu!**
   Bevor Kritik geäußert wird, sollte man die Meinung des anderen genau kennen. Dazu gehört, dass man dem Kommunikationspartner genau zuhört und ihn stets aussprechen lässt.
2. **Verstärken Sie Positives!**
   Ein Feedback sollte prinzipiell von Stärken des Kommunikationspartners ausgehen, bevor andere Bereiche angesprochen werden.
3. **Äußern Sie die Kritik sachgemäß!**
   Die geäußerte Kritik sollte sich auf die Sache, nicht auf die Person beziehen. Dabei ist prinzipiell zwischen objektiven Fakten und subjektiven Wahrnehmungen zu unterscheiden.
4. **Formulieren Sie Ich-Botschaften!**
   Urteile über andere Menschen wirken schnell verletzend und erschweren dadurch den Interaktionsprozess.
   Wird Kritik an Einstellungen oder am Verhalten anderer Menschen geübt, sollte man Verallgemeinerungen verhindern (z. B. „*Alle* sind der Meinung, dass du …"), stattdessen sollten Ich-Botschaften formuliert werden (z. B. „*Ich* bin der Meinung, dass du …"), die das abgegebene Urteil als subjektiv kennzeichnen.
5. **Nutzen Sie die nonverbale Kommunikation!**
   Die Aussagen sind durch nonverbale Elemente zu unterstützen, z. B. durch eine bestimmte Mimik oder Gestik. Der Aussagegehalt wird dadurch nicht nur gesteigert, sondern die Kommunikation wird unter Umständen auch vertrauenswürdiger (z. B. durch eine Mimik, die Verständnis oder Anteilnahme ausdrückt).

## Ethische Fragestellungen

Man ist es gewohnt, dass beispielsweise in den Bereichen Genforschung oder Sterbehilfe vermehrt ethische Fragestellungen diskutiert werden, die die Grenze der jeweiligen Anwendungsbereiche zum Gegenstand haben. Relativ neu für die Allgemeinheit – nicht für IT-Spezialisten – ist die Frage, inwieweit bei informationstechnischen Lösungen, z. B. bei der Anwendung von **Künstlicher Intelligenz** (**KI**), ethische Gesichtspunkte berücksichtigt werden müssen.

Im **Ausbildungsrahmenplan** (**ARP**) **der neuen IT-Berufe** heißt es dazu explizit: „Bei der Beurteilung, Entwicklung, Umsetzung und Betreuung von IT-Lösungen (sind) ethische Aspekte (zu) reflektieren."

Da auch die ethischen Aspekte von zentraler gesellschaftspolitischer Relevanz sind, hat die EU-Kommission 2019 ein **Weißbuch zur Künstlichen Intelligenz** verfasst, das in den EU-Institutionen zurzeit analysiert und diskutiert wird.

## Chancen beim Einsatz digitaler Technologien

Dass digitale Technologien große **Vorteile** für die Allgemeinheit bieten, wird heutzutage grundsätzlich bejaht.

**Beispiele**:

- **Automatisierung von industriellen Prozessen** (Stichwort: Industrie 4.0) führt zu enormen Kosten- und damit Preisvorteilen und zur Erhöhung von Qualitätsstandards;
- Verbesserung der Gesundheitsfürsorge wird durch **Nutzung der KI-Technologie**, z. B. bei Diagnostik, erzielt;
- Anwendung der KI-Technologie bei der **Verfolgung der Kriminalität** erhöht die allgemeine **Sicherheit**.

## Probleme beim Einsatz digitaler Technologien

Je mehr digitale Technologien in den Alltag der Bevölkerung Einzug nehmen, umso mehr werden **Nachteile** bei deren Nutzung bemerkbar.

**Beispiele**:

- Diskutiert werden in der Fachwelt Probleme bei Anwendungen, die Verfahren des maschinellen Lernens nutzen. Letztendlich geht es darum, wie **Daten genutzt und miteinander verknüpft** werden – negative Auswirkungen für Betroffene werden in den Medien breit beschrieben.
- Da algorithmische Systeme häufig einen **extrem hohen Energiebedarf** haben, werden zusehends negative Auswirkungen für Ökologie und Nachhaltigkeit betont.
- Das **Produkthaftungsrecht** muss aufgrund der Vielzahl von in der Zukunft zunehmenden KI-Anwendungen grundsätzlich überarbeitet werden. Es wird rechtlich schwieriger werden, ein **Verschulden** beim Eintritt von Schäden dem Produkthersteller nachzuweisen.

## Lösungsansätze

Dass 2021 an der TU München eine neue Professur für Ethik in der Künstlichen Intelligenz geschaffen wurde, zeigt, dass der Wissenschaftsbetrieb auf die gesellschaftlichen Herausforderungen durch IT-Technologien reagiert.

Die Ethik-Professorin Eva Weber-Guskar an der Ruhr-Universität in Bochum meint zu diesem gesellschaftlichen Problemfeld: „Wir brauchen einfach Informatik- und KI-Spezialisten, die mit Begriffen wie Würde oder Bewusstsein sicher umgehen und bereits in der Entwicklungsphase von Produkten erkennen, wo Fragen entstehen werden. Sie sollten in der Lage sein, Verantwortungsketten und Inputdaten, die zu diskriminierenden Entscheidungen führen, vorausschauend zu verändern." (aus: Vogue 01.02.2021, München, S. 54)

In den Unternehmen werden aufgrund dieser gesellschaftspolitischen Diskussionen zunehmend sogenannte **Compliance-Regelungen** eingeführt, die nicht nur gesetzliche Bestimmungen zum Schutz von Minderheiten, sondern gerade auch selbst gesetzte ethische Standards (z. B. der Umgang mit Diversität im Unternehmen) zum Inhalt haben.

## Akzeptanz menschlicher Vielfalt

Wurden nach dem Urteil des Bundesverfassungsgerichts vom November 2017 zum sogenannten „**dritten Geschlecht**" zunächst Befürchtungen in Unternehmen geäußert, dass die aus dem Urteil sich ergebenen Veränderungen für den betrieblichen Alltag vor allem zu zusätzlichen Kostenbelastungen in den Unternehmen führen, erkennen die Unternehmen zusehends, dass die Anerkennung der **Verschiedenheit von Individuen** letztendlich auch zu Vorteilen für die zukünftige Entwicklung von Unternehmen führt.

Die gesellschaftliche Diskussion führte schließlich zu der Erkenntnis, dass die bewusste **Akzeptanz** der menschlichen **Vielfalt** im betrieblichen Alltag eher dazu führt, die Unternehmen weltoffener zu gestalten, sie für die globalisierte Welt zukunftsfähiger zu machen. Unternehmensleitungen achten daher zum Beispiel mehr und mehr darauf, dass gerade auch in leitenden Positionen Personen unterschiedlichen Geschlechts, unterschiedlicher Nationalität, aus verschiedenen Kulturen bzw. aus unterschiedlichen Altersgruppen vertreten sind.

# Arbeitsplatz

## 2

## Prozess zur Abwicklung von Kundenwünschen
### Process for Handling Customer Requests

Kundenwunsch (interner oder externer Kunden) nach Ausstattung eines Arbeitplatzes

↓

Rückfragen an Kunden zur Spezifizierung des Kundenwunsches (technische und kaufmännische Aspekte)

↓

Technische Nutzwertanalyse, um IT-Ausstattung des gewünschten Arbeitsplatzes zu konfigurieren

↓

Prüfung des IT-Dienstleisters, inwieweit die gewünschten Produkte im Lieferprogramm enthalten sind.

wenn ja:

↓

Angebotserstellung zum Kundenwunsch

↓ (weiter zu Kaufvertragsverhandlung und Kaufvertragsabschluss)

wenn nein:

Bezugsquellenermittlung

↓

Anfrage (n) an mögliche Lieferanten

↓

Auswertung eingegangener Angebote möglicher Lieferanten mithilfe einer Nutzwertanalyse

↓

Auswahl des/der Lieferanten mit entsprechenden Produkten

↓

Bezugspreiskalkulation für anzubietende Produkte

↓

Angebotserstellung zum Kundenwunsch aufgrund einer Absatzpreiskalkulation

↓

Kaufvertragsverhandlung und Kaufvertragsabschluss

↓

Einleitung des Beschaffungsvorgangs bei den ausgewählten Lieferanten

↓

Auftragsbestätigung für den Kunden

↓

Überprüfung der angeforderten Produkte, eventuell Mängelfeststellung und Reklamation

↓

Übergabe der Produkte an den Kunden sowie Systeminstallation und Konfiguration

↓

Erstellung einer Abnahmeerklärung bzw. eines Übergabeprotokolls

↓

Rechnungserstellung und Erstellung eines Angebotes über Aftersales-Dienstleistungen

↓

Überprüfung des Zahlungseinganges und evtl. Abschluss eines Vertrages über Aftersales-Dienstleistungen

## Spezifizierung des Kundenwunsches
### Specification of the Customer's Request

Die IT-Ausstattung von Arbeitsplätzen eines Kunden erfordert zunächst die Beantwortung unter anderem folgender Fragen, die mit dem Kunden zu klären sind:

- Handelt es sich um ortsgebundene (PC am Standort des Kunden) oder ortsunabhängige Arbeitsplätze, an denen unterschiedliche Endgeräte (Laptop, Notebook, Tablet, Smartphone) genutzt werden können?
- Wird eher eine Ausstattung gewünscht, die für alle Arbeitsplätze gleich ist oder wird eine aufgabenspezifische Ausstattung bevorzugt?
- Welche Aufgaben sind an den jeweiligen Arbeitsplätzen zu erfüllen?
- Welche Anforderungen ergeben sich aus den Aufgaben an die IT-Ausstattung?
- Wie hoch ist das Budget des Kunden?

Ist das gewünschte Produkt/System sehr komplex, empfiehlt es sich, alle Anforderungen und Erwartungen des Kunden in einem Lastenheft (siehe hierzu auch Seite 630) zu erfassen, das vom Kunden – ggfs. nach Abklärung mit dem IT-Unternehmen – erstellt wird.

## Begriff

Das Verfahren **Nutzwertanalyse** (auch als Scoring-Modell oder Multifaktoren-Methode bezeichnet) dient zur Bewertung von Handlungsalternativen. Dabei wird einzelnen Kriterien ein Nutzen zugewiesen; die Alternative mit dem höchsten Gesamtnutzen wird schließlich gewählt. In die Nutzwertanalyse können messbare und nicht oder nur schwer messbare Auswahlkriterien einbezogen werden.

Dieses Analyseinstrument ist vielseitig einsetzbar. Im Falle der IT-Ausstattung von Arbeitsplätzen können mit seiner Hilfe Auswahlentscheidungen sowohl über IT-Systeme als Ganzes als auch über einzelne IT-Komponenten wie Prozessoren, Grafikkarten, Peripheriegeräte, Software (Betriebssysteme, Anwendungssoftware) usw. getroffen werden. Da lediglich technische Auswahlkriterien im Vordergrund stehen, soll hier von „**technischer Nutzwertanalyse**" gesprochen werden – im Gegensatz zur „kaufmännischen Nutzwertanalyse", die auf Seite 109 behandelt wird.

## Produktbezogene Auswahlkriterien

**Informationstechnische Kenngrößen** (Beispiele)

| Hardware-Komopnenten | Messgrößen | Hardware-Komponenten | Messgrößen |
|---|---|---|---|
| Scanner | ▪ Auflösung, z. B. 1200 x 1200 dpi (**d**ots **p**er **i**nch)<br>▪ Scanfläche, z. B. 210 x 297 mm (DIN A4)<br>▪ Farbtiefe, z. B. 24 bit<br>▪ Scangeschwindigkeit bzw. Scandauer, z. B. 6 A4-Seiten pro Minute bzw. 10 Sekunden pro A4-Seite | Solid-State-Drive (SSD) | ▪ Datentransferrate, z. B. 3.500 MB/s<br>▪ Ein- und Ausgabe-Befehle pro Sekunde, z. B. 95.000 IOPS (input/output operations per second)<br>▪ Speicherkapazität, z. B. 1 TB |
| Prozessor | ▪ Anzahl an MIPS (**M**illionen **I**nstruktionen **p**ro **S**ekunde)<br>▪ Anzahl an GFLOPS (**g**iga **flo**ating point **o**perations **p**er **s**econd)<br>▪ Taktfrequenz, z. B. 3,4 GHz<br>▪ Sockel, z. B. TR4 (AMD Threadripper-Baureihe) oder 2066 (Intel Core i9) | Grafikkarte | ▪ Chiptakt, z. B. 1,8 GHz<br>▪ Speichergröße, z. B. 24 GB<br>▪ Füllrate, z. B. 180 GP/s (Giga-Pixel pro Sekunde)<br>▪ Steckplatz, z. B. PCIe x16 Version 4.0 |
| Arbeitsspeicher (RAM) | ▪ Speicherkapazität, z. B. 32 GB<br>▪ Typ, z. B. DDR5-SDRAM (**D**ouble **D**ata **R**ate **S**ynchronous **D**ynamic **R**andom **A**ccess **M**emory)<br>▪ Bauform, z. B. DIMM (**D**ual **I**nline **M**emory **M**odule)<br>▪ Speichertakt, z. B. 500 MHz<br>▪ Übertragungsrate, z. B. 2 x 32 GB/s | Mainboard<br>Motherboard<br>Hauptplatine | ▪ Sockel (siehe Prozessor)<br>▪ Anzahl unterstützter CPUs, z. B. eine CPU<br>▪ Chipsatz, z. B. X570 oder Z590<br>▪ Formfaktor, z. B. ATX (**A**dvanced **T**echnology E**x**tended)<br>▪ Anzahl an Steckplätzen, z. B. 3x PCIe x16, 4x DDR4 |
| **Energietechnische Kenngrößen** (Beispiele) | | | |
| HDD (**h**ard **d**isk **d**rive, Festplattenlaufwerk)<br><br>Akku | ▪ Leistungsaufnahme bzw. Stromverbrauch, z. B. im Betriebsmodus 5 Watt, im Standby-Modus 0,3 Watt<br><br>▪ Kapazität, z. B. 10 Ah (Amperestunden)<br>▪ DOD (**d**epth **o**f **d**ischarge, Entladetiefe), z. B. ca. 50% bei Blei-Akkus, ca. 90% bei Lithium-Ionen-Akkus | CPU | ▪ Leistung bzw. Performance pro Watt, z. B. 7.000 MFLOPS/Watt<br>▪ TDP (**T**hermal **D**esign **P**ower), maximaler Wert der thermischen Verlustleistung, z. B. 125 Watt |

## Ergonomische* Auswahlkriterien

- Bildschirme, z. B. Reflexions- und Blendungsfreiheit,
- Tastatur, z. B. Tastendurchmesser, Flexibilität,
- Arbeitstisch, z. B. Höhenverstellbarkeit,
- Arbeitsstuhl, z. B. Stand- und Kippsicherheit,
- Arbeitsumgebung, z. B. Beleuchtung, Raumtemperatur

* Ergonomie: Wissenschaft von der menschlichen Arbeit (siehe auch S. 130)

## Umweltbezogene Auswahlkriterien

z. B: Beachtung der Ökodesign-Richtlinie 2009/125/EG (Eco-Design) mit dem Ziel, Umweltbelastungen durch verbessertes Produktdesign von der Fertigung/Montage über Transporte, Nutzung, Rücknahme, Demontage/Sortierung bis Wiederverwendung bzw. Recycling zu verringern.
(siehe auch S. 115)

# Nutzwertanalyse
## Cost-Benefit Analysis

### Vorgehensweise

(1) Auswahl der Entscheidungskriterien

(2) Gewichtung der Kriterien in v. H.; je höher die Prozentzahl, desto wichtiger ist das entsprechende Kriterium für den Entscheidungsprozess.

(3) Bewertung der infrage kommenden Lieferanten anhand der Kriterien (z. B. sehr gut = 5 Punkte; ungenügend = 0 Punkte).

(4) Errechnung der gewichteten Punktewerte durch Multiplikation der Gewichtungsfaktoren mit den vergebenen Punktezahlen.

(5) Addition der gewichteten Punktewerte; der Lieferant mit der höchsten Punktewertsumme erhält den Zuschlag.

### Beispiel einer „technischen Nutzwertanalyse“: Laptopauswahl

| | | Laptop 1 | | | Laptop 2 | | |
|---|---|---|---|---|---|---|---|
| **Kriterium** | **Gewichtung** | **Messzahl** | **Punkte** | **Gewichtete Punkte** | **Messzahl** | **Punkte** | **Gewichtete Punkte** |
| Prozessor | 40 % | 3,2 GHz | 5 | 200 | 2,4 GHz | 3 | 120 |
| Festplatte | 20 % | 2 TB SSD | 5 | 100 | 1 TB SSD | 3 | 60 |
| Akkulaufzeit | 15 % | 12 Std. | 5 | 75 | 8 Std. | 4 | 60 |
| Display | 15 % | 1920 x 1080 Pixel (Full HD) | 5 | 75 | 1024 x 768 Pixel (XGA) | 3 | 45 |
| Gewicht | 5 % | 3,8 kg | 2 | 10 | 2,0 kg | 5 | 25 |
| Ergonomie Tastatur | 5 % | befriedigend | 3 | 15 | gut | 4 | 20 |
| Summe | 100 % | | | 475 | | | 330 |

Die Entscheidung würde im Hinblick auf die technischen Auswahlkriterien auf Laptop 1 fallen.

# Bezugsquellenermittlung
## Finding a Suitable Supplier

### Begriff

Sucht ein Unternehmen nach **Lieferanten**, wird eine sogenannte **Bezugsquellenermittlung** durchgeführt.

### Gründe

- bisheriger Lieferant stellt die Unternehmenstätigkeit ein
- um drohenden Lieferantenausfällen zuvorzukommen
- bisheriger Lieferant erhöht in starkem Maße die Preise
- bisheriger Lieferant begrenzt sein Warenangebot
- neue Lieferanten bieten innovative Produkte für Zukunftsmärkte
- für neue ausländische Absatzmärkte werden auch entsprechende ausländische Lieferanten gesucht

### Interne Bezugsquellen

- bestehende Lieferantendateien im Unternehmen
- bestehende Artikeldateien im Unternehmen

### Externe Bezugsquellen

Um **neue Lieferanten** zu erschließen, muss eine externe Bezugsquellenermittlung durchgeführt werden.

- allgemeine Internetrecherche
- Internetrecherche mit speziellen Suchmaschinen
- Nutzung branchenspezifischer Datenbanken (z. B. „Wer liefert was“)
- Auswertung von Fachzeitschriften
- Auswertung von Vertreterbesuchen
- Auswertung von Geschäftsreisen
- Auswertung von Katalogen, Prospekten usw.
- Auswertung von Besuchen der Fachmessen und Ausstellungen
- Nutzung von Informationen der Industrie- und Handelskammern bzw. Außenhandelskammern ausgewählter Staaten

# Kundengespräch
## Customer Conversation

### Ablauf

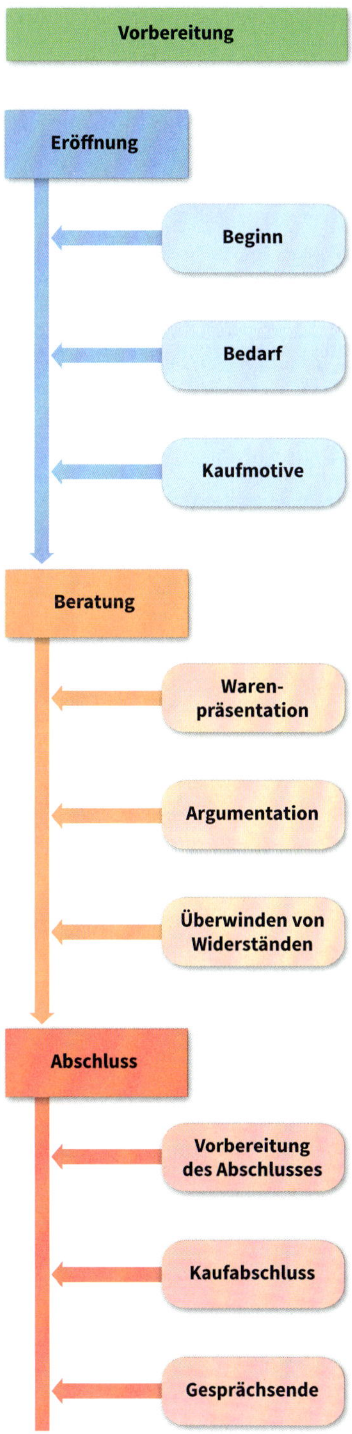


### Erläuterungen

**Vorbereitung**
- Intensive Auseinandersetzung mit dem Gesprächsziel und dem möglichen Kunden
- Gesprächsstrategie entwickeln

**Beginn**
- Kunden zur Kenntnis nehmen (Blickkontakt)
- Kontakt aufnehmen, ihn positiv ansprechen
- Beratung anbieten
- Fachkundige Erstinformationen

**Bedarf**
- Offene Fragen zum Bedarf stellen
- Offene Fragen zum Nutzen stellen
- Präzisierung der Wünsche vornehmen
- Keine peinlichen oder indiskreten Fragen stellen
- Fragen nach Preisvorstellungen noch vermeiden

**Kaufmotive**
- Aufmerksam zuhören, Verständnisfragen stellen
- Kaufmotive erforschen
- Kaufmotive rationaler und emotionaler Art unterscheiden
- Argumente kundenorientiert und motivationsfördernd einbringen

**Warenpräsentation (evtl. Originale oder Modelle)**
- Präsentation dem Auffassungsvermögen des Kunden anpassen
- Auswahl und Vergleich ermöglichen
- Unterstützende Materialien (Prospekte usw.) zur Veranschaulichung einsetzen
- Vielfältige Sinne ansprechen
- Beginn mit mittlerer Preisklasse

**Argumentation**
- Preis-Nutzen-Relation herausstellen
- Entscheidungshilfen vorbereiten
- Kenntnisse über Produkte gezielt einsetzen

**Überwinden von Widerständen**
- Argumente des Kunden wahrnehmen
- Argumentationsketten aufbauen (Behauptung mit Begründung)
- Qualitätsbestimmende Merkmale und Eigenschaften hervorheben
- Nutzungsargumente betonen
- Zusatzangebote, Serviceleistungen hervorheben

**Vorbereitung des Abschlusses**
- Einwände beachten und eventuell entkräften
- Dem Kunden die Entscheidung überlassen

**Kaufabschluss**
- Zügige Abwicklung
- Kaufentscheidung positiv herausstellen
- Zufriedenheit artikulieren

**Gesprächsende**
- Dank aussprechen und Verabschiedung
- Wunsch für weitere Besuche zum Ausdruck bringen

## Kundenbindung
### Customer Loyalty

1

Mithilfe der Kundenbindung sollen das Abwandern von Kunden verhindert und Folge- bzw. Wiederholungskäufe ausgelöst werden. Voraussetzung ist die Kundenzufriedenheit. Um sie zu erreichen, ist es notwendig, die Kundenwünsche zu kennen.

| Kundenwünsche | → | Leistungserwartung des Kunden |
|---|---|---|
| gute Qualität | → | Das Produkt überzeugt, es ist besser als das der Mitbewerber. |
| Sortimentserweiterung | → | stetige Erweiterung der Angebotspalette |
| angemessener Preis | → | Das Preis-Leistungs-Verhältnis stimmt. |
| kurze Lieferzeit | → | Die Zeitspanne zwischen Auftragserteilung und Leistungserbringung ist klein. |
| pünktliche Lieferung | → | Der Liefertermin wird eingehalten. |
| offene Kommunikation | → | Der Kunde kann jederzeit Informationen über den Auftrag erhalten. |
| guter Kundenservice | → | Eingehen auf individuelle Kundenwünsche |
| Eingehen auf Reklamationen | → | kundenfreundliches Verhalten bei Problemen im Rahmen der Auftragsabwicklung |

| Wirkungen von Kundenzufriedenheit | |
|---|---|
| 500–700 % … | teurer ist es, neue Kunden zu gewinnen, als alte zu halten. |
| 300 % … | größer ist die Wahrscheinlichkeit, dass sehr zufriedene (= begeisterte) Kunden im Gegensatz zu zufriedenen Kunden das Unternehmen erneut aufsuchen. |
| Fast 100 % … | ist die Wahrscheinlichkeit, dass sehr zufriedene Kunden zu den besten Werbeträgern des Unternehmens werden. |
| 50–70 % … | aller Käufe sind auf Empfehlungen von Bekannten zurückzuführen. |
| 75 % … | der zu Wettbewerbern wechselnden Kunden stören sich an mangelnder Servicequalität. |
| 25–85 % … | beträgt die Steigerung des RoI[1)], die jeder Prozentpunkt nachhaltig erhöhter Kundenzufriedenheit bewirkt. |
| 25 % … | der zu Wettbewerbern wechselnde Kunde stört sich an unzureichender Produktgüte und/oder zu hohem Preis. |
| 7,25 % … | beträgt die Gewinnsteigerung, wenn die Abwanderungsrate von Kunden um 5 % reduziert und damit die Kundenbindung erhöht wird. |

[1)] RoI = Return on Investment

in Anlehnung an: Töpfer, Mann: Kundenzufriedenheit als Messlatte für den Erfolg, S. 61, sowie Lötscher: Warum ist die Kundenzufriedenheit so wichtig?, S. 4 f.

## Kundenrückgewinnung
### Customer Win-Back

2

### Prozess einer systematischen Kundenrückgewinnung

Leider wird der Rückgewinnung von ehemaligen Kunden häufig zu wenig Aufmerksamkeit geschenkt, der entstandene Schaden für das Unternehmen ist meist beträchtlich. Wie der Prozess einer systematischen **Kundenrückgewinnung** aussehen kann, verdeutlicht folgendes **Prozessschema**:

| | | |
|---|---|---|
| **1. Identifikation** | → | Verlorene Kunden werden mit geeigneten Instrumenten identifiziert. |
| **2. Analyse** | → | Ursachen der Abwanderung werden aufgedeckt und systematisiert.<br>Rückgewinnungsmaßnahmen werden hinsichtlich ihrer Kosten-Nutzen-Relation bewertet. |
| **3. Problembehebung** | → | Die Probleme, die der Abwanderung zugrunde liegen, werden behoben. |
| **4. Rückgewinnung** | → | Maßnahmen zur Rückgewinnung werden eingeleitet, insbesondere Kommunikation und Anreizschaffung. |
| **5. Nachbetreuung** | → | Zurückgewonnene Kunden werden im Rahmen eines Kundenbindungssystems weiter betreut. |

# Kundendokumentation
## Customer Documentation

### Merkmale

- Zu der Lieferung eines Produkts an einen Kunden gehört nebem dem eigentlichen Produkt die zugehörige Kundendokumentation.
- Unter dem Begriff Kundendokumentation werden Dokumente definiert, die sich auf die **technischen Eigenschaften** und die **Anwendungsvorschriften** bzw. **Anwendungsregeln** beziehen.
- Zu diesen Dokumenten gehören z. B.
  - Betriebs-/Bedienungsanleitungen,
  - Montagerichtlinien/-anweisungen,
  - Sicherheitshandbücher (allgemeine, spezielle),
  - Reparatur-/Austauschanweisungen,
  - Prüfanweisungen.
- Die Grundlagen für diese Dokumente entstammen aus verschiedenen Rechtsbereichen.
- Die **Form** der Anleitung muss sicherstellen, dass der Anwender sie dann lesen kann, wenn es erforderlich ist.
- **Landesspezifische Sprachen** sind in der Regel nur bei sicherheitsrelevanten Teilen der Dokumente erforderlich (Abweichungen sind vertraglich zu regeln).
- Verantwortlich für das Vorhandensein, die Richtigkeit, die Vollständigkeit und Verständlichkeit ist der Hersteller (auch bei Übersetzungen).
- Identifikation des Produktherstellers (Postadresse) am Produkt ist teilweise erforderlich.
- Zeitraum für die Aufbewahrung der Unterlagen: u. a. mindestens 10 Jahre nach letztmaligem In-Verkehr-Bringen.
- Aufbewahrungsart:
  Keine Vorgaben ob digitalisiert oder in Papierform (vorzugsweise, da schnell verfügbar).

### Anforderungen

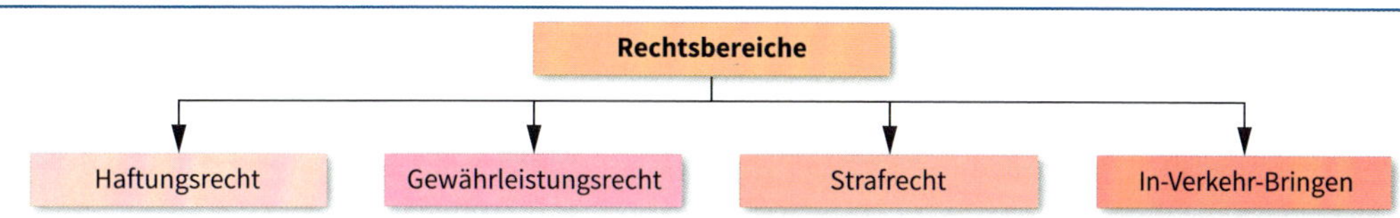


**Haftungsrecht**
- Enthält keine Regelungen für Kundendokumentation.
- Wird wirksam, wenn der Endkunde tatsächlich einen Schaden erleidet und entsprechende **Schadenersatzansprüche** an den Hersteller gestellt werden.
- Um die Haftungsansprüche zu vermeiden, muss der Hersteller nachweisen, dass er seine **Instruktionspflichten** erfüllt hat.
- Vorbeugende Maßnahme seitens des Herstellers: Verständliche Kundendokumente!

**Gewährleistungsrecht**
- Kommt zur Anwendung bei einem **Sachmangel**.
- Ein Sachmangel kann z. B. eine fehlerhafte Montageanleitung für die Installation eines Schaltgeräts sein.
- Sachmängel können Ansprüche begründen auf
  - Nacherfüllung,
  - Nachbesserung,
  - Minderung,
  - Wandelung,
  - Schadenersatz.

**Strafrecht**
- Kommt dann zur Anwendung, wenn ein **Personenschaden** entsteht, weil in der Dokumentation nicht ausreichend auf entsprechende Gefahren und deren Vermeidung hingewiesen wurde.
- Die Mangelhaftigkeit in der Anleitung kann u. a. **grobe Fahrlässigkeit** sein, wie z. B. der Hinweis auf Anwendung isolierter Werkzeuge fehlt.
- Die Folgen aus einem strafrechtlichen Vorgang betreffen immer die verantwortliche natürliche Person (z. B. den Verfasser des Dokuments), nicht eine Firma.

**In-Verkehr-Bringen**
- EU Richtlinien und nationale Gesetze stellen Anforderungen an die Dokumentation aus Sicht der **Produktsicherheit**.
- Aussagen zu Inhalten sind nicht vorgegeben.
- Gefährdungsanalysen und Risikobewertungen durch den Hersteller sind zwingend erforderlich.
- Produktsicherheitsrichtlinien in Deutschland umgesetzt durch: Geräte- und Produktsicherheitsgesetz (GPSG) und entsprechende Verordnungen.

### Gliederungsbeispiel

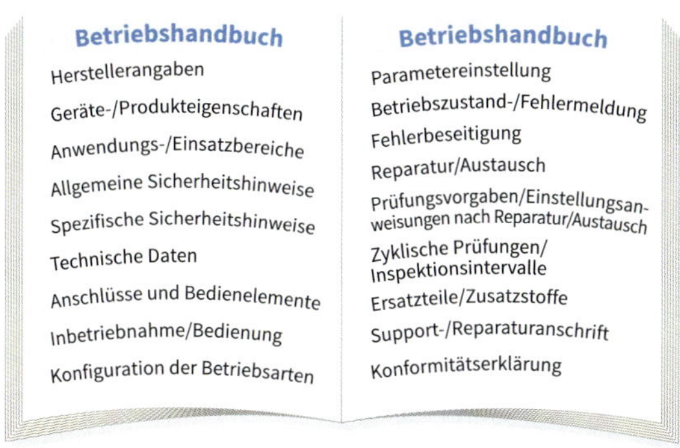

# Anfrage
## Enquiry

3

| Betriebswirtschaftliche und rechtliche Bedeutung der Anfrage | Aufbau und Inhalt einer Anfrage |
|---|---|
| Eine Anfrage dient der Geschäftsanbahnung und Information und ist unverbindlich.<br><br>**Allgemeine Anfrage:**<br>Bitte um Zusendung von allgemeinem Informationsmaterial (z. B. Katalog), gegebenenfalls mit Mustern.<br><br>**Spezielle Frage:**<br>Bitte um spezielle Informationen über die Lieferung bestimmter Artikel, ggf. mit Mustern. | 1. Grund der Anfrage<br>2. Nennen der gewünschten Ware<br>3. Angabe der erforderlichen Menge<br>4. Erfragen der Preise, Lieferungs- und Zahlungsbedingungen<br>5. Hinweis auf gewünschten Liefertermin |

# Anfragebearbeitung
## Enquiry Processing

4

### Begriff

Beim Eingang einer **Anfrage** eines Kunden sind bei der Sachbearbeitung in der Verkaufsabteilung zwecks Angebotserstellung verschiedene **Prüftätigkeiten** durchzuführen.

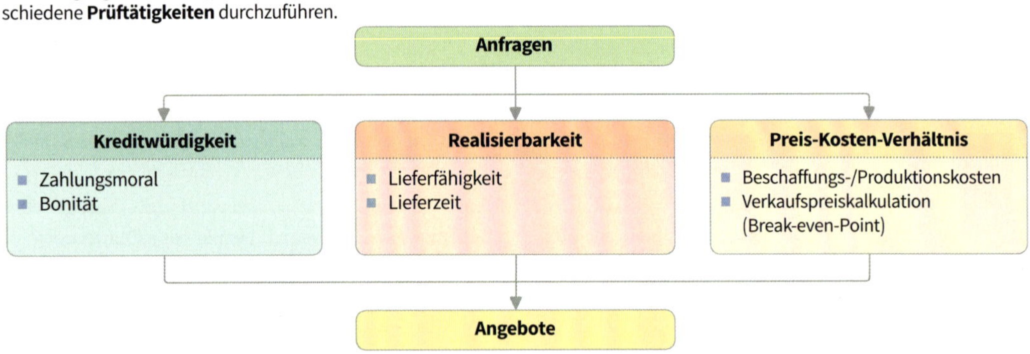


### Kreditwürdigkeit

Bei der Überprüfung der Kreditwürdigkeit ist zu unterscheiden, ob es sich um einen **Alt-** oder **Neukunden** handelt. Bei einem **Altkunden** kann mithilfe der Debitorenliste die **Zahlungsmoral** (u. a. Skonto- und Zielausnutzung, Zielüberschreitung, Mahnbescheide, Zwangsmaßnahmen) überprüft werden.

Handelt es sich um einen **Neukunden,** dann kann mithilfe einer **externen Auskunftei** die **Bonität** überprüft werden. Bei höheren Auftragswerten entscheidet in Grenzfällen der/die Vorgesetzte, ob ein Angebot unterbreitet werden soll.

### Realisierbarkeit

Die **Lieferfähigkeit** wird in einem **Handelsunternehmen** zunächst durch Überprüfung der **Lagerbestände** kontrolliert. Folgende Fragen sind vor einer Angebotserstellung zu überprüfen:

**1.** Sind die gewünschten Artikel auf **Lager**?

**2.** Sind **Reservierungen** für andere Kunden vorhanden?

**3.** Sind die gewünschten Waren rechtzeitig zu **beschaffen**?

Zusätzlich zur Umsetzung der Lieferfähigkeit von Fertigprodukten in einem **Industrieunternehmen** sind noch folgende Fragen bezüglich der Umsetzung des gesamten Produktionsprozesses zu stellen:

**4.** Welche **Produktionsdauer** haben die angefragten Artikel?

**5.** Welche **Produktionsengpässe** entstehen durch ABC-Kunden?

**6.** Welche **Beschaffungszeiten** bestehen z. B. für Fremdbauteile?

Die **Lieferzeit** eines angefragten Produktes ergibt sich aus allen Tätigkeiten bis zur Warenverpackung und der Transportdauer. In einem Industrieunternehmen spielen auch Fragen der **Kapazitätsauslastung** für die Angebotserteilung eine Rolle.

### Preis-Kosten-Verhältnis

Der Verkaufspreis des Produktes, das dem Kunden angeboten wird, soll mindestens **kostendeckend** sein. Er sollte sowohl die Beschaffungs- bzw. Produktions- als auch die Verwaltungs- und Vertriebskosten decken sowie einen Gewinnzuschlag enthalten.

Geschäftsbriefe sollten formgerecht nach den Vorgaben der **DIN 5008** erstellt werden:

① **BELLHEIM-BÜROSERVICE GMBH**

Haberstraße
12055 Berlin

② Bellheim-BüroService GmbH · Postfach 13 31 · 12055 Berlin
Einschreiben
OfficeCom AG
Petra Glahn
Hansestraße 120
38112 Braunschweig

Ihr Zeichen: fr-bl
Ihre Nachricht vom: 20..-03-02 ③
Unser Zeichen: s-m
Unsere Nachricht vom:

Name: Siegfried Merkel
Telefon: 030 23537-52
Telefax: 030 23537-99
E-Mail: bellheim@t-online.de

Datum: 20..-03.06

④ **2. Mahnung**

⑤ Sehr geehrte Frau Glahn,

⑥ xxxxxxxxxxxxxxxxxxxxxxxxxxxxxxxxxxxxxxxxxxxxxxxxxxxxxxxxxxxxxxxx
xxxxxxxxxxxxxxxxxxxxxxxxxxxxxxxxxxxxxxxxxxx.

xxxxxxxxxxxxxxxxxxxxxxxxxxxxxxxxxxxxxxxxxxxxxxxxxxxxxxxxxxxxxxxx
xxxxxxxxxxxxxxxxxxxxxxxxxxxxxxxxxxxxxxxxxxxxxxxxxxxxxxxxxxxxxxxx
xxxxxxxxxxxxxxxxxxxxxxx.

xxxxxxxxxxxxxxxxxxxxxxxxxxxxxxxxxxxxxxxxxxxxxxxxxxxxxxx
xxxxxxxxxxxxxxxxxxxxxxxxxxxxxxxxxxxxxxxxxxxxxxxxxxxx.

xxxxxxxxxxxxxxxxxxxxxxxxxxxxxxxxxxxxxxxxxxxxxxxxxxxxxxxxxxxxxxxx
xxxxxxxxxxxxxxxxxxxxxxxxxxxxxxxxxxx.

⑦ Mit freundlichen Grüßen

⑧ Bellheim-BüroService GmbH

ppa.

Siegfried Merkel

⑨ **Anlage**

⑩

| | | | |
|---|---|---|---|
| Bellheim-BüroService GmbH<br>Haberstraße 8<br>12057 Berlin | Telefon: 030 23537-0<br>Telefax: 030 23537-99<br>Internet: www.bellheim.de | BÄR-Bank Berlin<br>BLZ 100 347 11<br>Konto-Nr. 1234 056<br>IBAN: DE 16100347110001234056<br>BIC: BAERDEBEXXX | Geschäftsführerin: Ulrike Jürgens<br>Berlin HRB 56 894<br>Steuer-Nr. 15/610/27233<br>USt-IdNr. DE 811 918 273 |

① Der **Briefkopf** enthält die Firma des Absenders, häufig wird zusätzlich ein werbewirksames Firmenlogo hinzugefügt.

② Inhalte des elfzeiligen **Anschriftfeldes**:

- In den ersten fünf Zeilen, der sogenannten **Zusatz**- und **Vermerkzone**, wird zunächst in die jeweils oberste Zeile die einzeilige Rücksendeangabe geschrieben, darunter folgen – soweit notwendig – postalische Vermerke, z. B. wird die Versendungsform („Einschreiben") genannt. Die Angaben der Zusatz- und Vermerkzone werden in der Schriftgröße 8 Punkt geschrieben.
- Es folgt die sechszeilige **Anschriftzone**, in der mit der Empfängerbezeichnung begonnen wird.
- Unter der Empfängerbezeichnung folgen Postfach oder Straße und Hausnummer; die Postfachnummer ist von rechts beginnend zweistellig zu gliedern.
- Unmittelbar darunter werden Postleitzahl und Bestimmungsort genannt; bei Auslandsanschriften werden Bestimmungsort und -land in Großbuchstaben geschrieben.

③ Der sogenannte **Informationsblock** erscheint rechts neben dem Anschriftfeld 125 mm von der linken Blattkante entfernt. Die erste Kommunikationsangabe steht in der Höhe der ersten Zeile des Anschriftfeldes:

Ihr Zeichen: fr-bl
Ihre Nachricht vom: 20..-03-02
Unser Zeichen: s-m
Unsere Nachricht vom:

Name: Siegfrid Merkel
Telefon: 030 23537-52
Telefax: 030 23537-99
E-Mail: bellheim@t-online.de

Datum: 20..-03-06

④ Nach zwei Leerzeilen folgt der **Betreff**, der den Inhalt des Briefes in Kurzform nennt, um z. B. die Postverteilung in der Poststelle von Großunternehmen zu beschleunigen. Der Betreff wird in der Regel in Fettdruck geschrieben.

⑤ Nach zwei Leerzeilen wird die **Anrede** formuliert, die in der Regel mit einem Komma schließt.

⑥ Nach einer Leerzeile beginnt der eigentliche **Brieftext**. Längere Textteile sind sinnvoll durch Absätze zu untergliedern. Nach jedem Absatz ist eine Leerzeile einzuplanen.

⑦ Nach einer Leerzeile erscheint die **Grußformel**, die stets mit einem Großbuchstaben beginnt.

⑧ Nach einer Leerzeile wird die **Firma des Absenders** genannt. Darunter ist Platz für die handschriftliche Unterschrift des Unterzeichners zu lassen, eventuell erfolgt zusätzlich eine maschinenschriftliche Namenswiedergabe des Unterzeichners.

⑨ In Fettdruck erscheinen in der Regel **Anlagen**- bzw. **Verteilervermerke**.

⑩ Der **Brieffuß** enthält in vorgedruckter Form **Geschäftsangaben** des Absenders (vgl. § 37a bzw. § 125 a HGB).

## Zahlengliederungen nach den Vorgaben der DIN 5008

Geschäftsbriefe enthalten häufig verschiedene Zahlenangaben, ob Mengenangaben, Geldbeträge oder z. B. Kontodaten oder Telefonnummern. Diese Angaben unterliegen der DIN 5008 zufolge einer bestimmten Gliederung.

**Zahlen mit mehr als vier Stellen** sollten in dreistellige Gruppen unterteilt werden, Geldbeträge sollten nach jeder dritten Stelle vor dem Komma mit einem Punkt unterteilt werden.

Beispiele: 15 000 Geschäftskunden
1 220 840 Handelsbetriebe
6.300,25 €

Die International Bank Account Number, kurz **IBAN** genannt, sollte von links nach rechts in Vierergruppen gegliedert werden.

Beispiel: IBAN DE70 6248 5510 7671 0214 00

**Telefon- und Telefaxnummern** unterliegen einer funktionsbezogenen Gliederung: Landesvorwahl, Ortsnetzkennzahl, Einzelanschluss bzw. Durchwahlnummer (mit vorweg gesetztem Kurzstrich) sollten jeweils durch ein Leerzeichen abgetrennt werden.

Beispiele: +49 4820 2730-0 oder 0049 04820 2730-0
0531 721-346

**Postleitzahlen** in Deutschland sind fünfstellig und bleiben ungegliedert.

Beispiel: 38100 Braunschweig

**Postfachnummern** werden vom Ende beginnend zweistellig gegliedert.

Beispiele: 2 74
60 35

Bei **Uhrzeiten**, angegeben in Stunden, Minuten und gegebenenfalls in Sekunden, ist jede Einheit zweiziffrig anzugeben. Sie werden mit einem Doppelpunkt gegliedert.

Beispiele: 07:30 Uhr 18:00 Uhr 10:06:20 Uhr

## Das Setzen von Leerzeichen nach den Vorgaben der DIN 5008

Jeder, der einen Text formuliert, wird zwischen den Wörtern jeweils ein Leerzeichen setzen. Schon bei der Nutzung von Abkürzungen – wie z. B. – oder bei der Schreibung von Datumsangaben – z. B. 1. Januar 2030 – stellt sich jeweils die Frage, inwieweit Leerzeichnen berücksichtigt werden müsse. Im Folgenden sind die wichtigsten Anwendungen aufgeführt.

| Es ist jeweils ein Leerzeichen zu setzen bei … | Beispiele |
|---|---|
| – mehrteiligen Abkürzungen | u. Ä., z. B., i. d. R. |
| – Titel, Namen und Namensteilen | Dr. Ritterbusch, Prof. Dr. S. Bader, Frankfurt a. M. |
| – Namensschreibungen mit abgekürzten Vornamen | Joh. Seb. Bach, Imm. Kant |
| – Zahlenangaben mit folgenden Einheiten | 160 PS, 2 % Skonto |
| – Gesetzesangaben mit Paragrafen | BGB § 12 a, §§ 14 – 25 |
| – Datumsangaben in alphanumerischer Schreibweise | 17. Oktober 1918 |
| – Zahlen mit Währungsangaben | 100,50 € (auch: € 100,50) |
| – der Einfügung von Gedankenstrichen | Er verlangte es – ohne zu überlegen – sofort. |
| – dem Einsatz von Auslassungspunkten | Sie kaufte Blusen, … und Schuhe. |
| **Aber:** Bei der Nutzung von Schrägstrichen wird i. d. R. kein Leerzeichen gesetzt. | 80 g/m², 120 km/h, Schuljahr 2022/23<br>Schüler/-innen |

HERSHAM PAPERS
① 32 VAUX Crescent
Walton-on-Thames
SURREY KT12 4 HD

② Your ref.: Our ref.: GG
③ 16 March 20-

Messrs Fell & Franklin (Builders)
1 Cottimore Avenue
④ Walton-on-Thames
SURREY
KT12 5FG

⑤ Dear Sirs

⑥ Enquiry

xxxxxxxxxxxxxxxxxxxxxxxxxxxxxxxxxxxxxxxxxxxxxxxxxxxxxxx
xxxxxxxxxxxxxxxxxxxxxxxxxxxxxxxxxxxxxxxxxxxxxxxxxxxxxxx
xxxxxxxxxxxxxxxxxxxxxxxxxxxxxxxxxxxxxxxxxxxxxxxxxxxxxxx
⑦ xxxxxxxxxxxxxxxxxxxxxxxxxxxxxxxxxxxxxxxxxxxxxxxxxxxxxxx
xxxxxxxxxxxxxxxxxxxxxxxxxxxxxxxxxxxxxxxxxxxxxxxxxxxxxxx
xxxxxxxxxxxxxxxxxxxxxxxxxxxxxxxxxxxxxxxxxxxxxxxxxxxxxxx
xxxxxxxxxxxxxxxxxxxxxxxxxxxxxxxxxxxxxxxxx

⑧ Yours faithfully

⑨ *C. F. Green*

⑩ C. F. Green
Hersham Papers

⑪ Enc.

⑫ 2/4

| | | | |
|---|---|---|---|
| Hersham Papers<br>Registered Office | 32 Vaux Crescent<br>Walton-on-Thames<br>SURREY KT12 4HD | Telephone: 0933224468<br>Fax: 0933265567 | Registered in England<br>No. 2102783 |

Quelle: Hemmer-Hiltenkamp, Marlies/Kavanagh, Paul/Bentin, Margit/Böker, Jürgen/Kreye, Thomas/Meyer, Thomas/Richter, Klaus/Rothe, Siegfried, Purchasing. Practical Business Studies, Braunschweig, Westermann, 1997, S. 21

## Layout of the letter

① Letterhead: Briefkopf
② Reference line/code: Bezugszeile
③ Date of the letter: Briefdatum
④ Recipient's/addressee's name and address: Adresse des Empfängers
⑤ Salutation: Anrede
⑥ Subject line: Betreffzeile
⑦ Main body of the letter: Textteil
⑧ Complimentary close: Grußformel
⑨ Signature: Unterschrift
⑩ Sender's name: Name des Absenders
⑪ Enclosures line: Anlagen
⑫ Copies to …: Verteiler

| Salutations | Complimentary closes |
|---|---|
| Dear Mr Miller → | Yours sincerely |
| Dear Mrs Brown → | Yours sincerely |
| Dear Sir → | Yours faithfully |
| Dear Sirs → | Yours faithfully |
| Dear Madam → | Yours faithfully |

## Enquiry[1)]

**I. The commercial and legal importance of the enquiry**
The purpose of an enquiry is to obtain information. It serves to begin a commercial relationship and is without obligation.

**Informal enquiry:** This is the most common form of enquiry and is used in the retail trade. A person enters a shop and asks about a certain article and its price.

**General enquiry:** The request for general information and perhaps also samples. You want to know what the company can supply and its prices.

**Specific enquiry:** In this form of enquiry you ask for detailed information about a specific product including samples.

**II. The contents of an enquiry**

1. reason for the enquiry
2. description of the goods
3. quantity
4. quality
5. price, discounts, etc.
6. kind of packing
7. time of delivery
8. terms of payment
9. terms of delivery

## Offer[2)]

**I. The commercial and legal meaning of the offer**
An offer can be submitted orally or in writing.
Making an offer the seller expresses his intention to conclude a contract of sale provided that his offer is accepted by the buyer.
In addition to the offer most British companies enclose their general terms of business and sale which become part of the contract when they are sent to the buyer together with the offer and the seller can prove that the buyer has come to know them. Thus the companies have, for example, the possibility to exclude being made responsible for any kind of damage occuring.

**Acceptance and cancellation**
An offer has to be accepted within a certain time, otherwise it will expire. If there is no time mentioned the seller is supposed to be bound to it for an appropriate period of time. An offer can be cancelled at any time unless it is accepted. The buyer can accept the offer until it expires by being cancelled. The seller has to make sure that the cancellation reaches the customer. On the contrary, the acceptance of the offer by the buyer (order) has only to be posted to be valid and result in the conclusion of a contract of sale.

**Exhibited articles**
Window-displays or advertisements in news-papers and magazines are no offers; they are only exhibitions/displays addressed to the public, i. e. general information on the product or service.

**II. Composition and contents of the offer**

1. Reference to the enquiry (solicited offer) or presentation of the company (unsolicited offer)
2. Description of the range of products
3. Quotation of the terms of sale (prices, terms of delivery and payment, (legal) domicile, (cash) discount)
4. Polite final sentence (expressing the hope that the customer will place an order)

[1)] und [2)]: Quelle: Hemmer-Hiltenkamp, Marlies/Kavanagh, Paul/Bentin, Margit/Böker, Jürgen/Kreye, Thomas/Meyer, Thomas/Richter, Klaus/Rothe, Siegfried, Purchasing. Practical Business Studies, Braunschweig, Westermann, 1997, S. 20[1)] und S. 32[2)])

## Rechtliche Bedeutung des Angebotes

### Bindung

Ein Angebot ist grundsätzlich **verbindlich**.
Falls sich ein Lieferant nicht binden will, muss das Angebot entweder mit einer zeitlichen Frist versehen sein, nach deren Ablauf die Bindung aufgehoben ist, oder das Angebot muss sogenannte **Freizeichnungsklauseln** enthalten, die sich auf das Angebot als Ganzes (z. B. „freibleibend", „unverbindlich") oder nur auf einen Teil beziehen (z. B. „Preis unverbindlich").

### Widerruf

Ein Angebot kann widerrufen werden, der **Widerruf** muss **rechtzeitig** erfolgen, nämlich vor oder spätestens mit Eintreffen des Angebotes.

### Anpreisung

Inhalte von z. B. Anzeigen im Internet oder in Fachzeitschriften sind **unverbindlich**, da es sich nur um sogenannte Anpreisungen handelt, die an die Allgemeinheit gerichtet sind.

## Inhalt des Angebotes

- Art, Beschaffenheit und Menge der Ware
- Preis, ggfs. Rabatt
- Lieferungsbedingungen (z. B. Verpackung, Beförderungskosten,)
- Lieferzeit (z. B. Lieferung 15. KW)
- Zahlungsbedingungen (Zahlungsziel, Skonto)
- Erfüllungsort (Ort, an dem der Schuldner seine Leistungen zu erfüllen)
- Gerichtsstand (Sitz des im Streitfall zuständigen Gerichtes)

## Verpackungskosten

6

**Gesetzliche Regelung:**

Die Kosten der **Schutz- und Versandverpackung** sind Kosten der Abnahme. Sie sind vom Käufer zu tragen. Da viele Waren sich nicht ohne Verpackung verkaufen lassen, sind die Kosten der **Verkaufsverpackung** schon im Kaufpreis enthalten. Ist der Kaufpreis nach dem Gewicht der Ware zu berechnen, ist das Verpackungsgewicht abzuziehen.

Wichtig: Bruttogewicht (Ware und Verpackung = Rohgewicht oder Gesamtgewicht)
– Tara (Gewicht der Versandverpackung)
= Nettogewicht (Reingewicht der Ware)

**Vertragliche Regelung:**

- **Reingewicht einschließlich Verpackung**
  Die Verpackungskosten sind im Preis enthalten, Verpackung wird nicht berechnet. Der Verkäufer trägt die Verpackungskosten.
- **Reingewicht ausschließlich Verpackung**
  Die Verpackungskosten werden zusätzlich berechnet, der Käufer trägt die Verpackungskosten.
  Die Verpackung kann
  a) Eigentum des Käufers werden,
  b) vom Lieferanten dem Käufer leihweise überlassen werden. Bei Rückgabe erfolgt eine Gutschrift der Verpackungskosten entweder ganz oder teilweise.

  **Beispiel:**
  Holzpaletten, faltbare Alubehälter, Getränkekästen
- **Rohgewicht einschließlich Verpackung**
  (brutto für netto = bfn = b/n) Die Verpackung wird wie Ware berechnet, die Verpackung wird Eigentum des Käufers, der Käufer zahlt die Verpackung.

  **Beispiel:** Obst und Gemüse in Kisten und Kartons

## Lieferzeit

7

**Gesetzliche Regelung:**

Ist im Angebot keine Regelung über den Zeitpunkt der Lieferung vereinbart worden, kann der Käufer sofortige Lieferung verlangen und der Verkäufer muss sofort liefern.

**Vertragliche Regelung:**

Es kann eine vertragliche Regelung über die Lieferzeit vereinbart werden. Dann hat der Käufer zwei Möglichkeiten:

- **Terminkauf:**
  **Lieferung innerhalb einer bestimmten Frist**
  (z. B. Lieferung innerhalb 90 Tagen) oder zu einem bestimmten Zeitpunkt (Termin)
- **Fixkauf:**
  **Lieferung zu einem genau festgelegten Zeitpunkt**, wobei die Klauseln fest, fix, genau, exakt mit angegeben werden müssen.

# Inhalt des Angebotes
Offer Content

## Beförderungskosten
8

| Verkäufer | Anfuhr und Verladen | **Versandstation** | Transport | **Empfangsstation** | Zufuhr | **Käufer** |
|---|---|---|---|---|---|---|
| Beförderungskosten / Vertragsklauseln | Rollgeld bzw. Hausfracht (Versand) | Beladekosten | Fracht | Entladekosten | Rollgeld bzw. Hausfracht (Empfang) | … übernimmt |
| 1. „ab Werk“ „ab Lager“ | **Käufer** → | → | → | → | → | … alle Beförderungskosten |
| 2. „unfrei“ „ab hier“ (gesetzliche Regelung lt. BGB) | **Verkäufer** → | **Käufer** → | → | → | → | … Beförderungskosten ab Versandstelle einschl. Beladekosten |
| 3. „frei Waggon“ „frei Schiff“ | **Verkäufer** → | → | **Käufer** → | → | → | … Beförderungskosten ab Versandstelle ohne Beladekosten |
| 4. „frei“ „frachtfrei“ „frei dort“ | **Verkäufer** → | → | → | **Käufer** → | → | … Beförderungskosten ab Empfangsstelle |
| 5. „frei Haus“ „frei Lager“ | **Verkäufer** → | → | → | → | → | … keine Beförderungskosten |

## Zahlungszeitpunkt
9

**Zahlung**

**vor** der Lieferung

**Beispiele:**
- „Vorauszahlung“
- „Anzahlung der Hälfte des Kaufpreises, bei Lieferung Zahlung des Restbetrags“

**bei** der Lieferung

**Beispiele:**
- „gegen bar“
- „gegen Nachnahme“
- „sofort netto Kasse“

**nach** der Lieferung

**Beispiele:**
- „3 Monate Ziel“ (Zielkauf)
- „innerhalb 8 Tagen 3 % Skonto oder 30 Tage Ziel“
- Ratenzahlung

**Gesetzliche Regelung:**
Der Käufer ist verpflichtet, die Ware unverzüglich bei Lieferung zu bezahlen.
Die Kosten der Zahlung (z. B. Überweisungsgebühren) muss der Käufer tragen, „Geldschulden sind Schickschulden“.

## Erfüllungsort

| Begriff | Bedeutung |
|---|---|
| Der Erfüllungsort ist der Ort, an dem der Verkäufer die Ware liefert bzw. der Käufer die Ware bezahlt. Der Erfüllungsort kann vertraglich festgelegt werden. Geschieht dies nicht, gilt die gesetzliche Regelung: Der Erfüllungsort ist der Wohn- bzw. Geschäftssitz des Waren- bzw. Geldschuldners (§ 269 f. BGB). | Am Erfüllungsort geht die Gefahr im Rahmen der Warenlieferung auf den Käufer über (z. B. bei Sachbeschädigung). Geldschulden sind Schick- oder Bringschulden, daher hat der Käufer das Geld auf seine Gefahr und Kosten an den Wohn- bzw. Firmensitz des Verkäufers zu senden (§ 270 BGB). Der Erfüllungsort bestimmt den Gerichtsstand. |

## Gerichtsstand

Kommt es zwischen Käufer und Verkäufer zu Streitfällen, wird der sogenannte Gerichtsstand wichtig, also der Ort, an dem in einem Prozess der Streitfall gerichtlich geklärt wird. Nach der gesetzlichen Regelung ist der Gerichtsstand abhängig vom Wohn- oder Geschäftssitz des jeweiligen Schuldners.

Bei einem Streitwert bis zu 5.000 € ist das Amtsgericht zuständig, bei einem höheren Streitwert das Landgericht. Bei einem zweiseitigen Handelskauf kann der Gerichtsstand vertraglich festgelegt werden.

## Bezugspreiskalkulation (Ermittlung des Einstandspreises) 10

**Einkaufskosten** sind zum Beispiel:
- Provision für Kommissionär
- Maklergebühren
- sonstige kleine Kosten

**Bezugskosten** sind zum Beispiel:
- Fracht, Hausfracht (Rollgeld)
- Kosten für Wiegen, Verladen, Verpackung
- Zoll
- Transportversicherung

| | | | | |
|---|---|---|---|---|
| Listeneinkaufspreis | 135,00 € | 100 % | | |
| – Lieferantenrabatt | 13,50 € | – 10 % | | |
| = Zieleinkaufspreis | 121,50 € | = 90 % | → | 100 % |
| – Lieferantenskonto | 6,65 € | | | – 3 % |
| + Einkaufskosten | – | | | |
| = Bareinkaufspreis | 117,85 € | | | = 97 % |
| + Bezugskosten | 1,10 € | | | |
| = Einstandspreis (Bezugspreis) | 118,95 € | | | |

## Angebotsvergleich/Preisspiegel

Um mehrere Angebote miteinander **quantitativ** (Listeneinkaufspreise, Lieferantenrabatt und -skonto, Einkaufs- und Bezugskosten) vergleichen zu können, wird eine tabellarische Übersicht erstellt, die als **Preisspiegel** bezeichnet wird.

| Artikel-Nr.: *x* | Artikel: Laserdrucker | | Datum: *x* 11 | |
|---|---|---|---|---|
| Lieferant:<br>Angebot vom:<br>Bestellmenge: | *A*<br>*x*<br>*15 Stück* | | *B*<br>*x*<br>*15 Stück* | |
| | Preis in € | | Preis in € | |
| | pro Stück | Gesamt | pro Stück | Gesamt |
| Listeneinkaufspreis<br>– Lieferantenrabatt | *1,290,00*<br>*15 %* | *19.350,00*<br>*2.902,50* | *1.325,00*<br>*12 %* | *19.875,00*<br>*2.385,00* |
| = Zieleinkaufspreis<br>– Lieferantenskonto | *2 %*<br>*10 Tage* | *16.447,50*<br>*328,95* | *3 %*<br>*14 Tage* | *17.490,00*<br>*524,70* |
| = Bareinkaufspreis<br>+ Verpackungskosten<br>+ Transportkosten | –<br>*frei Haus* | *16.118,55*<br>– | –<br>*frei Haus* | *16.965,30*<br>– |
| = Einstandspreis | 1.074,57 | 16.118,55 | 1.131,02 | 16.965,30 |

Das Entscheidungskriterium Einstandspreis kann durch **qualitative Entscheidungskriterien** relativiert werden, z. B. durch Qualität der Ware, Lieferzeit, weitere Lieferbedingungen wie z. B. Lieferung frei Haus, Zuverlässigkeit, Kulanz, Gewährleistung, Kundendienst des Lieferanten, Erfüllungsort und Gerichtsstand.

Als Entscheidungsinstrument kann die „**kaufmännische Nutzwertanalyse**" eingesetzt werden, bei der die Vorgehensweise der der „technischen Nutzwertanalyse" entspricht (siehe Seite 98):

## Lieferantenauswahl mithilfe der „kaufmännischen" Nutzwertanalyse

**Beispiel**:

| Entscheidungskriterien | Gewichtung der Kriterien | Lieferant A | | Lieferant B 12 | |
|---|---|---|---|---|---|
| | | **Punkte** | **gewichtete Punkte** | **Punkte** | **gewichtete Punkte** |
| Preis | 40 % | 5 | 200 | 4 | 160 |
| Qualität | 30 % | 3 | 90 | 5 | 150 |
| Zuverlässigkeit | 20 % | 4 | 80 | 2 | 40 |
| Kulanzverhalten | 10 % | 2 | 20 | 3 | 30 |
| Summe | 100 % | | 390 | | 380 |

# Eigenfertigung oder Fremdbezug: Kostenvergleich
## Inhouse-Production or External Procurement: Cost Comparison

| Insourcing/Outsourcing | Einflussgrößen |
|---|---|
| Unternehmen überlegen prinzipiell, ob sie Güter und Dienstleistungen selbst erstellen oder von anderen Unternehmen beziehen sollen. Entscheidet man sich dafür, bisher im eigenen Unternehmen erstellte Leistungen von anderen erstellen zu lassen, spricht man von **Outsourcing**. Umgekehrt bedeutet die Erstellung bisher fremder Leistungen in eigener Regie **Insourcing**. | ▪ Kosten, Wertschöpfung<br>▪ Sicherheit (Unabhängigkeit vom Lieferanten)<br>▪ betriebliche Einflussnahme auf die Endleistung (z. B. Produktqualität, Kundenservice)<br>▪ ökologische Aspekte (z. B. Entsorgung)<br>▪ organisatorischer Aufwand<br>▪ Qualifikation des Personals |

### Kostenerfassung der Eigenfertigung

Kostenbegriff

Unter Kosten versteht man den in Geldeinheiten (z. B. in EURO) bewerteten mengenmäßigen **Verbrauch an Gütern und Leistungen** (Produktionsfaktoren) zum Zweck der **betrieblichen Leistungserstellung** in einer **Abrechnungsperiode**.

Einteilung der Kosten

So, wie man z. B. eine Gruppe von Menschen nach verschiedenen Kriterien wie Geschlecht, Größe, Haarfarbe usw. einteilen kann und dabei immer dieselbe Gruppe meint, lassen sich auch die Kosten eines Betriebes unter unterschiedlichen Gesichtspunkten betrachten:

### Kosten auf der Grundlage der betriebswirtschaftlichen Produktionsfaktoren

- Werkstoffkosten, z. B. Rohstoffverbrauch
- Personalkosten, z. B. Gehälter
- Betriebsmittelkosten, z. B. Abschreibungen
- Finanzierungskosten, z. B. Abschlussprovisionen
- Fremdleistungskosten, z. B. Telefonkosten
- Abgaben mit Kostencharakter, z. B. Kfz-Steuer

### Kosten auf der Grundlage der betrieblichen Funktionen

- Beschaffungskosten
- Produktions- oder Fertigungskosten
- Absatz- oder Vertriebskosten
- Verwaltungskosten
- Lagerkosten
- Finanzierungskosten

### Kosten in Abhängigkeit von ihrer Zurechenbarkeit auf die Kostenträger

- **Einzelkosten:**
  Kosten, die direkt den Kostenträgern zugerechnet werden können

**Beispiele:**
Rohstoffkosten und Fremdbauteile aufgrund von Konstruktionszeichnungen und Materialentnahmescheinen; Fertigungslöhne aufgrund von Zeitmessungen und Tarifverträgen

- **Gemeinkosten:**
  Kosten, die nicht direkt, sondern nur mithilfe von Verteilungsschlüsseln über die Kostenstellenrechnung den Kostenträgern zugerechnet werden können

**Beispiele:**
Gehälter der Angestellten, lineare Abschreibungen auf Maschinen und Gebäude, Hilfslöhne

### Kosten in Abhängigkeit von der Beschäftigung

**Fixe Kosten:**
Kosten, die unabhängig von der Produktionsmenge in einer Abrechnungsperiode in gleicher Höhe anfallen (Kosten der Betriebsbereitschaft),
z. B. Mietkosten für eine Lagerhalle, Gehälter, Abschreibungen auf Sachanlagen

**Variable Kosten:**
Kosten, deren Höhe sich in Abhängigkeit von der Produktionsmenge in einer Abrechnungsperiode verändert,
z. B. Rohstoffkosten, Hilfsstoffkosten, Fertigungslöhne

### Kosten in Abhängigkeit von der Bezugsgrundlage

**Gesamt- oder Periodenkosten:**
Kosten, die insgesamt in einer Abrechnungsperiode anfallen,
z. B. im Monat, im Quartal, im Jahr

**Stückkosten oder Kosten pro Leistungseinheit:**
Kosten pro Mengeneinheit
z. B. Kosten pro Stück, pro Liter

## Grafische Darstellung von Kostenverläufen

| Kosten in Abhängigkeit von der Bezugsgrundlage | Kosten in Abhängigkeit von der Beschäftigung | | | | |
|---|---|---|---|---|---|
| | **variable Kosten** | | | **fixe Kosten** | |
| | proportional ansteigend | überproportional ansteigend | unterproportional ansteigend | absolut fix | sprung-, -intervallfix |
| **Gesamtkosten** | 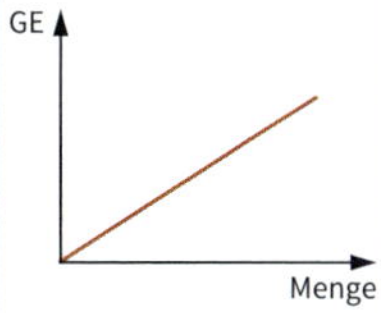 | 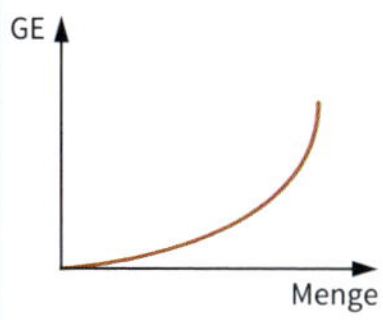 | 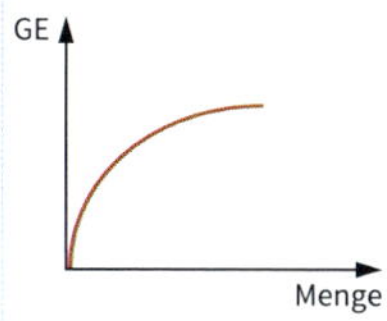 | 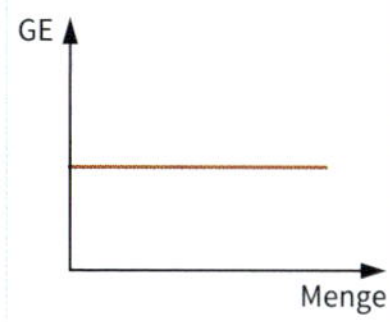 | 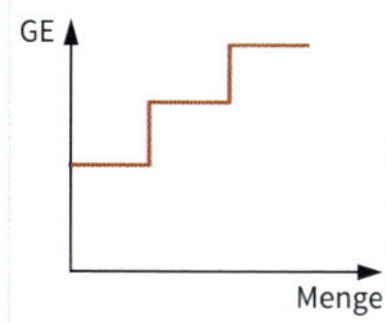 |
| | konstant | progressiv | degressiv | degressiv | „sägezahnartig" degressiv |
| **Stückkosten**[1)] | 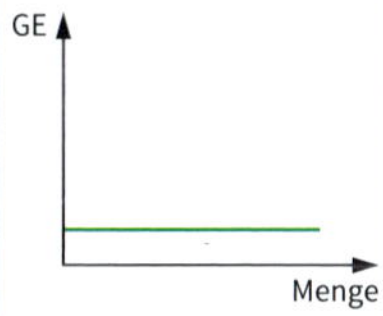 | 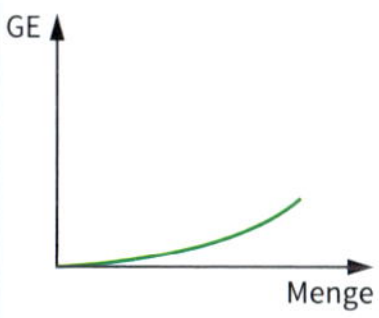 | 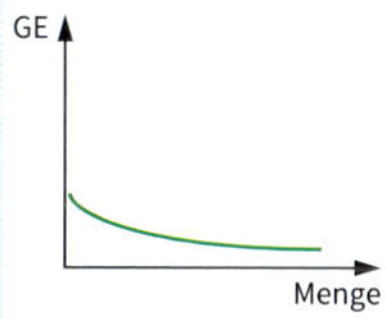 | 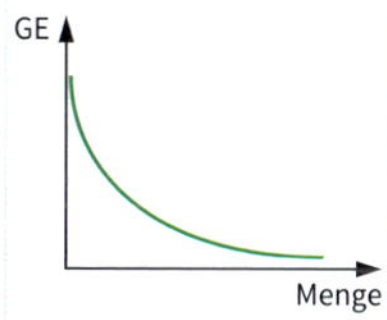 | 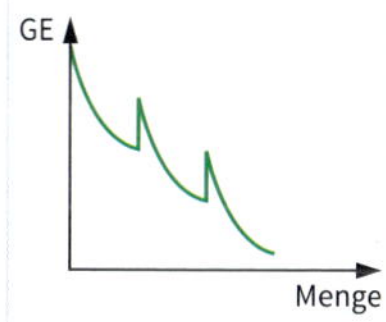 |

[1)] Die Verläufe der Stückkostenkurven ergeben sich aus den darüber abgebildeten Verläufen der Gesamtkostenkurven, indem die jeweiligen Gesamtkosten durch die dazugehörigen Mengen geteilt werden.

## Kostenvergleich Eigenfertigung oder Fremdbezug

Werden nur die Kosten als Entscheidungsgrundlage herangezogen, könnte sich ergeben, dass ab einer bestimmten Menge **(kritische Menge)** die Eigenfertigung günstiger ist als der Fremdbezug (Fixkostendegression durch Auslastung der teueren Maschinen).

**Beispiel:**
Ein IT-Unternehmen, das eine Rechner-Komponente (x) bisher von einem Lieferanten bezieht, kann diese auch selbst fertigen:

Kosten der **Eigenfertigung** ($K_E$):
fixe Kosten gesamt ($K_f$): 12.000 €
variable Kosten pro Stück ($k_V$): 20 €
Kostenfunktion: $K_E = 12.000 + 20\,x$

Kosten des **Fremdbezugs** ($K_F$):
Bezugspreis: 50 €
Kostenfunktion: $K_F = 50\,x$

**Kritische Menge**:
$12.000 + 20\,x = 50\,x$
$x = 400$

Die kritische Menge ist die Menge, bei der die Kosten von Eigenfertigung und Fremdbezug gleich hoch sind und bei der langfristig über die Beschaffungsalternative entschieden werden muss.

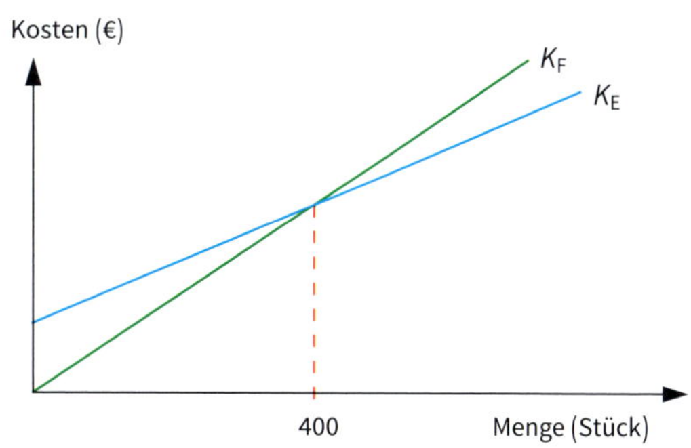


Bei der Entscheidung „Eigenfertigung oder Fremdbezug" spielen neben den Kosten auch die übrigen Einflussfaktoren und deren Gewichtung eine Rolle. So kann sich z. B. ein Unternehmen aus Sicherheitsgründen trotz höherer Kosten der Eigenfertigung gegen den Kauf beim bisherigen Lieferanten entscheiden, um von diesem unabhängig zu werden bzw. zu bleiben.

## Angebotspreiskalkulation für Handelswaren

Ausgehend vom Einstandspreis wird im Folgenden der **Absatz- oder Angebotspreis** kalkuliert:

### Kalkulationsschema

13

| | |
|---|---|
| Einstandspreis (Bezugspreis) | |
| + Handlungskosten | (v.H.)[1] |
| = Selbstkostenpreis | |
| + Gewinn | (v.H.)[1] |
| = Barverkaufspreis | |
| + Kundenskonto | (i.H.)[1] |
| = Zielverkaufspreis | |
| + Kundenrabatt | (i.H.)[1] |
| = Listenverkaufspreis (netto) | |

[1] v.H.: vom Hundert (Grundwert);
i.H.: im Hundert (verminderter Grundwert

**Handlungskosten** sind Kosten, die durch Lagerung und Verkauf der Handelswaren entstehen, wie zum Beispiel:

- Löhne, Gehälter des Lagerpersonals,
- Abschreibungen auf das Lagergebäude und die Lagereinrichtung,
- Transport- und Verpackungskosten,
- anteilige Verwaltungskosten,
- Zinsen für das in den Handelswaren gebundene Kapital.

**Gewinn** ist ein Entgelt für

- das in das Unternehmen eingebrachte Eigenkapital (Eigenkapitalverzinsung),
- die Arbeit des Unternehmers (Unternehmerlohn),
- das Risiko der Kapitalanlage im eigenen Unternehmen (Risikoprämie).

### Kalkulationszuschlagssätze

14

#### Handelskostenzuschlagssatz (HKZ)

Die Handlungskosten werden mithilfe des HKZ dem Einstandspreis hinzugerechnet, wobei der Einstandspreis 100 % beträgt.

$$\text{HKZ} = \frac{\text{Handlungskosten der vergangenen Periode}}{\text{Wareneinsatz der vergangenen Periode}} \cdot 100$$

#### Gewinnzuschlagssatz (GZ)

Jeder Unternehmer entwickelt eigene Vorstellungen über die Höhe der drei Gewinnkomponenten (sieh oben) unter Berücksichtigung der Durchsetzbarkeit am Markt.

Der Gewinn wird mithilfe des GZ dem Selbstkostenpreis hinzugerechnet, wobei der Selbstkostenpreis 100 % beträgt.

#### Kundenskonto

$$\text{Skontobetrag in €} = \frac{\text{Barverkaufspreis in €} \cdot \text{Skontosatz in \%}}{(100\,\% - \text{Skontosatz in \%})}$$

#### Kundenrabatt

$$\text{Rabattbetrag in €} = \frac{\text{Zielverkaufspreis in €} \cdot \text{Rabattsatz in \%}}{(100\,\% - \text{Rabattsatz in \%})}$$

**Beispiel**: Berechnung des Listenverkaufspreises: Einstandspreis: 118,95 €, 18 % Handlungskosten, 8 % Gewinn, 3 % Kundenskonto, 10 % Kundenrabatt:

| | | | | | | |
|---|---|---|---|---|---|---|
| Einstandspreis | | 118,95 € | 100 % | | | |
| + Handlungskosten | (v.H.) | 21,41 € | + 18 % | | | |
| = Selbstkostenpreis | | 140,36 € | = 118 % → | 100 % | | |
| + Gewinn | (v.H.) | 11,23 € | | + 8 % | | |
| = Barverkaufspreis | | 151,59 € | | = 108 % → | 97 % | |
| + Kundenskonto | (i.H.) | 4,69 € | | | + 3 % | |
| = Zielverkaufspreis | | 156,28 € | | | = 100 % → | 90 % |
| + Kundenrabatt | (i.H) | 17,36 € | | | | + 3 % |
| = Listenverkaufspreis | | 173,64 € | | | | = 100 % |

| Handlungskosten | Gewinn | Kundenskonto | Kundenrabatt |
|---|---|---|---|
| 100 % = 118,95 € | 100 % = 140,36 € | 97 % = 151,59 € | 90 % = 156,28 € |
| 18 % = x € | 8 % = x € | 3 % = x € | 10 % = x € |
| $x = \frac{118{,}95\,€ \cdot 18\,\%}{100\,\%}$ | $x = \frac{140{,}36\,€ \cdot 8\,\%}{100\,\%}$ | $x = \frac{151{,}59\,€ \cdot 3\,\%}{97\,\%}$ | $x = \frac{156{,}28\,€ \cdot 10\,\%}{90\,\%}$ |
| x = 21,41 € | x = 11,23 € | x = 4,69 € | x = 17,36 € |

## Begriff Differenzkalkulation

Die Differenzkalkulation ist eine **Kombination aus Vorwärts- und Rückwärtskalkulation.** Vorgegeben sind dabei der Listeneinkaufspreis, der nicht unterschritten werden kann, sowie der Listenverkaufspreis netto, der zum Beispiel aus Wettbewerbsgründen nicht überschritten werden soll.

## Schritte der Differenzkalkulation

Soll zum Beispiel geprüft werden, ob das IT-Unternehmen bei gegebenen Kalkulationsgrößen (siehe auch die folgende Beispielrechnung) seine Vorstellungen über den Gewinnzuschlag umsetzen kann, sind folgende **Schritte** durchzuführen:

(1) Zunächst wird **vorwärts** vom Listeneinkaufspreis bis zum Selbstkostenpreis kalkuliert.

(2) Anschließend wird **rückwärts** vom Listenverkaufspreis netto bis zum Barverkaufspreis gerechnet.

(3) Dann wird die **Differenz zwischen Selbstkostenpreis und Barverkaufspreis** gebildet. Sie stellt den tatsächlichen **Gewinn** in € dar.

(4) Dieser Gewinn wird ins Verhältnis zum Selbstkostenpreis (100 %) gesetzt. Mithilfe des Dreisatzes wird der tatsächliche Gewinnzuschlagssatz **in Prozent des Selbstkostenpreises** ermittelt.

(5) Schließlich wird der so errechnete tatsächliche Gewinnzuschlagssatz mit dem geplanten Gewinnzuschlagssatz **verglichen.**

Beispiel

Das IT-Unternehmen prüft mithilfe der **Differenzkalkulation**, ob es seine Gewinnvorstellung von 12 % verwirklichen kann, wenn für eine PC-Komponente folgende Bedingungen gelten: Der Lieferant verlangt 85,00 €/Stück (= Listeneinkaufspreis des IT-Unternehmens) und gewährt darauf 15 % Rabatt sowie 3 % Skonto. Die Bezugskosten des IT-Untermnehmens betragen 3,50 €. Außerdem rechnet ddas IT-Unternehmen mit einem Handlungskostenzuschlag von 45 %, Kundenskonto 2 % und Kundenrabatt 10 %. Der Listenverkaufspreis netto darf aus Konkurrenzgründen 130,00 € nicht übersteigen.

| | | | | | |
|---|---|---|---|---|---|
| Listenverkaufspreis des Lieferanten | | 85,00 € | 100 % | | |
| – Lieferantenrabatt | 15 % | 12,75 € | – 15 % | | |
| = Zieleinkaufspreis | | 72,25 € | = 85 % → | 100 % | |
| – Lieferantenskonto | 3% | 2,17 € | | – 3 % | |
| = Bareinkaufspreis | | 70,08 € | | = 97 % | Schritt (1) ↓ |
| + Bezugskosten | | 3,50 € | | | |
| = Einstandspreis | | 73,58 € | 100 % ← | | |
| + Handlungskostenzuschlag | 45 % | 33,11 € | + 45 % | | |
| = Selbstkostenpreis | | 106,69 € | = 145 % | | |
| **Gewinn** | **7,47 %** | **7,97 €** | | | |
| = Barverkaufspreis | | 114,66 € | = 98 % | | |
| – Kundenskonto | 2 % | 2,34 € | – 2 % | | |
| = Zielverkaufspreis | | 117,00 € | 100 % ← | = 90 % | Schritt (2) ↑ |
| – Kundenrabatt | 10 % | 13,00 € | | – 10 % | |
| = Listenverkaufspreis netto | | 130,00 € | | 100 % | |

**Schritt (3)**: Barverkaufspreis (114,66 €) – Selbstkostenpreis (106,69 €) = Gewinn (7,97 €)

**Schritt (4)**: 106,69 € = 100 %

7,97 € = x %   $x = \frac{100\,\% \cdot 7{,}97}{106{,}69} = 7{,}47\,\%$

**Schritt (5)**: Ergebnis:

Das IT-Unternehmen käme nur auf einen Gewinnzuschlag von 7,47 %, könnte also bei den gegebenen Bedingungen die eigene Gewinnvorstellung von 12 % nicht verwirklichen. Die einzelnen Glieder der Kalkulation müssten im Hinblick auf mögliche Veränderungen überprüft werden, z. B. Erhöhung des Lieferantenrabatts, Senkung der Handlungskosten.

16

**Angebotsvergleich: Rabattarten und ihre Funktion**

**Rabatt:** Gewährung eines Preisnachlasses aus unterschiedlichen Gründen, in unterschiedlichen Formen und zu unterschiedlichen Zeitpunkten

| Rabattart | Erklärung | Funktion (Aufgabe) |
|---|---|---|
| Mengenrabatt | Der Lieferant gewährt einen Preisnachlass auf die Abnahme größerer Warenmengen; oftmals gestaffelt nach Abnahmemengen. | Anreiz zur Bestellung größerer Warenmengen; Reduzierung von Bestellkosten; Erhöhung der Lagerumschlagshäufigkeit |
| Wiederverkäuferrabatt | Der Hersteller gewährt einen Preisnachlass an Abnehmer, die die Ware weiterverkaufen (z. B. an Einzelhändler). | Schaffung von einheitlichen und überschaubaren Kalkulationsgrundlagen für Abnehmer der unterschiedlichen Wirtschaftsstufen; möglichst Durchsetzung einer einheitlichen Preisgestaltung gegenüber Endverbrauchern |
| Treuerabatt | Der Lieferant gewährt Stammkunden einen Preisnachlass. | Dauerhafte Bindung von Kunden an das Unternehmen |
| Sonderrabatt | Der Verkäufer gewährt einen Preisnachlass bei bestimmten Anlässen (z. B. Geschäftsjubiläum, Messe). | Anlocken von Kunden aus einem besonderen Anlass |
| Naturalrabatt | Der Lieferant gewährt einen Preisnachlass in Form von Waren. Entweder liefert der Verkäufer zur bestellten Warenmenge noch Ware kostenlos hinzu (Draufgabe) oder er berechnet nicht die gesamte Lieferung (Dreingabe). | Anreiz zur Bestellung größerer Warenmengen; Reduzierung von Bestellkosten; Erhöhung der Lagerumschlagshäufigkeit |
| Bonus | Der Verkäufer gewährt nachträglich einen Preisnachlass, der meistens nach Abschluss des Geschäftsjahrs eingeräumt wird, wenn der Abnehmer einen Mindestumsatz erreicht oder überschritten hat. | Anreiz zu höheren Abnahmemengen durch einen insgesamt günstigeren Einkaufspreis; langjährige Bindung von Kunden an das Unternehmen |
| Skonto* | Der Lieferant möchte Kunden zur möglichst schnellen Bezahlung von Rechnungen veranlassen. | Anreiz zur Zahlung vor Ablauf des Zahlungsziels; Erhöhung der Liquidität beim Verkäufer |

* Der Skonto wird häufig wegen seiner besonderen Funktion nicht als Rabattart definiert.

# Bestellung
Order

## Rechtliche Bedeutung

17|

Eine Bestellung ist **verbindlich**, sie kann schriftlich oder mündlich erteilt werden. Bei einer mündlichen Bestellung ist eine sofortige schriftliche Bestätigung empfehlenswert, um Missverständnisse zu vermeiden.

**Bestellung aufgrund eines Angebots:**
Ein Kaufvertrag wird abgeschlossen. In der Bestellung wird auf das Angebot Bezug genommen. Es liegen zwei übereinstimmende Willenserklärungen vor.

**Bestellung ohne vorheriges Angebot:**
Die Bestellung muss konkrete Angaben enthalten.
Sie ist nur für den Auftraggeber/die Auftraggeberin verbindlich, der Lieferant kann ablehnen oder zustimmen. Es liegt nur eine Willenserklärung vor; die zweite erfolgt durch Auftragsbestätigung oder Warenlieferung.

**Widerruf:**
Der Widerruf muss vor oder gleichzeitig mit der Bestellung eintreffen, z. B. per Telefon oder als Fax.

Aufbau und Inhalt

1. Auf das Angebot, den Katalog, die Preisliste etc. eingehen
2. Art, Preis, Menge und Qualität der Ware angeben
3. Liefertermin und Lieferungsbedingungen nennen
4. Gewünschte Zahlungsweise angeben

# Kaufvertrag
Purchase Contract

- Bei einem Kaufvertrag handelt es sich um ein zwei- oder mehrseitiges Rechtsgeschäft.
- Willenserklärungen, die im Rahmen eines Kaufvertrags abgegeben werden, heißen **Antrag** und **Annahme**. 18|

I. Verpflichtungsgeschäft

**a) Zustandekommen des Kaufvertrags**

| | | Antrag | | Annahme | |
|---|---|---|---|---|---|
| 1. Möglichkeit | Verkäufer | Angebot → | **Kaufvertrag** | ← Bestellung | Käufer |
| 2. Möglichkeit | Käufer | Bestellung → | **Kaufvertrag** | ← Bestellungsannahme | Verkäufer |
| 3. Möglichkeit | Käufer | Bestellung → | **Kaufvertrag** | ← Lieferung | Verkäufer |

Das Verpflichtungsgeschäft ist abgeschlossen, wenn zwei übereinstimmende Willenserklärungen vorliegen.

**b) Pflichten des Verkäufers und Käufers**

**Pflichten**

des **Verkäufers**

- Die Ware zur rechten Zeit, am richtigen Ort, in der richtigen Art und Weise liefern
- Eigentum an der Ware übertragen
- Den Kaufpreis annehmen

des **Käufers**

- Die ordnungsgemäß gelieferte Ware annehmen und prüfen
- Den Kaufpreis vereinbarungsgemäß bezahlen

II. Erfüllungsgeschäft

Das Erfüllungsgeschäft ist abgeschlossen, wenn Verkäufer und Käufer ihre Pflichten erfüllt haben.
Werden die Pflichten nicht erfüllt, spricht man von **Störungen des Kaufvertrags.**

# Arten des Kaufvertrags
## Kinds of Sales Contracts

**Kaufvertragsarten: Unterscheidung nach …**

### der Art, Güte und Beschaffenheit der Ware

- **Kauf auf Probe**
  Rückgaberecht innerhalb einer vereinbarten Frist (z. B. Rückgabe innerhalb zweier Wochen)
- **Kauf nach Probe**
  Qualität der kostenlosen Probe ist für Folgemenge verbindlich (z. B. Kauf von Sweatshirts aufgrund eines Musters)
- **Kauf zur Probe**
  Kauf einer kleinen Menge zu Testzwecken
- **Gattungskauf**
  Kauf von vertretbarer Ware (nur der Gattung nach bestimmbare Ware, also mehrfach vorhanden), die sich nach Maß, Zahl oder Gewicht bestimmen lässt (z. B. fabrikneue Markenskier)
- **Stückkauf**
  Kauf nicht vertretbarer Ware (einmalig nur vorhanden), z. B. Kauf eines gebrauchten Paars Skier
- **Spezifikationskauf**
  Bei Vertragsabschluss werden nur Art und Menge der Ware bestimmt, die nähere Bestimmung der Ware (z. B. Farbe) erfolgt innerhalb einer vereinbarten Frist (z. B. bei Kauf von Trainingsanzügen: Farbe, Maß, Form)
- **Ramschkauf**
  Kauf der gesamten Warenmenge zu einem Pauschalpreis (z. B. bei einer Insolvenz Pauschalpreis für Gesamtwarenbestand)

### dem Zeitpunkt der Zahlung

- **Kauf auf Anzahlung**
  Käufer leistet eine Anzahlung vor der Warenlieferung (z. B. wenn keine zuverlässigen Angaben über die Zahlungsfähigkeit eines neuen Kunden vorliegen)
- **Kauf auf Vorauszahlung**
  Käufer zahlt Ware vor der Lieferung (z. B. bei Sonderanfertigung)
- **Barkauf**
  Käufer zahlt Ware bei Übergabe (z. B. Wocheneinkauf in einem Supermarkt)
- **Zielkauf**
  Käufer zahlt nach der Lieferung (z. B. vereinbartes Zahlungsziel 30 Tage)
- **Ratenkauf**
  Käufer zahlt in mehreren Raten

### der rechtlichen Stellung der Vertragspartner

- **Verbrauchsgüterkauf**
  Endverbraucher kauft Ware vom Unternehmer, laut § 476 ff. BGB gilt die **Beweislastumkehr**. (Tritt in den ersten 6 Monaten nach Kauf ein Sachmangel auf, wird davon ausgegangen, dass er schon bei Lieferung bestand. Der Verkäufer hat die Ware zurückzunehmen. Nach Ablauf von 6 Monaten liegt die Beweislast beim Käufer.)
- **Bürgerlicher Kauf**
  Beide Vertragspartner sind Privatpersonen (z. B. Wolfgang kauft das gebrauchte Fahrrad von Kai)
- **Einseitiger Handelskauf**
  Ein Vertragspartner ist Kaufmann laut HGB, der andere Privatperson (z. B. ein Unternehmer kauft in einem Fachgeschäft Handschuhe)
- **Zweiseitiger Handelskauf**
  Beide Vertragspartner sind Kaufleute laut HGB (z. B. die Sports Fashion GmbH kauft Sweatshirts vom Hersteller)

### der Lieferzeit

- **Sofortkauf**
  Kauf einer Ware gegen sofortige Zahlung (Zug-um-Zug-Geschäft)
- **Terminkauf**
  Kauf einer Ware und Lieferung innerhalb eines festgelegten Zeitraums oder bis zu einem Zeitpunkt (z. B. „Lieferung binnen 10 Tagen nach Auftragseingang“)
- **Fixkauf**
  Kauf einer Ware und Lieferung zu einem genau festgelegten Lieferzeitpunkt (z. B. „fix am 30. Mai“), Liefertermin ist wesentlicher Vertragsbestandteil, d. h., nach Ablauf des Liefertermins hat Lieferung keinen Sinn mehr für Käufer
- **Kauf auf Abruf**
  Kauf einer Ware und Lieferung zu vom Käufer zu bestimmenden Lieferzeitpunkten

### dem Ort der Warenübergabe

- **Handkauf**
  Ware wird im Geschäftssitz des Verkäufers gegen Bezahlung dem Käufer übergeben
- **Platzkauf**
  Ware wird an den Geschäftssitz des Käufers gesendet; Käufer und Verkäufer haben Geschäftssitz am selben Ort
- **Versendungskauf**
  Ware wird zum Käufer versendet; Käufer und Verkäufer haben Geschäftssitz an verschiedenen Orten

## Beschaffungsplanung

**Beschaffungsplanung**

| Beschaffungsplanung | Beispiele: |
|---|---|
| **Materialplanung**<br>Was soll bestellt werden? | Welche Art von Soundkarte soll beschafft werden? |
| **Mengenplanung**<br>Wie viel soll bestellt werden? | Soll zunächst nur eine Probemenge bestellt werden? |
| **Zeitplanung**<br>Wann soll bestellt werden? | Soll sofort oder zu einem späteren Zeitpunkt bestellt werden? |
| **Preisplanung**<br>Wie hoch darf der maximal akzeptierbare Einkaufspreis sein? | Kann der Einkaufspreis von . . . € unterschritten werden? |
| **Bezugsquellenplanung**<br>Wo soll bestellt werden? | Soll bei einem Lieferanten bestellt werden, dessen Standort in der Nähe ist, oder bei dem, der die größte Sortimentstiefe hat? |

## Ökologie und Nachhaltigkeit im Rahmen der Beschaffungsplanung



**Ökologische Gesichtspunkte der Beschaffungspolitik eines Unternehmens**

| Gesichtspunkt | Beispiele: |
|---|---|
| Reduzierung des Verpackungsaufwands bei einzukaufenden Produkten | ▪ Recyclingfähiges Verpackungsmaterial<br>▪ Mehrwegverpackungen |
| Reduzierung des Transportaufwands bei einzukaufenden Produkten | ▪ Verringerung der Entfernung zum Lieferanten<br>▪ Einkauf von Großmengen |
| Beachtung von Kundenwünschen im Hinblick auf umweltfreundliche Produktionsweise und ökologische Materialien | ▪ Vermeidung/Verringerung von Schadstoffemissionen bei der Herstellung der Produkte<br>▪ Herstellung recyclingfähiger Produkte |
| Beachtung staatlicher Auflagen bei Beschaffungstätigkeiten | ▪ Klärung von Entsorgungsfragen bei Einkaufsverhandlungen<br>▪ Einhaltung gesetzlicher Bestimmungen |

↓

**Auswirkungen**

| ökonomisch | ökologisch |
|---|---|
| ▪ Einsparung/Erhöhung betriebswirtschaftlicher Kosten<br>▪ Einsparung volkswirtschaftlicher Folgekosten | Verbesserung der Umweltqualität (z. B. durch Verringerung der Luft-, Wasser- und Bodenbelastung, Einsparung von Rohstoffen) |

## Rechnungsprüfung
**Invoice Auditing**

### Arten

Ist die eingetroffene Ware mangelfrei, wird die Rechnung wegen Nutzung möglicher Skontofristen unverzüglich geprüft.

**Rechnerische Prüfung:**
Überprüfung der rechnerischen Daten (z. B. Listenpreis, Rabatt, Transportkosten)

**Sachliche Prüfung:**
Überprüfung von Art, Güte und Menge der aufgeführten Waren anhand des Bestelldurchschlags und des Lieferscheins.

### Geldschulden 21

Geldschulden sind **Schick-** oder **Bringschulden** (§ 270 ff. BGB). Daraus ergibt sich für den Käufer:

- Er muss die **Überweisungskosten** übernehmen;
- er muss das **Transportrisiko** für das Geld tragen;
- er muss darauf achten, dass das Geld rechtzeitig auf dem Konto des Zahlungsempfängers eingeht, wenn als vertraglicher Erfüllungsort der Geschäftssitz des Verkäufers vereinbart ist (geschäftsüblich).

Gilt nur der **gesetzliche** Erfüllungsort, genügt die rechtzeitige **Absendung** des Geldbetrags.

## Kaufvertragsstörungen: Überblick 22
**Anomalies in Sales Contracts: Overview**

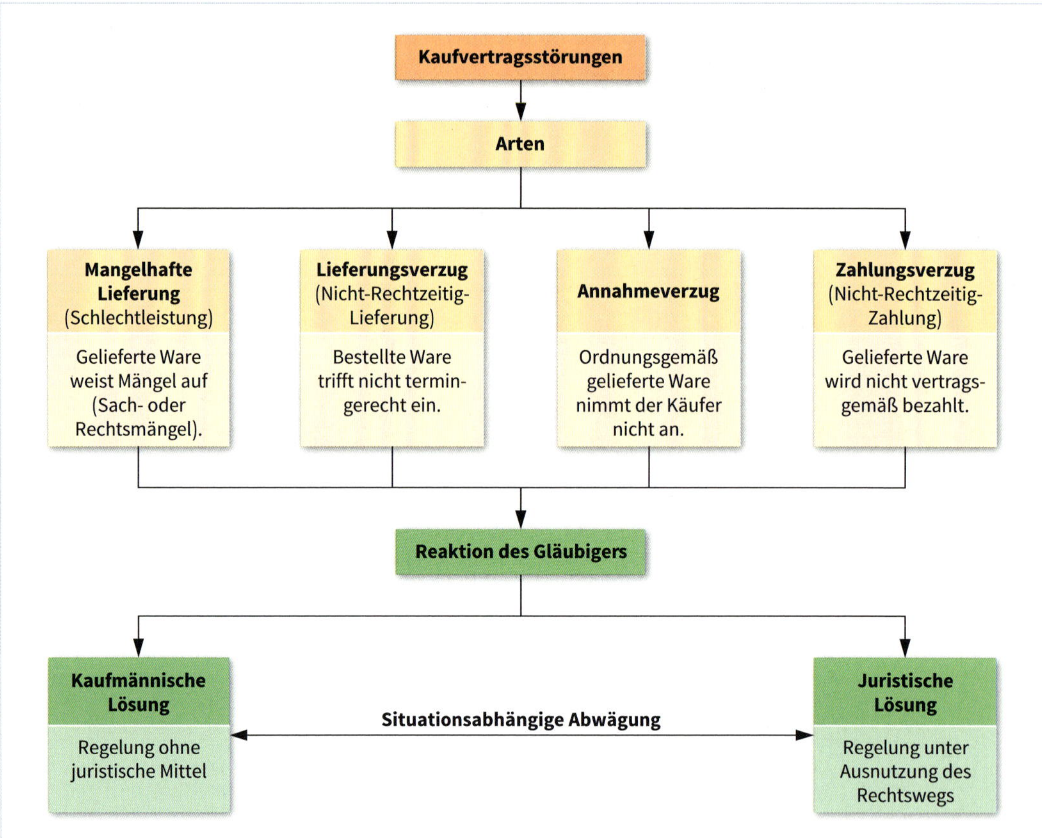


### Kaufmännische Lösungen bei Kaufvertragsstörungen

Der Unternehmer wird nur in Ausnahmefällen zum Kaufvertragsrecht des BGBs und HGBs greifen, um nach Lösungen für Kaufvertragsstörungen zu suchen. Zunächst wird er stets eine **kaufmännische Lösung** für Vertragsstörungen suchen, da es für ihn am wichtigsten ist, zu Kunden und Lieferanten gute Geschäftsverbindungen aufrechtzuerhalten. Er wird dem Vertragspartner entgegenkommen, damit sich **langfristige Geschäftsbeziehungen** ergeben können, denn nur dadurch wird er seine **Unternehmensziele** erreichen können.
Im Zweifel wird er sogar dem Vertragspartner Rechte zubilligen, die BGB bzw. HGB gar nicht vorsehen. Nur wenn eine gütige Einigung nicht möglich ist, wird er vom Vertragsrecht Gebrauch machen und eventuell den **Rechtsweg**, z. B. mithilfe eines Rechtsanwalts, einschlagen.

### Mangelarten

#### Sachmangel

- **Mangel in der Art**: Gattungsmangel (falsche Ware geliefert)
- **Mangel in der Menge**: Quantitätsmangel (zu wenig Ware geliefert)
- **Mangel in der Qualität**: Mangel in der Beschaffenheit (verdorbene/beschädigte Ware, Fehlen einer zugesicherten Eigenschaft)
- **Montagemangel**: mangelhafte Montage/Montageanleitung

#### Rechtsmangel

### Rügefristen

| Mängelarten / Arten des Kaufes | offene Mängel | versteckte Mängel | arglistig verschwiegene Mängel |
|---|---|---|---|
| zweiseitiger Handelskauf | unverzüglich | unverzüglich nach Entdeckung, jedoch innerhalb zweier Jahre | innerhalb dreier Jahre |
| einseitiger Handelskauf | innerhalb zweier Jahre nach Lieferung [1] | | innerhalb dreier Jahre |

### Reklamation (Mängelrüge)

**Benachrichtigung des Lieferanten über die Lieferung mangelhafter Ware mit genauer Information über die Art des Mangels**

### Rechte des Käufers

#### Nacherfüllung

- **Beseitigung des Mangels (Nachbesserung: max. 2-mal)**
- **Ersatzlieferung (Lieferung gleichartiger Ware)**

#### nach abgelaufener Frist zur Nacherfüllung [2]

- **Minderung**: Herabsetzung des Kaufpreises
- **Rücktritt**: Rückgängigmachung des Kaufvertrags
- **Schadensersatz**: auch bei Rücktritt vom KV möglich
- **Ersatz vergeblicher Aufwendungen**: statt Schadensersatz

[1] Zur Frage der Beweislastumkehr i. V. m. dem Verbrauchsgüterkauf siehe S. 116.
[2] Das Setzen einer angemessenen Nachfrist ist z. B. entbehrlich (vgl. § 281 BGB), wenn
- der Verkäufer die Nacherfüllung verweigert oder
- wenn besondere Umstände vorliegen, die unter Abwägung der beiderseitigen Interessen die sofortige Geltendmachung des Schadensersatzanspruchs rechtfertigen.

## Lieferungsverzug
**Delay in Delivery**

24

### Lieferungsverzug

#### Voraussetzungen

**Fälligkeit**

Überschreiten des Liefertermins durch den Lieferanten

**Mahnung**

Aufforderung des Lieferanten, die Ware zu liefern

Mahnung entfällt, wenn …

- der Liefertermin kalendermäßig bestimmt ist oder sich kalendermäßig berechnen lässt.
- der Lieferant die Lieferung endgültig verweigert.
- aus besonderen Gründen der sofortige Eintritt des Verzugs gerechtfertigt ist.

**Verschulden**

Fahrlässiges oder vorsätzliches Handeln des Lieferanten

#### Eintritt des Lieferungsverzugs

#### Setzen einer angemessenen Frist zur Leistungserfüllung

#### Rechte des Käufers

**ohne Nachfristsetzung**

- Bestehen auf Lieferung
- Bestehen auf Lieferung und Verlangen eines Schadensersatzes (Verzögerungsschaden)

**mit Nachfristsetzung**

- Schadensersatz statt Leistung (Nichterfüllungsschaden) oder Ersatz vergeblicher Aufwendungen
- Rücktritt vom Kaufvertrag (auch einschließlich Schadensersatz statt Leistung)

#### Schadensersatz

- Berechnung eines abstrakten Schadens
- Berechnung eines konkreten Schadens
- Vereinbarung über eine Konventionalstrafe

## Ökodesign-Richtlinie 2009/125/EG

- Beim Ökodesign (**EcoDesign**) handelt es sich um einen umfassenden Ansatz für Produkte mit dem Ziel, die Umweltbelastungen über den gesamten Lebenszyklus (von der Produktion bis zur Entsorgung) durch verbessertes Produktdesign zu verringern sowie Energie und andere Ressourcen einzusparen.

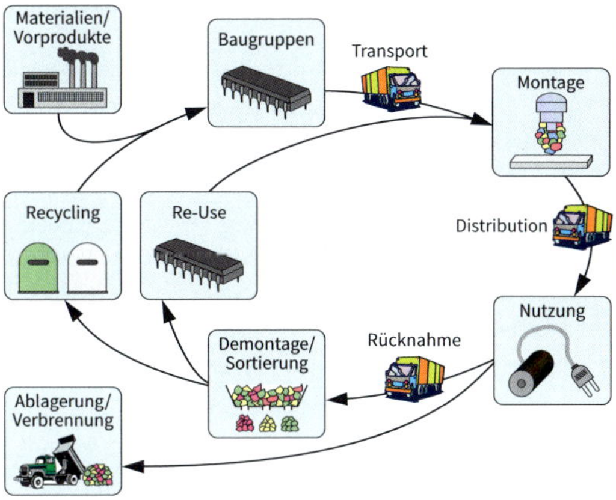


- Die **EcoDesign** wurde 2007 in Deutschland mit dem **EBPG** (**E**nergie**b**etriebene-**P**rodukte-**G**esetz) in nationales Recht umgesetzt.

## Entsorgungswege der Altgeräte

- Vom Umweltbundesamt ist die privatwirtschaftlich organisierte Stiftung **EAR** (**E**lektro-**A**ltgeräte **R**egister) betraut worden (06.07.2005), die Hersteller von Elektro- und Elektronikgeräten zu registrieren. Ohne Registrierung dürfen Hersteller nicht mehr am Markt teilnehmen.
- EAR vergibt **Registrierungsnummern** an die Hersteller, nimmt Meldungen über in Verkehr gebrachte Mengen an, berechnet daraus die Entsorgungsverpflichtung des einzelnen Herstellers und erhebt entsprechende Gebühren.
- EAR koordiniert auch die Bereitstellung der Sammelbehälter und die Abholung der Altgeräte bei den öffentlich-rechtlichen Entsorgungsträgern. Es wird zwischen privat oder ausschließlich kommerziell genutzten Geräten unterschieden.

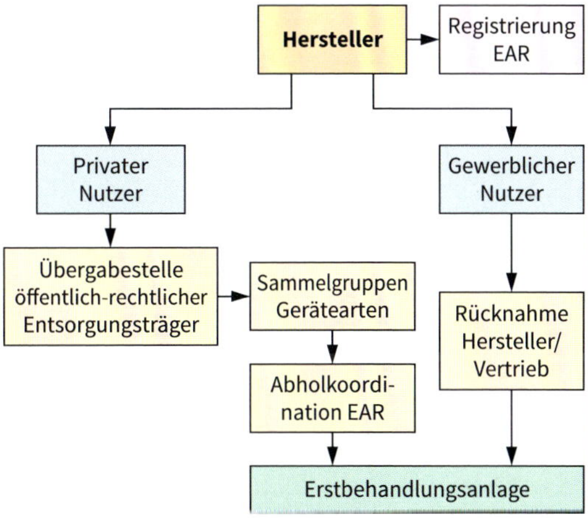


## EG(EU)-Richtlinien

Rechtsakte der Europäischen Union

| | |
|---|---|
| **WEEE 2012/19/EU** | Altgeräteentsorgung (**W**aste of **E**lectrical and **E**lectronic **E**quipment)  |
| **RoHS 1 2002/95/EG** | Beschränkung der Verwendung bestimmter gefährlicher Stoffe in Elektro- und Elektronikgeräten (**R**estriction **of** **H**azardous **S**ubstances) |
| **94/62/EG** | Verpackungen und Verpackungsabfälle |
| **BattV 2006/66/EG** | Verordnung über die Rücknahme und Entsorgung gebrauchter Batterien und Akkumulatoren (**Batt**erie**v**erordnung) |

## Verordnung des Europäischen Parlaments und des Rates

| | |
|---|---|
| **(EG) Nr. 842/2006** | F-Gase-Verordnung<br>Verordnung über bestimmte fluorierte Treibhausgase |
| **(EG) Nr. 1907/2006 (REACH)** | Registrierung, Bewertung, Zulassung und Beschränkung chemischer Stoffe |

## Gesetze (Deutschland)

| | |
|---|---|
| **ElektroG**<br>**Elektro**- und **E**lektronik**g**erätegesetz | Gesetz über das Inverkehrbringen, die Rücknahme und die umweltverträgliche Entsorgung von Elektro- und Elektronikgeräten |
| **KrW-/AbfG**<br>**Kr**eislauf**w**irtschafts und **Abf**all**g**esetz | Gesetz zur Förderung der Kreislaufwirtschaft und Sicherung der umweltverträglichen Beseitigung von Abfällen |
| **ChemG**<br>**Chem**ikalien**g**esetz | Gesetz zum Schutz vor gefährlichen Stoffen |
| **VerpackG**<br>**Verpack**ungs**g**esetz | Gesetz über die Vermeidung und Verwertung von Verpackungsabfällen |

## Verordnungen (Deutschland)

| | |
|---|---|
| **BattV**<br>Batterieverordnung | Verordnung über die Rücknahme und Entsorgung gebrauchter Batterien und Akkumulatoren |
| **ChemVerbotsV**<br>Chemikalien-Verbotsverordnung | Verordnung über Verbote und Beschränkungen des Inverkehrbringens gefährlicher Stoffe, Zubereitungen und Erzeugnisse nach dem Chemikaliengesetz |
| **GefStoffV**<br>Gefahrstoffverordnung | Verordnung zum Schutz vor gefährlichen Stoffen |

## Verpackungsgesetz

- Am 1. Januar 2019 hat das **Verpackungsgesetz** (VerpackG) die Verpackungsverordnung (VerpackV) abgelöst.

  Zielsetzungen:
  - Umweltbelastungen verringern
  - Wiederverwendung oder Verwertung von Verpackungen fördern
  - Vorrangiger Einsatz verwertbarer Abfälle oder sekundärer Rohstoffe
  - Mehrfachverwertung
  - Einsatz langlebiger Produkte

## Rücknahmesystem und Verwertung

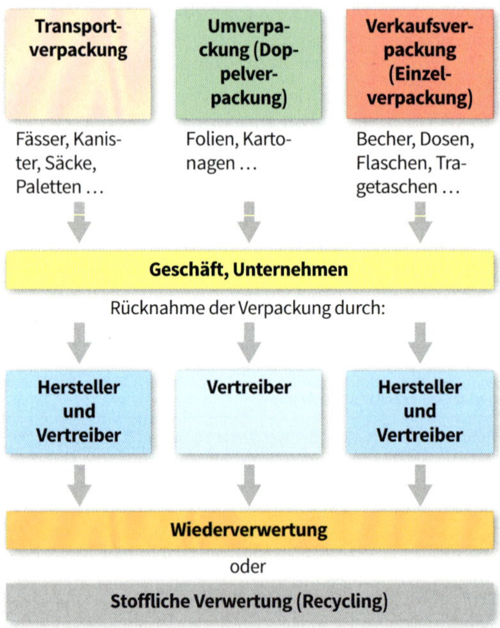


## Kreislaufwirtschaft

### Abfälle verringern — 1

- **Produktion:**
  - „Abfallstoffe" der Produktion wieder zuführen.
  - „Abfallarme" Produktion durch Materialeinsparung, Einsatz langlebiger Produkte, „sparsame" Verpackung usw.
- **Verbraucher:**

  Veränderung der Einstellungen gegenüber Abfällen. (Jeder kann etwas zur Verringerung beitragen.)

### Abfälle verwerten — 2

- **Recycling:**

  Wiederverwertung von Abfallstoffen
  - im gleichen Produktionskreislauf und
  - in einem anderen Produktionsprozess.
- **Energetische Verwertung:**
  - Abfälle als Ersatzbrennstoffe umweltverträglich nutzen.

### Abfälle verwerten — 3

- **Trennung:**

  Sortengerechte Trennung und Lagerung
- **Lagerung:**

  Umweltschonende Lagerung auf entsprechenden Deponien
- **Verbrennung:**

  Umweltschonende Verbrennung

## Duales System Deutschland (DSD) GmbH

- DSD (Abfallwirtschaft): Haushaltsnahe Sammlung, Entsorgung und Verwertung von gebrauchten Verkaufsverpackungen
- Die Sammlung und Sortierung erfolgt in der Regel durch kommunale Entsorgungsbetriebe.
- DSD bietet einen Vertrag zur Nutzung der Marke „**Der Grüne Punkt**" an. Eine Zeichennutzungspflicht besteht nicht.
- DSD finanziert sich über die Beteiligungs- und Markennutzungsentgelte (Grundlage: Verpackungsmaterial und Gewicht).

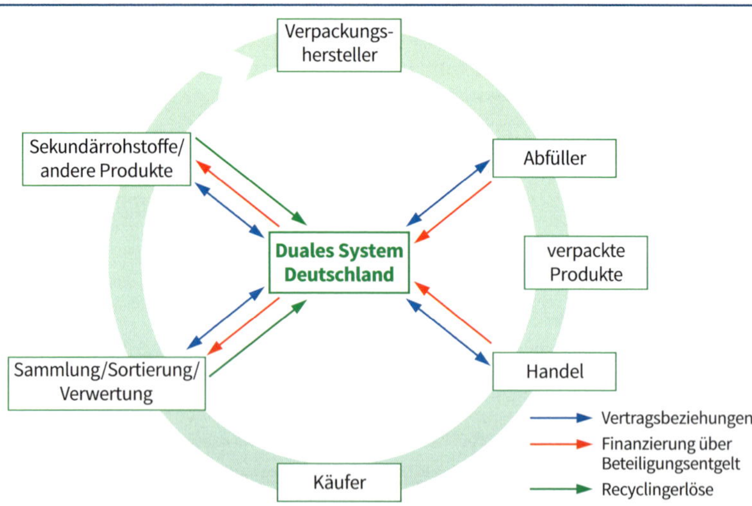

## Recycling-Code

- Der Recycling-Code wird zur Kennzeichnung verschiedener Materialien zwecks Rückführung in den Verwertungskreislauf verwendet.
- Das Recyclingsymbol besteht aus drei (oft grünen) Pfeilen und einer Nummer, die das Material kennzeichnet. Die Kürzel für Kunststoffe basieren auf den genormten Kurzzeichen der Kunststoffe.

Allgemeines Symbol

Beispiel: PVC

PVC

| Recyclingcode | | |
|---|---|---|
| 01 | PET | Polyethylenterephtalat |
| 02 | HDPE | Polyethylen hoher Dichte |
| 03 | PVC | Polyvinylchlorid |
| 04 | LDPE | Polyethylen niedriger Dichte |
| 05 | PP | Polypropylen |
| 06 | PS | Polystyrol |
| 07 | 0 | andere Kunststoffe |
| 20 | PAP | Wellpappe |
| 21 | PAP | sonstige Pappe |
| 22 | PAP | Papier |
| 40 | FE | Stahl |
| 41 | ALU | Aluminium |
| 50 | FOR | Holz |
| 51 | FOR | Kork |
| 60 | TEX | Baumwolle |
| 61 | TEX | Jute |
| 70 | GL | Farbloses Glas |
| 71 | GL | Grünes Glas |
| 72 | GL | Braunes Glas |
| 80 | – | Papier + Pappe/verschiedene Metalle |
| 81 | – | Papier + Pappe/Kunststoffe |
| 82 | – | Papier + Pappe/Aluminium |
| 83 | – | Papier + Pappe/Weißblech |
| 84 | – | Papier + Pappe/Kunststoff/Aluminium |
| 85 | – | Papier + Pappe/Kunststoff/Aluminium/Weißblech |
| 90 | – | Kunststoff/Aluminium |
| 91 | – | Kunststoff/Weißblech |
| 92 | – | Kunststoff/verschiedene Metalle |
| 95 | – | Glas/Kunststoff |
| 96 | – | Glas/Aluminium |
| 97 | – | Glas/Weißblech |
| 98 | – | Glas/verschiedene Metalle |

## Elektro- und Elektronikgerätegesetz

**Elektro- und Elektronikgerätegesetz**

- EG-Richtlinie 2011/65/EU „Beschränkung der Verwendung bestimmter gefährlicher Stoffe in Elektro- und Elektronikgeräten" (RoHS[1])
- EG-Richtlinie 2012/19/EU „Elektro- und Elektronikalt-/schrottgeräte" (WEEE[2])

**Beschränkung der Verwendung bestimmter gefährlicher Stoffe in Elektro- und Elektronikgeräten**

Giftige Substanzen dürfen in der Elektronik nur noch in maximal festgelegten Gewichtsprozenten verwendet werden.

| | |
|---|---|
| Cadmium | 0,01 % |
| Blei | 0,1 % |
| Quecksilber | 0,1 % |
| sechswertiges Chrom | 0,1 % |
| Polybromierte Biphenyle (PBB) | 0,1 % |
| Polybromierte Diphenylether (PBDE) | 0,1 % |

Ausnahmen bestehen für Ersatzteile von Elektro- und Elektronikgeräten, die vor dem 1.6.2006 auf den Markt gebracht wurden.

**Elektro- und Elektronikalt-/schrottgeräte**

Alle Hersteller von Elektro- und Elektronikgeräten in Deutschland müssen die Rücknahme und Entsorgung der Geräte sicherstellen, die nach dem 13.8.2005 in Verkehr gebracht wurden.

| Gruppen | Beispiele |
|---|---|
| große Haushaltsgeräte | Backofen, Kühlschrank, Elektrische Heizgeräte |
| kleine Haushaltsgeräte | Staubsauger, Toaster, Bügeleisen, Haartrockner |
| Informations- und Kommunikationsgeräte | Computer, Drucker, Faxgeräte, Kopiergeräte, Telefone, Mobiltelefone |
| Geräte der Unterhaltungselektronik | Radiogeräte, Fernseher, HiFi-Anlagen, Videokamera |
| Leuchtmittel | stabförmige Leuchtstofflampen, Kompaktleuchtstofflampen |
| Elektrowerkzeuge | Bohrmaschinen, Nähmaschinen, Rasenmäher, Schweiß- und Lötwerkzeuge |
| Spiel- und Freizeitgeräte | Videospielkonsolen, Fitnessgeräte, Geldspielautomaten |
| Überwachungsgeräte | Rauchmelder, Thermostate |
| Ausgabesysteme | Geldautomaten, Getränkeautomaten |

Elektro- und Elektronikgeräte müssen für die getrennte Sammlung mit einem sichtbaren, erkennbaren und dauerhaften Symbol gekennzeichnet sein (durchgestrichener Abfallbehälter).

[1] **RoHS**: **R**estriction **o**f the use of certain **h**azardous **s**ubstances in electrical and electronic equipment
[2] **WEEE**: **W**aste **E**lectrical and **E**lectronic **E**quipment

## Allgemeine Zielsetzung

- Elektroaltgeräte und Elektronikschrott dürfen nicht über den Hausmüll entsorgt werden.
- Alles muss getrennt gesammelt und nach Möglichkeit recycelt werden.
- Rohstoffe sollen wiederverwendet werden und negative Auswirkungen auf die Umwelt sollen vermieden werden.

## **Gesetz** (letzte Änderung: 03.11.2020)

**§ 2 Anwendungsbereich**

(1) Dieses Gesetz glit für sämtliche Electro- und Elektronikgeräte.
Sie sind in die folgenden Kategorien unterteilt:

1. Wärmeüberträger
   (Beispiele, Anlage 2: Kühlschränke, Gefriergeräte)
2. Bildschirme, Monitore und Geräte, die Bildschirme mit einer Oberfläche von mehr als 100 Quadratzentimetern enthalten
   (Beispiele, Anlage 2: Laptops, Notebooks)
3. Lampen
   (Beispiele, Anlage 2: Kompaktleuchtstofflampen, Leuchtstofflampen, Entladungslampen, LED-Lampen)
4. Geräte, bei denen mindestens eine der äußeren Abmessungen mehr als 50 Zentimeter beträgt (Großgeräte)
   (Beispiele, Anlage 2: Waschmaschinen, Wäschetrockner, Ton- und Bildwiedergeräte, Großrechner, Großdrucker, Kopiergeräte)
5. Geräte, bei denen keine der äußeren Abmessungen mehr als 50 Zentimeter beträgt (Kleingeräte)
   (Beispiele, Anlage 2: Staubsauger, Mikrowellengeräte, Uhren, Radiogeräte, Videokameras, Hi-Fi-Geräte, Rauchmelder)
6. Kleine Geräte der Informations- und Telekommunikationstechnik, bei denen keine der äußeren Abmessungen mehr als 50 Zentimeter beträgt
   (Beispiele, Anlage 2: Mobiltelefone, Taschenrechner, PCs, Drucker, Telefone)

**§ 4 Produktkonzeption**

- (1) Hersteller haben ihre Elektro- und Elektronikgeräte möglichst so zu gestalten, dass insbesondere die Wiederverwendung, die Demontage und die Verwertung von Altgeräten, ihren Bauteilen und Werkstoffen berücksichtigt und erleichtert werden.
- (2) Die Hersteller sollen die Wiederverwendung nicht durch besondere Konstruktionsmerkmale oder Herstellungsprozesse verhindern.

**§ 13 Sammlung durch die öffentlich-rechtlichen Entsorgungsträger**

- (1) Die öffentlich-rechtlichen Entsorgungsträger richten im Rahmen ihrer Pflichten nach § 20 des Kreislaufwirtschaftsgesetzes Sammelstellen ein, an denen Altgeräte aus privaten Haushalten ihres Gebietes angeliefert werden können (Bringsystem).

## Entsorgung und Rücknahme von Altgeräten

- Mindestens folgende Stoffe, Gemische und Bauteile müssen aus getrennt erfassten Altgeräten entfernt werden: Quecksilberhaltige Bauteile wie Schalter oder Lampen für Hintergrundbeleuchtung, Batterien und Akkumulatoren, Tonerkartuschen, Farbtoner, Asbestabfall, Fluorchlorwasserstoffe, …
- Große Händler mit mindestens 400 $m^2$ Laden-, Lager- oder Versandfläche müssen alte Elektrogeräte zurücknehmen und auf ihre Kosten entsorgen lassen.
- Bevor Elektro(nik)geräte im Anwendungsbereich des Elektrogesetzes in Verkehr gebracht werden dürfen, müssen sie bei der privatwirtschaftlich organisierten **Stiftung EAR** (**E**lektro-**A**ltgeräte-**R**egister) registriert werden.
- EAR vergibt Registrierungsnummern an die Hersteller, nimmt Meldungen über in Verkehr gebrachte Mengen an, berechnet daraus die Entsorgungsverpflichtung des einzelnen Herstellers und erhebt Gebühren gemäß der Kostenverordnung zum Elektrogesetz.
- Darüber hinaus koordiniert EAR die Bereitstellung der Sammelbehälter und die Abholung der Altgeräte bei den öffentlich-rechtlichen Entsorgungsträgern in Deutschland. Es wird zwischen privat oder ausschließlich kommerziell genutzten Geräten unterschieden.

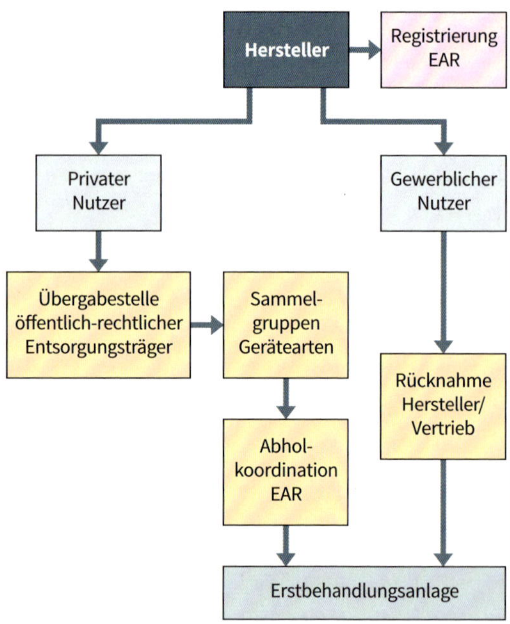


## Kennzeichnung

Elektro- und Elektronikgerate müssen für die getrennte Sammlung mit diesem sichtbaren, erkennbaren und dauerhaften Symbol gekennzeichnet sein (durchgestrichener Abfallbehälter).

## Strategie

- Unter „Green IT" versteht man Bestrebungen, die Nutzung der Informations- und Kommunikationstechnologie (IKT) über den gesamten Lebenszyklus hinweg umweltund ressourcenschonend zu gestalten. Die Optimierung bezieht sich auf den Ressourcenverbrauch während
  - der Herstellung,
  - des Betriebs und
  - der Entsorgung der Geräte.

## Umweltbelastungen durch Energieeinsatz

- **Anwendungsaufwand**
  Berücksichtigt wird dabei lediglich die eingesetzte elektrische Energie (Arbeit), die in den Geräten letztendlich in Wärme als Umweltbelastung umgesetzt wird ($W = P \cdot t$).
  Sie kann auch in Form eines $CO_2$-Austoßes über Kraftwerke umgerechnet werden. Es handelt sich um den **direkten Energieeinsatz**.
- **Kumulierter Energie-Aufwand (KEA)**
  Vgl. VDI Richtlinie 4600 Blatt 1:2015-08
  Hierbei handelt es sich um die Summe aller Primärenergien (einschließlich Materialherstellung), die für ein Produkt aufgewendet wird. Primärenergien sind Erdöl, Sonnen- und Windenergie oder Uran, aus denen nutzbare Energieträger wie Heizöl, Benzin, Elektroenergie oder Fernwärme erzeugt werden.
- **Aufwand an „Grauer Energie"**
  Es handelt sich um die Energie, die für Herstellung, Transport, Lagerung, Verkauf und Entsorgung eines Produktes benötigt wird (**indirekter Energieeinsatz**).

## Energiebedarf

Quelle:
Fraunhofer Institut für Zuverlässigkeit und Mikrointegration IZM

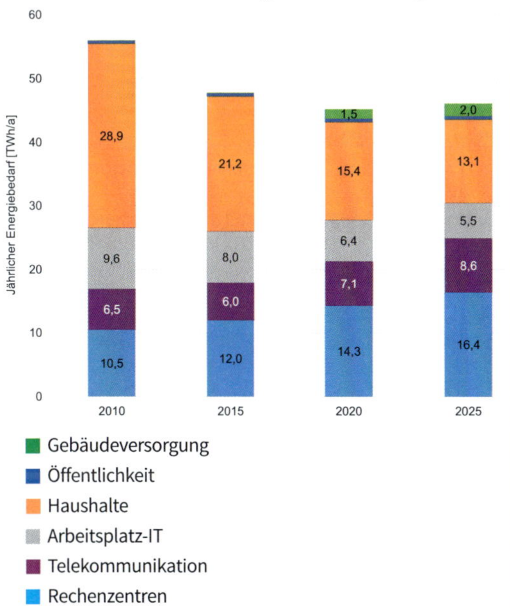


## Gesichtspunkte beim Erwerb umweltschonender IKT

- Umweltbewussten Hersteller auswählen
- Recyclingmöglichkeit der Verpackung berücksichtigen
- Ordnungsgemäße Entsorgung der alten IKT (z. B. Kennzeichnung der unterschiedlichen Kunststoffkomponenten) einplanen
- Geringeren Energieverbrauch durch Energiesparoptionen mit Software realisieren
- Geräte mit dem Umweltschutzsiegel **EPEAT** (**E**lectronic **Pro**duct **E**nvironmental **A**ssessment **T**ool) einsetzen.
- EPEAT wurde von der US-amerikanischen Umweltbehörde in Zusammenarbeit mit Vertretern der IT-Industrie, der Entsorgungsindustrie und Umweltschützern eingerichtet und basiert auf der **IEEE 1680.1a:2020** (**I**nstitute of **E**lectrical and **E**lectronic **E**ngineers).
  IEEE 1680 ist eine Familie von **IEEE-Nachhaltigkeitsstandards**, die sich mit der Bewertung der Umweltleistung elektronischer Produkte befassen.

## EPEAT Abstufungen

| Green (< 50 %) | Greener (50–75 %) | Greenest (> 75 %) |
|---|---|---|
| EPEAT Bronze | EPEAT Silver | EPEAT Gold |

- **Bronze**, **Silver** und **Gold** für Desktop Computer, Notebooks, Workstations, Thin Clients und Monitore.
- Bronze: 23 Pflichtkriterien erfüllt
- Silver: Zusätzlich 50 % der 28 optionalen Kriterien erfüllt
- Gold: Zusätzlich 75 % der optionalen Kriterien erfüllt
- Die Siegelvergabe erfolgt anhand von 51 Umweltkriterien. Beispiele:
  - **Reduzierung/Eliminierung von umweltschädlichen Stoffen**
    Cadmium, Quecksilber, Blei, Chrom VI und bestimmte bromierte Flammschutzmittel und Weichmacher; Batterien frei von Blei, Cadmium und Quecksilber
  - **Werkstoffauswahl**
    Kunststoffe recycelbar, erneuerbare/biobasierte Kunststoffe
  - **Energieeinsparung**
    Power-Management-System, Energy Star, Akku-Recycling
  - **Produktlebensdauer**
    Herstellergarantie, erweiterbar mit gängigen Werkzeugen, modularer Aufbau, Verfügbarkeit von Ersatzteilen
  - **Recycling**
  - **Verpackung**
    Ohne Giftstoffe, Recycling-Verpackung
  - **Zertifizierung**
    Produktionsstätten gemäß DIN EN ISO:14001-11; Umweltmanagementsysteme – Anforderungen mit Anleitung zur Anwendung

## Langfristige Maßnahmen

- Erhöhung des Anteils von energie- und materialeffizienten IKT-Produkten.
- Reduzierung des durchschnittlichen Primärenergieaufwands.
- Reduzierung des durchschnittlichen Gewichts von IKT-Produkten.

## Begriff, Definition

Nach der Verordnung über Arbeitsstätten (Arbeitsstättenverordnung, ArbStättV), letzte Änderung: 27. Juni 2020

- In einem Unternehmen ist der Arbeitsplatz die kleinste räumliche Struktureinheit.
- Der Arbeitsplatz ist ein räumlicher Bereich, an dem Beschäftigte mindestens zwei Stunden täglich oder an mehr als 30 Tagen im Jahr tätig sind.
- Die Beschäftigten arbeiten dort in einem betrieblichen Arbeitssystem mit Arbeitsmitteln und entsprechenden Gegenständen.

## Arbeitsstättenverordnung

- Ursprüngliche Fassung: 1975
- Anpassung an technische Entwicklungen erfolgte im Jahr 2004 durch die Umsetzung der EU-Arbeitsstätten-Richtlinie 89/654/EWG
- § 1: Ziel, Anwendungsbereich
  Die Verordnung dient der
  - **Sicherheit** und dem
  - **Schutz der Gesundheit** der Beschäftigten beim
  - **Einrichten** und **Betreiben** von Arbeitsstätten.

## Merkmale eines optimalen Arbeitsplatzes

Grundsätzlich gilt:
- Fläche mindestens 10 $m^2$
- Ausreichende Beleuchtung/Tageslicht
- Temperatur 20 bis 22° Celsius
- Luftfeuchtigkeit zwischen 40 und 60 %

Die Tätigkeit am Arbeitsplatz sollte ohne
- lange Laufwege,
- Liegezeiten
- Verlustwege und
- Störungen durchführbar sein.

Der Arbeitsplatz
- behindert den Arbeitsfluss nicht,
- erhöht die Leistungsfähigkeit und
- ist motivierend eingerichtet.

Der Arbeitsplatz
- berücksichtigt die Körpermaße,
- ermöglicht Bewegungsabläufe und
- ist nach Vorschriften des Arbeitsschutzes eingerichtet.

Der Arbeitsplatz
- ist harmonisch in die Arbeitsumgebung integriert,
- fördert die Arbeitsmotivation und
- ermöglicht die Weiterbidung.

## Gesichtspunkte der Ergonomie am Arbeitsplatz

- Ergonomie: Anpassung der Arbeitsbedingungen an den Menschen.

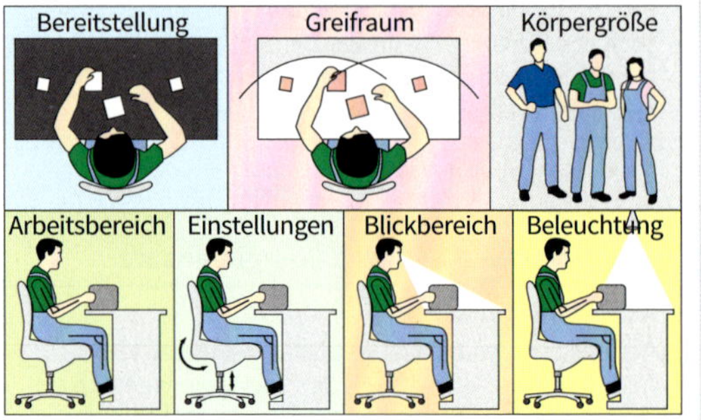


## Maßnahmen zur Gestaltung von Bildschirmarbeitsplätzen, ArbStättV (Auszüge, Punkt 6)

- Allgemeine Anforderungen an Bildschirmarbeitsplätze (6.1)
  - Schutz der Gesundheit
  - Regelmäßige Erholzeiten
  - Reflexionsarme Oberflächen
  - ...
- Allgemeine Anforderungen an Bildschirme und Bildschirmgeräte (6.2)
  - Darstellungen müssen scharf, flimmerfrei, ausreichend groß im jeweiligen Sehabstand sein, ...
  - Einfache Einstellung von Kontrast und Helligkeit
  - ...
- Anforderungen an Bildschirmgeräte und Arbeitsmittel für die ortsgebundene Verwendung an Arbeitsplätzen (6.3)
  - Frei und leicht dreh- und neigbar
  - Tastatur als getrennte Einheit, neigbar, ...
  - Alternative Eingabemittel nur dann, wenn dadurch die Arbeitsaufgaben leichter ausgeführt werden können
  - ...
- Anforderungen an tragbare Bildschirmgeräte für die ortsveränderliche Verwendung an Arbeitsplätzen (6.4)
  - Größe, Form und Gewicht müssen der Arbeitsaufgabe entsprechend angemessen sein.
  - Tragbare Bildschirmgeräte sind den Arbeitsaufgaben angemessen und mit dem Ziel einer optimalen Entlastung der Beschäftigten zu betreiben.
  - ...
- Anforderungen an die Benutzerfreundlichkeit von Bildschirmarbeitsplätzen (6.5)
  - Der Arbeitgeber hat dafür zu sorgen, dass der Arbeitsplatz den Arbeitsaufgaben angemessen gestaltet ist.
  - Geeignete Software ist bereitzustellen.
  - Das Softwaresystem muss den Beschäftigten Angaben über die jeweiligen Dialogabläufe machen.
  - Eine Kontrolle der Arbeit hinsichtlich der qualitativen oder quantitativen Ergebnisse darf ohne Wissen der Beschäftigten nicht durchgeführt werden.
  - ...

# IT-Arbeitsfelder
IT Fields of Work

## Allgemeines

- Die Informationstechnik hat sich in den letzten Jahren zu einer Technik entwickelt, die in fast allen Branchen eingesetzt wird. Dementsprechend sind die Anforderungen an die in diesen Bereichen tätigen Fachkräfte vielschichtig und verbunden mit permanenten Anpassungen.
- Unterscheidbar sind folgende IT-Fachrichtungen:

**Anwendungsentwicklung**
Auswahl, Entwicklung, Anpassung, Wartung von Software sowie Datenbanken, ...

**Systemintegration**
Planung, Installation, Wartung an administrierten Systemen und Netzwerken, ...

**Daten- und Prozessanalyse**
Analyse von Arbeits- und Geschäftsprozessen sowie Datenquellen, Programmieren von Softwarelösungen, Betreiben von IT-Systemen, ...

**Digitale Vernetzung**
Analysieren und Planen von Systemen zur Vernetzung von Prozessen und Produkten, Errichten, Ändern und Prüfen von vernetzten Systemen, ...

**IT-Systemelektronik**
Bereitstellen von Energieversorgungen, Sicherheit gewährleisten, Instandhaltungen, Schutzmaßnahmen, ...

- Die hier aufgeführten Tätigkeiten überschneiden sich in vielen Fällen und sind abhängig vom jeweiligen Unternehmen.

## Arbeitsfelder in industriellen Bereichen

- Zunehmend werden industrielle Netzwerke, z. B. in der Automatisierungstechnik, mit der Office-Ebene auf Ethernetbasis verbunden (Fachbegriff: **Industrial Ethernet**). Damit sind folgende Ziele verbunden:
  - Schaffung eines einheitlichen Kommunikations-Systems (Datenaustausch, Überwachung, ...)
  - Anbindung der Produktionsebene an die IT-Systeme der Leitebene
  - Echtzeitverhalten für die Kommunikation der dezentralen Komponenten mit der Leitebene.

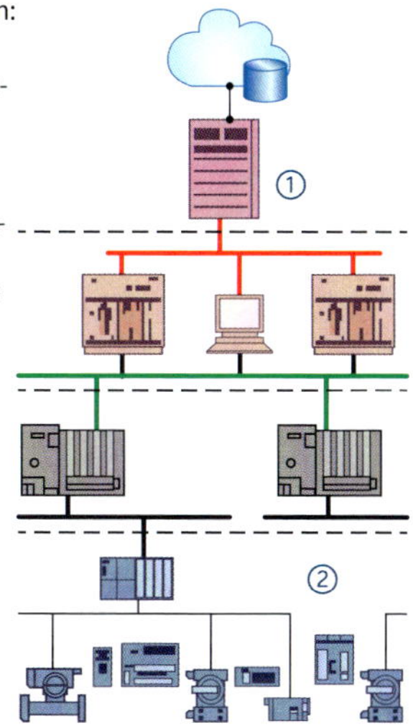


- Unterschieden werden dabei die IT- und OT-Ebene
- **IT-Ebene** (**I**nformation **T**echnology ①)
  In dieser Ebene erfolgen Steuerungen, Verarbeitungen, Speicherungen von Daten mit einer entsprechenden Hard- und Software.
- **OT-Ebene** (**O**perational **T**echnology ②)
  In dieser Ebene werden die Hard- und Software für die Steuerung, Regelung, Überwachung und Kontrolle von Automatisierungskomponenten eingesetzt.

## Arbeitsfelder aus der Sicht des Unternehmens

- **Unternehmensinterner Einsatz**
  Ziel: Verbesserung von Prozessen und Strukturen
  Beispiel: Business Process Reengineering (fundamentales Umdenken und radikales Neugestalten).
- **Unternehmensexterner Einsatz**
  Ziel: Einsatz von Informations- und Kommunikationstechnologien zur Verbesserung von Produkten und Dienstleistungen.
  Beispiele zum Erreichen von Wettbewerbsvorteilen:
  - **Electronic Commerce** (Warenverkauf und -kauf über elektronische Verbindungen)
  - **Ubiquitous Computing** (allgegenwärtiges Rechnen, Rechnerallgegenwart)
- **Unternehmensübergreifender Einsatz**
  Ziel: Mit Informations- und Kommunikationstechnologien werden Prozesse und Wertschöpfungsketten verknüpft.
  Beispiele:
  - **Supply Chain** (reibungsloser Ablauf in der Wertschöpfungskette)
  - **Customer Relationship** (Kundenbeziehung)
  - **Electronic Procurement** (elektronische Beschaffung)

## Arbeitsfelder in den Ebenen von Unternehmen

- In einem Unternehmen lässt sich der gesamten Tätigkeitsbereich in verschiedene Ebenen (Organisationsbereiche) einteilen, die miteinander vernetzt sind.
- Beispiel:

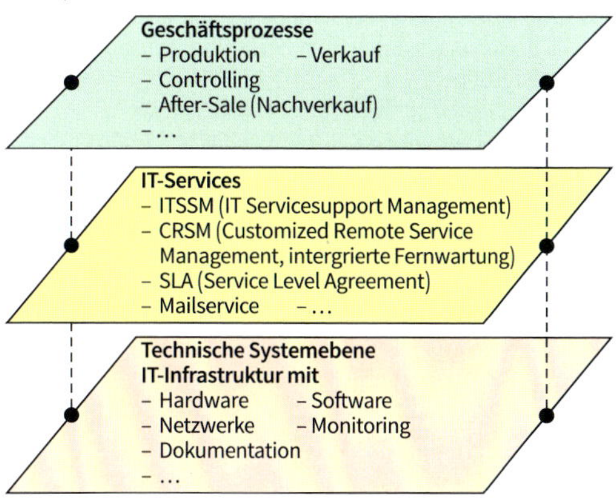


## Arbeitsfelder nach technischen Gesichtspunkten

- **Kommunikations-IT** (Telekommunikation, ...)
- **Unterhaltungs-IT** (Spiele, Multimedia, ...)
- **Business-IT** (Banken, Versicherungen, ...)
- **Industrielle-IT** (Produktion, Maschineneinsatz, ...)

## Allgemeine Merkmale

- Der IT-Arbeitsplatz ist nicht immer ein fester Arbeitsplatz. Ein **flexibler Arbeitseinsatz** ist mitunter erforderlich, auch im Home Office.
- Ein zeitgemäßer IT-Arbeitsplatz muss deshalb **wandelbar und agil** sein.
- Ein IT-Arbeitsplatz muss einerseits Kommunikation und Zusammenarbeit ermöglichen, aber auch ungestörtes, konzentriertes Arbeiten sicherstellen. Sinnvoll ist auch, dass einzelne Arbeitsplätze z. B. bei Workshops zu Gruppenarbeitsplätzen umgestaltet werden können.
- Durchgängig spielen **sicherheits**- und **ergonomische Aspekte** am Arbeitsplatz eine wichtige Rolle.
- Hinzu kommen **Licht**- und **Schallschutz** sowie der Datenschutz.

## Arbeit im Team

- **Gruppenarbeitsplätze**
  - Ergonomischen Aspekte beachten
  - Abschirmung vor äußerlichen Einflüssen (z. B. Trennwände) einsetzen

- **Desksharing (Desk Sharing, Shared Desk)**
  - Bei dieser Organisationsform können die Mitarbeiter ihren Arbeitsplatz täglich frei wählen.
  - Es ist dann aber erforderlich, dass für jeden Mitarbeiter persönliche Bereiche geschaffen werden (z. B. Schränke, Rollcontainer).
- **Open Space**
  - Man versteht darunter das Zusammenfügen von einzelnen Arbeitsplätzen zu Konferenz- und Meeting-Bereichen in einem größeren Raum.
- **Konferenzbereich**
  - IT-Ausstattung zur Präsentation verschiedener Medienformen (Projektor, digitales Whiteboard) erforderlich sowie
  - Kabelmanagement und mobile Beistellcontainer.

## Einzelaspekte

- Arbeitsfläche
  - Mehrere Monitore und Monitorhalter, Büroutensilien, Laptop, Tastatur, Grafiktablet, ...
  - Kabelmanagement (z. B. Kabelwanne, Kabelschläuche, Kabeldurchlässe in der Tischoberfläche)
- Abschließbare Möglichkeiten im Handbereich (z. B. Schubfächer).
- Optimale Schreibtischhöhe (höhenjustierbar)
  - Als Bewegungsausgleich ggf. Steh-Arbeitsplätze
- Akustiklösungen
  - Ein niedriger Grundlärmpegel ist erforderlich.
  - Akustikwände zur Abschirmung einsetzen, wenn mit sensiblen Information gearbeitet wird.
  - Optionen sind auch Telefonierbereiche in Form von Phoneboxen.
- Optimale Sitzposition
  - Ergonomischer Stuhl (Beine müssen im rechten Winkel zum Boden stehen können)
  - Sich mitbewegende Stühle oder Hocker stärken die Muskulatur und verringern Haltungsschäden.
- Ausleuchtung
  - Tageslicht ist optimal, wenn nicht: Tageslichtleuchten einsetzen.
  - Licht darf nicht von hinten oder von vorne strahlen. Eine seitliche Ausrichtung der Arbeitsfläche zum Tageslicht ist empfehlenswert.
- Klima
  - Sinnvoll sind Einstellmöglichkeiten für Sonnenschutz, Temperatur, Luftfeuchtigkeit, Luftzirkulation und Luftqualität.
  - Notwendige Maßnahmen: ASR A3.5 (ArbStättV, Technische Regeln für Arbeitsstätten), Raumklimatisierung

## IT-Sicherheit am Arbeitsplatz

- Beim Schutz der Unternehmensnetze sowie der geschäftlichen Daten spielen Mitarbeiter und Mitarbeiterinnen eine wichtige Rolle. Sicherheitsvorfälle wie z. B. Ransomware (Erpressung durch gestohlene Daten) oder Betrugsversuche sind zu verhindern.
- Verhaltensregeln:
  - E-Mails kritisch prüfen.
  - Sichere Passwörter wählen und mit ihnen verantwortungsvoll umgehen.
  - Sensible Daten auf PC, Laptop und externen Speichern (z. B. USB-Stick) besonders schützen.
  - Keine private Hardware im Unternehmen einsetzen.
  - Nur die von der IT- und Rechtsabteilung (insbesondere bei Open Source Software) freigegebene Software verwenden.
  - Private PC- und Internetnutzung am Arbeitsplatz auf ein Minimum begrenzen (falls gestattet).

## IT-Arbeitsplatz der Zukunft, Tendenzen

- Wesentliche Arbeitsprozesse lassen sich in die Cloud verlagern und ermöglichen den Zugriff auf Daten von beliebigen Standorten.
- Videokonferenzen und Messenger (Software für die Kommunikation und den Nachrichtenaustausch von zwei oder mehr Teilnehmern) können Dienstreisetätigkeiten reduzieren und sogar ersetzen.
- Flexible und ortsunabhängig nutzbare IT-Arbeitsplätze lassen sich unabhängig von Hardware und Betriebssystemen einrichten (Virtualisierungstechnologien, Desktop-Sharing, Thin-Clients).

## Notwendigkeit der Energieeffizienz von Arbeitsplätzen

In Zeiten steigender Energiepreise und wachsenden Umweltbewusstseins der Bevölkerung ist es für Unternehmen unabdingbar, sich mit den ökologischen Aspekten der eigenen IT-Infrastruktur zu befassen.
In diesem Zusammenhang trifft man auf den Begriff „**Green-IT**", womit die Bestrebung gemeint ist, die gesamte IuK-Technologie von der Herstellung über die Nutzung bis zur Entsorgung unter dem Gesichtspunkt der Umwelt- und Ressourcenschonung zu betrachten.
Die Betrachtung der **Energieeffizienz von Arbeitsplätzen** ist ein Teilaspekt von Green-IT u. die Tatsache, dass z. B. in Deutschland ca. zwei Drittel aller Arbeitsplätze mit einem Computer ausgestattet sind, verdeutlicht die Wichtigkeit dieses Themas.

Entwicklung des durchschnittlichen Nettostrompreises pro kWh in Eurocent in Deutschland für Kleinabnehmer in den Jahren 1998 bis 2019

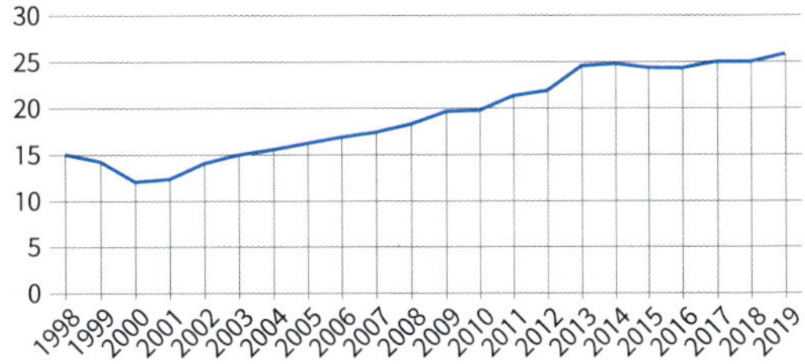


## Bestandteile energieeffizienter Arbeitsplätze

Mit der bewussten Auswahl der IKT-Komponenten für die Ausstattung eines Arbeitsplatzes wird die Grundlage für einen energieeffizienten Arbeitsplatz gelegt. Neben der Berücksichtigung energietechnischer Kenngrößen sollten auch weitere Kriterien, wie z. B. eine optimale Dimensionierung oder das Vorhandensein von Umweltzeichen mit in die Auswahlkriterien einbezogen werden. Exemplarisch werden nachfolgend einige Komponenten unter dem Gesichtspunkt der Energieeffizienzoptimierung betrachtet.

### CPU

Relevante Punkte in Hinblick auf die Energieeffizienz sind z. B.:

- Leistungsaufnahme im Leerlauf, unter typischen Einsatzbedingungen sowie unter Volllast,
- Leistung bzw. Performance pro Watt,
- vorhandene Stromsparmodi.

Einige Hersteller bieten von bestimmten CPUs zwei Varianten an:

- Normalversion für den Desktopeinsatz,
- Version mit etwas weniger Performance und weniger Energieverbrauch, z. B. für mobile Einsatzzwecke.

CPUs mit integrierter Grafikeinheit sind in der Regel energieeffizienter als ein dedizierte Grafikkarte zusätzlich zur CPU.

### Mainboard

Bei Mainboards hängt die Energieeffizienz u. a. von folgenden Faktoren ab:

- Art des Chipsatzes,
- Layout des Bords bzw. der Kühllösung (z. B. aktiv/passiv),
- Anzahl an Schnittstellen und Steckplätzen,
- Qualität/Effizienz der Komponenten (z. B. Spannungswandler)

### Speichermedien

Hierunter fallen z. B. HDDs, SSDs und optische Laufwerke.
Relevante Punkte in Hinblick auf die Energieeffizienz sind z. B.:

- Leistungsaufnahme im Standby, in Ruhe und im Betrieb,
- vorhandene Stromsparmodi.

Es erhöht die Energieeffizienz, wenn z. B. statt einer HDD eine SSD genutzt wird, die Stromsparmodi angepasst werden (z. B. Dauer der Nichtnutzung, bis Standby aktiviert wird), eine praxisgerechte Dimensionierung der Speicherkapazität und eine effiziente Datenhaltung (Deduplizierung) umgesetzt werden.

### Netzteil

Das Computernetzteil dient der Stromversorgung des Computers und arbeitet nicht verlustfrei. Die Energieeffizienz des Netzteils im Computer hängt u. a. von folgenden Faktoren ab:

- **Wirkungsgrad** ($\eta$),
- Dimensionierung (Auslastung im Betrieb),
- Art der Kühllösung (z. B. aktiv/passiv).

Als Anhaltswert für den Wirkungsgrad können die Zertifizierungen der „80 Plus"-Initiative genutzt werden.

In der Tab. finden sich die Werte für nicht-redundante Netzteile:

| minimaler Wirkungsgrad bei | 80 Plus Bronze | 80 Plus Silver | 80 Plus Gold | 80 Plus Platinum | 80 Plus Titanium |
|---|---|---|---|---|---|
| 10 % Last | ... | ... | ... | ... | 90 % |
| 20 % Last | 85 % | 87 % | 90 % | 92 % | 94 % |
| 50 % Last | 88 % | 90 % | 92 % | 94 % | 96 % |
| 100 % Last | 85 % | 87 % | 89 % | 90 % | 94 % |

Der Wirkungsgrad eines Netzteils hat Auswirkungen auf die aus dem Stromnetz bezogene Leistung. In den folgenden Beispielen sollen auf der Output-Seite jeweils 400 Watt abgegeben werden:

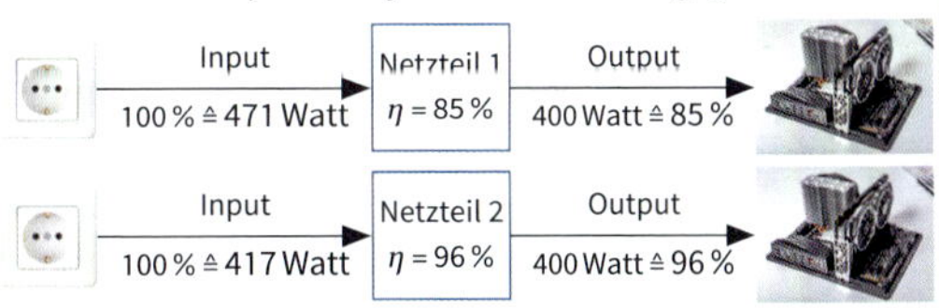


Bei der Leistungsaufnahme aus dem Stromnetz ist eine Differenz von 54 Watt zwischen den beiden Netzteilen zu erkennen. Bei einer Nutzungsdauer von 8 Stunden am Tag und 220 Arbeitstagen im Jahr ergibt sich bei einem angenommenen Strompreis von 0,30 Euro pro kWh eine Ersparnis von 28,51 € im Jahr.
Rechenweg:

8 Stunden · 220 Tage · 54 Watt : 1.000 · 0,30 € = 28,51 €

### Anzahl an Bestandteilen

Am meisten Strom spart die Hardware, die nicht vorhanden ist. Es ist also zu prüfen, welcher Umfang benötigt wird. Unterschieden wird beispielsweise in

- **Fat Clients**, voll ausgestattete (Speicher, Laufwerke etc.) und leistungsfähige Computer;
- **Thin Clients**, sind auf die nötigste Hardware reduziert, dienen hauptsächlich als Schnittstelle zum Server, auf dem auch der Hauptteil der Software läuft.

Zu bedenken ist, dass ein Thin Client zwar am Arbeitsplatz Energie spart, der zuständige Server allerdings für die Bereitstellung der Dienste für die Thin Clients Energie benötigt.

## Grundlagen

- Die **Bildschirmarbeitsverordnung** (BildscharbV) wurde durch die BGI 650 (**B**erufs**g**enossenschaftliche **I**nformation) konkretisiert.
- **BGI 650**
  Ein Leitfaden als praktische Hilfen für die Gestaltung der Arbeit an Bildschirm- und Büroarbeitsplätzen (im Rahmen der Schriftenreihe „Prävention“)
- **DIN EN ISO 9241**
  Ergonomie der Mensch-System-Interaktion, Ergonomische Anforderungen für Bürotätigkeiten mit Bildschirmgeräten
- **DIN EN 1335-1: 2002-08**
  Büromöbel – Büro-Arbeitsstuhl (Maße; Bestimmung der Maße)
- **DIN EN 527-1: 2011-08**
  Büromöbel – Büroarbeitstische

## Sehraum

- Der Sehraum ist der Bereich, in dem Objekte durch Augen- und Kopfbewegungen wahrgenommen werden.

  A: bevorzugt B: zulässig

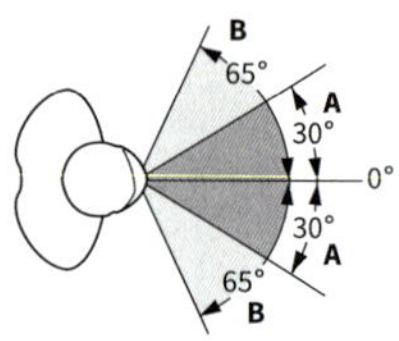


## Greifraum

- Abmessungen für den Greifraum werden bestimmt aus den Maßen für die „Reichweite nach vorn“ und die „Schulterbreite“
- DIN 33 402-2:2005-12, Ergonomie – Körpermaße des Menschen

A: Bevorzugter Greifraum B: Zulässiger Greifraum

$A_b$: beidhändig
$A_l$: linke Hand
$A_r$: rechte Hand

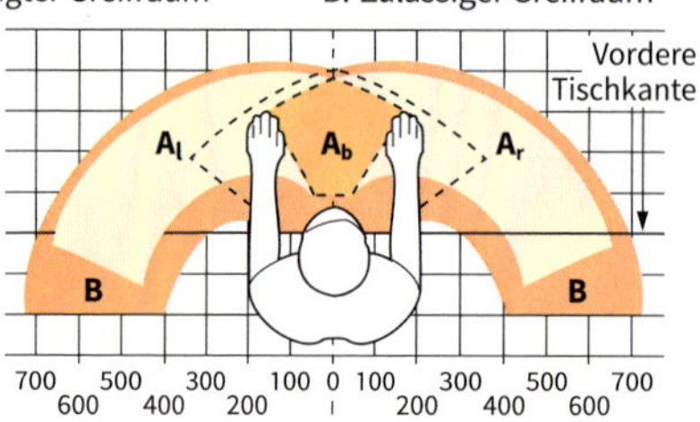


## Beispiel für einen Büroarbeitsplatz

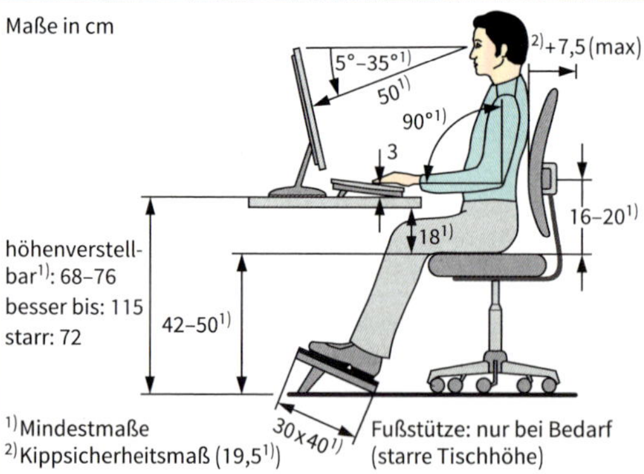


[1] Mindestmaße
[2] Kippsicherheitsmaß (19,5[1])

## Ergonomische Anforderungen

- **Bildschirmgeräte**
  - Bildschirmdiagonale: 19 bis 21 Zoll (bei Grafik)
  - Bildschirm frei von Reflexionen und Blendungen
  - Bildschirm frei drehbar und neigbar (25 bis 30 Grad)
  - Bild stabil, flimmerfrei, ohne Verzerrungen
  - Zeichen scharf, deutlich und ausreichend groß, keine „verwaschenen“ Konturen
    Zeichenbreite: mind. 50 % der Schrifthöhe
    Strichstärke: 10 % ... 20 % der Zeichenhöhe
    Zeichenabstand: mind. 15 % der Schrifthöhe
    Zeilenabstand: mind. 15 % der Schrifthöhe
    Rasterung: mind. 5 x 7 Punkte
  - Schrifthöhe

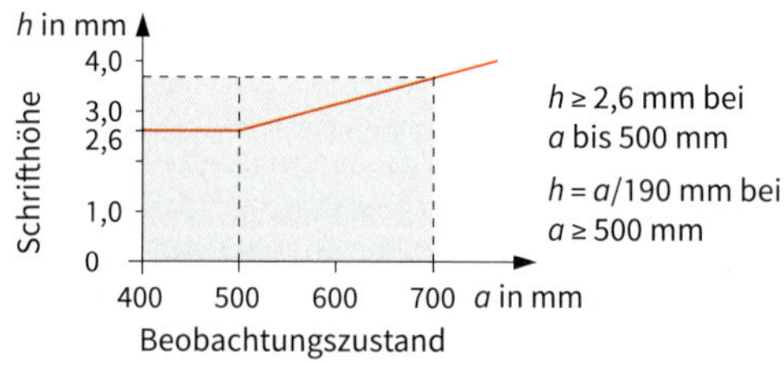


  - Helligkeit und Kontrast leicht der Umgebung anpassbar
  - Kontrast:
    Helle Zeichen auf dunklem Grund 5:1 bis 10:1
    Dunkle Zeichen auf hellem Grund: > 5:1
  - Farbwahl der Funktion angepasst (Verzicht auf gesättigte Farben bei großen Flächen)
- **Tastatur**
  - Ergonomische Bedienung
  - Vor Bildschirmgerät getrennt neigbar (bis 15 Grad)
  - Variabel anzuordnen
  - Auflegen der Hände möglich
  - Reflexionsarme Oberfläche (20 bis 50 %)
  - Tastendurchmesser 12 mm bis 15 mm
  - Tastenhub 2 mm bis 4 mm
- **Arbeitstisch**
  - Schreibfläche mindestens 1600 mm x 800 mm mit reflexionsfreier Oberfläche
  - Abgerundete Ecken, Tischplatte max. 30 mm stark
  - Ausreichender Raum für ergonomisch günstige Arbeitshaltung
  - Beinraum ohne Einschränkungen
  - Kabelkanäle zur einwandfreien Führung der Gerätezuleitungen
- **Arbeitsstuhl**
  - Ergonomisch gestaltet sowie stand- und kippsicher
  - Fünf Rollen, gegen unbeabsichtigtes Wegrollen gesichert
  - Rollenwiderstand angepasst an Fußbodenbelag
  - Sitzflächenhöhe 40 cm bis 50 cm, verstellbar
  - Verstellbare Armauflagen
- **Arbeitsumgebung**
  - Ausreichender Raum für wechselnde Arbeitshaltungen und Bewegungen
  - Beleuchtung der Sehaufgabe und an das Sehvermögen angepasst
  - Lichtschutzvorrichtungen verhindern Blendungen und Reflexionen
  - Kein Lärm durch Arbeitsmittel
  - Keine erhöhten Wärmebelastungen durch Arbeitsmittel

## Bit und Byte

- Informationen werden durch kleinste Logik-Werte von 0 und 1 dargestellt. Jede Stelle dieser Information, die den Informationsgehalt 1 oder 0 besitzen kann, wird als **Bit** (**Bi**nary Digi**t**, Binärziffer) bezeichnet.
- Fasst man 8 Bit zusammen, bezeichnet man dieses als ein **Byte** (**B**). Ein Byte ist eine Folge aus 8 Bit. 1 B = 8 Bit

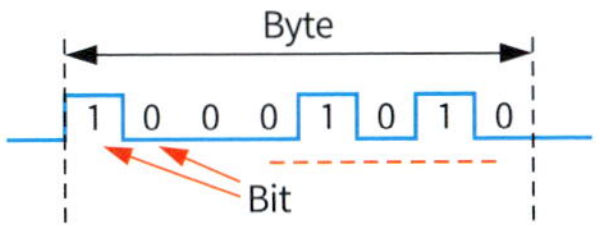


- Das Byte ist auch die Standardeinheit für die Angaben von Kapazitäten.

## Kapazität

- Zur Kennzeichnung von Kapazitäten verwendet man Zahlen mit Vorsilben (**Präfixe**) zur Basis 10 (**Dezimalpräfixe**) oder 2 (**Binärpräfixe**). Hersteller von permanenten Speichermedien benutzen in der Regel Dezimalpräfixe.

| **Präfixe zur Basis 10 (Dezimalpräfixe)** | |
|---|---|
| Symbol | Bedeutung |
| **kB**, Kilobyte | $10^3$ B = 1.000 B |
| **MB**, Megabyte | $10^6$ B = 1.000.000 B |
| **GB**, Gigabyte | $10^9$ B = 1.000.000.000 B |
| **TB**, Terabyte | $10^{12}$ B = 1.000.000.000.000 B |

| **Präfixe zur Basis 2 (Binärpräfixe)** | |
|---|---|
| Symbol | Bedeutung |
| **KiB**, Kibibyte | $2^{10}$ B = 1.024 B |
| **MiB**, Mebibyte | $2^{20}$ B = 1.048.576 B |
| **GiB**, Gibibyte | $2^{30}$ B = 1.073.741.824 B |
| **TiB**, Tebibyte | $2^{40}$ B = 1.099.511.627.776 B |

- **Kanalkapazität** ist dagegen die maximal mögliche Datenübertragungsrate, die fehlerfrei über einen Kanal übertragen werden kann.

## Datenübertragungsrate

- Die übertragene Datenmenge *D* innerhalb einer bestimmten Zeitspanne *t* in einem Kanal bezeichnet man als **Datenübertragungsrate C** (auch Datentransferrate, Datenrate). Als Einheit wird **bit/s** verwendet. $C = \frac{D}{t}$
  Englisch: bits per second (**bps**)
- Größere Werte werden in Vielfachen angegeben.
  Beispiele:
  - kilobit pro Sekunde, $10^3$ bit/s (kbit/s oder kbps)
  - Megabit pro Sekunde, $10^6$ bit/s (Mbit/s bzw. Mbps)
  - Gigabit pro Sekunde, $10^9$ bit/s (Gbit/s bzw. Gbps)
- Synonyme Begriffe sind: Datenübertragungsgeschwindigkeit, Übertragungsgeschwindigkeit, Verbindungsgeschwindigkeit, Bitrate
  Beispiele:

| USB 3.0 | ZigBee | VDSL | HD-Video |
|---|---|---|---|
| 5 Gbit/s | 250 kbit/s | 25 bis 300 Mbit/s | ca. 1,3 Gbit/s |

## Datendurchsatz

- Mit dem Datendurchsatz kennzeichnet man die **Netto-Datenmenge pro Zeit**, die über ein kabelgebundenes oder kabelloses Netz übertragen werden kann. Beim Datendurchsatz werden nur die reinen Nutzdaten berücksichtigt.
- Bei der Datenübertragungsrate werden eventuelle Steuerdaten (englisch: Overhead) mit einbezogen.

## Gleitkommaoperationen pro Sekunde
## FLOPS: Floating Point Operations Per Second

- Es handelt sich hierbei um ein Maß für die Rechenleistungsfähigkeit von PCs oder Prozessoren.
- **Gleitkommazahlen** (Fließkommazahlen) sind angenäherte Darstellungen reeller Zahlen, mit denen Prozessoren Additionen oder Multiplikationen (Gleitkommazahl-Operationen) durchführen.
- Beispiele: kFLOPS ($10^3$ FLOPS), ... GFLOPS ($10^6$ FLOPS), ... PFLOPS ( Kapazität $10^{15}$ FLOPS, PetaFLOPS), ...

## Instruktionen pro Zyklus (IPC: Instructions per Cycle)

- Mit dieser Zahl drückt man aus, wie viele Befehle ein Prozessor in einem Taktzyklus ausführen kann.
- Üblich sind auch **CPI**-Angaben (**C**ycles **p**er **I**nstruction)
  Beispiele:
  - Intel 8086 (von 1978): 0,06 MIPS/MHz/Core
  - Intel Core i5 8250U von 2021):
    10,3 MIPS/MHz/Core
    (Core: Kern eines Prozessors)

## Prozessortakt Taktsignal, Takt (Clock)

- Im Prozessor werden einzelne Vorgänge immer in genau definierten Zeitabschnitten durchgeführt. Als Maß verwendet man die Zeit für eine Schwingung.
- Die dazugehörige Frequenz dieser Schwingung (**Taktfrequenz**) ist ein typisches Merkmal eines Prozessors und wird auch zur Kennzeichnung bzw. Unterscheidung verwendet.
  Beispiel: Bei 4 GHz Taktfrequenz können pro Sekunde z. B. 4 Milliarden Operationen durchgeführt werden.

## Bildwechselfrequenz (Bildrate, Bildfrequenz)
## Frames per Second

- Es handelt sich um eine Zahl, die angibt, wie viele Bilder pro Sekunde (1/s oder Hz (Hertz)) ausgegeben werden (z. B. bei Grafikkarten).

## Zeiten

- **Zugriffszeit**: Es ist die Zeitspanne bei einem Speichermedium (z. B. Festplatte, Arbeitsspeicher) zwischen dem Eintreffen eines Befehls bis zum Beginn des Vorgangs.
- **Antwortzeit**: Es ist die Zeitspanne, die zwischen dem Absenden einer Anfrage und dem Empfang der zugehörigen Antwort vergeht.
- **Rücklaufquote (Response ratio)**: Es ist das Verhältnis zwischen der Dauer einer Bearbeitung zur Antwortzeit. Beide Zahlen sollten möglichst klein sein.
- **Reaktionszeit (Latenzzeit)**: Es ist die Zeit, die für die Bearbeitung eines Vorgangs vergeht.

## Software

- In einer **EDV** (**E**lektronischen **D**aten**v**erarbeitung) (übernimmt die **Software** („weiche" Ware) die Aufgabe der Datensteuerung. Im Gegensatz zur Hardware ist dies der immaterielle Teil der EDV, weil er physikalisch nicht vorhanden ist.

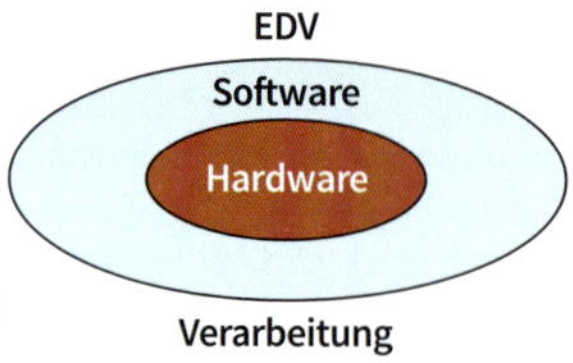


- Software wird auch als Oberbegriff für ausführbare Programme verwendet.
- Eine Software besteht aus einer oder mehreren Dateien.

## Normen

- **ISO/IEC 25000:2014-03**
  (s. auch Softwaregrundlagen, s. Kapitel 5)
  System und Software-Engineering – Qualitätskriterien und Bewertung von System- und Softwareprodukten (SQuaRE) – Leitfaden für SQuaRE
  **SQuaRE**: **S**ystems and Software Product **Qua**lity **R**equirements and **E**valuation; deutsch: System- und Softwarequalitätsanforderungen und -bewertung
- **ISO/IEC 25010:2011-03**
  Software-Engineering – Qualitätskriterien und Bewertung von Softwareprodukten (SQuaRE) – Qualitätsmodell und Leitlinien
  Die Norm bietet eine einheitliche Terminologie für die Spezifikation, Messung und Bewertung der System- und Softwareproduktqualität mit acht Kernkriterien (s. recht Spalte oben).
- **ISO/IEC 9126-1:2001-06**
  Vorläufernorm von ISO/IEC 25000:
  Software-Engineering – Qualität von Software-Produkten – Teil 1: Qualitätsmodell

**ISO/IEC 9126: Qualitätsmodell**

- **Funktionalität:** Angemessenheit, Richtigkeit, Interoperatibilität, Sicherheit, Konformität
- **Zuverlässigkeit:** Reife, Fehlertoleranz, Robustheit, Wiederherstellbarkeit
- **Benutzbarkeit, Gebrauchstauglichkeit:** Verständlichkeit, Erlernbarkeit, Bedienbarkeit, Attraktivität
- **Effizienz:** Zeitverhalten, Ressourcenverbrauch
- **Wartbarkeit:** Änderbarkeit, Analysierbarkeit, Stabilität, Prüfbarkeit
- **Übertragbarkeit:** Installierbarkeit, Anpassbarkeit, Austauschbarkeit, Koexistenz

## Qualität von Software und Software-Entwicklung

Grundlage: DIN ISO/IEC 25010: 2011-03

- **Funktionalität (Functional Completeness)**
  - Hinsichtlich der Softwarefunktionen vollständig
  - Funktional korrekt
  - Funktionalität angemessen
- **Verlässlichkeit (Reliability)**
  - Softwarequalität ausgereift
  - Verfügbarkeit bei Nutzungsnachfrage
  - Fehlertoleranz ausreichend
  - Selbstwiderherstellungsfähigkeit bei Fehlern
- **Effiziente Leistung (Performance)**
  - Geschwindigkeit der Aufgabenerledigung
  - Ressourcen sind effizient genutzt (z. B. Speicher)
  - Kapazitäten werden „geschont"
- **Sicherheit (Security)**
  - Datenschutz eingehalten
  - Datenintegrität gewährleistet
  - Protokollierung von Vorgängen
  - Attributierung (Zuschreibung) von Vorgängen zu Benutzern
  - Authentizität von Benutzern und Daten vorhanden
- **Kompatibilität (Compatibility)**
  - Zusammenarbeit ohne Extra-Anpassung
  - Co-Existenz zu weiterer Software ohne gegenseitige Beeinflussung
  - Interoperabilität vorhanden (Zusammenspiel verschiedener Systeme)
- **Gebrauchstauglichkeit (Usability)**
  - Erkennbarkeit des Nutzens für Benutzer
  - Anwendung ist leicht erlernbar
  - Gute Bedienbarkeit
  - Schutz vor Fehlbedienung ist vorhanden
  - User-Interface ist ästhetisch (geschmackvoll)
  - Barrierefreiheit in der Benutzung von Benutzern mit eingeschränkten Fertigkeiten
- **Wartung (Maintainability)**
  - Modularer Aufbau der Funktionseinheiten
  - Module sind wiederverwertbar
  - Leichte Analyse von Fehlern
  - Leicht zu modifizieren bei neuer Anforderung
  - Funktionalität kann modular und vollständig getestet werden
- **Portierbarkeit (Portability)**
  - Anpassungsfähigkeit an neue Hardware und Betriebssysteme
  - Leicht (de-)installierbar
  - Einfach austauschbar durch alternatives Produkt

# Hardwareanforderungen
Hardware Requirements

## Anforderungen und Hardware

- Anforderung sind:
  verlangte Erwartungen hinsichtlich Eigenschaften, Beschaffenheit, Fähigkeiten, … , um eine bestimmtes Ziel zu erreichen bzw. eine bestimmte Aufgabe zu erfüllen.
- Je nach Produkt, Prozess, … gibt es unterschiedliche Anforderungen (Ziele).
  Beispiele:
  Leistungsfähigkeit, Notwendigkeit, Aktualität, Vollständigkeit, Korrektheit, Verständlichkeit, Eindeutigkeit, Widerspruchsfreiheit, Wichtigkeit, Überprüfbarkeit, …
- Unter Hardware versteht man die materiellen (fassbaren, konkreten) Teile eines PCs. Diese können einzelne Bauelemente, ganze Platinen mit Bauteilen oder vollständige Geräte sein.

## Aspekte bei der Hardware-Auswahl

- Die Auswahl von Hardware ist immer ein Kompromiss zwischen Leistung, Kosten und Effizienz. Die Priorität hängt stets von der geplanten Anwendung und den vorhandenen Ressourcen ab.

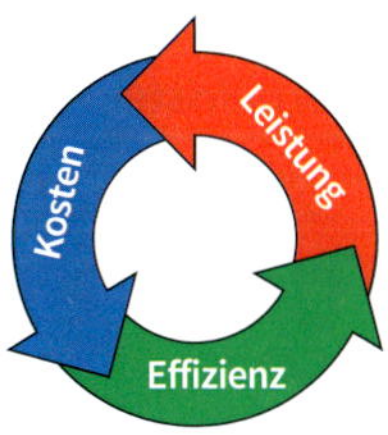


- **Leistung**
  - Wie schnell kann eine Aufgabe erledigt werden, inklusive möglicher Ausfallzeiten der Hardware?
- **Effizienz**
  - Wie energieeffizient kann eine Aufgabe erledigt werden?
  - Wie ressourcenintensiv ist die Herstellung der Hardware?
- **Kosten**
  - Wie hoch sind die einmaligen und laufenden Kosten der Hardware?
  - Können evtl. durch bessere aber teurere Hardware an anderer Stelle (z. B. Lohnkosten durch weniger Wartezeit beim Mitarbeiter) eingespart werden?

## Merkmale von IT-Komponenten (Auswahl)

- **Prozessor**
  Der Prozessor bestimmt im Wesentlichen die Arbeitsgeschwindigkeit des Systems.
  - Anzahl der Prozessorkerne
  - Rechenleistung pro Prozessorkern (bei für die Aufgabe relevanten Operationen, z. B. Gleitkommaoperationen in einfacher/doppelter Genauigkeit)
  - Größe und Geschwindigkeit des Cache (in MB, $10^6$ Byte)
    **Cache**: Schneller Pufferspeicher (Zwischenspeicher) im Prozessor
  - Unterstützte Hardwarebefehle (z. B. H.264, AVX)
    **H.264**: Standard zur Kompression von Videodaten
    **AVX**: **A**dvanced **V**ector E**x**tensions (Erweiterung des Befehlssatzes für Mikroprozessoren)
  - Geschwindigkeit der Dateneingabe und Datenausgabe (z. B. Anzahl **PCIe** Lanes; Standard zur Verbindung von Peripheriegeräten mit dem Chipsatz des Hauptprozessors)
    **PCI**: **P**eripheral **C**omponent **I**nterconnect, Standard für einen Kommunikationsbus
  - Elektrischer Energieverbrauch (in Watt)
- **Arbeitsspeicher**
  Er hat maßgeblichen Einfluss auf die Schnelligkeit bei der Abarbeitung von Programmen.
  - Lese-/Schreibgeschwindigkeit (GB/s, Gigabyte pro Sekunde, $10^9$ Byte)
  - Zugriffszeit, Reaktionszeit (Latenz in ms)
  - Fehlerkorrektur (**ECC**: **E**rror **C**orrecting **C**ode)
  - Energieverbrauch (in Watt)
- **Systemspeicher, Festplatten (HDD) und SSD**
  **HDD**: **H**ard **D**isk **D**rive (magnetische Speicherung mit Schreib-/Lesekopf)
  **SSD**: **S**olid-**S**tate **D**rive (elektronische Speicherung ohne bewegliche Teile)
  - Kapazität (in TB, $10^{12}$ Byte; GB, $10^9$ Byte)
  - Datenübertragungsgeschwindigkeit
  - Elektrischer Energieverbrauch (in Watt)
- **Grafikkarte**
  - Rechenleistung in **Tera Flops** ($10^{12}$ **Flo**ating Point Operations **P**er **S**econd, Rechenoperationen pro Sekunde)
  - Computing Levels (Rechenebenen, z. B. CUDA®, **OpenCL**: **Open C**omputing **L**anguage, Framework zum Schreiben von Programmen)
  - Treiberverfügbarkeit (z. B. zertifiziert für **CAD**: **C**omputer **A**ided **D**esign, rechnerunterstütztes Konstruieren)
  - Elektrischer Energieverbrauch (in Watt)
- **Netzwerkrouter**
  - Datendurchsatz in TB/s oder GB/s ($10^{12}$ Byte pro Sekunde oder $10^9$ Byte pro Sekunde)
  - Sonderfunktionen wie z. B. **VLAN** (**V**irtual **L**ocal **A**rea **N**etwork: Teilnetz innerhalb eines Netzwerks) oder **ACL** (**A**ccess **C**ontrol **L**ist: Zugriffssteuerungsliste, mit der Zugriffe auf Daten und Funktionen eingegrenzt werden können)
  - Elektrischer Energieverbrauch (in Watt)

## Struktur

- Arbeitsprozesse in Unternehmen zur Herstellung von Produkten bzw. zur Bereitstellung von Dienstleistungen sind in der Regel gekennzeichnet durch Komplexität und Vernetzung.
- Es ist deshalb erforderlich, die einzelnen Abläufe (Arbeitsschritte, bzw. Teilen von Arbeitsprozessen) des Gesamtprozesses optimal zu organisieren (Ablauforganisation der Arbeit).
- Berücksichtigt werden dabei:
  Personen, Gegenstände, Raum, Zeit, Sachmitteln, Datenbestände, usw.
- Je nach der Art der Betrachtung und Zielsetzung kann die Ablauforganisation unterschiedlich ausgerichtet sein. Die Darstellung kann deshalb

| |
|---|
| **funktionsorientiert** |
| **zielorientiert** |
| **raumorientiert** |

erfolgen, mit Hilfe von

| |
|---|
| **Flussdiagrammen** |
| **Balkendiagrammen, Netzplänen** |
| **Raumdiagrammen** |

## Ziele

Oberstes Ziel der Ablauforganisation ist eine Erhöhung der Wertschöpfung durch

- Vereinfachung komplexer Handlungen mit möglichst kurzen Durchlaufzeiten für Arbeitsgegenstände und Informationen,
- eine optimale betrieblichen Auslastung vorhandener Kapazitäten sowie
- eine humane Arbeitsgestaltung.

Aus den übergreifenden Zielen lassen sich die folgenden Maßnahmen ableiten:

- Kosten der Vorgangsbearbeitung reduzieren
- Verteil-, Durchlauf-, Warte- und Leerzeiten verringern
- Qualität der Bearbeitung von Vorgängen und der Arbeitsbedingungen verbessern
- Aufwendungen für Transport und Verteilung durch eine optimierte Arbeitsplatzanordnung reduzieren
- Kapazitätsauslastung maximieren
- Durchlaufzeiten optimieren

Maximale Kapazitätsauslastung und minimale Durchlaufzeiten in der Produktion stehen dabei in einem gewissen Widerspruch.

Wenn z. B. eine möglichst gute Kapazitätsauslastung erreicht und kein Leerlauf entstehen soll, muss für jeden Arbeitsplatz der Auftragsbestand hoch sein.

Dadurch erhöhen sich aber für einen einzelnen Auftrag die Durchlaufzeiten. Es muss also im Rahmen der Arbeitsorganisation ein Kompromiss gefunden werden.

## Jobenlargement (Arbeitserweiterung)

- Horizontale Aufgabenerweiterung
- Mehrere ähnliche Aufgabenelemente mit demselben Anforderungsniveau werden aneinander gereiht. Es kommt zu einem Belastungswechsel (auch z. B. ein körperlicher Wechsel von sitzender zu stehender Tätigkeit) und einer gleichmäßigeren Kapazitätsauslastungen des Unternehmens. Diese Maßnahme führt nicht unbedingt zur Motivationssteigerung und besseren Arbeitszufriedenheit.
- Beispiele:
  Hinzunahme von Dokumentationstätigkeiten, E-Mail und SMS-Bearbeitung, Vorbereitung von Kampagnen oder Telefonprogrammierung

## Jobenrichment (Arbeitsbereicherung)

- Vertikale Aufgabenanreicherung
- Es werden Aufgaben mit anderen Anforderungsniveaus in den bisherigen Arbeitsablauf integriert. Diese Maßnahme kann zur Weiterbildung der Mitarbeiter und Motivationssteigerung führen.
- Beispiele:
  Planende, steuernde und kontrollierende Tätigkeiten, Erstellung und Verbesserung von Gesprächsleitfäden, Auswertung von Statistiken, technischer Support, Personaleinsatz oder Coaching neuer Mitarbeiter

## Jobrotation

- Es handelt sich hierbei um einen zeitlich befristeten Wechsel in ein anderes Tätigkeitsfeld.
- Vorteil:
  Chancen zur Personalentwicklung, Qualifizierung und zur Verbesserung der Kommunikationskompetenz der einzelnen Mitarbeiter.

## Zeitlich befristete Projektteams

- Eine bereichsübergreifende Gruppe mit unterschiedlichen Qualifikationen löst durch selbstorganisierte Zusammenarbeit eine zeitlich befristete gemeinsame Aufgabe.
- Beispiele:
  Implementierung neuer Technologien, Qualitätszirkel, Entwicklung neuer Produkte oder Dienstleistungen

## Teilautonome Gruppen

- Eine Gruppe erhält dauerhaft eine gemeinsame Aufgabe. Sie kann Planung, Umsetzung und Kontrolle umfassen.
- Bei dieser Art der Arbeitsorganisation kann zur Unterstützung der Zusammenarbeit Gruppen-Software (Groupware) eingesetzt werden. Mit ihr lassen sich Arbeitsergebnisse über eine zeitliche und/oder räumliche Distanz hinweg erzielen.

## Ziel

- Mit Arbeitsgestaltung wird das Ziel verfolgt, unter Berücksichtigung der Wirtschaftlichkeit und Beachtung menschlicher Eigenschaften und Bedürfnisse, einen bestimmten Auftrag durchzuführen.
- Dabei müssen die Bedingungen für das Zusammenwirken von Mensch, Technik, Information und Organisation beachtet werden.

## Arbeitsaufgaben

- Eine Arbeitsaufgabe sollte so gestaltet sein, dass sie
  - die Durchführung der Arbeitsaufgabe erleichtert,
  - die Gesundheit und Sicherheit der Mitarbeiter schützt,
  - das individuelle Wohlbefinden fördert und
  - die individuellen Fertigkeiten und Fähigkeiten im Rahmen der Aufgabenstellungen weiterentwickelt.
- Zu vermeiden sind:
  - Über- oder Unterforderung,
  - unangemessene Wiederholung immer gleicher Arbeitsvorgänge,
  - unangemessener Zeitdruck und
  - isoliertes Arbeiten ohne Gelegenheit zu sozialen Kontakten.

## Humankriterien

- Nach dem Stand der gesicherten arbeitswissenschaftlichen Erkenntnisse zur humanen Arbeitsgestaltung sind in der DIN EN ISO 9241-2: 1992-06 (Ergonomische Anforderungen für Bürotätigkeiten mit Bildschirmgeräten
- Teil 2: Anforderungen an die Arbeitsaufgaben; Leitsätze) die folgenden siebe Humankriterien aufgeführt:

| | |
|---|---|
| Benutzerorientierung ① | Vielseitigkeit ② |
| Ganzheitlichkeit ③ | Bedeutsamkeit ④ |
| Handlungsspielraum ⑤ | Rückmeldung ⑥ |
| Entwicklungsmöglichkeiten ⑦ | |

## Benutzerorientierung ①

- Bei der Gestaltung der Arbeitsaufgabe sollten Erfahrungen und Fähigkeiten der Benutzergruppe berücksichtigt werden.
- Hinweise:
  Überforderung bzw. Unterforderung vermeiden (Individualisierungskonzepte durchführen)

## Vielseitigkeit ②

- Bei der Gestaltung der Arbeitsaufgabe sollte berücksichtigt werden, dass eine angemessene Vielfalt von Fertigkeiten und Aktivitäten anzuwenden sind.
- Hinweise:
  Wechselnde Tätigkeiten, mit unterschiedlichen geistigen und körperlichen Anforderungen einplanen.

## Ganzheitlichkeit ③

- Durch die Arbeitsgestaltung sollte sichergestellt sein, dass die zu erledigende Einzelaufgabe innerhalb der ganzheitlichen Arbeitseinheit erkennbar bleibt (keine „Bruchstücke").
- Hinweise:
  Übersicht über das Gesamtprodukt vermitteln, Rückmeldung über Arbeitsfortschritte geben

## Bedeutsamkeit ④

- Die Gestaltung der Arbeitsaufgabe sollte sicherstellen, dass die zu erledigende Einzelaufgabe, einen bedeutsamen Beitrag zur Gesamtfunktion des Systems leistet.
- Hinweise:
  Informationen über Anforderungen, Qualität, …

## Handlungsspielraum ⑤

- Mit der Arbeitsgestaltung sollte ein angemessener Handlungsspielraum hinsichtlich Reihenfolge, Arbeitstempo und Vorgehensweise für den Benutzer möglich sein.
- Hinweise:
  Selbstentscheidung und Beeinflussung

## Rückmeldung ⑥

- Während der Arbeit sollten rechtzeitig Rückmeldungen durch Vorgesetzte und Kollegen über die Qualität der Arbeit erfolgen, z. B. in Form einer sozialen Unterstützung.
  Die Rückmeldungen können vorbeugend gegen Unzufriedenheit und Stress wirken.
- Hinweise:
  Während der Arbeit Kooperation und Kommunikationsmöglichkeiten schaffen

## Entwicklungsmöglichkeiten ⑦

- Die Gestaltung der Arbeitsaufgabe sollte Gelegenheit zur Weiterentwicklung bestehender und die Aneignung neuer Fertigkeiten vorsehen.
- Hinweise:
  Arbeit mit Lern- und Anpassungsphasen einplanen, Weiterentwicklungen vorschlagen

## Rechtsquellen und Normen (Auswahl)

- Bildschirmarbeitsverordnung (BildscharbV)
  § 3 Beurteilung der Arbeitsbedingen
  § 5 Täglicher Arbeitsablauf
- Arbeitsschutzgesetz (ArbschG)
  § 3 Grundpflichten des Arbeitgebers
  § 4 Allgemeine Grundsätze
- DIN EN ISO 9241: Ergonomie der Mensch-System-Interaktion
  Teil 2: Anforderungen an die Arbeitsaufgabe – Leitsätze
  Teil 5: Anforderungen an die Arbeitsplatzgestaltung und Körperhaltung
  Teil 6: Anforderungen an die Arbeitsumgebung
- DIN EN ISO 10075-2: Ergonomische Grundlagen bezüglich psychischer Arbeitsbelastung
  Teil 2: Gestaltungsgrundsätze

# Persönliche Zeit- und Terminplanung
## Personal Time and Schedule Planning

### Aufgabe und Funktion

- Durch Zeitmanagement soll erreicht werden, dass anstehende Aufgaben innerhalb einer gewählten Zeitspanne erfolgreich und zufriedenstellend gelöst werden.
- Zeitmanagement wird angewendet
  - auf die eigene Person (**persönliches Zeitmanagement**) oder zur
  - Termin- und Kapazitätsplanung von Arbeitsabläufen (**Zeitwirtschaft**).

### Strategien zum persönlichen Zeitmanagement

| | |
|---|---|
| Tagesplan verwenden | – Vorhaben nicht nur langfristig planen, sondern abends einen Arbeitsplan für den nächsten Tag aufstellen |
| Arbeitsunterbrechungen vermeiden | – Arbeit delegieren<br>– „Nein" sagen<br>– Besprechungen gut vorbereiten<br>– Klare Ziele festlegen |
| Ziele und Aufgaben definieren | – Was möchte ich erreichen?<br>– Was möchte ich vermeiden?<br>– Zeitbedarf abschätzen<br>– Keine Zeit mit Nebensächlichkeiten vertrödeln |
| Schriftlich planen | – Der Arbeitsplan zeigt auf einen Blick, was wann erledigt werden muss. |
| Persönliche Leistungskurve beachten | – Den Tag so planen, dass die wichtigen Aufgaben in den effektiven Tageszeiten erledigt werden, z. B. zwischen 8.00 und 12.00 Uhr |
| Prioritäten setzen | – Nach Bedeutung und Dringlichkeit planen<br>– Entscheiden, was zuerst erledigt werden muss<br>– Was kann warten?<br>– Was kann delegiert werden? |
| Pufferzeiten einplanen | – Unverplante Zeitreserven über den Tag verteilen<br>– Reserven für unvorhergesehene Aufgaben schaffen |
| Positiv denken | – Arbeitstag positiv beginnen<br>– Sich selbst motivieren<br>– Arbeitstag positiv beenden |
| Konsequent bleiben und die Zeit nutzen | – Regeln konsequent einhalten<br>– Effektiv, erfolgreich und stressfrei arbeiten<br>„Stress macht krank." |

### Wichtigkeits-Dringlichkeits-Prinzip

- Die zu erledigenden Aufgaben sollten den folgenden Kategorien zugeordnet werden:
  - **A1-Aufgaben**: Sofort und selbst erledigen
  - **A2-Aufgaben**: Unbedingt beenden
  - **B-Aufgaben**: Delegieren
  - **C-Aufgaben**: Unwichtig

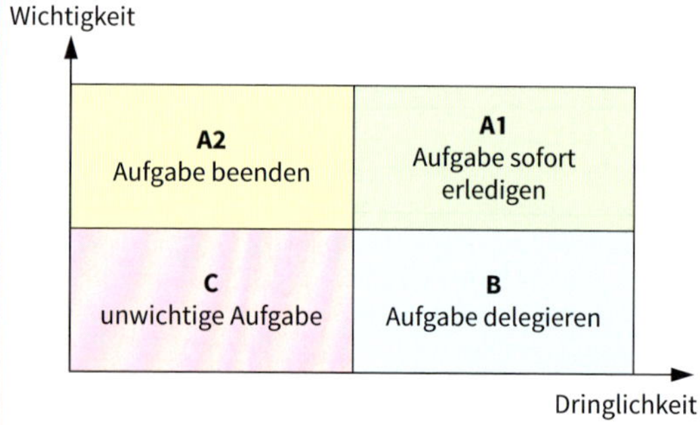


- Mit diesem Prinzip wird erreicht, dass für wichtigere Aufgaben bzw. Entspannungsphasen Freiräume entstehen.
- Hilfreich ist es, komplexe und umfangreiche Aufgaben in kleinere Teilaufgaben aufzuspalten.
- Eine Nebenwirkung bei Anwendung dieses Prinzips ist die Steigerung der Motivation (Erfolgserlebnis).

### Sofort-Prinzip

- Aufgaben nicht unnötig hinauszögern, da sie sonst mehr Zeit verschlingen als alles andere.
- Alle Aufgaben sofort bearbeiten, die weniger als 5 Minuten beanspruchen.
- Aufgaben, die nicht sofort erledigt werden, sollten einen Bearbeitungs-/Fertigstellungstermin erhalten.

### Zeitplanung

- Bei Konferenzen oder Besprechungen:
  - eine verbindliche Tagesordnung erstellen,
  - Beginn und Ende für jeden Tagesordnungspunkt und die gesamte Besprechung verbindlich festlegen,
  - Ziel und Ansprechpartner für jeden Tagesordnungspunkt benennen,
  - pünktlich beginnen (der pünktliche Teilnehmer wird belohnt, nicht der verspätete),
  - Ergebnisprotokoll mit Prioritäten, Terminen und Verantwortlichen erstellen
- Beim Telefonieren:
  - Anrufe planen (Zeit, Ziel, Inhalte),
  - Kontakt- und Sperrzeiten definieren, zu denen man sicher bzw. nicht erreichbar ist,
  - häufig wiederkehrende Störungen gezielt selbst einleiten, z. B. selbst zu gewünschter Zeit anrufen,
  - Störung abkürzen, Rückruf vereinbaren bzw. Rückruf erfolgt vorbereitet.
- Mit Zeitprotokoll:
  Das Protokoll gibt Auskunft, wie viel Zeit für welche Aktivitäten eingesetzt wurde (Grundlage für Änderungen).

## Grundsätze

Menschliche Arbeit sollte so ablaufen dass der
- Arbeitsprozess den menschlichen Bedürfnissen angepasst ist,
- individuelle Gesundheitsschutz gewährleistet ist und
- der Arbeitsplatz human gestaltet ist.

Bei Nichtbeachtung dieser Gesichtspunkte können
- körperliche Beschwerden und Beeinträchtigungen (z. B. Handbeweglichkeit, Sehvermögen) und/oder
- psychische Belastungen (z. B. Stress) auftreten.

## Arbeitsablauf

- Damit die eigene Tätigkeit im Rahmen eines Arbeitsauftrags effektiv und zufriedenstellend abläuft, sollte der gesamte Arbeitsablauf in Schritte eingeteilt werden.
- Wird am Ende kein zufriedenstellendes Ergebnis erzielt, muss die Kette erneut durchlaufen werden.

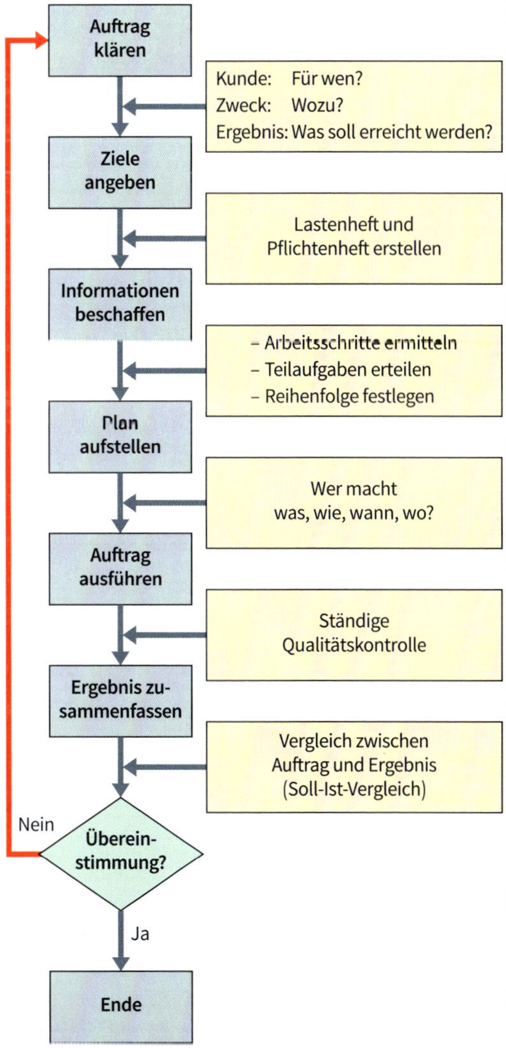


## Prinzipien

Es gibt keine einheitlichen, für alle Arbeitnehmer optimalen Arbeitsstrukturen und Arbeitsbedingungen. Deshalb sind Arbeitssysteme so auszulegen, dass unterschiedliche Arbeitsweisen realisiert werden können (flexible Arbeitsgestaltung).

Zu berücksichtigen sind folgende Bereiche:

- **Arbeitsmotivation**
  Motivation wird besonders erreicht durch ganzheitliche und herausfordernde Aufgaben. Sie wird behindert, wenn Monotonie, sinnlose Wiederholungen und ein zu hohes Arbeitstempo vorkommen.
  Störend sind außerdem Arbeitsverdichtungen, Informationsüberflutungen und eine soziale Isolation.
- **Einflussnahme und Freiheit**
  Je nach Unternehmen können z. B. folgende Bereiche berücksichtigt und eventuell beeinflusst werden:

| | | |
|---|---|---|
| Arbeitsplatz | Arbeitsumgebung | Arbeitsablauf |
| Arbeitsinhalt | Arbeitsmittel | Arbeitszeit |

  Weiterhin können folgende Aspekte eine Rolle spielen:

| | | |
|---|---|---|
| Klima | Licht | Lärm |
| Luft | Raum | Umfeld |

- **Herausforderung**
  Arbeit soll ausführbar, erträglich und zumutbar sei. Darüber hinaus ist ein bestimmtes Maß an Herausforderung bei der Arbeitsbewältigung für die Persönlichkeitsentwicklung förderlich.
- **Leistungskurve**
  Die menschliche Leistungsfähigkeit ist neben äußeren Faktoren auch von der Tageszeit abhängig und sollte deshalb in die Arbeitsgestaltung einbezogen werden.

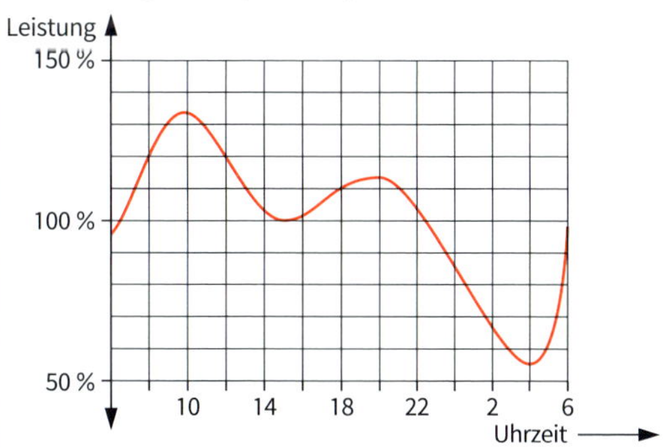


- **Aktivitäten**
  Es macht keinen Sinn, mehr als 60 % der zur Verfügung stehenden Zeit zu verplanen. Bei Planung der Aktivitäten sollte deshalb die folgende Regel eingehalten werden:

60 % für geplante Aktivitäten

20 % für unerwartete Aktivitäten (Reserve, Puffer)

20 % für spontane Aktivitäten (kreative Zeit)

# Übergabe und Abnahme von IT-Systemen

## Handover and Acceptance of IT-Systems

### Prozesstechnische und rechtliche Einordnung

Ein typischer, durch einen Kundenauftrag initiierter Prozess mündet nach der **Beschaffung** der IT-Komponenten, deren **Integration**, **Konfiguration** und **Inbetriebnahme** in der Regel in eine **Übergabe** an und **Abnahme** durch den Auftraggeber (AG). Da hierdurch wesentliche Rechtsfolgen eintreten, ist es häufig sinnvoll, die Übergabe und Abnahme erst durchzuführen, nachdem das IT-System im Produktiveinsatz sein kann oder bereits ist.

Der Auftragnehmer (AN)
- **übergibt** das IT-System an den AG,
- dieser führt eine **Abnahmeprüfung** durch und
- hält die Ergebnisse in einem **Abnahmeprotokoll** fest.

Besteht zwischen Auftraggeber (AG) und Auftragnehmer (AN) ein **Werkvertrag**, so ist der AG nach § 640 BGB
- „(...) **verpflichtet**, das vertragsmäßig hergestellte **Werk abzunehmen**, sofern nicht nach der Beschaffenheit des Werkes die Abnahme ausgeschlossen ist."
- „Wegen unwesentlicher Mängel kann die Abnahme nicht verweigert werden."

Spätestens nach der Abnahme entsteht nach § 641 BGB die
- Fälligkeit der **Vergütung**.

Obwohl in der Regel die **Formfreiheit** gilt, sollte im Rahmen der Übergabe und Abnahme die **Schriftform** gewählt werden.

### Übergabe

Wird ein IT-System vom AN an den AG übergeben, so beschränkt sich diese Phase nicht auf die bloße Übergabe. Je nach Vertragsausgestaltung sind weitere Punkte denkbar, z. B.
- eine auf die Zielgruppe abgestimmte **Einweisung** in die Funktionsweise der IT-Systeme mit anschließender Fixierung in einem Einweisungsprotokoll.
- ein adressaten- und produktgerechtes **Benutzerhandbuch** sowie eine **Technische Dokumentation**.
- eine auf die erweiterte Zielgruppe (z. B. neben IT-Fachpersonal auch spätere User aus anderen Abteilungen des AG) abgestimmte **Schulung**.
- **After-Sales-Maßnahmen**, um eine langfristige Kundenbindung zu erreichen und evtl. Folgeaufträge zu generieren, z. B. **Serviceleistungen** anbieten und ein **SLA** (**S**ervice-**L**evel-**A**greement) abschließen, sowie weitere, zum Kundenauftrag passende Produkte oder Dienstleistungen anbieten.

### Abnahme

#### Planung

Ist mit einer Abnahme bei einem Kaufvertrag lediglich die Inbesitznahme, also die Entgegennahme der gekauften Sache gemeint, so ist der Vorgang der Abnahme bei einem Werkvertrag deutlich komplexer. Aus diesem Grund sollte der Vorgang der Abnahme vorher geplant werden:
- **zeitliche Planung** (Termin, Dauer der einzelnen Aktivitäten),
- **Ressourcenplanung**, sowohl für den AN als auch den AG, z. B. zur Abnahme geeignetes (fachlich/rechtlich) Personal,
- **Testplanung**, d. h. welche Funktionalitäten werden wie getestet, wie werden verschiedene Testszenarien koordiniert.

Für die Abnahme sind **Abnahmekriterien** notwendig, die für AG und AN transparent sind und sich z. B. aus den Inhalten des zwischen AG und AN geschlossenen Vertrags und des beiderseitig akzeptierten Pflichtenhefts ergeben. Denkbar sind u. a.
- Vollständigkeit und vereinbarte Beschaffenheit der Gegenstände/Leistungen
- Einhaltung gesetzlicher Vorgaben, z. B. Arbeitssicherheit
- Ergebnisse aus durchgeführten Tests

#### Durchführung

Bei der Durchführung der Abnahme sollten sowohl Vertreter des AG wie auch des AN anwesend sein (siehe „Ressourcenplanung"). Ein exemplarischer Ablauf kann wie folgt aussehen:
- Festhalten der Daten der anwesenden Personen
- Prüfung, ob zum jetzigen Zeitpunkt alle Voraussetzungen für eine Abnahme erfüllt sind (Abnahmebereitschaft)
- Durchführung der Tests (Abnahmekriterien erfüllt?)
- Auswertung der Ergebnisse und Entscheidung, ob
  - eine Abnahme erfolgt, unter Vorbehalt oder nicht erfolgt,
  - noch offene Punkte existieren und wenn ja
  - wer und bis wann diese offenen Punkte bearbeitet.
- Das **Abnahmeprotokoll** wird von beiden Vertragsparteien unterschrieben.
- Evtl. eine Reflexion mit den am Projekt beteiligten Personen
- Der AN verlässt das Unternehmen des AG und
- händigt vorher erhaltene Schlüssel, Transponder etc. aus,
- lässt sich u. U. erhaltene Admin-Rechte entziehen
- und baut eigenes Equipment ab.

### Abnahmeprotokoll und Abnahmebestätigung

Im Abnahmeprotokoll wird die Durchführung der Abnahme (s. o.) dokumentiert. Auf dieser Grundlage entscheidet der Auftraggeber, ob er mit dem erbrachten Werk einverstanden ist und die Abnahme erklärt, oder aber die Abnahme verweigert.

**Inhalte** eines **Abnahmeprotokolls** können sein:
- Datum der Prüfung
- Teilnehmer der Prüfung
- Art, Ergebnis und Bewertung der Prüfungen
- offene Punkte, bei denen Nachbearbeitungsbedarf besteht
- Schlussbeurteilung und Entscheidung für oder gegen eine Abnahme (Abnahmebestätigung)

Exemplarisch befinden sich nebenstehend fiktive Dokumente.

**Abnahmeprotokoll und -bestätigung**

Projekt- oder Auftragsbezeichnung

1 Vertragspartner — Datum der Abnahme: ________

Auftraggeber

| Name | Funktion | Unterschrift |
|---|---|---|
| | | |

Auftragnehmer

| Name | Funktion | Unterschrift |
|---|---|---|
| | | |

2 Abnahmegegenstand

Vertragsnummer/Bezeichnung: ________

Start/Ende der Leistungsaufführung: ________

3 Ergebnisse der Abnahmeprüfung

| Nummer | Kriterium | erfüllt | vgl. Checkliste |
|---|---|---|---|
| 1 | Benutzerhandbuch vorhanden | ja | Nr. 7 Punkt 4 |
| ... | | | |

...

7 Abnahmeerklärung

Der unter Punkt 2 genannte Gegenstand erfüllt die Anforderungen/~~teilweise/nicht~~. Eine Abnahme erfolgt/~~unter Vorbehalt/nicht~~.

| | | |
|---|---|---|
| Für d. Auftraggeber: | Name | *Unterschrift* |
| Für d. Auftragnehmer: | Name | *Unterschrift* |

Anlage zum Abnahmeprotokoll vom ........

**Checkliste Nr. 14: Abnahme des Arbeitsplatz-PCs Nr. 7**

1 Gehäuse

| Kriterium | ja | nein |
|---|---|---|
| Gehäuseart entspricht den Vorgaben (Midi-Tower) | ✔ | |
| Kabelmanagement umgesetzt | ✔ | |
| ... | | |

2 Mainboard, CPU und RAM

| Kriterium | ja | nein |
|---|---|---|
| Spezifikation entspricht den Vorgaben (Marke, Typ) | ✔ | |
| Steckkarten sind vorhanden und korrekt montiert | ✔ | |
| ... | | |

3 Peripherie

| Kriterium | ja | nein |
|---|---|---|
| ergonomische Tastatur vorhanden/angeschlossen | ✔ | |
| ... | | |

...

12 Funktionsprüfung der Hardwarekomponenten

| Kriterium | ja | nein |
|---|---|---|
| PC lässt sich über den Power-Button starten | ✔ | |
| ... | | |

...

## Arten

- Personen, die sich in organisierten Lehr-/Lernsituationen (z. B. Unterricht) bzw. Arbeitsprozessen befinden, können in unterschiedlicher Weise am Geschehen beteiligt sein.

  Es werden unterschieden:

  **Einzelarbeit** | **Partnerarbeit** | **Gruppenarbeit**

- Aufgrund der Verschiedenartigkeit, die sich auch in der Sitz- und Raumordnung ausdrückt, gibt es zwischen den beteiligten Personen unterschiedliche soziale Beziehungen, die deshalb als **Sozialformen** bezeichnet werden.
- Die gewählte Sozialform hängt ab von der zu bewältigende Aufgabe und den damit verbundenen Zielen.

## Einzelarbeit

- **Zielsetzung und Funktion**:
  - Arbeitsplatz: Vollständige Lösung einer Aufgabe
  - Unterricht: Übungsphasen, Lernroutinen (Lernen von Begriffen, Textanalyse, ...)
- **Voraussetzung**:
  - Fähigkeit zum eigenverantwortlichen, sorgfältigen und konzentrierten Arbeiten

## Partnerarbeit

- **Zielsetzung und Funktion**:
  - Lösung von Aufgaben (arbeitsteilig) mit einem mittleren Schwierigkeitsgrad
  - Gegenseitige Hilfestellungen (innere Differenzierung)
  - Entwicklung von Sozialkompetenz
- **Voraussetzung**:
  - Fähigkeit zum eigenverantwortlichen und arbeitsteiligen Arbeiten
  - Hilfsbereitschaft

## Gruppenarbeit

- **Zielsetzung und Funktion**:
  - Lösung von komplexen Aufgaben mit Gestaltungsfreiräumen, für die kooperatives Handeln erforderlich ist
  - Kommunikativer Austausch bei der Bearbeitung
- **Voraussetzung**:
  - Teamfähigkeit
  - Fähigkeit zum eigenverantwortlichen, arbeitsteiligen Arbeiten
  - Hilfsbereitschaft sowie

  **Flexibilität** | **Selbstantrieb**

  **Eigenverantwortung**

## Vorteile der Gruppenarbeit

- **Synergieeffekt**
  Unterschiedliche Denkstile, Sichtweisen, Wissens- und Erfahrungshintergründe werden eingebracht. Risiko von Fehlentscheidungen wird vermindert.
- **Kommunikation**
  Aktiver Austausch unterschiedlicher Gedanken durch Sprache.
- **Lernen**
  Impulse für die Entwicklung des Einzelnen werden gegeben. Durch eine heterogene Zusammensetzung werden Vorurteile abgebaut sowie ein fachübergreifendes Arbeiten praktiziert.
- **Motivation und Identifikation**
  Durch gemeinsames Problemlösen wird ein Wir-Gefühl und Verständnis für einander entwickelt.
- **Qualität und Akzeptanz**
  Durch Mitverantwortung und aktive Beteiligung werden Schwächen und Fehler rasch erkannt und beseitigt.

## Hindernisse bei der Gruppenarbeit

- Denken in Hierarchien und Abteilungen
- Konkurrenzdenken
- Mangelnde Risikobereitschaft
- Killerargumente (z. B. das haben wir schon so oft versucht, unsere Erfahrung hat gezeigt, ...)
- Mangelnde Sachlichkeit (Emotionen bestimmen unterschwellig das Handeln)
- Mängel in der Organisation, im Management
- Fehlende Zeit (besonders in der Anfangsphase)

## Kombination der Arbeitsformen (Beispiel)

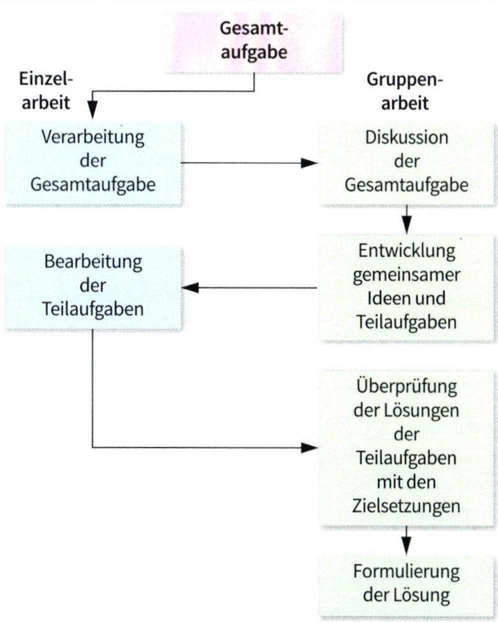

# Teamarbeit
## Team Work

### Merkmale und Funktion

- Teamarbeit ist dann sinnvoll, wenn fachlich übergreifende Aufgaben, komplexe Aufgaben oder besonders anspruchsvolle Aufgaben zu lösen sind oder wenn Aufgaben anstehen, für die Personen aus verschiedenen Fachbereichen mit verschiedenen Erfahrungen benötigt werden (Synergieeffekt).
- Das Team steht dabei im Spannungsfeld zwischen der Aufgabe, dem Individuum und der Gruppe.

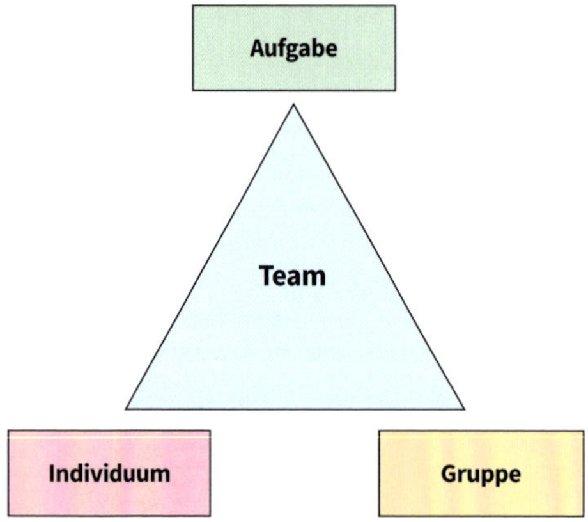


- Ein Team wird als Mittel eingesetzt, um eine bestimmte Aufgabe zu erfüllen.
- Im Arbeitsablauf existieren klar definierte Aufgaben.
- Jedes Mitglied übernimmt Verantwortung für die Erreichung der Ziele.
- Die gesetzten Leistungsstandards sind hoch.
- Die persönlichen Leistungsziele stehen nicht im Widerspruch zueinander.
- Die Teammitglieder akzeptieren sich gegenseitig und haben füreinander Verständnis.
- Die Kommunikation ist offen.

### Rollen in einem Team

- **Entscheider**
  - organisiert Termine und Ziele, sorgt für die Einhaltung von Terminen und die Umsetzung der Ziele
  - bewältigt Krisen
- **Macher**
  - ist zuverlässig und hat Ausdauer
  - wacht über die Einhaltung von Plänen und Vorgaben
  - bewältigt Routinearbeiten
- **Berater**
  - sorgt für notwendige Informationen und Hilfsmittel
  - leistet wichtige Aufbauarbeit
  - klärt Details und liefert inhaltliche Beiträge
- **Kreativer**
  - ist „Querdenker" (denkt in neuen Bahnen)
  - liefert neue Ideen und „experimentiert"

### Rollen in einem Team

- **Bewerter**
  - überprüft mögliche Realisierbarkeiten
  - ist wenig an Routinearbeit interessiert
  - kann Ergebnisse realistisch einschätzen
- **Überzeuger**
  - bewahrt den Überblick
  - organisiert nötige Kontakte
  - interessiert sich für Innovationen
  - ist kontaktfreudig und kann präsentieren
- **Prüfer**
  - arbeitet genaue Details aus
  - sorgt für die Qualitätssicherung
  - besitzt eine konzentrierte Arbeitshaltung
  - arbeitet mehr im Hintergrund
- **Bewahrer**
  - kümmert sich um Werte und Teamnormen
  - ist besonders hilfsbereit
  - stabilisiert die gefühlsmäßigen Beziehungen der Teammitglieder
  - verfügt über geringes Innovationspotenzial
- **Darsteller**
  - repräsentiert das Team nach außen
  - koordiniert Informationen

### Phasen der Teamarbeit

In der Kontaktphase klären Vorgesetzte und Teammitglieder Erwartungen, Ziele und Rahmenbedingungen.

Notwendige Voraussetzungen sind dabei Offenheit, Ehrlichkeit und Engagement.

Danach folgen in der Regel die folgenden Phasen:

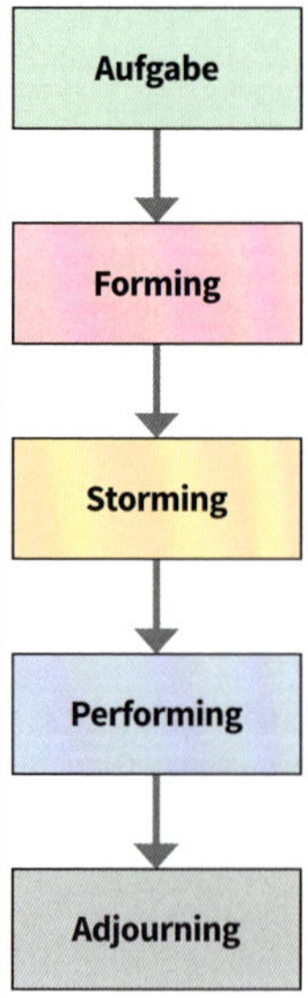


- Erstes Kennenlernen
- Individuelle Verhaltenmuster werden erprobt

- Gegensätzliche Meinungen werden deutlich
- Konflikte entstehen
- Machtkämpfe werden ausgetragen

- Widerstände sind überwunden
- Eingespielte Verhaltensweisen
- Regeln werden akzeptiert

- Geklärte Rollen
- Konzentration auf die Aufgaben
- Effektive Arbeit mit höchster Leistung

- Auflösung der Strukturen durch Zu- und Abgänge
- Neubeginn

# Arbeitsgruppen

## Work Groups

### Merkmale

- Arbeitsgruppen sind innerhalb eines Unternehmens Organisationseinheiten, in denen mehrere Personen eine gemeinsame Aufgabe in arbeitsteiliger Form weitgehend selbstbestimmt durchführen.
- Die Gruppenmitglieder übernehmen eigenverantwortlich bestimmte Aufgaben, sind im gleichen Maße verantwortlich am Arbeitsprozess beteiligt, stützen und ergänzen sich gegenseitig.
- Aus dieser Gesamtverantwortung für das Arbeitsvorhaben müssen die Gruppenmitglieder beispielsweise folgende Eigenschaften besitzen sowie übergreifende Aufgaben und Rollen übernehmen:

| | |
|---|---|
| Gewissenhafte Erfüllung des Arbeitsauftrages  | Zielorientierung und -akzeptanz  |
| Qualitätsbewusstsein und -einhaltung  | Bereitschaft zur Vertretung  |
| Anlern- und Weiterbildungsbereitschaft  | Kompetenz zum Problemlösen  |
| Bereitschaft zur Kommunikation  | Verbesserungen am Arbeitsplatz  |
| Beseitigung von Störungen, Reparaturen  | Übernahme von Wartungsaufgaben und Sauberkeit  |

### Qualifizierungen innerhalb der Arbeitsgruppe

Die Verteilung der Aufgaben und Übernahme von Rollen innerhalb einer Gruppe ist nicht beständig. Sie verändert sich durch neue Aufgaben oder eine Änderung in der personellen Zusammensetzung.

Ein neues Gruppenmitglied kann dabei z. B. folgende „Erfolgsleiter" durchlaufen:

1. Einstieg in die Arbeitsgruppe und Übernahme bestimmter Anfangstätigkeiten
2. Wechsel des Arbeitsplatzes innerhalb der Arbeitsgruppe
3. Übernahme von anderen Aufgaben mit größerem Verantwortungsbereich
4. Mitarbeit in Gruppengesprächen, Erweiterung der Problemlösungskompetenz
5. Wechsel mitunter in anderen Arbeitsgruppen zum Erfahrungsaustausch und zur Weiterbildung
6. Übernahme von Aufgaben der Mitarbeiterschulung
7. Teilnahme an übergreifenden Fortbildungsveranstaltungen
8. Mitarbeit an Fortbildungsveranstaltungen bzw. eigenständige Durchführung entsprechender Veranstaltungen
9. Übernahme von Gruppenleiterfunktionen

### Erfolge

- Die Gegensätze in der Gruppe werden durch einen Gruppenkonsens ausgeglichen.
- Die Wissensbreite und Wissenstiefe der Gruppenmitglieder ist unterschiedlich. Nur wenn viele Ressourcen der Gruppenmitglieder (Wissensbreite und Wissenstiefe) ausgeschöpft werden (Synergieeffekt), lässt sich eine hohe Leistungsbilanz erzielen.

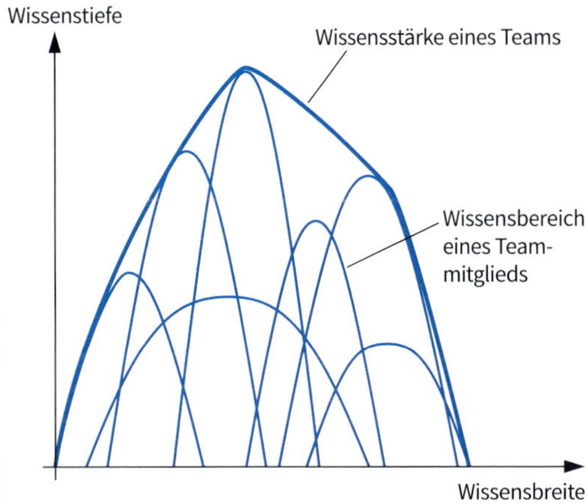


- Die Gruppenmitglieder sind entsprechend der Arbeitsaufgabe ausgewählt worden.
- Die Gruppe ist so gut wie ihr bestes Mitglied.
- In der Arbeitsgruppe wird in großem Umfang intern praktiziert:

| | |
|---|---|
| **Durchführungsautonomie** | **Kommunikation** |
| **Personalkontinuität** | **Planungsautonomie** |

- Die Gruppe bestimmt mit, wer ggf. neues Gruppenmitglied wird und entscheidet, wer interne Führungsaufgaben übernimmt.

### Vorteile für …

- **Mitarbeiterinnen und Mitarbeiter**
  - Größere Motivation und Arbeitszufriedenheit
  - Reduzierung einseitiger Belastungen
  - Stressabbau und erhöhte Flexibilität
  - Ausbau der Kooperations- und Unterstützungsbereitschaft
  - Weiterqualifizierung und Kompetenzerweiterung
- **Unternehmen**
  - Veränderung der Rolle der Vorgesetzten und Abbau von Kontrollinstanzen
  - Erhöhung der unternehmerischen Flexibilität
  - Verringerung von Durchlauf-, Warte- und Stillstandszeiten
  - Verbesserung der Qualität von Produkten bzw. Dienstleistungen

## Vorgang

- Das Problem wird erkannt und durch zielgerichtetes und organisiertes Handeln eine Lösung gefunden.
- Der **Ist-Zustand** wird **in** einen **Soll-Zustand** überführt (Transformation).

## Phasen

- **Erfassung (Bestandsaufnahme)**
  Der Problemlösungsprozess beginnt mit dem Erfassen eines unbefriedigenden Zustandes (bzw. einer Veränderung) in Form einer ausführlichen Ist/Soll-Analyse ①.
- **Problemstellung**
  Die Bestandsaufnahme geht danach über in eine
  - genaue Beschreibung des Problems ② (Teilprobleme, Struktur und Abgrenzung), der
  - Festlegung der angestrebten Ziele und
  - eine vorläufigen Bewertung.

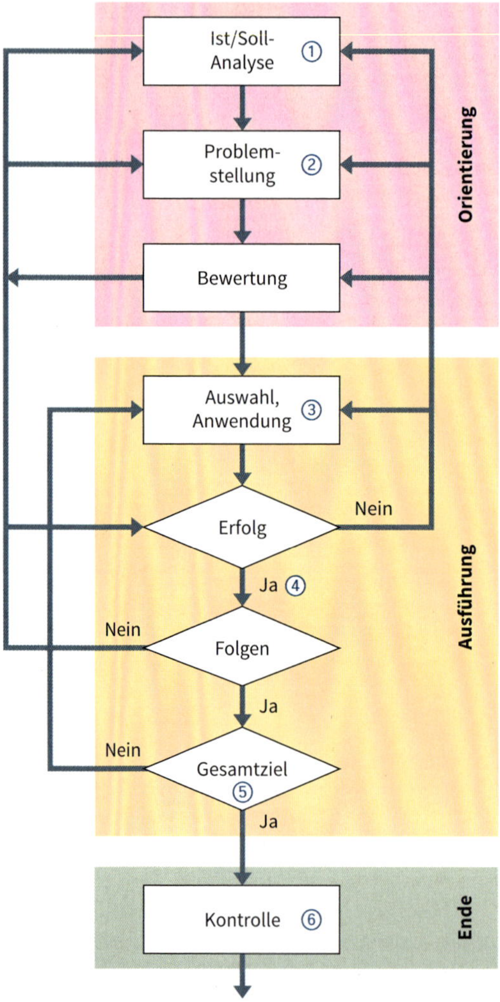


## Phasen

- **Auswahl, Anwendung**
  Aus der Problembeschreibung entwickelt sich eine kreative Phase des
  - Sammelns von Lösungsideen ③,
  - ihrer Strukturierung mit Bewertung sowie
  - Entscheidungen für einen Lösungsweg.

  Die Umsetzung der gewählten Lösung erfolgt in Teilschritten. Diese werden auf ihren Erfolg und mögliche Folgen überprüft ④ (Vollständigkeits- und Zuverlässigkeitsprüfung).

  Die Abarbeitung der Teilschritte führen dann zum angestrebten Ergebnis (Gesamtziel ⑤).
- **Kontrolle**
  Auch das erreichte Gesamtziel wird einer kritischen Überprüfung ⑥ unterzogen, z. B. ob die getroffenen Maßnahmen zu dem gewünschten Erfolg geführt haben (Abweichungsanalyse).

## Problemstellungsphase (Beispiel)

- **Wesentlich** für eine Problemlösung ist ein sorgfältiges Vorgehen in der Phase der Problemstellung. Als Beispiel dient hier die Wahrnehmung „Schlechte Kopierqualität".
- Die **Bearbeitung** kann z. B. mit dem **Ursache-Wirkungs-Diagramm** (Ishikawa-Diagramm, Kaoru-Ishikawa: japanischer Wissenschaftler) erfolgen.

  Dabei damit lassen sich die folgenden Teilfragen beantworten:
  - Was ist die Veränderung (schlechte Kopierqualität)?
  - Was kann die Veränderung verursacht haben (Toner, Kopierpapier, Original, Kopiergerät)?
  - Wo und wann ist die Veränderung eingetreten?
  - Wie groß ist die Veränderung?

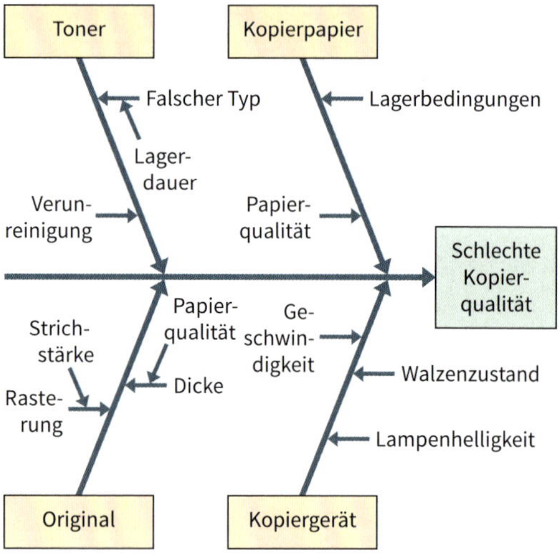


- Im Ursache-Wirkungs-Diagramm sind auf der **linken Seite** die in Frage kommenden **Ursachen** aufgeführt. Die Wirkungsrichtung wird durch Pfeile verdeutlicht. Sie zeigen von der Ursache auf das Problem hin.

## Begrifflichkeit

- Herkunft von (engl.) *home office*
- Schreibweisen: Home-Office, auch Home Office
- Substantiv, Neutrum (das); Home|of|fice, Home-Of|fice
- Das Homeoffice; Genitiv: des Homeoffice, Plural: die Homeoffices
- Sprachliche Bezüge zu: Homepage, -computer, -learning
- Ähnliche Bezeichnungen: Heimarbeit, small office, Telearbeit, telecommuting, telework(ing), *working from home*
- Sinnfällige Beschreibung: *Büro im eigenen Zuhause* – Arbeitnehmer einer Firma arbeiten außerhalb der betrieblichen Gebäude
- Vorreiter der Telearbeit im wesentlichen im Norden Europas (Finnland, Großbritannien, Niederlande, Norwegen, Schweiz)
- In Deutschland wird Homeoffice in ca. 20 % der Unternehmen und Behörden in Teilbereichen und temporär eingesetzt; bedingt durch COVID-19 (»Corona«) wächst der Einsatz (→ Reaktion auf die Ansteckungsgefahr)

## Voraussetzungen, Folgen (Probleme)

- Ausdrückliche Erlaubnis vom Chef / Genehmigung
- Entgeltansprüche (Gehalt) bleiben erhalten
- Veränderung der Arbeitsabläufe und -strukturen
- Besondere Sicherung für die Arbeitsergebnisse
- Fürsorgepflicht von Arbeitgebern: jedoch Kontrollprobleme
- Vermischungen und Grenzüberschreitungen von privaten und beruflichen Bereichen
- Reduzierte soziale Kontakte
- Gefahr der zunehmenden Kunden- und Betriebsferne
- Problemfelder (für Arbeitnehmer)
  - Arbeitnehmerrechte
  - Arbeitszeitnachweise
  - Datenschutzprobleme
  - erschwerter Informationsfluss
  - psychische Probleme
  - reduzierte informelle Informationen
  - Scheinselbstständigkeit
  - sozialen Isolation
- Steuerrechtliche Probleme
- Versicherungen (gesetzl. Unfallversicherung bleibt erhalten)
- Arbeitszeit: Arbeitszeitgesetz gilt weiterhin
  - Tägliche Arbeitszeit: acht Stunden
  - Überstunden sind möglich (tägliche Arbeitszeit max. 10 Std.)
- Pausenregelung bleibt erhalten
- Beachten der Mitwirkungsrechte (Mitbestimmung)

» **Arbeitgeber** müssen **Vertrauen** aufbringen
» **Mitarbeitern Selbstorganisation** und **Selbstdisziplin**

## Vorteile für Arbeitnehmer

- einfachere **Verbindung** von **Beruf** und **Familie**
- freie **Zeiteinteilung**
- bessere Nutzung von **kreativen Phasen**
- eingesparter **Arbeitsweg**
- **Witterungs**unabhängigkeit
- höhere **Eigenverantwortung**
- höhere **Motivation**
- stärkere **Konzentration**

**»Die Verlockungen im Homeoffice sind groß.«**
**→ Großer Fehler beim Homeoffice – direkt im Bett zu arbeiten**

## Gestaltungsaspekte

- Räumlichkeiten / Platz / Infrastruktur
  Zugänge (Türen), Fenster (Licht, Luft)
  Elektrik und Telekommunikationsanschlüsse, Brandschutz
- Ergonomische Büroeinrichtung (Möbilar und Aufbau)
  Tisch(e), Sitzplätze, Regale, Equiqment (PC, Speicher, Drucker)
- Arbeitmaterialien (Bücher, Gesetzestexte, Normen, Vorschriften, Kollaborationssoftware, Office-Software, …)
- Bildschirmarbeitsplatzvorgaben betreffen
  - den Monitor (Größe, Strahlung), - die Tastatur
  - die Raum- und die Bildschirmbeleuchtung (Blendung, Helligkeit, Kontrast)
  - den Drucker (Geräusche, Lautstärke, Toner)
  - die Anschlüsse (Internet, …)
  - die Räumlichkeit (Datensicherung und -schutz, Feuchtigkeit, Lärm, Temperatur, Diebstahl)

## Empfehlungen für einen PC-Einsatz

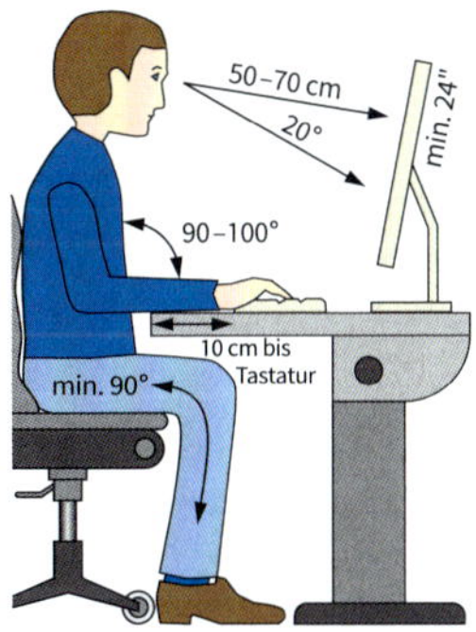


- Abstand Auge-Bildschirm: 50 – 70 cm
- Arbeitplatzfläche: (min.) 80 x 160 $cm^2$
- Bildschirmgröße: (min.) 24"
- Enfernung der Tastatur von der Tischkante: ca. 10 cm
- Lärmpegel (max.) 55 db
- Luftfeuchtigkeit: 40 – 60 %
- Raum-Temperatur: 20 – 22 °C
- Sitzbreite: 40 – 50 cm
- Sitzhöhe: 40 – 55 cm
- Tischhöhe: Sitzhöhe + (20 bis 30) cm

## (•) Ausstattung und (•) Problemlösung

- Gesonderter, ruhiger Raum
- Luftiger Raum – nicht zustellen (offene Atmosphäre)
- Geeignete Ausstattung (Abdunklungen, Ablagen, Beleuchtung, Bildschirm, Energieversorgung, Jalousien, PC, PC-Anschlüsse, Speicherwerke, Stuhl, Tastatur, Tisch, Tür (Abschließbarkeit))
- Gesonderter Denkbereich; Besinnungs-, Lese- u. Erholungsecke
- Eventuell Pflanzen, Kunst, Installationen
- Zerlegen Sie Problem in Teilaufgaben und lösen Sie dies schrittweise. Betonen Sie die positive Entwicklung.
- Bestätigen Sie andere Menschen (→ Lob); und auch sich selbst!

**»Entfernen Sie alle Ablenkungen.«**

## Motivation / Tipps

- Klares Arbeitskonzept / Strukturen / Pläne
- Arbeitsziele u. -schritte bestimmen (→ To-Do-Listen)
- Konzentration und klare Rituale
- Tageskalender und Kernarbeitszeit festlegen
- Kommunikationszeiten mit Kunden
- Kommunikationszeiten mit Vorgesetzten, Kollegen, Mitarbeitern
- Pausen, Routinen, Essen bedenken
- Keine Musik / keine Ablenkungen
- (Eigen-)Lob (bewusste Selbstmotivation), Dankbarkeit
- Spaziergänge / Bewegung
- Lesezeit
- eventuell Bürogemeinschaft
- bewusste Kontaktpflege (→ Telefonate)
- Videokonferenzen planen; Regeln absprechen und einhalten

## Kreativität

Unter Kreativität des Menschen versteht man beispielsweise die Fähigkeit

- Lösungen zu ersinnen, die im Wesentlichen neu sind (vorher unbekannt waren),
- für bekannte Probleme neue Lösungen zu entwickeln und
- Informationen neu zu kombinieren.

Eine kreative Tätigkeit ist immer absichtlich und zielgerichtet, nicht nutzlos oder phantastisch.

## Methoden der Kreativitätsförderung

**Verfremdung**
Probleme aus dem ursprünglichen Sinnzusammenhang lösen.

**Verzögerte Bewertung**
Frühzeitige Bewertung engt die Ideenvielfalt ein, negative Bewertungen unterlassen.

**Spielerisches Experimentieren**
Der Zufall erhält eine „Chance“, mit scheinbar „unmöglichen“ Assoziationen arbeiten.

## Kreativitätsblockaden

- Starre Fixierung auf bestimmte Lösungen
- Misserfolgserfahrungen, Versagensängste
- Leistungsdruck, Zeitdruck
- Perfektion
- Denkblockaden (z. B. durch Werte, Normen)
- Negative Einstellungen (z. B. gegenüber Sachen und gegenüber sich selbst)
- Anpassungsmentalität

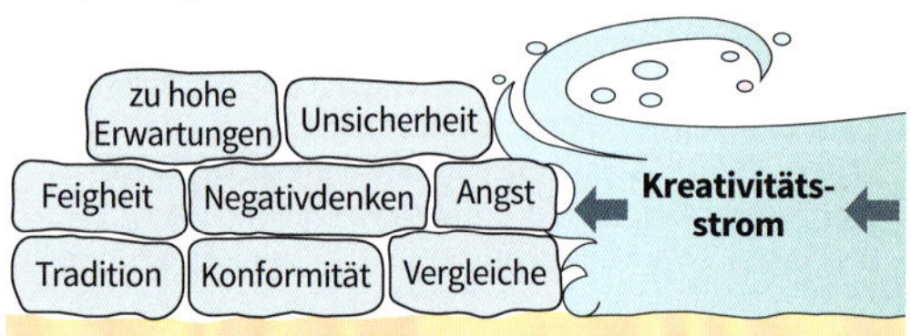


## Kreativitätsfördernde Persönlichkeitsmerkmale

- Konstruktive Hartnäckigkeit, hohe Motivation, große Frustrationstoleranz
- Neugier, Offenheit gegenüber externen Einflüssen, Spontaneität
- Selbstvertrauen und innere Unabhängigkeit
- Aktives Problembewusstsein
- Einfallsreichtum- und Denkflüssigkeit
- Originalität (Abweichung von der Norm)
- Lust auf Änderung, Umstrukturierung und Umbau
- Durchdringungsbereitschaft

## Kreativitätstechniken

Mit bestimmten Techniken lässt sich kreatives Verhalten stimulieren. Diese Kreativitätstechniken sollen den kreativen Prozess unterstützen, kanalisieren, beherrschbar machen und zielgerichtet optimieren.

**Beispiele**:

- **Brainstorming**

  Möglichst viele und in kürzester Zeit werden Gedanken, Ideen, Probleme, … von Gruppenmitgliedern gesammelt, festgehalten, nicht kommentiert und anschließend ausgewertet.

  Die Gruppenmitglieder können selbstständig bzw. moderierend arbeiten.

  Regeln:
  - Verboten sind Kommentare, Korrekturen oder Kritik an den Beiträgen.
  - Bereits geäußerte Beiträge können aufgegriffen, kombiniert oder weiter entwickelt werden.
  - Freies Assoziieren und phantasievolle Beiträge sind erwünscht.

- **Brainwriting**

  Diese Technik entspricht dem Brainstorming. Im Gegensatz dazu können die Teilnehmer in Ruhe ihre Beiträge schriftlich sammeln.

- **Walt-Disney-Methode**

  Ablauf:
  - Problemstellung wird thematisiert und aufgeschrieben.
  - Drei Gruppen mit folgenden Rollen werden gebildet: Träumer, Planer und Kritiker
  - Die Problemstellung wird wiederholt in der Reihenfolge Träumer, Planer und Kritiker bearbeitet, bis die „Kritiker“ keine Kritik mehr haben.

- **Umkehrmethode**

  Ablauf:
  - Das vorliegende Problem wird zum Gegenteil umformuliert.
  - Ideen werden mit Hilfe von Brainstorming gesammelt.
  - Gewonnene Ideen werden in ihr Gegenteil umgewandelt.

- **Mind-Mapping**

  Das zentrale Thema wird in der Mitte eines großen Blattes geschrieben. Ideen zum Thema, Stichwörter usw. werden auf Linien (Ästen), die vom zentralen Thema ausgehen, aufgeschrieben. Die Beiträge müssen nicht unbedingt logisch zum Thema passen. Erwünscht ist ein breites Spektrum an Ideen.

- **Morphologische Matrix**

  Das Problem wird in Unterprobleme unterteilt. Anschließend werden Teillösungen entwickelt, die dann zu einer Gesamtlösung kombiniert werden.

## Kartenabfrage

- **Funktion**
  - Mit der Abfrage verfolgt man das Ziel, Informationen (Probleme, Erwartungen, Ideen, …) zu erfragen und zu ordnen.
  - Die Teilnehmer werden dabei aktiviert und stellen durch ihre Beiträge Transparenz hinsichtlich der Problemstellung her.
  - Die Teilnehmer sehen auch, was andere denken und erfahren möglicherweise, dass Probleme ähnlich oder ganz anders gesehen werden.
  - Mit dieser Methode lassen sich Vertrauen und ein gutes Klima für die Zusammenarbeit herstellen.
  - Die Methode ist grundlegend für das Arbeiten im Büro, in der Verwaltung und beim Lösen technischer Probleme.

- **Ablauf**

  Bei der Kartenabfrage wird an einer Pinnwand eine visualisierte Frage gestellt. Die Teilnehmer schreiben ihre Antworten auf rechteckige Karten. Diese werden eingesammelt, sortiert und geordnet.

Arbeitshinweise für die Kartenabfrage

Frage im Wortlaut vorlesen, Inhalt gründlich erläutern und begründen

Beispiel auf Zuruf aufschreiben, andere Karte (andere Farbe) verwenden

Gewünschte Kartenzahl verteilen, Anzahl hängt von Problemstellung, Stellwänden und Zeit ab

Hinweise: Für jede Idee neue Karte, leserliche Schrift

Gruppe in Ruhe arbeiten lassen

Karten einsammeln und mischen

Karten selbst und/oder durch Gruppenmitglieder auf Stellwand anbringen

Gruppe befragen, ob noch wichtige Gedanken fehlen, ggf. ergänzen

Kartenabfrage auswerten: Z. B. Cluster bilden, bestimmte Karten farblich markieren, Umrahmungen vornehmen

## 635-Methode

Die Methode ist der Form nach eine Brainwriting-Methode und dient besonders der Entwicklung neuer und ungewöhnlicher Idee. Sie kann für Problemarten mit einfacher bis mittlerer Komplexität angewendet werden.

- **Ablauf**
  - Jeder der **6** Teilnehmer und Teilnehmerinnen erhält ein großes Blatt mit einer Tabelle: 3 Spalten und 6 Zeilen (18 Kästchen).
  - Jeder Teilnehmer muss jetzt in der ersten Zeile **3** Ideen (eine je Spalte) zum Problem formulieren.
  - Nach einer angemessenen Zeit von etwa 3 bis 5 Minuten werden die Blätter von allen im Uhrzeigersinn weitergereicht. Die Zeit ist abhängig vom Problem.
  - Der nächste Teilnehmer versucht jetzt, die bereits genannten Ideen aufzugreifen, zu ergänzen und weiterzuentwickeln usw., bis das Blatt **5-mal** weitergereicht wurde.

- **Vorteilhaft** bei dieser Methode ist die direkte Rückmeldung zwischen den Teilnehmern. Nachteilig ist die schwierige und starre Handhabung (Einengung der Kreativität).

## Szenario-Methode

- Bei dieser Methode entwerfen die Teilnehmer, ausgehend von der Gegenwart, mögliche zukünftige Szenarien. Grundlagen dafür sind gegenwärtige Fakten und Entwicklungstendenzen.
- Dazu müssen Zusammenhänge analysiert, Störfaktoren berücksichtigt und Entwicklungen kreativ weiterentwickelt werden.
- Prinzipiell gibt es drei Zukunftsentwicklungen:
  - Positives Extremszenario, günstigste Entwicklung
  - Negatives Extremszenario, ungünstigste Entwicklung
  - Fortschreibung der heutigen Situation in die Zukunft (Trendszenario)

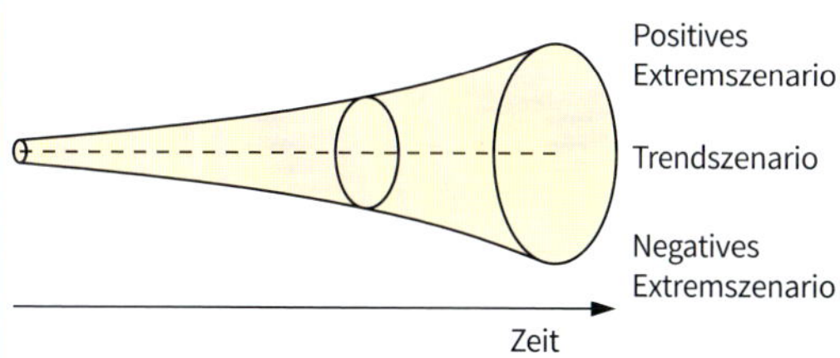

- Mit der **Gefährdungsbeurteilung**[1] hat der Arbeitgeber die Gefährdungen für die Beschäftigten beim Einrichten und Betreiben von Arbeitsstätten zu beurteilen.
- Zu beurteilen sind alle möglichen Gefährdungen der Gesundheit und Sicherheit.
- Die Gefährdungsbeurteilung muss fachkundig durchgeführt werden.
- Verfügt der Arbeitgeber nicht selbst über die entsprechenden Kenntnisse, hat er sich fachkundig beraten zu lassen.
- Die Gefährdungsbeurteilung ist **vor Aufnahme** der Tätigkeiten zu dokumentieren (Arbeitgeber).
- In der Dokumentation ist anzugeben:
  - Art der Gefährdungen am Arbeitsplatz,
  - durchzuführende Maßnahmen.
- Rechtliche Grundlage der Gefährdungsbeurteilung:
  - § 3 der Betriebssicherheitsverordnung
  - § 5 Abs. 1 des Arbeitssicherheitsgesetzes
  - § 4 Arbeitsschutzgesetz (regelt speziell die Rangfolge der Schutzmaßnahmen)

[1] Checklisten zur Gefährdungsbeurteilung: https://medien.bgetem.de/medienportal/artikel/U1owMjA-

## Ablauf der Gefährdungsbeurteilung

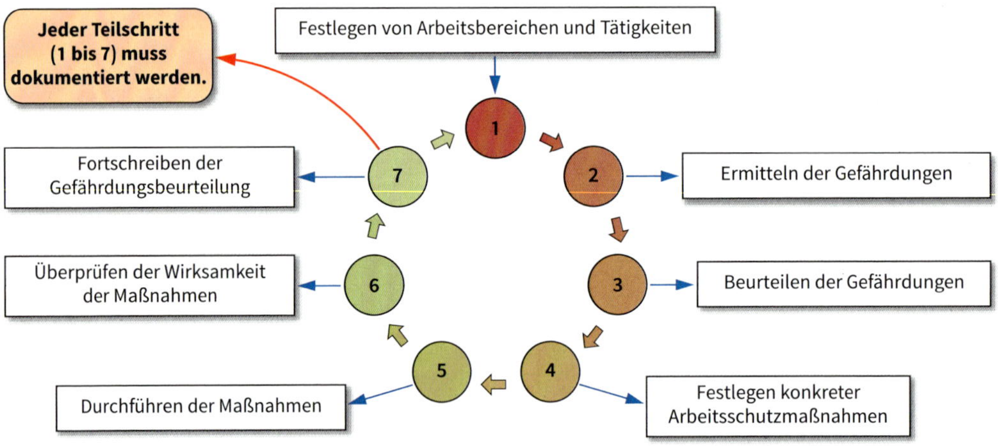


## Beispiele für mögliche Gefährdungen

- **Organisatorische Mängel**
  - Arbeitsablauf (Koordination, Absprache)
  - Arbeitsschutzorganisation
  - keine Vor-Ort-Einweisung
  - ungenügend qualifizierte Mitarbeiter
- **Mechanische Gefährdungen**
  - Teile mit gefährlichen Oberflächen (Ecken, Kanten, Spitzen)
  - Abstürzen (offene Schächte, Kanäle) und Einbrechen (Dach)
  - Ungeschützte bewegte Maschinenteile
- **Elektrische Gefährdung**
  - Gefährliche Körperströme (durch Berühren unter Span nung stehender Teile, schadhafte Isolationen)
  - Lichtbögen
  - Elektromagnetische Felder
  - Elektrostatische Aufladung
- **Gefährdung durch Stoffe**
  - Gefahrstoffe
  - Biologische, chemische Stoffe
  - Hautbelastungen
  - Staubbelastung
  - Belastung durch Gerüche
  - Asbest
- **Brand- und/oder Explosionsgefährdung**
  - Brandgefährdung durch Feststoffe, Flüssigkeiten, Gase
  - Zündquellen bei Brand- bzw. Explosionsgefahr
  - Brandfördernde Stoffe
  - offene Flamme (Schweißen) oder heiße Flächen (Löten)
- **Thermische Gefährdung**
  - Kontakt mit heißen oder kalten Medien
- **Gefährdung/Belastung durch Arbeitsumgebung**
  - Nässe, Kälte
  - Luftgeschwindigkeit
  - Lärm
  - Staub, Abgase
  - schlechte Beleuchtung
  - enge Räume/Behälter
- **Physikalische Einwirkungen**
  - Lärm
  - Ultraschall
  - Nichtionisierende Strahlung
  - Ionisierende Strahlung
  - Hand-Arm-Schwingungen
- **Sonstige Gefährdungen**
  - Andere Betriebe auf der Baustelle

## Versicherungsschutz

- Die Berufsgenossenschaften sind die Träger der gesetzlichen Unfallversicherung für die Unternehmen der Privatwirtschaft und deren Beschäftigte.
- Sie haben die Aufgabe, Arbeitsunfälle und Berufskrankheiten sowie arbeitsbedingte Gesundheitsgefahren zu verhüten.
- Der Versicherungsschutz erstreckt sich auf:
  - **Arbeitsunfälle**
  - **Wegunfälle**
  - **Berufskrankheiten**
- Die Berufsgenossenschaft und die Unfallkassen sind in der **DGUV** (**D**eutschen **G**esetzlichen **U**nfall**v**ersicherung) als gemeinsamem Dachverband organisiert.
- Das bestehende Vorschriften- und Regelwerk wurde ab dem 01.05.2014 in ein neues Bezeichnungssystem überführt. Dabei werden vier Kategorien unterschieden:
  - DGUV-Vorschriften,
  - DGUV-Regeln,
  - DGUV-Informationen,
  - DGUV-Grundsätze.

DGUV
Deutsche Gesetzliche Unfallversicherung
Spitzenverband

- Jede Publikation erhält eine eigene, in der Regel sechsstellige Kennzahl:
  - Vorschriften 1 bis 99,
  - Regeln 100 bis 199,
  - Informationen 200 bis 299,
  - Grundsätze 300 und aufwärts.

  Jeweils die zweite und dritte Stelle jeder Kennzahl zeigt die Zugehörigkeit in einem der 15 Fachbereiche der DGUV an.

## Ausgewählte DGUV-Vorschriften

| Bezeichnung | Titel, Erläuterungen |
|---|---|
| DGUV Vorschrift 1 | Grundsätze der Prävention |
| DGUV Vorschrift 3 | Elektrische Anlagen und Betriebsmittel |
| | Prüfung von in Betrieben verwendeten Elektrogeräten. |
| DGUV Vorschrift 6 | Arbeitsmedizinische Vorsorge |
| | Arbeitsmedizinische Vorsorgeuntersuchungen sind aufgeführt. |
| DGUV Vorschrift 9 | Sicherheits- und Gesundheitsschutzkennzeichnung am Arbeitsplatz |
| | Gefahrensymbole, Gebots- und Verbotszeichen sowie Kennzeichnung von Fluchtwegen, Erste-Hilfe-Einrichtungen usw. |

## Verhalten bei Unfällen

Betriebsanweisung zum Verhalten bei Unfällen:

### Verhalten bei Unfällen

Ruhe bewahren

**1. Unfall melden**
Telefon (Tel.-Nr. einfügen)
oder/und ..........................
**Wo** geschah es?
**Was** geschah?
**Wie viele** Verletzte?
**Welche** Arten von Verletzungen?
**Warten** auf Rückfragen!

**2. Erste Hilfe**
Absicherung des Unfallorts
Versorgung der Verletzten
Anweisungen beachten

**3. Weitere Maßnahmen**
Rettungsdienste einweisen
Schaulustige entfernen

- Die **Betriebsanweisung** ist eine Anweisung an die Beschäftigten im Rahmen der Pflichten des Arbeitsgebers innerhalb des Arbeitsschutzgesetzes.
- Es wird darin das arbeitsplatz- und tätigkeitsbezogene Verhalten im Betrieb geregelt, mit dem Ziel, Unfall- und Gesundheitsgefahren zu vermeiden.

## Hinweise zum Ausfüllen einer Unfallanzeige

- Die **Beschreibung des Unfallgeschehens** soll genaue Angaben zum Unfall und zu den näheren Umständen enthalten.
  Beispiele: Wo, wie, warum, unter welchen Umständen, Angabe der beteiligten Geräte oder Maschinen
- **Wichtige Angaben** sind:
  Betriebsteil bzw. Organisationseinheit, in dem sich der Unfall ereignete.
  Beispiele: Büro, Werkstatt, Verkauf, Lager
- **Tätigkeit**, die die verletzte Person ausübte.
  Beispiele: Kundenberatung, Leitungsinstallation, Reparatur eines Servers in der Werkstatt
- **Umstände**, die den Verlauf des Unfalls besonders kennzeichnen (unfallauslösende Umstände, welche Arbeitsmittel wurden benutzt bzw. an welchen Maschinen und Anlagen wurde gearbeitet).
  Beispiele: … beugte sich zu weit zur Seite, dadurch rutschte die Leiter weg … rutschte auf dem Fußboden aus …
- **Arbeitsbedingungen**, die mit dem Unfall im Zusammenhang stehen könnten.
  Beispiele: Hitze, Kälte, Lärm, Staub
- **Gefahrstoffe**, die mit dem Unfall im Zusammenhang stehen.
  Beispiele: Akkusäure, Lösungsmittel
- **Verletzte Körperteile** genau bezeichnen.
  Die Unfallbeschreibung kann auf der Rückseite des Vordrucks oder auf einem separaten Beiblatt erfolgen.

## Gesetzliche Grundlagen

- **Ziel**: Gesundheit aller Beschäftigten durch Maßnahmen des Arbeitsschutzes zu sichern und zu verbessern
- **Arbeitsschutzgesetz** (**ArbSchG**):
  Gesetz über die Durchführung von Maßnahmen des Arbeitsschutzes zur Verbesserung der Sicherheit und des Gesundheitsschutzes der Beschäftigten bei der Arbeit
- Verordnungen:
  - Arbeitsstättenverordnung (ArbStättV)
  - Baustellenverordnung (BaustellV)
  - Betriebssicherheitsverordnung (BetrSichV)
  - Bildschirmarbeitsverordnung (BildscharbV)
  - Lärm- und Vibrations-Arbeitschutzverordnung (LärmVibrationsArbSchV)
  - Lastenhandhabungsverordnung (LasthandhabV)
  - PSA-Benutzungsverordnung (**PSA**: **P**ersönliche **S**chutz**a**usrüstung, PSA-BV)
- **Mitbestimmung**:
  In Betrieben mit Betriebsräten besteht eine Aufsichts- und Mitbestimmungspflicht der Mitarbeitervertretungen, z. B. bei Risikobeurteilungen, Präventionsmaßnahmen, Wirksamkeitskontrollen.
- **Überwachung**:
  Zuständige Behörden und/oder Berufsgenossenschaften (BGV)

## Pflichten des Arbeitgebers

- Elektrische Anlagen und Betriebsmittel
  - nach den elektrotechnischen Regeln betreiben,
  - nur von einer Elektrofachkraft bzw. unter deren Aufsicht errichten, ändern und instand halten,
  - auf einen ordnungsgemäßen Zustand prüfen und
  - Mängel unverzüglich beseitigen.
- Erforderliche persönliche Schutzkleidung dem Arbeitnehmer zur Verfügung stellen.
- Sicherheitsrelevante Arbeitsgeräte (z. B. Leitern) in ausreichender Anzahl und technisch einwandfreiem Zustand zur Verfügung stellen.

## Pflichten des Arbeitnehmers

- Sicherheitstechnische Bestimmungen am Arbeitsplatz einhalten und Anweisungen befolgen.
- Vor Arbeitsbeginn alle sicherheitsrelevanten Arbeitsgeräte und Hilfsmittel überprüfen.
- Elektrotechnische Bestimmungen einhalten.
- Bei Übertragung der Unternehmerpflichten an die Elektrofachkraft (BGV A1, § 13) deren Einhaltung kontrollieren.
  Die Übertragung muss schriftlich bestätigt werden.
- Persönliche Schutzausrüstung tragen.

## Hinweiszeichen

- Hinweiszeichen dienen dem Arbeits- und Gesundheitsschutz
- Beispiele:

**Verbotszeichen**

P8

Berühren verboten

**Warnzeichen**

W3

Warnung vor giftigen Stoffen

**Gebotszeichen**

M1

Augenschutz tragen

## Handlungsschritte zum Arbeitsschutz

- Um den Arbeits- und Gesundheitsschutzes zu gewährleisten, sind die abgebildeten Schritte durchzuführen.
- Die Gefährdungsbeurteilung sollte ständig fortgeschrieben werden.
- Es ist sinnvoll, die einzelnen Schritte zu dokumentieren.

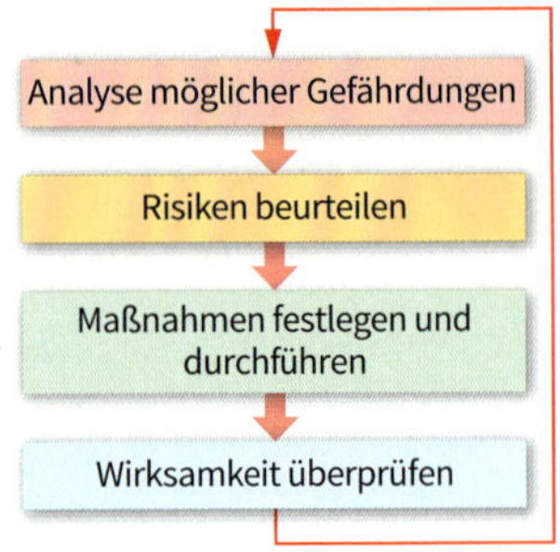


## Gefahrstoffverordnung

- Die Gefahrstoffverordnung (**GefStoffV**) dient dem Schutz vor gefährlichen Stoffen und ist im Arbeitsschutz verankert.
- Bei der Beurteilung der Gefährdung werden die physikalisch-chemischen und toxischen Eigenschaften sowie besondere Eigenschaften im Zusammenhang mit bestimmten Tätigkeiten unabhängig voneinander betrachtet.
- Um die Gefahren beim Arbeiten mit Gefahrstoffen abschätzen zu können, werden sie in vier Schutzstufen eingeteilt:
  1. Mindestmaßnahmen,
  2. Standardschutzstufe für Tätigkeiten mit Gefahrstoffen,
  3. Zusätzliche Anwendung bei Arbeiten mit giftigen und sehr giftigen Stoffen,
  4. Zusätzliche Anwendung bei Arbeiten mit krebserzeugenden, erbgutverändernden und fruchtbarkeitsschädigenden Stoffen.
- Symbolbeispiele:

Sehr giftig | Reizend | Hochentzündlich | Ätzend

## Gefahrenklassen

- Gefahrenklassen werden in Gefahrenkategorien unterteilt.
- Um den Schweregrad der einzelnen Gefährdungen zu erkennen, werden Gefahrenpiktogramme, Signalwörter und Gefahrenhinweise angegeben.

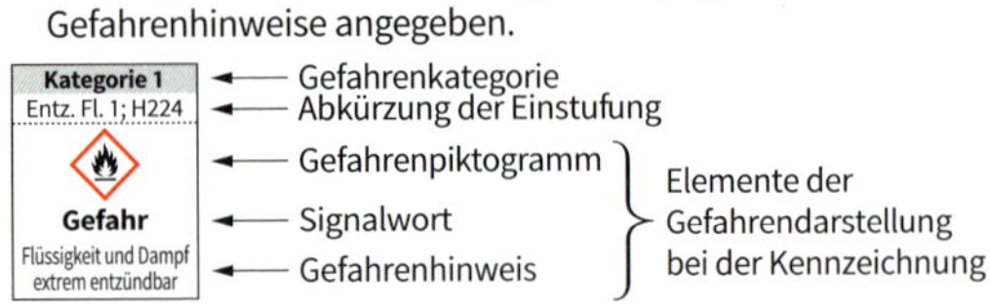


## Gefahrenhinweise

- Es handelt sich um einen standardisierten Text, der die Art und gegebenenfalls den Schweregrad der Gefährdung beschreibt.
- Beispiel:

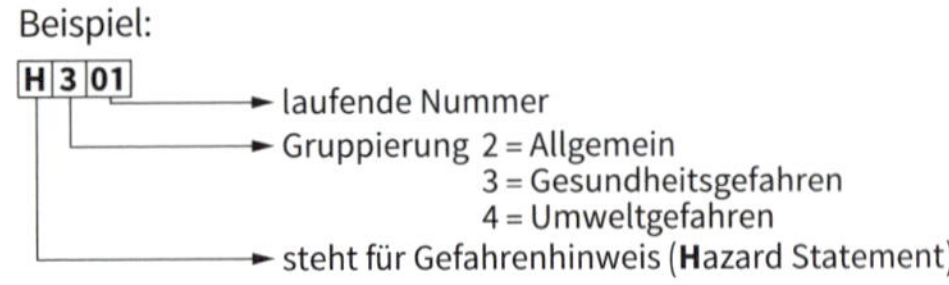

# Gefährdungen in IT-Räumen
## Hazards in IT-Rooms

### IT-Verknüpfungen

- Nach John von Neumann sind bei einer Rechenanlage folgende Komponenten zu unterscheiden:
  - die Ein- und Ausgabewerke, – die Datenspeicher,
  - die Programmspeicher, – die zentrale Verarbeitungseinheit.
- Bei vernetzten Systemen sind weiterhin zu beachten:
  - Verknüpfungsregeln und -zugriffe (Protokolle, ...)
  - Schutzgeräte (Proxy, Firewall) und externe Räume (Cloud)
  - Virenscanner, Codierungen und Verfahrensregeln
  - Unangreifbarkeit der Geräte, Daten, Verarbeitungen, ...
  - Virtuelle Systeme und Räume

### Hardware (Geräte, Komponenten)

- **Eingabe**

| | | |
|---|---|---|
| Tastatur | Digitizer | Klarschriftleser |
| Maus | Lichtgriffel | Strichcodeleser |
| Scanner | Joystick | Magnetbandleser |
| Spracheingabe | Kamera | |

- **Speicher (Datenträger)**

| | | |
|---|---|---|
| Diskette | Halbleiter | Magnetplatten |
| Streamer | WORM-Speicher | RAM-Chip |
| CD-ROM | MO-Speicher | PROM |
| DVD | Magnetband | EPROM |
| Lochstreifen | Magnetbandkassette | EEPROM |
| Memory-Card | Festplatte | DRAM / SRAM |

- **Ausgabe**

| | | |
|---|---|---|
| Bildschirm | Thermodrucker | Trommeldrucker |
| LCD/TFT-Bildschirm | Laserdrucker | Totoplotter |
| Signalgeber | Zeilendrucker | Nadeldrucker |
| Tischdrucker | Farbthermotransferdrucker | |

### Netzzugriffe

Unerlaubte Zugriffe auf ein Netz sind zu verhindern.
Einzuhalten sind:

- **Anmeldevorgänge**
  Identifizierende Anmeldung nur mit einem Benutzernamen und einem eindeutigen Passwort
- **Sicherheitsrelevante Aktionen** der Benutzer werden überwacht.
- **Zugriffskontrolle**
  Nur der Ressourcen-Besitzer hat eine vollständige Zugriffskontrolle. Dabei dürfen Benutzergruppen gebildet werden, deren Mitglieder jeweils die Zugriffskontrolle ausüben dürfen.
- Zugriffe auf **gelöschte Objekte** sind nicht mehr möglich.
- **Administratorenrechte**
  Die Rechte der Administratoren werden beschränkt. So kennen sie zum Beispiel nicht die Passwörter der Benutzer. Die Möglichkeit des Ausspionierens ist zu verhindern.

### Elementare Gefährdungen

- IT-Geräte und -Anwendungen sind auf unterschiedlichen Ebenen elementar gefährdet. Sie sind vielfältig vernetzt und verknüpft. Es droht jeweils der **Verlust der Verfügbarkeit**.
- Anbieter von zugehörigen Diensten müssen entsprechende Sicherungen gestalten und Vorgaben (Gesetze ...) beachten.
- **Störungen**, **Gefährdungen** und **Beeinträchtigungen** verbinden sich mit: Feuer, Staub, Blitzen, Naturkatastrophen, technischen Katastrophen (Unfälle), Elektro-magnetischer Störstrahlung, Schadprogrammen, Verstoß gegen Gesetze und schädigenden Manipulationen
- Zu definieren und zu beachten sind:
  - **Zuständigkeiten** und **Verantwortungen**
  - **Zugriffe**, **Aktivitäten**, **Modifikationen**, **Administrationen**
  - **Rollen** und **Perspektiven** (z. B. Datenschutzbeauftragter)
- Bedeutsam sind
  - **Modalverben** (→ müssen, können, dürfen, ...)
  - **Prozess-Bausteine** und -**Vorgaben**

### Beschreibungsansätze (Sicherheitsphilosophien)

- **Methodischer Ansatz**
  Formale (auch mathematische) Modellierungen von objektiven Sicherheitskriterien und -umsetzungen.
- **Personaler Ansatz**
  Hervorhebung der (lokalen) Verantwortung einzelner Akteure (Administratoren, Datenschutzbeauftragte, IT-Fachleute) für eine transparente und nicht manipulierbare Sicherheit.
- **Wertansatz**
  Betonung der legislativen Maßnahmen und Vorgaben (Gesetze, Richtlinien (auch Normen)) für die Definition sicherheitstechnischer Verfahren und Abläufe.

### Sicherungsarten von Daten

| | |
|---|---|
| **Normale (vollständige) Sicherung** | Alle ausgewählten Dateien werden vollständig gesichert. Dies ist zumindest bei der ersten Sicherung notwendig. Hierbei werden die Dateien markiert. Insofern werden alle Archiv-Dateiattribute deaktiviert. Für die inkrementelle und differenzielle Sicherung ist diese Markierung bedeutsam. |
| **Inkrementelle Sicherung** | Gesichert werden nur die Dateien, die markiert sind und die seit der letzten normalen oder inkrementellen Sicherung neu erstellt bzw. verändert wurden. Hierbei werden die Archiv-Dateiattribute deaktiviert. |
| **Differenzielle Sicherung** | Gesichert werden alle Dateien, die markiert sind und die sich seit der letzten normalen oder inkrementellen Sicherung geändert haben. Nicht gelöscht wird dabei das Attribut Archiv. |
| **Tägliche Sicherung** | Kopiert werden alle Dateien, die sich am Tag der Sicherung geändert haben. Diese Dateien werden als nicht gesichert markiert. Das Dateiattribut Archiv wird nicht gelöscht. |
| **Kopie Sicherung** | Gesichert werden alle ausgewählten Dateien. Nicht gelöscht wird das Attribut Archiv. |

### Gesetzliche Vorgaben / Regelungen

- EU-DSGVO, BDSG (→ Anlage), Telekommunikationsgesetz
- IT-Checklisten

**Erste-Hilfe-Kasten**

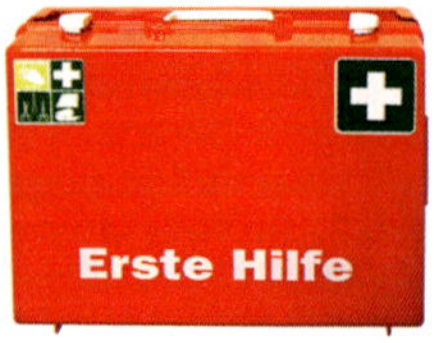


**Logo: Erste Hilfe**

**Notfall-Rettungskette**

1. Sofortmaßnahme
2. Notruf
3. Erste Hilfe
4. Rettungsdienst
5. Krankenhaus

Notruf
- **Wo** ist was geschehen?
- **Was** ist geschehen?
- **Wie** viele Verletzte gibt es?
- **Welche** Verletzungen sind vorhanden?
- **Warten** auf Rückfragen!

**Kostenfreie Rufnummern:**
**110 und 112**

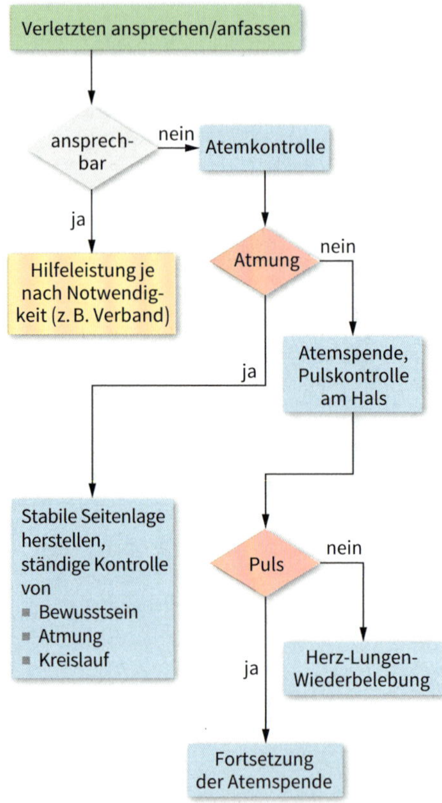


| | **Versagen der Atmung/ Atemstillstand** | **Herzversagen/ Herzstillstand** | **Kreislaufversagen/Schock** | **Starke Blutung** |
|---|---|---|---|---|
| **Symptome** | ▪ Flache, unregelmäßige Atmung bzw. keine Atembewegung mehr wahrnehmbar<br>▪ keine Atemgeräusche hörbar<br>▪ bläuliche Verfärbung der Haut (Lippen, Ohrläppchen)<br>▪ Bewusstlosigkeit | ▪ Bewusstlosigkeit<br>▪ erweiterte Pupillen<br>▪ blaue oder weißliche (blasse) Verfärbung der Haut | ▪ Schwacher, beschleunigter Puls<br>▪ feuchte, blasse, kalte Haut<br>▪ Unruhe, Angst | ▪ Bei Verletzung der Schlagader pulsierender Blutaustritt<br>▪ hellrote Farbe des Blutes |
| **Maßnahmen** | ▪ Verletzten in stabile Seitenlage bringen<br>▪ Mund- und Rachenraum von Fremdkörpern (Speisereste, Erbrochenes) säubern<br>▪ Bei Atemstillstand mit der Atemspende beginnen<br>▪ Atmung überwachen | ▪ Sofort mit Herzdruckmassage beginnen<br>▪ Achtung: Ersthelferausbildung ist hierfür unbedingt erforderlich | ▪ Schocklage herstellen (Oberkörper flach legen, Beine schräg nach oben)<br>▪ Achtung: Schocklage nicht bei Verletzung der Beine oder Wirbelsäule<br>▪ vor Unterkühlung schützen<br>▪ durch Ansprache beruhigend wirken<br>▪ Atmung und Puls kontrollieren | ▪ Druckverband anlegen, sterile Auflage (Einmalhandschuh verwenden!)<br>▪ leichte Blutung aus Nase: Kopf nach vorne neigen, Kinn in die Hand stützen lassen, kalter Umschlag auf den Nacken<br>▪ bei verletzter Schlagader die Ader abdrücken bzw. abbinden |

## GHS

- **GHS**: **G**lobally **H**armonised **S**ystem of Classification and Labelling of Chemicals
- GHS ist ein weltweit einheitliches System zur Einstufung von Chemikalien sowie deren Kennzeichnung auf Verpackungen und in Sicherheitsdatenblättern der Vereinten Nationen („weltweit" bedeutet gegenwärtig: Die wichtigsten Industrieländer).
- Die bisher in der EU geltenden Kennzeichnungsmethoden für Gefahrstoffe werden ersetzt:
  - Gefahrensymbole ⇒ **Gefahrenpiktogramme**
  - R-Sätze ⇒ **H-Sätze** (**H**azard Statements)
  - S-Sätze ⇒ **P-Sätze** (**P**recautionary Statements)
- Die GHS-Verordnung wird auch als **CLP-Verordnung** (**C**lassification, **L**abelling and **P**acking) bezeichnet.
  Genaue Bezeichnung: Verordnung (EG) Nr. 1272/2008, Anwendung auf Stoffe ab 1. Dezember 2010, auf Gemische ab 1. Juni 2015.

## H- und P-Sätze

- Es handelt sich bei den Sätzen um Gefahren- und Sicherheitshinweise (**H**azard und **P**recautionary).
- Sätze sind knappe Kennzeichnungen. Sie haben die Aufgabe wie die R- und S-Sätze in den bisherigen EU-Kennzeichnungen.
- H-Sätze (Beschreibung von Gefahren):
  - H200-Reihe: Physikalische Gefahren
    **Beispiel**: H220: Extrem entzündbares Gas
  - H300-Reihe: Gesundheitsgefahren
  - H400-Reihe: Umweltgefahren
- P-Sätze (Sicherheitshinweise):
  - P100-Reihe: Allgemeines
  - P200-Reihe: Prävention
    **Beispiel**: P232: Vor Feuchtigkeit schützen
  - P300-Reihe: Reaktion
  - P400-Reihe: Aufbewahrung
  - P500-Reihe: Entsorgung

## Gefahrstoffpiktogramme

| Bezeichnung, Piktogramm, Codierung | | Erläuterungen Warnung vor … |
|---|---|---|
| Explodierende Bombe GHS01 |  | – explosionsfähigen Chemikalien. |
| Flamme GHS02 |  | – leicht oder extrem entzündbaren Chemikalien,<br>– explosionsfähigen Gasen. |
| Flamme über einem Kreis GHS03 |  | – Oxidationsmitteln, die Brände verstärken oder auslösen können |
| Gasflasche GHS04 |  | – Druckgasen in Flaschen oder anderen Behältern. |
| Ätzwirkung GHS05 |  | – Verätzungen organischen Gewebes, Korrosion bzw. Auflösung von Metallen. |
| Totenkopf mit gekreuzten Knochen GHS06 |  | – akuter Toxizität (Vergiftung). |
| Ausrufezeichen GHS07 |  | – Minderschweren Gefahren, z. B. Hautreizung, Hautallergie, schwächerer Vergiftung. |
| Gesundheitsgefahr GHS08 |  | – Erkrankungen, die mit schweren Leiden verbunden sind (Schädigung innerer Organe) |
| Umwelt GHS09 |  | – Umweltgefahren, z. B. Gewässer, Boden, Atmosphäre. |

## Kennzeichnungsbeispiel für Wasserstoff

**Wasserstoff**

**Gefahr**

**Gefahrenhinweise**

H220: Extrem entzündbares Gas.
H280: Enthält Gas unter Druck, kann bei Erwärmung explodieren.
H210: Von Hitze, Funken, offener Flamme und heißen Oberflächen fernhalten. Nicht rauchen.

**Sicherheitshinweise**

P377: Brand von ausströmendem Gas: Nicht löschen, bis Undichtigkeit gefahrlos beseitigt werden kann.
P381: Alle Zündquellen entfernen, wenn gefahrlos möglich.
P410 und P403: Vor Sonnenbestrahlung geschützt an einem gut belüfteten Ort aufbewahren.

## Gefahrenklassen

- Die GHS-Verordnung beschreibt 28 Gefahrenklassen. Sie geben die Art der Gefahr an, z. B. bei entzündbaren Flüssigkeiten.
- Jede Gefahrenklasse ist in Gefahrenkategorien unterteilt, die nach der „Schwere" der Gefahr abgestuft sind. Je höher die Zahl der Kategorie, desto schwächer ist die Gefahr.
  **Beispiel**: Die Gefahrenklasse 2.6 „entzündbare Flüssigkeiten" ist in drei Kategorieen unterteilt:
  1: Flammpunkt < 23 °C und Siedebeginn ≤ 35 °C
  2: Flammpunkt < 23 °C und Siedebeginn > 35 °C
  3: Flammpunkt < 23 °C und ≤ 60 °C

## Wirkungen des elektrischen Stromes auf den menschlichen Körper

**Physiologische Wirkungen**

- Bei $I_k < 0{,}5$ mA ① wird ein **leichtes Kribbeln** wahrgenommen.
- Bei $I_k > 1$ mA ② kommt es zu **Muskelverkrampfungen**. Die Berührungsstelle kann mitunter nicht mehr losgelassen werden.
- Bei $I_k$ etwa ab 50 mA kann **Herzkammerflimmern** ③ zum **Herzstillstand** ④ führen.
- Kurze Stromeinwirkungen („Wischer") können zu **Folgeschäden** (z. B. Sturz von der Leiter) führen.

**Wärmewirkungen**

- Verbrennungsmarken an der Stromeintrittstelle
- Gerinnung von Bluteiweiß
- Platzen von roten Blutkörperchen

**Chemische Wirkungen**

- Zersetzung der Zellflüssigkeit
- Vergiftung durch Zersetzungsprodukte

## Stromstärkenbereiche bei Wechselstrom (50 Hz) und Gefährdungsbereiche

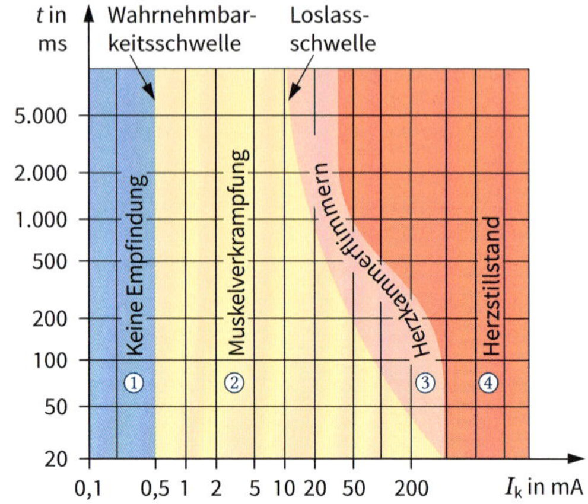


$I_k$: Stromstärke durch den menschlichen Körper

Weitere Einflussgrößen:
Einwirkungszeit, Körperbau, Hautbeschaffenheit (feucht, trocken), körperliche Verfassung

## Möglicher Weg des Stromes durch den Körper

Am Gerät sind keine Schutzmaßnahmen vorhanden.

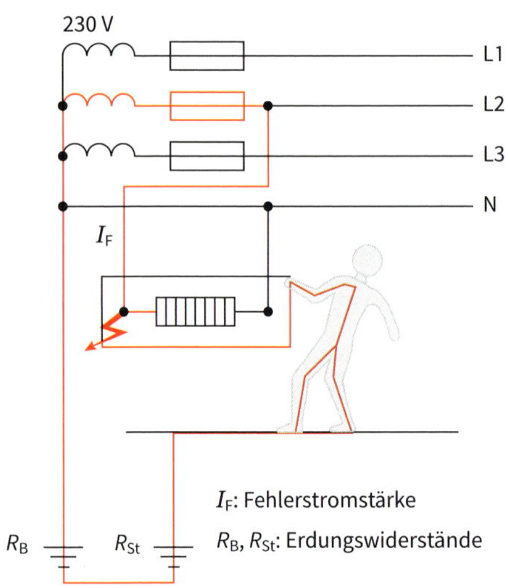


$I_F$: Fehlerstromstärke

$R_B$, $R_{St}$: Erdungswiderstände

Widerstände des menschlichen Körpers (vereinfacht).

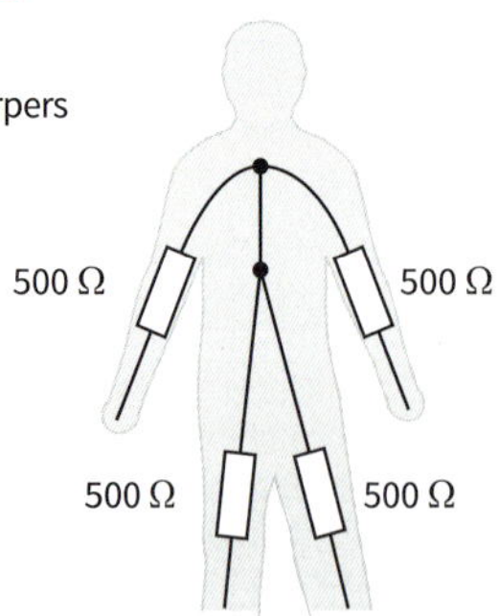


## Erst-Maßnahmen je nach Notfallsituation

**Spannung abschalten**

↓

**Verunglückten aus dem Gefahrenbereich bringen**

↓

**Arzt oder Rettungsdienst rufen**

↓

**Verletzung feststellen**

↓

**Verunglückten in stabile Seitenlage bringen**

↓

**Bei Atem- oder Kreislaufstillstand Atemspende oder Herzmassage veranlassen**

↓

**Bei Schock den Verunglückten in Schocklage bringen**

## Leistung – physikalisch

- Mit der Leistung kennzeichnet man die Wirksamkeit der elektrischen Energieumwandlung von Bauteilen, Geräten und Anlagen. Beispiele:
  - Lampe ⇒ Licht
  - Heizofen ⇒ Wärme
  - Motor ⇒ Kraft, Bewegung

| | Formelzeichen | Einheit |
|---|---|---|
| **Leistung** | $P$ | W (Watt) |

- Je größer die Leistungsangabe, desto mehr elektrische Energie kann in derselben Zeit umgewandelt werden.

## Leistungsschild

Beispiel: **PC-Netzteil**, $P$ = 170 W, bzw. 303 W ①

| | | | | | | | | |
|---|---|---|---|---|---|---|---|---|
| $S^2FC^2A^1$ **ATX 12 V VER. 1.2** | | | | | | | | |
| MODEL: EG301AX-VE(G) | | | | | | | | |
| AC ⑤ INPUT | ② 230 V~, ③ 50 Hz, 2.3 A ④ | | | | | | | |
| DC ⑥ OUTPUT | +3.3V | +5V | +12V | −5V | ⑦ −12V | +5VSb | +3.3V & 5V | TOTAL POWER |
| | 28A | 30A | 22A | 1A | 1A | 2.2A | 170 W | 303 W ① |
| FMA | 8CM FAN SPEED MONITORING BY M/B & ADJUSTABLE | | | | | | | |
| $S^2$ | Smart & Silent | | | | | | | |
| $FC^2$ | 2 Thermal Fan-control Fans | | | | | | | |
| $A^1$ | One Adjustable Fan (manual Control outside) | | | | | | | |

- Elektrotechnische Kenngrößen im Leistungsschild
  - **Elektrische Spannung** der Energieversorgung ② 230 V (Volt) Wechselspannung. Es handelt sich um eine Wechselspannung, das bedeutet, dass die Polarität sich ständig ändert und zwar mit der Frequenz von 50 Hz (Hertz) ③.

| | Formelzeichen | Einheit |
|---|---|---|
| **Spannung** | $U$ | V (Volt) |

  - Neben der elektrischen Spannung ist die **elektrische Stromstärke** von 2,3 A (Ampere) angegeben ④.

| | Formelzeichen | Einheit |
|---|---|---|
| **Stromstärke** | $I$ | A (Ampere) |

  - Die elektrische Stromstärke und Spannung sind die beiden Größen, die die Leistung bestimmen. Die Leistung ist das Produkt aus Spannung und Stromstärke.

$$P = U \cdot I$$

- Abkürzungen im Leistungsschild
  - **AC**: **Al**ternating **C**urrent (wird für Wechselspannung verwendet, obwohl die Übersetzung lautet: Wechselstrom) ⑤
  - **DC**: **D**irect **C**urrent (Gleichstrom) ⑥

  Diese beiden Angaben machen deutlich, dass am Eingang des PC-Netzteils eine Wechselspannung anliegt und diese dann in verschieden große Gleichspannungen umgewandelt wird, mit denen PC-Komponenten versorgt werden.

  Eine **Gleichspannung** ändert die Polarität nicht. Die Quelle verfügt über einen Plus- und einen Minuspol.

  Das Netzteil liefert folgende Gleichspannungen ⑦: +3,3 V; +5 V; +12 V; −5 V; −12 V

## Physikalisch-technische Größen

- Wenn man den Wert einer Größe angeben will, muss man den Zahlenwert und die dazugehörige Einheit nennen, in der diese Größe gemessen wird.
- Die Zeichen für den Zahlenwert und die dazugehörige Einheit werden im gedruckten Text in senkrechter und die Größe in kursiver Schrift gesetzt.
- Der Zusammenhang zwischen Zahlenwert und Einheit lässt sich durch folgende Größengleichung ausdrücken:

  **Größenwert = Zahlenwert · Einheit**

  Beispiel: $P$ = 303 W

## Leistung – allgemein

- Man spricht im allgemeinen Sprachgebrauch von einer Leistung ($P$, Power), wenn man eine Arbeit ($W$, Work) in einer bestimmten Zeit ($t$) verrichtet hat.
- Der Zusammenhang lässt sich in Form einer Größengleichung ausdrücken:

$$P = \frac{W}{t}$$

## Leistung – informationstechnisch

- In der Informationstechnik wird der physikalische Leistungsbegriff im Sinne von „Power“ verwendet, wenn es z. B. um die Wirksamkeit der elektrischen Energieversorgung geht.
- Für die **Leistungsfähigkeit** informationstechnischer Systeme, einzelner Komponenten oder Übertragungssysteme wird dagegen in der Regel der Begriff „**Performance**“ verwendet, der nicht im Zusammenhang dem physikalischen Leistungsbegriff steht. Die Performance kann gemessen und verglichen werden.
- **Beispiele** für Messwerte zur Performance-Ermittlung von PC-Systemen:
  - Anzahl von Rechenoperationen pro Sekunde in **FLOPS** (**Flo**ating Point **O**perations **P**er **S**econd)
  - Datentransferrate, Datendurchsatz
  - In Speichersystemen: Geschriebene oder gelesene Datenmenge pro Zeit
  - Bandbreite einer Datentransportverbindung in Hz

## Bewertung der Performance

- In der Informationstechnik werden Tests eingesetzt, um z. B. unter Anwendungs- und Grenzbedingungen die Rechenleistung von Prozessoren, die Effektivität einer Software oder die Stabilität von Prozessen zu untersuchen. Der dabei gewonnen Maßstab kann dann auf ähnliche Objekte bzw. Situationen übertragen und so die Leistungsfähigkeiten verglichen werden.

  Das Verfahren wird als **Benchmarking** (sinngemäß: Maßstäbe vergleichen) bezeichnet (Benchmark = Maßstab).
- Beispielsweise hat die **SPEC** (**S**tandard **P**erformance **E**valuation **C**orporation, Vereinigung von Computerherstellern) vergleichbare Bewertungskriterien und Messverfahren für die Rechenleistung von Computern standardisiert.

## Grundverständnis

- Rechtliche Vorgaben regulieren, normieren und ordnen das Zusammenleben von Menschen im gesellschaftlichen Zusammenhang.
- Dazu kommen Verordnungen, Satzungen und Erlasse.
- Unterschieden werden:

**Gewohnheitsrecht** → | ← **Geschriebenes Recht**

**Privates Recht** → | ← **Öffentliches Recht**

- **Gewohnheitsrecht**
  Es basiert auf
  - mündlichen Überlieferungen
  - allgemeinen Rechtsüberzeugungen
  - ständigen Übungen
- **Geschriebenes Recht**
  Es ermöglicht eine präzise Festlegung rechtlicher Inhalte.
  Dazu gehören z. B.:
  - Verfassung / Grundgesetz
  - Gesetze
  - Rechtsverordnungen
  - Satzungen
  - Erlasse
- **Öffentliches Recht**
  Verfassungsrecht, Strafrecht, Finanzrecht, Verwaltungsrecht, Kollektives Arbeitsrecht, Prozessrecht, Sparkassenrecht ...
- **Privates Recht**
  Bürgerliches Recht, Handelsrecht (Gesellschaftsrecht, Wertpapierrecht, ...), Arbeitsrecht, Urheberrecht, Verlagsrecht, ...

## BGB

- 1900: Basisfassung
- 2002: Aktuelle Bekanntmachung
- Von zentraler Bedeutung für das Zusammenleben der Menschen ist das Bürgerliche Gesetzbuch (BGB).
- Das BGB gliedert sich in 5 Bücher auf.

**Aufbau**

- **Buch 1 – Allgemeiner Text** (§§ 1-240)
  Personen / Sachen und Tiere / Rechtsgeschäfte
- **Buch 2 – Recht der Schuldverhältnisse** (§§ 241-853)
  Schuldverhältnisse / Verträge
- **Buch 3 – Sachenrecht** (§§ 854-1296)
  Besitz / Eigentum / Dienstbarkeiten
- **Buch 4 – Familienrecht** (§§ 1297-1921)
  Ehe / Scheidung / Verwandtschaft
- **Buch 5 – Erbrecht** (§§ 1922-2385)
  Erbfolge / Erben / Testament

## Internet und Recht

- Das Internet ist kein rechtfreier Raum. Die Durchsetzung von Rechten ist hier zum Teil kompliziert. In diesem Zusammenhang wird auch vom „rechtsfolgelosen Raum“ gesprochen. Verursacht wird dies durch
  - fehlende rechtliche Vorgaben / Regelungen / Gesetze
  - die Veränderung des territorialen Bezugsraums des Rechts.
- Mit Blick auf die moderne Informationstechnik sind folgende Grundtexte bzw. Rechtsbücher bedeutsam:
  - *EU-DSGVO – europäische Datenschutzgrundverordnung*
  - *BGB – Bürgerliches Gesetzbuch*
  - *BDSG – Bundesdatenschutzgesetz*
  - *StGB – Strafgesetzbuch*
  - *TKG – Telekommunikationsgesetz*

## StGB

§ 13 – Begehen durch Unterlassen
§ 14 – Handeln für einen anderen
§ 15 – Vorsätzliches und fahrlässiges Handeln
§ 16 – Irrtum über Tatumstände
§ 17 – Verbotsirrtum
§ 19 – Schuldunfähigkeit des Kindes (bis zum 14 Lebensjahr)
§ 21 – Verminderte Schuldfähigkeit
§§ 25-31 – Täterschaft und Teilnahme
§ 32 – Notwehr (vgl. Art. 2 (2; a)
§ 60 – Absehen von Strafe
§ 74d – Einziehung von Schriften und Unbrauchbarmachung
§§ 185-187 – Beleidigung / Üble Nachrede / Verleumdung
§ 201 – Verletzung der Vertraulichkeit des Wortes
§ 202 – Verletzung des Briefgeheimnisses
§ 202a – Ausspähen von Daten
§ 263a – Computerbetrug (vgl. §§ 303, 303a, 303b)
§ 267 – Urkundenfälschung
§ 268 – Fälschung technischer Aufzeichnungen
§ 270 – Täuschung im Rechtsverkehr bei Datenverarbeitung

**StGB – § 185. Beleidigung.**
Die Beleidigung wird mit Freiheitsstrafe bis zu einem Jahr oder mit Geldstrafe und, wenn die Beleidigung mittels einer Tätlichkeit begangen wird, mit Freiheitsstrafe bis zu zwei Jahren oder mit Geldstrafe bestraft.

**StGB – § 186. Üble Nachrede.**
Wer in Beziehung auf einen anderen eine Tatsache behauptet oder verbreitet, welche denselben verächtlich zu machen oder in der öffentlichen Meinung herabzuwürdigen geeignet ist, wird, wenn nicht diese Tatsache erweislich wahr ist, mit Freiheitsstrafe bis zu einem Jahr oder mit Geldstrafe und, wenn die Tat öffentlich oder durch Verbreiten von Schriften begangen ist, mit Freiheitsstrafe von bis zu zwei Jahren oder mit Geldstrafe bestraft.

**StGB – § 187. Verleumdung.**
Wer wider besseres Wissen in Beziehung auf einen anderen eine unwahre Tatsache behauptet oder verbreitet, welche denselben verächtlich zu machen oder in der öffentlichen Meinung herabzuwürdigen oder dessen Kredit zu gefährden geeignet ist, wird mit Freiheitsstrafe bis zu zwei Jahren oder mit Geldstrafe und, wenn die Tat öffentlich, in einer Versammlung oder durch Verbreiten von Schriften begangen wird, mit Freiheitsstrafe bis zu fünf Jahren oder mit Geldstrafe bestraft.

## Funktion

- Die Brandschutzordnung soll das Verhalten der Personen innerhalb eines Gebäudes oder Betriebs im Brandfall regeln. In ihr werden Maßnahmen zur Verhütung von Bränden angegeben. Sie gilt als Hausordnung bzw. allgemeine Geschäftsbedingung.
- Die Brandschutzordnung steht im Zusammenhang mit einem Branschutzplan
- Die DIN 14096: 2014-05 enthält Vorgaben für eine Brandschutzordnung und ist in die Teile A, B und C gegliedert.

## DIN 14096, Teil A

- Es handelt sich um einen **Aushang**, der sich an **alle** im Gebäude aufhaltenden **Personen** (Beschäftigte, Besucher usw.) richtet.

Brandschutzordnung Teil A

**Brände verhüten**

Offenes Feuer verboten

**Verhalten im Brandfall**

Ruhe bewahren

---

Brand melden
Wo brennt es?
Was passiert?
Wie viele Verletzte?
Welche Arten von Verletzungen?

Druckknopfmelder

Pförtner 211

---

In Sicherheit bringen

Gefährdete Personen warnen
Hilflose mitnehmen
Türen schließen

Gekennzeichneten Fluchtwegen folgen

Auf Anweisungen achten

---

Löschversuch unternehmen

Feuerlöscher benutzen

Brandschutzmittel benutzen

## DIN 14096, Teil B

- Teil B richtet sich vor allem an die **Mitarbeiter des Betriebs** und wird allen Miarbeitern in schriftlicher Form ausgehändigt.
- Aufgeführt sind wichtige Regeln zur Verhinderung von Brand- und Rauchausbreitung, zur Freihaltung der Flucht- und Rettungswege und Regeln über das Verhalten im Brandfall.

## DIN 14096, Teil C

- Teil C richtet sich an die **Mitarbeiter des Betriebs**, die mit **Brandschutzaufgaben** betraut sind (Fachkräfte für Arbeitssicherheit, Sicherheitsbeauftragte, Brandschutzbeauftragte usw.)

## Regeln zum Verhindern von Brand und Rauch

- **Brandverhütung**

Rauchen und Umgang mit offenem Licht und Feuer ist in allen Gebäudeteilen verboten.

- **Brand- und Rauchausbreitung**

**Brandschutztür** – Brandschutztüren befinden sich in den Fluren zwischen Alt- und Neubau.

**Rauchschutztür** – Sie dürfen nicht durch Verkeilen, Anbinden oder vorgestellte Gegenstände offengehalten werden.

**Rauchabzug** – Rauchabzugseinrichtungen befinden sich im Alt- und Neubau. Sie werden durch Rauchmelder ausgelöst.

- **Fluchtwege**

**Feuerwehrzufahrt**

Zufahrten und Aufstellflächen für Feuerwehr-Einsatzfahrzeuge sind unbedingt freizuhalten.

Flucht- und Rettungswege sind unbedingt freizuhalten.

Hinweise und Verbotsschilder dürfen nicht verdeckt oder verstellt werden.

- **Meldeeinrichtungen**

Nächstgelegenes Telefon oder Druckknopfmelder in den Fluren und Treppenhäusern.

- **Löscheinrichtungen**

Feuerlöscher in den Fluren

Löschdecke in den Fluren zwischen Alt- und Neubau

- **Verhalten im Brandfall**

Ruhe bewahren!
Keine Panik durch unüberlegtes Handeln!

- **Brand melden**

Feuerwehr
Telefon 112
Wo brennt es?
Was brennt?

Einschlagen des Glases und Betätigen des Druckknopfs

- **Meldeeinrichtungen**

Gefahrenbereich über gekennzeichnete Fluchtwege verlassen. Behinderte und verletzte Personen mitnehmen.

Aufzüge nicht benutzen.
Verqualmte Räume gebückt verlassen.
Am Sammelplatz einfinden.

- **Löschversuche unternehmen**

Feuerlöscher benutzen. Von vorne nach hinten und von unten nach oben löschen. Mehrere Löscher gleichzeitig einsetzen.

Personen mit brennender Kleidung am Fortlaufen hindern, sofort auf den Boden legen und die Flammen mit Löschdecken … ersticken.

## Brände

- Brände werden nach den brennenden Stoffen in **Brandklassen** eingeteilt. Diese Klassifizierung ist notwendig, um geeignete Löschmittel zu verwenden.
- In der Europäischen Norm **DIN EN 2: 2005-01** werden die Brandklassen A, B, C, D und F unterschieden.
- Die Farbe der Symbole ist nicht festgelegt. Üblich ist Schwarz auf weißem Grund, bei Handfeuerlöschern häufig Weiß auf rotem Grund.

## Brandklasse A

Brände von festen Stoffen, hauptsächlich organisch; Verbrennung erfolgt normalerweise unter Glutbildung

- **Beispiele**: Holz, Papier, Kohle, Heu, Stroh, Kunststoffe, Textilien, Autoreifen
- **Löschmittel**: Wasser, wässrige Lösungen, Schaum, ABC-Pulver[1)], Gase, Löschdecken

## Brandklasse B

Brände von flüssigen oder flüssig werdenden Stoffen; auch Stoffe, die durch Temperaturerhöhung flüssig werden

- **Beispiele**: Benzin, Öle, Alkohol, Teer, Wachs, viele Kunststoffe, Ether, Lacke, Harz, Fette
- **Löschmittel**: Wasser, wässrige Lösungen, Schaum, ABC-Pulver[1)], Gase, Löschdecken

## Brandklasse C

Brände von Gasen

- **Beispiele**: Methan, Propan, Butan, Acetylen, Wasserstoff, Erdgas, Stadtgas
- **Löschmittel**: ABC-Pulver[1)], BC-Pulver, Kohlenstoffdioxid nur in Ausnahmefällen (hierfür gibt es sehr selten speziell konstruierte Sonderfeuerlöscher mit Gasstrahldüse), Gaszufuhr durch Abschiebern der Leitung unterbinden
- **Hinweis**: Brände von Gasen sind in der Regel erst dann zu löschen, wenn die Gaszufuhr unterbunden werden kann, da sich sonst ein explosionsfähiges Gas-Luft-Gemisch bilden kann.

[1)] Trockenlöschmittel in Pulverform, sehr fein zerteilter Feststoff

## Brandklasse D

Brände von Metallen

- **Beispiele**: Aluminium, Magnesium, Natrium, Kalium, Lithium und deren Legierung
- **Löschmittel**: Metallbrandpulver (D-Pulver), trockener Sand, trockenes Streu- oder Viehsalz, trockener Zement, Grauguss-Späne
- **Hinweis**: Niemals Wasser als Löschmittel verwenden!

## Brandklasse F

Brände von Speiseölen/-fetten (pflanzliche oder tierische Öle und Fette) in Frittier- und Fettbackgeräten und anderen Kücheneinrichtungen und -geräten

- **Beispiele**: Speiseöle und Speisefette
- **Löschmittel**: Fettbrand-Löscher mit Spezialöschmittel zur Verseifung, Pulver-Löscher nur bedingt
- **Hinweis**: Niemals Wasser als Löschmittel verwenden!

## Einsatz von Handfeuerlöschern

- Feuerlöscher mindestens alle zwei Jahre prüfen lassen.
- Sicherheitsabstände zu elektrischen Anlagen einhalten.
- Alle Mitarbeiter in die Bedienung der Feuerlöscher einweisen
- Brände **immer in Windrichtung** bekämpfen.

- **Flächenbrände** immer von unten nach oben bekämpfen.

- **Tropfbrände** immer von oben nach unten ablöschen.

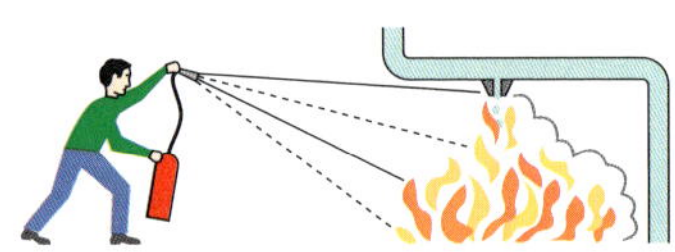

- Bei **mehreren Feuerlöschern** alle gleichzeitig einsetzen.

## Nationale Prüfzeichen

| Zeichen | Erklärung | Zeichen | Erklärung | Zeichen | Erklärung |
|---|---|---|---|---|---|
| | VDE Zeichen Verband der Elektrotechnik, Elektronik Informationstechnik e.V. | | Prüfsiegel des VDE für Elektromagnetische Verträglichkeit | | Prüfstellen des Prüf- und Zertifizierungs-Systems DGUV Test |
| ◁VDE▷ ◁HAR▷ | VDE Harmonisierungszeichen für Kabel und Leitungen | | Sicherheitszeichen Prüfzeichen Geprüfte Sicherheit nach ProdSG | | Prüfzeichen für Bauelemente der Elektronik |
| | Produkte, die nach dem Produktsicherheitsgesetz die Qualitäts- und Sicherheitsstandards erfüllen | | Geprüfte Sicherheit nach ProdSG Prüfstelle: VDE | | Prüfzeichen Sicherheitsprüfung z. B. bei elektrischen Geräten |
| | ENEC Prüfzeichen Prüfstelle: VDE (Kennziffer 10) | | Sicherheitszeichen Prüfstelle: TÜV SÜD (Technischer Überwachungsverein) | | Recyclingzeichen Wiederaufbereitung nach Verwendung |

## Internationale Prüfzeichen

| | | | |
|---|---|---|---|
| Belgien | Kanada | Schweiz | Ungarn |
| Dänemark | Niederlande | Spanien | USA (Einzelgeräte) |
| Finnland | Norwegen | Tschechien & Slowakei | China |
| Frankreich | Österreich | | |
| Großbritannien | Polen | | |
| Italien | Schweden | | |

| Zeichen | Erklärung |
|---|---|
| | ECE: Kommission der UN für Europa mit Kennzahl des Landes, das Genehmigung erteilt hat, z. B. 1 für Deutschland |
| | CCE: Internationale Kommission für Regeln zur Begutachtung elektromagnetischer Erzeugnisse |
| | Kennzeichnung durch Hersteller zeigt die Einhaltung aller relevanten europäischen Sicherheitsrichtlinien auf allen elektrischen und elektronischen Geräten. |
| | IEC (CEI): International Electrotechnical Commission Internationale Elektrotechnische Kommission |

## Funktion

- Prüfsiegel geben **Auskunft über Qualitätskriterien.** Beispiele:
  Bildschirmstrahlung, Bildschirmergonomie, Ergonomie allgemein, Umweltverträglichkeit, Energiesparfunktion, Recyclingfähigkeit, Lärmemission, Arbeitssicherheit, Betriebssicherheit, Elektromagnetische Verträglichkeit usw.
- **Vergabe und Kontrolle**
  - Bei einigen Prüfsiegeln reicht es aus, wenn Hersteller die Einhaltung der Kriterien schriftlich erklären.
  - In anderen Fällen müssen Prüfberichte unabhängiger Prüfinstitute vorliegen.

## Blauer Engel

Arbeitssicherheit
Energiesparfunktion
Lärmemission
Recyclingfähigkeit
Umweltverträglichkeit

Deutsches Umweltzeichen für Computer, Tastaturen, VoIP-Telefone und Drucker.

Hauptkriterien:

- Geringer Energieverbrauch
- Langlebige und recyclinggerechte Konstruktion
- Emissions- und strahlungsarm
- Geringe Geräuschemissionen

Vergabe: Schriftliche Erklärung der Hersteller und Nachweise durch Prüfprotokolle unabhängiger Labore.

## EU Ecolabel

Europäisches Umweltzeichen für Displays

Hauptkriterien:

- Hohe Energieeffizienz
- Beschränkung gefährlicher Stoffe
- Reparatur- und recyclingfreundliche Gestaltung

Vergabe: Schriftliche Erklärung der Hersteller und Nachweise durch Prüfprotokolle unabhängiger Labore.

## Energieverbrauchskennzeichnung

- Die Energieeffizienzklassen A+++ bis D geben an, ob ein Gerät vergleichsweise viel oder wenig elektrische Energie benötigt.
- Ab 1. März 2021 wird es für einige Produktgruppen neue Energieeffizienzklassen geben. Die „+"-Klassen werden nach und nach abgeschafft. Die Skala reicht dann von A bis G.

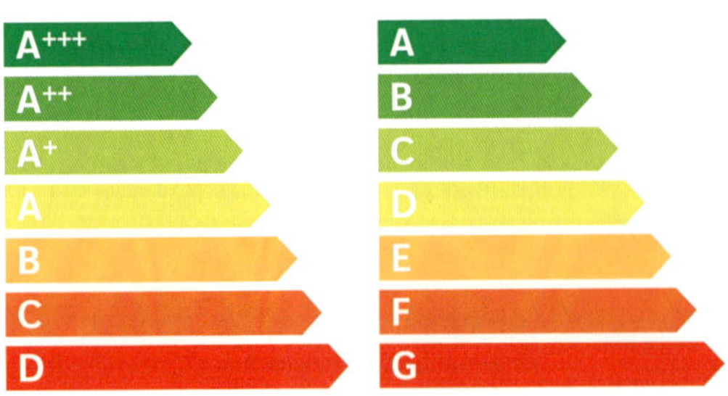


## Quality Office

- Qualitätszeichen für Büroeinrichtungen
- Die Leitlinien legen Qualitätsstandards im Büro für Produkte und Dienstleistungen fest.
- Produktarten sind Stühle, Schränke, Container und Raumgliederungen.
- Dienstleistungen sind Beratung und umfassender Service durch Planer und Fachhändler.

## TCO Certified

- Die Organisation hinter der Nachhaltigkeitszertifizierung **TCO Certified** ist TCO Development und wurde 1992 gegründet.
- TCO Certified ist die weltweit umfassendste Nachhaltigkeitszertifizierung für IT-Produkte.
- Die zertifizierten Produkte müssen während des gesamten Lebenszyklus umfassende ökologische und soziale Kriterien erfüllen. So müssen die Fabriken, in denen zertifizierte Produkte hergestellt werden, Kriterien zu Arbeitszeiten, Arbeitsumgebung und Löhnen einhalten.
- Die Produkte müssen Kriterien für Energieeffizienz, ergonomisches Design und einen begrenzten Gehalt an gefährlichen Stoffen erfüllen.
- Es gibt 11 Produktkategorien. TCO Certified ist für folgende Büro-IT-Produkte erhältlich: Displays, Notebooks, Tablet-PCs, Smartphones, Desktop-PCs, All-in-One-PCs, Projektoren, Headsets sowie für Produkte in Rechenzentren: Netzwerkgeräte, Datenspeicherprodukte und Server.
- Unabhängige, akkreditierte Organisationen verifizieren, dass Fabriken und Produkte alle Kriterien in TCO Certified erfüllen. Die Verifizierung erfolgt sowohl vor als auch nach der Ausstellung des Zertifikats und deckt den gesamten Gültigkeitszeitraum ab.
- TCO Certified ist eine von der IT-Branche und den Käufern unabhängige Zertifizierung. TCO Certified erfüllt die Anforderungen der ISO 14024 Ecolabel Type 1. Alle Überprüfungen werden von unabhängigen Prüforganisationen gemäß ISO 17025, der internationalen Norm für Kompetenzanforderungen an Prüf- und Kalibrierlaboratorien, durchgeführt.
- TCO Certified Logo:

## Wirkungsbereich

- Energy Star ist ein Gütezeichen für ein umweltbewusstes (energiesparsames) Gerät.
- Es handelt sich um eine US-amerikanische Produktbezeichnung für energiesparsame Geräte. Energy Star kennzeichnet, dass Energiesparkriterien der amerikanischen Umweltschutzbehörde **EPA** (**E**nviroment **P**rotection **A**gency) und des US-Department of Energy erfüllt werden.
- Energy Star wurde 2003 durch eine EU-Verordnung in Europa eingeführt.
- Seit dem 1. Juli 2009 gilt die Richtlinie Energy Star 5.0. Sie gilt für
  - Desktop-PCs,
  - Notebooks,
  - Thin Clients,
  - Workstations,
  - kleine Server-Systeme.

## Betriebszustände

- **IDLE**
  Das System ist vollständig aktiv. Das Betriebssystem, alle Tools oder Anwendungen der Hersteller sind geladen.
- **Sleep**
  Dieser Energiesparmodus wird vom System nach einer vorgegebenen Zeit erreicht. Aus diesem Zustand kann das System innerhalb von maximal 5 Sekunden aktiviert werden.
- **Off Mode (Stand-by)**
  Es handelt sich um den Zustand des geringsten Energieverbrauchs.
- **Active State**
  Vom System werden einfache Aufgaben verrichtet.
  Der Prozessor, die Festwertspeicher und die Arbeitsspeicher sind aktiviert.
- **Typical Energy Consumption (TEC)**
  Es handelt sich um eine Methode, bei der man die Energieausnutzung eines Systems ermittelt bzw. Systeme miteinander vergleichen kann, wenn im Zeitraum eines Jahres definierte Aufgaben verrichtet werden.
  Die Angabe erfolgt in kWh.

## Weitere Vorgaben

**Bei Inaktivität Umschaltung in den Energiesparmodus:**
- Monitor nach spätestens 15 Minuten
- Gesamtsystem nach 30 Minuten

**Sleep-Mode:**
- GBit-Netzwerkarte mit niedriger Datenübertragungsrate

## Kenngrößen für Energy Star

| **Desktop-PCs** | | | | |
|---|---|---|---|---|
| Kategorie | A | B | C | D |
| Prozessorkerne | – | 2 | ≥ 2 | ≥ 2 |
| TEC in kWh | ≥ 148 | ≥ 175 | ≥ 209 | ≥ 234 |
| Weitere Merkmale | weder B, C noch D | ≥ 2 GB RAM | ≥ 2 GB RAM oder diskrete GPU[1)] | ≥ 2 GB RAM oder diskrete GPU[1)] > 128 Bit |
| Hauptspeicher | + 1 kWh je zusätzlichem 1 GB | | | |
| Diskrete GPU[1)] | + 35 kWh für FB-Bus < 128 Bit; + 50 kWh für FB-Bus > 128 Bit; | | + 50 kWh für FB-Bus > 128 Bit; | |
| Zusätzliche HDD[2)] | + 25 kWh | | | |
| Netzteil | 80 Plus Bronze | | | |

| **Notebooks** | | | |
|---|---|---|---|
| Kategorie | A | B | C |
| TEC in kWh | ≥ 40 | ≥ 53 | ≥ 88,5 |
| Hauptspeicher | + 0,4 kWh je zusätzlichem 1 GB | | |
| Diskrete GPU[1)] | | + 3 kWh für FB-Bus > 64-Bit; | |
| Zusätzliche HDD[2)] | + 3 kWh | | |

[1)] GPU: Graphics Processing Unit (Prozessor auf Grafikkarte)

[2)] HDD: Hard Disk Drive (Permanent-/Massenspeicher, Festplatte)

## 80 PLUS

- Es handelt sich hierbei um eine Initiative zur Förderung von PC-Netzteilen, die einen Wirkungsgrad > 80 % aufweisen.
- Die Wirkungsgrade ($\eta$) der Netzteile sind bei den Belastungen von 20 %, 50 % und 100 % festgelegt.

| Belastung 20 % | | | |
|---|---|---|---|
| $\eta \geq 80$ % | $\eta \geq 80$ % | $\eta \geq 85$ % | $\eta \geq 87$ % |
| **Belastung 50 %** | | | |
| $\eta \geq 80$ % | $\eta \geq 85$ % | $\eta \geq 88$ % | $\eta \geq 90$ % |
| **Belastung 100 %** | | | |
| $\eta \geq 80$ % | $\eta \geq 82$ % | $\eta \geq 85$ % | $\eta \geq 87$ % |

## Energieverbrauchskennzeichnung

- Mit der Kennzeichnung des Energieverbrauchs von Gütern sollen Käuferinnen und Käufer über die Energieeffizienz der Güter informiert werden (**Energielabel**).
- Durch die Kennzeichnung soll erreicht werden, dass zunehmend energiesparende Güter erworben werden.
- Ab März 2021 gibt es nur noch die **Energieeffizienzklassen** A bis G ①. Die bisherigen Plusklassen A+++, A++ und A+ entfallen ①.
- Die Energieeffizienzklasse A ② bleibt zunächst frei.
- Alle Hersteller von Elektrogroßgeräten sind verpflichtet, Energielabels auf ihren Geräten anzubringen.

## Gegenüberstellung

alt

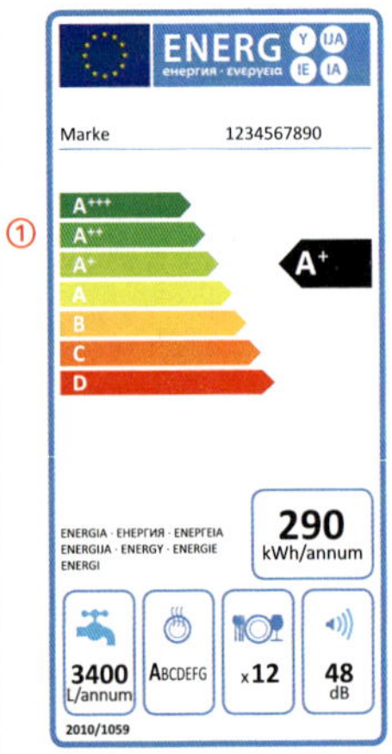


neu (ab März 2021)

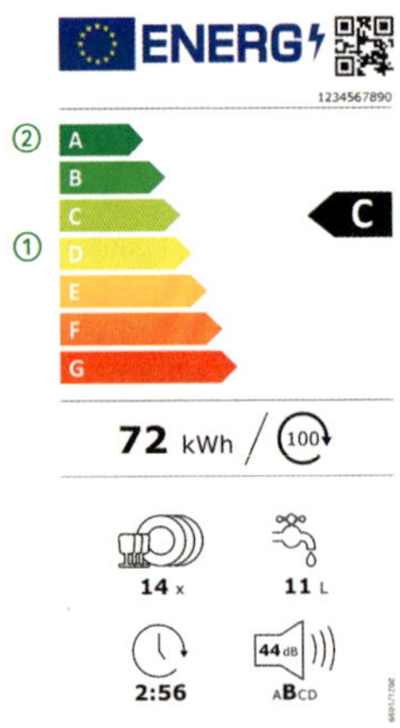


## Elektronische Displays einschließlich Fernsehgeräten, Monitoren und digitalen Signal-Displays [1)]

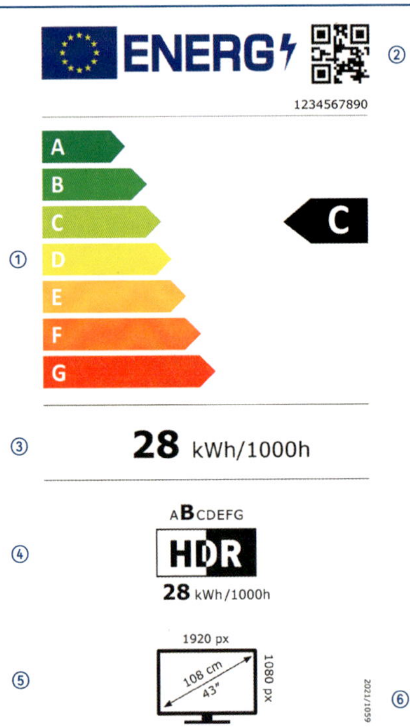


## Erläuterungen

- Die Skala A bis G ① soll über den **Energiebedarf** (elektrische Energie oder andere Energieträger) und über die **Gebrauchseigenschaften** Auskunft geben.
- Die Zuordnung eines bestimmten Gerätes zu einer Energieeffizienzklasse ergibt sich durch die Abweichung seines tatsächlichen Energieverbrauchs vom Referenzwert seiner Größenklasse.
- **Produktwerbung**: Lieferanten und Händler müssen auf die Effizienzklasse des Produktes verweisen. Die Energielabel müssen deutlich sichtbar angebracht sein, damit ein Produktvergleich möglich ist.
- **Informationspflicht**: In jeder visuellen Werbung oder in technischen Werbematerialien ist auf die Effizienzklasse des Produktes und das Spektrum der auf dem Energielabel verfügbaren Effizienzklassen hinzuweisen.
- **QR-Code** ②:
  Er befindet sich oben rechts auf dem Energielabel und kann mit einem Smartphone gescannt werden. Damit können zusätzliche und nicht gewerbliche Produktinformationen aus der neuen EU-**Produktdatenbank** abgerufen werden.
- Die Produktdatenbank wurde eingerichtet, damit die Marktüberwachung und Kontrollen wirksamer durchführbar sind. Der nichtöffentliche Teil einer Produktdatenbank ist nur für die Marktüberwachungsbehörden und die Kommission zugänglich und unterliegt strengen Datenschutzvorschriften. Enthalten sind dort definierte Daten über die Produkte der Lieferanten.
- Gegenüber den bisherigen Labels sind die Piktogramme überarbeitet worden und veranschaulichen bestimmte Zusatzinformationen.
- Angegeben ist der **Energieverbrauch** ③ im eingeschalteten Zustand (On-Mode) beim Abspielen von Inhalten mit **Standard Dynamic Range** (**SDR**) in 1.000 Stunden.
- Angegeben ist auch der **Energieverbrauch** im eingeschalteten Zustand (On-Mode) beim Abspielen von Inhalten mit **High Dynamic Range** (**HDR**, ④ Bild mit hohem Dynamikumfang, Hochkontrastbild, große Helligkeitsunterschiede) in 1.000 Stunden.
- Die **Bildschirmdiagonale** (sichtbare ⑤) wird in cm und Zoll sowie die waagerechte und senkrechte Auflösung in Pixeln (px) angegeben
- Nummer der EU-Verordnung ⑥

[1)] Signage-Displays werden in besonderen Geräten als Werbe- und Informationssysteme eingesetzt. Sie haben dabei die Funktion eines elektronischen Plakates, das den Erfordernissen schnell angepasst werden kann (**Signage**: Digitale Beschilderung, ggf. auch interaktiv).

# Clients in Netzwerken

# 3

## Prinzip

- Digitale Daten sind für die Übertragung und Verarbeitung aufbereitete Zeichen. Sie gelangen von der **Datenendeinrichtung** (Quelle, **DEE** ①) in die **Datenübertragungseinrichtung** (**DÜE** ②) und werden dort für das jeweilige Übertragungsmedium aufbereitet. Ergänzt werden die Nutzdaten z. B. durch Steuerungs-, Melde-, Takt- und Fehlerkorrekturdaten).

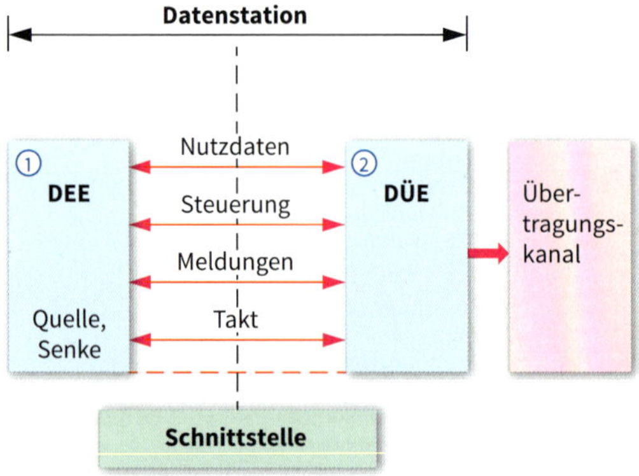


## Datenübertragungsrate

- Für Datenübertragungsrate wird auch der umgangssprachliche Begriff Übertragungsgeschwindigkeit verwendet.
- Gemessen und angegeben wird die Datenübertragungsrate als **Anzahl der Dateneinheiten pro Zeit**. Da die kleinste Dateneinheit das Bit ist, wird die Datenrate in der Regel als Bit pro Sekunde (**bit/s**, **kbit/s**, **Mbit/s**, **Gbit/s**) angegeben (englisch: bps, bits per second).
- Bei paralleler Datenübertragung (Datenspeicher, Datenbus) verwendet man als Einheit in der Regel Byte (1 Byte = 8 Bit) pro Sekunde (**Byte/s**, **B/s**, englisch: Bps, Bytes per second).
- Mit **Bruttodatenrate** bezeichnet man die Datenrate, die die Nutzdaten einschließlich aller Zusatzdaten (z. B. Steuer- und/oder Codierungsinformationen) umfasst.
- Mit **Nettodatenrate** bezeichnet man die Datenrate der reinen Nutzdaten (Nutzinformationen).

## Datendurchsatz

- Da für den Anwender am Ende einer Datenübertragungskette lediglich die Daten von Bedeutung sind, die reine Informationen enthalten, verwendet man den Begriff Datendurchsatz. Es sind dies die reinen Nutzdaten pro Zeiteinheit.
- Wenn innerhalb eines Frequenzspektrums ein bestimmter Frequenzbereich zur Informationsübertragung verwendet wird, nennt man diesen Bereich Bandbreite (Frequenzband). Die Einheit ist Hz (1 Hz = 1/s).
- Da auch in Datenübertragungskanälen nur eine bestimmte Datenmenge pro Zeit übertragen werden kann und die Einheit für die Datenübertragungsrate bit/s beträgt, entspricht diese Angabe einer bestimmten Bandbreite.
- Je größer die Datenübertragungsrate ist, desto größer ist dann auch die Bandbreite (Kanalkapazität).

## Größenordnungen von Datenübertragungsraten

Die hier aufgeführten Datenübertragungsraten sind Orientierungswerte. Sie hängen von den vorherrschenden und technischen Bedingungen ab.

| | | |
|---|---|---|
| Elektromagnetische Wellen | Leitungen | Schnittstellen |
| Optische Laufwerke | Festplatten | PC-Komponenten |

| **Internet** | kbit/s |
|---|---|
| GPRS (General Packet Radio Service) | 54 |
| EDGE (Enhanced Data rate for GSM Evolution) | 384 |
| HSDPA+ (High-Speed Downlink Packet Access) | 7.200 |
| LTE (Long Term Evaluation) | 100.000 |
| Modem | 56 |
| ISDN (Integrated Services Digital Network) | 64 |
| ADSL (Asymmetric Digital Subscriber Line) | 16.000 |
| VDSL (Very High Speed Digital Subscriber Line) | 50.000 |
| Koaxialkabel | 100.000 |
| Glasfaserkabel (FTTH: Fiber to the Home) | 200.000 |
| **Netzwerke** | kbit/s |
| Ethernet | 10.000 |
| Gigabit Ethernet | 1.000.000 |
| WLAN 802.11b | 11.000 |
| WLAN 802.11a, 11g | 54.000 |
| WLAN 802.11n | 600.000 |
| WLAN 802.11ac | 1.300.000 |
| **Massenspeicher** | kbit/s |
| CD-ROM 40-fach | 48.000 |
| DVD-ROM 12-fach | 132.960 |
| Blu-ray 6-fach | 216.000 |
| IDE (Integrated Drive Electronic) | 1.066.667 |
| SATA 1 (Serial Advanced Techn. Attachment) | 1.500.000 |
| SATA 3 (Serial Advanced Techn. Attachment) | 6.000.000 |
| **Externe Schnittstellen** | kbit/s |
| USB 1.0 (Universal Serial Bus) | 12.000 |
| Wireless USB | 110.000 |
| Firewire 400 | 400.000 |
| USB 2.0 (Universal Serial Bus) | 480.000 |
| eSATA (external SATA) | 1.500.000 |
| USB 3.0 (Universal Serial Bus) | 5.000.000 |
| HDMI (High Definition Multimedia Interface) | 10.200.000 |
| Thunderbolt 2 | 20.000.000 |
| **Arbeitsspeicher** | kbit/s |
| DDR-200 (Double Data Rate) | 25.600.000 |
| DDR-400 (Double Data Rate) | 51.200.000 |
| DDR2-800 (Double Data Rate) | 102.400.000 |
| DDR3-1600 (Double Data Rate) | 204.800.000 |
| **Interne Steckplätze** | kbit/s |
| ISA (Industry Standard Architecture) | 133.000 |
| PCI 2.0 (Peripheral Component Interconnect) | 1.066.000 |
| AGP 8x (Accelerated Graphics Port) | 17.024.000 |
| PCIe (PCI express) | 64.000.000 |
| PCIe 2.0 (PCI express) | 128.000.000 |
| PCIe 3.0 (PCI express) | 252.064.000 |

### Definition

- Eine Schnittstelle ist festgelegt durch die
  - physikalischen Eigenschaften des Übertragungsmediums (Leitung, Funkstrecke),
  - Signale, die auf der Übertragungsstrecke ausgetauscht werden können,
  - Bedeutung der Signale (Semantik) und
  - Verbindungssysteme (Steckverbindungen).
- Die Kommunikation zwischen den **Daten**e**nd**einrichtungen (**DEE**) erfolgt nach festgelegten Regeln (Protokollen):
  - **unidirektional** (nur in eine Richtung) oder
  - **bidirektional** (in zwei Richtungen).
- Unterschiede:

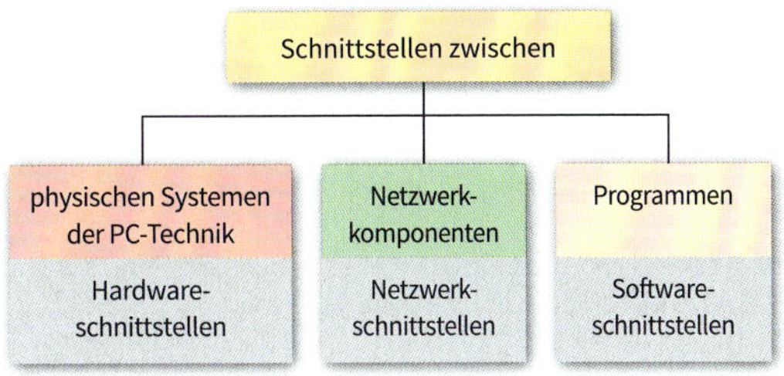


- Die Übertragung der Daten zwischen den Endeinrichtungen kann **seriell** (nacheinander) oder **parallel** erfolgen.
- Serieller Datenstrom

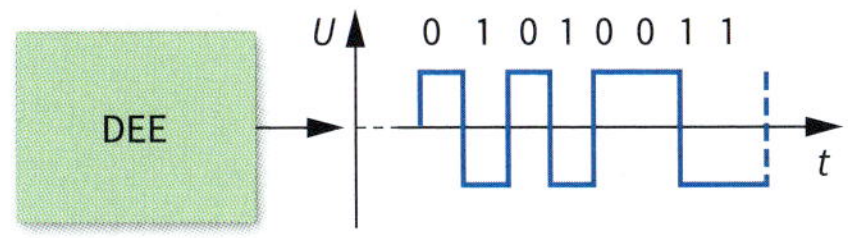


- Paralleler Datenstrom

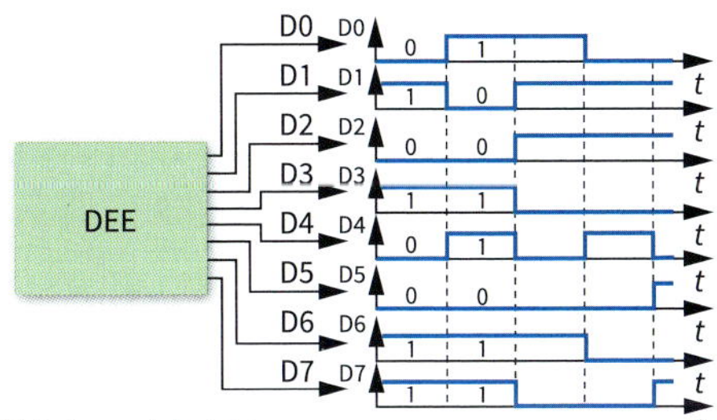


DEE: Datenendeinrichtung

### V.24, RS-232

- Serielle Schnittstelle

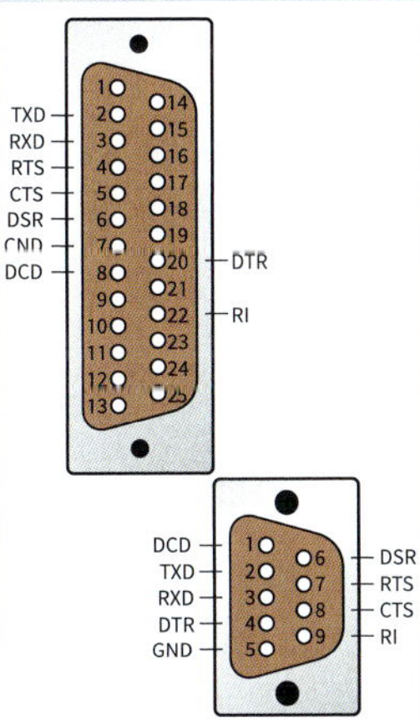


| Signal | Bedeutung |
|---|---|
| DCD | Data Carrier Detect |
| RXD | Receive Data |
| TXD | Transmit Data |
| DTR | Data Terminal Ready |
| DSR | Data Set Ready |
| RTS | Ready to Send |
| CTS | Clear to Send |
| RI | Ring Indicator |
| GND | Ground |

| Signalname | Pegel | Betriebszustand |
|---|---|---|
| Datenleitung | −3 V…−15 V<br>+3 V…+15 V | EIN (1)<br>AUS (0) |
| Steuer- bzw. Meldeleitung | −3 V…−15 V<br>+3 V…+15 V | AUS<br>EIN |

- Asynchroner Zeichenrahmen

**Beispiel:**

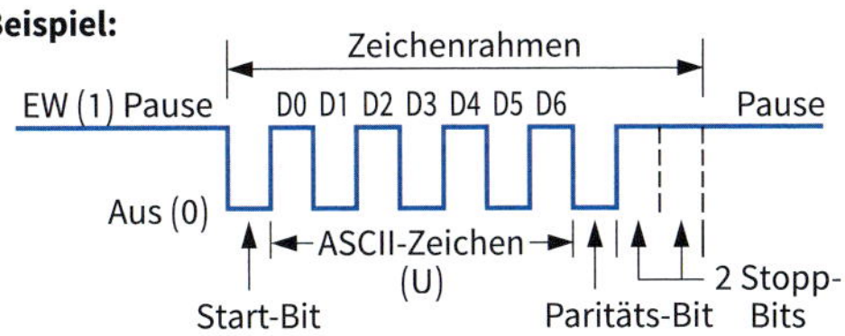


### IEEE 1284

- Parallele Schnittstelle (Druckerschnittstelle)
- Steckverbindungen (Buchsenleiste)

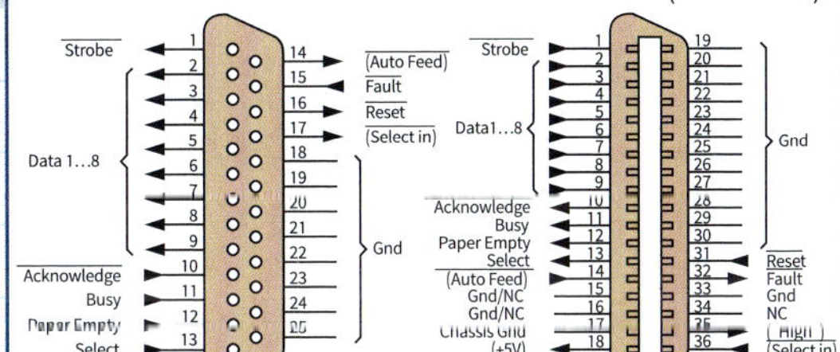


Signale in Klammern werden nicht von allen Druckern ausgewertet. Pfeile geben die Signalrichtung an.

- Signale und ihre Bedeutungen:

| Signal | Bedeutung, Funktion |
|---|---|
| Strobe | Datenübergabe; Daten müssen bei 0-Signal gültig sein |
| Data 1…8 | Datensignale 1…8 |
| Acknow-ledge | Quittungssignal; Drucker empfangsbereit bei 0-Signal |
| Busy | Wartesignal: Drucker nicht empfangsbereit bei 1-Signal |
| Paper Empty | Meldung vom Drucker: Papier zu Ende |
| Select | Drucker ist online |
| (Auto feed) | automatischer Zeilenvorschub nach Zeilenende: Ein/Aus |
| Fault | Fehlermeldung |
| Reset | Drucker rücksetzen, initialisieren |
| Gnd | Ground: 0 V |
| NC | Not connected: nicht angeschlossen |
| (High) | +5 V, vom Drucker geliefert |
| (Select in) | Drucker auswählen |

# HDMI – High Definition Multimedia Interface

HDMI – High Definition Multimedia Interface

## Merkmale

- HDMI ist eine digital arbeitende Schnittstelle für die Übertragung multimedialer Daten (Video, Audio und Steuersignale der Unterhaltungselektronik, home entertainment).
- Durch HDMI wird eine bisherige komplexe Leitungsverbindung zwischen Geräten vereinfacht.
- HDMI ist abwärtskompatibel zu **DVI-D** (**D**igital **V**isual **I**nterface).
- Es ist keine Analog-Digital- oder Digital-Analog-Wandlung erforderlich.
- Bei der Übertragung erfolgt keine Datenkompression.
- In HDMI ist der Kopierschutz **HDCP** implementiert (**H**igh-Bandwidth **D**igital **C**ontent **P**rotection).
- Die Übertragung erfolgt mit großer Bandbreite (HDMI 1.2):
  - Audioübertragung bis 192 kHz mit 24 Bit auf bis zu 8 Kanälen und Videoübertragung bis 165 MHz
  - Dadurch lassen sich HDTV-Signale (Auflösung bis 1080 p) übertragen.
- Die Datenrate beträgt bis zu 8 GB/s (HDMI 1.4). Dadurch treten keine übertragungsbedingten Artefakte bei schnellen Bewegungsabläufen und komplexen Bildinhalten auf.
- Eine Fernbedienungsfunktion ist integriert. Unterstützt werden die Protokolle **CEC** (**C**onsumer **E**lectronics **C**ontrol) und **AV.link**. Damit lassen sich mehrere durch HDMI-Kabel verbundene Geräte nur über eine Fernbedienung steuern.

## HDMI-Spezifikationen

| Spezifikation | 1.2 | 1.3 | 1.4 |
|---|---|---|---|
| Stecker | A, B | A, C | A, C, Micro HDMI |
| Maximale Bildformate | 1080p/ 60 Hz | 1440p/ 60 Hz | 2160p/ 100 Hz |
| Farbraum | 24 Bit RGB, 36 Bit YUV | | |
| | | Deep Color 30, 36 und 48 Bit RGB/YUV, xvYCC-Farbraum (IEC 61966-2-4) | |
| | | | sYCC601, Adobe RGB, Adobe YCC601 |
| Tonformate | 8 PCM, Dolby Digital, DTS, MPEG, DVD-Audio, SACD | | |
| | | Dolby Digital Plus, TrueHD und dts-HD | |
| Maximale Datenrate | A: 3,96 GBit/s (165 MHz x 8 Bit x 3) B: 7,92 GBit/s (165 MHz x 8 Bit x 6) | A + C: 8,16 GBit/s (340 MHz x 8 Bit x 3) | A + C: 8,16 GBit/s (340 MHz x 8 Bit x 3) |

## Stecker, Buchsen und Leitungen

- HDMI 1.1 und 1.2 Steckertypen A und B
- HDMI 1.3 mit zusätzlichem kleinem Stecker Typ C (Mini HDMI) für kompakte Geräte
- Stecker A und C ermöglichen eine Single-Link-Verbindung, bei der drei TMDS-Leitungspaare zur Verfügung stehen.
- Stecker B ermöglicht eine Dual-Link-Verbindung mit sechs TMDS-Signalleitungspaaren (doppelte Datenrate als Stecker A und C).
- Leitungslänge bis 15 m
- Kategorie-1-Leitung bis 74,25 MHz
- Kategorie-2-Leitung bis 340 MHz

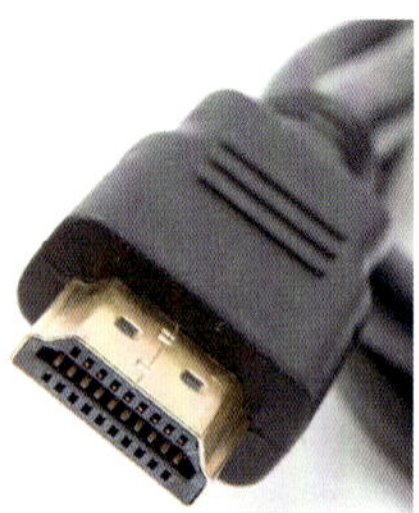

Typ A: 19 Kontakte
Typ B: 29 Kontakte

Typ B: 4,5 mm x 13,9 mm

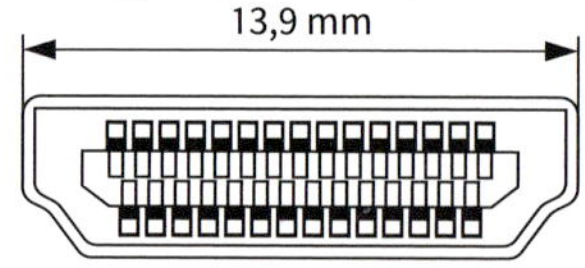


Typ C: 2,5 mm x 10,42 mm

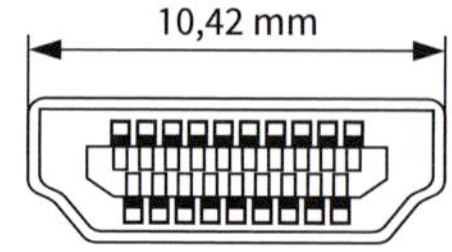


## Datenübertragung

- **TMDS** (**T**ransition-**M**inimized **D**ifferential **S**ignaling) ist ein Standard für die Übertragung von unkomprimierten Multi-mediadaten von einer Quelle (source) zu einem Gerät (Senke, sink) in Kanälen (TMDS Channel 0, 1, 2), Datenrate max. 1,65 Gbit/s.
- **TMDS Clock**: Taktfrequenz mit 1/10 der Datenrate (max. 165 MHz)
- Über **HPD** (**H**ot **P**lug **D**etect) wird beim Erkennen eines Hot-Plugging ein entsprechendes Steuersignal übertragen.

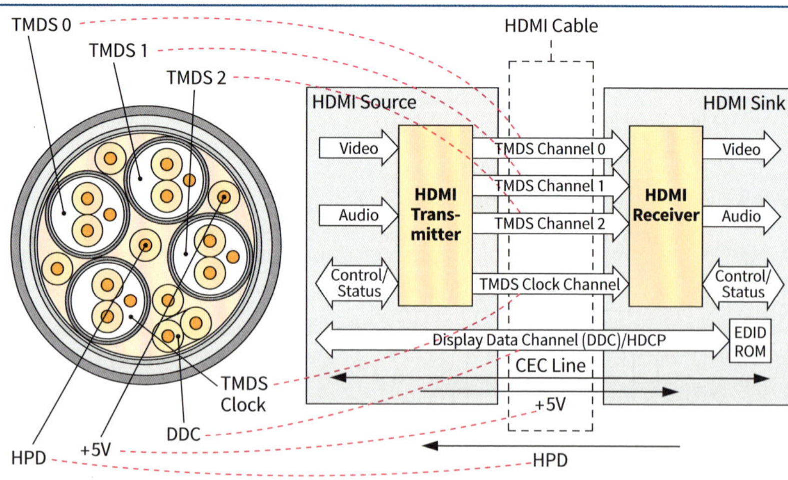

# DisplayPort
DisplayPort

## Kenndaten

- Universeller digitaler Verbindungsstandard für die Übertragung von Bild- und Tonsignalen des VESA-Gremiums (Video Electronics Standards Association, April 2007).
- Anwendung: Verbindung von Bildschirmen und Fernsehgeräten mit PC, DVD ... zur Übertragung hoher Datenraten.
- Gedacht als Ersatz für VGA und DVI, mit vergleichbaren Funktionen wie HDMI.
- Die Verschlüsselung erfolgt wie bei HDMI und DVI mittels HDCP 1.3 (High Bandwidth Digital Content Protection) und DPCP (DisplayPort Content Protection).
- Die Datenübertragung erfolgt seriell, (skalierbare Punkt-zu-Punkt-Verbindung), die sich an die Eigenschaften des Übertragungskanals anpassen kann.
- Bei Verbindung zwischen Sender (z. B. Grafikkarte) und Empfänger (Display) erfolgt eine Synchronisation (ohne Taktleitung), bei der sich Signalpegel zwischen 200 mV und 600 mV einstellen.
- Mit dem DisplayPort-Anschluss können für die Übertragung 1, 2 oder 4 Kanäle (Bahnen, Leitungspaar) eingerichtet werden.
- Video-Signal: Die maximale Auflösung wird durch die verfügbare Bandbreite (Leitungslänge) begrenzt.

| Kanäle | Leitungslängen | |
|---|---|---|
| | bis 2 m | bis 15 m |
| 1 | 1280 x 1024[1] | 1024 x 768[1] |
| 2 | 1920 x 1200 | 1280 x 1024 |
| 4 | 2560 x 1600 | 1920 x 1200 |

[1] Pixel x Pixel

- Datenraten (maximal)
  1,62 Gbit/s; 2,7 Gbit/s oder 5,4 Gbit/s pro Kanal
  Beispiel:
  Mit 4 Kanälen mit jeweils 2,7 Gbit/s erreicht man bis zu 10,8 Gbit/s (max. 2 m Leitungslänge). Diese Datenrate reicht aus für ein WQXGA-Display mit 2560 x 1600 Pixeln und 30 Bit Farbtiefe pro Pixel.
- Audio-Signal
  1 bis 8 Kanäle, 16 oder 24-Bit-PCM, 32 bis 192 kHz Abtastrate, maximale Datenrate 49152 kbit/s
- Zusatzkanal
  - Verwendung zur bidirektionalen Datenkommunikation
  - DDC (Display Data Channel) für die Übertragung der Monitor-Daten
  - Übertragung der Daten von Webcams, Mikrofon, Lautsprecher
  - Datenraten: 1 Mbit/s bis 720 Mbit/s
- Die Steckverbindung ist im Vergleich zu VGA und DVI kompakter und verriegelbar.

- Ausgänge an Grafikkarte

## Pinbelegung

| Pin | Bezeichnung | Pin | Bezeichnung |
|---|---|---|---|
| 1 | ML_Lane 0 (p) | 11 | GND |
| 2 | GND | 12 | ML_Lane 3 (n) |
| 3 | ML_Lane 0 (n) | 13 | Config 1[1] |
| 4 | ML_Lane 1 (p) | 14 | Config 2[1] |
| 5 | GND | 15 | AUX CH (p)[2] |
| 6 | ML_Lane 1 (n) | 16 | GND |
| 7 | ML_Lane 2 (p) | 17 | AUX CH (n)[2] |
| 8 | GND | 18 | Hot-Plug[3] |
| 9 | ML_Lane 2 (n) | 19 | Zurück |
| 10 | ML_Lane 3 (p) | 20 | DP_PWR[4] |

- Lane: Spur, Bahn, Straße
- ML: Main Link (Hauptverbindung)
- p: positive
- n: negative

[1] Kann direkt geerdet sein
[2] Zusatzkanal (AUX: Auxiliary-Wege: Hilfswege)
[3] Hot-Plug-Erkennung (Komponenten können während des Betriebs ausgetauscht werden.)
[4] Anschluss 3,3 V 500 mA

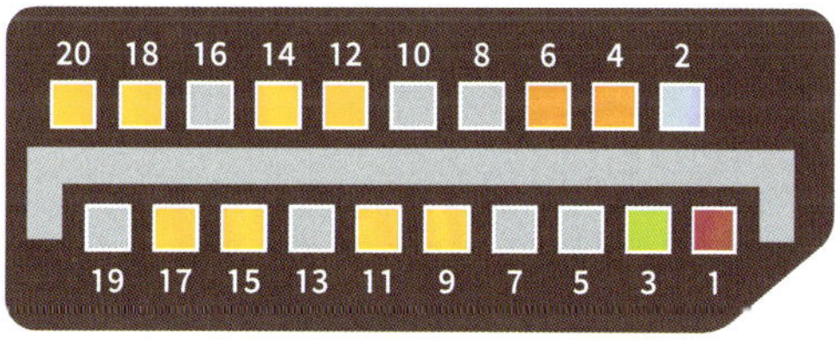


## Adapter

- Die DisplayPort-Schnittstelle ist elektrisch kompatibel zu VGA- und DVI-Schnittstellen.
- In der Regel reicht zum Anschluss von Geräten mit VGA-, DVI- oder HDMI-Schnittstellen ein einfacher (fast) passiver Adapter.

- Befindet sich auf dem Weg zum Endgerät ein Adapter, erkennt die Grafikkarte eine andere Schnittstelle. Intern erzeugt die Grafikkarte dann ein Signal im richtigen Format und schickt es an den DisplayPort-Ausgang. Der Adapter sorgt dafür, dass die Signale zu den richtigen Kontakten geleitet werden.

## Mini-DisplayPort

- Einführung vor allem für Notebooks
- Stecker und Buchsen sind kleiner
- Elektrische Kompatibilität zum „normalen" DisplayPort

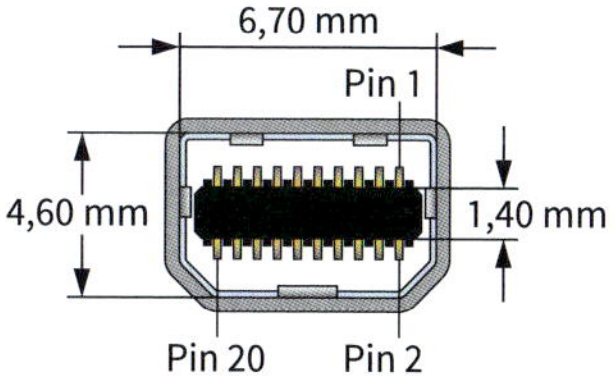

# USB – Universal Serial Bus

## Eigenschaften

- Der Universal Serial Bus ist eine **serielle Schnittstelle**, die als Punkt-zu-Punkt Verbindung ausgeführt ist.
- Die Steuerung der Kommunikation erfolgt über den **Hostcontroller**, der als Master arbeitet.
- Über den Hub können insgesamt **127 Geräte** in Form einer Baumstruktur an den Bus angeschlosen weren.
- Pro Port kann nur ein einzelnes Gerät betrieben werden.
- Die Geräte werden **automatisch erkannt** und können im Betrieb am Port entfernt bzw. eingesteckt werden.
- Zusätzlich zu den Datenleitungen sind im Verbindungskabel **Stromversorgungsleitungen** enthalten, die eine Energieversorgung der angeschlossenen Geräte ermöglichen.
- Aufgrund der einfachen Anwendung wird die Schnittstelle zur Anschaltung von **fast allen Peripheriegeräten** (USB-Sticks, Festplatten, WLAN-Adapter, usw.) eingesetzt.

## Spezifikationen

| **Spezifikationen** Spannung 5 V | maximale Stromstärke | maximale Leistung |
|---|---|---|
| **USB 1.0/1.1** (Low-Powered-Port) | 0,1 A | 0,5 W |
| **USB 2.0** (High-Powered-Port) | 0,5 A | 2,5 W |
| **USB 3.0/3.1** | 0,9 A | 4,5 W |
| **USB-BC 1.2** (Battery Charging)[1)] | 1,5 A | 7,5 W |
| **USB-Typ-C** | 3,0 A | 15,0 W |

[1)] Ladeanschluss

## USB-Typ-C

- Die Steckverbindung besteht aus zwei Kontaktreihen zu je 12 Kontakten. Die Kontakte sind horizontal und vertikal spiegelsymmetrisch angeordnet. Der Stecker kann somit in beiden Positionen eingeführt werden.
- Das Kabel hat an beiden Enden einen identischen Stecker. Kabel können nicht mehr als „falsch" eingesteckt werden.
- Datenübertragungsrate: 10 Gbit/s.
- Die Signale sind fünf Gruppen zugeordnet.

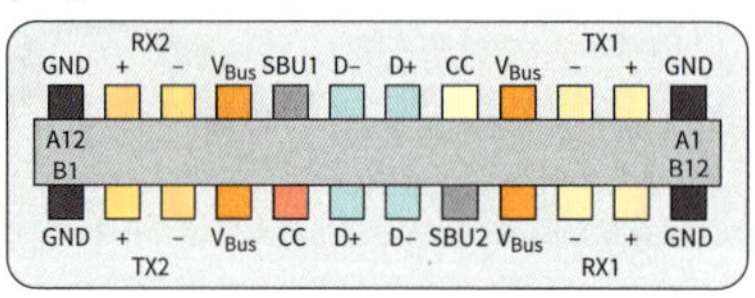


- **SuperSpeed-Link** (TX1+, TX1-, RX1+, RX1- und TX2+, TX2-, RX2+, RX2-) zwei Paar abgeschirmte Twisted-Pair- oder Koaxialleitungen
- **USB 2.0-Link** (D+, D-) einfaches, geschirmtes Twisted-Pair-Leitungspaar (Halbduplexübertragung)
- **Konfiguration** (CC1, CC2); CC erkennt das Anstecken eines Kabels und die Orientierung des Steckers.
- **Hilfssignale** (SUB1, SUB2) zur Übertragung analoger Audiosignale
- **Stromversorgung** (4 x $V_{BUS}$, $V_{CONN}$, 4 x GND)

## USB-PD (Power Delivery)

Über eine USB-Typ-C Steckverbindung lassen sich Geräte mit einer Leistung bis 100 W betreiben. Es werden fünf Profile unterschieden mit den Spannungen 5 V, 12 V und 20 V.

## Stecker und Buchsen

**Standard**

| Stecker | Buchse | PIN-Belegung |
|---|---|---|
| A 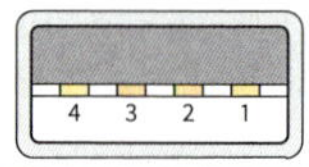  | A 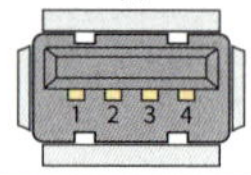  | 1: +5 V DC ($V_{CC}$), rot<br>2: Daten (D-), weiß<br>3: Daten (D+), grün<br>4: GND (Masse, Ground, Abschirmung), schwarz |
| B 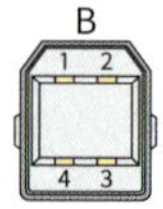  | B 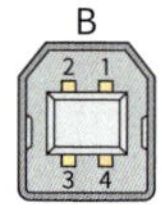  | |

**Mini**

| Stecker | Buchse | PIN-Belegung |
|---|---|---|
| A 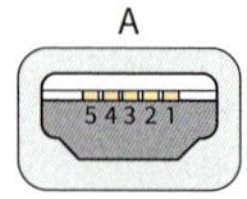  | A 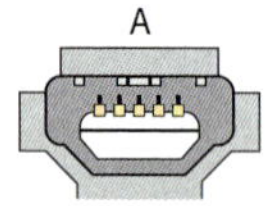 | 1: +5 V DC ($V_{CC}$), rot<br>2: Daten (D-), weiß<br>3: Daten (D+), grün<br>4: ID (frei)<br>5: GND (Masse, Abschirmung), schwarz<br>ID: Identifikation |
| B 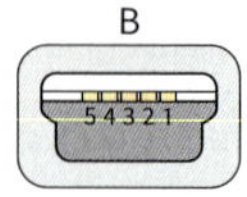  | B 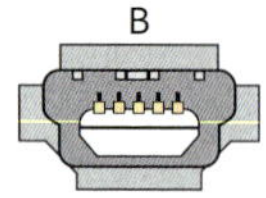 | |

**Micro**

| Stecker | Buchse | PIN-Belegung |
|---|---|---|
| A 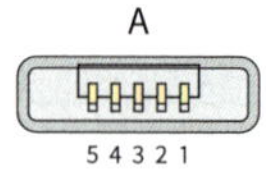  | A 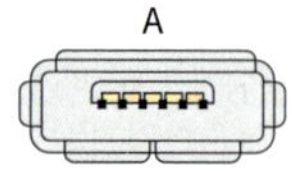 | s. Mini-USB |
| B 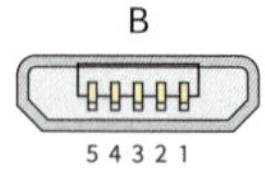  | B 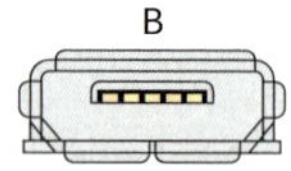 | |

**Micro-B USB 3.0 (Stecker)**

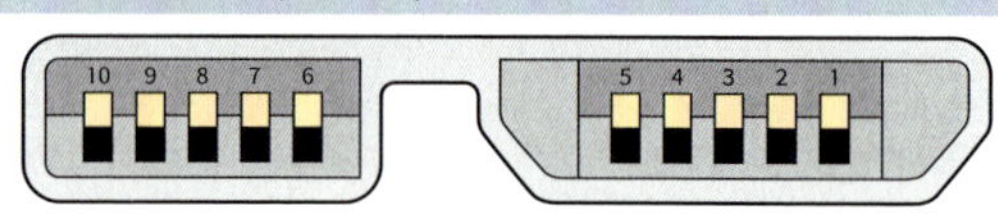


| | |
|---|---|
| 1: +5 V DC | 6: USB 3.0 Senden (-) |
| 2: USB 2.0 (D-) | 7: USB 3.0 Senden (+) |
| 3: USB 2.0 (D+) | 8: GND |
| 4: USB OTG ID[2)] | 9: USB 3.0 Empfangen (-) |
| 5: GND | 10: USB 3.0 Empfangen (-) |

## Datenraten

| Spezifikation | max. Nutzdatenrate |
|---|---|
| USB 1.0 Full Speed | 1 MB/s |
| USB 2.0 Hi Speed | 40 MB/s |
| USB 3.0 Super Speed | 300 MB/s |
| USB 3.1 Super Speed + | 900 MB/s |

## USB On-The-Go (USB OTG, OTG)[2)]

USB-Geräte mit dieser Technik tauschen auch untereinander Daten aus – ohne Verbindung zum PC.
Beispiel: Die Digitalkamera kann Bilder direkt an einen Drucker senden. Der Nutzer muss sie nicht auf einen Computer überspielen, um sie auszudrucken.

# SPI – Serielle Peripherie-Schnittstelle
## SPI – Serial Peripheral Interface

### Merkmale

- SPI ist ein synchroner serieller Datenbus für die Datenübertragung über kurze Entfernungen zwischen Hostprozessor und Peripheriebausteinen.
- Im SPI sind zwei Teilnehmer (MASTER und SLAVE) definiert.
- Der Master steuert in dem System den Ablauf des Datenaustauschs.
- SPI arbeitet im Vollduplexbetrieb.
- Taktfrequenzen sind bis in den MHz-Bereich möglich.
- Als Verbindungsleitungen werden verwendet:
  - **SCLK** (**S**erial **Cl**oc**k**) ①
    (Taktsignal vom Master)
  - **MOSI** (**M**aster **O**ut / **S**lave **I**n) ②
    (Daten vom Master zum Slave)
  - **MISO** (**M**aster **I**n / **S**lave **O**ut) ③
    (Daten vom Slave zum Master)
  - $\overline{\textbf{SS}}$ (**S**lave **S**elect) ④
    (Steuerleitung vom Master zur Auswahl des entsprechenden Slaves).

### Single Master – Single Slave

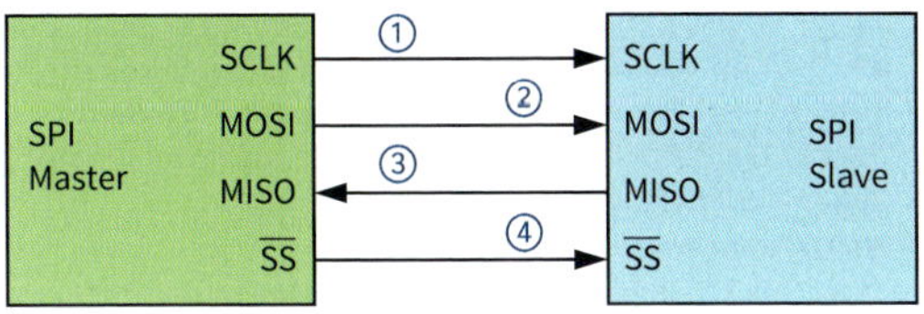


### Single Master – Mehrere Slaves

Jeder Slave hat eine **eigene** Slave Select-Leitung.

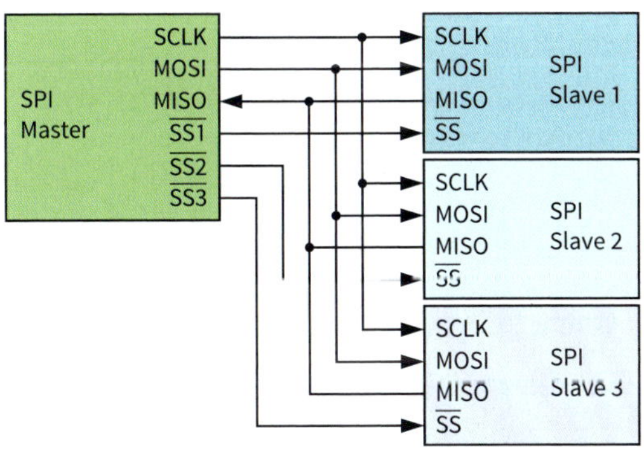


### Single Master – Kaskadierte Slaves

- Die Datenausgangsleitung des Slave-Bausteines ist jeweils mit der Dateneingangsleitung des nachfolgenden Slave-Bausteins verbunden.
- Es gibt nur **eine gemeinsame** Slave Select-Leitung vom Master zu allen Slaves.

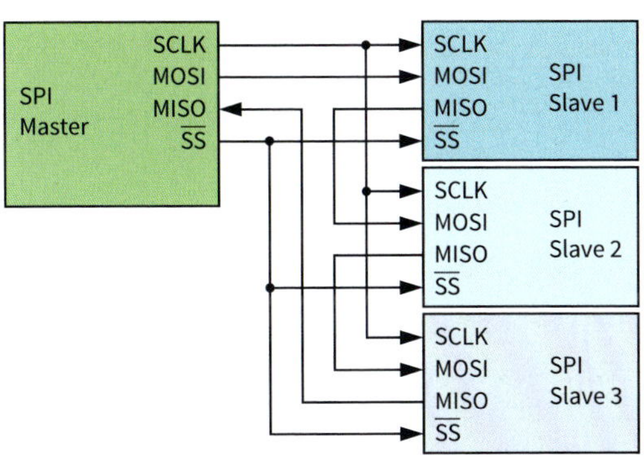


### Übertragungsprinzip

- Master und Slave beinhalten jeweils ein Schieberegister mit z. B. einer Länge von 8 Bit ⑤.
- Diese sind über MOSI und MISO als virtueller Ring zusammengeschaltet ⑥.

**Virtueller Ring**

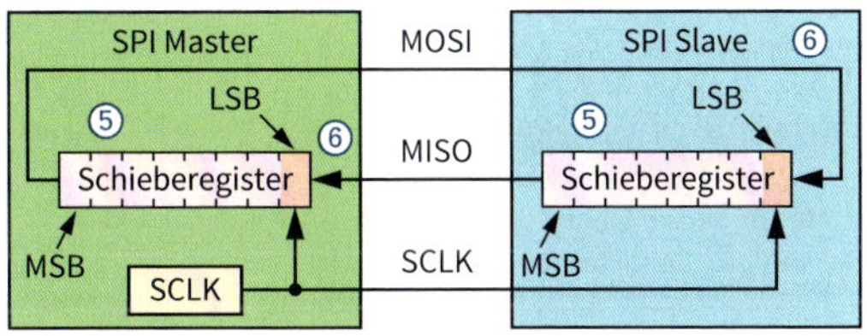


- Mit jedem Taktzyklus wird ein Bit vom Master zum Slave gesendet.
  Gleichzeitig sendet der Slave ein Bit zum Master.

### Übertragungsvorgang

- Der Master wählt einen Slave über $\overline{SS}$ aus (log. 0).
- Der Master legt den Betriebsmodus (Taktpolarität und Taktphase) für das Abtasten und Aussenden der Daten fest, z. B.
  - Mode 0: Taktpolarität (CPOL) = 0
    Taktphase (CPHA) = 0
- Das **Lesen** (MOSI und MISO) erfolgt auf der ansteigenden Flanke des Taktsignals ⑦.
- Das **Aussenden** (MOSI und MISO) erfolgt auf der fallenden Flanke des gleichen Taktimpulses ⑧.
- Für die Übertragung von 1 Byte sind 8 Taktzyklen erforderlich.
- Es können auch mehrere Bytes hintereinander übertragen werden.
- Nach vollständiger Übertragung der Daten beendet der Master die Takterzeugung und schaltet die Selektleitung ab.

**Mode 0 Timing**

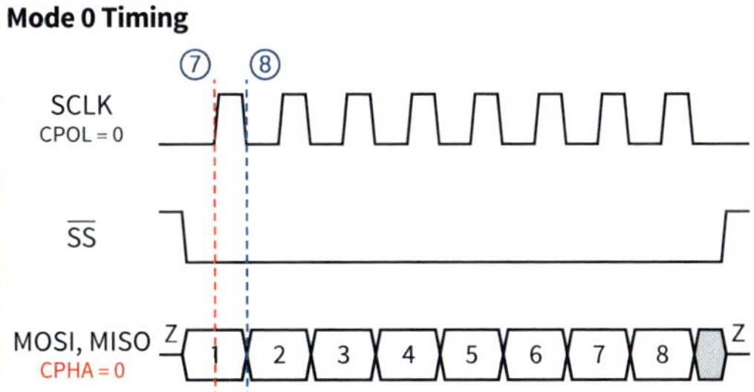

## Merkmale

- Der Begriff „Universal Plug and Play" wird in Verbindung mit einem Netz verwendet, in dem verschiedene Geräte (z. B. PC, Stereoanlage, Fernsehgerät, Videorecorder, Haussteuerungsgeräte) über ein IP-basiertes Netz miteinander verbunden sind und kommunizieren können. Die Ansteuerung der Geräte kann mit oder ohne zentrale Kontrolle erfolgen. Nach der Netzinstallation können Geräte eingesteckt (plug), entfernt und benutzt (play) werden.
- Für die Vernetzung ist Ethernet nicht festgelegt. Es sind Verbindungen über Funk, FireWire, USB oder serielle Verbin-dun-gen möglich.
- Geräte (Devices) sind in diesem System lediglich „Behälter" für Dienste, die abgerufen werden können. Dienste können z. B. sein das Drucken von Informationen, Einlesen von Bil-dern, Ausgeben von Dateien sowie Ein- und Ausschalten von Beleuchtungen.
- In dem Netz sind mindestend vorhanden
  - Control Point,
  - Media-Server und
  - Mediarenderer.
- Ein **Control Point** ① kann z. B. ein PC oder ein Handheld sein. Der Control Point bietet keine Dienste an, sondern fordert diese ab bzw. löst sie aus.
  Beispiel: Es wird ein Gerät aufgefordert, sich zu melden.
- **Media-Server** ② sind Geräte, die Medien bereitstellen können (z. B. CD-/DVD-Player, Digitalkamera, Receiver).
- **Mediarenderer** ③ sind Wiedergabegeräte, die über keinen eigenen Speicher verfügen.
  Beispiele: Audio Player, Monitor, Fernsehgerät, HiFi-Anlage, Lautsprecher, Uhrenradio, Drucker
- Mischformen sind möglich, z. B. kann ein Handheld als Control Point und Renderer arbeiten.

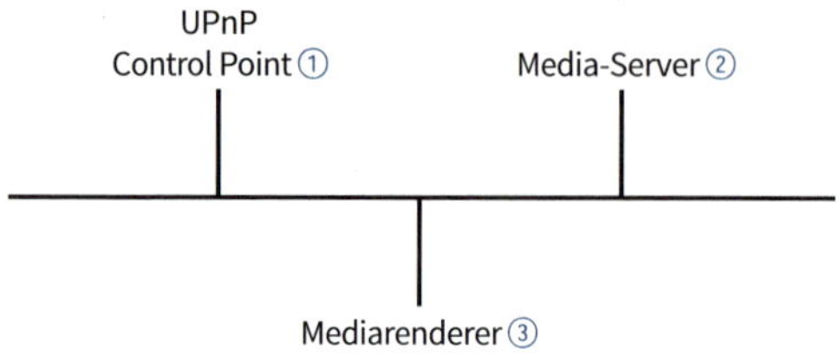


## Kommunikationsprozess

- **Adresszuweisung** (Addressing)
  Die Adresszuweisung für Geräte und Control Points erfolgt über **DHCP** (**D**ynamic **H**ost **C**onfiguration **P**rotocol), sobald diese an das Netz angeschlossen sind.
- **Lokalisierung** (Discovery)
  Die Meldung der Existenz eines Geräts erfolgt durch Senden der IP-Adresse an den Control Point. Mit **SSDP**-Nachrichten präsentiert sich jedes Gerät mit seinen Diensten regelmäßig. Dadurch ist gewährleistet, dass alle Geräte über die Möglichkeiten der Dienste im Netz informiert sind. Eine übergreifende Nutzung ist möglich.
- **Beschreibung** (Description)
  Wenn ein Kontakt zwischen dem Control Point und einem Gerät hergestellt wurde, erfolgt ein Datenaustausch über ihre Geräte- (device description) und Dienstebeschreibungen (service description) im XML-Format. Für jeden Service werden Kommandos und Aktionen sowie Datentypen und -bereiche definiert.
- **Steuerung** (Control)
  Über SOAP (beruht auf HTTP) erfolgt die Steuerung der Geräte durch den Control Point.
- **Ereignismeldung** (Eventing)
  Zustandsänderungen werden dem Control Point mit GENA gemeldet, z. B. Gerät wird gerade genutzt und steht somit nicht zur Verfügung.
- **Präsentation** (Presentation)
  Es handelt sich hierbei um die Webseite des gewählten Geräts. Sie kann unter Umständen interaktiv sein.
- Beispiel für einen Kommunikationsablauf:

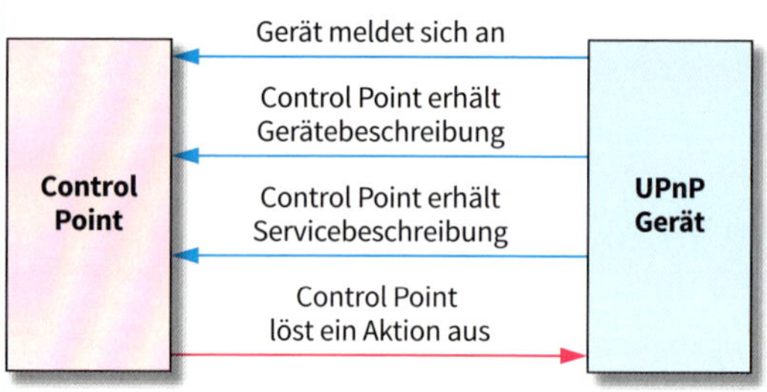


## Protokolle

- **IP**: **I**nternet **P**rotocol
- **TCP**: **T**ransmission **C**ontrol **P**rotocol
- **UDP** (**U**ser **D**atagram **P**rotocol): Verbindungsloses Transportprotokoll
- **HTTP** (**H**ypertext **T**ransfer **P**rotocol): Anwendungsprotokoll (Darstellung von Webseiten)
- **HTTPU**: Erweiterung von HTTP
- **HTTPMU**: Variante von HTTPU, nutzt IP-Multicast
- **GENA** (**G**eneral **E**vent **N**otification **A**rchitecture): Information über den gegenseitigen Status
- **SOAP** (**S**imple **O**bject **A**ccess **P**rotocol): Datenaustauschprotokoll
- **SSDP** (**S**imple **S**ervive **D**iscovery **P**rotocol): Protokoll zum Suchen von UPnP-Geräten

## Protokollstruktur und Dienste

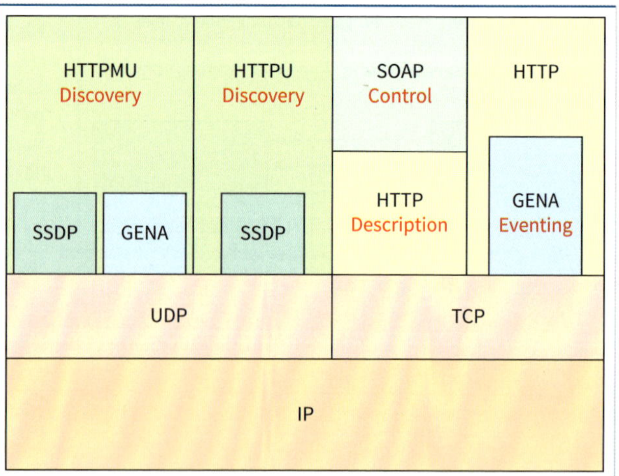

## Chipsatz Intel 975x

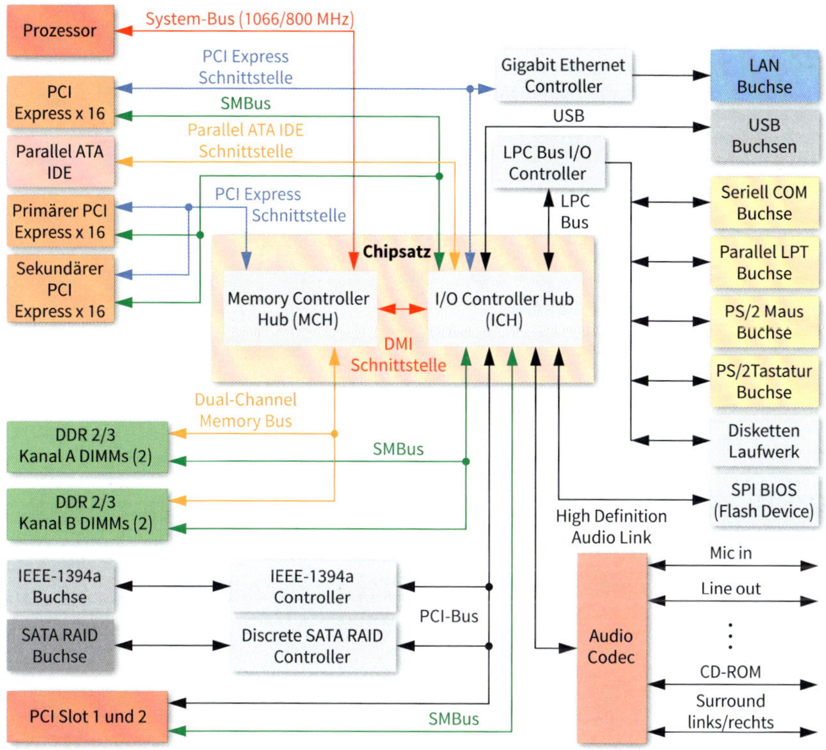


**DMI:**
**D**esktop **M**anagement **I**nterface (Schnittstelle)

**LPC:**
**L**egacy **P**ort **C**ontroller, entspricht dem seriellen ISA-Bus mit geringerer Leitungszahl, „alte" PC-Schnittstellen

**PCI:**
**P**eripheral **C**omponent **I**nterconnect, für die interne Erweiterung durch Steckkarten

**SMBus:**
**S**ystem **M**anagement **Bus**, Steuerbus, der dem I²C-Bus entspricht

**Systembus:**
verbindet Zentralspeichereinheit mit Hauptspeicher und Cache (Datenbus, Steuerbus, Adressbus)

## Erläuterungen

- **AT: A**dvanced **T**echnology; fortschrittliche Technologie, Bezeichnung für PCs mit 80286 Prozessor oder höher
- **ATA: AT-A**ttachment; Synonym für IDE
- **BIOS: B**asic **I**nput **O**utput **S**ystem; Basis-Eingangs-Ausgangs-System, im BIOS werden wichtige Einstellungen für den PC in einem wieder beschreibbaren Speicher (EEPROM, meist als Flash-Speicher, 64 oder 128 Byte) auf der Hauptplatine abgelegt.
- **Chipsatz:** Er dient der Unterstützung der CPU bei der Steuerung und dem Datentransfer der einzelnen Komponenten des Mainboards und der peripheren Geräte. Er besteht hauptsächlich aus den Komponenten MCH und ICH.
- **Codec: Co**der und **Dec**oder; Einrichtung, Verfahren oder Programm, mit denen Daten oder Signale digital codiert und decodiert werden können
- **COM: Com**munication; serielle Schnittstelle zum Anschluss von Peripheriegeräten mit geringem Datentransfer (z. B. Maus, Tastatur, Modem)
- **DDR-RAM: D**ouble **D**ata **R**ate-**RAM**; Arbeitsspeicher, dessen Daten bei der ansteigenden und abfallenden Flanke gelesen werden (doppelte Datenrate)
- **DIMM: D**ual **I**nline **M**emory **M**odul; Speichermodul mit 64 Bit breitem Datenbus
- **EIDE: E**nhanced **IDE**-Schnittstelle; erweiterte IDE-Schnittstelle, andere Bezeichnungen Fast-ATA, ATA-2
- **IEEE-1394a: I**nstitute of **E**lectrical and **E**lectronics **E**ngineers; serielle Schnittstelle zur Kopplung peripherer Geräte (z. B externe Festplatten, Videogeräte) an einen Rechner oder zur Kopplung von Geräten untereinander
- **ICH: I**/O **C**ontroller **H**ub; früher als Southbridge bezeichnet
- **IDE: I**ntegrated **D**evice **E**lectronics; Schnittstelle für Geräte mit integriertem Controller, andere Bezeichnungen ATA, AT-Bus
- **LPT: L**ine **P**rin**t**er; parallele Schnittstelle zum Anschluss von Peripheriegeräten, z. B. Scanner, Drucker
- **MCH: M**emory **C**ontroller **H**ubs; früher als Northbridge bezeichnet
- **PCI Express (PCIe);** Schnittstelle für Peripheriegeräte an die CPU, höhere Datenrate als PCI
- **PS/2: P**ersonal **S**ystem/**2**; serielle Schnittstelle für Tastatur und Maus
- **RAID: R**edundant **A**rray **I**ndependent **D**isc; redundante Anordnung von unabhängigen Festplatten (virtueller Massenspeicher)
- **USB: U**niversal **S**erial **B**us; serieller Bus-Anschluss zum vereinfachten Anschalten von Peripheriegeräten (Geräte während des Betriebs einsteckbar), bis zu 127 Geräte

## Merkmale

- Der **PCI**-Bus ist ein **paralleles taktsynchrones Bussystem** auf dem Motherboard zur Verbindung von Peripheriekomponenten (z. B. SCSI, LAN) untereinander und mit der CPU.
- Ist unabhängig vom CPU-Typ.
- Überträgt Adressen und Daten im **Zeitmultiplex** (32 Bit oder 64 Bit).
- Mit zusätzlichen Steuersignalen (C/BE) wird zwischen Kommando und Bytefreigaben unterschieden.
- Devices (Geräte) am Bus werden unterschieden in **Initiator** und **Target**, wobei der Initiator die Aktionen steuert und verwaltet.
- Geräte verfügen über einen **Konfigurationsspeicher**, der die spezifischen Anforderungen des Geräts beschreibt (z. B. Adressbereich).
- Realisiert u. a.
  - Autokonfiguration (Interruptbelegung, Geräte-Erkennung),
  - Multi-Master-Fähigkeiten.
- Wird allgemein unterschieden in **PCI Conventional** und **PCI-X**.
- Verschiedene Versionen sind funktional kompatibel; spezifische Ausprägungen der Steckverbinder sind zu berücksichtigen.

## Versionen

| Typ | I/O Spannung in V | 64 Bit | | 32 Bit | | Fehler-korrek-tur |
|---|---|---|---|---|---|---|
| | | Steck-plätze | MByte/s | Steck-plätze | MByte/s | |
| PCI 33 | 5/3,3 | 4 | 266 | 4 | 133 | P |
| PCI 66 | 3,3 | 2 | 533 | 2 | 266 | P |
| PCI-X 66 | 3,3 | 4 | 533 | 4 | 266 | P/ECC |
| PCI-X 133 | 3,3 | 2 | 800 | 2 | 400 | P/ECC |
| PCI-X 133 | 3,3 | 1 | 1066 | 1 | 533 | P/ECC |
| PCI-X 266 | 1,5 | 1 | 2133 | 1 | 1066 | ECC |
| PCI-X 533 | 1,5 | 1 | 4266 | 1 | 2133 | ECC |

PCI Conventional   PCI-X (Mode 1)   PCI-X (Mode 2)

P: Parity   ECC: Error Correction Code

## Baugruppen Codierungen

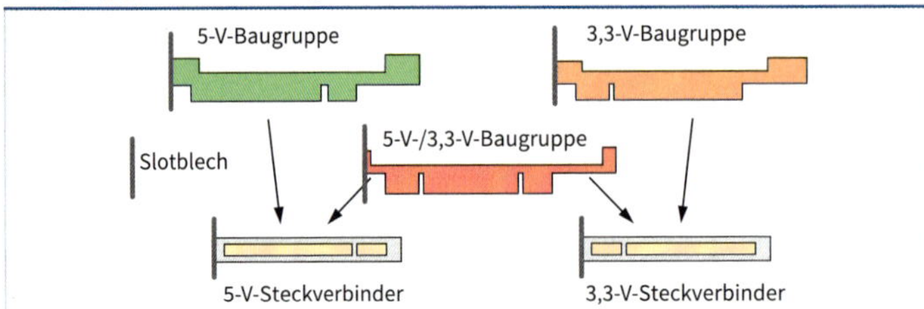


## Signale

| Name | Funktion |
|---|---|
| AD[....] | Adresse/Daten |
| C/BE(...)# | Bus-Kommando/Bytefreigabe |
| INT (A...D)# | Interruptleiteitung (Kanal A, B, C, D) |
| PAR | Parität für AD und C/BE |
| CLK/RST | Takt/Reset |
| Frame# | Zyklus-Rahmen |
| IRDY#/TRDY# | Initiator bereit/Target bereit |
| STOP# | Unterbrechung |
| LOCK# | Sperre |
| IDSEL | Initialisierung |
| DEVSEL# | Geräteauswahl |
| REQ# | Anforderung |

| Name | Funktion |
|---|---|
| GNT# | Freigabe (Bus-) |
| PERR#<br>SERR# | Paritätsfehler<br>Systemfehler |
| PRSNT# | Anwesenheit |
| M66EN | 66-MHz-Freigabe |
| PME# | Stromversorgungsereignis |
| SMBCLK | SMBus-Takt |
| SMBDAT | SMBus-Daten |
| Txx | Test-Signale |
| REQ64# | Anforderung 64-Bit-Transfer |
| ACK64# | Bestätigung 64-Bit |

## Steckverbinder 32 Bit/3,3 V

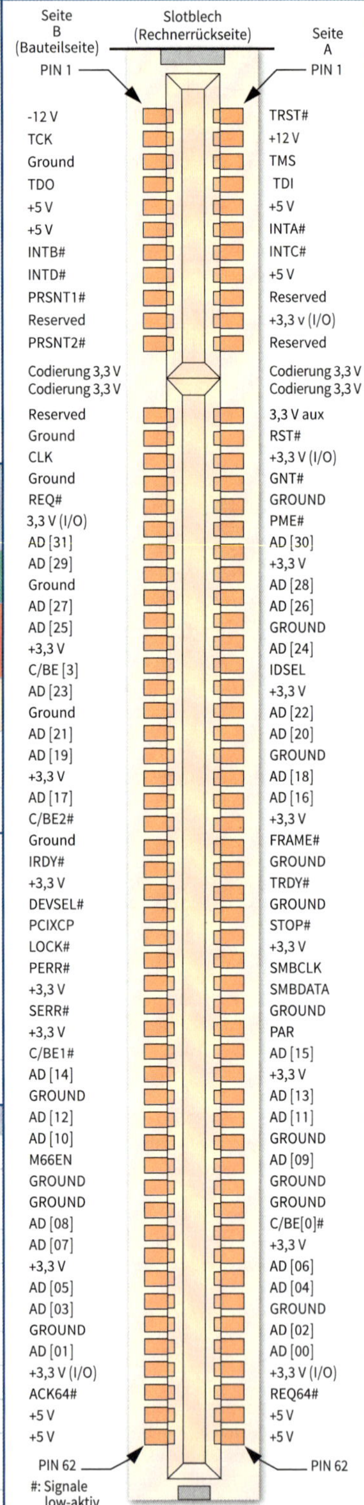

## Merkmale

- cPCI ist ein industrieller Standard der **PICMG** (**P**CI **I**ndustrial **C**omputers **M**anufacturers **G**roup); in Europa vertreten durch PICMG Europe. Er
  - verwendet den PCI-Bus,
  - ist aufgebaut in 19"-Aufbautechnik mit senkrechtem Baugruppeneinbau und
  - verwendet einen passiven Rückwandbus (backplane).
- Besondere Kennzeichen sind die hochpoligen Steckverbinder in 2 mm Stiftabstand (metrische Steckverbinder), wobei die Messerleisten in der Rückwandleiterplatte und die Federleisten auf den Baugruppen angeordnet sind.
- Die Steckverbinder sind in verschiedenen Typen (A, B, AB) verfügbar.
- Als Baugruppenformat werden das
  - einfache Europaformat (3U; 100 mm x 160 mm) und das
  - doppelte Europaformat (6U; 230 mm x 160 mm) verwendet.
- Die Anzahl der Steckverbinder ist abhängig von der Art der Baugruppe.
- Die CPU-Baugruppe enthält mindestens die Steckverbinder J1 und J2. ④
- Peripheriebaugruppen (z. B. I/O-Baugruppen) können auch nur mit dem Steckverbinder J1 ausgerüstet sein.
- Externe Signale (z. B. USB- oder Ethernetanschluss) werden über die Frontplatten herausgeführt.
- Über die Rückseite der Backplane können zusätzliche Baugruppen angesteckt werden.
- Pro Rückwandbus-Einheit sind bis zu 8 PCI-Einbauplätze realisierbar (über Brückenbaugruppen erweiterbar).
- Vorteile von cPCI sind u. a.
  - weltweiter herstellerunabhängiger Standard,
  - robuste Aufbauform (Zuverlässigkeit, Verfügbarkeit) und
  - breites Anwendungsspektrum, insbesondere im industriellen Bereich, wie z. B. Mess- und Steuerungstechnik.

## Baugruppenformate

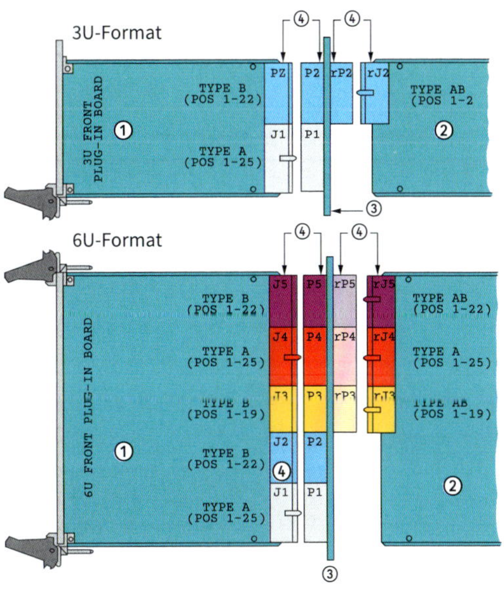


① Flachbaugruppe frontseitig
② Flachbaugruppe rückseitig
③ Backplane
④ Steckverbinder

## Steckverbinderaufbau

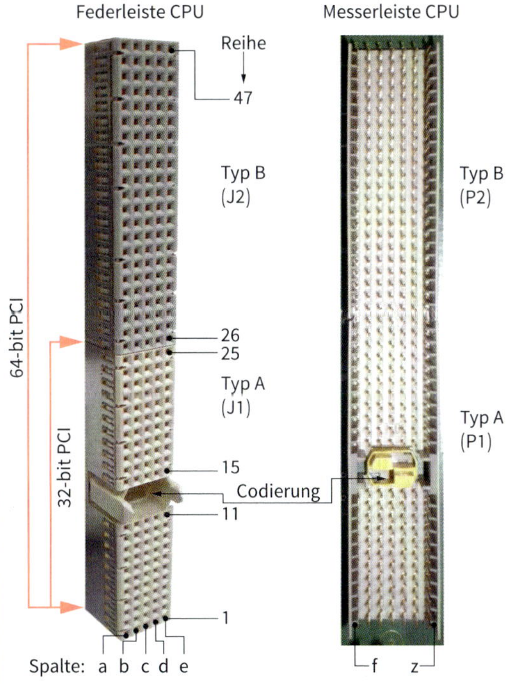


## Aufbaubeispiel

CPU mit Backplane und rückseitiger Baugruppe

19"-Gehäuse

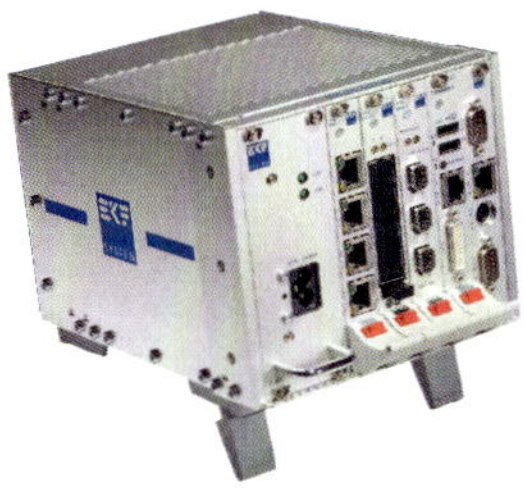

## Merkmale

- **PCIe**
  - dient zur Anbindung von Peripherie-Einheiten an die CPU.
  - ist der Ersatz des bisherigen PCI-Busses.
- Die Datenübertragung erfolgt im Gegensatz zum PCI in serieller Form über sogenannte **Lanes** (unidirektionale Leitungspaare), wobei jeweils ein Paar zum Senden und das andere Paar zum Empfangen dient (Punkt zu Punkt).
- Die Anzahl der Lanes ist skalierbar mit x1, x2, x4, x8, x12, x16 und x32.
- Die Datenübertragung erfolgt in Paketen.
- Version 1.0 realisiert pro Lane 2,5 Gigatransfer pro Sekunde und Richtung.
- Version 2.0 realisiert pro Lane 5 Gigatransfer pro Sekunde und Richtung.
- Beide Versionen verwenden 8 Bit/10 Bit Codierung.
- Version 3.0 realisiert pro Lane 8 Gigatransfer pro Sekunde und Richtung bei 8 Bit Codierung.

## Verbindungsprinzip

**Beispiel:** PCIe x1 (Version 1.0)

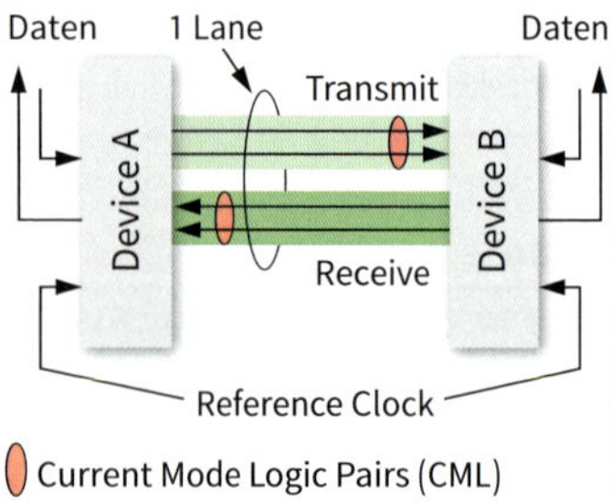


## Datenraten

| Version | Anzahl Lanes | Datenrate in MByte/s und Richtung |
|---|---|---|
| 1,0 | | |
| PCIe x1 | 1 | 250 |
| PCIe x8 | 8 | 2.000 |
| 2,0 | | |
| PCIe x1 | 1 | 500 |
| PCIe x8 | 8 | 4.000 |
| 3,0 | | |
| PCIe x1 | 1 | 1.000 |
| PCIe x8 | 8 | 8.000 |

## Anwendung

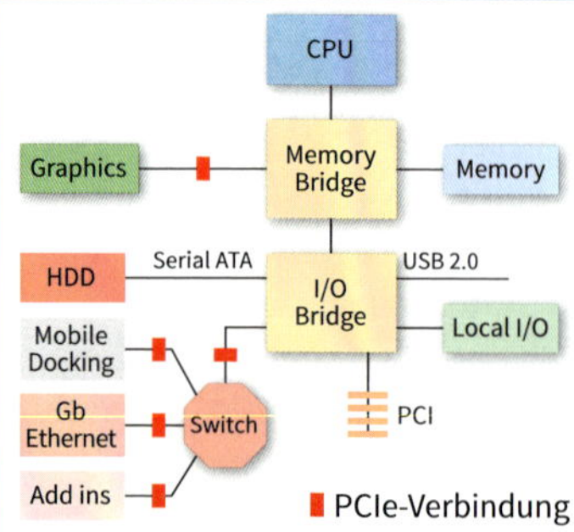


## Steckverbinderbelegung PCIe 1x

| Pin | Side B | | Side A | |
|---|---|---|---|---|
| # | Name | Description | Name | Description |
| 1 | +12 V | 12 V power | PRSNT1# | Hot plug presence detect |
| 2 | +12V | 12 V power | +12V | 12 V power |
| 3 | RSVD | Reserved | +12V | 12 V power |
| 4 | GND | Ground | GND | Ground |
| 5 | SMCLK | SMBus (System Management Bus) clock | JTAG2 | TCK (Test Clock), clock input for JTAG interface |
| 6 | SMDAT | | JTAG3 | TDI (Test Data Input) |
| 7 | GND | Ground | JTAG4 | TDO (Test Data Output) |
| 8 | +3,3 V | 3,3 V power | JTAG5 | TMS (Test Mode Select) |
| 9 | JTAG1 | TRSAT# (Test Reset) resets the JTAG interface | +3,3 V | 3,3 V power |
| 10 | 3,3 Vaux | 3,3 V auxiliary power | +3,3 V | 3,3 V power |
| 11 | WAKE# | Signal for link reactivation | PWRGD | Power good |
| | | Mechanical Key | | |
| 12 | RSVD | Reserved | GND | Ground |
| 13 | GND | Ground | REFCLK+ | Reference clock (differential pair) |
| 14 | HSOp(0) | Transmitter differential pair, Lane 0 | REFCLK– | |
| 15 | HSOn(0) | | GND | Ground |
| 16 | GND | Ground | HSIp(0) | Receiver differential pair, Lane 0 |
| 17 | PRSNT2# | Hot plug presence detect | HSIn(0) | |
| 18 | GND | Ground | GND | Ground |
| | | End of the x1 Connector | | |

## Mechanischer Aufbau

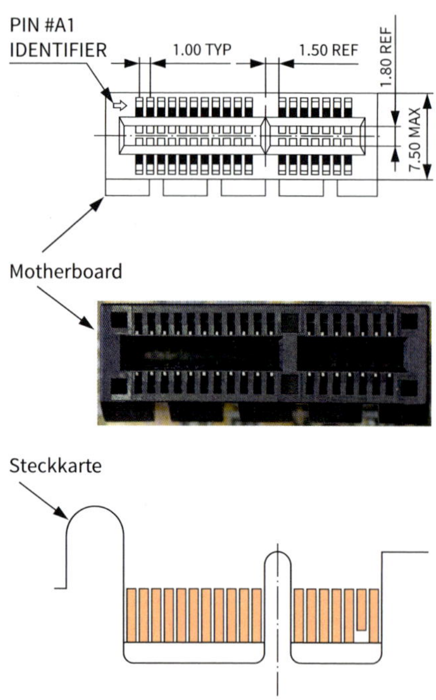


## Steckverbinder PCIe x16

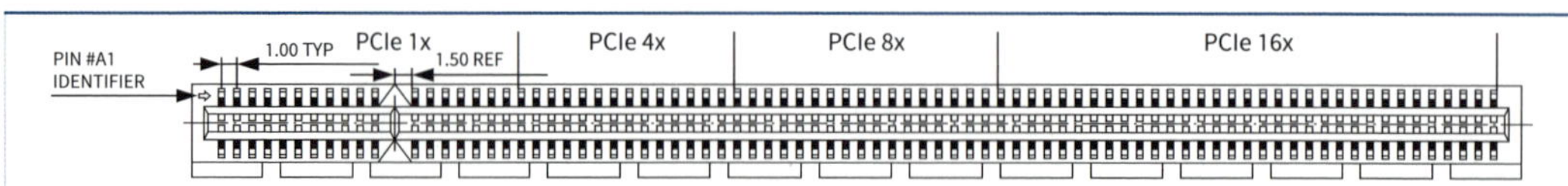

SCSI – Small Computer System Interface

## Merkmale

- SCSI (Sprechweise: skassi) ist ein geräteunabhängiger **paralleler Peripheriebus** (8 Bit oder 16 Bit breit).
- Dient zum Anschluss verschiedenartiger Peripheriegeräte (Festplatten, Scanner, Drucker) an Rechnersysteme (PC, Server).
- Bis zu 16 externe Geräte (SCSI-Devices) sind an ein Bussystem anschließbar.
- Geräte können **Initiatoren** und/oder **Targets** sein.
- Initiator veranlasst die Aktionen.
- Target führt die Aktionen aus.
- Anschluss an Rechner erfolgt über **Host-Adapter** (z. B. PC-Einsteckkarte).
- Adresseinstellung der Teilnehmer erfolgt mit Schaltern, Brücken oder softwaremäßig.
- Jede Adresse darf nur einmal vorkommen.
- **Höchste Priorität** (1) hat in allen Versionen die Ident-Adressse (ID) 7 (in der Regel der Host).
- Terminierung beachten
- Über die Entwicklungszeit entstanden mehrere Versionen (SCSI 1, SCSI 2, SCSI 3) mit unterschiedlichen Übertragungsgeschwindigkeiten, Kabellängen und Steckverbindern.

| Version | Busgeschwindigkeit in MByte/s | Busbreite in Bit | Peripheriegeräte |
|---|---|---|---|
| SCSI-2 | 10 | 8 | Scanner, CD-ROM |
| Ultra | 20 | 8 | Tape, DVD-drives |
| Ultra Wide | 40 | 16 | HDD |
| Ultra2 | 80 | 16 | HDD |
| Ultra160 | 160 | 16 | HDD |
| Ultra320 | 320 | 16 | HDD |

- Eine Weiterentwicklung von SCSI zu höheren Übertragungsraten ist nur mit einer seriellen Kopplung erreichbar (**SAS**: **S**erial **A**ttached **S**CSI).

## Standard-Übersicht

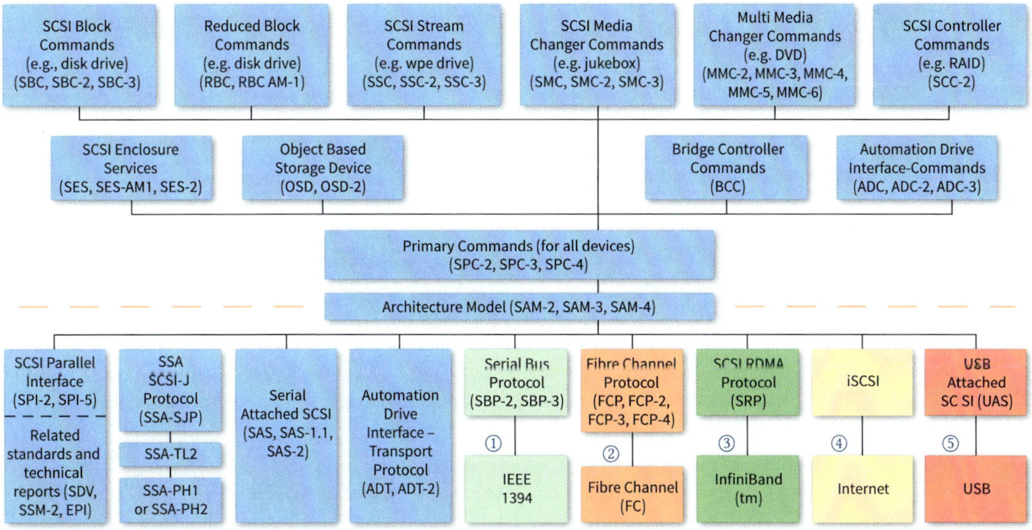


Zuständigkeiten:
① IEEE ② INCITS T11 ③ InfiniBand Trade Association ④ IETF ⑤ USB Implementers Forum
**INCITS** (**I**ter**N**ational **C**ommittee on **I**nformation **T**echnology **S**tandards) T10 (Technical Committee)

## Anschaltung

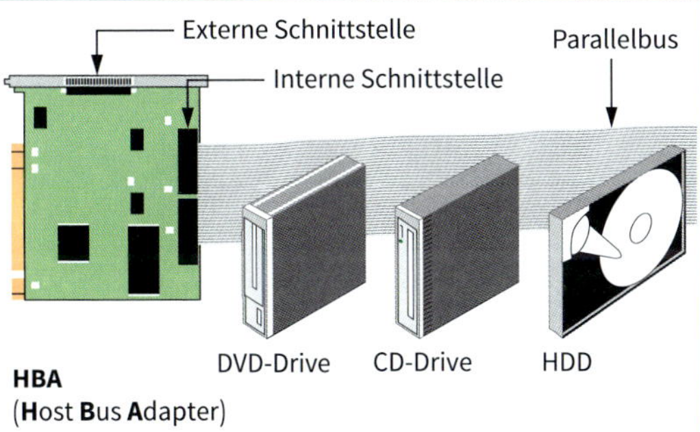


## Steckverbinder

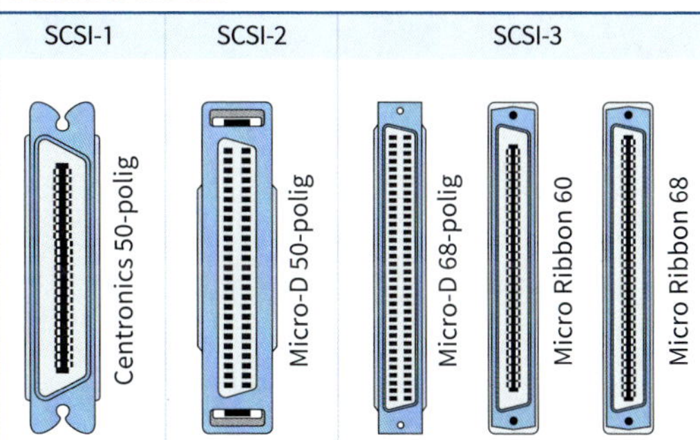

SAS – Serial Attached SCSI

## Merkmale

- SAS ist die Weiterentwicklung von SCSI.
- Verwendet ein **serielles Buskonzept** mit Punkt-zu-Punkt-Verbindungen.
- Pro Verbindung werden
  - zwei Aderpaare mit **LVDS** (Low Voltage Differential Signal),
  - im Vollduplex-Betrieb mit bis zu 6 Gbit/s pro Richtung (Receive und Transmit) verwendet.
- SAS-Laufwerke sind standardmäßig mit zwei getrennten Controllern über zwei Steckverbinder ausgerüstet und vermeiden somit den „**single point of failure**" (Ausfall aufgrund eines einzelnen Fehlers).
- Über Expander lassen sich 128 Geräte ansteuern
- Insgesamt können in einem System 16.384 Geräte (128 Expander x 128 Geräte/Expander) betrieben werden.
- Geräte werden mit **WWN** (**W**orld **W**ide **N**ame) adressiert.
- Stecker und Kabelspezifikationen sind abgestimmt auf den Einsatz in Backplanes und ermöglichen den Einsatz in 1-U-Servern, Blade-Servern und JBOD-Speicherarrays (**JBOD:** **J**ust a **B**unch **o**f **D**isks).
- Auf der Protokollebene gibt es drei verschiedene Protokollvarianten:
  - **SSP** (**S**erial **S**CSI **P**rotocol) überträgt Steuerkommandos und Daten (SAS-Betrieb),
  - **SMP** (**S**erial **M**anagement **P**rotocol) dient der Steuerung der Expander,
  - **STP** (**S**ATA **T**unnelling **P**rotocol) ermöglicht den Betrieb von SATA-HDDs an SAS-Controllern.
- Ein Mischbetrieb von SATA- und SAS-HDDs ist an SAS-Controllern somit möglich (umgekehrt nicht!).

## Standard-Übersicht

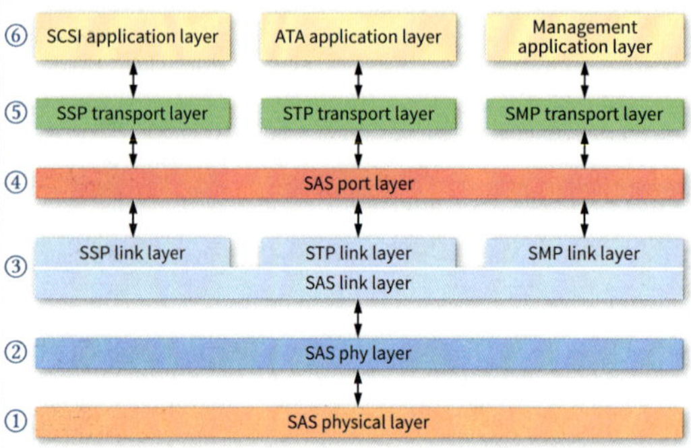


Inhalte (Beispiele)
① Steckverbinder, Kabel, elektrische Eigenschaften von Sender und Empfänger
② 8b/10b-Codierung, Bitreihenfolge, Rücksetzabläufe
③ CRC-Bildung, Adressrahmen, Erkennungsablauf
④ Port-Ebene (Verbindungsebene zwischen verschiedenen Transport- und Verbindungsebenen)
⑤ Rahmendefinition für SSP, STP und SMP
⑥ SCSI Protokolldienste, Betriebsartenparameter

## Datenrahmen

| 4 Bytes | 24 Bytes | Variable Länge | 4 Bytes | 4 Bytes |
|---|---|---|---|---|
| SOF | Header | Information Unit | CRC | EOF |

SOF: Start of Frame (Rahmenanfang)
Header: Kopf (Daten-Vorspann)
Information Unit: Nutzdaten
CRC: Cyclic Redundancy Check (Prüfsumme)
EOF: End of Frame (Rahmenende)

## Verbindungsprinzip

**Beispiel:** Narrow Link (schmale Verbindung)

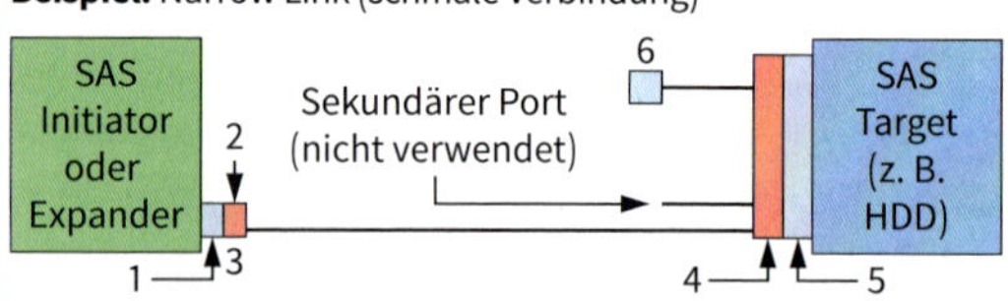


1: Host Steckverbinder
2: Host-Kabel Stecker
3: Primärer Port
4: Festplattenstecker
5: Festplattensteckverbinder
6: Stecker für Stromversorgung i.O. Anzeige (LED)

## Steckverbinder Festplatte intern

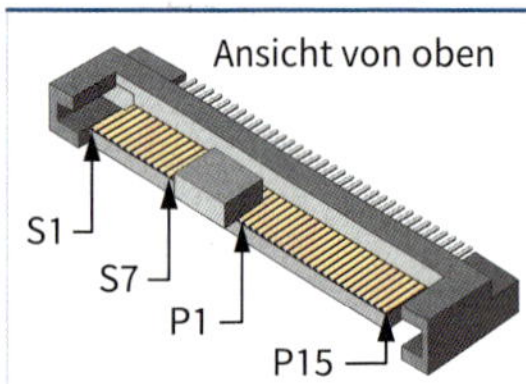


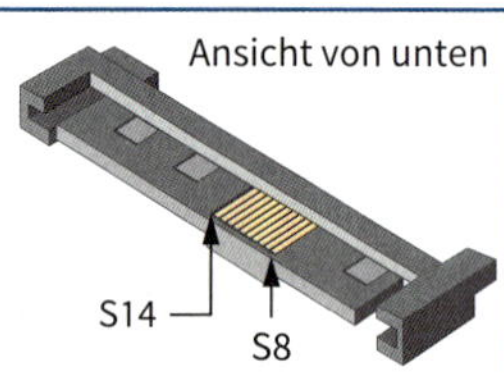


| Primärer Port | | Sekundärer Port | |
|---|---|---|---|
| PIN | Bezeichnung | PIN | Bezeichnung |
| S 1 | Signal Ground | S 8 | Signal Ground |
| S 2 | RP + | S 9 | RS + |
| S 3 | RP – | S 10 | RS – |
| S 4 | Signal Ground | S 11 | Signal Ground |
| S 5 | TP – | S 12 | TS + |
| S 6 | TP + | S 13 | TS – |
| S 7 | Signal Ground | S 14 | Signal Ground |

RP: Receive Primary TP: Transmit Primary

## Stecker Festplatte intern

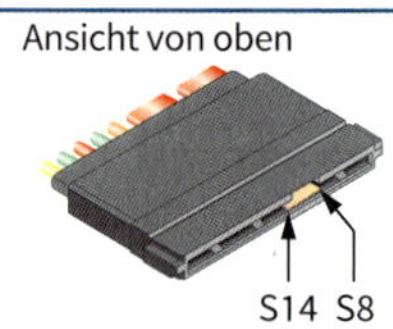


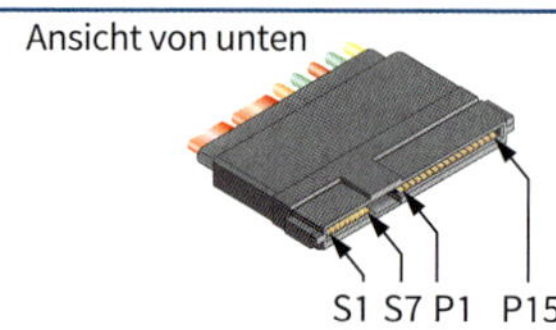


| Spannungsversorgung | | | |
|---|---|---|---|
| PIN | Bezeichnung | PIN | Bezeichnung |
| P 1 | 3,3 V | P 9 | 5 V |
| P 2 | 3,3 V | P 10 | Ground |
| P 3 | 3,3 V | P 11 | Ready LED |
| P 4 | Ground | P 12 | Ground |
| P 5 | Ground | P 13 | 12 V Precharge |
| P 6 | Ground | P 14 | 12 V |
| P 7 | 5 V Precharge | P 15 | 12 V |
| P 8 | 5 V | | |

RS: Receive Secondary TS: Transmit: Secondary

## Prinzip

- Die Telekommunikation erfolgt nicht über leitungsgebundene Netze, sondern über das Internet.
- Verwendet wird für den Datenaustausch das **Internetprotokoll** (**IP**).
- Diese Art der Telekommunikation wird auch als **Voice-over IP** (**VoIP**) bezeichnet.
- Die akustischen Signale ① werden dazu mit Hilfe des Mikrofons in elektrische Signale umgewandelt, digitalisiert und codiert.
- Die Datenmenge wird reduziert und komprimiert.
- Danach werden diese Daten in viele kleine „Pakete" gleicher Größe aufgeteilt ② (**Paketvermittlung**) und in das IP-Netz eingespeist.
- Die Datenpakete gelangen dann auf unterschiedlichen Wegen ③ zum Empfänger (IP-Adresse) und werden dort wieder zu einem kontinuierlichen Datenstrom zusammengefügt ④.
- Zum Ausgleich zeitlicher Schwankungen bei der Übertragung der Pakete werden Pufferspeicher verwendet.
- Für den Auf- und Abbau von Verbindungen wird ein Protokoll eingesetzt, das von der Sprachkommunikation getrennt ist (**SIP**: **S**ession **I**nitiation **P**rotocol).

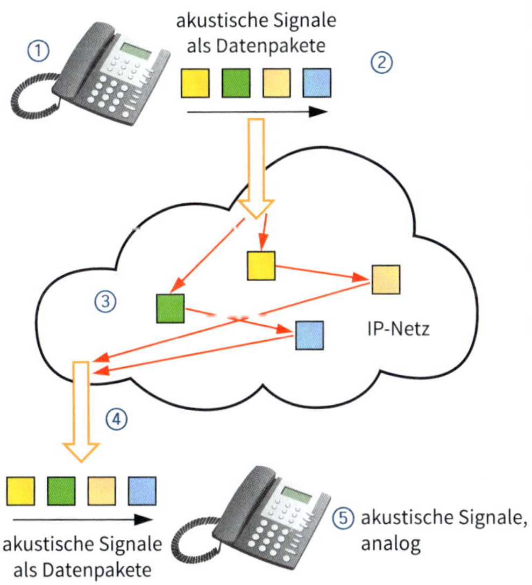


## Übertragungsqualität

Sie hängt ab von

- der verwendeten Abtastrate (Analog-Digital-Umsetzer) auf der Senderseite (Standard-Telefonqualität 8 kHz),
- den eingesetzten Kompressions- und Reduktionsverfahren,
- einem möglichen Verlust von Datenpaketen, da der Empfang der Datenpakete nicht bestätigt wird (Paketverlustrate),
- der Übertragungskapazität des Netzes (z. B. 100 bis 120 kbit/s) und
- Verzögerungen (Jitter) und Schwankungen bei der Datenübertragung.

## IP-basierter Anschluss

- Vom **Diensteanbieter** (service provider) gelangen die Signale über Kupfer- bzw. Lichtwellenleiter in die **Vermittlungsstelle** und dann in die **Verteilerkästen**, die sich häufig in der Nähe von Wohngebäuden bzw. Wohneinheiten befinden.
- Im Wohngebäude ist abschließend eine **TAE**-Dose (**T**elekommunikations-**A**nschluss-**E**inheit) installiert. Dort endet die Zuständigkeit des Netzbetreibers.

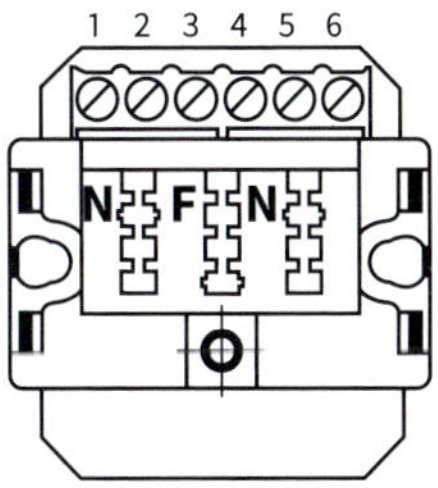

- Vorteile gegenüber einem bisherigen Anschluss:
  - Alle Dienste sind über einen Anschluss möglich.
  - Größere Datenmengen können in vergleichbaren Zeitabschnitten übertragen werden (größere Bandbreite).
  - Zwei Sprachkanäle, verbesserte Sprachqualität
  - WLAN-Anbindung
  - Bis zu 10 Rufnummern

## Router

- Für die IP-basierte Telekommunikation werden Router verwendet. Es sind Geräte, die
  - Netzwerkpakete mit Hilfe von IP-Adressen weiterleiten,
  - Anpassungen zwischen unterschiedlichen Protokollen vornehmen und
  - Sicherheitsmaßnahmen durchführen können.
- Router benötigen eine eigene Energieversorgung.
- Für Telefone ist eine TAE-Dose mit **F-Codierung** (**F**: **F**ernsprechbetrieb ①) vorgesehen.
- Für die Signalzuführung aus dem Netz sowie für die PC-Anschlüsse ② sind RJ45 Buchsen vorhanden.

Beispiel:

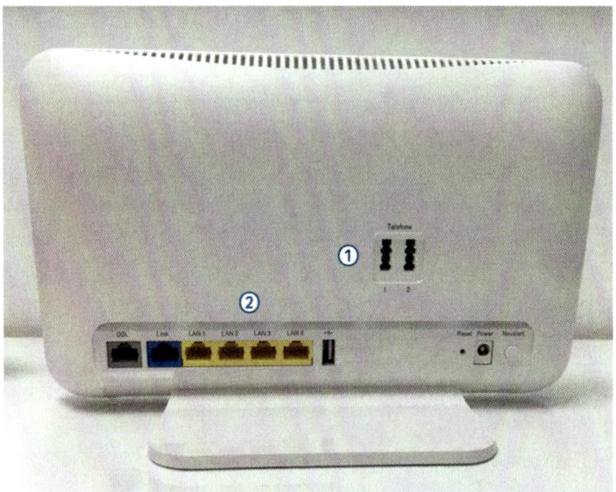

# Anschluss analoger Telekommunikationsgeräte
## Connection of Analog Telecommunication Devices

### TAE-Stecker

- Mechanische Codierung:
  - **N**: **N**icht-Fernsprechbetrieb
  - **F**: **F**ernsprechbetrieb

F-Codierung

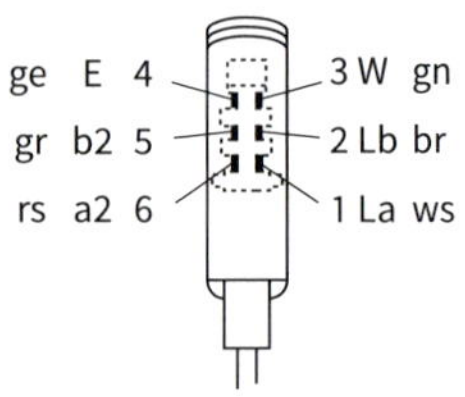


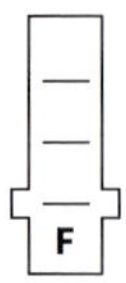


F-Codierung

N-Codierung

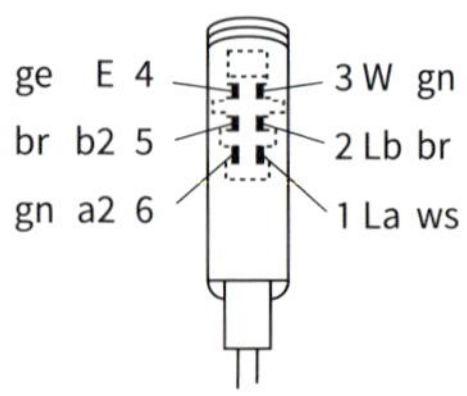


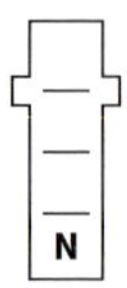


N-Codierung

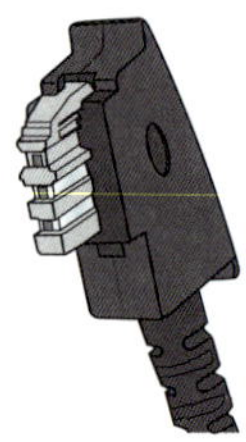

### Anschlussdose TAE 3x6 NFN

- Innenbeschaltung und Signalverlauf

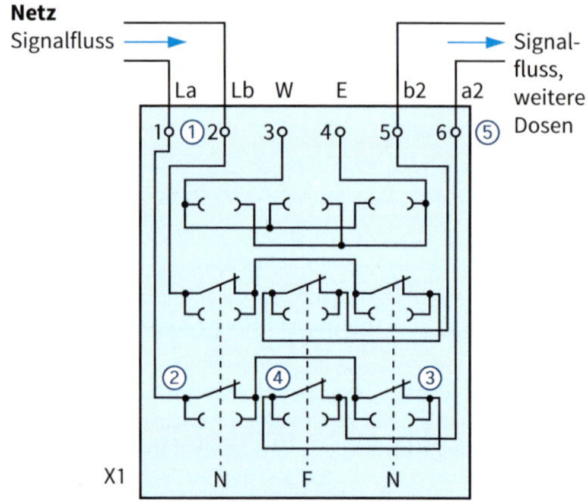


- Durch die Stecker werden in der Dose Schalter betätigt (Schaltbuchsen), die den Signalfluss unterbrechen.
- Annahme:
  Kein TAE-Stecker eingesteckt, Beginn: Klemme 1 (La ①)
  - N-Schalter links ② geschlossen
  - N-Schalter rechts ③ geschlossen
  - F-Schalter ④ geschlossen
  - Klemme ⑤ a2

### Kontakte der TAE-Stecker

| Kontakt | Bedeutung der Anschlüsse | Farbe |
|---|---|---|
| 1 | La, a-Ader, Signalleitung | weiß (ws) |
| 2 | Lb, b-Ader, Signalleitung | braun (br) |
| 3 | W, Tonrufzweitgerät | grün (gn) |
| 4 | E, Erde, Nebenstelle | gelb (ge) |
| 5 | b2, b-Ader, Weiterführung | grau (gr) |
| 6 | a2, a-Ader, Weiterführung | rosa (rs) |

### Western-Steckverbindung

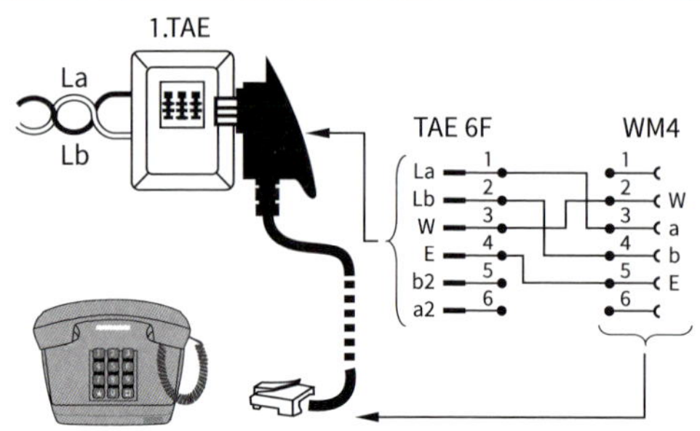


# ISDN-Anschluss
## ISDN Connection

- **ISDN** (**I**ntegrated **S**ervices **D**igital **N**etwork)
- An einem IP-basierten Telekommunikationsanschluss können ISDN-Geräte über einen am Router vorhandenen $S_0$-Anschluss ($S_0$-Bus) oder über entsprechende ISDN-Adapter verwendet werden.
- Der $S_0$-Bus besteht aus vier Leitungen: Sendeleitungen 1a und 1b; Empfangsleitungen 2a und 2b.
- Die Anschlussdosen werden mit **IAE** (**I**SDN-**A**nschluss**e**inheiten) bezeichnet.
- Die Leitungen in der letzten IAE müssen mit zwei Widerständen von 100 Ω ±5 % abgeschlossen werden.

- **Busstruktur**

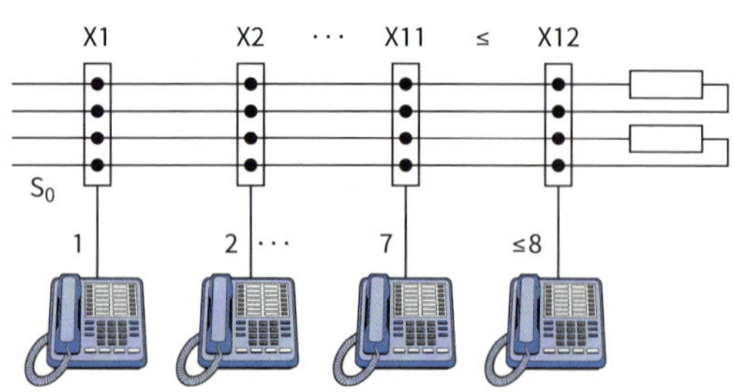

ADSL – Asymmetric Digital Subscriber Line

## Merkmale

- **DSL**-Technik (**D**igital **S**ubscriber **L**ine (engl.) – digitaler Teilnehmeranschluss) wird angewendet, um Daten mit hohen Übertragungsraten über Kupfer- oder Glasfaserleitungen zu übertragen.
- **ADSL** (**A**symmetric **D**igital **S**ubscriber **L**ine) ist eine DSL-Variante, bei der die Datenübertragungsgeschwindigkeiten asymmetrisch sind. Es werden zwei Kanäle unterschieden:
  - **Upstream**-Kanal (Aufwärtskanal ①): Sendekanal vom Teilnehmer,
  - **Downstream**-Kanal (Abwärtskanal ②): Empfangskanal zum Teilnehmer.
- Die Bandbreite des Upstream-Kanals ist geringer als die Bandbreite des Downstream-Kanals.
- Die verschiedenen Techniken werden durch Zusatzsymbole gekennzeichnet (z. B. ADSL2, ADSL 2+).
- Die Datenübertragungsraten hängen im Wesentlichen von der
  - Leitungsdämpfung,
  - Entfernung des Nutzers bis zum Router und
  - induktiven Signalübertragung (Übersprechen [Cross Talk]) zwischen den Leitungen ab.

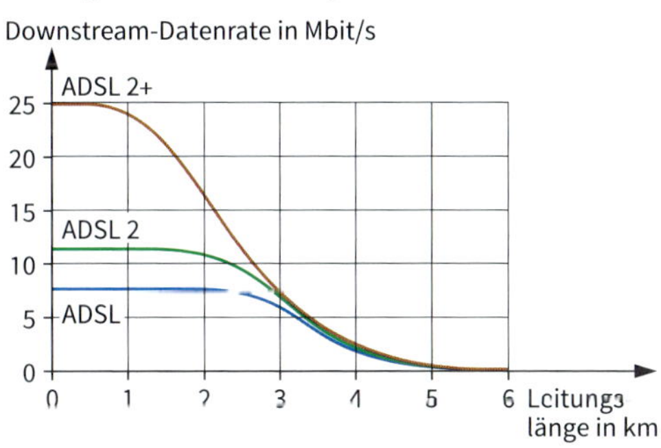


- Der zur Verfügung stehende Frequenzbereich von 138 kHz bis 1,104 MHz wird in 224 einzelne Kanäle von jeweils 4,3 kHz Bandbreite unterteilt. Einige Kanäle werden für Störungen freigehalten ③.
- Als Modulation der einzelnen Träger wird **QAM** (**Q**uadratur-**A**mplituden-**M**odulation) angewendet. Das Verfahren wird auch als **DMT** (**D**iscrete **M**ulti **T**one) bezeichnet.

## Installation mit einem Router

- Beispiel:
  - IP-basierter TK-Anschluss (TAE) ①
  - Integrierter WLan-Router ②
  - Glasfaser-Anschluss ③
  - DECT-Basisstation
  - Anschluss für analoges Telefon ④
  - Ethernet-LAN-Anschlüsse (1 Gbit/s und 100 Mbit/s) ⑤
  - USB-Anschluss für Drucker oder Speichermedien ⑥
  - UMTS-Zugang über USB-Modem bei DSL-Ausfall

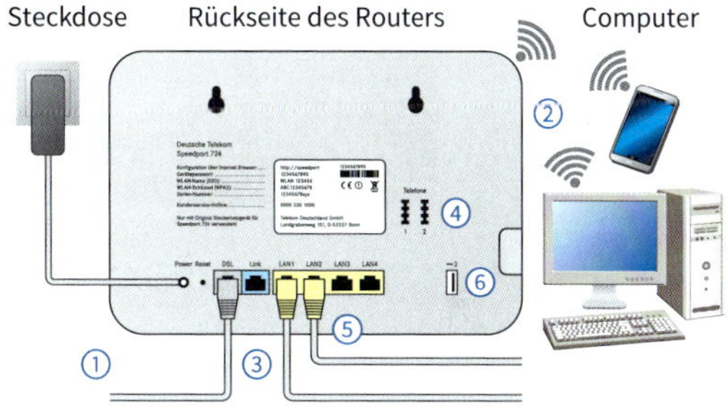


## Nachteil gegenüber einem leitungsgebundenen Netz

- Das leitungsgebundene Telekommunikationsnetz besaß eine eigene Spannungsversorgung von etwa 60 V ③.
- Wenn die Energieversorgung in Gebäuden ausfiel, konnte weiterhin telefoniert werden.
- Wenn die Internetverbindung dagegen ausfällt, kann nicht mehr über den Router telefoniert werden.

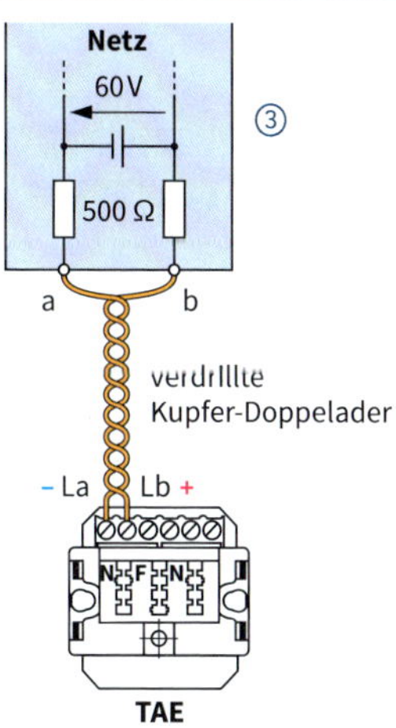


- ADSL-Frequenzspektrum

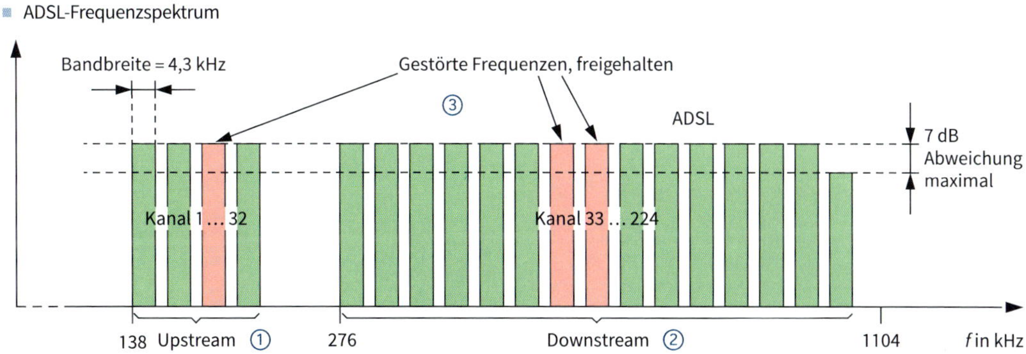

VDSL – Very High Speed Digital Subscriber Line

## Merkmale

- VDSL-Techniken werden besonders in hybriden Netzen (Glasfaser-/Kupferkabelnetzen) für Datenraten bis 100 Mbit/s bei Downstream (Downlink) und Upstream (Uplink) eingesetzt.
- Die Datenrate von 100 Mbit/s ist ein theoretischer Wert ①. Die tatsächliche Datenrate hängt von der Entfernung sowie von Länge und Qualität der Kupferleitung vom Kabelverzweiger ② bis zum Teilnehmeranschluss ab.

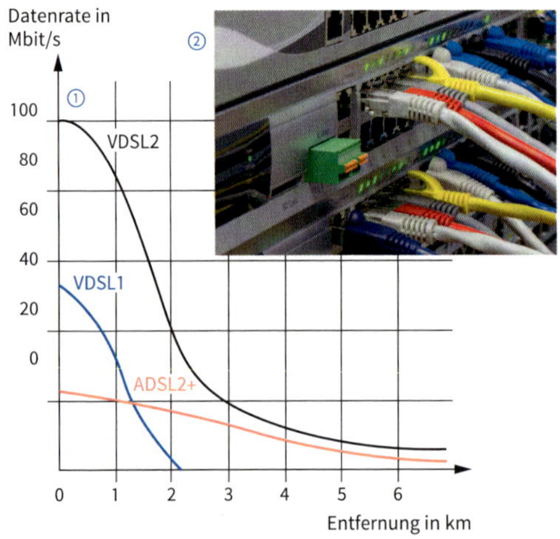


- Das schnelle VDSL-Übertragunsverfahren wird auch als Breitband-Internet bezeichnet und bei **Triple Play** eingesetzt (gemeinsames Angebot von Internet, Telefonie (VoIP) und Fernsehen (IPTV)).
- VDSL1 hat sich in Deutschland nicht durchgesetzt. Es ist nicht kompatibel zu VDSL2.
- VDSL2 reicht bis zum Frequenzbereich von 30 MHz, ist zu ADSL, ADSL2 und ADSL2+ abwärtskompatibel und kann mit symmetrischer oder asymmetrischer Übertragung arbeiten.
- Die symmetrische Übertragung wird vor allem von Unternehmen genutzt, die nicht nur Informationen aus dem Internet beziehen, sondern auch als Informationsanbieter agieren.

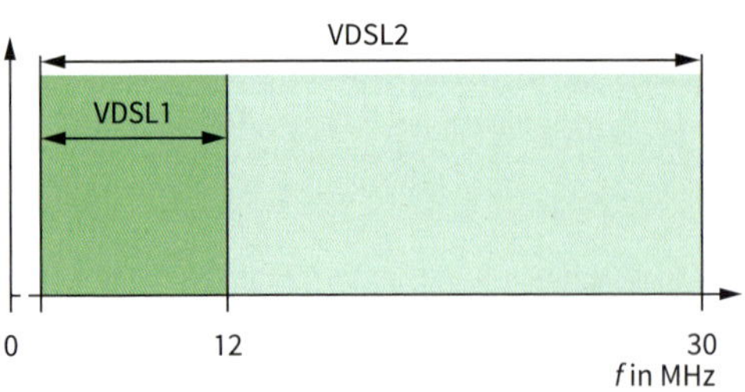


- VDSL2 ermöglicht garantierte Datenraten (**QoS: Q**uality **o**f **S**ervice).
- Das Netz wird vorwiegend in Baumstruktur aufgebaut. Die DSL-Vermittlungsstelle (**DSLAM: D**igital **S**ubscriber **L**ine **A**ccess **M**ultiplexer) befindet sich nicht in der Ortsvermittlungsstelle, sondern in den Kabelverzweigern (KVz, Ortsverteiler), z. B. am Straßenrand (FTTC).
- Ein DSLAM kann ca. 100 Haushalte versorgen.

## VDSL-Profile und Frequenzen

- In den Profilen sind u. a. die Grenzfrequenz, der Trägerabstand und die Signalstärke definiert.
- Der Netzbetreiber legt sein jeweiliges Profil fest.
- Zusätzlich zum Profil gibt es einen Frequenzbandplan, in dem die gemeinsame Nutzung der Frequenzen mit POTS, ISDN, ADSL … festgelegt ist.

| Profil | Bandbreite in MHz | Anzahl der genutzten Frequenzen ③ | Frequenzabstand in kHz ④ | Übertragungspegel in dBm[2] | Max. Datenrate[1] |
|---|---|---|---|---|---|
| 8a | 8,832 | 2047 | 4,3125 | + 17,5 | 50 |
| 8b | 8,832 | 2047 | 4,3125 | + 20,5 | 50 |
| 8c | 8,5 | 1971 | 4,3125 | + 11,5 | 50 |
| 8d | 8,832 | 2047 | 4,3125 | + 14,5 | 50 |
| 12a | 12 | 2782 | 4,3125 | + 14,5 | 68 |
| 12b | 12 | 2782 | 4,3125 | + 14,5 | 68 |
| 17a | 17,6604 | 4096 | 4,3125 | + 14,5 | 100 |
| 30a | 30 | 3478 | 8,625 | + 14,5 | 200 |

[1] symmetrisch [2] dB Milliwatt

- Die Modulation erfolgt mit **DMT** (**D**iscrete **M**ultitone **T**ransmission, **QAM: Q**uadratur**a**mplituden**m**odulation). Dabei wird der genutzte Frequenzbereich in bis zu 4096 Träger unterteilt ③. Die Bandbreite beträgt 4,3125 bzw. 8,625 kHz ④.
- Der gesamte Frequenzbereich wird in unterschiedliche Downstream- und Upstream-Bereiche aufgeteilt ⑤.
- In Deutschland wird der Frequenzbereich bis mindestens 138 kHz für POTS (analoges Telefon) und ISDN ausgeblendet, um gegenseitige Störungen zu vermeiden.

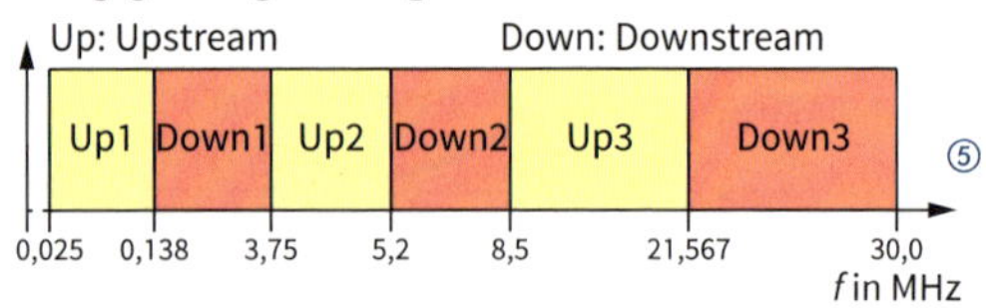


## Netzarchitekturen

- **FTTN** (**F**iber-**t**o-**t**he-**n**ode, node: Knoten)
  Das Glasfaserkabel ist weit entfernt vom Endkunden, bis zu mehreren Kilometern.
- **FTTC** (**F**iber-**t**o-**t**he-**c**abinet, cabinet: Schrank)
  Das Glasfaserkabel endet in einer Straße (am Bürgersteig), typischerweise 300 m von dem Standort des Kunden. Die endgültige Anschlussleitung ist aus Kupfer (städtischer Bereich ⑥).
- **FTTP** (**F**iber-**t**o-**t**he-**p**remises, premises: Gelände/Grundstück)
  Glasfaserkabel reicht bis zum Gelände
- **FTTB** (**F**iber-**t**o-**t**he-**b**uilding, building: Gebäude)
  Glasfaserkabel reicht bis zur Grenze des Gebäudes
- **FTTH** (**F**iber-**t**o-**t**he-**h**ome, home: Wohnraum)
  Glasfaserkabel reicht bis zur Grenze des Wohnraums ⑦

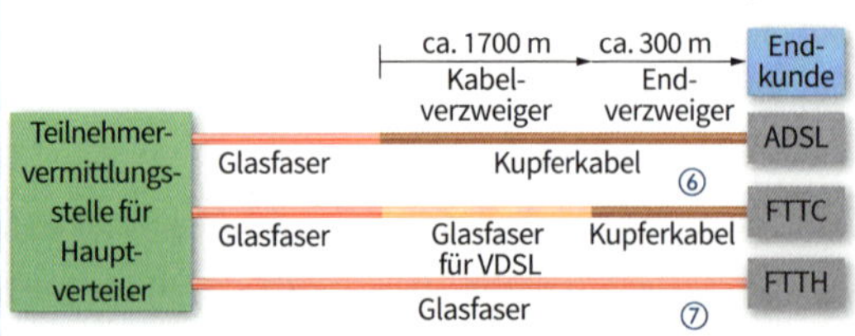

# DECT – Digital Enhanced Cordless Telecommunications
DECT – Digital Enhanced Cordless Telecommunications

## Merkmale

- **DECT** ist ein europäischer Standard für schnurlose Telekommunikation.
- Ist standardisiert durch ETSI in ETS 300175.
- Anwendungsbereiche sind
  - Telefonie, Datenübertragung.
- Anwendungsgebiete werden definiert für
  - Privathaushalte,
  - Klein-, Mittel- und Großbetriebe,
  - öffentliche Netze.
- Reichweiten innerhalb von Gebäuden liegen zwischen 20 m und 50 m, außerhalb bis zu 300 m. DECT ist multizellenfähig und unterstützt Verfahren wie Roaming und Handover.
- Übergänge in das ISDN sind realisiert; für GSM in der Realisierungsphase.
- Verkehrswerte von bis zu 10.000 Erlang/km$^2$, d. h. 100.000 Teilnehmer pro Quadratkilometer.
- Sprachqualität aufgrund der verwendeten Codierung (**ADPCM: A**daptive **D**ifferential **P**ulse **C**ode **M**odulation; nach G.726) besser als bei GSM.
- Die Sprachcodierung erfolgt mit 32 kbit/s.
- Verwendeter Frequenzbereich liegt europaweit zwischen 1880 MHz und 1900 MHz mit 10 Trägerfrequenzen bei 1,8 MHz Bandbreite pro Träger.
- Übertragungsverfahren verwenden **TDMA** (**T**ime **D**ivision **M**ultiple **A**ccess) und **TDD** (**T**ime **D**ivision **D**uplex).
- Jede Trägerfrequenz arbeitet mit 12 Duplex- bzw. 24 Simplex-Übertragungskanälen; insgesamt also 120 Übertragungskanäle bidirektional.
- Durch Zeitmultiplexverfahren können mehrere Mobilgeräte gleichzeitig mit einer Basisstation und untereinander kommunizieren.
- Mobilteile können an mehreren Basisstationen angemeldet werden und sind dann über verschiedene Rufnummern erreichbar (Multilink); angewendet überwiegend bei schnurlosen Telekommunikationsanlagen.
- Die Grundlage für alle Sprachanwendungen in DECT sind im **GAP** (**G**eneric **A**ccess **P**rofile) festgelegt.
- Durch die verwendeten Zugriffsverfahren ist eine hohe Übertragungssicherheit gegen Abhören gegeben.
- Für Datenübertragungen ist die Möglichkeit von Kanalbündelungen mit *n* x 24 kbit/s bis auf max. 552 kbit/s gegeben.

## Rahmenstruktur

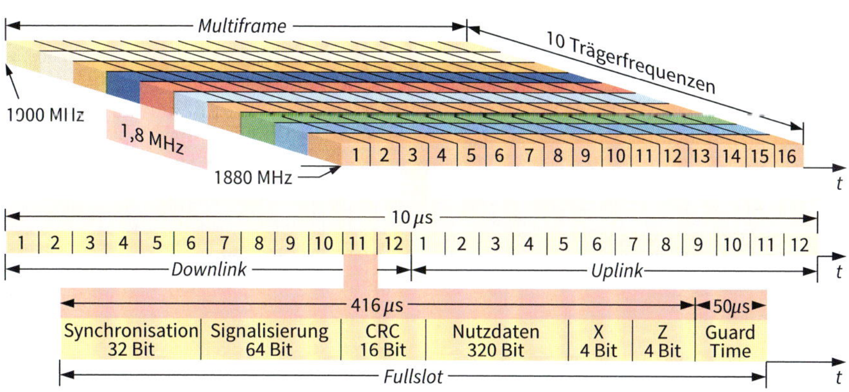


Guardtime: Schutzzeit (entspricht 40 Bit-Zeiten); X- und Z-Feld sind spezielle Kennungsfelder.

## Mobilgerät

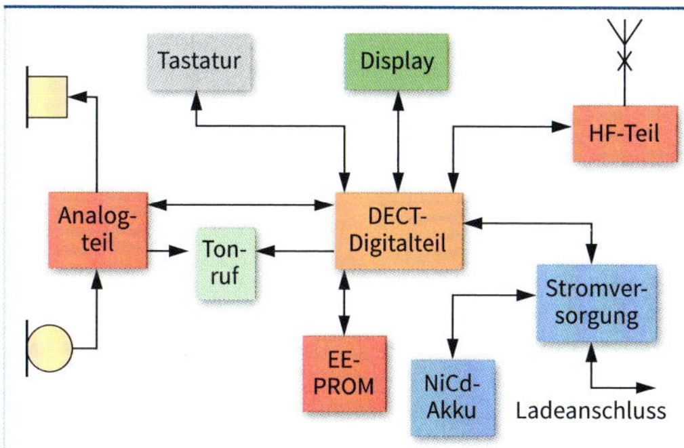


## Systemaufbau

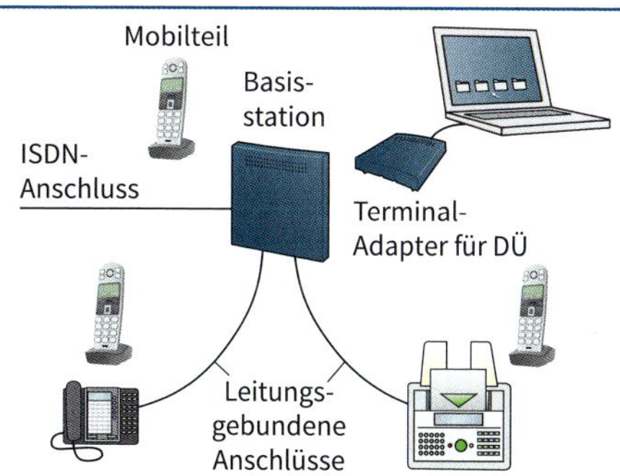

# ATM – Asynchronous Transfer Mode

ATM – Asynchronous Transfer Mode

## Merkmale

- **ATM** ist eine verbindungsorientierte Multiplex- und Vermittlungstechnik.
- Findet Anwendung im Bereich **globaler Netze** und lokaler **multimediafähiger Netze**
- Ist eine Kombination der Vorteile von **paket-** und **leitungsvermittelnden** Netzen (paketvermittelt bietet variable Bitraten; leitungsvermittelt bietet Echtzeit)
- Ist derzeit die Grundlage für **B-ISDN** (**B**reitband-**ISDN**)
- Dient zur Übertragung von digital codierten Informationen, wie z. B.
  - Sprache,
  - Stand- und Bewegungsbilder,
  - Daten und Texte,
  - Datenströme jeder Kapazität (z. B. **Video on Demand** Video auf Anfrage)
- Arbeitet mit Nutz- und Steuerungskanälen, über die **Nutzzellen** und **Steuerungszellen** übertragen werden
- Zellen haben das einheitliche Format mit 53 Bytes (Kopffeld 5 Bytes, Informationsfeld 48 Bytes).
- Im **Kopffeld** sind die Adressierungsdaten zur Vermittlung enthalten.
- Die Vermittlungsknoten werten lediglich die Adressinformationen (mit Hardwareschaltungen) aus, wodurch die hohe Vermittlungsgeschwindigkeit erreicht wird.
- Für die Teilnehmer-Schnittstelle (**UNI: U**ser **N**etwork **I**nterface) sind Datenraten spezifiziert mit 2, 34, 140, 155, 622 Mbit/s.
- Zwischen den Netzknoten (**NNI: N**etwork **N**ode **I**nterface) und dem Übergang zwischen Netzen verschiedener Betreiber (**BICI: B**roadband **I**nter**c**arrier **I**nterface) sind Datenraten mit 34, 140, 155 und 622 Mbit/s festgelegt.
- ATM arbeitet nach OSI-Referenzmodell auf der Schicht 1 und Teilen von Schicht 2.

## Schichtenmodell

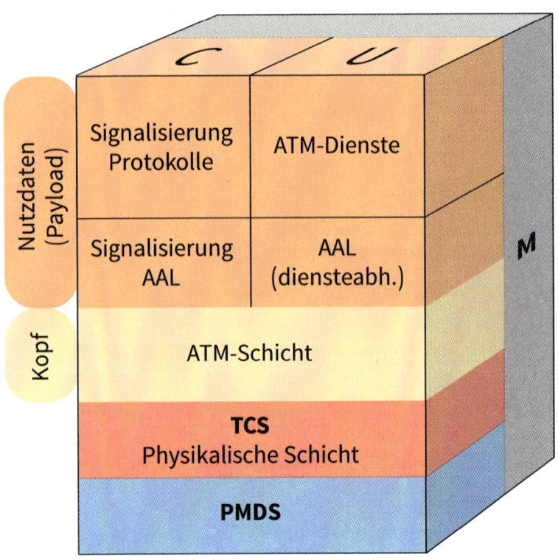


- **U-Plane** (**U**ser-Plane: Anwender-Säule) enthält Regeln und Protokolle für die Übertragung der Nutzinformationen über ATM-Verbindungen.
- **C-Plane** (**C**ontrol-Plane: Signalisierungssäule) enthält Regeln und Protokolle für die Übertragung der Steuerung, die für die Signalisierung benötigt werden.
- **M-Plane** (**M**anagement-Plane: Managementsäule) enthält Regeln und Protokolle für die Übertragung der Managementinformationen der Nutz- und Signalisierungsverbindungen.
- **ATM**-Schicht realisiert den dienstunabhängigen Transport von ATM-Zellen sowie die Identifikation virtueller ATM-Verbindungen.
- **AAL**-Schicht (**A**TM **A**daptation **L**ayer: ATM-Anpassung) realisiert Funktionen zur Unterstützung unterschiedlicher Telekommunikationsdienste; bildet die ATM-Zellen.

## Physikalische Schicht

- Die physikalische Schicht ist wegen der Abhängigkeit vom Übertragungsmedium in zwei Schichten unterteilt.
- **TCS** (**T**ransmission **C**onvergence **S**ublayer) erzeugt beim Senden
  - Prüfsumme für den Zellkopf (**HEC: He**ader **E**rror **C**heck); wird auf Empfangsseite zur Fehlererkennung verwendet;
  - Leerzellen für einen kontinuierlichen Zellenstrom.
- Leerzellen werden besonders markiert und an der Empfangsseite wieder entfernt.
- **PMDS** (**Ph**ysical **M**edium **D**ependent **S**ublayer) realisiert:
  - Leitungscodierung,
  - Timing und Synchronisation auf dem Signalniveau.

## Zellenaufbau

**Beispiel:** UNI-Schnittstelle

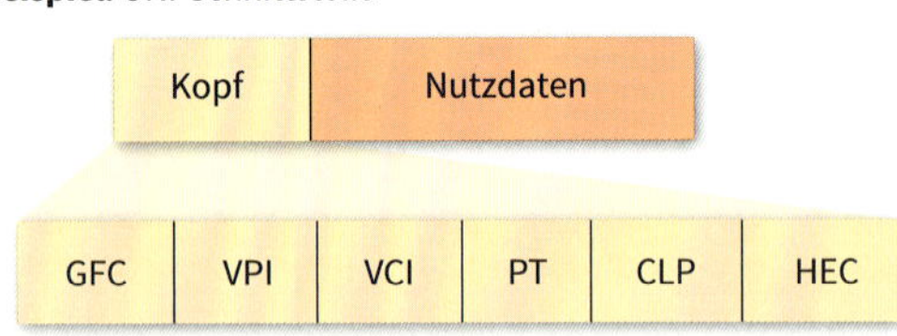


**GFC:** **G**eneric **F**low **C**ontrol (Flusskontrolle)
**VPI:** **V**irtual **P**ath **I**dentifier (virtuelle Pfadkennung)
**VCI:** **V**irtual **C**hannel **I**dentifier (virtuelle Kanalkennung)
**PT:** **P**ayload **T**ype (Nutzlastkennung)
**CLP:** **C**ell **L**oss **P**riority (Zellen-Verlustpriorität)
**HEC:** **H**eader **E**rror **C**ontrol (Kopfprüfsumme)

# SDH – Synchrone digitale Hierarchie
## SDH – Synchronous Digital Hierarchy

### Einteilung

- Zur Übertragung mehrerer logischer Kommunikationskanäle über einen physikalischen Übertragungsweg (Kabel) wird die **Multiplextechnik** angewendet.
- Anwendung hauptsächlich auf Fernleitungen, um Kosten für Übertragungskabel gering zu halten.
- Grundsätzliche Multiplexprinzipien sind:
  - **Frequenzmultiplex** (Leitungsbandbreite wird in mehrere Frequenzbereiche aufgeteilt)
  - **Zeitmultiplex** (Übertragungskanälen werden einzelne Zeitabschnitte zugeteilt)

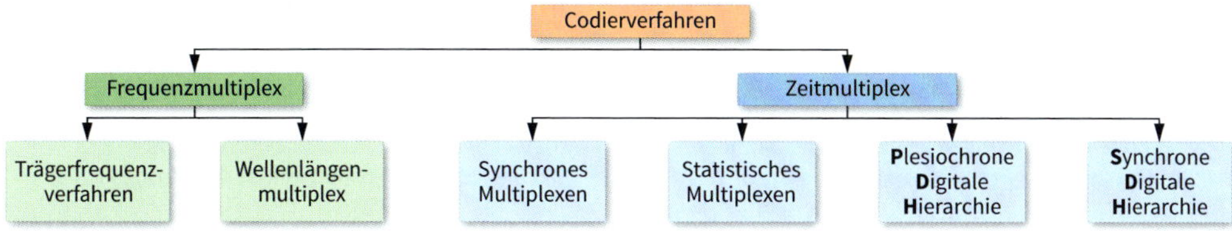


PDH: ‚fast' synchrone Multiplextechnik; Vorgänger der SDH-Technik

### Synchrone Digitale Hierarchie

- Die **S**ynchrone **D**igitale **H**ierarchie (**SDH**)-Technik ist eine spezielle digitale, transparente, zeitsynchrone Multiplex-Übertragungstechnik für Weitverkehrsnetze.
- Übertragungsmedium sind Lichtwellenleiter und Richtfunkstrecken (niedrige Bitraten).
- Datenströme mit unterschiedlichen (niedrigeren) Bitraten werden auf einheitliche, standardisierte höhere Bitraten für den Transport umgesetzt (gemultiplext) bzw. am Empfangsort wieder entnommen (demultiplext).
- Zentrale Elemente eines SDH-Systems sind u. a.:
  - **Terminalmultiplexer** (fassen Eingangssignale mit unterschiedlichen Bitraten zusammen),
  - **Add-Drop-Multiplexer**,
  - **Regeneratoren**.
- SDH-Strecken können als **Ring-** oder **Maschenstruktur** aufgebaut werden.
- Netzweit wird mit einem **Mastertakt** gearbeitet.
- Mastertakt wird in kleinen Netzen von einem Multiplexknoten erzeugt.
- Bei größeren Netzen (internationale Verbindungen) werden spezielle, hochgenaue Taktgeneratoren (z. B. GPS oder Caesium-Zeitnormale) eingesetzt. Verwendet zur Übertragung zwischen den Netzknoten (Multiplexern) strukturierte Zeitrahmen. Zeitrahmen werden als Synchronous Transport Module (STM-1, da erste Multiplexerstufe) bezeichnet.
- Die Gesamtdatenrate an der STM-1-Schnittstelle beträgt 155,520 Mbit/s.
- **Höhere Hierarchiestufen** der SDH-Technik werden durch Zusammenfassen von STM-1-Modulen erreicht.
  - **STM-4** besteht aus 4 x STM-1 mit einer Bitrate von 622,080 Mbit/s,
  - **STM-16** besteht aus 16 x STM-1-Rahmen mit einer Bitrate von 2488,320 Mbit/s
- SDH-Technik ist standardisiert von der ITU-T in der G-Reihe:
  - G.707 (Bitraten), G.708 (Signalstrukturen), G.709 (Multiplexstruktur).

Rahmenaufbau

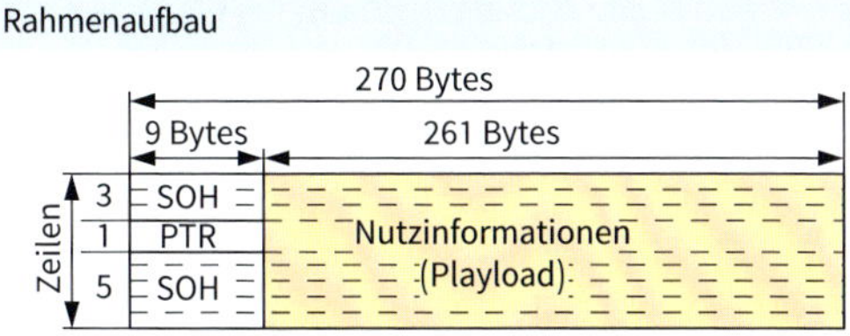


**SOH** (**S**ection **O**ver**h**ead): Transportinformation
**PTR** (**Pointer**): Anfangsadresse der Nutzinformation

- Jeder STM-1 Rahmen besteht aus 2430 Bytes, die in 9 Zellen zu je 270 Bytes eingeteilt sind.
- In jeder Zelle sind 9 Byte für die Rahmenorganisation und die Steuerung reserviert.
- Die Nutzlast (Payload) ist in 261 Bytes pro Zelle enthalten.
- Insgesamt werden pro Sekunde 8000 Rahmen übertragen (125 µs pro Rahmen).

Netzstruktur Ring

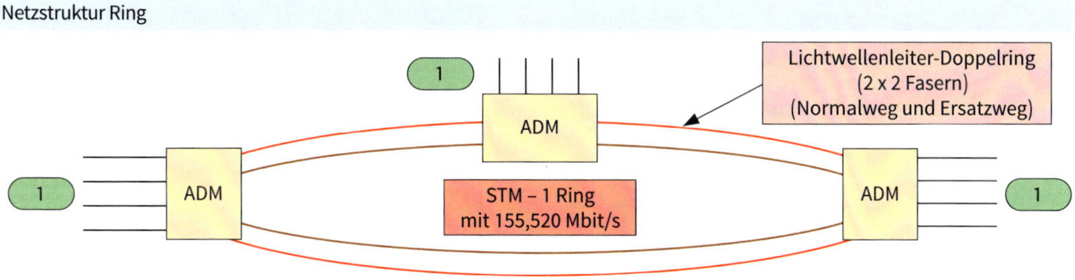


**ADM**: **A**dd **D**rop **M**ultiplexer

1 Zubringersignale (z. B.: 2 Mbit, 64 kBit)

## Merkmale

- Frame Relay (FR) ist ein **schnelles paket- und verbindungsorientiertes Übermittlungsverfahren** für Breitbandanwendung im Punkt-zu-Punkt-Betrieb.
- Vereinigt die Eigenschaften des X.25-Protokolls in Verbindung mit statistischen Multiplexern.
- FR bietet in der Regel die **geringste Durchlaufverzögerung** gegenüber anderen Protokollen; maximale Grenze der Durchlaufverzögerung kann nicht garantiert werden.
- Für **Sprach- und Videoübertragung** nur begrenzt verwendbar.
- FR stellt **hohe Anforderungen** an die Qualität der Übertragungsleitungen (Bit Error Rate: Bitfehlerrate).
- **Vermittlung** der Frames erfolgt anhand der Daten im Header (**DLCI: D**ata **L**ink **C**onnection **I**dentifier).
- Ermöglicht **gleichzeitig mehrere virtuelle Übertragungskanäle** über ein Übertragungsmedium.
- Die Datenübermittlung erfolgt abschnittsweise zwischen den Netzknoten ohne Quittung.
- FR-Verbindungen sind **duplexfähig**.
- Die Netzknoten prüfen lediglich auf **Übertragungsfehler** mittels CRC-Verfahren.
- Die Überprüfung auf Vollständigkeit der Daten muss von den Endteilnehmern durchgeführt werden.
- **Fehlerhafte** oder **verlorene Datenpakete** müssen von den Partner-Endgeräten erneut angefordert bzw. übertragen werden.
- Verkehrsparameter definieren u. a. die **garantierte Informationsrate** (**CIR: C**ommitted **I**nformation **R**ate).
- Die **logische Struktur** von FR-Netzen ist ähnlich der von X.25-Netzen.
- FR arbeitet auf den OSI-Schichten 1 und 2.
- Die Netzzugangsschnittstelle wird als **FR-UNI** (**FR-U**ser **N**etwork **I**nterface) bezeichnet.
- Der Anschluss ans Netz kann mit allen üblichen physikalischen Schnittstellen (z. B. X.21, V.35, E1) aus dem Bereich der Datenkommunikation erfolgen.
- Die **Paketlänge** ist variabel von 261 Bytes (Grundeinstellung) bis 8192 Bytes.
- Angewendet werden in der Regel 1512 Bytes.
- **Übertragungsgeschwindigkeiten** sind einstellbar von
  - 56 kbit/s bzw. 64 kbit/s,
  - *n* x 64 kbit/s,
  - bis 1,544 Mbit/s bzw. 2,048 Mbit/s.
- Die wesentlichen **Steuerungsmechanismen** sind im Rahmenkopf enthalten (z. B. **Zieladresse**).
- FR unterstützt **permanente** und **geschaltete virtuelle** Verbindungen.
- **Überlastkontrolle** im Netz erfolgt durch Verfahren wie
  - **BECN** (**B**ackward **E**xplicit **C**ongestion **N**otification: Überlast-Rückwärtsanzeige),
  - **FECN** (**F**orward **E**xplicit **C**ongestion **N**otification: Überlast-Vorwärtsanzeige),
  - **DE** (**D**iscard **E**ligibility: Wegwerf-Erlaubnis).
- FR wird eingesetzt zur Kopplung von LANs, als Backbone für X.25-Systeme und in privaten Datennetzen.

## Übermittlungsprinzip

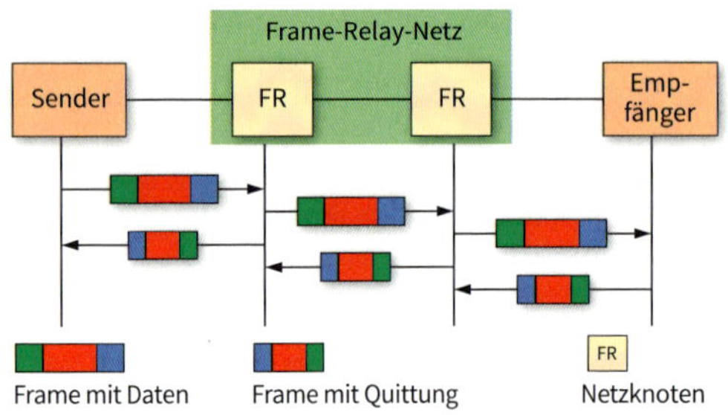


## Netzknotenaufbau

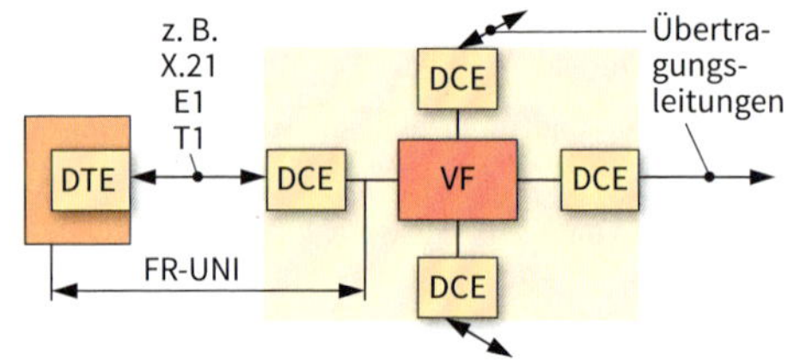


**VF:** **V**ermittlungs-**F**unktion
**DCE:** **D**ata **C**ommunication **E**quipment
**DTE :** **D**ata **T**erminal **E**quipment

## Rahmenaufbau

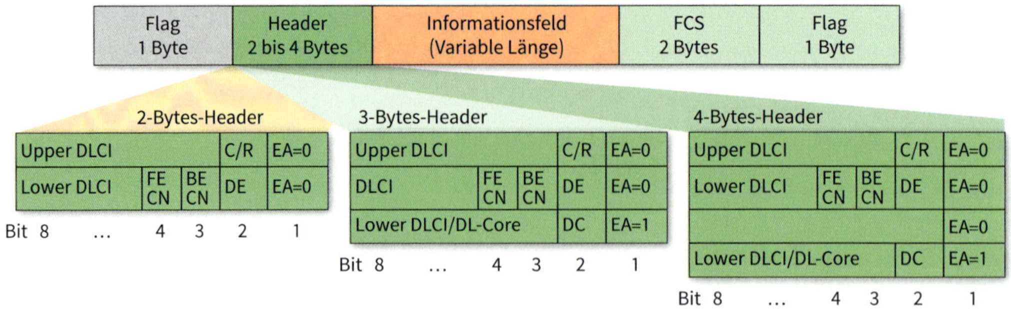


**BECN:** **B**ackward **E**xplicit **C**ongestion **N**otification
**C/R:** **C**ommand/**R**esponse Field
**DC:** **D**LCI oder DL-**C**ore Control Indicator
**DE:** **D**iscard **E**ligibility Indicator
**DLCI:** **D**ata **L**ink **C**onnection **I**dentifier
**EA:** **A**ddress **E**xtension
**FECN:** **F**orward **E**xplicit **C**ongestion **N**otification
**Flag:** 01111110

# FDDI – Fibre Distributed Data Interface
## FDDI – Fibre Distributed Data Interface

### Merkmale

- **FDDI:** verteilte Schnittstelle auf LWL-Basis
- Kommunikationsnetz für höhere Geschwindigkeiten, größere Entfernungen und große Anzahl von Endgeräten
- Netzwerk besteht aus zwei LWL-Ringen (**Primär-** und **Sekundärring**; werden in entgegengesetzter oder gleicher Richtung betrieben)
- LWL-Ring ist definiert für:
  - maximal 100 km Leitungslänge (pro Ring),
  - maximal 1000 optische Transceiver, die jeweils bis zu 2 km bei Gradientenfaser und 60 km bei Monomodefaser auseinanderliegen dürfen,
  - Übertragungsrate beträgt 100 Mbit/s
- Zugriff zum Übertragungsmedium erfolgt im **Token-Passing-Verfahren**, wobei der Frei-Token unmittelbar nach Aussenden des letzten Datenpakets von der sendenden Station erzeugt wird (Early Token Release: Frühestmögliche Freigabe), Stationen sind mit zwei oder vier LWL-Anschlüssen ausgerüstet.
- Stationen mit vier LWL-Anschlüssen werden direkt an doppelten Glasfaserring angeschlossen (**Class A**).
- Stationen mit zwei Anschlüssen (**Class B**) werden über Konzentrator (**Class C**) an den doppelten Ring angeschlossen.
- Konzentrator übernimmt die „Backup"-Funktion als eine Art Ringleitungsverteiler.
- Class A und C werden als **DAS**-Stationen (**D**ual-**A**ttached-**S**tation), Class B als **SAS** (**S**ingle-**A**ttached-**S**tation) bezeichnet.
- **FDDI-1**-Standard unterstützt asynchrone und synchrone Datenübertragung.
- **FDDI-2**-Standard realisiert auch isochrone Datenübertragung; hierzu wird der Ring zentral verwaltet (cycle master: Zyklusmeister).
- FDDI ist auch mit Kupferleitungen realisierbar (twisted pair: verdrilltes Paar):
  - **SDDI** (**S**hielded **D**istributed **D**ata **I**nterface: verteilte Datenschnittstelle mit Schirmung),
  - **CDDI** (**C**opper **DDI**: verteilte Datenschnittstelle mit Kupfer, ungeschirmt, RJ-45-Stecker),
  - **FDDI TP-PMD** (**T**wisted **P**air **P**hysical Layer **M**edium **D**ependent: verdrilltes Paar medienabhängig, mit STP oder UTP, Codierung gemäß MLT-3 (Multi Level Transmit-3-Kodierung)),
  - **FDDI nach Greenbook** (FDDI nach Grünbuch: mit 150 Ω oder 100 Ω STP, Kategorie-5-Kabel, höhere Pegel als SDDI),
  - Versionen beziehen sich alle auf 100 m Leitungslänge in Sternverkabelung.

### Topologie

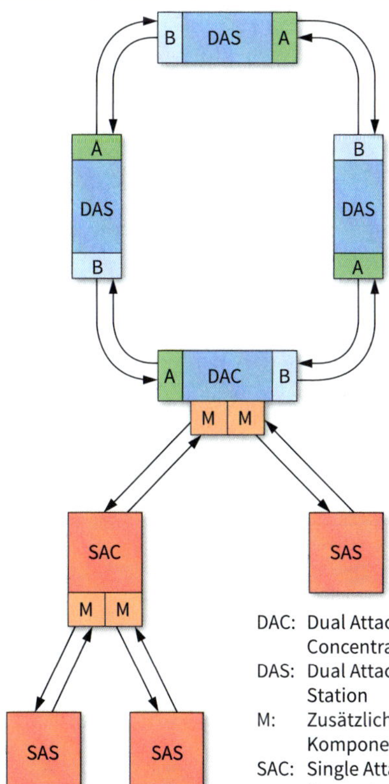


DAC: Dual Attached Concentrator
DAS: Dual Attached Station
M: Zusätzliche MAC-Komponete
SAC: Single Attached Concentrator
SAS: Single Attached Station

### Rahmenformat

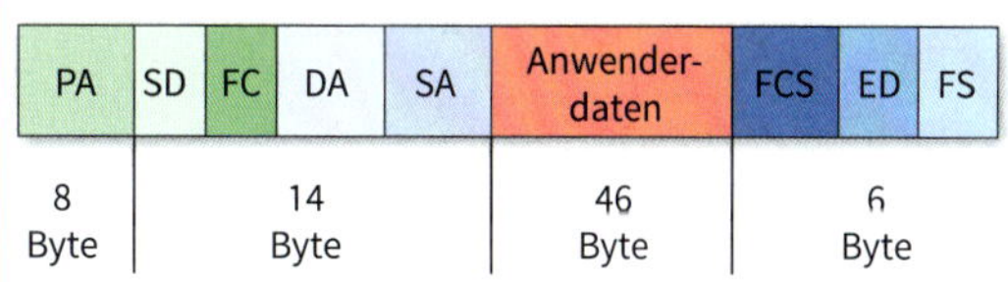


**PA:** **Pre**amble (Vorlauf)
**SD:** **S**tart **D**elimiter (Anfangsbegrenzung)
**FC:** **F**rame **C**ontrol (Rahmenkontrolle)
**DA:** **D**estination **A**ddress (Zieladresse)
**SA:** **S**ource **A**ddress (Quelladresse)
**FCS:** **F**rame **C**heck **S**um (Rahmenprüfsumme)
**ED:** **E**nd **D**elimeter (Ende Begrenzung)
**FS:** **F**rame **S**tatus (Rahmen Status)

### NRZI/MLT-3-Codierung

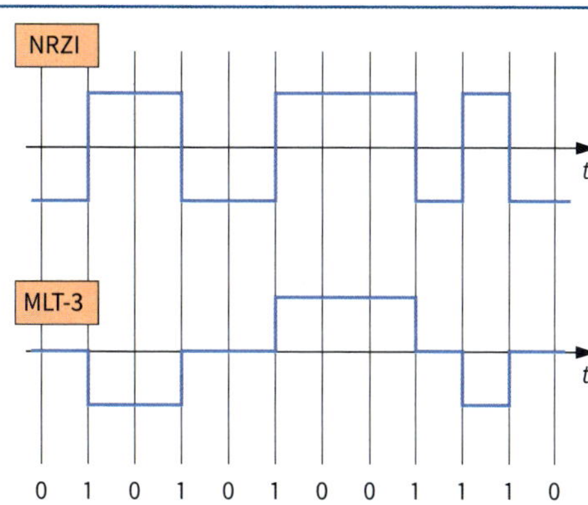

# GSM – Global System for Mobile Communication

## Merkmale

- **GSM: Gl**obal **S**ystem for **M**obile Communication (Mobilfunksystem)
- Weltweit sind drei Frequenzbänder für GSM freigegeben:
  - GSM 900 (Up: 890 MHz … 915 MHz/Down: 935 MHz … 960 MHz)
  - GSM 1800 (Up: 1710 MHz…1785 MHz/Down: 1805 MHz… 1880 MHz)
  - GSM 1900 (Up: 1850 MHz…1910 MHz/ Down: 1930 MHz… 1990 MHz)
- Dienste im GSM orientieren sich an den Diensten im ISDN.
- Neben Sprachdiensten werden auch Datendienste angeboten, z. B. GPRS: General Packet Radio Service (Paketorientierter Datendienst).
- Versorgungsgebiet ist in Funkbereiche aufgeteilt (Funkzelle max. 35 km Durchmesser).

## Netzarchitektur

Wabenförmige Anordnung der Funkzellen

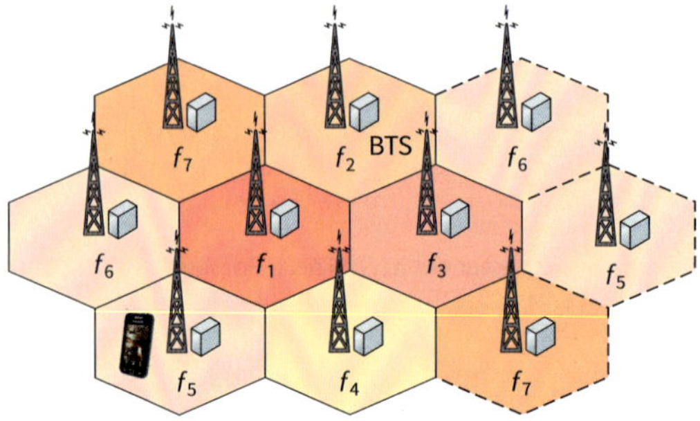


$f_1 \ldots f_7$: Funkzellen mit fest zugeteilten Frequenzbündeln. Wegen begrenzter Reichweite können Frequenzbündel in anderen Zellen wieder verwendet werden.

## Technische Daten

Funkübertragung erfolgt nach **TDMA**-Prinzip (**T**ime **D**ivision **M**ultiple **A**ccess: Zeitschlitz mit Vielfachzugriff)

| Frequenzen | |
|---|---|
| Uplink (UL)<br>Mobilstation → Basisstation | 890 … 915 MHz |
| Downlink (DL)<br>Basisstation → Mobilstation | 935 … 960 MHz |
| Kanalraster | 200 kHz |
| Trägerfrequenzen (gesamt) | 2 x 124 |
| Bitrate (gesamt) | 270,833 kBit/s |
| Sprachkanal | 13 kBit/s |
| Anzahl Sprachkanäle/Träger | 8 |
| Modulationsverfahren | GMSK |
| Modulationsindex | 0,3 |

## Netzkonfiguration

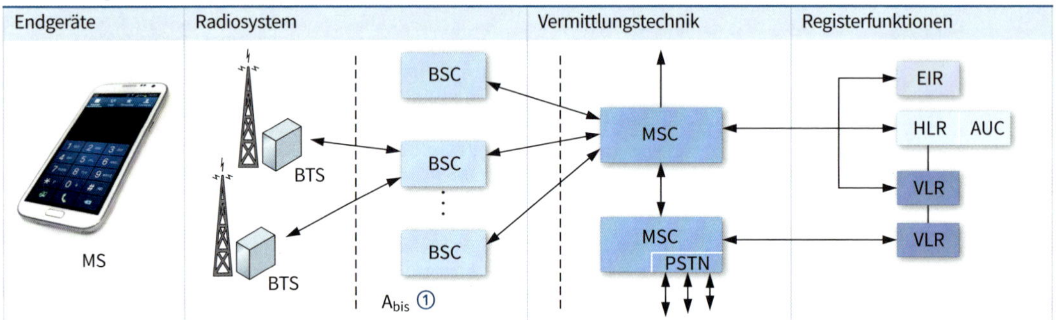


**MS** (**M**obile **S**tation)

Teilnehmereinrichtung; Teilnehmer wird unabhängig vom Gerät über **SIM** (**S**ubscriber **I**dentity **M**odule: Teilnehmer-Erkennungs-Modul) identifiziert.

**BTS** (**Base T**ransceiver **S**tation)

Basisstation versorgt jeweils eine Funkzelle und wickelt Funkverkehr mit Mobilstationen über Luftschnittstelle ab.

**BSC** (**B**ase **S**tation **C**ontroller)

- Steuert eine oder mehrere BTS
- Ist über Datenleitungen ($A_{bis}$-Schnittstelle) ① mit den BTS verbunden
- Verwaltet die Funkkanäle
- Steuert HF-Leistung der Basis- und Mobilstationen und Handover zwischen BTS

**MSC** (**M**obile **S**witching **C**entre)

- Mobilfunkvermittlungsstelle verwaltet die BSCs und stellt den Übergang in das Drahtnetz (PSTN – Public Switched Telephone Network) her.
- Führt zentrale Steuerung durch, z. B. für
  - Gesprächsaufbau und Gesprächsabbau
  - Location Update (Orts-Aktualisierung)
  - Handover (Gesprächsweitergabe)
- **EIR** (**E**quipment **I**dentity **R**egister): Geräte-Kennungsverzeichnis
- **HLR** (**Ho**me **L**ocation **R**egister): Heimat-Standortverzeichnis
- **VLR** (**V**isitor **L**ocation **R**egister): Besucher-Standortverzeichnis
- **AUC** (**Au**thentication **C**enter): Authentisierungszentrum

# LTE – Long Term Evolution

LTE – Long Term Evolution

## Merkmale

- LTE wird als **4G** (4. Mobilfunkgeneration) bezeichnet, kann als Nachfolger von UMTS (3G) aufgefasst werden, mit u. a. erhöhter Datenrate, größerer Bandbreiteneffizienz, geringeren Verzögerungszeiten, verbesserten Modulationsverfahren (**QAM**: **Q**uadratur**a**mplituden**m**odulation), geringerem Energieaufwand.
- Begründung für die Einführung: Durch eine verstärkte Internetnutzung im Mobilfunkbereich reicht die Kapazität des UMTS-Netzes nicht mehr aus.
- Für die Nutzung des LTE-Netzes sind eigene Endgeräte erforderlich.
- Durchmesser der Zellengrößen bis zu 5 km.
- Verwendung von Mehrfachantennen (**MIMO**: **M**ultiple **I**nput **M**ultiple **O**utput)

## Frequenzbänder

- **800-MHz-Frequenzband**

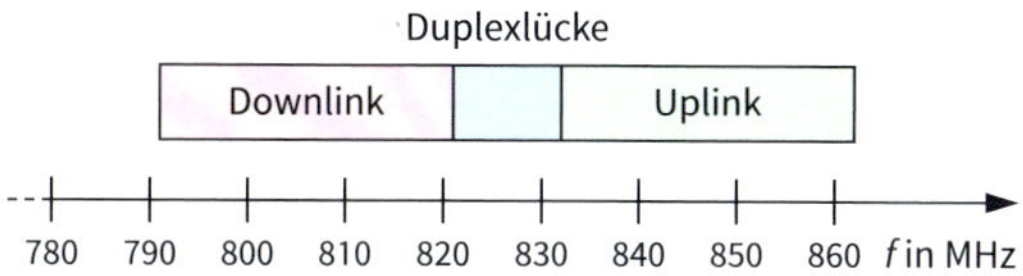


- 791 MHz … 862 MHz, Aufteilung in 5-MHz-Bänder
- Duplexlücke 11 MHz
- Beispiel der Nutzung durch Deutsche Telekom: Uplink 852 MHz … 862 MHz, Downlink 811 MHz … 821 MHz
- **2,6-GHz-Frequenzband**

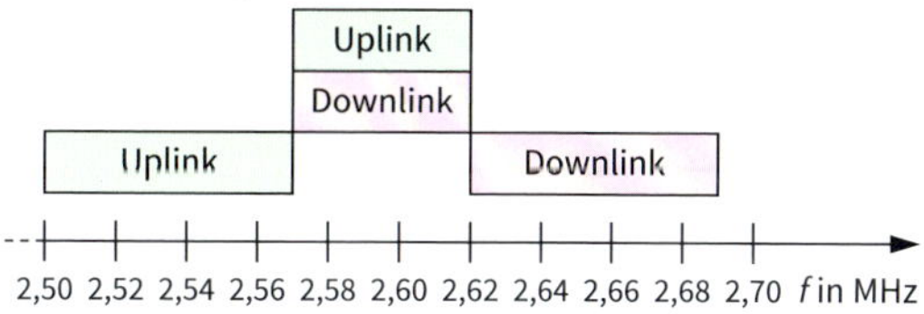


- 2,5 GHz … 2,69 GHz
- Einsatz besonders in Metropolregionen
- Beispiel der Nutzung durch Deutsche Telekom:
  - Frequenzduplex (**FDD**) Uplink 2,52 MGHz … 2,54 MGHz, Downlink 2,64 GHz … 2,66 GHz
  - Zeitduplex (**TDD**) Uplink und Downlink 2,605 GHz … 2,61 GHz

## Modulation

- **OFDMA** (**O**rthogonal **F**requency **D**ivision **M**ultiple **A**ccess)
  - Festgelegt bei LTE für den Downlink
  - Die verfügbare Bandbreite wird in viele Subträger aufgeteilt (orthogonale zueinander, dadurch kaum gegenseitige Beeinflussung der Trägersignale).
  - Bei 20 MHz sind beispielsweise im Abstand von 15 kHz 1333 Subträger vorhanden.
  - Jeder Subträger kann unabhängig moduliert werden, je nach Empfangslage z. B. mit QPSK, 16-QAM (4 Bits pro Signal) oder 64-QAM (8 Bits pro Signal).
  - Jeder Subträger enthält nur die Informationen eines Signals.
  - Mehrere Nutzer können auf die verfügbare Bandbreite zugreifen.
  - Zeitintervall 1 ms, vor jedem Zeitintervall wird entschieden, welcher Nutzer welche Ressourcen erhält.
- **SC-FDMA** (**S**ingle **C**arrier-**F**requency **D**ivision **M**ultiple **A**ccess)
  - Festgelegt für den Uplink
  - Ähnlich OFDMA, verringerte Leistung bei LTE-Geräten
  - Jeder Subträger enthält die Informationen über alle in einer Periode übertragenen Signale.
- **TDD** (**T**ime **D**ivision **D**uplex, Zeitduplexverfahren)
  - Aufteilung der Signale in Subframes von 1 ms
  - Up- und Downlink-Frames werden zeitlich getrennt über den selben Kanal übertragen.
  - Zwischen der Umschaltung vom Down- zum Uplink wird ein Subframe benötigt (**DwPTS**: **Dow**nlink **P**ilot **T**imeslot, **GP**: **G**uard **P**eriod, **UpPTS**: **Up**link **P**ilot **T**ime**s**lot).

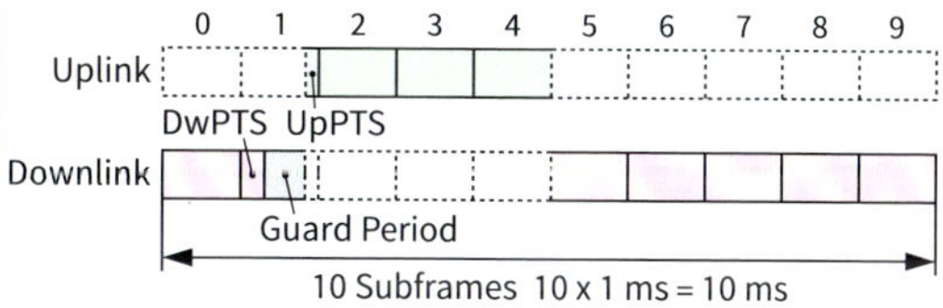


- **FDD** (**F**requency **D**ivision **D**uplex, Frequenzduplexverfahren)
  - Je ein Kanal wird für Up- und Downlink-Frames verwendet.

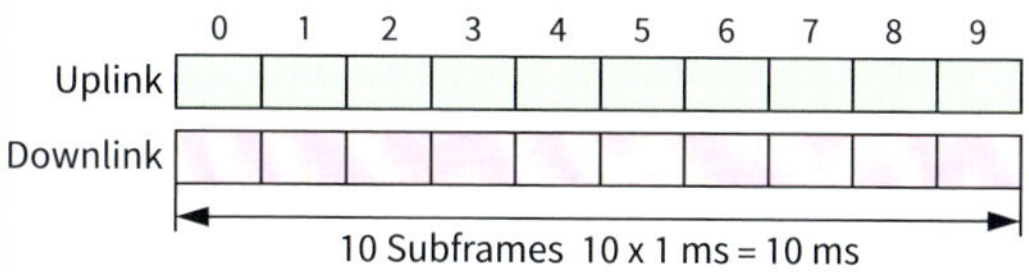


## Vergleich

| | UMTS | LTE | |
|---|---|---|---|
| Frequenzband in GHz | 2,1 | 0,8 | 2,6 |
| Datenraten<br>– maximal in Mbit/s<br>– durchschnittlich in Mbit/s<br>– bei Drosselung[1] in kbit/s | <br>21,6<br>< 2<br>64 | <br>50<br>mindestens 2<br>384 | <br>100<br><br> |
| Verlust durch geteilte Datenrate[2], je nach Nutzeranzahl | deutlich | geringer | |
| Bandbreite in MHz | 5 | 5, 10, 20 | |
| Reichweite in km | bis 5 | bis 10 | |
| Antennenzahl | 1 | 4 (MIMO) | |

[1] bei Ausschöpfung des Tarifvolumens
[2] mehrere Nutzer teilen sich die maximale Datenrate

## Netzarchitektur

- LTE besitzt gegenüber UMTS eine vereinfachte Netzarchitektur.
- Die einzelnen Funknetze werden als **E-UTRAN** (Evolved UTRAN) bezeichnet (**UTRAN**: **U**niversal **T**errestrial **R**adio **A**ccess **N**etwork, evolved: entwickelt). E-UTRAN wird auch als LTE-Luftschnittstelle bezeichnet.
- Ein RNC (Radio Network Controller) wie bei UMTS wird nicht mehr benötigt. Seine Funktionen übernehmen LTE-Basis-stationen (**eNodeB**, Evolved Node B).
- eNodeB sind miteinander vermascht und kommunizieren untereinander über X2-Schnittstellen.
- Über S1-Schnittstellen kommunizieren die eNodeB direkt mit dem Kernnetz (**EPC**: **E**volved **P**acket **C**ore Network).
- Weiterentwicklung: **LTE-Advanced** mit Datenraten bis zu 1000 Mbit/s und geringeren Latenzzeiten

## Merkmale

5G ist
- die Bezeichnung der fünften Generation (5G) des Mobilfunks und
- der Nachfolger der bisherigen Mobilfunkgenerationen und ergänzt bzw. ersetzt damit z. B. LTE, LTE+ (LTE Advanced, 4G) und LTE Advanced Pro (4.5G).

5G kann unterschiedlich in das Kern- bzw. Zugangsnetz integriert werden:
- 5G **NSA** (**N**on-**S**tand**a**lone)...
  - nutzt das Kernnetz von LTE.
  - ermöglicht ein schnelles Roll-out des 5G-Zugangsnetzes durch die Mobilfunknetzbetreiber, da auf eine bestehende Infrastruktur zurückgegriffen werden kann.
- 5G **SA** (**S**tand**a**lone)...
  - nutzt ein 5G-Kern- sowie Zugangsnetz.
  - bietet sämtliche Vorteile von 5G.

### Vorteile

- hohe Datenraten von bis zu 20 Gbit/s
- niedrige Latenzzeiten bis ca. 1 Millisekunde
- bis zu 1 Million verbundene Endgeräte pro $km^2$, 100-mal so viel wie 4G, wichtig für z. B. **IoT**
- hohe Bandbreiteneffizienz (Verhältnis zwischen Datenübertragungsrate und Bandbreite des Signals)
- Verwendung von massivem **MIMO** (massive **m**ultiple **i**nput and **m**ultiple **o**utput), bei dem bis zu 256 Einzelantennen eine Mehrfachantenne bilden können.
- Nutzung von **Beamforming** (Richtwirkung der Mehrfachantenne) möglich
- hohe Mobilität, Nutzung von 5G bis zu einer Geschwindigkeit von 500 km/h möglich
- hohe Energieeffizienz (Bits, die pro Energieeinheit gesendet und empfangen werden können)

### Nachteile

- Niedrige Latenzzeiten gelten für die Verbindung von Mobilgerät und Basisstation, werden bei der Ende-zu-Ende-Verbindung nicht erreicht (Latenzen durch Kernnetz, Internet, Server etc.). Allerdings kann die Latenz optimiert werden durch...
  - 5G SA (siehe oben),
  - Verlagerung von Anwendungen und Diensten in die 5G-Basisstationen (vgl. **Edge Computing**).
- Überkompensation der hohen Energieeffizienz durch
  - steigende Datenvolumina (sich änderndes Nutzerverhalten, z. B. Streaming in 8K statt 4K),
  - steigende Anzahl an Energieverbrauchern, z. B. zusätzliche Basisstationen,
  - Kundenabwanderungen von effizienteren Techniken (z. B. Glasfaser) zu 5G.

## Frequenznutzung

In Deutschland werden für 5G...
- Frequenzen der vorherigen Generationen des Mobilfunks genutzt. Mittels **DSS** (**D**ynamic **S**pectrum **S**haring, dynamische Spektrum-Aufteilung, siehe nächste Seite) ist es möglich, z. B. im Bereich von **700 MHz** (**Band n28**) je nach Nachfrage durch die Nutzer Kapazitäten an LTE oder 5G zu vergeben und so LTE und 5G parallel zu nutzen.

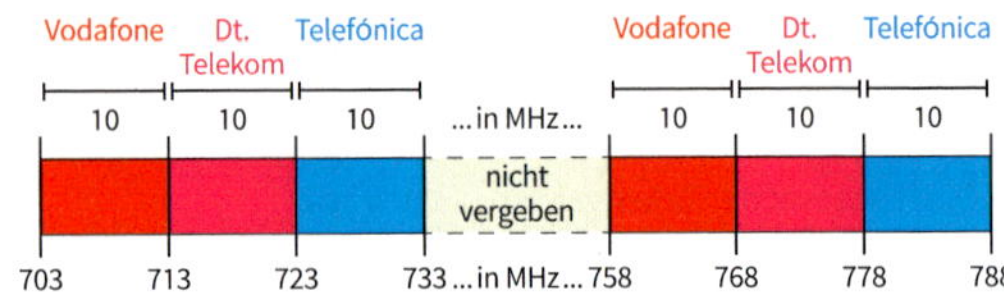


- Frequenzen im Bereich von **2,1 GHz** (**Band n1**) genutzt, wobei bis zum Jahr 2022 allerdings noch Frequenzbereiche für 3G reserviert sind. Bis Ende 2025 sind die Freqenzen wie folgt verteilt:

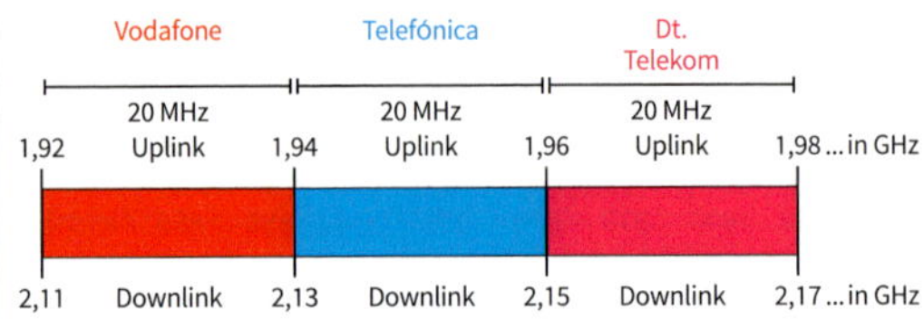


- Frequenzen im Bereich von **3,6 GHz** (**Band n78**) genutzt. In diesem Band steht ein Bereich von 100 MHz Frequenzbandbreite für lokale Anwendungen (z. B. für Campus-Netze, siehe nächste Seite) zur Verfügung. Die gebührenpflichtige Zuteilung durch die Bundesnetzagentur erfolgt für längstens zehn Jahre. Die restlichen Frequenzen wurden im Jahr 2019 durch die Bundesnetzagentur an die Mobilfunknetzbetreiber versteigert.

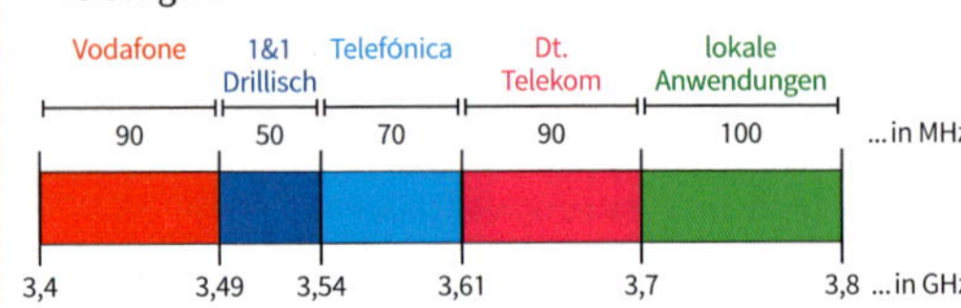


Der Bereich um **26 GHz** (**Band n258**) wird im Zusammenhang mit 5G als „mmWave" (Millimeterwelle) bezeichnet. In diesem Frequenzband können große Bandbreiten zugeteilt und damit hohe Datenraten (bis über 100 Gbit/s) erreicht werden. Da die Dämpfung hoch ist, können nur geringe Reichweiten erzielt werden. Während in den USA ähnliche Frequenzbereiche bereits genutzt werden, sind diese in Deutschland noch nicht zugeteilt.

| 26 GHz | 3,5 GHz | 2,1 – 3,6 GHz | 700 MHz |
| --- | --- | --- | --- |
| mmWave (Ballungsräume, z.B. Stadien, Industriegebiete) | Großstadt | Kleinstadt und Gewerbegebiet | Dorf und Fläche |

In Deutschland werden für 5G sowohl
- niedrige Frequenzen (hohe Reichweite, niedrige Datenrate, Nutzung zur Abdeckung einer großen Fläche mit wenig Basisstationen z. B. im ländlichen Raum) als auch
- hohe Frequenzen (niedrige Reichweite, hohe Datenrate, Nutzung zur Versorgung von dicht besiedelten Flächen, z. B. in Städten) genutzt.

## Beamforming

Wie bei WLAN (z. B. 802.11ac) kann auch bei 5G **Beamforming** eingesetzt werden:
- Nutzung von Gruppenantennen mit z. B. 64 Strahlern,
- durch Ansteuerung mit einer Phasendifferenz lässt sich das Richtdiagramm verändern (die Antennen selbst bleiben statisch),
- Signalkegel kann in horizontaler und vertikaler Richtung ausgerichtet werden (3D-Beamforming).

Beamforming führt zu einigen **Vorteilen** im 5G-Netz:
- Signal wird bedarfsgerecht (Bandbreite, Signalstärke) auf den Kunden angepasst und ausgerichtet.
- Signal wird nur abgegeben, wenn Bedarf bei Netz-Teilnehmer besteht.
- Richtwirkung erhöht die Reichweite, damit wird auch hohe Signalqualität am Zellenrand erreicht.
- Nachführung des Signalkegels ermöglicht das Versorgen von sich bewegenden Objekten mit hoher Bandbreite.

## Carrier Aggregation (CA)

- Mehrere 5G-Frequenzbänder können aggregiert, also gebündelt werden.
- Gebündelte Frequenzbänder können Endgeräten nach Bedarf zugeteilt werden.
- Höhere Datenübertragungsraten möglich als bei Nutzung nur eines Frequenzbandes.
- Effizientere Nutzung verschiedener Frequenzbänder realisierbar.
- Up- und Download auf unterschiedlichen Frequenzbändern möglich, dadurch Optimierung der Parameter Abdeckung/Reichweite und Datenübertragungsraten.

## Dynamic Spectrum Sharing (DSS)

- Ermöglicht das zeitgleiche Anbieten von 4G und 5G im selben Frequenzband.
- Anteile von 4G und 5G im Frequenzband werden dynamisch in Echtzeit nach aktuellem Bedarf der Endgeräte zugeteilt.
- Effizientere Nutzung des Frequenzbandes möglich.
- Durch Nutzung vorhandener Infrastruktur schneller 5G-Ausbau möglich.
- Die Datenübertragungsrate ist niedriger als bei 5G Standalone.
- Die Latenz ist größer als bei 5G Standalone

## Anwendungsszenarien nach ITU-R

**eMBB** (**E**nhanced **M**obile **B**road**b**and)
- hohe Datenraten
- hohe Teilnehmerdichte
- hohe Mobilität der Teilnehmer möglich
- Anwendung z. B. im Bereich Multimedia, Streaming, Augmented-Reality, bei Konzerten oder Sportveranstaltungen

**mMTC** (**M**assive **M**achine **T**ype **C**ommunication)
- hohe Anzahl an Verbindungen
- niedrige Datenraten
- niedrige Datenvolumina
- niedriger Energieverbrauch
- Anwendung z. B. im Bereich von IoT (Internet der Dinge)

**uRLLC** (**U**ltra-**r**eliable and **L**ow **L**atency **C**ommunication)
- garantierte Übertragungsgeschwindigkeit
- garantierte und geringe Latenzzeit
- definierte und geringe Ausfallwahrscheinlichkeit
- Anwendung z. B. im Bereich der Fahrzeug- und Maschinensteuerung

## Beispiele für Anwendungsszenarien in der Praxis

### Campus-Netze

- räumlich begrenztes, nicht-öffentliches 5G-Netz
- geeignet für die Abdeckung von z. B.
  - Unternehmen (z. B. mobile Kassensysteme, optimierte Logistik)
  - Produktionshallen (vgl. **Industrie 4.0**)
  - Universitätsgeländen
  - Flughäfen (z. B. Vorfeldkommunikation)
  - Kliniken (z. B. Übermittlung von CT-Bildern, Fernsteuerung medizinischer Geräte)
- hohe Sicherheit durch Nutzung eigener Infrastruktur
- einfacher Wechsel zwischen den Funkzellen (**Handover**) bei z. B. autonomen Transportssystemen (**FTS**) in einer Smart Factory
- Anbindung an öffentliches Netz möglich (**Dual Slice**)
- Kostenaspekte
  - Kosten für Hardware
  - Kosten für Software
  - Lizenzkosten für den durch die Bundesnetzagentur zugeteilten Frequenzblock
    - Formel: Gebühr = 1.000 € + B · t · 5 · (6 · $a_1 + a_2$)
      **B**: Bandbreite in MHz, von 10 bis 100 MHz
      **t**: Zuteilungsdauer in Jahren
      **a**: Fläche in km² ($a_1$: Siedlungs- und Verkehrsfläche, $a_2$: andere Flächen)
    - Beispiel für die Nutzung von 10 MHz über 10 Jahre auf 500 · 500 Metern (0,25 km²) Siedlungsfläche:
      Gebühr = 1.000 € + 10 · 10 · 5 · 6 · 0,25 = 1.750 €

### V2X (Vehicle to Everything), C2X (Cat to Everything)

- Kommunikation und intelligente Vernetzung in Echtzeit zwischen einem Fahrzeug und anderen Verkehrsteilnehmern i. d. R. über ein 5G-Netz realisierbar (in der Praxis existieren auch Technologien, die vom 5G-Netz unabhängig sind, z. B. IEEE 802.11p).
- Vernetzung ermöglicht größeren Funktionsradius als z. B. bei lediglich sensorbasierten Systemen (z. B. nicht sichtbares Stauende hinter einer Kurve wird durch andere Fahrzeuge gemeldet).
- Ist einsetzbar im Bereich des autonomen Fahrens, Kommunikationsarten sind z. B.
  - **V2V** (**V**ehicle to **V**ehicle), z. B. Kollisionswarnungen
  - **V2I** (**V**ehicle to **I**nfrastructure), z. B. Kommunikation mit Lichtsignalgebern (Ampelanlagen)
  - **V2P** (**V**ehicle to **P**edestrian), über mobile Endgeräte können auch Fußgänger und Radfahrer in V2X-Lösungen einbezogen werden
  - **V2N** (**V**ehicle to **N**etwork), z. B. Routenplanung unter Berücksichtigung des aktuellen Verkehrsaufkommens
- Durch die geringe Latenz des 5G-Netzes wäre z. B. zwischen zwei Fahrzeugen bei 100 km/h technisch gesehen lediglich ein Mindestabstand von ca. 80 cm erforderlich.
- V2X-Teilnehmer sind nahezu „Always-on", senden und empfangen Daten. Dies kann datenschutzrechtliche Aspekte berühren.
- Autonomes Fahren wirft ethische und juristische Fragen auf, die national und international beantwortet werden müssen.

## Merkmale und Eigenschaften

- TSN ist die Bezeichnung einer Arbeitsgruppe innerhalb der IEEE 802.1 (Standards für lokale Netze, z. B. Ethernet).
- Die einzelnen Standards sind eine Erweiterung des Ethernet-Standards für die Datenübertragung mit
  - geringster Verzögerungszeit (harte Echtzeit) und
  - hoher Verfügbarkeit.
- TSN definiert nur die Echtzeitfähigkeit von Ethernet auf dem Layer 2 des ISO/OSI 7-Schichtenmodells.
- Wesentliche Eigenschaften für alle Netzwerkteilnehmer:
  - synchronisiert auf eine gemeinsame Zeit
  - gleiche Regeln für Bearbeitung und Weiterleitung der Datenpakete
  - gleiche Regeln für Auswahl und Reservierung von Bandbreite und Kommunikationspfaden
- Anwendungsbeispiel:
  Industrieautomatisierung mit hohen Anforderungen an deterministisches Echtzeitverhalten.

## Übersicht der Standards

| IEEE | | Bezeichnung |
|---|---|---|
| IEEE 802.1ASrev. | Timing an Synchronization for Time-Sensitive Application | Netzwerkweite mikrosekundengenaue Zeitsynchronisation |
| IEEE 802.1CB | Frame Replication and Elimination for Reliability (Seamless Redundacy) | Senden und Empfangen von Datenpaketen über getrennte Pfade (redundante Übertragung mit Löschung des redundaten Datenpakets) |
| IEEE 802.1Qbu | Frame Preemption | Priorisierung von Nachrichten (Unterbrechnung niederpriorer durch hochpriore Nachrichten) |
| IEEE 802.1Qbv | Enhancements for Scheduled Traffic | Zeitgesteuerte Kommunikation |
| IEEE 802.1Qca | Path Control and Reservation | Übertragungspfad Ermittlung, Steuerung und Reservierung |
| IEEE 802.1Qcc | Stream Reservation Protocol Enhancements and Performance Improvements | Reservierung von Ressourcen |
| IEEE 802.1Qch | Cyclic Queing and Forwarding | Zyklische Warteschlangenbearbeitung und Weiterleitung |
| IEEE 802.1Qci | Per-Stream Filtering and Policing | Schutz vor inkorrekter zeitgesteuerter Nachrichtenübertragung |

## Zeitsynchronisation

Verwendet das **P**recision **T**ime **P**rotocol (**PTP**) nach IEEE 1588 oder das IEEE 1588 Profil IEEE 802.1AS

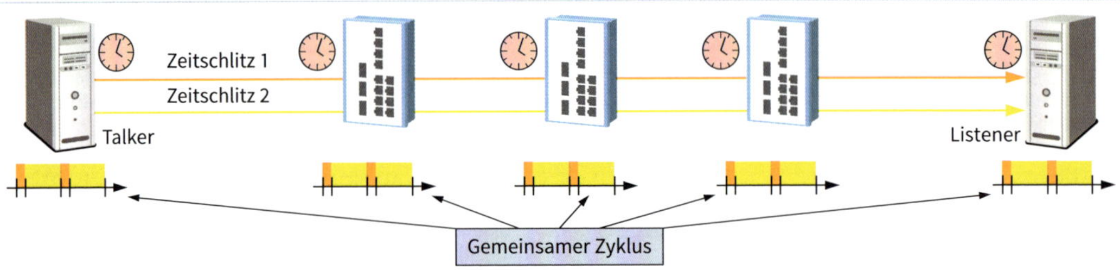


## Zeitschlitzverfahren

Reservierung von Zeitschlitzen ① innerhalb eines Zyklus ② für die zeitlich priorisierte Übertragung von periodischen Echtzeitdaten.

Zeitschlitze für die Übertragung von Datenpaketen mit Echtzeitanforderungen

Konventionelle Datenübertragung

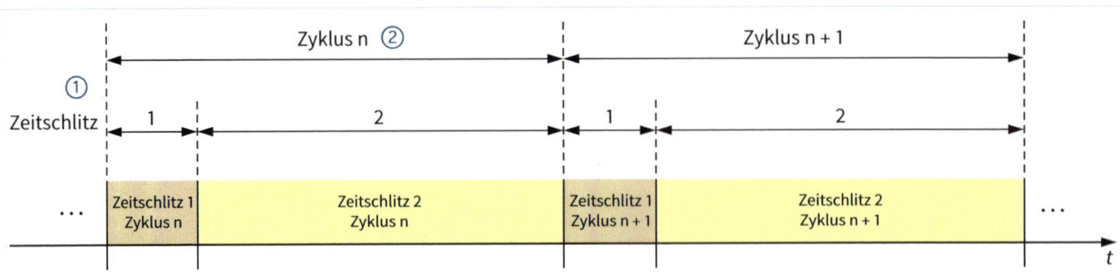

# Optische Übertragungstechnik
## Optical Transmission Technology

### Begriffe

**Brechzahl (Refractive Index)**

$c$: Lichtgeschwindigkeit im Vakuum
$c_1$: Lichtgeschwindigkeit im Medium

$$n_1 = \frac{c}{c_1}$$

**Brechungsgesetz (Law Of Reflection)**

$$\frac{\sin\alpha}{\sin\beta} = \frac{c_1}{c_2} = \frac{n_2}{n_1}$$

$n_1, n_2$: Brechzahl der Medien
$c_1, c_2$: Lichtgeschwindigkeit in den Medien

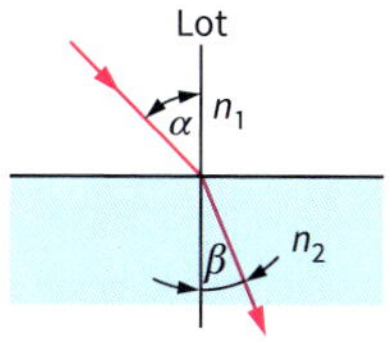


**Numerische Apertur (Numerical Aperture) $A_N$**

$n$: Brechzahl
$\Theta_A$: Akzeptanzwinkel, Öffnungswinkel

$$A_N = n \cdot \sin\Theta_A$$

**Moden (Mode)**

Mögliche Ausbreitungswege in einem Lichtwellenleiter

**Dispersion (Dispersion)**

Streuung der Signallaufzeiten im Lichtwellenleiter
Modendispersion: Unterschiedliche Ausbreitungswege
Materialdispersion: Hervorgerufen durch wellenlängenabhängige Brechzahl

**Akzeptanzwinkel, Öffnungswinkel $\Theta_A$ (Acceptance Angle)**

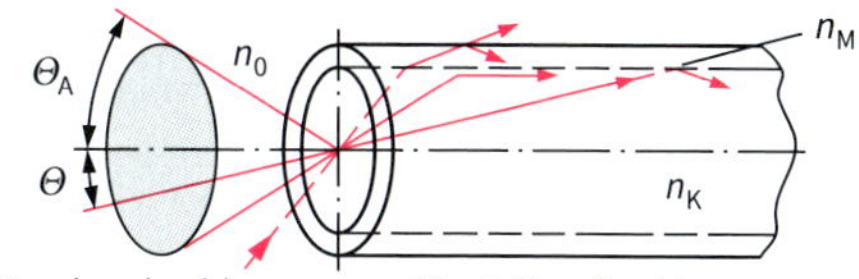


$n_K$: Kernbrechzahl $n_M$: Mantelbrechzahl

**Dämpfung (Attenuation)**

Hervorgerufen durch:
- Absorption
- Streuung
- abstrahlende Moden
- Abstrahlung durch Krümmungen
- Leckmoden

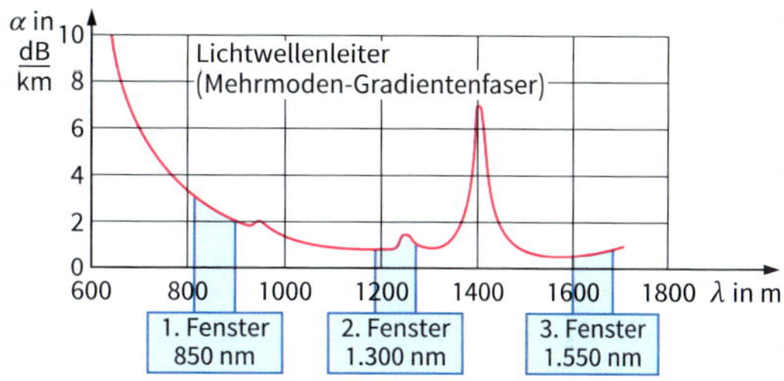


**Optische Fenster (Optical Windows)**

Wellenlängenbereiche für Lichtwellenleiter mit geringer Dämpfung: 850 nm; 1300 nm; 1550 nm

### Empfangselemente

**Fototransistor**

Einsatzbereich bis einige Kilohertz

Aufbau: Fotodiode mit nachgeschaltetem Verstärker

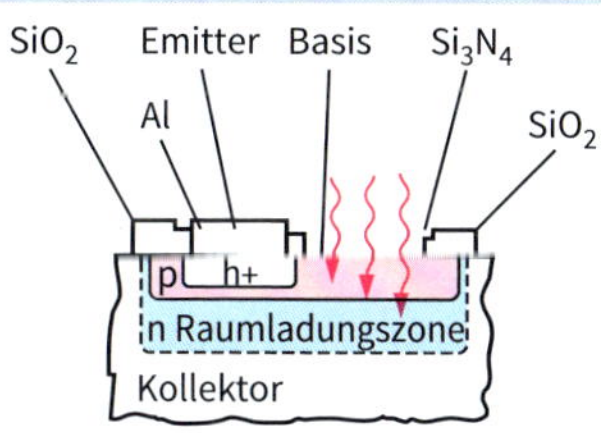


**PIN-Fotodiode**

Hochdotierte p- und n-Bereiche durch eigenleitende i-Zone getrennt, Spannung in Sperrrichtung anlegen. Durch die i-Zone ist die wirksame Raumladungszone, in der durch die Photonen freie Elektronen und Löcher entstehen, erweitert worden.

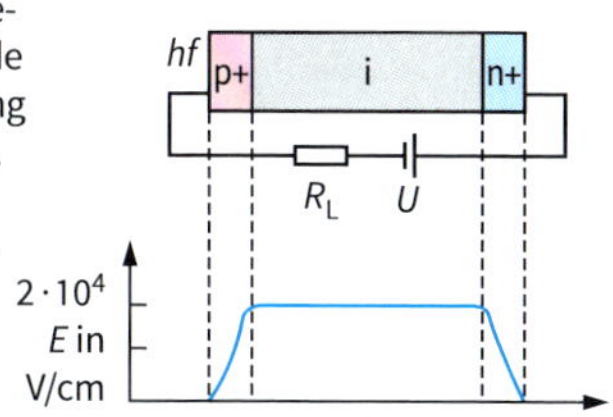


**Lawinen-Fotodiode**

Durch Stoßionisation werden zusätzliche Elektronen und Löcher erzeugt.

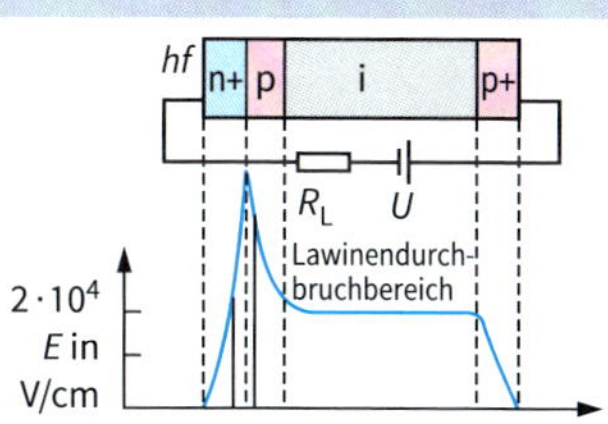


### Sendeelemente

| Lumineszenz-Diode (LED) | Laser-Diode (LD) |
|---|---|

**Prinzip**

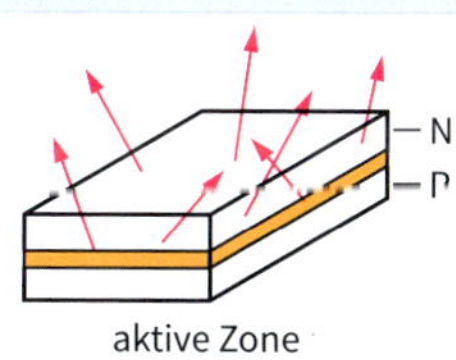


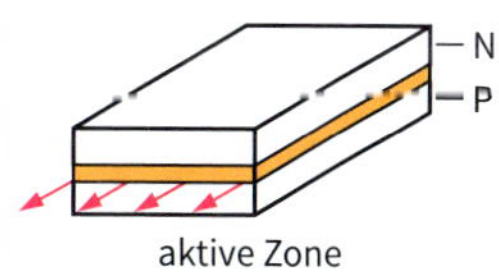


**Abstrahlung**

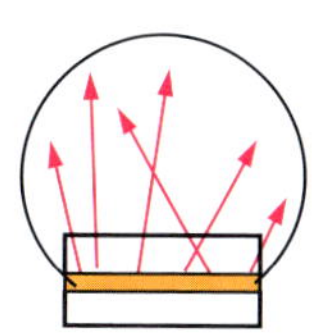

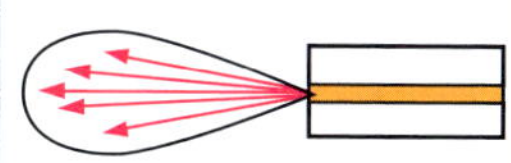

**Spektrum**

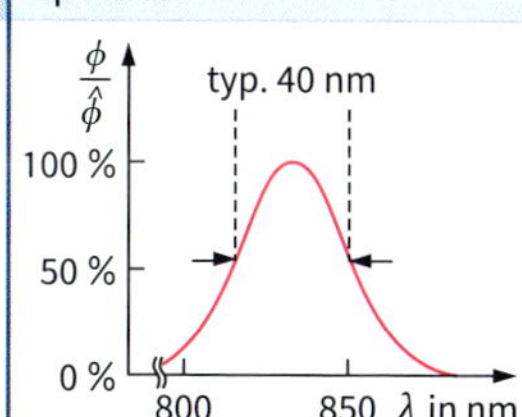


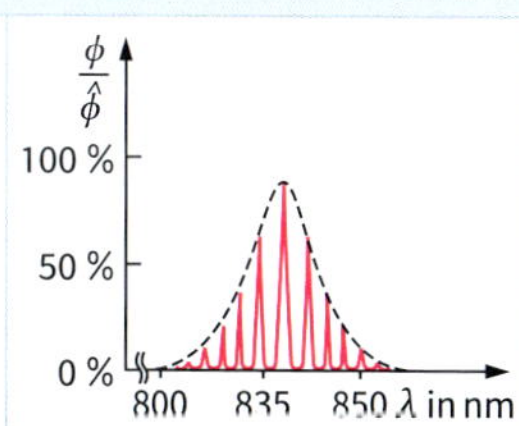

## Mehrmoden-Stufenfaser

- **Stufenindex-Profil**

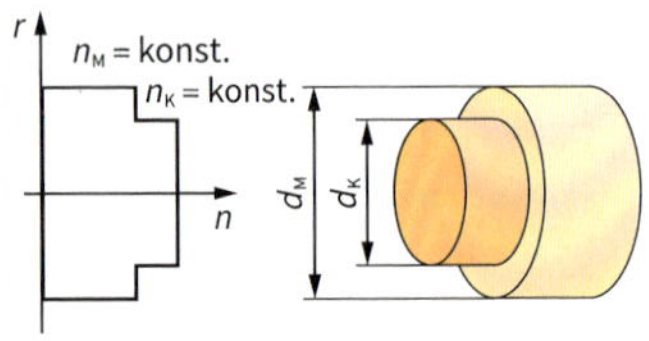


Typische Werte:
$n_M$ = 1,517 (Mantel)
$n_K$ = 1,527 (Kern)
$d_K$ = 100 µm, 200 µm, 400 µm
$d_M$ = 200 µm, 300 µm, 500 µm

n: Brechzahl

- **Modenausbreitung Multimode**
  - Große Laufzeitunterschiede der Lichtstrahlen
  - Starke Impulsverbreiterung
  - **Bandbreite-Reichweite-Produkt**: $B \cdot l > 100$ MHz · km

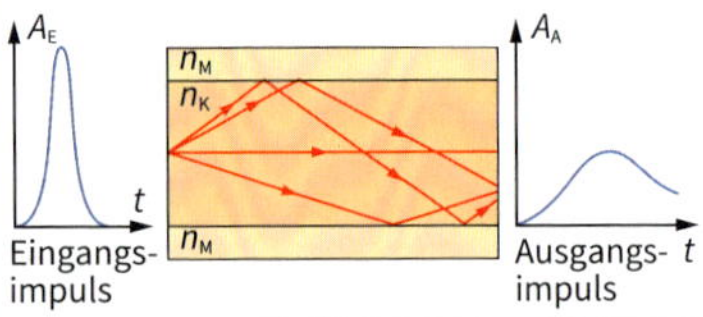


– Einsatzbereich: Kurzstrecken, in Gebäuden

## Mehrmoden-Gradientenfaser

- **Gradientenindex-Profil**

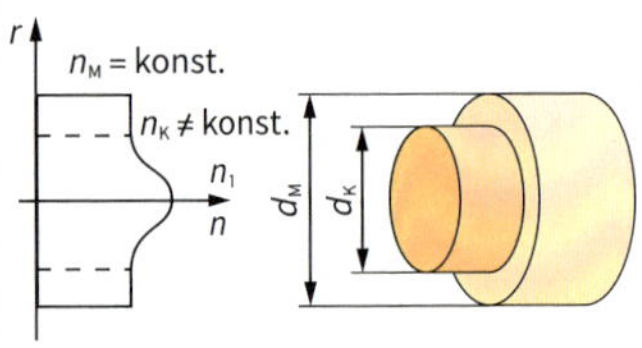


Typische Werte:
$n_M$ = 1,417 (Mantel)
$n_K$ = 1,457 (Kern)
$d_K$ = 50 µm
$d_M$ = 125 µm

- **Modenausbreitung Multimode**
  - Große Laufzeitunterschiede der Lichtstrahlen
  - Geringe Impulsverbreiterung, $B \cdot l > 1$ GHz · km

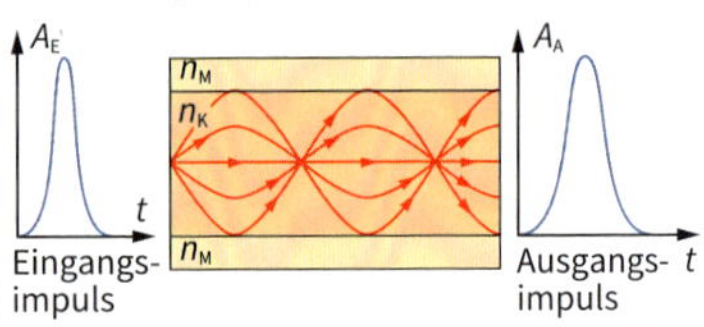


– Einsatzbereich: Ortsnetz, Bezirksnetz

## Einmoden-Stufenfaser

- **Stufenindex-Profil**

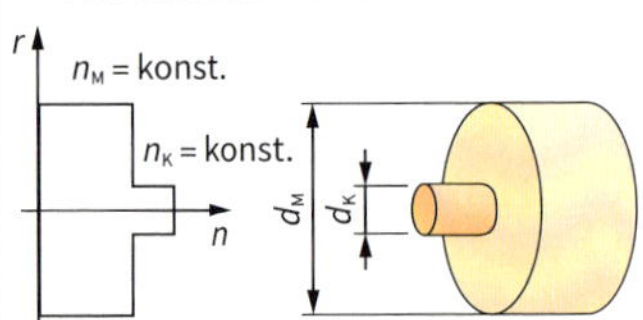


Typische Werte:
$n_M$ = 1,417 (Mantel)
$n_K$ = 1,457 (Kern)
$d_K$ = 10 µm
$d_M$ = 125 µm

- **Modenausbreitung Singlemode**
  - Keine Laufzeitunterschiede, da nur eine Ausbreitungsrichtung
  - Formtreue Impulsübertragung $B \cdot l > 10$ GHz · km

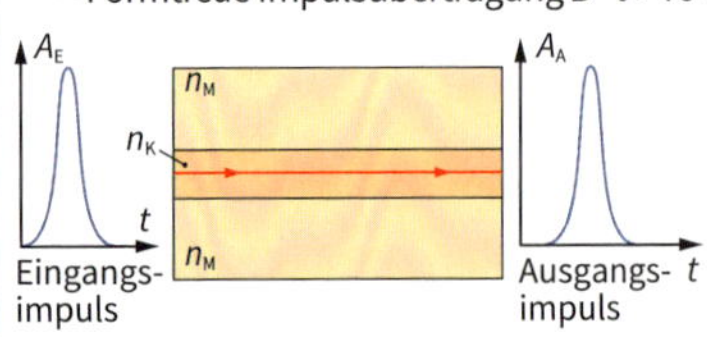


– Einsatzbereich: Fernverkehr

## Dämpfung

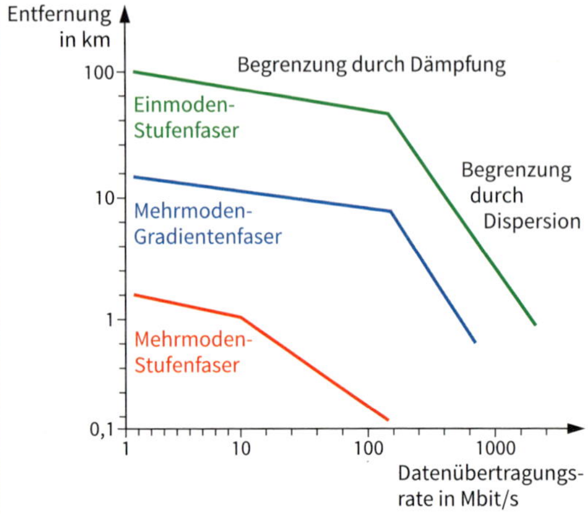


## Steckverbinder

- **Grundsätzlicher Aufbau**:
  - Der zylinderförmige Steckerhals (**Ferul**) aus Silbermetall, Hartmetall oder Keramik (auch Kombinationen verschiedener Materialien) enthält in einer zentrischen Bohrung die meist eingeklebte Faser.
  - Ein schlupffreier, aber nicht klemmender Sitz zwischen Steckerhals und Kupplung wird durch eine geschlitzte Kupplungshülse gewährleistet.
- Befestigungsarten:
  - Gewinde, Bajonettverschluss, Schnappvorrichtung
  - Beispiel **ST** (**S**ingle **T**erminator): Faser wird durch Drücken und Verdrehen des Bajonettverschlusses mit der Kupplung verrastet (in der Regel Drehverhinderung).
- **Einfügeverluste** entstehen durch radialen Versatz, Winkelfehler, Lücken
- **Beispiele**:

**Simplex** (eine einzige Faser)

| FC | ST | SC | DIN | FSMA |
|---|---|---|---|---|
| 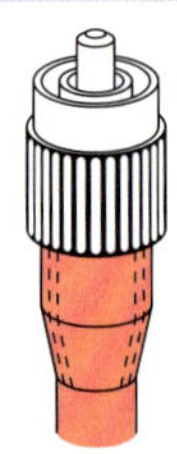 |  | 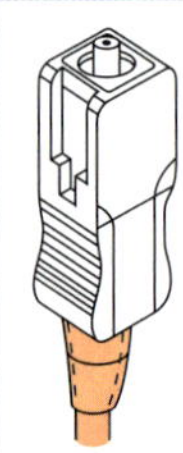 | 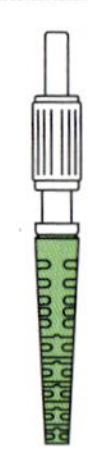 | 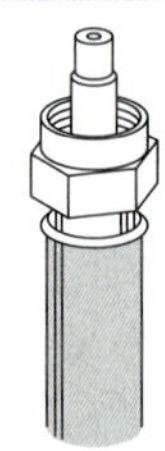 |

**Duplex** (zwei Fasern für Sender und Empfänger)

| Escon | SC Duplex | FDDI Duplex |
|---|---|---|
| 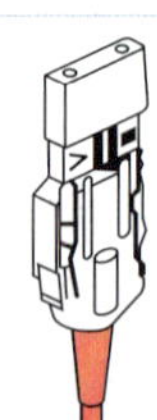 |  | 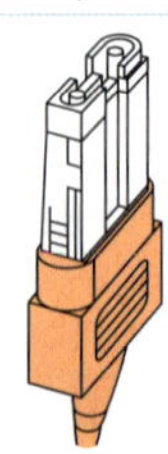 |

## POF: Polymer Optical Fiber

- DIN EN 60793-2-40:2016-10
- Polymere optische Faser, Kunststoff-LWL
- Kern und Mantel aus Kunststoff
- Einadriges Kabel mit Stufenindex (SIF, SI-POF), **Gradi**enten**i**ndex (**GI-POF**) oder **M**ulti **S**tep **I**ndex (**MSI-POF**)
- Mehradriges Kabel: **M**ulti**c**ore POF (**MC-POF**)
- Anwendungen: Kurzstrecken-Datenübertragung, Haus, Automobil
- Dämpfung hoch: bei 650 nm ≤ 180 dB/km
- **B**andbreite-**L**ängen-**P**rodukt (**BLP**) ca. 1 MHz · km

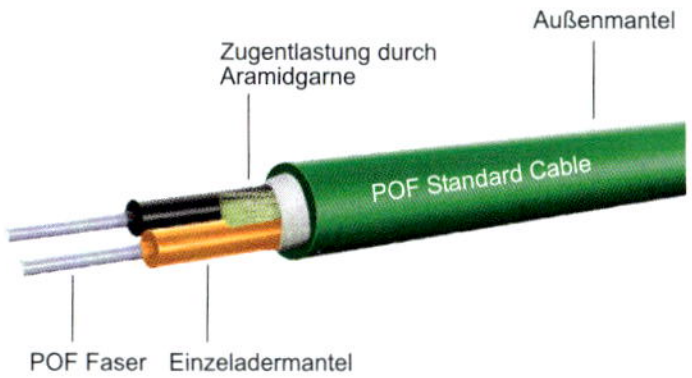


## PCF: Polymer Cladded Fiber

- DIN EN 60793-2-30:2016-12
- Polycarbonat-Glasfaser
- Kern aus reinem Quarzglas, harter polymerer Mantel
- Kern-Mantel-Durchmesser bei 650 nm; 200/230 µm
- Dämpfung: < 10 dB/km
- Bandbreite-Längen-Produkt (BLP) 20 MHz · km
- Anwendung: für große Entfernungen

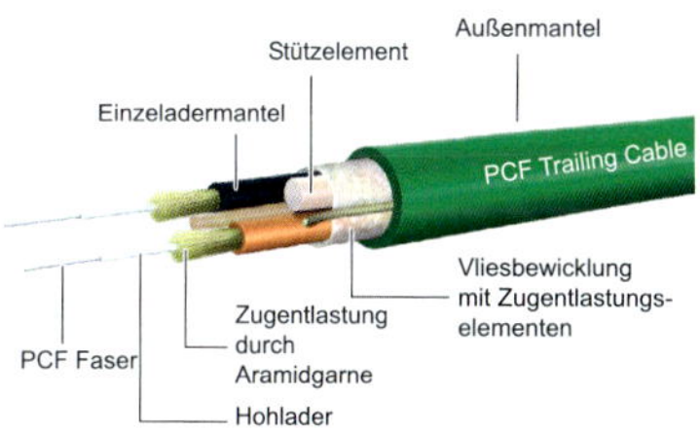


## Grundsätzlicher Kabelaufbau

| | | |
|---|---|---|
| **Vollader** | 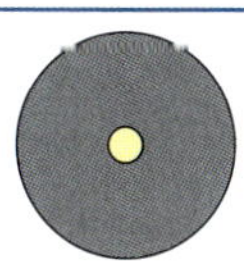 | – Kompakt, flexibel<br>– Empfindlich gegen Zugbelastung und Temperaturschwankungen |
| **Hohlader** | 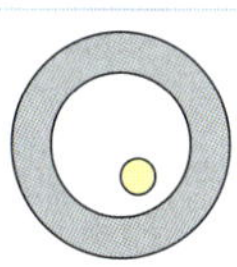 | – Faser liegt lose in der Hülle<br>– Unempfindlich gegenüber Temperaturschwankungen<br>– Verbesserte Zugentlastung |
| **Kompakt-ader** | 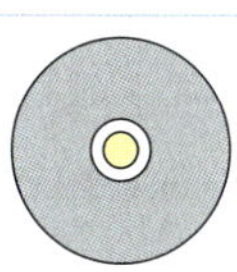 | – Kombination aus Hohlader und Vollader<br>– Gleitschicht zwischen Faser und Hülle |
| **Bündelader** gefüllt/ungefüllt | 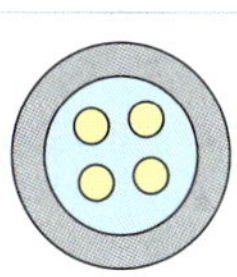 | – Mehrere Fasern in einer Hülle<br>– Füllung mit wasserabweisendem Gel<br>– Geeignet für raue Umgebung im Außenbereich |

| | | |
|---|---|---|
| Hülle, fest | LWL-Faser | Gelartige Füllmasse |
| Hülle, lose | Hohlraum | |

## Faserkategorien und Basiseigenschaften

**OM**: **O**ptical **M**ultimode

| Typ | Kerndurchmesser in µm | | Bandbreitenlängenprodukt (BLP) in MHz · km | | Dämpfung in dB/km | |
|---|---|---|---|---|---|---|
| | | | 850 nm | 1300 nm | 850 nm | 1300 nm |
| OM1 | 50 | 62,5 | ≥ 200 | ≥ 500 | 3,5 | 1,5 |
| OM2 | 50 | 62,5 | ≥ 500 | ≥ 500 | 3,5 | 1,5 |
| OM3 | 50 | | ≥ 1500 | ≥ 500 | 3,5 | 1,5 |
| OM4 | 50 | | ≥ 3500 | ≥ 500 | 3,5 | 1,5 |
| OM5 | 50 | | ≥ 4700 | ≥ 2470 | 3,5 | 1,5 |

## Standardisierte Farben

- OM-Kabel

| Klasse | Stecker | Patchkabel | Verlegekabel |
|---|---|---|---|
| OM1 | beige | orange | orange |
| OM2 | beige | orange | orange |
| OM3 | aqua | aqua | orange |
| OM4 | schwarz | erikaviolett | orange |
| OM5 | lime, neongrün | | |

- LWL-Fasern

| IEC 60794-2 | Faser | Worldcom[1] |
|---|---|---|
| blau | 1 | blau |
| gelb | 2 | orange |
| rot | 3 | grün |
| weiß | 4 | braun |
| grün | 5 | grau |
| violett | 6 | gelb |
| orange | 7 | rot |
| grau | 8 | violett |
| türkis | 9 | weiß |
| schwarz | 10 | schwarz |
| braun | 11 | rosa |
| rosa | 12 | türkis |

[1] Telefongesellschaft USA

## Außenkabel (Beispiel)

A-DQ(ZN)B2Y 4x12

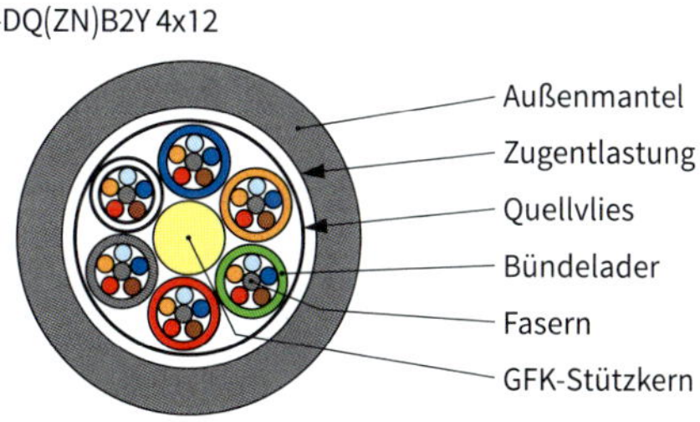

## Arten

Bei der Lichtwellen-Modulation wird die Intensität, Phase oder Polarisation (Änderung der Schwingungsrichtung) der Lichtwellen entsprechend der zu übertragenden Information verändert.

Beispiele:

- **Amplitudenmodulation** (**ASK**: **A**mplitude **S**hift **K**eying) ist kommerziell am weitesten verbreitet.
  - **RZ** (**R**eturn-to-**z**ero)
    Der Puls ist kürzer als das Bit-Slot, ein oder mehrere 1-Pulse sind unterscheidbar.

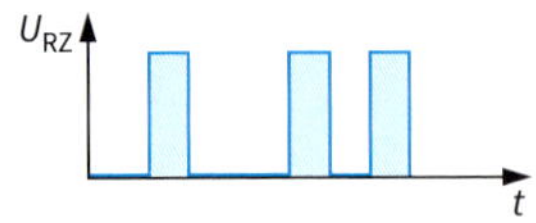


  - **NRZ** (**N**on-**r**eturn-to-**z**ero)
    Der Puls nimmt den ganzen Bit-Slot ein. Die Bandbreite ist ca. zweimal geringer als bei RZ. NRZ ist anfällig bei Puls-Verbreiterung.

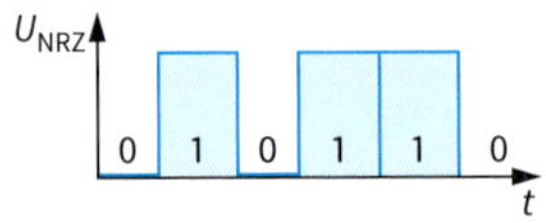


- **Frequenzmodulation** (**FSK**: **F**requency **S**hift **K**eying ①)
- **Phasenmodulation** (**PSK**: **P**hase **S**hift **K**eying ②)
  Vorteil: keine Amplitudenänderung
- **Phasenumtastung** (**DPSK**: **D**ifferential **PSK**)
  Die Kodierung entspricht der Phasendifferenz aufeinanderfolgender Pulse.

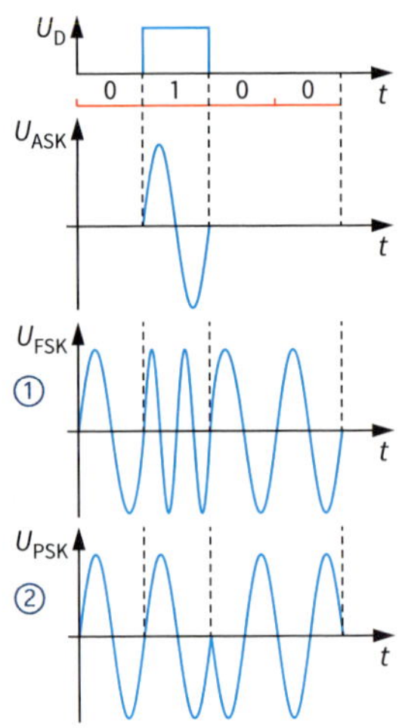


## Modulation und Demodulation

Bei den Modulatoren werden verschiedene elektro-optische Effekte angewendet. Im Prinzip können Modulatoren für jede Wellenlänge in den optischen Fenstern (850 nm, 1300 nm und 1550 nm) hergestellt werden, wenn ein Laser zur Verfügung steht, dessen Wellenlänge nahe der gewünschten Wellenlänge liegt.

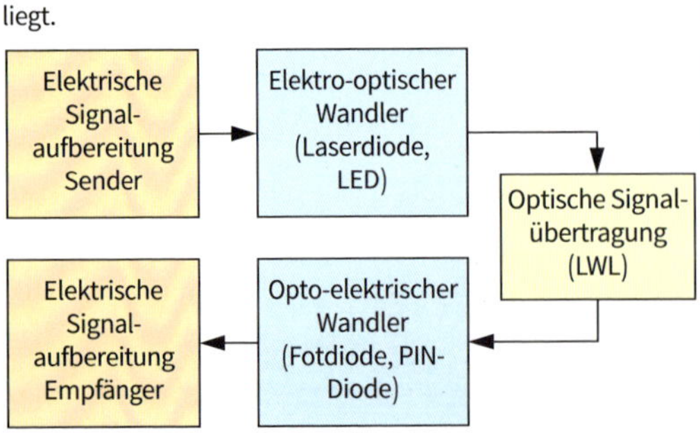


## Modulatoren nach dem Pockels-Effekt

- Der **Pockels-Effekt** ist nach Friedrich Pockels (1865–1913) benannt. Er wird auch als linearer elektro-optischer Effekt bezeichnet.

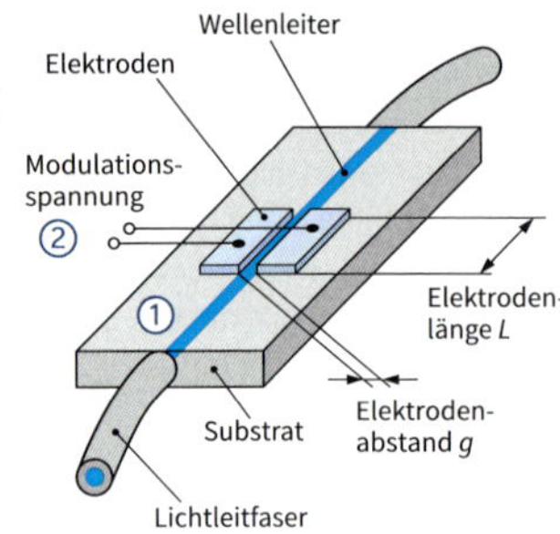


- Wenn man Licht durch bestimmte Kristalle (Lithium-niobat LiNbO3, Substrat ①) leitet und ein elektrisches Feld (Modulationsspanng ②) anlegt, ändert sich der Brechungsindex $n$[1]. Die Größe der Änderung hängt linear von der elektrischen Feldstärke, ihrer Raumrichtung und der Polarisation des Lichts ab.
  Beispiele: Bei 3 V z. B. 635 nm; 10 V z. B. 1550 nm
- Das Schalten erfolgt innerhalb von Nanosekunden, sodass Datenübertragungsraten bis 40 Gbit/s möglich sind.
  Anwendung: Zeitmulitplexing für die Telekommunikation

[1] Der **Brechungsindex** (Brechzahl) ist das Verhältnis der Wellenlänge des Lichts im Vakuum zur Wellenlänge im Material. Diese Zahl hängt vom Material ab.

## Mach-Zehnder-Interferometer

- Ludwig Mach (1868–1951) und Ludwig Zehnder (1854–1949) haben unabhängig voneinander ein Interferometer entwickelt, bei dem ein Lichtstrahl durch einen Teiler in zwei Strahlen aufgeteilt wird.

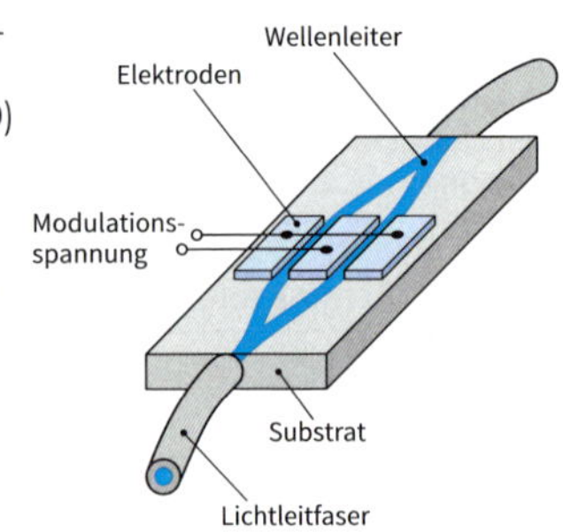


- Nach Durchlaufen der beiden Strecken, deren optische Weglängen unterschiedlich sein können, werden die beiden Strahlen überlagert.
- Durch die angelegte Spannung kommt es zu Phasenverschiebungen und somit zu Überlagerungen am Ausgang des Substrats. Es entstehen Maxima und Minima (Amplitudenmodulation).

## Lichtmodulatoren durch Flüssigkristalle

- Flüssigkristalle ändern durch elektrische Felder ihre optischen Eigenschaften (Zustände fest oder flüssig). Durch eine Modulationsspannung lassen sich Phase, Amplitude oder Polarisationszustand einer Lichtwelle modulieren.
- Für die Modulation verwendet man 640 oder 320 Streifen und erhält dabei eine Auflösung von 12 Bit.

## ITU-Grid (ITU-Gitter, Raster, Frequenzgitter)

In der ITU[1] G.694.1, -2 sind Wellenlängen und Kanalabstände für WDM, CWDM und DWDM spezifiziert (Telekommunikationsfenster).

[1] **ITU**: **I**nternational **T**elecommunication **U**nion, Internationale Fernmeldeunion

## Wellenlängen-Multiplex WDM

- **WDM**: **W**avelength **D**ivision **M**ultiplexing
- Mehrfachnutzung einer Glasfaserleitung für die Datenübertragung
- Der Multiplexer ① bündelt verschiedene Wellenlängen auf einer Glasfaser.
- Durch die Bündelung erhöht sich die Bandbreitenkapazität.
- Der Demultiplexer ② splittet die gebündelten Wellenlängen auf jeweils eine Glasfaser.
- Datenübertragungsrate im C-Band nahezu pro Glasfaser 1 Tbit/s (eine Wellenlänge).

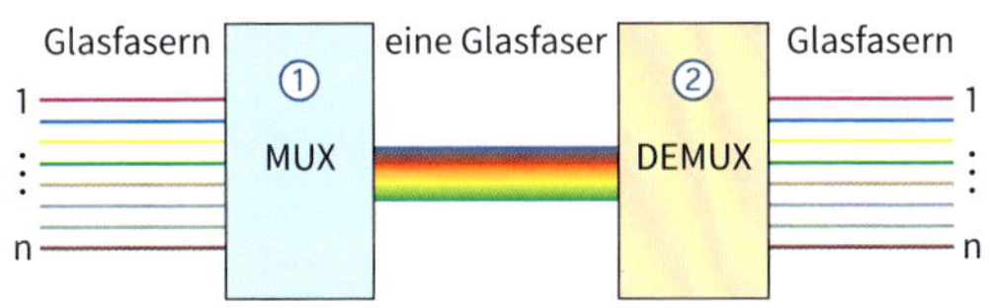


## Grobes Wellenmultiplex CWDM

- **CWDM**: **C**oarse **W**avelength **D**ivision **M**ultiplexing
- Einsatz: **MAN** (**M**etropolitan **A**rea **N**etwork), Übertragungsreichweite bis zu 120 km
- Datenübertragungsraten bis 10 Gbit/s.
- Breiteres Spektrum als bei DWDM
- Die Übertragung erfolgt in 16 Kanälen mit Wellenlängen zwischen 1270 nm und 1610 nm auf einer Glasfaser.
- Aufgrund des großen Kanalabstands von 20 nm zwischen 1270 nm und 1610 nm können kostengünstige Laser und Komponenten eingesetzt werden. Deshalb wird die Bezeichnung „grob" benutzt.
- Die Kanalbreite beträgt 13 nm.
- Die verbleibenden 7 nm sind als Sicherheitsabstand zum nächsten Kanal vorgesehen.

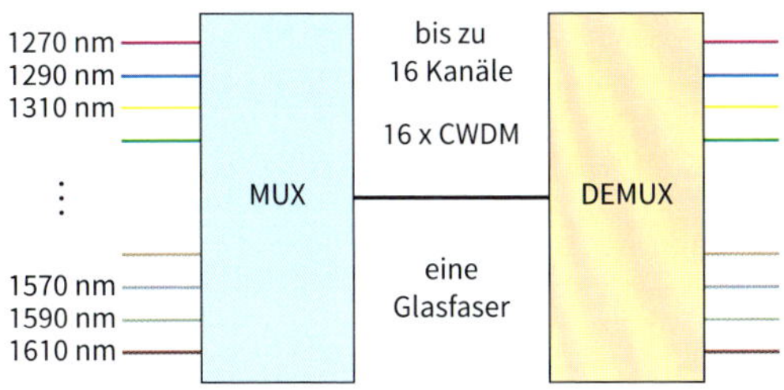


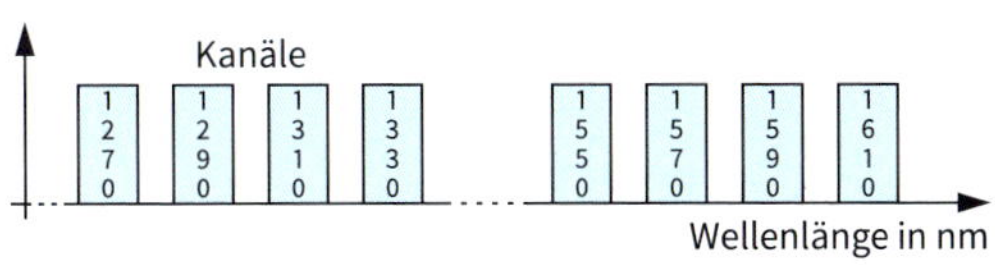


## Dichtes Wellenlängen-Multiplex DWDM

- **DWDM**: **D**ense **W**avelength **D**ivision **M**ultiplexing
- Einsatz: **WAN** (**W**ide- und Global **A**rea **N**etwork)
- Bis zu 96 Wellenlängen werden auf einer Glasfaser übertragen.
- Kanalabstände (Wellenlängenraster): 0,8 nm (100 GHz); 0,4 nm (50 GHz); 0,2 nm (25 GHz); 0,124 nm (12,5 GHz); 1,6 nm (200 GHz)
- Datenübertragungsraten 10 bis 100 Gbit/s pro Kanal, bei bis zu 80 Kanälen
- Übertragungsreichweiten über mehr als 1000 km mit optischen Verstärkern (etwa alle 80 bis 120 km).
- Optionale Integration in bestehenden CWDM-Infrastrukturen ist möglich.
- Wellenlängenbereiche von 1528 nm (Channel 61) bis 1563 nm (Channel 17), C- und L-Bande.
- Bei Kombination des C- und L-Bandes sind 160 Kanäle möglich.

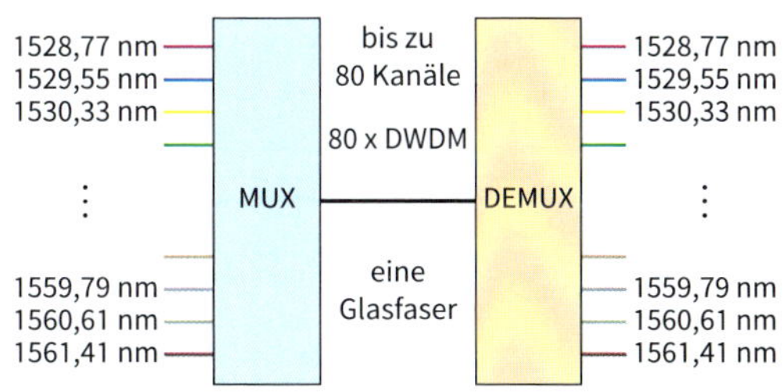


## Wellenlängen und Bänder

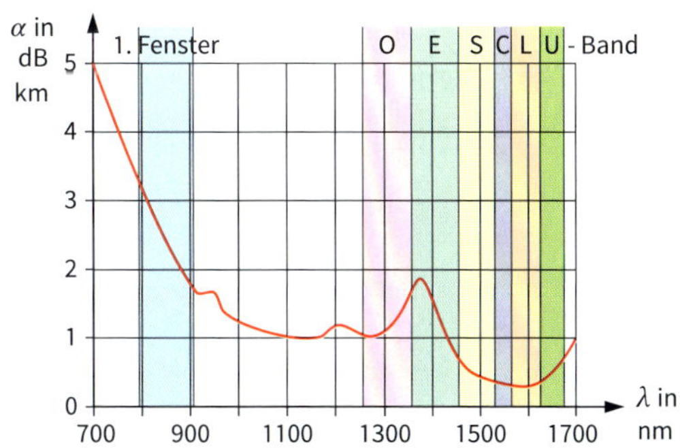


| Optische Bänder | | Wellenlängenbereiche in nm |
|---|---|---|
| **O**-Band | **O**riginal | 1260 – 1360 |
| **E**-Band | **E**xtended | 1360 – 1460 |
| **S**-Band | **S**hort wavelength | 1460 – 1530 |
| **C**-Band | **C**onventional | 1530 – 1565 |
| **L**-Band | **L**ong wavelength | 1565 – 1625 |
| **U**-Band | **U**ltralong wavelength | 1625 – 1675 |

# Grobes Wellenlängenmultiplex
## Coarse Wavelength Division Multiplex

### Merkmale

- **CWDM** (**C**oarse **W**avelength Division **M**ultiplex: grobes Wellenlängen-Multiplex) ist ein Wellenlängen-Multiplexverfahren mit einem breiteren Bandspektrum als z. B. **DWDM** (**D**ense **W**avelength **D**ivision **M**ultiplex: dichtes Wellenlängenmultiplex).
- Wird eingesetzt in **Zugangsnetzen** wie z. B. in Metro-Netzen und Kurzstrecken-Übertragungsnetzen.
- Ist abgestimmt auf die Verwendung der bestehenden Faser-Infrastrukturen.
- Verwendet die Wellenlängenbereiche im
  - **O**-Band (**O**riginal-Band)
  - **E**-Band (**E**xtended Band)
  - **S**-Band (**S**hort Band)
  - **L**-Band (**L**ong Band)
  - **C**-Band (**C**onventional Band)
- Ist spezifiziert nach ITU G.694.2 und verwendet 18 Wellenlängen mit einem Kanalabstand von 20 nm.
- Bei Lichtwellenleitern, die nach ITU G.652 spezifiziert sind, wird das E-Band nicht verwendet.
- Lichtwellenleiter, die nach ITU G.652.C spezifiziert sind, weisen keine erhöhte Dämpfung durch eingeschlossene Wassermoleküle auf und verwenden deshalb auch das E-Band.
- Als **Sendedioden** werden direkt modulierte CWDM-Laser-Dioden eingesetzt, die
  - mit Bitraten bis zu 2,5 Gbit/s arbeiten und
  - bis zu 80 km Entfernung überbrücken.
- Die eingesetzten **Empfänger** verwenden **Avalanche Photodiodes Detectors (APD)**.
- Die jeweiligen Wellenlängen werden mittels optischer Filter aus dem Spektrum gefiltert.
- Aufgebaut sind die optischen Filter in **TFF**-Technologie (**T**hin **F**ilm **F**ilter: Dünnschichtfilter in diskreter Form oder als integrierte Multiplexer bzw. Demultiplexer).

### WDM-Gegenüberstellung

| | **Coarse WDM** (mit WWDM) | **WDM** | **DWDM** (mit ultra-dense WDM) |
|---|---|---|---|
| Kanalabstand | in der Regel 20 nm | 1310 nm und 1550 nm | ≤ 1,6 nm |
| Verwendetes Band | O, E, S, C und L | O und C | C und L |
| Kosten pro Kanal | gering | gering | hoch |
| Anzahl der Kanäle | 18 Kanäle | 2 Kanäle | Hunderte von Kanälen |
| Anwendung | Short-haul, Metro[1] | PON[2] | Long-haul[3] |

[1] Kurzstrecken [2] Passive Optical Network [3] Langstrecken

### Wellenlängenbänder

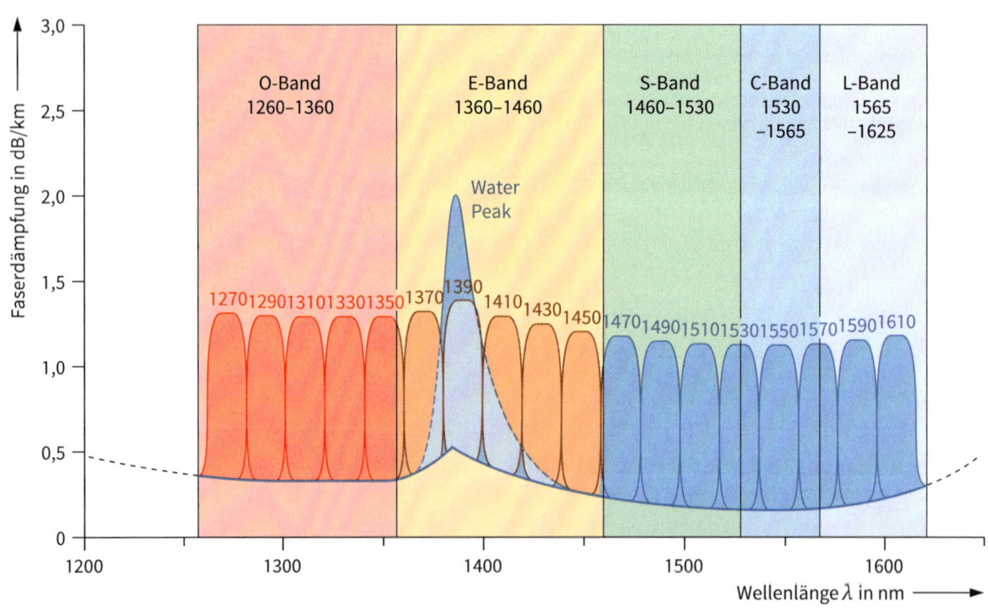

## Grundlagen

- Verfahren zur Erhöhung der Datenübertragungsrate auf Lichtwellenleitern
- Verwendet die Verfahren **WDM** und **DWDM**

## WDM

**WDM:**
**W**avelength **D**ivision **M**ultiplex (Wellenlängenmultiplex)

- Übertragung erfolgt in unterschiedlichen optischen Fenstern (1310 nm und 1550 nm).
- Wellenlängen werden mit optischen Filtern zusammengefügt, auf einer Faser übertragen und am Empfänger durch optische Filter wieder in ursprüngliche Wellenlängen zerlegt.
- Wird auch als **Breitband WDM** bezeichnet, da pro Wellenlänge nur ein Kanal übertragen wird.

Prinzip

ohne WDM

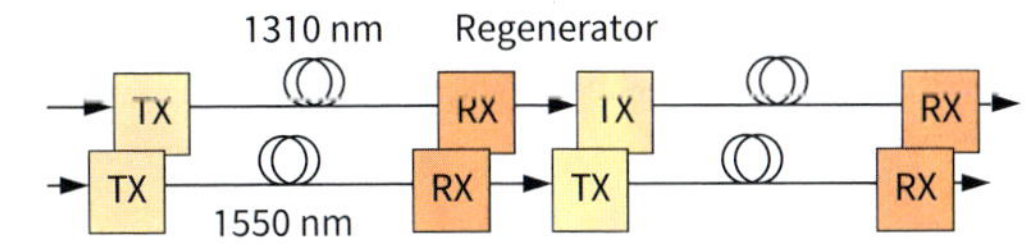


mit WDM

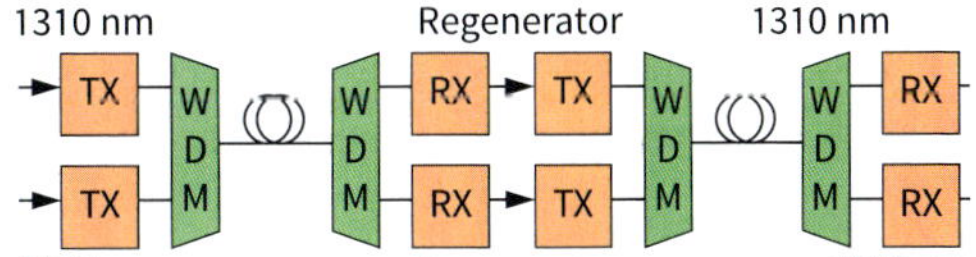


## DWDM

**DWDM:**
**D**ense **W**avelength **D**ivision **M**ultiplex
(Schmalband -Wellenlängenmultiplex)

- Mehrkanalübertragung auf geringfügig unterschiedlichen Wellenlängen
- Wellenlängen liegen im dritten optischen Fenster (1530 nm bis 1565 nm)
- Verwendet **optische Verstärker** mit erbiumdotierter Glasfaser und Pumplaser
- Nutzsignale lassen sich somit um 20 dB bis 30 dB verstärken.
- Übertragungsstrecken sind, je nach überbrückbarer Entfernung, in **Kategorien** eingeteilt (**L, V, U**).
- Standardisiert von ITU in G.692 mit 4 und 8 Nutzkanälen bei Bitraten bis zum STM-16 Standard. Geplant sind 16 und 32 Kanalsysteme (STM-64) und bidirektionale Übertragung.
- Nutzkanäle liegen im 100-GHz-Raster.
- Bietet die Möglichkeit, vorhandene LWL-Strecken kostengünstig auf höhere Übertragungsleistung aufzurüsten.

Prinzip

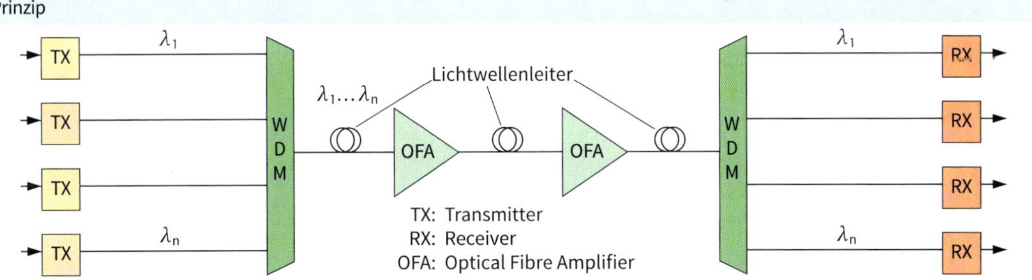


## Kategorien Übertragungsstrecken

| | | | Teilstrecke | Dämpfung |
|---|---|---|---|---|
| **L** | **L**ong Haul | L: 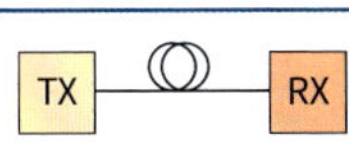 | ~ 80 km | 22 dB |
| | | 3L: 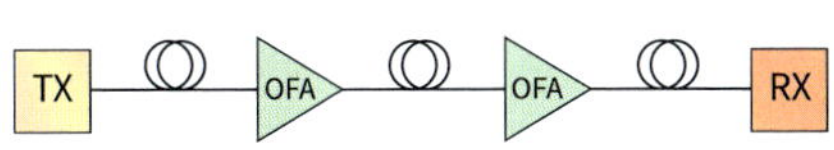 | | 3 x 22 dB |
| **V** | **V**ery Long Haul | V: 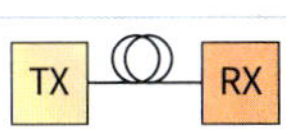 | ~ 120 km | 33 dB |
| | | 3V: 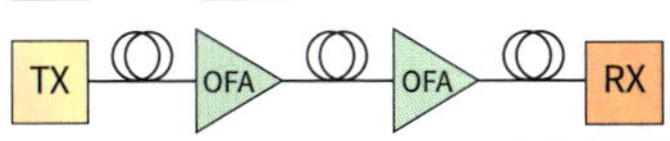 | | 3 x 33 dB |
| **U** | **U**ltra Long Haul | U: 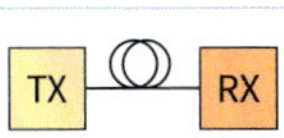 | ~ 160 km | 44 dB |

## Anforderungen an Wohneinheiten

- Wohneinheiten sind Wohnungen in Ein- und Mehrfamilienhäusern sowie Gebäude mit gemischter Nutzung (z. B. Arztpraxen, Hotels, Seniorenwohnheime).
- In der DIN EN 50173-4 werden nach Verwendung und Erfordernis drei Gruppen von Netzanwendungen festgelegt.
- **IuK**: **I**nformations- **u**nd **K**ommunikationsanschluss, basierend auf symmetrischer Kupferverkabelung (bzw. **ICT**: **I**nformation and **C**ommunications **T**echnologies)
  - Sternstruktur
  - Paarweise verdrillte Kupferkabel, mind. Cat. 5 ungeschirmt oder geschirmt
  - 1 x RJ45 (DIN EN 60603-7: 2019-11) Netzwerkanschluss, tauglich für Gigabit Ethernet
  - Mindestens ein Anschluss pro Raum (pro 10 m²)
- **RuK**: **R**undfunk **u**nd **K**ommunikationsanschluss, basierend auf koaxialer Kupferverkabelung (bzw. **BCT**: **B**roadcast and **C**ommunications **T**echnologies)
  - Sternstruktur
  - Kabel BCT-C (75-Ω-Koaxialkabel, 3 GHz, max. 100 m); BCT-S (symmetrisches Multimediakabel, 1 GHz, max. 50 m) oder LWL max. 100 m
  - Mindestens ein Anschluss pro Raum (pro 10 m²)
- **SRKG**: **S**teuerung, **R**egelung und **K**ommunikation in **G**ebäuden (bzw. **CCCB**: **C**ontrol/**C**ommand **C**ommunication in **B**uildings)
  - Audio, Radio, TV, Gebäudeautomation
  - Keine konkrete Netzstruktur vorgegeben (z. B. Bus, Abzweigung)

## Triple Play

- Triple Play (dreifaches Spiel) ist eine Marketingbezeichnung und man versteht darunter die **Dreifachnutzung** eines Medienanschlusses für die audio und visuelle Übertragung (Fernsehen und Radio), Internet und Telefonie. Wenn das Angebot zusätzlich den Mobilfunk enthält, spricht man von Quadruple Play (vierfaches Spiel).
- Triple Play lässt sich grundsätzlich im Kabelnetz, im Telekommunikationsnetz und im Mobilfunknetz realisieren.
- Anschlussdose (**PVD-Unit**: **P**icture **V**oice **D**ata Unit)
  **MATO**: **M**ulti-**A**pplication **T**elecommunication **O**utlet
  Sie wird im deutschsprachigen Raum auch als **TATA** (**T**elekommunikations**a**nschluss, **R**undfunk**a**nschluss) bezeichnet.
- Beispiel für eine Multimediadose
  - Zwei Kabel: Koaxialkabel und Twisted-Pair-Kabel, Cat. 5 gesplittet
  - 5 Dienste: Fast Ethernet LAN, Analog-Telefon, IPTV, Radio, Kabelmodem (CATV) bzw. SAT-Empfang

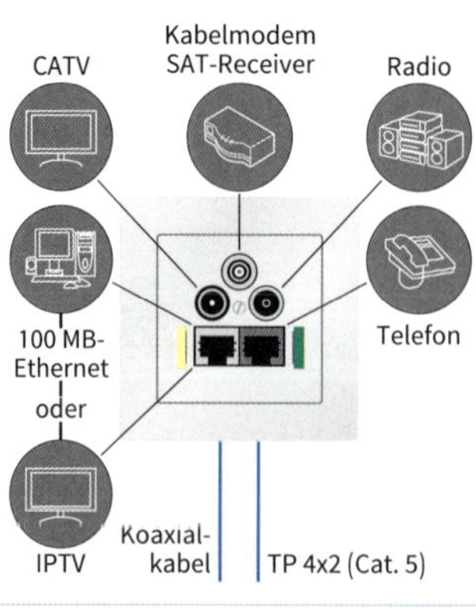


## IP Multimedia Subsystems (IMS)

- IMS ist ein Netzwerk-Konzept zur Integration verschiedenster Telekommunikationssysteme.
- Es handelt sich um ein Konzept, bei dem alle Kommunikation IP-basiert erfolgt, im Mobilfunk- und Festnetz.
- Die Kommunikation erfolgt über paketvermittelte Verbindungen mit einer definierten Dienstgüte (**QoS**: **Q**uality **o**f **S**ervice). Unterstützt werden verschiedenste Medientypen.
- Beispiele für Kommunikationsarten:
  Fernsprechdienste, Fax, E-Mail, Internet-Zugriff, Web-Services, **VoIP** (**V**oice-**o**ver-**IP**), **IM** (**I**nstant **M**essaging), Videokonferenzen und **VoD** (**V**oice-**o**n-**D**emand).
- Ursprüngliches Anwendungsgebiet: Service-Netzwerk 3G UMTS und 4G LTE.
- Das System besteht aus 20 Funktionsblöcken in **vier Ebenen**:
  - **User Plane / Gateways**
    Lenkung und Bearbeitung des IP-Datenstroms
  - **Control Plane / Gateway-Steuerung**
    Direktes Steuern und Signalisieren der Datenströme
  - **Call Control / Session Control**
    Steuerung des Gesprächsablaufs bzw. des Session-Ablaufs
  - **Service-Funktionen**
    Einbinden zusätzlicher Dienste in das Gespräch bzw. in die Session
- Als Basisprotokoll von IMS wird das **SIP** (**S**ession **I**nitiation **P**rotocol) verwendet.

## Session Initiation Protocol (SIP)

- SIP ist ein Netzprotokoll zum Aufbau, zur Steuerung und zum Abbau einer Kommunikationssitzung zwischen zwei oder mehreren Teilnehmern.
- Es ist spezifiziert im RFC 3261 (**RFC**: **R**equest **f**or **C**omments, sind eine Reihe technischer und organisatorischer Dokumente).
- Das Design von SIP entspricht **HTTP** (**H**yper**t**ext **T**ransfer **P**rotocol), ist zu diesem aber nicht kompatibel.
- Bei der Internet-Telefonie wird **RTP** verwendet (**R**eal-Time **T**ransport **P**rotocol, Echtzeit-Transportprotokoll, RFC 3550).
- Durch die Trennung von Sitzung und Medien können alle Datenströme unabhängig voneinander verschlüsselt werden.
- **Netzwerk-Elemente**:
  - **User Agent**:
    Schnittstelle zum Benutzer
  - **Proxy Server**:
    Kommunikationsschnittstelle (Router)
  - **Registrar Server**:
    Zentrale Schaltstelle, Registrierung und Verarbeitung von Anfragen für die Domain
  - **Redirect Server**:
    Weiterleitung eingehender Anträge
  - **Session Border Controller**:
    Netzwerkkomponente zur sicheren Kopplung von Rechnernetzen mit unterschiedlichen Sicherheitsanforderungen
  - **Gateway**:
    Stellt Verbindungen mit anderen Netzen her
  - **B2BUA** (**B**ack-**to**-**b**ack **U**ser **A**gent):
    Eine Middelware (Software für den Datenaustausch zwischen Anwendungsprogrammen) zur Manipulation der Datenströme

# Digital-TV
## Digital Television

### DVB

- **DVB: D**igital **V**ideo **B**roadcasting (Digitaler Fernseh- und Videoempfang)
- **DVB-T** (**DVB T**errestrial)
  - Drahtlose Ausbreitung über terrestrische Sender auch in HDTV
  - Videokompressionsverfahren wie z. B. MPEG-4 AVC (H.264, H.265)
- **DVB-T2**
  - Kompatibel zu DVB-T, höhere Qualität
  - Frequenzbereich wie DVB-T
- **DVB-C** (**DVB C**able)
  - Ausbreitung über Kabelnetze
  - Hyperbandkanäle S21 bis S41
  - Datenrate bis 51 Mbit/s, Bandbreite 8 MHz
  - Modulation QAM-64, QAM-256
- **DVB-C2**
  - Effektivere Datenreduktion durch MPEG-4 (H.264), dadurch Steigerung der Übertragungskapazität
  - Neue Dienste wie z. B. Video on Demand, interaktive Angebote
- **DVB-S** (**DVB S**atellite)
  - Drahtlose Ausbreitung über Satelliten
  - Transponder zwischen 26 MHz und 54 MHz
  - Modulation QPSK, Datenrate bis 65 Mbit/s
- **DVB-S2**
  - Andere Modulationsverfahren als bei DVB-S (z. B. PSK, APSK)
  - Datenübertragungsrate um ca. 30 % höher als bei DVB-S

### HDTV

- **HDTV: H**igh **D**efinition **T**ele**v**ision (hochauflösendes Fernsehen)
- Größere Bildauflösung (s. Tabelle rechts) im Vergleich zum analogen PAL-Fernsehen
- Bildformat 16:9 (Kinoformat), PAL-Fernsehen 4:3
- Verbesserte Tonübertragung (Dolby Digital 5.1 oder Dolby Digital Plus)
- Die Datenraten betragen bis zu 25 Mbit/s. Der Bandbreitenbedarf steigt dadurch auf das Vierfache gegenüber SDTV.
- Datenreduktion (Codecs) mit MPEG-2, MPEG-4, H.264/AVC
- Bei der Abtastung der Bildvorlage werden folgende Verfahren angewendet:
  - **Vollbildverfahren** (Kennzeichnung: **p**)
    Jede Zeile wird nacheinander abgetastet (**progressive scan**).
  - **Zeilensprungverfahren** (Kennzeichnung: **i**)
    Das Bild wird in zwei Teilbilder zerlegt, wobei beim ersten Halbbild die geraden Zeilen und beim zweiten Halbbild die ungeraden Zeilen abgetastet und übertragen werden (**interlaced**).

### HDTV Standards

**HD ready 1080p**

- Auflösung: 1.920 x 1.080 Bildpunkte
- Analoge Eingänge **YUV** (Y: Helligkeit und Farbdifferenzsignale; U: Rot; V: Blau). Signale werden direkt über Cinch-Verbindung weitergegeben (seit 2007).
- Digitale Eingänge mit
  - **HDMI** (**H**igh **D**efinition **M**ultimedia **I**nterface)
  - oder **DVI** (**D**igital **V**isual **I**nterface), rein digitales Signal, bis zu 4,9 Gbit/s und
  - mit Kopierschutz **HDCP** (**H**igh Bandwidth **D**igital **C**ontent **P**rotection).
- **Overscan** (Bereich an den äußeren Rändern eines Videobildes) ist im Setup-Menü abschaltbar.
- **Auflösungen**, die über YUV unterstützt werden müssen:
  - 720p (1.280 x 720 Pixel progressiv) und
  - 1080i (1.920 x 1.080 interlaced) mit 50 Hz und 60 Hz
- **Auflösungen**, die über HDMI oder DVI unterstützt werden müssen:
  - 720p (1.280 x 720 Pixel progressive[1)])
  - 1080i (1.920 x 1.080 interlaced[2)]) mit 50 Hz und 60 Hz
  - 1080p (1.920 x 1.080 progressive) mit 50 Hz und 60 Hz
  - 1080p/24 Hz (24p) (1.920 x 1.080 progressive)

1) Progressive Scan: Vollbildverfahren
2) Interlaced: Zeilensprungverfahren

**HDTV 1080p**

- Es gelten die gleichen Bedingungen wie beim Logo „HD ready 1080p“.
- Zusätzlich muss das Gerät direkt HDTV-Signale über DVB-C, DVB-S und DVB-S2 verarbeiten können und in 720p/1080i an das Display weiterleiten können.
- Die Decodierung von MPEG-2 und MPEG-4/AVC muss unterstützt werden.

**Vergleich**

| Merkmale | PAL | 720p | 1080i |
|---|---|---|---|
| Auflösung | 786 x 576 | 1.280 x 720 | 1.920 x 1.080 |
| Pixel gesamt | 442.368 | 921.600 | 2.073.600 |
| Pixel/s | 11.059.200 | 46.080.000 | 51.840.000 |
| Bildaufbau | Halbbild (interlaced) | Vollbild (progressive) | Halbbild (interlaced) |
| Bildfrequenz | 50 Hz | 50 Hz | 50 Hz |
| Bildformat | 4:3 | 16:9 | 16:9 |

### TV-Standards

| Qualität | LDTV<br>**L**ow **D**efinition **T**elevision<br>VHS-Qualität | SDTV<br>**S**tandard **D**efinition **T**elevision<br>PAL-Qualität | EDTV<br>**E**nhanced **D**efinition **T**elevision<br>Studioqualität | HDTV<br>**H**igh **D**efinition **T**elevision – Hochauflösendes Fernsehen | UHD<br>**U**ltra **H**igh **D**efinition Television |
|---|---|---|---|---|---|
| Auflösung in Pixel x Pixel | 376 x 282 | 640 x 480 | 704 x 480 | 1920 x 1080 | 3840 x 2160 |
| Datenrate in Mbit/s | 1,5 | 4…6 | 8 | 24…30 | ca. 300 |

## Merkmale

- HDR-Bild: Bild mit hohem Dynamikumfang, Hochkontrastbild (große Helligkeitsunterschiede)
- HDR-Bilder besitzen Helligkeitsunterschieden, z. B. über 1:1000
- Das menschliche Auge kann Helligkeitsunterschiede von 1:10.000.000 und mehr wahrnehmen.
- Für „klassische" Bilder verwendet man die Bezeichnung **LDR**: **L**ow **D**ynamic **R**ange Images
- Möglichkeiten zur Erzeugung von HDRI-Bildern:
  - Direktaufnahme
  - Berechnung mit einer 3D-Computergrafik aus mehreren LDR-Fotos (mindestens drei) aus einer Belichtungsreihen (hell bis dunkel, also über- bis unterbelichtet) in schneller Reihenfolge.
    Mehrere Bilder werden dann zu einem vollständigen Bild zusammengesetzt.
    Mit dieser Technik reproduziert man Schattierungen in hellen Bereichen, die zu Überbelichtung neigen, und intensiviert dunkle Bereiche.

## Varianten für HDR-Videoinhalte

- **HDR10**:
  Farbtiefe von mindestens 10 Bit (Standard sind 8 Bit, SDR: Standard Dynamic Range), offener Standard
- **HDR10+**:
  Dynamisches HDR, Farbtiefe von 10 Bit, allerdings lässt sich die Kontrastinformationen für jede Szene separat einstellen. In der Regel geeignet für Landschaftsaufnahmen. Bei Bewegungsaufnahmen entstehen mitunter unscharfe Bilder (Bewegungsunschärfe).
- **Dolby Vision**:
  Mit einer Farbtiefe von 12 Bit lassen sich 68 Milliarden unterschiedliche Farben darstellen, beste Qualität, für Gerätehersteller nicht lizenzfrei.

## Internationale HDR-Standards

| | **BT.709** Full HD | **BT.2020** 4K/8K | **BT.2100** 4K/8K HDR |
|---|---|---|---|
| **Auflösung** | Full HD | 4K, 8K | HD, 4K, 8K |
| **Bittiefe** | 8 Bit | 10 oder 12 Bit | 10 oder 12 Bit |
| **Bildwiederholfrequenz** | bis zu 60p | bis zu 120p | bis zu 120p |
| **Farbraum** | Rec.709 | Rec.2020 | Rec.2020 |
| **Dynamik** | SDR | SDR | HDR |

## Faktoren, die die Bildqualität bestimmen

- **Auflösung**
  Anzahl der Bildpunkte bezogen auf eine definierte Fläche (z. B. pro Inch oder Zentimeter)
  Beispielformate:
  - Full HD (1920 x 1080 Pixel)
  - WQHD (2560 x 1440 Pixel)
  - UHD-4K (3840 x 2160 Pixel)
- **Bittiefe**
  Anzahl an Farben, die ein Pixel annehmen kann (Feinheit der Farbtonverläufe). Je größer die Bittiefe, desto mehr Farben können angezeigt werden (Farbtonverläufe weicher und natürlicher).
  Beispiele für unterschiedliche Farben:
  - 8-Bit-Darstellung: ca. 16,77 Millionen
  - 10-Bit-Darstellung: ca. 1,07 Milliarden
- **Bildwiederholfrequenz**
  Anzahl der Bilder pro Sekunde („Geschmeidigkeit" von bewegten Szenen)
  Beispiele:
  - Film 24 Einzelbilder pro Sekunde (24p)
  - Full HD bis 60p; 8K bis 120p
- **Farbraum**
  Das Diagramm zeigt den Bereich aller RGB-Werte, die das menschliche Auge wahrnehmen kann. Die Dreiecke symbolisieren einzelne Farbräume. Je größer das Dreieck, desto größer ist die Anzahl darstellbarer Farben.
  Rec.: Recommendation (Empfehlung), Radiocommunication Sector der International Telecommunication Union

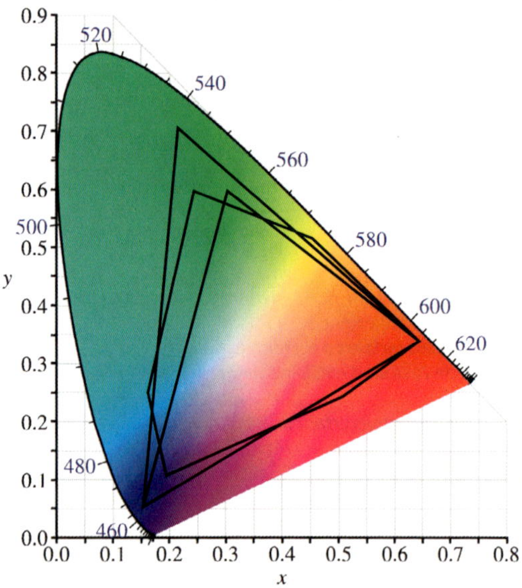


- **Helligkeit**
  Beispiele für Helligkeitsunterschiede, Helligkeitsabstufungen (Dynamikbereich):
  - Menschliches Auge: > $10^8$
  - HDR: $10^5$
  - 8-Bit-Darstellungen: 256
  - 10-Bit-Darstellungen: 1.024
  - 12-Bit-Darstellungen: 4.096

## Merkmale

- Unter IPTV versteht man eine Fernsehübertragung unter Verwendung des Internetprotokolls (IP).
- Weitere Protokolle sind
  - **IGMP** (**I**nternet **G**roup **M**anagement **P**rotocol) für die Kanal-Signalisierung beim Livestream ① (s. Abb. unten) und
  - **RSTP** (**R**apid **S**panning **T**ree **P**rotocol) für zeitversetztes ② On-Demand (auf Anforderung, bei Bedarf).

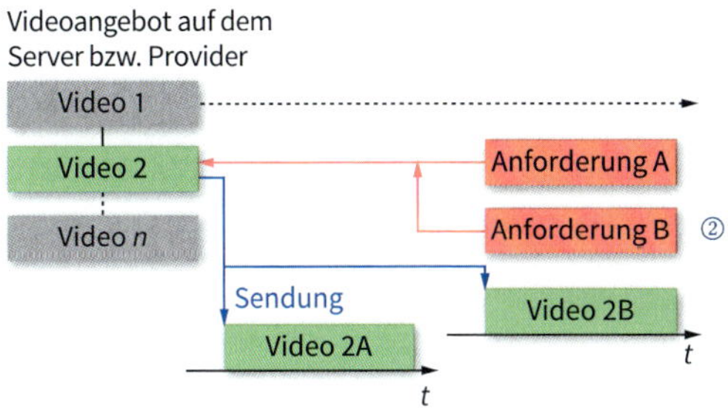


- Der Datenstrom setzt sich aus Paketen konstanter Größe zusammen, die auf verschiedenen Wegen den Empfänger über das Internet erreichen. Durch die IP-Adressen erfolgt ein gezielter Informationsaustausch zwischen dem Provider und den jeweiligen Endgeräten.
- Im Gegensatz zum Digital-TV ist IPTV **interaktiv** verwendbar:
  - Bereitgestellte Programme können gleichzeitig von vielen Teilnehmern abgerufen werden ②.
  - Die Sendungen lassen sich bedarfsgerecht und zeitversetzt (On-Demand, Timeshift-TV) abrufen bzw. speichern ④.
- Für die Übertragung von IPTV werden die Daten in Videocodecs komprimiert. Verwendet werden z. B. MPEG-2, MPEG-4, H.264/AVC, XviD, DivX oder WMV9.
- Für die Qualität und Abbildungsgröße auf dem Bildschirm ist die benutzte Hard- und Software sowie die im Netz verfügbare Datenübertragungsrate (Bandbreite) entscheidend. ADSL ist für IPTV gerade ausreichend. Eine höhere Qualität wird mit ADSL2+, VDSL und VDSL2 erzielt. Es können aber auch optische Netze oder die Funknetztechnik (WiMAX) eingesetzt werden. Für HDTV (1920 x 1080 Pixel) ist eine Datenübertragungsrate von 8 Mbit/s erforderlich.

## Unterschied zum TV-Empfang über ein Kabelnetz

- Im TV-Kabelnetz (BK-Netz) sind alle Programme und Dienste bestimmten Frequenzbereichen zugeordnet. Sie können deshalb von den Abnehmern gleichzeitig genutzt werden.
- IPTV erfolgt in der Regel über den DSL-Anschluss des TK-Netzes. Grundsätzlich ist auch eine Überragung über das BK-Netz und über Funknetze möglich.
- Bei IPTV hängt die gleichzeitige Nutzung von der zur Verfügung gestellten Daterate (Bandbreite) des Anbieters ab. Bei z. B. 2 Mbit/s kann nur auf ein Programm bzw. einen Dienst gleichzeitig zugegriffen werden.

## Streaming-Verfahren

- Beim Streaming ③ (Strömung) handelt sich um eine kontinuierliche Übertragung von Daten, bei der diese im Endgerät sofort für die Wiedergabe aufbereitet werden (Echtzeit).
- Für die Laufzeitunterschiede der Datenpakete werden je nach Bedarf Zwischenspeicher von einigen Sekunden eingesetzt.
- Im Gegensatz zum Rundfunk werden beim Streaming jedem Empfänger die Daten direkt zugeführt.
- Für die Wiedergabe wird entsprechende Software eingesetzt, die als Player bezeichnet werden.
  Beispiele: Windows Media Player, Real Player, Quicktime Player, Flash Player

## Podcasting

- Allgemein wird beim Podcasting ④ (Kunstwort aus **iPod** und Broad**casting**) auf gespeicherte Daten eines Servers zurückgegriffen.
- Die Wiedergabe kann in der Regel erst dann erfolgen, wenn die Speicherung abgeschlossen ist.
- Wenn die gespeicherten Daten eines Servers genutzt werden, kann dieses als On-Demand oder als Download erfolgen.
- Unter Podcasting wird auch das Anbieten und Abonnieren von Multimediadateien (Audio und Video) über das Internet verstanden. Das Abonnieren kann automatisiert werden, sodass der Abnehmer stets auf dem neuesten Stand gehalten wird. Das Aufrufen der Webseite und das manuelle Abrufen der Daten entfallen.

## Möglichkeiten für IPTV

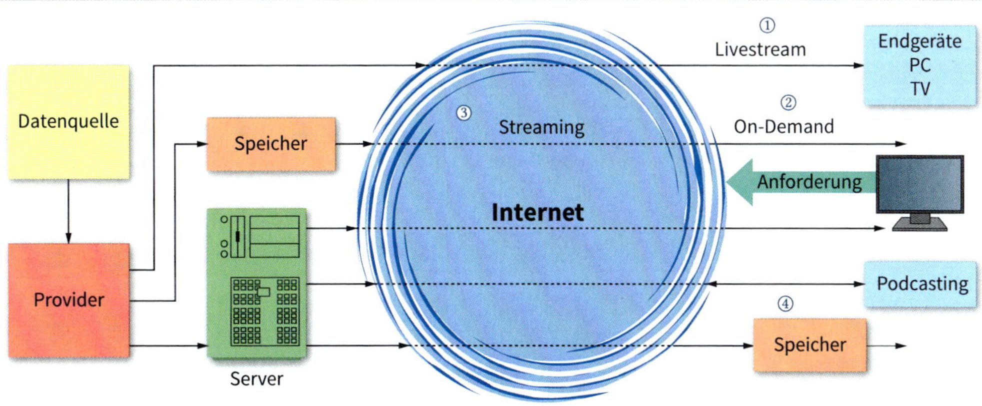

## Merkmale

- **DOCSIS** (**D**ata **o**ver **C**able **S**ervice **I**nterface **S**pecification) ist ein Standard, der die Anforderungen für die bidirektionale digitale Datenübertragung in Breitband-Kabelnetzen festlegt.
- In DOCSIS sind auch Spezifikationen für Schnittstellen, Kabelmodems und die dazugehörige Peripheriegeräte enthalten.
- **DOCSIS 3.0**
  - Derzeit der am weitesten verbreitete Standard
  - 8 MHz-Kanalraster mit bis **256-QAM** (**Q**uadratur **A**mplitudenmodulation)
  - Einzelträger (**SC**: **S**ingle **C**arrier)

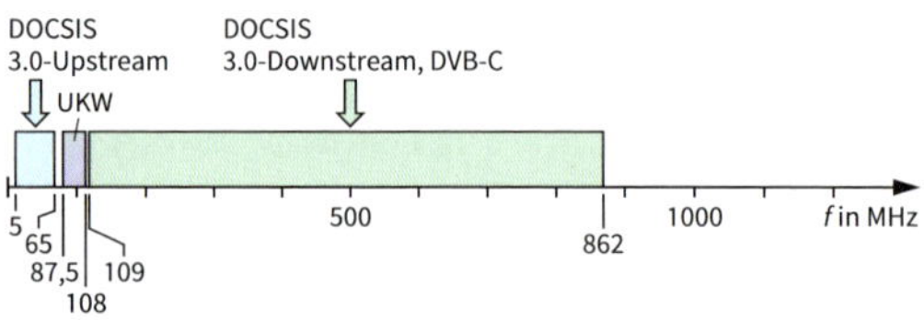


- **DOCSIS 3.1**
  - Dieser Standard befindet sich in der Einführung.
  - Mehr-Träger-Verfahren **OFDM** (**O**rthogonal **F**requency **D**ivision **M**ultiplex)
  - Modulation pro Träger bis **4096-QUAM**
  - Trägerabstände 25 kHz oder 50 kHz
  - Fehlerschutz ist leistungsfähiger als bei DOCSIS 3.0

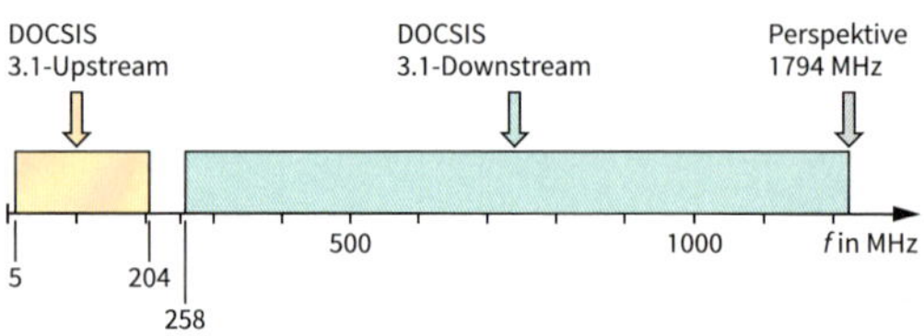


## Messgrößen

- **Pegel**: Signalstärke
- **Frequenzgang** (frequency response) im jeweiligen Kanal
- **Konstellationsdiagramm**: Lage der einzelnen Zustände des Signals.
- **MER** (**M**odulation **E**rror **R**atio): Qualität des Modulationsverfahrens
- **PER** (**P**ackage **E**rror **R**ate): Verhältnis der gesendeten Datenpakete zu den empfangenen Datenpaketen (Maß für den Datenverlust)
- **BER** (**B**it **E**rror **R**ate): Bitfehlerhäufigkeit, Bitfehlerrate; eine Zahl als Maß für die fehlerhaft übertragenen Bits
- **SNR** (**S**ignal-to-**N**oise **R**atio): Störabstand, Angabe in dB, Verhältnis zwischen dem Nutzsignal und dem im Wesentlichen durch Rauschen verursachten Störsignal
- **Signallaufzeit** (Latenz): Zeit zwischen dem Aussenden einer Abfrage bis zum Eintreffen einer Antwort
- **Jitter**: Schwankungen des Übertragungstaktes
- **Brummsignale**: Verursacht durch Erdungs- oder Masseprobleme, wird durch Jitter beeinflusst
- Übertragungsgeschwindigkeit (Datenrate)

## DOCSIS Versionen

| Version | Datenrate bei B = 8 MHz: Downstream DS | Upstream US | Eigenschaften, Erweiterungen | ITU-R [1] |
|---|---|---|---|---|
| **1.0** | 50 Mbit/s | 30 Mbit/s | Datentransfer in TV-Kanälen | J.112 |
| **1.1** | 50 Mbit/s | 30 Mbit/s | Mit Dienstegüte **QoS** (**Q**uality **o**f **S**ervice) | J.112 |
| **2.0** | 50 Mbit/s | 30 Mbit/s | Symmetrischer Dienst (IP-Telefonie | J.112 |
| **3.0** | 50 Mbit/s | 30 Mbit/s | DS: 32 Kanäle US: 8 Kanäle maximal; IPv6 | J.112 |
| | bei Kanalbündelung: 1,6 Gbit/s | 240 Mbit/s | | |
| **3.1** | bis 10 Gbit/s | bis 1 Gbit/s | Variable Kanalbreite; OFDM (DS: bis 192 MHz, US: bis 96 MHz) | offen |

[1] **ITU-R**: **I**nternational **T**elecommunication **U**nion, **R**adiocommunication (Internationale Fernmeldeunion)

## Messgeräte

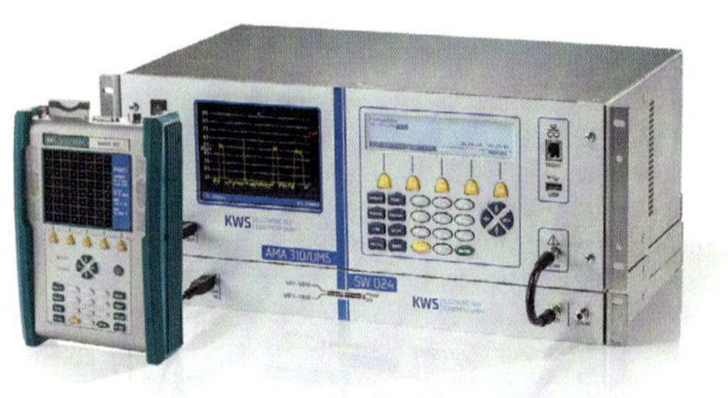


## OFDM-Zeitfunktion

Die Abstände zwischen den Trägern bei DOCSIS 3.1 sind so gewählt, dass sich die modulierten Träger nicht gegenseitig beeinflussen (Beispiel unten: vier Träger).

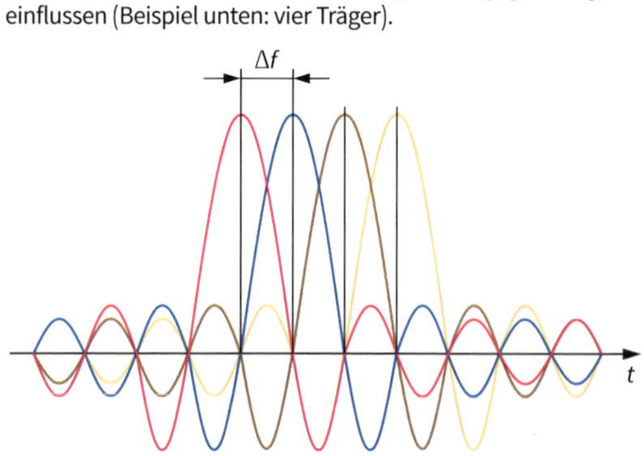

## Parabol-Offset

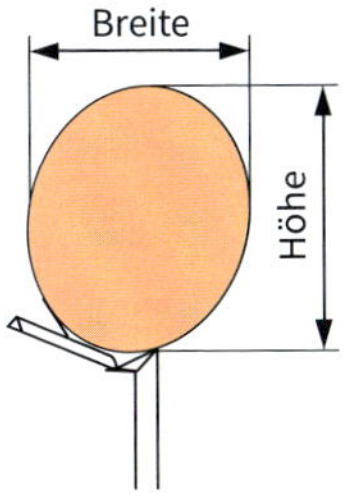


| | | |
|---|---|---|
| **Nenndurchmesser** in cm | | 55…150 |
| **Abmessungen** in mm | Höhe | 694…1661 |
| | Breite | 568…1525 |
| **Frequenzbereich** in GHz | | 10,95…12,75 |
| **Gewinn** bei 11,325 GHz | | 34,1 dBi…43 dBi |
| 12,1 GHz | | 34,75 dBi…43,5 dBi |
| 12,625 GHz | | 35,10 dBi…43,9 dBi |
| **Windlast** bei Staudruck $q = 800\ N/m^2$ | | 256 N…1920 N |

## Parabol-Reflektor

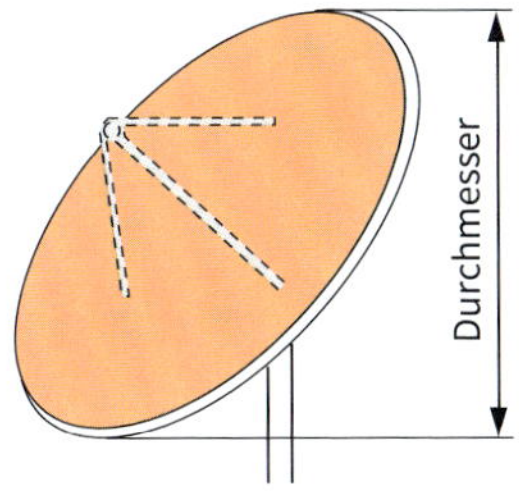


| | |
|---|---|
| **Nenndurchmesser** in cm | 60…150 |
| **Frequenzbereich** in GHz | 10,95…12,75 |
| **Gewinn** bei 11,325 GHz | 34,5 dBi…42,4 dBi |
| 12,1 GHz | 35,1 dBi…42,9 dBi |
| 12,625 GHz | 35,6 dBi…43,4 dBi |
| **Windlast** bei Staudruck $q = 800\ N/m^2$ | 339 N…2120 N |

## Planar

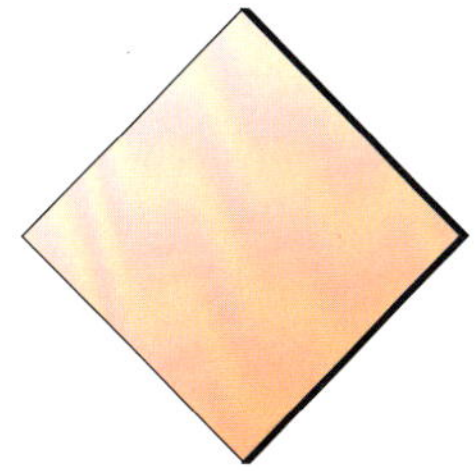

| | |
|---|---|
| **Nenndurchmesser** in cm | Kantenlänge 32<br>Dicke 6 |
| **Frequenzbereich** in GHz | 11,7…12,5 |
| **Gewinn** bei 11,7…12,5 GHz | ≥ 30 dBi |
| **Elevation**<br>**Azimut** | 0°… 40°<br>0°… 360° |
| **Polarisation** | linksdrehend zirkular |

dBi ≙ dB bezogen auf den isotropen Strahler (isotroper Strahler: strahlt in den gesamten Raumwinkel 4 $\pi$ mit der gleichen Intensität elektromagnetische Wellen ab).

### Antennenausrichtung

- Es können nur die Satelliten empfangen werden, die in der Nähe des Längengrads des Nutzers positioniert sind.
- Zusätzlich ist der Breitengrad, in dem sich der Nutzer befindet, ausschlaggebend.
- Die Blickrichtung zum Satelliten darf nicht durch Gebäude o. Ä. verhindert sein.

- **Azimut**
  Himmelsrichtung, aus der ein Satellitensignal empfangen wird.
  Beispiele: 0° ≙ Norden, 120° ≙ Südosten
  180° ≙ Süden, 240° ≙ Südwesten
- **Elevation**
  Erhebungswinkel; Winkel zwischen theoretischem Horizont und Satellit
  Beispiele: 0° ≙ Waagerechte, 90° ≙ Senkrechte

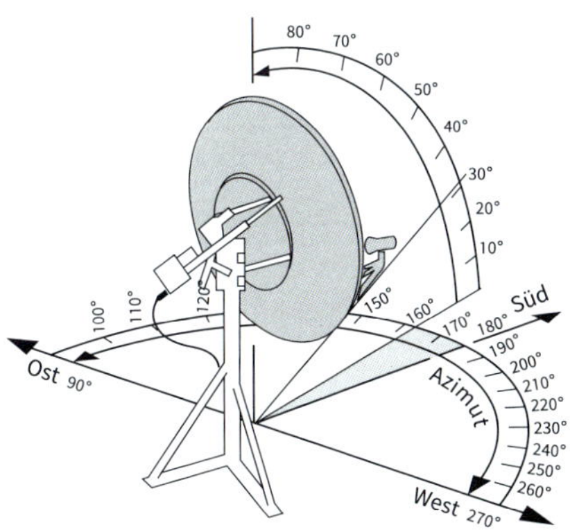


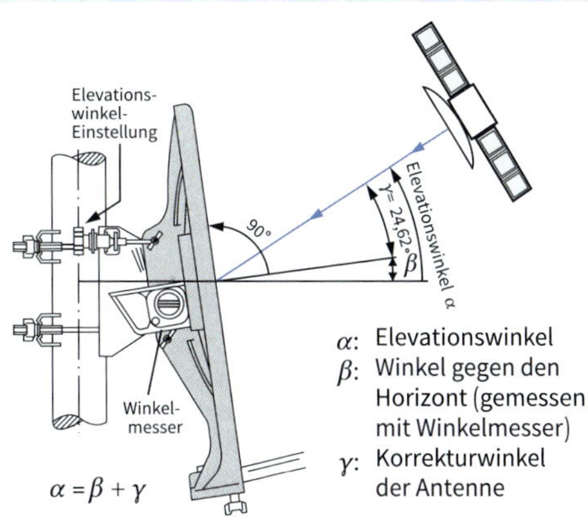


### Elevations- und Azimut-Winkel für Satellit Astra (19,2° Ost)

| Stadt | Elevation in Grad | Azimut in Grad | Stadt | Elevation in Grad | Azimut in Grad |
|---|---|---|---|---|---|
| Berlin | 29,8 | 172,3 | Leipzig | 30,8 | 171,3 |
| Braunschweig | 29,6 | 169,1 | München | 34,3 | 169,8 |
| Kiel | 30,6 | 167,6 | Zwickau | 31,6 | 171,5 |

## Merkmale

- Satellitendirektempfang erfolgt über Empfangsanlagen, die aus einer **Satellitenantenne** (Schüssel), einem **LNB** (**L**ow **N**oise **B**lock: Beinhaltet Verstärker und Down Converter) und dem **Satelliten-Receiver** oder einer **PC-Karte** bestehen.
- Empfangen werden die Signale geostationärer Satelliten, auf die die Empfangsantenne mit freier Sicht ausgerichtet sein muss.
- Zur Ausnutzung des Frequenzbereichs werden die Signale **horizontal, vertikal, linksdrehend** und **rechtsdrehend zirkular polarisiert** ausgestrahlt.

## Dienste

- Dienste bei ASTRA NET sind
  - **IP-Multicast-Package-Delivery** (Übertragen von Datenpaketen an geschlossene Benutzergruppen, z. B. Firmenzentrale an Außenfilialen),
  - **IP-Multicast-Streaming-Service** (Übermittlung von PC-TV, Audio- oder Datentickern, z. B. Börsenkurse),
  - **Internet-Services** (Internetdienste).
- Für Internetdienste war bisher als Rückkanal (Kunde zum Provider) ein Telefonanschluss erforderlich; zukünftig wird mit direktem Rückkanal zum Satelliten – **Satellite Interactive Terminal** (**SIT**) – eine Übertragung mit 150 kbit/s möglich.

## LNB-Arten

- Bei Empfang des Satellitensystems ASTRA ist ein Universal-LNB mit **Empfangsbereich von 10,70 GHZ bis 12,75 GHz** erforderlich (analoger und digitaler Empfang).
- **Universal-LNB** erlaubt die Auswahl zwischen unterem oder oberen ASTRA-Band (22-kHz-Schaltton) sowie zwischen horizontaler und vertikaler Polaristion (14 V oder 18 V Schalt-Gleichspannung jeweils vom Receiver ausgegeben).
- Universal-**Twin-LNB** verfügt über zwei getrennte Ausgänge; damit ist die gleichzeitige Ansteuerung von zwei digitalen, einem digitalen und einem analogen oder von zwei analogen Empfängern möglich.
- **Quatro-LNBs** liefern über vier Ausgänge beide Bandbreiten und Polarisationen gleichzeitig.
- Satellitenempfänger sind verfügbar für analogen und digitalen Empfang.
- Digitale Empfänger sind als **Set-Top-Box** für freie Dienste oder **Pay-TV-Box** eines Anbieters digitaler Programmpakete erhältlich.
- **Multimedia-Dienste** über Satellit versenden Inhalte direkt an adressierte PCs in Unternehmen oder Privathaushalte (z. B. ASTRA NET).
- Die Datenübertragung erfolgt dabei verschlüsselt oder unverschlüsselt auf der Basis von Internet-Protokollen und den DVB/MPEG-Standards.
- Die **Nettodatenrate** liegt bei 6,5 Mbit/s (einzelner PC) und 38 Mbit/s bei Server-Anschluss.

## Satellitenstandorte

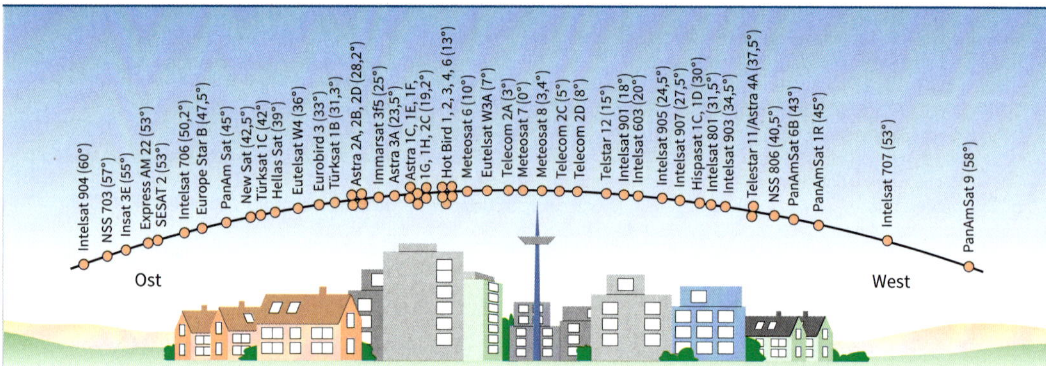


## Empfangsanlage

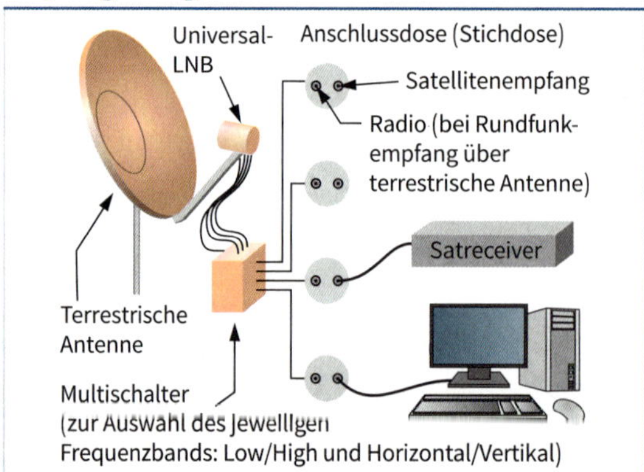


## Bidirektionale Satelliten-Kommunikation

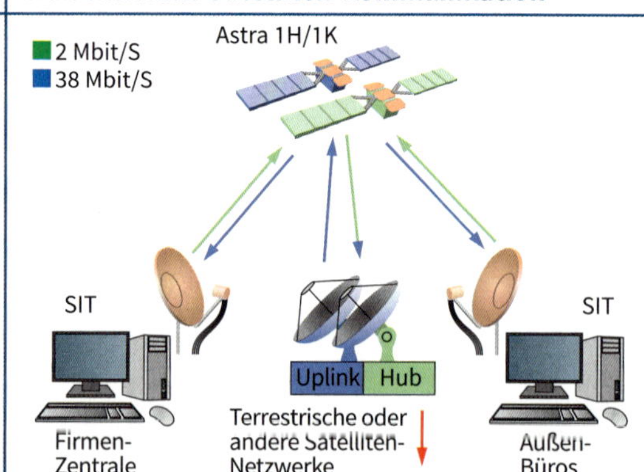

## Schwingung

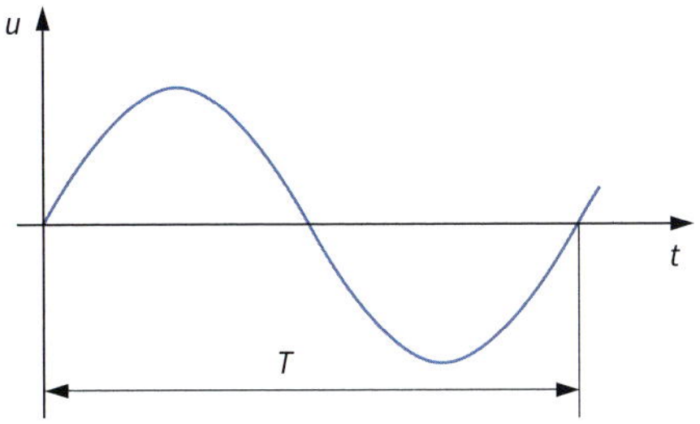


$T$: Periodendauer $[T] = \text{s}$
$f$: Frequenz $[f] = \text{Hz}$

$f = \frac{1}{T}$ $1\ \text{Hz} = \frac{1}{\text{s}}$

## Welle

$c = 3 \cdot 10^8\ \frac{\text{m}}{\text{s}}$ (Vakuum)

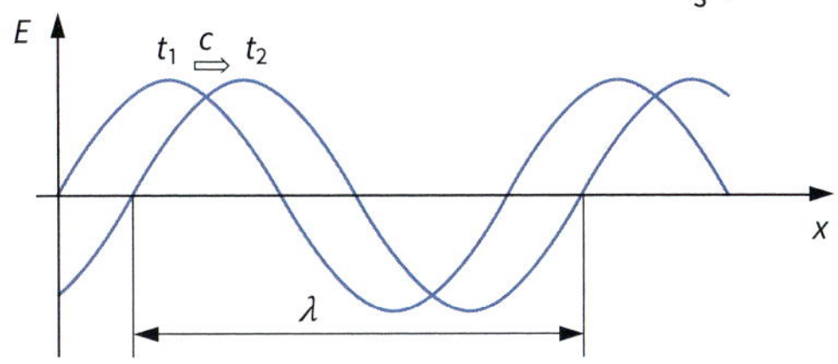


$c$: Ausbreitungsgeschwindigkeit, Lichtgeschwindigkeit $[c] = \text{m/s}$
$\lambda$: Wellenlänge $[\lambda] = \text{m}$
$f$: Frequenz $[f] = \text{Hz}$
$x$: Weg, Strecke

$\lambda = \frac{c}{f}$ $\lambda = c \cdot T$

## Wellenabstrahlung

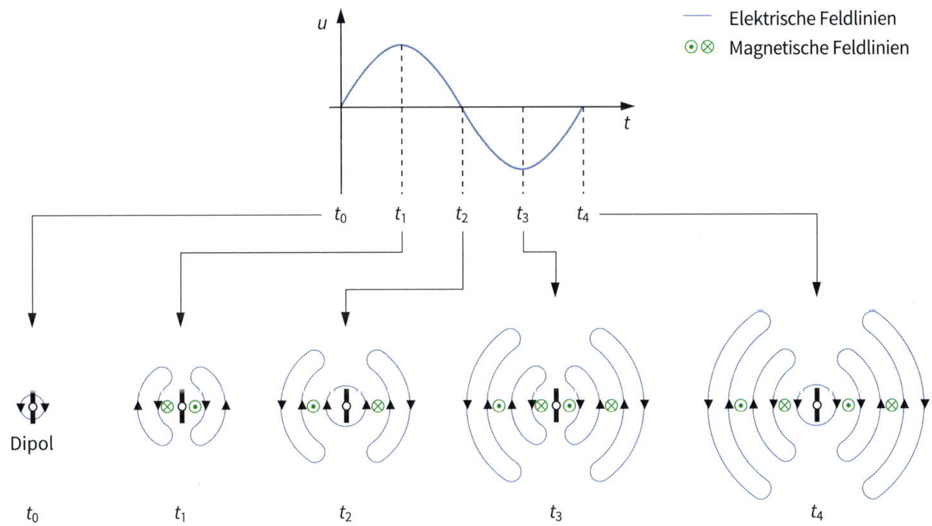


## Ausbreitungseigenschaften verschiedener Wellenlängenbereiche

**Kurzwellen**

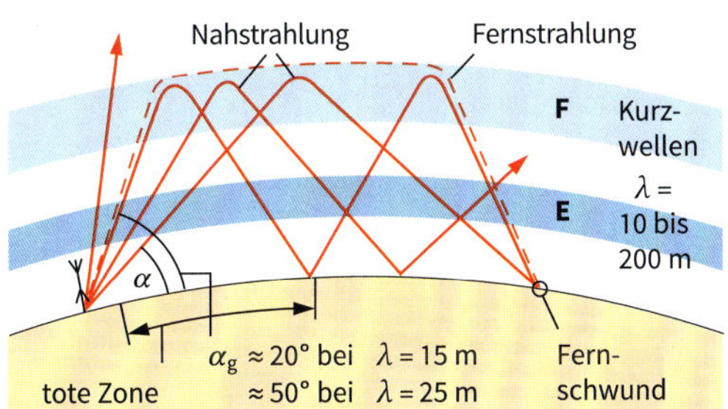


Vorwiegend Raumwelle
Ausbreitung abhängig von Tages- und Jahreszeit und von Sonnenaktivität, Mehrfachreflexion möglich

**Ultrakurzwellen**

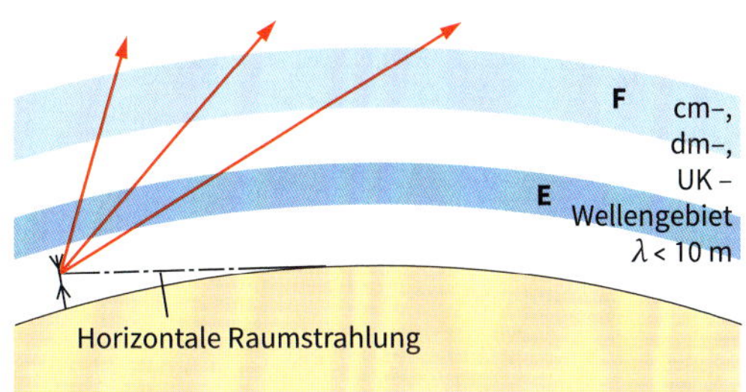


Quasioptische Wellen

E, F: Schichten der Erdatmosphäre

## Elektromagnetischer Frequenz- und Wellenlängenbereich

$c = \lambda \cdot f$

$c$: Ausbreitungsgeschwindigkeit der elektromagnetischen Welle
$c = 299.792{,}5\ \text{m/s}$

$\lambda$: Wellenlänge  $f$: Frequenz

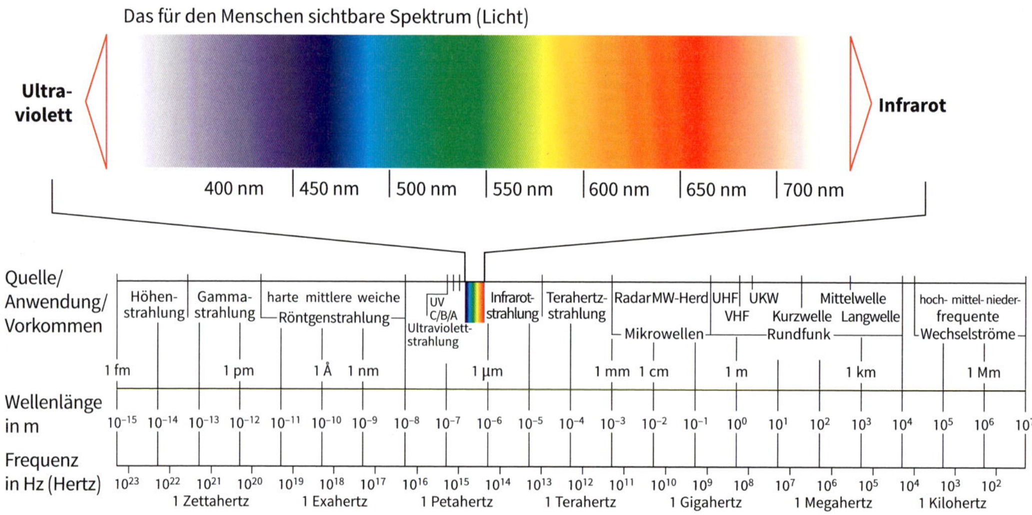


## Frequenzbänder von Mobilfunksystemen

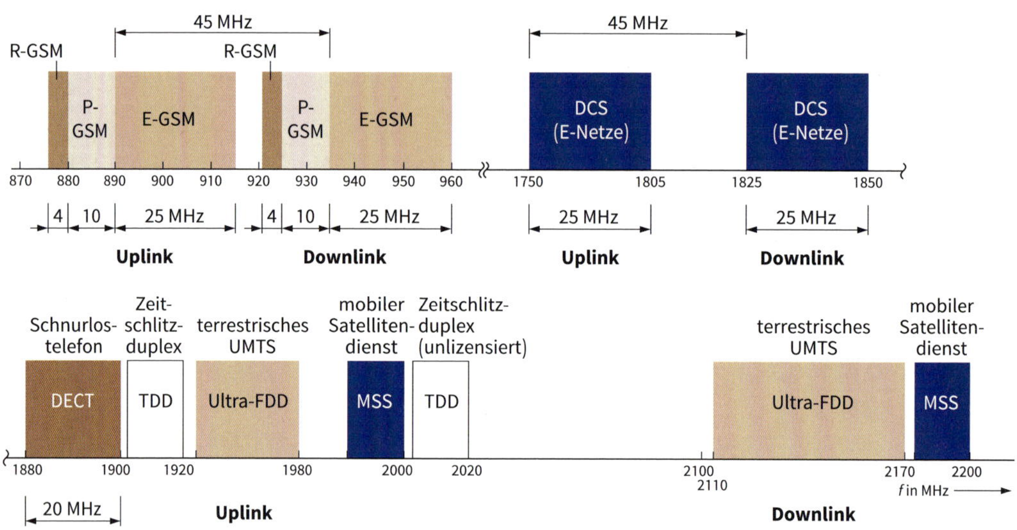


**GSM:** **G**lobal **S**ystem for **M**obile Communication (Mobilfunksystem)
**R-GSM:** **R**ail (Eisenbahn) **GSM**
**E-GSM:** **E**xtended (erweitert) **GSM**
**P-GSM:** **P**ublic (öffentlich) **GSM**
**DCS:** **D**igital **C**ommunication **S**ystems (GSM-System im E-Netz)
**DECT:** **D**igital **E**nhanced **C**ordless **T**elephone (schnurlose Telekommunikation)

**TDD:** **T**ime **D**ivison **D**uplex (Zeitmultiplex-Zugriff mit zeitgesteuertem Duplexbetrieb)
**Ultra-FDD:** **U**ltra **F**requency **D**ivision **D**uplexing (Verfahren im Verkehrsfunk)
**MSS:** **M**obile **S**atellite **S**ervice (Versorgung ländlicher Gebiete mit Internet, Fernsehen und Radio)
**UMTS:** **U**niversal **M**obile **T**elecommunications **S**ystem

## Institutionen und Organisationen

- International werden für die einzelnen Frequenzbänder verschiedene Bezeichnungen verwendet, die mitunter willkürlich oder nach dem jeweiligen technischen Entwicklungsstand festgelegt wurden. Verschiedene Institutionen und Organisationen befassen sich mit der Festlegung der Frequenzbänder.
- **ITU: I**nternational **T**elecommunication **U**nion, Internationale Fernmeldeunion
  - Es handelt sich hierbei um eine Sonderorganisation der Vereinten Nationen, die sich weltweit mit technischen Aspekten der Telekommunikation beschäftigt.
  - Sie ist **WRC**-Veranstalter (**W**orld **R**adiocommunication **C**onference), in der über die Zuweisung von Frequenzbändern entschieden wird.
- **Struktur der ITU**
  - **ITU-T** (Telecommunication Standardization Sector), früher **CCITT** (**C**omité **C**onsultatif **I**nternational **T**éléphonique et **T**élégraphique, Beratender Ausschuss für den Telegrafen- und Telefondienst)
  - Wesentliches Aufgabengebiet der ITU-T: Herausgabe von technischen Normen, Standards und Empfehlungen für alle Gebiete der Telekommunikation, die weltweit anerkannt werden.
  - **ITU-R** (Radiocommunication Sector), früher **CCIR** (**C**omité **C**onsultatif **I**nternational des **R**adiocommunication, Internationaler Beratender Ausschuss für den Funkdienst)
  - **ITU-D** (Telecommunication Development Sector)
- **FCC** (**F**ederal **C**ommunications **C**ommission) Es handelt sich um eine unabhängige Fernmeldebehörde der US-Regierung. Sie hat die Aufgabe, Richtlinien für die Rundfunk-, Fernseh-, Satelliten- und Kabel-Kommunikation zu erarbeiten und regulierend einzugreifen.
- **CEPT** (**C**onférence **E**uropéenne des Administrations des **P**ostes et des **T**élécommunications, Europäische Konferenz der Verwaltungen für Post und Telekommunikation)
  - Es handelt sich um eine Dachorganisation für die Zusammenarbeit der **Regulierungsbehörden** aus 48 Staaten Europas.
  - Für Deutschland ist die **Bundesnetzagentur** die Regulierungsbehörde für das Postwesen und für Telekommunikation.
- Nach **IEEE** (**I**nstitute of **E**lectrical and **E**lectronics **E**ngineers) werden die Frequenzbänder systematisch gemäß den unterschiedlichen Eigenschaften annähernd logarithmisch eingeteilt.
  - Die Einteilung erfolgt in alphabetischer Reihenfolge, beginnend mit dem A-Band.
  - Beim M-Band ist die obere Bandgrenze nicht festgelegt.

## Terrestrische Rundfunkbänder (ITU und CEPT)

| Band | Frequenz-Bereich in MHz | Rundfunkdienste und Nutzung |
|---|---|---|
| I | 47–68 | 1), feste Funkdienste; Amateurfunk |
| II | 87,5–108 | Hörfunk, UKW (FM) |
| III | 174–230 | 1), 2), DAB+, DVB-T, DMB |
| IV | 470–582 | 1), 2), DVB-T, DVB-H |
| V | 582–960 | 1), 2), DVB-T, DVB-H |
| L | 1000–2000 | DAB+, DMB |

1) Analoges Fernsehen (auslaufend) 2) drahtlose Mikrofone

## Frequenzbänder nach ITU und FCC

- Das Frequenzband ist dekadisch von 3 Hz bis 3 THz unterteilt.
- Die Unterteilung erfolgt durch Bandnummern von 1 bis 12.

| Band-nummer | Frequenzbereich und Bezeichnung |
|---|---|
| 1 | 3 Hz–30 Hz<br>**ELF** (**E**xtremly **L**ow **F**requencies), Niederfrequenz |
| 2 | 30 Hz–300 Hz<br>**SLF** (**S**uper **L**ow **F**requencies) |
| 3 | 300 Hz–3 kHz<br>**ULF** (**U**ltra **L**ow **F**requencies) |
| 4 | 3 kHz–30 kHz<br>**VLF** (**V**ery **L**ow **F**requencies), Myriameterwellen, Längstwellen |
| 5 | **LF** (**L**ow **F**requencies), Kilometerwellen, Langwellen |
| 6 | 0,3 MHz–3 MHz<br>**MF** (**M**edium **F**requencies), Hektometerwellen, Mittelwellen |
| 7 | 3 MHz–30 MHz<br>**HF** (**H**igh **F**requencies), Dekameterwellen, Kurzwellen |
| 8 | 30 MHz–300 MHz<br>**VHF** (**V**ery **H**igh **F**requencies), Meterwellen, Ultrakurzwellen |
| 9 | 300 MHz–3 GHz<br>**UHF** (**U**ltra **H**igh **F**requencies), Dezimeterwellen, Ultrakurzwellen |
| 10 | 3 GHz–30 GHz<br>**SHF** (**S**uper **H**igh **F**requencies), Zentimeterwellen |
| 11 | 30 GHz–300 GHz<br>**EHF** (**E**xtremly **H**igh **F**requencies), Millimeterwellen |
| 12 | 300 GHz–3 THz<br>**THF** (**T**remendously **H**igh **F**requencies), Dezimeterwellen |

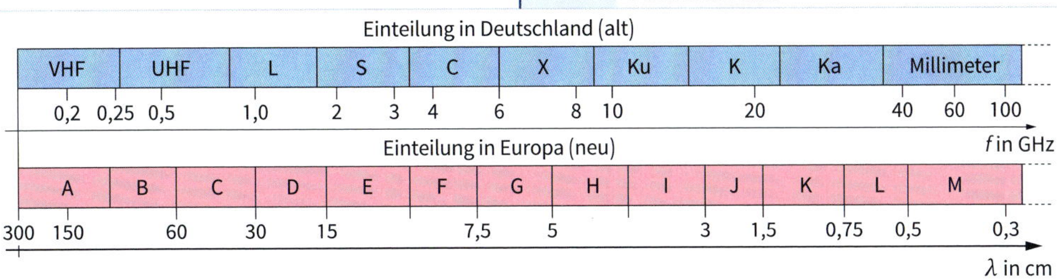

## Prinzip

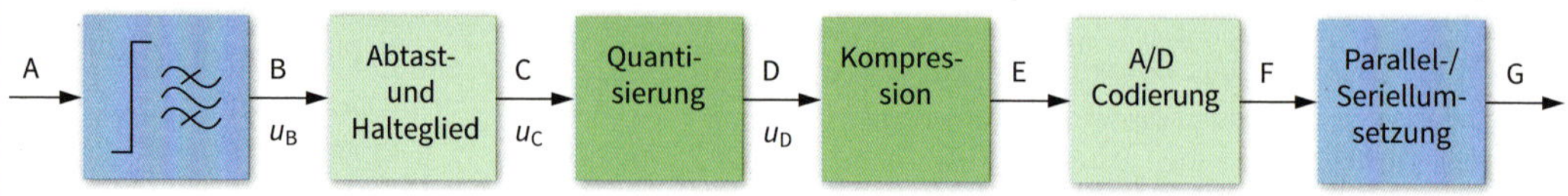


## Erläuterungen (Sprachsignale)

A: Analoges Signal als Eingangssignal

B: Sprachsignal auf 3,4 kHz begrenzt (Bandbreite $B$)

C: **Abtastung**: Erzeugung eines PAM-Signals (zeitdiskret amplituden-analog), Abtastfrequenz $f \geq 2 \cdot B$ (8 kHz, CCITT); Signalspeicherung

D: **Quantisierung**: Zuordnung der Analogwerte zu diskreten Werten, 256 Quantisierungsabschnitte

E: **Kompandierung** (nichtlineare Quantelung): Kleine Quantisierungsstufen in der Mitte und große am Ende des Aussteuerbereichs (vgl. Kompressionskennlinie)

F: **Codierung**: 256 Code-Wörter, PCM-Bitrate, 64 kbit/s je Sprachkanal

G: Serielle Bitfolge zur Signalübertragung

## Kompressionskennlinie

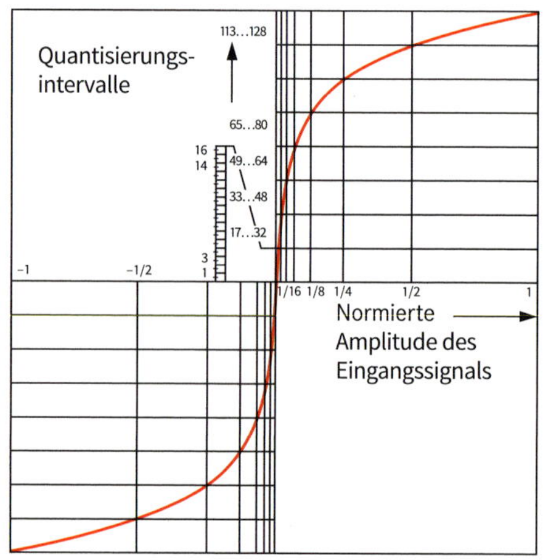


## Quantisierung eines Signals und Zuordnung zu Code-Wörtern

| Stufe | Code-wort |
|---|---|
| 8 | 111 |
| 7 | 110 |
| 6 | 101 |
| 5 | 100 |
| 4 | 011 |
| 3 | 010 |
| 2 | 001 |
| 1 | 000 |

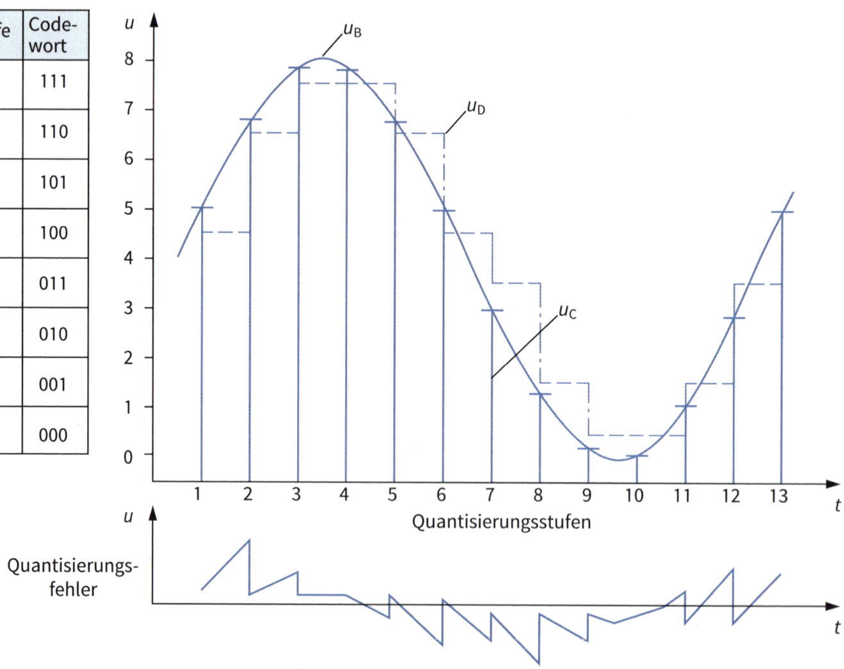

## Amplitudenumtastung, ASK (Amplitude Shift Keying)

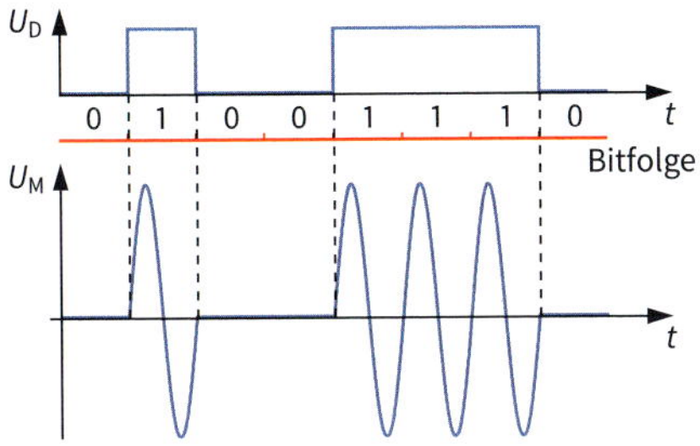


- Amplitude des Trägers wird geändert (Ein- und Ausschalten des Trägers, **ON-Off-Keying**, OOK, digitale Glasfasersysteme).

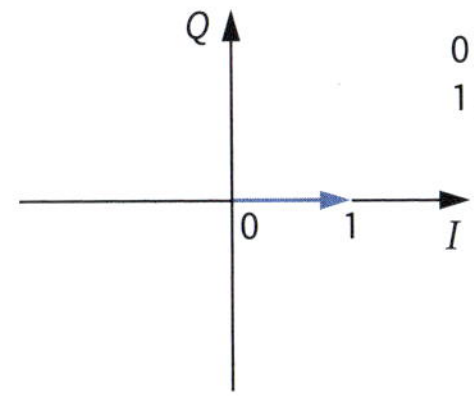


0 ≙ Amplitude 1
1 ≙ Amplitude 2

**I-Vektor:** In-Phase-Vektor (horizontale Komponente)

**Q-Vektor:** Quadratur-Phase-Vektor (vertikale Komponente)

## Frequenzumtastung, FSK (Frequency Shift Keying)

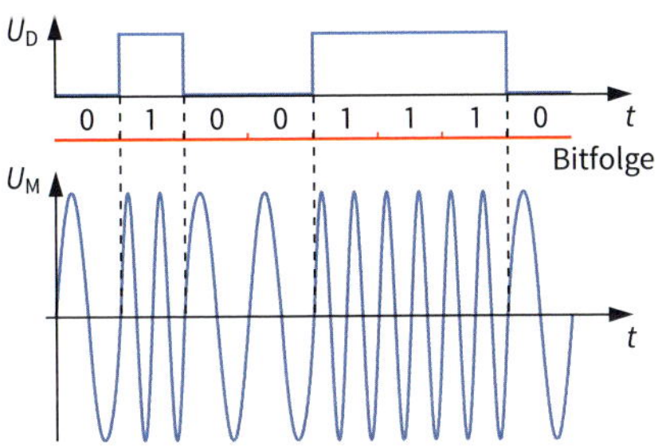


- Umschaltung von zwei Oszillatoren (Phasensprünge)
- Umschaltung eines Oszillators (phasenkontinuierliche FSK, **CPFSK**, **C**ontinuous **P**hase **F**requency **S**hift **K**eying)

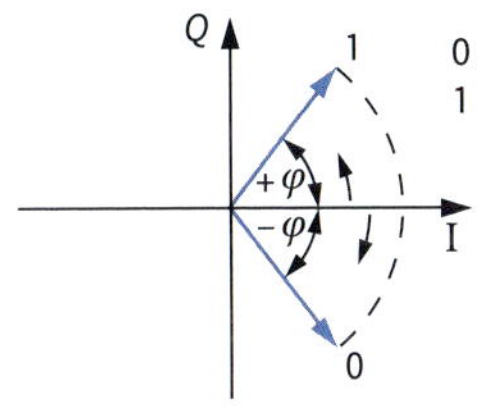


0 ≙ Frequenz 1
1 ≙ Frequenz 2

## Phasenumtastung, PSK (Phase Shift Keying)

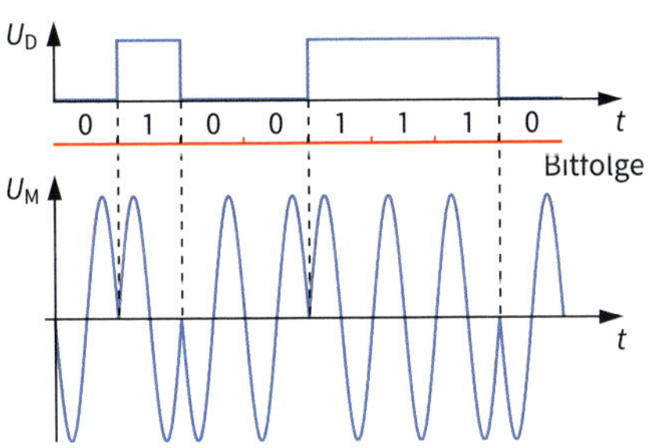


(**binäre PSK, BPSK**)

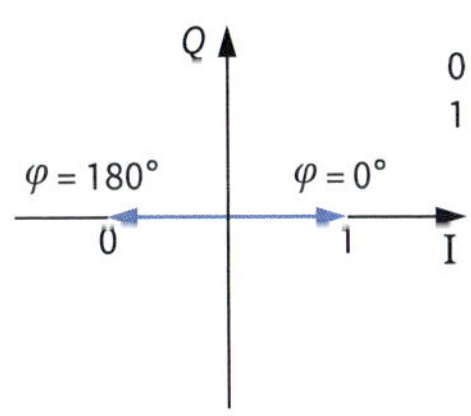


0 ≙ Phase 1
1 ≙ Phase 2

## Höherwertige Verfahren der Phasenumtastung

- **Quadrature PSK, QPSK (Vierphasenumtastung)**

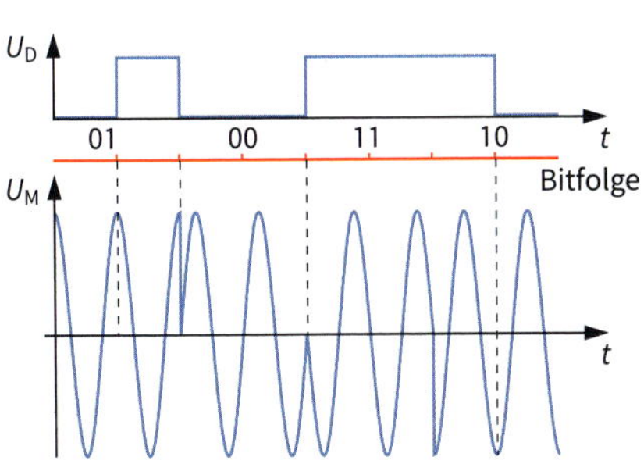


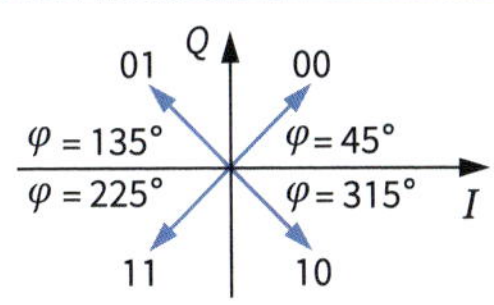


Zusammenfassung von je 2 Bits (Dibit) für vier verschiedene Phasenlagen (Satellitenübertragung)

| Bit | Phase | *I*-Komp. | *Q*-Komp. |
|---|---|---|---|
| 00 | 45° | +1 | +1 |
| 01 | 135° | −1 | +1 |
| 11 | 225° | −1 | −1 |
| 10 | 315° | +1 | −1 |

- **8-PSK** (Zusammenfassung von 3 Bits)
  000 ≙ 45°; 001 ≙ 90°; 010 ≙ 135° usw. (360°/8 = 45°)
- **16-PSK** (360°/16 = 22,5°)

Anwendung: UMTS (4-PSK)
**EDGE**: **E**nhanced **D**ata Rates for GSM **E**volation (8-PSK)

## Höherwertige Verfahren der Phasenumtastung

- **Quadrature PSK, QPSK (Vierphasenumtastung)**

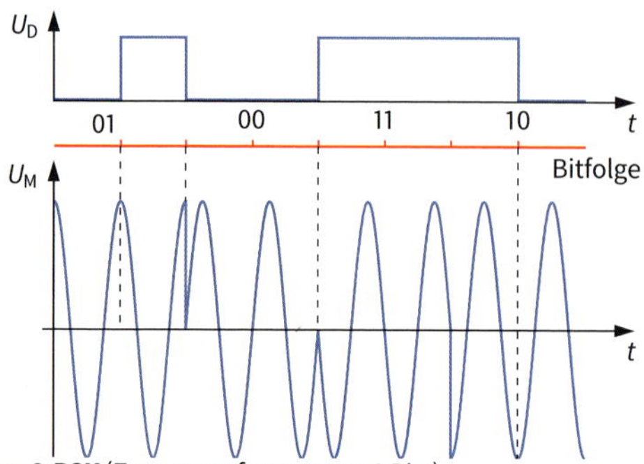


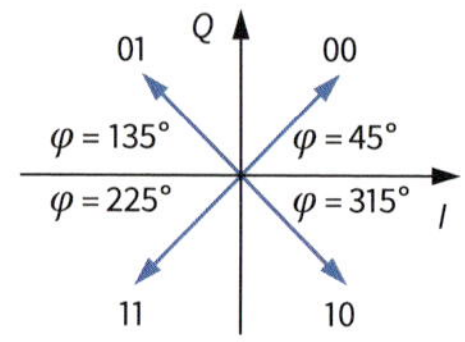


Zusammenfassung von je 2 Bits (Dibit) für vier verschiedene Phasenlagen (Satellitenübertragung)

| Bit | Phase | I-Komp. | Q-Komp. |
|---|---|---|---|
| 00 | 45° | +1 | +1 |
| 01 | 135° | –1 | +1 |
| 11 | 225° | –1 | –1 |
| 10 | 315° | +1 | –1 |

- **8-PSK** (Zusammenfassung von 3 Bits)
  000 ≙ 45°; 001 ≙ 90°; 010 ≙ 135° usw. (360°/8 = 45°)
- **16-PSK** (360°/16 = 22,5°)

Anwendung: UMTS (4-PSK)
**EDGE**: **E**nhanced **D**ata rate for **G**lobal **E**volution (8-PSK)

## Offset QPSK, OQPSK

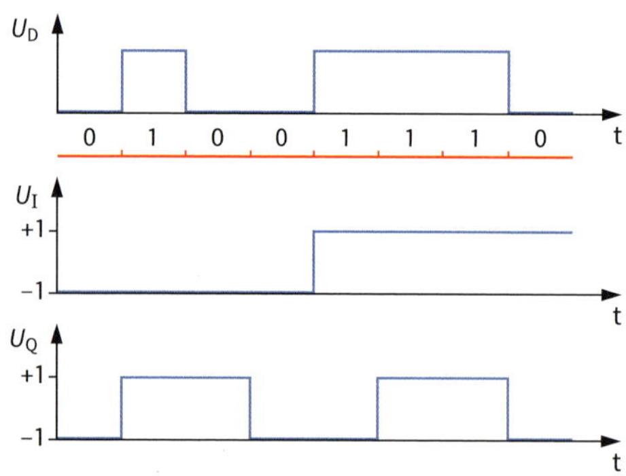


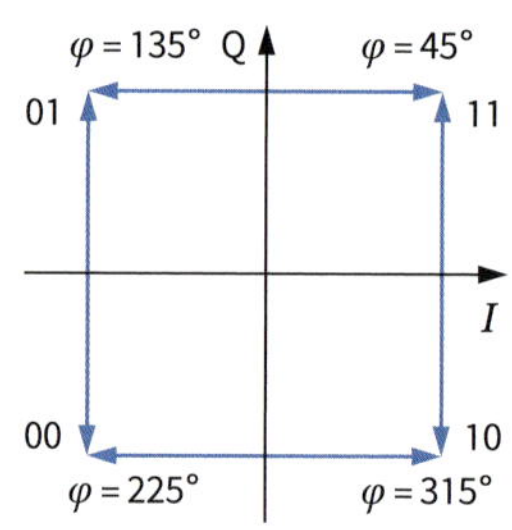


Übergänge zwischen den verschiedenen Phasenlagen erfolgen zeitlich versetzt in jeder Achsenrichtung. Vorteil: Geringere Schwankung der Amplitude als bei QPSK.

## Differenzielle QPSK, DQPSK

**DPSK: D**ifferential **P**hase **S**hift **K**eying

| Bitfolge | $\Delta\varphi$ (Phasenänderung) |
|---|---|
| 11 | $-3\,\pi/4$ |
| 01 | $3\,\pi/4$ |
| 00 | $\pi/4$ |
| 10 | $-\pi/4$ |

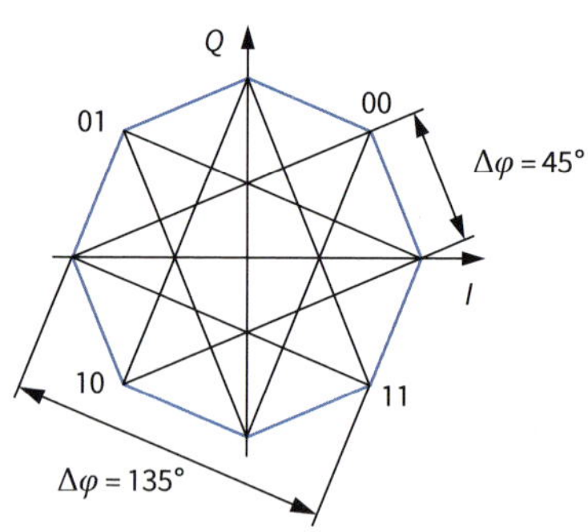


Die Information ist in der Phasenänderung enthalten ($\Delta\varphi$);

- Mobilfunk ADC/JDC (amerikanisch/japanisch)
- WLAN-Standard IEEE 802-11b

## Minimum Shift Keying, MSK

- **CPFSK** mit Modulationsindex 0,5 (Optimale Unterscheidung von Bit 1 und 0)
- **Gaußsche MSK, GMSK**
  Keine Rechteckimpulse für die Daten, sondern Gaußimpulse (Vorteil: günstigeres Spektrum als bei MSK). Anwendung: Mobilfunk, GSM.

## Quadratur-Amplitudenmodulation, QAM

- Phasen- und Amplitudenumtastung kombiniert
- Zusammenfassung mehrerer Bits; z. B. 16-QAM (16 Symbole, jeweils 4 Bit).
- Systeme: 16-, 64-, 256-, 1024-QAM.
- Anwendung: DVB (64- und 256-QAM)

# Zeitmultiplex, TDM
## Time Division Multiplex

### Prinzip

- Mehrere Signale werden zeitlich gestaffelt (zeitversetzt) in bestimmten Zeitabschnitten (**Zeitschlitzen**) übertragen.
- Abtasttheorem:

  $$T_A \leq \frac{1}{2 \cdot f_{imax}}$$

  $T_A$: Abtastfrequenz
  $f_{imax}$: Maximale Informationsfrequenz
- Es sind mindestens zwei Abtastungen innerhalb einer Periodendauer der Übertragungsfrequenz erforderlich.

### Synchrones Verfahren (STDM)

- Zur Übertragung werden Übertragungsrahmen definiert, die aus einer bestimmten Anzahl von Zeitschlitzen fester Größe bestehen. Für jeden Sender ist ein fester Zeitschlitz vorgesehen (feste Position des Senders).
- Vorteile: Für jede Verbindung kann eine konstante Datenrate genutzt werden. Jeder Sender ist durch seine Position im Übertragungskanal identifizierbar.
- Nachteil: Wenn nicht gesendet wird, bleiben die reservierten Zeitabschnitte ungenutzt (keine optimale Ausnutzung).

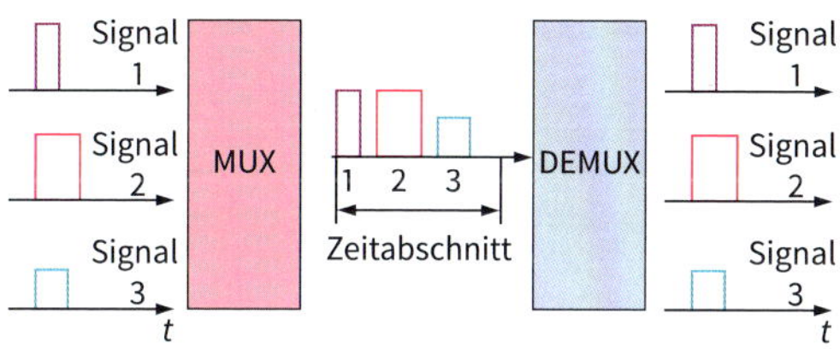


### Asynchrones Verfahren (ATDM)

- Bei diesem Verfahren dürfen nur diejenigen Sender auf den Übertragungskanal zugreifen, die senden wollen.
- Damit noch eine eindeutige Zuordnung von Senderdaten und Zeitabschnitt bestehen bleibt, wird jedem Datenpaket eine Kanalinformation hinzugefügt (Header, Channel Identifier). Das Verfahren wird deshalb auch als Adressen-Multiplexing (Label-Multiplexing) bezeichnet.
- Mit der Kanalinformation können im Demultiplexer die Datenpakete dem richtigen Strom zugeordnet werden.
- Freie Zeitabschnitte können durch andere Sender mitbenutzt werden (dynamisches Multiplexing).
- Vorteil: Ökonomische Nutzung des Datenübertragungskanals

### PCM 30

- 30 Fernsprechkanäle in PCM-codierter Form
- Informationsfrequenz $f_{imax} = 3{,}4$ kHz
  Trägerfrequenz $f_T = 8$ kHz
- Periodendauer der Abtastung 125 µs
- 32 Kanäle, zwei für Synchronisier-, Kennzeichen- und Alarminformationen (Kanal 0 und Kanal 16)

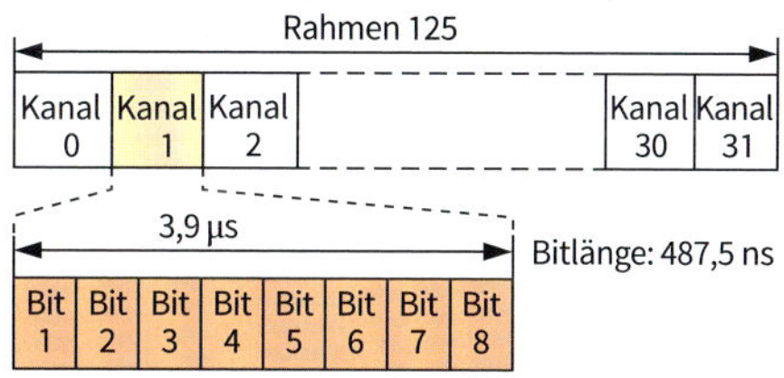


# Frequenzmultiplex, FDM
## Frequency Division Multiplex

- **Leitungsübertragung**
  Mehrere Signale werden frequenzmäßig gestaffelt übertragen.
- **Funkübertragung**
  Mehrere Signale werden mit unterschiedlichen Wellenlängen übertragen.
- **Optische Übertragung** (Optisches Wellenlängenmultiplexverfahren)
  - **WDM: W**avelength **D**ivision **M**ultiplex
  - Licht mit unterschiedlichen Spektralfarben (Lichtfrequenzen) wird zur Übertragung in einem Lichtwellenleiter verwendet.
  - Unterscheidungen: **DWDM, CWDM und WWDM**
- **DWDM: D**ense **W**avelength **D**ivision **M**ultiplex (Dichtes …)
  - Dichter Wellenlängenabstand (C- oder L-Band) von 0,4 nm (50 GHz) bis 1,6 nm (200 GHz)
  - Datenraten 10 Gbit/s bis 40 Gbit/s pro Kanal
- **CWDM: C**oarse **W**avelength **D**ivision **M**ultiplex (Grobes …)
  - 18 genormte Wellenlängen zwischen 1311 nm und 1611 nm
  - Kanalbreite 20 nm
  - Datenraten 10 Gbit/s pro Kanal
- **WWDM: W**ide **W**avelength **D**ivision **M**ultiplex (Weites …)
  - Einfachstes und am häufigsten verwendetes Verfahren
  - Gleichzeitige Übertragung bei 1310 nm und 1550 nm in einer Faser
- **Beispiel Trägerfrequenztechnik (TF), Sprachkanal mit 300 Hz bis 3,4 kHz**

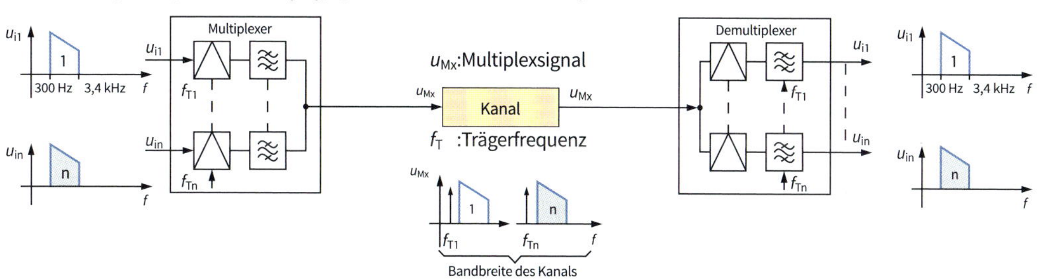

# Signalcodierung für Basisbandübertragung
## Signal Encoding in Baseband Transmission

### Anwendung

- Digitale Signale werden bei der Übertragung im Basisband nicht moduliert.
- Signale werden als rechteckförmige Impulse auf den Leitungen übertragen.
- Es wird eine hohe Bandbreite oberhalb 0 Hz auf den Leitungen (Übertragungswegen) benötigt.
- Bei galvanischer Kopplung zwischen Sender und Empfänger dürfen die Signale Gleichstromanteile beinhalten.
- Bei galvanischer Trennung zwischen Sender und Empfänger (Übertragerkopplung), wird Gleichstromfreiheit der Signale durch spezielle Codierung der Signale erreicht.
- Taktinformationen können in der Signalcodierung enthalten sein und werden auf der Empfängerseite zurückgewonnen.

### NRZ-Code (Non-Return to Zero)

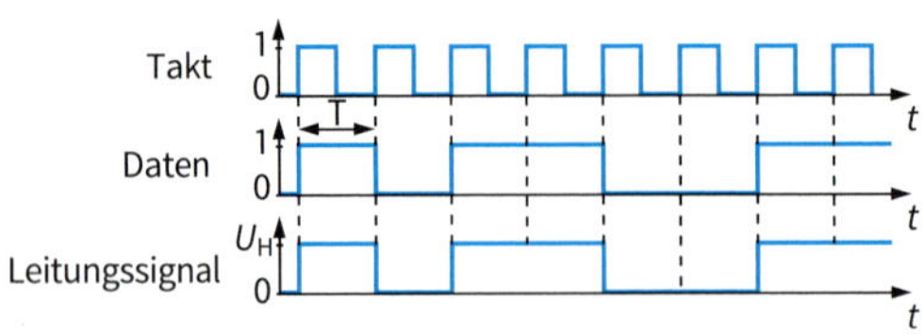


log. 0 ≙ 0-Signal    log. 1 ≙ $+U_H$-Signal

- Leitungssignal ist nicht gleichstromfrei
- Keine Taktrückgewinnung auf der Empfängerseite

### RZ-Code (Return to Zero)

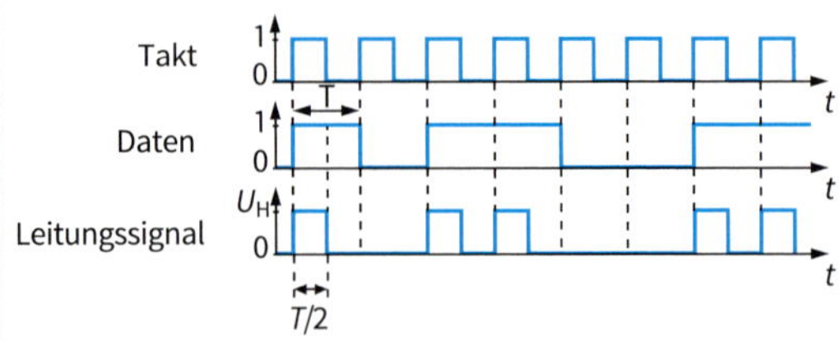


log. 0 ≙ 0-Signal    log. 1 ≙ $+U_H$-Signal während $T/2$

- Leitungssignal ist nicht gleichstromfrei
- Taktinformation nur bei 1-Signalen mitübertragen

### AMI (Alternate Mark Inversion), Bipolar-Verfahren

Tastverhältnis 1:1

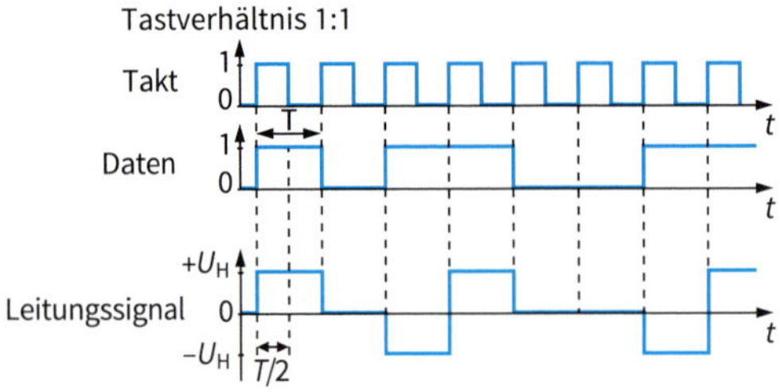


log. 0 ≙ 0-Signal    log. 1 ≙ alternierend $+U_H$-Signal und $-U_H$-Signal

- Signal ist gleichstromfrei
- Taktinformation nur in 1-Signal

Tastverhältnis 1:2

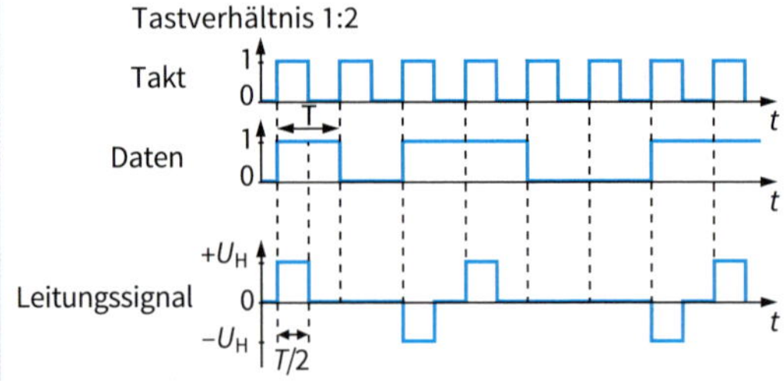


log. 0 ≙ 0-Signal    log. 1 ≙ alternierend $+U_H$-Signal und $-U_H$-Signal bei $T/2$

- Signal ist gleichstromfrei
- Taktinformation nur in 1-Signal

### Manchester-Code

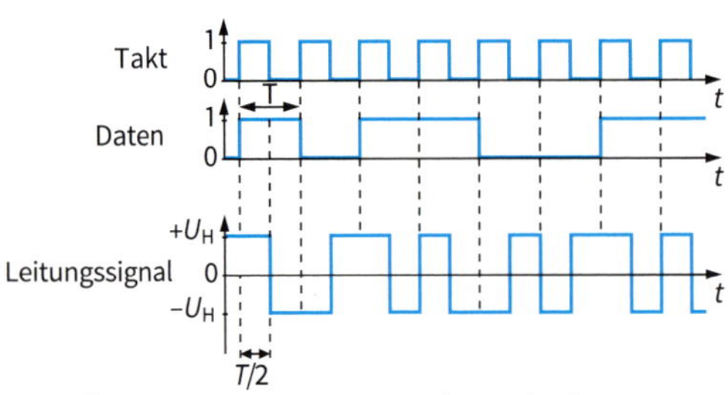


log. 0 ≙ Wechsel von $-U_H$-Signal nach $+U_H$-Signal bei $T/2$    log. 1 ≙ Wechsel von $+U_H$-Signal nach $-U_H$-Signal bei $T/2$

- Signal ist gleichstromfrei und selbsttaktend

### Differenzial-Manchester-Code

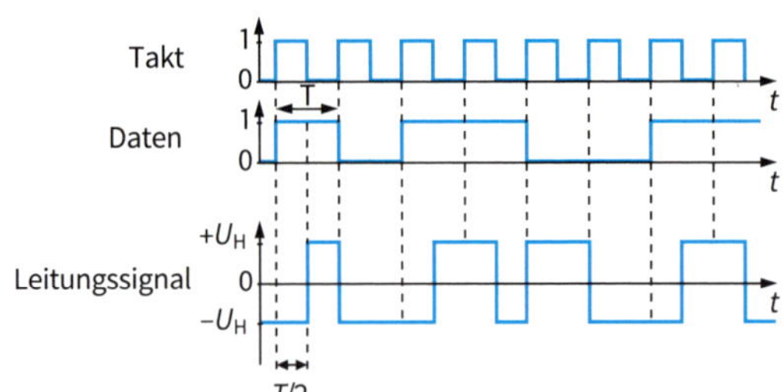


log. 0 ≙ Polarität wechselt am Schrittanfang    log. 1 ≙ Polarität wechselt nicht am Schrittanfang

- Signal ist gleichstromfrei und selbsttaktend

# Drahtlose Netzwerk-Technologien
## Wireless Network Technologies

### Merkmale

- Drahtlose Netzwerk-Technologien basieren für die Datenübertragung auf der Anwendung von Funktechniken und verwenden somit die Luft als Übertragungskanal.
- Damit besteht die Möglichkeit, bisher nicht erschlossene Regionen ohne die Verlegung von Kabeln (Kupfer, LWL) kostengünstig zu vernetzen.

### Einteilung

- Die unterschiedlichen Technologien bieten spezifische Leistungsmerkmale und werden, wie die drahtgebundenen Netzwerke, in folgende Segmente eingeteilt:
  - **PAN** (**P**ersonal **A**rea **N**etwork),
  - **LAN** (**L**ocal **A**rea **N**etwork),
  - **MAN** (**M**etropolitan **A**rea **N**etwork),
  - **WAN** (**W**ide **A**rea **N**etwork).
- Die segmentspezifischen Leistungsmerkmale unterscheiden sich in
  - erforderliche Bandbreite,
  - Übertragungsentfernungen,
  - Funkleistung,
  - angebotene Dienste,
  - Netzbetreiber.

### Standards

- Standardisiert werden die Technologien durch
  - **IEEE** (**I**nstitute of **E**lectrical and **E**lectronics **E**ngineers)
  - **ETSI** (**E**uropean **T**elecommunications **S**tandards **I**nstitute)
  - **3GPP** (Third-**G**eneration **P**artnership **P**roject)
- IEEE- und ETSI-Standards sind
  - interoperabel,
  - konzentrieren sich hauptsächlich auf paketbasierende Netzwerke.

### Weiterentwicklungen im Mobilfunkbereich

- Die Weiterentwicklung im Mobilfunkbereich wird mit **5G** bezeichnet (fünfte Generation).
- Der flächendeckende Einsatz erfolgt ab 2020.
- Verwendete Frequenzbereiche liegen zwischen 600 MHz und 6 GHz, 24 HGz und 86 GHz.
- Erste Netze mit 10 GBit/s, zukünftig 20 GBit/s
  - Latenz: unter 1 Millisekunde,
  - Frequenzband: 3,5 GHz,
  - Frequenzen in Deutschland: 3,7–3,8 GHz
- Endgeräte (z. B. Smartphones) müssen auf 5G ausgelegt sein.

### Leistungsmerkmale

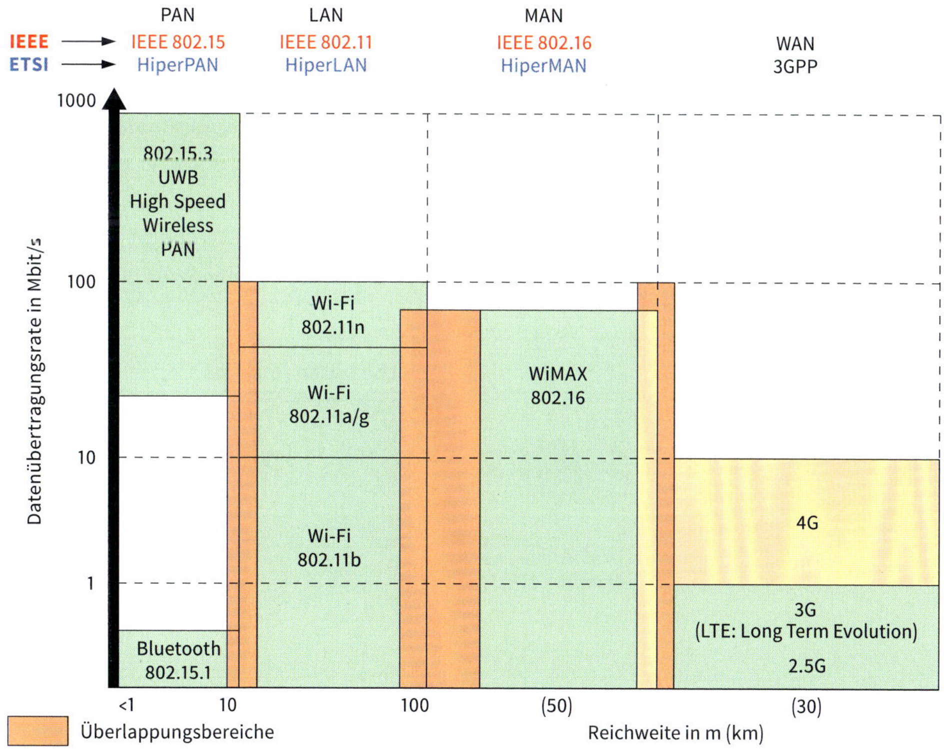


**UWB:** **U**ltra-**W**ide **B**and (Ultra Breitband)
**PAN:** **P**ersonal **A**rea **N**etwork
**Wi-Fi:** **Wi**reless **Fi**delity (allgemeiner Begriff für drahtlose Netzwerke, wie 802.11b, 802.11a usw.)
**WiMAX:** **W**orldwide **I**nteroperability for **M**icrowave **A**ccess (weltweite Interoperabilität für Netzzugang auf Mikrowellen-Basis)
**IEEE:** **I**nstitute of **E**lectrical and **E**lectronics **E**ngineers

## Merkmale

- **WLAN** (**W**ireless **LAN**: drahtloses LAN) sind lokale Netzwerke, die auf Funkbasis arbeiten.
- Endgeräte werden mit Funkeinrichtungen ausgerüstet.
- Der Zugang zu ortsfestem LAN erfolgt über Zugangspunkte (**AP**: **A**ccess **P**oint).
- Wireless LAN sind spezifiziert nach **IEEE 802.11**, dem **DECT**-Standard oder nach **HIPER** LAN (**Hi**gh **Per**formance LAN) oder **WPAN** (**W**ireless **P**ersonal **A**rea **N**etwork: drahtloses persönliches Netzwerk).
- WLAN-Funktionen sind auf OSI-Schicht 1 und 2 geregelt.
- Gegen **externe Störungen** sind Maßnahmen im Funkkanal und in den Kommunikationsprotokollen realisiert.
- Die **Reichweiten** dieser Netzwerke sind durch HF-Leistungsbeschränkungen begrenzt.
- Bedingt durch die Übertragung der Daten über eine Luftschnittstelle sind besondere **Schutzmaßnahmen** gegen Abhören (z. B. hochwertige Verschlüsselung) vorzusehen.
- **Vorteile** von WLAN-Einrichtungen sind u. a.
  - weltweite Standardisierung,
  - lizenzfreier Betrieb,
  - große Flexibilität (anpassbar z. B. an Baulichkeiten) und
  - einfache Administration in den Endgeräten.

## IEEE 802.11

- In WLAN nach IEEE 802.11 sind eine Reihe von Einzelspezifikationen enthalten, die unterschiedliche Anforderungen abdecken.
- Als Grundlage sind folgende Architekturelemente spezifiziert:
  - **BSS** (**B**asic **S**ervice **S**et: Basis-Dienstelement) ist das grundlegende Architekturelement.
  - **STA** (**Sta**tion: Station) ist das Mitglied eines BSS.
  - **IBSS** (**I**ndependent **BSS**: unabhängiges BSS) ist ein BSS, in dem die Kommunikation der STA direkt untereinander erfolgt.
  - **DS** (**D**istribution **S**ystem: Verteilungssystem) ist das Element zur Verbindung mehrerer BSS untereinander oder der Zugang zum Festnetz.
  - **AP** (**A**ccess **P**oint: Zugangspunkt) ist der Zugang zum DS; nutzt das **W**ireless **M**edium (WM) sowie das **D**istributed **S**ystem **M**edium (DSM).
  - **ESS** (**E**xtended **S**ervice **S**et: erweiterte Dienstelemente) ist die Zusammenschaltung mehrerer BSS über DS.
  - **Portal** realisiert den Übergang zu einem anderen LAN.
- Grundsätzlich wird bei IEEE 802.11 das CSMA/CA-Verfahren angewendet (Kollisionsvermeidung).

## IEEE 802.11 Standards

| Standard | Inhalt |
|---|---|
| 802.11 | 1 Mbit/s und 2 Mbit/s im 2,4-GHz-Band |
| 802.11ac (Wi-Fi 5) | bis 6,933 Gbit/s im 5-GHz-Band |
| 802.11ad | bis 6,75 Gbit/s im 60-GHz-Band |
| 802.11ah (Wi-Fi HaLow) | 750 MHz bis 930 MHz, MU-MIMO, Single User Beamforming |
| 802.11ax (WiFi 6) | ISM-Bänder zwischen 1 GHz und 6 GHz 11 Gbit/s, MU-MIMO |
| 802.11ay | Frequenzbereich 60 GHz, Übertragungsrate 20 Gbit/s bis 40 Gbit/s |
| 802.11b | 11 Mbit/s im 2,4-GHz-Band |
| 802.11c | Wireless Bridging |
| 802.11e | Quality of Service und Steaming-Erweiterung für |
| 802.11g | 54 Mbit/s im 2,4-GHz-Band |
| 802.11h | 54 Mbit/s im 5-GHz-Band mit Frequency Selection (DFS) und Transmit Power Control (TPC) |
| 802.11i | Authentifizierung und Verschlüsselung für IEEE 802.11a/g/h |
| 802.11k | System Management |
| 802.11n (Wi-Fi 4) | bis 600 Mbit/s im 2,4- und 5-GHz-Band |
| 802.11p | Drahtloser Zugang für Fahrzeugeinsatz |
| 802.11r | Schneller Zeilenwechsel |
| 802.11s | Erweiterte Dienste vermaschter Netze |
| 802.11t | Leistungsvorhersage, Testmethoden |
| 802.11u | Vernetzung mit Nicht-802-Netzwerken |
| 802.11v | Netzwerk-Management |
| 802.11w | Geschützte Managementrahmen |
| 802.11z | Erweiterung für Direktverbindungsaufbau |

Buchstaben: l, o, q und x sind nicht verwendet, um Verwechselungen zu vermeiden.

## Betriebsarten

Ad-hoc-Mode (IBSS)

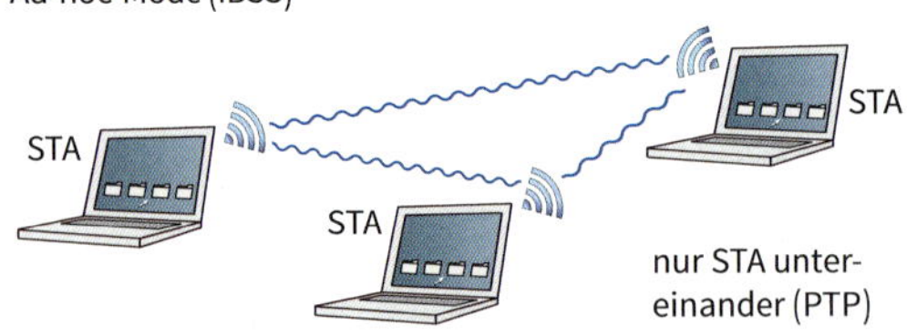


Infrastructur-Mode

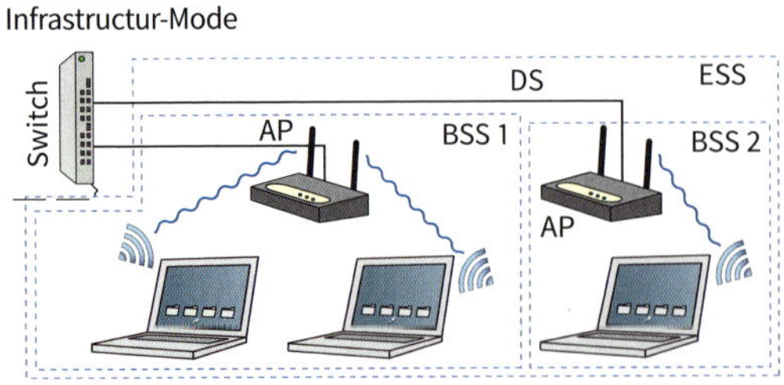


## Typische Daten (Europa)

| Bezeichnung | 802.11a/h | 802.11b | 802.11g | 802.11n |
|---|---|---|---|---|
| Frequenzbereich in GHz laut Bundesnetzagentur | 5,150 … 5,725 | 2,40 … 2,4835 | 2,40 … 2,4835 | 2,40 … 2,4835 5,150 … 5,725 |
| Datenrate brutto (Mbit/s) | 54 | 11 | 54 | bis 600 |
| Codierung | OFDM | DSSS CCK | OFDM CCK DSSS | OFDM CCK DSSS |
| Kanäle (max.) (in Europa) | 19 | 13 | 13 | 13[1] 19[2] |
| ohne Überlappung | 19 | 3 | 3 | 13[1] 19[2] |

[1] im 2,4 GHz-Band [2] im 5 GHz-Band

**OFDM:** **O**rthogonal **F**requency **D**ivision **M**ultiplex
**CCK:** **C**omplementary **C**ode **K**eying
**DSSS:** **D**irect **S**equence **S**pread **S**pectrum

## Grundlagen

- Die **Einrichtung** (Anwendung) von WLAN-Technik erfordert eine **detaillierte Planung** u. a. in den Bereichen
  - der einzusetzenden WLAN-Technik,
  - des Aufbaus und
  - des Betriebes.
- Die einzusetzende **WLAN-Technik** wird bestimmt durch
  - Leistungsanforderungen und
  - Verfügbarkeit der Systemtechnik (Stabilität des Standards).
- Der **Aufbau** (Architektur) eines WLANs ist in hohem Maße abhängig von
  - betrieblichen Anforderungen und
  - örtlichen Gegebenheiten.
- Beim **WLAN-Betrieb** sind neben den funktionalen Aspekten die Anforderungen an die systemtechnische Sicherheit (z. B. Manipulation von außen und innen) zu berücksichtigen.
- Hierzu gehören neben den **technischen Maßnahmen** auch die entsprechenden **organisatorischen Maßnahmen** in Form von Anwendungs- und Sicherheitsrichtlinien (Security Policy), die jedem Anwender bekannt sein müssen und eingehalten werden müssen.

## Ablauf

**1. Klärung**

**Anforderungen spezifizieren**
- Welche Anwendungen sollen betrieben werden, wie viele Anwender (Anwendergruppen) sind zu berücksichtigen?
- Welche Zugriffs- bzw. Durchsatzzeiten sind erforderlich?
- Welche rechtlichen Grundlagen sind zu berücksichtigen?
- Welche Sicherheitsmaßnahmen sind erforderlich?
- Zukünftige Änderungen (Erweiterungen/Rückbauten) festlegen
- …

**2. Standortbesichtigung**

**Objektbesichtigung durchführen**
- Gebäudestruktur (Wand- und Deckenaufbau) ermitteln
- Einrichtungen (Mobiliar) feststellen
- Raumgrößen und auszuleuchtende Flächen erfassen
- Vorhandene Funknetze ermitteln
- Verkabelungswege und Aufstellmöglichkeiten der Access Points ermitteln
- Umweltbedingungen (Temperatur, Staub, Feuchte …) ermitteln
- Stromversorgung klären
- …

**3. Planen**

**Planung/Projektierung durchführen**
- Funkausleuchtung berechnen, simulieren, modellieren
- WLAN-Standards auswählen und festlegen
- Ortsfeste Verkabelung planen
- Aufstellorte der APs festlegen
- Stromversorgung (Spannungen, Leistungsbedarf) ermitteln
- Schutzmaßnahmen (Zugangsschutz, Bitzschutz …) festlegen
- Baustellenbelieferung und Montageablauf festlegen
- …

**4. Beschaffen**

**Beschaffung organisieren**
- Ausschreibung für zu liefernde Geräte, Materialien, Bauleistungen, erstellen und herausgeben
- Angebote einholen und auswerten
- Lieferanten beauftragen
- Materialien auf Baustelle ausliefern und sachgerecht lagern
- …

**5. Realisieren**

**Montage/Einrichtung/ Inbetriebsetzung durchführen**
- Technik installieren
- Schutzmaßnahmen einbauen
- Systeme einrichten
- Abnahmemessung realisieren (Funkausleuchtung, Datendurchsatz …)
- Redundanzmaßnahmen überprüfen
- …

**6. Betreiben**

**Betrieb/Überwachung/Wartung**
- Aktive Überwachung (Monitoring) des Systems auf Funktionstüchtigkeit
- Störfallerkennung und Behebung
- Sabotageerkennung betreiben
- Zyklische Wartungsmaßnahmen (Sicherheitsüberprüfung) durchführen
- Umbauten, Rückbauten vorbereiten
- …

## Funkausleuchtung

- Ein wesentlicher Aspekt bei der Einrichtung eines WLANs ist die **Funkausleuchtung** innerhalb bzw. außerhalb von Gebäuden.
- Die Funkwellen des WLANs können durch lokale Gegebenheiten in der Ausbreitung gestört werden.
- **Störfaktoren** sind u. a.
  - Abschattung durch Wände oder Büroschränke,
  - Reflexion durch große Metallteile,
  - erhöhte Dämpfung durch Wände und Decken.
- Insgesamt kommt es durch diese Eigenschaften zu **Ausbreitungsverzögerungen** und **Mehrwegausbreitung** der ausgesendeten Funksignale.
- Eine sorgfältige Auswahl der einzusetzenden **Antennen** und der **Aufstellstandorte** der Access Points ist daher erforderlich.
- Die **Antennenarten** unterscheiden sich durch die Abstrahlcharakteristik (Antennengewinn).

**Beispiel:** Büroraum

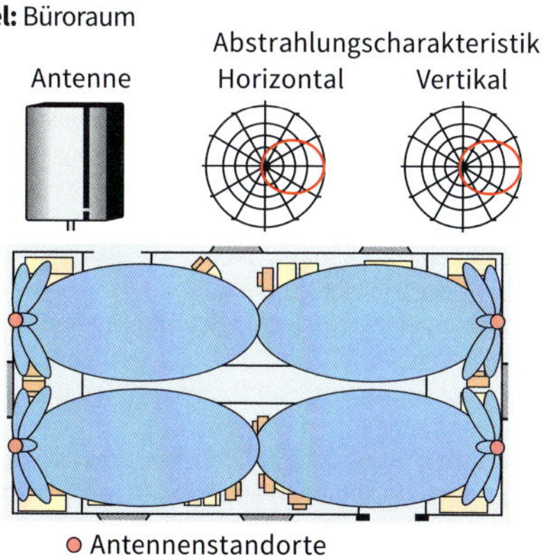

## Grundlagen

- WLANs auf Basis IEEE 802.11 sind mit geringem Aufwand schnell aufzubauen und bieten eine große Flexibilität in der Konfigurierbarkeit.
- **Nachteilig** ist allerdings die **Angreifbarkeit** der Systeme, da die Übertragung der Daten über die Luftschnittstelle erfolgt.
- Diese Schnittstelle wird als **shared medium** (geteiltes Medium) verwendet und ist somit jedem Angreifer zugänglich.
- **Angriffe** bzw. Beeinflussungen auf diese Systeme sind mit relativ **einfachen Mitteln** realisierbar und ermöglichen Manipulationen in unterschiedlichster Art und Weise.
- Die erforderlichen **Schutzmaßnahmen** werden anhand der möglichen Gefährdungen ermittelt und sind auf **unterschiedlichen Ebenen** zu realisieren.

## Gefährdungen

**Gefährdungen**

**Höhere Gewalt**
- Ausfall oder Störung eines Funknetzes
- Ausfall oder Störung in der Stromversorgung
- Witterungsbedingte Störungen

**Vorsätzliche Handlungen**
- Vertraulichkeitsverlust schützenswerter Informationen
- Auswertung von Verbindungsdaten der drahtlosen Kommunikation
- Angriffe auf WLAN-Komponenten
- Abhören der WLAN-Kommunikation

**Organisatorische Mängel**
- Fehlende oder unzureichende Regelungen
- Unzureichende Kenntnis über Regelungen
- Unzureichende Kontrolle der IT-Sicherheitsmaßnahmen
- Fehlende oder unzureichende Planung des WLAN-Einsatzes
- Unzureichende Regelungen zum WLAN-Einsatz
- Ungeeignete Auswahl von WLAN-Authentifikationsverfahren

**Menschliche Fehlhandlung**
- Nichtbeachtung von IT-Sicherheitsmaßnahmen
- Fehlerhafte Administration des IT-Systems
- Konfigurations- und Bedienungsfehler
- Ungeeigneter Umgang mit Passwörtern
- Fehlerhafte Konfiguration der WLAN-Infrastruktur

**Technisches Versagen**
- Unkontrollierte Ausbreitung der Funkwellen
- Unzuverlässige oder fehlende WLAN-Sicherheitsmechanismen

## Schutzmaßnahmen

- Die **Absicherung** von WLANs
  - ist **gesetzlich erforderlich** (verhindern von Missbrauch durch Unbekannte),
  - kann unter Anwendung verschiedener Maßnahmen realisiert werden und ist abhängig u. a. von der Größe des Netzwerks.
- Grundlegende Maßnahmen für ein **SOHO**-WLAN (**S**mall **O**ffice **H**ome **O**ffice) sind
  - WLAN-Geräte nur **kabelgebunden konfigurieren**
  - **Benutzername** und **Passwort** für das WEB-Interface am AP (Router) **ändern**,
  - **starke Passwörter** verwenden (max. Länge nutzen, Buchstaben und Symbole verwenden),
  - aktuelle Firmware des Geräteherstellers installieren,
  - **Zugriffskontrollliste** (ACL) aktivieren und nur eingetragene MAC-Adressen vom AP zulassen (MAC-Filter),
  - **leistungsfähige Verschlüsselung** (WPA: Wi-Fi protected Access oder WPA2) aktivieren;
    falls nur WEP von den Geräten unterstützt wird, dann mit 128 Bit Schlüssellänge verwenden,
  - **SSID ändern** in unverfänglichen Namen (z. B. WLAN), damit keine Rückschlüsse auf Anwender oder Einsatzort möglich sind und die Aussendung abschalten,
  - **Fernkonfiguration** im AP **abschalten**
  - WLAN-**Reichweite begrenzen** durch Einstellung der Sendeleistung (überprüfen mit frei verfügbaren Programmen wie z. B. NetStumble)
  - **Schlüssel** zur Verschlüsselung **regelmäßig ändern**
  - Firewall einrichten
  - Backup der Einstellungen auf externem Medium speichern (z. B. Memory Stick)
  - **LOG-Dateien** regelmäßig auf unbekannte MAC-Adressen **überprüfen,** um Zugriffe durch Fremde zu erkennen

## Sicherheitsmechanismen

- Die **grundsätzlichen Sicherheitsmechanismen**, die in Form von Verfahren und Kommunikationsprotokollen angewendet werden, dienen zur Sicherstellung der
  - **Vertraulichkeit** (confidentiality),
  - **Integrität** (integrity) und
  - **Authentizität** (authenticity)

  der Daten im WLAN.
- **Vertraulichkeit:** Informationen (Daten) nur für Berechtigte zugänglich machen,
- **Integrität:** Datensicherheit (Schutz vor Verlust) und Fälschungssicherheit (Schutz vor vorsätzlicher Veränderung),
- **Authentizität:** Sichere Zuordnung einer Information zum Absender
- Zur Anwendung kommen dafür
  - **WEP** (**W**ired **E**quivalent **P**rivacy),
  - **WPA** oder WPA2 (**Wi-Fi P**rotected **A**ccess) und/oder
  - IEEE 802.11 i.
- **WEP** ist in der Anfangsphase der WLAN-Technik angewendet worden; bietet allerdings keinen hinreichenden Schutz und wird somit als **ungenügend** eingestuft.
- **WPA** ist ein Standard,
  - der von der Wi-Fi Alliance veröffentlicht wurde,
  - wird unterschieden in WPA-Personal (kleines WLAN im Bereich SOHO) und WPA-Enterprise (größere WLAN im Unternehmensbereich).
- **WPA** für SOHO-Anwendungen verwendet für die
  - Verschlüsselung: **TKIP** (**T**emporal **KEY I**ntegrity **P**rotocol),
  - Integritätsprüfung: **Michael** (MIC: Message Integrity Check),
  - Authentisierung: **PSK** (**P**re-**s**hared **K**eys).
- Bei größeren Netzen erfolgen die Authentisierung und das Schlüsselmanagement mit **IEEE 802.1x.**
- **WPA2** ist **nicht abwärtskompatibel** zu den vorhandenen Verfahren; verwendet **CCMP** (**C**ounter Mode/**CBC-MAC P**rotocol) [CBC-MAC: Cipher Block Chaining Message Authentication Code].

| | |
|---|---|
| **AES** (**A**dvanced **E**ncryption **S**tandard: Erweiterter Verschlüsselungsstandard) | Symmetrisches Verschlüsselungsverfahren mit einer variablen Schlüssellänge von 128, 192 oder 256 Bit. AES bietet ein sehr hohes Maß an Sicherheit. |
| **Authentication** (Authentisierung: Beglaubigung) | Prüfen der Identität (Echtheit) eines Benutzers oder eines Geräts. Zweck ist in der Regel die anschließende Autorisierung (Zuweisung von Rechten) für Zugriffe im WLAN. Ohne Authentisierung ist i. A. keine sinnvolle Autorisierung möglich. |
| **Beacon** („Leuchtfeuer") | Von einem Access Point zyklisch übertragenes Paket. Enthält Daten für die Übertragungsparameter und dient den Clients u. a. als Information zur Parametereinstellung. |
| **CBC** (**C**ipher **B**lock **C**haining Mode: Blockchiffre mit Blockverkettung) | Betriebsart, in der Blockchiffrierungsalgorithmen arbeiten; vor dem Verschlüsseln eines Klartextblocks wird dieser erst mit dem im letzten Schritt erzeugten Geheimtextblock per XOR (exklusives Oder) verknüpft. |
| **CCM** (**C**ounter with **C**BC-**M**AC [CBC-MAC = Cipher Block Chaining with Message Authentication Code]) | Ist eine generische Methode für die Verschlüsselung und Authentisierung von Daten. Ist für die Verwendung einer 128-Bit-Blockchiffrierung (z. B. AES) spezifiziert. |
| **Certificate** (Zertifikat, Urkunde) | Von einer Certificate Authority beglaubigter öffentlicher Schlüssel, der einer Person oder einem Objekt zugeordnet ist |
| **DoS** (**D**enial **o**f **S**ervice: Dienstblockade) | Ein Angriff vom Typ Denial of Service hat zum Ziel, die Arbeitsfähigkeit des angegriffenen Objekts möglichst stark zu reduzieren (z. B. systematische Überlastung eines Netzknotens durch unsinnigen Verkehr [„Dummy Traffic"]). |
| **EAP** (**E**xtensible **A**uthentication **P**rotocol: Erweiterbares Authentifizierungsprotokoll) | Allgemeines Authentifizierungs-Protokoll, das unterschiedliche Authentisierungsverfahren (z.B. Username/Passwort) unterstützt (z. B. RFC 3748) |
| **EAPOL** (**E**xtensible **A**uthentication **P**rotocol **o**ver **L**AN: Erweiterbares Authentifizierungsprotokoll über LAN) | Anwendung von EAP über LAN-Verbindungen. Kernprotokoll des IEEE 802.1X-Standards |
| **EAP-TLS** (**EAP**-**T**ransport-**L**ayer **S**ecurity: EAP-Transport-Layer-Sicherheit) | EAP-Methode, die Zertifikate zur gegenseitigen Authentisierung benutzt |
| **Hotspot** („heißer Fleck") | Öffentlicher Internet-Zugang über ein WLAN |
| **IDS** (**I**ntrusion **D**etection **S**ystem: Eindring-Erkennungssystem) | Überwachungssystem, um unerwünschte Zugriffe, Inhalte und Angriffe zu erkennen. Sobald das IDS einen Verstoß gegen die vereinbarten Regeln erkennt, erfolgen z. B. eine Protokollierung und eine Meldung an den Administrator. |
| **Man in the Middle** („Mann in der Mitte") | Ein Angreifer, der sich zwischen zwei Kommunikationspartnern positioniert. Täuscht beiden Parteien vor, der jeweils erwartete eigentliche Partner zu sein. Kann den Dialog zwischen den beiden Parteien belauschen oder auch verfälschen. Ziel ist oft die Ermittlung von Passwörtern. |
| **MIC** (**M**essage **I**ntegrity **C**heck: Nachrichten-Unversehrtheitsüberprüfung) | Kryptografischer Integritätsschutzmechanismus |
| **Michael** | Name des MIC, der bei WPA und TKIP Verwendung findet |
| **Nonce** (for the nonce: einstweilen, für dieses eine Mal) | Zufallszahl (Zahlen u./o. Buchstaben), die spontan gewählt und nach einmaliger Verwendung verworfen wird. Wird u. a. eingesetzt zur Abwehr von „Man-in-the -Middle-Attacken". |
| **PSK** (**P**re-**s**hared-**K**ey: Vorab vereinbarter bzw. verteilter Schlüssel) | Schlüssel, der bis zur Verteilung eines neuen PSK für jede Verbindung verwendet wird |
| **PKI** (**P**ublic **K**ey **I**nfrastructure: Öffentliche Schlüssel-Infrastruktur) | System zum Erstellen, Verteilen und Prüfen von digitalen Zertifikaten |
| **RADIUS** (**R**emote **A**uthentication **D**ial-**I**n **U**ser **S**ervice: Fern-Authentisierungs-Einwahl-Anwender-Dienst) | Authentisierungs- und Überwachungsprotokoll auf Anwendungsebene für Authentisierung, Integritätsschutz und Accounting im Bereich Netzzugang (AAA: Protocol for Authentication, Authorization and Accounting). |
| **RSN** (**R**obust **S**ecurity **N**etwork: Robustes, sicheres Netz) | WLAN, das ausschließlich eine durch die in IEEE 802.11i spezifizierten Sicherheitsmechanismen geschützte Kommunikation erlaubt |
| **Supplicant** (Antragsteller) | Komponente eines Geräts (Clients), die sich über IEEE 802.1x an einem Port authentifiziert |
| **Spoofing** (Vortäuschung; Verschleierung) | Untergrabung von Authentisierungs- und Identifikationsverfahren durch Methoden, die auf der Verwendung vertrauenswürdiger Adressen oder Hostnamen beruhen |
| **TKIP** (**T**emporal **K**ey **I**ntegrity **P**rotocol: Temporäres Schlüssel-Integritätsprotokoll) | Im Standard IEEE 802.11i spezifiziertes Protokoll zur Verschlüsselung und zum Integritätsschutz in WLAN; abwärtskompatibel zu WEP |
| **Wi-Fi** Alliance (Wi-Fi-Vereinigung) | Markenname einer Hersteller-Vereinigung, die u. a. Sicherheits-Standards veröffentlicht und durch Zertifizierung die Kompatibilität der Geräte verschiedener Hersteller bescheinigt. |

# Zweitore
## Two-Ports

- Im Rahmen einer systemischen Beschreibung und Theorie von Bauelementen wird vom inneren Aufbau eines Funktionselements bzw. Geräts abgesehen.
- Nur die Beziehung zwischen den Eingangs- und Ausgangsgrößen ist von Interesse.

- Voraussetzungen für die nachfolgenden Betrachtungen
  - Die Zweitore sollen linear sein.
  - Es liegen eingeschwungene Zustände vor.
  - Sinusförmige Spannungen und Ströme liegen vor.

Allgemeiner Aufbau:

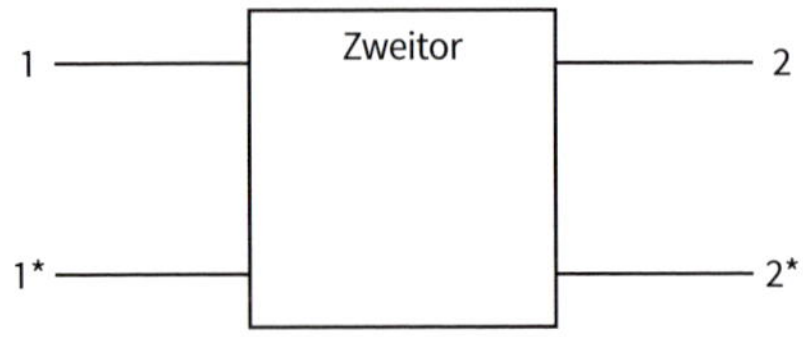


- Klemmen: (1), (1*), (2), (2*)
- Eingangstor: Klemmenpaar (1) – (1*)
- Ausgangstor: Klemmenpaar (2) – (2*)
- Toren haben zur Voraussetzung, dass die hinein und zurückfließenden Ströme gleich groß sind.
- Die Spannung u(t) wird zwischen (1) und (1*) bzw. zwischen (2) und (2*) gemessen.
- Bei linearen Zweitoren können die Beziehungen zwischen i(t) und u(t) mit Differentialgleichungen erfasst werden.

### Leitwertparameter

**Schaltung mit zwei Spannungsquellen**

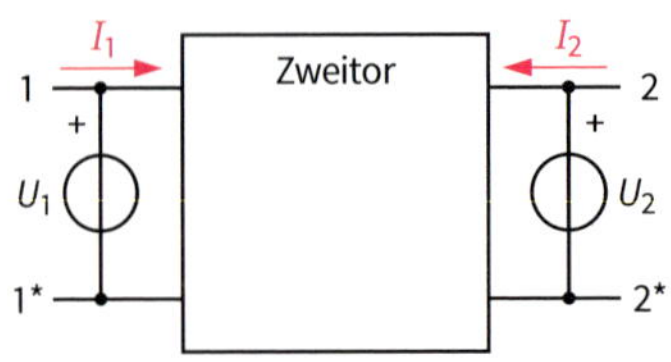


$$I_1 = Y_{11}\ U_1 + Y_{12}\ U_2$$
$$I_2 = Y_{21}\ U_1 + Y_{22}\ U_2$$

$$I = \begin{vmatrix} I_1 \\ I_2 \end{vmatrix} = \begin{vmatrix} Y_{11} & Y_{12} \\ Y_{21} & Y_{22} \end{vmatrix} \cdot \begin{vmatrix} U_1 \\ U_2 \end{vmatrix} = Y \cdot U$$

$Y$: Admittanzmatrix

**Schaltung mit zwei Stromquellen**

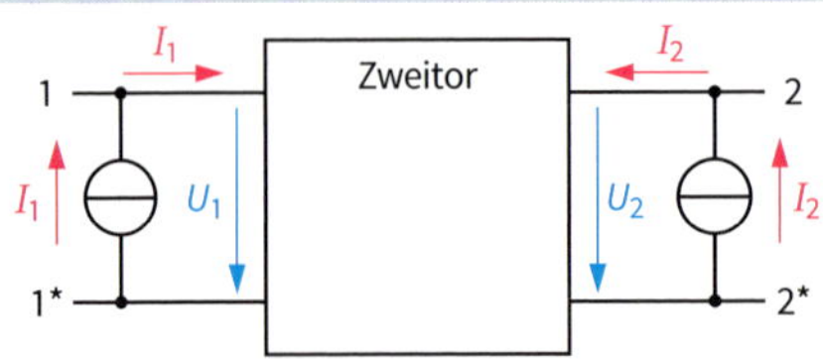


$$U_1 = Z_{11}\ I_1 + Z_{12}\ I_2$$
$$U_2 = Z_{21}\ I_1 + Z_{22}\ I_2$$

$$U = \begin{vmatrix} U_1 \\ U_2 \end{vmatrix} = \begin{vmatrix} Z_{11} & Z_{12} \\ Z_{21} & Z_{22} \end{vmatrix} \cdot \begin{vmatrix} I_1 \\ I_2 \end{vmatrix} = Z \cdot I$$

$Z$: Impedanzmatrix

**Hybridschaltung I**

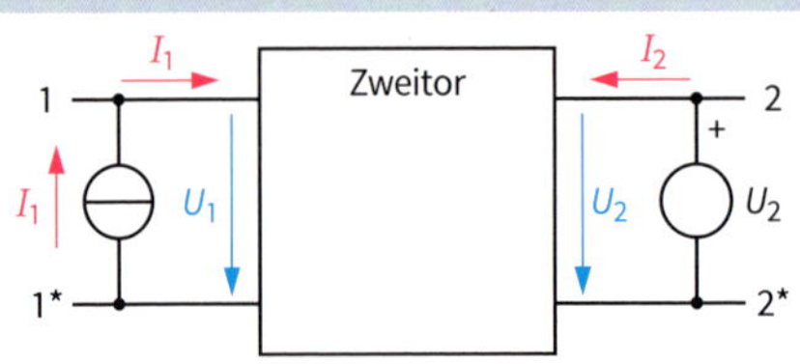


$$U_1 = H_{11}\ I_1 + H_{12}\ U_2$$
$$I_1 = H_{21}\ I_1 + H_{22}\ U_2$$

$$\begin{vmatrix} U_1 \\ I_2 \end{vmatrix} = \begin{vmatrix} H_{11} & H_{12} \\ H_{21} & H_{22} \end{vmatrix} \cdot \begin{vmatrix} I_1 \\ U_2 \end{vmatrix}$$

$H$: Hybridmatrix (I)

**Hybridschaltung II**

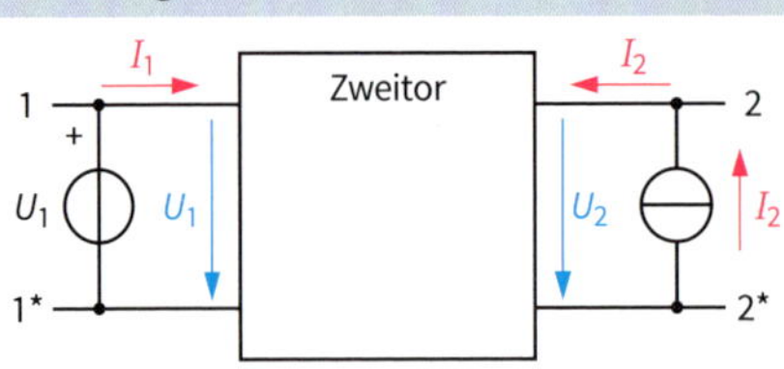


$$I_1 = G_{11}\ U_1 + G_{12}\ I_2$$
$$I_2 = G_{21}\ U_1 + G_{22}\ I_2$$

$$\begin{vmatrix} I_1 \\ U_2 \end{vmatrix} = \begin{vmatrix} G_{11} & G_{12} \\ G_{21} & G_{22} \end{vmatrix} \cdot \begin{vmatrix} U_1 \\ I_2 \end{vmatrix}$$

$G$: Hybridmatrix (II)

**Kettenmatrix**

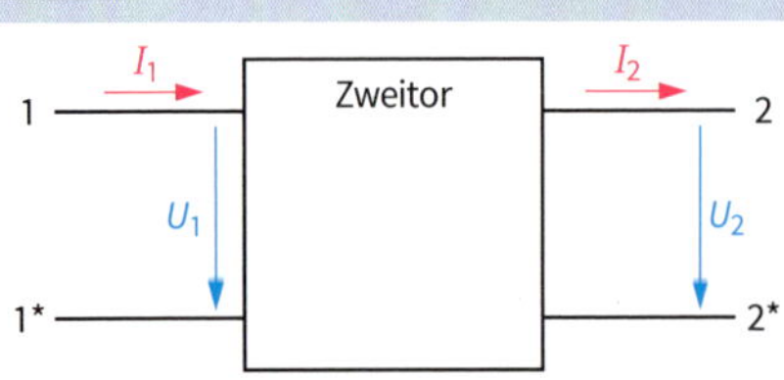


$$U_1 = K_{11}\ U_1 + K_{12}\ I_2$$
$$I_1 = K_{21}\ U_1 + K_{22}\ I_2$$

$$\begin{vmatrix} U_1 \\ I_1 \end{vmatrix} = \begin{vmatrix} K_{11} & K_{12} \\ K_{21} & K_{22} \end{vmatrix} \cdot \begin{vmatrix} U_2 \\ I_2 \end{vmatrix}$$

$K$: Kettenmatrix

# Oszillator
## Oscillator

### Grundlagen

- Viele Vorgänge in der Natur (Jahreszeiten, Gezeitenwechsel, ...) und Gesellschaft entfallten sich in periodischer Art. Zur Beschreibung werden Schwingungen betrachtet.
- Die Beschreibungen können mit triogonometrischen Funktionen vorgenommen werden. Oftmals führen die Betrachtungen zu Schwingkreisanalysen. Hierbei wird speziell der Oszillator näher analysiert.
- Die Oszillator-Betrachtungen beginnen bei Überlegungen zum (reibungsfreien) harmonischen Oszillator.
- Vertieftt werden die Betrachtungen durch Überlegungen zum gedämpfter harmonischer Oszillator (reibungsbehaftet zum Beispiel durch Luft). Hierbei werden die Fälle
  (1) schwache Dämpfung
  (2) aperiodischer Grenzfall und
  (3) überdämpftes System unterschieden.
- Eine präzise Analyse erfolgt im komplexen Raum unter Verwendung der Einsichten der Analysis und der Vektorrechnung.

### Harmonischer Oszillator (reibungsfrei)

- Betrachtung für den mechanischen Fall (schwingende Feder). Die Grundgegebenheiten können unter Beachtung der physikalischen Bezüge entsprechend übertragen werden.

Feder-Rückstellkraft $F = -k \cdot x \cdot e_x$; Reibungskraft $F_R = -\beta \cdot v \cdot e_x$
Auflösungsergebnis: $x(t) = A \cdot \cos(\omega \cdot t - \varphi)$

**Lösungsansatz** für $x$: $x(t) = A \cdot \cos(\omega \cdot t - \varphi)$

Es gilt (Energiesatz): $0{,}5 \cdot m \cdot v^2 + V(x) = E_K$ (konstant)
$V(X) = -\int F\, dr = -\int(-kx; 0; 0) \cdot dx = \int k \cdot x \cdot dx = 0{,}5 \cdot k \cdot x^2$
$\rightarrow E_K = 0{,}5 \cdot m \cdot v^2 + 0{,}5 \cdot k \cdot x^2$; mit $\omega^2 = k/m$; A: Amplitude

### Reibungsbehaftete Oszillatoren

- Nachfolgend werden die Grundbeziehungen für den mechanischen Fall (schwingende Feder mit einer Rückstellkraft ($F_R$ zum Beispiel durch Luft)) betrachtet.

**Lösungsansatz**

Ansatz: $m \cdot a = m \cdot dv/dt = m \cdot d^2x/dt^2 = -k \cdot x - \beta \cdot v$
mit $m \cdot \ddot{x} + \beta \cdot \dot{x} + k \cdot x = 0$ und $x(t) = \exp(\lambda \cdot t)$ ergibt sich:
$\lambda^2 \cdot \exp(\lambda \cdot t) + 2 \cdot \gamma \cdot \lambda \cdot \exp(\lambda \cdot t) + \omega^2 \cdot \exp(\lambda \cdot t) = 0$
$\rightarrow \exp(\lambda \cdot t) \cdot (\lambda^2 + 2 \cdot \gamma \cdot \lambda + \omega^2) = 0$
(Abkürzungen: $2 \cdot \gamma = \beta/m$ und $\omega^2 = k/m$)

→ Charakteristische Gleichung: $\lambda^2 + 2 \cdot \gamma \cdot \lambda + \omega^2 = 0$.
→ Lösungswerte: $\lambda_{1,2} = -\gamma \pm (\gamma^2 - \omega^2)^{0,5}$
→ Ergebnisse:
$x_1(t) = \exp(\lambda_1 \cdot t) = \exp(-\gamma \cdot t) \cdot \exp((\gamma^2 - \omega^2)^{0,5} \cdot t)$;
$x_2(t) = \exp(\lambda_2 \cdot t) = \exp(-\gamma \cdot t) \cdot \exp(-(\gamma^2 - \omega^2)^{0,5} \cdot t)$;
$x_3(t) = A \cdot x_1(t) + B \cdot x^2(t)$
Folgende Lösungsanalyse sind zu beachten:
(1) $\gamma^2 < \omega^2$: die Wurzel führt zu imaginären Lösungswerten.
(2) $\gamma^2 = \omega^2$: die Lösung wird nur von $\gamma$ bestimmt.
(3) $\gamma^2 > \omega^2$: die Lösungen sind alle reell.

- **Gedämpfter harmonischer Oszillator**

**Fall 1 (schwache Dämpfung)**
$x(t) = \exp(-\gamma t) \cdot (A \cdot \exp(i(\omega^2 - \gamma^2)^{0,5} \cdot t) + B \cdot \exp(-i(\omega^2 - \gamma^2)^{0,5} \cdot t))$
Es gilt: $x(t) = D \cdot \exp(-\gamma \cdot t) \cdot \cos(\Omega \cdot t - \varphi))$ mit $\Omega := (\omega^2 - \gamma^2)^{0,5}$
**Fall 2 (aperiodischer Grenzfall)**
$\omega^2 = \gamma^2$ und somit: $\Omega := (\omega^2 - \gamma^2)^{0,5} = 0$; zwei Lösungen existieren:
$x_1(t) = \exp(-\gamma \cdot t)$ und $x_2(t) = t \cdot \exp(-\gamma \cdot t)$
Allgemein gilt: $x(t) = (A + B \cdot t) \cdot \exp(-\gamma \cdot t)$
**Fall 3 (überdämpftes System)**
In diesem Fall folgt mit $\omega^2 < \gamma^2$:
$x_1(t) = \exp(-\gamma \cdot t) \cdot (A \cdot (\gamma^2 - \omega^2)^{0,5} \cdot t + B \cdot (\gamma^2 - \omega^2)^{0,5} \cdot t)$

schwache Dämpfung

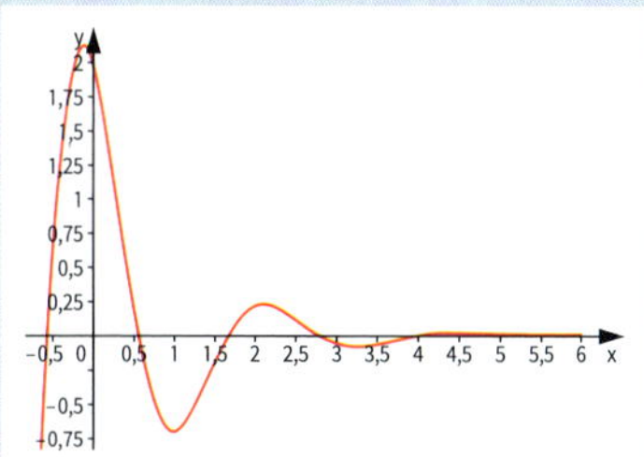


aperiodischer Grenzfall

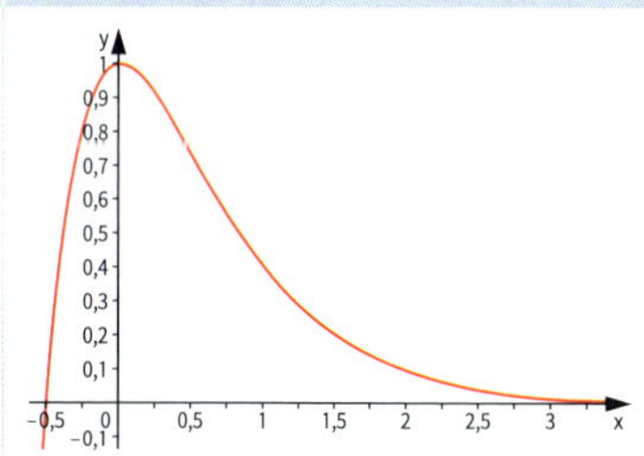


überdämpftes System

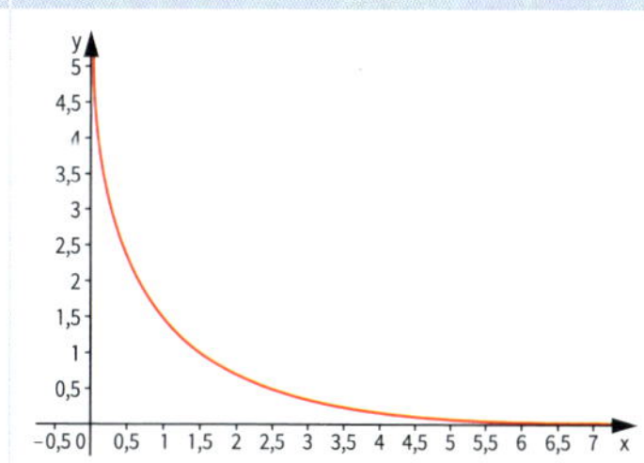


# Dipolstrahlung
## Dipole Radiation

- Ein Dipol ist eine Antenne. Antennen wandeln Freiraumwellen in geführte Wellen um und umgekehrt. Sie besteht aus einem Draht der Gesamtlänge $l$. Mit einem elektrischen Wechselstromfluss geht ein elektro-magnetisches Feld einher.

Leiterstromfluss $I(z; t)$:
$I(z; t) = I_0(z) \cdot \sin(2\pi f t)$.
Es bildet sich eine stehende Welle auf dem Dipol aus.

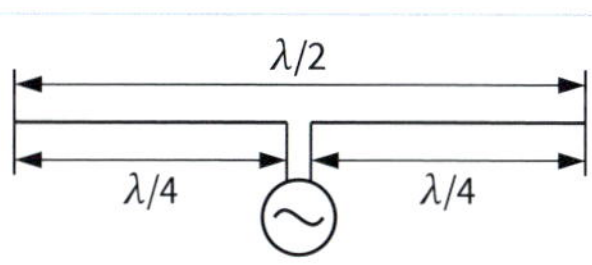


- Das Feld wird vom Draht abgestrahlt. Die Feldgleichung lautet:
$F(r; t_0) = F_0 \cdot \sin(\omega \cdot t_0 - k \cdot r)$; mit $\omega = 2 \cdot \pi \cdot f$ und $k = \omega/c$

Abstrahlung eines Dipolfeldes

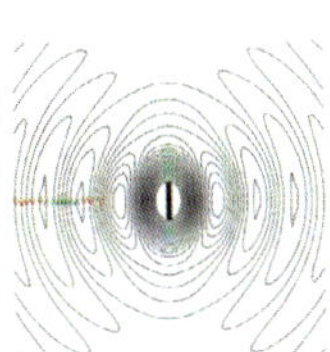

- Im Nahfeld liegt eine Phasendifferenz von 90° zwischen $E$ und $H$ vor.
- Im Fernfeld sind die Wellenanteile ($E$; $H$) phasengleich. Das $E$ erzeugt hierbei das Magnetfeld ($H$).

Nah-/Fernfeld

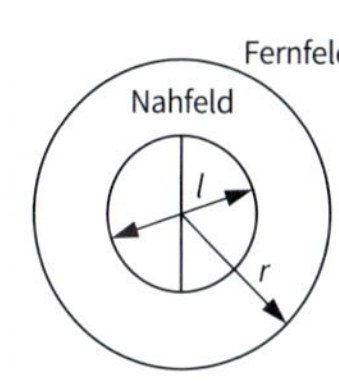


$r$ (Nahfeldradius) mit
$r = 2 \cdot l/\lambda = 2 \cdot l^2 \cdot f/c$

## Grundlagen

- Bei drahtlosen Kommunikationssystemen gehen die Forderungen in Richtung höherer Datenraten mit entsprechend hoher Dienstgüte (Quality of Service).
- Die vorhandenen Frequenzspektren sind deshalb so effizient wie möglich auszunutzen.
- Freiheitsgrade für die Effizienzsteigerung liegen in den Bereichen
  - Zeit (**TDMA: T**ime **D**ivision **M**ultiple **A**ccess),
  - Frequenz (**FDMA: F**requency **D**ivision **M**ultiple **A**ccess),
  - Code (**CDMA: C**ode **D**ivision **M**ultiple **A**ccess),
  - Raum (**SDMA: S**pace **D**ivision **M**ultiple **A**ccess).
- TDMA, FDMA und CDMA werden in bestehenden Systemen z. T. auch in Kombination entsprechend eingesetzt.
- SDMA verwendet den Freiheitsgrad Raum (Space) und wird realisiert durch die Anwendung mehrerer Antennen, sowohl auf der Sende- als auch der Empfangsseite
- Es wird dabei der Effekt des Mehrwegeempfangs des ausgestrahlten Signals zur Erhöhung der Empfangsleistung ausgenutzt.
- Gesendet wird gleichzeitig auf derselben Frequenz.
- Je nach Anzahl der Übertragungskanäle (Antennen) werden die Systeme bezeichnet als
  - **SISO** (**S**ingle **I**nput **S**ingle **O**utput),
  - **SIMO** (**S**ingle **I**nput **M**ultiple **O**utput),
  - **MISO** (**M**ultiple **I**nput **S**ingle **O**utput),
  - **MIMO** (**M**ultiple **I**nput **M**ultiple **O**utput).
- Die Bezeichnungen Input bzw. Output beziehen sich dabei immer auf den Übertragungskanal.
- Mit **MU-MIMO** (**M**ulti-**U**ser **MIMO**) wird über mehrere Antennen **gleichzeitig** an **verschiedene** WLAN-Clients gesendet. Durchsatzsteigerung (theoretisch) pro Einzelverbindung bis zu 60 % möglich.

### Übersicht

#### SISO

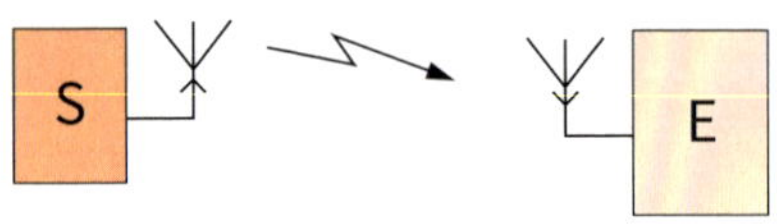


**Eine** Sendeantenne. **Eine** Empfangsantenne.

- Einfachster Fall
- Nachteile:
  - geringer Datendurchsatz,
  - störanfällige Datenübertragung,
  - geringe Reichweite (Abdeckung)
- Vorteile:
  - geringer Hardwareaufwand,
  - einfache Codierung bzw. Decodierung

S: Sender E: Empfänger

#### MISO

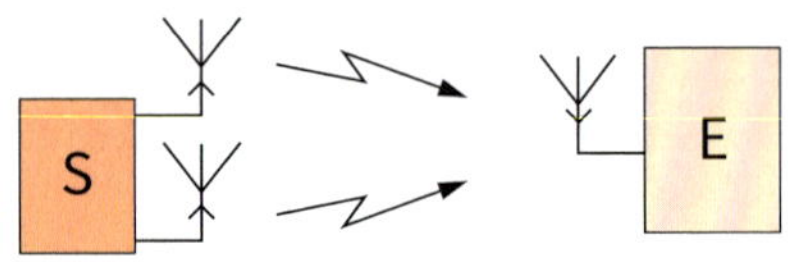


**Mehrere** Sendeantennen. **Eine** Empfangsantenne.

- Unterschiedliche Sendeverfahren:
  - **Sendediversität:** Gleiches Signal über räumlich nah angeordnete Sendeantennen,
  - **Space Time Block Coding:** Im ersten Schritt gleichzeitig zwei unterschiedliche Datenblöcke, im zweiten Schritt identische Datenblöcke konjugiert komplex über vertauschte Antennen
- Nachteil: Keine Erhöhung der Übertragungsrate
- Vorteil: Verbesserte Zuverlässigkeit und höherer Abdeckungsgrad

#### SIMO

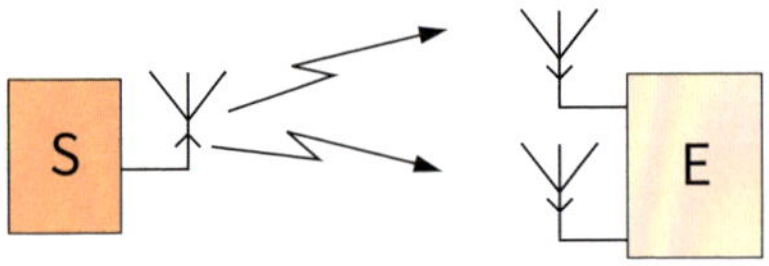


**Eine** Sendeantenne. **Mehrere** Empfangsantennen.

- Möglichkeiten der Signalauswertung:
  - **Switched Diversity:** Nur das stärkste Empfangssignal wird ausgewertet; übrige Signale werden ignoriert,
  - **MCR** (**M**aximum **R**atio **C**ombining) wertet die Summe aller Signale aus
- Nachteil: Keine Erhöhung der Datenübertragungsrate, da nur eine Sendeantenne
- Vorteile:
  - geringere Störanfälligkeit,
  - größere Reichweite, da alle empfangenen Signalanteile ausgewertet werden

#### MIMO

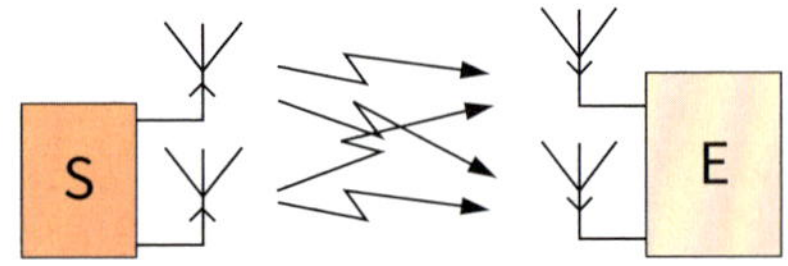


**Zwei** oder **mehr** Sendeantennen.
**Zwei** oder **mehr** Empfangsantennen.

- Nachteile:
  - erhöhter Aufwand an Sende- und Empfangsantennen,
  - umfangreiche Sende- und Empfangselektronik mit entsprechendem Leistungsbedarf erforderlich
- Vorteile:
  - höhere Datenübertragungsrate,
  - größere Reichweite,
  - hoher Abdeckungsgrad,
  - geringe Störanfälligkeit
- Anwendung z. B. in WLAN (IEEE 802.11n)

### Theoretische Kanalkapazität

$$C_{SISO} = f_G \cdot \log_2 (1 + S/N)$$

$$C_{MIMO} = M \cdot f_G \cdot \log_2 (1 + S/N)$$

$f_G$: Grenzfrequenz

$M$: Anzahl der symmetrischen Sende- und Empfangsantennen Kombination (z. B. 2 S x 2 E ergibt $M = 2$)

$S/N$ Verhältnis Nutzsignal (**S**: Signal) zu Störsignal (**N**: Noise)

$C$: Kanalkapazität

## Merkmale

- Antennen wandeln
  - die leitungsgebundenen elektromagnetischen Wellen in Freiraumwellen (Sendeantenne) bzw.
  - die als Freiraumwellen ankommenden elektromagnetischen Wellen in leitungsgebundene Signale um.
- Integrierte Antennen basieren auf $\lambda/4$-Antennen.
- Grundsätzlich müssen alle Antennenbauformen mittels elektrischer Bauelemente an die elektrische Signalquelle angepasst werden (Leistungsanpassung).
- Die Auswahl einer geeigneten Antenne ist u. a. abhängig von
  - der Betriebsfrequenz (Frequenzbereich),
  - der Massefläche (0 V Potenzial),
  - dem verfügbaren Einbauraum,
  - der mechanischen Umgebung (z. B. leitende bzw. abschirmende Bauelemente).
- **PCB**-Antennen (**P**rinted **C**ircuit **B**oard) sind bei einer vorgegebenen Baugröße der Leiterplatte und für Frequenzen > 868 MHz die geeignete Ausführung.
- Für Betriebsfrequenzen < 868 MHz sind PCB-Antennen aufgrund des ungenügenden Wirkungsgrads (abgestrahlte Leistung) nicht geeignet und müssen durch andere Antennenbauformen ausgeführt werden.

## Beispiele

**WLAN-Antenne aus Metall**

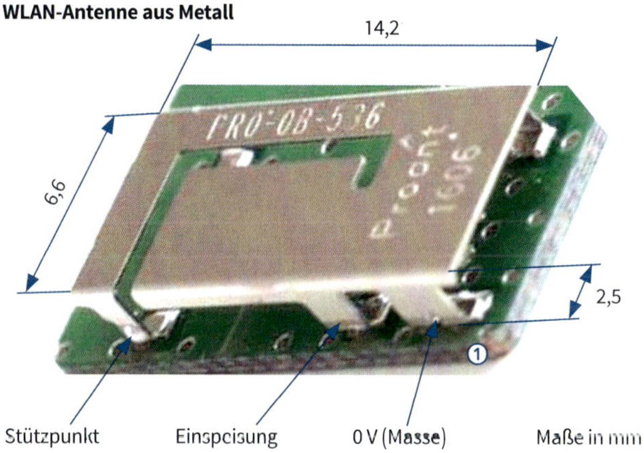


- Frequenzbereich: 2,4 GHz bis 2,5 GHz
  5,15 GHz bis 5,85 GHz
- Impedanz: 50 Ω
- Gesamtwirkungsgrad: 60 %
- Die optimale Wirkung der Antenne wird erreicht, wenn die Vorder- und Rückseite der Leiterplatte im Bereich der Antenne vollständig mit Kupfer ausgefüllt sind. Dieser Bereich dient als ground plane (Massefläche).
- Die Anordnung der Antenne auf der Leiterplatte erfolgt bevorzugt an der Außenkante der Leiterplatte ①.

**PCB-Antenne**
**MIFA: M**eandered **I**nverted-**F A**ntenna

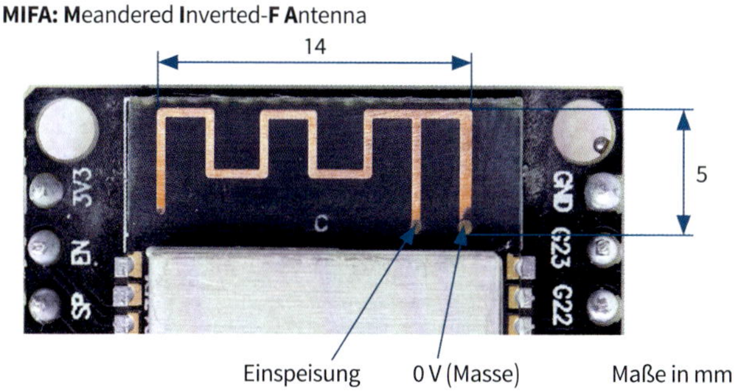


- Frequenzbereich: 2,4 GHz bis 2,5 GHz
- Impedanz: 50 Ω
- Gesamtwirkungsgrad: 68 %
- Die Mäanderform reduziert die Einbaulänge der Antenne.
- Die Antenne wird auf die Leiterplatte geätzt.
- Der Bereich auf der Leiterplattenrückseite muss von Leiterbahnen und Bauelementen freigehalten werden.
- Abstände zu leitenden Bauelementen oberhalb und unterhalb der Antenne sind zu berücksichtigen.

**Keramische Loop-Antenne (SMD-Bauform)**

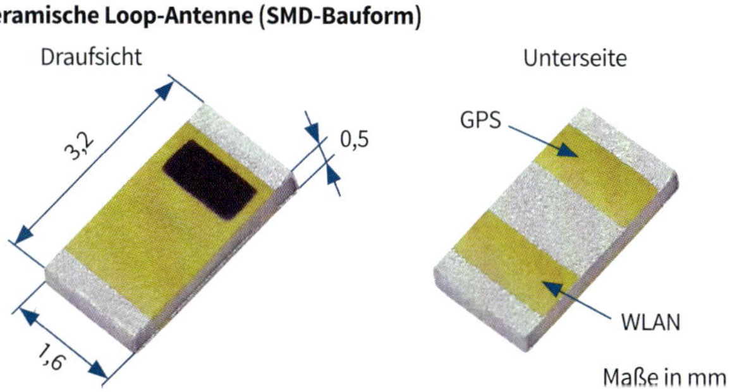


- Frequenzbereich: 1,575 GHz (GPS/GALILEO)
  Wirkungsgrad: 57,06 %
- Frequenzbereich: 2,4 GHz bis 2,5 GHz
  Wirkungsgrad: 51,25 %
- Frequenzbereich: 5,15 GHz bis 5,85 GHz
  Wirkungsgrad: 53,56 %
- Abstrahlung: Omnidirektional (rundstrahlend) in der horizontalen Ebene
- Layoutvorgaben für die Leiterplatte sind zu beachten.

WiMAX – Worldwide Interoperability for Microwave Access

## Merkmale

- **WiMAX** (**W**orldwide **I**nteroperability for **M**icrowave **A**ccess: Weltweite Interoperabilität für Netzzugang auf Mikrowellen-Basis) ist der Vermarktungsname (WiMAX-Forum) für den Standard IEEE 802.16.
- Dieser Standard definiert eine Technologie
  - für eine Funktechnik (Radio interface)
  - mit einem drahtlosen Breitband-Zugang zur Anbindung von Endkunden.
- Die Anschlüsse sind vorgesehen für
  - stationären Betrieb (fixed),
  - portablen Betrieb (mobile),
  - wandernden Betrieb (roaming).
- Betrieb ist dabei möglich
  - ohne Sichtverbindung (**N**on **L**ine **o**f **S**ight),
  - mit Sichtverbindung (**L**ine **o**f **S**ight) zur Basisstation.
- Verwendete Frequenzbereiche liegen zwischen 2 GHz und 68 GHz.
- Reichweiten bis zu 50 Kilometer
- Wird als Alternative zu DSL und Leitungsmodems eingesetzt.
- Der Physical-Layer beinhaltet mehrere Sub-Standards, um eine leichte Anpassung an die jeweiligen landesspezifischen Vorgaben und Einschränkungen für die Nutzung von Frequenzbändern zu ermöglichen
- WiMAX 2.0 ist eine Erweiterung mit höherem Datendurchsatz (300 Mbit/s downlink, 135 Mbit/s uplink) unter Verwendung der MIMO-Technologie und einer Kanalbandbreite von 20 MHz.
- Wird bevorzugt in Ländern und Regionen eingesetzt, in denen keine drahtgebundene Infrastruktur vorhanden ist bzw. aufgebaut wird.

## Standard-Übersicht

| Frequenzband in GHz | 10…66 | 2…11 | 2…6 |
|---|---|---|---|
| Anwendung | Rücktransportverbindung (Backhaul) | Drahtloses DSL Rücktransportverbindung | Mobiles Internet |
| Kanalanforderungen | Sichtverbindung | Keine Sichtverbindung | Keine Sichtverbindung |
| Bitrate in Mbit/s | 32…134 | bis zu 75 | bis zu 15 |
| Modulationsprinzip | QPSK, 16 und 64 QAM | OFDM 256 Unterträger QPSK, 16 und 64 QAM | Skalierbares OFDM |
| Kanal-Bandbreite in MHz | 20, 25, 28 | 1,5 und 20 (wählbar) | 802.16a mit Unterkanälen |
| Zellradius (typ.) in km | 1,6…4,8 | 6,4…9,6 (max. 48, abhängig von Masthöhe und Sendeleistung) | 1,6…4,8 |

## Netzaufbau

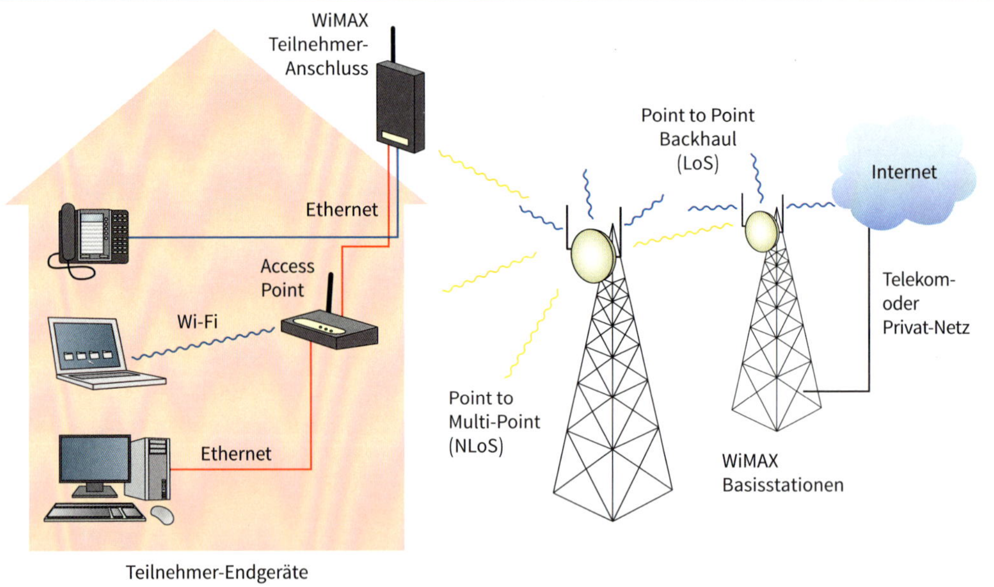

# MQTT – Message Queuing Telemetry Transport

MQTT – Message Queuing Telemetry Transport

## Merkmale und Funktionen

- MQTT ist ein offenes Nachrichtenportal (Transportprotokoll) im Anwendungsbereich der Machine-to-Machine-Kommunikation (M2M).
- Ermöglicht die Übertragungs von Telemetriedaten in Form von Nachrichten zwischen Geräten (u. a. Sensoren und Aktoren).
- Wird über die **OASIS** (**O**rganization for the **A**dvancement of **S**tructured **I**nformation **S**tandards) als Protokoll des Internet of Things (IoT) standardisiert.
- Ist besonders geeignet für Verbindungen mit einem geringen Verwaltungsdatenanteil.
- MQTT-Netze bestehen aus
  - **Publisher** (Herausgeber) ①: Sendet Nachrichten an den Broker,
  - **Broker** (Verwalter) ②: Verteilt die Nachrichten an die angemeldeten Subscriber,
  - **Subscriber** (Abonnent) ③: Empfängt die Nachrichten vom Broker.
- Es gibt **keine** direkte Verbindung zwischen Publisher und Subscriber.
- Nachrichten bestehen immer aus einem **Topic** und dem **Nachrichteninhalt**.
- Topics stufen die Nachricht hierarchisch ein (z. B. Arbeitszimmer / Heizung / Temperatur).
- Subscriber können sich beim Broker auf Topics abonnieren ④.
- Nachrichten werden mit einem definierbaren **Quality of Service** versendet:
  - **at most once (QoS0):** Nachricht wird einmal gesendet, kommt aber bei Verbindungsunterbrechung möglicherweise nicht an,
  - **at least once (QoS1):** Nachricht wird so lange gesendet, bis der Empfang bestätigt wird; kann beim Empfänger mehrfach ankommen,
  - **exactly once (QoS2):** Die Nachricht kommt bei Verbindungsunterbrechung genau einmal an.
- **last will** (letzter Wille): Wird vom Broker gesendet, sobald ein Client eine Verbindung unsauber abbricht (z. B. „Temperatursensor/Status" mit der Payload „unreachable" oder „0" durch Netzwerkfehler oder ähnliches).

## Netzaufbau, Beispiel

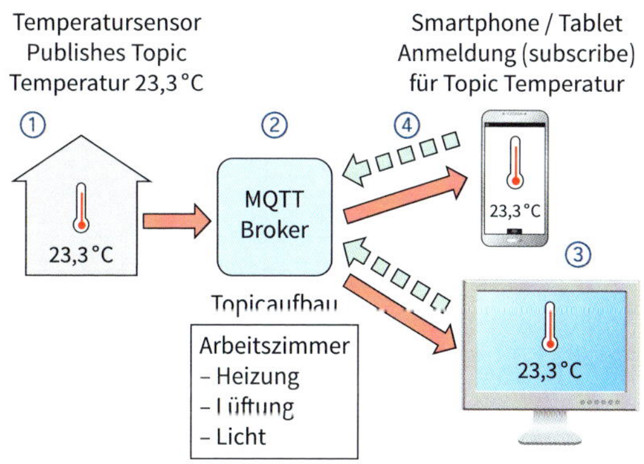


## Aufbau Header

| Bit | 7 | 6 | 5 | 4 | 3 | 2 | 1 | 0 |
|---|---|---|---|---|---|---|---|---|
| Byte 1 | Nachrichtentypen[1] | | | | DUP | QoS | QoS | [2] |
| | | | | | Flags | | | |
| Byte 2 | Länge des restlichen Pakets | | | | | | | |

[1] Siehe Tabelle Nachrichtentypen

**DUP**: Duplicate delivery of a PUBLISH Control Packet (Zweifache Auslieferung eines PUBLISH Pakets)

**QoS**: PUBLISH Quality of Service (Veröffentlichte QoS)

[2] **RETAIN**: PUBLISH Retain flag (Nachricht beibehalten)

## Nachrichtentypen

| Benennung | Kennzeichen im Steuerungspaket | Übertragungsrichtung | Funktion |
|---|---|---|---|
| Reserved | 0 | nicht erlaubt | Reserviert |
| CONNECT | 1 | client -> server | Verbindungsanfrage an Broker |
| CONNACK | 2 | server -> client | Verbindungsbestätigung |
| PUBLISH | 3 | client -> server oder server -> client | Neue Nachricht |
| PUBACK | 4 | wie oben | Bestätigung der neuen Nachricht, QoS1 |
| PUBREC | 5 | wie oben | Erster Teil einer QoS2-Nachricht |
| PUBREL | 6 | wie oben | Zweiter Teil einer QoS2-Nachricht |
| PUBCOMP | 7 | wie oben | Letzter Teil einer QoS2-Nachricht |
| SUBSCRIBE | 8 | client -> server | Antrag für spezifische Topics |
| SUBACK | 9 | server -> client | Antragsbestätigung |
| UNSUBSCRIBE | 10 | client -> server | Abmeldung für spezifische Topics |
| UNSUBACK | 11 | server -> client | Bestätigung der Abmeldung |
| PINGREQ | 12 | client -> server | Lebenstaktanfrage |
| PINGRESP | 13 | server -> client | Lebenstaktantwort |
| DISCONNECT | 14 | client -> server | Abschaltung |

## Merkmale

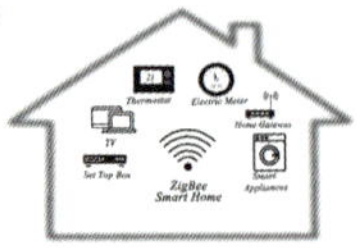

- Mit ZigBee lassen sich Funk-Netzwerke mit einem geringen Datenaufkommen und geringer Reichweite (im Gebäude bis zu 10 m, im Freien bis zu 100 m) realisieren. Aktuelle Version: 3.0 (abwärtskompatibel).
- ZigBee ist eine Wortschöpfung aus dem "Zick-Zack-Tanz" der Biene.
- Der Energieaufwand der Komponenten ist minimal: Aktiver Zustand: ca. 15 mA; im „Schlafmodus" weniger als 1 µA, dadurch lang wartungsfrei (Batterie)
- Anwendungen: Hauskommunikation (Smart-Home), Sensornetzwerke, Lichttechnik, Gebäude-Automation
- Bei ZigBee werden 2,405 GHz bis 2,480 GHz verwendet (zulassungsfreie ISM-Bänder). Die 16 möglichen Kanäle besitzen eine Bandbreite von jeweils 5 MHz (Datenraten bis zu 250 kbit/s).

## Komponenten im Netzwerk

- Eingesetzt werden im **WPAN** (**W**ireless **P**ersonal **A**rea **N**etwork) drei Netzknoten (IEEE 802.15.4).
- **ZigBee-Koordinator** (PAN-Koordinator) ①
  Er ist die Kommunikationszentrale (Basisstation) zur Netzsteuerung. Er bestimmt die Netz-Topologie, startet das Netzwerk mit entsprechenden Parametern und verteilt über Time Slots Bandbreiten. Wenn der Koordinator ausfällt ist das gesamte Netz nicht mehr funktionsfähig.
- **FFD** (**F**ull **F**unction **D**evice) ②
  FFDs sind Zwischenknoten mit Routingfunktion. Sie können Ad-hoc-Netze aufbauen und mit dem Koordinator sowie mit FFDs und RFDs kommunizieren
- **RFD** (**R**educed **F**unction **D**evice) ③
  RFDs sind Zig-Bee-Endgeräte mit eingeschränkter Funktion, einfacher Implementierung und reduziertem Protokollsatz. Sie können nur mit den FFDs und dem Koordinator kommunizieren. Typisch sind z. B. Sensoren, Aktoren, Schalter und Stellglieder

## Protokollstruktur

- Grundlage ist IEEE 802.15.4: Übertragungsprotokoll für Wireless Personal Area Networks (WPAN) mit erweiterten Funktionen
- ZigBee ergänzt die PHY- und die MAC-Schicht ④ aus IEEE-802.15.4 um weitere Schichten.

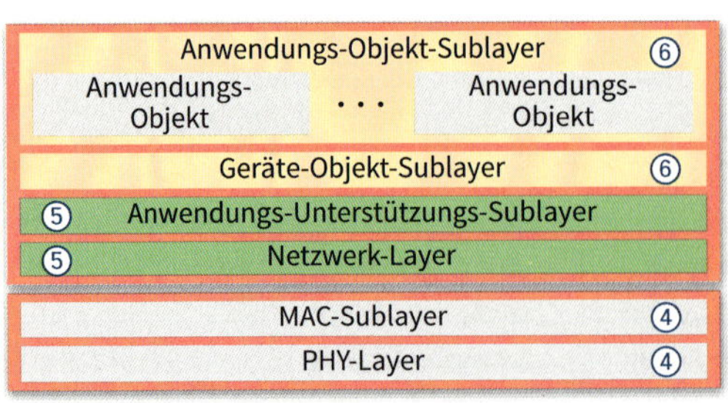


④ IEEE 802.15.4: Bitübertragungs- und Sicherungsschicht (u. a. PAN-Verwaltung und Kanalzugriff)
⑤ ZigBee Allianz: Verwaltung der Netzwerktopologie, Routing und Sicherheitsmanagement
⑥ Anwendungen

## Vernetzung

- ZigBee-Geräte (bis zu 255 aktive Knoten) können sich in einer Sternstruktur, einem Baumschema und per Peer-to-Peer-Topologie (vermaschtes Netzwerkschema, Mesh) verbinden und untereinander kommunizieren
- Die Mesh-Funktion
  - verhindert Funklöcher und sorgt damit für eine hohe Zuverlässigkeit,
  - sorgt im Falle einer Unterbrechung des Signalpfads durch ein abgeschaltetes oder ausgefallenes Gerät, das eine alternative Route über die anderen Geräte verwendet wird.
- Jedes Gerät besitzt eine 64-Bit-Adresse. Bei Eintritt in ein Netzwerk erhält das Gerät eine 16-Bit-Kurzadresse.
- Die Identifizierung eines Netzwerks erfolgt über eine um 64-Bit erweiterte PAN-ID.

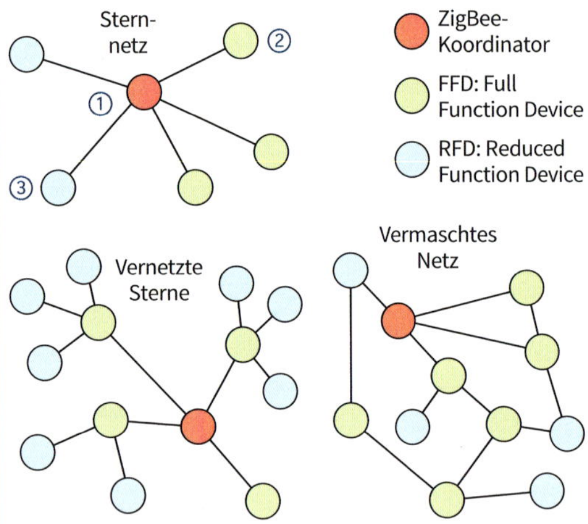


## Sicherheit

- Die Verschlüsselung erfolgt entsprechend dem AES-CCM-Algorithmus mit 128 Bit.
- **AES** (**A**dvanced **E**ncryption **S**tandard) ist ein Algorithmus für die symmetrische Blockverschlüsselung (Blockchiffre).
- Der **CCM-Modus** (Message Authentication Code) ist ein authentifizierter Verschlüsselungsalgorithmus, der sowohl Authentifizierung als auch Vertraulichkeit während der Datenübertragung bietet.

## Protokollschichten

- Die Basis bildet Physical Layer (PHY) ④ (Bitübertragungsschicht). In dieser Schicht befinden sich die Grundfunktionen zum Senden und Empfangen.
- Darüber befindet sich Medium Access Control Layer (MAC) ④, (Medienzugriffsschichten). Diese Schicht realisiert den Aufbau der logischen Kanäle.
- Darüber liegt Network Layer (NWK) ⑤ (Netzwerkschicht).
- Danach folgt Application Layer (APL) ⑥ (Anwendungsschicht). Diese Schicht kann an die jeweiligen Erfordernisse angepasst werden. Demzufolge ergibt sich bei ZigBee eine Vielzahl von Profilen.

## Grundsätzliche Eigenschaften

- Bluetooth ist ein **Kurzstrecken-Kommunikationssystem** (**WPAN**: **W**ireless **P**ersonal **A**rea **N**etwork)
- Frequenzbereich: 2,402 GHz bis 2,480 GHz (lizenzfreies **ISM**-Band (**I**ndustrial, **S**cientific and **M**edical Band).
- Wesentliche Anwendungsbereiche: Funkverbindungen zwischen portablen Geräten mit einer geringen Leistung herzustellen.
- Die Datenübertragung erfolgt im **Frequenzsprungverfahren** (**FHSS**: **F**requency **H**opping **S**pread **S**pectrum).
  - Das Frequenzband ist in 79 Kanäle mit einem Abstand von 1 MHz eingeteilt.
  - Die Frequenz wird bis zu 1600mal in der Sekunde gewechselt.

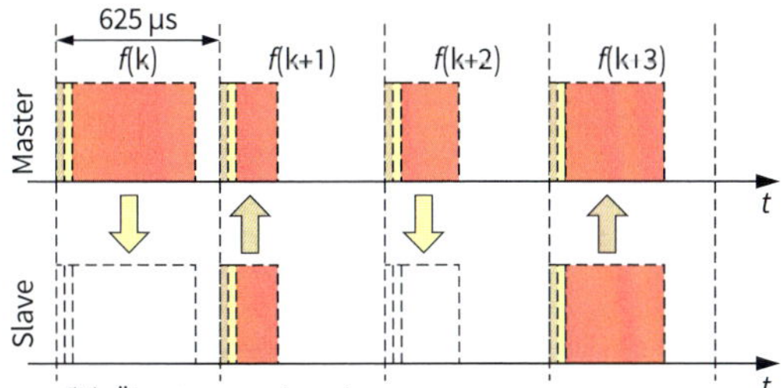

f(k): Übertragungskanal

## Sendeleistung und Reichweiten

| Klasse | Sendeleistung (maximal) | Reichweite in m | |
|---|---|---|---|
| | | allgemein | im Freien |
| 1 | 100 mW (20 dBm) | < 100 | ca. 100 |
| 2 | 2,5 mW (4 dBm) | < 10 | ca. 50 |
| 3 | 1 mW (0 dBm) | < 1 | ca. 10 |

## Datenübertragungsraten

| Jahr | Version | Datenrate (max.) in Mbit/s |
|---|---|---|
| 1999 | 1.0 | 0,773 |
| 2004 | 2.0 | 2,1 |
| 2009 | 3.0 | 25 |
| 2009 | 4.0 | 25 |
| 2016 | 5.0 | 50 |

## Versionen

| Nummer | Ausgewählte Merkmale |
|---|---|
| 1.1 | Verbindungen zu Geräten unterschiedlicher Hersteller möglich; Verschlüsselung |
| 1.2 | Frequenzsprung-Verfahren (FHSS) |
| 2.0 | Erweiterte Datenübertragung **EDR** (**E**nhanced **D**ata **R**ate) bis zu 2,1 Mbit/s |
| 3.0 | High Speed Kanal, 25 Mbit/s |
| 4.0 | **BLE** (**B**luetooth **L**ow **E**nergy), Energiesparmodus, Fehlerkorrektur, IoT, IPv6 Adressierung |
| 5.0 | Reichweite, Geschwindigkeit und Stromverbrauch optimiert (Bluetooth SMART), Verwendung von Beacons |

## Netze

- Grundeinheiten sind **Piconetze** (Piconet) mit:
  - **Punkt-zu-Punkt-Verbindungen** (Single Slave Piconet), in denen der Kanal von den Geräten gemeinsam verwendet wird oder
  - **Punkt-zu-Mehrpunktverbindungen** (Multi-Slave Piconet), in denen sich mehrere Geräte einen Kanal teilen.
- Der Initiator einer Verbindung ernennt sich zum Master, die anderen Geräte sind dann Slaves ①.
- Ein Piconetz kann bis zu 255 Teilnehmer umfassen. Acht Teilnehmer dürfen gleichzeitig aktiv sein.
- Nicht aktive Geräte befinden sich im "Park-Modus" ⑤, sind aber noch mit dem Master synchronisiert.
- Der Master ② darf an alle Slaves Daten senden und kann Daten anfordern.
- Die Slaves dürfen nur an ihren Master Daten senden und können von ihm Daten empfangen. Sie können nicht mit anderen Slaves kommunizieren.
- Ein Master, kann in einem anderen Piconetz ein Slave sein ③.
- Bis zu 10 Piconetze bilden ein **Scatternetz** (Scatternet; to scatter: verteilen, zerstreuen) ④.
- Scattenetze sind selbstorganisierende Funknetze und werden proprietär implementiert.
- Verschiedene Piconetze sind untereinander nicht synchronisiert und besitzen eigene Hopping-Frequenzen.

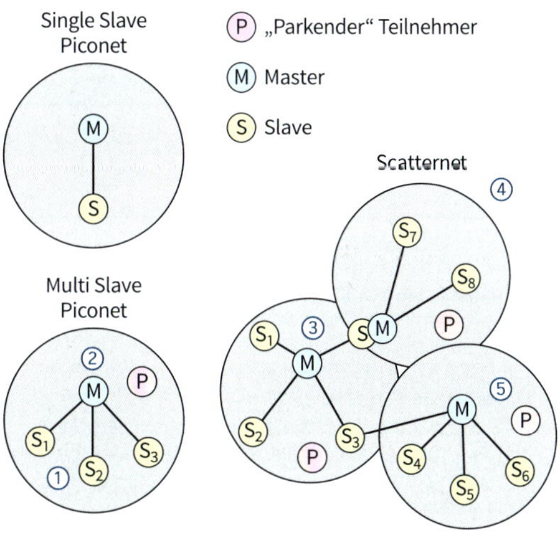


## Basisband

- **Punkt zu Punkt** (synchrone) Verbindung (**SCO**: **S**ynchronous **C**onnection-**O**riented).
  Sie dient zur synchronen Sprachübertragung mit symmetrischen Datenraten von 64 kbit/s, die in festen Timeslots übertragen werden.
  Wenn gerade keine synchronen Daten versandt werden, kann eine asynchrone Übertragung statfinden.
- **Punkt zu Multipunkt** Verbindung (**ACL**: **A**synchronous **C**onnection**l**ess).
  Sie ist eine asynchrone Paketvermittlung, die speicherndes Verhalten des Übertragungsgerätes voraussetzt (alle Arten von Daten, Musik).

## Verbindungsverwaltung

- Für die Verbindung zwischen zwei Geräten werden zwei Kanäle eingerichtet.
  - Funkverbindungskanal (physischer Kanal)
  - Steuerungskanal (logischer Kanal)
- Der Verbindung erfolgt in Stufen mit drei Betriebszuständen:
  1. **Anfrage** (Inquiry) ①
     Der Master sendet den Inquiry Access Code (**IAC**) auf 32 bekannten Frequenzen. Der Empfänger sendet seine Adresse und wird dadurch zum Slave.
  2. **Verbindungsaufbau** (Paging, to page: ausrufen)
     Der Master berechnet eine Sprungfolge über die er alle Geräte in seinem Piconetz erreichen kann und teilt sie den Slaves mit. Die Slaves synchronisieren sich mit dem Master ②.
  3. **Verbunden** (Connection) ③
     Aktive Teilnahme des Empfängers im Piconetz oder Wechsel in den Energiesparmodus.

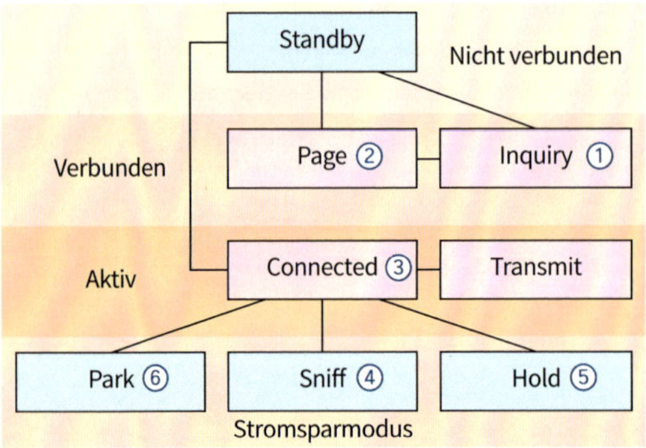


## Modi

- **Aktiver Modus** (**Active** Mode)
  Gerät kann senden und empfangen.
- **Schnüffelmodus** (**Sniff** Mode) ④
  Energiesparmodus, Gerät „schläft" und wacht in vom Master vorgegebenen Intervallen (z. B. 100 ms) auf und „lauscht" (überprüft) nach Übertragungen.
- **Halten-Modus** (**Hold** Mode) ⑤
  Zeitweiliger „Schlaf" des Gerätes, der vom Master vorgegeben wird. Nach Ablauf der Zeit geht das Gerät wieder in den Verbinden-Zustand.
- **Park-Modus** (**Park** Mode) ⑥
  Tiefster „Schlafmodus". Gerät ist inaktiv. Die MAC Adresse wird zurückgegeben. Gerät kann vom Master wieder aktiv geschaltet werden.

## Geräteadresse

- Jedes Bluetooth-Gerät besitzt eine weltweit eindeutige Geräteadresse mit 48 Bit. Wie bei der MAC-Adresse besteht sie aus drei Feldern.
- Der untere Adressteil (**LAP**: **L**ower **A**ddress **P**art) mit 24 Bit wird den Geräteherstellern auf Antrag zugewiesen. LAP und der 8 Bit lange obere Adressteil (**UAP**: **U**pper **A**ddress **P**art) bilden den signifikanten (wichtigen) Teil einer Geräteadresse.
- Der nicht signifikante Adressteil (**NAP**: **N**on-significant **A**ddress **P**art) und UAP können von den Herstellern frei gewählt werden.

## Sicherheit

Autorisierung, Authentifizierung, Verschlüsselung und eine abgestufte Zugriffskontrolle werden in verschiedenen Ausprägungen eingesetzt. Folgende Stufen lassen sich unterscheiden:

1. **Keine Sicherheitsmaßnahme**
   Schutz besteht durch das Frequenzsprungverfahren. Das „Belauschen" einer Kommunikation ist nur mit einem großen Aufwand möglich
2. **Service Level-Sicherheit**
   (Service Level Enforced Security)
   Der Zugriff auf Dienste hängt vom eingesetzten Gerät ab. Vertrauensvolle Geräte dürfen alle Dienste nutzen, nicht vertrauenswürdige Geräte nur eingeschränkt. Es werden unterschieden:
   - Level 1: Offen für alle Geräte. Es ist ein Default-Modus, der auch veraltete Anwendungen zulässt.
   - Level 2: Authentifizierung notwendig, eine fest installierte PIN reicht aus.
   - Level 3: Erforderlich ist eine Authentifizierung und Autorisierung (PIN-Eingabe).
3. **Erzwungener Sicherheitsmodus auf Verbindungsebene**
   (Link Level Security Enforced Security Mode)
   Sicherheit durch einen symmetrischen Schlüssel.
4. **Sicherheit durch verschlüsselten Schlüsselaustausch**
   (kryptografische Verfahren)
   (Link Level Enforced Security with Encrypted Key Exchange)

## Profile

Sie legen fest, welche Daten und Funktionalitäten ausgetauscht werden können. Sie sind standardisierte Lösungen für bestimmte Nutzungsszenarien.

Beispiele:

| | | |
|---|---|---|
| BIP | Basic Imaging Profile | Übertragung von Bilddaten |
| CTP | Cordless Telephony Profile | Schnurlose Telefonie |
| DUN | Dial-up Networking Profile | Internet-Einwahlverbindung |
| GAP | Generic Access Profile | Zugriffsregelung |
| HFP | Hands Free Profile | Schnurlose Telefonie im Auto |
| MAP | Message Access Profile | Nachrichtenaustausch zwischen Geräten |
| PAN | Personal Area Networking Profile | Netzwerkverbindungen |
| SPP | Serial Port Profile | Serielle Datenübertragung |

## Bluetooth Low Energy (LE)

- Bluetooth LE sendet kurze Impulssignale mit großer Reichweite. Die Kanalbandbreite beträgt 2 MHz. Weil mehr Bandbreite zur Verfügung steht, erzielt man mit einem niedrigen Sendepegel eine höhere Reichweite.
- Bluetooth LE eignet sich besonders für den Aufbau einer Sensorik-Infrastruktur, wie sie z. B. für das Internet der Dinge (IoT) benötigt wird.
- IoT-Anwendungen brauchen in der Regel keine kontinuierlichen Verbindungen, sind aber auf eine lange Batterielaufzeit angewiesen.

## Merkmale

- **LoRaWAN** ist
  - eine eigenständige Funktechnik zur Vernetzung von IoT-Geräten in einem Sternnetzwerk mit bidirektionaler Kommunikation,
  - ein Beispiel der LPWAN Technik (Low Power WAN) und
  - speziell ausgelegt für kleine Datenraten und Batteriebetrieb der Endgeräte.
- Endgeräte sind eingeteilt in die Klassen A, B und C.
- Die Datensicherheit ist zweistufig (Endgeräte-Authentifizierung und Anwendungsverschlüsselung).
- Die LoRaWAN-Spezifikation wird von der LoRa-Alliance festgelegt.
- Modulationsverfahren: Herstellerspezifische **Chirp Spread Spectrum**-Modulationstechnik
- Reichweiten:
  - Stadtgebiet (dichte Bebauung) bis 2 km
  - Vororte (lockere Bebauung) bis 15 km
  - ländliche Gebiete (geringe Bebauung) bis 30 km
- Frequenzband (Deutschland): 867 MHz bis 869 MHz
- Datenraten 250 bit/s bis 50 kbit/s
- Hohe Durchdringung von Gebäuden und somit Kommunikation auch mit unterirdischen Endgeräten möglich.

## Netzarchitektur

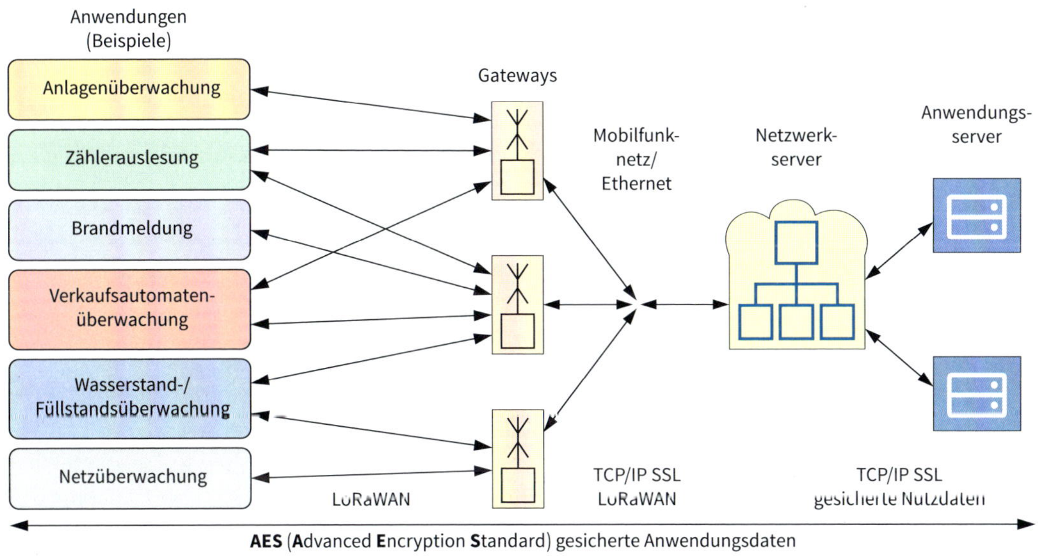


## Endgeräteklassen

- **Klasse A (Sensor, batteriebetrieben)**
  - Verwendet ALOHA-Zugriffsverfahren.
  - Endgerät sendet seine Datenpakete an das Gateway, gefolgt von zwei Download Receive-Fenstern.
  - Ein erneuter Datentransfer kann nur durch das Endgerät bei einem erneuten Upload initiiert werden.
  - Geringster Batterieverbrauch
- **Klasse B (Aktuator, batteriebetrieben)**
  - Download Receive-Fenster werden zu festgelegten Zeiten geöffnet.
  - Endgerät empfängt dazu ein zeitgesteuertes Beacon-Signal vom Gateway.
- **Klasse C (Aktuator, netzbetrieben)**
  Endgerät hat ein permanent geöffnetes Download Receive-Fenster und ist somit nahezu ständig aktiv.

## Endgerät

**Beispiel:**
Multifunktionssensor

**Eingänge:** Anschluss von
- zwei **SDI-12** Sensoren (**S**erial **D**igital **I**nterface mit 1200 Baud; z. B. Luftfeuchtesensor oder Lufttemperatur)
- zwei analogen Sensoren (z. B. Bodenfeuchtesensor)
- Impulssensor (z. B. Regenmesser)
- Jeder Sensor kann auf einer eigenen Zeitbasis für die Messung arbeiten
- Datenspeicher für Langzeitspeicherung bei Verbindungsausfall
- Niedriger Ruhestrom (400 µA)
- Betriebstemperatur: – 40 bis + 85 °C

## Gateway

**Beispiel:**
Outdoor-Gateway

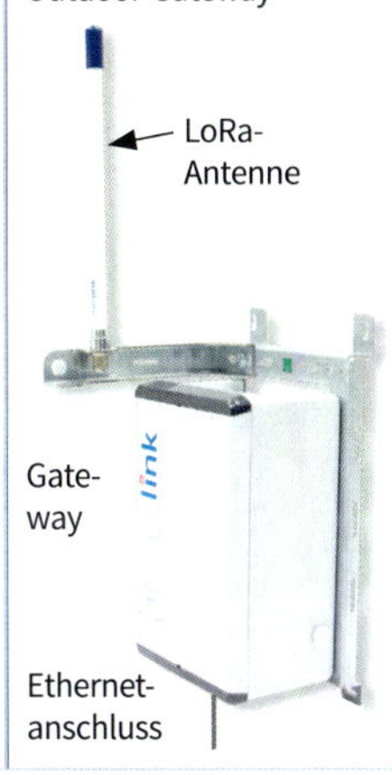

# NFC – Nahfeld Kommunikation
## NFC – Near Field Communication

### Merkmale

- **NFC** (**N**ear **F**ield **C**ommunication, Nahfeldkommunikation) ist die Bezeichnung für eine kontaktlose Datenübertragung auf Funkbasis.
- NFC verwendet eine induktive Kopplung zwischen Sender und Empfänger, ähnlich wie die **RFID**-Technologie (**R**adio **F**requency **I**dentification **T**echnology).
- Übertragungsentfernung max. 10 cm
- Trägerfrequenz 13,56 MHz
- Datenübertragungsrate max. 424 kbit/s
- Die Kommunikation erfolgt im Halbduplexbetrieb als
  - aktive Kommunikation oder
  - passive Kommunikation.
- Festgelegt sind drei Hauptbetriebsarten:
  - Kartenemulationsmodus (passiver Modus): Das NFC-Gerät verhält sich wie eine kontaktlose Karte (z. B. Mobiltelefon mit NFC-Chip als Türöffner).
  - Peer-to-Peer-Modus: Zwei NFC-Geräte tauschen Informationen aus. Beide Geräte (Initiator und Listener) verfügen über eigene Stromversorgungen (z. B. gekoppelte Mobiltelefone zur Synchronisation von Daten).
  - Lese-/ Schreibmodus (aktiver Modus): Das NFC-Gerät ist aktiv und liest oder schreibt auf einen passiven RFID-Tag.
- Jede Betriebsart kann mit den Übertragungstechniken NFC-A, NFC-B oder NFC-F kombiniert werden.

### Betriebsarten

| Standard | Sendeaufruf/ Zuhörer | Kodierung | Modulation | Datenrate | Trägerfrequenz |
|---|---|---|---|---|---|
| NFC-A | Sendeaufruf | Modifizierte Miller | ASK 100 % | 106 kbit/s | 13,56 MHz |
| | Zuhörer | Manchester | Lastmodulation (ASK) | 106 kbit/s | 13,56 MHz und ± 848 kHz Unterträger |
| NFC-B | Sendeaufruf | NRZ-L | ASK 100 % | 106 kbit/s | 13,56 MHz |
| | Zuhörer | NRZ-L | Lastmodulation (BPSK) | 106 kbit/s | 13,56 MHz und ± 848 kHz Unterträger |
| NFC-F | Sendeaufruf | Manchester | ASK 10 % | 212 kbit/s oder 424 kbit/s | 13,56 MHz |
| | Zuhörer | Manchester | Lastmodulation (ASK) | 212 kbit/s oder 424 kbit/s | 13,56 MHz ohne Unterträge |

**ASK**: **A**mplitude **S**hift **K**eying (Amplitudenmodulation) **BPSK**: **B**inary **P**hase **S**hift **K**eying (Phasenumtastung)

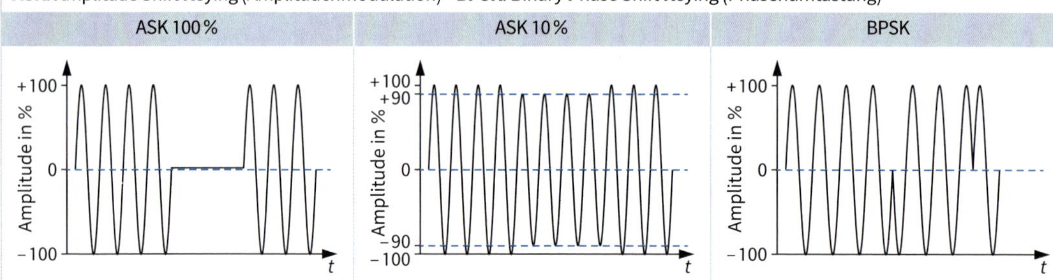


### Signalcodierung

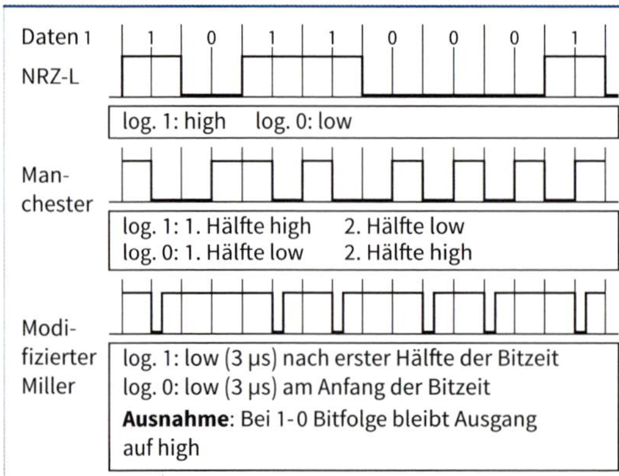


### Lastmodulation, ASK mit Manchester Codierung

**Beispiel:** NFC-A Gerät in passiver Kartenemulation

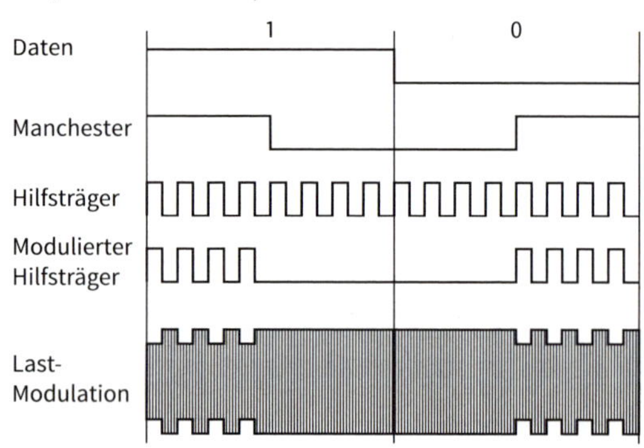

# WAP – Wireless Application Protocol
WAP – Wireless Application Protocol

## Merkmale

- **WAP** (**W**ireless **A**pplication **P**rotocol: Drahtloses Anwendungsprotokoll) ist ein Standard für drahtlose Informationsdienste über digitale mobile Telefone und andere drahtlose Terminals, z. B. **PDA** (**P**ersonal **D**igital **A**ssistant).
- Überträgt Internet-Inhalte, E-Mail und FTP-Dienste.
- Unterstützt verschiedene **Übermittlungsdienste** und **Übertragungssysteme**.
- Spezifikation beschreibt die Architektur als Cient-Server-Modell.
- Schichtenmodell lehnt sich an OSI an.
- Nutzt Standardaufrufe des WWW mit URLs.
- Verwendet HTML, Java Script und HTTP
- Endgeräte enthalten **Mikro-Browser** (arbeiten analog zu Standard-WEB-Browsern).
- Kommunikation zwischen Client (Endgerät) und Server erfolgt über **WAP-Proxy**.
- WAP-Proxy arbeitet als **Protokoll-Gateway** und Codierer bzw. Decodierer.
- Übersetzt Anfragen (requests) aus dem WAP-Protokoll-Stack (z. B. **WSP: W**ireless **S**ession **P**rotocol) in WWW-Protocol-Stacks wie HTTP oder TCP/IP.
- Kodierfunktion übersetzt u.a. den WAP-Inhalt in kompaktes Format zur Reduzierung des Datenaufkommens im Netz.
- **WTA** (**W**ireless **T**elephony **S**erver: Drahtloser Telefon-Server) für normale Sprachkommunikation dient zum Übergang vom digitalen Mobilfunknetz in entsprechendes Festnetz.
- **WML** (**W**ireless **M**ark-up **L**anguage: Drahtlose Darstellungssprache) ist eine spezielle Sprache zur Wiedergabe von Informationen auf Displays von mobilen Endgeräten.

## Protokolle

- **WDP** (**W**ireless **D**atagram **P**rotocol: Drahtloses Daten-Protokoll) ist das Transport-Layer-Programm.
- WDP verwendet unterschiedliche Anpassungen (Profile) für die Übermittlungsdienste.
- Enthält **WCMP** (**W**ireless **C**ontrol **M**essaging **P**rotocol: Drahtloses Kontroll-Nachrichten-Protokoll) zur Übertragung von Fehlermeldungen an Netzknoten
- **WTLS** (**W**ireless **T**ransport **L**ayer **S**ecurity) ist ein Sicherheitsprotokoll mit der Realisierung folgender Funktionen:
  - Daten-Integrität zwischen Server und Client,
  - Privacy (Vertraulichkeit),
  - Authentication (Schutz vor unberechtigtem Zugriff),
  - Denial of Service Protection (Zugriffsverweigerung auf Dienste) zum Entdecken und Zurückweisen unkorrekt verifizierter Daten.
- **WTP** (**W**ireless **T**ransaction **P**rotocol) realisiert den Datagramm-Dienst, arbeitet transaktionsorientiert und bietet drei Dienstklassen:
  - **Erste Klasse:** Unzuverlässige Ein-Wege-Kommunikation für gelegentlichen Datenverkehr ohne Antwort
  - **Zweite Klasse:** Zuverlässige Ein-Wege-Kommunikation mit Antwort
  - **Dritte Klasse:** Zuverlässige Zwei-Wege-Kommunikation für gegenseitigen Datenaustausch mit wechselseitiger Bestätigung
- **WSP** (**W**ireless **S**ession **P**rotocol) bietet WAE zwei Dienste zur Datenübertragung:
  - **Erster Dienst:** Sicher, verbindungsorientiert
  - **Zweiter Dienst:** Verbindungslos, sicher oder nicht sicher

## Protokollstruktur

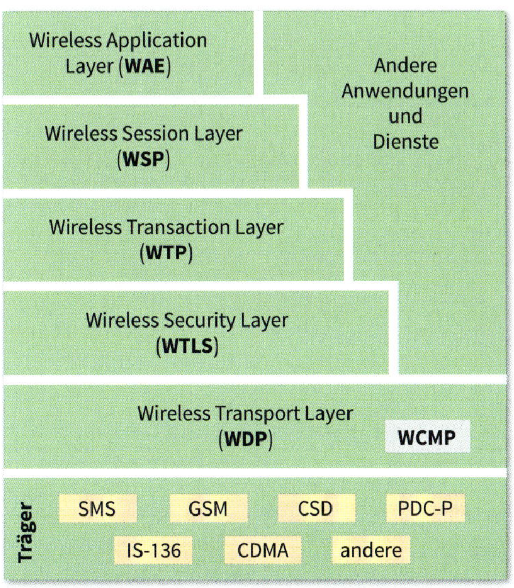


## WAP-Modell

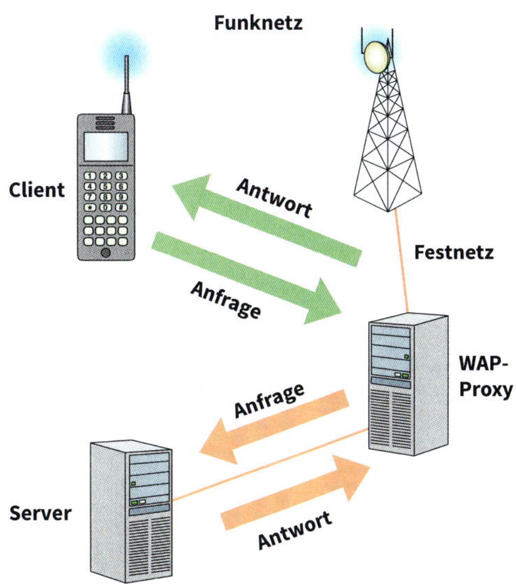

## Merkmale

- **GPRS** (**G**eneral **P**acket **R**adio **S**ervice) ist eine Erweiterung des **circuit switched** zum **packet switched** GSM-Netz.
- Realisiert die **Funk-Datenübertragung** mit bis zu 171,2 kbit/s.
- Arbeitet als **paketorientierter** Dienst.
- Datenstrom wird dabei in Pakete aufgeteilt, die über momentan freie GSM-Kanäle übertragen werden.
- Empfänger setzt die Datenpakete in der richtigen Reihenfolge wieder zusammen.
- Für GPRS ist das GSM-Netz erweitert worden um
  - **paketorientiertes Protokoll** für die Luftschnittstelle,
  - **Core-Netzwerk**, auf Internet-Protokoll basierendes Netzwerk, das über Standardschnittstellen an GSM angeschlossen wird.
- Standards (ETSI) für GPRS sind spezifiziert in z. B.:
  - GSM 02.60 (GPRS Überblick),
  - GSM 03.60; 03.64; 03.61; 03.62 (Systemarchitektur und Dienste-Definitionen).
- GRPS ist erster Dienst im Rahmen der **GSM-Phase 2+**.
- Bietet Zugang zu paketorientierten Datendiensten wie z. B. Internet oder Intranet.
- Codierungsverfahren auf der Luftschnittstelle ist in vier Gruppen eingeteilt (**CS 1** bis **CS 4**).
- CS 1: Geringster Datendurchsatz, beste Fehlerkorrektur
- CS 4: Höchster Datendurchsatz ohne Fehlerkorrektur
- **Nettodatenrate** wird bestimmt durch:
  - Verfügbarkeit von Zeitschlitzen (speziell in Spitzenzeiten),
  - Qualität der Funkübertragung (Wiederholung von fehlerhaften Datenpaketen),
  - Verhältnis von Overhead- zu Nutz-Daten.
- GSM-Netze mit GPRS-Funktionen enthalten neue Netzelemente wie
  - **SGSN** (**S**erving **G**PRS **S**upport **N**ode),
  - **GGSN** (**G**ateway **G**PRS **S**upport **N**ode),
  - **BG** (**B**order **G**ateway),
  - **PTM-SC** (**P**oint-**t**o-**M**ultipoint **S**ervice **C**entre).

## Datendurchsatz

| Kanal-Codierungsverfahren | CS 1 | CS 2 | CS 3 | CS 4 |
|---|---|---|---|---|
| Einfacher Zeitschlitz (kbit/s) | 9,05 | 13,4 | 15,6 | 21,4 |
| Achtfacher Zeitschlitz (kbit/s) | 72,0 | 107,2 | 124,8 | 171,2 |

## Endgeräteklassen

| Class | Merkmal |
|---|---|
| **A** | Sprach- und Datenverbindungen **gleichzeitig** |
| **B** | **Entweder** Sprach- oder Datenverbindung (automatische Umschaltung) |
| **C** | Manuelle Auswahl von Sprach- oder Datenverbindung |

## Referenzmodell

Schnittstellenspezifikationen:
C, D, E, Gb, Gd, Gf, Gi, Gn, Gp, Gr, Gs, R, Um

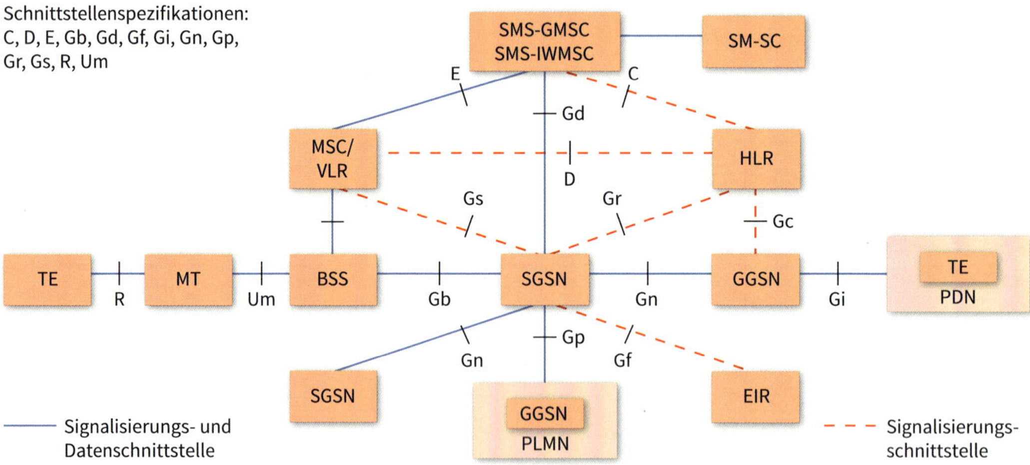


| | |
|---|---|
| **BSS:** | **B**ase **S**tation **S**ubsystem |
| **EIR:** | **E**quipment **I**dentity **R**egister |
| **GGSN:** | **G**ateway **GPRS** **N**ode |
| **HLR:** | **H**ome **L**ocation **R**egister |
| **MSC/VLR:** | **M**obile **S**witching **C**entre/ **V**isitors **L**ocation **R**egister |
| **MT:** | **M**obile **T**erminal |
| **PDN:** | **P**ublic **D**ata **N**etwork |
| **PLMN:** | **P**ublic **L**and **M**obile **N**etwork |
| **SGSN:** | **S**erving **GPRS** **S**upport **N**ode |
| **SMS-GMSC:** | **S**hort **M**essage **S**ervice-**G**ateway **M**essage **S**ervice **C**entre |
| **SMS-IWMSC:** | **S**hort **M**essage **S**ervice-**I**nter**w**orking **M**essage **S**ervice **C**entre |
| **SM-SC:** | **S**hort **M**essage-**S**ervice **C**entre |
| **TE:** | **T**erminal **E**quipment |

## Merkmale

- Kommunikationskabelanlagen sind der Hauptbestandteil in der Kommunikationstechnik und stellen einen hohen Investitionsaufwand dar.
- Sie werden zu einem bestimmten Zeitpunkt errichtet und sollen dann über längere Zeiträume für die unterschiedlichsten Dienste genutzt werden (anwendungsneutrale Verkabelung).
- Kabelanlagen sind deshalb sehr sorgfältig zu planen, zu errichten, zu betreiben und zu überwachen.
- Grundlagen für die Gestaltung einer Kabelanlage sind u. a.
  - zu übertragende Datenvolumina,
  - gefordertes Zeitverhalten,
  - Anzahl der Kommunikationsteilnehmer,
  - Verfügbarkeitsanforderungen,
  - Sicherheitsanforderungen,
  - Einsatzbereiche (Umweltbedingungen),
  - Schnittstellen zu anderen Kommunkationsnetzen.

## Strukturierte Verkabelung

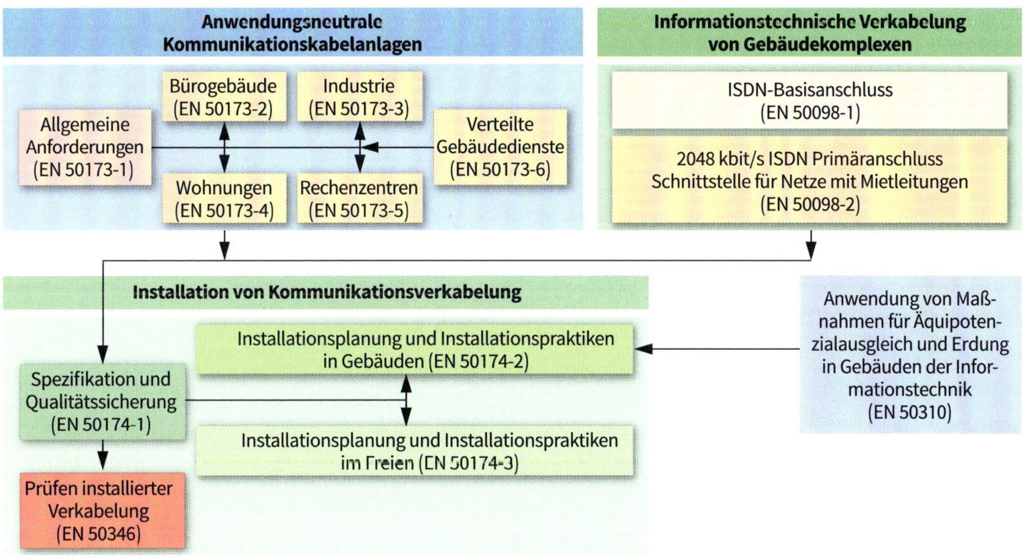


## Anwendungsbereiche

| | | | |
|---|---|---|---|
| **1** EN 50310 | ▪ Gemeinsame Potenzialausgleichsanlage im Gebäude<br>▪ Wechselstromverteilung und Schutzleiteranschluss | **3** EN 50174-1 | ▪ Qualitätssicherung<br>▪ Verwaltung der Verkabelung<br>▪ Dokumentation<br>▪ Instandsetzung/Instandhaltung |
| **2** EN 50173 | ▪ Topologie<br>▪ Leistungsvermögen der Übertragungsstrecke<br>▪ Anforderungen an<br>– Kabel,<br>– Verbindungstechnik,<br>– Schnüre<br>▪ Grenzwerte für Strecken | **4** EN 50174-2 | ▪ Sicherheitsanforderungen<br>▪ Festlegungen für die Verlegung metallener Verkabelung und Lichtwellenleiterverkabelung |
| | | **5** EN 50346 | ▪ Prüfung/Prüfparameter für symmetrische Verkabelung und Lichtwellenleiterverkabelung |
| | | **6** EN 50174-3 | ▪ Installationsplanung und -praktiken im Freien |

## Dämpfungs- und Übertragungsfaktoren

| Schaltung | Dämpfungsfaktor $D$ | Übertragungsfaktor, Verstärkungsfaktor $T$ |
|---|---|---|
| 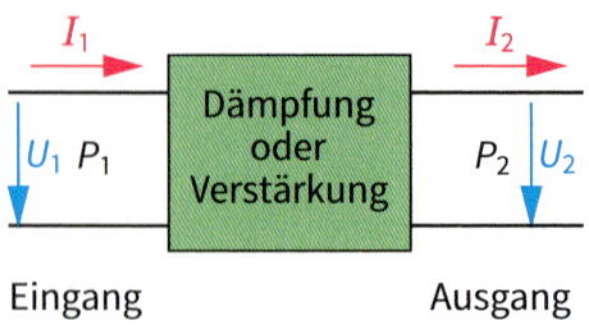 | Stromdämpfungsfaktor $D_I = \frac{I_1}{I_2}$ | Stromübertragungsfaktor $T_I = \frac{I_2}{I_1}$ |
| | Spannungsdämpfungsfaktor $D_U = \frac{U_1}{U_2}$ | Spannungsübertragungsfaktor $T_U = \frac{U_2}{U_1}$ |
| | Leistungsdämpfungsfaktor $D_P = \frac{P_1}{P_2}$ | Leistungsübertragungsfaktor $T_P = \frac{P_2}{P_1}$ |



## Dämpfungs- und Übertragungsmaße

| Schaltung (Einzelglied) | Dämpfungsmaß $a$ | | Übertragungsmaß, Verstärkungsmaß $a$ | |
|---|---|---|---|---|
| 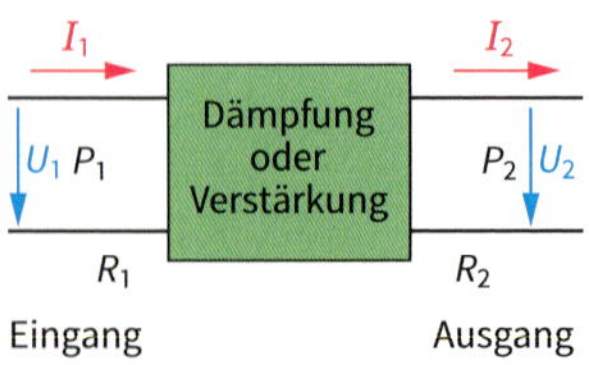 | **Leistungsdämpfungsmaß** | | **Leistungsübertragungsmaß** | |
| | $a_p = \lg \frac{P_1}{P_2}$ B | B: Bel | $-a_p = 10 \cdot \lg \frac{P_2}{P_1}$ dB | |
| | $a_p = 10 \cdot \lg \frac{P_1}{P_2}$ dB | dB: dezi Bel | | |
| | **Spannungsdämpfungsmaß** | | **Spannungsübertragungsmaß** | |
| | $a_u = 20 \cdot \lg \frac{U_1}{U_2}$ dB | $R_1 = R_2$ | $-a_u = 20 \cdot \lg \frac{U_2}{U_1}$ dB | $R_1 = R_2$ |
| | **Stromdämpfungsmaß** | | **Stromübertragungsmaß** | |
| | $a_i = 20 \cdot \lg \frac{I_1}{I_2}$ dB | $R_1 = R_2$ | $-a_I = 20 \cdot \lg \frac{I_2}{I_1}$ dB | $R_1 = R_2$ |



## Zusammenhang zwischen Dämpfungsfaktoren und Dämpfungsmaßen

| Dämpfungsmaß in dB | $a$ | 0 | 1 | 3 | 6 | 10 | 20 | 30 | 40 |
|---|---|---|---|---|---|---|---|---|---|
| Leistungsdämpfungsfaktor | $D_p$ | 0 | 1,26 | 2 | 4 | 10 | 100 | 1000 | 10000 |
| Spannungsdämpfungsfaktor | $D_u$ | 1 | 1,12 | 1,41 | 2 | 3,16 | 10 | 31,6 | 100 |

## Absoluter Pegel $L_{abs}$

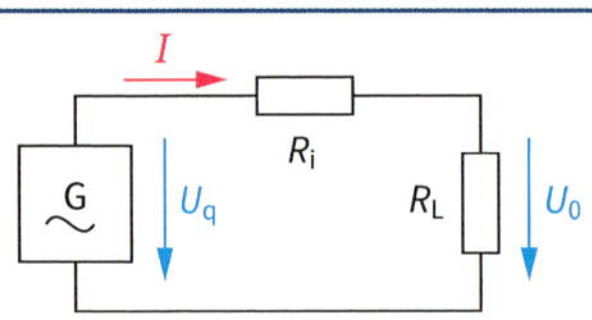



Der Pegel 0 dB liegt bei der Leistung $P_0 = 1$ mW oder der Spannung $U_0 = 775$ mV vor. ($I = 1{,}29$ mA)

$P_0$: Bezugsleistung
$U_0$: Bezugsspannung

$L_{Pabs} = 10 \lg \frac{P}{P_0}$ dBm

$L_{Uabs} = 20 \lg \frac{U}{U_0}$ dBu

$R_L = 600\ \Omega$

## Pegelplan

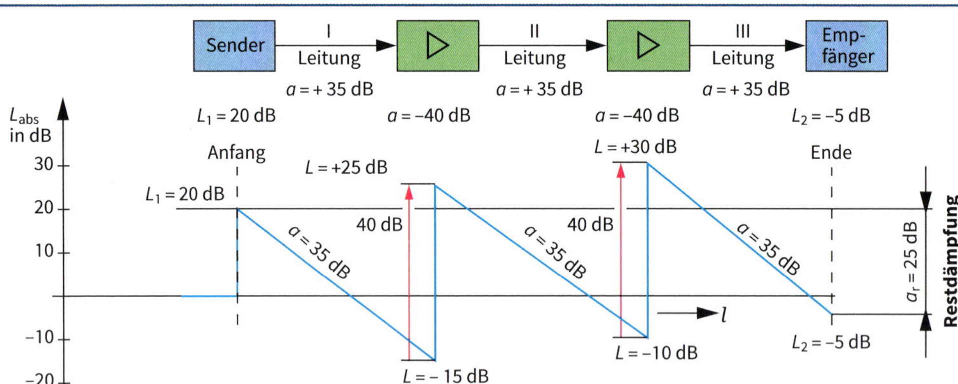



**Restdämpfung**
$a_r = L_1 - L_2$

$a_r = 20$ dB $- (-5$ dB$) = 25$ dB
oder als Summe aller Dämpfungen:
$a_r = 35$ dB $+ (-40$ dB$) + 35$ dB $+ (-40$ dB$) + 35$ dB $= 25$ dB

**Bezeichnungsbeispiel:**

75 – J – 0,7/4,8 – Cu – 12

- 75: Wellenwiderstand 75 Ω
- J: Innenkabel
- 0,7/4,8: Durchmesserverhältnis
- Cu: Kupferfolie
- 12: Dämpfungsklasse

**Wellenwiderstand**

$$Z \approx \frac{\ln \frac{D}{d}}{\sqrt{\varepsilon_r}} \cdot 60\,\Omega$$

$D$: Außendurchmesser
$d$: Innendurchmesser
$\varepsilon_r$: Permittivitätszahl

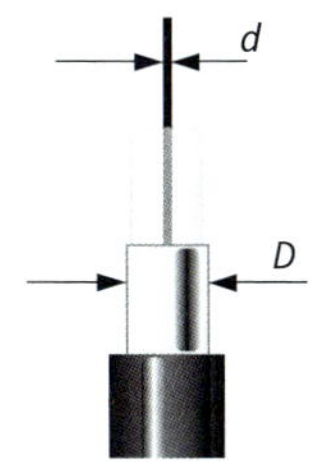


**Kabeltyp HF-Kabel 75-J-…** (Abmessungen in mm)

| Merkmale | | 0,4/1,9-Al | 0,6/2,7-Al | 0,7/4,8-Al | 0,7/4,8-Cu |
|---|---|---|---|---|---|
| Werkstoff des Innenleiters | | Stahlkupfer | Stahlkupfer | Kupfer | Kupfer |
| Werkstoff der Isolierung | | Zell-PE[1] | Zell-PE[1] | Voll-PE[1] | Voll-PE[1] |
| Werkstoff der Außenleiterfolie | | Alu-Doppel-verbundfolie | Alu-Doppel-verbundfolie | Alu-Doppel-verbundfolie | Kupfer-Folie |
| *d* (Richtwert) | | 0,40 | 0,57 | 0,73 | 0,73 |
| Durchmesser über Isolierung | | 1,9 ± 0,1 | 2,7 ± 0,1 | 4,8 ± 0,2 | 4,8 ± 0,2 |
| Dicke der Außenleiterfolie | | 0,04…0,06 | 0,04…0,06 | 0,04…0,06 | 0,02…0,03 |
| Durchmesser der Geflechtdrähte | | 0,10…0,14 | 0,10…0,14 | 0,12…0,16 | 0,12…0,16 |
| Wanddicke des Mantels (Nennwert) | | 0,5 | 0,6 | 0,7 | 0,7 |
| *D* (Höchstwert) | | 4,0 | 5,0 | 7,5 | 7,5 |
| Wellenwiderstand in Ω | | 75 ± 4 | 75 ± 4 | 75 ± 3 | 75 ± 3 |
| Isolationswiderstand bei 20 °C, in GΩ · km (mindestens) | | 10 | 10 | 10 | 10 |
| Rückfluss-dämpfung (mind.) in dB | 40 … 300 MHz | 18 | 18 | 19 | 19 |
| | >300 … 600 MHz | 15 | 15 | 16 | 16 |
| | >600 … 860 MHz | 12 | 12 | 14 | 14 |
| Schirmungsmaß (mind.) in dB | 50 … 100 MHz | 70 | 70 | 70 | 70 |
| | >100 … 500 MHz | 75 | 75 | 75 | 75 |
| | >500 … 1000 MHz | 70 | 70 | 70 | 70 |
| Wellendämpfung (höchstens) in dB/100 m | 50 MHz | 12,2 | 8,4 | 6,4 | 5,8 |
| | 100 MHz | 17,0 | 12,1 | 8,6 | 8,2 |
| | 200 MHz | 24,3 | 17,5 | 12,2 | 11,8 |
| | 300 MHz | 30,2 | 21,8 | 15,1 | 14,6 |
| | 500 MHz | 39,8 | 29,0 | 20,0 | 19,5 |
| | 800 MHz | 51,6 | 37,8 | 26,0 | 25,2 |
| | 1000 MHz | 58,5 | 43,0 | 29,4 | 28,5 |
| einmaliger zulässiger Biegeradius in der Steckdose, mind. | | 10 | 13 | 18 | 18 |
| zul. Biegeradius, Montage, mindestens | | 20 | 25 | 35 | 35 |
| zul. Biegeradius unter Zugbelastung, mindestens | | 40 | 50 | 75 | 75 |
| Zugkraft während der Montage in Newton, höchstens | | 30 | 40 | 60 | 60 |

[1] PE: Polyethylen

### Schaltkabel

Schaltkabel zur Signalübertragung
z. B. S-YY Lg 10x1x0,6 mm
Kupferleiter von 0,6 mm Durchmesser, PVC-Isolierhülle, Adern zu Paaren, Dreiern oder Fünfern verseilt, je 5 Verseilelemente zum Bündel verseilt, Bündel zur Seele verseilt

### Verseilung

Adern a bis e entsprechend verseilt zu Paaren, Dreiern, Vierern oder Fünfern

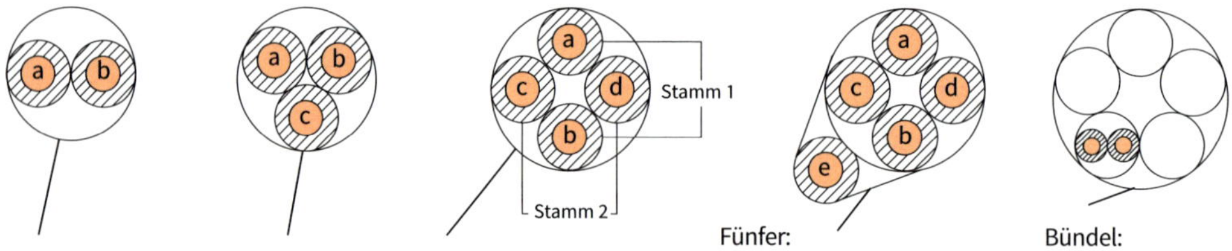


Paar: 2 Adern — Dreier: 3 Adern — Vierer: 4 verseilte Adern — Fünfer: Vierer und eine unverseilte Ader — Bündel: 5 Verseilelemente, z. B. 5 Paare

### Arten

- Schaltkabel mit geschirmter Kabelseele
  z. B. S-Y (ST) Y 10 x 3 x 0,6 BD
- Schaltkabel mit geschirmten Paaren
  z. B. S-YY 10 x 2 x 0,6 PIMF LG
- Schaltkabel für Signalzwecke
  z. B. S-YY 30 (5 x 6) x 1 x 0,6 LG

### Kurzzeichen

| | |
|---|---|
| S: | Schaltkabel |
| Y: | Isolierhülle oder Mantel (PVC) |
| (ST): | statischer Schirm |
| PIMF: | geschirmtes Paar |
| BD: | Bündelverseilung |
| LG: | Lagenverseilung |

## Aufbau, Verwendung und elektrische Kennwerte

| Schaltkabel | S-Y(ST)Y…BD | | | | | | | | | S-YY… PIMF LG | | | S-YY…LG | | |
|---|---|---|---|---|---|---|---|---|---|---|---|---|---|---|---|
| Verseilart | Bündelverseilung | | | | | | | | | Lagenverseilung | | | | | |
| Verseilelement | Paar | | | | Dreier | | | Vierer | Fünfer | Paar (geschirmt) | | | Ader | | |
| Cu-Leitung *d* in mm | 0,6 | | | | | | | | | 0,6 | | | 0,5 | 0,6 | 1,0 |
| Isolierhülle, Wanddicke in mm | 0,2 | | | | | | | | | 0,4 | | | 0,3 | 0,4 | 0,5 |
| Anzahl der Verseilelemente | 1 | 3 | 4 | 5 | 5 | 10 | 11 | 1 | | | | | | 10 | 20 |
| | 6 | 10 | 11 | 12 | 15 | 18 | 20 | 5 | | 2 | 5 | 6 | | 20 | 24 |
| | 15 | 16 | 18 | 20 | 21 | 24 | 25 | 10 | 10 | | | | 60 | 30 | 32 |
| | 22 | 24 | 25 | 30 | 28 | | | 20 | | 10 | 12 | 20 | | 60 | 40 |
| | 32 | 40 | 50 | | | | | 25 | | | | | | 80 | 60 |
| Verwendung | ▪ Verlegung in trockenen, zeitweise feuchten Betriebsstätten<br>▪ nicht zugelassen für Starkstrominstallation und im Erdreich | | | | | | | | | | | | | | |
| $R_{Ltg}$, 1 km, in Ω | Schleife: 130 | | | | | | | | | | | | 96 | 65 | 23,4 |
| $R_{iso}$, 1 km, in MΩ | 100 (bei 20 °C) | | | | | | | | | | | | | | |
| $C_b$ bei 800 Hz max. 1 km, in nF | 120 | | | | | | | | | 150 | | | – | | |
| Verlustfaktor bei 800 Hz max. | 0,1 | | | | | | | | | | | | | | |
| Spannungsfestigkeit $U_{eff}$ in kV | 0,8/0,8 | | | | | | | | | | | | 2/– | 2,5/– | |
| $U_b$, $U_{max}$ in V | 300 | | | | | | | | | | | | 374 | 375 | 600 |

$C_b$: Betriebskapazität

# Übertragungsstrecken-Klassifikation
## Transmission Link Classification

### Grundlagen

- Übertragungsstrecken bzw. Abschnitte einer Übertragungsstrecke können unter unterschiedlichen Umgebungsbedingungen betrieben werden.
- Zur Abdeckung der unterschiedlichen Anforderungen werden Übertragungsstrecken klassifiziert (eingeteilt) unter Berücksichtigung von Anforderungen aus den Bereichen
  - **M** (mechanisch),
  - I (Eindringen),
  - **C** (klimatisch und chemisch),
  - **E** (elektromagnetisch).
- Jeder Anforderungsbereich ist in drei Klassen eingeteilt (1, 2, 3), wobei die Klasse 1 die freundlichste und Klasse 3 die schärfste Umgebung spezifiziert.
- Eine höhere Klasse deckt die niedrigere Klasse ab.
- Als Umgebung wird die direkte Umgebung der Verkabelung und der eingesetzten Komponenten betrachtet.
- Die Umgebung kann durch jede beliebige Kombination der MICE-Klassen definiert werden.

### Klassifikation an Standorten (auszugsweise sind jeweils nur die Klassen 1 und 2 dargestellt)

| Mechanisch | $M_1$ | $M_2$ |
|---|---|---|
| Schocken (Einzelstöße)/Dauerschocken* | | |
| Spitzenbeschleunigung | 40 $ms^{-2}$ | 100 $ms^{-2}$ |
| Auslenkungsamplitude (2 Hz bis 9 Hz) | 1,5 mm | 7,0 mm |
| Beschleunigungsamplitude (9 Hz bis 500 Hz) | 5 $ms^{-2}$ | 20 $ms^{-2}$ |
| Druck | 45 N über 25 mm (linear) min. | 1100 N über 150 mm (linear) min. |
| Stoß | 1 J | 10 J |
| Eindringen | $I_1$ | $I_2$ |
| Eindringen von Teilchen (größter Durchmesser) | 12,5 mm | 0,05 mm |
| Untertauchen | keine | Zeitweilig aussetzender Flüssigkeitstrahl ≤ 12,5 l/min, ≥ 6,3 mm Strahl ≥ 2,5 m Abstand |
| Klimatisch | $C_1$ | $C_2$ |
| Umgebungstemperatur | –10°C bis +60°C | –25°C bis +70°C |
| Temperaturänderungsgeschwindigkeit | 0,1°C je Minute | 1,0°C je Minute |
| Feuchte | 5 % bis 85 % (nicht-kondensierend) | 5 % bis 95 % (kondensierend) |
| Sonnenstrahlung | 700 $Wm^{-2}$ | 1120 $Wm^{-2}$ |
| Natriumchlorid (Salz/Meerwasser) (ppm) | 0 | < 0,3 |
| Öl (ppm) | 0 | < 5,0 |
| Natriumstearat (Seife) | keine | 5 % wässerig, nicht-gelierend |
| Waschmittel | keine | in Beratung |
| Leitfähige Werkstoffe in Lösung | keine | zeitweise (Kondensation) |
| Gasförmige Verschmutzung Verunreinigungen ($cm^3m^{-3}$ = ppm) | Mittelwert/Spitzenwert | Mittelwert/Spitzenwert |
| Schwefelwasserstoff | < 0,003/< 0,01 | < 0,05/< 0,5 |
| Schwefeldioxid | < 0,01/< 0,03 | < 0,1/< 0,3 |
| Schwefeltrioxid | < 0,01/< 0,03 | < 0,1/< 0,3 |
| Chlornässe (> 50 % Feuchte) | < 0,0005/< 0,001 | < 0,005/< 0,03 |
| Chlortrockenheit (< 50 % Feuchte) | < 0,002/< 0,01 | < 0,02/< 0,1 |
| Chlorwasserstoff | –/< 0,06 | < 0,06/< 0,3 |
| Fluorwasserstoff | < 0,001/< 0,005 | < 0,01/< 0,05 |
| Ammoniak | < 1/< 5 | < 10/< 50 |
| Stickoxide | < 0,05/< 0,1 | < 0,5/< 1 |
| Ozon | < 0,002/< 0,005 | < 0,025/< 0,05 |
| Elektromagnetisch | $E_1$ | $E_2$ |
| Entladung statischer Elektrizität – Kontakt (0,667 μC) | 4 kV | 4 kV |
| Entladung statischer Elektrizität – Luft (0,132 μC) | 8 kV | 8 kV |
| Abgestrahlte Hochfrequenz, amplitudenmoduliert | 3 V/m bei (80 bis 1000) mHz<br>3 V/m bei (1400 bis 2000) MHz<br>1 V/m bei (2000 bis 2700) MHz | 3 V/m bei (80 bis 1000) mHz<br>3 V/m bei (1400 bis 2000) MHz<br>1 V/m bei (2000 bis 2700) MHz |
| Leitungsgeführte Hochfrequenz | 3 V bei 150 kHz bis 80 MHz | 3 V bei 150 kHz bis 80 MHz |
| Schnelle elektrische Transiente/Burst | AC 500 V | AC 1000 V |
| AC 1000 V Stoßspannung (transiente, Erdpotenzialunterschied) – Signalleitung/Erde | 500 V | 1000 V |
| Magnetfeld (50/60 Hz) | 1 $Am^{-1}$ | 3 $Am^{-1}$ |
| Magnetfeld (60 Hz bis 20000 Hz) | in Beratung | in Beratung |

* Die Wiederholungen des Schockens, dem die Übertragungsstrecke ausgesetzt ist, muss berücksichtigt werden.

### U/UTP Cat.5

**U**: **U**nshielded (ungeschirmt)
**UTP**: **U**nshielded **T**wisted **P**air (ungeschirmtes Adernpaar)

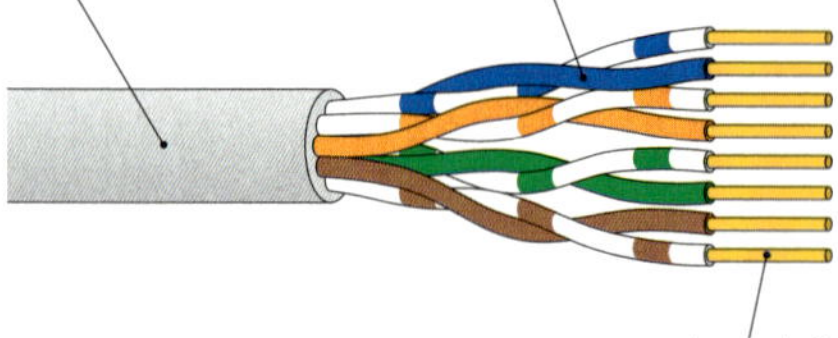


**PE**: **P**oly**e**thylen
**AWG**: **A**merican **W**ire **G**auge

### F/UTP Cat.5/Cat.5e

**F**: **F**oiled (Gesamtschirm Folie)
**UTP**: **U**nshielded **T**wisted **P**air (ungeschirmtes Adernpaar)

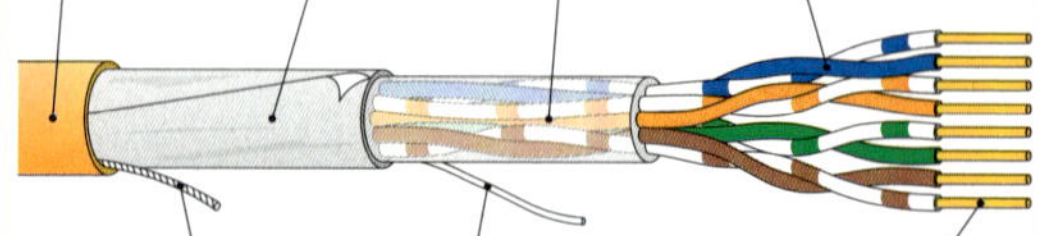


**AWG**: **A**merican **W**ire **G**auge

### U/FTP Cat.6

**U**: **U**nshielded (ungeschirmt)
**FTP**: **F**oiled **T**wisted **P**air (Folienschirm je Adernpaar)

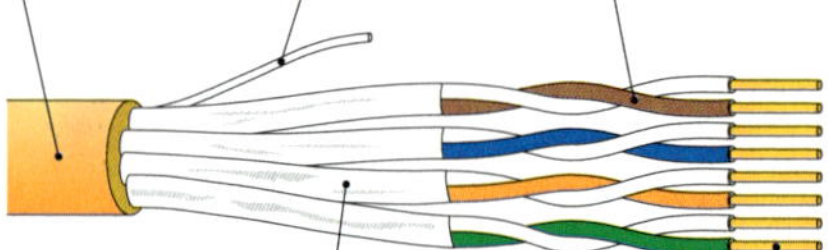


AWG: American Wire Gauge

### S/FTP Cat.$7_A$

**S**: **S**hielded (Gesamtschirm Schirmgeflecht)
**FTP**: **F**oiled **T**wisted **P**air (Folienschirm je Adernpaar)

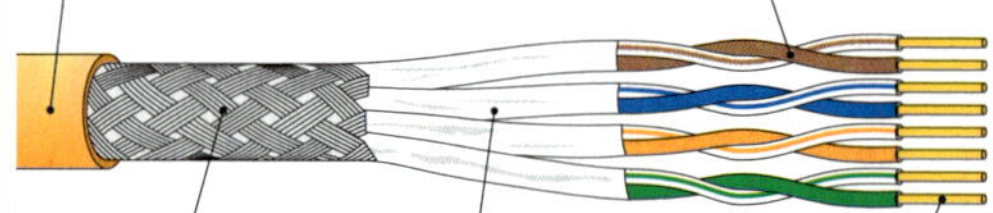


AWG: American Wire Gauge

1) **FR**/PVC: **F**lame **R**etardant/Polyvinylchlorid (flammwidrig/Polyvinylchlorid)
2) **PETP**: **P**oly**e**thylen**te**re**p**hthalat
3) **FRNC**/LSOH: **F**lame **R**etardant **N**on **C**orrosive/Low Smoke Zero Halogen (flammwidrig, nicht korrosiv/raucharm, halogenfrei)

### Anschlussbelegung

| RJ 45 | EIA/TIA 568A | EIA/TIA 568B |
|---|---|---|
| 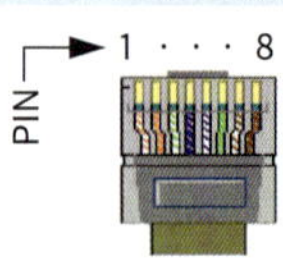 | 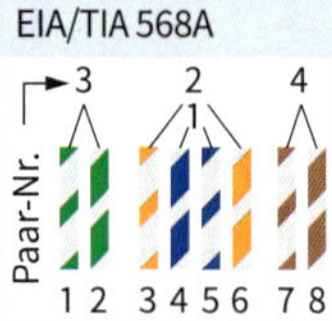 | 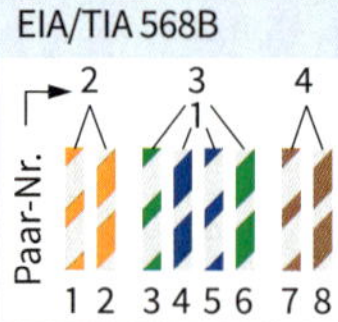 |



EIA/TIA: Electronics/Telecommunication Industry Association

GG 45

- Datenraten ab 10 Gbit/s erfordern geschirmte Steckverbinder (Cat. 7).
- Verfügbar sind TERA, GG 45 und EC 7.
- GG-45-Buchse ist kompatibel zu RJ-45-Stecker.

GG 45 Stecker

GG 45 Buchse

### Kontaktbelegung Endgerät

| Dienst | Steckeranschluss-Nr. | | | |
|---|---|---|---|---|
| | 1 und 2 | 3 und 6 | 4 und 5 | 7 und 8 |
| Analoges Telefon | n | n | T/R | n |
| ISDN, Token Ring | n | T | R | n |
| 10Base-T (802.3) | T | R | n | n |
| 100Base-TX (802.u) | T | R | n | n |
| FDDI 100 Mbit/s (TP) | T | O | O | R |
| ATM User Device | T | O | O | R |
| ATM Network Equipm. | R | O | O | T |
| 1000Base-T<br>10GBase-T<br>40GBase-T | B | B | B | B |

T: Transmit; R: Receive; B: Bidirectional; O: Optional; n: nicht verwendet

# Nachrichtenkabel (Kupfer)
## Communication Cable (Copper)

### Übertragungseigenschaften

Niedrige Frequenzen

- Die Übertragungseigenschaften sind bestimmt durch
  - **Leiterwiderstand**,
  - **Isolationswiderstand** und
  - **Betriebskapazität**.
- Der Leiterwiderstand ist abhängig von
  - dem Leiterquerschnitt,
  - der Leiterlänge und
  - der Qualität des Kupfers.
- Der Isolationswiderstand
  - wird bestimmt durch den verwendeten Isolierstoff und
  - wird kleiner bei zunehmender Länge.
- Die Betriebskapazität
  - ergibt sich aus den Kapazitäten der Einzeladern untereinander sowie gegen den Kabelschirm und
  - steigt linear mit der Kabellänge (längenabhängig).

Hohe Frequenzen

Bei hohen Frequenzen sind zu berücksichtigen:
- **Wellenwiderstand** (setzt sich u.a. zusammen aus Kapazitäts- und Induktivitätsbelegen der Leitung; ist unabhängig von der Leitungslänge),
- **Leitungsdämpfung** (abhängig von Leiterwiderstand und Betriebskapazität; nimmt linear mit der Leitungslänge zu),
- **Nebensprechen** (gegenseitige Beeinflussung benachbarter Adernpaare durch Induktionsspannungen; abhängig von der Frequenz; unabhängig von der Leitungslänge),
- **Übersprechdämpfung** (**ACR: A**ttenuation to **C**ross **R**atio; Verhältnis des Nutzsignalpegels am Empfängereingang zum Störpegel),
- **Erdunsymmetrie** (verursacht durch mechanische Unsymmetrien im Kabel oder unterschiedliche Wirkwiderstände).

### Beeinflussungen und Gefährdungen

- Nachrichtenkabel werden beeinflusst durch Energieanlagen, Blitzeinschlag, Feuchtigkeit und Brände.
- **Gefährdende elektrische Beeinflussungen** in unsymmetrischen Kreisen von Kabeln (Leiter gegen Erde) werden hervorgerufen durch **Langzeiteinflüsse** (z.B. dauernde Betriebsströme von Bahnanlagen) und/oder **Kurzzeiteinflüsse** (z.B. Erdkurzschlüsse in Energieanlagen).
- **Störende elektrische Beeinflussungen** treten in symmetrischen Kreisen (Leiter gegen Leiter) des Nachrichtenkabels auf.
- Grundlage für **gefährdende** und **störende** Beeinflussung sind **induktive Kopplungen** bei Parallelführung von Energiekabeln oder galvanische Kopplung (gleiche Leitungsabschnitte).
- **Kapazitive Kopplungen** sind für geschirmte Nachrichtenkabel unkritisch, für Fernmeldefreileitungen jedoch möglich (DIN VDE 0228-1).
- **Fremd-** und **Geräuschspannungen** sind **niederfrequente Störungen**.
- **Fremdspannungen** bestehen aus einem Frequenzgemisch mit Oberschwingungen und Grundschwingungen. Es handelt sich um die **effektive Spannungssumme** aus allen Amplituden. Gestört werden hauptsächlich **Signalkreise**.
- Bei **Geräuschspannungen** werden alle Frequenzanteile entsprechend der Empfindlichkeit des menschlichen Ohres im Zusammenhang mit der Übertragungscharakteristik des Fernhörers betrachtet (Bezugsfrequenz ist 800 Hz).
- **Hochfrequente Störungen** entstehen durch Sendeanlagen oder Schaltvorgänge (z.B. Thyristorschalter).
- Für Kabelanlagen sind **Grenzwerte für die zulässigen Beeinflussungsspannungen** zum Schutz von Personen und entsprechende Schutzmaßnahmen festgelegt.

### Beeinflussungsspannungen

| Gefährdende Spannungen nach | DIN VDE 0228 | ITU K.21 |
|---|---|---|
| Langzeitbeeinflussung von Nachrichtenkreisen ohne Abschluss durch Trennübertrager | 65 V | 60 V |
| Langzeitbeeinflussung von Nachrichtenkreisen mit Abschluss durch Trennübertrager | 250 V | 150 V |
| Kurzzeitbeeinflussung (max. 0,5 s) von Nachrichtenkreisen mit spannungssicheren Abschlusskreisen | 300 V (öffentl. Netze)/500 V | 430 V |
| **Bewertete Störspannung** | | |
| Fernsprechkreise des öffentlichen Verkehrs | 0,5 mV | 0,5 mV |
| Fernsprechkreise des nicht öffentlichen Verkehrs | 2,5 mV | 2,5 mV |

### Brandverhalten

| Aspekt | Deutsche Norm | Internationale Norm |
|---|---|---|
| Einaderbrennprüfung | DIN EN 60332 | IEC 60332 |
| Einkabelbrennprüfung | DIN EN 60332 | IEC 60332 |
| Mehrkabelbrennprüfung | DIN EN 60332 | IEC 60332 |
| Korrosivität | DIN EN 60754 | IEC 60754 |
| Halogenfreiheit von Materialien | DIN EN 60754 | IEC 69754 |
| Rauchgasdichte | DIN EN 61034 | IEC 61034 |
| Toxizität | DIN 53436 | IEC 60695-7 |
| Isolationserhalt | DIN VDE 0472-814 | IEC 60331 |

# Digitale Logik
## Digital Logic

DIN EN 60617-12: 1999-04; DIN 66000: 1985-11

### Verknüpfungsbausteine

| Schaltzeichen | Schaltfunktion, Benennung | a | b | x |
|---|---|---|---|---|
| 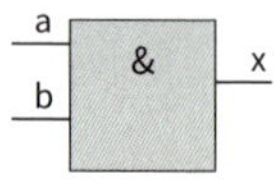 | **UND-Verknüpfung** | 0 | 0 | 0 |
| | (Konjunktion) | 0 | 1 | 0 |
| | $x = a \wedge b$ | 1 | 0 | 0 |
| | $x = a \cdot b$ (a und b)[1] | 1 | 1 | 1 |
| 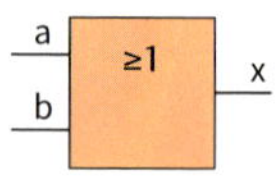 | **ODER-Verknüpfung** | 0 | 0 | 0 |
| | (Disjunktion) | 0 | 1 | 1 |
| | $x = a \vee b$ | 1 | 0 | 1 |
| | $x = a + b$ (a oder b)[1] | 1 | 1 | 1 |
| 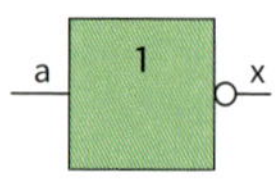 | **NICHT** | 0 | – | 1 |
| | (Negation) | 1 | – | 0 |
| | $x = \overline{a}$ | – | – | – |
| | $\neg$ a (nicht a)[1] | – | – | – |
| 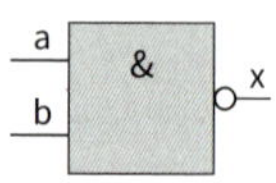 | **NAND-Verknüpfung** | 0 | 0 | 1 |
| | $x = \overline{a \wedge b}$ | 0 | 1 | 1 |
| | $x = a \overline{\wedge} b$ (a nand b)[1] | 1 | 0 | 1 |
| | | 1 | 1 | 0 |
| 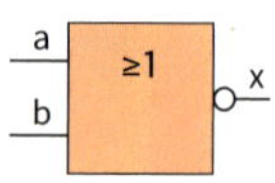 | **NOR-Verknüpfung** | 0 | 0 | 1 |
| | $x = \overline{a \vee b}$ | 0 | 1 | 0 |
| | $x = a \overline{\vee} b$ (a nor b)[1] | 1 | 0 | 0 |
| | | 1 | 1 | 0 |
| 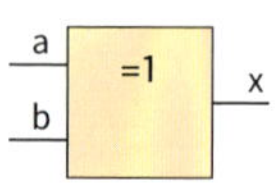 | **Exklusiv-ODER** | 0 | 0 | 0 |
| | (Antivalenz) | 0 | 1 | 1 |
| | $x = (a \wedge \overline{b}) \vee (\overline{a} \wedge b)$ | 1 | 0 | 1 |
| | $x = a \nleftrightarrow b$ (a xor b)[1] | 1 | 1 | 0 |
| 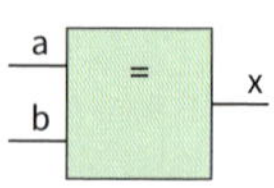 | **Exklusiv-NOR** | 0 | 0 | 1 |
| | (Äquivalenz) | 0 | 1 | 0 |
| | $x = (a \wedge b) \vee (\overline{a} \wedge \overline{b})$ | 1 | 0 | 0 |
| | $x = a \leftrightarrow b$ (a Doppelpfeil b)[1] | 1 | 1 | 1 |
| 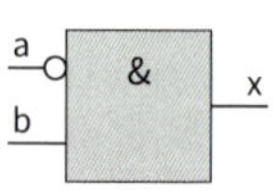 | **Sperrgatter** | 0 | 0 | 0 |
| | (Inhibition) | 0 | 1 | 1 |
| | $x = \overline{a} \wedge b$ | 1 | 0 | 0 |
| | | 1 | 1 | 0 |
| 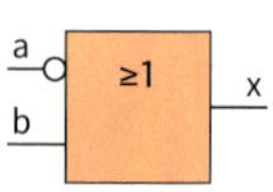 | **Subjunktion** | 0 | 0 | 1 |
| | (Implikation) | 0 | 1 | 1 |
| | $x = \overline{a} \vee b$ | 1 | 0 | 0 |
| | $x = a \rightarrow b$ (a Pfeil b)[1] | 1 | 1 | 1 |

[1] Benennung nach DIN 66000

### Schaltalgebra

| **Konjunktion** (UND-Funktion) | **Disjunktion** (ODER-Funktion) | **Negation** (NICHT-Funktion) |
|---|---|---|
| $x = a \wedge 0 = 0$ | $x = a \vee 0 = a$ | $x = \overline{a}$ |
| $x = a \wedge 1 = a$ | $x = a \vee 1 = 1$ | $x = \overline{\overline{a}} = a$ |
| $x = a \wedge a = a$ | $x = a \vee a = a$ | $x = \overline{\overline{\overline{a}}} = \overline{a}$ |
| $x = a \wedge \overline{a} = 0$ | $x = a \vee \overline{a} = 1$ | |

### Rechenregeln

**Vertauschungsregel** (Kommutatives Gesetz)

$x = a \wedge b = b \wedge a$

$x = a \vee b = b \vee a$

**Beispiel:**

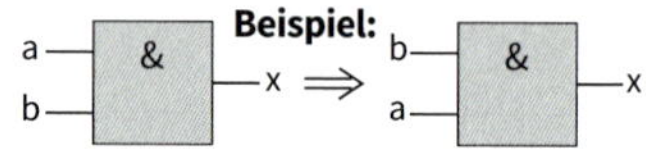

**Verbindungsregel** (Assoziatives Gesetz)

$x = a \wedge b \wedge c = a \wedge (b \wedge c)$
$= b \wedge (a \wedge c) = c \wedge (a \wedge b)$

$x = a \vee b \vee c = a \vee (b \vee c)$
$= b \vee (a \vee c) = c \vee (a \vee b)$

**Beispiel:**

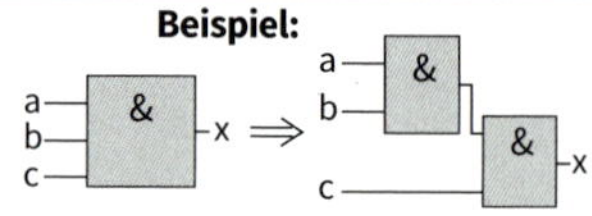

**Verteilungsregel** (Distributives Gesetz)

$x = a \wedge b \vee a \wedge c = a \wedge (b \vee c)$

UND-Funktion geht vor ODER-Funktion

$x = (a \vee b) \wedge (a \vee c) = a \vee (b \wedge c)$

**Beispiel:**

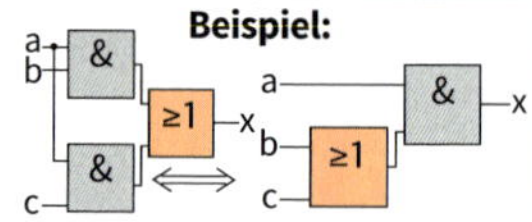

**De Morgansches Gesetz**

$x = \overline{a \wedge b} = \overline{a} \vee \overline{b}$

**Beispiel:**

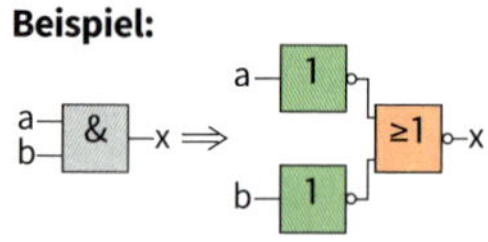

$x = a \overline{\wedge} b = \overline{a} \vee \overline{b}$

$x = \overline{a \vee b} = \overline{a} \wedge \overline{b}$

**Beispiel:**

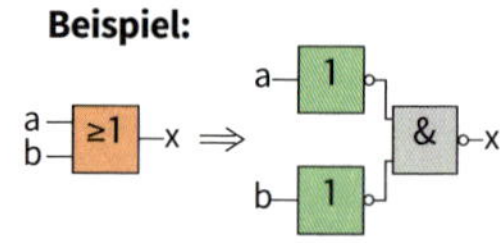

$x = a \overline{\vee} b = \overline{a} \wedge \overline{b}$

### Vereinfachungen

$x = a \wedge (a \vee b) = a$

$x = a \vee a \wedge b = a$

**Beispiel:**

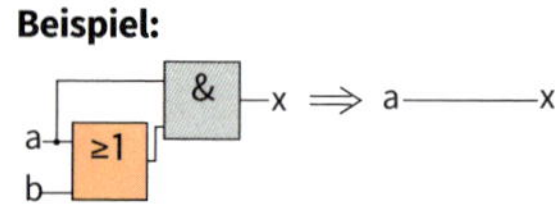

$x = a \wedge (\overline{a} \vee b) = a \wedge b$

$x = a \vee (\overline{a} \wedge b) = a \vee b$

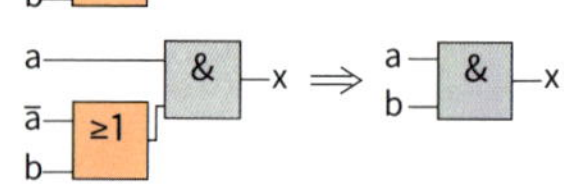

$x = a \vee \overline{a} \wedge \overline{b} = a \vee \overline{b}$

$x = \overline{a} \vee a \wedge b = \overline{a} \vee b$

$x = \overline{a} \vee a \wedge \overline{b} = \overline{a} \vee \overline{b}$

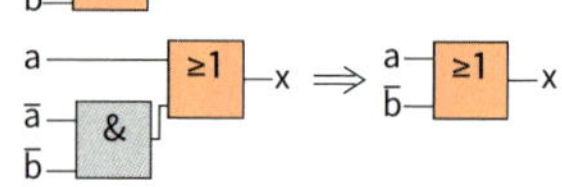

### Ersetzen

UND durch ODER

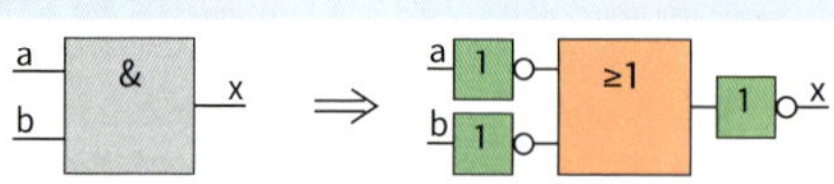

ODER durch UND

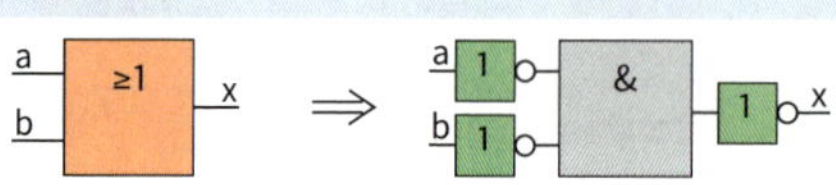

**Ersetzen von Verknüpfungsgliedern**

Man erhält gleichwertige Verknüpfungsglieder, wenn

1. alle UND durch ODER,
2. alle ODER durch UND ersetzt und
3. alle Anschlüsse gegenüber dem Ausgangszustand invertiert werden. (Ausnahme: NICHT-Glied)

## Bezeichnungsschema[1]

**Beispiel:**
SN74LS244N

| | | | | | | | | | |
|---|---|---|---|---|---|---|---|---|---|
| SN | 74 | LS | | | | 244 | | N | |
| ① | ② | ③ | ④ | ⑤ | ⑥ | ⑦ | ⑧ | ⑨ | ⑩ |

| ① **Kennzeichnung Standard (SN)** | |
|---|---|
| SN | Standard Vorzeichen |
| SNJ | Entspricht MIL-PRF-38535 (QML) |
| ② **Temperaturbereich** | |
| 54 | Militärisch, 74 Kommerziell |
| ④ **Spezielle Funktionen** (Beispiele) | |
| Leer | Keine speziellen Funktionen |
| C | Einstellbare Versorgungsspannung |
| D | Level-Shifting Diode (CBTD) |
| H | Bus Hold (ALVCH) Schaltung (CBTK) |
| S | Schottky Clamping Diode (CBTS) |
| ⑤ **Bit-Breite** (Beispiele) | |
| Leer | Gates, MSI, and Octals |
| 1G | Single Gate |
| 2G | Dual Gate |
| 8 | Octal IEEE 1149.1 (JTAG) |
| 16 | Widebus (16-, 18- and 20-bit) |
| 32 | Widebus+ (32- and 36-bit) |
| ⑥ **Optionen** (Beispiele) | |
| Leer | Keine Optionen |
| 2 | Serielle Dämpfungswiderstände am Ausgang |
| 4 | Pegelanpassung |
| 25 | 25 Ω Leitungstreiber |
| ⑦ **Funktion** (Beispiele) | |
| 244 | Nichtinvertierende Puffer/Treiber |
| 374 | D-Typ Flip-Flop |
| 640 | Invertierender Empfänger |
| ⑧ **Ausgabestand** (Beispiele) | |
| Leer | Kein geänderter Ausgabestand |
| Buchstabe | A bis Z kennzeichnet Ausgabestand |
| ⑨ **Gehäusebauform** | |
| N | Plastic-Dual-In-Line Package (PDIP) |
| ⑩ **Verpackung** | |

1) nach Texas Instruments

| ③ **Familie** | |
|---|---|
| Leer | Transistor-Transistor Logic (TTL) |
| ABT | **A**dvanced **B**iCMOS **T**echnology |
| ABTE/ETL | **A**dvanced **B**iCMOS **T**echnology/ **E**nhanced **T**ransceiver **L**ogic |
| AC/ACT | **A**dvanced **C**MOS Logic |
| AHC/AHCT | **A**dvanced **H**igh-Speed **C**MOS Logic |
| ALB | **A**dvanced **L**ow-Voltage **B**iCMOS |
| ALS | **A**dvanced **L**ow-Power **S**chottky Logic |
| ALVC | **A**dvanced **L**ow-**V**oltage **C**MOS Technology |
| ALVT | **A**dvanced **L**ow-**V**oltage BiCMOS **T**echnology |
| AS | **A**dvanced **S**chottky Logic |
| AUC | **A**dvanced **U**ltra-Low-Voltage **C**MOS Logic |
| AUP | **A**dvanced **U**ltra-Low-**P**ower CMOS Logic |
| AVC | **A**dvanced **V**ery Low-Voltage **C**MOS Logic |
| BCT | **BiC**MOS Bus-Interface Technology |
| CB3Q | **C**ross**b**ar Bus-Switch 2.5 V/3.3 V Low-Voltage High-Bandwidth Technology Logic |
| CB3T | **C**ross**b**ar Bus-Switch 2.5 V/3.3 V Low-Voltage **T**ranslator Technology Logic |
| CBT | **C**ross**b**ar **T**echnology |
| CBT-C | **C**ross**b**ar 5-V Bus-Switch **T**echnology Logic with 0,2 V Undershoot Protection |
| CBTLV | **C**ross**b**ar **T**echnology **L**ow-**V**oltage Logic |
| F | **F** Logic |
| FB | **B**ackplane Transceiver Logic/**F**uturebus+ |
| GTL | **G**unning **T**ransceiver **L**ogic |
| GTLP | **G**unning **T**ransceiver **L**ogic **P**lus |
| HC/HCT | **H**igh-Speed **C**MOS Logic |
| HSTL | **H**igh **S**peed **T**ransceiver **L**ogic |
| LS | **L**ow-Power **S**chottky Logic |
| LV-A | **L**ow-**V**oltage CMOS Technology |
| LV-AT | **L**ow-**V**oltage CMOS Technology – **T**TL Comp |
| LVC | **L**ow-**V**oltage **C**MOS Technology |
| LVT | **L**ow-**V**oltage BiCMOS **T**echnology |
| PCA/PCF | $I^2C$ Inter-Integrated Circuit Applications |
| S | **S**chottky Logic |
| SSTL | **S**tub **S**eries-**T**erminated **L**ogic |
| SSTU | **S**tub **S**eries-**T**erminated **U**ltra-Low-Voltage Logic |
| TVC | **T**ranslation **V**oltage **C**lamp Logic |
| VME | **VERSA**module **E**urocard Bus Technology |

## Kenndaten einiger Logikfamilien

| Technologie | | AHC | AUC | CBT | F | LS | LVC | LVT |
|---|---|---|---|---|---|---|---|---|
| Betriebsspannung | in V | 5 | 0,8 ... 2,5 | 5 | 5 | 5 | 2,0 ... 3,6 | 2,7 ... 3,3 |
| Betriebsspannungsbereich | in V | 4,5 ... 5,5 | 0,8 ... 2,7 | 4,0 ... 5,5 | 4,5 ... 5,5 | 4,75 ... 5,25 | 1,65 ... 3,6 | 2,7 ... 3,6 |
| Temperaturbereich | in °C | −40 ... +85 | −40 ... +85 | −40 ... +85 | 0 ... +70 | 0 ... +70 | −40 ... +85 | −40 ... +85 |
| $U_{IH}$ | in V | 2 | [2] | 2 | 2 | 2 | [2] | 2 |
| $U_{IL}$ | in V | 0,8 | 0 ... 0,7 | 0,8 | 0,8 | 0,8 | [2] | 0,8 |
| $I_{OH}$ | in mA | −8 | −9[2] | – | −1 | −0,4 | −24 | −12 |
| $I_{OL}$ | in mA | 8 | 9[2] | – | 20 | 8 | 24 | 12 |
| $t_{pd}$ (max.) | in ns | 8,5 | 2,2[2] | 0,25 | 6 | 15 | 4,5 | 5,3 |

2) abhängig von der Betriebsspannung

## Kipp-Schaltungen

Schaltzeichen

**Master-Slave-FF**, zweiflankengesteuert

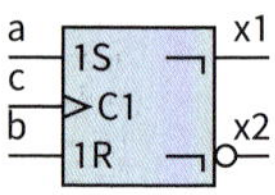


Wertetabelle

| a | b | c | $x_1$ | $x_2$ |
|---|---|---|---|---|
| x | x | 0 | $x_{1n}$ | $x_{2n}$ |
| 1 | 0 | ⎍ | 1 | 0 |
| 0 | 1 | ⎍ | 0 | 1 |
| 0 | 0 | ⎍ | $x_{1n}$ | $x_{2n}$ |
| 1 | 1 | ⎍ | (0) | (0) |

x: beliebiger Zustand unbestimmt

Schaltzeichen

**J-K-Master-Slave-FF**, zweiflankengesteuert

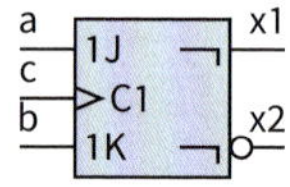


Wertetabelle

| a | b | c | $x_1$ | $x_2$ |
|---|---|---|---|---|
| x | x | 0 | $x_{1n}$ | $x_{2n}$ |
| 1 | 0 | ⎍ | 1 | 0 |
| 0 | 1 | ⎍ | 0 | 1 |
| 0 | 0 | ⎍ | $x_{1n}$ | $x_{2n}$ |
| 1 | 1 | ⎍ | $x_{2n}$ | $x_{1n}$ |

x: beliebiger Zustand Wechseln

## Frequenzteiler

Teilerarten

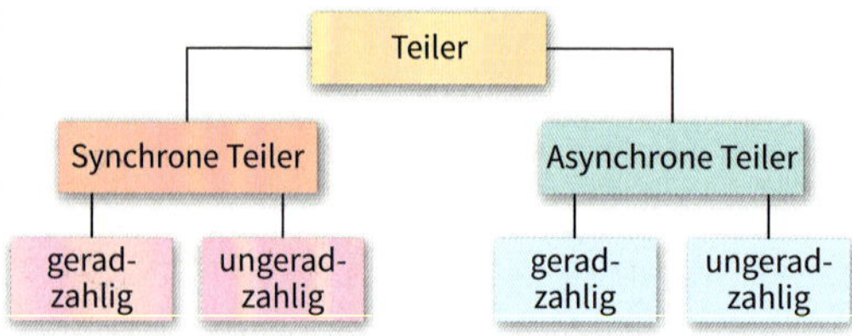


**Asynchrone Teiler** sind in der Zählfrequenz eingeschränkt (Aufsummierung der Schaltzeiten).

**Synchrone Teiler**: Jedes Flipflop wird vom Takt direkt angesteuert. Höchste Betriebsfrequenzen sind möglich.

Geradzahliger asynchroner Teiler

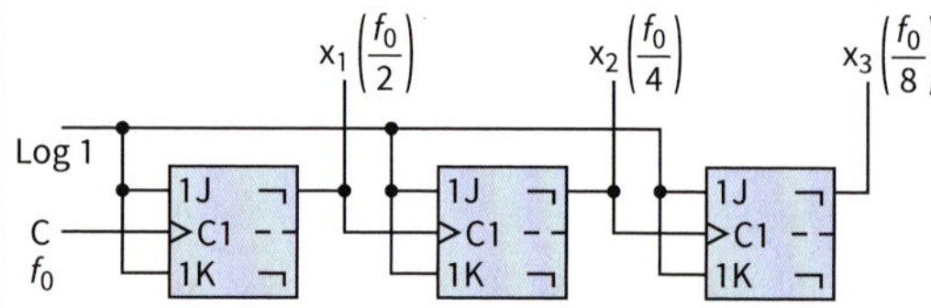


Teilungsverhältnis ergibt sich aus der Anzahl $n$ der Flipflops.

$N = 2^n$

$f_T = \frac{f_0}{2^n}$

$f_0$: Eingangsfrequenz
$f_T$: geteilte Frequenz
$n$: Zahl der FF

## Rechenschaltungen

Halbaddierer

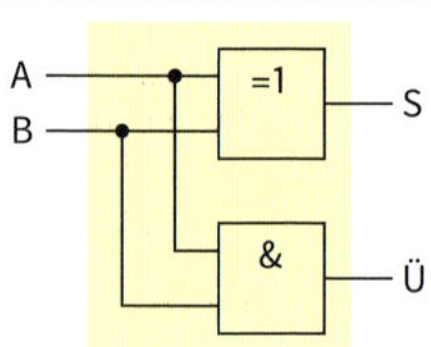


1-Bit-Volladdierer

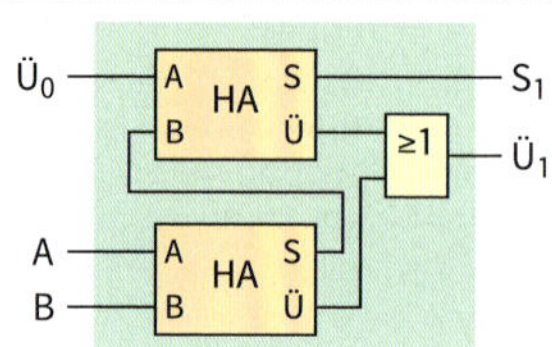


4-Bit-Volladdierer

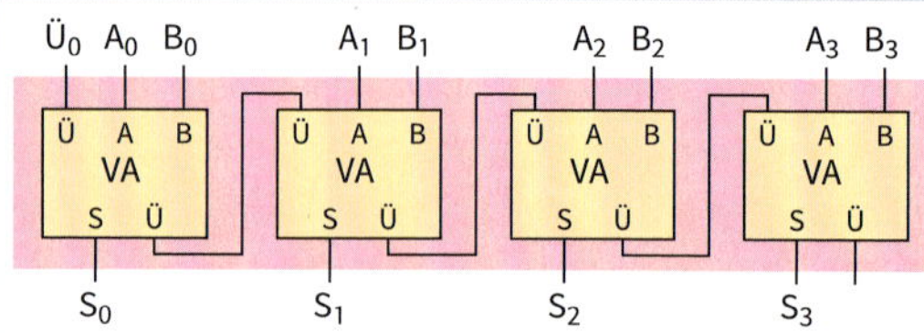


## Multiplexer

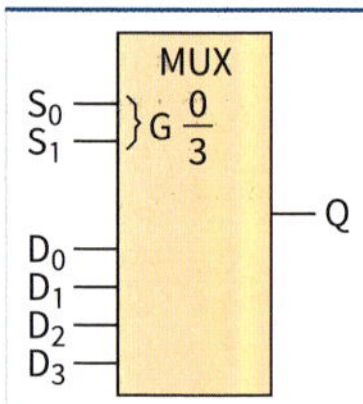


- S wählt binär codiert einen Eingang an.
- Je nach S wird Eingang $D_0 \dots D_3$ auf Ausgang Q geschaltet.
- Multiplexer sind für analoge und digitale Signale verfügbar.

## Demultiplexer

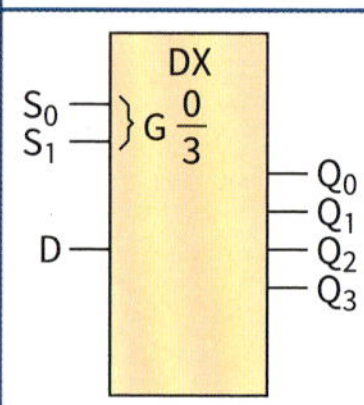


- S wählt binär codiert einen Ausgang an.
- Je nach S wird Eingang D auf Ausgang $Q_0 \dots Q_3$ geschaltet.
- Demultiplexer sind für analoge und digitale Signale verfügbar.

## Binärzähler

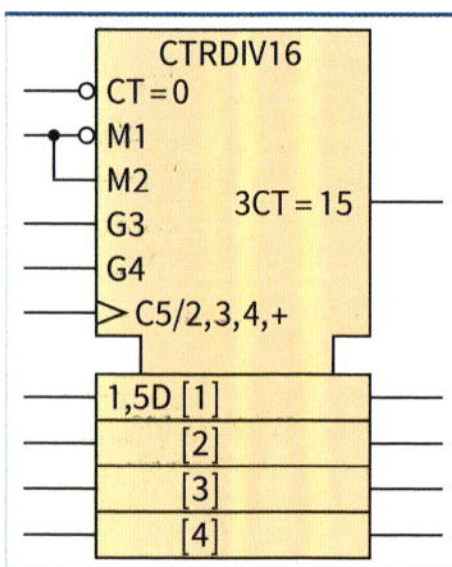


| | |
|---|---|
| CT = 0 | Zähler löschen |
| M1 = 0 | Zähler mit Eingangsdaten laden |
| C5… | Takteingang |
| 3CT… | Übertragsbit |
| G3, G4 | Zählerfreigabe, wenn G3 = 1 und G4 = 1 |

## Schieberegister

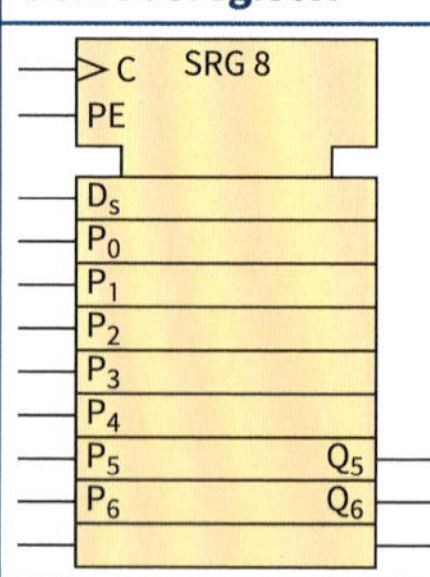


| | |
|---|---|
| C: | Takteingang |
| PE: | Daten von parallelem Eingang laden |
| $D_s$: | Serieller Dateneingang |
| $P_0 \dots P_7$: | Paralleler Dateneingang |
| $Q_5 \dots Q_7$: | Paralleler Ausgang der letzten drei Bits |

## Von-Neumann-Rechner

- 95 % aller Rechenanlagen arbeiten derzeit nach dem 1946 formulierten **Von-Neumann-Prinzip**.
- Von Neumann unterscheidet folgende Anlagen-Komponenten: **Zentralprozessor**, **Ein-** und **Ausgabegeräte** für Daten und Befehle, **Daten-** und **Programmspeicher** und **Bussystem** zur internen Datenübertragung.
- Von-Neumann-Rechner zählt man auch zu den **SISD**-Rechnern (**S**ingle **I**nstruction, **S**ingle **D**ata). Diese Ein-Prozessor-Rechner arbeiten die Befehle grundsätzlich nacheinander (sequentiell) ab. Eine zusammenhängende Befehlsabfolge (Befehlseinheit) wird **Thread** genannt. Diese wird sequentiell verarbeitet. Rechenprozesse bauen sich aus Threads auf.
- Der **Zentralprozessor** (**CPU: c**entral **p**rocessing **u**nit) gliedert sich auf in ein **Leitwerk** und in ein **Rechenwerk**.
- Diese Rechnerstruktur ist an sich unabhängig von den zu bearbeitenden Problemen. Eine **Universalmaschine liegt** vor.
- Durch die im **Speicher** abgelegten **Befehlsfolgen** und die zu verarbeitenden **Informationen** werden unterschiedliche **Reaktionen** möglich.
- Der Von-Neumann-Rechner ist **speicherprogrammierbar**.
- Der Speicherraum wird in einheitlich große **Zellen** zergliedert. Die Zellen sind eindeutig adressiert und können sowohl **Befehle** als auch zugeordnete **Daten** aufnehmen.
- Jeder Befehl besteht aus einer **Adresse** und einem **Operator**.
- Die einzelnen Befehle werden vom Leitwerk nacheinander (also in **serieller Abfolge**) aufgerufen.
- Die Anlagensteuerung wird vom Leitwerk organisiert.
- Alle Rechnerprozesse werden prinzipiell von der Leiteinheit überwacht. Ein **echter Parallelbetrieb** ist auf dieser Ebene nicht möglich.

## Leistung des Von-Neumann-Rechners

- Die Verarbeitungsgeschwindigkeit der **ALU** bestimmt die Leistungsfähigkeit des Prozessors und letztlich des Rechners.
- Das Arbeitsregister im Rechenwerk dient dazu, Operanden und Verknüpfungsergebnisse von Befehlen aufzunehmen.
- Bei leistungsfähigen Rechenwerken können auch mehrere Arbeitsregister vorliegen.

## Modifikationen/Perspektiven

- Bei der **Harvard-Architektur** werden Daten- und Adressspeicher getrennt und mit unabhängigen Bussystemen organisiert.
- Bei **RISC-Architekturen** (**R**educed **I**nstruction **S**et **C**omputer) werden mehrere Befehle quasi gleichzeitig bearbeitet. Insofern wird eine Parallelverarbeitung ermöglicht.
- Bei **CISC-Architekturen** (**C**omplex **I**nstruction **S**et **C**omputer) werden komplexe Befehlsstrukturen verwendet.
- Durch die Verwendung von **Co-Prozessoren** werden Aufgaben zunehmend delegiert und quasi autonomisiert.
- Es werden Prozessoren mit mehreren Kernen (Multi-Core-Prozessoren; **Mehrprozessorkerne**) entwickelt:
  - **Doppelkernprozessoren** (Dual-Core-Prozessoren)
  - **Vier-Kern-Prozessoren** (Quad-Core-Prozessoren)
- Bei Großrechenanlagen treten gegenüber den SISD-Rechnern auch folgende Prinzipien auf: **SIMD** (**S**ingle **I**nstruction, **M**ultiple **D**ata), **MISD** (**M**ultiple **I**nstruction, **S**ingle **D**ata), **MIMD** (**M**ultiple **I**nstruction, **M**ultiple **D**ata). Durch die parallele Verarbeitung von Threads (**Hyper-Threading**) wird beschleunigte Verarbeitung ermöglicht.

## Aufbau

- Das im Zentralspeicher vorliegende Programm steuert den Prozessor, der folgende Operationen ausführt:
  1. Verknüpfung von Daten aus dem Zentralspeicher,
  2. **Steuerung** des Programmablaufs unter Beachtung von **Programmverzweigungen, Schleifen** und **Sprüngen**,
  3. Datenführung im Rechner.
- Im Zentralprozessor sind zu unterscheiden:
  - Das **Rechenwerk** gestaltet die konkreten Rechenoperationen.
  - Im **Leitwerk** werden eingeleitet und überwacht:
    1. die Steuerung der Befehlsabfolge,
    2. die Entschlüsselung der Befehle und
    3. die konkrete Initiierung der Befehlsausführung.

## Grundelemente des Von-Neumann-Rechners

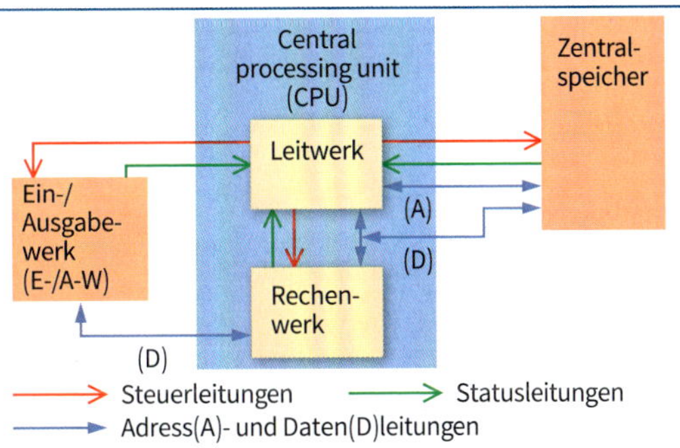


Die Datenleitungen übertragen die Daten in den verschiedenen Prozessorausprägungen seriell oder parallel.

## Leitwerk

- Die **Ablaufsteuerung** ist der wichtigste Leitwerkteil.
- Sie kann als fest verdrahtetes Schaltwerk oder als ein mikroprogrammiertes Steuerwerk gestaltet sein.

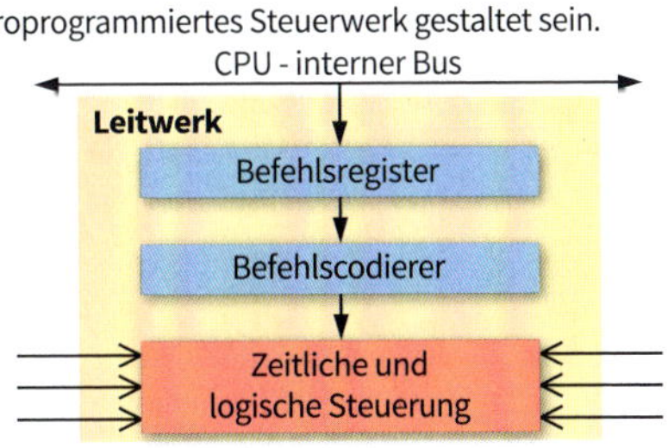


## Rechenwerk (engl. core; Prozessorkern)

- Klassisch beinhaltet ein Rechenwerk nur eine ALU-Einheit.
- Es vollzieht alle arithmetischen und logischen Verknüpfungen.
- Zentral ist die **arithmetisch-logische Einheit (unit) (ALU)**. Typische ALU-Operationen sind:
  - logische und arithmetische Verknüpfungen
  - Rotations- und Schiebeoperationen
  - Register-Manipulationen und BIT-Veränderungen

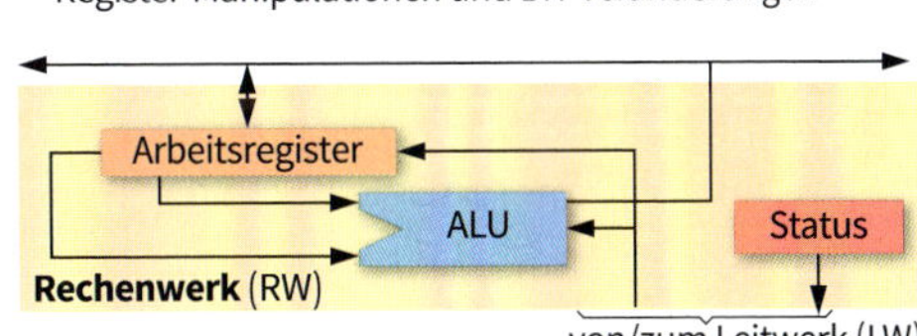

## Maschinelle Information

- Bedeutsam sind die ASCI-, ASCII- und UNI-Code-Konzepte für die Darstellung von Informationen. Für die Darstellung von rationalen und irrationalen Zahlen sind die Kettenbrüche hilfreich bzw. zentral bedeutsam für die Zahlbestimmungen – zum Beispiel $\sqrt{2}$ – in Rechnern.

## Kettenbrüche

- Die Umwandlung folgt dem Euklidischen Algorithmus.
- Zum Beispiel gilt: $3{,}125 = 3 + 0{,}125 = 3 + \frac{1}{8} \rightarrow [3;8]$
- Für 9,7 ergibt sich: $9{,}7 = 9 + 0{,}7 = 9 + \cfrac{1}{\cfrac{1}{0{,}7}} = 9 + \cfrac{1}{\cfrac{10}{7}} = 9 + \cfrac{1}{1+\frac{3}{7}}$

$$= 9 + \cfrac{1}{1+\cfrac{1}{\frac{7}{3}}} = 9 + \cfrac{1}{1+\cfrac{1}{2+\frac{1}{3}}} = 9 + \cfrac{1}{1+\cfrac{1}{2+\frac{1}{3}}} = [9;1,2,3]$$

- Ein Kettenbruch wird über eine Zahlenfolge in rechteckigen Klammern [a;bcdefghij …] dargestellt.

$$[2;3,4,2] \rightarrow 2{,}3103448 = 2 + \cfrac{1}{3+\cfrac{1}{4+\frac{1}{2}}} = \frac{67}{29}$$

- $0{,}886 \rightarrow [0;1,7,1,3,2,1,1,2]$

- Allgemein gilt:

$$x = Z_0 + \cfrac{1}{Z_1 + \cfrac{1}{Z_2 + \ldots + \frac{1}{Z_n}}} \text{ mit } [Z_0; Z_1, Z_2, \ldots, Z_n];\ Z_0 = \text{Anfangsglied}$$

- Aus den Werten in der Klammer kann die usprüngliche Zahl errechnet werden. Zum Beispiel: [3;6,6,6]

(1) $0 \ + 1 \ \cdot 6 = 6$
(2) $1 \ + 6 \ \cdot 6 = 37$
(3) $6 \ + 37 \ \cdot 6 = 228$
(4) $37 + 228 \cdot 6 = 721$

Somit erhalten wir: $[3;6,6,6] = \frac{721}{228} = 3{,}1622807$

$$3{,}1622807 = 3 + \cfrac{1}{1+\cfrac{1}{\frac{7}{3}}} = 3 + \cfrac{1}{6+\cfrac{1}{6+\frac{1}{6}}}$$

- Über Kettenbrüche können irrationale Zahlen dargestellt werden: $[1;2,2,2,2,2,\ldots] = [1;\overline{2}] = 1{,}4142136\ldots = \sqrt{2}$

| | | | |
|---|---|---|---|
| [1;1,2,1,2,1, …] | $\sqrt{3}$ | [3;2,6,2,6, …] | $\sqrt{12}$ |
| [2;4,4,4,4,4, …] | $\sqrt{5}$ | [3;1,1,1,6, …] | $\sqrt{13}$ |
| [2;2,4,2,4,2, …] | $\sqrt{6}$ | [3;1,2,1,6, …] | $\sqrt{14}$ |
| [2;1,1,1,4, …] | $\sqrt{7}$ | [3;1,6,1,6, …] | $\sqrt{15}$ |
| [2;1,1,4,1,1,4, …] | $\sqrt{8}$ | [4;8,8,8, …] | $\sqrt{17}$ |
| [3;6,6,6,6,6, …] | $\sqrt{10}$ | [4;4,8,4,8, …] | $\sqrt{18}$ |
| [3;3,6,3,6, …] | $\sqrt{11}$ | [4;2,1,3,1,2,8, …] | $\sqrt{19}$ |

Alle Quadratwurzeln besitzen eine Kettenbruch-Periode. Die Kubikwurzeln besitzen niemals eine entsprechende Periode.

$[1;3,1,5,1,1,4,1,1,8,1,14,1,10,2,1,4,12,\ldots] \rightarrow 1{,}259921\ldots = \sqrt[3]{2}$

$\pi = 3{,}1415926\ldots \rightarrow [3;7,15,1,292,1,1,1,2,1,\ldots]$

$\Phi = [1;1,1,1,1,\ldots] \rightarrow 1{,}6180\ldots$ (→ Goldener Schnitt: $\omega = \frac{1}{1+\omega}$)

$\frac{p}{q}$ in der $\Phi$-Folge ergibt die Fibonnaci-Folge (1;1;2;3;5;8;13; …)

(→ [1] = 1/2; [1,1] = 2/3; [1,1,1] = 3/5; [1,1,1,1] = 5/8 …)

$e = 2{,}7182818\ldots \rightarrow [2;1,2,1,1,4,1,1,6,1,1,8,1,1,10,\ldots]$

Bei e (Eulersche Zahl) tritt eine Regelmäßigkeit (Gesetz) auf!

## Entscheidbarkeit, Berechenbarkeit

- **Entscheidbarkeit**: Es gibt ein (algorithmisches, maschinelles) Verfahren zu entscheiden, ob ein Problem im konkreten Einzelfall überhaupt entschieden werden kann. Jedoch gibt es Probleme, die prinzipiell nicht entschieden werden können. Weiterhin gibt es Probleme, die zwar entschieden, aber nicht algorithmisch aufgelöst werden können.
- **Berechenbarkeit**: Es gibt ein Verfahren, mit dem im Einzelfall eine Auflösung prinzipiell bestimmt werden kann.

## Halteproblem

- Hintergrund ist die Frage, ob Probleme maschinelle gelöst werden können. Hierbei erfolgt die Auflösung vorrangig in Abhängigkeit vom a.) Maschinenmodell und b.) Algorithmen-Verständnis.
- Im Zusammenhang mit Aspekten der Quantenphysik werden neuartige Rechnerkonzepte (Quantenrechner), veränderte Algorithmen (→ Shor-Algorithmus etc.) denkbar und weiterhin neuartige physikalische Mechanismen (→ Quanten-Kryptographie (auch No-Cloning-Theorem)) sichtbar.
- Die Problematik der Berechen- und Lösbarkeit und die der logischen Widerspruchsfreiheit und Vollständigkeit der Beschreibung (→ Gödel: rekursive Funktionen (→ $\lambda$-Kalkül)) stehen am Ausgangspunkt des Bedenkens der modernen maschinellen Lösungsansätze. Sie berühren auch die Möglichkeit der Sicherheitsfragen im Internet- und Cyberraum.

## Collatz-Problematik

- Das Problem verbindet sich u. a. mit Lothar Collatz (1919–1990).
- Kern der Problematik ist die Frage, ob der nachfolgende Algorithmus für alle Zahlen zur Abfolge 4,2,1,4 führt:
  (Schleife) wiederhole
    (if) falls n gerade (then) → n := n / 2
    (else) sonst (else) → n := (3 · n) + 1
    (end) bis n = 1.
  Letztlich ergibt sich im Lösungsfall der Zyklus 4, 2, 1, 4, 2, 1, …
- **Beispiele**

| Nr. | Entwicklung |
|---|---|
| 1 | 15,46,23,70,35,106,53,160,80,40,20,10,5,16,8,4,2,1,4,2,1 |
| 2 | 9,28,14,7,22,11,34,17,52,26,13,40, … |
| 3 | 27,82,41,124,62,31,94,47,142,71,214,107,322,161,484, … |

- Sofern die Berechnung zu einem Ausdruck der Art $2^n$ führt, ergibt sich der abschließende Zyklus. Das dritte Beispiel mit über 100 Schritten zeigt, dass dies aber bereits bei kleineren Zahlen aufwändig sein kann.
- Es konnte bisher nicht abschließend gezeigt werden, dass alle Zahlen zum Zyklus 1,4,2,1, … führen. Jede Zahl, die zu letztlich gemäß Collatz zum Wert 1 führt, wird als ›wundersame‹ Zahl bezeichnet. ›Unwundersame‹ Zahlen sind (bisher) unbekannt.
- Es gibt Variationen der ursprünglichen Collatzvermutung, die zu unendlichen Lösungsschritten führen.
- Das Problem von Collatz gehört zur Klasse der **Haltprobleme**. Es berührt Fragen der Berechenbarkeit, der Entscheidungstheorie und der Zahlentheorie innerhalb der Mathematik.
- Prinzipiell hat Turing dargelegt, dass keine Turingmaschine (dies mit Blick auf jede mögliche Realisierung einer Turingmaschine), die Frage, ob diese das Halteproblem allgemein für jeden denkbaren Startwert lösen kann, entscheiden kann.

# Parallele Rechnerstrukturen
## Parallel Computer Architectures

### Grundaspekte paralleler Prozessorstrukturen

- Durch die direkte Zusammenschaltung einzelner Prozessoren kann eine leistungsfähige – **parallel** verarbeitende – Rechnerstruktur (**Großrechenanlage**) erreicht werden. Jeder Prozessor ist an sich autonom.
- Unterschieden werden **SIMD**- (**S**ingle **I**nstruction, **M**ultiple **D**ata) und **MIMD**- (**M**ultiple **I**nstruction, **M**ultiple **D**ata) Rechner.

  **SIMD**: Alle Prozessoren verarbeiten das gleiche Programm.
  **MIMD**: Jeder Prozessor bearbeitet sein individuelles Programm.

### Vorteile/Nachteile paralleler Strukturen

+ Vorteilhaft ist, dass die Ressourcen besser genutzt werden können und schnellere Berechnungen bei komplexen Problemen möglich werden.
– Problematisch ist die Gefahr der gegenseitigen Blockierung von Prozessoren bzw. Rechnern.
– Eine zusätzliche Ablaufsteuerung wird benötigt.

### Gesetz von Amdahl

Bestimmung der Einflüsse auf die Gesamtrechenzeit
$\boldsymbol{S} = (\alpha + (1 - \alpha)/P)^{-1}$ (**S**: Speed-up)
$\alpha$: sequentieller Phasenanteil im Algorithmus (in %)
$P$: Anzahl der Prozessoren (Parallelisierungsgrad)

### Unterscheidungskriterien für Parallelrechner

**A Speicherorganisation**
- Jeder Prozessor (P) besitzt einen eigenen Speicher (M) (distributed memory).
- Ein Speicher wird gemeinsam genutzt (shared memory). Die Prozessoren verständigen sich über ein Datennetzwerk.

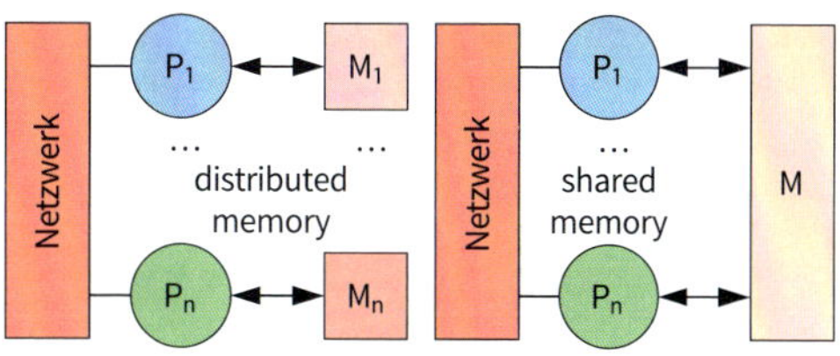


**B Prozessortopologie**
- **Ringtopologie:** Jeder Prozessor hat zwei Nachbarn.
- **Binärbaum:** Es gibt einen Ausgangsrechner (Wurzelknoten), der mit zwei weiteren Prozessoren verbunden ist. Diese und die weiteren stehen in Verbindung mit jeweils zwei gesonderten Prozessoren. Abgeschlossen wird dies mit einfachen „Blattrechnern". Ein Binärbaum hat 2p – 1 Prozessoren insgesamt und davon sind 2n–1 Blattrechner.
- **Gitterstruktur**
  - Zweidimensionales Gitter: Im Inneren des Gitters ist jeder Prozessor mit vier Prozessoren (Nachbarn) verbunden. Die Randprozessoren haben nur drei oder zwei Nachbarn.
  - Torusstruktur: Es liegt ein zweidimensionales Gitter vor, bei dem auch die Randprozessoren mit je vier Prozessoren verbunden sind.
- **Hypercube (p-cube):** Jeder Prozessor steht in direkter Beziehung mit k weiteren Prozessoren (Nachbarn). Insgesamt liegen 2p Prozessoren vor.
- **Crossbar-Struktur:** Jeder Prozessor ist mit allen anderen Prozessoren verbunden.

**Binärbaum**

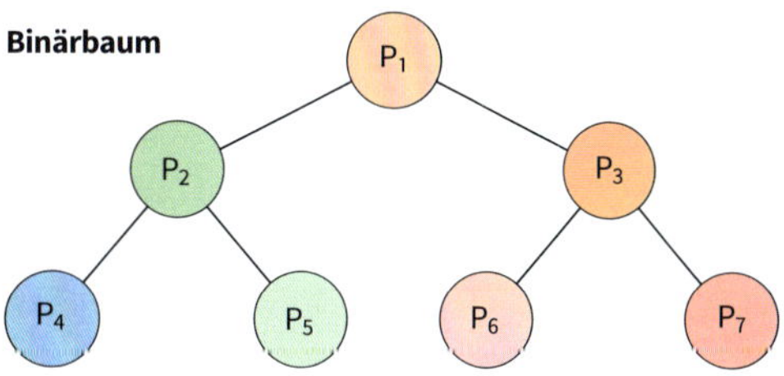


**Beispiel:** p = 3; $2^3 - 1 = 7$ (Prozessoren);
$2^{3-1} = 2^2 = 4$ (Blattrechner)

**Hypercube (3-cube)**

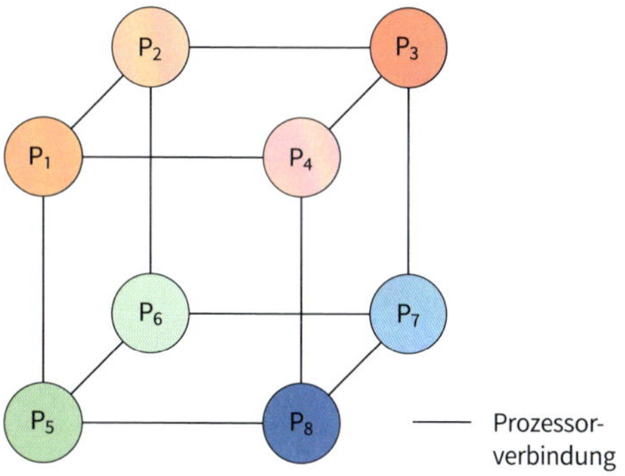


**C Granularität**
Damit wird erfasst, welcher Rechenumfang von jedem Prozessor quasi autonom bewältigt wird.
- **Feingranularität:** Die Prozessoren kommunizieren sehr häufig. Beispiel: System Maspar
- **Grobgranularität:** Jeder Prozessor bearbeitet seine Aufträge weitgehend selbstständig ab.

  Architekturprinzip zum Beispiel bei:

  IBM SP2, Cray Y-MP, System von PC-Clustern

### Parallele Rechnerorganisation mit Einzelplatzrechnern

- Eine Parallelbearbeitung wird auch durch die Zusammenschaltung von Einzelplatzrechnern ermöglicht.
- Zur Gestaltung der parallelen Prozesse muss eine geeignete Betriebssystemsoftware verwendet werden. Hierzu kann auf vorgefertigte Steuerungsprogramme zurückgegriffen werden.

- **Informationen**
  - **Parallelität** (Rechner, Algorithmen)
    http://www.mpich.org/ ; https://www.khronos.org/opencl/
  - **Programmiersprachen**
    X10: x-lang.org; Scratch
  - **Sicherheit**
    www.bsi.de

## Merkmale

- Mikroprozessoren bestehen aus einer Ansammlung von Logik-/Funktionseinheiten, die auf einem Halbleiterchip integriert und durch entsprechende Verbindungen zusammengeschaltet sind.
- Die Einteilung der Prozessoren erfolgt nach der verarbeitbaren Wortbreite in 4 Bit, 8 Bit, 16 Bit oder 32 Bit.
- Wesentliche Funktionseinheiten aller Prozessoren sind u. a.
  - die Arithmetik- und Logik-Einheit (**ALU**: **A**rithmetic and **L**ogic **U**nit),
  - der Befehlszähler und Befehlsdekoder (**PC**: **P**rogramm **C**ounter; **ID**: **I**nstruction **D**ecoder),
  - Registersätze (Register Sets).
- Das grundsätzliche Arbeitsprinzip bei der Programmbearbeitung läuft wie folgt ab:

| Fetch | → | Decode | → | Execute | → | Write Back |
|---|---|---|---|---|---|---|
| Befehl abrufen | | Befehl dekodieren | | Befehl ausführen | | Ergebnis zurückschreiben |

- Um die Verarbeitungsleistung der Prozessoren zu steigern, sind in aktuellen Prozessor-Architekturen verschiedene Maßnahmen realisiert, wie z. B.
  - **ILP** (**I**nstruction **L**evel **P**arallelism: paralle Befehlsverarbeitung),
  - **TLP** (**T**hread **L**evel **P**arallelism: parallele Aufgabenbearbeitung).
- Bei ILP werden mehrere Befehle in einer mehrstufigen Pipeline parallel verarbeitet.
- **Superskalare** Prozessoren verfügen über lange **Instruction Pipelines** und identische Ausführungseinheiten, die über einen Verteiler (**Scheduler**) mit den entsprechenden Teilaufgaben versorgt werden.
- Bei TLP (auch als **Multi-Threading** bezeichnet) werden die Ausführungseinheiten und die Speichereinheiten (Hauptspeicher, Cache-Speicher) auf die jeweiligen Threads (Aufgaben) aufgeteilt.
- Die wiederholte Bearbeitung von Datensätzen mit einem einzelnen Befehl (z. B. Summenbildung oder die Bearbeitung von Multi-Media-Daten) erfolgt über **Daten-Parallelisierung** (**Data Parallelismen**).
- Diese Art der Bearbeitung wird von Funktionseinheiten ausgeführt, die auf die Bearbeitung von **Vektoren** optimiert sind.
- Die Art der Behandlung von Daten wird generell bezeichnet als
  - **SISD** (**S**ingle **I**nstruction **S**ingle **D**ata: ein Befehl, ein Datensatz),
  - **SIMD** (**S**ingle **I**nstruction **M**ultiple **D**ata: ein Befehl, mehrere Datensätze).

## Beispiel

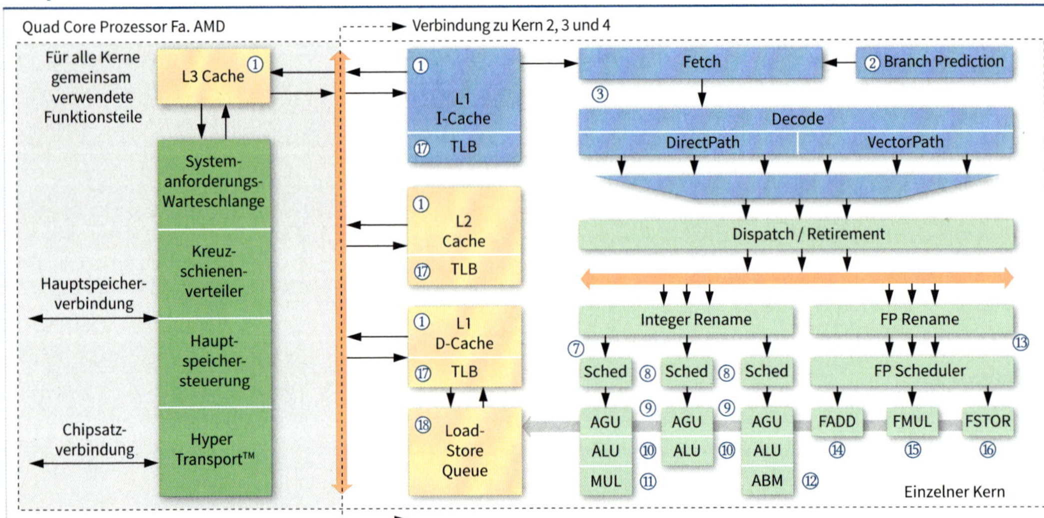


| | | | | | |
|---|---|---|---|---|---|
| ① | Cache | (schneller) Zwischenspeicher | ⑩ | **ALU** (**A**rithmetic **L**ogic **U**nit) | Arithmetik- und Logik-Einheit |
| ② | Branch Prediction | Sprung-Vorhersage | ⑪ | **MUL** (**Mul**tiplication Unit) | Multiplikations-Einheit |
| ③ | Fetch-Decode Unit | Abruf-Dekodiereinheit | ⑫ | **ABM** (**A**dvanced **B**it **M**anipulation) | Verbesserte Bit-Bearbeitung |
| ④ | Direct Path | Direkter Pfad | ⑬ | **FPU** (**F**loating **P**oint **U**nit) | Fließkomma-Einheit |
| ⑤ | Vector Path | Vektor-Pfad | ⑭ | **FADD** (**F**loating **P**oint **Add** **U**nit) | Fließkomma-Additions-Einheit |
| ⑥ | Translation Lookaside Buffer | Adress-Übersetzungs-Puffer | ⑮ | **FMUL** (**F**loating Point **Mul**tiply Unit) | Fließkomma-Multiplikations-Einheit |
| ⑦ | Integer Unit | Festkomma-Einheit | ⑯ | **FSTOR** (**F**loating **P**oint **S**tore **U**nit) | Fließkomma-Speichereinheit |
| ⑧ | Integer Scheduler | Festkomma-Verteiler | ⑰ | **TLB** (**T**ranslation **L**ookaside **B**uffer) | Adress-Übersetzungs-Puffer |
| ⑨ | **AGU** (**A**ddress **G**eneration **U**nit) | Adress-Erzeugungs-Einheit | ⑱ | Load Store Queue | Laden/Speichern-Warteschlange |

# Multi-Core Prozessor
## Multi-Core Processor

### Merkmale

- Multi-Core-Prozessoren
  - beinhalten **mehrere Prozessorkerne** in einem Gehäuse,
  - ermöglichen die **parallele Verarbeitung** von Prozessen (threads),
  - erhöhen die Verarbeitungsleistung und
  - reduzieren den Energieverbrauch im Vergleich zu Einzelprozessoren.
- Weitere Bestandteile auf dem Multi-Core-Chip sind u. a.
  - Cache-Speicher und
  - Hauptspeichercontroller.
- **Symmetrische** Multi-Core-Prozessoren enthalten mehrere identische Kerne.
- **Asymmetrische** Multi-Core-Prozessoren enthalten verschiedene Kerne, die u. a. unterschiedliche Funktionen (z. B. Grafikberechnung, Textverarbeitung) bearbeiten.
- In Desktop-, Laptop- und Serveranwendungen werden Prozessoren mit typisch 2 bis 4 Kernen eingesetzt.
- Für **spezielle Anwendungen** (z.B. Mobilfunk, Simulationsberechnungen) sind Multi-Core-Prozessoren mit einer Vielzahl identischer Kerne (z. B. 100) verfügbar.
- Diese sind intern mit entsprechenden Bussystemen verbunden und können bedarfsweise zu **Clustern** zusammengefasst werden.
- Für die wirksame Ausnutzung ist eine
  - entsprechende Programmierung mit
  - entsprechender Compilerunterstützung

  erforderlich.
- Für den Anwendungsbereich **sicherheitsgerichteter** Systeme existieren Prozessoren, die neben der Multi-Core-Architektur noch weitere Überwachungsfunktionen auf dem Chip enthalten.

### Architekturen

**Dual-Core**

Externer Memory-Controller
**Beispiel:** Intel

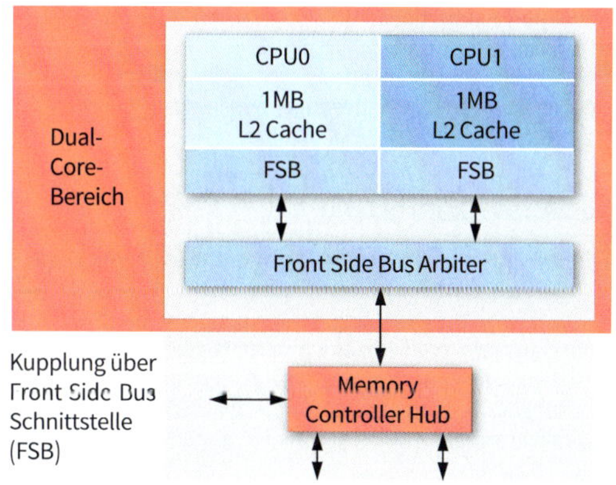


**Quad-Core**

Integrierter Memory-Controller
**Beispiel:** AMD

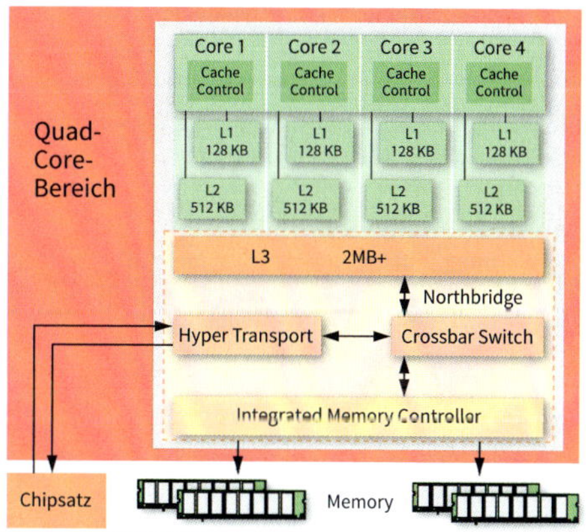


### Funktionseinheiten

Die Architekturunterschiede liegen im Wesentlichen in der Anordnung bzw. in der Anzahl der Cache-Speicher und der Schnittstellen zum Hauptspeicher und zum Chipsatz auf dem Motherboard.

**Quad-Core-Merkmale:**

- Zur Erhöhung der Verarbeitungsgeschwindigkeit ist z. B. im Quad Core ein zusätzlicher Cache (L3) integriert.
- **L1-Cache** ist unmittelbar am Rechenwerk angeordnet und kann somit sehr schnell Daten (Level 1 Data Cache) bzw. Befehle (Level 1 Instruction Cache) liefern. Falls L1 Cache Line aus dem L1 entfernt wird, wird sie im **L2-Cache** (Victim Cache) aufgefangen.
- L1- und L2-Caches operieren mit der Taktfrequenz der Kerne.
- **L3-Cache**
  - wird als Shared Cache für alle Kerne verwendet (puffert Daten aus L1 und L2),
  - wird von den Kernen nach dem Round-Robin-Verfahren verwendet,
  - organisiert zusammen mit dem Memory Controller die Kohärenz der Daten,
  - operiert mit der Taktfrequenz der Northbridge.
- **Memory Controller**
  - realisiert im Ganged Mode ein 128 Bit breites Speicherinterface,
  - im Unganged Mode stehen zweimal 64 Bit zur unabhängigen Adressierung von zwei Speicherbereichen zur Verfügung.
- **Crossbar Switch**
  - ist die zentrale Vermittlungsstelle zwischen Hypertransport-Interface, Memory Controller und L3 Cache,
  - wickelt die erforderliche Zusammenschaltung der Verbindungswege zwischen diesen ab.
- **Hypertransport**-Schnittstelle führt derzeit ein Port mit 16 Lanes zur Anbindung des Chipsatzes nach außen.

## Bus

- **Bus**: **Bin**ary **U**nit **S**ystem
- **Funktion**: Übertragung von Daten für alle Teilnehmer auf einem gemeinsamen Übertragungsweg
- **Einordnung**: Erste und zweite Schicht des OSI-Referenzmodells. Festgelegt sind im Wesentlichen: Signalleitung, Pegel, Verschlüsselung, Kommunikationsmodell, Fehlererkennung und Korrektur.
- **Topologie**: Es handelt sich um die Art und Weise, wie die einzelnen Teilnehmer miteinander verknüpft sind (Struktur eines Netzwerks, z. B. Stern, Baum, Linie, Ring).

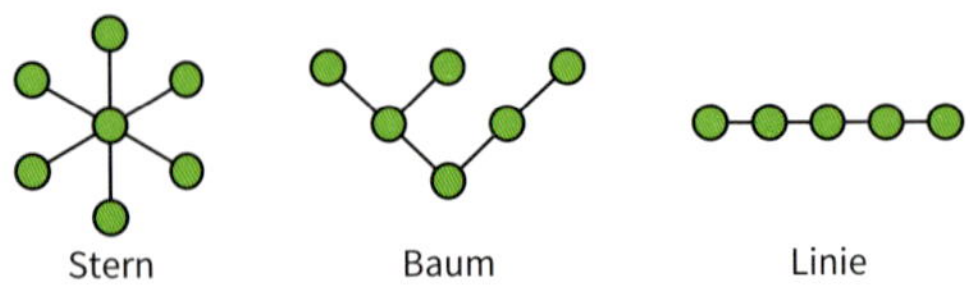


- **Protokoll**: Eine Ansammlung der Regeln, mit denen die Kommunikation abläuft
- **Syntax**: Die Zeichen- und Wortffolgen des Protokolls
- **Semantik**: Die Richtigkeit der verwendeten Zeichen- und Wortfolgen (korrekt Bedeutungen mit der jeweiligen Wirkung)
- **Latenzzeit**: Die Zeit zwischen Beginn der Übertragung bis zum Beginn des Empfangs (Verzögerungszeit)

## Kommunikationsformen

- **Unicast-Verbindung (Punkt-zu-Punkt)**
  Eine Nachricht erreicht von einem Sender einen einzigen Empfänger (Einzelverbindung mit einem einzigen Ziel).

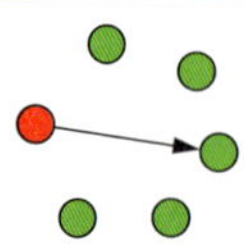

- **Broadcast-Verbindung (Mehrpunkt)**
  Es handelt sich um eine allgemeine Ausstrahlung (Sendung). Eine Nachricht wird gesendet und richtet sich an mehrere Teilnehmer. Die Nachricht nuss nicht zwangsweise verwertet werden.

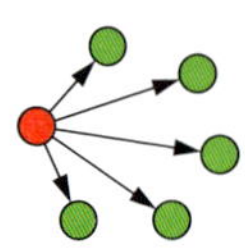

- **Multicast-Verbindung (Punkt-zu-Gruppe)**
  Die gesendete Nachricht wird von mehreren Empfängern gleichzeitig aufgenommen und verwertet (Gruppenaufruf, Mehrpunktverbindung).

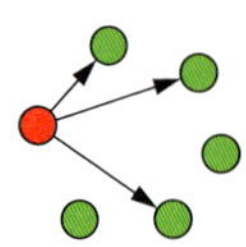

## Systembus – Prinzip

- Es handelt sich um eine Zusammenfassung von Bussen, über die eine **CPU** (**C**entral **P**rocessing **U**nit) mit der Umgebung kommuniziert.
  Häufig besteht ein Systembus aus dem
  - **Datenbus**,
  - **Adressbus** und
  - **Steuerbus**.
- Da viele Komponenten auf den Systembus zugreifen wollen/müssen, regelt dies ein **Arbiter** (Schiedsrichter, Richter) oder Koprozessor (Bus Arbiter Control).

## Systembus – Struktur

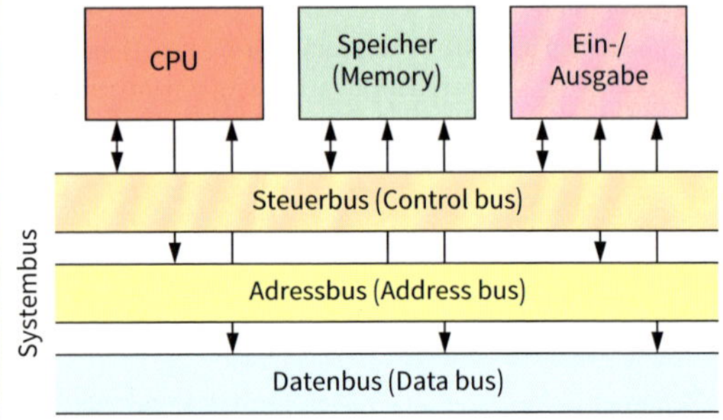


## Datenbus (Data bus)

- Funktion: Bidirektionale parallele Datenübertragung zwischen der CPU, den Hardware-Komponenten, Speichern und Peripheriegeräten.
- Die Datenbus-Breite hängt von der Datenwortbreite der CPU ab (8, 16, 32 oder 64 Bit).

## Adressbus (Address bus)

- Funktion: Er überträgt nur Speicheradressen unidirektional. Die Busbreite (Anzahl der Verbindungsleitungen) legt fest, wieviel Speicher direkt adressiert werden können.
- Dieser Bus wird seitens des zugehörigen Masters (CPU) gesteuert.

## Steuerbus (Control bus)

- Funktion: Bidirektionale Steuerung des Bussystems. Folgende Signale werden von ihm verarbeitet: Lesen aus dem RAM, Schreiben in das RAM, Eingabe von peripheren Geräten, Ausgabe an peripheren Geräten, Interruptsignale.
- Zu den Steuerbussen zählen auch Komponenten wie die Leitungen, die für die Lesesteuerung und Schreibsteuerung gebraucht werden oder auch die Buszugriffssteuerung sowie die Taktung.

## Arbitration Control

- Ein Arbiter (Richter) ist eine Schaltung, die entscheidet, welcher von den Eingängen zuerst aktiv über den Bus wird.
- Zugriffssteuerung mit Arbiter (3-Leitungshand-shake, vereinfachte Darstellung):

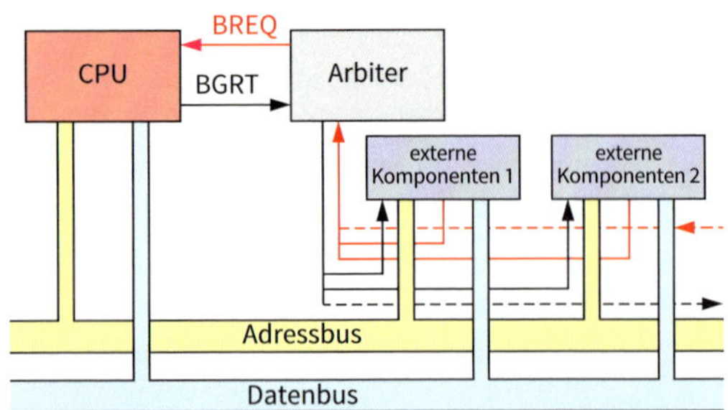


**BREQ**: **B**us **Req**uest (Busanfrage)
**BGRT**: **B**us **Gr**an**t** (Buszuteilung)
**BGA**: **B**us **G**rant **A**cknowlege (Buszuteilung bestätigt)

## Arten

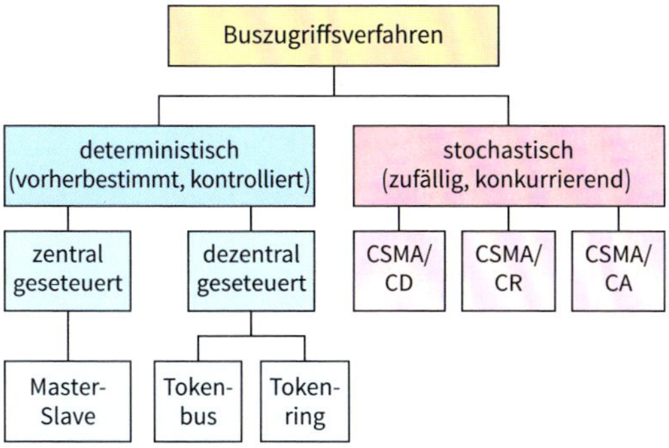


- **Deterministisch**
  - Das Ergebnis ist vorhersehbar.
  - Der Vorgang wird gesteuert.
  - Festgelegtes Verfahren für Sendeberechtigung
  - Festes Antwortzeitverhalten
  - Der Zugriff durch mehrere Teilnehmer zu ein und demselben Zeitpunkt ist ausgeschlossen.
  - Anwendungen: Master/Slave-Verfahren, Token-Passing-Verfahren, TDMA-Verfahren (Time Division Multiple Access)
- **Stochastisch**
  - Mehrere Teilnehmer können gleichzeitig eine Übertragung starten.
  - Ereignisgesteuerte Kommunikation
  - Nicht vorhersagbares Antwortzeitverhalten
  - Permanentes Mithören
  - Kollisionsfrei: Die Kollision muss erkannt werden. Eine Korrektur erfolgt.
  - Kollisionsvermeidung
  - Anwendungen: CSMA/CD, CSMA/CA

## Master-Slave Buszugriffsverfahren

- Ein Bus-Teilnehmer hat die Masterfunktion und koordiniert zentral das Buszugriffsrecht.
- Die Kommunikation erfolgt nur zwischen dem Master und den Slaves (einfache Organisation).
- Bei einer Interslave-Kommunikation fungiert der Master als Vermittler.
- Bei Ausfall des Masters keine Kommunikationsbeziehung mehr möglich.
- Alle Slaves sind in einer Liste hinterlegt (Polling-Liste, to poll: wählen), für eine zyklische Abfrage.
- Beispiele: AS-Interface, Bitbus, Profibus

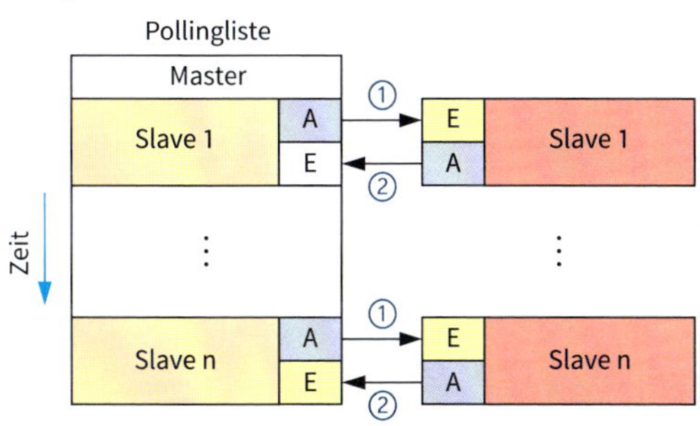


A: Ausgang
E: Eingang
①: Request (anfordern)
②: Response (antworten)

## Token-basierte Verfahren (Token-Passing)

- Es gibt keinen expliziten Master. Das Buszugriffsrecht in Form eines Tokens (Zeichen, Marke) wird nach einer genau definierten Zeit zyklisch und kollisionsfrei weitergereicht (Senderecht).
- Nur wer den Token besitzt, darf auf dem Bus agieren.
- Das Verhalten ist vorhersagbar.
- **Token-Bus**:
  Weitergabe des Token in Reihenfolge der Busadressen (Norm: IEEE 802.4)
- Die Reihenfolge der Stationen ist nicht durch die Verkabelung vorgegeben, sondern wird alleine durch die Adresszuordnung bestimmt.
- Jeder Teilnehmer erkennt seinen sendenden Vorgänger und überwacht, ob sein Nachfolger die Kontrolle korrekt übernommen hat.
- **Token-Ring**:
  Die Senderechte entsprechen der Reihenfolge der Teilnehmer im Ring.

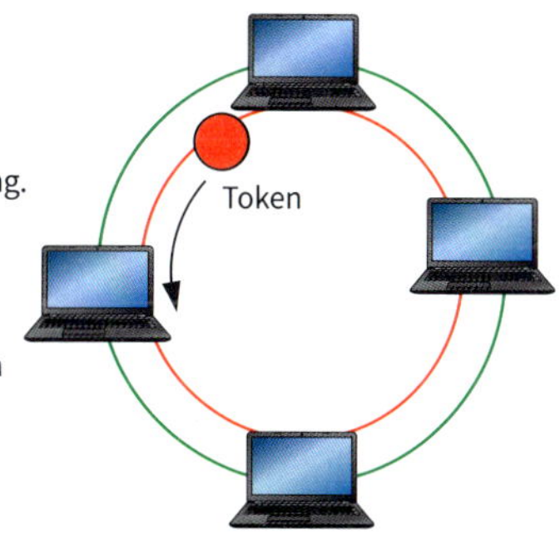


- Norm: IEEE 802.5 (4 Mbit/s und 16 Mbit/s, maximal 260 Stationen pro Ring). ISO/IEC 8802-5 (Token-Ring-Zugangsverfahren)
- **Aufbau eines Token Ring Frames**

| | | | | | | | | |
|---|---|---|---|---|---|---|---|---|
| SD | AC | FC | DA | SA | Daten | FCS | ED | FS |

- SD: Start Delimiter (Startbegrenzer, 1 B)
- AC: Access Control (Zugriffskontrolle, 1 B)
- FC: Frame Control (Frame-Steuerung, 1 B)
- DA: Destination Address (Zieladresse, 2 oder 6 B)
- SA: Source Address (Quelladresse, 2 oder 6 B)
- Daten: 0 bis 4027 B
- FCS: Frame Check Sequence (Prüfsumme nach CRC, 4 B)
- ED: Ending Delimiter (Endbegrenzer, 1 B)
- FS: Frame Status (1 B)

(B: Byte)

- Vorteile:
  Vorhersagbares Echtzeitverhalten
- Nachteile:
  - Lange Verzögerungszeiten im Fehlerfall
  - Überwachung der Tokenweitergabe
  - Nach Tokenverlust Reinitialisierung
- Beispiele: Profibus-DP und Profibus PA
- Die Token-Ring-Technik wurde weitgehend von den verschiedenen Ethernet-Varianten verdrängt.

## CSMA

- **CSMA**: **C**arrier **S**ense **M**ultiple **A**ccess (Mehrfachzugriff mit Trägerprüfung)
- Prinzip: Jeder Teilnehmer hat Zugriff zum Bus, ohne Senderechtszuteilung (Multiple Access).
- Sendevorgang:

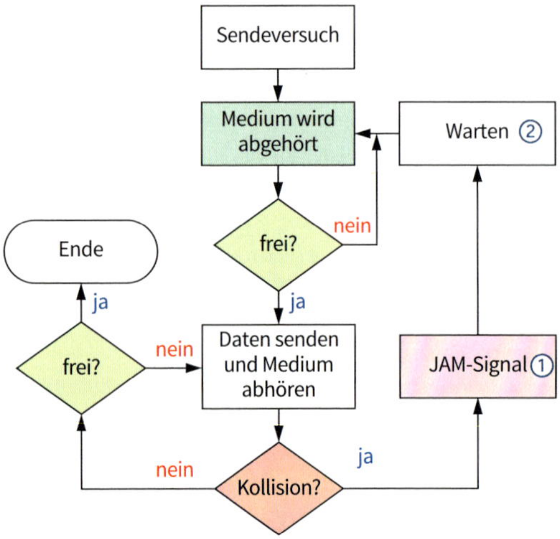


- JAM-Signal (Störsignal ①): Es wird auf den Bus gelegt, wenn eine Kollision entsteht (mind. 32 Bit)
- Die Wartezeit ② (Backoff-Zeit) ist die Verzögerungszeit, die nach einer Kollision in einem Netzwerk entsteht.

## Konkurrierende Zugriffsarten

- **Nicht persistentes CSMA** (nicht beharrend)
  - Prüfung, ob Übertragungsmedium frei ist.
  - Wenn frei, sofort Sendung.
  - Wenn der Bus als belegt erkannt wird, wird eine zufällige Zeitspanne abgewartet.
  - Danach erfolgt eine erneute Prüfung.
- **Persistentes CSMA, 1-persistent** (beharrend)
  - Übertragungsmedium wird kontinuierlich abgehört.
  - Wenn es frei wird, wird gesendet.
  - Sendewahrscheinlichkeit 1, d. h. immer)
  - Nachteil: Kollisionen, wenn mehrere Sender senden möchten
- **P-persistentes CSMA** (beharrend mit Wahrscheinlichkeit p)
  - Übertragungsmedium wird kontinuierlich abgehört.
  - Wenn das Übertragungsmedium frei wird, beginnt der Sender mit einer Wahrscheinlichkeit p zu senden, oder wartet einen weiteren Zeitschlitz ab.
  - Geringere Kollisionswahrscheinlichkeit als bei 1-persistent

## Kollisionserkennung

- Überwachung des Spannungspegels auf dem Medium.
- Wenn z. B. zwei Stationen gleichzeitig ihre Signale senden, überlagern sich diese und es kommt zur Addition von Spannungspegeln.
- Durch diese Addition wird der definierten Grenzwerte für gültige Signale oder Gleichspannungspegel verletzt.

## Datenkollision

- Unerwünschter Umstand, bei dem Daten verloren gehen, wenn mehrere Sender über ein Kommunikationsmedium senden
- Die gesendeten Signale überlagern sich dabei im Medium, so dass beide Nachrichten nicht mehr zu entziffern sind.
- Veranschaulichung:

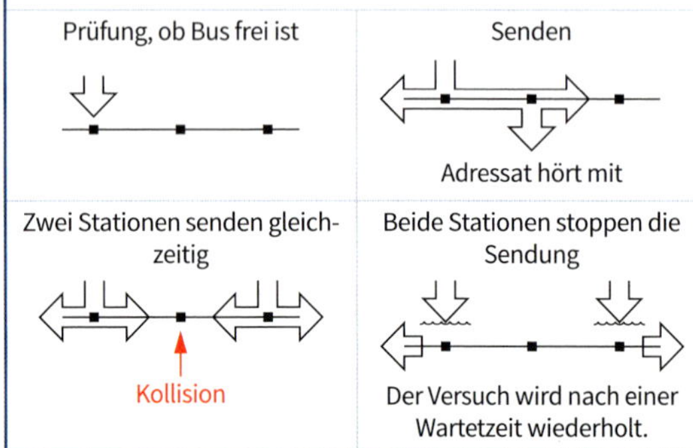


## CSMA/CD

- **CSMA/CD**: **C**arrier **S**ense **M**ultiple **A**ccess/**C**ollision **D**etection
- Prinzip:
  Kollisionen werden durch Datenabgleich erkannt
- Wenn zwei Sender gleichzeitig zu senden versuchen, stellen beide Sender zunächst die Übertragung ein und warten eine unterschiedliche, zufällig gewählte kurze Zeitspanne ab, bevor sie erneut einen Sendeversuch unternehmen (Sendewiederholung nach teilnehmerspezifischer Wartezeit)
- Vorteile: Niedrige Busbelastung, kurze Latenzzeit im Niederlastbereich
- Nachteil: Im Hochlastbereich lange Wartezeiten
- Beispiel: Ethernet

## CSMA/CA

- **CSMA/CA**: **C**arrier **S**ense **M**ultiple **A**ccess/**C**ollision **A**voidance
- Prinzip:
  Vermeidung von Kollisionen durch Prioritätsregeln
- Prioritätsregeln (Adress-Arbitrierung):
  Teilnehmer mit niedrigster/höchster Adresse setzt sich bei gleichzeitigem Sendeversuch durch.
- Zeitspanne-Zuordnung: Nach Beendigung einer Sendung folgt eine teilnehmerspezifische Wartezeit.

## CSMA/CR

- **CSMA/CR**: **C**arrier **S**ense **M**ultiple **A**ccess/**C**ollision **R**esolution
- Prinzip:
  Kollisionen werden durch Bitarbitrierung erkannt.
- Dadurch erreicht man, dass am Ende einer jeden Arbitrierungsphase nur der Teilnehmer, der über die höchste Nachrichtenpriorität verfügt, das Medium belegt.
- Kollisionen werden von Teilnehmern mit niedrigerer Priorität erkannt und führen dazu, dass sich diese Teilnehmer vom Kanal zurückziehen.
- Beispiel: CAN

# RISC – Reduced Instruction Set Computer
RISC – Reduced Instruction Set Computer

## Merkmale

- Mikroprozessoren mit reduziertem Befehlssatz und vereinfachter interner Hardwareorganisation.
- Ausgelegt auf hohe Verarbeitungsleistung.
- Verfügen über einheitliches Befehlsformat.
- Alle Befehle sind gleich lang.
- Operationscode liegt immer an der gleichen Stelle.
- Wenige Adressierungsarten.
- Optimiert auf Lade- und Speicheroperationen.
- Arbeitet mit Befehls-Pipeline (Warteschlange).
- Großer physikalischer Adressraum (z. B. 4 GB bei MIPS R3000).
- Beinhalten keinen Mikrosequenzer.
- Befehle werden direkt decodiert.
- Verfügen intern über eine Vielzahl von Registern zur schnellen Zwischenspeicherung von Daten.
- Interne Struktur als **Harvard-Architektur** aufgebaut.
- Offene Systeme sind z. B. **MIPS** (**M**icroprocessor without **I**nterlocked **P**ipe **S**tages: Mikroprozessor ohne verriegelte Warteschlange) und **SPARC** (**S**calable **P**rocessor **Ar**chite**c**ture: Skalierbare Prozessorarchitektur).
- Eingesetzte Compiler arbeiten laufzeitoptimiert.
- Anwendungen u. a. in Workstation (Hochleistungsrechner), Servern oder Maschinensteuerungen (Roboter) als Embedded Controller (eingebettete Controller).

## Blockschaltbild

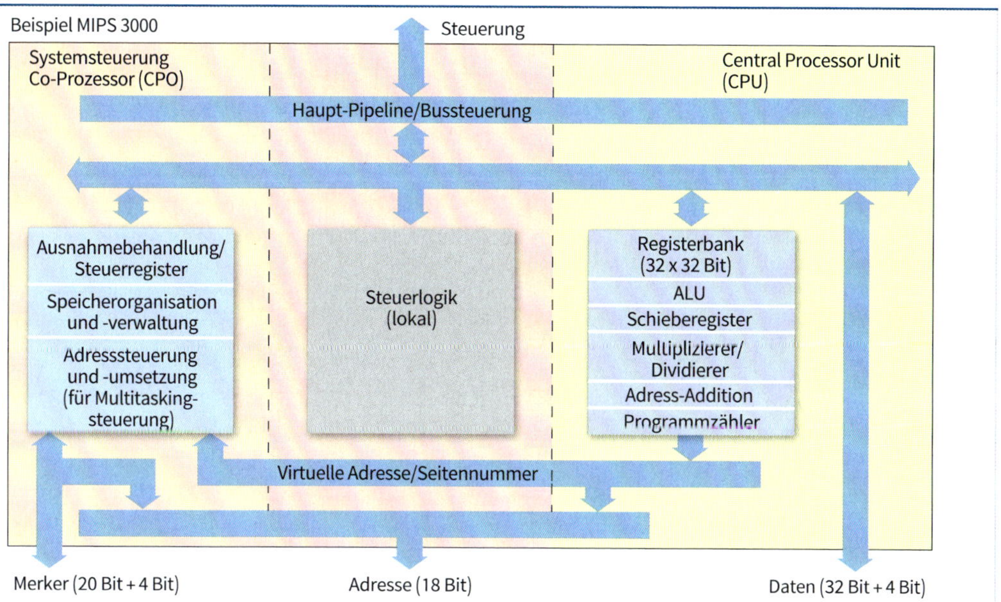


## Befehls-Pipeline

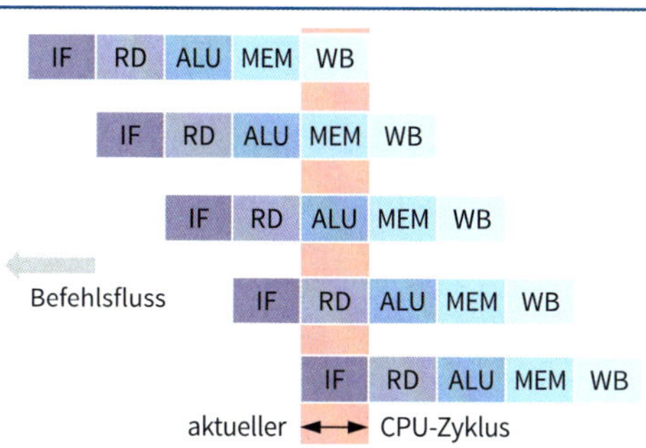


- **Pipeline** (Warteschlange) ermöglicht die parallele Ausführung mehrerer Maschinenbefehle und erhöht damit die Verarbeitungsgeschwindigkeit (Durchsatz).

| | |
|---|---|
| **IF** | **I**nstruction **F**etch: Befehlsabruf; Übersetzen der virtuellen Adresse in physikalische Adresse für Speicherzugriff auf Instruction-Cache. |
| **RD** | **R**egister **D**ecode; Lesen und Decodieren der Instruktionen, Operanden aus CPU-Registern lesen. |
| **ALU** | **ALU**-Operation: Angeforderte ALU-Operation wird durchgeführt. |
| **MEM** | **Mem**ory-Access: Speicherzugriff; Zugriff auf den Hauptspeicher oder Daten-Cache. |
| **WB** | **W**rite-**B**ack: Zurückschreiben; Ergebnis in CPU-Register schreiben. |

# DSP – Digitale Signalprozessoren
## Digital Signal Processors

### Merkmale

- Digitale Signalprozessoren werden zur digitalen Bearbeitung von analogen Signalen mit numerischen Methoden verwendet.
- Filtern unerwünschte Signalkomponenten aus einem Signalgemisch.
- Erzeugen gewünschte Wellenformen.
- Verändern Amplitudeneigenschaften.
- Ermitteln bestimmte Inhalte aus einem Signalgemisch.
- Arbeiten in Echtzeit.
- Verarbeiten die einzelnen Befehle des Befehlssatzes in einem Taktzyklus.
- Führen vollständige Multiplikation und Akkumulation in einem Taktzyklus durch.
- Sind intern in der Harvard-Architektur aufgebaut (getrennte Programm- und Datenspeicher)

### Anwendungen

- Digitale Filtertechnik (Ersatz von analogen Filtern),
- Spracherkennung, Sprachsynthese,
- Bildübertragung, Bilddatenkompression,
- Robotersteuerung, Motorsteuerung,
- digitale Vermittlungsanlagen,
- Freisprechtelefone, Funktelefon,
- Mustererkennung, Radartechnik,
- Spektralanalyse, Ultraschall-Geräte

### Anwendungsprinzip

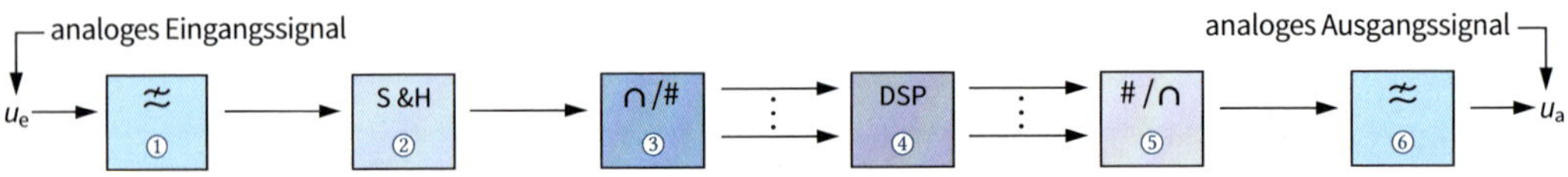


**Tiefpassfilter ①**

Begrenzt das Eingangssignal in seiner Bandbreite (filtert nicht gewünschte Signalanteile aus).

**Sample-and-Hold-Schaltung ②**

Tastet das Eingangssignal mit mindestens der doppelten Signalfrequenz ab (Nyquist-Theorem) und stellt Amplitudenwert zur Digitalisierung bereit.

**Analog-/Digital-Umsetzer ③**

Setzt das analoge Signal in digitales Signal um.

**Digitaler Signalprozessor ④**

Verändert das digitale Eingangssignal entsprechend den Berechnungsformeln und den gespeicherten Daten.

**Digital-/Analog-Umsetzer ⑤**

Setzt die digitalen Ausgangssignale des DSP in analoge Werte um.

**Ausgangsfilter ⑥**

Filtert die bei der A/D-Umsetzung entstehenden hochfrequenten Signalanteile aus (Signalglättung).

### Architektur

**Beispiel:** ADSP 2105

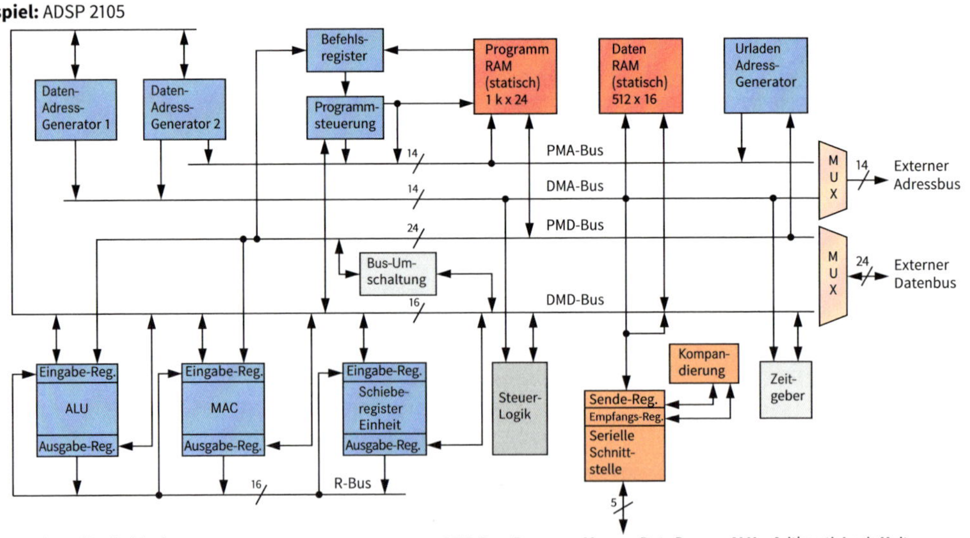


**R**-Bus: **R**esult-Bus (Ergebnisbus)
**PMA**-Bus: **P**rogram **M**emory **A**ddress-Bus (Programmspeicher Adressbus)
**DMA**-Bus: **D**ata **M**emory **A**ddress-Bus (Datenspeicher Adressbus)
**PMD**-Bus: **P**rogramm**M**emory**D**ata Bus (Programmspeicher Datenbus)
**DMD**-Bus: **D**ata **M**emory **D**ata Bus (Datenspeicher Datenbus)
**ALU**: **A**rithmetic**L**ogic **U**nit (Arithmetisch Logische Einheit)
**MAC**: **M**ultiplier/**Ac**cumulator (Multiplizierer/Akkumulator)

# Mikrocontroller
## Microcontroller

### Merkmale

- Mikrocontroller sind Mikroprozessoren, die mit **zusätzlichen Funktionseinheiten** auf einem einzigen Halbleiterkristall integriert sind.
- Sie sind oft Bestandteil elektronischer Geräte (z. B. Waschmaschinen) bzw. Steuerungen und in unterschiedlchen Ausprägungen von Halbleiterherstellern verfügbar.
- Die **grundsätzlichen** Bestandteile eines Mikrocontrollers sind
  - CPU (Central Processing Unit: Zentrale Verarbeitungseinheit),
  - Programm- und Datenspeicher (program and data memory),
  - Takterzeugung/Taktverstärkung und
  - Unterbrechungssteuerung.
- Als **ergänzende** Funktionseinheiten sind mindestens integriert:
  - Ein-/Ausgaberegister (Ports),
  - Timer für Zeitfunktionen,
  - spezifische Register für die Programmbearbeitung bzw. Zwischenspeicherung von Daten.
- Je nach Anwendungsgebiet sind **optionale** Funktionseinheiten integriert, wie z. B.
  - Digital-/Analogwandler,
  - Pulsweitenmodulationssteuerung und
  - Kommunikationsschnittstellen.
- Die Verarbeitungsbreite (Wortbreite) beträgt 4 Bit, 8 Bit, 16 Bit oder 32 Bit.
- Die Taktfrequenzen reichen bis zu 200 MHz.
- Die auf dem Chip integrierten **Speicher** sind in unterschiedlichen Größen und Technologien verfügbar.
- Der **Programmspeicher** ist überwiegend als Flash-Speicher (EEPROM) und der Datenspeicher als statischer Speicher (Datenverlust nach Spannungsausfall) aufgebaut.
- Programme sind in der Regel durch Programmierungssteuerung auf dem Chip im System ladbar (**ISP: I**n **S**ystem **P**rogramming).
- Der Befehlsvorrat ist auf die internen Registerstrukturen (**RISC: R**educed **I**nstruction **S**et **C**omputer) optimiert.
- Die **Programm- und Ein-/Ausgabesteuerung** sind im Rahmen der Programmerstellung zu realisieren.
- Die **Programmierung** erfolgt in Assembler, einer höheren Programmiersprache (z. B. C) oder unter Anwendung von grafischen Editoren.
- Die angebotenen **Entwicklungssysteme** ermöglichen einen Programmtest sowohl auf der Simulationsebene als auch in entsprechenden Ablaufumgebungen mit der zugehörigen Hardware.
- Mit dem Begriff **Embedded Controller** (eingebettete Controller) werden Mikrocontroller bezeichnet, die als Bestandteil in Geräten integriert sind.
- Der größte Marktanteil wird derzeit durch 8-Bit-Mikrocontroller belegt, wobei die 16-Bit-Controller zunehmend angewendet werden (bedingt durch höhere funktionale Anforderungen).
- Die Anwendung von Mikrocontrollern erfolgt **funktionsspezifisch** für eine definierte Aufgabe (z. B. Ansteuerung eines Displays oder Motors).
- Bedingt durch die verfügbaren Speichergrößen sind Betriebssysteme, wie vom PC bekannt, nicht anwendbar.

### Marktsegmentierung

- Eine grobe Marktsegmentierung ist anhand der Prozessor-Wortbreite für die interne Verarbeitung möglich.
- Bedingt durch die unterschiedlichen Leistungsmerkmale in den jeweiligen Segmenten ist eine exakte Abgrenzung zu benachbarten Segmenten nur schwer möglich

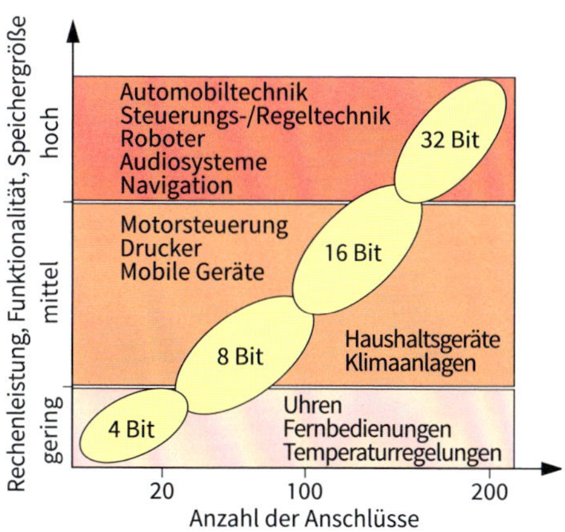


### Funktionseinheiten

**Beispiel:**
Renesas R8C
(mit 16 Bit CPU)

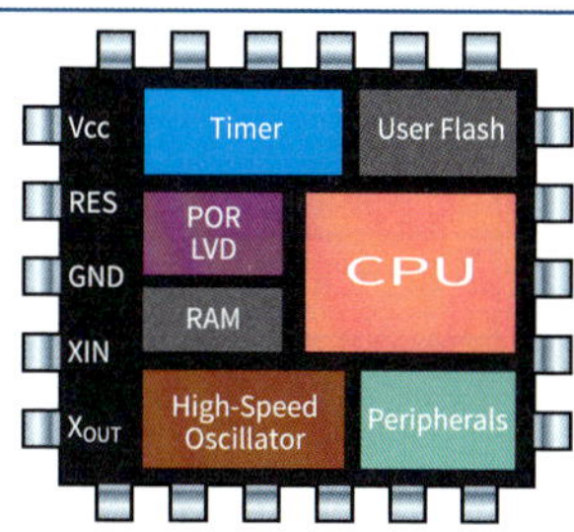


| | |
|---|---|
| $V_{CC}$ | Positive Betriebsspannung |
| RES (Reset) | Rücksetzeingang |
| GND (Ground) | 0 V Betriebsspannung |
| $X_{IN}$/$X_{OUT}$ | Taktanschluss |
| POR (Power on Reset) | Spannungseinschaltung Rücksetzsteuerung |
| LVD (Low Voltage Detection) | Unterspannungserkennung |
| User Flash | Programmspeicher |
| Timer | Zeitgeber |
| RAM | Arbeitsspeicher |
| Peripherals | Ein-/Ausgabeschaltungen |

## Merkmale

Das Mainboard (Hauptplatine) wird auch als Motherboard (Mutterplatine) bezeichnet und ist der Bauteileträger für die zentralen Komponenten eines PCs, wie z. B.

- Zentralprozessor (**CPU**: **C**entral **P**rocessing **U**nit),
- Chipsatz (chip set) bzw. **PCH** (**P**latform **C**ontroller **H**ub),
- Firmwarespeicher (firmware memory; BIOS) und
- Erweiterungssteckplätzen (Extension Slots).

## Bussysteme

Die Verbindungen der Komponenten werden durch Bussysteme (parallele Verbindungen) oder serielle Verbindungen mit Kupferleiterbahnen realisiert, wie z. B.

- Daten- und Adressbus (data bus, address bus),
- Steuerbus (control bus) und
- Ein-/Ausgabe-/Erweiterungsschnittstellen.

## Weiterentwicklungen

Im Rahmen von Weiterentwicklungen werden Funktionseinheiten zusammengefasst und in einem Chip (z. B. Platform Controller Hub) oder direkt auf dem CPU-Chip integriert (z. B. Speicher- oder Grafikcontroller).

## Formfaktoren

Die mechanischen Abmessungen und Befestigungsmöglichkeiten sind durch Formate (Formfaktoren) festgelegt.

| Bezeichnung | Abmessungen in mm | |
|---|---|---|
| | Länge | Breite |
| **ATX** (**A**dvanced **T**echnology E**x**tended) | 305 | 244 |
| MiniATX | 284 | 208 |
| **EATX** (**E**xtended **ATX**) | 305 | 330 |
| **WTX** (**W**orkstation **ATX**) | 356 | 452 |

## Aufbau

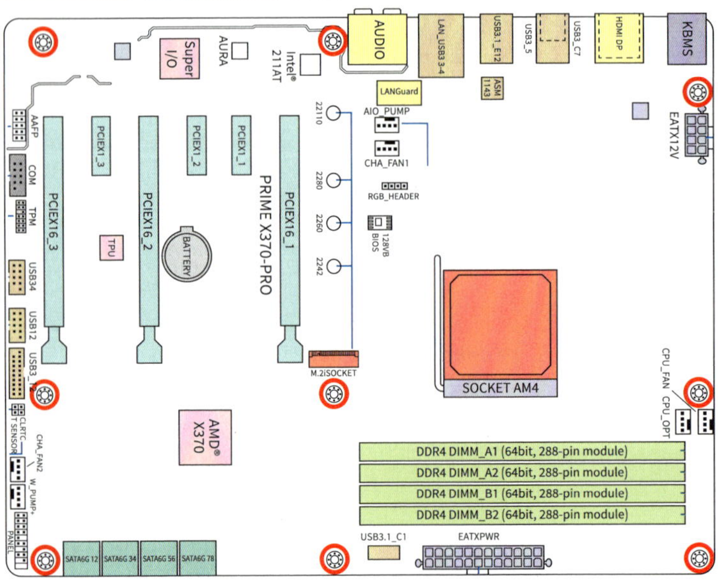


| | |
|---|---|
| **AUDIO**: | 8-Kanal High Definition AUDIO-CODEC |
| **CPU**: | **C**entral **P**rocessing **U**nit |
| **COM**: | Serieller Anschluss |
| **CPU-FAN**: | CPU-Lüfter |
| **DDR4 DIMM**: | **D**ouble **D**ata **R**ate**4** **D**ual **I**nline **M**emory **M**odule |
| **DP**: | **D**isplay **P**ort |
| **EATX**: | **A**dvanced **T**echnology **E**xtended **P**ower |
| **HDMI**: | **H**igh **D**efinition **M**ulti-media **I**nterface |
| **KBMS**: | Keyboard-Anschluss |
| **LAN**: | **L**ocal **A**rea **N**etwork |
| **M.2 (Socket)**: | M.2-Sockel |
| **PANEL**: | Feld |
| **PCH**: | **P**latform **C**ontroller **H**ub (Chipsatz) |
| **PCIE**: | **P**eripheral **C**omponent **I**nterconnect **E**xpress |
| **SATA**: | **S**erial **AT** **A**ttachment |
| **SOCKET**: | Sockel |
| **USB**: | **U**niversal **S**erial **B**us |

## Rückseitige Anschlüsse

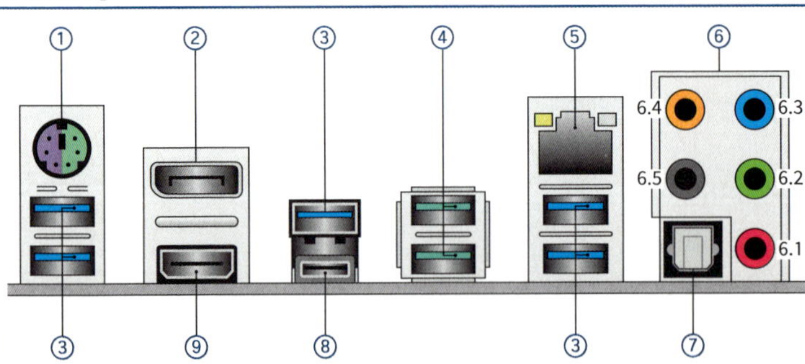


① PS/2 Maus/Tastatur-Anschluss
② Display Port
③ USB 3.0
④ USB 3.1 Typ A
⑤ LAN-Anschluss
⑥ Audio-E/A Anschlüsse
   6.1 Mikrofon Eingang
   6.2 Kopfhörer/Stereolautsprecher Ausgang
   6.3/6.4/6.5 Lautsprecher Ausgang
⑦ Optischer S/PDIF Anschluss
⑧ USB 3.0 Typ C
⑨ HDMI-Anschluss

# Flüchtige Halbleiterspeicher und Speichermodule
## Volatile Semiconductor Memory and Memory Modules

### Begriffe

- **RAM: R**andom **A**ccess **M**emory
  Ein Speicher mit wahlfreiem Zugriff, der beliebig gelesen und beschrieben werden kann.
- **SRAM: S**tatic **RAM**
  - Bistabile Kippstufen in Form eines Flipflops pro Bit
  - Aufbau: 6-Transistor-Zelle in CMOS-Technologie
  - Der Speicherinhalt geht erst bei Abschaltung der Betriebsspannung verloren (flüchtiger Speicher).
- **DRAM: D**ynamic **RAM**
  Der Speicherinhalt muss nach kurzer Zeit wieder aufgefrischt werden (Refresh).
- **SDRAM: S**ynchronous **DRAM**
  - Der Speicher verfügt über einen Taktgeber, der mit dem Systemtakt synchronisiert ist (Taktfrequenzen z. B. 66 MHz, 100 MHz, 133 MHz).
  - Geringe Zugriffszeiten
  - Betriebsspannung 2,5 V
- **DDR-RAM: D**ouble **D**ata **R**ate **RAM (DDR-SDRAM)**
  - Daten werden auf der ansteigenden und abfallenden Flanke gelesen (doppelte Datenrate).
  - Betriebsspannung 1,8 V; 2,5 V
  - Varianten: DDR1 (Bezeichnung auch ohne Ziffer), DDR2, DDR3; 184 und 240 Kontakte
- **RDRAM: R**ambus **DRAM**
  - Speicher der Fa. Rambus mit hoher Datenrate, 10-mal schneller als bei SDRAM.
  - Daten werden auf der ansteigenden und abfallenden Flanke gelesen.
  - Taktfrequenz bis 400 MHz
  - Betriebsspannung 2,5 V

### Modulkennzeichnungen

- **Angaben**
  - Speicherkapazität (z. B. 256 MB, 512 MB, 1 GB, 2 GB, 4 GB)
  - Taktfrequenz (z. B. 100, 133, 400, 800 MHz)
  - Maximale Datenübertragungsrate (z. B. 1,6 GB/s)
- **Module mit SDRAM**
  Beispiele:
  - PC 100 (100 MHz Taktfrequenz)
  - PC 133 (133 MHz Taktfrequenz)
- **Module mit DDR-RAM**
  Beispiele:
  - PC 1600 (1600 MB/s max. Datenübertragungsrate)
  - PC 2100, PC 2700, PC 3200 oder höher
    Berechnung des Zahlenwertes für 2100:
    133 MHz Takt x 2 Flanken x 8 Byte = 2128

### Beispiele für Kenndaten

| | DDR2-RAM | DDR3-RAM | DDR4-RAM |
|---|---|---|---|
| Chip | DDR2-800 | DDR3-800 | DDR4-1600 |
| Modul | PC2 6400 | PC3 6400 | PC4 12800 |
| Taktfrequenz Speicher | 200 MHz | 100 MHz | 200 MHz |
| I/O-Takt | 400 MHz | 400 MHz | 800 MHz |
| Taktfrequenz Modul | 800 MHz | 800 MHz | 1600 MHz |
| Datenübertragungsrate pro Modul | 6,4 GB/s | 6,4 GB/s | 12,8 GB/s |

### SIMM

- **SIMM: S**ingle **I**nline **M**emory **M**odule
  - Verbundene Kontakte auf beiden Seiten des Moduls
  - Seitliche Einbuchtung
  - 8 Bit Datenbusbreite: 30 Kontakte, in der Regel auf zwei Speicherbänke aufgeteilt (einreihig)
  - 32 Bit Datenbusbreite: 72 Kontakte
  - Bestückung mit **DRAM** bzw. **EDO-RAM** (**E**xtended **D**ata **O**utput **RAM**, erweiterte Datenausgabe)
- **PS/2 SIMM: P**ersonal **S**ystem**/2 SIMM**
  (IBM-Bezeichnung, PC-Nachfolger)
  - Kerbe in der Mitte (einreihig)
  - 32 Bit Datenbusbreite: 72 Kontakte

### DIMM

- **DIMM: D**ual **I**nline **M**emory **M**odule
  - Doppelreihiger Speicherbaustein, Kontakte auf beiden Seiten sind unabhängig voneinander
  - 64 Bit Datenbusbreite: 168 Kontakte
  - Betriebsspannungen 3,3 V (Kerbe mittig), 5 V (Kerbe links)
- **SO-DIMM**: **S**mall **O**utline **DIMM**
  - Kleine kompakte Module, z. B. für Notebooks
  - 32 Bit Datenbusbreite: 72 Kontakte
  - 64 Bit Datenbusbreite: 144 Kontakte
- **DIMM** mit **SD-RAM** (PC 100, PC 133)
  - 168 Kontakte auf beiden Seiten der Platine
  - zwei Kerben

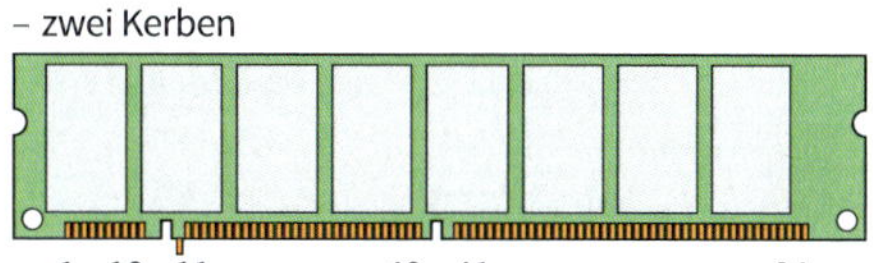


- **DIMM** mit **DDR-RAM** (PC 1600, PC 2100 …)
  - 184 Kontakte auf beiden Seiten der Platine
  - eine Kerbe
  - Betriebsspannung 2,5 V bis 2,7 V

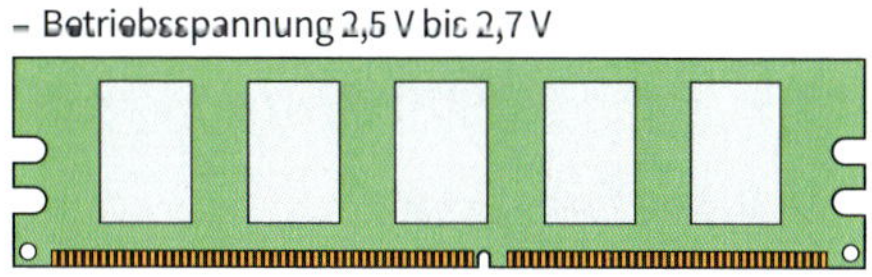


### RIMM

- **RIMM: R**ambus **I**nline **M**emory **M**odule
  - 184 Kontakte auf beiden Seiten der Platine
  - 64 Bit Datenbusbreite, hohe Taktfrequenz bis 800 MHz
  - Betriebsspannung 2,5 V
- **RIMM** mit **RDRAM** (PC 800, PC 1600)

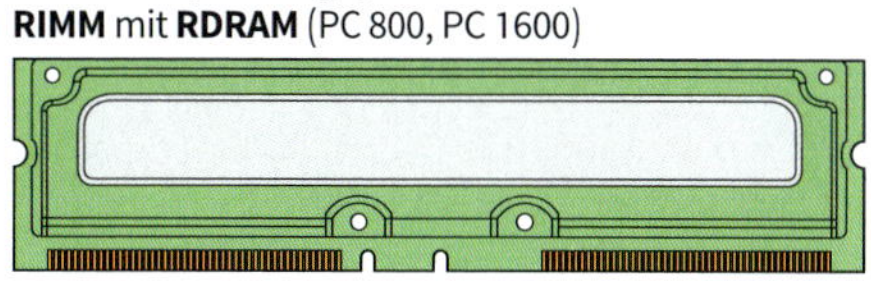


- **SO-RIMM: S**mall **O**utline **RIMM**
  - 160 Kontakte
  - Kleine kompakte Module mit geringem Platzbedarf, z. B. für Notebooks

## SDRAM

**Beispiel: PC133**

- Chip-Kern (Memory Core), I/O-Buffer (im Speicherchip integrierter Zwischenspeicher) und der externe Speicherbus arbeiten mit gleicher Frequenz von 133 MHz.
- Nur bei aufsteigender Flanke werden Daten übertragen.

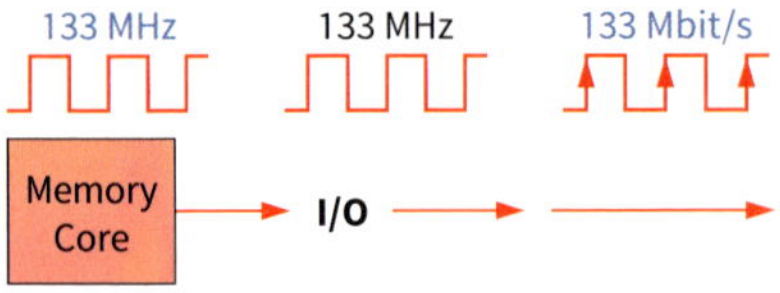


- Berechnung der Speicherbandbreite für PC133:
  → 1 Bit · 133 MHz · 64 Bit = 8.512 Mbit/s
  1 Byte besteht aus 8 Bit.
  → 8.512 Mbit/s · (1B/8bit) = 1.064 MB/s = 1 GB/s

## DDR1 (DDR I, Double Data Rate)

**Beispiel: PC3200**

- Chip-Kern, I/O-Buffer und externer Speicherbus arbeiten mit gleicher Frequenz von 200 MHz.
- Bei steigender und fallender Flanke werden Daten übertragen.

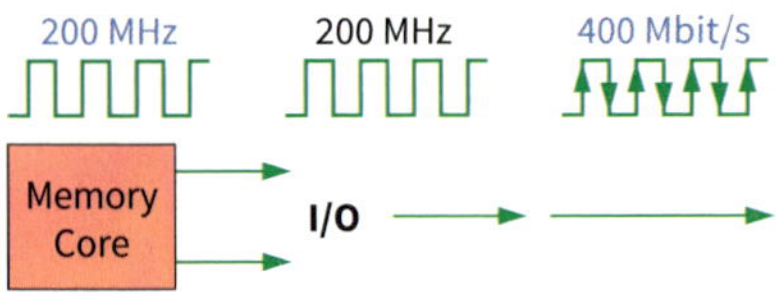


- Berechnung der Speicherbandbreite für DDR1–400:
  → 2 Bit · 200 MHz · 64 Bit = 25.600 Mbit/s
  → 3.200 MB/s (PC3200)
- Es werden Taktfrequenzen von 100 MHz, 133 MHz, 166 MHz und 200 MHz verwendet.
- Die Versorgungsspannung beträgt 2,5 V.

## DDR2 (DDR II, Double Data Rate)

**Beispiel: PC2-4200**

- I/O-Buffer taktet mit doppelter Frequenz von 266 MHz.
- Bei steigender und fallender Flanke werden Daten übertragen.
- Die Schnittstelle zwischen Chip-Kern und I/O-Buffer ist auf vier Leitungen (Prefetch of 4) verbreitert.

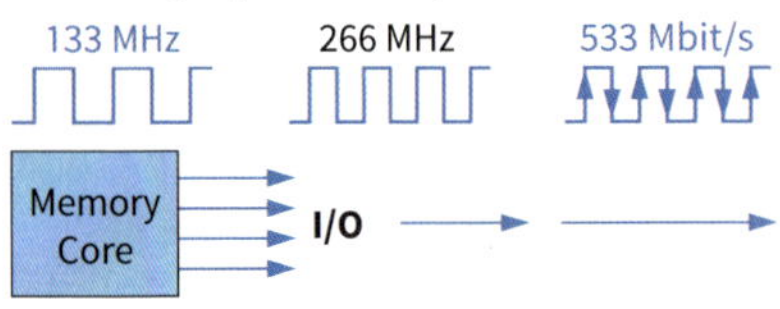


  → 2 Bit · 266 MHz · 64 Bit = 34.048 Mbit/s
  → 4.256 MB/s (PC4200)
- Taktfrequenzen 400 MHz, 533 MHz, 667 MHz
- Die Versorgungsspannung beträgt 1,8 V.
- Modulkontakte 200, 214, 240 und 244
- Geringere Leistung als bei DDR1 (247 mW gegenüber 527 mW).
- Die Chips sind um 50 % kleiner als bei DDR1.

## DDR2-Varianten

| Chip | DDR2-400 | DDR2-533 | DDR2-667 | DDR2-800 |
|---|---|---|---|---|
| Modul | PC2-3.200 | PC2-4.200 | PC2-5.300 | PC2-6.400 |
| Speicher-takt | 100 MHz | 133 MHz | 166 MHz | 200 MHz |
| I/O-Takt | 200 MHz | 266 MHz | 333 MHz | 400 MHz |
| Effektiver Takt | 400 MHz | 533 MHz | 667 MHz | 800 MHz |
| Bandbreite pro Modul | 3,2 GB/s | 4,2 GB/s | 5,3 GB/s | 6,4 GB/s |
| Bandbreite Dual-Channel | 6,4 GB/s | 8,6 GB/s | 10,6 GB/s | 12,8 GB/s |

## Bus-Terminierung

- **DDR1**
  - Der Terminierungswiderstand befindet sich am Ende der Busleitung auf dem Motherboard.
  - Störungen durch Reflexionen werden erst dort abgefangen (Nachteil).

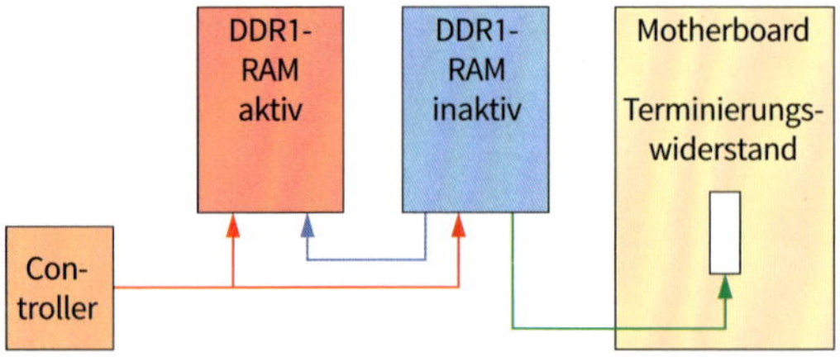


- **DDR2**
  - Die Terminierung erfolgt direkt auf dem Speichermodul (On-Die Termination).
  - Der Controller veranlasst, dass alle inaktiven Chips auf Terminierung umschalten (Vorteil).

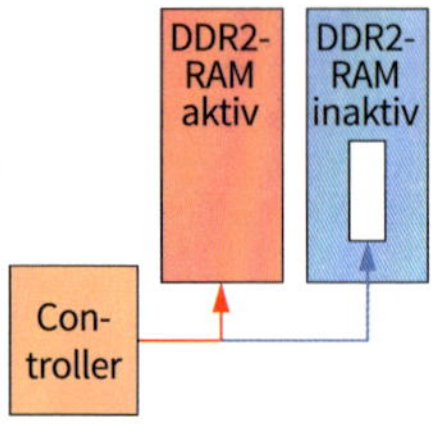


## SPD (Serial Presence Detect)

- Standardisiertes Verfahren für die Erkennung der Speicherkonfiguration beim Booten eines PCs.
- Daten sind in einem EEPROM implementiert.
- Gespeicherte Daten:
  - Informationen über das Speichermodul,
  - Speichergröße,
  - Versorgungsspannung,
  - Adressierung,
  - Herstellerdaten, Codes und Teilenummern

## DDR3

- Es handelt sich um eine Weiterentwicklung von DDR2.
- DDR3 arbeitet mit einem achtfachen Prefetch. Dadurch wird eine höhere Taktung des I/O-Puffers erreicht.

## Aufbau

- Die Scheiben einer Festplatte sind über eine Zentralverankerung miteinander verbunden.
- Oberhalb und unterhalb jeder Scheibe befindet sich mindestens ein Arm mit einem Schreib- und Lesekopf.
- Der Arm kann an jeder beliebigen Stelle der Platte positioniert werden.

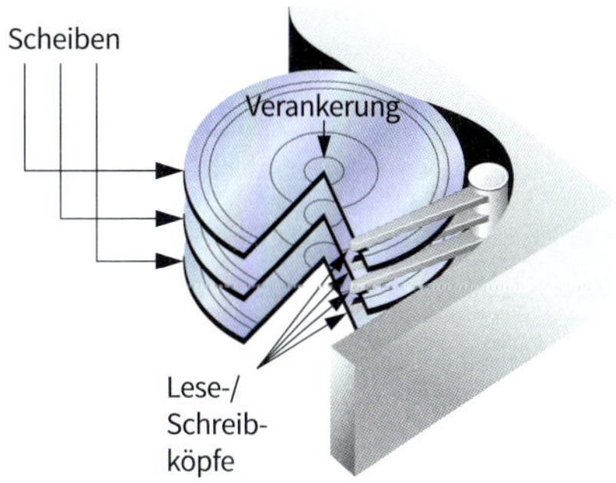


## Partitionen

Eine Festplatte kann in einzelne in sich zusammenhängende Bereiche (Partitionen) aufgeteilt werden.
Sie wirken wie separate Laufwerke und werden deshalb durch fortlaufende eigene Buchstaben gekennzeichnet.

Vorteile:
- Organisation der Dateien
- Schnellerer Datenzugriff
- Datensicherung durch Verlagerung
- Effizientere Nutzung der Festplattenkapazität

## Primärpartitionen

Gespeichert sind:
- Betriebssystem,
- Anwendungsprogramme, Dateien usw.

Der PC wird von einer Primärpartition (C) aus gebootet.
Auf der Festplatte können mehrere Primärpartitionen für verschiedene Betriebssysteme eingerichtet sein. Es kann allerdings nur eine aktiv sein.

## Physikalische Formatierung

Diese **Datenträgerorganisation** wird vom Hersteller durchgeführt.

Grundbausteine: Spuren, Sektoren und Zylinder.
- **Spuren:** Konzentrische Kreispfade auf jeder Scheibenseite; jede Spur erhält eine Nummer; die Spur 0 liegt am äußeren Rand.
- **Zylinder:** Der Spurensatz, der auf allen Seiten der Platten im gleichen Abstand von der Mitte angelegt wird, sind die Zylinder. Hardware und Software arbeiten häufig mit diesen Zylindern.
- **Sektoren:** Die Ausschnitte der Spuren werden als Sektoren bezeichnet. In ihnen kann eine bestimmte Datenmenge gespeichert werden.

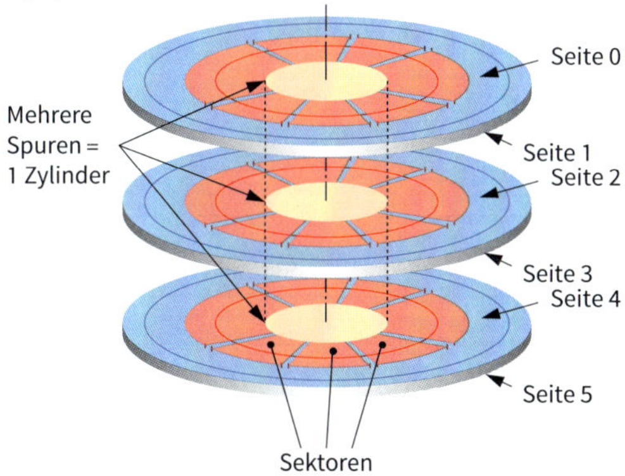


## SMART

- **SMART: S**elf-**M**onitoring, **A**nalysis and **R**eporting **T**echnologie (Technologie zur Selbstüberwachung, Analyse und Statusmeldung)
- Die Festplatten protokollieren wichtige Systemwerte nach SMART. Die Auswertung kann mit entsprechender Software erfolgen.

## Erweiterte Partitionen

Es handelt sich dabei um weitere physikalische Unterteilungen der Festplatte, für die eine logische Formatierung (logische Laufwerke) vorgenommen wird.

## Logische Formatierung

Es handelt sich um die Einrichtung eines Dateisystems für Partitionen.

**Aufgaben eines Dateisystems:**
- Verwaltung der belegten und freien Speicher
- Verwaltung der Verzeichnisse und Dateinamen
- Festhalten, wo die unterschiedlichen Teile einer Datei auf der Festplatte gespeichert sind

## Dateisysteme

- **Microsoft**
  - **FAT 16**: **F**ile **A**llocation **T**able, Dateizuordnungstabelle für DOS, Windows …, wird von nahezu jedem Betriebssystem unterstützt
  - **FAT 32**: Weiterentwicklung von FAT 16, wird von neueren Betriebssystemen unterstützt
  - **NTFS**: **N**ew **T**echnology **F**ile **S**ystem, seit Windows XP Standarddateisystem
  - **exFAT**: Version von FAT 32, Einsatz für Flash-Speicher
- **Apple**
  - **HFS**: **H**ierarchical **F**ile **S**ystem, hierarchisches Dateisystem für Macintosh-Modelle ab 1986
  - **HFS+**: Weiterentwickelte Variante von HFS, Standard unter (Mac) OS X
- **Linux**
  - **EXT**: Extended File System (EXT2, 3, 4)
- **OS/2**
  - **HPFS**: **H**igh **P**erformance **F**ile **S**ystem

# Partitionieren von Festplatten
## Partitioning Hard Disks

### Vorgang

- **Partitionieren** ist das Aufteilen eines Datenträgers (Festplatte) in einzelne, voneinander unabhängige Speicherbereiche.
- Die einzelnen Partitionen werden vom Betriebssystem wie **logische Laufwerke** behandelt, deren Verwaltung durch eigene **Dateisysteme** erfolgt.
- Ein Betriebssystem kann bis zu vier Partitionen verwalten ①: drei bootfähige Partitionen ② und eine **erweiterte Partition** ③.
- Die erweiterte Partition kann in nicht bootfähige logische Laufwerke ④ aufgeteilt werden.
- Jede primäre Partition und jedes logische Laufwerk können unabhängig voneinander formatiert werden und durch unterschiedliche Dateiformate (z. B. NTFS, FAT32) organisiert werden.
- Jede Partition erhält zur **Kennzeichnung** einen Buchstaben mit Doppelpunkt (C bis Z).
- Die Partitionierung kann durch Programme (z. B. bei DOS mit fdisk-Befehl) oder direkt über das Betriebssystem (Vista) erfolgen.

### Beispiel

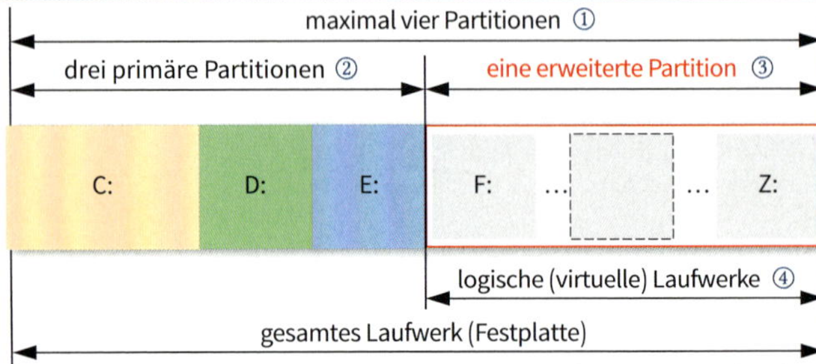


Die Kennzeichnungen A: und B: waren ursprünglich für Diskettenlaufwerke reserviert.

### Gründe und Aufteilung

- Die Installation mehrerer Betriebssysteme ist möglich.
- In den einzelnen Partitionen können verschiedene Dateisysteme angelegt werden.
- Separate Partitionen können für die Speicherung bestimmter Daten (Texte, Bilder …) verwendet oder für Mitbenutzer reserviert werden.
- Datensicherheit wird durch Partitionierung erreicht. Wenn eine Partition Fehler aufweist, sind andere Partitionen nicht davon betroffen.
- Die Partition C: wird häufig für das Betriebssystem und die Programme verwendet.

# SATA – Serial ATA
## SATA – Serial ATA

### Merkmale

- **S**erial **A**dvanced **T**echnology **A**ttachment ist eine Weiterentwicklung (ab 2000) der parallelen ATA-Schnittstelle (parallel ATA, **PATA**) für Festplatten zu einer seriellen Schnittstelle.
- Vorteile gegenüber PATA:
  - vereinfachte Leitungsführung,
  - Luftzirkulation im PC wird durch dünnere Leitungen weniger behindert,
  - höhere Datentransferrate,
  - Austausch von Datenträgern im laufenden Betrieb (Hot-Plug)
- Serial ATA ist nicht auf Festplatten beschränkt (auch z. B. für Bandlaufwerke, DVD-Laufwerke, DVD-Brenner).
- Es ist kein externer Taktgenerator zur Datensynchronisation erforderlich. Das Taktsignal wird aus dem Datensignal generiert.
- Versionen:
  - **Serial ATA 1.5 Gbit/s** (Serial ATA I bzw. 1), 150 MB/s
  - **Serial ATA 3.0 Gbit/s** (auch Serial ATA II bzw. 2), 300 MB/s, für Festplatten bis 3 TB; für externe Geräte: **eSATA** (**e**xternal **S**erial **ATA**), abgeschirmte Leitung bis 2 m, anderer Stecker
  - **Serial ATA 6.0 Gbit/s** (auch Serial ATA III bzw. 3), 600 MB/s
  - **mSATA** (**mini SATA**): Verkleinerter Anschluss, entspricht dem Mini-PCI-Express-Anschluss
  - **SATA Express 8 Gbit/s** und **16 Gbit/s**

### Datenleitung und Steckverbinder

- 8 mm breit (1/4"), flexibel, 7 Adern, max. 6 m lang
- Punkt-zu-Punkt-Verbindung
- Terminierung nicht erforderlich
- Signalspannung 250 mV (LVDS: Low Voltage Differential Signaling), +250 mV und –250 mV
- **Beispiel:**

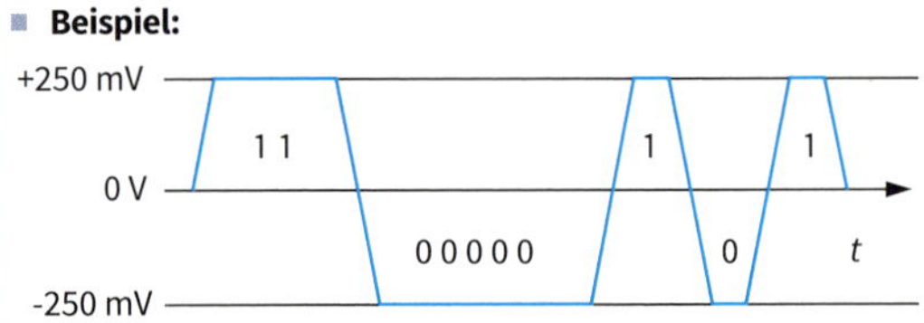


- Übertragungsfenster:
  666 ps, Zeitspanne von ansteigender bis abfallender Flanke
- Steckverbinder: (Spannungsversorgung)
  - 15 Pins
  - 3 Spannungen: 3,3 V; 5 V; 12 V
  - Stecker für 2 1/2-Zoll-Notebook und für 3 1/2-Zoll-Festplatte
  - 5 1/4"-Laufwerke

# Datenträgerverschlüsselung
Disk Encryption

## Prinzip

- Durch eine Festplattenverschlüsselung lässt sich der unbefugte Datenzugriff auf die gesamte Festplatte oder auf einzelne Partitionen verhindern.
- Die zum Booten benötigten Daten müssen unverschlüsselt auf der Festplatte vorhanden sein oder durch einen speziellen Bootmanager entschlüsselt werden.
- Zur Datennutzung ist eine Autorisierung des Nutzers erforderlich, z. B. durch ein Passwort. Alternativen bzw. ergänzend sind auch PIN-Eingaben, Fingerabdruck usw. möglich.

## GnuPG

- **GnuPG** (**GNU**: Privacy Guard, Privatspärenschutz) ist ein freies Public-Key-Verschlüsselungsverfahren.
- Anwendungen:
  - Geeignet für die Betriebssysteme Windows, Linux und macOS
  - Verschlüsselung von Daten (z. B. E-Mails), die nur vom Empfänger entschlüsselt werden können.
  - Erzeugung einer Signatur zur Authentisierung.
  - Funktionen können kombiniert werden.
- Verschlüsselungsprinzip:
  - Zum Verschlüsseln sind keine geheimen Informationen erforderlich. Jeder Nutzer erstellt ein Schlüsselpaar aus zwei Teilen: **Privater** und **öffentlicher** Schlüssel.
  - Auf den privaten Schlüssel hat nur der Eigentümer Zugriff (in der Regel passwortgeschützt), mit dem er die Daten entschlusseln und signieren kann.
  - Der öffentliche Schlüssel wird verwendet, um Daten zu verschlüsseln und signierte Daten zu überprüfen. Der öffentliche Schlüssel steht jedem Kommunikationspartner zur Verfügung.
  - Die Daten können mit dem öffentlichen Schlüssel weder signiert noch entschlüsselt werden, daher ist seine Verbreitung mit keinem Sicherheitsrisiko behaftet.

## Keylogger

- Ein Keylogger (Tasten-Protokollierer) ist eine Hard- oder Software, mit der man die Eingaben des Benutzers an der Tastatur eines Computers protokollieren kann. Eingaben lassen sich damit überwachen und ggf. rekonstruieren.
- Der Einsatz von Keyloggern ist in Deutschland unzulässig (Spionageprogramm oder Spionagegerät von Crackern, Nachrichtendiensten, Ermittlungsbehörden).
- Hardware-Keylogger sind Zwischenstecker, die zwischen Tastatur und Computer eingefügt werden. Die Daten werden in einem integrierten Speicher abgelegt. Sie können aber auch bereits per Funk übertragen werden.
- Software-Keylogger schalten sich zwischen Betriebssystem und Tastatur ein, lesen dabei die Tasteneingaben, geben diese an das Betriebssystem weiter, speichern die Eingaben auf der Festplatte oder versenden diese Daten.

## BitLocker

- BitLocker ist eine proprietäre Festplattenverschlüsselung von Microsoft für das Systemlaufwerk. BitLocker ist in den Pro- und Enterprise-Versionen von Windows 10 enthalten.

- Für BitLocker wird automatisch eine eigene Partition auf der Festplatte eingerichtet.
- Die Verschlüsselung erfolgt mit **AES** (**A**dvanced **E**ncryption **S**tandard, fortschriftlicher Verschlüsselungsstandard) mit einer Schlüssellänge von 128 oder 256 Bit.
- Es werden dabei die Recovery-Daten zur Entschlüsselung der Partition ohne Passwort während des Verschlüsselungsprozesses im Klartext auf einem Datenträger und in gemanagten Umgebungen zusätzlich in das Active Directory gespeichert. Hier wird pro Partition ein Schlüssel angelegt.
- Wenn ein **TPM**-Chip (**T**rusted **P**latform **M**odule) verwendet wird, wird dessen Recovery-Passwort ebenfalls abgelegt.
- Es ist auch möglich, die Systempartition ohne TPM zu verschlüsseln. Es muss dann aber eine PIN-Eingabe erfolgen.
- Für eine Entschlüsselung ist entweder das ursprüngliche Passwort oder das TPM-Passwort notwendig. Eine Challenge-Response-Authentifizierung (sicheres Authentifizierungsverfahren eines Teilnehmers auf Basis von Wissen) ist nicht vorgesehen.

## VeraCrypt

- Mit **VeraCrypt** (Open Source Software) kann man ganze Systeme, einzelne Partitionen oder sogenannte Container verschlüsseln. Container sind spezielle Dateien mit festen Größen.
- **Programmiersprachen**: C, C++, Assembler
- Es sind verschieden Verschlüsselungs-Algorithmen im Einsatz (z. B. AES, Serpent, Twofish, Camellia und Kuznyechik).
- Für die kryptologischen Hash-Werte stehen u. a. SHA-256, SHA-512 zur Verfügung.
- Da der zum Entschlüsseln benötigte Schlüssel im Arbeitsspeicher des Computers gespeichert wird, ist bei einem Zugriff auf die Hardware eine „Kaltstartattacke" möglich.

  Kaltstartattacke: Aufgrund von Datenremanenz sind auch nach dem Abschalten eines PCs in gängigen RAM-Modulen noch Daten gespeichert. Diese „verflüchtigen" sich erst innerhalb von Sekunden. Mit einem raschen physischen Zugang auf den PC könnten diese ausgelesen werden.
- Passwörter können durch Malware oder hardwareseitige Kompromittierungen (nicht berechtigter Zugriff) des Systems wie z. B. mit Hardware-Keyloggern abgefangen werden. Mit Schlüsseldateien kann diese Angriffsmethode erschwert werden.

# SSD – Solid State Drive

SSD – Solid State Drive

## Merkmale

- **SSDs** (**S**olid **S**tate **D**isk) sind Speichermedien, die nur aus Halbleiterchips aufgebaut sind. Sie lassen sich wie Fest- platten datenmäßig ansprechen.
- Vorteile gegenüber herkömmlichen Laufwerken: Mechanisch robust, kurze Zugriffszeiten, keine Geräusche
- Nachteile gegenüber herkömmlichen Laufwerken: Erheblich höherer Preis bei gleicher Kapazität.
- Aufgebaut sind die Speicherzellen in NAND-Technik (**NAND-Flash**).
- Die Speicherung der Bits erfolgt, indem man Ladungen in einer isolierten Zone eines Halbleiterbausteins (Flash-FET deponiert (Flash = Blitz).
- Ein integrierter Controller sorgt dafür, dass Daten gespeichert, gelesen und z. B. an den SATA-Anschluss (SATA 2 mit 3 Gbit/s oder SATA 3 mit 6 Gbit/s) weitergegeben werden.
- Lesevorgänge sind unbegrenzt möglich. Die erreichbaren Schreibzyklen liegen zwischen 100.000 und 5 Millionen. Um die Lebensdauer zu erhöhen, werden durch einen Controller im Speichermedium die Schreibvorgänge gleichmäßig auf alle Speicherzellen verteilt. Dazu wird mit der Speichersteuerung die Speicherhäufigkeit aller Blöcke überwacht. Fehlerhafte Blöcke werden ausgeblendet.
- Wenn eine herkömmliche Festplatte (**HDD**) mit einer SSD kombiniert ist, handelt es sich um eine **Hybridfestplatte** (**HHD**: **H**ybrid **H**ard **D**rive).

Festplatte SSD

## Vergleich mit einer Festplatte (1,0" bis 3,5")

| | | MLC SSD | HDD |
|---|---|---|---|
| Kapazität in GB | | ≤ 600 | ≤ 3000 |
| Datentransferrate in MB/s | Lesen | bis 500 | bis 150 |
| | Schreiben | ≤ 440 | ≤ 150 |
| Zugriffszeit in ms (mittlere) | Lesen | ca. 0,2 | ca. 3,5 |
| | Schreiben | ca. 0,4 | ca. 3,5 |
| Leistung in W | Ruhe | 0,1 … 1,3 | ≥ 4 |
| | bei Zugriff | 0,5 … 5,8 | ≥ 6 |

## Speicherchiparten

- **SLC**-Chips (**S**ingle **L**evel **C**ell) speichern 1 Bit pro Speicherzelle.
- **MLC**-Chips (**M**ulti **L**evel **C**ell) speichern 2 Bit pro Speicherzelle.
  - Verwendung hauptsächlich ab 64 GB
  - Beim Lesen sind sie langsamer und beim Schreiben schneller als SLC-Chips.
- **Asynchrone Speicherchips**: Daten werden bei der aufsteigenden Flanke des Taktsignals übertragen.
- **Synchrone Speicherchips**: Daten werden bei der auf- und absteigenden Flanke des Taktsignals übertragen (wie beim DDR-RAM).

## Speicherorganisation

- Mehrere Speicherzellen werden zu einer **Page** zusammengefasst, die Kapazitäten von 4 kB oder 8 kB besitzen. Pages lassen sich einzeln beschreiben, können aber nicht einzeln gelöscht werden.
- Pages werden in **Blocks** zusammengefasst, die gelöscht werden können. Beispiele:
  - 128 Pages mit 4 kB ergeben einen Block von 512 kB.
  - 256 Pages mit 8 kB ergeben einen Block von 2 MB.
- Schritte zur Datenspeicherung (**Read-Modify-Write-Zyklus**):
  1. Daten des Blocks werden ausgelesen und noch benötigte Daten werden in einem Speicher (Cache) abgelegt.
  2. Daten im Block werden gelöscht.
  3. Neue bzw. gespeicherte Daten werden im gelöschten Block abgelegt.

## Speicherbereinigung

- Da die Schnelligkeit der Datenspeicherung abhängig von der Anzahl der freien Pages ist, wird bei SSDs die **Garbage Collection** (wörtlich: „Müllabfuhr“, automatische Speicherbereinigung oder Freispeichersammlung) eingesetzt.
- Prinzip Garbage Collection:
  - Der Controller sammelt Daten aus nur teilweise beschriebenen Blocks.
  - Diese werden anschließend zu wenigen vollen Blocks zusammengefasst.
  - Die jetzt frei gewordenen Blocks werden gelöscht und können bei Bedarf sofort beschrieben werden.

## Abnutzungsausgleich

- Die Lebensdauer einer SSD erhöht sich, wenn die Schreibzugriffe gleichmäßig verteilt werden. Deshalb wird ein Abnutzungsausgleich (**Wear Leveling**) hergestellt. Dazu führt die SSD eine interne Statistik darüber, welche Blocks wie oft beschrieben wurden.
- **Dynamic Wear Leveling**: Verteilung der Daten, die sich im Moment ändern oder geschrieben werden.
- **Static Wear Leveling**: Bei Leerlauf Verteilung abgelegter Daten auf verschiedene Blocks.

# PC-Netzteilstecker
## PC Power Supply Connectors

### ATX-Format und ATX-Standards

- **ATX: A**dvanced **T**echnologie E**x**tended (Formfaktor)
- Es handelt sich um eine Norm für Gehäuse, Netzteile, Hauptplatinen und Steckkarten.
- Der ATX-Formfaktor wurde 1996 als Nachfolger für den AT-Formfaktor (Advanced Technology) eingeführt.
  Motherboardabmessungen: 305 mm x 244 mm (12" x 9,6")
- Im ATX-Standard verfügen die Netzteile mindestens über folgende Stecker:
  - ATX 1.0: 20-Pin-Stecker und FDPC-Stecker;
  - ATX 1.3: 20-Pin-Stecker, FDPC-Stecker und APC-Stecker;
  - ATX EPS: 24-Pin-Stecker, FDPC-Stecker und EPS-Stecker;
  - ATX 2.0: 24-Pin-Stecker, FDPC-Stecker und PCI-Express-Stecker;
  - ATX 2.2: 24-Pin-Stecker, FDPC-Stecker und PCI-Express-Stecker.
- Ab ATX 2.0 sind zusätzlich SATA-Stecker vorhanden.
- Die in den Abbildungen verwendeten Farben sind die gängigen Farben der Leitungen. Abweichungen sind möglich.
- Der 20-Pin-Stecker passt auch in die 24-Pin-Buchse (ggf. Adapter). Bei einem hohen Energieverbrauch ist eine stabile Funktion jedoch nicht gewährleistet.
- Der 24-Pin-Stecker passt auch in die 20-Pin-Buchse, wenn genügend Platz auf dem Motherboard vorhanden ist.

### Netzteil

- Leistung $P$ in Watt (W):
  Dabei muss beachtet werden, dass die Gesamtstromstärke auf verschiedene Leitungen bzw. Geräte/Erweiterungskarten (z. B. Grafikkarte) verteilt wird.
- Eingangsgrößen AC:
  Wechselspannungsbereich $U$ in Volt (V) und Frequenz $f$ der Wechselspannung in Hertz (Hz)
- Ausgangsgrößen DC:
  Gleichspannung $U$ in Volt (V), Polarität (+ oder –) gegenüber einem gemeinsamen Bezugspunkt (Masse), maximale Stromstärke $I$ in Ampere (A)

### ATX-Stecker für das Motherboard

- **20 Pin** (Blick von unten auf den Stecker)

| | | | | | |
|---|---|---|---|---|---|
| | +3,3 V | 1 | 11 | +3,3 V/Sensor | ③ |
| | +3,3 V | 2 | 12 | –12 V | |
| | Masse | 3 | 13 | Masse | |
| | +5 V | 4 | 14 | PS_ON | ④ |
| | Masse | 5 | 15 | Masse | |
| | +5 V | 6 | 16 | Masse | |
| | Masse | 7 | 17 | Masse | |
| ① | PWR_OK | 8 | 18 | –5 V | |
| ② | +5 V SB | 9 | 19 | +5 V | |
| | +12 V | 10 | 20 | +5 V | |

① Power OK (Indikationssignal + 5 V und + 3,3 V stabil)
② 5 V DC, Spannung für Standby
③ Sensor-Anschluss für verschiedene Funktionen
④ Power Supply On, Netzteil wird eingeschaltet, wenn eine Verbindung mit Masse hergestellt wird (Steuereingang)
⑤ Reserve, meist unbelegt

- **24 Pin**

| | | | | | |
|---|---|---|---|---|---|
| | +3,3 V | 1 | 13 | +3,3 V/Sensor | ③ |
| | +3,3 V | 2 | 14 | –12 V | |
| | Masse | 3 | 15 | Masse | |
| | +5 V | 4 | 16 | PS_ON | ④ |
| | Masse | 5 | 17 | Masse | |
| | +5 V | 6 | 18 | Masse | |
| | Masse | 7 | 19 | Masse | |
| ① | PWR_OK | 8 | 20 | Reserviert | ⑤ |
| ② | +5 V SB | 9 | 21 | +5 V | |
| | +12 V | 10 | 22 | +5 V | |
| | +12 V | 11 | 23 | +5 V | |
| | +3,3 V | 12 | | Masse | |

### Stecker für die Spannungsversorgung von Peripheriegeräten des Motherboards

**FDPC: F**loppy **D**isk **P**ower **C**onnector
Spannungsversorgung für Peripheriegeräte, 3,5"-Geräte, z. B. Diskettenlaufwerk

| 1 | 2 | 3 | 4 |
|---|---|---|---|
| +5 V | Masse | Masse | +12 V |

**PPC: P**ower **P**eripheral **C**onnector (Molex-Stecker)
Spannungsversorgung für Peripheriegeräte, 5,25"-Geräte, z. B. Festplatte, CD-ROM, DVD-Laufwerk

| 1 | 2 | 3 | 4 |
|---|---|---|---|
| +12 V | Masse | Masse | +5 V |

**APC: A**uxilary **P**ower **C**onnector, Aux Power Stecker für Hilfsspannungsversorgung (Pentium 4) Entlastung des Steckers für das Motherboard

| 1 | 2 | 3 | 4 | 5 | 6 |
|---|---|---|---|---|---|
| Masse | Masse | Masse | +3,3 V | +3,3 V | +5 V |

**12 V Power**
Zusätzliche Spannungsversorgung für Prozessoren ab 60 W

| | | | |
|---|---|---|---|
| Masse | 1 | 3 | +12 V |
| Masse | 2 | 4 | +12 V |

**PCI-Express**
12-V-Spannungsversorgung für Erweiterungskarten PCI-Express

| | | | |
|---|---|---|---|
| +12 V | 1 | 4 | Masse |
| +12 V | 2 | 5 | Masse |
| +12 V | 3 | 6 | Masse |

**EPS Power: E**xtended **P**ower **S**upply
Erweiterte 12-V-Spannungsversorgung für Multiprozessor-Motherboards

| | | | |
|---|---|---|---|
| Masse | 1 | 5 | +12 V |
| Masse | 2 | 6 | +12 V |
| Masse | 3 | 7 | +12 V |
| Masse | 4 | 8 | +12 V |

**SATA Stecker**
Spannungsversorgung für Serial-ATA-Geräte (z. B. Festplatte)

| 1 | 2 | 3 | 4 | 5 | 6 | 7 | 8 | 9 | 10 | 11 | 12 | 13 | 14 | 15 |
|---|---|---|---|---|---|---|---|---|---|---|---|---|---|---|
| +3,3 V | +3,3 V | +3,3 V | Masse | Masse | Masse | +5 V | +5 V | +5 V | Masse | Masse | Masse | +12 V | +12 V | +12 V |

- M.2 ist die Bezeichnung für einen 75-poligen Steckverbinder zur Aufnahme kleiner Leiterplatten (add-on cards), z. B. **SSD** (**S**olid **S**tate **D**isc).
- Von den 75 Kontakten werden verwendet:
  - 8 Kontaktpositionen für die Leiterplattencodierung Form A bis M,
  - 67 Kontaktpositionen für die Signalübertragung.
- Die Bauformgröße der Leiterplatten ①, die Lage der Kodierungen ②, die Kontaktbelegung und die zugeordneten Funktionen ③, die auf den Leiterplatten realisiert sind, sind von der PCI-SIG festgelegt.
- Die Leiterplatten können einseitig oder beidseitig mit unterschiedlichen Bauelementhöhen ④ bestückt sein.

Beispiel: Steckverbinder Typ M

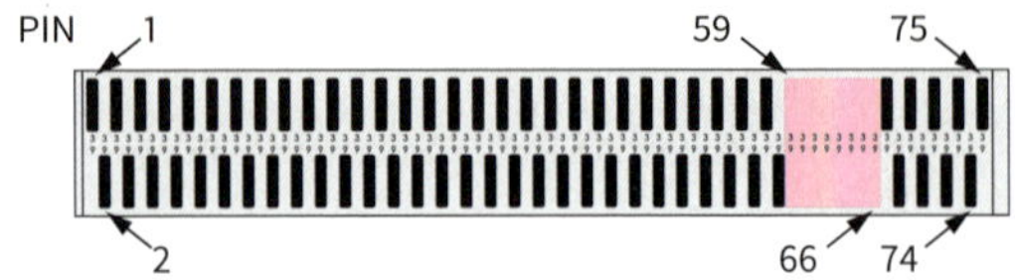


### Typ – Bezeichnungen

Typ XX XX - XX - X - X ← Angabe nur bei Leiterplatten mit zweifacher Codierung

① 

| Breite |
|---|
| 12 |
| 16 |
| 22 |
| 30 |

| Länge |
|---|
| 16 |
| 26 |
| 30 |
| 42 |
| 60 |
| 80 |
| 110 |

④

| | Bauelementhöhe max. | |
|---|---|---|
| | Oberseite | Unterseite |
| **S1** | 1,2 | 0 |
| **S2** | 1,35 | 0 |
| **S3** | 1,5 | 0 |
| **D1** | 1,2 | 1,35 |
| **D2** | 1,35 | 1,35 |
| **D3** | 1,5 | 1,35 |
| **D4** | 1,5 | 0,7 |
| **D5** | 1,5 | 1,5 |

② ③

| Codierung | Pin | Funktion/Protokoll |
|---|---|---|
| **A** | 8-15 | 2x PCIe x1 / USB 2.0 / I²C / DP x4 |
| **B** | 12-19 | PCIe x2 / SATA / USB 2.0 / USB 3.0 HSIC / SSIC / Audio / UIM / I²C |
| **C** | 16-23 | Reserviert für spätere Anwendung |
| **D** | 20-27 | Reserviert für spätere Anwendung |
| **E** | 24-31 | 2x PCIe x1/USB 2.0/I²C/SDIO/UART/PCM |
| **F** | 28-35 | Zukünftige Speicherschnittstelle |
| **G** | 39-46 | Generische Anwendung (nicht M.2) |
| **H** | 43-50 | Reserviert für spätere Anwendung |
| **J** | 47-54 | Reserviert für spätere Anwendung |
| **K** | 51-58 | Reserviert für spätere Anwendung |
| **L** | 55-62 | Reserviert für spätere Anwendung |
| **M** | 59-66 | PCIe x4 / SATA |

Maßangaben in mm

S: single sided (einseitig)
D: Double sided (beidseitig)

### Leiterplatten – Abmessungen und Codierungen

Beispiel: 2230-xx-B-M (Codierung für B und M)

Ansichten von oben

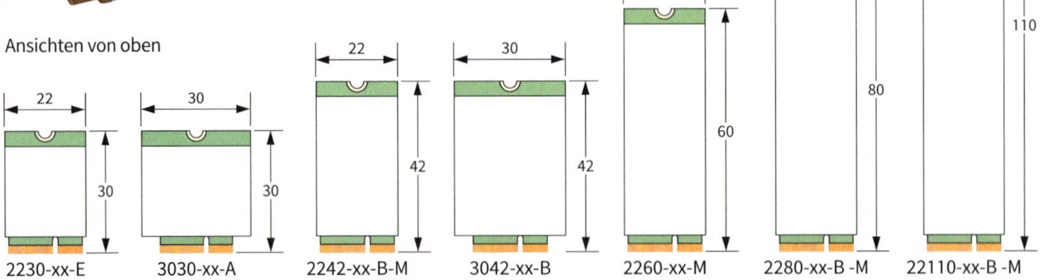

## Funktion

- **Ein-/Ausgabe und Bearbeitung akustischer Signale**
  - Umformen (Sampling) der analogen Signale (Sprache, Musik oder Geräusche aus verschiedenen Quellen) in digitale Signale durch Pulse Code Modulation PCM.
  - Bearbeiten der Signale durch Software: Verändern, Teile löschen bzw. kopieren, Klangdateien zusammenfügen/hinzufügen, mischen, speichern usw.
  - Umformen der digitalen Signale in analoge Signale (Digital-Analog-Umsetzung) und Wiedergabe
- **Erzeugung (Synthese) von akustischen Signalen**
  - FM-Synthesizer:
    Elektronische Musik wird mithilfe interner Tongeneratoren erzeugt (Frequenzmodulation FM).
  - Wavetable-Synthese:
    Proben von Originalklängen einzelner Instrumente sind gespeichert. Die Erzeugung erfolgt mit Software-Synthesizern.
- **Digitale Signalprozessoren** (DSP) übernehmen die Aufgaben auf der Soundkarte. Sie entlasten den Prozessor des Computersystems bei der Bearbeitung der großen Sound-Dateien. Er übernimmt auch die Datenreduktion und Komprimierung. Die Daten (z. B. WAV, MP3) werden vom Arbeitsspeicher auf die Festplatte geschrieben.

## Einbaumöglichkeiten bzw. Orte im PC

- **Steckkarten:**
  - Ältere PCs: ISA-Bus
  - PCI- bzw. PCI-Express
  - PCMCIA, ExpressCard
- **Schnittstellen:**
  - USB
  - FireWire (professioneller Bereich)
- **Motherboard:**
  - Integrierte Chips (kostengünstig, geringere Qualität, für einfache Aufgaben)

## Anschlüsse

- **Analog**
  - Stecker/Buchse: Klinke, Cinch
  - Farben der Buchsen:

| | | |
|---|---|---|
| | Blau | Line-in für Aufnahmen (Stereo) |
| | Rosa | Mic-in, Mikrofoneingang (Mono) |
| | Orange | Center Speaker, Subwoofer-Center und Tiefbass-Lautsprecher-Ausgang |
| | Grün | Line-out, Kopfhörer- oder (Front-) Lautsprecher-Ausgang (Stereo) |
| | Schwarz | Rear Speakers, Rücklautsprecher-Ausgang (Stereo) |
| | Silber | Side Speakers, Seitenlautsprecher-Ausgang (Stereo) |

- **Digital**
  - Übertragungsformat: S/P-DIF-Format (Sony/Philips Digital Interface), verkürzt: SPDIF-Format
  - Steckverbinder für Koaxialkabel (Cinch)
  - Optischer 3,5 mm Klinkenstecker
  - Optische Steckverbinder (TOSLINK-Anschluss)

## Qualitätsmerkmale

- **Auflösung beim Digitalisieren:**
  8, 16, 24 Bit
- **Abtastrate (Samplingrate):**
  22; 44 (CD-Qualität); 96 oder 192 kHz
- **Weitere Qualitätsmerkmale:**
  Anzahl der Kanäle, Rauschverhalten, Frequenzgang, Abschirmung gegen Störsignale, Beschleunigerchip zur Entlastung der CPU

## Gameport/MIDI-Schnittstelle

- Bei gegenwärtigen Soundkarten wird in der Regel auf diese Anschlüsse verzichtet, da entsprechende Geräte über die USB-Schnittstelle angeschlossen werden.
- **Gameport** (Joystick)
  - Anschluss von Steuergeräten (Joystick, Gamepad ...)
  - Analoge Datenübertragung
- **MIDI: M**usical **I**nstrument **D**ata **I**nterface
  - Schnittstelle, über die elektronische Musikinstrumente angeschlossen werden können. Mit dem PC können die Klangdaten koordiniert werden.
  - Digitale Datenübertragung

## Standards für die Soundausgabe

- **EAX** (**E**nvironmental **A**udio **E**xtension)
  Umgebungsgeräusche in Computerspielen werden mit EAX so real wie möglich wiedergegeben. Beispiel: Der Ton einer bestimmten Quelle wird nur einmal erzeugt und je nach Wiedergabe in bestimmten Räumen entsprechend modifiziert.
- **DTS-ES** (**D**igital **T**heater **S**ystems)
  Beispiel: Mit dem Tonformat DTS-ES Discrete 6.1 können alle 6.1 Kanäle einschließlich Subwoofer unabhängig aufgenommen und entsprechend frei gestaltet werden.
- **ASIO** (**A**udio **S**tream **I**nput/**O**utput)
  Es handelt sich hierbei um ein mehrkanalfähiges Audio-Transferprotokoll, mit dem man auf die Multichannel-Fähigkeiten vieler Sound- und Recordingkarten (professionelle Soundkarten) zugreifen kann.
  ASIO 2.10 unterstützt 64-Bit-Systeme und DSD (Direct Stream Digital).

## Steckkartenbeispiel

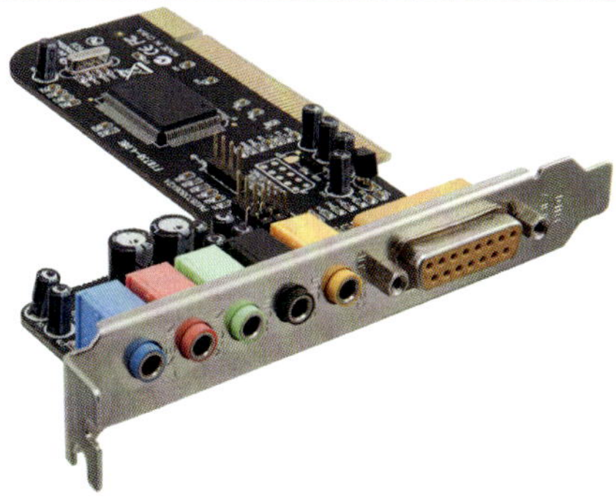

# Grafikkarten
## Graphic Boards

### Aufbau und Arbeitsweise

- Grundsätzliche Funktion: Steuerung der Bildschirmanzeige
- Die Eingangsdaten gelangen über eine Schnittstelle (① PCI, PCIe, AGP …) und einen **Grafikspeicher** mit großer Kapazität (3840 MB und größer) in den **Grafikprozessor** ② (**GPU**: **G**raphic **P**rocessing **U**nit).
- Im Grafikprozessor erfolgt die Berechnung der Daten für die Bildschirmausgabe. Aufgrund der großen Rechenleistung in der GPU sind gegebenenfalls Kühlmaßnahmen erforderlich.
- Der Grafikspeicher dient auch zur Ablage der in der GPU verarbeiteten Daten.
- Die Ausgabeeinheit ③ liefert das jeweils gewünschte Signal über entsprechende Steckverbindungen (VGA, DVI …).
- Wenn die Grafikkarte einen VGA-Ausgang besitzt, erfolgt im **RAMDAC** (**RAM-D**igital to **A**nalog **C**onverter) eine Umwandlung in ein analoges Ausgangssignal.

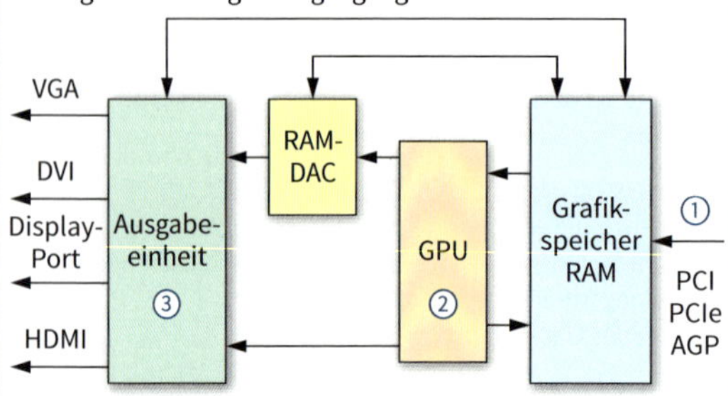


### VGA-Anschluss

- Analoge Video-Datenübertragung
- **VGA: V**ideo **G**raphics **A**rray
- **DDC: D**isplay **D**ata **C**hannel (Anzeigedatenkanal)
  Die Signale dienen der Identifikation des angeschlossenen Monitor-Typs (z. B. Farbe, VGA, SVGA).
- Farben: Maximal 16 Farben
- Auflösung: Ursprünglich 640 x 480 Pixel, erreichbar: 1280 x 720 Pixel.

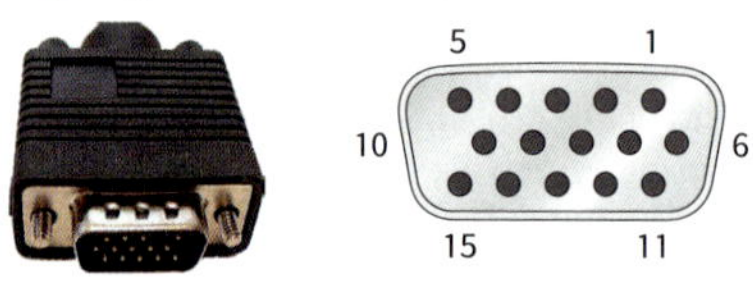


| Pin | Signal, Funktion |
|---|---|
| 1 | Rot-Signal analog |
| 2 | Grün-Signal analog oder analoges Monochrom-Signal |
| 3 | Blau-Signal analog |
| 4 | Monitor Identifikations-Bit 2, Masse |
| 5 | Digitale Masse für DDC |
| 6 | Rot-Masse |
| 7 | Grün-Masse |
| 8 | Blau-Masse |
| 9 | Nicht belegt, DDC 1 (+5 V) |
| 10 | Synchronisations-Masse |
| 11 | Monitor Identifikations-Bit 0 |
| 12 | Monitor Identifikations-Bit 1, DDC 1-Signal |
| 13 | Horizontale Synchronisation |
| 14 | Vertikale Synchronisation |
| 15 | Monitor Identifikations-Bit 3, DDC 1-Signal |

### DVI-Anschluss

- Schnittstelle zur Übertragung der digitalen Daten der Grafikkarte z. B. an ein TFT-Display.
- **DVI: D**igital **V**isual **I**nterface
- Pinbelegung:
  - 1…24 digitale Signale
  - C1…C4 analoge Signale
- **DVI-I** (DVI-Integrated):
  Digitale und analoge Übertragung
- **DVI-D:**
  Rein digitale Übertragung (nur Pin 1 bis 24, ohne C1 bis C5)
- **DVI-A:**
  Rein analoge Übertragung (C1 bis C5)

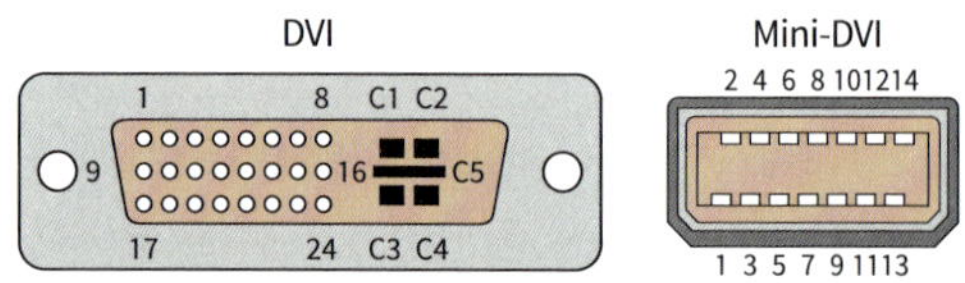


### Computergrafikstandards und Bildschirmgröße

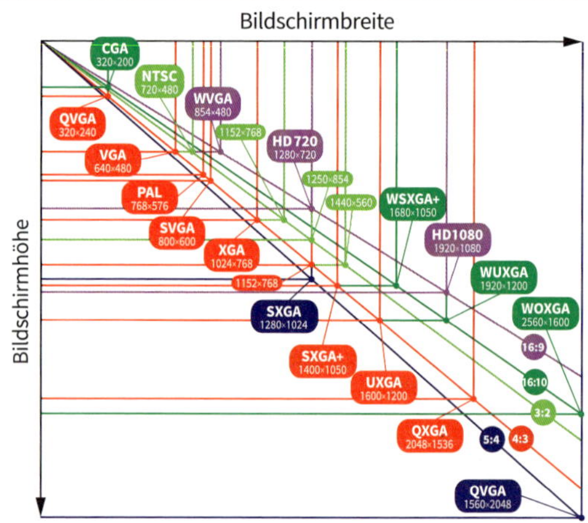


| | | | |
|---|---|---|---|
| **Q:** | **Q**uarter | **VGA:** | **V**ideo **G**raphics **A**rray |
| **S:** | **S**uper | **XGA:** | E**x**tended **G**raphics **A**rray |
| **U:** | **U**ltra | **CGA:** | **C**olour **G**raphics **A**dapter |
| **W:** | **W**ide | **HD:** | **H**igh **D**efinition Television |
| **PAL:** | **P**hase **A**lternating **L**ine | **NTSC:** | **N**ational **T**elevision **S**ystem **C**ommittee |

### Ausgänge von Grafikkarten

Möglich sind: VGA, DVI, HDMI (**H**igh **D**efinition **M**ultimedia **I**nterface), DisplayPort, Thunderbolt.

**Beispiel**:

# Mikrofone
Microphones

## Kenngrößen

**Übertragungsfaktor *T***

$T = \frac{U}{p}$ $f = 1$ kHz

$U$: Ausgangsspannung in mV
$p$: Schalldruck in Pa

**Übertragungsmaß *G***

$G = 20 \cdot \lg \frac{T}{T_o}$ dB $f = 1$ kHz

$T$ in V/Pa $T_o = 1$ V/Pa

## Schaltungen von Tauchspulmikrofonen

**symmetrisch**

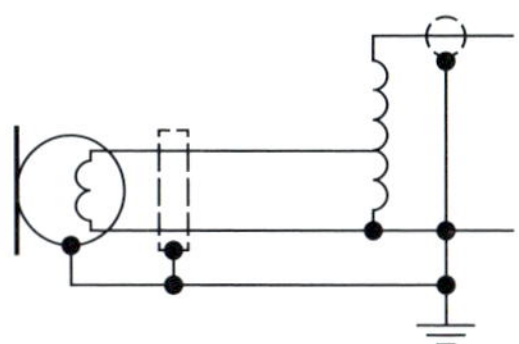

Studiobetrieb, auch bei längeren Leitungen störungsfreie Übertragung.

**unsymmetrisch**

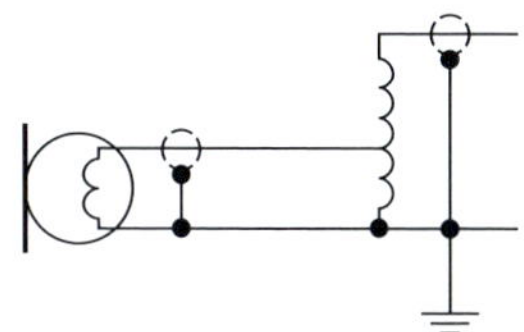

Nur bei nicht allzu großen Leiterlängen (< 5 m) störungsfrei, wird im Konsumelektronik-Bereich häufig verwendet.

## Arten

| Typ | Eingangsgrößen | Übertragungsfaktor *T* in mV/Pa (z. B.) | Frequenzgang | Klirrfaktor in % | Anwendungen, Besonderheiten |
|---|---|---|---|---|---|
| **Tauchspul-Mikrofon** | 200 Ω | 2 | 50 Hz … 14 kHz | 1 | Tonaufzeichnung, Tonübertragung |
| **Kristall-Mikrofon** | 1 MΩ … 5 MΩ<br>$C_e \approx 1$ nF | 1 | 30 Hz … 10 kHz | 1…2 | Tonaufzeichnung und -übertragung |
| **Kondensator-Mikrofon** | 50 MΩ (ohne Verstärkung)<br>$C_e \approx 100$ pF | 10 | 20 Hz … 20 kHz | 0,1 | hochwertige Aufzeichnung und Übertragung, Hilfsspannung erforderlich |

# Lautsprecher
Loudspeakers

## Kenngrößen

**Nennscheinwiderstand $Z_n$**
Der Scheinwiderstand darf bei keiner Frequenz innerhalb des Übertragungsbereichs mehr als 20 % unter dem angegebenen Nennscheinwiderstand liegen.

**Grundresonanzfrequenz $f_{res}$**
niedrigste Eigenfrequenz

**Übertragungsfaktor *T***

$T = \frac{p}{U}$ in $\frac{\text{Pa}}{\text{V}}$ Bezugsabstand: 1 m

$p$: Schalldruck
$U$: Klemmenspannung des Lautsprechers

**Übertragungsmaß *G***

$G = 20 \cdot \lg \frac{T}{T_o}$ dB $T_o = 1$ Pa/V
Bezugsabstand: 1 m

**Übertragungsbereich**
$f_u \dots f_o$ (Abfall 10 dB vom Mittelwert)

**Nennbelastbarkeit**
maximale Leistung im Dauerbetrieb

**Impulsbelastbarkeit**
maximale Leistung bei getasteten Sinustönen

## Arten

- Dynamische Lautsprecher (Tauchspul-Lautsprecher, Bändchen-Lautsprecher)
- Elektrostatische Lautsprecher (Kondensator-Lautsprecher)
- Piezoelektrische Lautsprecher (Kristall-Lautsprecher)

## Weiche mit 6 dB Spannungsfall pro Oktave

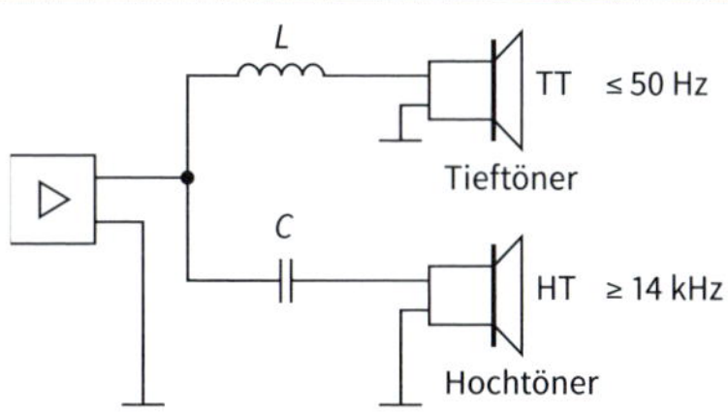


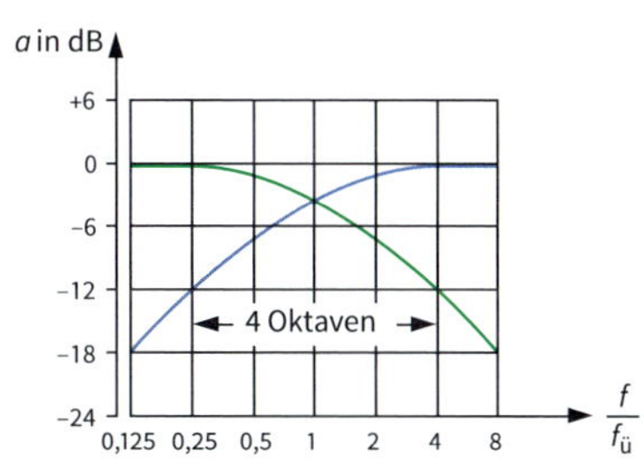


Überlappung bei −12 dB vier Oktaven

## Kennzeichnungsprinzip für Audiosysteme

Ziffer Punkt Ziffer
**Beispiel:** 5.1
5 Lautsprecher (Fullrange-Kanäle)
1 Tieftöner (Subwoofer)

**Lautsprecherpositionierung beim 5.1-System**

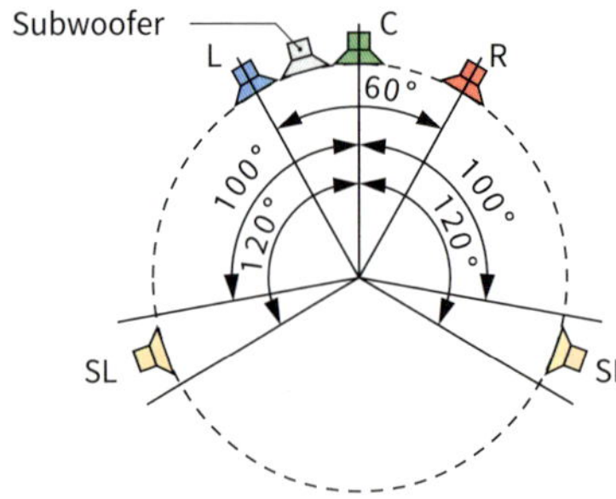


**L:** Stereosignal links
**R:** rechts
**SR:** Surround rechts
**SL:** Surround rechts
**C:** Zentrum, Sprachkanal
**S:** Hintergrund- und Nebengeräusche (Surround)

## Tonformate

| Symbole auf DVD-Hülle | Bedeutung |
|---|---|
| **Mono 1.0** 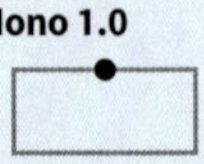 | Das Schallereignis wird über einen Tonkanal wiedergegeben. Es entsteht kein räumlicher Klangeindruck. |
| **Stereo 2.0** 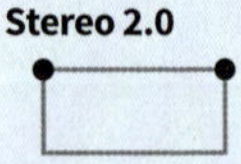 | Das Schallereignis wird über zwei Tonkanäle wiedergegeben (links und rechts). Es entsteht ein räumlicher Klangeindruck. |
| **Dolby Surround 3.0** 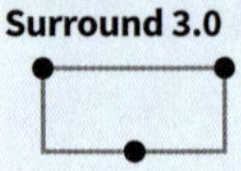 | Dem Stereosignal wird ein Surround-Signal verschlüsselt zugefügt. Es entsteht ein verbesserter räumlicher Klangeindruck durch einen hinteren Lautsprecher. |
| **Dolby Pro Logic 4.0** 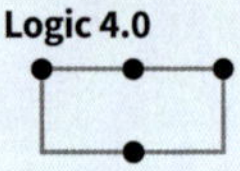 | Arbeitet wie Dolby Surround 3.0 mit zusätzlichem verschlüsselten Signal, das nach Entschlüsselung über einen weiteren Lautsprecher (Center) wiedergegeben wird. |
| **Dolby Pro Logic II 5.1** 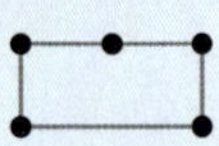 | Dem Stereo-Signal sind weitere verschlüsselte Signale zugefügt. Fünf Lautsprecher und ein Subwoofer können versorgt werden. Es entsteht ein realistischer Raumklang. |
| **Dolby Digital 5.1, DTS 5.1** 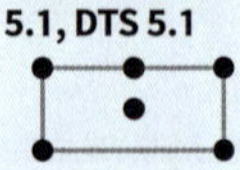 | Sechs voneinander getrennte digitale Signale führen zu einem optimalen Raumklang. Mit dem 6. Kanal kann ein Subwoofer betrieben werden. |
| **Dolby Digital Surround EX, DTS-ES 6.1** 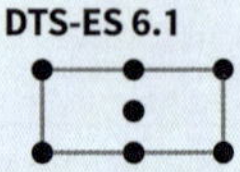 | Arbeitet wie Dolby Digital 5.1, den beiden hinteren Tonkanälen wird ein weiteres Signal für besondere Effekte verschlüsselt zugefügt und über einen Effekt-Center-Lautsprecher (hinten in der Mitte) wiedergegeben. |

## Audioformate

**MIDI**
- **M**usical **I**nstruments **D**igital **I**nterface, seit 1983
- Im engeren Sinne kein Audioformat, da es keine Audiodaten/Klangdaten enthält, sondern ist ein Textformat, welches Steuerdaten für Midigeräte enthält.
- Midigeräte werden über den Joystick-Port der Soundkarte angeschlossen.
- Kleine Datenmengen
- Serielles Datenprotokoll: 31250 bit/s
- Serielle Datenübertragung, langsam und sicher
- 16 Kanäle
- Qualität ist von den Ausgabegeräten abhängig

**AIFF**
- **A**udio **I**nterchange **F**ile **F**ormat
- Von Apple 1988 entwickelt, von anderen Herstellern übernommen
- Format besitzt Chunkstruktur (Chunk: Happen, Brocken) wie Wave- und AVI-Formate.
- Daten können komprimiert werden. Größe hängt vom verwendeten Algorithmus ab. Informationen darüber werden in einem zusätzlichen Chunk gespeichert.
- Datenrate unkomprimiert 960 kbit/min
- Radioqualität (annähernd)

**Wave**
- Anfang 1980 von Microsoft und IBM entwickelt
- Standardformat für Window PCs
- Wave-Dateien enthalten digital codierte Analogsignale, z. B. Auflösung 16 Bit bei 44,1 kHz Samplingrate, Stereo
- Wave-Dateien sind sehr groß, in Chunks strukturiert
- Datenrate 10 MB/min

**Real Audio**
- Von RealNetworks 1995 als ein hochkomprimiertes Audioformat für das Internet entwickelt
- Datei wird in kleine Pakete zerlegt und separat verschickt, in Echtzeit vom Server abspielbar (Streaming Audio)
- Geeignet für Internetradio
- Qualität hängt von der Bandbreite ab. Wenn die Bandbreite unter ein Minimum fällt, werden Datenpakete weggelassen.

**VQF**
- Von Yamaha 1995 entwickelt, Bezeichnung auch SoundVQ oder TwinVQ
- Aufgrund von Ähnlichkeiten der Elemente in Musikstücken lässt sich diesen „Grundbausteinen" ein Index zuweisen, der einem Eintrag in einer Bitmustertabelle (mehrdimensional) entspricht. Der Decoder kann mit der gleichen Tabelle und dem jeweiligen Index die Originalbitstruktur zusammensetzen.
- Dateigröße 25 bis 35 % kleiner als bei MP3
- Maximale Abtastrate 96 kbit/s

**AAC**
- **A**dvanced **A**udio **C**oding
- Erweiterung zu MPEG 2 und Teil von MPEG 4
- Im Vergleich zu MP3 gleiche Qualität bei halber Dateigröße
- Bei 64 kbit/s (ISDN) Stereoübertragung möglich

**MP3**
- Verlustbehaftete Kompression digital gespeicherter Audiodaten.
- Es werden nur die für den Menschen wahrnehmbaren Signalanteile gespeichert.

## Tintenstrahldrucker

### Thermo-Verfahren

- Druckdüsen mit Heizelementen
- Temperatur ca. 300 °C
- Dampfblase entsteht
- Tinte wird herausgespritzt (ca. 80 ms)
- Geschwindigkeit ca. 15 m/s
- Schussfrequenz bis 18 kHz

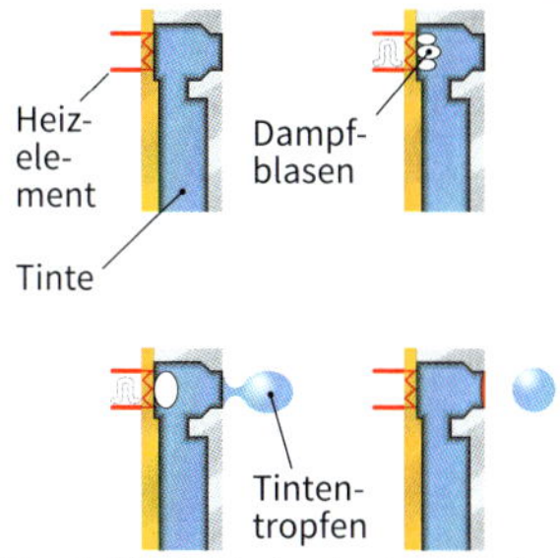


Druckdüse in Kartusche integriert

### Piezoelektrisches Verfahren

- Druckdüse mit Piezo-Element
- Elektr. Spannung verformt das Element
- Zunächst Sog, dann Druck
- Tinte wird herausgedrückt
- Tropfengröße kann durch Spannung gesteuert werden

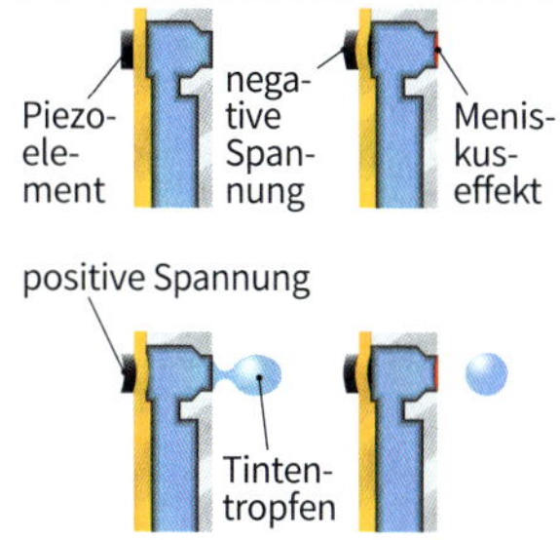


Druckdüsen befinden sich nicht in der Kartusche, sondern im Gerät

### Druckvorgang

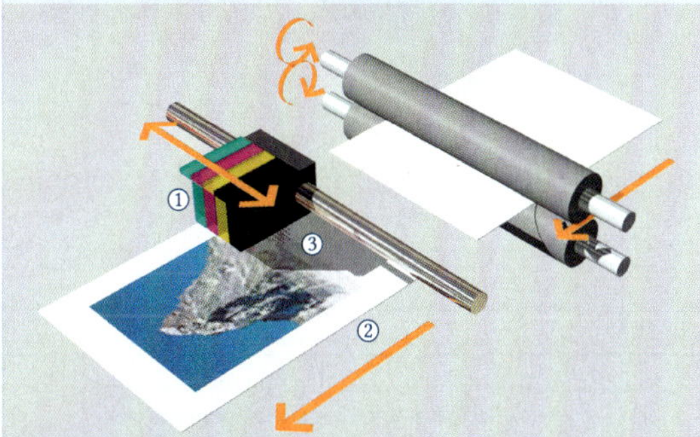


- Druckkopf bewegt sich zeilenweise über das Papier ①.
- Das Papier wird schrittweise in Längsrichtung durch den Drucker gezogen ②.
- Alle Druckfarben werden gleichzeitig auf das Papier gesprüht ③.
- Mehrere Druckpunkte bilden einen Rasterpunkt.
  Beispiel: Grüner Rasterpunkt besteht aus mehreren dicht nebeneinander oder übereinander gedruckten gelb- und cyanfarbigen Druckpunkten.

**Druckauflösung** (Auflösung):
Angabe in Druckpunkte pro Zoll (**dpi: D**ots **p**er **I**nch)
1 Zoll (Inch) = 2,54 cm

### Beeinflussung der Druckqualität

- Erweiterung der vier Farben (CYMK) um weitere Farben (z. B. helles Cyan und helles Magenta) zur besseren Darstellung von Hauttönen.
- Für hochwertige Drucke sollte beschichtetes Papier verwendet werden, damit die Farbtropfen nicht zu tief eindringen.
- Das tiefe Eindringen der Tinte in das Papier kann durch vorheriges Aufbringen einer farblosen Flüssigkeit verringert werden.
- Größere farbige Flächen werden mit wenigen, aber größeren Tropfen schneller bedruckt.
- Die Tinte wird in mehreren Durchgängen aufgetragen.
  Ein Verlaufen der Tinte wird verringert.
- Pigmentierte Tinte verringert das zu tiefe Eindringen in das Papier.
- Für helle Farben (Farben mit geringer Sättigung) entstehen zwischen den Farbpunkten große störende weiße Flächen. Kleinere Druckpunkte verringern diese Störungen.
- Um das Verlaufen der Tinte aufgrund der Faserstruktur des Papiers zu verringern, wird schnell trocknende Tinte eingesetzt.
- Neben diesen Hardwarelösungen werden von Herstellern verschiedene Softwarelösungen zur Steuerung der Druckpunkte eingesetzt.

## Farblaserdrucker

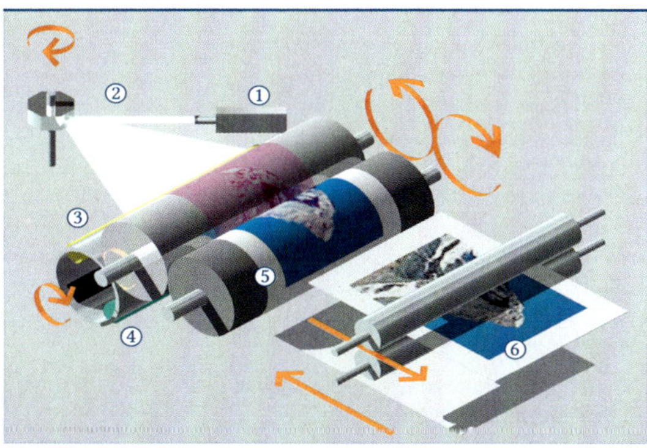


- Unbedrucktes Papier wird kontinuierlich zugeführt.
- Licht aus dem Laser ① gelangt über einen rotierenden Spiegel ② auf die lichtempfindliche Trommel ③.
- Die Trommel ist elektrostatisch aufgeladen.
- Sie dreht sich an der Tonerkartusche ④ vorbei.
  Der Toner gelangt durch elektrostatische Anziehungskräfte über die Belichtungstrommel auf das Papier ⑤.
- Für den Vierfarbendruck sind vier Durchläufe erforderlich.
- Am Ende wird das fertig bedruckte Papier ausgegeben ⑥.

## RGB

**Funktion von Farbmodellen:**
Beschreibung einzelner Farben durch Zahlenwerte.

**Anwendung von RGB:**
Farbdarstellung auf Displays, Farbmonitoren (aktiv lichterzeugende Medien)

**RGB:**
- **Additives** Farbmodell
- Primärfarben (Grundfarben)
  - **R**ot 610 nm (R);
  - **G**rün 535 nm (G) und
  - **B**lau 470 nm (B)
- Die Primärfarben ergeben zusammen Weiß.
  0,3 R + 0,59 G + 0,11 B = 1
- Weitere Farben lassen sich aus Mischung der drei Primärfarben erzeugen.

- Der Farbraum des RGB-Modells lässt sich in Form eines Würfels mit der Kantenlänge 1 darstellen.
- Vorteil: Alle Farben lassen sich durch Vektoren mit ihren Komponenten darstellen.

**Beispiele:**

| | | | |
|---|---|---|---|
| Schwarz | (0, 0, 0); | Magenta | (1, 0, 1); |
| Blau | (0, 0, 1); | Weiß | (1, 1, 1); |
| Gelb | (1, 1, 0); | Grün | (0, 1, 0); |
| Rot | (1, 0, 0); | Cyan | (0, 1, 1); |

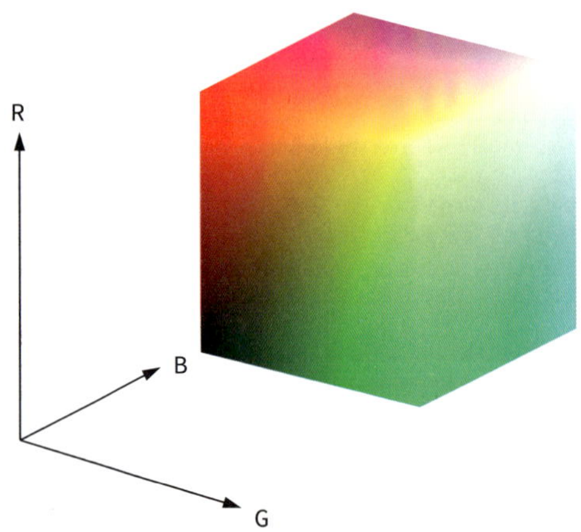


## CYM

**Anwendung:**
Malerei und Farbausgabe durch Drucker (reflektierende Medien).

**CYM:**
- **Subtraktives** Farbmodell
- Grundfarben
  - **C**yan (C),
  - **Y**ellow (Y) und
  - **M**agenta (M)
- Alle Grundfarben zusammen ergeben Schwarz.

## CMYK

- Neben den Grundfarben Cyan, Magenta und Yellow wird für den Farbdruck Schwarz eingesetzt (**Vierfarbendruck**).
- Bedeutung von „K“: key plate („Schlüsselplatte“, die schwarz druckende Platte)

Vorteile:
- Schwarz lässt sich klarer darstellen.
- Druckpapier würde durch das Auftragen der drei Farben zu stark durchnässt werden.

## YUV

Verwendung beim PAL-Fernsehen.

**Y:** Leuchtdichtesignal, Helligkeitssignal (Luminanz)
**U:** Reduziertes Farbdifferenzsignal (R–Y)
**V:** Reduziertes Farbdifferenzsignal (B–Y)

Zusammenhang mit dem RGB-Farbsystem:

$$Y = 0{,}299\,R + 0{,}587\,G + 0{,}114\,B$$
$$U = 0{,}169\,R - 0{,}0331\,G - 0{,}5\,B$$
$$V = 0{,}5\,R - 0{,}419\,G - 0{,}081\,B$$

Variante: **YCbCr ($YC_BC_R$)**

**Y:** Leuchtdichtesignal, Helligkeitssignal
**Cb:** Blaue Chrominanzkomponente
**Cr:** Rote Chrominanzkomponente

Zusammenhang mit dem RGB-Farbsystem:

$$Y = 0{,}299\,R + 0{,}587\,G + 0{,}114\,B$$
$$Cr = 0{,}60\,R - 0{,}28\,G - 0{,}32\,B$$
$$Cb = 0{,}21\,R - 0{,}52\,G + 0{,}31\,B$$

## YIQ

Verwendung beim NTSC-Fernsehen.

**Y:** Leuchtdichtesignal, Helligkeitssignal
**I, Q:** Reduzierte Farbdifferenzsignale

## Bildarten

| Schwarzweißbild | Graustufen- oder Halbtonbild | Farbbild |
|---|---|---|
| | Information neu pro Bildpunkt | |
| ▪ 1 Bit → $2^1 = 2$<br>2 verschiedene Werte,<br>Schwarz oder Weiß | ▪ 4 Bit → $2^4 = 16$<br>16 verschiedene Werte möglich<br>▪ 8 Bit → $2^8 = 256$<br>256 verschiedene Werte möglich | ▪ 8 Bit für jeweils Rot, Grün und Blau<br>24 Bit → $2^{24} = 16.777.216$<br>16,78 Millionen verschiedene Werte möglich (Truecolor) |

## Farbtiefe (Farbumfang Image Depth)

$C = 2^D$

$C$: Anzahl der verschiedenen Farben (bzw. Graustufen)

$D$: Farbtiefe in Bit/Pixel

## Farbinformationen

- **Farbton** (Hue)
  Wellenlänge des Lichtes
- **Helligkeit** (Brightness)
  Wie nah an Schwarz (0 %), wie nah an Weiß (100 %)
- **Farbsättigung** (Chroma)
  Leuchtkraft der Farbe, Weißanteil

## Beispiele für Farbtiefen

## Auflösung und Bildpunkte

Auflösung:
Zwei Zahlen, die die Anzahl der darstellbaren Bildpunkte in horizontaler und vertikaler Richtung angeben.

| Auflösung | Bildpunkte | Dateigröße im RGB in MB |
|---|---|---|
| 320 x 240 | 76.800 | 0,225 |
| 640 x 480 | 307.200 | 0,900 |
| 800 x 600 | 480,000 | 1,37 |
| 1.280 x 1.024 | 1.310.720 | 3,67 |
| 1.528 x 1.146 | 1.751.088 | 5,01 |
| 1.600 x 1.200 | 1.920.000 | 5,49 |
| 2.048 x 2.048 | 4.194.304 | 12,29 |
| 3.060 x 2.036 | 6.230.160 | 17,85 |
| 6.144 x 6.144 | 37.748.736 | 110,00 |

## Vektor-Grafiken

- Bei Vektor-Grafiken werden geometrische Formen (z. B. Kreise, Rechtecke) gespeichert. Ein Rechteck besitzt z. B. einen Ursprungspunkt und eine Ausdehnung in Form von Längen- und Breitenangaben.
- Vektor-Grafiken können ohne Qualitätsverlust frei gedreht und vergrößert werden (Skalierbarkeit).

Anwendung: Konstruktionsbereich (CAD)
Beispiele für Dateiendungen:
**.ai:** **A**dobe **I**llustrator
**.cdr:** **C**orel **D**raw
**.eps:** **E**ncapsulated **P**ost**s**cript

## Rastergrafik, Pixelgrafik

- Bilder in Pixel-Formaten werden als Bitmaps bezeichnet.
- Die Speicherung erfolgt wie bei einem Mosaik. Jedes Pixel (Bildpunkt) wird mit Informationen über Lage (x-y-Achsen) und Farbe gespeichert.
- Pixel-Grafiken verlieren beim **Skalieren** (Vergrößern) stark an Qualität, da die Pixel vergrößert werden. Stufungen sind erkennbar.

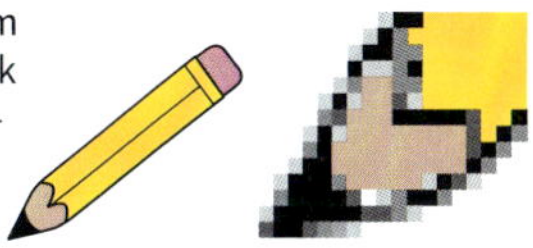

- Anwendung:
  Wiedergabe von Fotos und Grafiken mit feinen Farbabstufungen
- Beispiele für Dateiendungen:

| | | | |
|---|---|---|---|
| .bmp | **Bitmap** | .pdf | **P**ortable **D**ocument **F**ormat |
| .cpt | **C**orel **P**hoto-**P**aint | .pgm | **P**ortable **G**ray**m**ap |
| .dds | **D**irect **D**raw **S**urface | .png | **P**ortable **N**etwork **G**raphics |
| .fif | **F**ractal **I**mage **F**ormat | .ppm | **P**ortable **P**ix**m**ap |
| .gif | **G**raphics **I**nterchange **F**ormat | .psd | **P**hoto**s**hop **D**ocument |
| .jpeg | **J**oint **P**hotographic **E**xperts **G**roup | .raw | RAW Graphics Format (Rohdatenformat) |
| .pcx | **P**icture **Ex**change | .tif | **T**agged **I**mage **F**ile Format |

## Kalibrieren und Profilieren

- Wenn in einer Produktionskette in Geräten Farben verarbeitet bzw. dargestellt werden (z. B. mit Scanner, Monitor, Drucker), treten Farbfehler auf, die sich fortpflanzen. Ziel des Farbmanagements ist es, diese Fehler zu korrigieren.
- **Kalibrieren** bedeutet, dass bestimmte Werte bei einem Gerät eingestellt werden.
- **Profilieren** bedeutet, dass die Eigenschaften eines Geräts gemessen und als Profil gespeichert werden.
- Mit einem **Profil** (in Form eines Datensatzes) wird der Farbraum eines Geräts für seine Farbeingabe bzw. Farbausgabe beschrieben.
- Genormte Profile wurden von dem 1993 gegründeten **ICC** (**I**nternational **C**olor **C**onsortium) erstellt. Bei dem ICC handelt sich um einen Zusammenschluss zahlreicher Hersteller von Grafik-, Bildbearbeitungs- und Layoutprogrammen, mit dem Ziel, Farbmanagementsysteme zu vereinheitlichen.
- Folgende **Profilklassen** werden z. B. unterschieden:
  - **Monitor** (mntr): Anzeigegeräte, z. B. Monitor (LCD, CRT)
  - **Eingabe** (scnr): Eingabegeräte, z. B. Scanner, Digitalkameras
  - **Ausgabe** (prtr): Ausgabegeräte, z. B. Tintenstrahldrucker, Laserdrucker, Druckmaschinen
- Je nach Aufbau werden zwei Arten von ICC-Profilen unterschieden:
  - **Matrix-Profile** (ca. 1 kByte) enthalten 3 x 3-Matritzen und Kurvendefinitionen. Sie sind für die Beschreibung von Standard-Farbräumen und Ausgabegeräten (z. B. Monitore) geeignet.
  - **LUT-Profile** (**L**ook **U**p **T**able, Tabellen zum Nachschlagen, größer 1 MByte) enthalten Daten über konkrete Ausgabegeräte (z. B. Drucker).

## Scanner-Profilierung

- Für die Scanner-Profilierung wird kein zusätzliches Messgerät benötigt.
- Zum Vermessen wird eine genormte Vorlage (**Target**) benötigt. Die Vorlagen werden als **IT8-Targets** bezeichnet. Sie dienen zum Kalibrieren von Scannern, Digitalkameras, Monitoren und Druckern.
- Für die Scanner-Profilierung werden Durchsicht-Targets (IT8.7/1) bzw. Aufsicht-Targets (IT8.7/2) verwendet.
- Ein IT8-Target enthält 24 Graufelder sowie 264 Farbfelder in 22 Spalten.

Target nach ISO 12641-2 (deutlich mehr Farbfelder)

- Profilierungsablauf:
  - Das IT8-Target wird mit der entsprechenden Software gescannt ①. Dadurch erhält der PC Daten über die Farben.
  - Im PC sind Referenzdaten ② von der Software (Referenztabelle) über die Farben gespeichert.
  - Aus dem folgenden Vergleich wird das ICC-Profil des Scanners ③ berechnet.

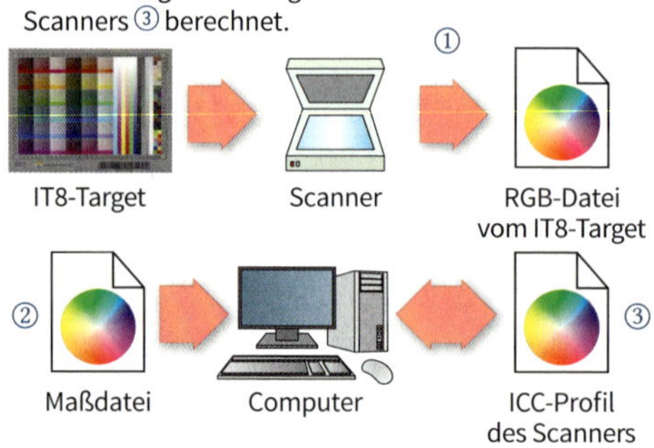


## Monitor-Kalibrierung und -Profilierung

- Kalibrierungsvorbereitung durch Rücksetzung in den Hersteller-Zustand: Luminanzwert, Farbtemperatur (6500 K), Gammakorrektur (Übertragungsfunktion für eine Eingangs- in eine Ausgangsgröße als Potenzfunktion mit einem Exponenten, beim Monitor üblich 2,2)
- Messung mit einem **Kolorimeter** (Absorptions- oder Spektralfotometer)
  - Mithilfe einer Profilierungssoftware werden charakteristische Farben auf dem Bildschirm dargestellt (Soll-Werte).
  - Das Messgerät (z. B. über USB-Anschluss mit PC verbunden) wird vor dem Bildschirm befestigt und die Farben werden vermessen (Ist-Werte).
  - Aus dem Vergleich zwischen Soll- und Ist-Werten wird im PC das ICC-Profil berechnet und gespeichert.

## Drucker-Profilierung

- Die Profilierung des Druckers entspricht der Profilierung des Monitors.
- Mit einer Profilierungssoftware werden Testfarben ausgedruckt.
- Danach wird der Testausdruck mit einem Spektralfotometer vermessen (s. Abbildung) und die Werte mit den Soll-Farbwerten im PC verglichen.
- Aus dem Vergleich wird dann das ICC-Profil des Druckers berechnet.

## Zusätzliche Einflussfaktoren

- Zusätzliche Einflussfaktoren bestimmen das ICC-Profil. Aus diesem Grund muss für jede Situation ein eigenes Profil erstellt werden.
- Weitere Einflüsse:
  - Monitor: Lichtbedingungen (Tageslicht, Fremdlicht)
  - Scanner: Unterschiedliche Film- und Papiersorten
  - Drucker: Verwendetes Druckerpapier, verwendete Tinte

## Tonwert

Jedem Farbkanal eines Pixels (R, G, B) ist ein bestimmter Helligkeitswert zugeordnet. Er wird als **Tonwert** bezeichnet. Bei einer 8-Bit-Auflösung (Farbtiefe) ergeben sich im RGB-Modus 256 Abstufungen.

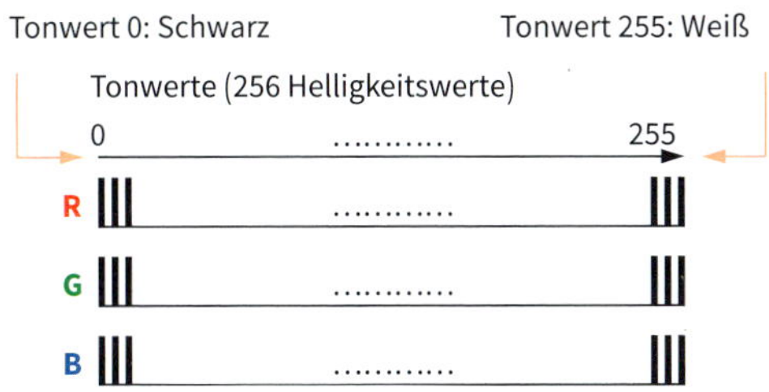


Die Anzahl der möglichen Farben berechnet sich wie folgt:

$256_R \times 256_G \times 256_B = 16.777.216_{RGB}$

In der Darstellung sind vereinfachend gleiche Höhen (Häufigkeiten) dargestellt.

Die Verteilung der Tonwerte eines Bildes sowie die vorkommende Häufigkeit werden in einem **Histogramm** grafisch dargestellt.
Je öfter ein bestimmter Tonwert im Bild vorkommt (Häufigkeit), desto höher ist die Anzeige.

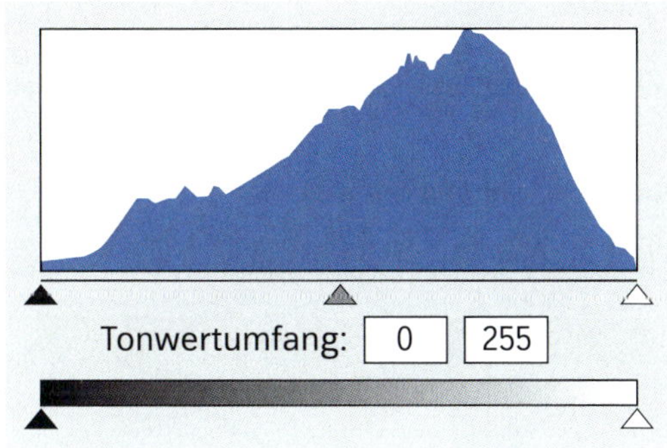


## Tonwertkorrektur

Ohne Korrektur

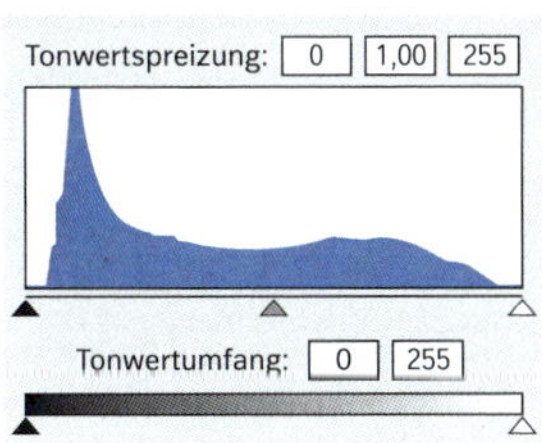


Bildbeurteilung:
Das Bild ist insgesamt recht dunkel. Es überwiegen Pixel im dunklen Bereich. Der Tonwertbereich ist nicht voll ausgeschöpft.

## Automatische Tonwertkorrektur

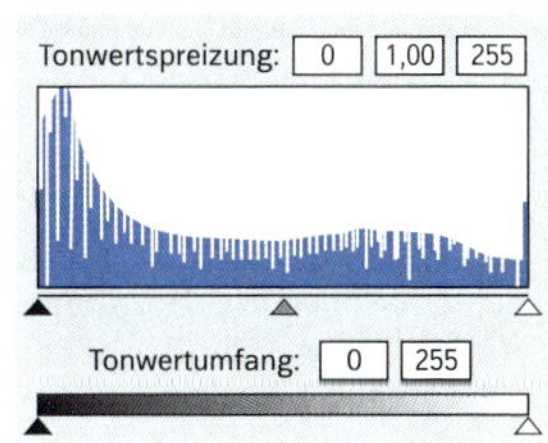


Ergebnis:
- Tonwertumfang von 0 bis 255 ist ausgeschöpft.
- Durch die Spreizung entstehen im Tonwertumfang Lücken („Kammstruktur")

## Korrektur mit Tonwertspreizung

Neue Verteilung der Häufigkeit der Tonwerte

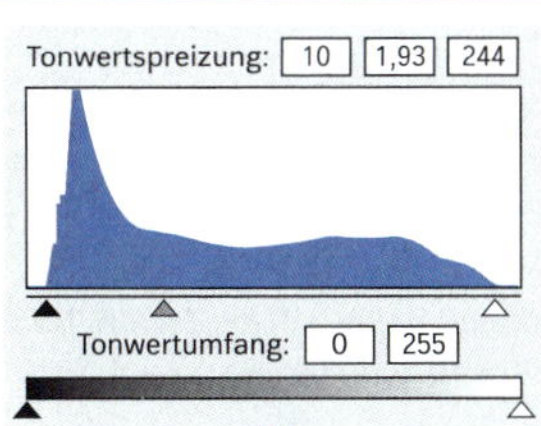


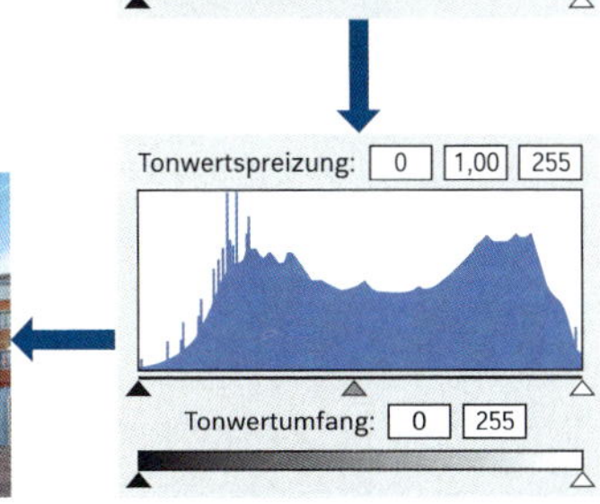


Ergebnis:

## Korrektur durch Verändern der Gradation

Gradationskurve (Gammawert)
Durch Verändern der Kurve werden Helligkeitswerte verändert.

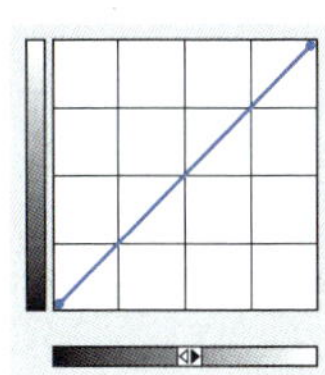

Ausgangskurve

dunkler

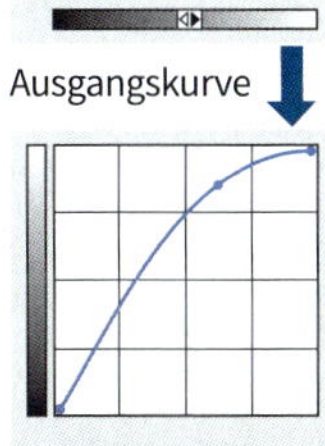

heller

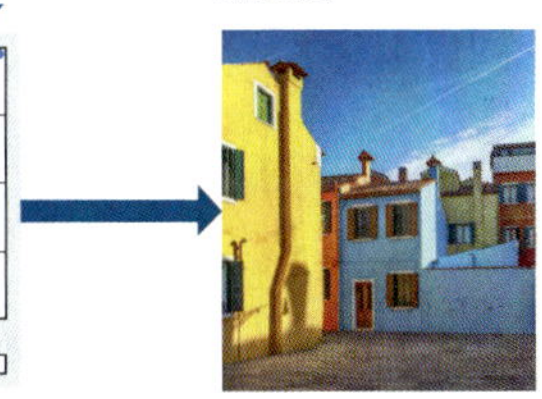

korrigiertes Bild

| Handscanner | Einzugscanner | Flachbettscanner | Trommelscanner | Dia- und Negativscanner |
|---|---|---|---|---|
| ▪ Vorlage wird manuell abgefahren.<br>▪ Es entstehen Scanstreifen von einigen cm Breite.<br>▪ Problem: Passgenaues Zusammenfügen der Streifen (Software). | ▪ Die Vorlage wird an den fest platzierten Sensoren entlangbewegt.<br>▪ Problem: Vorlagen dürfen eine bestimmte Dicke nicht überschreiten. | ▪ Die Sensoren werden an der Vorlage entlanggeführt.<br>▪ Die Qualität des Scanners hängt von der Auflösung und der genauen Führung der Sensoren ab. | ▪ Die Vorlage befindet sich außerhalb einer rotierenden Trommel und wird von einer Lichtquelle abgetastet.<br>▪ Problem: Vorlagen dürfen eine bestimmte Dicke nicht überschreiten. | ▪ Die durchscheinende Vorlage wird vom Licht abgetastet, das dann auf die Sensoren fällt.<br>▪ Aufgrund der kleinen Vorlage ist eine hohe Auflösung erforderlich. |

## Arbeitsweise des Flachbettscanners

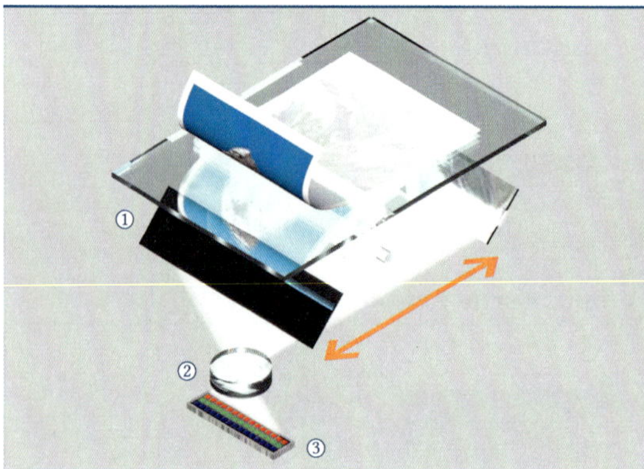


- Licht wird von der Aufsichtsvorlage reflektiert.
- Dieses gelangt dann über Spiegel ① und Linsen ② auf die lichtempfindlichen und zeilenmäßig angeordneten Sensoren ③ (CCD-Zellen, **CCD: C**harge **C**oupled **D**evice).
- Vor den Sensoren befinden sich Farbfilter für rotes, grünes und blaues Licht.
- Helligkeitsinformationen werden in den Sensoren in unterschiedlich große elektrische Ladungen umgewandelt, als Spannungen verstärkt und mithilfe von Analog-Digital-Umsetzern in einen Datenstrom umgeformt.

## Arbeitsweise des Trommelscanners

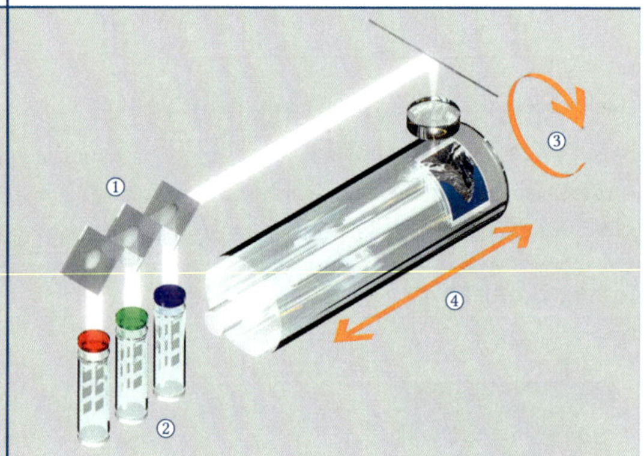


- Das von der Vorlage reflektierte oder durchgelassene Licht (je nach Vorlage) gelangt über Spiegel ① an die Photomultiplier ② (Sekundärelektronenvervielfacher).
- Durch Rot-, Grün- und Blaufilter erhält man die Farbinformationen der einzelnen Pixel.
- Die Trommel ③ rotiert, sodass die Vorlage zeilenweise abgetastet wird.
- Zusätzlich erfolgt nach jeder Zeile eine Bewegung der Trommel in Längsrichtung ④.
- Die Auflösung hängt von der Anzahl der Schritte bei der Trommelbewegung ab.

## Auflösung beim Flachbettscanner

**Optische Auflösung**
Sie hängt von der Anzahl der CCD-Elemente ab.
Einheit: Pixel pro Zoll: **ppi** (**p**ixel **p**er **i**nch)
Punkte pro Zoll: **dpi** (**d**ots **p**er **i**nch)
**Beispiel:** 600 ppi
→ auf einer Länge von 1 Zoll (2,54 cm) werden 600 Pixel erfasst.

**Interpolierte Auflösung**
Pixel werden durch Software berechnet. Ihre Zahl ist größer als die optische Auflösung und kann zu fehlerhaften Ergebnissen führen.

**Beispiel:**

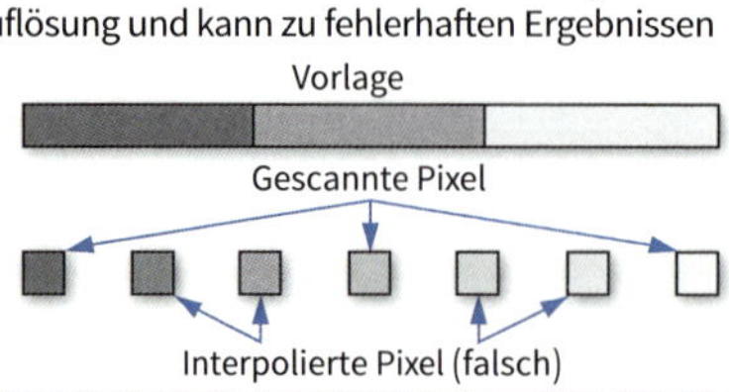


## Schnittstelle

Je nach PC- und Scannerausführung:
Parallele Schnittstelle, USB- oder SCSI-Schnittstelle.

Zwischen dem Scanner als Hardware und den Anwendungsprogrammen ist oft ein **TWAIN**-Treiber in Form einer Software-Schnittstelle erforderlich.

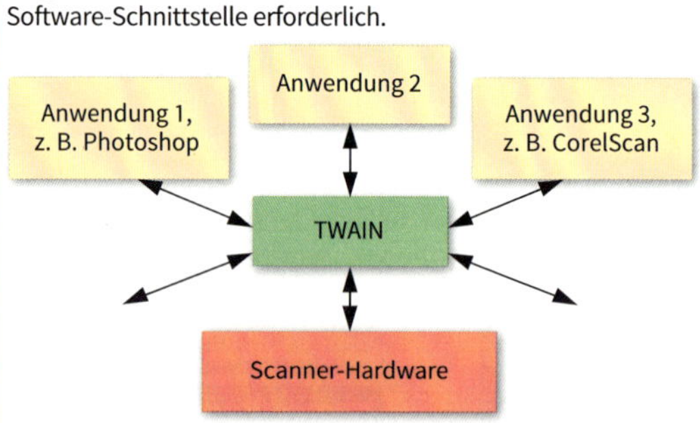

## Bildaufnahmeröhren

### Bildwandler

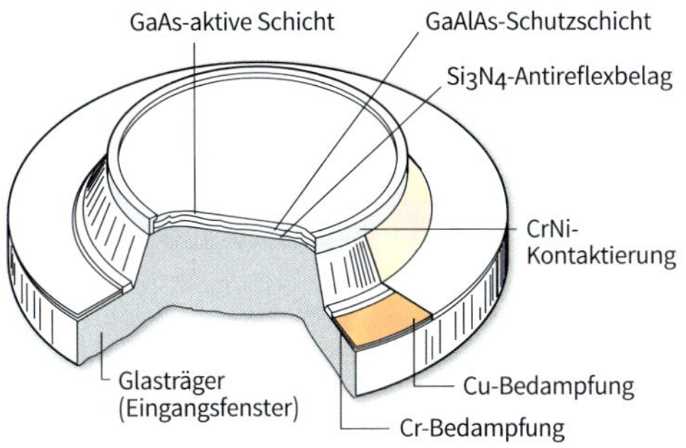


- Nehmen für das menschliche Auge primär nicht sichtbare Bildinformationen auf.
- Photonen der Objektstrahlung werden in Elektronen umgesetzt (äußerer lichtelektrischer Fotoeffekt), verstärkt und auf Leuchtschirm sichtbar als Bild wiedergegeben.
- **Bildwandler** besteht aus Fotokatode, elektronenoptischem Wandler und Leuchtschirm.
- **Fotokatode** besteht aus unterschiedlichen Materialien (z. B. Gallium-Arsenid, mit hoher Infrarotempfindlichkeit).

### Kameraröhren

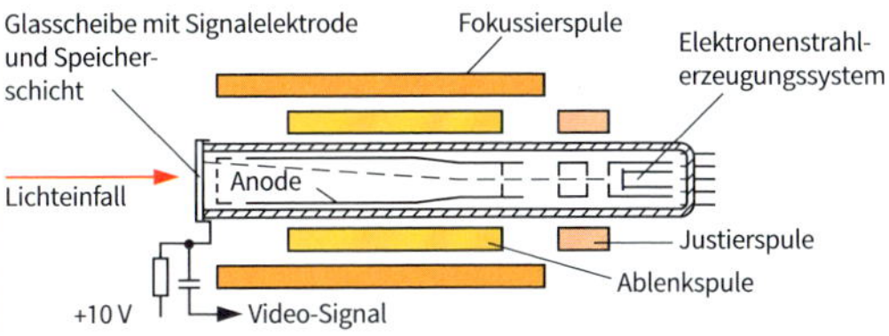


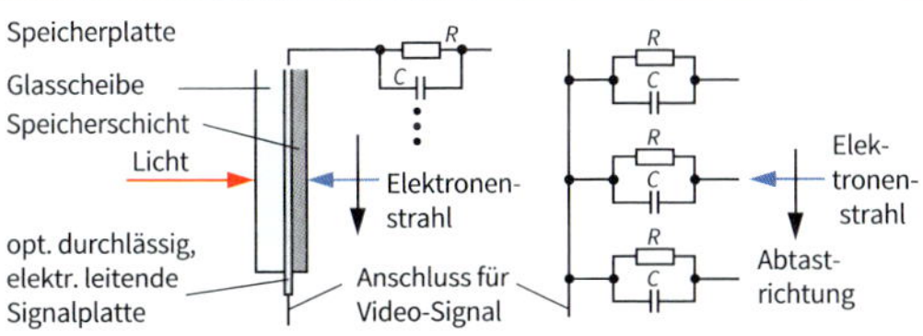


- **Vidikon** (vide, lat. = sehe, Ikon, griech. = Bild) arbeitet mit innerem Fotoeffekt.
- Halbleiterschicht am Röhreneingang (Antimonsulfid) ändert Widerstand durch äußere Belichtung (Photoneneinfall).
- Über Elektronenstrahl erfolgt zeilenweises Abtasten der Speicherschicht.
- Aufladeimpuls des Elektronenstrahls wird kapazitiv ausgekoppelt und stellt Videoinformation dar.
- Röhre bei hohen Beleuchtungsniveaus einsetzbar.
- **Plumbicon** hat Wandlerschicht aus fotoleitendem Bleioxid.
- Einsatz bei Farbfernsehtechnik, da hohe Empfindlichkeit und niedriger Dunkelstrom.

## Halbleiter-Bildaufnehmer

Frame-Transfer-Bildaufnehmer in Dual-Inline-Gehäuse

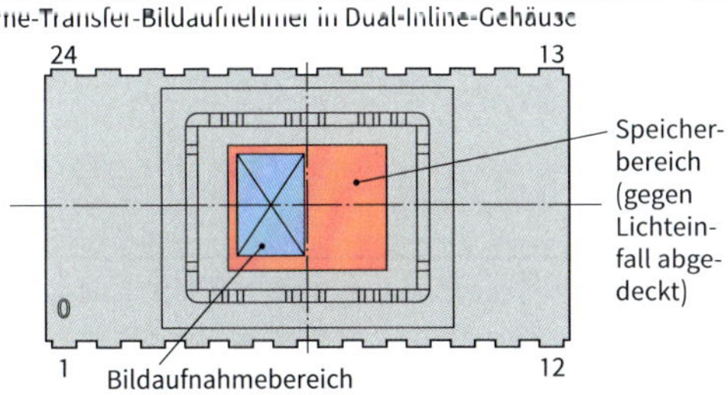


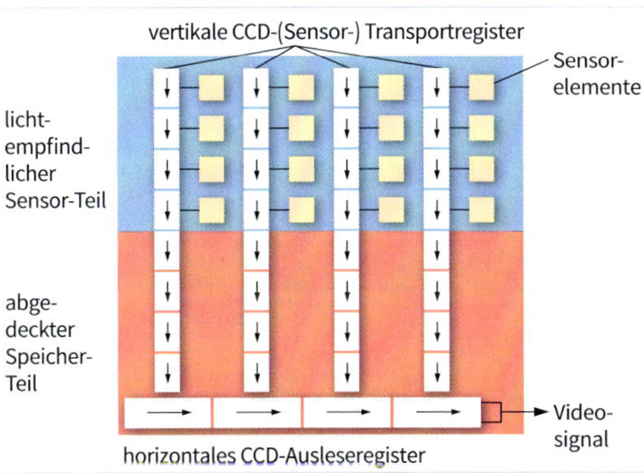


- Sensorelemente bestehen aus MOS-Kondensatoren oder pn-Dioden aus Silizium.
- Das Prinzip der Ladungsspeicherung wird verwendet.
- Signalstrom ist linear abhängig von Beleuchtungsstärke.
- **Zeilensensoren:** Aufgeladene Sperrschichtkapazitäten der Dioden werden durch Belichtung entladen, anschließend Speicherkapazitäten bildpunktweise über MOS-Transistoren wieder aufgeladen.
  Ladestrom erzeugt am Arbeitswiderstand das Videosignal. Ladungstransport kann auch über analoge CCD-Transportregister (Charged Coupled Device: ladungsgekoppelte Einheiten) erfolgen.
- **Interline-Transfer-Bildaufnehmer:** Beinhaltet Bildaufnehmer und Speicherbereich auf der optisch wirksamen Fläche. Sensoren spaltenförmig angeordnet. Anzahl entspricht der aufzulösenden Zeilenzahl. Vertikale CCD-Transportregister lesen Informationen aus und transportieren sie über horizontale Ausleseregister zum Verstärker.
- **Frame-Transfer-Bildaufnehmer:** Bildbereich und Speicherbereich voneinander getrennt
- **x-y-adressierte Bildaufnehmer:** Matrixförmige Anordnung der Fotoelemente

## Einteilung

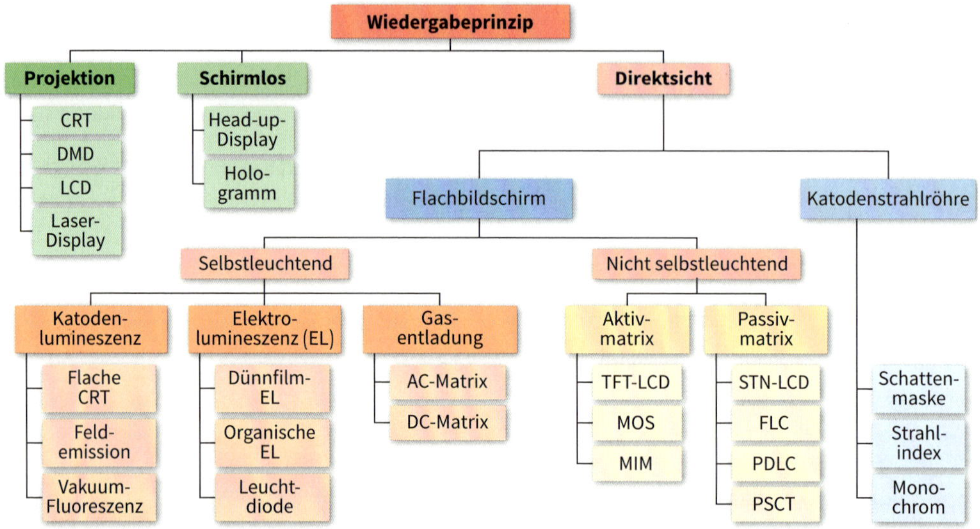


**CRT:** **C**athode **R**ay **T**ube (Kathodenstrahlröhre)
**DMD:** **D**ense **M**icromirror **D**isplay (Mikrospiegel)
**LCD:** **L**iquid **C**rystal **D**isplay (Flüssigkristall)
**FLC:** **F**erro **L**iquid **C**rystal (Ferroelektrisch)
**MOS:** **M**etall **O**xide **S**emiconductor (Metall-Oxid)
**MIM:** **M**etal-**I**solator-**M**etal (Metall Isolator Metall)
**PDLC:** **P**olymer **D**ispersed **L**iquid **C**rystal (Polymer dispergierter Flüssigkristall)
**PSCT:** **P**olymer **S**tabilized **C**holesteric **T**extured (Polymer stabilisierte cholestrische Textur)
**STN:** **S**uper **T**wisted **N**ematic (Super gedreht)
**TFT:** **T**hin **F**ilm **T**ransistor (Dünnschicht-Transistor)

## LCD (Liquid Crystal Display)

- Flüssigkristall-Anzeigen
  - basieren auf organischen Komponenten mit stäbchenhaften **Molekülen** und benötigen externe Lichtquellen,
  - wirken nach dem **Durchlicht-** oder **Reflexionsverfahren** oder einer Kombination aus beidem,
  - bilden im Temperaturbereich von –20 °C bis +85 °C **Kristallstäbchen**, die verschiebbar sind.
- Durch Anlegen elektrischer Spannungen wird die Ausrichtung der Moleküle beeinflusst.
- **Normal-White-Zelle** ist ohne Spannung weiß.
- **Normal-Black-Zelle** ist ohne Spannung dunkel.
- **Passiv-Matrix**-Displays beeinflussen auch Nachbarzellen (geringer Kontrast).
- **Aktiv-Matrix**-Displays sind in jeder Zelle mit einem Dünnschichttransistor als Schalter ausgerüstet und werden als **TFT-Displays** (Thin-Film-Transistor) bezeichnet.

## Leuchtverfahren

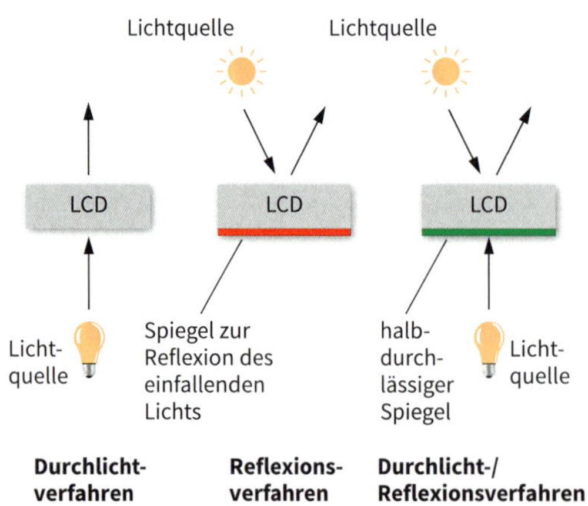


## Funktion

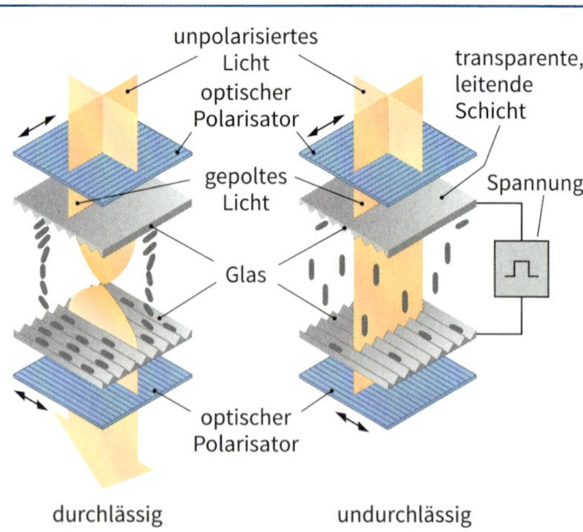

## TFT-LCD

### Funktion

- **T**FT-LCD (**T**hin-**F**ilm-**T**ransistor LCD)
  - bestehen aus LC-Zellen mit einem integrierten **Dünnschicht-Transistor** pro Farbe in jeder Zelle und werden deshalb als **Aktiv-Matrix-Displays** bezeichnet,
  - sind in der Bauform wesentlich dünner als Passiv-Displays.
- Die Transistoren steuern den Grad der Molekülablenkung und somit die Helligkeit der einzelnen Farben.
- Die **Refresh-Rate** liegt annähernd bei der von Bildröhren.
- Defekte Pixel sind entweder dauernd leuchtend bei schwarzem Hintergrund oder dunkel bei weißem Hintergrund.

### Aufbau

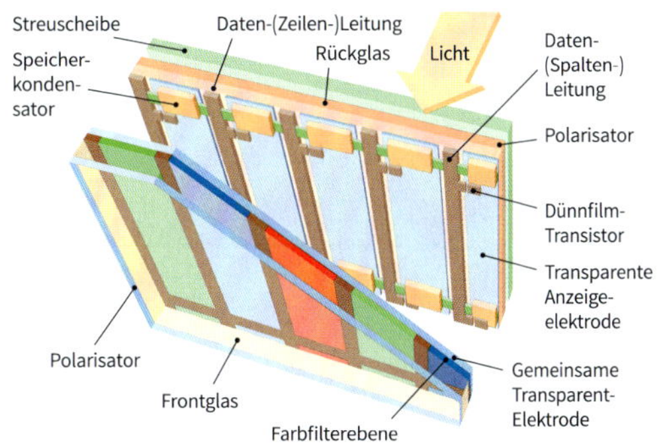


## PLD

### Funktion

- **Pl**asma-**D**isplays (**PLD**)
  - sind selbstleuchtend,
  - beinhalten eine Mischung aus Edelgasen (Argon, Neon) zur **Plasmaerzeugung**,
  - verwenden Phosphor (rot, grün, blau) als Leuchtmittel,
  - werden über eine x/y-Matrix angesteuert,
  - erzeugen durch **Stoßionisation** frei bewegliche Ionen und Elektronen.
- Gebundene Elektronen im Plasma werden durch die freien Elektronen auf höheres Energieniveau angehoben und erzeugen bei Rückfall auf normales Niveau **Ultraviolett-Strahlung**, die den Phosphor zum Leuchten anregt.
- Die Steuerung der Helligkeit erfolgt durch zeitabhängige Anschaltung der Zellen (Pulsdauermodulation).

### Zellen-Aufbau

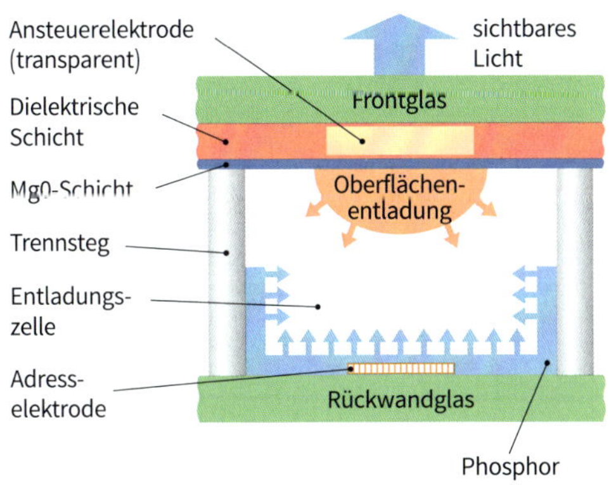


### Display-Aufbau

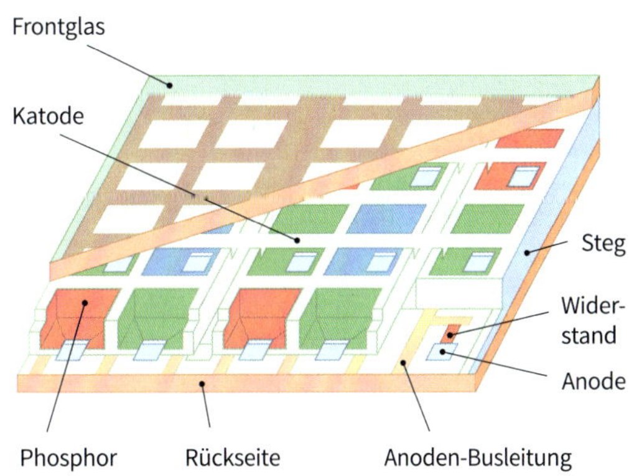


## OLED

### Funktion

- **O**rganic-**L**ight **E**mitting **D**iodes (**OLEDs**) verwenden als Leuchtschicht organische Leuchtstoffe, in denen die positiven und negativen Ladungsträger beim Zusammentreffen sichtbares Licht erzeugen.
- OLEDs
  - sind selbstleuchtend (Elektrolumineszenz),
  - erfordern wenig Energie,
  - bieten hohe Kontrastverhältnisse,
  - sind als Passiv- und Aktiv-Matrix-Displays eingesetzt (Mobiltelefone, Leuchtsymbole).

### Zellen-Aufbau

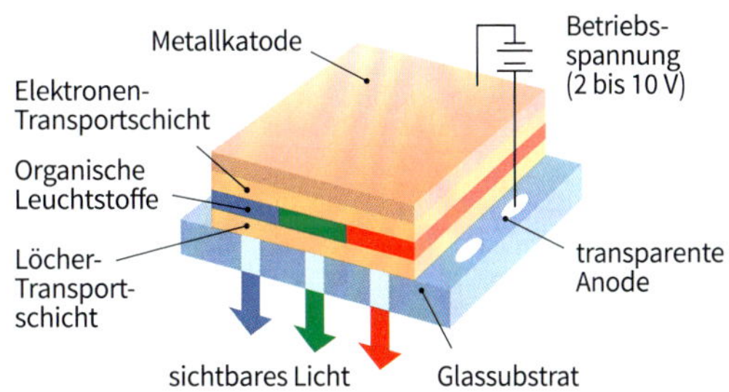

# Datenprojektoren (Beamer)
## Data Projectors

### Anschlüsse (Beispiel)

- **Computer**
  15-polig D-Sub (RGB), DVI
- **Monitor**
  15-polig D-Sub (RGB), DVI
- **Maus/serielle Schnittstelle**
  9-polig D-Sub (RS232C), USB
- **Video** (PAL, SECAM, NTSC, HDTV)
  Video in, Audio in (Stereo), Audio out (Stereo), Cinch, Composite (S-VHS), Cinch/Miniklinke, Cinch

### Auflösung

| | | | |
|---|---|---|---|
| **VGA:** | 640 x | 480 | (Video Graphics Array) |
| **SVGA:** | 800 x | 600 | (Super VGA) |
| **XGA:** | 1024 x | 768 | (Extended Graphics Array) |
| **SXGA:** | 1280 x | 1024 | (Super XGA) |
| **UXGA:** | 1600 x | 1200 | (Ultra XGA) |
| **HDTV:** | 1920 x | 1080 | (High Definition Television) |
| **QXGA:** | 2048 x | 1536 | (Quad XGA) |

### Ausleuchtung

Vergleich der Helligkeit: Die Helligkeit in der Projektionsmitte wird mit der Helligkeit am Rand verglichen. Je größer der Wert in %, desto gleichmäßiger ist die Ausleuchtung.

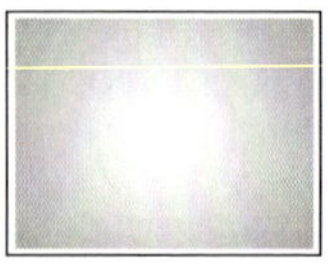

Gute Werte > 80 %

### Kontrastverhältnis

Es handelt sich um eine Verhältniszahl, die aussagt, wievielmal heller das projizierte Weiß gegenüber Schwarz ist. Je größer die Zahl, desto besser der Kontrast. Messung erfolgt mit einem Schachbrettmuster.

Gute Werte: 300:1, 400:1

### Helligkeit

Die Angabe erfolgt durch den Lichtstrom in Lumen. Das Messverfahren ist durch ANSI festgelegt: (**ANSI: A**merican **N**ational **S**tandards **I**nstitute)

**Optimale Helligkeiten:**

- Kleine Räume (ca. 2 m Bildbreite):
  …1400 Lumen (ANSI)
- Mittlere Räume (ca. 3 m Bildbreite):
  1400…2000 Lumen (ANSI)
- Große bzw. sehr helle Räume (> 3 m Bildbreite):
  2000 Lumen (ANSI)

### Keystone-Korrektur (Keystone-Shift)

Bei einer Aufwärtsprojektion treten Trapezverzerrungen auf (Keystone-Effekt).

Maßnahmen:

- Optische Korrektur (mechanische Einstellung)
- Digitale Korrektur: Durch die Umrechnung des Bildschirminhalts können sich die Bildschärfe und der Kontrast verringern (Auflösungsverlust).

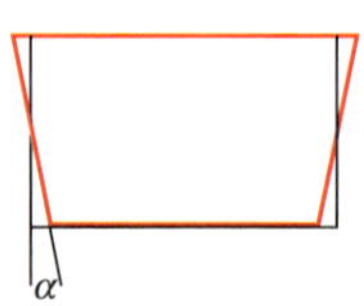


z. B.: $\alpha = 0 \ldots 12°$

### LCD-Projektoren (transmissive)

**LCD: L**iquid **C**rystal **D**isplay

- Licht der Lichtquelle ① wird mit dichroitischen (selektiv lichtdurchlässig) Spiegeln ② in die Grundfarben Rot, Grün und Blau zerlegt.
- Für jede Grundfarbe (3 Panel) ist ein transmissives (lichtdurchlässiges) Polysilizium-LCD-Panel ③ (Psi-LCD) vorhanden (Diagonale: 0,7; 0,9; 1,3 oder 1,8 Zoll). Es entstehen einfarbige Teilbilder.
- Ein Prisma ④ mischt die Einzelbilder zu einem vollfarbigen Bild zusammen (additive Farbmischung), das durch ein Objektiv auf die Leinwand projiziert wird.

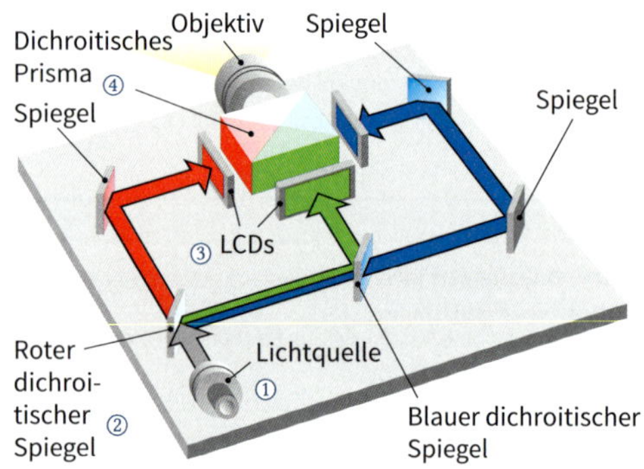


### DLP-Projektoren

**DLP: D**igital **L**ight **P**rocessing

- Das Licht der Projektionslampe ① wird durch ein rotierendes Farbrad ② (3600 1/min, mindestens drei Farbsegmente für Rot, Grün und Blau; RGB) zerlegt. Es entstehen in schneller Folge rote, grüne und blaue Einzelbilder.
- Die Einzelbilder treffen auf den **DMD**-Chip (**D**igital **M**icromirror **D**evice, z. B. 15 x 13 mm). Auf der Chipoberfläche sind bis zu 2,4 Millionen beweglich gelagerte und einzeln angesteuerte Mikrospiegel ③ angebracht (16 µm, 14 µm, 12 µm).
- Die Speicherzellen (ähnlich SRAM) kippen über elektrostatische Anziehung die beweglichen Spiegel, sodass ein Bildpunkt hell oder dunkel projiziert werden kann. Die Spiegel können um etwa ±10° bis ±12° gekippt werden (20 µs).
- Die SRAM-Zellen werden zeilen- und spaltenweise mit einem Byte pro Pixel angesteuert (256 Helligkeitsabstufungen, 16,7 Millionen Farben).
- Durch die schnelle Folge der Einzelbilder entsteht für den Betrachter ein vollfarbiges Gesamtbild.

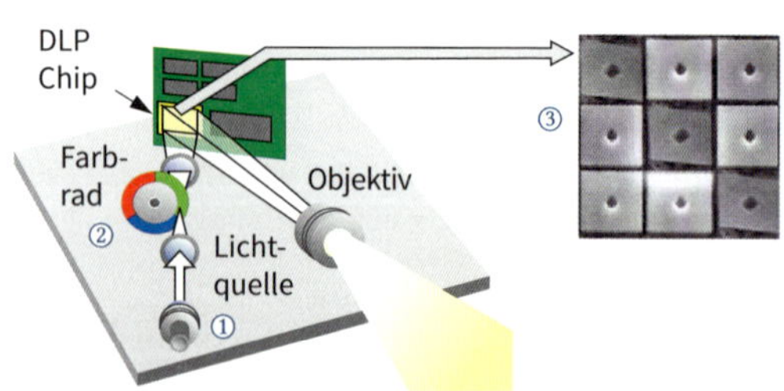

# Schutz

# 4

- Mit der **Gefährdungsbeurteilung**[1] hat der Arbeitgeber die Gefährdungen für die Beschäftigten beim Einrichten und Betreiben von Arbeitsstätten zu beurteilen.
- Zu beurteilen sind alle möglichen Gefährdungen der Gesundheit und Sicherheit.
- Die Gefährdungsbeurteilung muss fachkundig durchgeführt werden.
- Verfügt der Arbeitgeber nicht selbst über die entsprechenden Kenntnisse, hat er sich fachkundig beraten zu lassen.
- Die Gefährdungsbeurteilung ist **vor Aufnahme** der Tätigkeiten zu dokumentieren (Arbeitgeber).
- In der Dokumentation ist anzugeben:
  - Art der Gefährdungen am Arbeitsplatz
  - durchzuführende Maßnahmen
- Rechtliche Grundlage der Gefährdungsbeurteilung:
  - § 3 der Betriebssicherheitsverordnung
  - § 5 Abs. 1 des Arbeitssicherheitsgesetzes
  - § 4 Arbeitsschutzgesetz (regelt speziell die Rangfolge der Schutzmaßnahmen)

[1] Beispiele siehe: BG ETM / Gefährdungsbeurteilung / Praxisgerechte Lösungen

### Ablauf der Gefährdungsbeurteilung

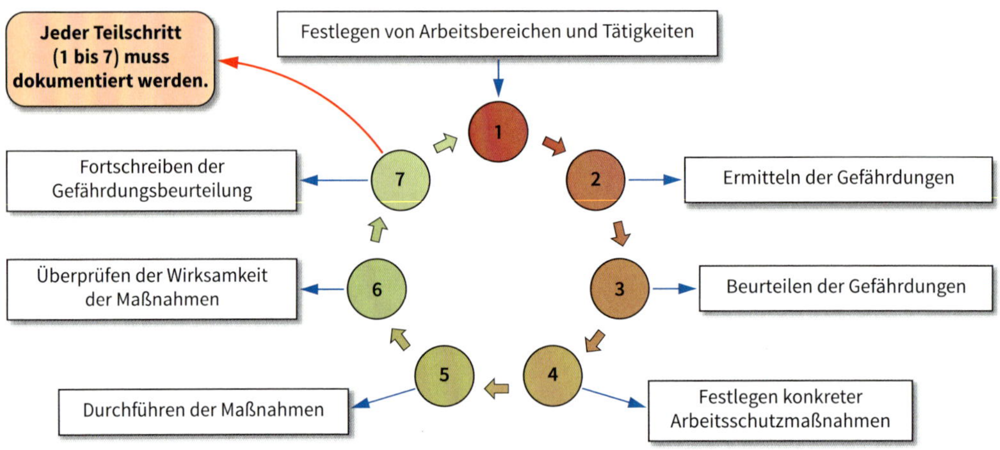


### Beispiele für mögliche Gefährdungen

- **Organisatorische Mängel**
  - Arbeitsablauf (Koordination, Absprache)
  - Arbeitsschutzorganisation
  - keine Vor-Ort-Einweisung
  - ungenügend qualifizierte Mitarbeiter
- **Mechanische Gefährdungen**
  - Teile mit gefährlichen Oberflächen (Ecken, Kanten, Spitzen)
  - Abstürzen (offene Schächte, Kanäle) und Einbrechen (Dach)
  - Ungeschützte bewegte Maschinenteile
- **Elektrische Gefährdung**
  - Gefährliche Körperströme (durch Berühren unter Spannung stehender Teile, schadhafte Isolationen)
  - Lichtbögen
  - Elektromagnetische Felder
  - Elektrostatische Aufladung
- **Gefährdung durch Stoffe**
  - Gefahrstoffe
  - Biologische, chemische Stoffe
  - Hautbelastungen
  - Staubbelastung
  - Belastung durch Gerüche
  - Asbest
- **Brand- und/oder Explosionsgefährdung**
  - Brandgefährdung durch Feststoffe, Flüssigkeiten, Gase
  - Zündquellen bei Brand- bzw. Explosionsgefahr
  - Brandfördernde Stoffe
  - offene Flamme (Schweißen) oder heiße Flächen (Löten)
- **Thermische Gefährdung**
  - Kontakt mit heißen oder kalten Medien
- **Gefährdung/Belastung durch Arbeitsumgebung**
  - Nässe, Kälte
  - Luftgeschwindigkeit
  - Lärm
  - Staub, Abgase
  - schlechte Beleuchtung
  - enge Räume/Behälter
- **Physikalische Einwirkungen**
  - Lärm
  - Ultraschall
  - Nichtionisierende Strahlung
  - Ionisierende Strahlung
  - Hand-Arm-Schwingungen
- **Sonstige Gefährdungen**
  - Andere Betriebe auf der Baustelle

# TRBS – Technische Regeln für Betriebssicherheit

## TRBS – Technical Regulations on Industrial Safety and Health

### Merkmale

- Die **T**echnischen **R**egeln für **B**etriebs**s**icherheit (**TRBS**) geben den Stand
  - der Technik, der Arbeitsmedizin und Hygiene,
  - entsprechende Regeln und
  - sonstige gesicherte arbeitswissenschaftliche Erkenntnisse für die Bereitstellung und Benutzung von Arbeitsmitteln und für den Betrieb überwachungsbedürftiger Anlagen wieder.
- Herausgeber der TRBS: **B**undesanstalt für **A**rbeitsschutz **u**nd **A**rbeitsmedizin (**baua**).
  Aktuelle Versionen unter: http://www.baua.de
- Die Technischen Regeln konkretisieren
  - die **Betriebssicherheitsverordnungen** (**BetrSichV**) hinsichtlich der Ermittlung und Bewertung von Gefährdungen sowie
  - der Ableitung von geeigneten Maßnahmen.
- Bei Anwendung der beispielhaft genannten Maßnahmen kann der Arbeitgeber insoweit die Vermutung der Einhaltung der Vorschriften der Betriebssicherheitsverordnung für sich geltend machen.
- Wählt der Arbeitgeber eine andere Lösung, hat er die gleichwertige Erfüllung der Verordnung schriftlich nachzuweisen.

### Unterteilung

| **TRBS** | | |
|---|---|---|
| **Reihe 1000** | **Reihe 2000** | **Reihe 3000** |
| Allgemeines und Grundlagen | Gefährdungsbezogene Regeln | Spezifische Regeln für Arbeitsmittel, überwachungsbedürftige Anlagen oder Tätigkeiten |

### Auswahl (Stand Juli 2019)

| | | |
|---|---|---|
| **Reihe 1000** | | |
| TRBS 1001 | Struktur und Anwendung der Technischen Regeln für Betriebssicherheit | März 2018 |
| TRBS 1111 | Gefährdungsbeurteilung<br>(Änderungen und Ergänzungen) | März 2018<br>(Mai 2019) |
| TRBS 1112 | Instandhaltung | März 2019 |
| BekBS[1] 1113 | Beschaffung von Arbeitsmitteln | März 2015 |
| EmpfBS[2] 1115 | Umgang mit Risiken durch Angriffe auf die Cyber-Sicherheit von sicherheitsrelevanten **M**ess-, **S**teuer- und **R**egeleinrichtungen (**MSR**) | März 2019 |
| TRBS 1201 | Prüfungen und Kontrollen von Arbeitsmitteln und überwachungsbedürftigen Anlagen | März 2019 |
| TRBS 1201 Teil 3 | Instandsetzung an Geräten, Schutzsystemen, Sicherheits-, Kontroll- und Regelvorrichtungen im Sinne der Richtlinie 2014/34/EU | Januar 2018 |
| TRBS 1203 | Zur Prüfung befähigte Personen | März 2019 |
| **Reihe 2000** | | |
| TRBS 2111 | Mechanische Gefährdungen – Allgemeine Anforderungen | März 2014 |
| TRBS 2111 Teil 1 | Mechanische Gefährdungen – Maßnahmen zum Schutz vor Gefährdungen beim Verwenden von mobilen Arbeitsmitteln | Februar 2019 |
| TRBS 2152/ TRGS 720 | Gefährliche explosionsfähige Atmosphäre – Allgemeines | März 2006 |
| TRBS 2152 Teil 2/ TRGS 722 | Vermeidung oder Einschränkung gefährlicher explosionsfähiger Atmosphäre | März 2012 |
| **Reihe 3000** | | |
| TRBS 3121 | Betrieb von Aufzugsanlagen | Oktober 2018 |
| TRBS 3146/ TRGS 746 | Ortsfeste Druckanlagen für Gase | September 2016 |

[1] **BekBS**: **Bek**anntmachung zur **B**etriebs**s**icherheit [2] **EmpfBS**: **Empf**ehlungen zur **B**etriebs**s**icherheit

## Merkmale

- Kritische infrastrukturen sind
  - Organisationen und
  - Einrichtungen

  mit wichtiger Bedeutung für das staatliche Gemeinwesen.
- Der Ausfall oder die Beeinträchtigung können nachhaltig wirkende
  - Versorgungsengpässe,
  - erhebliche Störungen der öffentlichen Sicherheit oder
  - andere dramatische Folgen verursachen.

  (Definition: **B**undesamt für **S**icherheit in der **I**nformationstechnik (**BSI**)).
- In Deutschland werden Kritische Infrastrukturen nach dem **B**undes**m**inisterium des **I**nneren (**BMI**) in neun Sektoren mit entsprechenden Branchen eingeteilt.
- Die datentechnische Vernetzung der Infrastrukturen bietet u. a. ein hohes Risiko für Cyberangriffe durch Hacker.
- Betreiber Kritischer Infrastrukturen und Unternehmen aus wichtigen Wirtschaftsbereichen (z. B. Energieversorger) sind nach dem IT-Sicherheitsgesetz der Bundesregierung verpflichtet, ein Mindestmaß an IT-Sicherheit zu gewährleisten.
- Detaillierte Vorgaben zu Anlagenkategorien und Schwellenwerten enthalten die
  - Verordnung zur Bestimmung Kritischer Infrastrukturen nach dem BSI-Gesetz (BSI-Kritisverordnung – **BSI-KritsV**) und
  - die Erste Verordnung zur Änderung der KritisV.

## Sektoren und Branchen

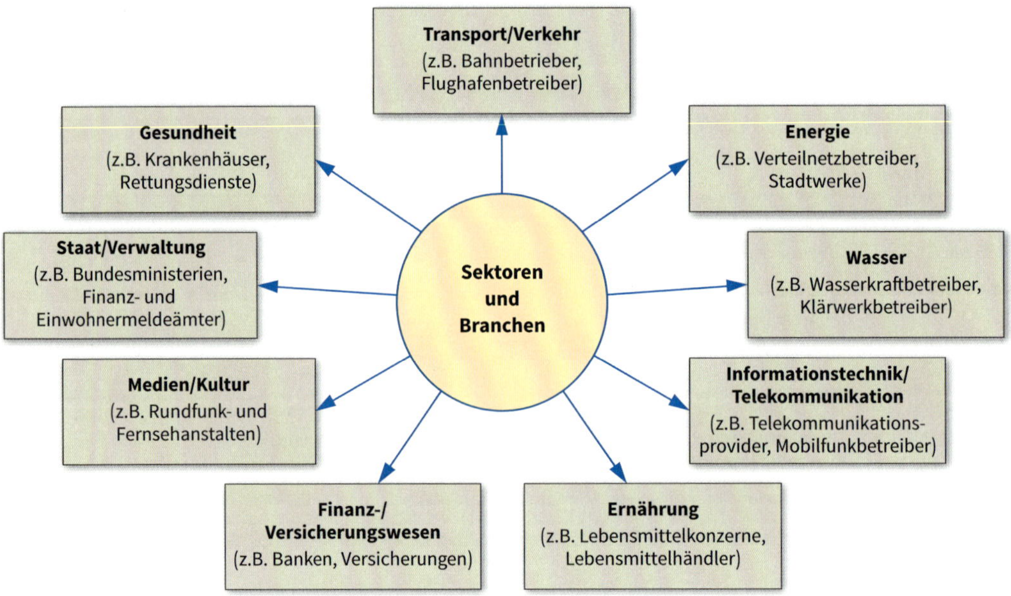


## Definitionen

- **Anlagen**:
  - Betriebsstätten und sonstige ortsfeste Einrichtungen,
  - Maschinen, Geräte und sonstige ortsveränderliche Einrichtungen, die für die Erbringung einer kritischen Dienstleistung notwendig sind.
- **Betreiber**:
  Natürliche oder juristische Personen, die unter Berücksichtigung der rechtlichen, wirtschaftlichen und tatsächlichen Umstände bestimmenden Einfluss auf die Beschaffenheit und den Betrieb einer Anlage oder Teilen davon ausüben.
- **Versorgungsgrad**:
  Ein Wert, mittels dessen der Beitrag einer Anlage oder Teilen davon im jeweiligen Sektor zur Versorgung der Allgemeinheit mit einer kritischen Dienstleistung bestimmt wird
- **Schwellenwert**:
  Ein Wert, bei dessen Erreichen oder dessen Überschreitung der Versorgungsgrad einer Anlage oder Teilen davon als bedeutend im Sinne von § 10 Absatz 1 Satz 1 des BSI-Gesetzes anzusehen ist

**Beispiele**: Elektrische Energie

| Anlagenkategorie | Bemessungskriterium | Schwellenwert [1] |
|---|---|---|
| Stromerzeugungsanlage | Installlierte Netto-Nennleistung in MW | 420 |
| Stromübertragungsnetz | Durch Letztverbraucher und Weiterverteiler entnommene Jahresarbeit in GWh/Jahr | 3700 |

[1] 500 000 versorgte Personen im Jahr

## Sicherheit von Einrichtungen der Informationstechnik
### Safety of Information Technology Equipment

### Vorgaben

- IT-Systeme werden von einem großen Anwenderkreis (Benutzer, Instandhalter) verwendet.
- Deshalb müssen diese Systeme
  - die bestimmungsgemäßen Funktionen und
  - entsprechende Sicherheitsfunktionen erfüllen.
- Bei der Entwicklung und Konstruktion sind deshalb neben gerätetypischen Sicherheitsanforderungen u. a. folgende allgemeine Sicherheitsanforderungen zu beachten:
  - wahrscheinliche Fehlerbedingungen (Fehler oder Ausfall),
  - Folgefehler,
  - vorhersehbarer Missbrauch,
  - äußere Einflüsse, wie z. B. Temperatur, Höhenlage, Verschmutzung, Feuchte, Überspannungen.
- Im Rahmen der Entwicklung bzw. Konstruktion sind deshalb folgende Maßnahmen anzuwenden (Reihenfolge der Priorität: 1, 2, 3):

1. Merkmale festlegen, die Gefahren
   - ausschließen,
   - verringern,
   - Schutz davor bieten;
2. Schutzmaßnahmen festlegen (z. B. Personenschutzeinrichtungen).
3. Falls 1. und 2. nicht durchführbar, mit Aufschriften und/oder Anleitungen auf die verbliebene Gefahr hinweisen.

### Übersicht

**Gefahrenquellen**

#### Elektrischer Schlag

**Ursachen**
- Teile mit betriebsmäßig gefährlichen Spannungen berühren
- Isolationsdurchschlag zwischen Teilen mit betriebsmäßig gefährlichen Spannungen und leitfähigen Teilen
- Stromkreise mit mehr als 42,4 V Scheitelspannung oder 60 V Gleichspannung (verbunden mit einem Telekommunikationsnetz) berühren
- Ausfall einer Schutzleiterverbindung
- Ableitstrom von Teilen mit gefährlicher Spannung (z. B. Netzfilter) zu berührbaren Teilen

**Maßnahmen**
- Benutzerzugang durch Abdeckungen (fest angebracht oder verschlossen) verhindern
- Basisisolierung verwenden
- Schutzleiter mit leitfähigen Teilen verbinden
- Doppelte Isolierung verwenden
- Berührbarkeit und Berührungsflächen begrenzen
- Stromkreise von ungeerdeten Teilen trennen
- Ausreichende mechanische und elektrische Festigkeit der Isolierung berücksichtigen
- Berührungsstrom auf sicheren Wert begrenzen
- Schutzleiterverbindung hoher Zuverlässigkeit verwenden

#### Brand

**Ursachen**
- Überlastung eines Bauteils
- Bauelementeausfall
- Durchschlag der Isolierung
- Lockere Kontakt-/Schraubverbindung
- Unzureichende Kühlung

**Maßnahmen**
- Überstrom-Schutzeinrichtung
- Konstruktionswerkstoffe mit angemessenen Entflammbarkeitseigenschaften
- Zündquellen abschirmen
- Geeignete Werkstoffe für Umhüllungen verwenden

#### Hitze

**Ursachen**
- Verbrennungen bei Berührung heißer Teile
- Verschlechterung von Isolierungseigenschaften

**Maßnahmen**
- hohe Temperaturen an berührbaren Teilen vermeiden
- Warnaufschriften

#### Strahlung

**Ursachen**
- Schall
- Hochfrequenz
- kohärentes Licht (Laser)
- ionisierende/infrarote/ultraviolette Strahlung
- sichtbares Licht (mit hoher Energie)

**Maßnahmen**
- Strahlungsquellen in der Energieabgabe begrenzen
- Strahlungsquellen abschirmen
- Sicherheitsverriegelungen vorsehen
- Aufschriften mit Warnhinweisen anbringen
- Schutzausrüstung verwenden

#### Mechanik

**Ursachen**
- Scharfe Ecken oder Kanten an Gehäusen/Abdeckungen
- Bewegende Teile
- Standfestigkeit von Schränken bzw. Verteilern

**Maßnahmen**
- Ecken/Kanten abrunden
- Kantenschutz vorsehen
- Sicherheitsverriegelungen vorsehen
- Ausreichende Befestigungsmöglichkeiten vorsehen

#### Energie

**Ursachen**
- Kurzschluss zwischen benachbarten Polen von Stromversorgungen (hohe Energie/große Kapazität)
- Lichtbögen
- Heiße Metallpartikel

**Maßnahmen**
- Anschlüsse räumlich trennen bzw. abdecken
- Sicherheitsverriegelungen einbauen
- Leistungkondensatoren gezielt entladen

#### Chemie

**Ursachen**
- Kontakt mit Chemikalien
- Einatmen der Gase bzw. Dämpfe von Chemikalien

**Maßnahmen**
- Schädigende Konstruktions-/Verbrauchsstoffe vermeiden

# IT-Systemsicherheit
## IT-Systems Security

### Systemsicherheitsbewertung

**Geschichte/Hintergrund**

- 1983 wird das **„Orange Book“** vom amerikanischen Verteidigungsministerium (Pentagon) verabschiedet.
  - Darin werden Sicherheitsstandards zum Schutz von Kommunikationssystemen vor unberechtigter Benutzung festgelegt. Es wird auch mit **TCSEC** (**T**rusted **C**omputer **S**ystem **E**valuation **C**riteria) bezeichnet.
  - Es definiert vier Sicherheitsebenen, die verschiedene Mechanismen vorsehen:
    **Level D:** kein Schutz
    **Level C:** vom Benutzer festlegbarer Grundschutz
    **Level B:** vorab definierter (regelorientierter) Schutz
    **Level A:** nachprüfbare Schutzvorgänge
- 1987: HP legt kommerzielle Fassung vom „Orange Book“ vor.
- 1987 werden Sicherheitskriterien vom Pentagon für Netze unter der Bezeichnung **TNI** (**T**rusted **N**etwork **I**nterpretation) bzw. auch **„Red Book“** veröffentlicht.
- 1988: ISO veröffentlicht **„Security Architecture“**
- 1989: **ZSI** (**Z**entralstelle für **S**icherheit in der **I**nformationstechnik, später **BSI**) legt die Sicherheitsklassen F1 bis F10 fest.

**Kern der Sicherheitsstruktur**

- Der Zugriff eines Nutzers (eines Systems) auf Hardware, Datenspeicher, Daten, Betriebssysteme, Software eines anderen System (Zugriffs-Objekt) wird im Sinne des „Orange Book“ auf der Basis definierter (externer) Sicherheitsregeln durch einen Referenzmonitor ermöglicht und kontrolliert.

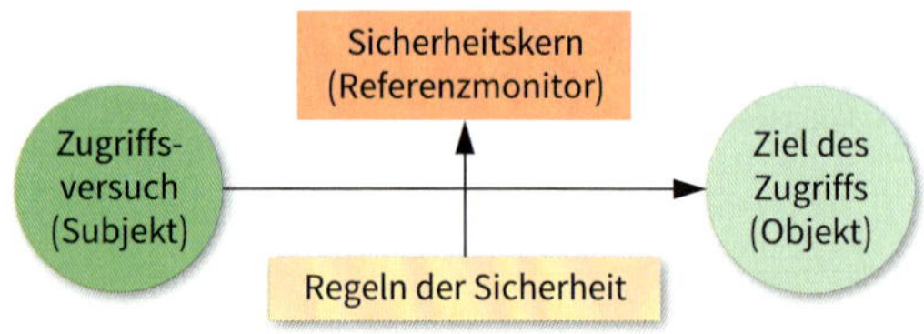


- Wesentlich ist das Interesse der Informationsbeteiligten, dass die Informationen privat (also geheim) bleiben.
- Darüber hinaus ist bedeutsam, dass die Informationen nicht verfälscht werden. Hierzu werden z. B. Prüfsummen gebildet. Es werden kryptologische Verfahren benötigt.

### Systemsicherheitsebenen

| Sicherheitsebenen | | Aufgabe | Sicherungsvorgang |
|---|---|---|---|
| 1 | Identifikation | Identitätsbestimmung der Teilnehmer | Anonymität |
| 2 | Authentizität | Verifizierung der angegebenen Identität – auch während der Datenübertragung. **Teilnehmerauthentifizierung:** Teilnehmer beweist seine Identität, **Datenursprungsauthentifizierung:** Empfänger kennt den Datenursprung | (Permanenter) Nachweis der Identität |
| 3 | Zugriffskontrolle | Überprüfung der Zugangsberechtigung des Teilnehmers auf ein System, eine Ressource oder einen Datenbestand | Prüfung und Verwaltung der Rechte |
| 4 | Protokollierung | Protokollierung der Abläufe (Systemeinsatz, Datum, Zeit, Aktionen) | Erfassung der Zugriffe und der Ausübung von Rechten |
| 5 | Regeneration | Regeneration der Betriebssoftware | Wiederaufbereitung/Erneuerung |
| 6 | Datenintegrität | Überprüfung und Gewährleistung der **Fälschungssicherheit** von Daten und Gewährung der **Datenkonsistenz** | Authentizität und Unversehrtheit von Nachrichten |
| 7 | Vertraulichkeit | Verhinderung der Ausforschung einer Nachricht | Vertraulichkeit einer Nachricht garantieren |
| 8 | Fehlerfolgenreduktion | Reduzierung der Fehlverhaltensfolgen | Funktionalität des Systems ermöglichen |
| 9 | Systemfunktionalität | Funktionalitätsgewährung eines Systems und seiner Prozesse und Sicherung von Datenübertragungen | |

### IT-Sicherheitszertifizierungen

**Zertifizierungsinhalte/-bereiche**

- Wichtige Prüfaspekte nach der **ITSEC** (**I**nformation **T**echnology **S**ecurity **E**valuation **C**riteria) von 1991 sind:
  - **Funktionalität** und **Vertrauenswürdigkeit**.
- Die Vertrauenswürdigkeit wird in die Aspekte
  - **Korrektheit** und **Wirksamkeit** aufgegliedert.
- **Zertifizierungsbereiche** (Produkte/Produktbereiche):
  - Großrechner-Systeme
  - Mittlere Systeme
  - Sicherheitsoberflächen
  - Viren-Scanner und Integritätsschutz
  - Datenübertragung
  - Smartcard (Betriebssysteme, Kartenleser) und
  - Chipkarten-Lesegeräte

**Zertifizierungsklassen**

- F1 bis F10: IT-Sicherheitsklassen in Deutschland
- Die Klassen F1 bis F5 betreffen **Betriebssysteme**. Definiert wurden Anforderungen bezüglich
  - der **Identifikation** und **Authentisierung**,
  - der **Rechteverwaltung** und **-prüfung**,
  - der **Beweissicherung** und der **Wiederaufbereitung**.
- F1: geringste Anforderungen
- F5: umfassende Anforderungen
- F6: Kriterien bezüglich der Integrität der Daten
- Bzgl. **Fehlerüberbrückung** und **Gewährleistung der Funktionalität** wurden in der Klasse F7 Anforderungen bestimmt.
- In der Klasse F8 werden Forderungen für die
  - **Identifikation** und **Authentisierung**,
  - **Übertragungssicherung** und
  - **Beweissicherung** vorgenommen.
- F9–F10: Forderungen zur Datenverschlüsselung

## Informationssicherheits-Managementsystem (ISMS)

| | |
|---|---|
| ISO/IEC 27001 | Information security management systems – Requirements |
| ISO/IEC 27002 | Code of practice for information security management |
| ISO/IEC 27006 | Requirements for bodies providing audit and certification of information security management systems |
| IT-GS | IT-Grundschutz |

## Sektorspezifische ISMS

| | |
|---|---|
| Richtlinie VDI/VDE2182 | Informationssicherheit in der industriellen Automatisierung |
| ISO/IEC 27011 | Information security management guidelines for telecommunications |
| PCI DSS | Payment card industry data security standard |

## Sicherheitsmaßnahmen und Monitoring

| | |
|---|---|
| ISO/IEC 27033 | IT network security |
| ISO/IEC 15816 | Security information objects for access control |

## Risikomanagement

| | |
|---|---|
| MaRisk | Mindestanforderungen an das Risikomanagement für Banken |

## Standards mit Sicherheitsaspekten

| | |
|---|---|
| Cobit | Control Objectives for Information and Related Technology (Kontrollziele Informations- und verwandte Techniken) |
| ITIL IT | Infrastructure Library (IT Infrastruktur Verfahrensbibliothek) |
| IDW PS 330 | Abschlussprüfung bei Einsatz von Informationstechnologie |

## Vorschriften

| | |
|---|---|
| KonTraG | Gesetz zur Kontrolle und Transparenz im Unternehmensbereich |
| Basel II | – |
| SOX | Sarbanes-Oxley Act |
| EURO-SOX | 8. EU-Richtlinie in Anlehnung an Sarbanes-Oxley Act |
| BDSG | Bundesdatenschutzgesetz |
| DSAnpUG | Datenschutz-Anpassungs- und Umsetzungsgesetz |

## Evaluierung von IT-Sicherheit

| | |
|---|---|
| ISO/IEC 15408 (CC) | Evaluation criteria for IT security (CC) (Evaluationskriterien für IT-Sicherheit) |
| ISO/IEC TR 15443 | A framework for IT security assurance (Rahmenrichtlinien für Sicherung von IT-Sicherheit) |
| ISO/IEC 18045 | Methodology for IT security evaluation (Methodik zur Evaluation von IT-Sicherheit) |
| ISO/IEC TR 19791 | Security assessment for operational systems (Bewertung Sicherheit von Systemen im Betrieb) |
| ISO/IEC 19790 (FIPS140-2) | Security Requirements for Cryptographic Modules (Anforderungen an kryptografische Module) |
| ISO/IEC 19792 | Security evaluation of biometrics (Evaluation der IT-Sicherheit biometrischen Technologien) |
| ISO/IEC 21827 (SSE-CMM) | System Security Engineering – CMM Modell der Ablaufstauglichkeit (ISO 21827) |

## Kryptografische IT-Sicherheitsverfahren

| | |
|---|---|
| ISO/IEC 7064 | Check character systems (Prüfsummensysteme) |
| ISO/IEC 18033 | Encryption algorithms (Verschlüsselungsalgorithmen) |
| ISO/IEC 10116 | Modes of operation for an n-bit block cipher (Betriebsarten für einen n-bit-Blockschlüssel-Algorithmus) |
| ISO/IEC 19772 | Data encapsulation mechanisms (Datenverkapselnde Mechanismen) |
| ISO/IEC 9796 | Digital signature schemes giving message recovery (Digitaler Unterschriftsmechanismus mit Rückgewinnung der Nachricht) |
| ISO/IEC 14888 | Digital signatures with appendix (Digitale Signaturen mit Anhang) |
| ISO/IEC 15946 | Cryptographic techniques based on elliptic curves (Auf elliptischen Kurven aufbauende kryptografische Techniken) |
| ISO/IEC 10118 | Hash functions (Hash-Funktionen) |
| ISO/IEC 18031 | Random bit generation (Erzeugung von Zufallszahlen) |
| ISO/IEC 18032 | Prime number generation (Primzahlerzeugung) |
| ISO/IEC 9798 | Entity authentication (Authentisierung von Instanzen) |
| ISO/IEC 9797 | Message Authentication Codes (Nachrichten-Authentisierungscodes) |
| ISO/IEC 15945 | Specification of TTP services to support the application of digital signatures (Spezifizierung der Dienste eines vertrauenswürdigen Dritten zur Unterstützung der Anwendung von digitalen Signaturen) |
| ISO/IEC TR14516 | Guidelines for the use and management of Trusted Third Party Services (Richtlinien für die Nutzung und das Management eines vertrauenswürdigen Dritten) |
| ISO/IEC 11770 | Key management (Schlüsselmanagement) |
| ISO/IEC 13888 | Non-repudiation (Nicht-Abstreitbarkeit) |
| ISO/IEC 18014 | Time-stamping services (Zeitstempeldienste) |

## Physische Sicherheit

| | |
|---|---|
| Technische | Produkte für die materielle Sicherheit |
| DIN 4102 | Brandverhalten von Baustoffen und Bauteilen |
| DIN 18095 | Rauchschutztüren |
| DIN EN 1047 | Wertbehältnisse – Klassifizierung/Methoden zur Prüfung des Widerstands gegen Brand |
| DIN EN 1143-1 | Widerstandsgrad |
| DIN EN 1627 | Fenster, Türen, Abschlüsse – Einbruchhemmung |
| DIN EN 60529 | Schutzart durch Gehäuse |
| DIN 66399 | Vernichten von Datenträgern |

Quelle:
BITKOM/DIN: Kompass der IT-Sicherheitsstandards

# Verfügbarkeit
## Availability

### Definition

- Die **Verfügbarkeit** (availability) einer Betrachtungseinheit ist die **Wahrscheinlichkeit**, dass die Betrachtungseinheit alle zugesicherten Eigenschaften bei den beschriebenen Umgebungsbedingungen zum **beliebigen Zeitpunkt *t***
  - einhält oder
  - fehlerfrei funktioniert.
- Die Verfügbarkeit beschreibt den Zustand der Betrachtungseinheit über die diskreten Werte:
  - Einheit funktioniert (ist verfügbar) oder
  - Einheit funktioniert nicht (ist nicht verfügbar).
- Angegeben wird die Verfügbarkeit als Prozentzahl zwischen 0 % und 100 % (z. B. 99,99 %).
- **Verfügbarkeitsklassen** (VK 0 bis VK 5) definieren Mindestverfügbarkeiten bei zulässigen Ausfallzeiten pro Monat oder Jahr.
- Sie werden im Rahmen von Verträgen (z. B. **SLA**: **S**ervice **L**evel **A**greement [Dienstgütevereinbarung]) festgelegt.
- Sie dienen u. a. als Grundlage für Zahlungen des Dienstleistungsnehmers an den Dienstleistungsgeber.

### Berechnung

**Verfügbarkeit allgemein**

$$V = \frac{\text{Ausfallfreie Betriebszeit}}{\text{Ausfallfreie Betriebszeit} + \text{Ausfallzeit}}$$

Ausfallfreie Betriebszeit: System funktioniert

Ausfallzeit: System ist ausgefallen, z. B. Reparaturzeit

$$V = \frac{MTTF}{MTTF + MTTR} \quad \text{ohne Einheit}$$

*MTTF*: Mean Time To Failure (Mittlere ausfallfreie Zeit)

*MTTR*: Mean Time To Repair (Mittlere Reparaturzeit)

**Nicht-Verfügbarkeit *N***

$$N = 1 - V \qquad N = \frac{MTTR}{MTTF + MTTR}$$

### Verfügbarkeitsklassen

| Verfügbarkeitsklasse | Mindestverfügbarkeit in % | Ausfallzeit pro Jahr |
|---|---|---|
| VK 0 | ~ 95 | 438 Stunden |
| VK 1 | 99 | 87,6 Stunden |
| VK 2 | 99,9 | 8,76 Stunden |
| VK 3 | 99,99 | 52,56 Minuten |
| VK 4 | 99,999 | 5,256 Minuten |
| VK 5 | 100 | 0 |

VK 0: Ohne zugesicherte Verfügbarkeit
VK 1: Normale Verfügbarkeit
VK 2: Erhöhte Verfügbarkeit
VK 3: Hochverfügbarkeit
VK 4: Höchstverfügbarkeit
VK 5: Verfügbar unter extremen Bedingungen (Disaster Tolerant: Höhere Gewalt, z. B. Feuer, Erdbeben, Überschwemmung)

### Beispiel

**Ausgangssituation**

Komponenten **einfach** vorhanden

**Gesamtverfügbarkeit**:
**= Produkt der Einzelverfügbarkeiten**

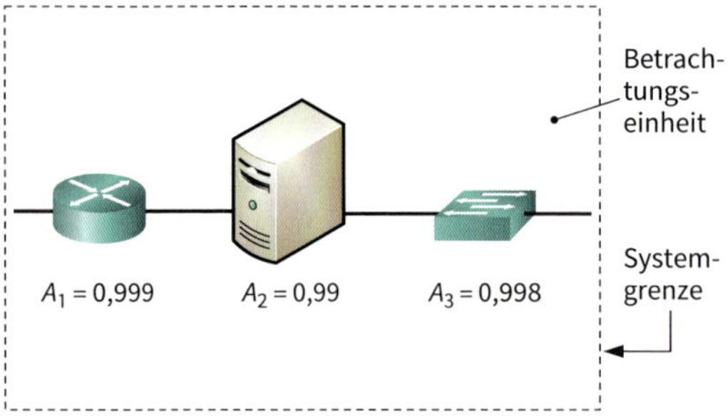


$$\begin{aligned} A_{Gesamt} &= A_1 \cdot A_2 \cdot A_3 \\ &= 0{,}999 \cdot 0{,}99 \cdot 0{,}998 \\ &= 0{,}98703 \\ &= 98{,}703\,\% \end{aligned}$$

$N_{Gesamt} = 1{,}297\,\%$

**Hinweis**: Gesamtverfügbarkeit ist niedriger als kleinste Einzelverfügbarkeit

**Ausfallzeit** pro Jahr = 113,617 h

**Optimierte Version**

Komponenten **doppelt vorhanden** (Systemverdoppelung)

**Gesamtausfallzeit**:
**= Produkt der Einzelausfallzeiten**

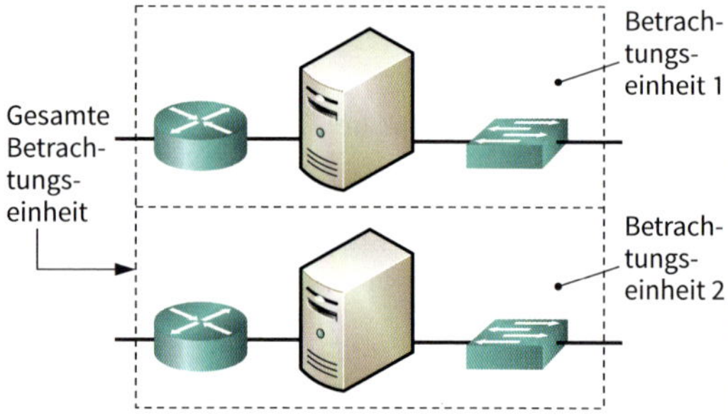


$$\begin{aligned} N_{Gesamt} &= N_1 \cdot N_2 \\ &= 0{,}01297 \cdot 0{,}01297 \\ &= 0{,}000168221 \end{aligned}$$

$$\begin{aligned} V_{Gesamt} &= 1 - N_{Gesamt} \\ &= 1 - 0{,}000168221 \\ &= 0{,}99983 \\ &= 99{,}98\,\% \end{aligned}$$

**Ausfallzeit** pro Jahr = 1,57 h

# IT-Verfügbarkeit
## IT Availability

### Begriff

- Mit Verfügbarkeit kennzeichnet man die **Wahrscheinlichkeit** eines Systems, definierte Anforderungen zu einem bestimmten Zeitpunkt bzw. in einem gewissen Zeitraum zu erfüllen.
- Die Verfügbarkeit wird in der Regel in Prozent angegeben.
- Die Verfügbarkeit eines Systems kann in einem Vertrag zwischen zwei Parteien (**SLA**: **S**ervice **L**evel **A**greement) geregelt werden.

### Kennzahlen und Zeiten

- Berücksichtigt wird die **ungeplant** auftretende Nichtverfügbarkeit.
- Nicht berücksichtigt wird die Zeit der **geplanten** Nichtverfügbarkeit (z. B. Wartungszeit).

$$\text{Verfügbarkeit} = \frac{\text{Gesamtzeit} - \text{Gesamtausfallzeit}}{\text{Gesamtzeit}}$$

- **Zuverlässigkeit**
  Korrekte Arbeitsweise in einer festgelegten Zeitspanne
- **Reaktionszeit**
  Erforderliche Zeitspanne, bis eine Aufgabe korrekt ausgeführt wird
- **MTTR**: **M**ean **T**ime **t**o **R**epair
  Mittlere Betriebsdauer bis zur Herstellung der Ausgangssituation (mittlere Reparaturzeit)
- **MTBF**: **M**ean **T**ime **b**etween **F**ailure
  Mittlere Betriebsdauer zwischen zwei auftretenden Fehlern ohne Berücksichtigung der Reparaturzeit
- **MTTF**: **M**ean **T**ime **t**o **F**ailure
  Mittlere Betriebsdauer bis zum Ausfall des Systems (mittlere Lebensdauer)
- **$MTTF_D$**
  Mittlere Betriebsdauer bis zum gefahrbringenden Ausfall

### TIER-Topologie

- Die jährliche Verfügbarkeit in einem Rechenzentrum wird üblicherweise in Prozent angegeben. Sie ergibt sich aus der Betriebsdauer und der Ausfallzeit (Downtime).
- Jedes „TIER" (Stufe) steht für einen gewissen Level an Verfügbarkeit und vorhandenen Redundanzen.
- TIER I verfügt über keine Redundanzen.
- TIER IV gilt als die zuverlässigste Klasse, besitzt eine fehlertolerante Infrastruktur, zwei Versorgungswege und wird als hochverfügbar eingestuft.

| TIER-Klasse | Verfügbarkeit in % | Jährliche Ausfallzeit (Durchschnittswert) |
|---|---|---|
| I | 99,671 | 28,8 h |
| II | 99,749 | 22 h |
| III | 99,982 | 1,6 h |
| IV | 99,995 | 26,3 min |

### Verfügbarkeit im Sinne der IT-Sicherheit

- Bei Rechenzentren unterscheidet man entsprechend der DIN EN 50600-1:2019-08 (Informationstechnik – Einrichtungen und Infrastrukturen von Rechenzentren) **vier Verfügbarkeitsklassen** ①. Sie sind angepasst an das **TIER**-Modell aus dem US-Standard ANSI/TIA 942-B (Anforderungen an private und gemeinfreie Rechenzentren für Elemente der Rechenzentrumsinfrastruktur).
- **ANSI**: **A**merican **N**ational **S**tandards **I**nstitute (eine private, gemeinnützige, amerikanische Organisation zur Koordinierung der Entwicklung freiwilliger Normen in den Vereinigten Staaten)
- **TIA**: **T**elecommunications **I**ndustry **A**ssociation
- **TIA-942**:
  - Planung und Aufbau von Datenzentren anhand von vier Ebenen
  - Kriterien der IT-Infrastruktur in Daten- bzw. Rechenzentren Beispiele: Energieversorgung, Temperaturüberwachung, Umgebungsbedingungen, Aufstellungsort für den Server-/Rackaufbau, Verkabelung, Zugänglichkeit bzw. Zugangskontrolle und Backup-Systeme

**Verfügbarkeitsklassen** ①

**Klasse 1:**
- Geringe Maßnahmen zur Verfügbarkeit
- Wartungsarbeiten und Störungen können jederzeit den Betrieb unterbrechen

**Klasse 2:**
- Einsatz redundanter Technikkomponenten
- Wartungsarbeiten werden planbar
- Störungen können weiterhin jederzeit den Betrieb unterbrechen

**Klasse 3:**
- Vollständige Redundanz aller Technikkomponenten
- Wartungsarbeiten und Störungen unterbrechen normalerweise den Betrieb nicht mehr

**Klasse 4:**
- Vollständige Redundanz aller Technikkomponenten und weitere umfassende Vorsorgemaßnahmen
- Der Betrieb wird auch bei Wartungsarbeiten und Störungen aufrecht erhalten

### Verfügbarkeitsklassen im 9er-System

- Vereinbarte Zeitintervalle: Monat oder Jahr
- Die Verfügbarkeit wird in Prozent angegeben (99 %, 99,9 % usw.)
- Die Verfügbarkeitsklasse 2 entspricht einer Verfügbarkeit von 99 %.

| Verfügbarkeitsklasse | Verfügbarkeit in % | Ausfallzeit pro Jahr maximal |
|---|---|---|
| 2 | 99 | 3 d 15 h 36 min |
| 3 | 99,9 | 8 h 46 min |
| 4 | 99,99 | 53 min |
| 5 | 99,999 | 5 min |
| 6 | 99,9999 | < 1 min |

# Redundante Systeme
## Redundant Systems

### Merkmale

- Sie dienen zur Erhöhung der **Verfügbarkeit** von technischen Systemen (Redundanz: Überfluss).
- Je nach Anforderung sind die Redundanzmittel einzelne Komponenten (z. B. verdoppeltes Netzteil) oder komplette Systeme (z. B. verdoppelte Server).
- Es wird unterschieden in
  - heiße Redundanz,
  - warme Redundanz und
  - kalte Redundanz.
- **Heiße Redundanz** (engl. hot standby):
  - Redundanzmittel ist ständig im Betrieb (aktiv, parallel),
  - unterliegt funktionsbedingter Beanspruchung (gleiche Beanspruchung wie die Primäreinheit).
- **Warme Redundanz** (engl. warm standby):
  - Redundanzmittel ist bis zum Ausfall der funktionierenden Primäreinheit oder bis zu seinem eigenen Ausfall geringer als das Primärelement belastet.
- **Kalte Redundanz** (engl. cold standby):
  - Redundanzmittel ist bis zum Ausfall der funktionierenden Primäreinheit keiner Belastung ausgesetzt (unbelastete Redundanz).

### Definitionen (DIN EN 13306)

- **Redundanz** (engl. **Redundancy**)
  Vorhandensein von mehr als einem Mittel in einer Einheit zu einem gegebenen Zeitpunkt zur Ausführung einer geforderten Funktion
- **Ausfall** (engl. **Failure**)
  Beendigung der Fähigkeit einer Betrachtungseinheit, eine geforderte Funktion zu erfüllen
- **Ausfallrate** (engl. **Failure Rate**)
  - Anzahl der Ausfälle einer Einheit während eines gegebenen Zeitbereichs dividiert durch diesen Zeitbereich.
  - Wird ermittelt aus der Beobachtung einer Vielzahl gleicher Komponenten oder Systeme. Die Einheit ist $h^{-1}$ (z. B. $20 \cdot 10^{-6}\,h^{-1} \Rightarrow 20$ Ausfälle in $10^6$ h).
  - Ist ein Kennwert für die Zuverlässigkeit.

| Nicht reparierbare Einheit | Reparierbare Einheit |
|---|---|
| $\lambda = \frac{1}{MTTF}$ | $\lambda = \frac{1}{MTBF}$ |

*MTTF*: Mean Time To First Failure
*MTBF*: Mean Time Between Failures

### Einzelsystem

**Beispiel**: Einzelner E-Mail-Server

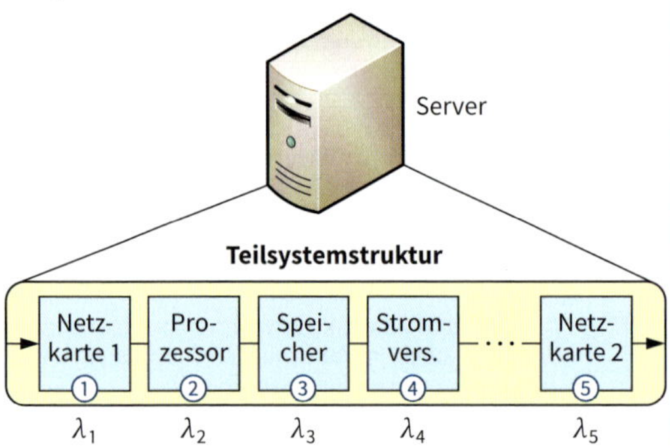


- Server ist funktionstüchtig, wenn die Teilsysteme ① bis ⑤ funktionieren (nicht ausgefallen sind)
- Gesamtfunktion entspricht einer logischen Reihenschaltung der Teilsysteme (Seriensystem)

**Teilsystemausfallraten**:
$\lambda_1 = 3 \cdot 10^{-6}\,h^{-1}$ $\lambda_2 = 8 \cdot 10^{-6}\,h^{-1}$ $\lambda_3 = 5 \cdot 10^{-6}\,h^{-1}$
$\lambda_4 = 9 \cdot 10^{-6}\,h^{-1}$ $\lambda_5 = 8 \cdot 10^{-6}\,h^{-1}$

**Gesamtausfallrate**:
Summe der Teilsystemausfallraten
$\lambda_S = \lambda_1 + \lambda_2 + \lambda_3 + \lambda_4 + \lambda_5$
$\lambda_S = 28 \cdot 10^{-6}\,h^{-1}$

**Mittlere Zeit zwischen zwei Ausfällen (*MTBF*)**:

$$MTBF_S = \frac{1}{\lambda_S} = \frac{1}{28 \cdot 10^{-6}\,h^{-1}} = \frac{10^6\,h}{28} = 35714{,}285\,h$$

Mittlere Zeit zwischen zwei Ausfällen entspricht ca. 4,07 Jahren (1 Jahr = 8760 h).

### Doppelsystem

**Beispiel**: Redundanter E-Mail-Server

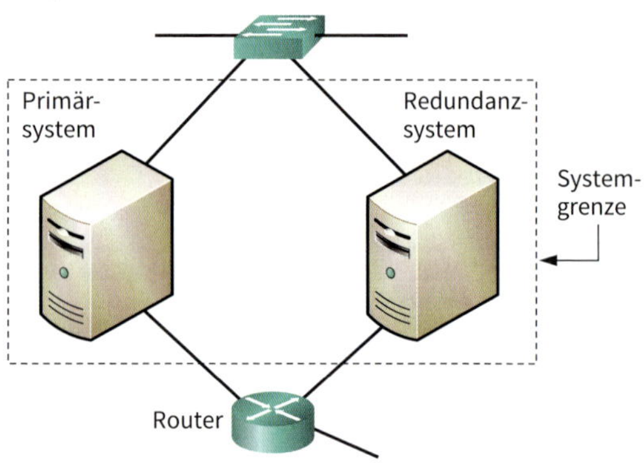


- Beide Server mit identischer Ausfallrate $\lambda_S$

#### Heiße Redundanz

- Gesamtfunktion entspricht einer logischen Parallelschaltung

$$MTBF_{RS} = \frac{2}{\lambda_S} - \frac{1}{2 \cdot \lambda_S} = \frac{3}{2 \cdot \lambda_S} = \frac{3}{2 \cdot 28 \cdot 10^{-6}\,h^{-1}} = 53571{,}428\,h$$

Mittlere Zeit zwischen zwei Ausfällen entspricht ca. 6,11 Jahren (1 Jahr = 8760 h).

#### Kalte Redundanz

$$MTBF_{RS} = \frac{2}{\lambda_S} = \frac{2}{28 \cdot 10^{-6}\,h^{-1}} = 71428{,}571\,h$$

Mittlere Zeit zwischen zwei Ausfällen entspricht ca. 8,15 Jahren (1 Jahr = 8760 h).

*MTBF*: Mean Time Between Failure
RS: Redundantes System

# Zuverlässigkeit, Ausfall, Verfügbarkeit
## Reliability, Failure, Availability

- Bei technischen Systemen ist Zuverlässigkeit definiert als die Beschaffenheit einer Einheit (z. B. Bauelement, Baugruppe, Anlage) bezüglich ihrer Eignung während oder nach vorgegebenen Zeitspannen bei vorgegebenen Anwendungsbedingungen die Zuverlässigkeitsforderung zu erfüllen (DIN 40 041).

- Zur Berechnung der vorausgesagten Zuverlässigkeit werden zahlreiche Zuverlässigkeitsmodelle angewendet, z. B.:
  - Fehlerbaumanalyse (Analyse potenzieller Störfälle),
  - Monte-Carlo-Simulation (Simulationsmodelle mit Zufallsvariablen).

## Ausfall, Ausfallrate

- Der **Ausfall** ist die Beendigung der Funktionsfähigkeit einer Einheit im Rahmen der zugelassenen Beanspruchung.

- Die **Ausfallrate** $\lambda$ (failure rate) ist der Anteil ausgefallener Bauelemente (oder Systeme) während einer Beanspruchungsdauer geteilt durch die Beanspruchungsdauer.

- Die Ausfallrate wird in **fit** (**f**ailure **i**n **t**ime) angegeben. 1 fit entspricht einem Ausfall in 1 Million Betriebsstunden.

Beispiele für Ausfallraten:

| | |
|---|---|
| Pentium Prozessor | 300 fit |
| Bestückte Leiterplatte | 800 bis 4000 fit |
| Maschinenlötstelle | 0,01 fit |

- Das Ausfallverhalten von technischen Bauelementen und Geräten wird u.a. durch eine „Badewannenkurve" beschrieben
  - Phase A: Frühausfälle
  - Phase B: Zufallsausfälle **(konstante Ausfallrate)**
  - Phase C: Verschleißausfälle

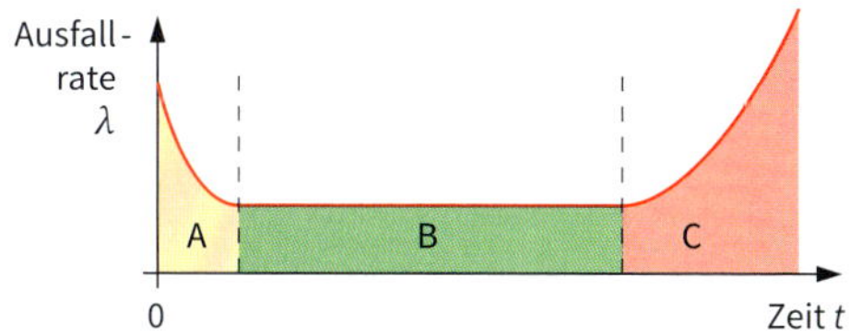


- *MTBF* (**M**ean **T**ime **B**etween **F**ailure) ist die mittlere Betriebsdauer zwischen zwei Ausfällen $MTBF = \frac{1}{\lambda}$

## Verfügbarkeit

- Die **momentane Verfügbarkeit** ist die **Wahrscheinlichkeit**, eine Einheit zu einem vorgegebenen Zeitpunkt der geforderten Anwendungsdauer in einem funktionsfähigen Zustand anzutreffen.

- Die **stationäre Verfügbarkeit** ist die mittlere Betriebsdauer zwischen zwei Ausfällen dividiert durch die Summe von mittlerer Betriebsdauer zwischen zwei Ausfällen und mittlerer Störungsdauer.

Bei konstanter Ausfall- und Instandsetzungsrate ist die stationäre Verfügbarkeit definiert als

$$P_A = \frac{MTBF}{MTBF + MDT}$$

***P*_A:** **P**oint **A**vailability (stationäre Verfügbarkeit)
***MTBF*:** **M**ean **T**ime **B**etween **F**ailure (mittlere Betriebsdauer zwischen zwei Ausfällen)
***MDT*:** **M**ean **D**own **T**ime (mittlere Störungsdauer)

# Lebenszykluskosten
## Life Cycle Costs

- Lebenszykluskosten **LCC** (**L**ife **C**ycle **C**osts) sind alle Kosten einer Anlage oder eines Systems, die während der gesamten Lebenszeit der Anlage oder des Systems entstehen.

- Die Berechnung der Lebenszykluskosten dient als Vergleichsmaßstab für Varianten von Anlagen oder Systemen und ist Basis der Wirtschaftlichkeitsbetrachtung.

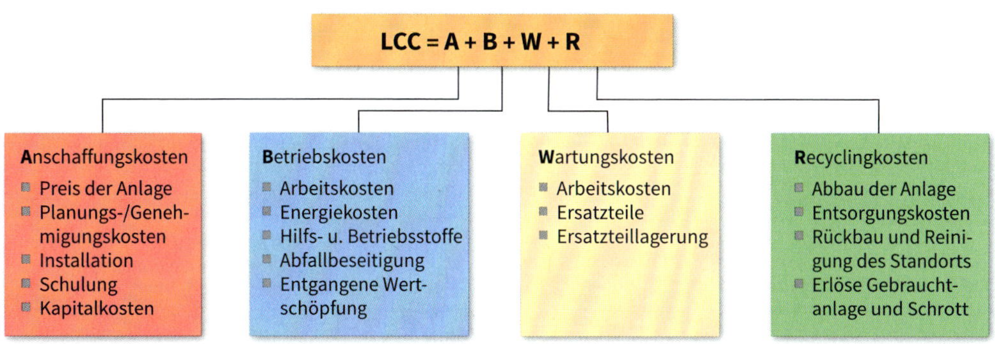

## Sicherheitsebenen
Security Levels

### Gegenüberstellung der Sicherheitsebenen von TCSEC/BSI

| TCSEC | Inhalte der Sicherheitsebenen des „Orange Book"/BSI-Funktionalitätsklassen | BSI |
|---|---|---|
| D | Kein Schutz (bzw. nur ein minimaler Schutz) | – |
| C1 | Benutzergesteuerter Zugangsschutz (Authentifizierung und Identifikation) | F1 |
| C2 | Kontrollierter Zugriffsschutz auf die Systeme; alle Vorgänge (Zugriffe und Prozesse) werden protokolliert | F2 |
| B1 | Objektklassifikation – Vorgeschriebene Zugriffskontrolle | F3 |
| B2 | Strukturierungsschutz | F4 |
| B3 | Anlegen von Sicherheitsdomänen – Systemverwaltung durch einen zentralen Administrator | F5 |
| A1 | Komplexer Sicherheitsentwurf | |
| – | Integritäts-Anforderungen für Datenbanken | F6 |
| – | Verfügbarkeit besonders bei Prozessrechnern | F7 |
| – | Beweis-, Integritäts- und Übertragungssicherung bei Datenübertragungen (im Netz) | F8 |
| – | Verschlüsselung/Geheimhaltung von Nutzdaten bei Datenübertragungen (Vertraulichkeit) | F9 |
| – | Integrität und Vertraulichkeit bei vernetzten Strukturen | F10 |

## Qualität
Quality

### Begriffe und Grundlagen

- **Qualität** heißt im eigentlichen Sinn des Wortes **„Beschaffenheit"** (auch „Eigenschaft").
- Umgangssprachlich wird das Wort nicht einheitlich verwendet.
- Qualität und Qualitätssicherung sind in den Unternehmen zu strategischen Zielen geworden, da nur so Kunden zufriedengestellt, langfristig gebunden und kostengünstige – auch umweltfreundliche – Produkte erstellt werden können.

- **Klassische Qualitätssicherung** in der Industrie wurde als **Abnahmeprüfung** verstanden. Diese Kontrolle basierte auf der Erhebung von Stichproben. Hierzu wurde eine umfangreiche statistische Testtheorie entwickelt. In zunehmendem Maße wird der gesamte Fertigungsprozess überwacht.
- Im Rahmen der Qualitätssicherung sind zu unterscheiden:
  - die **Qualitätsplanung** unter Beachtung der Qualitätsziele,
  - die **Qualitätsprüfung** und
  - die **Qualitätslenkung.**

### ISO 9000 ff.

- Die ISO-Normen 9000–9004 legen Maßnahmen fest, durch deren Einhaltung ein Unternehmen eine hochwertige Qualitätssicherung erreichen kann.
- Die ISO 9000 gibt Hinweise zur Anwendung der ISO 9001–9004 Normen.
- Die ISO 9001 wurde seit 2012 präzisiert. 2015 wurden 10 Kapitel im Sinne der veränderten Managementsystemnormen **HLS** (**H**igh **L**evel **S**tructure) für die ISO 9001 vorgestellt. Sie wurde 2018 verbindlich gültig.

### ISO/FDIS 9001: 2015 (ff.)

- Folgende **Systemfehler** (**Grundsätze**) werden beachtet: Kundenorientierung, Faktengestützte Entscheidungsfindung, Führung, Beziehungsmanagement, Einbeziehung von Personen, Verbesserung
- Orientierende **Leitdimensionen**: Kontext der Organisation, Prozessansatz, Verantwortung der Leitung, Risiken und Chancen, Wissen (in) der Organisation, dokumentierte Information
- Das **PDCA**-Konzept (**P**lan→**D**o→**C**heck→**A**ct) prägt das Projektselbstverständnis.
- **Strukturabschnitte** (1–10; z.T. in Auswahl):
  1 Anwendungsbereich
  2 Normative Verweise
  3 Begriffe
  4 Kontext der Organisation (Pos. 4.1–4.3; 4.3 Festlegen des Anwendungsbereichs des Qualitätsmanagementsystems)
  5 Führung (Pos. 5.1–5.3; 5.1 Führung und Verpflichtung, 5.2 Qualitätspolitik, 5.3 Rollen, Verantwortlichkeiten und Befugnisse in der Organisation)
  6 Planung für das Qualitätsmanagementsystem (Pos. 6.1–6.3; 6.1 Maßnahmen zum Umgang mit Risiken und Chancen, 6.2 Qualitätsziele und Planung zu deren Erreichung, 6.3 Planung von Änderungen)
  7 Unterstützung [Support] (Pos. 7.1–7.5; 7.1 Ressourcen, 7.2 Kompetenzen, 7.3 Bewusstsein, 7.4 Kommunikation, 7.5 Dokumentierte Information
  – 7.5.1 Allgemeines,
  – 7.5.2 Erstellung und Aktualisierung,
  – 7.5.3 Lenkung dokumentierter Information)
  8 Betrieb [Operation] (Pos. 8.1–8.7)
  9 Bewertung der Leistung (Pos. 9.1–9.3)
  10 Verbesserung (10.1–10.3)

## Qualitätsbeurteilungsaspekte

(1) Kundenorientierung (2) Verantwortlichkeit der Führung (3) Einbeziehung der beteiligten Personen (4) Prozessorientierter Ansatz und (früher eigenständig) systemorientierter Managementansatz (5) Kontinuierliche Verbesserung (6) Sachbezogener Entscheidungsfindungsansatz (7) Lieferantenbeziehungen zum gegenseitigen Nutzen

## Qualitätskreis

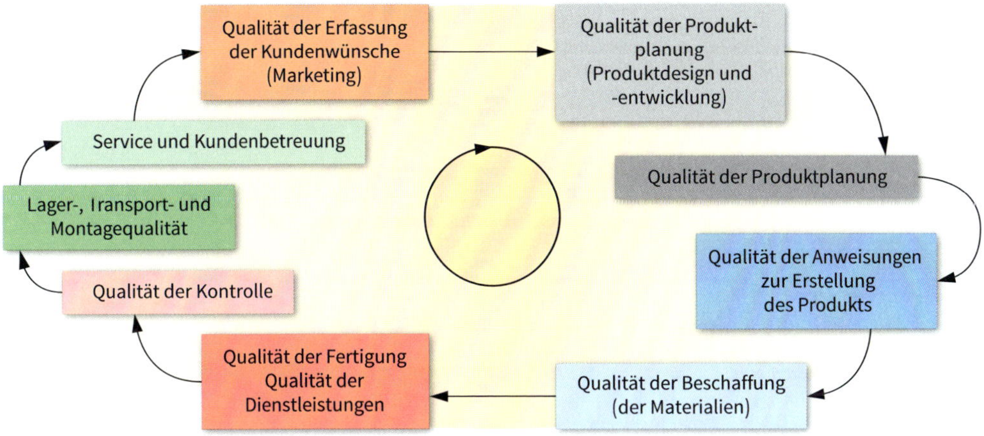


- Die ISO 9000 ff. ist gültig in Deutschland (DIN) und Europa (EN). Es wird auch von der DIN-EN-ISO-9000-Normenreihe gesprochen. ISO steht für die weltweite Gültigkeit der Norm.
- Unternehmen können sich durch unparteiische Dritte ihr internes Qualitätsmanagement – orientiert an der DIN 9000 – zertifizieren lassen. Dies wird auch von Unternehmen aus dem Dienstleistungs- und Bildungsbereich vorgenommen.
- Grundlegende Qualitätssicherungsnormen sind in der **ISO 9000 ff.** definiert.
- Im Rahmen der umfassenden Qualitätsorientierung wurde ein **Total Quality Management** (**TQM**)-Ansatz entwickelt. Dieser erfasst die gesamte Unternehmenskultur. Definiert wird dieser Ausdruck des Total Quality Managements (TQM) in der DIN EN ISO 8402 (von 2015). (Siehe weiterhin DIN EN 9000/1 (:2015 ff.) und DIN EN ISO 9001: 2009-12.)

## Qualitätsbeurteilungsaspekte in Unternehmen

- Bei der Umsetzung eines umfassenden betrieblichen Qualitätsmanagementsystems werden neun Kernbereiche von der European Foundation for Quality – u. a. auch für einen jährlichen Preis – betrachtet.
- Die internen Faktoren – wie z. B. die transparente Gestaltung der Unternehmensprozesse – werden dabei ebenso beachtet wie Ergebnisse, zu denen u. a. auch grundsätzlich die Kundenzufriedenheit gehört.

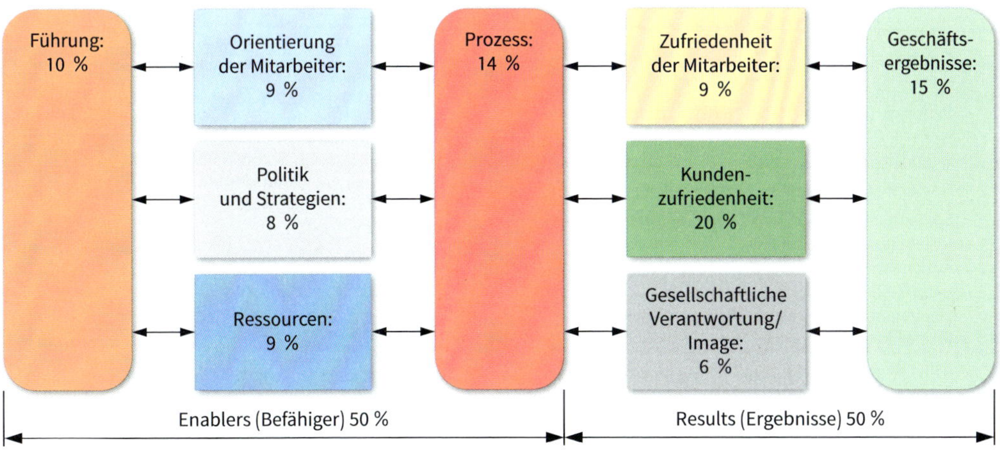


(Prozentzahlen geben die Gewichtung an)

# SAS – Software Anforderungsspezifikation
## SRS – Software Requirements Specification

### Merkmale

- Die SRS
  - dient zur Spezifikation (Definition und Festlegung) von zu entwickelnder Software (Entwicklungsgrundlage),
  - beschreibt die Anforderungen aus dem Lasten- und Pflichtenheft für den Softwareanteil und
  - beinhaltet **funktionale** und **nichtfunktionale** Anforderungen.

### Qualitätsanforderungen

- Der Inhalt einer SRS muss sein:
  - korrekt (correct),
  - unzweideutig (unambiguous),
  - vollständig (complete),
  - konsistent (consistent),
  - verifizierbar (verifiable),
  - modifizierbar (modifiable),
  - nachverfolgbar (traceable).

### Gliederung

| | |
|---|---|
| **1. Introduction** *(Einführung)* | |
| 1.1 Purpose *(Zweck)* | Zweck der Spezifikation und Leserkreis |
| 1.2 Scope *(Umfang)* | Produkt und Anwendungsbereich |
| 1.3 Definitions, Acronyms and Abbrevations *(Definitionen, Kurzbegriffe u. Abkkürzungen)* | |
| 1.4 References *(Referenzen)* | Normen, Richtlinien, Vorgängerprodukte |
| 1.5 Overview *(Übersicht)* | Inhalt und Struktur der restlichen SRS |
| **2. Overall Description** *(Gesamtübersicht)* | |
| 2.1 Product Perspective *(Produktumfang)* | Kurze Beschreibung aller externen Schnittstellen: System, Nutzer, Hardware; Software |
| 2.2 Product Functions *(Produktfunktionen)* | |
| 2.3 User Characteristics *(Anwendermerkmale)* | |
| 2.4 General Constraints *(Allgemeine Randbedingungen)* | Entwicklungseinschränkungen: Normen, Anwendungsbereich |
| 2.5 Assumptions and Dependencies *(Annahmen und Abhängigkeiten)* | |
| **3. Specific Requirements** *(Spezifische Anforderungen)* | |
| 3.1 External Interface Requirements *(Anforderungen an externe Schnittstellen)*<br>3.1.1 User Interfaces *(Anwenderschnittstellen)*<br>3.1.2 Hardware Interfaces *(Hardwareschnittstellen)*<br>3.1.3 Software Interfaces *(Softwareschnittstellen)*<br>3.1.4 Communication Interfaces *(Kommunikationsschnittstellen)*<br>3.2 Functional Requirements *(Funktionale Anforderungen)*<br>3.2.1 Mode 1 *(Betriebsart 1)*<br>3.2.1.1 Functional Requirement 1.1 *(Funktionale Anforderungen 1.1)*<br>…<br>3.2.2 Mode 2 *(Betriebsart 2)*<br>3.2.2.1 Functional Requirement 2.1 *(Funktionale Anforderungen 2.1)*<br>…<br>3.3 Performance Requirements *(Leistungsanforderungen)*<br>3.4 Design Constraints *(Einschränkungen, z.B. Speichervolumen)*<br>3.4.1 Standards Compliance *(Normen – Übereinstimmung)*<br>3.4.2 Hardware Limitations etc. *(Hardwarebegrenzungen usw.)*<br>3.5 Software System Attributes *(Merkmale des Softwaresystems)*<br>3.5.1 Reliability *(Zuverlässigkeit)*<br>3.5.2 Availability *(Verfügbarkeit)*<br>3.5.3 Security *(Sicherheit)*<br>3.5.4 Maintainability *(Wartbarkeit)*<br>3.5.5 Portability *(Portierbarkeit)*<br>3.6 Other Requirements *(andere (weitere) Anforderungen)*<br>3.6.1 Project Documentation *(Projektdokumentation)*<br>3.6.2 User Documentation *(Anwenderdokumentation)*<br>… | **Detaillierte Anforderungen**<br>Hilfsmittel zur Darstellung (u.a.):<br>– Ablaufdiagramme<br>– Zustands-/Übergangsdiagramme<br>– Funktionstabellen<br>– Algorithmen<br>– … |
| **Anmerkung**: – Struktur nach ISO/IEC/IEEE 29148: 2018 – Ist bei Bedarf auf das vorliegende Projekt anzupassen | |

## Unfallverhütung

| Kennfarben (Schilder/Hinweise/ …) | | | |
|---|---|---|---|
| **rot** | **gelb** | **grün** | **blau** |
| Verbot<br>Halt | Gefahr<br>Vorsicht | Erste Hilfe<br>Gefahrlosigkeit | Gebot<br>Hinweis |
| P18  Mobilfunk verboten | W16  Warnung vor Absturzgefahr | E6  Erste Hilfe | M1  Augenschutz tragen |
| P2: Feuer …<br>P4: mit Wasser löschen verboten … | W4: ätzende Stoffe<br>W8: Gefahrenstelle | E1: Rettungsweg<br>E8: Notdusche | M2: Schutzhelm<br>M3: Gehörschutz |

## Elektromagnetische Verträglichkeit

Im Zusammenhang mit der Diskussion zu den Wirkungen elektromagnetischer Felder, die von Mobilfunkantennen ausgehen, gibt es eine anhaltende Diskussion zum Elektrosmog.

**Beeinflussungen**:
Folgende Effekte werden diskutiert: Veränderung …
- des Ionen- und Kalziumhaushalts in den Zellen,
- der Zellteilungsrate,
- der Blutkörperbildung,
- der Enzymaktivitäten,
- der Zellwände-/-anordnungen,
- der Fortpflanzungsfähigkeit und -aktivität,
- kognitiver Leistungen
- von Gedächtnisleistungen.

Warnung vor elektromagnetischem Feld (W5):

$S$: Strahlungsdichte
Es gilt allgemein:
$\vec{S} = \vec{E} \times \vec{H}$
Für $\vec{E} \perp \vec{H}$ gilt
$S = E \cdot H$

$$SAR = \frac{\text{absorbierte HF-Leistung}}{\text{Körpermasse}}$$

(Einheit in W/kg)

**Problematische Werte**:
über 0,08 W/kg bzw. über 2 W/m$^2$

## IT-Sicherheitsregeln

- PC in gesicherten Räumen unterbringen, ihn vor fremden Personen, Wasser, Feuer usw. schützen
- Kein PC-Zugang für fremde Personen
- Inhaltliche Arbeit von organisatorischer Arbeit trennen
- Keine Kundenbegegnung in sicherheitsrelevanten Räumen
- Regelmäßige Sicherung aller (relevanten) Daten
- Datensicherung z. B. nach dem Großvater-Vater-Sohn-Prinzip (3-Generationen-Prinzip)
- Sicherungskopien räumlich getrennt vom PC aufbewahren
- Datenträger vor mag. und elektrischen Feldern schützen
- Passwörter verwenden. Mindestens acht Zeichen einsetzen. Dabei auch Zahlen und Sonderzeichen verwenden
- Passwörter häufig modifizieren
- Passwörter, Kennungen usw. nicht einsehbar lagern, verstecken, sichern – eventuell verschlüsseln
- PC-Tastaturschloss einsetzen, Zugangscode einsetzen
- Datenträger regelmäßig mit Virenschutzprogrammen überprüfen
- Netz- und Datenleitungen prüfen
- EMV-Strahlung (Bildschirm) reduzieren
- WLAN-Betrieb durch Verschlüsselung sichern
- USB-Sticks verschlüsseln
- Gesicherte Datenübertragung im Internet nutzen
- Karteneingaben (PIN-Nummern usw.) verbergen/schützen

## Sicherheitsphilosophien

**Wertansatz**

Die Bedeutung legislativer Maßnahmen wird für die Definition von sicherheitstechnischen Verfahren und Abläufen betont. Der Erhalt der menschlichen Gesundheit wird zum Bezugspunkt der Sicherheitstechnik.

**Personaler Ansatz**

Die Verantwortung einzelner Menschen für eine nachvollziehbare und zugleich nicht manipulierbare Sicherheitstechnik wird betont. Das Verantwortungsbewusstsein des einzelnen Mitarbeiters ist zu stärken.

**Methodischer Ansatz**

Zur Ermittlung objektiver Sicherheitskriterien werden mathematische Modellierungen des Sicherheitsproblems vorgenommen. Eine genaue quantitative Risikoeinschätzung wird gefordert. Weiterhin müssen Instrumente auf der technischen Ebene eingesetzt wedren.

Im Kern beschreiben die Ansätze spezifische Sichten und Problemzugänge. Sie müssen verbunden beachtet werden. Grundsätzlich ist die Fehlerhaftigkeit der Technik und Nutzer zu sehen. Die Risikoabschätzung ist unabdingbar.

## Gefährdungen

Das BSI führt 47 elementare Gefährdungen auf (›BSI-Grundschutz‹):

- ›Höhere Gewalt‹; Eis; Erdbeben; Feuer; Frost; Gewitter (Blitze); Schmutz; Schnee; Überschwemmungen; Wasser …
- Klima; Verrottung; Strahlung …
- Ausfall der elektrischen Versorgung; Ressourcenmangel …
- Abhören; Anschlag; Beschädigungen; Betrug; Brandstiftungen; Diebstahl; Erpressung; Fälschungen; Manipulationen;
- Missbrauch; Nachlässigkeit; Nötigung; Sabotage; Veruntreuung; Zerstörung von Geräten und Datenträgern
- Unberechtigte Nutzung von Systemen und Daten
- Unberechtigte Nutzung (Missbrauch) von Berechtigungen …
- Veränderung von Geräten; Medien; Daten …
- Abstreiten von Handlungen …
- Fehlplanungen; Fehlfunktionen …

**Rahmenbedingungen des Datenschutzes**

1. Gesellschaftliche und rechtliche Vorgaben
2. Bauliche Gestaltungen
3. Konkrete betriebliche Organisation in der Datenverarbeitung
4. Einzelne informationsverarbeitende Anwendungen
5. Eingesetzte Betriebssoftware (Systeme und Datenübertragung)
6. Gerätetechnik (Hardware)

## Gesetze, Regelungen und Vorgaben im Bereich der ›Computerwelt‹

| | |
|---|---|
| BSI-Gesetz (BSIG) | Netzzugangsgesetz |
| BSI-Grundschutz | Patentrecht |
| Bundesdatenschutzgesetz | Produkthaftuingsgesetz |
| EU-DSGVO | Strafgesetz (StGB) |
| Gesetz über Fernmeldeanlagentechnik | Telekommunikationsgesetz (TKG) |
| ISO 27001 | Telemediengesetz (TMG) |
| Lizenzen | Urheberrecht |

## Grundlagen

- Die DSGVO gilt seit 25. Mai 2018 europaweit als Rechtsnorm unmittelbar. Sie regelt die Verarbeitung personenbezogener Daten durch private Unternehmen und öffentliche Stellen.
- Sie ist relevant für alle nationalen Gesetze und verankert den Persönlichkeitsschutz im europäischen Rechtsraum.
- Sie gilt strikt; jedoch gibt es auch Anpassungsmöglichkeiten über Öffnungsklauseln.
- Gemäß Art. 4 Nr. 1 der DSGVO sind personenbezogene Daten all jene »Informationen, die sich auf eine identifizierte oder identifizierbare natürliche Person (betroffene Person) beziehen«. Hierbei wird unter identifizierbar ein Vorgang verstanden, der direkt oder indirekt – zum Beispiel durch die Zuordnung zu Kennungen (Kartennummern …) – zur Bestimmung einer natürlichen Person führen kann.
- Unter »Verarbeitung« wird jeder Vorgang im Zusammenhang mit dem Umgang von Daten (Befragungen, Ermittlungen, Aufnahme, Anpassungen, Auswertungen, Analyse, Aufbereitung, Modifikation, Speicherung, Weitergabe, Löschung, Vernichtung …) verstanden.
- Gemäß Art. 4 Nr. 11 DSGVO müssen die Betroffenen dieser Verarbeitung durch eine unmissverständliche Willensbekundung zugestimmt haben. Dazu müssen sie in eindeutiger Art informiert worden sein. Die Willensbekundung kann durch eine Erklärung aber auch eindeutige Handlung erfolgen. Diese Einwilligung muss freiwillig erfolgen. Sie ist widerrufbar. (Die Freiwilligkeit setzt an sich alternative Handlungsmöglichkeiten voraus.
  Die gilt auch für arbeitsrechtliche Vorgaben (Home-Office-Gestaltungen, Videokonferenzen …). Art 7 Abs. 4 DSGVO definiert hierzu ein Kopplungsverbot. Der Online-Bereich gilt hierbei als besonders risikobehaftet.)
- Immaterielle Schäden sind immer auch Vertrauensschäden. Es gibt Anspruchsmöglichkeiten auf Schadenersatz.
- Gemäß DSGVO sind Bußgelder bis zu 20 Mio. € (bzw. 4 % des Jahresumsatzes) vorgesehen.

## Aufbau

- Kapitel 1: Allgemeine Bestimmungen (1 … 4)
- Kapitel 2: Grundsätze (5 … 11)
- Kapitel 3: Rechte betroffener Personen (12 … 23)
  Transparenz …
  Informationspflichten …
  Recht auf Auskunft …
  Berichtigung und Löschung …
  Widerspruchsrecht und autonome Entscheidungsfindung im Einzelfall …
  Beschränkungen
- Kapitel 4: Verantwortlicher u. Auftragsverarbeiter (24 … 43)
  Pflichten …
  Sicherheit der Daten …
  Folgeabschätzungen …
  Datenschutzbeauftragter …
  Verfahrensregelungen …
- Kapitel 5: Übermittlung personenbezogener Daten (44 … 50)
- Kapitel 6: Aufsichtsbehörden
- Kapitel 7: Zusammenarbeit und Kohärenz (60 … 76)
- Kapitel 8: Rechtsbehelfe, Haftung, Sanktionen (77 … 84)
- Kapitel 9: Besondere Verarbeitungssituationen (85 … 91)
- Kapitel 10: Rechtsakte … (92 …. 93)
- Kapitel 11: Schlussbestimmungen (94 … 99)

## Prinzipien

Prinzipien der Verarbeitung personenbezogener Daten (siehe DSGVO: Art. 5, Abs. 1)

- Rechtmäßigkeit
- Verarbeitung nach Treu und Glauben
- Transparenz
- Zweckbindung (festgelegte, eindeutige und rechtmäßige Zwecke)
- Datenminimierung
- Richtigkeit
- Begrenzte Speicherzeit

## Datenvermeidung und Datensparsamkeit

Es sind die Grundsätze zur Datenvermeidung und Datensparsamkeit anzuwenden, d. h. keine oder so wenig personenbezogene Daten wie möglich zu verwenden (u. a. Anonymisierung und Pseudonymisierung).

Die **grundlegenden Schutzziele** orientieren sich gemäß EU-DSGVO (und BSI) an den Kriterien:

- Belastbarkeit der Systeme und Dienste
- Integrität (Integrity)
- Verfügbarkeit (Availability)
- Vertraulichkeit (Confidendiality)

## Rechte der Betroffenen

Unabdingbare Rechte sind:

- Auskunftsrecht
- Recht auf Löschung (bzw. Sperrung) der Daten
- Beschwerderecht

Diese Rechte können weder durch Vertrag noch durch einseitige Erklärungen der Betroffenen ausgeschlossen werden.

## Rechte betroffener Personen (gemäß DSGVO: Art 1 – 23)

| Artikel | Thematik |
|---|---|
| 12 | Transparente Informationen … |
| 13 | Informationspflicht bei der Erhebung von personenbezogenen Daten |
| 14 | Informationspflicht bei der Erhebung von personenbezogenen Daten, wenn diese nicht bei den betroffenen Personen erhoben werden |
| 15 | Auskunftsrecht |
| 16 | Recht auf Berichtigung |
| 17 | Recht auf Löschung |
| 18 | Recht auf Einschränkung der Verarbeitung |
| 19 | Berichtigung, Löschung, Einschränkung: Mitteilungspflicht |
| 20 | Rechte auf Datenübertragbarkeit |
| 21 | Widerspruchsrecht |
| 22 | Automatische Entscheidung im Einzelfall einschließlich Profiling |
| 23 | Beschränkung der Rechte (Verhältnismäßigkeit in besonderen Fällen) |

## DSAnpUG-EU

Das **Bundesdatenschutzgesetz (BDSG)** wurde durch das Datenschutz-Anpassungs- und Umsetzungsgesetz EU (DSAnpUG-EU) an die DSGVO im Jahr 2017 angepasst.

# Bundesdatenschutzgesetz

Federal Data Protection Act

## Aufbau des BDSG

**Teil 1**: Gemeinsame Bestimmungen
**Teil 2**: Durchführungsbestimmungen für Verarbeitungen zu Zwecken gemäß Art. 2 der Verordnung EU 2016/679
**Teil 3**: Verarbeitungen für Verarbeitungen zu Zwecken Art. 1 Abs. 1 der Richtlinie EU 2016/680
**Teil 4**: Besondere Bestimmungen für Verarbeitungen

## Geschützte Daten

Dieses sind Daten, die persönliche oder sachliche Verhältnisse einer natürlichen Person beschreiben.

Die Person muss dazu nicht namentlich bekannt sein. Es ist z. B. die Telefonnummer, die E-Mail(-Adress) oder die IP-Adresse ausreichend.

Einen besonderen Schutz gibt es für spezielle Daten (z. B. ethnische Daten, Gewerkschaftszugehörigkeit), die einer sogenannten Vorabkontrolle unterliegen.

Der Umgang mit diesen Daten ist **vorab** durch den Datenschutzbeauftragten zu prüfen und eine ausdrückliche Einwilligung des bzw. der Betroffenen erforderlich.

## Betriebliche Datenschutzbeauftragte (BDSG)

Gemäß § 38 BDSG sind Datenschutzbeauftragte in Unternehmen zwingend zu bestimmen, wenn zumindest 20 Personen dauerhaft mit der autonomen Datenverarbeitung personenbezogener Daten befasst sind.

Der Datenschutzbeauftragte und eventuelle Stellvertreter sind schriftlich zu bestellen. Sie unterliegen dem Schweigegebot (Schweigerecht und Schweigepflicht).

Die Aufgaben des (der) Datenschutzbeauftragten sind u. a. die Überwachung auf Einhaltung des BDSGs, des TKGs, die ordnungsgemäße Anwendung von Datenverarbeitungsprogrammen und die Durchführung von Schulungsmaßnahmen.

Der (die) Datenschutzbeauftragte ist eine Person, die u. a. die zur Erfüllung ihrer Aufgaben erforderliche Fachkunde und Zuverlässigkeit besitzt und **weisungsfrei** ist.

## 14 Gebote des Datenschutzes (BDSG)

**Zugangskontrolle**
Verwehrung des Zugangs

**Datenträgerkontrolle**
Verhinderung des unbefugten Zugriffs (Lesen, Kopieren, Modifizieren, Löschen) auf Datenträger

**Speicherkontrolle**
Verhinderung der unbefugten Dateneingabe etc.

**Benutzerkontrolle**
Verhinderung der unbefugten Datenübertragung

**Zugriffskontrolle**
Zugang nur für berechtigte Personen

**Übertragungskontrolle**
Gewährleistung, dass erkannt werden kann, an welchen Stellen personenbezogenen Daten übertragen wurden

**Eingabekontrolle**
Nachträgliche Kontrollmöglichkeit, wer was wann eingegeben hat

**Transportkontrolle**
Gewährleistung der Vertraulichkeit und Integrität bei der Datenübertragung bzw. beim Transport der Datenträger

**Wiederherstellbarkeit**
Wiederherstellbarkeit der Systeme im Falle einer Störung

**Zuverlässigkeit**
Einsetzbarkeit aller Funktionen

**Datenintegrität**
Unbeinflussbarkeit der personenbezogenen Daten im Rahmen von Systembeschädigungen

**Auftragskontrolle**
Verarbeitung von Daten nur gemäß Weisungen des Auftraggebers

**Verfügbarkeitskontrolle**
Schutz vor Datenverlust bzw. -zerstörung

**Trennbarkeit**
gesonderte Verarbeitung von Daten gemäß der jeweiligen Zwecke

# Sicherheitsmaßnahmen

Security Measures

## Sicherheitsphasen (gemäß BSI)

1: Initiierung eines Prozesses zur Sicherheitsgestaltung
2: Leitlinienerstellung
3: Organisation des Sicherheitsprozesses
4: (Konkrete) Erstellung eines Sicherheitskonzeptes
5: Umsetzungen
6: Fortführung, Evaluierung und Verbesserungen

Hierbei besteht die Notwendigkeit, sicherheitsrelevante Systeme, Prozesse und Verfahren, Anforderungen und Verfahrensbeteiligte (Verantwortliche) zu identifizieren und zu berücksichtigen.

Ausgehend von den Vorgaben der Leitungsebene müssen IT-Sicherheitsbeauftragte bestellt werden. Diese dürfen nicht mit den Datenschutzbeauftragten identisch sein.

## Checklisten nach TOM

**TOM**: **T**echnisch-**o**rganisatorische **M**aßnahmen

- Zutrittskontrolle – Gebäude, Systeme
- Zugangskontrolle – IT-Systeme
- Zugriffskontrolle (Berechtigungen, …)
- Weitergabekontrolle; Eingabekontrolle (Protokolle Log-Dateien)
- Auftragskontrolle; Kontrolle der Verfügbarkeit
- Trennungen (Funktionstrennungen, …)
- Überprüfung der Wirksamkeit der Maßnahmen
- Informationspflichten; Vertraulichkeit
- Verzeichnis der Verarbeitungen

Der Stand der Technik und die Kosten Einrichtung sind zu beachten.

Das **BSI-Gesetz** und weiterhin die Vorgaben der **ISO 27001** sind relevant.

## Funktion und Aufgabe

- Das **BSI** (**B**undesamt für **S**icherheit in der **I**nformationstechnik) entwickelt Vorgehensweisen zum Identifizieren und Umsetzen von Sicherheit in der Informationstechnik.
- Um die damit verbundenen Ziele zu erreichen, sind im **IT-Grundschutz-Kompendium** (2. Edition Februar 2019) technische Sicherheitsmaßnahmen, infrastrukturelle, organisatorische und personelle Schutzmaßnahmen dargestellt.
- **Anwendungsweisen** beim IT-Grundschutz:
  - Informationssicherheit
  - Strukturanalyse
  - Schutzbedarfsfeststellung
  - Modellierung
  - IT-Grundschutz-Check
  - Weiterführende Sicherheitsmaßnahmen
  - Umsetzung von Sicherheitskonzepten
  - Sicherheitsrevision
  - Zertifizierung nach ISO 27001 auf Basis von IT-Grundschutz
  - Dokumentation des Sicherheitsprozesses

## BSI-Standards zur Informationssicherheit

Okt. 2017, V 1.0

- Die BSI-Standards sind ein elementarer Bestandteil der IT-Grundschutz-Methodik.
- Sie enthalten Empfehlungen zu Methoden, Prozessen und Verfahren sowie Vorgehensweisen und Maßnahmen zu unterschiedlichen Aspekten der Informationssicherheit.

**BSI-Standard 200-1**
Management für Informationssicherheit
(**ISMS**: Information **S**ecurity **M**anagement **S**ystem)

Informationssicherheit hat das Ziel, Informationen jeglicher Art und Herkunft zu schützen.

**BSI-Standard 200-2**
IT-Grundschutz-Methodik

Es wird Schritt für Schritt beschrieben, wie ein Managementsystem für Informationssicherheit in der Praxis aufgebaut und betrieben werden kann.

**BSI-Standard 200-3**
Risikoanalyse auf der Basis vom IT-Grundschutz

Der Standard beschreibt, wie aufbauend auf der IT-Grundschutz-Vorgehensweise eine vereinfachte Analyse vonRisiken für die Informationsverarbeitung durchgeführtwerden kann.

**BSI-Standard 200-4**
Notfallmanagement

Es wird eine Methodik zur Etablierung und Aufrechterhaltung eines behörden- bzw. unternehmensweiten Notfallmanagements erläutert.

## Phasen des Sicherheitsprozesses

BSI-Standard 200-2

**Initiierung des Sicherheitsprozesses**
- Übernahme der Verantwortung durch die Leitungsebene
- Konzeption und Planung des Sicherheitsprozesses
- Bereitstellung von finanziellen und zeitlichen Ressourcen
- Entscheidung für eine Vorgehensweise

⇓

Erstellung der Leitlinie zur Informationssicherheit

⇓

Organisation des Sicherheitsprozesses

⇓

Erstellung einer Sicherheitskonzeption

⇓

Umsetzung der Sicherheitskonzeption

⇓

Aufrechterhaltung und Verbesserung
- Fortentwicklung des ISMS
- Erweiterung der gewählten Vorgehensweise

(Rückführung zu: Erstellung einer Sicherheitskonzeption)

## Bausteine in einer Sicherheitskonzeption

**Bausteine**

| Baustein | | Zuständigkeit |
|---|---|---|
| Übergeordnete Aspekte der IT-Sicherheit | ⇒ | Management |
| **Sicherheit …** | | |
| der Infrastruktur | ⇒ | Haustechnik |
| der IT-Systeme | ⇒ | Administratoren und IT-Nutzer |
| im Netz | ⇒ | Netz- und Systemadministratoren |
| in Anwendungen | ⇒ | IT-Anwendungsverantwortliche |

## Spektrum an Gefährdungen

- Höhere Gewalt
- Organisatorische Mängel
- Menschliche Fehlhandlungen
- Technisches Versagen
- Vorsätzliche Handlungen

# IT-Sicherheitsverfahren
## IT Security Procedures

### Merkmale

- IT-Sicherheitsverfahren sind immer verbunden mit der IT-Sicherheit.
- Norm: **DIN EN ISO/IEC 27001**; Informationstechnik – Sicherheitsverfahren – Informationssicherheitsmanagementsysteme – Anforderungen
  Themen (Auswahl):
  - Beurteilung und Behandlung von Informationssicherheitsrisiken
  - Auswahl geeigneter Sicherheitsmechanismen zum Schutz sämtlicher Werte (Assets) in den Wertschöpfungsketten
  - Kriterien und Voraussetzungen für eine Zertifizierung

### Beziehungen in der ISO/IEC 27000-Reihe

Beispiel

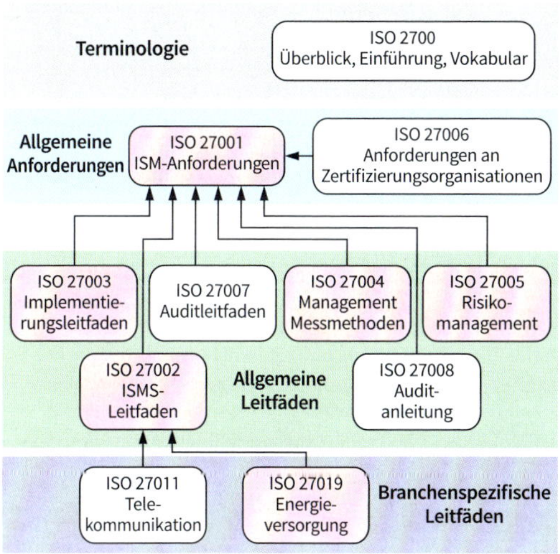


### Unterstützende Normen

Die Titel sind hier teilweise als Kurzfassung angegeben.

- ISO/IEC 27010: Informationssicherheitsmanagement für sektor- und organisationsübergreifende Kommunikation (2015)
- ISO/IEC 27013: Leitfaden für die integrierte Implementierung von ISO/IEC 27001 und ISO/IEC 20000-1 (2012)
- ISO/IEC 27014: IT-Sicherheitsverfahren – Governance von Informationssicherheit (2013)
- ISO/IEC 27015: IT-Sicherheitsverfahren – Informationssicherheitsmanagement-Leitlinie für Financial Services (2012)
- ISO/IEC 27017: Code of practice for information security controls based on ISO/IEC 27002 for cloud services (2015)
- ISO/IEC 27018: Leitfaden zum Schutz personenbezogener Daten (PII) in öffentlichen Cloud-Diensten als Auftragsdatenverarbeitung (2017)
- ISO/IEC 27019: Sicherheitsverfahren – Informationssicherheitsmaßnahmen für die Energieversorgung (2018)
- ISO/IEC 27031: Leitfaden für die Bereitschaft von Informations- und Kommunikationstechnologien für Business Continuity (2011)
- ISO/IEC 27032: IT-Sicherheitsverfahren – Leitfaden für Cybersicherheit (2012)
- ISO/ICE 27033: IT-Sicherheitsverfahren – Netzwerksicherheit (2015)
- ISO/ICE 27034: Sicherheit von Anwendungen (2011)
- ISO/IEC 27035: Grundlagen des Störfallmanagements (2016)
- ISO/IEC 27036: Informationssicherheit für Zulieferbeziehungen (2014)
- ISO/IEC 27037: Leitfaden für die Identifikation, Mitnahme, Sicherung und Erhaltung digitaler Beweismittel (2012)

### Qualitätsbeurteilungsaspekte in Unternehmen

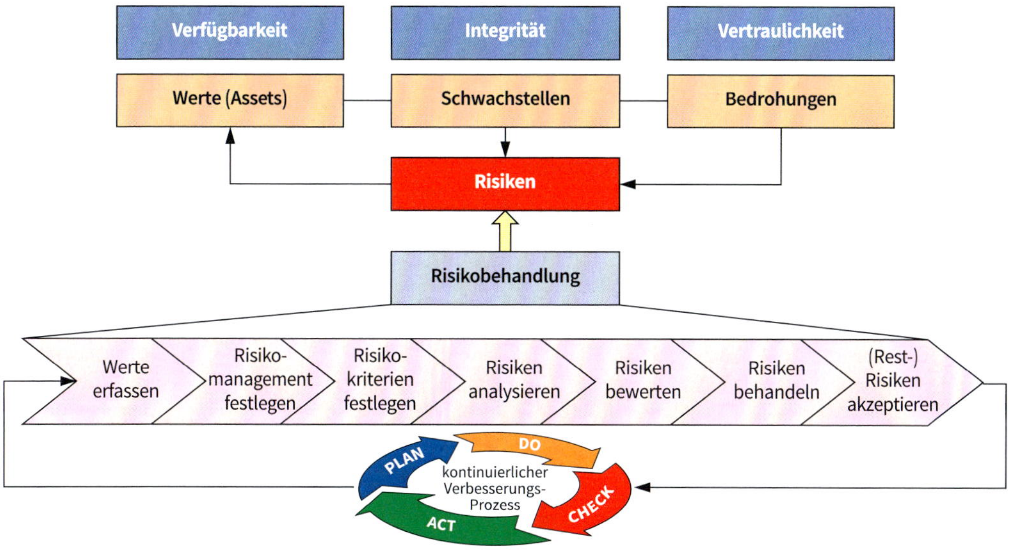

- Auf nationaler und europäischer Ebene arbeiten verschiedene Behörden, Institute und Vereine, außerdem Hochschulen und Forschungseinrichtungen zu Aspekten der IT-Cybersicherheit.

| | |
|---|---|
| AA | Auswärtiges Amt |
| BAAINBw | Bundesamt für Ausrüstung, Informationstechnik und Nutzung der Bundeswehr |
| BAMAD | Bundesamt für den Militärischen Abschirmdienst |
| BfDI | Bundesbeauftragte für den Datenschutz und die Informationsfreiheit |
| BKAmt | Bundeskanzleramt |
| BMJV | Bundesministerium der Justiz und für Verbraucherschutz |
| BMVI | Bundesministerium für Verkehr und digitale Infrastruktur |
| BNetzA | Bundesnetzagentur für Elektrizität, Gas, Telekommunikation, Post und Eisenbahnen |
| Bw | Bundeswehr |
| CCCN | European Cybersecurity Industrial, Technology and Research Competence Centre |
| CERT-EU | Computer Emergency Response Team der Europäischen Kommission |
| CIH | Cyber Innovation Hub |
| Cloud UniBw | Universität der Bundeswehr München |
| CODE | Forschungsinstitut Cyber Defence |
| CSIRTs | Netzwerk Computer Security Incident Response Teams Netzwerk |
| DIIS | Deitsches Institut für Internet Sicherheit/Deutsches Institut für Cyber-Sicherheit |
| EAD | Europäischer Auswärtiger Dienst |
| ECSO | European Cyber Security Organisation |
| EC3 | European Cybercrime Center |
| EJCN | European Judicial Cybercrime Network |
| ENISA | Agentur der Europäischen Union für Netz- und Informationssicherheit |
| EUMS INT | Intelligence Directorate des EU-Militärstabs |
| Eurojust | Europäische Gruppe für die Cybersicherheitszertifizierung |
| FITKO | Föderale IT-Kooperation |
| GD DIGIT | Generaldirektion Informatik |
| GD HOME | Generaldirektion Migration und Inneres |
| GMLZ | Gemeinsames Melde- und Lagezentrum |
| INTCEN | Zentrum für Informationsgewinnung u. -analyse |
| ITSMIG | IT Security made in Germany |
| ITZBund | Informationstechnikzentrum Bund |
| KdoITBw | Kommando Informationstechnik |
| Komp. u. For. zentren für IT-Sicherheit | Kompetenz- und Forschungszentrum für IT-Sicherheit (CISPA, ATHENE, KASTEL) |
| NCAZ Cyber-AZ | Nationales Cyber-Abwehrzentrum |
| PESCO | Ständige Strukturierte Zusammenarbeit |
| SprinD | Agentur für Sprunginnovationen |
| SOG-IS | Senior Officials Group Information Systems Security |
| Trusted Cloud | Kompetenznetzwerk Trusted Cloud |
| ZAC | Zentrale Anspechstellen Cybercrime der Polizeien der Länder und des Bundes für Wirtschaft |
| ZKA | Zollkriminalamt |

- Bedeutsam sind weiterhin militärische, polizeiliche und nachrichtentechnische Ämter für die Gefahrenaufklärung und -abwehr.
- Nachfolgend werden einige Akteure aufgeführt:

| | |
|---|---|
| AfCS/ACS | Allianz für Cyber-Sicherheit |
| BaFin | Bundesanstalt für Finanzdienstleistungsaufsicht |
| BAKS | Bundesakademie für Sicherheitspolitik |
| BBK | Bundesamt für Bevölkerungsschutz und Katastrophenhilfe |
| BfV | Bundesamt für Verfassungsschutz |
| BKA | Bundeskriminalamt |
| BMBF | Bundesministerium für Bildung und Forschung |
| BMVg | Bundesministerium der Verteidigung |
| BND | Bundesnachrichtendienst |
| BPol | Bundespolizei |
| BSI | Bundesamt für Sicherheit in der Informationstechnik |
| BWI | Bundesweite IT-Systemhaus GmbH |
| CEPOL | Europäische Polizeiakademie |
| CERT-Bund | Computer Emergency Response Team des Bundes (CERT-Bund) und Bürger-CERT |
| CERT-Verbund | Verbund von Computer Emergency Response Teams |
| cPPP | Contractual Public Private Partnership on Cybersecurity |
| Cyber-agentur | Agentur für Innovation in der Cybersicherheit |
| Cyber-SR | Cyber-Sicherheitsrat |
| DsiN | Deutschland sicher im Netz e.V. |
| ECCC | Europäisches Kompetenzzentrum für Cybersicherheit |
| ECTEG | European Cybercrime Training and Education Group |
| EGC group | European Government CERTs group |
| EJTN | European Judicial Training Network |
| ERCC | Zentrum für die Koordination von Notfallmaßnahmen |
| EUCTF | European Union Cybercrime Task Force |
| eu-LISA | Europäische Agentur für das Betriebsmanagement von IT-Großsystemen im Bereich Freiheit, Sicherheit und Recht |
| EVA | Europäische Verteidigungsagentur |
| GD CONNECT | Generaldirektion Kommunikationsnetze, Inhalte und Technologien |
| GIZ | Gesellschaft für Internationale Zusammenarbeit |
| G4C | German Competence Centre against Cyber Crime e.V. |
| ISG C3M | Inter-Service Group Community Capacity in Crisis-Management |
| KdoCIR | Kommando Cyber- und Informationsraum |
| KdoStratAufkl | Kommando Strategische Aufklärung |
| LZ | Nationales IT-Lagezentrum |
| MeliCERTes | Nationaler Pakt Cybersicherheit |
| NIS Platform | NIS Public-Private Platform |
| SKI-Kontakt-gruppe | Kontaktgruppe zum Schutz kritischer Infrastrukturen |
| UP KRITIS | Umsetzungsplan Kritische Infrastrukturen |
| ZCB | Zentralstelle Cybercrime |
| ZITiS | Zentrale Stelle für Informationstechnik im Sicherheitsbereich |

### Einordnung und Begriff

- Datenintegrität ist Bestandteil der **Informationssicherheit** nach DIN EN ISO/IEC 27001-2017-06 (Informationstechnik – Sicherheitsverfahren – Informationssicherheitsmanagementsysteme – Anforderungen)

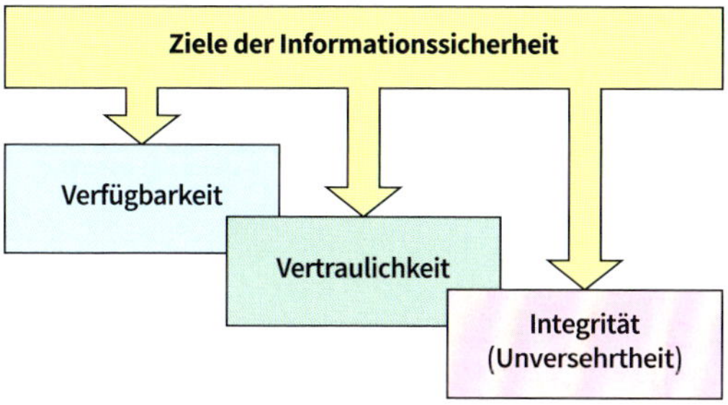


- Datenintegrität besteht dann, wenn Daten korrekt und nicht modifiziert sind, unvermeidliche Veränderungen erkannt und zeitliche Bedingungen beim Datenaustausch eingehalten werden.

### Bedingungen für eine Datenintegrität

- Die Sachverhalte werden unverändert abgebildet.
- Nach einem Datenaustausch besitzen die Daten den gleichen Zustand wie vorher.
- Es können unvermeidliche Veränderungen an Daten auftreten. Diese sollten vom Anwender (System) erkannt werden.
- Die zeitlichen Abläufe beim Datenaustausch müssen eingehalten werden (z. B. Reihenfolge von Datenpaketen, festgelegte Verzögerungszeit).

### Maßnahmen zur Einhaltung von Datenintegrität

- Regelmäßiges Protokollieren der **Hashwerte** von Dateien, meist in einer fortlaufenden Log-Datei mit Zeitstempeln und den dazugehörigen Hashwerten.
- Erzeugung von **Zeitstempeln**. Dabei wird ein Ereignis zu vertraulichen Dateien einem eindeutigen Zeitpunkt zugeordnet.
- Digitale Signaturen (elektronische Unterschriften).

### Hashfunktion (Streuwertfunktion)

- Begriff: to hash = zerhacken
- Mit der Hashfunktion wird eine beliebige Datenmenge (Eingabemenge) auf eine kleine Datenmenge (Zielmenge, Hash- oder Streuwert) fester Größe abgebildet. Die Eingabemenge der Daten wird also erheblich reduziert (z. B. auf 32 Zeichen) und „verstreut". Verwendet wird dazu ein Hash-Algorithmus. Gängige Hashfunktionen sind SHA-2 und MD5.
- Hashwerte sind gewissermaßen „Fingerabdrücke" einer bestimmten Datenmenge.
- Hashfunktionen werden auch in Datenbankmanagementsystemen verwendet, um Daten in großen Datenbeständen mit Hashtabellen zu suchen.

### Beispiele für Hashwerte

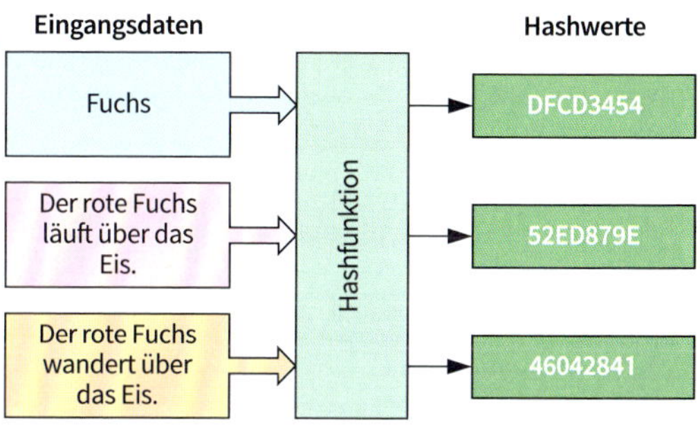


### Digitale Zeitstempel (Timestamping)

- Ein digitaler Zeitstempel ist eine vertrauenswürdige Angabe von Datum und Uhrzeit.
- Er ist eine mit einer digitalen Signatur versehene digitale Bescheinigung einer Zertifizierungsstelle ①, dass ihr bestimmte digitale Daten zu einem bestimmten Zeitpunkt vorgelegen haben (s. VDG).
- Das **Vertrauensdienstgesetz** (**VDG**, 18. Juli 2017) hat das Signaturgesetz (SiG) abgelöst. Es unterscheidet zwischen qualifizierter elektronischer Signatur (für natürliche Personen) und qualifizierten elektronischen Siegeln (für juristische Personen).

### Ablauf einer Zeitstempelsignatur

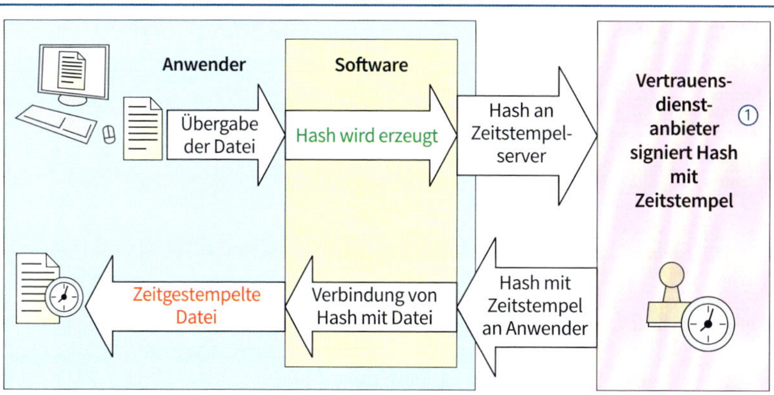


- Eine Zeitstempelsignatur ist ein elektronisches Zertifikat, das wie eine notarielle Hinterlegung vor Gericht bestand hat.
- Der Zeitstempel bestätigt die Unverfälschtheit des digitalen Inhaltes sowie die Echtheit des Urhebers.

# Digitale Signatur
## Digital Signature

### Merkmale

- Die digitale Signatur (gewissermaßen eine Unterschrift) ist eine spezielle Umsetzung einer elektronischen Signatur.
- Anstatt von Stift und Papier verwendet man mathematische Algorithmen und Verschlüsselungstechniken, um die Authentizität eines Dokuments, einer Datei oder Software zu signieren und zu validieren.
- Es handelt sich dabei um eine elektronische Lösung, die gewährleistet, dass die Identität des Unterzeichners und der Inhalt eines Dokuments gültig sind.
- Der Begriff **elektronische Signatur** ist ein Rechtsbegriff und deshalb von dem Begriff digitale Signatur zu unterscheiden.
- Digitale Signaturen beinhalten öffentliche und private Schlüssel.

### eIDAS-Durchführungsverordnung

- eIDAS: „Verordnung über elektronische Identifizierung und Vertrauensdienste für elektronische Transaktionen im Binnenmarkt" der Europäischen Union
- Vertrauensdienste nach eIDAS sind:

**Vertrauensdienste**

- Erstellung von Zertifikaten für fortgeschrittene und qualifizierte **Signaturen**
- Erstellung von Zertifikaten für fortgeschrittene und qualifizierte **Siegel**
- Fortgeschrittene und qualifizierte **Zeittempel**
- Prüf- und Bewahrungsdienste
- Elektronische Dokumente
- Elektronische Einschreib-Zustelldienste
- Qualifizierte Website-Zertifikate (https://)

### Algorithmen (Beispiele)

| Hash-Funktionen | Schlüssellänge in Bit |
|---|---|
| SHA-256 | 256 |
| SHA-384 | 384 |
| SHA-512 | 512 |
| **Signaturverfahren** | **Schlüssellänge** |
| RSA | 1976 (mindestens)<br>2048 (empfohlen) |
| DSA | 2048 (Parameter *p*)<br>256 (Parameter *q*) |

- **SHA**: **S**ecure **H**ash **A**lgorithm (Sichere Hash-Algorithmus)
- **RSA**: **R**ivest, **S**hamir, **A**dleman Algorithm
- **DSA**: **D**igital **S**ignature **A**lgorithm (Digitaler Signatur- Algorithmus)

### Signaturerstellung

- Basis der digitalen Signatur ist ein asymmetrisches Kryptografieverfahren. Dazu wird von dem Unterzeichner (Signatar) ein weltweit einmaliges Schlüsselpaar erzeugt.
- Einer der Schlüssel (Signierschlüssel) bleibt geheim ① (**Private Key**: Privater Schlüssel) und ist der erstellenden Person (Signatar) zweifelsfrei zugeordnet. Er dient zur Erzeugung der Signatur.
- Der zweite Schlüssel (Verifikationsschlüssel) ist öffentlich (**Public Key**: öffentlicher Schlüssel) und dient zur Überprüfung der Richtigkeit des Dokuments.

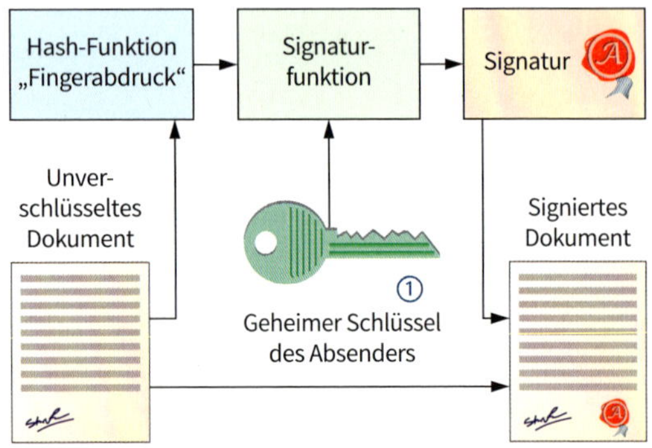


### Signaturprüfung

- Aus dem Inhalt des Originaldokuments wird mit einer Hash-Funktion (z. B. SHA-256) ein „Fingerabdruck" ② erzeugt und mit dem privaten Schlüssel (z. B. RSA) verschlüsselt.
- Mit der Hashfunktion wird eine große Datenmenge auf eine kleine Datenmenge abgebildet. Die Eingabemenge kann Elemente unterschiedlicher Längen enthalten, die Elemente der Zielmenge haben in der Regel feste Längen
- Die Hashwerte sind meist skalare Werte, die aus einer begrenzten Teilmenge der natürlichen Zahlen stammen.
- Die digitale Signatur ③ wird zusammen mit dem unverschlüsselten Dokument an den Empfänger übertragen.

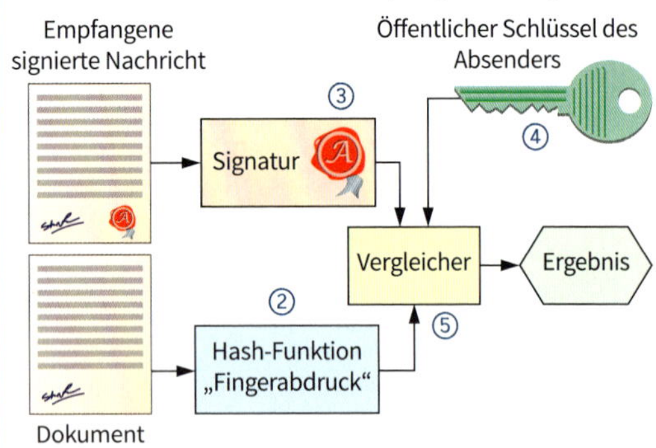


- Bei der Signaturprüfung wird die Signatur mit dem öffentlichen Schlüssel ④ des Absenders entschlüsselt und ein Hash-Wert erzeugt.
- Dieser wird mit dem empfangenen und entschlüsselten Hash-Wert verglichen ⑤. Bei Übereinstimmung ist das Dokument unverfälscht.

# Digitales Zertifikat
## Digital Certificate

### Merkmale

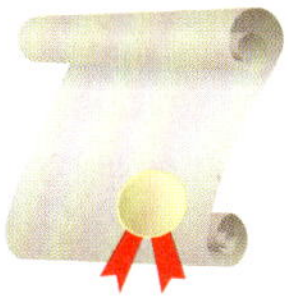

- Ein digitales Zertifikat ist ein Datensatz mit einer elektronischen Ausweisfunktion, in dem bestimmte Eigenschaften von Personen oder Objekten (z. B Computer, Softwareprogramme) bestätigt werden. Die Authentizität und Integrität lässt sich auf diese Weise überprüfen (**Echtheitsnachweis**).
- Digitale Zertifikate werden von vertrauenswürdigen Organisationen herausgegeben. Sie können zeitlich begrenzt und widerrufen werden.
- Bestandteil eines digitalen Zertifikats ist ein **Schlüsselpaar** (Public- und Private-Key), das dem Zertifikatsinhaber durch eine **Zertifizierungsstelle** (**CA**: **C**ertification **A**uthority) zugeordnet wird.
- Verbreitet sind **Public-Key-Zertifikate**, die nach dem **X.509-Standard** arbeiten.

### Zertifizierungsstellen

- Zertifizierungsstellen sind unabhängige Organisationen, die sich als zuverlässiges Organ für sichere Schlüssel etabliert haben.
- Sie stellen die erforderlichen digitalen Zertifikate bereit.
- Sowohl der Absender eines Dokuments als auch der Empfänger müssen eine bestimmte Zertifizierungsstelle nutzen.
- Die Zertifizierungsstelle ist der Garant für die korrekte Übertragung.
- Beispiele: DocuSign, VeriSign, TeleSec, SignTrust

### Rechtlicher Rahmen

- **V**ertrauens**d**ienst**g**esetz (**VDG**)
- Verordnung über elektronische Identifizierung und Vertrauensdienste für elektronische Transaktionen im Binnenmarkt der Europäischen Union (**eIDAS-Durchführungsverordnung**).
  Seit dem 01.07.2016 können in allen EU-Mitgliedsstaaten Vertrauensdienste nach dieser Verordnung angeboten werden.

### Public-Key-Verfahren

- Bei diesem Verfahren wird ein öffentlicher und privater Schlüssel eingesetzt. Wenn eine verschlüsselte Nachricht versendet wird, muss die Nachricht mit dem öffentlichen Schlüssel des Empfängers verschlüsselt werden.
- Informationen sind dabei:
  - Eindeutige Bezeichnung (z. B. Name) des Zertifikat-Ausstellers
  - Regeln und Verfahren der Zertifikatausgabe
  - Gültigkeitsdauer
  - Öffentlicher Schlüssel
  - Eindeutige Bezeichnung (z. B. Name) des Eigentümers des öffentlichen Schlüssels
  - Zusätzliche Angaben zum Eigentümer des öffentlichen Schlüssels
  - Anwendungs- und Geltungsbereich des öffentlichen Schlüssels
  - Digitale Signatur des Ausstellers

### X.509

- Es handelt sich um einen Standard für eine Public-Key-Infrastruktur zum Erstellen digitaler Zertifikate und ist eine ITU-Empfehlung (**ITU**: **I**nternational **T**elecommunication **U**nion)
- Webbrowser enthalten eine vorkonfigurierte Liste vertrauenswürdiger Zertifizierungsstellen, deren X.509-Zertifikaten der Browser vertraut.
- Anwendungen
  - bei TLS-Versionen von Übertragungsprotokollen (z. B. beim Abruf von Web-Seiten mit HTTPS) und
  - beim Unterschreiben und Verschlüsseln von E-Mails (S/MIME-Standard).
- Wichtige Inhalte der aktuellen Version 3 sind:
  - Versions- und Seriennummer
  - Die für die Erstellung verwendeten Algorithmen.
  - Name des Ausstellers sowie Inhabers
  - Gültigkeit von ... bis
  - Schlüsselinformationen des Zertifikatinhabers (Public-Key-Algorithmus, Public Key des Zertifikatinhabers)
  - Optional: Eindeutige ID des Ausstellers, des Inhabers
- Dateierweiterungen sind: .CER; .CRT; .CSR; DER; .P12; .P7B; P7C; .PEM; .PFX

### Anwendungen von X.509

- Verschlüsselte Verbindungen zwischen einem Webbrower und einem Webserver per **HTTPS** (**H**yper**t**ext **T**ransfer **P**rotocol **S**ecure)
- Sicherheit in Netzwerkprotokollen (z. B. IPsec oder SSH)
- Verschlüsselung und Signierung von E-Mails
- Schutz von E-Mails (z. B. mit S/MIME oder PGP)
- Signierung von digitalen Dokumenten (digitale Signatur)
- Signierung von Software und Updates
- Aufbau von **VPN**-Verbindungen (**V**irtual **P**rivate **N**etwork)
- Authentisierung und Zugriffskontrolle bei Chipkarten.

### SSL/TLS Zertifikat

- **TLS** (**T**ransport **L**ayer **S**ecurity) ist Nachfolger von **SSL** (**S**ecure **S**ockets **L**ayer)
- Ein SSL/TLS Zertifikat ist ein digitales X.509-Zertifikat, mit dem eine Website über das HTTPS-Protokoll gesichert wird.
- Es enthält Regeln, die vom Client und von Servern befolgt werden, wenn ein Client eine mit HTTPS gesicherte Website besucht.
- Bevor Client und Server aber eine sichere Kommunikation aufnehmen, müssen sie einen TLS-Handshake vornehmen. Das Ergebnis ist ein sicherer symmetrischer Sitzungsschlüssel, mit dem eine verschlüsselte Datenübertragung zwischen Server und Client möglich wird.
- Während des TLS-Handshakes sucht der Webbrowser automatisch auf der HTTPS-Website nach einem digitalen Zertifikat.

## Funktion

- Beim Austausch von Daten zwischen Computern bzw. Prozessen – die in einem Netzwerk verbunden sind – werden Protokolle eingesetzt. Aus Sicherheitsgründen ist die Datenübertragung verschlüsselt. Dabei wird im Prinzip ein Klartext in Abhängigkeit eines Schlüssels (digitaler Code) in einen Geheimtext umgewandelt.
- Das Verschlüsselungsprotokoll besteht in der Regel aus einem Schlüsselaustauschprotokoll mit einem symmetrischen Verfahren.
- Auf diese Weise wird Vertraulichkeit und Datenintegrität der übertragenen Nachrichten erreicht.

## Algorithmen

- In Verschlüsselungsprotokollen werden Algorithmen eingesetzt. Es handelt sich um Verfahren, mit denen durch Rechenvorgänge schrittweise eine Umformung von Zeichenreihen nach einem bestimmten Schema erfolgt.
- Beispiele

| Funktion | Algorithmus |
|---|---|
| Erzeugen einer Prüfsumme über den Text (Fingerprint) | ▪ **SHA** (**S**ecure **H**ash **A**lgorithm: Sicherer Hash Algorithmus) oder<br>▪ **MD5** (**M**essage **D**igest **5**: Nachrichten Extrakt) |
| Verschlüsselung der Nachricht | ▪ **CAST** (**C**arlisle **A**dams and **S**tafford **T**ravares),<br>▪ **3DES** (Triple **D**ata **E**ncryption **S**tandard: Dreifach Datenverschlüsselungs-Standard)<br>▪ **IDEA** (**I**nternational **D**ata **E**ncryption **A**lgorithm: Internationaler Datenverschlüsselungs-Standard) |
| Schlüsselaustausch und digitale Signatur | ▪ **RSA** (**R**ivest, **S**hamir, **A**dleman),<br>▪ **DSS**/Diffie-Hellman (**D**igital **S**ignature **S**tandard: Digitaler Signatur Standard) |

## Protokolle

- **AS1** (**A**pplicability **S**tatement 1)
  - Datentransport per E-Mail unter Ausnutzung des SMTP-Protokolls (mit Empfangsquittierung)
  - RFC 3335
  - Verwendet für **EDI**-Nachrichten (**E**lectronic **D**ata **I**nterchange) zwischen Unternehmen oder für Normierungsvorschläge von Branchenverbänden
- **AS2** (**A**pplicability **S**tatement 2)
  - Nachrichtentransport über das Internet, speziell für E-Commerce
  - Im Prinzip wird ein „Umschlag" für eine Nachricht versendet.
  - RFC 4131
- **AS3** (**A**pplicability **S**tatement 3)
  - Datentransport über **FTP** (**Fi**le **T**ransfer **P**rotocol)
  - RFC 4823
- **DTLS** (**D**atagram **T**ransport **L**ayer **S**ecurity)
  - Basiert auf **TLS** (**T**ransport **L**ayer **S**ecurity), auch für **UDP**-Übertragung (**U**ser **D**atagram **P**rotocol)
  - RFC 6347, 6347
- **DNSCurve**
  - Sichere Auflösung von Domain-Namen in IP-Adressen
  - Transport: UDP, TCP

## Protokolle

- **ECP** (**E**ncryption **C**ontrol **P**rotocol)
  - Netzwerkprotokoll für eine Punkt-zu-Punkt-Verbindung, PPP (Point-to Point Protocol)
  - Algorithmus: 3DES
  - RFC 2153, 1968, 1969, 2419, 2420
- **HTTPS** (**H**yper-**T**ext **T**ransfer **P**rotocol **S**ecure)
  - Transportprotokoll, Erweiterung von http, Kommunikationsprotokoll im WWW
  - Algorithmen: RSA, Kerberos, DES, IDEA, DES2, 3DES
- **IPSec** (**IP Sec**urity Protocol)
  - Standard für Authentifizierung, Integrität und Vertraulichkeit auf der IP-Ebene
  - Arbeitet direkt auf der Vermittlungsschicht
  - RFC 4301
  - Algorithmen: RSA, DH, MD5, DES, 3DES, SHA1
- **MLS** (**M**essaging **L**ayer **S**ecurity)
  - Sicherheitsschicht für die Ende-zu-Ende-Verschlüsselung von Nachrichten in kleinen und großen Gruppen
- **MPPE** (**M**icrosoft **P**oint-To-**P**oint **E**ncryption)
  - Netzwerkprotokoll, Point-to-Point Protokoll
  - RFC 3078
  - Verschlüsselung: RC4, RSA Security
  - RC4: Zeichen des Klartextes werden mit den Zeichen eines Schlüsselstroms einzeln verknüpft (Stromverschlüsselung).
- **OCSP** (**O**nline **C**ertificate **S**tatus **P**rotocol)
  - Funktion: Zertifikatsstatusabfrage-Erweiterung
  - Ermöglicht dem Zertifizierten, die Aufgabe der Zertifikatsvalidierung zu übernehmen
  - RFC 6066, 6971
- **PEM** (**P**rivacy **E**nhanced **M**ail)
  - Konzept für Sicherheitsdienste (Vertraulichkeit, authentischer Datenursprung, Herkunftsbeweis) für E-Mails.
  - Benutzer von PEM müssen jede Nachricht unterschreiben (elektronische Signatur)
  - Beschränkung auf ASCII.
  - RFC 7468
- **SET** (**S**ecure **E**lectronic **T**ransaction)
  - Sicherheitsprotokoll für den elektronischen Zahlungsverkehr mit Kreditkarten (Internet)
  - Algorithmen: RSA, SHA-1, DES, HMACSHA1
- **SSH** (**S**ecure **Sh**ell)
  - Netzwerkprotokoll, Fernzugriff (Fernsteuerung) über ein Netzwerk auf einen anderen Rechner
  - Client-Server Architektur
  - RFC 4250 bis 4256, 4335, 4344, 4345
  - Neuere Protokoll-Version: SSH-2
  - Algorithmen: RSA, RC5, RC4, RC2, DES, 3DES
- **TLS** (**T**ransport **L**ayer **S**ecurity)
  - Verschlüsselungsprotokoll zur Datenübertragung im Internet (Transportsicherheitsschicht)
  - Einsatz vor allem mit HTTPS (TLS 1.2 und TLS 1.3
  - Anwendungsfälle: SMTPS für SMTP, SIPS für SIP, FTPS für FTP, IMAPS für IMAP
- **WTLS** (**W**ireless **T**ransport **L**ayer **S**ecurity)
  - Verschlüsselungsprotokoll für die Übertragung von Daten mittels mobiler Geräte, basiert auf TLS
- **WPA2** (**Wi**-Fi **P**rotected **A**ccess 2), Nachfolger ist WPA3
  - Sicherheitsstandards für Funknetzwerke nach den WLAN-Standards IEEE 802.11a, b, g, n und ac, IE-EE 802.11i
  - Algorithmen: AES, CCMP, TKIP

## Grundlagen

- Die **Betriebsfähigkeit** und **Stabilität** datentechnischer Anlagen kann durch die **Infiltration** unerwünschter Software gefährdet werden. Dies betrifft Funktionsabläufe und Datensätze.
- Die Schädigungen reichen von manipulierten Bildschirmausgaben bis zur Zerstörung von Programmen.
- Schädigende Software wird zumeist über das **Internet** transportiert. Sie befinden sich aber auch auf **Datenträgern**.
- Zum Teil besitzt diese Software die Fähigkeit, sich selbst reproduzieren und eventuell auch **modifizieren** bzw. **mutieren** („evolutionär entwickeln") zu können. Diese **Selbstreproduktionsfähigkeit** wurde von Neumann (1946) beschrieben und von Cohen um 1970 erprobt.
- Große Schadwirkungen entfaltet auch **Spamware** („Müllsoftware") zum Sammeln von Mail-Adressen.
- **Problematisch sind auch Dialer** (kostenverursachende Einwählsoftware) und **Spionageprogramme** (unerwünschte **Agenten; Spyware**).
- Zur **Abwehr** und Aufhebung der Schadwirkung werden
  - **Proxy-Server und Firewalls**,
  - **Spam-Schutzsysteme** und Anti-Spam-Filter,
  - **Virenscanner (Antivirensoftware)**,
  - verbessertes maschinelles Lernen (Switch) und intelligente Filter eingesetzt.

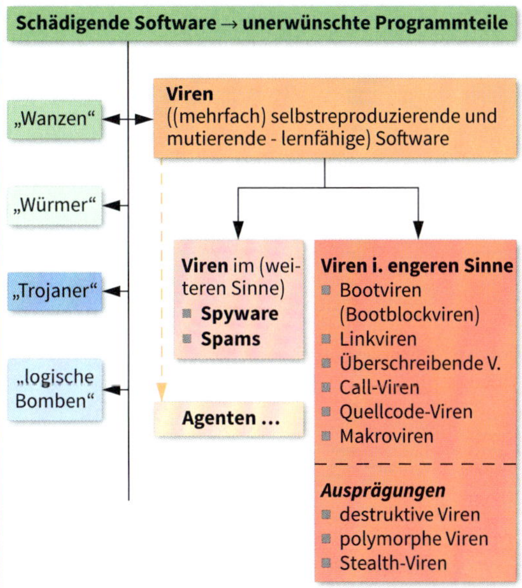


Speicherposition eines Virus

- angehängte Viren: Virus | Ursprüngliche Datei
- eingebettetes Virenprogramm (in einer Datei)

| | | | | | |
|---|---|---|---|---|---|
| D-1 | V-Ta | D-2 | V-Tb | D-3 | V-Tc |

D-I : Dateianteile    V-TI : Virenteil

## Viren, Wanzen, Würmer, Trojanische Pferde

- **Bootsektorviren** (speicherresidente Viren): Sie setzen sich im Bootbereich des Speichers fest. Sie nehmen einen festen Platz in der Konfiguration der Systemsoftware ein, da sie den Originalcode im Bootsektor ersetzen.
  Sie reagieren u. a. auf Systemanforderung.
- **Call-Viren:** Ein Virenprogramm wird als ein (externes) Unterprogramm abgelegt und über einen Call Aufruf aktiviert. Nach außen wird ein veränderter Speicherplatzbedarf selten sichtbar, da diese Viren sehr klein sein können.
- **Linkviren**: Nicht überschreibende Viren: Sie nisten sich im Wirtsprogramm ein. Oftmals besetzen sie den Speicherplatz direkt vor oder nach dem Trägerprogramm. Das Wirtsprogramm bleibt dabei funktionsfähig. Die Prüfsummen der einzelnen Programme werden oftmals nicht verändert, manipulieren Informationen zur Dateilänge, die Dateiattribute und Einsatzzeit des Programms. Bei MS-DOS sind besonders *.COM-, *.Bat-, und *.EXE-Dateien betroffen.
- **Makro-Viren:** Aktivierung über Dokumenten-Makros
- **Quellcode-Viren:** Sie sind Bestandteile von Programmbibliotheken. Aktivierung über Anwendungsprogramme
- **Überschreibende Viren:** Sie zerstören in Wirtsprogrammen Programmabschnitte. Wird das entsprechende Programm aufgerufen, arbeitet nur das Virenprogramm – das Wirtsprogramm ist funktionsunfähig.
- **Computerwanzen:** Sie können Software und Betriebssysteme manipulieren. Ihre Wirkung bleibt jedoch lokal begrenzt.
- **Computerwürmer:** Durch ihre Aktivierung werden meistens ungefährliche Meldungen in den befallenen Rechner ausgegeben. Selten kommt es zu tiefgreifenden Funktionsbeeinträchtigungen.
- **Trojanische Pferde:** Es sind funktionsfähige Programme, die eine gewünschte Aufgabe kontrolliert ausführen. Erst durch spezifische Aktivierungen – zum Beispiel Kalenderdaten – werden die Wirkungen hervorgerufen.

## Fehlermerkmale

- Werbefenster öffnen sich unaufgefordert.
- PC läuft verzögert hoch (Bootprozess)/... arbeitet langsamer.
- Unbekannte Startseiten öffnen sich beim Internetzugang/beim Aktivieren des Browsers.
- Datenaustauschvorgänge im Internet werden angezeigt, obwohl der Internetzugang nicht aktiviert wurde.

## Dateiendungen

- Dateien mit folgenden Endungen kritisch „ansehen" und vermeiden. Zum Teil akzeptieren die Provider diese Dateien nicht.
  1. ***.bat, *.com, *.exe, *.js, *.pif, *.shs, *.vbs**
  2. ***.doc, *.etc, *.mbd, *.scr, *.wpd, *.xls**
- „Sichere" Dateien sind: ***.dat, *.rtf, *.txt, (*.zip)**

## Abwehrstrategien

- Im E-Mail-Verkehr möglichst nur einfache Textdateien – ohne Anhänge versenden
- Regelmäßig das **Betriebssystem**, die **Anwendungssoftware** und die **Anti-Virensoftware** aktualisieren.

## Begriffe

- **Verifizierung** (Verifikation): Ein Nachweis, dass ein Sachverhalt wahr ist.
- **Identifizierung** (Identifikation): Eine Feststellung, um wen oder was es sich handelt.
- **Authentifizierung**: Der Nachweis einer Identität, die Verifizierung einer Identität
- **Authentisierung (Authentifikation)**: Ein Nachweis für eine bestimmte Identität. Dazu werden spezifische Daten (Wissenselemente, Merkmale, Eigenschaften,...) angefordert bzw. ermittelt und mit gespeicherten Daten verglichen (verifiziert).

## Mittel und Methoden zur Authentifizierung

Die Authentifizierung kann erfolgen über

- **Kenntnisse, Wissen**:
  Passwort, PIN, Sicherheitsfragen, ...
- **Besitz**:
  Schlüssel, Chipkarte, RFID-Karte, SIM-Karte, Zertifikat, TAN, Speicherkarte, ...
- **Biometrische Merkmale**:
  Fingerabdruck, Erkennung des Gesichts, der Stimme, der Iris, des Augenhintergrunds, der Handschrift, der Handgeometrie und deren Struktur, der Erbinformation (DNA), ...

## Zwei-Faktor-Authentifizierung (2FA)

- Durch Kombination von zwei unterschiedlichen und insbesondere unabhängigen Komponenten (Faktoren) lässt sich die Sicherheit der Authentifikation erhöhen.
  Beispiele:
  - Online-Banking, Karte und PIN, um eine Transaktion zu authentifizieren
  - Fingerabdruck und Zugangscode

Ablaufbeispiel:

Neben dem Wissen über ein Passwort ① wird ein weiteres Merkmal in Form eines Bestätigungs-Codes abgefragt. Dieses Codewort kann über eine Telefonnummer des Nutzers, per SMS oder Internet gesendet werden ②.

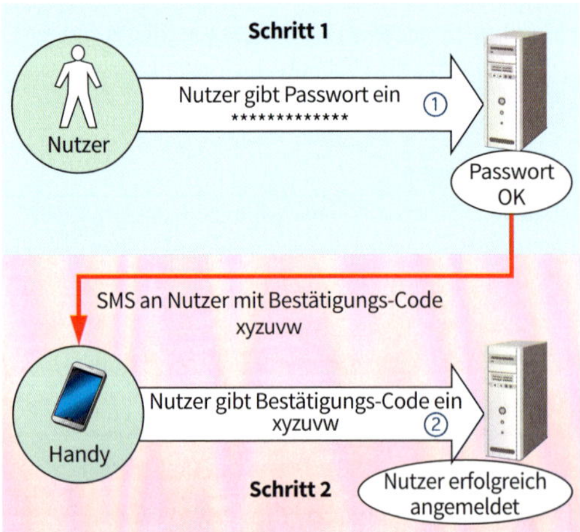


## TOTP-Codes

- **TOTP**: **T**ime-based **O**ne-**T**ime **P**asswords
- Als zweiter Authentifizierungsfaktor werden TOTP- Codes verwendet, die mit einer Hashfunktion in Verbindung mit der Uhrzeit gebildet werden. Diese Codes können offline auf einem Gerät generiert werden und besitzen eine Gültigkeit von meist 30 Sekunden. Das Passwort ist ein "Shared Secret", also ein Passwort, das sowohl dem Server als auch dem Client bekannt ist.

## FIDO2

- Für **FIDO2** (**F**ast **ID**entity **O**nline **2**) benötigt man einen Sicherheitsschlüssel, den man mit einem Computer oder Smartphone per Bluetooth, NFC oder USB verbindet.
- Bei der Authentifizierung mit einem Passwort, muss der Online Dienst, bei dem man sich anmeldet, die Passwörter aller Nutzer in verschlüsselter Form in einer Datenbank speichern. Kann ein böswilliger Akteur diese Datenbank auf illegale Weise über das Internet kopieren und entschlüsseln, so hat er auf einmal alle Passwörter.
- Der Vorteil in der Nutzung von FIDO2 liegt darin, dass bei diesem Verfahren der physische Sicherheitsschlüssel jedes einzelnen Nutzers gestohlen werden müsste, was einen unverhältnismäßig großen Aufwand darstellt im Gegensatz zum Kopieren einer Datenbank.

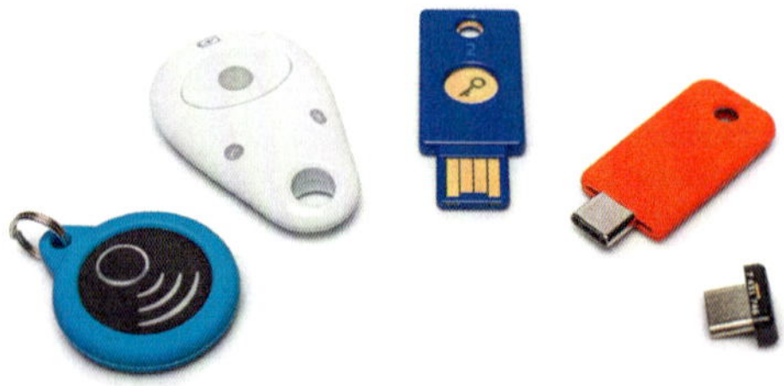

## Passwortregeln

- Bei Passwörtern gilt: Je länger, desto besser.
- Bei Verschlüsselungsverfahren für WLAN (WPA und WPA2) sollte das Passwort mindestens 20 Zeichen lang sein.
- Mindestens Zeichen aus Klein- und Großbuchstaben, Leerzeichen, Ziffern und Sonderzeichen verwenden (?!+@€&%§$ ...).
- Keine einfachen Folgen von (unveränderten) Wörtern auswählen.
- Pro Benutzerkonto/Dienst ein anderes Passwort verwenden.
- Eventuell mit einem Passwortgenerator ein sicheres Passwort generieren lassen.
- Passwörter gegebenenfalls mit einem Passwortmanager verwalten.
- Merkhilfe für Passwörter:
  Passwort mit Hilfe von Akronymen bilden.
  Beispiel: Zeile aus einem Lied verwenden, erste Buchstaben benutzen, Buchstaben gegen Sonderzeichen oder Zahlen austauschen, usw.

# Biometrische Authentifizierung
## Biometric Authentication

### Merkmale

- Biometrische Authentifizierung (Erkennung) dient zur
  - Überprüfung der behaupteten mit der tatsächlichen **Identität,**
  - Einhaltung der **Vertraulichkeit,**
  - Realisierung der **Integrität.**
- Grundsätzlich verwenden biometrische Verfahren für die Erkennung **menschlicher** (körperlicher) **Merkmale** mit den Eigenschaften wie
  - Universalität,
  - Einzigartigkeit,
  - Dauerhaftigkeit,
  - Erfassbarkeit und Messbarkeit.
- Die spezifischen Merkmale sind einer einzigen Person zugeordnet.
- Vorteile gegenüber anderen Erkennungsverfahren:
  - Kein Verlust der Eigenschaften (Gegensatz z. B.: Chipkarten),
  - keine Erinnerung notwendig (Gegensatz: Geheimzahl),
  - keine Geheimhaltung erforderlich.
- Wird verwendet für
  - Durchführung elektronischer Transaktionen,
  - Zutrittskontrolle zu Gebäuden/Räumen,
  - Überwachung der Verweildauer in Gebäuden,
  - Zugriffsüberwachung auf Daten,
  - Überprüfung von Berechtigungen.
- Die Betriebsarten werden unterschieden nach **Verifikation** und **Identifikation.**
- Die Verifikation
  - beinhaltet die Bestätigung der Identität der Person, für die sie sich ausgibt,
  - führt einen Abgleich der präsentierten Daten mit einem zuvor abgelegten Datensatz durch (1:1-Vergleich).
- Bei der Identifikation
  - wird ermittelt, um welche Person es sich handelt,
  - werden die aktuellen Benutzerdaten mit allen gespeicherten Daten der anderen Benutzer verglichen (1: *n*-Vergleich).
- Die Sicherheit biometrischer Systeme basiert im Wesentlichen auf
  - dem Schutz der Referenzdaten (personenbezogene Daten) und
  - dem Vergleichsverfahren.
- Wesentliche Kriterien dabei sind:
  - Merkmale und Person müssen tatsächlich zusammen gehören.
  - Unverfälschtheit der Daten beim Einlesen und bei der Anwendung muss gewährleistet sein.
  - Biometrische Daten dürfen nicht abgehört und mit oder ohne Hilfe des Nutzers einfach reproduziert werden.

### Einteilung

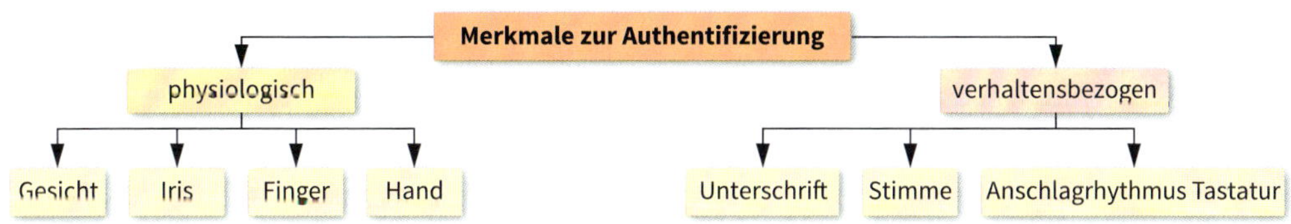


### Iriserkennung

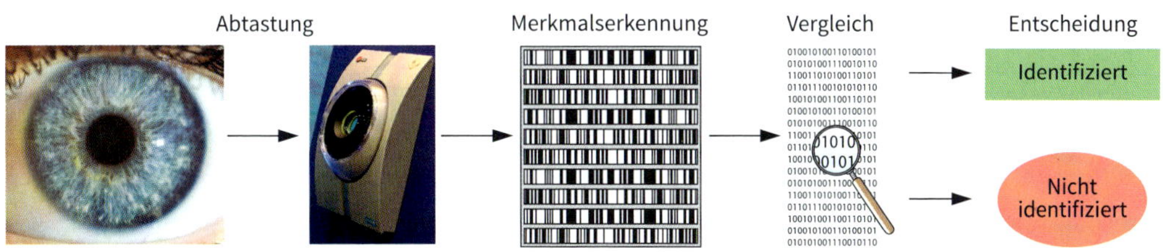


### Fingerabdruckerkennung

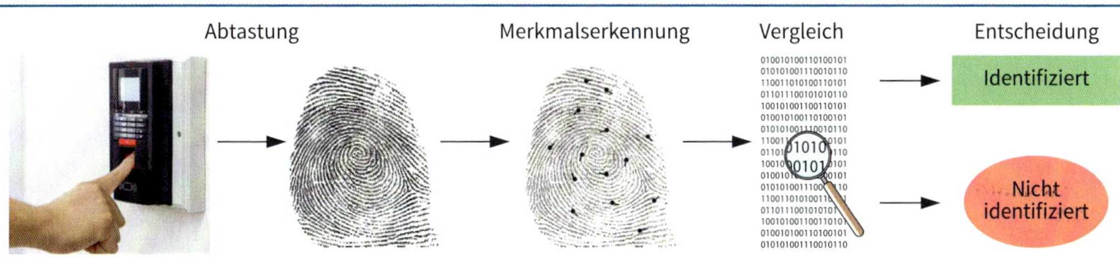

## Merkmale

- Als **Firewall**-Systeme werden alle Schutzmaßnahmen bezeichnet, die einen unerlaubten Zugriff von außen auf ein **Privates Netzwerk** verhindern.
- Diese Systeme können in Form von Hardware, Software oder einer Kombination von beidem realisiert werden.
- Hauptsächlicher Anwendungsbereich liegt im Schutz von **Intranets** (firmenspezifischen Netzwerken), die mit unsicheren Netzwerken (z. B. **Internet** oder Remote-Zugriff über ISDN Router) verbunden sind.
- Firewalls werden auch zur Strukturierung eigener Netze verwendet, um **Domänen** mit unterschiedlichem Schutzbedarf zu realisieren.
- Die grundsätzliche Schutzfunktion eines Firewalls ist das Blockieren von Kommunikationsdaten zwischen den Netzen, wenn bestimmte festgelegte Sicherheitskriterien verletzt werden.
- Firewall-Systeme sollen verhindern (**Schutzziel**):
  - Unerlaubten Zugriff auf Daten,
  - Datenverlust,
  - Einschleppen von Viren.
- Grundsätzlich werden diese Systeme nach ihrer Funktion unterschieden in
  - **Packet filter**
  - **Application gateway und**
  - **Proxy server**
- **DMZ** (**Dem**ilitarized **Z**one: entmilitarisierte Zone) ist ein abgegrenztes Netzwerk, das z. B. Dienste für Internet-Nutzer bereitstellt.
- Das eingesetzte Firewall-System stellt bei der Kopplung verschiedener Netze den **Common Point of Trust** (gemeinsamer Punkt des Vertrauens) dar.

## Aufbau

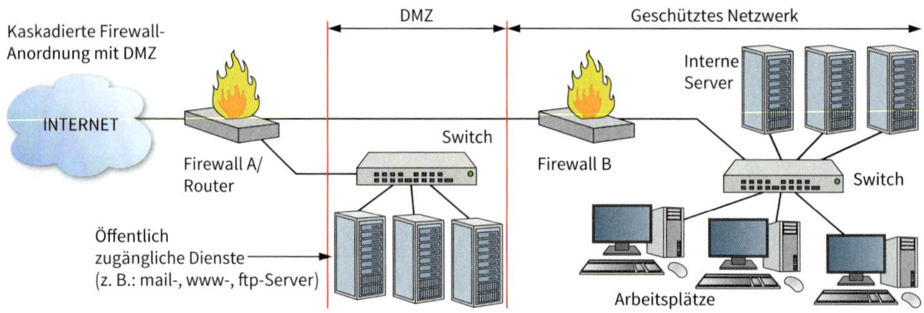


## Packet filter

- **Packet filter** (Paketfilter) ist ein Softwarepaket, das in der Regel auf Routern läuft, die zur Netzwerkkopplung eingesetzt werden.
- Analysiert und kontrolliert alle ein- und ausgehenden Datenpakete auf der
  - **Netzzugangsebene,**
  - **Netzwerkebene**,
  - **Transportebene**.
- Wertet die Inhalte der Pakete aus und überprüft die Einhaltung der festgelegten Regeln
- Geprüft werden die
  - **Quelladressen**,
  - **Zieladressen**,
  - **Portnummern** von **TCP-** und **UDP**-Paketen,
  - Richtung des Datenverkehrs.
- Die zugehörigen Regeln werden vom Systemadministrator in entsprechenden Tabellen im Router (Verbindungsrechner) abgelegt.
- Die Erstellung der Überwachungstabellen ist zeitaufwendig und fehleranfällig, insbesondere bei größeren Netzen.
- Dieses Verfahren schützt nicht gegen gezielte Datenverfälschung (z. B. **Address Spoofing:** Adressenvortäuschung).
- Es ist das schwächste Verfahren gegen unerlaubte Netzwerkeinbrüche.

## Application gateway

- **Application gateways** (Anwendungs-Verbinder) sind eigene Kommunikationrechner.
- Sie sind in der Regel mit zwei Netzwerkanschlüssen (auch zwei Adressen) ausgerüstet (**dual homed gateway**).
- Eine Adresse gehört zum geschützten Netzwerk, die zweite Adresse ist die Ansprechadresse von außerhalb.
- Das Application Gateway trennt die Netze sowohl logisch als auch physikalisch.
- Da alle Kommunikationsabläufe über diesen einen Rechner laufen, bleiben die internen Netzwerkstrukturen nach außen hin verborgen.
- Jeder externe Kommunikationspartner benötigt auf dem Gateway eine Zugangskennung (**Identifikation** und **Authentisierung**).
- Ist der Partner akzeptiert, arbeitet das Gateway transparent für die weitere Kommunikation.
- Weitere Kontrollmechanismen sind:
  - **Passworterkennung** und -verwaltung,
  - **Nutzerprofilüberwachung**.
- Nutzerprofile sind z. B.:
  - unterschiedliche Zugriffsrechte für verschiedene Personen oder Gruppen,
  - Zeitpunkt des Zugriffs.
- Application Gateways sind wegen der Vielfalt der Dienste zwar relativ langsam, bieten aber den höchsten Zugangsschutz.
- **Proxy** (sinngemäß: Stellvertreter-Funktionen) sind zusätzliche Softwarepakete, die u. a. zur Analyse und Kontrolle der Kommandos der Anwenderprotokolle eingesetzt werden.

# Datensicherung
## Data Backup

### Prinzip

- Eine Datensicherung wird vorgenommen, um im Fall eines Datenverlustes die ursprünglichen Daten wiederherzustellen. Eine Sicherheitskopie wird auch als **Backup** bezeichnet.
- Sicherungsarten:

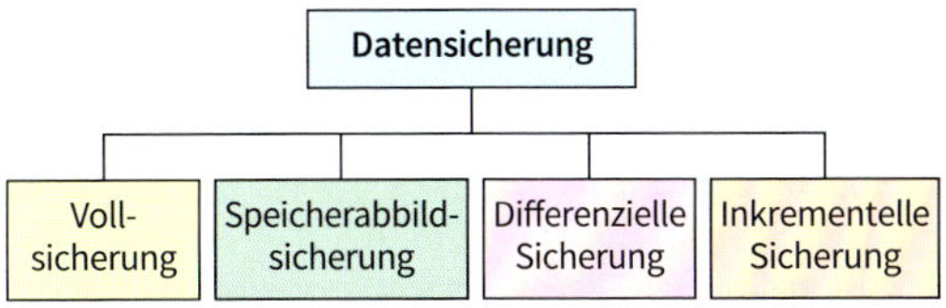


- **Vollsicherung**
  Die zu sichernden Daten werden vollständig auf das Sicherungsmedium (z. B. externe Festplatte, Partition auf der Festplatte des PCs oder USB-Stick) übertragen.
  Nachteil: Hoher Speicherbedarf
- **Speicherabbildsicherung (image backup)**
  Im Unterschied zu einer Vollsicherung enthält ein Abbild auch Informationen über die Dateisystemstruktur des Originaldatenträgers, sowie alle Meta- und Verwaltungsdaten. Dadurch lässt sich schnell eine vollständige Kopie eines Datenträgers herstellen.

### Differenzielle Sicherung

- Bei der differenziellen (unterscheidenden) Sicherung werden gespeichert
  - neu hinzugekommene Dateien und
  - **alle** geänderten Dateien.
- Die Zeit für die Wiederherstellung der Dateien ist im Vergleich zu inkrementellen Sicherung geringer.

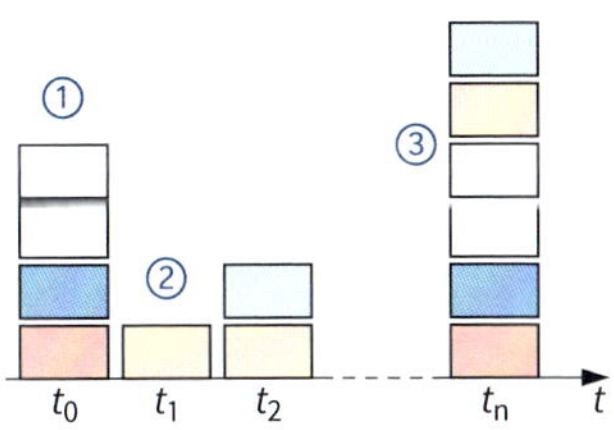


$t_0$: Anfangszeitpunkt
$t_n$: Endzeitpunkt
①: Dateien im Speicher
②: Geänderte Dateien zu den Zeitpunkten $t_1$ und $t_2$
③: Dateien im Speicher mit den Sicherungsdateien

### Inkrementelle Sicherung

- Bei der inkrementellen (aufeinander aufbauenden, schrittweisen) Sicherung werden gespeichert
  - neu hinzugekommene Dateien und
  - geänderte oder Teile von geänderten Dateien.
- Der Speicherplatzbedarf ist geringer als bei der differenziellen Sicherung. Nachteilig ist, dass bei einer Wiederherstellung die Daten in der Regel aus mehreren Sicherungen wieder zusammengefügt werden müssen.

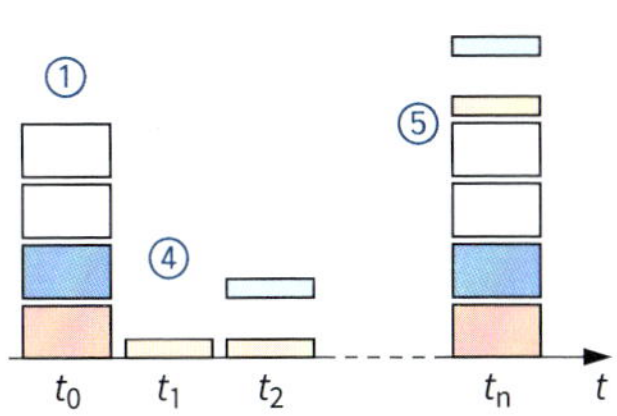


$t_0$: Anfangszeitpunkt
$t_n$: Endzeitpunkt
①: Dateien im Speicher
④: Änderungen der Dateien zu den Zeitpunkten $t_1$ und $t_2$
⑤: Dateien im Speicher mit den Sicherungsdateien

### Backup-Strategien

- Mit einer Backup-Strategie legt man fest, in welcher Form und zu welchem Zeitpunkt die Daten gesichert werden.
- Eine Strategie nennt man **GFS**-Prinzip (**G**randfather-**F**ather-**S**on, Großvater-Vater-Sohn-Prinzip). Es wird auch als Drei-Generationen-Sicherung bezeichnet.
- Beispiel:
  Bei einer Woche mit fünf Arbeitstagen wird die Datensicherung wie folgt durchgeführt:
  - **Vier Sohn-Sicherungen**: Montag-Donnerstag; der Freitag ist eine „Vater-Sicherung"
  - **Drei Vater-Sicherungen**: Für die ersten drei Freitage eines Monats; der vierte und letzte Freitag kann als Großvater-Sicherung gespeichert werden
  - **Zwölf Großvater-Sicherungen**: Für den letzten Tag in jedem Monat

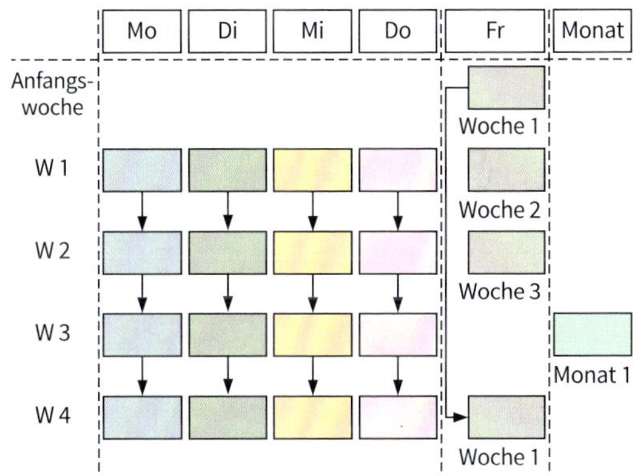


Somit ist der Datenzugriff gegeben auf
- jeden der letzten vier Werktage (Sohn-Sicherungen),
- jeden der letzten vier Freitage (Vater-Sicherungen) und jedes der letzten zwölf Monatsenden (Großvater-Sicherungen).

Bei Monaten mit fünf Freitagen (letzter Wochentag des Monats) wird für die Sicherung an diesem Tag ein Großvater-Medium (kein Vater-Medium) verwendet.

- **Vater-Sohn-Prinzip**
  Hier entfällt die wöchentliche Sicherung am Freitag. Die Tagessicherung wird für alle Arbeitstage des Monats durchgeführt. Dafür sind dann 20 getrennte Speichermedien erforderlich.

  Für die Monatssicherung werden wie beim GFS-Prinzip 12 getrennte Speichermedien benötigt. Insgesamt beträgt die Anzahl somit 32 Speichermedien.
- **Erkennung veränderter Dateien**
  Zur Unterscheidung von veränderten Dateien und bereits gesicherten, unveränderten Dateien setzen manche Dateisysteme spezielle Dateiattribute (zusätzliche Angaben über eine Datei) ein, die bei einer Veränderung automatisch vom System gesetzt werden und bei einer Vollsicherung oder inkrementellen Sicherung vom Sicherungsprogramm wieder gelöscht werden (z. B. das Archivbit bei FAT und NTFS).

  Stehen solche Attribute nicht zur Verfügung, muss die Backupsoftware über die Dateien und deren Zeitstempel Buch führen.

# Datenträgervernichtung
## Data Carrier Destruction

### DIN 66399-1 bis 3

- Datenträger mit personenbezogenen Daten sind so zu vernichten, dass
  - deren Wiederherstellung entweder unmöglich oder
  - nur mit besonderem Aufwand (z. B. Hilfsmittel oder Personal) möglich ist.

- Im August 2018 ist die DIN 66399 in die internationale Norm ISO/IEC 21964 übernommen worden.

### Schutzklassen

**1 Normaler Bedarf für interne Daten**

Der Schutz von personenbezogenen Daten muss gewährleistet sein. Andernfalls besteht die Gefahr, dass der Betroffene in seiner Stellung und seinen wirtschaftlichen Verhältnissen beeinträchtigt wird.

Beispiele: Telefonlisten, Produktlisten, Liferantendaten, Adressdaten, allgemeine E-Mails

**2 Hoher Bedarf für vertrauliche Daten**

Wenn die Gefahr besteht, dass Betroffene in ihrer gesellschaftlichen Stellung oder in ihren wirtschaftlichen Verhältnissen erheblich beeinträchtigt werden.

Beispiele: Betriebswirtschaftliche Auswertungen, Bilanzen, Finanzbuchhaltungsunterlagen, Jahresabschlüsse

**3 Sehr hoher Bedarf für besonders geheime Daten**

Der Schutz personenbezogener Daten muss unbedingt gewährleistet sein. Andernfalls kann es zu einer Gefahr für Leib und Leben oder für die persönliche Freiheit des Betroffenen kommen.

Beispiele: Zeugenschutzprogramme, geheime oder streng geheime Unterlagen aus Forschung und Entwicklung

### Ermittlung des Schutzbedarfs

| | |
|---|---|
| Was | Welche Informationen sind schutzwürdig und in welche Schutzklasse einzuordnen? |
| Wie | Vernichtung in welcher Sicherheitsstufe? |
| Wer | Vernichtung durch die verantwortliche Stelle direkt oder Vernichtung durch Dienstleister? |
| Wo | Vernichtung vor Ort durch Dienstleister oder extern durch Dienstleister? |

### Vernichtungsmöglichkeiten digitaler Datenträger

- Magnetische Datenträger (z. B. Festplatten):
  - Erhitzung auf mindestens Curie-Temperatur [1)]
  - Physische Vernichtung des Datenträgers im Schredder
  - Direkte Gewalteinwirkung (mechanisches Werkzeug)

  [1)] Temperatur, bei der ferromagnetische bzw. ferroelektrische Eigenschaften des Materials vollständig verschwunden sind.
- Optische Datenträger können durch physische Einwirkung, Wärme oder Schreddern vernichtet werden

### Speicherarten

- P: Papier, Film, Druckformen (Originalgröße)
- F: Film, Mikrofilm, Folie (verkleinert)
- O: Optische Datenträger (CD, DVD, BD)
- T: Magnetische Datenträger (Disketten, ID-Karten, Magnet bandkassetten)
- H: Festplatten mit magnetischem Datenträger
- E: Elektronische Datenträger (Speichersticks, Chip-Karten, Halbleiterfestplatten)

### Speicherstufen ①

| ① | Datenträger-Empfehlung |
|---|---|
| 1 | **Allgemeine Daten**:<br>Reproduktion mit einfachem Aufwand |
| 2 | **Interne Daten**:<br>Reproduktion mit besonderem Aufwand |
| 3 | **Sensible Daten**:<br>Reproduktion mit erheblichem Aufwand |
| 4 | **Besonders sensible Daten**:<br>Reproduktion mit außergewöhnlichem Aufwand |
| 5 | **Geheim zu haltende Daten**:<br>Reproduktion mit zweifelhaften Methoden |
| 6 | **Geheime Hochsicherheits-Daten**:<br>Reproduktion technisch nicht möglich |
| 7 | **Top Secret Hochsicherheits-Daten**:<br>Reproduktion ausgeschlossen |

- Beispiel von Sicherheitsstufen für Festplatten:

| Sicherheitsstufe | Zustand, Form und Größe nach der Vernichtung | |
|---|---|---|
| H-1 | Festplatte ist funktionsfähig | |
| H-2 | Datenträger ist beschädigt | |
| H-3 | Datenträger ist verformt | |
| H-4 | Datenträger ist mehrfach zerteilt und verformt; Materialteilchen max … | 2.000 mm² ② |
| H-5 | | 320 mm² ③ |
| H-6 | | 10 mm² ④ |
| H-7 | | 5 mm² ⑤ |

- Flächen der Materialteilchen (Veranschaulichung)

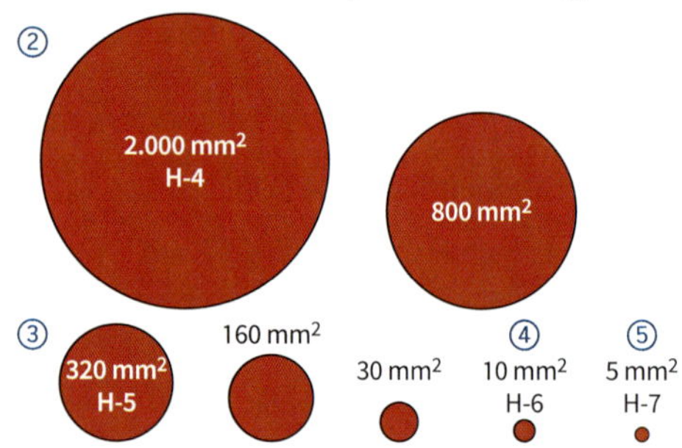


### Zuordnung: Sicherheitsstufe – Schutzklasse

| Schutzklasse | Sicherheitsstufen | | | | | | |
|---|---|---|---|---|---|---|---|
| | 1 | 2 | 3 | 4 | 5 | 6 | 7 |
| 1 | | | ○ | | | | |
| 2 | | | ○ | ○ | ○ | | |
| 3 | | | | ○ | ○ | ○ | ○ |

# Software

# 5

## Einteilungen

- Es wird zwischen **Soft-** und **Hardware** unterschieden. Mit Hardware werden die materiellen Geräte, mit Software die immaterielle Ware bzw. Systembestandteile bezeichnet.
- Oftmals wird unter Software ein Programm verstanden.
- Die Steuerung der informationstechnischen Geräte und die Verarbeitung der Daten erfolgt durch spezifische Software.
- Programmiersprachen gehören zur systemnahen Software.

## Programmierspracheneinteilung

| | |
|---|---|
| **1** | Hardwarebezogene Programmiersprachen |
| **2** | Maschinennahe Programmiersprachen |
| **3** | Höhere Sprachen |

- Assemblersprachen sind maschinennahe Sprachen.

## Softwareunterscheidungen

| | |
|---|---|
| Systemsoftware vs. Anwendungssoftware | **Public Domain** freie, kostenlose, ungeschützte Software |
| Standardsoftware vs. Individualsoftware | Kostenpflichtige Software-Lizenz |
| Systemgebundene Software vs. plattformunabhängige Software | **Freeware** geschützt, aber kostenfrei |
| | **Shareware** Software – bezahlbar nach einer Testphase |

vs.: versus (gegen)

## Programmiersprachenbeziehungen

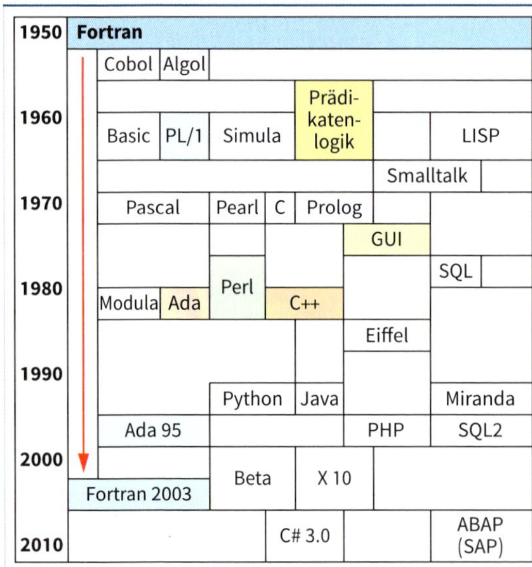


**GUI**: **G**raphic **U**ser **I**nterface [Grafische Schnittstelle (Maus)]
**Prädikatenlogik**: Vertiefte Erfassung von logischen Strukturen (Sätze); bedeutsam für KI-Sprachen und -Modelle (Lisp, Prolog …)

## Programmierspracheneinteilungen

- **Variante A** (Fünf Generationen werden unterschieden):
  1. Maschinensprachen
  2. Assemblersprachen
  3. Problemorientierte Sprachen (Ada, C, Fortran, PL/1 …)
  4. Nichtprozedurale Sprachen (Delphi, SQL …)
  5. Künstliche-Intelligenz-Sprachen (Lisp, Prolog …)

  Hierbei werden 1 und 2 zu den **systemabhängigen** und 3, 4 und 5 zu den **systemunabhängigen Sprachen** gezählt.
- **Variante B**
  **Imperative** (befehlsorientierte) **Sprachen**
  – Prozedurale Konzeption (Ada, FORTRAN, PASCAL, C, PL/1)
  – Funktionale Orientierung (Lisp)
  **Deklarative** (aussageorientierte) **Sprachen**
  – Logische Programmierung (Prolog)
  – Objektorientierung (C++, Java, Smalltalk)

## Qualität

Kriterien von Programmiersprachen (nach ISO/IEC 9126 (ISO/IEC 25000))

| Kriterium | Inhalt |
|---|---|
| **Änderbarkeit** | Aufwand für Anpassungen und Korrekturen |
| **Benutzbarkeit** | Benutzungsaufwand – besonders auch aus der Sicht individueller Gruppen |
| **Effizienz** | Leistungsniveau der Software in Relation zum Umfang der eingesetzten Betriebsmittel |
| **Funktionalität** | Funktionen müssen mit festgelegten Eigenschaften vorliegen. Definierte Anforderungen müssen von den Funktionen erfüllt werden. |
| **Übertragbarkeit** | Einsetzbarkeit der Software bei unterschiedlichen Bedingungen/Umgebungen |
| **Zuverlässigkeit** | Über einen definierten Zeitraum muss die Software ihre Leistung konstant erbringen können |

## Programmiersprachen-Entwicklung

- Ziele bei der derzeitigen Entwicklung professioneller Sprachen: Die Programmiersprache soll

| | |
|---|---|
| 1 | **lernfähig** in komplexen Umgebungen (Prozessstrukturen; Internet; Netze) sein, |
| 2 | **fehlertolerant** und **stabil funktionsfähig** sein, |
| 3 | eine lange **„Gebrauchs-Halbwertszeit“** besitzen. |

- Aktuelle PS-Entwicklungen

– Einsatz von Entwicklungsumgebungen (zum Beispiel Eclipse) und Software-Generatoren
– Integrale Programmierung (Windows-Programmierung)
– Cloud-Programmierung
– Plattform unabhängiger Programmgestaltungen
– Agenten-Programmierung
– Offene Quellcodegestaltung
– Metaprogrammierung
– Externe Programmierung
– Interface-Programmierung
– Refactoring
– Unit-Testen

## Programmiersprachengestaltung

- **Ähnlichkeit:** Vergleichbare Programmierstrukturen (-konzepte) sollen einen ähnlichen Aufbau besitzen.
- **Eindeutigkeit:** Die Programmelemente sollen eindeutig und klar erkennbar sein. Ebenfalls sollten Fehler eindeutig identifizierbar sein.
- **Einfachkeit:** Möglichst wenige Konzepte und Strukturen sollen zum Einsatz kommen.
- **Lesbarkeit:** Syntax muss möglichst leicht lesbar sein (geringer Schulungsaufwand).
- **Orthogonalität:** Grundfunktionen sollen schnittstellenfrei sein.
- **Reichhaltigkeit:** Der Umfang der Sprache sollte eine möglichst einfache Problemabbildung ermöglichen.

## Programmiersprachenbewertung

| Bewertungsaspekte | |
|---|---|
| – **Lesbarkeit** der Syntax<br>– **Fehlererkennung** im Programm | – Programmwartung<br>– Erweiterbarkeit<br>– Erlernbarkeit |
| – Ablaufgeschwindigkeit<br>– Realzeitprozesse<br>– Speicherverwaltung<br>– Hardware-Nähe<br>– Hardwareaufwand | – Graf. Benutzeroberflächen<br>– Vererbung/Polymorphie<br>– Software-Bibliotheken<br>– Umfang der Klassenbibliotheken |

## Einsatzbereiche der Programmiersprachen

- **Abfragesprachen** (DB): SQL, QBE
- **Dokumente**: TeX, LaTeX, HTML
- **Echtzeitprogrammierung**: PEARL
- **Grafik (Oberflächen)**: Smalltalk
- **Industrieroboter**: IRL, ARLA, SRCL, VAL II, AML
- **Internet/Web**: HTML, Java
- **Künstliche Intelligenz**: Lisp, Prolog, LOGO
- **Lernbereich**: Basic, Delphi, Pascal, VBasic
- **Netzprogrammierung**: Perl (z.T. C, Pascal)
- **Simulationssoftware**: Simula 67
- **Systemprogrammierung**: C
- **Technik-Wissenschaft**. Fortran, C/C++, Java
- **Universell**: Ada, Algol, C++, Java, Pascal, PL/1
- **BWL**: Cobol

## IT-Test-Begriffe/Abkürzungen

- **Benchmark-Tests** (Benchmark: Lösungsprogramm) Verfahren zur Ermittlung der Leistungsfähigkeit von IT-Systemen, z. B. über die Ermittlung von Primzahlen (Referenzdaten).
- Ermittelt werden die Leistungen von Hardware- und Software-Systemen (Compilern, Interpretern, Software-Rechenprogrammen ...)
- Die Leistungsfähigkeit im Benchmark-Test wird als **IPS** (oder **MIPS**) oder über **FLOPS** ermittelt.
  - **FLOPS**: **Fl**oating Point **O**perations **P**er **S**econd [Gleitkommaoperationen (Additionen oder Multiplikationen) pro Sekunde]; ($10^{15}$ Floating Point Instructions per Second: 1 PetaFLOPS)
  - **IPS**: (Programm-)**I**nstruktionen **p**ro **S**ekunde (engl.: Instructions per Second)
  - **MIPS**: **M**illionen (Programm-)**I**nstruktionen **p**ro **S**ekunde (engl.: Mega Instructions per Second) (1 MIPS: eine Million Maschinenbefehle in der Sekunde)

## Entwicklungswerkzeuge

- Für die Programmgestaltung werden grafische Bedienoberflächen, Softwaregeneratoren und integrierte Entwicklungsumgebungen (**IDE**: **I**ntegrated **D**evelopment **E**nvironment) eingesetzt. Vorgefertigte (Teil-)Programme werden genutzt.
- Auch werden **Testgeräte**, speziell Debugger verwendet. **Debugger**: Werkzeug zur Softwarefehlerbeseitigung (von **bug**: (Software-)Fehler (engl.: Küchenschabe, Laus)).

## Turing-Maschine

- Folgende Bestandteile gehören zur Maschine:
  - ein Speicherband (beliebiger Länge),
  - ein Lese- und Schreibkopf,
  - eine Steuerung für die Köpfe,
  - feste Regeln für die Schreib- und Leseprozesse.
- Das Speicherband soll zellenartig eingeteilt sein.
- Die Maschine schreibt die Informationen bitweise auf das Speicherband. So kann sie diese wieder ab- und auslesen.
- Eine Steuerung leitet die Schreib- und Leseprozesse:

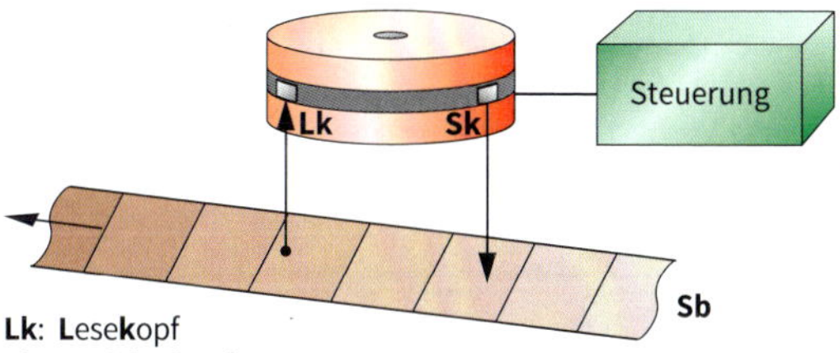


**Lk**: **L**ese**k**opf
**Sk**: **S**peicher**k**opf
**Sb**: **S**peicher**b**and mit Speicherzellen
(Das Band wird am Kopf vorbei bewegt.)

- Die Steuerung wird durch feste Regeln geführt.
- Der interne Zustand der Maschine steht in enger Beziehung zu den Kopfbewegungen. Informationen werden verrechnet.
- Der Rechenprozess drückt sich in den Kopfbewegungen – nachvollziehbar – aus. Rechnen ist als Zustandsänderung zu verstehen.
- Kognitive Prozesse können nach diesem Modell geordnet in interne Rechenprozesse umgesetzt werden.

## These von Church

- Jede in ein Rechenprogramm umsetzbare Problemlösung kann nach Church durch die Turingmaschine aufgelöst werden: Die Klasse der intuitiv berechenbaren Funktionen entspricht der Klasse der turing-berechenbaren Funktionen. Intuitiv berechenbare Funktionen sind register-berechenbare Funktionen.
- Und die Turingmaschine stellt das Grundmodell jeder klassisch gestaltbaren Rechenmaschine dar.

## Problem und Automat

- Programmiersprachen sind **formale Sprachen** zur Erstellung von Software. Unterschieden werden zum Beispiel:
  - reguläre Sprachen,
  - kontextfreie Sprachen,
  - Typ-1, Typ-0-Sprachen.

  Die Problemlösungsstruktur kann mit Automatenmodellen erfasst werden. Hierfür werden Grammatiken bestimmt. Prinzipiell wird elementar unterschieden zwischen den Sprachen: Turing/LOOP/WHILE/GOTO

## Algorithmische Informationstheorie

- Bei der klassischen Problemlösung wird der Schwierigkeitsgrad des Problems nach der zu verwendenden mathematischen Funktion eingeteilt:
  – Lösung mit Polynomfunktionen,
  – Lösung mit exponentiellen Funktionen ($e^x = \exp(x)$),
  – Lösung mit Fakultätsfunktionen ($n!$).
- Die Zuordnung von Problemlösungen zu entsprechenden mathematischen Funktionen wird näher von der Komplexitätstheorie untersucht (Komplexitätsproblematik).
- Bedeutsam sind Algorithmen unter Verwendung von **Polynomfunktionen**. Diese effizienten Algorithmen können vom Rechner zeitlich angemessen gelöst werden.
- **Polynomfunktionen**:
  Funktion auf der Basis von Polynomen $p(x)$:
  $\mathbf{p(x)} := a_n \cdot x^n + \ldots a_1 \cdot x^1 + a_0 \cdot x^0$ ($a_n \ldots a_1 \in |R$; $x^0 = 1$ für $x \neq 0$)
- Problemlösungen unter Verwendung von exponentiellen Funktionen ($e^x$) und/oder Fakultätsfunktionen gelten als unzugänglich (bzw. hart). (Fakultät von $n = n! = 1 \cdot \ldots \cdot n$; mit $0! = 1$)
- Die moderne Mathematik hat erkannt, dass es nicht entscheidbare Probleme gibt. Diese können nicht durch einen Algorithmus in endlicher Zeit exakt und vollständig gelöst werden.

## P und NP

Unterschieden werden die Problemklassen **P** und **NP**.

- **P**: Polynome Laufzeit der Problemlösungsalgorithmen (es liegt eine deterministische Rechenzeitbeschränkung vor)
- **NP**: Klasse der Probleme mit Lösungen in nichtdeterministischer polynominaler Zeit
- Allgemein gilt: $P \subset NP$; die Umkehrung ist unklar.

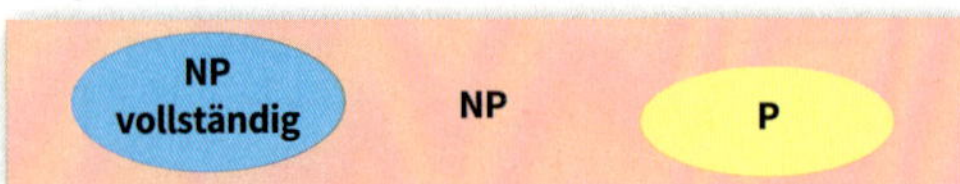


- Das **P-NP-Problem** gehört als eines der großen aus dem Bereich der Informatik zu den Milleniums-Problemen (nach Clay M. Institut, USA).

## Elementare Programmiersprachen

- Jede Sprache besteht aus **Symbolfiguren** (z. B. Wörtern).
- Die Symbolmenge wird als **Alphabet** bezeichnet.
- Die Symbolfolgen dürfen unter Beachtung von Regeln (**Syntax**) verbunden werden.

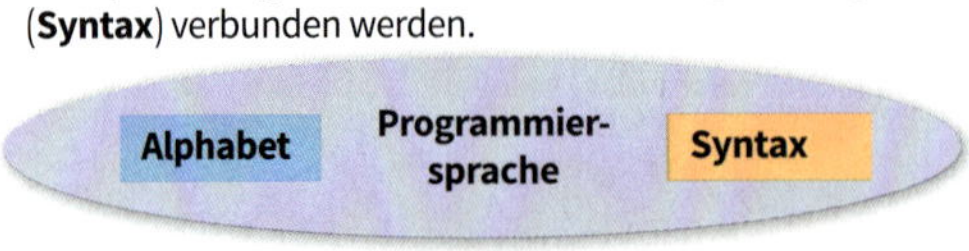


- In jeder Programmiersprache werden **Schlüsselzeichen** und -**wörter** verwendet, mit denen spezielle Aufgaben einhergehen und die nicht beliebig genutzt werden dürfen.
- **Programme**: Eine Lösungsidee für ein Problem kann mittels einer Programmiersprache in eine Anweisungsabfolge überführt werden. Diese Anweisungsabfolge wird auch kurz **Programm** genannt.
- Die Turing-Maschine ist eine Modellkonzeption zu einer (Register-)Maschine, mit der registerberechenbare Funktionen bewältigt werden können und die tatsächlich hard- bzw. softwaretechnisch realisiert werden kann.

## Programmerstellung

- Ausgehend von der Problemlösungsidee wird ein geeignetes **Algorithmenkonzept** bestimmt. Dieses wird in eine regelorientierte Struktur überführt. Dazu wird ein Bitcode erzeugt, der in eine maschinenlesbare Form überführt wird. Die Übersetzung wird von einem **Übersetzer** (**Compiler** bzw. **Interpreter**) vorgenommen.
- **Abfolge: Problem**,
  **Algorithmus**,
  **Programm**

  Allgemein wird angenommen, dass entscheidbare Probleme mit Blick auf die Maschinenkonzeption von Turing durch „do-while"-Befehlsstrukturen auflösbar sind.
- Im Detail werden u. a.
  – **Ablauf-**, – **Berechnungs-**,
  – **Verarbeitungs-** und – **Sortierstrukturen** ausgewählt.
- Gestaltung von Programmeinheiten zur **Datenein-** und **-ausgabe**
- **Variablentypen** werden festgelegt. Den Variablen werden z. B. Namen zugeordnet und Initialisierungen erfolgen.
- Verarbeitungsanweisungen, Kontrollstrukturen und Bedingungen für Schleifenstrukturen werden bestimmt.
- Während der Programmgestaltung werden Tests vorgenommen.

## Programmeinheiten

- Es werden von Herstellern vorgefertigte Programmeinheiten (**Routinen**) den Nutzern zur Verfügung gestellt. Diese sind zum Teil in der Entwicklungsumgebung integriert und können z. B. über „Schlüsselwörter" aktiviert werden. Beispiel: Der Befehl >CLS< („clear screen") verursacht eine „Bildschirmsäuberung". Der Bildschirm wird vollständig mit Leerzeichen überschrieben.
- Vorgefertigte Routinen werden zu **Bibliotheken** zusammengefasst. Sie werden zum Teil kostenlos zur Verfügung gestellt. Der Anwender kann die einzelnen Routinen an seine Fragestellung anpassen.
- Problemstellungen werden zu kleineren Problemeinheiten zusammengebunden. Hierfür werden Lösungen erstellt, die in Form von **Modulen** eingesetzt werden können.
- Durch die strikte Trennung von Funktionen und Inhalten (Daten) konnten allgemeine Problemlösungen gefunden werden. Die strikte Modularisierung der Probleme und Lösungen führt zu einer lokalen Verknüpfung von Daten und Methoden im Rahmen der objektorientierten Programmierung.

## Entwicklungsprobleme

Bei vielen Software-Entwicklungen treten aufgrund von unrealistischen Vorgaben/Einschätzungen Zeitverzögerungen auf, z. B.:

| | |
|---|---|
| Unklare Anforderungsvorgaben und kontinuierliche Veränderung der Wünsche/Ziele/ Anforderungsprofile | Überschätzung der technischen Möglichkeiten und personellen Ressourcen beim Löser |
| Perfektionszwang bei Anwendern, Auftraggebern und Lösern | Überschätzung der kognitiven Qualifikationen beim Löser und Anwender |
| Unrealistische Termin- und Kostenvorgaben | Unpassende bzw. ungeeignete Lösungskonzepte für die Erstellung von Funktionen, Eigenschaften, Bedienoberflächen |
| Defizitäre Dritt- und Fremdprodukte | |

## Grundlegendes

- Eine Softwarelizenz enthält Regeln die festlegen, wie eine Software genutzt werden darf.
- Der Autor einer Software, sei es eine Einzelperson oder ein Unternehmen, veröffentlicht seine Software unter einer Lizenz seiner Wahl.
- Softwareunternehmen veröffentlichen ihre Software in der Regel unter einer **kommerziellen/proprietären** Lizenz (in Eigentum befindliche Lizenz), d. h., eine Nutzung ist nur nach Abschluss eines Lizenzvertrags und Bezahlen von Lizenzgebühren möglich. Die meisten Softwarelizenzen sind „proprietäre" Lizenzen.
- Der „Kauf" einer kommerziellen Software bezeichnet das Erwerben von Nutzungsrechten an dieser.
- Bei einer proprietären Softwarelizenz kann der Nutzer, eine oder mehrere Kopien der Anwendung nutzen. Die Software bleibt aber weiterhin das Eigentum des Herstellers.

## EULA: End User License Agreement

- Es handelt sich um eine Endbenutzer-Lizenzvereinbarung (**Lizenzvertrag**) zwischen Lizenzgeber und Lizenznehmer
- Die Texte mit einer EULA werden oft zu Beginn der Installation der Software angezeigt. Beispiel:

- Der Lizenzgeber gewährt eine Lizenz häufig für eine oder mehrere Kopien, wobei das Eigentum an diesen Kopien beim Software-Herausgeber verbleibt.

## Freie Softwarelizenzen

- Sie beinhalten keine Zahlung von Gebühren, können aber den Nutzern andere Auflagen im Lizenztext machen. Beispielsweise können sie verbieten, dass eine unter einer freien Lizenz veröffentlichte Software von jemand anderes unter einer kommerziellen Lizenz verkauft wird.
- Ebenfalls üblich ist, dass jede Erweiterung einer freien Software wiederum nur unter der gleichen freien Lizenz veröffentlicht werden darf.
- Frei bezieht sich hier auf „Freiheiten in der Nutzung", weniger auf den finanziellen Charakter.
  1. Nutzung des Programms für alle Zwecke von jeder Person
  2. Möglichkeit, das Programm zu ändern
  3. Möglichkeit, das Programm weiter zu verteilen
  4. Möglichkeit, geänderte Versionen des Programms zu verteilen.

## Softwarearten und Lizenzen

- **Freeware** (freie Software, kostenfreie Software)
  - Eine Software, die kostenlos genutzt werden darf.
  - Der Quellcode ist meist nicht öffentlich.
- **Open Source Software**
  - Eine Software, die meist kostenfrei genutzt und weiterverbreitet werden darf.
  - Der Quellcode der Software muss veröffentlicht werden, z. B. im Internet (open source: quelloffen).
  - Open Source Projekte: Linux Kernel, Android, Mozilla Firefox, .NET Framework, PyTorch/TensorFlow
- **Public Domain Software**
  - Es ist eine „gemeinfreie" Software, die kostenfrei genutzt und weiterverbreitet werden darf.
  - Der Quellcode ist unter Umständen öffentlich.
  - Der Urheber verzichtet auf sein Urheberrecht. In Deutschland ist ein Verzicht auf das Urheberrecht nicht möglich.
- **Shareware**
  - Es handelt es sich um eine Software, die kostenlos getestet und weiterverbreitet werden darf.
  - Die Testphase ist entweder zeitlich oder funktional begrenzt.
  - Der Quellcode ist meist nicht öffentlich.
  - Zur uneingeschränkten Nutzung ist der Erwerb der kommerziellen Softwarelizenz erforderlich.
- **Donationware**
  - Eine Unterart der Freeware.
  - Nutzung der Software ist grundsätzlich kostenlos.
  - Der Quellcode ist meist nicht öffentlich.
  - Um eine Spende an den Urheber wird gebeten.

## Durchsetzungsarten von kommerziellen Lizenzen

- **Concurrent-User-Lizenz** (auch: Floating License)
  - Sie erlaubt einer begrenzten Anzahl an Personen die gleichzeitige Nutzung.
  - Ein Lizenzserver vergibt temporäre (Netzwerk-)Lizenzen, solange die maximale Benutzeranzahl nicht ausgeschöpft ist.
- **Named-User-Lizenz** (auch Arbeitsplatzlizenz)
  - Die Lizenz und damit die Nutzung der Software ist an einen physischen Arbeitsplatz und evtl. ein Benutzerkonto gebunden.
- **OEM-Lizenz**
  - **OEM**: **O**riginal **E**quipment **M**anufacturer (Erstausrüster)
  - Eine OEM-Lizenz gilt für Software, die auf einem PC vorinstalliert ist.
  - In der Regel ist diese Lizenz an die Hardware gebunden und nicht übertragbar.
  - Der PC-Hersteller steht in direktem Vertragsverhältnis mit dem Entwickler der Software, z. B. Microsoft und erhält meist einen Rabatt.

## Permissive Open Source Lizenzen

- **MIT-Lizenz (X-Lizenz, X11-Lizenz)**
  - Eine freizügige Open-Source-Lizenz vom Massachusetts Institute of Technology.
  - Sie erlaubt die Wiederverwendung der unter ihr stehenden Software sowohl für Software, deren Quelltext frei einsehbar ist, als auch für Software, deren Quelltext nicht frei einsehbar ist.

## GNU General Public License (GNU GPL)

- **GNU**: UNIX ähnliches Betriebssystem mit vollständig frei verwendbarer Software. Sie wurde als Softwaresammlung von Anwendungen und Bibliotheken entwickelt (1984).
- **GNU GPL** ist eine allgemeine und weit verbreitete Veröffentlichungserlaubnis oder Veröffentlichungsgenehmigung für „Freie Software". Es handelt sich also um eine Softwarelizenz.
- Der Lizenznehmer erhält weitreichende Rechte für die Softwarenutzung:
  - Lizenzgebührenfreiheit
  - Vervielfältigungsfreiheit
  - Verbreitungsfreiheit
  - Beliebige Veränderbarkeit
  - Öffentliche Zugänglichkeit
- **Copyleft** (urheberrechtliche Klausel):
  - Jede modifizierte Version muss unter GPL veröffentlicht werden.
  - Der Quellcode der modifizierten Version muss offen gelegt werden.
- **Permissive Lizenz**
  Diese Lizenzen haben im Gegensatz zu Copyleft-Lizenzen kaum Beschränkungen in Bezug auf die Weiterentwicklung und den Vertrieb.

## Vorteile von Open Source Software

- Möglichkeit der Änderbarkeit an eigene Wünsche ohne Abhängigkeit von einem einzigen Hersteller. Durch die Vielzahl an Entwickler kann sehr qualitativ hochwertige und sichere Software entstehen.
- Möglichkeit der kostenlosen Nutzung unter bestimmten Bedingungen.
- Weite Verbreitung in der Nutzung. Verfügbare Open Source Software kann sich zum Standard für bestimmte Aufgabenstellungen entwickeln.
- Quellcode kann eingesehen und auditiert werden z. B. bzgl. sicherheitskritischer Bugs (Transparenz).
- Positives Image für Unternehmen, die Open Source Software unterstützen, sei es finanziell oder mit eigenen Entwicklungsressourcen, sowie höhere Attraktivität als Arbeitgeber falls das Unternehmen die Mitarbeit an Open Source Softwareprojekten unterstützt.

## Nachteile von Open Source Software

- Eventuell kein kommerzieller Support oder Haftung bei Schäden verfügbar.
  Gegenbeispiele sind z. B. Red Hat, die bezahlten Support für den Linux Kernel anbieten.
- Geheimdienste oder Kriminelle können leichter sicherheitskritische Fehler finden, welche sie nicht beheben sondern ausnutzen.

## Bedeutung von Open Source

- Aufgrund der Fülle an qualitativ hochwertigen Open Source Softwareprojekten ist es heutzutage kaum noch möglich oder finanziell leistbar, ein kommerzielles Softwareprodukt ohne den Einsatz von Open Source Softwaremodulen zu erstellen.
- Deshalb ist es wichtig, dass jedes Unternehmen, das Open Source Software nutzt oder vertreibt, sich lizenzkonform (compliant) verhält, um nicht Nutzungsrechte zu verlieren oder hohe finanzielle Schäden zu erleiden.

## Aspekte bei der Wahl einer Softwarelizenz

- **Kommerzielle Nutzung**
  Lizenzen können die kommerzielle Nutzung der Software im Unternehmen oder die Verwendung als Modul in einem kommerziellen Softwareprodukt verbieten.
- **Permissive- und Copyleft-Lizenzen**
  Copyleft-Lizenzen verlangen im Gegensatz zu permissiven Lizenzen, dass bei jeder Änderung (Herstellen eines abgeleiteten Werkes) einer Software, diese geänderte Software unter denselben Lizenzbedingungen wie die ursprüngliche steht. Dabei ist es rechtlich schwierig zu beurteilen, ob das Verwenden einer Open Source Software, die aufrufende Software dabei miteinschließt oder nicht. Dies birgt die Gefahr, dass ein Unternehmen evtl. dazu gezwungen werden kann, den kompletten Quellcode seiner Software, die es verkaufen will, und nicht nur den Quellcode des verwendeten Moduls, offen legen muss.
- **Patente**
  Freie Lizenzen wie GPL verlangen, dass Patente auf bestimmte Algorithmen, die in freier Software verwendet werden, für jeden kostenlos nutzbar sein müssen um nicht Freiheit 1 (Nutzung des Programms für alle Zwecke von jeder Person) zu verletzen.
- **Möglicher Verlust aller Nutzungsrechte**
  Verstößt man einmalig gegen die Bedingungen einer Software-Lizenz, so kann diese die weitere Nutzung der Software ab diesem Zeitpunkt für immer verbieten.
- **Haftungs- und Gewährleistungsausschluss**
  Lizenzen wie die GPL können die Haftung bei Fehlern im Programm (die z. B. beim Nutzer zu Datenverlust führen) ausschließen. Im deutschen Rechtsraum ist dies aber nicht vollständig möglich, sondern nur bei grober Fahrlässigkeit der Entwickler.
- **Gerichtsstand**
  Manche Lizenzen (z. B. EPL-1.0) besitzen Klauseln, die den Gerichtsstand für die Beilegung von Lizenzstreitigkeiten auf ein ausgewähltes Gericht in einem Staat und dadurch die dort gültigen Gesetze zum Lizenzrecht, festlegen. Dies kann für Unternehmen ein hohes finanzielles Risiko sein, da sie bei Lizenzstreitigkeiten sich in einem anderen Staat gerichtlich vertreten lassen müssen.
- **Attributierung**
  Manche Lizenzen verlangen die ausdrückliche Kenntlichmachung, wer der Autor ist oder z. B. einen Link zur Webseite oder des Quellcodes des Softwareprojekts.
- **Inkompatible Lizenzen**
  Wenn Softwareprojekte unter verschiedenen Lizenzen stehen, kann es sein, dass sie nicht gemeinsam in einem großen Softwareprojekt als Module verwendet werden können, wenn ihre Lizenzbedingungen sich widersprechen oder die Menge der Lizenzen, unter der das gemeinsame Softwareprojekt stehen kann, eingeschränkt wird.

  **Beispiel**: Ein Softwareprojekt, das Module mit GPL und welche mit MIT-Lizenz benutzt, kann nur unter die GPL gestellt werden, damit die Bedingungen des Teils des Quellcodes, der unter der GPL-Modul steht, nicht verletzt (eingeschränkt) werden. Lizenzen, wie z. B. die MIT-Lizenz, die sich mit der GPL in dieser Weise kombinieren lassen (ohne ihre eigenen Lizenzbedingungen zu verletzen) nennt man **GPL-kompatibel**.

## Sinnbilder (für (reale) Datenfluss- und Programmablaufpläne)

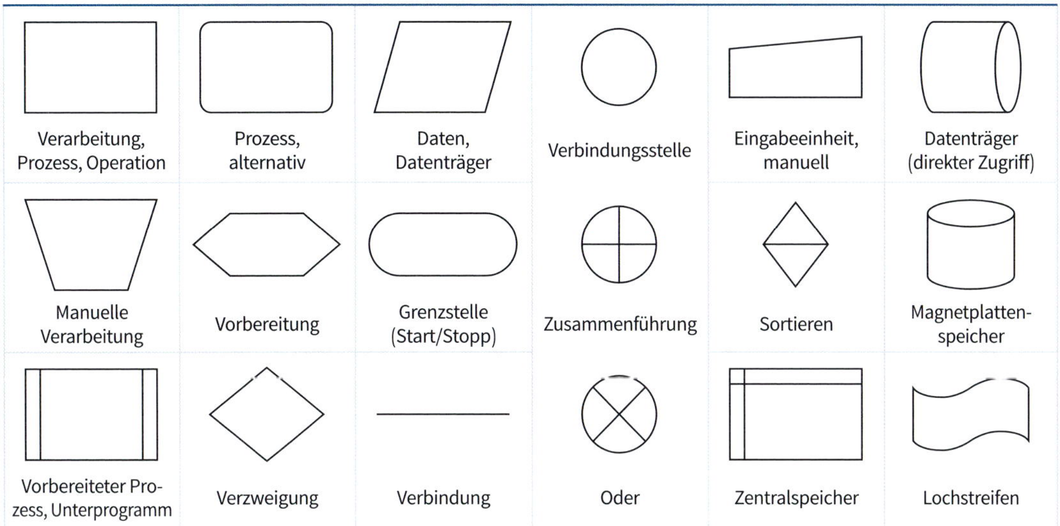


## Regeln zur Erstellung von Plänen

- Pfeile geben die Flussrichtung an.
- Zwischen Sinnbildern dürfen mehrere Verbindungen verlaufen.
- Kreuzungen von Verbindungslinien vermeiden.
- Hintereinander gezeichnete Sinnbilder gleicher Art bilden eine Einheit mehrerer gleichartiger Datenträger. ①
- Sinnbilder können miteinander verknüpft werden, z. B. zu einer Ausgabeeinheit. ②
- Innenbeschriftungen sollen weitere Abläufe erkennen lassen und eindeutig zuordnen.
- Bezeichnung erfolgt oben links des Sinnbilds.
- Durch einen Querstrich oben im Sinnbild wird auf eine detaillierte Darstellung derselben Dokumentation hingewiesen, z. B. schrittweise Verfeinerung eines Programmablaufs. ③
- Mit zusätzlichen senkrechten Linien in den Sinnbildern „Daten" und „Verarbeitung" wird auf eine Dokumentation an anderer Stelle hingewiesen.

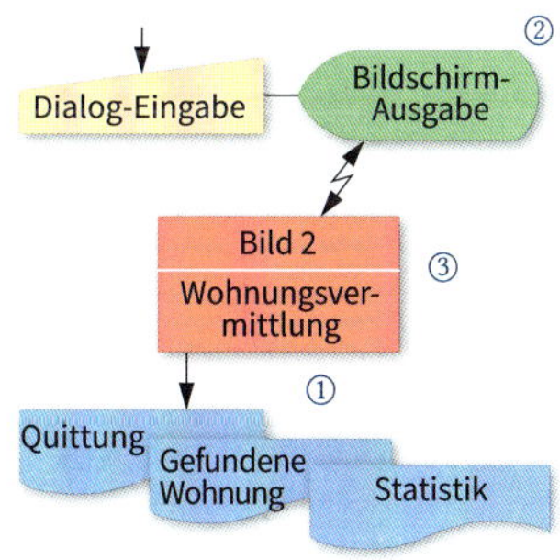


## Pseudocode

### Merkmale

- Pseudocode: **Code** zur Erfassung der Programmierstruktur und zur Beschreibung von Anweisungen.
- Die Pseudocode-Beschreibung stellt oftmals den Zwischenschritt vom Struktogramm bzw. Programmablaufplan zum Quellcode dar.
- Der Pseudocode ist nicht verbindlich geregelt bzw. definiert. „Pseudocode-Standards" wurden von verschiedenen Institutionen definiert.
- Keine Sprachelemente aus bekannten Programmiersprachen verwenden: Diese strenge Forderung kann nur bedingt eingehalten werden. Eindeutige und verständliche Beschreibungen wählen.

### Typische Sprachelemente

- Deklarationen – ***INIT***
  - Vereinbarung einer Variablen (zahl-Z1) als Integer-Wert: ***INIT***: zahl-Z1: Integer
  - Deklaration und vorgängige Wertbelegung der Variablen zahl-Z1: ***INIT***: zahl-Z1 = 1;
- **Eingabe/Ausgaben:** (xxx: Ziel der Ein-/ Ausgabe; yyy: Inhalt der Ein-/Ausgabe)
  - Eingabe – E: E(xxx): yyy
  - Eingabe (E) über die Tastatur (T) – E(T): yyy
  - Ausgabe – A: A(xxx): yyy
  - Bildschirmausgabe (B): A(B): yyy
  - Textausgabe (Text: yyy): A(B): „yyy"
  - Ausgabe eines Variablenwerts auf dem Bildschirm: A(B): yyy
- Bedingte Anweisungen/Schleifen

```
solange BEDINGUNG
        führe aus ANWEISUNG falls BEDINGUNG
              dann ANWEISUNG
```

- Orientiert an PASCAL existiert hierzu z. B. folgende Pseudocode-Darstellung:

```
while BEDINGUNG
     do read WERT
          if BEDINGUNG
            then ANWEISUNG A
          endif
          ANWEISUNG B
     enddo
     write WERT
```

## Übersicht

| Programmablaufplan nach DIN 66 001 | Nassi-Shneidermann Struktogramm DIN 66 261 |
|---|---|

### Verarbeitung (allgemein, Strukturblock, Elementarblock)

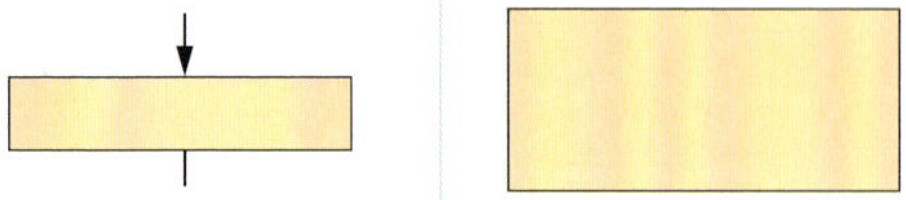

- Aufgabenkurzbeschreibungen
- Unterprogrammnamen
- Anweisungen, Programmiersprachenbefehle

### Reihenfolge (Sequenz)

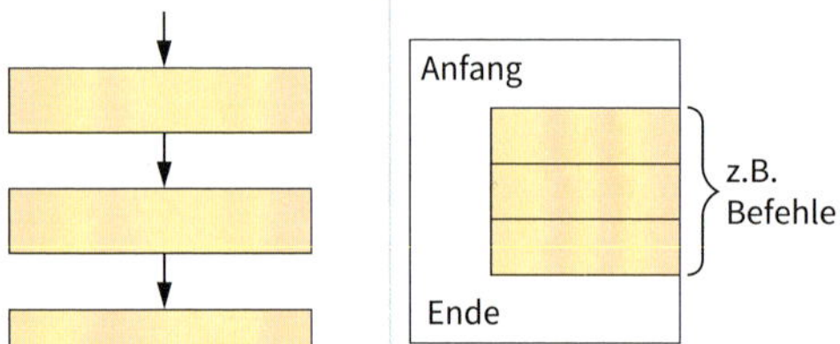


- Aneinanderreihung von mehreren Anweisungen oder Befehlen
- Aufzählung mehrerer nacheinander zu bearbeitender Aufgaben

### Bedingte Verzweigung

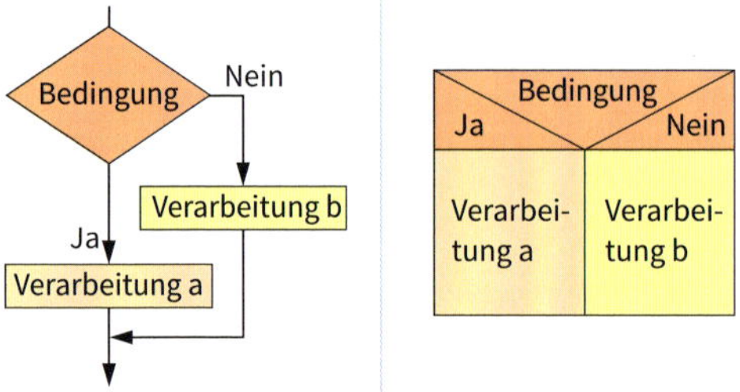


- Auswahl von einer Verarbeitung aus zwei möglichen aufgrund einer logischen Entscheidung.
- Ist die Abfrage mit Ja beantwortet, dann Verarbeitung a, andernfalls Verarbeitung b. Diese Verzweigung wird auch als IF-(wenn Bedingung erfüllt)-THEN-(dann Verarbeitung a)-ELSE-(sonst Verarbeitung b)-Abfrage bezeichnet.

### Fallabfrage, Fallunterscheidung

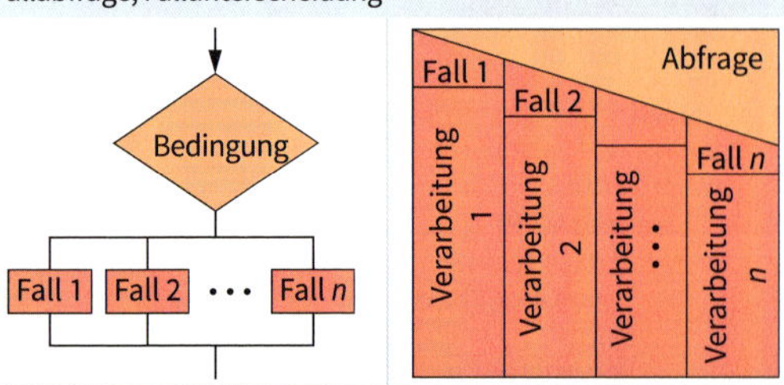


- Auswahl einer Möglichkeit aus mehreren Vorgaben (engl. Case-Block)

### Wiederholung (kopfgesteuerte Schleife)

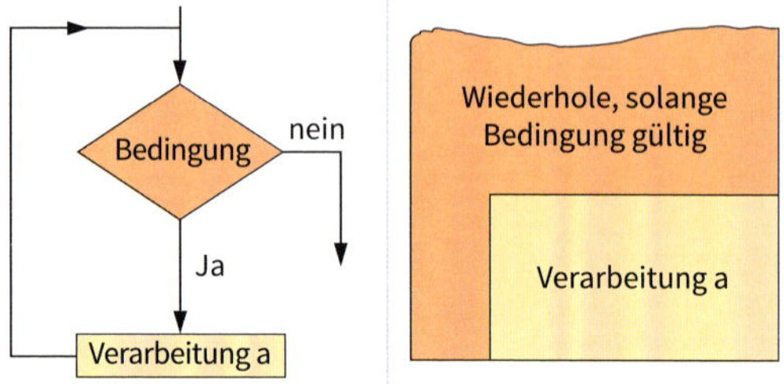


- Schleifendurchläufe
  Abfrage der Bedingung erfolgt vor der Durchführung der Verarbeitung a. Ist die Bedingung bei der ersten Abfrage schon **nicht** erfüllt, erfolgt **keine** Durchführung der Verarbeitung a (engl. WHILE-Schleife).

### Wiederholung (fußgesteuerte Schleife)

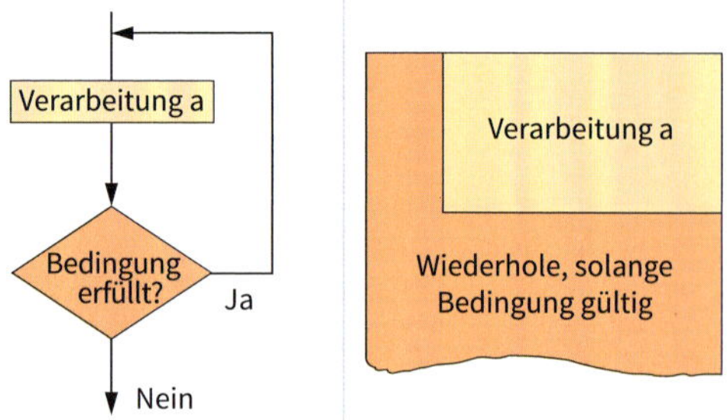


- Schleifendurchläufe
  Abfrage der Bedingung nach dem Durchlauf der Verarbeitung a (engl. REPEAT- oder UNTIL-Schleife).

### Schleife mit Unterbrechung

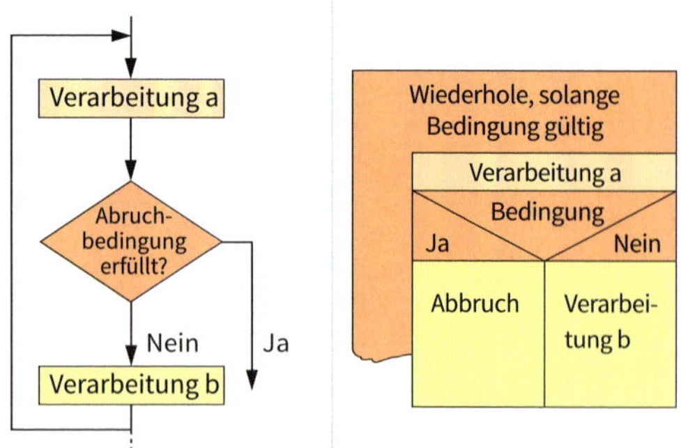


- Schleifendurchläufe
  Die Bedingung (Abbruch-Bedingung) wird während der Verarbeitung abgeprüft (engl. CYCLE-Schleife).

## Einsatzprinzipien/Gestaltungselemente

- **Applet:** dynamische Programmiereinheiten (kleine Anwendung)
- **Applikation:** Anwendung
- **Batch:** Stapel (sequentielle Verarbeitung Abarbeitung von Aufträgen, Daten, Programmen)
- **call-by-reference:** Die Adresse eines Arguments wird übergeben. Es wird dann auf den zugehörigen Speicherwert zugegriffen. Im Prozess kann dieser Wert verändert werden.
- **call-by-value:** Eine Kopie des aufgerufenen Argumentwerts wird übergeben. Der Originalwert bleibt unverändert.
- **Dekrement:** vermindern (Abzählen um eins)
- **Destruktor:** Zerstörer
- **Dialekt:** Entwicklungsversion einer Programmsprache mit spezifischen Entwicklungen
- **EOF: E**nd **o**f **F**ile
- **EOL: E**nd **o**f **L**ine (Zeile)
- **FCFS: F**irst **C**ome **F**irst **S**erved (Wer zuerst kommt, wird zuerst bedient.)
- **FIFO: F**irst **I**n – **F**irst **O**ut (Abarbeitungsabfolge)
- **Freeware:** quasi kostenlose Software, die aber geschützt ist.
- **GNU:** herstellerunabhängiges BS
- **GUI: G**raphical **U**ser **I**nterface (visuelle (Prog.-S) Oberfläche)
- **Hypertask:** Abarbeitung von endlich vielen Prozessen in endlicher Zeit
- **IDE: I**ntegrated **D**evelopment **E**nviroment – Entwicklungsumgebung
- **Inkrement:** Zuwachs (Hochzählen um eins)
- **Instanz:** Prozess in einem Rechner
- **Interface:** Schnittstelle
- **Konstruktor:** Erzeuger
- **LIFO: L**ast **I**n – **F**irst **O**ut (Kellerspeicher: Stack-Speicher) Das zuletzt eingegangene „Element" wird zuerst bearbeitet.
- **Modul:** abgegrenzte Programmeinheit (Funktion, Prozedur ...)
- **Multithreading:** parallele Bewältigung von Einzelanwendungen in einem Programm
- **Multitasking:** parallele Bearbeitung von mehreren Programmeinheiten in einem System
- **Patch:** ungeplante, aber notwendige Softwareanweisungen
- **Pipeline/Pipeling:** gleichzeitige Verarbeitung mehrerer Befehle
- **Public Domain:** freie, kostenlose, ungeschützte Software
- **Portabilität:** Übertragbarkeit von Software auf Systeme
- **Packet Sniffer:** Analyse-Programme zum Beispiel auf Routern für den Datenverkehr im Netz
- **Scheduling:** Aufteilung von Rechenzeit zu Prozessen (engl. schedule: Tabelle)
- **Shareware:** Software – bezahlbar erst nach einer Testphase
- **SJF: S**hortest **J**ob **F**irst
- **Stack:** temporärer Speicherbereich
- **Supertask:** Abarbeitung von endlich vielen Prozessen in endlicher Zeit
- **Task:** Systemauftrag/Software-Prozess
- **Thread:** Faden (Teil eines Prozesses)
- **Variable, lokale:** Variable gültig nur in einem Unterprogramm
- **Variable, globale:** Variable ist gültig im gesamten Programm
- **Virtualität (Cyberwelt; Cyberspace; virtuelle Realität):** Nachbildung (Simulation) von Realitätsaspekten durch Rechner

## Fehler und Testen

- **Bug:** (Software-)Fehler (engl.: Wanze bzw. Käfer)
- **Deadlock:** Prozessverklemmung
- **Debugger:** Werkzeug zur Sortwarefehlerbeseitigung
- **Endlosschleife:** Programmschleife ohne Abschluss (Abbruch)
- **Shortcut:** Tastenkombination, mit der bei Anwendungssoftware Aktionen ausgelöst werden können: z. B.: <Strg>+<Alt>+<Entf>

## Objektorientierte Systementwicklungen

- **Ableitung:** Schrittweise Wortbildung aus Zeichen und -symbolen im Sinne der verwendeten Grammatik. Ausgehend vom Startsymbol wird bei jedem Schritt eine Produktion angewendet.
- **Ableitungsbaum:** Strukturierte Darstellung von Ableitungen S: Startsymbol (Baumwurzel); Innere Knoten: Nicht-Terminale Äußere Knoten (Blätter): Terminale; Elternknoten: Produktionsknoten; Kindknoten: Produktionsrumpf
- **Aggregation** (hat-Beziehung): Spezielle Assoziation zwischen Klassen („Teilmengenbeziehung"); UML-Darstellung: Raute; Bennenung: „hat", „ist Teil von", „besteht aus"
- **Allomorphie:** Objekte, die zu mehreren Klassen gehören
- **Assoziation** (kennt-Beziehung): Beschreibung von Klassenbeziehungen. Gerichtete und ungerichtete Assoziationen werden unterschieden (Strecke oder Pfeil). Die objektorientierte Darstellung arbeitet mit Pfeilen; die klassische Datendarstellung favorisiert ungerichtete (bidirektionale) Beziehungen.
- **Baum:** Besteht aus Knoten und Kanten. Ein Pfad im Baum besteht aus $n + 1$ Knoten ($n$: Pfadlänge des Pfades).
  - Knoten ohne nachfolgende Knoten sind Blätter (Ecken).
  - Baumhöhe: längster Baumpfad ausgehend von der Wurzel.
  - Knotentiefe bezeichnet die Pfadlänge vom Startknoten (Wurzel) zu diesem Knoten.
- **Beziehung:** Bezeichnet die Beziehung zwischen Knoten bzw. im ER-Diagramm zwischen Klassen. Kardinalität (1:1, 1:$n$, $n$:$m$) und Optionalität (kann, muss) beschreiben die Beziehung.
- **ER-Welt** (**E**ntity-**R**elationship-Welt): Ausschnittweise Abbildung und Darstellung der realen Welt
  - ER-Modell (ERM): Entity-Relationship-Modell
  - Entities (Objekttypen) – Darstellung durch Rechtecke
  - Entities-Attribute – Darstellung durch Ovale
  - Entities-Beziehungen (relationship) – Rautendarstellung
- **Fachkonzept:** Zusammenfassende Darstellung eines Anwendungssystems aus fachlicher Sicht
- **Generalisierung:** Beziehung zwischen einer allgemeinen Klasse (Basisklasse) und der abgeleiteten Klasse
- **Grammatik:** Inhalte einer Grammatik (G):
  - Menge von Terminalen $T$ (auch Buchstaben; Symbole)
  - Menge von Nicht-Terminalen (Variablen)
  - Startsymbol $S$ aus der Menge der variablen Produktionen $P$
- **Join:** Neuartige Relationsverbindung (von $R_1$ und $R_2$ zu $R_1$ $R_2$)
- **Kardinalität:** Beziehungsgrad zwischen zwei Objekttypen in einer relationalen Datenbank
- **Klasse:** Beschreibt die Objektmethoden und Eigenschaften (Attribute). UML-Darstellung: Rechtecke
- **Klassendiagramm:** Klassendarstellung und ihre Beziehungen (Assoziation, Aggregation, Generalisierung, Vererbung)
- **Multiplizität:** Verfeinerte Darstellung von Assoziationen
- **Nicht-Terminal:** Variablen einer Grammatik
- **Objekt:** Konkrete Realisierung einer Klasse
- **Objektorientierte Analyse:** Fachkonzeptentwicklungsphase
- **Objektorientierter Entwurf:** Prozessphase zur Entwicklung der Softwarearchitektur zur Umsetzung des Fachkonzepts (zzgl. Entwicklung einer Benutzungsoberfläche und Realisierung einer konsistenten und stabilen Datenhaltung)
- **Optionalität:** „kann"-Beziehung im ER-Diagramm
- **Produktion:** Entwicklung innerhalb einer Grammatik
- **Relation:** Attribute und Tupeln konkreter Attributwerte (Tabelle)
- **Relationenmodell:** Darstellung der Relationen (Name, Attribute) der Inhalte eines Entity-Relationship-Modells (Objekttypen und Beziehungen); ein relationales Datenbanksystem basiert auf einer entsprechenden Datenmodellierung
- **Relationenalgebra:** Beschreibung zugelassener Operationen
- **Vererbung** (ist-Beziehung): Eigenschaften werden vererbt.

# Programmierfehler
## Programming Mistakes

### Fehler/Fehlerfreiheit

- Ziel technischer Realisierungen ist es an sich, fehlerfreie Abläufe zu gestalten.
- Fehlerursachen können psychologisch, soziologisch, technisch systematisch erfasst werden.
- Im modernen Verständnis werden **fehlertolerante** Systeme und Abläufe konzipiert. Dies gilt für soziale Prozesse (Strafprozessgestaltung, Notenermittlung, Geschäftsprozesse …) ebenso wie für technische Realisierungen.
- Tippfehler, Unkonzentriertheit und Denkfehler verursachen die meisten Programmierfehler.
- Sinnvoll ist es, übersichtliche Programmeinheiten (Module) zu gestalten.

### Bug

- In der Informationstechnik spricht man oftmals bei Fehlern von einem bug.
- bug: (engl.) Wanze bzw. Käfer
- Als Ursache für Funktionsfehler beim Computer Mark II wurden im Jahr 1947 Wanzen gefunden, die zwischen den Kontakten der Röhren und der Relais Kurzschlüsse erzeugten.
- Fehlersuche wird auch als debugging bezeichnet.
- Typische Fehlerraten (Fehleranzahl auf 10 000 Zeilen Quellcode):
  – Standard-SW (250), – relevante SW (25), – Medizin-SW (2), – Rüstung/Raumfahrt (< 1).

| Fehlerart | Erläuterung/Hintergrund | Mögliche Lösung/Reaktion |
|---|---|---|
| Konzeptfehler | ■ Unklare Anforderungsvorstellungen: Missverständnisse zwischen dem Auftraggeber und dem Entwickler<br>■ Unzutreffende bzw. widersprüchliche Problemvorstellung | ■ Das Problem muss genauer durchdrungen werden.<br>■ Eventuell muss der Kunde seine Vorstellungen präzisieren. |
| Entwurfs- bzw. Designfehler | ■ Für die Problemlösungsidee wird in eine unzureichende Programmierkonzeption entwickelt.<br>■ Das Softwaredesign ist unzureichend. | ■ Der Bezug zwischen der Problemlösungsidee und der Konzeption muss präzisiert werden.<br>■ Der materielle Fachbezug ist zu klären. |
| Programmierfehler | | |
| logischer Fehler | ■ Denkfehler, Fehlschluss<br>■ Ablauffehler (Algorithmusfehler) | ■ Präzisierung des Problem- und Lösungsverständnisses |
| Syntaxfehler | ■ Die grammatikalischen Regeln der jeweiligen Sprache werden nicht beachtet. Dies hat zur Folge, dass das Programm nicht kompiliert werden kann. Oder aber es wird durch die Kompilierung ein Produkt erstellt, das anderes erwirkt als an sich gewünscht. Interpreter brechen die Programmausführung an den Fehlstellen ab.<br>■ Oftmals liegen Missverständnisse oder Tippfehler vor. | ■ Syntaxüberprüfung:<br>– Datentypwahl/Kenndaten - Klammersetzung und -auswahl (Klammertyp)<br>– Kommata/Semikolon - Schleifenbenennungen<br>– Schreibweisen (Schlüsselwörter/Variablen …) – Schlüsselwörterauswahl<br>– Typzuweisungen/Typumwandlungen – Zuweisungen, Vereinbarungen<br>■ Pausen einlegen; eventuell eine andere Arbeit erledigen: danach neu analysieren. |
| ■ **Ablauffehler** (fehlerhafte Übergabewerte, unzureichende Berechungen, fehlende Vereinbarungen)<br>■ **Datenfehler** (Datenübergabefehler)<br>■ **Rundungsfehler** | ■ **Implementierungsfehler**<br>■ **Überlauffehler** (Cache)/Pufferüberlauf (Stack Overflow) | ■ **Aufruffehler** (Funktionen, Objekte, Prozeduren)<br>■ **Laufzeitfehler** (→ zur Erfassung Testtools einsetzen)<br>■ **Verfahrensfehler** |
| Betriebsumgebung | ■ (technisch/naturwissenschaftlich) Erschütterungen, Felder, Feuchtigkeit, Strahlung, Temperatur, Wasser<br>■ (betrieblich-sozial, körperlich-psychologisch) Alkohol, Erschöpfung, Müdigkeit, Stress, „Stimmung" (Mobbing) | ■ Diese Fehlerursachen treten in „besonderen" Gefahrenlagen (Raumfahrt, Kraftwerke ...) auf und müssen bei der Gerätekonzeption berücksichtigt werden.<br>■ Belastungssymptome frühzeitig erkennen und lokalisieren. Geeignete Gegenmaßnahmen (Strategien) entwickeln<br>■ Eigene Fehlerverursachungen systematisch erkunden und analysieren: Erfassung des individuellen Arbeitsprozesses (**PSP** – **P**ersönlicher **S**oftware**p**rozess) |
| Bedienkonzeptfehler | ■ Das Programm arbeitet korrekt – jedoch entspricht es den Kundenerwartungen und -wünschen nicht. | ■ Klärung der Kundenvorstellungen.<br>■ Präzisierung der Produkterläuterungen und der Bedienungsanleitung. |
| Testfehler | ■ Es wurden Fehler festgestellt, obwohl das Programm fehlerfrei ist.<br>■ Das Programm arbeitet fehlerfrei, obwohl es fehlerhaft ist. | ■ Testprozesse bereits in der Entwicklungsphase der Software bedenken.<br>■ Testuntersuchungen systematisieren<br>■ Tests von „Dritten" vornehmen lassen. ▫ Kundentests gestalten. |

# Software-Engineering
## Software Engineering

### Definition

- Software-Engineering („Technik“) ist ein Teilgebiet der Informatik.
- Sie wird definiert als ein systematischer, disziplinierter und bewertbarer Vorgang
  - zur Entwicklung,
  - zum Betrieb und
  - zur Pflege (Wartung)

  von Software.
- Sie umfasst eine Reihe von Tätigkeiten und Aufgaben, die über die reine Codierung eines Programms hinausgehen.
- Verlangt, wie jede andere technische Disziplin, u. a. die Einhaltung festgelegter Standards und das Verständnis über den Anwendungs- und Einsatzbereich der zu erstellenden Software.
- Software-Engineering beinhaltet eine Reihe von sogenannten Wissensbereichen. Diese beschreiben bzw. definieren die jeweiligen Aktivitäten (Vorgänge) bzw. die erforderlichen Kenntnisse, die, je nach zu lösender Aufgabenstellung, entsprechend detailliert abgearbeitet werden müssen.
- Die systematische Vorgehensweise im Bereich Software-Engineering ist eine wesentliche Voraussetzung für eine erfolgreiche Produktentwicklung.

### Inhalte

**Wissensbereiche (knowledge areas)**[1)]

**Anforderungen (requirements)**

| Themen | |
|---|---|
| Ermittlung<br>Analyse<br>Spezifikation<br>Validierung | Beschreibung von funktionalen und nicht funktionalen Eigenschaften des zu entwickelnden Systems (Lastenheft)<br>Aufteilung der Funktionen auf Hard- und Softwarekomponenten<br>Anforderungen müssen widerspruchsfrei, konsistent und nachverfolgbar sein. |

**Konfigurationsmanagement (configuration management)**

| Themen | |
|---|---|
| Konfigurationskontrolle<br>Audit | KM (CM) legt die Vorgehensweisen/Verfahren für die Entwicklung des Softwaresystems fest (z. B. V-Modell, Wasserfall-Modell)<br>Beeinhaltet die Konfigurationsüberwachung, Versionierung (Releaseplanung), Freigabe und Auslieferung. |

**Entwurf (design)**

| Themen | |
|---|---|
| SW-Struktur<br>SW-Architektur<br>Strategien<br>Methoden | Der Entwurf beinhaltet die Festlegung der Systemarchitektur (Aufteilung der Funktionen auf Hardware und Softwarekomponenten).<br>Die Software-Architektur beinhaltet die Beschreibung des sichtbaren Systemverhaltens nach außen und zwischen den Komponenten innerhalb des Systems. |

**Entwicklungsmanagement (engineering management)**

| Themen | |
|---|---|
| Projektplanung<br>Projekteinführung<br>Review | EM beinhaltet das Planen, Steuern und Überwachen der Durchführung der Entwicklungstätigkeiten. Definiert beteiligte Abteilungen/Personen und ordnet diesen Rollen im Entwicklungsprozess zu. Realisiert das Ressourcenmanagement. Identifiziert Risiken im Prozess und definiert Maßnahmen zur Risikominderung. |

**Implementierung (construction)**

| Themen | |
|---|---|
| Modelle<br>Programmiersprachen<br>Methoden | Mit der Implementierung wird die eigentliche Codierung eines Softwaresystems bezeichnet.<br>Anwendung finden hier die unterschiedlichen Programmiersprachen und Methoden:<br>▪ Activity Charts (Aktivitäts-Diagramme),<br>▪ endliche Automaten,<br>▪ optimiert für automatischen Test. |

**Entwicklungsprozess (engineering process)**

| Themen | |
|---|---|
| Prozess<br>– Definition<br>– Einführung<br>– Anpassung<br>– Messungen | Planung und Einführung (Umsetzung) des Entwicklungsprozesses. Durchführung des Ressourcen-, Risiko-, Änderungs- (change request) und Qualitätsmanagements.<br>Durchführung der Prozessüberwachung, Prozesssteuerung und Berichterstattung |

**Testen (testing)**

| Themen | |
|---|---|
| Ziele<br>Techniken<br>Prozess<br>Messungen | Mit dem Testen soll die Sicherstellung der Korrektheit, Vollständigkeit und Qualität der erstellten Software erreicht werden.<br>Die Art des Testens ist abhängig von der Art der gewählten Implementierung und kann z. B. auf formaler oder funktionaler Ebene erfolgen. Grundlage sind Testspezifikationen. |

**Entwicklungs-Tools u. -Methoden (development tools and methods)**

| Themen | |
|---|---|
| Tools für<br>– Design,<br>– Implementierung,<br>– Methoden | Anwendungsbereiche/Leistungsmerkmale<br>– SE-Tools für z. B. Anforderungsmodellierung und -nachverfolgung, Implementierung, Engineering-Prozess usw.)<br>– Methoden, wie z. B. heuristische (objektorientiert, datenorientiert), formale Methoden (Spezifikationssprachen ...) |

**Wartung/Pflege (maintenance)**

| Themen | |
|---|---|
| Wartungsprozess<br>Wartungstechniken | Wartung/Pflege ist der Teil des Lebenszyklus eines Systems nach seiner Auslieferung.<br>Dabei ist ggf. die Korrektur von Fehlern, die Ergänzung von Funktionen oder die Umstellung auf eine andere Systemplattform erforderlich. |

**Qualität (quality)**

| Themen | |
|---|---|
| Management<br>Verifikation<br>Validierung<br>Review<br>Audit | Anwendung von<br>– Qualitätsmodellen (Anwendungsbereiche),<br>– Verifikationsmethoden/Techniken,<br>– Validierungsmethoden/Techniken,<br>– Review- u. Audit (Organsiation u. Durchführung) Qualitätskriterien der spezifischen Applikation |

**Verwandte Disziplinen (related disciplines)**

Computertechnik, Informatik, Informationstechnik, Mathematik, System-Engineering, Projektmanagement, Qualitätsmanagement, Softwareergonomie

1) Siehe: SWEBOK (Guide to the Software Engineering Body of Knowledge)

## Hintergrund

- Generell erfasst der Mensch nur **Teilaspekte** der Realität, die sich für ihn über Objekte und deren Beziehungen und vermittelnden Prozesse untereinander ausdrücken.
- Einzelne Objekte werden im Rahmen von Erkenntnismodellen zu **Objektmengen** vereinigt und mit maschinell erfassbaren Strukturen und Verfahren näher beschrieben, sodass Problemlösungen automatisiert werden können.

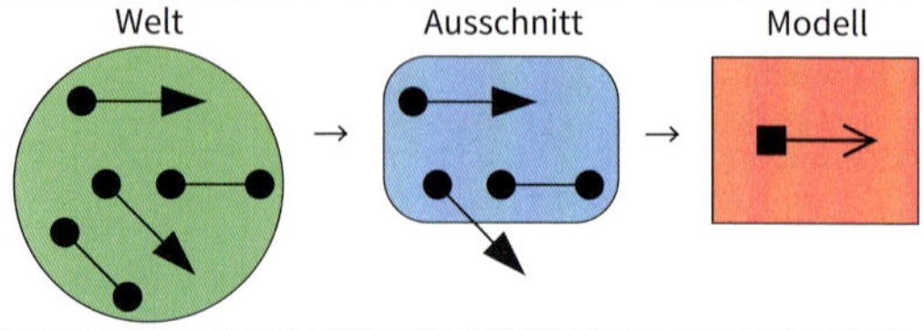


- Die Problemerfassung und -lösung hängt von der gewählten Lösungsbasis ab.
- Die methodischen Konzeptionen und technischen Werkzeuge ermöglichen verschiedenartige Lösungsperspektiven.
- Darüber hinaus müssen gerade bei komplexen Vorhaben Probleme aus den Bereichen der **Kommunikations- und Arbeitslehre** berücksichtigt werden. Angefangen von der Mehrdeutigkeit menschlicher Äußerungen bis hin zu uneffektiven Organisationsformen bestehen vielfältige Bereiche, die aufgrund ihrer Störbarkeit Entwicklungen beeinträchtigen können.

- Es existieren verschiedene Ebenen der Logik:
  - Bekannt sind **aussagen-** und **prädikatenlogische Kalküle**, mit denen Sprach- und Wissensstrukturen formalisiert werden können. Unter Verwendung prädikatenlogischer Konzeptionen zur Wissensrepräsentation entstand seit Mitte der 70er Jahre die KI-(Künstliche Intelligenz)-orientierte Programmiersprache PROLOG (Programming in Logic).
  - Die Theorie der unscharfen Mengen führte zu **Fuzzy-Logik**, auf deren Basis leistungsfähige und schnelle Algorithmen zur Erfassung ungenauer und vager Aspekte erstellt werden können.

- Die systematische **Software-Entwicklung** unter ingenieurwissenschaftlichen Gesichtspunkten wurde aus folgenden Gründen notwendig:
  - zunehmende Komplexität der Software-Produkte,
  - gestiegene Erwartungen an die Leistungsfähigkeit und Zuverlässigkeit der Programme.

- Softwareprojekte ab etwa 100.000 Zeilen Quellcode werden als große Projekte bezeichnet:
  - Die Erfahrung zeigt, dass bei neu erstellter Software etwa 4 Fehler auf 1.000 Zeilen gefunden werden.
  - Die Wartungskosten machen etwa 70 % aus.
    Die Kosten der Programmkodierung nur 5 %.

## Qualitätsebenen und -sichten

- Zur **inneren Ebene** gehören besonders die Aspekte Wartbarkeit und Systemdokumentation.
- Zur **äußeren Ebene** gehören die Aspekte Korrektheit, Robustheit, Zuverlässigkeit, Effizienz, Dokumentation für den Benutzer.

- Qualitätsaspekte aus **Sicht des Auftraggebers:** Effizienz, Zuverlässigkeit, Korrektheit, Wartbarkeit
- Qualitätsaspekte aus **Sicht des Benutzers:** Benutzerfreundlichkeit, Robustheit, Korrektheit, Zuverlässigkeit, Effizienz eines Programms
- Qualitätsaspekte aus **Sicht des Betreuers:** Wartbarkeit, Korrektheit, Zuverlässigkeit

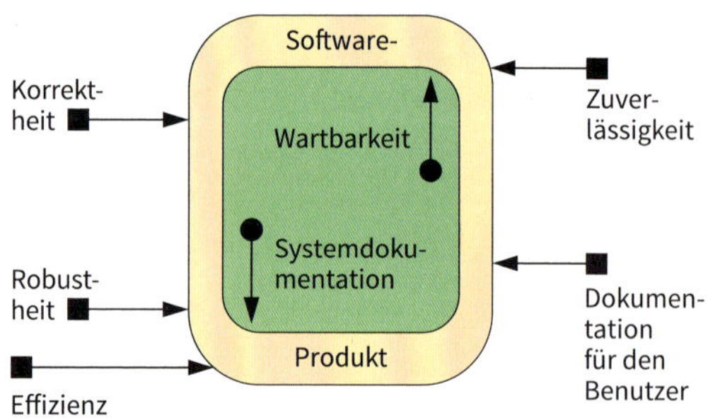


## Prozessmodelle

**Klassisches Phasenmodell** (Wasserfallmodell)

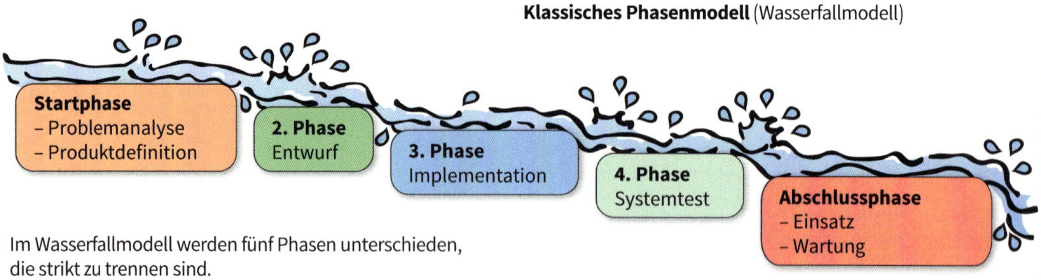


- Im Wasserfallmodell werden fünf Phasen unterschieden, die strikt zu trennen sind.

- In einigen Modellen werden sechs Phasen unterschieden:
  1 Projektvorbereitung
  2 Spezifikation
  3 Entwurf
  4 Codierung
  5 Test/Inbetriebnahme
  6 Nutzung/Wartung

- Seit 1975 sind Phasenkonzepte in der Software-Entwicklung zum Teil auch gesetzlich geregelt. Dies ist für die Festlegung der Lastenhefte von großer Bedeutung.

## Grundelemente

- Das klassische Phasenmodell („Wasserfallmodell") wurde einer umfassenden **Kritik unterzogen**, **verfeinert** und **ergänzt**.
  Im Phasenmodell wurde die Phase „Erstellung eines Prototyps" zwischen den Phasen „Problemanalyse…" und „Entwurf" eingefügt.
  Zur Beschreibung des Software-Entwicklungsprozesses wurden
  - **transformatorische Modelle** und
  - **evolutionäre Modelle** formuliert.
- Eine umfassende Prozessbeschreibung wird mit dem **Spiralmodell** nach Boehm ermöglicht.
  - Zunehmend wird die Entwicklung komplexer, durchläuft aber immer wieder gleichartige Entwicklungs-„phasen".
    Das klassische Phasenmodell, aber z. B. auch das evolutionäre Software-Entwicklungsmodell können als Sonderfälle des Spiralmodells verstanden werden.

**Spiralmodell**

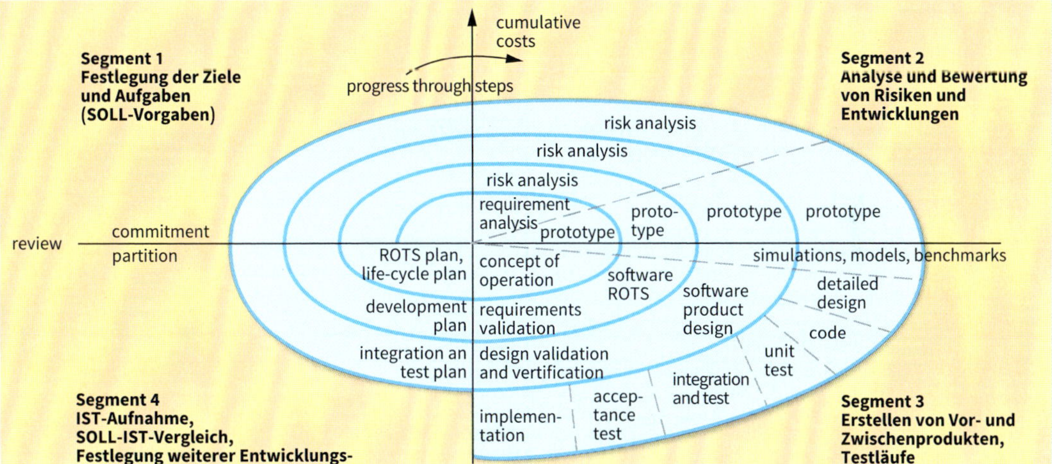

**ROTS**: **R**esearch **O**ff-**t**he-**S**helf

## Optimierungsprinzipien

### Komplexitätsreduktion

Bei der Problemformulierung und der Erstellung von Lösungen ist zu beachten, dass der einzelne Mensch nur eine **begrenzte Komplexität** erfassen und auflösen kann. Es ist ratsam, bei der Software-Entwicklung die Gesamtproduktion in überschaubare Teilprobleme zu zerlegen, die jeweils für sich entwickelt und auch getestet werden können.

### Weiterverwendung entwickelter Software

- Analytische Ergebnisse und Softwareprodukte, die bereits entwickelt wurden oder aber als Marktprodukte erworben werden können, sollen so weit wie möglich verwendet werden.
- Sollten keine geeigneten Produkte vorliegen, ist zu prüfen, ob durch Anpassung und Weiterentwicklung vorhandener Software sinnvolle Ergebnisse zu erzielen sind.

### Arbeitsprozessorganisation

- Die Notwendigkeit besteht, effektive **Arbeitsteilungen** vorzunehmen. Hierzu müssen die Aufgaben
  - in einzelne,
  - überblickbare,
  - in sich geschlossene und
  - (subjektiv) sinnvolle Teilaufgaben zerlegt werden.
- Die einzelnen **Arbeitsprozesse** müssen
  - in ihrer inneren Entwicklungslogik,
  - im Bezug zu anderen Tätigkeiten,
  - in ihren Voraussetzungen und Bedingungen im Zeitablauf und
  - im notwendigen Aufwand deutlich bestimmt werden.
- Die **Verantwortlichkeiten** müssen verbindlich und konfliktreduzierend festgelegt werden. **Termine** müssen realistisch festgelegt werden.

### Dokumentation

- Auf allen Entwicklungsebenen und zu allen Zeitpunkten müssen die Problemstellungen und Lösungsansätze nachvollziehbar festgehalten werden.
- Die **Dokumentation** muss jederzeit allen Beteiligten zugänglich sein. Im Programm selbst müssen strukturelle Überlegungen und Vereinbarungen ausgewiesen werden.
- Vielfältige textliche und grafische Methoden und Mittel stehen zur Optimierung der Programmieraufgaben zur Verfügung. Zur Darstellung der Programmstrukturen können folgende Verdeutlichungsmittel verwendet werden:
  - Datenflusspläne,
  - Petri-Netze,
  - Struktogramme,
  - Syntaxgraphen,
  - V-Graphen,
  - Datenstrukturdiagramme,
  - Entscheidungstabellen,
  - Interaktionsdiagramme,
  - Programmablaufpläne.

## Evolutionäres Software-Engineering

**Hintergründe:**
- Die Gestaltungsidee des Wasserfallmodells ist vollständig. Es ist in normaler Hinsicht sinnvoll einsetzbar. Im Rahmen der Software-Entwicklung ermöglicht es den „Blick von außen“ auf das Projekt.
- Problematisch ist das Wasserfallmodell da, wo speziell die internen Entwicklungsaspekte erfasst werden sollen. Insofern versperrt es die Prozessbeobachtung, den „inneren Blick“.
- Zur Erfassung der Entwicklungsmöglichkeiten wurde das Wasserfallmodell unter Beachtung von Detailaspekten erweitert. Neben dem Spiralmodell ist hierbei das evolutionäre Entwicklungsmodell hervorzuheben.
- Im modernen Projektmanagement werden in ergänzender Art – in Abhängigkeit von der Betrachtungsperspektive – verschiedene Modelle quasi zugleich eingesetzt.
- Im Rahmen der Modelle liegen jeweils veränderte Erwartungen und Anforderungen an die beteiligten Mitarbeiter vor. So muss bei evolutionären Entwicklungen die Leitungsebene vielfältige Aspekte ergänzend erfassen und managen.

## Grundidee der evolutionären Modelle

- Grundgedanke beim evolutionären Modell ist, das SW-Produkt vom Ansatz her stufenweise zu entwickeln. Jede Version (X) ist als Prototyp für die weitere Version (X + 1) zu verstehen.
- Jede Version durchläuft einen vollständigen Entwicklungszyklus im Sinne des Wasserfallmodells.
- Das Modell ist bedeutsam gerade für komplexe Entwicklungen, die dann auftreten, wenn der Auftraggeber seine Vorstellungen im Verlauf modifizieren wird bzw. muss.
- Unterschieden werden:
  – evolutionäre Modelle mit partieller Analyse und
  – evolutionäre Modelle mit vollständiger Analyse.
- Beim Modell mit vollständiger Analyse werden alle Daten bereits in der ersten Analysephase ermittelt. Diese Daten sollen stabil bleiben. Insofern werden die fachlichen Anforderungen in ihrer Gesamtheit in der ersten Analysphase erfasst.
- Beim Modell mit partieller Analyse entwickeln sich die Grunddaten im Verlaufsprozess.

## Evolutionäre Modellstruktur

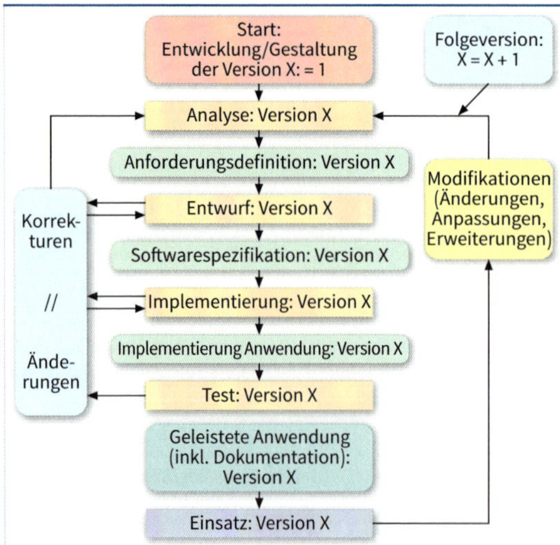


## BVB und EVB-IT (EDV-Anlagen und DV-Programme)

**Besondere Vertragsbedingungen**:
- Der Gesetzgeber hat **b**esondere **V**ertrags**b**edingungen (**BVB**) für den Umgang mit EDV-Anlagen und DV-Programmen seit den 1970er Jahren erlassen.
- Veröffentlicht im **Bundesanzeiger** (**BAZ**).
- **EDV-Anlagen/DV-Programme**
  – **Miete** (BAZ 23; vom 2.2.1973)
  – **Kauf** und **Wartung** (jeweils BAZ 135; vom 25.7.1974)
  – **Erstellung** (BAZ 13a; vom 21.1.1986)
  – **Pflege** (BAZ 139/79; vom 21.12.1979)
  – **Planung** (BAZ 227a; vom 6.12.1988)
  – **Überlassung** (BAZ 26/77; vom 19.11.1977)
  – **EVB-IT** (Ergänzende Vertragsbedingungen für die Beschaffung von IT-Leistungen): Diese sind (ergänzend) zu beachten.

## Projektbegriffe

| Vom Gesetzgeber definierte Begriffe für Softwareprojekte (BVB) | | |
|---|---|---|
| Ausfallzeit | Einführung der Programme | Instandhaltung |
| Ausweichanlage | | Instandsetzung |
| Betriebsbereitschaft | Fachliches Feinkonzept | Mängelbeseitigung |
| DV-Anlage | | Programm |
| DV-Geräte | Grobkonzept | Vorbereitende Arbeiten |
| DV-technisches Feinkonzept | Grundsoftware | |
| | | Wartung |

## Klassifikationen

- **Phasenkonzept** (nach BVB)
  Im Bundesanzeiger werden bei einem Projekt drei Verfahrensabschnitte/-phasen unterschieden:
  1. **Planung** 2. **Realisierung** 3. **Einführung**
- Der erste Abschnitt gehört zur **Planung von DV-gestützten Verfahren**. Der zweite (und wenn vorhanden auch der dritte) Abschnitt gehört zur **BVB-Erstellung**.

**Kenngrößen für die Bestimmung von Projektgrößen**:
– **APM**: **A**nzahl der am **P**rojekt beteiligten **M**itarbeiter
– **SAPM**: **S**umme der **A**rbeitsjahre der **P**rojekt**m**itarbeiter
– **GKP**: **G**esamt**k**osten des **P**rojekts

| **Projektumfang** | **APM** (Anzahl) | **SAPM** (Jahre) | **GKP** (Mio. €) |
|---|---|---|---|
| sehr kleines Projekt | 1–2 | bis 0,5 | unter 0,1 |
| kleines Projekt | bis 5 | bis 2 | bis ca. 0,4 |
| mittleres Projekt | 5–50 | 2–50 | bis ca. 10 |
| großes Projekt | 50–200 | 500 | bis ca. 100 |
| sehr großes Projekt | über 200 | über 500 | über 100 |

- Besonderheiten im Softwareverlauf ergeben sich, wenn aus rechtlichen Gründen ein **Datenschutzbeauftragter** bei Abstimmungen, Festlegungen und Kontrollen beteiligt wird.
- Die Überprüfung des Projektprodukts kann auf seine 1. **Korrektheit**, 2. **Vollständigkeit**, 3. **Robustheit**, 4. **Einwandfreiheit** und 5. **Effektivität** im Allgemeinen nur eingeschränkt und vorläufig erbracht werden.
- Die Erfahrung zeigt, dass Softwareprodukte erst durch umfangreiche **Praxistests** (⇒ **β-Versionen** usw.) optimiert werden können.

## Merkmale

- Der Programmtest hat die Aufgabe, Fehlerwirkungen in der Software gezielt und systematisch aufzudecken.
- Er dient zum Nachweis der Korrektheit eines Programms im Sinn der **Validation** und **Verifikation**.
- Die Validierung ist eine Prüfung auf Übereinstimmung von spezifischer Anforderung und implementierter Funktionalität.
- Die Verifikation ist ein formaler Beweis der Korrektheit eines Programms mit mathematischen Hilfsmitteln.
- Die Basis für Programmtests sind alle Dokumente, aus denen Anforderungen ersichtlich werden, die an das Testobjekt gestellt werden. Hierzu gehören auch die Dokumente, die zur Erstellung der Testfälle verwendet wurden.
- Ein **Testfall** beinhaltet folgende Vorgaben:
  - notwendige Vorbedingungen für die Ausführung des Testfalls,
  - die Menge der Eingabewerte und die Menge der erwarteten Sollwerte,
  - die Prüfanweisung, wie Eingaben an das Testobjekt übergeben und Sollwerte abzulesen sind
  - die erwarteten Nachbedingungen
- Das **Testkonzept** beschreibt
  - den Umfang,
  - die Vorgehensweise,
  - die erforderlichen Ressourcen und
  - die Zeitplanung

  der vorgesehenen Tests (z. B. Inhalt nach IEEE 829)
- Programmtests werden mit verschiedenen Methoden (Verfahren) durchgeführt.

## Testverfahren

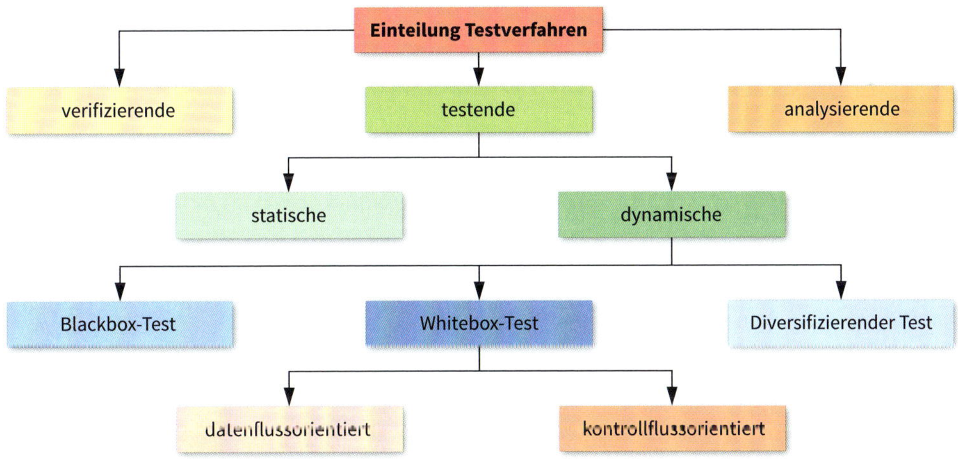


### Verifizierende Testverfahren

- Stellen die Korrektheit des Programms sicher.
- Werden unterschieden nach der eigentlichen Verifikation (s. o.) und der symbolischen Ausführung (Quellprogramm wird mit symbolischen Eingabewerten durch einen Interpreter getestet).

### Analysierende Testverfahren

- Dienen zur Vermessung bzw. Darstellung von Systemkomponenten (z. B. Bindungsart).
- Verwenden **Metriken** zur Darstellung der Eigenschaften, wie z. B.
  - der strukturellen Komplexität,
  - der Programmlänge,
  - der Anzahl der Kommentare.

### Statische Testverfahren

- Programmkomponenten werden anhand des Quellcodes getestet (Analyse auf Papier).
- Verwendet Methoden wie **Inspection, Review** und **Walkthrough** (Präsentation des Dokuments vor einer Gutachtergruppe).

### Testende Testverfahren

- Sollen Fehler im Programm aufdecken.
- Werden unterschieden nach dynamischen und statischen Testverfahren.

### Dynamische Testverfahren

- Übersetzte, ausführbare Programme werden mit konkreten Eingabewerten versehen und in einer realitätsnahen Umgebung getestet.

### Blackbox-Test

- Wird auch als funktionaler Test bezeichnet
- Testfälle werden aus der Spezifikation der Komponente abgeleitet (z. B. Test spezieller Werte).

### Whitebox-Test

- Leitet die Testfälle aus dem Kontroll- oder Datenfluss ab. Verwendet z. B. **Anweisungs-, Zweig**- und **Datenkontextüberdeckung**.

### Diversifizierender Test

- Vergleicht Ergebnisse verschiedener Programmversionen (z. B. **Mutationstest, Back-to-Back-Test**).

# Softwarequalität
## Software Quality

### Merkmale

- In technischen und kommerziellen Softwaresystemen spielt die Qualität der Software eine entscheidende Rolle für den Erfolg von Produkten oder Unternehmen.
- **Qualität** ist definiert als:
  die Beschaffenheit einer Einheit bezüglich ihrer Eignung, festgelegte und abgeleitete Erfordernisse zu erfüllen.
- Die Qualität einer Software wird durch eine Reihe von **Eigenschaften** bestimmt.
- Hersteller und Benutzer haben unterschiedliche Anforderungen an die Software.
- Einzelne Eigenschaften können in negativer Wechselwirkung zu anderen stehen.
- Die zu erreichende Qualität in einer Software ist in einer **Qualitätszielbestimmung** festzulegen.

### Qualitätseigenschaften

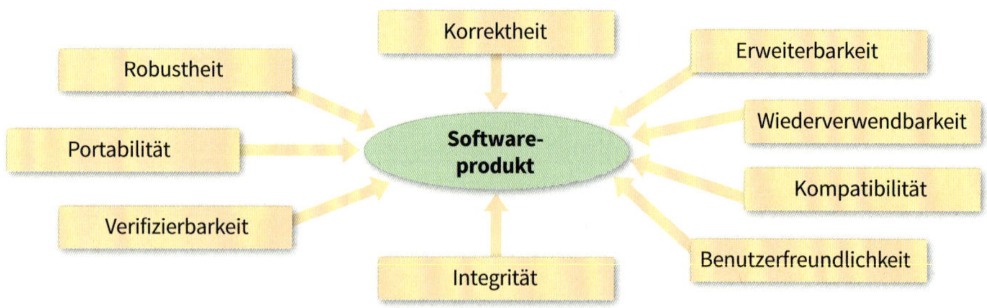


| | |
|---|---|
| Korrektheit | Erweiterbarkeit |
| Übereinstimmung von Realisierung und Anforderung (exakte Erfüllung der Anforderungen) | Einfachheit der Anpassungsfähigkeit von Software an Spezifikationsänderungen |
| Robustheit | Wiederverwendbarkeit |
| Verhalten gegenüber außergewöhnlichen Bedingungen wie z. B. gegenüber Fehlprogrammierung, Fehlbedienung, Fehlerbehandlung | Eigenschaft der Software, ganz oder teilweise für neue Anwendungen wieder verwendbar zu sein |
| Portabilität | Kompatibilität |
| Einsetzbarkeit erstellter Software auf anderen Zielsystemen (andere Hard- und Software) | Einfachheit, mit der Software mit anderer Software verbunden werden kann |
| Verifizierbarkeit | Benutzerfreundlichkeit |
| Aufwand, mit dem Abnahmeprozeduren während der Validations- und Betriebsphase durchgeführt werden können | Einfachheit, mit der die Benutzung von Softwaresystemen (z. B. Bedienung, Art der Dateneingabe, Auswerten von Ergebnissen, Wiederaufsetzen nach Benutzerfehlern) erlernt werden kann |
| Integrität | |
| Schutz der verschiedenen Komponenten gegen unberechtigten Zugriff und Veränderung | |

### Softwaremessung

- Softwaremessung wird verwendet, um definierte **Eigenschaften** von Programmen zu **quantifizieren**.
- Softwaremaße **(Metriken)** werden u. a. angewendet in den Bereichen
  - Qualitätskontrolle,
  - Komplexitätskontrolle,
  - Aufwands-, Kosten- und Zeitabschätzung,
  - Definition/Kontrolle der Einhaltung von Standards,
  - Vergleich und Beurteilung von Produkten,
  - Kontrolle des Software-Entwicklungsprozesses.
- Die **Darstellung** von Messwerten erfolgt in der Regel in grafischer Form, z. B. in Linien-, Balken- oder Flächendiagrammen. Eine übersichtliche Darstellung der Werte unterschiedlicher Maße bietet das **KIVIAT**-Diagramm.

**Maßtypen** werden u. a. unterschieden in
- **Produktmaße** (Eigenschaften des Programms),
- **Prozessmaße** (Eigenschaften des Entwicklungsprozesses),
- **Projektmaße** (Projektsteuerung).

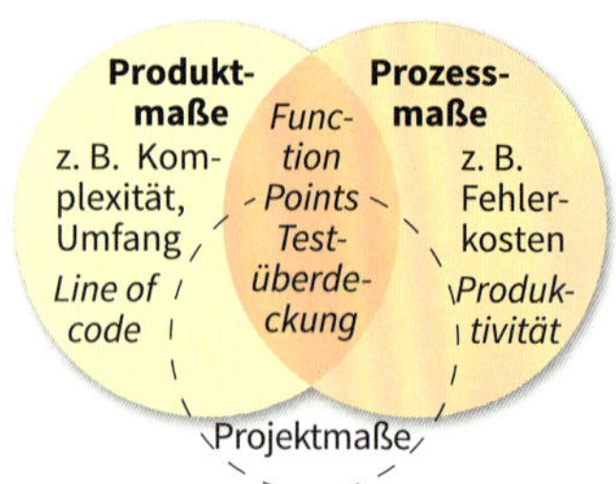

## Qualitätskriterien

- Bedeutsam ist die ISO / IEC 9126
- Annäherung an eine Definition der Qualität: Es geht um Eigenschaftsmerkmale, die zur Zielerfüllung beitragen. Eine Konkretisierung wird über Merkmalsaspekte gefunden, die nur zum Teil untereinander kompatibel sind:
  **Adaptierbarkeit** – Können die Kundenwünsche mit der SW erfüllt werden? Kann sie hierzu geeignet umgestaltet werden? Wie können entsprechende Schnittstellen bestimmt werden? Sind SW-Integrationen möglich?
  **Effizienz** (inkl. **Lernbarkeit**) – Wie sind die konkreten Anforderungen an HW, SW und Schulungen für die Ersteller und für die späteren Nutzer?
  **Fehlerfreiheit** – Gibt es Fehler bzw. Missverständnisse in den Gestaltungen? Können die Fehler gut erkannt werden? Kann der Aufbau der SW und ihr innerer Ablauf geeignet dargestellt und vermittelt werden?
  **Funktionalität** – Erfüllt die SW die Funktionalitäten?
  **Konvertierbarkeit** – Wie gut lässt sich die SW an andere HW- und SW-Umgebungen anpassen?
  **Usability** – Wie leicht fällt die Integrierbar in den vorhandenen Kontexten und den Mitarbeitern die Benutzung?
  **Wartbarkeit** – Aufwand für Modifikationen, Updates etc.?
  **Zuverlässigkeit** – Stabilität der Anwendung?
- Die immanenten und externen **Dokumentationen** und die Testdaten gehören mit zur SW und ihrer Qualität.

## Lebenszyklus

- Software-Entwicklungen-Beschreibungen thematisieren spezielle SW-Entwicklungs- bzw. -anwendungsebenen
- Wasserfallmodell: normierte (rechtliche) Modellperspektive
- Spiralmodell: arbeitspsychologische Perspektive – eine Spiraldrehung entspricht quasi einer Wasserfallausrichtung

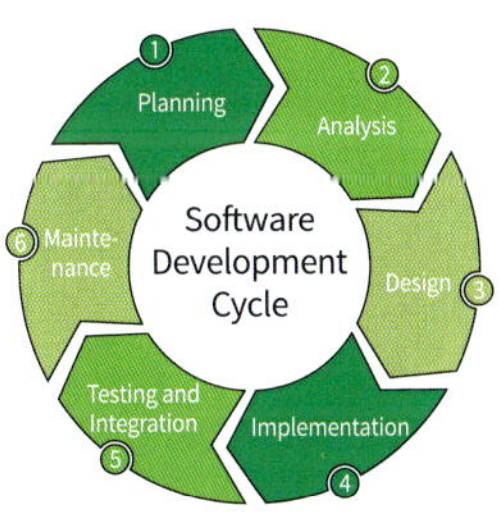


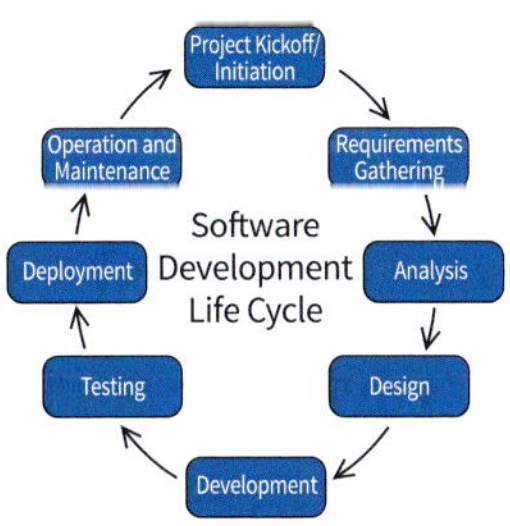


## Softwareentwicklungskonzepte

- **DAST**: **D**ynamic **A**pplication **S**ecurity **T**esting
- **DevOps**: **Dev**elopment IT **Operations** team – Verknüpfung der Technologie-Erfahrungen der IT-Operations (Release-Zyklen, Verfügbarkeit, Zuverlässigkeit, optimiertes Datenmanagement) mit den IT-Entwicklerperspektiven (Testdaten)
- **DevSecOps**: **Sec**ure DevOps
- **IAST**: **I**nteractive **A**pplication **S**ecurity **T**esting
- **SAST**: **S**tatic **A**pplication **S**ecurity **T**esting – laufende Integration von Tests auf statistischer Basis während der Erstellung der SW
- **SCA**: **S**oftware **C**omposition **A**nalysis – Gestaltung von Lösungen innerhalb des Schwachstellen- und Compliance-Managements
- **SDLC**: **S**oftware **D**evelopment **L**ife **C**ycle
- Mit **Codeanalyse-Instrumenten** kann die Qualität der SW verbessert werden.

## Grundsätze der SW-Gestaltung

- Softwarekomponenten können mit Funktionen, Modulen und Bibliotheken ausgelagert und getestet werden. Reduzierung der Komplexität durch Modularisierungen.
- In der SW-Entwicklung können evolutionäre Ansätze und agile Methoden integriert werden. In modernen Entwicklungen werden kontinuierliche Integrationen von Softwaretests eingefordert.
- Ratsam ist es, einen Blick von außen auf die betrieblichen Prozesse, die Softwareentwicklungsinstrumente und die Teststrategien und -ergebnisse zu integrieren.
- Mittels der Containertechnik werden die Softwareeinheiten abgegrenzt und vor Angriffen geschützt.

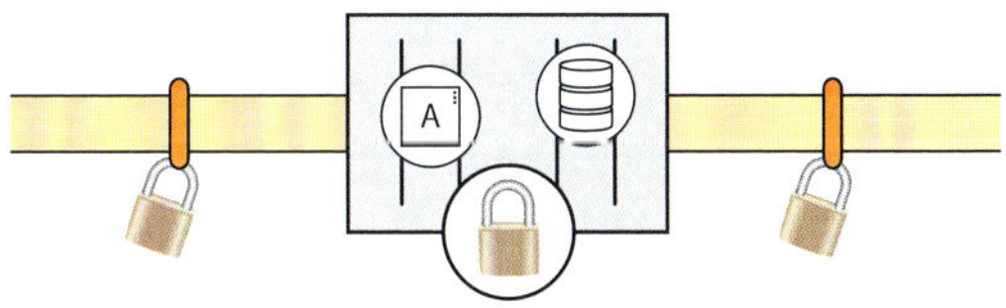


- **CCS**: **C**ontainer **C**omposition **S**ecurity – Schutz der Container-Integrität (Container Pipeline, Anwendung, Sicherheits-Tools und Verbesserung aktueller Sicherheitsrichtlinien)
- **CI**: **C**ontinuous **I**ntegration – **Permanente Integration** von Entwicklungseinsichten (gewonnen durch (automatisierte) Tests) (→ **CD**: **C**ontinuous **D**elivery: Fortentwicklung der CI)

## Einfacher Code (Clean Code – Prinzipien)

- Grundidee: Der Code soll gut verständlich entwickelbar sein und eine produktive Verwendung ermöglichen.
- Prinzipien:
  - Bezeichnungen und Namen sollen kommunizierbar sein
  - Namen sollen mittels Suchfunktionen leicht identifizierbar sein
  - Namen sollen aussagekräftig sein
  - Klassennamen: Substantiv (-Bezug)
  - Methodennamen: Verb (-Orientierung bzw. -Bezug)
  - Eindeutigkeit in der Zuordnung (Wort/Konzept; Wort/Zweck)
  - Funktionen und Methoden sind eindeutig zu benennen
  - eine eindeutige Aufgabe – eine Funktion (auslagern)
  - Methoden und Funktionen knapp gestalten
  - den Code sinnverständig im Kontext einbetten
  - eindeutige und knappe Absatzbildung
  - klare Strukturierung der Abstraktionen
  - knappe Kommentare nutzen für: Informationen, Hintergründe, Motive, Entwicklungsperspektiven
  - Objektorientierter Code, wenn die Klassen erweitert werden
  - Objekte, wenn Daten (das Objektinnere) verborgen bleibt
  - Prozeduraler Code
  - Stukturen, wenn Daten sichtbar werden
  - Test sorgfältig und frühzeitig planen; Testdaten vorab festlegen
  - Testabläufe kontrolliert gestalten
  - Unabhängigkeit der (schnellen) Testabläufe bestimmen
  - Eindeutigkeit der Testergebnisse garantieren (Aussagekraft)
  - Eindeutige Verantwortlichkeiten in der Code-Entwicklung
- Freie Trainingsforen finden sich u. a. unter Code Avengers, Codecademy, Egghead.io, Envatotuts, Freecodecamp, Mozilla Developer Network, Treehouse, Udemy u.a. zu den Themen: Algorithmen, API, Coding, CSS Grid/ Flexbox, Datenstrukturen, Information-Security, Javascript, Python, Webdesign

# Software Versionierung
## Software Versioning

### Begriffe

- **Version**
  Mit der Version kennzeichnet man die jeweilige Ausgabe/Ausführung/Fassung eines Programms oder einer Software.
- **Versionsnummer**
  Es handelt sich dabei um eine Kennzeichnung des Entwicklungsstandes (der Entwicklungsstufe), z. B. eines Programms. Man verwendet numerische und alphanumerische Zeichen sowie auch den Zeitpunkt der Erstellung bzw. Veröffentlichung. Durch die Versionsnummern lässt sich der Entwicklungsablauf nachvollziehen.
- **Versionierung**
  Es handelt sich dabei um den Prozess der Vergabe von Versionsnummern.

### Änderungsprotokoll (Change Log)

Mit dem Änderungsprotokoll informiert man, welche Änderungen zwischen verschiedenen Versionen vorgenommen wurden.

Beispiele:

- Neue Funktionen wurden **hinzugefügt** (added).
- Funktionen wurden **geändert** (changed).
- Bestehende Funktionen wurden vom Entwickler als **veraltet** (deprecated) markiert. Dies ändert meist nichts an der Funktion des Programms ist aber als Warnung für die Nutzer zu verstehen, dass die betreffenden Funktionen in zukünftigen Versionen entfernt werden und Nutzer auf Alternativen oder neue Funktionen umsteigen sollten.
- Veraltete Funktionen wurden aus dem Programm **entfernt** (removed).
- Fehler wurden **behoben** (fixed).
- **Sicherheitskritische** (security) Fehler oder Sachverhalte sind in vorherigen Versionen aufgetreten oder wurden behoben.

### Beispiel für ein Änderungsprotokoll

```
Changelog
3.3.2  2021-08-10
Security
- A security vulnerability (CVE-2021-90711)
  in the user authentication process was in-
  troduced in 3.3.0 and fixed in this release.
Removed
- The CSV exporter was removed and is now
  available as a standalone program. See
  BetterCSVExporter for details.
3.3.1  2021-08-09
Changed
- Improved contrast of UI in dark mode.
Deprecated
- The current CSV exporter will soon be
  moved to a separate stan-alone application.
3.3.0  2021-08-05
Added
- User authentication is now possible via
  face detection.
...
```

### Semantische Versionierung (Semantic Versioning)

- Die Versionierung von Software ist notwendig, um das Verhalten einer Software sowie deren Fehler und Funktionen über die Zeit zu beschreiben und mit Nutzern und Entwicklern zu kommunizieren.
- Die **semantische Versionierung** ist ein eindeutiges Regelwerk zur Versionierung von Software Projekten. Die Versionsbezeichnung setzt sich als Gruppe von drei Zahlen zusammen:

  Hauptversion . Unterversion . Patchversion

- **Hauptversion** (Major):
  Die bestehenden Funktionen wurden in einer Weise geändert, die inkompatibel (nicht verträglich) zu früheren Versionen sind.
- **Unterversion** (Minor):
  Neue Funktionen sind hinzugekommen, aber bestehende Funktionen funktionieren für die Nutzer wie in vorherigen Versionen.
- **Patchversion** (Patch):
  Fehler in bestehende Funktionen wurden behoben.
- Entwickler stufen alle Änderungen zwischen zwei Versionen in diese drei Kategorien ein. Die Änderung mit der höchsten Kategorie bestimmt, welche Stelle der Version um eins erhöht wird.

### Quellcode- und Software-Versionierung

- Der Quellcode eines Softwareprojekts besteht in der Regel aus einer großen Anzahl an Textdateien.
  Die Software-Entwickler nehmen während ihrer Programmierung stetig **Änderungen** daran vor und erzeugen dadurch neue Versionen des Softwareprojekts.
  Deshalb muss zwischen der **Versionierung des Quellcodes** für die Entwickler untereinander und **Versionierung der Software** – wie sie an Nutzer in ausführbarer Form verteilt wurde – unterschieden werden.
- Beispiele für Kommunikation über Softwareversionen mit Nutzern:
  - „Seit Version 3.4.0 ist es möglich auch komprimierte CSV-Dateien (*.csv.gz) zu öffnen."
  - „In Version 1.5.0 wurde ein Bug bei der IPv6- Kommunikation eingeführt, der in Version 1.5.3 behoben wurde."
  - „Dateien, die mit Versionen 2.x erstellt worden sind, können nicht mehr mit vorherigen Versionen geöffnet werden. Umgekehrt ist dies jedoch möglich."

### Ergänzungen

**Alpha**: Sehr frühes Stadium der Entwicklung

**Beta**: Testversion, begrenzter Anwenderkreis

**RC**: Veröffentlichungskandidat, abschließende Testversion

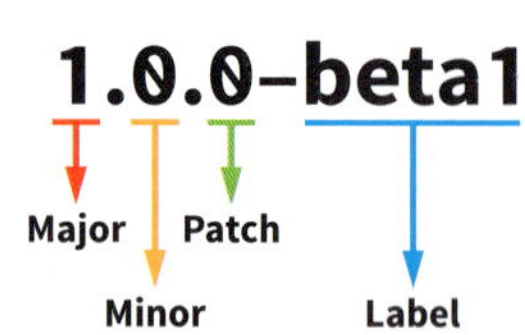


**Release**: Endgültige Version zur Veröffentlichung

**Patch**: Korrekturlevel

## Versionierung von Quellcode

- Im Gegensatz zu Nutzern von Software steht bei Softwareentwicklern vor allem die **Versionierung des Quellcodes** im Vordergrund. Mit jeder Änderung erzeugen die Entwickler neue **Versionsstände** um den Verlauf der Softwareentwicklung kleinschrittig zu dokumentieren.
- Dabei muss auch berücksichtigt werden, dass verschiedene Entwickler gleichzeitig an denselben Dateien Änderungen vornehmen und Konflikte entstehen können, die aufgelöst werden müssen.
- Ablauf:

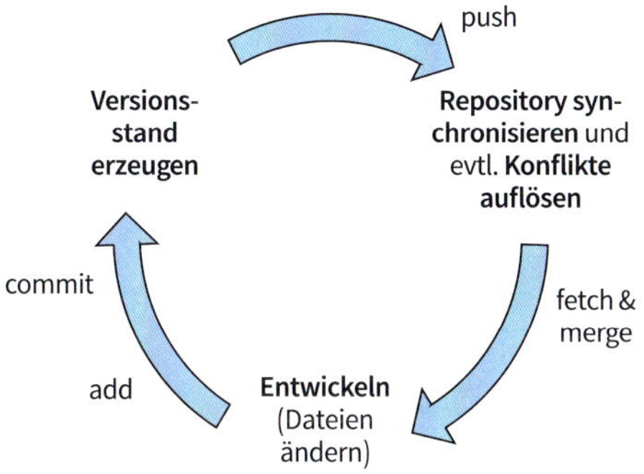


## Versionsstände und Versionszweige

- Ein **Versionsstand** bezeichnet den Zustand aller Dateien eines Softwareprojekts. Ein neuer Versionsstand entsteht, wenn
  - auf einem vorherigen Versionsstand **Änderungen** vorgenommen werden oder
  - zwei Versionsstände **verschiedener Zweige** zusammengeführt („merged") werden.
- Alle Änderungen lassen sich daher in einem Versionsgraphen darstellen. Versionsstände werden von der Versionsverwaltung stets einzigartig benannt. In **Apache Subversion** (**SVN**) werden sie beginnend mit „0" durchnummeriert, in **Git** wird der SHA1 Hashwert (z. B. 89698be) über die Metadaten (Vorgängerversion, Autor, …) verwendet.
  SVN: Freie Software zur zentralen Versionsverwaltung
  Git: Freie Software zur verteilten Versionsverwaltung
- Die einzelnen **Zweige** („branch") eines Versionsgraphen können frei benannt werden.

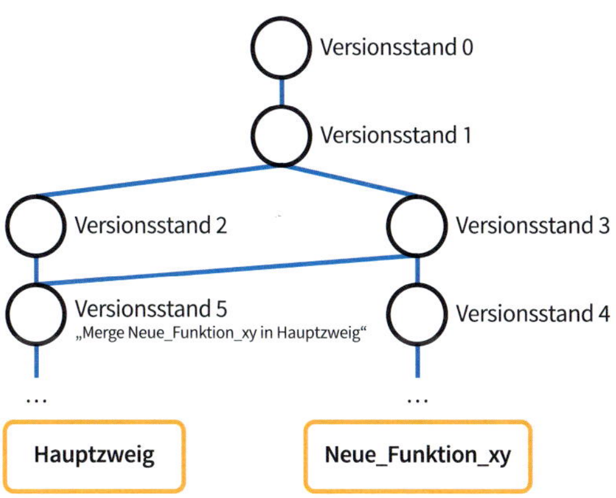


## Entwickeln und Versionsstand erzeugen

- Der Versionsgraph mit allen Versionsständen wird in einem **Repository** (verwaltetes Verzeichnis) in meist komprimierter Form gespeichert. Dieses kann lokal auf dem Computer des Entwicklers und/oder entfernt (remote) auf einem Server liegen.
- Der Softwareentwickler
  - kopiert einen Versionsstand („auschecken") aus dem Repository in einen **Arbeitsordner** ③ („working directory") auf seinem Rechner ①,
  - nimmt Änderungen an einigen Dateien vor ②,
  - markiert die Dateien, die er geändert hat und
  - erzeugt damit einen neuen Versionsstand („einchecken"), der im Repository ④ an den letzten angehängt wird.

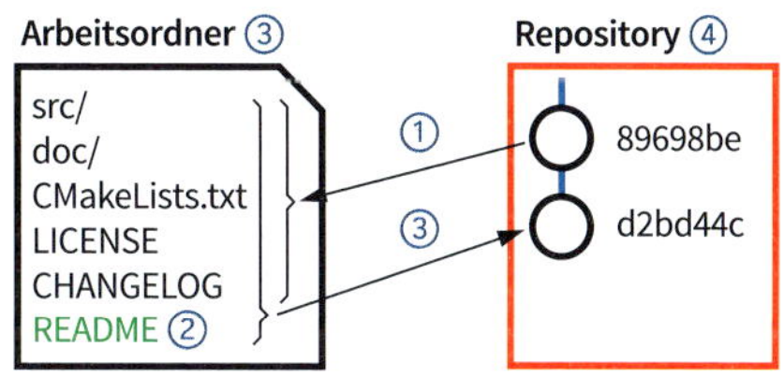


## Repositories Synchronisieren

- Die lokalen Repositories verschiedener Entwickler werden regelmäßig mit dem **Server Repository** („remote") synchronisiert.
- Dabei werden neue lokale Versionsstände hochgeladen („push") ① und neue Versionsstände vom Server heruntergeladen („fetch") und in den Versionsgraphen des lokalen Repositories integriert.

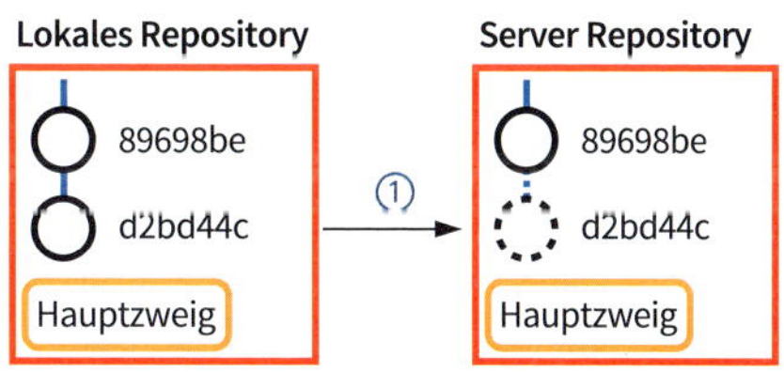


## Konflikte und deren Auflösung

- Konflikte können entstehen, wenn mehrere Entwickler an der gleichen Datei eines Versionsstandes Änderungen vornehmen.

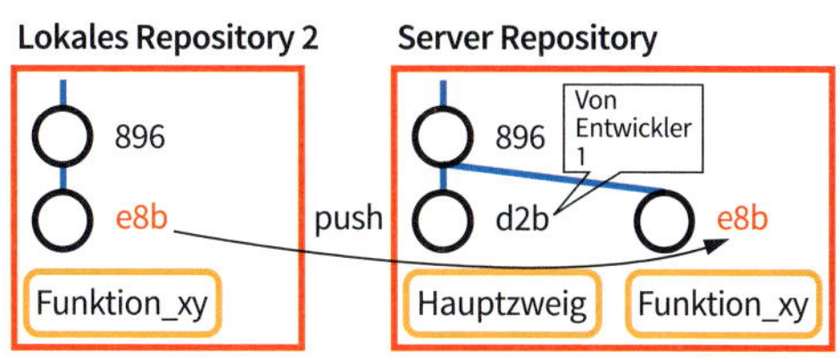


- In einigen **Versionsverwaltungsprogrammen** (z. B. Git) kann die Auflösung des Konfliktes verschoben werden und auf einem neuen Zweig weiter entwickelt werden.
- Zu einem späteren Zeitpunkt, z. B. wenn die neu entwickelte Funktion fertig und getestet ist, kann dann der neue Zweig in den Hauptzweig „gemerged" werden und etwaige Konflikte werden dann erst aufgelöst.

## Merkmale

- Wird angewendet zur Feststellung
  - der Eigenschaften bzw.
  - der Unterschiede zwischen **tatsächlichem** und **erforderlichem** (geforderten) Zustand einer Software.
- Ist
  - Bestandteil der Qualitätssicherung und
  - der Umfang ist abhängig von jeweiligen Projekt.
- Beinhaltet die Prozessschritte
  - Testplanung,
  - Testvorbereitung,
  - Testfallspezifikation,
  - Testfalldurchführung,
  - Testauswertung und
  - Testabschluss.
- Kann verschiedene **Testarten** (z.B. Lasttest) beinhalten.

**Grundsatz**: Das Testen von Software kann lediglich das **Vorhandensein** von Fehlern nachweisen, nicht deren **Abwesenheit** (nach E. W. Dijkstra).

## Prozessschritte

- Sind u. a. abhängig vom Entwicklungsmodell.
- Die Testphasen ❶ werden für jede Teststufe ❷ durchgeführt.
- Nach Abschluss des Komponententests 1 erfolgt der Integrationstest auf Subsystemebene.
- Nach Abschluss des Integrationstests 2 erfolgt der Systemtest.

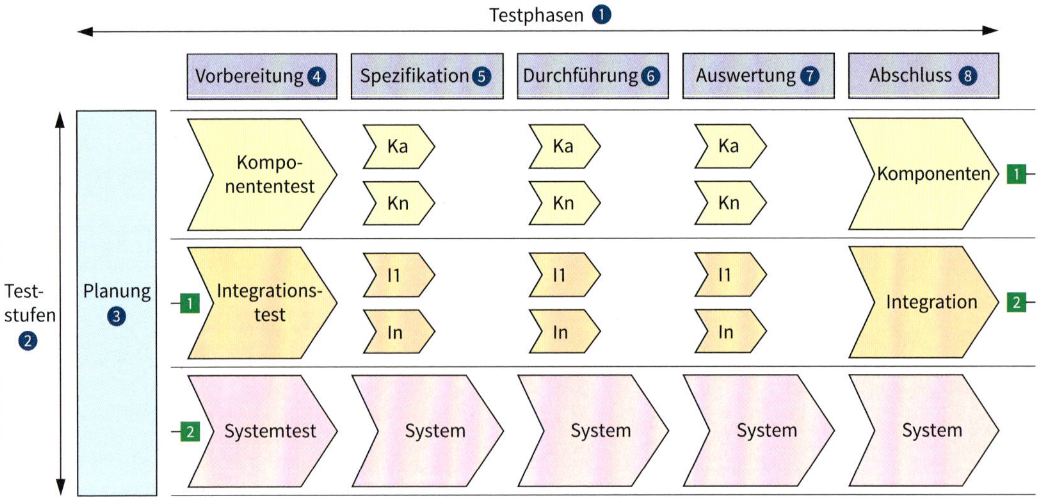


Ka…Kn: Komponententest für Komponente a bis n I1…In: Integrationstest für Subsystem 1 bis n

**Planung ❸**
- Testorganisation (z.B. Terminplan, erforderliche Resourcen, Personal)
- Teststrategie (z. B. Testumfang, Testabdeckung)
- Testziele (für alle Teststufen; Kriterien für Testbeginn, Testende oder Testabbruch)
- Testarten (z.B. statischer oder dynamischer Test)
- Testdaten (z. B. zulässige und unzulässige Eingabe- bzw. Ausgabewerte)
- Testumgebung (z. B. Simulator oder Zielsystem)
- Hilfsmittel und Werkzeuge (z. B. Messgeräte, Datengenerator)
- Dokumentation (u. a. Art, Inhalte)
- Metriken (z. B. Fehlerraten)

**Vorbereitung ❹**
- Dokumente der Testbasis bereitstellen
- Werkzeuge konfigurieren
- Testumgebung(en) aufbauen und einrichten (Systeme, Daten)
- Testobjekte in die Testumgebung integrieren
- Test- bzw. Eingabedaten projektieren/konfigurieren

**Spezifikation ❺**
- Spezifische Testfälle festlegen (Testfallfindung, Testfalloptimierung)
- Exakte Testfallbeschreibung (Was ist zu testen unter welchen Vorbedingungen?)
- Abhängigkeiten zu anderen Testfällen festlegen
- Testreihenfolge, Soll-Ergebnis für Testerfüllung festlegen

**Durchführung ❻**
- Durchzuführende Testläufe auswählen und ausführen
- Testdaten, Testergebnisse und Umgebungsdaten dokumentieren und archivieren

**Auswertung ❼**
- Testergebnisse (je Testfall): Vergleich der Ist-Ergebnisse mit den Soll-Ergebnissen
- Entscheidung: Testergebnis in Ordnung oder fehlerhaft?
- Wenn fehlerhaft: Fehlerklassifizierung, Fehlerbeschreibung, Weitergabe an Fehlermanagement (Testfall offen, muss nach Softwarekorrektur wiederholt werden)

**Abschluss ❽**
- Testdaten archivieren (Teststatistik)
- Entscheidungen über nicht erreichte Soll-Ergebnisse treffen

# Software-Instrumente und -Dienste
## Software Tools and Services

### (Statische) Codeanalyse-Instrumente

- Durch spezifische Analysen, Anwendungs- und Angriffsvorgänge wird die Qualität einer SW untersucht und mögliche Schwachstellen, Fehler bzw. Fehlermuster können erkannt werden. Das Programm wird im Testvorgang nicht angewendet.
- Bezogen auf verschiedene ›SW-Welten‹ existieren folgende Instrumente, die z. T. zu den freien Programmiertools gehören:
  - **ABAP Test Cockpit** (**ATC**): ABAP-Anwendungen in SAP-Welten
  - **AdaControl**: Ada Sourcecode
  - **App-Ray**: Sicherheitslücken bei Android- und iOS-Apps
  - **BugScout**: Sicherheitsprobleme (Java, PHP, ASP und C#)
  - **CAST (Application Intelligence Platform)**: Codequalität
  - **Checkstyle**: Java
  - **CLISP**: Common Lisp
  - **Cppcheck**: C/C++
  - **Fluctuat**: Abstrakter Interpreter (Ada, C/C++)
  - **Ftnchek**: Fortran Code
  - **Goanna**: Softwareanalysewerkzeug für C/C++
  - **HP Fortify Source Code Analyzer**: Sicherheitsprobleme
  - **IBM Rational AppScan**: Sicherheitslücken
  - **Kalistick**: Statische Code Analyse (→ agile Teams)
  - **Kiuwan**: SW-Portal (Java, HTML, PL/SQL, ABAP IV, C/C++, …)
  - **Lint / Splint**: Statisches Codeanalysewerkzeug für C/C++
  - **MALPAS Software Static Analysis Toolset**: Ada, C, Pascal …
  - **Parasoft**: C, C++, Java, JavaScript, XML …
  - **PerlTidy**: Syntaxüberprüfung etc. bzgl. Perl
  - **Pychecker**: Werkzeug zur Prüfung von Python Sourcecode
  - **Pylint**: Statische Codeanalyse
  - **ResourceMiner**: über 30 P-Sprachen und Datenbanken
  - **RIPS**: PHP (Sicherheitsrisiken)
  - **SonarQube**: Cockpit für ABAP, C, Cobol, C#, Java, Python
  - **SQuORE**: Monitoring Werkzeug für P-Sprachen
  - **Veracode**: Sicherheitslücken in Binärdateien und Bytecode
- Programmanalyse im Echtzeitbetrieb mit dynamischen Tests

### Dienste

- **Dienst** (Service; Daemon) – (technische) Funktionseinheit mit abrufbaren Funktionalitäten über definierte Schnittstellen
- Unterschieden werden kundenorientierte und technische Dienste
- ein Service-Dienst betont den kundenorientierten Zugang
- ein technischer Dienst (**API**: **A**pplication **P**rogramming **I**nterface) repräsentiert die Schnittstelle zwischen technischen Funktionalitäten; er dient zum Beispiel der Datenvermittlung zwischen den einzelnen OSI-Schichten
- IT-Dienste werden im öffentlichen Raum u. a. von Providern, Webdienstleistern angeboten
- gemäß ISDN werden die Einzeldienste (Daten (DATEX-P/X.25)), Sprache (Telefon) einheitlich angeboten
- Dienste bündeln die Funktionalität und schützen die Funktionalität; sie ermöglichen effektive Nutzungen und geordnete Zugriffe auf die Mechanismen auch im Sinne der Sicherheit
- Software orientierte Dienste orientieren sich an einer systemischen Serviceorientierung
- **S**ervice **O**riented **M**odelling **F**ramework (**SOMF**) kapselt auch im Sinne der Geschäftsprozessmodellierung die internen Daten konsequent ab
- **OASI** (**O**rganization for the **A**dvancement of **S**tructured **I**nformation Standards: oasis-open.org) definiert Standards für den Zugriff auf die interne Funktionalität (inkl. Quellcode) (geöffneter Code: **O**pen **D**ocument **F**ormat (**ODF**))

### Portale und Plattformen

- Plattform: Bezugsschicht für Anwendungen (im Rechner bzw. im IT-System); hierbei werden u. a. unterschieden: HW- und SW-Plattformen, weiterhin Betriebssystemebenen
- Es gibt geschlossene, halboffene und offene Plattformen
- Digitale Plattformen ergänzen bzw. ersetzen klassische Märkte. Es wird eine Kernplattform gebildet, von der aus Anbieter unabhängig voneinander ihre Produkte bzw. Dienstleistungen mittels einer **App** (→ **A**pplication **P**rogrammer **I**nterface) (›App-Store‹) anbieten können.

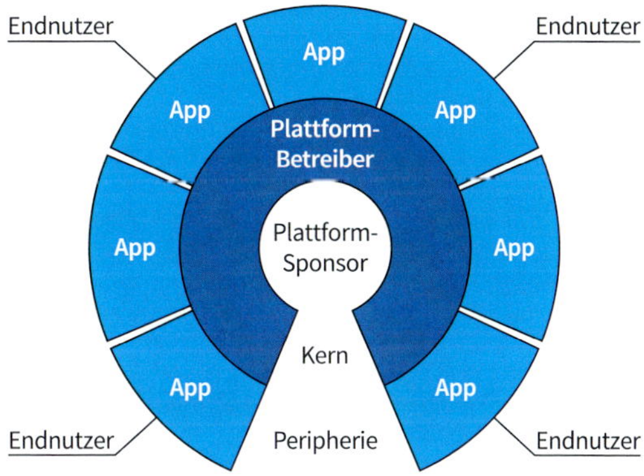


  - der Betreiber des Plattformkerns bestimmt die Nutzungsregeln.
  - die Apps vermitteln die Beziehung zum Kunden; dabei kann eine App selbst wie eine Plattform aufgebaut und gestaltet sein
- Bezugsräume bzw. -ebenen im Netz
  - Such-, Vergleichs- und Bewertungsportale von Angeboten
  - Verteilungs- (Sharing-Plattformen) u. Vermittlungsdienste
  - Medienplattformen – Online-Geschäfte
  - Online-Marktplätze – App Stores
- Dies ermöglicht neuartige Vertriebswege u. Angebotswelten
- Problematisch sind hierbei
  - Bewertungskriterien
  - Beeinflussungen und Manipulation von Bewertungen
  - Zahlungsflüsse (Garantien)
  - Widerspruchsregelungen und Rückgaben
  - Wettbewerbsgestaltungen
  - Erfassung und Schutz von persönlichen Daten
  - Vertragsgestaltungen

### Kommunikationsdienste

**Messengerdienste**

- Unterschiede liegen besonders zu folgenden Aspekten vor: Verschlüsselungen, Statusmeldungen (→ Lesebestätigung: → Online-Status, aktuelle Aktivierungen (›tippt gerade‹))
- **ChatSecure**, **Conversations**, **Delta Chat/1**, Facebook Messenger, **Ginlo**, **Hipchat/2**, Hoccer/3, **iMessage**, Kik/4, Kontalk, Line, **Monal**, **Quicksy**, **Riot**, Signal, **Siskin**, Skype, **Snapchat**, Telegram/5, Threema, twitter, WhatsApp, Wire, Xing, **Yaxim**, … WeChat

**Videokonferenzen**

- Bild- und Tondaten werden synchron übertragen
- Amazon Chime, Cisco Webex, FaceTime, Google Hangouts & Hangouts Meet, GoToMeeting, Microsoft Teams, Mikogo, OwnCloud, Placetel UC-One, Remobo, Skype, TeamViewer, WhatsApp, Zoom, …

## Daten- und Software-Anpassungen

- Ziele der Daten- und Softwareanpassungen
  i.) Daten aus einem speziellen Software-Kontext in anderen Systemkontexten lesbar und verarbeitbar zu machen
  ii.) einen gleichen Aktualisierungsstand der Software bei Nutzern erreichen (konsistente Verarbeitung) zu können
  iii.) Konsistenz der Inhalte (Stammdaten und Datenbankinhalte) zu gewährleisten
- Ein Ziel ist es, fehlertolerante Systeme und Datenverarbeitungen zu ermöglichen. Auch müssen Inkonsistenzen, Eingriffe, Störungen und Angriffe (!) präzise erkannt und abgewehrt werden. Dies hat zur Folge, dass die Systemkomplexitäten wachsen. Jedoch sollen die Systeme zugleich smart und überschaubar bleiben.
- Eine Datenpassung erfolgt über Update-Prozesse. Probleme entstehen durch die fehlerhafte bzw. unvollständige Übertragung von Datensätzen.
- Aufgrund unterschiedlicher Datenformate und konkreter Realisierungen sind Daten auf den verschiedenen Geräten und im jeweiligen Software-Kontext nicht zwingend lesbar.
- Folgen von Datenfehlern, -inkonsistenzen, -unvollständigkeiten:
  i.) Datendarstellungen können nicht gestaltet werden,
  ii.) Datenfehler erzeugen im Rahmen der Weitergabe neue Fehler (Fehlerfortpflanzung),
  iii.) es können keine belastbaren Realitätsaussagen gemacht werden und
  iv.) Sicherheits-Datenschutzprobleme können auftreten.

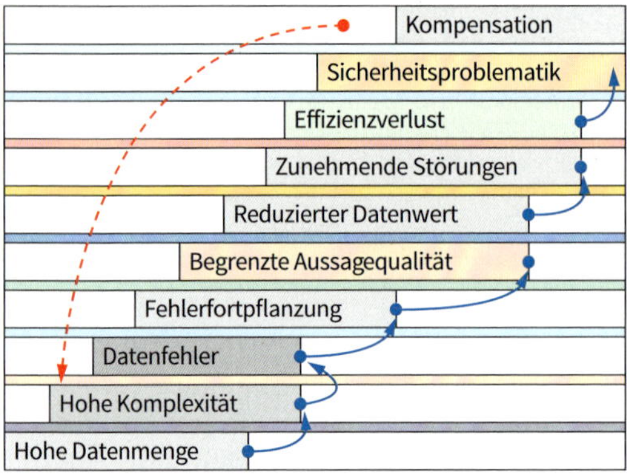


- Für die Erzeugung eines angepassten Codes können Codegeneratoren eingesetzt werden, die ausgehend von Metadaten Quellcode erzeugen bzw. im Rahmen der Code-Analyse einen modifizierten (Quell-)Code erzeugen.
- Eine Zielsetzung der Software-Individualisierung ist, die betrieblichen Prozesse abbilden zu können. Dies hat zur Voraussetzung, dass der Prozess bekannt ist.

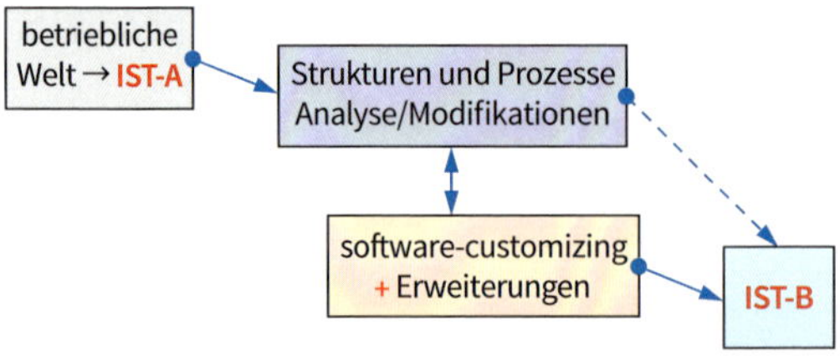


- Eine besondere Problematik geht mit der Anpassung von nicht digitalisierten Daten einher. Hierfür existieren Anpassungs- und Transformationssoftwarepakete.
- Daten müssen an spezifische Verarbeitungsperspektiven angepasst werden. Dieses Problem tritt beim maschinellen Lernen auf. Es kann zum ›Übertraining‹ (›Überanpassung‹) und zum ›Untertraining‹ (›Unteranpassung‹) kommen. Genutzt wird kommerzielle Standardsoftware unter Verwendung evolutionärer Algorithmen.
- Bezüglich der Anpassung von Standard-Software (durch individuelle Eingriffe) wird vom software-customizing (to custmize: anpassen) bzw. von Parametrisierung gesprochen. Die Eingriffe können im Vorfeld – z. B. bei Betriebssystemen – eingeplant sein. Die Voreinstellungen können modifiziert werden. Es existiert die Möglichkeit, über Software-Module programmiertechnische Modifikationen vorzunehmen und individuelle Gestaltungen zu erreichen.

**Prozess-Mining**
- Bindeglied zwischen Data-Mining und Process-Management
- Ziele: Prozessharmonisierung und Prozessoptimierung
- ausgehend von digitalen Strukturen werden Geschäftsprozesse analysier- und optimierbar
- Wissensanteile und implizite Wissensstrukturen und -gehalte können ermittelt und werden mittels geeigneter Modellierungen einer Beschreibung zugeführt
- Workflows werden präziser erfasst
- unterschieden werden folgende Analyseperspektiven
  - **Conformance**: Ausgehend von einem Prozessbeschreibungsmodell werden Daten auf ihre Plausibilität geprüft
  - **Enhancement**: Überprüfung eines Beschreibungsmodells zu Prozessen ausgehend von Daten
  - **Discovery**: ausgehend von protokollierten Daten zu Abläufen werden verborgene Prozesse sichtbar gemacht

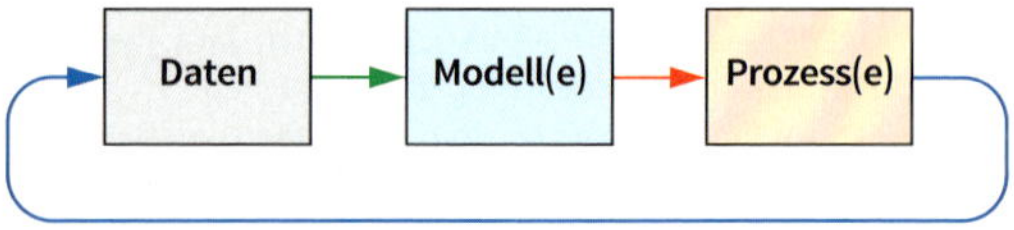


**Explorativen Statistik**
- zur Erfassung von impliziten und/bzw. verborgenen Wissensbeziehungen und Strukturen werden unter anderem Methoden der explorativen Statistik (**EDA**: **e**xplorative **D**aten**a**nalyse (Tukey (1970)) verwendet
- auf dieser Basis können hypothetische Zusammenhänge formulierbar werden

**Knowledge Discovery in Databases**
(Entdeckung von Wissen in Datenbanken (bzw. Datensätzen))
- Der Kern der Analyse beruht auf folgenden Schritten:
  a.) Erhebung von Daten (→ Prozess der Fokussierung)
  b.) Bereinigung der Daten (→ Prozess der Vorverarbeitung)
  c.) Überführung in ein bzw. Anpassung an ein geeignetes Datenformat (→ Prozess der Transformation)
  d.) Zentrale Datenaufbereitung über das DATA-MINING Evaluation über Experten (u. a. auch Schätzungen)
- Das DATA-MINING ist der zentrale Aspekt der Analyse innerhalb des Knowledge Discovery in Databases.
  Ziele hierbei sind:
  a.) Ermittlung von Ausreißer-Daten
  b.) Datengruppierung (Cluster-Bildung) – eventuell unter gesonderter Klassenzuordnung
  c.) Erfassung von Datenzusammenhänge durch die assoziative Analyse von Beziehungen
  d.) Stochastische Analyse und Aufbereitung von (denkbaren Variablen) (Verteilungen; Regressionen)
  e.) Kompakte Darstellung der Datensätze

## Grundlegende Vorgehensweise

1: Analyse der Beziehung Welt → Problem
2: Übertragung: Problem → Mathematischer Zugriff
3: Lösungsansatz: Algorithmus unter Beachtung der Maschine (Zuse, Neumann / RISC / Havard / Quantenrechner)
4: Formale Beschreibung (UML / PAP /…) → Quellcodegestaltung (unter Beachtung der Quellcodekomplexität)

## Komplexitäten

- Zentral bedeutsam sind die Komplexitätsaspekte bei der mathematischen Durchdringung u. der Quellcodebestimmung
- Bedeutsam ist auf der Organisationsebene das Zusammenspiel der verschiedenen Stakeholder und die Beachtung der Analyse-, Gestaltungs- und Erwartungsperspektiven
  › Beteiligte **Stakeholder** (Anspruchsberechtigte) (Stake: Einsatz, Anteil, Erwartung, …; Holder: Besitzer, Eigentümer, Interessierte, …)
  – Abteilung (des ausführenden Auftragnehmers)
  – Abteilung des vergebenden Auftraggebers)
  – (konkrete) Entwickler
  – Finanzierer, Management und Konkurrenz
  › (formale, abstrakte und reale) Perspektiven

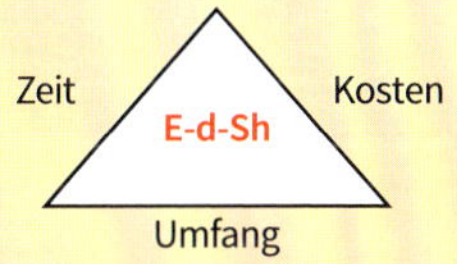


Die Erwartungen der Stakeholder (E-d-Sh) müssen in Balance gebracht werden. Die Stabilität der Balance charakterisiert die Qualität.

› Perspektiven beim Quellcode
Änderbarkeit, Korrektheit, Lesbarkeit, Testbarkeit
Beurteilung der Softwareentwicklung erfolgt unter Beachtung von **Metriken**: Z. B. ist die Anzahl der **Quellcodezeilen** (**LoC** – **L**ines **o**f **C**ode, **SLoC** – **S**ource **L**ines **o**f **C**ode) bedeutsam. Anhaltswert: Pro Mitarbeiter im Projekt werden im Jahr ca. 3.000 bis 10.000 Quellcodezeilen erstellt. Ein Projektvolumen von 100.000 LoC führt zu ca. 10 bis 30 ›Mann-Jahren‹.
Vergleichsdaten: FreeBSD (8,8 Mio. SloC); Windows 10 (≈ 100 Mio. LoC);
PkW-Motorensteuerung (100 Mio. LoC);
google (deutlich über 2.000 Mio. LoC)
Bedeutsam für die Gestaltung sind die Richtlinien im Unternehmen zur Programmgestaltung.

Im Detail widersprechen sich die verschiedenen Perspektiven. Sie müssen geeignet **synchronisiert** werden.

› Bei der Projektgestaltung (Management) ist bzgl. der Komplexität zu beachten, dass die üblichen Modellbeschreibungen nichtlineare, dissipative, autokatalytische und selbstorganisierende Strukturen nur unzureichend reflektieren können.
› Bezüglich der unterschiedlichen Perspektiven werden durch verschiedene Projektanalysemodelle (Wasserfallmodell, V-Modell, Spiralmodell, agile Beschreibungen) näher beschrieben. Diese Modelle stehen nur bedingt in Konkurrenz zueinander.

## Schnittstellen

- Schnittstellen beschreiben die Abgrenzungen und Verbindungspunkte zwischen verschiedenen unternehmerischen Perspektiven und Orientierungen, Programmiersprachen und Zugriffen und Barrieren der Anwender.
- Zur Identifikation einer Schnittstelle müssen präzise Beschreibungen vorgenommen werden.
  Die Anforderungen, Verantwortungen, Ziele (Qualitätsmerkmale: Performance, Sicherheit, Stabilität und Veerwendbarkeit) und Ressourcen sind exakt zu bestimmen.
  Die Entwicklungen und zugehörigen Absprachen und Arbeiten sind kontinuierlich zu dokumentieren und zu bestätigen.
- Mit den Gestaltungen der Software gehen Sichten einher, die in Abhängigkeit und in Spannung zueinanderstehen:
  – **Bausteine** (interne Systemstruktur, Quellcodegestaltung im Detail, Bibliotheken, Speicher, Formate und Übertragbarkeit)
  – **Kontexte** (Abgrenzungen, Einbettungen, Verknüpfungen zur Umgebung mit Blick auf das System, auf Nutzer und hinsichtlich der Wartbarkeit; rechtliche und sicherheitstechnische Aspekte und Facetten der Einsetzbarkeit sind zu beachten)

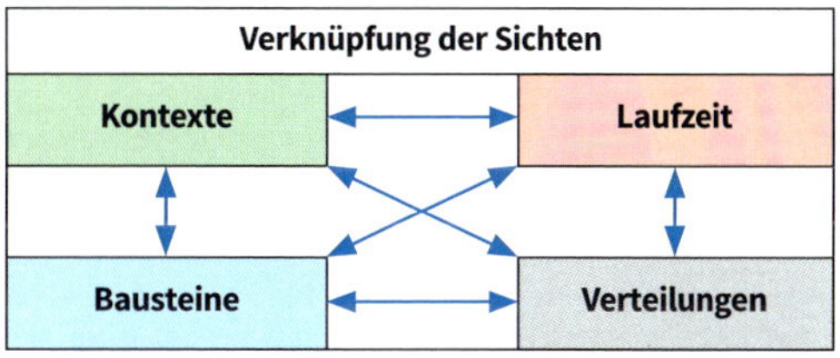


  – **Laufzeit** (Funktionalität und Stabilität des Systems im konkreten Ablauf; Informationsflüsse im System (Daten und Steuerung), über die im Betrieb auch Rückschlüsse auf problematische Prozesse und Störungen gewonnen werden können: geeignete Datenerfassungen und Abspeicherungen können gezielt geplant werden; Transformationen von Daten und Fehlermeldungen werden hierbei gestaltet)
  – **Verteilungen** (Ressourcen- und Hardwareeinsatz)
- Die einzelnen Sichten können formal und programmiertechnisch beschrieben und analysiert werden. Sie können in der UML-Welt dargelegt werden. Ein Rechteck bezeichnet ein Port, welches auf eine Schnittstelle verweist.

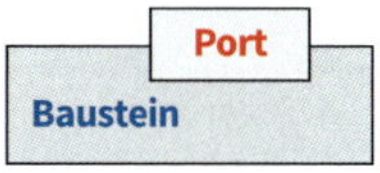


  Die Einzelaspekte sind mit den Beteiligten und speziell auch mit den Kunden abzusprechen. Sie sind explizit zu vereinbaren, zu testen und zu dokumentieren.)
- Bedeutsam für die Qualität und Verwendbarkeit des konkreten Systems ist der gewählte **Architekturansatz** (Architekturstil). Über den Architekturansatz können **Vermittlungen** für konkurrierende Perspektiven gefunden werden. Mit Blick auf die organisations- und psychologische Situation können z. B. agile Ansätze erfolgreich – auch mit Blick auf die Gewinnung von innovativen Ideen – eingesetzt werden. Mit Blick auf rechtliche Perspektiven und hinischtlich der Durchsetzbarkeit von Vorgaben können dagegen strikte Beschreibungen (Wasserfall-Modell) Verwendung finden. Diese Vermittlung betrifft viele weitere Aspekte (Top-Down vs. Bottom-Up Ansätze und Gestaltungen; Kosten vs. Qualität; Innovationen vs. bewährte Ansätze usw.) und ermöglicht tragfähige Kompromisse.

## Moodle

- **Moodle**: **M**odular **O**bject-**O**riented **D**ynamic **L**earning **E**nvironment
- Learning Management System (Lern- und Kommunikationsplattform)
- Entwickelt von Dougiamas, M. (Australien, Perth), 1999
- es besitzt einen offenen Quellcode (open source) gemäß GPL
- Nutzung über PC, Smartphones, Tablet etc. ist möglich
- gehört zu den kooperativen E-Learningsysteme (→ CSCL-Welt)
- freie Lernplattform (Basis: objektiorientiertes Kurssystem)
- Moodle fördert das **gemeinschaftliche Lernen** unter Einsatz von Blogs und Mitteilungen
- es existieren vielfältige Sprachpakete
- zur Navigation wird ein Dashboard (Instrumententafel: Übersichtsseite) eingesetzt, das personalisiert werden kann
- Moodle bietet **virtuelle Lernräume** (Kurse, Klassen) an
- in den **Lernräumen** können Arbeitsmaterialien (Dateien, Links, Texte) eingebracht und Lernaktivitäten gefördert werden
- Metainformationen können in **Blöcken** positioniert werden
  > Blöcke links: administrative Funktionen
  > Blöcke rechts: Organisationsaufgaben
  > Blöcke in der Mitte: Arbeitsmaterialien
- kostenpflichtige Kurse können angeboten werden (→ PayPal)
- **Kommunikationsmöglichkeiten**
  Chat, Forum, Mitteilungssystem (Messenger), Wikifunktion

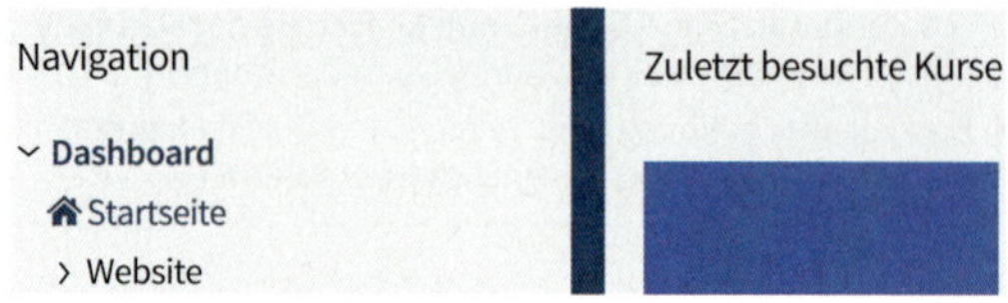


- folgende Haupt-**Rollen** werden unterschieden: admin / manager / teacher / student (und Gäste)
- die **Anwender** (Nutzer) besitzen unterschiedliche **Rechte** (Trainer/Dozent/Lehrer; Teilnehmer/Student/Schüler); die Berechtigungen können individuell angepasst werden
- **Verwendung / Zugriff**
  – Anlegen eines Nutzeraccounts (durch Trainer)
  – Kurserstellung im virtuellen Raum (Lehrerzimmer)
  – Einloggen / Verwendung der Materialien und Instrumente
- **Konfliktfelder**: problematisch ist das Verhältnis von
  – **Freiheit** des Nutzers (auch **Datenschutz** der Nutzer) zur
  – **Überprüfbarkeit** des Nutzerverhaltens (auch **Analyse** der persönlichen **Förderbedarfe**)

## Administratoren (Ad)

- Ad dürfen alles im jeweiligen System
- Ad weisen Nutzern die Trainer- bzw. Teilnehmer-Rolle und die zugehörigen Rechte zu
- die Ad-Rolle kann nicht gelöscht werden
- die Manager haben weitgehende Rechte; sie haben auf alle Kurse Zugriff und können diese verwalten; auch die Ad sollten im Rahmen der Manger-Rolle arbeiten. Die Zuweisung erfolgt unter: Einstellungen > Website-Administration > Nutzer > Rechte > Rollen
- Die Manager haben keine vollständigen Ad-Rechte
- Ad können Startseiten aufsetzen (Standard: Boost)
  > Einstellungen: Website-Administration /Startseite /Einstellungen
  > Name und Kurzbezeichnung eintragen
- Startseiten bearbeiten (→ ☼ (bzw. Einstellungen))
  > Bearbeiten: einfügen von Bildern/Texten unter Beschreibung
- Ad können Kurse neu anlegen, löschen (→ x), löschen
- Kurse können beantragt werden: → Website-Administration > Kurse > Beantragung
- Kurse werden hochgeladen: → Website-Administration > Kurse > Kursliste hochladen
  → .csv-Datei mit Kursdaten hochladen → Importoptionen
  [.csv-Pflichtfelder: shortname, fullname, category (Kursbereich-ID)]
  [visible (1: sichtbar; 0: verborgen); startdate /enddate (Kursdatum); summary (Kursbeschreibung); format; theme (Kursdesign); lang (Kurs-Sprache); newsitems (Nachrichtenanzahl); showgrades (Bewertungen); showreportes (Berichte); ...]
- die Kurseinsichten hängen von den Rollen ab

## Kursersteller (Ke)

- Ke können neue Kurse anlegen (> Kursübersichtsseite > Neuen Kurs anlegen)
- typischerweise wird die Rolle Trainer automatisch zugewiesen

## Trainer (Tr)

- Der Tr ist der/die Kursleiter(in) / Lehrer(in) / Professor(in)
- typischerweise hat ein Tr Bearbeitungsrechte
- Tr ohne Bearbeitungsrechte können die Kursinhalte nicht ändern
- Tr unterrichten Kurse (einzeln/gemeinsam)
- Tr können über Bearbeitung (→ ☼) Aktivitäten zufügen
- Tr können Materialien und Aktivitäten bereitstellen
- **Arbeitsmaterialien**
- Buch; Dateien (ohne Einschränkungen) etc. sind von statischer Qualität
- mögliche **Lernaktivitäten** (→ interaktiver Lerninhalt): Abfragen (Tests) Abstimmung (Umfrage); Aufgaben (Übungen): Ausarbeitungen, Berichte, Präsentationen; Bewertung (Feedback; Evaluationen); Chat; Datenbanken; Foren; Glossar; Lektionen; Lernpakete; Tests; Umfragen; Webinare; Wikis (gemeinsames Lernen) etc.

- Einfügen von Dateien etc:

- Tr können Lernende in Kurse einschreiben

## Konferenzen / Tests / Videos

- Direkte Video-Einbettung im Kursraum mittels Plugins
  A: > Texteditor / > Link einfügen / > URL-Video-Link eintragen
  B: > Texteditor / > Audio/ > Videodatei einfügen o. bearbeiten
  C: > externe Dateien (embed) bzw. > Texteditor / > HTML
- Lernerfolgskontrollen (Tests / Überprüfungen) können vorgenommen werden

## Teilnehmer (T)

- Jeder T hat ein eigenes Profil
- login über ›Mein Profil‹ (oben rechter Bereich)
- Profil kann eingesehen und modifiziert werden
- (→ anklicken auf: Name / Kurs > (Block) Personen > Teilnehmer)
- T können die Kursinhalte bearbeiten

# Dienste (Suchprozesse)
## Services (Search Processes)

## Suchmaschinen

- Elementare Vorgänge in der IT-Welt: suchen, identifizieren, sortieren und verknüpfen von Daten, Dateien u. Dokumenten
- Suchanfragen führen zu Suchvorgängen von Suchmaschinen
- Suchvorgänge basieren zum Beispiel auf der Verarbeitung von Verzeichnissen bzw. Katalogen mit Bezug auf die Ansätze des Information Retrievals (Informationsrückgewinnung)

## Einteilungen

- **Suchmaschinenbereiche**
  - Desktop-(PC-)-Suchmaschinen
  - Enterprise Search Suchmasch.
  - Intranetsuchmaschinen
  - Usenetsuchmaschinen
  - vertik. Suchmaschinen
  - Websuchmaschinen
- **(Thematisch) spezialisierte Suchmaschinen**
  - Bildsuchmaschinen
  - Jobsuchmaschinen
  - Universelle Suchmaschinen
  - Personensuchmaschine
  - Produktsuchmaschinen
  - Metasuchmaschinen
- **Suchvorgänge**
  Bezüglich der Suchprozesse in Datenbanken, im Web und in virtuellen Räumen werden KI-orientierte Algorithmen verwendet. Google nutzt das PageRank, das eine Informationsrückgewinnung ermöglicht.

| Datenbanken | Virtualitäten |
|---|---|
| Tabellarische Erfassung von Daten | Scheinbare Systeme |
| Ordnung / Eindeutigkeit | Nachbildungen |
| Suche / Schließen | Unabhängigkeiten |

## Maschinen

| Nr. | Name | Nr. | Name |
|---|---|---|---|
| 1 | Ahmia | 9 | Lycos |
| 2 | Baidu | 10 | MetaGer |
| 3 | Bing | 11 | RRZN |
| 4 | Cliqz | 12 | searx |
| 5 | DuckDuckGo | 13 | Startpage |
| 6 | Ecosia | 14 | WolframAlpha |
| 7 | Fireball | 15 | Yacy |
| 8 | Google | 16 | Google Scholar |

## Browser / Webbrowser

- browse (engl.): stöbern
- durchsuchen, aufrufen und darstellen von W3-Seiten
- ermöglicht ein Surfen im Internet (→ folgt den verlinkten Seiten (Hyperlinks) → Auflösung einer linearen Textabfolge)
- Apple Safari, Avira Scout, CCleaner Browser, Chrome, Dooble, Epiphany, Google Chrome, IBM Webexplorer, Internet Explorer, Konqueror, Lynx, Microsoft Edge, Midori, Mozilla Firefox, Netscape, Netsurf, NCSA Mosaic, Opera, SlimBrowser, T-Online Browser, Vivaldi, w3m, …

## Information Retrieval

**Hintergrund und Bezüge**

- Es geht um die Rückgewinnung und Aufbereitung von Informationen (→ Information Retrieval) aus unsortierten und unspezifischen Informationen (Texten).
- Die Analyse von Texten basiert auf folgenden Modellen:
  - **Boolesches** bzw. **mengentheoretisches Modell** (→ Boolesche Logik: von G. Boole, 1854): Suche unter Verwendung von Operationen der Mengenlehre ($\neg, \cap, \cup, \subset, \Delta$)
  - **Stochastisches Modell** bzw. **probabilistische Modelle** (→ Textstatistik – Gewichtungsfaktoren (Rangwerten) von Termen in Dokumenten) gemäß
    > **WDF** (**W**ithin-**d**ocument **f**requenzy)
    > **IDF** (**I**nverse **d**ocument **f**requency)
  Ein mehrstufiger Zufallsprozess wird angenommen.
  - **Algebraische Modelle** (→ Wörter werden als Vektoren (**Vektorraummodell**) im V-Raum identifiziert und über Abstände werden Bezüge (Ähnlichkeiten) bestimmt.
- Die Suchprozesse in Datenbanken und im Internet basieren u. a. auf Analysen: Es sollen konkrete Informationen über identifizierbare Daten gefunden werden.
- **Suchfunktionsansätze** (**H**: absolute Häufigkeit; **A**: Anzahl))
  A) Term Frequency: $tf = \frac{H(Sb)}{H(hB.iS)}$
  **Sb**: **H** des Suchbegriffs
  **hB.iS**: H des häufigsten Begriffs im Suchraum
  B) **Inverse Document Frequency**: $\mathbf{idf} = \mathbf{log}\,\frac{A(Do)}{A(Do\text{–}m)}$
  log: Logarithmus; **A(Do)**: **A** der Dokumente insgesamt
  **A(Do–mS)**: **A** der Dokumente mit dem Suchbegriff
- **Kriterien der Effektivität** (Qualität und Güte; **A**: Anzahl)
  A) **Recall** (Vollständigkeit der Suche): $recall = \frac{A(grD)}{A(igD)}$
  **grD**: gefundene, relevante Dokumente
  **igD**: insgesamt geeignete (relevante) Dokumente
  D) **Precision (Suchgenauigkeit)**: $precision = \frac{A(grD)}{A(g\text{-}rD\text{+}ir\text{–}D)}$
  (grD: gefundene, relevante Dokumente)
  (g-rd+ir-D: gefundene (relevante u. irrelevante) Dokumente)

## Page Rank

- Google verwendet den von Larry Page entwickelten PageRank-Algorithmus.
- Ausgehend von der Struktur verlinkter Dateien, die über zugeordnete Gewichtungswerte mathematisch erfasst werden kann, erfolgt eine Bewertung zur Relevanz (bzw. Popularität) von Seiten.
- Aposteriori werden Informationen ermittelt. Der Algorithmus nutzt Einsichten von Geometrie und Zufall (→ Integralgeometrie).
- Die Gewichtung (PRi) einer Seite i im Informationsraum folgt der Verlinkungsanzahl und dem Gewicht der Seite und leitet die Strukturierung: $PRi = \frac{1-d}{n} + d \cdot \sum_{j=1}^{n} \frac{PR_j}{c_j}$
- PRi: Verlinkungsgewicht einer Seite im Informationsraum (zum Beispiel: WWW)
- j: Nummer jener Seite, die mit der Seite i verlinkt ist
- cj: Summe der mit PRj verlinkten Seiten
- n: Anzahl aller möglichen Seiten (ermöglicht eine Normierung)
- d: Gewichtungsdämpfung: $0 \le d \le 1$
- $\frac{1-d}{n}$: Stabilisierungselement mit Blick auf Randeffekte
- Ausgehend von den bekannten PRj-Werten wird im ersten Schritt $PRi_{(1)}$ berechnet. Danach wird $PRi_{(2)}$ schrittweise (iterativ) usw. bestimmt. Über Tabellen kann die Berechnung erfolgen.

## Grundlagen

- **Nach DIN 44300:** Vorschrift, nach der Ergebnisse systematisch ausgehend von Eingabedaten erzeugt (umgewandelt) werden können.
- Gesucht werden **Verfahrensabläufe**, mit denen Probleme

  **– eindeutig** **– erfolgreich** **– nachvollziehbar**

  in endlich vielen Schritten aufgelöst werden können.
- Im klassischen Verständnis besteht ein **Programm** im Kern aus einem **Algorithmus** kombiniert mit **Datenstrukturen**.

## Darstellung von Algorithmen/Ablaufstrukturen

- Algebraische Darstellung
- Fluss-Diagramm
- Programmablaufpläne (PAP)
- UML
- Pseudocode
- Nassi-Shneiderman -Struktogramm

## Elementare Beispiele

- **Alltägliche Lebenswelt**
  - Kochrezepte (Frühstückseier, Kuchen ...)
  - Reparaturen/Gestaltungen (Fahrradreifen .../ Schrankaufbau)
  - Geldabhebung bei einem Geldautomaten
  - Reinigung (Körper/Kleidung)/Medizinische Behandlungen
  - Telefonnutzung (Grundgebühr/Einzelkosten/Flatrate)
- **Mathematik**
  - **Bogenmaßbestimmung:** $x\,(\text{rad}) = x\,(\text{Grad}) \cdot 2 \cdot \pi/360$ mit $x$ (rad): $x$ in Bogenmaß und $x$ (Grad): $x$ in Grad
  - **Euklidischer Algorithmus:** Bestimmung des größten gemeinsamen Teilers (ggT) zweier Zahlen.
  - **Gaußscher Algorithmus:** Lösung von linearen Gleichungssystemen
  - ***p-q*-Formel:** Auflösung von quadratischen Funktionen
- **Technik**
  - Hausbau/Flugzeugsteuerung/Ampelsteuerung
  - Verfahrensabläufe in der chemischen Industrie
  - Aufbau von Systemen (Telefonanlagen, Rechnervernetzung)
- **Ökonomie/Zinsrechnung** (bei einmaliger Einzahlung)
  - Einfache Verzinsung: $K_t = K_0 \cdot (1 + t \cdot i)$
  - Verzinsung mit Zinseszins: $K_t = K_0 \cdot (1 + i)^t$

$i$: Zinssatz (Zinsen – engl.: interest); $i = p/100$
$K$: Kapital; $K_0$: Anfangskapital
$K_t$: Endkapital (Kapital am Ende des Jahres $t$)
$p$: Prozentwert; $t$: Zeit (Laufzeit (in Jahren)

## Algorithmen-Einteilungen

Die konkrete Problemlösungsstruktur eines Programms wird im Algorithmus erfasst.

**Basis-Algorithmen**
(für Grundberechnungen/elementare Anwendungen ...)
- Anweisungen und Zuweisungen
- Elementare Beziehungen (+/-/*/:/√/log/sin ...)
- Einfache Zählverfahren (Schleifenstrukturen)

**Grundlegende Algorithmen**
(für Datenbankanalysen/techn.-wissens. Berechnungen ...)
- Suchalgorithmen
- Sortieralgorithmen
- Iterative/rekursive Algorithmen

**IT-Anwendungsalgorithmen**
(für Simulationen/Sicherheit/Wegesuche/Filter ...)
- Zufallsalgorithmen
- Routingalgorithmen

**Komplexe Algorithmen**
(für Mustererkennung/adaptive Verfahren (Lernen ...) ...)
- Transformationsalgorithmen
- Genetische Algorithmen
- Evolutionäre Algorithmen

**Anforderungen an einen Algorithmus**

**Determinismus**
Bei gleichen Eingabewerten und unter gleichen Rand- bzw. Anfangswerten des Programms muss jeweils das gleiche Resultat erzielt werden. (Bei veränderten (äußeren) Rahmenbedingungen kann die Programmausführung – in gewollter Art – variieren.)

**Korrektheit**
Ein Algorithmus soll (muss) zum richtigen (wahren) Ergebnis führen. Die Korrektheit muss überprüfbar sein. (Ein elementares Problem, da Programme im Allgemeinen nur falsifiziert und nicht im strengen Sinn verifiziert werden können. – Auch bleibt das Problem, wie der Test in seiner Korrektheit getestet werden kann.)

falsifizieren: widerlegen
verifizieren: Wahrheit nachweisen

**Endlichkeit/Zielgerichtetheit**
Nach einer endlichen Anzahl von Schritten muss der Lösungsalgorithmus
- vollständig beschrieben und
- technisch (maschinell, mechanisch, informationstechnisch) umsetzbar sein.

Der Beschreibungscode muss begrenzt (endlich) und die Ausführungszeit muss endlich sein. Komplexität von Algorithmen: Untersucht wird, ob Problemstellungen überhaupt lösbar sind. Und es wird analysiert, ob in endlicher Zeit die Lösungen ermittelt werden können.

**Eindeutigkeit**
Jeder Befehl muss zu einem eindeutigen Ergebnis führen.

**Universalität**
Algorithmus ist jederzeit auf alle möglichen (definierten) Daten anwendbar.

## Algorithmen-Notation

- **Bedingte Verzweigung**
  »if … then … « bzw. »if … then … else … «
- **mehrfach bedingte Verzweigung**
  »switch case … … … «
- **Kopfschleife (abweisende Schleife)**
  »while … do … «
- **Fußschleife (nicht abweisende Schleife)**
  »repeat … until … «
- **Iterationsanzahl (Zählschleife)**
  »for … do …. «

## Suchalgorithmen

- Das Ziel ist, in einem gegebenen Datenbestand entsprechend dem Suchkriterium Daten zu identifizieren.
- Liegt nur ein Kriterium vor, dann spricht man auch von einem Primärschlüssel, der den Suchvorgang leitet.
- Unterschieden werden binäre und sequentielle Suchprozesse:
  - binäre Suche: ein linear sortierter Datenbestand liegt vor,
  - sequentielle Suche: Verarbeitung beliebiger Datenbestände.
- Algorithmuskern für eine sequentielle Suche ($n \in \mathbb{N}$)

```
ANFANG
  position = 1;
    while (position < n + 1) UND
          (daten[position] ≠ suchkriterium) do
          position = position + 1
    end-while
    if (position = n +1) then fund = false;
  else fund = true
  end-if
ENDE
```

- Die Qualität der Suchalgorithmen ist von hoher Bedeutung für die Leistungsfähigkeit von WWW-Suchmaschinen.

## Zufallsalgorithmen

- **Zufallsabläufe** (random; rand; srand) können unter Verwendung von Algorithmen im Rechner simuliert werden.
- Die Abläufe sind rechentechnisch exakt definiert und laufen auch deterministisch nach dem Start ab. Durch die Aufnahme von „zufälligen" Rand- bzw. Anfangsbedingungen (Zeit, Tastendruck, Temperatur…) können undeterminierte, aber doch exakt rechentechnisch erzeugte Funktionen kreiert werden.
- Elementare Realisierungen von Quasi-Zufallswerten
  - **Quadratmittenverfahren** (Neumann 1946):
  - **„Zahlabschneidungen"** ($x_{n+1} = \text{frac}\,(a \cdot x_n)$)
    (frac ordnet einer Zahl ihre Nachkommastellen zu)
  - **modulo-Rechnung** ($x_{n+1} = a \cdot x_n + b$ (mod b))
    (modulo: Restwert einer Division)
  - **Nichtlineare Funktionen** (iterative Berechnung):
    $X_{t+1} = X_t + r \cdot X_t \cdot (1 - X_t)$
- Echte Zufallsrealisierungen sind zum Beispiel durch die Nutzung von radioaktiven Quellen (Zerfallsprozesse) möglich.

## Grundsätze der SW-Gestaltung

- Das Ziel dieser Verfahren ist es, eine Ordnung innerhalb der Elemente eines Datenbestands zu ermitteln.
- Im einfachsten Fall wird das Element $e_1$ identifziert und abgespeichert. Danach $e_2$; usw.: $e_1 \geq e_2 \geq e_3 \geq \ldots \geq e_n$.
- Durch geschickte Vergleichs- und Tauschoperationen kann der Sortieraufwand reduziert werden.
- Unterschieden wird, ob bei der Sortierung ein Element ausgewählt und gesondert abgespeichert oder aber ob zwei Elemente im gleichen Speicherraum ausgetauscht werden.
- **Bekannte Sortierverfahren**
  - **Insertionsort:** Sortieren durch Einfügen
  - **Selectionsort:** Sortieren durch Auswählen
  - **Bubblesort** (warndernde Blase): Sortieren durch Austauschen
  - **Quicksort:** Sortieren durch Zerlegen
  - **Heapsort:** binäres Sortierverfahren

  Diese Suchverfahren werden zum Teil kombiniert und verfeinert: Zum Beispiel: – Bottom-Up-Heapsort
- Algorithmuskern für Insertionsort ($n \in \mathbb{N}$)

```
ANFANG
   for i = 2 to n do
         element = feld [i]
         feld[0] = feld [i]
         k = i
         while (element < feld[k - 1]) do
                feld[k] = feld[k - 1]
                k = k - 1
         end-while
         feld[k] = feld[0]
   end-for
ENDE
```

- Sortierkomplexität
  Die mittlere Anzahl der Vergleichsoperationen bei den Sortiervorgängen wird angegeben. Rechts steht die ungünstigste Vergleichsanzahl. Nicht alle Verfahren sind vollständig analysiert. (ldn = $\log_2(n)$; $n \in \mathbb{N}$)

| Verfahren | Mittlere Anzahl | Ungünstige Anzahl |
|---|---|---|
| **Insertionsort** | $n \cdot (n-1)/4$ | $(n \cdot (n-1))/4$ |
| **Selectionsort** | $n \cdot (n-1)/2$ | $(n \cdot (n-1))/2$ |
| **Bubblesort** | $n \cdot (n-1)/2$ | $n \cdot (n-1)/2$ |
| **Quicksort** | $1{,}4\,(\text{ldn})\,(n+1) - 2{,}8 \cdot n$ | $(0{,}5 \cdot n^2 - 0{,}5 \cdot n)$ |

## Tröpfchen-Algorithmen (engl. spigot algorithms)

- Schrittweise werden Zahlen (zum Beispiel $\pi$; e) ausgehend von einem Startwert in geordneter Art nacheinander (→ ›Tröpfchen für Tröpfchen‹) berechnet und modifiziert. Entdecker: Bailey, Borwein, Chudnovsky, Plouffe, Rabinowitz, Ramanujan
- $e = 2{,}718\ldots = \sum_{i=0}^{\infty} \frac{1}{i!} = 2 + \frac{1}{2} \cdot (1 + \frac{1}{3} \cdot (1 + \frac{1}{4} \cdot (1 + \frac{1}{5} \cdot \ldots)))$
- $\pi = 3{,}1415926\ldots = 2 + \frac{1}{3} \cdot (2 + \frac{2}{5} \cdot (2 + \frac{3}{7} \cdot (2 + \frac{4}{9} \cdot \ldots)))$
- $\pi = \sum_{i=0}^{\infty} \frac{1}{16i} \left( \frac{4}{8i+1} - \frac{2}{8i+4} - \frac{1}{8i+5} - \frac{1}{8i+6} \right)$

## Optimierungen

- Optimierung sind bei vielfältigen Fragestellungen bedeutsam.
- Hierzu müssen geeignete Modellbildungen entwickelt und Auflösungen gestaltet werden.
- Bekannte Fragestellungen lauten zum Beispiel:
  - Datensuche in Datenbanken – Geringster Energieeinsatz
  - Handlungsreisenden-Problem – Kürzeste Wege in Systemen
  - Optimale Codewörter – Optimale Packungsdichte
  - Optimale Signalübertragungen und Wechselwirkungen
  - Reduktion von Störungen (Rauschen)
  - Sortieren von Datensätzen

## Handlungsreisende

- Anzahl der Wege in einem Verbindungsnetz mit n Knoten (•), wobei alle Knoten miteinander verbunden (→ Kanten) sind.
- Bei einer Rundreise wird jeder Knoten (→ Stadt, PC, …) genau einmal aufgesucht. Die Reise führt zum Startknoten zurück.
- Anzahl der möglichen Wege (Lösungen): $m = 0{,}5 \cdot (n-1)!$
- Der kürzeste Weg durch folg. Verbindungsnetz wird gesucht:

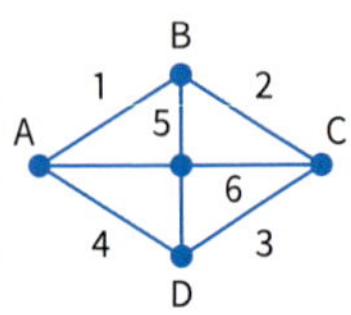


Kürzeste Rundreise: 10 Längeneinheiten (LE: Längeneinheiten)

- Länge der Verbindungsstrecken (Kanten ——): $|A\text{-}B| = 1$; $|B\text{-}C| = 2$; $|C\text{-}D| = 3$; $|D\text{-}A| = 4$; $|B\text{-}D| = 5$; $|A\text{-}C| = 6$
- Die Gegebenheiten sind symmetrisch: $|A\text{-}B| = |B\text{-}A|$ etc. Es gilt: $m = 0{,}5 \cdot 3! = 3$
- Folgende Rundwege gibt es:
  1.) |A-B-C-D-A| = 10 LE
  2.) |A-B-D-C-A| = 15 LE
  3.) |A-D-B-C-A| = 17 LE

- Problematik: Bei größeren Netzen wächst die Zahl der möglichen Rundwege erheblich.

| Knoten: **n** | 6 | 10 | 14 | 50 | 100 |
|---|---|---|---|---|---|
| Wege: **m** | 60 | 181.440 | 3.113.510.400 | $\approx 3{,}041 \cdot 10^{62}$ | $\approx 10^{155}$ |

- Gesucht werden Regeln zur Reduzierung des Rechenaufwands. Hierzu werden Optimierungsverfahren eingesetzt.
- Optimierungen nutzen folgende Verfahren
  - Bachtracking-Verfahren – Dijkstra-Algorithmus
  - Evolutionäre Algorithmen – Gradientenabstiegsverfahren
  - Simplex-Verfahren
- Die Optimierungsverfahren ergänzen (und modifizieren) substantiell die Modellbeschreibungsverfahren.

## Evolutionäre Algorithmen

- Es ist ein lernendes Verfahren zur Auffindung optimierter Daten unter Verwendung stochastischer Ansätze.
- Die Konzeption beruht darauf, dass zwischen einem **Geno-** und **Phänotyp** unterschieden wird. Der zu analysierende konkrete Suchraum (Ω) ist dabei ein **Phänotyp**.
- Mittels einer **Dekodierungsfunktion** erfolgt eine **Abbildung** zwischen Geno- und Phänotyp.
- **Darwin** hatte mit einem **Selektionsansatz** den Wandel der Arten beschrieben. Beachtet werden die systemischen Einsichten von Baldwin zur Rückkopplung der Lerneinsichten der Individuen (P) über die Umgebung (U) auf den Genotyp (G). Mit dem Genotyp werden die Informationen im Individuum bezeichnet. Das Lernen erfolgt (zuerst) auf der Ebene des Phänotyps.
- **Baldwin-Konzept** ($G_i$ – Genotyp(i); $P_i$ – Phänotyp(i); $U_i$ – Umwelt(i); B: Bestimmen; L: Lernen; V: Veränderung; R: Rückwirkung)

  $G_i \rightarrow (B)\colon P_i$
  $\rightarrow (L \text{ von } P_i \text{ unter } U_i)\colon \rightarrow P_{i+1}$
  $\rightarrow (V)\colon \rightarrow U_{i+1}$
  $\rightarrow (R)\colon \rightarrow G_{i+1}$

- Insofern verändert sich der Genotyp über das Lernen (L). (Quasi agiert ein Agent mit der Umwelt: Es gibt i) Aktionen, ii) Modifikationen, iii) Reaktionen (z. B. Belohnungen).)
- **Optimierungsproblem** (Ω: Suchraum; f: Bewertungsfunktion) (Definition) $\Omega \supseteq X = \{x \in \Omega \mid \forall x' \in \Omega\colon f(x) \geq (\text{bzw.} \leq)\, f(x')\}$ (Ω: Gesamtpopulation; $f\colon \Omega \rightarrow \mathbf{R}$)
- **Zyklus der Optimierung** (→ Entwicklungsaspekte)
  A-1: Initialisierung: Erste Lösungskandidaten (Individuen)
  A-2: Basis-Evaluation / -Bewertung: Güte der Lösungskandidaten
  [Ablaufschema (i = 1, …)]
  B-i: Selektion von Individuen (→ Kandidaten aus Ω)
  [eventuell – C-i: Rekombination der Individuen]
  D-i: Mutation (zufällige Veränderungen bei den Nachfahren)
  E-i: Erneute Evaluation (Güte gemäß Fitnessfunktion)
  [Rücksprung (zu B-i mit i++)]
- Die Mutations- und Selektionsprozesse sind im Detail näher zu bestimmen und zu kombinieren. Die Gesamtstruktur ist unter Verwendung von Algorithmen in ein Ablaufprogramm zu übersetzen.
- In der Ausführung ›lernt‹ der Algorithmus und modifiziert sich.

# Mathematische Software
Mathematical Software

| Bibliotheksname | Routinen für | Routinen für folgende Bereiche | |
|---|---|---|---|
| **NAG** (**N**umerical **A**lgorithms **G**roup) | Ada, FORTRAN, Pascal | Komplexe Arithmetik; Integralgleichungen; Matrizen; Orthogonalisierung; Lineare Algebra; Statistik; Zeitreihenanalysen und Operationsforschung | |
| **Aachener Bibliothek** | APL, MODULA 2, C, PL/1 | Lösungsverfahren für nicht lineare Gleichungen und für Systeme linearer und nicht linearer Gleichungen; Matrizen; Numerische Differentiation und Quadratur; Differenzialgleichungen | |
| **IMSL** (**I**nternational **M**athematical and **S**tatistical **L**ibrary) | FORTRAN | für allgemeine mathematische und statistische Problemstellungen | Lineare Systeme; Differenzialgleichungen; Eigenwerte; Regression Korrelation; Cluster; Probleme; Zeitreihenanalyse; Verteilungen |
| | | für spezielle Funktionen | Gamma-Fkt.; Bessel-Fkt.; Kelvin-Fkt.; eliptische Integrale |

**Mathematische Anwendungsprogramme:** Derive; Mathematica; Maple; SAS (Statistical Analysis System)
**Technische Anwendungsprogramme:** PSpice zur Simulation elektronischer Schaltungen; **EAGLE** zur Schaltplan-Erstellungen (CAD)

## Standards

- Für die Darstellung von gebrochen rationalen Zahlen gibt es zwei zu unterscheidende Vorgaben:
  – die **Gleitkommadarstellung** (floating point)
  – die **Festkommadarstellung** (fixed point)

### Festkommazahlen

- Bei Festkommazahlen werden $m$ Stellen für den Nachkommabereich und $n$ Stellen für den ganzzahligen Bereich festgelegt. Außerdem wird noch eine Stelle für das Komma reserviert.
- Rechentechnisch ist das Festkommaformat dann sinnvoll, wenn vorab bekannt ist, in welcher Größenordnung die Zahlen in den einzelnen Rechnungen auftreten können.
- Die größte darstellbare Zahl hat den Wert $\mathbf{2^n - 2^{-m}}$
- Der kleinste darstellbare Wert lautet: $\mathbf{2^{-m}}$
- Der absolute Wandlungsfehler (von einer gebrochenen Dezimalzahl in eine Dualzahl) beträgt maximal: $\mathbf{2^{-m}}$

### Gleitkommazahlen

- Die Verwendung der **Gleitkommadarstellung** vergrößert den von den Rechnern zu bewältigenden Zahlenraum.
- Für jede Zahl werden ein Vorzeichen, die **Mantisse** (lat. mantissa: Zugabe) und ein **Exponent** angegeben.

### Charakteristik

- Beim Exponenten kann auf eine Vorzeichenangabe verzichtet werden, wenn zum vorliegenden Exponenten ein konstanter Wert $E^0$ addiert wird, sodass der modifizierte Exponentialwert immer größer/gleich Null ist. Dieser Wert wird auch als Charakteristik $C$ bezeichnet.
- Charakteristik $(C) = E^0 +$ Exponent $(E)$
- 1985 wurde von der IEEE ein Standard für Gleitkommazahlen festgelegt. Die IEEE spricht auch von Gleitpunktzahlen (GPZ).

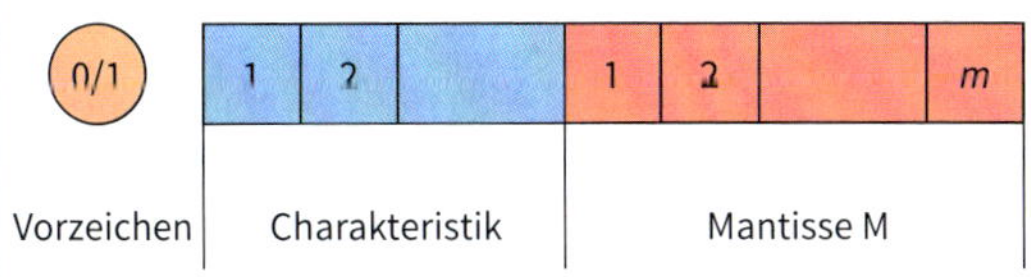


| Parameter | einfach-genaue GPZ | doppelt-genaue GPZ |
|---|---|---|
| Bits der Mantisse | 24 | 53 |
| Bits des Exponenten | 8 | 11 |
| Größe von $E^0$ | 127 | 1023 |

## Zweierkomplementbildung

- Prozessoren führen rechentechnisch quasi nur Additionen aus. Negative Zahlen werden als **Zweierkomplement** des Betrags einer Zahl $Z$ gebildet. Dieses Zweierkomplement ($Z^{**}$) wird addiert. Durch das Wegfallen der höchsten Ziffernstelle ergibt sich als Ergebnis die ursprüngliche Differenz.
- Rechenprozessgestaltung für die Subtraktion im $B$-Raum: ($B$: Zahlenbasis; $Z$: betrachtete Zahl (k-stellig))
  Das $(B-1)$ – Komplement ($Z^*$) von $Z$ ergibt sich, in dem man jede Zahlziffer von der reduzierten Basis $(B-1)$ subtrahiert.
  I: Bildung des $(B-1)$ – Komplements zur Zahl $Z$
  II: Stellenweise Inversion der Einzelzahlen: $(B-1) - Z'$
  III: Addition von 1 auf die niedrigste Zahlstelle $Z'$
- Rechenprozessgestaltung für die Subtraktion im Dualraum: ($Z^*$: Einerkomplement; $Z^{**}$: Zweierkomplement)
  I: Bildung der Dualzahl für den Betrag einer Dezimalzahl
  II: Stellenweise Inversion der Dualzahl ($0 \Rightarrow 1$ und $1 \Rightarrow 0$): $Z'$
  III: Addition von 1 auf die niedrigste Bitstelle: $Z^{**}$
  ($Z^{**} = B^* - Z + 1$)
- Da die Multiplikation auf die Addition und die Division auf die Multiplikation und Subtraktion zurückgeführt werden, können all diese Rechenprozesse über die Addition gestaltet werden. Alle höheren Rechenoperationen basieren auf den Grundrechenarten. Insofern wird durch die Zweierkomplementbildung im Dualraum eine einfache Rechenprozessgestaltung realisiert.

### Konkrete Rechengestaltungen

- Zweierkomplementbildung im Dezimalraum
  1. Überführung der positiven Dualzahl in ihr Einerkomplement:
     (z.B.: $Z = -1642|_{10} \Rightarrow 9999 - 1642 = 8357|_{10} = Z^*$)
  2. Vom Einer- zum Zweierkomplement:
     (z.B.: $Z^* = 8357|_{10} \Rightarrow 8357 + 1 = 8358|_{10} = Z^{**}$)
- Überführung der Subtraktion von $Z$ zur Addition von $Z^{**}$:
  a) $2010 - 1642 = 2010 + (+10000 - 10000) - 1642$
  b) $2010 + (9999 + 1) - 10000 - 1642$
  c) $2010 + 9999 + 1 - 1642 - 10000$
  d) $2010 + (9999 - 1642) + 1 - 10000$
  e) $2010 + (8357) + 1 - 10000 = 2010 + (8537 + 1) - 10000$
  f) $2010 + (8358) - 10000 = 10368 - 10000 = 368$ (Ergebnis)
- Überführung der Subtraktion zur Addition von Zahlen im Dualraum:
  a) Bildung der Dualzahl $|Z| = 114{,}3125|_{10} = 0111\ 0010{,}0101|_2$
  b) 1-er Komplement: $Z^* = 1000\ 1101{,}1010|_2$
  c) 2-er Komplement: $Z^{**} = 1000\ 1101{,}1011|_2$
- Stellenweise Inversion im Dualraum: $0 \Rightarrow 1$; $1 \Rightarrow 0$

## Festkommaformat

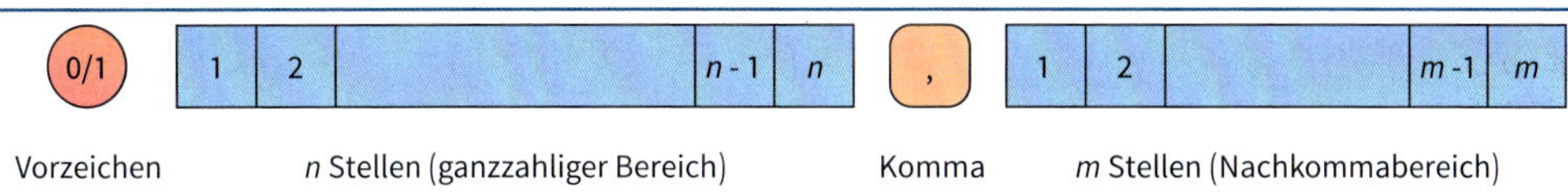


## Gleitkommaformat

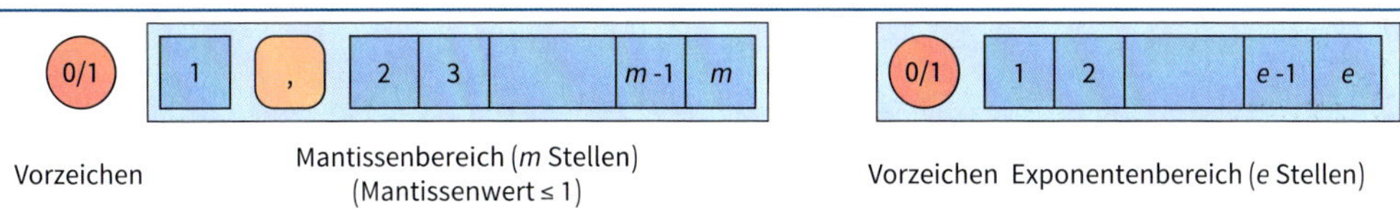

## Merkmale

Mit Kontrollstrukturen wird der Ablauf eines Programms geregelt. Somit wird die Abfolge einzelner Anweisungen in Abhängigkeit von Bedingungen und Entscheidungen bestimmt.

- **Abfolge**
  Einzelne Aktivitätsanweisungen werden nacheinander (schrittweise) abgearbeitet.

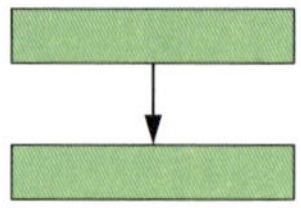

- **Verzweigung/Fallunterscheidung**
  In Abhängigkeit von Bedingungen erfolgt der Programmablauf gesondert.

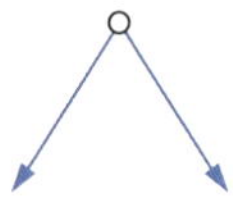

- **Schleife:** Unterschieden werden kopf- und fußgesteuerte Schleifen.
  - **Kopfgesteuerte Schleife**
    Vor Beginn der Schleife erfolgt die erste Bedingungsüberprüfung. Eventuell wird die Schleife gar nicht durchlaufen.

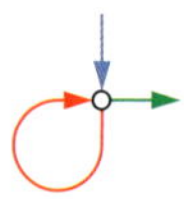

  - **Fußgesteuerte Schleife**
    Die Schleife wird wenigstens einmal durchlaufen. Erst am Ende des Schleifendurchlaufs erfolgt eine Bedingungsüberprüfung.

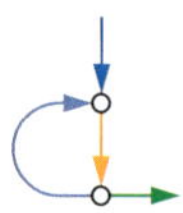

- **Sprünge**
  Bedingte und unbedingte Sprünge werden in Programmen eingesetzt (→ Schlüsselwort: z. B. GOTO).

  Ein Sprung erfolgt
  - zu Zeilennummern,
  - zu Sprungmarkierungen bzw.
  - um eine relative Anzahl von Programmzeilen.

  Ein guter Programmierstil sieht vor, dass Sprünge in Programmen zu vermeiden sind.

**Kopfgesteuerte Schleife**

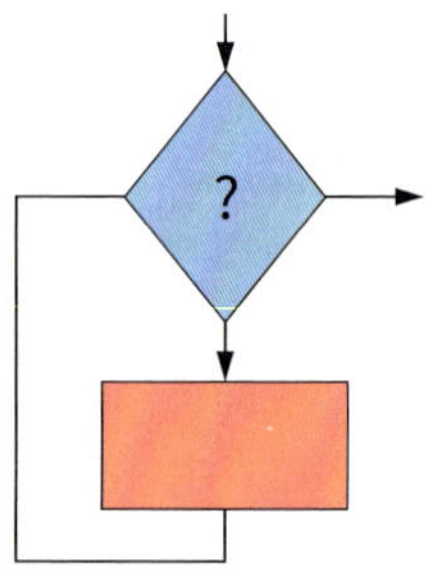


**Fußgesteuerte Schleife**

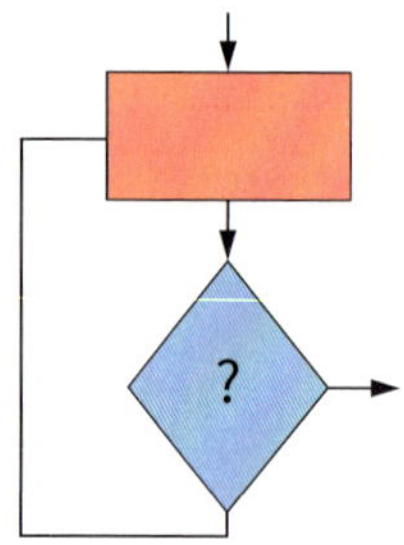


- **Rekursion**
  Im Programmablauf wird innerhalb einer Prozedur (Funktion) diese Prozedur (Funktion) selbst aufgerufen.

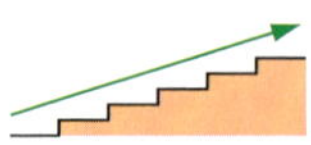

Beispiel A (Fakultätsberechnung)
$n! = n \cdot (n-1)!$

(Hinweis: $n \in \mathbb{N}$; z. B.: $6! = 1 \cdot 2 \cdot 3 \cdot 4 \cdot 5 \cdot 6 = 720$)

Beispiel B (Summe der Quadrate der Zahlen von 1 bis ***n***):

```
prozedur qs-name (variable: n (typ));
    einstieg
        wenn (bedingungsüberprüfung zu n (n > 0)) dann
            Rückgabe (n · n + qs-name (n – 1));
        oder
            rückgabe 0;
        abschluss-von-wenn;
    ausstieg qs-name
```

mit $n \in \mathbb{N}$

- **Iteration**
  Eine Prozedur wird nacheinander neu aufgerufen, wobei an die Prozedur die bisher errechneten Werte übergeben werden.

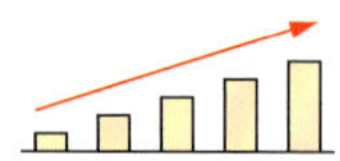

Beispiel C (Summe der Quadrate der Zahlen von 1 bis ***n***):

```
prozedur qs-name (variable: n (typ));
    einstieg
        qs-name = 0;
        solange(bedingungsüberprüfung zu n (n > 0)) mache
            qs-name: = qs-name + (n · n);
            n: = n – 1;
        abschluss-von-solange;
    ausstieg qs-name
```

mit $n \in \mathbb{N}$

**Beispiele** nach **Fibonacci/Ackermann**

- **Fibonacci (F)**

```
F(n) = F(n - 1) + F(n - 2) für n > 2
Berechnungskomplexität: O(K^n)
```

- **Ackermann-Funktion (ack)** (vereinfachte Darstellung)

```
ack(0, m) = m + 1
ack(n + 1, 0) = ack(n, 1)
ack(n + 1, m + 1) = ack(n, ack(n + 1, m))
```

## Merkmale

- Unterschieden werden **numerische, alphabetische** und **alphanumerische** Daten.
- Weitere Unterscheidungen:
  - formatierte/unformatierte Daten,
  - sprachliche/bildliche/textliche (textuale)/Video-Daten,
  - Basis- bzw. Stammdaten/Prozessdaten,
  - Eingabe-/Ausgabedaten,
  - Datumstypen (z. B.: tt.mm.jj oder jjjj-mm-tt),
  - Zeitangaben.
- Datentypen können explizit vereinbart werden. Teilweise nehmen die Programmiersprachen automatisch Typzuweisungen bei Variablen (implizite Vereinbarungen) vor.
- Bei der Verarbeitung von Daten unterschiedlichen Typs ist es teilweise notwendig, Typanpassungen explizit vorzunehmen. Hierzu kann es notwendig sein, Zusatzvariable einzufügen.

## integer (int)

- Ganzzahlige Zahlfolge (Werte liegen zwischen -2.147.483.648 und 2.147.483.647); Speicherbedarf: 32 Bit
- Bei Integer-Werten, die zwischen -32.768 und 32.767 liegen, spricht man von **short int** (kurzen Integer-Werten); Speicherbedarf: 16 Bit.
- Bei vorzeichenlosen Integer-Werten (unsigned int) liegen die Werte zwischen 0 bis 4.294.967.295; Speicherbedarf: 32 Bit.
- Zum Teil können auch große (lange) Integer-Werte vereinbart werden: Bezeichnung long (z. B. in Java): die Werte liegen zwischen $-2^{63}$ bis $+2^{63}-1$ Speicherbedarf: 64 Bit.

## real; float

- Rationale Zahlen: Gleitkomma- (auch Gleitpunkt-) und Floatingpoint-Zahlen.
- Mit diesen Zahlen können rationale – und somit genähert – reelle Zahlen dargestellt werden.
- Unterschieden werden:
  - einfach genaue Zahlen (float: Speicherbedarf 32 Bit),
  - doppelt genaue Zahlen (double: Speicherbedarf: 64 Bit),
  - lange Zahlen (long double – Speicherbedarf: 80 Bit).

## char (Character-Typ-Anweisung)

- Datentyp- für alpha-numerische-Zeichen
- Speicherplatzbedarf: Üblicherweise 8 Bit
- Char-Vereinbarungen für den Unicode nehmen dagegen – z. B. unter Java – 16 Bit Speicherplatz ein.

## string (Zeichenfolge)

Ein String besteht aus einer Reihe von char-Werten.

## Boolean

Dieser Datentyp nimmt nur den Wert „true" („1") bzw. „false" („0") ein. Speicherplatzbedarf: 1 Bit.

## array (Felder) – (auch: Listen, Matrizen/Matrix)

- Ein Feld besteht aus einer Abfolge von Daten des gleichen Datentyps. Unterschieden werden
  - 1, 2 und mehrdimensionaler Felder.
- Durch Indexangaben können die einzelnen Feldelemente identifiziert werden.

## Record-Typ (Verbund-, z. T. auch Struktur-Typ (struct))

Aufbau wie beim array, jedoch können die Objekte von verschiedenen Datentypen sein.

## Zeiger (pointer)

- Ein Zeiger verweist auf die Adresse einer Variable, d. h., er beinhaltet als Wert die Speicheradresse von Objekten.
- Über Zeiger ist es problemlos möglich, auf die einzelnen Elemente eines Feldes zugreifen zu können.
- Definitionsmöglichkeiten für Zeiger am Beispiel der PS C:
  (1) `typ* zeiger_a;`
  (2) `typ *zeiger_a;`

  Über `zeiger_a` kann nun die Adresse angezeigt werden. `*zeiger_a` würde dagegen den Wert, auf den der Zeiger weist, angeben.

## Strukturen

- Mit Strukturen kann der Anwender eigene Typen von Variablen unter Rückgriff auf vorab definierte „primitive" Datentypen festlegen.
- Für die Festlegung von Strukturen existieren Schlüsselwörter.

  Beispiel in C:

```
struct Eigene-Struktur {
        int POS;
        char NAME[17]; };
```

## Klassen und Objekte

- **Klasse** – Typ eines Objekts
  - Objekte werden über eine Klassenbeschreibung definiert.
  - Mit einer Klasse wird bestimmt, wie sich ein Objekt gegenüber seiner Umwelt verhält.
  - Dies drückt sich in den Reaktionsweisen von Objekten auf ausgewählte und zugelassene Botschaften aus.
  - Über eine Klasse wird der innere Zustand des Objekts bestimmt. Damit gehen die Festlegungen einher, in welcher Art Botschaften im Objekt verarbeitet werden.
  - Klassen werden über Methoden und Instanzenvariablen festgelegt. Die Instanzenvariablen bestimmen den inneren Objektzustand.
  - Eine Klasse kann im Rahmen der Testvorgänge vollständig für sich allein geprüft werden.
  - **Beispiele für Klassendefinition**

    **Java**
```
public class ClassName {
        //Definition von Datenfeldern
        //Definition von Konstruktoren
        //Definition von Methoden }
```
    **C++**
```
class KlassenName {
public: ... //öffentliche Daten und Funktionen
private: ... //private Daten und Funktionen };
```
- **Objekte** - Gekapselte Datenstruktur
  - Objekte können Zahlen, Texte, Felder, aber auch Prozesse und Rollen sein.
  - Objekte besitzen einen inneren Zustand, der nicht beliebig beeinflusst werden kann.
  - Durch die Aufnahme von äußeren Informationen (Botschaften) kann der innere Zustand modifiziert werden.
  - Die inneren Objektzustände sind nach außen unsichtbar.
  - Das Objekt selbst ist eine eindeutige Instanz einer Klasse.

# Klassenbeschreibungen
## Class Descriptions

- Klassen fassen Datenattribute und -operationen zusammen. Generell werden in der objektorientierten Programmierung Daten und Funktionen verkapselt.
- Funktionen beziehen sich dann auf eine konkrete Klasse bzw. ein konkretes Objekt.
- Diese Funktionen (→ Methoden) können von außen in ihrer Funktionalität nicht aufgebrochen werden.
- Es werden u. a. Klassennotationen von **Booch** und **Rumbaugh** verwendet.

### Klassennotation nach Booch

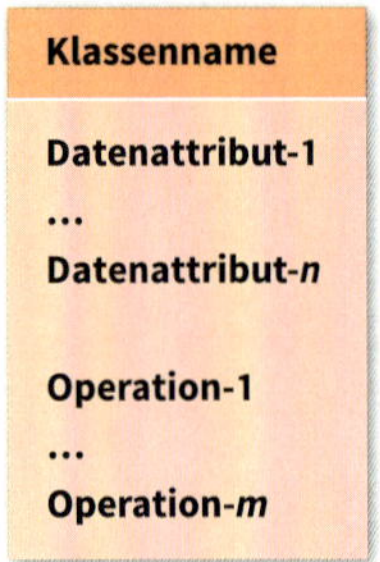


### Klassennotation nach Rumbaugh

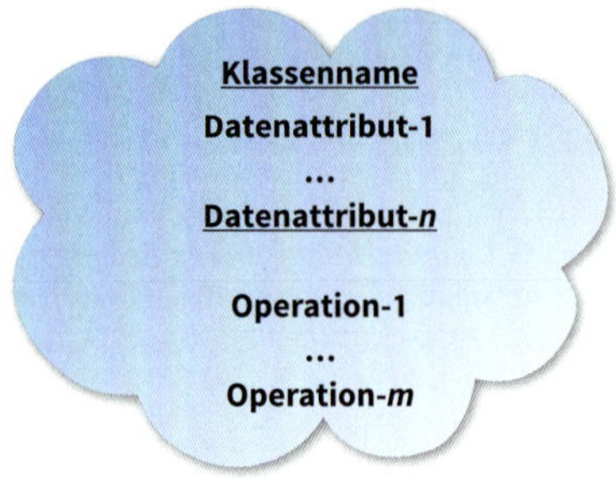


### Realitätsdatenmodelle

Die Begriffe der objektorientierten Realitätsbeschreibung und die der Beschreibung der Realität über Tabellen können in einem ersten Schritt naiv zugeordnet werden.

# UML – Unified Modeling Language
## UML – Unified Modeling Language

### Begriff/Verwendung

- **UML** steht für **U**nified **M**odeling **L**anguage
- UML ist
  - eine grafische Notationsweise zur Darstellung objektorientierter Software-Entwicklungsschritte,
  - eine Modellierungssprache,
  - keine eigenständige Modellierungsmethode,
  - keine Programmiersprache (im engeren Sinne).
- Die UML-Techniken werden in Verbindung mit Projekmethoden zu objektorientierten Entwicklungsmethoden verbunden. Von besonderer Bedeutung sind (→ Software-Engineering):
  - das evolutionäre Entwicklungsmodell,
  - das Modell der inkrementellen Entwicklung,
  - das Konzept „Extreme Programmierung",
  - das Spiralmodell,
  - das V-Modell,
  - das Wasserfallmodell,
  - der Objektory Process,
  - RUP (Rational Unified Process) und
  - SEPP/OT.

  Durch die UML allein erfolgt keine ausreichende Strukturierung des Programmentwicklungsprozesses.
- **OCL: O**bject **C**onstraint **L**anguage
  Formale Sprache – durch die den UML-Modellen inhaltliche Ergänzungen beigefügt werden können.

### Standardisierungen

- Die UML wurde von der Object Management Group (OMG) standardisiert: siehe **www.omg.org**
- Zur Beschreibung von vielfältigen Aspekten existieren in der UML verschiedene Diagramme.

### Klasse

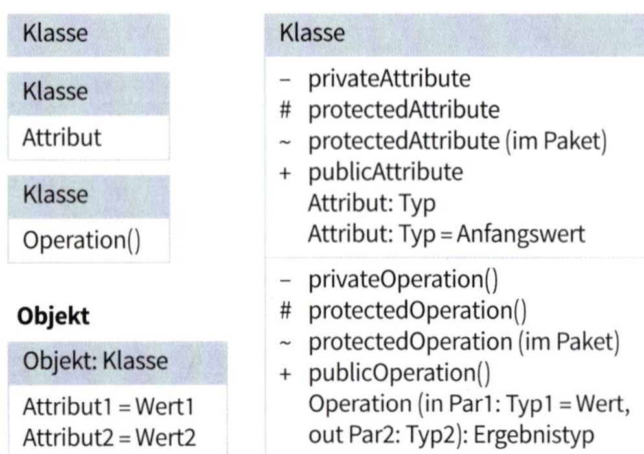


### Vererbungen

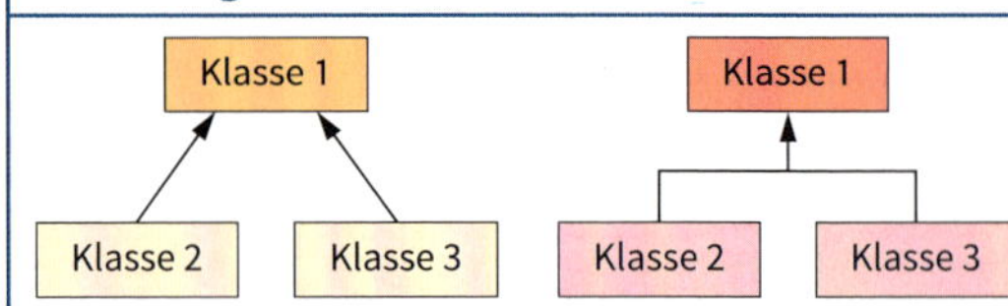


### Mehrfachvererbung

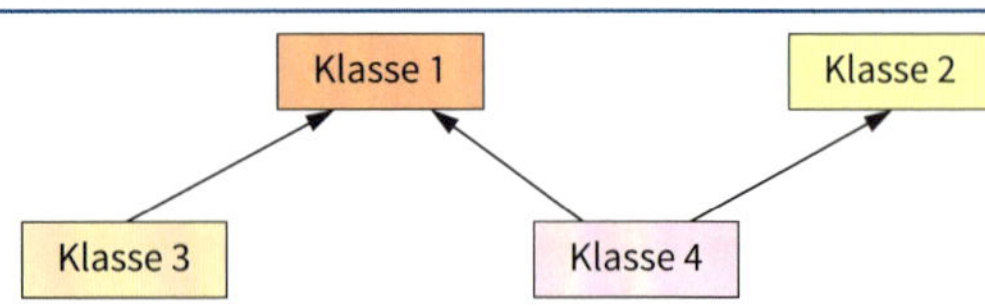

## Elementare Begriffe

- **Attribut:** Datenelemente, die individuell zu einem Objekt gehören
- **Klasse:** allgemeine Struktur (allgemeiner Plan; auch Baubeschreibung). Einer Klasse sind Attribute und Operationen (Methoden) zugeordnet.
- **Objekt:** konkrete Ausprägung einer Klasse
- **Operation/Methode:** konkrete Verhaltensweisen (Anweisungen) bezüglich einer Klasse
- **Vererbung:** Beziehung zwischen Klassen
- **Zusicherung:** Operationsvoraussetzungen

## Assoziations-Darstellung

Assoziation (→ A.): Klassenbeziehung

| | | |
|---|---|---|
| allgemeine A.: | ________ | (einfache Linie) |
| (A. mit) Kardinalität n | n | genau n |
| (A. mit) Kardinalität n – m | n .. m | **n** bis **m** |
| (A. mit) Kardinalität * | * | **0** bis **viele** |
| (A. mit) Kardinalität m, n, o | m, n, o | **m, n** oder **o** |

Assoziationsbeziehung
>> „Person“ „gehört zu“ „Gruppe“ <<
(Pfeil (◀) gibt die Leserichtung an.)

## Analyseansichten

- Ausgehend von der Problemanalyse müssen die Zustände und Aktivitäten dargestellt werden.
- Die folgenden Sichten mit Inhalten und zugeordneten UML-Diagrammen werden unterschieden:

**Logische Sicht**
- funktionale Analyseergebnisse
- Klassenmodell

**UML**
- Klassendiagramme
- Paketdiagramme

**Szenarien**

**UML**
- Aktivitätsdiagramm
- Use-Case-Diagramm

**Implementierungssicht**
- Subsysteme
- Schnittstellen

**UML**
- Komponentendiagramm

**Ablaufsicht**
- Prozesse
- Nebenläufigkeit
- Synchronisation

**UML**
- Kommunikationsdiagramm
- Sequenzdiagramme
- Zustandsdiagramme

**Physische Sicht**
- Netzwerke (Server …)
- Zielhardware

**UML**
- Deploymentdiagramme (Verteilungsdiagramme)

## Diagramme

| Strukturdiagramme | Verhaltensdiagramme |
|---|---|
| Klassendiagramm | Aktivitätsdiagramm |
| Objektdiagramm | Interaktionsübersichtsdiagramm |
| Komponentendiagramm | Anwendungsfalldiagramm |
| Paketdiagramm | Kommunikationsdiagramm |
| Verteilungsdiagramm | Interaktionsdiagramm |
| Kompositionsstrukturdiagramm | Sequenzdiagramm |
| | Zeitverlaufsdiagramm |
| | Zustandsdiagramm |

## Schnittstelle

**Schnittstelle**
Eine > interface< – Klasse – eine Musterklasse.

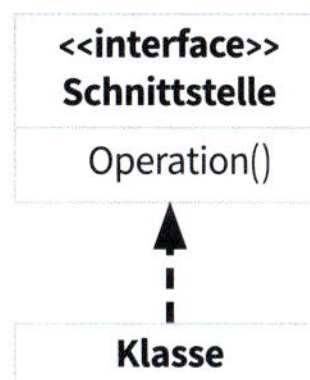


**Akteur**

## Modellierungsansatz

**Anwendungsfalldiagramme** (use case diagrams)
Systemerwartungen (Anforderungen) aus der Sicht des Anwenders (hierbei Erfassung der realen Geschäftsprozesse).

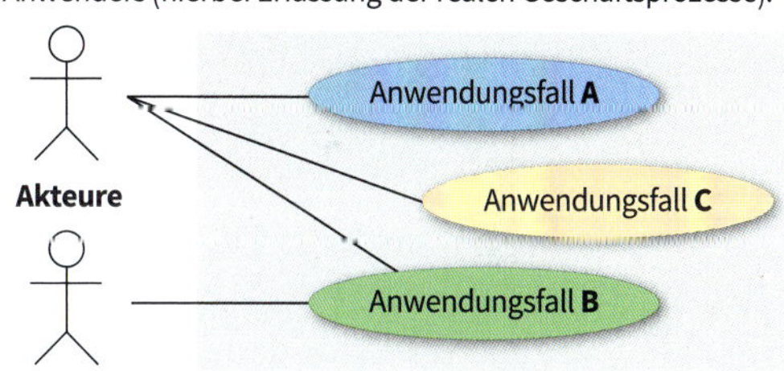


## Gerüst der Software-Entwicklung: zur statischen Struktur

**Klassendiagramm** (class diagram) (auch Klassenstrukturdiagr.)
- Klassen und zugehörige Objekte werden bestimmt.
- Objektattribute werden definiert.
- Methoden (Objektoperationen) bestimmen die Möglichkeiten der Objektkommunikation.
- Klassenbeziehungen werden definiert.
- Die Objektbeziehungsaspekte Vererbung, Assoziation und Aggregation werden dargestellt.
- Die Informationskapselung der einzelnen Objekte wird erfasst.

## UML und Geschäftsprozesse

- Reale Geschäftsprozesse können im Rahmen der Geschäftsprozessmodellierung (GPM) erfasst werden.
- Im Mittelpunkt der GPM stehen Aktivitätsanalysen, nicht Zustandsdarstellungen.
- GPM in Verbindung mit der UML wird zur übersichtlichen objektorientierten Darstellung komplexer Abläufe genutzt.

## Darstellung der dynamischen Strukturbeziehungen mit Verhaltensdiagrammen (behaviour diagrams)

**Zustandsdiagramme** (statechart diagrams)
(Endliche, hierarchische) Automatendiagramme, die das vollständige Systemverhalten darstellen. (Mathematisch präzise abbildbar.) Zustände sind Klassen eindeutig zugeordnet.

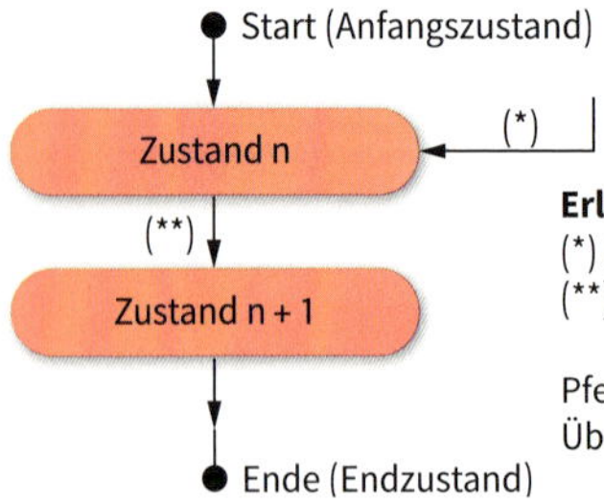


**Erläuterungen**
(*) Ereignis
(**) implizites

Pfeil steht für Übergang (Transition)

**Aktivitätsdiagramme** (activity diagrams)
Darstellung von **Workflow** und **Multithreading** – Zustandsübergänge ausgelöst durch Aktionsabschlüsse innerhalb einzelner Zustände. Die „innere" Ablauflogik wird dargestellt. Eine Ereignisreaktion ist nicht vorgesehen.

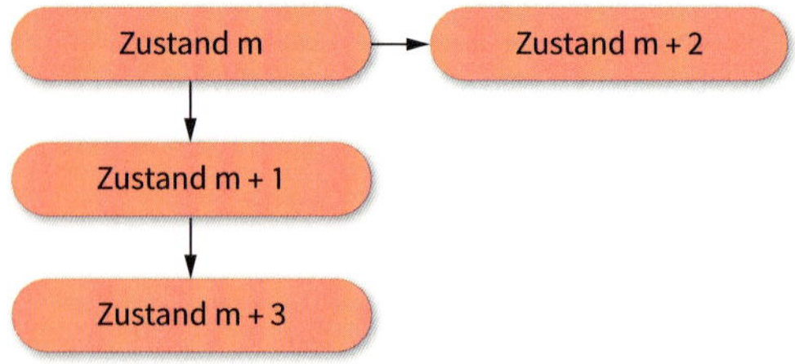


**Sequenzendiagramme** (sequence diagrams)
Darstellung der Interaktionsmöglichkeiten zwischen den Objekten – die zeitlichen Abläufe werden erfasst.
[Bei den Zusammenspieldiagrammen (Kollaborationsdiagrammen) wird der zeitliche Aspekt nicht berücksichtigt.]

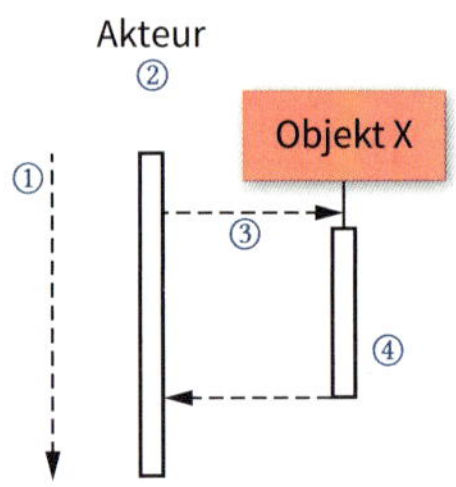


① Zeitachse
② Aufrufendes Objekt (hier: Akteur)
③ Botschaft (**Nachricht**) von Akteur an ObjektX
[ Information vom objektA zum objektB: *nachricht*() ]
④ Botschaft aktiviert Abarbeitung der Methode (Operation)
[ Rückmeldung vom objektB zum objektA: *antwort* ]

**Kollaborationsdiagramme** (collaboration diagrams)
(Diagramme der Zusammenarbeit)
Darstellung der Objektwechselwirkungen – der zeitliche Aspekt wird bei dieser Darstellung nur nachrangig dargestellt.
Dabei werden die Objektbeziehungen durch Verbindungslinien erfasst.

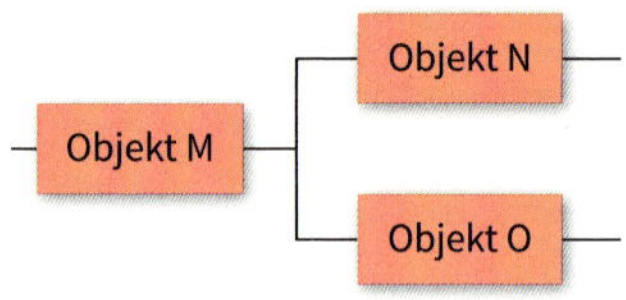


## Implementierungsphase

- Im Rahmen der Beschreibung der Implementierung werden Komponenten- und Verteilungsdiagramme verwendet.
- **Komponentendiagramm** (component diagram)
  Komponente: reale Quell-Code-Datei, die sich auf Klassen bzw. Objekte bezieht.
- **Verteilungsdiagramm** (deployment diagram)
  Darstellung der physischen Systemzuordnung
  (z. B. Zuordnung der Software zu Systemkomponenten)

Letztlich muss die mit den UML-Diagrammen dargestellte Struktur in einen maschinenlesbaren Code überführt werden.

## Geschäftsprozessanalyse – UML – Programm

Gemäß RUP werden folgende iterativ abzuarbeitende Analyseaspekte beachtet:

- Abstraktes Geschäftsprozessmodell
- Konkrete Geschäftsprozessgegebenheiten
- Anforderungsanalyse
- Design
- Implementierung
- Test
- Installation
- Konfigurations- und Änderungsmanagement
- Projektmanagement
- Projektumfeld

Im Entwicklungsprozess werden folgende Phasen beachtet:
1. Konzeption
2. Konstruktion
3. Ausarbeitung
4. Inbetriebnahme

## Programmentwicklung

- Ausgehend von den Klassendiagrammen werden sogenannte Programmskelette erzeugt.
- Hierzu werden CASE-Instrumente (**CASE**: **C**omputer **A**ided **S**oftware **E**ngineering) verwendet. Diese werden kommerziell bzw. auch als Open-Source-Software angeboten.
- Die Entwicklungsumgebung Eclipse ist unter http://eclipse.org zu beziehen.

## Programmiersprachen
### Programming Languages

| Name | Anwendung/Eigenschaften |
|---|---|
| **Ada**<br>benannt nach Ada Byron | ▪ leichtes Programmieren durch klare Ausdrücke<br>▪ gute Fehlererkennung<br>▪ assemblernahe Programmierung<br>▪ andere Programmiersprachen lassen sich leicht einbinden<br>▪ echte Realtime-Sprache |
| **Algol**<br>**Algo**rithmic-**L**anguage | ▪ algorithmische Formelsprache<br>▪ strukturiertes Programmieren möglich<br>▪ Ursprache für neuere Programmiersprachen<br>▪ keine Realtime-Sprache |
| **Basic**<br>**B**eginner's **A**ll-purpose **S**ymbolic **I**nstruction **C**ode | ▪ leicht erlernbar<br>▪ problemorientierte Sprache<br>▪ Einsatz im technisch-wissenschaftlichen Bereich<br>▪ vielfältige Abwandlungen verfügbar (GW-Basic, Turbo-Basic…)<br>▪ bedingtes Realtime-Verhalten |
| **C**<br>entwickelt aus Basic **C**ombined Programming Language | ▪ maschinennahe Programmierung<br>▪ kompakter Code<br>▪ Einsatz u. a. für Programmiersprachenentwicklung<br>▪ Syntax sehr kompakt<br>▪ strukturiertes Programmieren möglich<br>▪ andere Programmiersprachen können eingebunden werden |
| **C++** | ▪ objektorientierte Variante von C |
| **C#** | ▪ typsichere, objektorientierte Allzweck-Programmiersprache |
| **Cobol**<br>**Co**mmon **B**usiness **O**riented **L**anguage | ▪ problemorientierte Programmiersprache für kaufmännischen und administrativen Bereich<br>▪ Programmcode ist lesbar wie englischer Text<br>▪ entwickelt von der Mathematikerin Grace Murray Hopper<br>▪ Cobol 85 ist standardisiert durch ANSI (ANSI-Cobol) |
| **Fortran**<br>**For**mula **Tran**slation | ▪ geeignet für Programmierung mathematischer Formeln<br>▪ keine leistungsfähigen Sprachelemente für Ein-/Ausgaben<br>▪ Buchstaben oder Zahlenfolgen nur umständlich programmierbar<br>▪ strukturiertes Programmieren kaum möglich<br>▪ Realtime-Verhalten bedingt<br>▪ große Programmbibliotheken |
| **JAVA** | ▪ baut auf C++ auf<br>▪ kleiner, portabler und leichter anwendbar als C++<br>▪ plattformneutral<br>▪ Programme werden in Bytecode compiliert. |
| **Lisp**<br>**Lis**t **P**rocessing | ▪ listenverarbeitende Sprache (Listen: Aufzählung von Zahlen oder Zeichenfolgen)<br>▪ nicht prozedural (keine Aneinanderreihung von Befehlen)<br>▪ Programmaufbau besteht aus Funktionen<br>▪ Anwendung in der künstlichen Intelligenz |
| **Modula**<br>Modulare Sprache | ▪ Anwendung in der Prozesstechnik, Text-, Dateiverarbeitung<br>▪ maschinennahe Programmierung<br>▪ Syntax ähnlich Pascal<br>▪ Ablaufgeschwindigkeit ähnlich C-Programmen<br>▪ für PCs verfügbar |
| **Pascal**<br>benannt nach Blaise Pascal (1623–1662) | ▪ ursprünglich als Universalsprache gedacht<br>▪ gute Strukturierung möglich<br>▪ leichte Dokumentation<br>▪ wenige Grundbefehle<br>▪ mit Turbo-Pascal annähernd Realtime-Programmierung |
| **Pearl**<br>**P**rocess and **E**xperiment **A**utomation **R**ealtime **L**anguage | ▪ problemorientiert<br>▪ rechnerunabhängig<br>▪ Realtime-Programmierung<br>▪ Anwendung in Prozesssteuerung<br>▪ Syntax ähnlich wie Pascal<br>▪ unterstützt echtes paralleles Multitasking auf Multipozessor-Anlagen |
| **PL/1**<br>**P**rogramming **L**anguage No. **1** | ▪ problemorientierte Programmiersprache entwickelt von IBM<br>▪ Anwendung auf Großrechnern<br>▪ geeignet für technisch-wissenschaftliche und kaufmännische Anwendungen<br>▪ enthält Elemente von Fortran und Cobol<br>▪ weiterentwickelt zu PL/M |
| **Prolog**<br>**Pro**gramming in **Log**ic | ▪ nicht algorithmisch<br>▪ anstelle von Prozeduren stehen Funktionen, die „wahr" oder „falsch" sein können<br>▪ Anwendung bei der objektorientierten Programmierung |
| **Simula**<br>**Simula**tion Language | ▪ erste objektorientierte Programmiersprache<br>▪ einsetzbar für komplexe Anwendungen und zur Durchführung von Simulationen<br>▪ entwickelt in Norwegen in den 60er Jahren |
| **SMALLTALK** | ▪ objektorientierte Programmiersprache<br>▪ entwickelt von der Firma Rank Xerox (1970)<br>▪ durch objektorientierte Entwicklungsumgebung (Editor, Compiler usw.) sehr benutzerfreundlich |

BASIC – VB – VBA

## Grundaspekte

- **BASIC** ist die Abkürzung für **B**eginner's **A**ll-purpose **S**ymbolic **I**nstruction **C**ode (Symbolischer Allzweck-Befehlscode für Anfänger (der Programmierung)).
- **VB** – **V**isual **B**asic: Objektorientierte Erweiterung zu BASIC mit grafischer Oberfläche.
- **VBA** – **V**isual **B**asic for **A**pplication: Vollwertige Sprache unter Nutzung von BASIC-Begriffen und -Konstrukten und MS-Makros.
- BASIC: Basisbefehle zur Eingabe und Ausgabe: INPUT (Eingabe); PRINT („Bildschirm-Ausdruck")

## Elementare Strukturen

### Zweiseitige Auswahl

```
if Bedingung then
    Anweisung11
    Anweisung12
    ...
else
    Anweisung21
    Anweisung22
    ...
end if
```

### Fallauswahl

```
select case Selektor
case Auswahlwert-1
        Auswahlblock-1
case Auswahlwert-2
        Auswahlblock-2
        ...
case
        else Auswahlblock-n
end select
```

### Wiederholungen

- **kopfgesteuerte**

```
do while / until
    Bedingung
        Anweisungsblock
loop
```

- **fußgesteuerte**

```
do
    Anweisungsblock
loop while / until
    Bedingung
```

### Prozedurdefinition

```
sub Prozedurname()
        Deklarationsblock
        Anweisungsblock
end sub
```

### Prozeduraufruf

```
sub QuellRoutine()
        Anweisungsblock
        Prozedurname
end sub
```

## Beispielprogramm unter BASIC

- **Problemstellung**: Ermittlung der Summe der ersten **n** ungeraden Zahlen von 1 bis … (Es gilt hierbei: n ∈ |N)
- **Quellcode**

```
(1)  Start:
(2)  INPUT; N
(3)  S = 0
(4)  Z = 0
(5)  DO WHILE Z < N
(6)       Z = Z + 1
(7)        S = S + (2 · Z - 1)
(8)  LOOP
(9)  GUZ = 2 · N - 1
(10) PRINT "Anzahl der ungeraden Zahlen: "; N
(11) PRINT "Größte ungerade Zahl: "; GUZ
(12) PRINT "Summe der ungeraden Zahlen: "; S
```

- **Erläuterung zum Quellcode**

| | |
|---|---|
| (1) | Starten des Programms. |
| (2) | Einlesen des Wertes N. |
| (3-4) | Initialisierung von S und Z – jeweils mit dem Wert Null [0]. |
| (5) | Start einer kopfgesteuerten Schleife:<br>Überprüfung der Ablaufbedingung: Ist Z kleiner N?<br>Bei "JA" zu Position (6), ansonsten zu Position (9). |
| (6-7) | Anweisungen in der Schleife<br>– (6): Z wird um den Wert Eins [1] erhöht.<br>– (7): S wird gebildet: Summe des bisherigen S-Werts mit dem aktuellen Wert [`2 · Z - 1`] |
| (8) | Rücksprung zum Schleifenanfang [`DO WHILE ...`] |
| (9) | Schleife wurde verlassen; Berechnung von GUZ |
| (10ff) | Ausgabeteil |

## VB-Merkmale

- Aufruf unter MS-WORD: **Extras/Makro/Visual Basic-Editor** bzw.: **<ALT>** + **<F11>**
- Ein- und Ausgabe erfolgt mit Fenstern (Ereignisse).
- Die Arbeitsoberfläche der Programme ist grafikorientiert.
- Übersichtlicher Programmaufbau mit Modulen und Objekten.
- Mehrere Programme können parallel ablaufen.
- **„Projekt"** bezeichnet einsetzbare Anwendungen. Zu einem Projekt gehören 1. die Projektdatei (*.VBP) und 2. weitere Dateien (mindestens eine).

### s (VB)

- Nach dem Starten von VB erscheint eine Bedienoberfläche auf dem Bildschirm mit dem Titel ***Projekt1*** (⇒ Titelleiste).
- Im **Formular-Designer-Fenster** (mittlere freie Arbeitsfläche, auch Formfenster genannt) erscheint ein leeres Formular mit dem Titel ***Form1***.
- Auf der linken Seite befindet sich eine **Werkzeugleiste**.
- Rechts liegt unter anderem das **Eigenschaftsfenster**.
- Zugriff auf die einzelnen VB-Fensterelemente:

| Fenster | Ein-/Ausblenden: jeweils ANSICHT |
|---|---|
| Projektfenster | PROJEKTEXPLORER |
| Eigenschaftsfenster | EIGENSCHAFTSFENSTER (bzw. <F4>) |
| Formular | FORMULAR-LAYOUT-FENSTER |
| Werkzeugleiste | WERKZEUG-SAMMLUNG |

### Syntaxfestlegungen

- Variablendeklaration:
  `Dim Variabel As` Datentyp, `Variable2 As` Datentyp, …
- Deklaration einer Konstanten:
  `Const` Konstante1 [Kürzel] = Ausdruck1,
  Konstante2 [Kürzel] = Ausdruck2, …
- Objektvariablendeklaration:
  `Dim NeuObject As Objekttyp`
- Zuweisung: `Variable = Ausdruck`
- Funktionszuweisungen: `Ziel = Funktionsname [$]` (Argument1, Argument2, …)
  (Mit $-Zeichen: Ergebnis als `Character`, sonst als `Variant`)
- Prozedur: `Prozedurname Argument1, Argument2, …`

### Vorgehensweise bei der Programmerstellung (VB)

1. Erstellen einer Bedienoberfläche (Fenster anlegen).
2. Auf dem Formular werden ausgehend von der Werkzeugleiste einzelne Steuerelemente in die aktuelle Form eingebunden, z.B.: Befehlsschaltflächen, Textfelder, Bezeichnungsfelder usw.; **Steuerelemente** anpassen und ausrichten.
3. Festlegung der **Eigenschaften** (⇒ Eigenschaftsfenster) – Objektbenennungen und Modifikation von Einstellungen.
4. Mit dem **Code-Editor** (Schaltfläche Code anzeigen) wird der Quell-Code programmiert.
5. Erstellen und speichern einer ausführbaren **exe-Datei**.

## VBA (Visual Basic for Applications)

- VBA-Programme greifen auf MS-Office-Software zu.
- Einbindung von **COM**-(**C**omponent **O**bject **M**odel)-Programmen in VBA-Software. COM: Software-Objekt-Modell von MS.
- Einbindung von nicht-COM-Software über SendKeys-Methode.
- **SendKeys**: Durch die Sendung von Tastaturkürzeln wird das gewünschte Programm eingebunden.
- Programmaufrufmöglichkeit in VBA: applD = …
- Aktivierung über: sendKeys typ [makro-inhalt]

# Fortran
Fortran

## Basisvereinbarungen

- Im Programmkopf kann (und sollte!) „`program`“ und ein Programmname stehen.
- Das Programm wird mit der Anweisung „`end`“ (auch: „`end program`“ oder „`end program` name“) abgeschlossen.

| | | |
|---|---|---|
| Spalte 1: | C oder * oder ! | → Kommentarzeile folgt |
| Spalten 1-5, 7-72: ! | | → Kommentaranfang |
| Spalten 1-5: | Ziffer(n) | → Bezugsnummer |
| Spalte 6: | weder 0 noch Leerzeichen | → Fortsetzungszeile |
| Spalten 7-72: | Fortran-Anweisung | |
| Spalten 7-72: | Ein Semikolon trennt Anweisungen | |
| Spalten 73-80: | (Optionale) Identifikationsangaben, sie sind für den Computer ohne Bedeutung | |

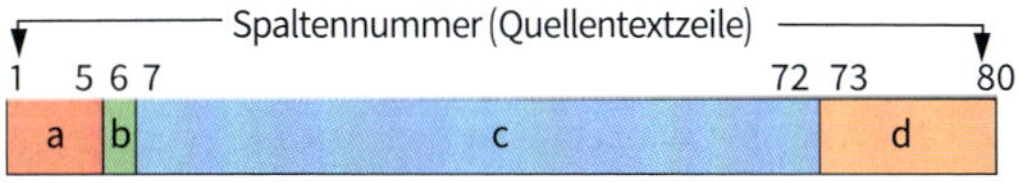


| Bereich | Anfangszeile | Fortsetzungszeile |
|---|---|---|
| a | Marke oder blank | blank |
| b | blank oder 0 | Zeichen (ohne 0 oder blank) |
| c | – Anweisung – | |
| d | – Identifikation (optional) – | |

## Unterprogramme

- SUBROUTINE `name [(Parameter…)]`
- FUNCTION `name [Parameter…`
- BLOCK `DATA [name]`

## Datentypen

| | |
|---|---|
| **Integer**: ganzer Wert | **DOUBLE PRECISION**: (doppelt genaue reelle Zahl; Exponent wird mit D angezeigt) |
| **REAL**: reelle Zahl (kein Komma) | |
| **COMPLEX**: komplexe Zahlen, bestehen aus einem Paar ganzer oder reeller Zahlen (real, imag) | **LOGICAL**: logische Konstanten `-.TRUE. | .FALSE.` |
| Für Felder müssen DIMENSION-, COMMON- oder Typanweisungen vereinbart werden. | |

## Programmablaufsteuerung

| | |
|---|---|
| Spannungsanweisungen: GO TO | Pause: `PAUSE [n]` |
| `Continue`-Anweisung | Stop: `STOP [n]` |
| Rücksprung: `RETURN [n]` | |

IF-Anweisungen
- `IF` (arithmetischer oder logischer Ausdruck) `Anweisung`
- `IF` (ogischer Ausdruck) `THEN`
- `ELSE IF` (logischer Ausdruck) `THEN`

DO-Schleifen: `DO_variable = E1, E2 [, E3]`

## Datenobjekte

- Konstanten
- Skalare
- Strukturen
- Variable
- Felder

## Ein-/Ausgabe-Dateistatus

- Sequentieller Zugriff: `READ/WRITE`
- Datenübertragung: `PRINT/...`
- Direkter Zugriff auf externe Dateien: `OPEN (…,FILE..)`
- `Close ([UNIT = …)`

# Ada
Ada

- Eine prozedurale, objektorientierte Sprache, die bei zeitkritischen Systemen verwendet wird.
- Modulare Strukturierungselemente sind:
  - Funktionen und Prozeduren als Unterprogramme
  - Pakete, generische Einheiten und Prozesse.
- Komplexe – auch parallel ablaufende – Prozesse werden durch den Austausch von Botschaften gestaltet.
- Kein gesondertes Hauptprogramm wird vereinbart.
- Schlüsselwörter werden fett gedruckt und klein geschrieben.
- Keine Unterscheidung zwischen Groß- und Kleinschreibung.
- (Daten-)Typen müssen exakt vereinbart werden.
- Bei Feldern können offene Grenzen definiert werden.
- Verbundtypen können als **`record`** vereinbart werden.
- Keine Zeiger (pointer): Zugriffe erfolgen über **`access`.**
- Sprachelemente werden über Bibliotheken zugänglich gemacht: Sie werden vor einer Prozedur eingebunden mit **`with`.**

## Datentypen

- Standard `(INTEGER, BOOLEAN, LOAT, CHARACTER, STRING)`
- `TEXT_IO` (`GET` (String-Eingabe), `PUT` (String-Ausgabe))
- Prozesstypen und private Typen
- Zugriffstypen (ähnlich den üblichen „Zeigertypen“)
- Zusammengesetzte Typen: Reihungstypen und Verbundtypen
- Skalare Typen (diskrete Typen und reelle Typen)
  - Diskrete Typen (lineare Anordnung der Elemente): Aufzählungstypen (z. B.: `BOOLEAN, CHARACTER`) Ganzzahlige `(INTEGER, SHORT_INTEGER, LONG_INTEGER)`
  - Reelle Typen: 1. Gleitkommazahlen 2. Gleitkommazahlen `(FLOAT, SHORT_FLOAT, LONG_FLOAT)`

## Anweisungen (Steuerungen)

- `for` <Variable> `in` <Bereich> `loop` <Anweisungen> `end loop;`
- `while` <Bedingung> `loop` <Anweisungen> `end loop;`
- `if` <Anweisung> `then` <Anweisungen>
  `elsif` <bedingung> `then` <Anweisungen>
  `elsif` … `else` <Anweisungen> `end if;`
- `procedure` <name> <Parameter> `is` <Vereinbarungen>
  `begin` <Anweisungen> `end` <name>;

| | |
|---|---|
| `case` <Ausdruck> `is` `when` <Wertebereich> => <Anweisungen> `...` `when others` => <Anweisungen> `end case` | `Block: declare` <(lokale) Vereinbarungen> `Begin` <Anweisungsteil> `end;` — `loop` <Anweisungen> `end loop;` |

## Pakete

- Mit Paketen werden Typen, Prozeduren, Objekte einheitlich verbunden: Sie werden **eingekapselt.**
- **Abstrakten Datentypen** (**ADT**): Zusammenfassung von Objekttypen mit entsprechenden Operationen.
- Prozedurendetails können bei Pakten im privaten Teil (**private**) versteckt werden.

## Generische Programmelemente

- **Generische Prozedur** (auch: Programmschablone)
  - Sie legt Operationen usw. allgemein gültig fest
  - Einsetzbar für unterschiedliche Typen

## Grundaspekte

- C wurde Anfang der 1970er Jahre von Dennis Ritchie an den Bell Laboratories entwickelt.
- Die Entwicklung des Betriebssystems UNIX ist untrennbar mit der C-Sprache und C-Gestaltung verbunden.
- C ist betriebssystemunabhängig und umfangsarm.
- Der gültige Standard für C wurde 1989 vom **ANSI** (**A**merican **N**ational **S**tandards **I**nsitute: **„ANSI – C“**) festgelegt.

## Ein-/Ausgabe

- Für die Ein- und Ausgabe von Daten greift C bei den grundlegenden Formen auf die Definitionsdatei **`stdio.h`** zu. Im Programm wird die Anweisung **`#include<stdio.h>`** eingefügt.
- Mit <*Dateiname*> können Standarddateien und mit **`#include`** „*Dateiname*“ benutzerdefinierte Dateien dem Programm zur Verfügung gestellt werden.
- Formatierte Ein- und Ausgaben mit **`printf`** und **`scanf`**
- **`putchar`** – Ausgabe eines Zeichens auf dem Bildschirm
- **`put`** – Ausgabe einer Zeichenfolge auf dem Bildschirm
- **`getchar`** – Einlesung eines Zeichens über die Tastatur
- **`gets`** – Einlesung einer Zeichenfolge

\n – Zeilenvorschub; \b – Backspace
\t – Horizontal-Tabulator; \v – Vertikal-Tabulator

`eof` – end of file; `eol` – end of line

## Vordefinierte Datentypen

[in Klammern: Kennbuchstabe]

- Integer-Typ (`int`) [d/I/u/x/X]
  - mit und ohne Vorzeichen (signed/unsigned)
  - Unterscheidungen: short, long int, signed long int
  - Beziehungen: short int ≤ int ≤ long int
- Character-Typ (`char`) [c]
- Aufzählungstyp (`enum`)
- Fließkommatyp (`float`) [f/e/E]
  - float (einfach-genau)
  - double (mindestens so genau wie float) – long double
- Zusammengesetzte Typen
  - Zeigertypen (&: Adressoperator: `&variable` – benennt die Hauptspeicheradresse der Variable)
  - Feldtypen, Strukturtyp (`struct`), Bitfelder
  - Vereinigungstyp (`union`), Funktionstypen
- Leerer Typ (`void`)

| Typ | Speicherplatz (in Byte) | Vorzeichen |
|---|---|---|
| unsigned char | 1 | nein |
| (signed) char | 1 | ja |
| unsigned short (int) | 2 | nein |
| (signed) short (int) | 2 | ja |
| unsigned int (16-Bit) | 2 | nein |
| (signed) int | 2 | ja |
| unsigned int (32-Bit) | 4 | nein |
| (signed) int | 4 | ja |
| unsigned long (int) | 4 | nein |

## Programmentwicklung

1. Ein **Lösungsalgorithmus** wird gefunden.
2. **Quellcodegestaltung:** C-Quellcodedatei ***xxx.c***
3. **Compilierungsprozess** (mit einem Präprozessor und C-Compiler) Erzeugt wird eine Datei ***xxx.obj.***
4. **Linkprozess:** Bibliotheken werden eingebunden.

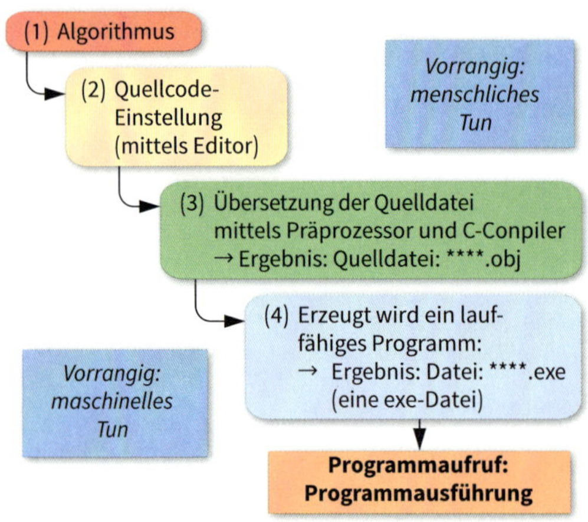


## Benutzerdefinierte Datentypen

- **Konstanten**
  - `const` typ bezeichner = wert;
    Beispiel: `const double exp = 2.718281828459;`
    [const-Definitionen sind in C-Programmen vorrangig zu nutzen (→ Typsicherheit)]
  - `#define` <Name> <zeichenfolge>
    Beispiele: `#define pi 3.14159265358979323846`
    `#define EURO 1.95583`
    Definitionsende mit `#define` ohne Semikolon.
- **Strukturtyp:** `struct {...};`
  Daten verschiedener Typen werden im Verbund erfasst:
  Beispiel:
  ```
  struct Teilnehmer      {
         int POS;
         char NAME [21];
         char VORNAME [15];
         float GEHALT;      };
  ```
  Aufruf erfolgt (z. B.) über:
  Teilnehmer person_1 = {1, „Einstein“, „Albert“, 10.5}
- **Aufzählungstyp:** `enum` (enumeration)
  Beispiele:
  `enum bool {false, true};`
  `enum` NOTEN {EINS = 1, ZWEI, DREI, VIER, FÜNF, SECHS};
  (ZWEI erhält nun den Wert 2 etc.
  Ohne die Angabe EINS = 1 hätte EINS den Wert 0 usw.)

## Programmbeispiel

```
# include <stdio.h>             /* Vereinbarung der Standardbibliothek stdio.h */
void main(void)                 /* Das Hauptprogramm wird mit main bezeichnet. */
{   int i, y;                   /* Geöffnete Schleife: Programmanfang und Vereinbarung der Variablen. */
     i = 1;                     /* Zuweisung eines festen Werts an i */
  scanf(„%i", &y);              /* Wert für y wird eingelesen. */
  printf(„i = %i\n", i); }      /* Ausdruck des Wertes zu i und Ende des Programms. */
```

## Strukturen

- **Schleifen**

**while**
`while` (*ausdruck*)
*anweisung*

**do-while**
`do` *anweisung*
`while` (*ausdruck*);

**for**
`for` (ausdruck-1; ...; ausdruck-n) anweisung

- **Auswahlanweisungen**

**if**
`if` (*ausdruck*)
*anweisung*

**if-else**
`if` (*ausdruck*)
*anweisung_1*
`else`
*anweisung_2*

**switch**
`switch` (*ausdruck*)
{ `case` *konstante_1:*
*anweisung_1*
`case` *konstante_2:*
*anweisung_2*
...
`default`: *Anweisung* }

**else if**
`if` (*ausdruck_1*)
*anweisung_1*
`else if` (*ausdruck_2*)
*anweisung_2*
...
`else`
*anweisung*

- **Sprunganweisungen**

**break**
`break;`
Die innerste umgebende Schleife einer Anweisung wird verlassen.

**goto**
`goto` *Marke*
Sprung zu vorgegebener Position (Marke). Möglichst zu vermeiden.

**continue**
`continue;`
Ein aktueller Schleifendurchlauf wird abgebrochen.

**return**
`return` *ausdruck;*
Rückkehr von einer Funktion zur aufrufenden Stelle.

## Standardbibliotheken (Header-Vereinbarungen)

- `<assert.h>`: Fehlerdiagnose
- `<ctype.h>`: Test- und Umwandlungsfunktionen für Zeichen (Characterbehandlung)
- `<errno.h>`: Funktionen zur Fehlerbehandlung
- `<float.h>`: Grenzwerte der Fließkommadarstellung
- `<limits.h>`: Grenzwerte für Ganzzahltypen
- `<locale.h>`: Funktionen für lokale Besonderheiten
- `<math.h>`: Mathematische Funktionen (double)
- `<setjmp.h>`: Nicht lokale Sprünge über Funktionen
- `<signal.h>`: Signalbehandlung
- `<stdarg.h>`: Funktionen mit variablen Listen
- `<stddef.h>`: Allgemeine Typdefinitionen und Makros
- `<stdio.h>`: Ein-/Ausgabe- und Dateioperationen
- `<stdlib.h>`: Hilfefunktionen
- `<string.h>`: Zeichenfolge
- `<time.h>`: Zeitbestimmungsfunktionen

## Dateiverwaltungsbefehle

- **Dateistruktur:** `FILE`
- **Dateizeiger:** `FILE` **datei_zeiger*
- **Dateiöffnung:** `datei_zeiger = fopen` (*Name der Datei, Zugriffsmodus*)
- **Dateischließung:** *int* `fclose` (*FILE *datei_zeiger*)
- **Abfrage Dateiende:** *int* `feof` (*FILE *datei_zeiger*)

**Lesen aus einer Datei**
- zeichenweise: *int* `fgetc` (*FILE *datei_zeiger*);
- zeilenweise: *char * fgets* (*char *string, int n, FILE *datei_zeiger*);
- satzweise: `fscanf` (datei_zeiger, steuerstring, & variable_1, ..., &variable_n);

**Schreiben in eine Datei**
- zeichenweise: *int* `fputc` (*int c, FILE datei_zeiger*)
- zeilenweise: *int* `fputs` (*char *string, FILE *datei_zeiger*)
- satzweise: `fprintf` (datei_zeiger, steuerstring, & variable_1, ..., &variable_n)

**Zugriffsmodus**
„r“ – (read) Lesen aus einer Textdatei
„w“ – (write) Schreiben einer Textdatei
„a“ – (append) Anlegen einer Datei bzw. an eine bereits vorhandene anfügen
„r+“ – Lesen und Schreiben einer bereits vorhandenen Datei
„w+“ – Schreiben und Lesen einer neuen Datei

## Typkonvertierungen

| | | | |
|---|---|---|---|
| `atof`: | Text in Float | `atoi`: | Text in Integer |
| `atol`: | Text in Long | `strtod`: | String in Double |
| `strtol`: | String in Long | | |
| `strtoul`: | String in Unsigned Long | | |
| `tolower`: | in Kleinschreibung (ohne Umlaute) | | |
| `toupper`: | in Großschreibung (ohne Umlaute) | | |

## Dynamische Speicherplatzreservierung

Speicherplatzanforderung erfolgt während des Programmablaufs (Dynamische Vereinbarung während der Laufzeit)

| Adressen | Name | Aufgabe/Funktion |
|---|---|---|
| hohe | **Heap** | – dynamische Speicherplätze |
| ↕ | **Stack** | – lokale Funktionsvariablen |
| | | – aktuelle Parameter |
| | | – Rücksprungadressen |
| | Daten | – globale Variablen |
| | | – lokale static-Variablen |
| niedrige | Programm | – dynamische Speicherplätze |

z. B.: Stack: Speicherraumumfang in C ca. 2048 Bytes

Reservierung von Heap-Speicherplatz erfolgt über
- **malloc:** Speicher einer vorgegebenen Größe werden reserviert (void * `malloc` (unsigned int size))
- **calloc:** Speicher für Felder werden reserviert (inkl. Initialisierung) (void* `calloc` (unsigned int n, unsigned int size))
- **realloc:** existierende Speicherbereiche werden erweitert
- **free:** Speicherraum wird wieder freigegeben (void `free` (void *block))

Die Möglichkeit zur dynamischen Vereinbarung gilt auch für Felder und Zeichenketten.

- C++ existiert seit etwa 1983.
- Gegenüber C liegt in C++ eine strenge Typenkontrolle vor.
- Mit C++ sollen sehr große Softwareprojekte realisiert werden.
- In C++ können Objekte gebildet werden.

## Grundstrukturen

| Speicherbedarf der Ganzzahl-Variablentypen | | |
|---|---|---|
| Typ | Bits | Zahlbereich |
| `char` | 8 | –128 bis 127 |
| `int; short` | 16 | –32.768 bis 32.767 |
| `long` | 32 | –2.147.483.648 bis 2.147.483.647 |
| **Genauigkeit der Fließkommazahlen** | | |
| Typ | Bits | Wertebereich |
| `float` | 32 | 3.4*(10**–38) bis 3.4*(10**38) |
| `double` | 64 | 1.7*(10**–308) bis 1.7*(10**308) |
| `long double` | 80 | 3.4*(10**–4932) bis 1.1*(10**4932) |

| Escape-Sequenzen | |
|---|---|
| `– '\n'` | new line (neue Zeile) |
| `– '\r'` | carriage return (Wagenrücklauf) |
| `– '\\'` | Backslash |
| `– '\f'` | formfeed (neue Seite) |
| `– '\b'` | backspace (Leerfläche) |
| `– '\t'` | horizontaler Tabulator |
| `– '\v'` | vertikaler Tabulator |
| `– '\''` | Apostroph |
| `– '\"'` | Anführungszeichen |
| `– '\a` | Alarm |

## iostreams

| Header | Name und Verwendung |
|---|---|
| `<iostream.h>` | ostream → Ausgabe<br>istream → Eingabe<br>iostream → Ein-/Ausgabe |
| `<fstream.h>` | ofstream → Datei-Ausgabe<br>ifstream → Datei-Eingabe<br>fstream → Datei-Ein-/Ausgabe |
| `<strstream.h>` | ostrstream → Speicher-Ausgabe<br>istrstream → Speicher-Eingabe<br>strstream → Speicher-Ein-/Ausgabe |

**Standardbefehle**

| Bezug | Bedeutung | //Bezeichnung |
|---|---|---|
| istream | Standardeingabe: | **`cin`** |
| ostream | Standardausgabe: | **`cout`** |
| ostream | Standard-Fehlerausgabe: | **`cerr`** |
| ostream | Log-Ausgabe: | **`clog`** |

- Einleseoperator
  **`>> cin >> abc`**
- Einfügeoperator
  **`<< für die Ausgabe: out << def`**

## Elementare Erweiterungen gegenüber C

- //Kommentareinleitung, geht bis zum Zeilenende.
- Deklarationen können zwischen Anweisungen stehen.
- Variablen können über Referenzen angesprochen werden: Hierzu wird das Zeichen & hinter den Typ bzw. vor den Namen gesetzt.
- bool (logischer Datentyp)
- Typkonversionen (Casts) sind möglich.
- :: Scope-Operator; ermöglicht den Zugriff auf gleichnamige globale Größen innerhalb von Blöcken.

Operatoren **new** und **delete**:

- Mit `zeiger = new typ` wird eine dynam. Variable erzeugt und Speicherraum zur Verfügung gestellt.
- Mit `delete zeiger` wird der Speicherraum wieder freigegeben.

## Objektorientierte Erweiterungen in C++ gegenüber C

**Klassen**

Eine Klasse ist eine vom Benutzer definierte Struktur: Gleichartige Objekte werden so beschrieben.

- **`class:`** Schlüsselwort, dient zur Definition einer Klasse.
- **`private:`** Alle Anweisungen hinter private können nur innerhalb der Klasse angesprochen werden.
- **`public:`** Die Anweisungen können von überall angesprochen werden.
- **`protected:`** Die Elementarfunktionen der Klasse und abgeleitete Klassen (→ Vererbung) können auf diese Abschnitte zugreifen.
- Die Reihenfolge ist vertauschbar.
- Mit **`struct`** kann die Vereinbarung auch bestimmt werden. (Achtung: Standardgemäß beginnt eine `class` mit `private` Angaben; bei `struct` liegt als Voreinstellung `public` vor.)

**Beispiel einer Klassendefinition**

```
class name
 {
 private:
   //klasseninterne Komponenten
 public:
   //allgemein zugängliche Komponenten
 protected:
   //geschützte Abschnitte
 };
```

**Vererbung**

- Eine neu gebildete Klasse kann Deklarationen einer bereits existierenden Klasse übernehmen.
- Die Bezugsklasse wird **Basisklasse** genannt.
- Die neu gebildete Klasse wird als **abgeleitete Klasse** bezeichnet.
- Syntax: `call X: public Y, public Z,…`

## C-Bibliotheken
### C-Libraries

### Standardfunktionen

| Funktion | Beispiel | Header | Hinweis |
|---|---|---|---|
| **abs** | `int abs(int i)` | `stdlib.h` | Absoluter Wert von i wird bestimmt |
| **calloc** | `void *calloc(size_t nitems, size_t elsize)` | `stdlib.h` | Zuweisung von Speicherplatz |
| **clock** | `clock_t clock (void)` | `time.h` | Abgelaufene Prozessorzeit |
| **div** | `div_t div (int num, int denom)` | `stdlib.h` | Division num/denom erfolgt |
| **erf** | `(typ) erfc (typ x)` | `math.h` | Wert der Fehlerfunktion von x |
| **exp** | `(typ) exp ((typ) x)` | `math.h` | Exponentialfunktion |
| **fclose** | `Int fclose(FILE *stream)` | `stdio.h` | Schließt eine Datei |
| **fflush** | `int fflush (FILE *stream)` | `stdio.h` | Puffer wird in Datei gespeichert |
| **floor** | `double floor (double x)` | `math.h` | Positive Zahlen werden abgerundet<br>Negative werden aufgerundet |
| **fmax** | `double fmax (double x, double y)`<br>`float fmaxf (float x, float y)` | `math.h` | Der größere Wert wird zurückgegeben |
| **fmod** | `float fmodf (float a, float b)` | `math.h` | Rückgabe vom Divisionrest a/b (→ a – n · b) |
| **fopen** | `FILE *fopen(char *filename, char *access)` | `stdio.h` | Dateiöffnung im Modus access |
| **fprintf** | `int fprint(FILE *stream, char *format, …)` | `stdio.h` | Ausgabe in Datei |
| **fputs** | `int fputs(char *string, FILE *stream)` | `stdio.h` | String wird in stream-Datei geschrieben |
| **free** | `void free(void *block)` | `stdlib.h` | Gibt Speicherplatz frei |
| **log** | `double log (double x); float logf (float x); long flot logl (long double x)` | `math.h` | logarithmus naturalis (x muss größer Null sein) |
| **malloc** | `void *malloc(size_t size)` | `stdlib.h` | Speicherplatzreservierung |
| **mktime** | `time_t mkxtime (struct tmx *tp)` | `time.h` | Zeitstruktur wird in Ganzzahl umgewandelt |
| **modf** | `double modf(double x, double *ip); float modff(float x, float *ip); long double modfl(long double x, long double *ip)` | `math.h` | Zerlegung von x in ganzzahligen Anteil und einen Dezimalanteil. Dezimalanteil wird gespeichert unter der Adresse, auf die ip verweist |
| **pow** | `float powf(float a, float b)` | `math.h` | Potenzberechnung ($a^b$) |
| **qsort** | `void squort (void base, size_t n, size_t size, int (cmp)(const void *, const void *))` | `stdlib.h` | Sortierfunktion – bezogen auf Arrayelemente |
| **remove** | `int remove (const char *` *filename*`)` | `stdio.h` | *filename(Datei)* wird gelöscht |
| **rename** | `int rename (const char` **oldname*`, const char` **newname*`)` | `stdio.h` | Datei *oldname* wird in *newname* umgenannt |
| **sin** | `double sin (double x); float sinf (float x); long double sinl(long double x)` | `math.h` | Sinusberechnung mit x in Bogenmaß |
| **sqrt** | `double sqrt (double x), float sqrtf(float x); long double sqrtl(long double x)` | `math.h` | Berechnet die Quadratwurzel |
| **srand** | `void srand (unsigned int seed)` | `stdlib.h` | Zufallzahlenabfolge wird über seed geleitet |
| **strlen** | `size_t strlen (const char *string)` | `string.h` | Bestimmung der Anzahl eines String |
| **tgamma** | `double tgamme (double x);…` | `math.h` | Verallgemeinerte Fakultät (Gammafunktion G) |
| **time** | `time-t time (time-t *ip)` | `time.h` | Liefert die aktuelle Kalenderzeit |

## C#
### C#

- C# wird gesprochen „C Sharp".
- Von Microsoft im Jahr 2000 entwickelte Programmiersprache in Anlehnung an C/C++ und Java für die .NET-Technologie.
- Sie ist eine objektorientierte Programmiersprache.
- Anweisung und Schlüsselwörter von C# entsprechen den von C++.
- C# besteht vollständig aus Klassen; alle Typen (inkl. Konstanten) werden mit Klassen beschrieben.
- C# nutzt keine C-Bibliotheken.
- Es gibt keine Header-Angaben.
- Der Compiler verarbeitet die Anweisungen direkt.
- Zeichenketten sind Objekte von string-Typ.
- Es gibt keine festen Links.
- Das Ende einer Anweisung wird mit einem ; angegeben.
- C# ist case-sensitiv: Es wird strikt zwischen Groß- und Kleinschreibung unterschieden.
- Bei Arrays werden die Klammerangaben […] an die Typangabe angehängt, z. B.:
  `int [ ] nummer; nummer = new int [9]`
- **System. Console** ist eine Klasse, über die Dateneingaben und -ausgaben möglich werden, z. B.:
  `System.Console.Writeline („\n“ + „5 + 2=“ + (5+ 2));`
- Die Hauptfunktion (**main**) tritt genau einmal auf.
- Innerhalb von Funktionen kann der goto-Befehl verwendet werden. Das Ziel von goto wird mit einem Label bestimmt.

## Merkmale

- Java ist eine objektorientierte, plattformunabhängige Sprache, die von **SUN** entwickelt wurde. Die Syntax orientiert sich an der von C++; auf Zeiger und Mehrfachvererbungen wurde verzichtet.
- Die Programm-Kompilierung erfolgt für einen virtuellen Maschinenprozessor, der unabhängig vom realen Mikroprozessor arbeitet. Mit der Universalität von Java-Programmen gehen aber verlängerte Laufzeiten einher.
- Java setzt den **Unicode 1.1.5** (ISO - 16-Bit-Zeichensatz) ein.
- **JDK** (**J**ava **D**evelopment **K**it) ist eine Entwicklungsumgebung.
- `javac` aktiviert den Java-Compiler. Er erzeugt einen Java-Bytecode. Er wird von `java` interpretativ verarbeitet.
- `java` aktiviert die virtuelle Maschine **JVM** (**J**ava **V**irtual **M**achine). Dies ist der Java-Interpreter. Unter einer virtuellen Maschine ist hierbei eine quasi nur gedachte Maschine zu verstehen.

**Programmerstellung (Java-Prinzip)**

1. Quelltext wird mit einem **Editor** geschrieben. Speicherung mit der Endung `.java` → Ergebnis: Quellmodul
2. Quellmodul wird mit dem **Compiler** (`javac`) kompiliert: der Java-Bytecode wird so erzeugt.
   – Erzeugt wird so eine Class-Datei (Endung: `.class`)
   – Diese class-Datei enthält einen Bytecode, der auf der **V**irtuellen **M**aschine (**JVM**) zum Einsatz kommt.
3. Die virtuelle Maschine (`java`) interpretiert den Code.

- Durch die Verarbeitung des Bytecode kann der Interpreter eine größere Geschwindigkeit erzielen. Die Universalität in der Verwendung bleibt zugleich gewahrt.
- Unterschieden werden Applets und Applikationen.
  - **Applet:** Java-Programm, eingebettet in eine HTML-Seite. Es kann über das WWW aktiviert werden.
  - **Applikationen:** Eigenständiges Java-Programm; es ist zum Beispiel unabhängig von einem WWW-Browser.
- Mittels **RMI** (**R**emote **M**ethod **I**nvocation) werden verteilte (netzweite) Anwendungen realisierbar.
- **J2EE** (**J**ava **2** **E**nterprise **E**dition) ermöglicht:
  - Webserver-Anwendungen und
  - Datenbankanbindungen.
  - Auch wird ein Transaktionsmanagement realisierbar.
- **Java im Internet**
  Der Java-Compiler (javac) und der Java-Interpreter (java) werden kostenlos im Internet angeboten (siehe Suchmaschine).

## Basiselemente

- **Operationen**
  - arithmetische [ ++ -- + - * / % ]
  - Vorzeichen [ + - ] - Typumwandl. [ (typ) ]
  - Vergleichsop. [ == != < <= > >= ]
  - logische [ ! & ^ | && |< ]
  - Bitoperationen [ ~ & ^ | ]
- **Operatoren**
  - instanceof (→ *Objekt instanceof gesuchteKlasse*) Prüfung, ob ein Objekt zu einer Klasse gehört.
  - ? Konditional-Operator (→ *bool ? a1 : a2*) Bedingungsabhängig wird ein Objektwert zugeordnet.
- **Kommentare**
  // alle Zeichen in der Zeile werden ignoriert
  /* *alle eingeklammerten Zeichen werden ignoriert* */
  /** *Hinweise mittels* java-doc *zwecks Online-Dokumentation* */

## Primitive Datentypen

- Vordefinierte Typen, die keine Methoden besitzen.

| Name | Bit(s) | Ergebnisbereich |
|---|---|---|
| **boolean** | 1 | true or false |
| **char** | 16 | von \u0000 bis \uFFFF |
| **byte** | 8 | von –128 bis +127 (Ganzzahl) |
| **short** | 16 | –32768 bis +32767 (Ganzzahl) |
| **int** | 32 | von –2**31 bis +[ 2**31 ] – 1 (Ganzzahl mit Vorzeichen) |
| **long** | 64 | von –2**63 bis [ +2**63] – 1 (Ganzzahl mit Vorzeichen) |
| **float** | 32 | von ± 1.40239846 E -45 bis ± 3.40282347 E +38; (Fließkommazahl) |
| **double** | 64 | von ± 4.940656458412465 E –324 bis ± 1.797693138462315750 E +308 (Fließkommazahl) |

## Kontrollstrukturen

| | |
|---|---|
| Block | `{ Anweisung 1; ... }` |
| Entscheidungsanweisung | `if - else` - Anweisungen |
| geschachtelte if-Anweisung | `switch`-Anweisung |
| Abweisende Schleife | `while` |
| Nicht-abweisende Schleife | `do-while` |
| Zählschleife | `for` |

## Logische Operationen

- && - und
- || - oder
- ! - nicht (Negation)

## Postfix-Notation

- i++ => i = i + 1
- i-- => i = i - 1

## Präfix-Notation

- ++1 => i = i + 1
- --1 => i = i - 1

## Schlüsselwörter

```
abstract / boolean / break / byte / case /
char / class / const / continue / default /
do / double / else / float / for / goto /
if / implements / import / instanceof / int /
interface / long / new / pachage / private /
protected / public / return / static / switch /
synchronized / this / throw / throws /
transient / try / void / volatile / while
```

## Namensbezeichner

Für Klassen, Objekte, Methoden gilt:
- Erstes Zeichen ist ein Buchstabe oder $ oder _
- Groß- und Kleinschreibung werden unterschieden.
- Nach dem ersten Zeichen folgen beliebige Buchstaben/Zahlen.
- Typischerweise ist der erste Buchstabe ein großer.

## Beispiel für eine Programmklasse

```
class Name
   { public static void main (String [ ] args)
       {...
       }
   }
```

## Aufbau einer Methode

Zugriffsrecht Ergebnistyp
*Methodenname* (Parameterliste)
{…;
`return` Ergebniswert;
}

## Zugriffsrechte auf Klassenkomponenten

| Kernvereinbarungen innerhalb der bzw. zur Objektorientierung | |
|---|---|
| **`public`** | ▪ öffentliche Komponenten<br>▪ Zugriff aus allen Klassen möglich |
| **`protec-ted`** | ▪ teilweise geöffnete Klassen<br>▪ Zugriff nur aus abgeleiteten Klassen und aus Klassen im gleichen Package |
| **`private`** | ▪ private Komponente<br>▪ Zugriff nur innerhalb der Klasse |
| **`default-Zustand`** | ▪ Zugriff nur innerhalb des Packages (abgeleitete Klassen haben kein Zugriff) |

## Abstrakte Klassen

- **Abstrakte Klassen** sind Klassen ohne eigene Objekte
  Quellcode:
  ```
  abstract class NameKlasse{
     }
  ```
- Diese Klassen können abstrakte und konkrete Methoden beinhalten.
- Von dieser Klasse können direkt keine Objekte gebildet werden. Jedoch können Klassen abgeleitet werden aus der abstrakten Klasse. Hierzu können Objekte gebildet werden.
- Objektbildung: Instantiierung einer Klasse (engl.: instantiated)
- Klassenhierarchisierungen sind in Java möglich. In diesem Fall liegen Ableitungen zwischen Klassen vor. Dies ist die Voraussetzung für die Polymorphie. Ein Objekt kann eine Zusammenfassung von Objekten verschiedener Klassen sein, die zueinander in einer eindeutigen Ableitungsbeziehung stehen.

## Vererbungen

- Klassen können aus Klassen abgeleitet werden.
  - Erblasser-Klasse (Erb-Lasser): Vaterklasse
  - Abgeleitete Klasse (Erb-Nehmer): Kinderklasse
- Das Erbe kann erweitert werden. Es kann nicht beseitigt werden.
- Herstellung einer Vererbung:
  ```
  class Erb-NehmerKlasse extends Erb-LasserKlasse
  {
  }
  ```

## Ableitungsbeziehung

(→ steht für „ist ein …“)
1: Kindklasse → Elternklasse
2: Subklasse → Superklasse
3: Abgeleitete Klasse → Basisklasse
Konkret kann dabei eine Superklasse auch wieder die Subklasse einer übergeordneten Superklasse sein.

## Interface

- Dies ist eine abstrakte Klasse ohne Datenkern.
  Quellcode:
  ```
  interface Name{
                 }
  ```
- Weiterhin werden die Methoden nur als Prototyp bestimmt.
  Quellcode: `void schnittstelleXYZ();`

## Datenkern und Methoden

- Der Datenkern von Objekten ist geschützt.
- Der Anwender kann Daten aus dem Kern in Erfahrung bringen.
- Die Methoden beziehen sich jeweils zwingend auf die Klasse, zu der sie programmiert wurden.
- Die Klassen sind Paketen zugeordnet.

## Programmierbeispiel für einen Datenkern

| | Zugehörige Programmierung | Hinweis |
|---|---|---|
|  | `class Schule{`<br>`String Klasse;`<br>`int anzahl;`<br>`double d-alter;`<br>`}` | *Festlegung* Datenkern (Klasse) |
| | //Klassenmethode<br>`public String holeSchule(){`<br>`return Schule;`<br>`}` | *Festlegung* Methode zum Lesen der Datenkerninformation |

## Java-Packages (java.xxxx.xxx …)

.applet (Klassen für Applets und ihren Kontext)
.awt (grafische Oberflächen)
.awt.dnd (Drag- und Drop-Klassen)
.awt.geom (geometrische Objekte)
.awt.image (Bildbearbeitung)
.awt.print (Druckaufgaben)
.io (Ein-/Ausgabe)
.lang (Fundamentalklassen)
.math (Arithmetiklassen)
.net (Netzwerkklassen)
.security (Sicherheitsklassen)
.sql (Datenbankzugriff)
.text (Textzugriff)
.sound (Audioklassen)

- Die Einbindung der Klassen und der zugehörigen Methoden erfolgt über eine Importierung zu Beginn des Quellcodes des Programms. Zum Beispiel: `import java.lang.XYZ;`

## Java im Web (WWW)

- Programmspeicherung
  (Hinweis: Applet ist die Bezugsklasse; bezug über extends)
  ```
  import (Java-Packages);…
  public class Name extends Applets {….}
  ```
- Einbindung in HTML-Code
  ```
  <APPLET CODE="Name.class"
          WIDTH="…"
          HEIGHT="…">
  </APPLET>
  ```

# Perl
## Perl

- **Perl** (**P**ractical **E**xtraction and **R**eport **L**anguage) ist eine plattformunabhängige Skript-Sprache (Erstversion 1987).
- Für viele Probleme gibt es unter Perl mehrere, voneinander unabhängige Lösungsansätze. – Perl-Motto: TIMTOWTDI („There Is More Than One Way To Do It“: Viele Wege führen zum Ziel.)
- Im Ablauf wird Perl interpretiert: Es ist aber keine reine Interpretersprache. Als Interpreter wird Parrot – eine virtuelle Maschine auf der Basis der Registertechnik – eingesetzt.
- Sie ist bedeutsam für die **Netzprogrammierung** und im Bereich der Bioinformatik. Sie eignet sich gut für den **Client-Server-Datenaustausch** und den Zugriff auf E-Mail- und Web-Seiten-Server im Netz. Sie kann große Datenmengen bewältigen. Perl ist modular konzipiert. Es existieren viele Programmbibliotheken.
- Es werden Strukturen aus den Bereichen der funktionalen, imperativen, objektorientierten und strukturierten Programmierung realisiert. Sie hat den Ruf, eine Hacker-Sprache zu sein.

### Variablen

- Variablen werden durch ein Sigil (Präfix vor dem Namen) gekennzeichnet (nachfolgend in Klammern):
  - Skalare ($): `$scalar` (Skalare: typlose Variablen)
  - Vektoren/Arrays (@): `@array`
  - Hashes (%): `%hash`
  - Funktionen (&): `&function`
  - Typeglobs (*): `*all`
  - Variable zum „Zwischenspeichern“: `$_`

**Beispiel**:

```
(1) GutenTag_A.pl
(2) #! /usr/bin/perl -w
(3) print "Hallo und guten Tag \n!";
```

zu (1): Programmname (Endung bei Perl .pl);
zu (2): -w: Warnhinweise
zu (3): ein `print`-Befehl (Ausgabe von „Hallo und guten Tag!“)

### Strukturbefehle

- Ende einer Befehlszeile mit einem Semikolon ( `;` )
- **Zeilenumbruch** (Vorschub) über `\n`
- **logische Operatoren**: `||, &&, or, and`
- **Strukturbefehle/Ablaufbefehle**
  - **`goto`** [label]: Sprungbefehl (zu einer Schleife)
  - **`last:`** Befehl zum sofortigen Verlassen einer Schleife
  - **`next:`** Sprung zur nächsten Iteration
  - **`redo:`** Sprung zum continue-Block
  - **`unless:`** (Gegenteil zu if)
- **Kontrollstrukturen**
  Sie entsprechen im Kern den Vorgaben aus den C-, Java- und JavaScript-„Welten“.

```
- if (<Bedingung>)… / elsif… / else…
- unless (<Bedingung>)… else…
  (steht für: if(!(<Bedingung>))
- <Bedingung> ? <Anweisung A>: <Anweisung B>;
- <Ausdruck A> || <Ausdruck B>;
- <Ausdruck A> && <Ausdruck B>;
- ?:
```

- **Schleifen** (`- while… - until… - for…` )

```
- [label:] while (<Bedingung>)
    {<Anweisungen>} [continue {<Anweisungen>}]
- [label:] until (<Bedingung>)
  {<Anweisungen>} [continue {<Anweisungen>}]
- [label:] for ([<Startanweisung>];
                                  [<Bedingung>];
  [<Updateanweisung>])
  {<Anweisungen>} [continue {<Anweisungen>}]
-[label:] for[each] [[my] $element] (<Liste>)
  {<Anweisungen>} [continue {<Anweisungen>}]
```

# Simulationen
## Simulations

Zur Erfassung und Beschreibung der **Realität** nutzt der Mensch verschiedene Quellen:

- „Naive“ Erfassung von Daten der Welt mittels der Sinne und der Sensoren (**„Phänomen“**).
- Erzählungen und Überlieferungen: **Geschichten**.
- Auslegung von Texten und Dokumenten (**Bibliothek**)
- Klärung von Realitätsaspekten über Experimente
- Erfassung von Realitätsbeziehungen und -entwicklungen (Prozesse und Prognosen) durch mathematisch-informationstechnische **Simulationen** („Rechnermodelle“).

- **Definition der Simulation**
  Nach VDI (Richtlinie 3633): „Nachbildung eines Systems mit seinen dynamischen Prozessen in einem experimentierfähigen Modell“.
- Mit Simulationen können Erkenntnisse für Bereiche gewonnen werden
  - die aus **ethischen** Gründen nicht untersucht werden können (z. B. Krankheiten),
  - die **theoretisch** nicht geschlossen erfasst werden können (Physik/Ökonomie/Soziologie),
  - die **experimentell** nur unter unverhältnismäßigem Aufwand (Rechnernetze) bzw. prinzipiell gar nicht (Astrophysik) erfasst werden können.

### Erkenntniszugänge/Welterschließung

| | |
|---|---|
| Sinnesdaten, Sensorwelt: **Phänomen** | Erzählung, Überlieferung: **Geschichten** |
| Bericht, Buch, Hermeneutik: **Bibliothek** | Messwerte, Experiment: **Labor** |
| Modellbau: **Modellierungen** | Rechnermodelle: **Simulationen** |

### Simulationsarten

- Abbildungsbeziehungen
  **Reale Welt** ——— (Abbildung) ———▶ **Modell**
  Diskrete Gegebenheiten — diskrete Strukturen
  Diskrete Gegebenheiten — stetige Strukturen
  Stetige Gegebenheiten — diskrete Strukturen
  Stetige Gegebenheiten — stetige Strukturen
- Weitere Einteilungen: Ereignis-, prozess- und transaktionsorientierte, zeitgesteuerte und zellulare Simulationen.
- Für Prognosen werden mit Differenzialbeziehungen und diskreten Strukturen (Automatentheorien) Gleichungssysteme bestimmt, mit denen (kausale) Abläufe nachgebildet werden können. Bedeutsam sind Simulationen besonders bei stochastischen Gegebenheiten. Hierfür werden gute Zufallsfunktionen für die Nachbildung benötigt.

## Grundlagen

- Python entstand in den 1990er Jahren
- Python beachtet zugleich verschiedenen Programmierparadigmen und nutzt objekt- und aspektorientierte, funktionale, dynamische und skriptbezogene Facetten der Programmierwelten
- Ausgabe (Ausführung) über den Python-Interpreter
- Code-Prüfung: Shell → Debug → Debugger → Debug Control
- Weitere Code-Kontrollen erfolgen über:
  Ausnahmen (→ try; except); Zusicherungen (→ assert)
  Beobachtungen / Protokollierungen (→ logging)
- Alles (Methoden, Module, Klassen, Typen ...) ist ein Objekt in Python
- Python ermöglicht Vererbung und **Mehrfachvererbung**
- Seit 04/2020 wird nur noch Python 3 unterstützt:
- Python ist plattformunabhängig und (meistens) einsetzbar unter Linux, Mac OS X, Unix, MS Windows
- Python hat eine breite Verwendung im Wissenschaftsbereich
- (→ **Deep Learning** / KI / **maschinelles Lernen**) und auch beim Entwicklungsprojekt »**100-Dollar-Laptop**«
- Python ist case sensitiv (→ Unterscheidung von Groß- und Kleinschreibung)

## Bedienflächen / GUI / Eingabe

- Eingabe unter IDE (Interactive Development Environment) – Aufruf unter WIN über IDLE (Python GU – interaktive Shell; bzw. Eric Python IDE, PyCharm, Spyder etc.)
  Meldung des Interpreters – zum Beispiel: Python 3.8....
- Eingabeaufforderung: >>> [→`z.B.:` >>> `print("...")`]
- Eingabe: `input()`
- Schlüsselwörter (klein geschrieben – keywords): `and, assert, break, class, def, del, else, exec, help, if, import, in, is, pass, raise, return, try, while, with, yield`
- Kommentar hinter gesondertem Hashzeichen: # Kommentar
- Stringlänge: `len(...)`
- >>> `print`("Hallo Nutzer!") [→ Ausgabe: Hallo Nutzer!]
- Eine GUI kann mit dem Modul Tkinter aufgebaut werden
- (→ Turtle-Grafik-Modul)
- Ordner erstellen: `os.makedirs()`
- Zu Python existiert eine umfangreiche **Standardbibliothek**

## Datentypen

- Datentypen sind dynamisch m. Blick auf einen Wert gebunden
- Zahltypen: Bytes, Real (float), Complex
- Sammeltypen: Arrays, Felder, Listen, Sets, Tupel, Wörterbücher (Dictionaries, assoziative Liste), Zeichenketten
- Integer; int(→ 0, → 1, → 2, ... )
- Fließkommazahl; float() → a.b → 1.123; -0.5; 0.00987
- Strings; str() → '3 Kühe'; ...
- Listen: geordnete Daten >>> ['Hut', 'Hose']
- Dictionary (Wörterbuch, assoziative Liste: ungeordnete (Listen-) Daten) → dict **buchstabe-zahl** >>> {'A': 1, 'B': 2, 'C': 3}

## Variablenname

- Nur ein Wort; nur Buchstaben, Unterstrich, Zahlen
- Keine Zahl als erstes Zeichen
- Keine Leer- oder Sonderzeichen
- Keine Bindestriche
- zur **Gültigkeit** der Variablen: **global** → **globale** Gültigkeit

## Operatoren

- \+ Addition
- \- Subtraktion
- * Multiplikation
- / Division
- // Integerdivision
- ** Exponent
- % Modus / Rest
- \+ String-Addition:
  'Aha' + 'SoSo' → AhaSoSo

- Zuweisungsoperator =
- Vergleichsoperatoren
  != ungleich
  < (>) kleiner als (größer als)
  <= kleiner gleich als
  == gleich (Gleichheitsoperator)
- `is` Identitätsprüfung von zwei Objekten

## Sonderzeichen

- \'; \" → Anführungszeichen
- \t → Tabulator
- \n → Zeilenumbruch
- \\ → Backslash

## Module

- Integration von Modulen:
  → pip install modul
- os.path → Datei- und Pfadnamen
- shutil → Dateibehandlung

## Flusssteuerung (→ Entscheidungen)

[eQC: eingerückter QuellCode]

- if-Anweisung
  if / Ausdruck / Bedingung / Doppelpunkt ( : ) / if-Klausel (eQC)
- else-Anweisung: else / Doppelpunkt ( : ) / else-Klausel (eQC)
- elif-Anweisung (else-if)
  elif / Bedingung / Doppelpunkt ( : ) / elif-Klausel (eQC)
- for-Schleifen: for / Variablenname / Schlüsselwort in / Methode range() / Doppelpunkt ( : ) / for-Klausel (eQC)
- while-Schleifen
  while / Bedingung / Doppelpunkt ( : ) / while-Klausel (eQC)
- Abbruch (einer Anweisung): break-Anweisung – break
- Rücksprung in der Schleife: continue-Anweisung – continue
- return: Rückgabe eines Werts und Rücksprung

## Funktionen / Methoden

- Funktion (→ *xyzFunc.py*): Programm im Programm; sie stellen dem Programm Codezeilen zur Verfügung
- Funktionsdefinition:
  erfolgt über `def funktions_name` ...
- `random.seed(); value = random.randint`: Zufallswerte
- Methoden sind spezifische (dateiabhängige) Funktionen
  `index()`: Position in einer Liste (auffinden)
  `append()`: Element einer Liste am Ende zufügen
  `insert()`: Element an einer Listenposition (n) zufügen
  → `liste.insert`(n, 'name')
  `remove()`: Wert aus einer Liste entfernen
  `sort()`: Sortierbefehl
  `items(), keys(), values(), get()`: Wertrückgabe aus Wörterbüchern
  `get()`: Rückgabe aus dem Wörterbuch
  `join()`: Verbindung von Strings
  `split()`: Aufteilung eines Strings in Teilstrings
  `center(), ljust(), rjust()`: Stringrückgabe mit Leerzeichen
  `islower(), isupper(), lower(), upper()`: Stringmetoden – Buchstabenumwandlung
  `open()`: Datei öffnen [→ hiFile = open('/Name/Ordner/hi.txt')]
  `read()`: Lesen eines Strings
  [→ >>> `helloContent = hiFile.read()`]

# Python – Schlüsselwörter, Kommentare, Operatoren

## Python – Keywords, Comments, Operators

### Schlüsselwörter

- Python Schlüsselwörter sind reservierte Wörter.
- Sie können nicht als Konstante oder Variable oder andere Bezeichner verwendet werden.
- Alle Python-Schlüsselwörter enthalten nur Kleinbuchstaben.

| | | |
|---|---|---|
| and | exec | not |
| assert | finally | or |
| break | for | pass |
| class | from | print |
| continue | global | raise |
| def | if | return |
| del | import | try |
| elif | in | while |
| else | is | with |
| except | lambda | yield |

### Kommentare

- Auf das Hashzeichen (#), das nicht in einem Zeichenfolgeliteral enthalten ist, folgt ein Kommentar.
- Alle Zeichen nach dem # und bis zum Ende der Zeile sind Teil des Kommentars und werden vom Python-Interpreter ignoriert.

**Beispiel:**

```
# Erster Kommentar
print "Hallo, Python!" # Zweiter Kommentar
```

Ergebnis:

```
Hallo, Python!
```

### Operatoren

Operatoren definieren eine mathematische Rechenvorschrift.

**Arithmetische Operatoren**

| Operator | Beschreibung | Beispiel[1] |
|---|---|---|
| + Addition | Addiert den Wert von b zum Wert von aq | a + b = 15 |
| – Subtraktion | Subtrahiert den Wert von b vom Wert von a | a – b = –5 |

Weitere arithmetische Operatoren

| * | / | % | ** | // |
|---|---|---|---|---|
| Multiplikation | Division | Modulus | Exponent | Floor Division |

**Vergleichsperatoren**

Diese Operatoren (relationale Operatoren) vergleichen die Werte auf beiden Seiten und entscheiden über die Beziehung zwischen ihnen.

| Operator | Beschreibung | Beispiel[1] |
|---|---|---|
| == | Wenn die Werte von zwei Operanden gleich sind, wird die Bedingung wahr. | (a == b) Ist nicht wahr |
| != | Wenn Werte von zwei Operanden nicht gleich sind, wird die Bedingung wahr. | (a != b) Ist wahr |
| <> | Wenn Werte von zwei Operanden nicht gleich sind, wird die Bedingung wahr. | (a <> b) Ist wahr ähnlich != |

Weitere Vergleichsoperatoren

| > | < | >= | <= |
|---|---|---|---|
| Größer | Kleiner | Größer oder gleich | Kleiner oder gleich |

**Zuweisungsperatoren**

| Operator | Beschreibung | Beispiel[1] |
|---|---|---|
| = | Weist dem linken Operanden den Werte von rechten Operanden zu | c = a + b Wert von a + b wird der Variablen c zugewiesen c = 15 |
| += Addition UND | Fügt dem linken Operanden den rechten Operanden hinzu und weist das Ergebnis dem linken Operanden zu | b += a Entspricht der Funktion b = b + a b = 15 |

Weitere Zuweisungsoperatoren

| –= | *= | /= | %= | **= | //= |
|---|---|---|---|---|---|
| Subtrakt. UND | Multiplik. UND | Division UND | Modulus UND | Expon. UND | Floor Division |

**Bitweise Operatoren**

| & | \| | ^ | ~ |
|---|---|---|---|
| Binär UND | Binär ODER | Binär XOR | Binär Einer Komplement |

| << | >> |
|---|---|
| Binäres Links Schieben | Binäres Rechts Schieben |

**Logische Operatoren**

| **and** | **or** | **not** |
|---|---|---|
| Logisch UND | Logisch ODER | Logisch Nicht |

**Mitgliedschaftsoperatoren**

| **in** | **not in** |
|---|---|

**Identitätsoperatoren**

| **is** | **is not** |
|---|---|

[1] In den Beispielen ist a = +5 und b = +10

### Merkmale und Anwendungen

- Diese „Sprache“ ist keine Programmiersprache, sondern eine **Beschreibungssprache**. Neben der Beherrschung der Sprache müssen bei der Anwendung auch genaue Kenntnisse über die zu beschreibende Hardware vorhanden sein.
- Mit Hilfe von Texten werden die Verhaltensmerkmale der Schaltung ausgedrückt. Der Text repräsentiert somit das digitale System.
- Die Sprache lässt sich auch als Ersatz für Objekte mit ihren Funktionen (Informationsverarbeitung) sowie als ein vollständiger Ersatz für komplette grafische Schaltpläne verwenden.
- Auch Simulationsabläufe können ohne einen konkreten Schaltungsaufbau durchgeführt werden.
  Vorteile: Vor der Umsetzung eines Entwurfs in eine Hardware lassen sich mit Hilfe entsprechender Synthesewerkzeuge Überprüfungen und ggf. Änderungen vornehmen.
- Wesentliche Einsatzbereiche sind:
  - Dokumentation von elektronischen Schaltungen
  - Simulation: Funktionale Beschreibung auf Systemebene, Test und Verifizierung der Schaltungen
  - Schaltungssynthese für:
    - **FPGA** (**F**ield **P**rogrammable **G**ate **A**rray, wiederprogrammierbare Chips)
    - **ASIC** (**A**pplication **S**pecific **I**ntegrated **C**ircuits, anwendungsspezifische ICs)
    - **Vollständige** Platinen, CPUs

### VHDL-Entity

- Funktionseinheiten sind Hardware-Schaltungen (z. B. Gatter, Multiplexer, Flipflops) die durch Signale miteinander verbunden sind. Bei VHDL werden sie durch Entwurfseinheiten (**Entities**) repräsentiert ①.
- Jede Entität verfügt über eine **Entitätsdeklaration** ② (Entitätserklärung), die wie eine Schnittstelle mit Ein- und Ausgangssignalen zur Außenwelt wirkt.
- Weiterhin verfügt jede Entität über einen **Architekturkörper** ③, der die Beschreibung der Entität enthält und aus miteinander verbundenen Entitäten, Prozessen und Komponenten besteht, die alle gleichzeitig arbeiten können.
- Jede Entität wird also durch eine Entitätsdeklaration und einen Architekturkörper modelliert.
- Durch entsprechende Konfigurationen kann man zwischen unterschiedlichen Design-Alternativen und -Versionen auswählen. Dabei bestimmt eine Konfiguration, welche Realisierung – von mehreren (möglicherweise) vorhandenen Architekturen – für ein Entity aus der Bibliothek, benutzt wird.

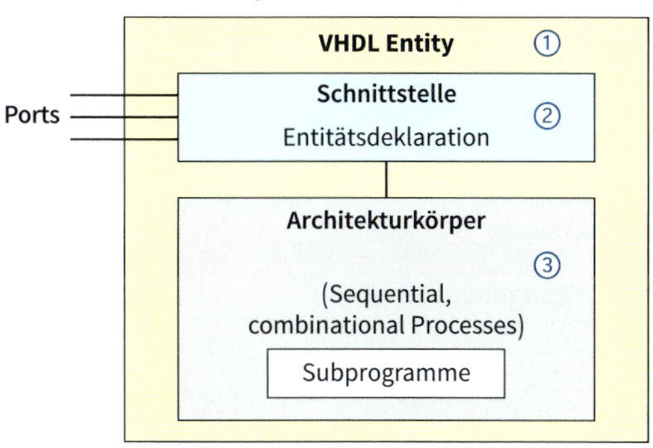


### VHDL und Verilog

- **VHDL** (**V**ery **H**igh Speed Integrated Circuit Hardware **D**escription **L**anguage)
  IEEE 1076 (Beschreibung der Sprache VHDL, 2019)
- **Verilog** (Bezeichnung auch Verilog HDL)
  IEEE 1364 (1995, Verilog Hardware Description Language)

### Verilog

- Wie VHDL ist Verilog eine Hardwarebeschreibungssprache. In maschinenlesbarer Textform erfolgt eine Beschreibung elektronischer Systeme und Schaltungen. Anwendungen: Test, Fehlerbewertung, Logiksynthese und Zeitanalyse.
- VerilogAMS
  Erweiterung des Verilog Sprachumfangs zur Modellierung analoger Signale.
- Wesentlicher Unterschied zu VHDL: Die Beschreibungssprache ist kompakter (nicht so wortreich) und verfügt dadurch über weniger Codezeilen.

### Beispiele

**Beschreibungen**

**Gatter**
Beschreibung von Logikgattern und deren Verbindungen

```
...
wire out, in1, in2;
nor(out,in1,in2);
...
```

**Schalter**
Beschreibung von Schaltern (Transistoren) und Knoten

```
...
wire g, s, d;
nmos(d,s,g);
...
```

**Operatoren**

<table>
<tr><th>Operator</th><th></th></tr>
<tr><td>!</td><td>logical NOT</td></tr>
<tr><td>&&</td><td>logical AND</td></tr>
<tr><td>||</td><td>logical OR</td></tr>
<tr><td>==</td><td>logical equality</td></tr>
<tr><td>!=</td><td>logical inequality</td></tr>
<tr><td>?:</td><td>conditional</td></tr>
<tr><td>~</td><td>bit-wise NOT</td></tr>
<tr><td>&</td><td>bit-wise AND</td></tr>
<tr><td>|</td><td>bit-wise OR</td></tr>
<tr><td>^</td><td>bit-wise XOR</td></tr>
<tr><td>^~ ~^</td><td>bit-wise XNOR</td></tr>
<tr><td>&</td><td>reduction AND</td></tr>
<tr><td>|</td><td>reduction OR</td></tr>
<tr><td>~&</td><td>reduction NAND</td></tr>
<tr><td>~|</td><td>reduction NOR</td></tr>
<tr><td>^</td><td>reduction XOR</td></tr>
<tr><td>~^ ^~</td><td>reduction XNOR</td></tr>
</table>

### Unterschiede zwischen VHDL und Verilog

| VHDL | Verilog |
|---|---|
| Leicht verständlich und wortreich | Weniger Schreibcodes, prägnant |
| Schwierig zu erlernen, sehr ausführlich | Leicht zu erlernen |
| Natürlicher Gebrauch | Hardware-Modellierungssprache |
| Nicht C-ähnliche Syntax | Ähnlichkeiten zur C-Sprache vorhanden |
| Sehr ausführlich | Ausführlich |
| Variablen müssen nach Datentyp beschrieben werden | Ebene von Programmierkonstrukten ist niedriger |
| Weit verbreitet für **FPGAs** (**F**ield **P**rogrammable **G**ate **A**rray, wiederprogrammierbare Chips) | Weit verbreitet für **ASICs** (**A**pplication **S**pecific **I**ntegrated **C**ircuits, anwendungsspezifische ICs) |

## WYSIWYG-Applikationen

**Grundideen von Microsoft**

1. Alle Programme beziehen sich auf einen gemeinsamen Softwarekern. Die Anwendungsprogramme sind untereinander eng verbunden: Sie werden integral vom Betriebssystem erfasst und gesteuert.
2. Die Bildschirmdarstellung von Texten und Bildern orientiert sich an der WYSIWYG-Idee:
   **WYSIWYG** steht für: „**W**hat **Y**ou **S**ee **I**s **W**hat **Y**ou **G**et":
   In Abhängigkeit vom Zusammenspiel der Software mit den Treibern der Drucker können jedoch (geringfügige) Unterschiede zwischen der Bildschirmdarstellung und einem Ausdruck auftreten.

- Die Office-Software gehört zur Anwendungssoftware.
- Es wird auch von „**Applikationen**" (nach (engl.) Application) gesprochen.
- Diese Programme werden speziell im geschäftlichen und privaten Bürobereich eingesetzt.
- Vielfältige Aufgaben können damit bewältigt werden, wie z. B.:
  - Texterstellung, -verarbeitung und Drucken von Texten (integriert können auch Bilder, Zeichnungen und Fotos bearbeitet werden),
  - Bildbearbeitung,
  - Erstellung von Bildschirmpräsentationen,
  - Verarbeitung von Zahlen u. Daten (Kalkulationsprogramme),
  - Gestaltung von Datenbanken,
  - Organisation von Terminen, Adressen usw.
- Zur Bewältigung dieser Aufgaben werden Standardprogramme angeboten, die oftmals Sonderfunktionen besitzen. Diese Programme werden zum Teil kostenfrei angeboten.
- Kommerzielle Programme und Programmpakete können als Anwenderprogramme erworben werden.
  Hierzu zählen auch Virensuchprogramme, Browser …

## Office-Paket von Microsoft

- Von großer Bedeutung ist das Office-Softwarepaket von Microsoft mit den Einzelprogrammen:
  - **Access** (Datenbankprogramm),
  - **Document Imaging** (Bildverwaltung …),
  - **Excel** (Kalkulationsprogramm),
  - **Infopath** (dynamische Formulare),
  - **Outlook** (Organisator),
  - **Power-Point** (Präsentationserstellung),
  - **Word** (Textverarbeitung).

  Von herausgehobener Bedeutung sind:
  **Excel**, **Power-Point**, **Outlook** und **Word**.
  Mit den Programmen gehen Ergänzungsprogramme einher, z. B.:
  - Basic, QBasic bzw. VisualBasic-Programme,
  - Druckprogramme,
  - Grafikprogramme,
  - Rechtschreibprogramme,
  - Suchprogramme.
- Einige Anwendungsprogramme sind bei Microsoft Teil der Betriebssystemsoftware (MS XP, MS Vista …), wie z. B.:
  - Browserprogramme,
  - Netzwerkeinrichtungsprogramme,
  - Rechtschreibhilfen,
  - Sicherungsprogramme,
  - Spielprogramme,
  - Suchhilfen,
  - Taschenrechner,
  - Texteditoren,
  - Zeichenprogramme,
  - Zeileneingabekonsolen.

## Norm-Dokumente

- Für die Texterstellung speziell im Internet haben Skriptsprachen eine große Bedeutung. Hierbei ist besonders HTML zu nennen. Zur „HTML-Welt" gehören auch die Sprachen bzw. Gestaltungsinstrumente:
  DHTML, PHP, JavaScript und Typo3
- Große Bedeutung hat der Adobe Reader für pdf-Dokumente.
- Ein besonders leistungsfähiges Texterstellungsprogramm liegt mit TeX vor. In einer reduzierten Version existiert es als LaTeX.
- Mit HTML, TeX und LaTeX liegen nicht-kommerzielle, an offiziellen Dokumentenstandards orientierte Applikationen vor, deren Quellcode einsehbar ist.

## TeX ($\TeX$)

- $\TeX$ wurde von Donald E. Knuth entwickelt.
- Gesprochen: „Tech". Gebräuchliche Schreibweisen: TeX, **τεχ**
- Leistungsfähiges Textgestaltungssystem, mit dem umfangreiche (Bücher) und wissenschaftliche Texte in professioneller Qualität erstellt werden können.
- TeX verarbeitet Layoutinformationen über einzelnen Befehle.
- LaTeX (gesprochen „Lah-tech") wurde von Leslie Lamport entwickelt. Es basiert auf TeX.
- TeX und LaTeX sind keine WYSIWYG-Programme. Es sind Formatierungsprogramme.

**Leistungsmerkmale von TeX/LaTeX**

| Vorteile | Nachteile |
|---|---|
| – Möglichkeit zur Verarbeitung komplexer Strukturen und Zeichen (mathematische Symbole und Formeln, Tabellen …)<br>– professionelle Layouts | – Größerer Bedarf an Speicherplatz<br>– Rechenkapazitäten (Rechenzeit)<br>– aufwendigere Einarbeitungszeit (Lernbedarf) |

## TeX-Realisierung

Basisstruktur

```
(1) \documentstyle[options]{style}
(2) \begin{document}
(3) \end{document}
```

**Erläuterung**:
Zu (1): Erster Befehl im LaTeX-File:
Optionale Angaben werden in den eckigen Klammern festgehalten. Document Styles werden in den geschweiften Klammern angegeben.
Zu (2): Anfang eines Schriftstücks
Zu (3): Abschluss vom Schriftstücke – Ende eines Textes

## Beispielprogramm

```
\documentsstyle[artikel}
\begin[document}
    Hallo! Dies ist nur ein
    einfacher Satz.
\end{document}
```

Dies ist eines der einfachsten LaTeX-Files mit dem Ausdruck:
*Hallo! Dies ist nur ein einfacher Satz.*

## Gestaltungsinstrumente

In TeX (und LaTeX) existieren vielfältige vorgegebene Befehle, die individuelle Gestaltungen ermöglichen, z. B.: Dokumentarten, mathematische Symbole, Textteile, Schriftgrößen/Schriftarten und Überschriften.

## Eingaben

- Eingabe von Daten und Verarbeitungsstrukturen in Tabellen:

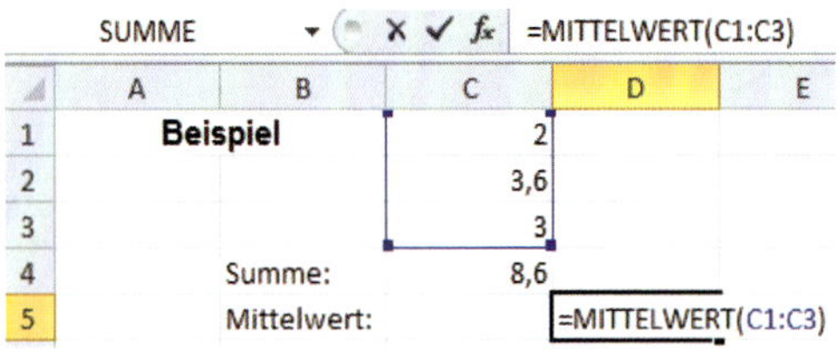


- Daten werden in Tabellen eingetragen, die durch Zeilennummern (1; 2; …) und Spaltenbuchstaben (A; B; …) bestimmt sind.
- Die Tabellenzellen sind eindeutig bestimmt, z. B.: C1.
- Zellen ziehen mit rechter Maustaste.
- Zellen können verbunden und umrahmt werden.
- Zellenverbindung: => `START/AUSRICHTUNG` (bzw. `Zellen formatieren)/Zellen verbinden`.
- Zellenschutz: `START/ZAHL/SCHUTZ`
  Danach unter `ÜBERPRÜFEN/BLATT SCHÜTZEN`
  Kennwort eingeben.
- Automatische Sicherungskopien:
  `DATEI/OPTIONEN/SPEICHERN` …
- Daten, Überschriften usw. können in die Zellen direkt eingetragen werden.
- Erlaubte Datumsangaben (vollständige Angabe notwendig):
  `01.05.2021;01-05-2021;01/05/2021`
- Formel anzeigen unter Formeln/Formel anzeigen
- Mathematische Operationen

| | | | |
|---|---|---|---|
| UND | ODER | Größer: > | Größer/gleich ≥: >= |
| NICHT | | Kleiner: < | Kleiner/gleich ≤: >= |

In `UND`, `ODER`, `NICHT` nur Wahrheitswerte.

- Verarbeitungsbefehle werden auch in die Zellen eingetragen. Beispiel:
  (1) Mit = wird ein Befehl eingeleitet, EXCEL gibt Hinweise auf mögliche Befehle, die in der „Bibliothek" existieren.
  (2) Beispiel SUMME: In Klammern wird der Zählbereich (C1 bis C3; `C1:C3`) bestimmt. Ergebnis in C4: `8,6`.
  (3) In der Kopfzeile wird die Funktion angegeben:
  Für D5: `=MITTELWERT(C1:C3)`

## Elementare Befehle

- Addition der Inhalte von zwei Zellen, z. B.: = `C1 + C2`
  (Entsprechend die Subtraktion, Multiplikation und Division.)
- Mathematische Summe $\sum$, z. B.: `=SUMME(C1:C10)`
- Größte Zahl: `=MAX(C1:D5)`
- Kleinste Zahl: =MIN
- Anzahl aller Zellen, die …; z. B.: `=ANZAHL2(F1:G6)`

| | |
|---|---|
| `ANZAHL` | Zellen mit Zahlen |
| `ANZAHL2` | Nicht leere Zellen |
| `ANZAHLLEEREZELLEN` | Leer Zellenanzahl |

## Strukturen

- WENN-DANN-Struktur:
  `=WENN(Bedingung; DANN-Wert; SONST-Wert)`
  zum Beispiel: `=WENN(B2>B3;A2;A3)`
- `VERWEIS-Funktion`: Suchprozess in einer Tabelle (Matrix) nach einem bestimmten Kriterium;
  `SVERWEIS`: Senkrechter Verweis
  `SVERWEIS(Bezugszelle; Matrix;Suchspalte)`
  (zum Beispiel:
  `SVERWEIS(B2;C$2:E$8;2)`)
- $ fixiert die Bezugszellen.
- Zum Sortieren und Filtern siehe auch: START/SORTIEREN …

## Diagramme

- Gestaltung von Diagrammen: `Diagramme/Einfügen`
- Diagramm mit Jahreszahlen auf Bezugsachse

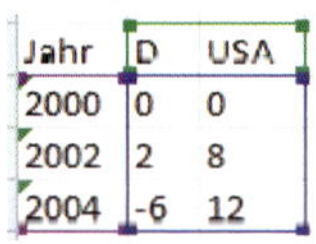


Apostroph (') vor der Jahreszahl

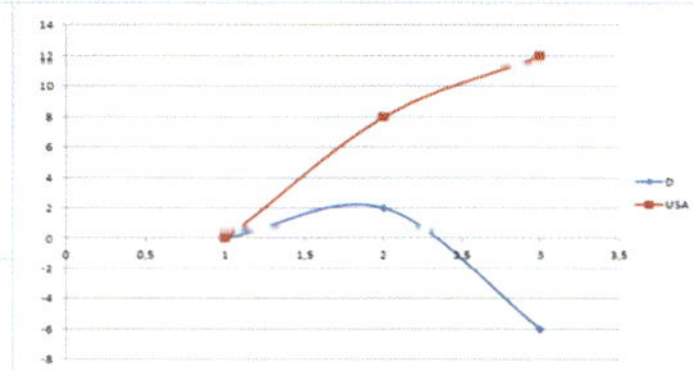

# Softwaregeneratoren
## Software Generators

### Ansatz

- Im Rahmen der professionellen und industriellen Codeentwicklung sind sie ein bedeutsames Entwicklungsinstrument.
- Softwaregeneratoren werden
  a) zur Analyse von Datenbeziehungen und
  b) zur Strukturierung von Informationen verwendet.
- Ein Softwaregenerator überführt eine Problemlösungsstruktur in eine höhere (abstraktere) oder tiefere (feinere; reichhaltigere) Struktur.
- Sie können z. B. zu gegebenen Formallösungen in Form von Struktogrammen Quellcodeanteile automatisch generieren.
- Auch können sie einen Quellcode strukturell darstellen.
- Es besteht die Möglichkeit, direkte Übersetzungen von einer Quellcodesprache in eine andere Sprache vorzunehmen.
- Ein Softwaregenerator kann durch Softwaregestaltungen realisiert werden.

### Aufbau

- Folgende Teilgeräte bilden einen Softwaregenerator:

1. **Scanner**: Zuständig für die lexikalische Analyse von Zeichen. Er liest Bitfolgen und kombiniert diese zu Wörtern und Zeichen.
2. **Parser**: Zuständig für eine syntaktische Analyse von Symbolfolgen (Grammatik). Er übernimmt vom Scanner die Symbole und kombiniert sie zu Sätzen.
3. **Compiler**: Er nimmt die semantische Satzanalyse vor.
4. **Codegenerator**: Zuständig für die Umsetzung der Lösung in einen Quellcode.

- Bei der Generierung arbeiten Scanner, Parser, Compiler und Codegenerator komplex zusammen. Es liegt kein eindimensionaler Produktionsprozess vor.
- **Beispiel**: EasyCODE ist ein Instrument zur Analyse und zum Design von Quellcodes. Es unterstützt die Code-Erstellungen in vielfältigen Sprachen.

## Grundlagen

- TeX wurde von Donald E. Knuth entwickelt
- Gesprochen: ›Tech‹
- Gebräuchliche Schreibweisen: TeX, τεχ
- Leistungsfähiges Textgestaltungssystem, mit dem auch wissenschaftliche Texte in professioneller Qualität erstellt werden können.
- LATEX (gesprochen ›Lah – tech‹) wurde von Leslie Lamport
- entwickelt. Es basiert auf TeX.
- TeX verarbeitet Layoutinformationen über einzelne Befehle.
- LaTeX ist – z. B. im Gegensatz von MS WORD kein WYSIWYG (›What-You-See-Is-What-You-Get‹)-Programm.
- Leistungsmerkmale von TeX / LaTeX:
  - Möglichkeit zur Verarbeitung komplexer Strukturen (Mathematische Formeln, Tabellen, ...)
  - Professionelle Layouts
- Nachteile:
  Größerer Bedarf an Speicherplatz und an Rechenkapazitäten (z. B.: Rechenzeit)

## Schriftgrößen / Schriftarten

| | |
|---|---|
| \tiny | winzig kleine Schrift |
| \scriptsize | sehr kleine Schrift (für Indizes) |
| \footnotesize | kleine Schrift (wie Fußnoten) |
| \small | kleine Schrift |
| \normalsize | normale Schrift |
| \large | große Schrift |
| \Large | größere Schrift |
| \LARGE | sehr große Schrift |
| \huge | riesig groß |
| \Huge | sehr riesig groß |
| \rm | normale Schrift (roman) |
| bf | fette Schrift (boldface) |
| \it | kursive Schrift (italic) |
| \sl | schräge Schrift (slanted) |
| \sf | ›sans serif‹ Schrift |
| \sc | ›CAPS and SMALL CAPS‹ Schrift |
| \tt | Schreibmaschinenschrift (typewriter) |
| \boldmath | Fettdruck in mathematischen Formeln |

LaTeX

## Basisstruktur

| Code | Erläuterung |
|---|---|
| \documentstyle[options]{style} | Erster Befehl im LaTeX-File. |
| \ begin{document} | Anfang eines Schriftstücks |
| \end{document} | Abschluss vom Schriftstück – Ende des Textes |

**Hinweise**
Optionale Angaben werden in den eckigen Klammern festgehalten.
Document Styles werden in den geschweiften Klammern angegeben.

**Beispielprogramm**

```
\documentstyle[artikel}
\begin[document}
Hallo! Dies ist nur ein einfacher Satz.
\end{document}
```

Ein einfaches LaTeX-File, mit dem Ausdruck:
`>>> Hallo! Dies ist nur ein einfacher Satz.`

### Document Styles

- article: Berichte, Vorträge, wissenschaftliche Artikel
- book: Bücher
- letter: Briefe
- report: längere Berichte, Projekt- und Studienarbeiten, ...

### Document Style Options

- titlepage – gesonderte Titelseite bei Style article
- twocolumn – Druck erfolgt zweispaltig
- twoside – doppelseitiger Druck
- german – Übernahme deutschsprachiger Konventionen
- 11pt – 11 Punkt hohe Schrift
- 12pt – 12 Punkt hohe Schrift
- fleqn – linksbündige mathematische Gleichungen
- leqno – Gleichungsnummern links vor den Gleichungen

### Überschriften

- \contentsname – Inhaltsverzeichnis (Contents)
- \listfigurename – Abbildungsverzeichnis (List of Figures)
- \listtablename – Tabellenverzeichnis (List of Tables)
- \abstractname – Zusammenfassung (Abstract)
- \refname – Literatur (References)
- \bibname – Literaturverzeichnis (Bibliography)
- \indexname – Index
- \figurename – Abbildung (Figure)
- \tablename – Tabelle (Table)
- \partname – Teil (Part)
- \chaptername – Kapitel (Chapter)
- \appendixname – Anhang (Appendix)

### Environments (Textteile)

Mit „Enviroments" werden besondere Textteile gesetzt:
\begin{name} (Inhalt: text) \end{name}

| Textteile (name) | Enviroments |
|---|---|
| Listen: | itemize |
| Beschreibungen: | description |
| Nummerierte Aufzählungen: | enumeration |
| Unveränderte (direkte) Ausgabe: | verbatim (bzw. verb) |
| Abbildungen: | figure |
| Tabellen: | table bzw. tabular |

### Besondere Symbole

| | | | | | | | |
|---|---|---|---|---|---|---|---|
| \hat a | û | \S | § | \ae | æ | \0 | ø |
| \ss | ß | \% | % | _ | Unterstrich _ | | |
| \~ | (Tilde) ~ | | | \dots | (Auslassungspunkte) … | | |

### Mathematische Symbole

| | | | | | |
|---|---|---|---|---|---|
| Vereinigung | ∪ | \cup | Durchschnitt | ∩ | \cap |
| Leere Menge | ø; | \varnothing; | Differenzmenge | \ | \setminus |
| | { } | \empty set | Potenzmenge | P | \mathcal{P} |
| Symmetriche Differenz | Δ | \triangle | Teilmenge | ⊆ | \subseteq |
| | | | Echte Teilmenge | ⊂ | \subset |
| ›ist Element von‹ | ∈ | \in | ›ist nicht Element von‹ | ∉ | \notin |
| Primzahlen | ℙ | \mathbb{P} | Nicht gleich | ≠ | \neq |
| Natürliche Zahlen | ℕ | \mathbb{N} | Identisch | ≡ | \equiv |
| Ganze Zahlen | ℤ | \mathbb{Z} | Ungefähr | ≈ | \approx |
| Rationale Zahlen | ℚ | \mathbb{Q} | Tilde | ~ | \~ |
| Reelle Zahlen | ℝ | \mathbb{R} | Quaternion | ℍ | \mathbb{H} |
| Komplexe Zahlen | ℂ | \mathbb{C} | Aleph (Kardinalzahl) | ℵ | \aleph |
| \alpha | a | \delta | d | \pi | p |
| \beta | b | \epsilon | e | \sigma | s |
| \gamma | c | \phi} | f | \tau | t |

## Produktdatenmanagement

- Ziel des Produktdatenmanagements ist es, kaufmännische und technische Datenbetsände und -verarbeitungen integrativ zu erfassen. Dabei sollen die internen Entwicklungs-, Verarbeitungs- und Serviceprozesse erfasst und die Bezüge zu den Kunden und ihren Wünschen dargestellt werden.
- Bedeutsam sind neben den technischen Softwarekomponenten (→ CAD …) und den ERP-Produkten ( → R/3 von SAP …) die PDM-Tools für eine integrative PLM-Erfassung. Hierbei nehmen die offenen Verarbeitungs- und Vernetzungssysteme aus der Middleware-Architektur eine zentrale Stellung ein.

## Integriertes Produktionsdatenmanagement System

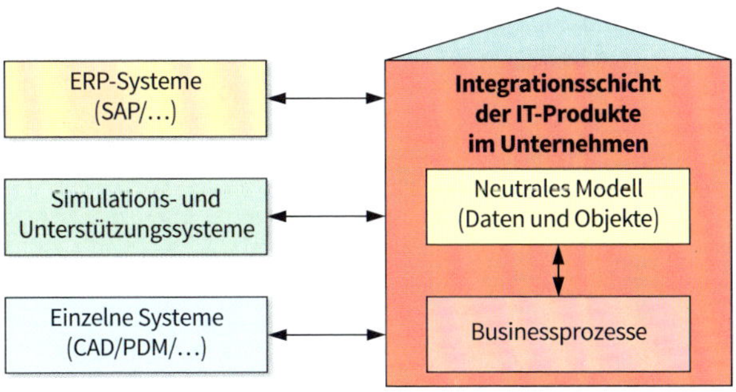


## Abkürzungen / Begriffe

**CAD:** **C**omputer **A**ided **D**esign (Computerunterstützte Konstrunktion)

**CAM:** **C**omputer **A**ided **M**anufacturing (Computerunterstützte Fertigung)

**ERP:** **E**nterprise **R**esource **P**lanning (Betriebswirtschaftliche Standardsoftware)

**PDM:** **P**rodukt**d**aten**m**anagement

**PLM:** **P**roduct **L**ifecycle **M**anagement (Produktzyklus-Strategien)

**SCM:** **S**upply **C**hain **M**anagement (Lieferkettenmanagement)

## Digitale Betriebsprüfung

- Die digitale Betriebsprüfung wird von den Finanzämtern direkt an den IT-Geräten der Unternehmen durchgeführt. Hierzu können die Ämter die Daten direkt einsehen und auch auf externe Medien abspeichern.
- Die „Grundsätze ordnungsgemäßer Buchführungssysteme" (GoBS) sind von den Unternehmen weiterhin einzuhalten.
- Die Prüfungsvorgänge sollen flächendeckend eingeführt werden.
- Die Ämter möchten die einzelnen Buchungsprozesse und -werte detailliert verfolgen können. Sie nehmen einen selbsttätigen Zugriff auf die Daten der Unternehmen vor.
- Die Daten werden von den Finanzämtern in einem ersten Zugriff mit einer Prüfsoftware („Ides") analysiert.
- Zur Vorbereitung auf die Prüfung sollen die Unternehmen zur Aufbereitung ihrer Daten und Systeme das folgende Vorgehensmodell beachten.

## Vorgehensmodell

**Analyse und Strategie (A. & S.)**
1. Erfassen der IT-Infrastruktur im Unternehmen
2. Ermittlung und Beschreibung der für die Finanzbehörden relevanten Daten und Informationen
3. Strategien zur Erfassung, Speicherung und Aufbewahrung („Archivierung") bestimmen

**Implementierung (Impl.)**
4. Neudefinition und Gestaltung der Ablauforganisation im Unternehmen
5. Anpassung der Berechtigungskonzeption
6. Organisation der Überlassung der Datenträger (Speicher)

**Organisation der Betriebsprüfung (O. d. Bprf.)**
7. Erstellung einer Konzernvorgabe (-„richtlinie") für den Ablauf
8. Einrichtung einer zentralen Datensammlung
9. Erfassung („Aufzeichnung") aller Zugriffe

## Software und Realität

- Ausgehend von einem Modell, das die Realität reduziert beschreibt, werden durch Simulationen wesentliche Aspekte nummerisch dargestellt.
- Dies setzt eine Beschreibungsfunktion voraus, die
  a.) die Realitätsdaten darstellen und
  b.) programmiertechnisch umgesetzt werden kann.
- Von großer Bedeutung sind heutzutage finite Ansätze, mit den ausgehend von diskretisierten Strukturen Entwicklungen iterativ erfasst werden können. Dies ist bedeutsam, wenn keine geschlossenen Lösungen existieren.
- Die Qualität der Simulation hängt von der Genauigkeit der Rechenmaschine, der Umsetzung der Rechenoperationen und der Datenspeicherung, der Modellbildung, der eingesetzten Beschreibungsverfahren und der Algorithmen ab.
- Letztlich möchte man mit Simulationen unbekannte (auch zukünftige) Gegebenheiten beschreibe. Insofern geht man vom Apriori-Wissen auf Erwartungswert-Wissen über. Dieser Ansatz beruht insofern darauf, dass man bewährte Beschreibungen überträgt.

# Maple – Mathematical Manipulation Language
Maple – Mathematical Manipulation Language

## Grundlagen

- Darstellungen bei **Maple**
  1. Text (üblich: **schwarze** Schriftfarbe),
  2. Maple-Input (üblich: **rote** Schriftfarbe),
  3. Maple-Output (üblich: **blaue** Schriftfarbe)
- Programmerstellung unter Maple-Worksheet
- Befehlsabschluss durch eine Semikolon-Eingabe (`;`)
- Variablenzuweisung durch `:=`
- Prozentoperator `%` verweist auf die letzte, `%%` verweist auf die vorletzte und `%%%` auf die drittletzte Berechnung.
- Alle Objekte sind über einen Typ zumindest einer Klasse zugeordnet. Die Zuordnung ist widerspruchsfrei.
- Ermittlung des jeweiligen Objekttyps über:
  `> whattype(obj);`
- `whattype` gehört dabei zum Typ `type`.
- Allgemeine Eingabestruktur: $obj_0(obj_1,\ obj_2,\ \dots\ obj_n);$
- $obj_0$ ist zumeist ein Operator oder eine Funktion.
- Symbole werden in Maple festgelegt.
- Unterschieden wird zwischen Groß- und Kleinschreibung.
- Befehlshinweise unter `?befehle` (z. B. `?mod`).
- `?Name xyz` erkundet, ob `xyz` als Name (Symbol) vorliegt.

## Ausdrücke

Maple verarbeitet bzw. nutzt:

- Algebraische Ausdrücke: `> := x^5 + 7 * x^3 - 7`
- Folgen (Erzeugung einer Folge): `> seq(f(i), 1 = 1..n);`
- Listen (Erzeugung): `> Ln := [ a, b, c, d, e, f ];`
- Strukturen, Vektoren und Matrizen;
  Befehl zur Erzeugung: `table` und `array`
- Funktionen und Operatoren (λ-Funktionen)
- Ableitungen (Differenzialoperator): D
- Term-Ableitung: `abl:=diff( f(x), x );`
- Funktionaloperator `map`

## Programmbeispiel

- Elementare Abfrage: `> irem( n, m ) ;`
- Berechnungsstruktur:

```
> # Ermittlung von Würfeldaten:
  x := rand(1 .. 6):
  a = x();
```

## Programmstrukturen

- Summierungsbefehl: `sum(f(n),n = a..b);`
  Beispiel: Summe der ersten 100 Quadratzahlen:
  `sum(n^2,n=1..100);`
- `if bedingung then anwl else anw3 fi`
- `elif bed i then anw i fi`
- `do … anw … cd`
- for-Schleifen: `for i from n to m by di do`
- while-Schleifen: `for ind while bed`
- Prozedurvereinbarung:

```
proc(args)
  local …
  options …
  anw
end;
```

## Elementare Operatoren

| | | | |
|---|---|---|---|
| Addition | + | Kleiner bzw. größer | < , > |
| Subtraktion | – | Kleiner-gleich | <= |
| Division | / | Größer-gleich | >= |
| Multiplikation | * | Ungleich | <> |
| Exponentiation | ^ | | |

## Zahlenarten

| Art | | Hinweis | Eingabe |
|---|---|---|---|
| Ganze Zahl | `integer` | Länge ist beliebig | `nnnnn` |
| Rationale Zahl | `fraction` | Bruch zweier ganzer Zahlen | `pppp/qqqq` |
| Gleitpunktzahl | `float` | Gleitpunktzahlen | `nnn.mmm` |

- `integer` und `fraction` bilden zusammen `rational`
- Komplexe Zahlen werden mit der Einheit `I` gebildet.
- `I` gehört zum Type `radnum`
- Weitere fest vorgegebene Zahlen:
  `Catalan` = 0.91596559417721901505 (Catalan-Konstante)
  `E` = 2.7182818284590452354 (Eulersche Zahl)
  `gamma` = 0.57721566490153286061 (Euler-Konstante)
  `infinity` => Unendlich
  `Pi` = 3.1415926535897932 … (Kreiszahl mit 10.000 Stellen)
- Die Ziffernanzahl wird bestimmt über: `> Digits := m;`
- Zahlkonvertierungen über: `convert(ausdr, form, opt)`

## Funktionen

- Elementare Funktionen:
  `abs, and, or, exp, log, ln, sin, cos, sinh, cosh, arcsin, sqrt, ...`
- Spezielle Funktionen:
  Besselfunktionen: BesselK, BesselJ, BesselY
  über `Bessel..(v, z)`
  Gammafunktion: `GAMMA(x)`
  Integralexponentialfunktion `Ei(x)`
  Fresnelsche Funktionen und Orthogonale Polynome
  (Hermite, Laguerre, Legendre, Jacobi, Tschebyscheff)

| Sonderfunktionen | |
|---|---|
| `numer(Bruch)` | Zähler eines Bruchs |
| `denom(Bruch)` | Nenner eines Bruchs |
| `isprime(n)` | Überprüfung, ob n prim ist |
| `nextprime(n)` | Bestimmt die kleinste Primzahl oberhalb n |
| `solve` | Lösung von Gleichungen/Ungleichungen |
| `fsolve` | Näherungsweise Lösung einer Gleichung |
| `lhs` | bestimmt die linke Gleichungsseite |
| `rhs` | Bestimmt die rechte Gleichungsseite |
| `subs` | Ersetzungsfunktion für: Variable/Term … |
| `simplify` | Termvereinfachung |
| `evalf` | Zahlberechnung genähert |
| `combine` | Kombinierte Zusammenfassung |
| `ifactor` | Primzahlfaktorisierung |
| `normal` | Normalisierung eines Terms |
| `expand` | Termvergrößerung |
| `factor` | Termfaktorisierung |

## Matrizen, Integrale, DGLs

- Matrizen können eingegeben und detailliert verarbeitet werden.
- Auch können Eigenwerte und Eigenvektoren bestimmt werden.
- Unbestimmte und bestimmte Integrale, Mehrfachintegrale und Differenzialgleichungen können aufgelöst werden:
  `> int( f(x) …);`

## Grafik unter Maple

- Es können 2D- und 3D-Darstellungen erzeugt werden.
- Grafische Darstellung über `> plot`
- 2D-Syntax: `> plot(funct, hb, vb, options);`
- 3D-Syntax: `> plot3d(funct, x = a..b, y = c..d);`

# MATLAB – Matrix Laboratory

MATLAB – Matrix Laboratory

## Grundaspekte

- MATLAB ist die Abkürzung für: **mat**rix **lab**oratory
- Bezüge: LINPACK- und EISPACK-Routinen
- Aktueller Entwickler und Vertrieb: The MathWorks
- MATLAB ist besonders geeignet für numerische Berechnungen.
- MATLAB überführt alle Berechnungen in Matrix-Operationen. Skalare Werte werden als Matrix-Sonderfall verstanden.
- Simulationen in Verbindung mit: **SIMULINK** und **Stateflow**
- Die Programme werden quasi interpretiert (nicht kompiliert).
- Für spezielle Anforderungen existieren **Toolboxen**, z. B. für

| | |
|---|---|
| Bild- und Signalverarbeitung | Datenbanken |
| Statistik und Datenanalyse | Regelungstechnik |
| Distributed Computing und Server | Finanzdaten/-modelle |
| Signalverarbeitung und Telekommunikation | |

## Arbeitsumgebung

- Aktivierung (unter MS-Windows) durch die linke Maustaste.
- Das MATLAB-Fenster beinhaltet die Felder:
  1. Kommandofenster (Command Window)
  2. Kommandohistorie (Command History)
  3. Aktuelle Inhalte (Current History)
- Kommandoeingabe hinter (Prompt): `>>`
- Ergebnisangabe über: `ans =`
- Einloggen unter UNX: `unix> matlab`
- Starten von Hintergrundprogrammen: `unix> xyz &`
- Programmende im Kommandofenster: `exit` bzw. `quit`

## Grundbefehle

- `help` *`name`* (Hilfeangabe im Sytem zu: *name*)
- `doc` *`name`* (Hilfeangabe im Help-Fenster zu: *name*)
- `lookfor` *`name`* (Funktionssuche mit Bezügen zu: *name*)
- Variablenauflistung: `>> who`
- Editor-Aufruf: `>> edit`

## Vereinbarungen und Darstellungen

- Keine Deklarationen bei Variablen notwendig.
- Gerechnet wird mit Fließkommazahlen vom Typ `double` (doppelt genau); der Zahlenbereich geht von $10^{-308}$ bis $10^{308}$.
- Statt Komma wird ein Punkt für Nachkommastellen gesetzt.
- Komplexe Zahlen (z. B.): `>> 25 - 16 i`
- spezielle Ausgaben:
  `ans` = **Inf** bezeichnet plus Unendlich
  `ans` = **-Inf** bezeichnet minus Unendlich
  `ans` = **NaN** (**Not a Number**) Ergebnisse, die keine Zahlen sind
- Konstanten: `>> pi = 3,1415926... => ans = 3.1416`
- Anzeigeeinstellungen über: format type
  `format short`: Darstellung mit vier Nachkommastellen
  `format long`: Darstel. mit 14 bis 15 Nachkommastellen
  `format type e`: Darstellung mit Zehnerpotenzen

| | |
|---|---|
| `>> format short e, pi`<br>`ans = 3.1416e+000` | `>> format long, pi`<br>`ans = 3.1415926535897933` |

| Beispielprogramm | [Erläuterung] |
|---|---|
| `% Genauigkeit (floating point)` | [Kommentar] |
| `e = 1; n = 0;` | [Initialisierung] |
| `while e > 0` | [Schleifenbeginn] |
| `    n = n + 1;` | [Hochzählen von n] |
| `    EPS = e;` | [epso-Zuweisung] |
| `    e = e/2;` | [Berechnung: Teiler] |
| `end` | [Schleifenende] |
| `fprintf('EPS = %g , n = %i\n',EPS, n` | [Ausgabe] |

## Operatoren und Funktionen

| | | | |
|---|---|---|---|
| gleich | `==` | NOT | `~` |
| ungleich | `~=` | XOR | `XOR` |
| größer | `>` | Wurzel von x | `sqrt(x)` |
| kleiner | `<` | cos, sin (in rad) | `cos( ), sin( )` |
| größer gleich | `>=` | cos, sin (in deg) | `cosd( ), sind( )` |
| kleiner gleich | `<=` | Hyperbelfunktionen | `sinh, ...` |
| AND | `&` | Logarithmen (Basis 10,2) | `log10,log2` |
| OR | `\|` | | |

## Matrixoperationen

- Matrizen werden über eckige Klammern definiert: `A = [ ... ]`
- Zeilenvektor: `>> x = [ 1 2 3 ]` bzw. `x = [ 1, 2, 3 ]`
- Spaltenvektor: `>> x = [ 1; 2; 3; 4 ]`
- Addition und Subtraktion von Matrizen: `x + y` bzw. `x - y`
- `>> A = [ 2 4; 3 5 ]`

```
ans =  2  4
       3  5
```

- Rechtsdivision von Matrizen: /
- Linksdivision von Matrizen: \
- Matrixerweiterung: Matrix `XY = [ x y ]` besteht aus der Aneinanderreihung der Elemente von x und y.
- Nullmatrix: `zeros( x, y )`
- 1er-Matrix: `ones( x, y )`
- Quadratische Matrix: nur eine Angabe in der Klammer
- Determinante einer quadratischen Matrix: `det ( M )`
- Eigenvektoren von Matrizen: `eig( M )`
- Einheitsmatrix (1 in der Hauptdiagonalen): `eye(x)`

```
eye(2) =  1  0
          0  1
```

- Matrizen-Multiplikation: `( * ): A * B`
- Exponentialfunktion von Matrizen: `expm( M )`
- Matrixinverse: `inv( M )` ■ Matrizenrang: `rank( M )`
- Wurzeln von Matrizen: `sqrtm( M )`

## Interaktionen

- Speicherung von Variablen: `>> save`
  `>> save Name-Speicherdatei Liste-Variablen`
- Variablen-Rückspeicherung in den Arbeitsspeicher: `>> load`
- Löschen eines Speicherbereichs: `>> clear`
- Aktivierung zum Ablaufabspeichern (Logbuch): `>> diary on`
- Schließen des Logbuchs: `>> diary off`
- Formatierte Ausgabe: `>> fprint(fid, format, var)`
- Öffnen des Grafikfensters (Grafik-Darstellungen): `>> figure`
- Grafikrasterung: `>> grid on`
- Diagrammerzeugung: `>> plot( ... )`
- Schließen eines Grafikfensters: `>> close`
- Struktur- und Ablaufsteuerungen

**if-Ablaufsteuerung**

```
if BedingungA BefehlA
 elsif BedingungB
       BefehleB
 else BefehleC
end
```

**switch-Ablaufsteuerung**

```
switch Bedingung
  case Bedingung Befehle
  ...
end
```

FOR: `for ... end`

WHILE-Do-Schleifen: `while ... end`

- Eingabeaufforderung: `>> x = input ...`
- Eingefügte grafische Benutzeroberfläche: `>> x = menu`
- Funktionsaufruf: `function [ ... ] = funcname( ... )`

## Leistungsvermögen

Mathematica ermöglicht
- einfache und komplexe Berechnungen
- die Gestaltung von einfachen Programmabläufen
- die Beschreibung und Verarbeitung von Vektoren u. Matrizen
- die Auflösung von Gleichungen
- die Verarbeitung von algebraischen Ausdrücken u. Polynomen
- die automatische Partialbruchzerlegung
- die Bestimmung von Ableitungen, Integralen und DGLs
- die graphische Darstellung von Funktionen
- die Verarbeitung, Darstellung und Auflösung numerischer Fragestellungen und Wertvorgaben

## Befehlsstruktur

- Die Hauptstrukturelemente sind Ausdrücke.
- Ausdruckssyntax: `obj0[ obj1, obj2, obj3, …, objn ]`
- `obj0`: Ausdruckskopf
- `obj1, obj2, …`: Ausdruckselemente
- Kopf und Elemente können selbst wieder Ausdrücke sein
- [ , ]: Rechteckige Klammern sind für die Ausdrücke reserviert.
- Beispiel: `Plus[2, Power[x, 3]]` ↔ $2+x^3$
- `Part[ausdr, i]` gibt den i-ten Teil des Ausdrucks an.
- **Eingabe**: `In[ i ]:= …`
  Bspl.: `In[1] := Solve[5 x - 23 == 0,x]` für $5\cdot x-23=0$
- Abschluss der Eingabe: (Taste) `Einfg` bzw. `EINF`
- **Ausgabe**: `Out[ i ]`
- Darstel. einer vollständigen Ausdrucksform: `FullForm[ % ]`
- Symbole bezeichnen die Grundobjekte
- Groß- und Kleinschreibung werden unterschieden
- Listen können angelegt werden `List[a1, a2, a3, … ]`
- Auswahl- u. Verarbeitungsoperationen auf Listen sind möglich.

## Zahlenarten

| Art | Kopf | Hinweis | Eingabe |
|---|---|---|---|
| Ganze Zahl | Integer | Länge ist beliebig | nnnnn |
| Rationale Zahl | Rational | Teilerfremder Bruch (Integer/Integer) | pppp/qqqq |
| Reelle Zahl | Real | Gleitpunktzahlen | nnn.mmm |
| Komplexe Zahl | Complex | zahl + zahl · i | |

## Zahlvorgaben

`Pi`: 3,1415926… / `E`: 2,781 … / `Infinity`: ∞

## Programmstrukturen

- do-while-Strukturen:
  `Do[ausdr, {I, i1, i2, di} ]`
  `While[test, ausdr]`

## Numerik

- Anpassung von Funktionen an Datensätze gemäß der Methode der kleinsten Quadrate:
  `Fit[{y1, y2, … }, funkt, x]`
  mit y1, y2, … Datenwerte (Liste)
  der ausgewählten Funktionen: `funkt`
- Darstellung von angenäherten Lösungen:
  `Interpolation[{y1, y2, … }]`
- Numerische Bestimmung von Nullstellen:
  `NSolve[p(x) == 0, x, n]` (n: Präzisionsvorgabe)
- Numerische Integration über: `NIntegrate`
- Numerische Lösung von DGLs bzw. von DGL-Systemen

## Operatoren

| | |
|---|---|
| `PLUS[a, b]` | $a+b$ |
| `Times[a, b]` | a b bzw. $a\cdot b$ |
| `Power[a, b]` | $a^b$ |
| `Set[r, s]` | r = s |
| `Equal[u, v]` | a == v |
| `Unequal[w, v]` | w! = v |
| `GreaterEqual[r, t]` | r >= t |
| `Less[s, t]` | s < t |
| `LessEqual[s, t]` | s <= t |

## Einzelbefehle

- `Expand[p]`: Ausmultiplikation von Polynomen
- `Factor[p]`: vollständige Faktorisierung von Polynomen
- `Collect[p,x]`: Ordnung eines Polynoms nach Potenzen von x
- `Cancel[r]`: Kürzung von gemeinsamen Termfaktoren

## Funktionen

- Vielfältige Standardfunktionen existieren:
  Exp[x]; Log[x]; Log[b, x];
  Sin[x]; Cos[x]; Tan[x]; Cot[x]; Sec[x];Csc[x];
  ArcSin[x]; ArcCos[x]; ArcTan[x]; ArcCot[x];
  ArcSec[x]; ArcCsc[x]; ArcTan[x, y];
  Sinh[x], Cosh[x]; Tanh[x]; Coth[x]; Sech[x];
  Csch[x];
  ArcSinh[x]; ArcCosh[x]; ArcTanh[x]; ArcCoth[x];
  ArcSech[x]; ArcCsch[x]
- Spezielle Funktionen:
  Besselfunktionen $J_n(z)$: `BesselJ[n, z]`
  Besselfunktionen $Y_n(z)$: `BesselY[n, z]`
  Mod. Besselfunktionen $I_n(z)$: `BesselI[n, z]`
  Mod. Besselfunktionen $K_n(z)$: `BesselK[n, z]`
  Legendresche Polynome $P_n(x)$: `LegendrP[n, x]`
  Kugelfunktionen $Y_l^m(\vartheta, \varphi)$:
  `SphericalHarmonicY[l,m,theta,phi]`
- Reine Funktionen können definiert werden:
  `Function[x, rumpf]`
  (`rumpf` gibt die Funktion zur Variablen x an.)

## Vektoren und Matrizen

- Vektoren und Matrizen können als Listen vereinbart werden. `Array[v, n]` erzeugt Vektoren.
- Matrix-Operationen:

| | |
|---|---|
| Skalare Matrixmultiplikation | `c a` |
| Matrixprodukt | `a, b` |
| Determinante einer Matrix a | `Det[a]` |
| Inverse zur Matrix a | `Inverse[a]` |
| Transponierte Matrix | `Transpose[a]` |
| n-te Potenz der Matrix a | `MatrixPower[a, n]` |
| Eigenwerte der Matrix a | `Eigenvalues[a]` |
| Eigenvektoren der Matrix a | `Eigenvectors[a]` |

## Grafik

- Koordinatenachsensetzung: `Axes -> True`
- Rahmengitter: `Frame -> True`
- Gitterlinien: `GridLines -> Automatic`
- Darstellung von Linien: `Line`
- Darstellung von Kreisen: `Circle`
- Graphische Darstellung der Funktionsverläufe: `Plot`
- 2D- und 3D-Darstellungen sind möglich

## Grundidee

- Mit dem Schlagwort „Web 2.0“ wird ein Netzzugang bezeichnet, bei dem u. a. folgende Aspekte bedeutsam sind:
  - aktive Inhalte (Aktivität des Einzelnen),
  - Interaktivität zwischen gleichberechtigten Partnern,
  - Kontrolle der individuellen Daten und Sphären,
  - Transparenz der Übertragungen,
  - individuelle Softwaregestaltungen (von unten),
  - Simulation von (virtuellen) Spiel- und Lebenswelten.
- In technischer Hinsicht, um die kreative Kombination bekannter Technologien (Ajax, RSS, DHTML, XML), um neuartige Verständigungs- und Nutzerräume zu ermöglichen, wie:
  - Bildsharing-Portale bzw. -Anwendungen,
  - Newsfeeds,
  - Permalinks,
  - Videosharing-Portale bzw. -Anwendungen,
  - Weblogs (digitales Online-Tagebuch; Blogger: Weblog-Autor),
  - Wikis.

  Die zugehörigen Techniken gehören zum **semantischen Web**.
- Zum Teil werden dafür entsprechende grafische Steuerungselemente) entwickelt, wie zum Beispiel **Widgets**:
  - Dashboard bei Mac OS X,
  - Gadgets bei MS Vista.
- Im Jahr 2006 wurde von Tim Berners-Lee und anderen der Begriff „Web-Wissenschaft“ geprägt. Es geht hierbei um die Entwicklung einer eigenständigen **Computer-Web-Wissenschaft**:
  - kreative Gestaltung und Modellierung von Sprachen,
  - Algorithmen und Konzepten,
  - (gleichzeitige) Beachtung von Rechts- und Sicherheitsfragen.

## long tail

- Untersuchungen – unter anderem von Chris Andersen aus dem Jahr 2004 – zeigen, dass über das Internet Produkte stark individualisiert – mit Gewinn – angeboten werden können.

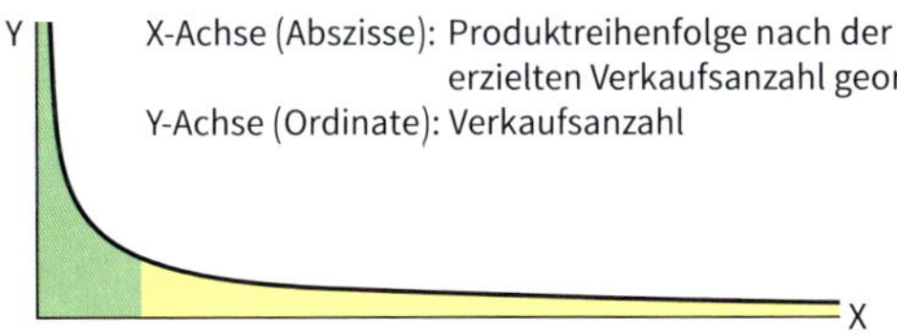


- Die Kundenbeziehungen werden komplexer und virtueller.
- Dies hat zur Folge, dass im Sinne der Gleichberechtigung vielfältige Kundenzugänge geebnet werden können.

## Kompetenzentwicklung und Lernen

- **Soziales Lernen** und die individuelle **Kompetenzentwicklung** gewinnen über netzorganisierte Beziehungsräume eine herausgehobene, zum Teil sogar neuartige Bedeutung. Die Technik wird als Teil der sozialen Welt interpretiert. Die kommunikative Vernetzung der Individuen wird besonders betont. In der Folge wird die **Kompetenzentwicklung** der Lernenden und die Bedeutung des Vertrauens in die Netzbegegnungen thematisiert.
- Unter **Kompetenz** wird eine grundlegende Fähigkeit des Menschen zum effektiven Handeln und Problemlösen verstanden. Die Herausbildung dieser Fähigkeit übersteigt die bloße Wissens-, Informations- und Kenntnisvermittlung. Im Rahmen der Kompetenzentwicklung werden persönliche, soziale, methodische und fachliche Aspekte unterschieden.
- Über die Kompetenzentwicklung sollen die **Selbstlernfähigkeiten** der Individuen gestärkt werden.

## Technologien

### **Ajax** (**A**synchronous **J**ava**S**cript und **X**ML)

- Diese Technik ermöglicht das sukzessive Nachladen und die Aktualisierung veränderter Datenanteile von Webseiten. Der Ladeprozess greift auf Cache-Inhalte zurück, die unverändert geblieben sind. Dieser Prozess wird zeitlich und nach Bedarf gesteuert. Er verläuft im Hintergrund quasi automatisch. Der Nutzer hat somit jederzeit die aktuelle Seite zur Verfügung.
- Die Basis für die interaktiven Prozesse wird durch JavaScript bzw. DHTML gegeben. Optional sind die XML-Anteile.

### **RSS** (seit 2002: **R**eally **S**imple **S**yndication)

- Mit RSS können Daten aus verschiedenen Kontexten abonniert werden. Es wird vorrangig von News-Seiten im Internet genutzt.
- RSS liefert eine Überschrift und verweist auf einen Bezugslink. Es ist quasi ein Nachrichtenticker, der auf Web-Seiten zugreift.
- Diese Datenzuführung wird auch als RSS-Feed bezeichnet (feed (engl.) – zuführen, versorgen).
- Über RSS kann der Empfänger eine Nachrichtenzuführung autonom aktivieren.
- RSS kann für vielfältige Aufgaben und Dienste eingesetzt werden, wie zum Beispiel Informationssuche, Realisierung von Foren.

### **DHTML** (**D**ynamic **HTML**)

- Ergänzung zu HTML
- Möglichkeit zur Gestaltung von dynamischen Webseiten

### **CSS** (**C**ascading **S**tyle **S**heets)

- Mit CSS werden für das Web die HTML-Formatvorlagen designtechnisch beschrieben.
- Style Sheets bestimmen folgende Aspekte:
  - Farben,
  - Schriftarten,
  - Rahmengestaltung (Ränder, Schatten),
  - Form,

  Größe.
- Tabellen werden weiterhin mit HTML beschrieben.

### **SSI** (**S**erver **S**ide **I**ncludes)

- Dateiendungen: `.shtm` bzw. `.shtml`
- Shtml – Server parsed HTML
- Im HTML-Code werden Includes vereinbart:
  ```
  <! -- #angabe-Includes -->
  ```
- Es können externe Dateien eingebunden werden.
- Mit SSI können Module als Vorlagen gestaltet werden.

### **FTP** (**F**ile **T**ransfer **P**rotocol)

- Bezug: RFC 172, RFC 959.
- Besonders geeignet für den Zugang zur Website; aber auch zum Abruf von E-Mail-Daten (zusammen mit POP3).
- Möglichkeit zur zeilenorientierten Klartexteingabe; es existiert auch ein grafisch orientiertes FTP-Programm.
- Kommandozeileneingabe: `Ftp> … xyz …`
- **Elementare Befehle** (orientiert an UNIX und Basic):

| | | |
|---|---|---|
| `pwd` | **p**rint **w**orking **d**irectory | Arbeitsverzeichnis |
| `cd` | **c**hange **d**irectory | Verzeichniswechsel |
| `ls` | list - Inhaltsangabe zum Verzeichnis | |
| `help` | Anzeigen aller Befehle | |
| `put` | Hochladen einer Datei | |
| `quit` | Beenden einer Programms bzw. einer Sitzung | |

## Web-Anweisungen

- Bei Web-Anwendungen fordern Client-Rechner Serverdaten an.
- Mit Hilfe der Code on Demand (COR) – Technik können Programme vom Server auf einen Client geladen werden. Der gesuchte Code wird Client-seitig ausgeführt. Dies erfolgt oftmals unter Verwendung von Java Applets bzw. JavaScript.
- **Hypertext Transfer Protocol (http) – Einbettung**

| Schicht | Protokoll |
|---|---|
| Anwendungsschicht | http |
| Übertragungsschicht | TCP (UDP) |
| Vermittlungsschicht | IP |

## Web (http): URL-Begriffe/-Aufbau

- URL / URI: Uniform Resource Locator / Identifier
- URI-mailto-Schema: mailto:
- URI – http-Schema: http://www.westermann.de
- **Aufbau gemäß http-Schema** {Erläuterung / Ergänzungen}
  http_URL = "http" ":" "//" host [":" port] [abs_path ["?" query]]
  host = <IP-adress oder DNS-Name des Zielrechners>
  {host: IP-Adress bzw. Name des Servers}
  port = <Portnummer, standardmäßig 80>
  abs_path = <Pfadangabe der Ressource>
  query = <Zeichenkette mit zusätzlichen Parametern>
  {Syntax: Parameter1=Wert1&Parameter2=…}

## Zeichen unter WIN: Guillemets / Chevrons / etc.

| Eingabe | Folge | Eingabe | Folge | Eingabe | Folge |
|---|---|---|---|---|---|
| <ALT> (+) 1 | ☺ | <ALT> (+) 064 | @ | <ALT> (+) 145 | æ |
| <ALT> (+) 2 | ☻ | <ALT> (+) 065 | A | <ALT> (+) 176 | ░ |
| <ALT> (+) 3 | ♥ | <ALT> (+) 091 | [ | <ALT> (+) 241 | ± |
| <ALT> (+) 4 | ♦ | <ALT> (+) 092 | \ | <ALT> (+) 242 | = |
| <ALT> (+) 5 | ♣ | <ALT> (+) 093 | ] | <ALT> (+) 243 | ¾ |
| <ALT> (+) 6 | ♠ | <ALT> (+) 094 | ^ | <ALT> (+) 244 | ¶ |
| <ALT> (+) 7 | • | <ALT> (+) 095 | _ | <ALT> (+) 245 | § |
| <ALT> (+) 11 | ♂ | <ALT> (+) 096 | ` | <ALT> (+) 246 | ÷ |
| <ALT> (+) 12 | ♀ | <ALT> (+) 097 | a | <ALT> (+) 450 | ǂ |
| <ALT> (+) 13 | ♪ | <ALT> (+) 122 | z | <ALT> (+) 600 | ɘ |
| <ALT> (+) 14 | ♫ | <ALT> (+) 123 | { | <ALT> (+) 601 | ə |
| <ALT> (+) 15 | ☼ | <ALT> (+) 124 | \| | <ALT> (+) 920 | Θ |
| <ALT> (+) 16 | ► | <ALT> (+) 125 | } | <ALT> (+) 990 | Ϟ |
| <ALT> (+) 17 | ◄ | <ALT> (+) 126 | ~ | <ALT> (+) 0139 | ‹ |
| <ALT> (+) 18 | ↕ | <ALT> (+) 132 | ä | <ALT> (+) 0155 | › |
| <ALT> (+) 20 | ¶ | <ALT> (+) 133 | à | <ALT> (+) 0171 | « |
| <ALT> (+) 24 | ↑ | <ALT> (+) 134 | å | <ALT> (+) 0187 | » |
| <ALT> (+) 25 | ↓ | <ALT> (+) 135 | ç | <ALT> (+) 0381 | Ž |
| <ALT> (+) 27 | → | <ALT> (+) 136 | ê | <ALT> (+) 0395 | Ƌ |
| <ALT> (+) 30 | ▲ | <ALT> (+) 137 | ë | <ALT> (+) 0397 | ƍ |
| <ALT> (+) 31 | ▼ | <ALT> (+) 138 | è | <ALT> (+) 0398 | Ǝ |
| <ALT> (+) 35 | # | <ALT> (+) 139 | ï | <ALT> (+) 0399 | ə |
| <ALT> (+) 36 | $ | <ALT> (+) 140 | î | <ALT> (+) 0404 | Ɣ |
| <ALT> (+) 37 | % | <ALT> (+) 141 | ì | <ALT> (+) 0405 | ƕ |

## Zeichen unter USSD (Handy-Provider-Kommunikation)

- **USSD**: **U**nstructured **S**upplementary **S**ervice **D**ata
- GSM-USSD-Codes: Steuer- und Servicebefehle im GSM-Netz
- Einwirkmöglichkeiten auf die SIM-Karte und im Wirknetz.
- Zeichen in der Befehlsfolge: * # 0 1 2 3 4 5 6 7 8 9
- Sendevorgang: Zeichenfolge (+) <Sendebefehl>
- Die Zeichenfolgen unterscheiden sich bei den Betreibern. Es treten Unterschiede bei Prepaid- und Postpaid-Karten auf.
- zum Beispiel:

## Windows-Tastenbefehle

| T.-Komb.: + | Beschreibung / Ergebnis |
|---|---|
| ›Befehl‹ → T.Komb.: Tastenkombination (WIN + … | |
| | Startmenü anzeigen |
| Tab | Aktiviert Task View |
| A | Aktiviert das Action Center |
| C | Aktiviert Cortana mit Sprache bzw. Zuhören |
| D | Blendet Desktop ein |
| E | Öffnet den (Datei-)Explorer |
| F | Feedback-Hub |
| G | Blendet in Spielen die Xbox-Leiste für Aufnahme oder Screenshots ein |
| H | Startet Teilen-Features in Apps |
| I | Öffnet die (neuen) Windows 10-Einstellungen |
| K | Startet das Verbinden-Feature zum Streamen |
| L | Sperrt den Rechner |
| P | Startet Projizieren-Funktion |
| R | Startet 'Ausführen' |
| S | Aktiviert Cortana-Suche per Text |
| X | Startet Power User-Befehle (links unten) |
| Links (bzw.: Oben/ Rechts/Unten) | Navigation der Snap-Ansicht |
| Strg + D | Startet neuen virtuellen Desktop |
| Strg + F4 | Schließt den aktuellen neuen Desktop |
| Strg + Links/Rechts | Wechsel zwischen virtuellen Desktops |
| Shift + Links/Rechts | Verschiebt App von einem Monitor auf den zweiten |
| 1 / 2 / 3 … | Anwählen von Programmen in der Taskleiste (Taste 1 → ist ganz links) |
| + (Plus-Zeichen) | Bildschirmlupe starten |
| Pause | Systemsteuerung/System/Systeminformationen |
| Return (↵) | Screenreader (Sprachausgabe: Aktivierung) |
| , | lassisches Desktop (kurz einblenden) |
| 0 | Rotationssperre |

## Entwicklungsumgebungen
### Development Environment

- **Entwicklungsumgebungen** integrieren vielfältige Teilaspekte und zugehörige Instrumente einer Programmiersprache
- Typischerweise erfolgt eine Integration der zugehörigen Umgebung in einer Bedienoberfläche (vorrangig Sammlung von
- Bibliotheken und Werzeugen der jeweiligen Programmiersprache). Hierzu gehören verschiedene **Tools** und speziell die Aufführung von: Bibliotheken, Compiler, Debugger, Editor, Klassen, Linker, Projekten, Test, Werkzeugen
- Abkürzungen u. Bezeichnungen für Entwicklungsumgebungen

| | |
|---|---|
| **IDE** | Integrierte Entwicklungsumgebung (auch: **I**ntegrated **D**esign **E**nvironment) |
| **SDK** | **S**oftware **D**evelopment **K**it |
| **SEES** | **S**oftware **E**ngineering **E**nvironment **S**ystem |
| **SEU** | **S**oftware**e**ntwicklungs**u**mgebung |
| **SPU** | **S**oftware**p**roduktions**u**mgebung |

- Unterschieden wird zwischen **freier** und **gebundener** (**proprietärer**) Entwicklungsumgebung;
  Beispiele:
  **BlueJ** – für Java;
  **C++Builder** – für C
  **Eclipse** – für verschiedene Psprachen

- **Aspekte der Entwicklungsumgebung von BlueJ**

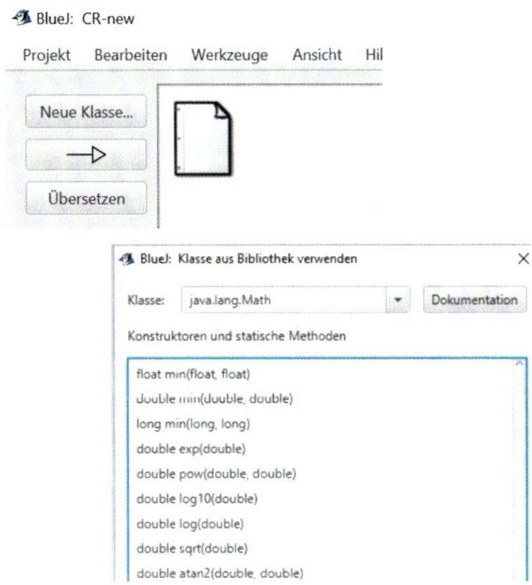


## Vernetzte Programmierung
### Networked Programming

- Ein Ziel der vernetzten Programmierung ist es, Problemstellungen aufzuteilen und durch den Einsatz verschiedener Computer parallel bearbeiten zu lassen. Hierbei werden auch Computer aus dem privaten Bereich virtuell, also scheinbar, vernetzt und geeignet eingesetzt. Die Kunst besteht darin, die Problemarbeit so aufzugliedern, dass
  a.) die Detailprobleme singulär gelöst werden und
  b.) die einzelnen Lösungen integriert erfasst werden können.
- Zum Bereich der Vernetzten IT-Welt gehören Cluster, Grid- und Cloud-Technologien.
- Bezüglich der Virtualität sind die Aspekte differenziert zu beurteilen. Die einzelnen Virtualitätsaspekte können auch komplex gekoppelt werden.
- Grid und Cloud-Computing basieren beide auf der Verwendung der Netzwerk-Technik
- Grid und Cloud-Computing unterscheiden sich jedoch im Bezug auf die Verteilung Ressourcen.

| Grid-Struktur | Vergleichsaspekte | Cloud-Struktur |
|---|---|---|
| Verteilte Struktur (Peer-to-Peer) Scheinbarer Supercomputer auf der Basis lose gekoppelter Einzelrechner | Architektur-Basis | Client-Server-Struktur (Zugriff auf eine Rechnerkapazität in einer Wolke) |
| (unklar) | Geschäftsmodell | Bezahlung der Nutzung (›pay per use‹) |
| Dienste nur gemäß Struktur bzw. Plan | Dienstzugang (Barrierefrei) | Zugriff: Echtzeit-Nutzung |
| Kollaborative (gleichberechtigte) Zusammenhänge | Wesentlicher Anwendungszusammenhang | Geschäftliche Anwendungen |
| Kollaborativer Zugriff | Muster der Ressourcenzuteilung | Zentralisiert (geregelt) |
| Unterschiedliche middleware-Ansätze | Programmiermodell | Stapelbetrieb, keine middleware (**Open-Source**-Werkzeugsammlung OpenNebula) |
| Dezentrale Zuteilung (selbstorganisierte Struktur) | Leitung (Management) | Zentrale Zuteilungen |
| Interoperabilität | Gestaltungen | komplzierter |
| gering | Flexibilität | hoch |
| Aufwändige Fragestellungen vorrangig wissenschaflicher u. mathematischer Art | Problemkomplexität | Geringe Problemanforderung |

# HTML – Hypertext Markup Language

HTML – Hypertext Markup Language

## Merkmale

- **HTML** (**H**ypertext **M**arkup **L**anguage) ist ein **SGML**-(**S**tandard **G**eneralized **M**arkup **L**anguage)-Derivat (nach ISO 8879). Informationen zu HTML-Spezifikationen unter http://www.w3.org/TR
- Darstellung der HTML-Dokumente mit einem WWW-**Browser** (browse (engl.) – blättern). Die Darstellung ist abhängig vom Browser.
- **DHTML** (**D**ynamic **HTML**) ermöglicht die Modifikation des Aussehens eines HTML-Dokuments im Betrieb.
- Im HTML-Code werden
  - **Inhalte** und
  - **Steuerinformationen** (**tag** (engl.) – Schildchen) festgelegt.
- **Strukturelemente** werden von HTML bestimmt, z. B.:
  - Texttitel,
  - Gliederung,
  - Listen,
  - Hervorhebungen.

## Verweise (Hyperlinks)

- Bezugsverweis: `<A HREF = „[Ziel]“> text </A>`
- Verweise können zu anderen Web-Adressen und Dateien und zu entfernten Seiten in der gleichen Datei führen.
- Verweisaufbau ist einheitlich (a: anchor [Anker]; href: hyper reference [Hyper-Referenz]): <A …> </A>

## Tabellen, Listen und Formatierungen

| Stichwort | Ordnungsbefehl |
|---|---|
| **Dokumentstruktur** | |
| Kommentar | <!--...--< bzw. <!-- ... ... //--> |
| Identifikation | <HTML> </HTML> |
| Kopfteil | <HEAD> </HEAD> |
| Dokumentinhalt | <BODY> </BODY> |
| Textfarbe | <BODY TEXT= > |
| Hintergrundfarbe | <BODY BGCOLOR= > |
| Basis-URL | <BASE HREF= > |
| Objektvernetzung | <LINK > |
| **Blockformat des Dokuments** | |
| Urheber | <ADRESS> </ADRESS> |
| Zeilenumbruch | <BR> |
| Zentrierung | <CENTER> </CENTER> |
| Schriftgröße | <FONT SIZE= > |
| Art der Schrift | <FONT FACE= > |
| Linie | <HR> |
| Textspalten | <MULTICOL> </MULTICOL> |
| Absatz | <P> </P> |

## Tabellen, Listen und Formatierungen

| Stichwort | Ordnungsbefehl |
|---|---|
| **Tabelle** | |
| <TR>: Einleitung einer Tabellenzeile (tr – table row)<br><TH>: Kopfzeile (fett gedruckt; th – table header)<br><TD>: Allg. Tabellenzeile (td – table data) | |
| Rahmen | <TABLE> </TABLE> |
| Dicke der Linien | <TABLE BORDER= > |
| Breite | <TABLE WIDHT=... > |
| Höhe | <TABLE HEIGHT=...> |
| **Listenelemente** | |
| Blockzählung | <DIR> </DIR> |
| Menüliste | <MENU> </MENU> |
| Nummerierung | <OL> ... </OL> |
| Art der „Nr.“ | <OL TYPE=...> |
| Innere Zählung | <UL> ... </UL> |
| **Schriftformatierungen** | |
| Betonung | <EM> ... </EM> |
| Hervorhebung | <SAMP> </SAMP> |
| Fett/Kursiv | <B>... </B> / <I> ... </I> |

## Einbindungen

| Stichwort | Ordnungsbefehl |
|---|---|
| **Frames** | |
| Fenster | <FRAMESET ...> <FRAMESET...> |
| Segmentteilung | <FRAMESET rows= „..., ... “> |
| | <FRAMESET cols= „..., ... “> |
| **Formulare**<br>Sie ermöglichen eine Dokument-Interaktion. | |
| Definition | <FORM> ... </FORM> |
| Eingabe | <INPUT> |
| Typ der Eingabe | <INPUT TYPE=...> |
| Auswahlliste | <SELECT ...> ... </SELECT> |
| Auswahlliste | <SELECT MULTIPLE> |
| **Bilder, Videos** | |
| Grafik | <IMG SRC=...> |
| Video | <IMG DYNSRC=...> |
| SOUND | <SOUND SRC=...> |
| Objekte | <EMBED> |
| Java | <APPLET> ... </APPLET> |
| Musik | <BGSOUND SRC=...> |

## Umlaute

| | | | |
|---|---|---|---|
| ä, Ä, ü, Ü | &auml, &Auml, &uuml, &Uuml | ö, Ö, ß | &ouml, &Ouml, szlig |

## Beispiel – Quellcode

```
<html>
<!--HTML-Beispielprogramm-->
  <head>
    <title> Beispiel - HTML! </title>
  </head>
    <body>
    Guten Tag! Dies ist der Inhalt des Programms.
  </body>
</html>
```

## Erläuterung zum Beispiel

- Beginn des HTML-Programms
- Kommentartext
- Kopf des HTML-Programms beginnt.
- Dieser Titel (>Beispiel - HTML!<) erscheint im Browser.
- Ende vom Kopf
- Der Textteil (das Textdokument) beginnt.
- Inhalt, der ausgedruckt wird
- Ende vom Textdokument
- Ende vom HTML-Programm

# CMS – Content Management System
## CMS – Content Management System

### Hintergrund und Grundidee

- **CMS** – **C**ontent **M**anagement **S**ystem; Inhaltsverwaltungs-system. Auch: Redakteurssysteme bzw. Redaktionssystem
- Die CMS-Konzeption ist bedeutsam für die Gestaltung und den Einsatz von Webseiten, Blogs und Weblogs.
- Gemäß CMS werden Content, Struktur und Design einer Webseite getrennt behandelt.
- Content: Behälter und Gestaltung; Medieninhalt von Web-Seiten.
- Content-Charakteristika: Kommunikationsabsicht; Publikums- und Kontextbezug; urheberrechtlicher Schutz; Speicherort
- Kern der Gestaltung ist die Idee einer Aufgabentrennung:
  – Autoren: Sie beschreiben die Inhalte (Content).
  – Redakteure: Sie sichten die Qualität der Beiträge.
  – Layouter: Sie gestalten das Design.
- Software, die zur Unterstützung für die Herstellung und den Betrieb von Websites geeignet ist, wird **Web-CMS** (**WCMS**) bzw. auch **Weblog-Software** genannt. Es existieren verschiedene Unterstützungssysteme (Weblog-SW), wie Drupal, Joomla, OpenCms, Typo3, WordPress …
- **Content-Prozess**: Erstellung – Prüfung und Überarbeitung – explizite Freigabe (!) – Veröffentlichung – Archivierung (!)
- Es existieren vielfältige CMS-Ausgestaltungen.

### Charakteristika/Leistungsmerkmale eines Web-CMS

- **Webseitengestaltung** ohne Kenntnisse einer Script-Sprache (HTML, DHTML …) – relativ leicht zu erlernen
- **Trennung von Inhalt und Form** (Speicherung der Inhalte in einer Datenbank)
- (Automatische) Generierung von **Navigationselementen** (Hyperlinks …)
- Externspeicherung der Inhalte (Datenbank)
- **Management** von: Dokumenten, Layout, Links
- Konsistente Designplanung und -gestaltung: eindeutige **Design-Gestaltung** (Corporate Design (visuelle Identität)) als Teil einer Corporate Identity (CI; (Unternehmensidentität))
- Explizite **Zuweisungen** von Nutzerrollen und Rechten
- **Dynamische Inhalte** (Aktivierung über integrierte Module)
- Zeitliche Steuerung (der Veröffentlichung von Inhalten etc.): Content-Life-Cycle-Management
- **Dezentralisierte Wartung**

# Schnittstellen
## Interfaces

### Grundidee

- Schnittstelle: Verbindung zwischen an sich getrennten Systemen
- **interface:** Technische Schnittstelle
- **API:** **A**nwendungs-**P**rogrammier-**I**nterface
- **Technische Übertragungsrealisierung**
  parallele und serielle Schnittstellen
- **Funktions-, geräte- bzw. nutzerspezifische Schnittstellen**
  - Benutzerschnittstelle – Druckerschnittstelle
  - Hardwareschnittstelle – Programmierschnittstelle
  - Speicherschnittstelle – Softwareschnittstelle
  - Übertragungsschnittstelle
- **Schnittstellengeräte**
  - Tastatur – Maus – Bildschirm
  - Drucker – Netzwerkkarte – Modem – Proxy

### Barrierefreier Zugriff

- Ein barrierefreier Zugriff wird gerade für technikferne, behinderte und ältere Mitmenschen verlangt.
- **Gesetzliche Vorgaben**
  GG (Grundgesetz), Artikel 3, Absatz 3
  BGG (Behindertengleichstellungsgesetz)
  BGG, § 7: „Benachteiligungsverbot“
  BGG, § 11: „Barrierefreie Informationstechnik“

### JCR-Schnittstelle

- **JCR**: **J**ava **C**ontent **R**epository
- Universelle Datenschnittstelle: entwickelt von der Sun Java Community (im Jahr 2003)
- als **API** im Jahr 2009: **JSR** (**J**ava **S**pecification **R**equest) 283
- Die JCR-API vermittelt zwischen dem konkreten Speicherraum und seiner Architektur (Datenbank, File-System, DMS …) und den (weborientierten) Anwendungen.
- Unterstützt wird die JCR-API bei Web-Anwendungen durch:
  - **CMIS**: **C**ontent **M**anagement **I**nteroperability **S**ervices
  - **WebDAV**: **Web**-based **D**istributed **A**uthoring and **V**ersioning

### Benutzerschnittstelle nach IFIP

- **IFIP**: **I**nternational **F**ederation for **I**nformation **P**rocessing
- Gemäß IFIG müssen vier zentrale Schnittstellen im komplexen Umfeld von Nutzer, Rechner, Anwendung, Arbeitsumfeld betrachtet werden:
  – Organisationsschnittstelle, – Funktionsschnittstelle,
  – Dialogschnittstelle, – Ein-/Ausgabeschnittstelle.
- **Dialogschnittstelle:** Sie regelt die Mensch-Computer-Interaktion im engeren Sinne.
- **Funktionsschnittstelle:** Sie bestimmt die anwendungs-spezifischen Funktionalitäten.

### IFIP-Schnittstellenmodell

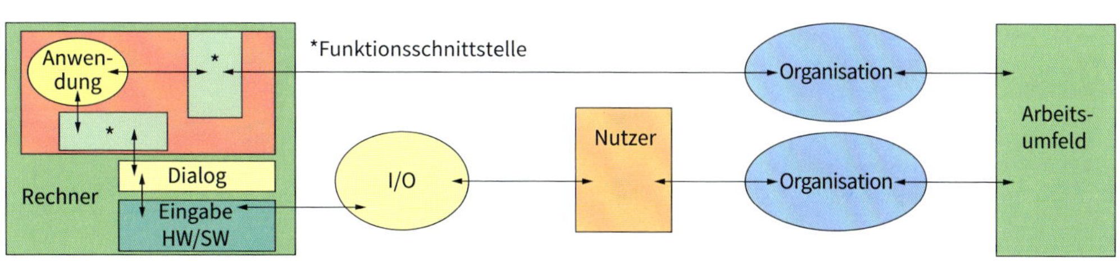

# XML – Extensible Markup Language
XML – Extensible Markup Language

## Merkmale

- **XML:** e**X**tensible **M**arkup **L**anguage – erweiterbare Auszeichnungssprache
- XML ist ein Nachfolger von SGML (Standard Generalized Markup Language) – und entstand 1998.
- XML nutzt ca. 20 % der SGML-Befehle.
- Im Gegensatz zu HTML kann XML **beliebig viele Tags** nutzen (Tag: Formatierungsbefehl).
- **Tags** müssen geschlossen werden.
- Prinzipiell kann XML andere Auszeichnungssprachen – zum Teil unter Verwendung einer Dokumentationstyp-Definition – „erfinden“: so z. B. **XHTML**. Hierbei wird HTML zur XML-Anwendung. Insofern ist XML eine **Meta-Sprache**.
- Eine Dokumentstyp-Definition (**DTD: D**ocument **T**ype **D**efinition) begrenzt dabei die nutzbare Tags-Vielfalt.
- XML unterscheidet zwischen Groß- und Kleinschreibung.
- Ein **wohlgeformtes XML-Dokument** ist grammatikalisch einwandfrei: dies kann im Rahmen einer Basisüberprüfung von einem Parser erkannt werden.
- XML verwendet den **Unicode**.
- HTML-Dokumente können in XHTML-Dokumente (automatisch) umgewandelt werden.
- **Kommentare:** `<! -- ... -->`
- Nur mittels einer **API** (**A**pplication **P**rogramming **I**nterface – Anwendungsschnittstelle) kann aus einer Anwendung heraus ein XML-Dokument aktiviert werden.
- Aufbau eines **Elements**
  <(öffnender) Tag> - <Inhalt> – <(schließender) Tag>
- **Element-Deklaration**
  <!ELEMENT *Name-des-Elements* (Inhaltsmodell)>
- **Inhaltsmodelle**
  EMPTY – leeres Element
  #PCDATA – parsed Character (nur Zeichentext)
- Aufbau eines **Attributs:** `Attributname = ` *Attributwert*
- **Attribute-Deklaration**
  Ein Attribut bezieht sich auf ein bestehendes Element.
  <!ATTLIST *Element-Name Attribut1*, ... >
- **Attribut-Standardwerte**
  1. #IMPLIED (optional)
  2. #REQUIRED (verpflichtend)
  3. #FIXED *Wert* (fester Wert)
  4. „*Wert*“ (direkte Wertzuweisung)
- **Entity-Referenzen:** Darstellung von Zeichen im Text, die an sich eine Meta-Bedeutung (Steuerfunktion) besitzen:
  `< - lt; > - > & - & " - " ' - &apos`

# JavaScript
JavaScript

## Merkmale

- Eine eigenständige, von HTML unabhängige Programmiersprache, die von Netscape mit Blick auf HTML-Dokumente entwickelt wurde: eine Scriptsprache.
- Mit ihr können in HTML-Programmen dynamische Elemente eingebunden werden. (Hierzu können zum Beispiel auch die Sprachen VHScript und JScript verwendet werden.)
- JavaScript-Programme können auch als eigenständige xxx.js-Dateien Verwendung finden.
- Keine echte objektorientierte Sprache: Klassen können nicht bestimmt werden; Vererbungen sind nicht möglich.
- Es gibt vordefinierte Objekte (vom jeweiligen Browser). Und es können eigene Objekte definiert werden.

## Basiselemente

- Einleitung eines JavaScript-Teils im HTML-Code:
  `<SCRIPT LANGUAGE=„JavaScript“>` bzw.
  `<SCRIPT TYPE=„text/javascript“>`
- Abschluss: `</SCRIPT>`
- Im HTML-Dokument wird ein JavaScript-Teil als HTML-Kommentar deklariert: `<!-- ... //-->`

## Anweisungen

- `Wert = WERT;`
- **(z. B.:)** `Quadrat(x) = X · X;`
- `if(wert < WERT-A) Wert = WERT-B;`

- Es können bedingte Anweisungen mit if-else-Strukturen realisiert werden.
- Fallunterscheidungen können gestaltet werden mit:
  `switch (...) {case „...“: ... break;}.`

```
if(zahl > WERT)
{zahl = ...;
        anweisung;}
```

```
while(i <= WERT)
{SUMME(i);
i = i + 1;}
```

Neben while-Schleifen existieren auch noch:

**for- Schleifen**
```
for (i = ; i <= ...; i++)
    {...;}
```

**do-while-Schleifen:**
```
do {...;}
```

- Kommentare innerhalb von JavaScript: /* ...*/

## Beispiel (mit Kommentar)

| | |
|---|---|
| `<HTML><HEAD><TITLE> Bspl. f. JavaScript</TITLE>` | HTML-Dokument, HTML-Kopf, Titel |
| `<script language=„JavaScript“>` | Festlegung der Scriptsprache |
| `<!--` | Beginn HTML-Kommentar |
| `function Quadratzahl(ZAHL)` | Definition einer Funktion |
| `{` | Funktionsanweisungen stehen in Klammern: (...) |
| `var ERGEBNIS=ZAHL*ZAHL;` | Defintion der Variablen ERGEBNIS |
| `alert("Die Quadratzahl ist " + ERGEBNIS);` | Ausgabe des Ergebnisses in einem Meldefenster |
| `}` | Ende der Funktion |
| `//-->` | Abschluss des HTML-Kommentars |
| `</script></HEAD></HTML>` | Skriptende, Kopfende, Ende HTML-Dokument |

## Objekte

- Vielfältige Objekte sind in JavaScript vordefiniert.
- Zu einem Objekt gehören spezifische Eigenschaften und (eventuell) streng zugehörige Methoden.
- Methoden sind den Objekten zugeordnete Funktionen, mit denen spezifische Aktionen vorgenommen werden.
- Die Objektbeziehungen sind zum Teil hierarchisch geordnet.
- Das höchste Objekt – im Sinne der Hierachie – ist **window** (ein Fenster-Objekt). **document** ist das erste nachrangige Objekt. Insofern ist das Objekt **document** ein Inhalt im Objekt **window**.
- Durch die Definition einer Funktion
  `function ... {...; ...;}`
  kann ein neues, individuelles Objekt bestimmt werden. Die Funktionsparameter, die beim Aufruf übergeben werden, entsprechen den Objekteigenschaften.
- Durch den Aufruf der Funktion verbunden mit dem Schlüsselwort **new** wird eine Objektinstanz im Programm bestimmt.
- Zu jedem Objekt gehören spezifische Eigenschaften und Methoden (Unterobjekte sind festgelegt).
- **CSS** (**C**ascading **S**tyle-**S**heets) ist eine HTML-Ergänzungssprache für detailliertere Formatierungen.
- Das Frame-Fenster ist eine Variante des Window-Fensters.

| Objekthierarchie | |
|---|---|
| 1 | window (Anzeigefenster) |
| 2 | array (Feld (Ketten/Vektor) von gleichartigen Variablen) |
| 3 | boolean (logische Werte (ja/nein – true/false)) |
| 4 | date (Zeitangabe und Datum) |
| 5 | function (Funktion) |
| 6 | math (mathematische Berechnungen) |
| 7 | navigator (Informationen zum Browser) |
| 8 | number (numerische Werte) |
| 9 | reg exp (reguläre Ausdrücke) |
| 10 | screen (Informationen zum Anwender-Bildschirm) |
| 11 | string (Zeichenketten) |

## Dialogboxen/Eingabefelder

- `function dialog () {alert („…");} …` → `alert` erzeugt ein **Dialogfenster** (OK-Knopf und Ausrufezeichen)
- `function dialog () {var Eingabe; Eingabe = confirm („…"); if (Eingabe == true) {…;}} …` → `confirm` erzeugt ein Fenster mit **zwei Schaltern**
- `function dialog() { var Eingabe; Eingabe = prompt („…"); if (…) {…;} else {…} } …` → `prompt` erzeugt ein Fenster mit einem **Eingabefeld**
- `function fenster() {var fen; fen=window.open („", „Fenster", „width =..., height= ..."):}` → ein Fenster wird über `window.open` erzeugt.

## Operatoren

Elementare, (der C-Welt) entnommene Operatoren sind:

- i++: i = i + 1 → Inkrement (→ aufwärts zählen)
- i--: i = i – 1 → Dekrement (→ abwärts zählen)

| Zuweisung | Programmieroperation | Mathem. Operation |
|---|---|---|
| + = | n+ = 10 | n = n + 10 |
| – = | n– = 10 | n = n – 10 |
| * = | n* = 10 | n = n * 10 |
| / = | n/ = 10 | n = n / 10 |
| % = | n % = 10 | n = n % 10 |
| ∧ = | n ∧ = 10 | n = n ∧ 10 |

## Objekt `window`

| Eigenschaften | |
|---|---|
| closed | geschlossenes Fenster |
| defaultStatus | Normalanzeige in der Statusanzeige |
| innerHeight | Höhe des Anzeigenbereichs |
| innerWidth | Breite des Anzeigenbereichs |
| locationbar | URL-Adresszeile |
| menubar | Menüleiste |
| name | Fenstername |
| outerHeight | Höhe des gesamten Fensters |
| outerWidth | Breite des gesamten Fensters |
| pageXOffset | Fensterstartposition von links |
| pageYOffset | Fensterstartposition von oben |
| personalbar | Zeile für Lieblingsadressen |
| scrollbars | Scroll-Leisten |
| statusbar | Statuszeile |
| status | Inhalt der Statuszeile |
| toolbar | Werkzeugleiste |

| Methoden | |
|---|---|
| alert () | Dialogfenster mit Informationen |
| back () | Zurück in History (history.back() – zurück zu bereits besuchten URL-Adressen) |
| blur () | Fenster verlassen |
| captureEvents () | Überwachung von Ereignissen |
| clearInterval () | Abbrechen der zeitlichen Anweisungsfolge |
| close () | Schließen des Fensters |
| confirm () | Dialogfenster zum Bestätigen |
| find () | Suche von Text |
| focus () | Aktivierung eines Fensters |
| forward () | Vorwärts in History – history.forward() |
| home () | Zur Startseite |
| open () | Öffnen eines neuen Fensters |
| print () | drucken |
| prompt () | Dialogfenster für Werteingabe |
| releaseEvents () | Ereignisabschluss |
| scrollBy () | Scrollen um Pixel-Anzahl |
| scrollTo () | Scrollen zur Position |
| stop () | Abbruch |

Unterobjekte

- document
- history
- event
- location

## Objekt `document`

| | |
|---|---|
| charset | verwendeter Zeichensatz |
| defaultVharset | normaler Zeichensatz |
| referrer | letzte besuchte Seite |
| title | Dateititel |

| Methoden | |
|---|---|
| captureEvents() | Überwachung der Ereignisse |
| close() | schließen |
| getSelection() | selektierter Text |
| handleEvents() | Ereignisse verarbeiten |
| open() | Dokument öffnen |
| releaseEvents() | Abschließen der Ereignisse |
| write() | Schreiben ins Dokumentfenster |
| writeln() | zeilenweise schreiben |

Unterobjekte

- all
- anchors
- applets
- forms
- images
- layers
- links

# PHP – (Personal) Hypertext Preprocessor
PHP – (Personal) Hypertext Preprocessor

## Merkmale

- **PHP** steht heutzutage für (**P**ersonal) **H**ypertext **P**reprocessor; ursprünglich für **P**ersonal **H**ome **P**ages.
- Es ist eine Skriptsprache, die stark von den Programmiersprachen C, Java und Perl beeinflusst ist.
- PHP-Skripte werden nicht vom Browser, sondern vom (Web-)Server interpretiert und umgesetzt.
- Bevorzugt wird der Apache-Webserver verwendet.
- PHP kann als **C**ommon **G**ateway **I**nterface (**CGI**)-Programm oder – vorrangig – als Modul unter Apache installiert werden.
- Codezeilen von PHP werden direkt in den HTML-Code geschrieben. Für den Aufruf existieren vier Möglichkeiten:
  1: <? ... ?>
  2: <?php ... ?>
  3: <SCRIPT LANGUAGE = „PHP“> ... >/SCRIPT>
  4: <%.... %>
- Code-Darstellung auf dem Bildschirm über den Befehl `echo` (`echo` „Dies wird geschrieben.“)
- PHP ist case-sensitiv: insofern ist auf Groß- und Kleinschreibung bei den Variablen zu achten.

## Sprachelemente

- Mehrzeiliger Kommentar: `/* ..... */`
- Einzeiliger Kommentar: `// ...`
- Variablen: `$xxx` ; mit Zuweisungen über: =
- Felder: `$xxx[i]`
- Anweisungsende: `;`

### Datentypen in PHP

- Boolean – Wahrheitswert (0/1; TRUE/FALSE)
- Integer – Ganzzahl (–2147483648 bis + 2147483647)
- Double – doppeltgenaue Gleitpunktzahl ($-1,7 \cdot 10^{-308}$ bis $-1,7 \cdot 10^{-308}$)
- String – Textvariable (mit alphanumerischen Zeichen) (Vereinbarungsbeispiel: $stringA = „Hallo Welt“;)
- Array-Felder (können unterschiedliche Datentypen enthalten.)
  Vereinbarungsbeispiel: $feld[0] = 26: Die Adressierung beginnt mit der Nummer Null ([0]).
- Object – konkrete Ausprägung einer Klasse
  `class` ZEUGNISFOLIE ... ;
  $Zeugnis-Müller = `new` ZEUGNISFOLIE

### Basis-Operationen

| | | |
|---|---|---|
| Addition + | Subtraktion – | Multiplikation * |
| Division / | Reste % | Stringverknüpfung . |

### Kontrollstrukturen

- if-Struktur mit Bedingung

```
if (Bedingung) {Befehle;}
  else {Befehle;}
```

- while-Schleife:

```
while (Ausdruck) Befehl
```

- switch-Befehl:

```
switch (Ausdruck) {
  case 0: Befehl
  ...
  case n: Befehl
  default: Befehl
  }
```

- Schleifen:

```
for (Ausdruck-A [, ...];
   Ausdruck-B [, ...])
Befehl
```

```
do Befehl
  while (Ausdruck)
```

## WWW-Kommunikation von PHP

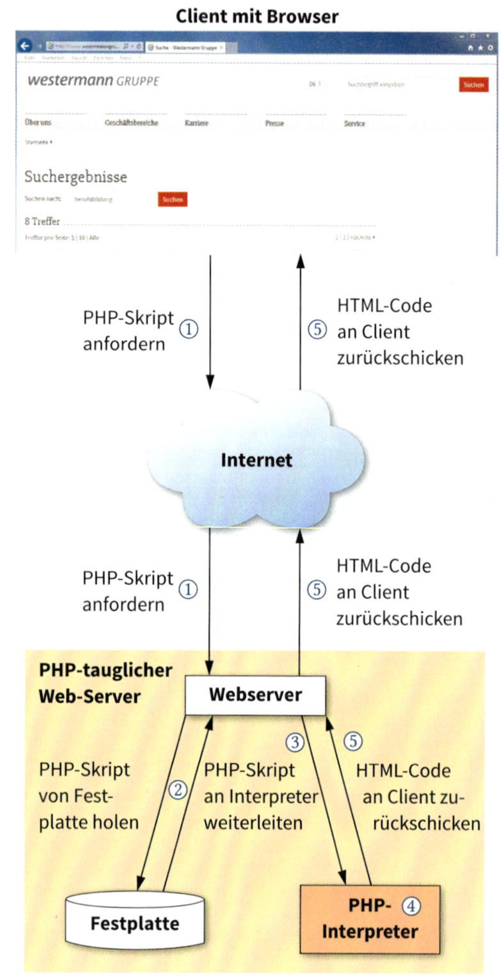


① ... ⑤ : Ablaufreihenfolge

## Bearbeiten von (Server-)Dateien

- Dateiöffnung: `fopen`
- Dateispeicherung: `$datei`

  `$datei = fopen` („Datei“, „Parameter“)

- Schließen der Datei: `fclose($datei)`
- Auslesen einer Datei (auf dem Browser): `readfile`
- Schreiben in die Datei: `fwrite`
- **Parameter**
  - `r` ausschließlich lesen (vom Dateianfang her)
  - `r+` lesen und schreiben
  - `w` ausschließlich schreiben
  - `a` ausschließlich schreiben (vom Dateiende her)

- Formulardatei: `formular.htm`
- Funktionen: `function name ($parameter, ...)`
- Datumsfunktion: `getdate ()`
- Konfigurationsanzeige: `phpinfo ()`

## Grundlagen

- Ausdrücke, die zum Parsen und zur Textmanipulation eingesetzt werden. Sie gehören zur Chomsky-Hierarchie (Typ 3).
- Integrierter Bestandteil von Programmiersprachen und speziell von Script-Sprachen: C#; Java; JavaScript; Net; Perl; PHP; Python; Ruby
- Aufbau eines regulären Ausdrucks:
  String + normale Zeichen + Metazeichen
- Die Syntax der Metazeichen variiert zum Teil in den verschiedenen Sprachkontexten.
- Bei den zugehörigen Maschinen werden unterschieden:
  1. Deterministische Finite Automaten (**DFA**)
  2. Nichtdeterministische Finite Automaten (**NFA**)
     2.1 Traditionelle NFA-Engines
     2.2 POSIX NFA-Engines
  
  DFA: schnell arbeitende Regex-Maschinen
- Reguläre Ausdrücke unter Java: `java.util.regex` Paket

## POSIX-Zeichenklasse [:*xyz*:]

| | |
|---|---|
| `Alnum` | Alphabetische und nummerische Zeichen |
| `Alpha` | Alphabetische Zeichen |
| `Blank` | Leerzeichen/Tabulatorfunktion |
| `Cntrl` | Kontrollzeichen |
| `Digit` | Dezimale Zeichen |
| `Graph` | Druckzeichen (schwarze Zeichen ohne Leerzeichen) |
| `Lower` | Kleinbuchstaben |
| `Print` | Druckzeichen (schwarze Zeichen inkl. Leerzeichen) |
| `Punct` | Interpunktionszeichen |
| `Space` | Whitespace |
| `Upper` | Großbuchstaben |
| `Xdigit` | Hexadezimale Ziffern |

## Metazeichen unter Java/JavaScript

| | | |
|---|---|---|
| `\a` | Alarm (BEL) | Backspace (`\x08`) (nur in Zeichenklassen) |
| `\b` | Backspace (`\x1B`) | |
| `\e` | ESC (`\x1B`) | |
| `\n` | Newline (`\x0A`) | |
| `\r` | Carriage Return (`\x0D`) | |
| `\f` | Formfeed (`\x0C`) | |
| `\t` | Tabulator (`\x09`) | Tabulator, horizontal (`\x09`) |
| `\v` | | Tabulator, vertikal (`\x0B`) |
| `\cZeichen` | Kontrollzeichen, benannt | |
| `\0` | | Nullzeichen (`\x00`) |

## Ankerzeichen etc. unter Java

| | | | |
|---|---|---|---|
| `^` | String-Anfang | `$` | String-Ende |
| `\A` | String-Anfang im Match-Modi | | |
| `\z` | String-Ende im Match-Modi | | |
| `\b` | Wortgrenze | | |
| `\B` | Nicht-Wortgrenze | | |
| `\G` | Suche, aktuelle, Startposition | | |

## Java.lang.String (Pattern-Matching-Methoden)

- `boolean matches (String Regex)`
- `String[ ] split (String Regex)`
- `String replaceFirst (String Regex, String Ersatz)`
- `String replaceAll (String Regex, String Ersatz)`

## Elementare Zeichen

| | |
|---|---|
| `\n` | Zeilenvorschub (newline) `[LF (oktal 102); CR [oktal 015)]` |
| `\b` | Wortgrenze (word boundary) |
| `\b` | Leerraum (Backspace) |
| `\Zahl` | Oktale Ziffern (zwei oder drei) |
| `\xZahl` | Zeichen gemäß den Hexadezimalzahlen (auch: `\x{Zahl}` bzw. `\uZahl` etc.) |
| `\cZeichen` | ASCII-Steuerzeichen (Werte unter 32) (benanntes Kontrollzeichen) |
| `[...]` `[... - ...]` | Zeichenklassen (normale Klassen; auch: [ ^... ] (... - ... : Zeichenbereich) |

## Kommentarfunktionen etc.

| | |
|---|---|
| `m` | mehrzeilig |
| `s` | einzeilig (dot-Beeinflussung) |
| `i` | Vernachlässigen (ignorieren) von Klein-/Großschreibung |
| `x` | Freie Formen (z. B. Kommentare in regulären Ausdrücken) |
| `?#` | Kommentar |
| `#` | Kommentar |

## Kontrolle

| | |
|---|---|
| `(...)` | Gruppierende Klammern und Capturing |
| `\i` | (i: Integer) |
| ... \| ... | Alternativen |
| `(?if) then | else` | bedingte Ausdrücke |
| `*, +, ? {Anzahl,Anzahl}` | gierige Quantoren |

## Apache-Webserver

| | |
|---|---|
| `\cZeichen` | Steuerzeichen, benannt |
| `\w` | Wortzeichen |
| `\W` | Nicht-Wortzeichen |
| `\d` | Ziffer [0 ... 9] |
| `\D` | Nicht-Ziffer [^(0 ... 9)] |
| `\s` | Whitespace-Zeichen |
| `\S` | Nicht-Whitespace-Zeichen |
| `^` | Stringanfang |
| `$` | Ende des Such-Strings |
| `\b` | Wortgrenze |
| `\B` | Nicht-Wortgrenze |
| `#...` | Rest als Kommentar |
| `*` | keinmal/mehrmals |
| `+` | einmal/mehrmals |
| `?` | keinmal/einmal |

## Apache-Webserver (http-Header)

| | |
|---|---|
| HTTP_USER_AGENT | HTTP_REFERER |
| HTTP_COOKIE | HTTP_FORWARDED |
| HTTP_HOST | HTTP_ACCEPT |
| HTTP_PROXY_CONNECTION | |

## Apache-Webserver (Verbindung/Anfragen)

| | |
|---|---|
| REMOTE_ADDR/_HOST/_PORT/_USER/_IDENT | |
| REQUEST_METHODE | SCRIPT_FILENAME |
| PATH_INFO | AUTH_TYPE |

# Benutzungsschnittstelle
## User Interface

### Merkmale

- Grafische Benutzungsschnittstellen (z.T. auch Benutzeroberflächen) eignen sich für die Gestaltung von anwenderfreundlichen Programmieroberflächen
- Über die GUI wird eine ereignisgesteuerte Benutzerinteraktion – unter anderem durch die Verwendung einer Maus – ermöglicht.
- GUI-Systeme existieren u. a. von Microsoft (**„Windows"**), von IBM (**„Presentation Manager"**) und **„Motif"** im Unix-Bereich.
- Bedeutsam für die Gestaltung von Oberflächen sind besonders **Fenster, Menüs** und **Dialogfelder**.

### Fenster

- **Fenstertechniken**
  - **SDI**-Fenster (**s**ingle **d**ocument **i**nterface) und **MDI**-Fenster (**m**ultiple **d**ocument **i**nterface) werden unterschieden.
  - Im Rahmen der **SDI-Technik** kann nur eine Datei (oder eine Datenbank), im Rahmen der **MDI-Technik** können mehrere Dateien zugleich geöffnet sein.
- **Typische Fensterelemente**
  - Titelbalken – Symbolleisten – Statusleiste
  - Fenster – Menübalken
  - Rollbalken (vertikal und horizontal) – Arbeitsfenster
  - Knöpfe für Bildgröße/Beenden/Minimierung
- **Übliche Fenstertypen**
  - **Anwendungsfenster:** Zentrales Primärfenster
  - **Primärfenster:** für die Primärdialoge des Benutzers
  - **Sekundärfenster:** geeignet für sekundäre Benutzerdialoge
  - **Dialogboxen** (Dialogfenster; „aktives Fenster"): basale Fenster; geeignet zur Aufnahme von Daten etc.
  - **Mitteilungsfenster** („passives Fenster"): Statusmitteilungen werden gegeben; Dialogfelder

### Dialoganforderungen

- Die Dialoggestaltung wird durch die **DIN EN ISO 9241-10** beschrieben.
- Gemäß der Norm sollen gebrauchstaugliche und konsistente Benutzerschnittstellen gestaltet werden, um eine höhere Produktivität zu erzielen.
- Ermittlung der Gebrauchstauglichkeit nach **DIN EN ISO 9241-11** über die
  - **Effektivität:** Genauigkeit und Vollständigkeit der Ergebnisse,
  - **Effizienz:** benötigter Aufwand zur Zielerreichung,
  - **Zufriedenheit:** Nutzungsakzeptanz und Beeinträchtigungsfreiheit
- Dialoganforderungen gemäß **DIN EN ISO 9241-10**:
  - **Angemessenheit** gegenüber der Aufgabe: effektive u. effiziente Unterstützung des Benutzers bei der Aufgabenbewältigung
  - **Dialogverständlichkeit/Lernförderung:** Die Dialoggestaltung soll den Systemumgang verständlich machen.
  - **Erwartungshorizont** (Erwartungskonformität): Die Dialoge sollen in sich eindeutig und konsistent sein. Sie sollen verständlich sein und den Anforderungen entsprechen. Sie sollen den üblichen Erwartungen der Benutzer (Kenntnisstand und Erfahrungshintergrund) entsprechen.
  - **Fehlertoleranz** und **Korrekturfähigkeit**: Fehler bei der Eingabe und Steuerung sollen die Systemstabilität nicht beeinträchtigen. Auch soll ein Laie Korrekturen leichtgängig vornehmen können.
  - **Individualisierbarkeit:** In Abhängigkeit von den Anforderungen und Aufgaben sowie den individuellen Konfigurationsbedürfnissen und Vorlieben sollen die Dialoge angepasst werden können.
  - **Selbsterklärung** (Selbstbeschreibungsfähigkeit): Jeder Dialog soll aus sich heraus verständlich sein. Rückmeldungen sollen die Dialogschritte erklären.
  - **Steuerbarkeit:** Der Benutzer soll die Dialogabfolge starten und die Geschwindigkeit und Richtung steuern können.

# Komplexe Anwendungssysteme
## Complex Systems of Application

### Merkmale

- Durch die Nutzung intelligenter Techniken speziell von **Such-**, **Verarbeitungs-** und **Aufbereitungsalgorithmen** sollen in der IT-Welt automatisiert **Daten, Informationen** und Strukturen zuverlässig erfasst werden.
- Dies betrifft die automatisiert organisierbaren Bereiche:
  - Suchmaschinen (lycos, rrzn, google ...),
  - Datenarchive, – Kataloge.
- Zur Realisierung werden Methoden aus vielfältigen Informatikbereichen (Algorithmen, Graphen, Logik, KI ...) eingesetzt.

### Begriffe

- **Expertensystem** (gebräuchliche Abkürzung: **XS**) System mit einer Wissensbasis und einer Schlussfolgerungskonzeption zur automatischen Lösung von Problemen
- **Inferenz** (to infer (engl.) – schließen): Schlussfolgerungsformen auf der Basis unterschiedlicher logischer Konzepte
- **Shells** (auch: **leere Expertensysteme**) Reine Wissenserwerbs- und -verarbeitungssysteme
- **XS-Werkzeuge** (auch: **XS-tools/Toolkits**) Programmiersprachenkonzeptionen, mit denen Expertensysteme (konstruktiv) entwickelt werden

### Forschungs-/Anwendungsfelder

| Forschungsbereiche | | Anwendungen | |
|---|---|---|---|
| Software | Hardware | Software-Engineering (Sprachen/Strukturen) | Mustererkennung |
| Simulationen Klimamodelle | Sensorik | | Fertigung (Roboter) |
| Expertensystem | Roboter | **Sprachsysteme** Übersetzung, Ansagen, Auskunft (Abfragen) | Multimedia (Bildverarbeitung) |
| Neuronale Netze | Grammatik | | Medizin/Meteorologie/… (Geräte/Analyse) |
| Logische Systeme | Kognitive Strukturen | | |
| | Sprachverarbeitung | Meteorologie (Wetter) | |
| | Lernkonzepte | Wirtschaft | |

## Merkmale von PostScript

- Geräteunabhängige und stackorientierte Programmiersprache zur **Seitenbeschreibung** (Versionen 1 bis 3)
- 1983 von Adobe Systems entwickelt
- Grundlegende Sprache für computerunterstütztes Publishing und die digitale Drucktechnik
- Mit PostScript ist eine Ausgabe von
  - Text,
  - geometrischen Figuren und
  - gerasterten Bildern möglich.
- Eine PostScript-Datei liefert eine **geräteunabhängige** Schnittstelle für die Ausgabe der Dateien auf Drucker, Kopierer, Bildschirme, Belichtungs- oder Publishing-Geräte (Vorstufe für den Druck).
- Eine PostScript-Datei besteht aus ASCII-Text.
- Da Ausgabegeräte in der Regel rasterorientiert arbeiten, muss die programmierte Seite in Bildpunkte umgewandelt werden. Dazu ist ein **PS-Interpreter** (**RIP: R**aster **I**mage **P**rocessor) erforderlich. Er führt PS-Anweisungen aus und erzeugt die jeweilige Ausgabe.
- PS-Interpreter analysieren die Anweisungen und wandeln diese in eine Sprache um, die das Ausgabegerät versteht. Er ist gewissermaßen das Betriebssystem des Ausgabegeräts und analysiert die PS-Datei zeilenweise. Vom Ausgabegerät hängt es ab, ob der Interpreter Rasterformate (z. B. TIFF, GIF) oder objektorientierte Grafikformate (z. B. WMF, PICT) erzeugt.
- Grundlage für die Struktur einer Seite in PostScript ist ein kartesisches Koordinatensystem, in das mathematische Objekte eingefügt werden. Der Ursprung ist in der Regel die linke untere Blattecke. Das Koordinatensystem besitzt für den Programmierer keine Begrenzungen. Erst bei der Ausgabe wird dieses Benutzerkoordinatensystem in ein gerätespezifisches Koordinatensystem umgerechnet. Folgende Manipulationen des Koordinatensystems sind möglich.
  - Translation,
  - Rotation,
  - Skalierung (Streckung, Stauchung).
- Schriften werden als PostScript-Informationen dargestellt. Der Umriss wird durch Linien- und Kurvensegmente geometrisch beschrieben. Dadurch wird die Schrift in der Ausgabe beliebig skalierbar.

**PostScript-Interpreter**

- **Hardware-RIP**
  PS-Controller befindet sich auf einer Platine im Drucker mit Speicher und ROM.
- **Software-RIP**
  Interpretation wird durch Software im Rechner geleistet, z. B. mit Ghostscript.

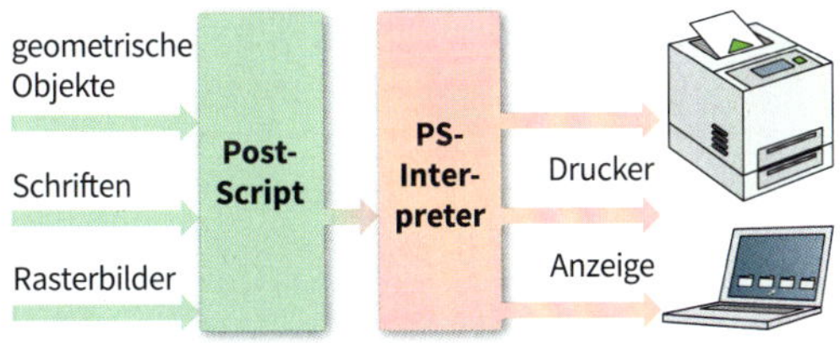


## Erzeugung von PS-Dateien

- **Quelltext erstellen**
  Lesbare Anweisungen, die den Aufbau der auszugebenden Seite beschreibt (Prolog, Strukturkommentar, Autor, Titel, Seitenzahl, PS-Version und Skript zur Seitenbeschreibung).
- **Systemtreiber**
  Verwendet werden hierbei Treiber, die im Betriebssystem verankert sind. Über standardisierte und aktualisierbare Schnittstellen (Windows GDI, Mac QuickDraw) aktiviert die Anwendungssoftware den Systemtreiber und erstellt ausgabefähige Seiten.
- **Anwendungsprogramm**
  PS-Treiber werden durch das Anwendungsprogramm (z. B. Adobe Illustrator, Photoshop) zur Verfügung gestellt. Dadurch ist das Verfahren unabhängig vom Betriebssystem.
- **PS-Konverter (Filter)**
  Das Eingangsformat wird durch Filter in PostScript übersetzt. Man unterscheidet Text- und Grafikkonverter. Das Ergebnis ist häufig eine **EPS**-Datei (Encapsulated PostScript).

Das Ergebnis in allen Fällen ist eine **geräteunabhängige** PS-Datei.

## PDF

- **P**ortable **D**ocument **F**ormat
- Offenes Dateiformat zum Austausch elektronischer Dokumente. Schriftarten, Bilder, Grafiken und Layout jedes Ausgangsdokuments bleiben unverändert, unabhängig von der Anwendung und der Plattform (z. B. MacOS, Windows), die zur Erstellung verwendet wurde. Zum Öffnen der Datei ist ein „Leseprogramm" erforderlich, z. B. Adobe Acrobat.
- PDF ist keine Programmiersprache. Es sind keine Kontrollstrukturen wie z. B. Schleifen oder Abfragen vorhanden.
- Eine PDF-Datei kann Dokumente einschließlich der verwendeten Farben, Raster- und Vektorgrafiken, sowie die verwendeten Schrifttypen präzise wiedergeben.
- PDF baut auf PostScript auf, verwendet jedoch nur einen eingeschränkten Befehlssatz.
- Die Dateien sind kleiner (komprimiert) als PS-Dateien und lassen sich dadurch einfacher auswerten.
- Die Verwendung von hierarchisch geordneten Lesezeichen ist möglich (Hypertext Funktionalität).
- Vorschaugrafiken einzelner Seiten können erstellt werden.
- PDF-Dokumente können mit speziellen Zugriffsrechten und digitalen Signaturen versehen werden.
- In PDF-Dateien können auch Hilfen eingefügt werden, die die Navigation innerhalb des Dokuments erleichtern. Beispiele: Anklickbare Inhaltsverzeichnisse und miniaturisierte Seitenvorschauen.
- Die mit Tags versehenen Dateien enthalten Informationen zu Inhalt und Struktur eines Dokuments. Sie können abgerufen und dargestellt werden.
- Dokumentenerstellung: Beliebiges Dokument → Speicherung als PostScript-Datei → Interpretation der Datei z. B. durch Acrobat Distiller (ein Post-Script RIP) und Speicherung als PDF-Datei.

BIOS – Basic Input/Output System

## Einstellungen

- **BIOS: B**asic **I**nput/**O**utput **S**ystem (Basis-Eingangs/Ausgangs-System)
- Im BIOS werden wichtige Einstellungen für den PC in einem wieder beschreibbaren Speicher (EEPROM, meist als Flash-Speicher, 64 oder 128 Byte) ① auf der Hauptplatine abgelegt. Der Speicher wird permanent durch einen Akku oder eine Batterie ② mit Spannung versorgt. Der Speicher ist oft mit der Echtzeituhr des Systems kombiniert.
- Nach dem Einschalten wird das Programm unmittelbar ausgeführt. Der Start des Betriebssystems wird eingeleitet.
- BIOS-Einstellungen können über das BIOS-Setup vorgenommen werden.
- Das BIOS-Setup kann kurz nach dem Start durch eine bestimmte Tastenkombination aufgerufen werden, z. B.
  - „Press F1 to enter SETUP" oder
  - „Press DEL (deutsch: Entf) to enter SETUP" (vom Hersteller abhängig).
- Es gibt verschiedene BIOS-Hersteller, z. B.: AMI, ATI, Award Software, Phoenix Technologies.
- Es empfiehlt sich aus Sicherheitsgründen, die bestehenden Einstellungen vor der Änderung zu notieren oder auszudrucken (Taste „Druck" oder „Print").
- Beispiel BIOS-Hauptmenü (Hersteller Award):

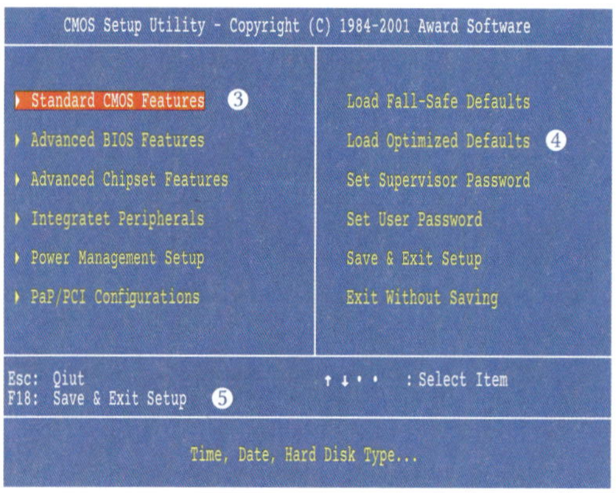


- Es sind Menüeinträge ③ mit Untermenüs vorhanden, bei denen der ausgewählte Eintrag farblich hervorgehoben wird. Der Menüpunkt wird durch „Enter" gewählt.
- Allgemeine Steuerungsfunktionen ④ (z. B. Speichern der Einstellungen, Verlassen der BIOS-Einstellungen)
- Informationen zur Navigation innerhalb des Menüs ⑤, Bewegung um jeweils einen Schritt nach oben, unten, rechts und links
- Sicherheitsabfragen werden durch die Tasten „Y" oder „N" und anschließend durch „Enter" durchgeführt. Achtung: Es wird die englische Tastaturbelegung verwendet, „Y" und „Z" sind vertauscht.

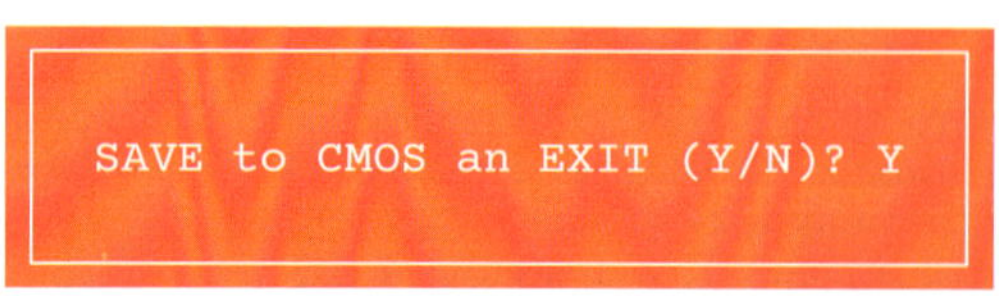


- Mit „ESC" kann man das Menü bzw. jeden Dialog im BIOS verlassen.

## Menüs und ihre Bedeutung (Auswahl)

| Award | AMI | Bedeutung |
|---|---|---|
| Standard CMOS Features | Standard CMOS Setup | Einstellungen für Datum und Uhrzeit; Parameter für Laufwerke und Grafikkarte |
| Advanced BIOS Features | Advanced CMOS Setup | Besondere BIOS-Einstellungen: Bootreihenfolge, Cache- und Prozessoreinstellungen, Tastatur, Speicher |
| Advanced Chipset Features | Advanced Chipset Setup | Einstellungen für den Chipsatz: Speicherzyklus, AGP und PCI-Optionen, Onboardkomponenten |
| Integrated Peripherals | Peripheral Setup | Kommunikationssteuerung mit angeschlossenen Geräten: Festplatten, Parallelport usw. |
| Power Management Setup | Power Management Setup | Einstellungen der Stromsparfunktionen im PC |
| PnP/PCI Configu-ration | PCI/Plug and Play Setup | Verteilung der Systemressourcen für Erweiterungskarten (IRQ, DMA) |

## Wichtige Steuerungsfunktionen ④

| Award | AMI | Bedeutung |
|---|---|---|
| Load Fail-Safe Defaults | Autoconfig. with Fail-Safe Settings | BIOS-Einstellungen werden auf Standardeinstellung zurückgesetzt |
| Load Optimized Defaults | Autoconfig. with Optimal Settings | BIOS-Einstellungen werden auf Optimal-Einstellungen zurückgesetzt |
| Set Supervisor Password | Change Supervisor Password | Passwort für den Zugang zum BIOS-Setup wird festgelegt (Supervisor) |
| Set User Password | Change User Password | Passwort für den Zugang zum BIOS-Setup wird festgelegt (User) |
| Save & Exit Setup | Save Settings and Exit | Verlassen des BIOS-Setup, Speichern der Änderungen |

## CMOS-Speicher mit Spannungsquelle

# UEFI – Unified Extensible Firmware Interface

## Prinzip und Funktion

- Es handelt sich bei UEFI um eine „vereinheitlichte erweiterbare Firmware Schnittstelle".
- Die Schnittstelle liegt zwischen der Firmware, den einzelnen PC-Komponenten und dem Betriebssystem.
- Vorgänger: **EFI** (**E**xtensible **F**irmware **I**nterface)

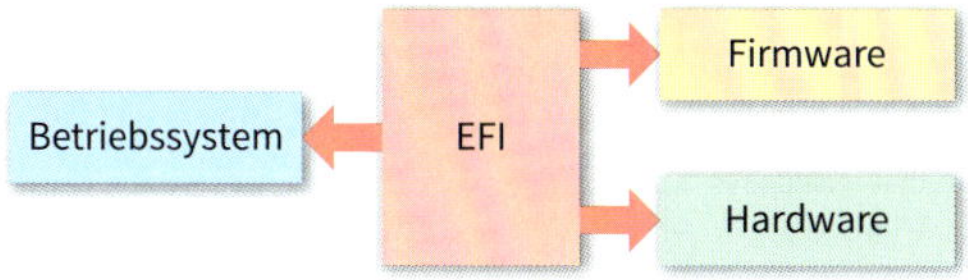


- Die **Firmware** (firm (engl.): fest) ist eine Software, die in der Hardware funktional fest eingebettet ist (meist in einem nicht flüchtigen Speicher, Flash-Speicher).
- UEFI wird als Ersatz für das traditionelle BIOS verwendet.
- Gründe für eine BIOS-Ablösung waren, dass die Bedienung des Setup-Screens nicht mehr den zeitgemäßen Anforderungen (Bedienoberfläche, Einstellmöglichkeiten) entsprach und die Boot-Zeiten verringert werden konnten.
- UEFI ist unabhängig vom Typ der CPU.
- UEFI enthält Schnittstellen und Datentabellen mit Platteninformationen sowie Boot- und Laufzeitdienste. Sie werden dem Betriebssystemlader und dem Betriebssystem zur Verfügung gestellt.
- Alle Daten und Programme für UEFI werden wie herkömmliche Daten in einer eigenen Partition abgelegt. Im Gegensatz zum BIOS werden keine Daten wie z. B. MBR (Master Boot Record) verwendet.
- Mit UEFI können große Festplatten mit über 2 TB durch die eingeführte GUID-Partitionstabelle verwendet werden.

## Bedienoberfläche

- Der Unterbau von UEFI ist standardisiert. Die Hersteller (Asus, Gigabyte, MSI, AS Rock …) verwenden aber unterschiedlich höher auflösende grafische Oberflächen zur leichten Bedienung mit der Maus. Textbasierte Darstellungen sind ebenfalls möglich.
- Angeboten werden auf der Bedienoberfläche aber auch wichtige Informationen.
  Beispiele: Prozessor, Speicher, Temperatur, Lüfterdrehzahl
- Die Auswahl des Boot-Laufwerks kann in der Regel per Drag and Drop erfolgen.

## Textbasierte Bedienoberfläche (Beispiel)

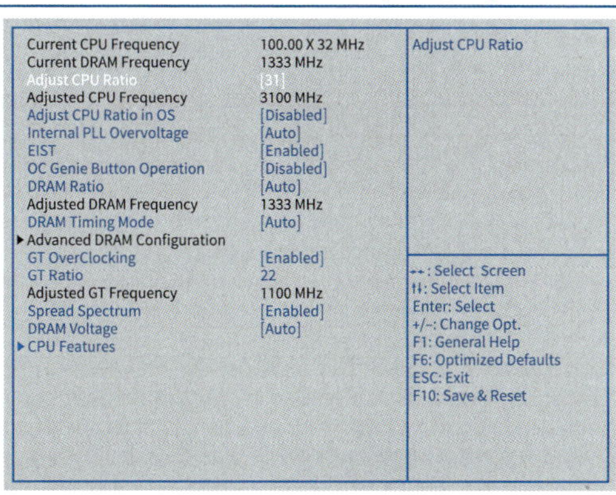


## Techniken und Möglichkeiten

- Übergreifende Prinzipien:
  - Einfach veränder- und erweiterbar
  - Weniger Zeit zum Booten (angestrebt < 8 s)
- Mit dem integrierten Netzwerktreiber lässt sich über UEFI bereits der Netzwerkanschluss nutzen (z. B. Fernwartung).
- Grundfunktionen der Grafikkarte (**GOP**: **G**raphic **O**utput **P**rotocol) stehen beim PC-Start bereits zur Verfügung (höhere Auflösung).
- Es besteht durch Emulation Kompatibilität zu einem vorhandenen BIOS.
- Über eine Shell können EFI-Applikationen (.efi) aufgerufen werden.
- Treiber können so integriert sein, sodass sie nicht vom Betriebssystem geladen werden müssen.
- Anstatt auf dem Betriebssystem können Netzwerk- und Speicherverwaltung auf der Firmware laufen.
- Installierte Betriebssysteme können problemlos ausgewählt werden (Boot-Loader nicht erforderlich).
- Boot-Möglichkeiten von Festplatten > 2 TB sind durch **GPT** (**G**UID **P**artition **T**able, GUID: Globally Unique Identifier) möglich.
- Eine Beschränkung auf vier primäre Partitionen pro Festplatte entfällt.

## Booten mit BIOS

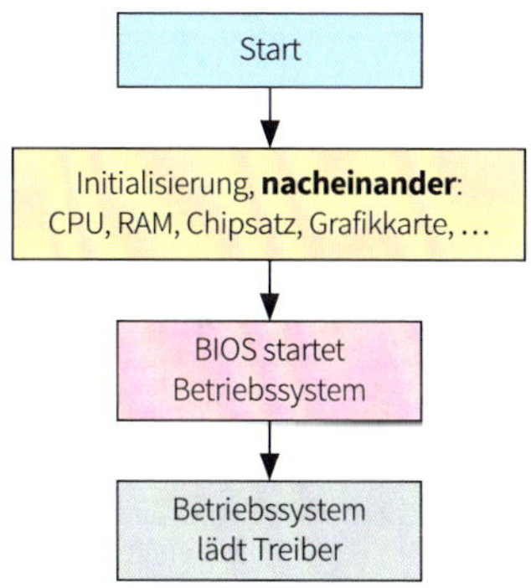


## Booten mit UEFI

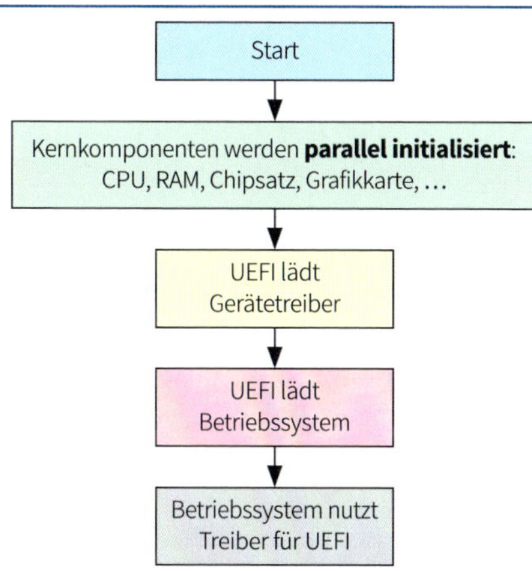


Initialisierung: Herstellung eines bestimmten Anfangszustandes

# Betriebssysteme
## Operating Systems

### Aufgaben

- Ein Betriebssystem
  - steuert und überwacht die Prozessabläufe im System,
  - verwaltet die technischen Komponenten eines Rechners,
  - regelt den Einsatz von Anwendungen und Programmen,
  - verwaltet die Daten und managt die Speicherzugänge,
  - gestaltet den Zugriff auf das System (Eingaben/Datenzuflüsse),
  - leitet die Datenausgabe auf periphere Geräte u. Komponenten.
- Hierzu nutzt ein Betriebssystem vielfältige unterstützende Geräte (Prozessoren) und Treiber.
- **Elementare Systemkriterien**
  - Nur ein Nutzer: **s**ingle **u**ser system
  - Nur ein Auftragsbearbeitung im System: **s**ingle **t**asking system
  - Mehrere Nutzer parallel: **m**ulti **u**ser system
  - Mehrere Aufträge parallel im System: **m**ulti **t**asking system

### Dateisysteme

- **FAT 16** (**F**ile **A**llocation **T**able mit 16 Bit; oftmals FAT): Verzeichnis der Speichereinheiten
- **FAT 32:** Partitionen bis zu 2 TByte sind möglich.
- **VFAT** (**V**irtual **F**ile **A**llocation **T**able): Im Gegensatz zu FAT16 werden lange Dateinamen ermöglicht.
- **NTFS** (**N**ew **T**echnology **F**ile **S**ystem von MS (Windows))
- **HPFS** (**H**igh **P**erformance **F**ile **S**ystem): Partitionen bis 2 TByte

### Einteilungen

**Einsatzebenen**: Echtzeitbetriebssysteme, Embedded Systems, Handheld Systems, Mainframes, Minicomputer, PC-Systeme, PDA, Server, Smartphone-Systeme, Tablets, Workstation

| Systeme | Beispiel(e) |
|---|---|
| Großrechner-BS | OSD BS 2000/OSD (Siemens Fujitsu) |
| Netbooks | Chrome OS (Goolge) |
| PC-Systeme | Unix, Linux, MS Win: 10, 7, 8 |
| Smartphone-BS, PDA, (Tablets) | Android, Apple iOS, BlackBerry (10) |
| Workstation, Server | FreeBSD, HP-UX, JVM (Java Virtual Machine), Mac OS X, Open Solaris, Server 2008 Banyan Vines, VMS-DEC |

### Betriebsarten

| Systemkategorien | Beispiele |
|---|---|
| Abwicklung (Prozesse) | Stapelverarbeitung/Dialogverarbeitung |
| Benutzerzugang | Offener/Geschlossener Betrieb |
| Programmanzahl | Einprogramm-/Mehrprogrammbetrieb |
| Prozessoranzahl | Einprozessor-/Mehrprozessorbetrieb |
| Taskanzahl | Singletasking/Multitasking |
| Verteilung (räumlich) | Lokaler Betrieb/Verteilte Struktur/ Fernverarbeitung |
| Programmnutzung | Teilnehmerbetrieb/Teilhaberbetrieb |

### Betriebsprobleme beim PC

| Phänomen | (mögliche) Ursache(n) | (mögliche) Reaktion(en) |
|---|---|---|
| ▪ Bildschirm bleibt schwarz<br>▪ Keine Aktivitäten<br>▪ Keine Geräusche | ▪ Energieversorgung ist ausgeschaltet<br>▪ Netzstecker ist nicht eingesteckt<br>▪ Netzversorgungskabel ist beschädigt | ▪ Energieversorgung zu Verfügung stellen<br>▪ Netzverbindung stabil (wackelfrei) einschalten<br>▪ Gerätehauptschalter betätigen (Rechnerrückseite) |
| ▪ Bildschirm bleibt schwarz<br>▪ Gerätegeräusche liegen vor | ▪ Energieversorgung zum Bildschirm ist fehlerhaft (eventuell direkt am PC)<br>▪ Datenverbindung zum Bildschirm ist fehlerhaft | ▪ Kabelverbindungen überprüfen (Wackelkontakt) |
| ▪ Bildschirm bleibt schwarz | ▪ eventuell befindet sich der PC im Standby-Modus | ▪ Maus bewegen<br>▪ Tastatur betätigen<br>▪ „Sleep"-, „Standby"-Taste betätigen |
| ▪ Rechner fährt nicht hoch | ▪ Maus- und Tastaturanschlüsse sind nicht bzw. fehlerhaft angeschlossen | ▪ Maus- und Tastatur anschließen (eventuell die Anschlüsse von Maus und Tastatur austauschen) |
| | ▪ Ausfall der Festplatte | ▪ Austausch der Festplatte (=> Fachhändler) |
| | ▪ Befindet sich im Stand-by-modus | ▪ Aktivierung der Maus bzw. einer Taste |
| ▪ Akustische Fehlersignale | ▪ Konfigurationsproblem interner Komponenten | ▪ beachte Fehlermeldeangaben des BIOS-Herstellers |
| ▪ Bildschirmausgabe: „non system disk or disk error" | ▪ Es wird kein Betriebssystem gefunden | ▪ Datenträger aus dem zuerst angesprochenen Laufwerk entfernen und auf **ENTER** drücken<br>▪ Bootreihenfolge ändern (BIOS: BOOT SEQUENCE)<br>▪ Es liegt gar kein BS vor<br>▪ Festplatte ist beschädigt |
| ▪ Maus kann nicht bewegt werden | ▪ Verbindung zwischen Maus und PC ist unterbrochen bzw. (noch) nicht aktiviert | ▪ Maus anschließen<br>▪ Maustreiber installieren<br>▪ die Einbindung der Maus abwarten (!) |
| ▪ Bildschirm: „Check sum" bzw. „Parity error" | ▪ Arbeitsspeicher (RAM) ist nicht korrekt einsetzbar | ▪ RAM ist fehlerhaft eingesteckt<br>▪ verkehrte Speicherbausteinparität/-bankbelegung |
| ▪ Bildschirm: „No ROM-Basic" | ▪ es konnte kein BIOS aktiviert werden | ▪ Überprüfung des BIOS-Chip |
| ▪ Bildschirmmeldung „Hdd-/fdd controller failure" | ▪ Controller der Festplatte (hdd) oder des Laufwerks (fdd) ist fehlerhaft | ▪ Gerätefehler<br>▪ Verkabelungsfehler<br>▪ Anmeldefehler im BIOS |

## HW-SW-Grundbeziehung

**HW:** Hardware (**1, 2, 3**); **SW:** Software (**5, 6, 7, 8**)

| Bereich | Nr. | Inhalt/Aufgabe |
|---|---|---|
| SW | 8 | Anwendungen (Office ...) (Benutzermodus) |
| | 7 | Schnittstelle (System-Anwendungen [**JVM; CLR**]) |
| | 6 | Betriebssystemnahe SW (Compiler, Interpreter...) |
| | 5 | (eigentliches) Betriebssystem (**BS**) |
| HW/SW | 4 | Schnittstelle (HW-SW) (**vBM; VM**-*Monitor*) |
| HW | 3 | Maschinenorganisation (M,-sprache) [Firmware] |
| | 2 | Mikroarchitektur |
| | 1 | Geräte (physikalische Ebene) |

- Mit **Kernel** (engl.: Obstkern) wird das prozessornahe Computerkernprogramm bezeichnet. Bei jeder Anwendung läuft es mit.
- Zum **Kernel** gehören die Aufgaben unter **5** und **6** (Kernelmodus). Er kann einheitlich oder auch schichtorientiert gestaltet sein.
- Arbeitet das Betriebssystem insgesamt als integrierter und geschlossener Kern, dann spricht man von einem monolithischen Kernel. Alle Teilprogramme beziehen sich auf diese Einheit.
- Durch die Auslagerung von Betriebssystemaufgaben kann eine Kernelreduktion auf einen Microkernel erzielt werden.
- Auf der HW-SW-Schnittstellenschicht (**4**) können virtuelle Organisationseinheiten (virtuelle Infrastruktur) realisiert werden.
  **vBM: v**irtuelle **B**asis**m**aschine
  **VM-Monitor: V**irtuelle **M**aschine – **Monitor**
  Durch die virtuellen Maschinen können verschiedene Betriebssysteme parallel auf einer Maschine zum Einsatz kommen.
- Die Firmware kann sowohl hard- als auch softwareorientiert aufgebaut sein. Sie ist fest implementiert und gehört zur HW Ebene.
- Auf der oberen Schnittstellenebene (**7**) können virtuelle Maschinen verwendet werden. Diese gehören dann nicht mehr zum Kernel des Betriebssystems (**BS**).
  **JVM: J**ava **V**irtual **M**aschine; **CLR: C**ommon **L**anguage **R**untime
- Virtuelle Maschinen können auch als Schnittstelle zu einem Server-Netz (auch Internet) agieren. Parallel können dann verschiedene Kernel und von daher auch unterschiedliche BS für verteilte Aufgaben betrieben werden.
- Anwenderprogramme aktivieren das BS über Systemaufrufe. Der Programmablauf wird als **Prozess** bzw. **Task** (Aufgabe) gestaltet. Zum Prozess-Kontext gehören jeweils vielfältige Zustandsinformationen.
- Das gleichzeitige Bewältigen verschiedener Prozesse wird als **Multitasking** bezeichnet. Im Detail werden unterschieden:
  - kooperatives Multitasking (Steuerung über Interrupts),
  - präemptives Multitasking (Steuerung über den Systemkern unter Verwendung von Warteschlangen).
- Prozesse können in selbstständige Teilabläufe (**Threads**) aufgegliedert werden.
- Unter **Thread** [θɪɛd] (engl.: Faden oder Strang) werden schmale Prozessaktivitäten verstanden. Sie werden in einem einheitlichen Datenkontext aktiviert. So erfolgt eine dynamische, effiziente und ressourcensparende Verarbeitung von Programmanforderungen. Ein Thread ist letztlich immer ein Teilprozess.
- **Hyper-Threading Technology (HTT)** wird auf Intelprozessoren eingesetzt. So können Prozesse parallel ablaufen.

## Kommunikationsprozesse

### Polling

- Eine zyklische Abfrage von Geräten und Prozessen
- Dazu kann ein Poll von einer Abfragestation zur anderen geordnet weitergereicht werden. Die Meldungen erfolgen an die Zentraleinheit.
- Der Pollabruf kann aber auch – nach einem geordneten Schema – direkt von der Zentrale an die einzelnen zugeordneten Einheiten geleitet werden. Eine Einheit kann dann Informationen übertragen, wenn ihr ein Poll vorliegt.

### Interrupt (**IRQ: I**nterrupt **Req**uest)

- Bei diesem Verfahren wird die Zentraleinheit über Meldungen aktiviert. Diese werden von den Einheiten selbstständig verschickt.
- Unterschieden werden zum Beispiel:
  - Hardware-Interrupts und Software-Interrupts (Traps),
  - synchrone (Systemcalls etc.) und asynchrone Interrupts. Asynchrone Interrupts gehen auf nicht vorhersehbare Ereignisse zurück.
- Interrupts provozieren eine Kernelreaktion.
- Interrupts sind gemäß ihrer Relevanz gewichtet. Hierzu werden Prioritäten bestimmt (**IRQL** (**I**nterrupt-**Req**uest-**L**evels)).
- Für die einzelnen Interrupts stehen Software-Routinen zur Bearbeitung zur Verfügung: **ISP** (**I**nterrupt **S**ervice **R**outine).
- Unterdrückte Interrupts sind maskierte Interrupts. Hierfür existiert ein **I**nterrupt **M**ask **R**egister (**IMR:** Maskenregister zur Kennzeichnung von Interrupts).
- Ein Interrupt-Controller erfasst Hardware-Interrupts. Dieser veranlasst ein **IRQ** (**I**nterrupt-**Req**uest (Anforderung)) an die CPU.
- Nach jedem Befehlszyklus überprüft die CPU, ob eine Interrupt-Anforderung existiert.
- Die Identifizierung von Interrupts erfolgt über eine **ID**-Tabelle (**I**nterrupt **D**ispatch **T**able (IDT)). Sie erfasst die **ISP**-Reaktionen gemäß der IRQL.
- Standard-IRQ-Belegung (Auswahl)

| | | | |
|---|---|---|---|
| 1 | Tastatur | 3; 4 | serielle Schnittstellen |
| 8 | Uhr | 6 | Diskettenlaufwerk |
| 12 | Maus | 7 | parallele Schnittstelle |

### Scheduling

- Mit Scheduling [sch edju:l] (engl.: Tabelle, Fahrplan) wird der zeitliche Befehlsablauf beschrieben.
- Eine optimale CPU-Auslastung soll erreicht werden.
- Zentral werden unterschieden:
  - preemptives Scheduling: Prozesse dürfen unterbrochen werden;
  - non-preemptives Scheduling: Prozesse müssen vollständig abgearbeitet werden.
- Die konkreten Zielsetzungen und Bewältigungsweisen beim Scheduling sind vom Betriebssystemkonzept abhängig. Unterschieden werden hierbei folgenden Systemkonzeptionen:
  – Batch-Systeme, – Dialog-Systeme, – Realtime-Systeme.
- Beachtet werden die Aspekte:
  - Antwortzeiten, Durchlaufzeit, Fairness, Wartezeit, CPU-Auslastung, Durchsatz, Vorhersehbarkeit.

## Prinzip

- Unter **Virtualisierung** (virtuell: scheinbar) versteht man die Nachbildung (Kapselung) ① von physischen und nicht realen Systemen innerhalb eines realen und lauffähigen Computersystems ② (Gastgebersystem, Host- bzw. Wirtrechner).
- Die abstrahierende Schicht (in der Abbildung grau dargestellt) arbeitet wie eine **virtuelle Maschine** (**VM**). Sie wird auch als **Virtual Machine Monitor** (**VMM**) oder **Hypervisor** bezeichnet. Die Implementierung (Umsetzung, Durchführung) kann software-, hardwarebasiert oder durch eine Kombination aus beiden erfolgen.
- Ein **Hypervisor** ist eine Software, die die Verwaltung der benötigten Ressourcen übernimmt mit gleichzeitiger Aufseher- und Überwachungsfunktion.

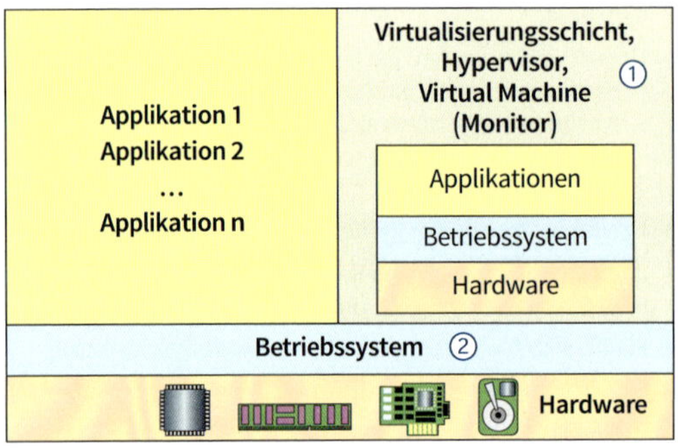


## Gründe für eine Virtualisierung

- Reduzierte Anschaffungs- und Betriebskosten, verbunden mit geringeren Energiekosten.
- Bessere Auslastung der Hardware durch Verwendung ungenutzter Ressourcen (z. B. Prozessorleistung).
- Softwareentwicklung: Die entwickelte Software kann mit geringem Aufwand auf unterschiedlichen Betriebssystemen getestet werden.
- Vereinfachte Systemadministration (z. B. Verringerung der Anzahl physischer Geräte).
- Vereinfachte Bereitstellung neuer Infrastrukturen (z. B. Bereitstellung neuer Server).
- Ausfallsicherheit durch verteilte virtuelle Speicher.
- Unterstützung älterer Anwendungen, für die keine Hardware mehr erhältlich ist.

## Nachteile

- **Effektivität**
  Da ein Teil der Leistung für den Hypervisor eingesetzt wird, ist die Gesamtleistung des Systems geringer.
- **Beeinflussungen**
  Leistungsspitzen können ggf. zu Instabilitäten führen.
- **Sicherheit und Datenschutz**
  Durch den Einsatz von Hypervisatoren entstehen zusätzlich Angriffsmöglichkeiten.
- **Lizenzen**
  Eine Lizensierung für virtuelle Betriebssysteme ist zu prüfen, z. B. erlaubt Apple z. B. keine Virtualisierungen ihrer Betriebssysteme.

## Hypervisor Typ 1

- Beim Typ1 wird kein Host-Betriebssystem (Gastgebersystem) benötigt.
- Auf die Hardware ③ wird ein minimaler Hypervisor ④ eingesetzt, in dem die Treiber für die Hardware integriert sein müssen.
- Alle virtuellen Maschinen werden vollständig mit eigenen Betriebssystemen und Anwendungen parallel installiert ⑤.
- Da der Hypervisor die bereitgestellten Ressourcen nutzt, wird er auch als nativer Hypervisor bezeichnet.
- Für den Hypervisor Typ 1 wird auch die Bezeichnung „bare metal Versionen" (blankes Metall) verwendet, da sie direkt auf der Hardware läuft.
- Programme (Auswahl) sind:
  Microsoft Hyper-V, Citrix XenServer, VMware ESX/ESXi

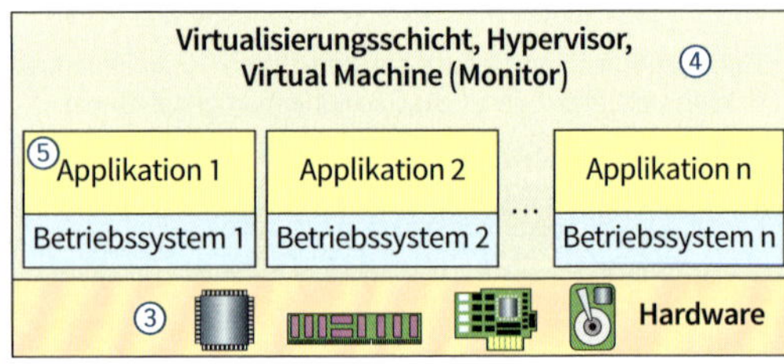


## Hypervisor Typ 2

- Der Hypervisor Typ 2 (s. linke Spalte oben) wird zusätzlich auf dem Host-Betriebssystem ② (Gastgebersystem) installiert und besitzt deshalb auch die Bezeichnung Hosted-Hypervisor.
- Vom Hypervisor werden die Gerätetreiber des Betriebssystems genutzt.
- Die Verbindung zum Host-Betriebssystem erfolgt über die Virtualisierungsschicht ①.
- Programme (Auswahl) sind:
  VMware Workstation, KVM (Kernel-based Virtual Machine, Linux), Oracle VirtualBox

## Virtualisierungsmöglichkeiten

- **Netzwerkvirtualisierung**
  (**VLAN**: **V**irtual **L**ocal **A**rea **N**etwork)
  - Das physische Netz ist in Teilnetze aufgeteilt. Durch Switches wird dafür gesorgt, dass Datenpakete nur in bestimmte Netze weitergeleitet werden.
  - Die Teilnehmer jeder logischen Gruppe können sich dabei räumlich an beliebigen Orten befinden.
- **Speichervirtualisierung**
  - Ressourcen entweder aufgeteilt – wie z. B. bei den Partitionen einer Festplatte – oder zusammengefasst (Speicherpool) werden.
- **Anwendungsvirtualisierung**
  - Die Anwendung wird vom ausführenden Betriebssystem isoliert. Vorteil: Anwendungen können in Betriebssystemumgebungen ausgeführt werden, für die sie ursprünglich nicht entwickelt wurden.
- **Datenvirtualisierung**
  - An vielen Orten verteilte Daten können in einer einzigen Quelle konsolidiert werden.

# Containervirtualisierung
## Container Virtualization

### Prinzip und Anwendungen

- Ein Container ist eine abgetrennte Einheit vom „Rest“ des Computers, in der eine bestimmte Anwendung einschließlich seiner Laufzeitumgebung (**RTE**: **Run**time **E**nvironment) zusammenhängend untergebracht ist.
- Eine **Laufzeitumgebung** (auch bezeichnet als Ausführungsumgebung, Ablaufumgebung) ist im Prinzip eine Verarbeitungsvorschrift (Quellcode, Dateisystem, Systembibliotheken, Hilfsprogramme, statische Daten, Konfigurationsdateien, System-Tools, ...) die zwischen dem Anwendungsprogramm und Betriebssystem vermittelt. Damit wird gewährleistet, dass der Containerinhalt unabhängig von der Umgebung funktionsfähig ist.
- Im Gegensatz zu einer virtuellen Maschine beinhalten die Container kein eigenes Betriebssystem. Container sind deshalb unabhängig von der Umgebung. Mehrere Container teilen sich ein Betriebssystem ①.
- Ein Container ist in der Regel nicht größer als 100 Megabyte. Eine virtuelle Maschine mit ihrem eigenen Betriebssystem benötigt mitunter mehrere Gigabyte.
- Containerisierte Applikationen lassen sich fast ohne Verzögerung starten. Virtuellen Maschinen benötigen mitunter einige Minuten für den Boot-Vorgang, bis die Applikationen startet. Container lassen sich also sofort nutzen, wenn sie gebraucht werden. Anschließend sind sie „verschwunden“. Ressourcen sind in diesem Zustand nicht im Einsatz.

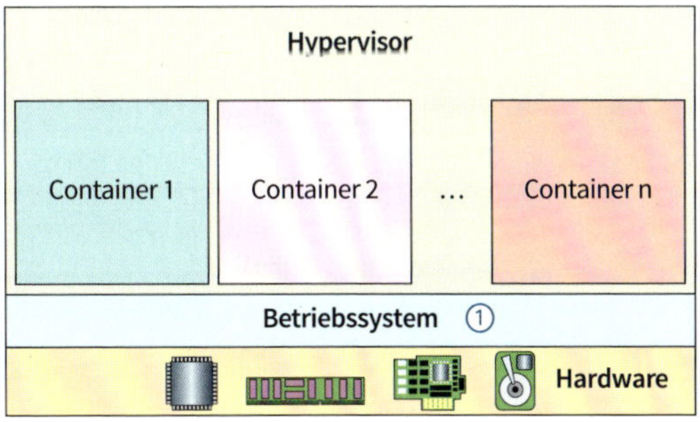


- Software-Entwickler können durch Containerisierung Anwendungen zwischen verschiedenen Umgebungen schnell verschieben (z. B. Tests in einem spezifischen oder anderen Hardware-Umfeld)
- Die Anwendungen in Containern können unabhängig von der Umgebung ausgeführt werden.
- Container können den Rollout von Anwendungen erheblich beschleunigen (Rollout: Beschleunigte Einführung, Markteinführung, Veröffentlichung, Verteilen von Softwareprodukten, Ersatz).
- Container vereinfachen die Installation und den Betrieb von Server-Anwendungen, das erforderliche Management und die Verteilung.

### Vergleich mit virtuellen Maschinen

- **Ressourcen**
  Container benötigen im Vergleich zu virtuellen Maschinen deutlich weniger Ressourcen (z. B. Rechenleistung, Hauptspeicher und Speicherplatz).
- **Elastizität**
  Für Container sind keine Mindestausstattungen erforderlich. Wenn der Ressourcenbedarf eines Containers zunimmt, werden die zusätzlichen Ressourcen durch andere Container freigegeben.
- **Dichte**
  Unter der Dichte versteht man die Anzahl der Objekte, die ein einzelnes physisches System gleichzeitig ausführen kann. Weil bei der Containervirtualisierung nicht auf das Betriebssystem des umgebenden Systems zurückgegriffen wird, ist die Dichte größer.
- **Performance**
  Für die Container ist ein einzelnes Betriebssystem ① im Einsatz. Es ist nicht wie bei herkömmlichen Virtualisierungen auch für andere Aufgaben zuständig.
- **Wartungseffizienz**
  Updates oder Patches (Korrekturen, Fehlerbeseitigung) müssen nur bei einem Betriebssystem installiert werden. Containerisierung ist also ideal für Anwendungen, für die häufig Updates und funktionalen Erweiterungen erforderlich sind.
- **Sicherheit**
  Da nur ein Betriebssystem für die Container erforderlich ist, fällt der Sicherheitsaufwand vergleichbar gering aus.
- **Portabilität**
  Durch die stabile Laufzeitumgebung der Container ist ein „Umzug“ der Software leicht, z. B. vom Laptop in einer Test-Umgebung in ein Data Center oder in die Public Cloud.
- **Abschottung**
  Die Container sind gegeneinander und vom Host-System abgeschottet, aber nicht so stark wie bei der Virtualisierung.
- **Microservices Ansatz**
  Mit Containern lassen sich modulare Systeme aufbauen, die leichter handhabbar sind. Beispielsweise kann eine komplexe Applikation in einzelne Module aufgeteilt werden (z. B. Database, Front End).
- **Zusammenfassung**
  Container sind gewissermaßen „leichtgewichtige“ Virtualisierungen.

### Container-Orchestrierung

In vielen Entwicklungsfällen werden Anwendungen nicht mehr monolithisch gestaltet, sondern sie setzen sich aus zahlreichen lose miteinander verknüpften Komponenten zusammen, die in Containern ② deponiert sind. Sie müssen je nach Anwendungsfall geordnet zusammengeführt werden (orchestriert).

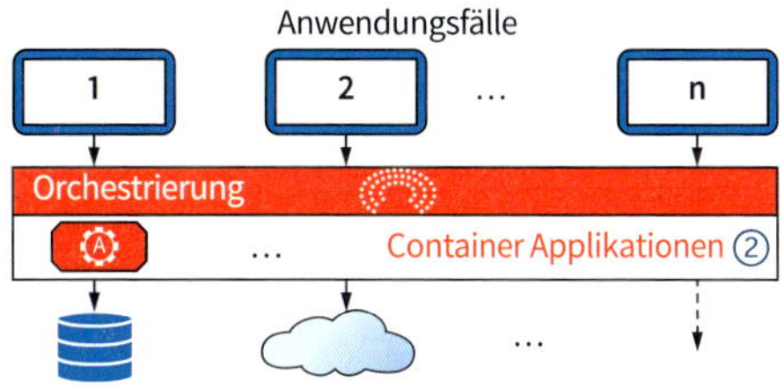

## Prinzip

- Mit „Docker“ bezeichnet man eine freie Software (Docker Engine ①), mit der man Container-Virtualisierungen von Anwendungen realisiert.
- Betriebssysteme dafür sind Linux, Microsoft Windows, macOS und Unix-ähnliche Systeme.
- Die Anwendungen bei Docker können mit ihren Abhängigkeiten in einer **Image Datei** gepackt werden.
- Eine Image Datei ist lediglich ein digitales Abbild. Dadurch entfallen Installationen und Updates. Ein Image lässt sich durch einen einfachen Kopiervorgang auf ein anderes System übertragen.
- Die verpackte Anwendung kann dann in einem Docker Container ausgeführt werden.
- Docker Container ② sind abgekapselte Einheiten (Behälter), die unabhängig voneinander ausgeführt werden können, egal wo sie sich gerade befinden.
- Container enthalten lediglich die wichtigsten Daten, die für die Ausführung der Applikation benötigt werden.
- Ein Container wird auf einem Docker-System (Docker Engine ①) als isolierter Prozess auf dem Host-System ausgeführt.
- Der Docker-Container teilt sich alle erforderlichen Systemressourcen mit den anderen Docker Containern desselben Systems.
- Durch die strikte Isolation können sich viele Container dieselben Ressourcen effizient teilen. Dabei ist genau definierbar, welcher Docker Container wieviel Ressourcen nutzen darf.

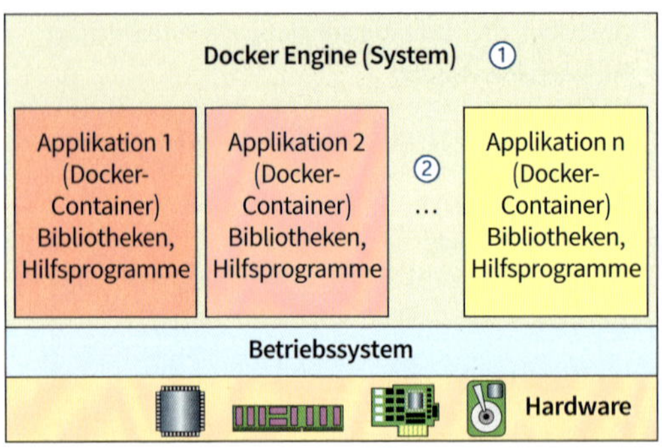


## Containertechnologie

- Durch eine Containertechnologie wird die Abhängigkeit von Anwendungen zu einzelnen Systembestandteilen aufgehoben. Systemlösungen lassen sich komfortabel von System A zu System B verlagern.
- Mit Containern ist es möglich, Anwendung und den Betrieb auf gänzlich unterschiedlichen Systemen zu realisieren, z. B. in einer Linux- oder Windows-Umgebung.
- Vorkonfigurierte Container lassen sich immer wieder verwenden und sichern die Qualität erstellter Software auf unterschiedlichen Systemen.

## Eigenschaften

- **Effizienz und Kosten**
  Docker Container sind im Vergleich zu virtuellen Maschinen deutlich effizienter und ressourcensparender. Sie benötigen weniger CPU-Ressourcen und Arbeitsspeicher.
- **Einfachheit**
  Eine Dockerdatei ist eine einfache Textdatei, in der der Aufbau eines Docker-Images beschrieben wird. Diese werden bei der Ausführung abgearbeitet und für jeden Befehl ein einzelner Layer angelegt. Es handelt sich dabei im Prinzip wie um eine Schritt für Schritt Anleitung.
- **Portabilität**
  Als geschlossene Anwendungspakete sind Docker Container auf unterschiedlichsten Systemen ausführbar.
- **Flexibilität**
  In Containern sind erforderliche Ressourcen wie Prozessor, Speicher oder Netzwerkkomponenten isoliert. Deshalb sind Applikationen autonom von Systemkomponenten direkt nutzbar.
- **Aktivität**
  Sobald der Container kein Programm ausführt oder mit seinem Auftrag erledigt hat, wird der Container automatisch beendet.
- **Versionsverwaltung**
  Docker verfügen über eine eingebaute Versionsverwaltung. Mit ihr kann der aktuelle Stand des Containers gesichert werden. Unterschiede zwischen dem aktuellen Zustand des Containers und dem ursprünglichen Image sowie die Historie eines Images werden angezeigt.
- **Skalierbarkeit**
  Es ist die Fähigkeit eines Systems, Netzwerk oder Prozesse in der Größe zu verändern.
- **Verwaltung**
  Durch eine Orchestrierung kann eine große Anzahl von Containern verwaltet werden. Innerhalb von Sekunden lassen sich z. B. hunderte Container hoch- oder herunterfahren.

## Container-Installation

- Erstellt wird ein Docker Container durch Download eines Images aus einer Registrierungsdatenbank (Registry).
- Durch das Starten des **Images** auf der Docker Engine erzeugt man den eigentlichen **Container**.
- Dieser kann nach Bedarf angepasst werden, indem man zum Beispiel weitere Komponente hinzufügt.
- Zum dauerhaften Speichern wird für den Container wieder ein Image erzeugt.
- Am Ende wird das Image wieder in der Registry abgelegt. Es dient dann als Basis für andere Erweiterungen.

## Emulation

- Emulation ist im Prinzip eine Nachahmung der Funktionen eines anderen Computers. Die Emulation ist keine Virtualisierung.
- Bei der Emulation wird ein Rechnersystem (Hardware, Betriebssystem), das auf einer Hardwarearchitektur x basiert, auf einem Rechnersystem mit der Architektur y komplett nachgebildet. Dafür werden Software-Emulatoren eingesetzt, die entsprechend programmiert werden müssen.

## UNIX-Konzept

- Im UNIX-Konzept erfolgt der Zugriff der Nutzer über gesonderte Shells von der Anwendungsebene auf den Kernel des Betreibssystems über ein einheitliches Interface.

| | | |
|---|---|---|
| Anwendungen | ↑ | Benutzersicht |
| System Call Interface | ↕ | Schnittstelle zum Kernelmodus |
| Kernelprogramme und Hardware | ↓ | Betriebssystemebene |

## Charakteristika

- Das UNIX-Betriebssystem ist aus verschiedenen „Programmschichten" aufgebaut:
  **1. Schicht:** hardwarenahe Schicht, der sog. **Kernel**,
  **2. Schicht: Shell**,
  **3. Schicht: Anwendungsprogramme**.
- Die erste Schicht wird vom Prozessortyp bestimmt. Sie umfasst etwa 10 % des gesamten Programmcodes: Hiervon sind nur 10 % herstellervariant.
- Entwickelt von AT&T (1969; Tompson und Ritchie). 1973 einheitlich neu in C erstellt (von Ritchie).
- Prägende Unix-Entwicklungen [Startup-Skripten]
  1. **BSD** (Berkeley Software Distribution – Version 4.4-1990 ***[/etc/rc*]***
  2. **System V.4.2** (Stand 1993; von AT&T entwickelt) ***[/etc/inittab]***
- Befehl zur Erfassung der verwendeten Unix-Version: `uname -a`
- Im UNIX-Konzept erfolgt der Zugriff der Nutzer über gesonderte Shells von der Anwendungsebene auf den Kernel des Betriebssystems über ein einheitliches Interface.

| Anwendungen | Benutzersicht |
|---|---|
| System Call Interfase | Schnittstelle zum Kernelmodus |
| Kernelprogramme u. Hardware | Betriebssystemebene |

- Betriebsmerkmale von UNIX auf der Anwenderebene: Multithreading, Multitasking, Multiuser
- Betriebsmerkmale von UNIX auf der technischen Ebene: Daemonen-Konzept, Virtuelle Speichertechnik, IP-Netzwerkfähigkeit
- Es ist ein echtes Timesharing-System: D. h., verschiedenen Programmen wird (nacheinander) in etwa die gleiche Rechenzeit eingeräumt, sodass die Programme quasi parallel arbeiten.

## Allgemeiner Installationsablauf

Unterschieden werden: Update-Installation und Neuinstallation

1. **Einschalten** des Rechners
2. Interne (automatische) **Überprüfung** der Hardware-Komponenten
3. CD-ROM wird aktiviert
   (Alternative: Installation im Netz über Server)
   System nimmt den Zustand **SASH** (**S**tand **A**lone **Sh**ell) ein.
   Das **Betriebssystem wird geladen**
   (**Installationsbefehl** (eventuell ***install***) eingegeben.)
4. **Installation erfolgt dialoggesteuert** (menügesteuert)
   - Auswahl von: Dialogsprache, Bildschirm- und Tastaturtyp
   - Basisinformationen und aktuelle Mitteilungen (Readme) können eingesehen werden.
   - Daten auf Festplatte können gesichert werden.
   - Formatierung und Partitionierung der Festplatten erfolgen.
   - Eingaben zu: Rechnername (IP-Adresse), Passwort, Landessprache, Zeitzone, Plattenpartition usw.
5. **Neustart** (**Überprüfung** der angezeigten Abläufe und Daten)
6. **Vervollkommnung** der Konfiguration (Anwendungen, Drucker ...)

## Benutzersicht

- Groß- und Kleinschreibung werden unterschieden.
- Bei den Benutzern gibt es drei Benutzerklassen (Kl: Klasse): Kl 1: u = login user; Kl 2: g = group; Kl 3: o = others
- **Anmeldung**
  1. Eingabe des Benutzernamens: `login:` Benutzername
  2. Eingabe des Passwortes: `password:` Passwort
- **Abmeldung** (Verlassen des Systems)
  1. Möglichkeit: Eingabe des Befehls `$ exit`
  2. Möglichkeit: Gleichzeitiges betätigen der Tasten CRTL (bzw. Strg) und d: ***<CRTL D>; <Strg D>***

## Timesharing in UNIX

Die Struktur der Dateien ist unter UNIX hierarchisch aufgebaut (root (engl.) – Wurzel). Ein Aufbau mit typischen Dateien:

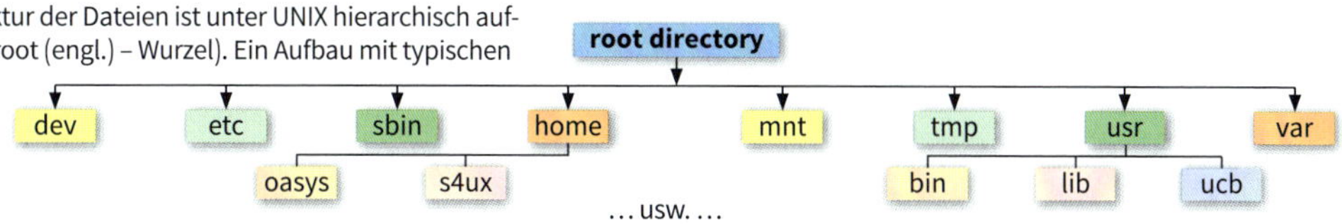


**bin**: Dienstprogramme; **dev**: Geräteeinträge; **etc**: Systemverwaltungsprogramme; **home**: Benutzer-Directories; **lib**: Systembibliotheken; **mnt**: leeres Verzeichnis; **sbin**: Systemverwaltung; **tmp**: temporäre Dateien; **usr**: user-Verzeichnis; **var**: variable Systemdateien

## Zugriffsrechte unter UNIX

- Das Kommando ***ls -l*** zeigt die File-Informationen im Detail an.
- Aufbau der Darstellung auf den Befehl ***ls -l***:

| (1) | (2) | (3) | (4) | (5) |
|---|---|---|---|---|

(1): Filetyp (Dateityp); (2): Zugriff für den Besitzer; (3): Zugriff für die Gruppe; (4): Zugriff für den Rest; (5): (Besitzer/Gruppe/Speicherdatum/Name)

- Bei den Zugriffsrechten können jeweils – in dieser Abfolge – die Buchstaben **r**, **w** und **x** eingetragen sein. (r: read; w: write; x: execute); ein **-** steht für fehlende Rechte.

## Merkmale

- Mu ist ein Code-Editor für Python.
- Mit Mu werden Python-Programme einfach erstellt, ausgeführt und überarbeitet.
- Mu ist als Einstieg für die Programmierung mit Python vorgesehen.
- Mu gibt es für Windows, macOS und Linux zum freien Herunterladen.
- Das Programm läuft auch auf dem Raspberry-Pi.
- Anleitungen (Tutorials) sind verfügbar unter: https://codewith.mu/en/tutorials/

## Arbeitsfläche

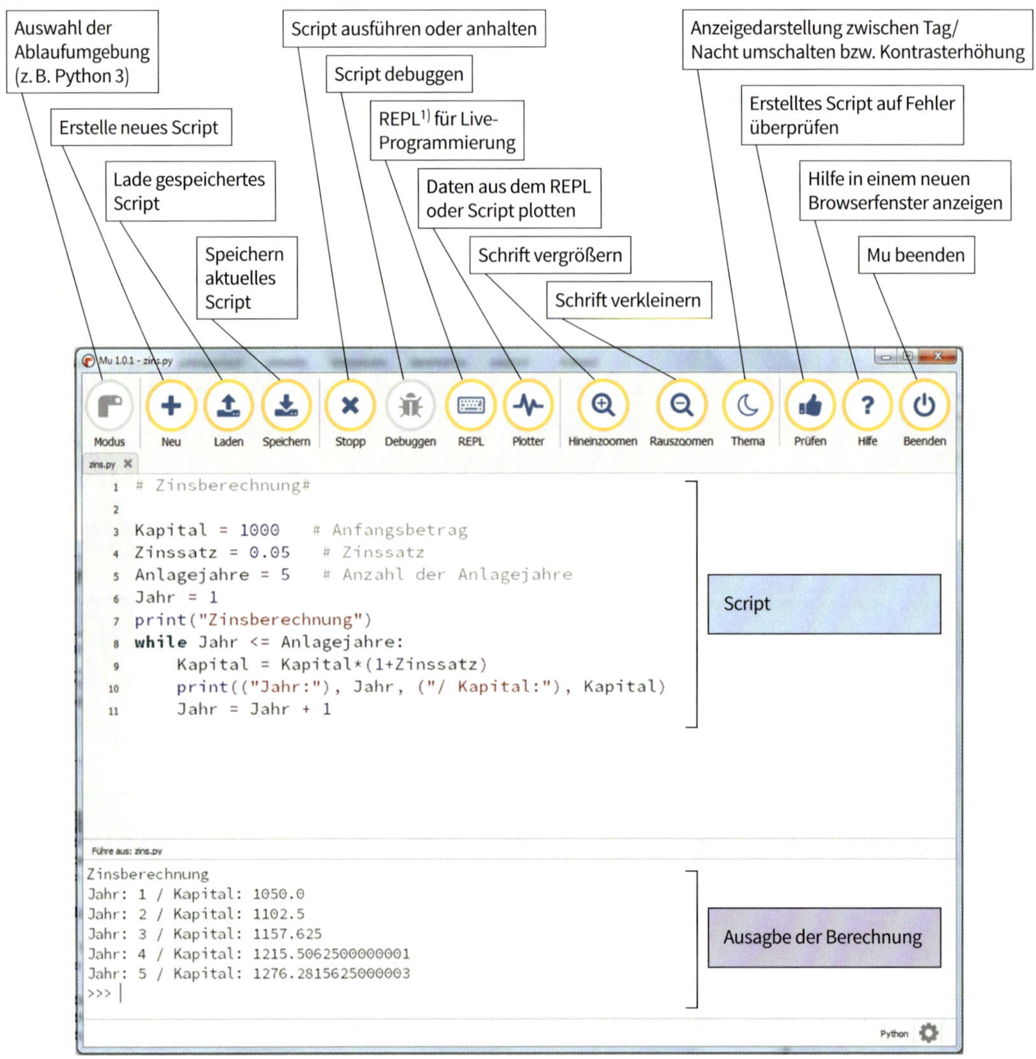


[1] **REPL** ist eine Abkürzung für **R**ead (Lesen), **E**valuate (Untersuchen, Auswerten), **P**rint (Drucken) und **L**oop (Schleife).
Das Programm dient zum Testen von Code direkt auf dem angeschlossenen Rechner (z. B. Raspberry-Pi).

**Beispiel:**

Eingabeaufforderung vom Rechner – Eingaben vom Programmierer – Ausgabe vom Rechner

```
In [1]: a = 3
In [2]: b = 5
In [3]: a + b
Out[3]: 8
In [4]:
```

## Merkmale

- Node-RED ist ein grafisches Programmierwerkzeug, das im Browser läuft.
- Mit Node-RED können Anwendungsfälle im Bereich IoT nach dem Durchflussprinzip umgesetzt werden.
- Das Prinzip der Softwareentwicklung basiert auf der Verwendung von Bausteinen (Nodes), die mittels Verbindungslinien zu Flows (Abläufe) grafisch verknüpft werden.
- Neben einer Vielzahl von fertigen Bausteinen gibt es auch Bausteine, die mit JavaScript erstellt werden können und somit eigene Erweiterungen ermöglichen.
- Die Laufzeitumgebung basiert auf Node.js.
- Node-RED ist lauffähig u. a. auf
  - Arduino
  - Raspberry Pi
  - Android-Geräten

## Screenshot

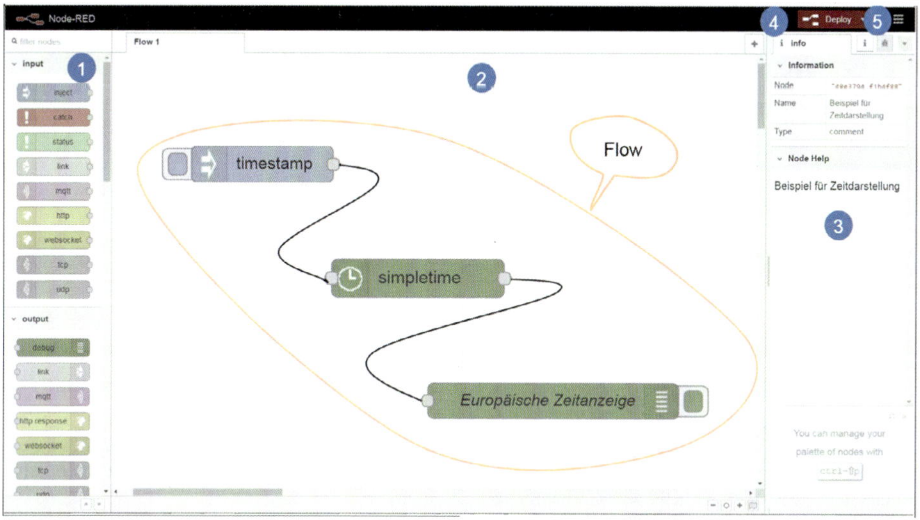


**Node-Palette** ①:
- Sie enthält alle verfügbaren Bausteine.
- Diese können per Drag annd Drop in den Arbeitsbereich gezogen werden.

**Arbeitsbereich** ②:
- Hier wird die Anwendung (Flow) durch Einfügen von Verbindungslinien zusammengestellt.

**Randleiste** ③:
- Sie enthält Informations- und Debug-Registerkarten.

**Deploy** (Bereitstellen) ④:
- Speichert den aktuellen Flow und startet die Ausführung.

**Optionsmenü** ⑤:
- Ermöglicht den Zugriff auf weitere Funktionen wie Import/Export und die Seitenleiste.

## Nodes

Haupttypen (Beispiele)

**Input Nodes**

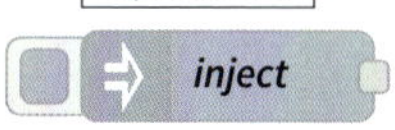


- Einfügen von Zeitstempel oder benutzerkonfiguriertem Text.
- Kann konfiguriert werden, um manuell, in einem festgelegten Intervall oder zu bestimmten Zeiten in den Flow einzuspeisen.

**Beispiel:**

Erzeugt Zeitstempel als Message-Payload in dem Format
msg.payload : number
1537867158230

**Processing Nodes**

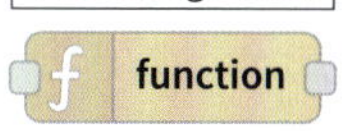


- Programmierbarer Funktionsknoten
- Unter Verwendung von Standard-JavaScript kann der Knoten maßgeschneidert werden, um seine Eingangsnachricht auszuführen.

Wandelt die Eingangsmessage um in
25.9.2018, 11:19:18

**Output Nodes**

- Bietet eine einfache Möglichkeit, Meldungen im Debug-Fenster anzuzeigen.
- Anzeigeinhalte (z. B. Nachrichten-Nutzlast oder gesamtes Objekt) können konfiguriert werden.

Zeigt im Debug-Fenster die umgewandelte Zeit in Europäischer Darstellung an.

- Ausgehend von WIN 10 (unter Beachtung der Architekturen von Vista und Win 7) gestaltet MS die BS-Entwicklungen.
- In modernen MS-Windows-Systemen werden schrittweise die Kernelfunktionen ausgebaut.
- Ziel ist es, die sich widersprechenden Aspekte der **Kompatibilität**, **Leistungsfähigkeit**, **Portabilität** und **Zuverlässigkeit** einheitlich zu erfassen und zu realisieren.
- Das gesamte Microsoft-System ist in der Sprache C erstellt.
- **HAL** (**H**ardware **A**bstraction **L**ayer): Verbindung zwischen der Hardware im Rechner und der Kernelschicht.
- Die HAL existiert in vielfältigen Varianten, unter anderem auch in Abhängigkeit von den Prozessortypen.
- Strukturebenen: formale Schichten (→ ›Zuschreibungen‹)

| HAL Varianten | Rechnertyp |
|---|---|
| HALAST.DLL | AST Manhattan SMP |
| HALSP.DLL | Compaq Systempro oder 100 % kompatibel |
| HALMCA.DLL | IBM PS/2 oder anderer MCA PC |
| HALMPSM.DLL | Micro Channel Multiprozessor PC |
| HALAPIC.DLL | MPS Uniprocessor PC |
| HALNCR.DLL | NCR System 3000 Model 3360/3450/3550 |
| HALOLI.DLL | Olivetti LSX5030/40 |
| HAL.DLL | Standard PC (Single Prozessor HAL) |
| HAL486C.DLL | Standard PC mit C-Step i486 |
| HALWYSE.DLL | Wyse Serie 7000i Model 740MP/760MP |

- Zugriff der Dienste auf Kernelleistungen über: `Ntdll.dll`

## HAL-Struktureinbindung

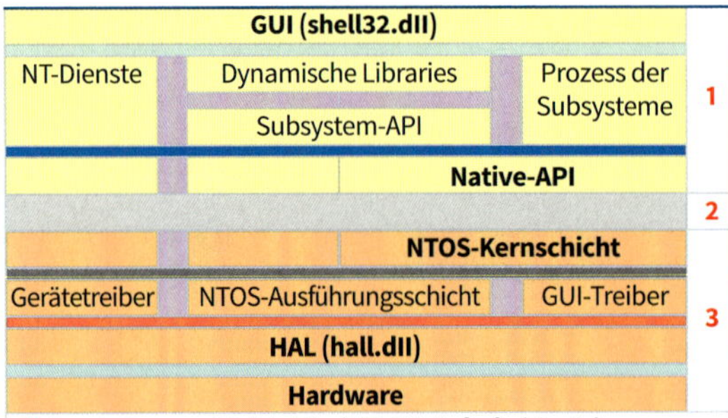


1: CreateProcess / DeleteFile / NT-API-Aufrufe / Speicher;
2: Schnittstellenzone; 3: Systemdienste / Kernobjektverwaltung

## Alternative HAL-Architektur

- Die Gerätetreiber sind nicht primär im HAL-Konzept eingebunden.
- Treiber „unterhalb" der HAL-Ebene werden zur Hardware gezählt, auch wenn eine SW-Realisierung vorliegt.
- Gerätetreiber zum Teil gleichwertig auf der HAL-Ebene.

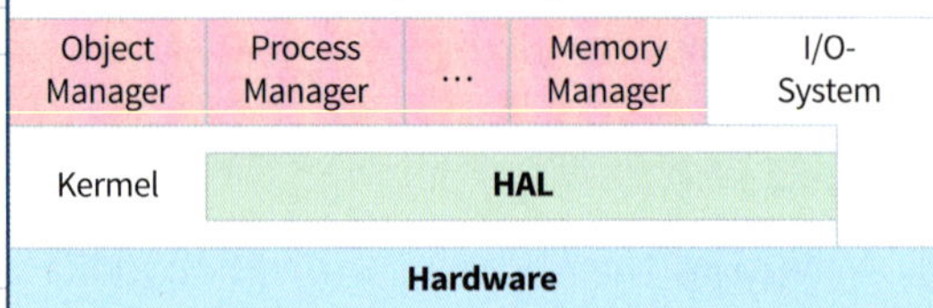


- Anwendungsbezug: **U**niverselle **W**indows **P**lattform (**UWP**)

## MS Windows (10/Server) – Varianten

- **Starter**: für sehr einfache Computer gedacht
- **Home Basic**: ohne Home-Groups u. Domänen-Einbindung
- **Home Premium**: kleine Netze, ohne EFS und Domänen-Einbindung
- **Professional**: professioneller Einsatz mit Domänen-Einbindung
- **Enterprise**: für größere Netze inkl. AppLocker, BitLocker …
- **Ultimate**: wie Enterprise (als OEM-version limitiert)

| Nr. | Kennzeichnung | Nutzer/Hinweis |
|---|---|---|
| 1/2 | *Home / Home N* | Ausgerichtet auf den Markt der Privatanwender // 2: wie (1) ohne Media Player |
| 3/4 | *10 Pro (Professionals) / 10 Pro N* | Privat / kleine Firmen; Ersatz für Win XP (bzw. 7) Professional. Integrierte Fähigkeiten / Tools: Verschlüsselungstools, BitLocker, Fernzugriff, Domänenbeitritt // 4: wie (3) ohne Media Player |
| 5/6 | *(Prof) Enterprise / Enterprise N* | Firmen; Volumenlizenz // 6: wie (5) ohne Media Player |
| 7/8 | *Enterprise KN / Enterprise **LTSB*** | wie (6) ohne Instant Messenger // (**L**ong **T**erm **S**ervice **B**ranch) mit Langzeitunterstützung |
| 9/10 | *Enterprise N LTSB / KN LTSB* | wie (8) ohne Media Player // wie (9) ohne Instant Messenger |
| 11/12 | *Education // Mobile* | Schulen etc. (Bezug: Enterprise) // mobile |
| 13/14 | *Mobile Enterprise // IoT Core* | wie (12), jedoch für Unternehmen gedacht // **IoT** (Internet der Dinge) |
| 15/16 | *IoT Core Pro // IoT Enterprise LTSB* | wie (14), kommerziell // Firmen, mit Langzeitunterstützung |

## Begriffe

- **Dashboard** (Armaturenbrett; Instrumententafel) ersetzt seit MS Server 2012 die MS **Manage**ment **C**onsole (**MMC**).
- Links werden die Server aufgelistet und rechts konfiguriert. Server können ausgewählt und zugleich konfiguriert werden.

Dashboard-Informationsfelder

- Navigationsleiste (elementare Informationen)
- Unterabschnittsregisterkarten (Zugriff auf eine zweite Ebene von Windows Server Essentials-Verwaltungsaufgaben)
- Listenbereich (zu verwaltende Objekte)
- Detailbereich (Informationen zu den Objekten)
- Aufgabenbereich (Objektaufgaben; globale Aufgabe)
- Informationen und Einstellungen (Servereinstellungen)
- Status d. Benachrichtigungen (Serverzustand (inkl. Warnungen)
- Die Funktionen des Server-Managers sind selbstklärend.
- Statusleiste

- Assistenten gestalten die Konfiguration und Installation

## Server-Manager

- Besitzt bei MS-WIN-Server-Systemen (mit grafischer Oberfläche) eine grundlegende Bedeutung. Er ist das zentrale Bedienelement.
- Er zeigt alle wesentlichen Zustände und Fehler an.
- Er kann die Rollen und Features konfigurieren.
- Startet in der Standardkonfiguration automatisch.
- Eine App-Oberfläche ist aufrufbar.

## PowerShell- Welt

- Eine **Shell** ist ein Befehlsinterpreter zur Betriebssystemkontrolle.
- Es ist die Befehls- bzw. Systemzentrale im Betriebssystem.
- **W**indows **P**ower**S**hell (**WPS**) wurde speziell für die Bedürfnisse der Systemadministratoren entwickelt.
- WPS-Skripte dienen der Automatisierung von Netzprozessen (Zugänge, Zugriffe, Steuerung, Kontrolle …).
- WPS sieht aus wie eine Eingabeaufforderung.
- Eingabe über die Tastatur oder aktivierte Skripte/Programme.
- WPS arbeitet (im Hintergrund) auf der Basis von Objekten.
- WPS basiert auf .NET Framework, einer plattform- u. programmiersprachenunabhängigen Softwareentwicklungsebene.

- WPS ist durch Cmdlets (→ Commandlets) erweiterbar (mit über 2.000 Skripten).
- WPS-Befehle sind Elemente in einer Pipeline (Pipe: Verbindung) zur Aktionsaktivierung.
- Allg. Format einer Befehlseingabe unter WPS: { < `command` > }

- Mit einer Variablen werden bis zu 60 Eigenschaften dargestellt.
- Ermitteln von Objekteigenschaften bzw. -methoden über: `dir c:\| get-member` (bzw. `get-childitem c:\`…)

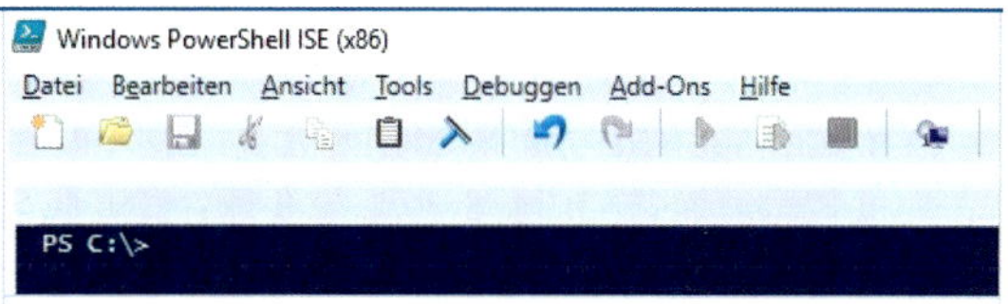


- .NET Framework beachtet folgende Ansätze (Klasse, Objekt, Schnittstelle, Vererbung) strikt.
  **OOP**: Objektorientierung
  **COP**: Komponentenorientierung
  **SOA**: Serviceorientierung
- Zugriffe auf Windows-Ressourcen erfolgen über:
  `Get-Process` (→ Prozesse)
  `Get-EvenLog` (→ Ereignisprotokolle)
  `Get-ChildItem` (→ Einträge im Dateisystem/Registry)
  `Get-Service` (→ Systemdienste)
  `Get-PfxCertificate` (→ Zertifikate)
  `Get-Acl` (→ Zugriffsrechtelisten im Dateisystem und Registry)
- Aufruf erfolgt unter der Systemdarstellung zu Windows.

## Befehlsattribute (Parameter unter PowerShell (→ PS))

| | |
|---|---|
| Command [-Command {- \| <script-block> [-args <arg-array>] \| <string> [<CommandParameters>]]] | Führt die Befehle unter Beachtung der Parameter aus. (Ausführung so, als ob die Befehle direkt unter PowerShell eingegeben worden wären.) Mögliche Angaben: - oder Zeichenfolge („Command" als abschließender Befehls-Parameter schließt die Zeichenkette.) { … Skriptblock … }, wenn PowerShell.exe unter PowerShell |
| [-EncodedCommand <Base64…>] | Geeignet für die Zeichenfolgenversion eines Befehls (auch mit Klammern etc.) |
| [-ExecutionPolicy <ExecutionPolicy>] | Festlegung der Standardausführungsrichtlinie (der zugehörigen Sitzung); Speicherung unter: „$env:PSExecutionPolicyPreference". |
| [-InputFormat {Text \| XML}] | Datenübertragungsformat („Text" bzw. „XML") |
| [-Mta] \|\| [-NoExit] | (ab PS 3.0): Multithread-Apartment \|\| Kein Programmende nach Startbefehl-Abarbeitung |
| [-NoLogo] \|\| [-NoProfile] | Ausgeblendete Copyrightinformationen \|\| Keine Ladung des Windows PS-Profils |
| [-NonInteractive] | Keine interaktive Eingabeaufforderung für den Benutzer |
| [-OutputFormat {Text \| XML}] | Festlegung des Ausgabeformats („Text" bzw. „XML") |
| [-PSConsoleFile <FilePath> \| - Version <Windows PowerShell version>] | Ladung der genannten PS-Konsolendatei (gemäß Pfad und Datei-Name); Erstellung der Konsolendatei (mit „Cmdlet") in der Export-Konsole |
| [-Sta] | Startet Windows PS m. einem Singlethread-Apartment (Standardeinstel. unter PS.3.0). |
| [-WindowStyle <style>] | Legt den Fensterstil für die Sitzung fest: „Normal", „Minimized", „Maximized" oder „Hidden". |
| [-File <FilePath> [<Args>]] | Abschließender Befehlsparameter; Pfadangabe zur Skriptdatei (z. B. „-File.\Get-Script.ps1…") |
| Version | Angegebene Shell-Version wird eingesetzt. |

## Diagnosen

- IT-Systeme können sich selbst beobachten, kontrollieren, analysieren und z. Teil auch anpassen bzw. sogar verbessern.
- MS empfiehlt, ein Kontrollbuch für jeden Computer zu führen. Es wird mit Diagnose-Protokollen erstellt.
- Aufruf (Diagnoseprogramme) unter: „`Start`" → „`Verwaltung`"

## Analyseaspekte/-instrumente

Funktionsübersicht, Ressourcen und Support, Rollenübersicht, Informationen über den Computer, Sicherheitsinfomationen

| | | | | |
|---|---|---|---|---|
| `arp` | `nbtstat` | `netstat` | `ping` | `tracert` |
| `getmac` | `net` | `nslookup` | `route` | `whoami` |
| `ipconfig` | `netsh` | `pathping` | `TFTP` | |

## Fehlermeldungen Client (Meldung, http-Nr., Hinweis)

**Ein unerwarteter Fehler ist aufgetreten, Fehler: 800705b4**

| | | |
|---|---|---|
| Bad Request, 400, fehlerhafte Anfrage | Conflict, 409, ungültige Anfrageannahmen | Requested range not satisfiable, 416, Ressource ist ungültig/fehlt auf dem Server |
| Unauthorized, 401, Authentifizierung fehlt | Gone, 410, kein Ressourcenzugriff möglich | Expectation Failed, 417, gewünschtes Server-Verhalten nicht erfüllbar |
| Payment Required, 402, keine Bezahlung | Length Required, 411, Anfrage wird nicht bearbeitet: Content-Length-Header-Feld fehlt | I'm a teapot, 418, (eher ein „Aprilscherz") |
| Forbidden, 403, Clientberechtigung fehlt | Precondition Failed, 412, Anfrage nicht vollständig (falsche Vorgaben) | Locked, 423, Ressource ist gesperrt |
| Not Found, 404, Ressource nicht gefunden | Request Entity Too Large, 413, Anfrage ist zu umfangreich | Upgrade Required, 426, Client soll TLS/1.0 (Transport Layer Security) einsetzen |
| Method Not Allowed, 405, http-Anfragemethode ist nicht zulässig/sinnvoll | Request-URL Too Long, 414, URL zu groß | Too Many Requests, 429, zu viele Anfragen |
| Not Acceptable, 406, Anfrageform ist nicht erfüllbar/nicht gültig | Unsupported Media Type, 415, verkehrter Medientyp | Unavailable For Legal Reasons, 451, Ressourcen-Zugriff gesetzlich eingeschränkt |
| Proxy Authentification Required, 407, → 401 | | |
| Request Time-out, 408, Zeitüberschreitung | | |

## Fehlermeldungen Server (Meldung, http-Nr., Hinweis)

**Schwerwiegender Fehler**

| | | |
|---|---|---|
| Internal Server Error, 500, unerwarteter Softwarefehler (nicht näher spezifiziert) | Service Unavailable, 503, Server nicht nutzbar, Server ist (temporär) nicht nutzbar | HTTP Version not supported, 505, eingesetzte http-Version vom Anfrager (Client) wird vom Server nicht akzeptiert |
| Not Implemented, 501, Server kann die Anfrage nicht bearbeiten (Funktionsfehler) | Gateway Time-out, 504, Server erhielt keine Antwort innerhalb der Zeitvorgaben | Insufficient Storage, 507, Server-Speicherplatz ist zu klein |
| Bad Gateway, 502, Server hat keine verwendbare Antwort erhalten (vom System) | Network Authentification Required, 511, Client-Authentifizierung fehlt | Not Extended, 510, unvollständige Anfrage |

## MS Windows PowerShell, cmd.exe, Unix-Shell, MS Windows Shell-Alias, MS-DOS

| Inhalte | PowerShell (cmdlet) | cmd.exe | Unix-Shell | Windows Shell-Alias | MS-DOS |
|---|---|---|---|---|---|
| Befehls-Hilfe | `Get-help` | `help` | `man` | `help, man` | `DIR ...` Auflistungen (DIR/A; DIR/W ...) |
| Befehls-Auflistung | `Get-Command` | | | `gcm` | |
| Alias-Auflistung | `Get-Alias` | | `alias` | `gal` | |
| Verzeichnis | `Get-Location` | `cd` | `pwd` | `gl, pwd` | |
| Verzeichnis-Wechsel | `Set-Location` | `cd, chdir` | `cd` | `sl, cd, chdir` | `CD name` Auswahl-Verzeichnis |
| Löschen der Ausgabe | `Clear-Host` | `cls` | `clear` | `cls, clear` | |
| Kopieren | `Copy-Item` | `copy` | `cp` | `cpi, copy, cp` | |
| Löschen der Datei | `Clear-Host` | `cls` | `clear` | `cls, clear` | `Tree` Verzeichnis |
| Listen der Dateien | `Get-ChildItem` | `dir` | `ls` | `gci, dir, ls` | |
| Zeichenketten-Ausgabe | `Write-Host` | `echo` | | `echo, write` | `COPY` alt neu (Kopieren) |
| Variable anlegen | `Set-Variable` | `set` | | `sv, set` | |
| Datei-Ausgabe | `Get-Content` | `type` | `cat` | `gc, type, cat` | |
| Prozess-Auflistung | `Get-Process` | `tlist(tasklist)` | `ps` | `gps, ps` | `DEL` (Löschen) |
| Prozess-Ende | `Stop-Pocess` | `kill (taskkill)` | `kill` | `spps, kill` | |
| Netzwerk-Schnittstellen | `Get-NetIPAddress` `Get-NetIPConfiguration` | `ipconfig` | | `gip` | `RD` (Löschen) |

## MS Windows cmd-Befehle

- Ein Microsoft-Shell- (**MSH**-)Befehl heißt **Commandlet** (**Cmdlet**)
- Cmdlet-Aufbau: Verb, Substantiv und Parameterliste
- Verb und Substantiv werden durch einen Bindestrich miteinander verbunden (die optionalen Parameter durch Leerzeichen: Verb-Substantiv [-Parameterliste])
- Es sind .NET-Erweiterungen für die Power-Shell-Welt (PS-Welt).
- `Get-Computer` (alle Computer des Netzwerks werden aufgeführt)
  `Stop-Computer` (Computer wird heruntergefahren)
  `Get-Date` (Anzeigen des Systemdatums)

**PS C:\> ping**

| | |
|---|---|
| `echo` | Zeigt Meldungen in der Konsole an bzw. schaltet die Befehlsanzeige ein oder aus |
| `pause` | Stoppt die Ausführung einer Batch-Datei |
| `call` | Ruft eine Batchdatei von einer anderen aus auf |
| `chkdsk` | Datenträger überprüfen |
| `del` | Löschen von Dateien (keine Ordner!) |
| `exist` | Prüft, ob eine Datei existiert |
| `exit` | Beendet cmd.exe oder eine Batchdatei |
| `ping` | Testet Verbindungen |
| `print` | Druckt eine Textdatei |
| `recover` | Stellt lesbare Daten eines Datenträgers wieder her |
| `reg` | Registrierungseinträge hinzufügen/lesen ... |
| `regscr32` | Dlls registrieren |
| `relog` | Leistungsindikatorenprotokolle neu erstellen |
| `rem` | Nach rem stehende Befehle in einer Batchdatei werden als Kommentare angesehen u. nicht verarbeitet. |
| `shut-down` | Computer abmelden, neustarten, ausschalten |
| `sort` | Sortiert die Bildschirmausgabe |
| `start` | Startet eine eigenes Fenster für Befehle/Programme |
| `system-info` | Systemkonfiguration-Informationen abfragen: Anmeldeserver, Netzwerkeinstellungen ... |
| `tree` | Zeigt die Ordnerstruktur grafisch an |
| `type` | Zeigt den Inhalt von Textdateien an |

# Blockchain/Kryptowährung
## Blockchain/Cryptocurrency

- **Blockchain** (Block-Kette) sind Datensätze, die miteinander verkettet sind und sich u. a. über Hashwerte auf Blöcke beziehen
- **Gestaltungskonzeption**
  - Verkettung der Datenblöcke und verteiltes Register
  - Konsensmechanismus (Erweiterungen über Abstimmungen)
  - Manipulationssicherheit, Transparenz und Vertraulichkeitsgrade
  - Fälschungssicherheit: Unabstreitbarkeit durch digitale Signaturen
  - Hashsumme (Prüfsumme) verknüpft Blöcke im Hash-Baum
- Im Block (n) der Tranaktionen wird der Hashwert vom Header B-(n-1) usw. aufgeführt.
- **Transaktionssicherheit**: Buchungsbezüge bestätigen die Abläufe und garantieren die Datenkonsistenz
- die **Managementkontrolle** erfolgt indirekt über kryptographische Ansätze; sie sind virtuell organisiert über Algorithmen
- Kryptographische Absicherungsverfahren → **Kerbstock**-Konzept
- **DLT**: **D**istributed-**L**edger-**T**echnologie: dezentral geführte Kontobuchungen, die sich aufeinander beziehen (Blockchain-Konzept)
- durch SW-Fehler bzw. Fehler in der SW-HW-Kennung können (gravierende) Schwierigkeiten auftreten
- die **Kryptowährungen** beruhen auf diesen Ansätzen (**IoV**: **I**nternet **of V**alue (Internet der Werte)) → Systeme können sich ohne zentrales Management selbstorganisiert entwickeln, kontrollieren und dokumentieren. Fälschungen können eindeutig identifiziert werden. Problem: Hoher Energieverbrauch bei Überprüfungen.
- Entwicklung geht auf die 1990er Jahre zurück und wurde 2008 von Nakamoto für das Bitcoin-Konzept verwendet.
- Es ermöglicht: Economy of Things bzw. Internet of Things (IoT)

- Internet / Ökonomie der Dinge / Economy of Things / Bitcoin

**a: Digitale Token** (Digitaler Wertaustausch Mensch/Maschine)
**b: Digitaler Notar** (Registrierung unveränderlicher, sicherer und unbestreitbarer Informationsaufzeichnungen)
**c: Smart Contracts** (gemeinsame Geschäftsregeln; automatische Abwicklung zw. verschiedenen Gruppen)
**d: Economic device** (autonome IoT-Geräte agieren als **juristische Personen**; sie gehen Vereinbarungen ein)

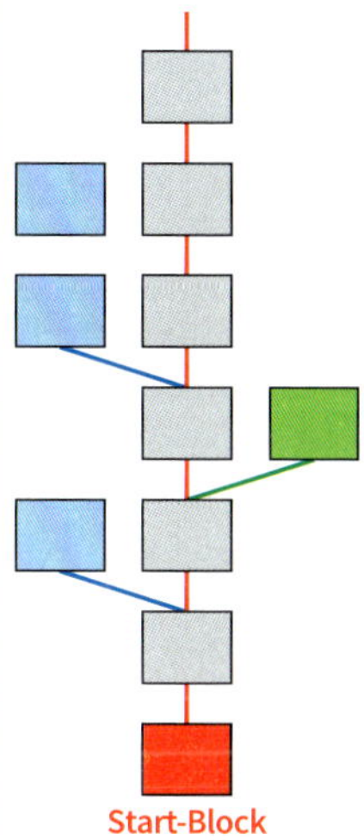


**Gültige Entwicklung:**
**Rote Linie**
**(fehlerhafte Blöcke in blau und grün)**

- **Konsensverfahren**
  (Erweiterung der Blöcke) über:
  - Proof-of-Work-Methode (Nachweis durch Arbeit)
  - Proof of Stake (Nachweis von Anteilen)
  - Proof of Capacity
  - Proof of Burn
  - Proof of Activitity

  Dies garantiert die Integrität bei Buchungen, Transaktionen und Protokollprozessen (elekt. Akten, Kapitalprozesse, Informationen, Lieferungsabläufe, Software-Auditing, Wahlen (Stimmabgabe))
- **Bitcoin**
  eine digitale Währung (nicht zentral garantiert (Sicherheit basiert auf kryptographischen Schlüsseln))
- Neuartige Rechnerkonzepte (Quantenrechner) können die Zuverlässigkeitsbedingungen eventuell unterlaufen

# Hashwert
## Hash Value

### Begriff und Charakteristika

- (engl.) to hash: zerhackte Nachricht
- h( ): Hashfunktion (konkret: h(m) mit der Nachricht m) → sie unterstützt kryptographische Verfahrensweisen
- Es wird auch von Streuwertfunktionen bzw. vom Hash-Algorithmus gesprochen
- h( ) bildet eine Nachricht auf 160 Bit ab
- Einweg-Hashfunktionen (auch: kryptographische Hashfunktion) arbeiten prinzipiell ohne Schlüssel, jedoch zum Beispiel bei der Verwendung vom **3DES** (→ **DES**: **D**ata **E**ncryption **S**tandard) mit einem **I**nitialisierungs-**V**ektor (**IV**)
- Die Nachricht m ist quasi selbst der Schlüssel
- Mit Blick auf Nachrichtenwerte können ideale (perfekte, kollisionsfreie) Hashfunktionen bestimmt werden.
- Bekannte Hash-Algorithmen
  - Mittquadratmethode (Neumann, 1946)
  - Brent-Hashing (1973)
  - Divisions-Rest-Methode
  - Multiplikative Methode
  - Kuckucks-Hashing (2001)
  - Doppel-Hashing
  - Zerlegungsmethode
  - Ziffernanalyse
- Empfohlene (starke) Hashfunktionen: SHA-256, SHA-512/256, SHA-384, SHA-512, SHA3-256, SHA3-384, SHA3-512

### Mittelquadratmethode

Die mittleren Ziffern einer Zahl werden quadriert.
Zum Beispiel:
[1] 6942; [2] $(94)^2 = 8836$; [3] $(83)^2 = 6889$;
[4] $(88)^2 = 7744$: [5] $(74)^2 = 5476$; [6] $(47)^2 = 2209$;
[7] $(20)^2 = 0400$; [8] $(40)^2 = 1600$: [9] $(60)^2 = 3600$ → [10] …

### Message Authentication Code (MAC)

- MAC bildet 64 Bit lange Prüfdaten unter Verwendung vom **DES**
- Verfahrensweise
  - n (Nachricht) wird in Blöcke mit je 64 Bit aufgeteilt
  - $m_1$ bildet den Schlüssel für die erste DES-Prozedur (ausgehend von einem **IV**; das Ergebnis wird stellenweise modulo 2 (→⊕) mit $m_1$ addiert.
  - ⊕: → $0 + 0 = 0$; $1 + 0 = 0 + 1 = 1$; $1 + 1 = 0$
  - Das Ergebnis der ersten Stufe bildet den IV für die zweite Stufe. $m_2$ bildet den Schlüssel für die zweite DES-Prozedur; das Ergebnis wird stellenweise modulo 2 mit $m_2$ additiv verrechnet. Usw.
  - Das Ergebnis nach der Verrechnung mit dem letzten Block $m_t$ **ergibt den Hashwert h(m)**

# Linux
Linux

## Hintergrund

- Linux ist ein Mehrbenutzer-Multitasking-Betriebssystem.
- Linux orientiert sich vergleichbar UNIX am Kernelkonzept.
- Der Quellcode ist vollständig einsehbar.

## Prozesse

- Alle Rechnerbearbeitungsprogramme sind Prozesse.
- Die parallel laufenden Prozesse können durch den Befehl ***ps*****(Process Status)** dargestellt werden. Einzelinformationen werden tabellarisch dargestellt: (PID) (TTY) (STAT) (TIME) (COMMAND) – (Inhalte einer ***ps ax*** Abfrage)
- **TTY**: Angabe des Ausgabegeräts (Tty) des Prozesses
- **PID**: Process Identification
- **STAT**: Prozessstatus wird angegeben:
  - R "runnable": Ein laufender Prozess
  - S "sleeping": Ein schlafender Prozess
  - D "dead": Prozess schläft und kann nicht gestört werden
  - T "stopped or traced": Ein gestoppter Prozess bzw. ein vom Debugger verfolgter Prozess
  - Z "zombie": Ein verloren gegangener Prozess

## Shell

- Bezeichnung für den primären Befehlsinterpreter.
- Es ermöglicht den Zugriff auf das Betriebssystem.
- Verschiedene Shells (z. B.: bash, ksh, tcsh, zsh) existieren.

## Befehle zur Systemadministration

- `group` – Angabe des Zugriffs auf Gruppen
- `passwd` – Passwortänderungen
- `chown` – Besitzer einer Datei können gewechselt werden
- `chmod` – Veränderung der Datei- bzw. Verzeichniszugriffsrechte
- `finger` – Benutzerinformationen werden angezeigt

## Linux-Befehle

- Bei Linux-Befehlen wird strikt zwischen großen und kleinen Buchstaben unterschieden.

## Linux-Befehle

| | |
|---|---|
| \| | Verknüpfung von Befehlen |
| > | Befehlsausgabe in eine Datei |
| `alias` | Festlegung von Befehlsnamen |
| `cat` | Ausgabe eines Dateiinhalts |
| `cc` | Programmkompilierung |
| `cd` | Verzeichniswechsel |
| `cfdisk` | Partitionierung der Festplatte |
| `chgrp` | Veränderung der Gruppenzugehörigkeit |
| `chmod` | Zugriffsänderung |
| `chown` | Besitzer ändern |
| `clear` | Bildschirm säubern |
| `cmp` | Vergleich von Dateiinhalten |
| `cp` | Kopieren von Dateien |
| `csh` | C-Shell aktivieren (Aufruf) |
| `date` | Datumsanzeige |
| `dhclient` | DHCP-Server (Konfiguration des Netzwerks) |
| `dirs` | Verzeichnispfad |
| `dirname` | Verzeichnisname |
| `echo` | Zeichenkette auf dem Bildschirm ausgeben |
| `exit` | Sitzungsende/Verlassen der Shell |
| `fc` | Vorherige Kommandos |
| `fdisk` | Partitionierung der Platte |
| `find` | Suche von Dateien (Kommandos) |
| `finger` | Informationen über den Nutzer |
| `format` | Formatierung des Datenträgers |
| `fsck` | Überprüfung (und Reparatur) von Dateisystemen |
| `ftp` | Übertragung von Daten mittels TCP/IP |
| `grep` | Suchen nach (Text-)Mustern in Dateien |
| `head` | Dateianfang wird dargestellt |
| `less` | Angeben des Dateiinhalts (nacheinander) |
| `ls` | Angabe d. Dateinamens u. zugehöriger Informationen |
| `man` | (manual) Beschreibung von Befehlen (Hilfe) |
| `mkdir` | Dateiverzeichnis anlegen |
| `mv` | Umbenennung/Verschiebung von Dateien |
| `ps` | (Process Status) – Prozessinformationen |

# Android
Android

## System

- Android steht für (engl.): Androide; (griech.): Mensch/Gestalt.
- Ein freies Betriebssystem (bzw. Software): es ist quelloffen.
- Es wurde von Andy Rubin entwickelt und von Google aufgekauft.
- Weiterentwicklung durch Open Handset Alliance
- Betriebssystem auf Basis von Linux (monolithischer Kernel)
- Software-Basis für mobile (Smartphones, Netbooks, Tablets …) und spezielle Geräte (Sticks, Datenbrillen …)
- Es existieren vielfältige Derivate.
- Dominierender Marktanteil im mobilen Kommunikationsmarkt
- Bedeutsam auch für Infotainment-Systeme im Autoverkehr
- Plattformunabhängige Prozessorarchitektur
- Einsatz einer virtuellen Maschine auf Java-Basis (Dalvik (dx); eine Registermaschine)
- dx: Dalvik Cross-Assembler; Anpassung der Registermaschine an Vorgaben aus d. Bereich eines Kellerautomaten (VM-Lava)
- Der Kernel gestaltet die Speicher- und Prozessverwaltung.

## Applikationen (Apps)

- Android ist auch eine Plattform für Software. Spez. Applikationen: Android-Apps
- Steuerung von Android über Tasten (Nutzung von Apps)
- Applikationen – elementare Anwendungen (Anwendersoftware): Bildbearbeitung, Computerspiele, Tabellenkalkulation, Textverarbeitung, Videobearbeitung etc.

| Android-Struktur | |
|---|---|
| Applikation | |
| Apps. Framework | |
| Lib. | Run Time |
| Linux Kernel | |

- Beispiele für Apps:
  - AirDroid: Datenübertragung zum Computer
  - BrailleBack; TalkBack – Unterstützung bei Seheinschränkungen
  - Google Übersetzer
  - Inbox-App (E-Mail-Verkehr)
  - Meine Tracks (GPS-Tracker)
  - Wecker

## Aufbau und Funktion

- Bei der Registrierungsdatenbank (Registry) von Windows handelt es sich um eine zentrale und hierarchisch gegliederte **Konfigurationsdatenbank**, in der wichtige Informationen über das Betriebssystem und die installierten Programme gespeichert sind.
- Die Einträge sind in einer Baumstruktur angeordnet und werden als **Schlüssel** (**keys**) bezeichnet. Sie stammen von fünf Hauptschlüsseln ab.
- In der Registry können Schlüssel-Werte angelegt, bearbeitet und gelöscht werden. Teile können auch exportiert und importiert werden.
- **Vorsicht bei Änderungen**:
  Es besteht die Gefahr, dass dadurch das System instabil wird. Deshalb: Vor Änderungen sollte die ursprüngliche Registry gesichert werden.
- Neben direkten Änderungen können Tools verwendet werden, mit denen sich Einstellungen bearbeiten, säubern und optimieren lassen.
- Trotz des großen Datenumfangs beträgt der Speicherplatz lediglich 100 MB bis 200 MB, da die Informationen in Form von einfachen Codes abgelegt werden.
- Bei der Deinstallation von Programmen werden nicht immer alle Einträge in der Registry gelöscht, sodass eine immer größere Ansammlung an Daten entsteht. Damit Windows weiterhin schnell arbeiten kann, sollte die Registry regelmäßig „gesäubert“ werden.

## Editor

- Zum manuellen Editieren (eingeben, ändern, löschen) in der Registrierungsdatenbank, wird der Registrierungs-Editor (regedit.exe) verwendet.
- Es bestehen zwei Öffnungsmöglichkeiten (W 10):
  - Im Suchfeld auf der Taskleiste „regedit“ eingeben.
  - Rechte Maustaste auf Schaltfläche „Start“ drücken und „Ausführen“ wählen.

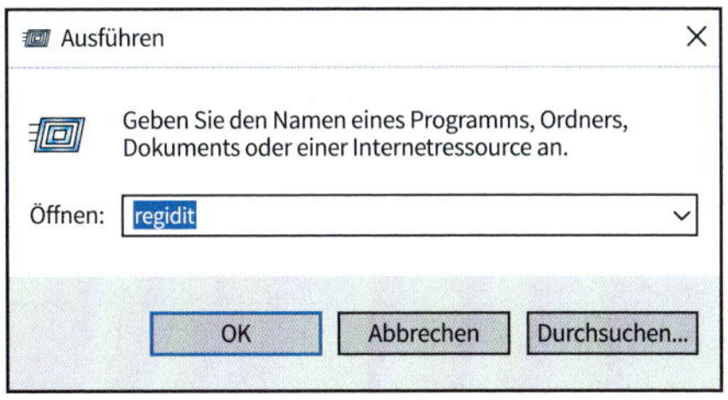


## Struktur

- Die Datenbank ist im Prinzip wie ein Verzeichnisbaum einer Festplatte aufgebaut. Statt Dateien befinden sich in den Schlüsseln Einträge.
- Liegen Einträge in **Textform** vor, werden sie „Zeichenfolge“ genannt. Mit ihnen legen Sie zum Beispiel die Startseite für den Browser fest.
- Einstellungen von Programmen oder Windows werden meist durch **Zahlen** hinterlegt.
  Beispiel: Die Zahl „3“ legt fest, dass Windows wichtige Updates automatisch aus dem Internet überspielt und installiert.

## Schlüsseldateien und Wert-Zellen

- In der linken Spalte sind die Schlüssel-Zellen hierarchisch dargestellt ①.
- Rechts befinden sich die dazugehörigen Wert-Zellen eines Schlüssels mit ihrem jeweiligen Inhalt ②.

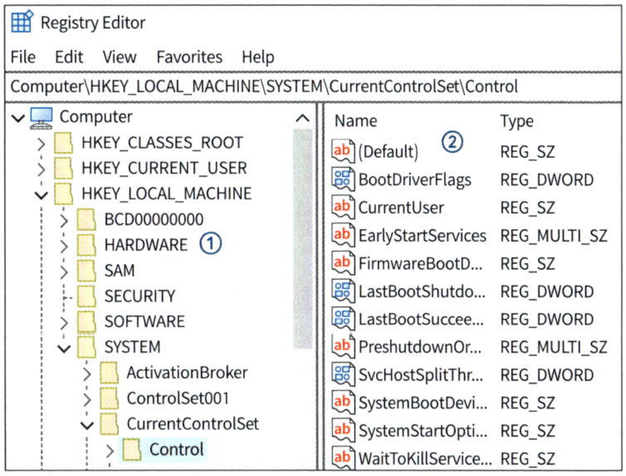


<table>
<tr><th>Name</th><th>Abkürzung</th></tr>
<tr><td>HKEY_CLASSES_ROOT</td><td>HKCR</td></tr>
<tr><td colspan="2">– In dieser „Wurzel“ sind Informationen über die unterstützten Dateitypen mit den dazugehörigen Dateiendungen enthalten. Der Wurzelschlüssel ist nicht real, sondern eine Spiegelung von:<br>HKEY_LOCAL_MACHINE\Software\Classes und HKEY_CURRENT_USER\Software\Classes.<br>– Jeder Dateityp verfügt über einen Unterschlüssel.<br>– In der Regel sind hier keine Änderungen erforderlich.</td></tr>
<tr><td>HKEY_CURRENT_USER</td><td>HKCU</td></tr>
<tr><td colspan="2">– Es sind hier die benutzerspezifischen Konfigurationsdaten für aktuell angemeldete Benutzer gespeichert.<br>– Es handelt sich um eine Spiegelung von HKEY_\USERS\<Benutzer-SID. \<Benutzer-SID ist der aktuell am System angemeldete Benutzer.<br>– Beispiele:<br>Der Unterschlüssel „Software“ enthält benutzerbezogene Anwendungseinstellungen; für jeden Softwarehersteller wird ein eigener Unterschlüssel angelegt (z. B. Microsoft).</td></tr>
<tr><td>HKEY_LOCAL_MACHINE</td><td>HKML</td></tr>
<tr><td colspan="2">– Enthalten sind alle computerspezifischen Einstellungen (komplette Hardware- und Softwarekonfiguration, einschließlich der peripheren Geräte).</td></tr>
<tr><td>HKEY_USERS</td><td>HKU</td></tr>
<tr><td colspan="2">– Enthalten sind benutzerspezifische Konfigurationsdaten (Benutzerprofil), die sich im System angemeldet haben, z. B. die Liste der installierten Software.</td></tr>
<tr><td>HKEY_CURRENT_CONFIG</td><td>HKCC</td></tr>
<tr><td colspan="2">– Gespeichert sind hier die Informationen über das jeweilige Hardwareprofil, mit dem der PC gestartet wurde. Es handelt sich um eine Spiegelung HKEY_LOCAL_MACHINE\SYSTEM\CurrentControl Set\Hardware Profiles\Current</td></tr>
</table>

- Die gesamte Registry lässt sich exportieren, wenn auf das Symbol „Computer“ Rechtsklick > Exportieren ausgeführt wird.

# DirectX
DirectX

## Merkmale

- DirectX ist eine Sammlung multimedialer Programmierschnittstelle (**API**: **A**pplication **P**rogramming **I**nterface) für Windows-Betriebssysteme (besonders für Spiele eingesetzt).
- DirectX besteht aus einer Sammlung von **DLLs** (**D**ynamic **L**ink **L**ibraries) zur Erweiterung des Betriebssystems.
- Durch sie erfolgt ein Zugriff auf die Hardware, ohne die Programme von der Hardware abhängig zu machen.
- Einsatz:
  - Darstellung von 2D- und 3D-Grafiken
  - Unterstützung für Audioeingaben und andere Eingabegeräte
  - Netzwerkkommunikation
- Versionen ab 2006

| Version | Jahr | Betriebssystem |
|---|---|---|
| DirectX 10 | 2006 | Windows Vista Windows 7 |
| DirectX 11 | 2009 | Windows Vista SP2, Windows 7 |
| DirectX 11.1 | 2012 | Windows 7, Windows 8 |
| DirectX 11.2 | 2013 | Windows 7 SP1, Windows 8, Windows 8.1 |
| DirectX 12 | 2015 | Windows 7, Windows 10 |
| DirectX 12.0 Ultimate | 2020 | Windows 10 |

## Architektur

- Für jede Anforderung hat DirectX zwei Realisierungsmöglichkeiten:
  - **HAL**: **H**ardware **A**bstraction **L**ayer und
  - **HEL**: **H**ardware **E**mulation **L**ayer
- Beim Anlegen eines Objekts wird automatisch die Hardwarefunktionen des Computers über HAL ermittelt und dann die Programmparameter entsprechend eingestellt. Wenn dies nicht möglich ist, übernimmt HEL diese Aufgabe.
- HEL ist kein "Emulator" für fehlende Funktionen, sondern in erster Linie eine logische Zusammenfassung einfacher, existierender Funktionen.

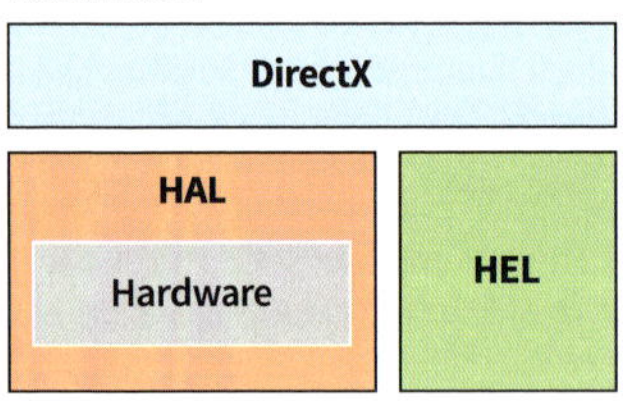


## Komponenten

- Aktuell
  - DirectX Graphics
  - Direct-Setup
  - XAudio
  - XInput
- Veraltet
  DirectInput, DirectMusic, Direct-Play, DirectShow (früher „Direct Media“), DirectSound, DirectX Media Objects, DirectX Video Acceleration
- Alternativen
  Neben DirectX sind auch freie APIs (z. B. OpenGL) verfügbar, die im Gegensatz zu DirectX nicht auf die Windows-Plattform beschränkt sind.

## Aktuelle Komponenten (APIs)

- **DirectX Graphics**
  - Direkter Zugriff auf Grafikkarte und Videospeicher
  - Unterstützt 2D- und 3D-Grafiken (Direct2D und Direct3D)
- **DirectSetup**
  - Einfache Funktionsbibliothek zur Installation von DirectX.
  - Installationsroutinen lassen sich damit automatisch überprüfen
  - Ist ein Teil der DirectX-Anwendungsschnittstelle
- **XAudio**
  - Wiedergabe und Aufnahme von Toneffekten (Nachfolger von DirectSound)
  - Untergeordnete Audio-API (Xbox 360 und Windows Phone 8)
- **XInput**
  - Standard für Eingabegeräte (z. B. Gamepads)
  - Plattformübergreifende API für die Verwendung unter Xbox und Windows.
  - Statische Bibliothek, die in die ausführbare Hauptspieldatei kompiliert wird.

## Programmierschnittstellen

- Weitere Begriffe sind:
- Anwendungsschnittstelle, Schnittstelle zur Programmierung von Anwendungen, **API** (**A**pplication **P**rogramming **I**nterface)
- Es handelt sich um Teilprogramme, die von einem Softwaresystem anderen Programmen zur Anbindung an das System zur Verfügung gestellt werden.
- APIs definieren die Art und Weise, wie ein Entwickler Dienste von einem Betriebssystem oder einer anderen Anwendung korrekt anfordert sowie Daten in verschiedenen Kontexten und über mehrere Kanäle ausgibt.
- Die Anbindung erfolgt auf der Ebene des Quelltextes.
- APIs bestehen aus **zwei** miteinander verbundenen Elementen.
  - Beschreibung des Informationsaustauschs zwi- schen Programmen.
  - Eine Softwareschnittstelle, die nach dieser Spezi- fikation geschrieben und in irgendeiner Weise zur Verwendung veröffentlicht wird.
- API-Arten:

**Private APIs (intern)**
- Intern veröffentlicht und von Entwicklern zur Verbesserung der eigenen Produkte eingesetzt.

**Public APIs (offen oder öffentlich)**
- Öffentlich zur Verfügung gestellt und können von anderen Personen ohne Einschränkungen verwendet werden.

**Partner APIs (eingeschränkt)**
- Nur von bestimmten Parteien verwendbar, mit denen man die gemeinsame Nutzung vereinbart hat.

- Weiterhin unterscheidet man funktionsorientierte, datenorientierte, objektorientierte und die protokollorientierte APIs.

## Sprache und Logik / Sprachgebrauch

- Wörter und Sätze sind natürliche Einheiten unserer Sprachwelten. Sie basieren auf Zeichen und beziehen sich auf die Gegebenheiten und Tatsachen der realen und logischen Welten.
- Es werden verschiedene Wörter-Klassen unterschieden.
- Unterschieden werden semantische, syntaktische und grammatikalische Aspekte der Sprache.
- Sätze beschreiben die Welt (deskriptiver Aspekt).
- Sätze leiten Handlungen und bewerten (normativer Aspekt).
- Grundlegend für Sätze in der Hinsicht ist der appelative Charakter und die sachbezogene Beziehung. Dazu treten die Aspekte der Selbstoffenbarung und der Sender-Empfänger-Beziehung.
- Zu unterscheiden sind zwei Grundbezüge zwischen Sprache und Welt:
  (1) Meinen und Wissen: ›Wort-auf-Welt-Bezug‹;
  (2) Wünsche und Befehle: ›Welt-auf-Wort-Ausrichtung‹.
- Grundlegend für die Sprache ist die Subjekt-Prädikat-Beziehung.
- Diese Bezeichnungen Subjekt (S) und Prädikat (P) verdeutlichen auch einen Bezug zwischen Logik und Sprache.
- Die Abfolge Subjekt – Prädikat (S-P) ist in logischen Texten geläufig. Sie entsprechen nicht den Kategorien der Grammatik.
- Die Logik erfasst sprachliche Handlungen mit Prädikationen.
- Die Philosophie unterscheidet im Rahmen der Prädikationstheorie genauer zwischen
  – singulären Begriffen (Nominatoren) und
  – generellen Begriffen (Prädikatoren).
- Hierbei ersetzt der Nominator das Subjekt und der Prädikator das Prädikat.
- Nominatoren bezeichnen z. B. singuläre Terme (Eigennamen).
- Prädikatoren beziehen sich auf Eigenschaften bzw. Beziehungen. Es werden einstellige und n-stellige Prädikatoren unterschieden.
- Unterschieden wird zwischen Objekt- und Metasprachen.
- Über das ›ist‹ (bzw. ›sind‹) wird eine Beziehung zwischen Nominatoren und Prädikatoren gestiftet, die der Zuordnung von Eigenschaften und Gegenständen der Welt entsprechen soll. Insofern präsentiert dies auch die Verbindung zwischen Sprache und Welt. Der Grundkern der Bezüge wird von der Logik dargestellt.
- Mit dem ›ist‹ werden verschiedenartige Bezüge benannt: (a) Element bzw. Teilmenge von; (b) identisch; (c) existiert Das ist im Sinne von (c) gewinnt im Realitätsbezug eine existentielle Bedeutung.
- Der Bezug der sprachlichen Ausdrücke wird als Referenz (Extension) verstanden.
- Der Informationswert (bzw. Informationsgehalt) wird als Intension (Bedeutung) verstanden.
- Zwischen notwendigen, hinreichenden und zureichenden Bedingungen wird unterschieden.
- Die Selbstverständlichkeit logischer Schlüsse werden nicht in allen Kulturkreisen geteilt. Die Stellung zu sogenannten Fehlschlüssen ist von daher unterschiedlich.
- Hinter den Schlussformen verbergen sich zum Teil (logisch) unaufgeklärte Annahmen und Voraussetzungen. So wird zum Beispiel quasi apriori zwischen dem Einzelnen und dem Allgemeinen unterschieden. Dies basiert schon auf einem Schluss. Bei induktiven Schlüssen bleibt der vorausgehende Obersatz ungenannt.
- Für der Ausdeutung der Negation gibt es sehr unterschiedliche Konzeptionen und Logikentwürfe.

## Begriffe und Einteilungen

- Logik: von logos (griech.): Wort, Vernunft, auch: Lehre vom folgerichtigen Denken bzw. vom vernünftigen Reden
- Sprache, Semantik, Grammatik, Denken und psychologischer Akt, ebenso Wort, Gedanke und Idee werden unterschieden.
- Die Logik kann folgerichtige und zwingende Schlüsse erkennen, die formalisiert und regelorientiert dargelegt werden können.
- Mit Frege (1879) wurden über symbolische Beschreibungen vertiefte Zugänge zur inneren Struktur von Urteilen gefunden.
- Innerhalb der Logik als wissenschaftlicher Disziplin existieren:
  1: formale Logik: Es geht um logische Gesetze,
  2: Methodologie: Es geht um den systematischen Gebrauch der Gesetze,
  3: Philosophie der Logik: Es geht um das Wesen der Logik.
  Die mathematische Logik gehört zur formalen Logik.
- Unterschieden werden:

| | |
|---|---|
| aristotelische Logik (Logik der Zweiwertigkeit) | materiale Logik |
| | mehrwertige Logik |
| Aussagenlogik | modale Logik |
| dialektische Logik | Prädikatenlogik |
| formale Logik | transzendentale Logik |

- Durch die Formalisierung der Schlussformen ist es möglich, die Beweisformen so zu automatisieren, dass sie von Maschinen (Computern) ausgeführt werden können.
- **Urteilslehre:** In ihr werden Urteilsformen im Detail analysiert.
- **Syllogismen:** Hierunter werden Schlussweisen verstanden, die allgemein gültig sind.
- Innerhalb der mathematischen Logik werden verschiedene Logikkonzepte eingesetzt. Bedeutsam sind hierbei speziell die **Aussagenlogik** und die **Prädikatenlogik**:
  – **Aussagenlogik:** untersucht die Verbindung von Aussagen.
  – **Prädikatenlogik:** Hierbei werden die Aussagen in ihrer Tiefenstruktur näher aufgelöst und analysiert

## Symbol der Mengenlehre bzw. der mathematischen Logik

| | |
|---|---|
| Allquantor („für alle") ∀ | Individuenvariablen (Subjektvariablen) x, y, ... |
| Alternative („oder") V, + | Konjunktion („und") ∧, &, · |
| Äquivalenz („genau dann, wenn") ↔, ⇔, ≡ | Leermenge (Menge ohne Element) {}, Ø |
| Aussagenvariablen p, q, ... | |
| Differenz von Mengen \ | Negation („nicht") ¬, ~ |
| Disjunktion („entweder-oder") ⊕ | Partikularisator; Existenzquantor („es gibt (ein)") ∃ |
| Durchschnitt von Mengen ∩ | Peirce-Funktion ↓ |
| Elementbeziehung (zu einer Menge) ∈ | Sheffer-Funktion / |
| | Relationsvariable R |
| keine Elementbeziehung (zu einer Menge) ∉ | Teilmenge/ Inklusion ⊆ |
| (Grundmodalität) „möglich" ◇ | echte Teilmenge/echte Inklusion ⊂ |
| (Grundmodalität) „notwendig" □ | keine Teilmenge ⊄ |
| Identität = | umgekehrte Mengenbeziehung /umgekehrte Inklusion ⊇, ⊃ |
| Implikation („wenn – so") →, ⇒, ⊃ | Vereinigung von Mengen ∪ |

## Grundideen der Logik

- Identitätssatz: `A ist A.`
- Satz vom Widerspruch: `A ist nicht nicht-A.`
- Satz vom ausgeschlossenen Dritten: `A ist entweder B oder nicht-B.`
- bedingtes Urteil: `Wenn A ein B, so ist C ein D.`

## Klassische Symbole der Urteilslehre

(k. S.: kategorischer Syllogismus)

- **S: S**ubjekt eines Urteils; Unterbegriff eines k.S.
- **P: P**rädikat eines Urteils; Oberbegriff eines k.S.
- **M: M**ittelbegriff eines k.S.

## Schlussfiguren des kategorischen Syllogismus

Vier elementare Schlussfiguren des einfachen kateg. Syllogismus

| Erste Form | Zweite Form | Dritte Form | Vierte Form |
|---|---|---|---|
| M – P | P – M | M – P | P – M |
| S – M | S – M | M – S | M – S |
| S – P | S – P | S – P | S – P |

- Für jede Schlussfigur können verschiedene Modi unter Variation der folgenden Ausdrücke bestimmt werden:

| | |
|---|---|
| `S a P`: Alle S sind P. | `S e P`: Alle S sind nicht P. |
| `S i P`: Einige S sind P. | `S o P`: Einige S sind nicht P. |

## Schlussfiguren

- Korrekter Schluss: Der Schluss muss zwingend (korrekt) sein.
- Wahrer Schluss: Der Schluss muss korrekt und die Prämissen müssen wahr sein. Hierzu muss zumindest eine Prämisse eine bejahende Aussage sein. Und eine Prämisse muss eine allgemeine Aussage sein.
- Oberbegriff: Prädikat im Obersatz u. Prädikat in der Folgerung.
- Mittelbegriff: Subjekt im Obersatz und Prädikat im Untersatz.
- Unterbegriff: Subjekt im Untersatz u. Subjekt in der Folgerung.

## Detaillierte Darstellung des Schlusses

| | ›Satzstruktur‹ → | Subjekt Prädikat |
|---|---|---|
| Prämisse 1 | Obersatz | Alle Menschen sind sterblich. |
| Prämisse 2 | Untersatz | Alle Logiker sind Menschen. |
| Konklusion | Folgerung | Alle Logiker sind sterblich. |

## Erste symbolische Darstellung des Schlusses

| | | |
|---|---|---|
| Prämisse 1 | Obersatz | Alle A sind B |
| Prämisse 2 | Untersatz | Alle C sind A |
| Konklusion | Folgerung | Alle C sind B |

## Zweite (verallgemein.) Darstellung des Schlusses

(SaP: alle S sind P bzw. P gehört zu jedem S)

| | | |
|---|---|---|
| Prämisse 1 | Obersatz | AaB |
| Prämisse 2 | Untersatz | CaA |
| Konklusion | Folgerung | CaB |

## Dritte (verallgemein.) Darstellung des Schlusses

- (i) prädikatenlogischer Darstellung: $\forall x(Sx \rightarrow Px)$ mit $\exists xSx$
  [→: es folgt; für alle: ∀: für alle; ∃: es existiert (zumindest ein)]
- Hinweis:
  **Ungeeigneter (unzulässiger) Schluss**
  Aus „Einige A sind B" & „Einige B sind C" **folgt nicht**: „Einige A sind C"
- **Kurzschreibweise** für Schlüsse: Alle P sind Q, a ist P → a ist Q

## Schlusssätze

- Kategorische Sätze:
  - universell bejahend **( A )** => Alle S sind P.
  - universell verneinend **( E )** => Kein P ist S.
  - partikulär bejahend **( I )** => Einige S sind P.
  - partikulär verneinend **( O )** => Einige S sind nicht P.

  Verschiedene Schlüsse gelten unmittelbar. Ihre Beziehungen zueinander können im logischen Quadrat verdeutlicht werden.
- Auf der Basis von kategorischen Sätzen können die Schlüsse – der Konversion, – der Kontraposition, – der Kontradiktion, – der Opposition, – der Subalternation, gezogen werden.

## Logisches Quadrat

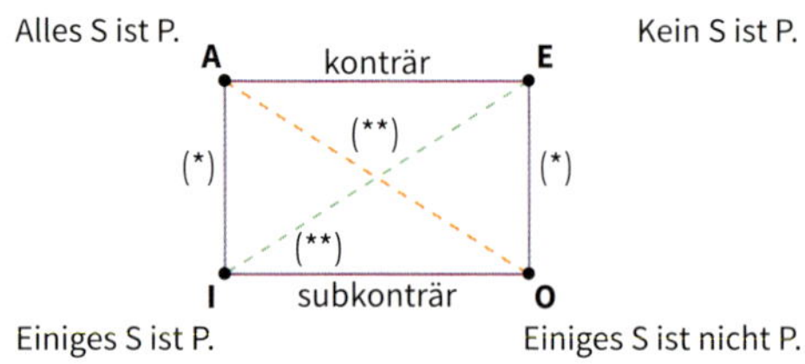


(*): Subalternation; (**): kontradiktorisch

- Die vier Satztypen (A, E, I, O) können in den vier Grundfiguren der Logik jeweils beliebig kombiniert eingesetzt werden. So können zum Beispiel in der ersten Form

| | | |
|---|---|---|
| M – P | M α P | für α, β und χ jeweils A, E, I, O eingesetzt |
| S – M → | S β M | werden. Insofern gibt es $4 \cdot 4^3 = 256$ |
| S – P | S χ P | mögliche Schlüsse. |

- Von den 24 möglichen Schlüssen sind 15 unbedingt gültig. Hierfür existieren Merkwörter. Mit jeder Silbe wird ein Typ bezogen auf die Prämissen und die Konklusion in einer Grundfigur bezeichnet. So steht barbara für a, a, a in der ersten Figur:
  M a P → (rot: Erste Prämisse)
  S a M → (grün: Zweite Prämisse)
  S a P → (blau: Konklusion)
- Erlaubte Typen in den Figuren:
  1. Figur: **barbara; celerant; darii; ferio**
  2. Figur: **cesare; camestres; festino; baroco**
  3. Figur: **datisi; feriso; disamis; bocordo; darapti; felapton**
  4. Figur: **calemes; fresison; dimatis; bamalip; fesapo**

## Fehlschlüsse / Trugschlüsse

- Die Problematik von Fehlschlüssen ist eine grundlegende Thematik innerhalb der Logik.
- Ein **Fehlschluss** ist eine nicht begründete logische Folgerung. Beispiel: Aus A → B folgt nicht: ¬A → ¬B. (→: folgt; ¬: nicht). (A: Es regnet. B: Das Dach ist nass.) Jedoch gilt zum Beispiel: $(p \wedge q)$ ist äquivalent zu $\neg(\neg p \vee \neg q)$ → Gesetz von de Morgan.
- Scheinschlüsse werden als sophistische Schlüsse bezeichnet. Der Schluss ist von der Basis der Logik her nicht gerechtfertigt.
- Auch die Übertragung von korrelativen Zusammenhängen auf naturgesetzliche Kausalzusammenhänge berührt den Bereich der Fehlschlüsse.
- Öffentlich besonders problematisch sind Fehlschlüsse in folgenden Bereichen: Justiz, Glücksspielen, Medizin und Politik.

# Logik
## Logic

### Idee der Schlüsse

Mit Blick auf reale Gegebenheiten werden logische Schlüsse zur Beschreibung verwendet. Dies betrifft u. a. folgende Bereiche
- naturwissenschaftliche Zusammenhänge und Gesetze
- juristische Beurteilungen und Urteile
- psychologische, pädagogische und ethische Gegebenheiten

Unterschieden werden hierbei folgende Schlüsse
- deduktiver Schluss: Schluss mit strenger Gültigkeit
- induktiver Schluss: Verallgemeinerung von Sachverhalten (hypothetischer Schluss)
- abduktiver Schluss: Plausible Ursachen für Gegebenes werden bestimmt.
- Prohabilistischer Schluss: Schlüsse auf Folgerungen mit gewissen Wahrscheinlichkeiten

### Aussagenlogik

- Die Aussagenlogik untersucht den Wahrheitswert von Aussagenverbindungen. Die Zusammenhänge werden mit **Wahrheitsfunktionen** und **-tabellen** (Wahrheitstafeln) dargestellt.
- Klassische Junktoren in der Aussagenlogik
  "nicht A" => $\sim A = \neg A$
  "A und B" => $(A \wedge B)$
  "A oder B" => $(A \vee B)$
  "Wenn A, dann B" => $(A \rightarrow B)$ [→ Implikation]
  "A genau dann, wenn B" => $(A \leftrightarrow B)$ [→ Äquivalenz]

| B | A | A → B | A ↔ B |
|---|---|---|---|
| 0 | 0 | 1 | 1 |
| 0 | 1 | 0 | 0 |
| 1 | 0 | 1 | 0 |
| 1 | 1 | 1 | 1 |

$A \rightarrow B$ entspricht $(\neg A \vee B)$ [A: Prämisse; B: Konklusion]
$A \leftrightarrow B$ entspricht $(A \rightarrow B) \wedge (B \rightarrow A)$

- Die Aussagenlogik untersucht den Wahrheitswert von Aussagenverbindungen. Die Zusammenhänge werden mit **Wahrheitsfunktionen** und -**tabellen** (Wahrheitstafeln) dargestellt.
- Klassische Junktoren in der Aussagenlogik
  "nicht A" → $\sim A = \neg A$
  "A und B" → $(A \wedge B)$
  "A oder B" → $(A \vee B)$
  "Wenn A, dann B" → $(A > B)$
  "A genau dann, wenn B" → $(A \leftrightarrow B)$
- **Grundgesetze in der Aussagenlogik**

  **Assoziativgesetze:**
  $(A \wedge B) \wedge C = A \wedge (B \wedge C)$
  $(A \vee B) \vee C = A \vee (B \vee C)$

  **Kommutativgesetze:**
  $A \wedge B = B \wedge A$ ; $A \vee B = B \vee A$

  **Distributivgesetze:**
  $(A \vee B) \wedge C = (A \wedge C) \vee (B \wedge C)$
  $(A \wedge B) \vee C = (A \vee C) \wedge (B \vee C)$

  **Absorptionsgesetze:**
  $A \wedge (A \vee B) = A$ ; $A \vee (A \wedge B) = A$

  **Idempotenzgesetze:** $A \wedge A = A$ ; $A \vee A = A$

  **Gesetz vom ausgeschlossenen Dritten:**
  $A \wedge \neg A$ = Falsch ; $A \vee \neg A$ = Wahr

  **Regeln von De Morgan:**
  $\neg(A \wedge B) = \neg A \vee \neg B$ ; $\neg(A \vee B) = \neg A \wedge \neg B$

  **Doppelte Negation:** $A = \neg(\neg A) = \neg\neg A$

### Prädikatenlogik / Quantorenlogik

- Mit den Mitteln der Quantorenlogik kann die innere Struktur genauer als mit den Mitteln der Aussagenlogik beschrieben werden.
- Quantoren der Quantorenlogik
  "für alle" => $\forall$; "es gibt ein" => $\exists$
- Quantorenbeziehungen
  $\forall x\, P(x) = \neg \exists x \neg P(x)$
  $\exists x\, P(x) = \neg \forall x \neg P(x)$
- **Tautologien** und **Implikationen** in der Prädikatenlogik
  $\forall x \forall y\, P(x,y) = \forall y \forall x\, P(x, y)$
  $\exists x \exists y\, P(x,y) = \exists y \exists x\, P(x, y)$
  $\forall x\, P(x) \wedge \forall x\, Q(x) = \forall x\, (P(x) \wedge Q(x))$
  $\exists x\, P(x) \vee \exists x\, Q(x) = \exists x\, (P(x) \vee Q(x))$
  $\forall x\, P(x) \vee \forall x\, Q(x) \Rightarrow \forall x\, (P(x) \vee Q(x))$
  $\exists x\, (P(x) \wedge Q(x)) \Rightarrow \exists x\, (P(x) \wedge Q(x))$
  $\forall x\, (P(x) \Rightarrow Q(x)) \Rightarrow (\forall x\, P(x) \Rightarrow \forall x\, Q(x))$
  $\forall x\, (P(x) \Leftrightarrow Q(x)) \Rightarrow (\forall x\, P(x) \Leftrightarrow \forall x\, Q(x))$
  $\exists x \forall y\, P(x, y) \Rightarrow \forall y \exists x\, P(x, y)$
- **Zeichen / Alphabete / Basisregeln (→ PK1)**
  Außerlogische Zeichen (Variablensymbole): x, y, z, …;
  (Konstantensymboel): a, b, c, …;
  (n-stellige Funktionssymbole): $f_n, g_n, h_n, \ldots (n > 0)$;
  (m-stellige Prädikatensymbole): $R_m, P_m, Q_m, \ldots (m > 0)$
  Terme: Variablen, Konstanten; auch Funktionen $f_n(t_1, t_2, \ldots, t_n)$
  Atomare Formel: $R_m(t_1, t_2, \ldots, t_n)$ mit Termen $t_i$ $(1 \leq i \leq m)$
  $\exists$-Einführungsregel: $|\text{--}\ A \rightarrow B \Rightarrow |\text{--}\ \exists x A \rightarrow B$
  Einsetzungsaxiom: $A_x[t] \rightarrow \exists x A[x]$
  Identitätsaxiom: $x = x$
  Gleichheitsaxiom: $(x_1 = y_1) \wedge \ldots (x_n = y_n) \rightarrow$
  $\rightarrow f(x_1, \ldots, x_n) = f(y_1, \ldots, y_n)$

### Modallogik

- Von besonderer Bedeutung für die Informatik ist die Modallogik
- Die Aussagenumstände bestimmen die Möglichkeit bzw. Notwendigkeit des Wahrheitswerts einer Aussage.
  - $\alpha$ steht für: „$\alpha$ gilt notwendig"
  - $\alpha$ steht für: „$\alpha$ gilt möglicherweise"
- In der Modallogik können Rahmen (W,R) bestimmt werden.
- R gibt dabei eine Erreichbarkeitsrelation auf die Referenzpunkte (Elemente) in W an.

### Schlüsse in Expertensystemen

- Auf der Basis der Schlüsse werden regelbasierte Entscheidungen von softwarebasierten Geräten getroffen. Dies stellt die (erste) Basis der Expertensysteme dar.
- Bezüglich von ›wenn … dann – Schlüssen‹ spricht man von bedingten Schlüssen.
  Problematisch ist besonders, inwiefern von ›wenn-dann-Zuständen‹ in Speichern (→ Datenübergang) auf eine ›wenn-dann-Beziehung‹ in der Realität geschlossen werden kann bzw. darf → (›Problem von Philon bzw. von Hume‹).
- Prinzipiell basieren die automatenlogischen Entscheidungen auf der Übersetzung von Funktionen (→ $f_n$) auf Relationen (→ $R_{n+1}$).
  Äquivalenzrelationen liegen vor, wenn die Aspekte der Reflexivität (R(x,x)),
  der Symmetrie (R(x,y) → R(y,x)) und
  der Transitivität (R(x,y) ∧ R(y,z) → R(x,z)) zugleich erfüllt sind.
- Bedeutsam im öffentlichen Bereich sind Interpretationen (Schlüsse) zu stochastisch bedingten Gegebenheiten (→ siehe Simpsonsches-Paradoxon).

## Logik und Programmierung (Prolog)

- Ausgehend von logischen Untersuchungen (Gödel etc.) wurde die Rekursion als maschinell gestaltbarer Ablauf erfasst.
- Auf der Basis der Prädikatenlogik sind Logik-Programme entwickelt worden, mit denen es möglich ist, aus vorgegebenen Sachlagen Schlüsse (Konsequenzen) durch (intelligente) Automaten folgern zu lassen.
- Logik-Programme bestehen hierbei aus einer endlichen Anzahl von Programmklauseln.
  - **Klausel:** Menge von disjunktiv verknüpften Literalen
  - **Literale:** Unnegierte und negierte atomare Formeln
  - **atomare Formeln:** einfache prädikative Ausdrücke in der Prädikatenlogik
  - **Menge von Klauseln:** Konjunktiv verknüpfte Literalen-Mengen
  - **Horn-Klauseln:** Klauseln, bei denen z. B. nur eine Literale in der zugehörigen Literalen-Menge eine nicht negierte atomare Formel ist: $\{ \alpha \wedge \neg\beta_1 \wedge \neg\beta_2 \wedge \ldots \wedge \neg\beta_n \}$
- Die logische Programmiersprache **PROLOG** (→ **Pro**gramming in **Log**ic) basiert darauf, prädikatenlogische Ausdrücke unter Verwendung von Horn-Klauseln darzustellen, die automatentechnisch selbstständig verarbeitet werden können.

## Fuzzy-Logik

- Begriff: fuzzy (engl.; gesprochen „fassi"): fusselig (→ unscharf)
- Mit der Fuzzy-Logik werden nicht genau begrenzte (→ unscharfe), allgemein vage und auch ungesicherte Sachverhalte einer exakten Beschreibung zugänglich gemacht.
- Auch „ungenaue" sprachliche Ausdrücke (→ „niedrig", „gering", „oftmals", „viel", „hoch", „im Mittel") werden innerhalb des Konzepts der Fuzzy-Logik mathematisch beschreibbar.
- Basis der Fuzzy-Logik ist die Theorie der unscharfen Mengen.
- Jedem Element einer Menge (also jeder Aussage), wird ein gradueller Wahrheitswert zugeordnet, der im Intervall [0, 1] liegt.
- Die klassische zweiwertige Logik ist als Sonderfall dieser Zuordnungsbeziehung zu verstehen.

**Zugehörigkeitsregeln zur Fuzzy-Logik und -Interferenz**

- Mit unterschiedlichen Funktionen können die (jeweils exakten) Werte der Variablen (Abnutzungsgrad, Alter, Druck, Helligkeit, Qualität, Verspätung, …) einem Werteintervall (Wertemenge) zugeordnet und als unscharfer Wert bestimmt werden.
- Die Zugehörigkeitsfunktionen können individuell – z. T. abschnittsweise – definiert werden. Bekannte Funktionen sind: Trapezfunktionen, Glockenfunktionen.
- Es existieren Verknüpfungsregeln für Fuzzy-Mengen (Mengenregeln: Schnitt- und Vereinigungsmengen von Fuzzy-Mengen) und Rechenregeln für fuzzywertige Relationen und Funktionen.
- Innerhalb der Fuzzy-Inferenz werden Schlussformen eingesetzt, die nicht mit klassischen Logik-Kalkülen darstellbar sind.

## Mehrwertige Logik (MwL) / Temporale Logik (TL)

- **MwL**: nichtklassische Logikansätze – basierend auf der Annahme mehrwertiger Wahrheitskonzepte ($W \rightarrow W_1 \rightarrow W_2 \rightarrow W_3 \rightarrow \ldots$)
- **TL**: basiert auf der Modallogik mit einem zeitlich geordneten Relationsrahmen. Die Relationsfolge R ist als zeitliche Folge zu verstehen.

## Begriffe

- **Alphabet**: eine Abfolge von Zeichen (Buchstaben und Zahlen) bzw. auch Symbolen; die Zeichen werden zu Zeichenketten verbunden
- **Aposteriori** (auch a posteriori): ›das Spätere‹ (jedoch empirisch Erstere), das Gefolgerte; bei Kant: Urteile a posteriori – immer synthetische Urteile (erweiternde Urteile); Beweis aus der Wirkung
- **Apriori** (auch a **priori**): ›vorhergehend‹, auch ›der Natur nach Früheres‹ (Aristoteles); ›vor der Erfahrung‹; das Begründende, nicht empirisch gewonnene; bei Kant: Urteile a priori; nach Kant sind mathematische Urteile ›synthetische Urteile a priori‹; ein Beweis aus Ursachen (verursachende Gründe)
- **Apriorismus**: Lehre nach der ein Apriori im realen Erkennen, Handeln, Urteile immer schon vorliegt – zum Beispiel im Sinne der Wiedererinnerung der Ideen (Platon)
- **Axiom**: Grundaussage, die als wahr angenommen wird; die nicht bewiesen werden muss, aber auch nicht weiter bewiesen werden kann; ausgehend von Axiomen können unter Verwendung von Schlüssen Lehrsätze hergeleitet werden
- **Brasilianische Logik**: es gilt nicht der Satz vom Widerspruch jedoch der Satz vom ausgeschlossenen Dritten (siehe Negation)
- **Eigenname**: ein singulärer Ausdruck für genau eine Person oder Ereignis etc.
- **Entscheidungsverfahren** (**Algorithmen**): geordnetes Verfahren (Prozedur), um nach einer endlichen Anzahl von Schritten zu einer Problemauflösung zu kommen
- **Existenz**: (logisch) es existiert ein Gegenstand entsprechend der Kennzeichnung ($\exists$ (Existenzquantor)); (Übergang vom formalen System in die Realität)
- **Extension**: Umfang eines Begriffs (Begriffsreferenz)
- **Intension**: Inhalt eines Begriffs; Bedeutung (Informationswert) eines Ausdrucks
- **Intention**: Absicht (Ausrichtung einer Handlung)
- **Junktoren**: Satzoperatoren, die Ausdrücke zu komplexeren Ausdrücken verbinden ($\neg$ (Negation); $\wedge$ (UND); $\vee$ (ODER); $\supset$ (Implikation: wenn-dann: es folgt); $\equiv$ (genau dann, wenn (Bikonditional); >-< (entweder oder (XOR))
- **Kalkül**: explizite und transparente Darlegung einer Menge von präzisierten Sätzen
- **Negation**: klassische Annahme in der Aussagenlogik: $\neg(\neg A) = A$; mögliche Modi in Orientierung (a) am Satz vom Widerspruch, und (b) am ausgeschlossenen Dritten – bedeutsam für die Folgen, die mit der Negation einhergehen (→ intuitionistische Logik; parakonsistente Logik (Brasilianische Logik); australische Schule; polnische Schule)
- **Prädikative Binnenstruktur**: innere Struktur der logischen Teilsätze innerhalb der Prädikatenlogik
- **Reduktion der Quantoren** (Überführung von Quantoren): (i) $\forall x\, P(x) \equiv \neg \exists x \neg P(x)$ (ii) $\exists x\, P(x) \equiv \neg \forall x \neg P(x)$ (iii) $\forall x \neg P(x) \equiv \neg \exists x\, P(x)$ (iv) $\exists x \neg P(x) \equiv \neg \forall x\, P(x)$
- **Referenz**: Bezug (Extension)
- **Satzoperatoren**: Junktoren
- **Semantik de Operatoren**: Aussagenbestimmung unter Verwendung von $\forall x\, S$ bzw. $\exists x\, S$
- **Singuläre Aussage**: Elementaussage
- **Wahrheitswertanalyse**: Auflösung der aussagenlogischen Formulierungen unter Verwendung von Tabellen)
- **Widerspruch**: von p und q, wenn gilt: p = nicht-q (real nicht gleichzeitig vorhanden bzw. zu realisieren)

## Merkmale

- Unter Verwendung von informationstechnischen Systemen soll die (virtuelle – unternehmensweite) **Kommunikation** ermöglicht, erleichtert bzw. verbessert werden, um so das – Informieren, – Koordinieren, – Kollaborieren, – Kooperieren zwischen Menschen zu ermöglichen.
- Bezüglich der **K**ommunikation, **K**oordination und **K**ooperation in Gruppen spricht man vom **3K-Modell**.
- **Kenntnisbereiche:** Neben den technischen Realisierungs- und theoretischen Beschreibungsmöglichkeiten sind Kenntnisse aus folgenden Bereichen relevant:
  - Arbeitswissenschaften,
  - Soziologie,
  - Ergonomie,
  - Design,
  - Lern- und Arbeitspsychologie,
  - Kognitionswissenschaften.

## Systemabkürzungen

- **CSCL: C**omputer **S**upported **C**ooperative/**C**ollaboratives Learning – Computerunterstütztes Lernen
- **CSCW: C**omputer **S**upported **C**ooperative **W**ork – Computerunterstütztes kooperatives Arbeiten (Gruppenarbeit)
- **HCI: H**uman **C**omputer **I**nteraction – Endbenutzergerechte Gestaltung interaktiver Systeme (Individualsystem)
- **MIS**: **M**anagement **I**nformation **S**ystems – EDV-gestützte Informationsverarbeitung (System zur Organisationsunterstützung)
- **SIS: S**ocial **I**nformation **S**ystems – Gemeinschaftsunterstützende System

## Konkrete Systeme

- Nachrichtensysteme: Information Lens, Imail
- Mehrbenutzereditoren (M)
  - asynchrone M.: Quilt
  - synchrone M.: CoWord, CoPowerPoint, DistEdit, Grove, Iris
- Elektronische Sitzungsräume: DOLPHIN
- Rechnergesteuerte Konferenzen: Cognoter, Video, Link, MMConf, Rapport
- Intelligente Agenten: LIZA
- Koordinierungssysteme: DOMINIO, ECF (Electronic-Circulation- Folder) System, COORDINATOR

## Gestaltungsprinzipien

- Relevant für die Gestaltung von kooperierenden Gruppenprozessen ist, den Anwendern zeitlich möglichst gleiche (identische) Prozesskonzeptionen/Produktvorstellungen zugänglich zu machen.
- Hierzu sind die „WYSIWIS"-Ideen bedeutsam:
  - **WYSIWIS:** what you see is what I see
  - **WYSIWYG:** what you see is what you get
  - **WHSIWIMS:** what you see is what I may see
  - **WYSIWNIS:** what you see is not what I see
- **Netiquette (Network Etiquette):** Verständigungsregeln für die Internet-Kommunikation:
  - Den Kommunikationspartner als Mensch sehen und achten.
  - Texte sorgfältig erstellen und präzise berichten.
  - **Rechtsregeln** beachten (bezüglich Beleidigung, üble Nachrede und Verleumdung siehe §§ 185ff, StGB).
  - **Betreff-Zeile** sinnvoll nutzen.

## Kommunikationsmöglichkeiten

Unterschieden werden: **asynchrone** und **synchrone** Kommunikation:
- asynchrone E-Mail-Kommunikation,
- synchrone
  - textbasierte Konferenzsysteme: IMS, IRC, Talk,
  - Audiokonferenzsysteme,
  - Videokonferenzsysteme.

| CSCW-Klassifikation nach Zeit und Raum (Ort) | | |
|---|---|---|
| Zeit\Ort → | getrennt | gleich |
| getrennt | Meeting – gemeinsam | Pinwand; schw. Brett |
| gleich | Tele-/Videokonferenz | E-Mail |

**Zuordnungen der Dienste im 3K-Modell**

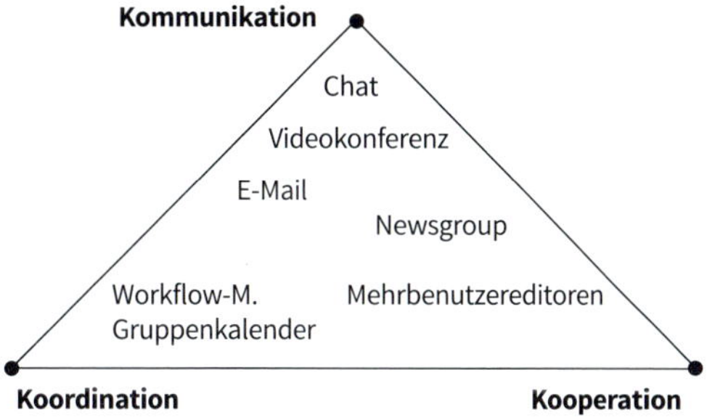


Die Systemgruppen können entsprechend zugeordnet werden.

## Workflow-Systeme

- **Workflow** – auch Geschäftsvorgang, -prozess, Prozesskette
- Unterschieden werden bei den Geschäftsprozessen
  - starre Abläufe (Produktionsworkflow),
  - Ad-hoc-Abläufe,
  - semistrukturierte bzw. semiflexible Abläufe.
- Beim Management von Workflow-Prozessen müssen folgende Aspekte erfasst bzw. bewältigt werden:
  1. Modellierung (Ist-Erfassung/Soll-Konzept),
  2. Spezifikation,
  3. Simulation,
  4. Ausführung,
  5. Steuerung.
- Modellierungserfassung mit:
  - Fluss- und UML-Diagrammen,
  - Use-Case-/Interaktionsdiagramme,
  - Prozess-Algebren,
  - Petri-Netze
- Im Rahmen der Gruppenarbeit werden erfolgreich virtuelle Realitäten **kreiert und eingesetzt**.

## Verständigungssysteme (Unterstützungsbereich(e))

- Bulletin-Board-Systeme (K, I)
- E-Mail (K, WM)
- Mehrbenutzereditoren/ Planungssysteme (WC)
- Verteilte Hypertextsysteme (I, WC)
- Videokonferenzsysteme (K)
- Elektronische Sitzungsräume (WC)
- Datenbanken (I, WM)
- Workflow-Management-Systeme (WM)

**Unterstützungsbereich(e))**
**K: K**ommunikationsunterstützungssystem
**I:** Gemeinsame **I**nformationsräume; **WC: W**orkgroup **C**omputing
**WM: W**orkflow **M**anagementsysteme

## Merkmale

Informationstechnische Prozesse werden
**unter Verwendung von**
- stochastischen und
- graphentheoretischen Methoden

- **nachgebildet**,
- **im Rechner simuliert,**
- in ihrer **Leistungsfähigkeit charakterisiert**.

**Anwendungsbereiche der Prozessuntersuchungen:**
- Datenübertragungs- und -verarbeitungsprozesse
  - in Einzelrechnern und
  - zwischen verschiedenen Einzelgeräten,
- Client-Server-Beziehung und
- Verkehrs- und Bedienprozesse in öffentlichen Netzen

## Stochastische Grundbegriffe

| | |
|---|---|
| Ergebnis | Möglicher, aber nicht sicherer Ausgang eines Prozesses |
| Ereignis | Zusammenfassung von Ergebnissen. Es können sichere, zufällige (mögliche) und unmögliche Ereignisse unterschieden werden. |
| Gegenereignis | Für die Beziehung zwischen einem Ereignis (E) und seinem Gegenereignis (G) gilt: $P(E) = 1 - P(G)$ |
| Zufallsvariable | Symbol zur eindeutigen Erfassung von Merkmalen eines Zufallsexperiments, dem eine reelle Zahl zugeordnet wird |
| Erwartungs-wert | Mittelwert einer Zufallsvariablen X mit der üblichen Symbolik: E (X) |
| Häufigkeit | Maß für das Auftreten eines Ereignisses. Unterschieden werden absolute und relative Häufigkeit. Tritt ein Ereignis (bei einem Experiment/Geschehen) mit n Versuchen H-mal auf, dann ist H die absolute Häufigkeit des Ereignisses. Die relative Häufigkeit h ist $h = H/n$. |
| Wahrschein-lichkeit | Symbol P: Geht die Anzahl der Versuche n gegen einen unbegrenzt hohen Wert und konvergiert h gegen einen festen Wert, dann wird $P = h = H/n$ als Wahrscheinlichkeit des entsprechenden Ereignisses aufgefasst. |
| Berechnung von E (X) | $E(X) = x_1P(x_1) + x_2P(x_2) + \ldots + x_nP(x_n)$ |

## Urnenmodelle

- Zufallsprozessabläufe können mit Urnenmodelldarstellungen erfasst werden.

Urne mit drei Elementen:
○ (drei Stück)
☆ (vier Stück)
□ (zwei Stück)

- Weitere elementare Simulationsmodelle: Münze, Würfel

## Baumdiagrammdarstellungen

- Ein- und mehrstufige Zufallsexperimente können anschaulich dargestellt werden.

Baumdiagrammdarstellung für ein einstufiges Zufallsexperiment:

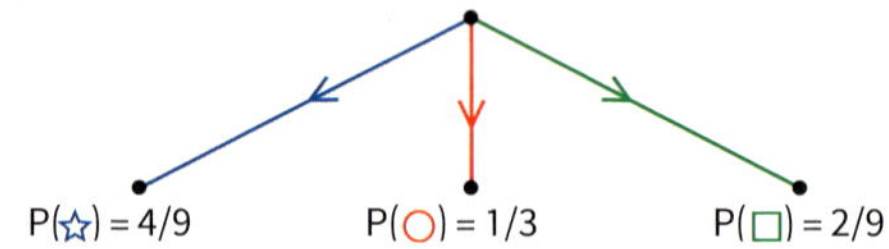


- Bei der Darstellung werdendie Pfadregeln beachtet.
  1. Pfadregel: Die Wahrscheinlichkeitssumme der Pfade von einem Knoten ist gleich eins.
  2. Pfadregel: Die Wahrscheinlichkeit eines Weges über Einzelpfade berechnet sich über das Produkt der einzelnen Pfadwahrscheinlichkeiten.

## Anwendungsbeispiele

- Rechnerprozesse können durch die Analyse der Warte- und Bediengegebenheiten erfasst werden.
- Vorgaben für die Modellbildung:
  - Warteplätze (Zugriffsseite auf den Rechner)
  - Ankunftsrate ($\lambda$) (Die **Ankunftsrate** $\lambda$ ist gleich dem **Erwartungswert** der Anzahl der Anforderungen in einer vorgegebenen Zeiteinheit.)
  - Rechnerbedien- und Verweilzeiten (Enderate $\mu$ gibt die erfüllten (erfolgreich abgegebenen) Anforderungen an.)

- Beschreibung von „Von-Neumann-Prozessoren":
  - Beschreibung des Zusammenspiels von Leit- und **Rechenwerk**
  - Auftragsanteile (1 – ü) werden vom Leitwerk nicht ans Rechenwerk, sondern an andere Steuerwerke gegeben.

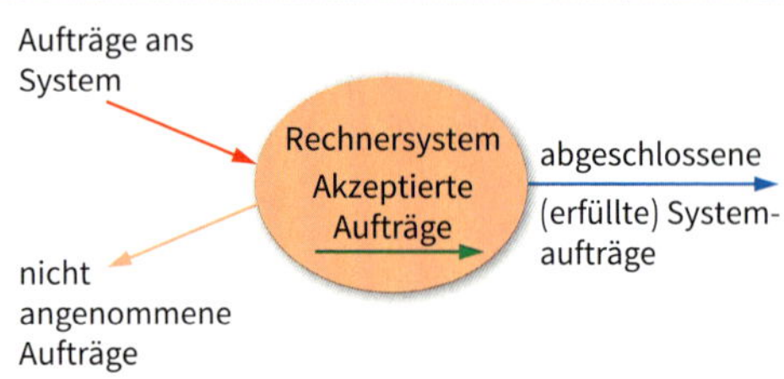


Struktur eines Zentralprozessors

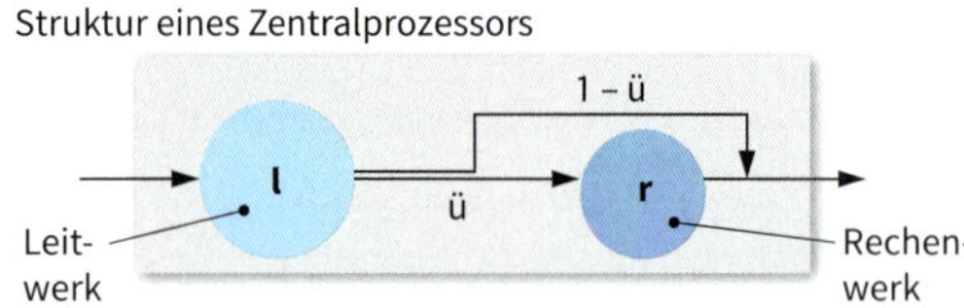


**l:** Erwartungswert der Bedienrate im Leitwerk
**r:** Erwartungswert der Bedienrate im Rechenwerk

## Mittelwert, Modalwert, Medien

- **Mittelwert**: Arithmetisches Mittel (Durchschnitt): $\Sigma(x_i)/n$
- **Modalwert(e)**: Häufigste(r) Einzelwert(e) in einer Verteilung
- **Medien**: Konkreter Wert genau in der Mitte der systematisch angeordneten Daten

## Zustandsbeschreibungen

- **Zustandsübergangsdiagramme** bilden Systemzustände ab. Erfasst werden:
  - Zustandssituationen zu bestimmten Zeitmomenten,
  - Informationen zu möglichen Übergangsprozessen (Übergangswahrscheinlichkeiten der Zustände)
- **Zustandsdiagramme** können mit
  - Zustandstabellen und -matrizen sowie
  - mit mathematischen Gleichungen (Funktions- und Automatengleichungen)

  dargestellt werden.

**Zustandsübergangsdiagramm**

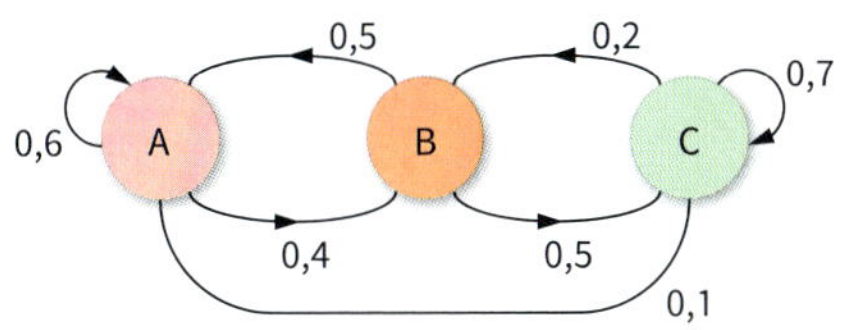


**Übergangsmatrix**

$$Ü = \begin{vmatrix} Ü_{AA} & Ü_{AB} & Ü_{AC} \\ Ü_{BA} & Ü_{BB} & Ü_{BC} \\ Ü_{CA} & Ü_{CB} & Ü_{CC} \end{vmatrix} = \begin{vmatrix} 0{,}6 & 0{,}4 & 0 \\ 0{,}5 & 0 & 0{,}5 \\ 0{,}1 & 0{,}2 & 0{,}7 \end{vmatrix}$$

$Ü_{XY}$: Übergangswert vom Zustand X zum Zustand Y

## Bedienmodelle

- Ein **einfaches Bedienmodell** ist das System M/M/1:
  - Der erste Buchstabe steht für die Ankunftssituation,
  - der zweite symbolisiert die Bearbeitungssituation,
  - die dritte Angabe nennt die Zahl der Bedieneinheiten.
- Der Buchstabe M drückt aus, dass **Markoffsche** Prozessbedingungen vorliegen.
  - Hierbei ist nur der aktuelle Systemzustand (mit den zugehörigen Übergangswahrscheinlichkeiten) von Bedeutung.
  - Die Systemverweildauer in einem Zustand beeinflusst nicht die Übergangswahrscheinlichkeiten (= gedächtnislosen Verteilungen).
- Der Buchstabe G drückt beliebige (engl. general) Verteilzeiten aus.
- Warte- und Verlustsysteme werden unterschieden.
  - Bei einem **Wartesystem** existiert ein unbegrenzter Speicherraum zur Aufnahme von Anforderungen.
  - In einem **Verlustsystem** ist der Warteraum begrenzt: Anforderungen können ganz abgewiesen werden, eventuell verloren gehen.
- **Symbolik**

  $p$: Auslastungsrate der Bedieneinheit  
  $V_w$: Auftragsverlustwahrscheinlichkeit  
  $D$: Durchsatz von Aufträgen  
  $E(k)$: Erwartungswert für die Anzahl der Systemanforderungen  
  $E(l)$: Erwartungswert für die Zahl der wartenden Aufträge im System

## Systembeispiele

- **Einfache Systeme** bestehen aus
  - einem Warteraum, in dem ankommende Systemanfragen zwischengespeichert werden können und
  - einer Bedieneinheit zur Abarbeitung der einzelnen Anfragen.

System mit einem Warteraum für ankommende Anfragen und einer Verarbeitungseinheit

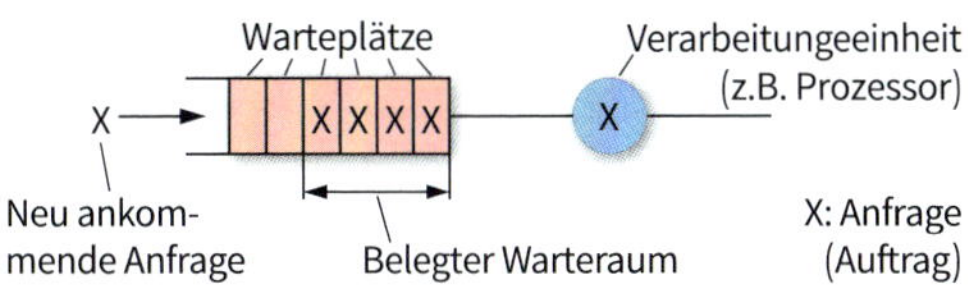


- **Komplexe Systeme** bestehen aus
  - mehreren Bedieneinheiten/Warteräumen.
- Im abgebildeten System liegen
  - drei unabhängige Warteräume und
  - zwei unabhängige Bedieneinheiten vor.

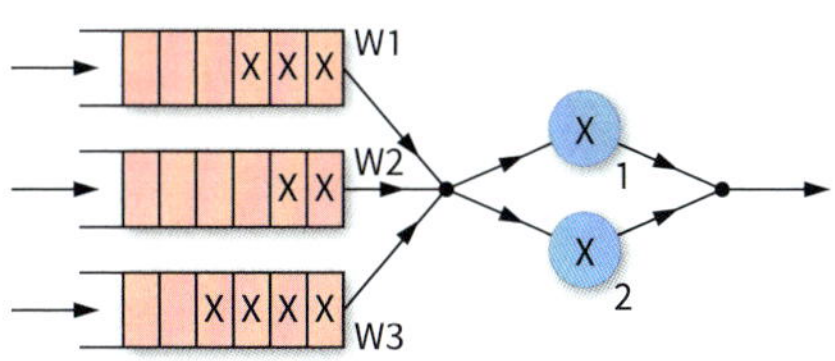


- Beim **M/M/1-Wartesystem** liegen unendlich viele Warteplätze ($S = \infty$) vor.
  - Ankunftsrate: $\lambda$
  - Bedienrate: $\mu$
- Im System befinden sich $(L + 1)$ Aufträge ($L$ im Wartebereich und bei Vollauslastung).
- Es gilt: ($p = \lambda/\mu$):
  - $E(k) = p/(1-p)$
  - $E(l) = p^2/(1-p)$
  - $V_w = 0$ und – $D = \lambda$

**M/M/1-Wartesystem**

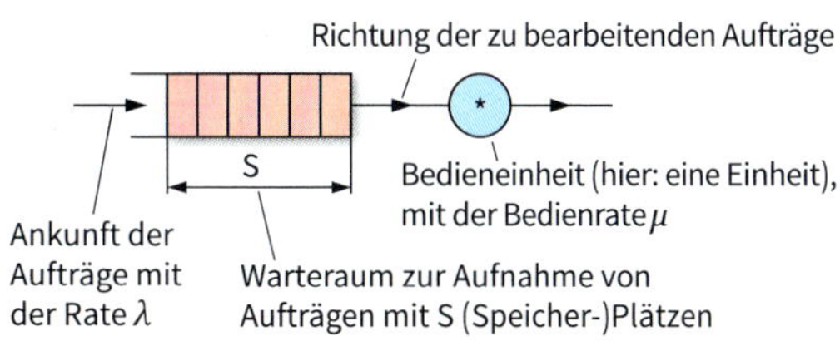

## Technische Information

- Nach Claude Elwood Shannon (1916–2001) kann eine Information da auftreten, wo zufällige Geschehnisse vorliegen. Mit vollständig festgelegten Signalfolgen geht keine Information einher. Über die Wahrscheinlichkeit eines Ereignisses als Ausdruck seiner Zufälligkeit findet Shannon ein Informationsmaß.
- Die Entropie wird nach Shannon zum Maß der Information:
  **Entropie = Information**

## Informationsberechnungen in der Technik

**„Kanal"-betrachtungen**

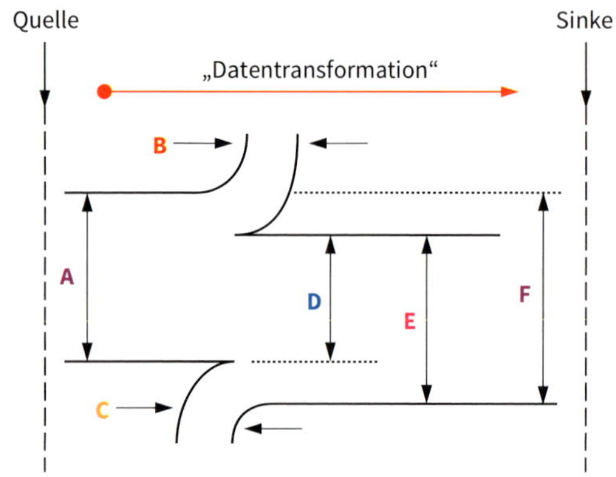


**Entropien (Informationen)**

- A = **H** (X): **Kanaleingangsentropie**
- B = **H** (X|Y): **Rückschlussentropie** – (Äquivokation); „Verluste“
- C = **H** (Y|X): **Irrelevanz** (Streuentropie) – „Rauschen“
- D = **H** (X; Y): **Synentropie** (mittlerer Transinformationsgehalt)
- E = **H** (Y): **Kanalausgangsentropie**
- F = **H** (X, Y): **Gesamt-Verbundentropie**

- Für Signalfolgen gilt (**Erwartungswert** – (***E*** {...}):
  $\mathbf{H_x} = \boldsymbol{E}\{\mathbf{I}(x)\} = P(x_1) \cdot \mathbf{I}(x_1) + P(x_2) \cdot \mathbf{I}(x_2) + \ldots + P(x_n) \cdot \mathbf{I}(x_n)$
  $\mathbf{H_x} = -[P(x_1) \cdot \mathrm{ld}(P(x_1)) + P(x_2) \cdot \mathrm{ld}(P(x_2)) + \ldots + P(x_n) \cdot \mathrm{ld}(P(x_n))]$

## Sätze von Shannon/Informationsgrenzen

- Es liegen zwei in Reihe geschaltete Kanäle $K_1$ und $K_2$ vor.
  Es gilt: $H(X; Z) = H(X; Y) - H((X; Y)/Z)$
  $\Rightarrow (*)\ H(X; Z) \leq H(X; Y)$

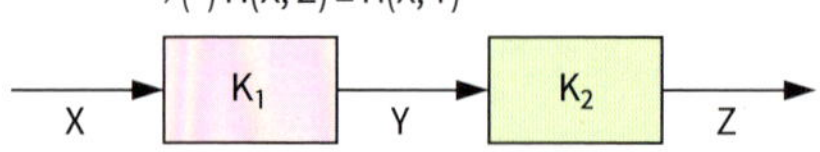


  $K_1$: erster Kanal; $K_2$: zweiter Kanal
  X: erstes Eingangssignal; Z: zweites Ausgangssignal
  Y: erstes und zweites Ausgangssignal
- Es gilt weiterhin: $H(Y; Z/X) = H(Z/X) - H(Z/XY)$
  und $H(X; Z) \leq H(Y; Z)$
- Shannon-Funktion (Entropie von Binärquellen)
  $H_b(p) = p \cdot \mathrm{ldp} - (1 - p) \cdot \mathrm{ld}(1 - p)$

- Diese Beziehung (*) ist als der
  **Hauptsatz der Datenverarbeitung**
  bekannt. Die im ersten Kanal als Äquivokation (H(X/Y)) verloren gegangene Information kann durch die Verarbeitung im zweiten Kanal nicht zurückgewonnen werden.
  Dieser Informationsteil ist unwiederbringlich verloren.

## Informationsgehalt

- Informationsgehalt eines Symbols: $I(x) = -\log_2(P(x)) = -\mathrm{ld}(P(x))$
  P(x): Wahrscheinlichkeit für das Auftreten des Symbols x
  (logarithmus dualis: $\log_2(x) = \mathrm{ld}(x)$)
  **Interpretation:** Je seltener x auftritt (– d. h. P (x) ist klein –), umso größer ist der Informationsgehalt.
- Bzgl. ld(x) gilt: $\mathrm{ld}(x) = \log_2(x) = (1/\ln(2)) \cdot \ln(x)$
- Bei statistisch unabhängigen Symbolen (x; y) gilt:
  $P(x \cdot y) = P(x) \cdot P(y) \rightarrow \mathbf{I}(x \cdot y) = \mathbf{I}(x) + \mathbf{I}(y)$
- **Erwartungswert** (***E*** {...}) von I(x):
  $\mathbf{H} = \boldsymbol{E}\{I(x)\} = P(x) \cdot \mathbf{I}(x) = -P(x) \cdot \mathrm{ld}(P(x))$
- **H:** Symbolentropie (einer Signalquelle); [**H**] = bit/Symbol
- **H** gibt den mittleren Informationsgehalt der Quellsymbole an.

## Übertragungsgegebenheiten

- Unter Übertragungen sind allgemein Übertragungen in der Zeit und/oder örtlich gemeint. Dies gilt für:
  - Übertragung von einem System zu einem anderen,
  - Übertragung (z. B. über Busse) in einem System,
  - „Übertragung“ von einem Zeitmoment zum anderen (z. B. Datenerhalt in der Zeit auf einem Speichermedium).
- Im einfachsten Fall können die Übertragungsgegebenheiten über ein symmetrisches Binärkanal-Modell dargestellt werden.
  $X_A$: gesendete Information A der Quelle usw.
  $Y_A$: Empfang der Information A in der Sinke.
- Nachrichtenverfälschungen können beim Übergang auftreten.
- p: Wahrscheinlichkeit für die Verfälschung der Information

**Modell des symmetrischen Binärkanals**

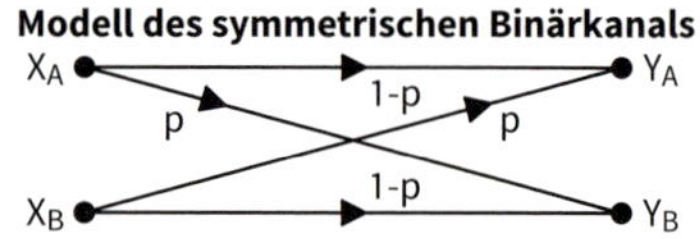


- Bedingte Wahrscheinlichkeit: $P(A|B) = [P(A \cap B)]/P(B)$

## Maßeinheiten

**Maßeinheiten**:
Informationsgehalt $\mathbf{I}(ai) = \log_r(P(a_i))$

- r = 2: $\mathbf{I}(a_i) = \log_r(P(a_i)) = \mathrm{ld}(P(a_i))$; $[\mathbf{I}(a_i)]$ = **bit**
- r = e: $\mathbf{I}(a_i) = \log_e(P(a_i)) = \ln(P(a_i))$; $[\mathbf{I}(a_i)]$ = **nat**
- r = 10: $\mathbf{I}(a_i) = \log_r(P(a_i)) = \lg(P(a_i))$; $[\mathbf{I}(a_i)]$ = **Hartley**

- Verloren gegangene Quellinformation kann nur dann rekonstruiert werden, wenn durch geeignete Codierungen Fehlerkorrekturen möglich werden.
- Durch die Quellcodierung wird die Redundanz minimiert. Über die Kanalcodierung werden Redundanzen systematisch zugeführt, um Fehlererkennungen und -korrekturen zu ermöglichen.

## Elementare Kanaldiagramme

| | Eingang / Ausgang | Erläuterungen |
|---|---|---|
| A.) | 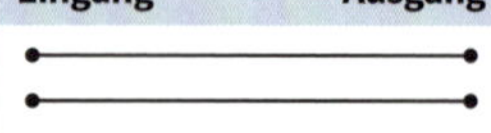 | Der Kanal ist rauschfrei und verlustfrei. |
| B.) | 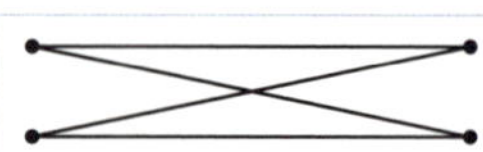 | Der Kanal ist rauschbehaftet und verlustbehaftet. |

# Agile Methoden
## Agile Methods

### Merkmale

- Basis ist das **Agile Manifesto** (Agile Manifest: Grundsatzerklärung).
- Agile Methoden (agil: flink, schnell) beinhalten als Grundansatz die **schnelle Entwicklung** von Software.
- Realisiert wird dieses durch
  - **wiederholte Zyklen** (iterativ: schrittweise wiederholend) in
  - **kurzen Zeitabständen** (inkrementell: aufeinander aufbauend).
- **Ziel** ist die **frühzeitige Bereitstellung** von funktionsfähigen Teilen der Software für den Anwender (Kunden).
- Diese wird dann in der Regel in weiteren Zyklen vervollständigt und optimiert.
- **Vorteil**: Entwickler und Anwender können gemachte Erfahrungen und neue oder geänderte Anforderungen im neuen Zyklus berücksichtigen.
- Bei **konventionellen Verfahren** (z. B. Wasserfallmodel) erfolgt die Bearbeitung des folgenden Schritts erst nach vollständiger Abarbeitung des vorangegangenen Schritts (z. B. Softwaretest erst am Ende aller Entwicklungen).

| **Wertigkeiten im Agilen Manifest** | |
|---|---|
| Höher | Niedriger |
| Individuen und Interaktionen | Prozesse und Werkzeuge |
| Funktionierende Software | Umfassende Dokumentation |
| Zusammenarbeit mit dem Kunden | Vertragsverhandlungen |
| Reagieren auf Veränderung | Befolgen eines Plans |

**Hinweis**: Die Inhalte beider Themenblöcke sind vorhanden, werden aber nach höherer und niedrigerer Wichtigkeit kategorisiert und bearbeitet.

- Prinzipien sind z. B.
  - funktionierende Software ist das wichtigste Fortschrittsmaß,
  - errichte Projekte rund um motivierte Individuen.

### Methodenbeispiele

- ActiF
- Adaptive Software Development (ASD)
- Agile Enterprise
- Agile Model Driven Development (AMDD)
- Behavior Driven Development (BDD)
- Crystal
- Design Driven Development (D3)
- Dynamic System Development Method (DSDM)
- Eclipse Way Process
- Evolutionary Process For Integrating Cots-Based-Systems (EPIC)
- Evolutionary Project Management & Product Development (EVO)
- Extreme Programming (XP)
- Feature Driven Development (FDD)
- Iconix
- Internet-Speed Development
- Lean Software Development
- Microsoft Solutions Framework For Agile Software Development
- Mobile-D
- Rapid Application Development (RAD)
- Rational Unified Process (RUP)
- Scrum
- Test Driven Development
- Agile Unified Process (AUP)
- Essential Unified Process (EssUP)
- Open Unified Process (OpenUP)

### Funktionsumfang

Der Funktionsumfang der Methoden ist unterschiedlich:

Projektmanagement: ja nein   Prozess: ja nein   Praktiken/Ergebnisse: ja nein

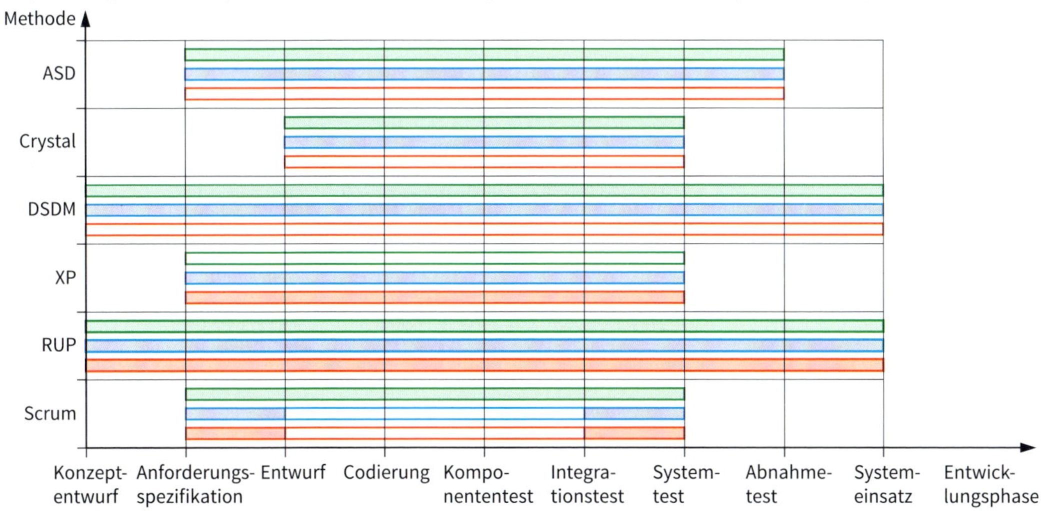

## Merkmale

- Scrum gehört zu den agilen Methoden,
- Oberstes Ziel ist die Lieferbarkeit von funktionierender Software innerhalb kurzer Zeiträume,
- Schreibt keine spezifische Entwicklungsmethode vor,
- Anforderungen sind im Product Backlog (‚Auftragsbestand') festgehalten,
- Entwicklung erfolgt in Schritten, z. B. (monatlichen) Sprints (Spurt, Kurzstreckenlauf),
- Teams sind selbstorganisierend mit begrenzter Anzahl an Teammitgliedern,
- Verzichtet auf vollständige Durchplanung des Projekts am Anfang.

**Prozessdarstellung**

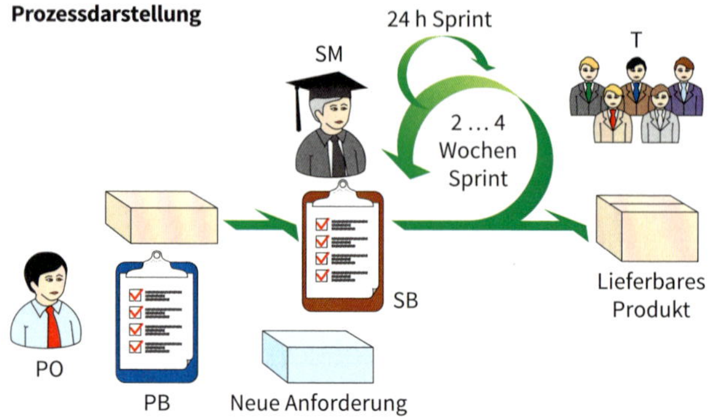


### Rollen

**Product Owner** (PO)
- Definiert Produkt-Features (Merkmale, Eigenschaften, Funktionen)
- Bestimmt Auslieferungsdatum und Inhalt
- Ist verantwortlich für das finanzielle Ergebnis des Projekts (ROI)
- Priorisiert Features abhängig vom Marktwert
- Passt Features und Prioritäten nach Bedarf für jeden *Sprint* an
- Akzeptiert oder weist Arbeitsergebnisse zurück

**Scrum Master** (SM)
- Repräsentiert das Management gegenüber dem Projekt
- Verantwortlich für die Einhaltung von Scrum-Werten und -Techniken
- Beseitigt Hindernisse
- Stellt sicher, dass das Team vollständig funktional und produktiv ist
- Unterstützt die enge Zusammenarbeit zwischen allen Rollen und Funktionen
- Schützt das Team vor äußeren Störungen

**Team** (T)
- Typisch: 5 (+/– 2) Personen
- Funktionsübergreifend (z. B. Qualitätssicherung, Programmierer)
- Vollzeitmitglieder (Ausnahme z. B. Systemadministratoren)
- Selbstorganisierend
- Teammitglieder sind gleichberechtigt (z. B. keine Titel)
- Mitgliedschaft kann sich nur zwischen Sprints verändern

**Stakeholder**
- Beobachten und empfehlen

### Meetings

**Sprint Planning**
- Alle Teammitglieder; max. 0,5 Tage
- Input: Product Backlog, letzter Zuwachs; Geschäfts- und Technolgiebedingungen
- Output: Sprint-Ziel, Sprint-Backlog
- PO präsentiert Sprint-Ziel und höchstpriore Product Backlog-Einträge
- T schätzt Einträge und Budget ab
- T wählt Einträge entsprechend den Prioritäten für den anstehenden Sprint aus

**Daily Scrum**
- Täglich; max. 15 Minuten lang; stehend (Standup); alle sind eingeladen; reden dürfen nur Teammitglieder, der SM und der PO (falls gefragt)
- Jeder Teilnehmer beantwortet die drei Fragen:
  - Was hast Du gestern getan?
  - Was wirst Du heute tun?
  - Was steht Dir im Weg?
- Ist kein Statusbericht an den SM; dient nicht zur Problemlösung
- Persönliche Verpflichtung in Anwesenheit der Kollegen!

**Sprint Review**
- Vollständiges T präsentiert (formlos), was während des letzten Sprints erreicht wurde, z. B. Demonstration der neuen Features
- Informell; keine Folien
- Max. zwei Stunden zur Vorbereitung

**Sprint Retrospektive**
- Regelmäßige Überprüfung: Was funktioniert gut und was nicht?

### Artefakte

**Product Backlog** (PB)
- Liste aller gewünschten Projektarbeiten
- Einträge sollen wertvoll für Benutzer des Produkts oder Kunden sein
- Vom PO priorisiert
- Zu Beginn jedes Sprints neu priorisiert

**Sprint Goal**
- Zusammenfassung in einem Satz
- Gemeinsam akzeptiert vom T und PO

**Sprint Backlog** (SB)
- Liste von Aufgaben für jede ausgewählte Anforderung des Product Backlogs
- Inhaber: T; Status und Abschätzungen täglich
- Änderung nur durch T

**Blocks List**
- Behinderungen, ausstehende Entscheidungen
- Inhaber: SM; täglich aktualisiert

**Product Burndown Chart**
- Visualisiert Gesamtfortschritt und Teamgeschwindigkeit; aktualisiert nach jedem Sprint

**Sprint Burndown Chart**
- Visualisiert Sprint-Fortschritt; dient zur Ermittlung von Problemen; täglich aktualisiert

**Definition of Done** (DoD)
- Liste zutreffender Qualitätskriterien für alle Anforderungen; gemeinsam akzeptiert durch T und PO

**Product Increment**

**Information Radiators**

**P**roduct **O**wner (PO): ‚Produkteigentümer'
**S**crum **M**aster (SM): Scrum ‚Meister'

Stakeholder: Anspruchsberechtigte
Retrospektive: Rückblick

Backlog: Rückstand
Burndown: ‚Abarbeitung'

## Grundsätze

- Ziel dieses Ansatzes ist es, Programmkerne zu gestalten, die
  - Realitätsaspekte einheitlich darstellen und
  - zu überschaubaren Programmieranforderungen führen.
- Datenobjekte und die erlaubten Datenoperationen werden als Einheit gesehen. Dies hat zur Folge, dass die informationstechnischen Beschreibungskonzepte für die objektorientierte Beschreibung erweitert werden müssen.
- Prinzipiell müssen die statischen und dynamischen Struktur- und Beziehungsaspekte gesondert erfasst werden.
- Die Begriffe der Objektorientierung werden in vielen objektorientierten Programmiersprachen verwendet. Im Detail verbinden sich jeweils auch verschiedene Nuancen mit diesen Begriffen.

## Begriffe

- **Objekte und Klassen:**
  - Objekte (object) sind reale Ausprägungen (auch: Instanzen (instance) von Klassen (class)), die vom Anwender selbst definiert werden können.
  - Bei einer Klasse werden Daten (Datenelemente) und Funktionen (Methoden) festgelegt.
  - Durch einen Zugriff auf eine Methode wird üblicherweise eine zugehörige Funktion aktiviert.
  - Der äußere Zugriff ist nur auf die unter „public" deklarierten Elemente möglich. Die als „privat" deklarierten Elemente sind vor äußeren Zugriffen geschützt.

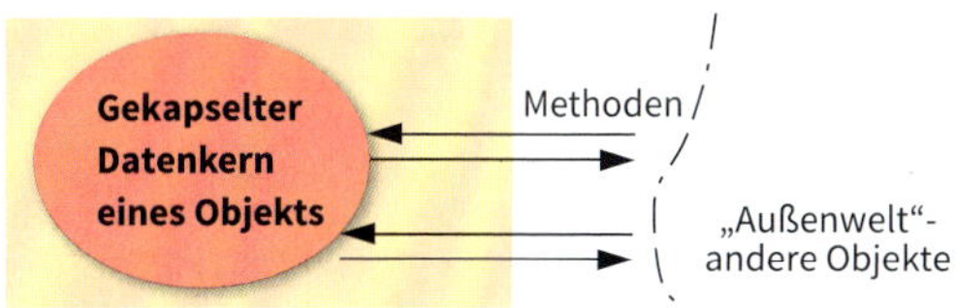


- **Botschaft:** Nachricht bzw. Daten an ein Objekt, die dort um Verarbeitung „bitten".
  - Botschaften werden an Objekte verschickt.
  - An den Sender der Botschaft wird ein Resultat (Botschaft) über die Objektveränderungen geschickt.
  - Jedes Muster, das in einem Objekt durch eine Botschaft ausgelöst werden kann, muss über eine Methode definiert werden.
  - Botschaften können geschachtelt und mit Parametern bestückt sein. Botschaften sind Objektaufträge.
- **Kapselung:** Im Objekt werden Daten, die an das Objekt geführt werden, nach „autonomer" Kontrolle selbstständig verarbeitet. Es erfolgt eine strikte Abgrenzung gegenüber anderen Objekten.
- **Methode:** Mit einer Methode wird die Reaktion der Instanzen (der inneren Objektzustände) auf Botschaften festgelegt (→ klassenspezifische Operation).
- **Protokoll:** Mit einem Protokoll wird beschrieben, wie Botschaften auf Objekte „stoßen" können.
- **Vererbung:**
  - Eine Hierarchie von Klassen wird dadurch gebildet, dass eine „nachrangige" Klasse, die das Ergebnis einer Ableitung aus ihrer Bezugs- bzw. Basisklasse ist, die Methoden der Basisklasse automatisch auch für sich übernimmt.
  - Eine Klasse kann sich auch auf mehrere vorab definierte Klassen beziehen. In diesem Fall liegt eine multiple Vererbung vor.
- **Polymorphie:** Die Wirkung von Botschaften (Funktionsaufrufe) bestimmt sich von der Situation des konkreten Objekts.

## Objektorientierte Software-Entwicklung

- Im Kern werden vier Projektaspekte spiralförmig (siehe Software-Engineering) durchlaufen.
  1. **Analysephase:** Ausgehend von den konkreten Geschäftsprozessen werden die Softwareerwartungen bestimmt.
  2. **Design- und Modellphase**
     Erarbeitung einer objektorientierten Lösungskonzeption
  3. **Realisierungsphase:** Codierung und Testen
  4. **Einsatzphase:** Schulung, Installation, Erprobung
- Bei den einzelnen Phasen werden unterschieden:
  - Auftretende Aktivitäten (z. B. Abstraktionen und Konzeptbildungen in der Analysephase)
  - Aktivitätsgegenstände (z. B. Module)
  - Wissensbasis - Ergebnisse
- Verschiedene **Objektmodelle** existieren:
  - **COM C**omponent **O**bject **M**odel (von Microsoft)
  - **ODP O**pen **D**istributed **P**rocessing – ISO-Rahmen zur Standardisierung innerhalb der objektorientierten IT-Welt
  - **OMA O**bject **M**anagement **A**rchitecture
  - **OMG O**bject **M**anagement **G**roup
  - **TINA T**echnical **I**nformation **N**etwork **A**rchitecture Consortiums
  - **USCM U**niversal **S**ervice **C**omponent **M**odel
- Bedeutsam sind die Modelle von **Booch** und **Rumbaugh**.

## Rumbaugh- und Booch-Modelle

- Nach **Rumbaugh** werden drei Detailmodelle für die Realitätserfassung in fünf Schritten benötigt:
  1 ein **Objektmodell**
    1.1 Klassen und Objektidentifikation
    1.2 Datenbestimmung
    1.3 Aggregationsbestimmung (Objektbeziehungen)
    1.4 Festlegung der Attribute für die Objekte und Beziehungen
    1.5 Bestimmung von Vererbungshierarchien
    1.6 Anfragezugriffe auf Objekte werden bestimmt.
    – Die Abfolge unter 1 bis 6 wird mehrfach durchlaufen. –
    1.7 Abschließend erfolgt eine modulartige Zusammenfassung der Klassen.
  2 ein Modell zur Erfassung der **dynamischen Beziehungen**
    2.1 Erfassung der relevanten Interaktionen und Folgen
    2.2 Ereignisidentifikation und -abfolge
    2.3 Bestimmung von Zustandsdiagrammen (der Objekte)
    2.4 Zuordnung Ereignis – Objekt
  3 ein **Funktionalitätsmodell**
    3.1 Bestimmung der Eingabe- und Ausgabedaten (Typ etc.)
    3.2 Erfassung der funktionalen Beziehungen (und Abhängigkeiten) über Flussdiagramme
    3.3 Festlegung und Beschreibung der Verarbeitungsfunktionen
  4 Einschränkungen, Begrenzungen, Rahmen, Bedingungen werden erfasst bzw. definiert.
  5 Ausarbeitung und Festlegung von Regeln zur Optimierung
- Nach **Booch** soll gemäß einem Vorgehensmodell ein System in einzelnen Schritten – quasi abschnittsweise (inkrementelles Vorgehen) – entwickelt werden. Dabei sind **iterative Verfahrensweisen** zu bestimmen bzw. zu identifizieren:
  - Klassen und Strukturen,
  - Verhalten zwischen Klassen/zwischen Objekten,
  - Klassen- Objekt-Beziehungen,
  - Gestaltung (Codierung) der Klassen und Objekte.

  Verwendet werden zur Modellierung:
  - Klassen- und Objektdiagramme, – Interaktionsdiagramme,
  - Moduldiagramme, – Prozessdiagramme.

## Funktion und Anwendungen

- Entwurfsmuster (Design Pattern) sind
  - bewährte **Vorlagen** zur Lösung typischer Probleme,
  - geeignete **Lösungswege** und **Musterlösungen** (Strukturen, Modelle, Vorlagen, ...),
  - beschreibende und essenzielle (ausschlaggebende) **Entwurfsentscheidungen**,
  - Unterstützungshilfen für die **agile Entwicklung** von Software,
  - Instrumente im Bereich der **Mensch-Computer-Interaktion**,
  - Ergebnisse von **Berufserfahrungen** und können
  - **Lernhilfen** in der Software-Entwicklung sein.
- Ursprung von Design Pattern in der Softwareentwicklung ist das Buch „Design Patterns: Elements of Reusable Object-Oriented Software" von E. Gamma, R. Helm, R. Johnson und J. Vlissides.
- **Entwurfsmuster** (Design Pattern) gibt es auch für
  - Webanwendungen (**Web-Templates**; Web-Vorlagen, eine oder mehrere Seiten eines Webauftritts mit entsprechenden Platzhaltern) sowie
  - Programmierungen (Softwarearchitektur).
  - Sie sind kosten- und zeiteinsparend für aufwändige Entwicklungen und Änderungen.

## Arten

- **Analyse-Pattern**
  Blaupausen (Blueprints, Kontaktkopien) zum Identifizieren und Visualisieren von Abhängigkeiten. Zielsetzung: Optimierungspotential und Handlungsbedarf ermitteln
- **Design-Pattern**
  Zielorientierte und allgemeingültige Muster, z. B. für eine zu entwickelnden Softwarelösung.
- **Planungs-Pattern (Conceptual Pattern)**
  Muster zum Ermitteln von Lücken zwischen dem Ist- und dem Soll-Zustand der gewünschten Designarchitektur (Lücken-Schließer).
- **Coding-Pattern (Programming Pattern)**
  Bewährte Methoden für die Programmentwicklung (Softwareentwicklung)

## Regeln für den Pattern-Entwurf

- Pattern sollten aus exakten Beobachtung und Analyse hervorgehen
- Muster müssen dabei erkannt, adaptiert und strukturiert werden
- Einfache, übersichtliche und langfristig wartbare Gestaltungen sind anzustreben

## Entwurfsmuster (Auswahl)

Es existieren aktuell mehr als 70 Entwurfsmuster, die sich verschiedenen Kategorien zuordnen lassen.

- **Erzeugungsmuster (Creational Design Pattern)**
  Sie dienen der Erzeugung von Objekten und entkoppeln die Konstruktion eines Objektes von seiner Repräsentation:
  - Objektfabrik (Factory Method Design Pattern)
  - Abstrakte Fabrik (Abstract Factory Design Pattern)
  - Prototyp (Prototype Design Pattern, Kopieren eines bestehenden Objekts)
  - Einzelinstanz (Singleton Design Pattern)
- **Strukturmuster (Structural Design Pattern)**
  Sie beschreiben die Kompositionen von Objekten und erleichtern den Entwurf von Software durch Vorlagen für Beziehungen zwischen Klassen:
  - Adapter (Adapter Design Pattern, auch „Wrapper")
  - Dekorierer (Decorator Design Pattern)
  - Stellvertreter (Proxy Design Pattern)
- **Verhaltensmuster (Behavioral Design Pattern)**
  Sie beschreiben die interaktiven Kommunikationen zwischen Objekten und modellieren das komplexe Verhalten der Software. Die Flexibilität der Software hinsichtlich ihres Verhaltens wird erhöht:
  - Beobachter (Observer Design Pattern)
  - Befehl (Command Design Pattern)
  - Zustand (State/Event Design Pattern)
  - Schablonenmethode (Template Method Design Pattern)
- **Weitere Entwurfsmuster**:
  - Fassade (Facade Design Pattern)
  - Kompositum (Composite Design Pattern)
  - Memento (Memento Design Pattern)
  - Zuständigkeitskette (Chain of Responsibility Design Pattern)
  - Iterator (Iterator Design Pattern)
  - Vermittler (Mediator Design Pattern)

## Ablauf einer Nutzung

- **Kriterien für Design Pattern definieren**
  Aufgrund der spezifischen Anforderungen werden Leitkriterien für geeignete Design Pattern ermitteln.
- **Geeignete Design Pattern auswählen**
  Kriterien für die Auswahl festlegen.
- **Design Pattern anwenden**
  Idealfall: Design Pattern direkt anwendbar.
  Realfälle: Bestandteile sind nützlich und direkt anwendbar. Unter Umständen sind auch Kombinationen von mehreren Design Pattern möglich.

## Einsatzmöglichkeit

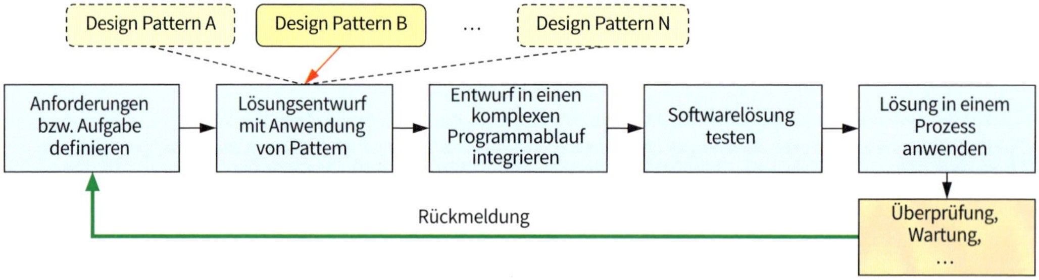

# Benutzeroberfläche
## User Interface (UI)

### Merkmale

- Die Benutzeroberfläche (Bedienoberflächen, Benutzerschnittstellen) ist ein Teil des Betriebssystems oder Anwendungsprogramms und hat eine Vermittlungsfunktion.
- Mit Hilfe von Benutzeroberflächen interagieren Menschen mit Maschinen. Die Schnittstellen sind Teil des Eingabe-Verarbeitung-Systems.
- Die Maschinen haben in der Regel die Möglichkeit, eine Rückmeldung an den Anwender zu geben: Beispielsweise in einfacher Form: Erfolgreich oder nicht erfolgreich.
- Zur Kommunikation werden unterschiedliche Bedienelemente verwendet.
  Beispiele: Textbasierten Kommandozeilen, graphischen Benutzeroberflächen bis hin zu sprachaktiven Systemen.
- Das Design der Oberfläche ist auf die Benutzergruppe abgestimmt. Wesentlichstes Kriterium für die Effektivität ist die **Benutzerfreundlichkeit**.
- Benutzerfreundlichkeit („freundlich" zum Benutzer) ist eine unpräzise Kennzeichnung. Besser geeignet ist der Begriff **Gebrauchstauglichkeit** (DIN EN ISO 9241-11).

### Beispiele für Benutzeroberflächen

- **CLI** (**C**ommand **L**ine **I**nterface)
  Eine Kommandozeile und ein Prompt (Aufforderung) sind zur Anzeige der aktuellen Position vorhanden (veraltet).
- **TUI** (**T**ext **U**ser **I**nterface)
  Die Kommunikation erfolgt über die Tastatur, Einsatz z. B. beim Bootloader (Startprogramm) oder BIOS-Setup-Programm.
- **GUI** (**G**raphical **U**ser **I**nterface)
  Etablierter Standard: Verwendet werden graphische Steuerelemente und Symbolbilder; intuitive Bedienung durch verständliche Icons. Bedienelemente sind: Maus, Tastatur, Trackball, Stift, oder Finger über Sensoren in einem Touchscreen.
- **VUI** (**V**oice **U**ser **I**nterface)
  Steuerung über die Sprache, z. B. mit Siri (Apple) und Cortana (Windows); Anwendungen werden per Aufruf geöffnet. Der gesprochene Text kann verschriftlicht werden. VUI sorgt für viel Barrierefreiheit.
- **NUI** (**N**atural **U**ser **I**nterface)
  Weiterentwicklung von GUI und VUI; interaktive Bedienoberfläche reagiert auf Gesten, Bewegung und Sprache; eingesetzt werden verschiedene Sensoren, Kameras und Mikrofone
- **HUI (TUI)** (**H**aptic (Tactile) **U**ser **I**nterface)
  Berührbare (anfassbare) Benutzerschnittstelle über physische Gegenstände. Beispiele: Würfel oder Kugeln, die gedreht oder gedrückt werden können.
- **PUI** (**P**erceptual **U**ser **I**nterface)
  Wahrnehmungsgesteuerte Benutzerschnittstelle, eine Verbindung aus VUI, GUI und elektronischer Gestenerkennung
- **BCI** (**B**rain **C**omputer **I**nterface)
  Hirnströme werden gemessen und von Algorithmen in Sterbefehle umgesetzt

### DIN EN ISO 9241-11 Gebrauchstauglichkeit

- Begriffe und Konzepte:

Das Ausmaß, in dem ein Produkt durch bestimmte Benutzer in einem bestimmten Nutzungskontext genutzt werden kann, um bestimmte Ziele effektiv, effizient und zufriedenstellend zu erreichen.

| Effektivität | Effizienz | Zufriedenstellung |
|---|---|---|
| - Aufgabe wurde mit Genauigkeit und Vollständigkeit erledigt<br>- Lösung ist genau<br>- Ziel wurde erreicht<br>- Überprüfung: Erfolgreiche Erledigung der Aufgabe | - Aufgabe wurde mit geringem Zeitaufwand erledigt<br>- Wenige Arbeitsschritte waren erforderlich<br>- Überprüfung: Zeitmessung, Anzahl der Handlungen | - Freiheit von Beeinträchtigungen<br>- Positiver Eindruck: Freude bei der Nutzung<br>- Überprüfung: Interview, Fragebogen |

### DIN EN ISO 9241-110 Interaktionsprinzipien

**Grundsätze**:

- **Aufgabenangemessenheit**
  Die Software konzentriert sich auf die eigentliche Aufgabe und minimiert unnötige Interaktionen.
- **Selbstbeschreibungsfähigkeit**
  Die Software liefert die zur Bedienung erforderlichen Hilfen und Rückmeldungen.
- **Steuerbarkeit**
  Die Software gibt dem Benutzer die Möglichkeit, mit Hilfe von Dialogen den Ablauf zu steuern.
- **Erwartungskonformität**
  Die Software ist auf die Erwartungen der intendierten Benutzer abgestimmt.
- **Fehlertoleranz**
  Die Software erkennt fehlerhafte Bedienungen und hilft bei der Korrektur.
- **Individualisierbarkeit**
  Die Software lässt sich an individuelle Bedürfnisse anpassen.
- **Lernförderlichkeit**
  Die Software unterstützt den Benutzer beim Erlernen der Funktionalitäten.

### Ausgewählte Teile aus DIN EN ISO 9241

| Teil | Bestandteil |
|---|---|
| 13 | Benutzerführung |
| 14 | Dialogführung mittels Menüs |
| 15 | Dialogführung mittels Kommandosprachen |
| 125 | Empfehlungen zur visuellen Informationsdarstellung |
| 126 | Empfehlungen zur auditiven Informationsdarstellung |
| 143 | Formulardialoge |
| 151 | Leitlinien zur Gestaltung von Benutzerschnittstellen für des World Wide Web |
| 171 | Leitlinien für die Zugänglichkeit von Software |
| 210 | Menschzentrierte Gestaltung interaktiver Systeme |
| 303 | Anforderungen an elektronische optische Anzeigen |
| 400 | Grundsätze und Anforderungen für physikalische Eingabegeräte |
| 500 | Ergonomische Grundsätze zur Gestaltung und Beurteilung der Benutzungsumgebung |
| 910 | Rahmen für die taktile und haptische Interaktion |
| 960 | Rahmen und Anleitung zur Gestensteuerung |

## Merkmale

- Eine GUI ist eine Schnittstelle zwischen Mensch und Maschine, über die sich Endgeräte bedienen lassen.
- Die GUI ist der „Übersetzer" in einem Kommunikationsprozess.
- Weil der Benutzer zu beliebigen Zeiten Aktionen vornehmen kann, ist die Kommunikation asynchron. Das Programm reagiert lediglich auf die Aktion.
- Eine Benutzerfreundlichkeit wird mit grafischen Symbolen (z. B. Bilder, Menüs) sowie durch Widgets (kleines Programm) erreicht.
- Wichtige Interaktionsinstrumente sind Maus, Tastatur – aber auch die Sprache und Gesten.

## Kriterien für die Entwicklung

- **Schnittstelle**
  Auf unnötige Design-Elemente verzichten. Einfache und klar verständliche Bezeichnungen sind zu wählen. Umgangssprache ist zu verwenden.
- **Zweckorientiertes Layout**
  - Jede Seite sollte gut strukturiert sein. Bei jedem Element sollten Funktion und Wichtigkeit erkennbar sein.
  - Beziehungen zwischen den Elementen auf der Oberfläche sind deutlich herauszuarbeiten.
- **Konsistenz**
  Bei der Verwendung mehrerer Elemente und Grafiken ist wichtig, dass die einzelnen Bestandteile aufeinander abgestimmt sind.
- **Design und Typografie**
  - Design-Einheiten, wie z. B. Farben und Texte, sollten je nach Zweck eines Bestandteils das jeweilige Element in den Vordergrund oder Hintergrund rücken.
  - Wichtig ist, dass zu wiederkehrenden Funktionen, passende und leicht erkennbare Fonts und entsprechende Schriftgrößen verwendet werden.
- **„Vertiefte" Darstellung der Elemente sind**:
  - Texteingabefelder
  - Gedrückte Schaltflächen
  - Slider-Schienen
  - Radio-Button (sie dienen zur Auswahl einer Option aus mehreren Optionen)
  - Checkboxen

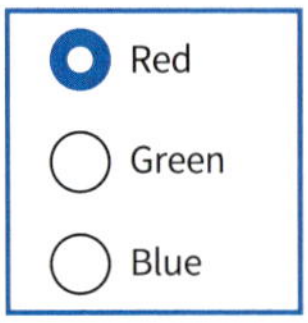


- **„Erhabene" Darstellung der Elemente sind**:
  - Nicht gedrückt Schaltflächen
  - Slider-Knöpfe
  - Dropdown-Schaltflächen
  - Karten
  - Der Knopf eines ausgewählten Radio-Buttons
  - Popups

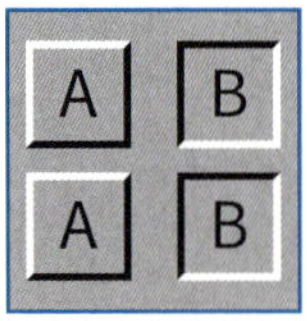


- **Benutzer Updates**
  Ein GUI sollte auch über Fehler und Status-Änderungen informieren.
- **Software-Ergonomie**
  - Erforderlich ist eine Anpassung an die kognitiven und physischen Fähigkeiten bzw. Eigenschaften des Menschen zur Verarbeitung von Informationen (Komplexität, aber auch Farbe, Schriftgröße, ...).
  - Wesentlich: Leserlichkeit, Navigation, Gestaltung

## Oberflächenelemente

- **Eingabesteuerungen**: Schaltflächen, Textfelder, Kontrollkästchen, Optionsfelder, Dropdown-Listen, Listenfelder, Umschaltfelder, Datumsfeld
- **Navigationselemente**: Navigationspfad, Schieberegler, Suchfeld, Seitenumbruch, Tags, Symbole
- **Informationselemente**: Quickinfos, Symbole, Fortschrittsleiste, Benachrichtigungen, Meldungsfelder, modale Fenster (Beschränkung der Aktion auf dieses eine Fenster)

## Komponenten

- **Fenster**: Eine GUI kann aus einem oder mehreren Fenstern ① bestehen.
- **Eingabefelder**: In Eingabefelder ② kann der Benutzer Zeichenketten eingeben.
- **Leinwand** (Canvas): Sie ist ein Bereich, in dem man z. B. Figuren zeichnen und Bilder anzeigen kann.
- **Rahmen und Tafel**: Sie dienen als Behälter für andere Komponenten.
- **Schaltfläche** (Button): Mit ihnen ③ werden in der Regel Programmaktionen ausgelöst.
- **Schriftfelder** (Label): Sie dienen dazu, Texte auf dem Bildschirm darzustellen.
- **Textfelder**: Es handelt sich um einen Eingabebereich, in den Texte eingetragen werden können.

## Allgemeine Anforderungen

- **Konsistenz und durchgängige Elemente**
  Sie erzeugen einen „Wohlfühleffekt" und Aufgaben werden schnell erledigt.
- **Farben und Textur**
  Sie lenken die Aufmerksamkeit.
- **Hierarchie durch Typografie**
  Schriftgröße, Schriftart, Anordnung des Textes sind ausschlaggebend für die Lesbarkeit.
- **Benutzerinformationen**
  Hinweise auf Standort, Aktionen, Statusänderungen und Fehler sind förderlich für die Effektivität der Arbeit.

## Allgemeine Gesetze

- **Klarheit**
  Der Benutzer wird Elemente ohne einen klaren Sinn von vornherein nicht beachten.
- **Bevorzugte Handlung**
  Der Benutzer wird sich wohler fühlen, wenn er versteht, welcher Schritt als bevorzugte Handlung gedacht ist.
- **Kontext**
  Der Benutzer erwartet Kontrollelemente in der Nähe des jeweils dazugehörigen Objektes.

## Fenstersysteme

- Ein Fenstersystem ist der „Unterbau" einer grafischen Benutzeroberfläche.
  Hauptaufgabe ist dabei die Verwaltung der Programmfenster.
- Eingesetzt werden Pixelgrafiken und andere Gestaltungselemente wie z. B. Linien und Flächen. Dabei können mehrere Programme ausgeführt werden
- Beispiel:
  **X Window System** (Bezeichnung auch: **X11**)
  - Ein Standardbaukasten und Protokolle zum Erstellen einer grafischen Benutzeroberfläche
  - Möglichkeiten: Zeichnen und Bewegen von Fenstern auf dem Bildschirm; Benutzereingaben mit Maus und Tastatur
- Die Darstellung ist die eines rastergrafik-basierten Fenstermanagers, der verschiedene Funktionen bereitstellt. Dazu gehört das Zeichnen und Bewegen der Fenster, die ereignisorientierte Handhabung eines Zeigegeräts, z. B. mit einer Maus.

## Fenstermanager (Fensterverwalter)

- Der Fenstermanager ist ein Programm in einem Fenstersystem, mit dem Fenster gestaltet, in Anwenderprogrammen minimiert sowie vergrößert oder geschlossen werden können.
  Inaktive Fenster werden oft ausgegraut dargestellt.
- Die Schaltflächen unterscheiden sich je nach System in Funktion und Aussehen.
- Wesentliche Grundbestandteile eines Fensters sind:
  - **Titelleiste** ①: Rahmen, oft mit folgenden Funktionen: Schließen, beenden der Anwendung; Maximieren oder Minimieren des Fensters
  - **Menü** ②: Spezifische Funktionen zum Programm
  - **Fensterinhalt** ③
  - **Bedienelementleiste, Scrollleiste, Bildlaufleiste** ④: Sie wird benutzt, um Fensterinhalte vertikal oder horizontal zu verschieben oder stufenlos einzustellen.
  - **Statusleiste** ⑤: Informationen zum geöffneten Element oder eine Schaltfläche, auch für Hilfetexte
  - **Taskleiste** ⑥: Programme werden zwischen geöffneten und minimierten Fenstern umgeschaltet.

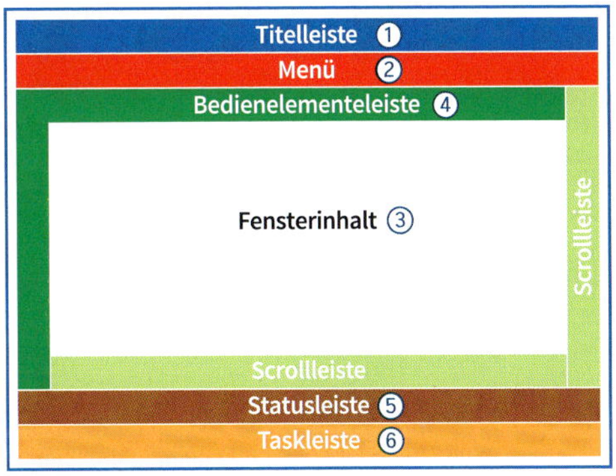


- Die Fensterdekoration kann entweder von dem Fenstermanager gezeichnet werden (z. B. X11) oder von einem Klienten (z. B. KWin) erzeugt werden. Der Fensterinhalt ist stets die Domäne des Klienten.

## Steuerelemente, Bedienelemente

- Steuerelemente sind Interaktionselemente in Form von Schaltflächen oder Bildlaufleisten.
- Es handelt sich um kleine Programme (z. B. geschrieben in C++) oder Funktionen/Subroutinen. Benötigt wird danach noch ein Programm zur Bildsynthese (Rendern: Erzeugung eines Bildes aus Rohdaten).
- In der Regel werden Steuerelemente durch GUI-Toolkits (GUI-Werkzeugsatz, Widgets) erstellt. Viele GUI-Toolkits enthalten eigene Rendering-Programme.
- **Button**
  - OK-Button: Bestätigung einer Aktion, Schließen eines Fensters
  - Abbrechen zum Verwerfen von Änderungen
  - Übernehmen von Änderungen oder Bestätigen von Aktionen
- **Symbol, Icon**
  Sie sind ein Repräsentant für eine Datei, ein Programm oder eines Fensters.
  Icons können mit speziellen Editoren erstellt und bearbeitet werden.
- **Optionsfeld**
  Auswahl einer Möglichkeit aus einer Gruppe von zwei oder mehr

- **Fortschrittsbalken, Fortschrittsanzeige, Statusanzeige**
  Angezeigt wird, wie weit die Bearbeitung eines Auftrags fortgeschritten ist (Bargraph-Anzeige: Anzeige mit einer Skala für die Größe eines Signals, bzw. verstrichene Zeit für eine Übertragung)

## Anzeige-Server (Display Server)

- Der Display-Server ist die zentrale Komponente des Fenstersystems, mit der die Interaktion zwischen Hardware (Bildschirm, Maus, Tastatur) und Software erfolgt.
- Er übernimmt auch die interprozessuale Kommunikation innerhalb des Fenstersystems:
  Beispiel: **X.Org-Server**
- Der X.Org-Server kommuniziert über das X11-Protokoll mit seinen Clients. Ein Fenstermanager wird zusätzlich benötigt.

## Widgets

- Widget ist eine Wortzusammensetzung aus:
  **Win**dows (Fenster) und **G**adg**et** (technische Spielerei)
- Bedeutung: Ding, Vorrichtung, aber auch Steuerelement
- Es handelt sich um kleine Programme, die auf der Bedienoberfläche (Startbildschirm) abgelegt sind und Informationen anzeigen, z. B. Wetter, Uhr, Kalender.
- Widgets sind oft Teile einer App, die sie für ihre Funktion benötigen. Sie laufen im Hintergrund.

## Grundregeln der Textgestaltung

Einfachheit durch Begrenzung der Elemente auf dem Bildschirm:

- **Gruppierung** vornehmen, wenn mehr als 5 Elemente (z. B. Textblocke, Bilder) vorhanden sind.
- Nicht mehr als drei Schriftarten verwenden.
- Farben sparsam einsetzen.
  Es gilt: Weniger ist mehr!
- Visuelle Verbindung zwischen den Elementen herstellen.

## Einheitlichkeit durch Wiederholung der Elemente

**Gestaltungsraster** verwenden:

- Gleiche Ränder und gleiche Abstände (z. B. Überschrift und Text, Bildunterschrift und Text)
- Gleiche Schriftarten
- Gleiche Umrandungen
- Einheitliche Farben
- Einheitliche Ausrichtung (z. B. linksbündig)
- Wiederkehrende visuelle Anreize (z. B. Logos, Schmuckbuchstaben)

Beispiel:

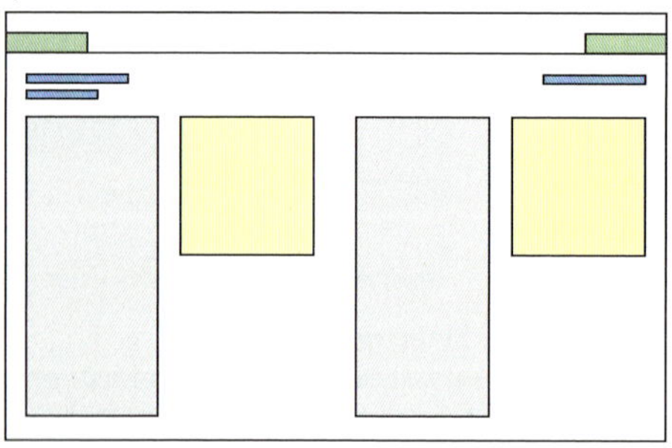

- Den „roten Faden" im Textbereich herstellen.
- Einheitlichkeit erzeugt Wiedererkennbarkeit.

## Kontrast durch Hell-Dunkel-Unterschiede

- Hervorhebungen (z. B. Fettschrift, andere Farbe, Änderung der Größe, Form, Lage oder Struktur, Rahmen)
- Großzügig bemessene weiße, unbeschriftete Flächen
- Dominierende visuelle Elemente einsetzen.
- Es gilt: Aufmerksamkeit herstellen durch deutliche Unterschiede – aber sparsam.
- Nur Wichtiges in Szene setzen.

## Schriftarten

- **Antiqua**
  Bezeichnung für alle Schriften, die sich von der alten römischen (lateinischen) Buchstabenschrift ableiten lassen.
- **Proportionalschrift**
  Eine Schrift, in der jeder Buchstabe die Breite einnimmt, die er optisch benötigt.
- **Nicht-Proportionalschrift**
  Eine Schrift, in der jeder Buchstabe (Letter) die gleiche Breite einnimmt, z. B. die Schrift Courier.

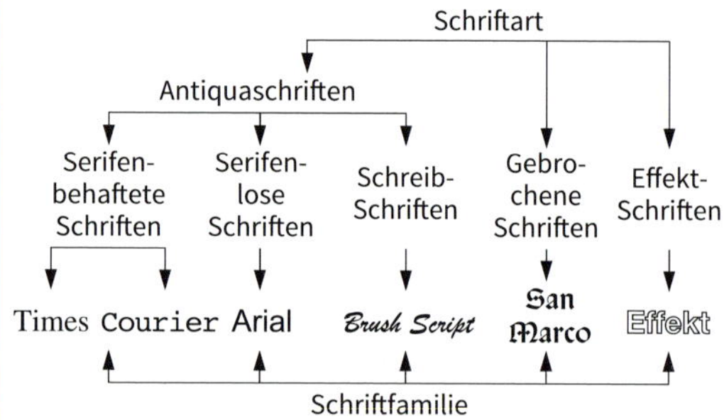


## Schriftschnitte und Laufweite

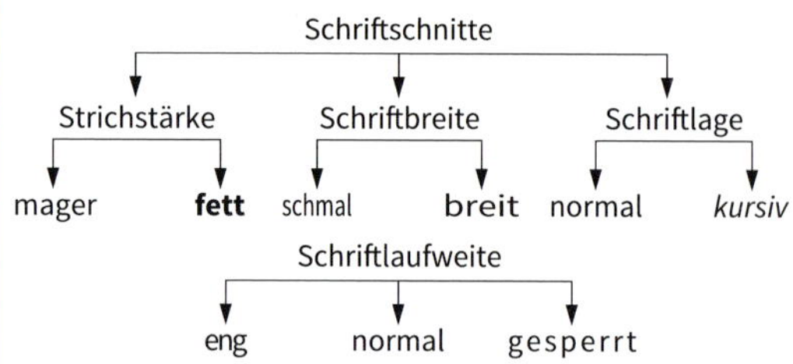


## Schriftgrößen

- Einheit der Typographie (Schriften) Punkt.
  Pt: Pica-Punkt (auch pt)
- Grundschrift: 8 bis 12 Punkt
- Umrechnung:

| mm | Zoll | Pt | Didot |
|---|---|---|---|
| 1 | 0,3937 | 2,83464 | 2,65978 |
| 25,4 | 1 | 72 | 67,55867 |
| 0,35 | 0,01378 | 1 | 0,96096 |
| 0,38 | 0,01496 | 1,07712 | 1 |

## Farbeneinsatz und Wirkungen

| Farbe | Einsatz | Wirkung | Farbe | Einsatz | Wirkung | Farbe | Einsatz | Wirkung |
|---|---|---|---|---|---|---|---|---|
| Schwarz | Schrift, Kontur, Grafik, Zeichnung | schwer, hart, distanziert, eng, traurig | Rot | Betonung, Signal, Gefahr | warm, erregend, Verbot, Feuer | Grün | positive Betonung | beruhigend, lebensfroh, gesund |
| Grau | Hintergrund | leblos, langweilig, ruhig | Rosa | Hintergrund | zart, zerbrechlich | Blau | Schrift | kalt, distanziert, eisig |
| Weiß | Hintergrund | leer, hell, leicht, rein | Violett | Rahmen, Rand | statisch, beharrend | Braun | Rahmen, Rand | vertraut, gemütlich |
| Cyan | Schrift, Füllung | entspannend, abwartend | Gelb | Hintergrund | hell, leicht, freundlich | Orange | Füllung | lebendig, leicht |

# Service

# 6

### Zeitplanung

- Um Aufträge in Unternehmen effektiv und ressourcenschonend durchführen zu können, haben Zeit- und Terminpläne in allen Bereichen der Wirtschaft und Technik eine große Bedeutung (Einsatz für Projekte, Produktion, Vertrieb und Dienstleistungen).
- Für kleinere Aufträge eignen sich Vermerke auf linearen Zeitstrahlen oder entsprechende Markierungen im Kalender.

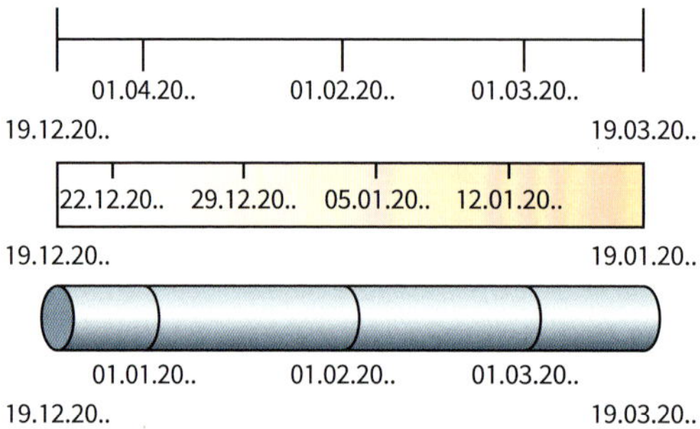


### Ablaufplan

- Für Projekte und umfangreiche Aufträge werden als Vorstufe für den Terminplan Ablaufpläne (Arbeitspläne) erstellt. In diesen wird festgelegt, welche Teilaufgaben (Vorgänge, Aktivitäten, Arbeitspakete)
  - in welcher **zeitlichen** Reihenfolge,
  - in welcher **örtlichen** Reihenfolge und
  - welche Transport- und Lagervorgänge (z. B. für Roh-, Hilfs- und Betriebsstoffe) den einzelnen Teilaufgaben zugeordnet werden müssen.
- Es findet dabei eine Zergliederung des Projektes statt. Die Teilaufgaben sind Ablaufabschnitte, denen eine bestimmte Zeitdauer zugeordnet wird. Dabei geht es um Minimierung der Durchlaufzeiten und eine optimale Auslastung vorhandener Kapazitäten, sodass Leerlaufzeiten vermieden werden.
- Neben diesen **Zeitkriterien** können auch **Wertkriterien** bei der Planung herangezogen werden. Alle Ablaufabschnitte zusammen sind dann die Grundlage für die Terminplanung.
- Je nach Projekt kann es zwischen den einzelnen Teilaufgaben unterschiedliche Beziehungen geben:
  - **Ende-Anfang-Beziehung**
    Die Teilaufgabe beginnt erst dann, wenn die vorhergehende Teilaufgabe beendet wurde.
  - **Anfang-Anfang-Beziehung**
    Die Teilaufgaben müssen gleichzeitig beginnen.
  - **Ende-Ende-Beziehungen**
    Teilaufgaben müssen zum gleichen Zeitpunkt enden.
- Die einzelnen Ablaufabschnitte müssen ebenfalls organisiert ablaufen. Man bezeichnet dies dann als **Ablauforganisation**. Es handelt sich um die räumliche und zeitliche Gestaltung der Arbeits- und Bewegungsvorgänge.

### Terminplanung

- Damit eine Terminplanung realistisch wird, sind noch folgende Aspekte zu beachten:
  - Urlaubstage, Fehlzeiten und Feiertage
  - Bei vielen parallel laufenden Teilaufgaben muss die Verfügbarkeit der erforderlichen Ressourcen (Material, Maschineneinsatz usw.) berücksichtigt werden.
  - Äußere Sachzwänge (z. B. Lieferungen, Wetterbedingungen, Zwischenkontrollen)
- Um kein zu hohes Risiko bei der Terminplanung einzugehen, müssen aus diesen oder anderen Gründen Pufferzeiten oder zumindest kleine Reserven für Planungsungenauigkeiten berücksichtigt werden.
- Bei größeren Projekten wird eine Terminplanung in mehreren Phasen durchgeführt.
  1. **Rahmen- oder Grobterminplanung**
     Wenige und übergeordnete Vorhaben werden geplant, verteilt auf Monate bzw. Quartale
  2. **Koordinations- und Steuerungsterminplanung**
     Detaillierte Einzelplanungen, verteilt auf Tage
  3. **Feinterminplanung**
     Planung von Teilbereichen, verteilt auf Tage oder Stunden. Termin- und Ablaufplanungen können grundsätzlich per Hand erfolgen. Sinnvoll ist allerdings eine EDV-gestützte Terminplanung.
- Für die Planung einfacher Betriebsprozesse können Ablaufdiagramme oder Gantt-Diagramme verwendet werden. Für die Terminplanung komplizierter Betriebsprozesse mit verzweigten und gegenseitigen Abhängigkeiten eignen sich Ablaufgraphen oder Netzpläne.

### Kritischer Pfad

- Als kritischer Pfad wird die Abfolge von Ablaufabschnitten bezeichnet, die von Anfang bis Ende des Vorhabens reichen und in deren Verlauf keine Leerlaufzeiten existieren.
- Jede zeitliche Verzögerung in einem Ablaufabschnitt, die in dem kritischen Pfad liegt, hat Auswirkungen auf das Ende des Vorhabens in Form einer zeitlichen Verzögerung.
- Es ist wichtig, dass besonders die in dem kritischen Pfad liegenden Ablaufabschnitte sorgfältig beobachtet, gesteuert und vom Risikomanagement entsprechend berücksichtigt werden.

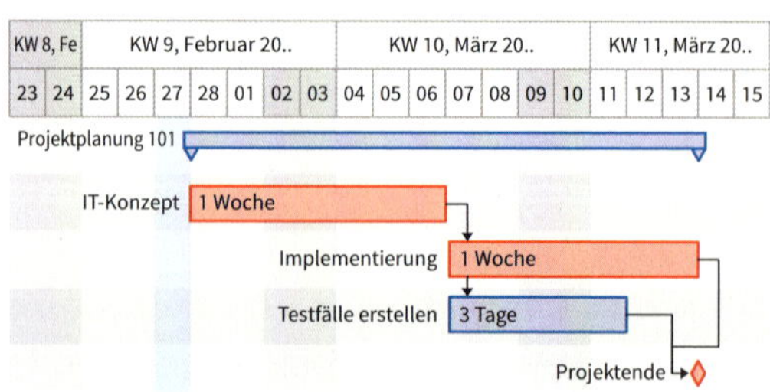

## Aufbau und Funktion

- Gantt-Diagramme sind Zeitplanungsinstrumente, die im Projektmanagement und bei der Wartungsplanung zur Visualisierung von zeitlichen Abfolgen verwendet werden (Henry Laurence Gantt: Amerikanischer Unternehmensberater und Maschinenbauingenieur, 1861–1919).
- Gantt-Diagramme sind **Balkendiagramme**, in denen jeder Vorgang (Aktivität, Arbeitspaket) durch einen Balken darstellt wird. Die x-Achse des Diagramms entspricht der Zeit (eingeteilt z. B. in Tage, Wochen oder Monate), sodass die Länge des Balkens die Dauer des Vorgangs kennzeichnet ①.

  Die Bezeichnungen der Vorgänge befinden sich in der Regel in der ersten Spalte des Diagramms ②.
- Werden mehrere Vorgänge parallel ausgeführt, stehen die Balken direkt übereinander. Abhängigkeiten zwischen den Vorgängen können durch Pfeile verdeutlicht werden. Auch die Visualisierung des kritischen Pfades ist möglich.

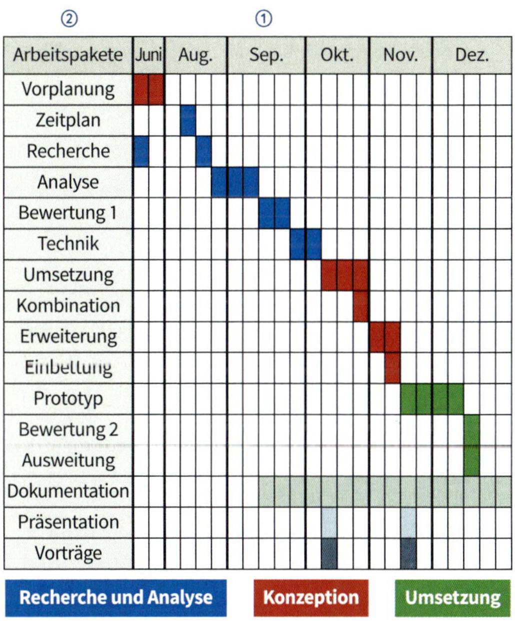


- Für die Erstellung von Gantt-Diagrammen stehen zahlreiche Programme zur Verfügung.

  Freie Software:
  Dojo Toolkit, GanttProject, Redmine, …

  Kostenpflichtige Software:
  A-Plan, Microsoft Project, PLANTA Projects, …

## Vorteile

Im Unterschied zum Netzplan
- wird die Dauer der Arbeitspakete durch die Balkenlänge anschaulich visualisiert.
- können aufgrund der einfachen Handhabung auch Mitarbeiter mit wenigen Planungserfahrungen mit dem Gantt-Diagramm umgehen.
- können Ende-Start-Beziehungen auch im Verlauf eines Vorgangs angesetzt werden.

## Nachteile

- Im Unterschied zum Netzplan können die Abhängigkeiten zwischen Aktivitäten nur zeitbezogen dargestellt werden.

## Vernetzung

- Ein allgemeiner Nachteil eines einfachen Balkendiagramms ist, dass in ihm Abhängigkeiten einzelner Arbeitspakete nicht berücksichtigt werden. Sinnvoll ist deshalb im Einzelfall, bestimmte Teile des Gesamtplans durch Linien oder Pfeile zu vernetzen.

**Beispiel**:

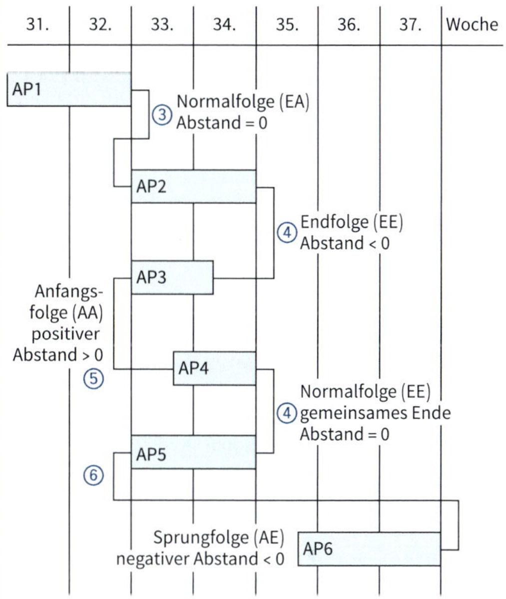


- Das erste Arbeitspaket (AP 1) hat keinen Vorgänger und das letzte (AP 6) keinen Nachfolger. Alle anderen Arbeitspakete haben mindestens einen Vorgänger bzw. Nachfolger.
- Vorgänger und Nachfolger können in unterschiedlicher Weise voneinander abhängig sein. Die am häufigsten verwendete Abhängigkeit ist gegeben, wenn sich das nachfolgende Arbeitspaket unmittelbar zeitlich anschließt (Normalfolge ③).
- Am einfachsten lässt sich die Normalfolge durch die Vorgängermethode ermitteln. Man beginnt beim letzten Arbeitspaket und ermittelt, welcher Vorgänger beendet sein muss, damit der Nachfolger beginnen kann.

Weiterhin werden unterschieden:

- **Endfolge** ④, zeitlicher Abstand < 0 bzw. = 0
- **Anfangsfolge** ⑤, zeitlicher Abstand > 0 (positiv)
- **Sprungfolge** ⑥, zeitlicher Abstand > 0 (negativ)

- Ein Nachteil dieser Ergänzungen ist, dass bei einer großen Zahl von Linien der Plan unübersichtlich wird. Das Gantt-Diagramm eignet sich deshalb für Vorhaben mit einer geringen bzw. mittleren Anzahl an Arbeitspaketen.

# Netzplantechnik
## Network Planning Technique

### Einsatz und Anwendung

- Die Netzplantechnik (DIN 69900: Projektmanagement – Netzplantechnik; Beschreibungen und Begriffe) ist ein Verfahren zur
  - Beschreibung,
  - Analyse,
  - Planung,
  - Steuerung und
  - Überwachung

  von Projekten oder anderer Vorhaben.
- Im Netzplan sind **Ablaufstrukturen** grafisch dargestellt sowie die logische und zeitliche Aufeinanderfolge von Vorgängen (**Ablaufschritte**) kenntlich gemacht. Dabei lassen sich Zeit, Kosten, Einsatzmittel bzw. Ressourcen berücksichtigen.
- Da sich in einem Netzplan die gegenseitigen und verzweigten Abhängigkeiten zwischen den Aktivitäten gut darstellen lassen, ist er für komplexe Vorhaben und die Kapazitäts- und Ressourcenplanung besser geeignet als das Balkendiagramm.
- Die Netzplantechnik lässt sich auch separat für die **Zeit- und Terminplanung** einsetzen. Im Rahmen der Netzplantechnik gibt es unterschiedliche Netzplanarten. Bei einem **Vorgangsknoten-Netzplan** (**VKN**) werden die Vorgänge als Knoten und die Anordnungs- und Reihenfolgebeziehungen durch Pfeile dargestellt.

  Bei einem **Vorgangspfeil-Netzplan** (VPN) dagegen werden die Vorgänge als Pfeile dargestellt. Die logische Reihenfolge geht aus der Anordnung der Knoten hervor.

### Phasen bei der Netzplanerstellung

- Bei der Erstellung eines Vorgangsknoten-Netzplans ergibt sich folgender Ablauf:
  1. **Entwurf** als Zerlegung der Aufgabe in Vorgänge oder Ereignisse unter Berücksichtigung logischer und kausaler Zusammenhänge.
  2. **Zeitanalyse** in der Form einer Schätzung bzw. Berechnung der Vorgangsdauern (bzw. Dauer zwischen zwei Ereignissen).
  3. **Überwachung** durch Korrekturen am Netzplan und Überwachung des Fortschritts.
- Danach wird jeder Vorgang grafisch als Kästchen (Netzplanknoten) skizziert. An definierten Positionen wird eine Beschreibung, sowie Dauer, frühester Beginn, spätester Beginn, frühestes Ende und spätestes Ende festgehalten. Außerdem werden Felder für Gesamtpuffer und Freien Puffer reserviert.

**Beispiel**:

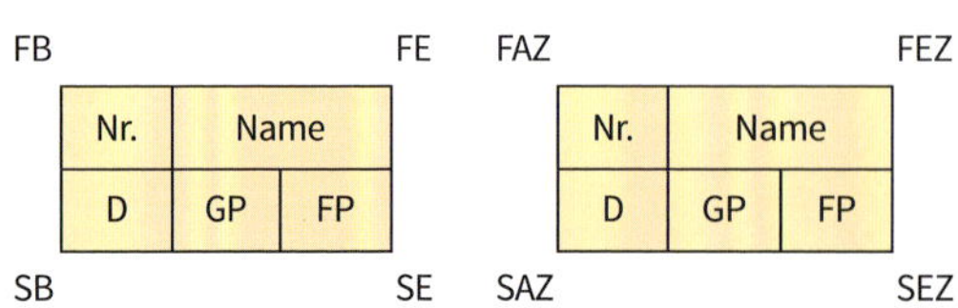


### Ablürzungen

**D**: Dauer
**FP**: Freier Puffer
**FB**: Frühester Beginn
**FE**: Frühestes Ende
**SB**: Spätester Beginn
**SE**: Spätestes Ende
**GP**: Gesamtpuffer (SAZ – FAZ)
**FAZ**: Frühester Anfangszeitpunkt aus Vorwärtsplanung
**FEZ**: rühester Endzeitpunkt aus Vorwärtsplanung und jeweiliger Dauer
**SAZ**: Spätester Anfangszeitpunkt aus Rückwärtsplanung und jeweiliger Dauer
**SEZ**: Spätester Endzeitpunkt aus Rückwärtsplanung

### Abhängigkeiten im Plan

- Um die Abhängigkeiten zwischen den einzelnen Netzplanknoten kenntlich zu machen, werden diese durch Pfeile verbunden (verknüpft). Es entsteht so von links nach rechts eine Abfolge der einzelnen Vorgänge (Pfade). Parallele Pfade befinden sich untereinander.
- Je nach Art der Verknüpfung zwischen den Netzplanknoten unterscheidet man
  - Normalfolgen,
  - Anfangsfolgen,
  - Endfolgen oder
  - Sprungfolgen.

**Beispiel**:

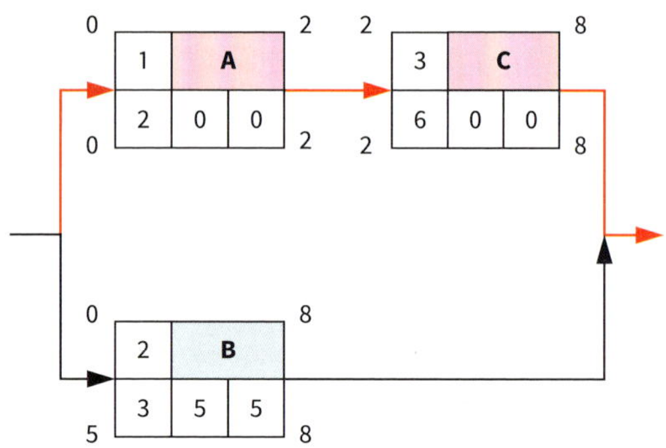


- Aus dem einfachen Beispiel (Zeitdauer in Tagen angegeben) lässt sich folgendes entnehmen:
  - Das gesamte Vorhaben ist nach 8 Tagen beendet.
  - Die Vorgänge „A“ und „C“ liegen in Reihe und parallel zu Vorgang „B“.
  - Da die Dauer des Vorgangs „B“ nur 3 Tage umfasst, könnte er 5 Tage nach Beginn des Vorgangs „A“ gestartet werden. Er würde dann gleichzeitig mit dem Vorgang „C“ enden. Dieses wäre eine kritische Situation, denn wenn in den Pfaden Probleme zeitlicher Art auftreten, hätte dies Auswirkungen auf den Gesamtablauf. Es ist deshalb sinnvoll, Vorgang „B“ mit einer Pufferzeit zu versehen.
  - Der kritische Weg umfasst die Vorgänge „A“ und „C“ und ist rot gekennzeichnet.

## Übersicht

- **IT-Service** ist eine Dienstleistung, an der in der Regel Personen in Verbindung mit Prozessen und Technologien beteiligt sind.
- Die Dienstleistungen können von einem IT-Service-Provider bereitgestellt, von externen Anbietern oder von unternehmenseigenen Abteilungen erbracht werden.

- **ITSM**: **IT**-**S**ervice-**M**anagement ①
  Die Aufgabe vom ITSM besteht in der Implementierung (Umsetzung) und Verwaltung von qualitätsbasierten IT-Services. ITSM kann von Service Providern (Experten, Prozessen und Technologien) durchgeführt werden. Mit der auf diese Weise optimierten IT Organisation, den eingesetzten Maßnahmen und Methoden wird eine bestmögliche Unterstützung von Geschäftsprozessen angestrebt.
- **ITSSM**: **IT S**ervice **S**upport **M**anagement ②
  Durch ITSSM werden Teilbereiche von ITSM abgedeckt. ITSSM umfasst im Wesentlichen den **Support** (lösungsbasierte Beratertätigkeit, Synonym: Kundenbetreuung).
- **Service Desk** ③
  Ein Service Desk ist die zentrale Anlaufstelle für alle Serviceanfragen innerhalb einer Organisationsstruktur. Als vermittelnde Instanz zwischen Kunden und Dienstleister bildet der Service Desk die Schnittstelle zwischen den Anforderungen des Kunden und der Bereitstellung der Services durch Service Provider.

  Ein Service Desk bearbeitet in der Regel **Incidents** (Vorfälle) und **Service Requests** (Anfragen) und ist für die Kommunikation des weiteren Vorgehens mit den Anwendenden zuständig.

  **Incidents** sind Ereignisse (Vorfälle), welche die reguläre Service-Erbringung gefährden, stören oder unmöglich machen. Das Spektrum möglicher Vorfälle reicht von technischen Problemen und Schwachstellen bis hin zu konkreten Angriffen auf die IT-Infrastruktur.
- **Help Desk** ④
  Von Mitarbeitern eines Helpdesks (Help-Desk) werden Support- und Serviceanfragen von Usern und Anwendern meist im Software- oder Hardware-Bereich bearbeitet.

## Zusammenhänge

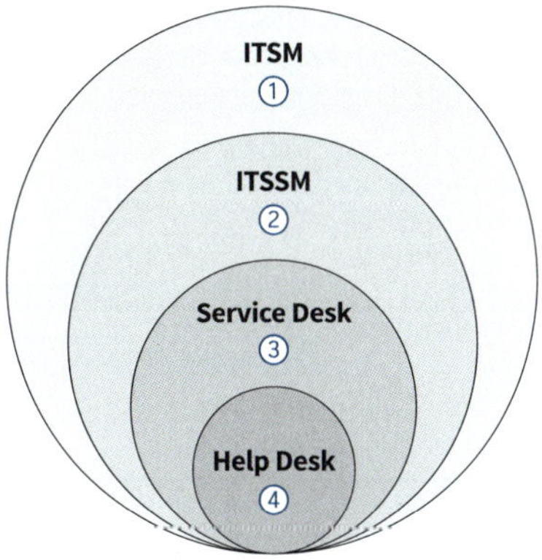


| Helpdesk | Service Desk |
|---|---|
| Behebung von Problemen, Erweiterungen in Systemen | Behebung von Problemen, behilflich bei Service- und Informationsanfragen |
| Beratungsschwerpunkt: IT-Systeme | Beratungsschwerpunkt: IT-Service |
| Nachrüstungen, Funktionserweiterungen zu vorhandenen IT-Systemen (Add-On: Hilfsprogramm mit dem ein Anwendungsprogramm erweitert wird) | Kommunikationszentrale in Form einer Schnittstelle (**SPOC**: **S**ingle **P**oint **of** **C**ontact) zwischen einem Unternehmen, ihren Kunden, Angestellten und Geschäftspartnern |
| Angebote sind Teile der Service Desk-Funktionen | Angeboten werden organisationsübergreifende Lösungen |

## IT-Dienstleistungen

- Dienstleistungen können von
  - externen Anbietern mit hochqualifiziertem Fachwissen (wird bei Bedarf zur Verfügung gestellt) oder
  - von unternehmenseigenen Abteilungen erbracht werden.
- Outsourcing (Auslagerung): Abgabe von Unternehmensaufgaben und -strukturen an externe Dienstleister. Es handelt sich hierbei um eine besondere Form des Fremdbezugs einer bisher intern erbrachten Leistung.

**Outsourcing**

- **Vollständig**
  Entsorgung, Wartung, Finanzierung, Einkauf, Human Resource, inclusiv Management
- **Selektiv (Outtasking)**
  Einzelne Aufgabenbereiche werden übernommen
- **Business Process**
  Der gesamte Geschäftsprozess wird übernommen und die Verantwortung an den Dienstleister übertragen

## Support-Level (Support Ebenen)

- Mit einem Support-Level kennzeichnet man
  - den Umfang des Supports (auch die Qualität) und
  - damit auch die Fähigkeiten des Supportpersonals.
- Zur Kennzeichnung verwendet man Zahlen (IT-Support-Hierarchie, z. B. 0 bis 4).
  Üblich sind auch die Level 1 bis 3.

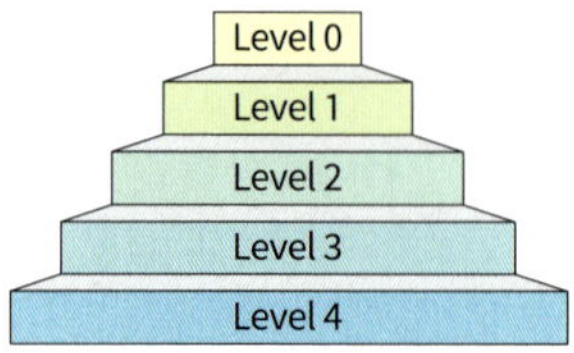


## Level 0

- **Merkmale**
  Level 0 ist eine interaktive Stufe für automatisierte Maschinen in Form eines Selbsthilfedienstes (Benutzer ruft Informationen ab, ohne dass ein IT-Mitarbeiter eingreift).
  Es bestehen während der Unterstützungsmaßnahme keine Möglichkeiten für menschliche Interaktionen.
- **Umfang**
  - Informationen werden von Mobil- und Webgeräten (Beantwortung von FAQs, detaillierte Informatinen zu Produkten, Informationen über Blogs zur Überprüfung der Produkte, …) abgerufen.
  - Verwendet werden mobile Apps für Zugriffe auf Service-Kataloge.
  - Um höher IT-Support-Levels zu erreichen, werden E-Mails, Webformulare und soziale Kontaktkanäle (z. B. Twitter) verwendet.
- **Personal**
  - Erforderlich sind Marketingkenntnisse und Kenntnisse über einzelne technische Ressourcen.

## Level 1

- **Merkmale**
  Im Level 1 werden von den Personen geringe technische Informationen erwartet.
- **Umfang**
  - Protokollieren, priorisieren, verfolgen, routen und Kategorisieren der von Benutzern gemeldeten Vorfälle
  - Aufzeichnen von Benutzeranforderungen
  - Nimmt an Benutzeranrufen teil
  - Antworten auf E-Mails
  - Behebt Protokollierungsprobleme, mit denen der Benutzer konfrontiert ist
  - Führt eine grundlegende Fehlerbehebung durch
  - Behandelt die vom Überwachungstool ausgelösten Alarme
  - Es werden eingehende Anfragen über Kanäle wie Telefon, Webformulare, Chat, E-Mail oder andere dokumentierte Vereinbarungen mit dem Kunden empfangen.
  - Die behandelten Probleme sind grundlegend, einschließlich der Lösung von Nutzungsproblemen, der Bereitstellung von Details zu einem Produkt und der Bearbeitung von Service Desk-Anforderungen, die eine IT-Beteiligung erfordern.
- **Personal**
  - Personen besitzen technische Grundkenntnisse zur Lösung häufig auftretender Probleme.
  - Dokumentierte Standardanweisungen werden befolgt.

## Level 2

- **Merkmale**
  Angeboten wird hier eine detaillierte Fehlerbehebung und eine technischen Analyse mit **Backend-Support**.
  - Backend liegt meist näher am System
  - Frontend liegt näher am Benutzer
- **Umfang**
  - Gearbeitet wird im Backend und es gibt keine direkte Kommunikation mit den Benutzern.
  - Zurückgegriffen wird auch auf bekannte Vorfälle.
- **Personal**
  - Es besteht aus erfahrene und versierten Technikern, Programmierern oder Ingenieuren mit einem soliden Kenntnisstand über das spezifische Produkt oder der jeweiligen Dienstleistung.

## Level 3

- **Merkmale**
  Die Fachexperten im Level 3 sind mit dem Produkt oder der Dienstleistung sehr gut vertraut. Es werden komplizierte und subtile Probleme gelöst.
  Man beteiligt sich auch an der Verwaltung, Priorisierung, dem Problemmanagement und der der Stabilitätsanalyse. Die Servicekräfte haben Zugang zu technologischen Plattformen.
- **Umfang**
  - Umfassender Support für das Produkt oder die Dienstleistung
  - Gesucht werden Möglichkeiten zur kontinuierlichen Verbesserung des Service.
  - Verfügbar sind vielfältige technischen Ressourcen, um Probleme zu lösen oder eine neue Funktion zu erstellen.
  - Versucht wird auch, mithilfe eines Produktcodes, von Spezifikationen und des Designs eine Replik des Problems zu erstellen, um die Grundursache zu ermitteln.
- **Personal**
  - Das Personal besteht aus Produktspezialisten.

## Level 4

- **Merkmale**
  Der Level 4 wird aktiviert, wenn die Services von einer übergeordneten Organisation ausgelagert werden. Diese Stufe beinhaltet normalerweise Produkt- oder Lieferantenunterstützung.
- **Umfang**
  - Auf dieser Stufe werden auch ausgelagerte Supports für Komponenten oder Produkte angeboten, die nicht direkt gewartet werden können.
  - Die weitergeleiteten Probleme werden bis zur Lösung überwacht.
- **Personal**
  - Bevorzugt werden Lieferanten und Geschäftspartner, die Supports und Services für ein Produkt oder seine Komponenten ohne direkten Support bereitstellen, jedoch für die Bereitstellung von Services für den Kunden unerlässlich sind.

# ITSM – IT Service Management

## Funktion und Nutzen

- Beschreibung messbarer Qualitätsstandards für das IT Service Management (internationaler Standard)
- ITSM ist ausgerichtet an den Prozessbeschreibungen durch ITIL (IT Infrastructure Library).
- Organisationen (Unternehmen, Genossenschaften usw.) können sich zertifizieren lassen. Die Zertifizierung erfolgt in mehreren Schritten.
- Für Einzelpersonen gibt es verschiedene Qualifikationsangebote zur Ausbildung und Zertifizierung als IT-Service-Management-Fachkraft.

## Teile von ISO/ICE 20000

- ISO/IEC 20000-1 (Informationstechnik – Servicemanagement – Teil 1: Anforderungen an Servicemanagementsysteme) legt fest, welche Anforderungen ein (IT-)Service-Managementsystem erfüllen muss um zertifiziert werden zu können.
- ISO/IEC 20000-2:2019-08 (Allgemeine Verfahrensregeln für Service Management) beschreibt bewährte Verfahren (Best Practices), dient als Anweisung für die Systembereitstellung und beschreibt empfohlene Verfahren für das Dienstmanagement.

## Service Management Anforderungen (Teil 4 bis 7)

**4 Umfeld der Organisation (Context of the Organisation)**

- 4.1 Organisation und ihr Kontext
- 4.2 Interessierte Parteien
- 4.3 Bestimmung des SMS-Umfangs
- 4.4 Service Management System

**5 Führungsverhalten (Leadership)**

- 5.1 Führung und Zusagen
- 5.2 Service Management Richtlinie
- 5.3 Rolle, Verantwortung und Autoritäten

**6 Planung (Planning)**

- 6.1 Risiken und Chancen
- 6.2 Ziele des Service Management
- 6.3 Planung des Service Management

**7 Support des Service Management System**

- Ressourcen
- Fähigkeiten
- Bewusstsein
- Kommunikation
- Information
- Wissen

**8 Betrieb des Service Management System**

**8.1 Operative Planung und Steuerung**

**8.2 Service Portfolio**
- Service Delivery
- Plan the Services
- Control of the involved Parties
- Service Catalogue Management
- Asset Management
- Configuration Management

**8.3 Beziehung und Verarbeitung**
- Service Level Management
- Business Relationship Management
- Supplier Management

**8.4 Service Bedarf und Angebot**
- Budgeting and Accounting
- Demand Management
- Capacity Management

**8.5 Entwicklung und Überführung**
- Change Management
- Service Design and Transition
- Release and Development Management

**8.7 Service Zusicherung**
- Service Availability Management
- Service Continuity Management
- Information Security Management

**8.6 Auflösung und Erfüllung**
- Incident Management
- Service Request Management
- Problem Management

**9 Leistungsbeurteilung (Performance Evaluation)**
- Monitoring, Measurement, Analysis, Evaluation
- Internal Audits
- Management Review
- Service Reporting

**10 Verbesserung (Improvement)**
- Nonconformities
- Corrective Actions
- Evidence
- Continual Improvement

## Merkmale und Funktion

- ITIL ist eine herstellerunabhängige Sammlung von **empfohlenen Vorgehensweisen** (best practices) für das Service Management im IT-Bereich.
- Aufgrund der Empfehlungen lässt sich die Effizienz und Qualität von Services und Service-Organisationen erhöhen.
- Das grundsätzliche Ziel ist: IT Services professionell einzuführen, zu designen, zu betreiben und kontinuierlich zu verbessern.
- Bei der Sammlung der empfohlenen Vorgehensweisen handelt es sich im Prinzip um ein IT Service Management Framework (**Rahmenstruktur**, **Ordnungsrahmen**).
- Durch die Definition grundlegender Prozesse, Rollen und Begriffe beschreibt ITIL relevante Themen einer IT-Service-Organisation und bietet gleichzeitig eine gemeinsame Kommunikationsbasis für die am Service beteiligten Personen.
- Leitprinzipien sind:
  Wertzuwachs, Rückmeldung, Zusammenarbeit und Förderung, ganzheitliches Denken und Handeln, einfach und praktikabel sein, optimieren und automatisieren
- Versionen:
  v1 (1989-1995), v2 (2000-2004), v3 (2007), v4 (2019)

## Begriffe

- **Service Strategie** ①
  Die Analyse der Kundenbedürfnisse und des Marktes sind bestimmend für das Service-Angebot der IT-Organisation.
- **Service Design** ②
  Es handelt sich hierbei um regulierende Praktiken, Prozesse und Richtlinien, die für die Realisierung der Strategie und zur Unterstützung der Einführung von Services notwendig sind. Beispiele: Entwurf neuer Services, Änderungen und/oder Verbesserungen bereits vorhandener Services.
- **Service Transition** (**Serviceüberführung**) ③
  Hierbei wird der Service aus dem Design in den Produktivbetrieb überführt. Beispiele: Beschreibung technischer Details, vorbereitende Arbeiten, Verteilung von Verantwortlichkeiten, Abdeckung möglicher Risiken und Qualitätssicherung

## Begriffe

- **Service Operation** (**Servicebetrieb**) ④
  Diese Phase beinhaltet die Bearbeitung der Anfragen von Anwendern, die Erarbeitung von Problemlösungen und das Einbringen von Betriebsaufgaben in das laufende Tagesgeschäft.
- **Service Desk** ⑤
  Dies ist die zentrale Anlaufstelle für alle Serviceanfragen innerhalb einer Organisationsstruktur. Das Service Desk ist die vermittelnde Instanz zwischen Kunden und Dienstleister, ist also die Schnittstelle zwischen den Anforderungen des Kunden und der Bereitstellung der Services durch Service Provider.
- **Service Provider** ⑥
  Sie stellen IT Services für Kunden innerhalb eines Business zur Verfügung.
- **Availability Management** ①
  Dies Management definiert, analysiert, plant, misst und verbessert alle Aspekte der Verfügbarkeit.
- **IT Service Continuity Management** (**ITSCM**) ②
  Hiermit wird sichergestellt, dass Service Provider stets die Mindestanforderungen an vereinbarten Service Levels bereitstellen können.
- **Information Security Management** (**ISM**) ③
  ISM umfasst alle Prozesse, die für einen angemessenen Grad an Sicherheit hinsichtlich Verfügbarkeit, Vertraulichkeit und Integrität für Informationen, Services und IT-Systeme notwendig sind. Dazu gehören Sicherheit zu definieren, zu steuern, zu kontrollieren, aufrechtzuerhalten und fortlaufend zu verbessern.
- **Change Management** ④
  Es geht hierbei um die effiziente und koordinierte Steuerung von Veränderungen an bestehenden Prozessen und Service-Parametern. Ziel: Nutzbringende Änderungen oder Anpassungen ermöglichen und dabei negative Auswirkungen vermeiden.
- **Problem Management** ⑤
  In dieser Ebene werden alle Vorfälle innerhalb eines Lebenszyklus verwaltet. Vorbeugende Maßnahmen gegen vorhersehbare und wiederholende Vorfälle werden ergriffen.
- **Incident Management** (**IM**) ⑥
  IM sorgt beim Auftreten von Vorfällen (Incidents) dafür, dass die gewünschte Servicequalität wieder hergestellt wird.

## Prozesskette des IT Service Managements

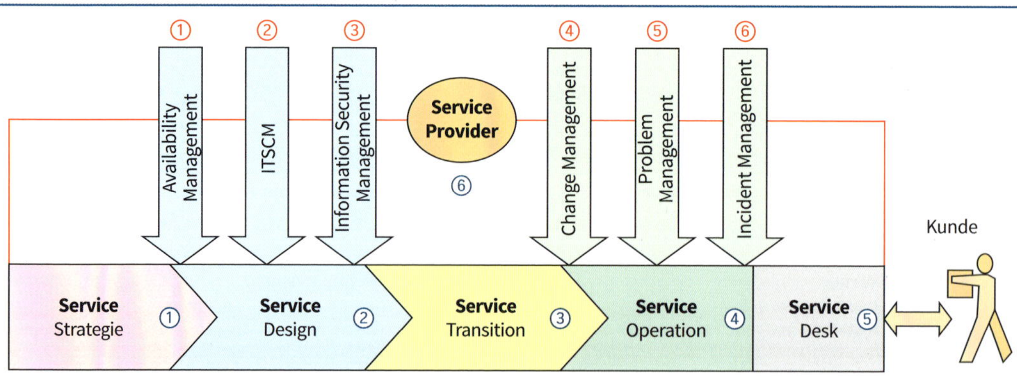

## Normen

- DIN 31051: 2019-06
  Grundlagen der Instandhaltung
- DIN EN 13306:2018-02
  Instandhaltung – Begriffe der Instandhaltung

## Begriffe

- Instandhaltung erfolgt an realen Objekten (Hardware), wie z. B. an Teilen, Bauelementen, Geräten, Teilsystemen, Funktionseinheiten, Betriebsmitteln, Systemen Anlagen (Maschinen, Fertigungsanlagen, Gebäude, Infrastrukturen) oder an virtuellen Objekten (Software).

**Instandhaltung**
Maßnahmen zum Erhalt (Bewahrung) des Soll-Zustandes. Dazu wird der gegenwärtige Zustand (Ist-Zustand) ermittelt und beurteilt.

**Inspektion**
Maßnahmen zur Feststellung und Beurteilung des Ist-Zustandes (Prüfen, Messen, ...)

**Wartung**
Maßnahmen zur Bewahrung des Soll-Zustandes (Reinigen, Auswechseln, Nachstellen, ...)

**Instandsetzung**
Maßnahmen zur Wiederherstellung des Soll-Zustandes (Ausbessern, Austauschen, ...)

**Verbesserung**
Maßnahmen zur Verbesserung des Ist-Zustandes, Steigerung der Leistungsfähigkeit

## Arten

- **Ereignisorientiert**
  Gewartet wird bis zum Ausfall bzw. Eintritt des Schadens.
  Nachteile: Lange Ausfallzeiten, Schaden muss sofort beseitigt werden, evtl. temporäre Lösung
- **Vorbeugend**
  Regelmäßige Wartung erfolgt z. B. nach einem Wartungsplan
  Vorteile: Höhere Betriebssicherheit, weniger Ausfälle, kürzere Instandsetzungszeiten, geringere Stillstandszeiten
  Nachteile: Höhere Kosten
- **Zustandsorientiert**
  – Auswertung von Betriebsstunden
  – Analyse von Alarmlisten
  – Lebensdauer der Komponenten
  Vorteile: Optimierung der Unterhaltskosten, Prävention von Ausfällen
- **Prioritätenorientiert**
  Eine Risikoanalyse der Betriebssicherheit erfolgt z. B. mit der FMEA-Methode
  Vorteile: Investitionen werden ortsgebunden getätigt, Versorgungssicherheit für Nutzer und Kunden

## Allgemeine Ziele

- Optimale Nutzung der Lebensdauer von Objekten und Anlagen erhöhen
- Betriebssicherheit erhalten
- Verfügbarkeit von Objekten, Anlagen ... vergrößern
- Betriebsabläufe optimieren
- Störungen reduzierenKosten vorausschauend berücksichtigen

## Prozess

- **Planung** (Termin- und Ablaufprogramm)
- **Dokumentation** (Wartungsplan, Checklisten)
  – Inspektionsbericht (Checkliste)
  – Begehungsbericht (Protokolle)
  – Maßnahmenplan (Beurteilung der inspizierten Abweichungen)
  – Instandhaltungsaufträge (Budget beantragen, Bestellungen, Realisierung, Abnahme, ...)
- **Inspektion**
  – Begehung (Sicht-, Geruchs- und Geräuschkontrolle)
  – Funktionskontrolle, Zustandsermittlung, Bericht erstellen
- **Wartung und Instandsetzung**
  Ersatz, Reparatur
- **Ergänzende Analyse**
  Störungsstatistik, Optimierungen, Risikoanalyse mit FMEA-Methode, Risikokennzahlen (RPN)

Um schnell Störfaktoren und die damit verbundenen Quelle zu identifizieren, ist es bei Instandhaltungen vorteilhaft, wenn Prozesse permanent überwacht werden (Monitoring).

## Abnutzungsvorrat in Abhängigkeit von der Nutzungszeit

- Durch den Gebrauch von Objekten entsteht **Abnutzung**, was in der Regel mit einer Wertminderung verbunden ist.
- Im Diagramm ist dargestellt, in welcher Zeitspanne die volle Funktionsfähigkeit gewährleistet ist ① und wie groß der Zeitbedarf für eine Instandsetzung ist ②.

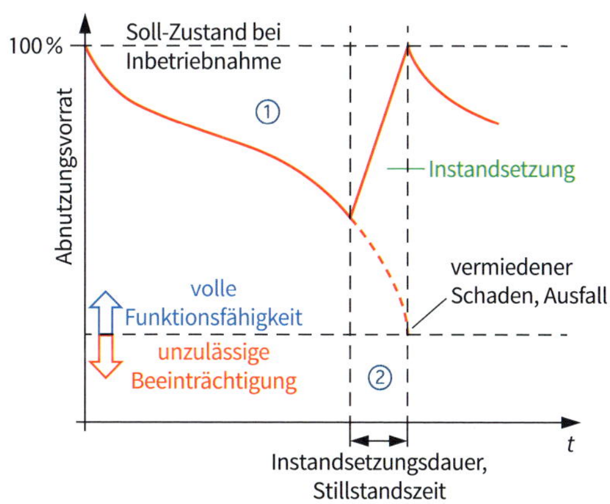

## Aufgabe und Funktion

- Wartung ist ein Bestandteil der Instandhaltung und wird in der Regel von dafür vorgesehenen Personen durchgeführt.
- Eine Wartungsmaßnahme wird eingeleitet, wenn eine entsprechende Prognose vorliegt. Die Vorhersagen basieren entweder auf Trendanalysen oder bei bekannten Mechanismen auf der Auswertung der jeweils nötigen Parameter.
- Softwarewartung (Softwarepflege) ist eine Tätigkeit, die nach der Installation des Softwaresystems die Verfügbarkeit und Nutzbarkeit sicherstellt.

## Arten

- Unternehmen bewegen sich zunehmend von einer reaktiven zu einer vorausschauenden Wartung.

**Ereignisorientierte (reaktive) Wartung:**
- Gewartet wird, bis das Objekt, System, … ausfällt oder die Software fehlerhaft arbeitet.
- Anschließend erfolgt die Wartung.

**Vorbeugende (präventive) Wartung:**
- Die Wartung erfolgt in regelmäßigen Abständen.
- Als Basis verwendet man historische Beobachtungen.

**Zustandsorientierte Wartung:**
- Kontinuierliche Statusüberwachung
- Reagiert wird auf vordefinierte Zustände.

**Vorhersagende (vorausschauende) Wartung:**
- Erweiterte Analyse von Prozessdaten sagen den Zustand voraus und bestimmen, wann die Wartung sinnvoll ist.

## Schritte einer vorausschauenden Wartung

- **Bedingungen**:
  - Vorausschauende Wartung kann überall dort stattfinden wo Produkt- und Prozessdaten erfasst, aufgearbeitet und ausgewertet werden können.
  - Systemkomponenten wie z. B. Lager, Kupplungen oder Motoren deren Verhalten während des Betriebs durch Sensoren (Vibration, Temperatur, Kraft, etc.) aufgezeichnet wird, können bei einem sich abzeichnenden Ausfall zu einem günstigen Zeitpunkt ausgetauscht werden.

① **Analyse der Ist-Situation**
- Ausgangssituation spezifizieren
- Stillstandszeiten und Häufigkeiten der Ausfälle erfassen

② **Definition der Ziele**
- Mit den Zielen Verbesserungspotential aufzeigen
- Stillstandszeiten um einen bestimmten Faktor reduzieren
- Steigende Kundenzufriedenheit durch einen verbesserten Service
- Minimierung der Wartungskosten

③ **Datenerfassung**
- Kontinuierliche Datenerfassung
- Ggf. Sensorik verbessern

④ **Datenaustausch**
- Datenaustausch zwischen den Objekten, Komponenten … optimieren
- Schnittstellen, Datenmodelle und Analysemöglichkeiten definieren

⑤ **Nutzung**
- Systemanpassungen vornehmen
- Auf Grundlage der Prognosen Schwachstellen an Produkt und Prozess identifizieren
- Kontinuierlichen Verbesserungsprozess einleiten

## Weitere Bezeichnungen

- Ereignisorientiert …: **CM** (**C**orrective **M**aintenance)
- Zeitorientierte …: **TBM** (**T**ime **B**ased **M**aintenance)
- Zustandsorientierte …: **CBM** (**C**ondition **B**ased **M**aintenance)
- Zuverlässigkeitsorientierte …: **ROM** (**R**eliability **C**entered **M**aintenance)
  Es handelt sich um eine Instandhaltung anhand einer Zustandskennzahl in Verbindung mit der Bedeutung des Objekts (Bedeutungskennzahl).

## Ablauf einer vorausschauenden (predictive) Wartung

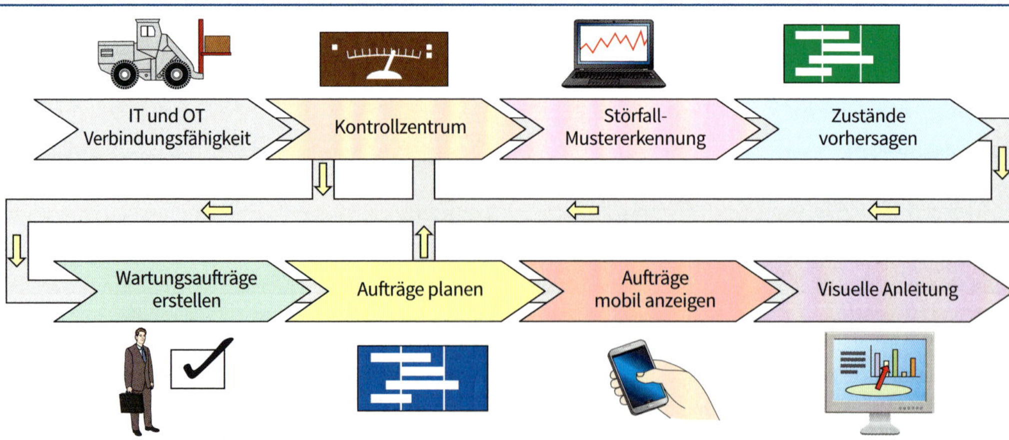

## Aufgaben und Funktion

- Dienstleistungen sind immaterielle Wirtschaftsgüter, die von externen Anbietern oder von unternehmenseigenen Abteilungen erbracht und von Kunden in Anspruch genommen werden können.
- Dienstleistungsbeispiele:
  - **IT-Migration** (Veränderung bestehender IT- Infrastrukturen, Hard- und Software)
  - **Cloud Computing** (Bereitstellung von z. B. Servern, Speichern, Datenbanken, Netzwerkkomponenten, Software, ...)
  - **Redisign** (z. B. optische Aufwertung oder Umgestaltung einer bestehenden Webpräsenz)
  - **Beratung** (z. B. bei Sicherheit, Datenschutz, IT- Infrastruktur)
  - **Verwaltung** (z. B. Informationstechnologie, Software)

## Outsourcing

**Outsourcing** ist eine Unternehmensstrategie, bei der einzelne Leistungen, Teilbereiche oder Geschäftsprozesse auf externe Unternehmen verlagert werden. Diese agieren wie Dienstleister.

**Outsourcing**

- **Vollständiges Outsourcing:** Entsorgung, Wartung, Finanzierung, Einkauf ... sind eingeschlossen. Der Dienstleister übernimmt alle unternehmerischen Ziele und damit die Gesamtverantwortung.
- **Selektives Outsourcing (Outtasking)** Einzelne Aufgabenbereiche werden durch den Dienstleister übernommen.
- **Business Process Outsourcing** Der gesamte Geschäftsprozess wird übernommen und die Verantwortung an den Dienstleister übertragen.

## Programmfehler, Softwarefehler

- **Lexikalische Fehler**
  Beispiel: Nicht interpretierbare Zeichenketten
- **Syntaxfehler**
  Verstöße gegen die grammatischen Regeln der benutzten Programmiersprache, falsch verwendete Symbole, ...
- **Semantische Fehler**
  Verstöße gegen semantische Regeln (Semantik: Bedeutungslehre)
- **Logische Fehler**
  Falscher Problemlösungsansatz, z. B. Schreibfehler
- **Designfehler**
  Fehler bei der Anforderungsdefinition
- **Laufzeitfehler**
  Fehler, die bei der Abarbeitung des Programms auftreten (z. B. falsche Eingabedaten)

## Dienstleistungen in IT-Infrastrukturen (Beispiele)

Je nach Anforderungen sollten tägliche, wöchentliche, monatliche oder quartalsweise Prüfungen durchgeführt werden.
Prüfung der:

- Datensicherung (anhand der Protokolle einschließlich Wiederherstellung von Daten vom Sicherungsmedium)
- Auslagerung von Sicherungsmedien
- Betriebssystem (Client/Server)
- Software (Client/Server)
- Gerätetreiber (Client/Server)
- Firmware (Client/Server – BIOS, Appliances – Firmware)
- Verlängerung der Wartungsverträge (Hardware/Software, z. B. Antiviren-Software)
- Einstellungen (z. B. Firewall, Router, Switch und Drucker)
- Lizenzabdeckung (Client/Server/User)
- Aktualisierung der IT-Dokumentation

## Leistungen innerhalb eines Wartungsvertrages

- Regelmäßige Überprüfung der Backups, Server, Firewall, Workstations, Logdateien
- Installation von Updates der verwendeten Software-und Sicherheitspatches auf Firewall und Server
- Regelmäßige Vor-Ort-Termine, inkl. Besprechung, Kontrolle, Pflege und Wartung der Hardware
- Regelmäßige Information über mögliche Optimierungen und fortlaufende Funktionsoptimierung
- Monitoring
- Proaktive Wartung der Systeme
- Garantierte Reaktionszeit von vier Stunden bei Support Anfragen

## Prüfungen

- Prüfung der Datensicherung (anhand der Protokolle)
- Prüfung der Datensicherung (inkl. ...
- Prüfung der Datensicherung (Auslagerung von Sicherungsmedien)
- Prüfung /Updateverteilung Betriebssystem (Client/Server)
- Prüfung /Updateverteilung Software (Client/Server)

## Umgang mit Fehlern

- Standardisierte Erfassung (genaue Beschreibung) und Dokumentation
- Klassifikation des aufgetretenen Fehlers
  - Andere Fehlerursachen ausschließen
  - Ausschließen, dass es sich um einen bereits bekannten Fehler handelt
  - Fehlerreproduktion durchführen. Sicherstellen, dass es sich um einen systematischen Fehler handelt.
- Einleiten konkreter und standardisierter Maßnahmen
- Klärung: Wie kann der ermittelte Fehler in der Zukunft vermieden und/oder früher entdeckt werden.

# Softwarewartung
## Software Maintenance

### Grundaufgaben

Allgemein:

- Mit der Softwarewartung soll die Verfügbarkeit und Nutzbarkeit sichergestellt sowie die „Lebensdauer" der Software verlängert werden, durch z. B. Fehlerbehebung, Funktionserhalt, Funktionserweiterung und Leistungsverbesserung.

Speziell:

- **Prüfen** und **Durchführen** von Software-Updates (Sicherheitsupdates und Bugfixes[1]) für Firmware, Betriebssystem-, Treiber- und Anwendungssoftware
- **Anpassen** von Konfigurationseinstellungen (z. B. bei veränderter Hardware)
- **Aktualisierung** (z. B: Virensignaturen)

1) Bugfix: Software zur Behebung eines Programmierfehlers

### Unterschiede

**Kategorien einer Wartung**

- **Korrigierend, präventiv:**
  Fehler erkennen und beseitigen, bevor sie der Anwender bemerkt
- **Perfektionierend:**
  Performanz-Optimierungen (Leistungsoptimierung), insbesondere Strukturverbesserungen im Rahmen von Refactoring[1] oder Reengineering (Neugestaltung).
  1) Restrukturierung einer Software
- **Addaptiv:**
  Apassung an veränderte technische Bedingungen der Umgebung (z. B. neue Betriebssystem- oder Datenbankversion)
- **Vorbeugend:**
  Modifikation, um künftige Probleme der Software zu verhindern

| | Korrektur | Verbesserung |
|---|---|---|
| **Reaktiv** | Korrektive Wartung | Adaptive Wartung |
| **Proaktiv** | Präventive Wartung | Perfektionierende Wartung |

### Wartungskosten (Beispiel)

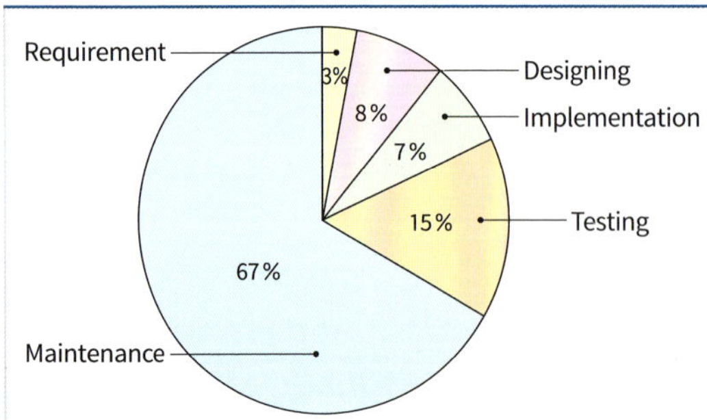


### Sicherheitsüberprüfung bei IT-Systemen

**Checkliste für Maßnahmen, Komponenten und Software (Beispiele)**

- **Backup und Archivierung**
  - Konzepte, Verfahren, Tests
- **Stationäre und mobile Endgeräte**
  - Aktuelle Firmware, Betriebssysteme und Anwendungen
  - Personal Firewall
  - Virenscanner
  - Maßnahmen für sicheres Surfen
- **Server**
  DNS, DHCP, Zeitserver (NTP, Zeitsynchronisation), Mailserver, Webserver, Datenbankserver, Druckserver, Datenserver, Netzwerkspeicher (NAS)
  - Aktualität
  - Antiviren-Lösung
  - Absicherung
  - Personal Firewall
- **Unternehmensnetzwerk (LAN/WLAN)**
  - Funknetze (Absicherung WLAN)
  - Firewalls zwischen Netzsegmenten
  - Unterschiedliche Bewertung beim Office- und ICS-Netz (**ICS**: **I**nternet **C**onnection **S**haring, Internetfreigabe)
- **Eindringungserkennungssysteme (IDS/IPS)**
  (**IDS**: **I**ntrusion **D**etection **S**ystem, **IPS**: **I**ntrusion **P**revention **S**ystem)
  - Erkennung von Anomalien im Netzwerkverkehr
  - Angriffe gegen Netzwerke oder Computersysteme
- **Perimeterschutz (sichere Internetanbindung)**
  - Schutz des Firmennetzes nach außen
  - Mehrstufiges Firewall Konzept
  - Sicherheitsgateway
- **Sichere Netzwerkarchitektur**
  - Sicherheitszonen
  - Netzwerksegmentierung
  - Demilitarisierte Zone (**DMZ**: **Dem**ilitarized **Z**one, Computernetz mit sicherheitstechnisch kontrollierten Zugriffsmöglichkeiten auf die daran angeschlossenen Server)
- **Sicherer Fernzugriff**
  - Zugriff vom Home-Office auf Unternehmensressourcen
  - Virtual Private Network (**VPN**)
- **IT-Systeme**
  - Sichere Konfiguration der eingesetzten Hard- und Software
  - Effektives Update- und Patch Management (Schließen von Sicherheitslücken in Betriebssys-temen und Anwendungen)
- **Überwachung und Protokollierung (Monitoring, Logging)**
  - Überwachung sowie regelmäßige Kontrolle der Netzwerk-Komponenten
  - Aktuellen Netzwerkverkehr beobachten
  - Engpässe und Angriffe erkennen
- **SIEM**: **S**ecurity **I**nformation and **E**vent **M**anagement
  Ein ganzheitlicher Blick auf die IT-Sicherheit. Meldungen und Logfiles verschiedener Systeme werden gesammelt und ausgewertet. Verdächtige Ereignisse oder gefährliche Trends lassen sich in Echtzeit erkennen.

# Fernwartung
## Remote Maintenance

### Prinzip

- Mit einer Fernwartung lassen sich in IT-Systemen entfernter Standorte Instandhaltungs- und Wartungsaufgaben ohne physische Maßnahmen durchführen.
- Die Fernwartung wird zur flexiblen und optimalen **Ressourcennutzung** und zur **Kostensenkung** genutzt. Damit lässt sich z. B. eine Reduzierung von Reisezeiten und -kosten erreichen und es kann bei Störungen eine schnelle Reaktion über den Fernzugriff erfolgen.
- Fernwartung kann an benutzergesteuerten Endgeräten (z. B. PCs), an Embedded Systemen (z. B. Mobiltelefonen) sowie an Maschinen in einem Industriebetrieb vorgenommen werden.
- Die Fernwartung erfolgt in der Regel in einem internen Netzwerk. Dabei ist einerseits ein Fernzugriff auf einzelne Benutzer-Rechner möglich, zum anderen stehen über die System Management-Software die systemweiten Wartungsfunktionen zur Verfügung.
- **Passive Fernwartung**:
  Der Supportmitarbeiter verfolgt die Ansichten auf dem entfernten Display und gibt anschließend Hinweise und Hilfestellungen. Er kann nicht selbst tätig werden.
- **Aktive Fernwartung**:
  Zugriffsmöglichkeiten bestehen auf Tastatur und Maus, sodass er steuernd eingegriffen und direkte Unterstützung geleistet werden kann (Fehlerbeseitigung).
- Für die externe Dienstleistung muss ein gesicherter Zugang auf das Netz zur Verfügung stehen. Eine geeignete und verbreitete Losung stellt hier der Zugang über ein **VPN** (**v**irtuelles **p**rivates **N**etzwerk) dar. Damit können wesentliche Zugangsanforderungen erfüllt werden: **Identifizierung**, **Vertraulichkeit** und **Datenintegrität**.

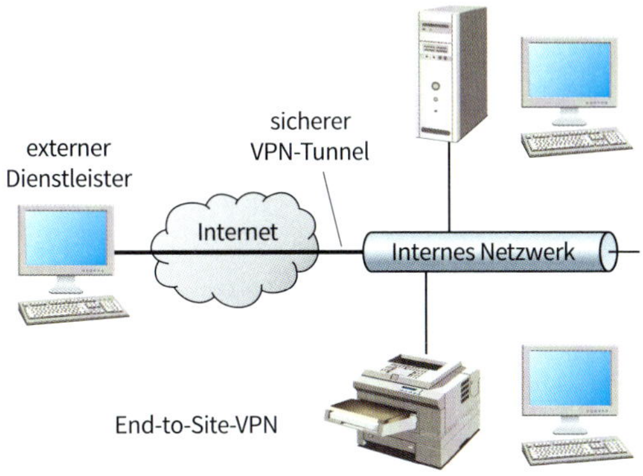


- **Fernwartungssoftware**:
  (**RAT**: **R**emote **A**dministration **T**ool)
  Mit ihr ist es der entfernt sitzenden Service-Fachkraft möglich, direkt auf dem Rechnern Aktionen durchzuführen. Tastatureingaben und Mausbewegungen können übertragen werden.

### Software

- **Remote**:
  Englischer Fachbegriff (Bedeutung: weit entfernt, fern, entlegen)
  Bedeutung im IT-Bereich: Zugriff auf entfernte Computer, Server, Netzwerke, Geräte oder andere IT-Komponenten zur Wartung und Reparatur
- **Remote Control**:
  Fernbedienung
- **Remote Zugriff, Remote Access**:
  Fernzugriff auf den Desktop eines Computers
  Dabei werden Anwendungsprogramme auf einem Computer (Server) ausgeführt und auf einem anderen Computer (Client) dargestellt und bedient.
- **Remote Desktop**:
  Ein Programm oder eine Betriebssystemfunktion, mit der man die Arbeitsoberfläche eines entfernten Computers am lokalen Computer darstellen kann, um zu interagieren.
- **AnyDesk (Remote-Desktop-System)**:
  - Fernzugriff zwischen Computern mit unterschiedlichen Betriebssystemen wie Windows, Linux oder macOS.
  - Für private Nutzer kostenlos.
  - Zugriff auf Daten, Bildern, Videos und Anwendungen, die auch mit anderen geteilt werden können.
- **TeamViewer**:
  Eine proprietäre (im Eigentum befindliche) Software für den Fernzugriff auf sowie die Fernsteuerung und die Fernwartung von Computern und anderen Endgeräten.
- **Kostenfreie Software**:
  NetMeeting, Screenleap, Mikogo, Teamviewer, Gen-Control, LogMeIn Free, …
- **Kommerzielle Software**:
  PCAnywhere, RemCon, PCDuo, Remotely Possible, Carbon Copy, CloseUp, …

**Vertrauen und Sicherheit bei der Fernwartung entsteht durch …**

- eindeutige Verfahren der Identifizierung.
- Nutzung und Veränderungen während des Remote-Zugriffs nur durch autorisierte Personen.
- dauerhaft eingeblendetes Informationsfenster mit Statusmeldungen während der Verbindung.
- ein revisionssicheres Text-Protokoll über die Sitzung.
- ein revisionssicheres Video-Protokoll über die Sitzung.
- sichere Firewalls.
- eine ausreichende Verschlüsselungstechnik.

## Aufgabe und Leistungen

- Der Begriff Wartungsvertrag wird nicht einheitlich verwendet. In ihm können Wartungsmaßnahmen, Instandsetzungen und Beseitigung von Störungen an der Hardware, Software sowie Netzwerken festgeschrieben sein. Diese Maßnahmen sind jeweils mit Zugangsberechtigungen verbunden.
- Typische Leistungen:
  - Bereitstellung von Service Desk-Systemen und Betrieb der Support-Level
  - Regelmäßige Hardware- und Software-Wartung
  - Einsatz von Fernwartung
  - Erstellung von System-Dokumentation und regelmäßiger Auswertungen
  - Beratung zur Systemoptimierung

## Kosten eines IT-Arbeitsplatzes

**IT-Infrastrukturkosten**

- Abschreibung Hardware Arbeitsplatzsystem
- Software- und Lizenzkosten, Software-Arbeitsplatzsystem
- Betriebskosten Datenbank
- Betriebskosten Mail-Server
- Kosten Service Desk
- Betriebskosten Monitoring, Netzwerk, Internet
- Kosten Speicherplatz
- Betriebskosten Server/Client (ADS, DHCP, File Print)
- Betriebskosten virtuelle Server
- Betriebskosten WLAN, SharePoint, VPN
- Betriebskosten Firwall

**Aufwandskosten**

- Leistungen aus dem Wartungsvertrag
- Leistungen aus dem System-Management
- Informationsleistungen
- Betrieb des Service Desk

**Service-Anfragen**

- Personalisieren der Arbeitsplatzsysteme, inklusiv Training
- Softwareverteilung
- Vergrößerung der Speicherbereiche für Homelaufwerke

↓

**Gesamtkosten IT-Betriebsarbeitsplatz-System**

## Beispiel

§ 1 Vertragsgegenstand

Die Anbieterin übernimmt die zur Instandsetzung und Instandhaltung notwendige Wartung der im Leistungsschein (Anhang) näher bezeichneten Hardware und Hardwarekomponenten einschließlich der zugehörigen Systemsoftware am im Leistungsschein bezeichneten Ort (Erfüllungsort). Wartungsarbeiten außerhalb der vereinbarten Zeiten oder an anderen Orten kann der Kunde nur bei gesonderter Vereinbarung und gegen gesonderte Vergütung verlangen.

§ 2 Sonderleistungen und Reaktionszeiten

§ 3 Vergütung

§ 4 Gewährleistung

§ 5 Haftung des Anbieters

§ 6 Vertragsdauer, Kündigung und Rückgabepflichten

Der Vertrag wird mit Unterzeichnung durch beide Vertragsparteien wirksam und wird auf die Dauer von zwei Jahren geschlossen.

Das Wartungsverhältnis kann von dem Kunden regelmäßig mit einer Frist von sechs Monaten zum Ablauf des Vertrages gekündigt werden, andernfalls verlängert sich das Vertragsverhältnis jeweils um ein weiteres Jahr.

Bei Beendigung des Vertrags wird die Anbieterin alle ihr mit Vertragsunterzeichnung übergebenen Unterlagen zurückgeben bzw. nachweisen, dass diese Unterlagen ordnungsgemäß vernichtet wurden. Vorhandene Datenbestände und Programme sind physikalisch zu löschen.

§ 7 Allgemeine Bestimmungen

In diesem Vertrag sind sämtliche Rechte und Pflichten der Vertragsparteien geregelt. Änderungen sind nur in Schriftform oder elektronischer Form und bei Bezugnahme auf diesen Vertrag wirksam und beiderseitig zu unterzeichnen.

Der Gerichtsstand für alle Streitigkeiten aus diesem Vertrag ist, soweit vereinbar, der Geschäftssitz der Anbieterin.

## Wartungsheft für IT-Systeme

- **Bestandteile**
  - Aktuelle Konfiguration
  - Installierte Anwendungen und Daten
  - Änderungen am System (z. B. Eingespielte Sicherheitspatches oder Konfigurationsänderunge)
- **Prinzip**
  Systemänderungen sollten für eine fachkundige Person nachvollziehbar dokumentiert sein.
- **Zuständigkeiten**
- **Aktueller Stand**

# Gesprächsführung
## Conversational Guidance

### Vorbereitung

- **Ziel**
  Für das Gespräch Zielvorstellungen entwickeln
- **Sicherheit**
  Innere Sicherheit durch gute Vorbereitung gewinnen
- **Natürlichkeit**
  Keine Rollen antrainieren, sich selbst darstellen
- **Geprächsstruktur**
  Sich in die Situation des Geprächspartners hineinversetzen
  Gliederung einhalten
- **Körperhaltung**
  Aufrecht, entspannt, nicht anlehnen bzw. aufstützen, ruhige Körperhaltung, sinnvolle Mimik und Gestik, Blickkontakt suchen, nicht fixieren
- **Sprache**
  Ruhig, akzentuiert, abwechslungsreich, dynamisch, nicht weitschweifig, zielorientiert
- **Zeit**
  Zeitplan einhalten

### Gesprächsphasen

1. **Kontaktaufnahme**
   Offenes freundliches Klima schaffen, persönliche Begrüßung …
2. **Information**
   Gesprächsschwerpunkte und Vorgehensweise benennen, Wünsche des Gesprächspartners einbeziehen …
3. **Argumentation**
   Gedankenaustausch, Präzisierungen, Einwände …
4. **Beschluss**
   Ergebnis herausstellen; vergewissern, dass Gesprächspartner mit dem Ergebnis einverstanden ist …
5. **Abschluss, Ende**
   Positiver Ausklang, Dank …

### Fördernde Reaktionen im Gespräch

- **Aktives aufmerksames und akzeptierendes Zuhören**
  Kein Schweigen, sondern engagiertes Zuhören
- **Paraphrasieren**
  Inhalt der Aussagen des Gesprächspartners, wenn erforderlich, mit eigenen Worten wiederholen, damit sichergestellt ist, dass der Sachverhalt richtig verstanden wurde
- **Mitteilung eigener Gefühle**
  Verhaltensweisen werden dadurch transparent und besser verstehbar
- **Wahrnehmungsprüfung**
  Rückmeldung an den Gesprächspartner zur Überprüfung der eigenen Wahrnehmung
- **Informationssuche**
  Gemeinsamkeit herstellen

### Hemmende Reaktionen im Gespräch

- **Wechsel des Themas ohne Erklärung**
  Desinteresse am Thema bzw. am Gesprächspartner wird signalisiert
- **Beenden des Blickkontaktes**
  Optische „Beschäftigung“ mit anderen Dingen
- **Interpretationen**
  Belehrungen führen zur Verunsicherung des Partners
- **Verneinen von Gefühlen**
  Verhalten wirkt „unecht“, da jeder Gedankenaustausch von „Gefühlen“ untermauert wird
- **Ratschläge und Überredung**
  Ein „Überstülpen“ von „Rezepten“ führt zu Abwehrreaktionen und Blockaden. Gefühl der Überlegenheit wird vermittelt

### Elemente der Verständlichkeit

**Einfachheit**
Sachverhalt auf das Wesentliche reduzieren

**Prägnanz**
Auf den Punkt kommen, ohne Umwege, zielgerichtet vorgehen

**Gliederung, Ordnung**
Gedanken in eine bestimmte Ordnung bringen

**Stimulanz**
Informationen für die Zuhörer anregend darlegen

## Modelle

- Im täglichen Umgang der Menschen untereinander ist Kommunikation (communicare: mitteilen) ein selbstverständlicher Vorgang, bei dem Informationen (Zeichen) zwischen Sendern und einem Empfänger ausgetauscht werden.

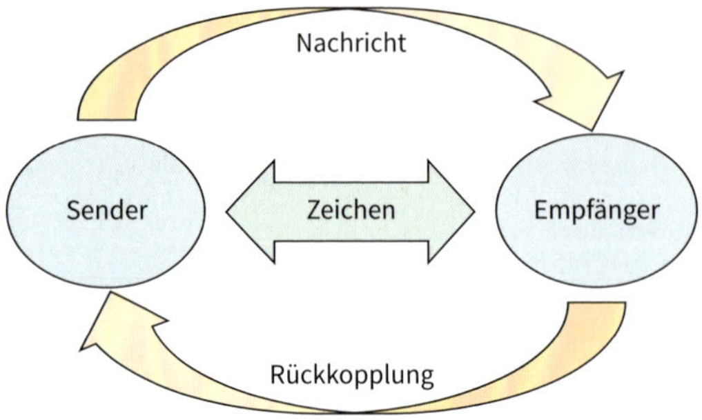


- Mit Kommunikationsmodellen lässt sich erklären, was Kommunikation ist, wie sie abläuft, welche Störungen vorkommen und wie man diese beseitigen kann. Je nach Forschungsansatz gibt es verschiedene Modelle.

## Modell der Nachrichtenübertragung

In diesem Modell orientiert man sich an den technischen Aspekten der Signalübertragung und verwendet mathematische Theorien der Kommunikation der Mathematiker Warren Weaver (1894–1978) und Claude E. Shannon (1916–2001).

Kommunikation läuft damit wie folgt ab:

- Die codierte Nachricht wird vom Sender ausgesendet.
- Auf dem Weg zum Empfänger können „Störungen" die Nachricht verändern.
- Die Nachricht enthält sprachliche und nicht sprachliche (nonverbale) Anteile.
- Der Empfänger decodiert die Nachricht entsprechend seiner Wahrnehmung mit seinem eigenen „Vorrat" an Decodiermöglichkeiten.
- Eine ungestörte Kommunikation kann nur dann stattfinden, wenn Sender und Empfänger den angewendeten Code aufeinander abstimmen.

**Störungen**
psychologische, semantische, technische, organisatorische …

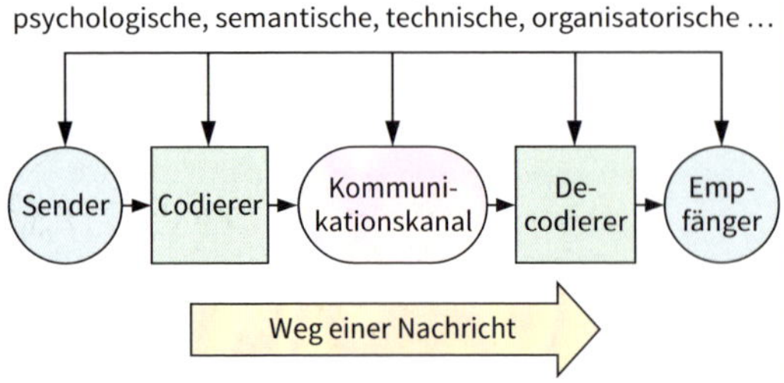


- Aufgrund der mehr „technischen" Sichtweise der Kommunikation werden die sozialen Aspekte der Kommunikation mit diesem Modell nicht berücksichtigt.

## Modell der vier Seiten

Das Vier-Seiten-Modell ist vom Kommunikationspsychologen Friedemann Schulz von Thun (geb. 1944) entwickelt worden. Danach kann eine Nachricht im Kommunikationsprozess vier Seiten (Aspekte, Ebenen) besitzen:

| | |
|---|---|
| **Sachebene** | **Appell** |
| **Selbstoffenbarung** | **Beziehungsebene** |

- **Erklärungsbeispiel**
  Bevor in einer Reparaturwerkstatt für IT-Geräte ein Auszubildender das Gerät aufschraubt, sagt der Werkstattleiter laut und deutlich: „Sicherheitsaspekte beachten!"

  Der Werkstattleiter hat also eine Nachricht gesendet, die der Auszubildende empfangen hat. Je nach Vorerfahrungen mit dem Auszubildenden, den vorherrschenden Stimmungen usw. kann diese Nachricht auf verschiedene Weise vom Auszubildenden aufgenommen (decodiert) werden als:

- **Sachebene**
  Erinnerung an die Gefährlichkeit, reine Sachinformation („worüber ich informiere")

- **Appell**
  Aufforderung, dass auf jeden Fall Sicherheitsmaßnahmen einzuhalten sind („wozu ich dich veranlassen möchte")

- **Selbstoffenbarung**
  Ausdruck von Sorge und Angst, damit nichts passiert („was ich von mir selbst kundgebe")

- **Beziehungsebene (Beziehungsbotschaft)**
  Verantwortung und Fürsorgepflicht („was ich von dir halte, oder wie wir zueinander stehen")

- **Verallgemeinerung**
  Diese vier Interpretationsmöglichkeiten zeigen, dass man beim Aufnehmen von Nachrichten gewissermaßen mit „vier Ohren" hören kann. Je nach Absicht des Senders können die verschiedenen Aspekte unterschiedlich stark in Erscheinung treten (codiert sein) bzw. wahrgenommen werden.

**Vier-Ohren-Modell**

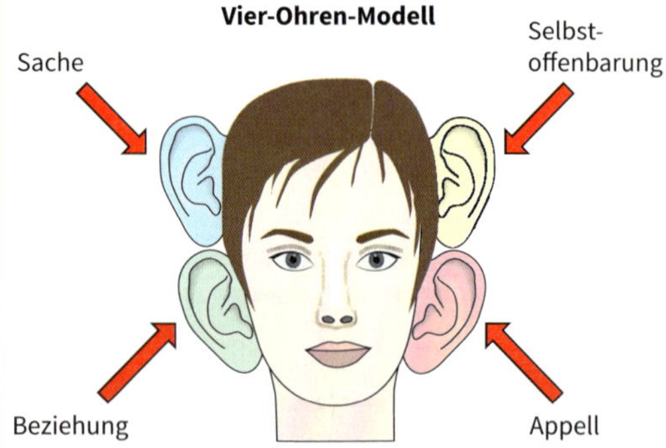

## Merkmale

- Auslöser ist ein **Konflikt**, bei dem Interessen, Ziele, und Werte von Personen bzw. Gruppen unvereinbar sind oder unvereinbar zu sein scheinen.
- Aktionen mit entsprechenden Reaktionen nehmen zu (**Intensitätszunahme**).
- Eine **Ausweitung**, ggf. Verlagerung auf andere Ebenen findet statt. „Verbündete" werden aktiviert.
- **Begleiterscheinungen** sind Wut, verbale Attacken bis hin zu Gewaltanwendungen.
- Allgemein: Es entsteht eine in sich **verstärkende Dynamik**.

## Phasen (Stufen)

- Quelle: Friedrich Glasl (1941), österreichischer Konfliktforscher

| Stufe | Bezeichnung | Beschreibung | Phase |
|---|---|---|---|
| 1 | **Verhärtung** | Konflikte werden allmählich wahrgenommen, Positionen eingenommen | Win-win Phase, Konflikt noch lösbar |
| 2 | **Polarisierung, Debatte** | Verbaler Austausch von Positionen, verbunden mit Polemik | Win-win Phase, Konflikt noch lösbar |
| 3 | **Handlungen, keine Worte** | Es kommt zu Handlungen, mit denen die Worte unterstützt werden | Win-win Phase, Konflikt noch lösbar |
| 4 | **Koalitionen, Sorge um Image** | Suche nach Verbündeten, es geht um den Sieg | Win-lose Phase, eine Konfliktpartei ist der Verlierer |
| 5 | **Gesichtsverlust** | Provokationen mit Demaskierungen, Konfliktpartei wird herabgesetzt | Win-lose Phase, eine Konfliktpartei ist der Verlierer |
| 6 | **Sanktionen** | Androhung von Strafen und Gewalt, Ultimaten werden gesetzt | Win-lose Phase, eine Konfliktpartei ist der Verlierer |
| 7 | **Schaden** | Suche nach Möglichkeiten, Schaden zu verursachen, mit Anwendungen | Win-lose Phase, beide Parteien sind die Verlierer |
| 8 | **Zersplitterung** | Versuche, Bündnisse zu zerstören, martialische Sprache | Win-lose Phase, beide Parteien sind die Verlierer |
| 9 | **Konfrontation** | Es ist kein Rückzug mehr möglich, eigene Vernichtung | Win-lose Phase, beide Parteien sind die Verlierer |

## Ursachen

- **Wahrnehmungsunterschiede**
  Von Menschen wahrgenommene Situationen werden unterschiedlich wahrgenommen und interpretiert. Sie sind von der individuellen Vorgeschichte, dem Kenntnisstand, den Erfahrungen usw. abhängig.
- **Vorhandene Ressourcen**
  Wenn diese begrenzt sind, kann es zu Konflikten kommen.
- **Organisationsstrukturen**
  Stark gegliederte Organisationen können dazu führen, dass Zuständigkeiten, Verantwortlichkeiten und Zugehörigkeiten unklar werden.
- **Arbeit**
  Der Fortschritt einer Arbeit kann von anderen Arbeitsergebnissen bzw. Personen abhängig sein.
- **Rollen**
  Im zwischenmenschlichen Agieren hat jede Person eine bestimmte Rolle, die stets in einer Beziehung zu den Rollen der anderen Personen steht.
- **Wertschätzung**
  Die gegenseitige Wertschätzung wird z. B. beeinflusst durch Geschlecht, Sprache, Aussehen, Alter, Gesundheit, Religion, Herkunft und Abstammung.
- **Territorium**
  Jeder Mensch benötigt für seinen Wirkungsbereich ein bestimmtes Territorium, das von anderen Personen beeinflusst bzw. beansprucht werden kann.
- **Umfeld**
  Veränderungen im Umfeld können zu Verunsicherungen und Anpassungsproblemen führen.

## Reaktionen

- **Flucht**: Ausweichen, Vermeidung
- **Kampf**: Durchsetzung, Vernichtung
- **Unterordnung**: Anpassung, Nachgeben, einseitige Akzeptanz
- **Delegation**: Verlagerung des Problems an eine andere Instanz
- **Kompromiss**: Einigung mit Vor- und Nachteilen für beide Seiten
- **Konsens**: Kooperation, Zusammenarbeit, Teamwork

## Ergebnisse

- **Zwang**
  Damit wird versucht, die eigene Position gegen Widerstände durchzusetzen. Es gibt einen Gewinner auf Kosten von anderen, in einer Win-losen-Strategie.
- **Vermeidung**
  Konflikte werden nicht bereinigt. Die Situation bleibt unverändert. Beide Seiten sind Verlierer.
- **Zurückweichen, Kapitulieren**
  Konflikt wird gelöst. Der Nachgebende verliert.
- **Kooperation**
  Beide Seiten können ihre Position voll einbringen. Die Situation führt zu einem Win-win-Ergebniss. Beide Seiten gewinnen.

# Deeskalation
## De-Escalation

### Begriff und Prinzip

- Allgemeine **Zielsetzung**: Konflikte verhindern
- Sich **aufschaukelnde Prozesse** (Phasen) abstellen
- **Rückkopplungen** bei Eskalationsspiralen verhindern, Teufelskreis unterbrechen
- **Deeskalations-Sequenzen** sind in der Regel keine Einzelmaßnahmen, sondern setzen sich oft aus vielen verschiedenen Elementen zusammen.
- **Allgemeine Strategien** zur Deeskalation:
  - Zuhören in gewaltfreier Atmosphäre
  - Selbstvertrauen stärken
  - Eskalationsspiralen entkoppeln
  - Für Klarheiten sorgen
  - Feedback geben
  - Über Emotionen sprechen
  - Ansagen klar formulieren

### Aktives Zuhören – Prinzip

- Mit „aktives Zuhören" wird eine gefühlsbetonte Reaktion eines Gesprächspartners auf die Botschaft eines Sprechers verstanden (**interpersonelle Kommunikation**).
- Begründer des psychotherapeutischen Ansatzes: US-Amerikaner Carl Rogers (1902 – 1987).
- Der Ansatz lässt sich z. B. bei einer gewaltfreien Kommunikation und Deeskalation anwenden

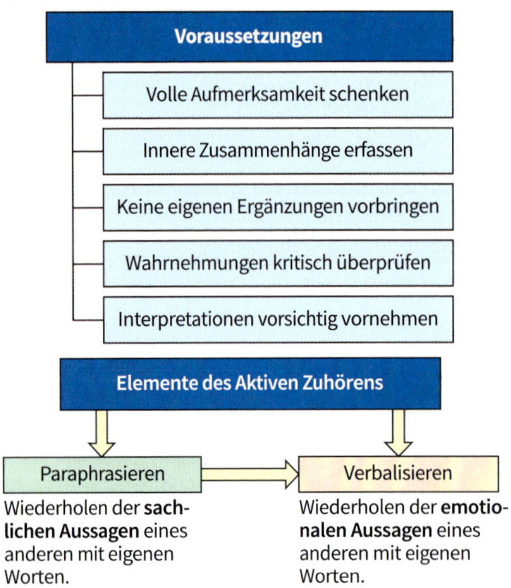


### Wertschätzung beim Aktiven Zuhören

- Offene und zugewandte Körperhaltung zeigen. Damit wird zum Ausdruck gebracht, dass man sich voll auf den Gesprächspartner bzw. die Gesprächspartnerin konzentriert.
- Blickkontakt halten
- Zustimmungen über Kopfnicken und kurze bestätigende Aussagen deutlich machen. Beispiele für Zuhörerfloskeln: Hhm, so, ja, ...; Ich verstehe, ja sie haben Recht, aber ...
- Gegenüber ausreden lassen

### Sensibilität beim Aktiven Zuhören

- Gleiche Sprachebenen verwenden
- Mimik und Gestik beachten
- Gefühle des Gesprächspartners der Gesprächspartnerin wahrnehmen und verbalisieren
- Körper zuwenden, Kopfnicken
- Keine Nebentätigkeiten durchführen

### Aufmerksamkeit beim Aktiven Zuhören

- Aussagen mit eigenen Worten widerholen (paraphrasieren).
- In Worte fassen, was gefühlsmäßig in den Äußerungen mitschwingt.
- Auf Gefühle eingehen.
- Nachfragen, um tieferes Verständnis zu erlangen.
- Eigenes Verständnis unter Kontrolle halten.
- Teilzusammenfassungen anbieten, als Rückmeldung über das Gesagte.

### Ich-Botschaften

- Mit diesen **Aussagen** drückt der Sprecher, die Sprecherin, etwas über sich aus, was in der Regel zu einer deeskalierenden Wirkung führt.
- Dadurch entsteht eine offene Gesprächssituation. Sie dient dem Abbau von Konfrontationssituationen.
- Der Empfänger muss sich nicht verteidigen, da er nicht angegriffen wird. Diskussionen darüber, wer Recht hat, werden vermieden.
- Ich-Botschaften sorgen für mehr Klarheit in Gesprächssituationen. Es entsteht Eigenverantwortung und gleichzeitig Mitverantwortung in Form eines Verhandlungsspielraums.
- Ich-Botschaften sind Gefühlsstimmungen und keine Kritik in Form von Du-Botschaften (Aussage über einen anderen).

### Gewaltfreie Kommunikation

- Ein Handlungskonzept (Marshall B. Rosenberg), bei dem der Kommunikationsfluss zu gegenseitigem Vertrauen führt:
- **Beobachtung**: Es sind beobachte Handlungen, die das Wohlbefinden beeinträchtigen.
- **Gefühl**: Gefühle werden mit dem Beobachteten in Verbindung gebracht.
- **Bedürfnis**: Sie werden aus den Gefühlen artikuliert.
- **Bitte**: Um konkreten Handlungen wird gebeten

## Konfliktarten

- Konflikte sind Bestandteile des menschlichen Zusammenlebens. Sie können z. B. auftreten, wenn unterschiedliche und unvereinbare (bzw. unvereinbar erscheinende) Interessen, Ziele oder Wertvorstellungen zwischen Personen, Gruppen, Organisationen oder Staaten aufeinandertreffen.
- Konfliktarten sind vielfältig, vielschichtig und werden je nach Person und Situation unterschiedlich eingeordnet.

**Beispiele**:

Wahrgenommen wird

- eine unterschiedliche Machtverteilung (**Machtkonflikt**),
- ein Unterschied in der Verteilung von Ressourcen (**Verteilungskonflikt**),
- ein Gegensatz in Bezug auf Absichten und Ziele (**Zielkonflikt**),
- eine unterschiedliche, falsche, ungenügende, …, Informationsverteilung (**Informationskonflikt**),
- eine unterschiedliche Bewertungen von Ereignissen, Personen usw. (**Wertkonflikt**),
- ein Widerspruch zwischen empfundener und ausgeübter Rolle (**Rollenkonflikt**),
- ein Unterschied zwischen der Selbst- und Fremdwahrnehmung (**Identitätskonflikt**).

## Konstruktive und kooperative Konfliktlösung

- Um ein konfliktfreies Zusammenleben zu gewährleisten, müssen Konfliktlösungsstrategien angewendet werden.
- Wenn die Konfliktparteien nicht selbstständig zu einer Lösung gelangen, sollten neutrale Personen den Prozess moderierend begleiten.

Folgende vier Schritte sind bei der Lösung hilfreich:

**1. Analyse**

- Die Konfliktparteien analysieren gründlich und gemeinsam, in gegenseitiger Achtung, die Konfliktsituation. Dabei sollte herausgefunden werden:
  - Wer war beteiligt, wer ist betroffen?
  - Worin besteht der Interessensgegensatz?
  - Um was für eine Konfliktart handelt es sich?
  - Was könnten die Ursachen für den Konflikt sein?
- Bei der Analyse muss unterschieden werden zwischen Wahrnehmung, Interpretation und Realität.
- Zu beachten ist die körperliche, geistige und seelische Stabilität der Parteien.

**2. Präzisierung**

- Vorstellungen werden ohne Bewertung durch die gegnerische Partei ausgesprochen. Ziele und Probleme werden in einer offenen Gesprächsatmosphäre benannt.

## Konstruktive und kooperative Konfliktlösung

**3. Lösung**

- Im Dialog wird gemeinsam nach Lösungen gesucht.
- Es geht darum, andere zu verstehen und sich selbst verständlich zu machen.
- Mögliche Kompromisse werden benannt.

**4. Vereinbarung**

- Die Ziele, Wege und Änderungen werden ausgesprochen und festgehalten.
- Ein für beide Seiten akzeptabler Konsens wird gesucht.
- Ein „Vertrag“ über die Vereinbarung wird „geschlossen“
- Ein Termin für die Überprüfung wird festgelegt.
- Es darf keinen Sieger und keinen Besiegten geben.

## Schädliches Verhalten in Konfliktsituationen

- **Flucht**
  - Konflikt wird verdrängt, ignoriert, …
  - Lösung wird aufgeschoben

  Ergebnis: Aggressives Verhalten gegenüber sich selbst und anderen.
- **Anpassung**
  - Dominierende Personen bzw. Vorgaben und Regeln werden vollständig akzeptiert.
  - Eigene Wünsche und Bedürfnisse treten in den Hintergrund.

  Ergebnis: Orientierung an Leitfiguren, geringe Arbeitsmotivation und geringe Kreativität.
- **Kampf**
  - Interessen werden massiv und mit verschiedensten Mitteln (direkte und indirekte) vertreten.
  - Konkurrenzkampf entsteht untereinander.

  Ergebnis: Es gibt Sieger und Verlierer. Es entsteht eine geringe Arbeitsmotivation.

## Eisbergmodell zur Erklärung von Konflikten

Sichtbar ist im Prinzip nur die Spitze mit der **Sach- und Fachebene**. Diese Ebene wird in hohem Maße von den unter der „Wasseroberfläche“ liegenden Problemfeldern beeinflusst.

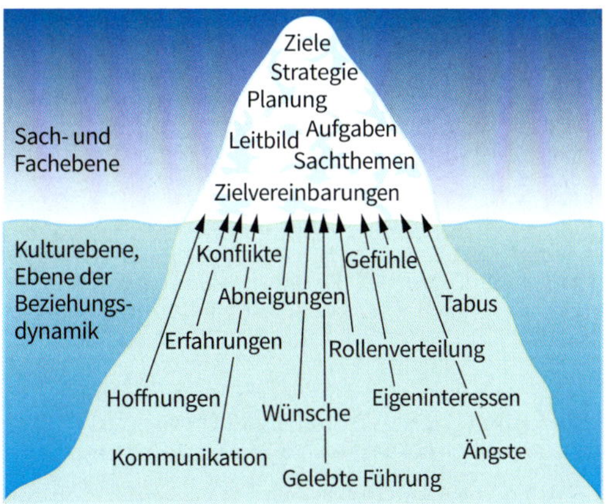

# Netzwerkverkabelung

## Network Cabling

DIN EN 50174-2: 2018-10

## Kabeleinteilung

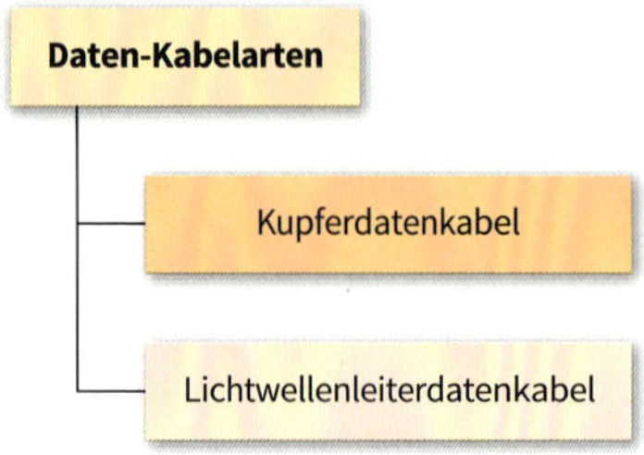


## Verlegung

in Gebäuden | im Freien | in der Erde

- Offene Verlegung, wenn Beschädigungen ausgeschlossen
- Direkt Unterputz, im Rohr Unterputz, auf Kabeltragsystemen, in Elektroinstallationskanälen
- Kupferdatenkabel:
  EMV-Beeinflussung berücksichtigen (Mindestabstände z. B. zu Hochleistungslampen, Hochfrequenzinduktionsheizungen, Funksendeanlagen)

## Verlegeanforderungen

- **Kabellagerung**
  - Kabel bis zum Einbau in Originalverpackung belassen
  - An geschütztem Ort lagern (Schutz gegen mechanische und klimatische Einflüsse)
- **Kabelauslegung**
  - **Verlegevorgaben** der Hersteller beachten
  - Kabel nicht über Trommelrand abziehen
  - **Biegeradien** einhalten (während des Einziehens mindestens 8 x Kabelaußendurchmesser)
  - **Keinen Druck** auf die Kabel durch Befestigungsmaterial ausüben (Kabelbinder, Kabelschnellverleger; veränderte Übertragungseigenschaften)
  - **Kabeleinzug** immer mit Ziehstrumpf
  - Offene Kabelenden mit Isolierband zwischen Einziehwerkzeug und Kabelmantel bandagieren
  - Nur **zugelassene Schmiermittel** einsetzen
  - **Trennungsabstände** bei Kupferdatenkabeln zu Energiekabeln einhalten
  - **Kabelschirme** mindestens im Etagenverteilerschrank an die Erdung anschließen
  - Bei lokaler Montage von Steckverbindern gleichartige Belegung der Stecker und Buchsen einhalten (z. B. TIA 568 A)
  - **Kabelenden** beschriften
  - **Abnahmemessungen** zur Qualitätssicherung durchführen (DIN EN 50346)
  - Bei **LWL-Fasern**:
    Vorsichtsmaßnahmen für die Bearbeitung, Entsorgung von Reststücken und gegebenenfalls gegen Laserstrahlung einhalten

**Beispiel**:
Kabelführung in Etagenverteilerschrank

Bei Parallelführung von Datenleitungen (Kupfer) und Energieleitungen berechnet nach

$$A = S \cdot P$$

$A$: Mindesttrennanforderung in mm
$S$: Mindesttrennabstand in mm
$P$: Faktor der Stromversorgungsverkabelung

**Beispiel**:

Mit Lagefixierung der Leitungen

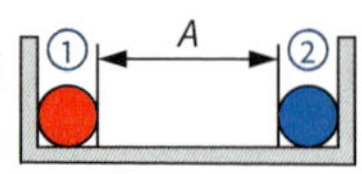


① Stromversorgungsleitung
② Datenleitung

**Mindesttrennabstand *S***

| Trenn-klasse/ Daten-kabel-kategorie | Trennung ohne elektro-magnetische Barrieren | Für informationstechnische Verkabelung oder Stromversorgungsverkabelung verwendete Kabelkanäle | | |
|---|---|---|---|---|
| | | Offener metallener Kabelkanal | Lochblech-Kabelkanal | Massiver metallener Kabelkanal |
| a [1] | 300 mm | 225 mm | 150 mm | 0 mm |
| b/5, 6, $6_E$ [2] | 100 mm | 75 mm | 50 mm | 0 mm |
| c/5, 6, $6_E$ [3] | 50 mm | 38 mm | 25 mm | 0 mm |
| d/7, $7_E$ [3] | 10 mm | 8 mm | 5 mm | 0 mm |

[1] z. B. Koaxialkabel
[2] Ungeschirmte Datenkabel
[3] Geschirmte Datenkabel

**Faktor *P*** (für einphasigen Stromkreis 20 A, 230 V)

| Anzahl einphasige Stromkreise | Faktor $P$ |
|---|---|
| 1 bis 3 | 0,2 |
| 4 bis 6 | 0,4 |
| 7 bis 9 | 0,6 |
| 10 bis 12 | 0,8 |
| 13 bis 15 | 1,0 |
| 16 bis 30 | 2 |
| 31 bis 45 | 3 |
| 46 bis 60 | 4 |
| 61 bis 75 | 5 |
| > 75 | 6 |

- Dreiphasige Leitungen als 3 einphasige Leitungen
- Stromstärke > 20 A: Vielfache von 20 A rechnen
- Geringere Wechsel- oder Gleichspannung nach Bemessungsstromstärke (z. B. 30 V DC mit 100 A: 5 · 20 A ergibt $P = 0{,}4$)

## Grundlagen

- Anwendungsneutrales **Verkabelungssystem** dient zur Vereinheitlichung des Aufbaus von Kabelnetzwerken für die **Integration unterschiedlicher Dienste** (z. B. Sprache, Daten)
- Kategorie: Definiert die Anforderungen an die eingesetzten Komponenten (z. B. Datenkabel, Steckverbinder)
- Klasse: Definiert die Leistungsmerkmale der gesamten Übertragungsstrecke.
- Verkabelungsstruktur wird eingeteilt in:
  - **tertiären Bereich** (Stockwerk, horizontal) mit Einteilung in **Übertragungsstrecke** und **Installationsstrecke** (permanent link),
  - **sekundären** Bereich (Stockwerksverbindung, vertikal),
  - **primären** Bereich (Gebäudeverbindung).
- Eingesetzt werden Kupferkabel mit einem Nenn-Wellenwiderstand von 100 Ω und einem Gleichstrom-Schleifenwiderstand von z. B. 25 Ω (Klasse E) oder Lichtwellenleiter (Mehrmoden oder Einmoden) für 850 nm, 1300 nm, 1310 nm und 1550 nm Wellenlänge.
- Steckverbindungen: Bis Cat.6 RJ45
  Für Cat.7/7a GG45 oder TERA
- Jeder Arbeitsplatz soll mind. zwei informationstechnische Anschlüsse erhalten (Anschluss 1: Kupfer, symmetrisch, Category 5, s. u.; Anschluss 2: wie zuvor oder LWL).
- **Tertiäre** Verkabelung mit Kupferkabel oder LWL
- **Sekundäre** Verkabelung mit Kupfer oder LWL
- **Primäre** Verkabelung erfolgt mit LWL
- **Parameter** für Übertragungs- und Installationsstrecken sind abhängig von der Verkabelungsklasse und spezifisch festgelegt.
- Höhere Klasse unterstützt jeweils niedrigere Klassen.
- Installationsverfahren zur Berücksichtigung der elektromagnetischen Verträglichkeit, Erdung und Potenzialausgleich sind in EN 50174 und EN 50310 festgelegt.

## Übertragungsstrecken-Klassifikation

Kupfer-Verkabelung

| Category (Cenelec/ ISO) | Class (Cenelec/ ISO) | Frequenzbereich in MHz | Netz-Anwendung |
|---|---|---|---|
| – | A | 0,1 | Analoge Sprache |
| Cat. 3 | B | 1 | Digitales Telefon |
| Cat. 4 | C | 16 | Einfache Datendienste |
| Cat. 5 | D | 100 | 100Base-T<br>1000Base-T |
| Cat. 6 | E | 250 | 100Base-T<br>1000Base-T |
| Cat. 6A | EA | 500 | 10GBase-T |
| Cat. 7 | F | 600 | 10GBase-T<br>Breitband Kabel-TV |
| Cat. 7A | FA | 1000 | 10GBase-T<br>>10GBase-T |

A: Augmented (verstärkt)

| Category (Cenelec/ ISO) | Class (Cenelec/ ISO) | Frequenzbereich in MHz | Netz-Anwendung |
|---|---|---|---|
| Cat. 8.1 | I | 1600 (2000) | 40GBase-T; Anmerkung:<br>– Steckertyp: RJ45<br>– Kabel: mindestens F/UTP<br>– Übertragungsstrecke: max. 30 m<br>– Nur rückwärtskompatibel zu Cat. 6A und niedriger<br>– Nicht kompatibel zu Cat. 7 und Cat. 7A |
| Cat. 8.2 | II | 1600 (2000) | 40GBase-T; Anmerkung:<br>– Steckertyp: ARJ45 (Augmented RJ45) oder Tera 8<br>– Kabel: mind. S/FTP oder F/FTP<br>– Übertrag.str.: max. 30 m<br>– kompatibel zu Cat. 7/ Cat. 7A |

## Verkabelungsstruktur

Prinzip

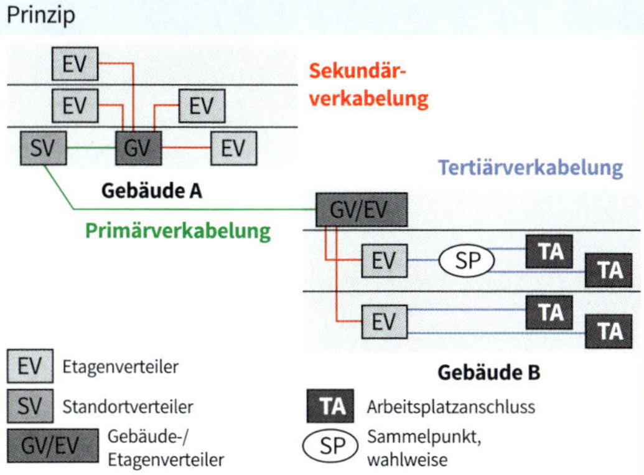


## Symmetrische Tertiärverkabelung

Anwendung: Kupferkabel mit Etagenverteiler

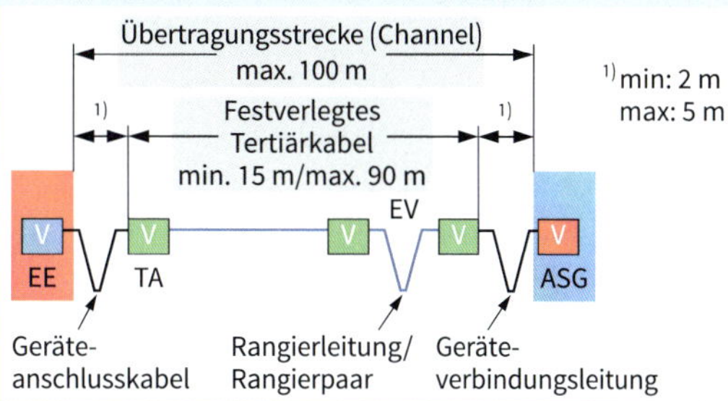


**V:** Verbindung (Stecker/Buchse)
**EE:** Endgerät Arbeitsplatz
**TA:** Arbeitsplatzanschluss
**EV:** Etagenverteiler
**ASG:** Gerät im Etagenverteiler

## Lichtwellenleiter

Die im Rahmen der strukturierten Verkabelung eingesetzten Lichtwellenleiter sind in folgende Kategorien eingeteilt:

- **OM**1 bis **OM**4 (**O**ptical **M**ultimode: Multimode)
- **OS**1 und **OS**2 (**O**ptical **S**inglemode: Monomode)

Die einzelnen Typen unterscheiden sich u. a. hinsichtlich des Faserkerndurchmessers, der anwendbaren Wellenlänge und der maximal zulässigen Dämpfung.

| Fasertyp | Faserkerndurchmesser in µm | Wellenlänge in nm | Maximale Dämpfung in db/km |
|---|---|---|---|
| OM1 | 62,5 | 850<br>1300 | 3,5<br>1,5 |
| OM2 | 50 | 850<br>1300 | 3,5<br>1,5 |
| OM3 | 50<br>optimiert auf<br>850 nm Laser | 850<br>1300 | 3,5<br>1,5 |
| OM4 | 50<br>optimiert auf<br>850 nm Laser | 850<br>1300 | 3,5<br>1,5 |
| OS1 | 9 | 1310<br>1550 | 1,0<br>1,0 |
| OS2 | 9 | 1310<br>1550 | 0,4<br>0,4 |

## Steckverbinder

Neben den bekannten Steckverbindern (z. B. LC) wird für die Anwendungen OM3 und OM4, die mit mehreren paralleloptischen Verbindungen arbeiten, der Steckverbinder mit der Bezeichnung **MPO** (**M**ultifiber **P**ush **O**n) bzw. MTP (verbesserter MPO) eingesetzt. Diese Bauform kann bis zu 72 LWL-Fasern auf kleinstem Raum aufnehmen.

Beispiel:
MPO-Stecker 12-fach für 40GBase SR4

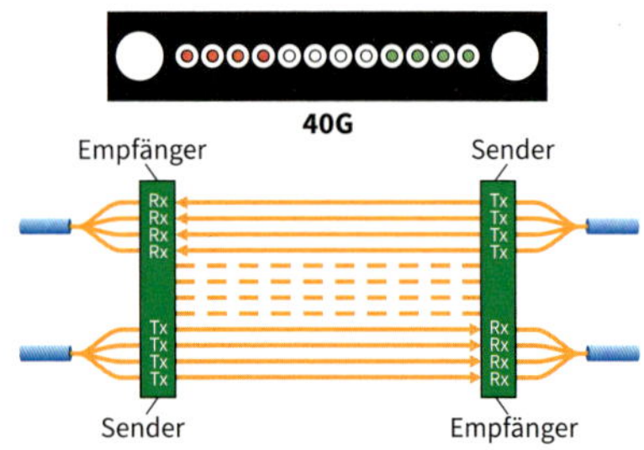


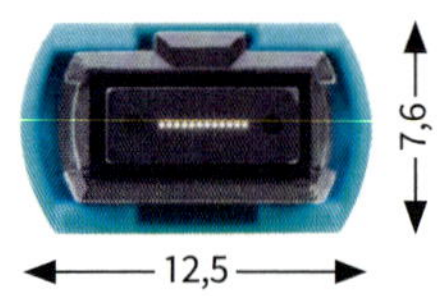


Von den maximal 12 Fasern werden 8 Fasern genutzt (4 Fasern in Senderichtung und 4 Fasern in Empfangsrichtung).

## Anwendungsbereiche und Übertragungsentfernungen

| | Kategorien und Wellenlänge in nm | | | | | | | | | |
|---|---|---|---|---|---|---|---|---|---|---|
| | OM1 | | OM2 | | OM3 | | OM4 | | OS1/OS2 | |
| Anwendung | 850 | 1300 | 850 | 1300 | 850 | 1300 | 850 | 1300 | 1310 | 1550 |
| 10/100BASE-SX | 300 m | – | 300 m | – | 300 m | – | 300 m | – | – | – |
| 100BASE-FX | – | 2000 m | – | 2000 m | – | 2000 m | – | 2000 m | – | – |
| 1000BASE-SX | 275 m | – | 550 m | – | 800 m | – | 800 m | – | – | – |
| 1000BASE-LX | – | 550 m | – | 550 m | – | 800 m | – | 800 m | 5000 m | – |
| 10GBASE-S | 33 m | – | 82 m | – | 300 m | – | 550 m | – | – | – |
| 10GBASE-LX4[1)] | – | 300 m | – | 300 m | – | 300 m | – | 300 m | 10000 m | – |
| 10GBASE-L | – | – | – | – | – | – | – | – | 10000 m | – |
| 10GBASE-LRM | – | 220 m | – | 220 m | – | 220 m | – | 220 m | – | – |
| 10GBASE-E | – | – | – | – | – | – | – | – | – | 40000 m |
| 40GBASE-SR4[2)] | – | – | – | – | 100 m | – | 150 m | – | – | – |
| 40GBASE-LR4[1)] | – | – | – | – | – | – | – | – | 10000 m | – |
| 40GBASE-ER4 | – | – | – | – | – | – | – | – | – | 40000 m |
| 100GBASE-SR10[3)] | – | – | – | – | 100 m | – | 150 m | – | – | – |
| 100GBASE-SR4[2)] | – | – | – | – | 70 m | – | 100 m | – | – | – |
| 100GBASE-LR4[1)] | – | – | – | – | – | – | – | – | 10000 m | – |
| 100GBASE-ER4[1)] | – | – | – | – | – | – | – | – | – | 30000 m |

[1)] Pro Faser 4 Wellenlängen
[2)] 4 Fasern in Senderichtung und 4 Fasern in Empfangsrichtung
[3)] 10 Fasern für Senderichtung und 10 Fasern für die Empfangsrichtung

# Prüfen installierter Verkabelung
Testing of Installed Cabling

## Grundlagen

- Das Prüfen informationstechnischer Verkabelungen (Kupfer- und LWL) an Standorten dient zur Feststellung des übertragungstechnischen Leistungsvermögens der Installation.
- Prüfverfahren sind u.a. definiert in DIN EN 61935 und werden verwendet für die
  - **Abnahmemessung** nach vereinbarten Grenzwerten,
  - Überprüfung einer vorhandenen Installation auf Unterstützung einer bestimmten Netzanwendung und
  - **Fehlersuche** im Störungsfall.
- Diese Prüfverfahren sind **nicht** für konfektionierte Kabelgarnituren oder Komponenten geeignet.
- In DIN EN 50 346 sind u. a. festgelegt:
  - Prüfparameter
  - Prüfverfahren
  - Prüfsystem
  - Prüfgeräte
  - Kalibrierung
  - Interpretation der Prüfergebnisse
  - Dokumentation
- Zu prüfende Verkabelung können sein:
  - **Übertragungsstrecken** oder
  - **Verkabelungsstrecken.**
- Prüfungen auf Übertragungsstrecken dienen zur Fehlersuche, auf Verkabelungsstrecken zur Überprüfung des Leistungsvermögens.

## Bezugsebenen

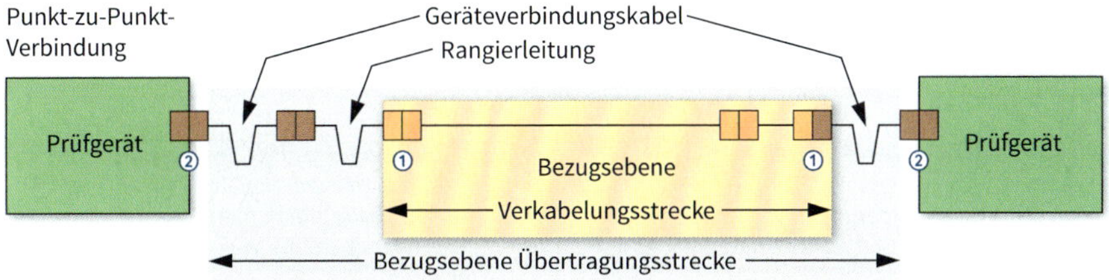


① Leistungsvermögen der **Verkabelungsstrecke beinhaltet** die Verbindungen an den Anschlusspunkten.

② Leistungsvermögen der **Übertragungsstrecke beinhaltet nicht** die Verbindungseinrichtungen an der Übertragungs- und Endeinrichtung.

## Prüfparameter für symmetrische Kupferverkabelung

- Verdrahtungsplan
- Länge
- Laufzeit
- Laufzeitunterschied
- Dämpfung (Einfügedämpfung)
- Dämpfungsabweichung
- Nahnebensprechdämpfung (NEXT, zwischen Paaren und leistungssummiert)
- Ausgangsseitige Fernnebensprechdämpfung (ELFEXT, zwischen Paaren und leistungssummiert)
- Dämpfungs-Nahnebensprechdämpfungs-Verhältnis (ACR, zwischen Paaren und leistungssummiert)
- Rückflussdämpfung
- Erdunsymmetriedämpfung am nahen Ende (LCL)
- Kopplungsdämpfung
- Gleichstrom-Schleifenwiderstand
- Widerstandsunterschied

## Prüfparameter für Lichtwellenleiter-Verkabelung

- Laufzeit
- Länge
- Abstand zwischen Komponenten
- Dämpfung
- Rückflussdämpfung

## Prüfverfahren für LWL

**Schritt 1:**
Optische Leistung wird als **Bezugsleistungs**messung ($P_1$) aufgezeichnet.

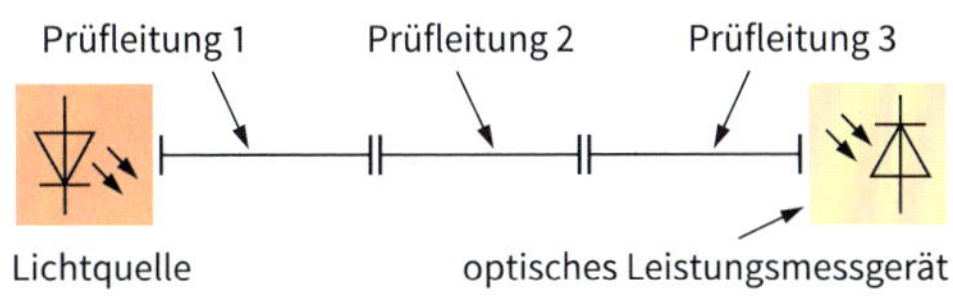


**Schritt 2:**
Optische Leistung wird als **Prüfleistungs**messung ($P_2$) aufgezeichnet.

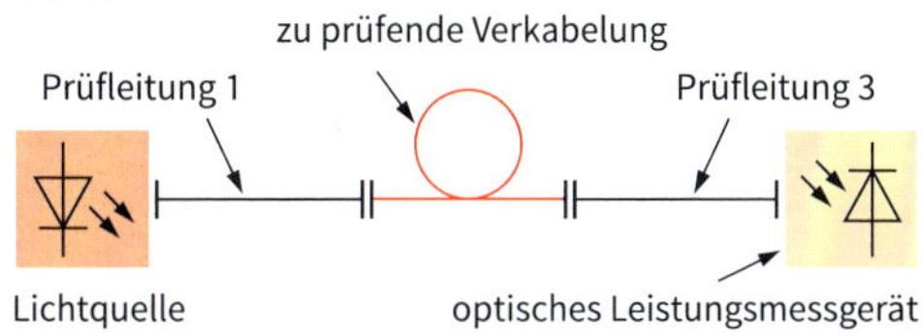


**Schritt 3:** Berechnung der Dämpfung mit $\boldsymbol{L = P_1 - P_2}$ (in dB)

### Grundlagen

- Bei der Messung an symmetrischen Datenleitungen wird zwischen der Messung im Labor und der Messung im Feld unterschieden.
- Die Messung im Labor dient zur Prüfung und Weiterentwicklung einzelner Komponenten (z. B. Rangierverteiler).
- Bei der Messung im Feld, d. h. am Installationsort, wird die fachgerechte Installation der Datenleitung und der Anschlüsse zu Abnahmezwecken überprüft.
- Die erforderlichen Messungen für eine installierte Verkabelung sind in DIN EN 61935-1 festgelegt.
- Die Messungen dienen entweder zur Abnahme der Anlage oder zur Fehlersuche.
- Bei der Abnahmemessung wird die Installationsstrecke auf deren Leistungsfähigkeit und die Einhaltung der Grenzwerte überprüft.
- Bei der Fehlersuche wird die gesamte Übertragungsstrecke gemessen.

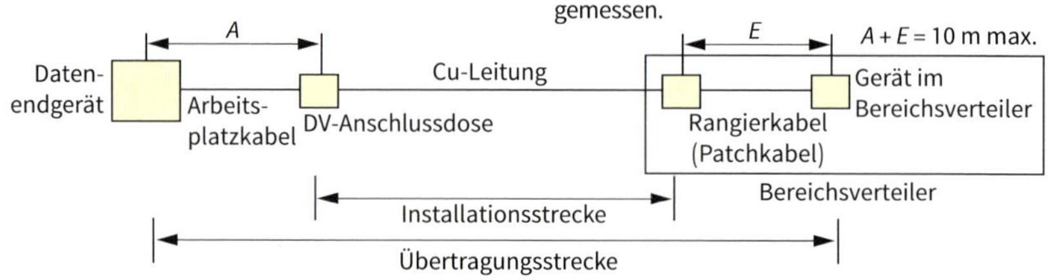


### Messen in Kupfernetzen

**Messprinzipien**

- Die Messungen müssen für spätere Vergleiche dokumentiert werden.
- Das Messgerät sollte die Anforderungen der aktuellen Standards als Referenzwert in der Software integriert haben (z. B. DIN EN 50173).
- Der Messaufbau besteht aus dem Messgerät ① und der Remote Einheit ②.
- Die spezifischen Parameter der zu messenden Verbindung müssen erfasst werden. Am Messgerät ist ein Nullabgleich durchzuführen.
- Die Dokumentation der Messwerte ist als Kurvenverlauf für jedes Adernpaar eines Links (Datendose – Kabelverbindung – Patchfeld) getrennt aufzuführen.

**Durchzuführende Messungen mit allen Adern**

- Prüfung der Adernreihenfolge
- Gleichstromwiderstand
- Wechselstromwiderstand (Impedanz)
- Länge des Links, TDR-Wert (Time-Domain-Reflektor-Methode)
- Dämpfung
- Nahes Nebensprechen, NEXT (Near End Crosstalk)
- Rausch-Signal-Abstand, ACR-Wert (Attenuation to Crosstalk Ratio)

①

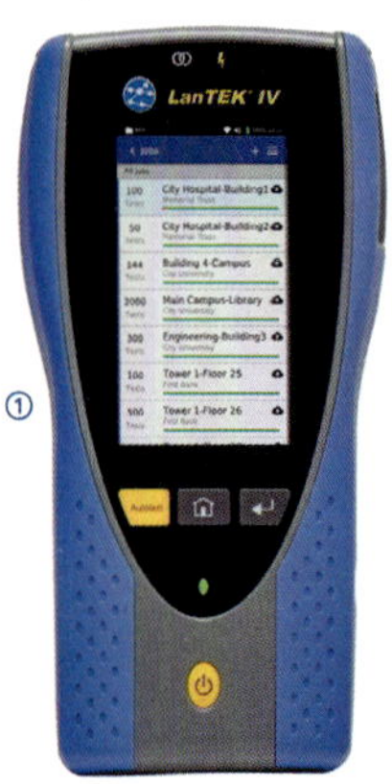


②

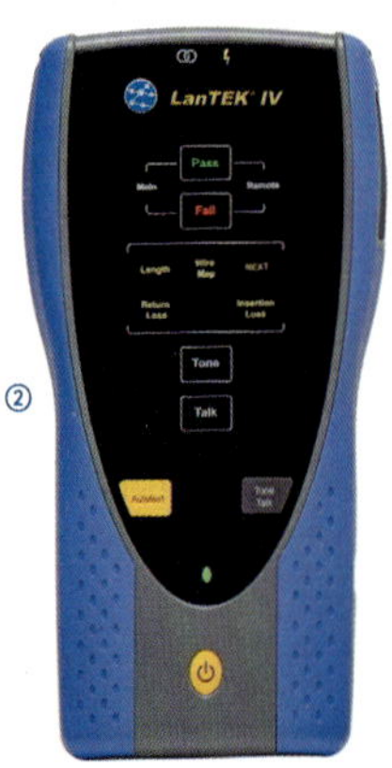


### Messen in Lichtwellenleiternetzen

**Messprinzipien**

- Für die Messung einer LWL-Strecke müssen vorab folgende Angaben ermittelt werden:
  - Typ, Dämpfung und numerische Apertur der Faser (z. B. Multimode G50/125)
  - Steckertyp
  - ungefähre Länge der Strecke
- Das Messgerät muss zur Messung der verschiedenen Fasertypen auf eine Wellenlänge von 850, 1310 und 1550 nm umschaltbar sein.

**Durchzuführende Messungen**

- Rückstreumessung: ODTR-Messung (Optical Domain Time Reflectometer)
- Messung der Länge, Dämpfung sowie Anzahl und Lage der Spleißstellen.

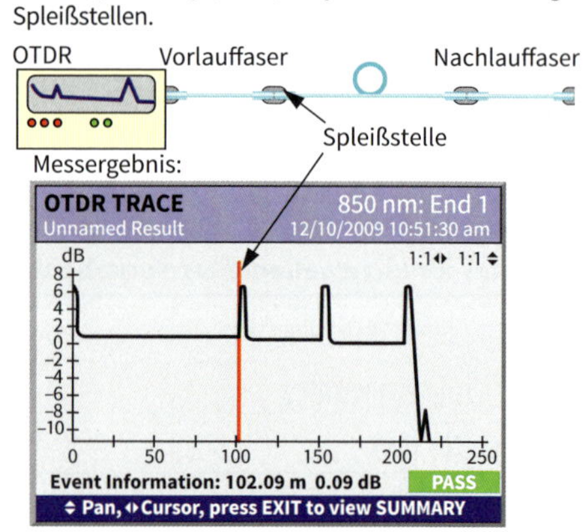


Die Messung wird auf beiden Seiten mit einer Vor- und Nachlauffaser (100 m) durchgeführt.

- Einfügedämpfung:
  Messung der Gesamtdämpfung einer LWL-Strecke

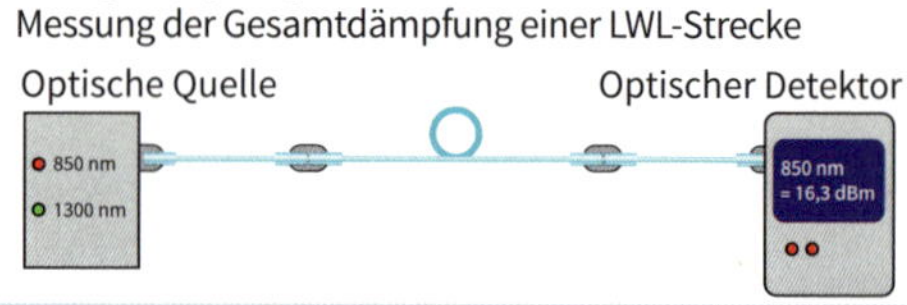

# Messen in Datennetzen
## Measuring in Data Networks

### Messprinzip

- Die Messanordnung besteht aus dem Messgerät ① (Senden, Empfangen, Auswerten) und der Remote-Einheit ②.
- Die Messergebnisse werden mit Normwerten verglichen und als erfüllt (pass) oder nicht erfüllt (fail) gekennzeichnet.
- **Channel Link:** Messung der Übertragungsstrecke ohne Steckverbinder
- **Permanent Link:** Messung der Übertragungsstrecke mit Steckverbinder auf beiden Seiten

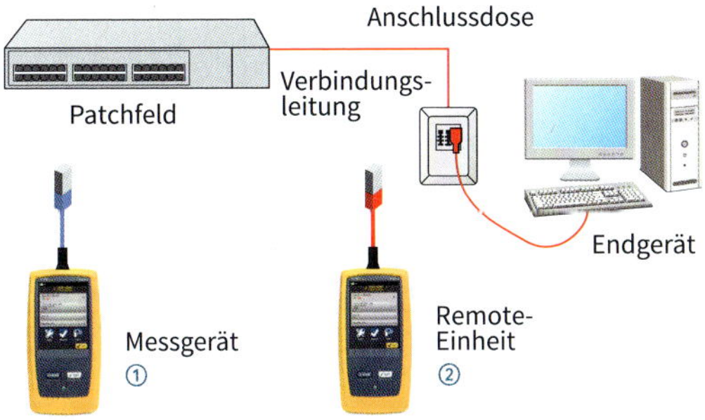


### Dämpfung

- **Leitungsdämpfung**
  - Logarithmisches Maß in dB
  - Abhängig von Länge, Frequenz, Wirkwiderstand, induktivem und kapazitivem Belag der Leitung
- **Rückflussdämpfung** (return loss)
  - Leitung wird mit einem Widerstand abgeschlossen

Die Dämpfung der Übertragungsstrecke ändert sich z. B. durch Klemmen oder Anschlüsse in Dosen; Signale werden teilweise reflektiert

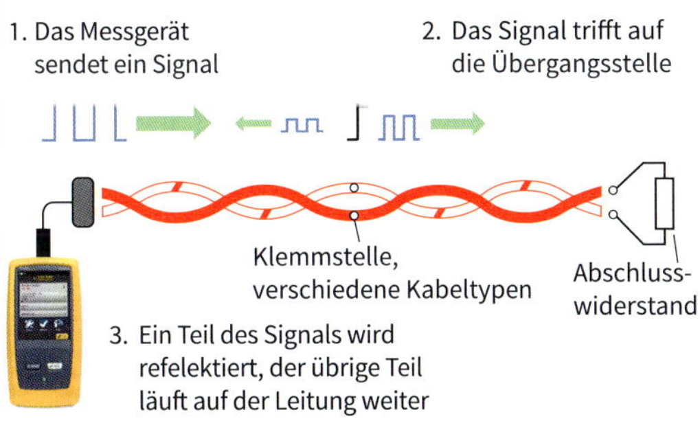


### Laufzeit und Länge

- Offener Ausgang
- Über die Signallaufzeit wird die Länge der einzelnen Adernpaare ermittelt und angezeigt.

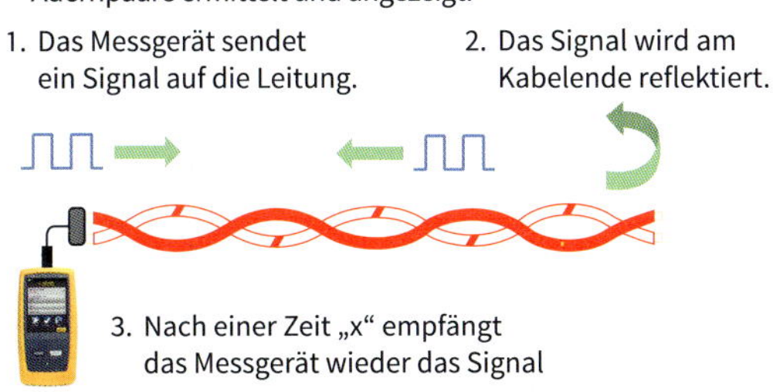


### Nebensprechen

- **Nebensprechen** (crosstalk)
  - Das sendende Signal (Leitung 1) induziert eine Spannung in die Leitungspaare 2, 3 und 4.
  - Durch die Kabeldämpfung wird das Nebensprechen mit zunehmender Leitungslänge geringer.

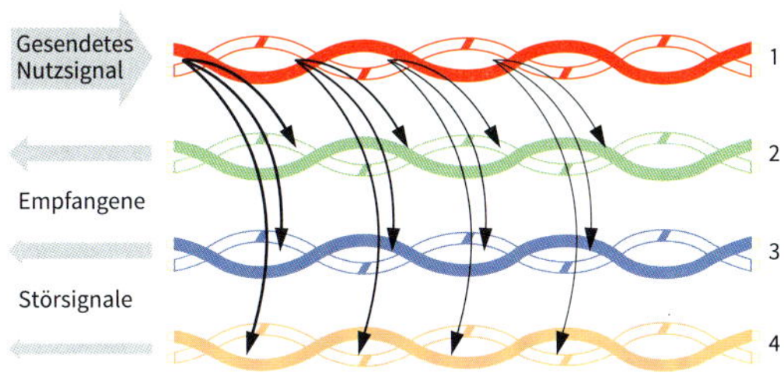


- **Nahes Nebensprechen** (**NEXT**, near end crosstalk)
  - NEXT entsteht zwischen anliegenden Leitungspaaren, z. B. Leitungspaar 1 und 2,
  - ist frequenzunabhängig und verursacht die häufigsten Fehler in Datennetzen.
- **Fernes Nebensprechen** (**FEXT**, far end crosstalk)
  - wird am fernen Ende gemessen und entspricht dem Nahen Nebensprechen (NEXT).

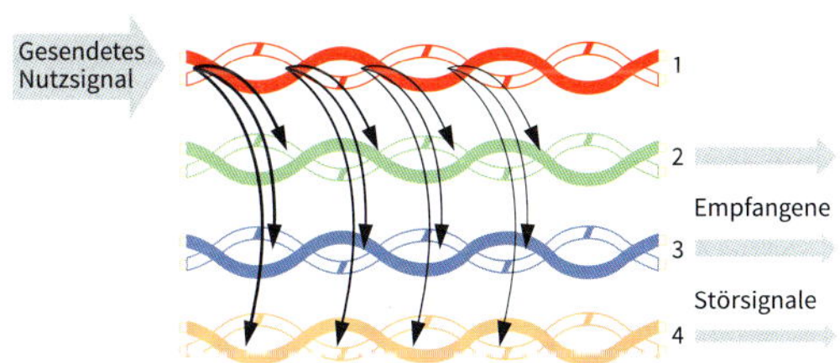


- **Längenabhängiges Nebensprechen am fernen Ende** (**ELFEXT**, equal level far end crosstalk)
  Den ELFEXT-Wert erhält man, wenn man die Differenz zwischen FEXT und Dämpfung bildet.
  - Der ELFEXT-Wert ist längenunabhängig und kann mit verschieden langen Leitungen verglichen werden.

### Rausch-Signal-Abstand

- **ACR:** **A**ttenuation to **C**rosstalk **R**atio
- Differenz aus dem NEXT-Wert ① und der Dämpfung (ACR = NEXT – Dämpfung)
- Abstand zwischen Nutzsignal und Störsignal
- Je größer der ACR-Wert, desto besser kann das Nutzsignal erkannt werden.
- Der ACR-Wert ist ein Maßstab für die Qualität der gesamten Verbindung.

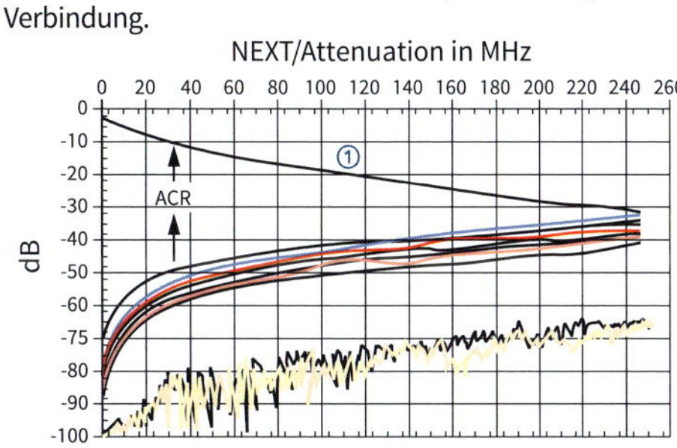

## Verzögerung (Delay)

- Ursachen für **Eingangsverzögerungen**:
  - Codierung
  - Paketbildung
  - Serialisierung (Aufbereitung des Datenstroms)
- Ursachen für **Netzverzögerungen**:
  - Warteschlangen (Queuing)
  - Routing
  - Ausbreitungsverzögerungen
  - Steuerung des Datenflusses in Netzen (Traffic-Shaping)
- Ursachen für **Ausgangsverzögerungen**:
  - Decodierung
  - Zwischenspeicherung (Jitterbuffer)
  - Überbrückung kurzfristiger Aussetzer im Datenstrom (Packet Loss Concealment)

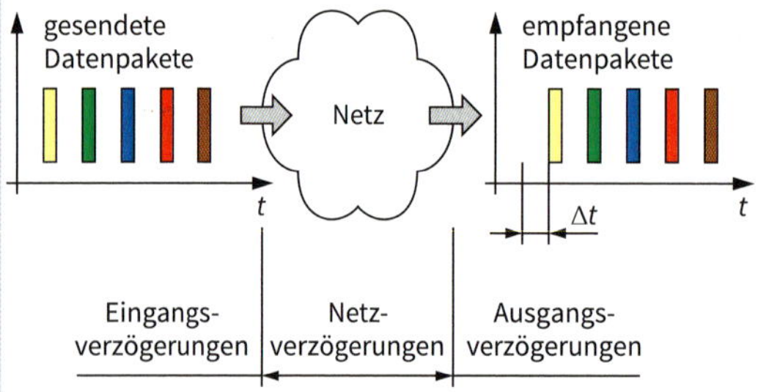


### Datenpaketverzögerung und Sprachqualität

- Anforderungen an die IP-Telefonie (VoIP, ITU-Empfehlung G.114):
  - 0 ms bis 150 ms Sprachqualität akzeptabel
  - 150 ms bis 300 ms mit Einschränkung akzeptabel (bei Interkontinentalgesprächen akzeptabel)
  - > 300 ms störend, nicht akzeptabel

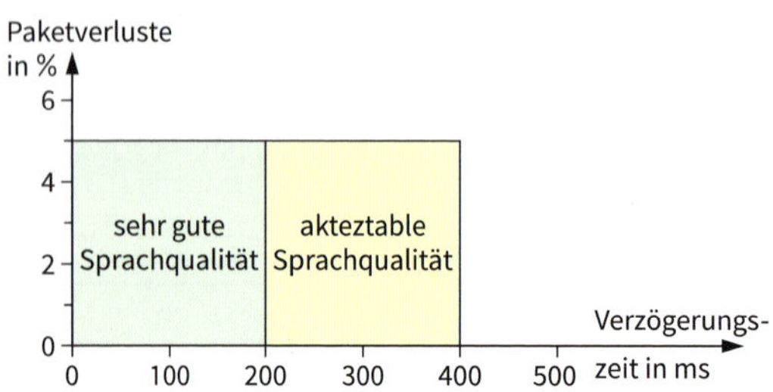


### Messung der Sprachqualität (ITU-T P.800)

- Verfahren zur subjektiven Beurteilung von Sprach- und Bildqualität durch **MOS** (**M**ean **O**pinion **S**core)
- MOS-Qualitätsskala zum Sprachverständnis:

| Wert | Qualität | Bedeutung |
|---|---|---|
| 5 | ausgezeichnet | keine Anstrengung nötig, entspanntes Aufnehmen |
| 4 | gut | keine Anstrengung nötig, Aufmerksamkeit erforderlich |
| 3 | ordentlich | leichte Anstrengung nötig |
| 2 | mäßig | deutliche Anstrengung nötig |
| 1 | mangelhaft | keine Verständigung trotz Anstrengung |

## Paketverlust (Packet Loss Rate)

- Ursache:
  - Datenstau
  - Überlastungssituationen an Routern
- Sprachübertragung:
  - Ein Paketverlust von 5 % kann toleriert werden.

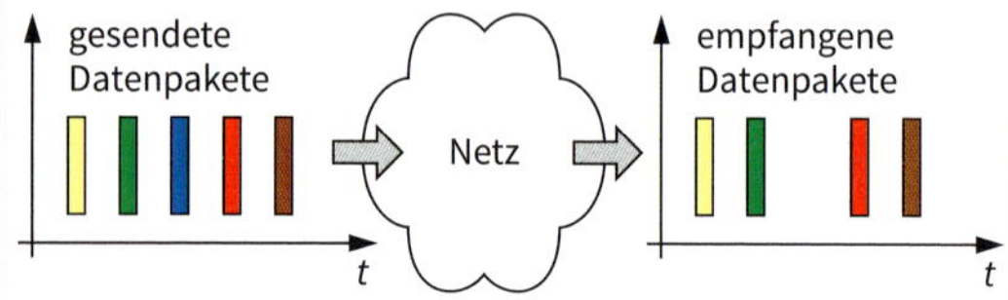


## Schwankung der Übertragungszeit (Jitter, Delay Variation)

- Wenn Datenpakete den Empfänger auf unterschiedlichen Wegen erreichen, sind die Übertragungszeiten verschieden.
- Ursachen:
  - Zwischenspeicherung der Datenpakete
  - Serialisierung
  - Signallaufzeiten in den Übertragungsmedien
    Sie sind z. B. abhängig von der Leitungslänge (z. B. 5 µs/km, 1 ms/200 km).
- Kompensationsmaßnahmen bei der Übertragung von Sprachpaketen sind:
  - Dynamische Zwischenspeicherung je nach Größe der Verzögerungen (**RSVP**: **R**esource Re**s**er**v**ation **P**rotocol)
  - Reservierung entsprechender Bandbreiten
  - Management von Warteschlangen (Queue Management)

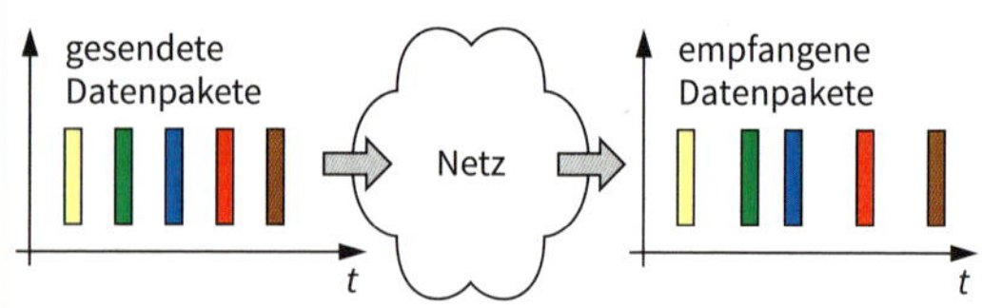


## Echo

- Pakete werden zum Sender reflektiert.
- Ursache bei Sprachübertragung (VoIP):
  - Fehlanpassung zwischen den analogen Endgeräten und dem Übertragungsmedium.
- Maßnahmen bei der Sprachübertragung:
  - Echokompensatoren

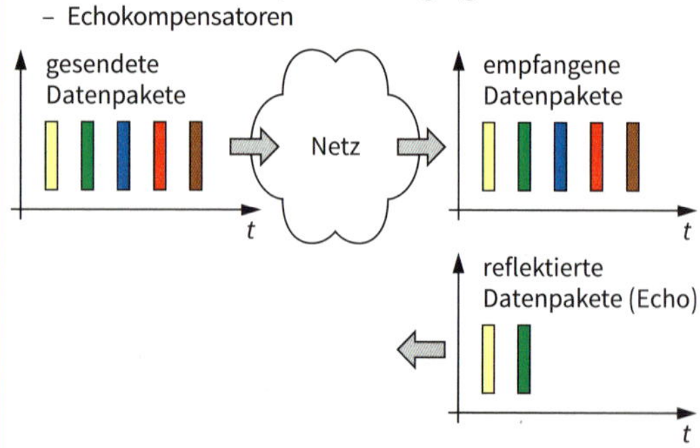

## Anwendungsbereiche

- Analog zur elektrischen Messtechnik gibt es für die optische Messtechnik eine Reihe von Geräten für die unterschiedlichen Messaufgaben.
- Die Anwendung der Geräte erfolgt u. a.
  - an optischen Bauelementen und
  - Lichtwellenleiter-Übertragungsstrecken.

## Sicherheitshinweis

Grundsätzlich sollten die Test- und Messanschlüsse der Geräte niemals direkt mit dem Auge betrachtet werden, da durch die austretende Strahlungsleistung irreparable Schäden am Auge entstehen können.

| Funktion / Gerät | Optische Leistung | Lichtquellen-Wellenlänge | Leistungsverlust | Optische Erkennung | Anpassungsdämpfung | Lichtwellenleiteruntersuchung |
|---|---|---|---|---|---|---|
| Leistungsmesser | ✓ | | ✓ | | ✓ | ✓ |
| Dämpfungsmesser | ✓ | | ✓ | ✓ | ✓ | ✓ |
| Spektrumanalysator | ✓ | ✓ | ✓ | | ✓ | |
| Wellenlangenmultiplex-Tester | ✓ | ✓ | ✓ | | | |
| Optisches Rückstreumessgerät | ✓ | | ✓ | ✓ | ✓ | ✓ |

## Optisches Rückstreumessgerät

- Optische Rückstreumessgeräte (**O**ptical **T**ime **D**omain **R**eflectometer [**OTDR**]) messen die Reflexionen eines in den Lichtwellenleiter eingekoppelten Impulses.
- Reflexionen im Lichtwellenleiter entstehen u. a. durch
  - Steckverbinder,
  - mechanische Spleiße,
  - Faserbeschädigungen (Anriss),
  - Faserende.
- Nicht reflektierende Zustände entstehen zum Beispiel beim
  - Schmelzspleißen,
  - unzulässigen Biegungen der Faser.
- Die auf dem Messgerät dargestellte Kurve zeigt sowohl die Reflexionsstellen als auch die nicht reflektierenden Ereignisse in Abhängigkeit von der jeweiligen örtlichen Lage (Entfernung von der Messstelle).
- Die ermittelte Dämpfung gibt die Gesamtdämpfung der Übertragungsstrecke wieder (keine absolute Leistungsmessung).
- Als Messimpulse werden optische Impulse mit unterschiedlichen Impulsbreiten verwendet.
- Kurze Impulse (5 ns bis 1 µs)
  - ergeben bessere Entfernungsauflösung, allerdings mit höherem Rauschen,
  - dienen zur Verlustmessung an Spleißen oder Steckverbindern in der mittelbaren Nähe.
- Lange Impulse (100 ns bis 10 µs)
  - ergeben geringere Auflösung,
  - dienen zur Erkennung von Unterbrechungen.

## Messkurve

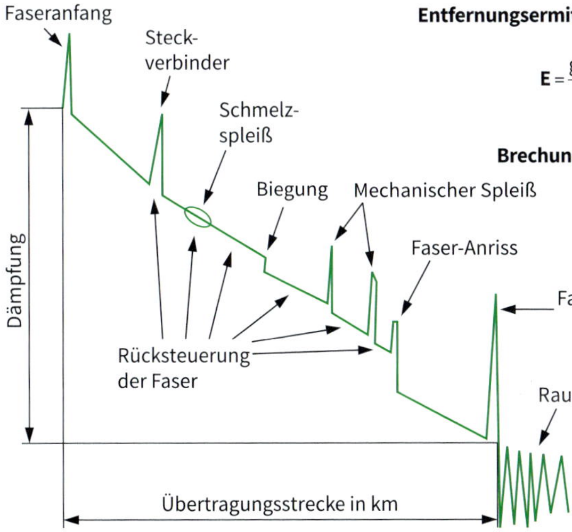


**Entfernungsermittlung:**

$$\mathbf{E} = \frac{\text{gemessene Rücklaufzeit x Lichtgeschwindigkeit im Vakuum}}{\text{Brechungsindex der Faser}}$$

$$\textbf{Brechungsindex}^{1)} = \frac{\text{Lichtgeschwindigkeit im Vakuum}}{\text{Geschwindigkeit des Lichtempulses in der Faser}}$$

- Die Messungen erfolgen von beiden Seiten, um z. B. Geister-Reflexionen zu erkennen.
- Diese Reflexionen enstehen u. a. bei der Verbindung von zwei Fasern mit unterschiedlichen Brechungsindizes.

[1)] Der Brechungsindex ist abhängig vom verwendeten Fasermaterial und wird vom Faserhersteller mitgeteilt.

# Lichtwellenleiter-Montage
## Fibre Optic Cable Assembly

### Spleißen

Herstellen einer nicht lösbaren Verbindung von Lichtwellenleitern durch Schmelzspleiß

**Vorbereitung des LWL** → **Faser schneiden** → **Schmelzspleiß erstellen** → **Spleiß schützen**

**Vorbereitung des LWL**

1. Ablängen mit Spezialschere für Kevlarfasern
2. Bewehrung/Mantel entfernen ①
3. Füllelemente z. B. Röhrchen entfernen

**Faser schneiden**

1. Faserbeschichtung (Coating) mit Spezialwerkzeug ② entfernen
2. Faser mit Alkohol reinigen
3. Faser in Cleaver (Schneidgerät) einlegen
4. Faser einritzen und brechen

**Schmelzspleiß erstellen**

1. Spleißmaschine verwenden ③
2. Fasern einlegen und ausrichten
3. Fasern erhitzen und fügen
4. automatischer Schweißablauf

**Spleiß schützen**

- erhitzte Fasern sind spröde
- Sicherung z. B. durch
  - Klebemasse in Aluprofil
  - Schrumpfschlauch mit Draht und Kleber
  - Spleißkassette für mehrere Fasern ④

### Werkzeuge

①

einstellbares Abmantelungswerkzeug für Simplex und Duplex LWL

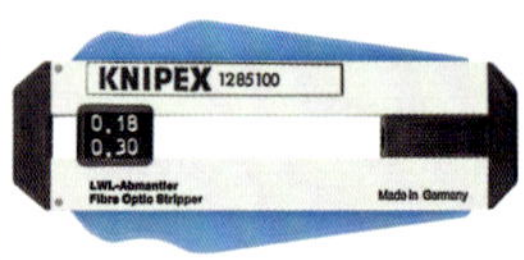


②

Absetzwerkzeug zum Entfernen des Primärcoating

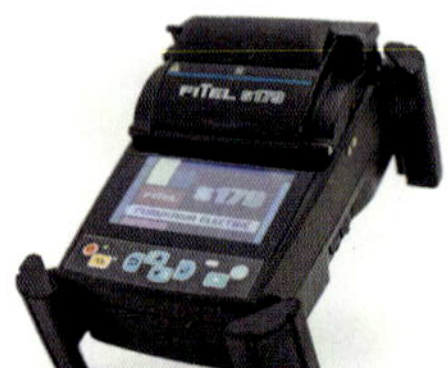

③

automatisches Spleißgerät

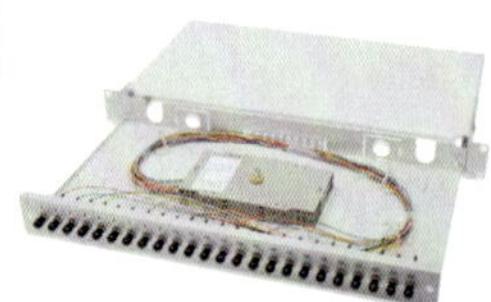

④

Spleißgehäuse zum Spleißen von mehradrigen Glasfaserkabeln

### Steckverbinder montieren

**Vorbereitung des LWL** → **Vorbereitung der Stecker** → **Steckermontage** → **Faserbehandlung**

**Vorbereitung des LWL**

1. Ablängen mit Spezialschere für Kevlarfasern
2. Mantel entfernen ①
3. Primärcoating entfernen ②
4. Faser reinigen

**Vorbereitung der Stecker**

1. Knickschutz ⑤ über LWL ziehen
2. Crimphülse ⑥ über LWL ziehen

**Steckermontage**

1. Faser einführen
2. Zweikomponenten-Kleber mischen und Faser fixieren
3. Knickschutz und Crimphülse überziehen
4. Crimpen

**Faserbehandlung**

1. überstehende Faser anritzen und abbrechen
- Körnung 9 µ, 3 µ, 0, µ 3
- zwischen Körnungswechsel reinigen

### Steckverbinder

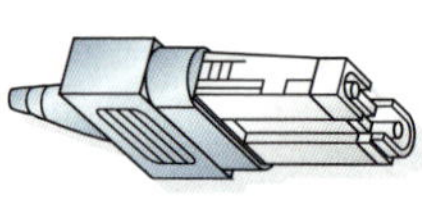

**FDDI-Steckverbinder** für Duplexverbindung (zwei Fasern/ Übertragungsrichtung je Steckverbinder)

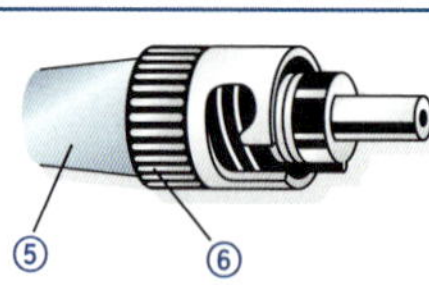


**ST-Steckverbinder** für Simplexverbindung (eine Faser je Steckverbinder)

### Merkmale

- **L**icht**w**ellen**l**eiter **K**ommunikations**s**ysteme (LWLKS) sind Bestandteile heutiger Datenübertragungssysteme.
- Sie werden eingesetzt im Nah- und Weitverkehrsbereich sowie im LAN-Bereich (**FTTH: F**ibre **T**o **T**he **H**ome, **FTTD: F**ibre **T**o **T**he **D**esk, Ethernet usw.).
- Bestandteile sind u. a. Sendeelemente auf Basis von LED (Light Emitting Diode), Laserdioden (**L**ight **A**mplification by **S**timulated **E**mission of **R**adiation), optische Verstärker und Pumplaser.
- Wesentliche Eigenschaft dieser Komponenten ist die Erzeugung von energiereichen und schmalbandigen optischen Strahlungen im sichtbaren und unsichtbaren-Wellenlängenbereich, die über Lichtwellenleiter (Kunststofffaser oder Glasfaser) übertragen werden.
- Diese optische Strahlung (zugänglich z. B. am Kabelende stellt primär eine Gefahrenquelle für das menschliche Auge und die menschliche Haut dar.
- Der Grund dafür ist Fokussierung des kohärenten (gleichförmigen) Lichtstrahls durch die Augenlinse auf die Netzhaut.
- Die Höhe der Gefährdung ist u. a. abhängig von der Wellenlänge, dem Betrachtungsabstand zur Austrittsquelle, der Betrachtungsdauer, der Strahlungsleistung.

### Definitionen

- Zum Schutz gegen diese Gefährdung sind Maßnahmen zu treffen, die die Bereiche Betrieb, Wartung, Instandhaltung, Entwicklung und Herstellung abdecken.
- **MZB** (**M**aximal **z**ulässige **B**estrahlung) definiert den Grenzwert von Laserstrahlung (400 nm bis 1400 nm), dem Personen ausgesetzt werden dürfen, ohne schädliche Folgen zu erleiden.
- **GZB** (**G**renzwerte **z**ugänglicher **B**estrahlung) ist der Maximalwert zugänglicher Strahlung, der innerhalb einer bestimmten Klasse zugelassen ist (abgeleitet aus MZB).
- Grundsätzlich sind sämtliche Systeme auf Basis optischer Übertragungstechnik zu bewerten und zu klassifizieren.
- Für Lasersysteme sind deshalb Laserklassen festgelegt.
- **Zusätzlich** sind für LWLKS **Gefährdungsgrade** definiert.
- Standorte mit **uneingeschränktem Zugang** müssen den Gefährdungsgrad 1, 1M, 2 oder 2M haben.
- Standorte mit **eingeschränktem Zugang** müssen den Gefährdungsgrad 1, 1M, 2, 2M oder 3R haben.
- Standorte mit **kontrolliertem Zugang** müssen den Gefährdungsgrad 1, 1M, 2, 2M, 3R oder 3B haben.
- Die erforderlichen Schutzmaßnahmen ergeben sich aus dem Gefährdungsgrad und einer kategorisierten Zugänglichkeit des jeweiligen Standorts.
- Folgende Schutzmaßnahmen (in der Rangfolge) sind einzuhalten:
  - technische (z. B. Abschirmung),
  - organisatorische (z. B. Betriebsanweisung),
  - persönliche (z. B. Schutzbrillen).

### Laser-Klassifizierung

Steigende Gefährdung ↓

| Laser-Klasse | Wellenlänge in nm | Potenzielle Gefahren | **G**renzwerte **z**ulässiger **B**estrahlung (**GZB**) |
|---|---|---|---|
| 1 | alle | Augensicher (auch bei längerer Bestrahlung) | 40 εW im blauen Spektralbereich<br>40 εW im roten Spektralbereich |
| | | Gekapselte Laser höherer Leistung | Kein Strahlaustritt |
| 1M | 302,5 … 4000 | Augensicher für das freie Auge<br>(Augenschaden möglich bei Betrachtung mit Lupen) | wie Klasse 1 (Messblende für das freie Auge) |
| 2 | 400 … 700 | Augensicher innerhalb 0,25 s (Lidschlussreflex)<br>(auch bei Betrachtung mit Lupen) | max. 1 mW |
| 2M | 400 … 700 | Augensicher innerhalb 0,25 s (Lidschlussreflex) | wie Klasse 2; max. 1 mW auf Netzhaut |
| 3R | 400 … 700<br>302,5 … $1 \times 10^6$ | Praktisch keine Gefahr bei kurzzeitiger unabsichtlicher Bestrahlung<br>Gefahr bei unsachgemäßer Verwendung | 5-facher Wert von Klasse 2 im sichtbaren Bereich<br>5-facher Wert von Klasse 1 außerhalb des sichtbaren Bereichs |
| 3B | 200 … $1 \times 10^6$ | Gefahr für Augen durch direkten Strahl und spiegelnde Reflexionen; geringfügige Hautverletzungen nahe der Leistungsobergrenze | < 500 mW |
| 4 | alle | Gefahr für Augen durch direkten und diffus reflektierten Strahl; Gefahr für Haut; Brandgefahr | nach oben hin offen |

### Kennzeichnung

| Zugänglicher Gefährdungsgrad | Standort uneingeschränkt | Standort eingeschränkt | Standort kontrolliert |
|---|---|---|---|
| 1 | – | – | – |
| 1M | – | X | – |
| 2 | X | X | X |
| 2M | X | X | X |
| 3R | nicht zulässig | X | X |
| 3B | nicht zulässig | nicht zulässig | X |
| 4 | nicht vorgesehen | | |

**Beispiel**

**Laser Klasse 2**

Standort uneingeschränkt oder eingeschränkt oder kontrolliert

allg. Gefahrensymbol

Hinweisschild (zusätzlich)

## Einteilung

**Anwendung**
- Wand/Decke
- Sockelleiste
- Freistehend (Säule)
- Unterboden, Aufboden, bodenbündig

**Werkstoff**
- Kunststoff (PVC)
- Aluminium
- Aluminium mit Edelstahlaufdoppelung
- Stahl

## Klassifizierung

- Merkmale des jeweiligen Kanaltyps:
  - Angabe durch Hersteller (z. B. Schlagfestigkeit, Temperaturbereich, Widerstand gegen Flammenausbreitung, Schutzarten)
  - Erkennbar durch Markierung (z. B. Produktnummer)

## Spezifische Anforderungen

- Festgelegt für:
  - Anbau an Wand und Decke (DIN EN 50085-2-1)
  - Unterboden, Aufboden, bodenbündig (DIN EN 50085-2-2)
  - Freistehende Installationseinheiten (DIN EN 50085-2-4)

## Brandschutz

- Brandschutzkanäle:
  - halten bei Kabelbrand Flucht- und Rettungswege frei von Rauch (Feuerwiderstandsklasse I 30, I 60, I 90),
  - schützen die Leitungsanalge gegen Brandeinwirkung von außen (Funktionserhalt; Feuerwiderstandsklasse E 30, E 60, E 90),
  - bestehen aus speziellen Gipsplatten oder zementgebundenen Silikatplatten.

## Längenausdehnung

| Werkstoff | Ausdehnungskoeffizient | Längenänderung pro 2 m Kanallänge pro 20 K |
|---|---|---|
| Kunststoff | $\alpha = 71 \cdot 10^{-6}\,K^{-1}$ | 2,84 mm |
| Aluminium | $\alpha = 24 \cdot 10^{-6}\,K^{-1}$ | 0,96 mm |
| Stahlblech | $\alpha = 14 \cdot 10^{-6}\,K^{-1}$ | 0,56 mm |

## Metallene Kanäle

- Elektrische Schutzmaßnahmen:
  - Alle metallenen Komponenten einbeziehen
  - Unterbrechung an Wanddurchführung: Leitende Verbindung zum weiterführenden Kanal herstellen
  - Prüfen der Wirksamkeit nach Fertigstellung durch Errichter (DIN VDE 0100-600)
- Überprüfen durch Errichter:
  - Anzugsmomente der Kontaktschrauben an den Erdungsklemmen
  - Ordnungsgemäße Montage der Kupplungen

## Bearbeitung

- Zuschneiden:
  - Feingezahnte Handsäge (Sägeblätter für Metall, Kunststoff, NE-Metalle)
  - Kreissäge (Sägeblattart und Schnittgeschwindigkeiten beachten, z. B. Aluminium, Hartmetallsägeblatt, 40 m/s)
- Bohren:
  - HSS-Bohrer für alle Materialien; Bohrung bei Kunststoff **nicht** ankörnen; Ränder entgraten

## Leitungsverlegung

- Leitungsarten:
  - NYM, Koaxialkabel, Telekommunikationsleitung
  - Einaderleitungen (z. B. H07V/U/R/K) nur, wenn das Kanaloberteil ausschließlich mit Werkzeug zu öffnen ist und nur die Adern eines Hauptstromkreises einschließlich der Adern des zugehörigen Hilfsstromkreises verlegt sind
    Ausnahme: Elektrisch abgeschlossene Betriebsstätte
- Gemeinsame Verlegung

  **Energie- und Telekommunikationsleitungen:**
  - Mindestabstand: 10 mm oder mit Trennsteg
  - Kombinierte Klemmeinrichtungen getrennt abgedeckt
  - Bei gemeinsamer Abdeckung: Berührungsschutz für Energieteil

  **Verschiedene Telekommunikationsstromkreise:**
  - Spannungsfestigkeit der Stromkreise gegeneinander erforderlich
  - Maßnahmen zur Vermeidung gegenseitiger elektrischer Beeinflussungen

  **Energie- und Datenleitungen:**
  - Verlegevorgaben nach DIN EN 50172-2 beachten

## Kanalquerschnitt

- Abhängig von
  - Anzahl zu verlegender Leitungen,
  - Geräteeinbauten im Kanal
- Kabelhäufung: Temperaturerhöhung berücksichtigen

**Beispiel**:
Getrennte Kammern für Datenleitungen ①, Energieleitungen ② und Einbaugeräte ③

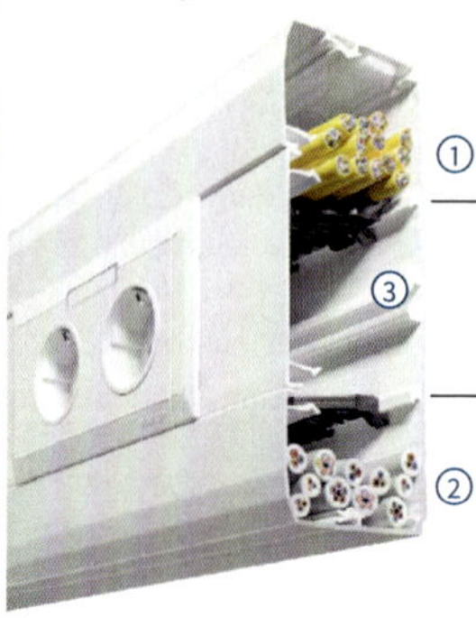


**Trennabstand** > 50 mm zwischen Daten- und Energieleitungen ohne zusätzliche elektromagnetische Barriere (DIN EN 50174-2)

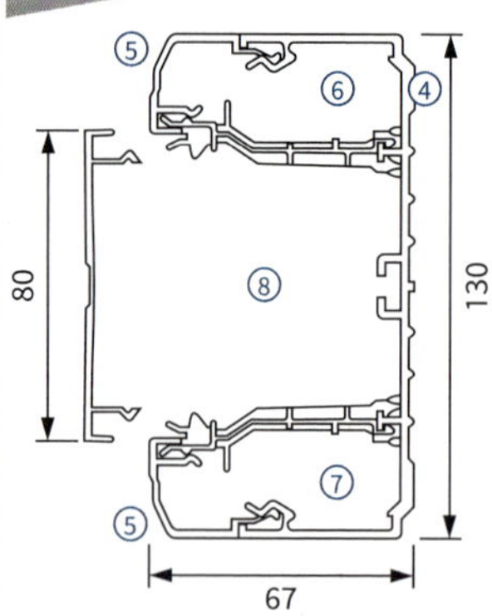


**Leitungsanzahl**
Füllgrad 50 %

NYM-J 3x1,5 mm²
⑥ 10 Leitungen
⑦ 8 Leitungen

Netzwerkleitung
⑥ 15 Leitungen
⑦ 12 Leitungen

Maße in mm

④ Grundträger ⑤ Abnehmbare Eckteile ⑧ Einbaugeräte

# Fehlersuche
## Fault Locating

### Vorbereitung

- Informationen sammeln
  - vom Kunden,
  - aus Unterlagen.
- Arbeitsplatz zur Fehlersuche einrichten.

### Zielsetzung

- Zeitaufwand gering halten.
- Möglichst wenig Prüf- und Messgeräte einsetzen.

### Beginn

- Besichtigung im spannungslosen Zustand (Gesamteindruck über Zustand).
- Inbetriebnahme, Baugruppen genau beobachten.
- Bei Gefahr sofort Stromkreis unterbrechen.

### Besichtigung

**Optisch**

- Verschmorte Baugruppen oder Bauelemente
- Verschmorte Leitungen
- Rauchentwicklung
- Funken oder Überschläge
- Zerstörte/beschädigte Baugruppen oder Bauelemente
- Lageverschiebung von mechanischen oder elektrischen Baugruppen bzw. Bauelementen oder Leitungen
- Zerstörte/beschädigte Bedienelemente (Taster, Schalter, usw.)

**Akustisch**

- Geräusche bei mechanisch bewegten Teilen,
- Vibrationen bzw. Brummen (Netzfrequenz),
- Knistern bei Entladungen bzw. Überschläge.

**Geruch**

- Chemische Zersetzung durch Wärme von Isolationen,
- Öl (heißgelaufene Lager, Transformatoren).

**Berührung**

- Unzulässig hohes Spiel bei mechanischen Übertragungsgliedern (z. B. Kupplungen)
- Fehlerhafte Befestigung (z. B. Schraubverbindung)

### Eingrenzung

- Gezieltes Prüfen bzw. Messen.
- Schrittweise vorgehen:

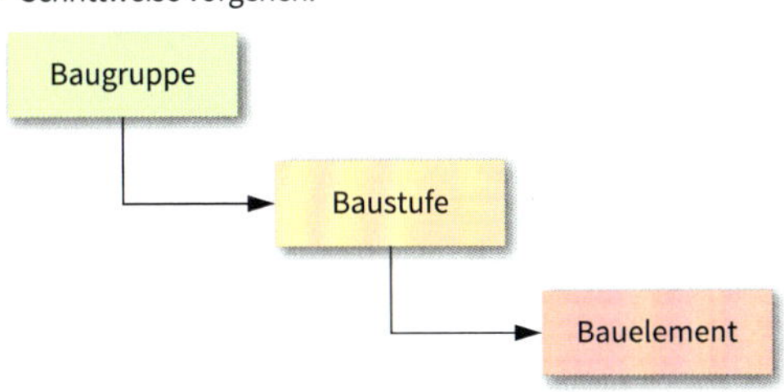


### Vorgehensweise

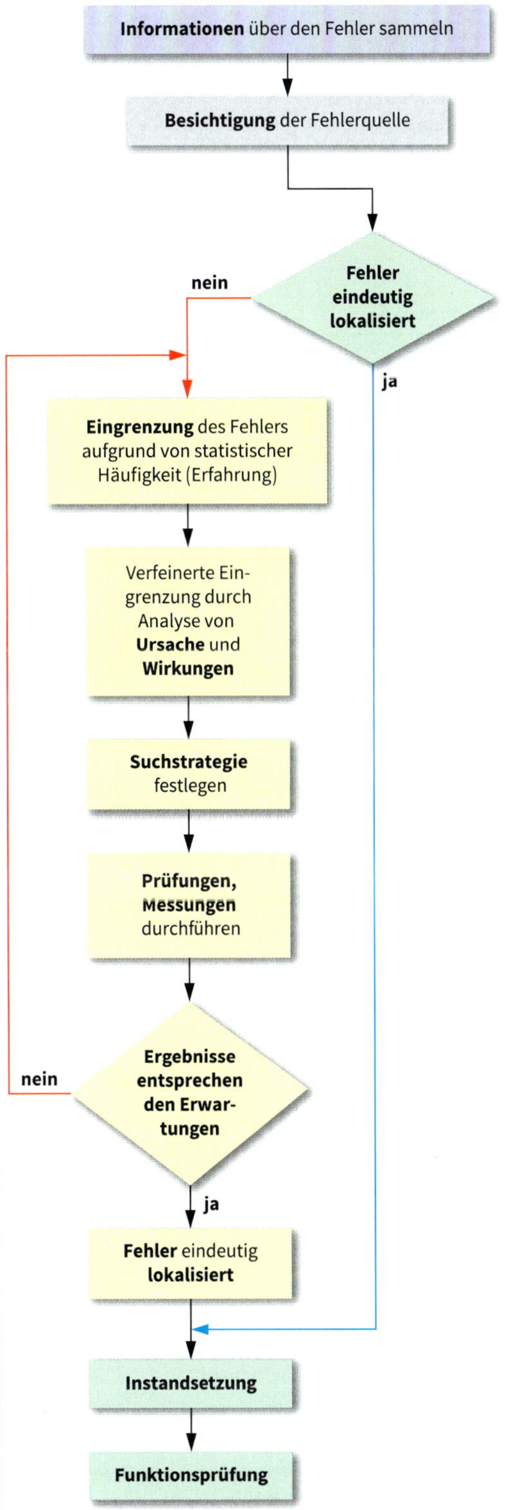

# Fehlerbaumanalyse

## Fault Tree Analysis

### Merkmale

- Die Fehlerbaumanalyse **FTA** (**F**ault **T**ree **A**nalysis) dient zur systematischen Ermittlung der logischen Verknüpfung von Komponenten- und Teilsystemausfällen, die zu einem **unerwünschten Ereignis** (TOP-EVENT) führen.
- Die Vorgehensweise bei der Fehlerbaumanalyse umfasst dabei alle möglichen Ausfallkombinationen, die zu dem unerwünschten „Top"-Ereignis (z. B. Totalausfall) führen.
- Die **Ausfallkombinationen** werden durch einen endlichen Grafen mit endlich vielen Eingängen und einem Ausgang (Top-Ereignis) dargestellt.
- FTA basiert auf der mathematischen Theorie der Boolschen Algebra.
- Ziel ist die Ermittlung von **Zuverlässigkeitskenngrößen** wie z. B.:
  - Eintrittshäufigkeit der Ausfallkombinationen
  - Nichtverfügbarkeiten des Systems/Produkts bei den gestellten Anforderungen
  - Aufstellen eines grafischen Systemmodells

### Ablaufvorgang

| | |
|---|---|
| **Systemanalyse** | Detaillierte Untersuchung des Systems<br>Beispiele: Identifikation der Funktionen, verschiedener Betriebszustände, Zusammenwirken der Komponenten |
| **Erstellung des Fehlerbaums** | Festlegung des unerwünschten Ereignisses und der Ausfallkriterien<br>Bestimmung der Ausfallarten der Komponenten<br>Aufstellung des Fehlerbaums<br>Bewertung der Eingänge des Fehlerbaums |
| **Auswertung des Fehlerbaums** | Analyse des Fehlerbaums nach qualitativen oder quantitativen Gesichtspunkten |

### Bildzeichen

**Standardeingang**
steht für Funktionselementausfall, wenn primäres Versagen möglich ist.

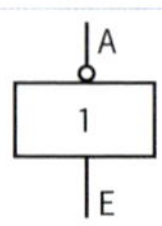


**NICHT-Verknüpfung**
steht für Negation

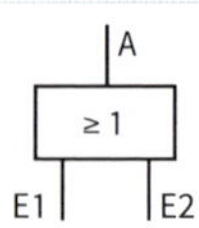


**ODER-Verknüpfung**
steht für logische Vereinigung

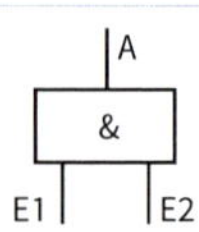


**UND-Verknüpfung**
steht für logischen Durchschnitt

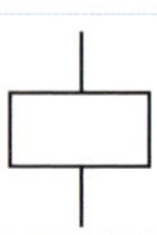

**Kommentar**
Beschreibung von Ein-, Ausgängen und Verknüpfungen

**Übertragung-Eingang**

**Übertragung-Ausgang**

Abbruch bzw. Fortsetzung des Fehlerbaums an anderer Stelle

### Struktur

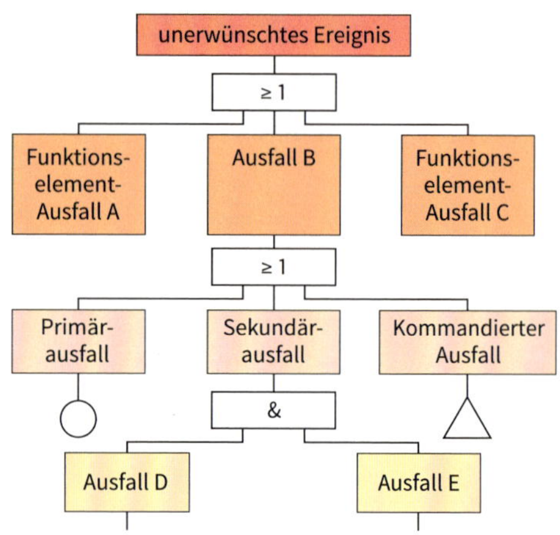


**Primärausfall**
Ausfall ist durch innewohnende Schwäche verursacht.

**Sekundärausfall**
Folgeausfall eines Teilsystems (Komponente) durch unzulässige Einsatzbedingungen oder Umgebungsbedingungen.

**Kommandierter Ausfall**
Ausfall infolge einer falschen oder fehlenden Ansteuerung oder Ausfall einer Hilfsquelle.

# Qualitätsmanagement
## Quality Management

### Kennzeichen

- Unter **Qualitätsmanagement** werden alle Maßnahmen **organisatorischer Art** verstanden, mit dem Ziel die Effektivität und Effizienz
  - einer Arbeit (Arbeitsqualität) und/oder
  - von Geschäftsprozessen

  zu erhöhen.
- Qualitätsmanagement führt nicht zwangsläufig zu einem höheren wirtschaftlichen Betriebsergebnis, sondern stellt nur die vorgegebene Qualität sicher.
- Beispiele für **Qualitätsmanagementmodelle** sind:
  - ISO/TS 16949: 2002 (Automobilindustrie)
  - **C**apability **M**aturity **M**odel **I**ntegration (**CMMI**) (Familie von Referenzmodellen, z. B. Reifegradmodell)
  - DIN EN ISO 9000 ff. (Qualitätsmanagementsysteme)
- Die DIN EN ISO 9000 ff. beinhaltet folgende Teilnormen:
  - **DIN EN ISO 9000**
    Qualitätsmanagementsysteme
    (Definiert Grundlagen und Begriffe zu Qualitätsmanagementsystemen und erläutert die acht Grundsätze des Qualitätsmanagements.)
  - **DIN EN ISO 9001**
    Qualitätsmanagementsysteme
    (Anforderungen an ein Qualitätsmanagementsystem)
  - **DIN EN ISO 9004**
    Leiten und Lenken für den nachhaltigen Erfolg einer Organisation – Ein Qualitätsmanagementansatz.
    (Effizienz des Qualitätsmanagementsystems)
- Die DIN EN ISO 9001 ist eine weltweit akzeptierte QM-Norm, die sich am **PDCA**-Zyklus (**P**lan-**D**o-**C**heck-**A**ct) orientiert.

### Prozessmodell DIN EN ISO 9001

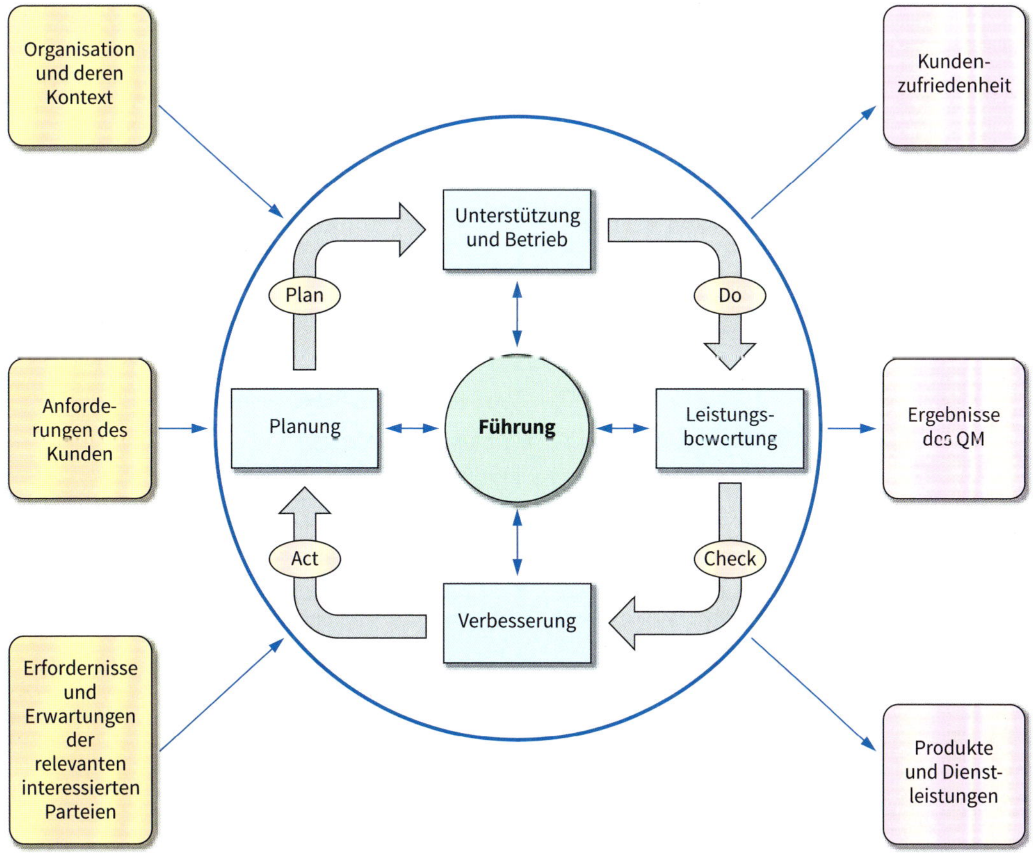


- **Qualitätssicherung**
  - ist Teil des Qualitätsmanagements und
  - gerichtet auf das Erzeugen von Vertrauen, dass Qualitätsanforderungen erfüllt werden.
- **Ständige Verbesserungen**
  sind wiederkehrende Tätigkeiten zum Erhöhen der Fähigkeiten, Anforderungen zu erfüllen.
- **Zertifizierung**
  erfolgt durch akkreditierte Zertifizierungsstellen.
- **Nationale Akkreditierungsstelle in Deutschland**:
  Deutsche Akkreditierungsstelle GmbH (DAkkS)
- **Konformität**
  ist Erfüllung einer Anforderung.

## Begriffe

- **Qualität**:
  Damit kennzeichnet man bei Produkten, Dienstleistungen, Prozessen ... in welchem Maße diese den bestehenden Anforderungen entsprechen.

- **Qualitätsprüfung**:
  Sie ist ein Soll-Ist-Vergleich innerhalb der Qualitätssicherung (DIN 1319, Grundlagen der Messtechnik). Dabei wird ermittelt, inwieweit die Qualitätsanforderungen erfüllt sind. Sie erfolgt anhand von Fakten oder subjektiven Empfindungen.

- **Qualitätssicherung**:
  Sie umfasst alle geplanten Maßnahmen, die zur Aufrechterhaltung der gewünschten Qualität dienen. Qualitätskontrolle: Sie wird zur Erfüllung der Qualitätsanforderung eingesetzt (Prüfaspekt des Qualitätsmanagements) und kann z. B. Messen, Untersuchen und Prüfen umfassen.

- Die Durchführung erfolgt meist in Form einer **Stichprobenkontrolle**, da oft die Kosten einer flächendeckenden Qualitätskontrolle den Nutzen übersteigen würden.

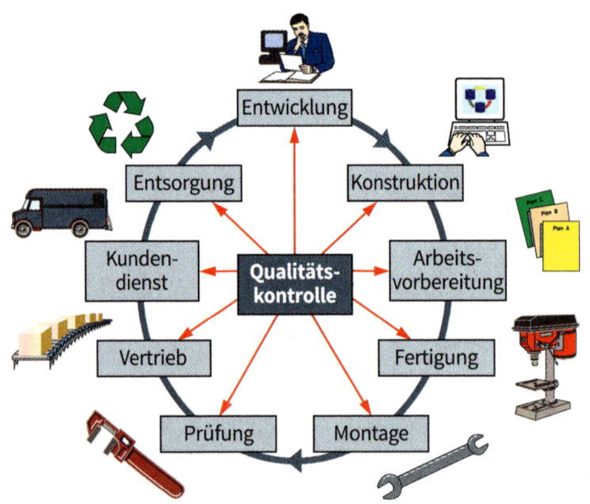


## Kontrollergebnisse

- **Objektive Ergebnisse**
  - Die Daten werden z. B. im Bereich der Produktion eingesetzt und können durch eine messende Prüfung erfasst und ausgewertet werden.
  - Beispiele: Physikalische Eigenschaften (Länge, Breite, Masse, Dichte, Geschwindigkeit, Zeit).

- **Subjektive Ergebnisse**
  - Sie werden z. B. im Bereich von Dienstleistungen und im zwischenmenschlichen Bereich an Hand von Fragebögen gewonnen (z. B. Höflichkeit, Freundlichkeit).
  - Die Daten werden durch attributive Prüfungen erfasst und in der Fehlersammelkarte dokumentiert.
  - Attributive Messgrößen sind z. B. ja/nein Entscheidungen („vorhanden“, „nicht vorhanden“, „gut“ oder „schlecht“).
  - Mit skalierten Messgrößen kann man die Ergebnisbandbreite erweitern.
  - Vergleichbar werden die Daten anhand von Diagrammen und statistischen Auswertungen.

## Qualitätsregelkarte

- Es handelt sich hierbei nicht um eine Karte, sondern um ein Schaubild bzw. Diagramm zur Veranschaulichung der Qualität in Abhängigkeit von der Zeit (Stichprobenentnahme). Veränderungen werden sichtbar.
- Mit horizontalen Linien werden Warn- und Eingriffsgrenzen ① gekennzeichnet, die oberhalb bzw. unterhalb eines definierten Mittelwertes ② liegen. Diese Warn- und Eingriffsgrenzen werden in der Regel nach statistischen Gesichtspunkten festgelegt.

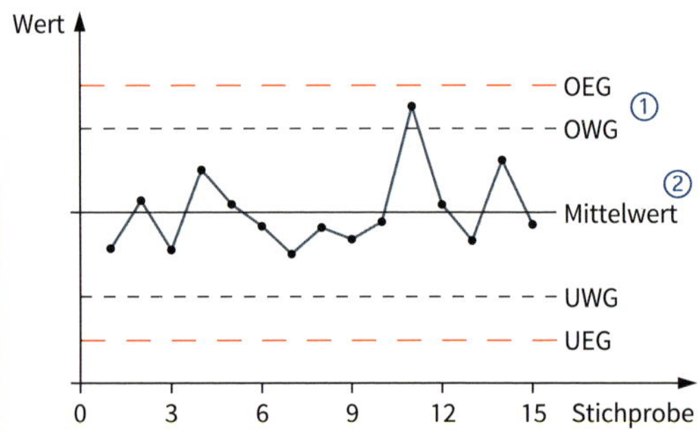


- Die Prüfergebnisse werden mit den Werten der Grenzlinien verglichen. Überschreiten die Messgrößen die Werte der Warngrenzen, können noch vorbeugend Korrekturmaßnahmen getroffen werden. Dies kann z. B. eine Wartung der Anlage mit Justieren der Sensoren sein. Die Produkte erfüllen jedoch dann noch die Qualitätsanforderungen.
- Weichen die Mittelwerte noch weiter vom Sollwert ab und werden die Eingriffsgrenzen überschritten, muss die Produktion unterbrochen werden, da die Produkte nicht mehr die Qualitätsanforderungen erfüllen.

## Attributive Qualitätsregelkarte

- Attribut = Eigenschaft
- Graphisch dargestellt werden z. B.
  - Anteile fehlerhafter Einheiten in einer Stichprobe (Stichprobe: Eine Teilmenge, die unter bestimmten Gesichtspunkten ausgewählt wurde); Proportionen
  - Anzahl fehlerhafter Einheiten in einer Stichprobe; Anzahl der Proportionen
  - Anzahl der Fehler innerhalb eines konstanten Ereignisbereiches; Anzahl der Ereignisse
  - Fehler pro untersuchter Einheit; Anteile bzw. Ereignisse

## Prozess-Qualitätsregelkarten

- Ausgegangen wird nicht von vorgegebenen Grenzwerten. Die Eingriffsgrenzen werden stattdessen aus vorhandenen Prozessdaten berechnet.
- Beispiele für graphische Darstellungen:
  - Einzelwerte über deren gleitenden Spannweite (Stichprobenspannweite = Differenz zwischen größtem und kleinstem Stichprobenwert)
  - Mittelwerte aus Einzelwerte
  - Mittelwerte über deren Spannweite
  - Mittelwerte über deren Standardabweichung
  - Exponentiell gewichteten, gleitenden Mittelwerte
  - Kumulative (anhäufende, steigende) Summen

# KVP – Kontinuierlicher Verbesserungsprozess
## Continuous Improvement Process

### Begriff

KVP ist die Anpassung des japanischen Management-Prinzips **Kaizen** ① auf den westlichen Kulturkreis.

Der Prozess ist dauerhaft angelegt.

Ziel:
Verbesserung der Produkt- und Prozessqualität durch
- ständige Verbesserung der Organisations- und Arbeitsabläufe
- mit vielen kleinen Schritten, nicht in großen Sprüngen.

Alle Mitarbeiter und Führungskräfte werden einbezogen.

Notwendigkeiten zur ständigen Verbesserung ergeben sich aus Veränderungen der
– Anforderungen,
– Bedingungen,
– Umwelt,
– …

**Kaizen** ① (Japanisch)

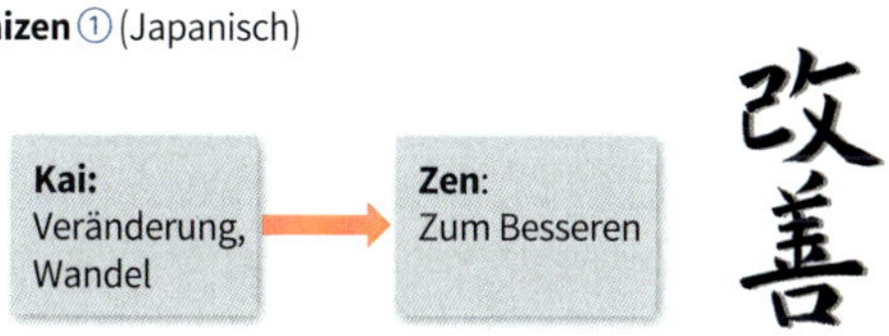


- Jedes System ist ab dem Zeitpunkt seiner Einrichtung dem Zerfall preisgegeben, wenn es nicht ständig erneuert bzw. verbessert wird.
- Um auf Veränderungen zu reagieren, sind ständig Anpassungen und Flexibilität erforderlich.

### Merkmale

- Ständiges Streben nach Perfektion
- Problembewusstsein ist Voraussetzung, wird gegebenenfalls geweckt.
- Probleme bzw. Schwachstellen werden identifiziert.
- Alle Hierarchieebenen werden einbezogen, jeder Mitarbeiter wird einbezogen.
- „Verborgene" Aktivitäts- und Innovationspotenziale werden freigesetzt.
- Motivierende Zusammenarbeit der Mitarbeiter
- Durch Fehler werden Verbesserungsmöglichkeiten erkannt.
- Bei Fehlentwicklungen werden Schuldige nicht gesucht, sondern Lösungen der Probleme angestrebt.
- Gemeinsam wird nach kostengünstigen Lösungen gesucht.
- KVP ist Bestandteil der täglichen Arbeitsabläufe.
- Die Umsetzung der Verbesserungen erfolgt durch die Mitarbeiterinnen und Mitarbeiter selbst.
- KVP ist überall anwendbar.

### Moderation

Kontinuierliche Verbesserungsprozesse müssen durch geeignete Moderatorinnen bzw. Moderatoren begleitet werden.

Aufgaben der Moderation:
- Regelmäßige Zusammenkünfte der Mitarbeiterinnen und Mitarbeiter organisieren
- Arbeitsfähige Gruppen bilden (definierte Teams)
- Themen analysieren und aufbereiten
- Themen optisch darstellen und ordnen
- Fragen zur Auflösung von Interaktionen stellen
- Regeln vereinbaren
- Gruppe zu einem gemeinsamen Ergebnis führen
- Gruppenergebnisse festhalten
- Vereinbarungen mit der Gruppe treffen

### Schritte im KVP-Prozess

**Ablauf**

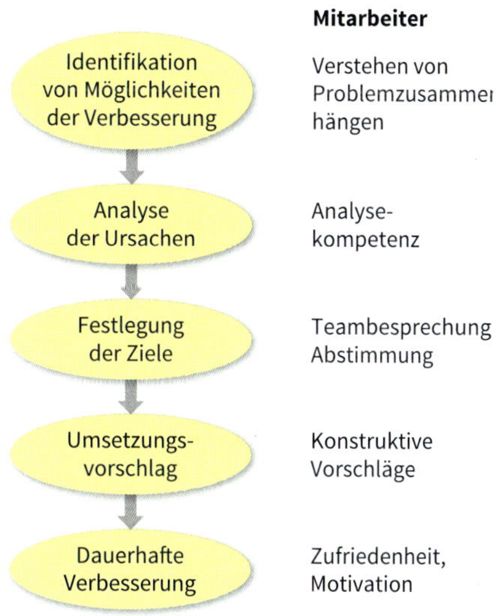


Auf jeden Durchlauf folgt ein weiterer.

**Zyklischer Durchlauf**

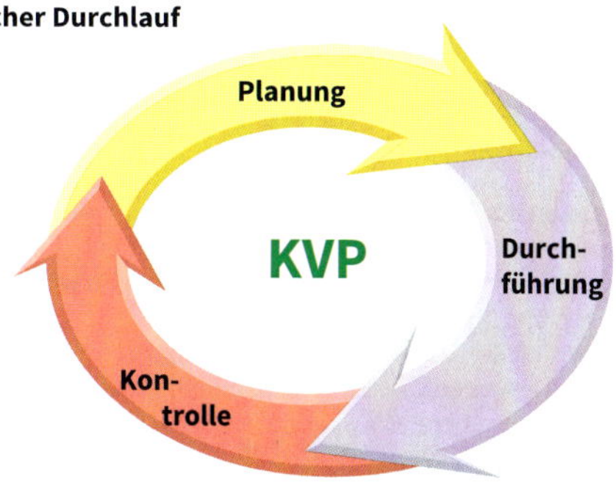

## Inhalt

**1. Anwendungsbereich**

**2. Normative Verweisungen**

**3. Begriffe** (s. DIN EN ISO 9000: 2015)

### Plan

**4. Kontext der Organisation**

- Verstehen der Organisation und ihres Kontextes
- Verstehen der Erfordernisse und Erwartungen interessierter Parteien
- Festlegen des Anwendungsbereichs des QM-Systems
- QM-System und dessen Prozesse

**5. Führung**

- Führung und Verpflichtung
- Kundenorientierung
- Politik
- Rollen, Verantwortlichkeiten und Befugnisse in der Organisation

**6. Planung**

- Maßnahmen zum Umgang mit Risiken und Chancen
- Qualitätsziele und Planung zu deren Erreichung
- Planung von Änderungen

**7. Unterstützung**

- Ressourcen
- Kompetenz
- Bewusstsein
- Kommunikation
- Dokumentierte Information

### Do

**8. Betrieb**

- Betriebliche Planung und Steuerung
- Anforderungen an Produkte und Dienstleistungen
- Entwicklung von Produkten und Dienstleistungen
- Steuerung von extern bereitgestellten Prozessen, Produkten und Dienstleistungen
- Produktion und Dienstleistungserbringung
- Freigabe von Produkten und Dienstleistungen
- Steuerung nicht konformer Prozessergebnisse

### Check

**9. Bewertung der Leistung**

- Überwachung, Messung, Analyse und Bewertung
- Internes Audit
- Managementbewertung

### Act

**10. Verbesserung**

- Nichtkonformität und Korrekturmaßnahmen
- Fortlaufende Verbesserung

## Begriffe und Definitionen

- **Qualitätsziele**
  Sie **müssen**
  - im Einklang mit der Qualitätspolitik stehen,
  - messbar sein,
  - zutreffende Anforderungen berücksichtigen,
  - für die Konformität von **Produkten** und **Dienstleistungen** relevant sein,
  - zur Erhöhung der Kundenzufriedenheit dienen,
  - überwacht, vermittelt und ggf. aktualisiert werden.
- **Wissen der Organisation**
  - Das Wissen einer Organisation wird benötigt, um ihre Prozesse durchzuführen und um die Konformität von Produkten und Dienstleistungen zu erreichen.
  - Das Wissen basiert auf **internen** Quellen (z. B. Erfahrung) und **externen** Quellen (z. B. Normen, Wissenserwerb von externen Anbietern).
- **Risikobasierter Ansatz**
  Risiken und Chancen in Bezug auf Konformität und Kundenzufriedenheit sind zu berücksichtigen.
- **Risiken**:
  - Vermeidung von Risiken
  - Beseitigung der Risikoquelle
  - Beibehaltung des Risikos durch eine fundierte Entscheidung
- **Chancen**:
  - Einsatz neuer Techniken
  - Neukundengewinnung
  - Markteinführung neuer Produkte
  - Aufbau von Partnerschaften

Quelle: DIN EN ISO 9001: 2015

# Service-Level-Agreement (SLA)/Service-Level-Management

Service-Level-Agreement (SLA)/Service-Level-Management

## Begriff

- Unternehmen fragen mehr und mehr **IT-Dienstleistungen** von **IT-Dienstleistern** nach, um ihre Geschäftsprozesse im globalisierten Wettbewerb aufgrund von Kundenwünschen **qualitäts**- und **preisbewusst** gestalten zu können (Beispiel: Einrichtung eines Callcenters für den Onlineverkauf von Produkten und Dienstleistungen eines Unternehmens).

- Die hohe **Qualität** der erforderlichen IT-Dienstleistungen ist für die Unternehmen bei wachsender Wettbewerbsintensität ein entscheidender Wettbewerbsvorteil im Ringen um die Kundschaft. So ist es beispielsweise bei einem Callcenter für den Kunden ausgesprochen wichtig, zu welchen Zeiten er das Callcenter erreichen kann und wie lange er unter Umständen in einer Warteschleife auf den Kontakt warten muss.

- Die qualitativen Anforderungen an die IT-Dienstleistung werden in einem sogenannten **Service-Level-Agreement** (**SLA**), einer vertraglichen Vereinbarung zwischen einem Dienstleistungsempfänger (Beispiel: Unternehmen, das ein Callcenter einrichten lässt) und einem IT-Dienstleistungslieferanten (IT-Unternehmen, das das Callcenter implementiert) festgeschrieben.

- Die vielfältigen qualitativen Anforderungen an die IT-Dienstleistung machen es unumgänglich, die einzelnen Wünsche des Kunden als **definierte Kundenanforderungen** exakt zu beschreiben, damit der IT-Dienstleister die entsprechenden **Preise** für seine Services kalkulieren kann. Dabei ist es auch besonders wichtig, beispielsweise bei technischen Störungen der IT-Dienstleistung Vertragsstrafen o. Ä. von vornherein festzulegen, um langfristige juristische Streitigkeiten von Beginn an auszuschließen.

- Auch für den IT-Dienstleister ist es von großer Bedeutung, wie zufrieden der IT-Kunde mit der im SLA vereinbarten Dienstleistung ist – schließlich sprechen sich qualitativ geringwertige Leistungen im Unternehmensumfeld schnell herum und verschlechtern den Ruf des IT-Unternehmens, was im Extremfall sogar dessen Insolvenz zur Folge haben kann. So hat ebenso wie der IT-Kunde auch der IT-Dienstleister ein hohes Interesse an einer genauen Beschreibung aller gewünschten IT-Dienstleistungen.

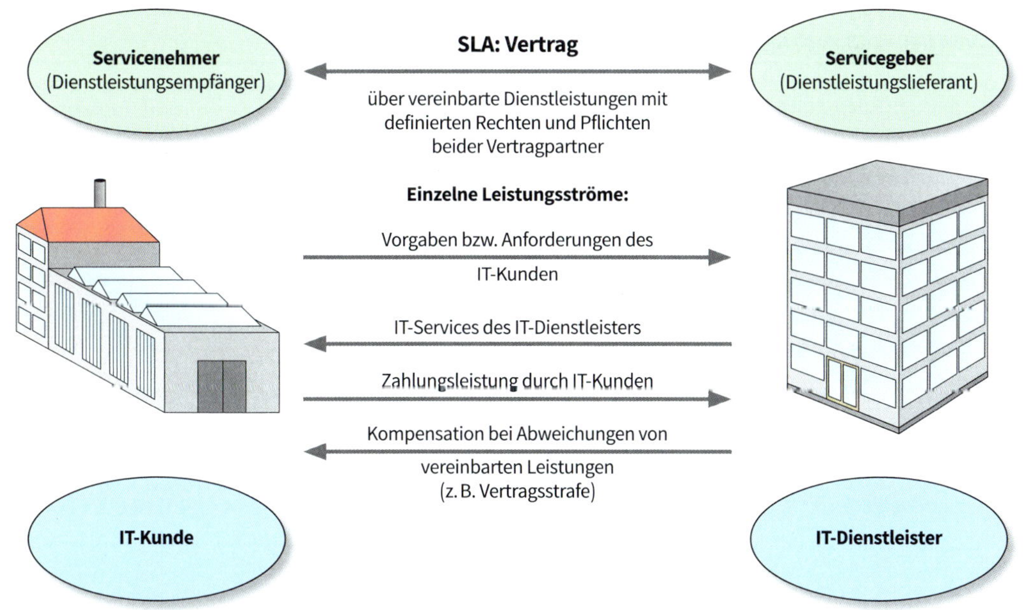


## Inhalt eines Service-Level-Agreements

Ein Service-Level-Agreement sollte folgende **Inhalte** aufweisen:

- genaue Nennung der beiden **Vertragspartner**;
- Vertragsbeginn und Vertragsende bzw. **Vertragslaufzeit**;
- **Zweck** bzw. **Ziele des Vertrags**;
- exakte Beschreibung der vereinbarten **IT-Dienstleistungen** in einer **genau definierten Qualität**, dem sogenannten **Service-Level** unter Nutzung von vereinbarten **Kennzahlen**, eventuell Festlegung von vereinbarten Toleranzgrenzen bei Kennzahlen;
- **Preisvereinbarung** über die festgeschriebenen IT-Dienstleistungen unter Berücksichtigung eventuell unterschiedlicher Service-Levels, Festlegung von **Zahlungsmodalitäten**;
- Nennung der **Ansprechpartner** in beiden Unternehmen bei Vertragsstörungen, Beschwerden oder gewünschten Vertragsänderungen;
- vereinbarte **Regelungen bei Leistungsstörungen oder Vertragsänderungen**;
- **Maßnahmen zur Qualitätssicherung** der IT-Services (Einrichtung eines Service-Level-Berichtswesens, das Leistungen sowie Störungen genau dokumentiert);
- **Glossar**.

Service-Level-Agreement (SLA)/Service-Level-Management

## Service-Levels

- Der IT-Dienstleister führt in einem sogenannten **Service-Katalog** seine angebotenen IT-Dienstleistungen ausführlich auf – unter Differenzierung unterschiedlicher **Service-Level**. Die Service-Level beziehen sich auf ein bestimmtes Objekt und einen definierten Zeitpunkt oder -raum. Bei der Implementierung eines Callcenters könnten beispielsweise drei Stufen des Service-Levels angeboten werden, zwischen denen der IT-Kunde wählen kann (mit entsprechenden Preisangaben).

- **Beispiel**: Service-Level I: telefonische Erreichbarkeit des Callcenters mit mindestens 90 % an einem Werktag in der Zeit von 07:00 Uhr bis 20:00 Uhr

  Service-Level II: telefonische Erreichbarkeit des Callcenters mit mindestens 80 % an einem Werktag in der Zeit von 07:00 Uhr bis 20:00 Uhr

  Service-Level III: telefonische Erreichbarkeit des Callcenters mit mindestens 70 % an einem Werktag in der Zeit von 07:00 Uhr bis 20:00 Uhr

- Als **Kennzahl** lässt sich die telefonische Erreichbarkeit des Callcenters folgendermaßen berechnen:

$$\text{telefonische Erreichbarkeit des Callcenters in v. H.} = \frac{\text{Anzahl der tatsächlich angenommenen Anrufe x 100}}{\text{Anzahl der eingegangenen Anrufe (d. h. der elektronisch gezählten Anrufe bzw. Anrufversuche)}}$$

- Ein anderes Anwendungsbeispiel für Service-Level wäre die Differenzierung von zu vereinbarenden Entstörungs- oder Reaktionszeiten bei gemeldeten Störungen durch den IT-Kunden. Je schneller die Störung durch den IT-Dienstleister behoben werden kann, desto erfolgreicher kann der IT-Kunde seine unternehmerische Tätigkeit fortführen.

## Typen von Service-Level-Agreements

- Viele IT-Dienstleister lagern bestimmte Teil-Dienstleistungen an **interne** oder **externe Dienstleister** aus. Falls dies geschieht, müssen auch hier eindeutige Vertragsabschlüsse in Form von Service-Level-Agreements vorgenommen werden. Bei sogenannten internen Kunden eines Unternehmens (z. B. eine andere Abteilung) wird diese Dienstleistungsvereinbarung **Operation Level Agreement** (**OLA**) genannt. Verträge mit externen Kunden, also externen IT-Dienstleistern, werden als **Underpinning Contracts** (**UC**) bezeichnet. Nach der Art der Partner und der Beziehung zwischen Leistungsnehmer und -geber werden die folgenden **Grundtypen von Service-Level-Agreements** unterschieden:

| **Art der Partner** | | |
|---|---|---|
| IT-Anwender – IT-Dienstleister | interne, anwenderbezogene Vereinbarung = **OLA** | externe, anwenderbezogene Vereinbarung = **SLA** |
| IT-Dienstleister – IT-Dienstleister | interne, technische Vereinbarung = **OLA** | externe, technische Vereinbarung = **UC** |
| **Beziehung zwischen Leistungsnehmer und -geber** | rechtlich und wirtschaftlich abhängig | rechtlich und wirtschaftlich unabhängig |

## Service-Level-Management-System

- Zur Umsetzung von vereinbarten Service-Level-Agreements wird in IT-Unternehmen ein sogenanntes **Service-Level-Management** (auch als **Service-Management-System** bezeichnet) eingesetzt. Die mit den Kunden vereinbarten Service-Level-Agreements müssen nun implementiert, genutzt und laufend kontrolliert bzw. eventuell auch überarbeitet werden. Beschäftigte des IT-Dienstleisters nehmen mögliche Störungsmeldungen des IT-Kunden auf, **dokumentieren** sie und bieten dem Kunden möglichst umgehend situationsgerechte **Lösungsmöglichkeiten** an. Die durch Kunden gemeldeten „Störungen" müssen mit den vereinbarten Leistungen und dem entsprechenden Service-Level abgeglichen werden – schließlich könnte auch ein höherer Service-Level vereinbart werden.

- Die Bearbeitung von Störungsmeldungen erfordert ein spezielles „Fingerspitzengefühl" des Servicepersonals bei der Kommunikation mit den IT-Kunden. Zu diesem Zweck werden kontinuierlich entsprechende **Gesprächssituationen reflektiert**, um noch kundenfreundlicher agieren zu können. Spezielle Trainings zur Bewältigung von Konfliktsituationen können als Fortbildungsmaßnahme eine sinnvolle Hilfe sein.

# Cyber-physische Systeme

# 7

## Technische Systeme

- Systeme sind in sich abgeschlossene Einheiten ① materieller oder immaterieller Objekte.
- Sie verfügen über mindestens einen Eingang (Input) ② und einen Ausgang (Output) ③.
- Systeme können aus verschiedenen Elementen (Komponenten) bestehen, die in Beziehung zueinander stehen ④ (miteinander verknüpft sind).
- Systeme besitzen in der Regel vertikale und laterale Strukturen.
  - **Vertikal**: Aufteilung in Teil-(Sub-)systeme und nicht weiter (sinnvoll) zerlegbare Elemente ⑤, mit gleichen oder unterschiedlichen Eigenschaften.
  - **Lateral**: Beziehungen (Kopplungen) zwischen den Teilsystemen und Elementen ⑥.
- Das Systemziel bzw. der Zweck des Systems (als Ganzes) lässt sich beschreiben durch die
  - Aktionen der Elemente,
  - Interaktionen zwischen den Elementen und/oder
  - Interaktionen mit der Systemumwelt.
- Systeme können über Schnittstellen miteinander verbunden werden.

## Systemarten

- Beispiele:
  Biologische, technische, organisatorische, physikalische, logische, mathematische, ... Systeme
- Auch Betriebe bilden Systeme, die durch ihre angebotenen Güter und Dienstleistungen den von außen an sie herangetragenen Bedarf befriedigen. Sie funktionieren, wenn sie diesen Zweck erfüllen, wie Systeme.

## Modell eines technischen Systems

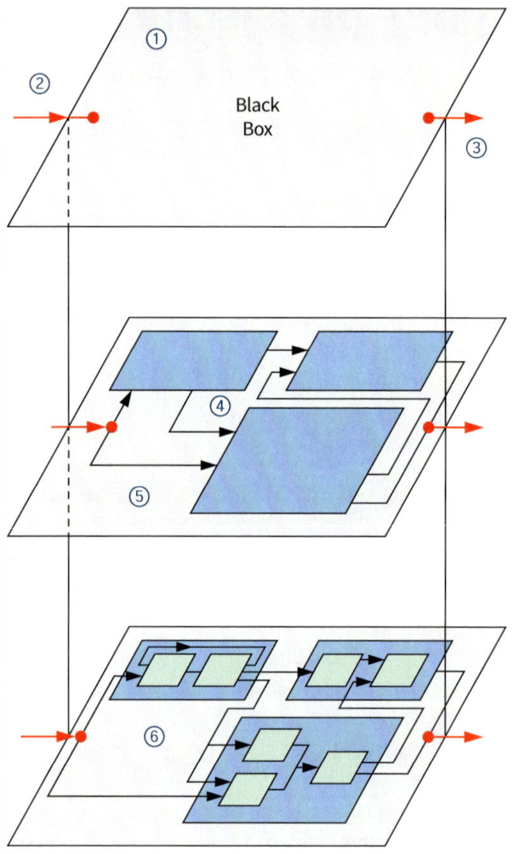


## Beispiel: Integration von betrieblichen Informationssystemen

- Zwischen dem Beschaffungsmarkt und dem Absatzmarkt sind Informationssysteme sowohl in den Güterstrom als auch in den Wertestrom integriert.

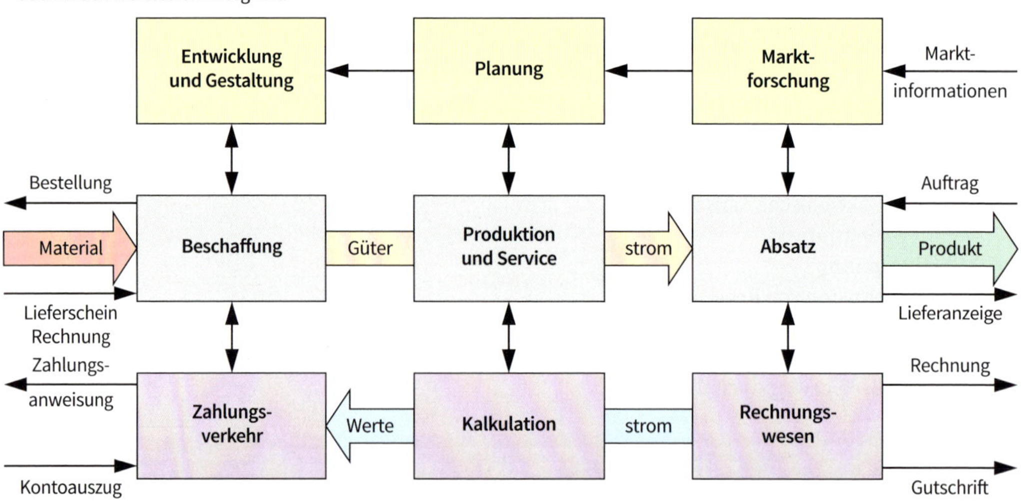

# Systemanalyse
## System Analysis

### Methode

- Die Systemanalyse ist eine systematische Untersuchung und Bewertung eines Systems, das als Blackbox wahrgenommen wird.
- Blackbox: Ein geschlossenes System unter Vernachlässigung des inneren Aufbaus (Struktur).
- Durch Hinzufügen relevanter Elemente und Beziehungen kann bei der Analyse die Struktur der Blackbox verfeinert werden.
- Am Ende der Analyse ist ein abstrahiertes Modell vorhanden, das ein Abbild der Realität ist.
- Zusammenfassung: Eine Systemanalyse umfasst im Wesentlichen Identifizierungen, Bewertungen und abschließend eine Modellierung.
- Es lassen sich Unternehmensbereiche (auch gesamte Unternehmen) als Systeme betrachten. Systemanalytisch lassen sich aber auch einzelne Arbeitsabläufe oder Aufträge auflösen.

Beispiel:

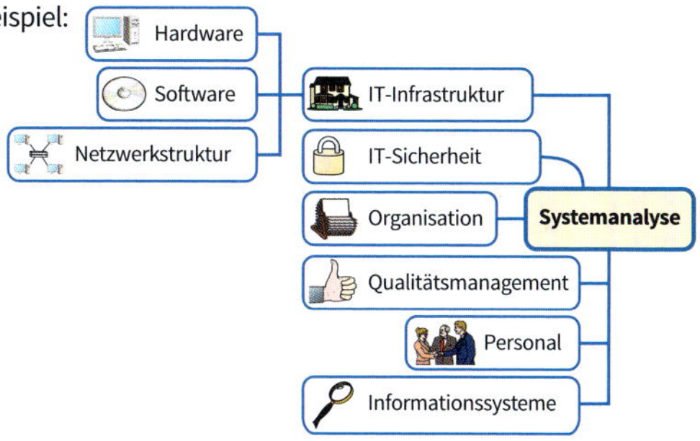


- Wesentliches Ziel der Systemanalyse ist:
  Erkennen von Effizienzpotenzialen zur Prozessorientierung, Reorganisierung, Veränderung, Automatisierung und Digitalisierung.

### Modelle und Modellierung

- **Funktion von Modellen**:
  - Sie sind Mittel zur Gewinnung neuer Erkenntnisse
  - Veranschaulichen komplexe Sachverhalte und Systeme
  - Sind Hilfsmittel zur Beherrschung bzw. zum Verstehen komplexer Systeme
- **Modellierung**
  Es handelt sich dabei um die Beschreibung (Vorgang) des Prozesses bei der Modellbildung.
- **Modellierungsschritte**
  1. Formulierung der Absichten
  2. Reduktion der Komplexität durch Abgrenzung relevanter Ausschnitte aus dem Wahrnehmungsbereich.
  3. Herausarbeiten wichtiger Merkmale unter Vernachlässigung der unwichtigen Teile (Elemente, Objekte, ...).
  4. Beschreiben und Strukturieren der Ergebnisse mit ausgewählten Techniken.
  5. Untersuchung des Modells mit geeigneten Methoden.
  6. Validierung des Modells indem man es mit den bekannten Eigenschaften des Systems abgleicht.
- **Vorteile einer Modellierungen**
  - Durchführung von einfachen Tests z. B. bei Hard- und Software
  - Modelle sind zugänglich und verständlich
  - Eine Modellierung kann vor Schäden an realen Systemen schützen
- **Modelleinteilung nach**
  - Einsatzzweck: Beschreibung, Erklärung, Prognose, Entscheidung, Simulation
  - Grad der Abstraktion: deterministisch, stochastisch, statisch, dynamisch, diskrete, kontinuierlich ...

### Diagramme

- **Qualitativ**:
  Begriffslandschaft (Concept-Map), Flussdiagramm, Wirkungsdiagramm
- **Halbquantitativ**:
  Diagramm mit Pfeilen (je-desto-Beziehungen)
- **Quantitativ**:
  x-y-, x-t-Diagramme; Beispiel: Mathematische Gleichungssysteme

### Graphische Darstellungen

**Datenflussdiagramm** (**DFD**: **D**ata **F**low **D**iagram)
Darstellung zur Verarbeitung und Speicherung von Datenströmen

**Zustandsübergangsdiagramm**
(**STD**: **S**tate **T**ransition **D**iagram)
Darstellung des zeitlichen Verhaltens

**Gegenstands-Zustands-Diagramm**
(**ERD**: **E**ntity **R**elationship **D**iagram)
Darstellung von Datenverknüpfungen zueinander

**Zustands-Diagramm** (**ESTD**: **E**ntity **St**ate **D**iagram)
Darstellung von Statusänderungen in Abhängigkeit von zeitlichen Ereignissen

**Kombinationen**

- Zuordnung zwischen Datenstromdarstellung und Datenspeichern (zur Verifikation).
- Zeitliche Veränderung der Datenverarbeitung durch Steuersignale (Funktionskontrolle).

### Objektorientierte Analyse

- **Anwendungsfälle** (Anwendungsfallmodellierung)
  - Die funktionalen Anforderungen (externer Beobachter) werden identifiziert und beschrieben.
  - Konkrete Szenarien werden formuliert.
- **Klassen** (**Klassifizierung**)
  Analyse gemeinsamer Strukturen und des gemeinsamen Verhaltens von Objekten (inhaltlich zusammengehörige Datenmenge).
- **Interaktionen**
  Analyse der Nachrichten, die eine ausgewählte Menge von Objekten in einer zeitlich begrenzten Situation austauschen.
- **Aktivitäten**
  - Abhängigkeiten und Entscheidungs- bzw. Verzweigungspunkte werden ermittelt.
  - Ziel: Wahrnehmung der Aktivitätsflüssen
- **Status** (Bearbeitungsstatus, Produktionsstatus)
  Analyse des dynamischen Verhaltens signifikanter, ereignisgesteuerter Klassen.

# Cyber-physische Systeme
## Cyber Physical Systems

### Merkmale

- Unter **Cyber** versteht man eine virtuelle Welt (Scheinwelt) oder einen Raum (Space), der von Computern erzeugt wird.
- Mit **CPS** (**C**yber **P**hysical **S**ystem) bezeichnet man ein komplettes System, in dem mechanische und elektronische Komponenten informations- und softwaretechnisch kommunikativ miteinander verbunden sind.
- Cyber-physische Systeme
  - besitzen vernetzte Sensoren und Aktoren und
  - erkennen, verarbeiten und beeinflussen ihre physische Umgebung.
- Cyber-physische Systeme entstehen aus der Vernetzung eingebetteter Systeme durch drahtgebundene oder drahtlose Kommunikationsnetze.
- Cyber-physische Systeme können über eine Dateninfrastruktur (z.B. Internet) miteinander kommunizieren. Sie können in vielen Fällen autonom agieren und tauschen die für den Betrieb und die Steuerung benötigten Daten miteinander aus.
- Der Austausch von Informationen in Cyber-physischen Systemen kann in Echtzeit drahtlos oder kabelgebunden erfolgen.
- Damit Cyber-physische Systeme ihre Aufgaben erfüllen können, sind zahlreiche unterschiedliche Komponenten und Technologien erforderlich.
  Beispiele:
  - Sensoren und Aktoren
  - Eingebettete Systeme
  - Netzwerkinfrastrukturen
  - Server mit Rechen- und Speicherkapazität
  - Echtzeit-Datenverarbeitung
  - Datenbanken
  - Grafische Benutzeroberflächen
  - Drahtlose Vernetzungstechnologien

### Vor- und Nachteile

- **Vorteile**
  - Prozesse laufen ohne menschlichen Eingriff weigehend autonom und automatisiert ab
  - Menschen haben Kontrollfunktionen
  - Arbeitssicherheit und die Geschwindigkeit von Abläufen kann gesteigert werden
  - Beim Betrieb komplexer Systeme erfolgt eine optimale Steuerung
  - Gesteigerte Anpassungs- und Wandlungsfähigkeit
  - Steigerung der Effektivität
- **Nachteile**
  - Durch die hohe Komplexität können die Strukturen und Abläufe anfällig sein
  - Bei Ausfall einzelner Komponenten oder Teilen der Infrastruktur kann der Gesamtprozess unterbrochen oder gestoppt werden
  - Durch überwiegend autonom arbeitende Systeme kann es dazu kommen, dass falsche Entscheidungen getroffen werden oder auf unvorhergesehene Ereignisse nicht adäquat reagiert werden kann.
  - Bewusste Manipulationen durch Hacker oder andere Angreifer sind möglich

### Zykluszeiten

- Voraussetzung für eine reibungslose Systemfunktion sind garantierte Zykluszeiten.
- Erstellung von Zeitabläufen und die Festlegung von Terminen sind wesentliche Vorbereitungen für Prozessabläufe (**Scheduling**).

### Struktur

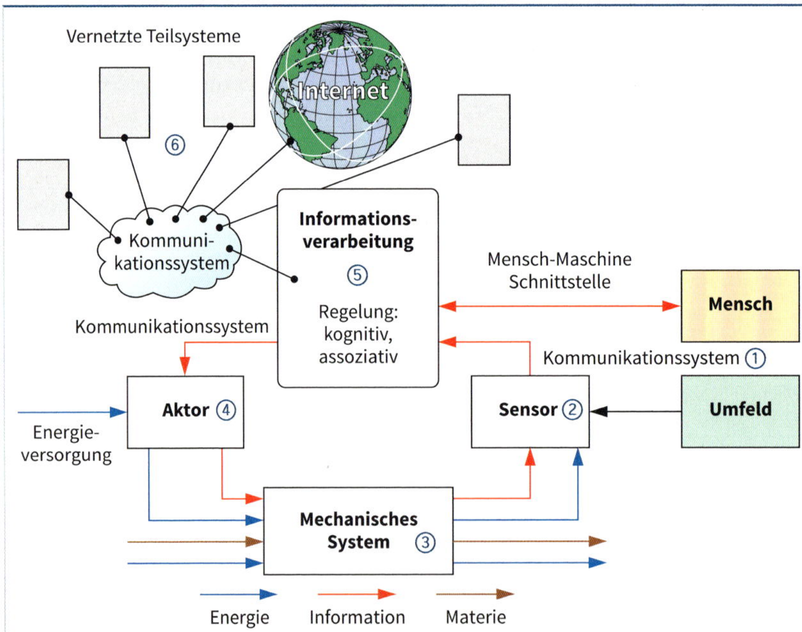


- Der Mensch und das Umfeld ① sind Auslöser für den Prozess.
- Die Verknüpfung von realen (physischen) Objekten ② ③ ④ erfolgt mit informationsverarbeitenden (virtuellen) Objekten ⑤.
- Es handelt sich bei diesem Prozess im Prinzip um einen Regelkreis, wobei die Regelung aufgrund von Wahrnehmungen (kognitiv) und Vorstellungen (assoziativ) ausgelöst wird.
- Verfügbare Daten, Informationen oder Dienste können aus dem Gesamtsystem und den Teilsystemen ⑥ zu jedem Zeitpunkt bereitgestellt und entsprechend verwendet werden.

## Grundlagen und Hintergründe

- Cyber-physische Systeme (→ CPS) beruhen auf dem Ansatz der autonomen Steuerung, Regelung und Navigation von technischen Gestaltungen bzw. Produktionsabläufen. Die Begrifflichkeit verweist auf die Kybernetik (cybernetics) und findet ihren Ausdruck in vielfältigen Betrachtungen (virtuellen Realität, Cyber-Attacke, -Krieg, -Kriminalität, -Sicherheit, -Space und Cyborgs). Ursprünglich wurden mit cyber die Rechner der **CDC** (**C**ontrol **D**at **C**orporation) bezeichnet.
- Ein Ziel ist, im Echtzeitbetrieb effektive und sichere Prozess- bzw. Verfahrensabläufe zu realisieren. Hierzu werden IT-Geräte und -Algorithmen, Protokolle und Verfahrenskonzepte für Echtzeitabläufe und -Entscheidungen zur Anwendung gebracht.
- Der Kern der Gestaltungen beruht meistens auf einem mathematischen Verarbeitungsansatz, durch den Realitätsdaten, die zum Beispiel mittels Sensortechnik ermittelt wurden, sach- und kundengerecht autonom aufbereitet und bewertet werden.
- Die Sensorsysteme sind verteilt und werden über IT-Architekturen integriert. Ziel ist dabei, aus dem Systemkontext heraus Informationen und Wissen zu generieren. Die Verarbeitungsalgorithmen soll in einem bestimmten Maße selbst modifizieren können, um adaptiv effektiver mit der Umwelt (bzw. Mitwelt) agieren zu können. Die Ansätze nutzen Einsichten aus dem Bereich der evolutionären Systembeschreibung.
- Um Prozesse in Echtzeit gestalten zu können, besteht die Notwendigkeit, die Datenkomplexität zu reduzieren und auch mittels Simulationsansätze zu verarbeiten.
- Cyper-physische Systeme sind die Basis für Industrie-4.0-Entwicklungen.

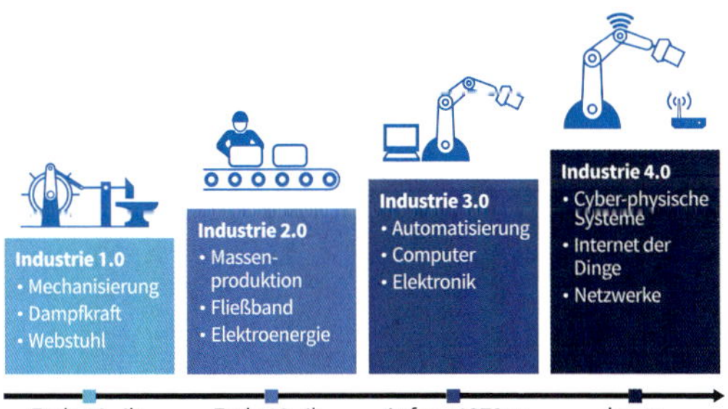


- Klassische Industrietechniken werden unter Verwendung von Software-basierten IT-Tools realisiert.
- Die Ansätze kommen in folgenden Bereichen zur Anwendung:
  - Assistenzsysteme
  - Bildverarbeitung
  - Börse (Kurse; Handel)
  - Diagnose (MRT/PCR)
  - Digitale Kunst
  - Echtzeitverabeitung von Datensätzen
  - Erdbebenwarnstationen
  - Fahrgastinformations-system
  - Fahrpläne und Fahrzeug-führung
  - Frühwarnsysteme
  - GPS
  - Industrie 4.0-Prozesse
  - Krankenversorgung
  - Live Streaming
  - Operationen (Kranken-haus)
  - Pflegegestaltung
  - Produktionsgestaltung
  - Radartechnik (Messungen und Ortung)
  - Röntgentechnik
  - Routing Streckenführung
  - Telekommunikations-technik
  - Teleskope, Uhren, Warn-meldungen
  - Wetterbeobachtung

## Ad-hoc-Netze und Multi-hop-Kommunikation

- Verfahrensabläufe werden simuliert und in reduzierter Komplexität bewältigt. Hierzu werden **Ad-hoc-Netze** (ad-hoc (lat.): plötzlicher Zustandswechsel; ad-hoc-Netz: drahtlose Netze ohne feste Struktur – Kommunikation über Funk) gebildet und mobile **Multi-hop-Kommunikationen** gestaltet.
- In Abhängigkeit von den lokalen Bezügen werden temporäre Netzbezüge aufgebaut (z. B. Fahrzeug-Konvoi, Hallen- und Heimnetze, Katastrophen- und Kriegssituationen).
- Die Rechner der Knoten bauen unter sich eine mobile Infrastruktur auf. Die Zuordnung der Knoten und Rechner zu einem Netz wandelt sich ständig. Es gibt keine **stationäre Netzidentität**. Dies ist bzgl. der Routing- und Datenaustauschprozesse zu berücksichtigen.
- Unterschieden werden:
  (a) **Single-hop Ad-hoc-Netze** (alle Knoten sind in gemeinsamer Reichweite),
  (b) **mobile multi-hop Ad-hoc-Netze** (zur Übertragung zwischen Knoten müssen Zwischenknoten eingesetzt werden) und
  (c) **mobile multi-hop multimedia Ad-hoc-Netze** (wie (b) mit Echtzeitverständigungen von Audio- und Video-Daten).

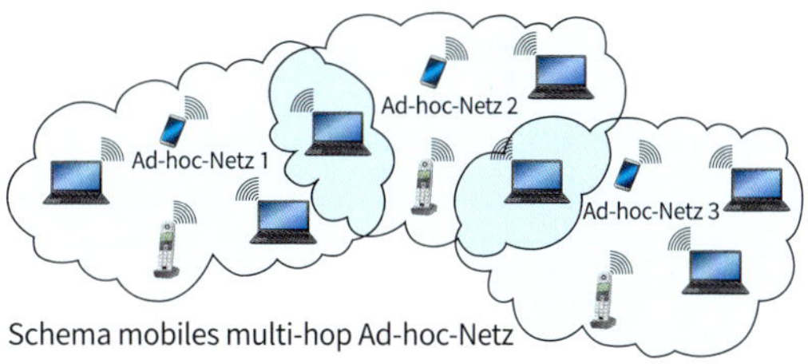


Schema mobiles multi-hop Ad-hoc-Netz

- Im Detail werden die **Strukturen** (flache und hierarchische Ad-hoc-Netze; homogene und hierarchische Ad-hoc-Netze) und die **Knoten-Prioritäten** (Master- und Standard-Knoten) unterschieden.

## Entwicklungsaspekte

- Bedeutsam sind die Entwicklungen geeigneter Topologien, Protokolle und Algorithmen.
- Hinsichtlich der Autonomie der Technik müssen effiziente Speichertechniken und Entscheidungsverfahren für Echtzeitverfahren entwickelt werden.
- Von großer Relevanz ist die Beherrschung
  - der **Gleichzeitigkeit** und **Nebenläufigkeit** der Prozesse,
  - die **Synchronisation** der technischen Abläufe und
  - der **reduzierte Ressourceneinsatz** (Energie, Entscheidungen, Information, Stoffe).
- Zur Beschreibung und Testung von Systemen werden formale und abstrakte Analysemethoden und Simulationen verwendet.
- Bedeutende Ziele bzgl. der cyber-physischen Systeme sind die sogenannten **Selbst-Fähigkeiten**. Die Systeme sollen sich selbst **erklären**, **heilen**, **konfigurieren** und **modifizieren**, **optimieren** und sich selbst **schützen** können. Diese Fähigkeiten sind bei Einsätzen in unwirtlichen Umgebungen von grundlegender Bedeutung. Das Spektrum reicht von sich **selbstheilenden Chips** bis zu sich **selbst optimierender Software**. Dies setzt bei intelligenten Systemen die Setzung einer Differenz zwischen einer aktuellen und einer zu erzielenden Konfiguration voraus. Systeme können sich über Bezüge zu Kernelstrukturen entsprechend modifizieren und optimieren.

# Physikalische Größen und Einheiten
## Physical Quantities and Units of Measure

### SI-Basiseinheiten[1)]

DIN 1301: 2010-10

| Größe | Formelzeichen | Einheitenname | Einheitenzeichen |
|---|---|---|---|
| Länge | $l$ | Meter | m |
| Masse | $m$ | Kilogramm | kg |
| Zeit | $t$ | Sekunde | s |
| Elektrische Stromstärke | $I$ | Ampere | A |
| Thermodynamische Temperatur | $T$ | Kelvin | K |
| Stoffmenge | $n$ | Mol | mol |
| Lichtstärke | $I_v$ | Candela | cd |

[1)] **S**ystème **I**nternational d'Unités (Internationales Einheitensystem)

### Vorsätze und Vorsatzzeichen für dezimale Teile und Vielfache von Einheiten

DIN 1301: 2010-10

| Faktor | Vorsätze | Vorsatzzeichen | Faktor | Vorsätze | Vorsatzzeichen | Faktor | Vorsätze | Vorsatzzeichen |
|---|---|---|---|---|---|---|---|---|
| $10^{-24}$ | Yocto | y | $10^{-3}$ | Milli | m | $10^{6}$ | Mega | M |
| $10^{-21}$ | Zepto | z | $10^{-2}$ | Zenti | c | $10^{9}$ | Giga | G |
| $10^{-18}$ | Atto | a | $10^{-1}$ | Dezi | d | $10^{12}$ | Tera | T |
| $10^{-15}$ | Femto | f | $10^{1}$ | Deka | da | $10^{15}$ | Peta | P |
| $10^{-12}$ | Piko | p | $10^{2}$ | Hekto | h | $10^{18}$ | Exa | E |
| $10^{-9}$ | Nano | n | $10^{3}$ | Kilo | k | $10^{21}$ | Zetta | Z |
| $10^{-6}$ | Mikro | $\mu$ | | | | $10^{24}$ | Yotta | Y |

### Schreibweise

DIN 1313: 1998-12

**Beispiel:** Größenwert = Zahlenwert · Einheit

$l = \{l\} \cdot [l]$ Länge = Zahlenwert der Länge · Einheit der Länge

$l = 3 \cdot \mathrm{m}$

### Physikalische Gleichungen

DIN 1313: 1998-12

| Größengleichungen | Einheitengleichungen | Zahlenwertgleichungen |
|---|---|---|
| z. B. $v = \frac{s}{t}$ $m = 8\ \mathrm{kg}$ | z. B. 1 m = 100 cm<br>1 h = 3600 s<br>1 kWh = $3{,}6 \cdot 10^6$ Ws | z. B. $\{v\} = 3{,}6 \frac{\{s\}}{\{t\}}$<br>$v$ in m/s<br>$s$ in m<br>$t$ in s |
| **Zugeschnittene Größengleichung** | | |
| z. B. $\frac{v}{\mathrm{km/h}} = 3{,}6 \cdot \frac{s/\mathrm{m}}{t/\mathrm{s}}$ | | |

| Größen | Erklärungen | Beispiele |
|---|---|---|
| **Skalare** | Zur eindeutigen Festlegung genügt die Angabe des<br>▪ Zahlenwerts und der<br>▪ Einheit. | Masse $m$<br>Zeit $t$<br>Arbeit $W$ |
| **Vektoren** | Zur eindeutigen Festlegung sind erforderlich:<br>▪ Zahlenwert,<br>▪ Einheit,<br>▪ Richtung im Raum oder in der Ebene,<br>▪ Richtungssinn (Drehsinn). | Kraft $\overline{F}$,<br>Geschwindigkeit $\overline{v}$,<br>Elektrische Feldstärke $\overline{E}$ |

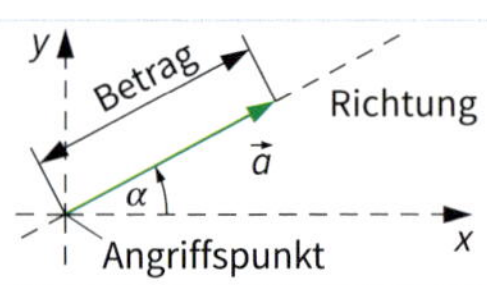


# Griechisches Alphabet
## Greek Alphabet

| | | | | | |
|---|---|---|---|---|---|
| Α $\alpha$ | Alpha | Ι $\iota$ | Iota | Ρ $\varrho$ | Rho |
| Β $\beta$ | Beta | Κ $\varkappa$ | Kappa | Σ $\sigma$ | Sigma |
| Γ $\gamma$ | Gamma | Λ $\lambda$ | Lambda | Τ $\tau$ | Tau |
| Δ $\delta$ | Delta | Μ $\mu$ | My | Υ $\upsilon$ | Ypsilon |
| Ε $\varepsilon$ | Epsilon | Ν $\nu$ | Ny | Φ $\varphi$ | Phi |
| Ζ $\zeta$ | Zeta | Ξ $\xi$ | Xi | Χ $\chi$ | Chi |
| Η $\eta$ | Eta | Ο $o$ | Omikron | Ψ $\psi$ | Psi |
| Θ $\vartheta$ | Theta | Π $\pi$ | Pi | Ω $\omega$ | Omega |

| Formelzeichen | Bedeutung | SI-Einheit | Einheitenname, Bemerkungen |
|---|---|---|---|
| **Längen und ihre Potenzen, Winkel** | | | |
| $x, y, z$ | Kartesische Koordinaten | m | |
| $\alpha, \beta, \gamma,$ | ebener Winkel | rad | Radiant, 1 rad = 1 m/m |
| $\vartheta, \varphi$ | Drehwinkel (bei Drehbewegungen) | | 1 Vollwinkel = $2\pi$ rad<br>Grad: 1° = ($\pi$/180 rad)<br>Minute: 1′ = (1/60)°<br>Sekunde: 1′′ = (1/60)′ |
| $l$ | Länge | m | Meter, 1 int. Seemeile = 1852 m |
| $b$ | Breite | m | |
| $h$ | Höhe, Tiefe | m | |
| $\delta, d$ | Dicke, Schichtdicke | m | |
| $r$ | Radius, Halbmesser, Abstand | m | |
| $f$ | Durchbiegung, Durchhang | m | |
| $d, D$ | Durchmesser | m | |
| $s$ | Weglänge, Kurvenlänge | m | |
| $A, S$ | Flächeninhalt, Fläche, Oberfläche | $m^2$ | Quadratmeter, 1 a = $10^2$ $m^2$ |
| $S, q$ | Querschnittsfläche, Querschnitt | $m^2$ | 1 ha = $10^4$ $m^2$ |
| $V$ | Volumen, Rauminhalt | $m^3$ | Kubikmeter, 1 l (Liter) = 1 $dm^3$ |
| **Zeit und Raum** | | | |
| $t$ | Zeit, Zeitspanne, Dauer | s | Sekunde, min, h (Stunde), d (Tage) |
| $T$ | Periodendauer, Schwingungsdauer | s | |
| $\tau, T$ | Zeitkonstante | s | |
| $f, \nu$ | Frequenz, Periodenfrequenz | Hz | Hertz, 1 Hz = 1 $s^{-1}$, $f = 1/T$ |
| $n, f_r$ | Umdrehungsfrequenz (Drehzahl) | $s^{-1}$ | 1 $min^{-1}$ = (1/60) $s^{-1}$ |
| $\lambda$ | Wellenlänge | m | |
| $v, u, w, c$ | Geschwindigkeit | m/s | 1 km/h = 1/3,6 (m/s) |
| $c$ | Ausbreitungsgeschwindigkeit einer Welle | m/s | |
| $a$ | Beschleunigung | $m/s^2$ | |
| $g$ | örtliche Fallbeschleunigung | $m/s^2$ | $g_n$ = 9,80665 $m/s^2$ (Normalfallbeschl.) |
| **Elektrotechnik** | | | |
| $Q$ | elektrische Ladung | C | Coulomb, 1 C = 1 A · s, 1 A · h = 3,6 kC |
| $D$ | elektrische Flussdichte | $C/m^2$ | |
| $U$ | elektrische Spannung, Potenzialdifferenz | V | |
| $E$ | elektrische Feldstärke | V/m | 1 V/mm = 1 kV/m |
| $C$ | elektrische Kapazität | F | Farad, 1 F = 1 C/V, $C = Q/U$ |
| $I$ | elektrische Stromstärke | A | Ampere |
| $J$ | elektrische Stromdichte | $A/m^2$ | 1 $A/mm^2$ = 1 $MA/m^2$, $J = I/A$ |
| $\Theta$ | magnetische Durchflutung (mag. Spannung) | A | |
| $H$ | magnetische Feldstärke | A/m | 1 A/mm = 1 kA/m |
| $\Phi$ | magnetischer Fluss | Wb | Weber, 1 Wb = 1 V · s |
| $B$ | magnetische Flussdichte | T | Tesla, 1 T = 1 $Wb/m^2$, $B = \Phi/S$ |
| $L$ | Induktivität, Selbstinduktivität | H | Henry, 1 H = 1 Wb/A |
| $R$ | elektr. Widerstand, Wirkwiderstand, Resistanz | Ω | Ohm, 1 Ω = 1 V/A |
| $G$ | elektrischer Leitwert, Wirkleitwert | S | Siemens, 1 S = 1 $\Omega^{-1}$, $G = 1/R$ |
| $\varrho$ | spezifischer elektrischer Widerstand | Ω · m | 1 µΩ · cm = $10^{-8}$ Ω · m |
| $\gamma, \sigma, \varkappa$ | elektrische Leitfähigkeit | S/m | $\gamma = 1/\varrho$ |
| $X$ | Blindwiderstand, Reaktanz | Ω | |
| $B$ | Blindleitwert, Suszeptanz | S | $B = 1/X$ |
| $Z, \|Z\|$ | Scheinwiderstand, Betrag der Impedanz | Ω | $\underline{Z}$: Impedanz (komplexe Impedanz) |
| $Y, \|Y\|$ | Scheinleitwert, Betrag der Admittanz | S | $\underline{Y}$: Admittanz (komplexe Admittanz) |
| $W$ | Energie, Arbeit | J | |
| $P, P_p$ | Wirkleistung | W | |
| $Q, P_q$ | Blindleistung | W | Energietechnik: var (Var), 1 var = 1 W |
| $S, P_s$ | Scheinleistung | W | Energietechnik: VA (Voltampere) |
| $\varphi$ | Phasenverschiebungswinkel | rad | auch Winkel der Impedanz |
| $\lambda$ | Leistungsfaktor | 1 | $\lambda = P/S$, Elektrotechnik: $\lambda = \cos\varphi$ |
| $d$ | Verlustfaktor | 1 | |
| $k$ | Oberschwingungsgehalt, Klirrfaktor | 1 | |
| $N$ | Windungszahl | 1 | |

### Masse — $m$

Kilogramm kg

Eigenschaften:
- Trägheitswirkung gegenüber einer Änderung des Bewegungszustandes und
- Anziehung auf andere Körper (Gravitation)

**Die Masse ist ortsunabhängig.**

### Kraft — $F$

Newton N  $1\ N = 1\ kg \cdot m/s^2$

Produkt aus der
- Masse $m$ eines Körpers und
- Beschleunigung $a$.

$$F = m \cdot a$$

### Gewichtskraft — $F_G$, $G$

Newton N  $1\ N = 1\ kg \cdot m/s^2$

Produkt aus der
- Masse $m$ eines Körpers und
- (örtlichen) Fallbeschleunigung $g$.

$$F_G = m \cdot g$$

**Die Gewichtskraft ist ortsabhängig.**

### Arbeit — $W$

Joule J, Newtonmeter N · m,
Wattsekunde W · s  1 Nm = 1 Ws

Eine mechanische Arbeit wird verrichtet, wenn an einem Körper längs eines Weges $s$ eine Kraft $F$ wirkt.

$$W = F \cdot s$$

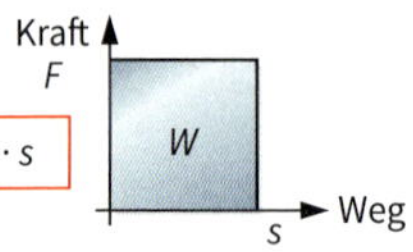


Hub-, Reibungs-, Federspann-, Beschleunigungsarbeit

### Leistung — $P$

Watt W
1 W = 1 N · m/s

Wenn in einer bestimmten Zeit Arbeit verrichtet wird, nennt man dies Leistung (Arbeit pro Zeit).

$$P = \frac{W}{t}$$

Mit $W = F \cdot s$ und $v = \frac{s}{t}$ ergibt sich

$$P = F \cdot v$$

### Drehmoment — $M$

Newtonmeter N · m

Ein Drehmoment entsteht, wenn eine Kraft außerhalb eines Drehpunktes angreift (z. B. Motorachse).

$$M = F \cdot r$$

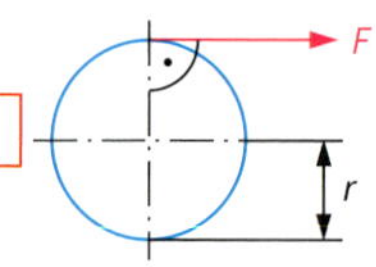


$r$: Abstand vom Drehpunkt

### Energie — $E$

Newtonmeter N · m, Joule J
Wattsekunde W · s
1 N · m = 1 W · s = 1 J

**Umwandlung:**
Wenn Arbeit verrichtet wird, entsteht Energie. Mit dieser Energie kann wieder Arbeit verrichtet werden.

| | |
|---|---|
| Arbeit | → Energie; $W = E$ |
| Hubarbeit | → Energie der Lage (potenzielle Energie) |
| Beschleunigungsarbeit | → Bewegungsenergie (kinetische Energie) |

$$E_k = \frac{m \cdot v^2}{2}$$

**Energieerhaltung:**
Die Summe der Energien ist konstant ($E_p + E_k$ = konstant).

### Wirkungsgrad — $\eta$

Der Wirkungsgrad ist gleich dem Quotienten aus der abgegebenen Arbeit $W_{ab}$ (bzw. Leistung) und der zugeführten Arbeit $W_{zu}$ (bzw. Leistung).

$$\eta = \frac{W_{ab}}{W_{zu}} \qquad \eta = \frac{P_{ab}}{P_{zu}}$$

$$W_v = W_{zu} - W_{ab}$$
$$P_v = P_{zu} - P_{ab}$$

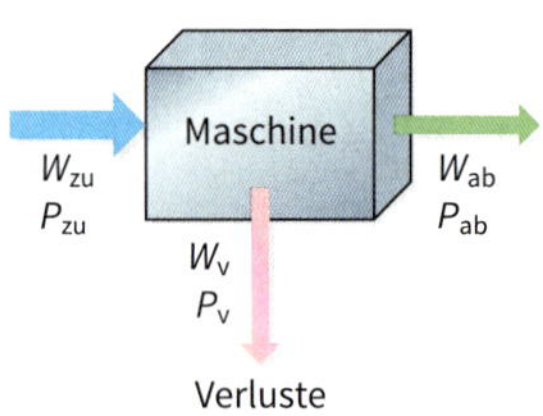


### Geschwindigkeit — $v$

Meter/Sekunde m/s; km/h; m/min

### Beschleunigung — $a$

Meter/Sekundenquadrat m/s²

Geradlinig gleichförmige Bewegung

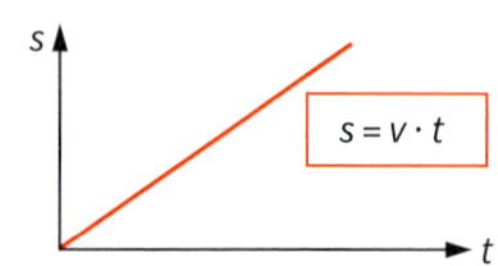


$$s = v \cdot t$$

Gleichmäßig beschleunigte Bewegung

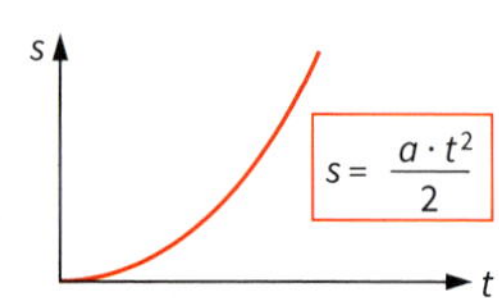


$$s = \frac{a \cdot t^2}{2}$$

### Druck — $p$

Newton/Quadratmeter N/m²
1 N/m² = 1 Pa (Pascal)
1 N/m² = $10^{-5}$ bar
1 bar = $10^5$ N/m²

Druck entsteht, wenn eine Kraft auf eine Fläche einwirkt.

$$p = \frac{F}{A}$$

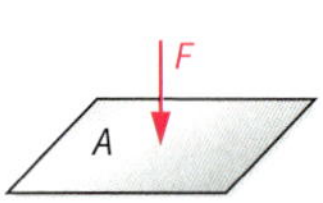


### Dichte — $\rho$

Gramm/Kubikzentimeter g/cm³
kg/dm³
Mg/m³

Die Dichte eines Stoffes ist der Quotient aus der Masse $m$ und dem Volumen $V$.

$$\varrho = \frac{m}{V}$$

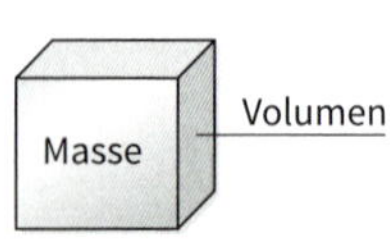


### Gleichförmige Kreisbewegung

Der Betrag der Geschwindigkeit ist stets gleich.

| | |
|---|---|
| $T$: | Zeit für eine Umdrehung |
| $2 \cdot \pi \cdot r$: | Wegstrecke bei einer Umdrehung |
| $a_r$: | Radialbeschleunigung |

$$v = \frac{s}{T}$$

$$v = \frac{2 \cdot \pi \cdot r}{T}$$

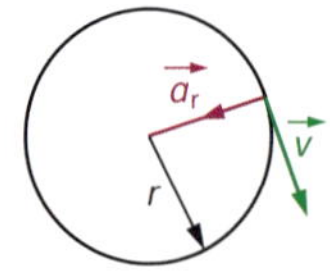

# Kräfte
## Forces

### Zusammensetzung von Kräften

| Winkel zwischen den Kräften | Wirkungslinie | Zeichnerische Darstellung | Resultierende Kraft $F_R$ |
|---|---|---|---|
| $\alpha = 0°$ | gleich | 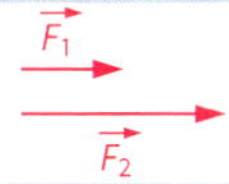  | 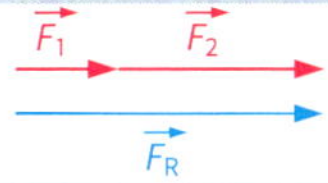  $F_R = F_1 + F_2$ |
| $\alpha = 180°$ | gleich |   | 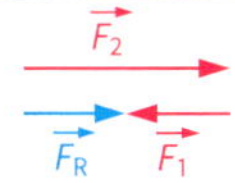  $F_R = F_2 - F_1$ |
| $\alpha = 90°$ | senkrecht zueinander | 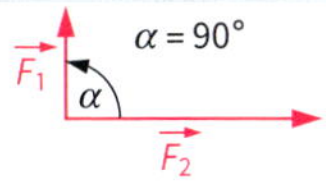  | 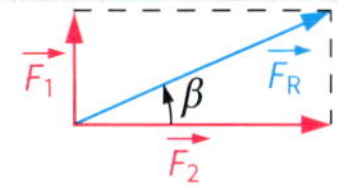  $F_R = \sqrt{F_1^2 + F_2^2}$<br>$\tan\beta = \frac{F_1}{F_2}$ |
| $\alpha$ beliebig | beliebig | 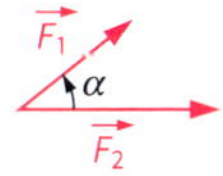  | $F_R = \sqrt{F_1^2 + F_2^2 - 2F_1 \cdot F_2 \cdot \cos(180° - \alpha)}$<br>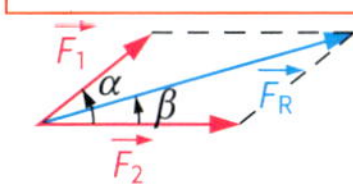  $\tan\beta = \frac{F_1 \cdot \sin\alpha}{F_2 + F_1 \cos\alpha}$ |

### Zerlegung von Kräften

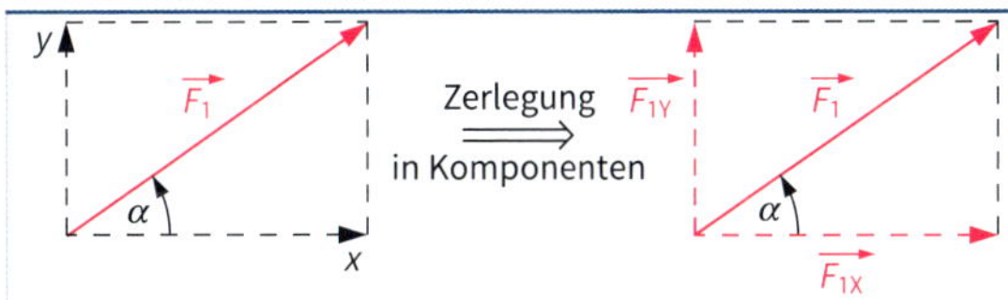


$\vec{F}_{1x}$ und $\vec{F}_{1y}$ sind die Komponenten von $\vec{F}_1$ in Richtung des vorgegebenen Koordinatensystems.

$F_{1x} = F_1 \cdot \cos\alpha$
$F_{1y} = F_1 \cdot \sin\alpha$

### Zusammenhang zwischen Masse und Kraft

| Ort | Masse in kg | Fallbeschleunigung in $\frac{m}{s^2}$ | Gewichtskraft in N |
|---|---|---|---|
| Äquator (Erde) | 100 | 9,87 | 978 |
| Pol (Erde) | 100 | 9,84 | 984 |
| Mond | 100 | 1,62 | 162 |

# Reibung
## Friction

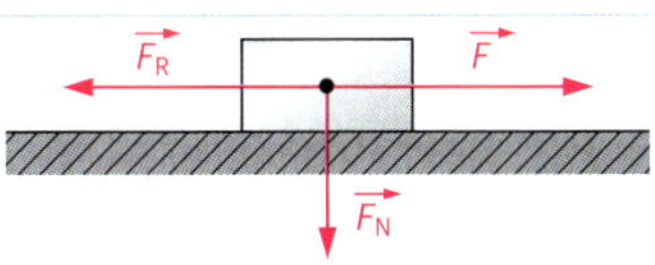


$F_R = \mu \cdot F_N$

$F_R$: Reibungskraft
$\mu$: Reibungszahl
$F_N$: Normalkraft (senkrecht zur Bewegungsrichtung)

Die Reibungskraft hängt nicht von der Größe der Berührungsfläche ab.

| Haftreibung | Gleitreibung | Rollreibung |
|---|---|---|
| ▪ Haftreibung tritt auf, bevor sich ein Körper bewegt. | ▪ Wenn Köper aufeinander gleiten, tritt Gleitreibung auf. | ▪ Wenn ein Körper auf einem anderen Körper rollt, tritt Rollreibung auf. |

### Beispiele für Reibungszahlen

| Stoffe | Haftreibungszahl | Gleitreibungszahl | | Rollreibungszahl |
|---|---|---|---|---|
| | | trocken | flüssig | |
| Gleitlager | 0,1 | – | 0,03 | |
| Stahl auf Stahl | 0,3 | 0,2 | 0,04 | 0,001 |
| Stahl auf Holz | 0,5 | 0,3 | 0,05 | |
| Lederriemen auf Stahl | 0,6 | 0,3 | – | |
| Gummireifen auf Asphalt | 0,8 | 0,7 | 0,3 | 0,02 … 0,03 |
| Mauerwerk auf Beton | 1,0 | 0,8 | – | |

## Temperatur (tiefste Temperatur $\vartheta_0 = -273{,}15\ °C = 0\ K$, absoluter Nullpunkt)

| Temperatur | Kelvin-Temperatur | Celsius-Temperatur | Fahrenheit-Temperatur |
|---|---|---|---|
| Formelzeichen | $T$ | $t, \vartheta$ | $t, \vartheta$ |
| Einheitenzeichen | K (Kelvin) | °C (Grad Celsius) | °F (Grad Fahrenheit) |
| Einheit der Temperaturdifferenz | 1 K (Kelvin) | 1 K (Kelvin) | – |
| Zusammenhang | 0 K = –273 °C<br>273 K = 0 °C<br>373 K = 100 °C | $\vartheta_C = \vartheta_K - 273\ K$ | $\vartheta_F = \frac{9}{5}\vartheta_C + 32°$<br>$\vartheta_C = (\vartheta_F - 32°)\frac{5}{9}$ |

## Temperaturmessung

| | | | |
|---|---|---|---|
| Flüssigkeitsthermometer mit Quecksilber | –30 °C … 280 °C | Segerkegel | 220 °C … 2000 °C |
| Flüssigkeitsthermometer mit Quecksilber und Gasfüllung | –30 °C … 750 °C | Metallausdehnungsthermometer | –20 °C … 500 °C |
| Flüssigkeitsthermometer mit Alkohol | –110 °C … 50 °C | Elektrische Widerstandsthermometer | –250 °C … 1000 °C |
| Thermocolore | 150 °C … 600 °C | Glühfarben | 500 °C … 3000 °C |
| | | Gasthermometer | –272 °C … 2800 °C |

## Ausdehnung durch Wärme

**lineare Ausdehnung**

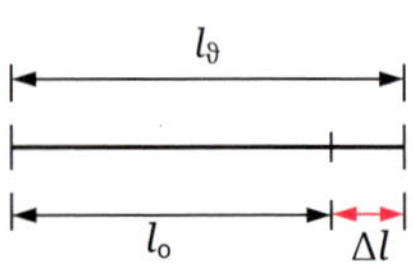


$l_o$: Anfangslänge
$\Delta l$: Längenänderung
$l_\vartheta$: Endlänge
$\Delta\vartheta$: Temperaturänderung
$\alpha$: Längenausdehnungskoeffizient

$$\Delta l = l_o \cdot \alpha \cdot \Delta\vartheta$$
$$l_\vartheta = l_o + \Delta l$$
$$l_\vartheta = l_o(1 + \alpha \cdot \Delta\vartheta)$$

$[\alpha] = \frac{1}{K}$

**kubische Ausdehnung**

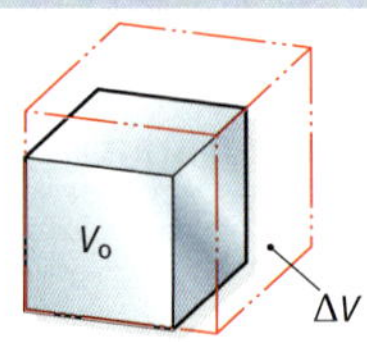


$V_o$: Anfangsvolumen
$\Delta V$: Volumenänderung
$V_\vartheta$: Endvolumen
$\Delta\vartheta$: Temperaturänderung
$\gamma$: Volumenausdehnungskoeffizient

$$\Delta V = V_o \cdot \gamma \cdot \Delta\vartheta$$
$$V_\vartheta = V_o + \Delta V$$
$$V_\vartheta = V_o(1 + \gamma \cdot \Delta\vartheta)$$

Es gilt angenähert:

$\gamma \approx 3\alpha \qquad [\gamma] = \frac{1}{K}$

## Wärmemenge $Q$

$$Q = m \cdot c \cdot \Delta\vartheta$$

$Q$: Wärmemenge $[Q]$ = J (Joule)
$m$: Masse
$\Delta\vartheta$: Temperaturänderung
$c$: spezifische Wärmekapazität

$$[c] = \frac{kJ}{kg \cdot K}$$

Die einem Körper zugeführte oder von ihm abgegebene Wärmemenge ist abhängig vom Produkt aus der Masse, der spezifischen Wärmekapazität und der Temperaturänderung.

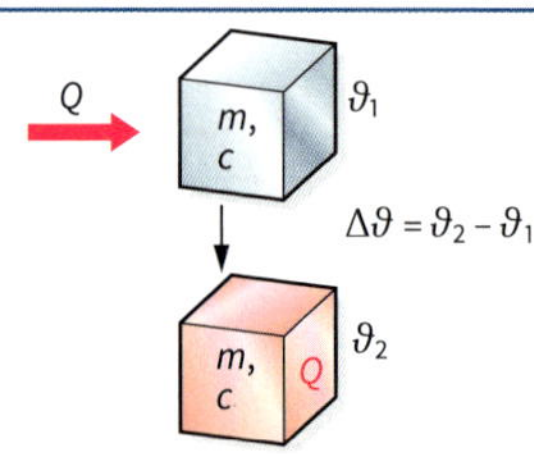


## Mischungsvorgänge

abgegebene Wärmemenge = aufgenommener Wärmemenge

$$Q_{ab} = Q_{auf}$$
$$m_1 \cdot c_1 (\vartheta_1 - \vartheta_m) = m_2 \cdot c_2 (\vartheta_m - \vartheta_2)$$
$$\vartheta_m = \frac{m_1 \cdot c_1 \cdot \vartheta_1 + m_2 \cdot c_2 \cdot \vartheta_2}{m_1 \cdot c_1 + m_2 \cdot c_2}$$

$\vartheta_m$: Mischungstemperatur

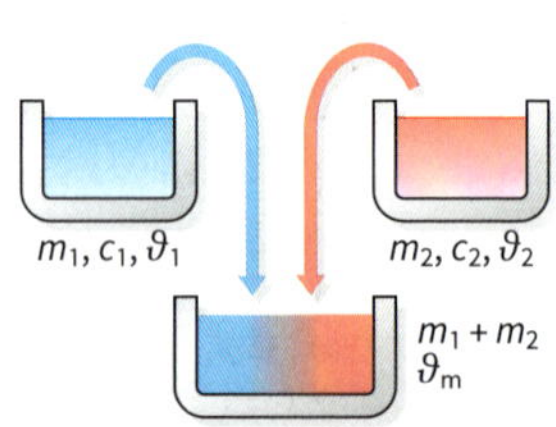

## Schall

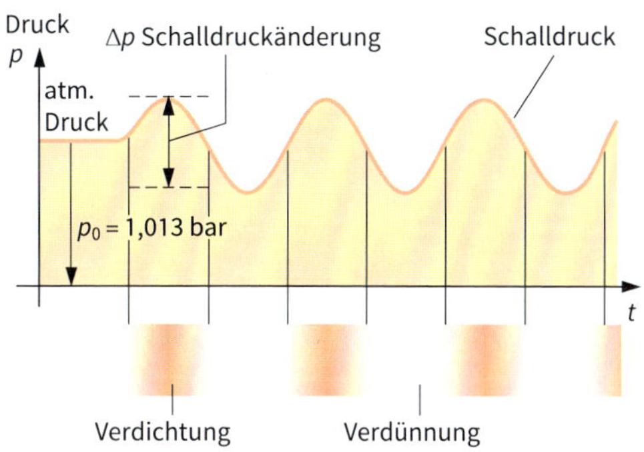


## Lautstärken von Schallquellen

| Schallquelle | Lautstärkepegel $L_N$ in phon | Schalldruck $p$ in $\mu$bar |
|---|---|---|
| Hörschwelle | 0 | $2 \cdot 10^{-4}$ |
| Flüstern in 1 m Entfernung | 30 | $6{,}4 \cdot 10^{-3}$ |
| mittlere Sprachwiedergabe | 50 | $6{,}4 \cdot 10^{-2}$ |
| Verkehrslärm | 70 | $6{,}4 \cdot 10^{-1}$ |
| Presslufthammer | 90 | 6,4 |
| startendes Flugzeug, 5 m Abstand | 110 | 64 |
| Schmerzschwelle | 130 | 640 |

## Schallgeschwindigkeit

$c = f \cdot \lambda$ $\qquad [c] = \frac{\text{m}}{\text{s}}$

$c$: Schallgeschwindigkeit
$f$: Frequenz
$\lambda$: Wellenlänge

## Lautstärkepegel

Angabe: $L_N$ in phon

Der Lautstärkepegel eines beliebigen Schalleindrucks beträgt z. B. $x$ phon, wenn von einem gehörmäßig normalempfindenden Beobachter der Schall als gleich laut wahrgenommen wird wie ein Ton mit $f = 1$ kHz, dessen Schalldruckpegel $x$ dB beträgt.

## Wellenarten

**Longitudinalwellen** (Längswellen)
Schwingungsrichtung der Teilchen ist identisch mit der Ausbreitungsrichtung des Schalls.

**Transversalwellen** (Querwellen)
Teilchen schwingen quer zur Ausbreitungsrichtung des Schalls.

## Lautheit

Angabe: $N$ in sone

Die Lautheit ist der Stärke der Schallwahrnehmung normalhörender Beobachter proportional.

## Schalldruckpegel $L_p$ in Abhängigkeit von der Frequenz (Kurven gleicher Lautstärke, Sinustöne)

gehörmäßig normalempfindende Personen, Alter: 18–25 Jahre

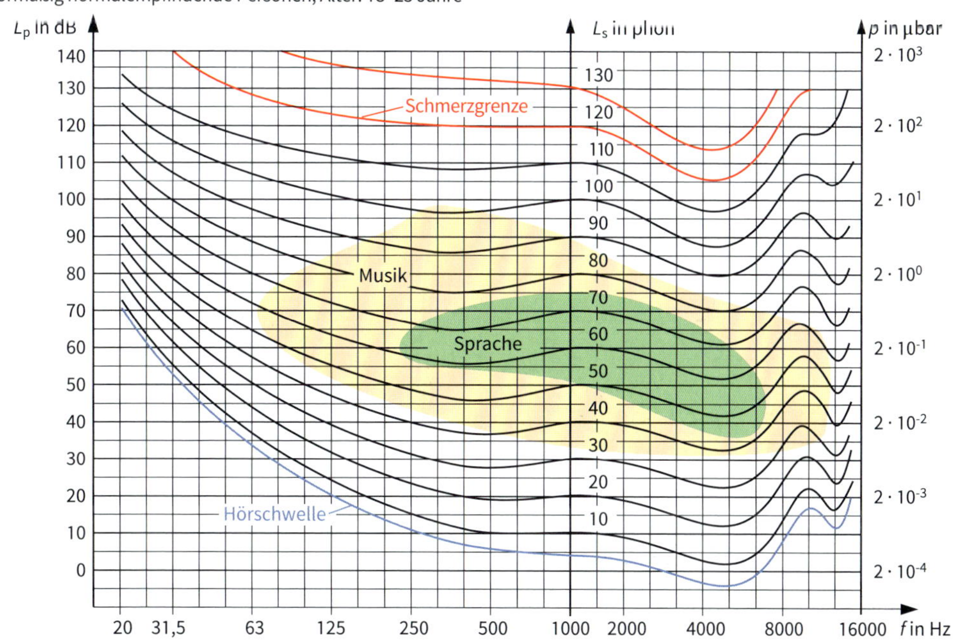

## Schalldruckpegel $L_p$

$$L_p = 20 \lg \frac{p}{p_0} \text{ dB}$$

$p$: Effektiver Schalldruck
$p_0 = 20\,\mu N/m^2$

$p_0$: Schalldruck in Luft
$p_0 = 2 \cdot 10^{-4}\,\mu bar$

## Schallschnellepegel $L_v$

$$L_v = 20 \lg \frac{v}{v_0} \text{ dB}$$

$v$: Effektive Schallschnelle

$v_0$: Schallschnelle in Luft
$v_0 = 50$ nm/s

## Schallintensitätspegel $L_I$

$$L_I = 10 \lg \frac{I}{I_0} \text{ dB}$$

$I$: Schallintensität
$I_0 = 10^{-12}$ W/m²

$I_0$: Schallintensität in Luft
$I_0 = 1$ pW/m²

## Schallleistungspegel $L_p$

$$L_p = 10 \lg \frac{P}{P_0} \text{ dB}$$

$P$: Schallleistung
$P_0 = 1 \cdot 10^{-12}$ W

$P_0$: Schallleistung in Luft
$P_0 = 1$ pW

## Zusammenhang zwischen Lautheit und Lautstärkepegel

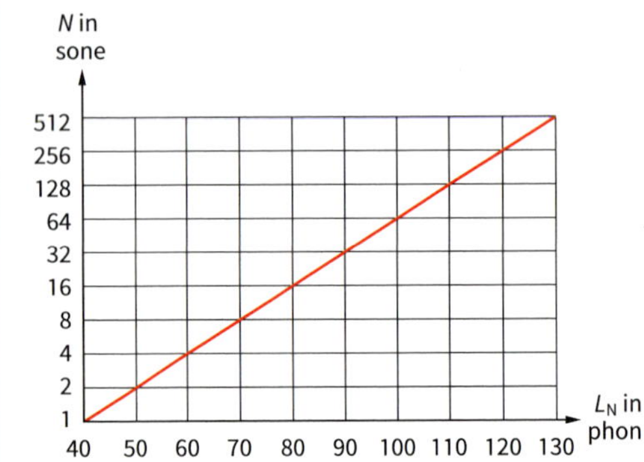


## Bewertungskurve für Schallpegelmesser

Bei der Schallpegelmessung wird das Schallereignis ähnlich dem menschlichen Ohr durch ein zwischengeschaltetes Filter bewertet (Filter A). Das Messergebnis entspricht somit dem Schallempfinden des Menschen.

**Bewertungskurve**

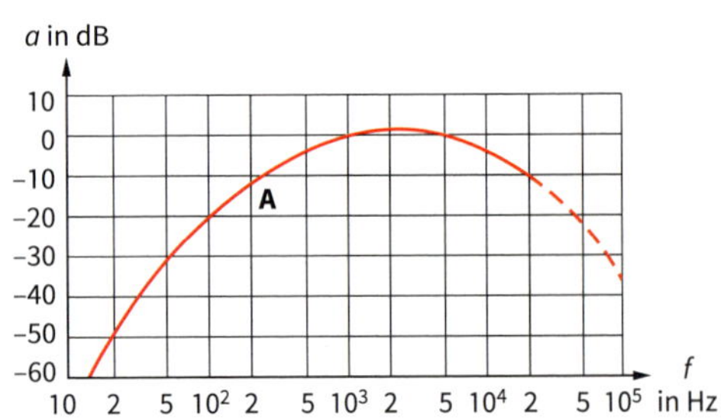


**Messschaltung**

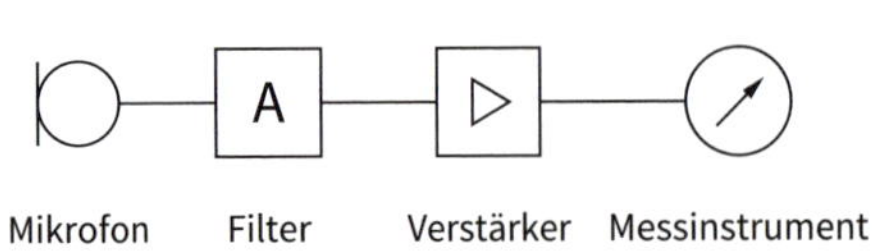


## Schallgeschwindigkeiten und Materialkenngrößen bei 20 °C

| Stoff | Dichte $\varrho$ in $\frac{g}{cm^3}$ | Schallgeschwindigkeit $c$ in $\frac{m}{s}$ | Feldkennimpedanz $Z_0$ in $\frac{N \cdot s \cdot 10^6}{m^3}$ |
|---|---|---|---|
| Aluminium | 2,7 | 6260 | 16,9 |
| Beton | 2,6 | 3100 | 8,06 |
| Eisen | 7,9 | 5000 | 39,5 |
| Gummi | 1,5 | 1480 | 2,22 |
| Kupfer | 8,9 | 4700 | 1,3 |
| Messing | 8,6 | 3400 | 41,8 |
| Polystyrol | 1,1 | 1800 | 1,98 |
| PVC | 1,2 | 80 | 0,096 |
| Silber | 10,5 | 3600 | 37,8 |
| Stahl | 7,8 | 5850 | 45,6 |
| Zink | 7,14 | 2680 | 19,14 |
| Alkohol | 0,79 | 1180 | 0,992 |
| Quecksilber | 13,55 | 1451 | 19,7 |
| Trafoöl | 0,9 | 1425 | 1,3 |
| Wasser | 1,0 | 1440 | 1,4 |
| Sauerstoff | $1,4 \cdot 10^{-3}$ | 316 | $442 \cdot 10^{-6}$ |
| Luft | $1,2 \cdot 10^{-3}$ | 343 | $412 \cdot 10^{-6}$ |

Feldkennimpedanz:
$Z_0 = \varrho \cdot c$ $\varrho$: Dichte $c$: Schallgeschwindigkeit

## Schallleistungen von Schallquellen

| Schallquelle | Schallleistung $P$ in $W$ |
|---|---|
| Umgangssprache (Mittelwert) | $7 \cdot 10^{-6}$ |
| Höchstwert der menschlichen Stimme | $2 \cdot 10^{-3}$ |
| Klavier | $2 \cdot 10^{-1}$ |
| Autohupe | 5 |
| Lautsprecher | 10 |
| Sirene | 1000 |

## Optische Strahlung

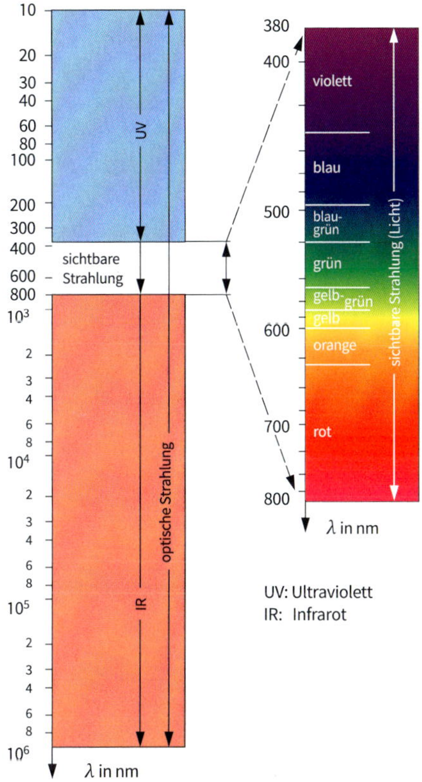


UV: Ultraviolett
IR: Infrarot

## Relativer spektraler Helligkeitsempfindlichkeitsgrad (Augenempfindlichkeit)

**Tagessehen:** $V(\lambda)$
Helligkeitsadaption oberhalb von 10 lx, photooptischer Bereich, Zapfen-Sehen;
Strahlungsäquivalent: $K_m = 683$ lm/W

**Nachtsehen:** $V'(\lambda)$
Dunkeladaption unterhalb 0,1 lx, skoptischer Bereich, Stäbchen-Sehen;
Strahlungsäquivalent: $K_m = 1699$ lm/W

Die Kurven sind Mittelwerte, die an vielen Personen ermittelt wurden.

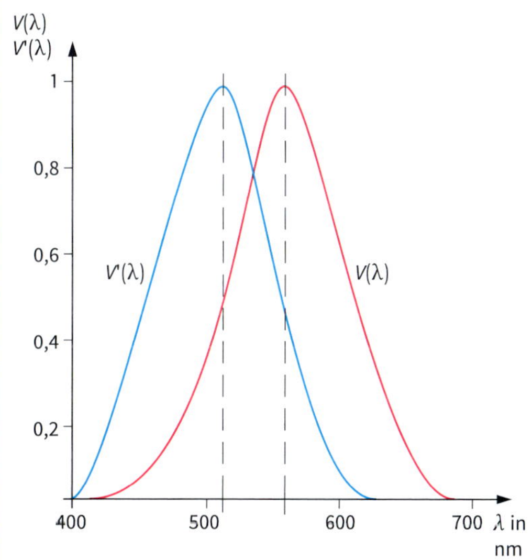


## Wellenlängenbereiche der UV- und IR-Strahlung

| Name | Kurzzeichen | Wellenlänge λ in nm | Frequenz f in THz | Energie $Q_e$ in eV |
|---|---|---|---|---|
| Ultraviolettstrahlung (UV) | UV-C < VUV[1] | 100 … 200 | 3.000 … 1.500 | 12,4 … 6,2 |
| | UV-C < FUV[2] | 200 … 280 | 1.500 … 1.070 | 6,2 … 4,4 |
| | UV-B (Mittleres UV) | 280 … 315 | 1.070 … 950 | 4,4 … 3,9 |
| | UV-A (Nahes UV) | 315 … 380 | 950 … 790 | 3,9 … 3,3 |
| Sichtbare Strahlung, Licht | VIS | 380 … 780 | 790 … 385 | 3,3 … 1,6 |
| Infrarot-Strahlung (IR) | NIR[3] < IR-A | 780 … 1400 | 385 … 215 | 1,6 … 0,9 |
| | NIR[3] < IR-B | 1.400 … 3.000 | 215 … 100 | 0,9 … 0,4 |
| | IR-C < MIR[4] | 3.000 … 50.000 | 100 … 6 | 0,4 … 0,025 |
| | IR-C < FIR[5] | 50.000 … $1 \cdot 10^6$ | 6 … 0,3 | 0,025 … 0,001 |

[1] Vakuum UV, [2] Fernes UV, [3] Nahes IR, [4] Mittleres IR, [5] Fernes IR

## Strahlungsphysikalische (radiometrische) Größen (radiometric units)

- rein physikalische Betrachtungsweise
- Index e bedeutet: energetische
- Bereich von $10^1 \dots 10^6$ nm

## Lichttechnische (fotometrische) Größen (photometric units)

- physiologische Bewertung durch das menschliche Auge
- Index v bedeutet: visuell
- Teilbereich der optischen Strahlung 380 … 780 nm

## Reflexion an spiegelnden Flächen

**Ebene Fläche**

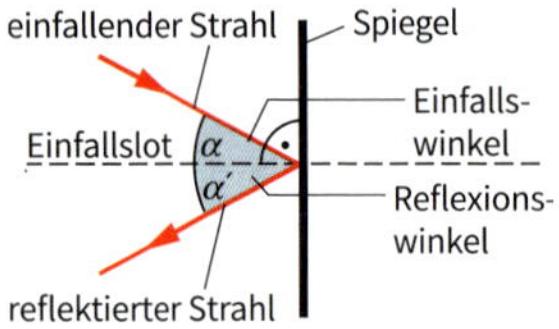


Einfallender Strahl, reflektierter Strahl und Einfallslot liegen in einer Ebene. Einfallswinkel und Ausfallswinkel sind gleich groß.

$$\alpha = \alpha'$$

**Gewölbte Fläche** (Hohlspiegel)

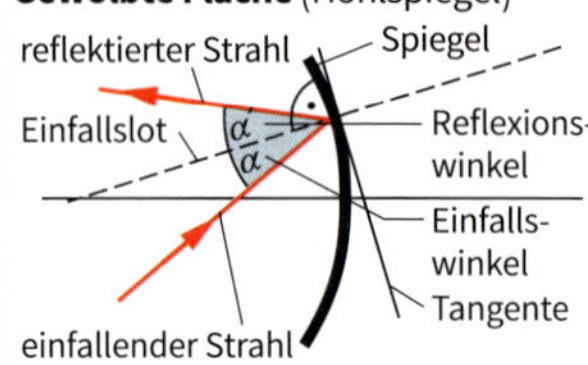


## Lichtbrechung

**Ebene Fläche** (z. B. Glas)

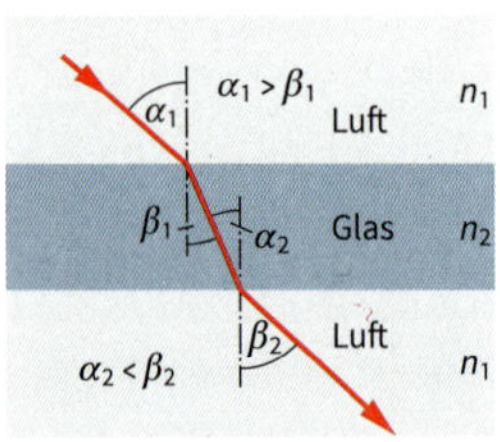


Wenn Licht von einem optischen Medium in ein anderes übergeht, ändert das Licht seine Geschwindigkeit $c$ und damit seine Richtung. Der Quotient $n$ (**Brechzahl**) aus dem Sinus des Einfallswinkels $\alpha$ und dem Sinus des Brechungswinkels $\beta$ ist konstant

$$\frac{\sin\alpha}{\sin\beta} = \frac{c_1}{c_2} = \frac{n_2}{n_1}$$

**Prisma**

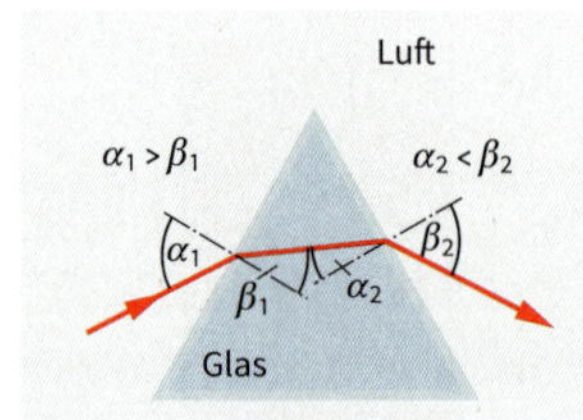


## Linsen

**Sammellinsen (Konvexlinsen)**

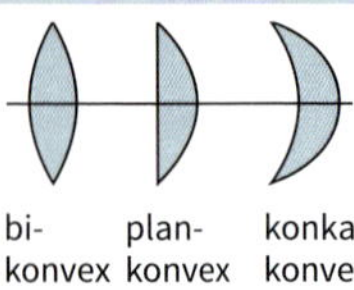


$F_1$, $F_2$: Brennpunkte

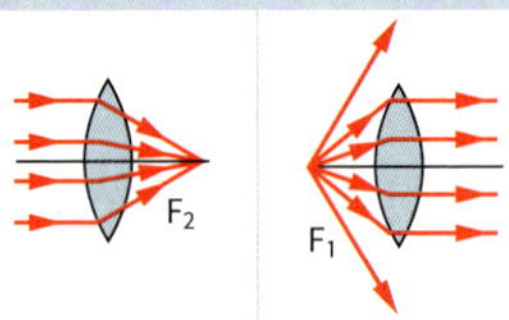


$F_1$, $F_2$: Brennpunkte

**Zerstreuungslinsen (Konkavlinsen)**

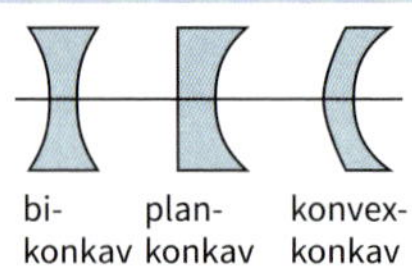


$F_1$, $F_2$: Brennpunkte

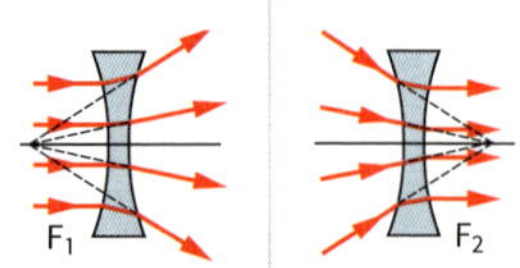


$F_1$, $F_2$: Brennpunkte

## Lichttechnische Größen

| Formelzeichen, Formeln | Größe | Einheit |
|---|---|---|
| $Q$, $W$ | Lichtmenge $Q$ | Lumensekunde, lm · s |
| $\Phi_V = \frac{Q}{t}$ | Lichtstrom $\Phi_V$ | Lumen, lm<br>1 lm = 1 cd · sr |
| **Sender** | | |
| $I_V = \frac{\Phi}{\Omega}$ | Lichtstärke $I_V$ | Candela, cd |
| $L_V = \frac{\Phi}{\Omega \cdot A \cdot \cos\varphi}$ | Leuchtdichte $L_V$ (Lichtstärke/Fläche) | Candela/ Quadratmeter<br>cd · m⁻² |
| **Empfänger** | | |
| $E_V = \frac{\Phi}{A}$ | Beleuchtungsstärke $E_V$ (Lichtstrom/ Fläche) | Lux, lx<br>1 lx = 1 lm · m⁻² |
| $H_V = E \cdot t$ | Belichtung $H_V$ | Luxsekunde, lx · s<br>1 lx · s = 1 lm · s · m⁻² |

**Raumwinkel $\Omega$, $\omega$**

Einheit: Steradiant (sr)

$$\Omega = \frac{A}{r^2}$$

1 sr bei $r = 1$ m und $A = 1$ m²

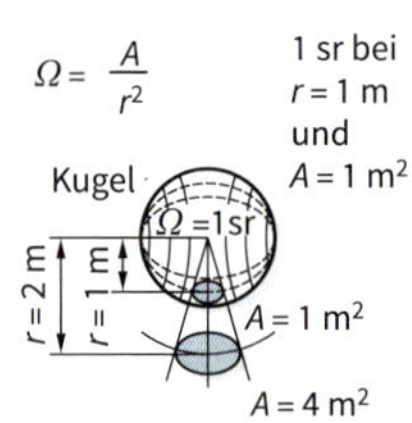


**Lichtstrom $\Phi_V$**

Lichtquelle

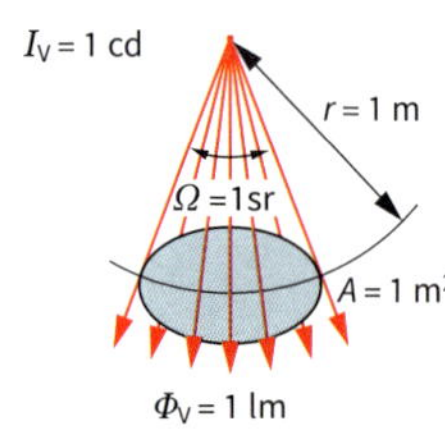


**Belichtung $H_V$**

Lichtquelle

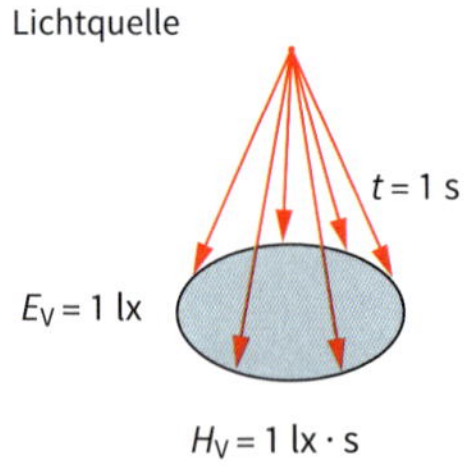


**Beleuchtungsstärke $E_V$**

Lichtquelle

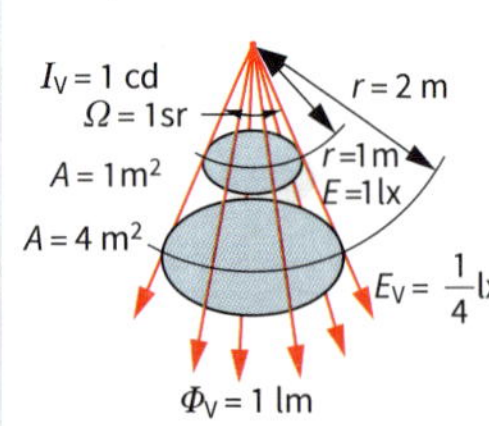

## Automatisierungstechnik

- Zur Veranschaulichung von Automatisierungsvorgängen lassen sich hierarchisch aufgebaute Automatisierungspyramiden verwenden (s. unten).
- Jede Ebene hat eine spezielle Aufgabe/Funktion im Produktionsprozess. Je nach Betrieb sind die Grenzen zwischen den Ebenen fließend.
- Die **Steuerungsebene** (Control Level) und die **Feldebene** (Field Level) werden auch als OT-Ebene ① bezeichnet, weil in ihnen eine operative Technologie (**OT**: **O**perative **T**echnology) eingesetzt wird.
- In der OT-Ebene werden je nach Hersteller verschiedenartige Feldbussysteme eingesetzt.
- Die Daten in der OT-Ebene sind in der Regel zyklisch (wiederkehrend, periodisch) und zeitkritisch mit garantierten Verzögerungszeiten (Latenzzeiten).
- Die Datenmengen in der OT-Ebene sind in der Regel niedrig und die Übertragung erfolgt in **Echtzeit** (real-time). Ein Vorgang läuft immer dann in Echtzeit ab, wenn in der vorgesehenen Zeitspanne alle erforderlichen Daten zur Verfügung stehen.
- Bei hierarchisch gegliederten Automatisierungsvorgängen wird die Informationstechnologie mit Ethernet und TCP/IP gegenwärtig oft nur in der **Management-** und **Leitebene** eingesetzt, mit der klassischen Büro-Kommunikation und den typischen Endgeräten wie Drucker und PC. Sie wird deshalb auch als **IT-Ebene** ② bezeichnet (s. unten).
- Der Datenverkehr auf der IT-Ebene ist in der Regel zeitunkritisch (non-critical), d. h., Echtzeitübertragung ist nicht erforderlich.
- In der IT-Ebene werden im Vergleich zur OT-Ebene in der Regel erheblich größere Datenmengen übertragen.

## Konvergenz zwischen IT- und OT-Ebene

- Die Trennung zwischen IT- und OT-Ebene lässt sich durch ein einheitliches Netzwerk auflösen. Eine durchgängige Datenübertragung wird dann möglich.
- Bei diesen einheitlichen Netzwerken sind die einzelnen Ebenen der Automatisierungstechnik nicht mehr erkennbar. Personen der Managementebene ③ haben z. B. Zugriff bis auf die Feldebene, Maschinen und Anlagen ④ können bei Bedarf miteinander kommunizieren (Daten austauschen).

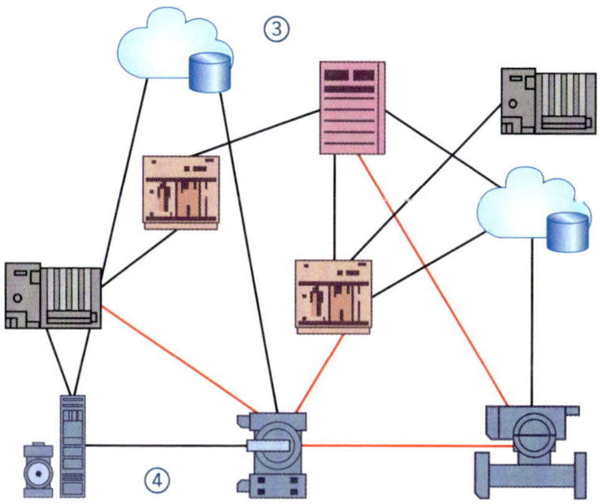


- Für diese Aufgabe muss das bestehende Ethernet (Office-Ethernet) den industriellen Anforderungen angepasst werden (Beispiele sind: Profinet IRT, EtherNET/IP, EtherCAT, CC-Link IE, Modbus-TCP).
- In diesen konvergenten Netzwerken muss ein echtzeit-kritischer und ein zeitunkritischer Datenverkehr sowie Sicherheit gegenüber Fremdeingriffen gewährleistet sein.

## Automatisierungspyramide

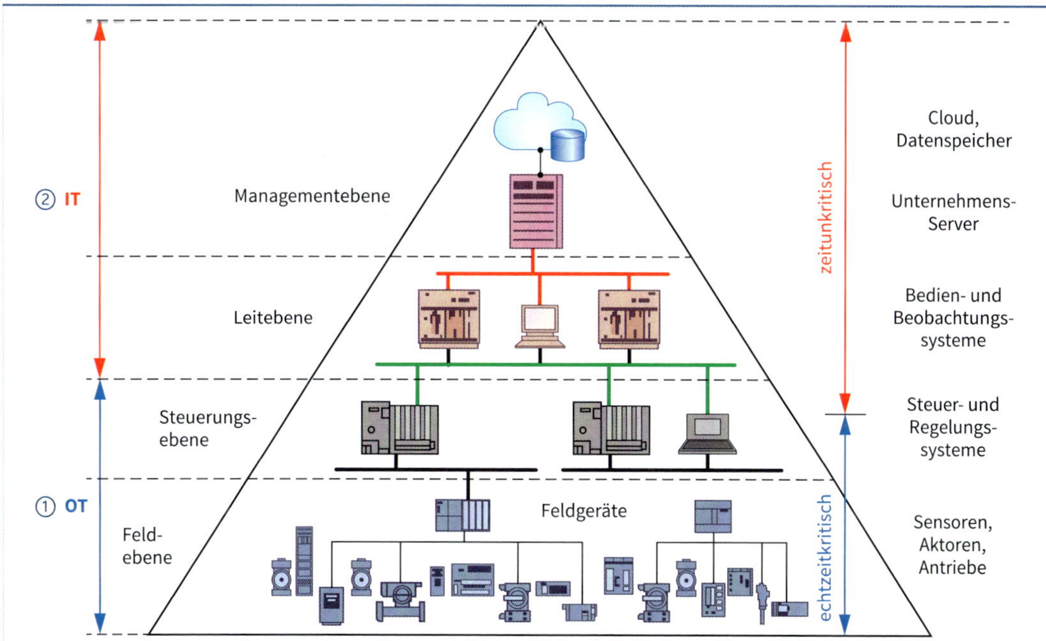

## Merkmale

- Industrial Ethernet wird als Oberbegriff verwendet. Man hebt damit hervor, dass auch in der Automatisierungstechnik Ethernet und entsprechende Komponenten in weiterentwickelter Form sinnvoll eingesetzt werden können (Echtzeit-Ethernet).
- Einbezogen werden in der Regel das vorhandene LAN, die betrieblichen Kommunikationswege (Büroumgebung, Office Ethernet) und Geräte, die für die Steuerung und Kontrolle von Produktionsprozessen verwendet werden.
- Ziele:
  - Einheitliches Kommunikationssystem
  - Anbindung an die IT-Systeme in der Leitebene
  - Echtzeitverhalten für die Kommunikation der dezentralen Feldgeräte, mit denen Steuerungen realisiert werden.

## Netzwerk-Hierarchie mit Ethernet

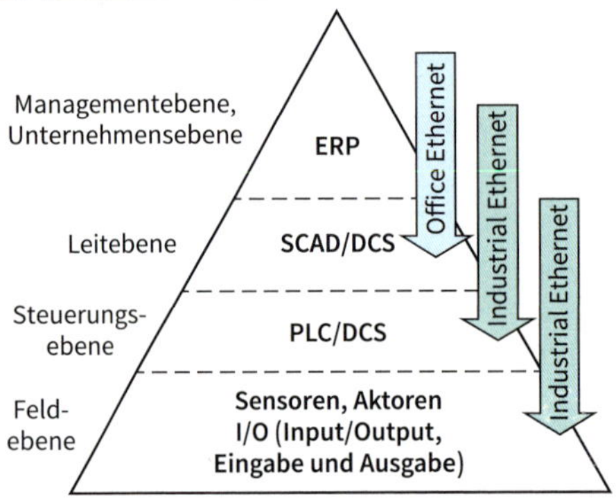


- **ERP**: **E**nterprise **R**esource **P**lanning (Geschäftsresourcenplanung)
- **SCADA**: **S**upervisory **C**ontrol **A**nd **D**ata **A**cquisition (Überwachungssteuerung und Datenerfassung)
- **DCS**: **D**istributed **C**ontrol **S**ystem (Verteiltes Kontrollsystem)
- **PLC**: **P**rogrammable **L**ogic **C**ontroller (Programmierbare Steuerung)

## Vorteile von Ethernet gegenüber Feldbussen

- Echtzeitdaten und IT-Daten können zeitgleich über ein gemeinsames Medium übertragen werden.
- Es steht ein großer Adressbereich mit fast unbegrenzter Anzahl an Teilnehmern zur Verfügung.
- Durch Kaskadierung von Switches sind große Netzwerkausdehnungen realisierbar.
- Größere Datenmengen können übetragen werden.
- Es ist ein gleichberechtigter Buszugriff für alle Netzwerkteilnehmer möglich.
- Die Kombination verschiedener Übertragungsmedien ist möglich (Kabel, Lichtwellenleiter, Funk).

## Echtzeitverhalten

- Die Fähigkeit ist vorhanden, Daten verlässlich und mit kalkulierbaren Übertragungszeiten zu übertragen.
- Dabei sind nicht nur die reine Übertragungsgeschwindigkeit wichtig, sondern auch Verzögerungen durch den anderen Datenverkehr sowie die Reproduzierbarkeit der Übertragungszeiten (Taktsynchronität).

## Gegenüberstellung Büro/Verwaltung – Industrie

| | Büro/Verwaltung | Industrie |
|---|---|---|
| **Installation** | – Feste Grundinstallation<br>– Variable Geräteanschlüsse an Arbeitsplätzen<br>– In der Regel sternförmige Verkabelung | – Anlagenabhängige Verkabelung und Kabelführung<br>– Feldkonfektionierbare Steckverbinder bis IP67, redundante Verkabelung, häufig Ringstrukturen |
| **Daten** | – Große Datenpakete<br>– Mittlere Netzverfügbarkeit<br>– Hauptsächlich azyklische Übertragung<br>– Kein Echtzeitverhalten erforderlich | – Kleine Datenmengen und Datenpakete<br>– Sehr hohe Netzverfügbarkeit<br>– Hauptsächlich zyklische Übertragung<br>– Echtzeitverhalten erforderlich |
| **Umwelt** | – Umgebungstemperatur<br>– Wenig Staub, Feuchtigkeit und Erschütterungen<br>– Kaum mechanische oder chemische Belastungen<br>– Geringe EMV-Belastung | – Erweiterter Temperaturbereich<br>– Staub, Feuchtigkeit und Erschütterungen sind möglich<br>– Gefahr durch mechanische Beschädigung oder chemische Belastung<br>– Hohe EMV-Belastung |

## Industrie-Ethernet-Standards und korrespondierende Feldbusse

| Feldbus | Ethernet-Variante | Interessenverband |
|---|---|---|
| Profibus | Profinet | PI (PNO) |
| DeviceNet/ControlNet | EtherNet/IP | ODVA |
| CANopen | EtherCAT/ Powerlink | CiA/ETG/EPSG |
| SERCOS II | SERCOS III | SERCOS international |
| CC-Link | CC-Link IE | CLPA |
| Modbus-RTU | Modbus-TCP | Modbus IDA |

## Nutzung von IT-Funktionen

- Durch integrierte Webserver in Feldgeräten kann ohne spezielle Software-Tools ein schneller Überblick über Status- und Diagnosemeldungen gewonnen werden (Abbildung auf browserfähigen PC, Laptop oder Smartphone).
- Die Konfiguration des Netzwerks kann lokal oder auch über das Internet von jedem Ort weltweit nach Freischaltung erfolgen.
- Im Fehlerfall können E-Mails oder SMSs direkt an das Wartungspersonal versendet werden.
- Für die Übertragung der IT-Funktionen lassen sich bewährte Protokolle der Informationstechnik wie IP, TCP und UDP einsetzen.
- Nachrichten können priorisiert werden.
- Erforderlich: Security-Konzept gegen Viren und Hackerangriffe.

## Merkmale

- **E**ther**N**et/**IP** (**E**ther**N**et **I**ndustrial **P**rotocol) ist eine medienunabhängiges Anwendungsprotokoll für lokale industrielle Netze (Echtzeit-Ethernet, Zykluszeiten ca. 10 ms) für zyklische und azyklische Nachrichtenübertragungen.
- Standard: **IEEE 802.3** (**IEEE**: **I**nstitute of **E**lectrical and **E**lectronics **E**ngineers), standardisierte Protokolle und Übertragungstechniken für **LAN** (**L**ocal **A**rea **N**etwork) und **MAN** (**M**etropolitan **A**rea **N**etworks), Ethernet-Grundlagen
- Weiterentwicklung und Pflege erfolgt durch die **ODVA** (**O**pen **D**eviceNet **V**endor **A**ssociation).
- Bei EtherNet/IP wird Standard-Ethernet-Hardware eingesetzt.
- Als Kommunikationsformen werden verwendet: Zyklisches Polling (Abfrage), zeit- oder ereignisgesteuerte Auslösung, Multicast oder einfache Punkt-zu-Punkt-Verbindungen.
- Grundlegende Protokollfolge:

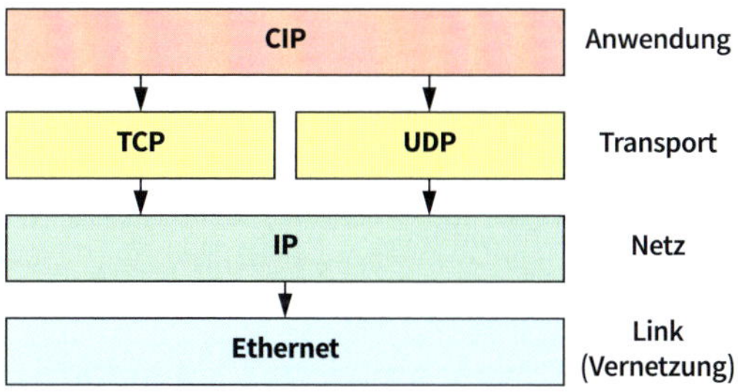


- **CIP** (**C**ommon **I**ndustrial **P**rotocol)
  - Unterschiedliche Kommunikationsoptionen für Transport, Netz und Link (Vernetzung)
  - CIP-Safety dient der Gewährleistung der zonenübergreifenden Sicherheit
  - CIP-Sync dient der zeitlichen Synchronisation zwischen Geräten
  - CIP-Motion dient der komplexen Bewegungssteuerung in Echtzeit
- **TCP** (**T**ransmission **C**ontrol **P**rotocol, Übertragungssteuerungsprotokoll)
  TCP legt fest, auf welche Art und Weise Daten zwischen Netzwerkkomponenten ausgetauscht werden sollen und überwacht die einzelnen Datenpakete einer Nachricht.
- **UDP** (**U**ser **D**atagram **P**rotocol)
  UDP ermöglicht Anwendungen sowie den schnellen und effizienten Datentransport.
- **IP** (**I**nternet **P**rotocol)
  IP stellt grundlegende Funktionen für den Transport und die Vermittlung von Datenpaketen zur Verfügung.
- **Dienste**
  - **DNS** (**D**omain **N**ame **S**ystem): Zentraler Dienst, der die Zuordnung von Host- bzw. Domain-Namen zu einer oder mehrerer IP- Adressen vornimmt
  - **DHCP** (**D**ynamic **H**ost **C**onfiguration **P**rotocol): Dynamische Zuweisung einer IP-Adresse
  - **IT**-Funktionen: Web-Server und E-Mail-Client
  - **ARP** (**A**dress **R**esolution **P**rotocol): Umwandlung in IP-Adressen in Hardware- und MAC-Adressen
  - **NTP** (**N**etwork **T**ime **P**rotocol): Exakte Uhrzeit

## Beispiel für Vernetzungen

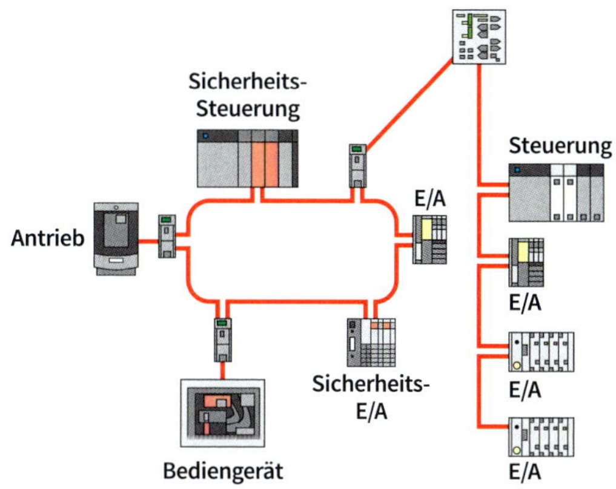


- **Übertragungsmedien**:
  Twisted-Pair-Kabel oder LWL

## Topologie

- Sternnetz (Punkt-zu-Punkt-Verbindung)
  - Anschluss der Stationen an Ethernet-Switches (10 Mbit/s bis 100 Mbit/s). Dadurch werden Datenkollisionen vermieden.
  - Trennung von Netzabschnitten und Begrenzung des Broadcast-und Multicast-Verkehrs durch Router mit IGMP-Snooping (Internet Group Manage- ment Protocol, „Schnüffeln"). IGMP-Snooping findet intern in Switches statt und ist keine Protokollfunktion.
- Feldgeräte mit einer seriellen RS 232- oder RS 485-Schnittstelle lassen sich über einen Protokollkonverter einfügen. Dabei werden die Telegramme der RS-Schnittstelle in EtherNet/IP-Nachrichten umgewandelt.
- Ringnetz (**DLR**: **D**evice **L**evel **R**ing)
  - Ringnetz mit Rekonfigurierbarkeit (neu anordnen) im Fall von Fehlern
  - Kombination mehrerer Ringnetze möglich
  - Zusammenarbeit mit Ethernet-Sterntopologie

## Sicherheit

- Steuerungs- und Informationsbereiche können voneinander getrennt werden.
- Zugänge zu bestimmten Quellen können mit Passwörtern geschützt werden.
- Pakete, die nicht CIP nutzen, werden automatisch gesperrt.
- IT-Security-Maßnahmen können in den Bereichen von Routern, Firewalls, VLAN oder VPN nach Bedarf implementiert werden.
- Sicherheitsbarrieren sind:

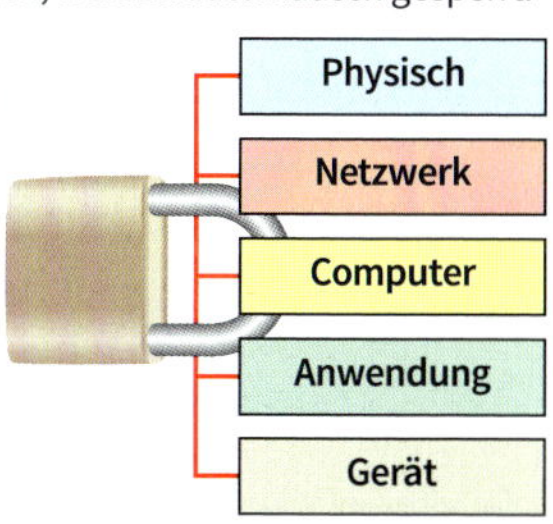

## Merkmale

- **EtherCAT** (**Ether**net for **C**ontrol **A**utomation **T**echnology) ist ein für die Automatisierungstechnik entwickeltes Ethernet-basiertes Feldbussystem. Mit EtherCAT lassen sich Feldbusse der ersten Generation durch ein Echtzeit-Ethernet ersetzen oder ergänzen.
- Der Begriff **Echtzeit** wird verwendet, wenn in einem informationstechnischen System die Ereignisse innerhalb einer festgelegten Zeitspanne (z. B. Zeitraster) liegen.
- Der Datenaustausch bei EtherCAT erfolgt nach dem **Master-Slave-Prinzip**. Ein Netzwerk besteht in der Regel aus einem Master und bis zu 65.534 Slaves.
- Bei EtherCAT entnehmen die EtherCAT Slave-Geräte ① während des Telegrammdurchlaufs ② nur die für sie bestimmten Daten ③ oder fügen Daten hinzu ④. Die Telegramme werden dabei nur wenige Nanosekunden verzögert. Der Rahmen wird auch nicht vollständig empfangen bevor er verarbeitet wird. Die Bearbeitung beginnt also so früh wie möglich.
- Der letzte Slave sendet das vollständig verarbeitete Telegramm zurück, sodass es vom ersten Slave als eine Art Antworttelegramm an den Master zurückgesendet wird.

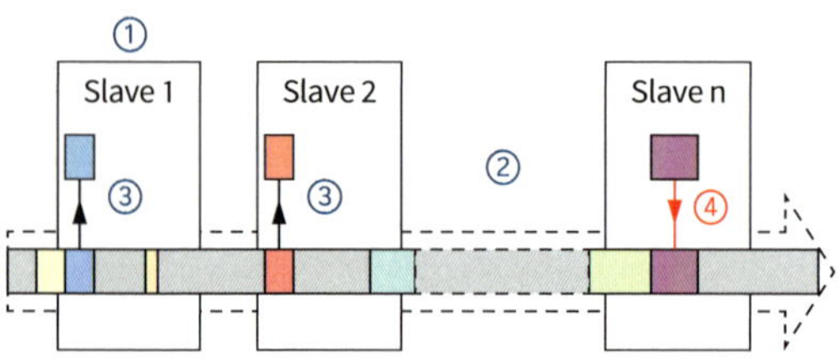


- Das EtherCAT Telegramm kann aus mehreren Subtelegrammen (EtherCAT Kommandos) bestehen.
- Die datentechnische Reihenfolge ist unabhängig von der physischen Reihenfolge der Teilnehmer im Netz. Sie kann wahlfrei adressiert werden.
- Broadcast, Multicast und Querkommunikation zwischen den Slaves sind möglich.
- Der Datenaustausch zwischen Master und Slaves wird zyklisch aktualisiert (Zykluszeiten ≤ 50 µs, Jitter ≤ µs 1).
- Das Übertragungsverfahren beruht auf den Voll-Duplex Eigenschaften von Ethernet. Effektive Datenübertragungsraten von fast 200 Mbit/s können erreicht werden.
- Netztopologien sind Linie, Baum, Ring, Stern und deren Kombinationen.
- Die Konfiguration eines EtherCAT-Netzwerkes erfolgt mit einem speziellen Konfigurationstool.

## Funktionsablauf (zusammengefasst)

- Der Master schickt die Datenpakete auf den Bus.
- Die Datenpakete durchlaufen nacheinander alle Stationen am Bus.
- Während des Durchlaufs erfolgt von allen Stationen das Einlesen und Auslesen der Daten (on the fly).
- Nach dem vollständigen Durchlauf wertet der Master die Datenpakete aus.

## Synchronisierung

- Zur Synchronisierung wird ein verteilter Uhrenmechanismus verwendet (**DC**: **D**istributed **C**locks).
- Damit lassen sich Master und Slaves in einem Fenster von 100 ns oder weniger synchronisieren.

## EtherCAT-Protokoll

- Das Protokoll kann folgende Aufgaben übernehmen:
  - Zyklische Übertragung von E/A-Daten.
  - Azyklische Übertragung von Bedarfsdaten (Parameter, Diagnosen, Geräteidentifikation, ...)
  - Taktsynchronisation
  - Anlagendiagnose
- Das für Prozessdaten erforderliche Protokoll wird direkt im Ethernet-Frame transportiert. Es kann aus mehreren Subtelegrammen bestehen, die jeweils einen Speicherbereich des bis zu 4 Gbyte großen logischen Prozessabbildes bedienen.
- Jedes EtherCAT-Datagramm ist ein Befehl, der aus einem Header, Daten und einem Working Counter besteht.
- EtherCAT verwendet ausschließlich Ethernet-Standardframes. Beliebige andere Ethernet-Protokolle werden bei EtherCAT volltransparent getunnelt.

## EtherCAT Frame Aufbau

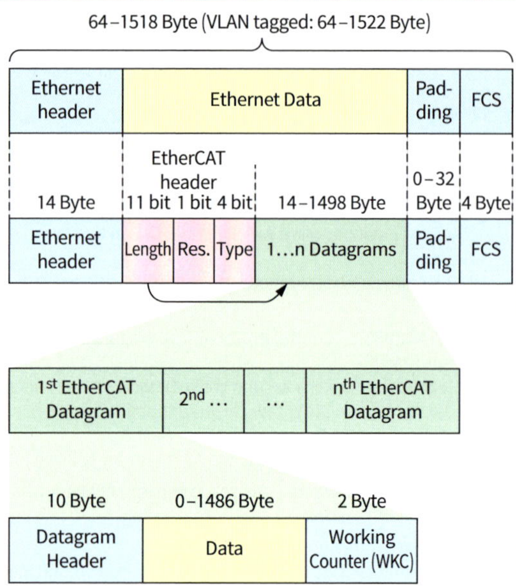


## Anwendungen

- Für schnelle Regelungen und Steuerungen physikalischer Prozesse, wenn eine hohe Datenintegrität (Informationssicherheit), Datensicherheit und Synchronität (gleichzeitig, zeitlich übereinstimmend) erforderlich sind.
- Beispiele:
  Verpackungsmaschinen, Spritzgussmaschinen, CNC-Bearbeitungszentren, Robotik und Hydraulikregelungen

## Merkmale

- Mit **POWERLINK** lassen sich Prozessdaten in der Automatisierungstechnik und Nachrichten in Mikrosekunden übertragen (Echtzeitübertragung).
- POWERLINK ist so konzipiert, dass sich alle Kommunikationsaufgaben der Automatisierung einheitlich und durchgängig integrieren lassen.
- **Anwendungen**: Audio/Video, Automotive, verteilte Steuerungssysteme, Energiemanagement, Maschinenbau, Industrieautomatisierung, Eisenbahn und Schiffbau, Robotik, Unterbrechungsfreie Stromversorgungen, Bildverarbeitungssysteme
- POWERLINK wurde in die Normen IEC 61784-2, IEC 61158-3, IEC 61158-4, IEC 61158-5 und IEC 61158-6 aufgenommen.
- Bei der Datenübertragung wird eine Mischung aus Zeitschlitz-und Polling-Verfahren angewendet.
- Erreicht werden Zykluszeiten von unter 200 µs und eine Zeitgenauigkeit (Jitter) von weniger als 1 µs.
- POWERLINK verwendet im ISO-Referenzmodell die Schichten 2 und 7.
- Als Medium wird Twisted-Pair-Kabel mit Fast Ethernet verwendet (100BASE-TX, 100 Mbit/s, mindestens ungeschirmt CAT 5)
  Ab 2006 wird auch Gigabit Ethernet (1000BASE-X, 1.000 Mbit/s) eingesetzt.
  Steckverbinder: Industrial Ethernet-8P8C
- Als Netztopologien sind Linien, Ring, Baum und Stern möglich. Redundante Master und Ring-Redundanz lassen sich einsetzen. Die Komponenten sind Hotplug-fähig.
- Im Echtzeit-Bereich werden anstelle von Switching Hubs (Switches) Repeating Hubs verwendet, um Verzögerungen und Jitter zu minimieren.
- Für sicherheitskritische Anwendungen lässt sich POWERLINK mit dem Sicherheitsprotokoll **openSAFETY** erweitern. Es handelt sich um ein Kommunikationsprotokoll zur Übertragung sicherheitsrelevanter Daten beim Betrieb von Maschinen und anderen technischen Einrichtungen in der industriellen Fertigung, in Prozessanlagen oder in ähnlichen Bereichen.

## Jitter

- Mit **Jitter** (Fluktuation, Schwankung) bezeichnet man bei digitalen Signalen das zeitliche Zittern von Bits und die Laufzeitvarianz (-abweichung) von Datenpaketen in einem Netzwerk (unerwünschte Genauigkeitsschwankung).

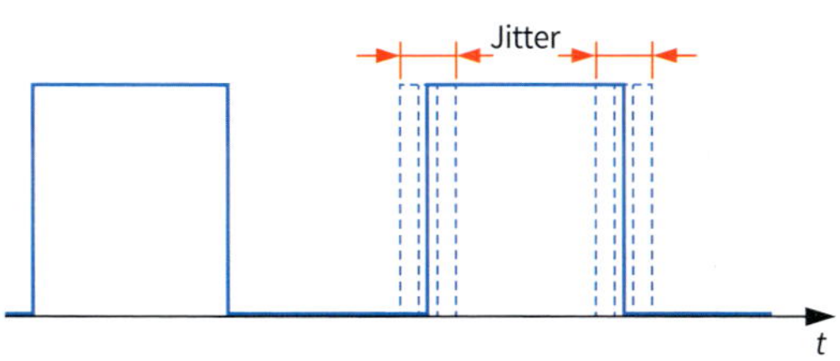


## Datenübertragung

- Bei der Datenübertragung werden isochrone (gleich lange dauernde) und asynchrone (nicht gleich lange dauernde) Phasen unterschieden.
- In der **isochronen** Phase ① werden zeitkritische Daten zwischen den Teilnehmern in sehr kurzen isochronen Zyklen mit konfigurierbarer Reaktionszeit übertragen.
- Die **asynchrone** Phase ② ist ein fest reservierter Zeitabschnitt für die Übertragung beliebiger Anwenderdaten (z. B. nicht-zeitkritische Daten, wie z. B. Service-, Fernwartungs- oder Videodaten).
- Zu Beginn der Datenübertragungen erfolgen durch den festgelegten Teilnehmer **MN** (**M**anaging **N**ode Netzwerkmaster, Beispiele: PC, SPS, Controller) Kontrollen und Abgleichungen. Der MN gibt den Zeittakt zur Synchronisation aller Geräte vor und steuert die zyklische Datenkommunikation.
- Die anderen Teilnehmer **CN** (**C**ontrolled **N**odes) dürfen nur dann senden, wenn sie dazu aufgefordert werden (Polling-Verfahren, Antwort nach Abfrage).
- Ein Zyklus beginnt mit dem Frame **SoC** (**S**tart **o**f **C**ycle, 64 Byte) ③ an alle Teilnehmer (Startphase, Multicast). Dadurch werden alle Geräte synchronisiert. Der Jitter liegt in dieser Phase bei ca. 20 ns.
- Der Managing Node kontrolliert anschließend alle Knoten einzeln mit einem **PReq** (**P**oll **Req**uest, 64-1500 Byte, Unicast) ④.
- Die Controlled Nodes antworten mit **PRes** (**P**oll **Res**ponse, 64-1500 Byte, Multicast) ⑤
- Die Antworten werden als Multicast versendet, sodass alle anderen CN darauf zugreifen können.
- Nach der isochronen Phase beginnt die asynchrone Phase mit **SoA** ⑥ (**S**tart **o**f **A**synchronous, 64 Byte, Multicast). Ab jetzt kann jeweils ein vom MN bestimmter CN nicht-zyklische Daten in ASnd (AsyncSend, 300 - 1500 Byte, Multicast) übertragen ⑦.
  In dieser Zeitspanne lassen sich auch Daten aus einem nicht-deterministischen Netzwerk und dem POWERLINK-Netzwerk über spezielle Gateways austauschen.

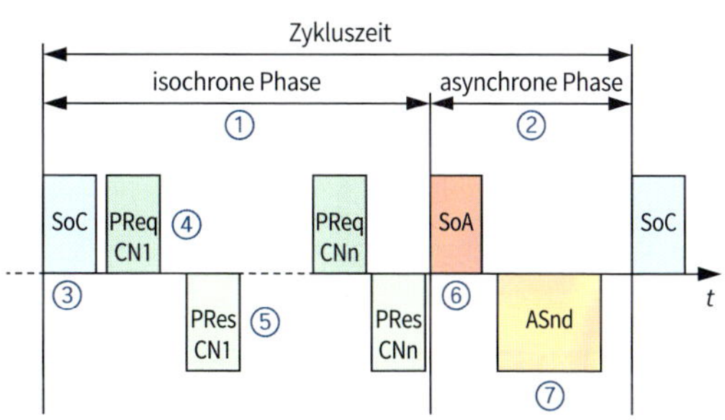


- In der asynchronen Phase lassen sich beliebige Ethernet-Frames verschicken. Daher können u. a. alle IP-basierten Protokolle auf höheren Schichten, wie z. B. TCP, UDP, im POWERLINK-Netzwerk eingesetzt werden.

## Merkmale

- Bei ControlNET™ handelt es sich um ein offenes industrielles Netzwerkprotokoll für industrielle Automatisierungsanwendungen zum zyklischen Datenaustausch und bietet ergänzende Kommunikationsdienste.
- Die Kommunikation ist terminiert, deterministisch, sehr stabil und zuverlässig (wenig Wartung).
- Das Protokoll Anwendungsschicht basiert auf der **CIP**-Schicht (**C**ommon **I**ndustrial **P**rotocol).
- Die Anwendungsschicht umfasst u. a. Dienste wie FTP für die Dateiübertragung, SMTP für E-Mail, HTTP als Sprache für Webseiten oder SNMP für Netzwerk-Management.
- Die Netztopologie ist eine Busstruktur mit kurzen Abgriffen (auch Stern- und Baumtopologie möglich).
- Maximale Kabellänge ohne Repeater 1000 m.
- Das Netzwerk kann bis zu 5 Repeater unterstützen.
- Signalisierung: Manchester-Code mit 5 Mbit/s.

## Leitungen und Anschlüsse

- **RG**-6-Koaxialkabel ① (**R**adio **G**uide Utility), vierfach abgeschirmt) mit BNC-Steckern ②
- Für größere Entfernungen auch LWL.
- ControlNet kann mit einem einzelnen Koaxialkabelbus oder einem doppelten RG-6-Koaxialkabel betrieben werden
- Abschlusswiderstand 75 Ω.

## ControlNET™-Token-Ring

- Das Bussteuerungsnetzwerk arbeitet mit Token-Passing (Token-Ring).
- Jedem **Node** (Netzwerkknoten oder Netzknoten, Verbindungspunkt) wird eine MAC-ID von 1 bis 99 zugewiesen. Jeder Node kennt auch die Adresse seines Vorgängers und Nachfolgers.
- In einem Netzwerk ist ein Node ein Umverteilungspunkt oder ein Endpunkt der Datenübertragung. Im Allgemeinen besitzt ein Node die Fähigkeit, Übertragungen für andere Netzwerkknoten zu erkennen, zu verarbeiten und weiterzuleiten.
- Jeder Node besitzt eine geplante Zeitspanne, die durch ein "Token" bestimmt wird.
- Während der Node das Token besitzt, überträgt er den Datenrahmen.
- Anschließend wird ein neues Token erstellt und an den nächsten logischen Nachfolger weitergeleitet.
- Es kann jeweils nur ein Node senden, sodass keine Datenkollisionen auftreten können.

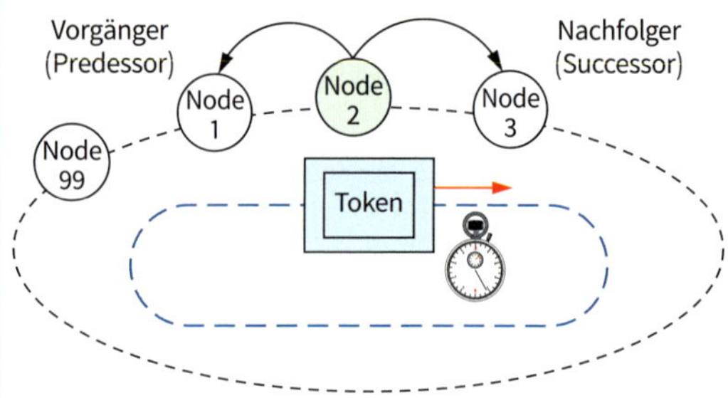


## Busstruktur und Komponenten

**Beispiel**:

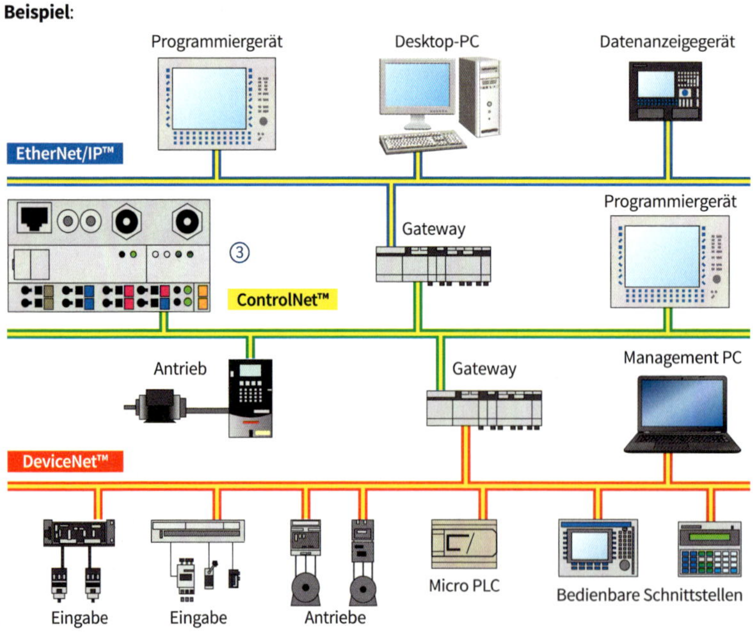


**ControlNET™-Buskoppler ③**

| | |
|---|---|
| Anzahl I/O-Stationen | 99 (pro Link) |
| Übertragungsmedium | Koaxial-Kabel RG-6 |
| Kabellänge (max.) | 250…1.000 m |

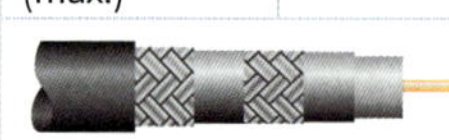
①

②

**BNC**-Stecker (**B**ayonet **N**eill **C**oncelman)

| | |
|---|---|
| Übertragungsraten | 5 Mbit/s |
| Busklemmen | 64 |
| Byte-Anzahl (max.) Feldbus | 512-Byte-Input und Output |
| Spannung | 24 V DC |
| Eingangsstromstärke | 70 mA |

## Merkmale

- Modbus ist ein Kommunikationsprotokoll dessen Architektur nach dem Master-Slave bzw. Client-Server-Prinzip arbeitet.
- Ein Master (z. B. ein PC) und mehrere Slaves (z. B. Mess- und Regelsysteme) können vernetzt werden.
- Im ISO/OSI-Referenzmodell befindet sich das Modbus-Protokoll in der Schicht 7 (Anwendungsschicht).
- Das Protokoll definiert ein Verfahren für den Austausch von Nachrichten und ist deshalb unabhängig von den darunter liegenden physikalischen Schichten.
- Jeder Busteilnehmer besitzt eine eindeutige Adresse. Jeder Teilnehmer darf Nachrichten über den Bus senden. In der Regel wird dies jedoch durch den Master initiiert und ein adressierter Slave antwortet.
- Bei der Datenübertragung werden drei verschiedene Betriebsarten unterschieden:

| Modbus RTU | Modbus ASCII | Modbus TCP |
|---|---|---|

## Modbus RTU

- **RTU**: **R**emote **T**erminal **U**nit (Fernbedienungsterminal)
- Die Übertragung erfolgt asynchron über RS(EIA)-485 oder RS(EIA)-232.
- Übertragen werden binäre Daten, die in eine lesbare Form umgesetzt werden müssen.
- Protokollaufbau:

| Start | Adresse | Funktion | Daten | CRC | Ende |
|---|---|---|---|---|---|
| mind. 3,5 Zeichen | 1 Byte | 1 Byte | n Byte | 2 Byte | mind. 3,5 Zeichen |
| Wartezeit | | | | | Wartezeit |

## Modbus ASCII

- **ASCII**: **A**merican **S**tandard **C**ode for **I**nformation **I**nterchange
- Die Daten werden in dem für Menschen lesbaren ASCII-Code übertragen.
- Protokollaufbau:
  Die Nachricht beginnt mit einem Doppelpunkt. Das Ende wird durch die Zeichenfolge **CRLF** (**C**arriage **r**eturn-**L**ine **f**eed, Steuerzeichen für einen Zeilenumbruch) markiert.

| Start | Adresse | Funktion | Daten | LR | Ende |
|---|---|---|---|---|---|
| 1 Zeichen (:) | 2 Zeichen | 2 Zeichen | n Zeichen | 2 Zeichen | 2 Zeichen (CRLF) |

## Modbus TCP

- **TCP**: **T**ransport **C**ontrol **P**rotocol
  Die Übertragung erfolgt über TCP/IP-Ethernet
  Einsatzbereich:
  Ethernet-basierte Feldbusse für dezentrale E/A-Systeme
- Die Übertragung erfolgt seriell asynchron.
- Die Rollen des Clients und des Servers sind nicht fest zugeordnet. Jedes Gerät im Netzwerk kann beide Aufgaben übernehmen. Daten können – lesend oder schreibend – flexibel den jeweiligen Aufgaben angepasst werden.
- Der Server bearbeitet eine Anfrage (**Request**) des Clients und quittiert diese mit einer Erfolgsmeldung (**Response**). Gegebenenfalls werden angefragte Daten oder Statusinformationen mitgegeben, bzw. diese verbunden mit einer Fehlermeldung, die Informationen über die Fehlerursache enthält.
- Die Daten können Bit- und Wortinformationen enthalten.
- Protokollaufbau:

ADU (Adresse, Funktion, Daten)

| Transaktionsnummer | Protokollkennzeichen | Zahl der noch folgenden Bytes | Adresse | Funktion | Daten |
|---|---|---|---|---|---|
| 2 Byte | 2 Byte (immer 0x0000) | 2 Byte (n + 2) | 1 Byte | 1 Byte | n Byte |

PDU (Funktion, Daten)

  - **ADU**: **A**pplication **D**ata **U**nit (Anpassung an die genutzten Protokollschichten)
    **PDU**: **P**rotocol **D**ata **U**nit (unabhängig von den genutzten Protokollschichten)
  - Datenblock: 252 Bytes maximal
  - Mit dem Funktionscode wird festgelegt, welche Operation aufgrund eines Requests durch den Server ausgeführt werden soll.
  - Die Datensicherung erfolgt mit CRC (2 Byte)
- **RS**-232 (**R**ecommended **S**tandard) ist ein Standard für eine serielle Schnittstelle.

- **EIA**-485 (**E**nvironmental **I**mpact **A**ssessment) und RS-485 sind Industriestandards für eine physische Schnittstelle zur asynchronen seriellen Datenübertragung.
- Bei EIA-485 benutzt man ein Leitungspaar, um den invertierten und einen nichtinvertierten Pegel eines 1-Bit-Datensignals zu übertragen. Am Empfänger wird aus der Differenz der beiden Spannungspegel das ursprüngliche Datensignal rekonstruiert.

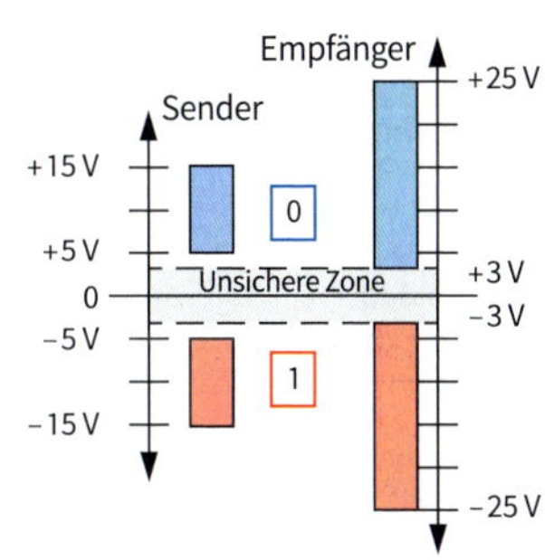

## Merkmale

- **C**C-Link (**C**ontrol and **C**ommunications Link (Verknüpfung)) ist ein offenes Hochgeschwindigkeits-Feldnetzwerk, das Informationsdaten und gleichzeitig Steuerungsdaten in Echtzeit verarbeiten kann.
- Die Kommunikation ist deterministisch (vorhersagbar) und erfolgt über Einfach- oder Duplexleitungen.
- Einsatzbereiche sind der Datenaustausch zwischen verschiedensten Automatisierungskomponenten, die Steuerung einzelner Maschinen, Fertigungsinseln oder Prozesse sowie die Steuerung von Fabriken oder Fertigungsanlagen und die Gebäudeautomation.
- Im Netzwerk kann eine Standby-Master-Station die Steuerung der Netzwerkkommunikation übernehmen, wenn die primäre Master-Station durch einen Fehler den Betrieb einstellt.
- Es existieren vier **Grundfunktionen** (CC-Link, Sicherheit, LT und IE) mit denen sich unterschiedliche Aspekte der Kommunikation abdecken lassen.

## CC-Link – Standard

- Versionen **1.1** und **2.0**
- Unterschiede: Anzahl der den Stationen, zur Verfügung stehende Bit- und Wortdaten und Möglichkeiten zur Nutzung der erweiterten zyklischen Übertragung.
- Master-Slave-Netzwerk, Floating Master, Hot-Swap von Stationen
- Übertragung:

| Geschwindigkeit | Entfernung (max.) |
|---|---|
| 156,0 kbit/s | 1200 m |
| 625,0 kbit/s | 900 m |
| 2,5 Mbit/s | 400 m |
| 5,0 Mbit/s | 160 m |
| 10,0 Mbit/s | 100 m |

- CC-Link basiert auf RS-485
- 65 Stationen pro Netzwerk (ein Master, 64 Slaves)
- Aktualisierungszeit < 3,9 ms für 65 E/A-Stationen (abhängig von der Entfernung)
- Physische Medien: Twisted-Pair-Leitung (Abschlusswiderstand 110 Ω), LWL
- Geräteadressierung: DIP-Schalter, Hard-ware/Software
- Stationen:
  - **Master**
    Verwaltung und Steuerung des gesamten Systems
  - **Lokale Station**
    Ein Gerät, das Daten an die Master-Station sendet (z. B. SPS, PC, Gerät mit höherer Funktionalität)
  - **Dezentrale Station**
    Ein E/A- oder Sondermodul, das hauptsächlich Bit- Daten sowie kleine Mengen an Wort-Daten verarbeitet (z. B. Analogmodule).
  - **Dezentrale E/A-Station**
    Modul mit digitalen Ein- oder Ausgängen, das mit der Master-Station nur Bit-Daten austauscht
  - **Intelligente Station**
    Sie tauscht mit der Master-Station Daten aus, kann aber auch Nachrichten an den Master senden.

## CC-Link Datenrahmen

- **Nachricht von Master-Station**

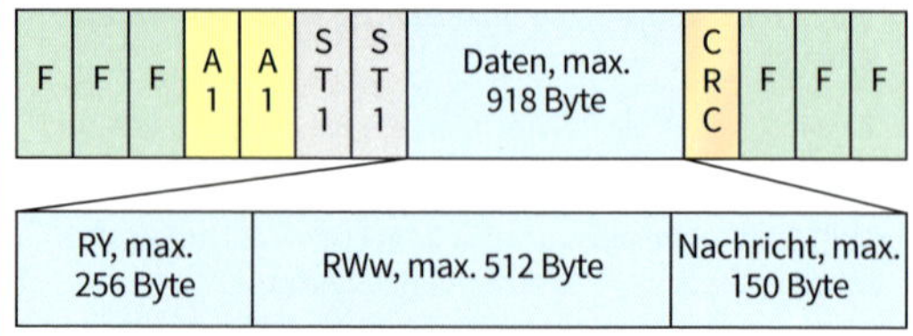


F: Beginn und Ende der Nachricht
A1: Adress-Byte der übertragenden Station
A2: Adress-Byte der Empfangsstation
ST1: Statusinformations-Byte, Kommunikationsstatus zwischen Master und Slave
ST2: Statusinformations-Byte, Angabe der zu sendenden/empfangenden Datenmenge
CRC: Zyklische Redundanzprüfung zur Fehlererkennung innerhalb der Nachricht (16 Bit)
RY: Ausgangsbits
RWw: Aufschlüsselung der Daten

- **Bit-Daten innerhalb einer Slave-Nachricht**

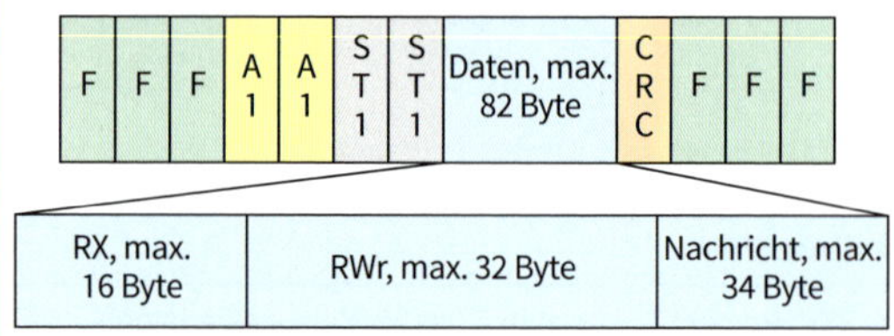


RX: Slave-Nachricht (Eingangsbits)
RWr: Auslesbare Daten

## CC-Link Safety (Sicherheit)

- 10 Mbit/s (max.)
- Basiert auf CC-Link
- Kann Sicherheitsgeräte mit Standardgeräten im selben Netzwerk kombinieren
- Kommunikationsfehler und Fehlfunktionen werden erfasst
- Übereinstimmung mit IEC 61508 SIL3 und ISO 13849-1 Kategorie 4

## CC-Link LT

- 2,5 Mbit/s (max.)
- Stammlänge bis zu 500 m und 200 m Falllänge
- Entwickelt für die Implementierung von Aktoren u. Sensoren
- Profilleitungen (keine Verpolung) oder dreiadrige Leitungen
- 64 Stationen pro Netzwerk
- Aktualisierungszeit von 1,2 ms für 64 E/A-Stationen (entfernungsabhängig)

## CC-Link IE (Industrial Ethernet)

- Verwendet wird die Ethernet-Technologie. Dadurch wird ein Austausch von Daten von der obersten Ebene bis zur Fertigungsebene möglich.
- Zweifach redundantes Glasfaser- oder Ethernet-basiertes Netzwerk mit 1 Gbit/s.
- 120 Stationen pro Netzwerk (Master-Station: 1, Slave-Stationen: 119)
- Möglich sind 550 Meter zwischen den Stationen.
- Völlig deterministische Kommunikation

## Merkmale

- **SERCOS** (**Se**rial **R**ealtime **Co**mmunication **S**ystem) ist ein serielles und deterministisches Kommunikationssystem für die Automatisierungstechnik. Mit diesem Bussystem lassen sich Steuerungen und Synchronisierungen auf der Feldebene in Echtzeit durchführen. Der Jitter beträgt < 1 µsec.
- Norm: IEC 61491 und EN 61491
- Versionen: SERCOS I, II, III

## SERCOS I (ab 1995)

- Basisprotokoll: **HDLC** (**H**igh-Level **D**ata **L**ink **C**ontrol)
- Datenübertragungsraten 2 Mbit/s oder 4 Mbit/s
- Übertragungsmedium: LWL-Ring
- Maximale Teilnehmerzahl: 254 pro Ring
- Konfigurierbare Zykluszeit: minimal 62,5 µs

## SERCOS II (ab 1999)

- Basisprotokoll: HDLC (High-Level Data Link Control)
- Datenübertragungsraten bis 16 Mbit/s, LWL-Ring
- Übertragungsmedium: LWL-Ring
- Maximale Teilnehmerzahl: 254 pro Ring
- Konfigurierbare Zykluszeit: minmal 62,5 µs

## SERCOS III (ab 2005)

- Basisprotokoll: Ethernet
- Datenübertragungsraten 100 Mbit/s
- Ring oder Linie (kein Stern), mehrere Ringe/Linien sind möglich, verdrillte Kupferleitung (doppelt geschirmte Cat 5e) oder LWL
- Hubs oder Switches werden nicht verwendet
- Max. Teilnehmerzahl: 511 pro Ring/Linie
- Konfigurierbare Zykluszeit: minmal 31,25 µs
- Hot-Plugging
- Hardwareredundanz bei Ringtopologie
- Kollisionsfreie Übertragung mit Hilfe eines Zeitschlitzverfahrens
- Kollisionsfreier Echtzeitkanal parallel zu einem optionalen Nicht-Echtzeit-Kanal
- Synchronisation von z. B. 66 Achsen mit einer Zykluszeit von 1 ms und einem Jitter kleiner 20 ns.

## Datenfeld SERCOS III

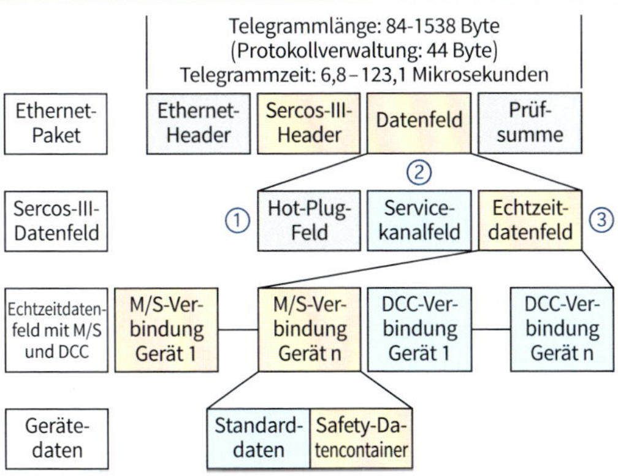


## Übertragungsprinzip bei SERCOS III

- Die zyklische Übertragung von Telegrammen erfolgt nach dem **Master-Slave-Prinzip**.
- Zykluszeiten sind 31,25 µs, 62,5 µs, 125 µs, 250 µs, sowie Vielfache von 250 µs. Maximalwert 65 ms
- Der zentrale Master sendet seine Telegramme an die Slaves, z. B. mit Sollwerten.
- Ein Kommunikationszyklus ist in **zwei Zeitschlitze** (Kanäle) unterteilt.
- In dem kollisionsfreien **Echtzeitkanal** werden die Echtzeit-Telegramme (Ethertype 0x88CD nach IEEE 802.3) übertragen.
- Folgende Kommunikationsarten stehen im Echtzeit-Kanal zur Verfügung:
  - **M/S** (**M**aster/**S**lave): Austausch von Funktionsdaten zwischen Master und Slaves.
  - **DCC** (**D**irect **C**ross **C**ommunication): Direkte **Querkommunikation** zwischen Geräten, entweder zwischen Steuerungen oder zwischen beliebigen Peripherie-Slaves (z. B. Antrieb, I/O, Kamera, Gateway).
  - **SVC** (**S**er**v**ice **C**hannel): Austausch von bedarfsorientierten Servicedaten
  - **SMP** (**S**ercos **M**essaging **P**rotocol): Übertragung von Funktionsdaten mehrerer Teilnehmer in einem Zeitschlitz mit Hilfe eines Multiplex-Verfahrens
  - **Sercos Safety**: Austausch von sicherheitsrelevanten Daten, z. B. Abschalt- oder Zustimmungssignale oder sichere Sollwerte.
- Parallel zu diesem Echtzeitkanal kann ein **UCC**-Kanal (**U**nified **C**ommunication **C**hannel) konfiguriert werden. In ihm lassen sich beliebige Ethernet-Telegramme (Ethertype <> 0x88CD) und IP-basierte Protokolle übertragen, wie z. B. TCP/IP und UDP/IP. Die Zykluszeiten lassen sich den jeweiligen Anwendungen anpassen.

## Protokollstruktur

- Folgende Telegrammarten werden unterschieden:
  - **MDT** (**M**aster **D**aten **T**elegramm): Der Master sendet Vorgabedaten an die Slaves
  - **AT** (**A**cknowledge **T**elegramm):
  Die Slaves senden ihre Zustandsdaten an den Master und an andere Slaves.
- Die Telegramme enthalten einen Header und ein Datenfeld, eingelagert in den Ethernet-Frame.
- Der Header beschreibt, in welcher Phase sich das Netzwerk befindet und die Position der Telegramme MDT und AT im Kommunikationszyklus.
- Die Datenfelder von MDT und AT bestehen aus drei Bereichen:
  - **Hot-Plug-Feld** ①: Es dient zum Austausch von Daten mit den Slaves, die im laufenden Betrieb in das Netzwerk eingekoppelt werden.
  - **Servicekanalfeld** ②: Eine Summe der Kommunikationskanäle zum Austausch von azyklischen Daten zwischen Master und Slave.
  - **Echtzeitdatenfeld** ③: Es wird verwendet, um azyklische, zyklische oder taktsynchrone Verbindungen und damit Echtzeitkommunikation zwischen beliebigen Teilnehmern im Sercos Netzwerk zu realisieren.

## Merkmale

- Bei IO-Link handelt es sich um ein **standardisiertes Kommunikationssystem** zwischen Sensoren und Aktoren.
- Die Standardisierung umfasst
  - die elektrischen Anschlussdaten und
  - das Kommunikationsprotokoll.
- Die „Intelligenz" der Sensoren ist gekennzeichnet durch z. B. Seriennummern oder Parameterdaten (z. B. Empfindlichkeiten, Schaltverzögerung, Kennlinie).
- IO-Link lässt sich in gängige Feldbus- und Automatisierungssysteme integrieren.
- Ein IO-Link-System besteht aus einem Master ①, entsprechenden Sensoren ② und Aktoren.
- Der IO-Master ist die Schnittstelle zur übergeordneten Steuerungseinheit (z. B. SPS ③) und kann in die SPS integriert oder separat eingefügt sein ④. Der IO-Master ist verantwortlich für die Kommunikation mit den angeschlossenen Geräten.
- Der IO-Master besitzt einen oder mehrere Ports ⑤. An jedem Port kann ein IO-Link-Gerät angeschlossen werden. Dadurch kann zwischen der E/A-Baugruppe und seinem Sensor oder Aktor eine **Punkt-zu-Punkt-Verbindung** hergestellt werden. Es handelt sich dabei nicht um eine Busverdrahtung, sondern um eine **Parallelverdrahtung**.
- Durch einheitliche und ungeschirmte 3-Leiter-Verbindungen für Sensoren und Aktoren ist der Verdrahtungsaufwand gering.
- Steckverbinder und ihre Pinbelegung entsprechen Standardsensoren ⑥.
- Möglichkeiten/Vorteile durch IO-Link:
  - Zentrale Fehlerdiagnose und -ortung bis zur Sensor-/Aktorebene
  - Die Inbetriebnahme und Instandhaltung werden erleichtert, indem sich Parameter direkt aus der Applikation dynamisch ändern lassen.
  - Durch zentral verwaltete Daten und die Reproduzierbarkeit von Parametern ist eine schnellere Projektierung möglich.
  - Umrüst-/Stillstandszeiten lassen sich reduzieren.
  - Abwärtskompabilität mit Standardkomponenten ist gegeben.
  - Einfacher Austausch ohne zusätzliche Softwareänderung ist möglich.

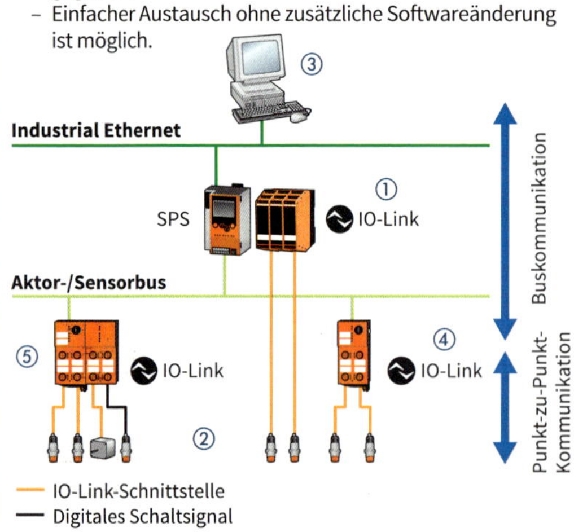


## Anwendungsbeispiel IO-Link und E/A-Module

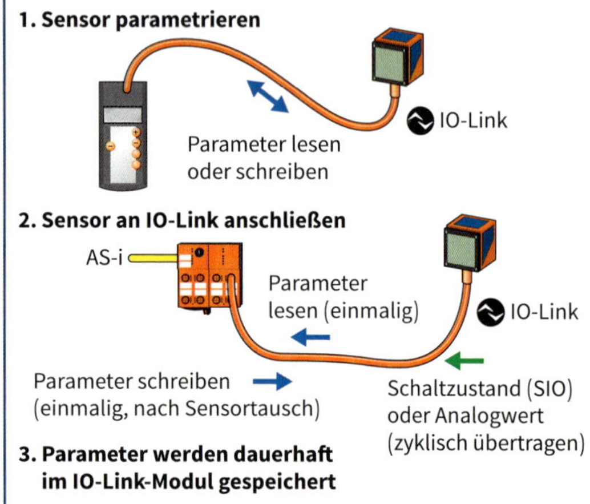


## Betriebsarten der IO-Link-Schnittstelle

- Die Kommunikation erfolgt über Pin 4 ⑥ (M12-Stecker). Der Signalpegel liegt bei standardisierten 24 V DC. Über Pin 4 sind zwei Betriebsarten möglich, die sich beliebig kombinieren lasssen:
  - **SIO**-Modus (**S**tandard **IO** Modus) ⑦
    Damit lassen sich Schaltzustände realisieren.
  - **COM**-Modus ⑧
    Kommunikation der Prozessdaten, Geräteparameter mit drei unterschiedlichen Datenraten
- Kommunikationsbeispiel:
  - Ein optischer Entfernungssensor wird azyklisch und seriell mit Parameterdaten über den IO-Master versorgt.
  - Danach kann bei einer Objekterkennung der Sensor ein zyklisch binäres Signal liefern.

| Betriebsarten | Datenaustausch | Nettodaten (typisch) | Übertragungszeit bei 38,4 kbit/s |
|---|---|---|---|
| SIO | zyklisch binär | 1 Bit | < 0,1 s |
| Prozessdaten | zyklisch seriell | 1…32 Byte | 2,3…32 ms |
| Geräteparameter | azyklisch seriell | 1…32 Byte | 2,3…32 ms |

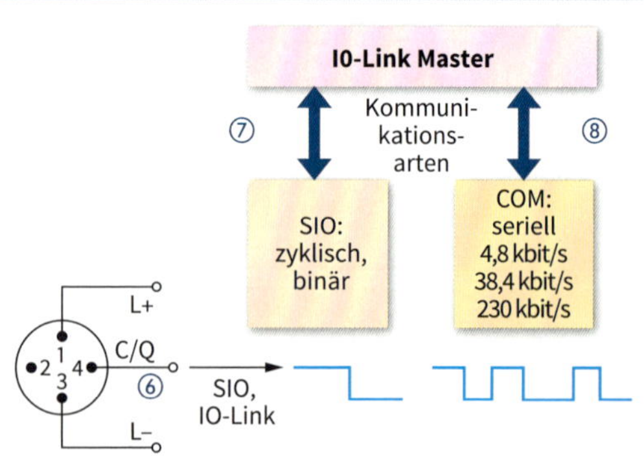

# Steuerungsprinzip
## Control Principle

### Ablauf und Komponenten

- Eine **Steuerkette** besteht aus der
  - **Steuereinrichtung**, einem
  - **Stellglied** und der
  - **Steuerstrecke**.
- Größen:
  - Eingangsgröße ① ***w*** (Sollwert)
  - Ausgangsgröße, Steuergröße ***x*** ② (Istwert)
  - Störgröße ***z*** ③

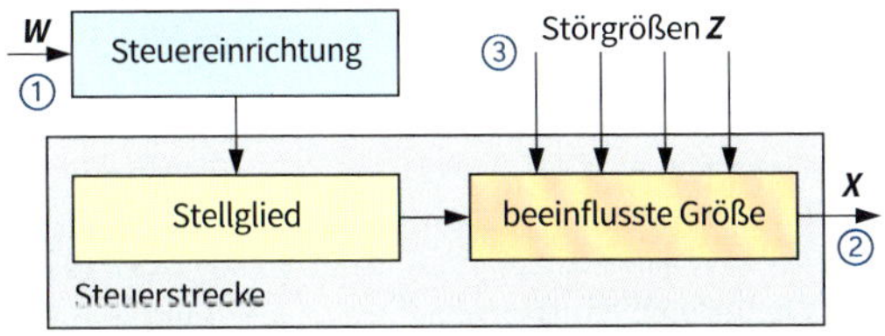


- Die Eingangsgröße ① ***w*** wird auf der Steuerstrecke durch Störgrößen ***z*** ③ beeinflusst. Die Ausgangsgröße ***x*** ② ist eine beeinflusste Eingangsgröße.
- Im Gegensatz zur Regelungstechnik besitzt die Steuerkette einen offenen Wirkungskreis.

### Begriffe und Beispiele

- **Steuereinrichtung**
  Die Steuereinrichtung erzeugt in Abhängigkeit der Sollwertvorgaben am Ausgang die Stellgröße.
  Beispiele:
  Taster, logische Schaltung, Zeitglied
- **Stellglied**
  Das Stellglied wird von der Stellgröße beeinflusst und steuert so den Energiefluss der Steuerstrecke. Es ist ein Teil der Steuerstrecke.
  Beispiele:
  Relais, Transistor, Triac (elektronische Schalter)
- **Steuerstrecke**
  Die Steuerstrecke ist ein Anlagenteil, der das Stellglied und die aufgabenmäßig beeinflussten Größen enthält.
  Beispiele:
  Elektrischer Antrieb, Heizelemente, Flüssigkeitsströmungen

### EVA-Prinzip

- Die wesentlichen Merkmale einer Steuerung sind Eingabe (**E**), Verarbeitung (**V**) und Ausgabe (**A**).

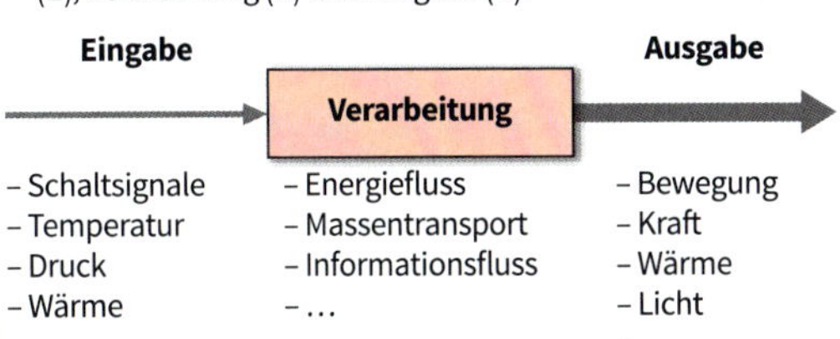


- Eingabeobjekte sind Taster, Schalter oder Sensoren mit unterschiedlichen physikalischen Größen.
- Auf der Ausgabeseite befinden sich in der Regel **Wandler**. So formt z. B. ein Elektromotor elektrische Energie in Bewegungsenergie oder in eine Kraftwirkung um. Weil damit eine gewünschte Aktion oder ein bestimmter Effekt hervorgerufen wird bezeichnet man diese Objekte auch als Aktoren.

### Steuerungsarten

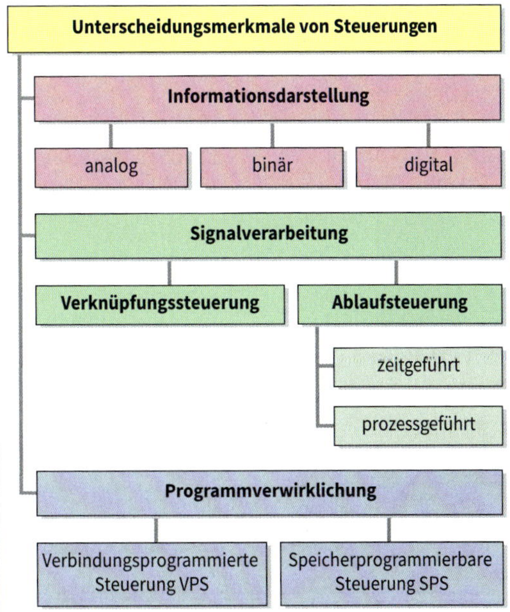


- **Analoge Steuerung**
  Zu jeder Eingangsgröße gibt es eine entsprechende Ausgangsgröße.
  Beispiel: Bei einem bipolaren Transistor lässt sich mit der Basis-Emitter-Spannung (Eingangsgröße) die Kollektorstromstärke (Ausgangsgröße) kontinuierlich verändern.
- **Binäre Steuerung**
  Es sind nur zwei Zustände zugelassen, z. B. EIN und AUS oder 0 und 1. Diese Zustände lassen sich mit Schaltern, Tastern, Relais und Schützen sowie mit elektronischen Bauelementen, die ein Schaltverhalten besitzen, herstellen.
- **Digitale Steuerung**
  Hierbei werden die analogen Größen in digitale Ziffern umgewandelt, codiert, verarbeitet und am Ende der Übertragungskette wieder in eine analoge Ausgangsgröße umgewandelt.
- **Verknüpfungssteuerung**
  Den Zuständen der Eingangsgrößen werden über Boolesche Verknüpfungen definierte Zustände der Ausgangssignale zugeordnet.
- **Ablaufsteuerung**
  Es handelt sich um Steuerungen, die einen schrittweisen Ablauf voraussetzen. Die Übergangsbedingungen steuern die Abfolge von einem Schritt zum nachfolgenden Schritt.
  Die Übergangsbedingung kann von der Zeit (zeitgeführt) oder von einem Prozess abhängig sein.
- **Verbindungsprogrammierte Steuerung (VPS)**
  Die Funktion der Steuerung wird durch die Verdrahtung der Elemente realisiert (Schaltung).
- **Speicherprogrammierbare Steuerung (SPS)**
  Die Steuerungsfunktion wird durch die Ausführung eines Steuerungsprogramms ausgelöst. Das Steuerungsprogramm ist in einem Speicher abgelegt.

## Farben für Drucktaster und Signalleuchten

| Farbe | Bedeutung | Anwendungen: Drucktaster | Anwendungen: Signalleuchten | Beispiel |
|---|---|---|---|---|
| ROT | Gefahr | NOT-AUS | Gefahrbringender Zustand, sofort Ausschalten (Störung) |  |
| GELB | Achtung Anormal | Beseitigung von anormalen Bedingungen bzw. unerwünschten Änderungen | Beseitigung von anormalen Bedingungen bzw. unerwünschten Änderungen | |
| GRÜN | Normal | Vorbereiten/Bestätigen/ START/EIN Verboten bei STOPP/AUS | Die physikalische Größe liegt im normalen Bereich | |
| BLAU | Zwingend | Vorbestimmte Maßnahme wird durchgeführt, z. B. Rückstellen | Vorbestimmte Maßnahmen durchführen, z. B. Werte eingeben |  |
| WEISS | Keine bestimmte Bedeutung | Bevorzugt anwenden für **START/EIN** **STOPP/AUS** | Kontrolle, ob Umschaltung notwendig | |
| GRAU | | | | |
| SCHWARZ | | | | |

## Schütze

- Schütze sind Schalter, die durch einen Elektromagneten betätigt werden. Bei Stromfluss (Gleich- oder Wechselstrom durch eine Spule wird ein Eisenanker angezogen, Kontakte (Schaltglieder) werden geschlossen oder geöffnet.
- Bevorzugte Betriebsspannungen: 24 V, 48 V, 110 V, 230 V
- **Hauptschütze** (**Lastschütze**, **Leistungsschütze**) werden für das direkte Schalten von elektrischen Maschinen oder elektrischen Geraten in Stromkreisen eingesetzt und besitzen dafür vorhandene bzw. nachrüstbare Hauptschaltglieder. Zusätzlich sind Hilfsschaltglieder (in der Regel bis 10 A belastbar) vorhanden bzw. nachrüstbar.
- **Hilfsschütze** (**Steuerschütze**) sind im Prinzip wie Hauptschutze aufgebaut. Mit den Schalt gliedern können Ströme bis 10 A bzw. 16 A geschaltet werden. Mit ihnen werden im Wesentlichen Steuerungsaufgaben realisiert.

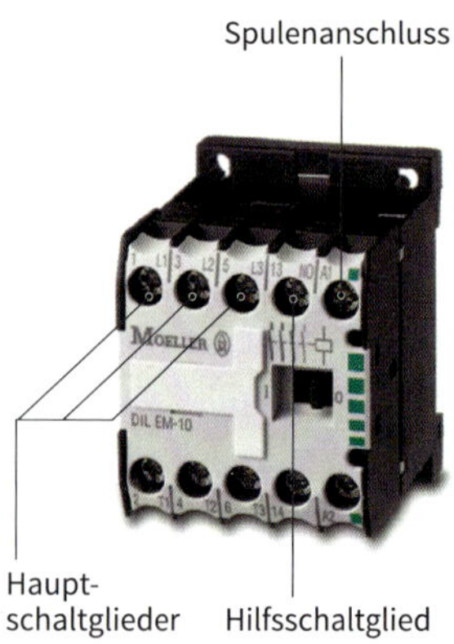


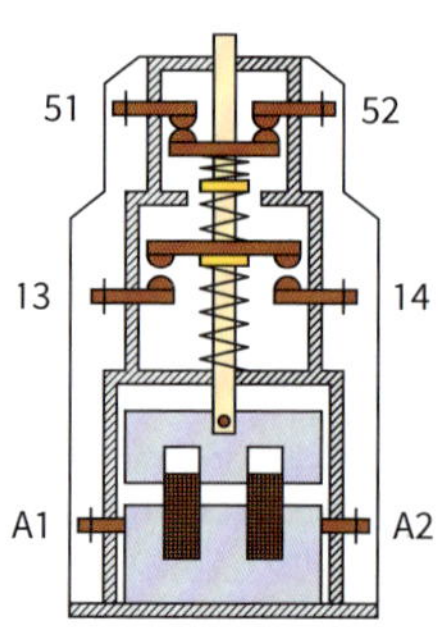


## Relais

- Grundsätzlicher Aufbau

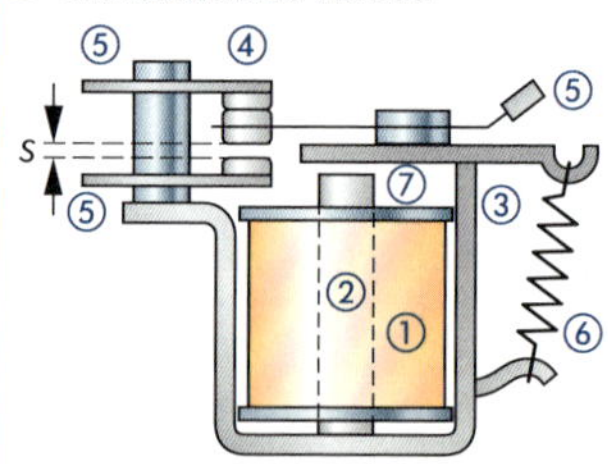


- Spule ①
- Ferromagnetischer Kern ②
- Joch ③
- Kontakte ④
- Zuführungen ⑤
- Rückstellfeder ⑥
- Beweglicher Anker ⑦

- Relais in Kompaktbauweise:
  Der Ankerluftspalt liegt in der Mitte der Spule. Das Innere der Spule ist die schutzgasgefüllte Kontaktkammer.

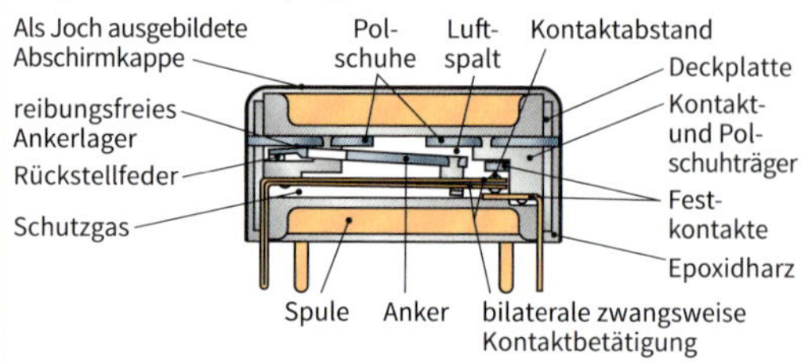


## Reed-Relais

- Verschlossenes Glasröhrchen mit zwei eingeschmolzenen ferromagnetischen Kontaktzungen (engl.: reed).
- Die Erregerspule umschließt das Glasröhrchen.

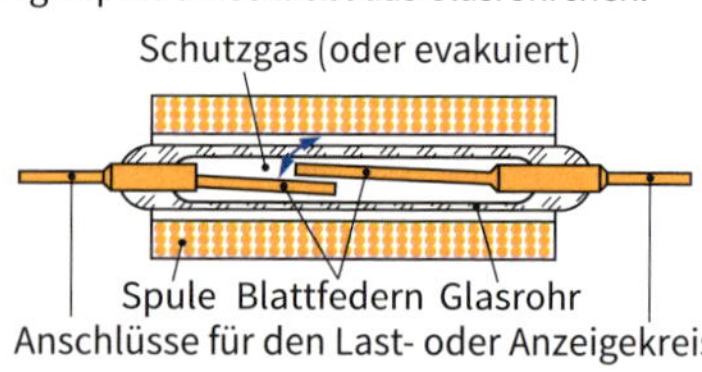

# Sensoren – Übersicht

## Sensors – Overview

### Sensoren in Steuerungen

- Sensoren sind in der Regel Bestandteile eines modularen Steuerungs-Systems.
- Die Module sind in vielen Fällen autonom funktionsfähig. Sie lassen sich separat überprüfen.
- Module haben definierte Schnittstellen.
- Die Ausgangsgröße (Aktor) ist eine Funktion der Eingangsgröße (Sensor).

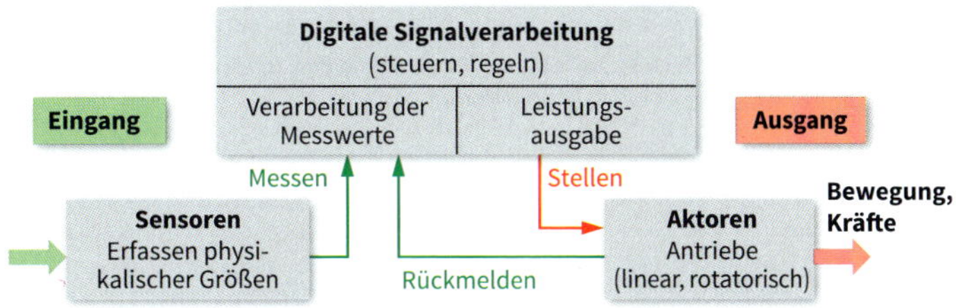


### Aktive Sensoren

Die mit dem Sensor zu messende Größe wird **direkt** in eine elektrische Größe umgewandelt (bevorzugt elektrische Spannung).

**Beispiele:**

- Temperatur → Spannung (Thermoelement)
- Magn. Flussdichte → Spannung (Hallsonde)
- Kraft → Ladung (Piezokristall)
- Beleuchtungsstärke → Stromstärke (Fotodiode)

### Passive Sensoren

Zur Umwandlung der zu messenden Größe benötigt der passive Sensor elektrische Energie (**indirekte Umwandlung**). Die elektrische Energie (Stromstärke, Spannung) wird durch die Sensorgröße beeinflusst.

**Beispiele**:

**Resistive Änderung bei**
- Dehnmessstreifen
- Temperaturabhängigen Widerständen
- Feldplatten
- Fotowiderständen
- Leitfähigkeitsmesszellen

**Kapazitive Beeinflussung durch**
- Abstandsänderung der Platten
- Flächenänderung
- Veränderung des Dielektrikums
- Veränderung des elektrischen Feldes

**Induktive Beeinflussung durch**
- Änderung der geometrischen Abmessungen von Spulen
- Permeabilitätsveränderung
- Veränderung des Dielektrikums
- Veränderung des magnetischen Feldes

**Lichtstrombeeinflussung durch Änderung der**
- Intensität
- Wellenlänge bzw. Frequenz
- Polarisation

### Sensoreinteilung nach der Art des Ausgangssignals

- **Analogausgang**
  Das Messsignal wird in ein stetiges Ausgangssignal umgewandelt.

  **Beispiele:**
  – Spannung 0 V…10 V; 2 V…10 V
  – Stromstärke 0 mA…20 mA; 4 mA…20 mA

- **Binärausgang (schaltende Sensoren)**
  Am Ausgang sind nur zwei Zustände möglich, zwischen denen bei Über- bzw. Unterschreitung eines Schwellwertes gewechselt wird. Wenn die beiden Schwellwerte verschieden sind, ergibt sich im Schaltverhalten eine **Hysterese**.

  **Beispiele:**
  – Näherungsschalter durch kapazitive, induktive oder optische Beeinflussung (Lichtschranken)
  – Ultraschall-Näherungsschalter
  – Mechanische Endschalter (Schnappschalter)

- **Digitalausgang**
  Das Ausgangssignal ist ein digital codiertes Signal, das über diese Schnittstelle direkt in Bus-Systeme eingekoppelt werden kann.

### Sensoreinteilung nach der Art der Messgröße

| Geometrisch | Bewegung | Kraft |
|---|---|---|
| Länge<br>Volumen<br>Winkel<br>Füllstand<br>Anwesenheit<br>Kontur<br>Position … | Weg<br>Geschwindigkeit<br>Drehzahl<br>Beschleunigung<br>Vibration<br>Phasenlage<br>Frequenz … | Masse<br>Kraft<br>Druck<br>Drehmoment<br>Dehnung<br>Härte<br>Elastizität … |
| **Hydrostatisch, hydrodynamisch** | **Thermisch, kalorisch** | **Chemisch, biologisch** |
| Druck<br>Durchfluss<br>Strömungs-geschwindigkeit<br>Teilchendichte<br>Viskosität … | Temperatur<br>Wärmemenge<br>Wärmeströmung<br>Leitfähigkeit<br>Spezifische Wärmekapazität … | Leitfähigkeit<br>pH-Wert<br>Feuchtigkeit<br>Substanzart<br>Anwesenheit von Substanzen … |
| **Optisch** | **Elektrisch** | **Strahlung** |
| Beleuchtungs-stärke<br>Absorption und Emission<br>Brechung<br>Farbart<br>Polarisation … | Ladung<br>Spannung<br>Stromstärke<br>Leistung<br>Leitfähigkeit<br>Feldstärke<br>Potenzial … | Strahlungsart<br>Aktivität<br>Dosis<br>Energiedichte<br>… |

## Aufbau eines digitalen Sensorsystems (dreistufiger AD-Umsetzer)

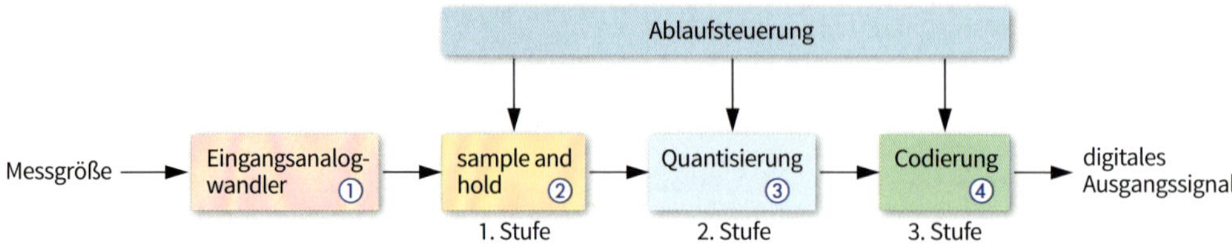


① Umsetzung der nichtelektrischen Messgröße in ein analoges elektrisches Signal.

② Abtastung des Messwertes in der Zeit $t_{ab}$, Messwerterhaltung für die Zeit $t_{hold}$.

③ Messbereichsunterteilung in endliche Zahl von Teilbereichen. Davon abhängig sind Auflösung und Messfehler.

④ Teilbereichsumwandlung in bestimmten Code sowie Anzeige bzw. Weiterleitung.

## Widerstandsmessung

Anwendungen für Widerstandsmessungen sind:
- Temperaturmessung (z. B. PT 100)
- Messung mechanischer Spannungen (Dehnungsmessstreifen)
- Strommessung (über Shunt)

Fehlerquellen:
Die Anschlussleitung des Sensors hat einen eigenen Widerstand. Dieser ist abhängig von der Temperatur und der Leitungslänge. Er verfälscht je nach Schaltungsart das Messergebnis. Je kleiner der zu messende Widerstand ist, desto größer ist der Messfehler.

### Zweileitermessung

Spannungsgespeiste Messbrücke

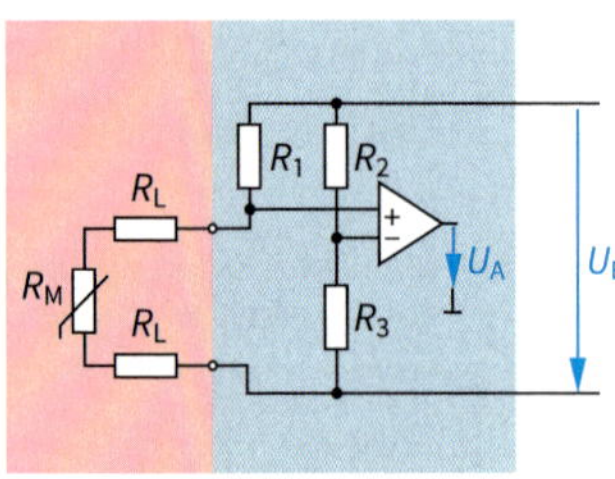


Leitungswiderstand $R_L$ führt zu
- Messfehlern ($R_M + 2\,R_L$)
- Nullpunktverschiebungen bei Widerstandsänderung in der Messleitung ($R_L$)

### Dreileitermessung

Spannungsgespeiste Messbrücke

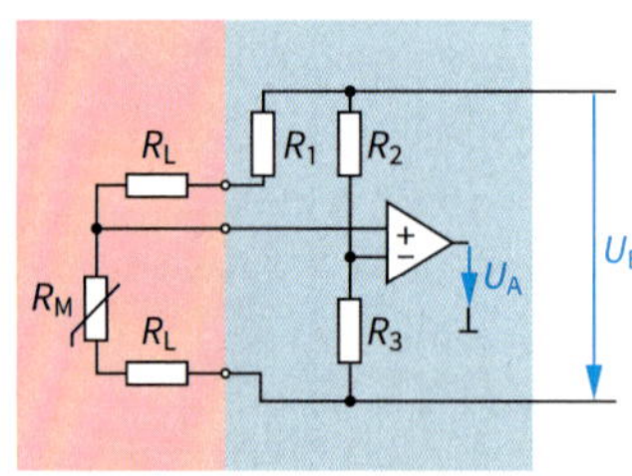


- Leitungswiderstand $R_L$ ist auf obere und untere Brückenhälfte gleich verteilt. Temperatureinflüsse werden dadurch kompensiert.
- Der Messfehler ist geringer als bei der Zweileitermessung, aber noch vorhanden.

### Vierleitermessung

Stromgespeiste Messung

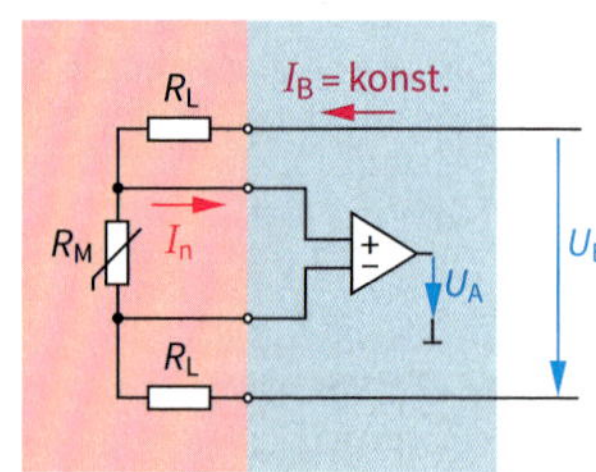


- Messstrom $I_B$ = konstant
- Messstrom zum Operationsverstärker $I_n = 0$ A, da Eingangswiderstand $R_E = \infty$
- $U_A \sim R_M$
- Keine Messfehler durch $R_L$

## Sensorsignalübertragung

### Konventionell

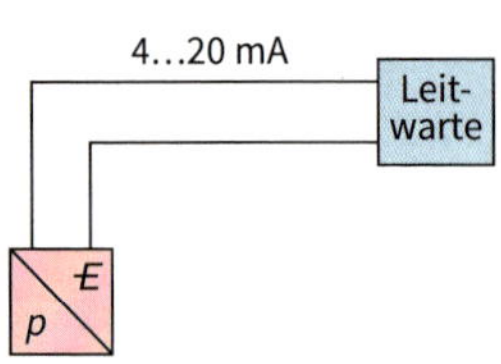


- Digitales Sensorsignal wird in analoges 4…20 mA-Signal umgewandelt und zur Leitwarte übertragen.

### Intelligent

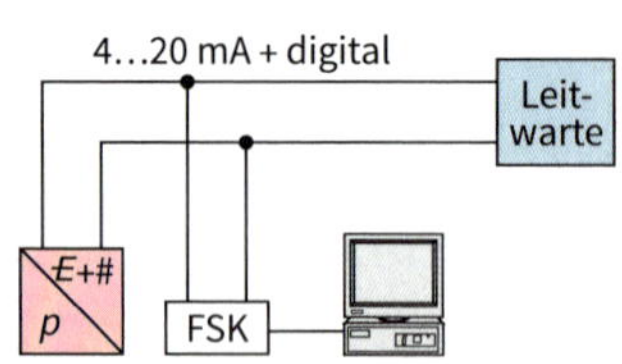


- Analogem 4…20 mA-Signal wird frequenzmoduliertes Signal überlagert (FSK = **F**requency **S**hift **K**eying).
- Speicherung von Werten und Ereignissen zur Prozessoptimierung möglich.

### Feldbus

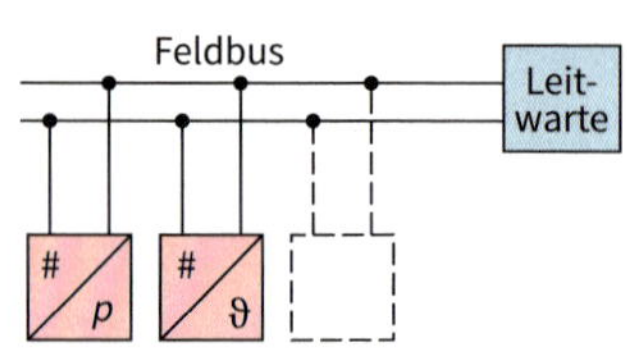


- Digitale Kommunikation zwischen Sensoren und Aktoren möglich.
- Eigensichere Speisung und Datenübertragung von Leitwarte ins Feld.

## Resistive Temperatursensoren

- Normierte Platin-Temperatursensoren (temperaturabhängiger Widerstand) entsprechend DIN EN 60751: 2009-06
- Der Bemessungswert wird bei 0 °C angegeben.
- Widerstandsänderungen bis ca. 100 °C:
  Pt100: 0,4 Ω/K; Pt500: 2,0 Ω/K; Pt1000: 4,0 Ω/K
- Kennlinien

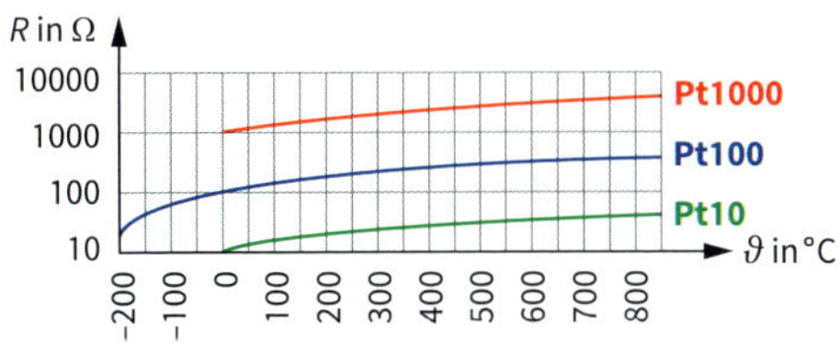


### Aufbau

In DIN 43764 bis 43769 sind verschiedene Schutzrohr-Bauformen für unterschiedliche Aufgabenstellungen festgelegt.

**Beispiel:** Form B

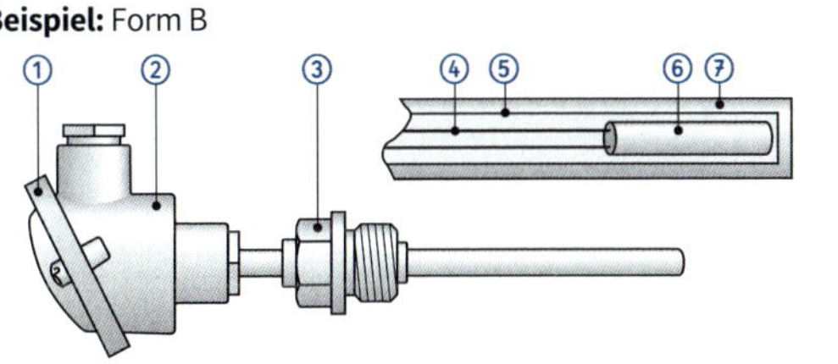


① Anschlusskopf ② Anschlusssockel ③ Verschraubung
④ Anschlussleiter ⑤ Einsatzrohr ⑥ Temperatursensor
⑦ Schutzrohr

| Form | Ausführung und Anwendung |
|---|---|
| **A** | Emailliertes Rohr, Befestigung mit verschiedenen Anschlagflanschen, Rauchgas-Messung |
| **B** | Rohr mit angeschweißtem Gewinde G 1/2A (") |
| **C** | Rohr mit angeschweißtem Gewinde G 1A (") |
| **D** | Druckfestes, dickwandiges Rohr zum Einschweißen |
| **E** | Am Ende verjüngtes Rohr für schnell ansprechendes Verhalten, Befestigung durch verschiebbaren Anschlagflansch |
| **F** | Rohr wie Form E, jedoch angeschweißter Flansch |
| **G** | Rohr wie Form E, jedoch mit angeschweißtem Gewinde G 1A |

### Anschlussmöglichkeiten

- **Zweileitertechnik**
  Sensor und Auswerteschaltung sind gemeinsam mit einer zweiadrigen Leitung verbunden. Da der Leitungswiderstand und der Sensor in Reihe liegen, kommt es zu einer Messwertverfälschung (Kompensation erforderlich).
- **Dreileitertechnik**
  Ein zusätzlicher Leiter wird zum Sensor geführt, so dass zwei Stromkreise entstehen. Der Leitungswiderstand sowie seine Temperaturabhängigkeit lassen sich kompensieren.
- **Vierleitertechnik**
  Durch den Sensor fließt ein Konstantstrom. Der Spannungsfall am Sensor wird abgegriffen und an den Eingang einer hochohmigen Auswerteschaltung geführt. Leitungswiderstände und deren Temperaturabhängigkeit sind weitgehend ohne Einfluss.

## Induktive Sensoren

### Messprinzip

- Die Erkennung von metallenen Leitern erfolgt durch Dämpfung des elektromagnetischen Wechselfeldes einer Spule ① (offener Schalenkern).
- In den metallenen Leitern werden Wirbelströme induziert, die dem Feld Energie entziehen. Die Schwingungsamplitude des Oszillators ② verringert sich.
- Das Signal wird demoduliert ③, in ein Schaltsignal umgeformt ④ und entsprechend verstärkt ⑤.

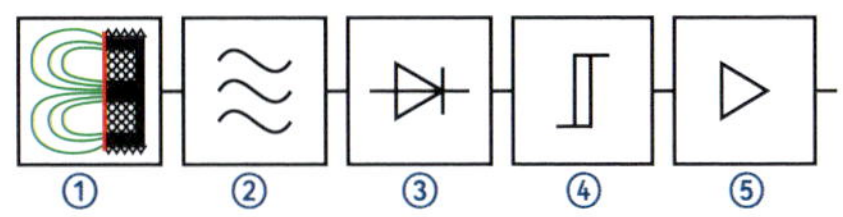


### Bauformen

## Kapazitive Sensoren

### Messprinzip

- Die Erkennung erfolgt durch Änderung des elektrischen Feldes eines Kondensators ① durch
  - metallene oder
  - nichtmetallene Objekte (fest oder flüssig).
- Durch das externe Material ändert sich die relative Permittivität $\varepsilon_r$ bzw. die Kapazität.
- Durch die Kapazitätsänderung verändert sich die Schwingkreisfrequenz des Oszillators ②. Sie wird durch nachgeschaltete Stufen ③ ausgewertet.

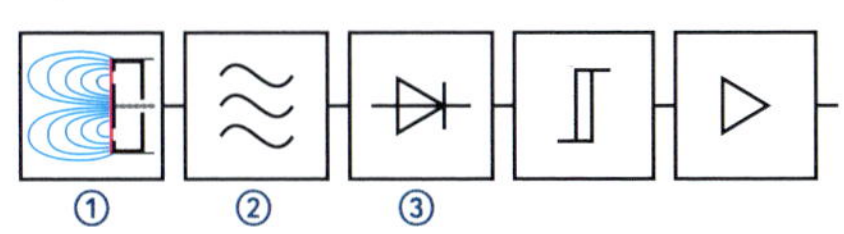


### Anwendungen

Verpackung

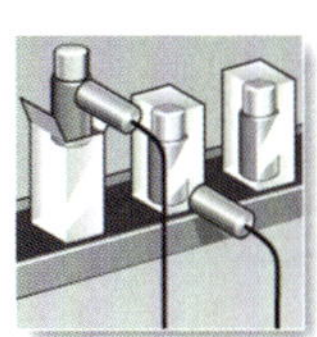

Füllstand

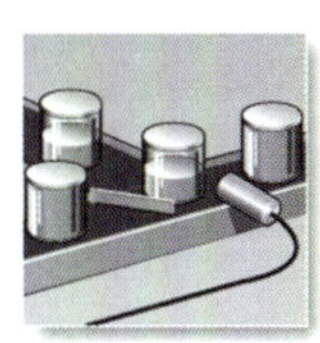

Qualität

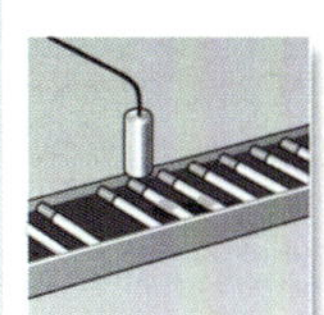

Füllstand

Fehler

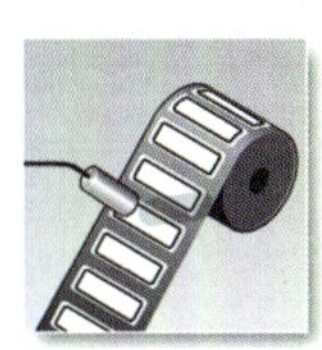

Messführung

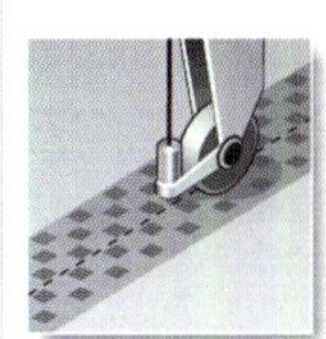

## Lichtschranken

### Reflexions-Lichtschranke

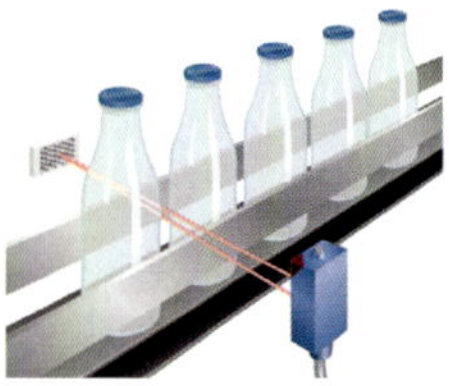

- Sender und Empfänger in einem Gehäuse
- Große Reichweiten, matte Oberflächen werden erkannt, geeignet für transparente Objekte
- Stapelhöhenüberwachung, Abtasten von Objekten auf Förderbändern, Erfassen transparenter Objekte

### Reflexions-Lichtschranke mit Polarisationsfiter

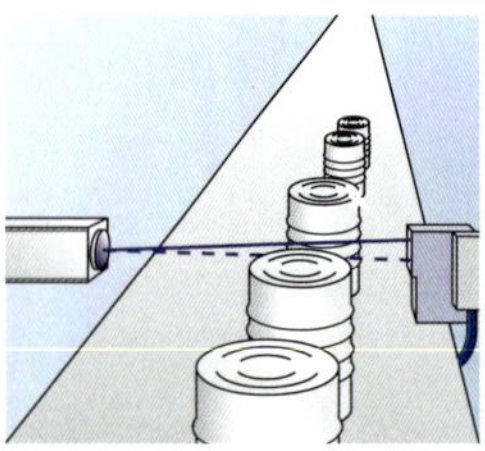

- Sender und Empfänger in einem Gehäuse
- Vom Sender geht polarisiertes Licht aus. Das vom Reflektor in der Polarisationsebene gedrehte Licht löst keinen Schaltvorgang im Sensor aus.
- Erkennbar sind glänzende Objekte, da durch sie keine Drehung der Polarisationsebene erfolgt.

### Einweg-Lichtschranke

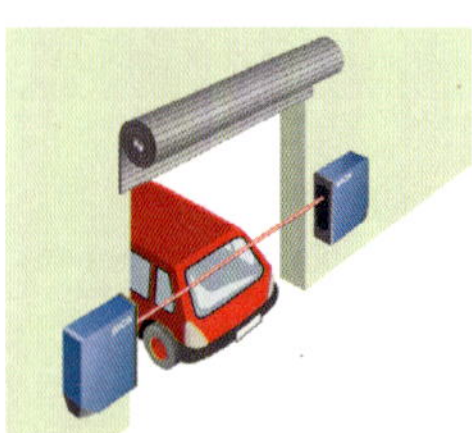

- Sender und Empfänger in getrennten Gehäusen
- Große Reichweiten möglich, Schaltpunkt unabhängig von der Oberfläche des Objektes, hohe Reproduzierbarkeit aufgrund der schmalen aktiven Bereiche
- Überwachung, Zählen, Positionieren von Objekten

### Gabellichtschranke

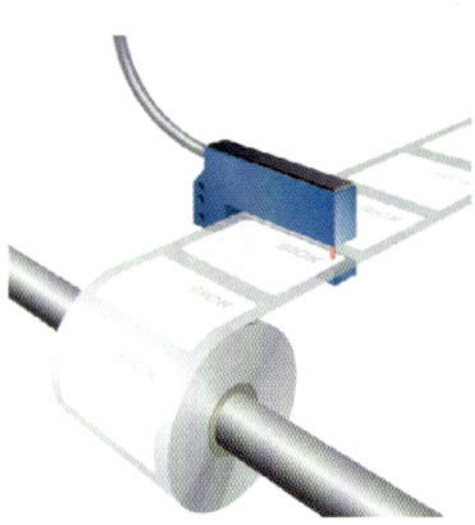

- Einwegprinzip mit Sender und Empfänger in einem Gehäuse
- Fest vorgegebener Abstand zwischen Sender und Empfänger (Gabelweite), präzise gebündelter Lichtaustritt
- Hohe Detektionsgenauigkeit, geringe Lichtdämpfungsunterschiede werden erkannt.

### Lichtschranke mit Lichtwellenleitern

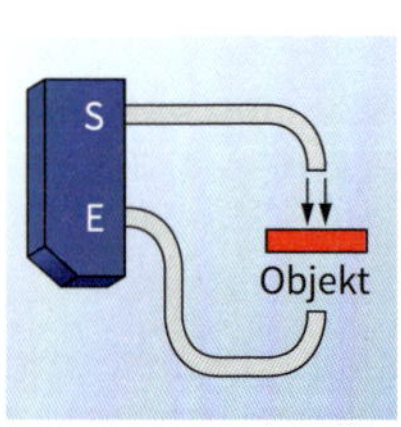


- Ausführung als Einweg- und Reflexionslichtschranke
- Schwer zugängliche Orte sind gut erreichbar.
- Erkennung sehr kleiner Objekte

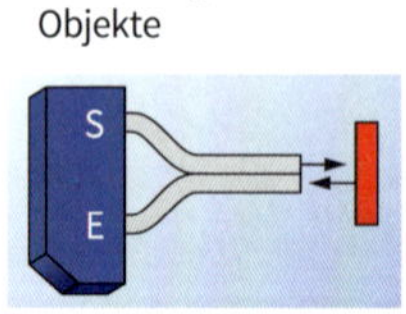


## Lichttaster

### Reflexions-Lichttaster

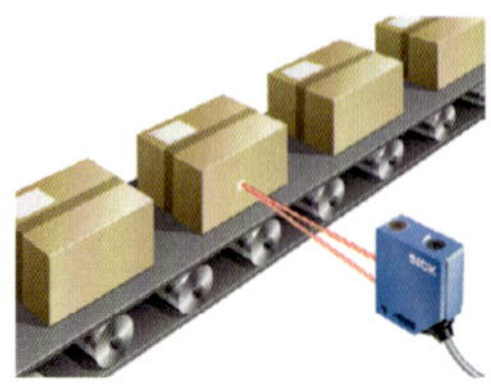

- Gemeinsames Gehäuse für Sender und Empfänger
- Tastbereich abhängig vom Reflexionsgrad der Objekte, geeignet zur Unterscheidung von dunklen und hellen Objekten.
- Zählen, Anwesenheitskontrolle von Objekten

### Reflexions-Lichttaster mit Hintergrundunterdrückung

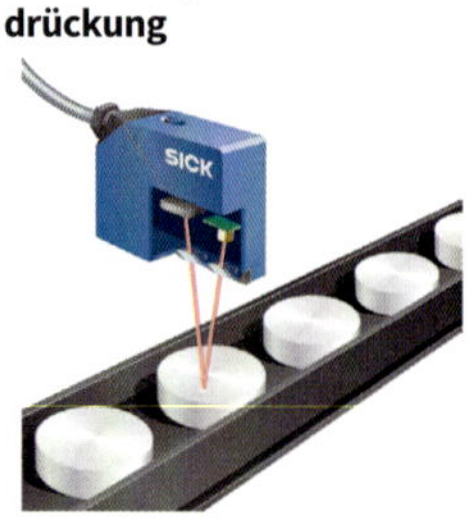


- Einstellung des Winkels zwischen Sende- und Empfangslichtstrahl ergibt definierten Tastbereich
- Objekte außerhalb des Tastbereichs werden ignoriert, Einfluss von Oberfläche und Farbe der Objekte gering
- Erkennen kleiner Gegenstände, Kontrolle der Inhalte von Behältern

### Lichtschnittsensor

- Sender und Empfänger in einem Gehäuse
- Laserlinie fährt in definiertem Winkel über das Tastobjekt. Auf dem Empfängerarray wird eine dem Höhenprofil entsprechende Linie als Kontur abgebildet (Bild im Bild).
- Überwachen von Stapelhöhen, Füllständen, Objektorientierungen

### Abstandsensor

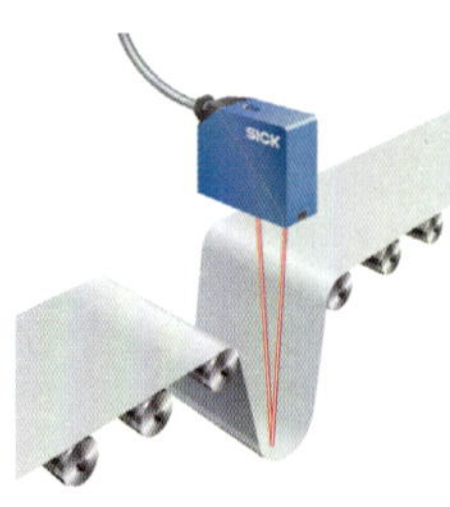

- Sender und Empfänger in einem Gehäuse
- Anwesenheit und Position eines Objektes werden ermittelt (Triangulationsverfahren). Ausgabe kontinuierlicher Entfernungswerte mittels Analogschnittstelle. Digitale Schnittstelle signalisiert vorhandene Objekte.
- Tastweite: ca. 300 bis 3000 mm

### Lumineszenztaster

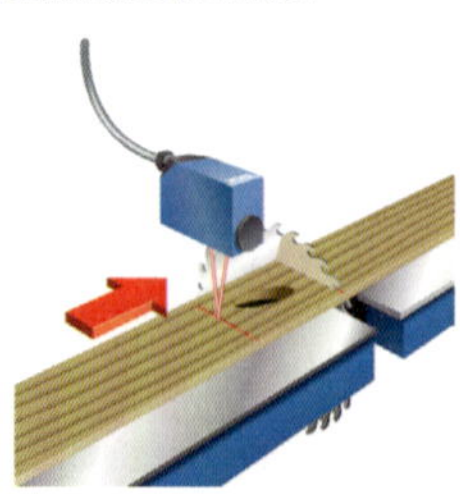

- Sender und Empfänger in einem Gehäuse
- Gesendetes UV-Licht des Tasters trifft auf lumineszierende Pigmente, die zum Leuchten angeregt werden.
- Nur von markierten Objekten zurückgestrahltes Licht wird im Empfänger des Tasters ausgewertet.

## Kennzeichen des Regelns

- Fortlaufende Erfassung der zu regelnden Größe
- Vergleichen der Regelgröße mit der Führungsgröße
- Angleichen der Regelgröße an die Führungsgröße
- Geschlossener Wirkungsablauf (Regelkreis)

## Elemente der Regelungstechnik

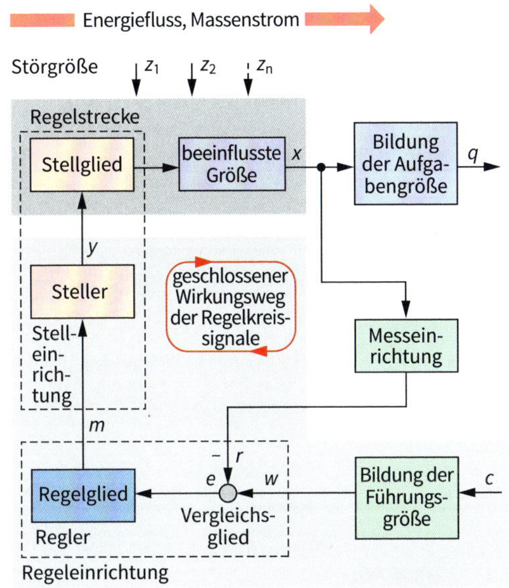


**Beispiel:** Drehzahlregelung

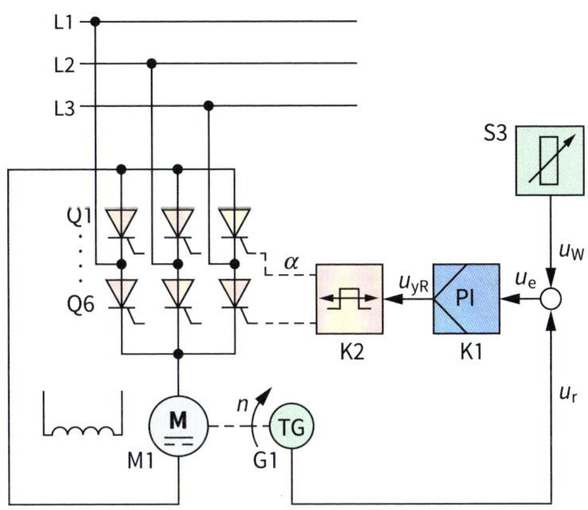


| Bezeichnung | Erklärung | Beispiel |
|---|---|---|
| Regelstrecke | Sie ist Teil des Systems oder Wirkungsplans, der beeinflusst werden soll. | Q1 … Q6, M1 |
| Regler | Er besteht aus Vergleichsglied und Regelglied. | K1 |
| Regeleinrichtung | Teil des Wirkungsweges, der die aufgabengemäße Beeinflussung der Strecke über das Stellglied bewirkt. | Vergleichsglied, K1, K2, S3 |
| Steller | Er ist eine Funktionseinheit, in der aus der Reglerausgangsgröße die zur Aussteuerung des Stellgliedes erforderliche Stellgröße gebildet wird. | K2 |
| Stellglied | Es ist eine Funktionseinheit am Eingang der Regelstrecke, die in den Massenstrom oder Energiefluss eingreift. Das Stellglied gehört zur Strecke. | Q1 … Q6 |

## Größen der Steuerungs- und Regelungstechnik

| | | |
|---|---|---|
| Regelgröße | *x* | Größe der Regelstrecke, die zum Regeln erfasst und der Messeinrichtung zugeführt wird. |
| Aufgabengröße | *q* | Von der Steuerung oder Regelung zu beeinflussende Größe, die mit der Regelgröße verknüpft sein muss, aber nicht unbedingt zum Regelkreis gehört. |
| Stellgröße | *y* | Ausgangsgröße der Steuer- oder Regeleinrichtung, zugleich Eingangsgröße der Strecke. Sie überträgt die steuernde Wirkung der Einrichtung auf die Strecke. |
| Reglerausgangsgröße | *m* | Ausgangsgröße des Reglers und Eingangsgröße der Stelleinrichtung |
| Störgröße | *z* | Von außen wirkende Größe, die die beabsichtigte Beeinflussung in der Steuerung oder Regelung beeinträchtigt. |
| Führungsgröße | *w* | Von der Steuerung oder Regelung unbeeinflusste Größe, der die Steuerung oder Regelung folgen soll. Sie wird dem Regelkreis von außen zugeführt. |
| Rückführgröße | *r* | Aus der Messung der Regelgröße hervorgegangene und dem Vergleichsglied zugeführte Größe. |
| Regeldifferenz | *e* | Differenz zwischen der Führungsgröße *w* und der Rückführgröße *r* $e = w - r$ |
| Zielgröße | *c* | Sollwert für die Aufgabengröße *q* |

**Merkmale:**

- Ein Aktor (Aktuator) ist ein System (Stellglied), mit dem eine physikalische Größe beeinflusst wird.
- Die Steuerung (Stellsignal, Eingangsinformation) erfolgt in der Regel mit elektrischen Signalen.
- Die Eingangsinformation wird verarbeitet.
- Zur Funktion muss in der Regel Energie separat zugeführt werden (Hilfsenergie). Die Hilfsenergie wird in eine andere Energie umgewandelt.

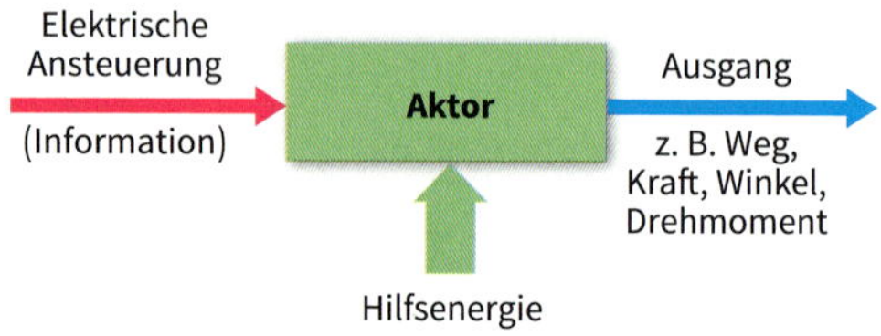


## Einteilung nach der Hilfsenergie

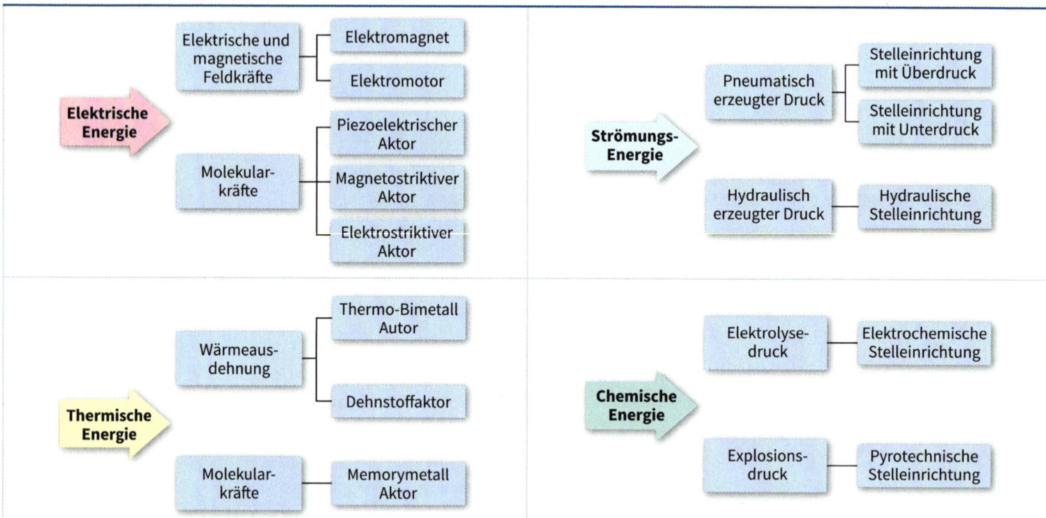


## Funktionen von Aktoren

- Bewegen
  - Translation
  - Rotation
  - Schwingung
  - Bremsen
  - Bewegung in Bahnen
  - …
- Halten
- Positionieren
- Bearbeiten
- Fördern
  - Gase
  - Flüssigkeiten
  - feste Körper, Partikel
  - …
- Heizen und Kühlen
- Beschallen
- Beleuchten
- Ionisieren, Bestrahlen
- …

## Fluidische Aktoren

Mit Hilfe von gasförmigen oder flüssigen Medien lassen sich Kräfte und Bewegungen erzeugen. Die Medien besitzen dabei kinetische (Strömung) oder potenzielle Energie.

- Geradlinige Bewegung wird erzeugt mit
  - einfachwirkenden und
  - doppeltwirkenden Zylindern.
- Drehbewegung (Rotation) wird erzeugt mit
  - Luft- bzw. Hydromotoren,
  - Drehzylindern und
  - Schwenkantrieben.

## Physikalische Effekte bei Aktoren

- **Piezoelektrisch**
  Bei bestimmten Kristallen lassen sich durch ein äußeres elektrisches Feld geometrische Veränderungen hervorrufen.
- **Elektrodynamisch**
  Auf einen stromdurchflossenen Leiter im Magnetfeld wirkt eine Kraft (z. B. Motor).
- **Elektromagnetisch**
  Zwischen ungleichnamigen Polen eines Magneten treten Anziehungskräfte und zwischen gleichnamigen Polen Abstoßungskräfte auf (z. B. Reluktanzmotor, Hubmagnet).
- **Elektrostriktiv**
  Durch ein externes elektrisches Feld kommt es zur Polarisation in bestimmten Kristallen. Die Symmetrie der Kristalle ändert sich und es verändern sich die geometrischen Abmessungen.
- **Magnetostriktiv**
  Durch ein externes Magnetfeld werden Moleküle in bestimmten ferromagnetischen Werkstoffen (z. B. Terfenol TbDyFe) ausgerichtet. Es kommt zu geometrischen Veränderungen.
- **Magneto- und elektrorheologisch**
  Die Viskosität von Flüssigkeiten lässt sich durch magnetische bzw. elektrische Felder verändern.

# Zeitverhalten von Regelstrecken

## Time Behaviour of Controlled Systems

**Sprungantwort-Verfahren**
Dem Sprungantwort-Verfahren kommt in der Praxis die größte Bedeutung zu, da sich damit die Übergangsfunktion meist mit geringem Aufwand experimentell ermitteln lässt.

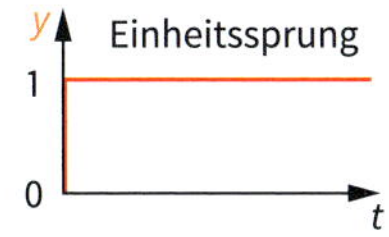


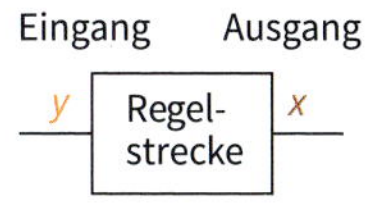


| | Bezeichnung, Kenngrößen | Sprungantwort | Beispiel | Übergangsverhalten |
|---|---|---|---|---|
| **P-Strecken** (Strecken mit Ausgleich) | **$P_0$-Strecke**<br>Proportional-Beiwert<br>$K_P = x/y$ | 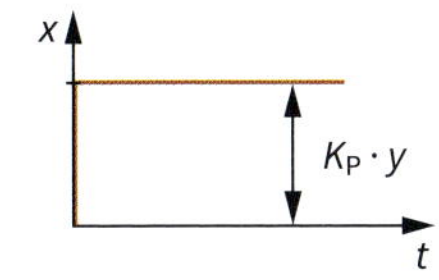  | 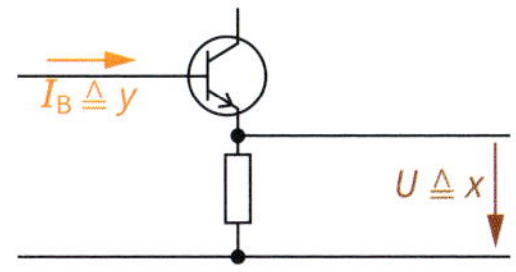  | *x* folgt proportional unverzögert der Eingangsgröße *y*. |
| | **$PT_1$-Strecke**<br>Proportional-Beiwert<br>$K_{PS} = x_\infty/y$<br>$T$: Zeitkonstante<br>$x = 63\,\%$ von $x_\infty$ | 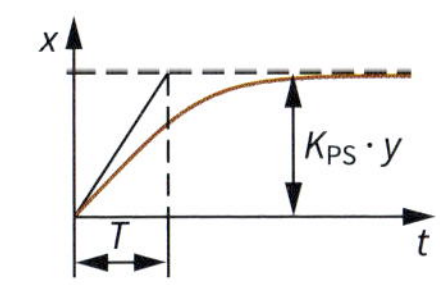  | 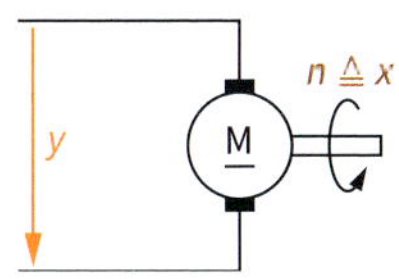  | *x* folgt proportional, nach einer e-Funktion verzögert, der Eingangsgröße *y*. |
| | **$PT_2$-Strecke**<br>Proportional-Beiwert<br>$K_{PS} = x_\infty/y$<br>$T_e$: Verzugszeit<br>$T_b$: Ausgleichszeit<br>$p$: Wendepunkt | 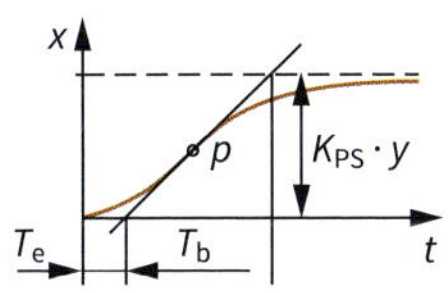  | 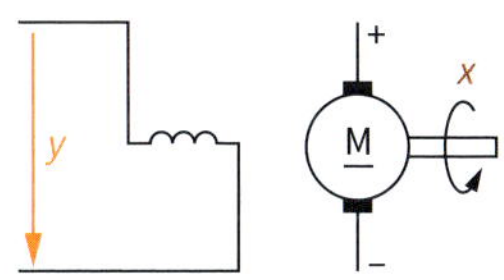  | *x* folgt proportional, mit zwei Zeitkonstanten verzögert, der Eingangsgröße *y*. |
| | **$PT_t$-Strecke**<br>Proportional-Beiwert<br>$K_{PS} = \Delta x/\Delta y$<br>$T_t$: Totzeit | 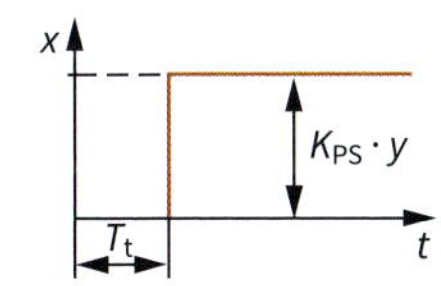  | 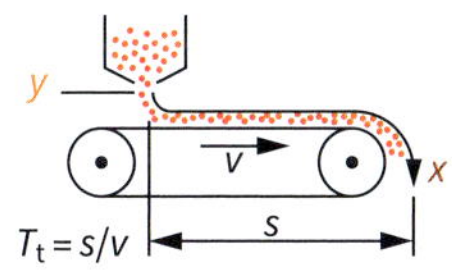  | *x* folgt proportional, um die Zeit $T_t$ verzögert, der Eingangsgröße *y*. |
| | **$PT_t$-$T_1$-Strecke**<br>Proportional-Beiwert<br>$K_{PS} = x_\infty/y$<br>$T_t$: Totzeit<br>$T$: Zeitkonstante | 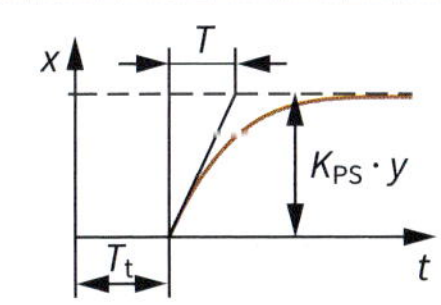  |   | *x* folgt proportional, mit einer e-Funktion und einer Totzeit verzögert, der Eingangsgröße *y*. |
| **I-Strecken** (Strecken ohne Ausgleich) | **$I_0$-Strecke**<br>Integrierzeit $T_{IS}$<br>Integrierbeiwert<br>$K_{IS} = v_x \cdot \frac{1}{y}$<br>$v_x = \frac{\Delta x}{\Delta t}$ | 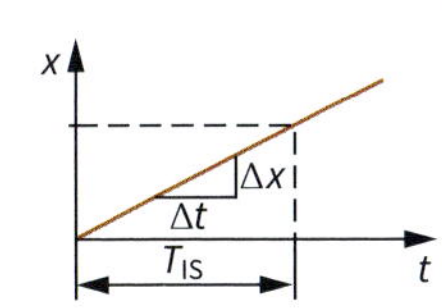  | 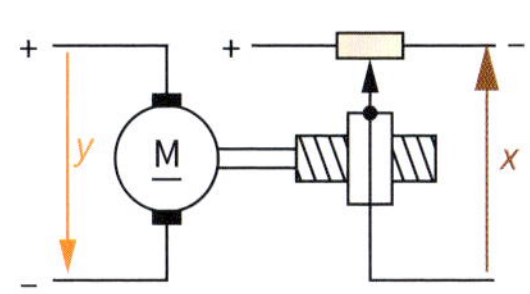  | *x* ist das Zeitintegral der Eingangsgröße *y*. |
| | **$IT_1$-Strecke**<br>$T_{IS}$: Integrierzeit<br>$T$: Verzögerungs-zeitkonstante | 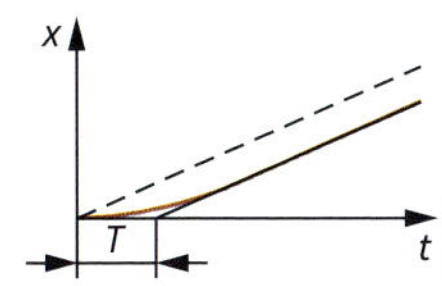  | 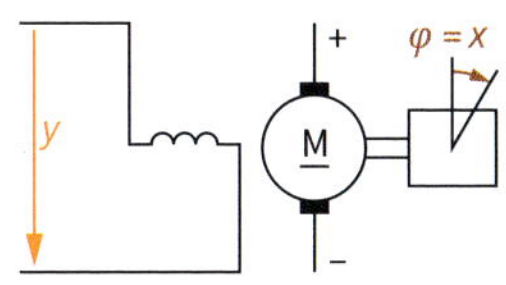  | *x* ist das Zeitintegral, verzögert mit einer Zeitkonstanten, der Eingangsgröße *y*. |
| | **$IT_t$-Strecke**<br>$T_{IS}$: Integrierzeit<br>$T_t$: Totzeit | 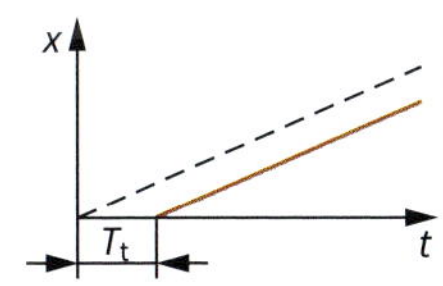  | 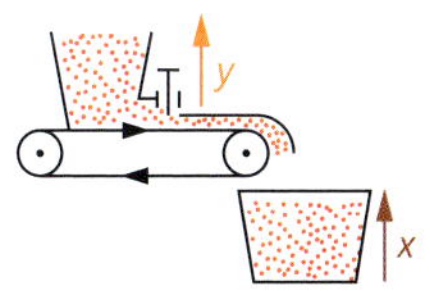  | *x* ist das Zeitintegral, verzögert mit der Totzeit $T_t$, der Eingangsgröße *y*. |

# Stetige Regeleinrichtungen
## Continuous Action Control Assemblies

Bei stetig wirkenden Regeleinrichtungen kann die Stellgröße $y$ innerhalb des Stellbereiches $Y_h$ jeden Wert annehmen.
Die mit elektronischen Reglern relativ einfach realisierbaren gewünschten Eigenschaften werden hier stellvertretend auch für nicht elektronisch (mechanisch, pneumatisch, hydraulisch) arbeitende Regeleinrichtungen behandelt.

| Regler | | Reglerantwort | Erklärung |
|---|---|---|---|
| Typ | Kenngrößen | | |
| P | 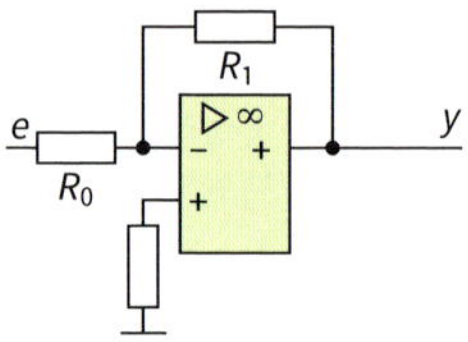 $K_p = \frac{R_1}{R_0} = \frac{y - y_0}{e}$ | **Sprungantwort** 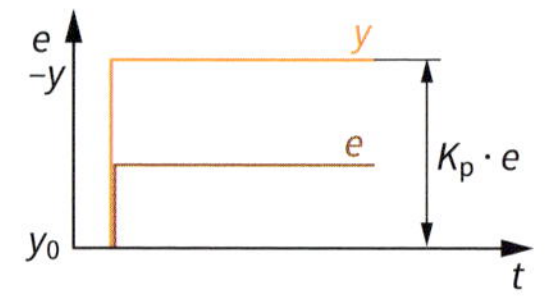 | Die Regeldifferenz bewirkt eine proportionale Stellgröße. $K_p$: Proportionalbeiwert |
| D | 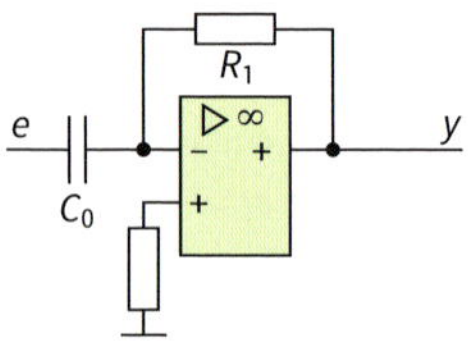 $K_D = (y - y_0)\frac{\Delta t}{\Delta e}$ $K_D = R_1 \cdot C_0 = T_D$ | **Anstiegsantwort** 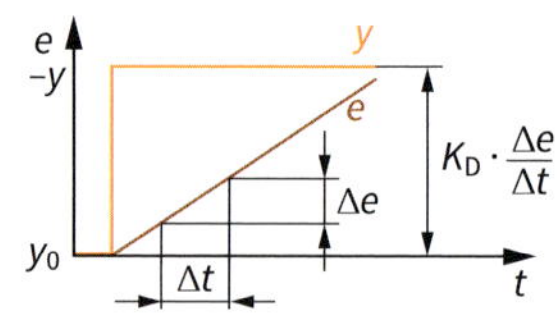 | Die Änderungsgeschwindigkeit der Regeldifferenz bewirkt einen bestimmten Wert der Stellgröße. $K_D$: Differenzierbeiwert $T_D$: Differenzierzeit |
| I | 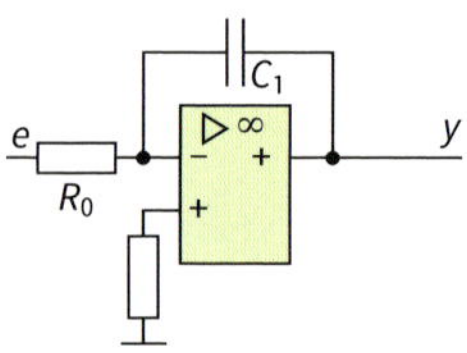 $K_I = \frac{1}{e} \cdot \frac{\Delta y}{\Delta t}$ $K_I = \frac{1}{R_0 \cdot C_1} = \frac{1}{T_I}$ | **Sprungantwort** 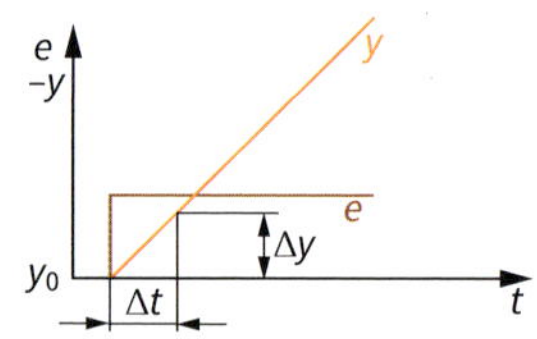 | Die Regeldifferenz bewirkt eine bestimmte Änderungsgeschwindigkeit der Stellgröße. $K_I$: Integrierbeiwert $T_I$: Integrierzeit |
| PD | 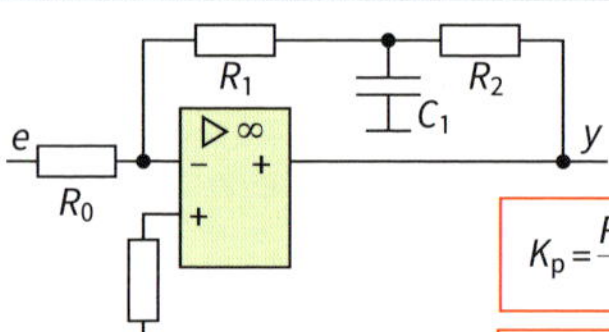 $K_p = \frac{R_1 + R_2}{R_0} = \frac{K_D}{T_v}$ $T_v = \frac{R_1 \cdot R_2}{R_1 + R_2} \cdot C_1$ | **Anstiegsantwort** 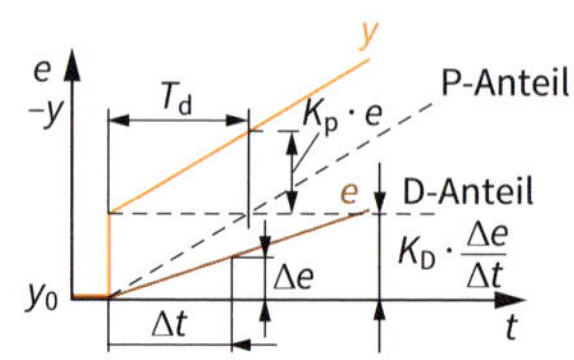 | Die Regeldifferenz bewirkt eine Stellgrößenänderung mit P- und D-Anteil. $K_p$: Proportionalbeiwert $T_d$: Vorhaltezeit |
| PI | 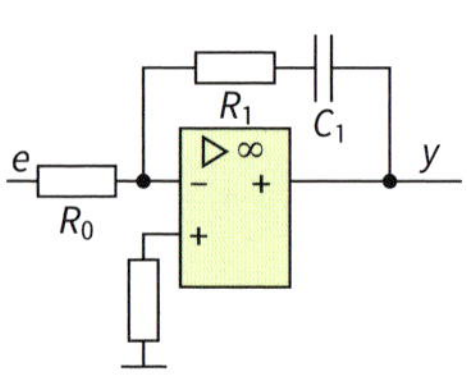 $T_n = R_1 \cdot C_1$ $T_I = R_0 \cdot C_1$ $K_p = \frac{y_p}{e} = \frac{R_1}{R_0}$ $K_I = \frac{K_p}{T_n} = \frac{1}{R_0 \cdot C_1}$ | **Sprungantwort** 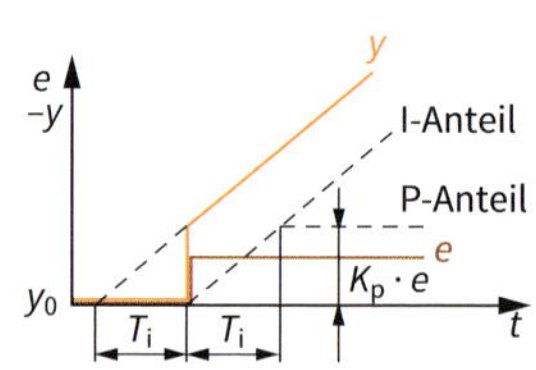 | Die Regeldifferenz bewirkt eine Stellgrößenänderung mit P- und I-Anteil. $T_i$: Nachstellzeit |
| PID | 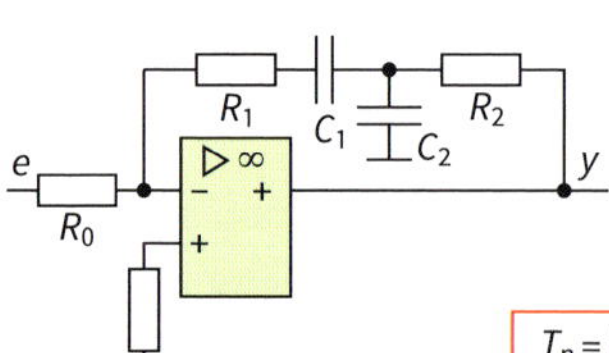 $T_n = (R_1 + R_2)\,C_1$ $K_p = \frac{R_1 + R_2}{R_0}$ $T_v = \frac{R_1 \cdot R_2}{R_1 + R_2} \cdot C_2$ | **Sprungantwort** 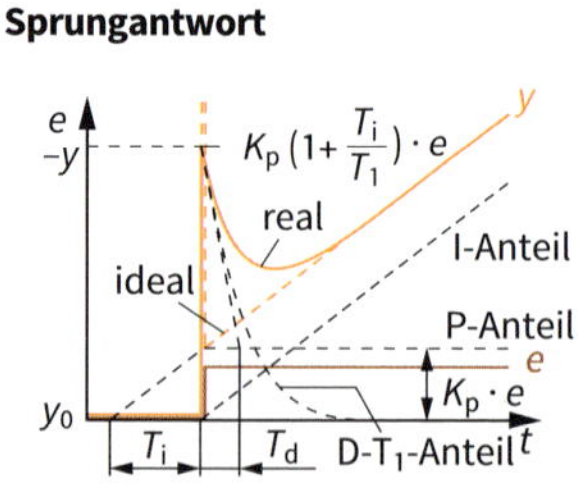 | Die Regeldifferenz bewirkt eine Stellgrößenänderung mit P-, I- und D-Anteil (idealer Regler). Ein realer Regler besitzt die Zeitkonstante $T_1$, die mit zusätzlichem $R$ (in Reihe zu $C_2$, nicht dargestellt) gezielt eingestellt werden kann. PI(D – $T_1$) -Verhalten |

# Unstetige Regeleinrichtungen

## Discontinuous Action Control Assemblies

- **Zweipunkt-Regeleinrichtung**
  - Die Stellgröße kann beim Zweipunktregler nur zwei Zustände annehmen: EIN und AUS.
  - Zweipunktregler eignen sich aufgrund des unstetigen Verhaltens nur zum Betrieb an solchen Regelstrecken, deren Veränderung der Regelgröße zeitbehaftet (verzögert) erfolgt.
- **Dreipunkt-Regeleinrichtung**
  - Dreipunktregeleinrichtungen verfügen über drei Schaltzustände: Zustand I – AUS – Zustand II.
  - Auch diese Reglerart kann nur an verzögerten Regelstrecken und Regelstrecken mit I-Verhalten betrieben werden.

### Zweipunktregler

**Kennlinie, Kenngrößen**

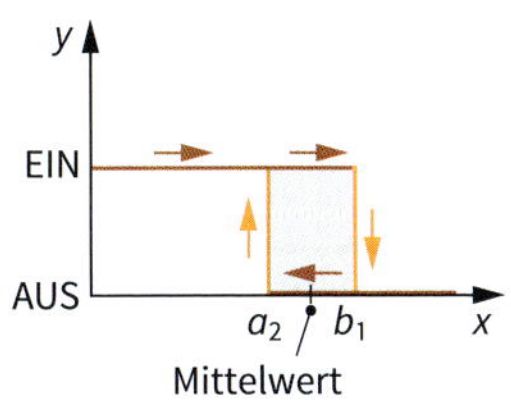


$T_t$: Totzeit
$T$: Zeitkonstante der Regelstrecke

**Zeitverhalten**

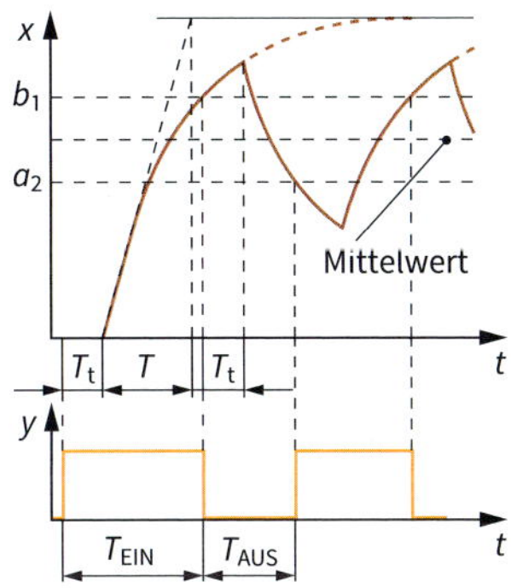


**Elektronische Ausführung**

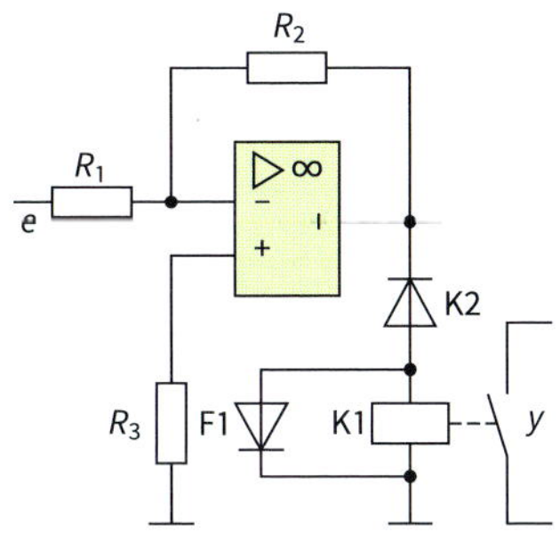


### Dreipunktregler

**Kennlinie, Kenngrößen**

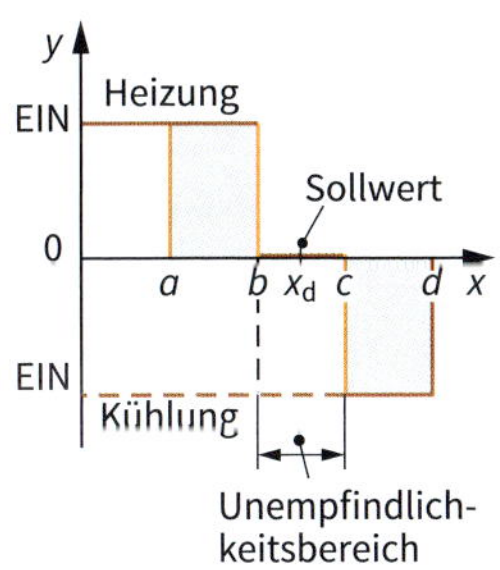


$T_t$: Totzeit
$T$: Zeitkonstante der Regelstrecke

**Zeitverhalten**

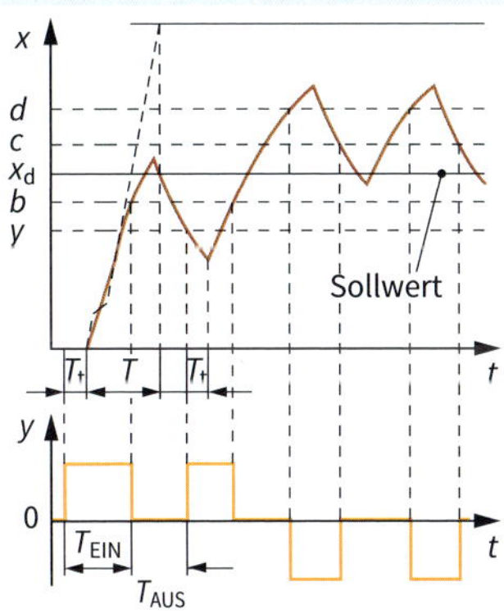


**Elektronische Ausführung**

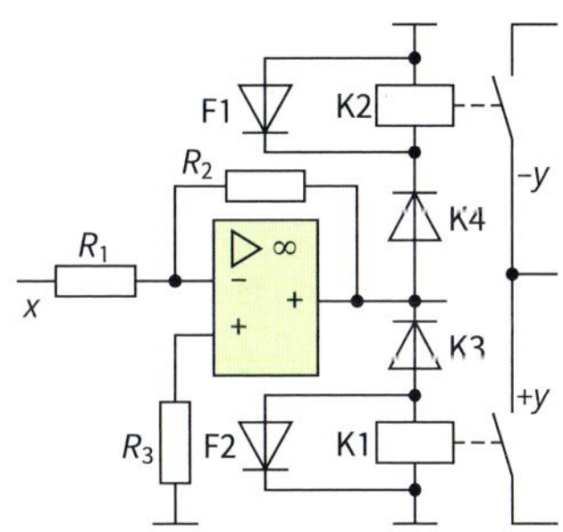


### Eignung von Reglern bei gegebener Strecke

| Strecke | | | Regler: P | I | PI | PD | PID | 2-Punkt-regler |
|---|---|---|---|---|---|---|---|---|
| P-Strecken | $P_0$ | | ungeeignet | geeignet | besonders geeignet | ungeeignet | ungeeignet | ungeeignet |
| | $PT_1$ | | geeignet | geeignet | geeignet | ungeeignet | ungeeignet | geeignet |
| | $PT_2$ | | ungeeignet | ungeeignet | geeignet | ungeeignet | besonders geeignet | geeignet |
| | $PT_T$ | | ungeeignet | geeignet | besonders geeignet | ungeeignet | ungeeignet | ungeeignet |
| | $PT_tT_1$ | $\tau \gg T_t$ | geeignet | ungeeignet | besonders geeignet | geeignet | geeignet | geeignet |
| | | $\tau > T_t$ | ungeeignet | ungeeignet | geeignet | ungeeignet | geeignet | ungeeignet |
| I-Strecken | $I_0$ | | geeignet | ungeeignet | geeignet | ungeeignet | ungeeignet | geeignet |
| | $IT_1$ | | ungeeignet | ungeeignet | geeignet | geeignet | besonders geeignet | geeignet |
| | $IT_t$ | | ungeeignet | ungeeignet | ungeeignet | geeignet | geeignet | ungeeignet |

besonders geeignet · geeignet · ungeeignet

## Konzeptionsgrundlagen

- Die Idee der Regelungstechnik ist, reale Abläufe zu erfassen und im Sinne einer Zielvorgabe systematisch zu beeinflussen. So wird vom Regelkreis gesprochen. Der Regler gleicht durchgehend die ermittelten Realdaten (Eingangsdaten) mit den anvisierten Daten ab. Er beeinflusst zielstrebig das System.

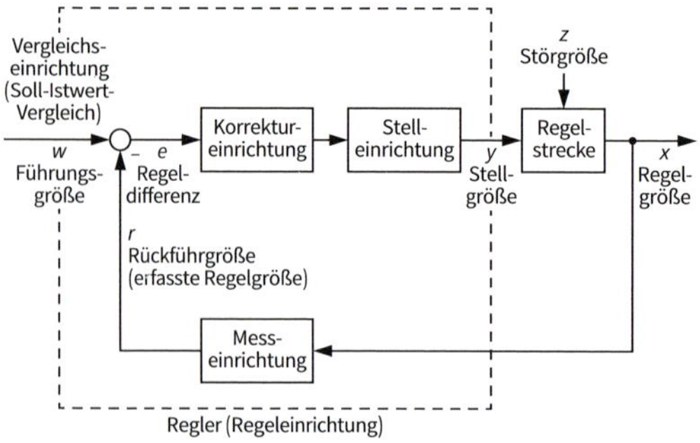


- Die Daten des zu beeinflussenden Systems werden im Rahmen der digitalen Welt zeitdiskret erfasst und digitalisiert dargestellt.
- Der Regler muss unterschiedlichen und widersprüchlichen Forderungen gerecht werden:
- **Stabilität**: es sollen keine unkontrollierten Zustände auftreten
- **Stationäre Genauigkeit:** Konkret soll dabei die Genauigkeit des stationären Zustands folgender Beziehung entsprechen:
  $\left|\frac{e(t \to +\infty)}{w(t \to +\infty)}\right| < \varepsilon$ mit $\varepsilon \to 0$ und $\varepsilon > 0$ (und: $e(t) = w(t) - r(t)$)
  Unter Beachtung der Grenzwertübergangs $\lim\limits_{\Delta x \to 0} f(x)$ bzw.
  $\lim\limits_{x_2 \to x_1} [f(x_2) - f(x_1)]$
  ergeben sich mathematische Beschreibungen für dynamische (veränderliche) Vorgänge. Diese Beschreibungen führen dann zu Differenzialgleichungen.
  Im Rahmen der digitalen Regler werden jedoch Differenzengleichungen verwendet, die unter Verwendung von diskretisierten Datensätzen die Gegebenheiten nachbilden.
  Hierbei sind die Überlegungen von Nyquist, Bode und Shannon (u. a. Abtasttheorem) zu beachten.
  Bei offenen Regelkreisen mit Integrierglied (I) kann dabei die Regeldifferenz von $w(\infty) - r(\infty) = e(t) = 0$ erzielt werden.
  **Dämpfung**: Das Regelverhalten soll zu gedämpften Abläufen führen. D. h., übermäßige Ausschläge sind zu vermeiden. (Zu große Dämpfungswerte beeinflussen jede die Zügigkeit des Regelvorgangs negativ.)
  **Schnelligkeit**: Die Regelung muss möglichst unverzüglich erfolgen und zu geeigneten Anpassungen führen.
  **Güte**: Letztlich müssen die unterschiedlichen Erwartungen bzw. Forderungen gemäß einer Güte-Betrachtung (und -Festlegung) optimal erreicht werden.
- Die Dynamik der Systeme führt zu Beschreibungen mittels Differenzialgleichungen.
  Das Verhältnis der Übertragungsglieder im Regelbereich wird durch lineare (Differenzial-)Gleichungen beschrieben:
  (*) $a_m \cdot y^{(m)} + a_{m-1} \cdot y^{(m-1)} + \ldots a_1 \cdot y' + a_0 \cdot y =$
  $= b_n \cdot u^{(n)} + b_{n-1} \cdot u^{(n-1)} + \ldots + b_1 \cdot u' + b_0 \cdot u$
  Die Übertragungsfunktionen charakterisieren die Beziehung zwischen den Eingangs- ($\to u$) und Ausgangsdaten ($\to y$).
  Die Analyse der Nullstellen der einzelnen Funktionen führt zu spezifischen Positionen im komplexen Raum ($\to \mathbb{C}$), aus deren Beziehung zueinander die Stabilität des Systems erfasst werden kann.

## Digitaler Regler

- Ausgehend von der Gleichung (*) werden die Computer-Programme zur Regelung gestaltet. Dies gilt auch für Such- und Optimierungsprogramme, zum Beispiel in Form von Gradienten-Programmen.
- Die Abweichungen zu den gewünschten Daten werden ermittelt und über numerische Verarbeitungen werden unter Beachtung der Einsichten der klassischen (analogen) Regelungstechnik und den numerischen Möglichkeiten die dynamischen Beeinflussungen bestimmt. Im Rahmen von Simulationen können die zughörigen Parameter systematisch variiert und die Regelung quasi halb-apriorisch erkundet werden. Die zugehörigen Analyse- und Testprozesse sind von besonderer Bedeutung.
- Zu beachten ist, dass grundsätzlich bei der Beschreibung der Ausgangsgleichungen die klassische Auflösung durch Transformationen in gesonderten mathematischen Beschreibungsräumen (Laplace, Fourier, …) erfolgt.

| Signalform | Transformation | Signalform | Transformation |
|---|---|---|---|
| Rechteckstoß | Faltungen | Cosinus | Fourier |
| exp(x) | Laplace | Stoßfolge | Z |

- Zum Teil treten bei der Beschreibung der realen Verhältnisse (partielle) Differenzialgleichungen (PDGL) auf, die nicht geschlossen gelöst werden können. Durch geeignete Transformationen (zum Beispiel der Methode der Geraden (Method of lines: MoL)) können PDGL in Systeme von gewöhnlichen Differenzialgleichungen überführt werden, die mit Blick auf Rand- bzw. Anfangsgegebenheiten unter Verwendung bekannter Lösungsansätze zeit- und ortsdiskret aufgelöst werden können.
- Im Rahmen der digitalisierten Regler werden dabei Folgen von Zahlen verarbeitet. Insofern werden Differenzengleichungen aufgelöst. Die realen Gegebenheiten können beliebig genau nachgebildet werden.
- Liegen die Folgenwerte im gleichen (äquidistanten) Abstand (T), dann gilt: $D(f(t)) = f'(t) = \frac{dy}{dt} = \frac{\Delta y}{\Delta t} = \frac{y(i+1) - y(i)}{T}$.
  Die Zählvariable i wird variiert von 1 bis n mit $n < \infty$.
  Es ergeben sich allgemeine Differenzengleichungen.
- Zum Teil werden Fuzzy-Regler (Fuzzy-Logik) eingesetzt.
- Problematisch ist die Nachbildung von Dirac-Sprüngen ($\delta(t)$), die in normierter Form in der Nachrichtentechnik bedeutsam sind. Diese werden durch geeignete Näherungen mathematisch nachgebildet.
  So werden die Differenzial- (D), Integral- (I), Proportional- (P), Totzeit- (T) und Verzögerungssysteme unterschiedlicher Ordnung (V) elementar mathematisch modelliert. Aus der Zusammenfügung ergeben sich komplexe Reglerstrukturen.
- Bei komplexen, adaptiven Systemen müssen die Regelungen unter Beachtung von Verkettungsregeln, der Offenheit von Systemen und den Aspekten der Linearität und Superposition bzgl. der Stabilität und Effektivität präzise bestimmt werden.
- Im Mittelpunkt der Entwicklung stehen folgende Aspekte: Gestaltung von adaptiven Regelungen, die sich gerade in autonomen Kontexten (unwirklichen Lebensräumen (Satelliten, Bergbau, …)) selbsttätig kontrollieren, anpassen, optimieren und selbstlernenden modifizieren können.
  Erkundung von effizienten mathematischen Beschreibungen, durch die realzeitorientierte Regelungen ermöglicht werden. (Die Entwicklung von geeigneten Algorithmen verursacht dabei in etwa 70 % des Fortschritts.)

# Mensch-Maschine-System
## Human Machine System

### System

- **Systeme** bestehen aus Elementen (Komponenten, Objekten), die in bestimmten Beziehungen (Relationen) zueinander stehen.
- Alle Elemente agieren gegenüber der Umgebung (Umwelt) wie eine in sich geschlossene Einheit.
- Die Beziehungen zwischen den Elementen sind veränderbar.
- **Technische Systeme**
  - sind Ergebnisse von Konstruktions- und Produktionsprozessen (Artefakte, also Kunsterzeugnisse).
  - sind direkt oder indirekt von außen beeinflussbar.
  - haben ein Input-Output-Verhalten.
  - besitzen kein eigenes Bewusstsein.
- **Soziale Systeme**
  - sind Flechtwerke (Netzwerke) zwischen Menschen, die miteinander kommunizieren.
  - verfügen über Wahrnehmungs- und Sinnsysteme.
  - haben eigene Bewusstseinsstrukturen.
  - können unterschiedliche Rollen übernehmen.

### Aufgaben im Mensch-Maschinen-System

| Planung |
|---|
| Zielorientierten und optimalen Weg innerhalb eines Lösungsweges erarbeiten. |
| **Kommunikation** |
| Informationsaustausch zwischen unterschiedlichen Teilsystemen organisieren. |
| **Management** |
| Maßnahmen zur Sicherstellung des Ziels durch Auswahl, Koordination und Kontrolle durchführen. |
| **Navigation** |
| Überwachung und Lenkung kontinuierlich durchführen. |

### Funktionen im Mensch-Maschinen-System

- **Mensch**
  - Die **Aufnahme** der Prozess- und Umgebungsinformationen erfolgt direkt oder indirekt durch Wahrnehmungssysteme (Sensorik) ① (z. B. über Anzeigegeräte).
  - Die **Ausgabe** erfolgt über Geräte, Sprache, Muskelaktivitäten usw. ② (Motorik) in Richtung der Bedienelemente von Maschinen ③.
- **Maschine**
  - Die Ausgabe von Prozessergebnissen erfolgt über Anzeige- und Bedieneinheiten (z. B. alphanumerische Anzeigen, Licht- oder akustische Signale) ④.
  - Aktionen, entstehen z. B. in Form von Bewegung oder Positionswechseln mit Hilfe entsprechender Aktoren.
- **Rückführung (Rückkopplung)**
  - Im Rahmen seiner organisatorischen Position hat der Mensch einen bestimmten Auftrag,
  - initiiert eine entsprechende maschinelle Aktion,
  - die Maschine erzeugt Rückmeldungen ⑤ über den Prozesszustand (Ist-Zustand),
  - der Mensch vergleicht den Ist-Zustand mit dem Soll-Zustand ⑥ und
  - greift solange steuernd ein, bis Soll- und Ist-Zustand übereinstimmen.

### Menschliche Wahrnehmungssysteme (Sensorik)

| System | Informationsaufnahme in %[1] | Anzahl der Rezeptoren (Reizaufnehmer) | Möglicher Informationsfluss in bit/s |
|---|---|---|---|
| Sehen (visuell) | 83 | Tag: $6 \cdot 10^6$<br>Nacht: $0{,}11 \cdot 10^6$ | $10 \cdot 10^6$ |
| Hören (auditiv) | 11 | $30 \cdot 10^3$ beide Ohren | $50 \cdot 10^3$ |
| Fühlen (haptisch) | 3,5 | $500 \cdot 10^3$ | 1 |
| Riechen (olfaktorisch) | 1,5 | ca. $20 \cdot 10^6$ | $0{,}1 \cdot 10^3$ |

[1] Gesamtinformationsaufnahme 100 %

### Schritte zur menschenzentrierten Gestaltung interaktiver Systeme (DIN EN ISO 9241-210)

1. Nutzungskontext verstehen und beschreiben
2. Nutzungsanforderungen spezifizieren
3. Gestaltungslösungen entwickeln, die die Nutzungsanforderungen erfüllen
4. Gestaltungslösungen aus der Benutzerperspektive evaluieren (Rückbezüge zu den Einzelschritten sind ggf. erforderlich)

### Modell

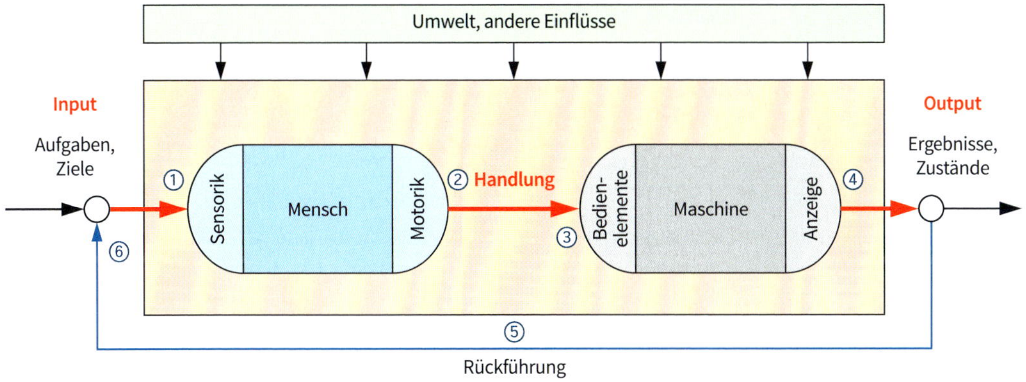

## Mensch-Maschine-Schnittstelle

- Über Schnittstellen erfolgen Interaktionen zwischen Menschen und Maschinen.
- Wissensgebiete für diesen Bereich sind: Informatik, Psychologie, Arbeitswissenschaft, Kognitionswissenschaft, Ergonomie, Soziologie, Design
- Eine Mensch-Maschine-Schnittstelle (**HMI**: **H**uman **M**achine **I**nterface) sollte intuitiv bedienbar sein und dem Benutzer alle Funktionen anbieten, die dieser zur Erledigung seiner Aufgabe benötigt (ergonomische Gestaltung ist erforderlich).
- Funktionen:
  - Bedienung der Maschine
  - Beobachtung
  - Eingriff in den Prozess
  - Bereitstellung von Informationen (Bedienpult, Signallampen, Anzeigefelder, Taster, Software, Visualisierungssysteme)
- Ein gut gestaltetes HMI erhöht die Benutzbarkeit des Systems und führt zu einer größeren Akzeptanz durch den Benutzer.
- Die **Benutzerschnittstelle**, Nutzerschnittstelle (User Interface) ist eine Stelle, mit der ein Mensch mit einer Maschine oder einem Arbeitsgerät in Interaktion tritt. Sie liegt zwischen Mensch und Maschine.

## DIN EN ISO 9241

- Die Norm ist ein internationaler Standard zur Bewertung der Forderung nach Benutzerfreundlichkeit. In Deutschland ist sie Bestandteil der Arbeitsstättenverordnung (ArbStättV).
- Die deutsche Bezeichnung lautet: **Ergonomie der Mensch-System-Interaktion**
- Die Norm beschreibt Mensch-Computer-Interaktionen sowie Anforderungen an die Arbeitsumgebung mit Hardware und Software.
- Allgemeine Ziele sind:
  - Gesundheitliche Schäden beim Arbeiten sind zu vermeiden.
  - Dem Benutzer ist die Ausführung seiner Aufgaben zu erleichtern.

## Belastungen am Arbeitsplatz

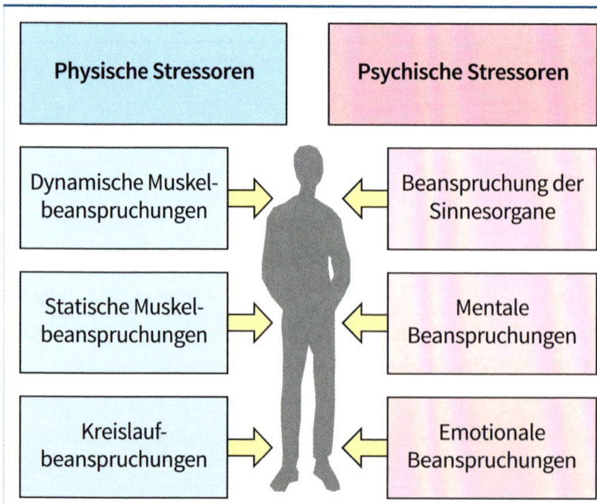


## Farbkennzeichnungen an Bedienelementen

- Norm: IEC/EN 60073 (VDE 0199), IEC/EN 60204-1 (VDE 0113 Teil 1), Sicherheit von Maschinen (Elektrische Ausstattung von Maschinen)
- Reihenfolgen der Farbkennzeichnungen für **Anzeigen** bei Anzeigesäulen von Maschinen sind:

| | | |
|---|---|---|
| Rot | **Gefährlicher Zustand** | Warnung vor möglicher Gefahr oder Zuständen, die ein sofortiges Eingreifen erfordern |
| Gelb | **Anormaler Zustand** | Bevorstehender kritischer Zustand |
| Blau | **Handeln zwingend** | Handeln durch Bediener erforderlich |
| Grün | **Normaler Zustand** | Anzeige sicherer Betriebsverhältnisse oder Freigabe eines Betriebsablaufs |
| Weiß | **Neutral** | Bestätigung oder jede andere Bedeutung. Verwendung wenn nicht klar ist, welche der Farben ROT, GELB, BLAU oder GRÜN geeignet wären. |

- Reihenfolgen der Farbkennzeichnungen bei **Bedienteilen** von Maschinen:

| | | |
|---|---|---|
| Rot | **im Notfall betätigen** | – Not-Aus, Stopp, Brandbekämpfung<br>– Darf nicht für Start/Ein verwendet werden |
| Gelb | **Anormalen Zustand beheben** | – Neustart, Eingriff, um unnormale Bedingung oder unerwünschte Änderung zu vermeiden<br>– Darf nicht für wechselweise Start/Ein und Stopp/Aus und nicht für Tippbetrieb verwendet werden |
| Blau | **Erforderlichen Vorgang einleiten** | Start Rückstellung |
| Grün | **Üblichen Zustand einleiten** | – Start aus sicherem Zustand<br>– Darf nicht für Stopp/Aus verwendet werden |
| Weiß | | Start/Ein (bevorzugt), auch Stopp/Aus |
| Grau | | Start/Ein und Stopp/Aus |
| Schwarz | | Stopp/Aus (bevorzugt), auch Start/Ein |

- Zusätzliche Symbole IEC 60417-5007:

| Symbol | Funktion |
|---|---|
| \| | Start |
| ○ | Stopp |

## Tastatur

- Die Tastatur ist eine Anordnung von Tasten, die weitgehend von der Schreibmaschine übernommen wurde. Das Tastaturfeld ist in Blöcke aufgeteilt.

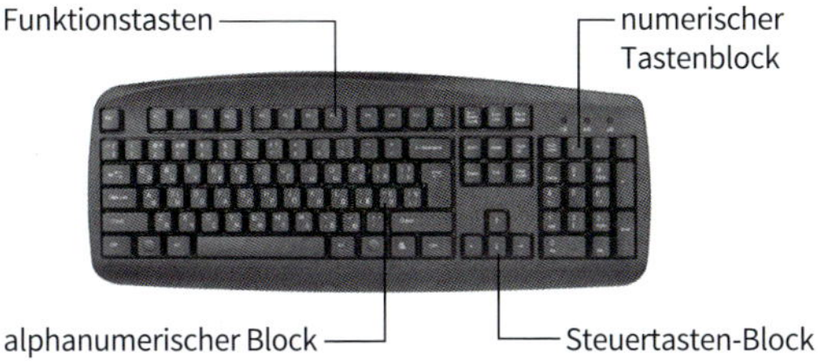


- Die Anordnung der Tasten ist länderspezifisch:

- **Rubberdome-Tastatur** (Gummi- oder Silikonhaube)
  - Die einzelnen Tasten sind über einer elektrischen Matrix aus Zeilen- und Spaltenleitungen angeordnet ①.
  - Wird eine Taste ❷ gedrückt, so wird durch einen leitfähigen Kunststoff/Gummistempel ② eine elektrische Verbindung mit den darunter befindlichen Leiterbahnen hergestellt ❸.
  - Diese Verbindung wird mit einem Controller ④ ausgewertet und in diesem Fall über eine USB-Schnittstelle ⑥ zum Rechner geschickt.

## Computermaus

- Mit diesem optischen Zeigegerät wird ein Cursorsymbol (grafische Markierung, oft als Pfeil) auf dem Bildschirm bewegt.
- Die Maus zeigt keine absoluten Koordinaten an, da nur die Relativbewegung von einem Ausgangspunkt zum Zielpunkt dargestellt wird.
- Zur Bewegungserkennung (x- und y-Richtung) wird die optische Reflexion des auf die Unterlage ausgestrahlten Lichts (Leuchtdiode, Laserdiode) ausgewertet.
- Die optische **Auflösung** wird in **dpi** (**D**ots **P**er **I**nch: Punkte pro Zoll) angegeben. Mit dpi gibt man also die Anzahl der Punkte (z. B. 800) pro inch an, die von der Empfangseinheit der Maus erkannt werden.

## Zeigegeräte

- Zeigegeräte sind Eingabegeräte, mit denen Menschen mit Computern interagieren. Beispiele: Computer-Maus, Grafiktablett, Touchpad, Touchscreen, Trackball, Lichtgriffel und Joystick
- Einteilung nach der **örtlichen Beziehung**:
  - Direkt ①: Zeigerort und Ausgabeort sind identisch
  - Indirekt ②: Zeigerort und Ausgabeort sind voneinander getrennt
- Einteilung nach der **Abbildungsart**
  - Absolut ③: Aufgenommener Punkt entspricht exakt dem im System wiedergegebenen Punkt
  - Relativ ④: Aufgenommener Punkt wird übersetzt und relativ zur Auflösung des Ausgabegerätes übersetzt
- Einteilung nach der **Zeigerart**
  - Über Finger ⑤
  - Über ein Medium
- Einteilung nach dem **Freiheitsgrad** des Gerätes
  - Integriert in das System
  - 2-dimensionale x-y-Interaktion
  - 3-dimensionale x-y-z-Interaktion
- Einteilung nach der **Sensorart**
  - Isotonisch (Zeigen durch Bewegung: Die Distanz beschreibt die Anzeige des Cursors)
  - Isometrisch (Zeigen durch Druck: Grad der mechanischen Spannung beschreibt die Bewegung des Cursors)

| Zeigegerät | ① direkt | ② indirekt | Eingabegerät | ③ absolut | ④ relativ | ⑤ Finger-basiert |
|---|---|---|---|---|---|---|
| Maus | | ● | ● | | ● | |
| Grafiktablett | | ● | ● | ● | | |
| Touchpad | | ● | ● | | ● | |
| Touchscreen | ● | | | ● | | ● |
| Trackball | | ● | ● | | ● | |
| Lichtgriffel | ● | | ● | ● | | |
| Joystick | | ● | ● | | ● | |

## Grafiktablett

- Das dargestellte Tablett enthält viele horizontale und vertikale Leiterbahnen ①, die sich als Spulen zusammenschalten lassen.
- Mit zeitlich nacheinander gesendeten Impulsen, die vom Bedienstift ② induktiv empfangen werden, ist die Position des Stiftes bekannt.
- Die Punktgröße beträgt z. B. 0,01 mm (2540 Linien pro Zoll). Durch Druck auf die Stiftspitze können weitere Funktionen ausgeführt werden.

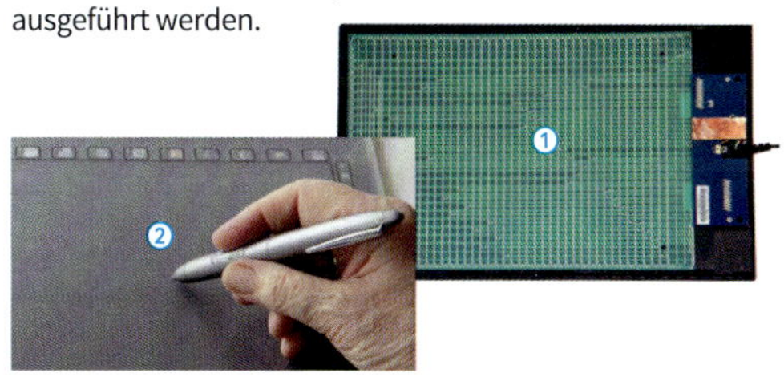

## Touchpad

- Ein Touchpad ist eine berührungsempfindliche Fläche, die als Maus- und Tastenersatz fungiert.
- Beim Notebook befindet sich das Feld in der Regel unterhalb der Tastatur.
- Mit der Fingerposition und Bewegung auf der Fläche lassen sich die unter der Oberfläche befindlichen Kapazitäten (rechtwinkliges Gitternetz) verändern.
- Die dabei entstehenden Signale werden wie die Bewegung einer Computermaus von Controllern auswerten.
- Die meisten Touchpad-Treiber erkennen bereits ein leichtes Tippen des Fingers und simulieren dabei einen Maus-Klick. Einen Doppelklick erzeugt man durch zweimaliges Tippen.
- Hält man nach dem zweiten Tippen den Finger auf dem Touchpad, kann man Objekte (Symbole) markieren oder bewegen.

## Touchscreen

- Ein Touchscreen (Tastbildschirm, Kontaktbildschirm) ist ein berührungsempfindlicher Bildschirm. Er ist ein Ein- und Ausgabegerät, bei dem durch Berühren von Teilen eines Bildes der Programmablauf direkt gesteuert werden kann. Anstatt eines Fingers kann auch ein Zeigestift verwendet werden.
- Für die Berührungsempfindlichkeit lassen sich folgende physikalische Effekte verwenden:
  - Kapazitätsänderung (kapazitiv)
  - Widerstandsänderung (resistiv)
  - Induktive Kopplung
  - Schallausbreitung (**SAW**: **S**urface **A**coustic **W**ave)
  - Unterbrechung von Infrarotlichtstrahlen (optisch, ein Infrarotlicht-Gitter vor dem Monitor)
- Mit Single-touch-Systemen kann bei der Berührung eine Aktion ausgeführt werden, bei Multitouch-Systemen können mehrere Finger gleichzeitig eingesetzt werden (z. B. Abbildung drehen, skalieren).

- Wesentliche Anwendungsbereiche für Touchscreens sind Mobiltelefone, Tablet-PCs, e-book Lesegeräte, Fahrkartenautomaten und Bankterminals.
- Vorteile:
  - Reduzierung der Komplexität von Benutzeroberflächen
  - Natürliche Interaktionsgesten
  - Identität von Ein-und Ausgabeflächen
  - Visuelles Feedback direkt am Interaktionspunkt
- Nachteil:
  - Taktiles Feedback fehlt

## Resistiv arbeitende Touchscreens

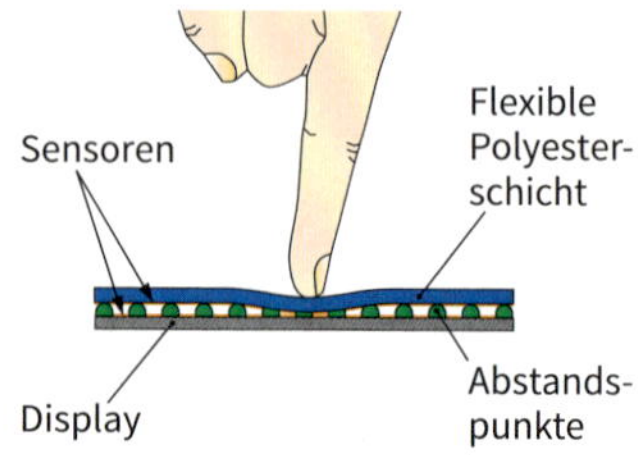


- Sie bestehen aus zwei elektrisch leitenden Schichten (Indiumzinnoxid, ITO-Schichten), die durch mikroskopisch kleine Abstandshalter getrennt sind. An diesen Schichten liegt eine Spannung. Wird jetzt die obere Schicht nach unten gedrückt, entsteht eine elektrische Verbindung und eine veränderte Spannungsverteilung, woraus der Berührungspunkt berechnet wird.
- Je nach Typ verfügen die Touchscreens über vier, fünf, oder acht Anschlussleitungen (Messleitungen).
- Bei der **4-Wire-Technologie** sind pro Schicht je zwei Leitungen versetzt an jeweils gegenüberliegenden Kanten angeschlossen. Beim Berühren werden die Spannungsänderung an der oberen bzw. unteren Schicht gemessen und so die Position des Berührungspunktes auf der x- und y-Achse ermittelt.
- Bei der **8-Wire-Technologie** ist an jeder Kante eine zusätzliche Leitung angeschlossen. Diese liefert neben der eigentlichen Spannung für die Messung des Berührungspunktes eine Referenzspannung, mit der die Messergebnisse der Berührungskoordinaten verglichen werden. Dadurch bleiben auch bei schwankenden Umwelteinflüssen die Ergebnisse der Berührungspunkt-Berechnungen konstant.

## Kapazitiv arbeitende Touchscreens

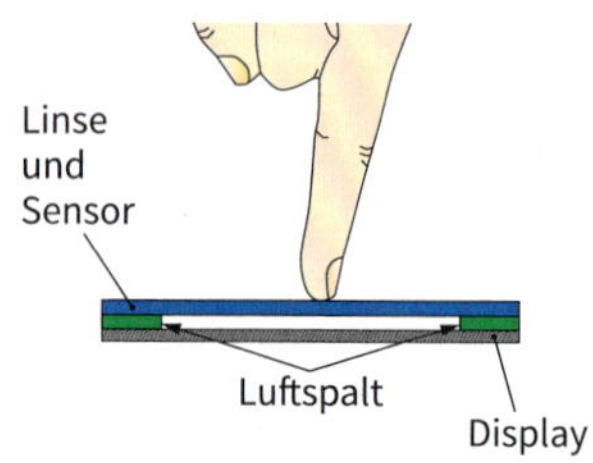


- Bei ihnen wird durch Anlegen einer Spannung an gegenüberliegenden Elektroden ein elektrisches Feld erzeugt. Bei Berührung mit dem Finger entsteht ein Ladungstransport und Sensoren an den Ecken registrieren die Änderungen des elektrischen Feldes.
- Bei kapazitiven Touchscreens handelt es sich also um eine Touchscreen, bei dem kein Druck zur Be-dienung erforderlich ist.

## Akustisch arbeitende Touchscreens

- Bei akustisch arbeitenden Touchscreens werden in den Ecken der Bildschirme Ultraschallwellen erzeugt, die sich durch das Glas ausbreiten. Diese werden an den Rändern reflektiert. Auf diese Weise entsteht im Glas ein Muster aus Schallwellen.
- Berührt man mit einem Finger oder ein Stift jetzt die Oberfläche, verändert sich dieses Muster, sodass darüber die Position der Berührung ermittelt werden kann.
- Diese Technik ist sehr zuverlässig aber teurer als resistiv oder kapazitiv arbeitende Touchscreens. Sie werden vorwiegend bei Kassensystemen oder Informationsautomaten eingesetzt.

## Merkmale

- Maschinelle **B**ild**v**erarbeitungs**s**ysteme (**BVS**) erfassen die Eigenschaften von Prüfobjekten visuell und vergleichen diese mittels Software auf vorgegebene Eigenschaften.
- Bildverarbeitungssysteme bestehen aus den Komponenten
  - Beleuchtung ①,
  - Optik ②,
  - Kamera ③ und
  - Auswerteeinrichtungen (Soft- und Hardware) ④.

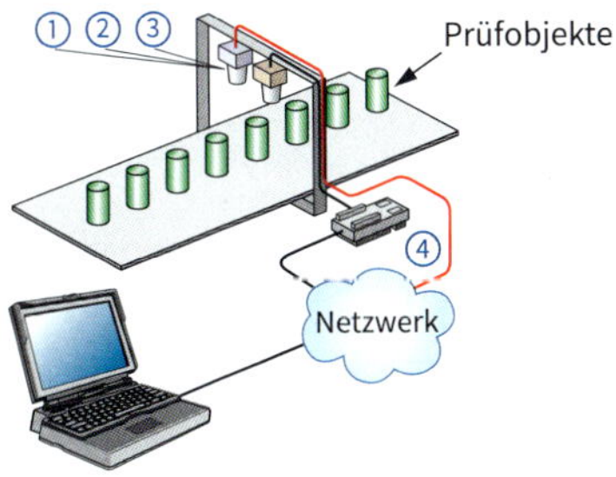


## Verarbeitungsablauf

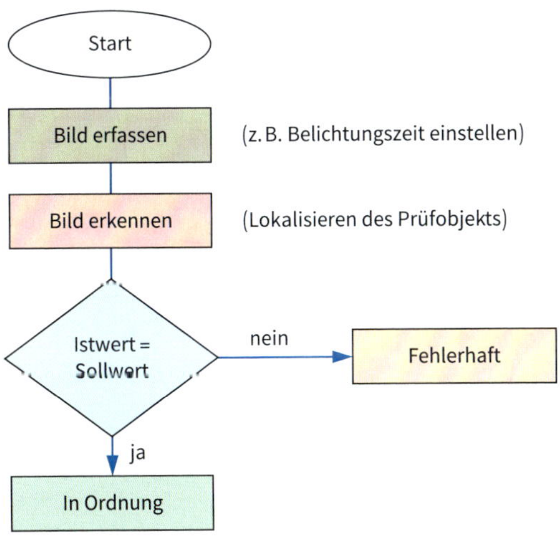


## Anwendungen

Angewendet werden BVS u. a. für
- Prüfaufgaben (Kontrolle von Lötstellen, Überprüfung von Formteilen, Aufdruckkontrolle),
- Vermessung (Überprüfung der Maßhaltigkeit, Positionskontrolle) und
- Fehlererkennung (Erkennen von Verunreinigungen, Rissen, Kratzern, Fehlfarben, fehlenden Teilen).

**Beispiel**:
Positionserkennung von Sockel auf Leiterplatte

## Beleuchtung

- Die Auswahl der optimalen Beleuchtung ist abhängig vom Anwendungsfall.
- Als Beleuchtungsverfahren werden **Auflichtbeleuchtung** und **Hintergrundbeleuchtung** eingesetzt.
- Kameras erfassen lediglich das Licht, das von den Prüfobjekten reflektiert wird.
- Als Lichtquellen werden eingesetzt
  - Gasentladungslampen (z. B. Xenon-Lampen für große Lichtmengen über einen kurzen Zeitraum bei hohen Bandgeschwindigkeiten),
  - LEDs (gleichförmiges Licht, lange Lebensdauer) oder
  - Laser (Vermessung von Höhenunterschieden und Profilen).

**Beispiel**: Auflichtbeleuchtung ⑤ mit LED-Ringleuchte ⑥

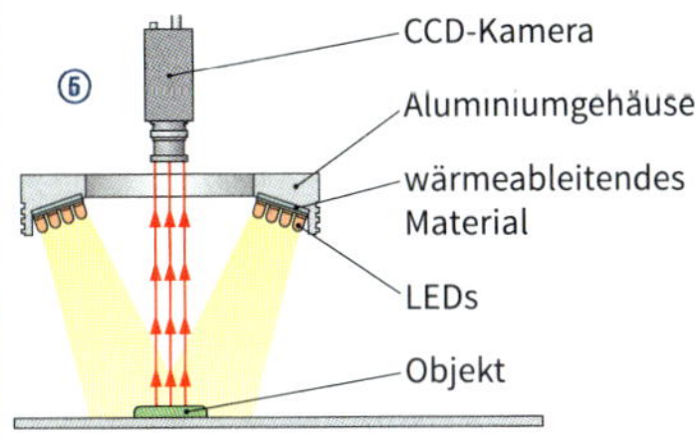


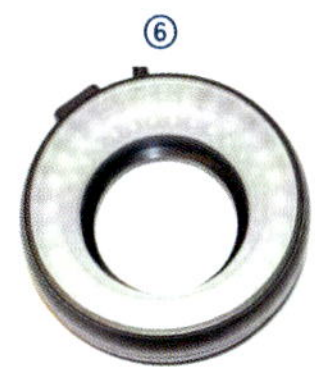


## Beleuchtungseinflüsse

Abhängig von der Art des zu prüfenden Gegenstandes sind folgende Beleuchtungseinflüsse zu berücksichtigen:
- Beleuchtungswinkel
- Wellenlänge des Lichts
- Lichtausbreitung
- Oberfläche und Geometrie des Gegenstandes
- Steuerung der Beleuchtung

**Beispiel**:
Leiterplattenaufnahme mit

fluoreszierendem Ringlicht (Bildintensität unbrauchbar)

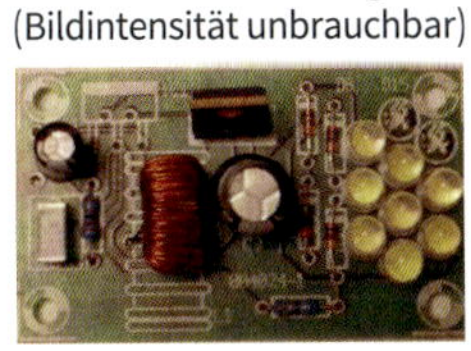

Hochleistungs-LED (Bildintensität brauchbar)

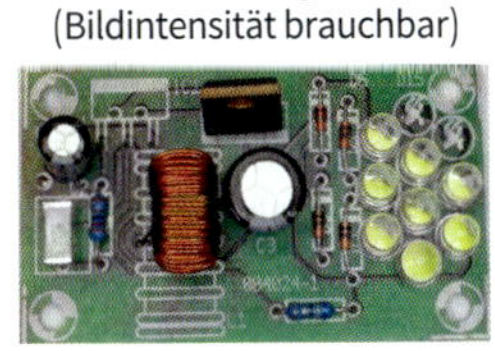

## Objektive

- Objektive nehmen die vom Prüfobjekt reflektierten Lichtstrahlen auf und erzeugen ein Abbild auf dem Sensorchip der Kamera.
- Meist werden Objektive mit fester Brennweite eingesetzt.
- Auswahlkriterien für Objektive sind u. a.
  - Sensorgröße und Bildkreisdurchmesser,
  - Pixelgröße und optische Auflösung und
  - Objektauflösung und Abbildungsmaßstab.

## Kameras

- Als Kameras werden eingesetzt
  - Flächenkameras (erzeugen zweidimensionales Abbild) und
  - Zeilenkameras (erfassen nur eine einzelne Zeile).
- Die Sensortypen in den Kameras sind
  - **CCD**-Sensoren (**C**harge-**C**oupled **D**evice) und
  - **CMOS**-Sensoren (**C**omplentary **M**etal-**O**xide **S**emiconductor).

## Historische Daten

1350 Automatische Uhren
1805 J.M. Jacquard: Webstuhl – über Lochkarten gesteuert
1921 Theaterstück (Rossum's Universalroboter) von Karel Capek
1960 Erste Roboter in der Industrie
1980 Greifen von Robotern unter Verwendung von Kameratechnik
1997 IBM DeepBlue „Schachweltmeister" (gegen Kasparow)
1997 Roboter-Weltmeisterschaft im Fußball
2011 IBM Watson

## Definition / Einsatzbereiche

- Gemäß VDI sind Industriroboter frei programmierbare Handhabungsgeräte (VDI 2860 (Bl. 1); vgl. EN 775)
- Roboter sind keine Einlegegeräte, keine NC-Maschinen, keine Teleoperatoren. Sie besitzen Freiheitsgrade in der Bewegung. Er ist ein Mehrzweckhandhabungsgerät.
- Unterschieden werden:
  - Außengeländeroboter (Kanalreinigung) u. Agentensysteme
  - Industrieroboter (Schweißroboter; Werkzeughandhabung)
  - Serviceroboter (Rasenmäher; Führer in Ausstellungen)
- Roboter werden in unzugänglichen und widrigen (Raumfahrt, Reaktoren, Chemietechnik) und in diffiziellen Gebieten (Medizin etc.) eingesetzt.

## Arbeitsthemen

- Ziel ist es von elementaren Kompetenzen der Fakten und Regeln (Anfänger, Fortgeschrittener, Befähigter) zu hochwertigen Kompetenzen im Sinne der Wahnehmung von ganzheitlichen und ökologischen Bezügen (Könner, Experte) zu kommen.
- Kinematik (Koordination, Transformation, Statik, Bezüge (Bezugssysteme), Bewegung – Verschiebungen, Drehungen)
- 8-Achsen Industrieroboter (8 Bewegungsmöglichkeiten: Achsen)

● translatorisch in den **Haupt**achsen: $X_H$, $Y_H$, $Z_H$ (3)

● rotatorisch in den **Haupt**achsen: *B*, *C* (2)

● rotatorisch in den **Neben**achsen: *A*, *B*, *C* (3)

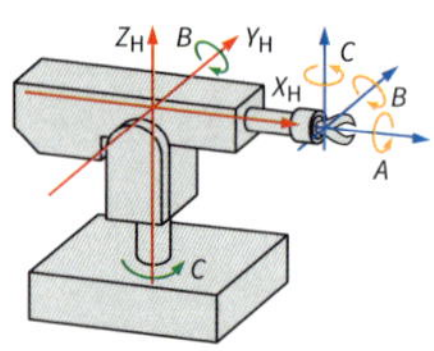


- Stellung, Lage, Bewegungen, kinematische Ketten: Beschreibung mit Koordinatensystemen, Vektoren, Drehungen, Matrizen
- Energieversorgung (Wandlungen; Speicher)
- Sensorik (Kameras, Mikrophonen, Messfühlern (Druck, Temperatur)); Motoren; Greifarme; Mobilität
- Programmierung (formale Beschreibung; Datentypen; Kontrollstrukturen; Schnittstellen; Module – Objekte; RISC; Parallelität)
- Mustererkennung (Bilder, Sprache, …)
- Kommunikation mit anderen Robotern (Protokolle; Schnittstellen; Datenübertragung; Netze)
- Lernfähigkeit (Evolution; Information und Wissen; Logik und Schlüsse; Lernprinzipien; Steuerung; Regelung; …)
- Kommunikation mit Menschen (Beratung; Übersetzungen; …)
- Kognition (Cognitive Computing; Urteilsfähigkeit; Entscheidungen; Beweisverfahren; …)
- Autonomie (neuronale Netze; Selbstorganisation u. -referenz)
- Ethik und Kooperation; interkulturelle Kooperation; Humanoide Roboter; Abstraktion; Kunst.

## Wissensbereiche

- Bedeutsam für moderne Systeme auch im Sinne der Wertschöpfung ist die kreative Gestaltung (Generierung) von Wissen und zugehörigen Zusammenhängen.
- Nach Nonaka entwickelt sich Wissen spiralförmig über vier Segmente.
- Die Wissenserarbeitung und -verarbeitung erfolgt über kognitive Systeme.

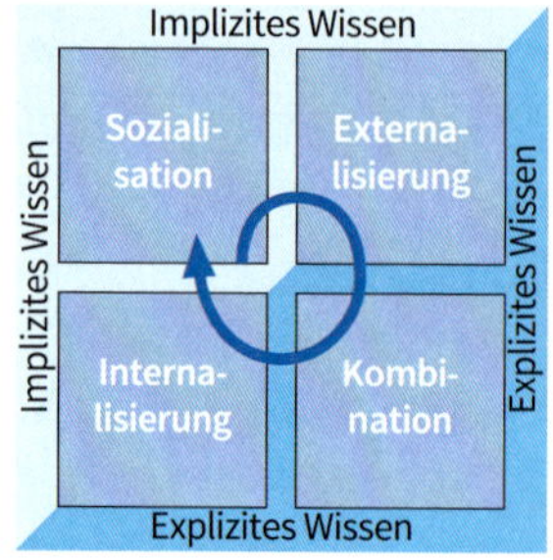


## Kognitive Systeme

- Kognitive Systeme gehören in die Analyse- und Entwicklungsbereiche der Robotik und KI-Welt.
- Daten werden digital dargestellt und gemäß der IT-Prinzipien verarbeitet.
- Durch die Rückkopplung zwischen Aktoren und Sensoren können Regelkreisläufe gestaltet werden, die unter Beachtung evolutionärer Prinzipien intelligente (adaptive) Verhaltsweisen ermöglichen.

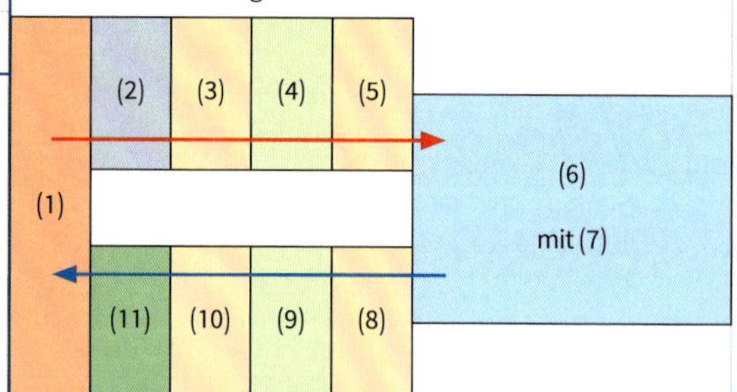


(1): ›reale Welt‹ (Um- bzw. Mit-Welt),
(2): Sensorik (Perzeption: Detektion),
(3), (5), (8), (10): Schnittstellen,
(4), (9): digitaler Raum;
(6): (digitales) Rechensystem (Kognitive Welt)
(7): Informationserkennung, Verarbeitung, Speicherung, Operationen,
(11): Aktoren (Aktionen: Execution)

## Gesetze der Robotik

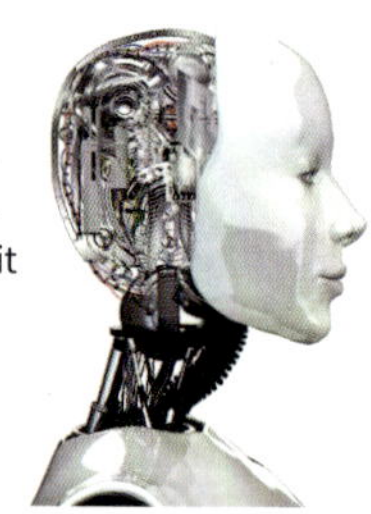

- Gesetze nach Isaac Asimov (* – + (1942 (*); 1985 (**))
- 0: (**) „Ein Roboter darf die Menschheit nicht verletzten oder durch Passivität zulasssen, dass die Menschheit zu Schaden kommt."
- 1: (*) „Ein Roboter darf keinen Menschen (willentlich) verletzen oder durch Untätigkeit zu Schaden kommen lassen."
- 2: (*) „Ein Roboter muss die ihm von einem Menschen gegebenen Befehlen gehorchen, es sei denn, solche Befehle stehen im Widerspruch zum ersten Gesetz."
- 3: (*) „Ein Roboter muss seine eigene Existenz beschützen, solange dieser Schutz nicht mit Regel 1 oder 2 kollidiert."

## Freiheitsgrade

- **Freiheitsgrad *f***:
  Anzahl der voneinander unabhängigen Bewegungsmöglichkeiten eines Systems (Körpers) gegenüber einem Bezugskoordinatensystem.
- **Translatorische Bewegung**:
  Bewegung in Richtung der Achsen X, Y, Z
- **Rotatorische Bewegung**:
  Drehung um jede Achse A, B, C
- Maximal erreichbarer Freiheitsgrad: $f = 6$

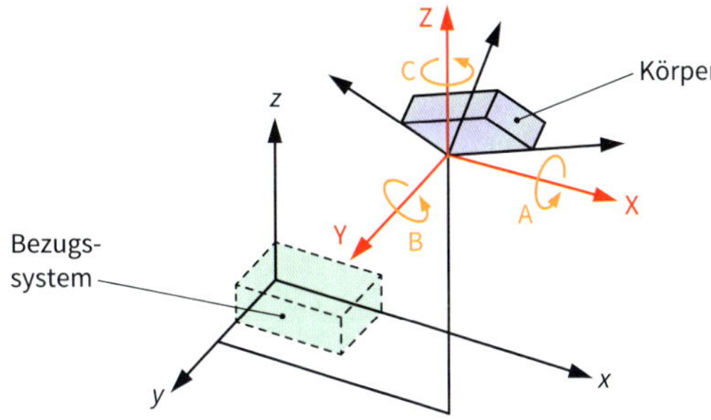


## Achsen

- **Achsen**:
  geführte, unabhängig voneinander angetriebene Glieder
- **Positionieren** und **Orientieren**:
  definierte Bewegungen der Achsen
- **Hauptachsen, Grundachsen**:
  bestimmen den Arbeitsraum des Roboters
- **Nebenachsen (Hand- oder Kopfachsen)**:
  bestimmen die Werkzeug-Orientierung

**Beispiel**: 8-Achsen Industrieroboter
- Translatorisch in den Hauptachsen: X, Y, Z (3)
- Rotatorisch in den Hauptachsen: B, C (2)
- Rotatorisch in den Nebenachsen: A, B, C (3)

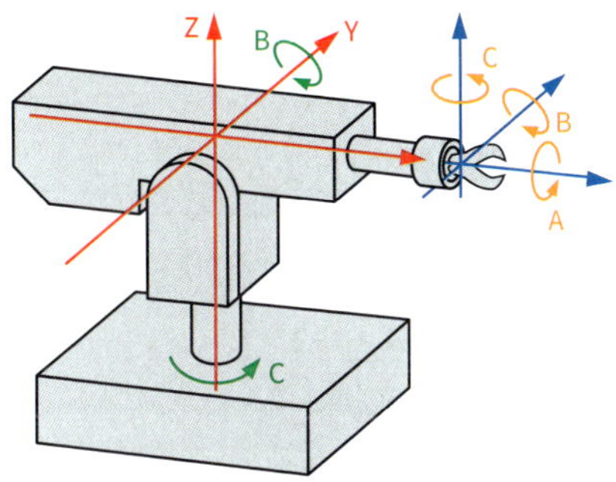


## Symbolik

| Bezeichnung | Symbol | Beispiel |
|---|---|---|
| **Translationsachse** | | |
| Translation fluchtend (Teleskop) | 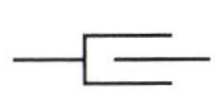 | 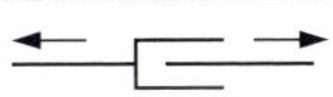 |
| Translation nicht fluchtend | 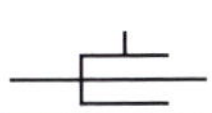 | 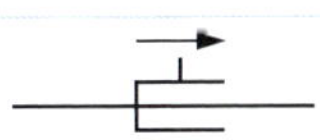 |
| Verfahrensachse | 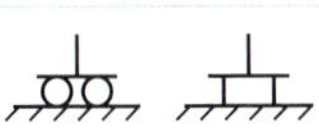 | 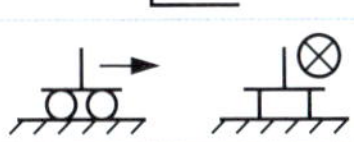 |
| **Rotationsachse** | | |
| Rotation fluchtend |  |  |
| Rotation nicht fluchtend | 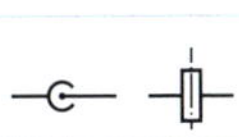 | 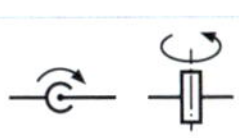 |
| **Werkzeuge** | 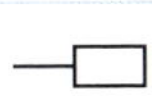 | Spritzpistole, Schweißzange |
| **Greifer** |  | Zangengreifer |
| Kennzeichnung von **Systemgrenzen** | 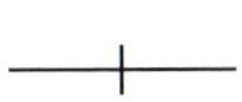 | echte Schnittstelle, z. B. auswechselbare Werkzeuge |
| Ternnung zwischen Haupt- und Nebenachsen |  | 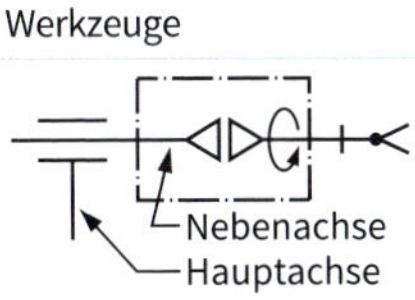 Nebenachse Hauptachse |

**Darstellung**

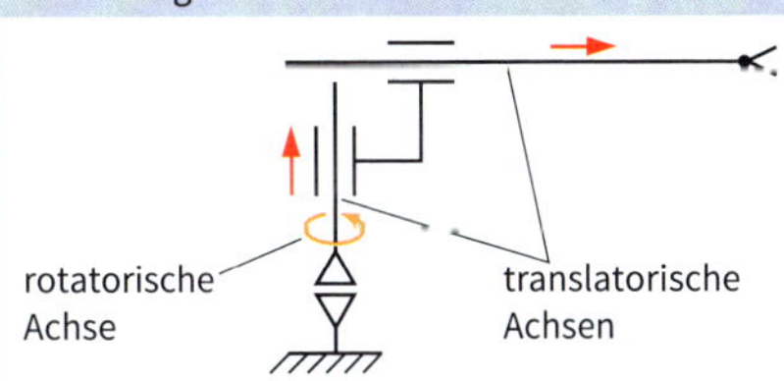


**Achsen** DIN 66217

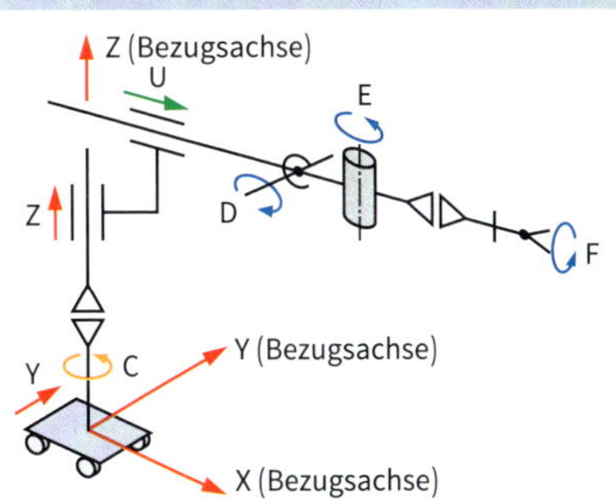


| | |
|---|---|
| X, Y, Z | Haupttranslationsachsen, parallel zum Bezugskoordinatensystem |
| … U, V, W | Nebentranslationsachsen, parallel zu X, Y, Z oder beliebiger Achse |
| A, B, C | Hauptrotationsachsen um X, Y, Z oder andere Achsen drehend |
| D, E, F … | rotatorische Nebenachsen |

## Kartesischer (Linear)-Roboter (TTT)[1)]

3-Achsen — AR[2)]

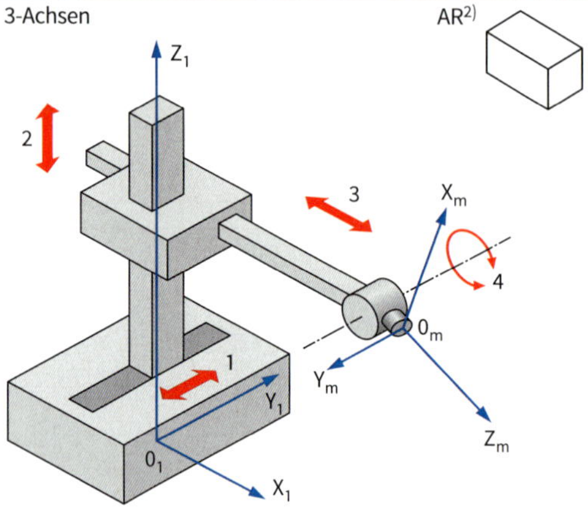


## Zylindrischer-Roboter (RTT)[1)]

4-Achsen — AR[2)]

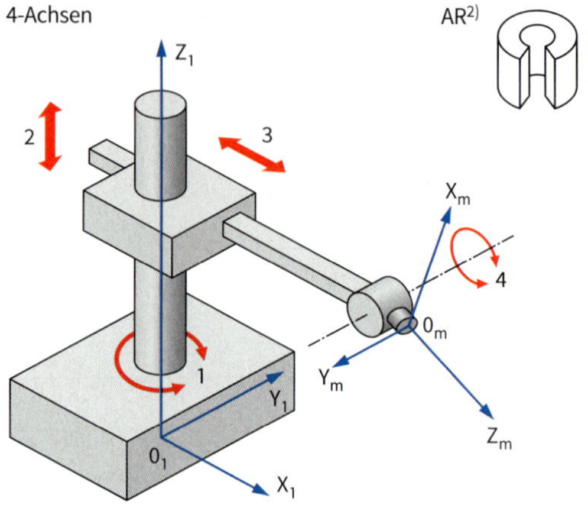


## Knickarm-Roboter (RRR)

6-Achsen — AR[2)]

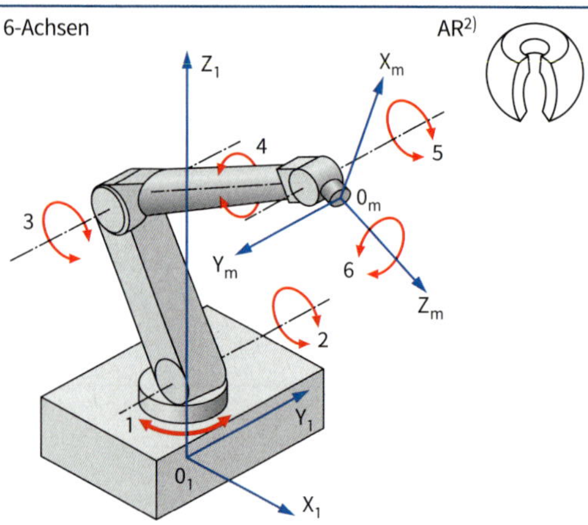


## Parallel-Roboter (Hexapod)

6-Achsen — AR[2)]

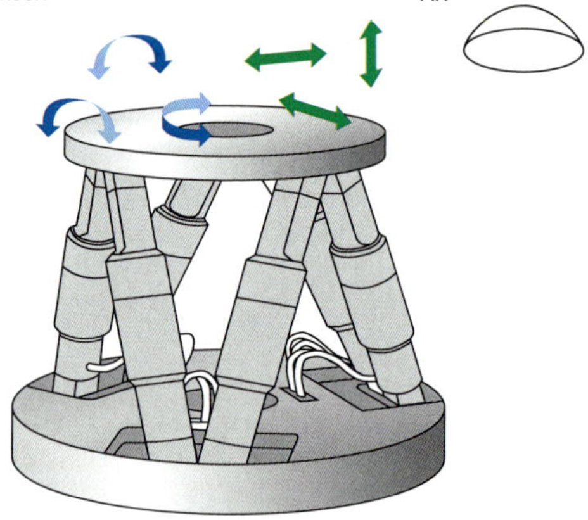

[1)] Klassifizierungsschema: Anhand der Hauptachsen (T = Translatorisch, R = Rotatorisch) [2)] AR: Arbeitsraum

## Mensch-Roboter-Interaktion (MRI)

- Die Formen der Zusammenarbeit (**MRI**: **M**ensch-**R**oboter-**I**nteraktion) zwischen Menschen und Robotern werden eingeteilt in:
  - **Kollaboration**:
    Roboter (**COBOT**: **Co**operative Ro**bot**) und Menschen arbeiten in unmittelbarer Nähe gemeinsam. Roboter sind nicht durch Schutzeinrichtungen von den Menschen getrennt. Die **Aufgaben** von Mensch und Roboter sind **abhängig voneinander**.
  - **Kooperation**:
    Mensch und Roboter arbeiten zusammen, um ein gemeinsames Ziel zu erreichen. Die Aufgaben sind **nicht direkt voneinander abhängig**.
  - **Koexistenz**:
    Es besteht **keine direkte MRI**.
    Mensch und Roboter teilen sich einen Raum.
    Der Mensch benötigt ein mentales Verständnis von den Aufgaben des Roboters und wie er diese ausführt.

**Beispiel**: Kollaborativer Zweiarmroboter

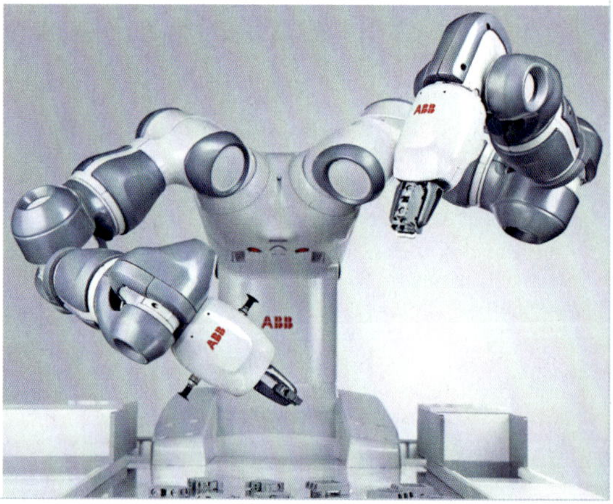

## Steuerzeichen (St-Z): ISO-8-Bit Code (ISO/IEC 8859)

- Die **ISO 8859** definiert unterschiedliche 8 Bit Gestaltungen für die Zeichensätze. Im Kernbereich sind die Zeichensätze mit dem **ASCII** (**A**merican **S**tandard **C**ode for **I**nformation **I**nterchange. Code für Fernschreiber (aus den 1960er Jahren) identisch. Wesentliche Unterschiede ergeben sich im Bereich der Steuer- und Sonderzeichen.
- Unter ASCII werden 32 Zeichen (0x00 – 0x1F; 0xFF) für Steuerungsaufgaben und Metaaufgaben (Steuerzeichen: control characters) genutzt.

| | | | | | |
|---|---|---|---|---|---|
| 0…0 | NUL | 0…B | VT | 1…6 | SYN |
| 0…1 | SOH | 0…C | FF | 1…7 | ETB |
| 0…2 | STX | 0…D | CR | 1…8 | CAN |
| 0…3 | ETX | 0…E | SO | 1…9 | EM |
| 0…4 | EOT | 0…F | SI | 1…A | SUB |
| 0…5 | ENQ | 1…0 | DLE | 1…B | ESC |
| 0…6 | ACK | 1…1 | DC1 | 1…C | FS |
| 0…7 | BEL | 1…2 | DC2 | 1…D | GS |
| 0…8 | BS | 1…3 | DC3 | 1…E | RS |
| 0…9 | HAT | 1…4 | DC4 | 1…F | US |
| 0…A | LF | 1…5 | NAK | 0.FF | |

- Weiterhin befinden sich Steuerzeichen unter A0(160) … FF(255) (→ 96 Zeichen)

| St-Z | Aufgabe |
|---|---|
| ACK | Bestätigung des Empfangs (acknowledge) |
| BEL | Klingelzeichen ( bell) |
| BS | Rücksetzung (backspace) |
| CR | Rücklauf des Schreibkopfes (Rückführung zur Ausgangsstellung (carriage return) |
| DC1... | Steuerung des Geräts (device control) |
| DEL | Löschung (delete) |
| DLE | Umschaltung der Datenübertragung (data link escape) |
| FM | Ende des Datenträgers (end of medium) |
| ENQ | Anfrage (enquiry) |
| EOT | Übertragungsabschluss (end of transmission) |
| ESC | Umschaltung, Abschluss, Trennung (escape) |
| FF | Vorschub im Formular (from feed) |
| HAT | Tabulatoreinstellung (horizontal tab) |
| LF | Zeilenvorschub (line feed) |
| NAK | Reklamation im Empfang (negative acknowledge) |
| RS | Trennzeichen (record separator) |
| SI | Großschreibung (Tastaturumstellung: shift in) |
| SO | Kleinschreibung (shift out) |
| SOH | Kopfanfang (start of heading) |
| STX | Textanfang (start of text) |
| SUB | Ersetzung (substitute) |
| SYN | Synchronisation (Leerlauf: z. B. mit Blich auf die Takt- bzw. lokale Zeitanpassung von Software bzw. Daten) (synchronous idle) |
| US | Trennung von Informationen (unit separator) |

- Bedeutsam ist weiterhin der **ANSI**-Code (Windows-1252) und der **UNI**-Code (vgl.: ISO/IEC 10646). Der Unicode umfasst 65.536 Positionen (code points).
- Schriftzeichen werden u. a. unter **BMP** (**B**asic **M**ultilingual **P**lane (Mehrsprachige Basis-Ebene)) definiert. Dazu gehört ergänzend **SMP** (**S**upplementary **M**ultilingual **P**lane (ergänzende mehrsprachige Ebene)). Weiterhin existieren:
  **SIP** (**S**upplementary **I**deographic **P**lane (ideographische E.))
  **SSP** (**S**upplementary **S**pecial-purpose **P**lane (spez. Verwend.)
  **PUP** (**P**rivate **U**se **P**lanes (privater Bereich)

## Daten und Adressen

- Unterscheidungen von Daten im Bereich der Maschine Steuerdaten, Programmdaten, Verarbeitungsdaten
- Weiterhin werden unterschieden:
  Zahlen: Nummerische Zahlziffern plus Vorzeichen
  Buchstaben und Namen (alphabetische Daten)
  Komplexe Zeichen (alphanummerische Daten): Ziffern, Buchstaben und Sonderzeichen
- Im klassischen Rechner erfolgt die Datendarstellung über binäre Muster, die physikalisch (elektrisch, optisch) gebildet werden.
- Die binären Zeichen bestehen aus einer Abfolge von 0 und 1.
- Maschinenwörter sind dabei allgemein Binärzeichen mit einer vorgegebenen Länge (Wortlänge).
- Unterscheidungen: Symbole, Zeichen, Zahlen, Wort, Alphabet
- Zahlendarstellung
  Festpunktzahlen (Festkommazahlen)
  Gleitpunktzahlen (Gleitkommazahlen; Fließkommazahlen)
  $x = m \cdot b^e$ ($b$: Basis (2, 8, 10, 16); $e$: Exponent; $m$: Mantisse)
  (Bzgl. des Exponenten wird auch von der Charakteristik gesprochen, wenn dieser aus technischen Gründen in verschobener Art dargestellt wird – zum Beispiel um Vorzeicheninformationen einzusparen.)
- Die Transformation von Zeichen aus einem Alphabet in ein anderes Alphabet erfolgt mit einem Code. Die Entropietheorie von Shannon verdeutlicht dabei die Gestalt eines idealen Codes, dem sich ein realer Code optimal nähern kann (optimaler Code).
- Adressen / Adressierung (A)
  Unterschieden werden Hauptspeicher-, Segment-, Register- und virtuelle Adressen
  Statische A. (feste Vergabe (absolute A.): aA
  Flexible A. (dynamische Vergabe (relative A.)): eA
  Effektive Adressen: (logische Adresse)
  Physikalische A: pA – sie wird ermittelt über das Adresswerk (zu unterscheiden sind Adressnummer und Adressinhalt ‹A›)
- Adressierungen: direkte A.; immediate A.; implizite A.; indirekte A.; indizierte A.; relative A.; unmittelbare A.;
- Befehl in Maschinen (Grundtypen)
  Arithmetische Befehle (Rechenoperationen)
  Befehle zur Steuerung der Programmabläufe
  Befehle zur Systemsteuerung
  Bitmanipulationsbefehle; Blockbefehle; Datentransportbef.
  Eingabebefehle (Einlagerung)/ Ausgabebefehle; Löschbefehle
  Logische Befehle; Register-, Rotations- und Schiebebefehle

## Dateiformate

| | |
|---|---|
| Archiv | ZIP |
| Audio | Daisy; FLAC; Opus; Speex; Vorbis |
| Bilder | openEXR; PNG; SVG |
| Bitmap | BMP; EPS; GIF; JPEG; PNG; TIFF; PCX |
| Container | CrossCrypt; dm-crypt; FreeOTFE; Ogg; TrueCrypt |
| Datenbanken | CSV (ASCII-TXT-Variante); DBF |
| Grafik | EPS; EMF; WMF; PDF; DXF |
| Sound | WAV; mp(x); MPEG |
| Tabellen | CSV; HTML; XML |
| Text | ASCII; DVI; TXT; RTF; XML; PDF; HTML; SAM; Office Open XML; Open Document |
| Text-Beschreib. | HTML; LaTeX; TeX; XML |
| Vektoren | DXF; EPS; WMF; EMF |
| Video | AVI; MOV; MPEG; Theora |

- Stochastische Modelle aus der Verkehrs- und Bedientheorie besitzen in der modernen Technik eine hohe Bedeutung zur Beschreibung der Funktionalität von IT-Geräten speziell in vernetzten Strukturen
- Bedeutsam sind dabei folgende Aspekte
  - Ankunftsprozess (auch Anrufprozess)
    $\lambda = (E\{T_A\})^{-1} = \frac{1}{E\{T_A\}} = E\{\frac{\text{Ana der Anrufe}}{\text{Zeiteinheit}}\}$
    ($E$: Erwartungswert; $T_A$: Anrufabstand zwischen zwei Aufträgen bzw. Anforderungen bzw. Anrufen)
  - Anforderungen werden von einem System direkt übernommen, abgewiesen oder aber in einen Warteraum überführt
  - abgewiesene Anforderungen stellen einen Verlust (V) dar
  - $P_V$: Verlustwahrscheinlichkeit; $P_E$: Erfolgswahrscheinlichkeit $P_E = 1 - P_V$
  - wartende Anforderungen verweilen die Zeit $T_W$ im Warteraum; $T_B$ steht für die durchschnittl. Bedienzeit eines Auftrags im System; Verweilzeit ($T_{VW}$) im System: $T_{VW} = T_W + T_B$.
- Mit diesen systemischen Beschreibungen können sowohl die Gegebenheiten einzelner und vernetzter technischer, aber auch sozialer Einheiten beschrieben werden. Insofern können betriebswirtschaftliche und informationstechnische Gegebenheiten einheitlich mathematisch und systemisch erfasst werden.

Zugang zum System

Anforderungen (Ankunftsrate)

| | | |
|---|---|---|
| | System | (Enderate) |
| | Verweilung: Warteraumzeit und Bedienprozess | |
| Abweisungen | Erfüllte Anforderungen | |

Abgang aus dem System

| | | |
|---|---|---|
| $\lambda$ | Verweilzeit: | $\mu$ (Enderate) |
| $T_A$ | $T_V = T_W + T_B$ | $T_E$ |
| $P_V = 1 - T_E$ | | |

- Bedeutsame Beschreibungen gehen auf Markoff zurück. Unterschieden werden Warteräume und Bedieneinheiten. Ankunfts-, Abweisungs- und Verarbeitungsraten werden gemäß stochastischer Verteilungen bestimmt (M: Markoff; G: Generell).
  Zur Symbolik: Warteraum – Abfolge von Rechtecken
  Bedieneinheit (z. B. ein Prozessor) – ein Kreis
  Verbindungen – eine Linie mit Pfeil (Richtung)
  Ein Auftrag – ein Punkt

  Typische Systeme
  1 mit einer Warteschlange und einer Verarbeitungseinheit
  2 mit einer Warteschlange und mehreren Bedieneinheiten
  3 mehrere Warteschlangen und einer Bedieneinheit
  4 mehrere Warteschlangen und mehreren Bedieneinheiten

  (M / M / 1) – Wartesystem

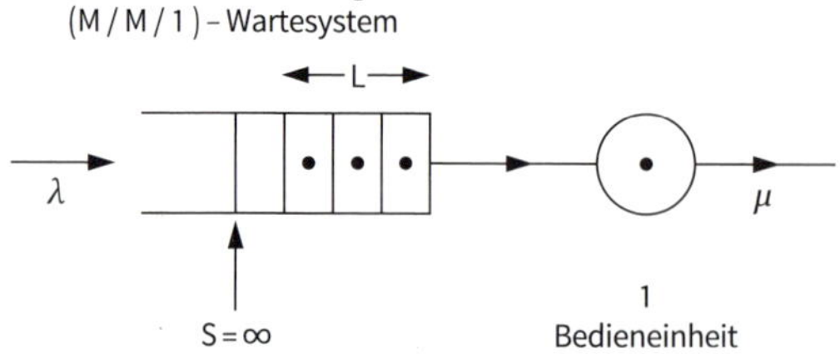


Unendlich viele Warteplätze; eine Bedieneinheit; M-Prozesse

## Stochastische Modellannahmen

- Ankunftsprozesse
  Negativ exponentielle Verteilung: $F_{TA}(t) = 1 - \exp(-ct)$ mit $c = \lambda$.
  $E\{T_A\} = \int_0^\infty t \cdot c \cdot \exp(-ct) \cdot dt$
  Hyperexponentielle Verteilung: $F_{TB}(t) = 1 - \Sigma P_i \cdot \exp(-\mu_i \cdot t)$
  $E\{T_B\} = \Sigma_1^k P_i/\mu_i$, wobei gilt: $\Sigma_1^k P_i = 1$
- Übliche Symbolik: **D**: Gleichverteilung; ***E*<sub></sub>**

## Maschinencode / Assemblercode

| | |
|---|---|
| **Adressen** (Lade: LD) | |
| LD A, B: | ADD B, SUBC |
| **Werte im Speicher** | |
| Dekrementiert: Wert (n) – 1 | Inkrementiert: Wert(n) + 1 |
| **Zugriff auf Speicherinhalt mittels Zeiger** | |
| PUSH AF:<br>Dekrementiere SP; LD(SP), A<br>Dekrementiere SP; LD(SP), F | POP AF:<br>LD F, (SP); Inkrementiere SP<br>LD A, (SP); Inkrementiere SP |
| **Austauchbefehl**: EX; EXX | |
| **Blocktransfer und -suchbefehle** | |
| LD; LDIR LD bis BC = 0)<br>LDD (lade + dekrementiere)<br>LDDR (lade, dekrementiere bis BC = 0)<br>CPI: vergleiche und inkrementiere | CPIR: vergleiche, inkrementiere, wiederhole (BC = 0)<br>CPD: vergleiche und dekrementiere<br>CPDR: vergleiche, dekrementiere, wiederhole (BC = 0) |
| **Logische und arithmetische Befehle** | |
| 'ADD'; ADDW CARRY 'ADD'<br>SUBTRACT 'SUB'; SUB w CARRY 'ISBC'<br>'AND'; 'XOR'; 'OR' | COMPARE 'CP'<br>INCREMENT 'INC'<br>DECREMENT 'DEC'<br>NEG: Zweierkomplement |
| **Bitmanipulation** | |
| SET: SET 0, A   RES: RES 7, HL | BIT |
| **Rotations- und Schiebebefehle** | |
| SLA (shift left arithmetic) | SRA (shift right arithmetic) |
| **Verzweigungsbefehle (Sprung-, Aufruf-, Rücksprung)** | |
| JMP 'JP': JR Z, F8H<br>– Befehlszähler mit einer niedrigeren Adresse (8) | DJNZ<br>DEC<br>RETI (Rücksprung vom Interrupt)<br>RET (unbedingter Rücksprungbefehle) |
| **Schleife**: Folge von Befehlen, die mehrfach zyklisch durchlaufen werden. Dabei können im Durchlauf Werte angepasst werden. So können iterative und auch rekursive Strukturen realisiert werden. Durch die Abläufe können Zeitfester bestimmt werden – zum Beispiel für Wartezeiten. | |
| **Verteiler**: Verzweigung in der Wegführung abhängig von Auswahlkriterien | |
| **Eingabe; Ausgabe** | |
| 'OUT'; ,'OTIR'; 'OUTD'; 'OTDR' | 'INI'; 'INIR'; 'IND'; 'INDR' |
| **Steuerbefehle (Prozessor-Ebene)** | |
| NoP: Leerbefehl<br>HALT<br>DI: disable interrupt<br>EI: enable interrupt | IM0 (oder 1,2)<br>(set interrupt mode 0 (oder 1, 2)) |

# Daten

8

## Analoges Signal

Das Signal kann jeden Wert zwischen dem negativen und positiven Maximalwert einnehmen (kontinuierlicher Werte- und Zeitbereich).

**Beispiele:** Sprache, Musik

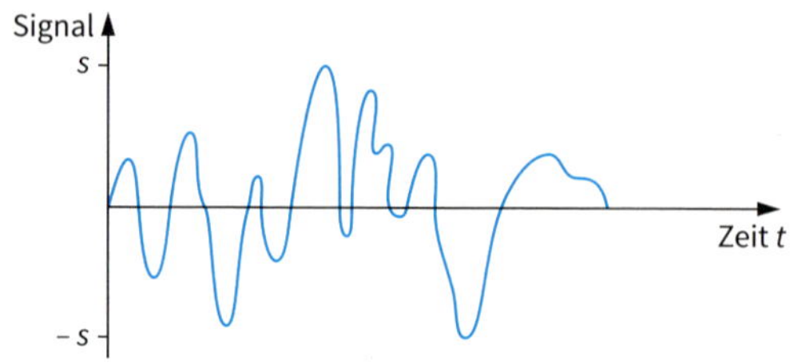


## Digitales Signal

Das Signal kann nur bestimmte (diskrete) Werte annehmen (z. B. 0 und 1, binäres Signal). Die Werte sind nur in bestimmten Zeitabschnitten vorhanden.

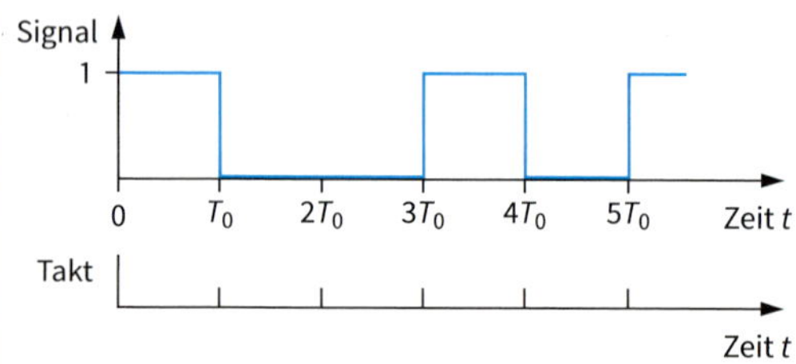


## Rechtecksignale (Spannungen)

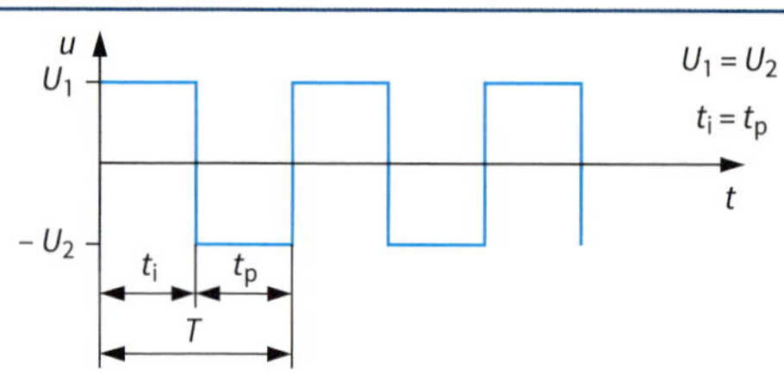


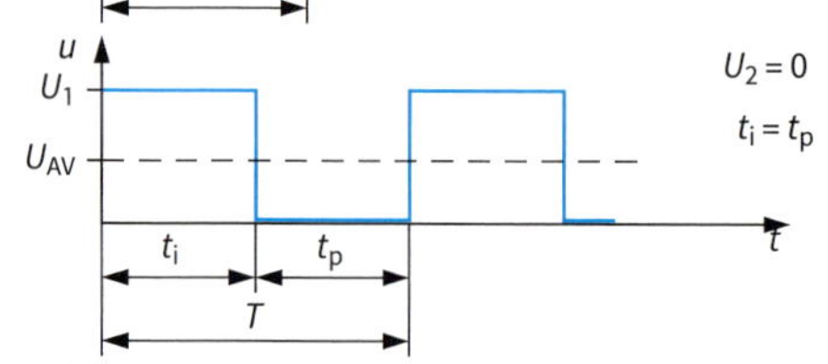


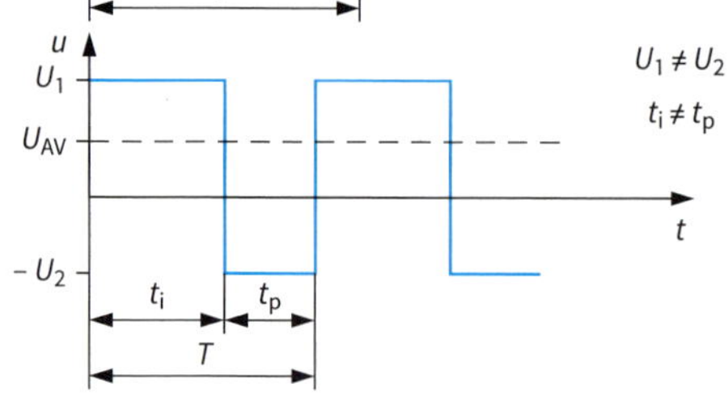


$t_i$: Impulsdauer
$t_p$: Pausendauer
$T$: Periodendauer
$T = t_i + t_p$
$f$: Frequenz

$u$: Spannung
$U_{AV}$: Mittelwert
$\hat{u}$: Maximalwert

## Signaleinteilung

| Wert \ Zeit | kontinuierlich | diskret |
|---|---|---|
| kontinuierlich | 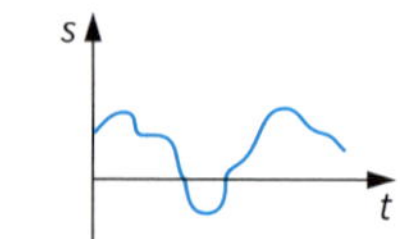  s und t sind kontinuierlich (Sprache, Musik) | 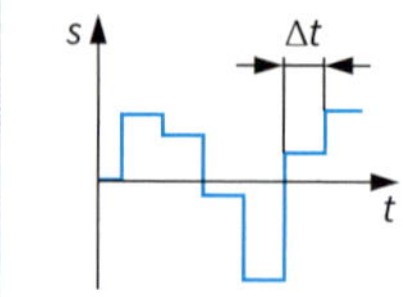  s kontinuierlich<br>t diskret (Takt T, Pulsamplitudenmodulation) |
| diskret | 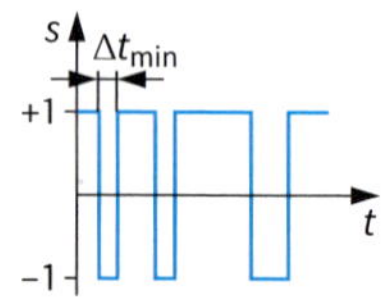  s diskret (binär dargestellt)<br>t kontinuierlich (Pulsbreitenmodulation) | 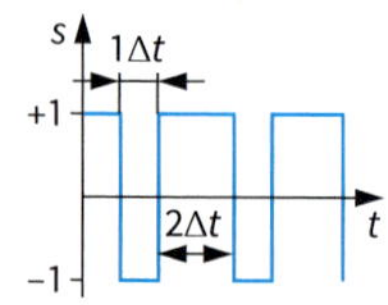  s diskret (binär dargestellt)<br>t diskret (Pulscodemodulation) |

## Fourier-Analyse

Jede periodische Schwingung kann als Summe von Sinusschwingungen dargestellt werden.

**Linienspektrum**

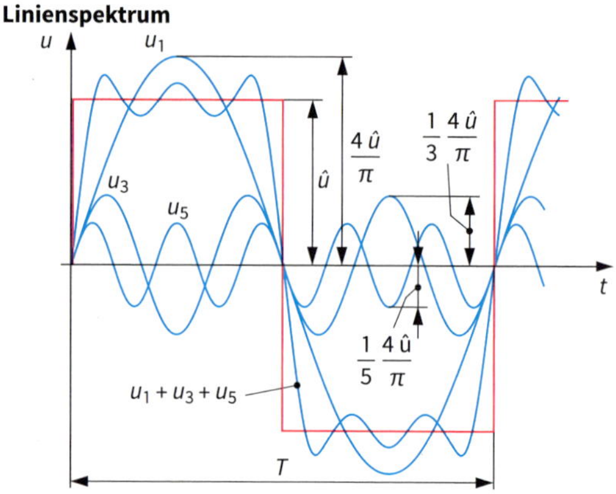


**Frequenzspektrum**

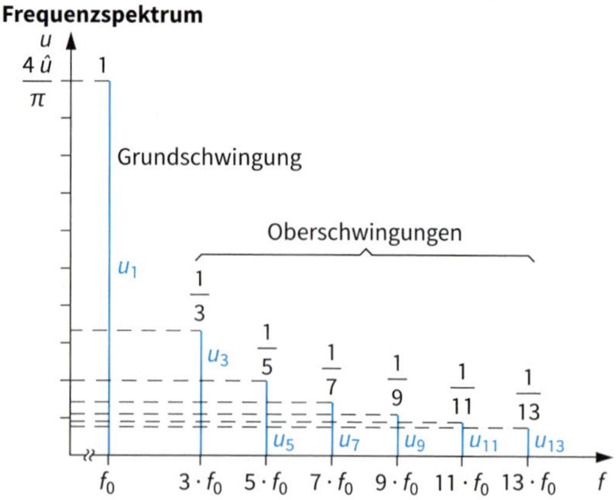

## Signale

- In Abhängigkeit von einer variablen Größe (z. B. $t$, $x$ oder $z$) wird eine Funktionsgröße ($f(t)$, $f(x)$ oder $f(z)$) erfasst bzw. bestimmt.
- Beide Größen können diskret oder aber kontinuierlich sein. Bei kontinuierlichen Größen spricht man auch von analogen Werten. Bei diskreten Größen wird auch von digitalisierten Daten gesprochen. Weiterhin werden periodische und aperiodische Größen unterschieden.
- Zu unterscheiden sind folgende Signale:

| | |
|---|---|
| zeitkontinuierliche | zeitdiskrete |
| wertkontinuierliche | wertdiskrete |
| periodische | a-periodische |
| zufällige (stochastische) | deterministische |

- Bei einer kontinuierlichen Erfassung, werden durchgängig zu allen Zeitpunkten Werte ermittelt.
- Bei einer diskreten Erfassung, werden nur zu bestimmten Zeitpunkten Werte ermittelt. Dies liegt zum Beispiel bei einer Signalabtastung vor.
- Bei einer wertanalogen Darstellung werden alle möglichen Werte entsprechend abgebildet.
- Bei einer wertdiskreten Darstellung werden die aufgenommenen Werte nur auf bestimmte Werte (Wertbereiche) zugeordnet.
- Bei einem periodischen Signal wiederholt sich die Signalfolge nach einer bestimmten Zeit $t_p$.
  Dieser Zeitabschnitt wird **Periode** genannt.
- Signalfolgen ohne Perioden sind aperiodische Signale.
- Deterministische Signalfolgen sind prinzipiell exakt vorhersagbar.
- Zufällige Signale sind in ihrer Abfolge nicht vorhersagbar.
- Streng kausale Signalfolgen sind zum Teil hoch sensitiv. Dies hat zur Folge, dass trotz strenger Kausalität der Signalverlauf nicht prognostiziert werden kann. Dies wird im Rahmen der Chaostheorie näher untersucht.

- **Augenblickssignal**

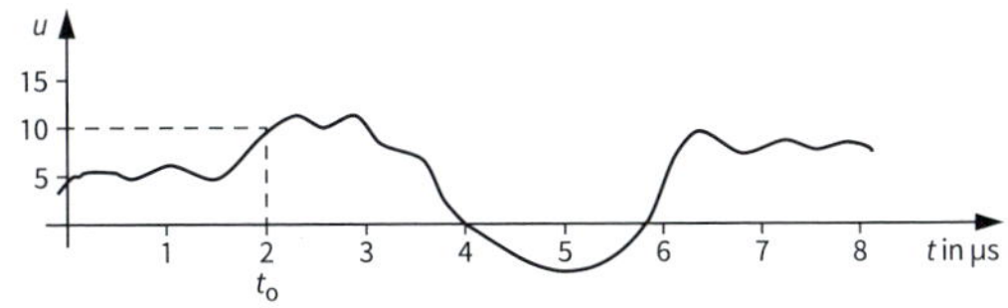


- **Rauschsignal**

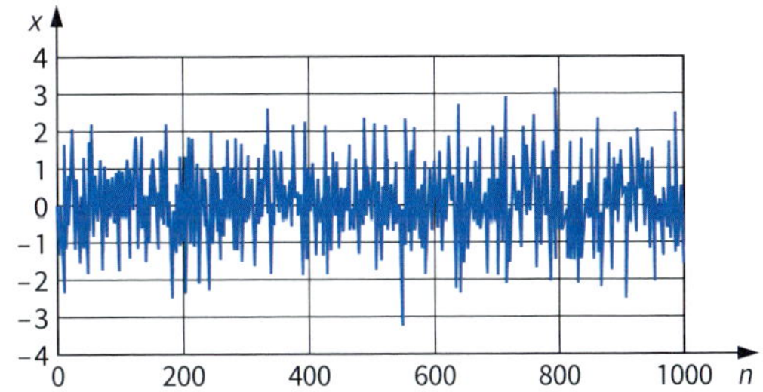


- **Periodisches Signal**

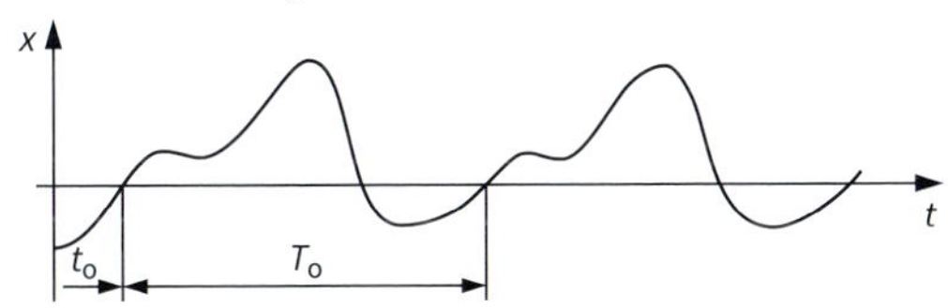


- **Moduliertes Signal**

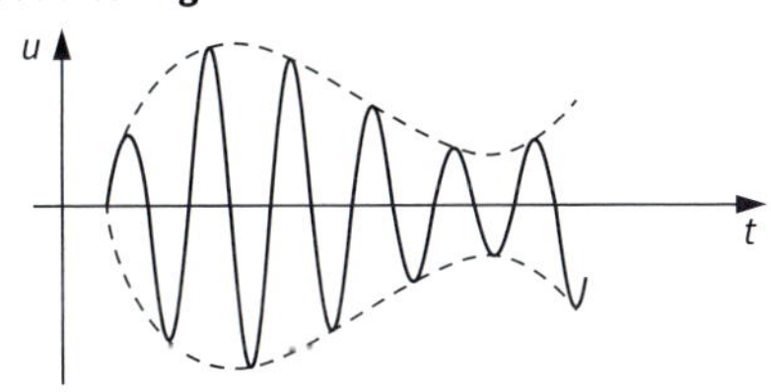


## Einteilungen

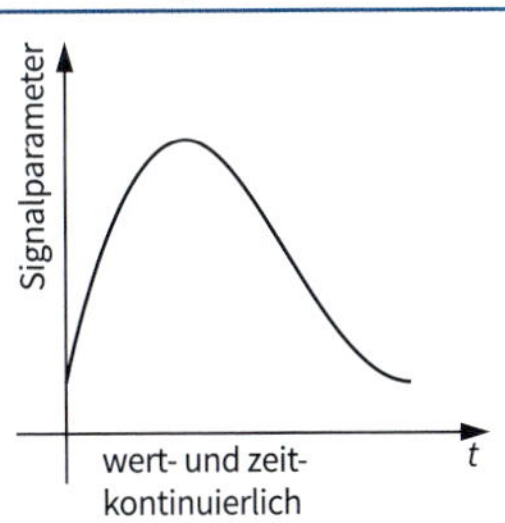


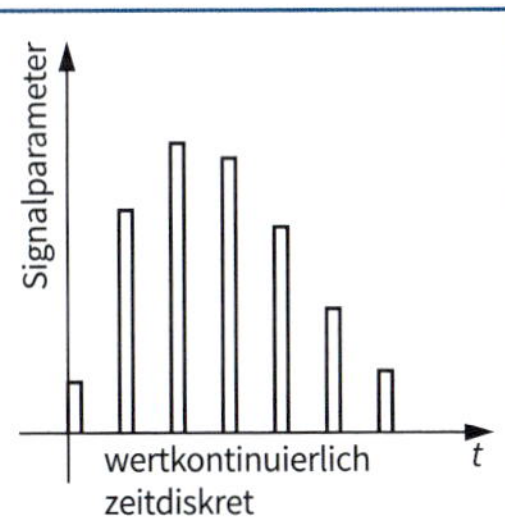


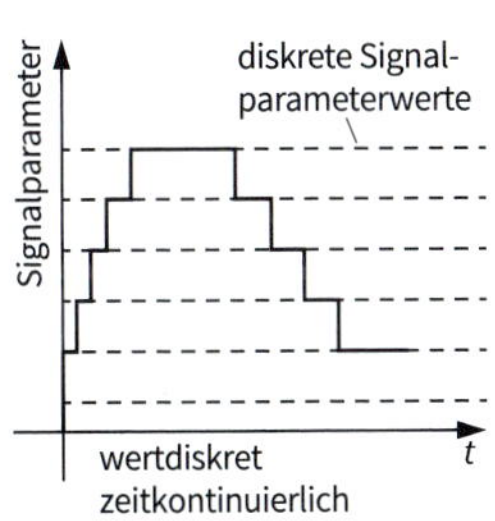


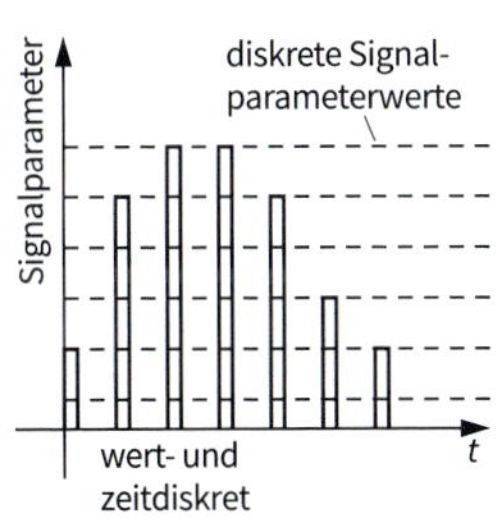


| | **zeitkontinuierlich** | **zeitdiskret** |
|---|---|---|
| **wertkontinuierlich** | Mikrophonströme,<br>Fernsehströme,<br>Faksimilesignale von Bildern | Pulsamplitudenmodulation<br>und<br>Pulsphasenmodulation von Sprache |
| **wertdiskret** | quantisierte Sprachsignale,<br>Pulsfrequenzmodulation,<br>Faksimilesignale von Bildern mit beschränkter Zahl von Graustufen | quantisierte Pulsamplitudenmodulation von Sprache,<br>Pulscodemodulation,<br>binäre Datensignale |

## Zufallssignale

- Zufällige Signalfolgen tragen in sich einen Neuigkeitswert, der zur Deformation des Bestehehnden beiträgt. Sie sind zeitlich nicht vorabbestimmbar.
- Zufällige Prozesse treten in der äußeren Natur auf, wie z. B.:
  - radioaktiver Zerfall
  - chaotische Wärmebewegungen (Brownsche Bewegungen)
  - Elektronensprung in der Atomhülle
- *Chaos*: Ungeregelte Erscheinungen
- Zufällige Prozesse können jedoch von der modernen Mathematik über geregelte Algorithmen erzeugt werden. Chaos und Algorithmen schließen sich somit nicht aus.
- **Punkte im Viertelkreis**
  - Idee: In einem Einheitsquadrat wird ein Viertelkreis mit dem Radius $r = 1.0$ eingetragen. Zufällig werden Punkte ($P(xi,yi)$) im Quadrat abgetragen und $\pi$ wird über die Verteilung der Punkte bestimmt.
  - Die Annahme ist grundlegend, dass die Anzahl der Punkte in einer Fläche der Flächengröße entspricht. Es werden mittels einer Zufalslfunktion (→ randoms) für $x$ und $y$ jeweils Werte im Bereich von 0 … 1 bestimmt.
  - Die minimale Entfernung eines Punktes vom Ursprung (0;0) wird über $z = xi^2 + yi^2$ ermittelt. Sofern $z \leq 1.0$ gilt, liegt der zugehörige Punkt im Viertelkreis.

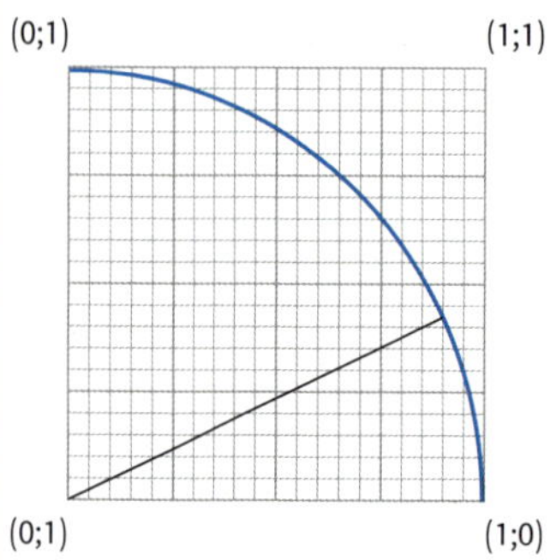


Rote Linie

Abstand zum Ursprung beträgt gleich 1.0

Die Punkte im Vierteilkreis werden gezählt: PZ-VK

Gesamtanzahl: n

- Flächengröße ($F$) und Punktanzahl ($PZ$)

$F_{\text{Viertelkreis}} \cong PZ\text{-}VK(z < 1.0);\; F_{\text{Quadrat-Resti}} \cong PZ\text{-Rest}(z > 1.0)$

$PZ\text{-}VK(z \leq 1.0) + PZ\text{-Rest}(z > 1.0) = n$

- Auflösung $\pi = \dfrac{PZ\text{-}VK}{PZ\text{-}VK + PR\text{-Rest}} = \dfrac{PZ\text{-}VK}{n}$

## Rauschen

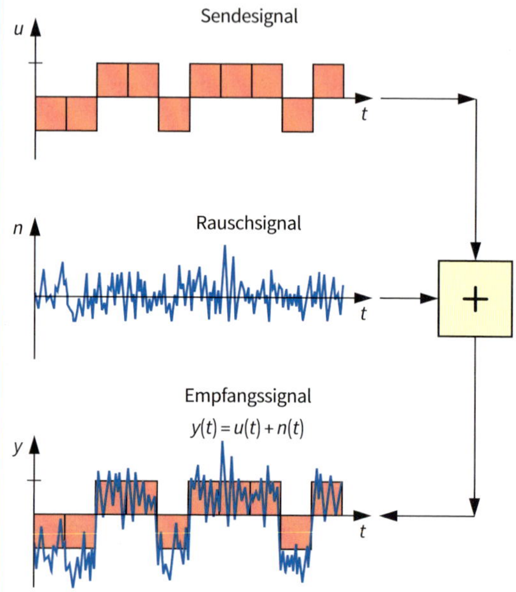


**Rauschsignale**

$$f_N(x) = \frac{1}{\sqrt{2\pi\sigma^2}} \cdot \exp(-x^2/2\sigma^2)$$

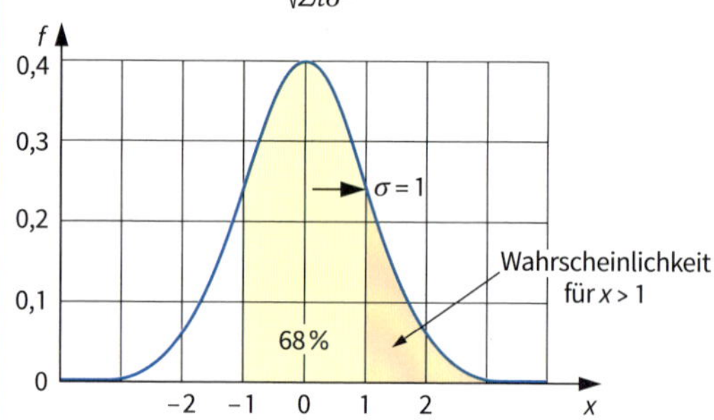


**AWGN-Kanal**
- additives weißes gaußsches Rauschen
- gaußsche Glockenkurve als WDF
- unkorreliert + gaußsch ⇒ unabhängig!

## Augendiagramme

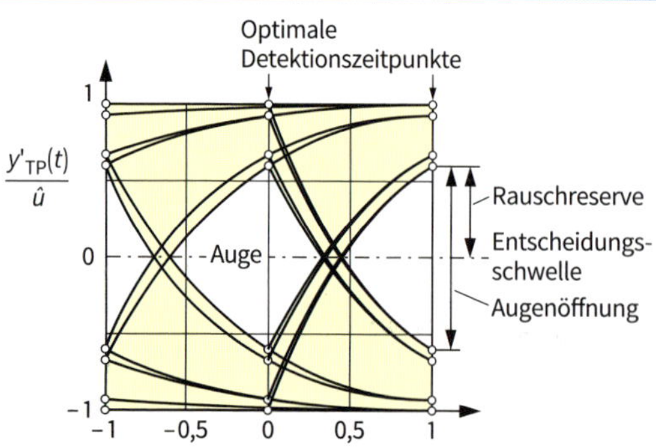


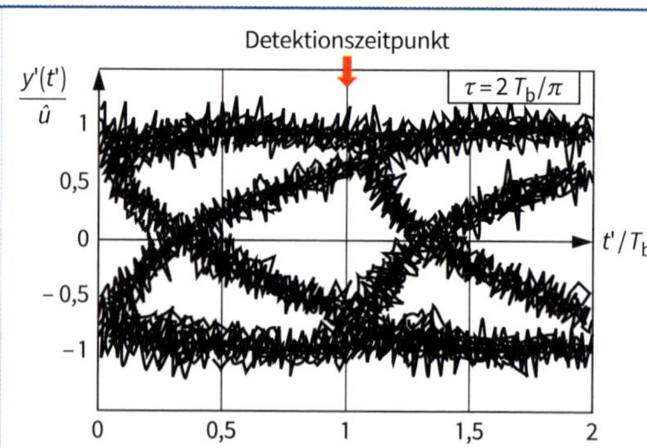

# Digitalisierung
## Digitalization

### Digitalisierung

1. Die Quelle liefert ein analoges Signal ①.
2. Durch **Abtastung** werden in bestimmten Zeitabschnitten Spannungswerte entnommen ②.
3. Jeder Pulsamplitude wird in der **Quantisierungstufe** ③ ein bestimmter Wert zugeordnet. Wenn der Abtastwert zwischen den Stufen liegt, ergeben sich Fehler. Sie sind umso kleiner, je größer die Zahl der Quantisierungsstufen ist.
4. Jeder Stufe wird danach eine bestimmte Bitfolge zugeordnet (Codierung ④ durch ein Codewort). In diesem Fall sind es 3 Bit.

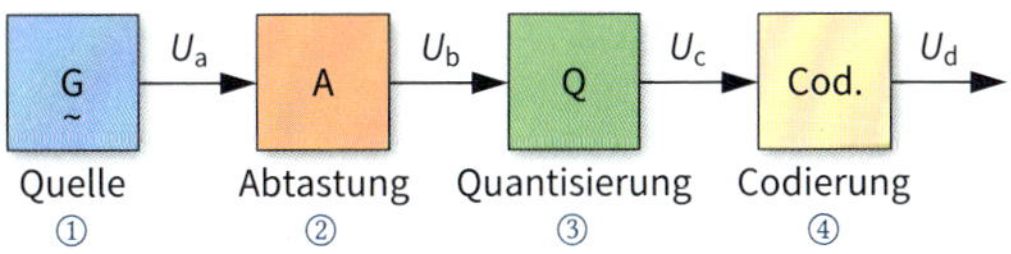


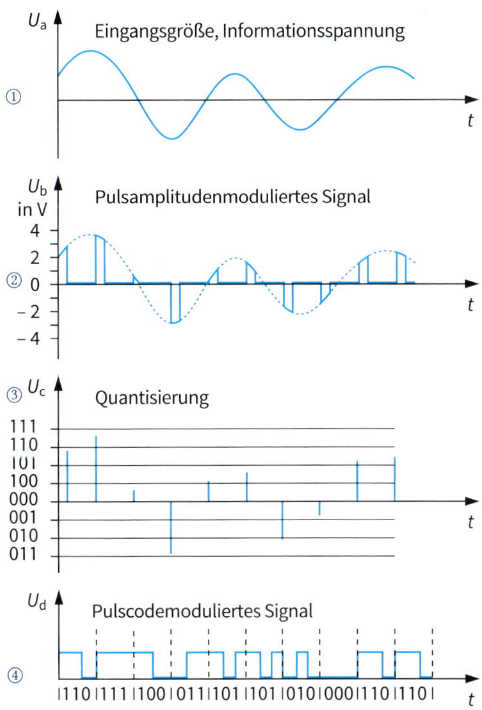


### Umsetzer

#### Analog-Digital-Umsetzer

**Beispiel:**
Ein rampenförmiges Signal (analog) wird mit binären Signalen (0 und 1) in einen Signalfluss von 4 Bit (Dual-Code) umgesetzt.

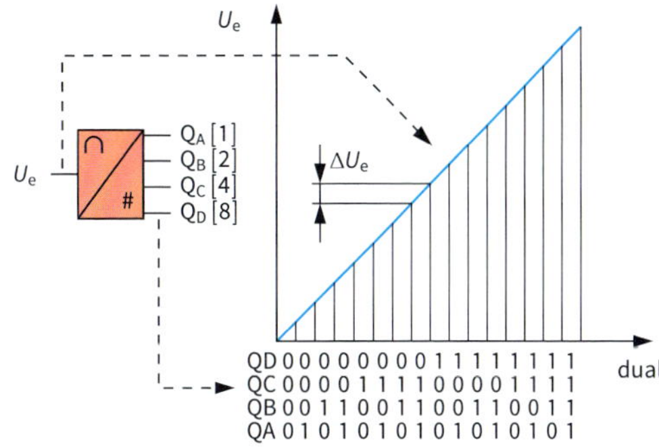


#### Digital-Analog-Umsetzer

**Beispiel:**
Eine 4-Bit-Signalfolge (Dual-Code) wird in ein treppenförmiges Signal umgesetzt. Nach anschließender Glättung ist wieder ein analoges Signal vorhanden.

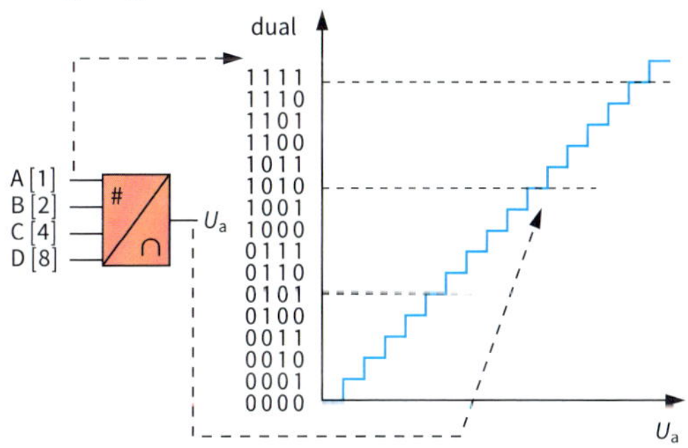


### Bit und Byte

**Bit: Bi**nary Digi**t**, Binärziffer
Kleinste Informationeinheit der Computertechnik und anderer digital arbeitender Systeme

**Byte**: Einheit von 8 Bit
z.B.: 01101011

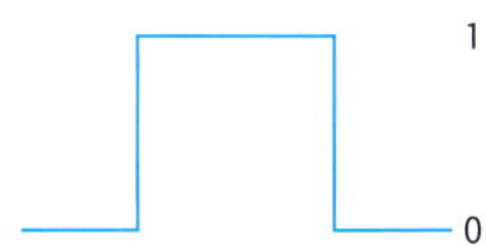


### Kapazitätsangaben

- Das Byte (B) ist die Standardeinheit für die Angaben der Kapazitäten von
  - permanenten Speichermedien (z. B. Festplatte, CD, DVD, USB-Stick, Speicherkarten) und
  - flüchtigen Speichern (z. B. Arbeitsspeicher).
- Verwendet werden **Präfixe** (Vorsilben) zur Basis 10 und 2.
- Hersteller von permanenten Speichermedien verwenden zur Kapazitätskennzeichnung Dezimalpräfixe. Unterschiede entstehen, wenn z. B. im PC die Anzeige durch Binärpräfixe erfolgt.

| **Präfixe zur Basis 10 (Dezimalpräfixe)** | | **Präfixe zur Basis 2 (Binärpräfixe)** | |
|---|---|---|---|
| Symbol, Name | Bedeutung | Symbol, Name | Bedeutung |
| **kB**, Kilobyte | $10^3$ B = 1.000 B | **KiB**, Kibibyte | $2^{10}$ B = 1.024 B |
| **MB**, Megabyte | $10^6$ B = 1.000.000 B | **MiB**, Mebibyte | $2^{20}$ B = 1.048.576 B |
| **GB**, Gigabyte | $10^9$ B = 1.000.000.000 B | **GiB**, Gibibyte | $2^{30}$ B = 1.073.741.824 B |
| **TB**, Terabyte | $10^{12}$ B = 1.000.000.000.000 B | **TiB**, Tebibyte | $2^{40}$ B = 1.099.511.627.776 B |

## Datenreduktion und Datenkompression

**Ziel:** Verringerung der zu speichernden oder zu übertragenden Daten ohne wahrnehmbaren Qualitätsverlust.
Reduktion und Kompression werden häufig synonym verwendet.

**Unterschiede:**

- **Kompression** bedeutet eine „Verdichtung" der Daten (gepackte Daten). Die ursprünglichen Daten können ohne Verluste wiederhergestellt werden (verlustfreie Kompression).
- **Reduktion** bedeutet, dass unwichtige oder nicht wahrnehmbare Daten entfernt werden. Die ursprünglichen Daten können nicht wiederhergestellt werden (eingeplante Verluste, verlustbehaftete Kompression).

**Kompressionsrate bzw. Reduktionsrate:** Verhältnis von Eingangsdaten zu Ausgangsdaten (z. B.: 12:1)

**Kompressionsfaktor bzw. Reduktionsfaktor:**
Verhältnis von Ausgangsdaten zu Eingangsdaten (z. B.: 1:12)

## Erforderliche Datenraten für Medien

| Medium | Annahmen | Datenrate |
|---|---|---|
| Text | ■ 1 Seite mit 80 Zeichen/Zeile<br>■ 64 Zeilen/Seite<br>■ 1 Byte/Zeichen | 80x64x1x8<br>=<br>**41 kbit/Seite** |
| Audio | CD-Qualität:<br>■ Abtastrate 44,1 kHz<br>■ 16 Bit/Abtastwert | 44,1x1000x16x2<br>=<br>**1,4 Mbit/s** |
| Standbild | ■ 512 x 512 Pixel/Bild<br>■ 24 Bit/Pixel | 512x512x24<br>=<br>**6,29 Mbit/Bild** |
| Video | Vollbild:<br>■ 1.024x1.024 Pixel/Bild<br>■ 24 Bit/Pixel<br>■ 30 Bilder/s | 1.024x1.024x24x30<br>=<br>**755 Mbit/s** |

**Folgerung:**
Besonders bei Bildern und Videosequenzen muss die Datenrate erheblich verringert werden, um die Daten mit einem vertretbaren Aufwand speichern bzw. übertragen zu können.

## Anwendung der Psycho-Akustik für die Audiodatenreduktion

**Ruhehörschwelle:**
Das menschliche Ohr kann nur Töne oberhalb einer bestimmten Schwelle wahrnehmen (①, oberhalb der Kennlinie).

- **Frequenzabhängige Lautstärkeempfindung:**
  Bei unterschiedlichen Frequenzen besitzt das Ohr eine unterschiedliche Lautstärkeempfindung (②, nichtlinearer Kurvenverlauf).
- **Mithörschwelle:**
  Bei lauten Tönen werden die frequenzmäßig in der „Nähe" liegenden leisen Töne vom Ohr nicht wahrgenommen. Die Hörschwelle wird angehoben (③ Maskierung).
- **Verdeckungseffekt:**
  Leise Töne werden durch zeitlich voreilende oder nacheilende laute Töne „verdeckt" und damit vom Ohr nicht wahrgenommen ④.
- **Redundanz-Reduktion:**
  Mehrfach vorhandene Teile oder Informationen werden nicht übertragen.
- **Irrelevanz-Reduktion:**
  Nicht wahrnehmbare Teile oder Informationen werden nicht übertragen.

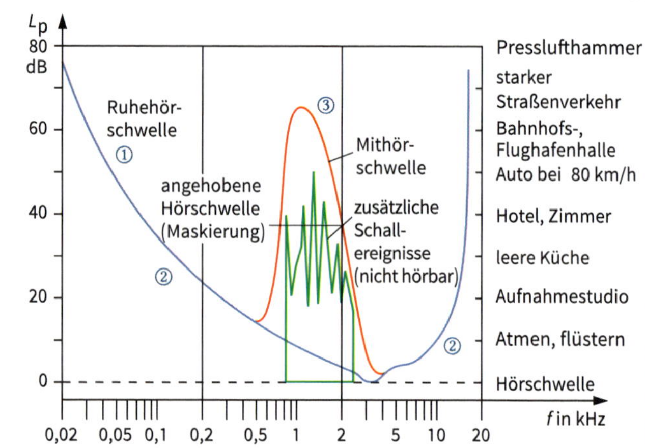


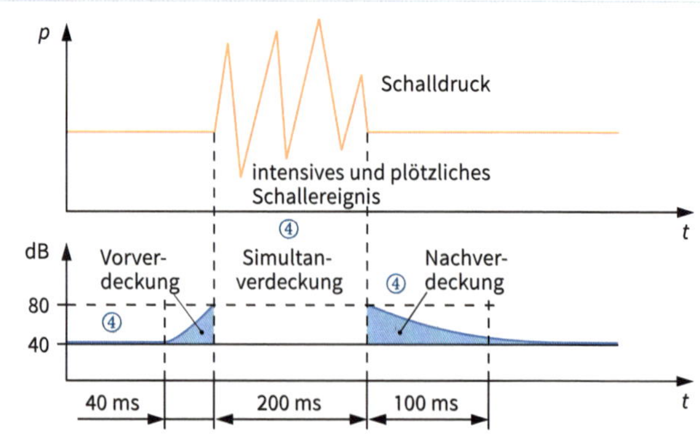

# Verlustfreie Kompression
## Lossless Compression

## Prinzip

Bei der verlustfreien Datenkompression (**Lossless Compression**) wird durch die Codierung der ursprüngliche Informationsgehalt nicht verändert. Es werden keine Informationen aus dem Datenbestand entfernt. Die vorliegenden Daten werden in ein „dichteres" Ordnungssystem überführt (**Entropiecodierung, Entropy Coding**).

## Lauflängencodierung

**RLE: R**un **L**ength **E**ncoding
Prinzip:
Mehrfachsymbole werden durch ein Symbol und die Angabe eines Zählers ersetzt.

**Beispiele:**

- YYYYYY → 6 Y
- 0000000111111111100000 → 709150
  Die Zähler werden binär codiert.
- Übertragung auf Bildelemente: Große Flächen mit gleicher Farbe werden nicht pixelweise übertragen, sondern lediglich Anfangswert und Pixelanzahl.

## LZW-Codierung

**LZW: L**empel-**Z**iv-**W**elch
(Abraham Lempel, Jakob Ziv, Terry Welch)
Prinzip:

- Die vorliegenden Daten werden in Abschnitte zerlegt und dann in eine Tabelle eingetragen.
- Beim wiederholten Auftreten desselben Abschnitts wird nur der Tabellenverweis geschrieben, ohne dass eine neue Tabellenzeile eingetragen wird.
- Die Codetabelle wird im Laufe der Zeit immer länger, bis eine obere Grenze erreicht ist.
- Anwendung: Geeignet für jede Form von digitalen Daten (Text und Bild), z. B. GIF-, TIFF-, PostScript-Format.

## Muster ersetzen (Pattern Substitution)

Prinzip:
Die im Datenstrom wiederkehrenden Muster werden durch neue Zeichen ersetzt.

**Beispiel:**
ABCDEABCEEABCEE

1. Muster: ABC ersetzen durch das Zeichen „1"
   → 1DE1EE1EE
2. Muster: ABCEE ersetzen durch das Zeichen „1"
   → ABCDE 11

## Arithmetische Codierung

Prinzip:

- Die Zeichen werden durch Häufigkeitsintervalle codiert.
- Die Zeichenfolgen werden durch bedingte (geschachtelte) Häufigkeitsintervalle codiert.

Das Verfahren ist patentiert und darf nicht ohne Lizensierung verwendet werden.
Der Code nähert sich bei sehr langen Nachrichten einer optimalen Codierung an.

## Huffman-Codierung

Prinzip:
Den Zeichen eines Datenstroms werden Codewörter verschiedener Länge zugewiesen. Am häufigsten vorkommende Zeichen erhalten das kürzeste und die am seltensten vorkommenden das längste Codewort.

**Beispiel:** Textcodierung des Wortes Kernenergie

| Buchstabe | Häufigkeit | Codewort |
|---|---|---|
| E | 4 | 0 |
| R | 2 | 10 |
| N | 2 | 110 |
| K | 1 | 1110 |
| G | 1 | 11110 |
| I | 1 | 11111 |

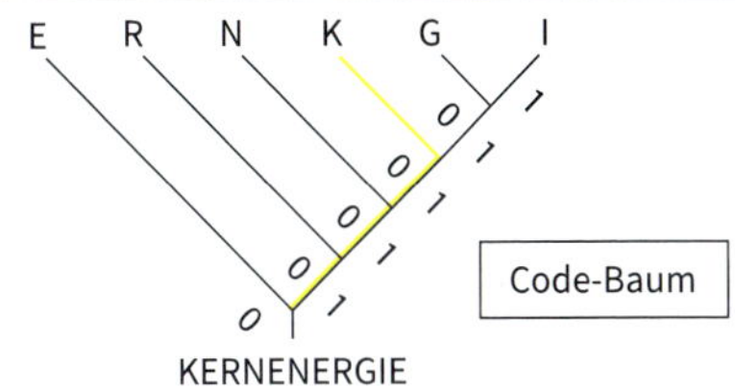


Codierung:

| | | | | | | | | | | |
|---|---|---|---|---|---|---|---|---|---|---|
| 1110 | 0 | 10 | 110 | 0 | 110 | 0 | 10 | 11110 | 11111 | 0 |
| K | E | R | N | E | N | E | R | G | I | E |

- **Statische Codierung:** Gleiche Tabellen für Codierer und Decodierer werden verwendet.
- **Dynamische Codierung:** Relative Häufigkeit der vorliegenden Daten wird festgestellt und danach der Code festgelegt.
- **Adaptive Codierung:** Zunächst wird von festen Codes aus Tabellen ausgegangen, danach erfolgt eine dynamische Anpassung.

**Anwendung (modifizierte Huffman-Codierung):**
Übertragung von Faxdaten (Schwarz-Weiß) über das TK-Netz. Von der CCITT sind folgende Verfahren festgelegt:

- **Group 3, G31D (1-dimensional):**
  Das Bild besteht aus einer Folge schwarzer und weißer Pixel mit unterschiedlichen Längen (runs). Der Code wird aus festen Wertetabellen (statistische Erhebungen über Häufigkeiten) entnommen.
  Jede Zeile wird dabei unabhängig von der anderen betrachtet (1-dimensionale Betrachtung).
- **Group 3, G32D (2-dimensional):**
  Aufeinanderfolgende Zeilen ähneln sich (2-dimensionale Betrachtung), sodass prinzipiell nur Unterschiede übertragen werden müssen. Die Anzahl der gemeinsam betrachteten Zeilen werden durch den K-Faktor angegeben.
  Bei z. B. K = 4 werden drei aufeinanderfolgende Zeilen 2-dimensional codiert, die 4. Zeile dann 1-dimensional.
- **Group 4, G42D (2-dimensional):**
  Der K-Faktor wird auf unendlich gesetzt. Die Codierung wird dadurch komplexer und die Rechenleistung steigt.

## Möglichkeiten der Datenreduktion

- Nebeneinanderliegende Bildpunkte sind mitunter in Farbe und Helligkeit ähnlich. Es können Pixelblöcke mit Mittelwerten gebildet werden.
- Gröbere Bildstrukturen werden besser erkannt als feinere. Bei der Bildanalyse kann deshalb eine obere Grenze festgelegt werden.
- Helligkeitsunterschiede werden intensiver wahrgenommen als Farbunterschiede. Die Farbauflösung kann deshalb geringer sein als die Hell-Dunkel-Auflösung.
- Aufeinanderfolgende Bilder (Video) sind häufig ähnlich. Es müssen lediglich Änderungen übertragen werden.
- Informationen in der Mitte eines Bildes werden stärker wahrgenommen als am Rand. Deshalb ist eine verminderte Bildqualität am Rand zulässig.
- Strukturen von bewegten Objekten werden weniger gut wahrgenommen, als wenn sich das Objekt in Ruhe befindet. Deshalb kann die Übertragungsqualität von bewegten Bildern geringer sein als die von Standbildern.
- In Ruhe bleibende Bildteile (z. B. Hintergrund) müssen nicht ständig, sondern nur einmal übertragen werden.

## MPEG-1 (ISO/ICE 11172)

- **MPEG:**
  **M**otion **P**icture **E**xpert **G**roup (auch Moving Picture Experts Group);
- Expertengruppe, die Vorschläge für die Datenreduktion erarbeitet (MPEG-Standards)
- Einzelstandards für
  **Video** (Videocodierung und Reduktion),
  **Audio** (Reduktion mit psychoakustischem Modell),
  **System** (Synchronisation und Multiplexing)
- MPEG-1 wird auch allein für Audiodaten verwendet.
- Datenraten von 1 Mbit/s … 1,5 Mbit/s
- Innerhalb des Standards werden drei Schichten (**Layer**) unterschieden.

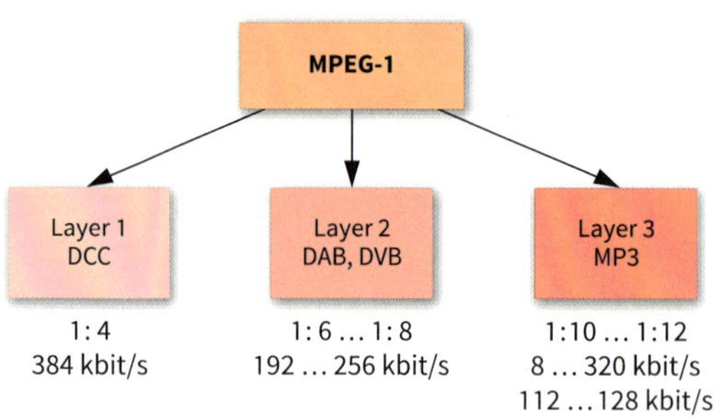


**DCC:** **D**igital **C**ompact **C**assette (Digitale Tonaufzeichnung),
**DAB:** **D**igital **A**udio **B**roadcasting (Digitale Übertragung von Audiodaten,Verfahren: MUSICAM)
**DVB:** **D**igital **V**ideo **B**roadcasting (Digitale Übertragung von Videodaten)
**MP3:** Digitale Übertragung von Audiodaten über das Internet mit hoher Datenreduktion (1:12)

## MPEG-2 (ISO/IEC 13818)

MPEG-2 ist eine Weiterentwicklung des MPEG-1 Standards und baut auf ihn auf. Die erreichbare Bildqualität erfüllt die Anforderungen gängiger FS-Normen (PAL, NTSC, HDTV).

**Unterschiede zu MPEG-1:**
- Die Bewegungsanalyse erfolgt halbbildbezogen und nicht bildbezogen. Das Zeilensprungverfahren kann also verarbeitet werden.
- 8x8 Pixel werden zu Makroblöcken zusammengefasst.
- Auflösung der Helligkeits- und Farbinformationen: 4:2:2 und 4:4:4
- Maximale Bildgröße: 16383 x 16383 Pixel
- Skalierbarkeit (scalability), der Endnutzer kann entscheiden, welche Teile der Übertragung er empfangen möchte (Zeit- und Qualitäts-Scalability).

**Unterschiedliche Qualitätsebenen durch Levels:**

| Level | Bildgröße in Pixel x Pixel | Übertragungsraten | | Anwendung |
|---|---|---|---|---|
| | | M Pixel/s | Daten in Mbit/s | |
| Low | 352 x 288 | 3 | 4 | Konsum-elektronik |
| Main | 720 x 480 | 10 | 15 | Studio TV |
| High 1440 | 1440 x 1152 | 47 | 60 | Konsumelek-tronik, HDTV |
| High | 1920 x 1080 | 63 | 80 | Filmproduktion |

- **Hauptanwendungen von MPEG-2:**
  - Digitale Video-, Übertragungs- und Fernsehtechnik bei Datenraten von 1,5 Mbit/s bis 15 Mbit/s
  - Codieren von Kinofilmen auf DVD, DVD-ROM
  - Digitales Fernsehen
- **Qualitätsebenen der Audiodaten:**
  - Verbesserte Tonqualität bei erweiterten Abtastfrequenzen (16; 22,05; 24 kHz) und niedrigen Datenraten (64 kbit/s pro Kanal)
  - 5 + 1 Tonkanäle (3 Front- und 2 Surroundkanäle)
  - Ein optionaler „Low Frequency Enhancement"-Kanal (unterhalb 120 Hz)
  - 7 Sprachkanäle für Dialoge bzw. mehrsprachige Kommentare

## MPEG-4 (ISO/IEC 14496)

- Gegenüber MPEG-2 stärkere Datenreduktion
- Geringe Datenraten (s. Diagramm rechts, z. B. 90 min DVD-Qualität)
- Gute Videoqualität bereits bei Datenraten von 10 kbit/s … 1 Mbit/s
- Anwendungsbeispiele: DVB-S2, Videoübertragungen zu mobilen Fahrzeugen und über das Internet, Handyempfang
- Audioanwendung z. B. **AAC** (**A**dvanced **A**udio **C**oding)

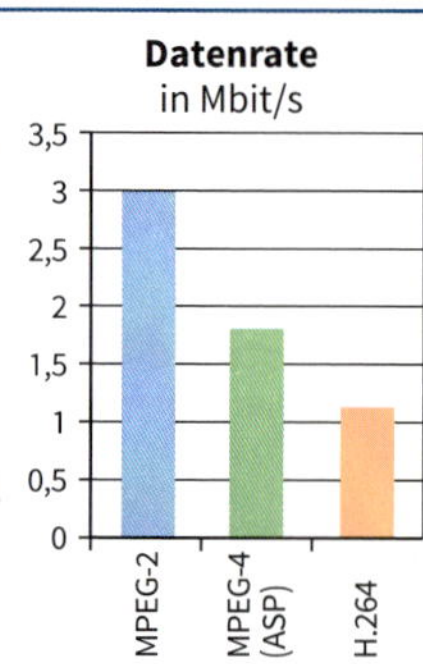

## Merkmale

- H.264 ist der Standard eines blockbasierten Videokompressionsverfahrens (2003) mit unterschiedlichen Profilen (z. B. Main und High Profil) und eine Weiterentwicklung von MPEG-4 mit hoher Codiereffizienz und höherer Komplexität. Das HD-Video-Format mit bis zu 1920 x 1080 Pixel wird unterstützt.
- Bei Datenraten von 1 Mbit/s wird bereits DVD-Qualität erreicht. Artefakte bei bewegten Szenen treten kaum auf.
- Bezeichnungen bei ITU-T: H.264 und bei ISO/IEC: MPEG-4/ **AVC** (**A**dvanced **V**ideo **C**oding)

## Codierung

- Codierung (Entropiecodierung):
  - **CAVLC: C**ontext **A**daptive **V**ariable **L**ength **C**oding (Huffman)
  - **CABAC: C**ontext **A**daptive **B**inary **A**rithmetic **C**oding (arithmetische Codierung)
- Makroblöcke (16 x 16 Pixel) können in Unterblöcke von bis zu 4 x 4 Pixel unterteilt werden. Für jeden Block lassen sich Bewegungsvektoren speichern, sodass komplexe Bewegungen besser kompensiert werden können. Die Bewegungskompensation ist auf ¼ Pixel genau.

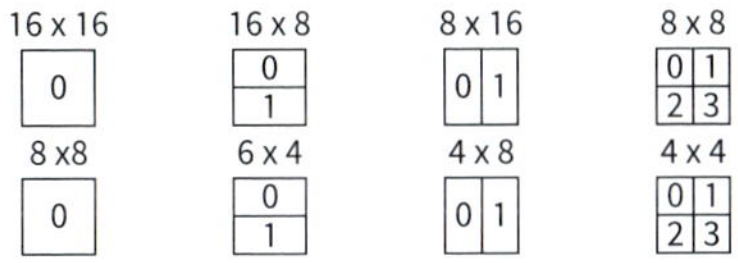


## Bilder und Bildfolgen

- Darstellungen mit unterschiedlichen Makroblöcken

- Wie bei MPEG werden I-, P- und B-Frames verwendet.
- P- und B-Frames können auf beliebig viele vorhergehende Frames als Referenz zurückgreifen (Long-Term Prediction).

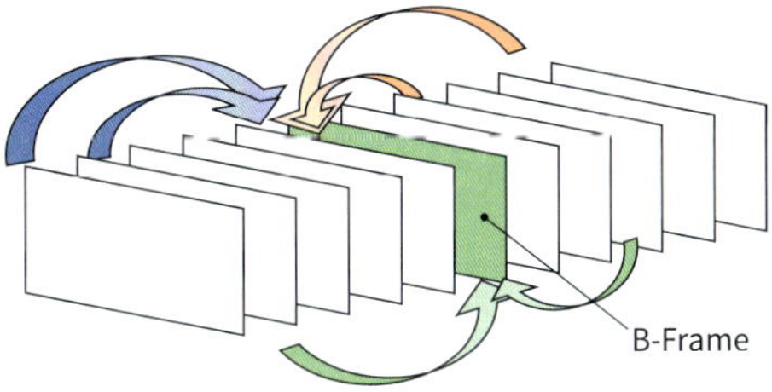


- Makroblöcke innerhalb eines Frames bzw. Slices können in freier Reihenfolge angegeben werden (Flexible Macroblock Ordering).
- Deblocking-Filter (gegen Block-Artefakte) ist integriert.

# Audiodatenreduktion, MP3
Audio Data Reduction, MP3

## Prinzip und Anwendungen

- Bei MP3 (MPEG-1 Layer III) handelt es sich um ein Verfahren zur Audiodatenreduktion mit guter Wiedergabequalität.
- Kompressionsfaktoren 1 : 10 bis 1 : 12 bei Datenraten von 64 kbit/s … 192 kbit/s
- Anwendungen:
  - Kostengünstige Verbreitung von Audiodaten über das Internet,
  - Wiedergabe in kleinen robusten Geräten (MP3-Player) ohne mechanisch bewegliche Teile

## Frequenzband

- Das nicht lineare Hörverhalten des menschlichen Ohres wird besonders berücksichtigt, indem man die Subbänder mit zunehmender Frequenz breiter macht (im Gegensatz zu MUSICAM bei DAB).
- MUSICAM

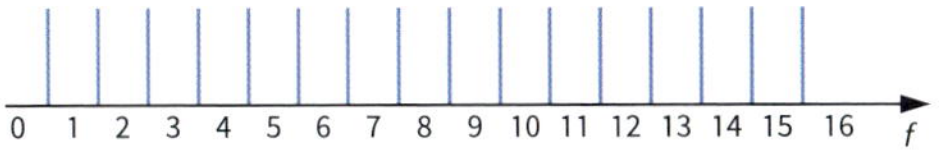


- MP3

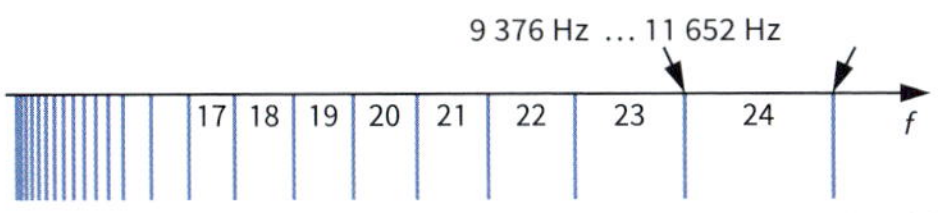


## Reduktionsprinzipien

- **Transformation**
  Durch die Anwendung von **MIDCT** (**M**odifizierte **d**iskrete **C**osinus-**T**ransformation) wird der Aliasing Effekt weitgehend verhindert.
- **Blocklängen**
  Niedrige Frequenzen: Lange Blöcke mit 36 Samples
  Hohe Frequenzen: Kurze Blocklängen mit 12 Samples
- **Quantisierung**
  Mit der angewendeten nicht linearen Quantisierung erreicht man eine bessere Anpassung an das nicht lineare Verhalten des Ohres.
- **Bit-Reservoire**
  Durch unterschiedliche Samples unterscheiden sich die Datenbreiten in den einzelnen Frames. Es besteht die Möglichkeit, zusätzliche Daten einzubinden, die beim Decodieren verwendet werden können (z. B. Liedtext).
- **Reduktion der Stereo-Information**
  Ab einer bestimmten Frequenz kann das Ohr Unterschiede zwischen beiden Kanälen nicht mehr wahrnehmen.
- **Intensity Stereo Coding**
  Im oberen Frequenzbereich werden nicht Links- und Rechts-Signale, sondern nur das Summensignal (L+R) übertragen.
- **MS Stereo Coding (Middle Side)**
  Aufteilung der Stereo-Informationen in:
  - Middle-Channel (Summe L+R),
  - Side-Channel (L-R)
    Die Daten des Side-Channels enthalten erheblich weniger Informationen als der Middle-Channel.

JPEG – Joint Photographic Experts Group

## Merkmale

- **JPEG:** Vereinigte Gruppe von Fotografen
  – Datenreduktionsverfahren für digitalisierte Einzelbilder
- Maximale Bildformate:
  16.384 x 16.384 Pixel
- Das Ausgangsbild besteht aus kleinen Bildelementen (Pixeln).
- Die Farbinformation jedes Pixels im RGB-Farbraum wird in den $YC_RC_B$-Farbraum umgerechnet.
- Bei JPEG wird ein reduziertes Farbsystem verwendet:
  $YC_RC_B$ ①
  **Y:** Helligkeitskomponente
  **$C_R$:** Rote Chrominanzkomponente
  **$C_B$:** Blaue Chrominanzkomponente
  Jede Komponente kann unabhängig voneinander reduziert werden.
- Farbinformationen werden mit geringerer Auflösung übertragen (Unterabtastung, Subsampling).
  **Beispiel:** $Y{:}C_R{:}C_B = 4{:}2{:}2$
- Ausgangsbild wird in Blöcken zu 8 x 8 Pixel zusammengefasst ②, Beispiel: Blockbildung beim 625-Zeilen-Fernsehbild (4:3).

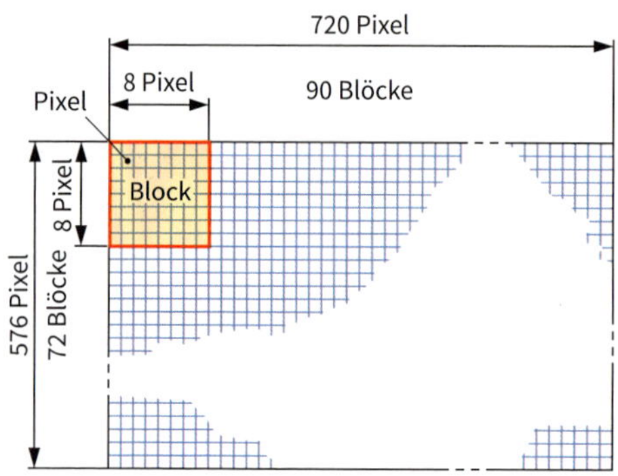


- Verwandlung der Helligkeits- und Farbinformationen in einen digitalen Datenstrom durch Diskrete Cosinus-Transformation (**DCT: D**iscrete **C**osine **T**ransformation).
  Prinzip:
  Örtlich verteilte Bildinformationen werden in den Frequenzbereich transformiert (**Ortsfrequenzen** werden ermittelt).
- DCT-Koeffizienten werden reduziert und quantisiert. In jedem Block werden alle 64 Koeffizienten durch Quantisierungskonstanten (in Tabellen festgelegte Werte, Gewichtung) und die Ergebnisse dann als Zahl gerundet.
- Der **DC-Koeffizient** gibt die tiefste Frequenz an (Gleichanteil, 0 Hz), die **AC-Koeffizienten** stellen höhere Frequenzen dar.
- Anschließend erfolgt eine Zick-Zack-Abtastung (ZigZag Scan), vom DC-Koeffizienten bis zum höchsten AC-Koeffizienten (DCT-Koeffizienten werden frequenzmäßig geordnet).

## Prinzip der Datenreduktion bei JPEG

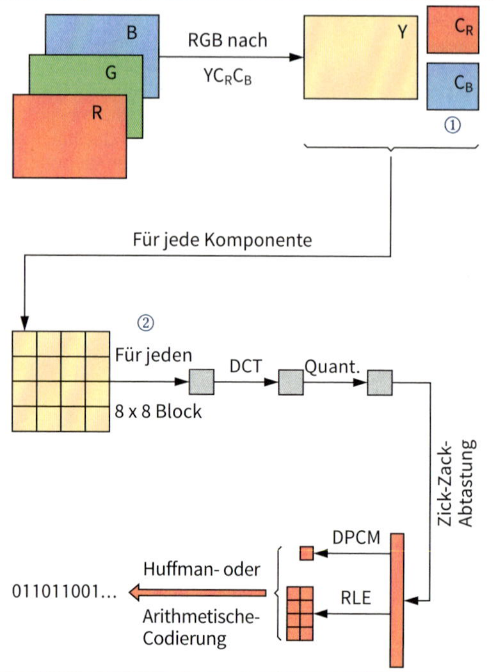


## Verlustfreie Kompression

- Wenn die Informationen benachbarter Blöcke ähnlich sind, werden nur die Differenzen der DC-Koeffizienten codiert. Sie werden als AC-Anteile behandelt (**DPCM: D**ifferential **P**ulse **C**ode **M**odulation).
- Bei den AC-Koeffizienten wird die Lauflängencodierung (**RLE**) angewendet (gleiche Daten werden zusammengefasst und nur die Anzahl übertragen).
- Häufig vorkommende Informationen erhalten ein kurzes und selten vorkommende Informationen ein langes Codewort (**Huffman-Codierung**).

## Zick-Zack-Abtastung

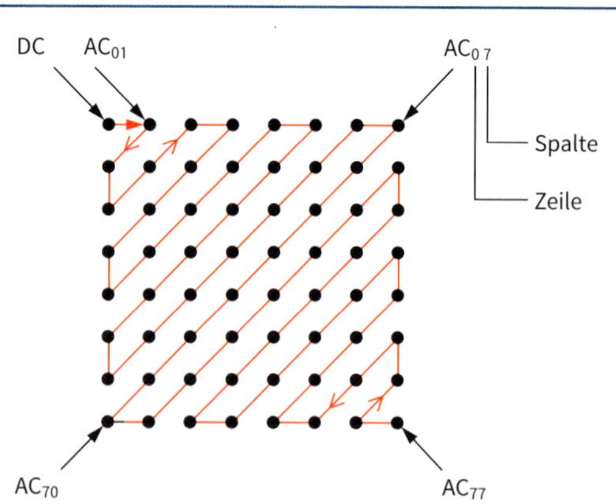

# Datenreduktion bei bewegten Bildern

## Data Reduction on Moving Pictures

### Möglichkeiten

- **Ähnlichkeit bei aufeinanderfolgenden Bildern**
  Bildfolgen unterscheiden sich häufig nur geringfügig, sodass oft nur die Unterschiede zwischen den Bildern übertragen werden müssen.

- **Ähnlichkeit benachbarter Bildpunkte**
  In vielen Flächen ändern sich Helligkeits- und Farbinformationen nicht oder nur geringfügig, sodass nicht jedes Pixel übertragen werden muss.

- **Ähnlichkeit der Grauwerte bei nachfolgenden Bildern**
  Bei technisch „guten" Aufnahmen ändern sich die Grauwerte (Helligkeit) zwischen den einzelnen Bildern nur geringfügig, sodass nicht für jedes Bild der Helligkeitsumfang übertragen werden muss.

- **Strukturen**
  Gröbere Strukturen werden besser erkannt als feinere, sodass Letztere nur bis zu einem Grenzwert übertragen werden müssen.

- **Diagonale Strukturen**
  Senkrechte und waagerechte Strukturen werden besser wahrgenommen als diagonale. Sie können deshalb reduziert übertragen werden.

- **Farb- und Helligkeitswahrnehmung**
  Helligkeitsunterschiede werden intensiver als Farbänderungen wahrgenommen, sodass eine geringere Farbaufösung gewählt werden kann.

- **Mittenwahrnehmung**
  Informationen in der Mitte eines Bildes werden intensiver wahrgenommen als Randinformationen. Eine Qualitätsverringerung am Rand ist deshalb zulässig.

- **Bewegte Objekte**
  Strukturen bewegter Objekte werden weniger gut wahrgenommen als ruhende Objekte. Die Informationen von bewegten Bildelementen können deshalb reduziert werden.

### Datenreduktion bei MPEG

Prinzip:
Es werden nicht die vollständigen Informationen jedes Einzelbilds übertragen.

Es genügt oft, ein Ausgangsbild vollständig und nachfolgend nur die Differenzen zwischen dem Ausgangsbild und nachfolgenden Bildern zu übertragen.

Die vollständige Bildinformation jedes Einzelbilds lässt sich dann aus den vorliegenden Daten im Empfänger rekonstruieren ①②.
Es werden I-, P- und B-Bildtypen unterschieden.

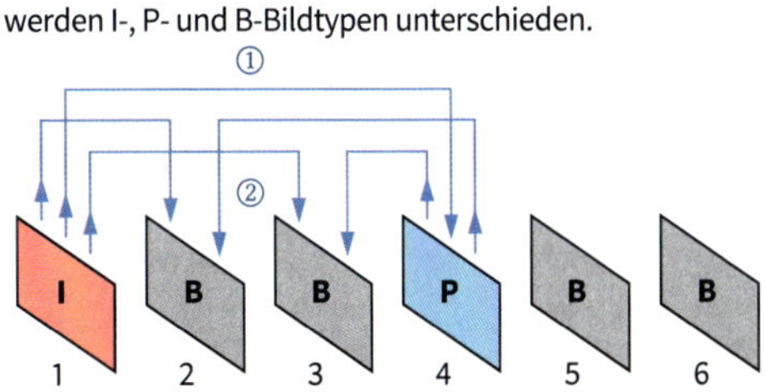


### Bildtypen

**I-Bild (Intra Picture)**

- Es enthält die vollständigen Bildinformationen.
- Es dient als Referenzbild für die nachfolgenden Differenzbilder.
- I-Bilder sind Zugriffspunkte für den Videoschnitt und dienen als Orientierungspunkte für den Zugriff auf bestimmte Szenen.
- Typischerweise ist jedes fünfzehnte Bild ein I-Bild.
- Die Reduktion entspricht dem JPEG-Standard.

**P-Bild (Predicted Picture)**

- P-Bilder nehmen Bezug auf das vorhergehende I-Bild.
- Im P-Bild sind lediglich die inhaltliche und örtliche Differenz (Bewegungsvektor) enthalten.
- Die Differenz erhält man durch Einteilung des Bildes in gröbere Blöcke (Makroblöcke, 16x16 Pixel ⑤).
- Für die Farbinformation dieses Differenzbildes wird nur jedes 4. Pixel verwendet (Subsampling, 4:1:1).

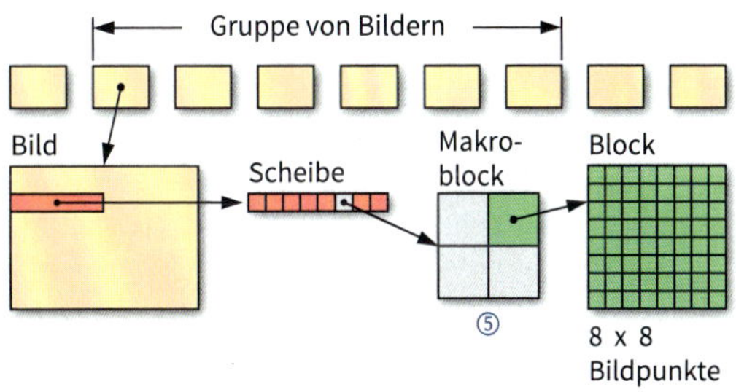


- Die Differenz zum vorangegangenen I-Bild ② wird gewonnen, indem der Makroblock im Zielbild ① so lange verschoben wird, bis größtmögliche Übereinstimmung besteht.
- Die Differenz ③ wird dann wie beim I-Bild codiert ④.

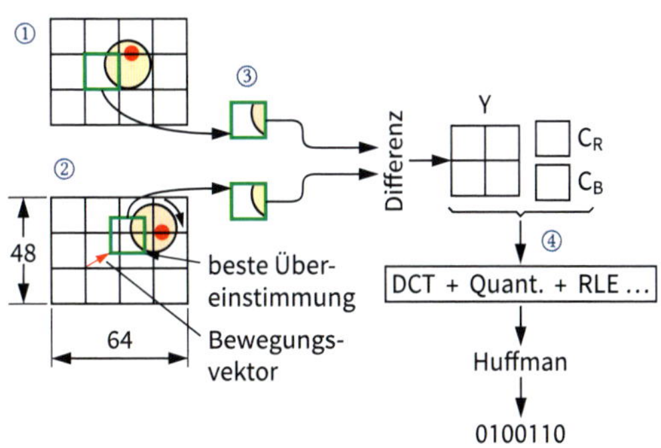


**B-Bild (Bidirectional Picture)**

- Für das B-Bild wird das P-Bild (Makroblöcke des P-Bildes) verwendet.
- Weil ein Differenzbild verwendet wird, ist die Datenmenge am geringsten.
- Zur Rekonstruktion des Ursprungsbilds wird auf die Daten des vorangegangenen I-Bildes und des nachfolgenden P-Bildes zurückgegriffen.

## Arbeitsweise

- Streaming Media ist der Oberbegriff für Streaming Audio und Streaming Video.
- Der Begriff wird verwendet bei der Übertragung von Audio- und Videodaten (z. B. Web-TV, Webradio) über ein Datennetz (Internet).
- Beim Streaming wird für den Nutzer auf dessen Anforderung eine Punkt-zu-Punkt Verbindung zwischen dem Medienserver und dem PC des Nutzers hergestellt.
- Die Aufgabe des Encoders (Umsetzer, Konverter, Wandler) auf der Quellenseite ist es, die Daten in eine über das Netzwerk versendbare Form zu transformieren.

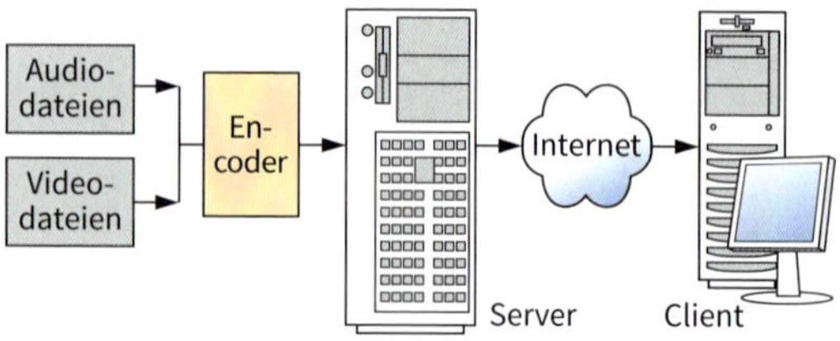


- Zwei Arten werden unterschieden:
  - **On-Demand**: Die auf einem Server liegenden Dateien werden wiedergegeben.
  - **Live-Streaming**: Live-Aufnahmen werden direkt in das Netzwerk eingespeist.
- Da die Daten aus Audio- und Videoquellen in der Regel groß sind, entfällt eine Direktübertragung. Die Daten werden in **Datenpakete** zerlegt und einzeln übertragen. Während der Ladezeit können Daten betrachtet bzw. angehört werden.

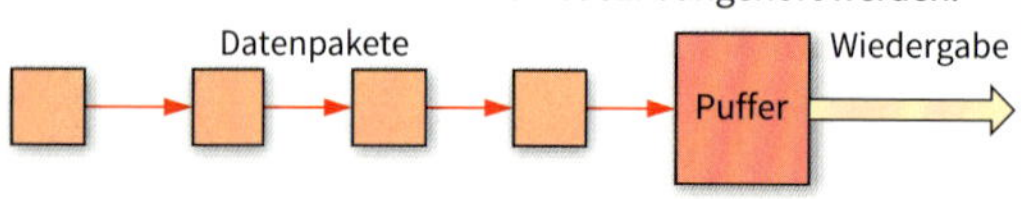


- Für einen ungestörten Empfang muss eine ausreichende Datenübertragungsrate zur Verfügung stehen. Sie muss größer sein als die für das Streaming verwendete Datenübertragungsrate.
- Um unterschiedliche Laufzeiten der Datenpakete auszugleichen, werden im Medienplayer Puffer (Datenspeicher) verwendet. Die Wiedergabe erfolgt deshalb um 2 bis 6 Sekunden verzögert.

## Protokolle

- **RSVP** (**R**esource **R**e**s**er**v**ation **P**rotocol)
  - Mit diesem Protokoll werden die erforderlichen Netzressourcen für den Datenstrom reserviert.
  - Es erlaubt Empfängern, Dienstanforderungen festzulegen. Die Reservierung erfolgt vom Empfänger, von Router zu Router bis zum Sender.
- **RTP** (**R**ealtime **T**ransport **P**rotocol)
  - Mit diesem Protokoll wird der Datentransport organisiert.
  - Beispiele: Zwischenpufferung, Erkennung der Reihenfolge der Datenpakete, Korrektur
  - RTP wird in der Regel mit dem UDP-Protokoll betrieben.
- **RTSP** (**R**ealtime **S**treaming **P**rotocol)
  - Kontrolle des Netzwerks für den Einsatz bei Entertainment- und Kommunikationssystemen
- **SMIL** (**S**ynchronized **M**ultimedia **I**ntegration **L**anguage)
  - Diese Programmiersprache dient der Stream-Beschreibung und der Formatierung.
  - SMIL basiert auf XML und ermöglicht eine einfache, textgesteuerte Synchronisation von Multimedia-Anwendungen.

## Wiedergabe

- Die Wiedergabe kann erfolgen durch:
  - **Plugins** (herunterladbar und im Browser integriert)
  - **Wiedergabeprogramme** (als **Player** bezeichnet, z. B. von Quick Time, Real Media oder Windows Media Player)

Quick Time

Windows Media Player

- **Quick Time**
  - Entwickelt von Apple für Mac OS und Windows
  - Anwendungen von Quick Time sind z. B. Player, Broadcast und Streaming Server.
  - Es ist mit Quick Time möglich, einen kompletten Produktionsprozess durchzuführen (Capturing, Import, Synchronisation … Wiedergabe).
  - Dateiendungen: .mov oder .qt
  - Unterstützte Videodateiformate: MPEG-1, -2, -4, Microsoft AVI und WMV, Shockwave Flash, DV, DVC …
  - Unterstützte Audiocodecs und Formate: MP3, AAC, WAV, MIDI …
  - Quicktime Pro ist eine kostenpflichtige Erweiterung.
- **Adobe Flash Player**
  - Entwickelt von Adobe, früher Macromedia Flash
  - Es handelt sich um eine Plattform zur Programmierung und Darstellung multimedialer, interaktiver und animierter Inhalte.
  - Der Adobe Flash Player dient der Wiedergabe in Webseiten eingebetteter SWF-Dateien (**SWF**: **S**mall **W**eb **F**ormat, Dateiendung .swf).
  - Vorteil gegenüber anderen Playern: Interaktion
- **Windows Media Player**
  - Entwickelt von Microsoft
  - Windows Media Player ist ein Programm zum Abspielen von Audio- und Videodateien sowie zum Brennen von Audio-CDs.
  - Durch Herunterladen weiterer Codecs können Sendungen nicht unterstützter Formate abgespielt werden.
  - Verwaltung der Medienarchive möglich
  - Synchronisation tragbarer Geräte (z. B. MP3-Player, PDAs)
  - Empfang von Sendungen des Internetradios
  - Schnittstelle zum Kauf von Musik und Videos
  - Dateiendungen: .wmv, .wma

## Kommunikationsarten

- **Unicast**:
  Ein oder mehrere Sender schicken Datenpakete an einen Empfänger.
- **Broadcast**:
  Ein Sender schickt Datenpakete an mehrere Empfänger.
- **Concast**:
  Viele Sender schicken Daten an einen Empfänger.
- **Multipeer**:
  Viele Sender schicken Daten an viele Empfänger (z. B. Konferenz).

## Desktopsysteme

- Alle notwendigen Komponenten sind am PC vorhanden oder eingebaut (Lautsprecher, Mikrofon evtl. als Headset und Kamera, Webcam).
- Die Codierung/Decodierung erfolgt über eine Software bzw. Hardware (Steckkarte).
- Geringe Kosten
- Zugriff auf die PC-Daten
- Hauptanwendung: Point-to-Point-Verbindung vom Schreibtisch aus oder vom Heimarbeitsplatz

## Gruppen-Videokonferenzsysteme (Settop-Systeme)

- Alle Hardware- und Software-Komponenten sind als Einheit zusammengefasst (Kompaktanlage).
- Wiedergabegeräte können handelsübliche Fernsehgeräte sein (CRT, LCD).
- Vielfältige Zusatzgeräte sind möglich (Dokumentenkamera, zweiter Monitor).
- Die Übertragung (Bild und Ton) ist steuerbar.
- Eine Bildschirmteilung ist möglich. Die Teilnehmer können dadurch ausgewählte Szenen sehen.
- Die **MCU** (**M**ultipoint **C**ontrol **U**nit, Vielfachverbindungs- und Steuerungseinheit) ist häufig integriert und dient als Sternverteiler für Gruppenvideokonferenzen. Es gibt sie als Hard- und/oder Softwarelösungen. Die MCU ist mit allen Teilnehmern verbunden ①, verwaltet und regelt die ein- und ausgehenden Datenströme.
- Steuerungsarten:
  - **Continuous Presence**
    Alle Videodatenströme werden zusammengefasst und an alle Teilnehmer zurück gesendet. So können sich mehrere Teilnehmer gleichzeitig gegenseitig sehen.
  - **Voice Switching**
    In dieser Betriebsart wird immer nur der Videostrom des momentan sprechenden Teilnehmers an alle anderen Teilnehmer gesendet.

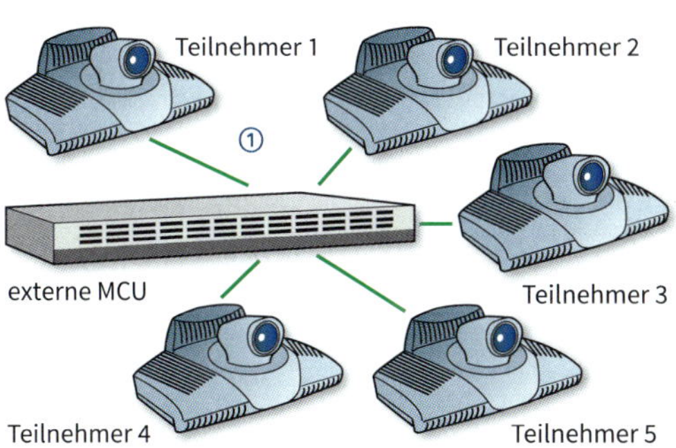


## Standards nach ITU-T[2]

| Standard | H.320 | H.322 | H.323 |
|---|---|---|---|
| Datennetz | ISDN | LAN mit QoS[1] | LAN ohne QoS[1] |
| Videocodierung | H.261<br>H.263 | H.261 | |
| Audiocodierung | G.711, G.722, G.728 | | |
| Kontrolle, MCU | H.230<br>H.243 | H.230<br>H.242 | H.245 |
| Mehrpunktverbindung | H.231<br>H.243 | H.231<br>H.243 | H.323 |
| Datenübertragung | T.120 | | |
| Schnittstelle | I.400 | I.400<br>TCP/IP | I.400<br>TCP/IP |

1) **QoS**: **Q**uality **o**f **S**ervice
2) **ITU**: **I**nternational **T**elecommunication **U**nion

**Videocodierung**
- **H.261**
  - Bildwiederholrate 7,5; 10; 15 oder 30 Bilder pro Sekunde
  - n x 64 kbit/s (64 kbit/s bis 1920 kbit/s)
  - **CIF** (**C**ommon **I**ntermediate **F**ormat, Bezeichnung für das Bildformat 352 x 288 Pixel)
  - QCIF (Quarter CIF: 176 x 144 Pixel)
- **H.263**
  - Nachfolger von H.261
  - Zusätzlich SQCIF (128 x 96 Pixel)
  - 4CIF (4-fach CIF, 704 x 576 Pixel)
  - 16CIF(16-fach CIF, 1.408 x 1.152 Pixel)
- **H.264**
  - HD Anwendungen (hochauflösend)

**Audiocodierung**
- **G.711:** 3,4 kHz (Frequenzobergrenze), 64 kbit/s
- **G.728:** 3,4 kHz (Frequenzobergrenze), 16 kbit/s
- **G.722:** 7 kHz (Frequenzobergrenze), 64 kbit/s

**Kontrolle, MCU**
- **H.243**
  Kommunikationsaufbau zwischen mindestens drei Videokonferenzsystemen, Steuerung der MCU von einem Endgerät aus (Chairman-Steuerung)

**Datenübertragung**
- **T.120**
  Protokoll zum Datenaustausch zwischen Videokonferenzsystemen

## Anschlüsse an einem Videokonferenzsystem

- Netzanschluss, Netzteil ①
- Netzschalter ②
- Zusätzliches Anzeigegerät (Monitor, Projektor) ③
- Videorecorder- oder DVD-Eingang ④
- S-Videoausgang ⑤
- Audioausgang ⑥
- Composite-Videoausgang ⑦
- Netzwerk (LAN-Port, IP) ⑧
- Konferenzverbindung (Mikrofon) ⑨

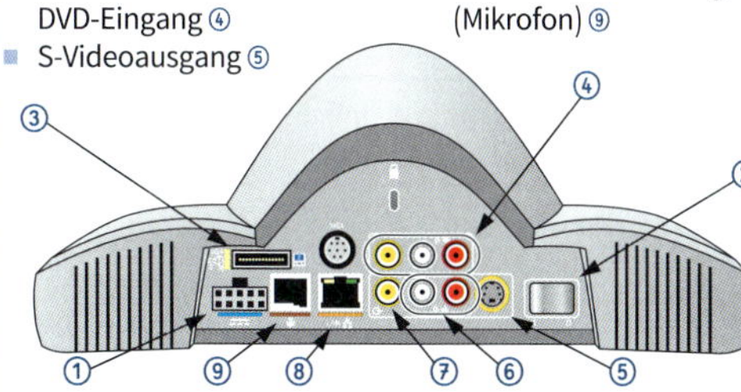

## Grundansatz / Idee

- Erste Videokonferenzen (→ »virtuelle Meetings«) werden in ersten Ansätzen seit den 1930er Jahren gestaltet.
- Die Kommunikation zwischen verschiedenen Teilnehmern soll in Echtzeit (→ synchronisierter Ablauf) ermöglicht werden. Mittels der Bewegtbilder (inkl. Audio) soll ein Austausch von Meinungen, Instruktionen, Informationen und Dateien realisiert werden.
- Eine weite Verbreitung wurde durch die Entwicklung von Breitbandsystemen und von Verfahren zur Reduktion der Datenumfänge durch geeignete Verschlüsselungs- und Kompressionsverfahren ermöglicht.
- Zur Voraussetzung sind vielfältige technische Geräte und Verfahrensweisen notwendig.

**Betriebssysteme und Software**
**Netzzugang**: Ethernet; FDDI; Token-Systeme
**Übertragungssysteme** (Transport: UDP/CP/IP) inkl. Realisierungsverfahren mittels zentraler Vermittlungsknoten (Server) bzw. gleichberechtig über Peer-to-Peer-Ansätze
**Verschlüsselungen**
**Protokolle**: (H.320, H.323, SIP (Session Initiation Verfahren (Protokoll)), RFC-3261, RTTP, T.120) – auch werden offene Standards (WebRTC) verwendet.

**Energieversorgung**
**Geräte**: Computer (PC; Laptop; Tablet; Handy ...), Kamera, Mikrophon, Lautsprecher bzw. Kopfhörer (oder auch Integrierte Sets von Mikrophon + Ohrhörer)

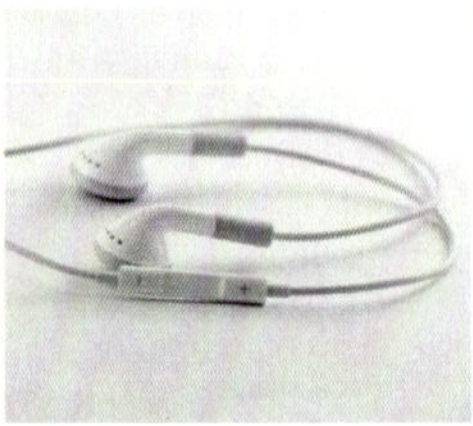

## Problemfelder

- Geräte, Qualität von Kamera und Mikrofon, geeignete Räume
- Systemstabilität, Synchronisation, Bandbreite, Qualität der Verständigungen, VIP, Kosten
- Zeitzonen, Verhalten der Teilnehmer, Kommunikationsregeln, Kommunikationsrollen
- Kontrollierbarkeit der Verständigungen, Sicherheit, Schutz, rechtliche Vorgaben (Gefahren: Zugriff auf Adressen, Analyse von Metadaten)

## Betriebsverfahren

- Selbst gestalteter Dienst bzw. Plattform (selbstbetriebener Dienst)
- Externer Gestalter (Dienstleister)
- Nutzung herkömmlicher Online-Dienste

## Rollentrennung

- Zu unterscheiden sind folgende Rollen:
  Administrator, Moderator, Präsentator undTeilnehmer

## Einrichtung eines Videokonkerenzsystems

- Grundklärungen (Bedarfe und Optionen): Kommunikationsbedarf (Telefonkonferenzen, Videokonferenzen), Akzeptanz bei den Teilnehmern, Schulungsbedarf, Plattform, Dienste, Teilnehmeranzahl, lokale Technik (Computer, ..., Bildschirm, Mikrofon, Kopfhörer), Klärung der Kosten
- Integrativer (kompletter) Lösungsansatz bzw. gestückelte Ansatz (eigene Geräte), Anschlusstechnik (Kabel, Stecker, Stolperproblematik, Energieversorgung, ...),

## Anbieter / Software

- Verbreitete auf Videokonferenzen spezialisierte Computerprogramme sind: Adobe Connect, Alfaview, BBB (Big Blue Button), Blizz (TeamViewer), Cisco (Webex Meetings; Jabber), Conference & Collaboration (Dt. Telekom), Demodesk, Eyeson (Eyeson), Facebook Workplace, Facetime, Google Meet (Hangouts), GoToMeeting (USA), Jitsi (Österreich), Join.me, mailbox.org, meetzi, Matrix, Microsoft Teams, NETWAYS, Nextcloud Talk, [Rocket.Chat (USA)], Samepage, Skype (for Business), [Starleaf (UK)], TeamViewer, WebEx, Wire Pro, ... Zoho Meeting, Zoom.
- Außerdem sind Messenger-Dienste (discord, Signal, telegram, WhatsApp ...) teilweise geeignet.

## Rechtlicher Hintergrund / Problemfelder

- **Begründungen (für das Interesse**
  EU-DSGVO, Art. 6 (1 lit. a, b, e, f): BDSG, § 26 (1) (Widerspruchsrecht: EU-DSGVO: Art. 21 (4).)
  [Eine Einwilligung setzt die Freiwilligkeit voraus – hierzu bedarf es einer effektiven und tatsächlichen Wahlmöglichkeit (EUDSGVO Art. 4 (Nr. 11)). Dies gilt auch für den schulischen Bereich.]
  Zur Verarbeitung von Daten, die in Videokonferenzen gewonnen werden, siehe EU-DSGVO, Art 6 (1; Satz 1, lit. b). Weiterhin ist der Art. 13 (bzgl. der Informationspflicht gegenüber Betroffenen) einzuhalten.)
- **Stand der Technik**
  siehe EU-DSGVO (Art. 24 und 25: »Datenschutz durch Technikgestaltung und durch datenschutzfreundliche Voreinstellungen«)
- Generell sollen so wenig Informationen wie möglich erfasst werden. Es darf nicht zu einer rechtlich nicht erlaubten Überwachung der Mitarbeiter (Aktivitäten) kommen (Problematik des Trackings). Eine Aufnahme ist zu vermeiden. Zugriffe sind u. a. über Passwortvergaben (bzw. auch/und Warteraummechanismen) zu regeln.
- **AVV – Auftragsverarbeitungsvertrag**
  EU-DSGVO, Art 26: gemeinsame Verantwortung / Haftung
  EU-DSGVO, Art 28 (3): Festlegung von Schutzmaßnahmen für personenbezogenen Daten (eventuell Privacy-Shield-Zertifizierungen; wobei dies gemäß Urteil EuGH (16.07.2020; C-311/18) als nicht ausreichend eingestuft wurde).
- **Datenschutzfolgenabschätzung**
- **Gewichtung der Risiken für die Beteiligten**
- **Datenschutzinformation**
  Vorabinformationen zum ›Mechanismus der Datenverarbeitung‹ im System. Hierzu muss ein Verzeichnis der einzelnen Datenverarbeitungen erstellt werden.
- **Meldepflicht bei Datenpannen**
  EU-DSGVO (Art. 33 und 34)

### Merkmale

- **Audiovisuelle Kommunikation** bietet die Möglichkeit, jederzeit an jedem Ort die gewünschten Informationen abzurufen.
- Die hierzu erforderliche Übertragung und Speicherung von digitalen Daten erfordert aus Kostengründen leistungsfähige **Kompressionsverfahren**.
- Grundlage der Kompression ist die **Entfernung redundanter** und **irrelevanter** Informationen aus den Datenströmen.
- **Redundanz** entsteht durch den Zusammenhang und die Vorhersagbarkeit von Daten.
- Redundante Informationen können entfernt werden, ohne dass Informationen verloren gehen.
- **Irrelevante** Informationen liegen beim Betrachter oder Zuhörer unterhalb der Wahrnehmungsschwelle.
- Werden irrelevante Informationen entfernt, sind die ursprünglichen Informationen nicht mehr verlustfrei herstellbar.

### Einteilung

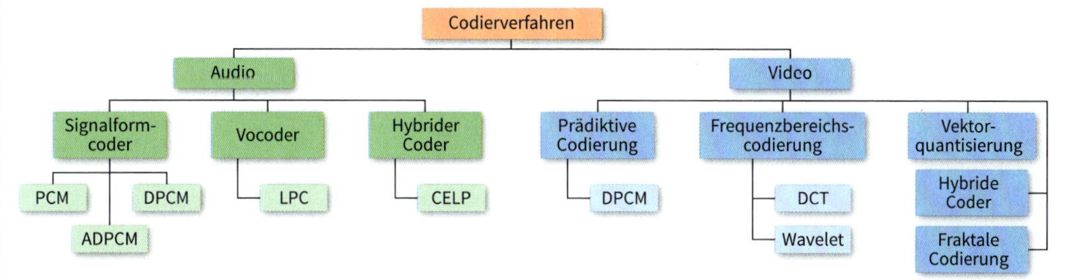


**PCM:** Pulse Code Modulation
**DPCM:** Differential **PCM**
**ADPCM: Adaptive** DPCM

**LPC:** Linear Predictive Coding
**CELP:** Codebook-Excited-**LP**
**Vocoder:** Voice Codec

**DPCM:** Differential **PCM**
**DCT:** Discrete Cosinus Transformation

### Audiostandards

| Bezeichnung | Anwendung | Resultierende Übertragungsrate in kbit/s | Abtastfrequenz/Quantisierung |
|---|---|---|---|
| MPEG-1 | CD | 32 ... 448 | 32; 44,1; 48 kHz bis zu 24 Bit |
| MPEG-2 | DAB; digit. Fernsehen | ab 32 | 16; 22,05; 24; 32; 44,1; 48 kHz bis zu 24 Bit |
| MPEG-4 | Multimedia | ab 2 | – |
| G 711 | ISDN, Videotelefon | 64 | 8 kHz, nicht linear 8 Bit |
| G 722 | Videokonferenzen | 64 | 16 kHz, linear 14 Bit |
| G 723.1 | Videotelefon über PSTN | 6,3 oder 5,3 | 8 kHz, linear 16 Bit |
| G 728 | Videokonferenzen | 16 | 8 kHz, 10 Bit |
| G 729 | Videokonferenzen | 8 | 8 kHz, linear 16 Bit |

### Videostandards

| Bezeichnung | Anwendung | Verfahren | Typisches Bildformat | Eingangs-Bitrate (Mbit/s) | Ausgangs-Bitrate (kbit/s) | Datenkompression |
|---|---|---|---|---|---|---|
| Motion JPEG | Multimedia Video | DCT-basierend | QCIF CIF | 2,5 ... 30,4 | 1150 ... 40 000 | 4 ... 100 |
| H. 261 | Bildtelefon über ISDN | Hybrid DCT block-basierend (H. 261 bis MPEG 4) | CIF 352 x 288 10 Hz 4 : 2 : 0 | 12,2 | n x 64 | bis 200 |
| H. 263 | Bildtelefon | | QCIF 176 x 144 8,33 Hz 4 : 2 : 0 | 2,5 | 8...20 | 125...313 |
| MPEG-1 | Video CD | | CIF 352 x 288 25 Hz 4 : 2 : 0 | 30,4 | 1150 | 26 |
| MPEG-2 | TV und HDTV | | CCIR 601 25 Hz 4 : 2 : 2 | 166 | 4.000 ... 9.000 | 18 ... 42 |
| MPEG 4 | Multimedia Studioanwendung | | QCIF CCIR 601 | 2,5 ... 66 | 10 ... 1.000 | ca. 300 |

**JPEG:** Joint Photographic Experts Group
**MPEG:** Moving Picture Experts Group

**CIF:** Common Intermediate Format
**QCIF:** Quarter **CIF**

# Expertensysteme
Expert Systems

## KI-Einbettung

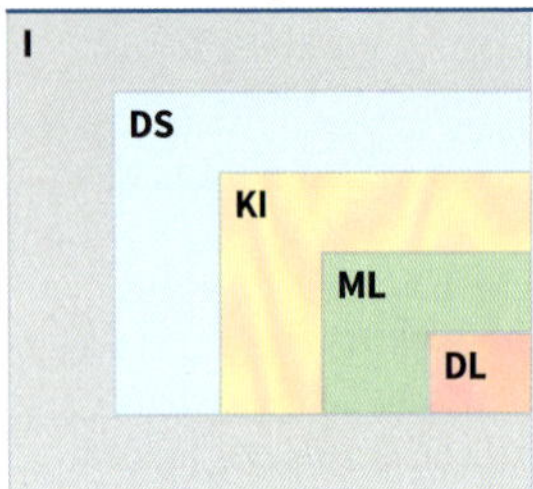


- **I**: **I**nformatik
- **DS**: Extraktion von Daten
- **ML**: **M**aschinelles **L**ernen
- **DL**: **D**eep **L**earning
- Das Ziel ist, Informationen in Datensätzen (Muster / Strukturen / Gesetzmäßigkeiten / Abhängigkeiten / Beziehungen …) zu finden.

## Expertensysteme

- Durch die Nutzung intelligenter Techniken, speziell von
  - Such-,
  - Verarbeitungs- und
  - Aufbereitungsalgorithmen

  sollen in der IT-Welt automatisiert Daten, Informationen und Strukturen zuverlässig zur Verfügung gestellt werden.
- Dies betrifft die automatisiert organisierbaren Bereiche:
  - Suchmaschinen (lycos, rrzn, google, ...)
  - Datenarchive – Kataloge – Fahrpläne – Wissenssammlungen
- Zur Realisierung werden Methoden aus der theoretischen Informatik (Algorithmen, Graphen, Logik, KI, ...) eingesetzt.
- Ziel der Disziplin "Künstliche Intelligenz" (KI; auch Artifical Intelligenz (AI)) ist es, intelligente Strukturen / Systeme verstehen und simulieren und mit technisch umsetzbaren Methoden intelligente Arbeiten erbringen zu wollen.
- Die Disziplin KI steht in Beziehung zu vielfältigen Anwendungs-, Forschungs- und Methodenbereichen.
- KI-Programmiersprachen sind besonders:

  **PROLOG**

  **LISP** (List Processing Language: listenverarbeitende Programmiersprache)

  **Simula**
- Einsichten der Prädikatenlogik ermöglichen Prolog.

## Denial of Service (DoS)

- DoS; Verweigerung des Dienstes: Nichtverfügbarkeit eines **Internetdienstes**
- **Denial-of-Service-Attacke** (absichtsvolle Blockade), zum Beispiel durch Server-Überlastung (→ Funktionsunfähigkeit des Dienstes)
  - **Mailbombing**: Überlastung (→ Bombardierung) eines Servers durch zu große oder zu viele E-Mails
  - **Ping Flooding**: Durch die massenhafte Zusendung von ping-Daten kommt es zur Überlastung und zum Absturz des abgefragten Rechners
  - **SYN Flooding**: Übertragung von gefälschten IP-Adressen beim Verbindungsaufbau. Da die Verbindung nicht bestätigt wird, kommt es zu einem erhöhten Sendevolumen. Bei einer umfangreichen Täuschung wird so das angegriffene System blockiert. SYN bezeichnet die gesendeten Handshake-Daten im Rahmen der Kontakaufnahme unter tcp/ip. Zur Abwehr der Angriffe wurden SYN-Cookies entwickelt (→ D. J. Bernstein (1996))
- DoS-Attakten werden rechtlich (in Deutschland) als Sabotage eingestuft (→ StGB (§ 303b (1))
  - **DDoS und Botnetze**: Backdoor-Programme werden auf angegriffenen Rechnern eingerichtet – quasi wird der Rechner unbemerkt (partiell) gekapert
  - **DDoS und Internet der Dinge**: Angriffe unter Nutzung von simplen Alltagsgeräten, deren Sicherungsmechanismen von Anwendern typischerweise nicht modifiziert (aktualisiert) wird (Verwendung der Voreinstellung der Firmware)
  - **Distributed-Reflected-Denial-of-Service-Angriff** (indirekter Angriff): Adresse des Opfers (→ IP-Spoofing) wird als vermeintlicher Absender einer Anfrage angegeben
- **Sicherungsmechanismen**
  - Aktualisierung der Sicherungsmechanismen (Passwörter, …)
  - Beachtung der Grundsätze einer sicherheitsorientierte Software-Gestaltung und -Nutzung
  - (komplexe) Verschlüsselungen und regelmäßige Updates
  - Verwendung von VPN-Techniken

# Daten
Datas

- **Datenherkunft**: realer physischer Ort, aufbereitete Daten, Datenbanken (RDBMS), unsystematische, unaufbereitete Daten, Zufallsmitteilungen
- **Data Source Name (DSN)**: Adresse mit Blick auf den ursprünglichen Ort der Datenquelle
- **Data Sources** (Datenquelle) – Herkunftsort von Daten: sie gehört nicht direkt zum **Data Warehouse**
- **Digitalisierte, elektronische Datenquellen**: Computerdatenquellen (geschützte Dateien) bzw. Dateidatenquellen (Rückbezug auf eine kopierfähige Quelle, die meistens allgemein auslesbar ist)
- (Cloud) **Data Warehouse** (Repository mit aufbereiteten (geglätteten) Datensätzen)
- **Datenformat**: Form der Datenabspeicherung
- **Dateneinteilungen**: Echtzeit Datenquellen / Datenströme / Protokolldateien
- Transportwege für Daten (**FTP**: **F**ile **T**ransfer **P**rotocol; **http**: **H**yper **T**ext **T**ransfer **P**rotocol); **APIs**: **A**pplication **P**rogramming **I**nterfaces; **SFTP**: sicheres FTP

**Anwendung – Datenbankschnittstelle – Data Source**

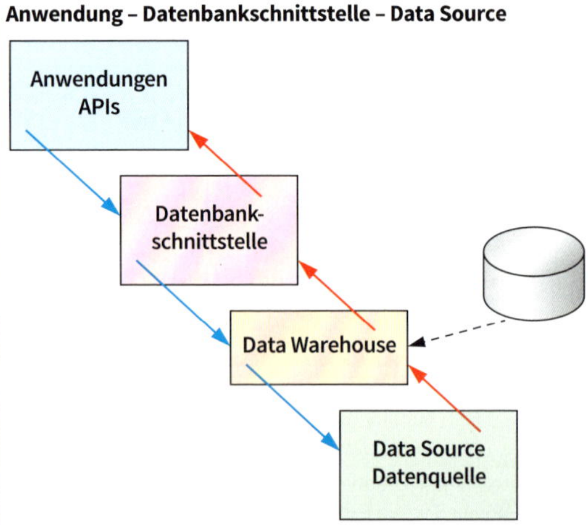

# BIG DATA (BD)

**BD**: → ›Massen-Daten‹ (auch Massendaten; riesige Datensätze) → Verarbeitungs- und Auswertungstechniken

- Massen-Daten treten speziell auf in: Astronomie, Börsen, Chemie, Codierungen und Verschlüsselungen, Datenbanken, Datenüberwachung (in sozialen Systemen), Energie- und Finanzwirtschaft, Gesundheitswesen, Internet-4.0, Kundenkarten, Medizin, Mobilfunk, Mobilität (Fahr- und Flugzeuge), Physik, Rasterfahndung, Routing (Firewall, Router, Server) und Verkehrslenkung, Web2.0
- BD steht auch für die Verarbeitung von sozialen Datensätzen
- BD-Prozeduren (Technologien) berühren folg. Datenaspekte
  - Umfang des Datenvolumens
  - Realzeitabläufe
  - Datenkomplexität (Vielfalt der Quellen, der Typen, der Struktur)
  - Authentizität und Realität der Daten
- BD ist ein zentraler Aspekt autonomer Regulierungen
- durch die Verarbeitung und Analyse großer – auch anonym erworbener – Datensätze können ›verborgene‹ (›versteckte‹) Zusammenhänge und Strukturen, die auf nicht offenkundige Kausal- und Systembeziehungen hindeuten. erkannt werden
- die offengelegten – auch anonymisierten – Datenbeziehungen berühren Persönlichkeitsaspekte (Profile)
- aus der Kombination Einzeldaten kann auf konkrete soziale Gruppierungen bzw. Personen geschlossen werden
- die Betrachtungen sind für wissenschaftliche Untersuchungen, ökonomische und soziale Prozesse, medizinische Behandlungen, strafrechtliche Ermittlungen, militärische Überwachungen relevant
- ökonomische Daten werden über Kredit- und Bezahlkarten, soziale und politische Daten erkannt
- kritisch ist das Verhältnis von Datenschutz und Transparenz
- problematisch ist die Beziehung von Realzeitprozessen und Qualität
- zur Datenverarbeitung wird oftmals nicht standardisierte Software benötigt – im Hintergrund werden aufwändige mathematische (analytische und stochastische) Konzepte und entsprechende Algorithmen eingesetzt: dies betrifft speziell Optimierungsfragen und Suchprozesse
- BD ist ein Themengebiet der Datenstatistik (Data Analyst/Data Engineer / Data Scientist) – Fachthemen sind hierbei:
  - Bildung von Datencluster und die zugehörige Analyse
  - Hypothesenbildungen (Analysen, Bewertung und Interpretation)
  - Signal- und Musterverarbeitungen und -aufbereitungen
  - Nutzung Ökonometrischer Verfahren

# Data-Mining

- systematische Anwendung statistischer Methoden auf große Datenbestände
- effizient zu verarbeiten und Entscheidungen zu treffen.
- neue Querverbindungen und Trends erkennen
- **Ziele bzw. Vorteile vom Data Mining**
  - fortlaufend Daten in Realzeit erfassen
  - kritische Abläufe und Eingriffe (Hacker) erkennen
  - Optimierung der Planungen und Entscheidungsprozesse
  - Präzisierung der Prognosen (Zukunftsorientierung)
  - Verbesserung des Kundenkontakts
- Data Mining hat basiert auf zwei Hauptprozessen
  - **überwachtes Lernen** (supervised learning) auf der Basis von:
    Prognosen auf der Basis **lineare Regressionen**
    Prognosen auf der Basis **logistische Regressionen**
    Prognosen unter Verwendung von **Zeitreihen** (Zeitreihenmodellen); Time Series
    Prognosen gemäß der Modellierung unter Verwendung von **Klassifizierungs**- bzw. **Regressionsbäumen** (Classification of Regression Trees)
    Analytisch-stochastische Prognoseerstellung unter Verwendung **Neuronaler Netzwerke**; z. B. bei Produktregelung und Entscheidungsfindung in Realzeit
    Einordnung von Beobachtungen gemäß der Methode **K-nächster-Nachbar**: Daten werden klassifiziert und unter Beachtung der bisherigen Daten identifiziert. (Zugleich kann das Bezugmodell präzisiert werden.)
  - **unüberwachtes Lernen** (unsupervised learning)
    Clustering/Association Analysis/Principal Component Analysis
- **Typische Analyseansätze**
- Abhängigkeitsanalysen, Abweichungsanalysen, Klassifikationen, Prognosen, Segmentierung
- **Typische Einsatzgebiete**
  - Autonome Fabrikationen – Autonome Fahrzeuge
  - Hacker-Angriffe (SPAM-Schutz)
  - Kundenbedarfsanalyse – Logische Strukturanalysen
  - Ökonometrische Verfahren – Operationstechnikern (Medizin)
  - Optimierte Energieversorgung
  - Risikomanagement in Banken und Versicherungen
  - Routingsysteme (Netze) – Schwachstellenanalysen

## Prozedurablauf (beim Einsatz von Data Mining)

1 **Klärung der Projektziele** (Geschäftsverständnis)
2 **Datenerfassung** (Dateneigenschaften: Datenverständnis)
3 **Datenvorbereitung** (Klärung der Datenquellen (Datenbanken) und Bereinigung der Bezugsdaten)
4 **Datenmodellierungsansatz** (Auswahl mathemat. Modelle)
5 **Ergebnisbewertung** (Auswertung)
6 **Bereitstellung und Einsetzung** (Verwendung) der Daten

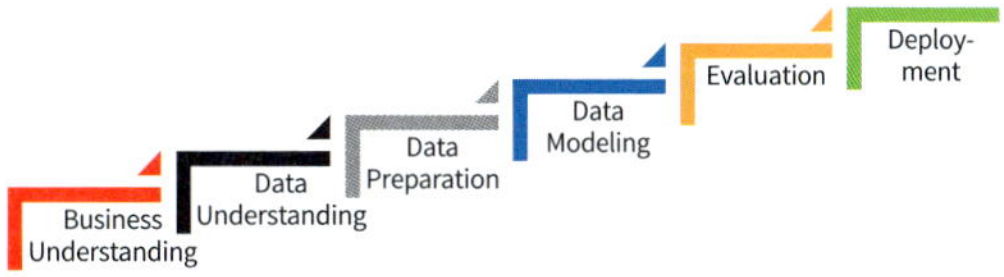


## Entwicklungen im Data-Mining

- Sprachstandardisierung zur Kommunikation mit unterschiedlichen Plattformen
- Präzisierung der Normen und wissenschaftlichen Kriterien
- Verbesserung der Prognosefähigkeit
- Analyse von mehrdimensionalen Strukturen und Systemen
- Übertragung auf das Web
- Echtzeitbetrieb und Selbstlernqualitäten

## Erfolgsfaktoren im Data-Mining

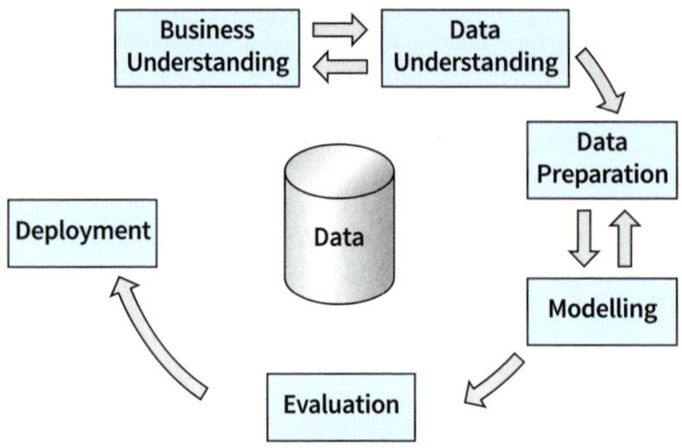


## Data-Mining Tools

| | |
|---|---|
| MAHAOUT | MicroStrategy |
| Orange | Rapidminer |

| Data-Mining Software | Data-Mining Algorithms |
|---|---|
| KNIME | AdaBoost |
| library | Apriori |
| Libsym | C4.5 classifier Algorithm |
| MATLAB | CART |
| NLTK | Expectation-Maximization (EM) |
| Orange | K-means |
| R-Programming | KNN |
| RapidMiner | Navie Bayes |
| Rattle | PageRank |
| Scikit-learn | Support vector machines |

# Datenerfassung und -analyse
**Data Acquisition and Analysis**

## Datenerhebung

- Daten werden ermittelt, gesammelt, beurteilt.
- Unterschieden werden:
  - Primärerhebungen (Sammlung von neuen Daten)
  - Sekundärerhebungen (Nutzung bereits erhobener Daten)
  - Tertiärerhebungen (Nutzung von aufbereiteten Daten)
  - (nach Peter Luhn): > Volltextverarbeitung > Auto-Indexierung > selektive Informationsverarbeitung (SDI)
- Grundansätze der Datenerhebung
  Befragung; Beobachtung; (rechnergestützte) Datenauswertung
- Die Datenermittlung erfolgt über folgende Ansätze:
  **Qualitative Methoden**
  – Beobachtung – Erzählungen – Gespräche – Miterleben
- **Quantitative Methoden**
  - Äußere Beobachtungen
  - Analyse von bereits bekannten Daten
  - Standardisierte Befragungen (Interviews)
  - Messungen – Tests – Zählungen
- Gestaltet werdev Vollerhebungen (Totalerhebungen) und Stichprobenerhebungen: Zur Aufbereitung der Stichprobenerhebungen werden statistische Verfahren eingesetzt.
  Bei der Stichprobenauswahl werden eingesetzt:
  - Zufallsauswahl (Zufallszahlen (Tabellen) u. Zufallsgenerator)
  - Ersatzverfahren für die Zufallsauswahl (Kenn- u. Bezugsdaten)
  - Bewusste Auswahl (Konzentrationsprinzip, …)

## Rechnergestützte Verfahren (CIM)

- CIM: Computer-integrated manufacturing
- Betriebs- u. Marketingdaten: Realzeitanalyse durch Computer
- Einzelne Aspekte der CIM-Welt
  - **CAD** (rechnergestützte Konstruktion, **Entwurf**)
  - **CAE** (rechnergestützte Entwicklung)
  - **CAP** (rechnergestützte **Arbeitsplanung**)
  - **CNC** (Fertigung)
  - **CAQ** (rechnergestützte **Qualitätssicherung**)
  - **CAM** (rechnergestützte **Fertigung**)
  - **PPS** (Produktionsplanung und -steuerung)
- Beachte: Leittechnik - DIN 19222
- Steuerung u. Regelung der Abläufe mittels **Qualitätsregelkarten**

## Datenerfassung

- Die Erhebung und Verarbeitung der Daten erfolgen zeitgleich
- Die Datensätze werden mathematisch aufbereitet
- Analoge Daten werden mittels AD-Wandler in digitale Datensätze überführt
- Erfassung von Messwerten und die Überführung in ein maschinenlesbares u. -verarbeitbares u. speicherbares Format
- Auslesen von Daten über Barcodes/Transpondern/QR-Codes

## Technische Datenerfassung

| | mittelbare Erfassung | unmittelbare Erfassung |
|---|---|---|
| **taktil** | mechanisch;<br>elektrisch (Chip) | mechanisch<br>(Fingerabdruck) |
| **Kontaktlos** | optisch (Barcode)<br>magnetisch (Streifen)<br>induktiv (elektrisch; RFID)<br>Strahlung (Funk; GPS) | akustisch (Sprache)<br>optisch (Muster; Gesicht) |

Für die statistische Messdatenerfassung werden statistische Versuchspläne (klassische, Taguchi, Shainin) verwendet.

## Erhebungsbeziehungen

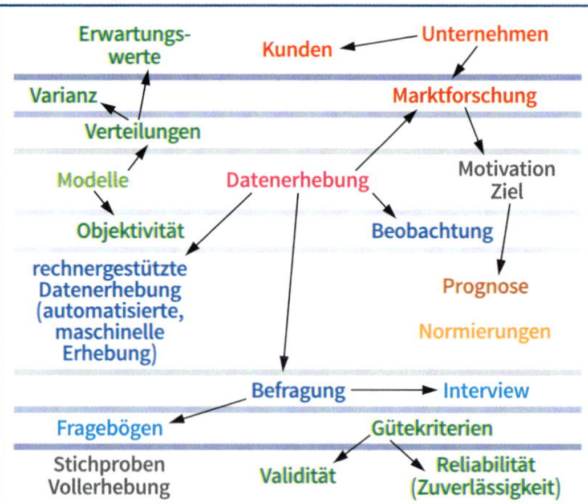

# Datenanalyse
## Data Analysis

### Kennzeichnung

- **Funktion**:
  Ermittlung zielgerichteter Informationen bzw. Erkenntnisse über Sachverhalte.
- **Merkmal**:
  Nummerische und statistische Verfahren zur Aufdeckung von Strukturen in großen Datenmengen.

### Schritte

**Sammeln und Formatieren**
- Erfassungsformat festlegen
- Tabelle mit Spalten und Zeilen
- Spalte: Variable
- Zeile: Fall (z. B. Kunde, Einkauf)
- Instrumente: EXCEL, **CSV** (**C**omma**s**eparated **V**alues): Textdatei zur Speicherung oder Austausch von Daten

**Explorieren**

Untersuchung:
- Daten bereinigen
- Fehlende Daten suchen
- Fehlende Werte ggf. durch Mittelwerte ergänzen
- Evtl. neue Variablen einfügen

**Modifizieren**

Umgestalten (Beispiele):
- Spalten und/oder Zeilen verringern
- Korrelierende Variablen zusammenfassen
- Daten linearisieren, logarithmieren

**Modellieren**

Gestaltend bearbeiten:
- Vorstellungen vereinfachen
- Funktionen verwenden, die auf die Daten anwendbar sind

**Validieren**

Wichtigkeit bestimmen:
- Überprüfung
- Stichprobenwiederholung (Resamplingmethode)
- Validierungstechniken anwenden

**Bewerten**
- Qualität und Effektivität der Methode prüfen
- Menge der Daten aussagekräftig?

**Zusammenfassen**
- Vorgehen und Ergebnisse übersichtlich gestalten
- Vorgehen muss nachprüfbar (reproduzierbar) sein
- Ergebnis ggf. relativieren
- Mögliche Fehler benennen
- Perspektiven verdeutlichen

**Dokumentieren**
- Ergebnisse visualisieren (Tabellen, Grafiken, PowerPoint-Präsentation)
- Dateien für unterschiedliche Medien erstellen (Text, Bild, Internetplattformen)

### Ist-Analyse (Beispiele)

- Systemanwender, Anwendergruppen
- Zu betreibende Anwendungen und daraus resultierende Systemanforderungen
- Erforderliche Zugriffszeiten und Übertragungsgeschwindigkeiten
- Umfang der zu speichernder Daten und Programme
- Erforderliche Netzwerkstrukturen
- Notwendige Sicherheitsmaßnahmen
- Rechtliche Grundlagen

### Methoden

- **Deskriptiv** (beschreibend)
  Liegt eine Totalerhebung vor, so beschränkt man sich bei der Datenanalyse darauf, die in den Einzeldaten enthaltenen Informationen mit geeigneten Methoden zu verdichten.
  Die deskriptive Datenanalyse hat ausschließlich beschreibenden Charakter.
  Die Beschreibung erfolgt durch
  - Tabellen
  - Grafiken
  - Kennwerte (Mittelwerte, Streuungsmaße)
- **Inferenziell** (wissensbasiert)
  Die Übertragung der Stichprobenbefunde erfolgt auf die Grundgesamtheit (Basis ist ein statistisches Modell).
  Stichprobenbefunde erhält man durch
  - Punktschätzung
  - Intervallschätzung
  - Hypothesenprüfung (statistische Testverfahren)
- **Explorativ** (erforschend)
  Die verfügbare Datenmenge wird mit der Absicht verarbeitet, Strukturen in den Daten oder einfache überschaubare Zusammenhänge zwischen verschiedenen Variablen zu ermitteln.
- **Konfirmatorisch** (bestätigend)
  Man geht bei der Analyse von einer Hypothese oder mehreren Hypothesen aus, die man überprüft (Überprüfung von Zusammenhängen).
- **Univariat**
  Man untersucht die Abhängigkeit von nur einer Variablen.
  Beispiele:
  - Häufigkeitsanalyse
    - Absolute Häufigkeit
    - Relative Häufigkeit
    - Häufigkeitsverteilung
  - Maßzahlen für die Lage sind:
    - Median
    - Arithmetisches Mittel
  - Maßzahl für die Streuung ist:
    - Standardabweichung
- **Bivariat**
  Zwei Variablen werden analysiert.
- **Multivariat**
  Mehrere Variablen oder Zufallsvariablen werden zugleich untersucht.

## Begriff, Bedeutung, Verwendung

- Analytics: Plural von Analyse = Analysen
- Der Begriff Analytics hat sich aus den Bereichen Big Data und Data Mining entwickelt.
- Analytics wird bei der Datenanalyse von großen Datenmengen (**Big Data**: Riesige Datenmenge) verwendet (**Data Analytics**). Es geht dabei vorwiegend um das Erkennen, Interpretieren und Kommunizieren von Mustern.
- Mit **Big Data** verbindet man auch gewinnbringende Analysen mit Daten im Rahmen maschineller Lernverfahren. Diese sind Grundlagen für Entscheidungen, indem Wahrscheinlichkeiten berechnet und Vorhersagen getroffen werden.
- **Data Mining** hat zum Ziel, mit der systematischen Anwendung statistischer Methoden in großen Datenmengen Querverbindungen und Trends herauszufinden.
- Unter **Business Analytics** versteht man ein Prozess der Datenauswertung zur strategischen Unternehmenssteuerung. Genutzt werden die Daten zur Prognose von Trends und Ergebnissen. Dazu gehören Data Mining, statistische Analysen und Erstellung von Prognosen für die Unterstützung unternehmerischer Entscheidungen.

## Arten

| Analytics | |
|---|---|
| **Descriptiv**: Was ist gerschehen? | **Beschreibende** Analyse |
| **Diagnostisch**: Warum ist das geschehen? | **Beurteilende** Analyse |
| **Predictiv**: Was könnte geschehen? | **Vorausschauende** Analyse |
| **Prescriptiv**: Wie soll reagiert werden? | **Vorschreibende** Analyse |

## Descriptive Analytics

- Vergangenheitsbezogene Auswertung von Daten
- Erstellung und Auswertung von Kennzahlen
- Datenaufbereitung in Form von **Reporting** (Berichtswesen) oder **Dashboarding** (Visualisierung von Daten).
- Verwendung: Klassischer Ansatz der **Business Intelligence**. Es geht dabei um die Optimierung von Prozessen in Unternehmen. Die Datenerhebung soll Prozesse transparenter machen und Bereiche mit Verbesserungsbedarf können so identifiziert werden.

## Diagnostische Analytics

- Diagnostischen Analysen sind Voraussetzung für descriptive Analysen
- Untersucht werden Entscheidungen und nachträgliche Ergebnisse.
- Verfahren: Reporting oder Dashboarding

## Predictive Analytics

- Übergeordnetes Ziel:
- Ermittelt wird das Eintreten eines spezifischen Resultats oder Ereignisses.
- Angewendet werden statistische Methoden. Beispiele: Automatisierte Algorithmen für maschinelles Lernen, Deep Learning, Data Mining und KI.
- Informationen werden aus Datensätzen extrahiert und Muster zur prädiktiven Bewertung identifiziert.
- Ergebnisse: Vorhersagemodelle, Beschreibungsmodelle und Entscheidungsmodelle
- Statistische Modelle werden darauf trainiert, Annahmen zu validieren und sie mit ausgewählten Daten zu vergleichen, um Vorhersagen zu generieren.

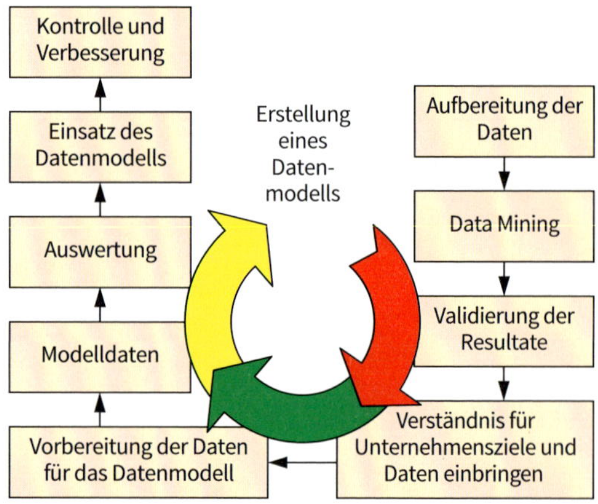


## Prescriptive Analytics

- Es handelt sich um Kombination aus descriptiver und predictiver Analyse.
- Prescriptive Analytics ist eine abstraktere Form der Datenanalyse, mit der Benutzer hypothetische Szenarien erstellen und Ergebnisse basierend auf Variablen extrapolieren können.
- Basiert in hohem Maße auf maschinellem Lernen, um neue Daten kontinuierlich aufzunehmen, zu verstehen und weiterzuentwickeln.

## Analysestufen und Fragestellungen

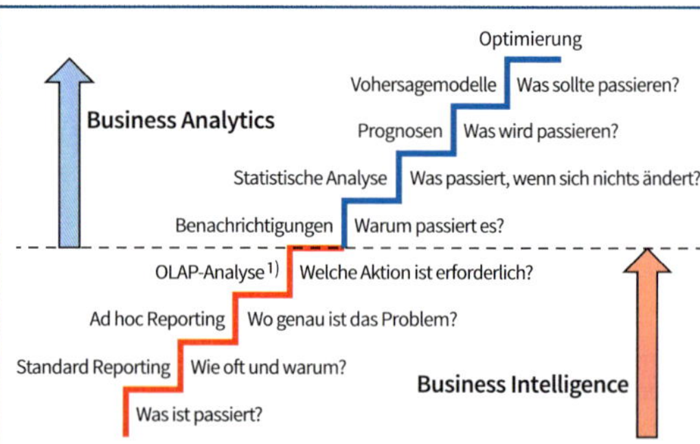


[1] **OLAP** (**On**line **A**nalytical **P**rocessing): Methode, um Daten einfach abzufragen, zu selektieren und zu extrahieren.

### Merkmale

- Mit einem Datenflussdiagramm (Datenflussplan) lassen sich die
  - Verwendungsart
  - Bereitstellung und
  - Veränderung von

  Daten und Datenströmen innerhalb eines Programms darstellen (veranschaulichen, visualisieren).
- Datenflussdiagramme sind Übersichtsmodelle. Zur Präzisierung müssen die
  - Namen aller Datenflüsse ① und Speicher ② angegeben und
  - die Funktionalität jeder Aktivität ③ beschrieben werden.
- Eine Aktivität kann durch ein Datenflussdiagramm beschrieben werden.

### Schichten

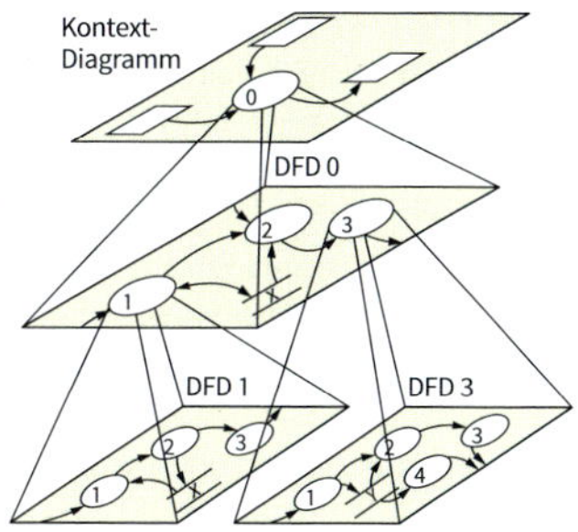


- Die Datenflussdiagramme eines Systems können hierarchisch in Schichten angeordnet werden.
- In jeder Ebene sind die Datenflussdiagramme der darunterliegenden Ebenen zu je einer Aktivität zusammengefasst.
- In der Regel wird dazu ein passendes hierarchisches Nummerierungsschema verwendet.

### Symbole (Notationen)

| | |
|---|---|
|  | **Datenfluss**, einfach oder doppelt [dataflow] |
|  | **Aktivität** (Funktion, Prozess) [activity, process] |
|  | **Datenspeicher** (UML: Pufferknoten) [store, file] |
|  | **Endknoten** (Schnittstelle zur Umwelt) [terminator, terminal, external] |

- **Datenflüsse** bestehen aus Datenpaketen, die von Aktivitäten oder Endknoten erzeugt bzw. aufgenommen werden.
- **Aktivitäten** arbeiten nur dann, wenn alle von ihnen benötigten Eingabe-Datenflüsse vorliegen. Sie nehmen Daten auf, bearbeiten diese und erzeugen abgebende Datenflüsse. Sie können zusätzlich Speicherinhalte lesen oder schreiben.
- **Speicher** entsprechen Datenbehältern. Ihr Inhalt kann gelesen werden – ohne den Speicher zu verändern – und geschrieben werden. Der alte Inhalt wird dabei gelöscht.
- **Endknoten** sind Aktivitäten in der Systemumgebung.

### Entwurf eines Datenflussdiagrammes

- Ereignisliste erstellen (Ereignis: Anstoß aus der Außenwelt, der eine Reaktion des Systems erfordert).
- Für jeden Vorgang mit einer Aktivität ein Datenflussdiagramm zeichnen. Dies entspricht der Verarbeitung eines Ereignisses und anschließender Erzeugung der zu erwartenden Reaktion.
- Vorhandene Informationslücken schließen.
- Verwendete Daten definieren.
- Einzelne Datenflussdiagramme skizzieren und in ein gesamtes Datenflussdiagramm einfügen.

Es gibt keine Vorgaben, welche Symbole zu verwenden sind. Die Symbole sollen aber konsequent angewendet werden und die Bedeutung darf sich im Diagramm nicht ändern. Deshalb ist jedem Datenflussdiagramm eine Legende beizufügen.

### Nachteile und Grenzen

- Es sind keine Entscheidungsregeln und Schleifen vorhanden.
- Es sind keine interaktiven, in Echtzeit ablaufende Vorgänge darstellbar.
- Es kann kein Kontrollfluss abgebildet werden (zeitliche Abfolge einzelner Befehle eines Programms).

### Roboteranimation (Beispiel)

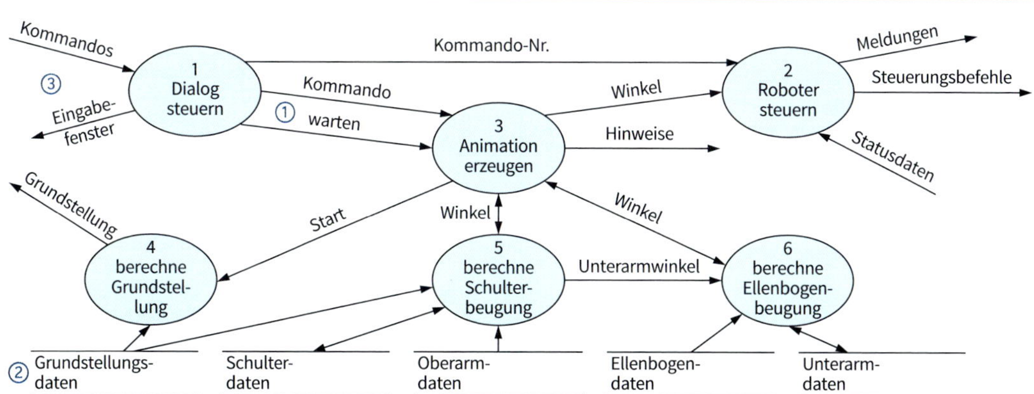

## Funktion

- **SWOT**:
  - **S**trengths (Stärken)
  - **W**eaknesses (Schwächen)
  - **O**pportunities (Chancen)
  - **T**hreats (Risiken, Gefahren)
- Es handelt sich um ein Instrument für **strategische Planungen**. Es wird zur **Positionsbestimmung** und der **Strategieentwicklung** von Unternehmen und anderen Organisationen verwendet.
- Es geht dabei um die objektive Betrachtung der eigenen Strenghts (Stärken), Weaknesses (Schwächen), Opportunities (Chancen) und Threats (Risiken) eines Unternehmens im Rahmen eines Businessplans.
- **Fragestellungen**

| Stärken (S) | Schwächen (W) |
|---|---|
| • Wodurch zeichnet sich der Prozess besonders aus?<br>• Welche Stärken kennzeichnen ihn?<br>• Inwiefern handelt es sich um einen gutfunktionierenden Prozess des Unternehmens? | • Was sind die Schwächen des Prozesses?<br>• Inwiefern funktioniert der Prozess nicht so gut wie gewünscht?<br>• Was sind konkrete Defizite in Bezug auf Kosten, Zeit und Qualität? |

| Chancen (O) | Risiken, Gefahren (T) |
|---|---|
| • Worauf kann inZukunft auf den Prozess aufgebaut werden?<br>• Welche Möglichkeitengibt es, den Prozess weiter zu verbessern?<br>• Welche Potenziale liegen in diesem Prozess begründet? | • Welche Gefahren oder Risiken könnte es in Bezug auf den Prozess geben?<br>• Wo könnten Leistungsdefizite entstehen? |

## Vorteile und Nachteile

- **Vorteile**
  - Einfaches Werkzeug
  - Die Komplexität wird reduziert.
  - Man erhält einen Überblick
  - Interne und externe Einflussfaktoren werden betrachtet.
- **Nachteile**
  - Es entsteht eine Momentaufnahme.
  - Ergebnisse sind potentiell subjektiv.
  - Analyse externer Faktoren kann mitunter schwierig und unvollständig sein.

## Analyse interner Stärken und Schwächen

- **Interne Stärken** (Fragestellungen, Beispiele)
  - Welche Vorteile und Stärken hat das Unternehmen.
  - Woran liegt das Alleinstellungsmerkmal der eigenen Produkte bzw. Dienstleistungen?
  - Worauf basieren die bisherigen Erfolge?
  - Worin ist das Unternehmen besser als andere?
  - Welche einzigartigen Kompetenzen gibt es im Unternehmen
- **Interne Schwächen** (Fragestellungen, Beispiele)
  - Worin liegen die Schwachstellen des Unternehmens?
  - Worin könnte sich das Unternehmen verbessern?
  - Worin sehen andere Stakeholder Schwächen im Unternehmen?
  - Worin sind andere Wettbewerber besser?

## Analyse-Kombinationen

- **Stärke-Chancen-Kombination (SO)**
  - Welche Stärken passen zu welchen Chancen?
  - Wie können Stärken genutzt werden, sodass sich die Chancenrealisierung erhöht?
- **Stärke-Gefahren-Kombination (ST)**
  - Welchen Gefahren können wir mit welchen Stärken begegnen?
  - Wie können vorhandene Stärken eingesetzt werden, um den Eintritt bestimmter Gefahren abzuwenden?
- **Schwäche-Chancen-Kombination (WO)**
  - Wo können aus Schwächen Chancen entstehen?
  - Wie können Schwächen zu Stärken entwickelt werden?
- **Schwäche-Gefahren-Kombination (WT)**
  - Wo befinden sich unsere Schwächen?
  - Wie können wir uns vor Schaden schützen?
- **Kernstrategien in einer Vierfelder-Matrix**
  Aufgrund dieser Kombinationen müssen dann passende Strategien entwickelt und aufeinander abgestimmt werden.

| SWOT-Analyse | | Interne Analyse | |
|---|---|---|---|
| | | **Stärken** | **Schwächen** |
| Externe Analyse | **Chancen** | Verfolgt werden neue Chancen, die gut zu den Stärken des Unternehmens passen (**SO**-Strategie).<br>**Matching-Strategie** | Schwächen werden eliminiert, um neue Chancen zu nutzen. Risiken werden in Chancen umgewandelt (**WO**-Strategie).<br>**Umwandlungsstrategie** |
| Externe Analyse | **Risiken** | Stärken werden genutzt, um Risiken bzw. Gefahren abzuwehren (**ST**-Strategie).<br>**Neutralisierungsstrategie** | Eine Verteidigungsstrategie wird entwickelt, um vorhandene Schwächen nicht zum Ziel von Bedrohungen werden zu lassen (**WT**-Strategie). |

## Merkmale

- Mit einem Verhaltensdiagramm visualisiert man einzelne Aspekte von Abläufen, Geschäftsprozessen oder das Zusammenwirken verschiedener Systeme in Abhängigkeit von der Zeit (Veränderungen).
- In **UML** (**U**nified **M**odeling **L**anguage, vereinheitlichte Modellierungssprache) werden drei Arten von Verhaltensdiagramme ① unterschieden.
- UML ist eine grafische Modellierungssprache zur Spezifikation, Konstruktion und Dokumentation von Software-Teilen und anderen Systemen.

## UML-Diagramme

**Strukturdiagramme**

- Klassendiagramm (Class Diagram)
- Objektdiagramm (Object Diagram)
- Paketdiagramm (Package Diagram)
- Komponentendiagramm (Component Diagram)
- Verteilungsdiagramm (Distribution Diagram)
- Kompositionsstrukturdiagramm (Composite Structure Diagram)

**Verhaltensdiagramme ①**

- Anwendungsfalldiagramm (Use Case Diagram)
- Zustandsdiagramm (State Machine Diagram)
- Aktivitätsdiagramm (Activity Diagram)

**Interaktionsdiagramme**

- Kommunikationsdiagramm (Communication Diagram)
- Sequenzdiagramm (Sequence Diagram)
- Zeitdiagramm (Timing Diagram)
- Interaktionsübersichtsdiagramm

## Zustandsdiagramm (Zustandsübergangsdiagramm)

- Mit einem Zustandsdiagramm wird gezeigt, welche Zustände ein Objekt im Laufe seines „Lebens" einnehmen kann.
- Dabei wird dargestellt, durch welche Ereignisse die Zustandsänderungen stattfinden.
- Das Zustandsdiagramm beschreibt dabei eine hypothetische Maschine (endlicher Automat).
- Die Zustände bestehen aus:
  - einem Anfangszustand (Startzustand),
  - einer endlichen Menge von Zuständen,
  - einer endlichen Menge von Ereignissen,
  - einer endlichen Anzahl von Transitionen, die den Übergang des Objektes von einem zum nächsten Zustand beschreiben und
  - einem oder mehreren Endzuständen.
- Besondere Eigenschaften
  - Der „Lebenszyklus" eines Objekts lässt sich von der Initialisierung bis zum Endzustand modellieren.
  - Die erlaubten Zustände eines Objekts und die Ereignisse, die durch Zustandsübergänge ausgelöst werden, lassen sich beschreiben (Verhalten wird nachvollziehbar).
  - Verwendbar für viele Situationen
  - Darstellungen sind verständlich

## Beispiel für ein Zustandsdiagramm

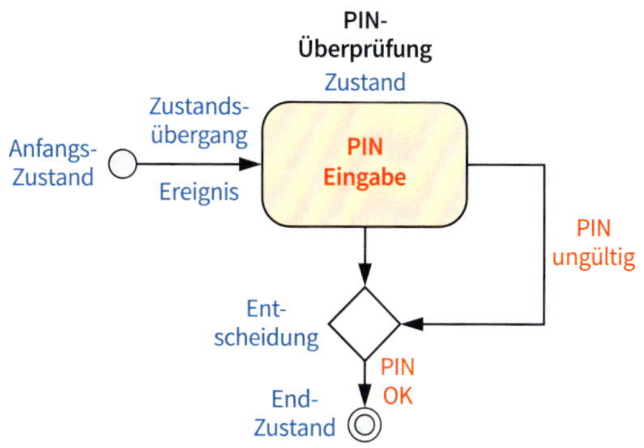


## Aktivitätsdiagramm

- Mit Aktivitätsdiagrammen lassen sich die Vernetzung von Aktionen und deren Verbindungen mit Kontroll- und Datenflüssen grafisch darstellen (Abläufe).
- Eine Aktivität ist eine Arbeitseinheit, die durchgeführt wird.
- In der Informationstechnik ist ein Ablauf immer eine Reihenfolge, in der einzelne Anweisungen, Anleitungen, Funktionsaufrufe oder ein Programm ausgeführt oder ausgewertet werden muss.
- Beispiel Prüfungsklausur

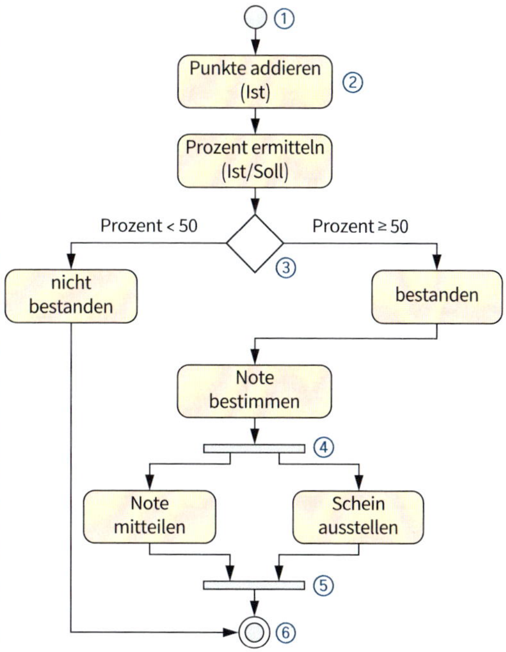


① Startknoten ② Aktion
③ Verzweigung ⑥ Endknoten
④ Parallelisierungsknoten
(Aufteilung eines Ablaufs in mehrere parallele Stränge)
⑤ Synchronisationsknoten
(Zusammenführung gleichzeitig eingehender Abläufe)

## Anwendungsfalldiagramm

- Das Anwendungsfalldiagramm ist ein **Verhaltensdiagramm** im Rahmen von **UML** (**U**nified **M**odeling **L**anguage) und visualisiert das zu erwartende externe Verhalten eines Systems.
- Mit dem Diagramm lassen sich Anwendungsfälle von Akteuren und die jeweiligen Abhängigkeiten sowie Beziehungen darstellen.
- Das Diagramm ist keine Ablaufbeschreibung. Diese kann mit einem Aktivitäts-, oder Sequenzdiagramm abgebildet werden.

### Notationselemente

| Symbol | Bedeutung |
| --- | --- |
|  | – **Akteur**: Ein Benutzer des Systems mit genau definierten Rechten und Aufgaben.<br>– „Strichmännchen“ können Personen, Kunden, Administratoren oder ein System sein. |
|  | **Systemgrenze**, Systemkontext |
| 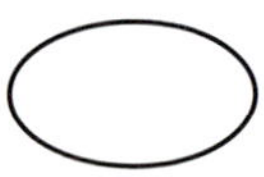 | **Anwendungsfall** (use case)<br>– Dieser muss beschrieben werden, z. B. in einem Kommentar oder einer eigenen Datei. |
| 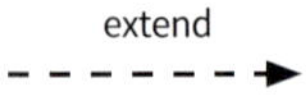  | **Extend-Beziehung** (erweitern)<br>– Der Anwendungsfall, auf den die Pfeilspitze zeigt, kann durch einen anderen erweitert werden. |
| 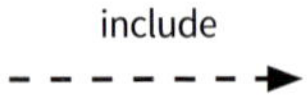  | **Include-Beziehung** (einschließen)<br>– Der Anwendungsfall, auf den die Pfeilspitze zeigt, wird von einem anderen benutzt. |
| | **Kommunikationslinie**<br>– Der Akteur ist ermächtigt, den betreffenden Anwendungsfall auszulösen. |

### Beispiel: Kartenverkauf

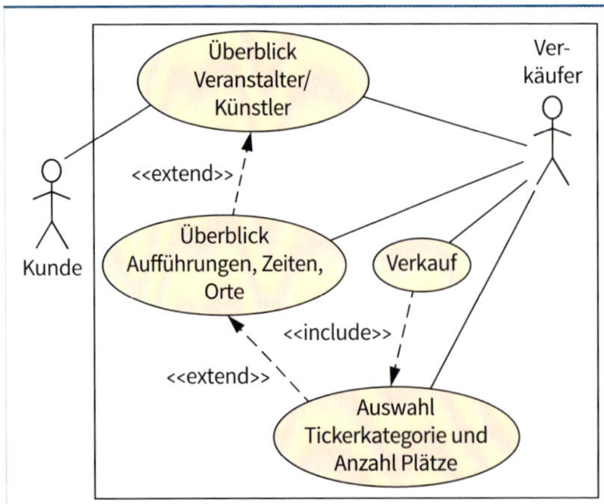


## Sequenzdiagramm

- Das Sequenzdiagramm ist ein **Interaktionsdiagramm** im Rahmen von **UML** (Unified Modeling Language) und visualisiert den Austausch von Nachrichten zwischen Objekten.
- Diese stellen konkrete Abläufe dar. Sie konzentrieren sich dabei jedoch auf den Nachrichtenaustausch zwischen Objekten und bilden Nachrichtenflüsse ab.
- Mit Sequenzdiagrammen kann auch die Interaktion von Benutzern mit der Benutzeroberfläche der Software modelliert werden, um beispielsweise folgende Fragen zu klären:
  - In welcher Reihenfolge läuft die Interaktion ab?
  - Welche Befehle kann/muss der Benutzer der Oberflache erteilen, um sein Ziel zu erreichen?
  - Welche Nachrichten kann er von der Benutzeroberfläche als Antworten erwarten?
- Auf diese Weise können die Eingabe- und Interaktionsmöglichkeiten der Benutzeroberfläche und der Benutzerführung optimiert werden.

### Notationselemente

**Nachrichten**
Sie werden durch Pfeile dargestellt. Der Name der Nachricht steht über dem Pfeil. Die Angabe einer Bedingung ist optional.

**Klasse, Objekt**
- In dem Rechteck ① über der Lebenslinie (gestrichelte Linie ②) steht der Klassen- und/oder der Objektname.
- Das schmale Rechteck ③ auf der gestrichelten Linie ist eine Aktivierung.

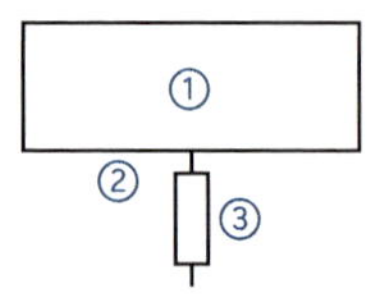


**Synchroner Aufruf**
- Der Aufruf erfolgt von der Quelle ④ zum Ziel ⑤.
- Die Quelle wartet mit der Verarbeitung bis die Zielklasse ihre Verarbeitung beendet hat und setzt die Verarbeitung dann fort.

**Asynchroner Aufruf**
- Der Aufruf erfolgt von der Quelle 4 zum Ziel 5.
- Die Quelle wartet mit der Verarbeitung nicht auf die Zielklasse.

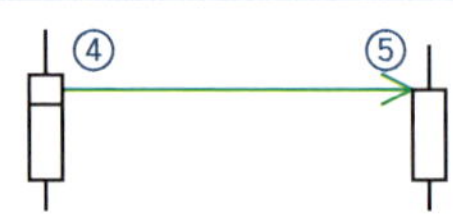


### Beispiel: Suchanfrage im Web

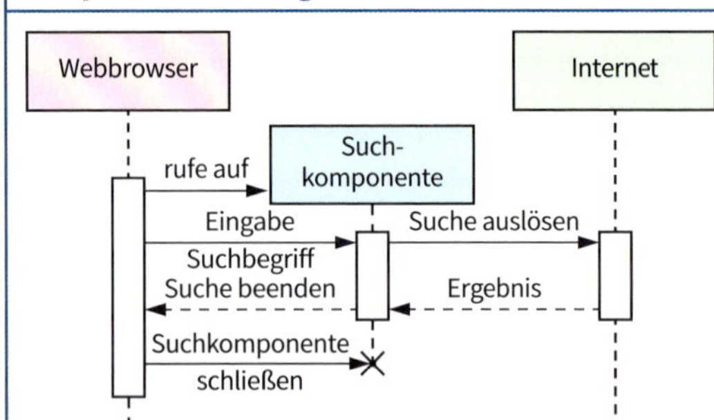

## Merkmale

- In einem ER-Diagramm (ERD) werden Grafiken verwendet, die auf dem **Entity-Relationship-Modell** (**ERM**) basieren.
- ERM dient zur Darstellung von Dingen, Gegenständen und Objekten (Entitys) und der Beziehung (Zusammenhängen) zwischen diesen.
- ERM wird auch zur Datenmodellierung eingesetzt.
  Dabei geht es darum,
  - das Verständnis für die Daten (Bedeutung und ihre Beziehungen) zu verbessern und
  - Details zu abstrahieren (Vernachlässigung von Details).

## Grundbegriffe der Entity-Relationship-Modelle

- **Entität** (entity)

  Es handelt sich um ein individuell identifizierbares Objekt der Wirklichkeit und wird durch seine Eigenschaften beschrieben.
  Beispiele: Kunde Müller, Auftrag xyz
- **Entitätstyp** (entity set)
  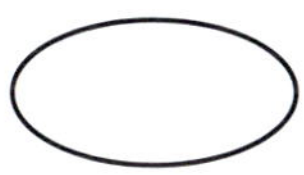
  Es handelt sich um eine Zusammenfassung von Entitäten mit gleichartigen Eigenschaften. Er ist also der Oberbegriff für alle Entitäten einer Menge.
  Beispiele: Alle Kunden, Aufträge, Artikel
- **Attribut** (attribut, property)
  Dies ist die Eigenschaft von allen Entitäten einer Entitätsmenge. Also ein Name entsprechend seiner fachlichen Bedeutung.
  In Darstellungen wird das identifizierte Attribut einer Entität unterstrichen.
  Beispiel: Ein Kunde wird beschrieben durch seine Nummer, seinen Namen, ...
- **Assoziation, Beziehung, Relation** (relationship)

  Es handelt sich um eine Zusammenfassung von gleichartigen Beziehungen zwischen Entitäten (Name in Verbform als Oberbegriff)
  Beispiel: Kunde Müller erteilt den Auftrag xyz
- **Kardinalentität** (Beziehungstyp)
  Durch sie ist festgelegt, wie viele Entitäten an einer konkreten Beziehung beteiligt sein können oder müssen.
  Kennzeichnungsbeispiele:
  - **1:1** Jede Entität des einen Entitätstyps steht mit einer Entität des anderen Entitätstyps in Beziehung (auch in Gegenrichtung).
  - **1:n** Jede Entität des einen Entitätstyps steht mit beliebig vielen Entitäten des anderen Entitätstyps in Beziehung. In der Gegenrichtung steht jede Entität des einen Entitätstyps mit einer Entität des anderen Entitätstyps in Beziehung.
  - **n:m** Jede Entität des einen Entitätstyps steht mit beliebig vielen Entitäten des anderen Entitätstyps in Beziehung (auch in Gegenrichtung).

Hinweis: Es gibt heute eine Vielzahl unterschiedlicher Notationen, die sich in Klarheit, Umfang der grafischen Sprache, Unterstützung durch Standards und Werkzeuge unterscheiden.

## Schlüssel

- Ein Schlüssel ist ein identifizierbares Attribut, bzw. eine identifizierbare Attributkombination.
- Es kann mehrere Schlüssel bzw. Schlüsselkombinationen geben.
- Wenn man sich auf einen einzigen Schlüssel festgelegt hat, nennt man ihn **Primärschlüssel**.
- Primärschlüssel sind oft sehr einfache, oft auch ein "künstliches" Attribut, wie z. B. die Kundennummer (KdNr) oder Auftragsnummer (AuftrNr).

## 1:n Beziehung (Beispiel)

An je einem PC ist genau ein Monitor angeschlossen. Für die Entitätstypen „PC“ und „Monitor“ wird eine Tabelle erstellt. Eine von beiden wird um den Fremdschlüssel ② – der in der anderen Tabelle Primärschlüssel ① ist – für die jeweils andere erweitert.

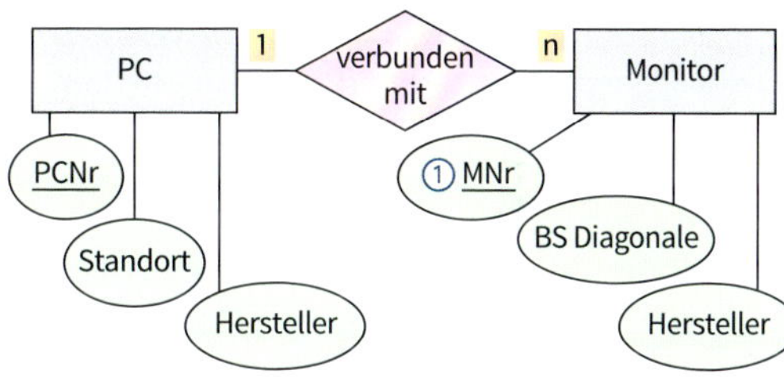


Tabelle PC

| PC Nr | Standort | Hersteller | MNr ② |
|---|---|---|---|
| 111 | R 3 | Dell | 13 |
| 112 | R 3 | HP | 15 |
| 113 | R 7 | HP | 14 |

Tabelle Monitore

| MNr ① | Hersteller | BSDiagonale |
|---|---|---|
| 13 | HP | 19° |
| 14 | Philips | 21° |
| 15 | Eizo | 19° |

## m:n Beziehung (Beispiel)

In einem Auftrag (1) sind mehrere Artikel (n) enthalten. Ein Artikel (1) kann mehreren Aufträgen (m) geordert sein. In einem solchen Fall wird eine neue Tabelle mit den Primärschlüsseln ① der beteiligten Entitäten als Attribute (Fremdschlüssel ②) erstellt.

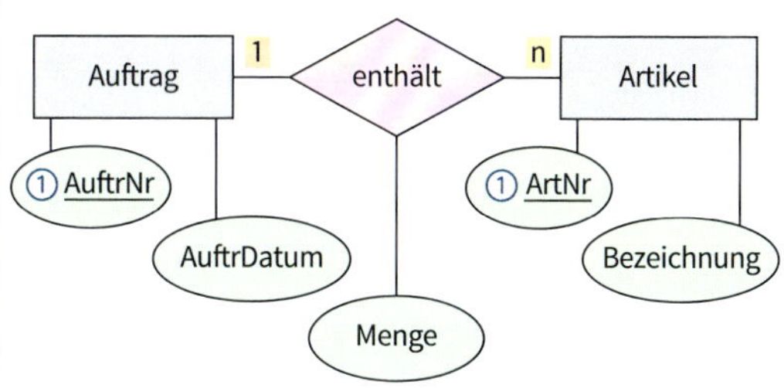


Tabelle Auftrag

| AuftrNr ① | AuftrDatum |
|---|---|
| 13 | 03.03. |
| 14 | 15.07. |
| 15 | 14.09. |

Tabelle Artikel

| ArtNr ① | Bezeichnung |
|---|---|
| 1741 | Deskjet 3745 |
| 1742 | Deskjet 5740 |
| 1745 | Pixma i2000 |
| 1750 | Stylus Color C86 |

## Anforderungen

Tests müssen

**aufgabenbezogen** | **reproduzierbar**

**überprüfbar** | **nachvollziehbar**

**und**

**verbunden sein mit der Fehlersuche**

## Testarten

- **Test allgemein**
  Mit einem Test wird überprüft, ob die Eigenschaften oder Leistungen von Personen, Sachen oder Hypothesen den Erwartungen entsprechen. Der Test hat die Funktion, Mängel oder Fehler zu entdecken.

- **Funktionstest**
  Mit einem Funktionstest wird überprüft, ob das Zusammenwirken von Komponenten den Erwartungen (funktionellen Anforderungen) entspricht.

- **Modultest (Komponententest)**
  Mit einem Modultest überprüft man die Funktion einzelner Komponenten eines Systems, ohne dass sie in das System eingebunden sind.

- **Integrationstest**
  Integrationstests werden in der Regel während der Softwareentwicklung eingesetzt. Es sind Einzeltests die dazu dienen, verschiedene voneinander abhängige Komponenten eines komplexen Systems im Zusammenspiel miteinander zu überprüfen.

- **Systemtest**
  Ein Systemtest wird durchgeführt um festzustellen, ob ein System die gesamten Anforderungen (funktionale und nichtfunktionale Anforderungen) in der realen Umgebung mit
  - Hardware,
  - Systemsoftware,
  - Bedienungsumfeld und den
  - technischen Anlagen erfüllt.

  In der Regel werden dazu bestimmte Testdaten (Daten aus dem Definitionsbereich eines Moduls) eingesetzt.

- **Softwaretest**
  Mit einem Softwaretest wird überprüft, ob die für den Einsatz definierten Anforderungen erfüllt und die angestrebte Qualität erreicht wird. Mit den gewonnen Erkenntnisse sollen Softwarefehler – auch während der Softwareentwicklung – aufgedeckt werden.

- **Abnahmetest (Verfahrenstest, Akzeptanztest)**
  Dieser Test erfolgt in der Regel durch den Abnehmer der Software. Der erfolgreiche Abschluss dieser Teststufe ist meist Voraussetzung für die rechtswirksame Übernahme und der Bezahlung.

## Beispielhafte Abnahme von Softwaresystemen

| Test | Beschreibung |
|---|---|
| **Funktionstest** | Überprüfung, ob alle in der Produktdefinition geforderten Funktionen vorhanden und auch wie vorgesehen realisiert worden sind |
| **Leistungstest** | |
| Massentest | Überprüfung, ob die spezifizierte maximale Datenmenge ordnungsgemäß und zuverlässig verarbeitet wird |
| Zeittest | Überprüfung der Zeitanforderungen, z. B. Antwortverhalten der Benutzeroberfläche, zeitkritische Teile, Echtzeitverhalten |
| Lasttest | Überprüfung der Zuverlässigkeit, auch im Grenzbereich, z. B. Ausfall von Hardware- und Softwarekomponenten, Mehrbenutzerbetrieb, Eintreffen ungewöhnlicher oder widersprüchlicher Daten |
| Stresstest | Verhalten bei Grenzwertüberschreitung, z. B. Verhalten bei Überlastung, Verhalten nach Rückgang der Überlastung |
| **Benutzbarkeitstest** | Überprüfung der Anforderungen an die Benutzerschnittstellen |
| **Sicherheitstest** | Beispiele: Kennwörter verschlüsselt gespeichert? Zugriffsrechte berücksichtigt? Zugriffsverbot überprüft und gemeldet? |
| **Interoperabilitätstest** | Überprüfung der Zusammenarbeit mit anderen Systemen, z. B. Datenaustausch |
| **Installationstest** | Überprüfung der in den Serviceanlagen dokumentierten Installationsbeschreibung und Betriebanleitung auf Exaktheit |
| **Wiederinbetriebnahmetest** | Überprüfung, ob bei Systemabsturz das System mit den vorliegenden Beschreibungen wieder in Betrieb genommen werden kann |

## Entwicklungsstadien von Software

- Die Software von Herstellern wird häufig stufenweise entwickelt. Die Bezeichnungen für die Entwicklungsstadien und für die Software können zum Beispiel sein:
  pre-Alpha – Alpha – Beta – Release Candidate – Release (Veröffentlichung).
- In den einzelnen Phasen werden Tests durchgeführt, die zu Veränderungen der Software führen.

## Prinzipien und Unterschiede

- Es handelt sich dabei um zwei entgegengesetzte Wirkrichtungen bzw. Vorgehensweisen.
- Top-down: Von oben nach unten.
  Vom Abstrakten, Allgemeinen, Übergeordneten zum Konkreten, Speziellen.
- Top-down-Planung bei Unternehmen: Die Ziele werden von der Unternehmensleitung definiert.
- Bottom-up: Von unten nach oben.
- Bottom-up-Planung bei Unternehmen: Die Planung beginnt auf der unteren Unternehmensebene.

## Top-down-Methode (Programmiertechnik)

- Die Top-Down-Methode (Überbau-Ansatz) beginnt mit der Formulierung eines Überblicks über das gesamte System, Details werden zunächst vernachlässigt.
- Schrittweise wird das System in immer feinere Teilsysteme, Module, zerlegt. Jedes der Module ist eigenständig und in sich abgeschlossen. Die gewünschte Funktionalität wird zunächst im Pseudocode angegeben. Dieser wird im Folgenden präzisiert, bis schließlich die komplette, detaillierte Spezifikation des Algorithmus erreicht ist.
- Bei der Top-Down-Methode liegt der Schwerpunkt auf Planung und Verständnis des Systems. Der Code kann erst geschrieben werden, wenn das System detailliert genug geplant ist. Es erfolgt eine schrittweise Detaillierung hin zum Konkreten, Speziellen, Untergeordneten.
- Diese Denk- bzw. Entwicklungsrichtung wird auch als **Deduktion** (lateinisch: deducare = herabführen) bezeichnet. Es erfolgt eine Dekomposition: Zerlegung, Auflösung des Ganzen in einzelne Teile.

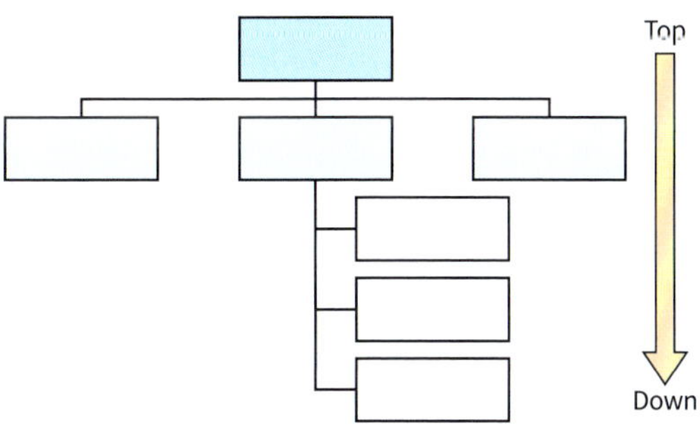


- **Vorteile**: Konzentration auf das Wesentliche, Verständnis für Struktur und Zusammenhänge, Unabhängige Entwicklung der Module.
- **Nachteile**: Hohes Abstraktionsvermögen notwendig, Unbequeme Entscheidungen werden in die unteren Ebenen verschoben

**Beispiel: Zerlegung eines Warenwirtschaftssystems**

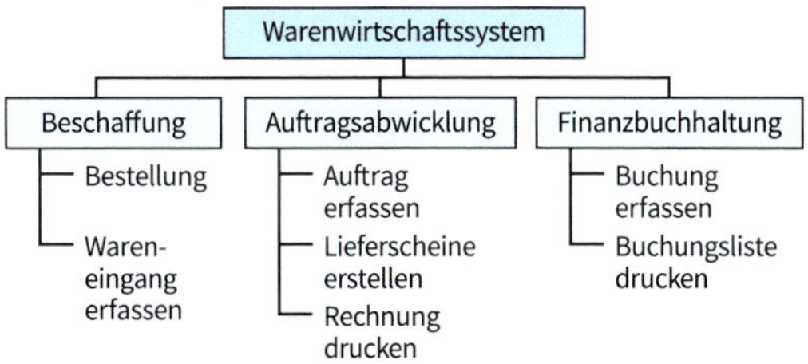


## Bottom-up-Methode (Programmiertechnik)

- Bei der Bottom-Up-Methode (Basis-Ansatz) werden zunächst einzelne Programmbestandteile (Funktionen, Klassen, Module) definiert.
- Aus diesen Teilen werden dann größere Elemente des Programms zusammengesetzt, bis das vollständige System erstellt ist.
- Bei der Bottom-Up-Methode kann im Gegensatz zur Top-Down-Methode schnell mit der Programmierung begonnen werden. Dabei besteht jedoch das Risiko, dass der dabei geschriebene Code noch nicht bis ins Detail durchdacht war. Das kann die Zusammensetzung zum Programm erschweren.
- Bei der Bottom-up-Methode wird von einzelnen Detail-Aufgaben ausgegangen, die zur Erledigung übergeordneter Prozesse benötigt werden.
- Diese Denk- bzw. Entwicklungsrichtung wird auch als **Induktion** (lateinisch: inductio, „die Hereinführung“) bezeichnet. Es erfolgt eine Aggregation: Vereinigung von Teilen zu einem Ganzen.

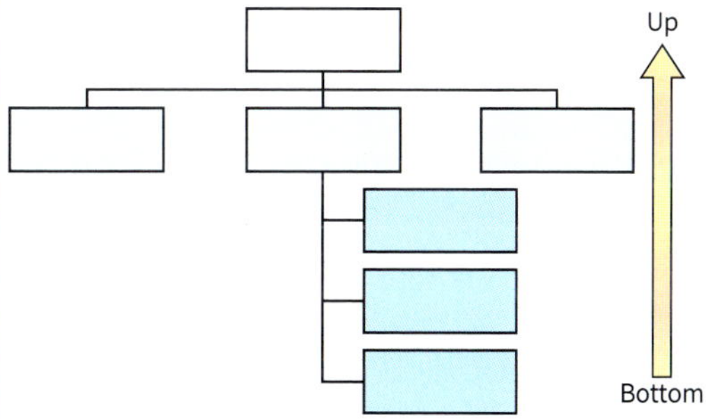


- In der aktuellen Softwaretechnik werden meist beide Methoden kombiniert angewendet, da zwar einerseits ein Verständnis des gesamten Systems, wie es durch die Top-Down Methode erreicht wird, notwendig ist, andererseits aber bis zu einem gewissen Grad existierender Code wiederverwendet werden soll.

## Projektmanagement

- Top-down:
  - Alle Projektziele werden vom Top-Management festgelegt.
  - Manager stellen alle Richtlinien, Informationen, Pläne und Finanzierungsprozesse zur Verfügung.
- Bottom-up:
  - Mitglieder werden aufgefordert, an jedem Schritt des Management-Prozesses teilzunehmen.
  - Zeitpläne, Budgets und Ergebnisse sind transparent.
  - Aufgaben werden vom Projektmanager erläutert, um Überraschungen zu vermeiden.
  - Die Entscheidung über ein Vorgehen wird vom ganzen Team getroffen.
  - Mit dem Bottom-Up-Stil können Führungskräfte Ziele und Werte übermitteln.
  - Teammitglieder werden dazu motiviert, persönliche To-Do-Listen mit den erforderlichen Schritten zum Erreichen der Meilensteine selbstständig aufzustellen.
  - Teammitglieder werden befähigt, kreativer zu denken und fühlen sich in die Projektentwicklung mit einbezogen und wissen, dass ihre Initiativen geschätzt werden.

# Integrierte Entwicklungsumgebung – IDE

## Integrated Development Environment – IDE

### Merkmale

- Mit integrierter Entwicklungsumgebung (**IDE**: **I**ntegrated **D**evelopment **E**nvironment) bezeichnet man Werkzeuge, die den Softwareentwickler bei häufig wiederkehrenden Aufgaben unterstützen und ihm Teilaufgaben abnehmen. Der Entwickler wird dadurch von formalen Arbeiten entlastet und er kann sich ganz auf seine eigentliche Aufgabe, die Erstellung des Quellcodes, konzentrieren.
- Eine IDE für den Softwareentwicklungs-Teilbereich Programmierung verfügt in der Regel über folgende Komponenten:

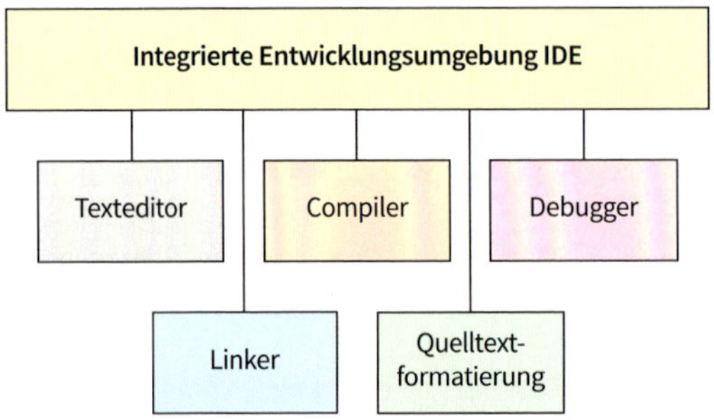


- Umfangreichere integrierte Entwicklungsumgebungen enthalten oft weitere Komponenten wie Versionsverwaltung, Projektmanagement, UML-Modellierung oder die Möglichkeit der Erstellung von grafischen Benutzeroberflachen (**GUI**: **G**raphical **U**ser **I**nterface).

### Texteditor

Ein Texteditor ist ein Computerprogramm zum Erstellen und Bearbeiten von Texten. In einer IDE dient er zur Erfassung des Programmquellcodes. Programmerweiterungen des Editors erleichtern dem Benutzer die Arbeit und erhöhen die Übersichtlichkeit. Beispiele:

- **Suchen und Ersetzen**
  Textstellen können schnell gefunden und gegebenenfalls ersetzt werden.
- **Syntaxhervorhebung**
  Sie ermöglicht, charakteristische Textmuster wie z. B. die Schlüsselwörter einer Programmiersprache hervorzuheben.
- **Makros**
  Wiederkehrende Funktionen und Folgen von Befehlen können als Makro (mehrfach verwendbare Zusammenfassung) gespeichert werden
- **Codevervollständigung**
  Schlüsselwörter der Programmiersprache werden automatisch vervollständigt oder sind per Drop-Down-Menu ergänzbar.
- **Code-Faltung**
  Teile des Textes (z. B. Anweisungsblöcke) werden eingeklappt.
- **Symbolbrowser**
  Funktionen und Klassen können über einen Symbolbrowser schnell eingesehen werden.
- **Calltips**
  Anzeige von Aufrufparametern für Funktionen und Methoden
- **Automatische Einrückung**
  Die Einrückung der vorhergehenden Zeile wird übernommen.

### Compiler

- Compiler (compile: zusammentragen) sind spezielle Übersetzer, die den in einer bestimmten Programmiersprache erfassten Quellcode – der aus mehreren Dateien bestehen kann – in computerlesbaren Maschinencode übersetzen.

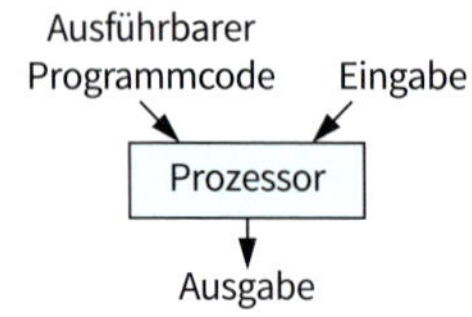


- Beim Kompilieren erfolgt eine **Syntaxprüfung**. Das Programm ist erst dann kompilierbar, wenn der Quellcode frei von Syntaxfehlern ist. Ergebnis des Kompilierens sind dann **Objektdateien**.

### Linker

- Ein Linker (Binder) ist ein Computerprogramm, das mehrere kompilierte Module (Objektdateien, Programmbibliotheken) zu einem selbständig ausführbaren Programm verbindet.

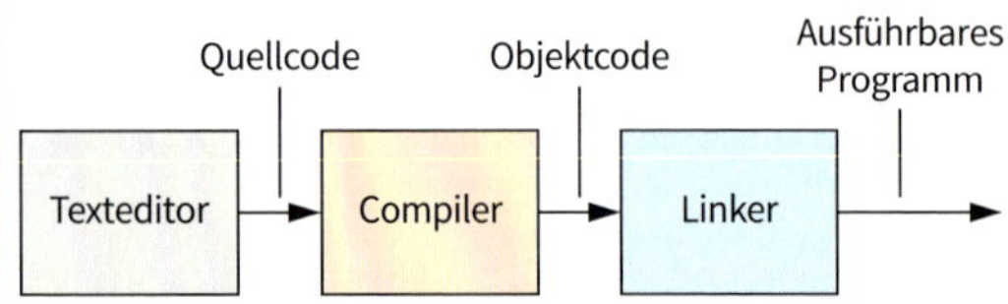


- Die Bibliotheken (lib) und/oder Objektdateien (obj) werden vom Linker zu statischen oder dynamischen Bibliotheken (dll: dynamicylly linked library) oder zu ausführbaren Dateien (exe) zusammengefügt (gelinkt).

### Debugger

Debugger („Entwanzer", Entferner) sind Werkzeuge zum Diagnostizieren und Auffinden von Fehlern in Computersystemen, in Programmen und auch in der für die Ausführung benötigten Hardware.

**Funktionen**:

- **Steuerung** des Programmablaufs durch Einzelschritt-Verarbeitung von Befehlen und durch **Haltepunkte**. Diese ermöglichen es, an beliebigen Stellen eines Programms die Ausführung des Programms zu unterbrechen.
- **Inspektion** von Daten
- **Auffangen** von Rückmeldungen und Fehlerzuständen (Exceptions) des Zielsystems.
  Beispiele:
  - Speicherzugriffsfehler,
  - ungültige Befehlsfolgen und
  - Operationen wie eine versuchte Division durch Null

### Quelltextformatierung

Mit der Quelltextformatierungsfunktion lässt sich der Quelltext eines Computerprogramms nach bestimmten Regeln umformatieren, ohne die Programmfunktion zu verändern.

Vorteile sind:
- Einhaltung des Programmstils
- Vereinheitlichung des Layouts
- Erhöhung der Lesbarkeit
- Verbesserung der Möglichkeit,Wartungsarbeiten durchzuführen.

# Entwicklungsbewertung
**Design Review**

## Merkmale

- Die Entwicklungsbewertung dient als Überprüfung (**Verifizierung**) einer Entwicklungsleistung.
- Dabei wird ermittelt, ob die am Anfang definierten Entwicklungstätigkeiten
  - geeignet,
  - angemessen und
  - wirksam

  sind, um die festgelegten Ziele zu erreichen.
- Im Rahmen der Bewertung erfolgt ein **Soll-Ist-Abgleich** von festgelegten mit den jeweils zu dem Zeitpunkt erreichten Zielen.
- Der **Zeitpunkt** der Bewertung(en) wird im Rahmen der Entwicklungsplanung festgelegt und kann z. B. erfolgen
  - nach Erstellung des Lastenhefts (Lastenheftreview),
  - nach Erstellung des Pflichtenhefts (Pflichtenheftreview),
  - nach Aufbau der Prototypen (Prototypenreview).
- Die **Inhalte** der Bewertung orientieren sich u. a. an
  - den Anforderungen an das Produkt (System),
  - bereits in früheren Projekten gemachten Erfahrungen (**Lernkurve**) und
  - dem Entwicklungsprozess.
- Entwicklungsbewertung ist eine **beratende Tätigkeit** und dient zur Anregung für das Entwicklungsteam, ggf. bestimmte Aspekte zur Produkt- und Prozessverbesserung zu optimieren.
- Kreative Neuentwicklungen sind nicht gewollt.
- Die Entwicklungsbewertung dient **nicht** zur **Kritik** an einer Entwicklungsleistung bzw. einem Entwicklerteam.
- Die **Zusammensetzung** des Bewertungsteams muss sich an der Entwicklungsaufgabe orientieren.
- Entsprechende Erfahrungsträger bzw. fachkundige Mitarbeiter (ggf. auch der Kunde) sind einzubeziehen.
- Entwicklungsbewertungen sind nicht zu verwechseln mit dem Projektmanagement.
- Der Projektleiter kann aus den Ergebnissen der Bewertung Entwicklungsentscheidungen (ggf. auch Korrekturen) ableiten und umsetzen, damit die Entwicklungsziele (u. a. Funktionalität, Termin, Kosten) erreicht werden.

## Ablauf Entwicklungsbewertung

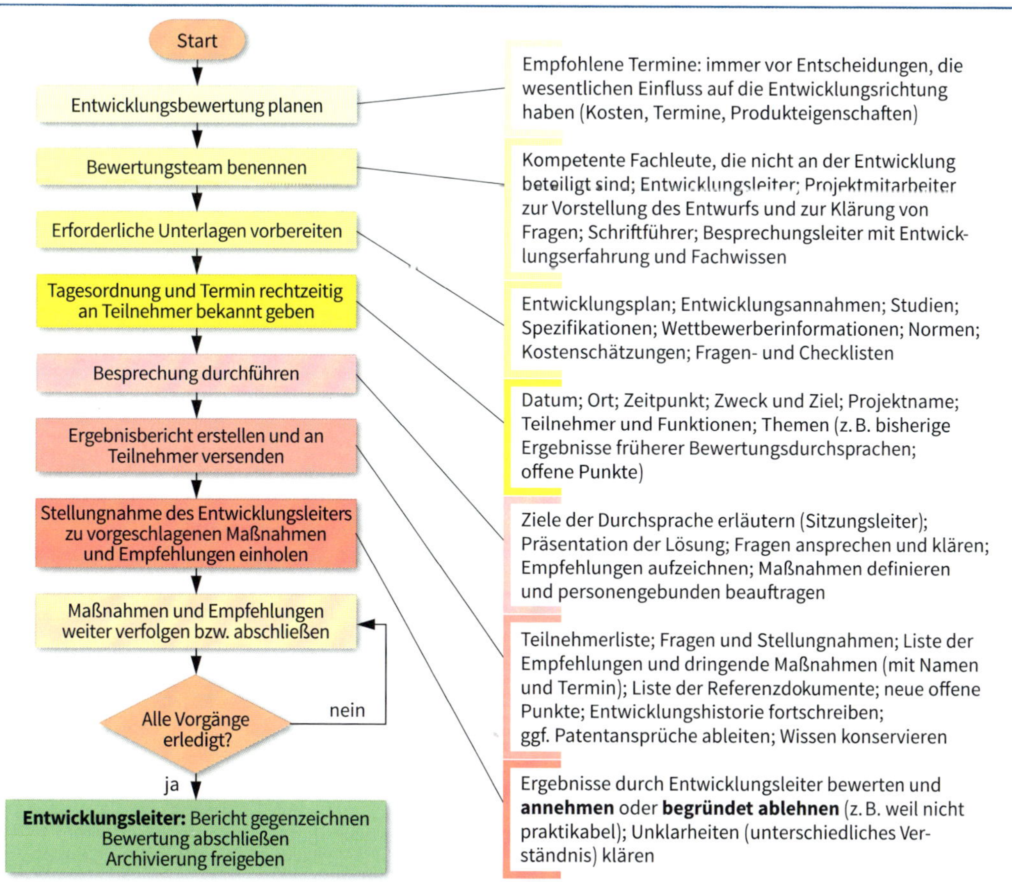

## Begriffe

- **Benchmark** (Vergleichsmaßstab)
  Maßstab, Bezugsgröße, Richtgröße, mit dem/der man Objekte, Prozesse, Methoden, Leistungen, Erfolge, Qualitäten, ... miteinander vergleicht.
  Häufig bezeichnet man damit auch den Vergleichstest selbst als Benchmark oder nur den Zahlenwert, den das Testergebnis erbracht hatte.
  Qualitätskriterien eines Vergleichsmaßstabes sind: **Objektivität** (Unabhängigkeit), **Validität** (Glaubwürdigkeit) und **Reliabilität** (Zuverlässigkeit).
- **Benchmarking** (vergleichende Analyse)
  Es handelt sich um einen vergleichenden und wettbewerbsorientierten **Bewertungsprozess** in Bezug auf das Erreichen von „bester" Leistung, Erfolg, Qualität, ...

## Allgemeine Prinzipien

- Unternehmen nutzen beim Benchmarking systematisch den direkten Vergleich mit Benchmarking-Partnern, um zu lernen und sich zu verbessern.
- Oft sind diese „Partner" andere Unternehmen mit sogenannten Best-Practice-Beispielen, also innovativen, weltweit anerkannten Lösungen.
  Die Vergleiche können offen oder verdeckt (Schatten-Benchmarking) stattfinden, da nicht alle Unternehmen ihre Daten zur Verfügung stellen.
- Verdeckte Vergleiche können aber auch über Clearing-Stellen abgewickelt werden, sodass Rückschlüsse auf bestimmte Unternehmen nicht möglich sind.

## Grundtypen des Benchmarkings

- **Intern** (Internal Benchmarking)
  Benchmarking innerhalb der eigenen Organisation oder Branche.
  - Vorteil: Daten sind gut erhältlich, Vergleiche finden auf Kennzahlenebene statt
  - Nachteil: Möglicherweise mangelnde Akzeptanz
- **Wettbewerbsorientiert** (Competitive Benchmarking)
  Partner sind Unternehmen derselben Branche, die denselben Markt oder unterschiedliche Märkte bearbeiten.
  - Vorteil: Klare Positionierung des eigenen Unternehmens ist möglich
  - Nachteile: Schwierige Kennzahlenermittlung, evtl. kaum Neuigkeitsgewinn
- **Funktional oder marktübergreifend** (Functional Benchmarking)
  Vergleich mit Unternehmen der gleichen Branche in getrennten Märkten.
  - Vorteil: Hohes Lernpotenzial, neue Ideen und Anregungen werden gewonnen
- **Generisch, allgemeingültig** (Generic Benchmarking oder auch Best-Practice-Benchmarking[1)])
  - Branchen- und funktionsübergreifender Vergleich von Prozessen und Methoden nicht verwandter Unternehmen.

[1)] Best Practice: Bestes Verfahren, beste Lösung

## Vorgehen beim betrieblichen Benchmarking

**Interne Analyse**
Was ist dringend zu verbessern?

⇩

**Auswahl Best-Practice**
Welches Unternehmen der gleichen Branche, der gleichen Größe usw. ist geeignet?

⇩

**Datenaufnahme**
Analyse der Gegenstände (z. B. Produkte, Prozesse)

⇩

**Vergleich**
Abgleich der gewonnenen Daten mit dem eigenen Unternehmen

⇩

**Konsequenzen**
Ableiten von Verbesserungsprojekten

Der letzte Schritt ist für Unternehmen eine große Herausforderung, da für die Übertragung neuer Lösungen alte weichen müssen und so z. B. Änderungen in der Unternehmenskultur notwendig sind.

## Einsatzgebiete für Benchmarking

- **Betriebswirtschaft**
  Kontinuierlicher Vergleich des eigenen Unternehmens, des Markts und der Wettbewerber
- **Informationstechnik (IT)**
  - Performance-Vergleich im Hinblick auf IT- Dienstleistungen
  - Technologie-Benchmarking: Vergleich verschiedener Prozesse und Technologien
  - Computer: Rechenleistung, Datenrate, Hardware-Komponenten, ...
    Eingesetzt wird dabei in der Regel eine entsprechende Software

**Beispiel: Datentransferraten in MB/s**

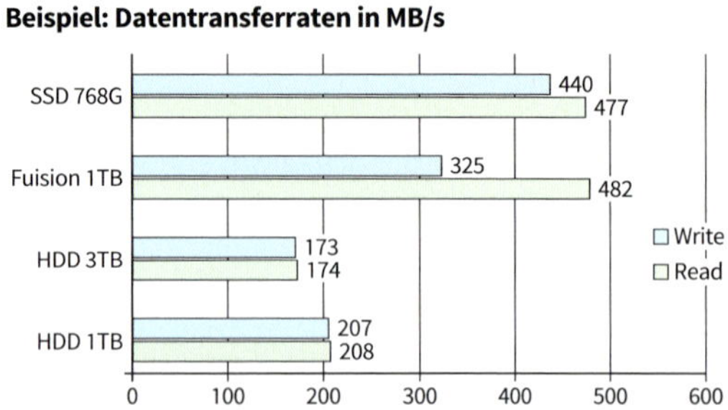


- Produkte Vergleich von Funktionen, Kosten, Alleinstellungsmerkmal Technologie und Prozesse Fertigung, Kosten, Prozesse

# Prozessanalyse
## Process Analysis

### Begriffe, Funktion, Gründe und Ziele

- **Prozess**:
  Ein zusammenhängender Vorgang (Ablauf) mit unterschiedlichen aufeinander abgestimmten Aufgaben. Die Aufgaben bestehen aus unterschiedlichen Tätigkeiten, die für den Vorgang erforderlich sind.
- **Prozessanalyse**:
  - Systematische Prozessuntersuchung
  - Prozesszerlegung in kleinere und überschaubare Einheiten
  - Ziel: Gesamtverständnis für den Prozess erlangen, Schwachstellen und Verbesserungspotentiale erkennen.
- **Gründe**:
  Konkrete Anlässe, z. B.
  - Einführung eines Qualitätsmanagementsystems nach ISO 9000,
  - Nachvollziehen von Prozessflüssen, um Software zu konfigurieren,
  - Erhebung des Personalbedarfes, um diesen anzupassen oder
  - Prozessdigitalisierung/ -automatisierung.
- **Ziele**:
  - Optimierungen (Ablauf, Sicherheit, …)
  - Kosteneinsparung

### Phasen

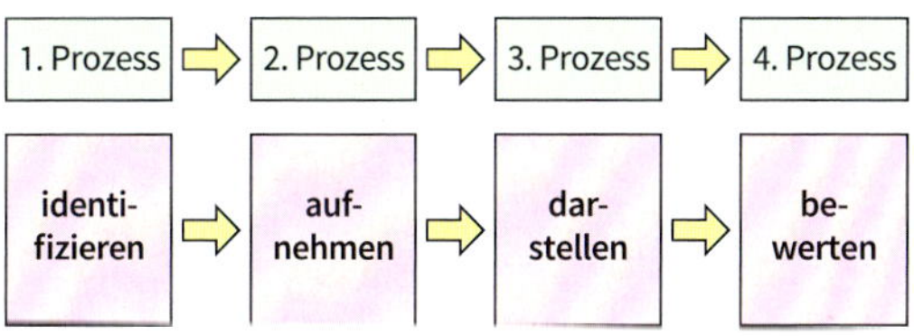


### Prozessaufnahme

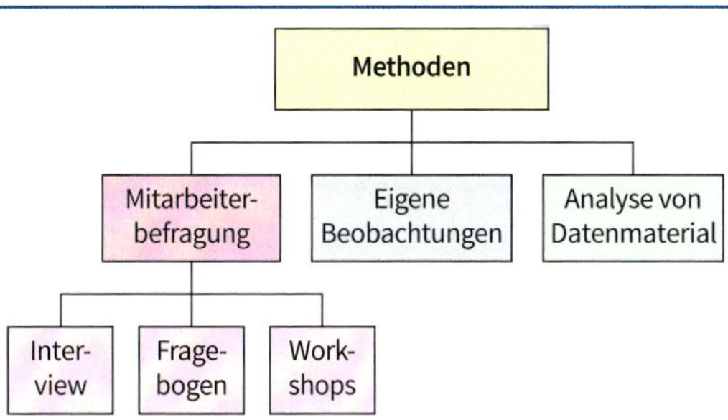


- **Interview**
  - Zu Beginn der Analyse
  - Information über Zielsetzung und Abfragen direkt am Arbeitsplatz
  - Zeitaufwändig, wenig effektiv
- **Workshops**
  - Gemeinsamer Gedankenaustausch im Team, um Lösungen für Problemstellungen zu finden
- **Darstellung der Ergebnisse**
  - Grafisch, tabellarisch oder verbal
- **Veröffentlichung**
  - Ergebnisse der Prozessanalyse veröffentlichen
  - Folgerungen aus der Prozessanalyse veröffentlichen

### Prozessdokumentation (Prozessogramm)

- **Graphische Übersicht**
- **Funktion**:
  - Ein Managementinstrument zur Führung und Gestaltung eines Unternehmens (Steuern, Optimieren, Informieren)
  - Ein Instrument zur Erschließung der Prozesslandschaft
  - Informationselement, Wegweiser
- **Regeln für die Erstellung**:
  - Einteilung der Prozesse, z. B. in wertschöpfende Kernprozesse, Steuerungs- sowie Unterstützungsprozesse.
  - Abstufung in Haupt- und Teilprozesse
  - Schnittstellen zu externen Kunden
  - Schnittstellen zu ausgegliederten Prozessen markieren
- **Kernfragen** (Beispiele):
  - Wer ist verantwortlich für den Prozess?
  - Was sind die Auslöser (Inputs) des Prozesses?
  - Wie wird der Prozess abgewickelt (Tätigkeit)?
  - Welche Dokumente sind bei der Durchführung relevant?
  - Wer kooperiert mit wem?
  - Was sind die Prozessergebnisse?
  - Wie ist das Vorgehen bzw. sind die Verantwortlichkeiten bei Störungen oder Änderungen?
  - Welche Prozessziele sind festgelegt?
  - Wann und wie wird die Leistungsfähigkeit gemessen (Soll-Ist-Vergleich)?

### Prozessarten

- **Managementprozess** ①
  - Vorgaben zur strategischen Gesamtausrichtung des Unternehmens
  - Steuerung der Kernprozesse
  - Strukturierung der organisatorischen Rollen sowie deren Aufgaben
  - Strategischen und operativen Planungs-, Steuerungs- und Controllingsaktivitäten
- **Kernprozess** ②
  - Der ausführende Prozess im Unternehmen (z. B. Produktionsprozess, Marketingprozess)
  - Wertschöpfungsprozesse Unterstützungsprozess ③
  - Prozesse, der nur mittelbar zur Wertschöpfung beitragen
  - Sie sind wesentlich zur Umsetzung der Kernprozesse (z. B. Personalwesen, Rechnungswesen)

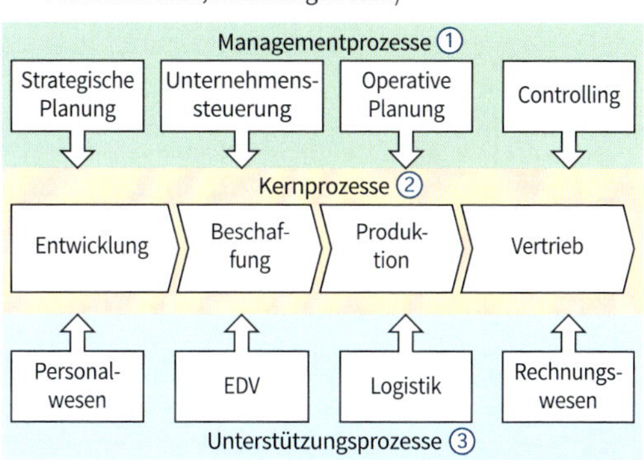

## Portfoliotechnik

- **Begriff**
  Ursprung: Italienisches Wort „Portafoglio" (Brieftasche)
  Unter einem Portfolio versteht man heute eine Sammelmappe oder ein Ordner, in dem wichtige Dinge (Fotos, Texte, Dokumente, …) geordnet (chronologisch, thematisch, …) aufbewahrt werden.
- **Anwendung**
  Hilfsmittel zur Planung und Analyse der
  - Unternehmensstrategie,
  - Geschäftsfeldstrategie oder
  - Produktstrategie.

  Dazu werden verschiedene, aber vergleichbare Betrachtungsobjekte wie z. B. Geschäftseinheiten oder Produkte zueinander in Beziehung gesetzt und die Zusammenhänge betrachtet.
- **Portfoliodiagramm**
  Es handelt sich dabei um ein Visualisierungsart für Zusammenhänge, mit der man Antworten auf Fragen zur Strategie und zur Unternehmensentwicklung erhalten kann. Beispiele:
  - Wo ist die Position des Unternehmens im Markt?
  - Hat das Unternehmen eine effektive Strategie?
  - Welche Geschäftsfelder oder Produktgruppen haben eine Überlebenschance?
  - Was zeichnet das eigene Unternehmen im Vergleich zu Wettbewerbern aus?
- **Portfolio-Typen**
  Geeignet z. B. für Geschäftsfelder, Produkte, Marken, Projekte, Ressourcen, Personal, Technologien
- **Diagramm-Achsen**
  Unabhängig davon, um welche Fragestellungen und um welchen Portfolio-Typ es sich handelt – Aufbau, Gestalt und Struktur von Portfolio-Diagrammen und damit die Vorgehensweise zur Portfoliotechnik – bleiben weitgehend gleich.
  Beispiele für eine zweistufige Skala:
  - hoch – niedrig
  - einfach – kompliziert
  - wenig – viel

  Wenn beide Achsen entsprechend skaliert sind, ist das Koordinatensystem eine **Vier-Feld-Matrix**. Abstufungen und messbare Kennzahlen können verwendet werden.
  Die verwendeten Variablen können unternehmensintern oder extern sein.
- **Diagrammbeispiel**

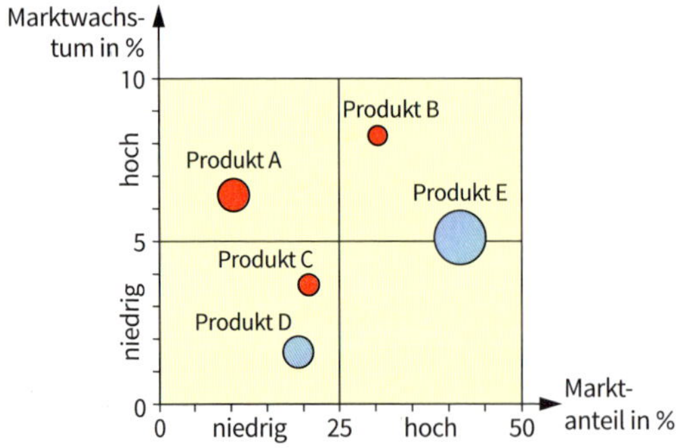


Größe des Kreises: Umsatz
Kreisfarbe: Wettbewerbsintensität

## Ursache-Wirkungs-Diagramm (Ishikawa-Diagramm)

- **Ursprung**
  Entwickelt vom japanischen Wissenschaftler Kaoru Ishikawa
- **Anwendung**
  - Systematische und vollständige Ermittlung von Problemursachen
  - Analyse und Strukturierung von Prozessen
- **Darstellung**
  Graphische Darstellung, in der die Ursachen eine Wirkung beeinflussen
- **Weitere Bezeichnungen**
  Cause and Effect Diagram, Fischgräten-Diagramm bzw. Fishbone Diagram (für den Betrachter Gräten eines Fisches)
- **Elemente**
  - Horizontaler Hauptpfeil ① nach rechts, Spitze zeigt auf ein prägnant formuliertes Ziel ②.
  - Schräge Pfeile ③ symbolisieren die Haupteinflussgrößen (Ursachen) und stoßen schräg auf den Hauptpfeil.
- **Haupteinflussgrößen**
  Ursprünglich:
  - Material
  - Maschine
  - Methode
  - Mensch

  Heute: Ergänzung durch sonstige Einflussgrößen (Prozess, Umfeld, …)
- **Beispiel**

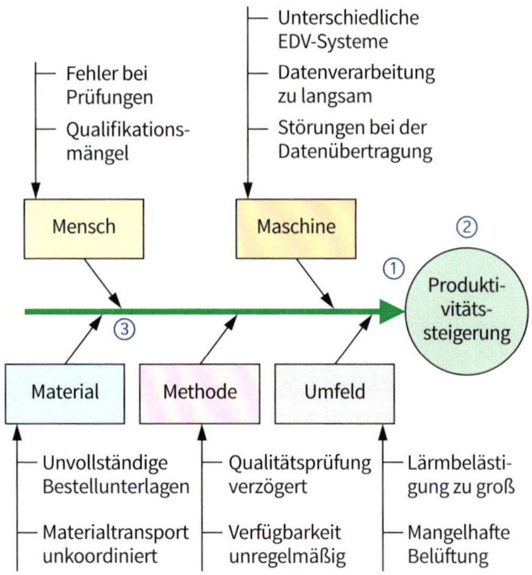


- **Vorgehensweise**
  1. Ziel der Untersuchung festlegen
  2. Diagramm zeichnen und Haupteinflussgrößen eintragen
  3. Haupt- und Nebenursachen ermitteln (Methoden z. B. Kreativitätstechniken, Visualisierungstechniken)
  4. Diagramm erweitern
  5. Vollständigkeit der Einflussgrößen überprüfen
  6. Ursachen mit der größten Wahrscheinlichkeit bestimmen
  7. Richtigkeit der größten Wahrscheinlichkeit prüfen

## Merkmale und Anwendungen

- Im CMMI-Modell sind aufeinander aufbauende **Reifegrade** (**Maturity Level**) mit **fünf Stufen** (**Level**) für die Prozessentwicklung definiert.
- Den Stufen entsprechen fünf prozessübergreifende Zielsetzungen (generische Ziele). Sie beschreiben also das, was zu tun ist, damit die Zielsetzungen regelmäßig und effizient umgesetzt werden.
- CMMI
  - ist ein international ausgerichteter Standard,
  - ist aus einer Untersuchung von vielen Projekten hervorgegangen,
  - beschreibt die Fähigkeits- bzw. Reifegrade eines Unternehmens,
  - wird deshalb auch als **Reifegradmodell** bezeichnet,
  - versetzt die Unternehmen in die Lage, die Qualität in Projekten zu erhöhen,
  - kann Vorhersagen in einem Projekt verbessern und ermöglichen,
  - Kosten senken sowie die Produktivität erhöhen.
- Ein **Reifegrad** ist eine klar definierte Entwicklungsplateau zur Erreichung eines ausgereiften Prozesses (z. B. Software-Prozess).
- CMMI kann auch genutzt werden, um z. B. bei
  - der Projektplanung einen Überblick über bewährte Praktiken zu erhalten,
  - in einem Unternehmen Stärken und Schwächen zu ermitteln und
  - Verbesserungsmaßnahmen zu analysieren und diese in eine sinnvolle Reihenfolge zu bringen.

## Reifegrad-Ebenen

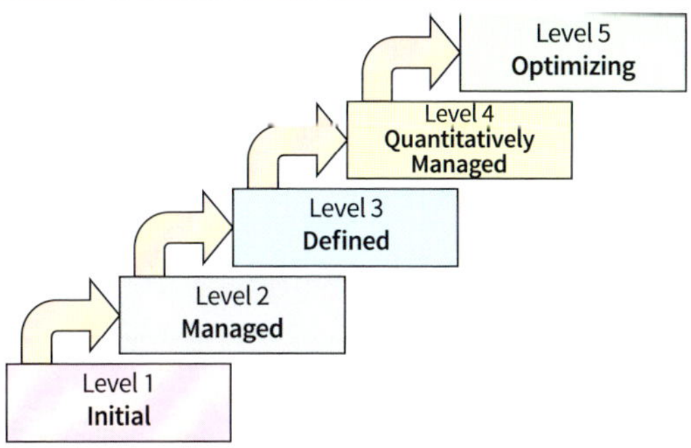


- **Level 1** (unvollständiger Prozess): Der Prozess ist unberechenbar, schlecht kontrolliert, hat niedrigste Qualität und es besteht höchstes Risiko.
- **Level 2** (Strukturierter Prozess): Der Prozess ist reaktiv (reagierend) mit niedriger Qualität mit noch hohem Risiko (**Grundprojektmanagement**).
- **Level 3** (Standardisierter Prozess): Der Prozess ist proaktiv (zielgerichtet handelnd), bei mittlerer Qualität und mittlerem Risiko (**Prozessstandardisierung**).
- **Level 4** (Beherrschter Prozess): Im Prozess wird gemessen, der Prozess wird gesteuert, bei höherer Qualität und niedrigerem Risiko.
- **Level 5** (Optimierter Prozess): Eine kontinuierliche Prozessverbesserung sorgt für höchste Qualität und niedrigstem Risiko.

## Kennzeichnung der Reifegrade in den Ebenen

- **1 Initial-Ebene**
  Es gibt keine bzw. wenige Vorgaben für die jeweiligen Arbeitsprozesse. Die Qualität hängt von der Kompetenz der ausführenden Personen ab.
- **2 Managed-Ebene** (verwaltete Ebene)
  Wesentliche Projektmanagementgebiete sind beschrieben. Jedes Projekt wird nach den Vorstellungen des Projektleiters bearbeitet. Weitere Prozessgebiete müssen gemanagt werden.
  Beispiele: Anforderungsmanagement, Projektplanung, Projektverfolgung und -steuerung, Management von Lieferantvereinbarungen, Messung und Analyse, Qualitätssicherung von Prozessen und Produkten, Konfigurationsmanagement
- **3 Defined-Ebene**
  Die Organisation wird jetzt als eine Einheit betrachtet. Es geht darum, einheitliche Prozesse für die gesamte Organisation (das Unternehmen) zu etablieren.
  Hinzu kommen: Anforderungsentwicklung, technische Umsetzung, Produktintegration, Verifikation, Validation, organisationsweiter Prozessfokus, organisationsweite Prozessdefinition, integriertes Projektmanagement, Risikomanagement, Entscheidungsanalyse und Entscheidungsfindung.
- **4 Quantitatively-Managed-Ebene**
  Um Verbesserungspotenzial zu erkennen, werden in dieser Ebene Prozesskennzahlen ermittelt und Gesetzmäßigkeiten gesucht.
  Eingesetzt werden: Performanz der organisationsweiten Prozesse, quantitatives Projektmanagement
- **5 Optimizing-Ebene**
  In der Organisation (im Unternehmen) werden Prozesse kontinuierlich verbessert. Es werden Fehler betrachtet und untersucht, die zu Handlungen führen.
  Weitere Prozessgebiete kommen hinzu: Organisationsweite Innovation und Verbreitung, Ursachenanalyse und Problemlösung

## Prozessoptimierung

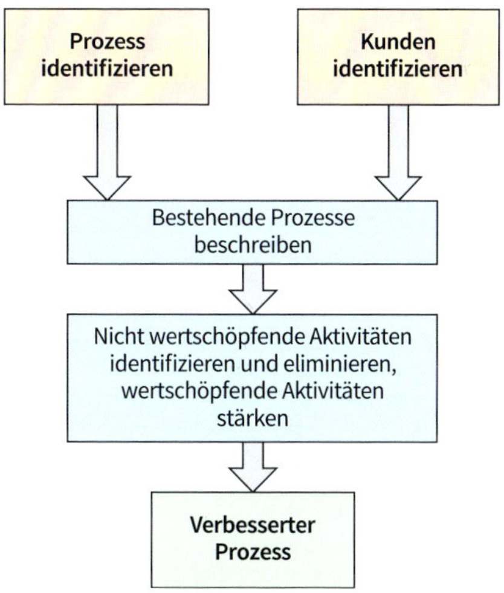

## Merkmale

- **SPICE** (**S**oftware **P**rocess **I**mprovement and **C**apability **De**termination) ist ein internationaler Standard zur Durchführung von **Bewertungen** (**Assessments**) von Unternehmensprozessen. SPICE ist in der DIN ISO/IEC 15504 definiert.
- Der ursprüngliche Schwerpunkteinsatz von SPICE lag bei der Softwareentwicklung.
- Kernpunkte sind:
  - Verbesserung von Prozessen der eigenen Organisation (Process Improvement) und
  - die Bestimmung der Prozessfähigkeit (Capability Determination).
- Ähnlich wie bei CMMI unterscheidet SPICE inzwischen Methoden zur Bewertung kompletter **Prozessmodelle** und **Organisationen**.

## Anwendung von SPICE

Die Anwendung erfolgt in zwei Schritten:

1. Festlegung von Prozessen, die bewertet werden sollen.
2. Die Prozesse werden nach vorgegebenen Kriterien bestimmten Reifegraden zugewiesen.

- **Prozessauswahl**
  - **Primärprozesse** (z. B. Beschaffung, Ingenieursprozesse, …)
  - **Unterstützende Prozesse** (z. B. Qualitätssicherung, Konfigurationsmanagement, …)
  - **Organisatorische Prozesse** (z. B. Projektmanagement, Prozessverbesserung, …)
- **Prozessmodell**
  Spezifizierungen sind:
  - Jeder Prozess erhält einen Namen und damit ein eindeutiges Label (ID).
  - Das Ziel bzw. der Zweck des Prozesses sowie die erwarteten Ergebnisse werden beschrieben.
  - Notwendige Aktivitäten (Base Practices) werden definiert.
  - Abschließend werden die vom Prozess als Input erwarteten bzw. die als Output generierten Produkte (Work Products) festgelegt.

## Reifegrade

Es werden sechs Reifegrade unterschieden.

- **Stufe 0**: Unvollständig (**Incomplete**)
  Die Durchführung und die Ergebnisse des Prozesses sind nicht erkennbar.
- **Stufe 1**: Durchgeführt (**Performed**)
  Der Prozess wird ohne Planung oder Dokumentation durchgeführt. Input und Output sind erkennbar.
- **Stufe 2**: Gemanagt (**Managed**)
  Der Prozess und die dazugehörige Aktivitäten werden geplant. Die verantwortlichen Personen sind festgelegt.
- **Stufe 3**: Etabliert (**Established**)
  Es existieren vordefinierte Standards und Prozeduren, die übernommen bzw. angepasst werden können.
- **Stufe 4**: Vorhersagbar (**Predictable**)
  Mit Metriken sind Vorhersagen von Prozessaufwand und Prozessergebnis möglich.
- **Stufe 5**: Optimierend (**Optimizing**)
  Der Prozess wird fortlaufend optimiert.

## Reifegrade und Prozessattribute

- Die Fähigkeits- oder Reifegradstufen werden durch die zugeordneten Managementaktivitäten beschrieben und dienen der Beurteilung der Prozesse.
- Der Befähigungsgrad wird für jeden Prozess einzeln bestimmt.
- Die Bewertung jedes Prozessattributs erfolgt anhand einer vierstufigen Skala:
  - nicht erfüllt: 0 % – 15 %
  - teilweise erfüllt: > 15 % – 50 %
  - weitgehend erfüllt: > 50 % – 85 %
  - vollständig erfüllt: > 85 % – 100 %
- Die Bewertung erfolgt z. B anhand von Arbeitsprodukten, durch Aussagen der Prozessausführenden oder in Form von Interviews.

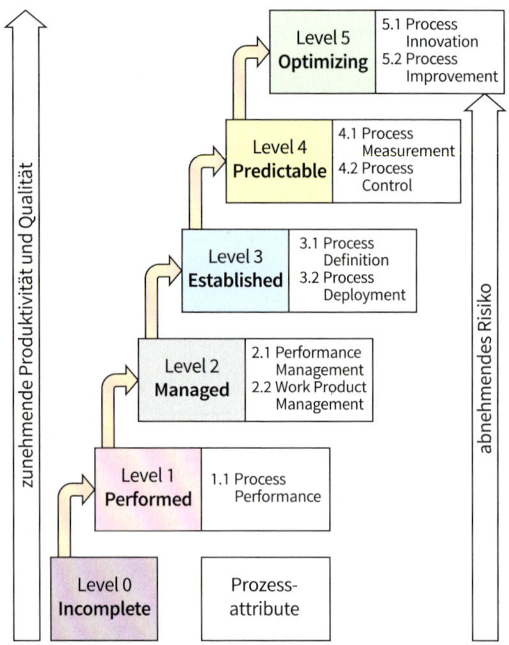


## Bestandteile der DIN ISO/IEC 15504

- **Teil 1**: Konzepte und Vokabular
- **Teil 2**: Durchführung eines Assessments
- **Teil 3**: Richtlinien für die Durchführung von Assessments
- **Teil 4**: Anwendungsrichtlinien zur Prozessverbesserung und zur Bestimmung der Prozessfähigkeiten
- **Teil 5**: Beispiel eines Software-Lebenszyklus-Prozess-Assessmentmodells
- **Teil 6**: Beispiel für ein Systemlebenszyklus-Prozess-Assessmentmodell
- **Teil 7**: Bewertung der Organisationsreife
- **Teil 8**: Ein beispielhaftes Prozessbewertungsmodell für das Management von IT Diensten
- **Teil 9**: Profile der Zielfähigkeit
- **Teil 10**: Sicherheitsverlängerung

# EFQM – European Foundation for Quality Management

## Merkmale und Anwendungen

- Das EFQM-Modell ist ein **Selbstbewertungssystem** für Unternehmen und basiert auf der gleichzeitigen (ganzheitlichen) Betrachtung von **Menschen**, **Prozessen** und **Ergebnissen**.
- Die Mitarbeiter sind so in die Prozesse einzubinden, dass das Unternehmen seine Ergebnisse verbessern kann, insbesondere durch Selbstbewertung sowie Anwendung von **KVP** (**K**ontinuierlicher **V**erbesserungs**p**rozess) und **PDCA** (**P**lan-**D**o-**C**heck-**A**ct).
- Das Modell soll helfen, eigene Stärken, Schwächen und Verbesserungspotentiale zu erkennen, um dann daraus eine entsprechende Unternehmensstrategie zu entwickeln.
- Das EFQM-Modell ist umfassender als der Ansatz aus ISO 9001.

## Struktur

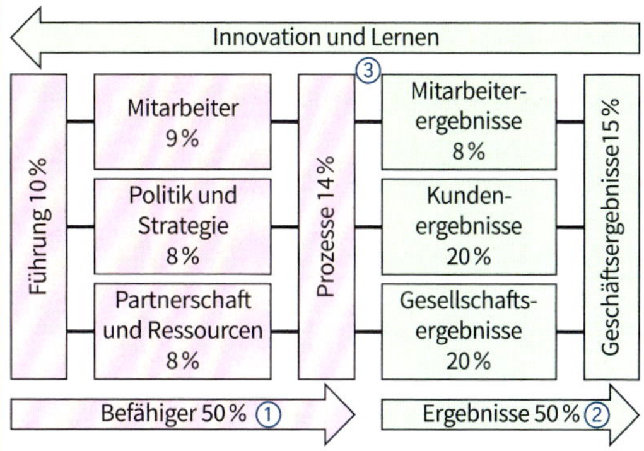


## EFQM-Modell

- Das Modell ist in zwei große Abschnitte eingeteilt, in **Befähiger** ① und **Ergebnisse** ②, die jeweils die Hälfte des Gesamtmodells in der Bewertung ausmachen.
- Damit wird zum Ausdruck gebracht, dass es nicht ausreicht, Ergebnisse zu managen, sondern dass es erforderlich ist, die Vorgehensweise (die Befähiger) einzubeziehen (**TQM**-Modell, **T**otal-**Q**uality-**M**anagement).
- Die drei Hauptsäulen sind **Führung** (Menschen), **Prozesse** und **Ergebnisse**. Die dazwischen liegenden Blöcke ③ geben an, mit welchen Mitteln die Umsetzung des Modells erreicht werden soll und welche Zwischenergebnisse dafür erforderlich sind.
- Insgesamt werden im EFQM-Modell neun Kriterien mit entsprechenden Gewichtungen (Angabe in %) unterschieden, bestehend aus
  - fünf Voraussetzungen/Befähiger ① (enablers) und
  - vier Ergebniskriterien ② (results).

## RADAR-Logik der EFQM und PDCA-Zyklus

**RADAR**: **R**esults (Ergebnisse), **A**pproach (Ansatz), **D**eployment (Einsatz), **A**ssess (Beurteilen), **R**efine (Verfeinern)

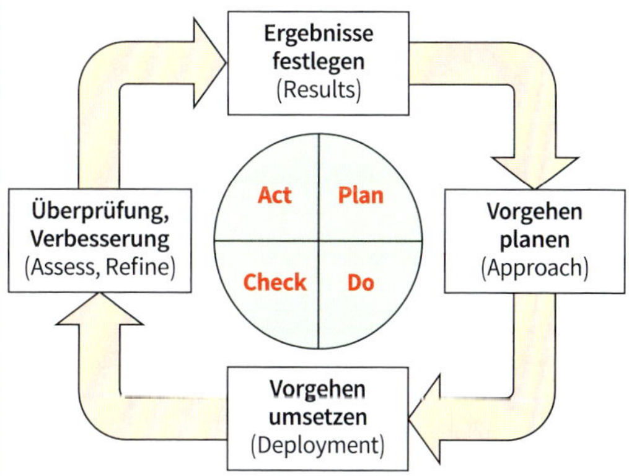


# Prozessoptimierung

## Process Optimization

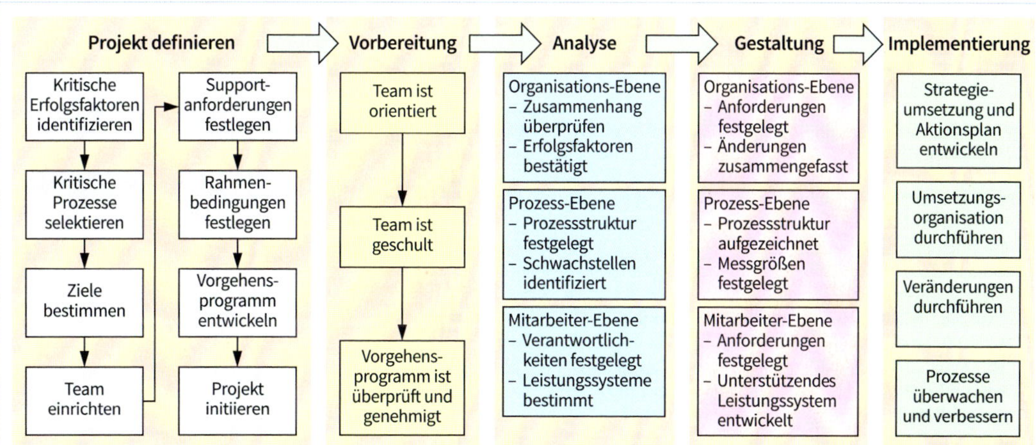

## Bewertbarkeit

Jeder Stelle der Binärzeichen ist hierbei eine definierte Wertigkeit zugeordnet.
**Beispiel:** Mögliche Wertigkeiten von BCD-Codes

| Nr. | Wertigkeit | | | |
|---|---|---|---|---|
| 1 | 8 | 4 | 2 | 1 |
| 2 | 7 | 4 | 2 | 1 |
| 3 | 6 | 4 | 2 | 1 |
| 4 | 5 | 4 | 2 | 1 |
| 5 | 4 | 4 | 2 | 1 |
| 6 | 7 | 3 | 2 | 1 |
| 7 | 6 | 3 | 2 | 1 |
| 8 | 5 | 3 | 2 | 1 |

| Nr. | Wertigkeit | | | |
|---|---|---|---|---|
| 9 | 4 | 3 | 2 | 1 |
| 10 | 3 | 3 | 2 | 1 |
| 11 | 6 | 2 | 2 | 1 |
| 12 | 5 | 2 | 2 | 1 |
| 13 | 4 | 2 | 2 | 1 |
| 14 | 6 | 3 | 1 | 1 |
| 15 | 5 | 3 | 1 | 1 |
| 16 | 4 | 3 | 1 | 1 |
| 17 | 5 | 2 | 1 | 1 |

Zusammenhang zwischen Wertigkeit und Dezimalzahl bei BCD-Codes:

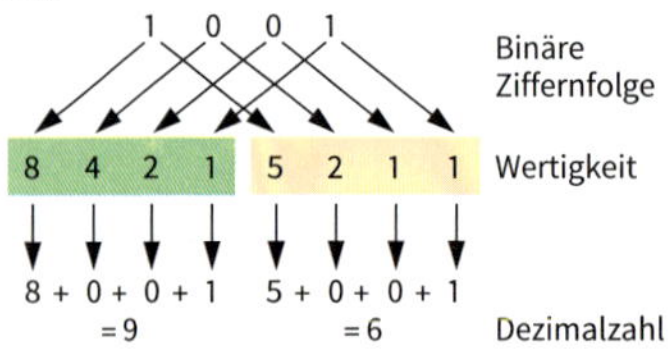


## Fehlererkennbarkeit

Codes, die einfache oder mehrfache Verfälschungen von Stellen innerhalb eines Codeworts aufzeigen, sind fehlererkennbar (z. B. 1 aus 10- und 2 aus 5-Code).

## Parität

Jedem Codewort kann durch Hinzufügen einer einzelnen Prüfstelle die Fähigkeit zum Erkennen einfacher Fehler gegeben werden.

- **Gerade Parität:** Paritätsbit wird auf 0 gesetzt, wenn Quersumme der mit 1 besetzten Stellen im Codewort gerade ist Paritätsbit = 1, wenn Quersumme ungerade
- **Ungerade Parität:** Paritätsbit = 1, wenn Quersumme gerade; Paritätsbit = 0, wenn Quersumme ungerade

**Beispiel:**

| Parität | gerade (even) | ungerade (odd) |
|---|---|---|
| Codewort 1 | 0110 0 | 0110 1 |
| Codewort 2 | 1110 1 | 1110 0 |

Paritätsbit (→ jeweils letzte Stelle)

## Rechenfähigkeit

**Beispiel:** Aiken-Code

| Subtraktion | | Addition durch Neunerkomplement | |
|---|---|---|---|
| Dezimalzahlen | Aiken-Code | Aiken-Code | |
| 8 | 1110 | 1110 | |
| – | + | + | |
| 5 | 1011 | 0100 | Invertieren |
| = | = | = | |
| | | **1** 0010 | Abtrennen der ersten Stelle |
| | | + | |
| | | 0001 | Addition von 1 |
| 3 | 0011 | 0011 | |

## Blockprüfung

Auch als Longitudinale Redundanzprüfung bezeichnet. Sichert durch **BCC** (**B**lock **C**heck **C**haracter: Paritätszeichen) einen Datenblock.

- Alle Bitstellen mit derselben Bitnummer innerhalb des Blockes werden addiert.
- Dafür wird jeweils ein Paritätsbit gebildet.
- Die zusammengefassten Paritätsbits ergeben das BCC.

**Beispiel:**

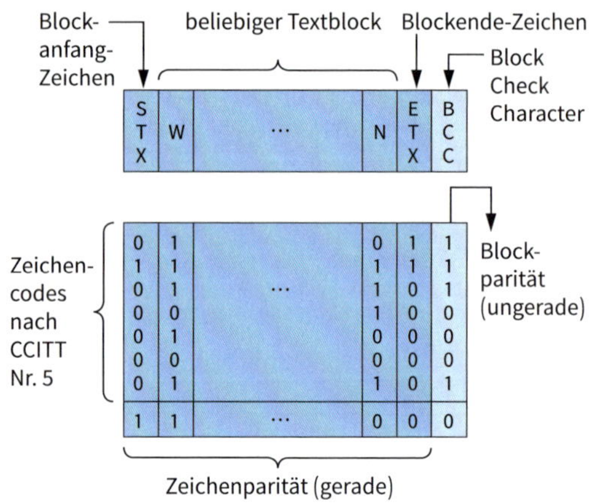


## Zyklische Redundanzprüfung

- Beim **CRC**-Verfahren (**C**yclic **R**edundancy **C**heck) wird die gesamte Nachricht als serieller Bitstrom betrachtet.
- Alle Bits werden an einen CRC-Generator gegeben.
- Hier wird der Bitstrom durch ein Generatorpolynom dividiert und eine Kontrollzahl erzeugt.
- Daten und Kontrollzahl werden vom Empfänger ebenfalls durch Generatorpolynom dividert.
- Wenn der Divisionsrest gleich 0 ist, dann hat keine Verfälschung stattgefunden.
- CRC-Generator besteht aus Schieberegistern, die an bestimmten Stellen über Exclusiv-Oder-Gatter zurückgekoppelt sind.

**Übertragungsprinzip mit CRC-Verfahren**

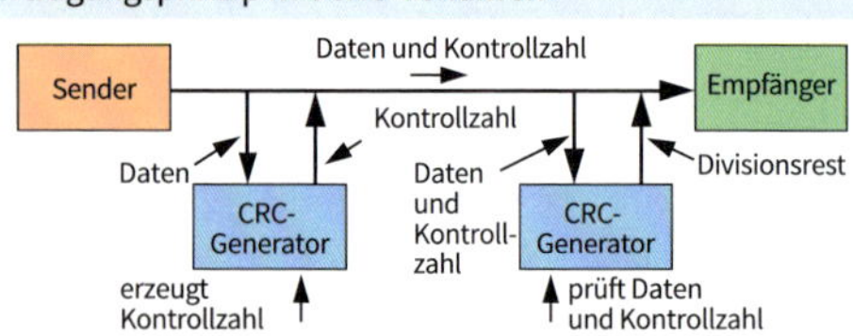


**Generatorpolynome für CRC-Generator**

| | |
|---|---|
| ITU-T: $G(x) = x^{16} + x^{12} + x^5 + 1$ | CRC-12: $G(x) = x^{12} + x^{11} + x^3 + x^2 + x + 1$ |
| CRC-16 (IBM): $G(x) = x^{16} + x^{15} + x^2 + 1$ | CRC-8 (LRC): $G(x) = x^8 + 1$ |

- Codieren bedeutet, den gegebenen Vorrat an Symbolen eines Zeichensatzes den Symbolen eines anderen Zeichensatzes zuzuordnen.
- Codieren erfolgt aus verschiedenen Gründen:
  - Bei Datenübertragung: Einfache und zeitsparende Übertragung der Symbole.
  - Für Datensicherheit: Daten möglichst schwer entschlüsselbar (kryptologische Codierungen).
  - Für Datenverarbeitung: Mathematische Operationen mit geringem technischem Aufwand durchführen.
- Überwiegend verwendet werden binäre Codes.
- Besondere Bedeutung haben die Codes, bei denen die Codewörter aus gleich vielen Elementen bestehen (z. B. 4 Bits).
- Bei $n$ Elementen pro Codewort und $v$ unterscheidbaren Zuständen pro Element sind $M = v^n$ Codewörter darstellbar. (Binärsystem mit $v = 2$ ist $M = 2^n$.)

### Tetradische Codes

- Bestehen aus 4 Bits (**Tetrade**) je Codewort
- Codieren die Dezimalziffern 0 … 9
- Enthalten sechs Codewörter (Dezimalzahlen 10 … 15), die **nicht** verwendet werden (**Pseudotetraden**)

#### Mehrschrittige Tetradische Codes

- Ändern mehrere Binärstellen beim Übergang von einem Codewort zum folgenden
- **BCD**-Code: **B**inary-**C**oded **D**ecimals (binarcodierte Dezimalziffern), geeignet für Addition
- **Aiken**-Code: geeignet für Addition und Subtraktion

#### Einschrittige Tetradische Codes

- Ändern nur eine Binärstelle beim Übergang von einem Codewort zum folgenden
- Anwendung bei Analog-Digital-Umsetzern (z. B. Winkelcodierern)

| Dezimal-Ziffer | BCD-Code | Aiken-Code | Gray-Code | Glixon-Code | O'Brien-Code |
|---|---|---|---|---|---|
| 0 | 0 0 0 0 | 0 0 0 0 | 0 0 0 0 | 0 0 0 0 | 0 0 0 0 |
| 1 | 0 0 0 1 | 0 0 0 1 | 0 0 0 1 | 0 0 0 1 | 0 0 0 1 |
| 2 | 0 0 1 0 | 0 0 1 0 | 0 0 1 1 | 0 0 1 1 | 0 0 1 1 |
| 3 | 0 0 1 1 | 0 0 1 1 | 0 0 1 0 | 0 0 1 0 | 0 0 1 0 |
| 4 | 0 1 0 0 | 0 1 0 0 | 0 1 1 0 | 0 1 1 0 | 0 1 1 0 |
| 5 | 0 1 0 1 | 1 0 1 1 | 0 1 1 1 | 0 1 1 1 | 1 1 1 0 |
| 6 | 0 1 1 0 | 1 1 0 0 | 0 1 0 1 | 0 1 0 1 | 1 0 1 0 |
| 7 | 0 1 1 1 | 1 1 0 1 | 0 1 0 0 | 0 1 0 0 | 1 0 1 1 |
| 8 | 1 0 0 0 | 1 1 1 0 | 1 1 0 0 | 1 1 0 0 | 1 0 0 1 |
| 9 | 1 0 0 1 | 1 1 1 1 | 1 1 0 1 | 1 0 0 0 | 1 0 0 0 |
| Wertigkeit | 8 4 2 1 | 2 4 2 1 | | | |
| Stelle | 4 3 2 1 | 4 3 2 1 | 4 3 2 1 | 4 3 2 1 | 4 3 2 1 |

#### Höherstellige Codes

- Verwenden mehr als vier Stellen zur Darstellung eines Codeworts
- 2-aus-5-Code: gleichgewichtiger Code; jeweils zwei von fünf Stellen sind in jedem Codewort mit 1 besetzt; fehlererkennbar
- 1-aus-10-Code: fehlererkennbar
- Libaw-Craig-Code: einschrittiger Code
- Biquinär-Code: 2-aus-7-Code

| Dezimal-Ziffer | 2-aus-5-Code | 1-aus-10-Code | Libaw-Craig-Code | Biquinär-Code |
|---|---|---|---|---|
| 0 | 1 1 0 0 10 | 0 0 0 0 0 0 0 0 0 1 | 0 0 0 0 0 | 0 1 0 0 0 0 1 |
| 1 | 0 0 0 1 1 | 0 0 0 0 0 0 0 0 1 0 | 0 0 0 0 1 | 0 1 0 0 0 1 0 |
| 2 | 0 0 1 0 1 | 0 0 0 0 0 0 0 1 0 0 | 0 0 0 1 1 | 0 1 0 0 1 0 0 |
| 3 | 0 0 1 1 0 | 0 0 0 0 0 0 1 0 0 0 | 0 0 1 1 1 | 0 1 0 1 0 0 0 |
| 4 | 0 1 0 0 1 | 0 0 0 0 0 1 0 0 0 0 | 0 1 1 1 1 | 0 1 1 0 0 0 0 |
| 5 | 0 1 0 1 0 | 0 0 0 0 1 0 0 0 0 0 | 1 1 1 1 1 | 1 0 0 0 0 0 1 |
| 6 | 0 1 1 0 0 | 0 0 0 1 0 0 0 0 0 0 | 1 1 1 1 0 | 1 0 0 0 0 1 0 |
| 7 | 1 0 0 0 1 | 0 0 1 0 0 0 0 0 0 0 | 1 1 1 0 0 | 1 0 0 0 1 0 0 |
| 8 | 1 0 0 1 0 | 0 1 0 0 0 0 0 0 0 0 | 1 1 0 0 0 | 1 0 0 1 0 0 0 |
| 9 | 1 0 1 0 0 | 1 0 0 0 0 0 0 0 0 0 | 1 0 0 0 0 | 1 0 1 0 0 0 0 |
| Stelle | 5 4 3 2 1 | 9 8 7 6 5 4 3 2 1 0 | 5 4 3 2 1 | 6 5 4 3 2 1 0 |

### Nicht dekadische Codes

- Zahlen werden vollständig in einem Codewort dargestellt.
- Codes müssen auf die Menge der zu codierenden Zahlen ausgelegt sein.

| Dezimal-Ziffer | Dual-Code | Hamming-Code (7,4) | Dezimal-Ziffer | Dual-Code | Hamming-Code (7,4) |
|---|---|---|---|---|---|
| 0 | 0 0 0 0 | 0 0 0 0 0 0 0 | 8 | 1 0 0 0 | 1 0 0 1 0 1 1 |
| 1 | 0 0 0 1 | 0 0 0 0 1 1 1 | 9 | 1 0 0 1 | 1 0 0 1 1 0 0 |
| 2 | 0 0 1 0 | 0 0 1 1 0 0 1 | 10 | 1 0 1 0 | 1 0 1 0 0 1 0 |
| 3 | 0 0 1 1 | 0 0 1 1 1 1 0 | 11 | 1 0 1 1 | 1 0 1 0 1 0 1 |
| 4 | 0 1 0 0 | 0 1 0 1 0 1 0 | 12 | 1 1 0 0 | 1 1 0 0 0 0 1 |
| 5 | 0 1 0 1 | 0 1 0 1 1 0 1 | 13 | 1 1 0 1 | 1 1 0 0 1 1 0 |
| 6 | 0 1 1 0 | 0 1 1 0 0 1 1 | 14 | 1 1 1 0 | 1 1 1 1 0 0 0 |
| 7 | 0 1 1 1 | 0 1 1 0 1 0 0 | 15 | 1 1 1 1 | 1 1 1 1 1 1 1 |
| | | d3 d2 d1 p2 d0 p1 p0 | | | d3 d2 d1 p2 d0 p1 p0 |

| Zeile \ Spalte | 00 | 01 | 02 | 03 | 04 | 05 | 06 | 07 |
|---|---|---|---|---|---|---|---|---|
| 00 | **NUL**<br>0<br>0<br>P000 0000<br>000 | **DLE**<br>10<br>16<br>P001 0000<br>020 | **SP**<br>20<br>32<br>P010 0000<br>040 | **0**<br>30<br>48<br>P011 0000<br>060 | **@**<br>40<br>64<br>P100 0000<br>100 | **P**<br>50<br>80<br>P101 0000<br>120 | **`**<br>60<br>96<br>P110 0000<br>140 | **p**<br>70<br>112<br>P111 0000<br>160 |
| 01 | **SOH**<br>01<br>1<br>P000 0001<br>001 | **DC$_1$**<br>11<br>17<br>P001 0001<br>021 | **!**<br>21<br>33<br>P010 0001<br>41 | **1**<br>31<br>49<br>P011 0001<br>061 | **A**<br>41<br>65<br>P100 0001<br>101 | **Q**<br>51<br>81<br>P101 0001<br>121 | **a**<br>61<br>97<br>P110 0001<br>141 | **q**<br>71<br>113<br>P111 0001<br>161 |
| 02 | **STX**<br>02<br>2<br>P000 0010<br>002 | **DC$_2$**<br>12<br>18<br>P001 0010<br>022 | **“**<br>22<br>34<br>P010 0010<br>042 | **2**<br>32<br>50<br>P011 0010<br>062 | **B**<br>42<br>66<br>P100 0010<br>102 | **R**<br>52<br>82<br>P101 0010<br>122 | **b**<br>62<br>98<br>P110 0010<br>142 | **r**<br>72<br>114<br>P111 0010<br>162 |
| 03 | **ETX**<br>03<br>3<br>P000 0011<br>003 | **DC$_3$**<br>13<br>19<br>P001 0011<br>023 | **#**<br>23<br>35<br>P010 0011<br>043 | **3**<br>33<br>51<br>P011 0011<br>063 | **C**<br>43<br>67<br>P100 0011<br>103 | **S**<br>53<br>83<br>P101 0011<br>123 | **c**<br>63<br>99<br>P110 0011<br>143 | **s**<br>73<br>115<br>P111 0011<br>163 |
| 04 | **EOT**<br>04<br>4<br>P000 0100<br>004 | **DC$_4$**<br>14<br>20<br>P001 0100<br>024 | **$**<br>24<br>36<br>P010 0100<br>044 | **4**<br>34<br>52<br>P011 0100<br>064 | **D**<br>44<br>68<br>P100 0100<br>104 | **T**<br>54<br>84<br>P101 0100<br>124 | **d**<br>64<br>100<br>P110 0100<br>144 | **t**<br>74<br>116<br>P111 0100<br>164 |
| 05 | **ENQ**<br>05<br>5<br>P000 0101<br>005 | **NAK**<br>15<br>21<br>P001 0101<br>025 | **%**<br>25<br>37<br>P010 0101<br>045 | **5**<br>35<br>53<br>P011 0101<br>065 | **E**<br>45<br>69<br>P100 0101<br>105 | **U**<br>55<br>85<br>P101 0101<br>125 | **e**<br>65<br>101<br>P110 0101<br>145 | **u**<br>75<br>117<br>P111 0101<br>165 |
| 06 | **ACK**<br>06<br>6<br>P000 0110<br>006 | **SYN**<br>16<br>22<br>P001 0110<br>026 | **&**<br>26<br>38<br>P010 0110<br>046 | **6**<br>36<br>54<br>P011 0110<br>066 | **F**<br>46<br>70<br>P100 0110<br>106 | **V**<br>56<br>86<br>P101 0110<br>126 | **f**<br>66<br>102<br>P110 0110<br>146 | **v**<br>76<br>118<br>P111 0110<br>166 |
| 07 | **BEL**<br>07<br>7<br>P000 0111<br>007 | **ETB**<br>17<br>23<br>P001 0111<br>027 | **’**<br>27<br>39<br>P010 0111<br>047 | **7**<br>37<br>55<br>P011 0111<br>067 | **G**<br>47<br>71<br>P100 0111<br>107 | **W**<br>57<br>87<br>P101 0111<br>127 | **g**<br>67<br>103<br>P110 0111<br>147 | **w**<br>77<br>119<br>P111 0111<br>167 |
| 08 | **BS**<br>08<br>8<br>P000 1000<br>010 | **CAN**<br>18<br>24<br>P001 1000<br>030 | **(**<br>28<br>40<br>P010 1000<br>050 | **8**<br>38<br>56<br>P011 1000<br>070 | **H**<br>48<br>72<br>P100 1000<br>110 | **X**<br>58<br>88<br>P101 1000<br>130 | **h**<br>68<br>104<br>P110 1000<br>150 | **x**<br>78<br>120<br>P111 1000<br>170 |
| 09 | **HT**<br>09<br>9<br>P000 1001<br>011 | **EM**<br>19<br>25<br>P001 1001<br>031 | **)**<br>29<br>41<br>P010 1001<br>051 | **9**<br>39<br>57<br>P011 1001<br>071 | **I**<br>49<br>73<br>P100 1001<br>111 | **Y**<br>59<br>89<br>P101 1001<br>131 | **i**<br>69<br>105<br>P110 1001<br>151 | **y**<br>79<br>121<br>P111 1001<br>171 |
| 10 | **LF**<br>0A<br>10<br>P000 1010<br>012 | **SUB**<br>1A<br>26<br>P001 1010<br>032 | *****<br>2A<br>42<br>P010 1010<br>052 | **:**<br>3A<br>58<br>P011 1010<br>072 | **J**<br>4A<br>74<br>P100 1010<br>112 | **Z**<br>5A<br>90<br>P101 1010<br>132 | **j**<br>6A<br>106<br>P110 1010<br>152 | **z**<br>7A<br>122<br>P111 1010<br>172 |
| 11 | **VT**<br>0B<br>11<br>P000 1011<br>013 | **ESC**<br>1B<br>27<br>P001 1011<br>033 | **+**<br>2B<br>43<br>P010 1011<br>053 | **;**<br>3B<br>59<br>P011 1011<br>073 | **K**<br>4B<br>75<br>P100 1011<br>113 | **[**<br>5B<br>91<br>P101 1011<br>133 | **k**<br>6B<br>107<br>P110 1011<br>153 | **{**<br>7B<br>123<br>P111 1011<br>173 |
| 12 | **FF**<br>0C<br>12<br>P000 1100<br>014 | **FS**<br>1C<br>28<br>P001 1100<br>034 | **,**<br>2C<br>44<br>P010 1100<br>054 | **<**<br>3C<br>60<br>P011 1100<br>074 | **L**<br>4C<br>76<br>P100 1100<br>114 | ****<br>5C<br>92<br>P101 1100<br>134 | **l**<br>6C<br>108<br>P110 1100<br>154 | **¦**<br>7C<br>124<br>P111 1100<br>174 |
| 13 | **CR**<br>0D<br>13<br>P000 1101<br>015 | **GS**<br>1D<br>29<br>P001 1101<br>035 | **–**<br>2D<br>45<br>P010 1101<br>055 | **=**<br>3D<br>61<br>P011 1101<br>075 | **M**<br>4D<br>77<br>P100 1101<br>115 | **]**<br>5D<br>93<br>P101 1101<br>135 | **m**<br>6D<br>109<br>P110 1101<br>155 | **}**<br>7D<br>125<br>P111 1101<br>175 |
| 14 | **SO**<br>0E<br>14<br>P000 1110<br>16 | **RS**<br>1E<br>30<br>P001 1110<br>036 | **.**<br>2E<br>46<br>P010 1110<br>056 | **>**<br>3E<br>62<br>P011 1110<br>076 | **N**<br>4E<br>78<br>P100 1110<br>116 | **^**<br>5E<br>94<br>P101 1110<br>136 | **n**<br>6E<br>110<br>P110 1110<br>156 | **~**<br>7E<br>126<br>P111 1110<br>176 |
| 15 | **SI**<br>0F<br>15<br>P000 1111<br>17 | **US**<br>1F<br>31<br>P001 1111<br>037 | **/**<br>2F<br>47<br>P010 1111<br>057 | **?**<br>3F<br>63<br>P011 1111<br>077 | **O**<br>4F<br>79<br>P100 1111<br>117 | **_**<br>5F<br>95<br>P101 1111<br>137 | **o**<br>6F<br>111<br>P110 1111<br>157 | **DEL**<br>7F<br>127<br>P111 1111<br>177 |

**Erklärung**

| | | |
|---|---|---|
| ASCII-Zeichen — **DLE** | 20 | — Wert hexadezimal |
| | 16 | — Wert dezimal |
| Wert binär — P001 0000 | 020 | — Wert oktal |

LSB (Least Significant Bit: niederwertiges Bit)
MSB (Most Significant Bit: höchstwertiges Bit)

P: Paritätsbit (P = 0 oder P = 1 muss vereinbart sein)

| Befehl | Art des Befehls | Bedeutung englisch | Bedeutung deutsch |
|---|---|---|---|
| NUL | – | NULL | Null, Nichts |
| SOH | TC | START OF HEADING | Kopfzeilenbeginn |
| STX | TC | START OF TEXT | Textanfangzeichen |
| ETX | TC | END OF TEXT | Textendezeichen |
| EOT | TC | END OF TRANSMISSION | Ende der Übertragung |
| ENQ | TC | ENQUIRY | Aufforderung zur Datenübertragung |
| ACK | TC | ACKNOWLEDGE | Positive Rückmeldung |
| BEL | – | BELL | Klingelzeichen |
| BS | FE | BACKSPACE | Rückwärtsschritt |
| HT | FE | HORIZONTAL TABULATION | Horizontal-Tabulator |
| LF | FE | LINE FEED | Zeilenvorschub |
| VT | FE | VERTICAL TABULATION | Vertikal-Tabulator |
| FF | FE | FORM FEED | Formularvorschub |
| CR | FE | CARRIAGE RETURN | Wagenrücklauf |
| SO | – | SHIFT OUT | Dauerumschaltungszeichen |
| SI | – | SHIFT IN | Rückschaltungszeichen |
| DLE | TC | DATALINE ESCAPE | Datenübertragungs-Umschaltung |
| DC 1…4 | DC | DEVICE CONTROL 1…4 | Gerätesteuerzeichen 1…4 |
| NAK | TC | NEGATIVE ACKNOWLEDGE | Negative Rückmeldung |
| SYN | TC | SYNCHRONOUS IDLE | Synchronisierung |
| ETB | TC | END OF TRANSMISSION BLOCK | Ende des Übertragungsblocks |
| CAN | – | CANCEL | Ungültig |
| EM | – | END OF MEDIUM | Ende der Aufzeichnung |
| SUB | – | SUBSTITUTE | Substitution |
| ESC | – | ESCAPE | Umschaltung |
| FS | IS | FILE SEPARATOR | Hauptgruppen-Trennzeichen |
| GS | IS | GROUP SEPARATOR | Gruppentrennzeichen |
| RS | IS | RECORD SEPARATOR | Untergruppen-Trennzeichen |
| US | IS | UNIT SEPARATOR | Teilgruppen-Trennzeichen |
| SP | – | SPACE | Leerzeichen |
| DEL | – | DELETE | Löschen |

## Begriffe und Prinzipien

- Bezeichnungen:
  - Strichcode
  - Balkencode
  - Barcode (bar (engl.) – Balken)
  - Linearer 1D-Barcode
- Der dargestellte Code besteht aus verschieden breiten, parallelen Strichen und Lücken, die nebeneinander liegen. Breitenverhältnis zwischen schmalen und breiten Balken: 1 : 1,8 bis 1 : 3,4 (üblich: 1 : 2 bis 1 : 3)
- Um den Code einwandfrei dekodieren zu können, bleibt nach dem Code ein Feld frei (Ruhezone) oder es sind Trennungslinien vorhanden.
- Als erstes und als letztes Zeichen sind in der Regel Start- und Stoppzeichen eingefügt.
- Die Daten im Strichcode lassen sich optisch erfassen durch:
  - Lesestift (Bewegung von Hand über den Barcode, Decodierer empfängt das Hell-/Dunkel-Signal),
  - CCD-Scanner (Beleuchtung des Codes mit LEDs, reflektiertes Licht wird ausgewertet),
  - Laser-Scanner (ein oder mehrere Laserstrahlen werden auf den Barcode gerichtet und verschieden reflektiert),
  - Handy-Scanner (Barcode wird als Bild erfasst und decodiert).
- Anwendungen:
  Automatische Identifikation und Datenerfassung, **AIDC** (**A**utomatic **I**dentification and **D**ata **C**apture), z. B.:
  - Produktion (Produktkennzeichnung …)
  - Lager (Lagerplatzcode …)
  - Transport (Zielort …)
- Vorteile:
  - Sicher, geringe Fehlerwahrscheinlichkeit
  - Einfach, mit Druckern herstellbar
- Nachteil:
  Begrenzte Datenmenge

## Fehlererkennung

Beispiel:
- Code 2/5 Industrial
- Am Ende des Codes befindet sich eine Prüfziffer.
- Stimmt die errechnete Prüfsumme nicht mit der übertragenen Ziffer (im unteren Beispiel 4) überein, wird erneut gelesen.

Start | Prüfziffer | Stop

| | | | |
|---|---|---|---|
| Dezimal-Code: | 8 5 1 4 2 6 3 9 4 | | |
| Quersumme $u$: | 8 +1 +2 +3 | | = 14 |
| Quersumme $v$: | 5 + 4 + 6 + 9 | | = 24 |
| Produkt $w = v \cdot 3$: | 24 · 3 | | = 72 |
| Summe $x = u + w$: | 14 + 72 | | = 86 |
| Differenz y (zum nächsten Vielfachen von 10): | 90 − 86 | | = 4 |
| Prüfziffer $z = y$: | | | = 4 |

## EAN

- **EAN** (**E**uropean **A**rticle **N**umber) wird zur Produktkennzeichnung für Handelsartikel verwendet (**Handelsstrichcode**).
- Die Artikelnummer besteht aus 8 bzw. 13 Ziffern (**EAN 8** und **EAN 13**). Die ersten 2 bzw. 3 oder 7, 8 oder 9 werden zentral durch die **GSI**-Gruppe (**G**lobal **T**rade **I**tem **N**umber) verwaltet und vergeben.
- Der numerische Code hat eine feste Länge, darstellbar sind die Zahlen 0 bis 9, die üblicherweise auch analog angezeigt werden.

6583 3254

## Code 2/5 Industrial (Code 2 of 5 Industrial)

- Numerischer Code, Zeichensatz 0 bis 9
- Die Zahlen 2 und 5 sagen aus, dass jedes Strichcodezeichen aus 2 breiten und 3 schmalen, also insgesamt 5 Elementen besteht. Die Lücken enthalten keine Information.
- Anwendung: Warenhäuser Flugtickets

## Code 2/5 Interleaved (Code 2 of 5 Interleaved)

- Bezeichnungen auch: **ITF** (**I**nterleaved **T**wo of **F**ive), Interleaving: Verschränkung
- Numerischer Code, Zeichensatz 0 bis 9
- Der Code ist aufgebaut aus 2 breiten und 3 schmalen Strichen bzw. 2 breiten und 3 schmalen Lücken (immer 5 Elemente). Striche und Lücken tragen also eine Information. Zwischen dem Start- und Stoppzeichen sind somit 2 Ziffern codiert (überlappend, verschränkt).
- Vorteil: Hohe Informationsdichte
- Anwendung: Paketdienst, Industrieanwendung

74380707240152655700

## Code 128

- 128 bezieht sich auf die 128 darstellbaren ASCII-Zeichen
- Es handelt sich um einen alphanumerischen Code hoher Informationsdichte.
  - Zeichensatz A: Ziffern, Großbuchstaben, Sonderzeichen, ASCII-Steuerzeichen
  - Zeichensatz B: Ziffern, alle Groß- und Kleinbuchstaben, Sonderzeichen und Umschaltzeichen
- Jedes Zeichen besteht aus 11 Modulen, die in 3 Striche und 3 Lücken aufgeteilt sind. Die 4 Strich- und 4 Lückenbreiten variieren.
- Vorteil: ASCII-Zeichensatz, hohe Informationsdichte
- Anwendung: Paketdienste, Elektronik-Industrie, Chemische Industrie, Gesundheitssektor

Wikipedia

## Begriff und Prinzipien

- Bezeichnungen:
  Matrix-Code, 2D-Barcode, Punktcode
- Es handelt sich um eine Anordnung verschieden breiter Quadrate, Punkte oder Striche, die durch Lücken getrennt sind. Die darin enthaltenen Informationen sind mit entsprechenden optoelektronischen Geräten lesbar (Kamera-Scanner).
- Die Daten sind nicht in eine Richtung (eindimensional), sondern in der Fläche (zweidimensional) codiert.
- Vorteil gegenüber dem Barcode (eindimensional):
  Höhere Dichte an Nutzinformationen
- Verwendung:
  - Warenkennzeichnung (verschiedenartige), Informationsspeicherung
  - Mobile Tagging
- Gruppen:
  - Gestapelte Codes (übereinander gestapelte Strichcodes) z.B. Codablock, Code 49, PDF417
  - Matrix-Codes z. B. QR-Code, DataMatrix-Code, MaxiCode, Aztec-Code
  - Punktcodes

## Mobile Tagging

- Mit diesem Begriff kennzeichnet man ein Verfahren, bei dem man mithilfe der Kamera eines Handys die in einem 2D-Code enthaltenen Informationen (Codeinhalt) ausliest.

- Beispiele für Codeinhalte:
  - Internetadresse, direkte Weiterleitung ist möglich
  - Transaktionscode zur Durchführung von Programmschritten
  - Zugangscode für den einmaligen Zugriff
  - Adressensatz (z. B. in Form einer Visitenkarte)

## Aztec-Code

- Der Name leitet sich ab von den Azteken in Zentralmexiko (Blick auf eine Stufenpyramide aus der Vogelperspektive).
- Aufbau:
  - In der Mitte das Suchelement, mehrere ineinander verschachtelte Quadrate
  - Symbolelemente sind quadratisch
- Kapazität: über 3000 Zeichen
- Reed-Solomon-Fehlerkorrektur bis zu 32 Levels
- Anwendung:
  - Online-Tickets der Deutschen, Österreichischen und Schweizer Bundesbahn sowie Verband Deutscher Verkehrsunternehmen, Mobile-Tickets
  - Speicherung biometrischer Daten (USA)

## QR-Code

- **QR**: **Q**uick **R**esponse (schnelle Antwort)
- Aufbau:
  Quadratische Matrix aus mindestens 21 x 21 bis 177 x 177 schwarzen und weißen Flächen mit speziellen Markierungen an drei Ecken (Position).

- Fehlerkorrektur-Levels (Kapazität der Fehlerkorrektur in %)
  L: 7 %; M: 15 %; Q: 25 %; H: 30 %
- Beispiel für den Informationsgehalt:
  177 x 177 Elemente, Fehlerkorrekturlevel L ⇒ 23.624 Bit (7.089 Dezimalziffern, 4.296 alphanumerische Zeichen sind darstellbar)
- Vielfältige Anwendungsmöglichkeiten: Produktionslogistik, Fahrplanauskunft, Navigation, Werbung, Aufruf von Websites usw.
- **Weiterentwicklungen**:
  - **Micro-QR-Code**
    ist verwendbar für kleine Abmessungen, besitzt nur eine Orientierugsmarkierung, max. 35 Zahlen bzw. 21 alphanumersiche Zeichen sind codierbar
  - **Secure-QR-Code**
    enthält erweiterte Funktionen zum Verschlüsseln von Daten
  - **iQR-Code**
    besitzt rechteckiges Format, ist kleiner als der QR-Code und kann mehr Daten speichern

## DataMatrix-Code

- Aufbau:
  - Variable rechteckige Form als Matrix
  - 10 x 10 bis 144 x 144 Symbolelemente
  - waagerechte und senkrechte Umrandung dient der Orientierung
- Kapazität bei 7 Bit z. B. 2.334 ASCII-Zeichen oder 3.116 Ziffern
- Vorteile:
  Kompakt und sicher, sehr gute Fehlerkorrektur (Reed-Solomon), Rekonstruktion des Dateninhalts bei Beschädigungen bis 25 %
- Anwendungen:
  - Direktbeschriftung mit Laser oder durch Nadelprägung in der Produktion
  - Analysegeräte für die Chemieindustrie, Medizintechnik
  - Gedruckte Form: Tickets, Postversand, elektronische Briefmarke

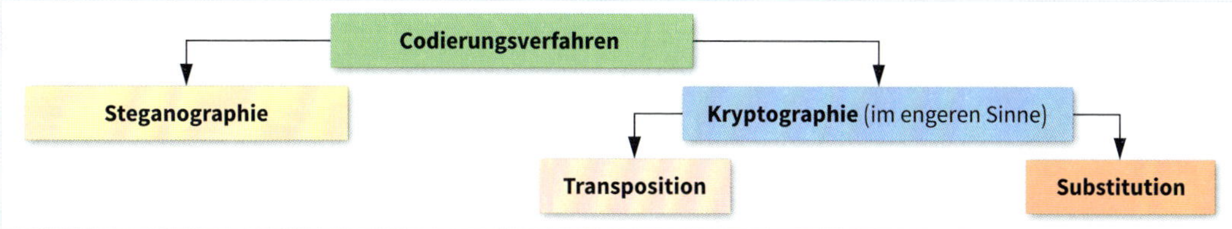


## Basisbegriffe

- **Steganographie** (steganos (grich.) – bedeckt; graphein (griech.) – schreiben). Zum Beispiel:
  - Texte/Bilder (räumlich) verstecken
  - Verwendung von unsichtbarer Tinte
  - Information wird im offenen Text versteckt
- Die **„versteckten Verfahren"** (Steganographie) zählen auch zu den „indirekten Chiffrierverfahren".
  Hierzu zählen auch **„Chaffing"** und **„Frequency Hopping"**.
  - Beim **Chaffing** werden Bitpakete übertragen, die zum Teil aus **Zufallsbitfolgen** bestehen.
  - Beim **Frequency Hopping** wird die Nachricht im Ablauf mit verschiedenen Trägerfrequenzen übertragen.
- **Kryptographie** (kryptos (griech.) – verbergen)
  Der Inhalt (der Sinn der Nachricht) wird verborgen.
- **Transposition (auch: Permutationsverfahren)**
  Der Informationsträger bleibt gleich; er erhält jedoch einen neuen Ort. – Z. B.: Die Folge von Buchstaben wird vertauscht.
- **Substitution:** Der Informationsträger behält seinen Ort/seine Position; er wird jedoch verändert dargestellt.
  Z. B. werden Buchstaben durch Zahlen dargestellt.
- **Substitutions-, Permutations-** und **Stromverfahren** zählen zu den **„Direkten Chiffrierverfahren"**. Mit einem Schlüssel wird der Algorithmus-Einsatz zur Klartext-Verwandlung gesteuert.
- **Klartextalphabet (KTA):** Ursprüngliche Zeichenmenge, aus der ein **Klartext** (engl. **plain text**) geschrieben wurde.
- **Verschlüsselungsalphabet (Geheimtextalphabet (GTA)):** Zeichenmenge, auf die die Zeichen des Klartextalphabets zum Geheimtext (engl. **cipher text**) übersetzt werden.

## Monoalphabetische Verschlüsselung

Die Zeichen des KTA werden auf ein beliebig angeordnetes GTA in einheitlicher Art abgebildet.

- **Beispiel: Cäsar-Kodierung**
  Geht auf C. J. Cäsar (100–44 v. Chr.) zurück und ist eine Sonderform der monoalphabetischen Verschlüsselung.
  Die Zeichenfolge der GTA entspricht der Abfolge der KTA.
  Der Schlüssel gibt die Buchstabenverschiebung an.
  Beispiel (Verschiebung um eine Position):
  KTA: A, B, C, D, ..., X, Y, Z
  GTA: B, C, D, E, ..., Y, Z, A
  - Allgemeine Übersetzungsvorschrift (Verschiebung: $n$)
    Zeichen(GTA) = Zeichen((Nr-KTA + $n$) [mod 26 ])

## Polyalphabetische Verschlüsselung

- Es werden mehrere unabhängige GTA verwendet.
  Zum Beispiel wird mit einem Schlüsselwort festgelegt, in welches GTA die einzelnen Buchstaben übersetzt werden.
- **Beispiel: Vigenère-Codierung:**
  Sie geht auf Blaise de Vigenère (1523–1585) zurück und ist eine Sonderform der polyalphabetischen Verschlüsselung.
  Die Zeichenfolgen der einzelnen GTA entspricht der des KTA.
  Zum Beispiel – verwendet werden zwei GTA –:
  KTA: A, B, C, ..., X, Y, Z
  GTA-1: B, C, D, ..., Y, Z, A
  GTA-2: D, E, F, ..., A, B, C
  Der 1., 3., ... Buchstabe wird zum Beispiel ins GTA-1 übersetzt; der 2., 4., ... Buchstabe ins GTA-2.

## Buchstabenhäufigkeiten

In der deutschen (oberer Wert) und englischen (unterer Wert) Schriftsprache (Wert jeweils in %)

| A | B | C | D | E | F | G | H | I |
|---|---|---|---|---|---|---|---|---|
| 6,51 | 2,57 | 2,84 | 5,41 | 16,7 | 2,04 | 3,65 | 4,06 | 7,82 |
| 8,20 | 1,50 | 2,80 | 4,30 | 12,7 | 2,20 | 2,00 | 6,10 | 7,00 |

| J | K | L | M | N | O | P | Q | R |
|---|---|---|---|---|---|---|---|---|
| 0,19 | 1,88 | 2,83 | 3,01 | 9,92 | 2,29 | 0,94 | 0,07 | 6,54 |
| 0,20 | 0,80 | 4,00 | 2,40 | 6,70 | 7,50 | 1,90 | 0,10 | 6,00 |

| S | T | U | V | W | X | Y | Z |
|---|---|---|---|---|---|---|---|
| 6,78 | 6,74 | 3,70 | 1,07 | 1,40 | 0,02 | 0,03 | 1,00 |
| 6,30 | 9,10 | 2,80 | 1,00 | 2,40 | 0,20 | 2,00 | 0,10 |

- Häufigkeit von **Bigrammen** in der deutschen Sprache (Bigramme: zwei Buchstaben in Folge)
  en (4,47 %); er (3,40 %); ch (2,80 %); nd (2,58 %); ei (2,26 %); de (2,14 %); in (2,04 %); es (1,81 %); te (1,78 %); ie (1,76 %); un (1,73 %); ge (1,68 %); st (1,24 %); ic (1,19 %); he (1,17 %)
- Häufigkeit von **Trigrammen** in der deutschen Sprache (Trigramme: drei Buchstaben in Folge)
  ein (1,22 %); ich (1,11 %); nde (0,89 %); die (0,87 %); und (0,87 %); der (0,86 %); che (0,75 %); end (0,75 %); gen (0,71 %); sch (0,66 %)

Mono- und polyalphabetische Verschlüsselungen können durch statistische Analysen zur Häufigkeit einzelner Zeichen und ganzer Zeichenfolgen entschlüsselt werden: **statistische Kryptoanalyse** nach **Kasiski** (polnischer Mathematiker; Entdeckung 1863).

## Information und Codierungen

- **Quellcodierung:** Findung von geeigneten Quellsymbolverteilungen, zur Eliminierung (Reduktion) der Redundanzen
- **Kanalcodierung:** Kontrollierte Erhöhung der Redundanz, um eine Fehlererkennung und -korrektur zu ermöglichen
- **Leitungscodierung:** Konkrete Endcodierung

## Anforderungen an die Leitungscodierung

1. Hohe Effizienz
2. Hoher Taktgehalt
3. Gleichstromfreiheit
4. Geringer Implementierungsaufwand
5. Geringe Störempfindlichkeit
6. Transparenz (Bitübertragungsprinzip)

# Codierungsverfahren
## Encoding Methods

### Kanalbeziehungen

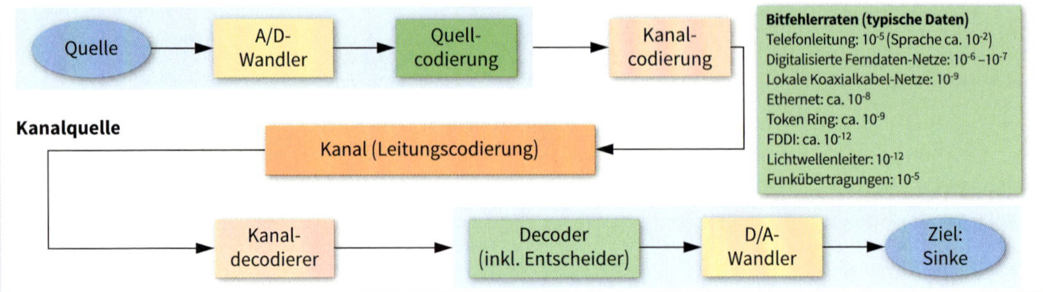


### Abstand und Fehler

- Abstand ($a$) zwischen zwei Codewörtern ist definiert als Anzahl unterschiedlicher Stellen von zwei Codewörtern.
- Hamming-Distanz ($t$): Mindestabstand zwischen Codewörtern in einem Hamming-Code (Codematrix ist aus linear unabhängigen Codewörtern aufgebaut).
- Fehlererkennung ist möglich bei ($t - 1$) Fehlern
- Fehlerkorrektur ist möglich bei $f$ Fehlern mit $(t - 1)/2 \geq f$

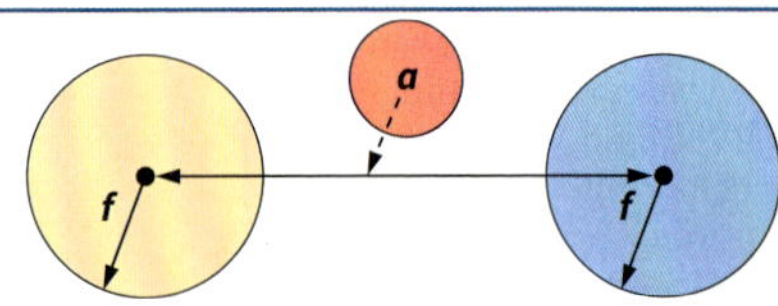


Bei überlappenden Sphären ist keine Korrektur möglich.

### Huffman-Codierung

- Konstruktionsprinzip zur Findung einer geeigneten Quellsymbolcodierung
- **Verfahrensablauf:**
  A. Sortierung der Quellsymbole nach der Wahrscheinlichkeit ihres Auftretens
  B. Zusammenfassung von immer zwei Symbolen bzw. Einheiten beginnend bei den kleinsten Wahrscheinlichkeitswerten. Sukzessives Fortführen der Sortierung (Pos. A). Prozessabschluss, wenn alle Symbole erfasst sind.
  C. Schrittweise Zuordnung von Codewörter zu den gefundenen Einheiten
- **Redundanzsparende Codierungsideen** und **-konzepte** existieren auch von **Fano** und **Shannon**.

### Beispiel

| i | 1 | 2 | 3 | 4 | 5 |
|---|---|---|---|---|---|
| P ($x_i$) | 0,5 | 0,25 | 0,15 | 0,06 | 0,04 |

Umsortiert ergibt das folgende Zuordnung:
$x_4$ (0), $x_5$ (1); $x_3$ (0), $x_4x_5$ (1); $x_2$ (0), $x_3x_4x_5$ (1) $x_1$ (0), $x_2x_3x_4x_5$ (1)

**Ergebnis:**

| i | 1 | 2 | 3 | 4 | 5 |
|---|---|---|---|---|---|
| **Codewort** | 0 | 10 | 110 | 1110 | 1111 |

**Zugehöriger Codebaum**

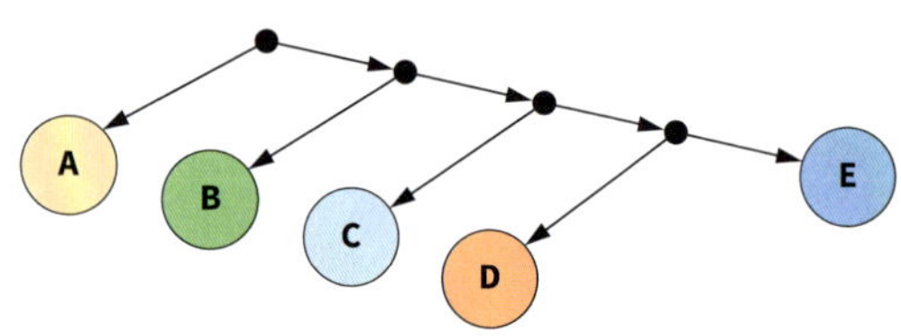


E: $x_5$; D: $x_4$; C: $x_3$; B: $x_2$; A: $x_1$
Die Codewörter sind hierbei unterschiedlich lang.

### Codebäume

- Prinzipiell können Codewörter als Knoten in einem Codebaum verstanden werden. Die Codebäume entsprechen vom Prinzip Baumdiagrammen.
- Beim **Präfixcode** nimmt jedes Codewort nur die Stellung eines Endknotens ein: Kein Codewort ist Anfang eines anderen Codeworts.

### Modulo-2-Rechnung

- Binäre Codes basieren auf der Modulo-2-Rechnung.
- **Die Verrechnung erfolgt dabei pro Bitstelle.**

| Addition | | | Multiplikation | | |
|---|---|---|---|---|---|
| ⊕ | - 1 - | - 0 - | (•) ≡ ⊗ | - 1 - | - 0 - |
| - 1 - | 0 | 1 | - 1 - | 1 | 0 |
| - 0 - | 1 | 0 | - 0 - | 0 | 0 |

**Blockcodes**
Durch einheitliche Codewortlängen kann der Code aus sich selbst synchronisiert werden. Hierzu werden Block-Codes verwendet.

### Blockcode-Einteilungen

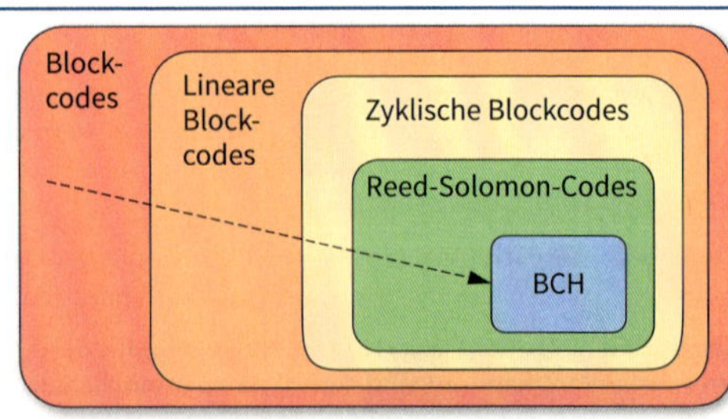


**BCH: B**ose-**C**haudhuri-**H**ocquenghem-Codes

## Blockcodes

- Nachrichten werden in Blöcke (Bitfolge als Vektor $Y_i$) zergliedert, die gesondert codiert und einzeln übertragen werden
- Die Codewörter ($X_i$) errechnen sich durch die Multiplikation der Bitfolgen ($Y_i$) mit der Generatormatrix $G$.
- Allgemein gilt: $\boldsymbol{X} = \boldsymbol{Y} \cdot \boldsymbol{G}$ ($\boldsymbol{X}$, $\boldsymbol{Y}$: Vektoren; $\boldsymbol{G}$: Matrix)
- $g_m = (g_{m1}\, g_{m2}\, g_{m3} \ldots g_{mj})$ ist ein Basisvektor der Generatormatrix $G$, mit $1 \leq m \leq k$.

## Lineare Block-Codes

- Sie bestehen aus linear unabhängigen Zeilenvektoren. Durch das Anhängen einer Einheitsmatrix ($E$) an die Generatormatrix eines Block-Codes kann die Generatormatrix eines linearen Block-Codes gebildet werden.
- Die Zeilen einer Generatormatrix eines linearen Codes sind linear unabhängig voneinander. D. h., eine Zeile wird nicht durch eine beliebige Kombination anderer Zeilen der Matrix bestimmt.
- Die Diagonalmatrix wird – als eine Möglichkeit – an die $(k, j)$-Matrix angeheftet.

## DES

- **DES** ist die Abkürzung für **D**ata **E**ncryption **S**tandard, der 1976 in den USA entwickelt wurde.
- Er gehört zu den Blockalgorithmen.
- Klartexte werden als Bitfolge dargestellt.
- Er ist in seinem Aufbau vollständig veröffentlicht.
- Einsatz z. B.: Geheimzahlbestimmung eines Geldkassenchip
- Die Zeichenfolge des Klartexts wird in Datenblöcke von 64 Bits umgewandelt. Der DES nimmt die Verschlüsselung dieser Blöcke vor. Hierzu wird ein 56 Bits langer Schlüssel eingesetzt.
- Heutzutage wird der Triple-DES verwendet.

## Hamming-Codes

- Hamming-Codes sind einfache lineare Blockcodes
- Eigenschaften:
  - Codewortlänge: $n = 2^m - 1$
  - Nachrichtenstellen im Codewort: $k = 2^m - 1 - m$
  - Anzahl der Prüfstellen im Codewort: $m = n - k$
  - Fehlerkorrekturmöglichkeit: $t = 1$; $d_{min} = 3$
- Durch das Anhängen von jeweils einer Null an eine Generator-Codezeile und das Einfügen einer zusätzlichen Zeile aus Einsen – dies garantiert die lineare Unabhängigkeit der Codezeilen – kann der Grad des Hamming-Codes um Eins erhöht werden.

## CRC

- CRC steht für **C**yclic **R**edundancy **C**heck.
- Sie werden auch Abramson-Codes genannt.
- Sie sind eine Erweiterung zyklischer Hamming-Codes.
- Das Generatorpolynom eines CRC-Codes wird über eine Polynommultiplikation der Art $g(X) = (1 + X) \cdot g_1(X)$ bestimmt, Hierbei ist $g_1(X)$ ein primitives Polynom vom Grad $k_1$
- Durch die Polynommultiplikation mit $x$ wird der Grad des Polynoms um Eins erhöht. Somit steigt auch die Hamming-Distanz.
- Sie werden bei vielen technischen Anwendungen wie z. B.
  - X25-Protokoll,
  - HDLC,
  - ISDN-D-Kanal-Protokoll,
  - ATM-Technik

  eingesetzt.
  Zum Beispiel bestimmen sie dort die FCS-Werte (Frame Checking Sequence).

## RSA

- RSA bezieht sich auf die Namen **R**ivest, **S**hamir, **A**dleman (Veröffentlichung des Verfahrens 1977).
- Das RSA-Verfahren basiert im Kern auf dem kleinen Satz von Fermat. Von besonderem Interesse ist hierbei zu wissen, ob zwei Zahlen teilerfremd sind.
- **Teilerfremde Zahlen:** Für die Anzahl $\varphi(n)$ der teilerfremden Zahlen zur Zahl $n$ gilt:

Anzahl der teilerfremden Zahlen

| | | | | | | | | | |
|---|---|---|---|---|---|---|---|---|---|
| **$n$** | **1** | **2** | **3** | **4** | **5** | **6** | **7** | **8** | **9** |
| $\varphi(n)$ | 1 | 1 | 2 | 2 | 4 | 2 | 6 | 4 | 6 |
| **$n$** | **10** | **11** | **12** | **13** | **14** | **15** | **16** | **17** | **18** |
| $\varphi(n)$ | 4 | 10 | 4 | 12 | 6 | 8 | 8 | 16 | 6 |

## Basis des RSA-Verfahrens

- Mit $s \in N$ gilt: $a^{s[(p_1-1)\cdot(p_2-1)]+1} = a \bmod n$

  $\rightarrow a^{s[(p_1-1)(p_2-1)]+1} \bmod n = a$, mit $a < n = p \times q$
  Weiter gilt: $e \times d = s\,(p_1 - 1) \times (p_2 - 1) + 1$;

  $p_1$ und $p_2$ sind hierbei zwei große Primzahlen, mit $n = p_1 \times p_2$
- **RSA-Prinzip:** $e$ und $d$ werden gebildet und veröffentlicht $d$ bleibt geheim. Ein Angreifer muss $n$ in $p_1$ und $p_2$ zerlegen.

## RSA-Sicherheit

- Die Sicherheit des RSA-Verfahrens begründet sich in der Problematik, große Zahlen schnell in ihre Primzahlen zerlegen zu müssen/zu wollen.
- Von daher ist das RSA-Verfahren prinzipiell lösbar, aber unter Beachtung der aktuellen Lösungsfähigkeit faktisch sicher.
- Von hierher begründet sich das Interesse an geeigneten Verfahren zur Primzahlzerlegung.

## RSA-Verfahrensgestaltung

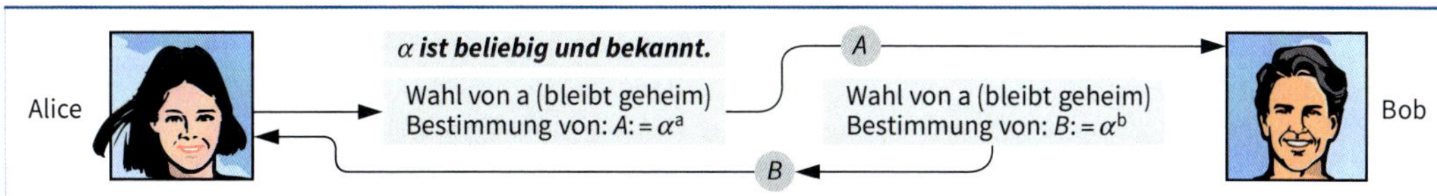


Nun gilt: $B^a = \alpha^{ba} = A^b = \alpha^{ab}$, da die Einwegfunktion ($\alpha^{ba} = \alpha^{ab}$) kommutativ ist.

# Verschlüsselungsverfahren
## Encryption Methods

### RSA-Verfahrensablauf

| Allgemeiner Ablauf | | Beispiel (gerechnet mit übersichtlichen Primzahlwerten) |
|---|---|---|
| 1. | Alice wählt $p$ und $q$, $p$, $q$ sind (möglichst große) Primzahlen. Es gilt dann $N = p \cdot q$ | $p = 13; q = 23$<br>$N = 13 \cdot 23 = 299$ |
| 2. | Wahl von e<br>Hierbei sind $e$ und $(p-1)\cdot(q-1)$ teilerfremd. | $e = 7; (p-1)\cdot(q-1) = 12 \cdot 22 = 264$<br>$264 = 2 \cdot 2 \cdot 2 \cdot 3 \cdot 11$ (Dies ist teilerfremd zu 7) |
| 3. | Alice veröffentlicht die Zahlen $e$ und $N$.<br>Dies ist der **öffentliche** Schlüssel. | $e = 7$ und $N = 299$ |
| 4. | Die zu **verschlüsselnde Nachricht** $M$ (eine dezimale Zahl) wird von Bob nun verarbeitet:<br>$C = M^e \pmod N$. $M$ ist hierbei die Klartextzahl. | $M = 123_{\mid 10}$; $M^e = (123)^7$; $M^e = 425927596977747$<br>$M^e/N = 425927596977747/299$<br>$C = 150$ (Also: $M^e = 1424507013303 \cdot 299 + 150$) |
| 5. | $e \cdot d = 1 \pmod{(p-1)\cdot(q-1)}$<br>Es soll d bestimmt werden.<br>d wird auch als **privater** Schlüssel bezeichnet. | $e \cdot d = 7 \cdot d = 1 \pmod{(p-1)\cdot(q-1)} = 1 \bmod(264)$<br>Nun gilt: $7 \cdot d = 265$ oder $529$ oder …<br>Es folgt: $e \cdot d = 1057 \pmod{264} = 1$ für $d = 151$ |
| 6. | Zur **Entschlüsselung** wird nun gerechnet:<br>$M = C^d \pmod N = 150^{151} \pmod{299}$ | $M = 150^{151} \pmod{299} = 150^1 \pmod{299} \cdot ((150^6 \pmod{299}))^{25} = \ldots =$<br>$= 150 \cdot 246 \pmod{299} = 123 = M$ |

### Primzahlen und RSA

- Die **RSA-Verfahrenssicherheit** ist keine absolute. Angesichts der Problematik, große Zahlen in Primzahlen zu zerlegen, ergibt sich eine relative Sicherheit in Abhängigkeit vom technischen Stand.
- Von hierher begründet sich z. B. das Interesse an schnellen Algorithmen, um geeignete Primzahlzerlegungen zu finden. Insofern interessiert man sich für die Verteilung der Primzahlen.

### RSA-Schlüssel

| Schlüssellänge | Max. Dezimalzahl | Primzahlanzahl | Berechnungszeit (2002) |
|---|---|---|---|
| 8 Bit | 256 | 54 | |
| 512 Bit | $1{,}3 \cdot 10^{154}$ | $3{,}8 \cdot 10^{151}$ | Ca. 1 Jahr |
| 768 Bit | $1{,}6 \cdot 10^{231}$ | $1{,}5 \cdot 10^{228}$ | |
| 1024 Bit | $1{,}8 \cdot 10^{308}$ | $2{,}5 \cdot 10^{305}$ | Ca. 10 Jahre |
| 2048 Bit | Ca. $10^{617}$ | | Ca. 500 Jahre |

### Weitere Verschlüsselungsalgorithmen

- **BB84-Verfahren** (nach Bennett und Brassard; 1984): ein polyalphabetisches Verschlüsselungsverfahren
- **CAST** (1996): Blockcode; symmetrischer Code. Schlüssellänge zwischen 40 bis 128 Bits. Wird auch im PGP-Verfahren genutzt.
- **IDEA** (**I**nternational **D**ata **E**ncryption **A**lgorithm; von Xueija Lai und James Massey (ETH Zürich); 1990/1992): Ein Blockcode mit 64 Bits; Schlüssellänge: 128 Bits. Es ist ein symmetrisches Verfahren mit Blockchiffren.
- **MPEG** (MP3-Format (Uni. Erlangen; 1988): ein asymmetrisches Verschlüsselungsverfahren (MPEG1 folgt JPEG)
- **PEM** (Privacy Enhanced Mail; 1988): asymmetrisches Verschlüsselungsverfahren für E-Mails
- **PGP** (**P**retty **G**ood **P**rivacy – von Philipp R. Zimmermann; 1991): Verschlüsselungsverfahren für E-Mails basiert unter anderem auf dem **RSA-Verfahren** und dem **IDEA**.
- **Rijndael-Algorithmus:** Funktionsweise entspricht dem AES. Jedoch sind hier auch Datenblöcke mit 192 und 256 Bit möglich.
- **Ron's Cipher 4 (RC4)** (von Rivest; 1987): ein Stromchiffre (einmalige Zufallsfolge wird mit Klartext verknüpft)
- **S/MIME** (**S**ecure/**M**ultipurpose **I**nternet **M**ail **E**xtensions): asymmetrisches Verschlüsselungsverfahren für E-Mails
- **SSH** nutzt zur Verschlüsselung **RC4**.
- **WAP/WAP2:** Verschlüsselungsverfahren, das WEP ersetzt hat (Normierung unter IEEE 802.11i)
- **WEP** (Wired Equivalent Privacy): basiert auf **RC4**
- **Zero-Knowledge-Verfahren**
  – Goldwasser, Micali und Racoff; 1985
  – Amos Fiat und Adi Shamir; 1986

### Anforderungen zum RSA-Verfahren

- Folgende Anforderungen an Verschlüsselungsverfahren wurden von der Regulierungsbehörde für Telekommunikation und Post mit Blick auf die elektronische Signatur festgelegt.
  Zur Lage von q und p soll beachtet werden:
  $\varepsilon_1 < |\log_2(p) - \log_2(q)| < \varepsilon_2$ mit $\varepsilon_1 \approx 0{,}1$ und $\varepsilon_2 \approx 30$
  $p$ und $q$ sollen zufällig und unabhängig voneinander sein.
  Für e (den öffentlichen Exponenten) gilt:
  ggt $(e, (p-1), (q-1)) = 1$ (e soll unabhängig von n sein)
  Für ***d*** (den **geheimen Exponenten**) gilt:
  $e \cdot d = 1 \bmod \mathrm{kgV}(p-1, q-1)$

### Anwendungen (Angaben in bit)

| Verfahren | Schlüssellänge | Block | Anwendungsbereiche |
|---|---|---|---|
| DES | 56 | 64 | Standardschlüssel |
| 3DES | 56, 112, 168 | 64 | VPN mit Hardwarechips |
| IDEA | 128 | 64 | PGP, OpenPGP |
| Blowfish | von 32 bis 448 | 64 | Open-Source-Tools |
| AES | 128, 192, 256 | 128,192,256 | VPN-Standard |
| Twofish | 128, 192, 256 | 128 | Mailverschlüsselung |
| RC6 | max. 2040 | 128 | RSA-Produkte |

### Geeignete Signaturverfahren

- RSA-Verfahren
- **DSA** (**D**igital **S**ignatur **A**lgorithmen)
- DSA-Verfahren unter Verwendung elliptischer Kurven: EC-DAS, EC-KDSA, EC-GDSA (auch: EC-ElGamal) Nyberg-Rueppel-Signaturen

### Hintergrund

- **AES: A**dvanced **E**ncryption **S**tandard – Basiert auf einer öffentlichen Ausschreibung der **NIST** (**N**ational **I**nstitute of **S**tandards and **T**echnology – US-amerikanische Normierungsbehörde).
- Bekannt auch als **Rijndael-Algorithmus**: entwickelt von Vincent Rijmen und Joan Daemen.
- AES basiert auf und ergänzt DES, TripelDES (3DES) und IDEA.
- Der Verschlüsselungscode ist getestet und frei zugänglich.
- AES ist für die höchste Sicherheitsebene bei der Verschlüsselung von Dokumenten in den USA zugelassen.

### Konstruktionsprinzipien

- Es ist ein symmetrischer Verschlüsselungsalgorithmus.
- Es ist ein Blockcode.
- Die Blockgröße beträgt 128 Bits beim AES (Blockgrößen von 192 und 256 Bits sind an sich beim Rijndael-Algorithmus möglich).
- Die Schlüssellänge entspricht zumindest der Blocklänge. Üblich sind beim AES bei einer Blockgröße von 128 Bits Schlüssel von 128, 192 und 256 Bits. Entsprechend lauten die Bezeichnungen: AES-128, AES-192, AES-256.
- Es treten keine Symmetrien in der Schlüsselkonstruktion auf.
- Die Signale werden gespreizt. Dadurch wird das Signal konstruktiv verrauscht. Insofern kann das Signal nicht als informationshaltiges Signal auf der physikalischen Ebene erkannt und im Weiteren auch auf der statistischen Ebene nicht transparent werden.
- Linearitäten werden auf der Darstellungsebene vermieden.

### Verschlüsselungsablauf

- $i = 1$: **Initialisierungsschritt**
  XOR-Operation des Klartexts unter Verwendung des Rundenschlüssels $k_1$
- $i = 2 \ldots n$: **Weitere Verschlüsselungsschritte**
  XOR-Operation von Klartext unter Verwendung des Rundenschlüssels $k_i$ ($k_2, \ldots, k_n$)
  Die Operationen ByteSub, ShiftRow und MixColumn werden nacheinander angewandt.
- $i = n + 1$: **Abschließender Verschlüsselungsschritt**
  XOR-Operation des Klartexts unter Verwendung des Rundenschlüssels $k_n + 1$.
  Danach werden die Operationen ByteSub und ShiftRow nacheinander angewandt.
- $k_1$ bis $k_{n+1}$ werden von einem Eingangsschlüssel $k$ abgeleitet.
- Die Schlüssellänge entspricht der Eingangsblocklänge.
- Gesamtschlüssellänge (bei 128 Bits) = $(n + 1) \cdot 128$.
  Verallgemeinert gilt bei einer Klartextlänge von $b$ Bits: $(n + 1) \cdot b$
- Die XOR-Operation zielt auf die Byte-Einheit. Die Texteinheiten werden bei 128 Bits in eine 4x4-Matrix aufgegliedert.
- Die Rechenoperationen erfolgen im $Z_2$-Körper ($\{0, 1\}$).
- Bis zur Rundenzahl $n = 9$ können Angriffe erfolgreich sein.
- **ByteSub** ist eine Rundenfunktion. Sie basiert auf der Verrechnung von Polynomen. Dies ergibt eine monoalphabetische Verschlüsselung. Diese Substitutionsprozess ist algorithmisch fest verankert.
- **ShiftRow** ist eine Verschiebefunktion, die die einzelnen Matrixelemente linear transformiert. So werden Informationen – in systematisch kontrollierter Art – verschoben bzw. „verschmiert". Dadurch wird erreicht, dass mittels kryptologisch-stochastischer Methoden keine Analyse möglich wird.
- **MixColumn** wirkt im Sinne einer Matrixmultiplikation auf die Spalten der Zustandsmatrix (Spaltenvermischung).

### Ablaufstruktur

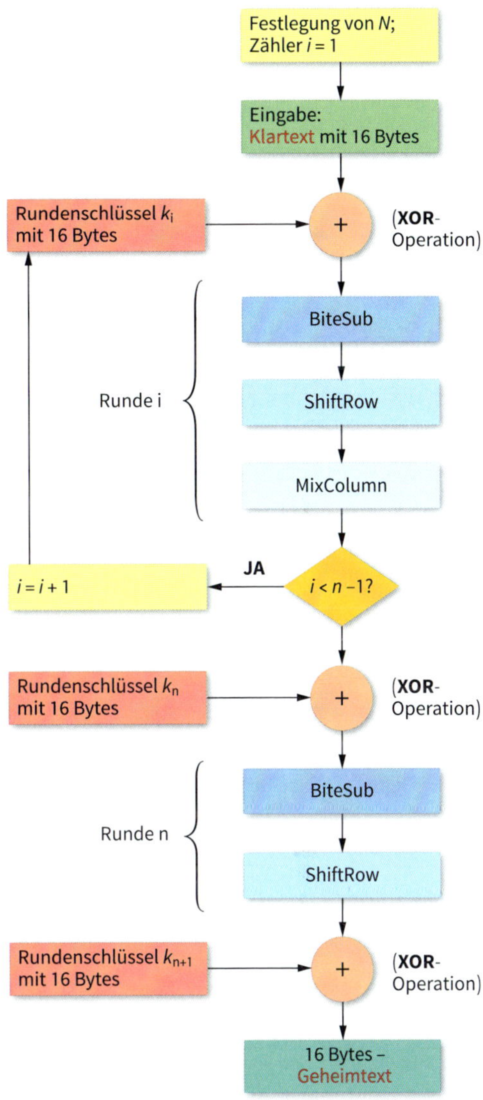


### Entschlüsselung

- In symmetrischer Art erfolgt die Entschlüsselung. Dabei muss die Substitution in umgekehrter Abfolge vorgehen. Ebenso werden die Matrixoperationen umgekehrt.

### Einsatz

- Verwendung bei: Wireless LAN (gemäß IEEE 802.11i) und IPSec.
- Nutzung zur Datenkomprimierung: 7-Zip, GnuPG, PGP, RAR, SSH, SRTP.
- Nutzung bei Betriebssystemen z. B.: MS Win 10 (**EFS**: **E**ncrypting **F**ile **S**ystem → Dateiverschlüsselung mit Bezug auf NTFS-Systeme); Mac OS X.

## Zyklische Codes

- $C$ ist ein linearer Code. Er ist zyklisch, wenn für die Code-Wörter (Codevektoren) $a, a^* \in C$ gilt:
  $a = (a_{m-1}, a_{m-2}, \dots, a_1, a_0) \in C$
  $\Rightarrow a^* = (a_{m-2}, a_{m-3}, \dots, a_0, a_1) \in C$ (usw.)
- Dem $m$-Tupel $a = (a_{m-1}, a_{m-2}, \dots, a_1, a_0)$ entspricht ein Polynom der Art: $a(x) = a_{m-1} \cdot x^{m-1} + \dots + a_1 \cdot x^1 + a_0 \cdot x^0$
- Ein normiertes Polynom liegt bei $a_{m-1} = 1$ vor.
- Grad des Polynoms: $d = m - 1$
- Beispiel: Dem Polynom $g_1(x) = x^4 + x + 1$ entspricht die Bitfolge $g = 10011$ (Wertigkeit: $2^n \,|2^{n-1}| \dots |2^1|2^0$)
- $g(x)$ heißt Generatorpolynom
- Bildung von $G$ (Generatormatrix) über:

$$G = \begin{bmatrix} x^{n-1} \cdot g(x) \\ \dots \\ x \cdot g(x) \\ g(x) \end{bmatrix}$$

- Zu G gehören für $g(X) = x^4 + x + 1$ die Bitfolgen:
  0...010011 | 0...0100110 | 0...01001100 usw.
- $h(x) = (x^m - 1) / g(x)$ ($h(x)$: Kontrollpolynom)
- Minimalpolynome bezüglich $q$ werden „Primitive Polynome" zu $GF(q)$ genannt.

## Primitive Generatorpolynome (aus $F2(x) \Rightarrow q = 2$)

| Grad | Polynom | Grad | Polynom |
|---|---|---|---|
| 1 | $X + 1$ | 8 | $X^8 + X^4 + X^3 + X^2 + 1$ |
| 2 | $X^2 + X + 1$ | 9 | $X^9 + X^4 + 1$ |
| 3 | $X^3 + X + 1$ | 10 | $X^{10} + X^3 + 1$ |
| 4 | $X^4 + X + 1$ | 11 | $X^{11} + X^2 + 1$ |
| 5 | $X^5 + X^2 + 1$ | 12 | $X^{12} + X^6 + X^4 + X + 1$ |
| 6 | $X^6 + X + 1$ | 13 | $X^{13} + X^4 + X^3 + X + 1$ |
| 7 | $X^7 + X^3 + 1$ | 14 | $X^{14} + X^{10} + X^6 + X + 1$ |

| Grad | Polynom |
|---|---|
| 15 | $X^{15} + X^{14} + X^{13} + X^{12} + X^4 + X^3 + X^2 + X + 1$ |
| 32 | $X^{32} + X^{26} + X^{23} + X^{22} + X^{16} + X^{12} + X^{11} + X^{10} + X^8 + X^7 + X^5 + X^4 + X^2 + X + 1$ |

## Faltungscodes

- Mit Faltungscodieren kann ein Bitstrom codiert werden. Prinzipiell wird eine Folge von Info-Vektoren mit $k$ Symbolen auf eine Folge von Code-Vektoren mit $n$ Symbolen abgebildet.
- Der Codierer arbeitet mit einem Gedächtnis:
  Die Codevektoren hängen ab entweder von den
  – vorausgegangenen Info-Vektoren oder aber bei
  – rekursiven Codes von den vorausgegangenen Code-Vektoren.
- $L$ bezeichnet die Gedächtnistiefe (Rückgrifftiefe).
- $L + 1$: Einflusstiefe
- Die konkrete Nachrichtenfolge wird schrittweise mit der Code-Impulsantwort diskret gefaltet. Dieser Prozess ist über einen Schieberegister-Prozess realisiert werden.
- Konkrete Faltungscode-Schaltung

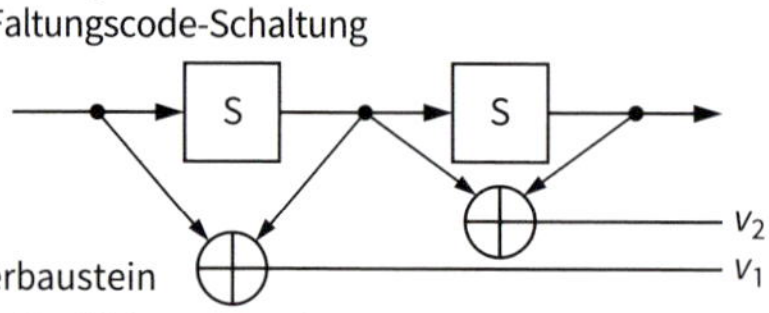


S: Speicherbaustein

- Zugehörige Koeffizientenmatrix:

$$G = \begin{bmatrix} 1 & 1 & 0 \\ 0 & 1 & 1 \end{bmatrix} = \begin{bmatrix} g_1 \\ g_2 \end{bmatrix}$$

- Anzahl der Speicherbausteine = Spaltenzahl – 1
- Anzahl der Ausgangsvektoren $v$ = Zeilenzahl

## ECC – Elliptic Curve Cryptography

- Elliptische Kurve: auch ebene kubische Kurve
- Seit den 1980er Jahren wurden unter Verwendung elliptischer Kurven asymmetrische Verschlüsslungssysteme entwickelt. Mit kurzen Schlüsseln werden hohe Sicherheitsebenen erreicht.
- Die elliptischen Funktionen, auf denen die entsprechenden Kurven basieren, ermöglichen eine Einwegfunktion.
- Der ECC stellt eine effektive Alternative zur RSA-Konzeption dar.

## Elliptische Funktionen

- Funktionsgleichung: $y^2 = x^3 + a \cdot x + b$ mit $x \in |R$ und $a, b \in |R$.
- Gleichungen mit $4a^3 + 27a^2 \neq 0$ ermöglichen nicht singuläre, ebene Kurven, die für die Verschlüsselungsprozesse geeignet sind.
- Additionsregel für Punkte auf den zugehörigen Kurven:
  1. Zwei Punkte werden durch die Funktionsgleichung bestimmt. $P_1 = (x_1, y_1)$; $P_2 = (x_2, y_2)$
  2. Geometrisch gesehen, soll eine Gerade durch $P_1$ und $P_2$ gelegt werden. Ein dritter Punkt $(x_3, y_3)$, der auf der Geraden und der elliptischen Kurve liegen soll, ist zu bestimmen. Die Geradengleichung lautet: $f(x) = y = \lambda \cdot x + v$
     Mit $P_1 \neq P_2$ folgt: $\lambda = (y_2 - y_1)/(x_2 - x_1) = (3 \cdot x_1^2 + a)/(2 \cdot y_1)$
  3. Ergebnis: $x_3 = \lambda^2 - x_1 - x_2$; $y_3 = (x_1 - x_3) \cdot \lambda - y_1$
- Diese Gleichungen müssen nun auf diskrete Gegebenheiten angewandt werden. Für $\lambda$ gilt: $\lambda = ((y_2 - y_1)/(x_2 - x_1)) \bmod p$, also: $\lambda = ((3 \cdot x_1^2 + a)/(2 \cdot y_1)) \bmod p$. Durch diese modulo-Addition wird wieder ein Kurvenpunkt bestimmt. Die Berechnung der Punkte im diskreten (modulo) Fall ist aufwendig.
- **Elliptische Kurvenverläufe**:

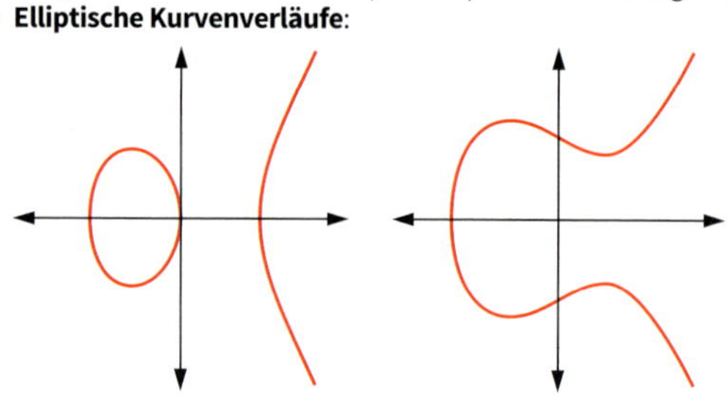

$y^2 = x^3 - x$ $\qquad$ $y^2 = x^3 - x + 1$

- Geeignet sind für die ECC-Technik Kurvenverläufe, bei denen keine Schnittpunkte auftreten.

## Codierungsidee und -einsatz

- Zwei Punkte $P$ und $Q$ mit $Q = n \cdot P$ sollen diskret bekannt sein. $n$ ist zu bestimmen. Und diese Bestimmung ist hochkomplex.
- Die komplexe Mathematik garantiert die hohe Effektivität und Qualität der Verschlüsselung. Dies hat zur Folge, dass mit relativ geringen Schlüssellängen sichere Kodierungen zu erzielen sind.
- Der Schlüssellänge kann bei etwa 5 % der Schlüssellänge im Diffie-Hellmann-Verfahren (384 Bits gegenüber 7.680 Bits) liegen. Insofern sind ECC-Systeme schneller als RSA-Systeme.
- Einsatzbereiche:
  – Öffentliche Kommunikation (Regierung, Botschaften)
  – Radaranlagen (Straßenverkehr), Navigationssysteme
  – Kartensysteme, Smartcards und eingebettete Systeme (Embedded Systems) zum Beispiel im Kfz-Bereich.
- Probleme: Viele Ideen zum ECC-Verfahren sind patentrechtlich geschützt. Zugleich wird so eine Exklusivität garantiert.

# Symmetrische und asymmetrische Verschlüsselung
## Symmetrical and Asymmetrical Encryption

### Unterschiede

- **Symmetrische** Verfahren: Ein Schlüssel für die Ver- und Entschlüsselung.
- **Asymmetrische** Verfahren: Ein Schlüsselpaar für die Ver- und Entschlüsselung.
- **Hybridverfahren**: Kombination aus symmetrischer und asymmetrischer Verschlüsselung, zusätzlich ein Sitzungsschlüssel (Session-Key).

### Symmetrische Verschlüsselung

- Bei diesem Kryptosystem erfolgt die Ver- und Entschlüsselung mit demselben Schlüssel.
- Der Schlüsselaustausch (geheimer Schlüssel) zwischen den Teilnehmern kann in einem persönlichen Treffen, per Briefpost, SMS oder per Telefon erfolgen.
- Die Verteilung über ein Netzwerk kann mittels Schlüsselaustauschprotokollen oder unter Anwendung asymmetrischer Verschlüsselungsverfahren realisiert werden.
- Vorteil: Die Verschlüsselung und Entschlüsselung ist schneller als beim asymmetrischen Verfahren. Daher ist es für große Datenmengen gut geeignet.
- Nachteil: Bei diesem Verfahren ist ein sicherer Kanal für den Schlüsselaustausch erforderlich.
- Verschlüsselungsalgorithmen:
  - **AES** (**A**dvanced **E**ncryption **S**tandard)
  - **DES** (**D**ata **E**ncryption **S**tandard)

### Ablauf der symmetrischen Verschlüsselung

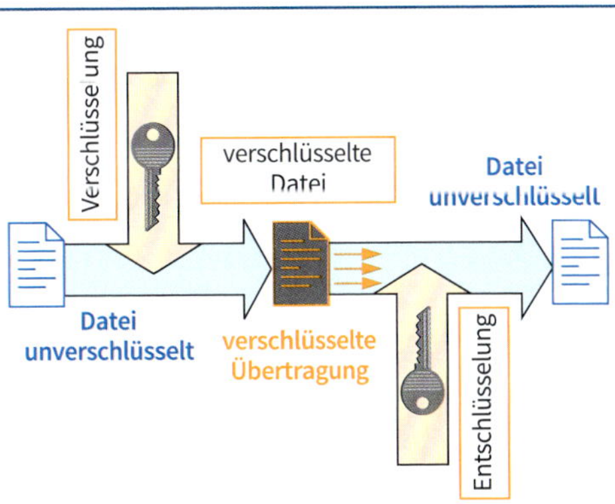


### Asymmetrische Verschlüsselung

- Public-Key-Verschlüsselungsverfahren
- Bei diesem Verfahren werden zwei Schlüssel verwendet.
  - **Öffentlicher Schlüssel** (Public-Key, für jeden zugänglich)
  - Privater Schlüssel (geheim).
- Die Verschlüsselung erfolgt mit öffentlichen Schlüsseln, die z. B. auf öffentlichen Schlüsselservern hinterlegt sind.
- Die Entschlüsselung kann nur mit dem privaten Schlüssel erfolgen.
- Vorteil: Es ist nur ein privater Schlüssel für alle Kommunikationsverbindungen vorhanden.
- Nachteil: Die Schlüsselerzeugung ist aufwändig.

### Ablauf der symmetrischen Verschlüsselung

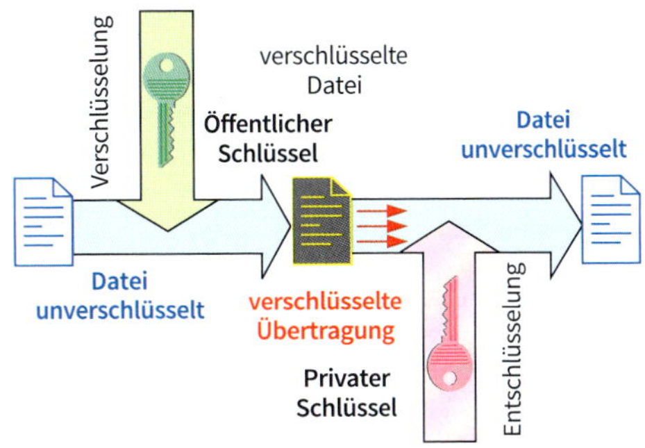


### Hybride Verfahren

- Hybrid: Verschiedenartige Zusammensetzung
- Die Verschlüsselung der Datei erfolgt mit einem symmetrischen Verfahren ①. Dazu generiert der Sender für sich einen einmalig verwendbaren Schlüssel (**Session Key**).
- Zusätzlich wird der Session-Key mit dem öffentlichen Schlüssel ② vom Empfänger verschlüsselt.
- Die symmetrisch verschlüsselte Datei wird mit dem asymmetrisch verschlüsselten Public-Key zusammengefügt ③ und gemeinsam übertragen.
- Auf der Empfängerseite wird zunächst der Session-Key mit dem Private-Key ④ entschlüsselt ⑤.
- Mit dem entschlüsselten Session-Key wird am Ende die Datei entschlüsselt ⑥.
- Verschlüsselungsalgorithmen:
  - **IDEA** (**I**nternational **D**ata **E**ncryption **A**lgorithm)
  - **RSA** (Urheber: **R**ivest, **S**hamir, **A**dleman)

### Ablauf der hybriden Verschlüselung

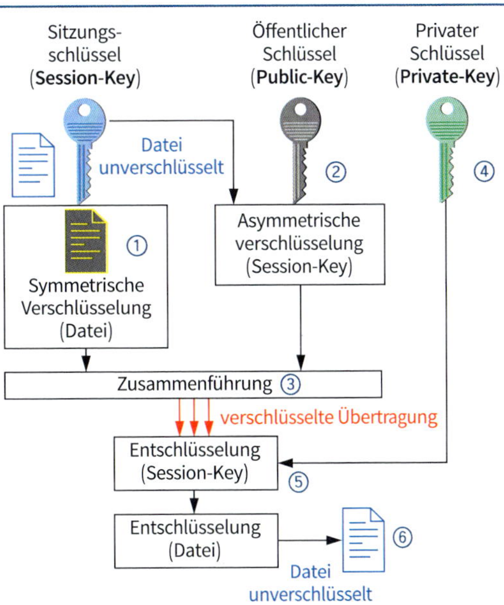

## Hintergrund

- Ziel ist es, durch die Aufnahme von kryptografischen Aspekten in Netzprotokollen die aktive und passive Sicherheit bei der Datenübertragung in Netzen zu gewährleisten.
- Im Kern werden aktive und passive Netzbedrohungen bzw. Angriffe unterschieden:

**Passive Angriffe:** → Datenzugriff ohne Manipulation

**Aktive Angriffe:** → Datenmanipulation
- **IP Spoofing:** Änderung des IP-Headers (Verschleierung von Angriffen)
- **Port Scans:** offene Türen
- **DNS Poisoning:** Täuschungen; Veränderung (Manipulationen bei DN-Servern)
- **DoS: D**enial-**o**f-**S**ervice-Angriffe

- Im Detail sollen folgende Aspekte garantiert werden:

**Anonymität**
Die Identität der Beteiligten bleibt gegenüber Dritten gewahrt.

**Authentizität**
Den Beteiligten ist der Kommunikationspartner bekannt.

**Vertraulichkeit**
Die übermittelten Inhalte bleiben gegenüber Dritten vertraulich.

**Integrität**
Der Informationsinhalt wird während der Übertragung nicht verändert. (Eingriffe werden sicher erkannt.)

**Verbindlichkeit**
Der Partner kann – auch gegenüber Dritten – sicher identifiziert und belegt werden.

Verstöße gegen diese Grundaspekte sollen mit den eingesetzten Sicherungsverfahren verhindert und zugleich erkannt werden.

- In den Bedrohungsszenarien werden Angriffe bzw. Eingriffe zu verschiedenen Beziehungen thematisiert:
  - Bürger – Bürger und Behörde – Behörde
  - Bürger – Staat respektive Staat – Bürger
  - Unternehmen – Staat respektive Staat – Unternehmen
  - Kunde – Unternehmen respektive Unternehmen – Kunde

## Sicherheitsarchitektur gemäß ISO

1. **Analyse** der **Gefährdungen und Bedrohungen**
   - Abhören von Informationen (Vertraulichkeit)
   - Identifizieren der Kommunikationspartner (Anonymität)
   - Erkennbare Manipulation der Inhalte (Integrität der Nachricht)
   - Unerkennbare Manipulation der Inhalte (Nachrichtenintegrität)
   - Fälschen der Senderangabe (Authentizität)
   - Fälschen der Empfänger-Identität (Authentizität) – Maskerade
   - Weiterleitung an Dritte (Zugriffsverletzung)
   - Vortäuschen eines (falschen) Empfängers
   - Sende- bzw. Empfangsverleugnung (Verbindlichkeit)

2. **Reaktionen**

2a. Festlegung der **Sicherheit**

2b. Bestimmung der **passiven Sicherung** der **Vertraulichkeit** (Protokoll-Dienste)

2c. Auswahl von **aktiven Mechanismen** (Verschlüsselungsverfahren)

2d. Einsatz von Verschlüsselungsalgorithmen

- **E-Mail-Prozesse** – siehe allgemein: RFC 822
- Sicherungsprotokolle: – POP (Post Office Protocol) und:
  - POP3 (Post Office Protocol Version 3); - IMAP; - MIME;
  - SMTP; - S/MIME ( ) - Standard für sichere E-Mails

## Verfahren

| Abk. | Name/Hinweise | (RFC) etc. |
|---|---|---|
| [**OSI – x**] – Schicht x im OSI; [**SV**] - Symmetrisches Verfahren; [**AV**] – Asymmetrisches Verfahren; [**BCh**] – Bloch Chiffren | | |
| AES | Advanced Encryption Standard [**SV**](3602, 3566, 3686) | |
| AH | Authentication Header | 2402 |
| CBC | Cipher Block Chaining [**BCh**]; Cipher Feedback-Modus (CFB); Output Feedback-Modus (OFB) | |
| CMS | Cryptographic Message Syntax | 2630 |
| CSS | Content Scramble System | |
| DAS | Digital Signature Algorithmus – eine ElGamal-Variante | |
| DES | Data Encryption Standard [**SV**] (und Triple-DES: 3-DES) | |
| Diameter | Protokoll: löst Radius ab | 2058 |
| DSS | Digital Signature Standard | |
| ECB | Electronic Codebook-Modus [**BCh**] | |
| ElGamal | Von Taher Elgamal – Basis diskreter Logarithmus [**AV**] | |
| ESP | Encapsulation Security Payload Zur Realisierung der IP-Vertraulichkeit) | 1829, 2405, 2451 |
| HTTP | Hypertext Transfer Protocol | 2069, 2616 |
| S-HTTP | Secure-HTTP (Konkurrent von SSL) | 2660 |
| IDEA | International Data Encryption Algorithm [**SV**] (Blocklänge: 64 Bit; Schlüssellänge 128 Bit) | |
| IKE | Internet Key Exchange | 2408/9 |
| IMAP | Internet Message Access Protocol | 1730 |
| IPv4 | Internet Protocol - Version 4 bzw. 6 | 791 |
| IPv6 | Zentrales Protokoll der OSI-Schicht 3 | 1883 |
| IPSec | IP Security (over L2TP) [**OSI** – 4] (Verschlüsselung: ESP; Authentifizierung: AH, ESP; Schlüsselmanagement: IKE) (im Transport Mode oder im Tunnel Mode) | 2888 |
| MAC | Message Authentication Code | 2104 |
| MIME | Multipurpose Internet Mail Extensions | 2045–2049 |
| NAT | Network Address Translation | 3715, 3947f. |
| OCSP | Online Certificate Status Protocol | 2560 |
| PEM | Privacy Enhanced Mail | 1421–1424 |
| PGP Open PGP | Pretty Good Privacy (von Phil(ip) R. Zimmermann) – de facto Internet-Standard | 1991, 2015, 2440 |
| PKCS | **S/MIME-Standard** | 2634 |
| POP | Post Office Protocol | 1725 |
| POP3 | Post Office Protocol Version3 | 1725 |
| PPP | Point-to-Point-Protocol: Speziell für Einwahlverbindungen in Netze | 1661 |
| RADIUS | Remote Authentication Dial-In User Service | 2058 |
| SKIP | Simple Key Management for Internet Protocols | |
| SMTP | Simple Mail Transfer Protocol | 821 |
| S/MIME | (Enhanced) Security Multipurpose Internet Mail Extensions => sichere E-Mails | 2311–2315 2632–2634 |
| SSL | Secure Socket Layer-Protocol | |
| SSL V3 | 3. SSL-Version (genaue Bezeichnung: Transport Layer Security Protocol Version) | 2246 |
| SMTP | Simple Mail Transfer Protocol | 821 |
| WEP/WPA/2, EAP – [W-LAN-Sicherungsprotokolle] | | |
| X.509 | Zertifikationsstandard | 3280 |

## Funktion und Aufbau

- Bandlaufwerke sind Geräte zur Speicherung, Sicherung und Archivierung von mittleren bis großen Datenmengen auf externen Kassetten (Cartridges), die Magnetbänder enthalten. Bandlaufwerke sind als externe Geräte oder Einbaugeräte verfügbar.
- Die Laufwerke bestehen aus einem Antrieb für zwei Spulen und verfügen über einen Schreib-/Lesekopf sowie einen Löschkopf.
- Die Daten werden seriell geschrieben bzw. gelesen.
- Die Speicherkapazität hängt ab von der Bandlänge und dem verwendeten Standard. Sie reicht von ca. 120 MB bis zu einigen TB.
- Vorteile gegenüber anderen Speichermethoden:
  - hohe Speicherkapazität,
  - geringe Kosten,
  - lange Lebensdauer,
  - schnelle Übertragung großer Datenmengen,
  - geringer Platzbedarf für die Lagerung der Bänder.
  - Bänder können wieder verwendet werden.
- Textkomprimierung etwa 2,5 : 1

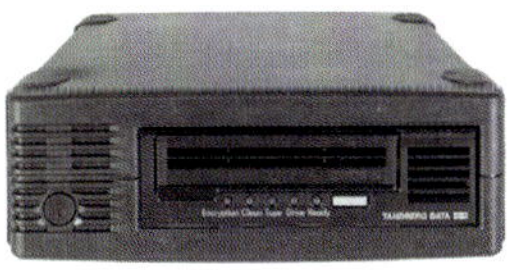

LTO-5 Laufwerk

## Schreibverfahren

- Start-Stopp-Verfahren
  - Zum Schreiben wird das Band zunächst auf eine Mindestgeschwindigkeit beschleunigt (Startphase).
  - Nach dem Schreiben des Datenblocks wird das Band wieder gestoppt.
  - Zwischen den Datenblöcken entstehen „leere" Bereiche (Klüfte, Interblock-Gaps)
- Streaming-Verfahren
  - Das Band wird kontinuierlich beschrieben.
  - Das Streaming-Verfahren ist schneller als das Start-Stopp-Verfahren und bandschonender.

## Standards

Die Kapazitätsangaben gelten für unkomprimierte Daten.

- **AIT** (**A**dvanced **I**ntelligent **T**ape)
  AIT-1 (35 GB; max. 10,4 MB/s) … AIT-3 (100 GB, max. 31,2 MB/s), SAIT-1 (500 GB; max. 78 MB/s)
- **DAT** (**D**igital **A**udio **T**ape)
  **DDS** (**D**igital **D**ata **S**torage)
  DDS-3/DAT-24 (12 GB; 2,2 MB/s) … DDS-5/DAT-72 (36 GB; max. 6 MB/s)
- **Travan**
  TR-1 (0,4 GB; max. 0,125 MB/s) … TR-6 (20 GB; max. 4 MB/s)
- **DLT** (**D**igital **L**inear **T**ape)
  DLT 4000 (20 GB; 3 MB/s); DLT 7000 (35 GB; 29 MB/s)
- **SDLT** (**S**uper **D**igital **L**inear **T**ape)
  SDLT-1/SDLT 320 (160 GB; 32 MB/s); SDLT-2/SDLT 600 (300 GB; 72 MB/s)
- **LTO** (**L**inear **T**ape **O**pen)
  Ultrium 2 (200 GB; 80 MB/s) … Ultrium 12 (192000 GB; 540 MB/s)

## Lineare Aufzeichnung

- Das Magnetband (mit Eisenoxid) wird in Vorwärts- und Rückwärtsrichtung auf mehreren nebeneinander liegenden Spuren beschrieben.
- Die aufgezeichneten Daten werden gelesen und mit den zwischengespeicherten Daten verglichen.
- Neben den eigentlichen Daten werden auch Daten- und Servicespuren (z. B. für die Kopfnachführung) auf dem Band gespeichert.
- Bandbreite: 6 mm (QIC), 8 mm (Travan), 13 mm (DLT)
- Beispiele für Standards: DLT, QIC, Travan
- Vorteil: Hohe Geschwindigkeit (z. B. DLT 7000 ca. 4 m/s, vier Spuren werden gleichzeitig gelesen)
- Geringere Zugbelastung des Bandes und dünnes Bandmaterial als bei der Schrägspuraufzeichnung

**Kopf bei linearen Systemen**

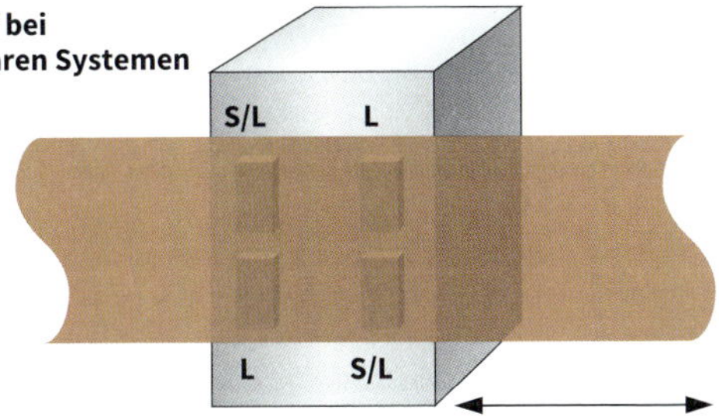


L: Löschkopf S/L: Schreib-Lesekopf

## Schrägspuraufzeichnung (Helical Scan)

- Das Magnetband (mit Eisenoxid) bewegt sich langsam an den Schreib- und Leseköpfen der schräg angebrachten Kopftrommel vorbei.
- Die aufgezeichneten Daten werden nach dem Schreiben gelesen und mit den zwischengespeicherten Daten verglichen.
- Bei Fehlern werden sie beim nächsten Durchgang noch einmal geschrieben. Durch die diagonale Spur wird erreicht, dass die Spur etwa achtmal so lang ist wie die Breite des Bandes.
- Bandbreite: 4 mm, 8 mm, 19 mm
- Beispiele für Standards: DAT, DDS, AIT
- Vorteil: Dicht aneinander liegende Spuren sind verantwortlich für eine hohe Kapazität.
- Nachteile: Aufwendige Mechanik, da das Band straff gespannt sein muss, Suchvorgänge sind langsam (Abhilfe: Partitionierung des Bandes)

**Kopftrommel bei Schrägspur-Systemen**

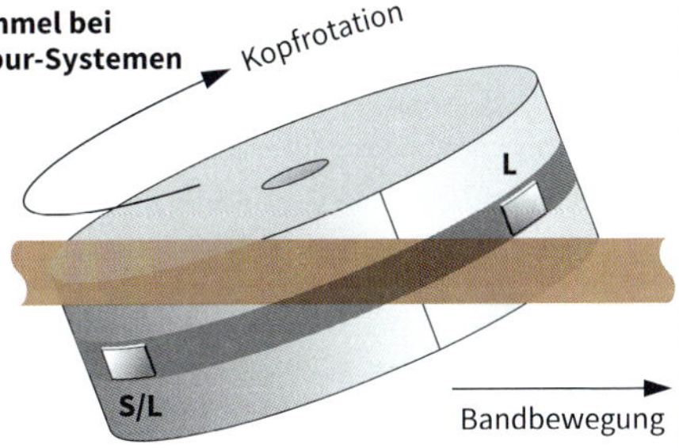


L: Löschkopf S/L: Schreib-Lesekopf

### Merkmale und Anwendungen

- Nicht flüchtige Wechselspeicher (Flash-Speicherung)
- Kompatibel zu PC und Laptop (ggf. Kartenlesegerät)
- Vorwiegend eingesetzt in Kleingeräten: Digitalkamera, Videokamera, MP3-Player
- Es werden unterschieden:
  - Speicherkarten mit integriertem Controller (CF-, MMC- und SD-Karten)
  - Speicherkarten ohne Controller (SM-Karten)

### Flash-Speicherung

- Die Bytes können einzeln adressiert und gelesen werden.
- Das Schreiben und Löschen kann nur blockweise erfolgen.
- Ein Überschreiben einzelner Daten ist nicht möglich. Bei jeder Änderung muss der Block komplett gelöscht werden. Zugriffszeit ca. 100 ns.
- Lebensdauer ca. 100.000 Schreib- und Löschzyklen.
- Hohe Widerstandsfähigkeit, geringe Energieaufnahme.

Die Speicherung erfolgt über das Floating-Gate ① des Flash-FETs. Es isoliert das Gate von der Source-Drain-Strecke. Wenn das Floating Gate geladen ist, ist der Stromfluss zwischen Drain und Source abgeschnürt (0-Zustand). Beim Programmieren wandern Elektronen zum Gate (Tunneleffekt; Blitz = Flash), es fließt Strom (0-Zustand).

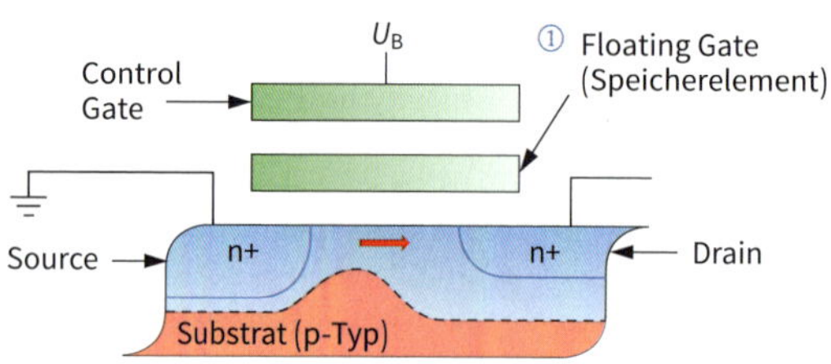


### Beispiele

SD Card

CFexpress

CompactFlash

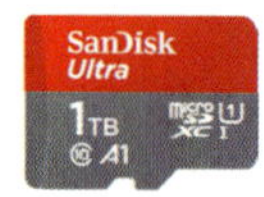


microSD

### Microdrive

- Magnetische Speicherung auf einer Miniaturfestplatte mit 3.600 Umdrehungen pro min
- Abmessungen in mm: 42,8 x 36,4 x 5
- Kapazität: 340 MB bis 8 GB
- Datenrate: max. 4,2 MB/s

### Arten

- CompactFlash (**CF**)
  - Typ I, Typ II, CFast Typ I und II
- Memory Stick (**MS**)
  - Memory Stick Select, Memory Stick PRO, Memory Stick PRO Duo, Memory Stick PRO-HG Duo, Memory Stick XC Duo, Memory Stick XC-HG Duo, Memory Stick Duo, Memory Stick Micro, Memory Stick HG Micro, Memory Stick XC Micro, Memory Stick XC-HG Micro
- MultiMediaCard (**MMC**)
  - MMCplus, MMCmobile, MMmicro, MMC DV
- Reduced Size MultiMedia Card (**RS-MMC**)
- Secure Digital Memory Card (**SD**)
  - SDHC, SDXC, miniSD, miniSDHC, microSD, microSDHC, microSDXC
- SmartMedia (**SM**)
- xD-Picture Card (**xD**)
  - xD Typ M, xD Typ M+, xD Typ H

### Ansteuerung (Speichern und Lesen)

- Bytes oder Worte (bis 64 Bit) lassen sich einzeln adressieren.
- Das Löschen ist nur in größeren Einheiten (Sektoren, in der Regel ein Viertel, Sechzehntel, ...) der Gesamtkapazität möglich.
- Beim Wiederbeschreiben ist immer erst eine Löschoperation erforderlich.
- Oft müssen beim Schreiben besondere Kommandos gegeben werden.
- Flash-Speicher verwenden optimierte Dateisysteme.
- Der Schreibzugriff ist erheblich langsamer als der Lesezugriff. Zusätzliche Verzögerungen können entstehen (ganze Blöcke werden gelöscht).
- Die Lebensdauer eines Flash-Speichers ist begrenzt. Sie wird in einer maximalen Anzahl der Löschzyklen angegeben.

# Speicherkarten
Memory Cards

## CF-Karte

- **CF: C**ompact **F**lash (CompactFlash)
- Neben dem Flash-**Speicher** befindet sich auf dem Chip ein Controller, der den Speicher verwaltet und die Schnittstelle realisiert.
- **Typ I**: 42,8 mm x 36,4 mm x 3,3 mm (Typ-I-Karten funktionieren auch im Typ-II-Slot)
- **Typ II**: 42,8 mm x 36,4 mm x 5 mm
- Anwendungen: Digitale Fotoapparate (professionelle Spiegelreflexkameras), PCs, Netzwerkkomponenten, PDAs (Personal Digital Assistants)
- Der Anschluss (50-polig, geschützte Kontakte) ist kompatibel mit der PATA-Schnittstelle, Varianten bauen darauf auf.
- Angabe der **Datenübertragungsraten**:
  - Standardkarten besitzen häufig keine Angaben. Sie betragen dann etwa 10 MB/s. Bezeichnungsvarianten sind: Pro, Ultra, Extreme, Highspeed.
  - Direkte Angabe in MB/s
  - Vielfaches bezogen auf die Lesegeschwindigkeit von CD-ROM-Laufwerken (1x ca. 150 kB/s), z. B. 80x bedeutet: 12 MB/s
- **Dateisystem**: beliebig (FAT16/32 empfohlen)
- **Lesezugriff** < 1 ms
- **Schreibzugriff**: 10 ms bis 35 ms
- Betriebsspannungen (CF I und CF II) 3,3 V ± 5 % oder 5 V ± 10 %, Stromstärke im Ruhezustand 0,5 mA bis 1 mA
- **Kapazität**: 2 MB bis 128 GB

## XQD-Karte

- Speicherkarte mit hoher Datenübertragungsrate: Lesegeschwindigkeit 400 MB/s, Schreibgeschwindigkeit 350 MB/s Mbyte/s (Serie G)
- Markteinführung 2011 (Sony), Nachfolger für Compact-Flash
- Anwendung: Professionelle Digitalfotografie (z. B. Serienfotos, Belichtungsreihen, RAW-Format) und Videoaufzeichnung (z. B. für 4K und 60p)
- PCI-Express Schnittstelle und USB 3.0
- Abmessungen: Dünner als eine CF-Karte; (BxTxH) 29,6 mm x 3,8 mm x 38,5 mm
- Masse: ca. 10 g
- Kapazität: 16 GB bis 128 GB
- Besondere Kartenlesegeräte erforderlich
- Datenübertragungsraten:

| Serie | N | S | G |
|---|---|---|---|
| Lesegeschwindigkeit in MB/s | 125 | 180 | 400 |
| Schreibgeschwindigkeit in MB/s | 80 (64 GB)<br>60 (32 GB) | 180 | 350 |

## SD-Karte

### Merkmale

- **SD: S**ecure **D**igital (Memory Card); sichere digitale Speicher-karte
- Auf Basis der älteren MMC-Karte (MultiMediaCard) entwickelt
- Flash Speicherung, integrierter Controller
- Standardspeicherkarte für Mobiltelefone, Digitalkameras, MP3-Player, mobile Navigationsgeräte …
- Bezeichnungen für Kartenformate:
  - **SD** für Standardformate
  - **SDHC** (**SD H**igh **C**apacity), SD 2.0
  - **SDXC** (**SD** e**X**tended **C**apacity), SD 3.0
  - Für kleinere Speicherkarten folgende Vorsilben: **mini** …; **micro** (Adapter für SD-Kartenformate)

### Datenübertragungsraten, Leistungsklassen

- Die Zahl im rechts offenen Kreis (Speed-Klasse) kennzeichnet die folgenden Schreibgeschwindigkeiten (mindestens):

| | |
|---|---|
| CLASS 2 | 16 Mbit/s (2 MB/s) |
| CLASS 4 | 32 Mbit/s (4 MB/s) |
| CLASS 6 | 48 Mbit/s (6 MB/s) |
| CLASS 10 | 80 Mbit/s (10 MB/s) |

- **Schreibschutz**: Der Schieber an der Kartenseite ist kein mechanischer Schalter. Die Einstellung wird von der Gerätesoftware ausgewertet.

### Kartenformate

| | SD | SDHC | miniSD | miniSDHC | microSD | microSDHC |
|---|---|---|---|---|---|---|
| Merkmale | 24; 2,1; 32 | 24; 2,1; 32 | 20; 1,4; 21,5 | 20; 1,4; 21,5 | 11; 1,0; 15 | 11; 1,0; 15 |
| | Abmessungen in mm | | Abmessungen in mm | | Abmessungen in mm | |
| Masse | ca. 2 g | | ca. 1 g | | ca. 0,5 g | |
| Pins | 9-polig | | 11 Pins | | 8 Pins | |
| Spannung | 2,7 V–3,6 V | | 2,7 V–3,6 V | | 2,7 V–3,6 V | |
| Schreibschutzschalter | ja | | nein | | nein | |
| Kopierschutz | CPRM[1)] | | CPRM[1)] | | CPRM[1)] | |
| Kompatibilität | – | | ja, mit Adapter | | ja, mit Adapter | |
| Dateisystem | FAT16/32 | FAT32 | FAT16/32 | FAT32 | FAT16/32 | FAT32 |
| Kapazität | bis 2 GB | 4 GB bis 32 GB | bis 2 GB | 4 GB bis 32 GB | bis 2 GB | 4 GB bis 32 GB |

[1)] **CPRM: C**ontent **P**rotection for **R**ecordable **M**edia

## Kartengrößen

### Kartenformate

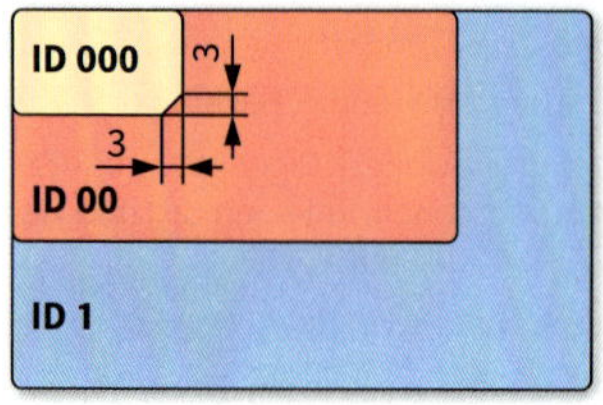


### Kartenmaße

| Kartenformat | Breite in mm | Höhe in mm | Dicke[1)] in mm |
|---|---|---|---|
| ID 000 | 25 | 15 | 0,76 |
| ID 00 | 66 | 33 | 0,76 |
| ID 1 | 85,6 | 53,98 | 0,76 |
| ID 2 | 105 | 74 | 0,76 |
| ID 3 | 125 | 88 | 0,76 |

[1)] Für Karten ohne Prägung und ohne magnetische Aufzeichnung dürfen andere Dickenwerte festgelegt werden.

## Hochgeprägte Karten

Die geprägten Schriftzeichen sind für die Datenübertragung (durch Druckvorrichtung oder visuelles/maschinelles Lesen) bestimmt.

### Identifikationsnummernzeile

Zeile für Schriftzeichen nach ISO 7811-1 mit maximal 19 Schriftzeichen-Positionen mit einer Nominaldichte von 7 Schriftzeichen je 25,4 mm. Die Zahl der benutzten geprägten Schriftzeichenpositionen hängt von den Erfordernissen der Anwender ab.

### Namen- und Adressfeld

4 Zeilen mit je 27 Schriftzeichen nach ISO 7811-1 mit einer Nominaldichte von 10 Schriftzeichen je 25,4 mm.

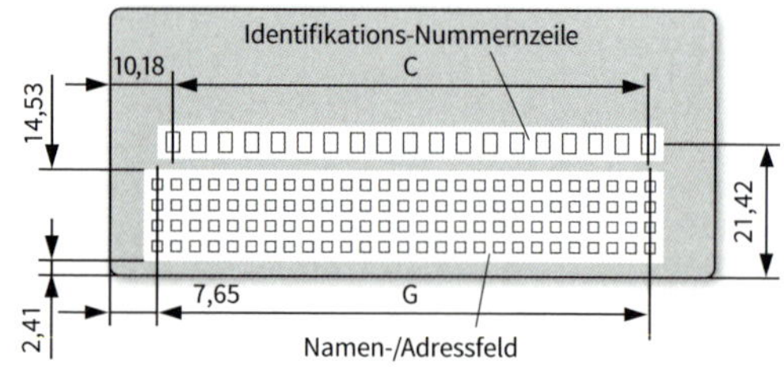


Größte kumulierte Grenzabweichung zwischen den Mittellinien des ersten und des letzten Schriftzeichens jeder Zeile +0,08 mm (Grenzabweichung von C und G).

## Magnetstreifenkarten

### Lage des Magnetstreifens

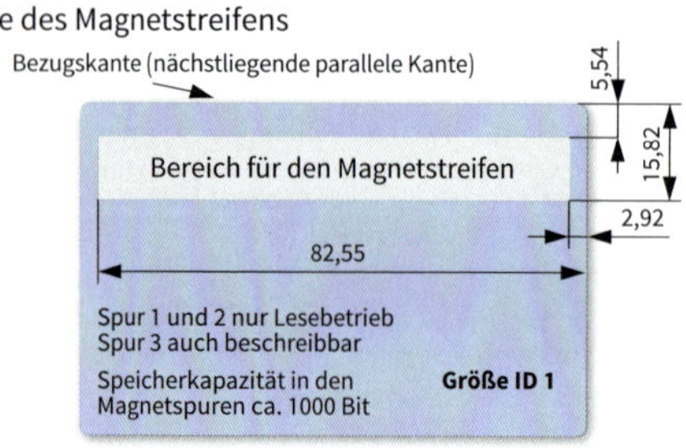


### Lage der Spuren 1, 2 und 3

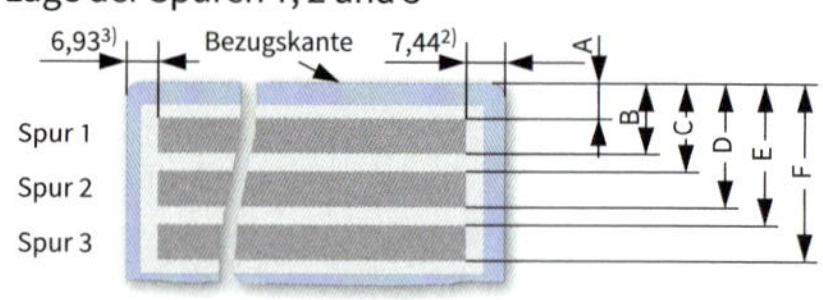


| Maß | maximal | minimal | Maß | maximal | minimal |
|---|---|---|---|---|---|
| A | 5,66 | – | D[1)] | 12,27 | 11,76 |
| B | 8,97 | 8,46 | E[1)] | 12,52 | 12,01 |
| C | 8,97 | 8,46 | F[1)] | 15,82 | 15,32 |

[1)] nur gültig, wenn Spur 3 vorhanden [2)] 1. Bit [3)] letztes Bit

## Chipkarten

- **Speicherchipkarten**
  Ohne Sicherheitslogik, z. B. Krankenversicherungskarte (meist EEPROM)
- **Intelligente Speicherchipkarten**
  mit festverdrahteter Sicherheitslogik, z. B. Telefonkarte
- **Prozessorchipkarte**
  Intelligente Chipkarte (smartcard) mit Mikroprozessor, RAM, ROM, EEPROM und seriellem Ein- und Ausgabeport.

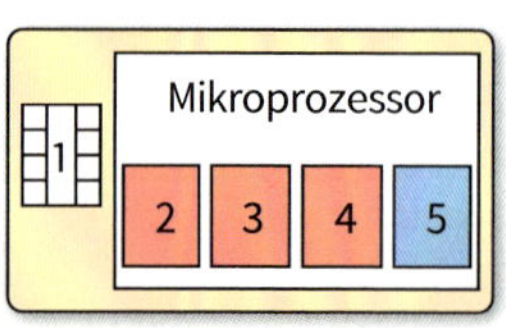


Prozessorchipkarte
1 Kontaktfelder des Chip
2 RAM
3 ROM
4 EEPROM
5 Serielle Ein-/Ausgabe-Schnittstelle

- **Cryptokarte mit mathematischem Coprozessor**

### Kontaktbehaftete Karte

| Kontaktbelegung | Kontakt | Signalname | Funktion |
|---|---|---|---|
| 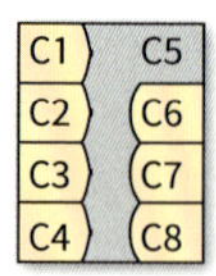 | C1 | $V_{CC}$ | Versorgungsspannung |
| | C2 | RST | Reseteingang |
| | C3 | CLK | Takteingang |
| | C4 | RFU | Reserviert |
| | C5 | GND | Masse |
| | C6 | $V_{PP}$ | Programmierspannung |
| | C7 | I/O | Ein-/Ausgang, seriell |
| | C8 | RFU | Reserviert |

### Kontaktlose Karte

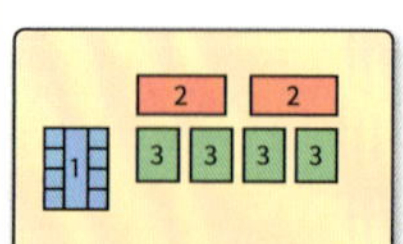


Energieübertragung meist induktiv, Datenübertragung induktiv oder kapazitiv
1 Interne Anschlüsse des Chips
2 Koppelspulen in der Chipkarte
3 Kapazitive Koppelflächen in der Chipkarte

# Nichtflüchtige Speicher
## Non-Volatile Memory

### EEPROM

- **E**lectrically **E**rasable **P**rogrammable **R**ead **O**nly **M**emory: elektrisch lösch- und programmierbare Nur-Lese-Speicher.
- Aufbau ähnlich der EPROM-Speicherzelle.
- Dünnere Oxydschicht zwischen schwebendem Gate und Auswahlgate.
- Elektronen können durch äußere elektrische Spannung in beide Richtungen verschoben werden.
- Nachteile: geringe Anzahl von Schreibvorgängen ($\leq 10^3 \ldots 10^4$); lange Schreib- und Löschzeiten für die Datenbytes.
- Speicherinhalte bleiben nach Spannungsabschaltung erhalten.

### NVRAM/FRAM

- **N**on **V**olatile **R**andom **A**ccess **M**emory: RAM mit unverlierbaren Daten.
- Bestehen aus SRAM-Zellen und angekoppelten EEPROM-Zellen.
- Solange Betriebsspannung vorhanden, wird RAM-Bereich aktiv.
- Bei Spannungsausfall werden Daten des RAM-Bereichs in EEPROM-Bereich automatisch übertragen.
- Nach Spannungsrückkehr werden Daten zurückgeschrieben.
- **FRAM** (**F**erroelectric **RAM**) bieten kürzere Schreibzeiten, geringeren Energiebedarf, höhere Anzahl an Schreib-/Lesezyklen als EEPROM. Anwendung z. B. in Smart Cards (Mobiltelefonen).

### Flash EEPROM

- Speicherzellen sind ähnlich aufgebaut wie bei EEPROM.
- Oxydschichtdicke für schwebendes Gate ca. 120 nm.
- Ladungsträger zwischen schwebendem Gate und Substrat durch elektrische Spannung in beiden Richtungen verschiebbar.
- Löschen des Speicherinhalts nur gesamt durch Löschimpuls möglich.
- Betriebsarten für die Bausteine werden über Kommandoregister gesteuert.
- Speicherinhalte bleiben nach Spannungsabschaltung erhalten.

### ROM/PROM

- **R**ead **O**nly **M**emory: Nur-Lese-Speicher
- **P**rogrammable **R**ead **O**nly **M**emory: programmierbarer Nur-Lese-Speicher
- Informationen sind remanent gespeichert.
- **ROM:** Programmierung erfolgt beim Halbleiterhersteller durch Einbringen von leitenden Verbindungen zwischen Zeile und Spalte in der Speichermatrix.
- Anwendung von ROMs nur bei großen Stückzahlen günstig.
- **PROM:** Programmierung erfolgt beim Anwender durch Aufschmelzen der programmierbaren Verbindung zwischen Zeile und Spalte in der Speichermatrix.

# ASIC – Anwendungsspezifische ICs
## ASIC – Application Specific Integrated Circuits

### Kundenspezifisch

- ICs werden speziell für einen Kunden von einem Halbleiterhersteller angefertigt.
- Grundlage sind Logikpläne, die die Schaltfunktionen beschreiben.
- Funktionen werden als Transistorschaltungen auf Halbleiterkristall realisiert.

Silizium-Grundmaterial

### Standardzellen

- Schaltfunktionen werden nicht auf Transistorebene entworfen.
- Halbleiterhersteller bieten Bausteinbibliotheken zur Umsetzung der Logikfunktionen.
- Bibliotheken enthalten z. B. Gatter, Schieberegister und Zähler als Makrozellen.

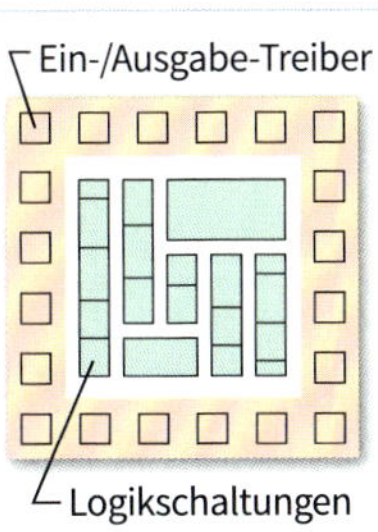


### Gate Array

- Gatter-Felder sind vorgefertigte Schaltungen (Gatter).
- Kundenspezifische Schaltungen werden durch Aufbringen von Metallisierungsverbindungen realisiert.
- Neben Digitalschaltungen sind auch Analog-Arrays realisierbar.

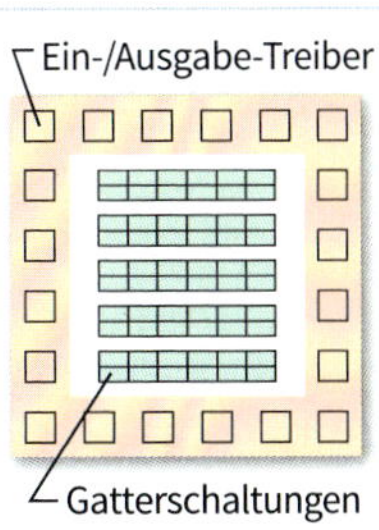


### PLD

- **P**rogrammable **L**ogic **D**evice: programmierbare Logikeinheiten
- **PLA: P**rogrammable **L**ogic **A**rray
- **PAL: P**rogrammable **A**rray **L**ogic
- **FPLA: F**ield **P**rogrammable **L**ogic **A**rray
- **EPLD: E**rasable **P**rogrammable **L**ogic **D**evice

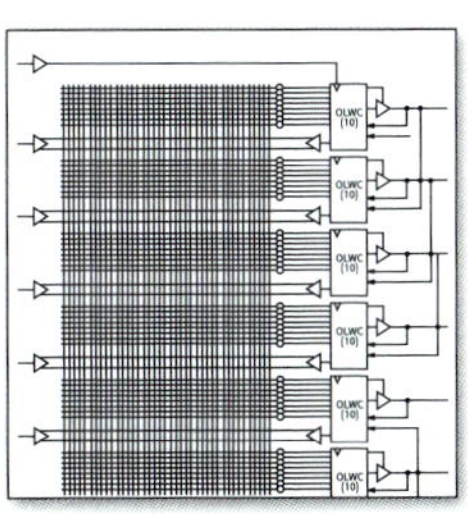

### Red Book[1)]

**Audio-CD, CD-Audio, CD-DA** (**D**igital-**A**udio)
- 2.352 Bytes als Nutzdaten/Sektor
- 882 Zusatzbytes (784 zur Fehlererkennung, 98 Kontroll-Bytes)
- Kapazität: 74 min Musik, max. 98 Titel

**CD-DA mit Grafik**
- Grafikdaten werden in den Kontrollbytes transportiert.

### Yellow Book[1)]

**CD-ROM**
- Enthält Spezifikationen der CD-DA
- Zusätzlich:
  - Fehlererkennung (EDC),
  - Fehlerkorrektur (ECC)
- Aufzeichnungsstandard ISO 9660
- Mode 1: Computerdaten mit 682 MB Kapazität
- Mode 2: Audio- und Grafikdaten mit 778 MB Kapazität

### Blue Book[1)]

**CD-Extra, CD-Plus, CD-V**
- Audio und Daten
- Kombination aus Red- und Yellow-Book

### Orange Book[1)]

**CD-MO** (**M**agneto **O**ptical)
- Datenträger, die mehrfach beschrieben werden können

**CD-R** (**R**ecordable)
- Optisch beschreibbarer Datenträger

**CD-RW** (**R**ead **W**rite)
- Mehrfach beschreibbare CD-Medien

### Beige Book[1)]

**Photo-CD**
- Aufzeichnung und Wiedergabe von Bildern

### Green Book[1)]

**CD-I** (**C**omputer **D**isk **I**nteraktiv)
- Computerdaten
- Musik und Bilder
- 650 MB (72 min Video oder 19 h Ton)

### White Book[1)]

**Video-CD** (MPEG-Standard)
- Video in VHS-Qualität
- Kapazität: 75 min Video

[1)] Die technischen Spezifikationen (Standards) werden als „farbige“ Bücher bezeichnet.

## Audio-CD
Audio-CD

**Aufbau und Kenndaten**

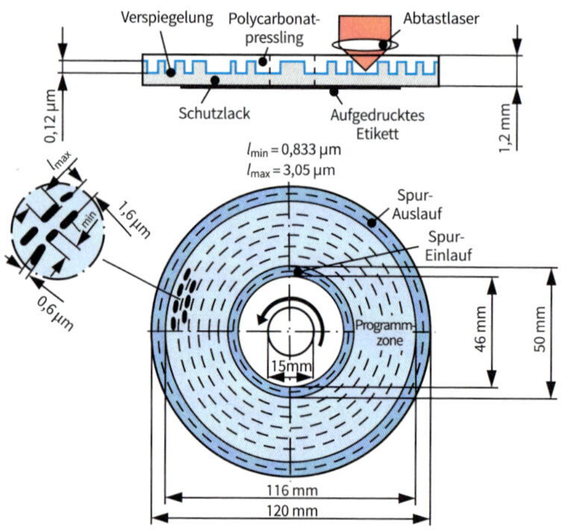


| | |
|---|---|
| Wiedergabedaten | 20 Hz … 20 kHz ± 0,5 dB, Dynamik: > 90 dB; Klirrfaktor: < 0,01 %; Kanaltrennung: > 90 dB |
| Spieldauer | max. 74 min |
| Drehzahl (veränderlich) | Innenabtastung: 500/min<br>Außenabtastung: 215/min |
| Abtastgeschwindigkeit | 1,2 m/s (70 min Spieldauer) … 1,4 m/s (60 min Spieldauer) |
| Drehrichtung | gegen Uhrzeigersinn |
| Leserichtung | spiralförmig, von innen nach außen |

| Optisches System | |
|---|---|
| Lichtquelle | Halbleiter-Laser (≤ 2 mW) AlGaAs, 780 … 820 nm |
| Tiefenschärfe | ± 2 µm |
| **Signalformat** | |
| Abtastung | 44,1 kHz Abtastfrequenz, L und R gleichzeitig, 1,41 Mbit/s |
| Codierung und Quantisierung | PCM, 2er-Komplement, 16 Bit linear |
| **Aufzeichnungsformat** | |
| Fehlerkorrektur-Code | CIRC: Cross-Interleaved-Reed-Solomon-Code (Verschachtelung mit Prüfwort ergänzt) |
| Kanal-Modulation | EFM: Eight to Fourteen Modulation; 8–14 Modulation; 8 Bit breite Symbole werden zu 14 Bit breiten Wörtern umgesetzt. |
| Sample | Abtastwert: je 16 Bit für L und R |
| Frame | Rahmen: 6 Samples ergeben 1 Frame |
| Frame-Länge | Rahmenlänge: 588 Bits;<br>Synchronisation: 24 Kanalbits<br>Steuerung/Anzeige: 8 Datenb., 14 Kanalb.<br>24 Datenbytes: 192 Datenb., 336 Kanalb.<br>8 Fehlerkorrektur-Bytes: 64 Datenb., 112 Kanalb.<br>Zusatzbits: 102 Kanalbits |
| Merging bit (Mischbit) | Koppelbit zur Synchronisation, für den Übergang von einem Wort zum anderen |
| Kanalbitrate | 4,3218 Mbit/s |

## Vergleich DVD mit CD

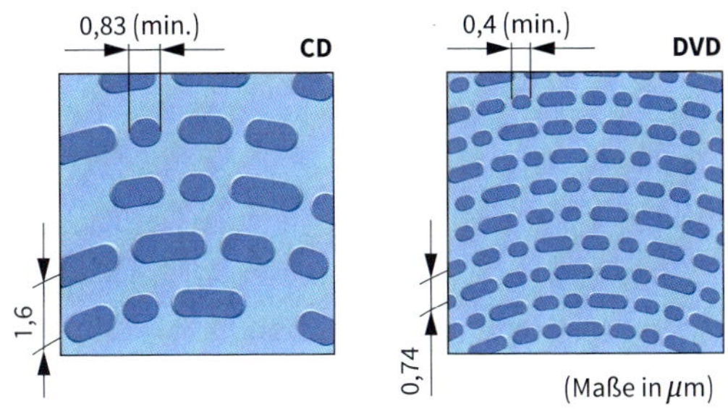


## Kenndaten

| | |
|---|---|
| Durchmesser | 120 mm (wie CD) |
| Dicke | 1,2 mm (wie CD) |
| Spurweite | 0,74 µm |
| Laser | 635 nm, 650 nm (Rot) |
| Kapazität (Daten) | 4,7 GB; 8,5 GB; 9,4 GB und 17 GB |
| Fehlerkorrektur | RS-PC (Reed Solomon Product Code) |
| Datentransferrate | 1 bis 10 MB/s (Mittelwert für Audio/Video) MPEG-2 |
| Bildkompression Dateisystem | Micro UDF (M-UDF) und/oder ISO 9660 |

## DVD-5, einseitig und einschichtig (4,7 GB)

- Eine Aufzeichnungsebene
- Ca. 2,2 Stunden Videoaufzeichnung möglich

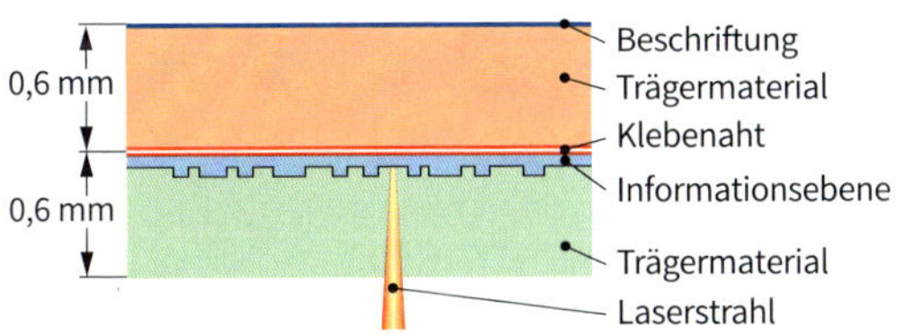


## DVD-9, einseitig und zweischichtig (8,5 GB)

- Zwei Aufzeichnungsebenen
- Ca. 4,4 Stunden Videoaufzeichnung möglich

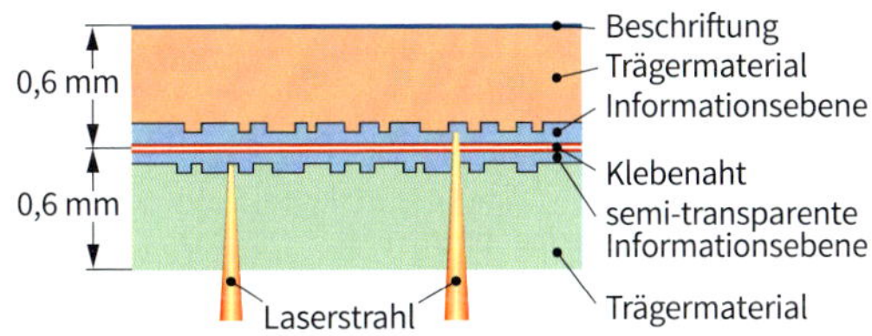


## DVD-10, beidseitig und einschichtig (9,4 GB)

- Im Prinzip zwei zusammengeklebte einschichtige DVDs
- Etwa 4 Stunden Videoaufzeichnung möglich

## DVD-18, beidseitig und zweischichtig (17 GB)

- Im Prinzip zwei zusammengeklebte zweischichtige DVDs
- Etwa 8 Stunden Videoaufzeichnung möglich

## Schreibformate

| Format | DVD-R | DVD-RAM | DVD-RW | DVD+RW |
|---|---|---|---|---|
| Einführungsjahr | 1997 | 1998 | 2000 | 2001 |
| beschreibbar | einmal | 100.000-mal | 1000-mal | 1000-mal |
| Kapazität in GB/Seite | 4,7 | 4,7 bzw. 9,4 | 4,7 | 4,7 |
| Reflexionsgrad in % | 45 bis 85 | 15 bis 35 | 18 bis 30 | 10 bis 20 |
| Aufzeichnungsmethode | Wobbled groove[1)] | Wobbled groove[1)] and land[2)] | Wobbled groove[1)] | High-frequency wobbled groove[1)] |
| Speicherverfahren | Organic Dye[5)] | Phase Change[6)] | Phase Change[6)] | Phase Change[6)] |
| Formatierung | CLV[3)] | Zoned CLV | CLV | CLV oder CAV[4)] |
| Laser-Wellenlänge Schreiben | 635 bzw. 650 nm | 650 nm | 650 nm | 650 nm |
| Laser-Wellenlänge Lesen | 650 nm | 650 nm | 650 nm | 650 nm |

1) „Wackelnde" Vertiefungen
2) Land: Erhöhung
3) **CLV: C**onstant **L**inear **V**elocity
Die Drehzahl des Mediums variiert, die Transferrate der Daten bleibt deshalb konstant.
4) **CAV: C**onstant **A**ngular **V**elocity
Die Drehzahl des Mediums bleibt konstant, die Transferrate der Daten wird von innen nach außen größer.
5) Die Aufzeichnungsschicht besteht aus organischem Farbstoff (Organic Dye), der sich bei der Erhitzung durch den Schreib-Laserstrahl so verfärbt, dass von diesen Stellen der Laserstrahl beim Lesen weniger stark reflektiert wird (Pits). Die Leistung des Lasers beträgt 6 bis 12 mW.
6) Phasen-Wechsel: Der Laserstrahl erhitzt Zonen der Aufzeichnungsschicht (ca. 200 °C), die Metallatome ordnen sich kristallin an, der Refexionsgrad erhöht sich, der Zustand bleibt bei Abkühlung erhalten.
Beim Löschen erhitzt man die Aufzeichnungsschicht auf 500 bis 700 °C, nach der Abkühlung befindet sich das Metall wieder im amorphen Zustand (Ausgangszustand).

## Merkmale

- Der Name ist eine verkürzte Fassung: Blauer Strahl (Blu-ray), blau-violetter Laser
- Blu-ray-Discs sind Nachfolger für die DVD mit erhöhter Speicherkapazität zur Aufnahme von Videos auch im HDTV-Format (1920 x 1080 Pixel).
- Die Aufnahme im HDTV-Format ist in Echtzeit möglich.
- BDs sind nicht kompatibel zu CDs und DVDs
- Durchmesser wie bei CD und DVD: 12 cm bzw. 8 cm
- Im Vergleich zur DVD ist der Abstand des Lasers zum Datenträger verkleinert worden.
- Die Schutzschicht ist im Vergleich zur DVD dünner (0,1 mm), deshalb sind BDs empfindlicher gegen Schmutz.
- Varianten:
  - BD-ROM, nur lesbar;
  - BD-R, nur beschreibbar;
  - BD-RE, wieder beschreibbar
- Es sind einseitige bzw. doppelseitige, ein- und zweischichtige Discs möglich.
- Kapazitäten:
  - eine Schicht (SL: Single Layer) bis 27 GB (25,1 GiB)
  - zwei Schichten (DL: Dual Layer) bis 54 GB (50 GiB)
- Im Rahmen der Spezifizierung ist eine interaktive Anwendungsschicht (BD-J) definiert. Beispiele:
  - interaktiver Film (z. B. Wahl eines von mehreren Handlungssträngen oder Wahl des Filmendes) Einblendungen, Spiele, Zusatzinformationen.
- Regionalcodes wie bei der DVD (A/1, B/2 und C/3) werden verwendet. Der Code wird nicht vom Laufwerk oder Betriebssystem überprüft, sondern er ist in einer Datei der Abspielsoftware enthalten.
- Es werden die Abspielgeräte-Profile 1.0, 1.1, 2.0, 3.0 und 5.0 unterschieden. In das Profil 1.0 lassen sich die meisten Standgeräte einordnen, Profil 5.0 unterstützt stereoskopische 3D-Inhalte.
- Videocodecs: AVC, H.264 (MPEG-4), MPEG-2, VC-1 (WMV3)
- Audiocodecs:
  DTS, DTS-HD Master Audio, DTS-HD HighRes, Dolby TrueHD lineares PCM, Dolby Digital (AC-3)

## Schutz

- Verwendet wird als **Kopierschutz AACS** (**A**dvanced **A**ccess **C**ontent **S**ystem)
- Verwaltung der Übertragung von Inhalten auf andere Geräte (s. Abbildung).

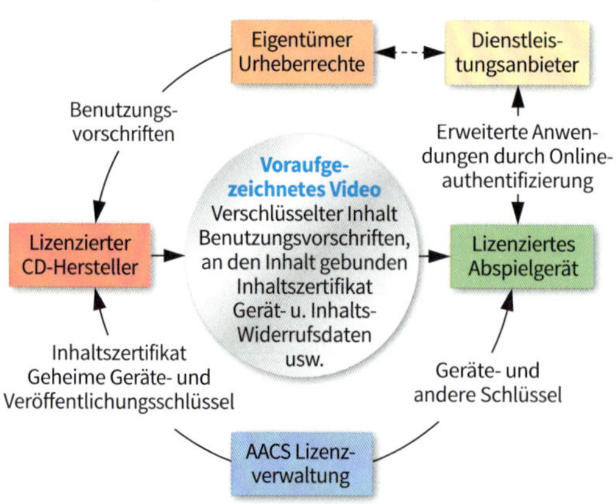


## Vergleich

| CD | DVD | Blu-ray-Disc |
|---|---|---|
| **Abstände der Pits in µm** | | |
| 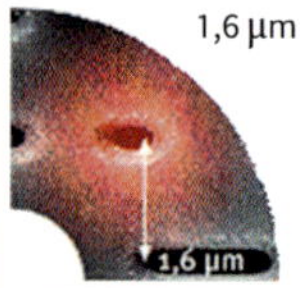  | 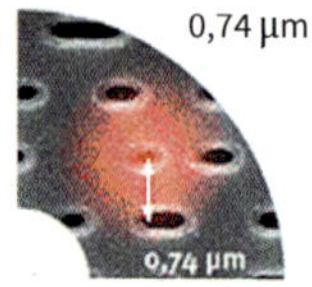  | 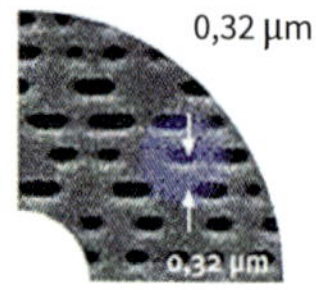  |
| **Speicherkapazität in GB,** SL: Single Layer, DL: Double Layer | | |
| 0,68–0,8 | SL: 4,7; DL: 8,5 | SL: 25; DL: 50 |
| **Wellenlänge des Lasers, Laserspot-Durchmesser** | | |
| 780 nm, Infrarot<br>2,1 µm | 650 nm, Rot<br>1,3 µm | 405 nm, Violett<br>0,6 µm |
| **Datentransferrate in Mbit/s** | | |
| Mode 1: 1,2288<br>Mode 2: 0,6112 | 11,08 | 36–54 |
| **Video-Codec** | | |
| MPEG-1 (VCD)<br>MPEG-2 (SVCD) | MPEG-1 (VCD)<br>MPEG-2 (SVCD) | MPEG-1 (VCD)<br>MPEG-2 (SVCD)<br>VC-1, H.264 |
| **Spurweite in µm** | | |
| 1,6 | 0,74 | 0,32 |
| **Numerische Apertur** | | |
| 0,45 | 0,6 | 0,85 |
| **Schutzschicht in mm** | | |
| 0,6 | 0,6 | SL: 0,1; DL: 0,075 |

## Aufzeichnung

- Die Angabe „1x“ entspricht einer Datenrate von 36 Mbit/s (viermal schneller als bei einer DVD).
- Die Tabellenwerte beziehen sich auf den **CLV**-Modus (**C**onstant **L**inear **V**elocity: Die Drehzahl des Mediums variiert, die Datentransferrate bleibt dadurch konstant).

| Geschwindigkeit | Datenrate | | Schreibdauer in min |
|---|---|---|---|
| | in Mbit/s | in MB/s | Single Layer |
| 1x | 36 | 4,5 | 90 |
| 2x | 72 | 9 | 45 |
| 4x | 144 | 18 | 22,5 |
| 6x | 216 | 27 | 15 |
| 8x | 288 | 36 | 11,25 |
| 12x | 432 | 54 | 7,5 |

- Datenstrom bei Blu-ray-Video:
  - Die Datenübertragungsrate ist auf 53,95 Mbit/s begrenzt.
  - Videostream: 40 Mbit/s
  - Tonstream: 13,95 Mbit/s

# Datenbankübersicht
Database Overview

## Datenverarbeitung auf der Basis von Dateisystemen

- Eine Datei ist eine explizit benannte Ansammlung von Sätzen eines oder mehrerer Satztypen.
- Ein **Dateisystem** ist ein Softwarepaket, das den Zugriff auf einzelne Sätze in einer Datei organisiert, wenn das Anwendungsprogramm die entsprechenden Parameter liefert.
- Das Dateisystem kennzeichnet die „traditionelle Datenverarbeitung", dass jeder Anwendungsprogrammierer die Dateien definiert, die er für seine Anwendung braucht.
- Übliche Dateisysteme unterstützen nur den Zugriff über den Schlüssel eines Satzes, wobei der **Schlüssel** eine von vornherein festgelegte Kombination von Feldern ist, deren Werte den Satz identifizieren.
- Typisch für die konventionelle Datenverarbeitung auf der Basis von Dateisystemen ist es, dass die Dateien in aller Regel **für eine Anwendung** oder für **eng zusammenhängende Anwendungen** entworfen werden.

## Traditionelle Datenverwaltung

- **Zur Redundanz:** Da die Daten nur für bestimmte Anwendungen entworfen werden, werden dieselben Daten in verschiedenen Dateien auftreten. Eine hohe Redundanz führt zu einem hohen Bedarf an Speicherplatz und zu wesentlich erhöhten Materialbereitstellungs- und Verarbeitungskosten.
- **Zur Inflexibilität:** Es ist sehr kompliziert, neue Datenanwendungen mit bereits erfassten Daten zu realisieren.
- **Zur Inkonsistenz:** Die Konsistenz (Einheitlichkeit) der Daten kann nur schwer gewährleistet werden. Durch Veränderungen von Dateien können in den einzelnen Dateien unterschiedliche (widersprüchliche) Aktualisierungen entstehen.
- **Daten-Programm-Abhängigkeit:** Dateiveränderungen machen Modifikationen an den darauf basierenden Programmen notwendig. Programmdeklarationen müssen angepasst und eventuell ganze Programmteile neu entwickelt werden.

## Datenverarbeitungssystem

- Die Daten werden als ein eigenständiges Betriebsmittel verstanden.
- Die Daten werden einmal definiert und für alle **Benutzer** zentral verwaltet.
- Die gesamte Kontrolle der Datenbank liegt beim **Datenbankmanagementsystem (DBMS)**.
- Datenbank und Datenbanksoftware bilden zusammen das **Datenbanksystem (DBS)**.
- Das **DBMS** ist ein Programm (Software), das die Beziehung zwischen den Benutzern und einer Datenbank organisiert.
- Die Beziehung zwischen der Datenbank und dem **DBMS** wird vom jeweiligen Betriebssystem des Rechners gestaltet. Durch das **DBMS** wird eine Trennung von Programm und Daten realisiert.
- Das **DBMS** übergibt dem Anwendungsprogramm nur noch die benötigten Datenelemente.

## Architektur

- Drei Datenebenen werden unterschieden:
  - **logische Gesamtsicht**,
  - **interne Sicht:** die Datenorganisation der Daten auf den Speichern,
  - **externe Sichten:** die Sichten einzelner Benutzergruppen.
- Die Datenweltmodelle werden mit Datenbeschreibungssprachen in einer für das Datenbankmanagementsystem verständlichen Form beschrieben; diese Beschreibung heißt **Schema**.
- Jede Ebene der Daten modelliert die Daten auf einem anderen Abstraktionsniveau.

## Datenbanksysteme

- **Vereinheitlichung:** Es gibt eine einheitliche Basis für alle Anwendungen.
- **Redundanz** wird reduziert; wo Redundanz nützlich ist, wird sie vom DBMS kontrolliert.
- Das Datenbanksystem kann nach dem Auftreten von Fehlern zentral **eine korrekte Datenbank** wieder erstellen.
- Die **Anwendungsprogrammierung vereinfacht** sich, da der Programmierer nicht die spezielle Organisation auf den Speichern kennen muss.
- Wegen des Wegfalls der Redundanz-Problematik **entfallen** alle **Konsistenzprobleme** der traditionellen Dateiorganisationen.
- Die **Abhängigkeit** zwischen Programmen und Daten wird **vermindert**.
- Die Datenauswertung wird flexibilisiert.
- Das Datenbanksystem kann **zentral** die Korrektheit von Daten **überprüfen**.

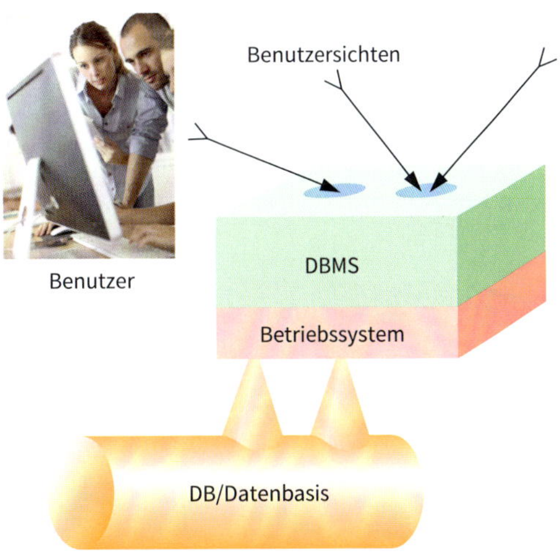

## Drei-Schicht-Architektur

Unterschieden werden
- verschiedene externe Schemata,
- ein konzeptionelles Schema (logische Gesamtsicht) und ein internes Schema.

## Konzeptionelles Modell

- Es erfasst die logische Gesamtsicht auf die Datenbank.
  - Alle Daten der Datenbank werden erfasst.
  - Die wesentlichen Beziehungen zwischen den Daten und den Bedingungen, die für die Daten gelten, werden beschrieben (**Integritätsbedingungen**).
  - Die erlaubten Datenoperationen werden festgelegt. Wird zum Beispiel in der Datenbank eine Verkaufsoperation gebucht, dann muss zugleich eine Veränderung im Lager erfolgen. Komplexe Buchungsschritte werden somit vereinbart.

## Vorteile des konzeptionellen Systems

- Das konzeptionelle Modell stellt einen stabilen Bezugspunkt für alle Anwendungen dar.
- Alle wesentlichen Datenaspekte werden einheitlich gespeichert.
- Die Daten werden zentral kontrolliert.
- Die Datenunabhängigkeit der Anwendungsprogramme wird über das konzeptionelle Modell ermöglicht.

## Datenbankmanagementsysteme

- Verbreitet sind Datenbankmanagementsysteme vom Typ
  - **hierarchisch**,
  - **netzwerkorientiert**,
  - **relational**.

  Diese Systeme bieten generische Operationen (wie z. B. speichern, lesen, löschen, modifizieren) an.
- Das relationale DBMS ist zurzeit das wichtigste System.

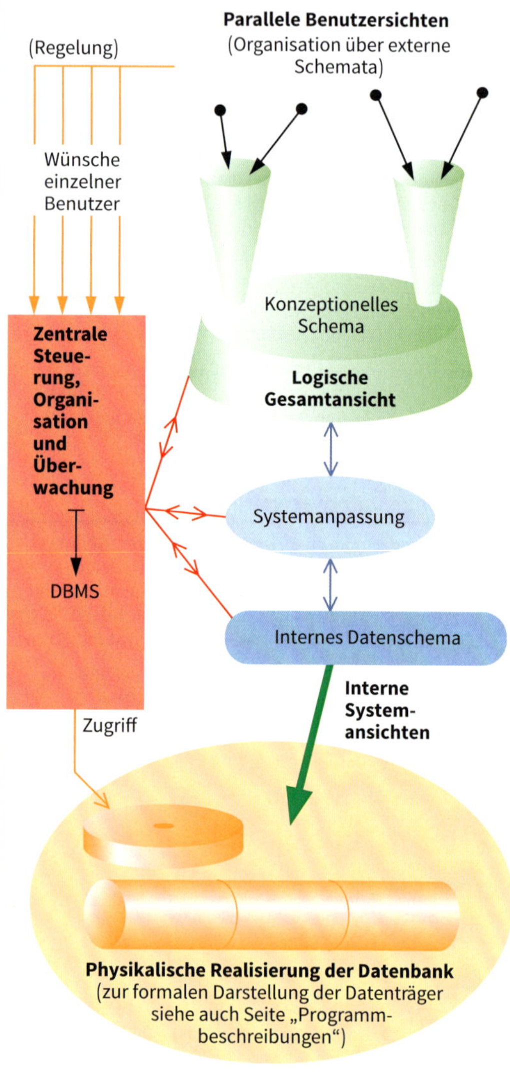


## Datenmodellübersicht

- **Hierarchisches Modell:** Jedes Datenobjekt hat genau einen Vorgänger – eine Ausnahme bildet die oberste Ebene.

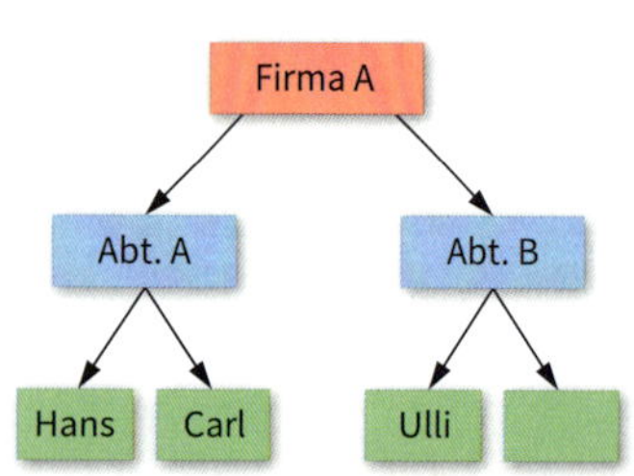


- **Netzwerkmodell:** Ein Datenobjekt hat wenigstens einen Vorgänger.

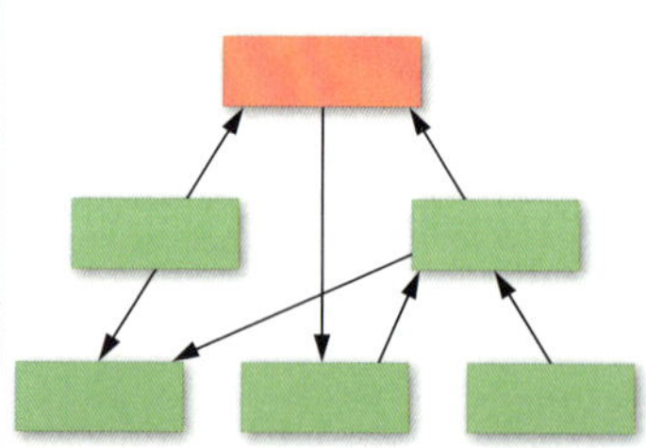

- **Relationales Modell:** Die Datengrößen stehen in Beziehungen zueinander, die in Tabellen dargestellt werden können.

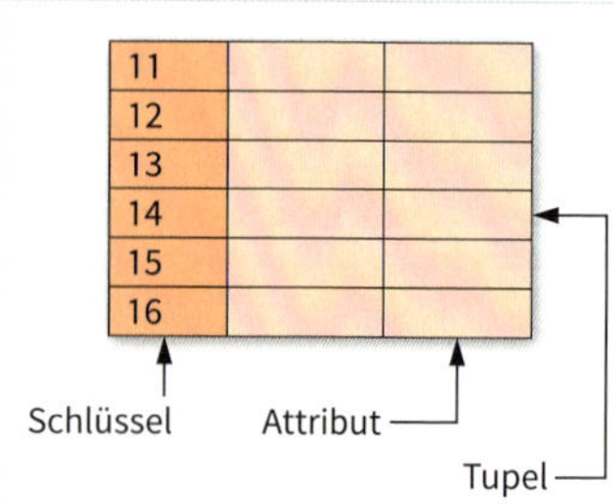

## Grundelemente

- Die Daten der Datenbank beziehen sich auf **Objekte** der Welt, die physikalisch oder gedanklich eindeutig identifiziert werden können.
- Die Objektbeziehungen der **Realwelt** müssen in eine programmiertechnisch abbildbare **Modellwelt** transformiert werden.
- Bei den Datenbanksprachen werden prinzipiell drei **Aufgabenbereiche** voneinander abgegrenzt:
  1. **DDL** (**D**ata **D**efinition **L**anguage: Datendefinitionssprache) – dient zur abstrakten Beschreibung der verschiedenen Bereiche und Ebenen in einer Datenbank.
  2. **DML** (**D**ata **M**anipulation **L**anguage: Datenmanipulationssprache) – mit ihr werden Eingriffsoperationen auf die Datenbank beschrieben: z. B. zur Änderung, Findung und Löschung von Daten.
  3. **DCL** (**D**ata **C**ontrol **L**anguage: Datenkontrollsprache) – mit ihr wird die „innere Situation" der Daten (mit Blick auf die Konsistenz und Integrität im Sinne der referentiellen Integrität) erfasst.

Von den verschiedenen Datenbanksprachen müssen diese drei Aspekte bewältigt werden.

- Von großer Bedeutung ist das **Entity-Relationship-Modell** (ERM) für die konzeptionelle Ebene im Datenbankmanagemententwurf. Hierbei werden im Wesentlichen die logischen Zusammenhänge erfasst.
- Die ERM-Notation wurde 1976 von P. Chen entwickelt.
- Objekte der Realwelt, die voneinander zu unterscheiden sind, werden **Entities** genannt.
- Die einzelnen Entities sind Ausprägungen eines Entity-Typs (Entity-Sets).
- Ein Entity-Typ wird durch **Attribute** näher gekennzeichnet, die auch sehr abstrakte Aspekte erfassen können. Die identifizierenden Attribute, die einzeln oder aber auch in eine Menge gefügt sein können, mit denen ein Entity-Typ erfasst wird, werden **Schlüssel** genannt.
- Entity-Typen und die zugehörigen Attribute verändern sich nicht in der Zeit.
- Ein Entity-Typ wird üblicherweise durch ein **Rechteck**, ein Attribut durch einen **Kreis bzw. ein Oval** symbolisiert.
- Der Inhalt eines Entity-Typs ist zeitlich veränderlich.

**Symbolik**

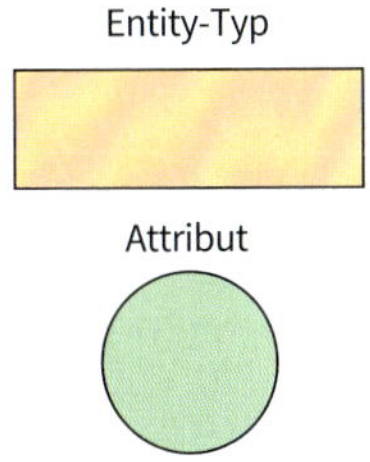


**Beispiel:** Entity-Diagramm über Auszubildende einer IT-Klasse

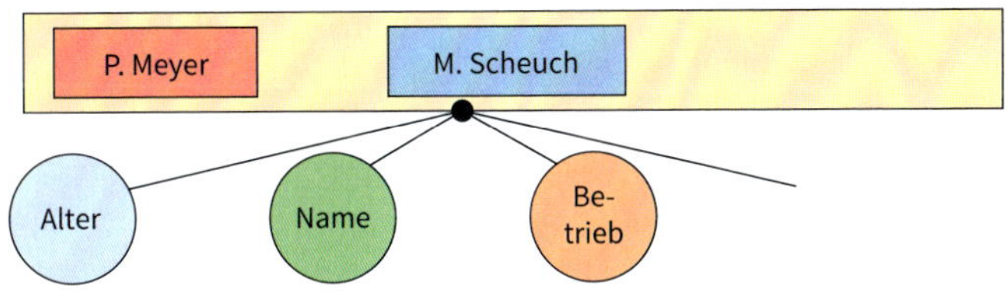


## Relationale Abfragesprachen

- Bekannte relationale Abfragesprachen für die Gestaltung von Datenbanken sind:
  - **Structured Query Language (SQL)**,
  - **Query by Example (QBE)**.
- Mit SQL können Daten definiert und mittels SQL-Abfragen Dateninformationen unter Vorgabe von definierten Sichten erfasst werden.
- SQL ist eine eigenständige Programmiersprache.
- SQL kann verbunden mit Hochsprachen verwendet werden. Hierzu wird SQL in eine Wirtssprache eingebettet.
- Weit verbreitete DBMS für Datenbanksysteme mit der Abfragesprache SQL sind z. B.:
  – **DB2**, – **ORACLE**, – **SQL/DS**, – **SYBASE**.
- Mit QBL steht eine grafisch orientierte Sprache zur Verfügung, die eine dialogorientierte Datenbankgestaltung und -verwaltung am Bildschirm ermöglicht.

## Sprachenerweiterungen

- Es existieren objektorientierte SQL-Erweiterungen: **$O_2$SQL** als objektorientierte SQL-Version für das $O_2$-Datenbanksystem. Für dieses System steht auch $O_2$C als Sprache zur Verfügung.
- **OPAL:** Eine wichtige, an Smalltalk angelehnte objektorientierte Datenbanksprache, die eine für das GemStone-System entwickelte Datendefinitions- und Datenmanipulationssprache ist.

## Entwicklungen/Ausblick

- Entwickelt werden deduktive Datenbanken unter Verwendung der Programmiersprache PROLOG.
- **Objektorientierte Datenbanken** werden entwickelt, um die Grundüberlegungen der objektorientierten Programmierung zu verwenden. Auch sollen die Modellansätze aus dem Bereich der Künstliche-Intelligenz-Forschung zur Wissensrepräsentation eingesetzt werden, um die interne Organisation der Informationsbeziehungen zu gestalten. Mit diesen Ansätzen soll die Trennung von Daten und (externen) Funktionsbeziehungen durch eine integrative Darstellung und Verarbeitung aufgehoben werden.
- Bei den objektorientierten Datenbankansätzen werden die Daten verkapselt. Von außen ist somit die interne Datenstruktur nicht erkennbar. Neue semantisch orientierte Datenmodelle werden im Rahmen der automatischen Wissensverarbeitung ausgearbeitet.
- Derzeit werden verteilte Datenbanksysteme entwickelt, die auch in offenen Systemstrukturen unter Verwendung objektorientierter Konzeptionen eingesetzt werden können. Zum Beispiel wird so das gesamte Internetsystem als Datenbank verstanden.

## Basis

- **SQL**: **S**tandard **Q**uery **L**anguage (ursprünglich: Structured Query Language).
- Gesprochen: „S – Q – L" bzw. auch: „Sequel".
- Bedeutende Abfragesprache für relationale Datenbanken. Wurde von IBM entwickelt. Es existieren verschiedene Dialekte.
- In den Datentabellen müssen die einzelnen Zeilen durch eindeutige Angaben (Leitgrößen) identifizierbar werden. Die Leitgröße wird Schlüssel genannt. Es gibt Primär- und Fremdschlüssel (auch: Bezugs bzw. Sekundärschlüssel). Bei der Festlegung der Datentabellen müssen die Coddschen Regeln beachtet werden.

## Datentypen

- **Ganzzahlen**
  TINYINT – 8 Bit
  SMALLINT – 16 Bit
  MEDIUMINT – 24 Bit
  INT – 32 Bit
  BIGINT – 64 Bit
- **Fließkommazahlen**
  FLOAT – 4 Byte
  DOUBLE – 8 Byte (auch REAL statt DOUBLE)
- **Festkommazahl**
  DECIMAL – beliebige Stellenzahl: werden als String gespeichert
- **Binärdaten (Basis: BLOB-Format – Binary Large OBject)**
  TINYLOB – bis zu 255 BYTE
  BLOB – bis zu 65.535 Byte
  MEDIUMLOB – bis zu 16,7 Mio. Byte
  LONGBLOB – bis zu 4 Mrd. Byte
- **Aufzählungstypen**
  ENUM – Zeichenketten (maximal 65.535)
  SET – Zeichenketten (maximal 255)
- **Textdatentypen**
  CHAR(n) – Zeichenkette mit n Zeichen
  (n ≤ 255; Speicherlänge ist fest bestimmt)
  VARCHAR(n) – Zeichenkette mit veränderbarer Länge
  (n ≤ 255; Stringgröße 0 bis 65.534)
  TINYTEXT steht für VARCHAR(255)
  TEXT – Text mit bis zu 65.535 Zeichen (Länge variabel)
  MEDIUMTEXT – Text mit bis zu 16,7 Mio. Zeichen
  LONGTEXT – Text mit über 4 Mrd. Zeichen
- **Datumsangaben/Uhrzeitangaben**
  DATE – Datum jjjj-mm-tt (von 1000-01-01 bis 9999-12-31)
  DATETIME – Datum mit Uhrzeitangabe
  TIME – Zeitangabe gemäß hh:mm:ss (z. B.: 23:47:39)
  TIMESTAMP – trennungslose Angabe von:
  Jahr/Monat/Tag/Stunden/Minuten/Sekunden
  z. B.: 20090317181047
  17. März 2009, 18 Uhr 10 Minuten 47 Sekunden
  YEAR – Jahreszahl (von 1900 bis 2155)

## Feldoptionen

- **BINARY** – Umwandlung von Textdatentypen in Binärtypen
- **UNSIGNED** – Absehen vom Vorzeichen (inkl. Transformation in den positiven Wertbereich: Verschiebung)
- **ZEROFILL** – Leere Felder erhalten den Wert Null.
- **NULL/NOT NULL** – Festlegung, ob Felder leer sein dürfen
- **DEFAULT** – Standardwertvorgabe (Vorbelegung)
- **AUTO_INCREMENT** – Spaltenwerte erhalten automatisch fortlaufende Integer-Werte.
- **PRIMARY KEY** – In jeder Tabelle wird genau ein Feld als Primärschlüssel bestimmt.

## Schlüsselwörter/Funktionen

| | |
|---|---|
| ABS(zahl) - Absolut | commit - übergeben |
| concat - verketten | copy - kopieren |
| help - Hilfe; TABLE – Tabelle | Value - Wert |
| SET - Setzen (Festlegen) | SQR(zahl) - Quadratwurzel |
| EXP(zahl) – Exponentialfunktion | LOG() – Natürlicher Logarithmus |
| RANDOMIZE() ; RND() - Zufallszahl | |

## Trigonometrische Funktionen

| | |
|---|---|
| ATN(zahl) – Arkustangens | COS(bogenmaßangabe) – Cosinus |
| SIN(bogenmaßangabe) – Sinus | TAN(bogenmaßangabe) – Tangens |

## Vergleichsoperatoren

| | |
|---|---|
| <= kleiner/gleich | < kleiner als |
| = gleich | <> ungleich |
| >= größer gleich | > größer als |
| ! nicht (Negation) | |

## Basisbefehle

- Anlegen einer Datenbank: `CREATE DATABASE` schuldaten
- Löschen einer Datenbank: `DROP DATABASE` schuldaten
- Schließen einer Datenbank: `CLOSE DATABASE` schuldaten
- Dateneingabe: `INSERT INTO` schuldaten `VALUES`(42,'AGS','SB','BG',137)
- Detail-Dateneingabe: `INSERT INTO` schuldaten (schulnr) `VALUES`(1076)

## Abfragen

- Grundstruktur einer Abfrage

```
SELECT A₁, ..., Aₙ
FROM R₁, ..., Rₙ
WHERE Prädikat (R₁ , ..., Rₙ)
```

- `Select Queries` – Auswahlabfragen
  Tabellenfelder werden – auch kriteriengeleitet – geliefert.
- `Insert Queries` – Einfügeabfragen
  Neue Datensätze werden in Tabellen eingefügt.
- `Update Queries` – Änderungsabfragen
  Felderwerte werden regelorientiert modifiziert.
- `Delete Queries` – Löschabfragen
  Datensatzentfernung – gemäß festgelegter Kriterien

## Beziehungen

| Beziehungsarten zwischen Tabellen | |
|---|---|
| Art der Beziehung | Notation |
| Eins-zu-Eins-Beziehung | 1 : 1 |
| Eins-zu-Mehrfach-Beziehung | 1 : m |
| Mehrfach-zu-Mehrfach-Beziehung | m : n |
| Eins-zu-Eins-bedingt-Beziehung | 1 : 1c |
| Eins-zu-Mehrfach-bedingt-Beziehung | 1 : mc |

## JOINS

- Verknüpfungen zwischen Tabellen werden gestiftet.
- `EQUIL-JOIN`: Gleichheitsverknüpfung
- `INNER JOIN`: Beziehung zwischen Primärschlüssel der einen Tabelle und dem Fremdschlüssel der anderen, bei 1:n
- Beispiel: `SELECT ... FROM ... INNER JOIN ...`

# SQL – Basisbefehle
## SQL – Basic Instructions

| Befehl | Erklärung | Beispiel mit Erläuterung |
|---|---|---|
| **ALTER TABLE...** | Ändern von Tabellen ... | `ALTER TABLE... ADD` (Einfügen neuer Spalten)<br>`ALTER TABLE... MODIFY` (Neuer Datentyp einer Spalte)<br>`ALTER TABLE... DROP` (xyz) [Löschen der Spalte (xyz) in der Tabelle ...] |
| **CLOSE...** | Schließen von ... | `CLOSE TABLE...` (Schließen einer Tabelle ...)<br>`CLOSE DATABASE...` (Schließen einer Datenbank ...) |
| **CREATE...** | Erzeugen (Anlegen) ... | `CREATE DATABASE ...` (Anlegen einer Datenbank ...)<br>`CREATE TABLE...` (Anlegen einer Tabelle ...) |
| **DELETE...** | Löschen | `DELETE FROM...` (Löschen aller Tabellendaten)<br>`DELETE FROM... WHERE` (Bedingtes Löschen) |
| **DROP...** | Löschen (von Datenbankobjekten) | `DROP DATABASE...` (Löschen einer Datenbank ...)<br>`DROP TABLE...` (Löschen einer Tabelle ...) |
| **GROUP BY...** | Gruppierung von Zeilen | `GROUP BY xyz, abc` (Gruppierung nach xyz und abc) |
| **INSERT...** | Einfügen (neuer Tupel) | `INSERT INTO... SELECT` (Übergabe aus anderen Tabellen)<br>`INSERT INTO... VALUES` (...) (Zeilenweise Eingabe von Werten in Tabellen) |
| **LIKE...** | Zeichenkettenvergleich | `WHERE ... LIKE „...”` |
| **MAX...** | Größter Spaltenwert | `SELECT MAX(...) FROM ...` |
| **MIN...** | Kleinster Spaltenwert | `SELECT MIN(...) FROM ...` |
| **ORDER BY...** | Sortieren von Daten | `ORDER BY... ASC` (Aufsteigende Sortierung)<br>`ORDER BY... DESC` (Absteigende Sortierung) |
| **RENAME...** | Umbenennung von Tabellen | `RENAME TABLE abc TO xyz` (Umbenennung von abc zu xyz)<br>`RENAME COMUMN...` (Umbenennung einer Spalte) |
| **SELECT...** | Auswahl (Abfrage aus) | `SELECT... FROM...` (Ausgabe aller Tabellendaten) |
| **SHOW...** | Anzeigen | `SHOW DATABASE` (Anzeigen der Datenbanken) |
| **SUM...** | Summenbildung einer Spalte | `SELECT SUM(...) FROM ...` |
| **START...** | Öffnen | `START DATBASE...` (Öffnen einer Datenbank ...) |
| **STOP...** | Schließen ... | `STOP DATABASE...` (Schließen einer Datenbank ...) |
| **UPDATE...** | Ändern ... | `UPDATE - SET` (Bedingungsabhängige Datenänderung) |
| **WHERE...** | Suchbeschränkung | `SELECT... FROM... WHERE... LIKE...` |

## Referenz SQL

- **Definition von Tabellen**
  CREATE TABLE Tabellenname (
  Spaltenname Datentyp [DEFAULT Wert]
  [Spaltenbedingungsliste].
  ...,
  [Tabellenbedingungsliste])
  CREATE TABLE Tabellenname
  [(Spaltennamensliste)]
  AS Anfrageausdruck [WITH [NO] DATA]
- **Einfügen von Tabellenzeilen**
  INSERT INIO Tabellenname [(Spaltennamensliste)]
  [VALUES (Werteliste) | Anfrageausdruck]
- **Ändern von Tabellenzeilen**
  UPDATE Tabellenname
  SET Spaltenname – Werteausdruck, ...
  [WHERE Bedingung]
- **Löschen von Tabellenzeilen**
  DELETE FROM Tabellenname
  [WHERE Bedingung]
- **SQL-Anfrage**
  SELECT Projektionsliste
  FROM Tabellenreferenzliste
  [WHERE Selektionsbedingung]
  [GROUP BY Gruppierungsliste]
  [HAVING Selektionsbedingungen]
  [ORDER BY -Sortierliste]
- **Vergabe von Zugriffsrechten**
  GRANT Privilegienliste TO Benutzernamensliste
  [WITH GRANT OPTION]
- **Integritätsbedingungen**
  Not-Null NOT NULL
  Eindeutigkeit UNIQUE
  Primärschlüssel PRIMARY KEY
  Fremdschlüssel REFERENCES Tabelle [(Spalte)]
  Beliebige Bedingung CHECK (Prädikat)
- **Definition von Sichten**
  CREATE VIEW Sichtenname [(Spaltennamensliste)]
  AS Anfragespezifikation [WITH CHECK OPTION]
- **Aggregatfunktion**
  COUNT(*) | COUNT(X) | SUM(X) | MIN(X) | MAX(X)
  X ist Spaltenname

## Merkmale

- Entwickelt wurde das Konzept von E.F. Codd 1970.
- Es ermöglicht eine übersichtliche, tabellarische Informationsdarstellung. Insofern können die Datenbeziehungen über eine zweidimensionale Tabelle dargestellt werden. Es basiert auf einem mengenorientiertem Zugriffsverfahren.
- Die Daten und deren Beziehung können grafisch über das Entity-Relationship-Modell dargestellt werden.

## Vorgehensweise

- Die Daten und Beziehungen, die in Entity-Relationship-Diagrammen erfasst sind, können auf das relationale Datenmodell übertragen werden.
- Für die einzelnen Beziehungen werden Tabellen angelegt.
- Über einen Normalisierungsprozess können die Daten fehlerfrei und redundanzfrei erfasst und gespeichert werden.

## Begriffe

- **Atomarität:** Ein atomares Attribut besteht nur aus einer einfachen Wertgröße: Mengen, Listen, Vektoren, Relationen sind nicht erlaubt.
- **Attribut:** Es beschreibt eine Eigenschaft. In einer Tabelle wird es als Spalte dargestellt.
- **Tupel:** Zusammenfassung verschiedener Attribute in einer Tabelle, als Zeile dargestellt.
- **Relation:** Eine Sammlung von Tupeln, die tabellarisch dargestellt werden können.
- **Schlüssel**: Für jede Tabelle wird zumindest ein Bezugsschlüssel ermittelt, über den eine eineindeutige Identifikation der Zeilen möglich wird. Eventuell müssen hierzu verschiedene Attribute kombiniert werden. Liegen mehrere Schlüssel für eine Tabelle vor, dann wird ein Schlüssel als Primärschlüssel (PRIMARY KEY; auch: Hauptschlüssel bzw. nur Schlüssel) ausgezeichnet. Über ihn ergibt sich eine eindeutige Datenzuschreibung und Identifizierung (in einer Bezugstabelle). Eventuell muss man virtuelle Schlüssel einfügen, wie zum Beispiel Zählnummern.
- Die Tabellen werden mit Schlüsseln in Beziehung gesetzt. Die Schlüssel ordnen die Beziehungen.
- Fremdschlüssel werden zum Teil aus der Kombination von Einzelschlüsseln fremder Tabellen gebildet.

## Codd'sche Regeln

| Nr. | Inhalt |
|---|---|
| 0 | (**Vorregel**: Ein Datenbank Management System verwaltet (DBMS) verwaltet eine relationale Datenbank unter Beachtung der Relationsregeln der einzelnen Elemente. |
| 1 | **The Information Rule**: Die Informationen werden über Tabellenwerte in einer relationalen Datenbank erfasst. |
| 2 | **Guaranteed Access Rule**: Ein gesicherter Zugriff auf die Daten erfolgt über die Kombination von Tabellenname, Spaltenname und Wert des Primärschlüssels. |
| 3 | **Systematic Treatment of Null Values** (›NULL-Werte‹): Über Null-Werte (Eingabe NULL) werden fehlende Angaben (Eingaben) präzisiert erfasst. |
| 4 | **Dynamic Online Catalog Based on the Relational Model**: Alle Daten (auch die Tabellen und die Datenbank selbst) werden systemisch auf einer Ebene gespeichert und durch eine Sprache abgefragt. |
| 5 | **Comprehensive Data Sublanguage Rule**: Über die Datenbanksprache werden alle Konzepte zur Veränderung der Daten etc. (Vergaben von Regeln, Setzung von Rechten, Datendefinitionen, Datenmanipulationen, …) bestimmt. |
| 6 | **View Updating Rule**: Die Datenbanksichten (View) werden über die Tabellen des Systems bestimmt. |
| 7 | **High-Level Insert, Update and Delete**: Das Anlegen von Tabellen und Spalten, das Löschen und die Änderung von Inhalten kann über Operationen zum Beispiel bzgl. beliebig vieler Tupel erfolgen. |
| 8 | **Physical Data Independence** (→ physische Datenunabhängigkeit): Unabhängig von den physikalischen Speichergegebenheiten (Speicherort) erfolgt der Datenzugriff über die Programme und Anwendungen. |
| 9 | **Logical Data Independence** (→ logische Datenunabhängigkeit): Der Datenzugriff gemäß der Programme ist unabhängig von Datenlogik (und -deklaration). |
| 10 | **Integrity Independence**: Im Data Dictionary (Systemkatalog) sind die Integritätsbedingungen gespeichert. Sie sind zu definieren und zwingend einzuhalten. |
| 11 | **Distribution Independence**: Die Verteilung der Datenbank darf die Logik des Zugriffs und die Daten-Unabhängigkeit nicht beeinflussen. |
| 12 | **Nonsubersion Rule**: Die definierten Regeln sind einzuhalten. Die Definition erfolgt über die Anwendersprache. Im Prozessablauf dürfen niedrigere (Sub-) Sprachen keinen Einfluss auf die Regeln erhalten. |

## Relationsbeziehungen (Beziehungstypen)

Durch einen Beziehungstyp werden die Elemente der verschiedenen Datenmengen einander zugeordnet.

- **1:1-Beziehung**, z. B.: Jede Ausbildungsklasse (A-Klasse) besitzt genau eine Benennung. Das Schlüsselfeld der ersten Tabelle („1"-Tabelle) wird in die zweite Tabelle („n"-Tabelle) eingefügt.
- **1:n-Beziehung**, z. B.: In einer A-Klasse sind n Schüler. Jeder Schüler ist nur in einer A-Klasse.
- **m:n-Beziehung**, z. B.: Jeder Schüler bearbeitet m Projekte; an jedem Projekt arbeiten n Schüler mit. In diesem Fall muss eine zusätzliche Entitätsmenge eingefügt werden, durch die eindeutige Beziehungen festgelegt werden können. Aus der m:n-Beziehung wird eine 1:m/n:1-Beziehung. Für die zusätzliche Entitätsmenge wird eine gesonderte Tabelle im Datenbankentwurf angelegt, die die Primärschlüssel der „m"- und der „n"-Tabellen übernimmt.

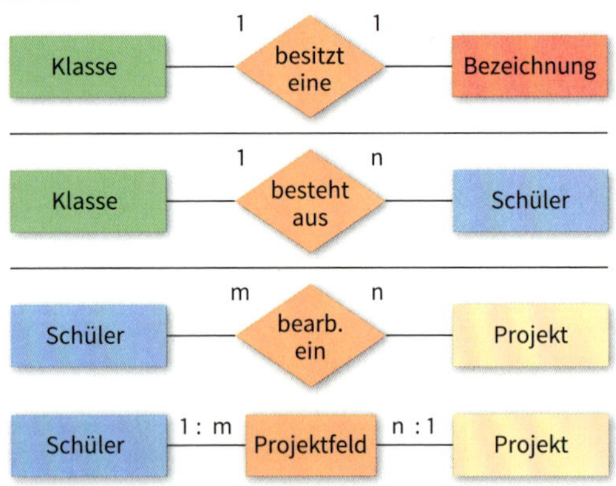

## Beispieltabelle

**Relationsname** → („IT-Auszubildender…")

| IT-Auszubildender in einer Klasse | | | |
|---|---|---|---|
| Personal-Nr. | Name | Alter | Betrieb |
| 7.899 | Meier | 26 | UBZ |
| 7.900 | Scheuch | 22 | BBU |
| 7.901 | Maier | 19 | BZU |
| 7.902 | Adlus | 22 | ZUZ |
| 7.903 | Meyer | 38 | UZZ |

→ Bezeichnung der einzelnen Attribute (Spalten in der Tabelle)

- In der Tabelle liegen fünf **Tupel** vor.
- Jedes Tupel enthält vier **Attribute**.
- Über das Attribut „Personal-Nr." wird der Datensatz eindeutig beschrieben (**Primärschlüssel**).

## Entwicklungsziele und -phasen

- Ziel ist es, die Daten auf überschaubare Tabellen zu verteilen.
- Im Sinne der konzeptuellen Ebene soll die Datenbank stabil für die Anwendungen sein. Sie soll die Daten mit ihren Beziehungen konzeptionell vollständig und widerspruchsfrei erfassen und die Datenunabhängigkeit von den Anwendungsprogrammen garantieren.
- Zu gewährleisten ist, dass der (externe) Nutzer nur die für ihn relevanten Daten einsehen kann. Interne Beziehungen und Hintergrundinformationen dürfen nicht zugänglich sein.
- Der Datenaufbau und die Zugriffspfade und -häufigkeiten sollen erfasst und bei der DB-Gestaltung gemäß der internen Sicht beachtet werden.
- Unterschieden werden bei der Erstellung einer Datenbank drei allgemeine Grobphasen mit insgesamt acht Feinphasen:
  1. **Planungsphase**:
     1.1 Auffinden der Informationen; Analyse der Daten und Festlegung in enger Abstimmung mit dem Auftraggeber eines Lastenhefts (Anforderungsanalyse).
     1.2 Erstellung des ER-Modells (ER: Entity-Relationship): Ermittlung der Entitäten, Beziehungen, Attribute, Schlüssel …; Prüfung, Modifikation und Erweiterung des ER-Modells.
     1.3 Einsatz bestehender Tabellen und Datenbanken (Abstimmung, Übernahme, Modifikation, Integration, …)
  2. **Umsetzungsphase** (ER-Modell in Tabellen):
     2.1 Konkrete Tabellengestaltung Ausgestaltung eines ERModells als relationale Datenbank – Erzeugung der zugehörigen konkreten Tabellen
     2.2 Überprüfungen: Konsistenz- und Integritätsprüfung unter Beachtung der Normalform-Vorgaben …
     – Normalisierungen (1. NF … 3. NF)
     – Referentielle Integrität
     – Analyse der Konsistenzen
     2.3 Konkrete Umsetzungen eines **RDBMS** (**r**elationalen **D**aten**b**ank**m**anagement**s**ystems): Realisierung
  3. **Test- und Optimierungsphase**:
     3.1 Testung der RDBMS
     3.2 Optimierung des Zugriffsverhaltens von Nutzern …

## Überprüfungen / Normalisierungen

- Die Daten werden in Tabellen eingetragen. Durch die Normalisierungen werden übersichtliche Relationen ermittelt. Ziel ist es, redundanzfreie Beziehungen zu gestalten.
- Die DB-Konstruktion und Modifikation erfolgen unter Verwendung der Einsichten der Relationsalgebra. Unterschieden werden hierbei folgende Grundoperationen:
  1 Vereinigung (von Tupelmengen)
  2 Bildung der Mengendifferenz zweier Tupel R und S: R-S
  3 Kartesisches Produkt: Bildung der Verbindung aller möglichen Verknüpfungstupel zweier Relationen R und S
  4 Tabellenmodifikationen: Spalten- und Zeilenentfernung bzw. -zufügung.
  5 Selektion aller Tupel unter Beachtung vorgegebener Bedingungen
  6 Einfügen von Verbundoperationen (join)
- Es sind die Daten- und die Relationskonsistenzen und die referentielle Integrität zu überprüfen.
- Konkret erfolgt die Tabellenkontrolle durch die schrtttweise Beachtung der Anforderungen im Rahmen der Normalisierungen (Normalformen). (Mit Normalisierung ist quasi die
- Relationszerlegung gemeint.) Allgemeinen wird die Konsistenzprüfung bis zur Ebene der dritten Normalform (NF) vorgenommen.
- Es gilt (1. NF) ⊂ (2. NF) ⊂ (3. NF) ⊂ …
- Betrachtet werden die Mengen der funktionalen Abhängigkeiten: Fd-Menge (Fd: functional dependencies).
  **1. NF**: Die Merkmale besitzen atomare Werte. D. h., alle Attribute sind von elementarer Natur.
  **2. NF**: Über den Primärschlüssel werden in der Tabelle alle Attribute eindeutig erfasst. Dies gilt auch für jene, die nicht über den Primärschlüssel erfasst wurden.
  **3. NF**: Es existieren keine transitiven Abhängigkeiten. D. h., Attribute, die nicht zum Primärbereiche gehören, sind nicht voneinander abhängig. Vertieft wird innerhalb der 3. NF die **B**oyce-**C**odd-**N**ormal**f**orm (**BCNF**) bestimmt. Sie hat zum Ziel, dass die Beziehungen zwischen den Attributen der Schlüssel bestimmt werden.
- Beziehungen sind als Entitäten – über gesonderte Tabellen – zu erfassen, wenn Merkmale eigene Objekte bezeichnen.

## Begriffsentsprechungen

| ER-Begriffe | Objektorientierte SW-Welt |
|---|---|
| Entität | Klasse |
| Beziehung | Beziehung |
| Datensatz | Objekt |
| Merkmale | Objektvariablen |

## Symbole

- Entität

- Beziehungen

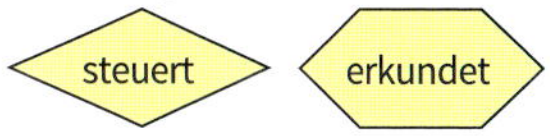


- Merkmale mit **ID_ …** Angabe
  **ID**: eindeutiger Schlüssel

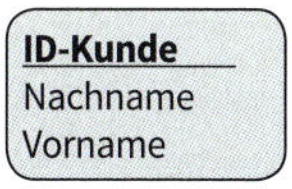

## Beziehungsdarstellungen

- Mehrfachbeziehung

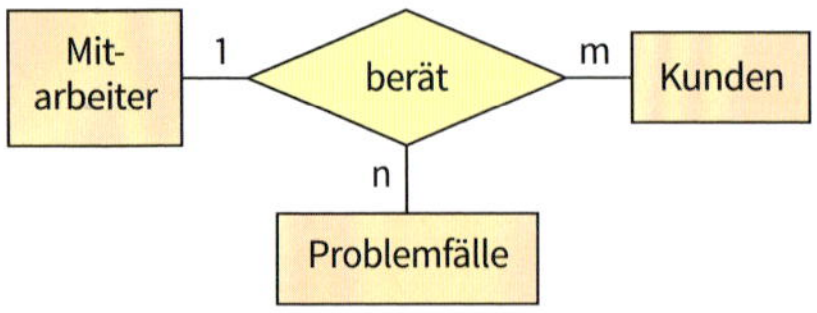


- Darstellung einer überlappenden Beziehung

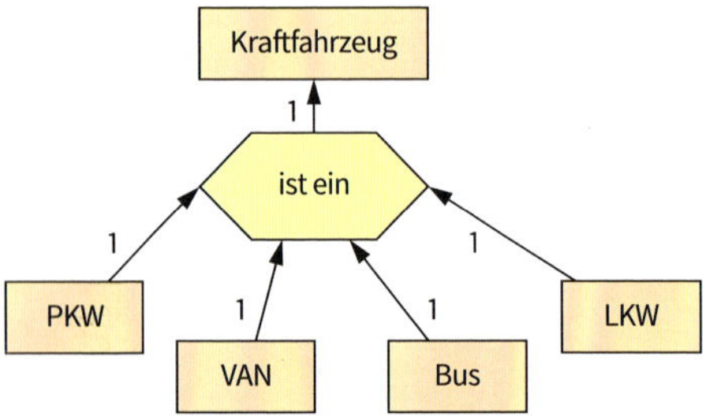


- Darstellung einer vollständig disjunktiven Beziehung

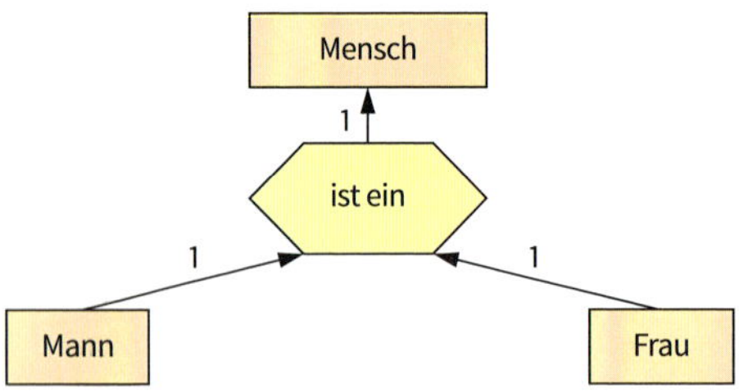


- Die Merkmale (Attribute) werden mit der Entität verknüpft.

## Transaktionsmanagement

- Datenveränderungen in einer Datenbank können zu Widersprüchen führen. Dies kann auftreten, wenn unabhängig voneinander agierende Nutzer auf eine Datenbank zugreifen.
- Es muss gewährleistet werden, dann durch spezifische Synchronisationsprozesse alle Nutzer den gleichen und verbindlichen Datenzustand bei Aktionen kennen.
- Über Transaktionseinheiten soll dies erreicht werden.
- Eine Transaktion wird als
  - unteilbare,
  - konsistenz gewährleistende,
  - in sich geordnete,
  - isoliert von anderen Transaktionen ablaufende und
  - zu dauerhaften Ergebnissen führende Aktion auf einer Datenbank verstanden.

## SQL-Tabellenoperationen

| |
|---|
| Mit Join (Verbund) werden Tabellen bei Abfragen verknüpft. |
| Mit Equi-Join wird eine Gleichsetzung von Fremd- und Primärschlüssel erreicht. |
| Tabellen können verbunden befragt werden.<br>Hierzu werden die Befehle Left-Join bzw. Right-Join genutzt. |
| Festlegung der Benutzer: CREATE USER name; |
| Passwortfestlegung: IDENTIFIED BY 'passwort'; |
| Löschen eines Nutzers: DROP USER name; |

## Konkrete Vorgehensweise

- Ausgehend vom Lastenheft sind konkret zu bestimmen:
  1.1 Ermittlung der Entitäten (unterscheidbare Objektmengen) – oftmals bestimmt ein Nomen eine Entität. Dies kann sein: eine Person, ein Gegenstand, ein Prozess, ein Begriff …
  (Die Entities bezeichnen letztlich Dinge (Objekte) der Realwelt. Insofern werden ausgehend von einem semantischen Modell Gegebenheiten der Welt erfasst. Im Datenbankentwurf müssen auf dieser Ebene eventuell kreative Zuschreibungen vorgenommen werden. eines Typs. Ein Entity-Typ erfasst einerseits die charakteristischen Attribute eines Typs. Insofern ergibt sich hierüber eine Stukturbeschreibung. Andererseits gehören alle konkreten Objekte, die dem Typ entsprechen, hierzu.)
  1.2 Festlegung der Anzahlangabe (für die Beziehungen).
  1.3 Bestimmung der Entitäten-Beziehungen (Relationen).
  1.4 Festlegung der Attribute (Merkmale bzw. Eigenschaften der Entitäten; Spaltenbenennung in einer Datentabelle). Auch können den Beziehungen Attribute zugeordnet werden.
  Zum Beispiel für „(ein) Autor schreibt Bücher“:

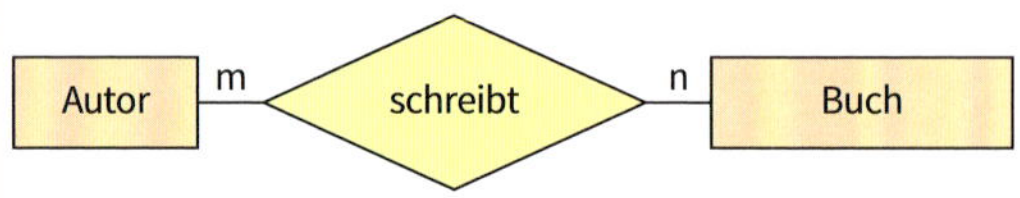


- Für die einzelnen Entitäten sind charakterisierende Merkmale anzugeben. Zum Beispiel:
  Zum Autor – Name, Geburtsort und Geburtsjahr
  Zum Buch – Titel, Erscheinungsjahr
- Eindeutige Identifikation eines Datensatzes (⇒ Tabellenzeile) über einen (eindeutigen und minmalen) Schlüssel (**ID_ …**).
- Tabellen zur Darstellung der Daten werden gebildet:

| ID_Autor | Name | Geburtsort | Geburtsjahr |
|---|---|---|---|
| 1 | Kant | Königsberg | 1724 |
| 2 | Shannon | Petoskey | 1916 |

| ID_Buch | Titel | Jahr |
|---|---|---|
| 1 | Kritik der reinen Vernunft | 1781 |
| 2 | Kritik der Urteilskraft | 1790 |
| 3 | A Mathematical Theory of Communication | 1948 |

- Bei einem Buch könnte zum Beispiel auch die ISBN als Basis für die ID_Buch verwendet werden. Sie ist eindeutig dem Buch zugeordnet. Jedoch müsste diese Angabe zumeist um die Auflagen- und Drucknummern ergänzt werden, um eine eineindeutige Zuschreibung zu erhalten.
  Über die **ID_…** kann eine Tabelle zügig durchsucht werden. Ansonsten müssten alle Tabellenzeilen in ihrer Gesamtheit aufwändig analysiert werden.
- Eine m:n-Beziehung wird durch die Einschaltung einer Verbindungstabelle ausdifferenziert. Insofern wird hier für die m:n-Beziehung („schreibt“) eine Tabelle erstellt:

| ID_Autor | ID_Buch |
|---|---|
| 1 | 1 |
| 1 | 2 |
| 2 | 3 |

# Erstellen einer relationalen Datenbank
## Creating a Relational Database

### Konkrete Tabellenerstellung

- Für jede Entität ist eine gesonderte Tabelle zu bestimmen.
- Danach wird ein relationales Datenbankmanagementsystem angelegt. Unter Nutzung einer Datenbanksprache werden die einzelnen Tabellen programmiertechnisch erzeugt.
- Ein **Primärschlüssel** (PRIMARY KEY) ist festzulegen.
- Fremdschlüssel erfassen 1:1- und 1:m-Beziehungen. Somit werden keine gesonderten Tabellen erstellt.
- m:n- Beziehungen werden mit zusätzlichen Tabellen erfasst.
- Der Schlüssel dieser Tabellen (Beziehungstabelle) wird aus der Kombination der Schlüssel der beteiligten Entitäten gebildet.
- Datenbankerstellung unter SQL: CREATE DATABASE name;
- Mit DROP DATABASE name; wird die Datenbank name gelöscht.
- Mit CREATE TABLE wird unter SQL eine Tabelle erzeugt:

- Beispiel - Tabellenerstellung mit SQL:

```
CREATE TABLE Autor
(
    ID_Autor      BIGINT
                  PRIMARY KEY,
    Name          VARCHAR ( 30 ),
    Geburtsort    VARCHAR ( 25 ),
    Geburtsjahr   BIGINT
)
```

- ID_... bezeichnet das Identitätsmerkmal einer Entität

### Tabellen-Selektionen

Mit SELECT (Merkmal(e)) FROM (Tabelle) WHERE (Prädikat); wird die Tabelle selektiert.

Ausgegeben wird eine Ergebnismenge, die dem Abfrageprädikat aus der Tabelle entspricht.

### Benutzerschnittstelle

- ① Der Zugriff auf Datenbanken erfolgt über eine Benutzerschnittstelle. Ein Zugriff auf die Datenbank geht vom Client-Browser aus. Die Anfrage geht zum Beispiel zum Apache-Webserver als .php-Anfrage. Hier wird der php-Scriptextt entschlüsselt.
- ② Vom Webserver wird die Anfrage an einen MySQL-Datenbankserver weitergeleitet. Dieser verarbeitet die SQL-Anfragen und leitet die Ergebnisse an den Apache-Webserver zurück.
- Vom Webserver wird ein HTML-Code mit den Antworten an den Client-Browser weitergeleitet.

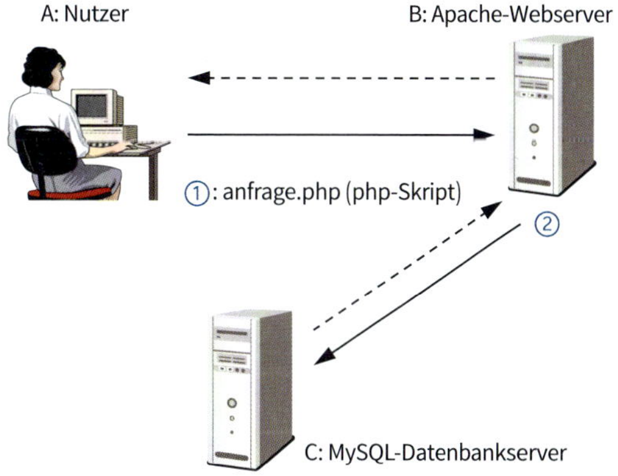


### Datensicherheit

- Sicherheit der Übertragungen muss durch den Einsatz kryptographischer Methoden (Verschlüsselungstechniken) erreicht werden.
- Dies ist besonders bedeutsam für im Netz auf- und verteilte Datenbanken.
- Weiterhin muss der Datenzugriff eineindeutig erfolgen.

# NoSQL-Systeme
## NoSQL Systems

- **NoSQL**: (Akronym) **N**ot **o**nly **SQL**
- Kennzeichen der NoSQL-Welt:
  - Nutzung nicht-relationaler Datenbank-Konzepte
  - Veränderte Realisierung der Konsistenz (keine Atomarität, keine Isolation etc.)
  - schwache Schemarestriktionen
  - horizontale Skalierung
- Hintergrund sind spezielle Web-2.0-Gegebenheiten, in denen vielfältige, umfassende und semistrukturierte Daten zur Verfügung gestellt werden. Weiterhin werden statistische und dynamische Aspekte berücksichtigt.
- Relevante Datenmodelle in der NoSQL-Welt:
  - Key-Value-Datenbanksysteme (Schlüssel-Wert-Paar unter Nutzung unstrukturierter Datensätze)
  - Dokumentenorientiert Datenbanksysteme (Basis: Strukturierte Datensätze)
  - MapReduce-Prinzip
- In gewisser Hinsicht kann das Web insgesamt als eine Datenbank (→ Cloud) verstanden werden.
- Hinsichtlich des Semantic Web liegt ein Bezug zum Triple-Datenmodell (Subjekt, Prädikat, Objekt) vor. Die Beschreibung erfolgt mit einem Knotenmodell aus der Graphentheorie. Subjekt und Objekt sind hierbei Knoten.
  Prädikate sind gerichtete Kanten (z. B.: **R**esource **D**escription **F**ramework (**RDF**)). [RDF Anfragesprache: **SPARQL**.]
- Big Data stellt dabei eine besondere Herausforderung für den Datenbankbetrieb dar. Es müssen hierbei
  - große Datenmengen (V-1: Volume),
  - kurze Reaktionen in Form von Antwortzeiten (V-2: Velocity),
  - sehr unterschiedliche Datentypen u. -formate (V-3: Variety)
  - und besondere Anforderungen an die Qualität (Herkunft der Daten bzw. die Vertrauenswürdigkeit der Datenquellen) (V-4: Veracity) technisch bewältigt bzw. realisiert werden.

  All dies führt u. a. zur Gestaltung von Cloud Systemen.
- Ein wesentliches Ziel ist es, unbekannte Strukturen und Datenbeziehungen zu erkennen (→ data mining). Hierzu werden Daten-Cluster gebildet. Mit Adjazenzmatrizen können zum Beispiel Beziehungen herausgearbeitet werden.

# Künstliche Intelligenz
## Artificial Intelligence

- **Expertensystem** (gebräuchliche Abkürzung: XS)
  System mit einer Wissensbasis und einer Schlussfolgerungskonzeption zur automatischen Lösung von Problemen. Das System ist eventuell zur selbständigen Erweiterung seiner Wissensbasis fähig.
- **Inferenz** (engl. to infer - schließen):
  Schlussfolgerungsformen auf der Basis unterschiedlicher logischer Konzepte.
- **Lernverhalten** von neuronalen Netzen
  Mathematisch beschreibbare neuronale Netze besitzen beweisbare, zielorientierte Lernverhaltensweisen.
- **Neuronen**: Nervenzellen, die Signale aufnehmen und an Nervenzellen, mit denen sie über Synapsen (Kontaktstellen) verbunden sind, weitergeben können. In der KI-Welt werden Neuronen auf Rechnern simuliert.
- **Roboter**: Technisches System, das in der Welt planvoll handeln und sich autonom organisieren kann unter Verwendung intelligenter Modellierungsstrukturen. Ein Weltzugang wird über Sensoren ermöglicht.
- **Semantisches Netz**: Informationsrepräsentation innerhalb einer vernetzten Grafenstruktur.
- **Shells** (auch: **leere Expertensysteme**)
  reine Wissenserwerbs- und -verarbeitungssysteme.
- **Turing-Test**
  Mit ihm soll erkannt werden, ob Systeme intelligent sind.
- **XS-Werkzeuge** (auch: **XS-tools** / **Toolkits**)
  Programmiersprachenkonzeptionen, mit denen Expertensysteme (konstruktiv) entwickelt werden. Unterschieden werden hybride Systeme und Produktionsregelsysteme.

### KI-Methoden / -Instrumente

- **Turing-Test**: Ansatz zur Ermittlung von Intelligenz → Antwortet ein ›Objekt‹ auf Fragen wie ein Mensch? Sollte dies gegeben sein, dann liegt eine Intelligenz vor.
- **Konkrete Abfolge** (O → ›das Objekt‹):
  1. Kann O sehen, hören, schmecken, riechen, fühlen?
  2. Kann O logisch denken?
  3. Kann O pragmatisch urteilen?
  4. Kann O Sprachinhalte übersetzen?
  5. Kann O pragmatisch kommunizieren?
  6. Hat O ein Verständnis für Ironie, Satire, Witze?
  7. Hat O ein Verständnis für Kontexte?
  8. Kann O Bedeutungsgehalte erkennen u. kommunizieren?
  9. Kann O Entscheidungen treffen und diese begründen?
  10. Kann O planvoll operieren?
  11. Kann O neuartige Informationen entdecken?
  12. Kann O seine Situation reflektieren?

### Entwicklungen

- Gestaltung von Lehr-/Lernsystemen gerade im Zusammenhang mit virtuellen Lernumgebungen
- Analyse von kollektiven Wissensbeständen und -hintergründen zur Entwicklung von Beschreibungsmodellen zur geeigneten **Aufnahme**, **Modellierung**, **Repräsentation** und **Weitergabe** von Informationen (=>Ontologie-Diskussion im KI-Bereich)
- Sprach- und Bild- (muster-) -erkennung
- Erfassung von Routinggegebenheiten in Netzstrukturen
- Entwicklung von intelligenten und flexiblen genetischen und evolutionären Problemlösungsalgorithmen

**Rot: FB (Forschungsbereiche); Grün: AW (Anwendungen)**

**FB**

- **Software**
- **Lernkonzepte**
- **Neuronale Netze**
- **Kognitive Strukturen**
- **Hardware**
- **Roboter**
- **Sensorik**
- **Simulationen Modelle** (Klima)
- **Datenbanken Cloud / Virtualität**
- **Logische Systeme**
- **Sprachverarbeitung**
- **Grammatik**
- **Expertensystem**

**KI-Forschung / KI-Techniken / KI-Werkzeuge**

**AW**

- **Mustererkennung**
  - Produktionslenkung
  - Verkehrsführung
  - Identifikation
  - Gesundheit
  - BIG DATA
- **Sprachsysteme**
  - Übersetzung
  - Ansagen
  - Auskunft (Abfragen)
- **Software Engineering** (Sprachen/Strukturen)
- **Metrologie**
- **Fertigung** (Roboter)
- **Multimedia** (Bildverarbeitung)
- **Medizin / Finanzen /** (Geräte / Analyse)

- **Forschungsbemühungen**
  - Automatische Lösungssuche mittels Neuronaler Netze
  - Entwicklung von Datenbank-Algorthmen zum Finden von Daten, zur Strukturierung und zum Ordnen (sortieren)
  - Entwicklung automatischer Schlussweisen und zugehöriger Programmiersprachen (PROLOG, LISP, …)
    Unterschieden werden folgende Schlussweisen:
    - Deduktives Schließen
    - monotones / nicht-monotones / modales Schließen
    - Abduktives Schließen
    - Approximatives Schließen
    - Schließen mit Gewißheitsgraden / Fuzzy Reasoning
    - Probabilistisches Schließen / kausales Schließen
    - Induktives Schließen
    - Analoges Schließen
    - Assoziatives Schließen
    - Räumliches und zeitliches Schließen
    - Automatisches Schließen
- **Grundlegende Beschreibungsansätze**
  - konstruktivistische Ansätze
  - Neuronale KI (botto, up) [Neuronaler Netze]
  - Phänomenologische Methode
  - Simulationsmethode – Symbolische KI (top down)
- **Beteiligte Forschungsfelder**

| | | |
|---|---|---|
| Biologie | Elektrotechnik | Informatik |
| Medienwissenschaften | Logik | Linguistik |
| Symbol und Zeichenlehre | Psychologie | Philosophie |
| Kommunikationswissenschaft | Neurologie- und Neurobiologie | |
| Rechentechnik | Mathematik | Robotik |
| Statistik und Wahrscheinlichkeitslehre | | Pragmatik |

## Hintergründe

- Im Konzept des klassischen „von Neumann-Rechners“ werden Informationen seriell verarbeitet. Zwischen Software, Prozessor und Speicher wird strikt unterschieden. Es liegt eine eindeutige Trennung von Daten und Steuerungsinformationen vor. Das Leitwerk kontrolliert im System zentral alle Prozesse. Er ist weitgehend nicht in der Lage, selbstständig zu lernen. Eine echte Prozessparallelität ist nicht möglich.
- Neuronale Netze orientieren sich an der neuronalen Organisations- und Verarbeitungsstruktur biologischer Informationsverarbeitungseinheiten.
- Ziel der Überlegungen ist es, einen „Neuronen-Rechner“ zu gestalten, der eine echte Alternative zum „Neumann-Rechner“ sein soll. Die Taktfrequenz würde eher niedrig sein: in etwa 1 kHz. Die Verarbeitung soll parallel und selbstorganisiert sein. In Spannung dazu steht die Idee der exakten Nachvollziehbarkeit und Reproduzierbarkeit der Berechnungen und Schlussfolgerungen.

## Ansatz

- Zwischen den einzelnen Neuronen werden über Synapsenverbindungen Informationen unter Verwendung physikalischchemischer Mechanismen übertragen.
  - Ein Neuron nimmt mit seinen Dendriten Informationen von anderen Neuronen auf, die diese über ihr Axon gesendet haben.
  - Eine Synapse verbindet ein Dendrit mit einem Axon.
  - Das Neuron gibt über ein Axon Informationspulse weiter, die an andere Neuronen, die über Dendriten diese Pulse aufnehmen, gehen können.
- Ein einzelnes Neuron ist im Durchschnitt mit ca. 10.000 anderen Neuronen verbunden; bei der Impulsübertragung werden die Informationen an alle angeschlossenen Neuronen weitergeleitet. Hierzu „feuert“ ein Neuron seine Information. Zwischen den einzelnen Informationssendungen regeneriert es sich für ca. $10^{-3}$ s.
- Das einzelne Neuron selbst nimmt die Informationspulse vieler anderer Neuronen auf. (Es liegt eine vernetzte Struktur vor.)
- Ein Neuron kann ca. 1.000 Impulse/s senden.

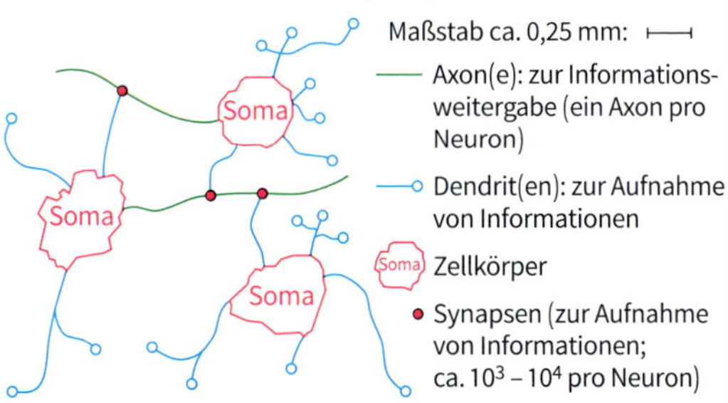


- Neuronale Netze in der Informatik bestehen aus der Verbindung von (künstlich simulierten) Neuronen, die (komplexe) Eingangsinformationen verarbeiten. Die einzelnen Neuronen werden in ihrem Schaltverhalten durch mathematische Funktionen (Transferfunktionen: $T$) erfasst.
- Mit neuronalen Netzen möchte man sehr schnelle, parallel arbeitende „Algorithmensysteme“ einsetzen bzw. erschaffen.
- Ein neuronales Netz besteht aus der Zusammenschaltung von einzelnen Neuronen, die softwaretechnisch dargestellt werden können. Insofern kann ein neuronales Netz computertechnisch realisiert werden.

## Darstellung neuronaler Netze

- Zur Darstellung werden gerundete Figuren (Kreise) für die Schaltzellen (formales Neuron) und Pfeile für die Informationsübertragungswege verwendet.
- Die Strukturen werden als Graphen dargestellt. Hierbei werden Ecken und Kanten (Verbindungen (gerichtete und offene)) unterschieden.
- Die Ecken (bzw. auch Knoten) repräsentieren die Neuronen.
- Unter einem neuronalen Netz versteht man (im einfachsten Fall) ein McCulloch-Pitts-Netz. In diesem Netz treten nur einfache (schlichte und elementar gerichtete) Graphenstrukturen auf.
- Bei einem Neuron liegen Eingangskanäle $(x_1, \ldots, x_n)$ vor.
- Die einzelnen Eingangsinformationen werden jeweils separat gewichtet ($g_i$: Gewichtsfaktor)
- Unterhalb eines Schwellenwertes ($S_i$; $\Theta$) – der Verarbeitungssensibilität – des Neurons wird von ihm kein Impuls verarbeitet.
- Die Eingangsinformationen werden unter Verwendung typischer Transferfunktionen ($T$) verrechnet (verarbeitet). Am Ausgang stellt das Neuron Informationen zur Verfügung ($y_i$), wobei alle $y_i$ gleich groß sind.
- Allgemein gilt:
  $y_j = T(\Sigma_{i=1}^{n}\ g_{ij} \cdot x_i - S_j)$; $y = T(\Sigma_{i=1}^{n}\ w_j \cdot x_i - \Theta)$

### Künstliche Neuronenstruktur

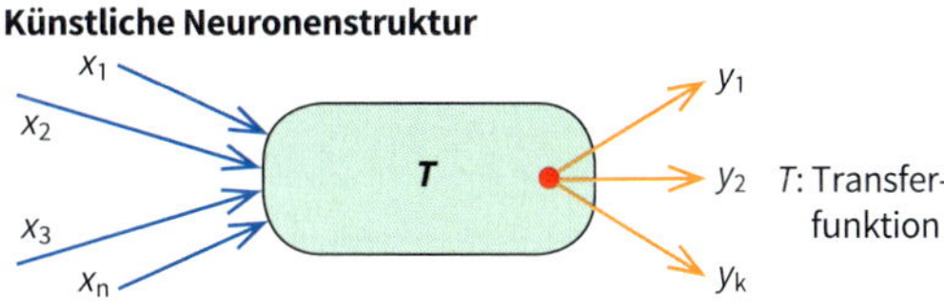


### Übliche Transfermethoden ($T$)

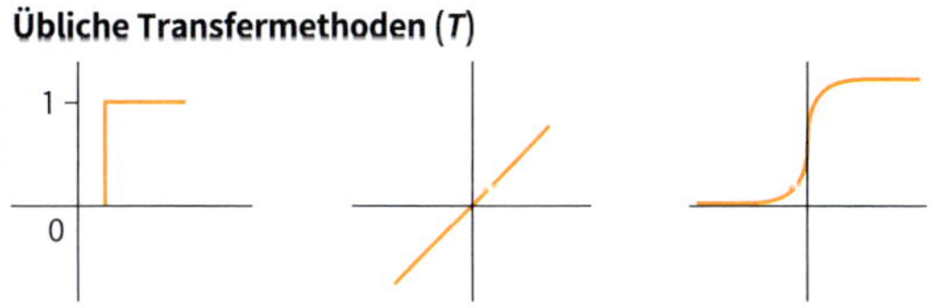


- Die Transferfunktion ($T$-Fkt.) wird mathematisch beschrieben:

| Nr. | Name (der Funktion) | Funktion |
|---|---|---|
| 1 | Identität: $T_I$ | $T(x) := x$ |
| 2 | Sprung: $T_1$ | $T(x) := \begin{Bmatrix} 0 \text{ für } x < 0 \\ 1 \text{ für } x \geq 0 \end{Bmatrix}$ |
| 3 | Fermi: $T_F$ | $T(x) := \frac{1}{1 + \exp(-x)}$ |
| 4 | Tangenshyperbolicus: $T_H$ | $T(x) := \frac{1 + \tanh(x)}{2}$ |

- Auf der elementaren Ebene wird zwischen zwei- und dreischichtigen **Feed-Forward-Netzen** unterschieden. Man spricht auch von einem **vorwärtsgerichteten McCulloch-Pitts-Netz**. Davon werden **rekursive Netze** unterschieden. Bei zweischichtigen Knoten treten nur Eingangs- und Ausgangsknoten auf. Bei dreischichtigen Netzen treten auch innere (verborgene) Knoten auf.
- Das aktuelle Ziel ist, komplexere Netzstrukturen bis zur Dimension des menschlichen Gehirns rechentechnisch nachzubilden, einzusetzen und zu untersuchen.

## Neuronale Informationsverarbeitung

- Konkret werden die Eingangsinformationen, die bei einem Neuron vorliegen, unter Beachtung der jeweiligen Beziehung $y = T(\Sigma_{i=1}^{n} w_j \cdot x_i - \Theta)$ verrechnet. Die Eingangswerte ($x_i$) werden mit $w_i$ gewichtet. Von der Summe wird der Sensibilisierungswert ($\Theta$) abgezogen. Das Ergebnis wird mit der Transferfunktion $T$ verrechnet und am Ausgang ($y$) weitergeleitet.
- In einem komplexen Netzwerk verarbeiten die einzelnen Neuronen nacheinander – bzw. auch parallel getaktet – die jeweiligen Eingangsdaten und leiten die Ergebnisse weiter. Das Lernen erfolgt über die „Bahnungsprozesse", die softwaretechnisch über die Modifikation der Sensibilisierung und auch durch die Anpassung der Transferfunktion T erfolgen kann.

## Feed-Forward-Netz (Beispiele)

(Eingangswerte: $x_i$; Ausgangswert: $y_j$; Transferfunktionen: $T_i$)

- Zweischichtiges Netz

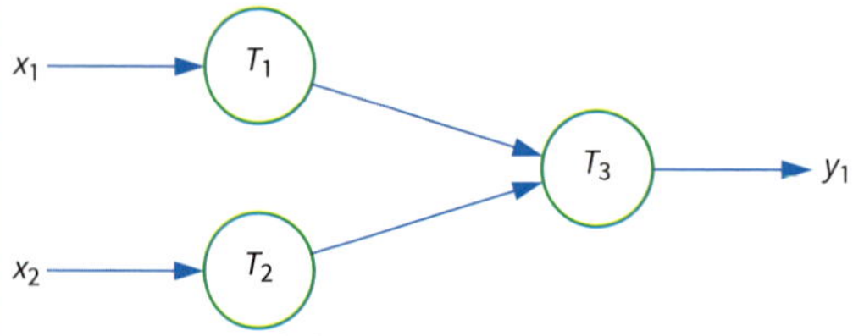


„Erste Schicht" „Zweite Schicht"

- Dreischichtiges Netz

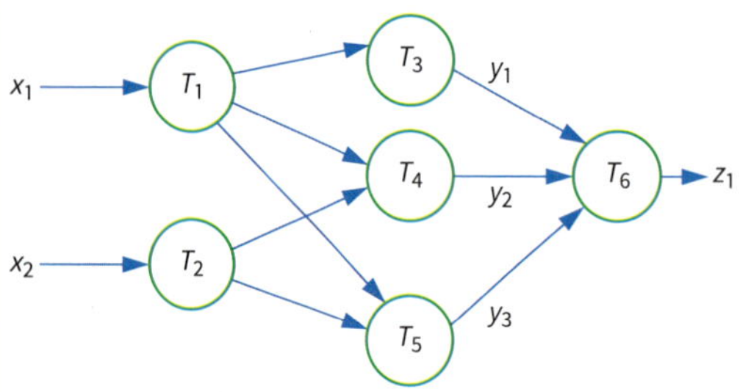


„Erste Schicht" „Zweite Schicht" „Dritte Schicht"

## Technische Speicherdaten

| Inhalt | Speicherwert (Volumen) |
|---|---|
| Buchstabe | 1 Byte |
| Schreibmaschinenseite | 2 KiByte |
| Passfoto | 50 KiByte |
| Magazin/Wochenzeitung | 500 KiByte – 1 MiByte |
| Die Bibel | 3 MiByte |
| CD (Musik) | 650 MiByte = 0,65 GiByte |
| Spielfilm | 5 GiByte (komprimiert) |
| Festplatte | 2 TiByte |
| Weltweite Wissensproduktion im Jahr (in 2000) | ca. 200 TiByte (davon etwa 2 TiByte in Fachzeitschriften und Büchern) |
| 5.000 Kinofilme (weltweite Jahresproduktion) – ca. 200 TiByte | |
| Alle Fernsehfilme (weltweit) | ca. 100 PiBytes |
| Telefon (weltweit im Jahr) | ca. 4000 tiBytes |

## Lernprozesse

- Neuronale Netze können sich in einem sogenannten Lern- oder aber auch Ausführungsmodus befinden.
- Prinzipiell wird zwischen einem Lernen ohne und einem mit Unterweisung unterschieden. Lernprozesse müssen sich in den Verarbeitungsstrukturen ausdrücken (abbilden.)
- Nach D. Hebb (1949) verstärkt sich die Bahnung der Synapsen im Lernprozess.
- Im Lernprozess (Trainingsvorgang) sollen Bahnungen (Verbindungen) zwischen Neuronen gestärkt werden. Im Rahmen der mathematischen-technischen Simulation / Realisierung werden die Gewichtungsfaktoren im Prozess „selbsttätig" modifiziert.
- Die Gewichtungsfaktoren („lernende Gewichte" ($g$): quasi ein Gewichtungsvektor für die verschiedenen Eingangsreize eines Neurons) $g = (g_1, g_2, ..., g_n)$ verändern sich in Abhängigkeit von der Größe der einzelnen Eingangssignale $x = (x_1 ... x_n)$. Hierzu werden die Gewichtungsfaktoren im Lernmodus von einem Berechnungstakt zum nächsten unter Beachtung des bisherigen $g$-Werts und der $x$- und $y$-Daten neu bestimmt (berechnet): $g_{ij}^{(t)} = g_{ij}^{(t-1)} \pm y_j^{(t)} \cdot x_i^{(t)}$
  Hierbei gibt t den Taktzeitpunkt an.
  Die Berechnung kann softwaretechnisch mit verschachtelten do-while-Schleifen etc. erfolgen.
- Softwaregestaltung (für den Lernmodus mit FOR-Schleifen):

```
FOR i = 1 TO m DO
  BEGIN
  Y(i) = 0
  FOR j = 1 TO n DO
     BEGIN
     L = 0
     FOR k = 1 TO p DO L = L + w(k, j) · X(k)
     Y(i) = Y(i) + g(j, i) · T(L - e(j))
     END
  END
```

- Bezeichnungen / Zuordnungen
  a) Eingangsknoten – Eingangsschicht (Input-Layer)
  b) Verborgene Knoten – Verborgene Schicht (Hidden-Layer)
  c) Ausgangsknoten – Ausgangsschicht (Ausgabeschicht; Output-Layer)
- Zur Lösung komplexer Probleme müssen mehrschichtige Netze eingesetzt werden. So kann z. B. eine XOR-Struktur erst mit einer dreischichtigen Netzstruktur bewältigt werden.
- Vielfältige maschinell beschreibbare Lernregeln auf der Basis der Backpropagation-Lernregeln werden genutzt.

## Speicherdaten beim Menschen

- Durch das Lernen nimmt der Mensch Informationen auf.
- Im Nervensystem können Informationen gespeichert werden.
- Verschiedene Gedächtnisarten werden unterschieden:

| Gedächtnisart | Speichervolumen |
|---|---|
| Arbeitsgedächtnis | 100 Bit |
| Kurzzeitgedächtnis | 1500 Bit |
| Individuelles menschliches Gedächtnis über 60 Lebensjahre | ca. 200 MiBytes |
| Menschliches Genom (DNA) | ca. 10 GiByte ($10^{11}$ bit) |
| Nervensystem | ca. 100 TiByte ($10^{15}$ bit) |

- Die Speicherzeiten liegen im Bereich von wenigen Sekunden bis zu Jahren.
- **Einheiten**: Ki (kibi: $2^{10}$); Gi (gibi: $2^{30}$); Ti (tebi; $2^{40}$); Pi (pebi: $2^{50}$)

# Maschinelles Lernen – Übersicht
## Machine Learning – Overview

### Menschliches Lernen

- Lernen ist ein Prozess der zu einer Änderung des Verhaltens, Denkens oder Fühlen führt.
- Beim Lernen werden Umweltereignisse registriert und verarbeitet.
- Beim Lernen kommt es zu Verknüpfungen zwischen bestehenden Informationen und neuen Informationen.
- Durch Lernen entstehen im Gehirn neue **neuronale Verknüpfungen** (Verbindungen zwischen Nervenzellen).

### Maschinelles Lernen – Prinzip

- Systeme identifizieren (lernen) automatisch (ohne menschliche Eingriffe) Zusammenhänge, Muster und Abhängigkeiten aus großen Datenmengen und verbessern sich, ohne dass sie explizit (ausdrücklich) dafur programmiert worden sind.
- Über die Aufnahme von Informationen werden in den Systemen neues und künstliches Wissen generiert (erschaffen) und Algorithmen trainiert.
- Die identifizierten Zusammenhänge, Muster und Abhängigkeiten lassen sich auf einen neuen und unbekannten Datensatz übertragen (**Modellübertragung**), um so Vorhersagen zu treffen und Prozesse zu optimieren.
- Die Entwicklung des Modells ist ein interaktiver Prozess, der oft mehrfach durchlaufen wird, bis das Ergebnis eine gewisse Qualität erreicht hat.

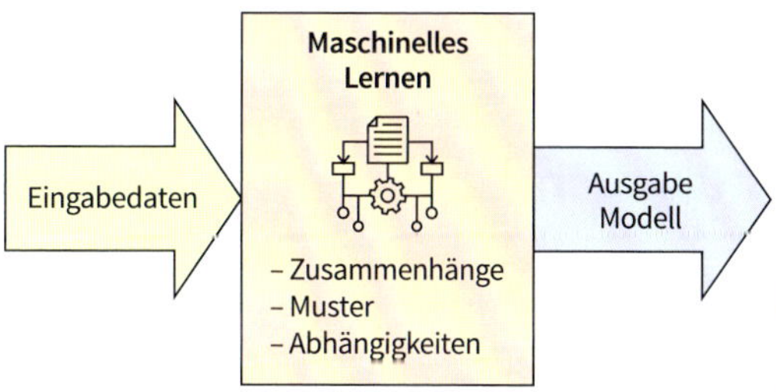


### Arten maschinellen Lernens

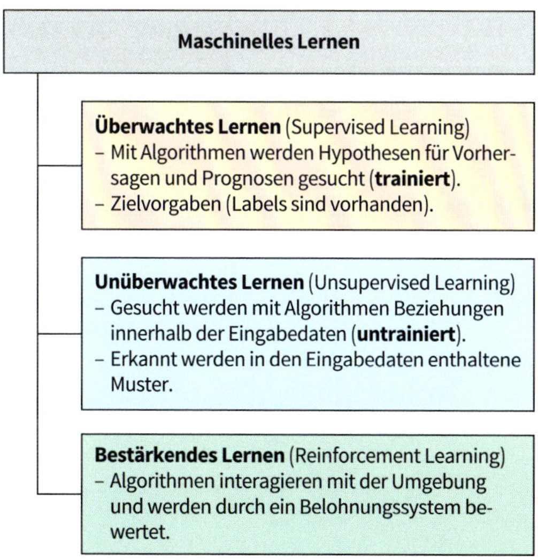


### Anwendungsbereiche und Aufgaben

Maschinelle Lernverfahren als Alternative für ein herkömmlich programmiertes Programm können sich anbieten wenn:

- der genaue **Zusammenhang** zwischen Ein- und Ausgangsdaten **nicht bekannt** ist oder so **komplex** ist, dass er nur sehr aufwändig explizit zu programmieren ist,
- jederzeitige **Erklärbarkeit** der Verarbeitungsschritte **nicht gefordert** ist,
- sporadische **Fehler und Abweichungen** in der gewünschten Ausgabe des Programms hinnehmbar sind (z. B. bei nichtsicherheitskritische Anwendungen) und
- sehr **viele Ein- und Ausgangsdaten** als Trainingsbeispiele vorhanden sind.

### Beispielhafte Aufgabenbereiche

- Vorhersage von Werten auf Basis der analysierten Daten
- Berechnung von Wahrscheinlichkeiten für bestimmte Ereignisse
- Erkennen von Gruppen und Clustern in einem Datensatz
- Reduktion von Dimensionen ohne großen Informationsverlust
- Optimierung von Geschäftsprozessen
- Datamining: Erkennung von Inhalten in Daten anhand von sichtbar werdenden Strukturen

### Gegenüberstellung Programmierung – maschinelles Lernen

- Ein Programm definiert durch seine Liste von Befehlen (Programmiersprache ①) sowie die Schritte, mit denen Eingangsdaten in Ausgangsdaten überführt werden.
- Beim maschinellen Lernen werden diese Schritte nicht explizit programmiert, sondern die richtigen Schritte werden anhand sehr vieler Beispiele von Ein- und Ausgangsdaten erlernt (trainiert ②).

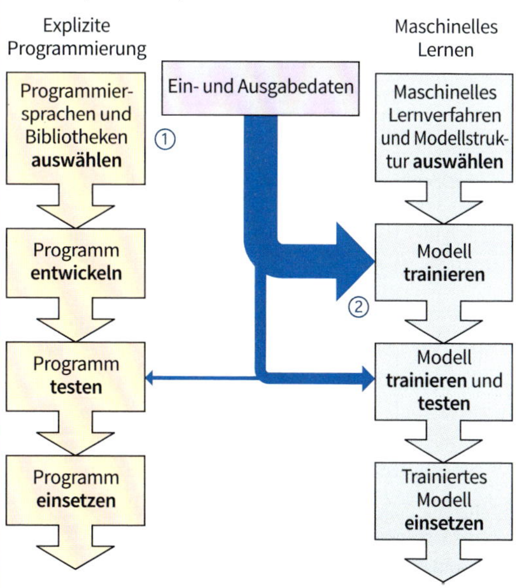

## Prinzip

- Der Begriff „**Überwachung**“ bezieht sich nur auf die Trainingsdaten. Er bedeutet, dass zu allen Eingangsdaten, die richtigen Ausgangsdaten bekannt sind.
- Eine Gruppe von Daten (Mehrzahl: Plural), die eine logische Struktur besitzen, bezeichnet man als **Datensatz**. Ein **Datum** ist die Einzahl (Singular) von Daten.
- Eine Menge von mehr als einem Datum des gleichen Typs aus der gleichen Quelle bildet einen **Datensatz**.
- Beim überwachten Lernen wird ein Zusammenhang (z. B. in Form einer komplexen mathematischen Funktion) zwischen vielen **Beispielen von Ein- und Ausgangsdaten** mittels eines **Trainingsverfahrens** gelernt.
- **Eingangsdaten** werden oft als **Features** bezeichnet und mit *x* als Symbol gekennzeichnet.
- Ausgangsdaten eines Prozesses werden oft durch den Begriff „Label“ gekennzeichnet. Damit drückt man aus, dass es sich hier um das Ziel des Prozesses handelt (Zielmerkmal, Siegel). **Labels** (Bezeichnung) werden oft mit *y* gekennzeichnet.
- Für den Erfolg eines Trainingsverfahrens ist wesentlich, dass analysiert wird, welche Merkmale, Eigenschaften und ggf. Unterscheidungsmerkmale zwischen den Daten bestehen.
- Beim überwachten Lernen müssen zum Training die richtigen Antworten bereits als Labels (Zielmerkmale) mitgeliefert werden, damit festgestellt werden kann, ob das Modell die bekannten Trainingsdaten richtig vorhersagt.
- Die gelernte Funktion wird danach auf bisher unbekannte Eingangsdaten angewendet um daraus **Vorhersagen** für die entsprechenden Ausgangsdaten zu erhalten.

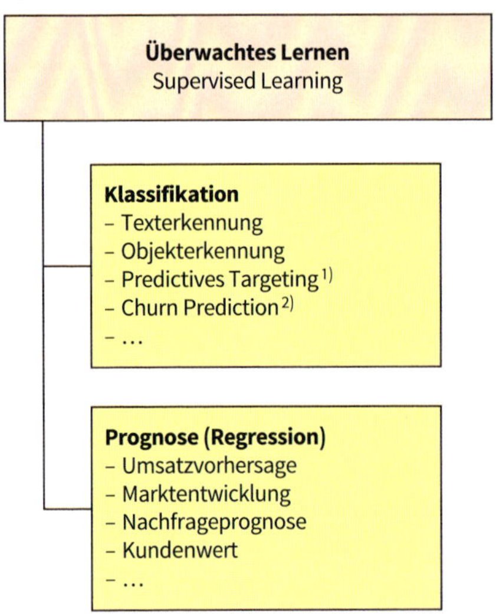


[1] Targeting: Zielgruppenansprache im Onlinemarketing
Predictive Targeting: Passgenaue Online-Werbung

[2] Abwanderungsvorhersage (z. B. Telefonkunden)

## Training

- In das Modell wird ein Eingangsdatum aus dem (Trainings-) Datensatz eingegeben. Daraus wird aufgrund seiner Struktur und Parameter das entsprechende Ausgangsdatum berechnet.
- Das berechnete Ausgangsdatum wird mit dem Soll-Ausgangsdatum aus dem Trainingsbeispiel verglichen und die Abweichung (**Trainingsfehler**) an das Lernverfahren weitergegeben.
- Im Lernverfahren wird berechnet, wie die die Modellparameter angepasst werden müssen, damit bei der nächsten Auswertung des gleichen Eingangsdatums der Ausgangsfehler geringer ausfällt.
- Diese drei Schritte werden mehrmals mit allen Trainingsbeispielen wiederholt. Durch die ständige Anpassung der Modellparameter stimmt der Ausgang des Modells mit vielen Trainingsiterationen (**Iteration**: Wiederholung von ähnlichen oder gleichen Handlungen) immer besser mit dem gewünschten Ausgang überein.

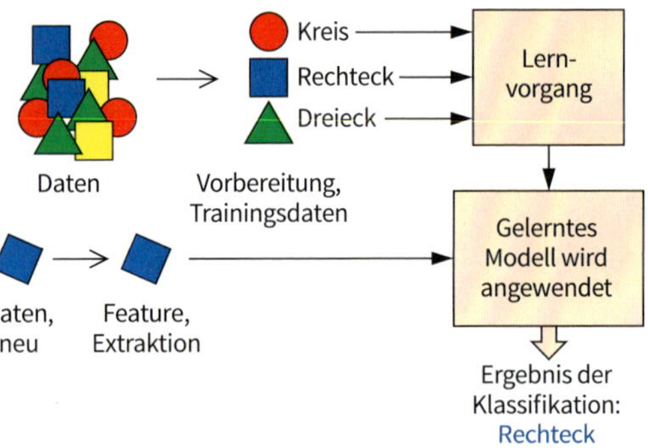


**Feature**: Merkmal, Eigenschaft, Charakteristik, Darstellungsform, Unterscheidungsmerkmal
**Extraktion**: Trennverfahren

## Arbeitsweise von Lernverfahren

- Lernverfahren sind mathematische **Optimierungsverfahren**.
- Optimierungsverfahren versuchen bei einer mathematischen Funktion, z. B. der Trainingsfehlerfunktion $\Delta y = f(a, b)$, die Werte für a und b zu finden, mit dem $\Delta y$ den kleinsten (**Minimierung**) möglichen Wert annimmt.
- Viele Lernverfahren berechnen dabei den **negativen Gradienten** (= mehrdimensionale Ableitung) der Trainingsfehlerfunktion, um zu ermitteln, in welche Richtung a und b verändert werden müssen, um den Trainingsfehler $\Delta y$ zu verringern.

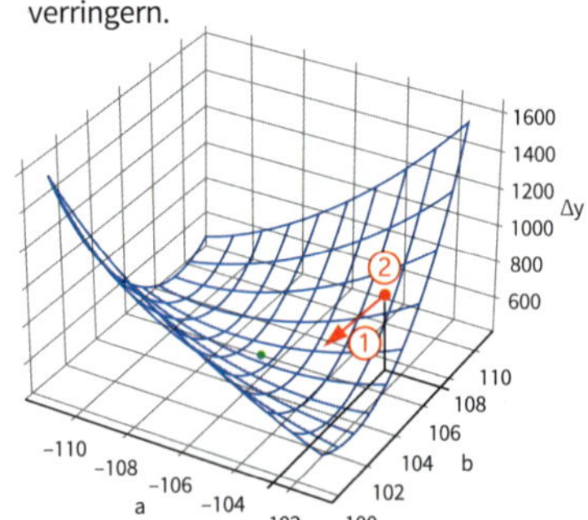


Der Gradient ① zeigt von den aktuellen Werten für a und b ② immer in Richtung des stärksten Aufstiegs der Funktion.

## Klassifikation

- Bei der **Klassifikation** geht es darum, eine vorhandene Datenmenge in unterschiedliche Gruppen einzuteilen.
- Um zum Beispiel in einer Gruppe von Elementen die Objekte zu trennen, kommt es darauf an, das Wesentliche dieser Objekte zu unterscheiden (hier als Beispiel die Farbe).

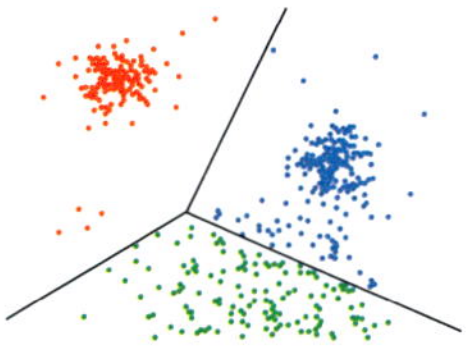

- Klassifikation gehört zum **überwachten Lernen** bei dem die Ausgangsdaten diskrete Klassen sind.
- Bei der Klassifikation soll eine **Entscheidungsregel** gelernt werden, mit der ein Datum anhand seiner Merkmale (hier: $x_1$ und $x_2$) möglichst fehlerfrei einer **Klasse** (hier: grün oder blau) **zugeordnet** werden kann.

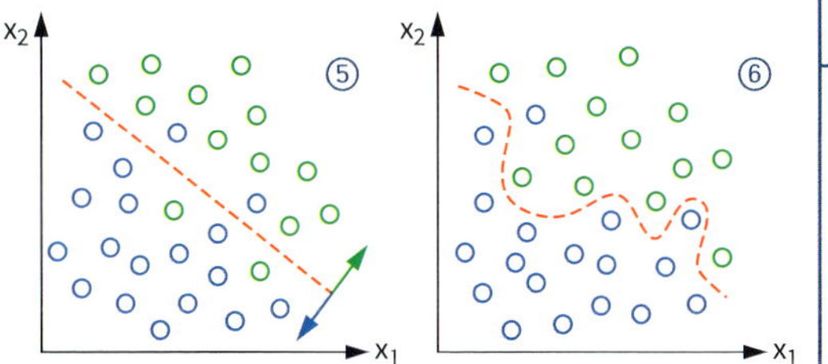


Lineare Klassifikation | Nicht-Lineare Klassifikation

- Die Art der Entscheidungsregel wird durch die ausgewählte **Modellstruktur** bestimmt.
- Es können z. B. **lineare** ⑤ und **nicht-lineare** ⑥ Modelle eingesetzt werden. Dabei vermag eine nicht-lineare Klassifikation die vorhandenen Daten im Training feiner aufzulösen. Problem: Passt man das Modell zu sehr an die Trainingsdaten an, kommt es leicht zur Überanpassung (**Overfitting**) und das Vorhersagemodell wird schlechter bei Daten, die nicht zum Trainieren verwendet wurden.

### Vor- und Nachteile von Modellstrukturen

- Die Art der Entscheidungsregel wird durch die ausgewählte Struktur des Vorhersagemodells bestimmt.

| Einfach | Komplex |
|---|---|
| Wenige Parameter<br>Beispiel: Gerade<br>$y = a + bx$ | Viele Parameter<br>Beispiel: Polynom<br>$y = a + bx + cx^2 + \dots$ |
| Training geht schneller | Training dauert länger |
| Vorhersagen sind schnell berechnet | Vorhersagen sind aufwendiger zu berechnen |
| Evtl. kann keine zufriedenstellende Vorhersagefähigkeit erreicht werden (**Unteranpassung**) | Bessere Vorhersagefähigkeit ist möglich (aber es besteht auch Gefahr von **Überanpassung**) |

**Verfahren**:
- Support Vector Machine (SVM)
- Entscheidungsbaum (decision tree)
- Bayessche Klassifikation
- K-Nearest Neighbour

## Clusteranalyse

- Clusteranalyse gehört zum **unüberwachten Lernen**. Sie soll von sich aus die Zugehörigkeit eines Datenpunktes zu einem Cluster erkennen.

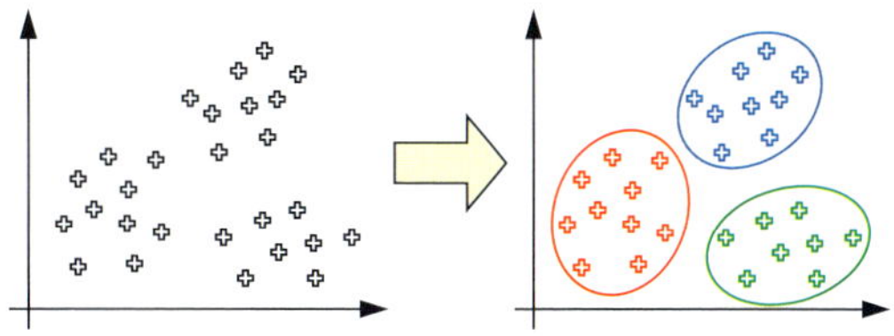

**Verfahren**:
- K-Means
- DBSCAN
- Gaußsche Mischmodelle (Gaussian Mixture Models)

## Regression

- Regression wird angewendet, um Zusammenhänge quantitativ zu beschreiben oder Werte der abhängigen Variablen zu prognostizieren. Regression gehört zum überwachten Lernen.
- Da eine Regression auf Basis der vorhandenen Daten eine allgemeingültige Beziehung zwischen Variablen herstellt, entspricht dieses Verfahren in etwa einer **Vorhersage**.
- Der Zusammenhang wird zwischen Ein- und Ausgangsdaten als **mathematische Funktion** gelernt.
- Auch hier wird die Art der mathematischen Funktion vorgegeben (z. B. linear ① oder nicht-linear ②) und die Parameter der Funktion so angepasst, bis die Funktion den Zusammenhang gut abbildet.

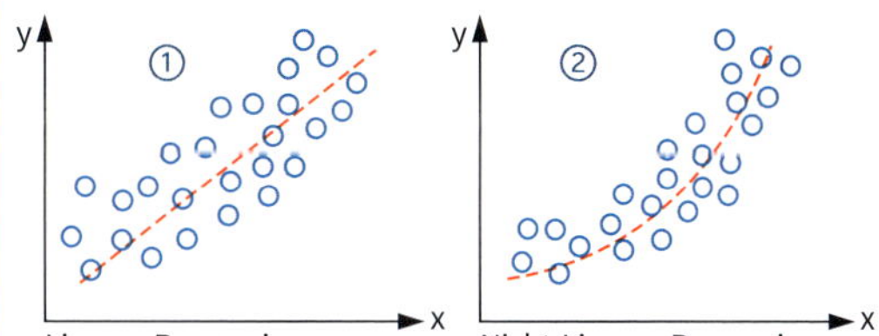


Lineare Regression | Nicht-Lineare Regression

- Bei der **Extrapolation** ③ soll das trainierte Modell Vorhersagen (grün) für Eingangsdaten (blau) liefern, die **außerhalb** der Trainingsdaten liegen.
- Bei der **Interpolation** ④ hingegen liegen die Vorhersagen (grün) **innerhalb** der Trainingsdaten (blau).

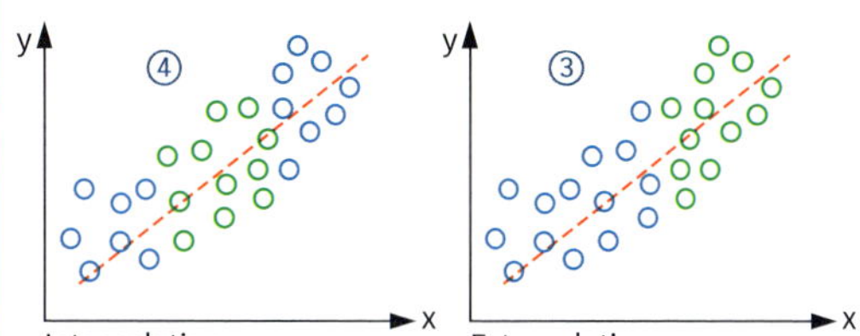


Interpolation | Extrapolation

**Verfahren**:
- Support Vector Regression (SVR)
- Lineare und Nicht-lineare Regression
- Bayessche Regression
- Gauß'sche Prozesse

# Vorhersagemodell beim überwachten Lernen
## Prediction Model in Supervised Learning

### Problemstellung

- Es soll ein **Vorhersagemodell** gelernt werden, dass bei gegebener Körpergröße eines Menschen, eine **bestmögliche Schätzung** für seine dazugehörige Masse ergibt.
- Ein Datensatz bestehend aus zusammengehörenden Werten (Datenpunkten) für die Körpergröße $x$ in Metern (m) ① und der Masse $y$ in Kilogramm (kg) ② von sechs Personen ($n = 6$).

| $n$ | $x$ in m ① | $y$ in kg ② |
|---|---|---|
| 1 | 1,88 | 99 |
| 2 | 1,78 | 65 |
| 3 | 1,67 | 79 |
| 4 | 1,51 | 55 |
| 5 | 1,64 | 59 |
| 6 | 1,75 | 83 |

### 1. Allgemeine Vorgehensweise

- Das Vorhersagemodell wird zuerst mit den Trainingsdaten gelernt ③ und danach zur Vorhersage von neuen Massen genutzt ④.

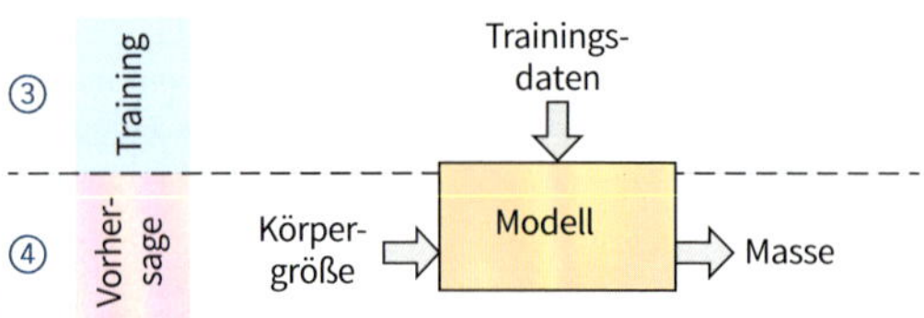


- „Bestmöglich" bedeutet hier, dass die Schätzung zu den schon bekannten zusammengehörenden Paaren von Körpergröße und Masse „passen" soll.
- Das „Zusammenpassen" wird durch den **Trainingsfehler** gemessen.

### 2. Auswahl des Vorhersagemodells

- Es wird vermutet, dass der Zusammenhang zwischen Körpergröße und Masse ungefähr linear ist. Daher wird sich bei der Art des Vorhersagemodells für die **Lineare Regression** mit folgender Gleichung entschieden:

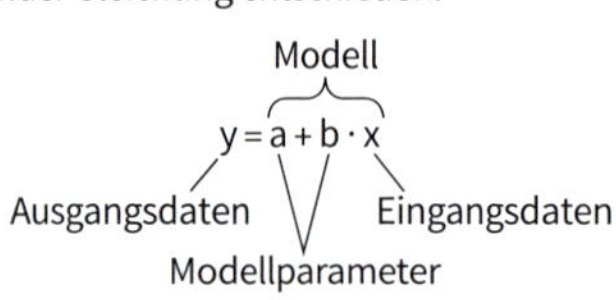


- Der Zusammenhang zwischen den Variablen (s. Problemstellung) lässt sich grafisch darstellen:

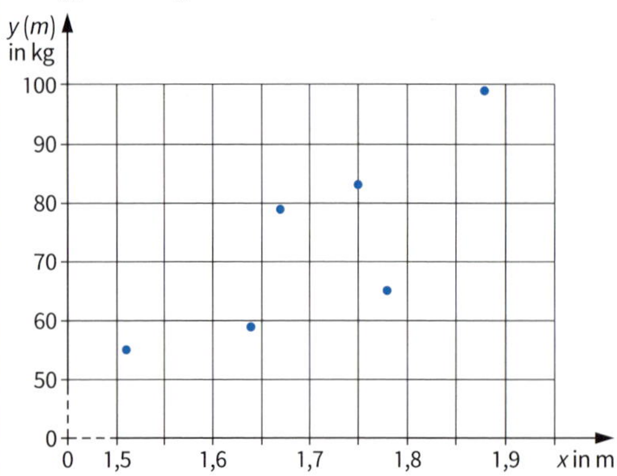


### 3. Trainingsfehler berechnen – allgemein

- Das Training eines Modells mit maschinellen Lernverfahren ist ein iterativer (wiederholender) Prozess, der das Modell (durch geschickte Veränderung der Modellparameter) mit jeder Trainingswiederholung (**Trainingsiteration**) immer weiter in seiner Vorhersagefähigkeit verbessert.
- Um „gute" und „weniger gute" Vorhersagemodelle zu vergleichen berechnet man den **Trainingsfehler** $\Delta y$, d. h. man berechnet für alle Eingangsdaten $x_i$ des Datensatzes mit dem aktuellen Modell Vorhersagen $(a + b \cdot x_i)$ und vergleicht den vorhergesagten Wert mit dem dazugehörigen realen Ausgangsdaten $y_i$. Der Index $i = 1, 2, \ldots, 6$ zählt die Eingangsdaten durch.

$$\Delta y = \sum_{i=1}^{n=6} (\Delta y_i)^2 = \sum_{i=1}^{n=6} ((a + b \cdot x_i) - y_i)^2$$

- Die Abweichungen über alle Datenpunkte werden quadriert und danach zusammen aufsummiert. Auf diese Weise erhält man den Trainingsfehler, da dieser Fehler mit den Trainingsdaten berechnet wurde.
- Man quadriert die Abweichungen um zunächst große Fehler besonders stark zu gewichten und dann einen stets positiven Trainingsfehler zu erhalten.

### 4. Berechnung des Trainingsfehlers

- Die Modellparameter werden zufällig initialisiert. Begonnen wird hier mit $a = 103{,}4$ und $b = -7{,}2$.
- Aufgrund des ausgewählten Vorhersagemodells (s. Punkt 2) lassen sich die Änderungen für jeden Datenpunkt ermitteln, s. Auswerteformel im Punkt 3.
- Beispiel (Werte in kg):
  $\Delta y_1 = (a + b \cdot x_1) - y_1 = (103{,}4 - 7{,}2 \cdot 1{,}88) - 99 = -9{,}136$
  Durch entsprechende Berechnungen ergeben sich:
  $\Delta y_2 = 25{,}584$ $\quad \Delta y_3 = 12{,}376$ $\quad \Delta y_4 = 37{,}528$
  $\Delta y_5 = 32{,}592$ $\quad \Delta y_6 = 7{,}8$

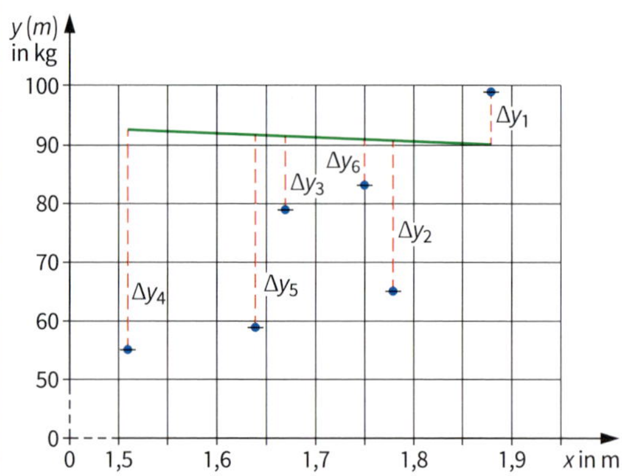


- Die ermittelten Änderungen (rote Linien) sind zur Veranschaulichung eingetragen worden. Die Verbindung der Endpunkte ergibt dann eine Gerade (grüne Linie). Diese ist das erste Vorhersagemodell.
- Der Trainingsfehler $\Delta y$ für diese erste Lösung lässt sich mit der Formel aus Punkt 3 berechnen. Er beträgt 3422,601. Mit ihm können neue, bessere Modellparameter $a$ und $b$ bestimmt werden.

## 5. Training des Modells

- Das Lernverfahren berechnet aus dem Trainingsfehler der letzten Trainingsiteration neue, bessere Modellparameter.
- Dabei werden die Abweichungen zwischen der Vorhersage des Modells (grüne Gerade) und den Trainingsdaten (blaue Punkte) mit jeder Trainingsiteration kleiner und damit der Trainingsfehler ebenfalls.
- Es gilt das allgemeine Prinzip:

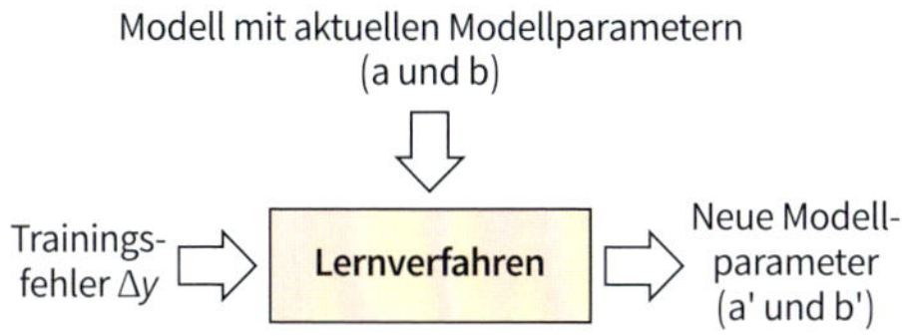


**Trainingsiteration 2**

- Werte:
  Modellparameter: $a = 61{,}5$   $b = 5{,}3$
  Modellfehler: $\Delta y = 1353{,}3$

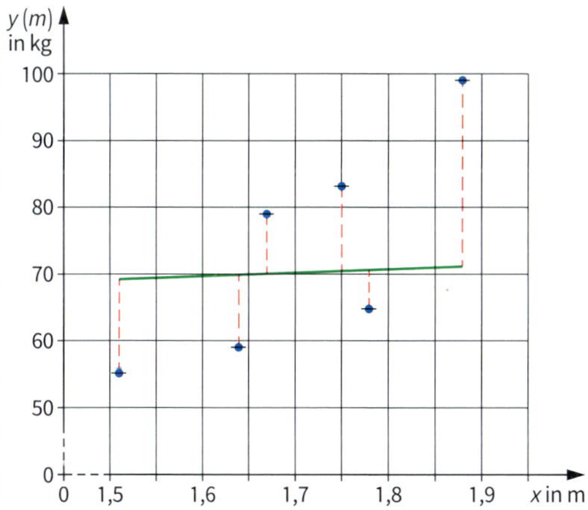


**Trainingsiteration 3**

- Werte:
  Modellparameter: $a = -7{,}4$   $b = 45{,}7$
  Modellfehler: $\Delta y = 826{,}7$

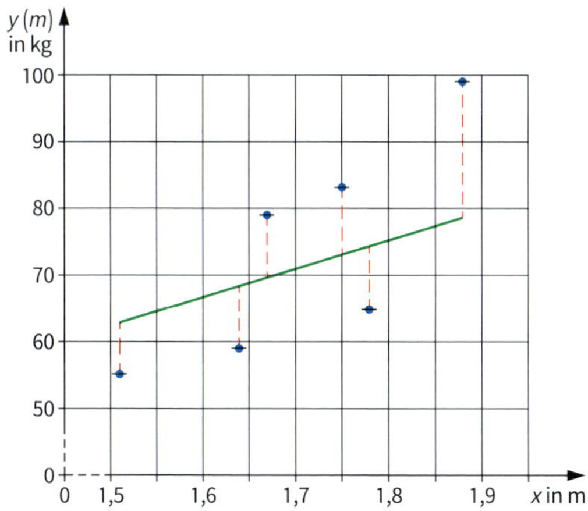


**Trainingsiteration 4**

- Werte:
  Modellparameter: $a = -106{,}2$   $b = 105{,}3$
  Modellfehler: $\Delta y = 488{,}5$

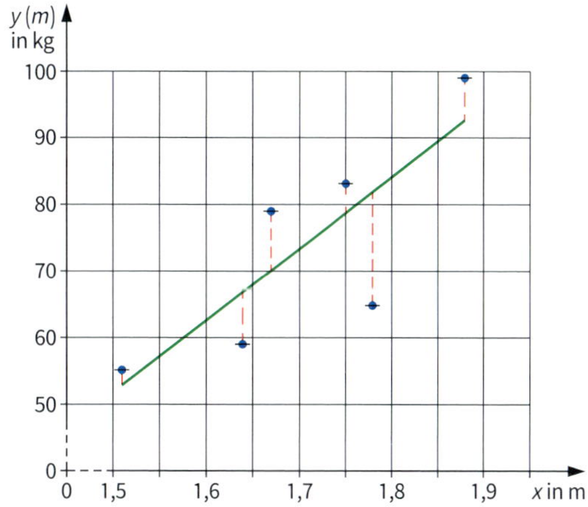


- Ab einer bestimmten Anzahl an Trainingsiterationen kann das Lernverfahren keine neuen Modellparameter finden, die den Trainingsfehler noch weiter verringern würden. Man sagt, „die Modellparameter konvergieren“ (zu ihrem optimalen Wert). Damit ist das Training beendet.

## Einsatz des trainierten Modells

- Die Modellparameter werden nun auf die im Training gefundenen besten Werte gesetzt.
- Nun kann das gelernte Modell für Körpergrößen, die nicht im Trainingsdatensatz vorhanden waren, die (aufgrund der Trainingsdaten) wahrscheinlichste Masse vorhersagen.
- Beispiel:
  Bei einer Körpergröße von $x = 1{,}74$ m ergibt sich durch das Modell eine Vorhersage von
  $y = -106{,}2 + 105{,}3 \cdot 1{,}74$
  $\underline{\underline{y = 77{,}0}}$ (Wert in kg)

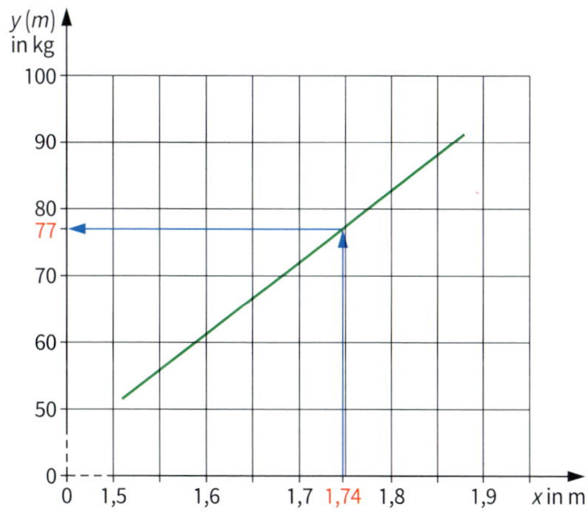

# Unter- und Überanpassung
## Under-adjustment and Over-adjustment

### Unteranpassung

- Ein gelerntes Vorhersagemodell kann **unterangepasst** sein. Dies bedeutet, dass das gelernte Modell, den **wahren Zusammenhang** aus Eingangs- und Ausgangsdaten **nicht abbilden kann**.
- Gründe dafür können sein:
  - Die gewählte Modellstruktur (z. B. linear) kann den wahren Zusammenhang zw. Ein- und Ausgangsdaten (z. B. quadratisch = nichtlinear) gar nicht abbilden.
  - Man hat vergessen, weitere relevante Merkmale in den Trainingsdaten mit aufzunehmen. Bei dem Körpergrößenbeispiel könnte z. B. der Bauchumfang als weitere Eingangsgröße hinzugenommen werden, um die Vorhersagen zu verbessern.
  - Das Modell wurde nicht lange genug trainiert.

### Überanpassung

- Ein gelerntes Vorhersagemodell kann **überangepasst** an die Trainingsdaten sein. Dies äußert sich dadurch,
  - dass der Trainingsfehler sehr gering ist, d. h., das Modell kann die Trainingsdaten nahezu perfekt vorhersagen,
  - der Vorhersagefehler auf Daten, mit denen **nicht trainiert** wurde, (auch Testfehler genannt) hingegen sehr hoch ist.
- Gründe dafür können sein:
  - Die gewählte Modellstruktur ist viel zu komplex bzw. hat zu viele Parameter für den eigentlich weniger komplexen wahren Zusammenhang der Ein- und Ausgangsdaten. Das Modell hat die Trainingsdaten einfach „auswendig gelernt" aber nicht den darunterliegenden Zusammenhang verallgemeinert.
  - Man hat nicht genügend Trainingsdaten zur Verfügung.

### Veranschaulichung

| | Unteranpassung | Ausgewogen | Überanpassung |
|---|---|---|---|
| **Trainingsfehler** | hoch | wie Vorhersagefehler (meist etwas besser/kleiner) | gering |
| **Vorhersagefehler** | hoch | wie Trainingsfehler (meist etwas schlechter/größer) | hoch |
| **Verlauf der Trainings- und Vorhersagefehler über Trainingsschritte** | 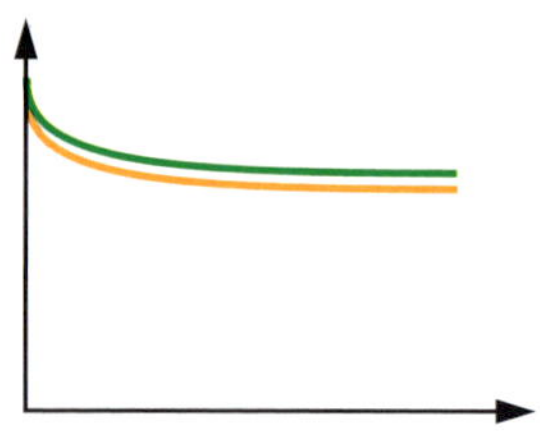 | 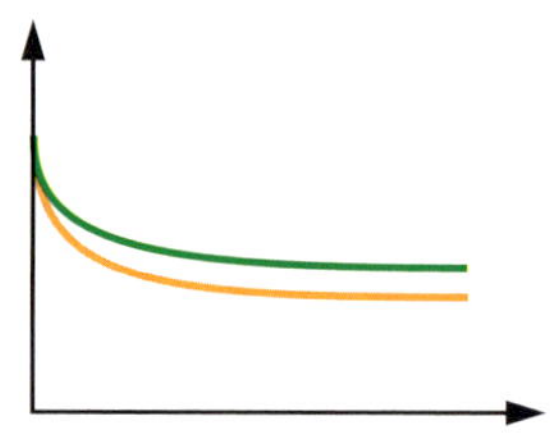 | 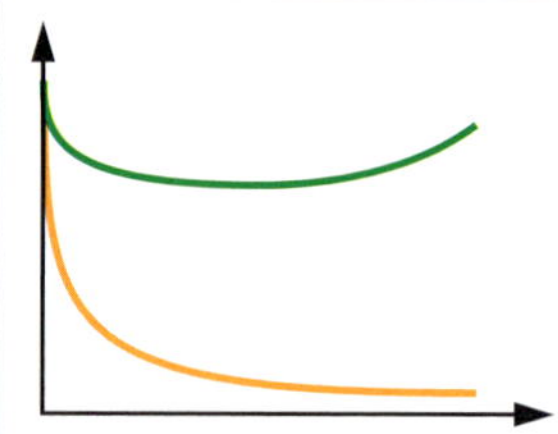 |
| **Beispiel: Klassifikation** | 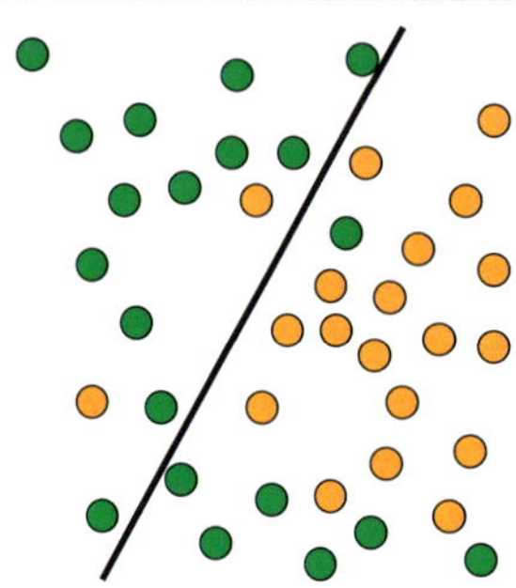 | 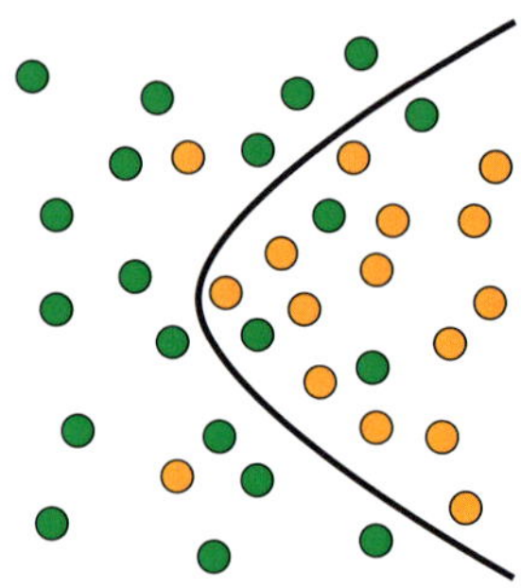 | 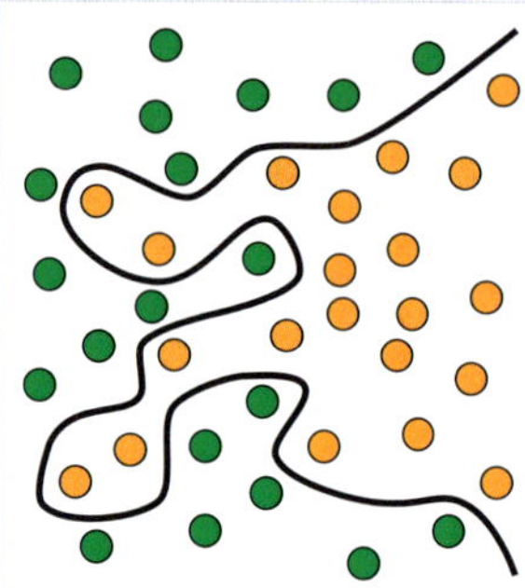 |
| **Beispiel: Regression** | 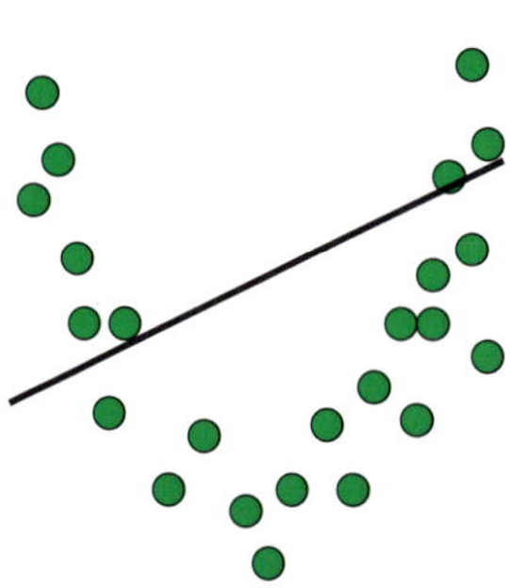 | 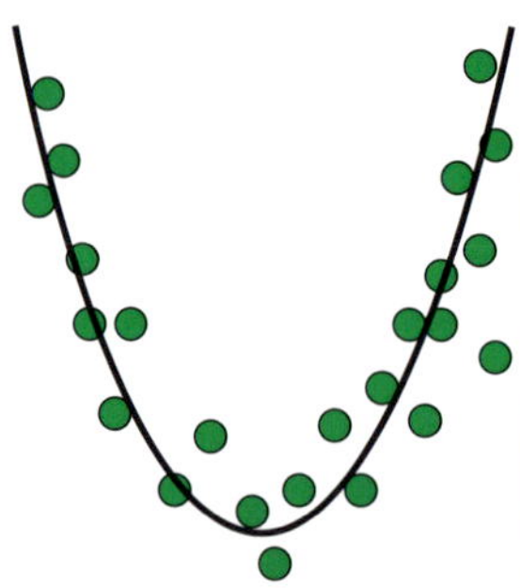 | 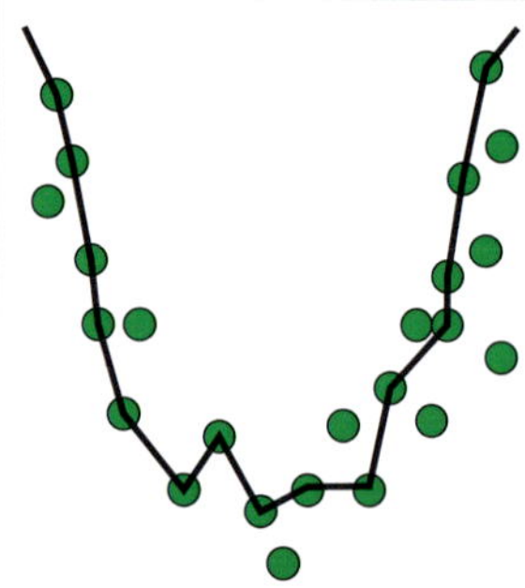 |

## Prinzip

- Beim unüberwachten Lernen werden nur Eingangsdaten verwendet und das System verfügt über **keine Beispiele für Ausgangsdaten**.
- Die Ausgangsdaten (z. B.: die Zugehörigkeit zu einer Gruppe von ähnlichen Eingangsdaten) müssen vom System selbstständig erkannt werden. Das System weiß also nicht, was es erkennen soll.
- Das System erkennt Muster und teilt die Daten in Cluster oder Kategorien auf, jedoch ohne zu „wissen", um welche Cluster oder Kategorien es sich handelt, bzw. unter welches **Label** (**Zielmerkmal**) sie fallen.
- Das Hauptproblem beim unüberwachten Lernen ist demnach die Bildung von Kategorien und Cluster.

**Unüberwachtes Lernen**
Unsupervised Learning

**Clustering (Clusteranalyse)**
- Typische Verhaltensmerkmale
- Marktsegmentierung
- Sprachmustererkennung
- Aufdeckung von Anomalien
- …

**Compression (Dimensionsreduktion)**
- Haupteinflussfaktoren
- Visualisierung
- Strukturenerkennung
- …

- Beim teilüberwachten Lernen sind für einen Teil der Eingaben die dazugehörigen Ausgaben bekannt.

## Training

- Beim unüberwachten Lernen werden am Anfang rohe Beispieldaten eingesetzt.
- Damit lassen sich zunächst vereinfachende Beschreibungen der gesamten Beispielmenge finden.
- Danach können die Daten in verschiedene Gruppen oder Cluster unterteilt oder die Dimensionen – also die Anzahl der Merkmale – reduziert werden.

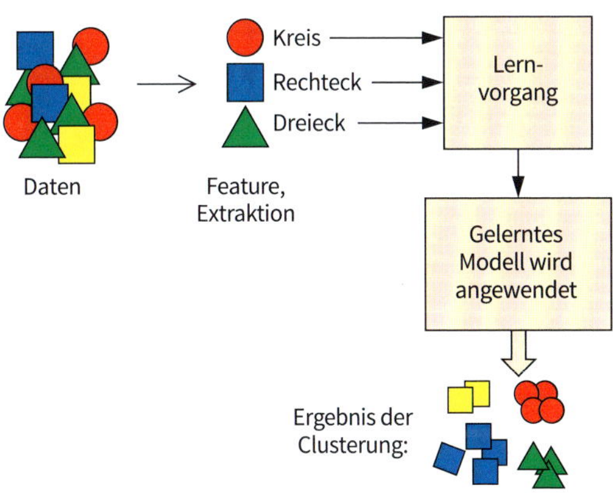


- **Lernverfahren**
  - k-Means-Algorithmus
  - Hauptkomponentenanalyse (PCA)

## k-Means-Algorithmus

- Der k-Means-Algorithmus wird zur **Vektorquantisierung** eingesetzt. Er handelt sich um ein Verfahren zur Kompression oder Identifikation von Datensätzen.
- Das Ziel ist dabei, möglichst ähnliche Objekte zusammenzufassen, die sich innerhalb einer Gruppe mit verschiedenen Objekten befinden.
- Der Algorithmus lässt sich auch für mehrdimensionale Objekte einsetzen.
- Der Algorithmus nähert sich mit ständig wiederholenden Neuberechnungen den jeweiligen Clusterzentren an, bis keine signifikante Veränderung mehr stattfindet.
- **Ablauf**
  1. Wahl von k-Punkten als Anfangszentren der Berechnung
  2. Zuordnung der Datenpunkte zu den verschiedenen Clustern auf Basis des Abstands zu den Zentren
  3. Neuberechnung der Clusterzentren
  4. Wiederholung ab Schritt 2 – bis sich die Lage der Zentren nicht mehr ändert
- **Beispiel**

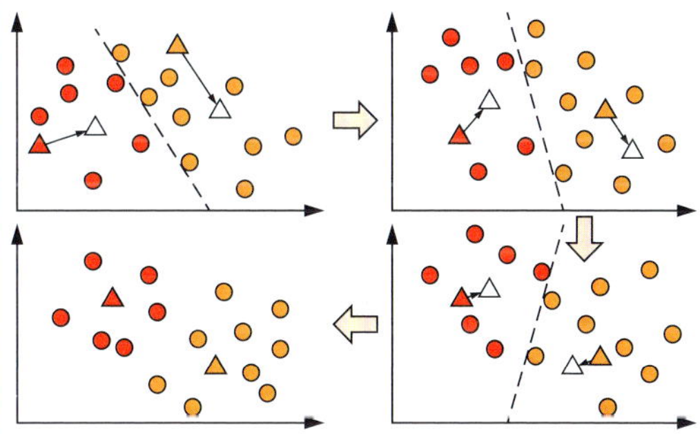

## Hauptkomponentenanalyse (PCA)

- Das Ziel der Hauptkomponentenanalyse (**PCA**: **P**rincipal **C**omponent **A**nalysis) ist es, die wichtigste Information des Datensatzes zu extrahieren ① und diese Information in Form einer geringeren Anzahl an Variablen (**Hauptkomponenten**) ② auszudrücken, also zu strukturieren, zu vereinfachen und zu veranschaulichen.

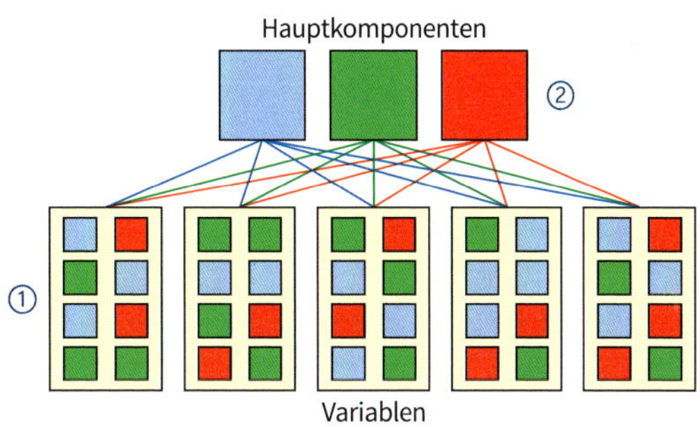


- Die Hauptkomponentenanalyse wird meistens dort eingesetzt, wo Variablen stark miteinander korrelieren. Die Analyse ist ein Verfahren der multivariaten Statistik.
- Bei diesem Verfahren werden Komponente und Faktor oft synonym verwendet.

# Bestärkendes Lernen
## Reinforcement Learning

### Prinzip

- Das bestärkende Lernen (auch verstärkendes Lernen) basiert auf der **Belohnung** gewünschter oder der Bestrafung unerwünschter Verhaltensweisen.
- Dabei lernt ein **Agent** selbstständig eine Verhaltensweise (**Strategie**) in seiner **Umgebung**, um die Belohnung anhand einer Belohnungsfunktion zu maximieren. Verwendet werden dabei Methoden des maschinellen Lernens.
- Der **Agent** (**agent**) ist der einzige Entscheidungsträger im Lernprozess. Er hat einen **Zustand** (**state**), z. B. die Position in einem Labyrinth.
- Die **Umgebung** (**enviroment**) ist eine physische oder virtuelle Welt in der ein Agent anhand seiner Strategie **Aktionen** (**actions**) (z. B. nach links oder rechts gehen) ausführt. Mit jeder Aktion ändert der Agent seinen Zustand.
- Für jede ausgewählte Aktion des Agenten erzeugt die Umgebung eine **Belohnung** (**reward**). Es handelt sich dabei um einen skalaren Wert (z. B. negative Entfernung zum Ausgang des Labyrinths).
- Die Belohnung kann auch als **Modellgüte** (Gegenteil vom **Trainingsfehler**) (s. Vorhersagemodelle) interpretiert werden. Das **Lernverfahren** ändert dann in jedem Schritt die Strategie ein wenig, sodass die nächste Aktion eine höhere Belohnung erhält.

### Grundsätzlicher Ablauf

- Für seine Interaktionen mit der Umwelt erhält der Agent ein Feedback in zahlreichen Durchläufen und lernt dabei, Aktionen auszuwählen, die in den folgenden Situationen eine höhere Belohnung ergeben.
- Die Reaktion der Umgebung auf die Aktion des Agenten beeinflusst die Wahl der Aktion des Agenten im nächsten Schritt. Dabei kann es zu einem Dilemma zwischen der Ausnutzung der bisher erworbenen Erfahrung (Exploitation) auf der einen und der Exploration (Untersuchung) neuer Strategien zur Erhöhung der Belohnung auf der anderen Seite kommen (Exploration-Exploitation-Dilemma).

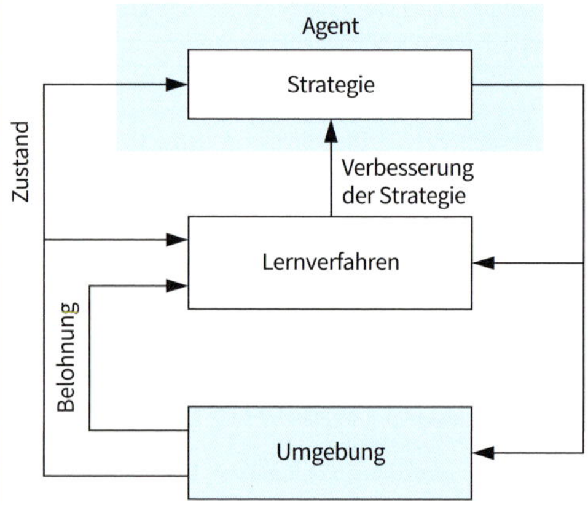


- Das eigentliche Ergebnis beim Bestärkenden Lernen ist die gelernte Strategie, also die Regeln, nach denen sich der Agent bestmöglich in der Umgebung verhalten sollte.

# Deep Learning
## Deep Learning

### Prinzip

- Deep Learning (tiefgehendes Lernen) benutzt **neuronale Netze** die sehr viele versteckte Schichten besitzen. Je mehr versteckte Schichten ein neuronales Netz besitzt, desto schwieriger und langwieriger ist es allerdings, es zu trainieren.
- Einsatzbereiche sind: Mustererkennung, Textdeutungen, Spracherkennung (Sprache in geschriebenen Text), Gesichtserkennung, Robotik, Aufspürung komplexer Strukturen in Daten und Clusterbildung (z. B. Objekte auf Bildern zu klassifizieren).
- Im Gegensatz zum klassischen maschinellen Lernen, wird beim Deep-Learning bewusst auf eine aufwendigere manuelle Vorverarbeitung der Eingangsdaten (Merkmalsextraktion) verzichtet. Die Argumentation ist, dass man mit einem tiefen neuronalen Netz ein so komplexes Vorhersagemodell einsetzt, dass die relevanten Merkmale in den Daten vom neuronalen Netz selbst erkannt werden können.
- Deep Learning kommt dann zum Einsatz, wenn andere maschinelle Lernverfahren an Grenzen stoßen.

### Vergleich und Abgrenzung

- **Maschinelles Lernen**

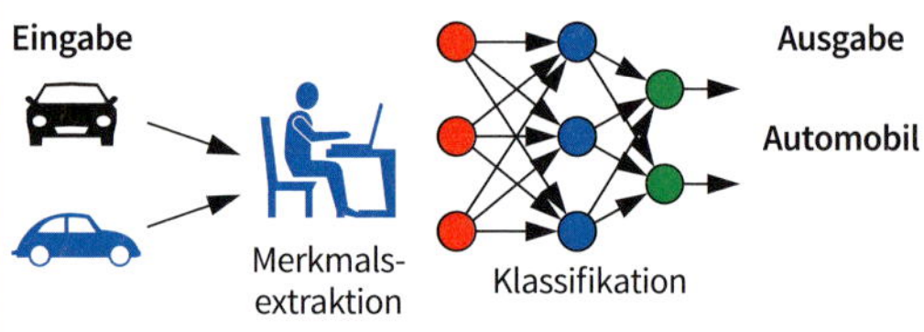


- **Deep Learning**

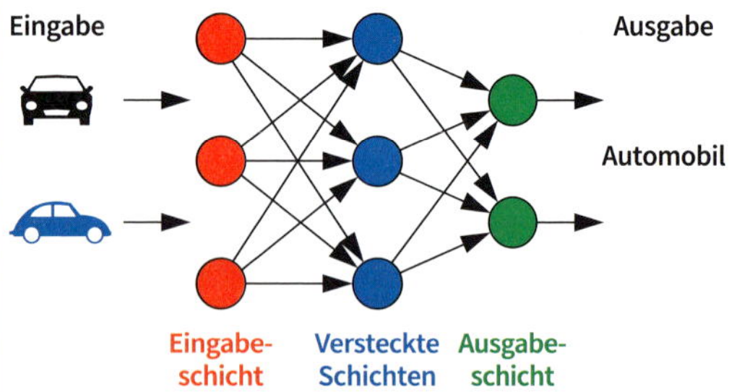

## Wahrnehmungen, Perspektiven, Täuschungen

- Unterschieden werden folg. Wahrnehmungsperspektiven:
  - telezentrischer perspektivischer Eindruck ①
  - natürliche Perspektive ②
  - tiefenverkürzte ③ und -tiefenverlängerte ④ Perspektiven
- Das Denken des Menschen erfolgt vorrangig unter der ersten Perspektive. Es ist (weitgehend) nur diesem zugänglich (→ Privatheit / Autorität der ersten Person).
- Schmerzen, Gedanken, … erlebt der Mensch unter der Perspektive der ersten Person. Dabei wird die Welt als Einheit verstanden. Die Daten werden kohärent und konstruktiv verbunden.
- Die Weltwahrnehmung wird intentional erfasst. Voraussetzende Gegebenheiten (→ der Hintergrund) bleiben oftmals verdeckt.
- Das menschliche Denken ist sprach- und kontextgebunden.
- Über die Kommunikation können Daten, Einschätzungen, Urteile usw. (transparent) vermittelt werden.
- Von großer Bedeutung sind visuellen Daten (→ Bilder).
- Über geordnete Beurteilungen sollen verbindliche Schlüsse gezogen werden. Problematisch sind Fehlschlüsse.
- In vielen Realitätsbereichen werden über Tests Gegebenheiten erkundet. Bedeutsam sind stochastische Tests.

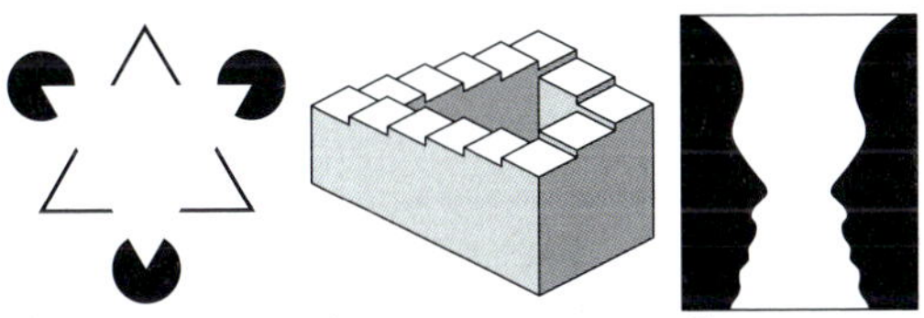

A) B) C)

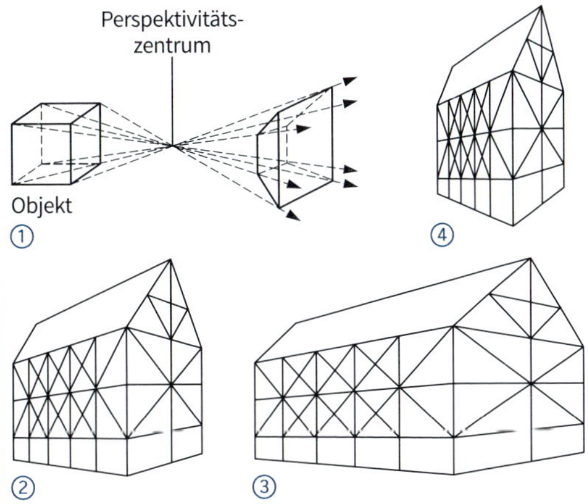


- Die menschliche Wahrnehmung kann getäuscht werden. Diese Täuschung kann von struktureller Qualität (→ Illusionen) sein.
  - Explizites (inneres) Dreieck im ›Kanizsa-Dreieck‹ (A).
  - ›Unrealistische‹ Figuren (B: ›Penrose-Treppe‹)
  - ›Rubinsche Vase‹ (C): Abwechselnd eine Vase oder zwei Profile (Figur-Hintergrund-Problem)
- Speziell die Wahrnehmung ist gebunden an Perspektiven.
- Auch treten ›individuelle‹ Einschränkungen (Farbblindheit …) auf.
- In der Mathematik werden unterschiedliche Geometrien (euklidische, projektive, hyperbolische, …) thematisiert.

## Systematische Fehler und Beschränkungen

- **Abkürzende Denkmuster**: Entscheidungen mit Bezug auf verkürzte Denkmuster (heuristics and biases).
- **Ähnlichkeitsprinzipien**: (vermutete) Ähnlichkeit von unbewussten und bewussten Zuständen.
- **Bayesianische Rationalität**: Die Rationalität des menschlichen Denkens folgt Wahrscheinlichkeitsannahmen.
- **Bedingte Wahrscheinlichkeit**: Die Wahrscheinlichkeit für ein Ereignis ist abhängig von den vorhergehenden Entscheidungen.
- **Bestätigungsvorurteil** (confirmation bias): Akzeptanz für Daten, die unsere Vor-These (das Vor-Urteil) bestätigen.
- **Blindheit durch Unaufmerksamkeit**: Wer nicht mit dem Besonderen rechnet, der nimmt es nicht wahr.
- **Blindheit für Veränderungen (change blindness)**: Veränderungen werd. nicht wahrgenommen, nicht realisiert.
- **Cocktail-Party**: Erfassen von spezifischen Namen in einer hohen Rauschkulisse.
- **Eisberg-Metapher**: Nur ein geringer Teil (der Welt etc.) ist sofort direkt erkennbar.
- **Figur-Hintergrund**: Uneindeutige Zuordnungen.
- **Inferentielle Promiskuität**: Beliebige Übertragung von Symbolen auf die Realität.
- **Informeller logischer Schluss**: Verwendung von Wenn-dann-Regeln, die nicht explizit aufgeklärt wurden.
- **Kognitive Dissonanz**: Widersprüche in unseren Motiven und Begründungen führen zu einem unangenehmen Selbstgefühl.
- **Effekt der Vertrautheit (Mere-Exposure-Effekt)**: Vertrautes wird positiv bewertet; positive Einschätzung durch bloße Wiederholung.
- **Kontrollillusion**: Illusion, durchdachte und willentlich umgesetzte (kontrollierte) Handlungen zu gestalten.
- **Quellenamnesie**: Die Quelle der meisten Wissensinhalte ist uns unbekannt.
- **Paradox der Fiktion**: (unbewusste) Wunschannahme
- **Placebo-Effekt**: Scheinbare Folgerungen.
- **Relevanzprinzip**: Das Relevante in Abhängigkeit vom wahrgenommenen Kontext wird benannt.
- **Selbstüberschätzung**: Prinzipiell überschätzt der Mensch im Durchschnitt seine Fähigkeiten.
- **Stimmungseffekt** (quasi ein vermeintlicher „Mozart-Effekt“): Eine gute Stimmung verhilft uns, Probleme leichter zu lösen.
- **Verzögerte Kausalität**: Folgerung tritt mit nicht erwarteter ›Verspätung‹ auf.
- Vielfältige weitere Aspekte wurden erkannt, z. B. (Stichwörter):

| | | |
|---|---|---|
| Aufmerksamkeitsfeld | Bahnungseffekte | Kühlschrank-Illusion |
| Beurteilungsabhängigkeit | Exposé-Effekt | Flow-Erlebnis |
| Gruppenzwänge | Egozentrischer Bezugspunkt | Rangordnung |
| Mozart-Effekt | Odysseus-Prinzip | Kontraposition |

- Generell neigen Menschen dazu, positive Erfahrungen höher zu bewerten (›optimistische Wahrnehmungsverzerrungen‹)

## Folgerungen für IT-Teams

**Gestaltungsregeln** für die Arbeit in IT-Teams: Wichtig ist, **vielfältige Erfahrungshintergründe** und **Wahrnehmungsmuster** zu integrieren. Die **eigenen Beurteilungsprozesse** sind regelmäßig zu überprüfen.

## Optik: Wellen und Strahlen

- In der Optik werden unterschieden: Geometrische Optik, Wellenoptik, Quantenoptik, klassische u. nichtklassische Optik.
- Ausgangspunkt der Konzepte ist die Einsicht, dass optische und elektromagnetische Wellen einheitlich beschrieben werden können. Mit dem Wort „optisch" werden sehr kurze Wellenlängen bezeichnet. Lichtwellen sind von ihrer Natur her also elektromagnetische Wellen.
- Nach Huygen ist jeder Wellenpunkt selbst wieder Ausgangspunkt einer neuen Welle (**Huygensches Prinzip**).

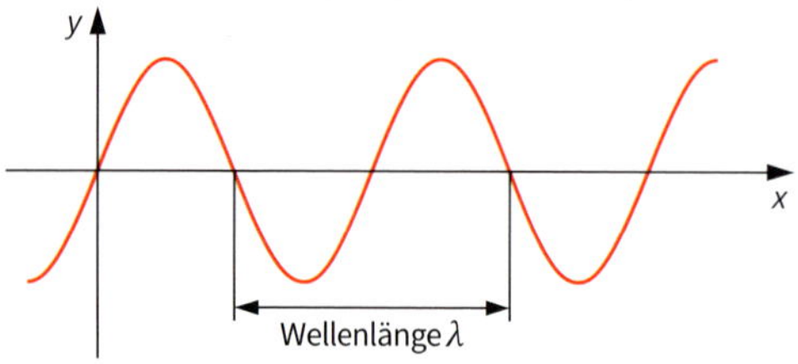


- Wellen können gebeugt, gestreut, gesammelt, gebrochen, geführt, gedämpft und verstärkt werden.

## Brechung – Reflexion – Spektrum

Brechung und Reflexion

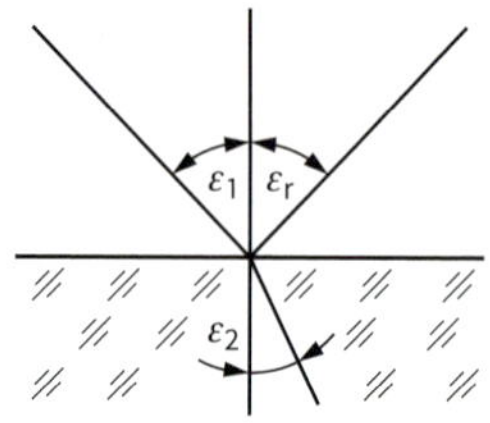


Doppelbrechung am Kalkspat

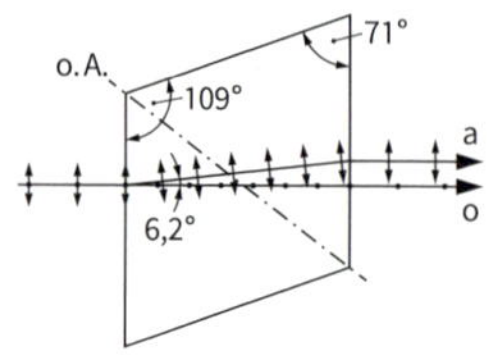


Spektrum (Regenbogenfarben)

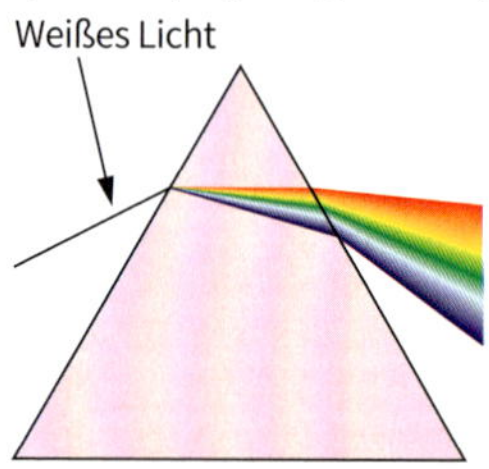


Spektrallinien von Wasserstoff

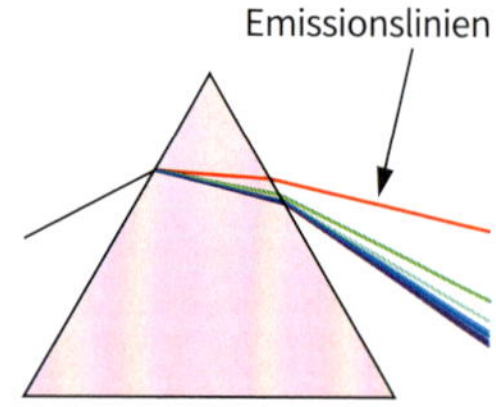


- Die Wellen können interferieren. Ein einzelnes Photon kann dabei mit sich selbst interferieren (Doppelspaltversuch).
- Teilchen- und Wellenkonzeptionen sind auf „elementare Teilchen" (Photonen, Elektronen ...) und komplexere Gebilde (Atome, Moleküle) zugleich anwendbar.
- Lichtwellenausbreitungen können auch mit Vorstellungen zur Ausbreitung von Teilchen erfasst werden

## Abbildungsgesetz nach Newton

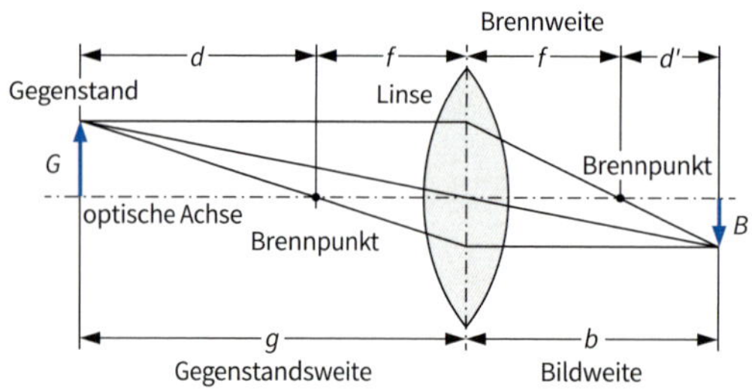


**Symbole**

- $G$: Gegenstandsgröße
- $B$: Bildgröße
- $f$: Brennweite
- $g$: Gegenstandsweite
- $b$: Bildweite

**Abbildungsbeziehungen**

- $\frac{1}{f}=\frac{1}{b}+\frac{1}{g}$; $\frac{G}{B}=\frac{d}{f}=\frac{f}{d'}$
- $m=\frac{B}{G}=\frac{b}{g}=\frac{f}{d}=\frac{d'}{f}$
- $d'\cdot d=f^2$

## Linsen

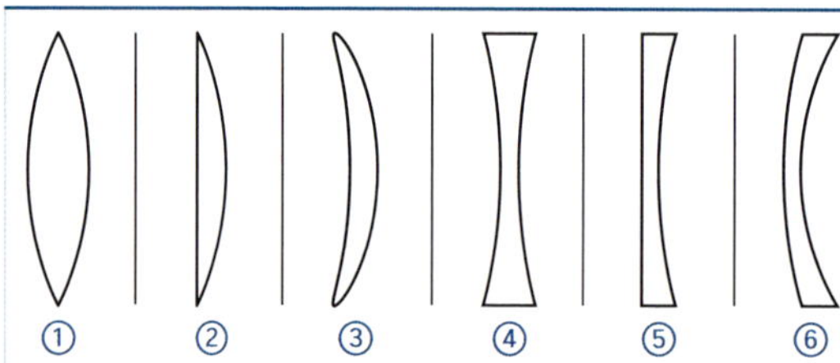


- ①, ②, ③ Sammellinse (konvexe L.: $d_{Mitte} > d_{Rand}$), $f' > 0$
- ④, ⑤, ⑥ Zerstreuungslinse (konkave L.: $d_{Mitte} < d_{Rand}$), $f' < 0$
- ① bikonvex $r_1 > 0$; $r_2 < 0$
- ② plankonvex $r_1 = \infty$; $r_2 < 0$
- ③ konkav-konvex $r_1 < r_2 < 0$
- ④ bikonkav $r_1 < 0$; $r_2 > 0$
- ⑤ plankonkav $r_1 = \infty$; $r_2 > 0$
- ⑥ konvex-konkav $r_1 > r_2 > 0$

## Polarisationen

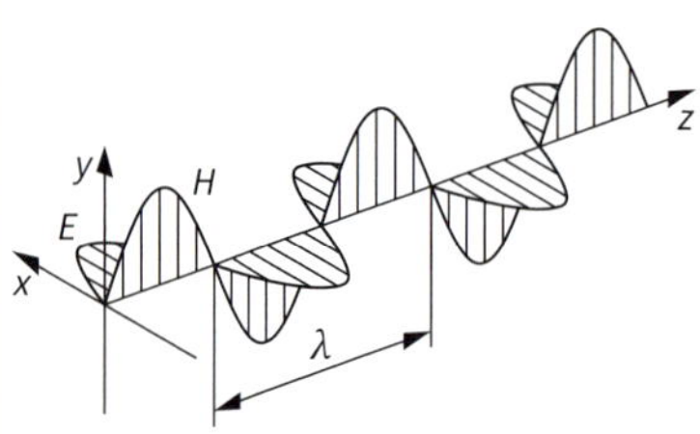


**Lineare Polarisation**
***E*** und ***H*** sind phasengleich.

**Zirkulare Polarisation**
***E*** und ***H*** sind phasenverschoben

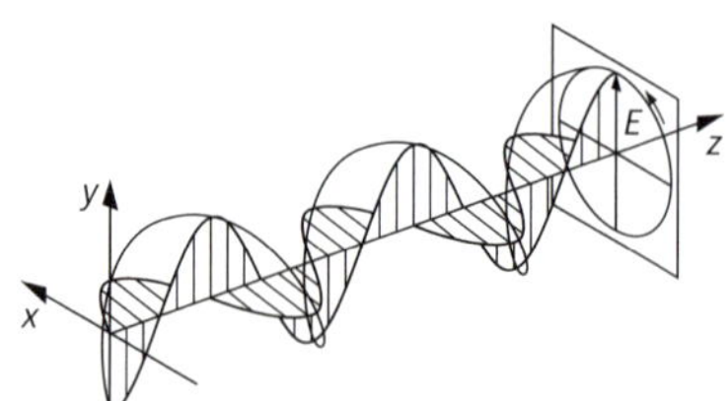


- ***E*** elektrischer Wellenanteil
- ***H*** magnetischer Wellenanteil

- $\mathbf{E}\perp\mathbf{H}$
- $\mathbf{E}=E_0\cdot e^{j\cdot(\omega t-kr)}$

- Die Information verbindet sich mit der Frequenz, der Phase oder der Polarisation

## Grundideen

- Die Basis für die lernenden Operationen in den aktuellen Maschinen basiert auf der automatisierten Verarbeitung von Daten gemäß der Verrechnung von diskreten Realitätswerten.
- Die Prinzipien der Bildverarbeitung verdeutlichen die Ansätze der intelligenten Realitätserfassung. (So beruht zum Beispiel die Bidlbearbeitung in Handys auf diesen Verfahren.)
- Die Verfahrensweisen werden optimiert und ermöglichen autonome Aktionen von Maschinen.
- So nimmt die digitale Bilderfassung die analogen Bilddaten gerastert in zwei Dimensionen als digitale Daten auf. Die Rasterbilder werden in Form von Matrizen $(A_{MxN}) = (a_{m,n})$ mit M Zeilen und N Spalten ($m \in M$ und $n \in N$) gespeichert.
- Dazu kommt die für jeden Bildpunkt $a_{m,n}$ quantisiert ermittelte Intensität der Beleuchtung (→ Beleuchtungsstärke). Bei Schwarz-Weiß-Bildern wird hierbei nur zwischen 0 und 1 unterschieden (→ Binärbildern). Bei Grauwertbildern (→ Intensitätsbilder) wird die Intensität (→ Helligkeit) dagegen typischerweise mit 8 Bit beschrieben (→ von 0, 1, 2 … bis 255).
- Für Farbbilder werden zum Beispiel gemäß des RGB-Systems drei Farbkomponenten (R – rot, G – grün, B – blau) aufgenommen und bezogen auf jeden Rasterpunkt gesondert gespeichert.
- Im RGB-System gilt: R – 700 nm; G – 546 nm, B – 436 nm.
- Die Helligkeit (→ Luminanz; Y) errechnet sich gemäß $Y = 0{,}2989 \cdot R + 0{,}5870 \cdot G + 0{,}1140 \cdot B$
- Bsp. für die Überführung eines Farbbildes in ein Grauwertbild:

 → 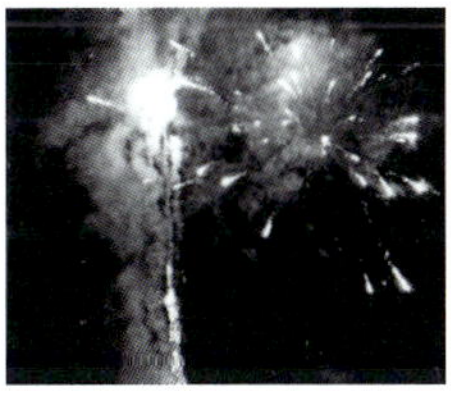

- Die Grauwerte der einzelnen Rasterpunkte geben die Helligkeit der Bildpunkte an. Diese kann bezogen auf die jeweilige Bitebene (Bit Level 1 bis 8) gesondert dargestellt werden.

(Bitebene Level 3)

(Bitebene Level 6)

Gesamtbild

- **Helligkeit** eines Bildes: Mittelwert der Grauwerte.
- **Kontrast** eines Bildes: Differenz zwischen den Grauwerten.
- Helligkeit und Kontrast eines Bildes können angepasst werden. Dabei kann der Entropiegehalt eines Bildes verändert werden.
- In unteren Ebenen können auch unbemerkt für das menschliche Auge Informationen versteckt eingefügt werden.
- Graubilder können durch eine Schwellenwertsegmentierung in Schwarz-Weiß-Bilder verwandelt werden. Die Werte werden unterhalb eines Schwellenwertes als schwarze und oberhalb als weiße Punkte betrachtet. Das Bild wird binarisiert. Die Schwellenwertsegmentierung kann mit verschiedenen Verfahren (z. B. nach Otsu, Nobuyuki (1979)) erfolgen.
- Die Daten können mit Tabellen erfasst werden. Die Datenaufbereitung und Bewwertung erfolgt unter Verwendung mathematischer Methoden und Ansätze speziell der Analysis, Stochastik und Vektorrechnung. Die Clusterbildung von Daten beruht auf dem Konzept der Bildung von Kategorien und Mengen.

## Verarbeitungsprinzipien

- Die Identifikation und Anordnung der Pixel und die Ermittlung von Linien und Kanten nutzt insofern die Verarbeitunsprinzipien des Suchens und Sortierens unter Beachtung von geometrischen Kenndaten.

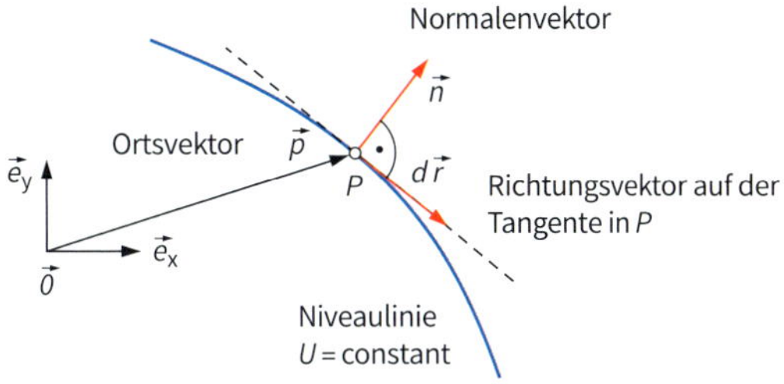


Ein Punkt P (zum Beispiel ein Bildpixel) wird über einen Ortspfeil bzw. Ortsvektor $\vec{P}$ in einem Koordinatensystem ($\vec{e_x}; \vec{e_y}$: Einheitsvekoren in Richtung der Koordinatenachsen) für ein zweidimensionales System ($|R^2$). Der Richtungsvektor gibt die Steigungswerte bezügliches des Punktes (im Systemzusammenhang) an. Der Normalenvektor steht senkrecht ($\varphi = 90° \equiv \pi/2$ rad) auf dem Richtungsvektor. Aus den Beziehungen zu anderen Punkten können einerseits Ränder und weiterhin lokale Steigungswerte (nummerisch genähert) ermittelt werden.

- Durch die mathematische Aufbereitung der Bilddaten (→ Matrixpunkte) können **Kanten** und **Konturen** erkannt und hervorgehoben werden. So können die Grauwerte in der Umgebung (Nachbarschaft) zu einem Bildpunkt schrittweise abgetastet und dem Rang nach (→ über Rangoperatoren) geordnet werden.
- Typische Operatoren sind: Glättungsfilter, Kantenfilter, Maximumfilter, Medianfilter, Minimumfilter, Schärfungsfilter
- **Kanten und Konturen**
  Bedeutsam für die Bild- und Musterverarbeitung sind Kanten und Konturen. Grauwertunterschiede können als Übergänge zu Kanten (→ Richtungsableitung, Gradienten) interpretiert werden. Bei diskreten Bildpunkten werden die Differenzen mit Differenzenquotienten [ → $(f(x + \Delta x) - f(x)) / ((x + \Delta x) - x)$ ] beschrieben. Hierzu werden Differenzenfilter (auch Kantenfilter, z. B. Sobel-Operator mit einer Sobel-Maske) verwendet. Zeitliche Signale können auch ins Frequenzsystem transformiert werden (→ Fouriertransformation).
- Beispiel (Kanten und Konturen)

1

2

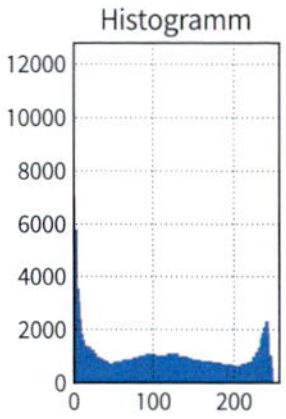

3

4

5

1 Originalbild
2 Grauwertbild mit
3 Grauwert-Intensitäten
4 Kantenbild
5 Konturenbild

## Filterungen

- **Glättungsfilter**
  Zur Glättung werden eingesetzt:
  – (eindimensionale und zweidimensionale) Binomialfilter
  – Kaskade von Binomialfiltern
  – Gauß-Filter – Rechteckfilter – Tiefpassfilter
- Filterungen können das gesamte Bild erfassen, wobei es Probleme bei den Bildrändern gibt. Es können auch ausgewählte Bereiche mit Masken (→ Maskenfilter) betrachtet werden. Grundlegend ist die Problematik der Weichzeichnung bei Glättungen, die einen Verlust an Schärfe zur Folge hat.
- Mit den Filtern können Rauscheffekte und Impulswerte unterdrückt werden. Auch können Verzerrungen aufgehoben werden.

## Morphologie

- **Morphologie**: Lehre der Gestalt (der Bilder). Insgesamt werden ca. dreißig morphologische Operationen unterschieden, die auch das Vordergrund-Hintergrund-Verhältnis (bzw. die Figur-Hintergrund-Beziehung) berühren.
- Auch mittels morphologischer Operationen können Bilder verändert werden.
- Von besonderer Bedeutung sind die Operationen:
  **Ausdünnen**, **Erosion** (-), **Dilatation** ⊕, **Füllen**, Öffnen, Schließen, **Skelettieren**, Translation, Verdicken.
- Erosion und Dilatation sind entgegengesetzte, aber keine direkt inversen Operationen.

## Morphologische Operationen

- **Erosion (Schrumpfen von X durch Q)**

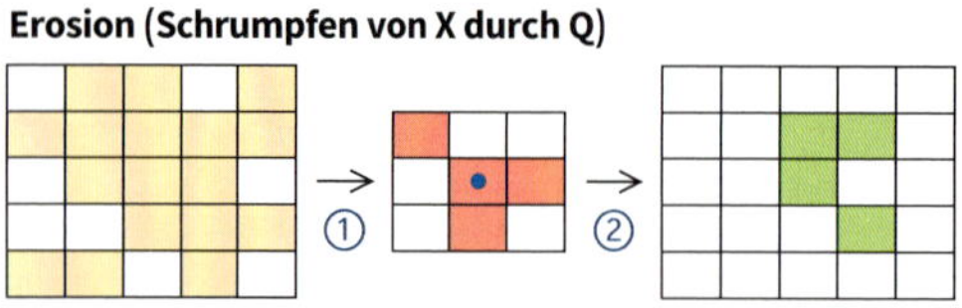


(Objekt X) (Q) (Objekt Y)
①, ②: Schrumpfung;
(X): Ausgangsmenge; (Q): Strukturelement Q; (Y): Ergebnis
Erosion: morphologische Operation ((-)) (systematisches, strukturiertes) Schrumpfen (Entfernen) eines Objekts unter Beachtung eines Strukturelements.
Nur die Positionen (Punkte •) im Originalbild bleiben erhalten, bei denen das Strukturelement Q im Bildkontext vollständig erfasst wird.
**Zugehörige Operation**: $Y = X \ominus Q = \{y|(Q)_y \subseteq X\}$

- **Dilatation (Wachsen von X durch Q)**

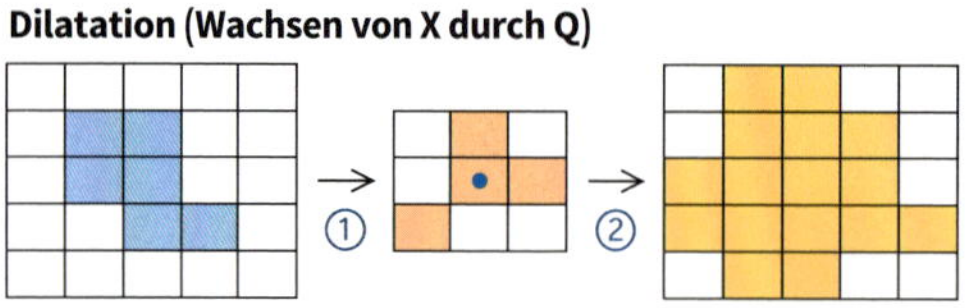


(Objekt X) (Q) (Objekt Y)
①, ②: Dilatation;
(X): Ausgangsmenge; (Q): Strukturelement Q; (Y): Ergebnis
Dilatation: morphologische Operation ((-)) (systematisches, strukturiertes) Wachsen (Zuführung, Ergänzung) eines Objekts unter Beachtung der Gegebenheiten eines Strukturelements. Es werden Flächenanteil zugeführt gemäß der Form Q mit Blick auf den Bezugspunkt (•), der auf die Originalpunkte gelegt wird.
**Zugehörige Operation**: $Y = X \oplus Q = \{y|(\hat{Q})_y \cap X \neq \emptyset\}$

## Closing und Opening

- Die Kombination von Dilatation und Erosion führt zum **closing** [• Schließen: $X \bullet Q = (X \oplus Q) \ominus Q$] bzw. zum **opening** [○ Öffnen: $X \circ Q = (X \ominus Q) \oplus Q$)].

## ›Multiplikationen‹

- Elementare Multiplikation: $m \cdot n = m \cdot n$
- Skalare Vektor-Multiplikation $n \cdot (a, b) = (n \cdot a, n \cdot b)$
- Skalarprodukt: $\boldsymbol{a} \cdot \boldsymbol{b} = |\boldsymbol{a}| \cdot |\boldsymbol{b}| \cdot \cos(\angle\varphi$; [ **a**, **b**: Vektoren ]
- Vektorprodukt (äußeres Produkt): $\boldsymbol{a} \times \boldsymbol{b}$
- **Faltung** (Symbol – Faltungsoperator: *; ›asterix‹)
  ›Basis-Multiplikation‹ innerhalb der Nachrichtentechnik
- Selbstabbildung eines Eingangssignals auf ein Ausgangssignal
- **Kontinuierliche Faltung**
  $Y(t) = x_1(t) * x_2(t) = \int_{-\infty}^{\infty} x_1(\tau) \cdot x_2(t-\tau)\, d\tau$

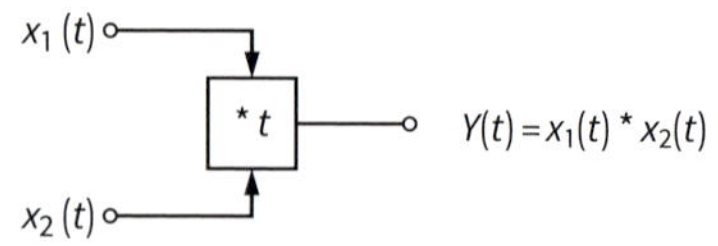


- **Diskrete Faltung**
- Erfolgt über den Ansatz der ein- bzw. zweidimensionalen Faltung $\{y[n] = x[n] * h[n] = \Sigma_{k=-\infty}^{+\infty} x[k] \cdot h[n-k]\}$ unter Verwendung der Impulsantwort (→ $h[n]$).
- Die diskreten Rechenoperationen können unter Verwendung von Matrizen (automatisch) gestaltet werden.

## Bildverarbeitung mit MATLAB

- MATLAB unter Einsatz von Image Processing Toolbox: M. unterstützt verschied. Bildformate: BMP, GIF, JPG, JEPG, PNG
- imtool → **Befehlsübersicht** (Bildverarbeitung)
- bitget → Abfragen von Grauwertebits
- bwdist → Distanztransformation
- bwhitmiss → Lage-Bestimmung (Erosion und Entfernung)
- bwmorph → morphologische Operationen
- conv → Faltungsbefehl (zyklische Faltung)
- deconvblind, deconvlucy, deconvreg, deconvwnr → Entfaltungen
- edge → Erzeugung von Kantenbildern
- fft2 → zweidimensionale diskrete Fouriertransformation
- fftshift → Abtastung und DFT-Spektren
- figure → Öffnen eines Bildes im Bildschirmfeld
- fspecial → Entwurf und Einsatz spezieller Filter
- houghpeaks → Auswahl eine Geraden gemäß SHT
- imbinarize → Grauwertrücksetzung;
- imclose → mor. Schließen
- imdilate → Dilatation; imerode → Erosion
- imgaussfilt → Filterung mit dem Gaussfilter
- imnoise → Einfügen von Streuwerten (Bildrauschen)
- imopen → morphologisches Öffnung;
- impixel → Grauwertzugriff
- imreconstruct → morphologische Rekonstruktion
- imsharpen → Unschärfenmaskierung (Kanten)
- imshow → Bildanzeige; ▪ imsubtract → Kantenschärfung
- laplacian → (fspecial-Option) → Kantenschärfung
- offsetstrel → Generierung von Strukturelementen
- otsu_thersh → Methode von Otsu
- rgb2gray → Konvertierung (RGB-Bildes in ein Grauwertbild (int8))
- strel → Nachbarschaftsstruktur (Morphologie: line - Linie; diamond – Raute; rectangle – Rechteck; disk – Scheibe)

| | | |
|---|---|---|
| 1666 | Newton, I. | Spektrale Zerlegung des Sonnenlichts |
| 1800 | Young, T. | Interferenznachweis bei Licht (⇒ Licht als Welle); Versuchsdurchführung durch Fresnel (18229 |
| 1812 | Arago, F. | Auch **polarisiertes** Licht kann interferieren; Nachweis der Lichtbeugung (Experiment in Folge von Überlegungen von Poisson (1781 – 1840) |
| 1817/22 | Fresnel, A. J. | Nachweis des transversalen Charakters der Lichtwellen (in Folge zu Arago) |
| 1819 | Orsted, H. C. | Bewegter elektrischer Strom erzeugt ein Magnetfeld |
| 1839 | Becquerel, A. E. | Photoelektrischer Effekt |
| 1849 | Fizeau, H. | Erste irdische Bestimmung der Lichtgeschwindigkeit |
| | Faraday | Beeinflussung von elektrischen und magnetischen Feldern (Phänomenen) |
| | Maxwell | Maxwellsche Gleichungen |
| 1892 | Foucoult | Bestimmt der Lichtausbreitungsgeschwindigkeit in Medien |
| 1897 | Thomson, J. | Entdeckung des Elektrons |
| 1899 | Planck, M. | Gequantelte Energieübertragung mit $E = h \cdot f$; $h = 6{,}62606891 \cdot 10^{-34}$ J · s |
| 1905 | Einstein, A. | Photoelektrischer Effekt / Brownsche Molekularbewegung |
| 1909 | Taylor, G. I. | Entdeckung der Selbstinterferenz von Photonen beim Doppelspaltexperiment |
| 1910 | Millikan, R. A. | Öltröpfchenexperiment zur Ermittlung der Größe von Elementarladungen |
| 1922/23 | Compton, A. | Streuung von Photonen an Elektronen (Teilchennatur der Lichtquanten) |
| 1926 | Klein, O. | Quantifizierung der räumlichen Zusatzdimension (nach Kaluza, 1919): $10^{-33}$ cm |
| 1927 | Heisenberg, W. | Unschärferelation: $\Delta x \cdot \Delta p \geq h/2\pi$; $\Delta E \cdot \Delta t \geq h/2\pi$ |
| | Schrödinger, E. | Wellengleichung |
| 1957 | Wu, C.-S. | Links-Rechts-Asymmetrieverletzung beim Betazerfall von Kobalt-60 |
| 1958 | Mößbauer, R. | Rückstoßfreie Kernresonanzabsorption (Mößbauereffekt) |
| 1959/61 | Jönsson, C. | Interferenz von Elektronen (Doppelspaltexperiment mit Elektronen) |
| 1980 | von Klitzing, K. | Quantenhalleffekt |
| 1981 | Binning, G., Rohrer, H. | Tunnelrasterelektronenmikroskop |
| 1982 | Bell, J. S.<br>Aspect, A. | Nachweis der Verletzung der Bellschen Ungleichung bei verschränkten Photonen (Nachweis, dass die QM nicht als lokale Theorie verborgener Parameter verstanden werden kann bei gleichzeitiger Annahme eines überlieferten Realismusverständnisses.) |
| 2001 | Comell, Ketterle, Wiemann | Nobelpreis für den Nachweis des Bose-Einstein-Kondensats |

## Hintergrund

- Information ist eine Beschreibungsgröße neben Energie und Materie: wobei sie den Aspekt der Symmetrie berührt
- Shannon hat über die Entropie-Betrachtungen einen mathematischen Zugang zur Information gefunden.
- nach Shannon liegt im Zwiekörpersystem mit $p_1 = p_2 = ½$ ein maximales Unwissen
- In der Quantenphysik wird erkannt, dass kontinuierliche auf diskrete Gegebenheiten zurückzuführen sind.
  In diesem Sinne werden unterschieden:

| | | |
|---|---|---|
| **Photon** | Polarisation | ↔ ↑ ↓ |
| **Elektron** | Spin-Richtungen: Eigendrehimpuls | Stern-Gerlach |
| **Atome** | Energiezustände (Grundzustand, angeregter Zustand) | Quantensprung |

- **Stern-Gerlach-Versuch**

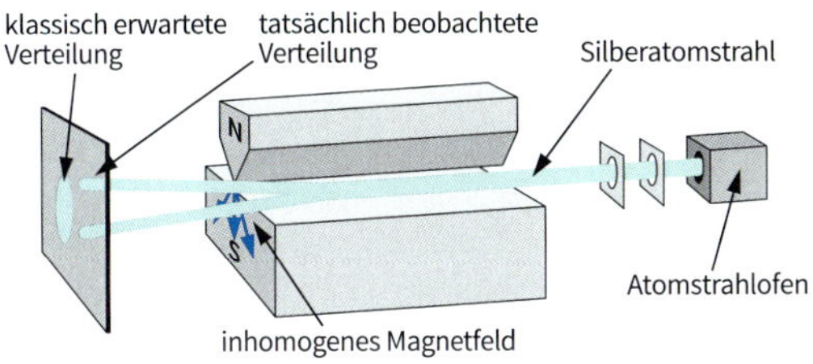


- Auf der quantenmechanischen Ebene treten widersprüchliche Phänomene auf, die nur durch sich ergänzende (komplementäre) Beschreibungen erfasst werden können.
- Die Quantenkonzeption ersetzt die (Dualität der) Teilchen- und Wellenkonzeptionen der klassischen Physik.

## Informationseinheit

- Beschreibung eines Quantenzustands nach Dirac: $|\Psi>$
- Spaltenvektor: $|\Psi>$ (Benennung: ket)
- Zeilenvektor: $<\Psi|$ (Benennung: bra)
- Skalarprodukt zweier Wellenfunktionen $\Psi_A$ und $\Psi_B$:
  $<\Psi_A|\Psi_B>$ (Benennung: bra – ket)
- Normierung der Wellenfunktion: $||\Psi>| = 1$ (→ Länge von $|\Psi>$)
- $<\Psi|\Psi> = 1$ Die Schrödingergleichung lautet prinzipiell:
  $\Delta\Psi + \frac{8\pi^2 m}{h^2}(E-U)\cdot\Psi = 0$ mit $\Psi \sim A \cdot \exp(-\omega t) + B \cdot \exp(-\omega t)$
- Träger der Information ist eine quantenmechanisch zu beschreibende Einheit. Mit diesen Einheiten verbinden sich verschiedene physikalische Gegebenheiten u. Zustände (Spin, ...).
- Die elementare Unterscheidung von zwei Zuständen wird als Qubit (gesprochen: kjubit) bezeichnet. Es ist ein Quantenbit-
- System. Die Zustände überlagern sich im System zeitgleich zu einer physikalischen Einheit. Das Qubit trägt dabei vielfältige (unendliche) Informationen zugleich mit sich. Dies wird als **Superposition** bezeichnet.
- Es gilt: $|\Psi> = \alpha \cdot |0> + \beta \cdot |1>$ mit $\alpha, \beta \in \mathbb{C}$ und $|\alpha|^2 + |\beta|^2 = 1$.
  $|x|$: Betrag von $x$ gleich der Länge von $x$.
  Erst im Messprozess konkretisiert sich diese Information auf eine reale Bitgröße. Die Photonen sind hierbei verschränkt. Die Verschränkung bleibt über beliebige Entfernungen erhalten.
- Ziel der Quanteninformationstechnik ist es, das Phänomen der Superposition informationstechnisch zu nutzen.
- Das Doppelspaltexperiment verdeutlicht, dass ein einzelnes Quantenobjekt (z. B. ein Photon oder auch ein Elektron) mit sich selbst interferiert. Die Ganzheit der Quantenobjekte hat zur Folge, dass zeitgleich Messungen an einem Teilobjekt ein davon räumlich getrenntes Teilobjekt konkretisiert wird (→ Teleportation). Dies ist die Basis für die Quantenverschlüsselung.

## Einzelspaltversuche mit Photonen

- Lichtstrahl fällt durch einen Einzelspalt (ES) auf ein Medium (M): **Aufbau**

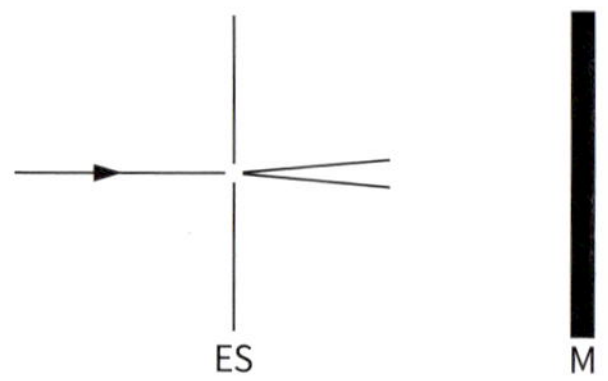


- Folgende Intensitätsverteilung wird auf dem Medium sichtbar:

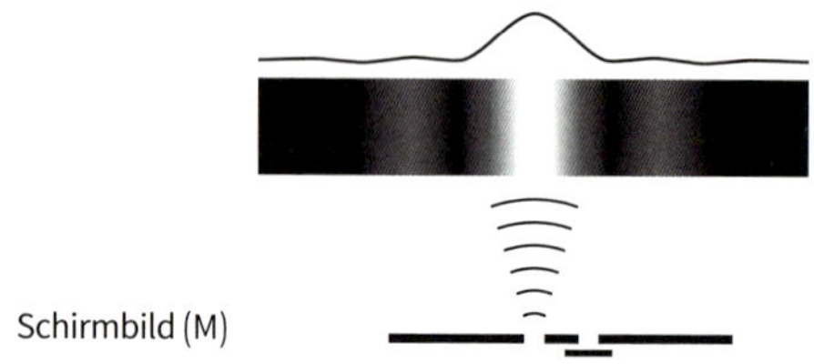


## Doppelspaltversuche mit Photonen

- Ein Lichtstrahl wird auf einen Doppelspalt (DS) geführt. Hinter dem Doppelspalt (M) wird die Lichtverteilung aufgenommen. **Aufbau**

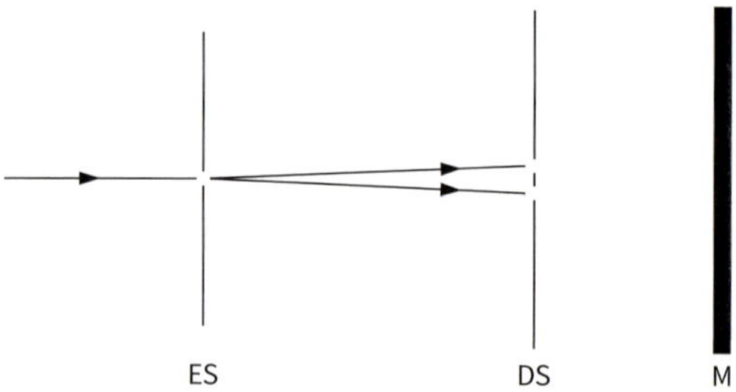


**Konkreter Aufbau**

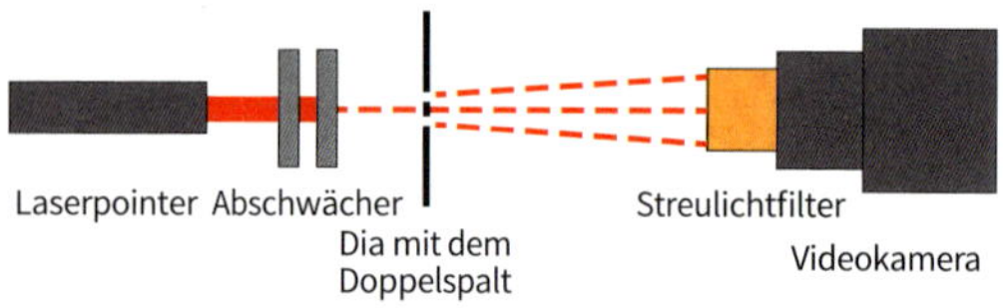


- Folgende Intensitätsverteilung wird auf dem Medium sichtbar:

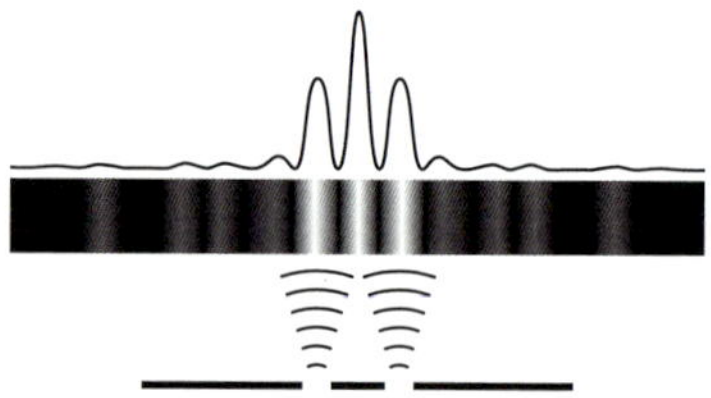

Ergebnisse auf dem Medium mit einzelnen Photonen

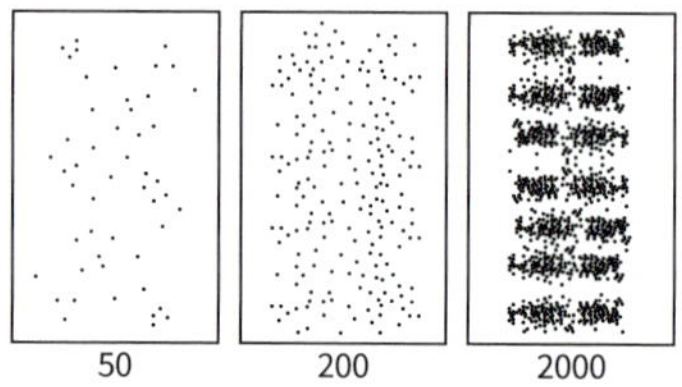


(gemäß Simulation)

- Es zeigt sich, dass das einzelne Photon mit sich selbst interferiert. (gemäß Simulation)

## Verborgene Parameter

- Spekulierte wird, dass das Quantenverhalten über verborgene Parameter verständlich wird. Dagegen steht die Annahme, dass das Quantenverhalten in sich korrekt dargestellt ist.

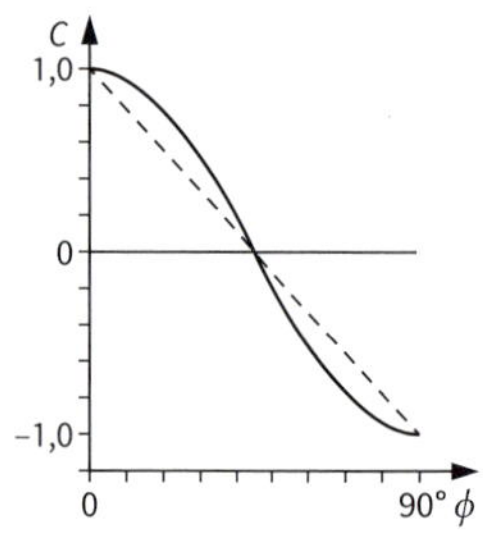


- Bell konnte zeigen, dass mit beiden Annahmen unterschiedliche experimentelle Folgerungen einhergehen. Diese Einsicht fand ihren Ausdruck in der Bellschen Ungleichung.
- Experimentell ergab sich, dass die Theorie der verborgenen Parameter nicht gültig ist.

- Gleichungen
  - Gestrichelte Gerade
    $f(x) = 1 - \frac{\varphi}{45°}$ mit $\varphi \in [0; 90°]$ bzw. $f(x) = 1 - 4 \cdot \frac{\varphi}{\pi}$ mit $\varphi \in [0; \frac{\pi}{2}]$
  - Ununterbrochene Cosinuskurve: $g(x) = \cos(2\varphi)$ mit $\varphi \in [0; \frac{\pi}{2}]$
- Die Theorie der verborgenen Parameter würde zum gestrichelten Kurvenverlauf führen. Gefunden wurden gemäß Aspect Daten, die den kurvigen Verlauf (durchgehende Linie) und somit die Quanteninterpretation stützen.

## Quantenmechanische Interpretationen

- Das Verhältnis von Beschreibungsmodell zur vorausgesetzten Realität wird innerhalb der Quantenphysik erörtert. Auch wird hierbei die Notwendigkeit einer neuen Logik und Grammatik nachgedacht.
- Folgende Theorien werden heutzutage primär unterschieden:
  (1) Kopenhagener Deutung (Bohr, Heisenberg)
  (2) Bohm'sches Modell
  (3) Viele-Welten Theorie (Ewerett)
  (4) Dekohärenztheorien (Zeh)
  (5) Theorie verborgener Variablen (Einstein ...)
  (6) Konsistente Theorien
  (7) Theorie der spontanen Lokalisation
  (8) Theorie von Schrödinger
- Interpretationen werden zu folgenden Aspekten angeboten:
  a. die Beziehung von Wellenfunktion und Wahrscheinlichkeit
  b. Unschärfe und Unbestimmtheit der Messung
  c. Lokalität der Ereignisse und systemische Einheit von Teilchen
  d. Dualismen der Phänomene und in der theoretischen Erklärung
  e. verborgene Parameter - Kausalität und Zufall
- Die Quantentheorie geht nicht davon aus, dass die Realität allein über lokalen Zuständen und Prozesse beschreibbar ist.

## Informationseinheit

- In der klasssichen Informationstechnik basiert auf der strikten Trennung der Bitzustände 0 und 1
- In der quantenmechanischen Informationstheorie liegt eine Überlagerung dieser Zustände gemäß $|\psi\rangle = \alpha \cdot |0\rangle + \beta \cdot |1\rangle$ vor.
  Es gilt: $\alpha \cdot |0\rangle + \beta \cdot |1\rangle = \alpha \cdot \binom{1}{0} + \beta \cdot \binom{1}{0} = \binom{\alpha}{\beta}$
  α und β sind als Amplituden zu verstehen; es gilt: $|\alpha|^2 + |\beta|^2 = 1$
- Geometrische Interpretation:
  Mit $A = \begin{pmatrix} a & b \\ c & d \end{pmatrix}$ ergibt sich:
  $A \cdot \binom{\alpha}{\beta} = \begin{pmatrix} a\alpha & b\beta \\ c\alpha & d\beta \end{pmatrix}$
  Dabei muss erfüllt sein:
  $A^T = A^{-1}$ und somit
  $A^{-1} \cdot A = E = \begin{pmatrix} 1 & 0 \\ 0 & 1 \end{pmatrix}$
  $A$: unitäre Matrix

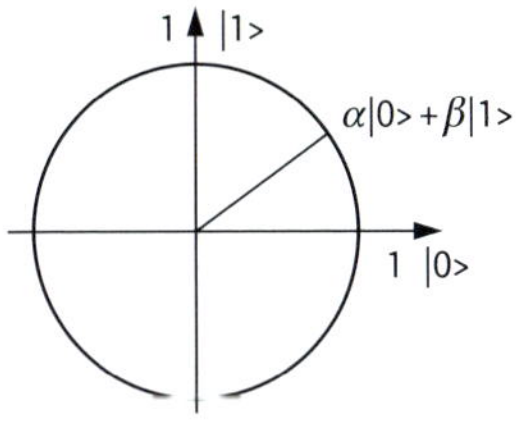


- Quasi ›rechnet‹ der Quantenrechner mit den Quanten im ›komplexen Raum‹ und überträgt beim Auslesen des Ergebnisses (→ Messung) diese in den ›reelen Raum‹.
- Für verschränkte Photonen gilt zum Beispiel:
  $|\psi\rangle = |H\rangle_1 \, |V\rangle_2 + |V\rangle_1 \, |H\rangle_2$
  ($H$: Horizontale Polarisation; $V$: Vertikale Polarisation)
- Hadamar-Matrix $H$ (→ eine unitäre Matrix)
  $H = \begin{pmatrix} \frac{1}{\sqrt{2}} & \frac{1}{\sqrt{2}} \\ \frac{1}{\sqrt{2}} & \frac{1}{\sqrt{2}} \end{pmatrix} = \frac{1}{\sqrt{2}} \cdot \begin{pmatrix} 1 & 1 \\ 1 & -1 \end{pmatrix}$. Es gilt: $H = H^{-1}$ bzw. $H^2 = I = \begin{pmatrix} 1 & 0 \\ 0 & 1 \end{pmatrix}$
  Weiterhin folgt: $H \cdot (-(|0\rangle + |1\rangle) = -(H \cdot |0\rangle + H \cdot |1\rangle)$
  Für die Wellengleichung gilt: $\frac{\delta}{\delta t} |\psi(t)|\rangle = (-\frac{i}{h} \cdot 2\pi \cdot \hat{H}) \cdot |\psi(t)\rangle$

## Nichtrelativistische Schrödingersche Wellengleichung

- $\psi(x;t) = \exp(i \cdot (k \cdot x - \omega \cdot t))$
- $\delta\psi(x;t)/\delta t = (-I \cdot \omega) \cdot \psi(x;t) = (-I \cdot \omega) \cdot \exp(I \cdot (k \cdot x - \omega \cdot t))$
- $\delta^2\psi(x;t) / (\delta t)^2 = (i \cdot k)^2 \cdot \psi(x;t) = (i \cdot k)^2 \cdot \exp(i \cdot (k \cdot x - \omega \cdot t)) = -k^2 \cdot \exp(i \cdot (k \cdot x - \omega \cdot t))$
- $-\frac{h^2}{2 \cdot m} \cdot \frac{\delta^2\psi(x;t)}{\delta x^2} = i \cdot h \cdot \frac{\delta\psi(x;t)}{\delta t}$

## Quantenmechanische Folgerungen

- Ausgehend von den quantenphysikalischen Gesetzmäßigkeiten ergeben sich neuartige Übertragungs-, Speicher- und Verarbeitungsmöglichkeiten für Informationen.
  In diesem Zusammenhang spricht man auch von
  – der Quantenteleportation (Übertragung)
  – der Quantenkryptographie (Datenverschlüsselung) und
  – den Quantenalgorithmen.
- „One time"-Quantenverschlüsselung: Von der gemessenen Photonenausrichtung kann nur bedingt auf die eigentliche, die tatsächliche Polarisationsrichtung geschlossen werden. Durch den Abgleich der gemessenen Polarisationsrichtungen können Sender und Empfänger ein Codierungsmuster erkennen und vereinbaren.
- Beim Abhören wird die ursprüngliche Polarisationsausrichtung zerstört. Somit kann man Abhörvorgänge erkennen.
- Die Sicherheit ergibt sich nicht durch aufwändige Codierungen sondern über die grundlegende naturgesetzliche Basis. Jede Abfrage, jeder Abhörversuch, jeder Angriff und jede Störung werden unweigerlich als Eingriffe erkannt.
- Einstein sprach bzgl. der instantanen Informationsübertragung von einer ›Spukhaften Fernwirkung‹.

## Quantengatter

**Hadamar**

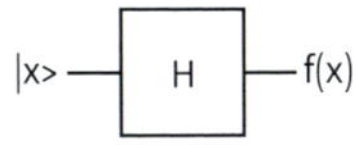


| \|x> | \| f(x) \| |
|---|---|
| \|0> | $\frac{1}{\sqrt{2}} \cdot (|0\rangle + |1\rangle)$ |
| \|1> | $\frac{1}{\sqrt{2}} \cdot (|0\rangle - |1\rangle)$ |

**Phasengatter**

| \|x> | \|y(x) |
|---|---|
| \|0> | \|o> |
| \|1> | $\exp(i \cdot \varphi) \cdot (|1\rangle)$ |

**CNOT**

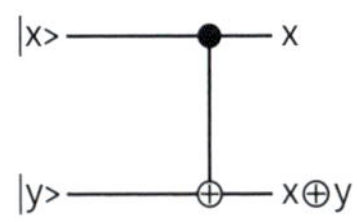


| \|x> | \|y\| | \|x> | \|f(x, y)\| |
|---|---|---|---|
| \|0> | \|0> | \|0> | \|0> |
| \|0> | \|1> | \|0> | \|1> |
| \|1> | \|0> | \|1> | \|1> |
| \|1> | \|1> | \|1> | \|0> |

## Pauli-Gatter

| | | |
|---|---|---|
| X-Transformation | $\begin{pmatrix} 0 & 1 \\ 1 & 0 \end{pmatrix}$ | Negation |
| Y-Transformation | $\begin{pmatrix} 0 & -i \\ i & 0 \end{pmatrix}$ | |
| Z-Transformation | $\begin{pmatrix} 1 & 0 \\ 0 & 1 \end{pmatrix}$ | |

## Quantenrechner

- Ausgehend von den Quantenprozessen sollen wesentlich schnellere Rechner um mehrere Potenzen und auch grundsätzlich sichere Übertragungen ermöglicht werden.
- 1985 hat hierzu D. Deutsch eine neuartige Maschinentheorie entwickelt. Der Quantencomputer kann verschiedene Problemstellungen zugleich – im Sinne einer echten Parallelbehandlung bearbeiten. Dies wird durch die Zustandsüberlagerung möglich.
- Ein Algorithmus für einen Quantencomputer wurde 1994 von P. Shor vorgestellt. Ausgehend von den quantenmechanischen Grundgattern werden komplexere Gatter gestaltet. Shor fand eine Möglichkeit, die Faktorisierung von Zahlen durch das Auffinden von Perioden elegant zu gestalten.
- **Quantenregister**
  Für ein Quantenregister mit zwei Quantenbits gilt (es liegt eine Superposition der zwei QuBits vor):
  $R = |x_1\rangle \, |x_0\rangle$
  Mit $|x_0\rangle = \alpha_0 \, |0\rangle + \alpha_1 \, |1\rangle$ und $|x_1\rangle = \beta_0 \, |0\rangle + \beta_1 \, |1\rangle$ folgt
  $R = \beta_0 \, \alpha_0 \, |0\rangle \, |0\rangle + \beta_0 \, \alpha_1 \, |0\rangle \, |1\rangle + \beta_1 \, \alpha_0 \, |1\rangle \, |0\rangle + \beta_1 \, \alpha_1 \, |1\rangle \, |1\rangle$
  Mit $\gamma_{ij} = \beta_i \, \alpha_j$ (also $\gamma_{00} = \beta_0 \, \alpha_0$ etc.) folgt:
  $R = \gamma_{00} \, |0\rangle \, |0\rangle + \gamma_{01} \, |0\rangle \, |1\rangle + \gamma_{10} \, |1\rangle \, |0\rangle + \gamma_{11} \, |1\rangle \, |1\rangle$
  Wobei erfüllt sein muss: $|\gamma_{00}|^2 + |\gamma_{01}|^2 + |\gamma_{10}|^2 + |\gamma_{11}|^2 = 1$
  Mit $R = |x_1\rangle \, |x_0\rangle = |x_1 x_0\rangle$ ergibt sich
  $R = \gamma_{00} \, |00\rangle + \gamma_{01} \, |01\rangle + \gamma_{10} \, |10\rangle + \gamma_{11} \, |11\rangle$
- Für **allgemeine Quantenregister** folgt:
  $R = \Sigma_{i=0}^{2^n-1} \gamma_i \cdot |i\rangle$, wobei erfüllt sein muss: $\Sigma_{i=0}^{2^n-1} |\gamma_i|^2 = 1$
- **CNOT-Gatter**
  Für dieses Gatter gilt: $|x, y\rangle := |x, x \oplus y\rangle$
  Es ist das XOR-Gatter im unitären System (→ $A^T = A^{-1}$)

### Deutsch-Algorithmus

- Deutsch fand eine Möglichkeit die zwei Informationsanteile einer Superpostion gesondert zu erfassen. Dazu werden beide Zustände zugleich ausgelesen und unter Verwendung von H transformiert.

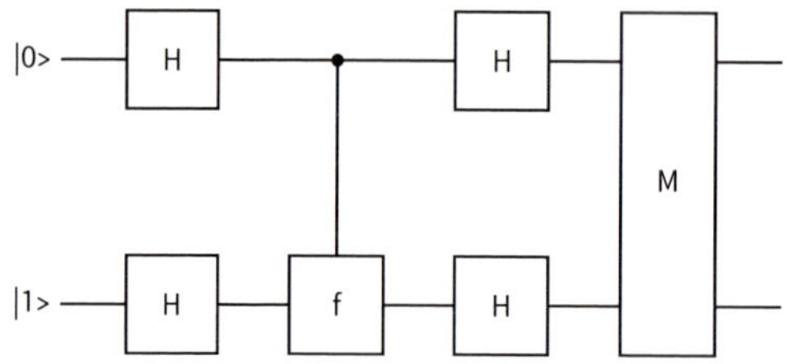


### Realisierungen

- Durch die Verwendung von Quantenbits können in einerseits beschleunigter und andererseits auch dichter Art Informationen ermittelt werden.
- So können mit einer dichten Codierung zeitgleich zwei Bits mit einem Quantenbit übertragen werden.
- Das große Problem ist dabei, die Informationen fehlerfrei auszulesen.
- Ein weiteres Grundproblem ergibt sich aus der Tatsache, dass sich durch die Messung im klasssischen Sinne eine Dekohärenz und somit eine Zerstörung der ursprünglichen Superposition ergibt.

### Dekohärenszeiten

- An sich ist ein Quantenobjekt real gesehen eingebunden in einen physikalischen Kontext, in eine Umgebung.

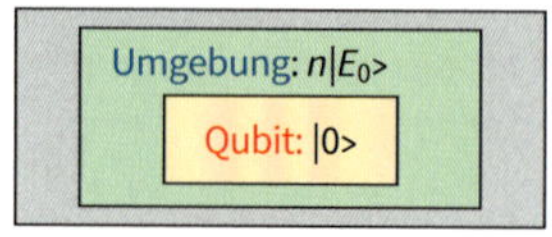


- Im realen Bezug kommt es zu einer Wechselwirkung zwischen dem Quantenobjekt und der Umgebung: $|1>|E_0> \to |1>|E_1>$
  ›Kohärenz A‹ – reiner Zustand: $|1>|E_0> \to \frac{1}{\sqrt{2}}(|0> + |1>)\,|E_0>$
  ›Kohärenz B‹ – gemischter Zustand: $|1>|E_0> \to \frac{1}{\sqrt{2}}(|0> + |1>)\,|E_1>$
- Der Übergang vom reinen Zustand zum gemischten Zustand wird über die Dekohärenz erfasst. Hierdurch wird eine Verschränkung der Quantenzustände erwirkt. Dies hat zur Folge, dass zufällige Gleichzeitigkeit der Zustände durch eine zunehmende Korrelation der Teilsysteme ersetzt wird. In statistischer Hinsicht kann dabei die Gleichwertigkeit der verschiedenen Subsysteme erhalten bleiben. Jedoch verändert sich so die Informationsdichte im System. Diese wird durch die **Dichtematrix** erfasst. Durch die Auslesung der Qubit-Zustände kommt es zu einem Messeingriff auf das System. Dies hat eine Verschränkung zwingend zur Folge.
- Das Verhältnis der freien Quantbitzustandszeit zur Dekohärenzeit kann im Vakuum bei bis zu $10^2$ bis zu $10^4$ liegen. In den ungestörten Zeiten muss es zur Auslese der Informationszustände kommen. Die Dekohärenzzeiten im Hochvakuum können bei einem Photon bei 10 s liegen.

## Digitale Realitätserfassung
## Digital Reality Capture

### Dirac-Impulse

- Die $\delta(x)$-Funktion wurde von Adrian Paul Dirac zur Beschreibung atomarer Strahlungsprozesse eingeführt.
- Eine mathematisch konsistente Beschreibung wurde erst von Schwartz mit der Theorie der Distributionen gegeben.

1. $\delta(z) = 0$ für $z \neq 0$;
2. $\int_{-\infty}^{+\infty} \delta(z)dz = 1$

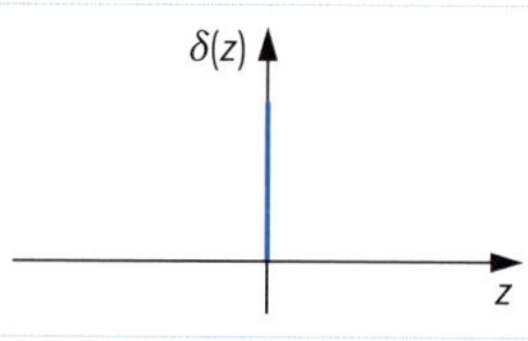


$$\delta(t) = \lim \Delta t \to 0 \frac{1}{\Delta t} \sqcap \left(\frac{t}{\Delta t}\right)$$

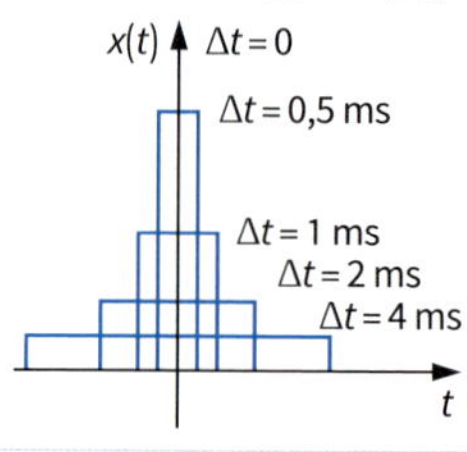


$\delta(x)$ kann real über die Zusammenschaltung von Widerständen mit Kondensatoren elektrisch realisiert werden.

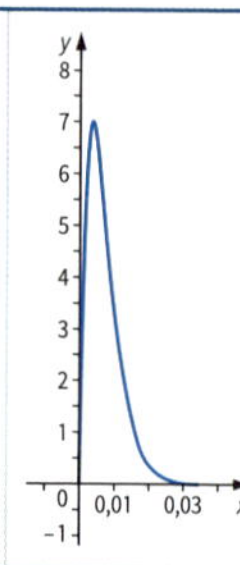


- Ein analoges Signal kann aus digitalen Signalen vollständig rekonstruiert werden, wenn pro Wellenlänge $\lambda$ zwei Abtastpunkte gleichmäßig verteilt auftreten.
- Es gilt: $f_A = 2 \cdot f_g = 2 \cdot c/\lambda$ (→ Abtasttheorem von Nyquist)
- Auf der Basis digitaler Daten können sinnvolle Realitätseinsichten gewonnen werden.
- Die Leistungsfähigkeit wurde theoretisch begründet und untersucht von Rainey (1926), Reeves (1937) u. Shannon (1948).

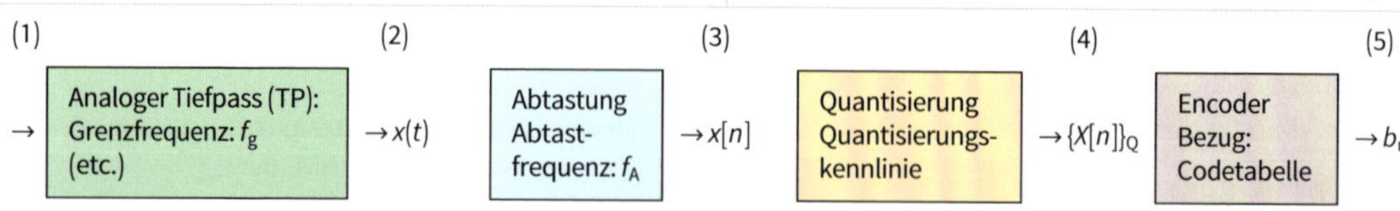


›Entwicklung‹ vom ›analogen‹ zum ›digitalisierten‹ Signal

- (1): Eingang: analoges Signal
- (2): bandbegrenztes Signal $x(t)$
- (3): zeitdiskretes Signal $x[n]$
- (4): digitales Signal $\{X[n]\}_Q$
- (5): Bitfolge $b_n$ (→ diskretes Signal)

# Risikoanalyse
**Risk Analysis**

## Risiko

- Ein Risiko ist vorhanden, wenn in Folge eines Ereignisses oder einer Handlung die Möglichkeit eines Schadens oder eines Verlustes besteht.
- Definition (DIN EN ISO/IEC 27001):
  Unter dem Risiko versteht man das Produkt aus dem potentiell möglichen Schaden und der damit verbunden Eintrittswahrscheinlichkeit:
  Risiko = Schaden x Eintrittswahrscheinlichkeit
- Ein Risiko kann gemessen werden, indem man mit der Standardabweichung die durchschnittliche Abweichung vom Mittelwert feststellt. Je geringer die Standardabweichung bzw. Volatilität (Schwankungsintensität) ist, desto weniger schwanken die Abweichungen vom Durchschnitt und desto geringer ist das Risiko.

## Risikoanalyse

- Es handelt sich um eine Aktivität zur Einschätzung und Bewertung von Risiken sowie eine Festlegung der Rangfolgen von Maßnahmen (**Priorisierung**).
- Mit der Analyse ermittelt man Schwachstellen, die technische oder menschliche Ursprünge haben.
- Die Analyse ist in der Regel die Ausgangsbasis für Schritte zur Minimierung und Überwachung von Risiken.

## Abschätzung von Folgen und konkreten Schäden

- Folgen:
  Verlust der Verfügbarkeit, Integrität, Authentizität oder Vertraulichkeit von Daten; Verlust wichtiger Systemfunktionen
- Schäden:
  Ansehen von Unternehmen, Imageverlust, Kosten für Reparaturen, rechtliche Auseinandersetzungen, Strafgebühren, Verlust von Marktanteilen, Umsatz- und Gewinneinbrüche, Demotivation der Belegschaft, hohe Personalfluktuation
- Die Ergebnisse von Risikoanalysen können beispielsweise bei der Arbeits-, Produktions-, Bilanz-, Finanz- und Marktanalyse berücksichtigt werden.

## Klassifizierungen von Risiken

- **Quantitativ**: Numerische Skalen
  Das tatsächliche Risiko ergibt sich aus der Multiplikation numerischer Werte mit der Eintrittswahrscheinlichkeit.
- **Qualitativ**: Subjektive Einteilung der Risiken
  Beispiele: „minimal (niedrig)“, „mittel“ und „hoch“, „sehr hoch“; versehen mit „Risikozahlen“
  Mit der Zahl versucht man, den **Gesamteindruck** über ein bestimmtes Risiko zu verfestigen.

| | | | | |
|---|---|---|---|---|
| häufig | 6 | 12 | 18 | 24 |
| wahrscheinlich | 5 | 10 | 15 | 20 |
| gelegentlich | 4 | 8 | 12 | 16 |
| entfernt vorstellbar | 3 | 6 | 9 | 12 |
| unwahrscheinlich | 2 | 4 | 6 | 8 |
| unvorstellbar | 1 | 2 | 3 | 4 |
| | unwesentlich | geringfügig | kritisch | katastrophal |

akzeptabler Bereich    inakzeptabler Bereich

## Phasen der Risikoanalyse

- Die Risikoanalyse erfolgt in der Regel in den Schritten:
  1. Identifikation der Risiken
  2. Beurteilung der Eintrittswahrscheinlichkeiten
  3. Abschätzung der Folgen und Schäden
  4. Aggregation (Anhäufung, Zusammenfassung) von Risiken zur Bestimmung des Gesamtumfangs
- Die Visualisierung kann in Form eines **Risikomatrix** ① (Risikoportfolio) erfolgen. Dabei wird die Bedeutung der Ereignisse ② (**Schaden**) in Abhängigkeit von der **Eintrittswahrscheinlichkeit** ③ (Schadenshöhe, Tragweite) dargestellt.
- Ein **Risikomanagement** hat die Aufgabe, systematisch Risiken zu erfassen und zu bewerten (z. B. Prozesse, Produktionen, Geschäftsbetriebe usw.).

## Ablauf einer Risikoanalyse

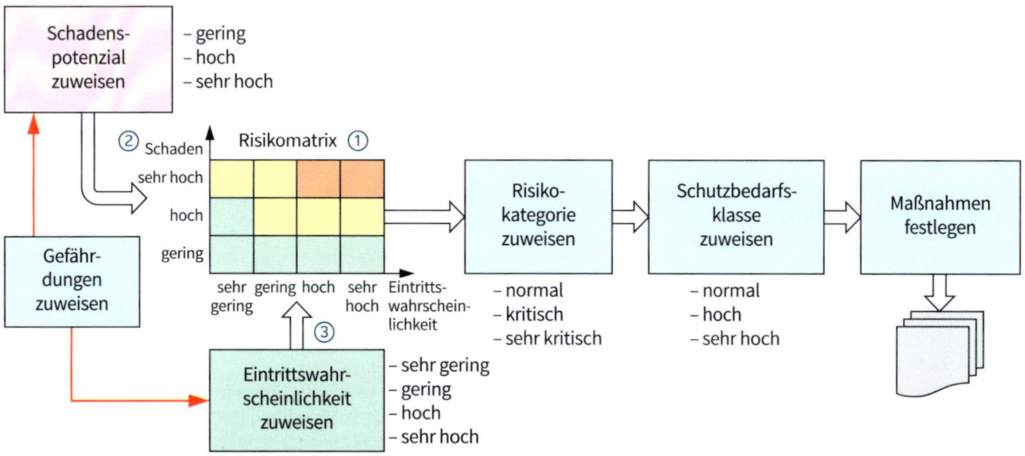

## Kennzahlen

- Die Risikobeurteilung (Identifikation und Quantifizierung) kann durch BAE-Kennzahlen (ganze Zahlen) erfolgen.
  - **B**: **B**edeutung (Severity)
    10 ≙ hoch; 1 ≙ gering
  - **A**: **A**uftretenswahrscheinlichkeit (Occurrence)
    10 ≙ unvermeidbar; 1 ≙ sehr unwahrscheinlich
  - **E**: **E**ntdeckungswahrscheinlichkeit (Detection)
    10 ≙ gering; 1 ≙ hoch

  Es werden auch Kennzahlen von 1 bis 5 verwendet.
- Kennzahlen „10" (höchste Prioritäten) haben die größte Bedeutung, da damit zum Ausdruck gebracht wird, dass sich der Fehler in der Regel nicht beeinflussen lässt.
- Die Auftretenswahrscheinlichkeit (A) kann durch entsprechende Maßnahmen eingeschränkt werden.

## PRN (Primary-Risk-Number)

- **PRN**
  Berechnung:
  Bedeutung (B) x Auftretenswahrscheinlichkeit (A)

  Je größer PRN ist, desto erforderlicher sind entsprechende Maßnahmen. Lässt sich die Wahrscheinlichkeit des Auftretens nicht weiter reduzieren, sollte unter Verwendung eines **Risikostufenschemas** die Entdeckungswahrscheinlichkeit (E) bewertet werden.

Bedeutung des Ereignisses →

| | | | | | | | | | | |
|---|---|---|---|---|---|---|---|---|---|---|
| 10 | 10 | 20 | 30 | 40 | 50 | 60 | 70 | 80 | 90 | 100 |
| 9 | 9 | 18 | 27 | 36 | 45 | 54 | 63 | 72 | 81 | 90 |
| 8 | 8 | 16 | 24 | 32 | 40 | 48 | 56 | 64 | 72 | 80 |
| 7 | 7 | 14 | 21 | 28 | 35 | 42 | 49 | 56 | 63 | 70 |
| 6 | 6 | 12 | 18 | 24 | 30 | 36 | 42 | 48 | 54 | 60 |
| 5 | 5 | 10 | 15 | 20 | 25 | 30 | 35 | 40 | 45 | 50 |
| 4 | 4 | 8 | 12 | 16 | 20 | 24 | 28 | 32 | 36 | 40 |
| 3 | 3 | 6 | 9 | 12 | 15 | 18 | 21 | 24 | 27 | 30 |
| 2 | 2 | 4 | 6 | 8 | 10 | 12 | 14 | 16 | 18 | 20 |
| 1 | 1 | 2 | 3 | 4 | 5 | 6 | 7 | 8 | 9 | 10 |
| | 1 | 2 | 3 | 4 | 5 | 6 | 4 | 8 | 9 | 10 |

Auftretenswahrscheinlichkeit →

## RPN (Risk-Priority-Number), Risiko-Prioritätszahl (RPZ)

- **RPN**
  Berechnung:
  Bedeutung (B) x Auftretenswahrscheinlichkeit (A) x Entdeckungswahrscheinlichkeit (E)
  RPN = B x A x E bzw. RPN = PRN x E

  Mit der Berechnung der Risiko-Prioritätszahl (RPZ) wird der Versuch gemacht, eine Rangfolge der Risiken zu erstellen. Sie kann Werte zwischen 1 und 1000 annehmen.

## RPN-Bereiche

- **RPN: 192 ≤ RPZ ≤ 1000**
  - Fehlerrisiko: Hoch
  - Handlungsbedarf: Dringend
  - Maßnahmen: Risikoreduzierung ist erforderlich. Kann das Risiko nicht weiter reduziert werden, sollte dies dokumentiert und bewertet werden.
- **RPN: 72 ≤ RPZ ≤ 160**
  - Fehlerrisiko: Mittel
  - Handlungsbedarf: Erforderlich
  - Maßnahmen: Risiko so gering wie möglich halten (**ALARP**: **A**s **L**ow **a**s **R**easonably **P**racticable)
- **RPN: 8 ≤ RPZ ≤ 64**
  - Fehlerrisiko: Niedrig, akzeptabel
  - Handlungsbedarf: Keiner
  - Maßnahmen: Keine
    Es sollten jedoch bei Bedarf weitere Verbesserungen geplant werden. Ein Restrisiko besteht.

## Wiederholungsrate

- Gemäß dem PDCA-Zyklus sollte die Risikoanalyse periodisch, z. B. jährlich, wiederholt werden.
- **PDCA**-Zyklus:
  Vierstufigen Regelkreis des kontinuierlichen Verbesserungsprozesses: **P**lan, **D**o, **C**heck, **A**ct (Planen – Tun – Überprüfen – Umsetzen)

## Identifikation von Risiken durch

- **Techniken** (Beispiele):
  - Walkthroughs (Komplettlösungen)
  - Workshops
  - Interviews, Fragebögen, Checklisten
  - Self-Assessment (Selbsteinschätzung)
  - Auswertung von vorhandenen Dokumentationen
- **Fragen**
  - Was kann schief gehen?
  - Wie kann es passieren?
  - Wann kann es passieren?
  - Was ist die Ursache?
  - Wie hoch ist der potentielle Schaden?
  - Wie kann dem vorgebeugt werden?
  - Wie können bereits eingetretene Risiken in Zukunft verhindert werden?

## Risikobehandlung

- **Risikovermeidung**
  Durch gezielte Änderungen der Rahmenbedingungen (z. B. Aktivitäten, Abläufe) bei einem kritischen Prozess oder einer Ressource tritt das Risiko nicht mehr auf.
- **Risikotransfer**
  Minimierung durch Übertragung des Risikos auf externe Dienstleister oder Versicherer. Direkte finanzielle Folgen können ganz oder teilweise kompensiert werden.
- **Risikoreduktion**
  Mithilfe gezielter organisatorischer und technischer Maßnahmen lässt sich die Eintrittswahrscheinlichkeit und Auswirkung eines Risikos weitgehend reduzieren.

# Fehlermöglichkeitsanalyse und Fehlermöglichkeitseinflussanalyse (FMEA)

## Failure Mode and Effects Analysis

### Funktion und Methode

- FMEA ist ein teamorientiertes System- und Risikoanalyseverfahren (**Auswirkungsanalyse**).
- Die Zielsetzung ist dabei – durch Fehlervermeidung – ein zu entwickelndes Produkt oder einen Prozess zu optimieren.
- Bei dem schrittweisen Vorgehen lassen sich Schwachstellen bzw. potentielle Fehlerursachen ermitteln.
- Die ermittelten Ergebnisse werden durch **Kennzahlen** bewertet.
  Beispiele:
  - Produktfehler nach ihrer Bedeutung für den Kunden
  - Wahrscheinlichkeit des Auftretens
  - Wahrscheinlichkeit der Entdeckung
- Mit FMEA kann auch ein Wissensspeicher für Fehlertypen und entsprechende Schutzmaßnahmen aufgebaut werden.

### Allgemeine Aktivitäten

- Das zu betrachtende System eingrenzen, abgrenzen.
- Die Struktur (Elemente und Beziehungen bzw. Verknüpfungen) des Systems ermitteln.
- Die Funktion der Strukturelemente ermitteln.
- Die potenziellen Fehlerursachen, Fehlerarten und Fehlerfolgen ableiten, die sich aus den Strukturelementen ergeben.
- Eine Risikobeurteilung vornehmen.
- Vorschläge für Maßnahmen zur Risikovermeidung erarbeiten.
- Das mögliche Restrisiko beurteilen und bewerten.

### Arten

- **System-FMEA (S-FMEA)**
  - Systemanalyse: Das Zusammenwirken von Teilsystemen in einem übergeordneten Systemverbund wird untersucht.
  - Zielsetzung: Identifikation potenzieller Schwachstellen, insbesondere an den Schnittstellen, die durch das Zusammenwirken der einzelnen Komponenten oder die Interaktion des eigenen Systems mit der Umwelt entstehen könnten
- **Design-FMEA (D-FMEA)**
  - Wird auch als Konstruktions-FMEA (K-FMEA) oder Produkt-FMEA bezeichnet
  - Zielsetzung: Ermittlung systematischer Fehler während der Konstruktionsphase (Entwicklung, Konstruktion, Fertigung und Montage eines Produkts).
- **Prozess-FMEA (P-FMEA)**
  - Zielsetzung: Aufdeckung möglicher Schwachstellen im Produktions- oder Leistungsprozess.
  - Basis: Ergebnissen der Konstruktions-FMEA
- **Hardware- und Software-FMEA**
  - Zielsetzung: Analyse der Risiken aus den Bereichen Hardware und Software, Bewertung und Maßnahmen zur Beseitigung festlegen
- **Präventive FMEA**
  - Zielsetzung: Frühzeitige Identifikation und Beseitigung von Fehlern
- **Korrektive FMEA**
  - Zielsetzung: Aufdeckung von in späteren Phasen von Lebenszyklen (Rückwärtsbetrachtung). Sie ist erheblich aufwändiger als eine präventive FMEA.

### Phasen, Ablauf, Prozess

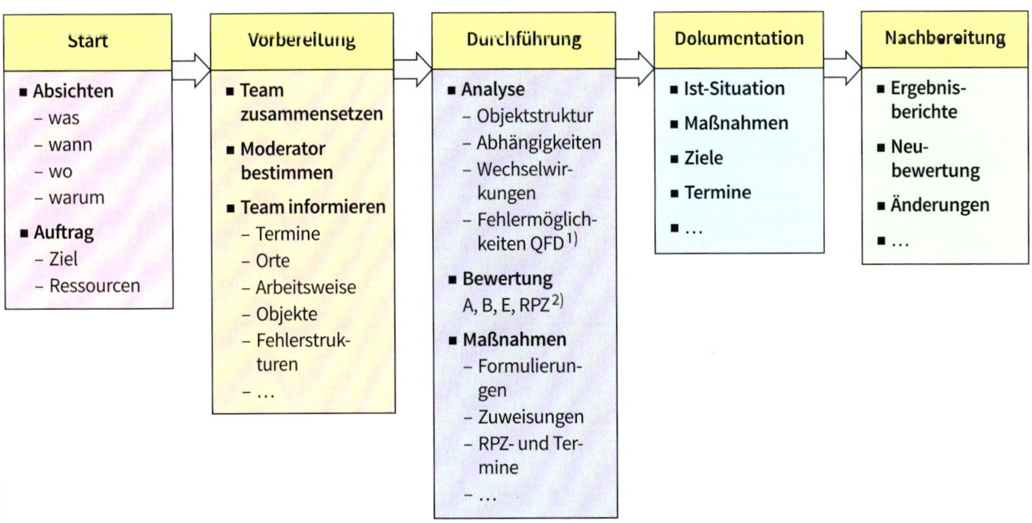


[1] QFD:
Qualitätsfunktionendarstellung (Quality-Function-Deployment) ist eine Methode der Qualitätssicherung. Ziel des Verfahrens ist es, die Erstellung und der Verkauf von Produkten und Dienstleistungen an den Kundenwünschen auszurichten.

[2] RPZ:
Die Risikoprioritätszahl ist das Produkt aus drei Größen: Bedeutung (B), Auftretungswahrscheinlichkeit (A) und Entdeckungswahrscheinlichkeit (E) eines Fehlers.

## Funktion und Aufgabe

- Im Rahmen von übergeordneten Zielen und Strategien eines Unternehmens soll das Risikomanagement – in Form einer Führungsaufgabe – Risiken identifizieren, analysieren, quantifizieren, aggregieren (anhäufen, zusammenfassen), beurteilen, bewerten, kommunizieren und bewältigen.
- Normen:
  - DIN ISO 3100:2018-10 (Risikomanagement – Leitlinien)
  - DIN VDE V 0827-1:2016-07 (Notfall- und Gefahren-Systeme – Teil 1: Notfall- und Gefahren-Reaktions-Systeme (**NGRS**) – Grundlegende Anforderungen, Aufgaben, Verantwortlichkeiten und Aktivitäten)
- Bei Projekten sorgt ein adäquates Risikomanagement, dass Projektzielen erfolgreich erreicht werden.
- Mit einem effektiven Risikomanagement kann Zeit eingespart und Kosten minimiert werden und die Qualität lässt sich verbessern.

## Risiken erkennen

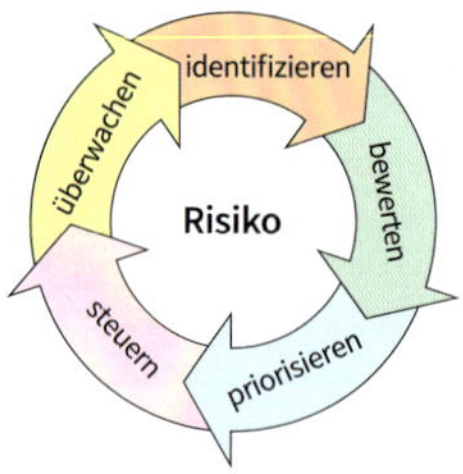


- **Externe Risiken**
  Außeneinwirkungen: Gesetzliche Bedingungen, Umwelteinflüsse, Politische Rahmenbedingungen, Rechtsprechung, Absatzmärkten, Wettbewerbsbedingungen, …
- **Interne Risiken**
  Risiken im Unternehmen: Ressourceneinsatz, Vertragsbedingungen, Ausfall der IT-Infrastruktur, Datenverlust in Planungsunterlagen …
- **Fachliche Risiken**
  Sie ergeben sich aus den einzelnen Arbeitspaketen und deren Ergebnissen.
- **Kaufmännische Risiken**
  Versiegen von Märkten, Solvenz, Finanzierungen, Risikokapitaleinsatz, …
- **Planerische Risiken**
  Fehler beim Personaleinsatz, bei Qualitätskontrollen, bei der Stakeholderanalyse (Stakeholder: Anspruchsgruppen eines Unternehmens), …

## Methoden zur Risikoerfassung

- Mitarbeiterbefragung Risiko-Workshops
- Studium von technischen Unterlagen, Projektplänen und Projektdokumenten
- Expertenbefragung
- Checklisten und interne Datenbanken
- Analyse von Rechtsnormen
- Vor-Ort-Analyse

## Notfall- und Gefahren-Reaktions-System (NGRS)

- NGRS erfüllt die Anforderungen des Arbeitsschutzgesetzes (Schutz von Leib und Leben aller im Gebäude befindlichen Personen unter Beachtung der Inklusion von Menschen mit Behinderung).
- Das NGRS-Sicherungskonzept basiert auf der Grundlage einer systematischen Risikobeurteilung.
- **Einsatzgebiete**
  Notfall, Hausalarm, Deeskalationsruf und Hilferuf gegebenenfalls mit Sprachkommunikation sowie zur Alarmierung oder zur Informationseingabe
- **Aufgabe**
  Im Fall eines Notfalls wird unkompliziert ein Notruf abgesetzt und schnell für eine Hilfe gesorgt.

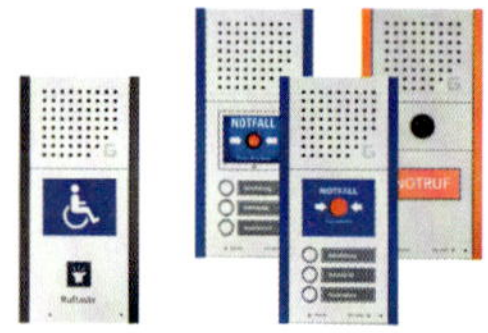


- **Arbeitsweise**
  - Aufnahme des Ereignisses (Notfall- und Gefahrenmeldungen)
  - Weiterleitung an einen entsprechenden Empfänger, damit Hilfeleistungen in geeigneter Weise zur Verfügung gestellt werden.
  - Quittierung des Empfangs; damit übernimmt dann die hilfeleistende Stelle die Verantwortung für den Notfall.
- **Sicherheitsgrade**
  (Anforderungen bei Anwendungen)
  - Grad 1: Geringes Risiko
  - Grad 2: Mittleres Risiko
  - Grad 3: Hohes Risiko
- **Wechselseitige Abhängigkeiten**
  (zwischen „menschlicher/organisatorischer" ① und „technischer" ② Ebene)

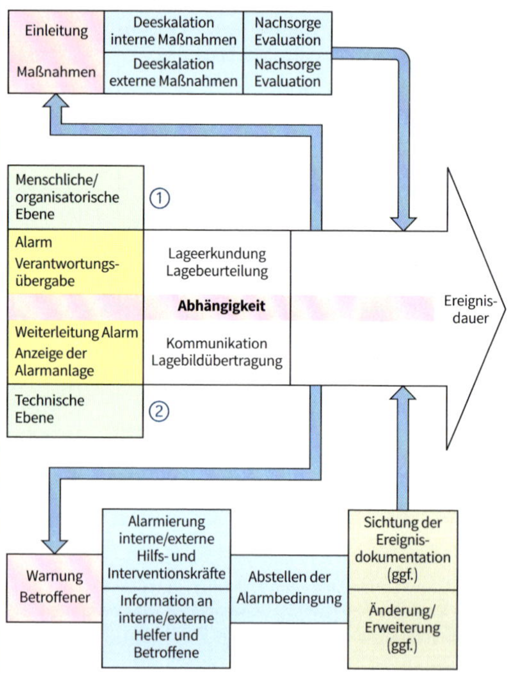

# Netzwerke und Dienste

9

# OSI-Referenzmodell

## OSI-Reference Model – Open System Interconnection

### Prinzip

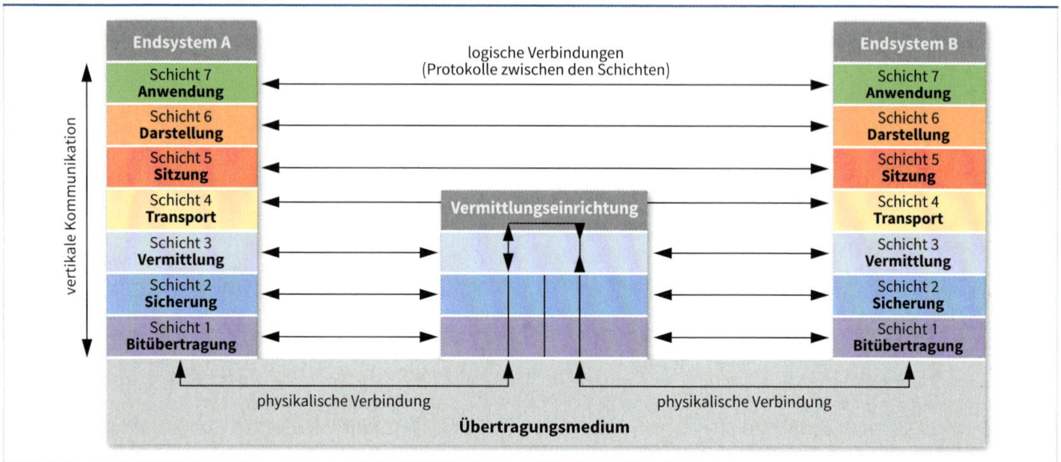


### Erläuterungen

- OSI-7-Schichtenmodell ist Referenzmodell für herstellerunabhängige Kommunikationssysteme.
- Jede Schicht bietet der darüberliegenden Schicht definierte Dienste an und realisiert seinerseits die Dienste für die darunterliegende Schicht.
- Schichteneinteilung erfolgt mit definierten Schnittstellen.
- Einzelne Schichten können ohne große Gesamtsystemänderungen ausgetauscht und angepasst werden.
- Schichten 1…4 sind die transportorientierten Schichten (physikalischer Datentransport bis zu den physikalischen Endpunkten der Systeme).
- Schichten 5…7 sind anwendungsorientierte Schichten (Handhabung der Schnittstellen).
- Übertragungsmedium (Verbindungskabel) ist nicht im OSI-Modell festgelegt.

| | |
|---|---|
| Bitübertragungsschicht | |
| Schicht 1 **(Physical)** | ■ Zuständig für den physikalischen Transport der digitalen Informationen<br>■ Spezifiziert Schnittstellen (mechanisch, elektrisch, optisch, Funk) und deren Übertragungseigenschaften und Funktionen zum Übertragungsmedium. |
| Datensicherungsschicht | |
| Schicht 2 **(Link)** | ■ Zuständig für den unverfälschten Datentransport über einen einzelnen Übermittlungsabschnitt<br>■ Flusssteuerung überwacht die vollständige und richtige Übertragung der Daten von der darunterliegenden Schicht. |
| Vermittlungsschicht | |
| Schicht 3 **(Network)** | ■ Zuständig für die Überbrückung geografischer Entfernungen zwischen den Endsystemen durch Einbeziehung von Vermittlungssystemen.<br>■ Steuert die zeitlich und logisch getrennte Kommunikation zwischen verschiedenen Endsystemen. |
| Transportschicht | |
| Schicht 4 **(Transport)** | ■ Zuständig für die Erweiterung von Verbindungen zwischen Endsystemen zu Teilnehmerverbindungen<br>■ Bildet die Verbindungsschicht zu den anwendungsorientierten Schichten. |
| Sitzungsschicht | |
| Schicht 5 **(Session)** | ■ Zuständig für den geordneten Ablauf des Dialogs zwischen den Endsystemen.<br>■ Festlegen und Verwalten der Berechtigungsmarken für die Kommunikation |
| Darstellungsschicht | |
| Schicht 6 **(Presentation)** | ■ Zuständig für den gemeinsamen Zeichensatz und die gemeinsame Syntax<br>■ Umwandeln der lokalen Syntax in die für den Transport festgelegte Syntax und umgekehrt |
| Anwendungsschicht | |
| Schicht 7 **(Application)** | ■ Zuständig für die Steuerung der untergeordneten Schichten<br>■ Übernimmt die Anpassung an die jeweilige Anwendung.<br>■ Stellt dem Anwenderprogramm die Verbindung zur Außenwelt zur Verfügung. |

## Klassifikationen

- **Netztopologie**
  - Stern- oder Baumstruktur
  - Ring- oder Maschenstruktur
- **Übertragungstechnik**
  - analoge Netze
  - digitale Netze
- **Vermittlungstechnik**
  - festgeschaltete Leitungen
  - leitungsvermittelte Netze
  - paketvermittelte Netze
- **Übertragungsweisen**
  - seriell
  - parallel
  - asynchron
  - synchron
- **Übertragungsmedium**
  - Kupferkabelnetze
  - Koaxialnetze
  - Funknetz
  - Glasfasernetze
- **Übertragungsbandbreite**
  - Schmalbandnetze
  - Breitbandnetze
- **Kommunikationsrichtung**
  - Einwegkommunikation (Simplex)
  - alternative Zweiwegkommunikation (Halbduplex)
  - simultane Zweiwegkommunikation (Vollduplex)
- **Diensteintegration**
  - dienstspezifische Netze (z. B. Telexnetz)
  - diensteintegrierende Netze (z. B. ISDN, IBDN)

## Einteilungen

- **CAN** (**C**ontroller **A**rea **N**etwork bzw. **C**ar **A**rea **N**etwork, da Herkunft aus der Kfz-Industrie): Ausdehnung bis ca. 1 m. Insofern wird der PC als Netz verstanden.
- **PAN** (**P**ersonal **A**rea **N**etwork): Netze im Heimbereich
- **LAN** (**L**ocal **A**rea **N**etwork): Netze im Office- und Firmenbereich. Sie erstrecken sich über einen Verbindungsraum von wenigen Kilometern.
- **MAN** (**M**etropolitan **A**rea **N**etwork): Sie besitzen Ausdehnungen von bis zu 100 km.
- **WAN** (**Wi**de **A**rea **N**etwork): Sie überspannen ganze Länder und ermöglichen weltweite Übertragungen.
- **Terminalnetze** (Terminals an Rechenanlagen)
- **Mehrpunktnetze** bzw. Netze mit Multiplex- oder Konzentrationsverbindungen

## Gebräuchliche LANs

- **Sternförmige Vernetzung** zur Verbindung von
  - Arbeitsplatz-PCs mit Switch über Twisted-Pair-Kupferkabel,
  - Switch mit Server über Twisted-Pair-Kupferkabel oder Lichtwellenleiter und
  - Switch untereinander zur Verbindung von Netzwerksegmenten mit Lichtwellenleiter.
- **Ringförmige Vernetzung** zur Verbindung von Rechnersystemen mit ausfallsicherer und deterministischer Datenübertragung

## Netzstrukturen

### Stern

- Punkt-zu-Punkt-Verbindung der DEEn zur Zentrale
- Daten werden über Zentrale weitergeleitet.

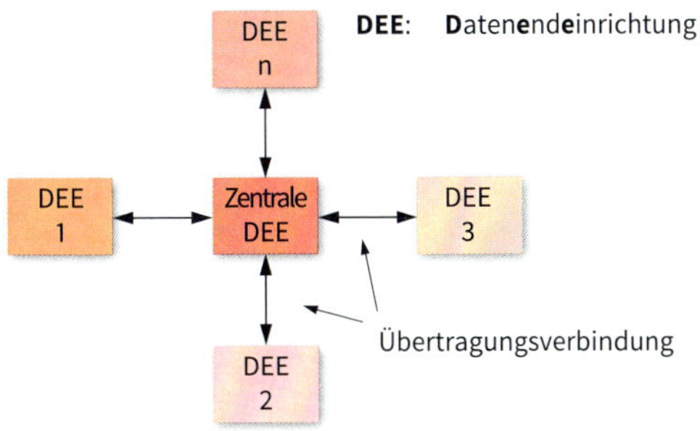


### Bus

- DEEn elektrisch parallel an ein Kabel angeschlossen
- Daten werden direkt zwischen den jeweiligen DEEn ausgetauscht.

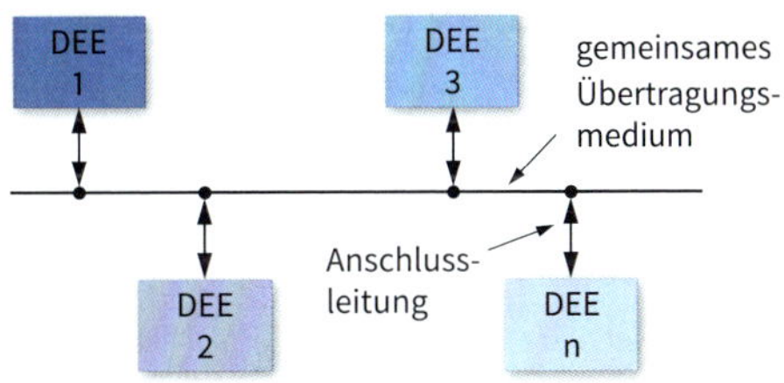


### Ring

- Ringförmige Verbindung der Stationen untereinander
- Daten werden von DEE zu DEE weitergeleitet.

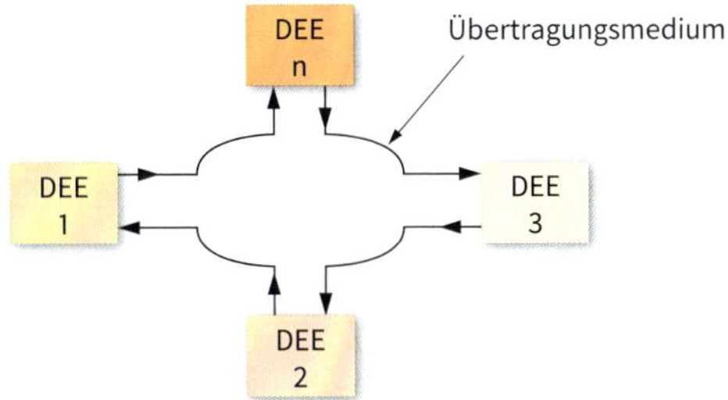


### Baum

- Struktur ähnlich dem Bus, der um Abzweige erweitert wurde
- Daten werden direkt zwischen den jeweiligen Datenendeinrichtungen ausgetauscht.

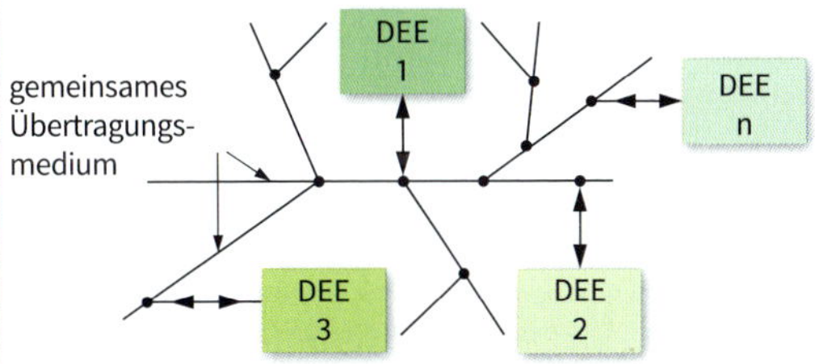

# Netzwerktopologien
## Network Topologies

### Betrachtungsweisen

- Mit **Topologie** bezeichnet man den Aufbau von Verbindungen in einem Netzwerk. Es wird unterschieden:
- **Physisch**: Tatsächlicher (realer) Aufbau (leitungsgebunden, elektromagnetische Wellen, usw.) des Netzwerks. Diese Darstellungsart ist hilfreich bei Setup-, Wartungs- und Bereitstellungsaufgaben.
- **Logisch**: Übergeordnete Vorstellungen – auch virtuelle – wie das Netzwerk aufgebaut ist und wie die Daten im Netzwerk übertragen werden.

### Linie

- Es gibt einen Anfangs- und einen Endteilnehmer
- Alle Teilnehmer sind in Reihe geschaltet und können auf die Informationen zugreifen

- Leicht installier- und erweiterbar
- Kürzere Leitungen im Vergleich zu Stern- und Maschennetzen
- Keine aktiven Netzwerk-Komponenten nötig
- Linie funktioniert nicht mehr, wenn ein Teilnehmer ausfällt
- Nicht alle Teilnehmer können gleichzeitig senden

### Bus

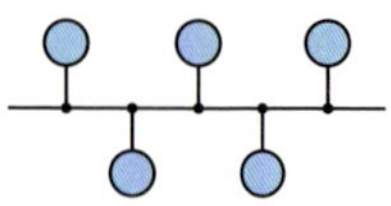

- Alle Teilnehmer sind über die gleiche Leitung (Bus) miteinander verbunden.
- Bei Kabelbruch Netzausfall
- Bus-Enden mit Abschlusswiderstand

- Leicht installier- und erweiterbar
- Relativ geringer Leitungsaufwand
- Keine aktiven Netzwerk-Komponenten nötig
- Bus funktioniert noch, wenn ein Teilnehmer ausfällt
- Aufwändige Zugriffsmethoden
- Teilnehmer können ohne Busunterbrechung hinzugefügt werden
- Begrenzte Netzausdehnung im Vergleich zum Maschennetz

### Baum

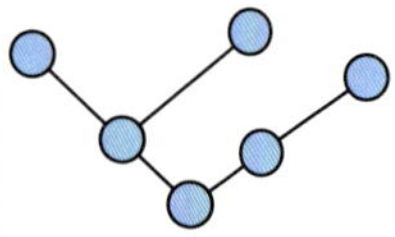

- Ein Teilnehmer ist der zentrale Knoten (Trunk: Stamm), von dem sich andere Teilnehmer „verzweigen".
- Leicht installier- und erweiterbar

- Größerer Leitungsaufwand als bei Bus und Linie
- Keine aktiven Netzwerk-Komponenten erforderlich
- Funktioniert noch, wenn ein Teilnehmer ausfällt
- Funktioniert auch bei Erweiterung/Reduzierung der Teilnehmerzahl (einfache Wartung)
- Anwendung: Weitverkehrsnetz für viele Teilnehmer

- **Hybridtopologien** kombinieren zwei oder mehr verschiedene Topologiestrukturen (z. B. Stern und Ring). Vorteil: Mehr Flexibilität.
- Verwaltung und Überwachung der Netze durch Netzwerktopologie-Mapping-Produkte (z. B. Network Topology Mapper).

### Stern

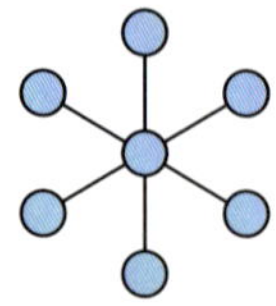

- Alle Teilnehmer sind über einen zentralen Teilnehmer (Switch, Hub) miteinander verbunden, der auch als Repeater arbeiten kann

- Leicht installier- und erweiterbar
- Keine aktiven Netzwerk-Komponenten erforderlich
- Netz funktioniert weiterhin bei Ausfall einzelner Teilnehmer
- Hub oder Switch übernehmen die Verteilung der Daten
- Großer Verkabelungsaufwand
- Netz arbeitet nicht mehr bei Ausfall oder Überlastung des zentralen Teilnehmers
- Geeignet für Multicast- und Broadcastanwendungen

### Masche (vollvermascht)

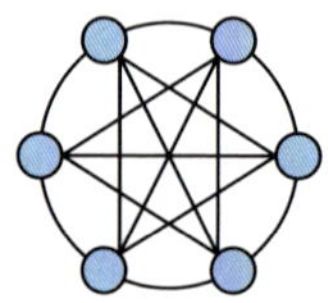

- Jeder Teilnehmer ist mit jedem Teilnehmer verbunden (Punkt-zu-Punkt)
- Netz komplex, zuverlässig, stabil

- Nicht leicht installier- und erweiterbar (Vergleich Linie, Bus)
- Große Leitungszahl (teuer)
- Netz funktioniert weiterhin bei Teilnehmer-Ausfall und Erweiterung
- Wartung ist aufwändig
- Aufwändige Administration
- Dezentrale Steuerung
- Daten sind relativ abhörsicher
- Unendliche Netzausdehnung möglich, Beispiel: Internet

### Ring

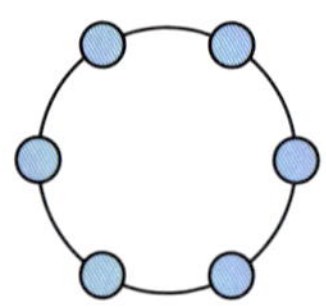

- Alle Teilnehmer sind in Ringform verbunden
- Die Daten „bewegen" sich bis zu ihrem Bestimmungsort durch die anderen Teilnehmer

- Leicht installier- und erweiterbar
- Relativ geringe Leitungszahl (kostengünstig)
- Es darf nur ein Teilnehmer zu einem Zeitpunkt senden (Steuerungsprotokoll)
- Keine aktiven Netzwerk-Komponenten erforderlich
- Netz funktioniert nicht bei Teilnehmerausfall und Erweiterung
- Daten können leicht abgehört werden
- Große Netzausdehnung möglich
- Aufwändige Fehlersuche

### Doppelring

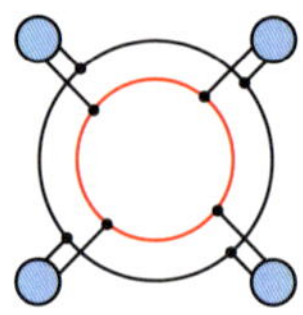

- Vollduplexbetrieb möglich

- Der zweite Ring kann als redundanter Ring (Sicherung) fungieren, wodurch Nachteile der traditionellen Ringtopologie verringert werden.

- Bus-Auswahlkriterien können sein:
  - Anwendungsbereich
  - Erforderliche Kabellänge und Kabelart
  - Kosten (Installation und Wartung)
  - Skalierbarkeit (Erweiterbarkeit)

| Lokale Netze | Möglichkeiten | Standard |
|---|---|---|
| ■ Sind räumlich abgegrenzt<br>■ Werden von einem Betreiber verwaltet und organisiert<br>■ Ermöglichen einen direkten Datenaustausch zwischen den Teilnehmern des Netzes<br>■ Übertragungsmedien sind Kupferleitungen, Lichtwellenleiter oder Funkwellen. Sie bieten unterschiedliche Übertragungsgeschwindigkeiten und Reichweiten | ■ Zentrale Datenhaltung auf großen Massenspeichern<br>■ Elektronischer Datenaustausch zwischen den einzelnen Stationen untereinander bzw. mit der Zentralstation<br>■ Gemeinsame Nutzung von Programmen, Geräten und Kommunikationsschnittstellen zu externen Datenübertragungseinrichtungen | ■ Standardisiert nach IEEE 802 (Institute of Electrical and Electronic Engineers) in verschiedenen Normenreihen (z. B. IEEE 802.3, IEEE 802.16)<br>■ Unterschieden anhand der Zugriffsverfahren auf das Übertragungsmedium (z. B. CSMA/CD: Carrier Sense Multiple Access/Collision Detection: Trägerkennung mit Mehrfachzugriff/Kollisionserkennung) |

## IEEE 802.3

- Bei lokalen, leitungsgebundenen Netzen ist Ethernet die bevorzugt eingesetzte Technologie.
- Gründe dafür sind u.a.
  - stabile und verfügbare Standards,
  - große Produktvielfalt,
  - hohe Konfigurationsflexibilität,
  - große Marktakzeptanz und
  - niedrige Produktkosten.

| **OSI-Referenzmodell**[1] | | **IEEE-Standard** | | |
|---|---|---|---|---|
| Schicht | Funktion | Schicht | Funktion | Standardisiert durch |
| **3** | Vermittlungsschicht (Network Layer) (Packet) | **3 (HILI)** | Netzwerkverwaltung Netz-/Netz-Verwaltung (Higher Layer Interface) | IEEE 802.1 |
| **2** | Sicherungsschicht (Data Link Layer) (Frame) | **2b (LLC)** | Logische Verknüpfungssteuerung (Logical Link Control) | IEEE 802.2 |
| | | **2a (MAC)** | Mediumszugriff-Steuerung (Medium Access Control) | IEEE 802.3 |
| **1** | Bitübertragungsschicht (Bitstrom) (Physical Layer) | **1 (Phy)** | Elektronischer und mechanischer Aufbau (Physical Layer) | Ethernet siehe 802.3 Varianten |

## IEEE 802.3 Varianten

| 10 Mb/s | 1000 Mb/s (1 Gb/s) | 40 Gb/s |
|---|---|---|
| 10BASE[1] -5, -2, -T, -F, -FL, -FB, -FP | 100BASE[1] -X, -SX, -LX, -CX, -T, -KX | 40GBASE[1] -KR4, -CR4, -SR4, -LR4, -FR |
| **100 Mb/s** | **10 Gb/s** | **100 Gb/s** |
| 1000BASE[1] -T2, -T4, -TX, -FX, -SX | 10GBASE[1] -SR, -LR, -ER, -SW, -LW, -EW, -LX4, -CX4, -T, -LRM, -KX4, -KR | 100GBASE[1] -CR10, -SR10, -LR4, -ER4 |

[1] Erläuterungen siehe unter Ethernet-Bezeichnungen

## IEEE 802.xxx

| IEEE 802.5 | IEEE 802.11 | IEEE 802.15 | IEEE 802.16 |
|---|---|---|---|
| Token Ring | Wireless LAN | Wireless Personal Area Network (WPAN) | Broadband Wireless Access |

| IEEE 802.17 | IEEE 802.18 | IEEE 802.19 | IEEE 802.20 | IEEE 802.21 | IEEE 802.22 |
|---|---|---|---|---|---|
| Resilient Packet Ring Access Protocol | LAN/MAN Radio Regulatory | Wireless Coexistance Technical Advisory Group | Mobile Broadband Wireless Access | Media Independent Handover Services | Wireless Regional Networks (WRANs) |

[1] OSI; Open System Interconnection: Referenzmodell für allgemeine herstellerunabhängige Kommunikationsstruktur 1983 von der ISO (International Standard Organisation) festgelegt

# Ethernet-Bezeichnungen
## Ethernet Types

### Merkmale

- Die Standards beinhalten eine Reihe von Festlegungen für z. B.
  - Datenübertragungsraten (z. B. 100 Mbit/s),
  - logische Schnittstellen und Funktionen,
  - Hardwarekomponenten (z. B. Steckverbindungen, Kupferleitungen, Lichtwellenleiter)
  - Signalcodierung (Basisband, keine Modulation)
- Die Varianten werden durch die Kapitelangabe aus den Standarddokumenten gekennzeichnet (z. B. IEEE 802.3 Clause 40).
- Die Bezeichnungsversion mit Buchstaben (z. B. IEEE 802.3ab) wurde abgeschafft.
- Das **CSMA/CD**-Verfahren (**C**arrier **S**ense **M**ultiple **A**ccess/ **C**ollision **D**etection: Trägererkennung mit Mehrfachzugriff/ Kollisionserkennung) ist lediglich bei Übertragungsmedien, die von mehreren Teilnehmern genutzt werden, erforderlich (shared medium).
- Aktuelle Realisierungen von Ethernet verwenden Punkt-zu-Punkt-Verbindungen im Vollduplex zwischen den Teilnehmern (somit kein CSMA/CD erforderlich).
- Die Originalversionen der Ethernet Standards sind unter https://standards.ieee.org/search-results.html?q=ieee+802 abrufbar.
- Das nachfolgend gezeigte Schema wird überwiegend zur Einteilung bzw. Unterscheidung verwendet.

### Bezeichnungsschema

10G Base LRM n

| Datenübertragungsrate | |
|---|---|
| **10** | 10 Mbit/s |
| **100** | 100 Mbit/s |
| **1000** | 1000 Mbit/s |
| **10G** | 10 Gbit/s |
| **40G** | 40 Gbit/s |
| **100G** | 100 Gbit/s |

| Modulationsart |
|---|
| **Base** |

| Übertragungsmedium bzw. Wellenlänge | |
|---|---|
| **C** | Twinaxial **C**opper |
| **E** | **E**xtra Long Wavelength (1550 nm) bzw. **E**xtended Reach |
| **F** | **F**iber |
| **K** | Bac**k**plane |
| **L** | **L**ong Wavelength (1310 nm) bzw. **L**ong Reach |
| **S** | **S**hort Wavelength (850 nm) bzw. **S**hort Reach |
| **T** | **T**wisted Pair |

| Reichweite bzw. PCS-Codierung | |
|---|---|
| **R** | 64B/66B (Sc**r**ambled) |
| **X** | 4B/5B, 8B/10B (E**x**ternal Sourced Coding) |
| **e** | Energy **E**fficient Ethernet |

| **M: Multimode** |
|---|

| Anzahl der – Adernpaare (pairs) bzw. – Datenpfade (lanes) | |
|---|---|
| **ohne Kennzeichnung** | 1 Adernpaar bzw. 1 Datenpfad |
| **4** | 4 Adernpaare bzw. 4 Datenpfade |
| **10** | 10 Adernpaare bzw. 10 Datenpfade bzw. 10 km |

| | | | |
|---|---|---|---|
| Bac**k**plane | Rückwandverbindung | **L**ong Wavelength | Lange Wellenlänge |
| Base | Basisband | PCS (Physical Coding Sublayer) | Obere Teilschicht des Physical Layers |
| Energy **E**fficient Ethernet | Energieeffizientes Ethernet | **S**hort Wavelength | Kurze Wellenlänge |
| **E**xtended Reach | Erweiterte Reichweite | **S**hort Reach | Kurze Reichweite |
| **E**xtra Long Wavelength | Extra lange Wellenlänge | Sc**r**ambled | Verwürfelt |
| E**x**ternal Sourced Coding | Externe Codierung | Twinaxial **C**opper | Koaxialkabel (spezielle Bauform) |
| **F**iber | Lichtwellenleiter | **T**wisted Pair | |
| **L**ong Reach | Hohe Reichweite | | |

### Beispiele

| Bezeichnung | Merkmale | Bezeichnung | Merkmale |
|---|---|---|---|
| 10Base-T IEEE 802.3i (Clause 14) | 10 Mbit/s; 2 Adernpaare (Twisted Pair; Cat. 3 oder höher); Vollduplex; max. 100 m | 1000Base-SX IEEE 802.3z (Clause 38) | 1000 Mbit/s; 2 LWL Multimode; Vollduplex; 1 Wellenlänge (850 nm); 200 m bis 500 m |
| 10Base-FL IEEE 802.3j (Clause 15) | 10 Mbit/s; 2 LWL Multimode; 1 Wellenlänge (850 nm); max. 2000 m | 1000Base-T IEEE 802.3ab (Clause 40) | 1000 Mbit/s; 4 Adernpaare (Twisted Pair; Cat. $6_a$); Vollduplex; je Adernpaar 250 Mbit/s pro Richtung; 100 m |
| 100Base-TX IEEE 802.3u (Clause 24) | 100 Mbit/s; 2 Adernpaare (Twisted Pair; Cat. 5 oder höher); Vollduplex; max. 100 m | 10GBase-T IEEE 802.3an (Clause 55) | 10 Gbit/s; 4 Adernpaare (Twisted Pair); Vollduplex; je Adernpaar 2,5 Gbit/s pro Richtung; 100 m |
| 100Base-FX IEEE 802.3u (Clause 24) | 100 Mbit/s; 2 LWL Multimode; 1 Wellenlänge; 1310 nm; bei Vollduplex max. 400 m | 40GBase-LR4 IEEE 802.3ba (Clause 87) | 40 Gbit/s; 2 LWL Singlemode; Vollduplex; 4 Wellenlängen (WDM) je 10 Gbit/s pro Richtung; 10 km |
| 1000Base-CX IEEE 802.3z (Clause 39) | 1000 Mbit/s; 2 Adern, gemeinsamer Rückleiter (Twinaxialkabel); Vollduplex; max. 25 m | 100GBase-ER4 IEEE 802.3ba (Clause 88) | 100 Gbit/s; 2 LWL Singlemode; Vollduplex; 4 Wellenlängen (WDM) je 25 Gbit/s pro Richtung; 40 km |

## Merkmale

- Ist die Bezeichnung für eine **serielle** Datenübertragung zwischen mehreren Teilnehmern, die an einem gemeinsam genutzten Medium über Netzwerkkarten angeschlossen sind.
- Die Datenübertragung erfolgt dabei in **Rahmenformat** (Frames).
- Die Zuteilung der Sendeerlaubnis wird durch **CSMA/CD** (**C**arrier **S**ense **M**ultiple **A**ccess/**C**ollision **D**etection: Trägererkennung mit Mehrfachzugriff/Kollisionserkennung) gesteuert.
- Ist verfügbar in verschiedenen Übertragungsgeschwindigkeiten (10 Mbit/s, 100 Mbit/s, 1000 Mbit/s und 10 Gbit/s).
- 10 Mbit Ethernet überträgt die Daten auf dem physikalischen Medium im **Basisband** als Manchester-Kodierung.
- Die existierenden **Rahmenformate** stammen aus der Entwicklungsgeschichte und werden bezeichnet als
  - IEEE 802.3 (Ethernet 802.2),
  - IEEE 802.3 SNAP (Ethernet SNAP),
  - Ethernet Version II (Ethernet II),
  - IEEE 802.3 RAWS (Novell Proprietary).
- Jeder zu übertragende Rahmen beginnt mit einer **Präambel** (Rahmeneinleitung) und dient zur Synchronisation der angeschlossenen asynchron betriebenen Netzwerkbaugruppen.

## Rahmenformate

Präambel

SFD: Start Frame Delimiter

IEEE 802.3

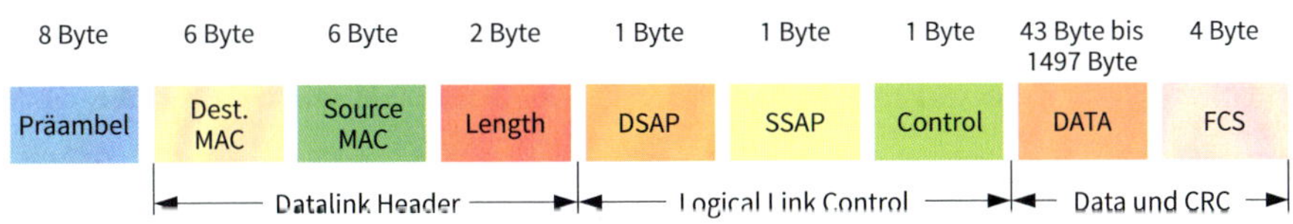


IEEE 802.3 SNAP

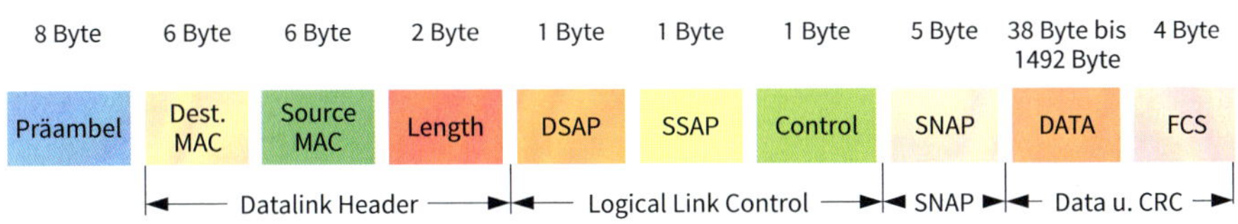


Ethernet II

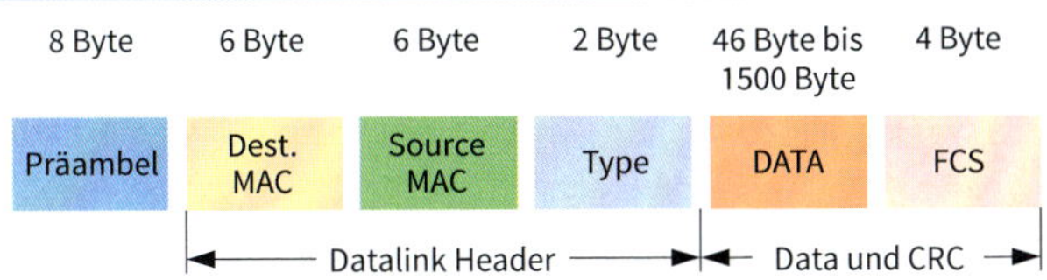


IEEE 802.3 RAWS

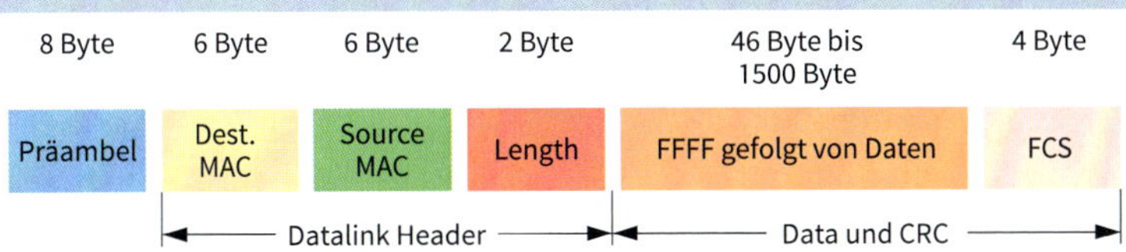


Implementierung der Fa. Novell

## Rahmendefinitionen

- **Destination MAC** (**D**estination **M**edium **A**ccess **C**ontrol: Zieladresse)
  - definiert die Zieladresse (Netzwerkkarte), zu der die Daten gesendet werden sollen,
  - beinhaltet in den ersten drei Bytes die Kennzeichnung des **Kartenherstellers**, wobei das niederwertigste Bit des ersten Bytes Nachfolgendes definiert:
    Bit = 0 bedeutet Adresse für **individuelle** Zielstation,
    Bit = 1 bedeutet Adresse für **logische Gruppe** von Zielstationen und das **zweite Bit** wird zur Unterscheidung zwischen lokaler und globaler Adresse verwendet,
  - definiert mit den folgenden drei Bytes den Typ der Netzwerkkarte,
  - Sonderfall: alle 48 Bits = 1 bedeutet **Broadcasting** (Rundsendung) an alle Stationen.

- **Source MAC** (**S**ource **M**edium **A**ccess **C**ontrol: Absender-Adresse)
  - beinhaltet die Absender-Adresse mit drei Bytes als feste Kennung für den Kartenhersteller.

- **Length** (Länge)
  - dient zur Angabe der Anzahl von Bytes im Logical Link Control (LLC) Feld.

  Hinweis: Ethernetrahmen dürfen nicht kürzer als 64 Bytes bzw. länger als 1518 Bytes sein.

- **DSAP** (**D**estination **S**ervice **A**ccess **P**oint: Dienstzugangspunkt)
  - entspricht einem Zeiger auf dem Pufferspeicher im empfangenden Netzwerkadapter zur Ablage der Daten.

- **SSAP** (**S**ource **S**ervice **A**ccess **P**oint: Dienstausgangspunkt)
  - definiert die Quelle des sendenden Prozesses.

- **Control Byte** (Kontroll-Byte)
  - spezifiziert den Type des LCC-Rahmens.

- **Data** (Daten)
  - beinhaltet die Daten (Header und Daten) der höher liegenden Protokollschichten von z. B. TCP/IP oder IPX/SPX.

- **FCS** (**F**rame **C**heck **S**equence: Rahmenprüfbits)
  - dient zur Sicherung der übertragenen Bits gegen Verfälschung mittels **CRC-Verfahren** (**C**yclic **R**edundancy **C**heck),
  - verwendet Generatorplynom $G(x) = x^{32} + x^{26} + x^{23} + x^{22} + x^{16} + x^{12} + x^{11} + x^{10} + x^{8} + x^{7} + x^{5} + x^{4} + x^{2} + x + 1$.

- **SNAP**
  - beinhaltet auf den ersten drei Bytes die Herstellerkennung (wie in der Absender-Adresse), die normalerweise auf Null gesetzt ist,
  - die folgenden zwei Bytes beinhalten eine Kennung zum Ethertyp, um die Abwärtskompatibilität zu Ethernet II zu erhalten.

- **Type** (Typenfeld)
  - kennzeichnet den Typ des darüber liegenden Protokolls,
  - Werte sind grundsätzlich größer als 05DC (Hex) bzw. 1500 Dez. zur Kennzeichnung, ob der nachfolgende Rahmen ein Ethernet-II-Rahmen oder z. B. ein 802.3-Rahmen ist.

- **Novell-Daten-Rahmen**
  - beginnen in den Anwenderdaten mit einem IPX-Protokollkopf,
  - diese beinhalten in den ersten beiden Bytes optional eine Prüfsumme (FFFF),
  - zeigen damit an, dass die Prüfsumme nicht verwendet wird,
  - damit unterscheiden die Netzwerkkarten zwischen Novell-Rahmen und anderen Rahmen.

## Ethernet-Parameter

| Parameter | Bezeichnung Formel | Einheit | 100Base-TX | 100Base-FX | 1000Base-SX |
|---|---|---|---|---|---|
| Übertragungsrate | $u$ | bit/s | 100 000 000 | | 1 000 000 000 |
| Lichtgeschwindigkeit | $c$ | m/s | 299 792 458 | | |
| Ausbreitungskoeffizient | $n$ | | 0,75 | 0,68 | 0,68 |
| Maximale Segmentlänge | $l_{max}$ | m | 100 | 450 | 550 |
| Maximale Signallaufzeit | $t_{max} = l_{max}/n \cdot c$ | µs | 0,445 | 2,207 | 2,698 |
| Dauer eines Bits | $t_{bit} = 1/u$ | µs/bit | 0,01 | 0,01 | 0,001 |
| Länge eines Bits | $l_{bit} = n \cdot c \cdot t_{bit}$ | m/bit | 2,248 | 2,038 | 0,203 |
| Anzahl Bits pro Segment | $b_{Segment} = l_{max}/l_{bit}$ | | 44,48 | 220,80 | 2709,35 |
| Dauer von 64 Bytes | $t_{64Byte} = t_{bit} \cdot 8 \cdot 64$ | µs | 5,12 | 5,12 | 0,51 |

## Rahmenstruktur

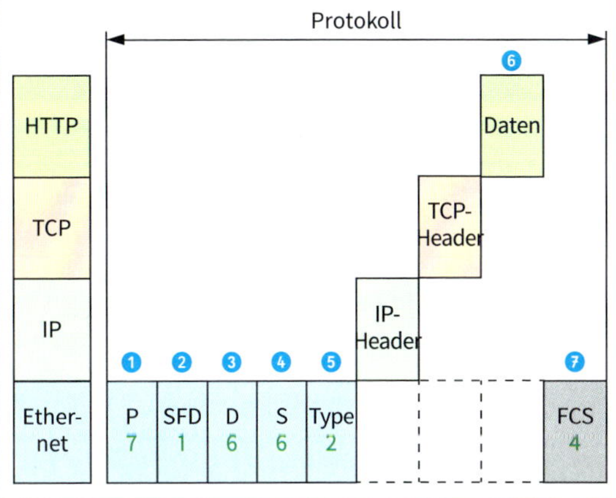


## Datenpakete

- **P**: Preamble ❶

  Die Präambel (Einleitung) besteht aus 7 Byte. Die Bitfolge ist alternierend mit 10101010 festgelegt. Sie dient zur Synchronisierung zwischen Sender und Empfänger.

- **SFD**: **S**tart **F**rame **D**elimiter ❷

  Der Anfangsrahmen (Begrenzer) besteht aus einem Byte mit der Bitfolge 10101011.

- **D**: **D**estination Address ❸

  Diese Zieladresse ist die MAC-Adresse des Empfängers.

- **S**: **S**ource Address ❹

  Diese Quelladresse ist die MAC-Adresse des Absenders.

- **Type**: **T**ype Field ❺

  Das Typen-Feld kennzeichnet das Protokoll der nächsthöheren Schicht (z. B. 0x0800 für IPv4-Protokoll).

- **Payload**: Nutzlast (Daten) ❻

  Diese Nutzdaten haben einen Umfang minimal 64 Byte und maximal 1500 Byte. Sie enthalten ein zusätzliches Ergänzungsfeld (PAD) um die minimale Länge des Frames auf 64 Byte zu ergänzen.

- **FCS**: **F**rame **C**heck **S**equence ❼

  Diese Rahmen-Prüfsumme ist eine Prüfsumme, die mittels **CRC**-Verfahren (**C**yclic **R**edundancy **C**heck: Zyklische Redundanzprüfung) über die Ziel-MAC-Adresse, die Source-MAC-Adresse, das **PAD**-Feld (padding: ausstopfend) und die Nutzdaten gebildet wird. Die Prüfsumme wird mit der empfangsseitig errechneten Prüfsumme verglichen. Bei unterschiedlichen Werten war die Übertragung fehlerhaft.

## Header

- Mit dem Begriff „Header" kennzeichnet man in einem Protokoll Datenpakete, in denen sich protokollrelevanten Informationen (Zusatzinformationen) am Anfang eines Datenblocks befinden. Synonyme Begriffe sind Kopfdatei oder Dateikopf.

## TCP-Header

- Der TCP-Header beinhaltet neben den Daten der Anwendungsschicht zusätzliche Steuerungs- und Quittungselemente für die Verbindung.

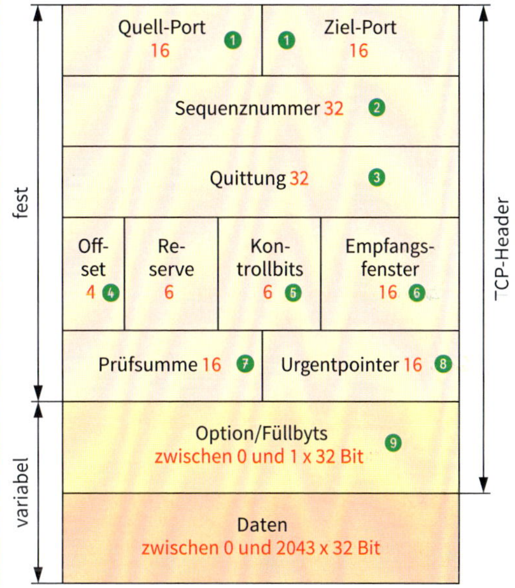


## Datenpakete

- **Quell- und Ziel-Port** ❶

  Nummer des Anwendungsprozesses

- **Sequenznummer** ❷

  Sie wird bei der Quittierung ausgetauscht.

- **Quittungsnummer** ❸

  Der Empfänger sendet die nächste erwartete Sequenznummer als Quittung dem Quellrechner und bestätigt somit den Empfang dieses Segments.

- **Offset** ❹

  Er gibt die Länge des TCP-Headers an und zeigt die Startadresse der Nutzdaten an.

- **Kontollbits** ❺

  Sie steuern die Verbindung und legen fest, welche Felder im Header gültig sind.

- **Empfangsfenster** ❻

  Es enthält die Anzahl der Daten-Oktette, die der Sender dieses Pakets empfangen kann.

- **Prüfsumme** ❼

  Prüfung des TCP-Headers, der Daten, der Quell- und Ziel-IP-Adresse durch den Empfänger.

- **Urgentpointer** ❽

  Genaue Position des ersten Datenbytes nach den dringlichen Daten.

- **Optionenfeld** ❾

  Das Feld legt weitere Verbindungseigenschaften fest, die nicht im Header enthalten sind.

## IPv4-Header

- Mit **IPv4** bezeichnet man die vierte Version des Internet Protokolls (**I**nternet **P**rotocol **V**ersion **4**). In der Abbildung ist die Struktur dargestellt.

IPv4-Paket

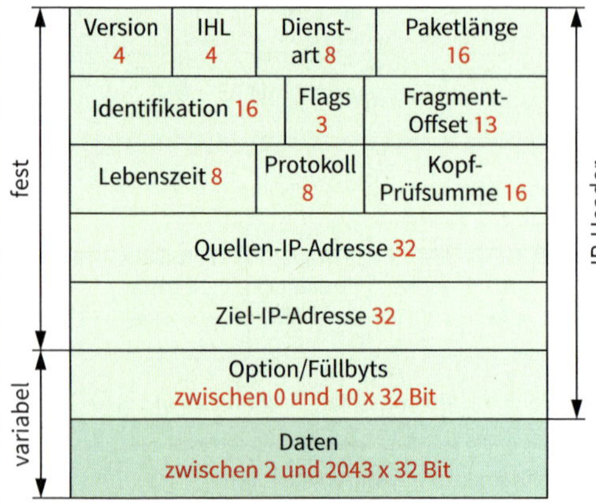


## Datenpakete

- **Version**
  Versionsnummer des IP-Protokolls (v4)
- **IHL**: **I**nternet **H**eader **L**ength (Internet Kopflänge)
  Länge des IP-Headers in Vielfachen von 32 Bit. Der Maximalwert ist 1111 (15), somit 15 x 32 = 480 Bit.
- **ToS**: **T**ype **o**f **S**ervice (Art des Dienstes)
  Qualität des angeforderten Dienstes (Priorität und Eigenschaften der Übertragung)
- **Total Length** (Gesamtlänge)
  Gesamtlänge des IP-Pakets
- **Identification** (Identifikation)
  Fortlaufenden Nummerierung der Pakete
- **Flags** (Kennzeichen)
  Angabe über die Zulässigkeit der Rahmenfragmentierun
- **Fragment**-Offset (Fragment-Versatz)
  Positionskennung für fragmentierte Nutzdaten
- **TTL**: **T**ime-**t**o-**L**ive (Lebensdauer)
  Kennzeichnen für die noch verbleibende Anzahl von Weiterleitungen des IP-Pakets
- **Protocol** (Protokoll)
  Angabe des Ports des übergeordneten Transportprotokoll
- **Header Checksum** (Kopf-Prüfsumme)
  Prüfsumme zur Überprüfung der Korrektheit des IP-Headers
- **Source-IP/Destination-IP** (Quell- und Ziel-IP-Adresse)
- **Options/Padding** (Optionen/Auffüllung)
  Optionales Feld u. a. für Routing- und Statistikfunktionen

## IPv6-Header

- Der IPv6-Header wurde gegenüber dem IPv4-Header stark vereinfacht. Damit können z. B. Pakete in Routern schneller verarbeitet, Erweiterungen und Optionen optimaler unterstützt werden.
- Mit der Einführung von IPv6 besteht die Anforderung zwei Protokoll-Versionen zu handhaben. Primär ist der vorhandene Bestand an IPv4-Systemen zu bewahren und parallel dazu die IPv6-Version zu integrieren. Dieses geschieht durch verschiedene Maßnahmen, wie z. B. durch:
  - Dual-Stack (Zweifacher Stapel)
  - IPv4-Hosts und Router werden um den IPv6-Stack ergänzt und
  - IPv6-Kapselung in IPv4 (Tunneln von IPv6).

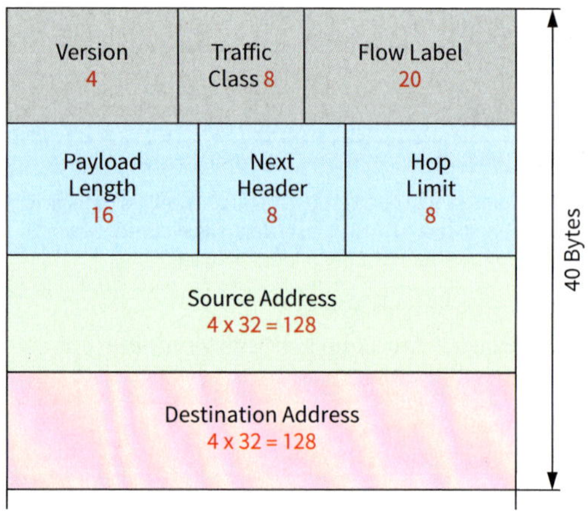


## Datenpakete

- **Version**
  Versionsnummer des IP-Protokolls (v6)
- **Traffic Class** (Verkehrsklasse)
  Festlegung der Beförderungspriorität der Pakete der Quellstation relativ zu seinen Paketen.
- **Flow Label** (Flusskennzeichnung)
  Spezielle Behandlung der Datenpakete
- **Payload Length** (Nutzdaten-Länge)
  Länge der Nutzdaten ohne Header
- **Hop Limit** (Sprung Grenze)
  Jeder Vermittlungsrechner, der ein Paket weiterleitet, erniedrigt das Feld um 1. Wenn das Hop-Limit auf 0 steht, wird das Paket nicht mehr weitergeleitet (Vermeidung von Endlosschleifen).
- **Next Header** (Nächster Kopf)
  Er gibt an, welcher Erweiterungs-Header folgt bzw. welchen Handler des Transportprotokolls (z. B. TCP, UDP) das Paket passiert.
- **Source Address / Destination Address**
  IP-Adressfelder mit 128 Bit Länge

## Grundlagen

- Gigabit Ethernet ist eine Erweiterung des 10 Mbit/ 100 Mbit-Ethernet Standards auf eine Übertragungsrate von 1 Gbit/s.
- IEEE-Spezifikation beinhaltet die unteren beiden Schichten des OSI-Modells.
- Übertragungsmedien sind Lichtwellenleiter und Kupferkabel.
- Arbeitet bei **Kupferkabel** im Halb- und im Vollduplexbetrieb
- Rahmenformat wie bei 10 Mbit/100-Mbit-Ethernet (64 Byte Rahmengröße automatisch auf 512 Byte verlängert)
- **Cat. 5 (Category)** Übertragung verwendet 4B/5B-Leitungscodierung.
- Verwendet 4 Adernpaare [pro Adernpaar 125 Mbit Symbolrate, 5-stufige Pegelcodierung (PAM 5) mit 2 Bit pro Symbol]
- Bei **Einsatz auf Cat. 5 (Category)** ist die Leistungsfähigkeit der Verkabelung zu berücksichtigen:
  - **FEXT** (**F**ar-**E**nd Cross **T**alk: Fernübersprechen),
  - **Return Loss** (Rücklaufverluste),
  - **NEXT** (**N**ear-**E**nd Cross **T**alk: Nahübersprechen),
  - **Attenuation** (Dämpfung).
- **Delay** (Laufzeitverzögerung)
- Anwendungsbereiche sind z. B.:
  - Kopplung von Switches
  - Verbindung von Switch mit Servern

## Übertragungsmedien

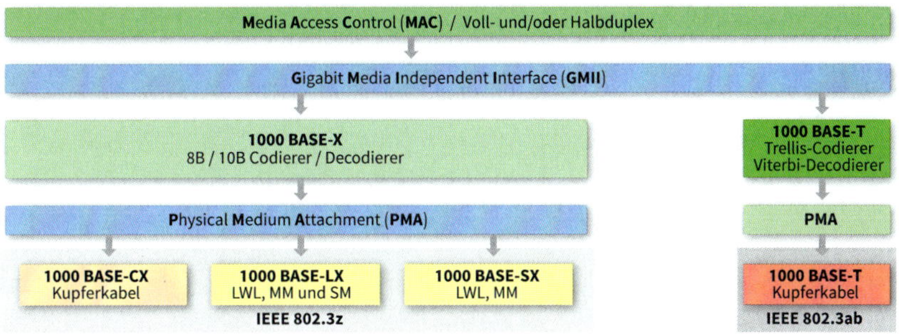


## Medien-Spezifikationen

| Transceiver-Typ | Medien-Typ | Bandbreiten-Längen-Produkt in MHz x km | Zulässige Länge in m | Typische Anwendung |
|---|---|---|---|---|
| 1000BASE-CX | Kupferkabel, 150 Ω, symmetrisch, geschirmt | – | 25 | Verkabelungsschrank |
| 1000BASE-LX (1300 nm) | LWL MM 62,5 µm<br>LWL MM 50 µm<br>LWL MM 50 µm<br>LWL SM 10 µm | 500<br>400<br>500<br>– | 2 bis 550<br>2 bis 550<br>2 bis 550<br>2 bis 5000 | Horizontale Verkabelung<br>Kurzes Backbone<br>Kurzes Backbone<br>Gelände-Backbone |
| 1000BASE-SX (850 nm) | LWL MM 62,5 µm<br>LWL MM 62,5 µm<br>LWL MM 50 µm<br>LWL MM 50 µm | 160<br>200<br>400<br>500 | 2 bis 220<br>2 bis 274<br>2 bis 500<br>2 bis 550 | Horizontale Verkabelung<br>Horizontale Verkabelung<br>Kurzes Backbone<br>Kurzes Backbone |
| 1000BASE-T | Cat. 5 Kupferkabel | – | 100 | Horizontale Verkabelung |
| | **MM: M**ulti-**M**ode Faser **SM**: **S**ingle-**M**ode Faser (Mono-Mode) | | | |

## Anwendung

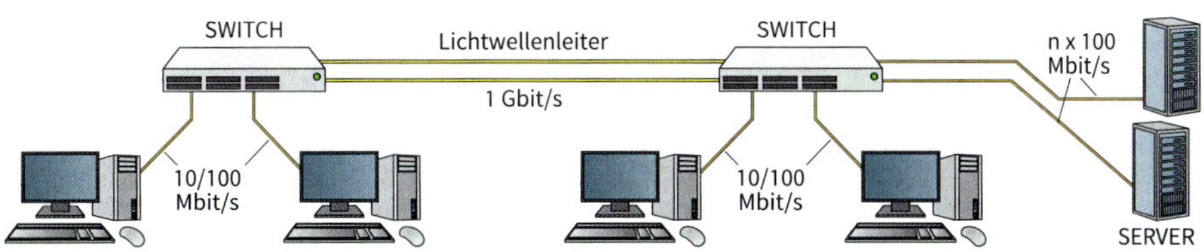

## Merkmale

- 10-Gbit-Ethernet ist die Erweiterung der Ethernet-Technologie auf eine Übertragungsrate von 10 Gbit/s.
- Standard ist spezifiziert in IEEE 802.3 ae und 802.3 an.
- Arbeitet nur im **Vollduplex-Betrieb** als **Punkt-zu-Punkt Verbindung** (ohne Kollisionen).
- Verwendet als **Übertragungsmedium**
  - **LWL** (Single- und Multi-Mode mit Wellenlängen 850 nm, 1310 nm, 1550 nm),
  - **Kupferkabel** (4 Paare, Twisted Pair, 55 m über Klasse E/CAT. 6 und 100 m über Klasse F/CAT. 7
- Kupferkabel **Übertragungsparameter** (pro Aderpaar):
  - 2,5 Gbit/s bei 833 Mega-Symbolen/s (1,25 ns Symboldauer),
  - 3 bit Nutzdaten pro Symbol
- Verwendet **16-stufige Pulsamplitudenmodulation** als Leitungscodierung.
- Amplitudenwerte liegen zwischen +1V und –1V.
- Amplitudenabstand zwischen zwei benachbarten Signalen beträgt 0,13 V.
- **Bitfehlerrate** ist spezifiziert auf max. 1 x $10^{-12}$ pro Sekunde über alle unterstützten Klassen und Entfernungen.

## Architektur

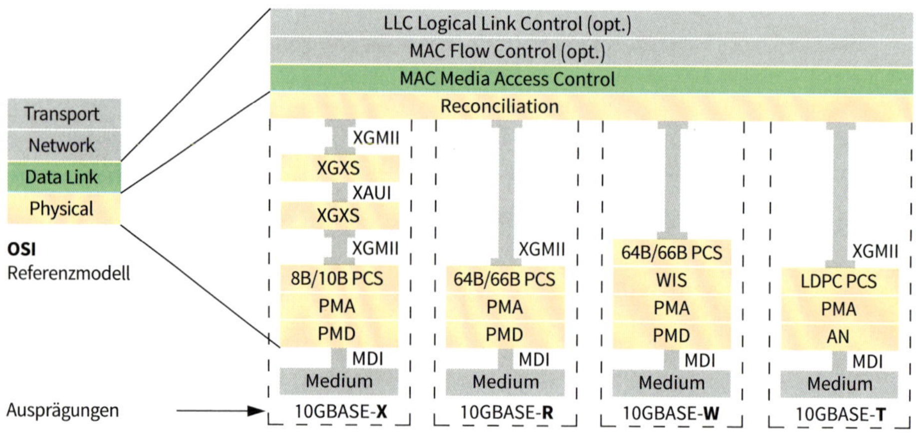


**AN: A**uto **N**egotiation
**LDPC: L**ow **D**ensity **P**arity **C**heck
**MDI: M**edium **D**ependet **I**nterface
**PMA: P**hysical **M**edium **A**ttached
**PCS: P**hysical **C**oding **S**ublayer
**PMD: P**hysical **M**edium **D**ependant
**WIS: WAN I**nterface **S**ublayer
**XAUI: X A**ttachment **U**nit **I**nterface
**XGMII: X M**edium **I**ndependant **I**nterface
**XGXS: XGMII EX**tender **S**ublayer

X entspricht der römischen 10.

## Bezeichnungsschema

| Bezeichnung | Wellenlänge in nm | Codierung | Typ | Multi-Mode Fibre | Single-Mode Fibre |
|---|---|---|---|---|---|
| 10GBASE-S R | 850 | 64b/66b | seriell | 65 (300) m | nicht unterstützt |
| 10GBASE-S W | 850 | 64b/66b | SONET/SDH | 65 (300) m | nicht unterstützt |
| 10GBASE-L X 4 | 1310 | 8b/10b | WWDM | 300 m | 10 km |
| 10GBASE-L R | 1310 | 64b/66b | seriell | nicht unterstützt | 10 km |
| 10GBASE-L W | 1310 | 64b/66b | SONET/SDH | nicht unterstützt | 10 km |
| 10GBASE-E R | 1550 | 64b/66b | seriell | nicht unterstützt | 40 km |
| 10GBASE-E E | 1550 | 64b/66b | SONET/SDH | nicht unterstützt | 40 km |
| 10GBASE-T | – | 64b/65b | – | – | – |

Wellenlängen-Multiplex: 1 → serielle Übertragung;
*n* → Anzahl der Wellenlängen (4 für WWDM)

Codierung: X → LAN 8B/10B; R → LAN 64B/66B Blockcodierung; W → WAN

Wellenlänge: S(hort) → 850 nm; L(ong) → 1310 nm; E(xtra long) → 1550 nm

T: Kupferkabel (4 Paare, Twisted Pair)

## Merkmale

- Mit **PoE** werden sowohl Daten als auch elektrische Energie gleichzeitig über das Kupfer-Netzwerkkabel an Ethernet-Geräte übertragen.
- Die Stromversorgung erfolgt über zwei oder vier Adernpaare (Datenadern).
- Die übertragbare elektrische Leistung ist in Klassen (1 bis 8) eingeteilt.
- Die erforderliche Leistung des **PD** (**P**owered **D**evice – Endgerät) wird mittels elektrischer Impulse oder über das Link Level Discovery Protocol (IEEE802.1ab) dem **PSE** (**P**ower **S**ourcing **E**quipment – Stromquelle) im Startvorgang mitgeteilt.
- PoE ist standardisiert nach
  - 802.3af (PoE – Power over Ethernet),
  - 802.3at (PoE+ – Power over Ethernet plus),
  - 802.3bt (4PPoE – Four Pair Power over Ethernet)
- **Hinweis**: Kabelerwärmung
  Bedingt durch die kleinen Querschnitte der Kupferadern ist die Kabelerwärmung (speziell bei Kabelbündeln) zu berücksichtigen.
- Für die Planung von PoE-Anwendungen sind Berechnungstools im Internet verfügbar (z. B.: https://www.rdm.com/deu_de/Fokus/Loesungen/Power-over-Ethernet).

## Aufbau

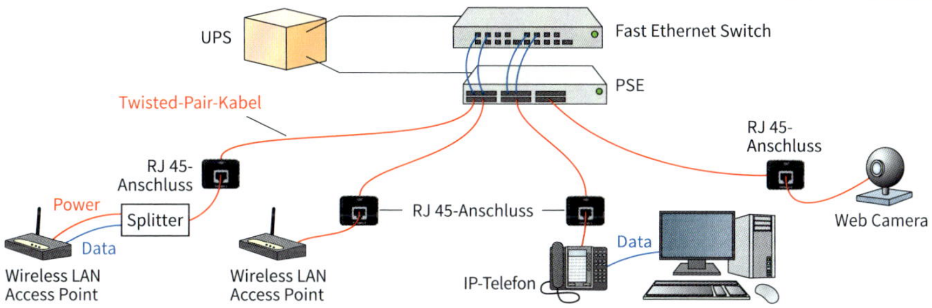


## Übertragungsprinzip (802.3af und 802.3at)

Energie und Daten über getrennte Adern

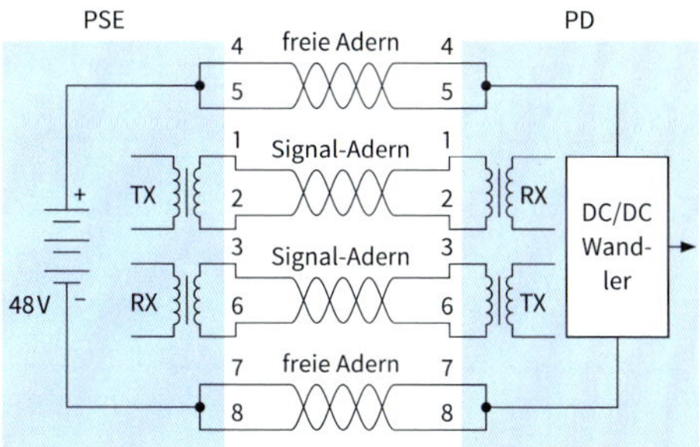


Energie und Daten über gemeinsame Adern

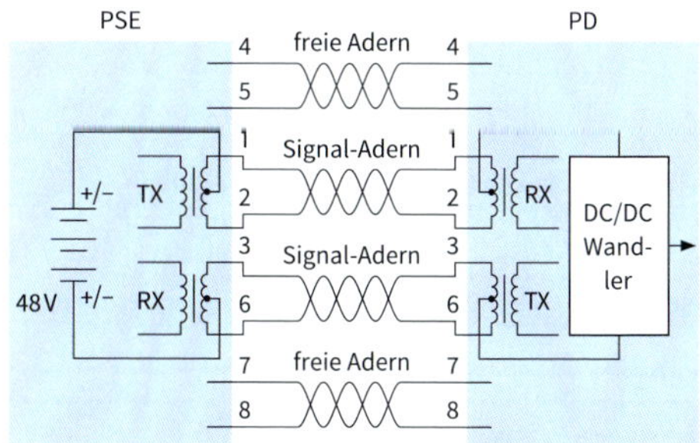


## Leistungsmerkmale

| **Bezeichnung/IEEE Standard** | **PoE**<br>802.3af (2003) | **PoE+**<br>802.3at (2009) | **4PPoE**<br>802.3bt (2018) |
|---|---|---|---|
| Ausgangsspannung in V (DC) | 36 bis 57 | 42,5 bis 57 | 42,5 bis 57 |
| Ausgangsstrom im Betrieb in mA (DC) | 350 | 600 | 2 x 960 |
| Leistung der PSE-Versorgung in Watt | max. 15,4 | max. 30 | 45, 60, 75, 90 |
| Leistung am Endgerät (PD) in Watt<br>PSE-Klasse | max. 12,95<br>1, 2, 3 | max. 25,5<br>4 | 40, 51, 62, 72<br>5, 6, 7, 8 |
| Unterstützte Endgeräte (PD Type) | 1 | 1 und 2 | 1, 2, 3, 4 |
| Benutzte Adernpaare | 2 | 2 | 2 und 4 |

## Definition

- **Ethernet-APL** (**APL**: **A**dvanced **P**hysical **L**ayer) ist die Bezeichnung der physikalischen Schicht für die Anwendung von Single-Pair-Ethernet.
- Die APL-Spezifikation ist eine genaue Beschreibung der Anwendung und Zertifizierung von 10BASE-T1 innerhalb der **Prozessautomation**.
- Die Kommunikation basiert auf 10BASE-T1L, wie im IEEE Std 802.3cg-2019 definiert.
- Sensoren und Aktoren können damit direkt mittels Ethernet-Kommunikation in das firmeninterne Netzwerk eingebunden werden.
- Eine Umsetzung zwischen Feldbussen (Sensor-/Aktor-Bus) und Ethernet-Netzwerk mittels Gateway entfällt.

| Layer (Schicht) | OSI-Modell | TCP/IP-Modell | Organisation |
|---|---|---|---|
| 7 | Application | Application | RFC's IETF, Industry Org's |
| 6 | Presentation | | |
| 5 | Session | | |
| 4 | Transport | TCP/UDP | |
| 3 | Network | IP | |
| 2 | Data Link | Ethernet Data Link | IEEE 802.1 |
| 1 | Physical | **802.3cg Ethernet 10Base-T1L** | IEEE 802.3 |

## Merkmale

- Übertragungsgeschwindigkeit: 10 MB/s; Vollduplex.
- Reichweite: – Trunk (Stammleitung): max. 1000 m
  – Spur (Stichleitung): max. 200 m
- Verwendung von geschirmten zweiadrigen Kabeln.
- Wiederverwendung vorhandener Feldbuskabel z. B. Typ A (PROFIBUS).
- Energie und Kommunikation auf demselben Kabel.
- Unterstützung aller Explosionsschutztechniken inkl. Eigensicherheit (IEC TS 60079-47).
- Signalspannung 2,4 V. Auf Ex-Strecken bis ca. 200 m mit 1 V und max. bis 0,5 W Leistung.
  Dadurch auch im Umfeld von explosionsgeschützten Systemen (Ex) anwendbar.
- Einfache Installationstechnik über Klemmen oder M12 Stecker.
- Einfache Migrationsstrategien von Feldbus zu Ethernet-APL.
- Unempfindlichkeit gegenüber elektromagnet. Störungen.
- Unterstützung von Überspannungsschutz

## Gegenüberstellung

| System | Ethernet-APL | Modbus RTU | PROFIBUS PA | I/O Link | HART |
|---|---|---|---|---|---|
| Leitungslänge | **1000 m bei 2,4 V<br>200 m bei 1 V<br>(Ex-Anwendungen)** | 1200 m<br>(ca. 180 kBit/s)<br>300 m (375 kBit/s)<br>200 m (500 kBit/s) | 1200 m | 40 m | 200 m<br>(und mehr) |
| Bitrate | **10 Mbit/s,<br>Vollduplex** | typ. 19,2 kBit/s<br>Bus, Halbduplex | 31,5 kBit/s<br>Bus, Halbduplex | max.<br>230,4 kBit/s | 1200 bit/s<br>Halbduplex |
| Paketformat | **Ethernet** | UART / Modbus | UART / Profibus | I/O Link | 4 mA bis<br>20 mA digital moduliert |
| Stromversorgung | **≤ 54 W (abhängig vom Kabel)<br>≤ 0,5 W im Ex-Bereich** | Nein | Ja | Nein | ca. 36 mA |
| Explosionsschutz | **Ja<br>(bei 1 V, 0,5 V, 200 m)** | Ja | Ja | Nein | Ja |

## Topologie

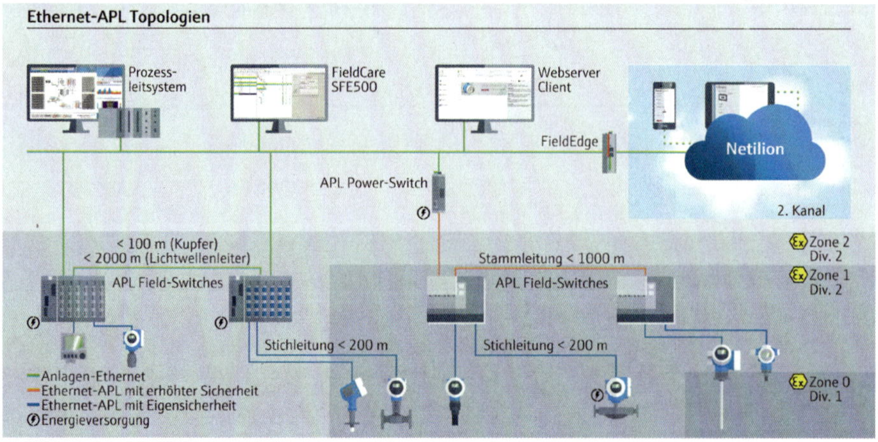


© Endress+Hauser

# Netzwerkkomponenten
## Network Components

### Repeater
- Ein Repeater verbindet verschiedene Netze mit vollkommen gleichartigen Zugriffsweisen und Protokollen.
- Er reduziert Signalverzerrungen und -dämpfungen.
- Es wird auch als **Aufholverstärker** bezeichnet.
- Moderne Repeater verbinden auch unterschiedliche Medien.

### **Hub** (engl. Nabe)
- Im engeren Sinne ein Sternkoppler bzw. Sternverteiler (auch Kabelkonzentrator).
- Ein Hub ist quasi die Verbindung eines Konzentrators mit einem Repeater. Es sind Multiport-Repeater.
- Hubs haben die Repeater in vielen Bereichen verdrängt.

### **Bridge** (engl. Brücke)

- Verbindet Netze auf den Teilschichten MAC oder LLC der OSI-Schicht 2 (→ MAC-Level-Bridge).
- Die Netze können eine unterschiedliche Topologie besitzen.

### **Router** (engl. „ruter"; us-engl. „rauter")
- Analysiert selbstständig das Netz (Transparenz).
- Sucht geeignete Wege im Netz auf der Basis routbarer Protokolle. Erstellt Wegetabellen (Routingtabellen).
- Vermittelt zielgerichtet Datenpakete.
- **Bridging Router – BRouter**: Router mit integrierter Bridge

### Gateway
- Es realisiert einen umfassenden Netzübergang und die komplette Anpassung von an sich getrennten Netzwelten.
- Es nimmt folgende Über- und Umsetzungen zwischen den verschiedenen Netzen vor:
  1. Adressübersetzungen,
  2. Übersetzung der Datenübertragungsgeschwindigkeiten,
  3. Protokollanpassungen (Konvertierung bzw. Umschreibung).
- Es ist eine intelligente Schnittstelle, die besonders Funktionsaufgaben der Schichten 3 bis 7 übernehmen kann.
- Es ermöglicht hohe Sicherheitsstandards.

### **Switch** (engl. Schalter)
- Ein Switch ist quasi eine Bridge mit mehreren Zugängen für Rechner, aber auch für Netze.
- Ein paralleler Datenaustausch zwischen den verschiedenen Switch-Zugängen ist möglich.
- Ein Switch ermöglicht eine Punkt-zu-Punkt-Geräte-Verbindung.
  Ein Switch ist oftmals ein Hardware-Produkt.
- Typen
  - Layer-1-Switches: Es erfolgt keine Adressauswahl (Hub-System).
  - Layer-2-Switches/Layer-2/3-Switches: Die Zieladressen der Datenpakete werden über Adresstabellen automatisch ermittelt. Die Adressinformation werden den im Datenpaket festgehaltenen MAC-Adressen entnommen.
  - Layer-3-Switches arbeiten auf der Schicht 3 – es verarbeitet (auch) IP-Adressen.
- **Leistungsdaten:**
  - **Durchleitrate** (Forwarding Rate): Pakete/s
  - **Filterrate** (Filter Rate): Bearbeitete Paketanzahl/s
  - **Adressanzahl:** Verwaltete (MAC-)Adressen
  - **Backplanedurchsatz:** Transportkapazität auf den Vermittlungsbussen
- **Funktionsprinzipien:**
  - **Store-and-Forward:** Ein Datenpaket wird komplett über ein Port eingelesen; erst dann wird die Adresse verarbeitet. Ein sehr sicheres Verfahren. Es erfolgt eine vollständige Fehlerüberprüfung. Fehlerhafte Pakete werden selbstständig verworfen.
  - **Cut-Through:** Die Auswertung der Adresse erfolgt bereits nach dem Einlesen des Steuerkopfs der Datenpakete. Parallel dazu werden die Nutzinformationen aufgenommen. So wird die Latenzzeit reduziert. Datenkollisionen sind möglich.
  - **Fragment-Free:** Die Datenweitergabe erfolgt bereits nach der Aufnahme der ersten 72 Bytes.

  Ein modernes Switch realisiert alle drei Prinzipien zeitgleich (**adaptives Switching**, auch **Error-Free-Cut-Through**). Es wird situationsabhängig das optimalste Verfahren ausgewählt.
- Netzausdehnung von bis zu 150 km wird versorgt/betreut.
- Üblicherweise haben Switches 4 bis 32 Ports.

## Charakteristika

| Kriterium/Gerät | Repeater/Hub | Switch/Bridge | Layer-3-Switch/Router | Gateway |
|---|---|---|---|---|
| Aufgabe | (einfache) Signalverstärkung (bzw./inkl. Signalgenerierung) | MAC-Adressierung: Datenpakete werden zwischengespeichert | Verarbeitung der IP-Adressen (IP-Adressierung; Routing) | Komplexe Anpassung (zum Beispiel an verschiedene Protokolle) |
| OSI/ISO-Layer | Physical | Data Link | Network | |
| OSI-Schicht | 1 | 2 | 3 | ((1), 2, 3)–4, 5, 6, 7 |
| Store-and-Forward | Bits | Frames | Messages | |
| Datenraten – unterschiedliche | nein | ja | ja | ja |
| Datentransport | Bits | Pakete | Pakete | |
| Durchsatz | hoch | mittel | geringer | |
| Datenfilterung | nein | ja | ja | ja |
| Medien – unterschiedliche | ja | z. T. ja | ja | ja |
| Medienanpassung | (nein)/ja | nein | ja | ja |
| Protokolle – unterschiedliche | ja | ja | z. T. ja | ja |
| Protokollanpassungen | nein | z. T. ja/nein | ja/nein | ja |
| Zugriffsverfahren – verschiedene | nein | ja | ja | ja |
| Flusskontrolle | nein | nein | ja | ja |
| Entfernung | begrenzt | beliebig | beliebig | ja |

## Grundlagen

- RFC-Dokumente werden erstellt von
  - Spezialisten und
  - Arbeitsgruppen

  auf freiwilliger Basis in Form einer Empfehlung (**Internet Drafts**), die im Internet zur Diskussion veröffentlicht wird.
- Nach Abschluss der Diskussion werden diese Dokumente durch offizielle Bekanntgabe im Internet zur Umsetzung in Hard- und/oder Software freigegeben.
- Die offiziellen Spezifikationsdokumente für die **Internet Protocol Suite** werden
  - durch **IETF** (**I**nternet **E**ngineering **T**ask **F**orce) und
  - **IESG** (**I**nternet **E**ngineering **S**teering **G**roup) als Standard-Track-RFs veröffentlicht.
- **R**equest **f**or **C**omments („Bitte um Stellungnahme“) beschreibt
  - sämtliche Internetprotokolle,
  - Standards,
  - Verfahren,
  - Algorithmen,
  - Regeln und
  - Strategien

  der Kommunikationstechnik in Netzwerken.
- Die Herausgabe und Verwaltung der RFCs erfolgt vom RFC Editor. (http://www.rfc-editor.org/)

## Beispiele

| RFC-Nr. | Kurzform | Bezeichnung |
|---|---|---|
| **3700** | – | Internet Official Protocol Standards |
| **791** | P\/4 | Internet Protocol, Version 4 |
| **792** | ICMP | Internet Control Message Protocol |
| **919** | – | Broadcasting Internet Datagrams |
| **950** | – | Internet Standard Subnetting Procedure |
| **1112** | IGMP | Host extensions for IP multicasting |
| **768** | UDP | User Datagram Protocol |
| **793** | TCP | Transmission Control Protocol |
| **854** | TELNET | Telnet Protocol Specification |
| **855** | TELNET | Telnet Option Specifications |
| **959** | FTP | File Transfer Protocol |
| **821** | SMTP | Simple Mail Transfer Protocol |
| **1034** | DOMAIN | Domain names – concepts and facilities |
| **1035** | DOMAIN | Domain names – implementation and specification |
| **1155** | SMI | Structure and identification of management information for TCP/IP-based internets |
| **1001** | NETBIOS | Protocol standard for a NetBIOS service on a TCP/UDP transport |
| **862** | ECHO | Echo Protocol |
| **866** | USERS | Active users |
| **867** | DAYTIME | Daytime Protocol |
| **856** | TOPT-BIN | Telnet Binary Transmission |
| **857** | TOPT-ECHO | Telnet Echo Option |
| **1350** | TFTP | The TFTP Protocol (Revision 2) |
| **1006** | TP-TCP | ISO Transport services on top of the TCP: Version 3 |
| **1390** | IP-FDDI | Transmission of IP and ARP over FDDI Networks |
| **826** | ARP | Ethernet Address Resolution Protocol |
| **907** | IP-WB | Host Access Protocol specification |
| **894** | IP-E | Standard for the transmission of IP datagrams over Ethernet networks |
| **895** | IP-EE | Standard for the transmission of IP datagrams over experimental Ethernet networks |
| **1055** | IP-SLIP | Nonstandard for transmission of IP datagrams over serial lines: SLIP |
| **1088** | IP-NETBIOS | Standard for the transmission of IP datagrams over NetBIOS networks |
| **1132** | IP-IPX | Standard for the transmission of 802.2 packets over IPX networks |
| **1661** | PPP | The Point-to-Point Protocol (PPP) |
| **1662** | PPP-HDLC | PPP in HDLC-like Framing |
| **1209** | IP-SMDS | Transmission of IP datagrams over the SMDS Service |
| **1939** | POP3 | Post Office Protocol – Version 3 |
| **2328** | OSPF2 | OSPF Version 2 |
| **2460** | IPv6 | Internet Protocol, Version 6 |
| **2865** | RADIUS | Remote Authentication Dial In User Service |
| **3853** | SIP S/MIME | AES Requirement for the Session Initiation Protocol (SIP) |

## Zugriffsformen

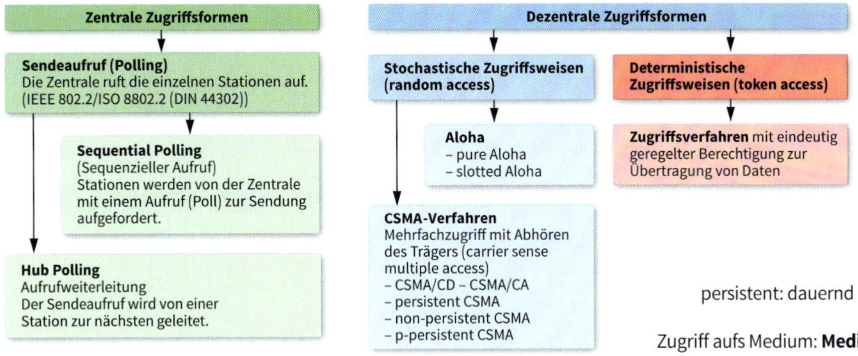


persistent: dauernd (abhörend)

Zugriff aufs Medium: **Medium Access**

## CSMA-Verfahren

### Prinzipien

- Grundsätzlich wird ein Sendezugriff dezentral von den einzelnen Stationen selbst eingeleitet.
- Vor dem Senden wird das Übertragungsmedium abgehört („listen before talk“).
- Kollisionen können auftreten, wenn zeitgleich verschiedene Stationen mit einer Nachrichtenübermittlung beginnen.
- Datenkollisionen können auch auftreten, wenn eine Station mit einer Übertragung beginnt und – zum Beispiel aufgrund einer größeren Entfernung einer anderen sendenden Station – ohne ihre Kenntnis eine andere Station bereits sendet.

### Übertragungsverhalten

- **Nonpersistent:** ein nicht beharrendes Verhalten. Bei einer vorliegenden Datenübertragung auf dem Medium zieht sich eine sendewillige Station für eine zufällig bestimmte Zeit zurück und beginnt erst dann wieder zu prüfen, ob das Medium für eine Übertragung frei ist. (Durchsatzrate max. 90 %)
- **Persistent:** das beharrende Verhalten. Das Übertragungsmedium wird kontinuierlich abgehört. Sobald das Medium frei ist, wird eine Übertragung aufgenommen. (Durchsatz max. 55 %)
- **P-persistent:** ein beharrendes, mit einer bestimmten Wahrscheinlichkeit sendendes Verhalten. Das Medium wird kontinuierlich bei einem Sendewunsch überwacht. Bei einem freien Medium wird mit der Wahrscheinlichkeit $p$ eine Übertragung aufgenommen. (Durchsatzrate max. 92 % bei $p = 0{,}01$)

### Datenkollisionserkennung unter CSMA/CD

- Ein Sender benötigt eine Kollisionsmeldung, die ihm vor Abschluss seiner Datensendung vorliegen muss. Die Datenpaketmindestlänge muss mindestens dem doppelten Stationsabstand entsprechen.
- **Berechnung:**
  1. Bestimmung der Signalübertragungsgeschwindigkeit: Es gilt: $c = c_0/n$; mit $c_0 = 300.000$ km/s und dem Brechungsindex $n$ des Materials (Koaxial: $c = c_0 \cdot 0{,}77$; Twisted-Pair: $c = c_0 \cdot 0{,}6$)
  2. Ermittlung der maximalen Stationsentfernung ($l$)
  3. Mindestübertragungszeit: $t = 2 \cdot l/c$
  4. Bestimmung der minimalen Paketlänge ($P_L$) unter Beachtung der Übertragungsrate und einer Toleranz von 30 %.

### Varianten

- **CSMA/CD** (**C**arrier **S**ense **M**ultiple **A**ccess (**with**) **C**ollision **D**etection): Bei einer **Datenkollision** wird von der Station, die die Störung erkennt, ein Störsignal (ein **jam**) gesendet. Zugleich bricht diese Station ihre eigene Datenübertragung ab.

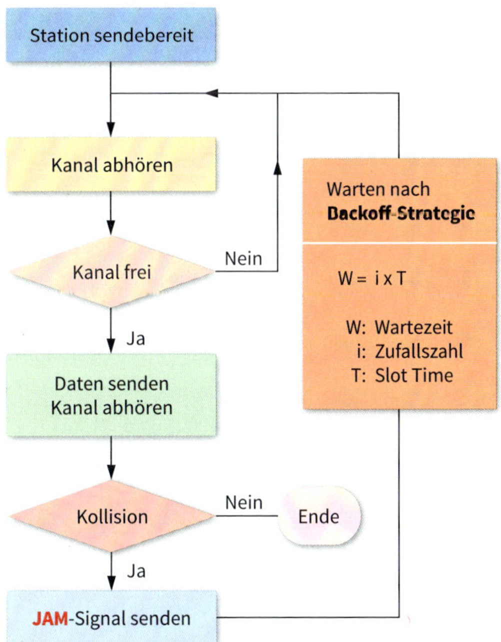


- **CSMA/CA** (**C**arrier **S**ense **M**ultiple **A**ccess (with) **C**ollision **A**voidance): Ein Übertragungswunsch wird anderen Stationen mit einem „**R**eady-**t**o-**S**end“-Signal (**RTS**) mitgeteilt. Ein RTS-Signaleingang führt zum Aufschub eines eigenen Sendewunsches. Angerufene Stationen senden ein „**C**lear-**t**o-**S**end“-Signal (CTS). Dies führt zur Reservierung einer Verbindung. Mit einem Quittungssignal (acknowledgement; **ACK**-Signal) wird das Datenübertragungsende den anderen Stationen mitgeteilt.

| ISO - OSI (ISO-Modell) | SNA | TCP/IP | TCP/IP-Protokollstruktur | | | | DEC NET | IEEE Local Area Network (Referenzmodell) |
|---|---|---|---|---|---|---|---|---|
| Anwendungsschicht | End User (SMB: Server Message Block) | Process/ Application Layer | File Transfer [FTP – File Transfer Protocol] [HTTP WWW – Hyper-Text Transfer Protocol] | E-Mail [SMTP – Simple Mail Transfer Protocol] | Terminal Emulation [TELNET Protocol] | Network Management [Simple Network Management Protocol] | Application | Höhere Protokolle |
| Darstellungsschicht | Presentation Services | | | | | | | |
| Kommunikationssteuerungs (sitzungs)-schicht | Data Flow Control | | | | | | Session Control | |
| Transportschicht | Transmission Control | Host-to-Host Layer | [TCP – Transmission Control Protocol] | | [UDP – User Datagram Protocol] | | End-to-End Communication | |
| Vermittlungsschicht | Path Control | Internet Layer | Address Resolution | [IP – Internet Protocol] | Internet Control Message Protocol | | Routing | |
| Sicherungsschicht | Data Link Control | Network Access or Local Network Layer | Ethernet, IEEE 802, Arcnet, X.25 [SNAP: Sub-Network-Access Protocol] [ISL: Inter-Switch Link] [IEEE 802.4 (Token Bus); IEEE 802.5 (Token Ring); FDDI (Fiber Distributed Data Interface)] [IEEE 802.3/Ethernet (CSMA/CD)] [BPDU: Bridge Spanning Tree Protocol] [Ethernet DIX V2] | | | | Data Link Control | 2d – Bridging 2c – Secure Data Exchange; 2b – Logical Link Control (LLC) (Verbindungssteuerungsschicht); 2a – Media Access Control (MAC) (Medienzugriffsschicht) |
| Bitübertragungsschicht | Physical | | | | | | Physical | Physical Layer |

**Schicht „Null“: Physikalische Beschreibungsebene** – z. B. Kupfer-, Koaxial-, Glasfaserkabel (Ethernet 50 Ohm Coax; 10 BASE-T/-F/5/2; 100 BASE-T/-F)

**Abkürzungen:** [Protokollbezeichnungen werden oben in rechteckigen Klammern aufgeführt.]

ISO: International Standardization Organisation
SNA: Systems Network Architecture (IBM-Architec.)
TCP: Transmission Control Protocol
OSI: Open System Interconnection
DEC NET: Digital Equipment Corporation
IP: Internet Protocol

## Protokollgestaltungen

- Bei den Protokollzuordnungen und -gestaltungen werden auch
  - **Funktionsprinzipien** (Peer-to-Peer; Client-Server; (Terminal)),
  - **Übertragungsprinzipien** (Punkt-zu-Punkt; Punkt-zu-Mehrpunkt) und
  - **sendetechnische Aspekte wie**

    **a)**: Kanalvermittlung (Durchschalteverbindung);
    **b)**: Speichervermittlung (Sendungsvermittlung: Paketverfahren/Datagrammtechnik))

  der Datenvermittlung beachtet.
- Im Kern wird das OSI-Modell bei der **logischen** Strukturierung beachtet. Aufgrund seiner strukturellen Komplexität wird es bei den konkreten technischen Gestaltungen jedoch nicht im Detail realisiert.
- Bei lokalen Netzen (LAN) und im Bereich der ATM-Technik bzw. der **zellorientierten** Übertragung erfolgt abweichend vom 7-Schichten-Modell der ISO eine Orientierung an einem **3-Schichten-Modell**.
  Hierbei werden unterschieden:
  1. Schicht: Bitübertragungsschicht,
  2. Schicht: Zellvermittlungsschicht,
  3. Schicht: Anwendungsschicht.
- Der logische Strukturierungsgedanke (Module) des OSI-Modells ist weiterhin bedeutsam.

### Protokoll-Aufbau bzgl. OSI (ISO-Modell)

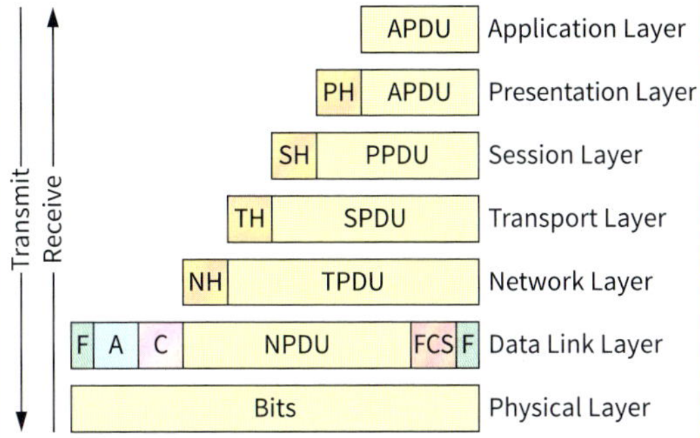


**H** (**H**eader): Kopffeld;
**PDU** (**P**rotocol **D**ata **U**nit): Informationsfelder

### Übliches (vereinfachtes) Netz-Referenzmodell

- Bei der Beschreibung der Netzgegebenheiten wird zumeist auf ein vereinfachtes Modell zurückgegriffen.
- Die Anwendungsschichten werden hierbei zu einer Schicht zusammengefasst. Dies vereinfacht besonders die Sicherheitsbetrachtungen.
- Dieser Modellzugang ist besonders für die Beschreibung von Server-Firewall-Proxy-Beziehungen bedeutsam.

| Nr. | Bezeichnung | Übertragungsleitidee |
|---|---|---|
| 5 | Applikationen | Organisation: Ende zu Ende |
| 4 | Transport | |
| 3 | Netzwerk | Organisation: Vermittlung über Zwischenstationen |
| 2 | Datenverbindungen | |
| 1 | Physikalische | |

| Schicht | Protokolle | OSI-Aufgaben |
|---|---|---|
| **1** Bitübertragung | ▪ ISO 802.3 (CSMA/CD) ▪ ISO 802.4 (Token Ring)<br>▪ ISO 802.5 (Token Ring) ▪ ISO 802.6 (DQDB)<br>▪ X.21/X.21bis (Leitungsvermittlung)<br>▪ V.24 (Modem-Interface) ▪ I.430 (Bitübertragung)<br>▪ Modem: V.21, V.22, V.26, V.32, V.42<br>▪ MAC-CDPD (Medium Access Control – Cellular Digital Packet Data) | ▪ Übertragungsmedien werden aktiviert und deaktiviert.<br>▪ Die Nachricht wird als Folge von Bits übertragen.<br>▪ Mit geeigneten Leitungscodes werden effektive Übertragungen ermöglicht und die Energieversorgung für die Datenübertragung wird zur Verfügung gestellt, auch die Notversorgung.<br>▪ Bei Fernübertragungen wird die Bitsynchronisation zwischen benachbarten Systemen organisiert. |
| **2** Sicherung | ▪ SNAP (Sub-Network Access Protocol)<br>▪ ISO 8802.2; Ethernet DIX V2<br>▪ IEEE 802.3 (CSMA/CD); IEEE 802.4 (Token Bus)<br>▪ IEEE 802.5 (Token Ring)<br>▪ FDDI (Fiber Distributed Data Interface)<br>▪ MLP – X.25 (Multilink Protocol)<br>▪ MAC (FDDI) (Medium Access Protocol)<br>▪ X.212/222; T.71; I.440 (Sicherung); HDLC<br>▪ MNLP (Mobile Network Location Protocol)<br>▪ Frame Relay; PPP (Point-to-point)<br>▪ SSCOP (Service-Specific Connection-Oriented Prot.) | ▪ Die zur Verfügung gestellten Daten von den Diensten der Schicht 1 (wortweise Multiplexbildung) werden strukturiert und der Datenfluss wird kontrolliert. Außerdem wird von ihr die Datensicherung bei der Übertragung auf Teilstrecken durchgeführt.<br>▪ Zur Strukturierung der Datensätze werden Synchronisationszeichenfolgen eingeführt.<br>– Beim Protokoll X.25 wird z. B. die Zeichenfolge 01111110 verwendet.<br>– Bei der PCM-30-Technik wird die Zeichenfolge 0011011 eingesetzt. |
| **3** Vermittlung | ▪ ISO 8880/8473/9542/10589/8208/8881<br>▪ X.25 (Paketvermittlung) ▪ X.213, T.30, I.450<br>▪ X.75 (Packet Switched Signaling between Public Networks)<br>▪ DDP (Datagram Delivery Protocol)<br>▪ IP (Internet Protocol)<br>▪ IPX (Internet Packet Exchange)<br>▪ SNA XID (Exchange ID – IBM Protocol) | ▪ Routen und Ersatzrouten werden bestimmt: Verbindungen zum Datenaustausch werden über die gesicherten Teilstrecken aufgebaut. Feste Datenübertragungswege können geschaltet werden. Denkbar sind virtuelle Verbindungswege für die Paketvermittlung (alle Pakete nehmen den gleichen Weg) oder für das Datagramm-Verfahren (jedes Paket nimmt seinen Weg).<br>▪ Netzverbindungen werden verwaltet und überwacht. |
| **4** Transport | ▪ TCP (Transport Control Protocol) (RFC 793) ▪ T.70<br>▪ UDP (User Datagram Protocol) (RFC 768)<br>▪ X.214/224<br>▪ ISO 8072/3 ▪ NSP (Network Services Protocol)<br>▪ ISO TP (Transport Protocol)<br>▪ SNA RH (Request/Response Header – IBM Prot.) | – Authentifizierungen, – Codierungen, – Datenverschlüsselungen<br>– Flussendkontrollen zwischen Endsystemen<br>– Ende-zu-Ende-Sicherungen (inkl. Auf- und Abbau der Ende-zu-Ende-Verbindungen)<br>– Kanalaufteilungen (Multiplexing) und<br>– Datensegmentierung |
| **5** Kommunikation | ▪ ISO 8326/7<br>▪ X.215/225, T.62<br>▪ SNA FMD (Function Management Data – IBM Prot.) | – Verwaltung von Sitzungen (Senderechtvergabe)<br>– Dialogsynchronisation<br>– Sitzungsorganisation |
| **6** Darstellung | ▪ ISO 8822/3/4/5<br>▪ X.216/226<br>▪ T.50/51/61 | ▪ Sie stellt die Informationen der Schicht 7 einheitlich dar. Hierbei werden lokale und neutrale Datendarstellungen angeglichen. |
| **7** Anwendungen | ▪ ISO 9579 (Remote Database Access)<br>▪ ISO 10026 (Distributed Transaction Processing)<br>▪ ISO 8571 (FTAM); ISO 8831/2 (JTAM); ISO 9040<br>▪ X.400 (Message Handling); TTX (Teletex);<br>▪ IBMNM (IBM Network Management)<br>▪ SMB (Server Message Block – IBM Protocol) | ▪ Sie ist der Ausgangspunkt (Quelle) und das Ziel (Senke/Sinke) der Informationsübertragung (File Transfer). Die Kommunikationsbeteiligten werden zum Beispiel identifiziert. |

Die Schichten 1 bis 4 sind **transportorientierte Schichten**. Die Schichten 5 bis 7 sind **anwendungsorientierte Schichten**.

## X.25

- Netzzugangsprotokoll für paketorientierte Datenübermittlung, entsprechend dem Schicht-3-Protokoll im OSI-Referenzmodell.
- Die Pakete werden stoßweise über eine einheitliche Route (virtuelle Verbindung) im Netz geführt.
- Die Transportreihenfolge der Pakete muss eingehalten werden (→ Paketvermittlungsverfahren).
- Ein Datagramm-Transport wird nicht unterstützt.

## TCP – Transmission Control Protocol

- Es ist im OSI-Modell auf der vierten Schicht (Transport-Schicht) angesiedelt. Über TCP werden **verbindungsorientierte Datenübertragungen** ermöglicht. Es ist dem Internet Protokoll (IP) überlagert.
- Es zergliedert die zu übermittelnde Datei in kleine Datenpakete, die dann nummeriert als IP-Pakete im Netz transportiert werden.
- Beim Empfänger der Datenpakete setzt TCP die IP-Pakete in richtiger Reihenfolge wieder zusammen.

## UDP – User Datagram Protocol

- Wie TCP jedoch verbindungslos und ohne Quittierung.

## IP – Internet Protocol

- Es gehört zur dritten Schicht des OSI-Modells.
- Die einzelnen Daten werden mit einem Adresskopf versehen.
- Es ermöglicht eine **verbindungslose Datenübertragung**. Die IP-Pakete werden als **Datagramme** bezeichnet. Die Transportreihenfolge der einzelnen Datagramme ist beliebig.
- Jeder Rechner im Internet besitzt eine unverwechselbare IP-Adresse, der einem Host-Namen entspricht.
- Unterschieden werden besonders IPv4 und IPv6.
- IPv5 wird für Forschungs- u. miltärische Aufgaben eingesetzt.

## IEEE 802.4 Format (Token-Bus)

| ≥ 1 Byte | 1 | 1 | * | * | ≥ 0 Bytes | 4 | 1 |
|---|---|---|---|---|---|---|---|
| (1) | (2) | (3) | (4) | (5) | (6) | (7) | (8) |

(Längenangaben in Bytes; *: 2 bzw. 6 Bytes)
(1): Vorspann im Protokoll (Preamble)
(2): SD: Start Delimiter
(3): FC: Frame Control
(4): Zieladresse (DA: Destination Address)
(5): Quelladresse (SA: Source Address)
(6): Informationsdaten
(7): 32-Bit-Prüfsequenz (CS: Frame Check Sequence: CRC 32)
(8): End Delimiter

## SNMP – Simple Network Management Protocol

- Liegt oberhalb der Schicht 4: In dieser Hinsicht vergleichbar zu: ftp, telnet, SMTP, WWW.
- Es wird zur Überwachung von Netzwerkaktivitäten eingesetzt.

## Protokollzusammenspiel

Im Übertragungsprozess werden die einzelnen Protokolle auf den tieferen OSI-Schichten als Nutzdaten aufgenommen und transportiert.

## Protokollaufbau

**X.25-Protokoll**
(Zugeordnet der Schicht 3 im OSI-Modell. Es ermöglicht eine Datenpaketvermittlung.)

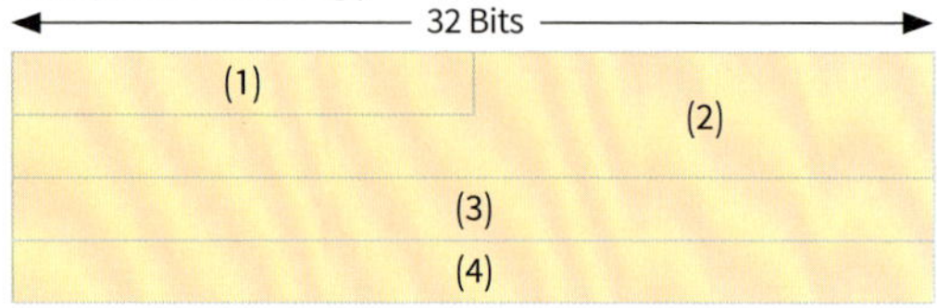


(1): Formatangabe (GFI: General Format Identifier)
(2): Adresse der (virtuellen) Verbindung (LCI: Logical Channel Identifier)
(3): Meldungstyp (packet type)
(4): Meldungsinhalt (Remainder)

**TCP-Protokoll**

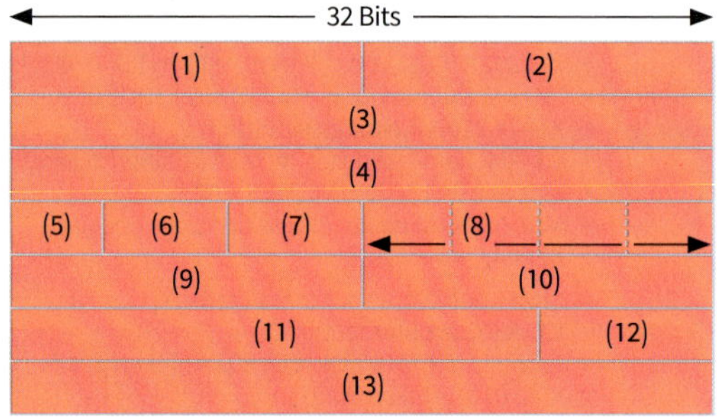


(1): Quellport; (2): Zielport; (3): Sequenznummer
(4): Bestätigungsnummer; (5): Offset;
(6): Reservierter Raum (6 Bits); (7): Flags
(8): Fenster (16 Bits); (9): Prüfsumme
(10): Dringlichkeitsangabe;
(11): Ergänzende Informationen (Optionen);
(12): Füllbits; (13): Eigentlicher Informationsbereich

**IP-Protokoll – Version v4** (Adressenumfang 32 Bits)

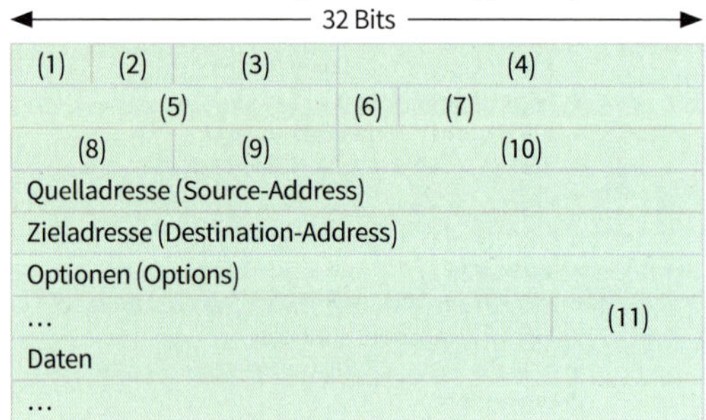


(1): Versionsnummer im IP-System
(2): Kopfgröße (-länge) (IHL: Internet Header Length)
(3): Dienstart (Priorität und spezifische Anforderungen)
(4): Datagramm-Länge (Gesamtgröße des Datagramms in Bytes)
(5): Kennung (Identification)
(6): Steuerungsinformationen für die Fragmentierung (Flags)
(7): Positionsinformation für Fragmente im Datagramm (Fragment-Offset)
(8): Lebensdauer des Datagramms im Netz (Time-to-Live)
(9): Protokollangaben für die Transportschicht (Protocol)
(10): Prüfsumme für den IP-Protokollkopf (Header-Checksum)
(11): Füll-Bits (Padding)

## IPv6

- Der Adressumfang beträgt 128 Bit.
- $2^{128} = (2^4)^{32} = 16^{32} = 3{,}4 \cdot 10^{38}$ Adressen
- Die Einteilung in Netzklassen kann abgebaut werden.
- Die Verwendung von DHCP wird reduziert.
- IPsec wird integriert in IPv6.

| | 0 – 4 – 8 | 12 | 16 – 24 – Bits 31 | |
|---|---|---|---|---|
| 1 | Version | Traffic Class | Flow Label | |
| 2 | Payload Length | | Next Header | Hop Limit |
| 3 | Source Address | | | |
| 4 | Source Address | | | |
| 5 | Source Address | | | |
| 6 | Source Address | | | |
| 7 | Destination Address | | | |
| 8 | Destination Address | | | |
| 9 | Destination Address | | | |
| 10 | Destination Address | | | |

| | |
|---|---|
| Version: 4 Bits – Angabe zur Version | traffic class (Verkehrsklasse): 8 Bits – Priorität des Paktes (Dringlichkeit) |
| flow label (Flussangabe; Flusskontrolle: 20 Bits – Angaben zu den Datentypen | Payload – Length (Länge der Nutzlats): 16 Bits – Nutzdatenlänge nach dem IPv6 – Header (Extension Header) |
| next header (nh): 8 Bits – Headertyp nach der Zieladresse | hop limit (hl) (Sprunglimit): 8 Bits – Angabe der maximalen „Sprünge" im Netz. Basiswert 254: Jeder Systemabschnitt reduziert den Wert um 1. Bei Null erfolgt die Datagramm-Vernichtung. hl kann individuell eingestellt werden. |
| Source Address (Quelladresse): 128 Bit (ermöglicht in etwa 340 Sextilionen = $3{,}4 \cdot 10^{38}$ Adressen) | |
| Destination Address (Zieladresse): 128 Bits | |
| Extension Header: Erweiterungs-Header – Aufruf über **nh** | |

## NGN-Protokolle (Next Generation Networks Protocols)

- Im Rahmen der NGN-Technik, durch die in einheitlicher Art vielfältige Netzfunktionen und Übertragungsarten gestaltet werden sollen, werden neuartige Protokolle auf der Basis bereits existierender eingesetzt. Hierbei sollen auch Telefonie- und TV-Übertragungen integriert ermöglicht werden.
- Typische NGN-Protokolle (**P**.: Protocol):
  **NTP**: **N**etwork **T**iming **P**. **RSVP**: **R**esource **R**eservation **P**.
  **PSTN**: **P**ublic **S**witched **T**elephone **N**etwork
  **RTCP**: **R**ealtime **T**ransport **C**ontrol **P**.
  **RTP**: **R**ealtime **T**ransport **P**. **SAP**: **S**ession **A**nnouncement **P**.
  **SCTP**: **S**tream **C**ontrol **T**ransmission **P**rotocol – verbindungsorientiertes Transportprotokoll: Verbindung von TCP mit UDP. Der Header der SCTP-Meldung besteht aus 3 x 32 Bit. Dazu treten Informationen (Chunk-Meldungen) zur transportierten Information. So können z.B. Payload-Daten übertragen werden.

| 8 Bit | 8 Bit | 8 Bit | 8 Bit |
|---|---|---|---|
| Source Port Number | | Destination Port Number | |
| Vertification Tag | | | |
| Checksum (vergleichbar TCP) | | | |
| Chunk Type | Chunk Flags | Chunk Length | |

**SDP**: **S**ession **D**escription **P**rotocol; **SIP**: **S**ession **I**nitiation **P**.

## ARP – Address Resolution Protocol

- Es dient dazu, die zu einer IP-Adresse gehörende MAC-Adresse zu bestimmen.
- **Protokoll-Aufbau** (ARP-Header):

| Zeilen | Bitbreite 1 2 3 4 5 6 7 8 |
|---|---|
| 1 | Hardware Type |
| 2 | |
| 3 | Protocol Type |
| 4 | |
| 5 | Hardware Length |
| 6 | Software Length |
| 7 | Option Code |
| 8 | |
| 9 | Hardware Source Address |
| 10 | |
| ... | |
| 14 | |
| 15 | Software Source Address |
| ... | |
| 18 | |
| 19 | Hardware Destination Address |
| ... | |
| 24 | |
| 25 | Software Destination Address |
| ... | |
| 28 | |

- **Hardware Type**; Umfang: 2 Bytes
  Angabe des Netzwerktyps:

| | |
|---|---|
| 1 | Ethernet 10 Mps |
| 2 | Experimental Ethernet |
| 3 | Amateur-Radio AX.25 |
| 4 | Proteon PROnet Token-Ring |
| 5 | CHAOSnet |
| 6 | IEEE 802.x LANs |
| 7 | ARCnet |

- **Protocol Type**: Umfang: 2 Bytes
  Protokoll-Kennung unter Verwendung der EtherType-IDs
- **Hardware Length**: Umfang: 1 Byte
  Angabe zur Länge der MAC-Adresse (Hardware-Adresse)
- **Software Length**: Umfang: 1 Byte
  Angabe zur Länge der IP-Adresse (Software-Adresse)
- **Options Code**: Umfang: 2 Bytes
  ARP-Funktionskennzeichnung:

| | |
|---|---|
| 0 | ARP Request |
| 1 | ARP Reply |
| 2 | RARP Request |
| 3 | RARP Reply |

- **Hardware Source Address**: Umfang: 6 Bytes
  Es wird die MAC-Adresse des Senderechners angegeben.
- **Software Source Address**: Umfang: 4 Bytes
  Es wird die IP-Adresse des Senderechners angegeben.
- **Hardware Destination Address**: Umfang: 6 Bytes
  Es wird die MAC-Adresse des Empfangsrechners angegeben.
- **Software Destination Address**: Umfang: 4 Bytes
  Es wird die IP-Adresse des Empfangsrechners angegeben.

### Hintergründe und Grundlagen

- Bezeichnung **Diameter**: Kunstwort, Diameter (engl.) bezeichnet den Durchmesser. Somit ist Diameter größer (und somit besser) als Radius (RADIUS-Protokoll: Remote Authentication Dial-In User Service – RFC 2058).
- Diameter ist ein **AAA**-Protokoll. Die AAA-Definitionen finden sich in RFC 3539.
- Es basiert auf dem **RADIUS**-Protokoll.
- Diameter nutzt TCP und SCTP (und IP) zum sicheren Transport und für die Verschlüsselung TLS und IPSec.
- Diameter ist in RFC 3588 definiert.
- Es ist – in Erweiterung zum RADIUS – für mobile Zugriffe auf IP-Netze geeignet.
- Protokolleinbettung:

| | | | | | |
|---|---|---|---|---|---|
| IP | TCP/SCTP | DH | AVP 1 | AVP 2 | ... |

  IP: IP-Protokoll; TCP: TCP-Protokoll
  DH: Diameter Header; AVP: Attribute Value Pair
- Zu Diameter gehören eine Sicherheitsergänzungen (CMS) und Dienste-Anwendungen wie zum Beispiel: Credit-Control, EAP, MIPv4, NAS …
- Diameter wird im IP-Multimedia-Subsystem eingesetzt.
- Es ermöglicht die Peer-to-Peer-Kommunikation und das Roaming.

### Begriffe und Abkürzungen

- **AAA**: **A**uthentication, **A**uthorization, **A**ccounting (Triple-A-System)
- **AVP: A**ttribute **V**alue **P**air – 32-Bit-Raum zur Darstellung von 256 Attributen.
- **CMS: C**ryptographic **M**essage **S**yntax
- **Credit-Control:** Dienstnutzung über Prepaid-Guthaben
- **Dial-in-Zugang:** Zugriff auf ein Netz von außen
- **EAP** (**E**xtensible **A**uthentication **P**rotocol): WLAN-Authentifizierungsprotokoll gemäß RFC 4072
- **MIPv4** (**M**obile **IPv4** Anwendungen): Ermöglicht die Netzmobilität gemäß RFC 4004.
- **NAS: N**etwork **A**ccess **S**erver
- **RADIUS: R**emote **A**uthentication **D**ial-**i**n **U**ser **S**ervice (Standard fürs Internet: RFC 2058 (1997) bis RFC 2865 (2000)) Radius nutzt zum Transport das unsichere **UDP**.
- **RAS: R**emote **A**ccess **S**ervices – ermöglicht den Zugriff auf ein Firmennetz (Intranet) aus dem mobilen Internet heraus.
- **SCTP: S**tream **C**ontrol **T**ransmission **P**rotocol (verbindungsorientiertes Transportprotokoll)
- **TLS: T**ransport **L**ayer **S**ecurity
- **UDP: U**ser **D**atagram **P**rotocol (unsichere TCP-Alternative, da quittierungslos)

### Protokollaufbau

**Header**

| 1 … 8 | 9 … 16 | 17 … 24 | 25 … 32 |
|---|---|---|---|
| Version | Message Length | | |
| Command F. | Command Code | | |
| Application- Identifier | | | |
| Hop-by-Hop- Identifier | | | |
| End-to-End- Identifier | | | |
| AVPs… | | | |

**Aufbau der AVPs**

| 1 … 8 | 9 … 16 | 17 … 24 | 25 … 32 |
|---|---|---|---|
| AVP Code | | | |
| Flags-AVP | AVP Length | | |
| Vendor-ID (optional) | | | |
| Daten … | | | |

- Im AVP-Code (32 Bit) wird angegeben, welcher Bedeutungsinhalt im Datenbereich dargestellt wird.
- Die AVP-Dateninhalte sind im Detail vorbestimmt. Die RADIUS-Mitteilungen werden vollständig berücksichtigt.
- **AVPs**

| Code | Name | Code | Name |
|---|---|---|---|
| 257 | Host IP-Adresse | 281 | Error Message |
| 258 | Auth-Application ID | 283 | Destination Realm |
| 263 | Session ID | 291 | Authorization Lifetime |
| 273 | Disconnect Cause | 292 | Redirect Host |

### Architekturprinzipien

A: Client und Server kommunizieren direkt miteinander.
B: Die Kommunikation zwischen Client und Server wird über einen **DRLA** (**D**iameter-**Rel**ay-**A**genten) ermöglicht.
C: Wie unter B erfolgt die Kommunikation über ein DRLA. Der DRLA greift dabei auf einen zugeordneten **DRDA** (**D**iameter-**Re**direct-**A**genten) zurück.
D: Die Kommunikation wird vermittelt durch einen **TLA** (**T**rans**l**ation-**A**genten).

### AAA

Beim Zugriff auf einen Dienst bzw. auf eine Ressource müssen in geordneter Abfolge die Zugangsberechtigung und die erlaubten Details geklärt werden:

**1. Klärungsebene:**
Authentication (Authentifikation):
Erfassung des Benutzers
Wer?

**2. Klärungsebene:**
Authorization (Autorisierung):
Festlegung der erlaubten Handlungen
Erlaubt?

**3. Klärungsebene:**
Accounting (Abrechnung):
Erfassung der Dienste und Ressourcen
Nutzung?

### Diameter-Nachrichten

| Command Code | Abkürzung | Information |
|---|---|---|
| 257 | CER | Capabilities Exchange Request |
| 257 | CEA | Capabilities Exchange Request |
| 258 | RAR | Re-Auth Request |
| 258 | RAA | Re-Auth Answer |
| 268 | AAR | AA-Request |
| 268 | AAA | AA-Answer |
| 271 | ACR | Accounting Request |
| 271 | ACA | Accounting Request |
| 274 | ASR | Abort Session Request |
| 274 | ASA | Abort Session Answer |
| 275 | STR | Session Termination Request |
| 275 | STA | Session Termination Answer |
| 282 | DPA | Disconnect Peer Answer |

## Portnummer

- Mit der IP-Adresse wird ein PC als Netz-Einheit erkannt. Eine präzise Identifikation (zum Dienst usw.) wird über diese erreicht. Über die Portnummern kann ein Verständigungsprozess ablaufen.
- Auch bei einer Server-Client-Kommunikation, die vom **RPC**-Protokoll (**R**emote **P**rocedure **C**all) organisiert wird, werden RPC-Dienste über Portnummern näher erfasst.
- Die Portnummer wird als 16-Bit große Zahl bestimmt.

| Portnummer | Dienst/Hinweis |
|---|---|
| 0–511 | system ports (well-known ports: ftp; telnet; …) |
| 0–1023 | trusted ports: systemnahe Serverprozesse |
| 512–767 | Berkley-services (UNIX-Services) |
| 768–1023 | dynamische privilegierte Client-Anwendungen |
| 1024–32767 | dynamische unprivilegierte Client-Anwendung |

| Port-Nr. | Dienst | Port-Nr. | Dienst | Port-Nr. | Dienst |
|---|---|---|---|---|---|
| 0 | `ip` | 20 | `ftp (data)` | 79 | `finger` |
| 1 | `icmp` | 21 | `ftp (control)` | 109 | `pop2` |
| 6 | `tcp` | 23 | `telnet` | 110 | `pop3` |
| 80 | `http` | 25 | `smtp` | 513 | `login` |

## Socket

- Bezeichnung und Konzeption gehen auf das BS BSD Unix (Berkeley Software Distribution) von 1976/77 zurück. Im Rahmen des Socket-Konzepts wird eine freie Zuordnung zu beliebigen Netzzielen ermöglicht.
- Eine IP-Adresse verbunden mit einer Port-Nummer wird als Socket bezeichnet. Allgemein versteht man hierunter eine Angabe, die aus den IP- und Port-Nummern der miteinander kommunizierenden Rechner und der Angabe des Übertragungsprotokolls besteht. So kann von der IP-Schicht über die TCP-Schicht ein eindeutiger Zugang zum „oberhalb" von TCP (bzw. UDP) liegenden (Verarbeitungs-)Protokoll gefunden werden.
- Bedeutsam ist das Socket-Konzept für die programmiertechnische Gestaltung der Schnittstellen für Kommunikationsprozesse in verteilten Systemen bei TCP/UDP - IP. Die damit einhergehende „Hardwarenähe" steht in Spannung zu den favorisierten Objekt-Beziehungen der objektorientierten Programmierung.
- Mit der Erstellung eines Sockets [allgemein: `socket()`] bzgl. TCP: `socket(AF_INET, OCK_STREAM, 0)` und bzgl. UDP: `socket(AF_INET, SOCK_DRAM, 0` wird im Kommunikationsprozess ein Bezugspunkt erzeugt.
- Geöffnet wird ein Socket über einen `open`-Befehl. Mit einem `close`-Befehl muss es auch wieder geschlossen werden.
- In der Server-Client-Kommunikation erfolgt auf der Seite des Servers die Übertragung über die „Stationen" `socket()`, `bind()`, `listen()`, `accept()`. Die Client-Seite kann über `socket()`, `connect()` einen Verbindungsaufbau vornehmen. Mit `read()` und `write()` wird der Server-Client-Datenaustausch gestaltet.
- **Netzverbindungsbefehle**:

| | |
|---|---|
| `socket` | Kommunikationsendpunkt wird angefordert |
| `bind` | Festlegung von Portnummern |
| `listen` | Verbindungsanzahl (Pufferzahl) wird bestimmt |
| `accept` | Bereitschaft zum Empfangen wird signalisiert |
| `connect` | Anforderung einer Verbindung |
| `send` | Senden von Daten |
| `recv` | Warten auf eine Antwort |
| `close` | Auflösen einer Verbindung |

## DNS – Domain Name Service

- Die Einführung des Dienstes erfolgte 1984. Unter Verwendung von Tabellen werden IP-Adressen den zugehörigen logischen Namen (Host-Name) zuordnet. DNS arbeitet weltweit.
- Eine IP-Adresse besteht prinzipiell aus dem konkreten lokalen Anteil (Rechner-Adresse) und der Subnetz-Adresse.
- Die Adressvergabe wird von der **IANA** organisiert und überwacht.
- **IANA**: **I**nternet **A**ssigned **N**umbers **A**uthority (USA)
- Die Vergabe wird zum Teil regionalisiert – an die **RIR**s.
- **RIR**: **R**egional **I**nternet **R**egistries.
- Adressvergabe in Europa: durch die RIPE NCC (Amsterdam)
- Der DNS-Namensraum ist von hierarchischer Struktur. Ausgehend von einer Wurzel (Root) werden mit den einzelnen Baumverzweigungen separierte Räume (Domain) erreicht, denen weitere Unterräume zugeordnet sind. Den einzelnen Knoten im Baum sind Name-Server zugeordnet.

### Top Level Domain (TLD) – Einteilungen

- Länderspezifische Zuordnungen (**ccTLDs** – **C**ountry **C**ode **TLDs**) – auch geografische Domänen (z. B. Deutschland: .de; Polen: .pl)
- Generische TLDs (gTDLs; auch organisatorische Domänen) Beschränkte (A) und unbeschränkte (B) gTDLs:
  (A) Firmen – .com; .net; .info; .org …
  (B) Regierungsorganisationen: .gov
  Bildungseinrichtungen: .edu usw.

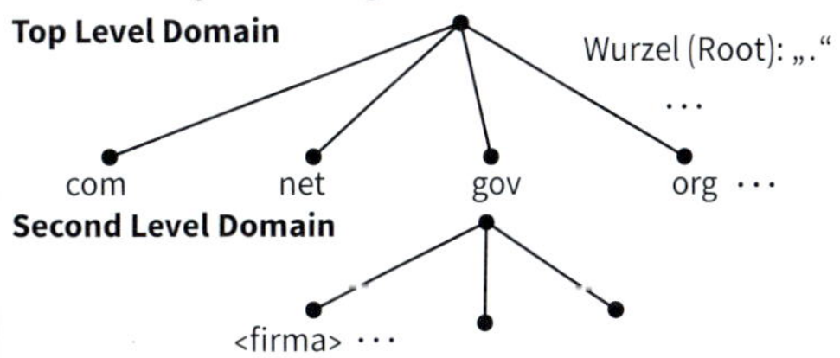


Basisspezifikationen: RFC 882; RFC 883
und später RFC 1034, RFC 1035

## DHCP – Dynamic Host Configuration Protocol

- **DHCP** („dynamisches Protokoll für die Konfiguration des Computers") wurde 1993 entwickelt.
- Ein DHCP-Server kann in dynamischer Art IP-Adressen automatisch an Clients vergeben. Es ist ein Netzwerkdienst (Daemon) und gehört zur Gruppe der Internet-Protokolle.
- DHCP bezieht sich dabei direkt auf das IP-Protokoll.
- Nutzer erhalten eine identifizierende IP-Adresse. Nach der Nutzung kann sie anderen Rechnern zugeordnet werden.
- Client und Server müssen sich auf das gleiche Subnetz beziehen, da die Initialisierungskommunikation über **Rundsendungen** (**broadcast**) erfolgt. Sollte die Nachricht über die Grenzen eines Subnetzes hinausgehen, dann müssen in den jeweiligen Routern der einzelnen Subnetze geeignete Agenten (**DHCP-Relay-Agenten**) installiert werden. Router selbst geben Broadcasts über das Subnetz hinaus nicht weiter.
- Quellport-Nummer: Port 68; Zielport-Nummer: Port 67
- Vergabevorgang (Prozesse: Client →; Server ←)
  1. DHCP - discover - Nachricht →:
  2. DHCP - offer - Nachricht ←:
  3. DHCP - request - Nachricht →:
  4. DHCP - acknowledge - Nachricht ←:
- Bezugs-RFCs: 1531, 1533, 1534, 1541, 2131

# Netzkommunikation
## Network Communication

- Das WWW wird grundsätzlich von einer **Client-Server-Struktur** geprägt. Die Clients fordern über WWW-Verbindungen Serverdienste ein.
- Die Verbindung zwischen lokal definierten Netzbereichen und dem WWW kann über **Proxy-Server** gestaltet werden.
- Ein Proxy-Server arbeitet für den Client als Server, für einen WWW-Server als Client. Mit dem Proxy-Server kann eine **Firewall** gestaltet werden.
- Ein Proxy-Server kann Informationen, die oftmals im Netz abgerufen werden, zwischenspeichern (im Cache). Insofern ist eine vereinfachte und kostengünstige Datenübermittlung möglich.

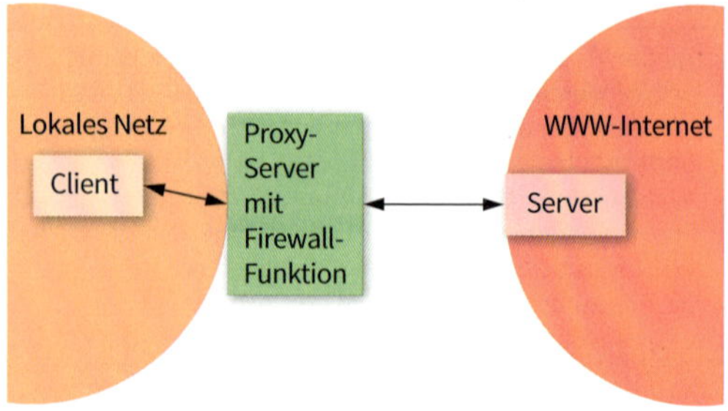


- Nach dem OSI-Modell kann jede Schicht nur mit den direkt benachbarten Schichten über **Primärmeldungen** (**Primitives**) kommunizieren.
- Die Kommunikation wird in einer Schicht jeweils von einer Instanz (aktive Schichteinheit) gestaltet. Zur Datenübertragung muss eine Datenverbindung aufgebaut werden.
- Hierzu wird ein Datenübertragungswunsch z. B. von einem Client-Rechner an einen Proxy-Server gesendet.
- Grundsätzlich unterscheidet man folgende Phasen:
  ① Verbindungsaufbau,
  ② Verbindung (Datenaustauschphase),
  ③ Abbau der Verbindung.

**Übertragungsfolge**

Folgende **Primärmeldungen** werden ausgetauscht:

**Verbindungsaufbau** ①
A: Verbindungswunsch (Connect Request)
B: Anzeige des Verbindungswunschs (Connect Indication)
C: Verbindungsannahme (Connect Response)
D: Bestätigung des Verbindungsaufbaus (Connect Confirm)

**Datenaustauschphase (Verbindungsphase)** ②
A: Datenübertragungswunsch (Data Request)
B: Anzeige des Datenpakets (Data Indication)
C: Annahme des Datenpakets (Data Response)
D: Bestätigung der Datenübermittlung (Data Confirm)

**Verbindungsabbau** ③
A: Verbindungsabbauwunsch (Disconnect Request)
B: Anzeige des Abbauwunschs (Disconnect Indication)
C: Annahme des Wunsches zum Abbau (Disconnect Response)
D: Bestätigung des Verbindungsabbaus (Disconnect Confirm)

# HTTP – Hypertext Transfer Protocol
## HTTP – Hypertext Transfer Protocol

### Grundlagen

- **HTTP** steht für **H**ypertext **T**ransfer **P**rotocol.
- Es ist neben ftp ein zentrales Übertragungsverfahren in Netzen.
- Wird im Internet keine Protokollangabe vor der Adresse gegeben (**www**.westermann ...), dann wird automatisch das HTTP-Protokoll (**http://** **www**.westermann ...) eingesetzt.
- HTTP unterstützt die das WWW prinzipiell prägende Client-Server-Struktur.
- Das HTTP überträgt alle vorhandenen Datenformen im Netz.
- Es ist der Port-Nummer 80 im Rahmen des Socket-Konzepts zugeordnet (TCP-Port und UDP-Port).
- HTTP ist ein zustandsloses und persistentes Verfahren.
- SHTTP ist eine Variante von HTTP, die Verschlüsselungen ermöglicht: SHTTP – Secure HTTP.

Die HTTP-Protokoll-Informationen werden als ASCII-Text übertragen.

In den übertragenen HTTP-Protokoll-Informationen wird nach der Angabe zur HTTP-Version eine Status-Code-Angabe gegeben.

### Status-Mitteilungen unter HTTP

| | |
|---|---|
| 1XX – eine nur informative Nachricht (Informational) | |
| 100 – Continue | 101 – Switching Protocols |
| 2XX (Sucessfull) | |
| 200 – OK<br>201 – Created<br>202 – Accepted | 203 – Non-Authoritative Information<br>204 – No Content<br>205 – Reset Content |
| 3XX – Die Client-Anfrage geht an eine andere URL (Redirection) | |
| 300 – Multiple Choices<br>301 – Moved Permanently | 305 – Use Proxy |
| 4XX – Es liegt ein Clientfehler vor (Client Error) | |
| 400 – Bad Request<br>401 – Unauthorized<br>403 – Forbidden<br>404 – URL not found<br>405 – Method Not Allowed<br>406 – Not Acceptable<br>407 – Proxy Authentification Required<br>408 – Request Timeout | 409 – Conflict<br>410 – Gone<br>411 – Length Required<br>412 – Precondition Failed<br>413 – Request Entity Too Long<br>414 – Requets-URI Too Long<br>415 – Unsupported Media Type<br>420 – Policy Not Fulfilled |
| 5XX – Es liegt ein Servicefehler vor (Server Error) | |
| 500 – Internal Server Error<br>501 – Not Implemented<br>502 – Bad Gateway | 503 – Service Unavailable<br>504 – Gateway Timeout<br>505 – HTTP Version Not Supported |

## Merkmale

- Mit **VLAN**s (**V**irtual **LAN**: virtuelles LAN) werden physikalische Netzwerke in **logische Gruppen** (z. B. für eine Projektteam und ein Entwicklungsteam) eingeteilt.
- Die Teilnehmer jeder logischen Gruppe können sich dabei räumlich an beliebigen Orten befinden.
- Somit ist es z. B. möglich, an einem Unternehmensstandort einzelne Mitarbeiter verschiedener Abteilungen in ein zugeordnetes VLAN zu integrieren, ohne dass die jeweiligen Mitarbeiter ihren bisherigen Arbeitsplatz wechseln müssen.
- VLANs sind nicht auf einen geografischen oder physischen LAN-Standort begrenzt und können somit auch weltweit (über Internet) aufgebaut werden.
- Das jeweilige VLAN bildet dabei eine **Broadcast-Domäne**, die sich über mehrere Switche ausdehnen kann.
- Eine wesentliche Komponente beim Aufbau eines VLANs sind die eingesetzten Switche, die verwaltet (gemanaged) werden können.
- Die Zuordnung zu einem bestimmten VLAN kann wahlweise erfolgen durch
  - **portbasierte** Zuordnung an einem Switch (statische Zuordnung),
  - MAC-Adressen-Zuordnung (dynamische Zuordnung) oder auf der Protokollebene.
- Bei der portbasierten Zuordnung werden am Switch die Endgeräteanschlüsse fest dem jeweiligen VLAN zugeordnet (konfiguriert).
- In VLAN-Netzwerken mit mehreren Switchen erfolgt die Übertragung der Datenpakete zwischen den Switchen mit einer Kennzeichnung für das jeweilige VLAN (**802.1Q TAG** ①).
- Diese Kennung wird im absendenden Switch in den Datenrahmen eingefügt und im empfangenden Switch wieder entfernt.
- Zur Übertragung über das Internet wird eine zusätzliche Kennung (**Outer TAG, auch QinQ** ②) zur Erweiterung des Adressraums für VLANs eingefügt.
- Vorteile von VLANs sind u. a.
  - ein geringer administrativer Aufwand bei Umzug oder Änderung von Endgeräten,
  - ein reduzierter Bandbreitenbedarf in den einzelnen VLANs,
  - eine erhöhte Sicherheit durch isolierte Bereiche und
  - eine vereinfachte Fehlersuche bzw. -behebung.

## Netzarchitektur

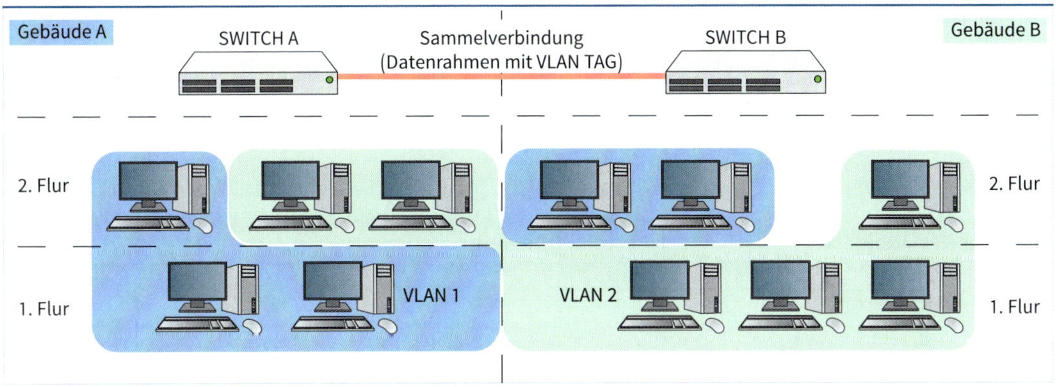


## Rahmenformate

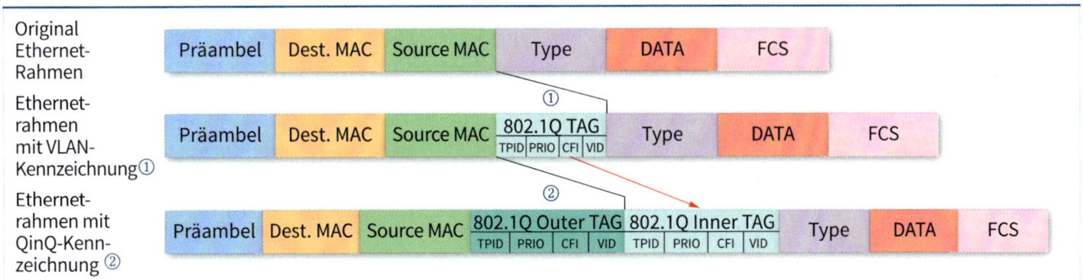


| | |
|---|---|
| 802.1Q TAG | IEEE 802.1Q Kennzeichen, Marke |
| Inner TAG | Kennzeichnet internes VLAN |
| Outer TAG (QinQ) | Kennzeichnet den erweiterten Adressbereich für z. B. Internetzugriff |
| **TPID** (16 bit) | **T**ag **P**rotocol **Id**entifier (Kennzeichnet den Rahmen als VLAN-Rahmen; Wert: 0x8100 für 802.1Q und Inner Tag bzw. 0x9100 für Outer Tag) |
| **PRIO** (3 bit) | **Prio**rity (Kennzeichnet die Rahmenpriorität; Wert 0 bis 7) |
| **CFI** (1 bit) | **C**anonical **F**ormat **I**dentifier (Kennzeichnet Ethernet bzw. Token-Ring-Netzwerke; bei Ethernet CFI = 0) |
| **VID** (12 bit) | **V**LAN **Id**entifier (Kennzeichnet das zugehörige VLAN; Wert von 0 bis 4095, somit max. 4096 VLANs möglich) |

## Merkmale

- **VPN**
  - ist ein **geschlossenes** logisches Netzwerk zur **sicheren** Datenübertragung über öffentlich zugängliche Übertragungsnetzwerke (z. B. Internet), bei denen die Verbindungen durch einen öffentlichen **ISP** (**I**nternet **S**ervice **P**rovider) bereitgestellt werden,
  - erzeugt zur Übertragung im Internet einen sogenannten **Tunnel** (Tunneling).
- Grundprinzip des Tunneling ist das Verpacken (encapsulation) von Anwendungspaketen in die Datenpakete des Transportprotokolls.
- Angewendete **Sicherheitsmechanismen** wie Identifikation, Authentifikation und Verschlüsselung der Daten verhindern den Zugang durch Unbefugte.
- **Vorteile** gegenüber echten privaten Netzen (z. B. Corporate Network) sind
  - höhere Flexibilität (u. a. eigene Adressierung),
  - niedrigere Kosten für die Übertragung.

## Anwendungen

- **Einsatzfelder** von VPN sind
  - **Remotezugriff** auf Unternehmensdaten über das öffentliche Internet durch Außendienstmitarbeiter oder Heimarbeiter,
  - Verbindung von Netzwerken (Zweigstelle mit Unternehmenszentrale),
  - Verbinden von Computern über ein **Intranet** (firmeneigenes Netzwerk) zum Aufbau geschlossener Benutzergruppen.

## Protokolle

- Protokolle zur Implementierung eines VPN sind z. B.
  - **PPTP**
    (**P**oint-to-**P**oint **T**unnelling **P**rotocol: Punkt-zu-Punkt-Tunnel-Protokoll)
  - **L2TP**
    (**L**ayer **2** **T**unneling **P**rotocol: Ebene-2-Tunnel-Protokoll)
  - **IPSec**
    (**IP Sec**urity Protocol: Internet-Sicherheits-Protokoll)
- **PPTP**
  - Transport von IP, IPX oder Net BEUI über IP-Netzwerke
  - arbeitet auf Schicht 2 des OSI-Modells und nur über IP-Netzwerke
  - packt die Datenpakete in Rahmen des PPP (Point-to-Point-Protokoll)
- **L2TP**
  - Transport von IP, IPX oder NetBEUI über beliebige Medien wie z. B. X25, Frame Relay, ATM (Punkt-zu-Punkt Datagramm Übertragung) oder IP-Netzwerke
  - arbeitet auf Schicht 2 des OSI-Modells
  - packt die Datenpakete in Rahmen des PPP
- **IPSec**
  - Transport von IP-Daten über ein IP-Netzwerk
  - arbeitet auf Schicht 3 des OSI-Modells
  - verwendet Transport- oder Tunnelmodus
  - Protokolle sind **AH** (**A**uthentication **H**eader: Authentifikations-Kopf) und/oder **ESP** (**E**ncapsulated **S**ecurity **P**ayload: verschlüsselter Kopf und Anhang)
  - kann auch als normales Transportprotokoll verwendet werden (nur Nutzlast verschlüsselt, Header bleibt original erhalten, ergibt geringere Bandbreitenbelastung)

## Heimarbeiter-Anbindung

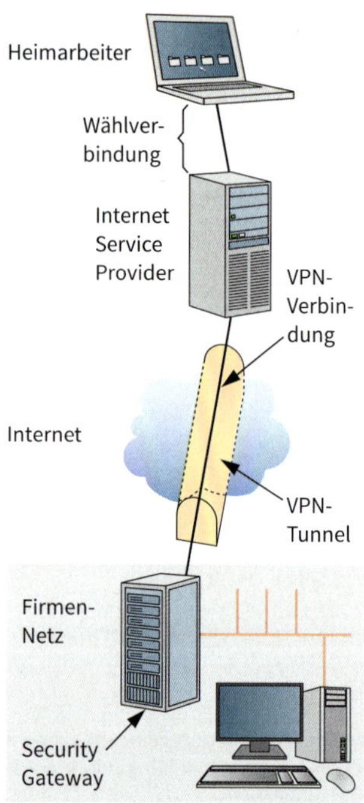


## Protokoll-Struktur

PPTP

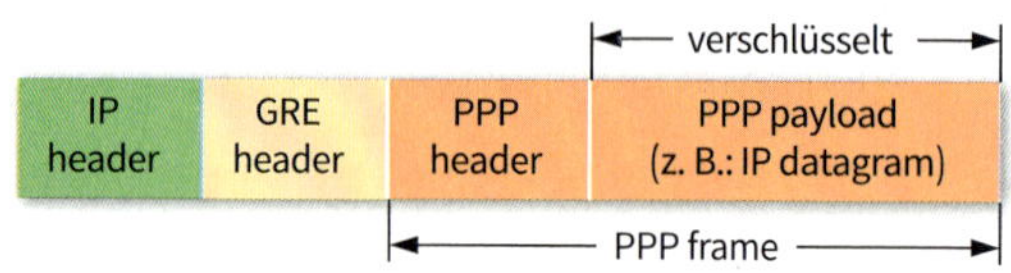


**GRE**: **G**eneric **R**outing **E**ncapsulation

L2TP

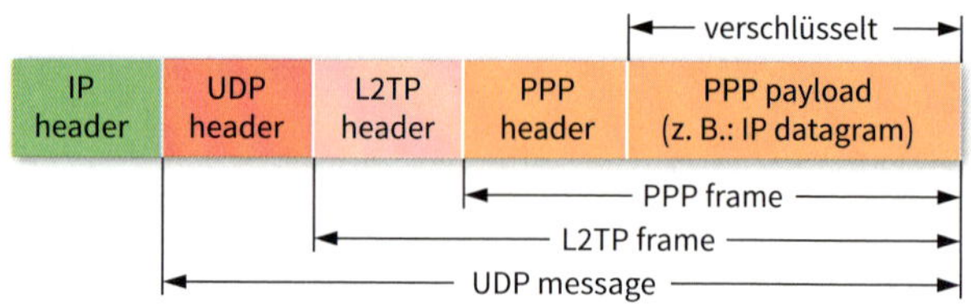


IPSec mit ESP (Tunnel)

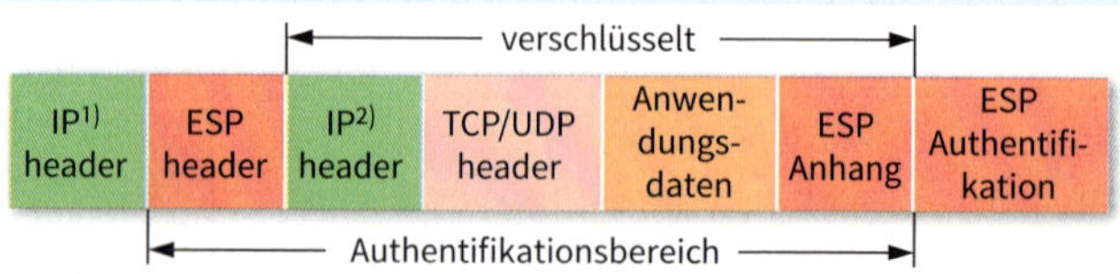


[1] neuer Header [2] ursprünglicher Header

## Eigenschaften

- WireGuard (Wortähnlichkeit: „Schutzkorb") ist eine Software zum Aufbau eines **VPN** (**V**irtuelles **P**rivates **N**etzwerk, Virtual Private Network) mit sehr stabilem VPN-Tunneling.
- Gearbeitet wird auf der Schicht 3 des ISO/OSI-Schichtenmodells; unterstützt werden IPv4 und IPv6.
- Es handelt sich um eine freie Software; Lizenz GNU GPLv2 (**GNU**: **G**eneral **P**ublic **L**icense).
- Die Software ist plattformunabhängig einsetzbar (Windows, macOS, OpenBSD, FreeBSD, NetBSD iOS, Linux und Android). WireGuard ist gut geeignet für kleine eingebettete Geräte wie z. B. Smartphones.
- Programmiersprachen: Kernel-Modul C; Anwenderprogramme Go.
- Diese VPN-Technik ist direkt im Linux-Kernel ab Version 5.6 integriert.
- Die Verbindung ist verschlüsselt und erfolgt über **UDP** (**U**ser **D**atagram **P**rotocol), gekapselte IP-Pakete.
- Die symmetrische Verschlüsselung erfolgt mit ChaCha20 (Stream-Chiffren).
- Der Schlüsselaustausch (Handshake) erfolgt mit Curve25519 (elliptische Kurve für asymmetrische Kryptosysteme).
- Für Nachrichtenauthentifizierungscodes und Datenaustausch werden Poy1305 (RFC 7539) verwendet.
- Eingesetzt werden auch: BLAKE (kryptographische Hashfunktion, RFC 7693), SipHash (Pseudozufallsfunktionen) und HKDF (Schlüsselableitungsfunktion, basiert auf einem Hash-basierten Nachrichtenauthentifizierungscode, RFC 5869).
- Der Verbindungsaufbau ist sehr schnell.
- Die Verarbeitungsgeschwindigkeit ist höher als bei vergleichbare Lösungen wie IPsec (Erweiterung des Internet-Protokolls zur Verschlüsselung und Authentifizierung) oder OpenVPN (freie Verschlüsselungssoftware über TLS-Verbindung).
- Als Open-Source-Lösung befindet sich WireGuard teilweise noch in einem experimentellen Status.

## Allgemeine Vorteile

- Schnelle und einfache Einrichtung, verbunden mit einer sehr einfachen Nutzbarkeit.
- In der Software sind wenige aber moderne Kryptografie-Techniken integriert.
- Ein Wechsel zwischen WLAN- und Mobilfunkverbindung ist ohne spürbare Unterbrechung möglich.
- Verwendbar ist WireGuard auf Geräten mit begrenzten Hardware-Ressourcen (mobile VPN-Benutzer).
- Schnelles Herstellen von Verbindungen bzw. Wiederverbindungen (schneller Handshake).
- Sichere Standortvernetzungen sind einfach herstellbar und somit kostengünstig.

## Funktionsbeschreibungen

- WireGuard ist im Prinzip ein **dezentrales Peer-to-Peer-VPN-Protokoll**. Die Software ist aber auch in der Lage, Client-Server-Architekturen zu simulieren.
- Mit WireGuard wird direkt ein Tunnel zwischen zwei Nutzern eingerichtet.
- Die Verbindung zwischen zwei Nutzern (Peers) realisiert WireGuard über einen einzelnen, frei wählbaren UDP-Port.
- Auf beiden Seiten einer Verbindung braucht es jeweils ein Schlüsselpaar mit einem privaten und einem öffentlichen Schlüssel.
- Der private Schlüssel bleibt lokal, der öffentliche Schlüssel wird der Gegenstelle bekannt gemacht.
- Die IP-Adressen der Nutzer können geändert werden, ohne dass der Tunnel ausfällt. Er bleibt auch beim Wechsel unterschiedlicher Netze bestehen. Beispiel: Wechsel zwischen LAN, WLAN und Mobilfunk.
- Server-Konfiguration:
  - Ein einzelner Eintrag für ein Interface wird erstellt.
  - Der Port kann frei aus dem Bereich der High-Ports gewählt werden.
  - Wird kein Port angegeben, beginnt WireGuard bei 51820/UDP.
  - Bei mehreren Nutzern sind diese mit einem Interface assoziiert.
- Beim Verbindungsaufbau erzeugen die Nutzer öffentliche Schlüssel und tauschen diese untereinander aus.
- Mit den Schlüsseln authentifizieren sich die Nutzer gegenseitig und verschlüsseln die Datenpakete für das jeweilige Gegenüber.

## Cryptokey Routing

- Dem öffentlichen Schlüssel eines Verbindungspartners werden die innerhalb eines Tunnels erlaubten IP-Adressbereiche (Liste von Tunnel-IP-Adressen) zugeordnet.
- Die öffentlichen Schlüssel sind kurz, einfach und werden von Nutzern (Peers) verwendet, um sich gegenseitig zu authentifizieren.
- Die eingehenden Pakete eines Verbindungspartners werden mithilfe des öffentlichen Schlüssels entschlüsselt.
- Ein eingehendes Paket wird nach der Entschlüsselung nur dann zugestellt, wenn es von einer zum Schlüssel korrespondierenden IP-Adresse stammt. Andernfalls wird das Paket verworfen.

## Codebasis

- Der Umfang des gesamten Kernel-Codes beläuft sich auf nur ca. 4.000 Code-Zeilen. Vergleich: OpenVPN oder IPsec ca. 100.00 bis 600.000 Zeilen
- Die schlanke Codebasis, bietet wenige Angriffsflächen. Eine einfache Prüfung bedeutet, dass die Suche nach Sicherheitslücken ebenfalls einfach ist. Bugs lassen sich leichter finden.

## MAC-IP-Adressen

**MAC-Adressen – MAC: Media Access Control**

- Diese Adresse wird der Netzwerkkarte des Rechners in Form einer 48 Bit großen Zahl zugeordnet.
- Adressaufbau: Die ersten 24 Bit kennzeichnen den Hersteller und die letzten 24 Bit die konkrete Karte. Bezogen auf eine Herstellernummer können 16.777.216 Rechner unterschieden werden.

**IP-Adressen**

- Den Netzwerkkarten kann auch eine (logische) IP-Adresse zugeordnet werden. Die IP-Adresse verweist auf eine MAC-Adresse.
- Eine IP-Adresse ist im Rahmen der IPv4-Konzeption 32 Bit (4 Bytes) lang. Im Rahmen der IPv6-Konzeption besteht eine IP-Adresse aus 128 Bit. (IPv5 wird unter anderem für experimentelle Untersuchungen verwendet.)
- Die 32 Bit unter IPv4 werden in vier 8-Bit-Blöcke aufgeteilt. 8 Bit werden üblicherweise als Dezimalzahlen genannt. Insofern geht mit jedem Block eine Zahl von 0 bis 255 einher. Zum Beispiel: 10001101.10000101.00000101.10010001 ® 141.133.5.145
- Mit der IP-Adresse wird ein konkretes Teilnetz (Subnetz) und die Rechnernummer in dem jeweiligen Netz angegeben. Die Kennzeichnung erfolgt über eine zugeordnete Subnet-Mask. Sie beschreibt, welche Anteile der IP-Adresse ein Bezugsnetz (Subnet) und welche (nachgeordneten) Nummernanteile eine konkrete Netzkarte benennen.
- Üblicherweise werden fünf Netzklassen unterschieden. Im LANBereich werden die Klassen A, B und C eingesetzt. Seit 1993 können die Netzmasken auch variabel gestaltet werden. Dies wird speziell bei WAN genutzt.

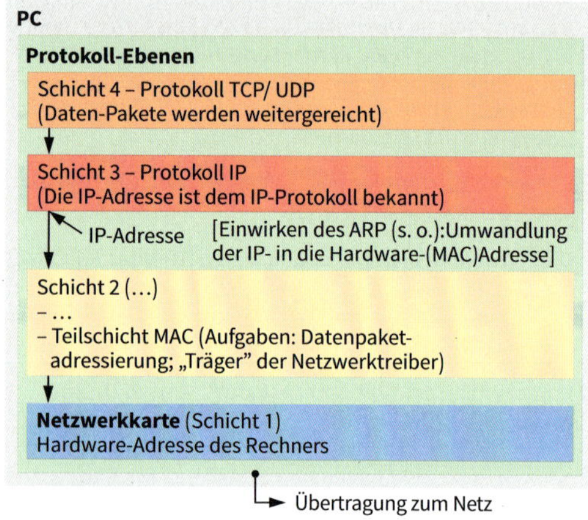


- Die IP-Adressen müssen eindeutig vergeben werden. Dies wird zentral durch eine Vergabebehörde geregelt.
- Den IP-Adressen werden nun im öffentlichen Netz leicht les- und merkbare (alphanumerische) Bezeichnungen zugeordnet.
- Die Zuordnung eines Namen zu einer Hardwareadresse wird im Netzbetrieb über **DNS**-Server vorgenommen. (**DNS: D**omain **N**ame **S**ervice)
- Die (aktuellen) RFC-Bezüge lauten: 1918, 2544, 3171, 3232, 3330, 3927, 5735

## IP-Adressenaufbau unter IPv4

Die 32 Bit werden in 4 Bytes aufgeteilt. 1 Byte repräsentiert eine natürliche Zahl im Bereich von 0 bis 255. Üblich ist folgende Nummerierung:

| Bit 1 bis 8 | Bit 9 bis 16 | Bit 17 bis 24 | Bit 25 bis 32 |
|---|---|---|---|
| Byte 1 | Byte 2 | Byte 3 | Byte 4 |

Unterschieden werden folgende Klassen:

- **Klasse A (Class A):** Der Wert des ersten Byte muss kleiner $128_{|10}$ sein. D. h., das erste Bit muss eine 0 sein. Insgesamt gibt es max. 128 Netze (praktisch nur 125) dieser Größe. Zur Kennzeichnung der Rechner stehen 24 Bit zur Verfügung: D. h., es können 16.777.216 Rechner maximal in einem Netz der Klasse A unterschieden werden.
- **Klasse B (Class B):** Das erste Byte beginnt mit einer 10. D.h., es gilt: $128_{|10} \leq$ Byte 1 $\leq 191_{|10}$ Das Netzwerk wird durch die ersten beiden Bytes erfasst. Es gibt 16.384 Netzwerke. In jedem Netz können max. 65.536 Rechner (praktisch 65.534) unterschieden werden.
- **Klasse C (Class C):** Startbits im ersten Byte: 110
  D.h., es gilt: $192_{|10} \leq$ Byte 1 $\leq 223_{|10}$
  Das Netzwerk wird durch die ersten drei Bytes erfasst. Es gibt max. 2.097.152 Netze. Jedem Netz können max. 256 Rechner (Knoten) (praktisch 254) zugeordnet werden.
  (Die Nummern 0 und 255 werden nicht individuell vergeben.)

### Spezielle Adressen

- xxx.xxx.xxx.255: Nachricht geht an alle Knoten im Netz (→ Broadcast).
- xxx.xxx.xxx.0: Das Netz wird direkt adressiert (→ Loopback-Adresse).
- 192.168.xxx.xxx: Diese Adresse wird nicht im Netz geroutet (Adresse der Klasse C).

## Subnetze

- Mit Subnetz-Masken kann ein Netz in einzelne Segmente aufgeteilt werden. Die einzelnen Subnetze bleiben autonom.
- Subnetz-Maske für ein Netz der Klasse A:
  Ein Byte wird mit acht Einsen belegt:
  $11111111_{|2} = 255_{|10}$
  (→ Ein Byte wird mit dem Wert 255 maskiert.)
- Subnetz-Maske für ein Netz der
  Klasse B: 255.255…
  Klasse C: 255.255.255…
- Der Wert der Maskierbytes bestimmt sich aus der Differenz von 256 und der Anzahl der Knoten im zu betrachtenden Segment: Bytewert = 256 – Knotenzahl im Segment

### Subnetze variabler Länge

- Es können Subnetze variabler Länge durch eine Bitverschiebung vereinbart werden: Subnetzmaske variabler Länge (**VLSM** – **V**ariable **L**ength **S**ubnet **M**ask). So kann der Adressraum um ein (oder zwei) Bit erweitert werden.
- Es kann sich das Problem ergeben, dass verschiedene Rechner mit einer Adresse versehen werden. Mittels spezieller Routing-Protokolle, die das VLSM unterstützen, kann dies bewältigt werden.

### Subnetz-Präfix

Hinter einer IP-Adresse wird (nach einem Schrägstrich) die Anzahl der Bits der Subnetzmaske notiert. Xxx.xxx.xxx.xxx/24 kennzeichnet z. B. ein Subnetz der Klasse C.

# Netzwerktools
## Network Tools

### Tools

- **finger:** Ermittlung einer E-Mail-Adresse, die auf Fremdrechnern eingesetzt wird. Für die Suche von Adressen etc. können auch die Dienste **X.500, netfind** und **whois** eingesetzt werden (bedeutsam in der Unix-/Linuxwelt).
- **ipconfig:** Darstellung einer Netzkonfiguration
- **NBSTAT:** Anzeige von NetBIOS-Namen inkl. der IP-Adresse
- **netstat:** Darstellung der aktuellen TCP/IP-Verbindungen
- **nslookup:** Ermittlung der IP-Adressen fremder Rechner
- **traceroute:** Darstellung des Weges einzelner IP-Pakete im Netz (Befehl: tracert ...; Bsp: tracert www.westermann.de)

**ping:** Überprüft, ob ein Fremdrechner überhaupt Daten empfangen kann
**Befehlseingabe: C:\>ping**
**Syntax:**
**ping** [-t] [-a] [-n Anzahl] [-l Größe] [-f] [-i Gültigkeitsdauer] [-v Diensttyp] [-r Anzahl] [-s Anzahl] [-j Hotliste] [-k Hotliste] [-w Zeitlimit] Zielname
**Optionen:**
-t Sendet fortlaufend ping-Signale zum angegebenen Ziel (Host)
-a Löst Adressen in Hostnamen auf
-n Anzahl zu sendender Echoanforderungen (Anzahl)
-l Pufferlänge senden (Länge)
-i Gültigkeitsdauer (TTL: Time To Live)

### telnet

- Mit telnet ist es möglich, auf fremden Rechnern zu arbeiten. Quasi wird mit telnet eine terminalähnliche Arbeitsweise auf einem Fremdrechner ermöglicht.
- Es ist direkt oberhalb von TCP angesiedelt.
- Es ermöglicht einen Halbduplex-Betrieb.

### telnet-Befehle

| Befehl | Beschreibung | Befehl | Beschreibung |
|---|---|---|---|
| ? | Hilfe und Befehle | status | Statusinformationen |
| open | Verbindungsöffnung | set | Änderung – Parameter |
| send | Sendet an Server | quit | Ende von Telnet |
| close | Verbindungstrennung | display | Befehlsparameter etc. |

### telnet-Steuerungskommandos

| Name/ASCII/Inhalt | Name/ASCII/Inhalt |
|---|---|
| EOF/236/Dateiende | AO/245/Abort output |
| ABORT/238/Prozessabbruch | AYT/246/Are You There |
| EOR/239/Zeilenende | EC/247/Lösche Zeichen |
| NOP/241/No operation | EL/248/Lösche Zeilen |
| BRK/243/Break (Pause) | GA/249/Go ahead |

# Graphenbeschreibungen
## Graph Descriptions

### Grundlagen

- Rechnernetze können mit Graphen erfasst werden.
- Auch können Programmierfragen (Suchprozesse; Gestaltung von parallelen Programmabläufen etc.) mit Graphenbeschreibungen erfasst werden.
- Im OSI-Modell werden die mit der Gestaltung der Vermittlungswege einhergehenden Fragen von der dritten Schicht (Vermittlungsschicht) organisiert. Die Auswahl von vollständigen Routen im Gesamtnetz gehört neben detaillierten Flussregelungs- und Effektivierungsaspekten zu den Grundproblemen in Rechnernetzen.
- Euler konnte 1737 unter Verwendung graphentheoretischer Überlegungen das „Königsberger“ Brückenproblem lösen. Es ist nicht möglich, unter Verwendung jeder Brücke – nur und genau einmal – zum Startpunkt zurückzukommen.

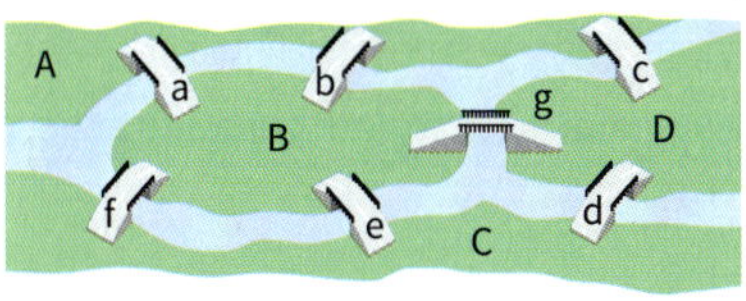


- In einem Datennetz werden Rechner durch Ecken bzw. Knoten symbolisiert. Eine Kante verbindet Knoten in einem Netz; sie gibt die Datenverbindung an.

### Netzfestlegungen

- In einem Netz werden
  - ① **Knoten bzw. Ecken (E)** (auch vertices (V); nodes) und
  - ② **Kanten (K)** (auch: edges (E)) und - **Verbindungen (v)** (auch: Inzidenzen (I)) unterschieden.
- Mit Tripeln werden Graphen dargestellt. Zu einem Tripel gehören die Eckenmengen, die Menge der Kanten und die Menge der Verbindungen.
- Üblicherweise werden Graphen (G) formal über folgende Tripel dargestellt: G = (Ecken, Kanten, Verbindung) Abgekürzt: G = (E, K, V) (bzw. auch: G = (V, E, I))
- Werden zwei Knoten mit mindestens zwei Kanten verbunden, dann nennt man diese auch Parallelkanten.
- Sind die verbundenen Knoten identisch, dann spricht man bzgl. der Kante auch von einer **Schleife** bzw. **Schlinge** **(„loop“)**: ③ **Pseudographen** enthalten Schleifen und parallele Kanten. Pseudographen ohne Schleifen sind **Multigraphen**. Multigraphen nur mit einfachen Kanten, also ohne parallele Kanten, sind einfache bzw. schlichte **Graphen (G)**.
- Unterschieden werden **gerichtete** ④ und **ungerichtete** ⑤ **Kanten**. Bei **gerichteten Graphen** sind alle Kanten gerichtet.
- Bei geschlossenen Kantenzügen bzw. -folgen in einem Netz sind der Anfangs- und Endknoten identisch.
- Bei einem Kreis liegt ein geschlossener Kantenzug vor, bei dem jeder Knoten nur einmal auftritt.

①
②
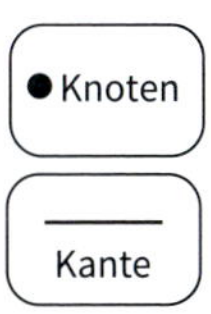


③
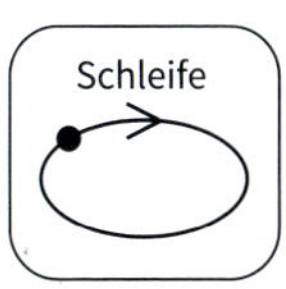


**Gerichteter Graph**

④
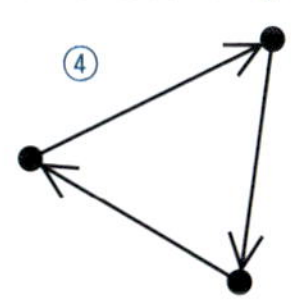

**Ungerichteter Graph**

⑤
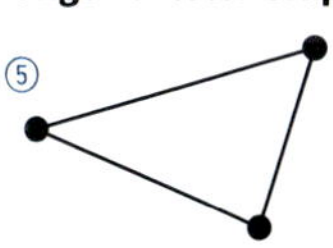

## Adjazenzmatrix (Adjazenmatrizen)

- Mit der Verbindungsmatrix A werden die einzelnen Knotenverbindungen im Netz A erfasst. Diese Matrix wird auch als **Adjazenzmatrix** bezeichnet, da sie die Verbindung von adjazenten Knoten (adjazent: benachbart) erfasst.
- Zugehörig zu den Spalten der Matrix werden die Anfangspunkte der Verbindungen und entsprechend in den Zeilen die Endpunkte festgelegt. Die Netzverbindungen werden dann in der Matrix abgetragen. (Die Matrix ist **symmetrisch**.)

**Beispiel:** Netz A

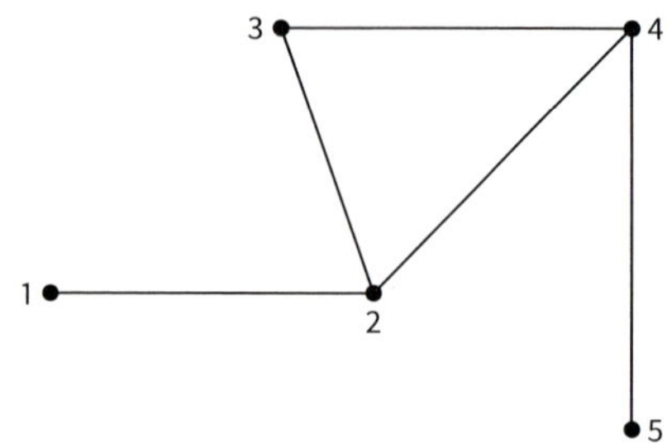


Knotennummern: 1, 2, 3, 4 5

Verbindungserfassung für das Netz A

$$A = \begin{pmatrix} 0 & 1 & 0 & 0 & 0 \\ 1 & 0 & 1 & 1 & 0 \\ 0 & 1 & 0 & 1 & 0 \\ 0 & 1 & 1 & 0 & 1 \\ 0 & 0 & 0 & 1 & 0 \end{pmatrix} \qquad A^2 = \begin{pmatrix} 1 & 0 & 1 & 1 & 0 \\ 0 & 3 & 1 & 1 & 1 \\ 1 & 1 & 2 & 1 & 1 \\ 1 & 1 & 1 & 3 & 0 \\ 0 & 1 & 1 & 0 & 1 \end{pmatrix}$$

Die 2 (bei $A^2$) benennt die Weglänge (hier: zwei).
Die rote 3 zum Beispiel die Anzahl der Wege der Länge 2 vom Knoten 2 zum Knoten 2 (2-1-2; 2-3-2; 2-4-2).

## Gerüst

- Ein **Gerüst** eines Graphen besteht aus allen Ecken eines Netzes und der minimalen Anzahl aller Kanten, sodass jede im Netz eingebundene Ecke erfasst ist.
- Bei einem Gerüst liegen keine Kreise, keine Schleifen und auch keine Parallelitäten vor. Keine Ecke ist isoliert. Ein Gerüst spannt einen Graph vollständig auf. Alle im Graph vorhandenen Ecken können über Verbindungen (Kanten) erreicht werden.
- Ein Gerüst ist ein den Graphen aufspannender Baum. Es ist ein zusammenhängender **Wald**.
- Die Anzahl der Kanten (K) in einem Gerüst ist gleich der Anzahl der Ecken (E) minus eins: $|K| = |E| - 1$.
- In einem vollständigen Graphen mit $n$ Knoten liegen nach Cayley $n^{(n-2)}$ Gerüste vor.
- Netzverbindungen können durch einfache Schnitte (Auflösung von Verbindungen (Kanten)) so in Teilgraphen zerlegt werden, dass in übersichtlicher Art die Komplexität des Gesamtgebildes erfasst werden kann.

## Rechnernetze

- Die mit Graphen abgebildeten Rechnernetze können mit Matrizen algebraisch erfasst und programmiertechnisch unter Beachtung von zusätzlichen Bewertungsgrößen
  - Übertragungsdauer,
  - Auslastungsgrad,
  - Verbindungs- bzw. Vermittlungskosten,
  - Ausfall- und Blockierungswahrscheinlichkeit,
  - Verfälschungssicherheit,
  - Abhörgrad usw. dargestellt werden.
- Auf Basis der Festlegungen werden die Übertragungsvorgänge in Netzen auch rechentechnisch simuliert.

  So können auch unter Beachtung von ökonomischen Vorgaben geeignete Netzstrukturen entwickelt werden.

**Reale Rechnervernetzung**

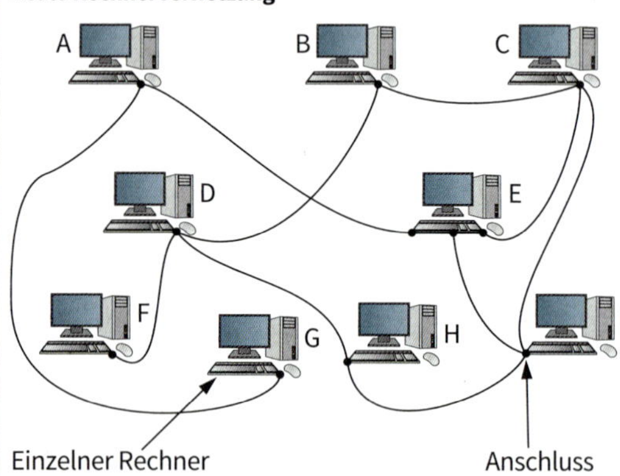


**Zugehöriges Graphenmodell**

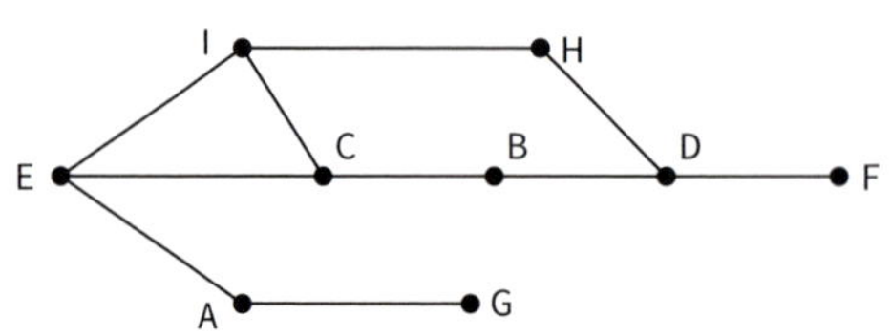


**Gerüst zum Graphenmodell**

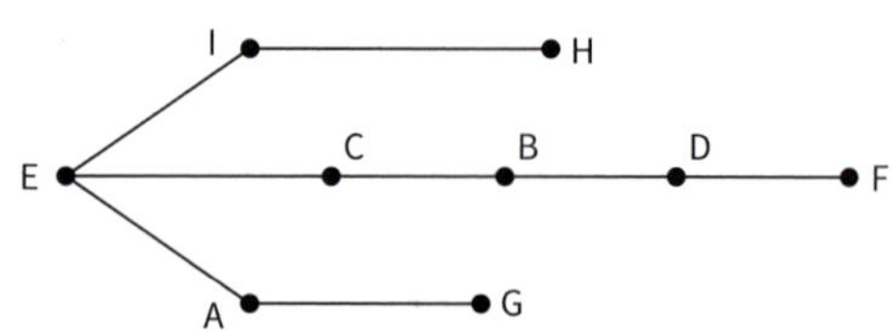

# Netzbeschreibungen
## Network Descriptions

### Ungerichtete Graphen

$K_4$

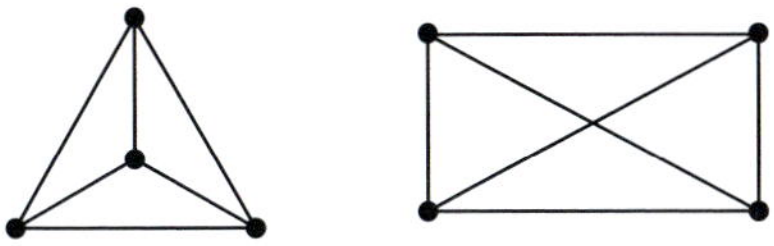

Kreis $C_4$

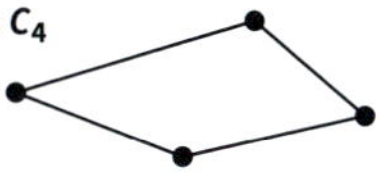

**Bipartiter Graph**

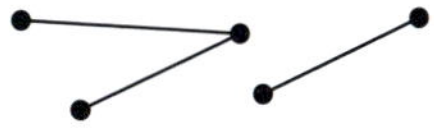

**Petersen-Graph**
(nach **Julius Petersen**, dänischer Graphentheoretiker, 1839–1910)

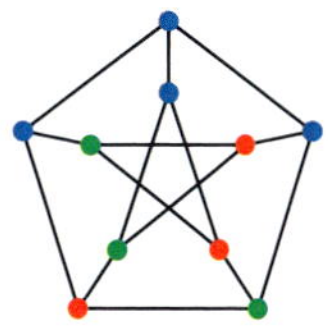

### Funktionsbeziehungen für Graphen

- In einem Graphen mit ***n*** Knoten, ***m*** Kanten und der Vorgabe, dass der Graph in ***k*** eigenständige Komponenten zerfällt, gilt:
  - **Rang** des Graphen: $r(M) = n - k$
  - Anzahl der Sehnen (jene Kanten, die nicht zum Gerüst des Graphen gehören): $m(M) = m - n + k$
- Mit ***dist(u,v)*** wird die Anzahl der zwischen den Knoten *u* und *v* liegenden Kanten bezeichnet (auch ***dist uv***).
- Grad eines Knotens (auch ***deg***): Anzahl der mit dem Knoten verbundenen (indizierten) Kanten
  - Isolierte Knoten (*n*): $deg(n) = 0$
  - $\Delta(G)$: Höchste Gradzahl eines Knoten im Graphen (*G*); Maximalgrad
  - $\delta(G)$: Geringste Gradzahl eines Knoten im Graphen (*G*); Minimalgrad

### Planarität eines Graphen

- Ein in der Ebene $IR^2$ vollständig darstellbarer Graph, bei dem sich die Kanten nicht überschneiden, wird **planar** genannt.
- Für einen solchen Graphen gilt: $k \leq 3n - 6$
- **Eulersche Polyederformel**
  Für einen zusammenhängenden, planaren Graphen gilt:
  $n - m + r = 2$ (r: Einzelne Graphengebiete)
- **Nichtplanare Graphen**

Graph $K_5$

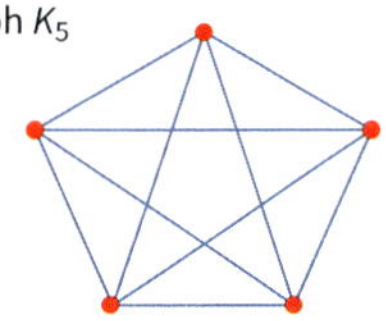

Graph $K_{3,3}$

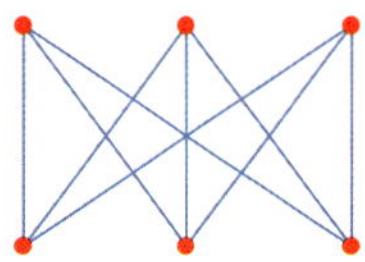

# Routing
## Routing

### Ziel

- Mit Routing-Verfahren sollen in Netzen
  – kostengünstige, – schnelle, – stabile und – sichere Datenübertragungsstrecken ermittelt werden

**Algorithmus nach Dijkstra**
((1930–2002) – niederländischer Informatiker)

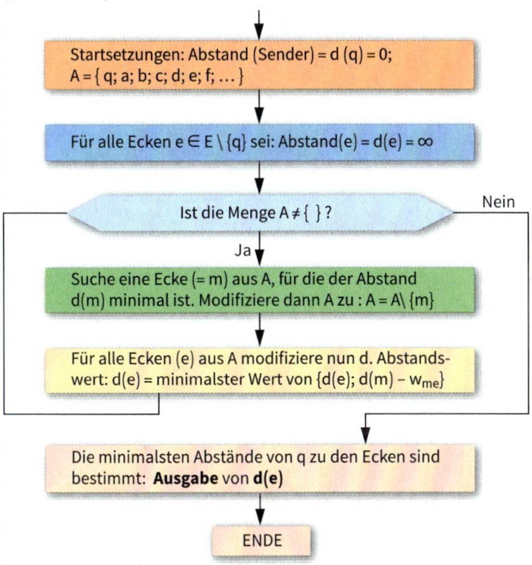


### Allgemeine Verfahrensanforderungen

- Möglichst **einfache** Algorithmen und Realisierungen nutzen
- Gleichberechtigte Akzeptanz der angeschlossenen Rechner (**Fairness**)
- Verfahrens**korrektheit** (Ziele sollen erreicht werden)
- **Robustes** Verfahren, das jeweils situationsabhängig optimiert wird (→ **selbstadaptives** Verfahren)
- **Optimale** Realisierungen unter Beachtung der gewichteten Leitgrößen wie zum Beispiel: a) Auslastung, b) Ausnutzung, c) Kosten, d) Sicherheit, e) (Paket-)Verzögerungszeiten, f) Laufzeitschwankungen, g) Verlustraten
  e)–g) sind bedeutsam für VoIP und Echtzeitverständigungen im Internet (Kooperationsbeziehungen und Multimedia).
- **Stabiles** Verfahren (Verfahrensgleichheit bei gleichen Bedingungen und Vorgaben)
- Topologieunabhängigkeit

**Vorgaben zum Dijkstra-Algorithmus**

- Alle Kanten sollen eine „Länge" [=: w] (einen Wert) größer/gleich Null besitzen: $w \geq 0$. ($w_{ij}$ ist hierbei die Länge der Kante zwischen den Ecken i und j.)
- Zu Beginn soll die Menge A aus allen Eckpunkten eines Netzwerkes bestehen. A = E = {q; a; b; c; d; e; f; …}
- Der sendende Rechner (Quelle) ist q (q:Quelle).
- Die minimalsten Wege von q zu allen anderen Ecken (real: Rechnern) im Netzwerk sollen bestimmt werden.
- Der Abstand wird als **d** (**d**istance) für eine Ecke bezogen auf die betrachtete Quelle q bestimmt.

**Merkmal:** Mit dem Dijkstra-Algorithmus wird der vollständige Verbindungsweg im Netz von der Quelle zur Sinke erfasst.

## Prinzip

- Bei der Bestimmung eines Ortes (Verortung, Positionsbestimmung, Lokalisierung) wird ein Ort in Beziehung zu Bezugspunkten ermittelt (in Abbildung s. unten ●).

## Trilateration

- Um eine Ortsbestimmung exakt vornehmen zu können, sind drei (lat.: tri) Informationen erforderlich. Bei der **Trilateration** (lat. lateral: seitlich) verwendet man drei Entfernungen (Strecken *a*, *b*, c).

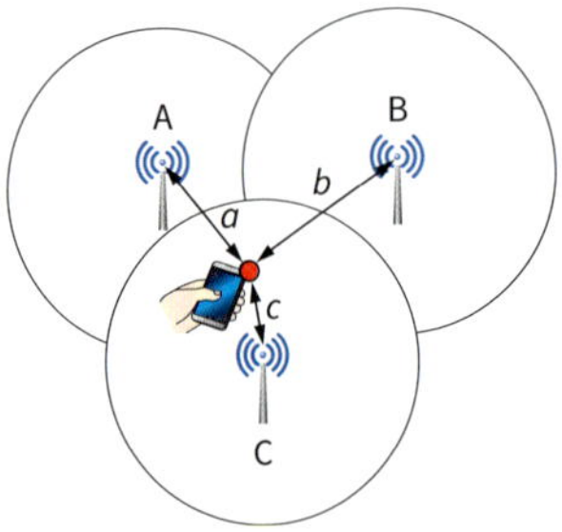


- Der Abstand zu den Objekten A, B und C (z. B. Sendeantennen) kann durch eine optische Messung oder mit Hilfe der Laufzeit der elektromagnetischen Wellen ermittelt werden (**ToA**: **T**ime **of** **A**rrivel). Erforderlich sind dazu synchronisierte Signale von Funksendern mit einer bekannten Position und eine sehr genaue Zeitmessung im mobilen Empfänger. Die Laufzeiten der Entfernungen *a*, *b* und *c* sind direkt proportional zur Entfernung.
- Geeignet für die Abstandsinformation ist auch die Signalstärke (**RSSI**: **R**eceiver **S**ignal **S**trength **I**ndicator). Wenn der Sender mit einer definierten Signalstärke sendet, nimmt die Feldstärke mit dem Abstand ab ($1/a^2$). Durch Umweltbedingungen wird das Ergebnis fehlerhaft.
- Anstatt ToA wird auch **TDoA** (Time **D**ifference **of** **A**rrival) eingesetzt, das mit Differenzzeiten arbeitet.

## Angulation

- Bei der **Angulation** (Winkelbildung) wird eine Fläche in Dreiecke aufgeteilt und die Position des Objekts ● durch die Winkel mindestens zweier Fixpunkte (A, B) zum Objekt ermittelt.

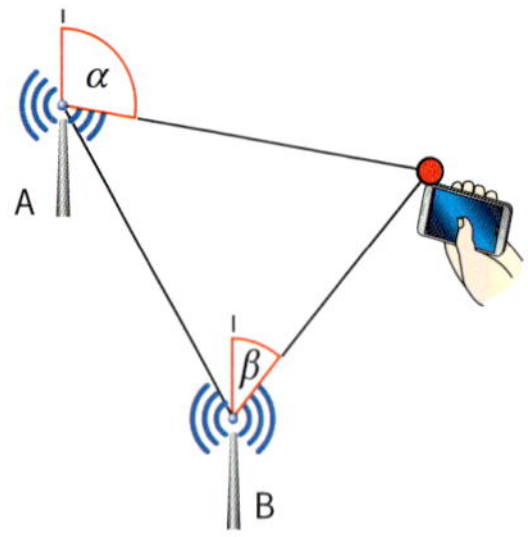


## Ortung

- Unter **Ortung** versteht man die Ortsbestimmung (Lokalisierung) eines Objekts.
- Für die Ortung lassen sich WLAN, Bluetooth Low Energy, Ultra-Wideband, VLC oder RFID verwenden.

## Methoden der Ortsbestimmung

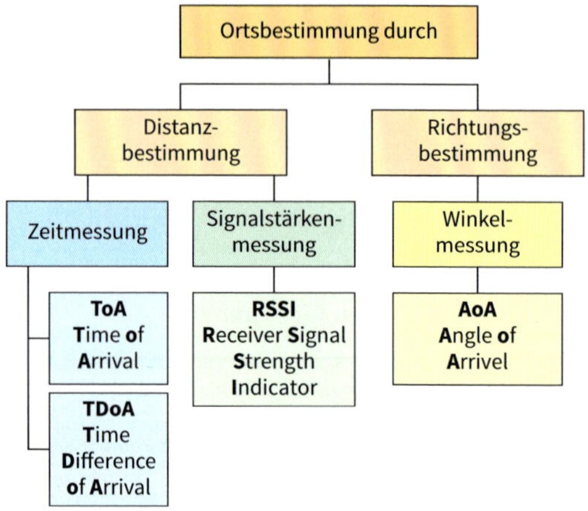


- Ortsbestimmungen im Freien werden von Ortsbestimmungen in Räumen bzw. Gebäuden unterschieden.
- Für die Ortsbestimmungen im Freien lässt sich das satellitengestützte **GPS**-System (**G**lobal **P**ositioning **S**ystem) einsetzen, das bereits in vielen Smartphones, Tablet-PCs, Fotoapparaten und Videoaufzeichnungen vorhanden ist.

## Signalstärkenbasierte Lokalisierung mit WLAN

- WLAN-Basisstationen hinterlassen aufgrund ihrer gesendeten Daten gewissermaßen „Fingerabdrücke" in der Umgebung. Diese **elektronischen Fingerabdrücke** bestehen aus einer eindeutigen MAC-Adresse mit der zugehörigen Signalstärke ①. Diese Daten sind allen zugänglich.
- Für die eigene Positionsbestimmung ist es dann erforderlich, die ermittelten Fingerabdrücke der eigenen Umgebung mit den Fingerabdrücken einer Datenbank (Radio Map ②) zu vergleichen. Aus der Differenz der Signalstärken lässt sich dann die eigene Position ③ ermitteln.
- Zum Abgleich berechnet die erforderliche Software die Differenzen aus den hinterlegten Signalstärken und den aktuell gemessenen Werten.
- Mit digitalen Umgebungskarten lässt sich die Zahl der „Vergleichs-Kandidaten" einschränken.
- Ein Beispiel für diese Ortsbestimmung ist das iPhone, das unter anderem den Dienstanbieter Skyhook einsetzt (Standortpositionierungssystem).
- Prinzipieller Aufbau:

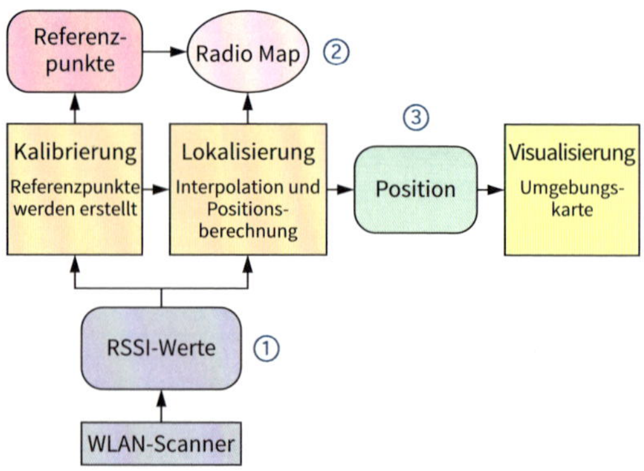

# Positionsbestimmungen – Indoor
## Position Localizations – Indoor

### Prinzip

- Mit Lokalisierungssystemen werden drahtlose Signale von z. B. WLAN-, UWB- oder RFID-Tags, Bluetooth Beacons oder LiFi-Geräten empfangen und mit diesen Daten die Position berechnet.
- Anwendungsbeispiele:
  - Identfizierung von Objekten, Fahrzeugen und Personen in Innenräumen,
  - Tracking (zurückverfolgen, aufspüren) von Assets (Anlagegütern) und Personen,
  - Analysieren von Menschenströmen,
  - Überwachung und Prozessunterstützung in der industriellen Intralogistik und Produktion.

### WLAN, WiFi

- Zur Lokalisierung werden die WLAN-Signalstärke (**RSSI**: **R**eceived **S**ignal **S**trength **I**ndication) und die **MAC**-Adresse (**M**edia-**A**ccess-**C**ontrol) von Access Points (Zugangspunkten) verwendet.
- Für eine clientenseitige Anwendung muss eine entsprechende App mit aktiviertem WLAN (z. B. auf Smartphone, Tablet) installiert sein. Mit den empfangenen Daten wird die Position berechnet.
- Reichweite: < 150 m
  Sie ist abhängig von Bedingungen: Verfügbare Access Points, Reflexionen, Abschirmungen usw.
- Frequenzbereich 2,4 GHz; 5 GHz
- Präzision (Genauigkeit): 5 m bis 15 m (Personen, Objekte)

### BLE (Bluetooth Low Energy) Beacons

- **Beacons** (Bake, Leuchtfeuer) sind kleine drahtlose, portable, energieeffiziente und kostengünstige Funksender, die Daten mittels Bluetooth Low Energy (Bluetooth Smart) übertragen.
- Die Energieversorgung kann z. B. mit Knopfzellen erfolgen (Betriebsdauer bis zu 5 Jahre).
- Die Signalstärkenauswertung (RSSI) erfolgt mit mobilen Endgeräten und ist relativ langsam.
- Reichweite: < 30 m
  Sie ist abhängig von dämpfenden Materialien, z. B. Holz, Glas, Metall.
- Frequenzbereich 2,4 GHz (wie WLAN)
- Ortsgenauigkeit: 1 m bis 3 m (besser als bei WLAN)

### UWB (Ultra-Wideband)

- UWB ist eine Kurzstrecken-Funktechnik mit Laufzeitauswertung **ToF** (**T**ime **o**f **F**light) der Signale.
- Ortsfeste Objekte müssen mit einem kleinen batteriebetriebenen UWB-Tag (Tag: Anhänger, Etikett, Mal, Abzeichen, Markierung) ausgestattet sein.
- Mit UWB können auch Höhenunterschiede sehr genau ermittelt werden.
- Im Vergleich zu BLE Beacons sind die Kosten höher und die Batterielebensdauer geringer.
- Frequenzbereich 3,1 GHz bis 10,6 GHz
- Reichweite: < 150 m
- Ortsgenauigkeit: < 30 cm (sehr hoch)

### VLC, LiFi

- **VLC** (**V**isible **L**ight **C**ommunication) – bezeichnet auch als **LiFi** (**Li**ght **Fi**delity) – ist eine drahtlose Kommunikation mit sichtbarem Licht (LED). Das Licht wird in der Amplitude (Helligkeitsschwankungen) moduliert, das von Menschen nicht wahrgenommen wird.
- Mit dem modulierten Licht kann man in Räumen kommunizieren und lokalisieren.
- Die Positionsbestimmung erfolgt durch Triangulation über Lampen, die entsprechende codierte Lichtsignale abgeben.
- Empfangen und ausgewertet werden die Signale mit der Fotokamera eines Smartphones und einer entsprechenden Auswerte-App.
- Frequenzbereich 400 THz bis 800 THz
- Reichweite: < 8 m
- Ortsgenauigkeit: < 50 cm (hoch)

### RFID

- Bei **RFID** (**R**adio-**F**requency **Id**entification) werden Funkwellen zur Identifikation von Objekten oder Personen benutzt. Es handelt sich um eine Nahfeldkommunikation (**NFC**: **N**ear **F**ield **C**ommunication).
- In einem passiven RFID-Tag (keine Energieversorgung) sind auf einem Mikrochip Daten (z. B. Seriennummer) gespeichert, die drahtlos an ein Lesegerät weitergegeben werden können. Für den Datenaustausch darf der Abstand zwischen dem speziellen Lesegerät und dem RFID-Tag (Funketikett) nicht mehr als ein Meter betragen.

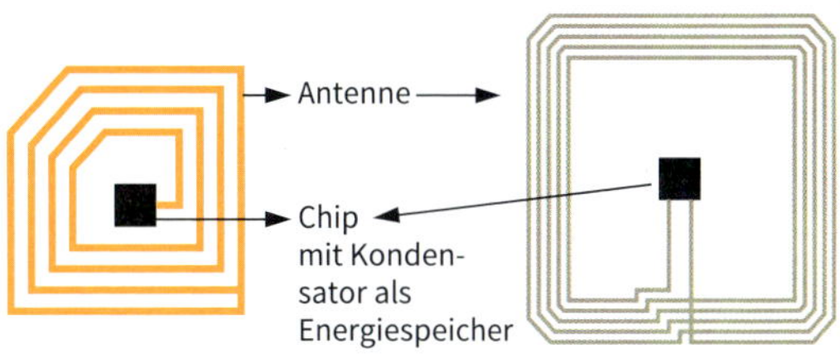


- Der kontaktlose Austausch der Daten geschieht über eine kurze Strecke durch Induktion (lose gekoppelte Spulen).
- Die Datenübertragung erfolgt bei 13,56 MHz mit einer Datenübertragungsrate von maximal 424 kBit/s (Reichweite ca. 10 Zentimeter).
- Die Position der zu lokalisierenden Objekte (große Anzahl ist möglich) kann nicht permanent, sondern nur zum Lesezeitpunkt bestimmt werden.

## Ortungsprinzip

Nacheinander werden zwei Entfernungen zu einem sich bewegenden Satelliten gemessen (Messung der **Entfernungsänderung**).
$a_1$: Entfernung zum Satelliten zum Zeitpunkt $t_1$
$a_2$: Entfernung zum Satelliten zum Zeitpunkt $t_2$
$\Delta a = a_2 - a_1$
Diese Entfernungsänderung ist eine Messgröße, die für eine Ortung verwendbar ist.

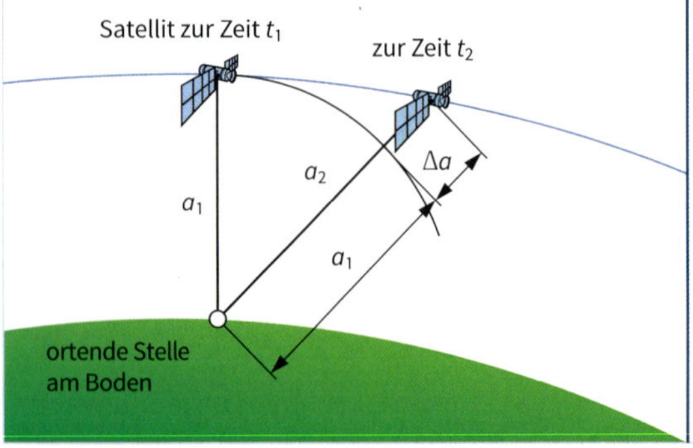


## Segmente im GPS-System

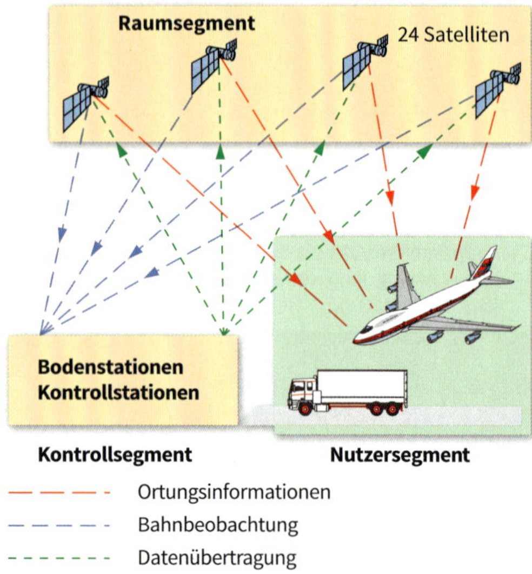


## GPS-Grundkonzeption

| | |
|---|---|
| Aufgaben | Positionsbestimmung (Ortung), Geschwindigkeitsbestimmung, Zeitinformationsbestimmung |
| Ortungsverfahren | Entfernungsmessung, dreidimensional |
| Satelliten | 24 umlaufende Satelliten (21 aktiv, 3 Ersatz) |
| Bahnhöhe | 20.230 km |
| Sendefrequenzen (Träger) | Träger L1: $f_1$ = 1575,42 MHz<br>Träger L2: $f_2$ = 1227,60 MHz<br>(aus Atomfrequenznormal $f_0$ = 10,23 MHz abgeleitet) |
| Messgrößen | Entfernung durch Messen von **Signallaufzeiten** (Impulslaufzeitverfahren), **Trägerphasendifferenz** (kontinuierliche Schwingungen, CW-Verfahren) |
| Positionsbestimmung | Genauigkeit:<br>Signallaufzeitmessung: 30 bis100 m<br>Trägerphasendifferenz: 3 bis 30 cm |
| Geschwindigkeit | Genauigkeit: Fehler 3 m/s |
| Zeitinformation | Genauigkeit: Fehler 100 ns |

## Anwendung von GPS im zivilen Bereich

Ortung und Navigation:

- **C/A**-Code (**C**oarse **A**cquisation) des Trägers L1 wird empfangen, ausgewertet und daraus die Position berechnet.
- Zur Berechnung muss der Standort des Satelliten bekannt sein. Die Daten liefern fünf auf der Erde verteilte Kontrollstationen (Kontrollsegmente).
- Zur dreidimensionalen Positionsbestimmung sind Signale von drei Satelliten erforderlich.
- Voraussetzung für eine exakte Messung ist die mitgesendete „Uhrzeit" (GPS-Zeit).

## Differenzial-GPS (DGPS)

Bei der Auswertung der GPS-Signale können Abweichungen von 30 bis 500 m auftreten. Eine verbesserte Positionsbestimmung wird durch eine **Differenzialmessung** erreicht.

**Prinzip:**

- Genau vermessene Referenzstation mit GPS-Empfänger, Referenzprozessor, Referenzsender.
- Die Differenz zwischen den über die GPS-Daten ermittelten Koordinaten und den geodätischen Koordinaten wird ständig ermittelt, ausgewertet und Korrekturdaten errechnet.
- Die Korrekturdaten werden über einen Sender abgestrahlt (z. B. über RDS, Langewelle).
- Der GPS-Nutzer kann beide Signale verwenden, um seine Position zu bestimmen. Genauigkeit bis zu 10 m.

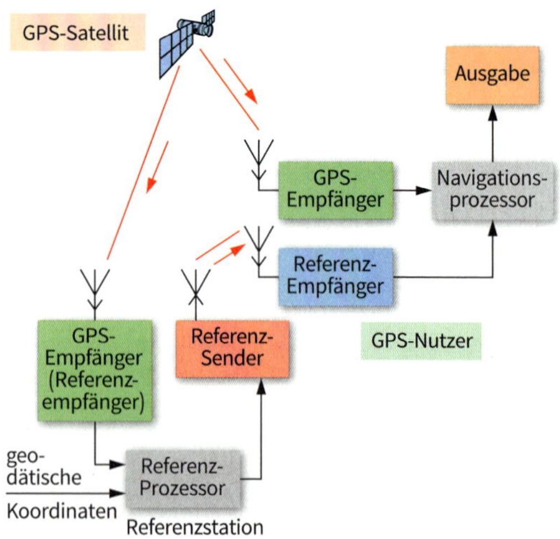

## Eigenschaften und Merkmale

- UWB ist eine drahtlose Übertragungstechnik mit impulsförmigen Signalen. Es gibt keine Trägerfrequenzen, die moduliert werden müssen.
- Für die Einzelpulse kann **PPM** (**P**uls**p**hasen**m**odulation) angewendet sowie die Polarität oder die Amplitude der Impulse geändert werden.
- Die Sendeleistungen sind sehr gering (bis maximal 1 mW) und demzufolge die Reichweite gering (maximal 100 m).
- Die für die Übertragung der Impulse benötigte Bandbreite ist sehr hoch (mindestens 500 MHz bis zu einigen GHz, s. Abb. links unten). Sie ist also erheblich höher als beispielsweise die Bandbreiten von GSM und UMTS.
- Die gesamte Sendeleistung von wenigen Milliwatt wird auf einen großen Frequenzbereich verteilt ①, sodass für die schmalbandigen Übertragungsverfahren (z. B. WLAN ②) keine Störungen auftreten.
- Wenn sich die Zeitpunkte der Einzelpulse deutlich unterscheiden, können auch mehrere UWB-Systeme im gleichen Raumgebiet ohne gegenseitige Störung betrieben werden.
- Aufgrund dieser Eigenschaften lassen sich UWB-Systeme für hochbitratige Kommunikationszwecke im Nahbereich einsetzen.
- In der Regel stören UWB-Signale andere Funksysteme nicht, weil sie im „Rauschen untergehen".

## Technische Daten

- Die Bundesnetzagentur hat mehrere Frequenzbereiche zwischen 30 MHz und 10,6 GHz für UWB freigegeben. Die höchsten Sendeleistungen dürfen zwischen den Frequenzen 6 GHz und 8,5 GHz liegen.
- UWB-Nahbereichs-Radarsysteme nutzen den Frequenzbereich von 22,0 GHz bis 26,6 GHz.
- Frequenzbereich: 3,1 – 10,6 GHz
  Bei Nutzung von **OFDM** (Multiband **O**rthogonal **F**requency **D**ivision **M**ultiplexing) wird das Frequenzband in fünf Bänder mit jeweils 528 MHz unterteilt.
- Sendeleistung: 0,5 mW / –41,3 dBm/MHz
- Reichweite: 10 m bis 50 m (je nach Anwendungsfall)
- Datenrate: 480 bis 1320 Mbit/s

## Frequenzspektrum eines Impulses

- Die bei UWB verwendeten Impulse sind schmal. Im Beispiel der unteren Abbildung sind dies 2 ms.
- Dieser Rechteckimpuls lässt sich in eine unendliche Anzahl von Sinusschwingungen mit abnehmender Amplitude zerlegen (Fourier-Analyse), sodass für eine korrekte Übertragung ein Frequenzspektrum von mindestens bis 5 MHz benötigt wird.

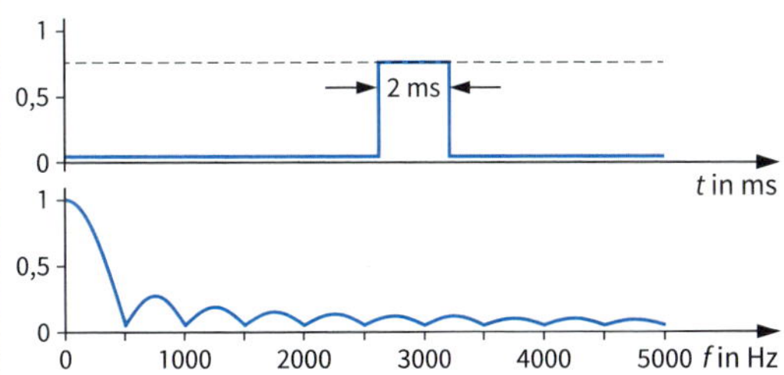


## UWB Frequenzbereich

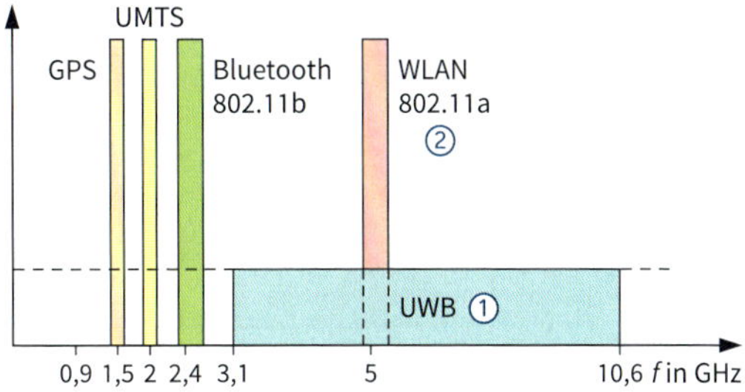


## Anwendungen

- UWB-Dienste arbeiten im Nahbereich und können große Datenmengen (Gigabyte-Bereich) über kurze Entfernungen innerhalb von Sekunden übertragen (IEEE 802.15.3a, **WPAN** (**W**ireless **P**ersonal **A**rea **N**etwork)). Beispiele:
  - Austausch von Videodaten zwischen Monitor, DVD-Player und anderen digitalen Geräten.
  - Kommunikation zwischen Geräten der Heim- und Büroelektronik.
  - Kabellose Verbindung zwischen Computer, Monitor, Scanner und Drucker (Wireless UWB).
- Drahtlose Verbindung von Sensor-Netzwerken (UWB-Sensorik).
- Positionsbestimmung im Nahbereich.
- Medizinische Anwendungsbeispiele (medizinische Diagnostik) sind: Monitoring von Herz- und Atemfunktion, Tumordiagnostik, …
  Da die Feldstärken extrem gering sind, gilt der Einsatz in der Biologie und Medizin als unbedenklich.
- Mit UWB-**Radarmessungen** erreicht man eine hohe Präzision bei der Stoffanalyse. Es lassen sich auch Gegenstände durch Kleidungen hindurch, in Wänden oder im Erdboden detektieren.
- Mit einer **Impedanzspektroskopie** kann eine Analyse von Stoffen anhand ihres Wechselstromwiderstandes vorgenommen werden.
- UWB kann auch als Ergänzung des WLANs gesehen werden, indem beispielsweise Multimedia-Endgeräte mittels UWB an das WLAN-Netz angeschlossen werden.
- **Kurzstrecken-Verkehrsradarsysteme** arbeiten mit kurzen Impulsen, die vom Objekt reflektiert und anschließend verglichen werden. So lassen sich Größen wie Abstand, Dicke, Länge, Position, Körperform, Bewegung und Geschwindigkeit bestimmen.

## Innenbereichs-Ortungstechnologien im Vergleich

| Technologie | Genauigkeit | Reichweite | Nutzungshinweise |
|---|---|---|---|
| WiFi | < 15 m | < 150 m | 2D Flächenortung |
| BLE[1] | < 6 m | < 50 m | 2D Flächenortung |
| UWB | < 20 cm | < 100 m | 2D/3D Flächenortung |
| RFID/ NFC[2] | < 10 cm[3] | < 1 cm | Spot-Identifikation, keine Flächenortung |

[1] Bluetooth Low Energy [3] Vor der Antenne
[2] Radio Frequency Identification, Near Field Communication

## Datenübertragung (Prinzip)

- **VLC** (**V**isible **L**ight **C**ommunication) ist eine Datenübertragungstechnik, bei der das sichtbare Licht ① als Übertragungsmedium verwendet wird (400 THz, 780 nm, bis 800 THz, 375 nm).
- VLC wird in Anlehnung an WiFi oder HiFi (High-Fidelity) auch als **LiFi** (**Li**ght **Fi**delity) bezeichnet.
- Der Lichtstrom einer LED ② wird mit sehr hohen Frequenzen moduliert, sodass aufgrund der Augenträgheit die Lichtänderungen nicht wahrgenommen werden.
- Im Empfänger befindet sich ein optischer Sensor ③ (Fotodiode), der mit einem Wandler die optischen Signale in elektrischen Signalen wiedergewinnt.
- Zwischen Sender und Empfänger muss „Sichtkontakt" bestehen.
- Übertragungsbeispiel:

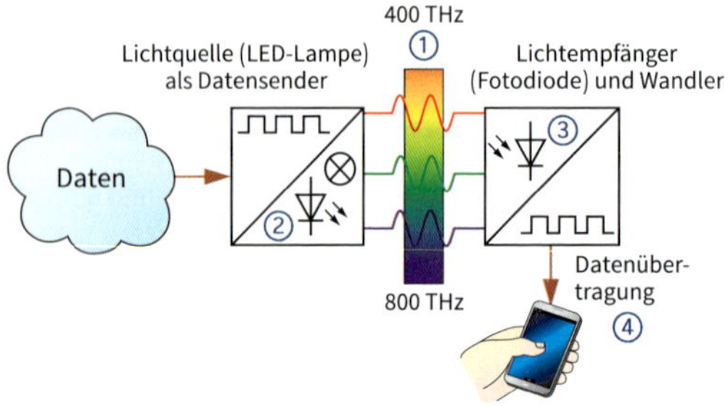


- Der Datenempfänger muss die Lichtsignale aufnehmen können (z. B. mit Fotokamera des Handys ④) und mit einer geeigneten App dekodieren können.

## Sendeprinzip

- Mit der VLC-Technik lassen sich auch Daten von mobilen Endgeräten ⑤ im Infrarotbereich an die LED-Lampe zurücksenden.

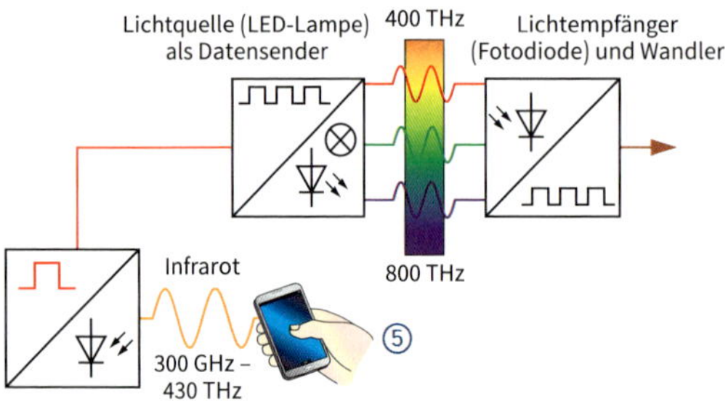


## Merkmale

- In VLC-Systemen sind Beleuchtung und Datenkommunikation miteinander verbunden.
- Sender und Empfänger sind optische, handelsübliche Komponenten und Standard-Schnittstellen, sodass kostengünstige Umrüstungen möglich sind.
- Die Datenübertragung erfolgt ohne eine besondere Ausrichtung der Sender und Empfänger ⑥.
- Gegenwärtig ist für die Datenübertragung eine Beleuchtungsstärke von etwa 1000 lx (gut beleuchtetes Büro) erforderlich.
- Die theoretische Datenübertragungsrate beträgt bis zu 3 Gbit/s bei Verwendung von 3 Lichtfarben. Aktuell werden 100 Mbit/ bis 800 Mbit/s erreicht.
- Zwischen den Licht- und den Funksignalen kommt es zu keinen Interferenzen.
- Der Übertragungsstandard ist IEEE 802.15.7:2018 (Kommunikation mit sichtbarem Licht, Dimmmechanismen für die flimmerfreie Kommunikation mit sichtbarem Licht mit hoher Datenrate).
- Es entsteht keine Strahlenbelastung.
- Die Frequenzen sind nicht reguliert, also frei verfügbar.
- Die Abschirmung ist einfach und kann durch lichtundurchlässige Oberflächen erfolgen.
- Abhörsicherheit ist bei geringer Störanfälligkeit gegeben.
- VLC-Technik ist auch unter Wasser einsetzbar und hat dort eine erheblich größere Reichweite als Funkwellen, die sehr schnell absorbiert werden.

## Technische Realisierung

- Jede Leuchte wird mit einem integrierten Modem ausgestattet ⑥.
- Das Licht wird durch einen LiFi USB-Schlüssel/Dongle erkannt, der in der Anschlussbuchse des Notebooks oder Tablets steckt.
- Der LiFi USB-Dongle sendet die Daten über eine Infrarotverbindung an die Leuchte zurück.

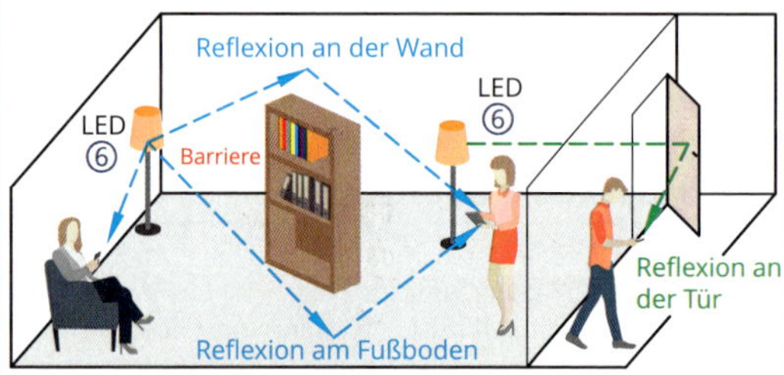


## Merkmale

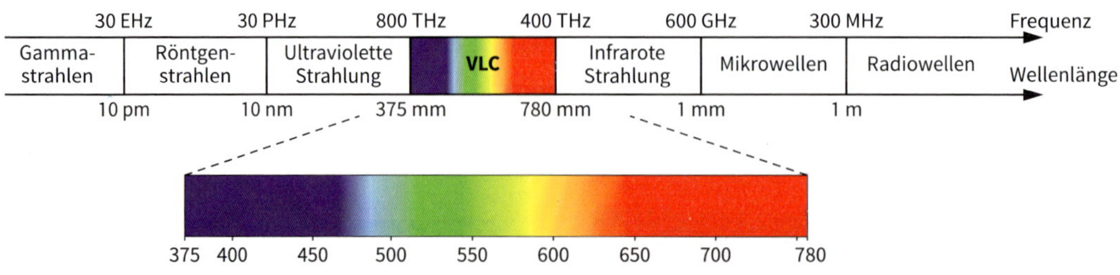

# Angriffserkennungssystem
## Attack Detection System

### Prinzip

- Ein Angriffserkennungssystem (**IDS**: **I**ntrusion **D**etection **S**ystem)
  - **erkennt** selbstständig Angriffe auf Computersysteme oder Netzwerke,
  - **warnt** bei einem Angriff und
  - **ergreift** ggf. Abwehrmaßnahmen.
- **Intrusion**: Unerlaubter Zugriff, unerlaubte Aktivität
- **IDS-Realisierung** erfolgt durch
  - eigeneständige Hardware oder
  - Softwarekomponenten.

  Oft wird IDS ergänzt durch die üblichen Funktionen einer Firewall ①.

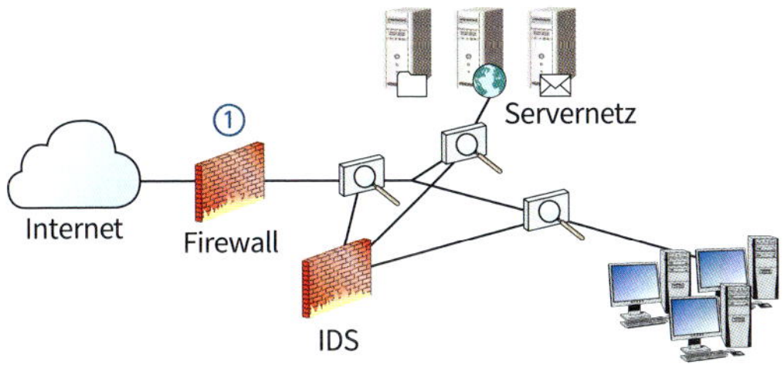


### Ablauf

- **Analyse und Wahrnehmung**:
  Der Datenfluss wird mit bekannten Angriffsmustern (statistische Analyse) verglichen. Gesucht werden ungewöhnliche Muster (Angriffsmuster), Daten-Missbrauch und Anomalien.
  Das System kann allerdings nur bekannte Angriffsarten erkennen (Musterdatenbank).

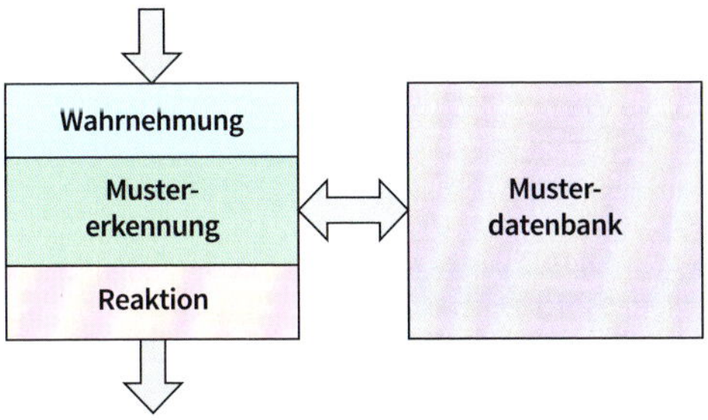


- **Dokumentation in einer Log-Datei (Protokolldatei)**:
  Eine Log-Datei ist eine Datei, in der IT-Systeme Ereignisse eintragen und protokollieren. Die Log-Datei ist in der Regel textbasiert und verwendet Zeichenkodierungen wie ASCII. Sie sind mit beliebigen Texteditoren aufrufbar und lesbar. Die Log-Dateien befinden sich innerhalb des Root-Verzeichnisses im Ordner „logs".
- **Mögliche Übermittlung von Ergebnissen**:
  - Versendendung einer E-Mail, die die Art des Angriffes erläutert
  - **Lokaler Alarm**, z. B. durch ein Pop-up-Fenster in der Sicherheitskonsole
  - **Alarmmeldung** an ein mobiles Gerät

  Die **Ergebnisse** werden vom Administrator auswertet und führen zu entsprechenden Gegenmaßnahmen.

### Arten von IDS

- **Host-basiert** (**HIDS**)

  Die Unterstützung erfolgt auf der Ebene des Betriebssystems. Informationen aus Kernel-Daten, Log-Dateien, Registry und sonstigen Systemdaten werden an HIDS übertragen und dort überwacht.

- **Netzwerk-basiert** (**NIDS**)

  Analysiert und aufgezeichnet werden alle Netzwerkpakete. Gemeldet werden alle verdächtigen Systemaktivitäten. Es wird versucht, aus dem Verkehr im Netzwerk Muster zu erkennen (Überwachung des gesamten Computernetzes).

- **Hybride Systeme**

  Kombination aus HIDS und NIDS

### Honeypot – ein IDS-Bestandteil

- Bei **Honeypot** (Köder, Honigtopf) handelt es sich meist um einen Server in einem Netzwerk, der als Köder agiert. Mit ihm versucht man, durch absichtlich erzeugte Sicherheitslücken, Angreifer „anzulocken".
- Aus dem beobachteten Angriff können entsprechende Verteidigungsstrategien für Netzwerke abgleitet werden.
- Kritische Daten sind auf Honeypot-Computern nicht gespeichert. Der Angriff stellt daher kein Sicherheitsproblem dar.
- Honeypot wird nicht regelmäßig benutzt.
- Nachteil: Ein Honeypot kann aber auch als Eintrittspunkt dienen, um weitere Angriffe auf das Netzwerk durchzuführen.

### IPS: Intrusion Prevention System

- IPS generieren Angriffsereignisse und stellen zusätzlich Funktionen zum Abwehr der Angriffe bereit.
- IPS erkennt Angriffe, ist nicht aktiv, verhindert also den Angriff nicht.
- IPS kann Datenpakete verwerfen, Daten ändern und Verbindungen unterbrechen. Dafür wird in der Regel eine Firewall-Verbindung verwendet.

### Erweiterungen zu IDS

- **Stateful inspection**

  Man versteht darunter eine zustandsorientierte Paketüberprüfung (dynamische Paketfiltertechnik) bei der jedes Datenpaket einer bestimmten aktiven Session zugeordnet wird.

- **Pattern Matching**

  Es handelt sich um einen Musterabgleich (musterbasiertes Suchen). Das symbolverarbeitende Verfahren identifizieren anhand eines vorgegebenen Musters (Suchmaske) diskrete Strukturen oder Teilmengen einer Struktur.

## Beschreibung

- **DDoS** (**D**istributed **D**enial **o**f **S**ervice: Verweigerung des Dienstes) ist eine Form von Cyber-Kriminalität im Internet.
- Durch eine gezielt herbeigeführte Überlastung (hoher Datenfluss mit Blockade von Diensten) wird versucht, die Verfügbarkeit eines Internetservices extrem zu beeinträchtigen bzw. ganz zu unterbinden.
- Verwendet wird dazu ein ferngesteuertes **Botnetz**, das aus einer Vielzahl von Systemen besteht, mit denen sich bei einem Angriff eine Unmenge einzelner Aktivitäten initiieren lassen.
- Je größer das Botnetz ist, desto „wirksamer" ist der Angriff.
- DDoS-Angriffe können auf verschiedenen Ebenen des ISO/OSI-Schichtenmodells stattfinden.
- Im Gegensatz zu DDoS gibt es auch den **DoS**-Angriff (**D**enial **o**f **S**ervice), bei dem der Angriff von einem einzelnen Host (Dienstrechner) ausgeht.

## Ablauf eines Angriffs

1. Weit im Voraus wird ein Botnetz durch das Verteilen von Backdoor-Programmen (Hintertür) für den Angriff aufgebaut.
2. Die Schadsoftware installiert sich ohne Wissen des PC-Benutzers auf dem Rechner und macht ihn fernsteuerbar.
3. Infizierte Rechner können auch mitunter weitere Computer infizieren ①, um so das Botnetz zu vergrößern.
4. Der Angriff wird gestartet, indem ein Mastersystem (Attacker) ② allen infizierten Rechnern den Befehl erteilt, ein bestimmtes Ziel (z. B. Server ③) mit Anfragen zu fluten.
5. Da für den attackierten Server die Anfragen von vielen verschiedenen Endsystemen – verteilt über die ganzen Welt – erfolgen kann, ist es nicht möglich, den Angriff durch einfaches Sperren von Rechnern oder IP-Adressbereichen zu beenden.

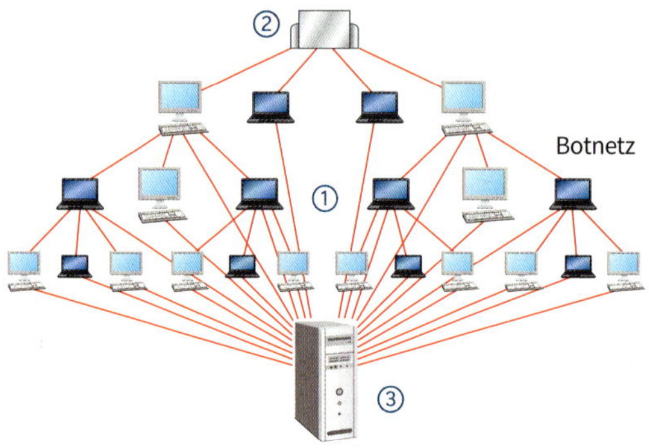


## Methoden (Auswahl)

- Am häufigsten finden Angriffe auf der Netzwerkebene statt, bei denen man beispielsweise eine Überlastung der Netzbandbreite eines Servers erreicht.
- Beim HTTP-Flooding (verteilter DDoS-Angriff), werden nur HTTP-Anforderungen überfordert.
- Auch Domain Name Systeme (DNS) sind Angriffsziele. Mit unzähligen DNS-Anfragen wird der DNS-Service überlasten, sodass normale DNS-Anfragen nicht mehr beantworten werden können.

## Botnet (Botnetz)

- Ein **Bot** (Teil im Wort Ro**bot**er) ist ein Computerprogramm, das wiederholende Aufgaben weitgehend automatisch durchführen kann. Das Programm ist nicht auf menschliche Anweisungen angewiesen.
- In einem Botnet (Botnetz) führen PCs, auf denen Bots installiert sind, Routineaufgaben durch. Beispiele: E-Mails versenden, Webseiten aufrufen. Neben diesen produktiven Aufgaben können aber auch kriminelle Aktivitäten durchgeführt werden.
- Cyber-Kriminelle nutzen Botnetze für DDoS-Angriffe aus, z. B zum Versenden von SPAMs oder Diebstahl von Informationen (z. B. Online-Banking).
- Durch Bots wird der infizierte Computer nicht nur zum Opfer, sondern auch zum Täter (Zombie-Rechner, willenloses Werkzeug).
- Da sich alle Vorgänge im Hintergrund abspielen, sind die Aktivitäten schwer zu erkennen. Indizien sind: Deutlich langsamere Internetverbindung, ungewöhnlich hoher Datenfluss, unbekannte Vorgänge im Taskmanager, fragwürdige Autostart-Einträge
- Prävention und Sicherheit erreicht man durch einen optimalen Virenschutz, eine gut konfigurierte Firewall und eine aktuelle Software.

## Wege zur Verbreitung von Bots

- Malware, Spam, Phishing-Mails, ...
  Mit einer E-Mail wird das Installationsprogramm an viele Adressen verschickt. Vom Empfänger wird das Programm dann ausgeführt.
- Downloads
  Ein Bot mit einem Trojaner ④, der in einer Applikation eingebunden ist, wird ausgeführt (besonders bei einer fragwürdigen Software).
- Nutzung von Schwachstellen des Systems (Exploits)
  Schwachstellen sind z. B. Sicherheitslücken im Betriebssystem, Klicken auf einen präparierten Link, Aufruf von bestimmten Webseiten, eingeblendete Werbebanner

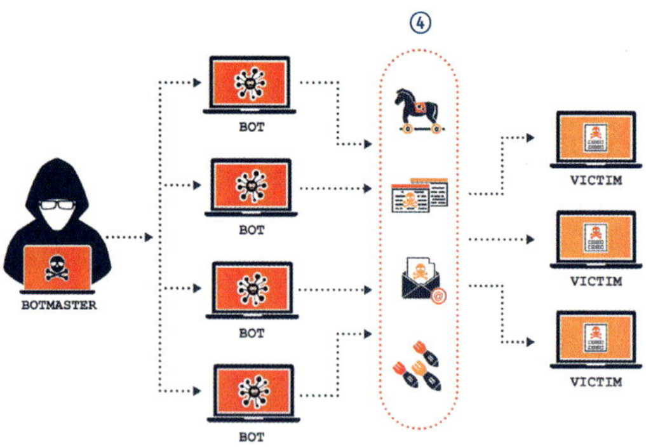

### Prinzip

- Brute-Foce-Methode ist gleichzusetzen mit „Methode der rohen Gewalt" (brute force: rohe Gewalt).
- Es handelt sich um eine Methode, bei der man durch **Ausprobieren** aller möglichen (vieler) Fälle die Lösung zu finden sucht, weil keine effizienten Algorithmen zur Verfügung stehen (Brute-Force-Suche).
- Der Aufwand an Rechenoperationen steigt mitunter exponentiell zur Anzahl der zu probierenden Lösungen.
- Bevorzugte Anwendungsbereiche sind: Unerlaubtes Ermitteln von Benutzernamen und Passwörtern.

### Angriff

- Brute-Force-Angriffe gegen Webdienste sind weit verbreitet. Da über 75 % der Webseiten mit Word-Press erstellt werden, sind diese bevorzugt Angriffsziele.
- **WordPress** ist ein freie und einfach handhabbare Software (**CMS**: **C**ontente-**M**anagement-**S**oftware, Inhaltsverwaltungssystem) zum Betreiben von Webseiten.
- Ziel des Angriffs ist, über das Administrationsmenü (AdminPanel), eine möglichst vollständige Kontrollen über die Webseiten zu erlangen, um diese zu verunstalten, Anmeldeinformationen zu stehlen, schädliche Codes einzufügen oder die Seite in eine Malware-Infrastruktur einzubinden.

### Vertikaler Angriff

- Hierbei wird angenommen, dass das Passwort und/oder der Benutzername aus einer sinnvollen Zeichenkombination bestehen. Deshalb verursacht der Bot ① einen **Wörterbuchangriff** (dictionary attack) in Form einer Anfrage ②. Mit einem Programm werden dann eigene Listeneinträge über Benutzernamen und Passwörter durchprobiert (1 bis n).
- Diese Angriffsart kann mithilfe eines einfachen Zählers für die Anmeldeversuche leicht erkannt und bei einer bestimmten Anzahl von Versuchen blockiert werden ③.

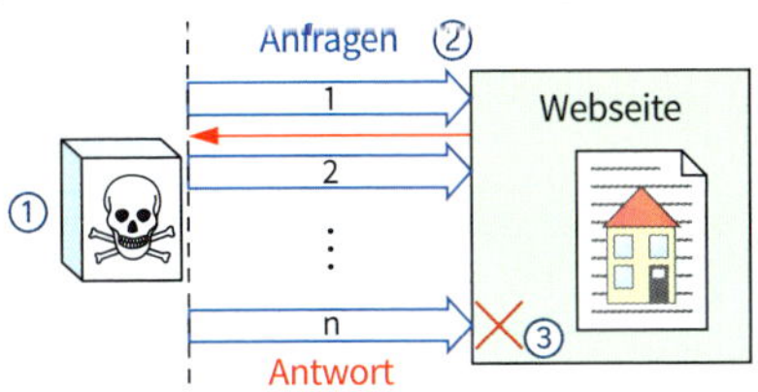


### Vertikal-verteilter Angriff

- Bei diesem Angriff zielt jeder infizierte Benutzer ④ auf eine bestimmte Website ab und setzt dabei systematisch alle vom Bot-Master bereitgestellten Anmeldeinformationen ein.

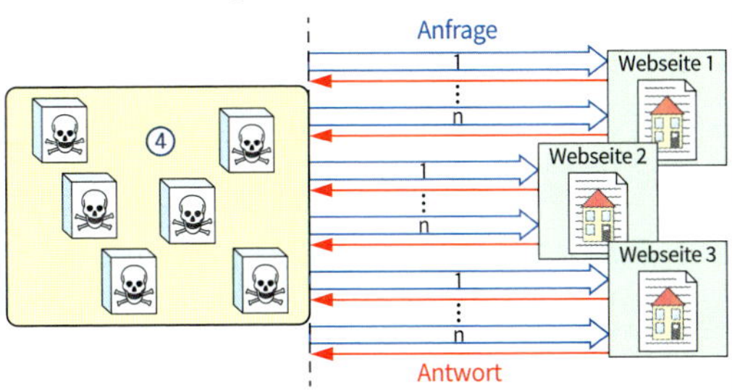


### Horizontaler Angriff

- Der Bot-Master verwaltet das für den Angriff verwendete Wörterbuch.
- Jeder Bot ⑤ verfügt über eine Teilmenge des Wörterbuchs und setzt einige Kombinationen bei einzelnen Webseiten ein ⑥.
- Die Opfer registrieren in diesem Fall lediglich einzelne Versuche von verschiedenen Hosts. Da kein Bot die maximale Anzahl von Anmeldeversuchen überschreitet, wird kein Alarm ausgelöst.
- Diese Angriffsart ist schwerer zu erkennen als bei einem vertikalen Angriff.

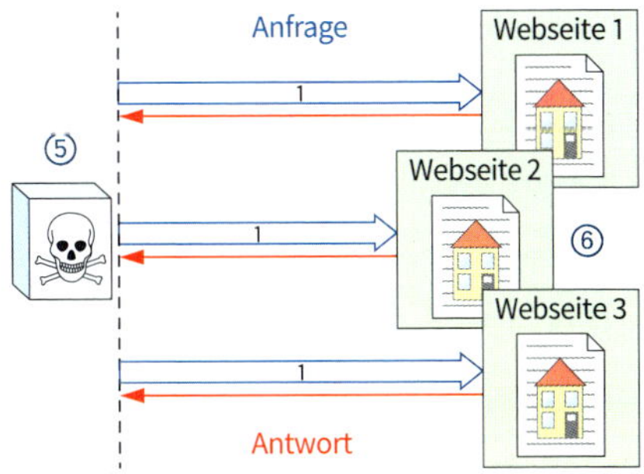


### Horizontal-verteilter Angriff

- Jeder infizierte Host ⑦ verwendet eine andere Kombination aus Benutzername und Kennwort.
- Alle einzelnen Bots, die vom Bot-Master koordiniert werden, decken gemeinsam den gesamten Wörterbuchangriff ab.
- Die Angreifer versuchen, die Sperrung zu vermeiden, indem sie Benutzernamen zwischen Kennwortschätzungen wechseln.
- Kein Bot überschreitet dabei die maximale Anzahl von Anmeldeversuchen.

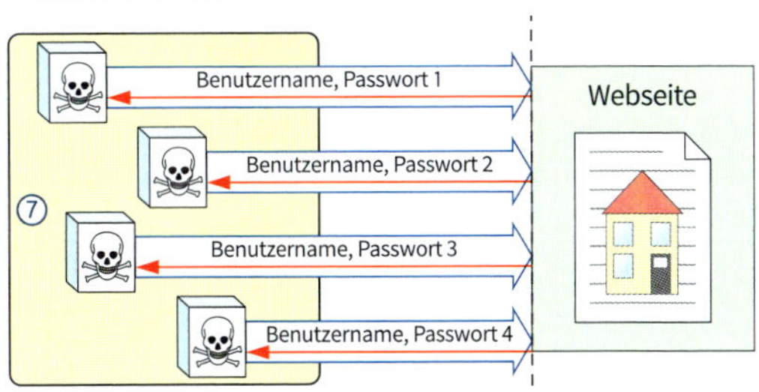


### Brute-Force-Schutz

- Der einfachste und beste Weg um einen Brute-Force-Angriff zu unterbinden, ist einen Account oder die IP-Adresse nach einer bestimmten Anzahl von Fehlanmeldungen zu sperren.
- Sinnvoll ist auch, die Website so zu gestalten, dass nicht gewöhnliche Antworten vorkommen.
- Logdateien sollten häufig kontrolliert werden, um erfolgreiche Angriffe zu erkennen. Logdateien sind automatisch geführte Protokolle von bestimmten Aktionen.
- Professionelle Hilfe einsetzen (z. B. von Cisco Cognitive Threat Analytics).

## Begriff

- Unter dem Begriff **IoT** (**I**nternet **o**f **T**hings: Internet der Dinge) versteht man
  - physische Objekte (Dinge),
  - die untereinander vernetzt sind,
  - sinnvolle Daten erfassen, austauschen bzw. teilen und
  - Aktionen ausführen können.
- **Objekte** (Dinge) können z. B. sein:
  - Maschinen, Gebäude, Produktionsanlagen
  - Automobile, Fahrräder, Busse, Bahnen
  - Energieerzeugungsanlagen
  - Überwachungssysteme usw.

## Beispiele

## Komponenten

- Intelligente, eindeutig adressierbare Objekte (Sensoren, Aktoren)
- Radio Fequency-Technologie
- Maschine zu Maschinenkommunikation
- Kommunikationsnetze (z. B. Internet)

## Erforderliche Funktionen der Komponenten

- Zentraler/dezentraler Austausch von Informationen
- Autonome Datenerfassung
- Direkte Kommunikation und Aktion zwischen benachbarten Objekten
- Geringer Energiebedarf für den Betrieb
- Programmierbarkeit durch den Anwender

## Betriebssysteme

- Für IoT-Geräte (Sensoren, Aktoren und Gateways) sind spezielle Betriebssysteme erforderlich. Dieses resultiert u. a. aus der verfügbaren Speichergröße (Arbeitsspeicher, Programmspeicher).
- Bei batteriegestützten Sensoren bzw. Aktoren ist ein effizientes Energiemanagement für lange Laufzeiten erforderlich.
- IoT-Betriebssysteme sind in der Regel für bestimmte Rechnerarchitekturen ausgelegt.
- Eigenschaften:
  Intelligentes Energiemanagement, Echtzeitfähigkeit, effiziente Speicherverwaltung

## Beispiele für IoT-Betriebssysteme

| Bezeichnung | FreeRTOS | Contiki | RIOT | TinyOS | µClinux | Mbe |
|---|---|---|---|---|---|---|
| Architektur | Mikrokernel RTOS | Monolitisch | Mikrokernel RTOS | Monolitisch | Monolitisch | Monolitisch |
| Taskplaner (Scheduler) | Präemptiv/ Optional tickless | Kooperativ | Präemptiv/ tickless | Kooperativ | Präemptiv | Präemptiv |
| Programmiermodell | Multithreading | Ereignisgesteuert, Protthreads | Multithreading | Ereignisgesteuert | Multithreading | Ereignisgesteuert, Einzelner Thread |
| Geräteklassen | Class 1 und 2 | Class 0 und 1 | Class 1 und 2 | Class 0 | > Class 2 | Class 1 und 2 |
| Unterstützte Mikrocontroller bzw. Hersteller | AVR, MSP430, ARM, X86, 8052, Renesas | AVR, MSP430, ARM Cortex-M, PIC32, 6502 | AVR, MSP430, ARM Cortex-M, x86 | AVR, MSP430 | ARM7, ARM Cortex-M | ARM Cortex-M |
| Programmiersprache | C | C | C, C++ | nesC | C | C, C++ |
| Lizenz | Modifizierte GPL | BSD | LGPLv2 | BSD | GPLv2 | Apache Lizenz 2.0 |

**Erläuterungen**:

- **Mikrokernel:** Betriebssystemkern, der lediglich grundlegende Funktionen ausführt (z. B. Speicher- und Prozessverwaltung)
- **Präemptiv:** Unterbrechbar (CPU wird für bestimmte Zeitspanne dem Prozess zugeteilt)
- **Kooperativ:** Die Programme bestimmen selber, wie lange der Prozessor von ihnen benutzt wird.
- **Tickless:** Ohne Zeitgeber-Ticks
- **Multi-threading:** Aufteilung eines Programmes in mehrere gleichzeitig abzuarbeitende Bearbeitungsstränge (threads)
- **Protothread:** Mechanismus zur parallelen Programmierung
- **nesc:** Erweiterung der Programmiersprache C für TinyOS
- **Class 0, 1, 2:** Klassifikation der Endgeräte nach erforderlichem Speicherbedarf
  - Class 0 (C0): << 10 kByte Datenspeicher
    << 100 kByte Programmspeicher
  - Class 1 (C1): ~ 10 kByte Datenspeicher
    ~ 100 kByte Programmspeicher
  - Class 2 (C2): ~ 50 kByte Datenspeicher (RAM)
    ~ 100 kByte Programmspeicher
- **Monolitisch:** Betriebssystemkern mit Funktionen zur Speicher- und Prozessverwaltung, Treiber für Hardwarekomponenten und weitere Funktionen
- **RTOS:** **R**eal **T**ime **O**perating **S**ystem

## Merkmale

- Für die Softwareentwicklung im Bereich IoT gibt es eine Reihe von Programmiersprachen zur Auswahl.
- Die zur Anwendung kommende Programmiersprache richtet sich nach der Art des zu programmierenden Gerätes bzw. Systems:
  - Node (Knoten, Endgerät)
  - Gateway (Netzübergang)
  - Cloud Computing
- Nodes sind die Sensor-/Aktorgeräte.
- Sie verfügen über eingeschränkte Ressourcen (constrained resources) u. a. im Speicherbereich und in der Energieversorgung.
- Für die Programmierung sind deshalb Programmiersprachen geeignet, die mit minimaler Rechenleistung auskommen.

## Programmiersprachen-Übersicht

| Node | | Gateway | | Cloud Computing | |
|---|---|---|---|---|---|
| C | Compiler | Java | Compiler | Java | Compiler |
| C++ | Compiler | C | Compiler | JavaScript | Interpreter |
| Java | Compiler | Python | Interpreter | Node.js | |
| Python | Interpreter | C++ | Compiler | Python | Interpreter |
| Assembler | | Node.js | Interpreter | PHP | Interpreter |
| JavaScript | Interpreter | JavaScript | Interpreter | C++ | Compiler |
| Node.js | | C# | Compiler | R | Interpreter |
| Lua | Interpreter | Assembler | | C | Compiler |
| C# | Compiler | Go | Compiler | Go | Compiler |
| | | Lua | Interpreter | | |
| | | PHP Interpreter | | | |

Die Reihenfolge in der Auflistung entspricht der Häufigkeit des Einsatzes.

## Entwicklungsansätze

- **Nodeorientiert:**
  Jede Funktion wird vom Entwickler programmiert
  Beispiele:
  - Sammlung und Analyse von Sensordaten
  - Ausgabe von Befehlen an die Aktoren
  - Kommunikation zwischen den Geräten
- **Datenbankansatz:**
  - Jeder Knoten wird als Teil einer Datenbank betrachtet.
  - Der Entwickler kann Abfragen an Sensorknoten senden.
  - Schwerpunkt: Sammlung, Aggregation und Senden von Daten an das Gateway.
- **Modellgetrieben:**
  - Das System wird mit verschiedenen Systemansichten beschrieben.
  - Plattformunabhängige Modelle (PIM) und plattformspezifische Modelle (PSM) werden getrennt.

## Programmierstile

- Geeignete Programmierstile (Programmierparadigma) sind zum Beispiel
  - **Funktionale Programmierung:**
    Höhere Skalierbarkeit und Parallelität, Unveränderbarkeit, Funktionszusammensetzung, Vermeidung von Nebenwirkungen, weniger Code
    **Datenflussorientierte Programmierung:**
    Programme werden als eine Reihe von Verbindungen modelliert. Explizit definierte Ein- und Ausgänge verbinden Operationen. Eine Operation wird ausgeführt, sobald alle ihre Eingaben gültig sind. Geeignet für große dezentrale Systeme.
  - **Ereignisgesteuerte Programmierung:**
    Gut geeignet, wenn Ereignisse z. B. durch Sensoren oder Zeitintervalle ausgelöst werden. Geräte, die die meiste Zeit im Energiesparmodus verbringen, werden aufgrund eines Ereignisses aktiviert und beginnen z. B. mit der Datenübertragung.

## Entwicklungsumgebungen

- Entwicklungsumgebungen (**IDE**: **I**ntegrated **D**evelopment **E**nvironment) beinhalten eine Sammlung von Programmen, mit denen die Aufgaben der Softwareentwicklung möglichst ohne Medienbrüche bearbeitet werden können.
- Weitere Begriffe:
  - **S**oftware**e**ntwicklungs**u**mgebung (**SEU**)
  - **S**oftware**p**roduktions**u**mgebung (**SPU**)
  - **S**oftware **D**evelopment **K**it (**SDK**)
  - **R**apid **A**pplication **D**evelopment (**RAD**-Tool)
- In der Regel gibt es für jede Sprache eine IDE.

**Beispiele:**
- **Eclipse IoT** (Projekt Kura):
  Basiert auf Java
- **Arduino IDE:**
  Unterstützt C and C++. Beinhaltet eine Reihe von Beispielen und vorinstallierten Bibliotheken
- **Raspbian:**
  Speziell für Raspberry Pi-Boards, basiert auf Debian
- **PlatformIO (Crossplattform):**
  Unterstützt ca. 400 Embedded Boards, Entwicklungsplattformen und Entwicklungsrahmen (Framework)

## Funktionen

- Gateways sind beim IoT das Bindeglied zwischen den Sensoren/Aktoren (Nodes) und der Cloud.
- Das Design ist abhängig von der kundenseitigen Anwendung (z. B. Industrieautomatisierung), Flottenmanagement, Präventive Überwachung).
- Spezifische Anpassungen sind erforderlich für
  - die IoT Sensor-Reichweite,
  - die Leistungsaufnahme,
  - den Datendurchsatz und
  - die Skalierbarkeit und Sicherheit.

## Grundlegende Architektur

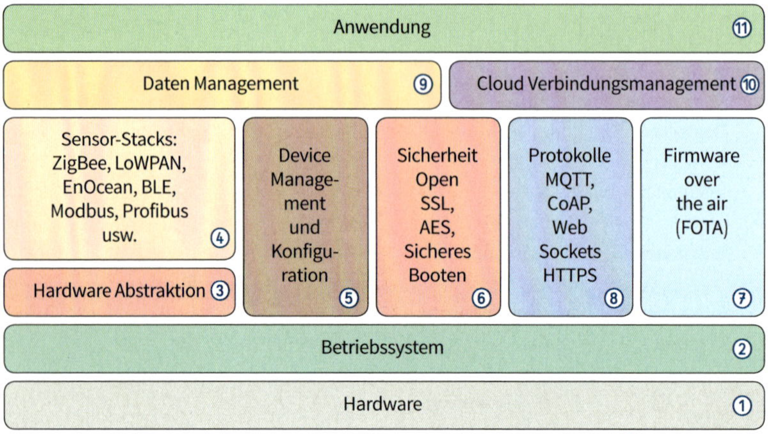


## Erläuterungen

- **Hardware** ①
  - Beinhaltet u. a. den Mikroprozessor/Mikrocontroller, Schutzschaltungen und Übertragungsmodule (z. B. Zigbee)
  - Prozessortyp, Verarbeitungstakt und Speichergröße sind abhängig vom Betriebssystem
  - Für kleine bis mittlere Anwendungen ist ein Mikrocontroller ausreichend.
- Bei komplexen Aufgaben wird ein Mikroprozessor eingesetzt.
- **Betriebssystem** ②
  Abhängig vom Aufgabenumfang werden eingesetzt
  - RTOS (kleiner bis mittlerer Umfang) und
  - Linux (komplexer Umfang).
- **Hardware Abstraktion** ③
  - Unterstützt Wiederverwendbarkeit und Portierbarkeit der IoT-Software
  - Macht das Softwaredesign unabhängig von der verwendeten Hardwareplattform
- **Sensor-Stack** ④
  - Beinhaltet die erforderlichen Kommunikationsprotokolle zur Anbindung der Sensoren und Aktoren
- **Device Management und Konfiguration** ⑤
  - Verwaltung der unterschiedlichen Sensor- und Aktortypen
  - Aktuelle Konfigurationen der Sensoren und Aktoren werden im Device Memory fest hinterlegt und können somit bei jedem Neustart abgerufen werden.
- **FOTA** ⑦
  Aktualisierung der Gateway-Firmware (z. B. Sicherheits-Patches, Betriebssystem) über Luftschnittstelle
- **Sicherheit** ⑥
  - ist eine Schlüsselfunktion in einem Gateway
  - Sie muss robuste Daten-, Geräte- und Netzwerksicherheit gewährleisten.
  - Gerätesicherheit und Geräteidentität sind in der Gateway-Hardware unter Verwendung von Crypto-Authentifizierungs-Chips implementiert.
  - Zum Schutz gegen Hardware-Manipulationen des Gateways sind weitere Schutzfunktionen (z. B. sicheres Booten) implementiert.
  - Alle Nachrichten zwischen Gateway und Cloud sowie Nachrichten zwischen Gateway-Sensorknoten werden verschlüsselt (Datenintegrität und Vertraulichkeit).
  - Daten zu und von jedem Knoten werden verschlüsselt, um die Netzwerksicherheit zu gewährleisten.
- **Protokolle** ⑧
  - dienen zur Verbindung von Gateway und Cloud zur Übertragung von Daten und Kommandos
  - Protokolle werden anhand der Anforderungen (Datenvolumen und Häufigkeit) ausgewählt
- **Datenmanagement** ⑨
  - umfasst Datenstreaming, Datenfilterung und Datenspeicherung (im Falle eines Verlustes der Datenverbindung mit der Cloud)
  - Verwaltet die Daten von den Sensorknoten zum Gateway und vom Gateway zur Cloud
- **Cloud Verbindungsmanager** ⑩
  - ist zuständig für die Steuerung der Verbindung zur Cloud (z. B. Wiederverbindung, Gerätestatus, Heartbeat-Nachricht und Geräteauthentifizierung)
- **Anwendung** ⑪
  Beinhaltet die geschäftsspezifischen Aufgaben

# Erweiterung des LTE-Mobilfunkstandards (NB-IoT)
## Extension of the LTE Mobile Communications Standard (NB-IoT)

### Merkmale und Funktionen

- **NB-IoT** (**N**arrow**B**and **I**nternet **o**f **T**hings: Schmalband-Internet der Dinge) ist eine Erweiterung des LTE-Mobilfunkstandards und wird auch als **LTE Cat-NB1** bezeichnet.
- Es ist ein **Low Power Wide Area Network** (**LPWAN**) und Funk-Standard zur Vernetzung von mit Funktechnik ausgerüsteten **UE** (**U**ser **E**quipment) über vorhandene Mobilfunknetze.
- Es ist speziell ausgelegt für hohe in-Haus Reichweiten, niedrige Gesamtkosten, lange Batterielebensdauer und hohe Anzahl an verbundenen Geräten.
- Wird von Mobilfunknetz-Betreibern (z. B. Deutsche Telekom, Vodafon) kostenpflichtig angeboten.
- Endgeräte benötigen entweder eine SIM-Karte oder eine **eSIM** (**e**mbedded **S**ubscriber **I**nterface **M**odule).
- Anwendungen u. a. Smart Metering, Energie-Management, Connected Cars, Industrie 4.0
- LTE Cat-NB1-UE's senden und empfangen auf einem 180 kHz breiten Funkkanal (In-Band-Betrieb möglich).
- Maximale Downlink- und Uplink-Datenrate zwischen 150 kbit/s und 250 kbit/s.
- Zugriffsverfahren:
  **Downlink**: **OFDMA** (**O**rthogonal **F**requency **D**ivision **M**ultiple **A**ccess)
  **Uplink**: **SC-FDMA** (**S**ingle-**C**arrier **F**requency **D**ivision **M**ultiple **A**ccess)
- Senden/Empfangen erfolgt im Halbduplex-Betrieb
- UE's erfordern lediglich eine Antenne.
- Massive Repetitions-Kodierung für eine größere Reichweite
- Empfänger kann mehrere Übertragungsversuche akkumulieren, bis er schließlich ein Signal erfolgreich empfangen kann.
- Reichweite ca. 18 km bis 20 km

### Netzarchitektur

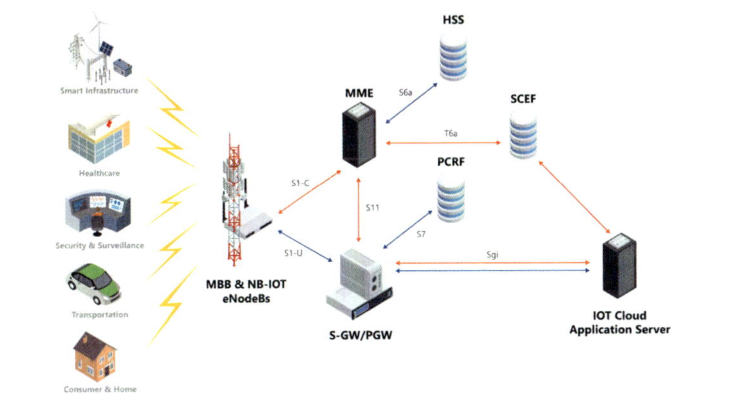


| | |
|---|---|
| **SGW:** | **S**erving **G**ate**w**ay |
| **SCEF:** | **S**ervice **C**apability **E**xposure **F**unction |
| **PGW:** | **P**acket Data Network **G**ate**w**ay |
| **PCRF:** | **P**olicy and **C**harging **R**ules **F**unction |
| **HSS:** | **H**ome **S**ubscriber **S**erver |
| **MME:** | **M**obility **M**anagement **E**ntity |
| **MBB:** | **M**obile **B**roadband |
| **NB-IOT:** | **N**arrow-**B**and **IOT** |
| **eNodeBs:** | **e**volved **Node Bs** |

# SigFox

### Merkmale

- SigFox ist eine herstellerspezifische Datenübertragungstechnik mittels Funk (SigFox, Labège Frankreich) für das IoT.
- Ist ein LPWAN mit bis zu 30 km Reichweite.
- Die Funkübertragung erfolgt im lizenzfreien 868 MHz Band (**UNB**: **U**ltra **N**arrow **B**and).
- SigFox ist ein eigener Netzwerkbetreiber, bei dem die Daten der Objekte (Endgeräte) verarbeitet werden.
- Uplink (Objekt an Gateway):
  - Maximal 140 Nachrichten pro Tag
  - Maximal 7 Nachrichten pro Stunde
  - Maximal 12 Byte (Nettodaten) pro Nachricht
- Downlink (Gateway an Objekt):
  - Maximal 4 Nachrichten pro Tag
  - Maximal 8 Byte (Nettodaten) pro Nachricht
- Modulationsarten:
  - Uplink: **DBPSK** (**D**ifferential **B**inary **P**hase **S**hift **K**eying)
  - Downlink: **GFSK** (**G**aussian **F**requency-**S**hift **K**eying)
- Kosten: Abhängig von der Anzahl der Endgeräte

### Netzarchitektur

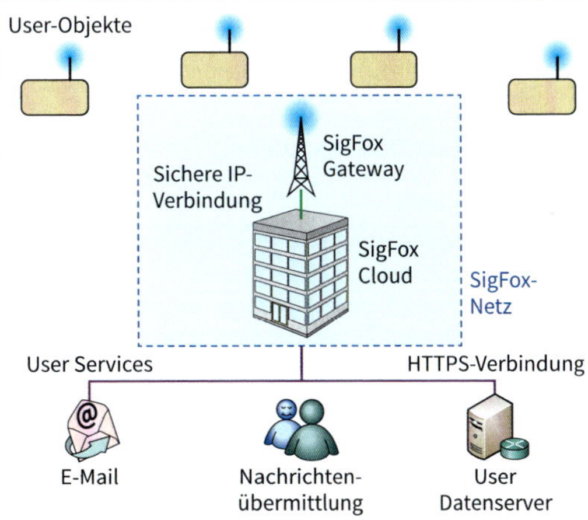

# Server
Server

## Merkmale

- Server: Dienst-Erbringer
- Clients beziehen sich auf Server (Client: Kunde).
- Server können auf einem lokal orientierten Gerät installiert sein.
- Server können im Rahmen offener Systemstrukturen auch als verteilte Systeme realisiert werden. In diesem Sinne können Dienste verteilt angeboten werden. Einzelne Rechner können in komplexen und offenen Strukturen einerseits als Client operieren und zugleich Serverteilleistungsfunktionen (Teildienste) offerieren.

## Einteilungen

- **SQL-Server**: Arbeitet als relationales Datenbank-Management-System innerhalb von verteilten Netzstrukturen.
- **Exchange Server**: Gemeinsame Verwaltung von E-Mails, Formularen, Groupware-Anwendungen und Terminsystemen
- **SMTP-Server** (**S**imple **M**ail **T**ransport **P**rotocol-Server): Server zum Versenden von E-Mails (Versandrichtung nur vom Client zum Server. Rücktransport nur über SMTP-Clients)
- **SNA-Server**: Arbeitet als Gateway im Hinblick auf IBM-Mainframes und Mini-Computer.
- **Systems Management Server**: Verwaltet den Zugriff auf ein Gesamtsystem.
- **Proxy Server**: (Proxy – Stellvertreter-„Software“: quasi „an Stelle von“) Ermöglicht den Einzelrechnern einen Internetzugang und steht zwischen Client und Netz. Einfachste Firewall-Funktionen werden zugleich realisiert. Unterschieden werden: -http, -FTP-, -SMTP- und Telnet-Proxies.

Weiterhin werden unterschieden:

- **Server**: DHCP-Server, DNS-Server, POP3-Server, Webserver, Streaming-Server und Terminal-Server
- **Serverdienste**: Backup-Dienste, Dateidienste, Druckdienste, Kommunikationsdienste und Webdienste

## Domänen

- Eine technisch-organisatorische (logische) Einheit von Rechnern (Nutzern), die im Netz gemeinsam verwaltet und sicherheitstechnisch organisiert werden. Es gibt einzelne Domänen und komplexe Domänenstrukturen. Es charakterisiert Microsofts NT-Selbstverständnis.
- Eine Domäne besteht aus einem **PDC** und eventuell mehreren **BDCs**.
- **PDC: P**rimary **D**omain **C**ontroller – erster Domänen-Rechner: zuständig für die (primäre) Benutzerkontenverwaltung. Zu jeder Domäne gehört nur ein PDC.
- **BDC: B**ackup **D**omain **C**ontroller – Sicherungs-Domänen-Rechner: zuständig für alle Ressourcen und Kopien
- Es gibt autonome Server, die ohne PDC- oder BDC-Zuordnung operieren.

## Domänenkonzepte

- **Single Domain Model**: Geeignet für Netze mittlerer Größe (max. 15.000 Nutzer); zentrale Verwaltung der Rechte.
- **Single Master Domain Model**: Geeignet für große Netze.
- **Complete Trust Model**: Geeignet für Netze, die ohne gesonderte Zentrale existieren; jede Domäne operiert im Netz autonom – allerdings vertrauen sich die Domänen gegenseitig.
- **Multiple Master Domain Model**: Geeignet für große Netze mit denzentralen Zentren.

## Apache-Server (Apache-http-Server)

- Web-Server (Bereitstellung von Webseiten)
- Erfüllt die Spezifikationen der RFC 2616 zu http/1.1
- Marktanteil bei etwa 70 % – Open-Source-Produkt
- Unterstützt vielfältige Laufzeitmodelle (**MPM: M**ulti-**P**rocessing **M**odule); Prozesse gemäß Standard-UNIX-MPM (prefork)/Threads (worker)
- **Adressen:** https://www.apache.org/ https://www.apachefriends.org/de/index.html

# ICMP – Internet Control Message Protocol
ICMP – Internet Control Message Protocol

- **ICMP: I**nternet **C**ontrol **M**essage **P**rotocol
- Es gehört zur TCP/IP-Protokollfamilie.
- Es gestaltet folgende Aufgaben (mit) unter IPv4:
  - **Diagnose von Verbindungen**,
  - **Überlastvermeidung** bei Routern durch Flusskontrolle,
  - Verwaltung von **Routing-Tabellen**.
- **ICMPv4:** ICMP in der Verwendung unter IPv4
- **ICMPv6:** ICMP in der Verwendung unter IPv6
- Neben der Erfassung und Übertragung von
  - **Diagnoseinformationen** und
  - **Fehlermeldungen** dient das ICMPv6 auch dazu, die **automatische Konfiguration** von **Adressen** zu unterstützen.

## ICMPv4 – Angaben

| Type | Inhalt der Nachricht |
|---|---|
| 0 | Echo Reply Message: Echo-Antwort |
| 3 | Destination Unreachable Message: Ziel nicht erreichbar |
| 4 | Source Quench Message: Drosselung der Senderate |
| 5 | Redirect Message: Route ändern |
| 8 | Echo Request Message: Echo-Anforderung |
| 9 | Router Advertisement Message: Router-Bekanntmachung |
| 10 | Router Solicitation Message: Suche nach einem Router |
| 11 | Time Exceeded Message: Lebenszeit des IP-Pakets ist überschritten |
| 12 | Parameter Problem Message: Parameterfehler im IP-Paket |
| 13 | Time Stamp Request Message: Uhrzeitangabe-Anforderung |
| 14 | Time Stamp Reply Message: Uhrzeitangabe-Antwort |
| 15 | Information Request Message: Informationsanforderung |
| 16 | Information Reply Message: Antwort auf Informationsanfrage |
| 17 | Address Mask Request: Abfrage der Subnetz-Maske |
| 18 | Adress Mask Response: Antwort auf Abfrage der Subnetmaske |

## MS Windows für Server – Charakteristika

- **Administratoren-Benutzeroberflächen** (WIN Server 2016 etc.)
  - **Minimal Server Interface**: Feature (Graphical Management Tool)
  - **Core-Server** (mit Befehlszeile, **Po**wer**Sh**ell (**PoSh**) etc.; … )
  - **Grafische Oberfläche** (Graphical Management Tool)
- **Wesentliche Neuerungen** (gegenüber: 2012 R2)
  - Abschottung der Virtualität (vom Host) | – AD Federation Service
  - Hyper-V (Failover-Clustering) | – (Integration) WIN Defender
  - hochverfügbare Netztechnik (skalierbare Controller; Hybridverbindungstechnik; SDN-Architektur)
  - Sicherheitsansatz (zero-trust) u. Speicher (Speicher-QoS; …)
  - vereinfachte Aktualisierung der Virtualisierung
- **Nano-Server**
  - reduzierte Kern (Gestaltung unter PoSh möglich)
  - Komplexität: *Nano-S.* | *S.-Core* | *Minimal S. Interface* | *GUI Shell*
  - kann als VM auf einem Hyper-V-Host erstellt werden
  - Domänen-Zuführung (AD-Domäne) möglich
  - Windows Remote Management (unter PoSh)
  - Einsparungen bei den Speicherräumen (ca. 95 %)
  - verschiedene Rollen (Hyper-V; … )
  - bedeutsam mit Blick auf die Container- u. Docker-Technik

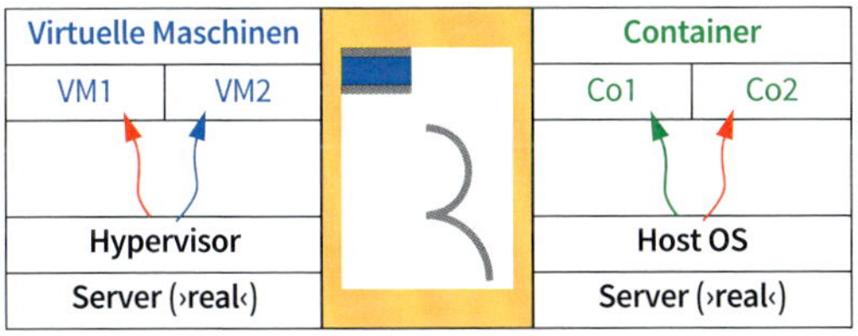


- **Container–Windows Hyper-V- und Server-Container**
  - Hyper-V-Container sind virtuelle Maschinen, mit Kernel-Kopie
  - Server-Container arbeiten wie aufgesetzte Docker-Anwendungen.
  - Verwaltung über PoSh möglich (→ *Get-ContainerImage*)
- **Windows-Serverrollen**
  - Active Directory (AD)-Zertifikatsdienste, – Services
  - AD-Verbunddienste (AD FS) | – DHCP/DNS-Server
  - AD Lightweight Directory | – Rights Management Services
  - Datei- u. Speicherdienste | – Dateiserver-VSS-Agent-Dienst
  - DFS-Namespaces, -Replikation | – NFS-Server
  - .iSCSI-Zielserver, -Zielspeicheranbieter | – Hyper-V
  - Host-Überwachungsdienst | – MultiPoint Services
  - Netzwerkcontroller (Network Policy and Access Services)
  - Remotezugriff und -desktopdienste | – Webdienste (IIS)
- **Rechte-Virtualisierung unter Server-Versionen**
  - Datacenter: unbegrenzte Rechte zur Virtualisierung
  - Standard: ohne unbegrenzte Rechte zur Virtualisierung
  - Essentials: Server, der mit einer Cloud verbunden ist
  - Speicher Replizierung: 1-zu-1-Spiegelung
  - ReFS (Resilient File System): für Hyper-V (Dateisystem)
  - Konfigurationsänderungen: VM-Änderungen möglich
  - Netzwerk-Controller: Zentrale Kontrollrolle im Netzwerk
  - Installation von SW mit PoSh unter Chocolatey (iex)
- **Installierbare Features** (zum Teil unter PowerShell)
  - .NET Framework 3.5 / .NET Framework 4.6
  - BITS (Background Intelligent Transfer Service)
  - BitLocker-Laufwerkverschlüsselung
  - Container (bei Standard: zwei bei Hyper-V-Container)
  - Data Center Bridging; DirectPlay / - Hostfähiger IIS-Webkern

## Heimnetzgestaltung

| | |
|---|---|
| 1 | Netzwerkkarte einbauen |
| 2 | Computer starten; Kennwort Administrator eingeben |
| 3 | (gegebenenfalls) Arbeitsgruppe eingeben; Neustart |
| 4 | Fenster ›Aufgaben der Erstkonfiguration‹ |
| 5 | ▪ Kontrolle über „Computerinformationen bereitstellen"<br>▪ Konfiguration des Netzwerkes: Statische IP-Adresse für den Server (DHCP liegt noch nicht vor)<br>▪ IP-Adresse eines Routers angeben: [(WLAN-Hardware wird noch nicht erkannt) → Menü **›Server Anpassen‹ / ›Features hinzufügen‹ → WLAN aktivieren**] |
| 6 | ▪ Installieren (zumindest) einer Rolle (unter 17 möglichen) (statische Adresse wird bevorzugten DNS-Adresse)<br>▪ **Angaben zur Gesamtstruktur des Netzes** |
| 7 | ▪ (eventuell Installationsassistent aktivieren über dcpromo.exe)<br>▪ Zwingende Rollenübernahme (im Netz) (gemäß der Abfolge: DNS-Server, Active Directory Domain Services, DHCPServer |
| 8 | ▪ Aktivierung (Einbindung) von: **AD LDS** (**A**ctive **D**irectory **L**ightweight **D**irectory **S**ervices)<br>▪ Installation von: **ACD** (Active Directory Domänendienste)<br>▪ Installation von: **AD RMS** (Active Directory Rechteverwaltungsdienste)<br>▪ Installation von: **AD FS** (Active Directory Verbunddienste)<br>▪ Installation von: **Ad CS** (Active Directory Zertifikatsdienste)<br>▪ **Rolleninstallation** (z. B. über dcpromo.exe) Installation im ›erweiterten Modus‹<br>▪ Erstellung einer neuen Domäne in einer neuen Gesamtstruktur (keine Endungen wie: .com/.de/ …) |
| TIPPS | – Richtlinien konfigurieren, die alle Objekte des ADS betreffen<br>– Benutzer zu der Domäne hinzufügen; Zugriff konfigurieren<br>– Gruppen entsprechend der Firmenstruktur etc. definieren und die Benutzer diesen Gruppen hinzufügen<br>– Zugriffs-Berechtigungen (Ordner und Dateien) vergeben<br>– Anwendersoftware installieren<br>– Systemabläufe überwachen (mit Tools)<br>– Datensicherung vornehmen (Sicherung automatisieren)<br>– Interne u. externe Sicherheit über Firewall gewährleisten<br>– Dokumentation aller Vorgänge (→ Sicherheitslücken) |
| 9 | ▪ Einrichtung des **DHCP-Dienstes**<br>▪ **WINS** (**W**indows **I**nternet **N**ame **S**ervices) einrichten<br>▪ Aktualisierung des **DNS-Dienstes** |

## Netzorganisationen und Normen

- Internet **Soc**iety, **ISOC**, Lenkung und Koordinierung, www.isoc.org
- Internet **A**ssigned **N**umbers **A**uthority, **IANA**, Verwaltung, Organisation und Delegation generischer Top Level Domains (gTLD), www.iana.org
- Internet **A**rchitecture **B**oard, **IAB**, Standardisierung und technische Entwicklung, www.iab.org
- Internet **S**ystem **C**onsortium, **ISC**, www.isc.org
- Internet **E**ngineering **T**ask **F**orce, **IETF**, Standardisierung und technische Entwicklung (→ Internetstandards), www.ietf.org
- Internet **R**esearch **T**ask **F**orce, **IRTF**, Standardisierung und technische Entwicklung, www.irtf.org
- Internet **E**ngineering **S**teering **G**roup, **IESG**, Standardisierung und technische Entwicklung: www.ietf.org / iesg.html

# Netz-Identität
## Network Identity

### Identifikation und Authentifizierung

- Die Vernetzung von Rechnern im öffentlichen Raum ist von grundlegender Bedeutung für die modernen Wirtschafts- und Wissenschaftsräume. Von zentraler Bedeutung ist, dass die Identität der beteiligten Rechner (Subjekte) eindeutig erkannt werden kann und die Übertragungen ungestört bleiben.
- Identifikation und Authentifizierung sind von grundlegend bedeutsam für individualisierte Geschäftsprozesse und Verständigungen im Netz.
- **Identifikation**: Nachweis der Identität im Erstkontakt. Diese wird zum Beispiel alltäglich über einen Personalausweis bestimmt. Die Identität ergibt sich im Netz zum Beispiel über eine Kontonummmer und wird durch ein Passwort bestätigt.
- **Authentifizierung**: Nachweis einer ursprünglich bestimmten Identität bei weiteren Kontakten. Insofern wird durch die Authentifizierung die bereits bekannte Identität bestätigt.
- Der Nachweis der Authentifizierung erfolgt über
  - Wissensabfragen,
  - gesonderte Nummern,
  - biometrische-Daten bzw. Merkmalen, die einzigartig sind.

  Gesonderte Nummern können über vorab vereinbarte (und gespeicherte) Zahlen (USB-Stick …) oder über gesonderte Nummern (TAN → TAN-Tabellen) bestimmt werden.
- Bedeutsam ist zum Beispiel bei Bank-Geschäften (Online-
- Banking) die **Zwei-Faktor-Authentifizierung**.
  - Nach der Angabe eines Passwortes zur Bestätigung der Identität erfolgt mittels einer gesonderten TAN-Nummer die Authentifizierung.
  - Die TAN kann über einen Generator erzeugt werden. Oder sie wird mit einer SMS gesondert übertragen (Handy).
- Bedeutsam ist, dass im Prozess der Übertragung die Authentizität der Nachricht erhalten bleibt. Es dürfen keine Datenverfälschungen im Übertragunsprozess auftreten. Auch ist zu garantieren, dass der Inhalt der Nachricht unbefugten Teilnehmern nicht zugänglich wird. Hierzu sind geeignete Tunnelgestaltungen (VPN) und/bzw. Verschlüsselungen vorzunehmen.
- Im Rahmen der Block-Chain-Technologie verbunden mit Hash-Werten kann die Echtheit von Informationen im kontinuierlichen Prozess garantiert werden. Insofern muss nicht auf eine zentrale Agentur zurückgegriffen werden. Der ›Identifikationsmechanismus‹ wird im Prozess der Übertragung mit erzeugt.

### Gestörte Übertragung / Angriffe in vernetzten Strukturen

- **Angriffsformen**
  Unterschieden werden direkte und indirekte Angriffe.
- **Verursachungen für gestörte Informationsvermittlungen**
  - unzulängliche bzw. angreifbare Betriebssysteme
  - unzulängliche bzw. angreifbare Software
  - fehlerhafte Software
  - Schadsoftware (Mal-SW)
  - ungesicherte Web-Welt (fehler- bzw. schadhafte Web-Seiten)
  - Angriffe auf: Proxy, Firewall … (→ DDoS)
  - offene (einsehbare) Datenübertragung (E-Mails)
  - ungeeignete Übertragungsprotokolle
  - unscharfe Identifikationen bzw. unscharfe Authentifikationen
  - fehlende bzw. unzureichende Verschlüsselungen
  - unklare Methoden im Umgang mit Web-Informationen (Lesen, Speichern, Weitergabe, …)
  - ›Schwachstelle Mensch‹ (Störungen, Fehlverhalten, …)

### Sicherheitsziele

- **Folgende Aspekte müssen gewährleistet werden**:
  - Authentifizierung im Verbindungsprozess
  - Echtheitsgarantie für Informationen (Authentizität) und ihre Echtheit (Unverfälschtheit)
  - Anonymisierung im Übertragunsprozess
  - Identifikation beim Empfänger
  - Stabile und verbindliche Kommunikation
  - Verfügbarkeit der Dienste (Server, Provider …)
  - Garantie der Vertraulichkeit der Informationen
- **Reaktionen zur Verbesserung** (verbesserter Schutz)
  - regelmäßige (automatische) Updates zu Betriebssystemen
  - regelmäßige (automatische) Updates zu Anwendungssoftware
  - regelmäßige (automatische) Wartung (Updates) von Antivirensoftware, Firewalls, …
  - Verwendung von Digitale Signaturen
  - Robuste (gesicherte) Bezahlmodelle und (geprüfte) Plattformen
  - PostIdent etc. bzgl. der Identifikation
  - geeignete Passwörter (inkl. Reset-Prozeduren (Sicherheitsfragen)
  - Trusted Computing /Platform (proaktive Sicherheitssysteme)
  - geeignete Kernelarchitekturen

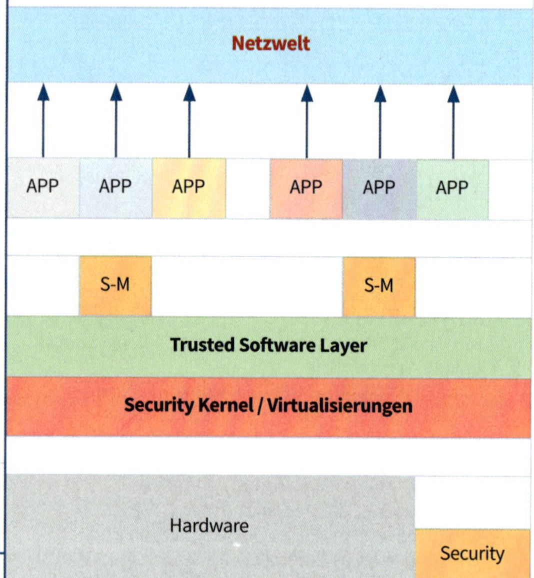


[**APP**: Applikation; **S-M**: Security Modul]

  - robuste Firewall-Systeme gegen Angriffe im Netz
  - robuste Proxy-Technik
  - IPSec-Verschlüsselung
  - TLS (Transport Layer Security)
  - Blochchain-Technologie
  - Cyber-Sicherheit / Social Web Cyber-Sicherheit
  - Einsatz von ›Sensor-Punkten‹ auf den relevanten und sensiblen Übergangspunkten:
    Netzwerk (Komponenten: Firewall, Proxy, … / Medien)
    IT-System
    Betriebsystem
    Anwendungen
    Anwendungssoftware
    Daten

## Merkmale

- Blade-Server (sinngemäß: Blatt-Server) sind Server, die aus mehreren eigenständigen Server-Modulen aufgebaut sind.
- Jedes Server-Modul entspricht dabei einem vollständigen PC mit
  - einer oder mehreren CPUs,
  - Festplatte(n),
  - Arbeitsspeichern

  auf **einer** Flachbaugruppe.
- Die Höhe der Flachbaugruppe wird in Units (1 U = 1,75 inch) angegeben und definiert damit auch die Bezeichnung des Servers (z. B. 7 U).
- Die Blade-Server werden in einem Baugruppenträger (Chassis) eingesteckt und sind über einen oder mehrere rückseitige Platter miteinander verbunden.
- Die Verbindungen zur Außenwelt (z. B. Firmen-Netzwerk) können über entsprechende Netzwerk-Switche, die ebenfalls in das Chassis gesteckt werden, erfolgen.
- Diese Aufbauform bietet Vorteile
  - durch Reduzierung des Bauvolumens,
  - keinen zusätzlichen Verdrahtungsaufwand, da alle Verbindungen für die Module bereits im Chassis enthalten sind,
  - einfachen Austausch der Module gegen Nachfolge-Systeme (Investitionssicherheit).
- Das Management für die Module wird von eigenen Management-Modulen im Chassis übernommen.
- Die Funktionen der einzelnen Server-Blades werden vom Anwender durch entsprechende Konfigurationen festgelegt und können z. B. sein
  - Web-Server,
  - Mail-Server,
  - Datei-Server,
  - Backup-Server.
- Zur Erhöhung der Systemverfügbarkeit besteht die Möglichkeit, die vorhandenen Stromversorgungen ebenfalls zu verdoppeln.

## Server Rack

**Beispiel**: Bestücktes Bladesystem-Gehäuse

Frontansicht

Rückansicht

**Beispiel**: Server Blade, Bestückung wahlweise

**Erläuterungen**:

① Bauhöhe: 10 U (1 U = 44,45 mm)
② Halbhohe Server Blades (max. 16)
③ Stromversorgungseinschübe (max. 6), Redundanz konfigurierbar als N+1 oder N+N
④ Administrator Display
⑤ Aktive Lüftereinschübe (max. 10)
⑥ Interconnecteinschübe (z. B. Ethernet, Fibre Channel, Fibre Channel over Ethernet, InfiniBand, iSCSI, Serial Attached SCSI)
⑦ Administratoreinschub
⑧ Intelligente Netzteile (max. 6)
⑨ Laufwerk 1 (hot plug)
⑩ Laufwerk 2 (hot plug)
⑪ Anzeige für Betriebsstatus
⑫ Stromversorgungsschalter
⑬ Anzeige für UID (Unique Identifier: eindeutige Identifikation)
⑭ Anzeige für Netzwerkstatus

## Merkmale

- **FC** (Faserkanal) ist ein Hochgeschwindigkeitsübertragungskanal mit Übertragungsraten von 1 Gbit/s, 2 Gbit/s, 4 Gbit/s, 8 Gbit/s, 16 Gbit/s, 32 Gbit/s, 64 Gbit/s (Zukünftig 128 Gbit/s, 256 Gbit/s).
- Übertragungsmedium sowohl Kupfer (STP) als auch LWL
- Kupferübertragung erfordert zwei Aderpaare, eines zum Senden, eines zum Empfangen, deshalb ‚full duplex‘ möglich.
- Übertragungsentfernungen:
  - Kupfer maximal 50 m zwischen zwei Knoten
  - LWL (9 µm single mode bzw. 50/60 µm multimode) maximal 10 km
- Mischung der Medien ist möglich.

## Topologien

- Topologien können sein:
  - Punkt-zu-Punkt-Verbindung,
  - **Arbitrated Loop** (gesteuerter Ring),
  - **Fabric-Switching** (Fibre Channel Switching).
- Punkt-zu-Punkt-Verbindungen verlangen gleiche Datenraten bei den Teilnehmern.
- Bei Switching Ports können unterschiedliche Datenraten gefahren werden.
- Übertragung ist protokollunabhängig.

## Dienste

- Dienste werden in Klassen eingeteilt:
  - **Service Class 1** (Dienstklasse)
    **Punkt-zu-Punkt**-Verbindung mit Standleitung
    Anwendung bei Kopplung von Servern mit Massenspeichern
  - **Service Class 2** (Dienstklasse 2)
    **Verbindungslose** Übertragung, gesteuert über Rahmenaufbau, mit Rückmeldung
    Anwendung in gemischten Systemen mit Netzwerken und Massenspeichern
  - **Service Class 3** (Dienstklasse 3)
    Ähnlich wie Klasse 2; Anwendung für ‚one to many‘ (einer für viele); keine Rückmeldung über versendete Daten; keine Datenwiederholung
  - **Service Class 4** (Dienstklasse 4)
    Verbindungsgesteuerter Dienst mit garantierter Bandbreite und garantiertem Zeitverhalten; isochrone Datenübertragung für Realtime-Video und Daten

## Anwendung

Übertragung großer Datenmengen wie z. B. bei Bilddaten, 3-D-Rendering, CAD-Daten, Video-Erstellung, Massenspeicherkopplung mit Netzwerken

## Topologie

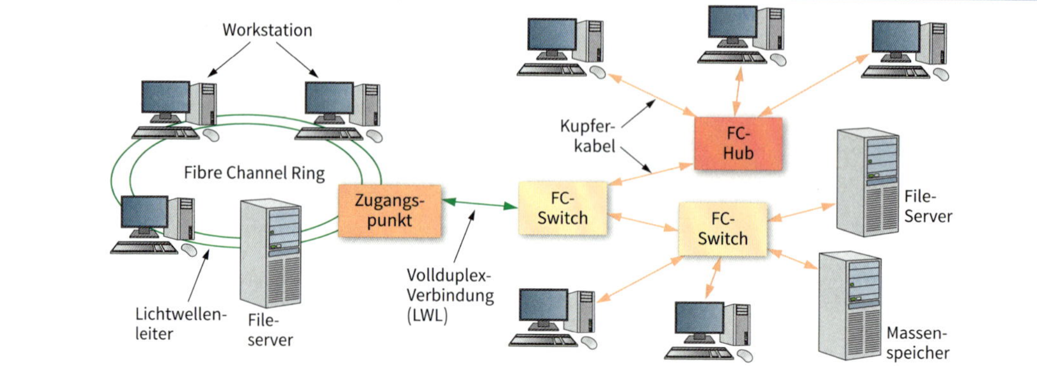


## Kommunikationsstruktur

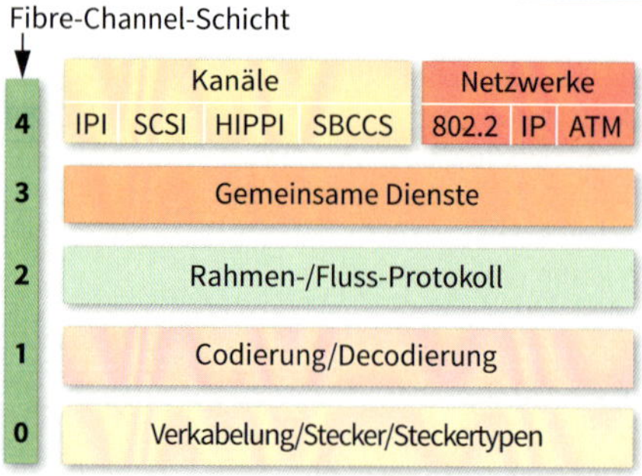


**IPI:** **I**ntelligent **P**eripheral **I**nterface
**HIPPI:** **H**igh **P**erformance **P**arallel **I**nterface

## Rahmenstruktur

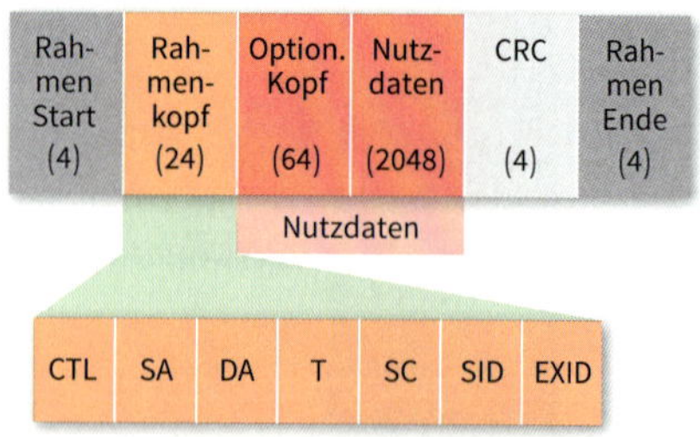


(...) entspricht Anzahl der Bytes

**SA:** **S**ource **A**ddress
**DA:** **D**estination **A**ddress
**T:** **T**ype
**SC:** **S**equence **C**ounter
**SID:** **S**equence **Id**entifier
**EXID:** **Ex**change **Id**entifier

# Speichersysteme
## Storage Systems

### Definitionen

- Storage Systems sind Speicher-Einrichtungen, die als Massenspeicher große Datenmengen zuverlässig und mit hohen Geschwindigkeiten speichern.
- Grundsätzlich werden Storage-Systeme nach Art der technischen Realisierung unterschieden in
  - **DAS** (**D**irect **A**ttached **S**torage: direkt zugeordneter Speicher),
  - **NAS** (**N**etwork **A**ttached **S**torage: Netzwerk zugeordnete Speicher),
  - **SAN** (**S**torage **A**ttached **N**etwork: zugeordnetes Speicher-Netzwerk).
- Kombinationen aus NAS und SAN nutzen die Vorteile beider Systeme und bauen auf IP-Kommunikation auf wie z. B. Internet **SCSI** (**iSCSI**) oder **I**nternet **F**ibre **C**hannel **P**rotocol (**iFCP**).

### DAS

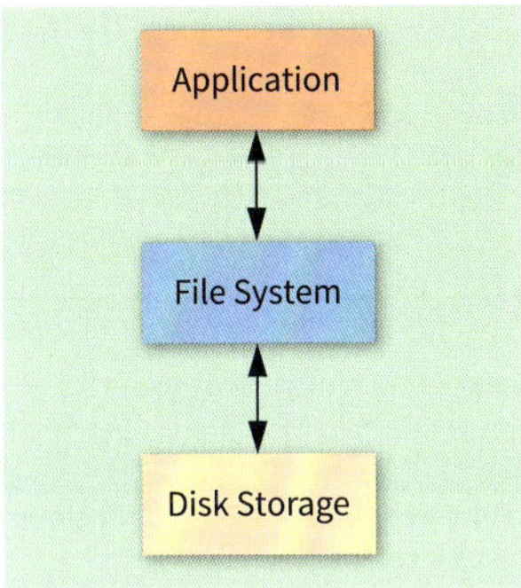


Standalone Computer

- Herkömmliche Art, die Speichereinrichtungen direkt mit den Applikationsservern zu verbinden
- Geeignet für blockweise Datenspeicherung
- Nachteilig sind die hohen Kosten und die geringe Zuverlässigkeit

### NAS

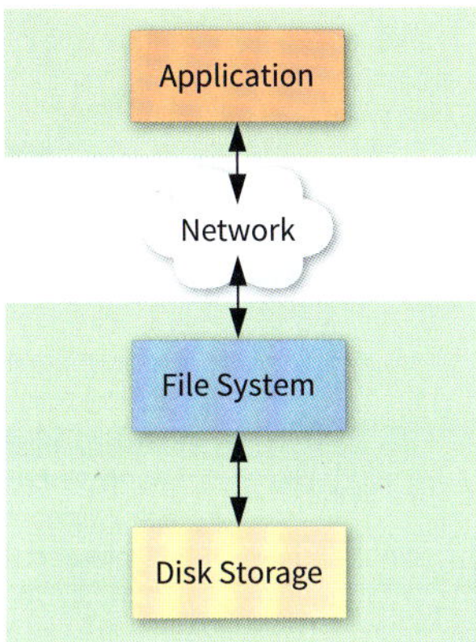


- Direkter Anschluss der Speicher an das lokale Datennetzwerk
- Arbeitet wie ein Server in einer Client-Server-Architektur
- Der Datenzugriff erfolgt mittels Internet-Protokoll.
- Gut geeignet für File-Sharing-Betrieb

### SAN

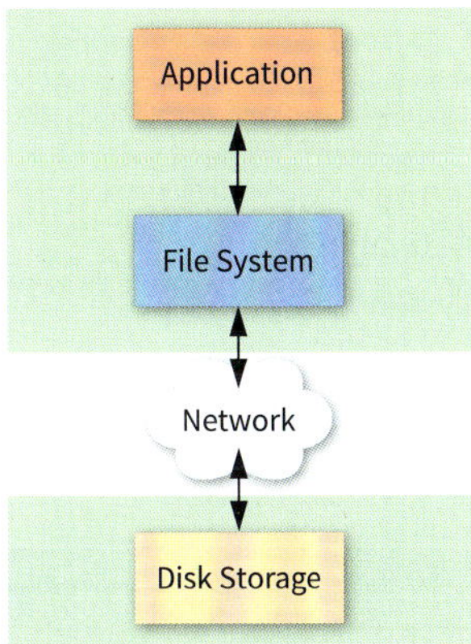


- Bindet die Speicher hinter den Servern über ein separates Hochgeschwindigkeits-Netz ein
- Basiert in der Regel auf Fibre-Channel-Technik
- Bietet Vorteile bei blockweisem Zugriff auf große Datenvolumina

### SAN mit Fibre Channel

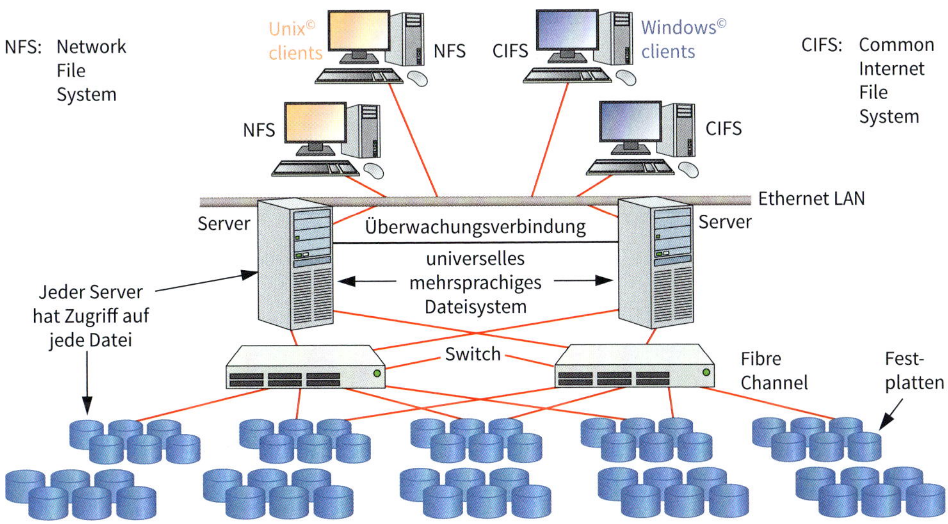

## Energiebedarf

- Der für den Betrieb eines Rechenzentrums erforderliche elektrische Energiebedarf (Energieverbrauch)
  - steigt mit zunehmendem Datenaufkommen (Rechenleistung, Speichervolumen, Serveranzahl) und
  - teilt sich auf verschiedene Verbraucher auf.
- Die **Energieeffizienz** eines RZs wird durch Kennzahlen dargestellt (z. B. PUE).
- Die Kennzahlanalyse ermöglicht die Ermittlung von Optimierungspotenzial z. B. für
  - Beschaffung leistungsarmer IT-Infrastruktur,
  - USV-Anlagen,
  - Lüftung, Klimatisierung, Kühlung,
  - Outsourcing, Cloud-Computing.
- Grundlage für die Kennzahlen ist das Verhältnis des Energieverbrauchs für die reine Rechenleistung zum gesamten Energieverbrauch des Rechenzentrums.

**Beispiel**: Energiebedarf in Mrd. kWh/a der Rechenzentren in Deutschland (Stand 2020)

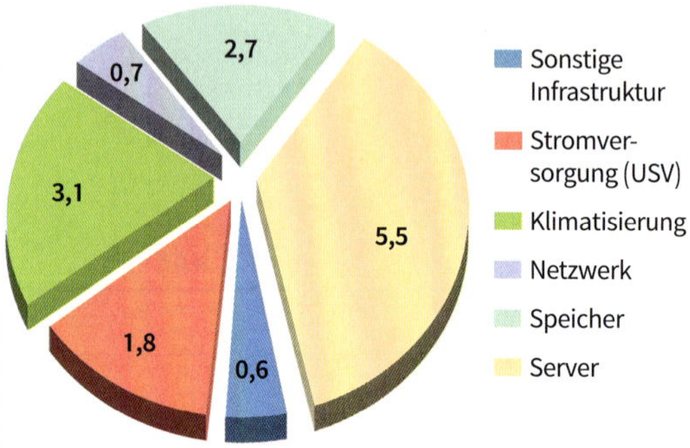


## PUE-Kennzahl

### Allgemein

$$PUE = \frac{\text{Gesamtenergieverbrauch des RZ}}{\text{Energieverbrauch der IT-Einrichtungen}}$$

***PUE*** (**P**ower **U**sage **E**ffectiveness): Energieeinsatz-Effektivität

RZ: Rechenzentrum

- Gesamtenergieverbrauch: **Alle** elektrisch betriebenen Geräte und Systeme **einschließlich** der IT-Einrichtungen
- Energieverbrauch der IT-Einrichtungen: **Nur** die IT-Technik
- PUE-Wertebereich: $1 \leq PUE \leq \infty$
- Beispielwert (abhängig vom Aufbau des RZs): $PUE = 2{,}0$ (Uptime Institute, Studie 2011, 500 RZ)

### PUE-Kategorien

| | 0 | 1 | 2 | 3 |
|---|---|---|---|---|
| Ort der Energiemessung | USV Ausgang ① | USV Ausgang ① | PDU Ausgang ② | IT-Einrichtung Eingang ③ |
| Definition der elektrischen Leistung bzw. IT-Energie | Elektrische Spitzenleistung (in kW) der IT-Einrichtungen | Jährlicher Energieverbrauch (in kWh) der IT-Einrichtungen | Jährlicher Energieverbrauch der IT-Einrichtungen | Jährlicher Energieverbrauch der IT-Einrichtungen |
| Defintion Gesamtenergie | Elektrische Gesamtspitzenleistung (in kW) | Jährlicher Gesamtenergieverbrauch (in kWh) | Jährlicher Gesamtenergieverbrauch (in kWh) | Jährlicher Gesamtenergieverbrauch (in kWh) |

Kategorie 0: Ursprüngliche Definitionsgröße; nur **wenn ausschließlich** elektrische Energie eingesetzt wird (kein Erdgas, keine Fernkälte)

Kategorie 1 bis 3: Falls zusätzlich andere Energieträger eingesetzt werden, sind diese entsprechend zu messen und in elektrische Energiewerte umzurechnen.

## Messstellen

**Beispiel**: Einfache Stromversorgungsanlage

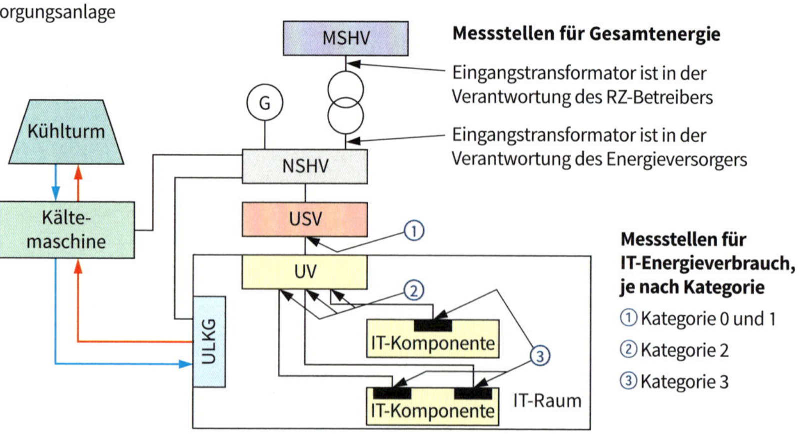


MSHV: Mittelspannungs-Hauptverteilung
NSHV: Niederspannungs-Hauptverteilung
USV: Unterbrechungsfreie Stromversorgung
UV: Unterverteilung
ULKG: Umluftkühlgeräte

## Standards

- Maßnahmen gegen bzw. bei Verlust der Verfügbarkeit werden in die drei Kategorien **Organisation**, **IT-Systeme** und **Infrastruktur** gegliedert.
- Innerhalb jeder Kategorie sind eine Reihe von Standards, Regeln bzw. Vorgaben vorhanden, die sich entsprechend ergänzen.
- **ITIL**
  Bündelung der Betriebsleistungen der IT-Organisation und IT-Services; beschreibt Prozesse und organisatorische Strukturen für den Betrieb der IT-Services
- **COBIT**
  Beschreibt Qualitätsanforderungen aus Sicht der Geschäftsprozesse an die von der IT gelieferten Services
- **ISO**
  Internationale Standards u. a. zum IT-Sicherheitsmanagement
- **DIN/IEEE**
  Standards aus technischer Sicht (z. B. elektrotechnische Anforderungen)
- **Grundschutz**
  BSI-Standards/ -Empfehlungen und -Lösungsvorschläge u. a. zum Thema Managementsysteme für Informations-sicherheit, Risikoanalyse auf Basis IT-Grundschutz

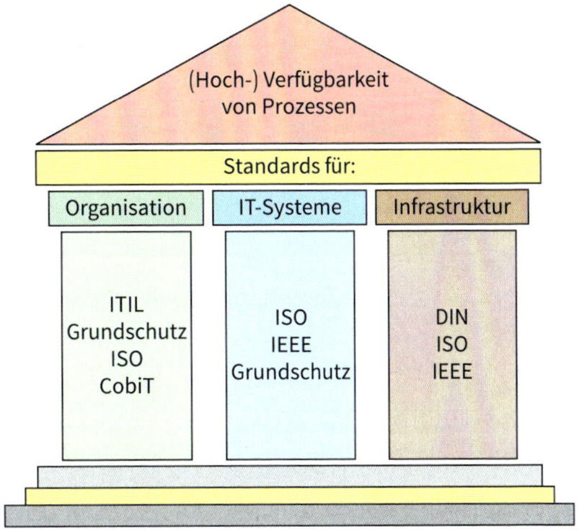


**ITIL**: **I**nformation **T**echnology **I**nfrastructure **L**ibrary
**ISO**: **I**nternational **O**rganization for **S**tandardization
**CobiT**: **C**ontrol **Obj**ectives for **I**nformation and Related **T**echnology

## Verfügbarkeitsansätze

- Die Erhöhung der Verfügbarkeit im IT-Bereich ist durch unterschiedliche aufeinander abgestimmte Maßnahmen realisierbar.
- Die anwendbaren Prinzipien wirken jeweils gegen spezifische Ausfall-/Störungsarten.

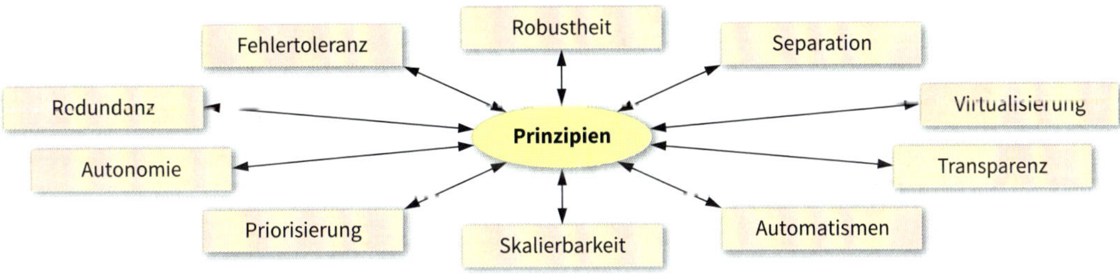


**Fehlertoleranz**
Gewährleistet die Diensterbringung auch im Fall von Störungen/bei Ausfall von Teilsystemen.
Beispiel: Zurücksetzen auf vorherigen betriebsfähigen Stand

**Robustheit**
Der funktionelle Ablauf ist durch äußere Störungen nicht beeinflussbar.
Beispiel: Einsatz robuster Hardwarekomponenten, die im erweiterten Temperaturbereich arbeiten können

**Separation**
Bedarfsgerechte Trennung von Prozessen und Ressourcen
Beispiel: Speicheraufteilung nach Hierarchien

**Virtualisierung**
Anwendungen für Ablauf auf unterschiedlichen Umgebungen gestalten
Beispiel: Server-, Speicher- oder Anwendungsvirtualisierung

**Transparenz**
IT-Ressourcen unabhängig vom Ort der Implementierung zugreifbar halten
Beispiel: Allgemein verständliche Darstellung im Rahmen der Dokumentation (Anwendung z.B. von UML)

**Automatismen**
Automatischer Ablauf der Aufrechterhaltung des Betriebs (ohne menschliches Einwirken)
Beispiel: Umschaltung im Fehlerfall

**Skalierbarkeit**
Bedarfsgerechte Bereitstellung von IT-Ressourcen
Beispiel: Dynamische Speicherzuordnung ohne Veränderung der Architektur

**Priorisierung**
Geschäftskritische Anwendungen im Fehlerfall mit Vorrang bedienen
Beispiel: Netzwerkkommunikation für untergeordnete Funktionen einschränken

**Autonomie**
Selbstverwaltung von IT-Ressourcen (Selbststabilisierend)
Beispiel: Bedarfsgerechte Selbstkonfiguration bei Hinzufügen von Komponenten

**Redundanz**
Gleichartige Komponenten sind mehrfach vorhanden (z. B. Geräte im Stand-by-Betrieb)
Beispiel: Übernahme der Energieversorgung bei Ausfall des primären Netzes durch Dieselgenerator

## Merkmale

- Cloud Computing (‚Rechnen in der Wolke') bezeichnet das **dynamisch an den Bedarf** angepasste
  - **Anbieten**,
  - **Nutzen** und
  - **Abrechnen** von IT-Dienstleistungen

  über ein Netz.
- Angebot und Nutzung dieser Dienstleistungen erfolgen dabei ausschließlich über
  - definierte technische Schnittstellen und
  - Protokolle.

(Definition nach BSI [Bundesamt für Sicherheit in der Informationstechnik])

- Angebotene Dienstleistungen beinhalten das komplette Spektrum der Informationstechnik, z. B.
  - Rechenleistung, Speicherplatz,
  - Plattformen und
  - Software.
- **Vorteile** u. a.:
  - Einsparungen bei eigener IT-Infrastruktur (z. B. bei IT-Systemen, Energiekosten, Personal)
  - Ressourcen können auf Anforderung genutzt werden
- **Nachteile** u. a.:
  - Datenschutz und -kontrolle bei Speicherung von Daten (insbesondere länderübergreifend)

## Cloud-Arten

| **Private Cloud** (Private Cloud) | **Public Cloud** (Öffentliche Cloud) | **Community Cloud** (Gemeinschafts-Cloud) |
|---|---|---|
| ■ Cloud-Infrastruktur wird nur für eine Institution betrieben.<br>■ Sie kann von der Institution selbst oder einem Dritten organisiert und geführt werden. Kann im Rechenzentrum der eigenen oder einer fremden Institution stehen. | ■ Die Services können von der Allgemeinheit oder einer großen Gruppe (z. B. ganze Industriebranche) genutzt werden.<br>■ Die Services werden von einem Anbieter (Provider) zur Verfügung gestellt. | ■ Die Infrastruktur wird von mehreren Institutionen geteilt, die ähnliche Interessen haben (z. B. öffentliche Verwaltungen).<br>■ Kann von einer dieser Institutionen oder einem Dritten betrieben werden. |
| 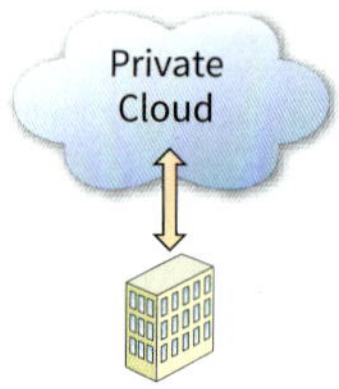<br> | 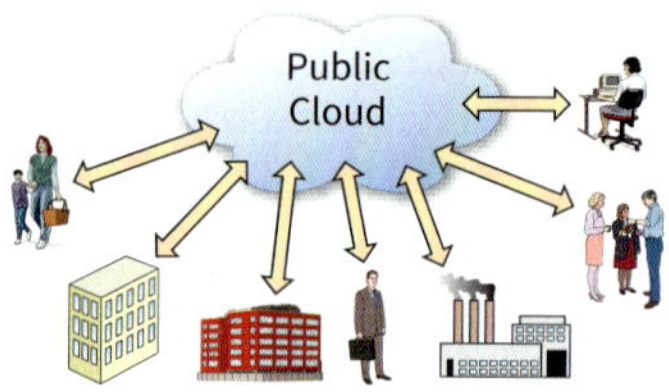<br> | <br> |

**Hybrid Cloud** (Gemischte Cloud)

- Mehrere Cloud-Infrastrukturen, die für sich selbst eigenständig sind, werden über standardisierte Schnittstellen gemeinsam genutzt (z. B. private Cloud in Verbindung mit öffentlicher Cloud)

## Basis-Servicemodelle

**IaaS** ①
(**I**nfrastructure **as a S**ervice: Infrastruktur als Service)

- Hier werden IT-Ressourcen als Service zur Nutzung angeboten (z. B. Rechenleistung, Datenspeicher oder Netze).
- Der Cloud-Kunde kauft bzw. mietet diese virtualisierten (in hohem Maß standardisierten Services) und baut darauf eigene Services zum internen oder externen Gebrauch auf (z. B. Betriebssystem mit Anwendungen).

**PaaS** ②
(**P**latform **as a S**ervice: Plattform als Service)

- PaaS-Provider stellt komplette Infrastruktur bereit und bietet dem Kunden standardisierte Schnittstellen an, die von den Services des Kunden genutzt werden.
- Der Kunde hat keinen Zugriff auf die darunterliegenden Schichten (Betriebssystem, Hardware), kann aber auf der Plattform eigene Anwendungen laufen lassen.

**SaaS** ③
(**S**oftware **as a S**ervice: Software als Service)

- Vom Kunden gewünschte Anwendungen werden vom Provider bereitgestellt, aktualisiert und gewartet.
- Beispiele: Finanzbuchhaltung, Textverarbeitung

## Referenzarchitektur

- Gibt eine Übersicht über die Komponenten, die vom **Service Provider** vorzuhalten und zu managen sind.
- Zur Umsetzung der vielfältigen und komplexen Aufgaben wird die Anwendung von Vorgehensmodellen (z. B. ILTIL oder COBIT) empfohlen.

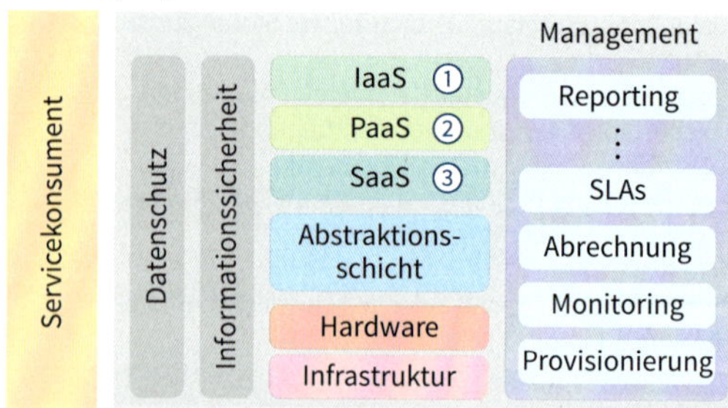


①②③ Externe Serviceleistungen
Reporting: Berichterstattung (u. a. Störungsstatistik)
ALA (Service Level Agreement: Dienstgütevertrag)
Monitoring: Überwachung des Betriebs
Provisioning: Bereitstellung von Software und Hardware

## Merkmale

- Unter Edge Computing versteht man eine dezentrale Datenverarbeitung am „Rande“ eines Netzwerks.
  Edge: Rand, Kante
- Die Daten werden also nicht zunächst zentral – wie beim Cloud Computing – erfasst, sondern können umgehend dort verarbeitet werden, wo sie benötigt werden (weniger „Umwege“ sondern in geographischer Nähe zum Gerät).
- Mit der lokalen Datenverarbeitung mit Edge Computing kann die Speicherung und Analyse von Daten in Echtzeit direkt am Gerät (Maschine) realisiert werden.
- Mit einer zentralen Verwaltung von Edge-Geräten und -Apps lässt sich der Aufwand für Einsatz (Deployment) und Wartung reduzieren.
- Lokale Daten aus IoT-Geräten können vorverarbeitet und in kleinen Paketen in die Cloud gesendet werden.
- Der Übergang zwischen Edge Computing und Cloud Computing ist fließend.

## Edge Computing – Prinzip

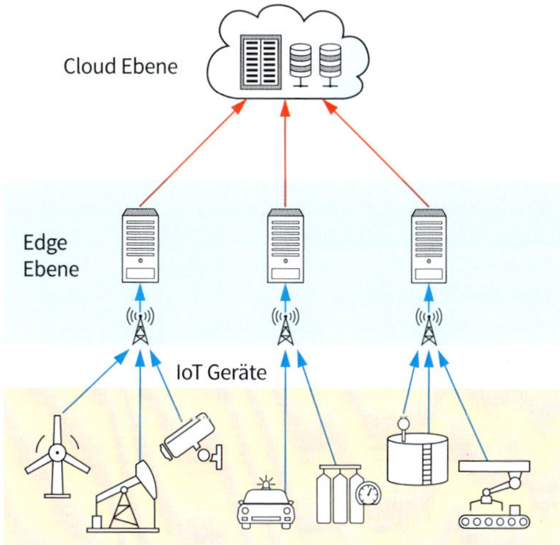


## Gründe für Cloud Computing

- Aufgrund der ständig wachsenden Zahl internetfähiger Geräte mit Cloud Computing-Anwendungen werden Kapazitätsgrenzen erreicht.
- Die steigende Zahl an IoT-Geräten (sinkende Kosten für Sensoren und IoT-Hardware) führt zu einer massiven Zunahme des Datenaustauschs (Prognose für 2025: 25 Milliarden IoT-Geräte).
- Mit der zunehmenden Verbreitung von vernetzten Geräten ist gleichzeitig eine Übertragungstechnik erforderlich, die nur eine geringe Reaktionszeit (Latenz) aufweist und Daten möglichst in Echtzeit übertragen kann (z. B. autonomes Fahren). Miteinander verknüpfte Geräte können auf diese Weise sofort reagieren.
- Durch eine dezentrale Verteilung sensibler Daten kann sich die Sicherheit vor Cyberkriminalität erhöhen.
- Kosten lassen sich verringern, da sich die Nutzung von Bandbreiten und Server-Ressourcen geringer werden.

**Beispiel: Datenaufkommen beim autonomen Fahren**

- Kamera (Bildaufnahme):
  ≈ 20 MB/s bis 40 MB/s
- Radar (elektromagnetische Wellen zur Umgebungsüberwachung, Abstand, Relativgeschwindigkeit):
  ≈ 10 kB/s bis 100 kB/s
- GPS (Ortsbestimmung):
  ≈ 50 kB/s
- Sonar (Ortung von Gegenständen im Raum mit Schallimpulsen):
  ≈ 10 kB/s bis 100 kB/s
- LiDAR (mit Lichtimpulsen wird im Sichtfeld der Abstand zwischen sich und Objekten gemessen):
  ≈ 10 MB/s bis 70 MB/s

## Anwendungsbereiche

Für Anwendungen, bei denen in kürzester Zeit große Datenmengen zu verarbeiten sind (Zusammenwirken von Sensoren und Aktoren).

Wo schnell und angemessen auf verschiedene Situationen reagiert werden muss. Große Latenzzeiten sind zu vermeiden.

- Internet der Dinge (Internet of Things, IoT)
- Automatisierten Prozesse der Industrie 4.0
- Autonomes Fahren
- Management von Energienetzen
- Anwendungen der Künstlichen Intelligenz (KI) und des maschinellen Lernens

## Eigenschaften von „Edge Geräten“

Grundsätzlich zeichnen sich Edge-Geräte durch die Fähigkeit zur Datenverarbeitung direkt oder aus Netzwerksicht nahe bei der Datenquelle aus.

- Einsatz von Embedded Systemen (Integriertes System aus Sensoren, Aktuatoren, Analog-/Digital-Wandlung und einem Prozessor)
  Als Edge Gerät verfügen diese Geräte zusätzlich über Kommunikations- oder Netzwerkschnittstellen.
- Optische Kameras mit Funktionen zum Lokalisieren und Erkennen von Personen und Objekten
- Radar zum Erfassen von Abständen, Geschwindigkeiten, Klassifizieren von Objekten und Gesten.
- Time-of-Flight zur 3D Erfassung von Objekten und Authentifizierung von Personen.
  **ToF** (**T**ime-**o**f-**F**light)
- Barometrische Drucksensoren zur Wettervorhersage, Höhenmessung.
- Physikalisch/chemische Sensoren zur Ermittlung der Zusammensetzung von Flüssigkeiten und Gasen

## Vorgehensweise

1. **Anforderungsermittlung**:
   Es werden z. B. funktionale und nichtfunktionale Anforderungen durch Gespräche, Analyse von Dokumenten oder anderen Methoden ermittelt.
2. **Anforderungsanalyse**:
   Es werden Klassifizierungen, Bewertungen, Vergleiche und Prüfungen vorgenommen. Beispiele: Kosten- und Nutzenanalyse, Konsistenz, Vollständigkeit
3. **Anforderungsbeschreibung**:
   Möglichst einheitlich, z. B. als Anwendungsfälle
4. **Anforderungsrevision**:
   Prüfung und ggf. Änderung der Anforderungen

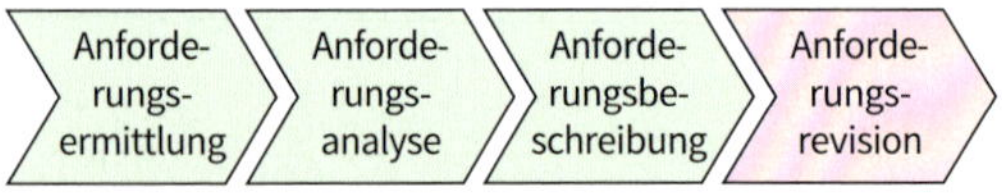


## Beschreibung von Anforderungen

- Nach IEEE 830-98 (Standard für Anforderungsdokumente):
  - Zielsetzung
  - Allgemeine Beschreibung
  - Produktumfeld
  - Funktionale Anforderungen
  - Nichtfunktionale Anforderungen
  - Glossar, Index, Referenzen
- Alle Anforderungen müssen überprüfbar sein.
- Ein objektiver „Dritter" muss Entscheidungen revidieren können.
- Die Nachvollziehbarkeit muss gewährleistet sein.

## Prüfung der Anforderungen durch Fragen

- Wird der Bedarf vollständig abgedeckt?
- Ist alles verständlich formuliert worden?
- Besteht Konsistenz mit den anderen Anforderungen?
- Sind Budges und gewählte Technologien realistisch?
- Sind alle Anforderungen prüf- und überprüfbar?
- Ist einiges in den formulierten Anforderungen änderbar, ohne dass andere Anforderungen beeinträchtigt werden?

## Pflichtenheftaufbau nach IEEE

**IEEE**: **I**nstitute of **E**lectrical and **E**lectronic **E**ngineers

- **Einleitung**
  - Zielsetzung
  - Anwendungsbereich
  - Definitionen, Akronyme, Referenzen
- **Allgemeine Beschreibung**
  - Produktperspektiven
  - Produktfunktionen
  - Benutzercharakteristika
  - Allgemeine Beschränkungen
  - Voraussetzungen und Abhängigkeiten
- **Spezifische Anforderungen**
  - Funktionale und nichtfunktionale Eigenschaften (umfangreichster Teil)
- **Anhänge**

## Arten von Anforderungen

**Benutzeranforderungen**
- Aussagen in natürlicher Sprache
- Beschreibung der Dienste, die das System leisten soll
- Diagramme und Tabellen zur Veranschaulichung
- Randbedingungen, unter denen das System betrieben werden soll
- …

**Systemanforderungen**
- Funktionen, Dienste und Beschränkungen sind detailliert festgelegt
- Präzises Pflichtenheft (funktionale Spezifikation), kann Teil des Vertrages sein.
- Es muss genau festgelegt sein, was implementiert werden soll.
- …

**Funktionale Anforderungen**
Sie können direkt dem Projekt zugeordnet werden.
Es handelt sich dabei um projektspezifische Anforderungen.

- **Was** soll das System leisten?
- **Welche** Dienste soll das System anbieten?
- **Welche** Eingaben, Verarbeitungen und Ausgaben sind erforderlich?
- **Welches** Verhalten soll das System in bestimmten Situationen zeigen bzw. nicht zeigen?

**Nichtfunktionale Anforderungen**
Sie können nicht direkt dem Projekt zugeordnet werden.
Es handelt sich dabei um keine projektspezifische Anforderungen.

- **Wie** soll das System bzw. einzelne Funktionen arbeiten?
- **Welche** Qualitätsanforderungen (z. B. Zuverlässigkeit, Performance) gibt es?
- **Welche** Anforderungen an die Benutzbarkeit des Systems bestehen?

1. **Produktanforderungen** sind beispielsweise:
   - Benutzbarkeitsanforderungen
   - Effizienzanforderungen (z. B. Leistung, Speicherkapazität)
   - Zuverlässigkeitsanforderungen
2. **Unternehmensanforderungen**
   - Lieferanforderungen
   - Umsetzungsanforderungen
   - Vorgehensanforderungen
3. **Externe Anforderungen**
   - Kompatibilitätsanforderungen (funktionierendes Miteinander)
   - Ethische Anforderungen
   - Rechtliche Anforderungen (z. B. Datenschutz, Sicherheit)

# Anforderungsanalyse
## Requirements Analysis

### Gründe

- Unpräzise Vorstellungen und individuelle Artikulation der Auftraggeber („Übersetzung“ in Fachsprache ist oft erforderlich).
- Stakeholder [1] haben mitunter widersprüchliche Anforderungen; neue Stakeholder kommen ggf. hinzu.
- Politische und gesetzliche Rahmenbedingungen
- Sich ändernde Anforderungen während der Entwicklung.

[1] verschiedene Anspruchsgruppen, Interessierte, Betroffene, Projektbeteiligte usw.

### Ziele

- Allgemein: Ermittlung der Anforderungen an ein zu realisierendes Projekt.
  Im Einzelnen: Anforderungen
  - **konkretisieren**,
  - **strukturieren** und
  - **prüfen**.
- Ein gemeinsames und unternehmensweites Verständnis zwischen allen Personengruppen erzielen.
- Konsens herstellen.

### Moderationstechniken

- **Brainstorming** („Gedankensturm“)
  - Alle Teilnehmerinnen und Teilnehmer äußern sich kurz und spontan zu einem Stichwort, Thema, ...
  - Alles darf unkommentiert geäußert werden.
  - Quantität hat Vorrang vor Qualität.
  - Alle Ideen werden gesammelt und können später geordnet (strukturiert) und gewichtet werden.

  **Ziele**:
  - Kreatives Suchen in kurzer Zeit. Gesucht: Möglichst viele Ideen, Lösungen, Verfahren, ...
  - Entdecken neuer oder origineller Lösungsansätze
  - Erreicht wird eine vielfältige und breite Beteiligung.
  - Abwechslung in Bearbeitungsphasen, Motivation, Auflockerung, Entkrampfung

  **Reihenfolge**:

  | | |
  |---|---|
  | 1. Themenstellung | 4. Ideen notieren |
  | 2. Zeit festlegen | 5. Ideen auswerten |
  | 3. Regeln festlegen | 6. Fortsetzung, ggf. Ende |

- **Brainstorming-Paradoxon**
  Es werden Ergebnisse gesammelt, die nicht erreicht werden sollen. Vorgehensweise wie beim Brainstorming.
- **6-3-5-Methode**
  Schriftliches Brainstorming: 6 Teilnehmer entwickeln jeweils 6 Ideen, diese werden verteilt, bis jeder Teilnehmer jede Karte einmal besessen hat.
- **Perspektivwechsel**
  Jeder Teilnehmer betrachtet das Problem aus einer anderen zuvor definierten Perspektive.
- **Walt Disney-Methode**
  Die Teilnehmer werden z. B. in Träumer, Visionär, Realist und Kritiker eingeteilt.
- **Bionic**
  Zunächst werden zum Problem geeignete Assoziationen entwickelt. Anschließend kommt es zu Diskussionen von Lösungsmöglichkeiten für die ermittelten Assoziationen.

### Bestandteile

Zahlreiche Organisationen haben für die Anforderungsanalyse Bestandteile festgelegt. Beispiele:

- **IEEE** (**I**nstitute of **E**lectrical and **E**lectronic **E**ngineers, überlappende Tätigkeiten)
  - Anforderungserhebung
  - Anforderungsanalyse
  - Anforderungsspezifikation
  - Anforderungsbewertung
- **CMMI** (**C**apability **M**aturity **M**odel **I**ntegration; Referenzmodelle für unterschiedliche Anwendungsgebiete; Software Engineering Institute der Carnegie Mellon Universität) unterscheidet:
  - Entwicklung der Anforderungen und
  - Management von Anforderungen
- **Volere** (it. volere = wollen, Sammlung von Hilfsmitteln und Materialien zur Anforderungsanalyse) ist ein Vorgehensmodell mit folgenden Ebenen:
  - Anforderungsspezifikation
  - Stakeholder-Analyse
  - Analyse der Priorisierungen
  - Aufzeichnung der elementaren Anforderungen
- **IIBA** (**I**nternational **I**nstitute of **B**usiness **A**nalysis) unterscheidet drei Kapitel der Anforderungsanalyse:
  - Anforderungserhebung (Stakeholder- Anforderungen)
  - Anforderungs-Management und Kommunikation (verwalten, kommunizieren, identifizieren, zusammenstellen, Genehmigung vorbereiten, managen)
  - Anforderungsanalyse (priorisieren, strukturieren, dokumentieren, Qualität prüfen, Übereinstimmung mit Zielen prüfen)
- **IREB** (**I**nternational **R**equirements **E**ngineering **B**oard) unterscheidet vier Kapitel:
  - Ermitteln (mit verschiedenen Techniken werden Anforderungen der Stakeholder gewonnen und Quellen analysiert, detailliert und verfeinert)
  - Dokumentieren (Ergebnisse werden beschrieben)
  - Prüfen und Abstimmen
  - Verwalten (flankierende Tätigkeiten zur Strukturierung)

### Kriterien

| | |
|---|---|
| eindeutig definiert und abgegrenzt | identifizierbar (z. B. durch Kennung oder Nummer) |
| vollständig | einheitlich dokumentiert |
| verständlich beschrieben | nachprüfbar |
| eine Anforderung pro Abschnitt oder Satz | rückwärts und vorwärts verfolgbar |

konsistent (Anforderungen untereinander sind widerspruchsfrei)

## Methoden

- **Anwendungsfall-Modellierung**
  - Anforderungen lassen sich in Form einzelner Anwendungsfälle zerlegen.
  - Ein Anwendungsfall wird durch eine Bedieneinheit ausgelöst.
  - Ein Anwendungsfall konkretisiert sich in einer Reihe von Szenarien und kann durch ein Anwendungsfall-Diagramm veranschaulicht werden.
  - Die Beschreibung des Anwendungsfalls umfasst Dialoge bzw. Interaktionen, die zur Bearbeitung einer Aufgabe zwischen der Bedieneinheit und dem System „gefordert" werden.
- **Interview**
  - Interviews werden verwendet, um zukünftige Anwender in einem festgelegten und formalisierten Rahmen zu befragen.
  - Dabei ist es möglich, vorhandene Informationen unterschiedlicher Gruppen einzubeziehen.
  - Eine Interviewmethode ist z. B. die „Structured Hierarchical Interviewing for Requirement Analysis" (SHIRA). Verwendet werden dabei Produktattribute wie „einfach", „innovativ", „kontrollierbar" oder „eindrucksvoll".
- **Fragebogen, Berichte**
  - Fragebögen mit Multiple-Choice- oder offenen Fragen werden eingesetzt. Sie sind besonders für eine große Zielgruppe geeignet.
  - Bei Berichten notiert der Mitarbeiter seine Tätigkeit in Form einer Tätigkeitsbeschreibung. Die Methode ist nicht objektiv und erfordert eine hohe Motivation der Mitarbeiter und klare Vorgaben.
- **Dialog-Design-Modellierung**
  - Das Ziel ist dabei, die Struktur eines Benutzerdialogs mit Bildschirmmasken zu modellieren, wobei das Layout der Bildschirmmasken außer Betracht bleibt.
- **Systemverhaltensmodelle**
  - Mit Hilfe eines Modells geht es darum, die Anforderungen an das dynamische Verhalten eines Systems zu spezifizieren.
  - Dabei sind insbesondere der Einfluss von (externen) Ereignissen auf das System und mögliche Übereinstimmungen innerhalb des Systems zu berücksichtigen.
- **Kosten-Nutzen-Analyse**
  - Das Ziel ist dabei, eine Empfehlung abzugeben, ob der erwartete Nutzen die erwarteten Kosten rechtfertigt.
  - Dadurch wird die Beseitigung von Anforderungen geringerer Bedeutung erleichtert.
- **Beobachtungen**
  - Feldbeobachtung: Es wird der Benutzer bei seiner täglichen Arbeit beobachtet.
  - Ausbildung: Der Beobachter lernt die Aufgaben des Benutzers und wendet sie an.

## Pflichtenheft

- **Struktur**

| | |
|---|---|
| **Projekt** | Name |
| **Autor, Autorin** | Mitarbeiter, welche(r) verantwortlich ist für die Erstellung dieses Dokuments |
| **Version** | Eindeutige Nummer (Identifikator), die die Version dieses Dokuments identifiziert. |
| **Letzte Änderung** | Datum, an dem dieses Dokument zuletzt geändert wurde. |
| **Dateiablage** | Ort, an dem die Datei, in der das Dokument gespeichert ist, abgelegt ist (Rechner, Pfad, Dateiname) |

- **Ziel**
  - Beschreibung, was mit dem Projekt erreicht werden soll
  - Auf den Nutzen eingehen; ggf. auf die aktuelle Situation eingehen
- **Anforderungen**
  - **Vollständigkeit**: Alle Details zu der Anforderung sind zu definieren
  - Es sollten so wenig wie möglich Aspekte als selbstverständlich eingeschätzt werden
  - **Eindeutigkeit**: Die Anforderung möglichst mit einfachen Worten zu definieren, damit keine Missverständnisse entstehen können.
  - **Testbarkeit**: Damit soll sichergestellt werden, dass alle Details extern überprüft werden können.
- **Randbedingungen**
  Es handelt sich um die Bedingungen, die zwar primär nicht mit den Anforderungen in Verbindung stehen, aber jedoch bei der Entwicklung des Systems berücksichtigt werden müssen. Beispiele:
  - Vorschrift zur Verwendung einer bestimmten Entwicklungsumgebung/Programmiersprache
  - Vorschrift zur Arbeit nach bestimmten Normen (Programmierrichtlinien, Bundesdatenschutzgesetz, Qualitätsrichtlinien, ...).
- **Schnittstellen**
  Schnittstellen zu anderen externen Systemen sind zu beschreiben (Beispiele: SAP-Installation, Mainframe-Systemen (Großrechner))
- **Anforderungsliste**
  Alle Anforderungen sind übersichtlich aufzulisten.

| Anforderungsidentfikationsnummer (ID) | Anforderung |
|---|---|
| Z. B. laufende Nummer<br>... | Kurze und prägnante Beschreibung der Anforderung |

- **Änderungsübersicht**

| | |
|---|---|
| **Version** | Eindeutige Versionsnummer |
| **Datum** | Datum, an dem die Änderung abgeschlossen wurde |
| **Bearbeiter/in** | Datum, an dem die Änderung abgeschlossen wurde |
| **Beschreibung** | Allgemeine Beschreibung was geändert wurde |

- **Unterschriften**

Projekt-Auftraggeber ..........................................

Projektleiter ..........................................

Ort, Datum

## Definition

**Anforderungen** sind **Bedingungen** oder **Fähigkeiten**, die ein System erfüllen oder besitzen muss, um einen Vertrag, eine Norm oder eine Spezifikation zu erfüllen. [1]

- Anforderungen werden gestellt u. a.
  - vom Auftraggeber,
  - vom Projektleiter,
  - von Projektmitarbeitern,
  - von der Geschäftsführung.
- Sie werden eingeteilt in
  - **funktionale Anforderungen**,
  - **Qualitätsanforderungen** und
  - **Randbedingungen**.
- Qualitätsanforderungen und Randbedingungen werden auch als **nicht funktionale Anforderungen** bezeichnet.
- Anforderungen
  - werden zu Beginn eines Projekts festgelegt (Anforderungsermittlung, -erhebung),
  - sind die Grundlage für die Projektkalkulation (Kosten, Termin, Laufzeit),
  - können sich im Projektverlauf durch innere oder äußere Einflüsse ändern,
  - müssen vom Projektteam ganzheitlich verstanden werden,
  - sind im Projektteam zu kommunizieren und abzustimmen,
  - sind in geeigneter Form zu dokumentieren und zu verwalten,
  - beinhalten auch die Vorgaben für den Test des Systems bzw. der Komponenten.

[1] nach IEEE Std 610.12

## Einteilung

**Arten**

### Funktionale Anforderungen

**Was** soll das System können?
- **Basisfunktionen** (muss sein, unverzichtbar)
- **Zusatzfunktionen** (soll sein, unter Umständen verzichtbar)
- **Wunschfunktionen** (kann sein, muss aber nicht)
- Funktionsaufteilung (Hardware/Software)
- Einsatzbedingungen (z. B. Umwelt)
- Energiebedarf
- …

### Qualitätsanforderungen

**Wie** sollen die Funktionen ausgelegt sein?
- Zuverlässigkeit
- Wartbarkeit
- Wiederverwendbarkeit
- Portierbarkeit
- Leistung
- Sicherheit
- Flexibilität
- Anwendbarkeit
- …

### Randbedingungen

**Welche** Randbedingungen sind zu berücksichtigen?
- Termin
- Kosten
- Mitarbeiter
- Kundenintegration
- Infrastruktur
- Make or Buy Marktentwicklung
- Technologie-Entwicklung
- …

## Tätigkeiten und Methoden

### Ermitteln [2]

Anforderungsquellen festlegen, auswerten Anforderungen analysieren und klassifizieren

- Projektspezifikation
- Vorgängerprodukte
- Wettbewerbsanalyse
- Erfahrungsträger
- Machbarkeitsstudien
- Kundenanforderungen
- Modelle

**Methoden**
- Befragungstechniken
- Dokumentenauswertung
- Brainstorming
- Analogietechnik
- Feldbeobachtung

### Prüfen/Abstimmen [3]

Gesammelte Anforderungen prüfen, abgleichen und gemeinsames Verständnis entwickeln

- Vollständigkeit
- Korrektheit
- Konsistenz
- Realisierbarkeit
- Verifizierbarkeit
- Testbarkeit
- Notwendigkeit

**Methoden**
- Stellungnahme
- Inspektion
- Checklisten
- Prototypen
- Walkthrough

### Verwalten [4]

Anforderungen aktualisieren, kommunizieren und verteilen

- Eindeutige Identifikationen
- Änderungseinträge
- Quellenangabe
- Stabilitätskriterien
- Prioritätsfestlegung

**Methoden**
- Einsatz von CARE-Werkzeugen (Computer Aided Requirement Engineering)

### Dokumentieren [5]

Dokumentationsform, Dokumentenarten, -struktur, -archivierung festlegen

- Prosaform
- Tabellen
- Use-Case-Diagramme
- Aktivitätsdiagramme
- Zustandsdiagramme
- Funktionsablaufpläne

**Methoden**
- Anwendung von Referenzstrukturen (z.B. IEEE 830)
- Aufbau eines Glossars

[2] Anforderungsermittlung: Requirements elicitation
[3] Anforderungsprüfung (-abgleich): Requirements review
[4] Anforderungsverwaltung: Requirements management
[5] Anforderungsdokumentation: Requirements documentation

# Lastenheft, Pflichtenheft

**Requirement Specification, System Specification**

## Lastenheft

**Definition**

DIN VDI/VDE 3694: 2014-04

- Das Lastenheft enthält alle Forderungen des Auftraggebers (Kunden) an die Lieferungen und/oder Leistungen eines Auftragnehmers.
- Die Forderungen sind aus Anwendersicht einschließlich aller Randbedingungen zu beschreiben. Diese sollten quantifizierbar und prüfbar sein.
- Im Lastenheft wird definiert, was für eine Aufgabe vorliegt und wofür diese zu lösen ist.

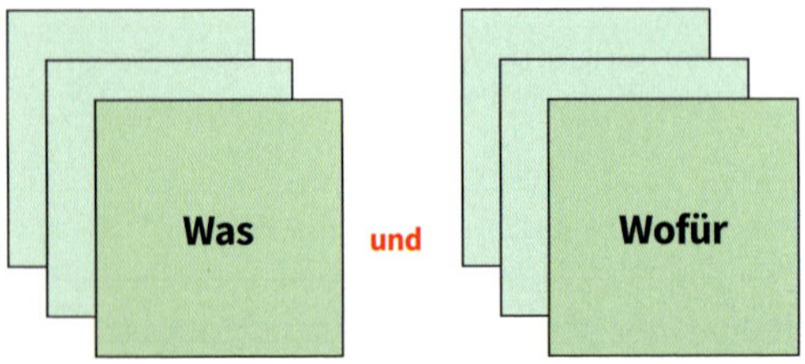


## Voraussetzungen für die Erstellung

- Guten Kontakt zwischen allen Beteiligten herstellen
- Wesentliche Anforderungen durch Markt-, Kunden- und Umfeldanalyse ermitteln

## Durchführung

- Keine allgemeingültigen Vorgaben
- Umfang und Inhalt ist stark von der Zielsetzung abhängig.
- Ermittlung z. B. der
  - Anforderungsträger,
  - Produktfaktoren aus Kundensicht,
  - kaufentscheidenden Faktoren,
  - Anforderungen aus dem Umfeld,
  - Anforderungen aus dem Unternehmen,
  - Anforderungen des Vertriebs,
  - Anforderungen von Lieferanten und Kooperationspartnern,
  - Produktionsprofile

## Vorteile

- Einheitliche Vorgabe für alle am Entwicklungsprozess Beteiligten
- Weniger Missverständnisse und Versäumnisse durch eine systematische Dokumentation
- Rechtsverbindliche Festlegungen

## Nachteile

- Hoher Aufwand
- Individuelle Erstellung (keine Standardisierung)
- Statische Problemlösungsstruktur

## Einsatzbereiche

- Dokumentation der Anforderungen als Abschluss der Planung eines Produkts bzw. einer Dienstleistung
- Prinzipiell für alle Produkte bzw. Dienstleistungen einsetzbar

## Pflichtenheft

**Definition**

DIN VDI/VDE 3694: 2014-04

- Das Pflichtenheft enthält das vom Auftragnehmer erarbeitete Realisierungsvorhaben auf der Grundlage des Lastenhefts.
- Das Pflichtenheft enthält als Anlage das Lastenheft.
- Im Pflichtenheft werden die Anwendervorgaben detailliert und in einer Erweiterung die Realisierungsforderungen unter Berücksichtigung konkreter Lösungsansätze beschrieben.
- Im Pflichtenheft wird definiert, wie und womit die Forderungen zu realisieren sind.

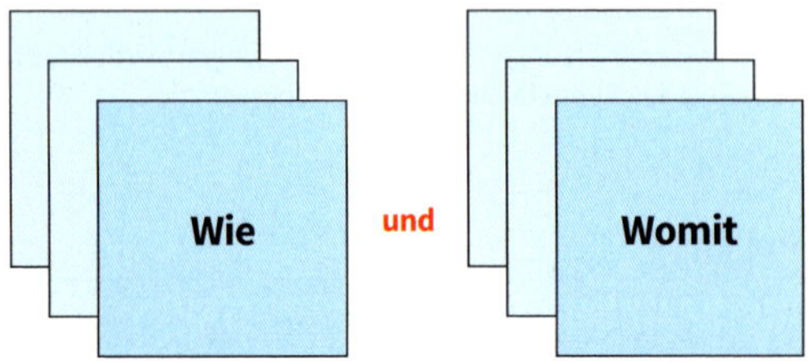


## Funktion

- „Roter Faden" während des Ablaufs der Entwicklung, Produktion …

## Wesentliche Bestandteile (Beispiele)

- Name des Prozesses, Projekts, Vorhabens …
- Verfasser des Pflichtenhefts
- Version
- Ablage der Datei, Dokumentation
- Ziele
  Beschreibung, Nutzen für den Auftraggeber (Kunden), aktuelle Situation (z. B. bisheriges System)
- Anforderungen
  - **Vollständigkeit**
    Alle Details der Anforderungen sind zu definieren. Es sollten so wenig wie möglich Aspekte als selbstverständlich eingeschätzt werden.
  - **Eindeutigkeit**
    Damit keine Missverständnisse entstehen, sind die Anforderungen möglichst mit einfachen Worten zu definieren.
  - **Testbarkeit**
    Alle Anforderungen müssen überprüfbar sein. Dieses ist eine Voraussetzung für die Abnahme durch den Auftraggeber.
- Schnittstellen
  (Verbindungen zu anderen Systemen, Projekten usw.)
- Randbedingungen
- Service- und Wartungshinweise
  (Kontaktadressen)
- Unterschriften
  (Projektauftraggeber/Projektleiter/…)

## Grundanforderungen

- Vorgehensmodelle beschreiben definierte Prozesse und dienen somit u. a.
  - zur Veranschaulichung der Abläufe,
  - Festlegung der Arbeitsweise,
  - Definition von Aufgaben und Teilaufgaben,
  - Festlegung von Schnittstellen,
  - Beschreibung von Rollen und Zuordnungen in Software-Entwicklungsprojekten.
- Abhängig vom Projektumfang und den Kundenanforderungen können entsprechende Vorgehensmodelle eingesetzt werden, wie z. B.
  - Qualitätsmodell des **SEI** (**S**oftware **E**ngineering **I**nstitute),
  - Rational Unified Process,
  - V-Modell XT (weiterentwickeltes V-Modell 97),
  - Extreme Programming.
- Hauptziel in allen Modellen ist es,
  - eine hohe Produktivität und
  - eine ausgezeichnete Qualität bei der Erstellung und Pflege der Produktsoftware zu erreichen.

## V-Modell XT

- Das **V-Modell XT** (**V**: Vorgehensmodell) ist für alle IT-Projekte des Bundes einzusetzen und beschreibt u. a. Projekttypen:
  - Systementwicklungsprojekt eines Auftraggebers,
  - Systementwicklungsprojekt eines Auftragnehmers,
  - Einführung und Pflege eines organisationsspezifischen Vorgehensmodells.
- Bei Anwendung des V-Modells XT in Projekten werden
  - Projektrisiken minimiert,
  - Entwicklungsergebnisse qualitativ verbessert,
  - Gesamtkosten über den gesamten Systemlebenszyklus transparent und beherschbar,
  - Kommunikation für alle Beteiligten verbessert.

## Einfachste Variante

**Beispiel:** Inkrementelle Systementwicklung

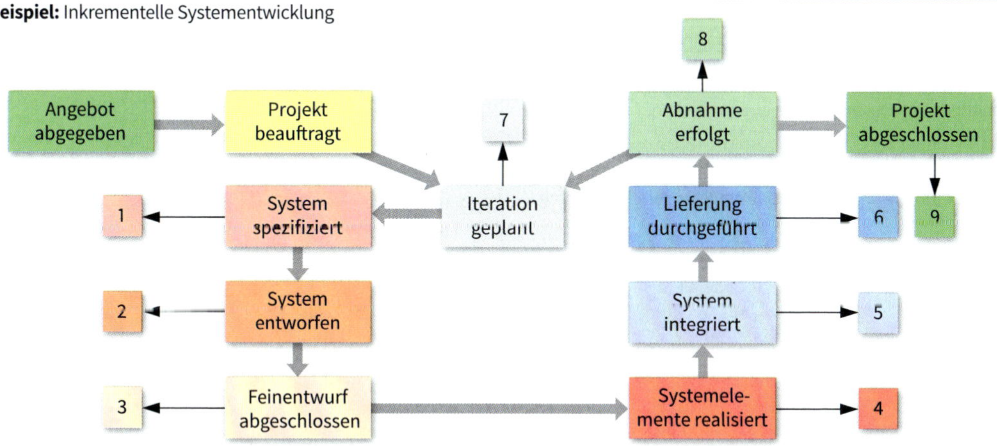


## Dokumente (Beispiele)

| | | | |
|---|---|---|---|
| 1 | ▪ Gesamtsystemspezifikation<br>▪ Gefährdungs- und Systemsicherheitsanalyse<br>▪ Prüfspezifikation Systemelement | 4 | ▪ Software-/Hardware-Einheiten<br>▪ Externe Software-/Hardware-Module<br>▪ Prüfprotokoll Systemelement |
| 2 | ▪ Systemspezifikation<br>▪ Prüfspezifikation Systemelement<br>▪ Implementierungs-, Integrations- und Prüfkonzepte | 5 | ▪ System/Segmente/externe Einheiten<br>▪ Logistische Unterstützungsdokumente<br>▪ Prüfprotokoll Systemelement |
| | | 6 | ▪ Prüfprotokoll Dokument<br>▪ Prüfprotokoll Systemelemente |
| 3 | ▪ Software-/Hardware-Architektur<br>▪ Software-/Hardware-Spezifikation<br>▪ Prüfspezifikation Systemelement | 7 | ▪ Projekt-/QS-Handbuch |
| | | 8 | ▪ Abnahmeerklärung des Auftraggebers |
| | | 9 | ▪ Projektabschlussbericht |

| | |
|---|---|
| **Abnahmebereitschaft** | **Projektkalkulation** |
| Zustand, in dem alle Bedingungen von Seiten des Auftraggebers und Auftragnehmers erfüllt sind, die für die Durchführung der Abnahme erforderlich sind | Ermittlung der voraussichtlichen kostenwirksamen Projektleistungen und ihre Bewertung |
| **Abnahmeerklärung; Abnahmebestätigung** | **Projektmanagementhandbuch** |
| Bestätigung durch den Abnahmeberechtigten, dass vertraglich vereinbarte Lieferungen und Leistungen erbracht sind | Zusammenstellung von Regelungen, die innerhalb einer Organisation generell für die Planung und Durchführung von Projekten gelten |
| **Abnahmephase** | **Projektmanagement-Instrumentarium** |
| Projektphase, in der eine oder mehrere Abnahmen erfolgen | Gesamtheit der Arbeitsmittel, Methoden, Verfahren und Vorgehensweisen, die dem Projektmanagement zur Verfügung stehen. Unter diesen werden diejenigen im Einzelfall ausgewählt, die der Durchführung der Aufgaben dienen sollen. |
| **Abwicklungsmanagement** | **Projektbeobachtung (engl. project monitoring)** |
| Aufgabengebiet innerhalb des Projektmanagements, das sich auf die auftrags- bzw. vertragsgerechte Realisierung des Projektziels (Objekts) erstreckt | Fortlaufende Erfassung von Ist-Werten der Projektabwicklung einschließlich Berichterstattung |
| **Auftragsverhandlung** | **Projektplan; Projektmanagementplan** |
| Verhandlung zwischen Auftraggeber und Anbieter zur Festlegung der für den Fall der Auftragserteilung zum Auftrag gehörenden Lieferungen und Leistungen beider Seiten sowie der sonstigen vertraglichen Bedingungen | Gesamtheit aller im Projekt vorhandenen Pläne |
| **Freigabe** | **Projektrisiko** |
| Erlaubnis zur Durchführung nachfolgender Arbeiten festgelegten Inhalts | Risiko, durch das der vorgesehene Ablauf oder Ziele des Projekts gefährdet werden |
| **Nachforderungsmanagement (engl. claim management)** | **Projektziel** |
| Aufgabengebiet innerhalb des Projektmanagements zur Übrwachung und Beurteilung von Abweichungen bzw. Änderungen und deren wirtschaftlichen Folgen zwecks Ermittlung und Durchsetzung von Ansprüchen | Gesamtheit von Einzelzielen, die durch das Projekt erreicht werden sollen, bezogen auf Projektgegenstand und Projektablauf |
| **Restleistungen (engl. pending points)** | **Risikoanalyse; Projektrisikoanalyse** |
| Zum Auftragsumfang gehörende, nicht planmäßig erbrachte Liefer- und Leistungsanteile von untergeordneter Bedeutung, die erst nachträglich erbracht werden | Teil einer Projektanalyse, der sich auf das Projektrisiko bezieht |
| **Projektabschluss** | **Risikomanagement** |
| Beendigung aller Tätigkeiten, die mit dem Projekt in Zusammenhang stehen | Aufgabengebiet innerhalb des Projektmanagements zur Ausschaltung, Vermeidung oder Verringerung von Projektrisiken |
| **Projektabwicklung** | **Sistierung** |
| Aufgabendurchführung vom Anfang bis zum Ende eines Projekts | Vom Auftraggeber formell geforderter Stillstand in der Auftrags- bzw. Projektabwicklung, bei dem zunächst offen bleibt, ob der Auftrag bzw. das Projekt weitergeführt wird |
| **Projektaudit** | **Teilabnahme** |
| Von einem unabhängigen Auditor systematisch durchgeführte Projektanalyse | Abnahme einer Teillieferung oder Teilleistung aus dem Vertrag, die funktions- bzw. objektbezogen oder aufgrund besonderer Umstände abgegrenzt wird |
| **Projektgegenstand** | **Übergabe** |
| Durch die Aufgabenstellung gefordertes materielles oder immaterielles Ergebnis der Projektarbeit | Nach Form, Inhalt und Durchführung vertraglich vereinbarte oder durch Rechtsvorschriften geregelte Abgabe von Lieferungen und Leistungen an den Empfänger |
| **Projekthandbuch** | **Übernahme** |
| Zusammenstellung von Informationen und Regelungen, die für die Planung und Durchführung eines bestimmten Projekts gelten sollen | Nach Form, Inhalt und Durchführung vertraglich vereinbarte oder durch Rechtsvorschriften geregelte Entgegennahme von Lieferungen und Leistungen von einem Abgebenden |
| **Projektinformationsmanagement** | **Vertragsmanagement** |
| Aufgabengebiet innerhalb des Projektmanagements, das sich mit der Erfassung, Weiterleitung, Be- und Verarbeitung, Auswertung und Speicherung der Projektinformationen befasst | Aufgabengebiet innerhalb des Projektmanagements zur Steuerung der Gestaltung, des Abschlusses, der Fortschreibung und der Abwicklung von Verträgen zur Erreichung der Projektziele |
| **Projektinfrastruktur** | **Vorabangebot; Richtangebot; Schätzangebot** |
| Alle materiellen und immateriellen Einrichtungen und Hilfsmittel, die zur Durchführung eines Projekts notwendig sind | Angebot mit vorläufigem Charakter zum Abstecken des Rahmens |

## Charakteristika

- Projekte sind zeitlich befristet und einmalige Vorhaben.
- Der Zeitrahmen von Projekten kann vorab festgelegt werden, bzw. er wird vom Auftraggeber vorgegeben.
- Die **Zielfestlegung** erfolgt zum Projektbeginn.
- In Projekten werden umfangreiche und vielschichtige Aufgabenstellungen behandelt.
- Während eines Projekts arbeiten verschiedene Abteilungen (Stellen) und Personen zusammen.
- Die Zusammenarbeit der einzelnen Mitarbeiter muss koordiniert werden.
- Zur Projektdurchführung können nur begrenzte Ressourcen verwendet werden.
- Unterschieden werden **sachzielorientierte** von **prozessorientierten Projekten** sowie **Produkt**- und **Anlagenprojekten**.
- Während der Projektdurchführung müssen erreichte Ziele, Probleme usw. dokumentiert werden.
- Liegen konkurrierende Zielkomponenten vor, müssen die Prioritäten festgelegt werden.
- Der **Projektträger** erteilt den Projektauftrag und trägt letztlich die Entscheidungen.
- Das **Projektmanagement** ist für die konkrete Projektdurchführung verantwortlich.
- Die **Projektdefinition** wird vom Projektmanagement in Abstimmung mit dem Projektträger vorgenommen.
- Aufgaben des Projektmanagements:
  - **Planung** (Entwurf eines Projektablaufs)
  - **Organisation** (Definition der Arbeitsstrukturen)
  - **Personaleinsatz** (Personalauswahl/-fortbildung)
  - **Führung** [Überwachung] (Leitung der Arbeiten und des Personals)
  - **Kontrolle** (Überprüfung der erreichten Ergebnisse)
- **Interne Projekte:** Im Unternehmen werden Projekte von Führungsstellen durchgeführt.
- **Externe Projekte:** Auftraggeber eines Projekts ist ein Kunde außerhalb des Unternehmens.

## Projektvorgaben/-ziele

**Einzuhaltende Aspekte eines Projektauftrags**

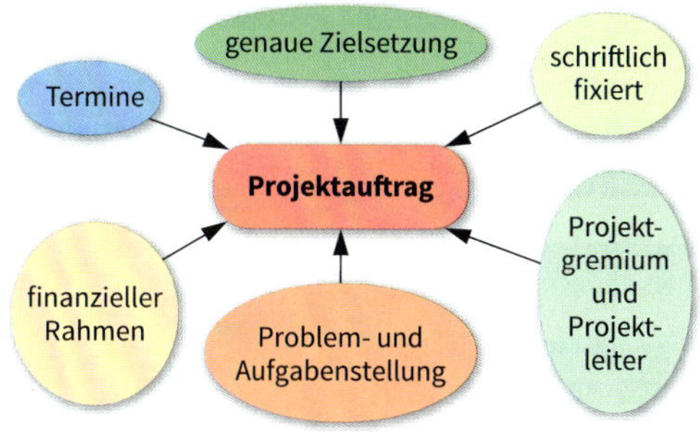


- Wesentlich ist eine exakte Bestimmung des **Projektziels**, das verbindlich für **Auftraggeber** und **-nehmer** ist.
- Bei der **Zielfestlegung** müssen
  - **sachliche**,
  - **ökonomische (finanzielle)**,
  - **zeitliche**,
  - **soziale** Vorgaben und Möglichkeiten (→ **Rahmenbedingungen**) beachtet werden.
- Die festgelegten Ziele müssen
  - schriftlich festgelegt,
  - eindeutig definiert,
  - klar und widerspruchsfrei formuliert,
  - realistisch ausgewählt,
  - transparent festgelegt,
  - überprüf- und beurteilbar sein.
- Mit der konkreten Zielbestimmung müssen
  - ein exakter **Anforderungskatalog,**
  - die **Nachweisform der erreichten Ergebnisse,**
  - die denkbaren Verhaltensweisen bei **Durchführungsschwierigkeiten** und
  - die Kriterien zur Erfassung der **Projektergebnisse** nachvollziehbar festgelegt werden.

## Projektablauf

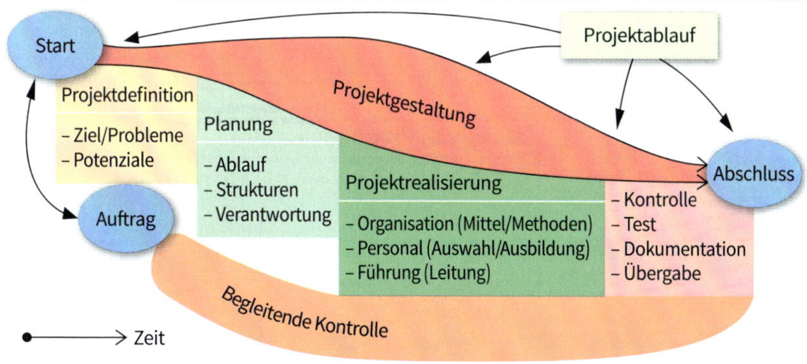


## Projektstart

- Initiierung und Gründung des Projekts
- Definition der Projektziele
- Analyse der zu lösenden Probleme
- Bestimmung der Lösungsmöglichkeiten
- Festlegung eines Lösungsansatzes
- Ermittlung der organisatorischen Möglichkeiten
- Festlegung eines Projektauftrags

## Planungsphase

Aufgaben innerhalb der **Planungsphase**

- Inhaltliche und terminliche Strukturierung der Projektarbeit
- Abschätzung des Arbeitsaufwands
- Festlegung des Kostenrahmens
- Bestimmung der Projektteilverantwortung
- Definition wesentlicher Zwischenziele
- Im Rahmen der Planung ist festzulegen, auf welchen Wegen die einzelnen Teilziele zu erreichen sind.
- Die Zielerreichungskriterien (Maßstäbe/Qualitätskriterien) sind festzulegen.
- Die Vernetzung und Abhängigkeit der Inhalte und Ziele ist übersichtlich darzustellen.

## Planungsdarstellung

- Planungsabläufe, Planungsaktivitäten, Zwischenziele und Termine können mit **Tabellen**, **Diagrammen** und **Graphen** anschaulich dargestellt werden.
- Wesentliche Zwischenergebnisse werden auch als **Meilensteine** in der Projektabwicklung bezeichnet.
- Mit den **Ablaufplänen** können Aktivitätsabhängigkeiten übersichtlich dargestellt werden.

**Entwicklungswege mit wesentlichen Zwischenergebnissen**

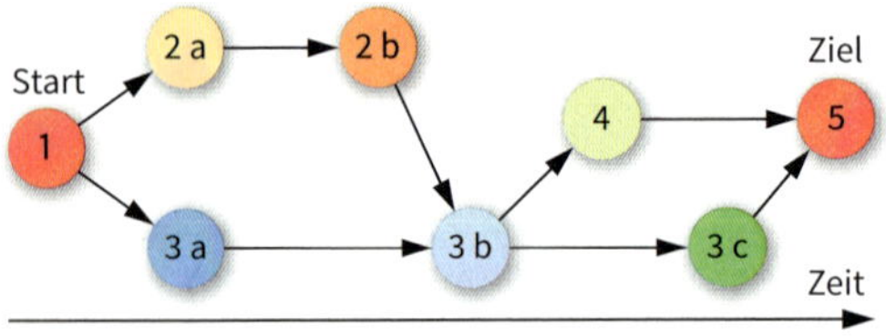


## Projektrealisierung

Während der Projektrealisierung müssen drei Managementfunktionen erfüllt werden:
- die konkrete **Projektorganisation**,
- der **Personaleinsatz**,
- die konkrete **Leitung der Arbeitsausführung**.

## Personaleinsatz

Aufgaben beim **Personaleinsatz**:
- Bestimmung der notwendigen Personalqualifikationen
- Personalsuche/-werbung (Stellenanzeigen)
- Personalauswahl
- Weiter- und Fortbildung des Personals
- Zuordnung des Personals auf Stellen
- Gestaltung einer leistungsgerechten Entlohnung

## Projektorganisation

Aufgaben innerhalb der **Projektorganisation**:
- Erstellung eines zielorientierten Handlungsgefüges
- Festlegung von überschaubaren Aufgabeneinheiten
- Kompetenz- und Stellenzuweisungen
- Schaffung einer Kommunikationsstruktur

## Projektführung

Aufgaben innerhalb der **Projektführung**:
- Feinregelung der alltäglichen Arbeitsaufgaben
- Kontinuierliche und konkrete Motivation, Regulierung und Entscheidungen im Arbeitsprozess
- Abstimmungen zwischen den Beteiligten
- Gestaltung der konkreten Kommunikation
- Kontinuierliche Überprüfung der Arbeiten

## Teamarbeit

Die vorherrschende Arbeitsform ist die Teamarbeit innerhalb der Projektarbeiten. Deren Qualität bestimmt auch die Qualität der Projektarbeit. Die Gestaltung der Kommunikationsbeziehungen (Effektivität, Sensibilität, Klarheit, Eindeutigkeit und Zielorientierung) bestimmt die Qualität der Arbeitsbeziehungen.

## Projektkontrolle

- Die Projektkontrolle erfolgt kontinuierlich während der Projektdurchführung und stellt darüber hinaus auch eine eigenständige Phase dar.
- Generell wird ein SOLL-IST-Abgleich vorgenommen.
- Die kontinuierliche Kontrolle ist vom Projektleiter vorzunehmen.
- Bei umfangreichen Projekten sind autonome Kontrollteams zu bilden.

**Kontrollaspekte im Projekt**
- Aufwands- und Kostenkontrolle (Budgetrahmen)
- Terminkontrolle
- Projekt- und Produktfortschritt
- Qualitätsentwicklung
- Gestaltung der Produktdokumentation
- Entwicklung der Projekt-/Fortschrittsberichte
- Projektdokumentation und -präsentation

## Projektabschluss

**Aufgaben gegenüber dem Auftraggeber**:
- Dem Auftraggeber ist das Produkt zu präsentieren.
- Die Abnahmetestergebnisse sind vorzustellen.
- Das Produkt ist zu übergeben.
- Eine Produktdokumentation ist auszuhändigen.
- Eine Analyse der Produkteigenschaften (Abweichungsanalyse) ist zu erstellen.
- Ein Produktabnahmebericht ist zu erstellen.
- Eine Abschlusskalkulation muss erarbeitet und dem Auftraggeber übergeben werden.

**Aufgaben innerhalb der Projektgruppe**:
- Der Projektphasenablauf muss analysiert werden.
- Herausstellung der Stärken und der Schwachpunkte
- Diskussion der Qualität des Projektmanagements und der Projektleitung
- Die Produktqualität, die Qualität der Dokumentation und der Präsentation müssen erfasst werden.
- Erstellung einer internen Kostenanalyse
- Beurteilung der Projektteilnehmer (→ Zeugnisse)
- Das Projekt und die Projektgruppe sind aufzulösen.

## Alltag von Projektmanagern

- Projektmanager benötigen etwa **70 %** ihrer Arbeitszeit für **Gespräche.**
- Die Kontakte/Begegnungen sind durch **Fragen** und **Zuhören** bestimmt.
- **Anweisungen** treten nur selten auf.
- **Probleme** sind oftmals nicht eindeutig aufzulösen.
- **Sach- und Personalaspekte** sind oft nicht klar voneinander zu trennen.
- **Freie Gestaltungsräume** treten nur begrenzt auf.
- Die **Prozessabläufe** sind oft sehr komplex, ineinander verschränkt und können nur schwer strukturiert werden.
- Die **Informationsbasis** zur Lösung (**Entscheidung**) vieler Probleme ist fast immer unvollständig und uneindeutig.
- **Handlungserfordernisse** und innere und äußere **Handlungsbegrenzungen** bestimmen wesentliche Entscheidungsmöglichkeiten der Projektbeteiligten.

## Team-Kennzeichen

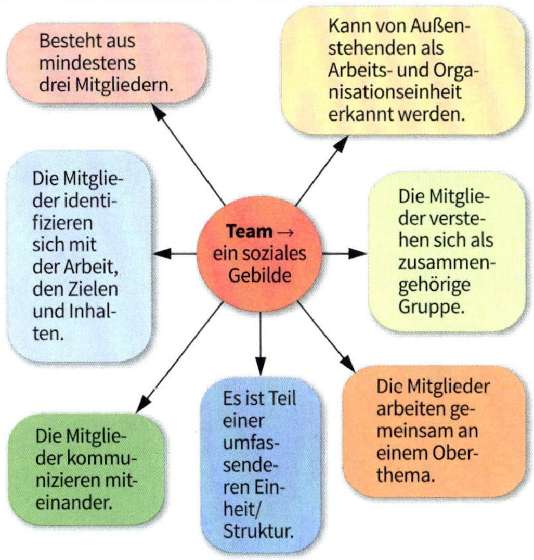


## Teamarbeitsqualität

- Offene und transparente **Kommunikationsbeziehungen** unter den Mitgliedern
- **Klare** und **eindeutige Aufgabenkoordination** durch die Projektleitung
- **Gerechte** und **einsichtige Arbeitsverteilungen** innerhalb des Teams
- **Gleichberechtigung** der Mitgliederbeiträge
- Gegenseitige **Unterstützung** der Teammitglieder
- **Einheitliche** (Arbeits-)**Erwartungsnormen** bei den Mitgliedern
- **Zufriedenheit** des einzelnen Mitarbeiters mit dem Arbeitsprozess im Team
- **Positive Akzeptanz** der eigenen Rolle im Team
- **„Innere Identität"** (Zusammenarbeit/Kohäsion) in der Gruppe
- **Positive Einschätzung** der Teamarbeitsziele durch die Mitarbeiter (**„Innere Übereinstimmung"** mit dem Projekt)
- Eindruck/Einschätzung/Gefühl der **Sinnhaftigkeit** des Tuns der Teamgruppe, wobei dieser Sinn einheitlich – von allen Mitgliedern – benannt werden kann.

## Optimierungsregeln für die Teamarbeit

- **Zuhören** ist (oftmals) wichtiger als reden.
- **Schweigen** ist weder als Zustimmung noch als Ablehnung zu verstehen.
- **Konflikte** und Irritationen sollen benannt und besprochen werden.
- **Missverständnisse** sind (unverzüglich) aufzuklären.
- Probleme sollen selbstständig gelöst werden.
- Besprechungsergebnisse sind zu **dokumentieren.**
- Alle Vereinbarungen, Festlegungen, Dokumente usw. sind **für alle jederzeit einsehbar.**
- **Zuständigkeiten** sind überprüfbar und eindeutig festzulegen.
- **Vorgehensweise** und Positionen sind abzusprechen und einzuhalten.
- **Alle Mitglieder** begreifen sich **als vollwertige** und **gleichberechtigte** Projektmitarbeiter.
- **Probleme** der Projektentwicklung sind zu thematisieren.
- Der **Kundenwunsch** steht zentral im Mittelpunkt des Arbeitsinteresses (**Kundenorientierung** der Arbeit).

## Ebenen der Kommunikationsbeziehungen

(1) Eigen- und Selbstverständigung (innerer Monolog)
(2) Dialogische Kommunikationsstruktur (Ich-Du-Beziehung)
(3) Verständigung zwischen Gruppen und Abteilungen
(4) Komplexe (taktische und strategische) interne und externe Unternehmenskommunikation

Training schrittweise von (1) zu (4).

## Formale Projektbeschreibungen

1. Funktionsmatrix /-diagramm
2. Verantwortungsmatrix
3. Meilensteinpläne /-listen
4. Netzablaufpläne
5. Aktivitätspläne
6. Fortschrittsberichte

Zu allen Aspekten existieren Anwenderprogramme (MS Project ...).

## Projektarbeitsaufwand

Zur Festlegung von Projektteams muss der zu erwartende Arbeitsaufwand geschätzt und der Bedarf an Mitarbeitern festgelegt werden.

- Der Zeitaufwand für die Kommunikation in Teamgruppen hängt von der Anzahl der Mitarbeiter exponentiell ab:
  $KA = A \cdot \exp(AM \cdot B) = A \cdot e^{AM \cdot B}$
  ***PM***: Projektmonate; ***A***, ***B***: Faktoren
  ***KA***: Kommunikationaufwand in PM
  ***AM***: Anzahl der Projektmitarbeiter
- Der Zeitaufwand für die Lösung einer Projektaufgabe nimmt mit der Zahl der Mitarbeiter ab.

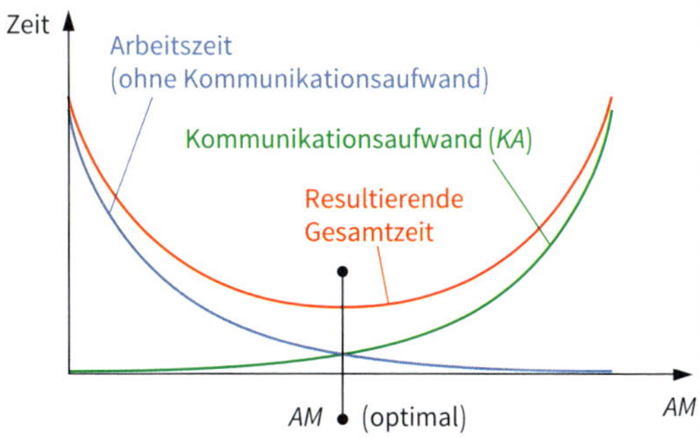


Der Projektaufwand kann mit folgenden – auch kombiniert eingesetzten – Methoden abgeschätzt werden:

- **Expertenschätzung**: Ein Fachmann hat bereits entsprechende Pojekte durchgeführt.
- **Delphi-Methode**: Mehrere Fachleute prognostizieren unabhängig voneinander den Aufwand. Diese Einschätzungen werden später offen diskutiert und die ursprünglichen Einschätzungen werden modifiziert.
- **Berechnungsmethoden**: Expertenwissen wird mathematisch aufbereitet.

## Begriffe von Softwareprojekten

**Ausfallzeit**:
Die Zeit, in der die Anlage oder Geräte keine oder fehlerhafte Leistungen erbringen.

**Ausweichanlage**:
Eine der Konfigurationen des Anwenders entsprechende An-lage, die für seine Programme geeignet ist.

**Betriebsbereitschaft**:
Uneingeschränkte Einsatzfähigkeit der Anlage(n) oder Geräte

**DV-Anlage**:
Zentraleinheit(en) einschließlich angeschlossener und zugeordneter Geräte

**DV-Geräte**:
Zentraleinheit oder die an diese unmittelbar oder mittelbar angeschlossenen oder der Anlage zugeordneten Maschinen

**DV-technisches Feinkonzept**:
Festlegung der DV-technischen Realisierungen der maschinell auszuführenden Funktionen eines DV-gestützten Verfahrens zur Erfüllung der Programmanforderungen. Die Festlegung ermöglicht unmittelbar und ohne weitere Vorarbeiten die Programmierung.

**Fachliches Feinkonzept**:
Vollständige Festlegung eines Verfahrens durch die detaillierte Beschreibung der Funktionen und Schnittstellen sowie der von ihnen benötigten und zu erzeugenden Informationen. Bei DV-gestützten Verfahren sind deren maschinell auszuführende Funktionen als solche ausgewiesen.

**Grobkonzept**:
Der nach vorbereitenden Arbeiten vorgeschlagene Lösungsweg. Lösungsweg in diesem Sinne ist ein Verfahrenskonzept, das die Forderungen an Leistung und Eigenschaften des Verfahrens berücksichtigt.

**Grundsoftware**:
Elementare Betriebsprogramme speziell zur Steuerung, Überwachung, Wartung und Diagnose der einzelnen Systeme (Zentraleinheit, Arbeitsspeicher, Anschlussgeräte) sowie die zur Verwaltung/Kontrolle der Programmabläufe erforderlichen Betriebsprogramme

**Instandhaltung**:
Alle vorbeugenden, zur Werterhaltung und Aufrechterhaltung der Betriebsbereitschaft der Anlage oder Geräte erforderlichen Leistungen

**Instandsetzung**:
Beseitigung von Störungen an der Anlage durch Reparatur und/oder Ersatz

**Mängelbeseitigung**:
Umfasst neben der endgültigen Beseitigung des Mangels auch die Diagnose und gegebenenfalls eine behelfsmäßige Lösung.

**Programm**:
Eine Anweisung zur Aufgabenlösung zusammen mit allen erforderlichen Vereinbarungen (DIN 44300). In den BVB auch benutzt für Programmsysteme einschließlich der für deren Funktionsfähigkeit notwendigen Hilfsmittel

**Programmeinführung**:
Der Programmzustand auf einer EDV-Anlage ermöglicht die Aufnahme der Funktionsüberprüfung.

**Vorbereitende Arbeiten**:
Vorarbeiten für ein Grobkonzept (Verfahrensidee, Ist-Analyse, Forderungen)

**Wartung**:
Leistungen zur Instandhaltung und Instandsetzung der EDV-Anlage bzw. -Geräte

## IT-Projektmitarbeiter/Führungsorganisation

Grundsätzlich ist die intrinsische und extrinsische Motivation der Mitarbeiter zu beachten. Anreizsysteme (Entlohnung ...) können die Motivation lenken und stärken. Einzelne Mitarbeiter sind für spezielle Aufgaben besoonders geeignet.

| **Mitarbeitertypologie** speziell mit Blick auf die IT-Projektarbeit (Benennung und nähere Charakterisierung) | |
|---|---|
| **Completer, Finisher**<br>sorgfältig, zielorientiert, Interesse an vollständigen Handlungen | **Plant**<br>originell, anregend, mit Blick auf die Hauptlinie, Details vernachlässigend |
| **Implementer**<br>pragmatische Machbarkeitsorientierung, kein Visionär | **Monitor Evaluator**<br>hohe Analysefähigkeit, kreativ, zum Teil distanziert |
| **Coordinator**<br>Teamführer, diszipliniert, ruhig, gelassen | **Resource Investigator**<br>Kommunikator (nach außen) |
| **Shaper**<br>Teamkoordinierung, problemlösungsorientiert | **Spezialist**<br>technisches Detailinteresse |
| **Teamworker**<br>anpassungsfähig, kooperationsfähig | |

## Arbeitstreffen (Gestaltungsprinzipien)

| | |
|---|---|
| Veranstaltung langfristig planen und organisieren | Tagesordnungspunkte vorab allen rechtzeitig mitteilen |
| Allen Teilnehmern alle Materialien (vorab) zustellen | Pünktliche, präzise Gestaltung |
| Klare Vorstellung/Absprachen | Thema und Teilnehmer vorstellen/bekannt machen |
| Termine vereinbaren | Verbindliche Vergabe von Aufträgen und Vorgaben |
| Kontrollen, Rückmeldungen und Überprüfungen festlegen | Erfolgskontrolle (IST-SOLL-Vergleich; Schwachstellenanalyse) |
| Protokolle zeitnah erstellen und allen zugänglich machen | |
| Vorleben der eigenen Maßstäbe und Ideen | |

## Prinzipien der Mitarbeiterführung

| | |
|---|---|
| Klare, eigene Wertvorstellungen und Beurteilungsmaßstäbe | Präzise, eindeutig und zeitlich knapp fragen und antworten |
| Ohne Hektik, ohne Zeitnot in der Begegnung | Keine Abwertungen von Beiträgen und Mitteilungen |
| Lösungsorientiert arbeiten und diskutieren | Trennung von sachlichen und persönlichen Facetten |
| Konzentration auf das Wesentliche | Delegation von Routineaufgaben |
| Vorleben der eigenen Maßstäbe und Ideen | |

# Elektrische Energieversorgung

# 10

## Sinusförmige Wechselspannung

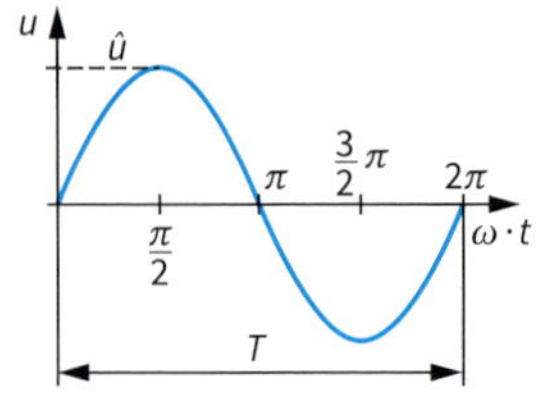


$u, i$ : Momentanwerte (Augenblickswerte)
$\hat{u}, \hat{\imath}$ : Maximalwerte, Spitzenwerte, Amplitude
$f$ : Frequenz
$T$ : Periodendauer
$\omega$ : Kreisfrequenz
$p$ : Polpaarzahl
$n$ : Drehzahl

$$u = \hat{u} \sin \omega \cdot t$$
$$\omega = 2\pi \cdot f$$
$$[\omega] = \frac{1}{s}$$
$$f = \frac{1}{T}$$
$$f = p \cdot n$$
$$[f] = \text{Hz}$$
$$[n] = \frac{1}{s}$$

## Spitzen- und Effektivwerte

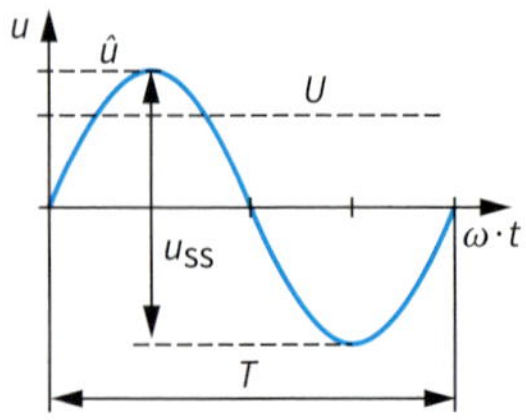


$\hat{u}, \hat{\imath}$ : Maximalwerte, Spitzenwerte, Amplituden
$U, I$ : Effektivwerte auch: $U_{eff}$ und $I_{eff}$

$u_{ss}, i_{ss}$: Spitze-Spitze-Wert

$$U = \frac{\hat{u}}{\sqrt{2}}$$
$$I = \frac{\hat{\imath}}{\sqrt{2}}$$
$$u_{ss} = 2 \cdot \hat{u}$$
$$i_{ss} = 2 \cdot \hat{\imath}$$

## Addition phasenverschobener Spannungen und Ströme

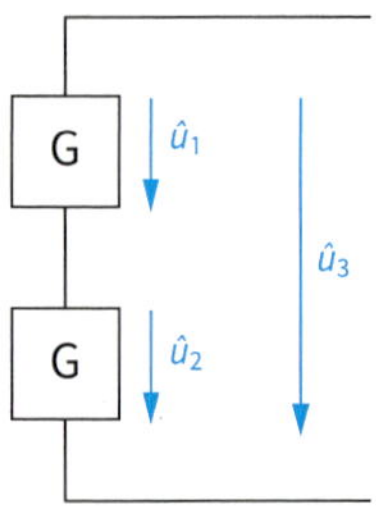


$\varphi_{12}, \varphi_{13}, \varphi_{32}$ : Phasenverschiebungswinkel

$\hat{u}_1, \hat{u}_2$ : Spitzenwerte der Einzelspannungen

$\hat{u}_3$ : Spitzenwert der Gesamtspannung

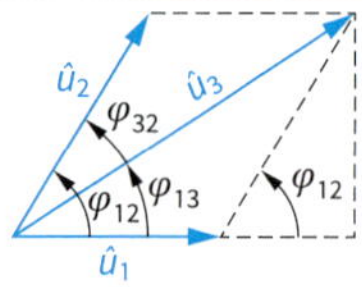


$$\hat{u}_3^2 = \hat{u}_1^2 + \hat{u}_2^2 - 2 \cdot \hat{u}_1 \cdot \hat{u}_2 \cdot \cos(180° - \varphi_{12})$$
$$\tan \varphi_{13} = \frac{\hat{u}_2 \cdot \sin \varphi_{12}}{\hat{u}_1 + \hat{u}_2 \cdot \cos \varphi_{12}}$$

## Leistungen im Wechselstromkreis

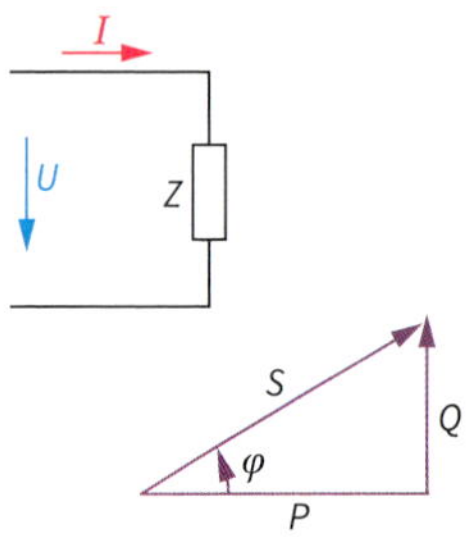


$S$ : Scheinleistung
$P$ : Wirkleistung
$Q$ : Blindleistung
$\cos \varphi$ : Leistungsfaktor
$\lambda$ : Wirkleistungsfaktor

$\sin \varphi$ : Blindleistungsfaktor

$$S = U \cdot I$$
$$S = \sqrt{P^2 + Q^2}$$
$$P = U \cdot I \cdot \cos \varphi$$
$$[S] = \text{V} \cdot \text{A}$$
$$[P] = \text{W}$$
$$\cos \varphi = \frac{P}{S}$$
$$\lambda = \frac{P}{S}$$
$$Q = U \cdot I \cdot \sin \varphi$$
$$[Q] = \text{var}$$

## Rechtecksignale

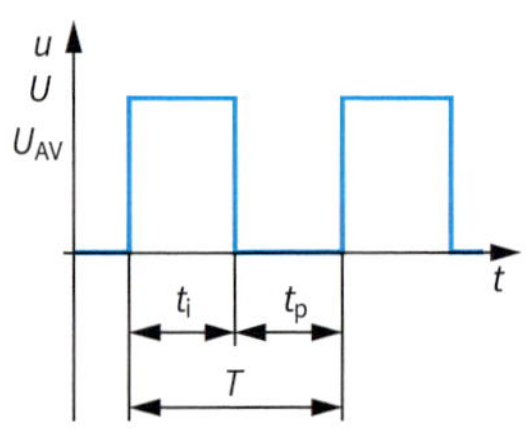


$t_i$ : Impulsdauer
$t_p$ : Pausendauer
$T$ : Periodendauer
$f$ : Frequenz
$g$ : Tastgrad
$U_{AV}$ : Mittelwert
$V$ : Tastverhältnis

$$T = t_i + t_p$$
$$f = \frac{1}{T}$$
$$g = \frac{t_i}{T}$$
$$V = \frac{1}{g}$$
$$U_{AV} = \frac{U \cdot t_i}{T}$$

## Kennzeichnung von Systempunkten und Leitern

| Stromsystem | Teil | Außenpunkte, Außenleiter | Mittelpunkt, Mittelleiter, Sternpunkt, Neutralleiter | Bezugs-erde | Schutz-leiter geerdet | Neutral-leiter, PEN-Leiter[3)] |
|---|---|---|---|---|---|---|
| Gleichstrom | Netz | Polarität: positiv: L+; negativ: L– | M | E | PE | – |
| m-Phasen-system | Netz | vorzugsweise: L1, L2, L3 … Lm | N | | | |
| | | zulässig auch: 1, 2, 3, … m [1)2)] | | | | |
| Drehstrom | Netz | vorzugsweise: L1, L2, L3 | | | | PEN |
| | | zulässig auch: 1, 2, 3, [1)2)] | | | | |
| | | zulässig auch: R, S, T [2)] | | | | – |
| | Betriebsmittel | allgemein: U, V, W | | | | |

[1)] wenn keine Verwechslung möglich
[2)] Nummerierung oder Reihenfolge der Buchstaben im Sinne der Phasenfolge [3)] auch noch Nullleiter üblich

## Beispiele von Formelzeichen für Spannungen

| Art der Spannungen | Stromsystem | | Formelzeichen |
|---|---|---|---|
| Außenleiterspannungen | Gleichstromsystem | | $U, U_{L+}, U_{L-}$ |
| | m-Phasensystem | | $U_{12}, U_{23}, U_{34} \ldots U_m$ |
| | Drehstromsystem | | $U_{12}, U_{23}, U_{31}$ |
| | Drehstrom-Generatoren, -Motoren, -Transformatoren | | $U_{UV}, U_{VW}, U_{WU}$ |
| Außenleiter-Mittelspannung | Gleichstromsystem | | $U, U_{L+M}, U_{M-L}$ |
| Sternspannungen | Sternschaltung | m-Phasensystem | $U_{1N}, U_{2N}, U_{3N} \ldots U_{mN}$ |
| | | Drehstromsystem | $U_{1N}, U_{2N}, U_{3N}$ |
| | Drehstrom: Generatoren, Motoren, Transformatoren | | $U_{UN}, U_{VN}, U_{WN}$ |
| Mittelpunktspannung | Gleichstromsystem | | $U_{ME}$ |
| Sternpunktspannung | Sternschaltung: m-Phasensystem, Drehstromsystem | | $U_{NE}$ |

# Drehstromübertragung
## Three-phase Current Transmission

### Verteilung

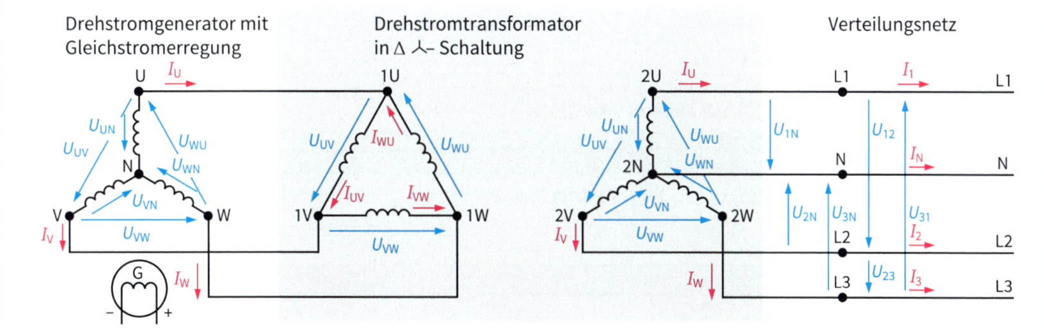


**Liniendiagramm**

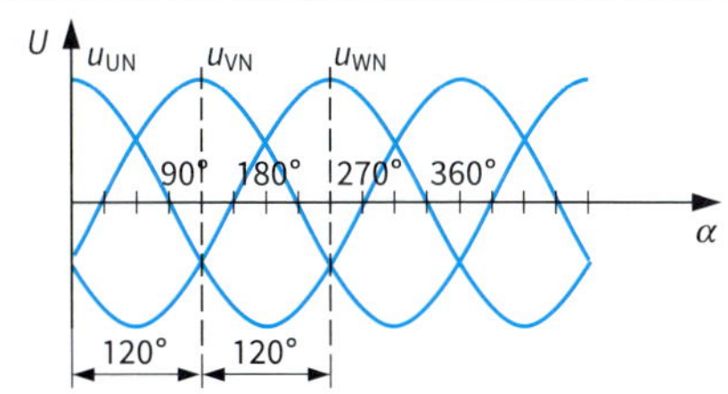


**Zeigerdiagramm**

**Spannungen**

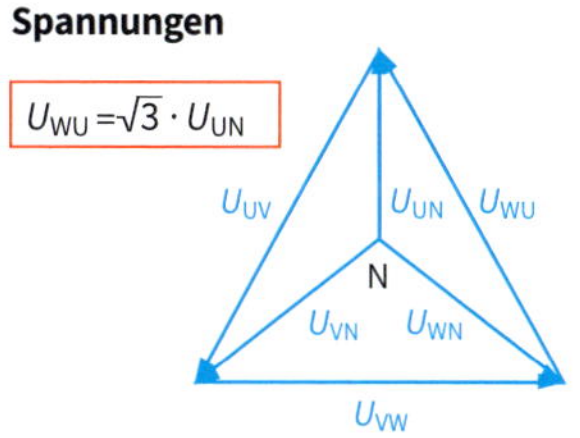


**Stromstärken**

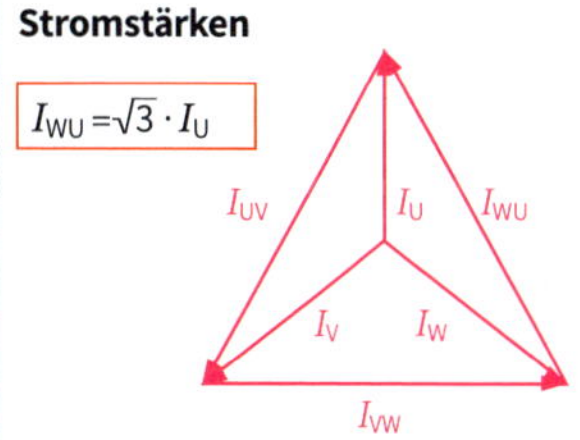

## Leiterkennzeichnung

| | |
|---|---|
| **L1, L2, L3** | **Außenleiter**, sie verbinden die Energiequelle mit den Geräten, Anlagen usw. |
| **N** | **Neutralleiter**, er ist mit dem Mittel- oder Sternpunkt des Energienetzes verbunden. |
| **PE** | **Schutzleiter**, er verbindet die Körper und leitfähigen Teile mit der Haupterdungsklemme und Erde. |
| **PEN** | **PEN-Leiter**, er vereinigt die Neutral- und Schutzleiterfunktion in einem Leiter. |

## Buchstaben im Energienetz

| | |
|---|---|
| 1. Buchstabe | Beschreibung der Erdung beim Energieversorgungsunternehmen (EVU) |
| 2. Buchstabe | Beschreibung der Erdung in der Anlage des Verbrauchers |
| 3. und 4. Buchstabe | Beschreibung der N- und PE-Leiterverlegung in der Anlage des Verbrauchers |

## Erdungen im Energienetz

| | |
|---|---|
| **T** | **T**erre (Erde)<br>Direkte Erdung des Sternpunkts |
| **I** | **I**solation (isoliert)<br>Trennung aller aktiven Teile von der Erde; Sternpunkt ist isoliert (oder) über Impedanz mit der Erde verbunden. |

## Körpererdungen in elektrischen Anlagen

| | |
|---|---|
| **T** | Direkte Erdung, unabhängig von vorhandener Erdung im Versorgungssystem |
| **N** | Die Körper sind direkt mit dem geerdeten Sternpunkt des Energienetzes verbunden. |

## Anordnung von Neutralleiter und Schutzleiter (TN-C-S-Netz)

| | |
|---|---|
| **S** | **S**eparated (getrennt)<br>PE-Leiter ist vom Neutralleiter getrennt. |
| **C** | **C**ombined (kombiniert)<br>Kombinierte Neutralleiter- und Schutzleiterfunktion in einem Leiter (PE) |

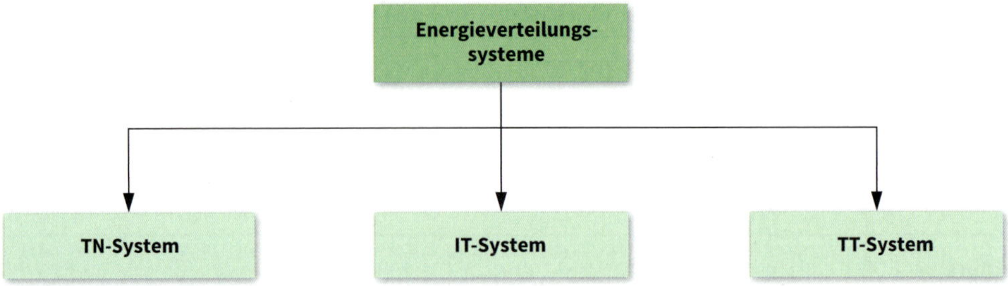


## Beispiel für ein TN-C-S-System

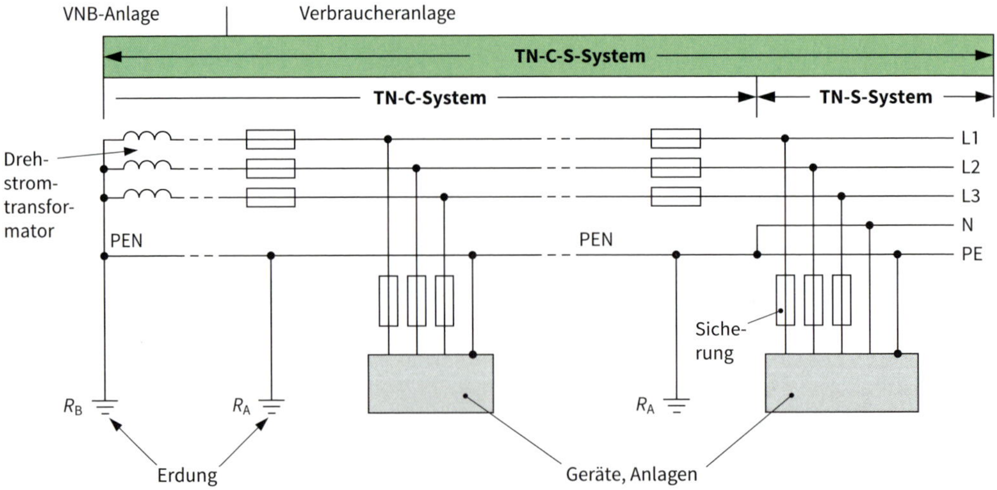

**Anwendungen:**

- Verbesserung der Spannungsqualität für ausgewählte Verbraucher (z. B. Computer, sicherheitsrelevante Anlagen)
- Versorgung der Verbraucher auch bei Netz-Spannungsausfall für eine definierte, maximale Zeit

**Beispiel:** VFI SS 111
Stufe: 1 2 3

| Stufe | Bedeutung |
|---|---|
| 1 | Abhängigkeit der Ausgangsspannung von der Eingangsspannung |
| 2 | Kurvenform der Ausgangsspannung |
| 3 | Ausgangsverhalten bei Lastsprüngen |

## Stufe 1

| Bezeichnung | Eigenschaften | Beispiel | Beherrschbare Störungen |
|---|---|---|---|
| **VFD** (**V**oltage and **F**requency **D**ependent) | Alle Eingangsgrößen sind gleich den Ausgangsgrößen | 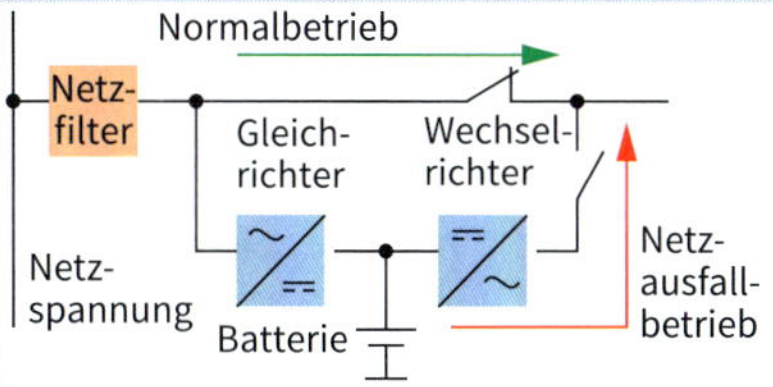 | 1. Netzausfall<br>2. Spannungsschwankung<br>3. Spannungsspitzen<br>4. Unterspannungen<br>5. Überspannungen[1)] |
| **VI** (**V**oltage **I**ndependent) | Ausgangsspannung ist synchron zur Eingangsspannung (Kurvenform und Frequenz). | 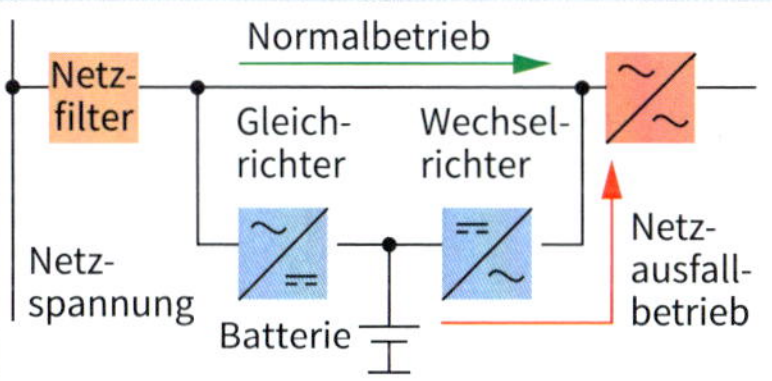 | 6. Blitzeinwirkungen[1)] Spannungsgröße<br>7. Frequenzschwankungen<br>8. Spannungsverzerrung (Burst) |
| **VFI** (**V**oltage and **F**requency **I**ndependent) | Ausgangsspannung/-frequenz sind unabhängig von Schwankungen der Spannung/Frequenz am Eingang | 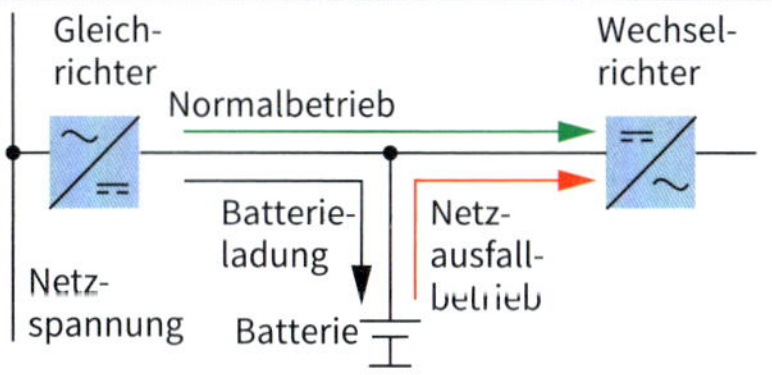 | 9. Spannungs-oberschwingung |

[1)] zusätzlicher Überspannungsschutz erforderlich

## Stufe 2

| 1. Kennbuchstabe: Netzbetrieb<br>2. Kennbuchstabe: Batteriebetrieb | |
|---|---|
| S | Sinusform mit Verzerrung<br>$D < 8$ % bei Referenzlast |
| X | Bei linearer Last Güte nach Form „S“, sonst ist<br>$D > 8$ % zulässig |
| Y | Form der Ausgangsspannung weicht von Vorgaben ab. |

*D*: Verzerrung als Maß für Abweichung von der Sinusform.

## Stufe 3

| 1. Ziffer: Netz-/Batterie-/Bypassbetrieb<br>2. Ziffer: Lastsprung (lineare Last)<br>3. Ziffer: Lastsprung (nichtlineare Last) | |
|---|---|
| 1 | sehr gute Eigenschaften, Ausgangsspannungsabweichung $\leq \pm 30$ %;<br>nach 0,1 s $\leq \pm 10$ % |
| 2 | nach 1 ms maximal +100 %; nach 10 ms $\leq$ +20 %/ −100 %; nach 0,1 s $\leq \pm 10$ % |
| 3 | nach 1 ms maximal +100 %; nach 10 ms $\leq$ +20 %/ −100 %; nach 0,1 s $\leq \pm 10$ %/− 20 % |
| 4 | Genaue Eigenschaften sind vom Hersteller definiert. |

## Auswahlkriterien für USV-Anlagen

- Maximal benötigte Leistung (mögliche zukünftige Lasterhöhung berücksichtigen)
- Überlastfähigkeit/-dauer (Motoranläufe, Auslöseenergie für Sicherungen/Sicherungsautomaten, …)
- Klassifizierung
- Netzwerkanbindung für automatischen Shutdown angeschlossener Computer bei Ende der Autonomiezeit
- Rückwirkungen auf das speisende Netz (Stromoberschwingungen)
- Redundanz mehrerer Systeme
- Autonomiezeit (Batteriekapazität)
- Ein-/Ausgangsspannung (1- oder 3-phasig)
- 19"-Einbauvariante/Standgerät
- Umgebungstemperatur (Lebensdauer der Batterien)

# Elektrochemische Spannungsquellen

## Electrochemical Voltage Sources

### Begriffe

- **Ampere-Stunden**
  Stromstärke x Zeit: Bemessungskapazität der Quelle in Ah bzw. mAh
- **Batterie**
  Zwei oder mehr Zellen, die zusammengeschaltet sind,
  Reihenschaltung: Spannungserhöhung
  Parallelschaltung: Erhöhung der Stromstärke
- **Bemessungsspannung**
  Durchschnittliche Zellenspannung während der Entladung
- **Kapazität**
  Die elektrische Energie, die eine Zelle bzw. Batterie abgeben kann (in mAh oder Ah)
- **Leerlaufspannung**
  Spannung der Quelle ohne Belastung
- **Memory-Effekt (Speicher-Effekt)**
  Aufgrund wiederholter zu geringer Entladungen verringert sich die Kapazität bestimmter Akkumulatoren (z. B. Ni-Cd, nicht bei Li-Ionen-Akkus).
- **Primärelement**
  Nicht aufladbare elektrochemische Spannungsquelle, chemische Energie wird in elektrische Energie umgewandelt
- **Sekundärelement (Akkumulator)**
  Wieder aufladbare elektrochemische Spannungsquelle (elektrische Energie wird gespeichert)
- **Selbstentladung**
  Abnahme der Kapazität durch inneren Ladungsausgleich
- **Zyklenfestigkeit**
  Anzahl der Auf- und Entladezyklen einer Zelle bzw. Batterie bis zum Versagen

### Kennbuchstaben nach IEC

| Kurzzeichen | Bedeutung |
|---|---|
| A | Zink-Luft-Element (saurer Elektrolyt) |
| M, N | Quecksilberoxid-Element |
| L | Alkali-Mangan-Element |
| P | Zink-Luft-Element (KOH-Elektrolyt) |
| S | Silberoxid-Element |

### Alkali-Mangan-Rundzellen und -Batterien

| $U_n$ in V | IEC-Bez. | $C_n$ in mAh | Maße (max.) in mm *d* | *h* | *l* | *b* |
|---|---|---|---|---|---|---|
| **Alkaline** | | | | | | |
| 1,5 | LR 1 | 800 | 12 | 30,2 | – | – |
| 1,5 | LR 03 | 1.100 | 10,5 | 44,5 | – | – |
| 1,5 | LR 6 | 2600 | 14,5 | 50,5 | – | – |
| 4,5 | 3 LR 12 | 6300 | – | 67 | 62 | 22 |
| 1,5 | LR 14 | 7800 | 26,2 | 50 | – | – |
| 6 | 4 LR 61 | 605 | – | 9,2 | 48,5 | 35,6 |
| 1,5 | LR 20 | 16.500 | 34,2 | 61,5 | – | – |
| 9 | 6 LR 61 | 550 | – | 48,5 | 26,5 | 17,5 |
| 1,5 | LR 61 | 550 | 8,2 | 40,2 | – | – |
| **Foto** | | | | | | |
| 1,5 | LR 6 | 2.600 | 14,5 | 50,5 | – | – |
| 1,5 | LR 03 | 1.100 | 10,5 | 44,5 | – | – |

Handelsbezeichnungen: Alkaline, extra longlife, FOTO
Schadstoffe: 0 % Hg, 0 % Cd

### Entsorgung elektrochem. Spannungsquellen

- Keine Entsorgung über den Hausmüll
- Entsorgung über die dafür vorgesehenen Sammelbehälter
- Säuren, Laugen sowie Schwermetallverbindungen (z. B. Manganoxid) gefährden das Grundwasser

### Primärelemente

**Knopfzellen**

| Eigenschaft | Silberoxid/ Zink | Quecksilber-oxid/Zink | Lithium/ Manganoxid |
|---|---|---|---|
| Spannung in V | 1,55 | 1,35 | 3,0 |
| Energiedichte in mWh/cm³ | 450–700 | 500–800 | 400–800 |
| Elektrolyt | Kalilauge | Kalilauge | org. Elektrolyt |
| Belastbarkeit | hoch | hoch | niedrig |
| Selbstentladung | ca. 5 %/Jahr | ca. 2 %/Jahr | < 1 %/Jahr |
| Umwelt-belastung | gering, ca. 0,3 % Hg | hoch, ca. 30 % Hg | umweltverträglich |
| Anwendungen | Uhren, Taschenrechner, Fotoapparate | Hörgeräte, Messgeräte, Fotoapparate | elektron. Datenspeicher, Taschenrechner, Uhren |

**Gerätezellen und Gerätebatterien**

| Eigenschaft | Nickel-Cadmium (gasdicht) | Nickel-Metallhydrid | Lithium-Ionen |
|---|---|---|---|
| Spannung in V | 1,2 | 1,2 | 3,6 |
| Energie in mWh | 840 | 1.200 | 1.800 |
| Energiedichte in mWh/*l* | 102 | 145 | 218 |
| Kapazität in mAh | 700 | 1.000 | 500 |
| Zyklenfestigkeit | 1.000 | 1.000 | 500–1.000 |
| Selbstentladung | 20 %/Monat | 20 %/Monat | < 10 %/ Monat |
| Schnelllade-fähigkeit in min | 10 | 60 | 120 |
| Anwendungen | Fernsteuerungen, Mobiltelefone, medizinische Geräte | Notebooks, Mobiltelefone, Spielzeug, Messgeräte, Haushaltsgeräte | Mobiltelefone, Videokameras, Notebooks, Elektrofahrzeuge |

## Merkmale

- Stationäre Batterien und Batterieanlagen dienen zur **Energiespeicherung** und werden eingesetzt in
  - Telekommunikationsanlagen,
  - Kraftwerksanlagen,
  - Sicherheitsbeleuchtungen und Alarmsystemen,
  - unterbrechungsfreien Stromversorgungen,
  - ortsfesten Dieselstartanlagen,
  - photovoltaischen Anlagen.
- Die verwendeten Batterien können wieder aufgeladen werden und werden deshalb als Batterien mit **sekundären Zellen** bezeichnet.
- Die Zellen werden nach Bauart unterschieden in
  - **geschlossene Zelle** (mit Gehäusedeckel und Öffnung im Deckel zur Gasentweichung),
  - **verschlossene Zelle** (vollständig verschlossen, mit Überdruckventil zur Gasentweichung bei zu hohem Innendruck; Elektrolyt kann nicht nachgefüllt werden),
  - **gasdichte Zelle** (verschlossene Zelle, die im Betrieb weder Gas noch Elektrolyt freisetzt; überdimensionierte negative Elektrode; keine $H_2$-Entwicklung; kein Nachfüllen des Elektrolyten möglich; Zelle wird während der gesamten Lebensdauer im verschlossenen Zustand betrieben).
- Bei Batterien oder Batterieanlagen entstehen **Gefahren** durch
  - elektrischen Strom,
  - austretende Gase und
  - Elektrolytenflüssigkeiten.
- Zur **Vermeidung dieser Gefahren** sind Batterieanlagen mit entsprechenden Schutzmaßnahmen auszurüsten.

## Schutzmaßnahmen

**Schutzmaßnahmen**

- Schutz gegen gefährliche Körperströme
- Schutz vor Kurzschlüssen
- Maßnahmen gegen Explosionsgefahr
- Vorkehrungen gegen Gefahren durch Elektrolyt

### Direktes Berühren

- Schutz gegen **direktes Berühren aktiver Teile** ist durch folgende **Schutzmaßnahmen** realisierbar:
  - Isolierung aktiver Teile,
  - Abdecken oder Umhüllen aktiver Teile,
  - Einbau von Hindernissen,
  - Einhalten von Schutzabstand.
- Schutz durch Abdeckung oder Umhüllung muss nach Schutzart IEC 60529 P2X ausgeführt sein.
- Schutz durch **Hindernisse** oder durch **Abstand** ist z. B. bei Batterien mit DC 60 V bis 120 V zwischen den Polen bzw. gegen Erde die Unterbringung in **elektrischen Betriebsstätten**, bei höheren Spannungen die Unterbringung in **abgeschlossenen, elektrischen Betriebsstätten**.
- Batterien mit **Bemessungsspannungen bis zu DC 60 V** erfordern keinen Schutz gegen direktes Berühren, sofern die gesamte Anlage den Bedingungen für **SELV** (**S**afety **E**xtra **L**ow **V**oltage) und **PELV** (**P**rotective **E**xtra **L**ow **V**oltage) entspricht.

### Indirektes Berühren

- **Schutz bei indirektem Berühren** (IEC 60364-4-41) kann wie folgt realisiert werden:
  - automatische Abschaltung,
  - Verwenden von Geräten der Schutzklasse II oder gleichwertiger Isolierung,
  - nichtleitende Räume (in besonderen Anwendungsgebieten),
  - örtlicher, erdfreier Potenzialausgleich,
  - Schutztrennung.
- **Dauernd zulässige Berührungsspannung** ist festgelegt auf DC 120 V (Grenzwert, IEC 60449).
- **Batteriegestelle oder schränke** aus Metall müssen an den Schutzleiter angeschlossen oder gegen die Batterie und den Aufstellungsort isoliert sein.
- **Kriechstrecken** und **Sicherheitsabstände** sind nach IEC 60664, **Hochspannungsprüfung** mit AC 4000 V, 50 HZ, 1 Minute auszuführen.

### Explosionsgefahr

- Während der Ladung, Erhaltungsladung und bei Überladung treten Gase aus allen Zellen aus.
- **Explosive Mischung** entsteht, wenn die Wasserstoffkonzentration mehr als 4 % Wasserstoff in der Luft übersteigt.
- **Batterieräume** und **Schränke** sind durch natürliche oder technische **Lüftung** unter dem oben genannten Grenzwert zu halten.

### Elektrolyt

- **Bleibatterien:** Wässrige Lösung aus **Schwefelsäure**
- **NiCd-Batterien:** Wässrige Lösung aus **Kaliumhydroxid**
- Gefahr: **Starke Verätzungen** auf der Haut und in den Augen
- Schutz: Schutzbrille (Schutzschild), Schutzhandschuhe, Schürze zum Schutz der Haut
- **Ausgetretener Elektrolyt** ist umgehend mit saugfähigen Materialien (neutralisierend) aufzunehmen.

### Kurzschluss

- **Kurzschluss:** Gespeicherte Energie wird freigesetzt und kann zum Schmelzen von Metallen, zu Funkenbildung, zu Explosionen oder zum Verdampfen des Elektrolyten führen.
- Der **Isolationswiderstand** zwischen dem Batteriekreis und anderen leitfähigen örtlichen Teilen muss größer als 100 Ohm/V der Batteriespannung sein (Leckstrom $< 10$ mA).

### Wartungsarbeiten

- Bei **Arbeiten in der Anlage** darf nur isoliertes Werkzeug verwendet werden.
- Für **ungefährliche Wartungsarbeiten** sind Batterieanlagen wie folgt auszurüsten:
  - **Abdeckungen** für die Batteriepole,
  - **Mindestabstand** von 1,5 m zwischen berührbaren, aktiven Leitern der Batterien, die ein Potenzial von mehr als DC 1 500 V führen,
  - **Vorrichtung zur Auftrennung** von Zellengruppen.

## Übersicht

- Netzteile erzeugen aus Wechselspannung eine konstante Gleichspannung.
- Sie versorgen elektronische Komponenten (z. B. in PC, Fernseher, Telefonanlage, ...).

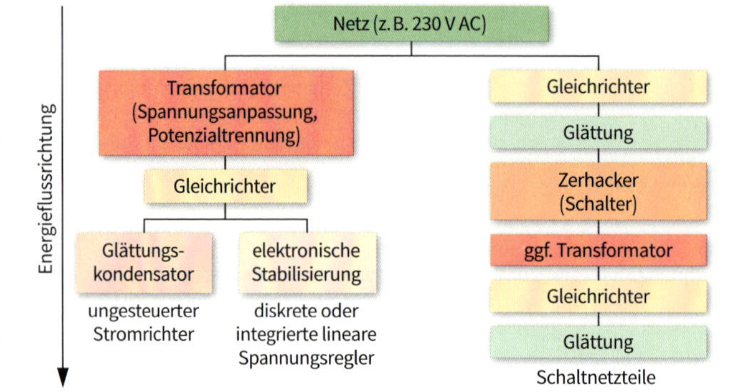


**Ungesteuerte Gleichrichter:**
- einfacher Aufbau
- Spannung ist stark vom Laststrom abhängig

**Diskrete/integrierte, lineare Spannungsregler:**
- gute Spannungskonstanz
- hohe Verlustleistung bei Differenzspannung zwischen Eingang und Ausgang

**Schaltnetzteile:**
- wegen hoher Schaltfrequenz nur kleine Transformatoren erforderlich

## Auswahlkriterien

| Montage | Funktionsprinzip | Funktionseigenschaften | | Anschluss |
|---|---|---|---|---|
| ▪ Einbau<br>▪ Aufbau<br>▪ 19"-Einsatz<br>▪ Hutschiene<br>▪ Reiheneinbau-gerät | ▪ Ungeregelt<br>▪ Geregelt<br>– linear<br>– getaktet | ▪ Festwert<br>▪ *I*/*U*-Vorgabe<br>▪ Innenwiderstand<br>▪ Regelgenauigkeit<br>▪ Regelgeschwin-digkeit<br>▪ Restwelligkeit<br>▪ Verlustleistung | ▪ Ein-/Ausgangsspannungs-bereich<br>▪ Leistung<br>▪ Überlast-/Kurzschluss-verhalten<br>▪ Lüftung (natürlich, erzwungen)<br>▪ Ausgang erd-/massefrei | ▪ Steckkontakt<br>▪ Klemmen (Schraub-, Steck-, Klemmtechnik)<br>▪ Buchsen |

## Stabilisierte Gleichspannungs-Versorgungsgeräte

- Stabilisierte Gleichspannungs-Versorgungsgeräte enthalten stetige Gleichstromsteller.
- Allen gemeinsam sind Netztransformator, Gleichrichter und Glättung (hier nicht dargestellt) zur Bildung der Eingangsgleichspannung $U_1$.

## Schaltungsbeispiel

Versorgungsgerät mit integrierten einstellbaren Spannungsreglern für positive Ausgangsspannungen

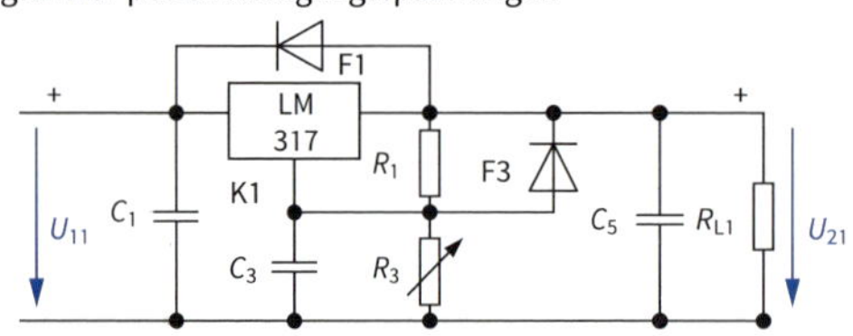


- Integrierte einstellbare Spannungsregler
- (z. B. K1, LM317) sind weit verbreitet.
- $U_{21} = 1{,}25\,\text{V}\left(1 + \frac{R_3}{R_1}\right)$
- $U_{11\text{max}} = 40\,\text{V}$
- Rückstromschutz durch F1
- Entladeschutz durch F3

## Bauformen

Labornetzgerät

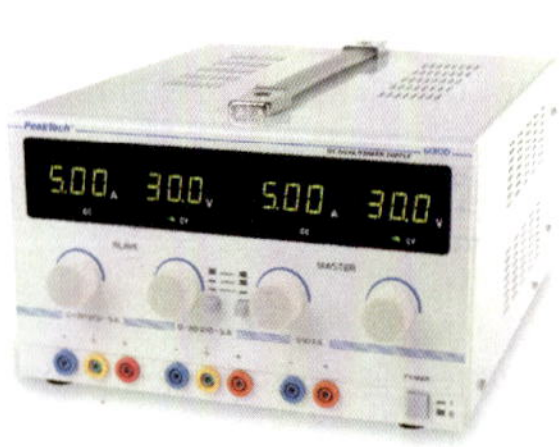

Hutschienenmontage

Einbaugerät

| Größe | Darstellung | Größen und Formelzeichen | Einheit und Einheitenzeichen | Formel |
|---|---|---|---|---|
| Spannung | 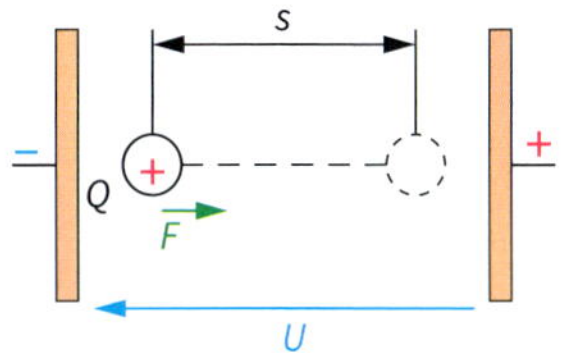 | Spannung<br>*U* | Volt<br>V | $U = \frac{W}{Q}$ |
| | | Ladung<br>*Q* | Coulomb C<br>Amperesekunde As | |
| | | Arbeit<br>*W* | Wattsekunde<br>Ws, VAs | |
| | Die **elektrische Spannung** zwischen zwei Punkten eines elektrischen Feldes ist gleich dem Quotienten aus der verrichteten Verschiebungsarbeit und der bewegten Ladung. | | | |
| Stromstärke | 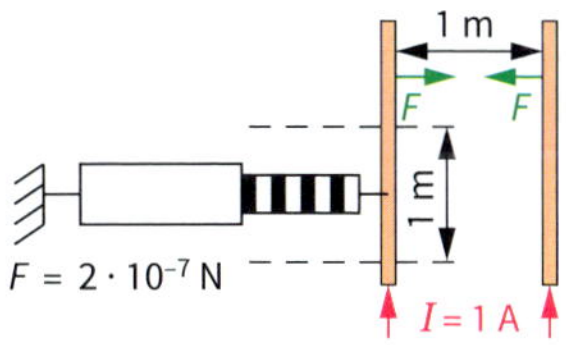 | Stromstärke<br>*I* | Ampere<br>A | $I = \frac{Q}{t}$ |
| | | Zeit<br>*t* | Sekunde<br>s<br>1 C = 1 As | |
| | **Ein Ampere** ist die Stärke eines zeitlich unveränderlichen elektrischen Stromes durch zwei geradlinige, parallele, unendlich lange Leiter, die einen Abstand von 1 m haben und zwischen denen im leeren Raum je 1 m Doppelleitung eine Kraft von $2 \cdot 10^{-7}$ N wirkt. | | | |
| Stromdichte | 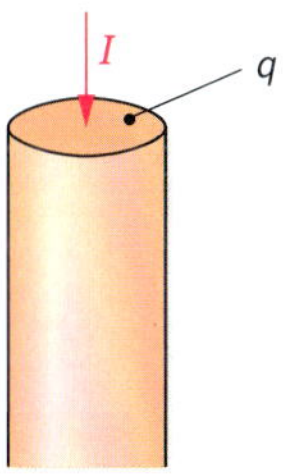 | Stromdichte<br>*J* | Ampere durch Quadratmeter<br>$\frac{A}{m^2}$ | $J = \frac{I}{q}$ |
| | | Querschnittsfläche<br>*q* | Quadratmeter<br>$m^2$<br>$1\ m^2 = 10^4\ cm^2$<br>$= 10^6\ mm^2$ | |
| Stromstärke, Spannung, Widerstand und Leitwert | 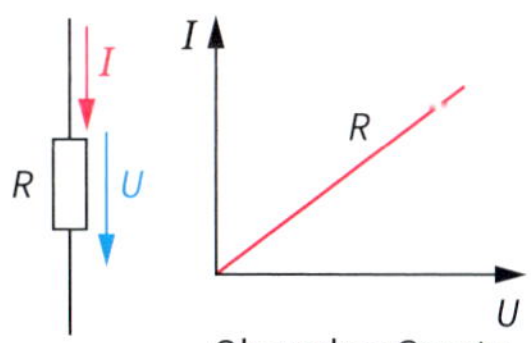Ohmsches Gesetz | Widerstand<br>*R* | Ohm<br>Ω<br>$1\ \Omega = 1\ \frac{V}{A}$ | $I = \frac{U}{R}$ |
| | | Leitwert<br>*G* | Siemens<br>S<br>$1\ S = 1\ \frac{A}{V}$ | $G = \frac{1}{R}$<br>$I = G \cdot U$ |
| Elektrische Arbeit | 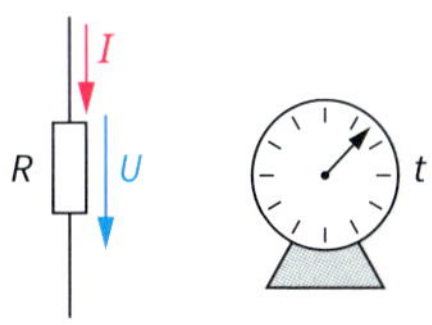 | Elektrische Arbeit<br>*W* | Wattsekunde<br>Ws, VAs<br>1 kWh = $3{,}6 \cdot 10^6$ Ws<br>1 Nm = 1 Ws = 1 J | $W = U \cdot I \cdot t$<br>$W = P \cdot t$ |
| Elektrische Leistung | 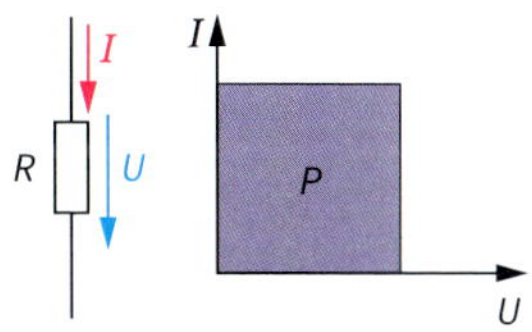 | Elektrische Leistung<br>*P* | Watt<br>W, VA | $P = \frac{W}{t}$<br>$P = U \cdot I$<br>$P = I^2 \cdot R$<br>$P = \frac{U^2}{R}$ |

# Elektrischer Widerstand
## Electrical Resistor

| Bezeichnung | Darstellung | Größen und Formelzeichen | Einheitenzeichen | Formel |
|---|---|---|---|---|
| Widerstand von Leitern | 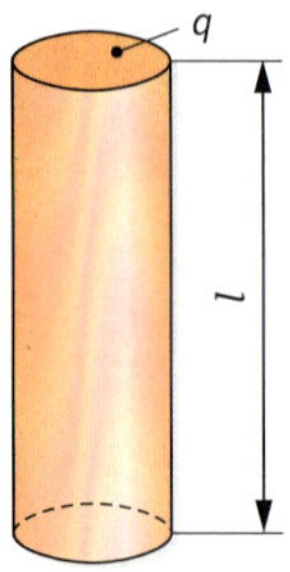 | $R$ : Widerstand<br>$l$ : Leiterlänge<br>$q$ : Querschnittsfläche | $\Omega$<br>m<br>$m^2$; $mm^2$ | $R = \frac{\varrho \cdot l}{q}$ |
| | | $\varrho$ : Spezifischer Widerstand | $\Omega \cdot m$; $\Omega \cdot \frac{mm^2}{m}$<br>$1\,\Omega \cdot \frac{mm^2}{m} =$<br>$1\,\mu\Omega \cdot m$ | $\varkappa = \frac{1}{\varrho}$ |
| | | $\gamma, \varkappa$ : Elektrische Leitfähigkeit | $\frac{S}{m}$; $\frac{S \cdot m}{mm^2}$<br>$1\,\frac{S \cdot m}{mm^2} = 1\,\frac{MS}{m}$ | $R = \frac{l}{\varkappa \cdot q}$ |
| Widerstand und Temperatur | 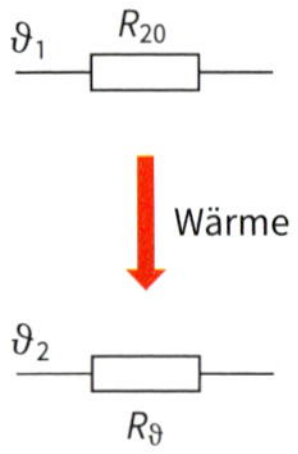 | $\Delta R$ : Widerstandsänderung<br>$R_{20}$ : Widerstand bei 20 °C<br>$\alpha; \beta$ : Temperaturkoeffizient<br>$\Delta\vartheta$ : Temperaturänderung<br>$R_\vartheta$ : Widerstand nach Erwärmung | $\Omega$<br>$\Omega$<br>$\frac{1}{K}$; $K^{-1}$; $\frac{1}{K^2}$; $K^{-2}$<br>K<br>$\Omega$ | $\vartheta < 200$ °C<br>$\Delta R = R_{20} \cdot \alpha \cdot \Delta\vartheta$<br>$R_\vartheta = R_{20} + \Delta R$<br>$R_\vartheta = R_{20}(1 + \alpha \cdot \Delta\vartheta)$<br>$\vartheta > 200$ °C<br>$R_\vartheta = R_{20}(1 + \alpha \cdot \Delta\vartheta + \beta \cdot \Delta\vartheta^2)$ |

# Normspannungen
## Standard Voltages

### Betriebsmittel für Nennspannungen unter 120 V AC

| | | | | | | | | | | |
|---|---|---|---|---|---|---|---|---|---|---|
| bevorzugt | | 6 | 12 | | 24 | | 48 | | | 110 |
| ergänzend | 5 | | | 15 | | 36 | | 60 | 100 | |

### Betriebsmittel für Nennspannungen unter 750 V DC

| | | | | | | | | | | | | | | | | | | | | | | | | | |
|---|---|---|---|---|---|---|---|---|---|---|---|---|---|---|---|---|---|---|---|---|---|---|---|---|---|
| bevorzugt | | | | | | 6 | | | 12 | | 24 | | 36 | | 48 | 60 | 72 | | 96 | 110 | | 220 | | 440 | |
| ergänzend | 2,4 | 3 | 4 | 4,5 | 5 | | 7,5 | 9 | | 15 | | 30 | | 40 | | | | 80 | | | 125 | | 250 | | 600 |

### Drehstrom-Vierleiter- oder -Dreileiternetze

- Nennspannungen in V, AC, 50 Hz, zwischen 100 V und einschließlich 100 V
- Die niedrigen Werte sind Spannungen zum Neutralleiter.
- Die höheren Werte sind Spannungen zwischen Außenleitern.

| | | | |
|---|---|---|---|
| 230 | 230/400 | 400/690 | 1000 |

### Bahnnetze

- Die Klammerwerte sind nicht bevorzugte Werte.

**Gleichstrom**

| Spannung in V | | |
|---|---|---|
| niedrigste | Nennspannung | höchste |
| (400) | (600) | (720) |
| 500 | 750 | 900 |
| 1000 | 1500 | 1800 |
| 2000 | 3000 | 3600 |

**Wechselstrom**

| Spannung in V | | | Frequenz in Hz |
|---|---|---|---|
| niedrigste | Nennspannung | höchste | |
| (4750) | (6250) | (6900) | 50 |
| 12000 | 15000 | 17250 | 16 2/3 |
| 19000 | 25000 | 27500 | 50 |

### Drehstromnetze über 1 kV

- Die Netze sind grundsätzlich Dreileiternetze.
- Spannungsangaben zwischen Außenleitern in 1 kV
- Die Klammerwerte sind nicht bevorzugte Werte.

**bis einschließlich 35 kV**

| Höchste Betriebsmittelspannung | Netz-Nennspannung | |
|---|---|---|
| 12 | 11 | 10 |
| (17,5) | – | (15) |
| 24 | 22 | 20 |
| 36 | 33 | 30 |
| 40,5 | – | 35 |

**bis einschließlich 230 kV**

| Höchste Betriebsmittelspannung | Netz-Nennspannung | |
|---|---|---|
| 72,5 | 66 | 69 |
| 100 | 90 | – |
| 123 | 110 | 115 |
| 145 | 132 | 138 |
| (170) | (150) | (154) |
| 245 | 220 | 230 |

**über 245 kV**

| Höchste Betriebsmittelspannung | | | | | | |
|---|---|---|---|---|---|---|
| (300) | 362 | 420 | 525<br>550 | 765<br>800 | 1100 | 1200 |

### Farbkennzeichnung von Widerständen

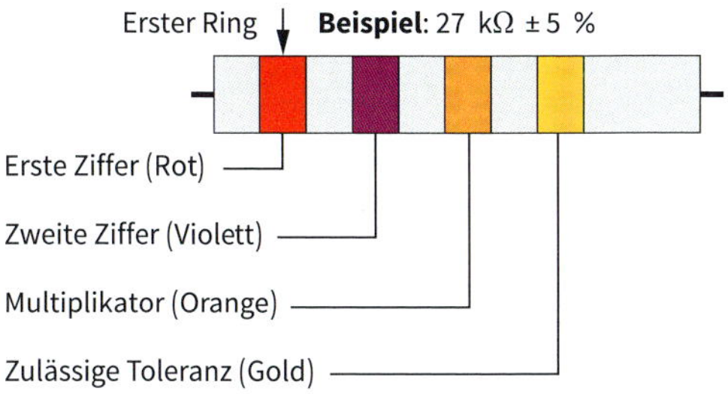


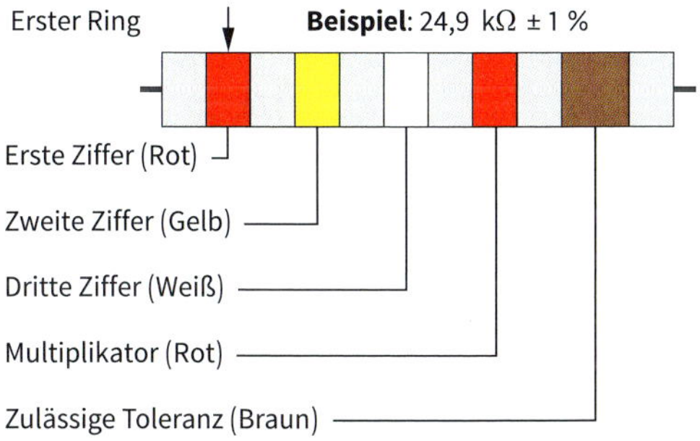


**Temperaturkoeffizient:**
- sechster und breiter Farbring, evtl. unterbrochen
- Schraubenlinie

### Vorzugsreihen für Bemessungswerte bis ±5 % zulässige Abweichung DIN EN 60063: 2015-11

| E3 (> ±20 %) | E6 (±20 %) | E12 (±10 %) | E24 (±5 %) |
|---|---|---|---|
| 1,0 | 1,0 | 1,0 | 1,0 |
| | | | 1,1 |
| | | 1,2 | 1,2 |
| | | | 1,3 |
| 2,2 | 1,5 | 1,5 | 1,5 |
| | | | 1,6 |
| | | 1,8 | 1,8 |
| | | | 2,0 |
| | 2,2 | 2,2 | 2,2 |
| | | | 2,4 |
| | | 2,7 | 2,7 |
| | | | 3,0 |
| 4,7 | 3,3 | 3,3 | 3,3 |
| | | | 3,6 |
| | | 3,9 | 3,9 |
| | | | 4,3 |
| | 4,7 | 4,7 | 4,7 |
| | | | 5,1 |
| | | 5,6 | 5,6 |
| | | | 6,2 |
| | 6,8 | 6,8 | 6,8 |
| | | | 7,5 |
| | | 8,2 | 8,2 |
| | | | 9,1 |

### Farbschlüssel: IEC 60062: 2016-07

| Farbe | | | Zählende Ziffer | Multiplikator | Toleranz | Temperatur-Koeffizient ($10^{-6}$/K) |
|---|---|---|---|---|---|---|
| | Code | Beispiel | | | | |
| None | – | | – | – | ±20 | – |
| Pink | PK | | – | $10^{-3}$ | – | – |
| Silver | SR | | – | $10^{-2}$ | ±10 | – |
| Gold | GD | | – | $10^{-1}$ | ±5 | – |
| Black | BK | | 0 | 1 | – | ±250 |
| Brown | BN | | 1 | $10^{1}$ | ±1 | ±100 |
| Red | RD | | 2 | $10^{2}$ | ±2 | ±50 |
| Orange | OG | | 3 | $10^{3}$ | ±0,05 | ±15 |
| Yellow | YE | | 4 | $10^{4}$ | ±0,02 | ±25 |
| Green | GN | | 5 | $10^{5}$ | ±0,5 | ±20 |
| Blue | BU | | 6 | $10^{6}$ | ±0,25 | ±10 |
| Violet | VT | | 7 | $10^{7}$ | ±0,1 | ±5 |
| Grey | GY | | 8 | $10^{8}$ | ±0,01 | ±1 |
| White | WH | | 9 | $10^{9}$ | – | – |

### Wertkennzeichnung durch Buchstaben DIN EN 60062: 1994-10

| Kennbuchstabe | Multiplikator | | Beispiele |
|---|---|---|---|
| p | Pico | $10^{-12}$ | 3μ3 = 3,3 μF |
| n | Nano | $10^{-9}$ | m33 = 330 μF |
| μ | Mikro | $10^{-6}$ | 33m = 33 000 μF |
| m | Milli | $10^{-3}$ | R33 = 0,33 Ω |
| R, F | | $10^{0}$ | 3R3 = 3,3 Ω |
| K | Kilo | $10^{3}$ | 33K = 33 kΩ |
| M | Mega | $10^{6}$ | 330K = 330 kΩ |
| G | Giga | $10^{9}$ | M33 = 0,33 MΩ |
| T | Tera | $10^{12}$ | 3M3 = 3,3 MΩ |

### Buchstabenkennzeichnung der zulässigen Abweichungen

| Symmetrische Abweichung in % | |
|---|---|
| zulässige Abweichung | Kennzeichen |
| ± 0,1 | B |
| ± 0,25 | C |
| ± 0,5 | D |
| ± 1 | F |
| ± 2 | G |
| ± 5 | J |
| ±10 | K |
| ±20 | M |
| ±30 | N |
| **Unsymmetrische Abweichung in %** | |
| +30 … −10 | Q |
| +50 … −10 | T |
| +50 … −20 | S |
| +80 … −20 | Z |
| **Symmetrische Abweichung in absoluten Werten (Kapazitätswerte unter 10 pF)** | |
| ± 0,1 | B |
| ± 0,25 | C |
| ± 0,5 | D |
| ± 1 | F |

## Kondensatoren

**Beispiele:** 27 nF, 10 % Toleranz, 400 V

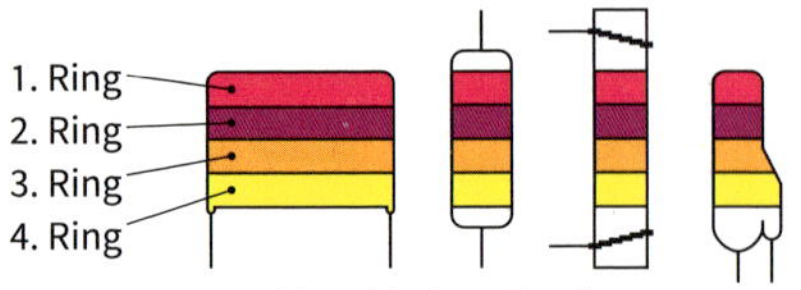


Verschiedene Bauformen

| Farbe | Ring 1. Ziffer 1. | 2. Ziffer 2. | 3. Multiplikator | 4. Toleranz C < 10pF | 4. Toleranz C > 10pF | 5. Betriebsspannung in V |
|---|---|---|---|---|---|---|
| schwarz | 0 | 0 | x1pF | | 20 % | |
| braun | 1 | 1 | x10pF | 0,1pF | 1 % | 100 |
| rot | 2 | 2 | x100pF | 0,25pF | 2 % | 200 |
| orange | 3 | 3 | x1nF | | | 300 |
| gelb | 4 | 4 | x10nF | | | 400 |
| grün | 5 | 5 | x100nF | 0,5 % | 5 % | |
| blau | 6 | 6 | | | | 600 |
| violett | 7 | 7 | | | | 700 |
| grau | 8 | 8 | x0,01pF | | | 800 |
| weiß | 9 | 9 | x0,1pF | 1pF | 10 % | |
| gold | | | | | | 1000 |
| silber | | | | | | 2000 |
| keine ⊠ | | | | 20 % | | 500 |

## Tantalkondensatoren

**Beispiele:** 5,6 µF; 6,3 V

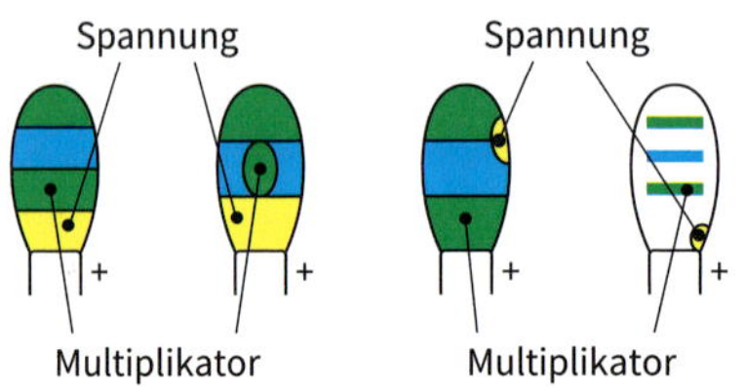


| Farbe | Ring 1 Ziffer 1. | 2 Ziffer 2. | 3 Multiplikator | 4 Betriebsspannung in V |
|---|---|---|---|---|
| schwarz | 0 | 0 | x 1 | 10 |
| braun | 1 | 1 | x 10 | 1,5 |
| rot | 2 | 2 | x 100 | (rosa) 35 |
| orange | 3 | 3 | | (rosa) 35 |
| gelb | 4 | 4 | | 6,3 |
| grün | 5 | 5 | | 16 |
| blau | 6 | 6 | | 20 |
| violett | 7 | 7 | x 0,001 | |
| grau | 8 | 8 | x 0,01 | 5 |
| weiß | 9 | 9 | x 0,1 | 3 |

## Induktivitäten

| Farbe | Ring 1 Ziffer 1. | 2 Ziffer 2. | 3 Multiplikator | 4 Toleranz |
|---|---|---|---|---|
| schwarz | | 0 | 1 µH | |
| braun | 1 | 1 | 10 µH | |
| rot | 2 | 2 | 100 µH | |
| orange | 3 | 3 | | |
| gelb | 4 | 4 | | |
| grün | 5 | 5 | | |
| blau | 6 | 6 | | |
| violett | 7 | 7 | | |
| grau | 8 | 8 | | |
| weiß | 9 | 9 | | |
| gold | | | 0,1 µH | 5 % |
| silber | | | 0,01 µH | 10 % |
| keine ⊠ | | | | 20 % |

## Dioden

**Pro Electron**

| Farbe | Ring 1. breit Katode – Buchstabe 1. und 2. | 2. – Buchstabe 3. | 3. – Ziffer 1. | 4. – Ziffer 2. |
|---|---|---|---|---|
| schwarz | | X | 0 | 0 |
| braun | AA | | 1 | 1 |
| rot | BA | | 2 | 2 |
| orange | | S | 3 | 3 |
| gelb | | T | 4 | 4 |
| grün | | V | 5 | 5 |
| blau | | W | 6 | 6 |
| violett | | | 7 | 7 |
| grau | | Y | 8 | 8 |
| weiß | | Z | 9 | 9 |

**Beispiele** (Pro Electron): BAX 35

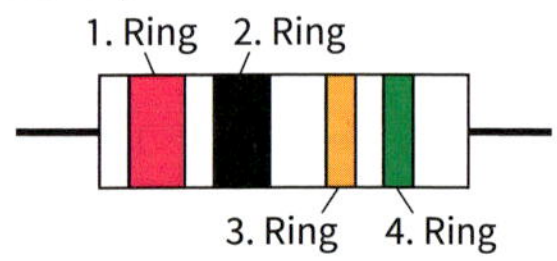


**JEDEC** (Joint Electronic Devices Engineering Council)

| Farbe | Ring 1. breit Katode – Ziffer 1. | 2. – Ziffer 2. | 3. – Ziffer 3. | 4. – Ziffer 4. |
|---|---|---|---|---|
| schwarz | 0 | 0 | 0 | 0 |
| braun | 1 | 1 | 1 | 1 |
| rot | 2 | 2 | 2 | 2 |
| orange | 3 | 3 | 3 | 3 |
| gelb | 4 | 4 | 4 | 4 |
| grün | 5 | 5 | 5 | 5 |
| blau | 6 | 6 | 6 | 6 |
| violett | 7 | 7 | 7 | 7 |
| grau | 8 | 8 | 8 | 8 |
| weiß | 9 | 9 | 9 | 9 |

## Kapazität des Kondensators

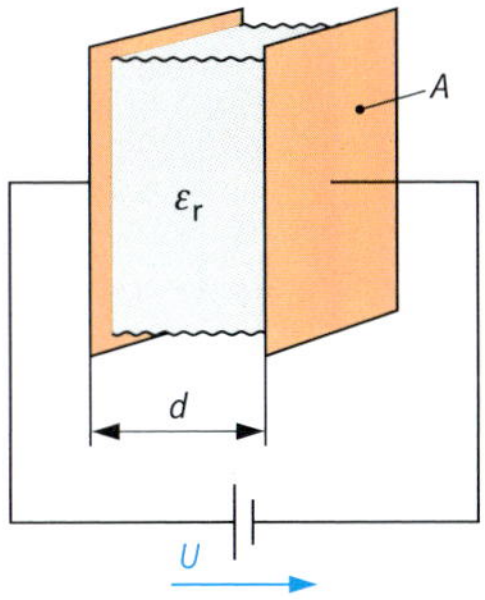


$$C = \frac{\varepsilon \cdot A}{d} \text{ (Farad)}$$

$$\varepsilon = \varepsilon_0 \cdot \varepsilon_r \quad [\varepsilon_r] = 1$$

$$\varepsilon_0 = 8{,}86 \cdot 10^{-12} \, \frac{\text{As}}{\text{Vm}}$$

$$[C] = \frac{\text{As}}{\text{V}}$$

$$1 \, \frac{\text{As}}{\text{V}} = 1 \text{ F (Farad)}$$

$C$: Kapazität des Kondensators
$Q$: Ladung des Kondensators
$U$: Spannung zwischen den Kondensatorplatten
$\varepsilon$: Permittivität
$\varepsilon_0$: Elektrische Feldkonstante
$\varepsilon_r$: Permittivitätszahl
$A$: Plattenfläche
$d$: Plattenabstand

## Induktivität der Spule

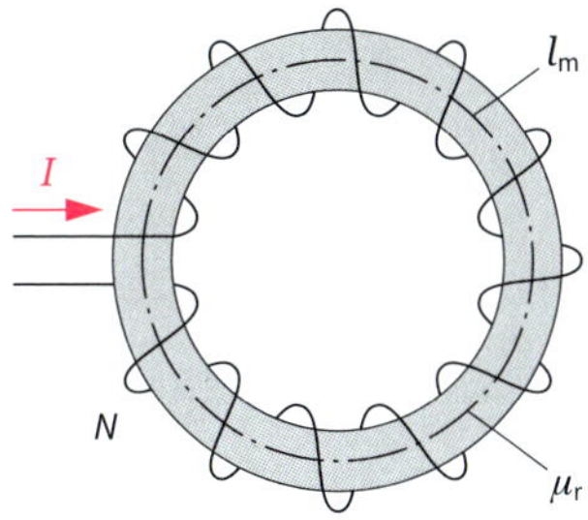


$$L = \frac{\mu \cdot N^2 \cdot A}{l_m}$$

$$[L] = \frac{\text{Vs}}{\text{A}}$$

$$1 \, \frac{\text{Vs}}{\text{A}} = 1 \text{ H (Henry)}$$

$$\mu = \mu_0 \cdot \mu_r$$

$$[\mu_r] = 1$$

$L$: Induktivität
$N$: Windungszahl
$A$: Fläche (Querschnitt) der Spule
$\mu_0$: Magnetische Feldkonstante
$\mu_r$: Permeabilitätszahl
$\mu$: Permeabilität
$l_m$: Feldlinienlänge (mittlere)

## Blindwiderstand $X_C$

Im Wechselstromkreis verhält sich der Kondensator wie ein Widerstand (Blindwiderstand). Zwischen Spannung und Stromstärke besteht eine Phasenverschiebung von 90°. Die Stromstärke eilt voraus.

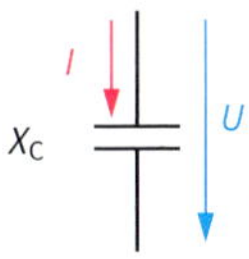


$$X_C = \frac{1}{2\pi \cdot f \cdot C}$$

$$X_C = \frac{1}{\omega \cdot C}$$

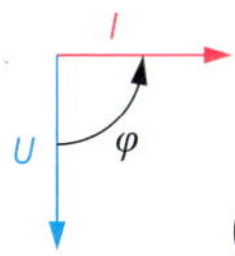


$$I = \frac{U}{X_C}$$

$\varphi = -90°$
(kapazitiv)

## Blindwiderstand $X_L$

Im Wechselstromkreis verhält sich die ideale Spule wie ein Widerstand (Blindwiderstand). Zwischen Spannung und Stromstärke besteht eine Phasenverschiebung von 90°. Die Spannung eilt voraus.

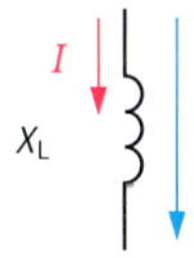


$$X_L = 2\pi \cdot f \cdot L$$

$$X_L = \omega \cdot L$$

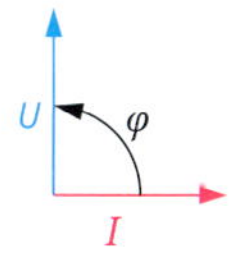


$$I = \frac{U}{X_L}$$

$\varphi = 90°$
(induktiv)

## Bauformen von Kondensatoren

- **Papierkondensatoren**
  Elektroden aus Aluminiumfolie, Dielektrikum aus imprägniertem Papier
- **Kunststofffolien-Kondensatoren** ①
  Aufgedampftes Aluminium auf Kunststofffolien
- **Keramik-Kondensatoren** ②
  Metallplatte oder Metallschichten durch ein keramisches Dielektrikum getrennt
- **Aluminium-Elektrolyt-Kondensatoren**
  Elektroden aus Aluminiumfolie, Dielektrikum ist elektrolytisch erzeugtes Aluminiumoxid
- **Tantal-Elektrolyt-Kondensatoren** ③
  Elektroden aus Tantal, Oxidschichten als Dielektrikum

**Beispiele:**

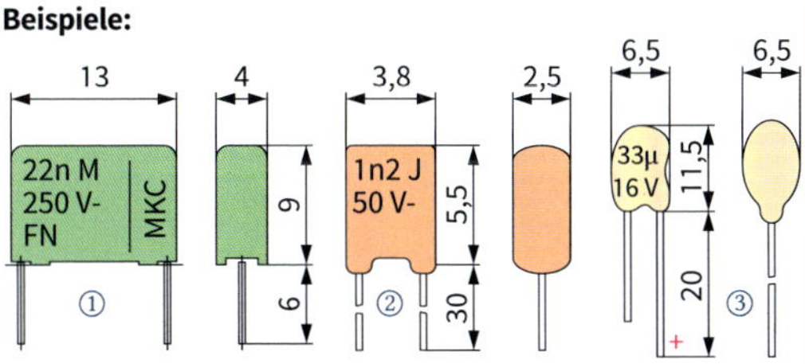


## Bauformen von Spulen

Kerne aus
- ferromagnetischen Kernmaterialien
- oxidkeramischen Ferriten

Spulen mit
- Schalenkernen und Luftspalt
- Zylinderkernen, Rohrkernen, Gewindekernen
- E-, U-, EC-, CC-Kernen

**Beispiel:** Schalenkern Ø 18 x 11

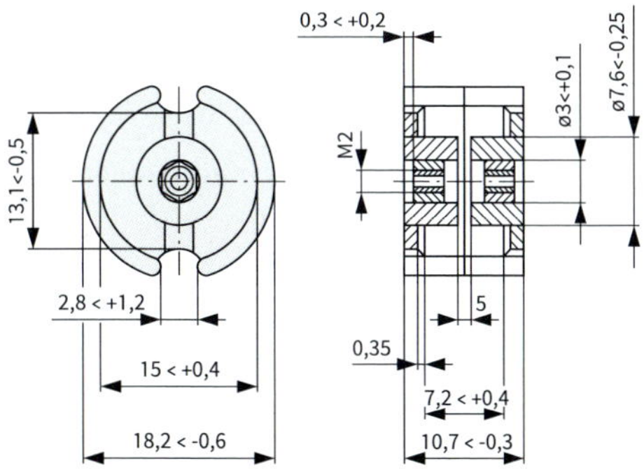

# Schaltungen mit Widerständen
## Circuits with Resistors

### Vorzeichen und Richtungssinne von Strom und Spannung

| Gleicher Bezugssinn | Ungleicher Bezugssinn | | Verbraucher-Pfeilsystem | Erzeuger-Pfeilsystem |
|---|---|---|---|---|
| 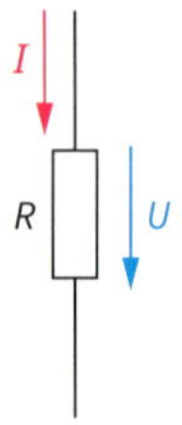 $U = I \cdot R$ | 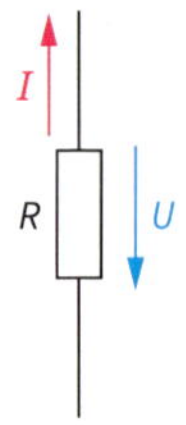 $U = -I \cdot R$ | **Spannungsquelle** | 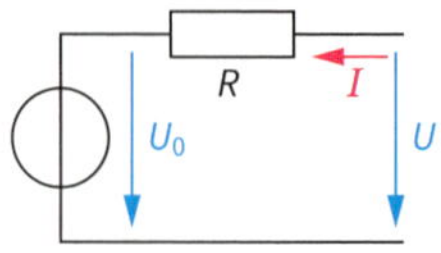 $U = U_0 + I \cdot R$ | 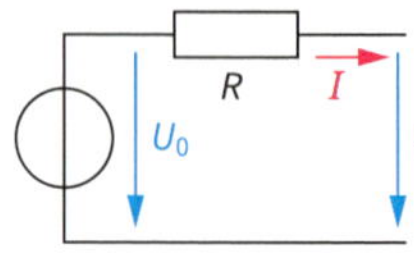 $U = U_0 - I \cdot R$ |
| | | **Stromquelle** | 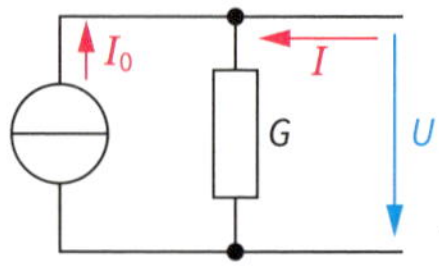 $I = -I_0 + G \cdot U$ | 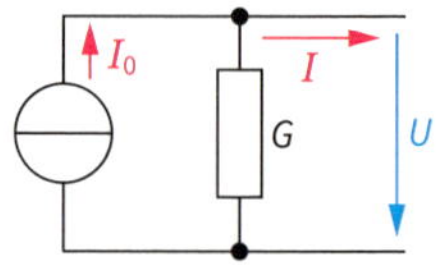 $I = I_0 - G \cdot U$ |

### Erstes Kirchhoffsches Gesetz (Knotenregel)

In jedem Knotenpunkt ist die Summe aller Ströme Null.

$$\sum I = 0\,\text{A}$$

$$I_1 - I_2 - I_3 + I_4 + I_5 = 0\,\text{A}$$

**Beispiel:**

### Zweites Kirchhoffsches Gesetz (Maschenregel)

Die Summe aller Teilspannungen entlang eines geschlossenen Weges (willkürlich gewählter Umlaufsinn) ist Null.

$$\sum U = 0\,\text{V}$$

$$-U_1 + U_{R1} + U_{R2} - U_2 + U_{R3} = 0\,\text{V}$$

$$-U_1 + I \cdot R_1 + I \cdot R_2 - U_2 + I \cdot R_3 = 0\,\text{V}$$

**Beispiel:**

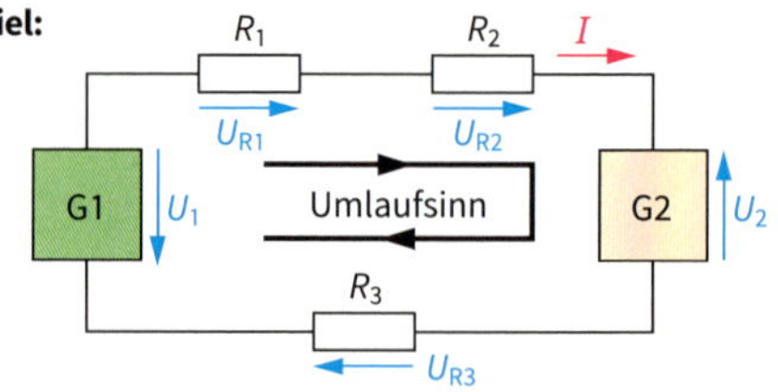


| | Reihenschaltung | Parallelschaltung |
|---|---|---|
| Schaltung | 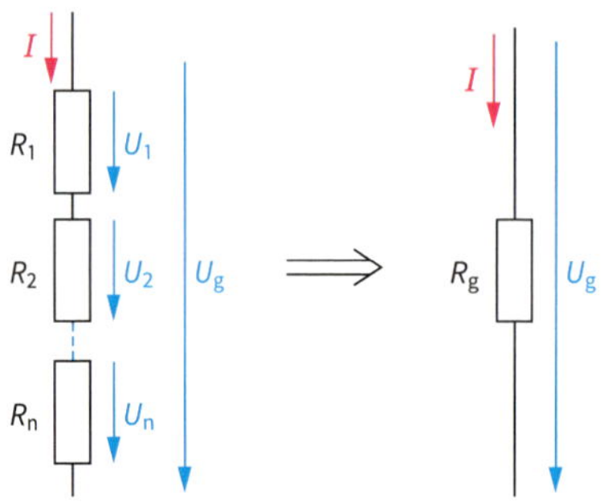 | 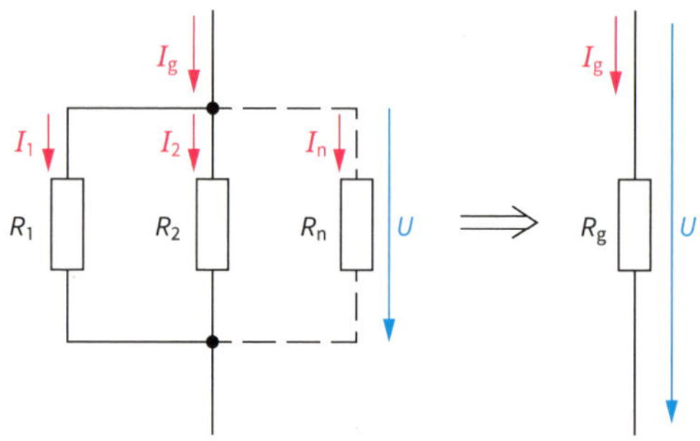 |
| Spannung | $U_g = U_1 + U_2 + \ldots + U_n$ | Alle Widerstände liegen an derselben Spannung $U$. |
| Stromstärke | Durch alle Widerstände fließt derselbe Strom $I$. | $I_g = I_1 + I_2 + \ldots + I_n$ |
| Widerstände und Leitwerte | $R_g = R_1 + R_2 + \ldots + R_n$ | $\frac{1}{R_g} = \frac{1}{R_1} + \frac{1}{R_2} + \ldots + \frac{1}{R_n}$<br>$G_g = G_1 + G_2 + \ldots + G_n$ |
| Verhältnisse | $\frac{U_1}{U_2} = \frac{R_1}{R_2}$; $\frac{U_1}{U_n} = \frac{R_1}{R_n}$; $\frac{U_1}{U_g} = \frac{R_1}{R_g}$; … | $\frac{I_1}{I_2} = \frac{R_2}{R_1}$; $\frac{I_1}{I_n} = \frac{R_n}{R_1}$; $\frac{I_1}{I_g} = \frac{R_g}{R_1}$; … |

## Unbelasteter Spannungsteiler

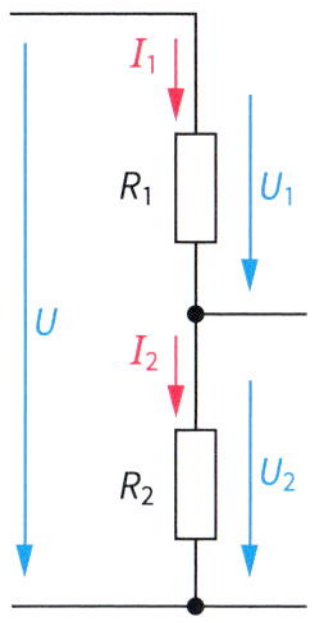


$$\frac{U_2}{U} = \frac{R_2}{R_1 + R_2}$$

## Belasteter Spannungsteiler

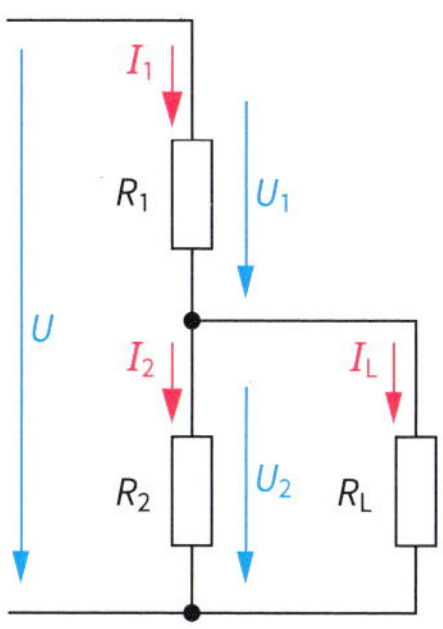


$$\frac{U_2}{U} = \frac{R_2 \cdot R_L}{R_1\,(R_2 + R_L) + R_2 \cdot R_L}$$

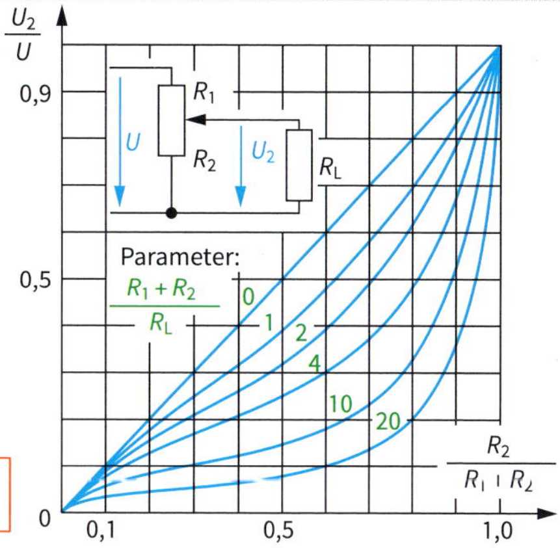


## Messbereichserweiterung

**Spannungsmessung**

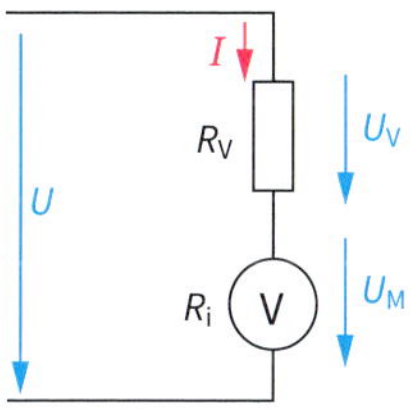


- $n$ : Faktor der Messbereichserweiterung
- $R_V$ : Vorwiderstand
- $R_i$ : Innenwiderstand
- $U_M$: Spannung am Messwerk bei Vollausschlag
- $I$ : Stromstärke durch das Messwerk bei Vollausschlag

$$n = \frac{U}{U_M}$$

$$R_V = \frac{U - U_M}{I}$$

$$R_V = (n-1)\,R_i$$

**Strommessung**

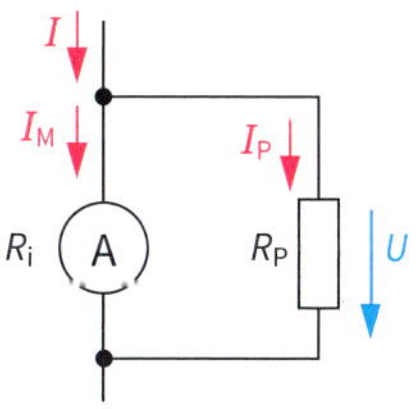


- $n$ : Faktor der Messbereichserweiterung
- $R_P$ : Parallelwiderstand
- $R_i$ : Innenwiderstand
- $U$ : Spannung am Messwerk bei Vollausschlag
- $I_M$ : Stromstärke durch das Messwerk bei Vollausschlag

$$n = \frac{I}{I_M}$$

$$R_P = \frac{U}{I - I_M}$$

$$R_P = \frac{R_i}{(n-1)}$$

## Gruppenschaltung

**Beispiel:**

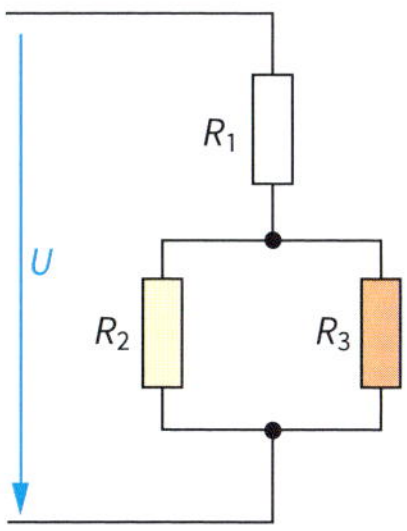


- Die Schaltung muss so verändert werden, dass eine Grundschaltung entsteht.
- Zum Widerstand $R_1$ liegt in Reihe die Parallelschaltung aus den zwei Widerständen $R_2$ und $R_3$.

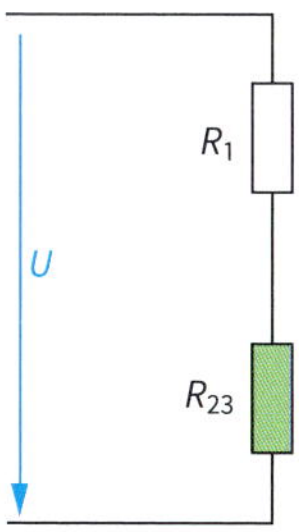


- Die Parallelschaltung aus $R_2$ und $R_3$ kann zu einem Widerstand $R_{23}$ zusammengefasst werden.

$R_{23} = R_2 \parallel R_3$
(II bedeutet: parallel)

$R_{23} = (R_2 \cdot R_3) : (R_2 + R_3)$

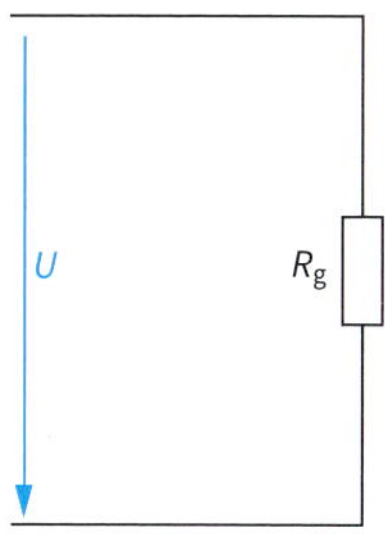


- Der Gesamtwiderstand lässt sich jetzt durch Addition ermitteln.

$R_g = R_1 + R_{23}$

## Spannungsquelle mit Innenwiderstand

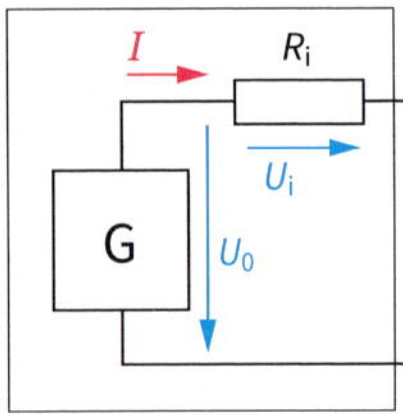


- $U_0$ : Leerlaufspannung (Quellenspannung)
- $U_{KL}$ : Klemmenspannung
- $\Delta U$ : Spannungsänderung
- $R_i$ : Innenwiderstand
- $R_L$ : Belastungswiderstand
- $I_k$ : Kurzschlussstromstärke
- $\Delta I$ : Stromänderung
- $P_L$ : Ausgangsleistung
- $P_i$ : Verlustleistung der Spannungsquelle

$$U_0 = U_i + U_{KL}$$

$$I = \frac{U_0}{R_i + R_L} \qquad I_k = \frac{U_0}{R_i}$$

$$R_i = \frac{U_i}{I} \qquad R_i = \frac{\Delta U_{KL}}{\Delta I}$$

$$U_{KL} = U_0 - I \cdot R_i$$

## Anpassung

### Stromanpassung, $R_L \ll R_i$

Maximale Stromstärke

$$I \approx \frac{U_0}{R_i}$$

$$U_{KL} \approx \frac{U_0 \cdot R_L}{R_i}$$

$$P_L \approx 0$$

### Spannungsanpassung, $R_L \gg R_i$

Maximale Spannung

$$I \approx \frac{U_0}{R_L}$$

$$U_{KL} \approx U_0$$

$$P_L \approx 0$$

### Leistungsanpassung, $R_L = R_i$

Maximale Leistung

$$I = \frac{U_0}{2R_i} \qquad I = \frac{U_0}{2R_L}$$

$$U_{KL} = \frac{U_0}{2}$$

$$P_L = \frac{U_0^2}{4R_i} \qquad P_i = \frac{U_0^2}{4R_L}$$

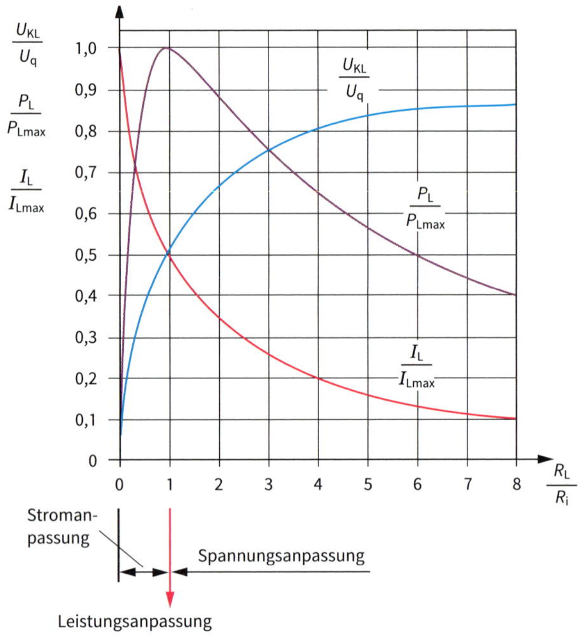


### Reihenschaltung

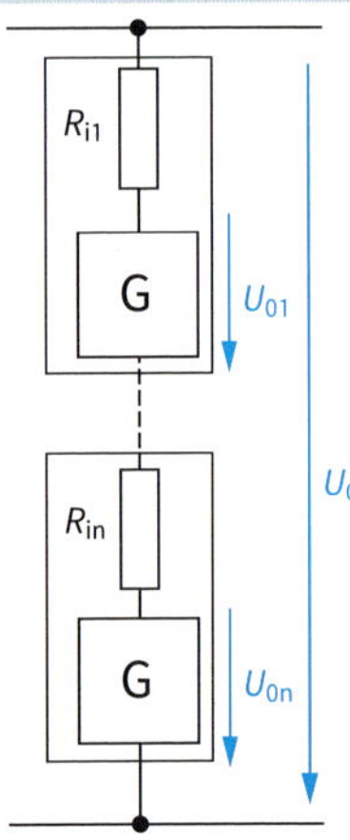


$$U_{0g} = U_{01} + \ldots + U_{0n}$$

$$R_{ig} = R_{i1} + \ldots + R_{in}$$

### Parallelschaltung

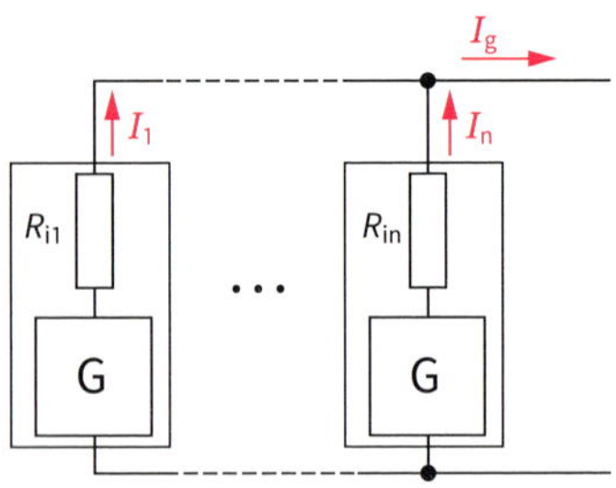


$$I_g = I_1 + \ldots + I_n$$

$$\frac{1}{R_{ig}} = \frac{1}{R_{i1}} + \ldots + \frac{1}{R_{in}}$$

Bei unterschiedlichen Leerlaufspannungen fließen zwischen den Spannungsquellen Ausgleichsströme.

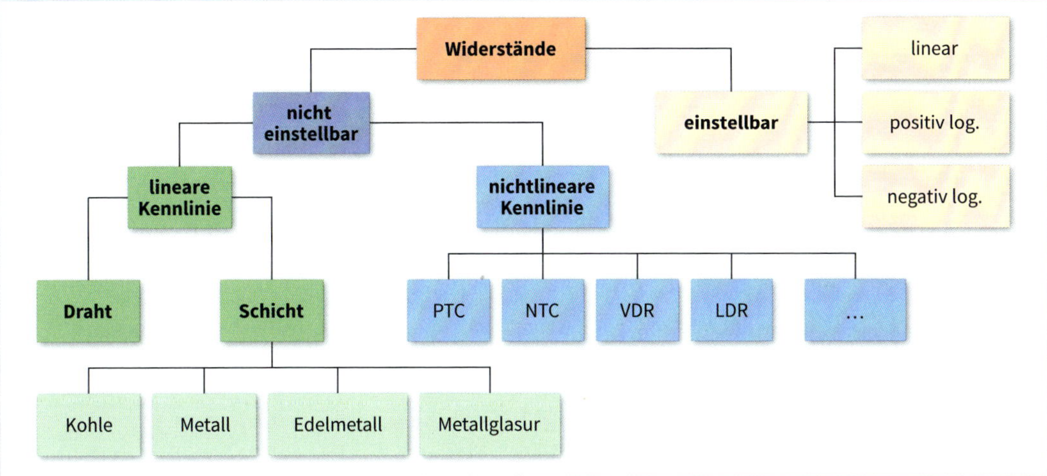


## Drahtwiderstände

**Anforderungen**

- Hoher spezifischer Widerstand
- Große spezifische Wärmekapazität
- Schlechte Wärmeleitfähigkeit
- Gute Korrosionsbeständigkeit
- Gute Zunderbeständigkeit
- Kleiner Ausdehnungskoeffizient
- Kleiner Temperaturkoeffizient (gewünscht bei Messwiderständen)
- Gute mechanische Eigenschaften (z. B. elastisch, stoßfest)
- Gute technologische Eigenschaften (lötbar, warmfest, u. U. schweißbar)

| Wertebereich | Toleranz | Werkstoffe | Temperaturbereich | Belastbarkeit bei 70 °C | Temperaturkoeffizient |
|---|---|---|---|---|---|
| 0,1 Ω bis<br>300 kΩ | ±0,01 % bis<br>±20 % | Chrom-Nickel<br>Kupfer-Nickel<br>Kupfer-Mangan | –50 °C bis<br>+500 °C | 0,25 W bis<br>100 W | $\pm 1 \cdot 10^{-6}\,K^{-1}$ bis<br>$\pm 200 \cdot 10^{-6}\,K^{-1}$ |

## Lineare Schichtwiderstände

| Merkmale | **Kohle**, C | **Metall**, Cr/Ni | **Edelmetall**, Au/Pt |
|---|---|---|---|
| Herstellverfahren | Thermischer Zerfall von Kohlenwasserstoffen | Aufdampfen im Hochvakuum | Reduktion von Edelmetallsalzen durch Einbrennen |
| Spezifischer Widerstand | $3000 \cdot 10^{-6}\,\Omega \cdot cm$ | $\approx 100 \cdot 10^{-6}\,\Omega \cdot cm$ | $\approx 40 \cdot 10^{-6}\,\Omega \cdot cm$ |
| Schichtdicke | $10 \ldots 30000 \cdot 10^{-9}$ m | $10 \ldots 100 \cdot 10^{-9}$ m | $10 \ldots 1000 \cdot 10^{-9}$ m |
| Widerstand | 1…5000 Ω | 20…1000 Ω | 0,5…100 Ω |
| Temperaturkoeffizient | $(-200 \ldots -800) \cdot 10^{-6} \cdot K^{-1}$ | $\pm 100 \cdot 10^{-6} \cdot K^{-1}$ | $(+250 \ldots +350) \cdot 10^{-6} \cdot K^{-1}$ |
| maximale Schichttemperatur | 125 °C | 175 °C | 155 °C |
| Drift nach $10^4$ h Lagerung bzw. bei Belastung auf 125 °C in % | –0,5…+1,5 | –0,6…+1 | –0,5 |
| Stromrauschen | klein | sehr klein | sehr klein |
| Nichtlinearität | klein | sehr klein | sehr klein |
| Anwendungen | Vermittlungstechnik, Datentechnik, Weitverkehrstechnik, Elektronik | Für extreme klimatische und elektrische Beanspruchungen, Luft- und Raumfahrt, Messgeräte | Kompensation in Transistorschaltungen, Hochlastwiderstände mit Sicherungswirkung |

## Kennzeichnungen

**Beispiel:** B C X 70

- B – Ausgangsmaterial
- C – Hauptfunktion
- X – Hinweis auf kommerziellen Einsatz (X, Y, Z)
- 70 – Registriernummer (2 oder 3 Ziffern)

| 1. Kennbuchstabe | Ausgangsmaterial | 2. Kennbuchstabe | Bedeutung | 2. Kennbuchstabe | Bedeutung |
|---|---|---|---|---|---|
| A | Germanium | A | Diode, allgemein | N | Optokoppler |
| B | Silizium | B | Kapazitätsdiode | P | z. B. Fotodiode, Fotoelement |
| C | z. B. Gallium-Arsenid (Energieabstand ≥ 1,3 eV) | C | NF-Transistor | Q | z. B. Leuchtdiode |
| | | D | NF-Leistungstransistor | R | Thyristor |
| D | z. B. Indium-Antimonid (Energieabstand ≥ 0,6 eV) | E | Tunneldiode | S | Schalttransistor |
| | | F | HF-Transistor | T | z. B. steuerbare Gleichrichter |
| R | Fotohalbleiter- und Hallgeneratoren-Ausgangsmaterial | G | z. B. Oszillatordiode | U | Leistungsschalttransistor |
| | | H | Hall-Feldsonde | X | Vervielfacher-Diode |
| | | K (M) | Hallgenerator | Y | Leistungsdiode |
| | | L | HF-Leistungstransistor | Z | Z-Diode |

[1] 1 eV = $1{,}6 \cdot 10^{-19}$ J

## Dioden

**Bauformen**

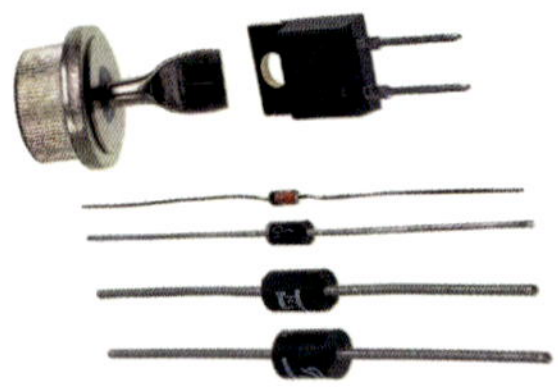

**Glasgehäuse D0-7**

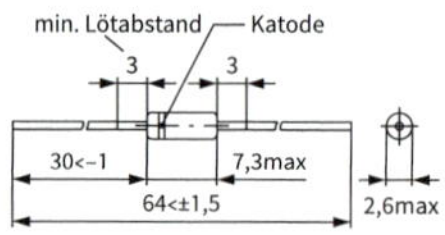


**Beispiel:**
Germanium-Universal-Diode AA 118

**Glasgehäuse D0-35**

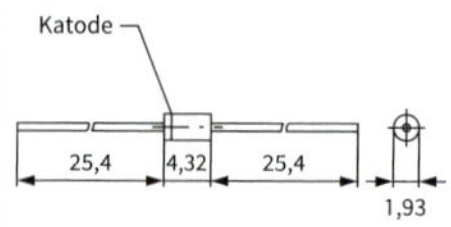


**Beispiel:**
Silizium-Universal-Diode BAY 61

**Metallgehäuse D0-13**

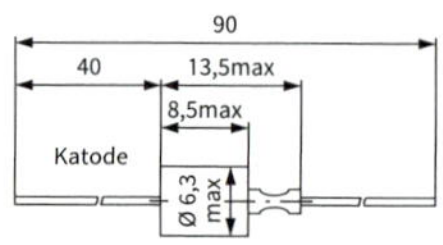


**Beispiel:**
Z-Diode 1,3 Watt BZD 10 C 9 V 1

**Schaltzeichen und Anschlüsse**

Anode 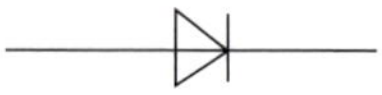 Katode

Die Diode wirkt wie ein Ventil. Wenn an der Anode der Pluspol liegt, fließt Strom. Wenn an der Anode der Minuspol liegt, ist die Diode gesperrt.

**Anwendungen**

- Begrenzung von Spannungen
- Gleichrichtung von Wechselspannung
- Stabilisierung von Spannungen

## Transistoren

**Bauformen**

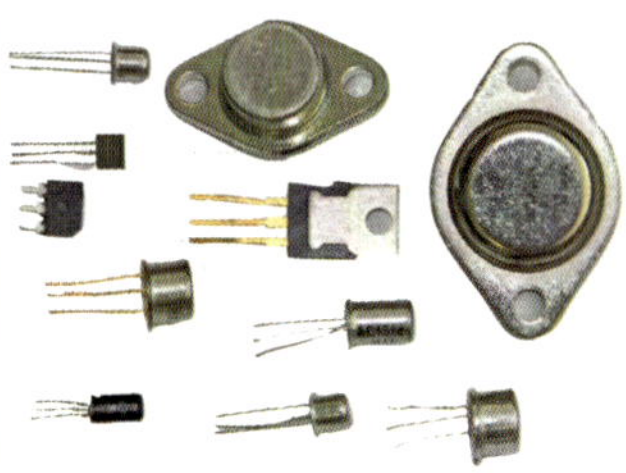

**Metallgehäuse T0-39**

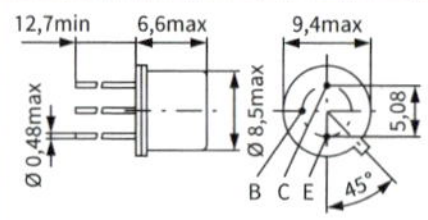


**Beispiel:**
Silizium-NPN-Transistor BC 140

**Kunststoffgehäuse T0-220 mit Metallflansch**

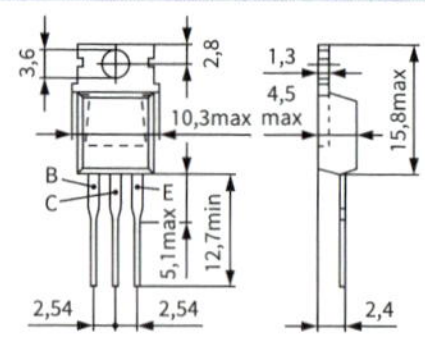


Kollektor mit Montageflansch verbunden

**Beispiel:**
Silizium-NPN-Darlington-transistor BD 649

**Metallgehäuse T0-3**

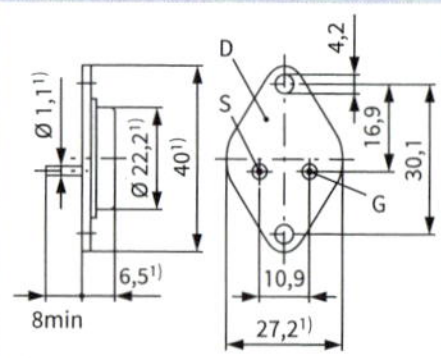


[1] Größtmaß

**Beispiel:**
MOS-Leistungstransistor BUZ 32

**Schaltzeichen und Anschlüsse**

Bipolare Transistoren

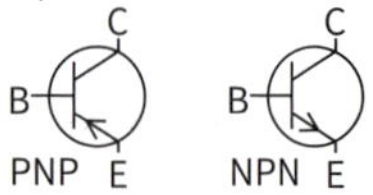


B: Basis (Eingangselektrode)
E: Emitter (gemeinsame Elektrode)
C: Kollektor (Ausgangselektrode)

**Anwendungen**

- Prinzip: Mit kleinen elektrischen Größen erfolgt eine Steuerung des Kollektorstromes
- Verstärkung kleiner Wechselspannungen
- Schalten von Spannungen und Stromstärken (elektronischer Schalter)

## Gleichspannung

**Messschaltung**

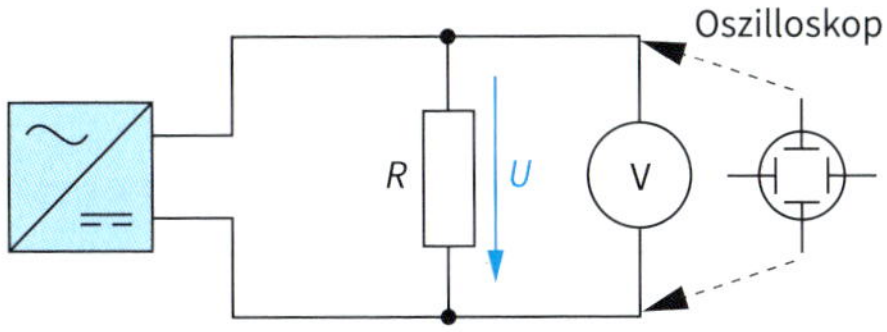


**Form der Messspannung:**

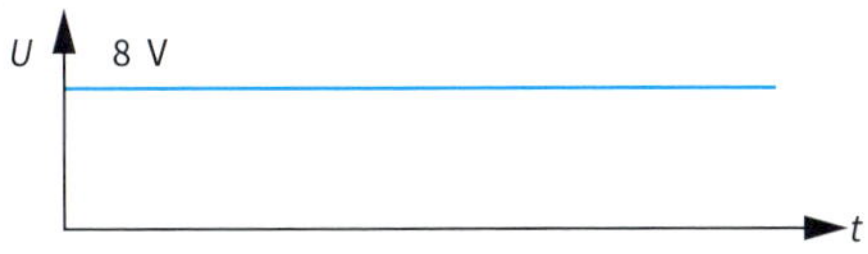


**Messergebnisse:**
Drehspulmessinstrument

**Gleichspannungsbereich**  $U = 8\,V$

**Oszilloskop:**

**Stellung DC**
$A_Y = 2\,V/cm$ $U = 8\,V$

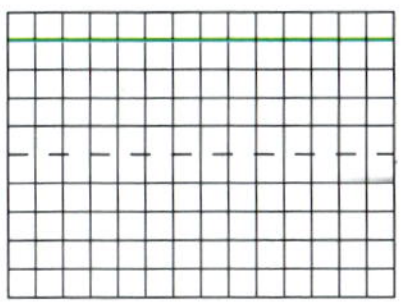

**Stellung AC**
$A_Y = 2\,V/cm$ $U = 0\,V$

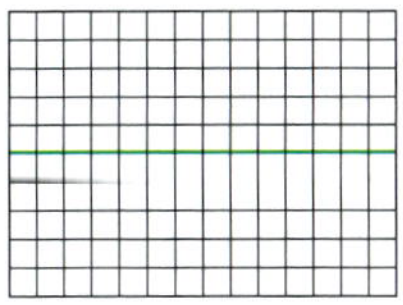

## Wechselspannung

**Messschaltung**

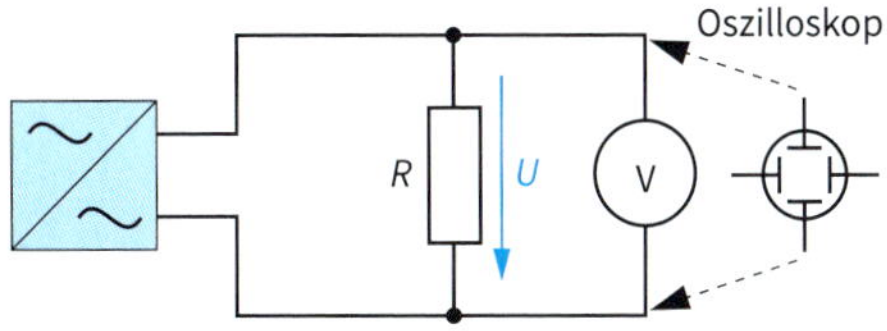


**Form der Messspannung:**

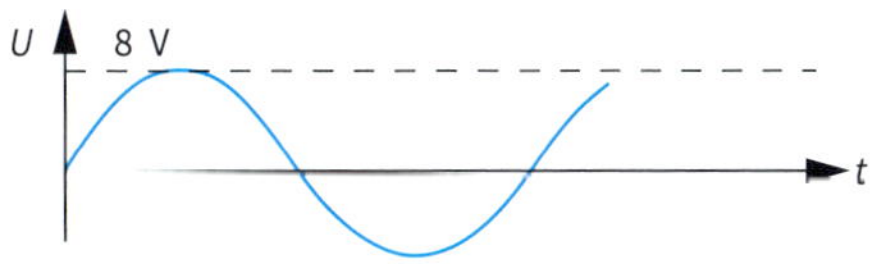


**Messergebnisse:**
Drehspulmessinstrument

**Gleichspannungsbereich**  $U = 0\,V$

**Wechselspannungsbereich**  $U = 5{,}7\,V$
Effektivwert

**Oszilloskop:**

**Stellung AC bzw. DC**
$A_Y = 2\,V/cm$ $\hat{u} = 8\,V$

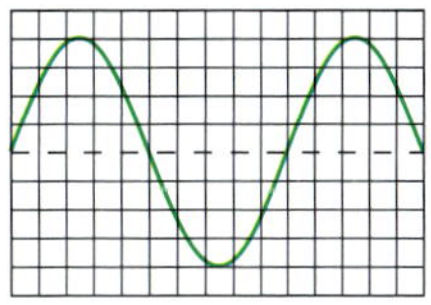

## Stromstärke und Spannung

- Das Stromstärkemessgerät wird in Reihe direkt in den Stromkreis geschaltet.

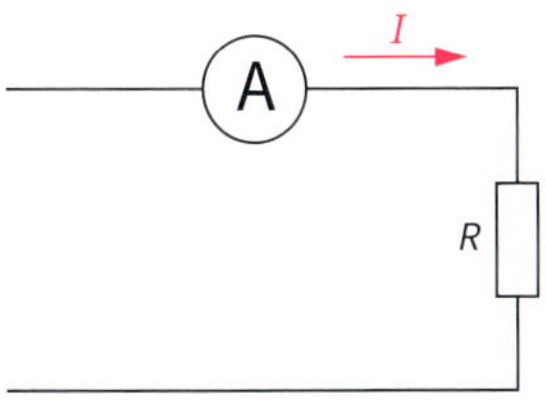


- Das Spannungsmessgerät wird parallel geschaltet.

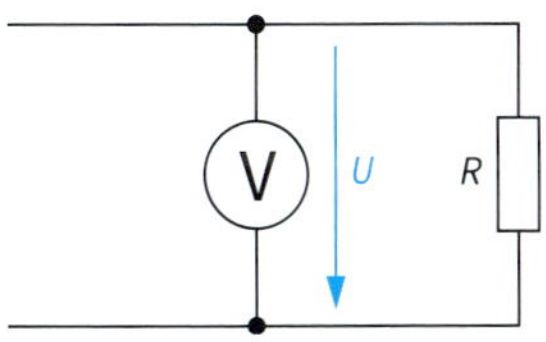


## Leistung (Wirkleistung)

- Im Leistungsmessgerät werden Spannung und Stromstärke gleichzeitig gemessen, das Produkt gebildet und als Leistung angezeigt.
  Es sind drei bzw. vier Anschlüsse vorhanden.

**Beispiel:**
Messung einer Geräteleistung (z. B. Monitor) im Wechselstromkreis.

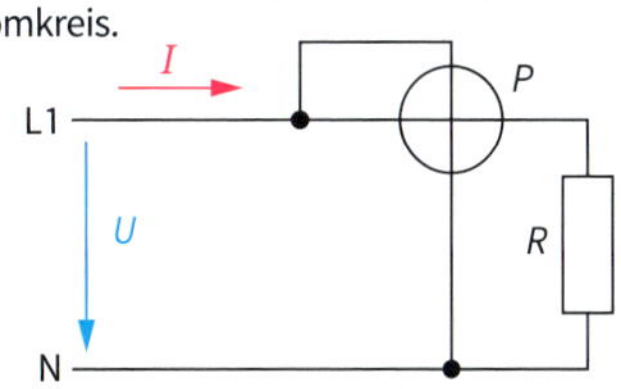


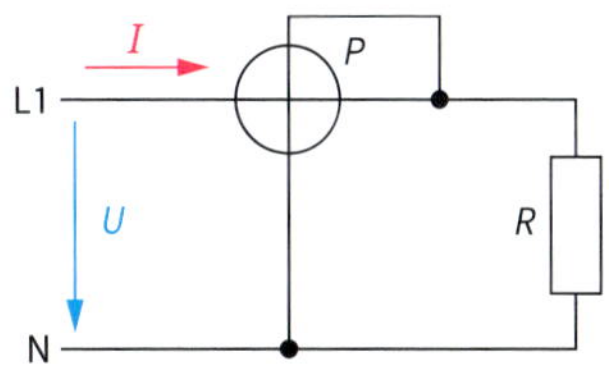

## Symbolelemente

| Schaltzeichen | Benennung |
|---|---|
| | Betriebsmittel<br>Gerät<br>Funktionseinheit |
| | Begrenzungslinie<br>Trennlinie |
| | Abschirmung |

## Arten von Strömen und Spannungen

| | |
|---|---|
| | Gleichstrom |
| ∼ 50 Hz | Wechselstrom, 50 Hz |
| 3N∼ | Dreiphasen-Vierleitersystem |
| | Wechselstrom Frequenzen niedrig, mittel, hoch |
| | Gleichgerichteter Strom mit Wechselstromanteil |

## Impulsformen

| | |
|---|---|
| | Positiver Impuls |
| | Wechselstrom-Impuls |
| | Positive Schrittfunktion |

## Veränderbarkeiten

| | |
|---|---|
| | Veränderbarkeit durch äußeren Einfluss |
| | nicht linear |
| | Veränderbarkeit durch Eigenschaft des Gegenstands |
| | Einstellbarkeit |

## Steckdosen

| | |
|---|---|
| 3 | Mehrfachsteckdose dargestellt als Dreifachsteckdose |
| | Schutzkontaktsteckdose |
| | Antennensteckdose |

## Antriebsarten

| | |
|---|---|
| | Handantrieb, allgemein |
| | Betätigung durch Ziehen |
| | Betätigung durch Drehen |
| | Betätigung durch Drücken |
| | Betätigung durch Kippen |
| | Betätigung durch Annähern |
| | Betätigung durch Berühren |

## Erde, Masse, Äquipotenzial

| | |
|---|---|
| | Erde |
| | Schutzerde |
| | Masse<br>Gehäuse |

## Widerstände

| | |
|---|---|
| | Widerstand, allgemein<br>Dämpfungsglied, bevorzugte Form<br>andere Form |
| | Widerstand, veränderbar, allgemein |
| U | Widerstand, veränderbar, allgemein |
| U | Widerstand, gegensinnig, spannungsabhängig |
| | Widerstand, mit Schleifkontakt, Potentiometer |

## Kondensatoren

| | |
|---|---|
| | Kondensator, allgemein bevorzugte Form |

## Induktivitäten

| | |
|---|---|
| | Induktivität, Spule, Wicklung, Drossel |
| | Transformator mit zwei Wicklungen Spannungswandler |

## Verbinder

| | |
|---|---|
| | Verbindung von Leitern |
| | Anschluss, z. B. Klemme |
| 11 12 13 14 15 16 | Anschlussleiste |
| | Steckverbindung |
| | Abzweig von Leitern |
| | Doppelabzweig von Leitern |
| | Buchse, Pol einer Steckdose |

## Leiter

| | |
|---|---|
| | Leiter, Gruppe von Leitern, Leitung, Kabel |
| | Einpolige Darstellung, drei Leiter |

## Melder – Signaleinrichtungen

| | |
|---|---|
| | Leuchte, allgemein<br>Leuchtmelder, allgemein |
| | Horn, Hupe |
| | Wecker, Klingel |

## Halbleiterdioden

| | |
|---|---|
| | Halbleiterdiode, allgemein |
| | Leuchtdiode, allgemein |
| | Thyristordiode, Thyristor |

## Transistoren

| | |
|---|---|
| | PNP-Transistor |
| | Sperrschicht-FeldeffektTransistor (JFET) mit P-Kanal |
| | Isolierschicht-Feldeffekt-Transistor (IGFET), Anreicherungstyp |

### Elektromagnetische Antriebe

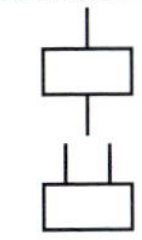

Elektromechanischer Antrieb, Relaisspule Form 1

Form 2

### Schalter, Kontakte

Schließer, Schaltfunktion, allgemeine Schalter Form 1

Form 2

Öffner

Wechsler mit Unterbrechung

Zweiwegschließer mit Mittelstellung „Aus“

### Schalter, Schaltgeräte – Beispiele

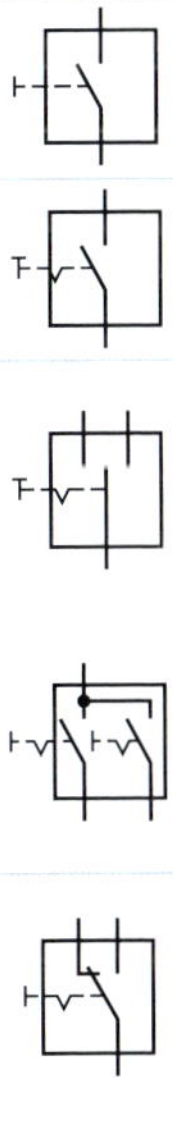

Tastschalter mit Schließer, handbetätigt

Stellschalter mit Schließer, handbetätigt (**Ausschalter**)

Stellschalter mit drei Schaltstellungen, Zweiwegschließer, handbetätigt (**Gruppenschalter**)

Stellschalter mit zwei Betätigungsstücken, handbetätigt (**Serienschalter**)

Stellschalter mit zwei Schaltstellungen, Umschaltglied, Wechsler, handbetätigt (**Wechselschalter**)

### Fernsprecher

Fernsprecher, allgemein

### Fernsprechgeräte

Hörer, allgemein

Mikrofon, allgemein

Lautsprecher, allgemein

### Netzteile, Energiequellen

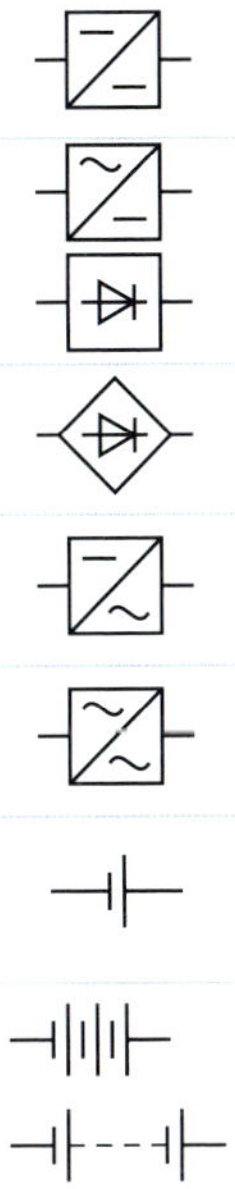

Gleichstromumrichter

Gleichrichter

Gleichrichter in Brückenschaltung

Wechselrichter

Wechselstromumrichter

Primärzelle Primärelement Akkumulator

Batterie von Primärelementen, Akkumulatorenbatterie

### Generatoren

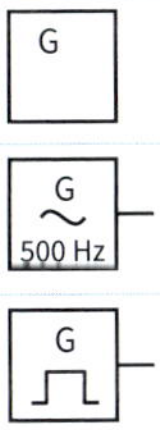


Generator, allgemein

Sinusgenerator, 500 Hz

Pulsgenerator

### Umsetzer

Analog/Digital-Umsetzer

### Messgeräte

Spannungsmessgerät

Amperemeter Strommessgerät

Wattmeter, Leistungsmessgerät

### Bus, Datenleitung

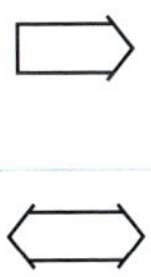

Bus, unidirektional, Signalflussrichtung von links nach rechts

Bus, Signalfluss in beiden Richtungen

### Filter

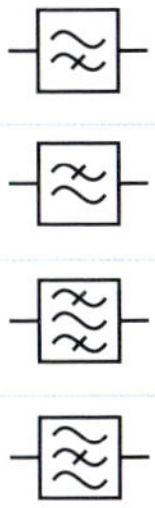

Hochpass

Tiefpass

Bandpass

Bandsperre

### Antennen

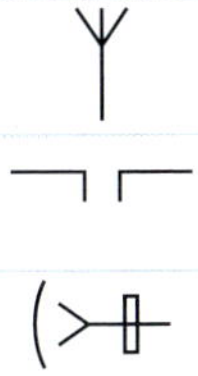

Antenne, allgemein

Dipolantenne

Parabol-Antenne

### Kombinatorische Elemente

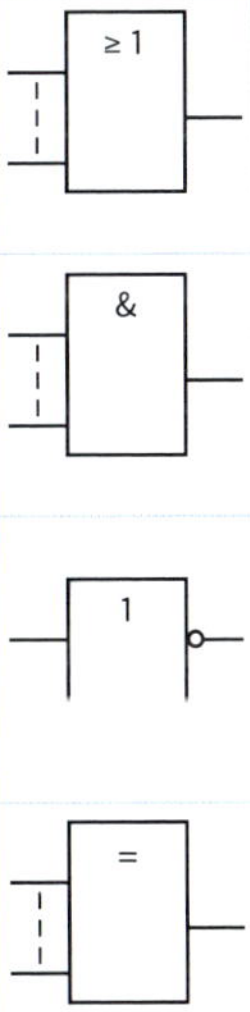


ODER-Element, allgemein

UND-Element, allgemein

NICHT-Element, Inverter (in einem Schaltplan mit einheitlicher Logik-Vereinbarung)

Äquivalenz-Element, allgemein

### Bistabile Elemente

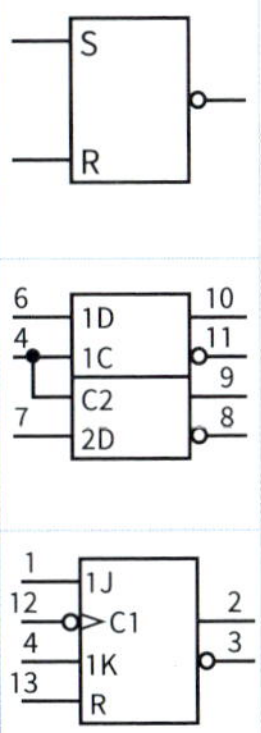


RS-Flipflop

D-Flipflop, einzustands-gesteuert, zweifach

JK-Flipflop, einflanken-gesteuert

## Elektrisches Feld

- Ein elektrisches Feld ist ein Raum, in dem auf Ladungen Kräfte ausgeübt werden. Je nach Ladung kommt es zur Anziehung oder Abstoßung.
- Elektrische Felder sind immer dann vorhanden, wenn elektrische Spannungen herrschen.

**Elektrische Feldstärke**

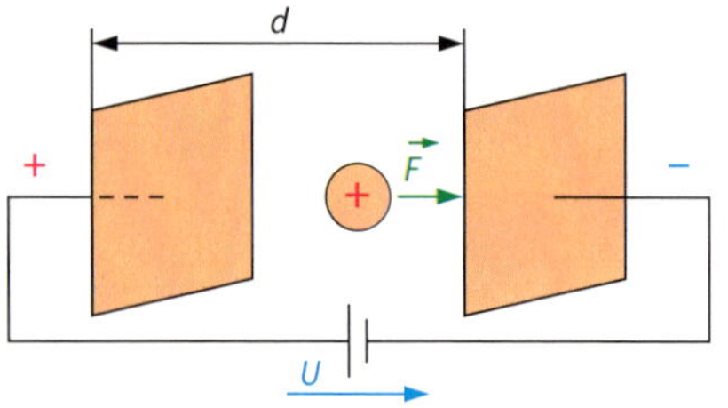


$$E = \frac{F}{Q}$$

$$E = \frac{U}{d}$$

$E$: Elektrische Feldstärke $\quad [E] = \frac{\text{N}}{\text{C}}$
$F$: Kraft auf die Ladung im Feld
$Q$: Ladung im Feld $\quad 1\ \text{C} = 1\ \text{As}$
$U$: Spannung zwischen den Platten
$d$: Abstand der Platten $\quad [E] = \frac{\text{V}}{\text{m}}$

## Formen elektrischer Felder

- Elektrische Felder lassen sich durch gedachte Linien (**Feldlinien**) darstellen.
- Feldlinien gehen definitionsmäßig von positiven zu negativen Ladungen.
- Wenn Feldlinien parallel verlaufen, nennt man das Feld **homogen** ①.
- Wenn Feldlinien nicht parallel verlaufen, nennt man das Feld **inhomogen**.

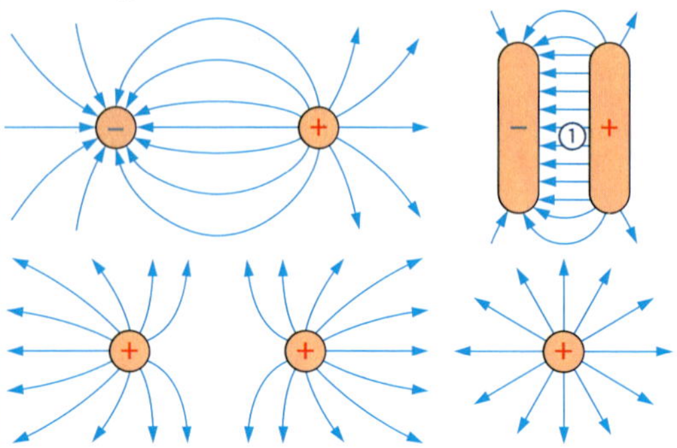


## Abschirmung

- Elektrische Felder verursachen Ladungsverschiebungen (**Influenz**) in metallischen Leitern und damit Störungen.
- Maßnahme: Abschirmung durch beliebige Metalle (Kupfer, Eisen, Aluminium …). Der metallisch abgeschirmte Bereich ist frei.
- Formen: Bleche, Gitter, Geflechte (z. B. Leitungen)

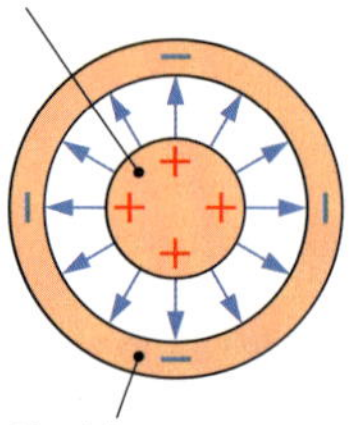


## Magnetisches Feld

- Wenn ein elektrischer Leiter von Strom durchflossen wird, baut sich um den Leiter ein magnetisches Feld auf.
- Die Feldlinien sind geschlossen und verlaufen kreisförmig.
- Wenn sich das Magnetfeld ändert (Wechselstrom), werden in Leiter, die sich in diesem Magnetfeld befinden, Spannungen induziert.

Räumliches Magnetfeld einer Leiterschleife

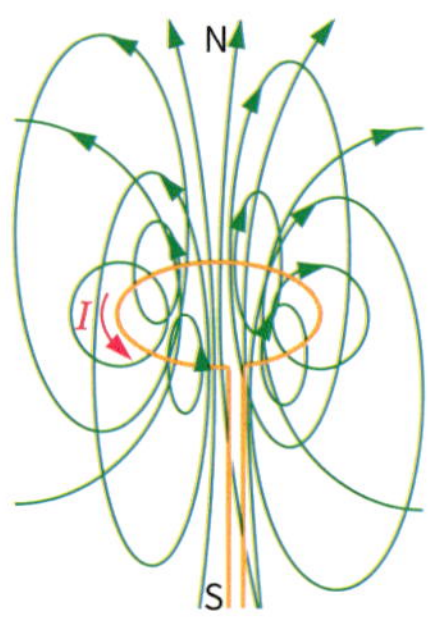


## Feldlinienrichtung

Stromrichtung:
Technische Stromrichtung, vom Plus- zum Minuspol

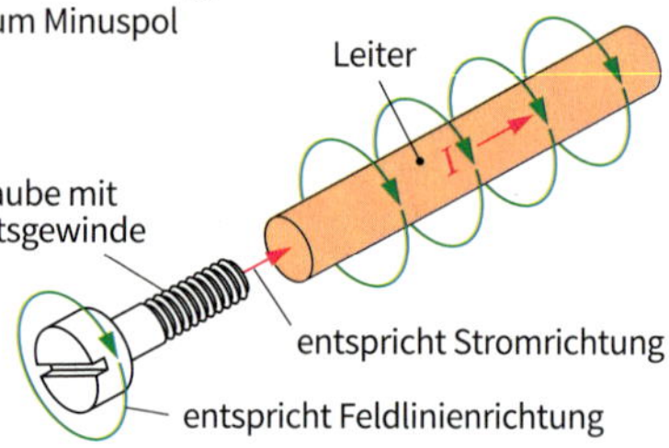


## Magnetische Flussdichte (Induktion)

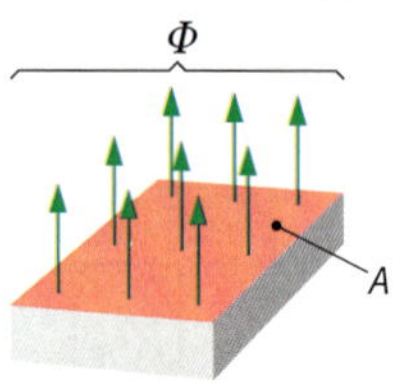


$$B = \frac{\Phi}{A}$$

$[\Phi] = \text{Vs}$

$1\ \text{Vs} = 1\ \text{Wb}$ (Weber)

$[B] = \frac{\text{Vs}}{\text{m}^2}$

$1\ \frac{\text{Vs}}{\text{m}^2} = 1\ \text{T}$ (Tesla)

$B$: Magnetische Flussdichte
$\Phi$: Magnetischer Fluss
$A$: Fläche

## Induktionsspannung

In einem Leiter entsteht dann eine Spannung, wenn sich der Leiter in einem sich ändernden Magnetfeld befindet (der magnetische Fluss ändert sich in einer bestimmten Zeit).

Anwendung:
Spannungserzeugung bei Generatoren, Mikrofon …

## Abschirmung

Magnetische Felder lassen sich durch Eisen abschirmen. In geschlossenen Eisenumhüllungen verlaufen die störenden magnetischen Feldlinien nur im Eisen. Eine Spannungsübertragung (Induktion) auf umgebende Leiter kann dann nicht mehr stattfinden.

# Sicherheitsbestimmungen für netzbetriebene elektronische Geräte
## Safety Regulations for Mains Powered Electronic Devices

### Begriffe

- **Betriebserdanschluss:**
  Anschlussstelle für solche Teile, deren Erdung aus anderen Gründen als aus Sicherheitsgründen erforderlich ist
- **Kriechstrecke:**
  Kürzeste Entfernung zwischen leitfähigen Teilen auf der Oberfläche der Isolierung
- **Luftstrecke:**
  Kürzeste Entfernung zwischen leitfähigen Teilen durch die Luft
- **Netzanschlussteil** für batteriebetriebene Geräte:
  Stromversorgungsgerät, das anstelle von Batterien zur Energieversorgung dient
- **Schutzleiteranschluss:**
  Anschlussstelle, an die zu erdende Teile aus Sicherheitsgrunden angeschlossen werden
- **Signal-Eingangswandler:**
  Gerät, das Energie eines nicht elektrischen Signals in elektrische Energie umwandelt (z. B. Mikrofon, Tonabnehmer)
- **Signal-Ausgangswandler:**
  Gerät, das Energie eines elektrischen Signals in eine andere Energie umwandelt (z. B. Lautsprecher, Bildröhre)
- **Stromversorgungsgerät:**
  Gerät mit Energieaufnahme aus dem Netz, das einen oder mehrere Verbraucher speist

### Anforderungen

**Bau und Bemessung** des Geräts:
Gefahrloser Betrieb bei normaler Verwendung und bei Störung erforderlich.

**Schutzfunktionen:**
- Berührungsschutz
- Personenschutz gegen Auswirkungen zu hoher Temperaturen
- Personenschutz gegen Auswirkungen ionisierender Strahlung
- Personenschutz gegen Implosionswirkung
- Personenschutz gegen unzureichende Standsicherheit des Geräts
- Schutz gegen Feuer
- Schutz gegen elektrischen Schlag durch Erdung (Schutzklasse I) oder durch Isolierungen (Schutzklasse II)

**Prüfungen am Gerät:**
- Reihenfolge laut DIN
- Normalbetrieb bei Umgebungstemperatur von 15 °C bis 35 °C, relativer Luftfeuchtigkeit von 45 % bis 75 % und Luftdruck von 860 mbar bis 1060 mbar
- Sinusförmige Spannungen und Ströme
- Verwendung von Messgeräten, die die zu messenden Werte nicht wesentlich beeinflussen

# Reparatur und Änderung elektrischer Geräte
## Repair and Modification of Electrical Devices

- Reparatur und Änderung fachgerecht ausführen.
- Nach der Reparatur oder Änderung darf keine Gefahr für den Benutzer oder die Umgebung des Gerätes bestehen.
- Nur die vom Hersteller vorgeschriebenen Ersatzteile einbauen.
- Eingebaute Einzelteile, Bauelemente und Baugruppen müssen den Anforderungen an das Gerät und geltenden VDE-Vorschriften entsprechen.
- Zur Sicherheit beitragende Teile des Geräts dürfen nicht beschädigt werden.

### Prüfen reparierter und geänderter Geräte

**1. Sichtprüfung**
- Kontrollieren, ob Teile beschädigt oder ungeeignet sind und ob die Schutzklasse eingehalten wird.
- Sind Leitungen, Zugentlastung und Biegeschutzhülle ordnungsgemäß?

**2. Kontrolle des Schutzleiters**
- Anschluss und Verbindung durch Sicht- und Handprobe überprüfen.
- Messung des Widerstands zwischen Gehäuse und dem Schutzkontakt des Netz- bzw. Gerätesteckers oder dem Schutzleiter am netzseitigen Ende der Anschlussleitung (Anschlussleitung dabei bewegen).

**3. Isolationswiderstand messen**
- Messung mit Geräten nach DIN VDE 0413 T.1.
- Schaltungen entsprechend den Schutzklassen verwenden.

**4. Funktionsprüfung**
- Kontrollieren, ob bestimmungsgemäßer Gebrauch des Geräts möglich ist (Instandhaltungs- oder Instandsetzungsanleitungen benutzen).

**5. Kontrolle der Aufschriften**
- Aufschriften berichtigen oder ergänzen.

### Schutzklassen elektrischer Betriebsmittel

| Schutzklasse I | Schutzklasse II | Schutzklasse III |
|---|---|---|
| Schutzmaßnahme mit Schutzleiter Kennzeichen: ⏚ | Doppelte Isolierung Kennzeichen: ⧈ | Kleinspannung Kennzeichen: ◇ |
| Betriebsmittel mit Metallgehäuse | Betriebsmittel mit Kunststoffgehäuse | Betriebsmittel mit Bemessungsspannungen bis 25 V ~ bzw. 50 V ~ und bis 60 V – bzw. 120 V – |
| z. B. Elektromotor | z. B. TK- und FS-Geräte | z. B. Elektrische Handleuchten |

## 5 Sicherheitsregeln

**Freigabe der Anlage zur Arbeit**
durch die verantwortliche Aufsichtsperson nach Befolgen aller 5 Sicherheitsregeln.

**Vor Beginn der Arbeiten:**

1. Freischalten
2. Gegen Wiedereinschalten sichern
3. Spannungsfreiheit feststellen
4. Erden und kurzschließen[1)]
5. Benachbarte, unter Spannung stehende Teile abdecken oder abschranken

## Wiedereinschalten

- Werkzeug und Hilfsmittel entfernen
- Gefahrenbereich verlassen
- Kurzschließung und Erdung zuerst an der Arbeitsstelle, dann an den übrigen Stellen aufheben
- Erdungsseil zuerst von den Anlagenteilen (z. B. Leitung), dann erst von der Erde heben
- Anlagenteile und Leitungen ohne Erdungsseil dürfen nicht mehr berührt werden
- Entfernte Schutzverkleidungen und Sicherheitsschilder wieder anbringen
- Schutzmaßnahmen an den Schaltstellen erst nach Freimeldung von den Arbeitsstellen aufheben

## Erste Hilfe

- Strom sofort unterbrechen
- Feststellen, ob Atemstillstand vorliegt, dann mit Beatmung einsetzen
- Feststellen, ob Kreislaufstillstand vorliegt, dann neben Beatmung auch mit Herzmassagen beginnen
- Liegt kein Atem- oder Kreislaufstillstand vor, dann Verunglückten in Seitenlage bringen
- Bei Atem- und Kreislaufstillstand, größeren Verbrennungen, Ohnmacht schnellen Transport ins Krankenhaus veranlassen

1) In Anlagen mit Nennspannungen bis 1000 V darf unter bestimmten Umständen hiervon abgewichen werden (vgl. DIN VDE 0105 T. 1).

## Sicherheitsschilder

| Darstellung | |
|---|---|
| P9  | Verbotsschild:<br>Nicht berühren, Gehäuse unter Spannung |
| P10  | Verbotsschild:<br>Nicht schalten |
| ZS 1<br>Es wird gearbeitet!<br>Ort:<br>Entfernen des Schildes nur durch: | Zusatzschild |
| W8  | Warnschild:<br>Warnung vor gefährlicher elektrischer Spannung |
| ZS 2<br>Hochspannung<br>Lebensgefahr | Zusatzschild |
| W10  | Warnschild:<br>Warnung vor Laserstrahl |
| W20  | Warnschild:<br>Warnung vor Gefahren durch Batterien |
| M13  | Gebotsschild:<br>Vor Öffnen<br>Netzstecker ziehen |

## Hinweisschilder

| HS 1 | HS 2 | HS 3 | HS 4 |
|---|---|---|---|
| Entladezeit<br>länger als<br>1 Minute | Teil kann im<br>Fehlerfall unter<br>Spannung stehen | Fünf Sicherheitsregeln<br>Vor Beginn der Arbeiten:<br>• Freischalten<br>• Gegen Wiedereinschalten sichern<br>• Spannungsfreiheit feststellen<br>• Erden und kurzschließen<br>• Benachbarte, unter Spannung stehende Teile abdecken oder abschranken | Vor Berühren:<br>Entladen<br>Erden<br>Kurzschließen |

## Einflussgrößen zur Auswahl einer Leitung

- **Leitungsart**
  - Aderart und -aufbau
    - flexible Leiter
    - feste Leiter
  - Isoliermaterial — DIN EN 50525-1, DIN EN 50525-2-21
- **Leitungsverlegung** — DIN 18015-3, DIN VDE 0100-520
  - Leitungsweg
  - zulässige Verlegeart — DIN VDE 0298-4
  - Leitungsverbindung — DIN VDE 0606, DIN VDE 0609, DIN VDE 0611
  - Biegeradius — DIN VDE 0298-3, DIN VDE 0891-5
- **Leiterquerschnitt**
  - Strombelastbarkeit — DIN VDE 0298-4
    - Verlegeart
    - belastete Adern
    - Leitungshäufung
    - Umgebungstemperatur
    - Oberschwingungen
  - Spannungsfall — DIN VDE 0100-520, DIN VDE 18015-1, TAB 2007
  - Abschaltbedingungen — DIN VDE 0100-410

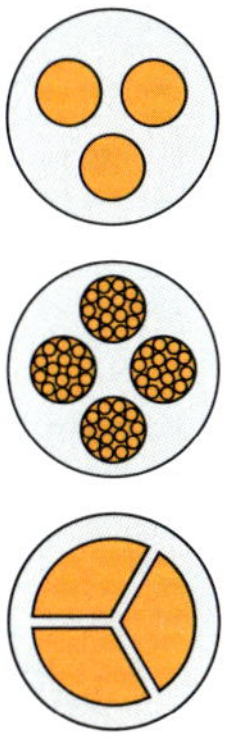

NYM 3 x 1,5 $mm^2$

NYM 4 x 16 $mm^2$

NAYY–J 3 x 120 $mm^2$

Installationszonen:

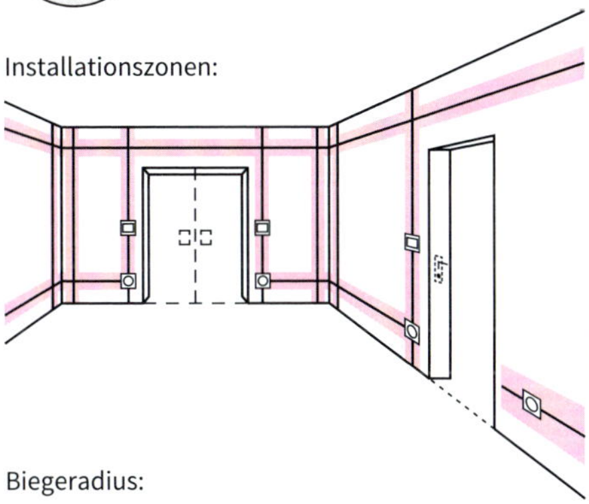

Biegeradius:

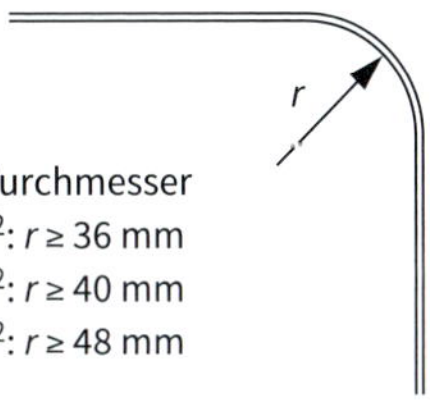


Beispiel:
NYM
$r \geq 4$ x Leitungsdurchmesser
NYM 3 x 1,5 $mm^2$: $r \geq 36$ mm
NYM 5 x 1,5 $mm^2$: $r \geq 40$ mm
NYM 5 x 2,5 $mm^2$: $r \geq 48$ mm

Verlegearten (Beispiele):

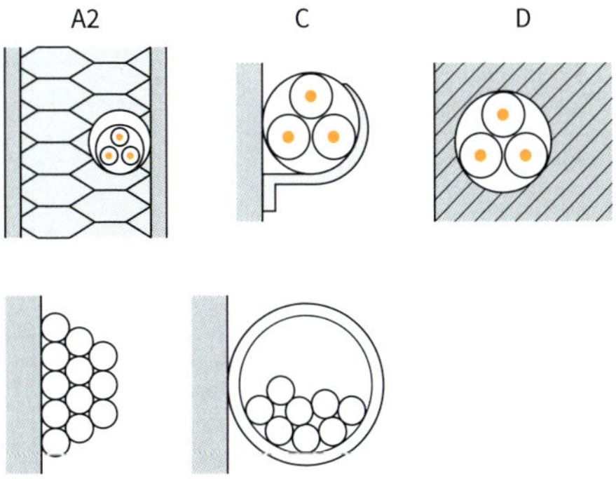


$\Delta U \leq 3\,\%$

1. $I_b \leq I_N \leq I_Z$
2. $I_2 \leq 1{,}45 \cdot I_Z$

# Kennfarben von Leitern
## Core Colour Codes

DIN VDE 0293-308: 2003-01

### Isolierte und blanke Leiter

| Leiterbezeichnung | | Zeichen | Farbe |
|---|---|---|---|
| Wechselstrom | Außenleiter | L1, L2, L3 | 1) |
| | Neutralleiter | N | bl |
| Gleichstrom | positiv | L+ | 1) |
| | negativ | L– | 1) |
| | Mittelleiter | M | bl |

| Leiterbezeichnung | Zeichen | Bildzeichen | Farbe |
|---|---|---|---|
| Schutzleiter | PE | ⏚ | gnge |
| PEN-Leiter (Neutrall. mit Schutzfunktion) | PEN | ⏚ | gnge |
| Erde | E | ⏚ | 1) |

1) Farbe nicht festgelegt

### Adern bei isolierten Leitungen und Kabeln

| | für feste Verlegung | | | | | | | | | | für ortsveränderliche Verbraucher | | | | | | | | | |
|---|---|---|---|---|---|---|---|---|---|---|---|---|---|---|---|---|---|---|---|---|
| Aderzahl | Leitungen mit Schutzleiter | | | | | Leitungen ohne Schutzleiter | | | | | Leitungen mit Schutzleiter | | | | | Leitungen ohne Schutzleiter | | | | |
| 2 | – | – | | | | bl | br | | | | – | – | | | | bl | br | | | |
| 3 | gnge | bl | br | | | – | br | sw | gr | | gnge | bl | br | | | – | br | sw | gr | |
| 4 | gnge | – | br | sw | gr | bl | br | sw | gr | | gnge | – | br | sw | gr | bl | br | sw | gr | |
| 5 | gnge | bl | br | sw | gr | bl | br | sw | gr | sw | gnge | bl | br | sw | gr | bl | br | sw | gr | sw |

**Farbkurzzeichen:**
schwarz (sw) black (BK), braun (br) brown (BN), blau (bl) blue (BU), grau (gr) grey (GR), gelb (ge) yellow (YE), grün (gn) green (GN)

**Anwendungen**
Aderkennzeichnung bei Leitungen und Kabeln für feste Verlegung und flexible Leitungen in

- Installationen elektrischer Anlagen,
- Verteilungssystemen,
- Energieversorgung von fest installierten und ortsveränderlichen Betriebsmitteln und
- Anschlussleitungen bei transportierbaren Betriebsmitteln.

Keine Gültigkeit der DIN VDE 0293-308 für

- Leitungen, Kabel und isolierte Leiter zur inneren Verdrahtung elektrischer Betriebsmittel und fabrikfertiger Schaltkombinationen,
- Leitungen und Kabel in Gleichstromanlagen,
- Leitungen und Kabel, die mehr Adern besitzen als in der Tabelle aufgeführt und
- umhüllte Freileitungen und isolierte Freileitungsseile.

# Leitungskennzeichnung
## Cable Designation Code

**Typenkurzzeichen**
**Beispiel:** **H 03 VV - F 3 G 0,5**

**H** – Kennzeichnung der Bestimmung
H: Harmonisierter Typ
A: Anerkannter nationaler Typ

**03** – Bemessungsspannung in V
03: 300/300 V;
05: 300/500 V;
07: 450/750 V

**VV** – Isolier- und Mantelwerkstoff
B: Etylen-Propylen-Kautschuk
V: PVC
R: Natur- oder synthetischer Kautschuk
N: Chloropren-Kautschuk
S: Silikon-Kautschuk
J: Glasfasergeflecht
T: Textilgewebe
Q: Polyurethan
V2: PVC, wärmebeständig

Aufbauart
H: flache, aufteilbare Leitung
H2: flache, nicht aufteilbare Leitung

**F** – Leiterart
U: eindrähtig
R: mehrdrähtig
K: feindrähtig Leitungen fest verlegt
F: feindrähtig Leitungen flexibel
H: feinstdrähtig
Y: Lahnlitzenleiter

**3** – Aderzahl

**G** – Schutzleiter
X: ohne gnge Schutzleiter
G: mit gnge Schutzleiter

**0,5** – Leiterquerschnitt in mm²

## Isolierte Leitungen für feste Verlegung

| Bezeichnung | Abbildungen | Kurzzeichen | Aderzahl | Verwendung |
|---|---|---|---|---|
| PVC-Einzeladern flexibel |  | H05V-K | 1<br>1 | ▪ Leitung für innere Verdrahtung von Geräten<br>▪ Geschützte Verlegung in Rohren auf und unter Putz sowie in geschlossenen Installationskanälen |
| Wärmebeständige PVC-Einzeladern |  | H05V2-K | 1 | ▪ Verbindungsleitung für Energieanlagen, Schaltschränke<br>▪ Bei höheren Leiter- oder Umgebungstemperaturen bis +105 °C |
| Schadstofffreie Mantelleitung |   | NHMH-J | 3…7 | ▪ Feste Verlegung in Wohnbauten, öffentlichen Gebäuden und Industrieanlagen<br>▪ Schutz vor direkter Sonneneinstrahlung erforderlich |
| PVC-Mantelleitung |  | NYM-J | 1…7 | ▪ Industrie- und Hausinstallationen im Innen- und Außenbereich<br>▪ Schutz vor direkter Sonneneinstrahlung erforderlich |
| Halogenfreie Mantelleitung |  | NHXMH-J | 1…7 | ▪ Industrie; Hotels; Flughäfen, U-Bahnen u. a.<br>▪ Bei erhöhtem Schutz für Menschen und Sachwerte |
| Kunststoffmantelleitung (Luftkabel) mit Zugbeanspruchung, Außenmantel Ozon- und UV-beständig |  | YTBKW-J | 3…5 | ▪ Verlegung an Lichtmasten und Spanndrähten<br>▪ Hohe mechanische Belastbarkeit<br>▪ Freitragende Abspannung mit Abspannklemmen zwischen Leuchtenträgern (bis 50 m) |
| Flexible PVC-Steuerleitung halogenfrei und geschirmt |   | JZ-600 HMH-C | 3…4 | ▪ Flammwidrige Steuerleitung für feste oder flexible Verlegung<br>▪ im Werkzeug und Anlagenbau, in der Klimatechnik |

## Isolierte, flexible Leitungen

| Bezeichnung | Abbildungen | Kurzzeichen | Aderzahl | Verwendung |
|---|---|---|---|---|
| Spiralleitung |  | H05BQ-F | 2…3 | ▪ Elektrowerkzeuge<br>▪ Handlinggeräte<br>▪ Unterhaltungselektronik |
| PVC-Schlauchleitung |  | H03VV-F | 2…7 | ▪ Anschlussleitung bei geringer mechanischer Beanspruchung für Tisch- und Stehleuchten u. a. |
| Gummi-Schlauchleitung (schwere Ausführung) |  | H07RN-F | 1…7 | ▪ Anschlussleitung bei mittlerer mechanischer Beanspruchung für Elektrogeräte wie Heizplatten, Bohrmaschinen, Kreissägen u. a. |
| Gummi-Schlauchleitung (schwere Ausführung) |  | NSSHöU | 1…7 | ▪ Anschlussleitung bei großer mechanischer Beanspruchung im Bergbau und in Steinbrüchen<br>▪ Auf Baustellen für schwere Geräte und Werkzeuge |

## Isolierte, flexible Leitungen

| Bezeichnung | Abbildungen | Kurzzeichen | Aderzahl | Verwendung |
|---|---|---|---|---|
| PVC-Schleppkettenleitung |  | JZ-HF-CY | 2…50 | ▪ Verlegung in trockenen und feuchten Räumen; nicht im Freien<br>▪ Bei freier Bewegung ohne Zugbeanspruchung im Schleppketteneinsatz, an Handhabungsautomaten, Robotern und dauernd bewegten Maschinenteilen<br>▪ Störungsfreie Signalübertragung |
| Flexible Photovoltaikleitung | 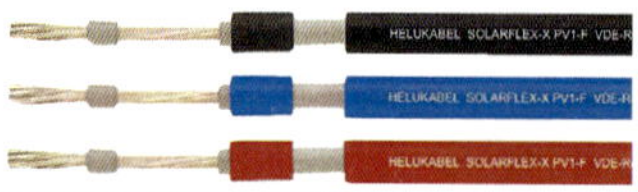 | Solarflex-XPV1-F | 1 | ▪ Verlegung im Freien, da UV-, ozon-, witterungs- und hydrolysebeständig<br>▪ Verkabelung von Solarmodulen |

## Leitungen und Kabel für Klingel-, Signal- und Telekommunikationsanlagen

| Bezeichnung | Abbildungen | Kurzzeichen | Verwendung |
|---|---|---|---|
| Schaltdraht |  | YV | ▪ Anlagen zur Signalübertragung und in Kommunikationsanlagen<br>▪ Informationsverarbeitungsgeräte |
| PVC-Schaltlitze (verzinnt) |  | LiY | ▪ Verdrahtung von Kleinspannungsanlagen, Fernmeldegeräten, elektronischen Baugruppen in Geräten |
| PVC-Datenleitung |  | LiY-CY | ▪ Steuer- und Signalleitung für Rechneranlagen, Steuer- und Regelgeräte bei erhöhter elektrischer Beeinflussung |
| PVC-Steuerleitung |  | Y-CY-JB | ▪ Flexible Anwendung bei freier Bewegung ohne Zugbeanspruchung; nicht im Freien<br>▪ Steuerleitung im Werkzeug- und Maschinenbau, Förderanlagen und Fertigungsanlagen |
| Brandmelde-Innenkabel |  | J-Y(St)Y | ▪ Anwendung in trockenen und feuchten Räumen, auch im Freien bei fester Verlegung für Signal- und Messdatenübertragung<br>▪ Schutz gegen äußere Störfelder durch statischen Schirm |
| Sicherheitskabel |  | NHXCH-FE 180/E90 | ▪ Anwendung in Wasserdruckerhöhungsanlagen<br>▪ Funktionserhalt bei direkter Flammeinwirkung (90 min.); Löschwasserversorgung; Lüftungsanlagen |
| Telekommunikations-Innenkabel |  | J-YY | ▪ Installationskabel als Kommunikationskabel im Sprechstellen- und Nebenstellenbau |
| Telekommunikations-Außenkabel |  | A-2Y(L)2Y | ▪ Ortsteilnehmerkabel<br>▪ Anschlusskabel zur Verbindung von Sprechstellen mit Vermittlungsstellen |

### Arten

| Niederspannungskabel bis $\frac{U_0}{U} = \frac{0{,}6\ \text{kV}}{1\ \text{kV}}$ | | |
|---|---|---|
| **Bezeichnung** | **Abbildung** | **Erklärung/Verwendung** |
| **NYCY** Rundleiter |  | Erdkabel mit PVC-Isolierung/Ortsnetze, Hausanschlüsse, Straßenbeleuchtung |
| **NYY** Rund- oder Sektorleiter |  | Erdkabel mit PVC-Isolierung/Kraftwerke, Industrie und Schaltanlagen, Kabelkanäle |
| **NA2XY** Sektorleiter, eindrähtig |   | Erd-/Kunststoffkabel mit VPE-Isolierung/Ortsnetze, bei Kabelhäufungen |
| **NYCWY** Sektorleiter | 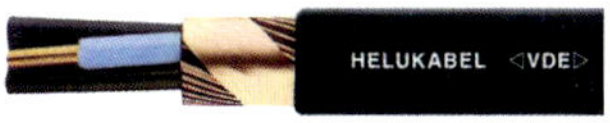  | Erdkabel mit PVC-Isolierung/Ortsnetze, Industrie, konzentrischer Leiter auch als N- und PE-Leiter |
| **NAY2Y** Sektorleiter, eindrähtig |  | Erdkabel für Ortsnetze/ in Beton, in Wasser, in Innenräumen und Kabelkanälen, bei erhöhter mechanischer Beanspruchung |
| Mittelspannungskabel $\frac{U_0}{U} = \frac{0{,}6\ \text{kV}}{1\ \text{kV}}$ | $\frac{U_0}{U} = \frac{12\ \text{kV}}{20\ \text{kV}}$ | $\frac{U_0}{U} = \frac{18\ \text{kV}}{30\ \text{kV}}$ |
| **NA2XS2Y** mehrdrähtig |  | Kabel mit VPE-Aderisolierung und PE-Mantel/ Industrie, Schaltanlagen, bei starker mechanischer Beanspruchung |
| **N2XSY** mehrdrähtig |  | Kabel mit VPE-Isolierung/ Industrie- und Schaltanlagen, Kraftwerke, bei schwieriger Trassenführung |

### Leiterform und Kabelaufbau

| Abbildung | Kurzzeichen | Erklärung |
|---|---|---|
| 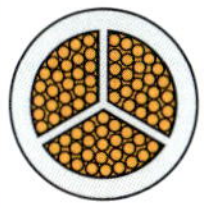 | SM | sektorförmiger Leiter, mehrdrähtig |
|  | SE | sektorförmiger Leiter, eindrähtig |
| 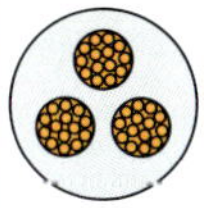 | RM | runder Leiter, mehrdrähtig |
| 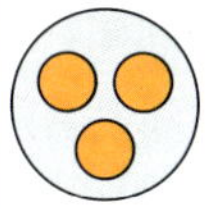 | RE | runder Leiter, eindrähtig bei 0,5 mm² bis 10 mm² |

### Zuordnung[1)] des Schutz- oder PEN-Leiters (S) zum Außenleiter (A)

| Querschnitt in mm² | | | |
|---|---|---|---|
| A | S | A | S |
| 1,5 | 1,5 | 35 | 16 |
| 2,5 | 2,5 | 50 | 25 |
| 4 | 4 | 70 | 35 |
| 6 | 6 | 95 | 50 |
| 10 | 10 | 120 | 70 |
| 16 | 16 | 150 | 70 |
| 25 | 16 | 185 | 95 |

1) Zuordnung gilt für isolierte Energieleitungen und 0,6 kV/1 kV-Kabel mit 4 Leitern.

# Freileitungsseil
## Overhead Distribution Cable

DIN VDE 0276-626: 1997-01; DIN VDE 0276-626/A1: 1998-07

**NFA2X**
mehrdrähtig
$\frac{U_0}{U} = \frac{0{,}6\ \text{kV}}{1\ \text{kV}}$

Isoliertes Freileitungsseil für Drehstromsysteme im Viererbündel; Kennzeichnung der Außenleiter durch Noppen auf Isolierung

Kenngrößen

| Bemessungsquerschnitt $q$ in mm² | Strombelastbarkeit $I$ in A | Drahtanzahl je Leiter | Zugfestigkeit in kN |
|---|---|---|---|
| 25 | 107 | 7 | 4,17 |
| 35 | 132 | 7 | 5,78 |
| 50 | 165 | 19 | 8,45 |
| 70 | 205 | 19 | 11,32 |

Werte gelten für
- Umgebungstemp.: 35 °C
- Zulässige Leitertemp.: 80 °C
- Windgeschwindigkeit: 0,6 m/s
- Betriebsfrequenz: ≤ 60 Hz

- **Verlegung**
  - Einphasen-Wechselstrom: einadrig (L- und N-Leiter)
  - Drehstromsystem: Vierbündel (L1-, L2-, L3-, N-Leiter)
  - Aufhängung und Abspannung an Holzmasten und Betonmasten
  - Aufhängung u. Abspannung am Dachständer (DIN VDE 0211) und Hausanschlüssen (DIN 43637-5)
  - ohne Zugbeanspruchung, z. B. an Wänden, Schellenabstand waagerecht 0,6 m, senkrecht 1 m
  - unter Zugbeanspruchung, z. B. zwischen zwei Masten, Befestigungsklammern verwenden

### Anwendung

- Gebäude/Grundstücke mit eigener Hausnummer benötigen eigene Hausanschlüsse.
- Gemeinsame Versorgung mehrerer Häuser, nur wenn ein gemeinsamer Hausanschlussraum besteht.
- Hausanschluss verbindet die Hausinstallation mit dem Verteilungs-/Versorgungsnetz.
- Anschluss- und Betriebseinrichtungen müssen regelkonform installiert, gewartet und betrieben werden.

### Anforderungen

- Maße:
  - Tiefe für Betriebseinrichtungen: 30 cm
  - Arbeits-/Bedieneinrichtungen
    Tiefe: 120 cm, seitlicher Abstand: 30 cm, Durchgangshöhe: 180 cm
- Fundamenterder-Anschlussfahne am Hausanschluss herausführen
- Wände mit ausreichender Tragfähigkeit
  Mindestdicke: 60 mm
- Für elektrischen Netzanschluss gelten auch
  - Niederspannungsanschlussverordnung (NAV) und
  - Technische Anschlussbedingungen der Netzbetreiber (TAB).
- Für Gas-, Wasser-, Fernwärmeversorgung gelten weitere Verordnungen und Anschlussbedingungen.

| | Hausanschlussraum | Hausanschlusswand | Hausanschlussnische |
|---|---|---|---|
| Anwendung | ▪ Bei mehr als fünf Nutzungseinheiten erforderlich | ▪ Gebäude mit bis zu fünf Nutzungseinheiten | ▪ Nicht unterkellerte Einfamilienhäuser |
| Anordnung | ▪ Allgemein zugänglicher Raum<br>▪ Kein Durchgangsraum<br>▪ An Außenwand angrenzend<br>▪ Fest installierte Beleuchtung<br>▪ Schutzkontaktsteckdose | ▪ In allgemein zugänglichem Raum<br>▪ An Außenwand angrenzend<br>▪ Fest installierte Beleuchtung<br>▪ Schutzkontaktsteckdose | ▪ Einführung durch Schutzrohre (inkl. Nachrüstreserve)<br>▪ Einführung senkrecht<br>▪ Kabel gegen mechanische Beschädigung schützen<br>▪ Tür mit Lüftungsöffnung (bei Gasversorgung oben/unten je min. 5 cm²) |
| Mindestmaße | ▪ Länge: 2 m<br>▪ Breite: 1,5 m bzw. 1,8 m (bei zwei belegten Wänden)<br>▪ Höhe: 2 m | ▪ Durchgangsgröße: 1,8 m | ▪ Breite:<br>nur Strom: 87,5 cm<br>Strom und Fernwärme: 105 cm<br>▪ Höhe: 2 m<br>▪ Tiefe: 25 cm |

### Beispiele

#### Hausanschlussraum

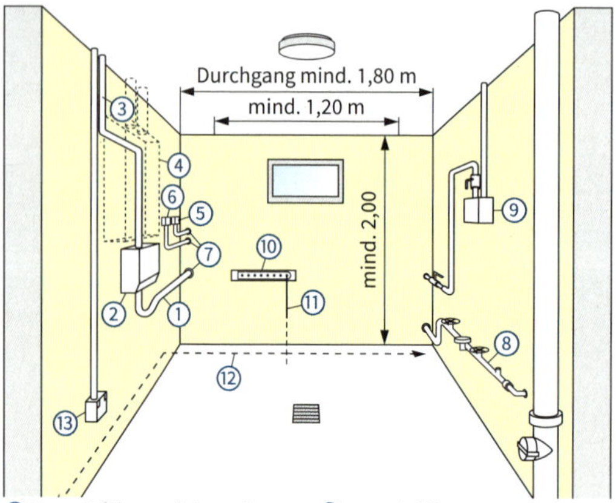


① Hauseinführungsleitung für Strom
② Strom-Hausanschlusskasten mit Hausanschlusssicherungen
③ Strom-Hauptleitung
④ gegebenenfalls Zählerplätze
⑤ APL – Abschlusspunkt für Telekommunikationsanlagen
⑥ HÜP – Hausübergabepunkt für Breitbandkommunikationsanlagen
⑦ Hauseinführung
⑧ Anschlussleitung für Trinkwasser mit Wasserzähler
⑨ Vor- und Rücklaufleitung Heizung
⑩ Haupterdungsschiene (Potenzialausgleichsschiene)
⑪ Erdungsleiter
⑫ Fundamenterder
⑬ Schutzkontaktsteckdose

#### Hausanschlusskasten

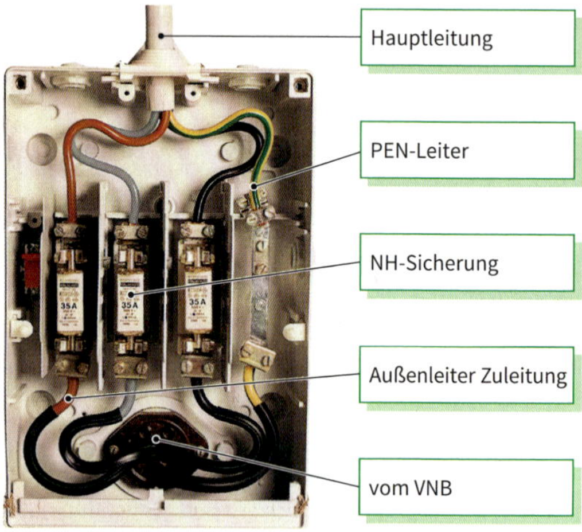


- Übergabestelle zwischen VNB und Hausinstallation
- Anforderungen nach DIN VDE 0530-600
- Plombierbar
- IP54
- NH00 bis NH1 mit frei geführten Sicherungen oder Sicherungslasttrennschalter

**Hinweise**

- Planung des Leitungsweges unter Berücksichtigung anderer Installationen (z. B. Wasser, Heizung).
- Waagerechte und senkrechte Leitungsführung bei verdeckter Verlegung z. B. im oder unter Putz (Installationszonen beachten).
- Damit verdeckt liegende Leitungen nicht beschädigt werden, muss vor Nachinstallationen die Montagefläche mit einem Leitungssuchgerät geprüft werden.
- Schutz vor mechanischen Beschädigungen bei Leitungsverlegung unter Putz durch Installationsrohre.

## Verlegung

### Flexible Isolierrohre

- Ausführungen als leichtes Wellrohr oder Panzer-Wellrohr
- Verlegung des Installationsrohres bei unterschiedlichen Biegeradien
- Leitungsverlegung und Kabelführung auf örtliche Bedingungen anpassbar
- Wellrohre für Verlegung im und unter Putz, in Hohlwänden, in Zwischendecken, im Estrich und in Schüttbeton geeignet
- Kabelschutz hinsichtlich Stabilität, Kälte und Hitze
- Beständig gegen Wasser, Salze, Laugen und Säuren
- Rohre sind flammwidrig und selbstverlöschend

### Starre Isolierrohre

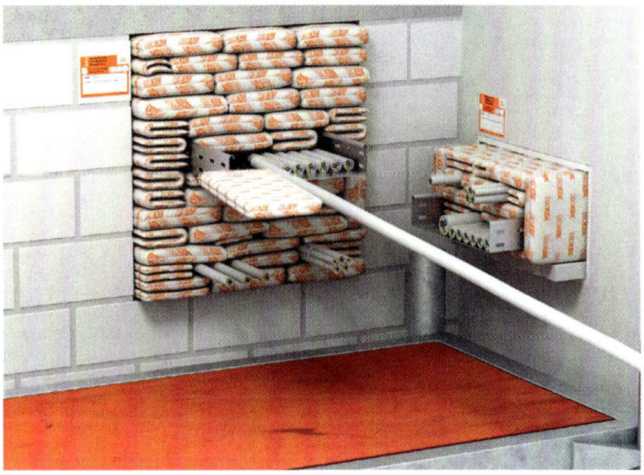

- Geschützte Leitungsverlegung in starren Installationsrohren, an freien Wänden, in Hohlwänden und in Zwischendecken
- Rohrteile sind gemufft und dadurch steckbar.
- Befestigung der Isolierrohre in größeren Abständen mit Klemmschellen möglich
- Material ist flammwidrig, selbstverlöschend und korrosionsbeständig.
- Separate Muffen und 90°-Bögen ermöglichen die gewünschte Leitungsführung.

### Montage der Nagelschelle

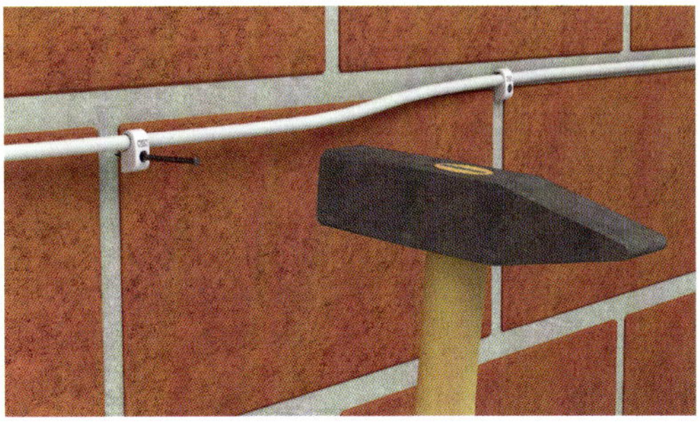

- Befestigung von Installationsleitungen auf verschiedenen Untergründen, z. B. Holz, Beton, Stein
- Nagelschellen für unterschiedliche Spannbereiche je nach Leitungsdurchmesser
- Nagellängen je nach Art des Untergrundes auswählen
- Fixierung von Installationsleitungen in Mauerschlitzen oder auf Mauerwerk, die dann verputzt werden
- Kennzeichnung des Leitungsweges mit Hilfe von Wasserwaage und Schnur (Schnurschlag)

### Auf Putz im Rohr

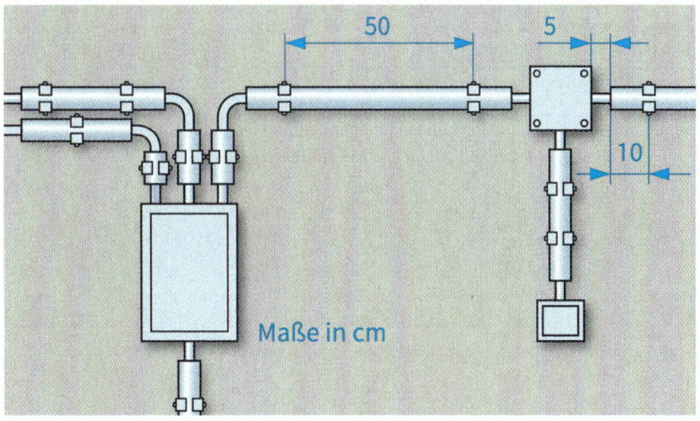


- Montage in feuchten und nassen Räumen, z. B. in Kellerräumen und Garagen
- Empfohlene Verlegung in waagerechter und senkrechter Montage
- Kennzeichnung des Leitungsweges mit Hilfe von Wasserwaage und Schnur (Schnurschlag)
- Einhalten des Mindestbiegeradius (4facher Leitungsdurchmesser)

## Verlegung

### Im Kabelkanal

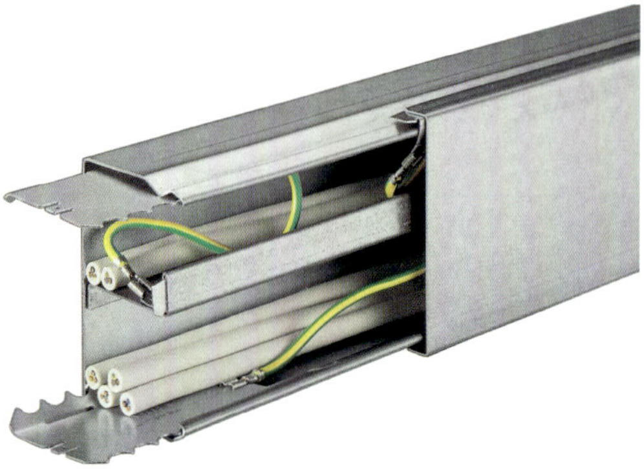

- Verlegung in Installationskanälen aus Kunststoff oder Metall, z. B. NYM.
- Kanäle aus verzinktem Stahlblech:
  - Leitende Verbindung der metallenen Kanäle mit Schutzleiteranschluss,
  - Verbindungsstellen und Steckvorrichtungen im Metallkanal in Schutzmaßnahmen einbeziehen (Anschluss an PE-Leiter),
  - Trennung der Daten- und Energieleitungen durch Abstand oder Trennsteg.

### In Kabelrinne

- Begehbare Kabelrinne z. B. in Industrieanlagen
- Kabelrinne ungelocht, rutsch- und trittfest
- Systemzubehör wie Stützprofile, Trennstege in Z-Form, Endabschlussblech, Staubschutz u. a.

### In Gitterrinne

- Zur Installation von leichten Leitungen und Kabel
- Verwendung z. B. zur
  - IT-Verkabelung
  - Telefonverkabelung
- Installation in
  - Zwischendecken
  - Hohlraumböden

### Auf Leuchtenträgerschiene

- Trägerschiene zur
  - Führung von Leitungen
  - Montage von Leuchten
- Zulässige Belastung in kN/m laut Herstellerangaben
- Weitere Herstellerangaben:
  - Stützweite in m
  - Holmdurchbiegung in mm
  - Belastungskurve zur Kabelrinnenbreite und Kabelleiter breite in mm

## Leitungsverbindungen

- **Vorgaben** (DIN VDE 0100-520)
  - Anschlussklemmen:
    Anschluss nur eines Leiters
  - Verbindungsklemmen:
    Anschluss mehrerer Leiter
  - Anschlussstellen mit mechanischen Erschütterungen:
    Keine Löt- oder Schweißverbindungen
  - Verbindungen bei Ein- und Mehraderleitungen in Installationsrohren:
    Kästen, Dosen, Muffen
  - Mehr- und feindrähtige Leitungen:
    Schutz vor Abspleißen und Abquetschen durch Aderendhülsen oder Kabelschuhe
  - Anschluss- und Verbindungsstellen:
    Auswahl nach Anzahl und Querschnitt der Leiter

- **Installationsdosen** (DIN VDE 0606-1)
  - Gerätedosen:
    Einbau von Steckdosen und Schaltern
  - Geräteanschlussdosen:
    Fester Anschluss eines Gerätes über eine flexible Leitung
  - Deckenleuchten-Verbindungsdosen:
    Anschluss von Leuchten und Einbau von Verbindungsklemmen
  - Deckenleuchten-Anschlussdosen:
    Anschluss von Leuchten
  - Verbindungsdosen:
    Verbindung und Abzweigung von Leitern
  - Verbindungsmuffen:
    Verbindung von zwei Leitungen

## Beispiele

- **Leuchtenklemme**

- Anschluss für ein-, mehr- und feindrähtige Leiter
- Querschnitt: 0,5 $mm^2$ … 2,5 $mm^2$
- Abisolierlänge: 9 mm … 11 mm
  Anschluss: Eckige Öffnung zusammendrücken und Leiter einstecken.
- Lösen: Öffnung zusammendrücken und Leiter herausziehen.

- **Verbindungsklemme**

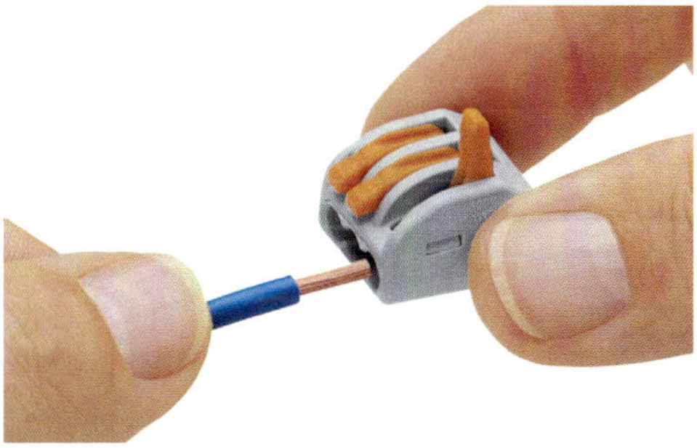

- Anschluss für bis zu fünf abisolierte feindrähtige Leiter bzw. ein- oder mehrdrähtige Leiter
- Querschnitt: 0,08 $mm^2$ … 2,5 $mm^2$ bzw. bis 4 $mm^2$
- Abisolierlänge: 9 mm … 10 mm
- Anschluss: Betätigungshebel öffnen, Leiter einstecken und Hebel in Ausgangslage zurückführen.
- Lösen: Mit Schraubendreher Feder runterdrücken.

- **Dosenklemme**

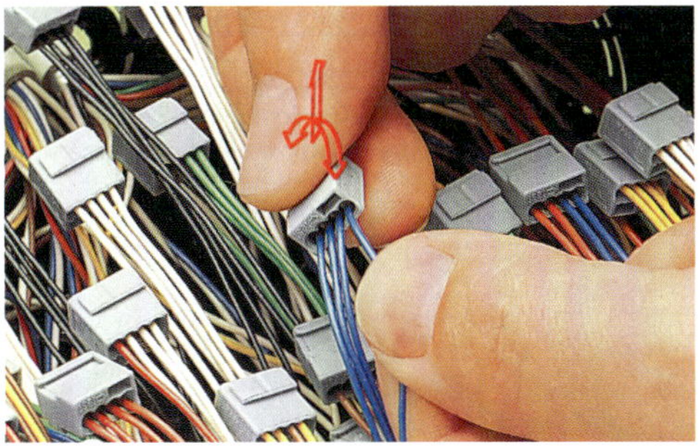

- Anschluss für eindrähtige Leiter
- Querschnitt: 1,5 $mm^2$ … 2,5 $mm^2$
- Abisolierlänge: 5 mm … 6 mm
- Anschluss: Leiter bis zum Anschlag einstecken.
- Lösen: Leiter festhalten und Klemme durch Drehen vom Leiter lösen.

- **Reihenklemme**

- Anschluss für eindrähtige Leiter, Käfigzugfederanschluss
- Querschnitt: Massiv- und Litzenleiter bis 1,5 $mm^2$, je nach Hersteller auch bis 16 $mm^2$
- Anschluss: Mit Schraubendreher Feder eindrücken und abisolierten Leiter (4 mm … 7 mm) in Kontaktelement einstecken ①, Schraubendreher herausziehen.
- Lösen: Schraubendreher einstecken u. Leiter herausziehen.

### Vorgaben

- **Hohlwanddosen** (Geräte- und Verbindungsdosen) müssen nach DIN EN 60670 zugelassen und gekennzeichnet sein (Symbol siehe unten).
- Für Betriebsmittel, die diese Norm nicht erfüllen, sind spezielle Maßnahmen erforderlich (z. B. Umhüllung mit nicht brennbaren Materialien).
- **Leitungen**:
  - Keine Stegleitungen
  - Übliche PVC-Kabel oder PVC-Leitungen (NYM, NYY), offen, lose oder festverlegt
  - Anschlussstellen erfordern Leitungsrückhaltung
  - Kabelbündelungen vermeiden
  - **Empfohlene Brandlast**: ≤ 7 kWh/m², entspricht 16 Einzelleitungen NYM 3 x 1,5 mm² (0,44 kWh/m pro Leitung)
  - Horizontale Leitungsführung durch die Ausstanzungen in den Ständerprofilen
- Leitungsbündel in Metallständerwänden, die **Rettungswege** begrenzen:
  - Maximal 5 Einzelleitungen NYM 3 x 1,5 mm²
  - Größere Anzahl im Installationskanal mit Feuerwiderstandsklasse I 30, I 60 oder I 90
- **Installationsrohre**:
  - Keine flammausbreitende Eigenschaften
  - Mindestdruckfestigkeit Klasse 2 (z. B. Typ 2221)
- **Befestigung** der Installationsgeräte:
  - Mit Schrauben
  - Nicht mit Krallen (Zerstörung der Dose)
- Anforderungen im **Holzbau** (Brennbare Hohlwände):
  - Gegenüberliegende Hohlwanddosen versetzt anordnen
  - Abstand von Hohlwanddose zu Holzständern ≥ 150 mm
  - Hohlwanddosen innerhalb des Hohlwandraumes vollständig mit Mineralwolle umgeben

### Hohlwandarten

**Nicht brennbare Hohlwände** (DIN 4102-4)
- Trockenbauwände mit Metallrahmen und Gipskartonplatten
- Dämmstoff: Mineralfaser (Schmelzpunkt ≥ 1000 °C)

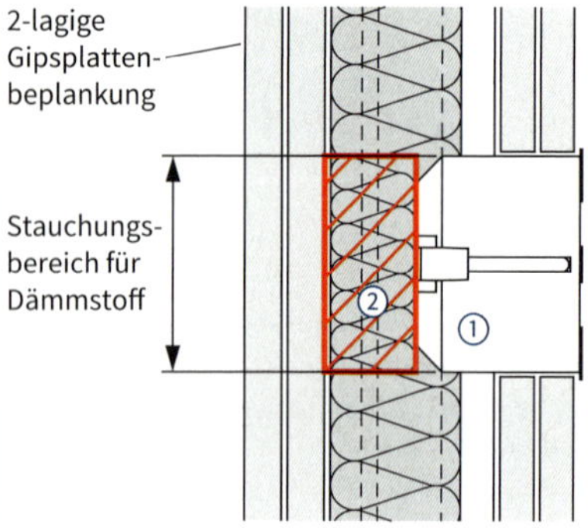


① Installationsdose
② Mineralfaser: Stauchung auf ≥ 30 mm zulässig

**Brennbare Hohlwände**
- Trockenbauwände in Holzständerbauweise
- Hohlwände mit brennbaren Dämmstoffen (Glaswolle, Kunststoff) oder ohne Dämmstoff

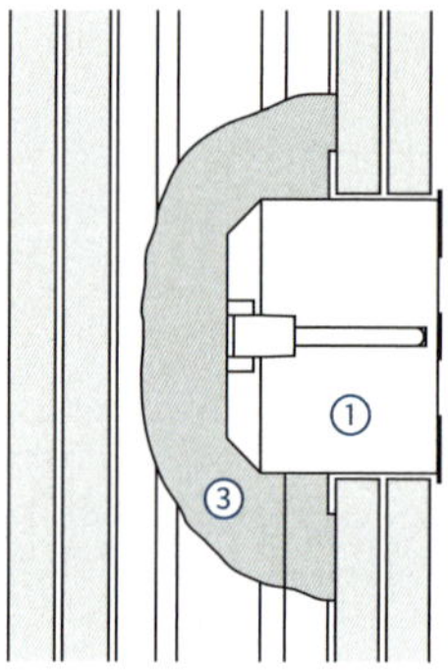


③ Gipsmörtel in Beplankungsdicke

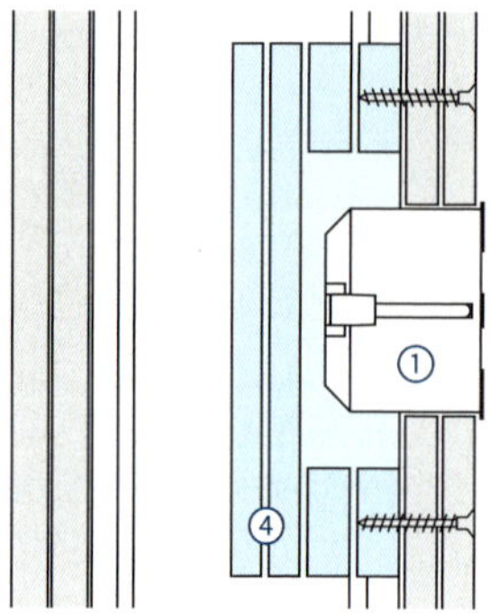


④ – Gipsplatten
– Fibersilikat (12 mm)
– Steinwolle (allseits 100 mm)

### Hohlwanddosen

**Kennzeichnungssymbol** H
**Standarddose** (luftdicht)

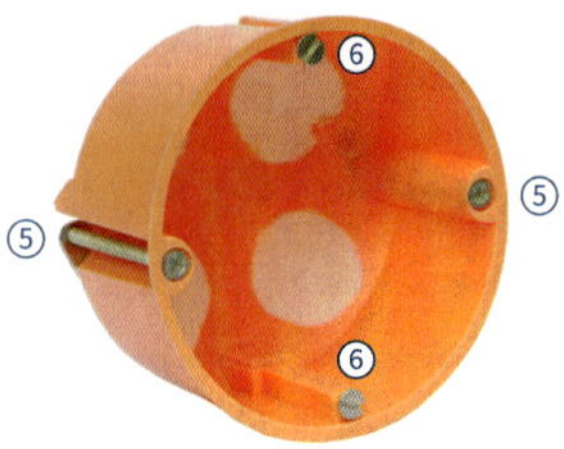


⑤ Befestigungskrallen
⑥ Schraubbefestigung für Installationsgeräte
Fräslochdurchmesser: 68 mm

**Abgeschirmte Geräteverbindungsdose** (medizinisch genutzte Räume)

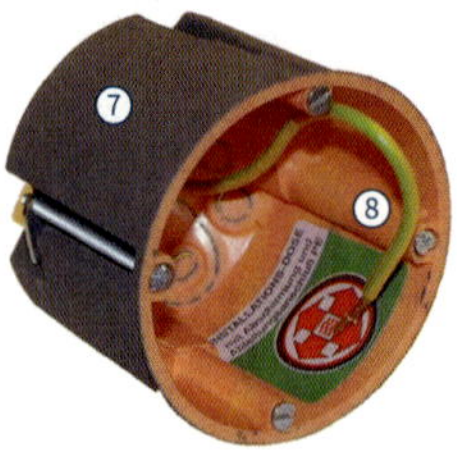


⑦ Leitfähige Beschichtung
⑧ Potenzialableitung (Anschluss nur am Kabelschirm, nicht am PE)
Fräslochdurchmesser: 68 mm

**Hohlwanddose mit Dämmschichtbildner** (Feuerwiderstandsklasse bis F90)

⑨ Dämmschichtbildner schäumt bei Brandeinwirkung selbsttätig auf; **keine** Umhüllung erforderlich
Fräslochdurchmesser: 74 mm

Kombinationsabstand für alle Dosenarten: 71 mm

## Anforderungen

| Luftdichtheit | Wärmebrückenfreiheit |
|---|---|
| Vermeiden von ungewollten Luftströmungen im Gebäude z. B. von<br>– Luftzug durch Installationsrohr und Deckeneinbauten und<br>– Luftaustausch durch Dampfsperrfolie. | Vermeiden von Wärmebrücken in der Außenfassade durch Einsatz geeigneter Geräteträger für<br>– Steckdosen bzw. Schaltereinbau und<br>– Einbau von Türsprechanlagen. |
| ▪ Die Luftdichtheit bedeutet nicht **Winddichtheit**.<br>▪ Winddichtheit ist die Durchströmung der Außendämmung durch den Wind. | ▪ **Wärmebrücken** an einem Gebäude leiten mehr Wärme nach außen ab als benachbarte Flächen oder Bauteile. |

## Maßnahmen

| **Installationsbereich** | Gebäudehülle (Innen- und Außenseite) | Installationsrohrsysteme | Folienartige luftdichte Schichten (z. B. Dampfsperre) | Gedämmte Außenfassaden |
|---|---|---|---|---|
| **Maßnahme** | Luftdichte Geräte- und Verteilerdosen | Rohr mit Verschlussstopfen luftdicht schließen | Durchdringungsöffnung mit Luftdichtungsmanschette abdichten | Isolierende Gerätedosen und Geräteträger installieren |

## Beispiele

### Luftdichte Unterputz- bzw. Hohlwanddose
– Mit Dichtungsmembran
– Für werkzeuglose Leitungs- bzw. Rohreinführung
– Luftdichter Abschluss für Rohr bzw. Leitung

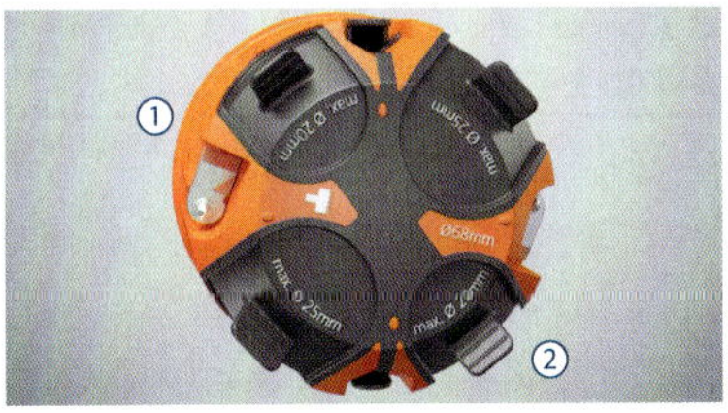


① Hohlwanddose ② Dichtungsmembran

### Rohreinführung mit Verschlussstopfen

③ Rohreinführung ④ Dichtstopfen

### Dichtungseinsatz
– Ermöglicht Nachrüstung konventioneller Dosen

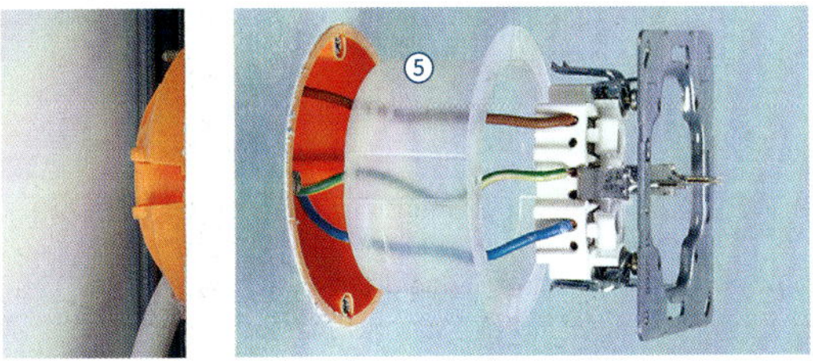


⑤ Dichtungseinsatz

### Luftdichtungsmanschette
– Für Leitungs- oder Rohrdurchführung durch Dampfsperrfolie

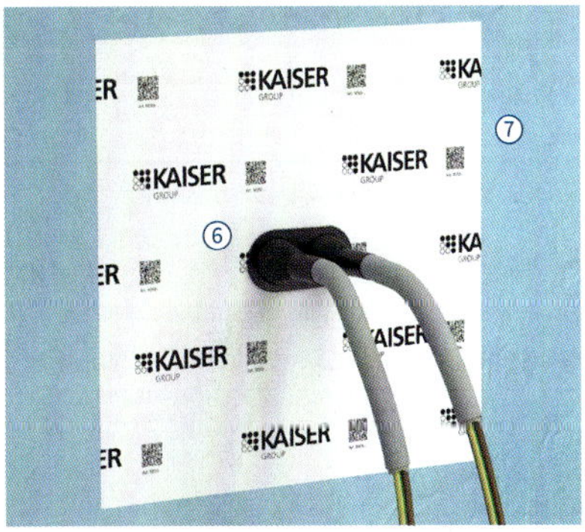


⑥ Luftdichtungsmanschette ⑦ Dampfsperrfolie

### Geräteträger
– Zum Geräteeinbau (z. B. Türsprechanlage, Steckdosen) in gedämmter Außenfassade (wärmebrückenfrei)

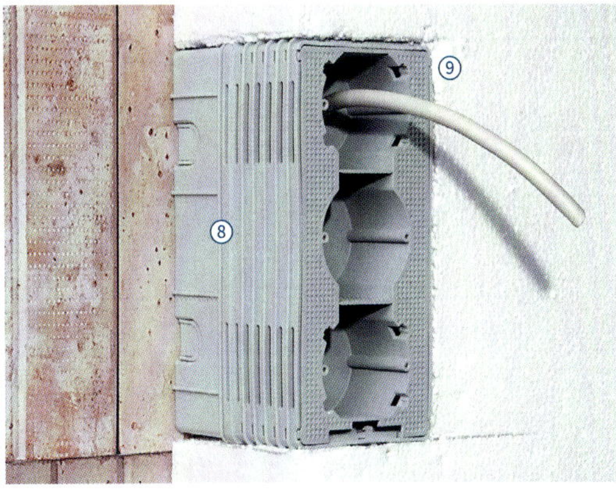


⑧ Geräteträger ⑨ Gedämmte Außenfassade

## Klassifizierungscode

- Klassifizierungscode mit 13 Stellen
- Gültig für nichtmetallene und metallene Rohrsysteme mit oder ohne Gewinde.
- Jedes Rohr mit dem Namen des Herstellers und einer Produktkennung gekennzeichnet.
- Mindestens die ersten **vier Ziffern** des Codes angegeben
- Diesen Code bei der Auswahl von Elektroinstallationsrohren (z. B. nach DIN VDE 0100-520) beachten

3 3 5 3 0 0 0 0 0 0 0 0

① ② ③ ④ ⑤ ⑥ ⑦ ⑧ ⑨

| Kenn-ziffer | Druckfestigkeit | Schlagfestigkeit | Minimale Gebrauchs-temperatur in °C | Maximale Gebrauchs-temperatur in °C |
|---|---|---|---|---|
| 1 | sehr leicht (125 N / 50 mm) | sehr leicht (0,5 kg / 100 mm) | +5 | +60 |
| 2 | leicht (320 N / 50 mm) | leicht (1,0 kg / 100 mm) | −5 | +90 |
| 3 | mittel (750 N / 50 mm) | mittel (2,0 kg / 100 mm) | −15 | +105 |
| 4 | schwer (1250 N / 50 mm) | schwer (2,0 kg / 300 mm) | −25 | +120 |
| 5 | sehr schwer (4000 N / 50 mm) | sehr schwer (6,8 kg / 300 mm) | −45 | +150 |
| 6 | nicht festgelegt | nicht festgelegt | nicht festgelegt | +250 |
| 7 | nicht festgelegt | nicht festgelegt | nicht festgelegt | +400 |

① Widerstand gegen Biegung
② Elektrische Eigenschaften
③ Widerstand gegen Eindringen von Festkörpern
④ Widerstand gegen Eindringen von Wasser
⑤ Widerstand gegen Korrosion
⑥ Zugfestigkeit
⑦ Widerstand gegen Flammenausbreitung
⑧ Hängelast Aufnahmefähigkeit
⑨ Brandfolgeerscheinungen

## Auswahl

- **Farben** für flammwidrige Installationsrohre
  - Standard: Alle Farben außer Gelb, Orange und Rot
  - Ausnahme: Die Farben Gelb, Orange und Rot dann, wenn eindeutig Flammwidrigkeit angegeben ist.
- **Halogenfreie** Elektroinstallationsrohre für Aufputzinstallation, z. B. in öffentlichen Gebäuden und Industrieanlagen

## Anwendungsbereiche

| Installationsform | Klassifizierungscode | | |
|---|---|---|---|
| | 2221 ⑩ | 3341 ⑪ | 5557 ⑫ |
| Aufputz | ja | ja | ja |
| Im-/Unterputz | ja | ja | ja |
| Auf Holz | ja | ja | ja |
| Im Erdreich | nein | ja | ja |
| Im Beton | nein | ja | ja |
| Bei Maschinen und Anlagen | ja | ja | ja |
| Unterflur (Heißasphalt, Bitumen) | nein | nein | ja |
| Unter Estrich | ja | ja | ja |
| Fertigbauweise | ja | ja | ja |
| Im Freien | nein | nein | ja |

## Beispiele

**2221 ⑩**

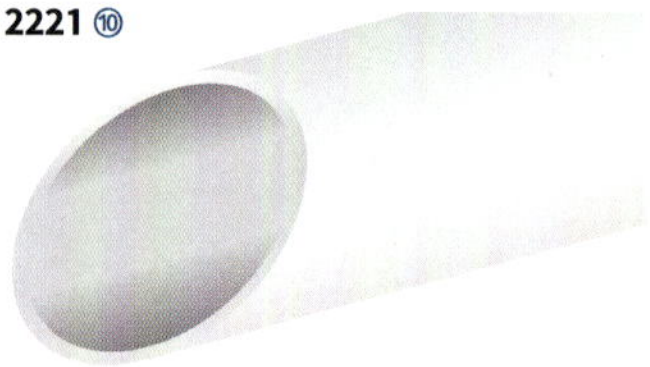

- Material PVC-U
- Leichte Druckfestigkeit
- Leichte Schlagfestigkeit
- Temperaturbeständigkeit von −5 °C bis +60 °C
- Starr
- Nicht flammenausbreitend
- Korrosionsfest

**3341 ⑪**

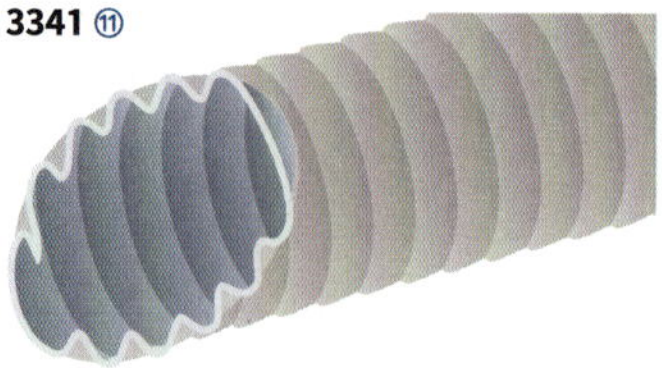

- Material PVC-U/PVC-P
- Mittlere Druckfestigkeit
- Mittlere Schlagfestigkeit
- Temperaturbeständigkeit von −25 °C bis +60 °C
- Biegsam
- Nicht flammenausbreitend
- Korrosionsfest

**5557 ⑫**

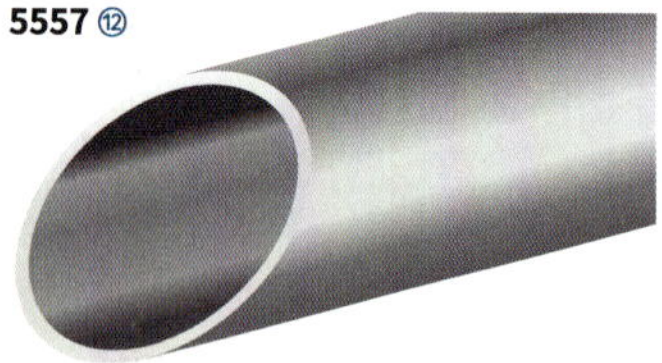

- Material rostfreier Stahl (V4A)
- Sehr schwere Druckfestigkeit
- Sehr schwere Schlagfestigkeit
- Temperaturbeständigkeit von −45 °C bis +400 °C
- Nicht flammenausbreitend
- Korrosionsfest

## Gebäudeanschlussraum mit Schutzpotenzialausgleich

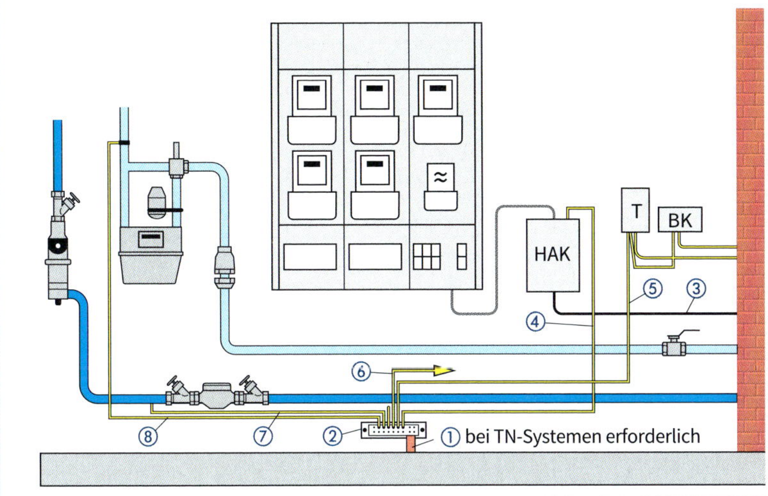


① Anschlussfahne des Fundamenterders
② Haupterdungsschiene (früher Potenzialausgleichsschiene, PAS)
③ Niederspannungs-anschlusskabel des VNB

Potenzialausgleichsleiter (PA-Leiter):
④ zum Hausanschluss-kasten (HAK)
⑤ zur Telekommunikations- und BK-Anlage
⑥ zur Blitzschutzanlage
⑦ zur Wasserversorgungs- und Wasserentsorgungs-anlage
⑧ zur Gasversorgungs-anlage

## Schutzpotenzialausgleich[1] an der Haupterdungsschiene

**TN-C-System**

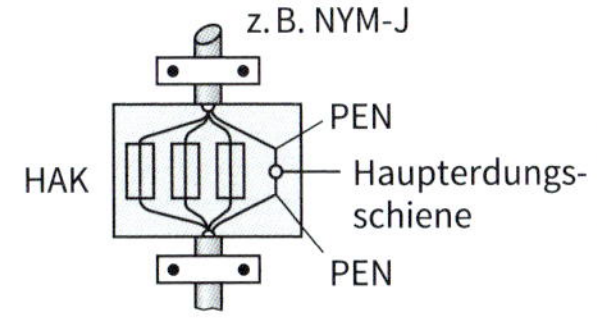


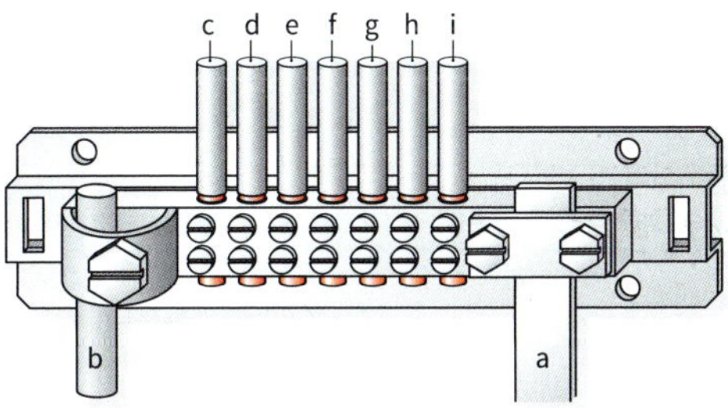


a Fundamenterder
b Blitzschutzanlage
c Heizungsanlage
d PE-Leiter zum HAK
e PE-Leiter zur Verteilung
f TK-Anlage
g Antennenanlage
h Gasversorgungsanlage
i Wasserversorgungsanlage

[1] Hinweise zum Schutzpotenzialausgleich, siehe DIN VDE 0100-410, Kap. 411.3.1.2

## Zusätzlicher Schutzpotenzialausgleich bei leitender Standfläche

| Darstellung | Erklärung | Anwendung (DIN VDE 0100…) |
|---|---|---|
| 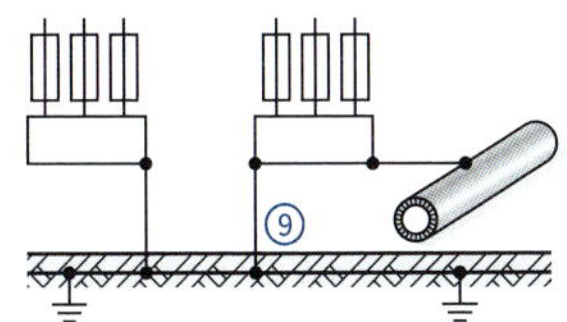  | Schutzpotenzialausgleichsleiter ⑨ zwischen Körpern und leitfähigen Teilen, die innerhalb des Handbereichs liegen | ▪ Schutzleitermaßnahmen (-410)<br>▪ Räume mit Badewanne und Dusche (-701)<br>▪ Schwimmbäder (-702)<br>▪ Landwirtschaftliche und gartenbauliche Betriebsstätten (-705)<br>▪ Medizinisch genutzte Bereiche (-710) |

## Leiterquerschnitte für Schutzpotenzialausgleichsleiter

| Verbindung mit der Haupterdungsschiene | | Verbindung für zusätzlichen Schutzpotenzialausgleich |
|---|---|---|
| Material | Mindestquerschnitt in mm² | Zwischen zwei Körpern von elektrischen Betriebsmitteln:<br>$q_{PE1} \leq q_{PE2} \rightarrow q_P \geq q_{PE1}$<br>$q_{PE}$: Querschnitt des jeweiligen Schutzleiters<br>$q_P$: Querschnitt des Schutzpotenzialausgleichsleiters |
| Kupfer | 6 | |
| Aluminium | 16 | Zwischen Körpern eines elektrischen Betriebsmittels und einem metallenen Konstruktionsteil:<br>$q_P \geq 2{,}5\ mm^2$ bei mechanischem Schutz des Leiters, z. B. durch Elektroinstallationsrohr<br>$q_P \geq 4\ mm^2$ bei Leitern ohne mechanischen Schutz |
| Stahl | 50 | |

## Störursachen

- Ferne Blitzeinschläge in Freileitungen mit Stoßspannungen > 10 kV, sodass die Spannungsfestigkeit von Geräten überschritten wird
- Elektromagnetische Störfelder durch atmosphärische Spannungsentladungen, die Übertragungsfelder in elektronischen Systemen verursachen
- Schalthandlungen in elektrischen Versorgungsnetzen und bei induktiven Verbrauchern, z. B. Motoren, Aufzügen
- Nahe Blitzeinschläge bis 1000 m, wobei starke Änderungen der magnetischen Feldstärke in Leiterschleifen, z. B. L1-N des Netzes zwischen Geräten und Gebäuden, hohe Induktionsspannungen hervorrufen
- Blitzeinschlag in Versorgungs- oder Datenkabel, wobei ein Teil des Blitzstroms kapazitiv oder galvanisch in die elektronische Anlage gekoppelt wird
- Höchste Gefährdung bei direktem Blitzeinschlag ins Gebäude oder im Nahbereich (< 1 km), Potenzialanhebung metallischer Gebäudeteile und Geräte gegen Erde; Durchschläge in geerdeten elektrischen Betriebsmitteln, Daten- und Informationssystemen

## Maßnahmen gegen Überspannungen

| **Äußerer Blitzschutz:** | **Innerer Blitzschutz:** |
|---|---|
| ▪ Blitzableiter<br>▪ Erdungsanlage | ▪ Schutzpotenzialausgleich<br>▪ Überspannungschutzgeräte |

**Überspannungsableiter**

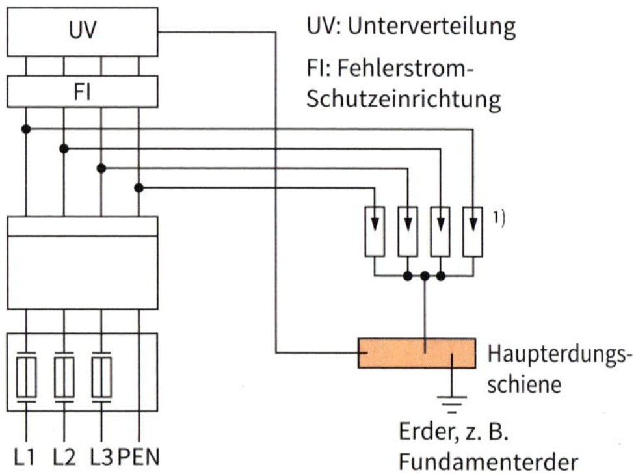


[1] mit Genehmigung des VNB auch vor dem Zähler

# Erder, Erdungen, Schutzpotenzialausgleich
## Earth Electrode, Earthing Arrangements, Protective Equipotential Bonding

### Erdung und Schutzpotenzialausgleich für Antennen-Empfangsanlagen

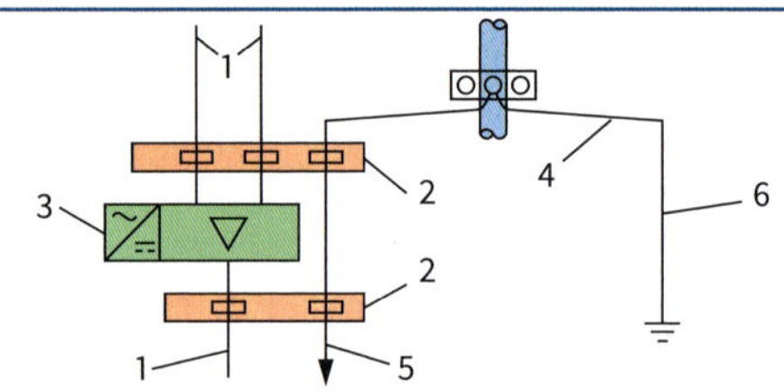


1 Koaxialkabel
2 Erdungsschienen
3 Verstärker mit Netzteil
4 Erdungsleitung vom Antennenstandrohr zu Erdungsschienen (Cu, $q \geq 4\ \text{mm}^2$)
5 Erdungsleitung zum Schutzpotenzialausgleich (PA) der Anlage
6 Erdungsleitung zum Erder (Cu, $q \geq 10\ \text{mm}^2$)

### Erdung und Schutzpotenzialausgleich für BK-Empfangsanlagen

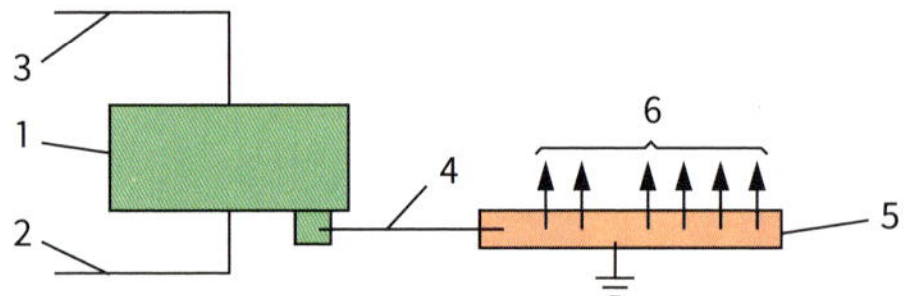


1 BK-Übergabepunkt
2 BK-Kabel
3 Koaxialkabel, doppelt geschirmt
4 Schutzpotenzialausgleichsleitung
5 Schutzpotenzialausgleich (PA)
6 Schutzpotenzialausgleichsleitung der Anlage

### Funktionserdung einer Telekommunikationsanlage

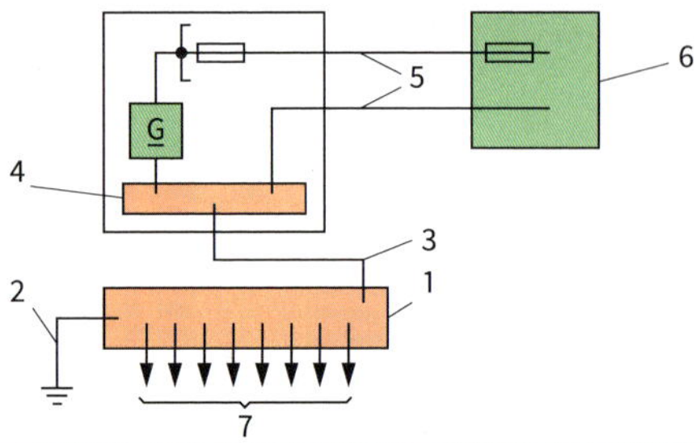


**Betrieb** bei:
a) Bemessungs-Gleichspannung ≤ 120 V oder
b) Bemessungs-Wechselspannung ≤ 50 V der Fernmelde-Stromversorgung

1 Schutzpotenzialausgleich der Verbraucheranlage
2 Erdungsleiter der Anlage
3 Funktionserdungsleiter FE
4 Erdungsschiene der Telekommunikations-Stromversorgung
5 Telekommunikations-Betriebsstromkreis
6 Telekommunikationseinrichtung
7 Schutzpotenzialausgleichsleitung der Anlage

| Bezeichnung | Verlegung | Leitungstyp | Anwendungen |
|---|---|---|---|
| **In wärmegedämmten Wänden und im Elektro-Installationsrohr/-kanal** | | | |
| **A1** | 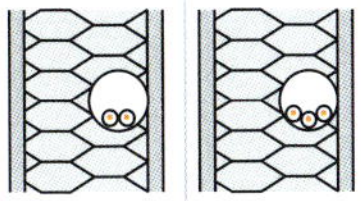 | H07-U/-R/-K<br>H07V3-U/-R/-K | ■ Aderleitungen im Elektro-Installationsrohr oder in Formleisten oder Formteilen<br>■ Ein- oder mehradrige Kabel oder Mantelleitungen in Türfüllungen oder Fensterrahmen |
| **A2** | 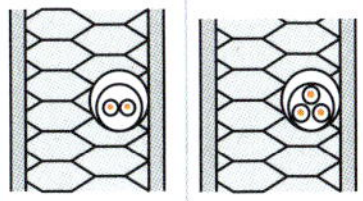 | NYM,<br>NYBUY, NYY,<br>N05VV-U/-R | ■ Mehradrige Kabel oder mehradrige Mantelleitung im Elektro-Installationsrohr |
| **Auf Wänden im Elektro-Installationsrohr/-kanal** | | | |
| **B1** | 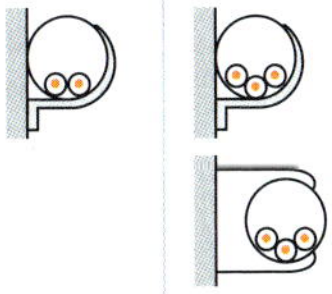 | H07V-U/-R/-K<br>H07V3-U/-R/-K | ■ Aderleitungen im Elektro-Installationsrohr im belüfteten Kabelkanal im Fußboden<br>■ Ein- oder mehradrige Kabel oder Mantelleitung im offenen oder belüfteten Kabelkanal<br>■ Aderleitungen, einadrige Kabel oder Mantelleitungen |
| **B2** | 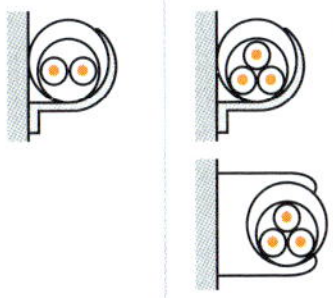 | NYM,<br>NYBUY, NYY,<br>N05VV-U/-R | ■ Mehradrige Kabel oder Mantelleitung:<br>Verlegung für beide Arten: Direkt auf einer Wand oder im Abstand < 0,3 · *d* (*d*: Außendurchmesser des Elektro-Installationsrohres); in abgehängtem Elektro-Installationskanal; im Fußbodenleistenkanal; Unterflurverlegung im Kanal; im Elektro-Installationsrohr im Mauerwerk/Beton bei spez. Wärmewiderstand 2 K · m/W |
| **Auf einer Wand** | | | |
| **C** | 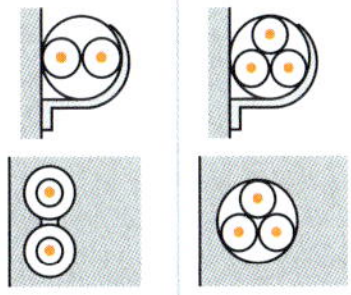 | NYM,<br>NYBUY, NYDY,<br>N05VV-U/-R | ■ Ein- oder mehradrige Kabel oder Mantelleitung:<br>Auf einer Wand oder im Abstand < 0,3 · *d* (*d*: Außendurchmesser des Kabels/der Leitung); unter der Decke oder mit Abstand von der Decke; auf nicht gelochter Kabelwanne; direkt im Mauerwerk oder Beton bei spez. Wärmewiderstand 2 K · m/W ohne/mit zusätzlichem mechanischen Schutz |
| **In der Erde** | | | |
| **D** |  | NYCY, NYY,<br>NA2XY | ■ Ein- oder mehradrige Kabel oder Mantelleitung im Elektro-Installationsrohr oder Kabelschacht im Erdboden<br>■ Ein- oder mehradrige Kabel ohne/mit zusätzlichem mechanischen Schutz direkt im Erdboden: höhere Strombelastbarkeit möglich Umrechnungsfaktoren laut Tab. 4 aus DIN VDE 0276-1000: z. B. Faktor 1,17 bei zul. Betriebstemperatur 70 °C, Erdbodentemperatur 15 °C und Belastungsgrad 0,7 |
| **Frei in der Luft** | | | |
| **E** | 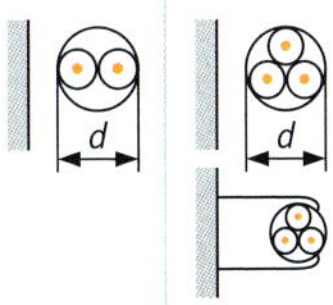 | NYM,<br>NYBUY, NYDY,<br>N05VV-U/-R,<br>YTBKW | ■ Ein- oder mehradrige Kabel oder Mantelleitung:<br>Auf einer Wand oder im Abstand > 0,3 · *d* (*d*: Außendurchmesser des Kabels/der Leitung);<br>auf gelochter Kabelwanne, Kabelkonsolen, Kabelpritschen oder abgehängt an einem Tragseil |
| **F** | 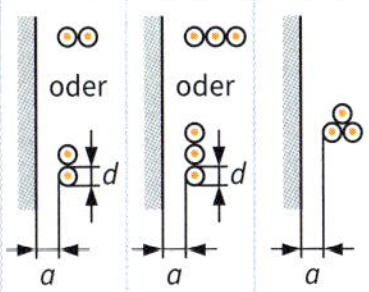 | NYY | ■ Einadrige Kabel mit Berührung im Abstand *a* zur Wand ≥ *d* (*d*: Außendurchmesser des Kabels) |
| **G** | 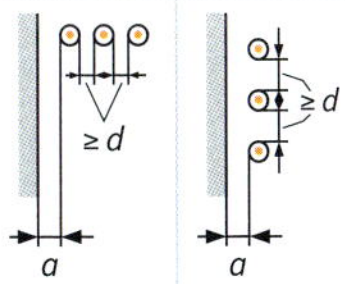 | NYY<br>blanke Leiter | ■ Einadrige Kabel ohne Berührung im Abstand zueinander und zur Wand ≥ *d* |

## Verlegearten und Strombelastbarkeit von Leitungen für feste Verlegung in Gebäuden

- **Zulässige Betriebstemperatur am Leiter 70 °C bei der Umgebungstemperatur von 25 °C**[1]

$I_r$[2]: Zulässige Strombelastbarkeit der Leitung
$I_N$: Bemessungsstromstärke der zugehörigen Überstrom-Schutzorgane in A
A1 bis G: Referenzverlegearten

| $q_N$ in $mm^2$ | A1 | | | | A2 | | | | B1 | | | | B2 | | | |
|---|---|---|---|---|---|---|---|---|---|---|---|---|---|---|---|---|
| | Belastete Adern | | | | | | | | | | | | | | | |
| | 2 | | 3 | | 2 | | 3 | | 2 | | 3 | | 2 | | 3 | |
| | $I_r$ | $I_N$ | $I_r$ | $I_N$ | $I_r$ | $I_N$ | $I_r$ | $I_N$ | $I_r$ | $I_N$ | $I_r$ | $I_N$ | $I_r$ | $I_N$ | $I_r$ | $I_N$ |
| Kupfer | | | | | | | | | | | | | | | | |
| 1,5 | 16,5 | 16 | 14,5 | 13 | 16,5 | 16 | 14,0 | 13 | 18,5 | 16 | 16,5 | 16 | 17,5 | 16 | 16 | 16 |
| 2,5 | 21 | 20 | 19,0 | 16 | 19,5 | 16 | 18,5 | 16 | 25 | 25 | 22 | 20 | 24 | 20 | 21 | 20 |
| 4 | 28 | 25 | 25 | 25 | 27 | 25 | 24 | 20 | 34 | 32 | 30 | 25 | 32 | 32 | 29 | 25 |
| 4 | – | – | – | – | – | – | – | – | – | – | – | – | – | – | – | – |
| 6 | 36 | 35 | 33 | 32 | 34 | 32 | 31 | 25 | 43 | 40 | 38 | 35 | 40 | 40 | 36 | 35 |
| 10 | 49 | 40 | 45 | 40 | 46 | 40 | 41 | 40 | 60 | 50 | 53 | 50 | 55 | 50 | 49 | 40 |
| 10 | – | – | – | – | – | – | – | – | – | – | – | – | – | – | 50[3] | 50 |
| 16 | 65 | 63 | 59 | 50 | 60 | 50 | 55 | 50 | 81 | 80 | 72 | 63 | 73 | 63 | 66 | 63 |
| 25 | 85 | 80 | 77 | 63 | 80 | 80 | 72 | 63 | 107 | 100 | 94 | 80 | 95 | 80 | 85 | 80 |
| 35 | 105 | 100 | 94 | 80 | 98 | 80 | 88 | 80 | 133 | 125 | 117 | 100 | 118 | 100 | 105 | 100 |
| 50 | 126 | 125 | 114 | 100 | 117 | 100 | 105 | 100 | 160 | 160 | 142 | 125 | 141 | 125 | 125 | 125 |
| 70 | 160 | 160 | 144 | 125 | 147 | 125 | 133 | 125 | 204 | 200 | 181 | 160 | 178 | 160 | 158 | 125 |
| 95 | 193 | 160 | 174 | 160 | 177 | 160 | 159 | 125 | 246 | 200 | 219 | 200 | 213 | 200 | 190 | 160 |
| 120 | 223 | 200 | 199 | 160 | 204 | 200 | 182 | 160 | 285 | 250 | 253 | 250 | 246 | 200 | 218 | 200 |
| Aluminium | | | | | | | | | | | | | | | | |
| 25 | 66 | 63 | 60 | 50 | 61 | 50 | 56 | 50 | 83 | 63 | 74 | 63 | 75 | 63 | 65 | 63 |
| 35 | 81 | 63 | 74 | 63 | 75 | 63 | 68 | 63 | 102 | 80 | 91 | 80 | 91 | 80 | 81 | 80 |
| 50 | 98 | 80 | 89 | 80 | 91 | 80 | 82 | 63 | 125 | 100 | 110 | 100 | 110 | 100 | 97 | 80 |
| 70 | 125 | 125 | 113 | 100 | 114 | 100 | 103 | 100 | 159 | 125 | 140 | 125 | 138 | 125 | 122 | 100 |
| 95 | 150 | 125 | 136 | 125 | 137 | 125 | 125 | 125 | 191 | 160 | 170 | 160 | 166 | 160 | 147 | 125 |
| 120 | 173 | 160 | 157 | 125 | 159 | 125 | 143 | 125 | 222 | 200 | 197 | 160 | 191 | 160 | 169 | 160 |

| $q_N$ in $mm^2$ | C | | | | E | | | | F | | | | | | G | | | |
|---|---|---|---|---|---|---|---|---|---|---|---|---|---|---|---|---|---|---|
| | Belastete Adern | | | | | | | | | | | | | | | | | |
| | 2 | | 3 | | 2 | | 3 | | 2 | | 3 | | 3 | | 3 | | 3 | |
| | $I_r$ | $I_N$ | $I_r$ | $I_N$ | $I_r$ | $I_N$ | $I_r$ | $I_N$ | $I_r$ | $I_N$ | $I_r$ | $I_N$ | $I_r$ | $I_N$ | $I_r$ | $I_N$ | $I_r$ | $I_N$ |
| Kupfer | | | | | | | | | | | | | | | | | | |
| 1,5 | 21 | 20 | 18,5 | 16 | 23 | 20 | 19,5 | 16 | – | – | – | – | – | – | – | – | – | – |
| 2,5 | 29 | 25 | 25 | 25 | 32 | 32 | 27 | 25 | – | – | – | – | – | – | – | – | – | – |
| 4 | 38 | 32 | 34 | 32 | 42 | 40 | 36 | 35 | – | – | – | – | – | – | – | – | – | – |
| 4 | – | – | 35[3] | 35 | – | – | – | – | – | – | – | – | – | – | – | – | – | – |
| 6 | 49 | 40 | 43 | 40 | 54 | 50 | 46 | 40 | – | – | – | – | – | – | – | – | – | – |
| 10 | 67 | 63 | 60 | 50 | 74 | 63 | 64 | 63 | – | – | – | – | – | – | – | – | – | – |
| 10 | – | – | 63[3] | 63 | – | – | – | – | – | – | – | – | – | – | – | – | – | – |
| 16 | 90 | 80 | 81 | 80 | 100 | 100 | 85 | 80 | – | – | – | – | – | – | – | – | – | – |
| 25 | 119 | 100 | 102 | 100 | 126 | 125 | 107 | 100 | 139 | 125 | 121 | 100 | 117 | 100 | 155 | 125 | 138 | 125 |
| 35 | 146 | 125 | 126 | 125 | 157 | 125 | 134 | 125 | 172 | 160 | 152 | 125 | 145 | 125 | 192 | 160 | 172 | 160 |
| 50 | 178 | 160 | 153 | 125 | 191 | 160 | 162 | 160 | 208 | 200 | 184 | 160 | 177 | 160 | 232 | 200 | 209 | 200 |
| 70 | 226 | 200 | 195 | 160 | 246 | 200 | 208 | 200 | 266 | 250 | 239 | 200 | 229 | 200 | 298 | 250 | 269 | 250 |
| 95 | 273 | 250 | 236 | 200 | 299 | 250 | 252 | 250 | 322 | 315 | 292 | 250 | 280 | 250 | 361 | 315 | 330 | 315 |
| 120 | 317 | 315 | 275 | 250 | 348 | 315 | 293 | 250 | 373 | 315 | 340 | 315 | 326 | 315 | 420 | 400 | 384 | 315 |
| Aluminium | | | | | | | | | | | | | | | | | | |
| 25 | 87 | 80 | 77 | 63 | 94 | 80 | 82 | 63 | 103 | 100 | 92 | 80 | 89 | 80 | 118 | 100 | 104 | 100 |
| 35 | 109 | 100 | 95 | 80 | 117 | 100 | 101 | 100 | 129 | 125 | 115 | 100 | 111 | 100 | 147 | 125 | 131 | 125 |
| 50 | 125 | 125 | 116 | 100 | 143 | 125 | 124 | 100 | 157 | 125 | 140 | 125 | 135 | 125 | 179 | 160 | 161 | 160 |
| 70 | 160 | 160 | 148 | 125 | 183 | 160 | 159 | 125 | 203 | 200 | 183 | 160 | 175 | 160 | 230 | 200 | 207 | 200 |
| 95 | 206 | 200 | 180 | 160 | 222 | 200 | 193 | 160 | 249 | 200 | 224 | 200 | 215 | 200 | 280 | 250 | 255 | 250 |
| 120 | 239 | 200 | 280 | 250 | 258 | 250 | 224 | 200 | 289 | 250 | 261 | 225 | 251 | 250 | 326 | 315 | 298 | 250 |

[1] Strombelastbarkeitswerte bei 25 °C gelten nur für die genannten Verlegearten. Bei abweichenden Bedingungen (Temperatur, Häufung) gelten die Werte der Tabelle für 30 °C.
[2] Anstatt $I_r$ wird $I_Z$ gesetzt, wenn weitere Einflussfaktoren berücksichtigt werden müssen.
[3] Gilt nicht für die Verlegung auf einer Holzwand.

## Verlegearten und Strombelastbarkeit von Leitungen für feste Verlegung in Gebäuden

- **Zulässige Betriebstemperatur am Leiter 70 °C bei der Umgebungstemperatur von 30 °C**

$I_r$[1]: Zulässige Strombelastbarkeit der Leitung
$I_N$: Bemessungsstromstärke der zugehörigen Überstrom-Schutzorgane in A
A1 bis G: Referenzverlegearten

| $q_N$ in mm² | A1 | | | | A2 | | | | B1 | | | | B2 | | | |
|---|---|---|---|---|---|---|---|---|---|---|---|---|---|---|---|---|
| | Belastete Adern | | | | | | | | | | | | | | | |
| | 2 | | 3 | | 2 | | 3 | | 2 | | 3 | | 2 | | 3 | |
| | $I_r$ | $I_N$ | $I_r$ | $I_N$ | $I_r$ | $I_N$ | $I_r$ | $I_N$ | $I_r$ | $I_N$ | $I_r$ | $I_N$ | $I_r$ | $I_N$ | $I_r$ | $I_N$ |
| | Kupfer | | | | | | | | | | | | | | | |
| 1,5 | 15,5 | 13 | 13,5 | 13 | 15,5 | 13 | 13 | 13 | 17,5 | 16 | 15,5 | 13 | 16,5 | 16 | 15 | 13 |
| 2,5 | 19,5 | 16 | 18 | 16 | 18,5 | 16 | 17,5 | 16 | 24 | 20 | 21 | 20 | 23 | 20 | 20 | 20 |
| 4 | 26 | 25 | 24 | 20 | 25 | 25 | 23 | 20 | 32 | 32 | 28 | 25 | 30 | 25 | 27 | 25 |
| 6 | 34 | 32 | 31 | 25 | 32 | 32 | 29 | 25 | 41 | 40 | 36 | 35 | 38 | 35 | 34 | 32 |
| 10 | 46 | 40 | 42 | 40 | 43 | 40 | 39 | 35 | 57 | 50 | 50 | 50 | 52 | 50 | 46 | 40 |
| 16 | 61 | 50 | 56 | 50 | 57 | 50 | 52 | 50 | 76 | 63 | 68 | 63 | 69 | 63 | 62 | 50 |
| 25 | 80 | 80 | 73 | 63 | 75 | 63 | 68 | 63 | 101 | 100 | 89 | 80 | 90 | 80 | 80 | 80 |
| 35 | 99 | 80 | 89 | 80 | 92 | 80 | 83 | 80 | 125 | 125 | 110 | 100 | 111 | 100 | 99 | 80 |
| 50 | 119 | 100 | 108 | 100 | 110 | 100 | 99 | 80 | 151 | 125 | 134 | 125 | 133 | 125 | 118 | 100 |
| 70 | 151 | 125 | 136 | 125 | 139 | 125 | 125 | 125 | 192 | 160 | 171 | 160 | 168 | 160 | 149 | 125 |
| 95 | 182 | 160 | 164 | 160 | 167 | 160 | 150 | 125 | 232 | 200 | 207 | 200 | 201 | 200 | 179 | 160 |
| 120 | 210 | 200 | 188 | 160 | 192 | 160 | 172 | 160 | 269 | 250 | 239 | 200 | 232 | 200 | 206 | 200 |
| | Aluminium | | | | | | | | | | | | | | | |
| 25 | 63 | 63 | 57 | 50 | 58 | 50 | 53 | 50 | 79 | 63 | 70 | 63 | 71 | 63 | 62 | 50 |
| 35 | 77 | 63 | 70 | 63 | 71 | 63 | 65 | 63 | 97 | 80 | 86 | 80 | 86 | 80 | 77 | 63 |
| 50 | 93 | 80 | 84 | 80 | 86 | 80 | 78 | 63 | 118 | 100 | 104 | 100 | 104 | 100 | 92 | 80 |
| 70 | 118 | 100 | 107 | 100 | 108 | 100 | 98 | 80 | 150 | 125 | 133 | 125 | 131 | 125 | 116 | 100 |
| 95 | 142 | 125 | 129 | 125 | 130 | 125 | 118 | 100 | 181 | 160 | 161 | 160 | 157 | 126 | 139 | 125 |
| 120 | 164 | 160 | 149 | 125 | 150 | 125 | 135 | 125 | 210 | 200 | 186 | 160 | 181 | 160 | 160 | 160 |

| $q_N$ in mm² | C | | | | E | | | | F | | | | | | G | | | |
|---|---|---|---|---|---|---|---|---|---|---|---|---|---|---|---|---|---|---|
| | Belastete Adern | | | | | | | | | | | | | | | | | |
| | 2 | | 3 | | 2 | | 3 | | 2 | | 3 | | 3 | | 3 | | 3 | |
| | $I_r$ | $I_N$ | $I_r$ | $I_N$ | $I_r$ | $I_N$ | $I_r$ | $I_N$ | $I_r$ | $I_N$ | $I_r$ | $I_N$ | $I_r$ | $I_N$ | $I_r$ | $I_N$ | $I_r$ | $I_N$ |
| | Kupfer | | | | | | | | | | | | | | | | | |
| 1,5 | 19,5 | 16 | 17,5 | 16 | 22 | 20 | 18,5 | 16 | – | – | – | – | – | – | – | – | – | – |
| 2,5 | 27 | 25 | 24 | 20 | 30 | 25 | 25 | 25 | – | – | – | – | – | – | – | – | – | – |
| 4 | 36 | 35 | 32 | 32 | 40 | 40 | 34 | 32 | – | – | – | – | – | – | – | – | – | – |
| 6 | 46 | 40 | 41 | 40 | 51 | 50 | 43 | 40 | – | – | – | – | – | – | – | – | – | – |
| 10 | 63 | 63 | 57 | 50 | 70 | 63 | 60 | 50 | – | – | – | – | – | – | – | – | – | – |
| 16 | 85 | 80 | 76 | 63 | 94 | 80 | 80 | 80 | – | – | – | – | – | – | – | – | – | – |
| 25 | 112 | 100 | 96 | 80 | 119 | 100 | 101 | 100 | 131 | 125 | 114 | 100 | 110 | 100 | 146 | 125 | 130 | 125 |
| 35 | 138 | 125 | 119 | 100 | 148 | 125 | 126 | 125 | 162 | 160 | 143 | 125 | 137 | 125 | 181 | 160 | 162 | 160 |
| 50 | 168 | 160 | 144 | 125 | 180 | 160 | 153 | 125 | 196 | 160 | 174 | 160 | 167 | 160 | 219 | 200 | 197 | 160 |
| 70 | 213 | 200 | 184 | 160 | 232 | 200 | 196 | 160 | 251 | 250 | 225 | 200 | 216 | 200 | 281 | 250 | 254 | 250 |
| 95 | 258 | 250 | 223 | 200 | 282 | 250 | 238 | 200 | 304 | 250 | 275 | 250 | 264 | 250 | 341 | 315 | 311 | 250 |
| 120 | 299 | 250 | 259 | 250 | 328 | 315 | 276 | 250 | 352 | 315 | 321 | 315 | 308 | 250 | 396 | 315 | 362 | 315 |
| | Aluminium | | | | | | | | | | | | | | | | | |
| 25 | 83 | 80 | 73 | 63 | 89 | 80 | 78 | 63 | 98 | 80 | 87 | 80 | 84 | 80 | 112 | 100 | 99 | 80 |
| 35 | 103 | 100 | 90 | 80 | 111 | 100 | 96 | 80 | 122 | 100 | 109 | 100 | 105 | 100 | 139 | 125 | 124 | 100 |
| 50 | 125 | 125 | 110 | 100 | 135 | 125 | 117 | 100 | 149 | 125 | 133 | 125 | 128 | 125 | 169 | 160 | 152 | 125 |
| 70 | 160 | 160 | 140 | 125 | 173 | 160 | 150 | 125 | 192 | 160 | 173 | 160 | 166 | 160 | 217 | 200 | 196 | 160 |
| 95 | 195 | 160 | 170 | 160 | 210 | 200 | 183 | 160 | 235 | 200 | 212 | 200 | 203 | 200 | 265 | 250 | 241 | 200 |
| 120 | 226 | 200 | 197 | 160 | 244 | 200 | 212 | 200 | 273 | 250 | 247 | 200 | 237 | 200 | 308 | 250 | 282 | 250 |

[1] Anstatt $I_r$ wird $I_z$ gesetzt, wenn weitere Einflussfaktoren berücksichtigt werden müssen.

# Spannungsfall auf Leitungen
## Voltage Drop on Cables

### Prinzip

- Durch den Stromfluss und den Leitungswiderstand ist die Spannung am Verbraucher $U_N$ stets geringer als an der Quelle $U_0$.
- Die Differenz ist der Spannungsfall $\Delta U$. Er wird oft in % angegeben ($\Delta u$).

$\varkappa_{Cu} = \frac{56 \cdot m}{\Omega \cdot mm^2}$ $\varkappa$: Elektrische Leitfähigkeit

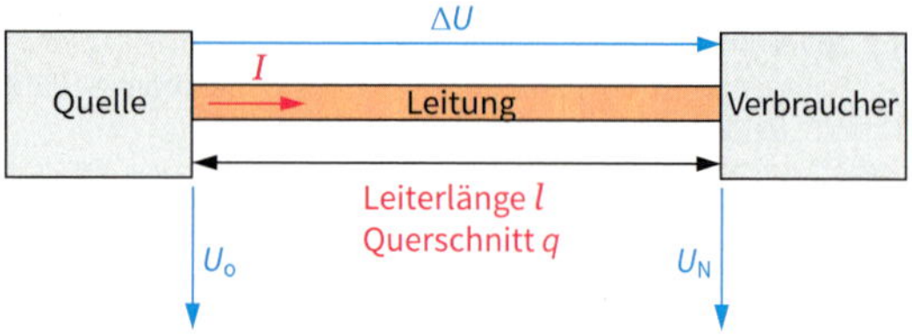


### Berechnungsformel

| Gleichstrom | Wechselstrom[1] | Drehstrom[2] | Spannungsfall in % |
|---|---|---|---|
| $\Delta U = \frac{2 \cdot l \cdot I}{\varkappa \cdot q}$ | $\Delta U = \frac{2 \cdot l \cdot I \cdot \cos\varphi}{\varkappa \cdot q}$ | $\Delta U = \frac{\sqrt{3} \cdot l \cdot I \cdot \cos\varphi}{\varkappa \cdot q}$ | $\Delta u = \frac{\Delta U}{U_N} \cdot 100\,\%$ |

[1] 230 V, Spannung zwischen L1, L2, L3 und N
[2] 400 V, Spannung zwischen den Außenleitern L1, L2 und L3

$\cos\varphi$: Leistungsfaktor

### Ermittlung des Leiterquerschnitts

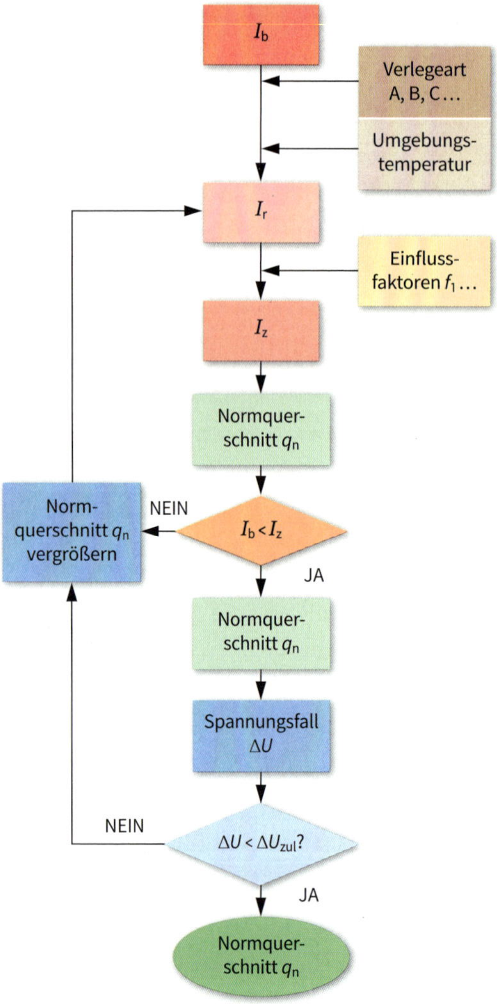


$I_b$: Stromstärke im Betriebszustand

**Wechselstrom:**

$I_b = \frac{S}{U}$

**Drehstrom:**

$I_b = \frac{S}{\sqrt{3} \cdot U}$

$S$: Scheinleistung
$U$: Bemessungsspannung

Umgebungstemperatur 25 °C
Zulässige Bemessungstemperatur am Leiter 70 °C

$f$: Einflussfaktoren
$f_1$: Erhöhte Umgebungstemperatur
$f_2$: Gehäufte Leitungsverlegung
$f_3$: Vieladrig belastete Leitungen
$f_4$: Einfluss von Oberschwingungen
$I_r$: Stromstärke unter idealen Bedingungen
$I_z$: Stromstärke bei realen Bedingungen
$I_n$: Bemessungsstromstärke der Überstrom-Schutzeinrichtung
$q_n$: Normquerschnitt

Normquerschnitte in mm²

| | | | | |
|---|---|---|---|---|
| 1,5 | 2,5 | 4 | 6 | 10 |
| 16 | 25 | 35 | 50 | 70 |

$\Delta U$: Spannungsfall
$\Delta U_{zul}$: Zulässiger Spannungsfall

**Installationen**

| Trockene Räume | Feuchte und nasse Bereiche, im Freien | Feuergefährdete Betriebsstätten | Explosionsgefährdete Betriebsstätten |
|---|---|---|---|
| Ab $q$ = 1,5 mm² auch in nichtmetallenem Rohr auf und unter Putz | Nicht zulässig in Räumen mit Badewanne oder Dusche außerhalb der Bereiche 0, 1 und 2 | In Kunststoffrohren auf und unter Putz | Nur in Schalt- und Verteileranlagen |
| – Über, auf, im und unter Putz<br>– Im Mauerwerk | | – Im Freien bei geschützter Verlegung<br>– In Kabelkanälen | Unter Berücksichtigung der chemischen und thermischen Bedingungen |
| wie vorher: In Innenräumen, in Beton<br>Im Erdreich gelten andere Belastungswerte | | | |

### Kenngrößen

| Leitung | Maße[1] | | | max. Belastung | | maximale Leitungslänge in m bei $\Delta u$ ($U_v$) | | |
|---|---|---|---|---|---|---|---|---|
| | $q$ in mm² | Aderzahl | $d_{Außen}$ in mm | $I$ in A | $P$ in kW | Wechselstrom 4,0 % | Drehstrom 0,5 % | Drehstrom 4,0 % |
| H07V-U | 1,5 | 1 | 3,3 | 16[2] | 3,68 | 24,1 | – | – |
| (NYA) | 1,5 | 1 | 3,3 | 16[2] | 11,07 | – | – | 48,5 |
| | 2,5 | 1 | 3,9 | 25[2] | 5,75 | 25,7 | – | – |
| | 2,5 | 1 | 3,9 | 20[2] | 13,84 | – | – | 64,8 |
| | 4 | 1 | 4,4 | 25[2] | 17,3 | – | – | 82,9 |
| | 6 | 1 | 4,9 | 35[2] | 24,22 | – | – | 88,8 |
| | 10 | 1 | 6,4 | 50[2] | 34,6 | – | 12,9 | 103,6 |
| H07V-R | 16 | 1 | 7,3 | 63[2] | 43,6 | – | 16,4 | 131,6 |
| (NYA) | 25 | 1 | 9,8 | 80[2] | 55,36 | – | 20,2 | 161,9 |
| NYM | 1,5 | 3 | 10,5 | 16 | 3,68 | 24,1 | – | – |
| | 1,5 | 4 | 11,0 | 3 · 16 | 11,07 | – | – | 48,5 |
| | 2,5 | 3 | 11,5 | 25 | 5,75 | 25,7 | – | – |
| | 2,5 | 4 | 12,5 | 3 · 25 | 17,3 | – | – | 51,7 |
| | 4 | 4 | 14,5 | 3 · 35 | 24,22 | – | – | 59,2 |
| | 6 | 4 | 16,5 | 3 · 40 | 27,68 | – | – | 77,7 |
| | 10 | 4 | 19,5 | 3 · 63 | 43,6 | – | 10,3 | 82,3 |
| | 16 | 4 | 23,5 | 3 · 80 | 55,36 | – | 12,9 | 103,6 |
| NYY | 1,5 | 3 | 14,0 | 16 | 3,68 | 24,1 | – | – |
| | 1,5 | 4 | 16,0 | 3 · 16 | 11,07 | – | – | 48,5 |
| | 2,5 | 3 | 15,0 | 25 | 5,75 | 25,7 | – | – |
| | 2,5 | 4 | 17,0 | 3 · 25 | 17,3 | – | – | 51,7 |
| | 4 | 4 | 19,0 | 3 · 35 | 24,22 | – | – | 59,2 |
| | 6 | 4 | 20,0 | 3 · 40 | 27,68 | – | – | 77,7 |
| | 10 | 4 | 22,0 | 3 · 63 | 43,6 | – | 10,3 | 82,3 |
| | 16 | 4 | 25,0 | 3 · 80 | 55,36 | – | 12,9 | 103,6 |

[1] Wertangaben in den Spalten nur für gebräuchliche Leiterquerschnitte [2] Zuordnung der Überstrom-Schutzeinrichtungen nach Verlegeart B1, alle anderen Werte nach Verlegeart C bei Umgebungstemperatur 25 °C

**Arten**

| Kleinverteiler | Wandverteiler | Standverteiler | Baustromverteiler |
|---|---|---|---|
| ▪ Unterputz<br>▪ Aufputz<br>▪ Hohlwand | ▪ Doppelt isoliert oder geerdet<br>▪ Flachverteiler | ▪ Schränke mit doppelter Isolierung oder geerdet | ▪ Anschlussschränke<br>▪ Verteilerschränke<br>▪ Hauptverteilerschränke<br>▪ Kleinbaustromverteiler<br>▪ Steckdosenverteiler |

## Installation von Kleinverteilern

- **Ort**
  - Einfamilienhäuser: Stromkreisverteiler zum Einbau in der Wand
  - Mehrfamilienhäuser: Stromkreisverteiler in jeder Wohnung (in oder auf der Wand)
- **Ablauf**
  - Mauerkasten für den Verteiler montieren.
  - Verteiler auf Traggerüst setzen, Geräte montieren und in den Mauerkasten einbauen.
  - Abdeckung aufsetzen und mit Schnellverschluss befestigen.
  - Stromlaufplan und Visitenkarte in der Tür ablegen.
- **Leitungsanschluss**
  - Anschlussklemmen für Fehlerstrom-Schutzeinrichtungen (RCDs)
  - Schalterverdrahtung für 1-, 2-, 3- und 4-reihige Verteiler
  - Seitlicher Verdrahtungskanal
  - Schnellmontage durch einrastbare Leitungsschutz-Schalter
  - Platz für 12 Teilungseinheiten je Reihe
  - Zubehör wie Anbaustutzen, Abdeckstreifen, Beschriftungsleisten und Kabelblenden
  - Leitungsöffnungen wegen der Schutzart (IP30) verschließen

**Beispiel**:
Kleinverteiler zur Aufputz-Montage, 2-reihig

## Kombinierte Verteiler

- **Energietechnik**
  - 3-reihig in Einraumwohnungen
  - 4-reihig in Mehrraumwohnungen

Einbaustellplätze für:

- **Gebäudesystemtechnik**
  - Installationsrohr (Durchmesser M25) zur Aufnahme von Steuerleitungen für Verbrauchsmittel zum Steuern und Regeln
- **Kommunikationstechnik**
  - Wohnungsübergabepunkt für die Verteilung der Informationstechnik (z. B. PC) und Telekommunikation (z. B. Radio, Fernsehen)
- Überspannungsschutz
  - Überspannungsschutzgeräte, Typ 2

**Hinweis**:
Die Verkabelung des Verteilers für Energie- und Datenverteilung erfolgt nach DIN EN 50173-4.

**Beispiel**:
Verteiler für Energie und Daten

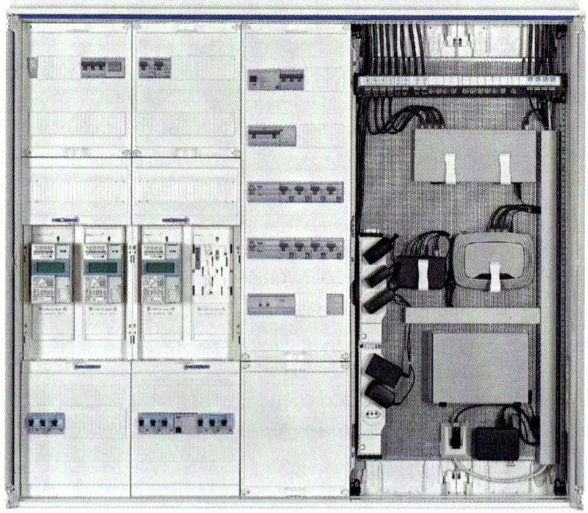

## Hausanschluss bis zu den Zählerplätzen

Leiterbemessung zwischen Messeinrichtung und Stromkreisverteilern bei folgenden Abständen bis

- 42 m: 10 mm²
- 68 m: 16 mm²
- 104 m: 16 mm²

Leitung z. B. NYM

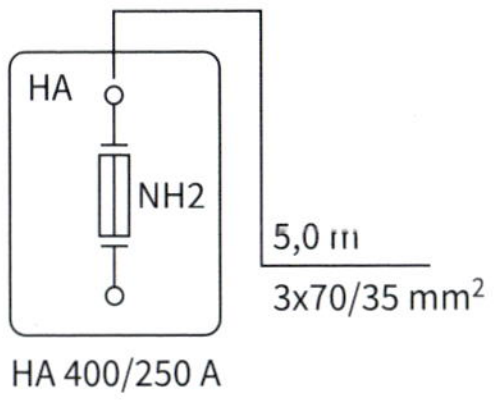


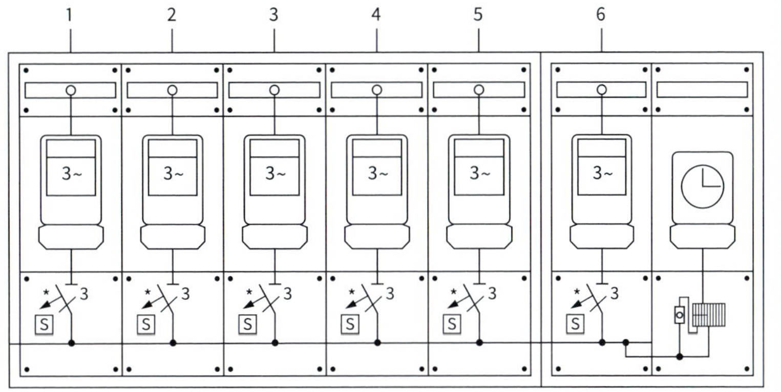


S: Selektiver Hauptleitungs-Schutzschalter (SH-Schalter)

## Rastersystem

**Zählerplatzflächen**

Angaben zur jeweiligen Höhe in mm

| Gesamthöhe | Oberer Anschlussraum 1) ① | Zählerfeld ② | TSG-feld 2) | Unterer Anschlussraum 4) ③ |
|---|---|---|---|---|
| 900 | 450 | – | 300 | 150 |
| 900 | 150 | 450 | – | 300 |
| 1050 | 300 | 450 | – | 300 |
| 1200 | 150 | 750 3) | – | 300 |
| 1350 | 300 | 750 3) | – | 300 |

1) Installation von Betriebsmitteln, z. B. Überstrom-Schutzorgane (≤ 63 A), für die Zuleitung zum Stromkreisverteiler, nicht zulässig für Installation als Stromkreisverteiler laut DIN 18015-1 und -2

2) **T**arif**s**chalt**g**eräte-Feld bei dreireihigem Verteiler

3) Zählerfeld für zwei Zähler

4) Installation von Trennvorrichtungen, z. B. SH-Schalter

**Beispiel**:

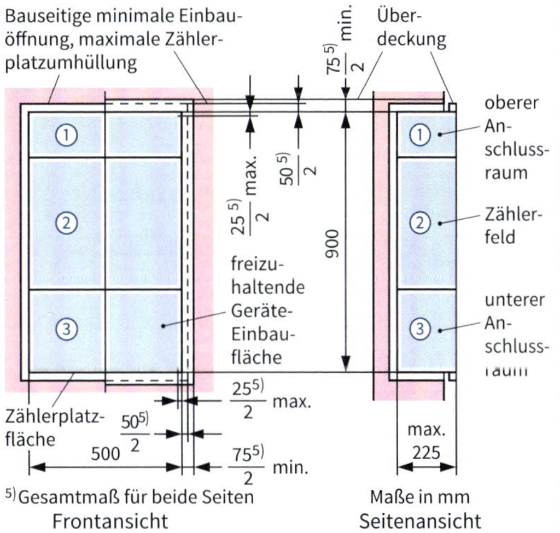


## Sammelschieneneinspeisung

**Installation**:

- Universalschrank geeignet für Montage
  - auf Putz und Einbau in die Wand bis zur Bündigkeit mit dem Putz und
  - mit stufenlosem Tiefenausgleich, Einbau z. B. bei Unebenheiten an der Wand
- Möglichkeit der Leitungseinführung z. B. im unteren Anschlussraum von unten oder von der Seite
- Leitungseinführung über Zugentlastungsschelle
- Flexible Verbindungsleitungen (z. B. Sonder-Gummiaderleitung NSGAFÖU 50, 70 oder 95 mm²) ④ zwischen Anschlussklemmen und Sammelschienen
- Anschluss an 4-polige Sammelschiene oder 5-polige Sammelschiene (z. B. 12 x 5 mm Cu) mit Sammelschienenverbindern

**Beispiel**:

Anschlussleitung zu Sammelschienen mit Überspannungsschutz

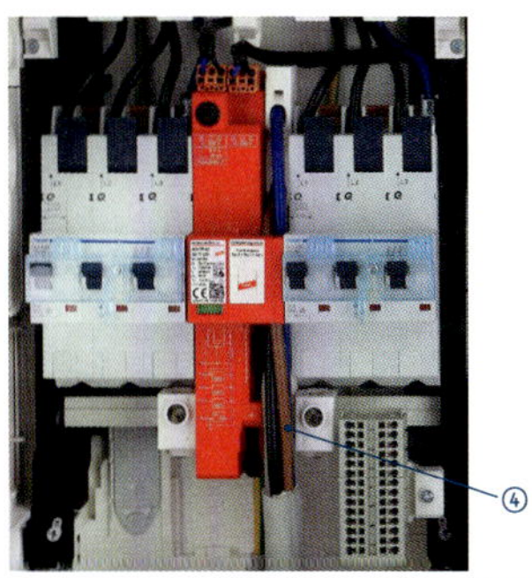

## Leitungsführung in Wohnräumen

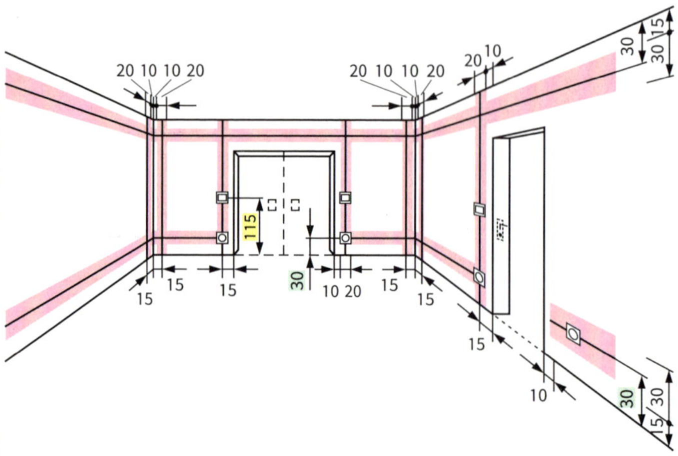


- Senkrechte Installationszonen bei zweiflügeligen Türen, Fenstern und Wandecken beidseitig
- Installationszonen in Räumen mit schrägen Wänden, z. B. ausgebautes Dachgeschoss, parallel zu Bezugskanten

Vorzugsmaße in cm

Installationszonen

Vorzugshöhen für Schalter

Vorzugshöhen für Steckdosen

## Leitungsführung in Räumen mit Arbeitsplatten

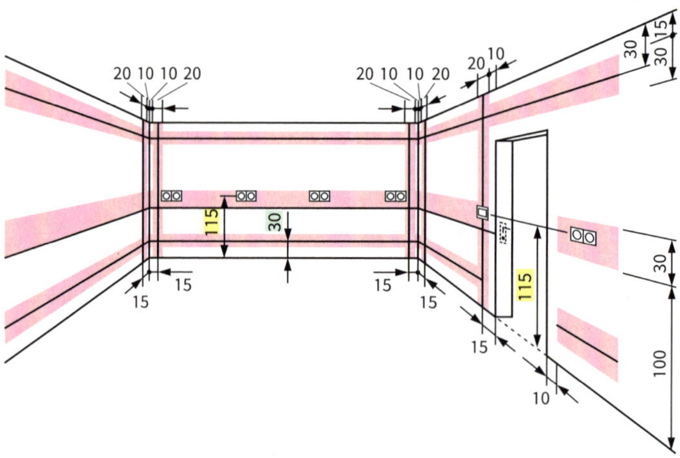


- Mittlere waagerechte Installationszone nur in Räumen mit Arbeitsflächen, z. B. Küchen
- Senkrechte Installationszone bei einflügeligen Türen nur einseitig auf der Schlossseite

Vorzugsmaße in cm

Installationszonen

Vorzugshöhen für Schalter

Vorzugshöhen für Steckdosen

## Leitungsführung auf der Rohdecke im Fußboden

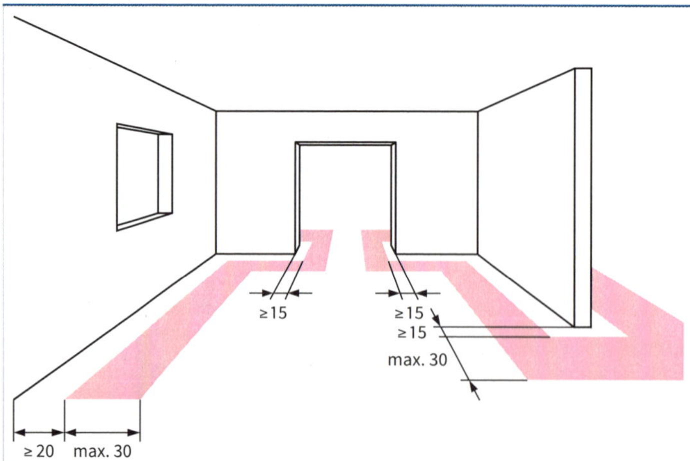


- Leitungen direkt auf der Rohdecke, darüber z. B. Schallschutz, Estrich und Bodenbelag
- Leitungsverlegung bei Fußbodenheizung nach DIN 18560-2
- Mindestabstand von Installationszonen verschiedener Gewerke zur Wand 20 cm
- Breite der Installationszonen für Elektroleitungen, Heizungs- und Wasserrohre 30 cm (Koordination anderer Gewerke bei Planung erforderlich vgl. DIN 18015-3)

Vorzugsmaße in cm

Installationszonen

| Bezeichnung | Erklärungen |
|---|---|

**Becken von Schwimmbädern, begehbare Wasserbecken und Springbrunnen**
DIN VDE 0100-702: 2012-03
Feuchte Bereiche mit Spritz- und Strahlwasser

Schutzbereiche am Schwimmbecken:

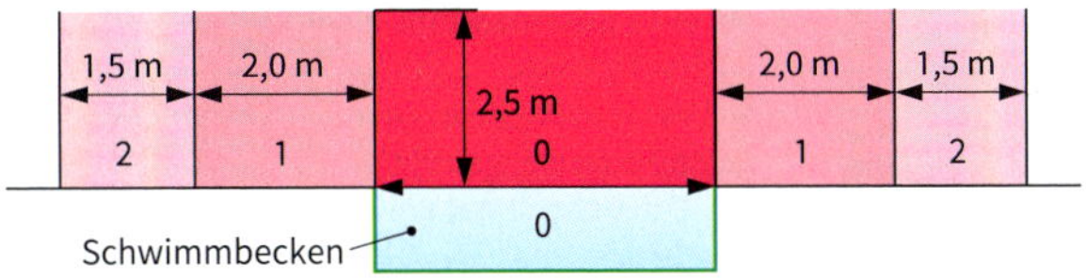


- Sicherheitskleinspannung (SELV) $U \leq 12$ V in Bereichen 0 und 1 mit Spannungsquelle außerhalb der Bereiche 0, 1 bzw. 2
- Zusätzlicher Schutzpotenzialausgleich in allen Bereichen
- Heißluftsaunen gehören zu trockenen Räumen, da Luftfeuchtigkeit nur kurz ansteigt (Wasseraufguss).
- Dampfsaunen gehören zu feuchten und nassen Räumen.
- RCD: $I_{\Delta N} \leq 30$ mA;
  Ausnahme: Versorgung mit Saunaheizungen

1) Bei Reinigung mit Hochdruckreinigern IPX5 erforderlich.

| Bereich | 0 | 1 | 2 |
|---|---|---|---|
| Schutzart | mind. IPX8[1] | mind. IPX5 | mind. IPX2 |

**Räume mit Badewanne oder Dusche**
DIN VDE 0100-701: 2008-10
Bereiche mit fest installierten Bade- und Duscheinrichtungen

Zusätzlicher Schutzpotenzialausgleich zwischen Metallteilen bzw. -rohren:
- Erforderlich in Gebäuden, in denen kein Schutzpotenzialausgleich über die Haupterdungsschiene vorliegt
- Schutzleiterquerschnitt:
  - bei geschützter Verlegung ≥ 2,5 mm² Cu
  - bei ungeschützter Verlegung ≥ 4 mm² Cu
- Restwandstärke mindestens 6 cm, wenn auf der Rückseite elektrische Installationen vorhanden sind, die an die Bereiche 1 und 2 grenzen
  Leitungsart: NYY, NYM, H07V-U

**Bereiche:**

- mit Dusche (Duschecke) ohne Duschwanne

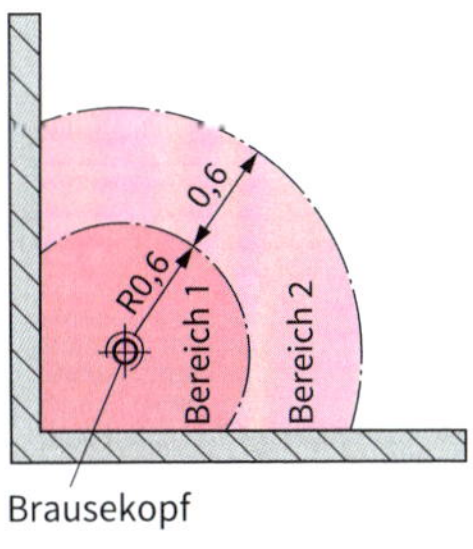


- mit Duschwanne und fester Trennwand

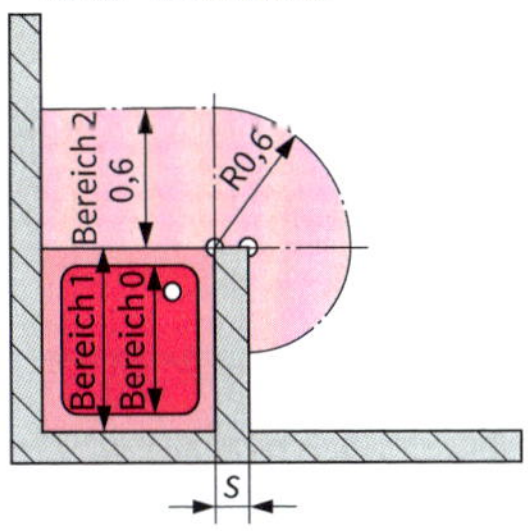


- mit Badewanne

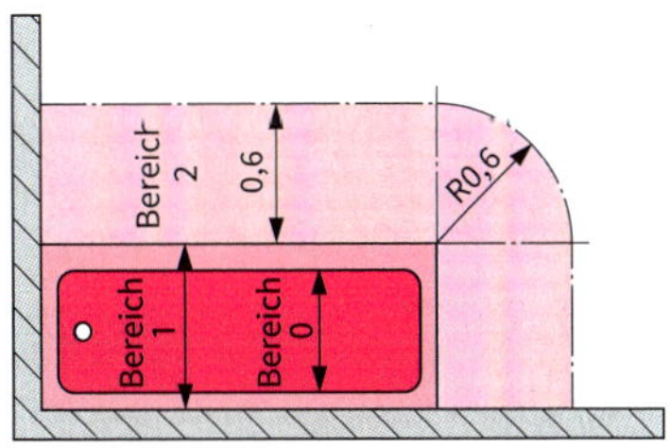


Maße in m

| Bereich | Kabel und Leitungen (bis 6 cm unter Putz) | Schalter und Steckdosen | Elektrische Betriebsmittel |
|---|---|---|---|
| 0 | nein | nein | ja[4] |
| 1 | ja[1] | ja[3] | ja[4] |
| 2 | ja[1] | ja[2] [3] | ja[4] |

**Unter folgenden Bedingungen:**

1) Senkrechte und waagerechte Leitungsführung zu den Betriebsmitteln, Leitungseinführung für die Energieversorgung von der Rückseite der Betriebsmittel

2) Alle Installationsgeräte, nur Steckdosen für Betriebsmittel der Signal- und Kommunikationstechnik (SELV, PELV)

3) Schalter in Verbrauchern, Steckdosen für die Energieversorgung außerhalb der Bereiche mit Schutz durch RCD: $I_{\Delta N} \leq 30$ mA

4) **Bereich 0:**
- Schutzart IPX7, Kleinspannung (≤ 12 V AC, ≤ 25 V DC), ortsfester Anschluss

**Bereich 1:**
- Schutzart IPX4, Kleinspannung (≤ 25 V AC, ≤ 60 V DC), ortsfester Anschluss, Whirlpooleinrichtungen, Duschpumpen, Geräte zur Lüftung, Handtuchtrockner und Wassererwärmer

**Bereich 2:**
- Schutzart IPX4, Geräte der Signal- und Kommunikationstechnik (SELV, PELV)

## Mauerwerk

### Vorbohren

- Mit einer **Bohrmaschine** ein Loch vorbohren.
- Für Mehrfachdosen in senkrechter oder waagerechter Position **Bohrschablone** verwenden.
- Kombinationsabstand vorher zentriert bohren.

### Bohren

- **Bohrkrone** mit einer **Vorrichtung zur Staubabsaugung** auf Bohrmaschinen-Spindel aufschrauben.
- Löcher mit Durchmesser von z. B. 68 mm oder 82 mm bohren.

### Meißeln

- Mit einem **Meißel** beide Bohrkerne aus der Mauer ausmeißeln.
- Öffnungen zur Kabeleinführung für die Kombinationsdosen sorgfältig ausarbeiten.

### Eingipsen

- Wand anfeuchten.
- Öffnungen in der Mauer im hinteren Teil mit Gips oder anderem **schnell aushärtendem Material** vorbereiten.

### Positionieren

- Genaue Positionierung von z. B. Gerätedosen in der Mauer mittels **Libellendeckel**
- Kombination in die Öffnungen einsetzen und ausrichten.

### Ausrichten

- Die **Wasserwaage** im Libellendeckel ermöglicht eine genaue waagerechte bzw. senkrechte Ausrichtung der Gerätedosen in der Mauer.
- Nach Aushärten die Leitungen einführen und die Adern verklemmen.

## Hohlwand

### Bohren

- Fräsloch mit **Bohrmaschine** vorbohren und mit montierter **Fräskrone** ausarbeiten.
- Bei Nachinstallation auf verlegte Leitungen achten (Frästiefe).
- Auf exakten Durchmesser der Fräskrone achten.

### Fräsen

- Bohrmaschine mit montiertem Aufsatz als **Abstandfräser**
- Erste Öffnung fräsen, **Zentrierteller** dort einsetzen und zweite Öffnung fräsen.
- Umstellung auf verschiedene Öffnungsgrößen ist möglich.

### Fräsen mit Staubabsaugung

- **Dosensenker mit Absaugöffnungen**
- Durchmesser: 68 mm oder 83 mm
- Nutzlänge: 80 mm
- Eignung bei Beton-, Kalkstein und Mauerwerk
- Verwendung für Verteiler-, Schalter- und Steckdosen
- Anschluss für Bohrmaschinen: M16 IG

### Locherstellung

- Bohrmittelpunkt markieren.
- **Schneidzentrierer** am Ausschnitt ansetzen.
- Vorgeschriebene Drehzahl an der Bohrmaschine einstellen.
- Metallbleche vor dem Fräsen vorbohren (z. B. 6 mm).

### Loch schneiden

- **Lochschneider** für Kreisausschnitte in Hohlwänden, z. B. zum Leuchteneinbau, verwenden.
- Lochdurchmesser und Schnitttiefe bis 45 mm einstellen.
- Nach Anbohren Schutzgehäuse ansetzen u. Öffnung schneiden.

### Bohren

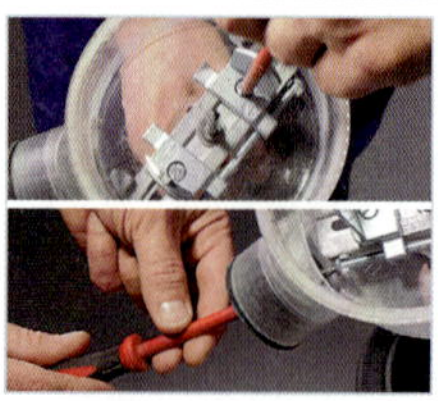

- **Zentrierbohrer** am Schneidzentrierer ansetzen und die Öffnung anbohren.
- Bohrmaschine sofort ausschalten, wenn das Material durchtrennt ist.
- Erst bei Stillstand den Lochschneider entfernen.

**Hinweis zur Arbeitssicherheit**: Schutzbrille tragen und für Staubabsaugung sorgen.

## Anschlusskomponenten

Geräteverbindung ⇔ Leitung ⇔ Netzanschluss

## Geräteverbindung

**Festanschluss**

- **Leitungseinführung**
  - Tülle, Verschraubung
- **Knickschutz**
  - Tülle
- **Zugentlastung**
  - Klemmung
  - Verschraubung

**Steckanschluss**

- **Schutzklasse (I, II)**
- **Spannungsfestigkeit**
- **Stifttemperatur**
  - kalt (max. 70 °C) Kaltgeräte ohne Wärmequelle
  - warm (max. 120 °C)
  - heiß (max. 155 °C)
  - Heißgeräte mit innerer Wärmequelle (z. B. Waffeleisen)
- **Stromstärke** (0,2 A; 2,5 A; 6 A; 10 A; 16 A)
- **Anschluss der Leitung**
  - Löten, Klemmen, Stecken
  - wiederanschließbar/ nicht wiederverschließbar
- **Befestigung der Steckvorrichtung**
  - Schrauben, Schnappen

## Geräteverbindung

| Steckanschlüsse | DIN EN 60320-1: 2016-04 |
|---|---|
| ▪ $I_r = 0{,}2$ A<br>▪ $\vartheta_{max} = 70$ °C<br>▪ Schutzklasse II | 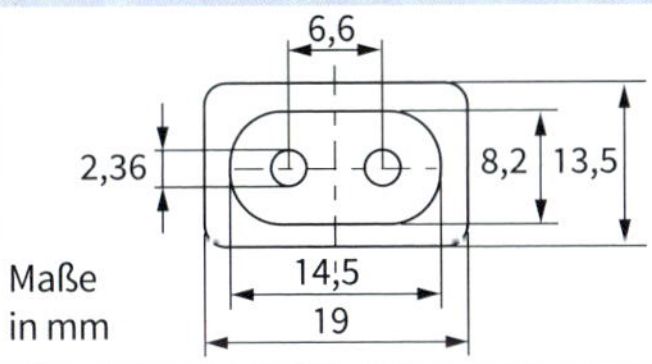 |
| ▪ $I_r = 2{,}5$ A<br>▪ $\vartheta_{max} = 70$ °C<br>▪ Schutzklasse II | 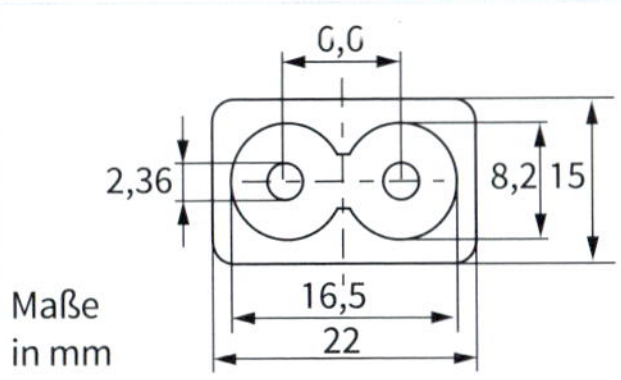 |
| ▪ $I_r = 2{,}5$ A<br>▪ $\vartheta_{max} = 70$ °C<br>▪ Schutzklasse I | 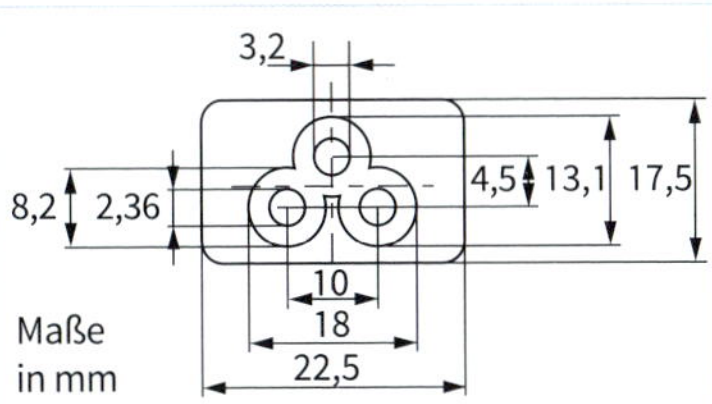 |
| ▪ $I_r = 16$ A<br>▪ $\vartheta_{max} = 155$ °C<br>▪ Schutzklasse I | 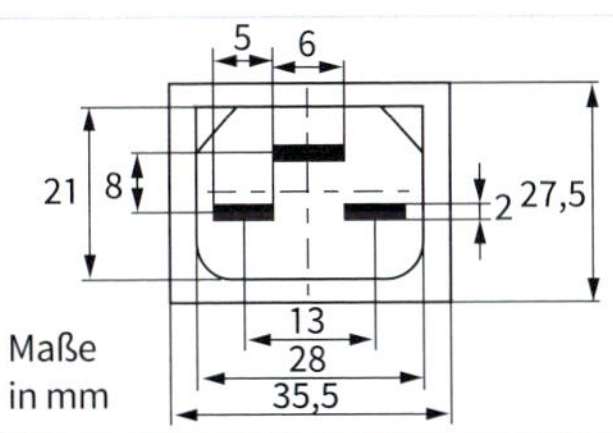 |

## Netzanschluss

| Steckanschlüsse | DIN VDE 0620-1: 2012-02 |
|---|---|
| ▪ Stecker sollten europäisch vereinheitlicht werden.<br>▪ Diese Vorhaben war nicht erfolgreich. Als Ergebniss wurden verschiedene europäische Steckverbinder festgelegt (CEE-System).<br>▪ CEE[1]: Commission on the Rules for the Approval of the Electrical Equipment (Europäische Behörde für die Regelung der Zulassung elektrischer Ausrüstungen) | |
| Eurostecker:<br>▪ $I_{max} = 2{,}5$ A<br>▪ Schutzklasse II<br>▪ Typ: CEE 7/16 | 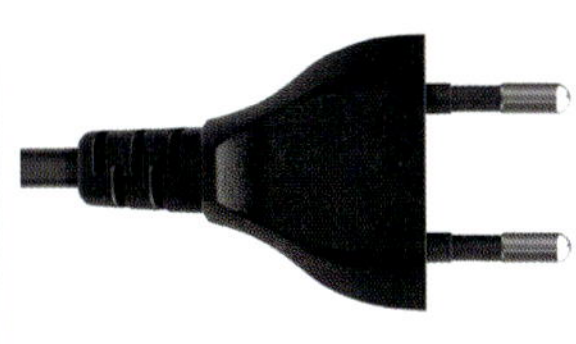 |
| Konturenstecker:<br>▪ $I_{max} = 10$ A<br>▪ Schutzklasse II<br>▪ ohne Schutzleiter<br>▪ Typ CEE 7/17 |  |
| Schutzkontaktstecker:<br>▪ $I_{max} = 16$ A<br>▪ Schutzklasse I<br>▪ Typ: CEE 7/4 |  |

[1] CEE: Communauté Economique Européene

## Systembauteile

- **Transformator** (kurzschlussfester Sicherheitstransformator oder elektronischer Transformator) z. B. für 230 V/12 V verwenden ①.
  Bemessungsleistung/Bemessungsstromstärke:
  35 VA/0,16 A; 70 VA/0,33 A; 105 VA/0,49 A;
  150 VA/0,71 A
  Maximale Umgebungstemperatur:
  50 °C bzw. 65 °C je nach Typ
- **Befestigungselemente** für Decken- und Wand-Befestigung
- **Trägerelemente**: Seile, Stangen und Stromschienen für Strahler und Leuchten
- **Verbindungselemente** für Träger und Verbindung der Strahler und Leuchten über Steckadapter
- **Einspeiseelemente** für End- und Mitteleinspeisung
- **Montage** horizontal oder vertikal, meist an zwei Befestigungspunkten

## Auswahl und Installation des Transformators

- Elektronischer Transformator mit Symbol, Überlastschutz durch Feinsicherung auf der Primärseite, lastunabhängige Sekundärspannung, Verwendung ab Lampenleistung von 50 W

- Belastung des Transformators mit Bemessungslast, z. B. bis
  35 VA → 3 x 10 W oder 1 x 10 W + 1 x 20 W;
  50 VA → 5 x 10 W oder 1 x 10 W + 2 x 20 W;
  60 VA → 6 x 10 W oder 3 x 20 W
- Nähe zum Einspeisepunkt ≤ 1 m
- Verlegung auf Holz oder anderen entflammbaren Stoffen

Kennzeichen:

| Sicherheitsabstände | | |
|---|---|---|
| Bauform | zur Decke in mm | zur Wand in mm |
| Sicherheitstransformator | 20 | 100 |
| Elektronischer Transformator | 10 | 20 |

## Leitungen

- Auswahl nach DIN VDE 0298-4 bzw. DIN VDE 0100-430, z. B. NYM 3 · 1,5 mm² oder 3 · 2,5 mm² je nach Länge der Zuleitung von der Verteilerdose zu den NV-Leuchten
- Maximaler Spannungsfall 4 % (empfohlener Wert nach DIN VDE 0100-520)

## Maximale Leitungslängen

Sternförmige Verlegung, angenommener Spannungsfall 4 %, 12 V

| *P* in V | *I* in A | Abstand vom Transformator | | | | |
|---|---|---|---|---|---|---|
| | | 1 m | 2,5 m | 5 m | 10 m | 15 m |
| | | Leiterquerschnitt in mm² | | | | |
| 20 | 1,7 | 1,5 | 1,5 | 1,5 | 1,5 | 2,5 |
| 50 | 4,2 | 1,5 | 1,5 | 2,5 | 4,0 | – |
| 100 | 8,3 | 1,5 | 2,5 | 4,0 | – | – |
| 150 | 12,5 | 1,5 | 2,5 | – | – | – |

## NV-Lampen

- Halogen-Glühlampe mit und ohne Reflektor
- Kaltlichtspiegel-Reflektorlampe
- LED-Lampen
- NV-Lampen mit Steck- und Schraubsockel

## Arten der Stromzuführung

- Leitung, z. B. NYM
- NV-Stangen- oder Seilsystem
- NV-Stromschiene
- NV-Metallband

## Dimmen

- Dimmer nach der Scheinleistung des Transformators bemessen.
- Phasenabschnittdimmer auf der Eingangsseite des Transformators anschließen.

Symbol:

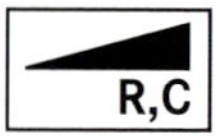


## Schaltungen

- Ringförmige Verlegung

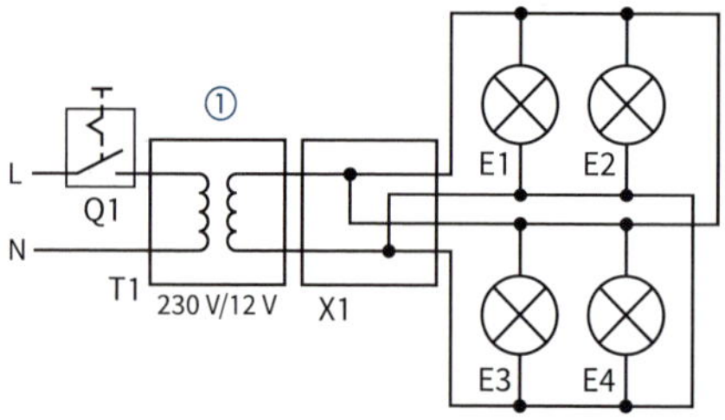


- Sternförmige Verlegung

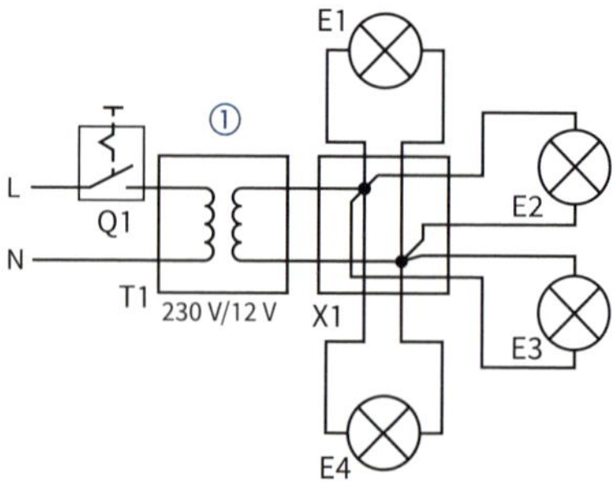

# Sicherheitsbeleuchtung
## Emergency Escape Lighting Systems

**DIN EN 1838: 2019-11**

## Arten

- **Sicherheitsbeleuchtung für**
  - Rettungswege zum gefahrlosen Verlassen von Räumen oder Bereichen, z. B. Tiefgarage
  - Erkennen von Hindernissen, z. B. Treppen
  - Anti-Panik-Beleuchtung (Mindest-Grundbeleuchtungsstärke 0,5 lx), z. B. im Kino
  - Arbeitsplätze mit besonderer Gefährdung, z. B. Erkennen von Bauteilen (Messgeräte, rotierende Maschinen), sichere Beendigung des Arbeitsvorgangs
- **Ersatzbeleuchtung für**
  - Unterbrechungsfreie Fortsetzung der Arbeit, z. B. in Operationssälen (Umschaltzeit $t \leq 0{,}5$ s)

## Schaltung zur Sicherheitsbeleuchtung

- Energieversorgung über
  - Versorgungsnetz oder
  - Akkumulator bei Netzausfall

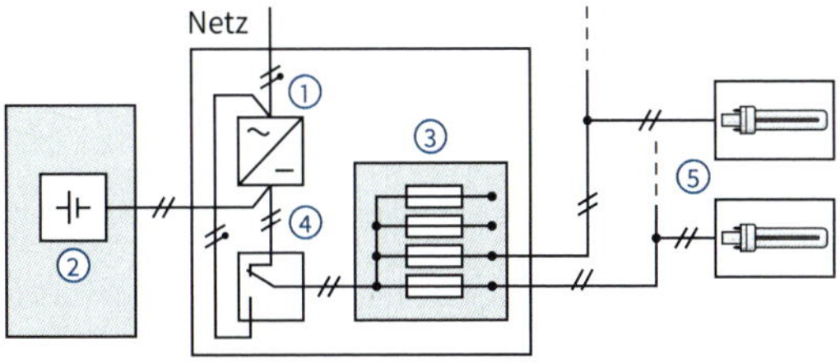


Bauelemente:

① Lade- und Steuergerät
② Batterie
③ Stromkreisverteilung
④ Umschalter von Netz- auf Batteriebetrieb
⑤ Kompaktleuchtstofflampen

## Ersatzstromquellen

| Batteriesysteme | Notstromaggregat | Besonders gesichertes Netz |
|---|---|---|
| Einzelbatterie | Ersatzstrom-aggreat | Zwei unabhängige Einspeisungen |
| Gruppen- oder Zentralbatterie mit Netzvorrangsschaltung[1] | Schnell- oder Sofortbereitschafts-aggregat | |

[1] Bei Ausfall der Energieversorgung im Gebäudeteil erfolgt Versorgung der Sicherheitsbeleuchtung in Bereitschaftsschaltung aus allgemeiner Stromversorgung („Vorrang zur Versorgung aus Batterie").

## Ersatzstromaggregat (stationär oder nicht stationär)

| Einsatz/Start | Einschaltzeit $t$ in s | Eigenschaft/Anwendung |
|---|---|---|
| normal | ≤ 15 | Einzel- oder Gesamtversorgung in Krankenhäusern und Kaufhäusern |
| schnell | ≤ 1 | Dieselgenerator ständig in Betrieb für Flughafen- und Tunnelbeleuchtung |
| sofort | 0 | Dieselgenerator treibt Synchrongenerator für Telekom- und Computeranlage in Betrieben. |

## Besondere Bestimmungen

| Anlagen<br>Größen | Versammlungsstätten, Geschäftshäuser, Gaststätten | Hotels, Hochhäuser, Schulen | Bühnen, Szenenflächen | Rettungswege in Arbeitsstätten | Geschlossene Großgaragen | Arbeitsplätze mit besonderer Gefährdung |
|---|---|---|---|---|---|---|
| Beleuchtungsstärke $E_{min}$ in lx | 1 | 1 | 3 | 1 | 1 | 10 % von $E_n$, mindestens 15 |
| Umschaltzeit $t$ in s | 1 | 15 | 1 | 15 | 15 | 0,5 |
| Betriebsdauer der Ersatzquelle $t$ in h | 3 | 3 | 3 | 1 | 3 | mindestens 1/60[3] |
| Dauerschaltung für Rettungszeichen-Bel. | ja | ja | ja | nein | ja | nein |
| Dauerschaltung für Rettungswege-Bel. | ja[2] | nein | nein | nein | nein | nein |

[2] Nur für Rettungswege außerhalb von Versammlungsstätten [3] Dauer der Gefährdung

## Vorschriften

| Eigenschaften | Einzelbatterie | Gruppenbatterie | Zentralbatterie |
|---|---|---|---|
| Leuchtenzahl | ≤ 2 Leuchten | ≤ 20 Leuchten | > 2 Leuchten |
| Batteriegröße | keine Begrenzung | 900 W | keine Begrenzung |
| Batterieart | wartungsfrei | wartungsfrei und ortsfest | offen und ortsfest |
| Aufstellungsort | nahe der Leuchte | gesonderter Betriebsraum | |
| Umschaltung | automatisch, wenn Netzspannung für $t \leq 0{,}5$ s auf 85 % von $U_n$ sinkt | | |
| Funktionsprüfung | wöchentlich | täglich | |
| Betriebsdauerprüfung | jährlich, Betriebsdauertest außerhalb der Betriebsarbeitszeit | | |

## Planung

- **Akkumulatoren**:
  Wartung und Aufladung (siehe DGUV 3)
- **Beleuchtungsstärken**:
  Mindestwerte zur sicheren Führung von Personen zum nächstliegenden Ausgang
  - $E \geq 1$ lx waagerecht an jeder Stelle des Weges in $h = 0{,}2$ m
  - $E \geq 5$ lx in der Mitte des Weges
- **Schutzart**:
  Auswahl je nach Eigenschaften des Raumes, z. B.
  - Innenbereich ohne Staubentwicklung IP40
  - Innenbereich mit Staubentwicklung oder Feuchtigkeit und in Außenbereichen IP65
- **Position der Leuchten**:
  Notbeleuchtung muss folgende Voraussetzungen erfüllen:
  - Ausreichende Signalisierung der Fluchtwege sichern,
  - gefährliche Bereiche wie z. B. Höhenunterschiede und Hindernisse sichtbar machen,
  - Beleuchtung so dimensionieren, dass im Notfall Panik vermieden wird und
  - Arbeitsbereiche, in denen eine Fortsetzung des Arbeitsprozesses erforderlich ist, mit ausreichender Sicherheitsbeleuchtung ausstatten (vgl. Werte der Tabelle aus „Besondere Bestimmungen").
- **Anzahl der Leuchten** (DIN EN 1838 Bbl. 1)

Beispiel: Werkstatt

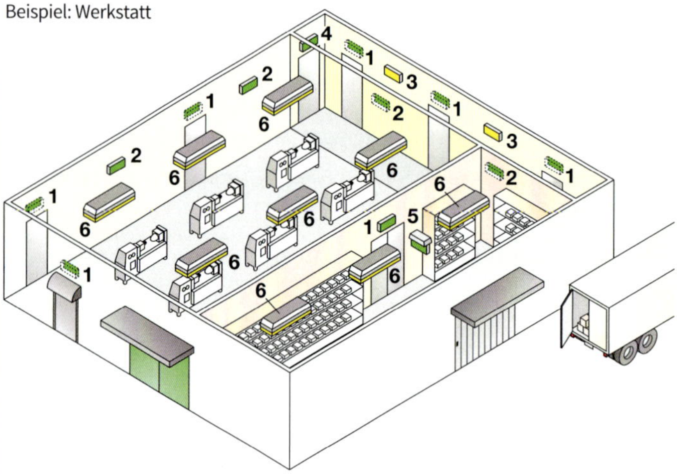

| Angaben zu den Leuchten | | |
|---|---|---|
| Hinweisbeleuchtung | Position | Anzahl |
|  | 1 | 7 |
|  | 2 | 4 |
|  | 4 | 1 |
|  | 5 | 1 |
| Sicherheitsbeleuchtung | | |
|  | 3 | 2 |
| Ersatzbeleuchtung | | |
|  | 6 | 9 |

## Installation

- **Voraussetzungen**:
  - Gefahrloses Verlassen des Raumes oder eines Gebäudes, wenn Allgemeinbeleuchtung ausfällt.
  - Schutz von Personen und Arbeitsabläufen, damit geeignete Abschaltmaßnahmen, z. B. bei rotierenden Maschinen bzw. zur Beendigung des Arbeitsvorganges, getroffen werden können.
  - Ausbruch von Panik verhindern, sodass Personen sicher einen Rettungsweg finden.
  - Anforderungen an Funktionserhalt beachten.
- **Installationsstellen**:

  **Rettungszeichenleuchten (RZL)**
  - bei jeder Richtungsänderung eines Weges,
  - im Abstand $a \geq 2$ m vor jeder Niveauänderung,
  - bei Kreuzungen von Fluren und Gängen,
  - außerhalb und im Abstand $a \geq 2$ m nahe des letzten Ausgangs ① und
  - bei jeder Ausgangstür, die im Notfall benutzt werden muss.

  **Sicherheitsleuchten (SL)**
  bei Rettungszeichen und Notausgängen ② im Abstand
  - $a \geq 2$ m über dem Fußboden ③,
  - $a \geq 2$ m, um Treppenstufen direkt zu beleuchten ④,
  - $a \geq 2$ m vor einer Erste-Hilfe-Station ⑤ und
  - $a \geq 2$ m vor einer Einrichtung zur Brandbekämpfung oder deren Meldestation ⑥.

Beispiele: Positionen für die Sicherheitsbeleuchtung

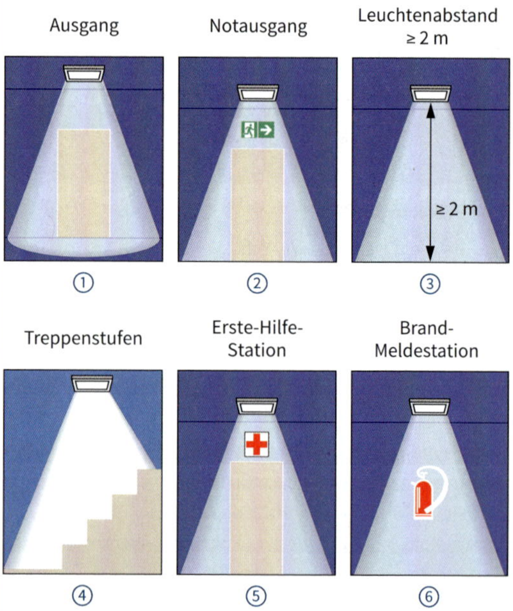

## Schmelzsicherungen

### Diazed-Sicherungssystem (D-System)

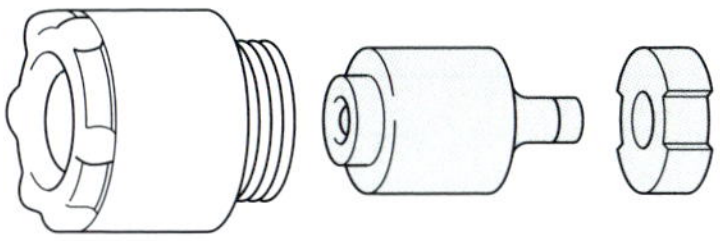

### Neozed-Sicherungssystem (DO-System)

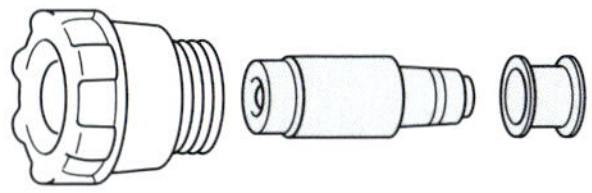

#### Kennzeichnung

| Sicherung und Passeinsatz | | Sockel Bemessungsstrom in A | Gewindegröße der Schraubkappe | |
|---|---|---|---|---|
| Bemessungsstrom in A | Kennfarbe | | Diazed | Neozed |
| 2 | rosa | | | |
| 4 | braun | | | |
| 6 | grün | | | DO 1 (E 14) |
| 10 | rot | 25 | D II (E 27) | |
| 16 | grau | | | |
| 20 | blau | | | |
| 25 | gelb | | | |
| 32/35/40 | schwarz | | | DO 2 (E 18) |
| 50 | weiß | 63 | D III (E 33) | |
| 62 | kupfer | | | |
| 80 | silber | | | |
| 100 | rot | 100 | D IV (R ¼") | DO 3 (M 30 x 2) |

#### Geräteschutzsicherung

**Bauformen**

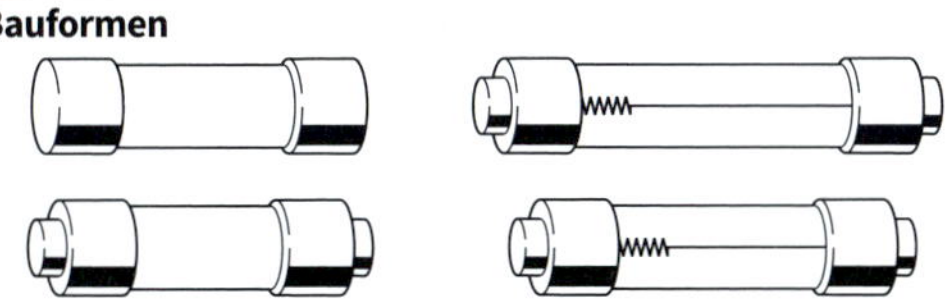

#### Kleinstsicherungseinsätze Ausschaltvermögen klein (flink)

Größe bis 10 mm x 10 mm

Bemessungsstrom: 2 mA bis 5 A
Bemessungsspannung: 125 V
Schmelzdauer bei:

| $I_n$ | 1 x | 2 x | 2,75 x | 4 x | 10 x |
|---|---|---|---|---|---|
| $t$ | 4 h min. | 5 s max. | 300 ms max. | 30 ms max. | 4 ms max. |

Bemessungsstrom: 50 mA bis 5 A
Bemessungsspannung: 250 V
Schmelzdauer bei:

| $I_n$ | 2,1 x | 2,75 x | | 4 x | | 10 x |
|---|---|---|---|---|---|---|
| $t$ | 0,5 h max. | 10 ms min. | 3 s max. | 3 ms min. | 300 ms max. | 20 ms max. |

## Leitungsschutz-Schalter

#### Auslösecharakteristiken, Anwendungen

**Z** Verwendung für:
- Überstromschutz von Leitungen,
- Steuerstromkreise ohne Stromspitzen,
- Messstromkreise mit Wandlern,
- Halbleiterschutz

**B** und **C** Verwendung u. a. in Hausinstallationen:
- Direkte Zuordnung der LS-Schalter nach $I_z$ der Leitungen möglich,
- 2. Bedingung $I_2 = 1{,}45 \cdot I_z$ ist erfüllt.

**K** Verwendung für:
- Stromkreise mit hohen Stromspitzen durch Motoren, Transformatoren, Kondensatoren,
- Vorteil: Elektromagnetischer Auslöser hält hohe Einschaltstromspitzen aus.

#### Auslösebedingungen

LS-Schalter laut DIN VDE 0100 T.430:

**Bedingungen:** 1. $I_b \leq I_n \leq I_z$ 2. $I_2 \leq 1{,}45 \cdot I_z$

Nach der 2. Bedingung ist $I_2$ der Strom, bei dem spätestens nach einer Stunde der LS-Schalter abschalten muss. Er darf maximal das 1,45-fache der maximalen Strombelastbarkeit der Leitung bzw. des Kabels betragen.

#### Auslöseverhalten

| Typ | Überstromschutz – thermisch – | Zeit | Kurzschlussschutz – elektrom.– | Zeit |
|---|---|---|---|---|
| Z[1] | $1{,}05\,I_n$–$1{,}2\,I_n$ | < 2 h | $2\,I_n$–$3\,I_n$ | < 0,2 s |
| B[2] | $1{,}13\,I_n$–$1{,}45\,I_n$ | < 1 h | $3\,I_n$–$5\,I_n$ | < 0,1 s |
| C[2] | $1{,}13\,I_n$–$1{,}45\,I_n$ | < 1 h | $5\,I_n$–$10\,I_n$ | < 0,1 s |
| K[3] | $1{,}05\,I_n$–$1{,}2\,I_n$ | < 2 h | $8\,I_n$–$12\,I_n$ | < 0,2 s |
| K[4] | $1{,}05\,I_n$–$1{,}5\,I_n$ | < 2 min | $10\,I_n$–$14\,I_n$ | < 0,2 s |

Gültig für Baureihen: [1] 0,5–63 A [3] 0,2–8 A
[2] 6–40 A [4] 10–63 A

#### Auslösekennlinien

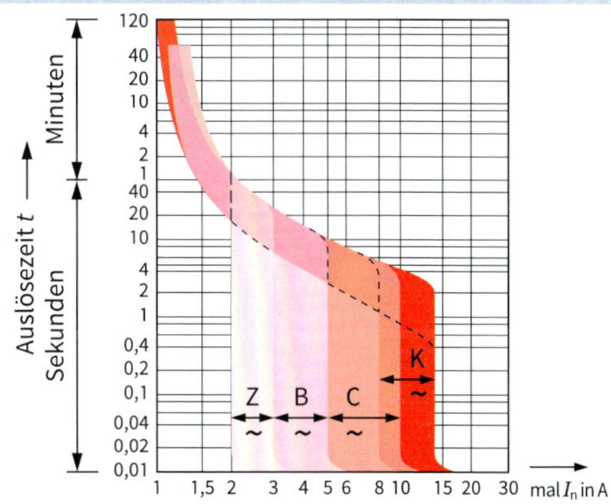

## Basisschutz und Fehlerschutz

### Sicherheitskleinspannung (SELV[1])

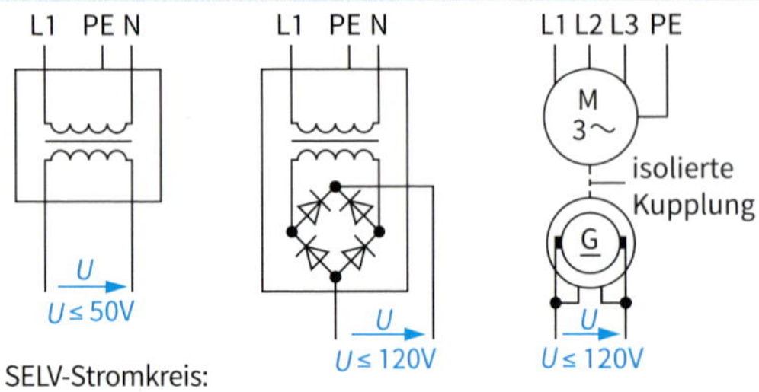


SELV-Stromkreis:
Keine Verbindung mit Erde, Schutzleiter oder aktiven Teilen anderer Stromkreise, sichere Trennung

[1] **S**afety **e**xtra-**l**ow **v**oltage

### Funktionskleinspannung (PELV[2])

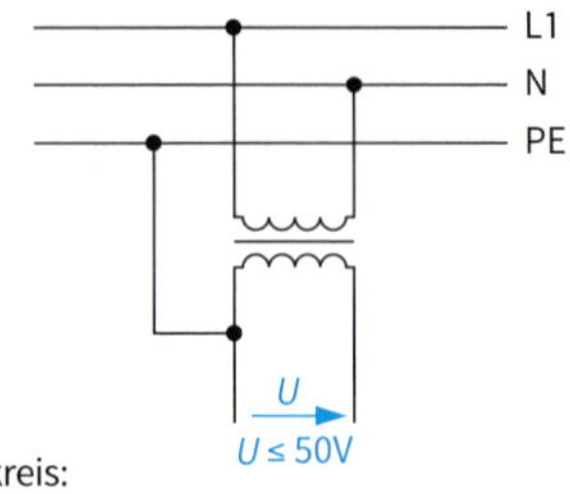


PELV-Stromkreis:
Erdung und Verbindung mit Schutzleiter anderer Stromkreise zulässig, sichere Trennung

[2] **P**rotective **e**xtra-**l**ow **v**oltage

## Basisschutz

### Isolierung aktiver Teile

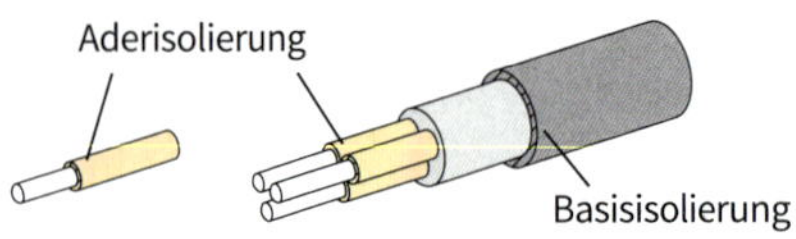


### Abdeckungen und Umhüllungen

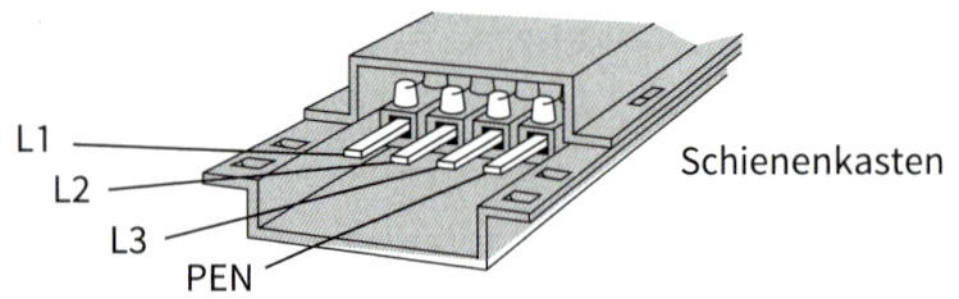


### Hindernisse

z. B. Barrieren, Schranken

### Anordnung außerhalb des Handbereichs

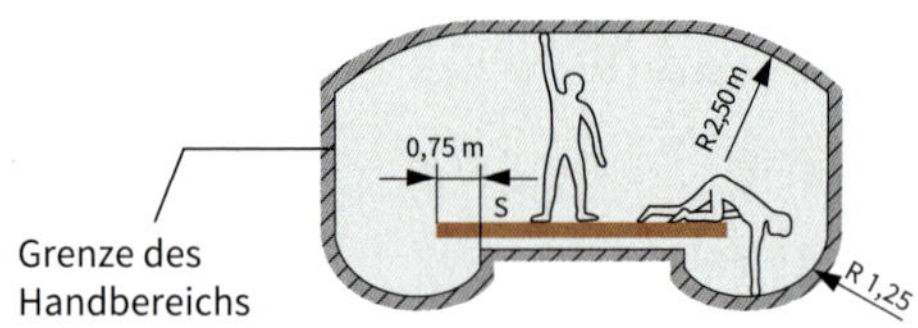


### Zusätzlicher Schutz durch Fehlerstrom-Schutzeinrichtungen

($I_{\Delta n} \leq 30$ mA)

## Fehlerschutz

### Schutzpotenzialausgleich

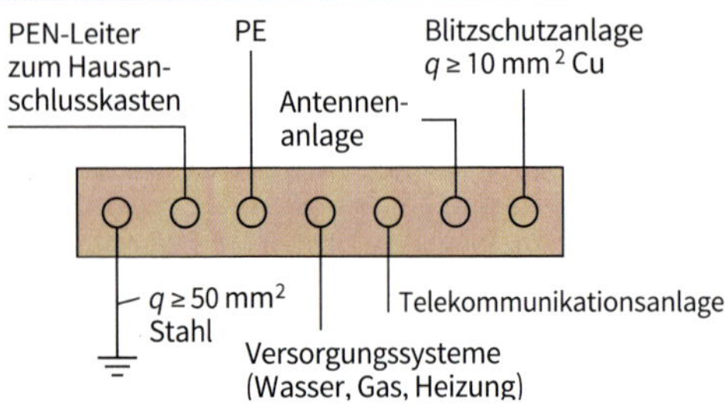


### Doppelte oder verstärkte Isolierung

- Vollisolierung
- Isolierungsumkleidung
- Isolierauskleidung
- Zwischenisolierung

### Nicht leitende Umgebung

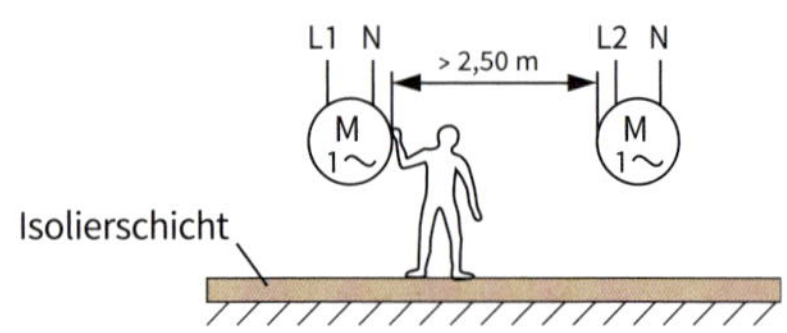


### Schutztrennung

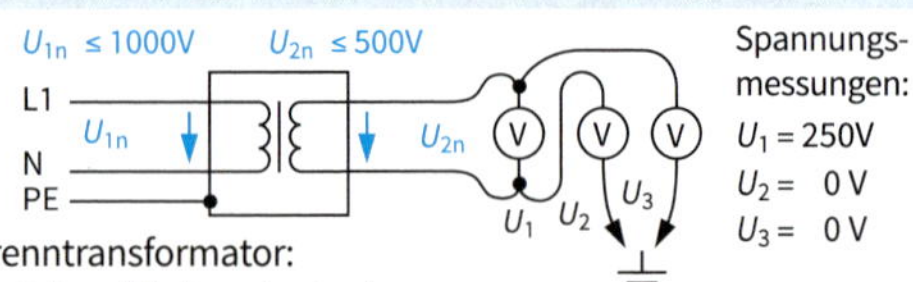


Trenntransformator:

- Sekundärstromkreis ohne Verbindung zu anderem Stromkreis oder Erde
- $l_{2max} \leq 500$ m; $U_{2n} \cdot l_2 \leq 100\,000$ Vm

### Schutzmaßnahmen im TN-System

**TN-C-S-System**

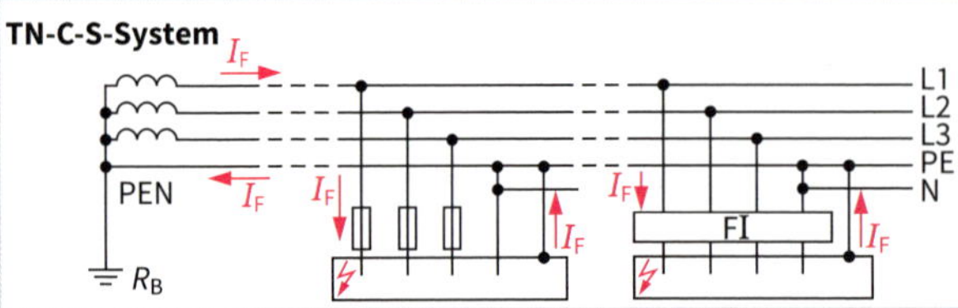


**Schutzeinrichtungen:**

- Schmelzsicherungen
- Leitungsschutzschalter
- RCDs

**Prinzip:** Fehlerstrom $I_F$ wird zum Kurzschlussstrom und fließt über PE- und PEN-Leiter zur Spannungsquelle.

## Eigenschaften

- Hauptschalter zum Trennen und Freischalten von elektrischen Anlagen
- Trenneigenschaft der Schaltgeräte: Automatisches Abschalten mindestens der Außenleiter im Fehlerfall
- Montage an Sammelschienen mit rechtreckiger Klemmenausführung (Klemmschiene)
- Anschluss von Leitern z. B. 0,75 mm² $\leq q \leq$ 32 mm²
- Bemessungsstromstärken z. B. 0,3 A $\leq I_N \leq$ 63 A
- Farbige Schaltstellungsanzeige

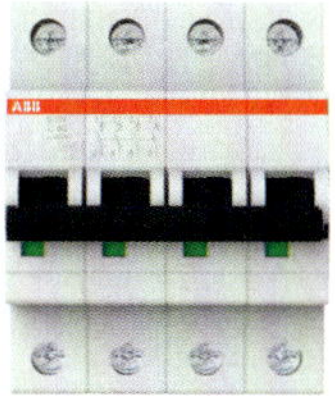

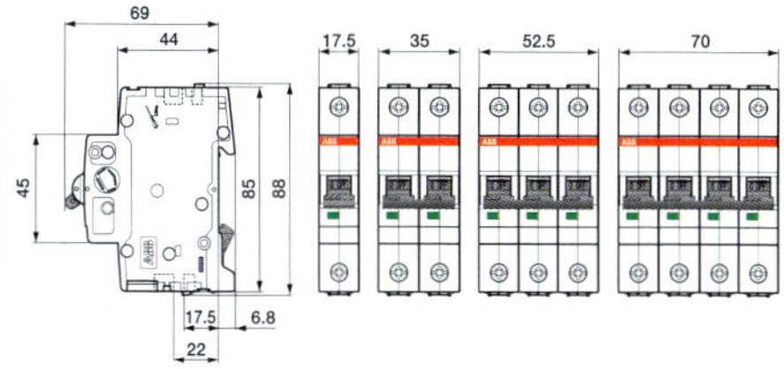


## Anschlüsse

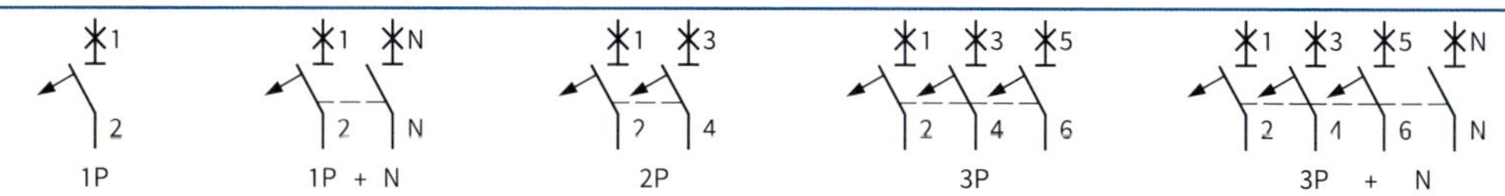


## Auslösebedingungen

DIN VDE 0100-430

**Bedingungen:**

1. $I_b \leq I_N \leq I_z$  2. $I_2 \leq 1{,}45 \cdot I_z$

Nach der 2. Bedingung ist $I_2$ die Stromstärke, bei der spätestens nach einer Stunde der LS-Schalter abschalten muss. Sie darf maximal das 1,45-fache der maximalen Strombelastbarkeit der Leitung bzw. des Kabels betragen.

$I_b$: Betriebsstromstärke des Stromkreises
$I_z$: Zulässige Belastbarkeit der Leitung
$I_N$: Bemessungsstromstärke der Überstrom-Schutzeinrichtung
$I_2$: Ansprechstromstärke der Überstrom-Schutzeinrichtung (großer Prüfstrom)

## Kennlinien

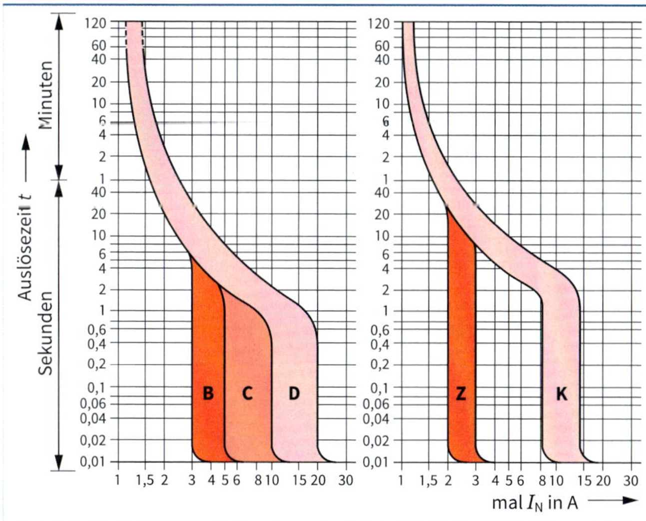


## Auslöseverhalten

- **Thermische Auslösung** (Überstromschutz):
  - B, C, D: 1,13 · $I_N$ bis 1,45 · $I_N$ → $t_a \leq$ 1 h
  - Z, K: 1,05 · $I_N$ bis 1,2 · $I_N$ → $t_a \leq$ 1 h
- **Magnetische Auslösung** (Kurzschlussschutz):
  - B: 3 · $I_N$ bis 5 · $I_N$ → $t_a \leq$ 0,1 s
  - C: 5 · $I_N$ bis 10 · $I_N$ → $t_a \leq$ 0,1 s
  - D: 10 · $I_N$ bis 20 · $I_N$ → $t_a \leq$ 0,1 s
  - K: 8 · $I_N$ bis 14 · $I_N$ → $t_a \leq$ 0,2 s
  - Z: 2 · $I_N$ bis 3 · $I_N$ → $t_a \leq$ 0,2 s

## Maximale Abschaltzeiten

- **Endstromkreise: ≤ 32 A**
  - TN-System: $t_a \leq$ 0,4 s
  - TT-System: $t_a \leq$ 0,2 s
- **Verteilungsstromkreise: ≤ 32 A**
  - TN-System: $t_a \leq$ 5 s
  - TT-System: $t_a \leq$ 1 s

Diese maximal zulässigen Abschaltzeiten gelten für alle im Stromkreis eingesetzten Überstrom-Schutzeinrichtungen.

## Auslösecharakteristiken

- Auslösecharakteristik **B**:
  - Leitungsschutz in Hausinstallationen für Licht- und Steckdosenstromkreise
- Auslösecharakteristik **C**:
  - Leitungsschutz für Geräte mit höheren Einschaltströmen, z. B. Lampengruppen und Motoren
- Auslösecharakteristik **D**:
  - Leitungsschutz für Geräte mit sehr hohen Einschaltströmen, z. B. Schweißtransformatoren und Motoren
- Auslösecharakteristik **Z**:
  - Überstromschutz von Leitungen
  - Steuerstromkreise ohne Stromspitzen
  - Messstromkreise mit Wandlern
  - Halbleiterschutz
- Auslösecharakteristik **K**:
  - Stromkreise mit hohen Stromspitzen durch Motoren, Transformatoren, Kondensatoren (Elektromagnetischer Auslöser hält hohe Einschaltstromspitzen aus.)

## Begriffe und Größen

- RCD: Fehlerstrom-Schutzeinrichtung (FI-Schutzschalter) löst aus, wenn ein Fehlerstrom als Differenzstrom zwischen zufließendem und abfließendem Strom zum Versorgungsnetz auftritt.
- $I_N$: Bemessungsstromstärke, maximal zulässige Stromstärke für die Fehlerstrom-Schutzeinrichtung
- $I_{\Delta N}$: Bemessungsdifferenzstromstärke, Fehlerstromstärke, z.B. 30 mA, mit Auslösung spätestens nach 300 ms (meistens schon bei 200 ms).

  Bei größeren Fehlerstromstärken erfolgt die Auslösung der Schutzeinrichtung bei $t_a$ < 300 ms.

## Fehlerströme

| Typ/Verlauf | AC | A | B |
|---|---|---|---|
| | Wechselstrom sensitiv | Pulsstrom sensitiv | Allstrom sensitiv |
| Stromart | Sinusförmiger Wechselstrom | Sinusförmiger Wechselstrom und pulsierender Gleichstrom | Wechselströme und Gleichströme |
| Verwendung | In Deutschland nicht zugelassen | Hausinstallationen | Frequenzumrichter und Photovoltaikanlagen |
| Kennzeichen (für alle Typen) | K – **K**urzzeitverzögerte Abschaltung: niedrige Ausschaltverzögerung von ca. 10 ms | | S – **S**elektive Abschaltung: zeitverzögerte Abschaltung in Kombination mit weiteren RCDs möglich |

## Arten

- **RCDs** (Typ A), netzspannungsunabhängig, zum Auslösen bei Wechsel- und pulsierenden Gleichfehlerströmen
  **Ohne eingebaute Überstrom-Schutzeinrichtung**:
  - **RCCB** (**R**esidual **C**urrent operated **C**ircuit-**B**reaker) nach DIN EN 61008-1 und DIN EN 61008-2-1

  **Mit eingebauter Überstrom-Schutzeinrichtung**:
  - **RCBO** (**R**esidual **C**urrent operated Circuit-**B**reaker with **O**vercurrent Protection) nach DIN EN 61009-1 und DIN EN 61009-2-1
- **RCDs** – Typ B+[1] – netzspannungsunabhängig zum Auslösen bei Wechsel- und pulsierenden Gleichfehlerströmen, netzspannungsabhängig bei glatten Gleichfehlerströmen
  **Ohne eingebaute Überstrom-Schutzeinrichtung**:
  - **RCCB** nach DIN VDE 0664-400

  **Mit eingebauter Überstrom-Schutzeinrichtung**:
  - **RCBO** nach DIN VDE 0664-401
- **PRCD** (**P**ortable **R**esidual **C**urrent **D**evice) ortsveränderlich, **ohne Überstromschutz** nach DIN VDE 0661-10

[1] Typ B+ für vorbeugenden Brandschutz

- **Fehlerstrom-Schutzschalter mit LS-Schalter (FI/LS-Schaltern, RCBOs)**
  - Schutzauslösung in Einphasen-Wechselstromkreisen
  - gleichzeitig Schutz gegen Kurzschluss und Überlast
  - Fehlerschutz zum Schutz gegen elektrischen Schlag
  - vorbeugender Brandschutz
  - Ausführung:1-polig und 2-polig
  - LS-Auslösecharakteristik: B und C
  - Bemessungsstromstärken: 6 A bis 32 A
  - Auslöse-Empfindlichkeit: 10 mA oder 30 mA bei den 16 A-Schaltern bzw. 30 mA bei allen übrigen
  - Kombination (FI/LS) → Unerwünschtes Abschalten aufgrund betriebsbedingter Ableitströme wird vermieden.

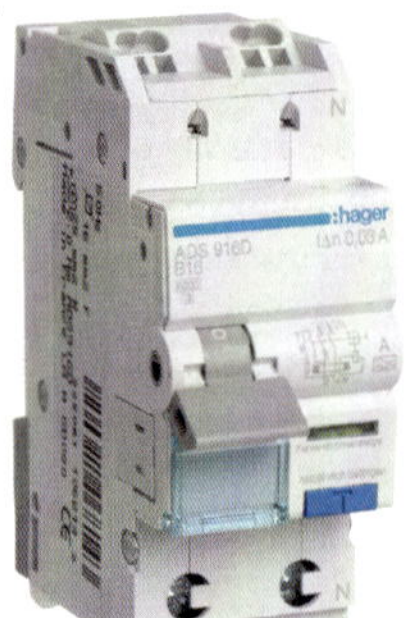


## Abmessungen

**Beispiel:**
RCD, 2-polig

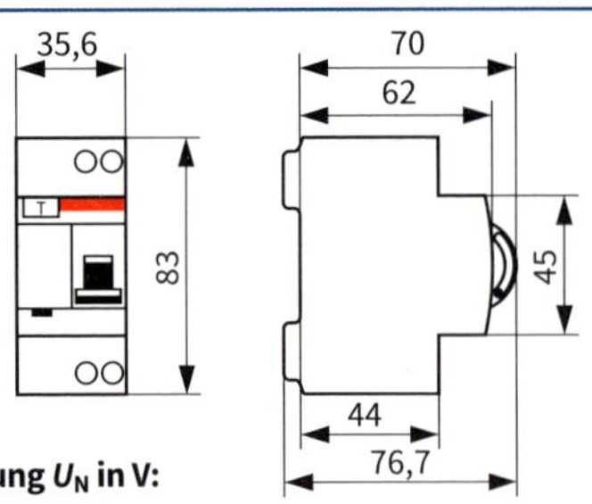


Maße in mm

**Bemessungsspannung $U_N$ in V:**

| | | | | |
|---|---|---|---|---|
| 230 | 400 | 500 | 660 | 690 |

**Bemessungsstromstärke $I_N$ in A:**

| | | | | | | | |
|---|---|---|---|---|---|---|---|
| 10 | 13 | 16 | 20 | 25 | 32 | 40 | 63 |
| 80 | 100 | 125 | 160 | 200 | 225 | 250 | |

## Maximaler Erdungswiderstand

| $I_{\Delta N}$ | $R_A$ in Ω bei maximaler Berührungsspannung | |
|---|---|---|
| | 50 V AC | 25 V AC |
| 10 mA | 5000 | 2500 |
| 30 mA | 1666 | 833 |
| 100 mA | 500 | 250 |
| 300 mA | 166 | 83 |
| 500 mA | 100 | 50 |

| RCD mit Kurzschlussvorsicherung | | | | | | | | |
|---|---|---|---|---|---|---|---|---|
| $I_N$ in A | 16 | 25 | 40 | 63 | 100 | 125 | 160 | 225 |
| $I_K$ in kA | 1,5 | 1,5 | 1,5 | 2 | 3,5 | 2 | 4 | 4 |
| Maximale Kurzschlussvorsicherung in A | | | | | | | | |
| NH (gG) | 63 | 80 | 80 | 100 | 125 | 125 | 160 | 224 |
| Neozed | 63 | 80 | 80 | 100 | – | – | – | – |
| Diazed (gG) | 50 | 63 | 63 | 80 | 100 | – | – | – |

## Installationsanforderung

- Aufteilung von Stromkreisen auf mehrere RCDs für
  - Endstromkreise mit Steckdosen
  - Endstromkreise im Außenbereich
- Alternativlösung:
  - FI/LS-Schalter für Endstromkreise mit Steckdosen und für Endstromkreise im Außenbereich
- Steckdosen mit eingebauter RCD, z. B. bei Erweiterung von Anlagen
- Empfehlung:
  - Getrennte RCDs für Steckdosen- und Lichtstromkreise
- Je nach örtlichen Bedingungen:
  - Gleichzeitiger Einsatz von RCDs und FI/LS-Schaltern
- Empfehlung:
  Möglichst RCDs für einzelne Stromkreise installieren.
- Beleuchtungsstromkreise in Wohnungen:
  - RCD: $I_{\Delta N} \leq 30$ mA

## Kurzzeitverzögerte Abschaltung

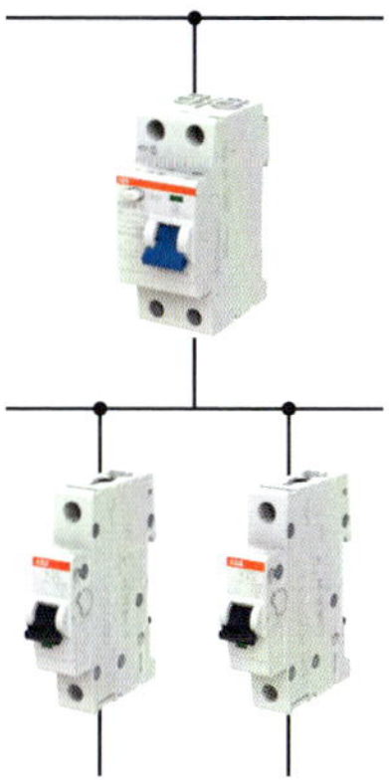

**Auslösung** wird verhindert bei
- geringen Ableitströmen,
- stoßartigen Strömen,
- Überspannungen und stoßartigen Strömen in Verbindung mit ständig fließenden Ableitströmen, verursacht durch elektronische Geräte.

- Für elektronische Geräte, z. B. PC, FAX, TK-Anlage
  - RCD: $I_{\Delta N} \leq 30$ mA
    d. h. bei $\Delta I \approx 25$ mA in der Auslösezeit $t_a \approx 100$ ms bis 120 ms

## Verzögerte Abschaltung

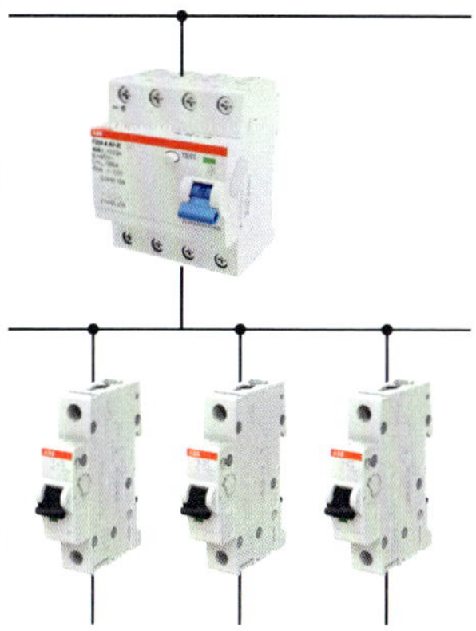

**Auslösung** gewährt im Fehlerfall
- Schutz gegen direktes Berühren, also Basisschutz

- Für Steckdosen- und Endstromkreise, z. B. Wohnungen
  - RCD: $I_{\Delta N} \leq 30$ mA
    d. h. bei $\Delta I \approx 22$ mA in der Auslösezeit $t_a \approx 35$ ms

## Schutz durch RCD bei pulsierenden Gleichfehlerströmen

**Schutz in Drehstromnetzen mit auftretenden Gleichstromkomponenten**

- Bei pulsierenden Gleichfehlerströmen und Anwendung von
  - Einpuls-Mittelpunktschaltung
  - Zweipuls-Mittelpunktschaltung mit Glättung
  - Phasenanschnittsteuerung symmetrisch
  - Schwingungspaketsteuerung
- Auslösung durch RCD bei pulsierenden Gleichfehlerströmen, die innerhalb einer Periode der Netzfrequenz Null oder nahezu Null werden.

## RCD-Anschluss

- **1-phasiger Anschluss**
  - 1 Außenleiter und Neutralleiter

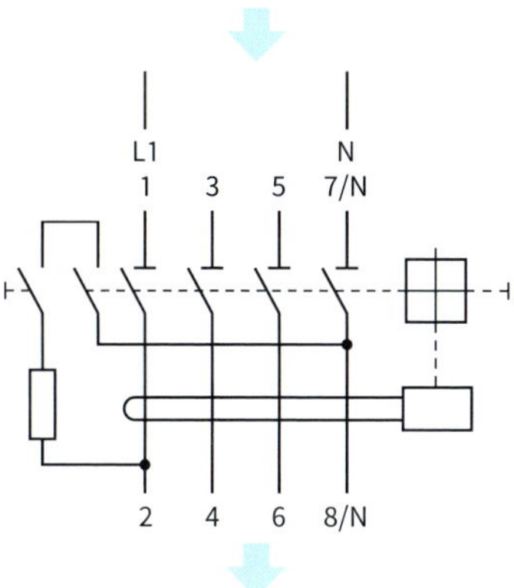


**Hinweis**:
Bei einem 4-poligen Gerät auf die beschalteten Klemmen achten.

- **3-phasiger Anschluss**
  - 3 Außenleiter, Neutralleiter rechts

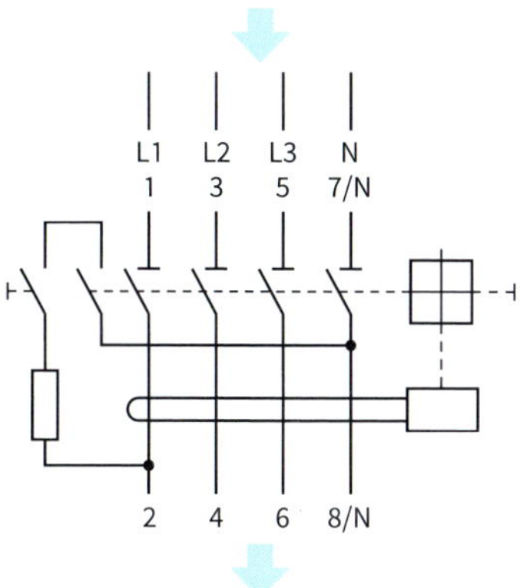


- **3-phasiger Anschluss**
  - 3 Außenleiter, Neutralleiter links

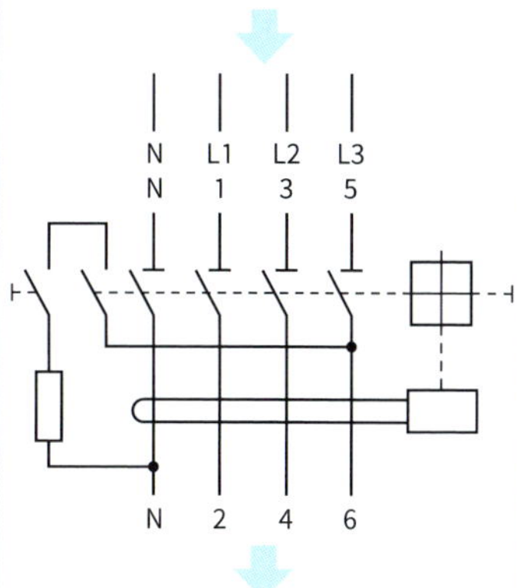


**Hinweis**:
Bei Anschluss im Drehstromnetz auf die zu beschaltenden Klemmen achten.

## Niederspannungs-Sicherungen

| **Diazed-Sicherungssystem** (D-System) | **Neozed-Sicherungssystem** (DO-System) | **NH-Sicherungssystem** |
|---|---|---|
| **AC und DC:**<br>bis 100 A und 500 V | **AC:**<br>bis 100 A und 400 V<br>**DC:**<br>bis 100 A und 250 V | **AC:**<br>bis 1250 A und 400 V,<br>500 V bzw. 690 V<br>**DC:**<br>bis 1250 A und 250 V bzw. 440 V |
| 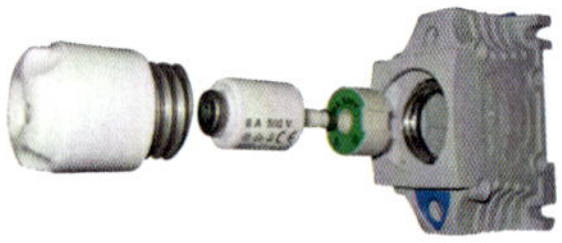 |  | 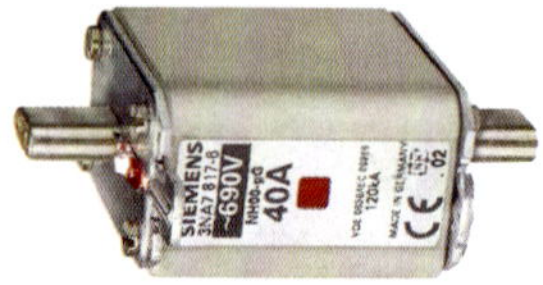 |

## D- und D0-Sicherungssystem

| Sicherung und Passeinsatz: Bemessungsstromstärke in A | Sicherung und Passeinsatz: Kennfarbe | Sockel: Bemessungsstromstärke in A | Gewindegröße der Schraubkappe: Diazed | Gewindegröße der Schraubkappe: Neozed |
|---|---|---|---|---|
| 2 | rosa | 25 | D II (E 27) | D0 1 (E 14) |
| 4 | braun | | | |
| 6 | grün | | | |
| 10 | rot | | | |
| 13 | schwarz | | | |
| 16 | grau | | | |
| 20 | blau | | | D0 2 (E 18) |
| 25 | gelb | | | |
| 32/35/40 | schwarz | 63 | D III (E 33) | |
| 50 | weiß | | | |
| 63 | kupfer | | | |
| 80 | silber | 100 | D IV (R ¼") | D0 3 (M 30 x 2) |
| 100 | rot | | | |

## Anwendungsbereiche von Sicherungen

**Funktionsklassen**

g: Ganzbereichssicherungen können
- Bemessungsstromstärke dauernd führen,
- Bemessungsstromstärke von kleinster Schmelzstromstärke bis zur Bemessungsausschaltstromstärke schalten.

a: Teilbereichssicherungen können
- Bemessungsstromstärke dauernd führen,
- Ströme oberhalb eines bestimmten Vielfachen ihrer Bemessungsstromstärke bis zur Bemessungsausschaltstromstärke schalten.

**Schutzobjekte**

B: Bergbau- und Anlagenschutz
G: Schutz für allgemeine Zwecke
M: Motorenschutz
R: Halbleiterschutz
Tr: Transformatorenschutz

**Betriebsklassen**

gG: Ganzbereichs-Kabel- und Leitungsschutz[1)]
aM: Teilbereichs-Schaltgeräteschutz in Motorenstromkreisen
aR: Teilbereichs-Halbleiterschutz
gR: Ganzbereichs-Halbleiterschutz
gB: Ganzbereichs-Bergbauanlagenschutz
gPV: Ganzbereichs-Schutz; Absicherung von PV-Anlagen

[1)] gL: Frühere Bezeichnung für Leitungsschutz

## NH-Sicherungssysteme

**A**: Sicherungen mit Sicherungseinsätzen und Messerkontaktstücken
**B**: Sicherungen mit Sicherungseinsätzen und Messerkontaktstücken mit Schlagvorrichtung
**C**: Sicherungsleisten
**D**: Sicherungsteile für Sammelschienenmontage
**E**: Sicherungen mit Sicherungseinsätzen für Schraubanschluss
**F**: Sicherung mit Sicherungseinsätzen für zylindrische Kontaktklappen und weitere Sicherungssysteme **G**, **H**, **I**, **J** und **K** laut DIN VDE 0636-2

## NH-Sicherungen

| Baugröße | Unterteile | Einsätze | Gesamtlänge in mm | maximale Bemessungsleistungsabgabe $P_N$ in W | | | | |
|---|---|---|---|---|---|---|---|---|
| | Bemessungsstromstärke in A | | | gG | | | aM | |
| | | | | 400 V AC | 500 V AC | 690 V AC | 400 V und 500 V AC | 690 V AC |
| 000 | 160 | 2… 160 | 78,5 | 6 | 7,5 | 12 | 7 | 6,5 |
| 00 | 160 | 2… 160 | 78,5 | 12 | 12 | 12 | 7,5/12 | 11 |
| 0 | 160 | 2… 160 | 125 | 12 | 16 | 25 | 13 | 10 |
| 1 | 250 | 80… 250 | 135 | 18 | 23 | 32 | 18 | 22 |
| 2 | 400 | 125… 400 | 150 | 28 | 34 | 45 | 35 | 40 |
| 3 | 630 | 315… 630 | 150 | 40 | 48 | 60 | 50 | 53 |
| 4 | 1000 | 500…1000 | 200 | – | 90 | 90 | 80 | 80 |
| 4a | 1250 | 500…1250 | 200 | 90 | 110 | 110 | 110 | 110 |

## Zeit-Strom-Bereiche für Leitungsschutz-Sicherungen der Betriebsklasse gG

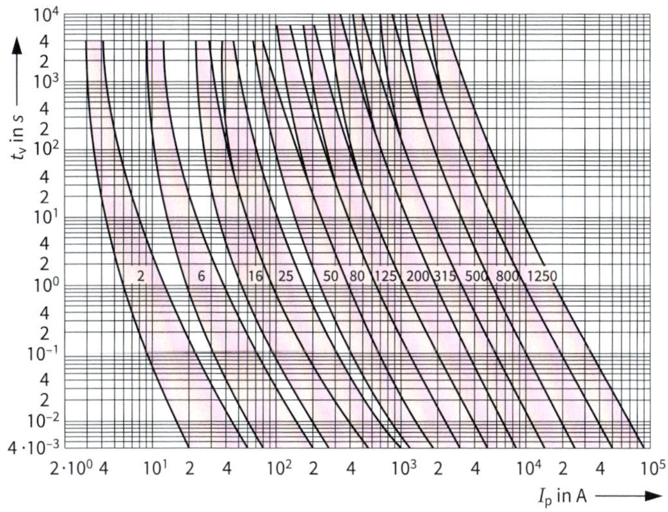


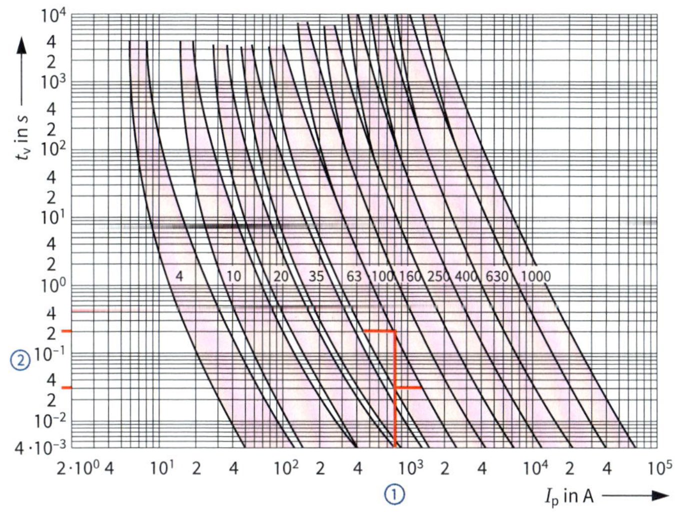


**Begriffe:**

- **Zeiten**
  - $t_v$[1]: Schmelzzeit
  - $t_{vs}$: kleinste Zeit
  - $t_{va}$: größte Zeit (Auslösezeit)
- $I_p$ Stromstärke im Fehlerfall (unbeeinflusste – prospektive – Kurzschlussstromstärke)

[1] dem Schaltvermögen nach mögliche (virtuelle) Zeiten

**Beispiel:**
Zeit-Stromstärke-Bereich einer 63 A-Sicherung

- Kurzschlussstromstärke
  $I_p \approx 750$ A ①
- Schmelzzeit
  $t_{vs} \approx 0{,}03$ s
- Auslösezeit
  $t_{va} \approx 0{,}2$ s ②

**Abstimmung der Zeit-Strom-Bereiche für Leitungsschutz-Sicherungen:**

- Gestaffelte Sicherungen mit Bemessungsstromstärke (≥ 16 A) müssen im Verhältnis 1:1,6 stehen.
- Bei selektiver Abschaltung löst im Fehlerfall nur die der Fehlerquelle unmittelbar vorgeschaltete Überstrom-Schutzeinrichtung aus.
- Zwischen zwei Schmelzsicherungen liegt Selektivität vor, wenn sich die Streubänder (s. Diagramm) der Ausschaltzeit-Kennlinien nicht schneiden oder berühren.

## Geräteschutzsicherungen (Feinsicherungen)

DIN 41576-1: 1984-06

| G-Schmelzeinsatz 250 V AC, 125 V DC, **verwechselbar** | | G-Schmelzeinsatz 250 V AC, 125 V DC, **unverwechselbar** | |
|---|---|---|---|
| 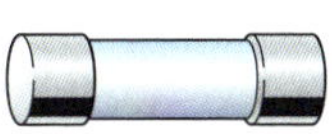 | $I_N$: 0,032 … 10 A (M)<br>$I_N$: 0,08 … 10 A (T)<br>Größe: 5 × 20 mm | 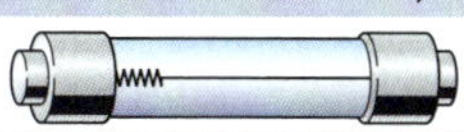 | $I_N$: 0,035 … 0,06 A<br>Größe: 5 × 30 mm |
| | | 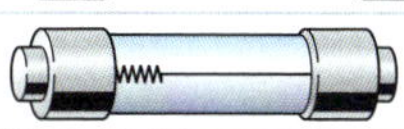 | $I_N$: 0,08 … 0,6 A<br>Größe: 5 × 25 mm |
| | | 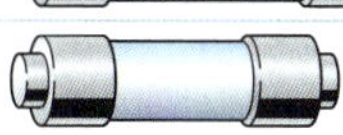 | $I_N$: 0,8 … 4 A<br>Größe: 5 × 20 mm |

## Kennbuchstaben/Auslöseverhalten/Auslösezeiten

| Arten | FF: superflink | F: flink | M: mittelträge | T: träge | TT: superträge |
|---|---|---|---|---|---|
| $t_a$[2] | ≤ 2 ms | ≤ 8 ms | 5 ms … 90 ms | 10 ms … 100 ms | 100 ms … 3 s |

[2] Angaben gelten bei $10 \cdot I_N$

## Kennzeichnung

- Durch die Schutzart (**Schutzart durch Gehäuse**, DIN VDE 0470-1: 2017-02) wird angegeben, in welcher Umgebung ein elektrisches Betriebsmittel verwendet werden kann. In dieser Umgebung ist elektrischer Schutz gewährleistet.
- Die Kennzeichnung erfolgt durch **Schutzzeichen**, die aus den Buchstaben **IP** (**I**nternational **P**rotection), zwei nachfolgenden **Kennziffern** (Schutzgrade) sowie ggf. Bildzeichen bestehen.
- Nach den beiden Kennziffern können weitere Buchstaben (A, B, C und D) Hinweise zum Berührungsschutz und zusätzliche Buchstaben (H, M, S und W) Informationen über den Einsatz im Hochspannungsbereich und Wasser-/Wetterschutz liefern.

## Beispiel

5-Port-Ethernet-Switch in der Schutzart IP67

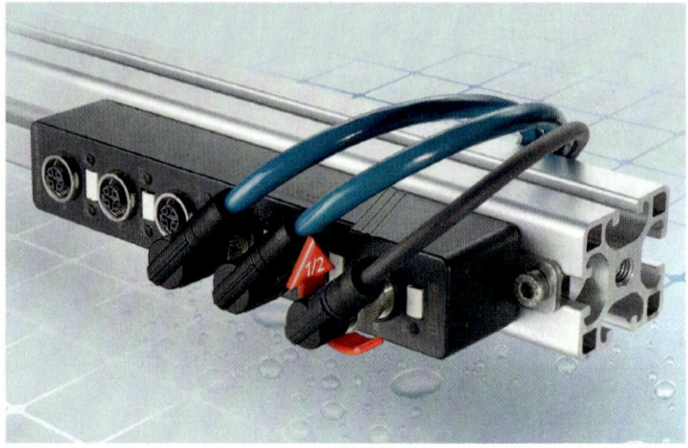

IP __ __ __ __

| 1. Ziffer: Berührungs- und Fremdkörperschutz | |
|---|---|
| 0 | Kein Schutz |
| 1 | Schutz gegen Eindringen großer Fremdkörper ($d \geq 50$ mm) |
| 2 | Schutz gegen Eindringen mittelgroßer Fremdkörper ($d \geq 12$ mm) |
| 3 | Schutz gegen Eindringen kleiner Fremdkörper ($d \geq 2{,}5$ mm) |
| 4 | Schutz gegen Eindringen kornförmiger Fremdkörper ($d \geq 1$ mm) |
| 5 | Staubgeschützter, vollständiger Berührungsschutz |
| 6 | Staubdicht, vollständiger Berührungsschutz |

| 2. Ziffer: Wasserschutz | |
|---|---|
| 0 | Kein Schutz |
| 1 | Schutz gegen senkrecht fallendes Wasser (Tropfwasser) |
| 2 | Schutz gegen schräg fallendes Wasser bis zu 15° Neigung |
| 3 | Schutz gegen Sprühwasser mit maximal 60° zur Senkrechten |
| 4 | Schutz gegen Spritzwasser aus allen Richtungen |
| 5 | Schutz gegen Wasserstrahl aus allen Richtungen |
| 6 | Schutz gegen starken Wasserstrahl aus allen Richtungen |
| 7 | Schutz bei zeitweiligem Untertauchen |
| 8 | Schutz bei dauerndem Untertauchen |
| 9 | Schutz gegen Wasser bei Hochdruck-/Dampfstrahlreinigung |

| Zusätzlicher Buchstabe | |
|---|---|
| A | Handrückenschutz oder Gegenstände mit $d > 50$ mm |
| B | Fingerschutz, Fingerdurchmesser > 12 mm, Länge bis 80 mm |
| C | Werkzeugschutz, Durchmesser > 2,5 mm, Länge bis 100 mm |
| D | Drahtschutz, Durchmesser > 1 mm, Länge bis 100 mm |

| Ergänzender Buchstabe | |
|---|---|
| H | Schutz gegen Hochspannungs-Betriebsmittel |
| M | Schutz gegen Wasser, geprüft bei beweglichen Teilen |
| S | Schutz gegen Wasser, geprüft bei stillstehenden, beweglichen Teilen |
| W | Schutz bei festgelegten Wetterbedingungen |

## Oberschwingungen

- Nicht lineare Geräte (Energiesparlampen, Schaltnetzteile, Drucker, PCs ...) verursachen Oberschwingungen, weil sie nicht kontinuierlich, sondern impulsartig Energie aus dem Netz beziehen.
- Die Oberschwingungen sind ganzzahlige Vielfache der Grundschwingung von 50 Hz.
- **Beispiel:**

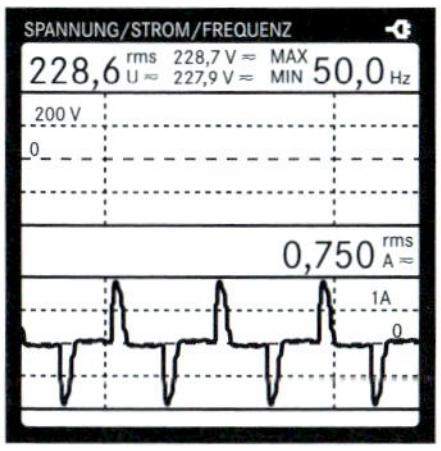

- Ein Maß für die Störung ist der Gesamtverzerrungsfaktor **THD** (**T**otal **H**armonic **D**istortion).
- Im N-Leiter addieren sich die Ströme der Oberschwingungen, sodass die Stromstärke im N-Leiter erheblich größer wird als die Stromstärken in den Außenleitern L1, L2 und L3.

## Vorschriften für Energie-Netze

In den Vorschriften der DIN EN 6100-2-2, 2-4 sowie in der DIN EN 50160 sind einzuhaltende Grenzwerte für Oberschwingungen in öffentlichen und industriellen Netzen festgelegt. Folgende Klassen werden unterschieden:

**Klasse 1**: Netze mit sensiblen Geräten (Laborgeräte ...)
**Klasse 2**: Öffentliche Netze
**Klasse 3**: Industrienetze

**Grenzwerte von Oberschwingungen in Netzen**

| Ordnungszahl *n* | | | Frequenz in Hz | Klasse 1 (in % der Netzspannung) | 2 | 3 |
|---|---|---|---|---|---|---|
| 5 | ungeradzahlig | nicht durch 3 teilbar | 250 | 3 | 6 | 8 |
| 7 | | | 350 | 3 | 5 | 7 |
| 11 | | | 550 | 3 | 3,5 | 5 |
| 13 | | | 650 | 3 | 3 | 4,5 |
| 17 | | | 750 | 2 | 2 | 4 |
| 19 | | | 850 | 1,5 | 1,5 | 4 |
| 23 | | | 1150 | 1,5 | 1,5 | 3,5 |
| 25 | | | 1250 | 1,5 | 1,5 | 3,5 |
| 3 | | durch 3 teilbar | 150 | 3 | 5 | 6 |
| 9 | | | 450 | 1,5 | 1,5 | 2,5 |
| 15 | | | 750 | 0,3 | 0,3 | 2 |
| 21 | | | 1050 | 0,2 | 0,2 | 1,75 |
| 2 | geradzahlig | | 100 | 2 | 2 | 3 |
| 4 | | | 200 | 1 | 1 | 1,5 |
| 6 | | | 300 | 0,5 | 0,5 | 1 |
| 8 | | | 400 | 0,5 | 0,5 | 1 |
| 10 | | | 500 | 0,5 | 0,5 | 1 |

## Vorschriften für Geräte

- Oberschwingungsgrenzwerte für Geräte sind in der DIN EN 61000-3-2 festgelegt. Sie müssen von Herstellern durch entsprechende schaltungstechnische Maßnahmen eingehalten werden.
- Die Geräte werden in Klassen eingeteilt.

**Geräteklassen**

| Klasse | Geräte |
|---|---|
| A | ▪ Symmetrische dreiphasige Geräte<br>▪ Haushaltsgeräte (ausgenommen Geräte der Klasse D)<br>▪ Elektrowerkzeuge (ausgenommen Geräte der Klasse B)<br>▪ Beleuchtungseinsteller (Dimmer) für Glühlampen bis 1000 W<br>▪ Audio-Einrichtungen und<br>▪ Geräte, die nicht in eine der drei Klassen fallen |
| B | ▪ Tragbare Elektrowerkzeuge |
| C | ▪ Beleuchtungseinrichtungen einschließlich Beleuchtungsreglern<br>▪ ausgenommen Dimmer bis 1000 W |
| D | ▪ Personal-Computer und Monitore<br>▪ Fernsehgeräte mit einer Eingangsleistung von 75 bis 600 W |

- Für Geräte der Klasse D sind die in der nachfolgenden Tabelle aufgeführten Grenzwerte einzuhalten.

**Grenzwerte von Oberschwingungen für Geräte der Klasse D**

| Ordnungszahl der Oberschwingung *n* | Maximal zulässige Stromstärke der Oberschwingung pro Leistung in mA/W | Maximal zulässige Stromstärke der Oberschwingung in A |
|---|---|---|
| 3 | 3,4 | 2,30 |
| 5 | 1,9 | 1,14 |
| 7 | 1,0 | 0,77 |
| 9 | 0,5 | 0,40 |
| 11 | 0,35 | 0,33 |
| $11 \leq n \leq 39$ | $3{,}86/n$ | s. Klasse A |

## Ausgleichsströme im TN-C-System

- Bei vernetzten EDV-Geräten in TN-C-Systemen kann es zu Ausgleichsströmen über die Abschirmungen der Verbindungsleitungen kommen.
- Ein Spannungsunterschied $\Delta U$ entsteht auf dem für beide Systeme gemeinsamen PEN-Leiter.
- **Folgen:**
  - Induktive Einspeisung von Störimpulsen in die Datenleitung (Störungen, Datenverlust)
  - Brandgefahr
  - Zerstörung elektronischer Bauteile
- **Abhilfe:**
  Aufbau eines TN-S-Systems mit getrenntem PE-und N-Leiter. Für die Systeme gibt es nur einen zentralen Erdungspunkt.

## Begriffe

DIN VDE 0875-370-1: 2006-02

- Von den Störquellen gehen **leitungsgebundene** und **strahlungsgebundene** elektromagnetische Störungen aus.
- Das **Frequenzspektrum** kann diskret oder/und kontinuierlich sein (z. B. 0,15 MHz bis 1 GHz).
- Der **Funkstörgrad** ist eine frequenzabhängige Grenze für Funkstörungen.

0 funkstörfrei
N funkentstört (Normalstörgrad)
K funkentstört (Kleinststörgrad)
G grobentstört (Einsatz beschränkt)

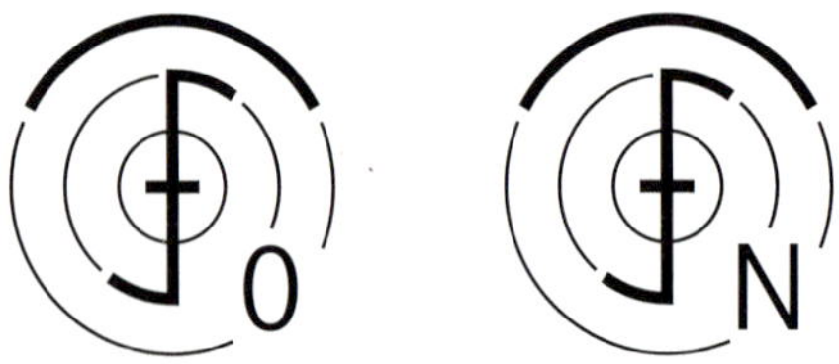


Funkschutzzeichen mit Angabe des Störgrads.

## Kondensatoren zur Entstörung

**Prinzip:**
Einbau möglichst nahe und parallel zur Quelle, **kleiner Widerstand** für die HF-Störungen

**X-Kondensatoren:**
Beliebige Kapazitäten, sie liegen parallel zur Quelle, die Störspannung wird auf einen kleinen Wert verringert.
Bei Ausfall darf es beim Berühren des Gehäuses zu keinem elektrischen Schlag kommen.

**Y-Kondensatoren:**
Beliebige Kapazitäten, sie überbrücken die Betriebsisolierung in elektrischen Geräten. Es gelten deshalb für sie besondere Sicherheitsanforderungen.

**Beispiel Wechselstrommotor:**

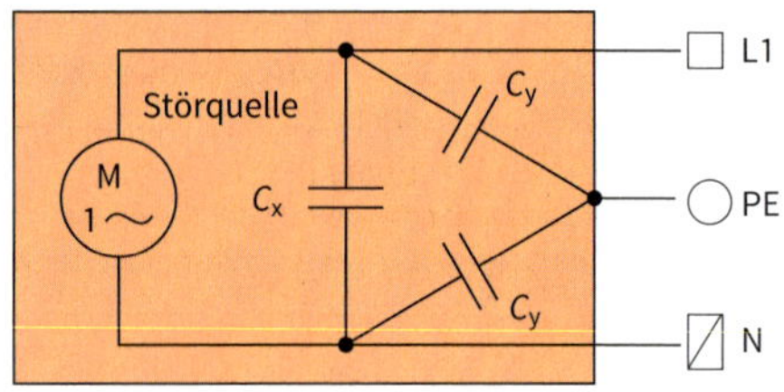


## Leitungsgebundene Störungen

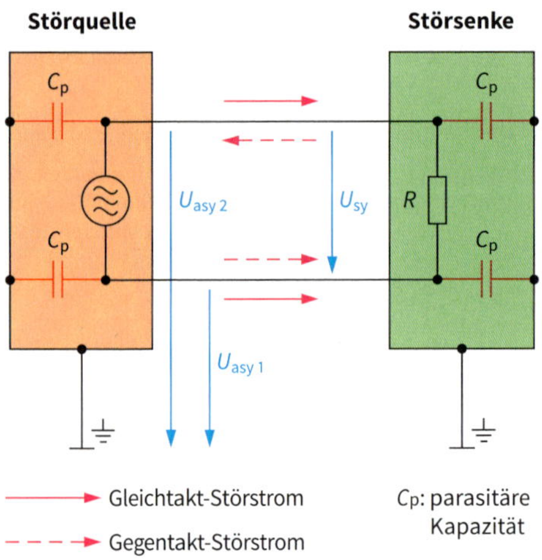


**Gegentaktstörung** (symmetrische Störung, engl. differenzial mode):
Ausbreitung längs der angeschlossenen Leitung
Der Strom fließt auf den beiden Anschlussleitungen hin und zurück (symmetrische Störspannung $U_{sy}$).

**Gleichtaktstörung** (asymmetrische Störung, engl. common mode):
Der Strom fließt auf den beiden Anschlussleitungen zur Störsenke hin und über die Erdleitung zurück (asymmetrische Störspannung $U_{asy}$).
Ursache: Parasitäre Kapazitäten und Masseverbindungen

**Parasitäre Kapazitäten:**
Unvermeidbare Kapazitäten zum Gehäuse, zu anderen Bauteilen, Leitungen usw.

## Entstördrosseln

**Prinzip:**
Sie werden in die stromführenden Leitungen eingefügt und wirken für die HF-Störungen wie ein zusätzlicher und **großer Widerstand.**
Bei stromkompensierten Ringkerndrosseln heben sich die Magnetfelder auf.

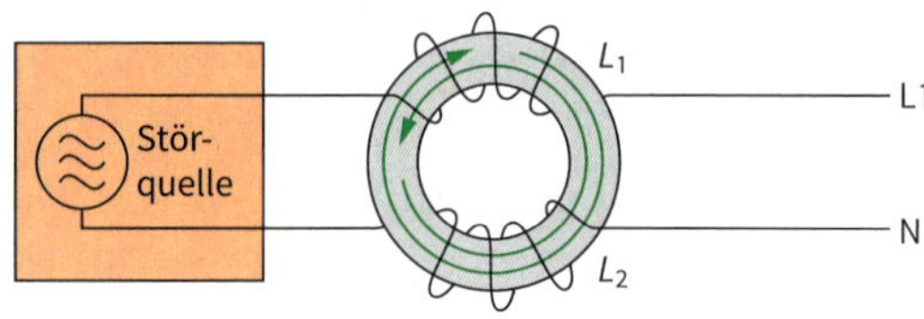


## Filter

Entstöreigenschaften von Kondensatoren und Spulen werden gemeinsam genutzt.
**Beispiel:** Filter mit integriertem Gerätestecker (Bemessungsstromstärke 6 A).

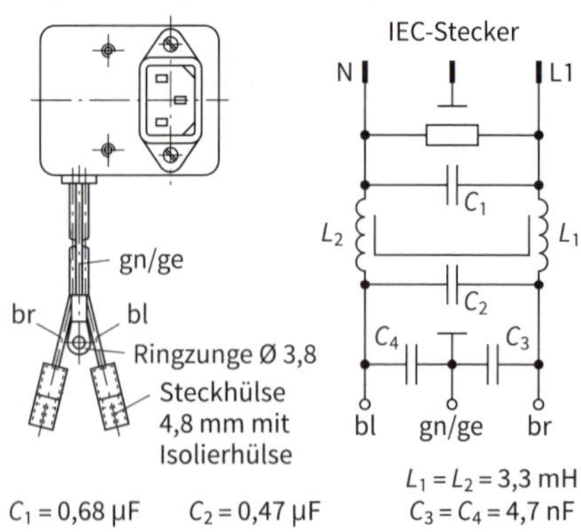

## Elektromagnetische Umgebung

- Grundsatz: EMV ist die Fähigkeit einer elektrischen Einrichtung (Bauelement, Baugruppe, Gerät, System, Anlage), in einer vorgegebenen elektromagnetischen Umgebung in beabsichtigter Weise zu arbeiten, ohne die Umgebung durch elektromagnetische Wirkungen in unzulässiger Weise zu beeinträchtigen.
- Die **EM-Umgebung** eines Geräts oder einer Einrichtung wird definiert durch alle am vorgesehenen Einsatzort auftretenden **elektromagnetischen Phänomene** (Erscheinungen) und die EMV-relevanten Randbedingungen (z. B. Luftfeuchtigkeit).
- Die Phänomene entstehen durch
  - **systemfremde** natürliche Störquellen (z. B. atmosphärische Entladungen),
  - **systemeigene** künstliche Störquellen (z. B. elektrische Maschinen).

## Störquellen

- Blitzentladungen mit Direkt-, Nah- oder Ferneinschlägen
- Elektrostatische Entladungen in Form von Gleit-, Büschel-, Funken- oder blitzähnlichen Entladungen
- Schalten von Sammelschienen mittels Kontakten
- Kurz-, Erd- und Doppelerdschlüsse
- Abschalten leerlaufender Hochspannungsleitungen, Prellvorgänge an mechanischen Kontakten
- Ein- und Ausschalten von Leuchtstofflampen
- Betrieb von Lichtbogenschmelzöfen
- Zuschalten leerlaufender Kabel
- Versorgungswechselspannung (50 Hz/60 Hz)
- Öffnen und Schließen von Kontakten (Funkenentladung)
- Abschaltvorgänge von Induktivitäten (Relaisspulen)
- Flankenwechsel auf Steuer- und Datenleitungen
- Lastwechsel auf Elektronik-Stromversorgungsleitungen
- Taktsignale (hoch- und niederfrequente)
- Reflexionserscheinungen auf Leitungen
- Magnetfelder von Speicherlaufwerken
- Nukleare Explosionen

## Störgrößen

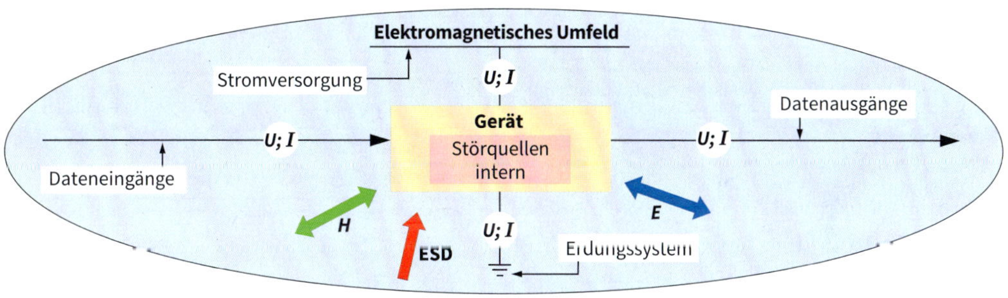


| | | | | | | | | | |
|---|---|---|---|---|---|---|---|---|---|
| *U; I* | Spannung/ Stromstärke | *E* | Elektrisches Feld | *H* | Magnetisches Feld | *ESD* | Elektrostatische Entladung | Störquellen intern | → *U; I* *H* *E* |

## Umgebungsklassen

- Umgebungsbedingungen sind eingeteilt in **Umgebungsklassen**.
- Umgebungsklassen beschreiben die unterschiedlichen Anforderungen an die elektromagnetische Verträglichkeit **(EMV)** der eingesetzten Geräte und Systeme für bestimmte Einsatzorte.

| **Klasse 1**<br>Gut geschützte Umgebung | **Klasse 2**<br>Geschützte Umgebung | **Klasse 3**<br>Industrielle Umgebung | **Klasse 4**<br>Erhöhte Beanspruchung |
|---|---|---|---|
| ▪ EMV-gerechtes Erdungs-, Verkabelungs- und Schirmungskonzept<br>▪ Unterbrechungsfreie Stromversorgung für einzelne Anlagenteile<br>▪ Gebrauch von Sendeeinrichtungen jeglicher Art untersagt | ▪ Keine Leistungsschalter in der Umgebung<br>▪ Abgestimmtes Erdungskonzept<br>▪ Steuer- und Leistungskreise teilweise mit Störschutz und Überspannungseinrichtungen<br>▪ Keine Funksprechgeräte oder Sendeeinrichtungen | ▪ Kein Überspannungsschutz in Steuer- und Leistungskreisen<br>▪ Erdungsanlage vorhanden<br>▪ Getrennte Kabel für Steuer-, Signal- und Datenleitungen<br>▪ Ungenügende Trennung der Versorgungs-, Steuer- und Kommunikationsleitungen | ▪ Kein Überspannungsschutz<br>▪ Undefinierte Erdungsverhältnisse<br>▪ Steuer- und Signalleitungen in einem Kabel<br>▪ Funksprechgeräte uneingeschränkt möglich<br>▪ Elektroöfen, Schweißgeräte in der Nähe |

## Merkmale

- Festigkeit gegen elektrostatische Entladung (**ESD**: **E**lectro**s**tatic **D**ischarge) ist eine der Prüfungen, die im Rahmen der EMV-Prüfung getestet wird.
- Grund dafür ist, dass dieses Phänomen in Form von **Reibungselektrizität** (z. B. Gehen auf nicht leitendem Fußboden) fast alltäglich auftritt und somit eine Gefährdung bei Berührung von elektronischen Geräten darstellt.
- Die Höhe der erzeugten Spannung ist dabei abhängig von der Luftfeuchtigkeit und den Materialien, die aneinander gerieben werden (z. B. synthetische Stoffe bei 50 % Luftfeuchtigkeit ca. 8 kV).
- Obwohl die **Entladedauer** sehr kurz ist, kann eine Schädigung oder eine Vorschädigung von Halbleiterbauelementen verursacht werden.

## Prüfvorgaben nach IEC 61000-4-2

- Prüfpunkte:
  Alle Punkte, die im Normalbetrieb vom Anwender berührt werden können; nicht notwendig auf Pins von geöffneten Steckverbindern oder Punkte, die nur während Instandhaltungsarbeiten zugängig sind.
- Entladungsmethode:
  **Kontaktentladung** wird bevorzugt; Entladung über Luftstrecke, wenn Kontaktpunkt nicht zugänglich.
- Beide Verfahren, **direkte Entladung** und **indirekte Entladung** über Koppelfläche, sind erforderlich.
- Nicht geerdete Einrichtungen sollten zwischen den Prüfpulsen über Entladungswiderstände oder durch Ionisation entladen werden.
- Anzahl der Entladungen:
  Normal 10 Entladungen in jeder Polarität auf jeden Punkt; EN 55025 fordert insgesamt 200 Entladungen, 50 für jeden Punkt
- Testdurchführung:
  Testgenerator ist senkrecht zur Oberfläche vom **EUT** (**E**quipment **U**nder **T**est) zu führen; bei Luftstreckenentladung muss die Spitze so dicht wie möglich herangeführt werden.
- Testschwellen:
  Abhängig von Anforderungen, wobei z. B. bei 6 kV Kontaktentladung auch die Werte mit 2 kV und 4 kV erfüllt werden müssen.

**Standardentladekurve bei 4 kV**

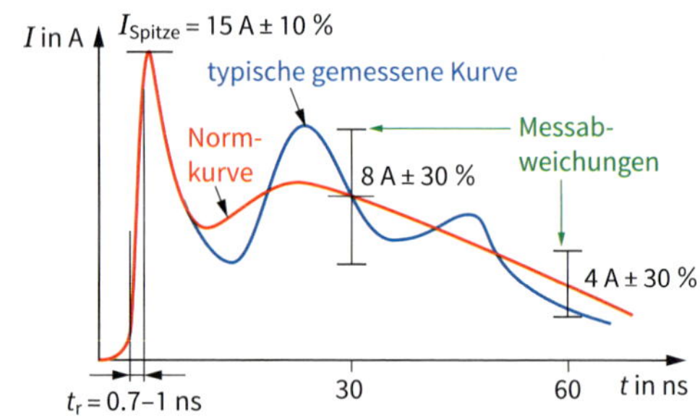


| Prüfschärfegrad (Umgebungsbedingungen) | Prüfspannung in kV | |
|---|---|---|
| | Kontaktentladung | Luftstreckenentladung |
| 1 (35 % r.F., antistatisch) | 2 | 2 |
| 2 (10 % r.F., antistatisch) | 2 | 2 |
| 3 (50 % r.F., antistatisch) | 6 | 8 |
| 4 (10 % r.F., antistatisch) | 8 | 15 |

r.F.: relative Feuchte

## Testaufbau

Testobjekt: Schaltschrank

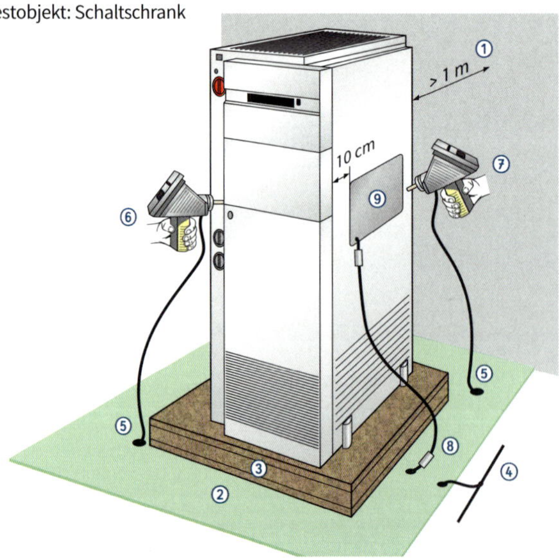


① Abstand zwischen **EUT** (**E**quipment **U**nder **T**est: zu testende Einrichtung) und benachbarter leitender Umgebung > 1 m.

② Bezugserdungsplatte (GRP: Ground Refrence Plane) mindestens 1 m², mit mindestens 0,5 m allseitig um EUT herum.

③ Isolierendes Podest (Holzpalette) mit 10 cm Höhe

④ Schutzerdung

⑤ Niederohmiger Rückleiter vom Testgenerator zur Bezugserdungsplatte; Leitung von der zu testenden Einrichtung wegführend.

⑥ Direkte Entladung auf EUT

⑦ Indirekte Entladung auf EUT über vertikale Koppelplatte

⑧ Verbindungsleitung zwischen Koppelplatten mit 470 kΩ an jeder Seite

⑨ Vertikale Koppelplatte

## Was ist zu prüfen?

- Elektrische Geräte mit Bemessungsspannung bis 1000 V AC und 1500 V DC
- Z. B. Laborgeräte, Mess-/Steuer-/Regelgeräte, Haushaltsgeräte, Elektrowerkzeuge, Verlängerungsleitung, …

## Wann ist zu prüfen?

- Nach Instandsetzung
- Wiederkehrend nach festgelegten Prüffristen
- Der Arbeitgeber muss eine Gefährdungsbeurteilung durchführen und Prüffristen festlegen.
- Prüffristen aus der DGUV Vorschrift 3 dienen nur noch als Erfahrungswert und ersetzen die Prüffristermittlung nicht!

## Sichtprüfung

Prüfen auf sichtbare Mängel und Eignung für den Einsatzort:

- Schäden an Anschlussleitung und Steckverbinder
- Schäden an Isolierung
- Mängel an Knick-, Biegeschutz
- Bestimmungsgemäße Verwendung von Stecker und Leitungen
- Mängel an Zugentlastung
- Gehäuse/Schutzabdeckung unbeschädigt
- Anzeichen von Überlastung
- Unzulässige Eingriffe
- Verschmutzung
- Zustand von Luftfiltern
- Dichtigkeit von Behältern für Wasser, Luft, …
- …

## Messungen

### Schutzleiterwiderstand

- Ordnungsgemäßer Zustand der elektrischen Verbindung zwischen Geräteanschluss und allen mit dem Schutzleiter verbundenen berührbaren leitfähigen Teilen.
- Bei Messung Anschlussleitungen bewegen.

| Betriebsstromstärke | Grenzwert |
|---|---|
| > 16 A | berechneter Widerstand des Schutzleiters |
| < 16 A | abhängig von Leitungslänge |

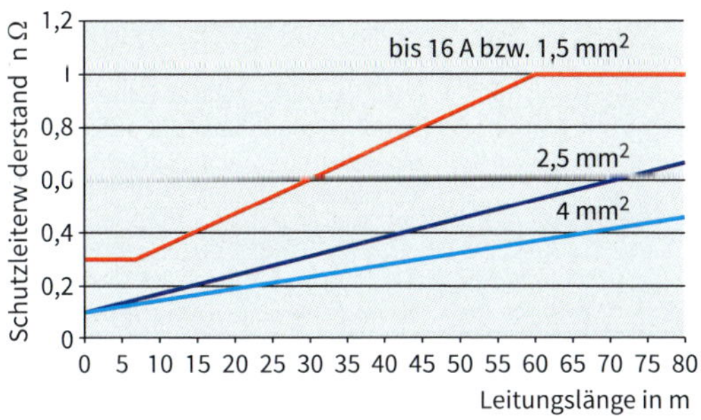


### Isolationswiderstand

- Messung zwischen aktiven Teilen und jedem berührbaren leitfähigem Teil
- Grenzwerte für Prüfobjekte:

| Prüfobjekt | | Grenzwert |
|---|---|---|
| Aktive Teile, die nicht zu SELV- oder PELV-Stromkreisen gehören, gegen den Schutzleiter und die mit dem Schutzleiter verbundenen berührbaren leitfähigen Teile. | allgemein | 1,0 MΩ |
| | Geräte mit Heizelementen | 0,3 MΩ |
| | Geräte mit Heizelementen und $P > 3{,}5$ kW | 0,3 MΩ [1)] |
| Aktive Teile gegen die nicht mit dem Schutzleiter verbundenen berührbaren leitfähigen Teile (hauptsächlich bei Schutzklasse II, aber auch bei Schutzklasse I möglich) | | 2,0 MΩ |
| Aktive Teile, die nicht zu SELV- oder PELV-Stromkreisen gehören, gegen berührbare leitfähige Teile mit der Schutzmaßnahme SELV/PELV (außer Geräte der Schutzklasse III) | | |
| Bei der Instandsetzung/Änderung zwischen den aktiven Teilen eines SELV-/PELV-Stromkreises und den aktiven Teilen des Primärstromkreises | | |
| Aktive Teile mit der Schutzmaßnahme SELV/PELV | | 0,25 MΩ |

1) Wird der Grenzwert verletzt, ist die Prüfung dennoch bestanden, falls der Ableit-/Schutzleiterstrom den Grenzwert einhält.

### Schutzleiterstrom

- Messung mit direktem Verfahren oder Differenzstromverfahren.
- Ersatzableitstromverfahren nur in Sonderfällen
- Grenzwerte:
  - allgemein: ≤ 3,5 mA
  - Geräte mit eingeschaltetem Heizelement > 3,5 kW: 1 mA/kW; maximal 10 mA
  - Bei Überschreitung prüfen, ob gegebenenfalls Produktnormen andere Werte vorgeben.

### Berührungsstrom

- Messung an jedem berührbaren leitfähigen Teil, das nicht mit dem Schutzleiter verbunden ist.
- Messung mit direktem oder Differenzstromverfahren
- Ersatzableitstromverfahren nur in Sonderfällen
- Grenzwerte
  - allgemein 0,5 mA
  - Geräte mit Schutzklasse III: Messung nicht erforderlich

### weitere Prüfschritte

- Nachweis der sicheren Trennung (SELV und PELV)
- Wirksamkeit weiterer Schutzeinrichtungen
- Funktionsprüfung
- Aufschriften (Typenschild, Sicherheitshinweise)

### Auswertung und Dokumentation

- Die Prüfung ist bestanden, wenn alle Einzelprüfungen bestanden sind.
- Durchgefallene Prüflinge kennzeichnen und Betreiber informieren.
- Dokumentation mit Prüfplakette oder elektronische Systeme inkl. Messwerte und Prüfgerät

## Schutzleiterwiderstand

### Direkte Messung

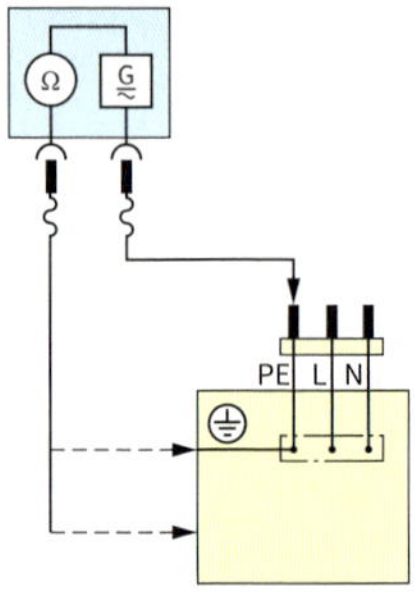


- Prüfling muss außer Betrieb genommen und vom Netzanschluss getrennt werden.

### Externer Messpunkt

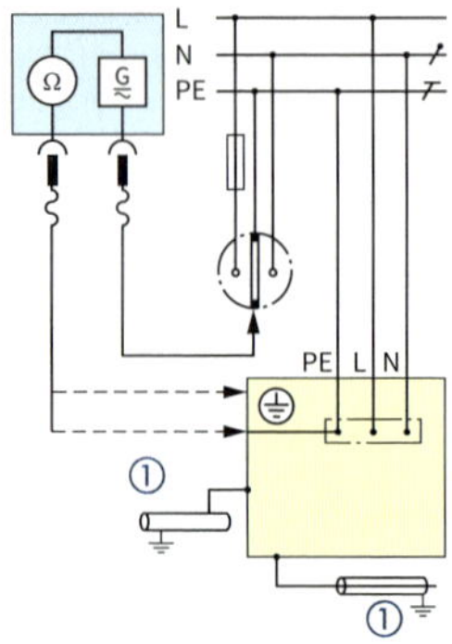


- Prüfling ist fest angeschlossen oder kann nicht außer Betrieb genommen werden.
- Als Zugang zum Schutzleiter ist ein Messpunkt zu suchen, z. B. benachbarte Steckdose.
- Achtung!
  - Parallele Erdverbindungen können das Messergebnis beeinflussen (z. B. Schirm von Datenleitungen, Wasserrohre) ①
- Im Extremfall können parallele Erdverbindungen einen Schutzleiter vortäuschen, obwohl dieser fehlt bzw. defekt ist.

Messspannung: AC oder DC, $U_0 = 4\,V \dots 24\,V$; Messstromstärke: min. 0,2 A

## Isolationswiderstand

### Mit Schutzleiter

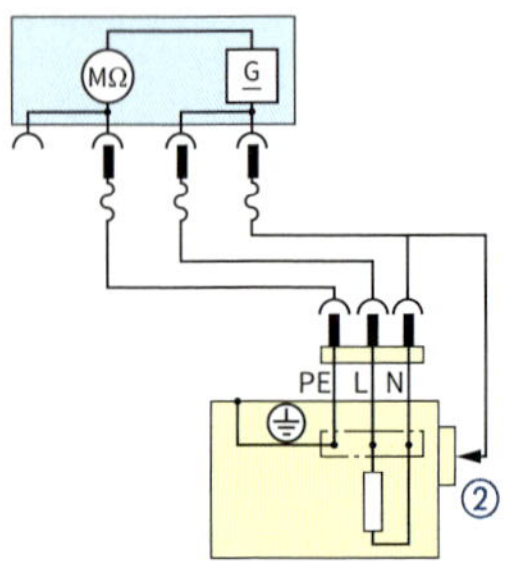


- Messung zwischen PE und aktiven Leitern.
- Zusätzlich leitfähige Teile abtasten, die nicht mit dem Schutzleiter verbunden sind ②.

### Ohne Schutzleiter

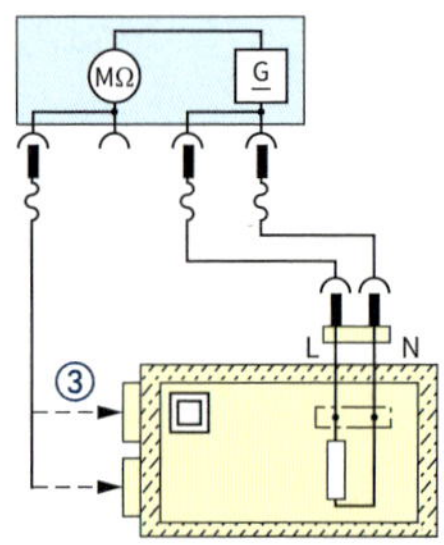


- Berührbare, leitfähige Teile werden mit Prüfsonde abgetastet ③.

### Nachweis sicherer Trennung

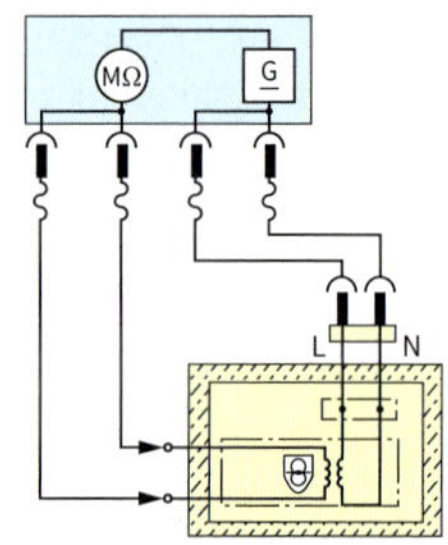


- Isolationswiderstand zwischen Primär-/Sekundärseite gewährleistet die sichere Trennung (Sicherheitskleinspannung)

## Schutzleiter-/Berührungsstrom

### Schutzleiterstrom

#### Direktes Messverfahren

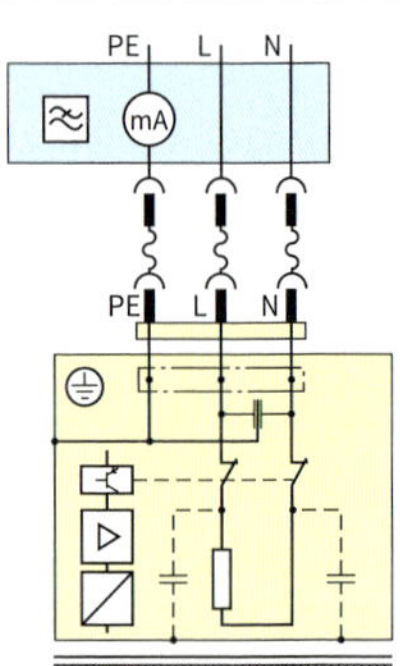


- Gerät muss isoliert zum Erdpotenzial stehen.

#### Differenzstromverfahren

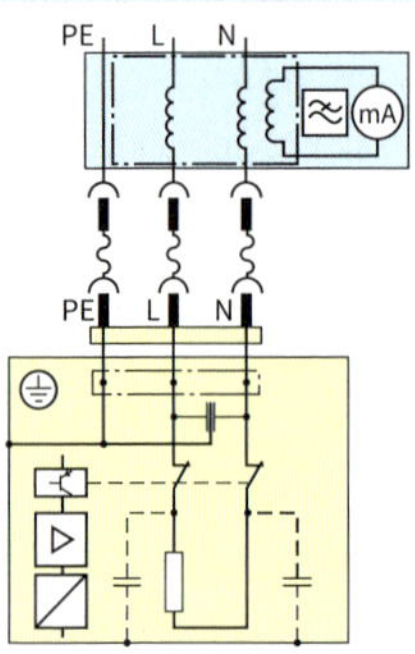


- Bei Festanschluss kann die Messung auch mit Strommesszange erfolgen.

### Berührungsstrom

#### Direktes Messverfahren

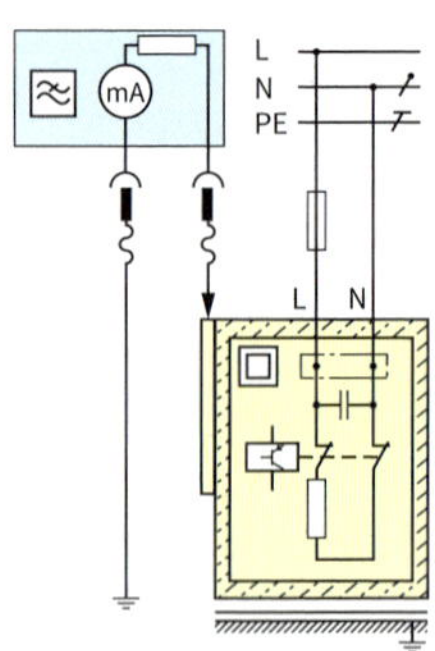


- Gerät muss isoliert zum Erdpotenzial stehen.

#### Differenzstromverfahren

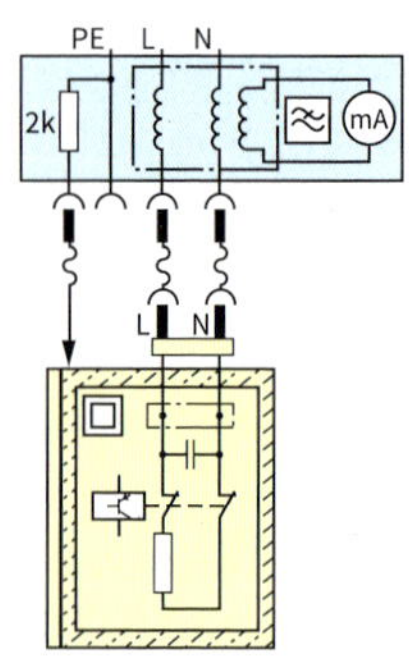

| Prüfgrundlage | | Dokumentation |
|---|---|---|
| **Energiewirtschaftsgesetz** (EnWG)<br>– Es fordert, Energieanlagen so zu errichten und zu betreiben, dass die technische Sicherheit gewährleistet ist.<br>– Die Einhaltung der anerkannten Regeln der Technik wird durch Anwendung des VDE-Regelwerkes erreicht. | **Berufsgenossenschaften**<br>– Sie fordern in der DGUV Vorschrift 3, dass elektrische Anlagen auf ordnungsgemäßen Zustand geprüft werden.<br>– Prüfanlass:<br>– vor der ersten Inbetriebnahme,<br>– nach einer Änderung,<br>– vor Wiederinbetriebnahme und<br>– in bestimmten Zeitabständen. | – Name, Anschrift und Auftraggeber und Auftragnehmer<br>– Bezeichnung des Prüfobjekts<br>– Verwendete Mess-/Prüfgeräte<br>– Prüfergebnisse einschließlich relevanter Messwerte<br>– Prüfstelle, Prüfer, Prüfdatum<br>– Unterschrift des Prüfers |

| Prüfablauf | Anforderungen | Grundregel |
|---|---|---|
| 1. Besichtigen<br>2. Erproben<br>3. Messen | – Prüfer muss Elektrofachkraft sein.<br>– Prüfer muss Berufserfahrung haben.<br>– Prüfgeräte müssen DIN EN 61557 (VDE 0413) entsprechen. | Durch Vorkehrungen bei den Prüfungen sind Gefahren für Personen oder Nutztiere auszuschließen sowie Beschädigungen an fremdem Eigentum sowie Betriebsmitteln zu vermeiden. Dies gilt auch, falls im Stromkreis ein Fehler vorliegt. |

## Prüfinhalte

### Allgemeine Hinweise

| Erstprüfung | Wiederholungsprüfung |
|---|---|
| ▪ Anlagen während der Errichtung und nach Fertigstellung prüfen, bevor sie dem Nutzer übergeben werden.<br>▪ Es ist zu prüfen, ob Anforderungen aus der Normreihe DIN VDE 0100 eingehalten werden. | ▪ Bestätigung, dass keine Beschädigungen oder Zustandsverschlechterungen vorliegen, welche die Sicherheit beeinträchtigen.<br>▪ Beurteilen, ob sich Umgebungsbedingungen verändert haben und die Anlage noch geeignet ist.<br>▪ Die Prüfungen dürfen stichprobenartig sein, wenn der Anlagenzustand dadurch zu beurteilen ist. |

**Besichtigen und Bewerten (Auswahl)**

- Prüfen, ob die Anlage
  - den Sicherheitsanforderungen für Betriebsmittel entspricht,
  - gemäß DIN VDE 0100 ausgewählt und errichtet wurde und
  - ohne sichtbare Mängel und Beschädigung ist.
- Ordnungsgemäße Dokumentation
- Schutzmaßnahmen eingehalten
- Eignung von Kabeln, Leitungen und Stromschienen[1)]
- Eignung und Einstellung von Schutz-/Überwachungsgeräten[1)]
- Vorhandensein und Anordnung von Trenn-/Schaltgeräten[1)]
- Eignung elektrischer Betriebsmittel und Schutzmaßnahme bezüglich äußerer Einflüsse
- Ordnungsgemäße Kennzeichnung von Neutral- und Schutzleiter
- Anordnung einpoliger Schaltgeräte in Außenleitern
- Vorhandensein von Schaltungsunterlagen, Warnhinweisen und ähnlichen Informationen
- Zuordnung Überstromschutz zu Leiterquerschnitt
- Brandschotts bezüglich Ausführung, Belegung
- Schaltpläne, Beschriftung, Kennzeichnung vorhanden und aktuell

**Erproben**

- Isolationsüberwachung
- RCD durch Prüftaste[2)]
- Not-Abschaltung
- Verriegelungen
- Anzeige-/Meldeleuchten
- Allgemeine Funktions- und Betriebsprüfungen

**Messen**

- Durchgängigkeit der Leiter[1)]
- Isolationswiderstand der Anlage
- Schutz durch SELV, PELV oder Schutztrennung
- Widerstand von isolierenden Fußböden/Wänden
- Schutz durch automatische Abschaltung
- Zusätzlicher Schutz
- Spannungspolarität
- Phasenfolge der Außenleiter
- Spannungsfall[1)]
- Abschaltbedingungen prüfen durch Messung von
  - Schleifenwiderstand,
  - Schutzleiterwiderstand, Erdungswiderstand (TT-System) und
  - Auslöse-Fehlerstromstärke und Abschaltzeit der RCD.

[1)] vorzugsweise Erstprüfung [2)] vorzugsweise Wiederholungsprüfung

## Prüffristen

- Prüffristen sind individuell vom Betreiber zu ermitteln.
- Auftretende Fehler müssen rechtzeitig erkannt werden.
- DGUV Vorschrift 3 ist Richtlinie, muss jedoch an betriebliche Anforderungen angepasst werden.

| Anlagen | Maximale Frist |
|---|---|
| Elektrische Anlagen und ortsfeste Betriebsmittel | 4 Jahre |
| Räume, Anlagen besonderer Art | 1 Jahr |
| RCD in nichtstationären Anlagen (z. B. Baustelle) auf Wirksamkeit | 1 Monat |
| RCD, Differenzstrom-, Fehlerspannungs-Schutzschalter auf Funktion<br>– stationäre Anlagen<br>– nichtstationäre Anlagen | <br>– 6 Monate<br>arbeitstäglich |

| Arten | | Anwendung |
|---|---|---|
| **Prüfprotokoll** | – Erst- und Wiederholungsprüfung<br>– Enthält die geprüften technischen Werte einer Anlage | ■ Protokolle und Berichte<br>– sind Bestandteil einer durchgeführten Prüfung,<br>– beinhalten schriftliche Aufzeichnungen von Prüfungsabläufen und Prüfungsergebnissen,<br>– dienen u. a. zum Nachweis der Einhaltung geforderter Prüfvorgaben (z. B. Betriebssicherheitsverordnung),<br>– sind entsprechend der Vorgaben vollständig auszufüllen,<br>– sind aufbewahrungspflichtig und<br>– auf Verlangen den Aufsichtsbehörden zugänglich zu machen. |
| **Übergabebericht** | – Neuanlage<br>– Beschreibt die ausgeführten Arbeiten ohne Bewertung der Prüfergebnisse | |
| **Zustandsbericht** | – Bestehende elektrische Anlage<br>– Beinhaltet Bewertung des Zustandes anhand von Kennziffern | |

## Beispiel

### Prüfung elektrischer Anlagen
**Prüfprotokoll**

**Nr.** *02* Blatt *01* von *05* Kunden Nr.: *030/2017*

| Auftraggeber: Auftrag Nr.: | Auftragnehmer: |
|---|---|
| *Bildungshaus Schulbuchverlage GmbH*<br>*Georg-Westermann-Allee 66*<br>*38104 Braunschweig*<br>*Betriebsunterhaltung / Herr S. Müller* | *Firma Elektrotechnik Volta*<br>*Ackerstr. 10*<br>*38100 Braunschweig* |
| Anlage: *Rechenzentrum, Gebäude 02 / Raum 0203* | |

**Prüfung nach:** DIN VDE 0100 Teil 600 ☒ DIN VDE 0105 ☐ DGUV ☐ ........../.......... .......... ☐

Neuanlage ☐ Erweiterung ☒ Änderung ☐ Instandsetzung ☐ Wiederholungsprüfung ☐ E-CHECK ☐

| | | |
|---|---|---|
| Beginn der Prüfung: *01.02.2019*<br>Ende der Prüfung: *05.02.2019* | Beauftragter des Auftraggebers: *Herr S. Meier* | Prüfer *Walter Ohmstede* |

Netz *400* / *230* V Netzfrom: TN-C ☐ TN-S ☒ TN-C-S ☐ TT ☐ IT ☐

Neuanlage *BS I Energy*

| **Besichtigen** | i.O. | n.i.O. | | i.O. | n.i.O. | | i.O. | n.i.O. |
|---|---|---|---|---|---|---|---|---|
| Auswahl der Betriebsmittel | ☒ | ☐ | Kennzeichnung Stromkreis, Betriebsmittel | ☒ | ☐ | Zugänglichkeit | ☒ | ☐ |
| Trenn- und Schaltgeräte | ☒ | ☐ | Kennzeichnung N- und PE-Leiter | ☒ | ☐ | Schutzpotenzialausgleich | ☒ | ☐ |
| Brandabschottungen | ☒ | ☐ | Leiterverbindungen | ☒ | ☐ | Zus. örtl. Schutzpotenzialausgleich | ☒ | ☐ |
| Gebäudesystemtechnik | ☒ | ☐ | Schutz- und Überwachungseinrichtungen | ☒ | ☐ | Dokumentation | ☒ | ☐ |
| Kabel, Leitungen, Stromschienen | ☒ | ☐ | Schutz gegen direktes Berühren | ☒ | ☐ | siehe Ergänzungsblätter ☒ | | |
| **Erproben** | | | | | | | | |
| Funktionsprüfung der Anlage | ☒ | ☐ | Funktion der Schutz-, Sicherheits- und Überwachungseinrichtungen | ☒ | ☐ | Rechtsdrehfeld der Drehstromsteckdose | ☒ | ☐ |
| FI-Schutzschalter (RCD) | ☒ | ☐ | Drehrichtung der Motoren | ☒ | ☐ | Gebäudesystemtechnik | ☒ | ☐ |

**Messen** Stromkreisverteiler Nr.: *0203/01*

| Stromkreis | | Leitung/Kabel | | | Überstrom-Schutzeinrichtung | | | $R_{iso}$ (MΩ) | Fehlerstrom-Schutzeinrichtung (RCD) | | | | | Fehlercode |
|---|---|---|---|---|---|---|---|---|---|---|---|---|---|---|
| Nr | Zielbezeichnung | Typ | Leiter Anzahl | Querschnitt (mm²) | Art Charakteristik | $I_n$ (A) | $Z_s$ (Ω) ☐ $I_k$ (A) ☐ | ohne ☐ mit ☐ Verbraucher | $I_n$/Art (A) | $I_{\Delta N}$ (mA) | $I_{mess}$ (mA) (≤ $I_{\Delta N}$) | Ausl.-Zeit $t_A$ (ms) | $U_L$ ≤ ...V $U_{mess}$ (V) | |

*Messwerte siehe Anlagen Seite 2 und 3*

**Durchgängigkeit Potenzialausgleich** (≤ 1 Ω nachgewiesen) Erdungswiderstand $R_E$ *1,8* Ω

| | | | | | | | | | |
|---|---|---|---|---|---|---|---|---|---|
| Fundamenterder | ☒ | Hauptwasserleitung | ☐ | Heizungsanlage | ☒ | EDV-Anlage | ☒ | Antennenanlage/BK | ☐ |
| Haupterdungsschiene | ☒ | Hauptschutzleiter | ☒ | Klimaanlage | ☒ | Telefonanlage | ☒ | Gebäudekonstruktion | ☒ |
| Wasserzwischenzähler | ☐ | Gasinnenleitung | ☐ | Aufzugsanlage | ☐ | Blitzschutzanlage | ☒ | | ☐ |

| | | | |
|---|---|---|---|
| Verwendete Messgeräte nach DIN VDE *0413* | Fabrikat: *GMC*<br>Typ: *Profitest 5000* | Fabrikat:<br>Typ: | Fabrikat:<br>Typ: |

| | | | |
|---|---|---|---|
| **Prüfergebnis:** | keine Mängel festgestellt ☒<br>Mängel festgestellt ☐ | Prüf-Plakette angebracht: ja ☒ nein ☐ | Nächster Prüftermin: *02/2021* |

| **Auftraggeber:** | **Prüfer:** |
|---|---|
| Gemäß Übergabebericht elektrische Anlage vollständig übernommen ☒<br>Zustandsbericht erhalten ☐ | Die elektrische Anlage entspricht den anerkannten Regeln der Elektrotechnik ☒<br>Die elektrische Anlage entspricht nicht den anerkannten Regeln der Elektrotechnik ☐ |
| *Braunschweig, 06.02.2019* *S. Meier*<br>Ort Datum Unterschrift | *Braunschweig, 06.02.2019* *W. Ohmstede*<br>Ort Datum Unterschrift |

## Anwendung

- Vermeidung von Leitungs-/Kabelschäden durch
  - Bohrungen
  - Wand-/Deckendurchbrüche
  - Tiefbauarbeiten (Bagger)
  - Rohbautätigkeiten (Wandabriss)
- Zuordnung von Überstrom-Schutzorganen zur Leitung, bei fehlender Kennzeichnung
- Orten von Schäden an Kabeln und Leitungen, um Öffnungen am Gebäude bzw. Erdreich gering zu halten.

## Passives Verfahren

- Keine elektrische Verbindung zur gesuchten Leitung erforderlich.
- Gerät erzeugt elektrische und/oder magnetische Wechselfelder. Je nach Material werden die Felder beeinflusst.
- Vorhandene Spannung und Stromfluss beeinflussen die Felder.
- Erfassungstiefe variiert je nach Material.
  - Eisenmetalle: 120 mm
  - Nichteisenmetalle (Kupfer): 80 mm
  - Stromführende Leitung: 50 mm
  - Holz: 38 mm
- Anwendung: z. B. Suche nach Leitungen vor Bohrtätigkeiten

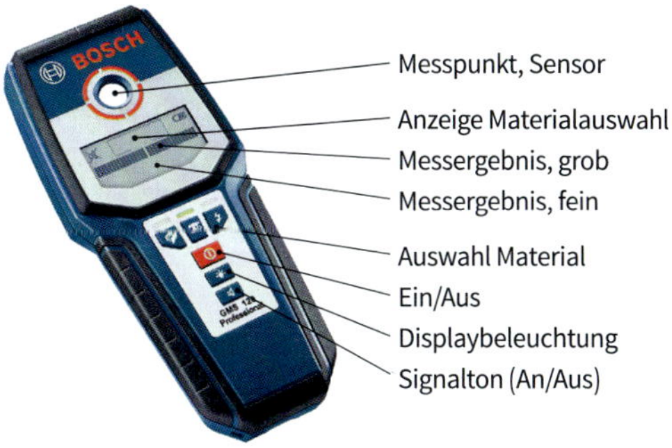


## Aktives Verfahren

- Geber sendet Signale bestimmter Frequenzen auf die Leitung.
- Frequenz und Pegelhöhe sind wählbar.
- Je nach Messverfahren kann die betroffene Leitung in Betrieb oder abgeschaltet sein.
- Empfänger lokalisiert die Signale.
- Messsignal mit $f >> 50$ Hz
- Benachbarte, unter Spannung stehende Leitungen ($f =$ 50 Hz), stören die Suche nicht.

### Einpoliges Verfahren

- Geeignet für Leitungssuche und Leiterunterbrechungen

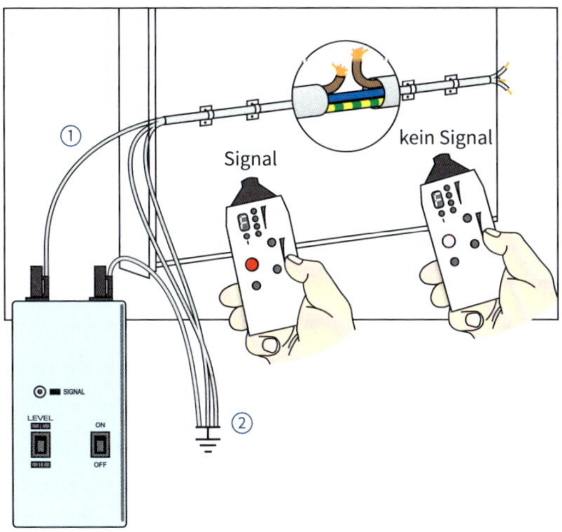


- Leiter muss vom Netz getrennt sein.
- Einen Leiter mit Geber verbinden. ①
- Geber und verbleibende Leiter mit Erde verbinden. ②
- Einspeisung eines hochfrequenten Signals
- Abgestrahltes Signal wird vom Empfänger lokalisiert.

### Zweipoliges Verfahren

- Geeignet für Leitungssuche, Sicherungszuordnung und Kurzschlusssuche

- Leitung ist in Betrieb
- Geber prägt hochfrequenten Strom ein über (L-Leiter, Transformator, N-Leiter)
- Eingeprägter Strom wird mit Empfänger detektiert.

## Fehlerarten

Einteilung nach Art der Leiterberührung und Fehlerwiderständen:

- Kurzschluss (niederohmige Verbindung)
- Widerstandsfehler
- Hochohmige Fehler
- Leiter-Erde (Erdschluss, Erdkurzschluss)
- Leiter-Leiter (Kurzschluss)
- Unterbrechung

## Fehlersuche

**Ablauf**:

1. Fehlerklassifizierung (Fehlerart ermitteln)
2. Vorortung (grobe Positionsbestimmung)
3. Trassenortung (Kabellage im Gelände ermitteln)
4. Nachortung (genaue Positionsbestimmung)
5. Kabelauslese (Kabelauswahl bei Bündeln)

## Fehlerklassifizierung

- Mit der Isolationsmessung werden betroffene Leiter ermittelt.
- Zeitlich verändernde Isolationswerte geben weitere Hinweise (z. B. feuchte Fehler).

## Vorortungen

Laufzeiten von Wanderwellen werden genutzt z. B. durch

- Einprägung eines Impulses (Impuls-Reflexionsverfahren)
- DC-Aufladung bis Überschlag eine Welle auslöst.

**Beispiel: Impuls-Reflexionsverfahren**

- Einspeisung eines Impulses
- Wanderwelle läuft über Kabel und wird von Fehlerstellen und Kabelende refelktiert.
- Aus Laufzeiten kann auf Entfernung zum Fehler geschlossen werden.
- Laufzeit ist abhängig von Kabeltyp, Zustand, Alter, Temperatur und Feuchtigkeit.

- Fehlerentfernung:

$$l_x = t\frac{v}{2} \qquad \frac{v}{2} = \frac{l_g}{t}$$

$t$: Signallaufzeit (hin und zurück)
$l_x$: Entfernung zum Fehler
$v$: Ausbreitungsgeschwindigkeit

- $v$ ist sehr klein (70 m/µs … 140 m/µs)
- Zeitmessfehler und Veränderungen von $v$ ergeben Ungenauigkeit.

Beispiel: Kabelfehler (Leiter-Leiter-Kurzschluss)

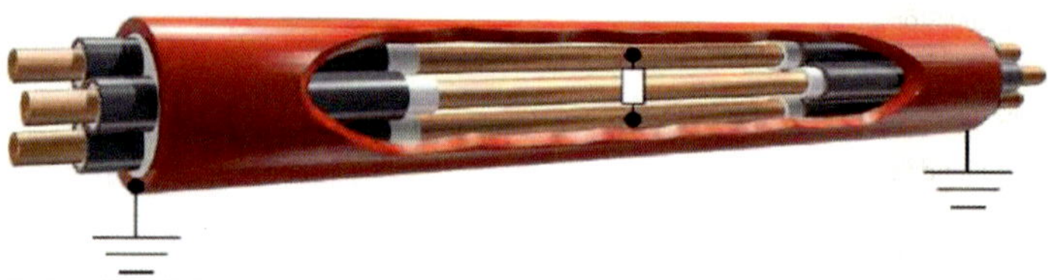

Grafische Darstellung des Messergebnisses:

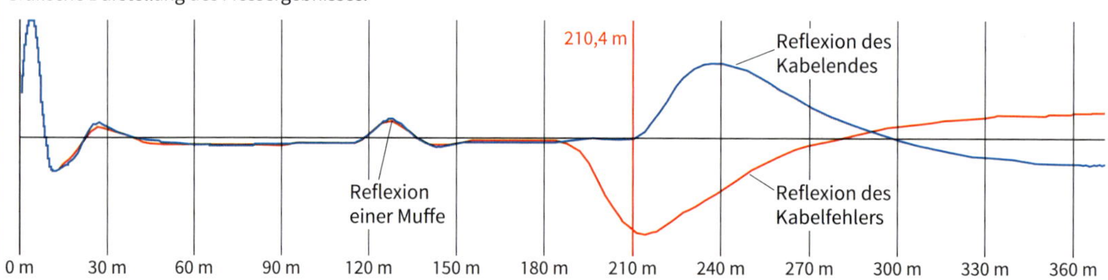


## Trassenortung

- Frequenzgenerator speist Audiofrequenzsignal ein ①.
- Sonde ② ermittelt das Elektromagnetische Feld und gibt Lage und Richtung des Kabels an.

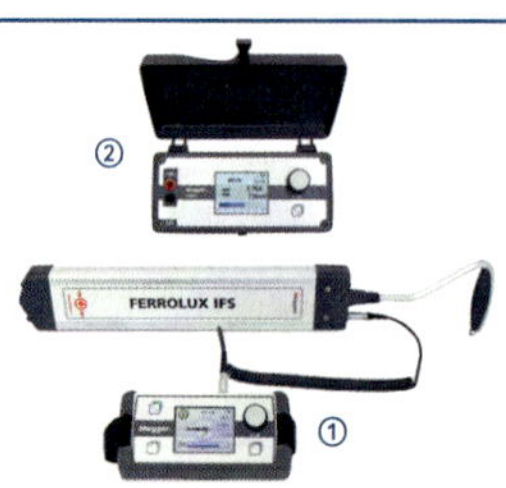


## Nachortung

- Einspeisung von Impulsen ③, die zu Überschlägen in der Fehlerstelle führen.
- Mit Mikrofon ④ wird die genaue Fehlerstelle lokalisiert.

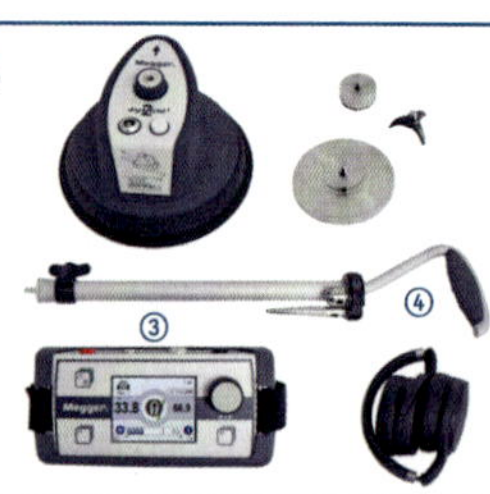

- Die Bestimmungen der DIN VDE 0100 behandeln das „Errichten von Niederspannungsanlagen".
- Die Deutschen Normen der Reihe DIN VDE 0100 stehen im Zusammenhang mit den CENELEC Harmonisierungsdokumenten der Reihe HD 384 … und den internationalen Normen der Reihe IEC 60364-… (Electrical installations of buildings)

## Normenübersicht

| | |
|---|---|
| Gruppe 100 | **Anwendungsbereich** |
| **VDE 0100-100** | Allgemeine Grundsätze, Bestimmungen allgemeiner Merkmale, Begriffe |
| Gruppe 200 | **Begriffe** |
| **VDE 0100-200** | Begriffe |
| Gruppe 400 | **Schutzmaßnahmen** |
| **VDE 0100-410** | Schutz gegen elektrischen Schlag |
| **VDE 0100-420** | Schutz gegen thermische Auswirkungen |
| **VDE 0100-430** | Schutz bei Überstrom |
| **VDE 0100-442** | Schutz von Niederspannungsanlagen bei vorübergehenden Überspannungen infolge von Erdschlüssen im Hochspannungsnetz und bei Fehlern im Niederspannungsnetz |
| **VDE 0100-443** | Schutz bei Überspannungen infolge atmosphärischer Einflüsse oder von Schaltvorgängen |
| **VDE 0100-444** | Schutz bei Störspannungen und elektromagnetischen Störgrößen |
| **VDE 0100-450** | Schutz gegen Unterspannung |
| **VDE 0100-460** | Trennen und Schalten |
| Gruppe 500 | **Auswahl und Errichtung elektrischer Betriebsmittel** |
| **VDE 0100-510** | Allgemeine Bestimmungen |
| **VDE 0100-520** | Kabel- und Leitungsanlagen |
| **VDE 0100-530** | Schalt- und Steuergeräte |
| **VDE 0100-534** | Überspannungs-Schutzeinrichtungen (ÜSE) |
| **VDE 0100-540** | Erdungsanlagen und Schutzleiter |
| **VDE 0100-551** | Niederspannungsstromerzeugungseinrichtungen |
| **VDE 0100-557** | Hilfsstromkreise |
| **VDE 0100-559** | Leuchten und Beleuchtungsanlagen |
| **VDE 0100-560** | Einrichtungen für Sicherheitszwecke |
| Gruppe 600 | **Prüfungen** |
| **VDE 0100-600** | Prüfungen |
| Gruppe 700 | **Anforderungen für Betriebsstätten, Räume und Anlagen besonderer Art** |
| **VDE 0100-701** | Räume mit Badewanne oder Dusche |
| **VDE 0100-702** | Becken von Schwimmbädern, begehbare Wasserbecken und Springbrunnen |
| **VDE 0100-703** | Räume und Kabinen mit Saunaheizungen |
| **VDE 0100-704** | Baustellen |
| **VDE 0100-705** | Elektrische Anlagen von landwirtschaftlichen und gartenbaulichen Betriebsstätten |
| **VDE 0100-706** | Leitfähige Bereiche mit begrenzter Bewegungsfreiheit |
| **VDE 0100-708** | Caravanplätze, Campingplätze und ähnliche Bereiche |
| **VDE 0100-709** | Marinas und ähnliche Bereiche |
| **VDE 0100-710** | Medizinisch genutzte Bereiche |
| **VDE 0100-711** | Ausstellungen, Shows und Stände |
| **VDE 0100-712** | Solar-Photovoltaik (PV) Stromversorgungssysteme |
| **VDE 0100-713** | Möbel u. ähnliche Einrichtungsgegenstände |
| **VDE 0100-714** | Beleuchtungsanlagen im Freien |
| **VDE 0100-715** | Kleinspannungsbeleuchtungsanlagen |
| **VDE 0100-717** | Ortsveränderliche oder transportable Baueinheiten |
| **VDE 0100-718** | Öffentliche Einrichtungen und Arbeitsstätten |
| **VDE 0100-721** | Elektrische Anlagen von Caravans und Motorcaravans |
| **VDE 0100-722** | Stromversorgung von Elektrofahrzeugen |
| **VDE 0100-723** | Unterrichtsräume mit Experimentiereinrichtungen |
| **VDE 0100-729** | Bedienungsgänge und Wartungsgänge |
| **VDE 0100-730** | Elektrischer Landanschluss für Fahrzeuge der Binnenschifffahrt |
| **VDE 0100-731** | Abgeschlossene elektrische Betriebsstätten |
| **VDE 0100-737** | Feuchte und nasse Bereiche und Räume und Anlagen im Freien |
| **VDE 0100-740** | Anlagen für Aufbauten, Vergnügungseinrichtungen und Buden auf Kirmesplätzen, Vergnügungsparks und für Zirkusse |
| **VDE 0100-753** | Heizleitungen und umschlossene Heizsysteme |
| Gruppe 800 | **Errichtung von Niederspannungsanlagen** |
| **VDE 0100-801** | Energieeffizienz |

Stand der Auflistung: April 2020
Änderungen, Ergänzungen und Aktualität sind bei www.beuth.de einzusehen.
Nicht angegeben sind Normenentwürfe und gegebenenfalls Beiblätter.

# Messen, Eichen, Kalibrieren
## Measurement, Calibration

### Begriffe

- Messen ist das Ermitteln (vergleichen) des Wertes einer physikalischen Größe mit einer festgelegten gleichartigen **Bezugsgröße**.
- Die **Messgröße** ist eine physikalische Größe, die durch eine Messung erfasst wird.
- **Messwert** ist der zu ermittelnde Wert der Messgröße (Produkt aus Zahlenwert und Einheit).
- **Messergebnisse** sind die Messwerte einer Messgröße einschließlich der Messunsicherheit oder Fehlergrenzen.
- **Messverfahren** werden unterschieden in
  - analoge Messverfahren,
  - digitale Messverfahren,
  - direkte Messverfahren und
  - indirekte Messverfahren.

### Messverfahren

**Einteilung**

| analog | digital | direkt | indirekt |
|---|---|---|---|
| Messwert der Messgröße ist eine eindeutig, punktweise stetige Darstellung (z. B. Drehspulmessgerät). | Messwert der Messgröße ist eine zahlenmäßige mit fest gegebenen kleinsten Schritten quantisierbare Darstellung (z. B. Digitalspannungsmesser). | Messwert der Messgröße wird durch Vergleich mit Bezugswert derselben Messgröße gewonnen (z. B. Längenmessung mit Maßstab). | Messwert der Messgröße wird auf andersartige physikalische Größen zurückgeführt (z. B. Widerstandsbestimmung durch Stromstärke und Spannungsmessung). |

### Messwerte und Messergebnisse

- Messwerte sind mit Messfehlern behaftet.
- Die Ursachen hierfür sind u. a.
  - **systematische** Messfehler (erfasste Ursachen),
  - **zufällige** Messfehler (nicht erfasste Ursachen) und
  - **grobe** Messfehler (vermeidbare Ursachen).
- Die Angabe eines Messergebnisses beinhaltet auch die Angabe der Messunsicherheit (Toleranz).

| Messwert | Vollständiges Messergebnis |
|---|---|
| $x = x_w + e_r + e_s$ | $y = M \pm u$ |
| $x$: Messwert | $y$: Messgröße |
| $x_w$: wahrer Wert | $M$: Messergebnis |
| $e_r$: zufällige Messabweichung | $u$: Messunsicherheit |
| $e_s$: systematische Messabweichung | Beispiel: 2,5 V ± 0,3 V |

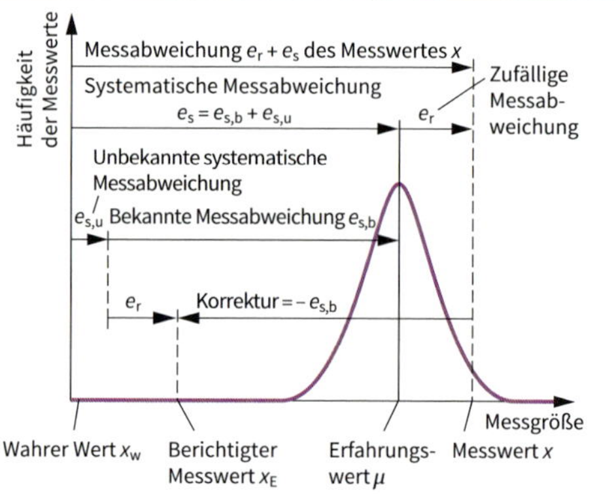


### Eichen, Kalibrieren

- Bei der **Kalibrierung** wird der Zusammenhang zwischen dem Messwert der Ausgangsgröße und dem zugehörigen wahren Wert der als Eingangsgröße vorliegenden Messgröße ermittelt.
- Es erfolgt bei der Kalibrierung kein Eingriff in das Messgerät zwecks Einstellung.
- Kalibrieren dient zur Erstellung einer Korrektionstabelle oder zur Ermittlung von Kalibrierfaktoren.
- Bei der **Eichung** werden Messgeräte nach den gesetzlich vorgegebenen Eichvorschriften (Eichgesetz) überprüft. Dabei wird u. a. überprüft, ob die Beträge der Messabweichung die Eichfehlergrenzen nicht überschreiten.
- Die Gültigkeit der Eichung ist zeitlich befristet.
- Die Eichung kann nur bei Geräten erfolgen, die von der PTB (Physikalisch Technischen Bundesanstalt) eine entsprechende Zulassung haben.

Kennzeichnungsbeispiele

**Hauptstempel für nationale Eichung**

**Messgeräte-Eichzeichen (z. B. Elektrozähler)**

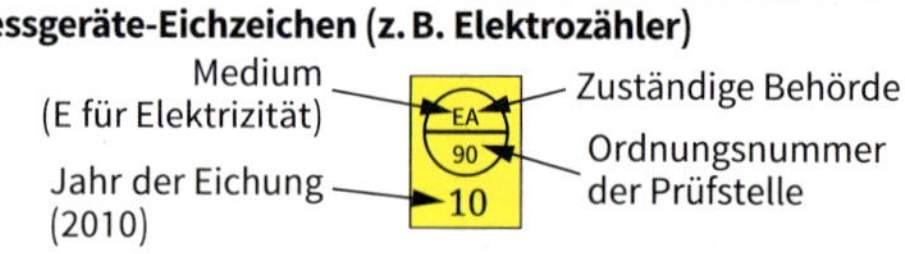


**EG-Ersteichung**

# Messfehler
## Measuring Error

DIN 1319-1: 1995-01

### Definitionen

| Begriff | Bedeutung |
|---|---|
| Wahrer Wert $x_w$ | Es handelt sich um den Wert der physikalisch vorliegt. Dieser kann aufgrund von Messfehlern in der Praxis nicht exakt ermittelt werden. |
| Angezeigter Messwert $x_a$ | Wert der Messgröße und die Ausgabe eines Messgerätes |
| absoluter Fehler $F$ | $F = x_a - x_w$ |
| relativer Fehler $f$ | $f = \frac{F}{x_w}$ |
| Echteffektivwert/True RMS | Einfache Messgeräte sind auf vorgegebene Strom-/Spannungsformen (DC oder Sinusform) geeicht. Abweichende Kurvenformen wie bei Oberschwingungsbelastung führen zu Messfehlern. Geräte mit True RMS berücksichtigen unterschiedliche Kurvenformen. |

### Fehlerursachen

| Systematische Fehler | Zufällige Fehler | Grobe Fehler |
|---|---|---|
| ▪ Sie ergeben bei Wiederholung der Messung gleiche Abweichungen (Größe und Vorzeichen).<br>▪ Sie entstehen z. B. durch unvollkommene Messgeräte oder Messverfahren.<br>▪ Beispiel:<br>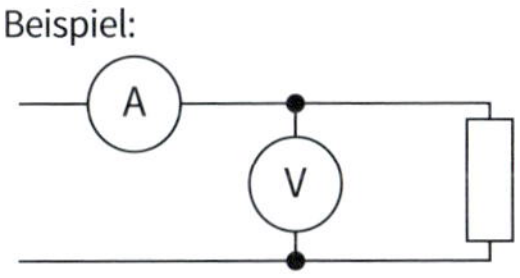<br><br>Spannungsrichtige Messung führt zu systematischem Messfehler bei Strommessung | ▪ Bei wiederholenden Messungen ergeben sich auch bei konstanten Bedingungen unterschiedliche Abweichungen.<br>▪ Ursachen sind nicht erfassbare Änderungen bei Messgeräten, Messobjekt oder Beobachter.<br>▪ Die Messwerte streuen und die Fehler unterscheiden sich in Betrag und Vorzeichen.<br>▪ Beispiel:<br>– letztes Bit bei Digitalanzeigen<br>– Ableseungenauigkeit bei Zeigerinstrumenten | ▪ Sind im allgmeinen vermeidbare Fehler<br>▪ Sie sind von Vorzeichen und Betrag nicht zu bestimmen.<br>▪ Beispiele:<br>– Irrtümer<br>– Fehlüberlegungen<br>– Missverständnisse<br>– Schreibfehler bei der Dokumentation<br>– Programmierfehler bei der Auswertungen |

### Messgenauigkeit (Beispiele)

| Digitales Multimeter | Anzeige | Fehlerrechnung |
|---|---|---|
|  | ▪ 4stellige Anzeige<br>▪ Messbereich: 2000 V (größtmögliche Anzeige = 1 999,9 V)<br>▪ Anzeigenumfang: 19 999 Digits (20 000 Messschritte á 0,1 V) | ▪ Fehler: +/– 0,5 %, +/– 4 Digits[1)]<br>▪ Anzeige: 600,0 V<br>▪ minimaler Messwert: $600\text{ V} - 600\text{ V}\frac{0{,}5}{100} - 0{,}4\text{ V} = 596{,}6\text{ V}$<br>▪ maximaler Messwert: $600\text{ V} + 600\text{ V}\frac{0{,}5}{100} + 0{,}4\text{ V} = 603{,}4\text{ V}$ |
| | 1) Digit: kleinster anzuzeigender Messschritt (im Beispiel 0,1 V) | |

| Analoges Multimeter | Anzeige | Fehlerrechnung |
|---|---|---|
| <br> | ▪ Maximalwert je nach Messbereichseinstellung<br>▪ Ablesefehler minimieren, durch senkrechten Blick auf den Zeiger (Zeiger und Zeigerspiegelbild in Deckung)<br>▪ Je nach Messaufgabe lineare/logarithmische Skala benutzen.<br>▪ Absoluter Fehler ist im ganzen Messbereich gleich.<br>▪ Relativer Fehler wird umso kleiner, je weiter die Skala ausgenutzt wird. | ▪ Güteklasse gibt den absoluten Fehler an.<br>▪ $F = \frac{\text{Güteklasse}}{100} \cdot MBEW$<br>*MBEW*: Messbereichsendwert<br>Beispiel:<br>▪ Güteklasse 2,5<br>▪ Messbereichsendwert = 1,5 A<br>$F = \frac{2{,}5}{100} \cdot 1{,}5\text{ A}$<br>$F = 0{,}0375\text{ A}$<br>▪ Anzeige: 0,9 A<br>Minimaler Messwert<br>0,9 A – 0,0375 A = 0,8625 A<br>Maximaler Messwert<br>0,9 A + 0,0375 A = 0,9375 A |

# Dynamische Fehlersuche
Dynamic Fault Locating

## Prinzip

### Stufenweise Signalzuführung

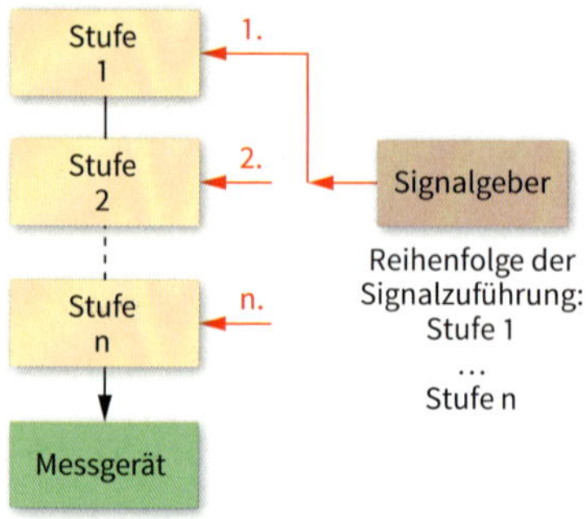


- Ziel: Überprüfung der Funktion einzelner Stufen.
- Das Messgerät befindet sich am Ende einer Signalkette.
- Signale werden den einzelnen Stufen zugeführt.
- Signalgeber darf keine unzulässige Belastung für die Stufen verursachen.

### Stufenweise Signalmessung

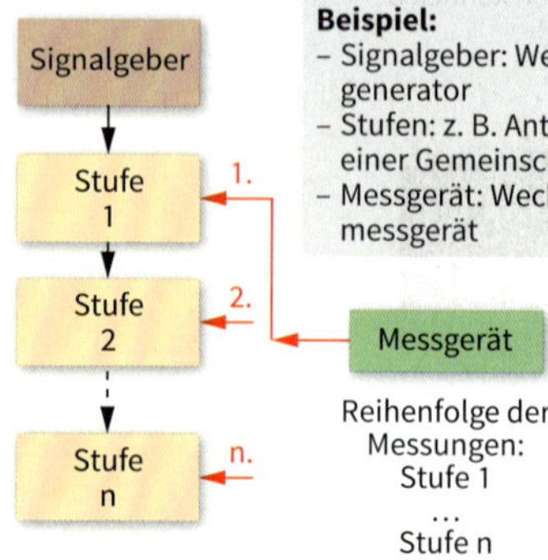


**Beispiel:**
- Signalgeber: Wechselspannungsgenerator
- Stufen: z. B. Antennensteckdosen einer Gemeinschaftsantennenanlage
- Messgerät: Wechselspannungsmessgerät

- Ziel: Überprüfung der Funktion einzelner Stufen.
- Das Signal wird der Eingangsstufe zugeführt.
- Der Signalgeber muss so an die Eingangsstufe angepasst sein, dass keine Verfälschungen auftreten.
- Das Signal wird nach den einzelnen Stufen gemessen.

## Merkmale

- Voraussetzungen:
  Gerät, Baugruppe, Stufe müssen sich im Betriebszustand befinden.
- Anwendung:
  Signale durchlaufen mehrere Stufen.
- Signalgeber:
  Generatoren für Spannungen, Impulse, Logikpegelgeber, …
- Messgeräte:
  Spannungsmessgerät, Oszilloskop, Logikanalysator, …

# Statische Fehlersuche
Static Fault Locating

## Durchgangsprüfung

- Anwendung:
  Reihenschaltung von Widerständen, Leitungen usw.
- Messgeräte:
  Einfaches Widerstandsmessgerät oder Durchgangsprüfer
- Auswertung:
  Durchgang ①…② vorhanden, ja/nein

Fehlerfall: $R_3$ hat Unterbrechung
①…⑥: Messpunkte

| Fälle | Reihenfolge der Durchgangsmessung → | | | |
|---|---|---|---|---|
| A | ① nein | ② nein | ③ nein | ④ ja |
| B | ⑥ ja | ⑤ ja | ④ ja | ③ nein |
| C | ③ ja | ④ nein | | |

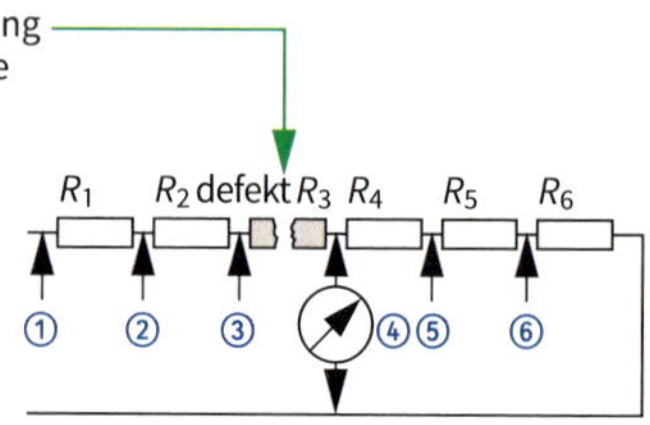


Fehler gefunden

## Schlussprüfung

- Anwendung:
  Parallelschaltung von Widerständen, Geräten, Anlagen usw.
- Messgeräte:
  Einfaches Widerstandsgerät, Durchgangsprüfer
- Unterbrechungen ① … vornehmen, Messgerät beobachten.
  Auswertung: Schluss vorhanden, ja/nein; Ausschlag ändert sich, wenn defektes Element abgetrennt wird.

Fehlerfall: $R_3$ hat Schluss
①…⑥: Unterbrechungen herstellen

| Fälle | Reihenfolge der Schlussmessung → | | | |
|---|---|---|---|---|
| A | ① ja | ② ja | ③ nein | |
| B | ⑥ ja | ⑤ ja | ④ ja | ③ nein |
| C | ② ja | ③ nein | | |

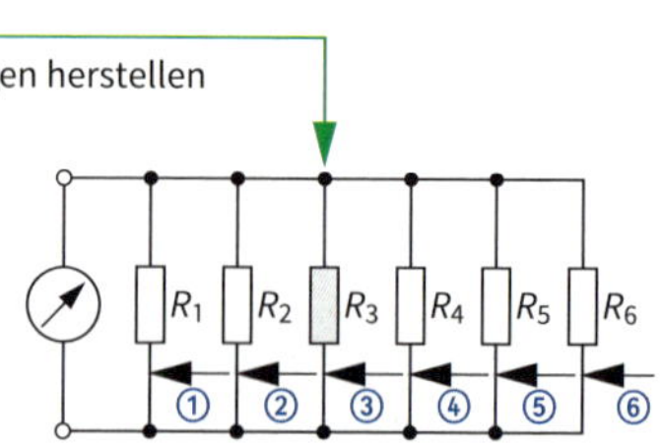


Fehler gefunden

# Oszilloskop
## Oscilloscope

- Messgerät zur Darstellung zeitlicher Spannungsverläufe
- Kennliniendarstellung (eine Spannung wirkt auf X-Ablenkung)
- Mit Wandlervorsätzen können auch andere physikalische Größen erfasst werden.

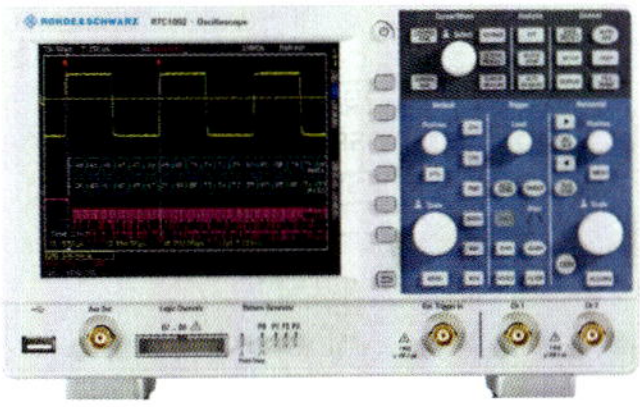

**digital**
- Darstellung einzelner Messpunkte (begrenzte Auflösung)
- Bei hohen Frequenzen können durch Aliasing (zu geringe Abtastrate) nicht vorhandene überlagerte Signale angezeigt werden.
- Möglichkeit von mehrfarbiger Darstellung, Rechen-, Speicherfunktionen, …

**analog**
- kontinuierliche Darstellung
- nur periodisch widerkehrende Signale darstellbar (keine einmaligen Verläufe)
- einfarbige Bildschirmdarstellung

### Bedienelemente

| Beschriftung | Bedeutung |
|---|---|
| POWER | Netzschalter, Ein-Aus, Rasterbeleuchtung |
| INTENS<br>HELLIGK | Helligkeitssteuerung des Oszillogrammes |
| FOCUS | Schärfeeinstellung des Oszillogrammes |
| INPUT A (B) | Eingangsbuchse für Kanal A (Kanal B), oft Kanal 1 und 2 |
| AC-DC-GND | Eingang: über Kondensator – direkt – auf Masse geschaltet |
| CHOP | Strahlumschaltung mit Festfrequenz von einem Vertikalkanal zum anderen |
| ALT | Strahlumschaltung am Ende des Zeitablenkzykluses von einem Vertikalkanal zum anderen |
| INVERT CH.B | Messsignal auf Kanal B wird invertiert |
| ADD | Addition der Signale von Kanal A und B |
| POSITION ↕<br>↔ | Vertikale Bildverschiebung<br>Horizontale Bildverschiebung |

| Beschriftung | Bedeutung |
|---|---|
| X-MAGN | Dehnung der Zeitablenkung |
| Triggerung:<br>A; B<br>EXT TRIG<br>Line | Zeitablenkung wird getriggert durch<br>– Signal von Kanal A (B)<br>– externes Triggersignal<br>– Signal von der Netzspannung |
| LEVEL<br>NIVEAU | Einstellung des Triggersignalpegels |
| AUTO | Endstellung der LEVEL-Einstellungen; Automatische Triggerung der Zeitablenkung beim Spitzenpegel. Ohne Triggersignal ist die Zeitablenkung frei laufend. |
| + / – | Triggerung auf positiver bzw. negativer Flanke |
| TIME/DIV<br>ZEIT/Skt | Zeitmaßstab in µs/DIV, ms/Skt oder ms/cm |
| VOLTS/DIV<br>V/SkT; V/cm | Vertikalabschwächer für Kanal A und B in mV/DIV oder mV/SkT oder V/cm |
| CAL | Eichpunkt für Maßstabsfaktoren bei Rechtsanschlag |

### Funktionen eines Digitaloszilloskops

- **Pre-Trigger**
  Durch fortlaufende Messwertspeicherung können Signale vor dem Triggerzeitpunkt dargestellt werden.
- **Speicher**
  Die Speicherung der Messwerte ermöglicht die Darstellung von einmaligen Signalverläufen.
- **Mathematische Funktion**
  Die Eingangsgrößen können z. B. addiert oder subtrahiert werden.
- **Zoom**
  Nach der Messung können Signalverläufe vergrößert werden.
- **Cursormessung**
  Mit Hilfe eines Cursors können die Messwerte eines Punktes genau ermittelt werden (kein Ablesefehler).
- **Externe Schnittstellen**
  z. B. für Fernbedienung, externe Datenspeicherung/-übertragung

### Auswahlkriterien

**Allgemein**
- Eingangsempfindlichkeit
- Eingangsimpedanz
- Eingangskopplung
- Anstiegzeit
- Bandbreite
- Anzahl der Kanäle
- Triggermöglichkeiten
- Baugröße

**Digitaloszilloskop**
- Abtastrate
- Speichertiefe
- Binäre Wortlänge
- Schnittstellen
- Displayauflösung

## Spannungs- und Strommessung mit dem Zweikanaloszilloskop

**Beispiel:**
Da beide Y-Ablenksysteme eine gemeinsame Masse besitzen, müssen die Messleitungen einen gemeinsamen Bezugspunkt haben (z. B. Ⓒ).

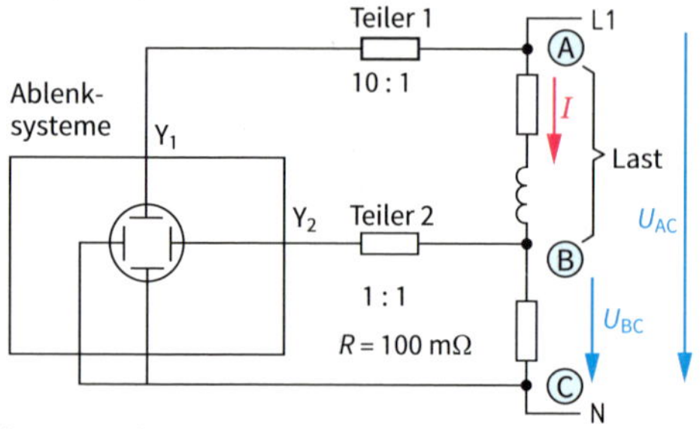


In der Praxis gilt:

$u_{AC} \gg u_{BC}$ und damit $u_{AB} \approx u_{AC}$

Die Spannung $u_{AB}$ kann mit einem Zweikanaloszilloskop auch als Differenzspannung gemessen werden.

Dabei ist

- für beide Kanäle der gleiche Vertikal-Maßstab einzustellen ($k_{Y1} = k_{Y2}$),
- ein Y-Eingangssignal zu invertieren und
- die Addition beider Y-Signale (Add) zu veranlassen.

$k_x = 2\,\frac{\text{ms}}{\text{SkT}}$; $k_{Y1} = 10\,\frac{\text{V}}{\text{SkT}}$; $k_{Y2} = 0{,}2\,\frac{\text{V}}{\text{SkT}}$ [1)]

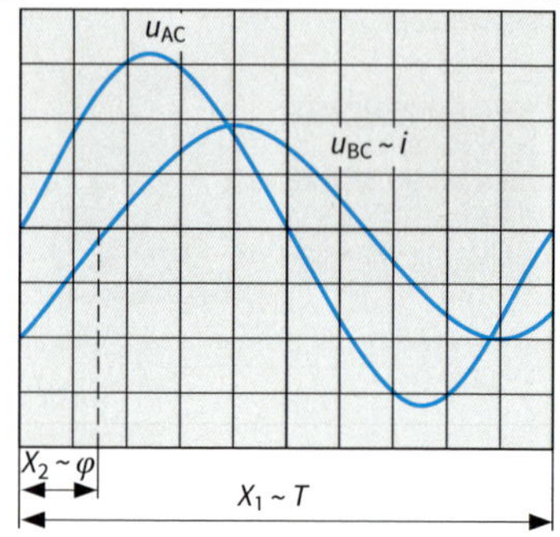


Auswertung: $T = X_1 \cdot k_x = 10\ \text{SkT} \cdot 2\,\frac{\text{ms}}{\text{SkT}} = 20\ \text{ms}$

$f = \frac{1}{T} = \frac{1}{20\ \text{ms}} = 50\ \text{Hz}$

$\hat{u}_{AC} = Y_1 \cdot k_{Y1} \cdot k_{T1} = 3{,}1\ \text{SkT} \cdot 10\,\frac{\text{V}}{\text{SkT}} \cdot \frac{10}{1} = 310\ \text{V}$

$\hat{u}_{BC} = Y_1 \cdot k_{Y2} \cdot k_{T2} = 2\ \text{SkT} \cdot 0{,}2\,\frac{\text{V}}{\text{SkT}} \cdot \frac{1}{1} = 400\ \text{mV}$

$\hat{i} = \frac{\hat{u}_{BC}}{R_{Mess}} = \frac{400\ \text{mV}}{100\ \text{m}\Omega} = 4\ \text{A}$

$\varphi = X_2 \cdot k_X \cdot \frac{360°}{20\ \text{ms}} = 1{,}5\ \text{SkT} \cdot 2\,\frac{\text{ms}}{\text{SkT}} \cdot \frac{360°}{20\ \text{ms}} = 54°$

[1)] $k_X$ Ablenkfaktor in X-Richtung; $k_{Y1}$; $k_{Y2}$ Ablenkfaktor in Y-Richtung für Kanal 1; 2

## Messung im Niederspannungsnetz

- Bei Geräten mit Anschluss an das Niederspannungsnetz werden Oszilloskope vorzugsweise über Trenntransformatoren versorgt. So kann jeder Punkt des geerdeten Niederspannungsnetzes mit der Masse des Oszilloskops verbunden werden.
- Die Abbildung zeigt, wie gefährlich die Messung ist. ①
  Die Massebuchsen der Frontplatte und ein metallene Gehäuse nehmen Netzpotenzial an.
- Um die Berührungsgefahr zu beseitigen, ist das Oszilloskop mit isolierenden Materialien abzudecken oder die Messspannung über einen Trennverstärker (z. B. mit Optokoppler) zu führen.

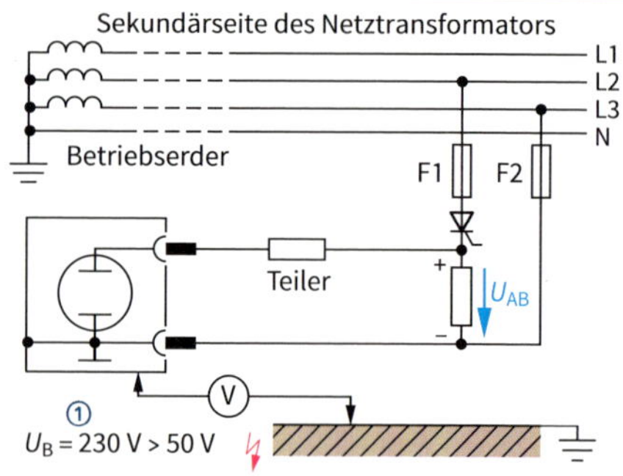


## Kennliniendarstellung einer Diode

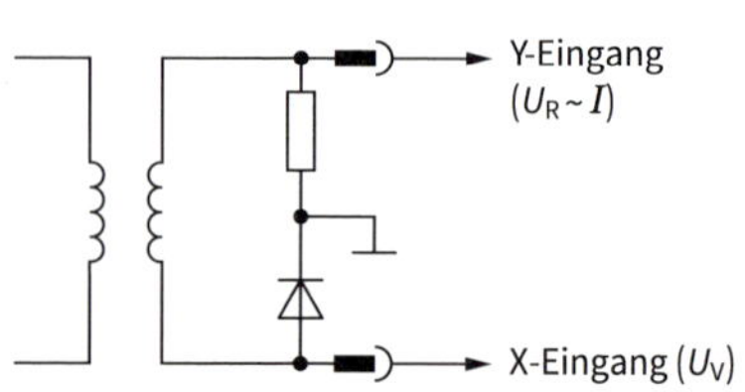


**Beispiel:**
Diodenkennlinie

$k_x = 0{,}5\,\frac{\text{V}}{\text{SkT}}$ $k_y \mathrel{\hat{=}} 5\,\frac{\text{mA}}{\text{SkT}}$

- Einstellung „X über Y" wählen.

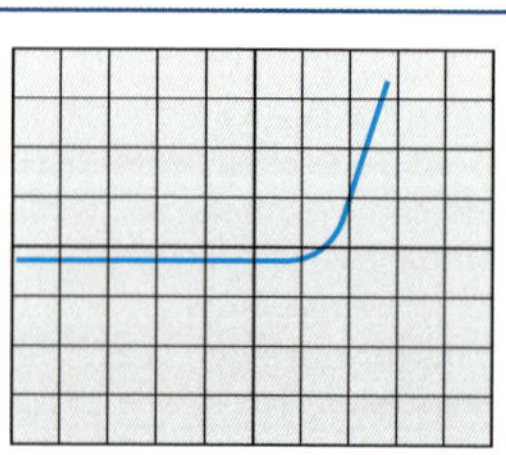

## Funktion und Aufbau

- Ein Datenlogger ist ein Aufzeichnungsgerät, das in der Lage ist Messwerte kontinuierlich zu erfassen und in zyklischen Abständen aufzuzeichnen.
- Datenlogger bestehen aus einem **Mikrocontroller** ①, einem **Datenspeicher** ② sowie einer **Kommunikationsschnittstelle** ③
- Die zu messenden Größen (analog/digital) werden mit Hilfe von
  - externen Sensoren ④ oder
  - den im Gerät eingebauten speziellen Sensoren (z. B. Temperatursensor)

  erfasst und gespeichert.
- Externe analoge Signale ⑤ werden dazu in digitale Werte gewandelt.
- Als Datenspeicher dienen folgende Medien:
  - Speicherkarte (z. B. SD-Karte)
  - Festplatte
  - USB-Stick oder
  - EEPROM
- Auf einem Display lassen sich Statusmeldungen des Datenloggers anzeigen.
- Die Messwerte können auf unterschiedlichen Wegen zum auswertenden Computer übertragen werden:
  - Auslesen über die Schnittstelle (RS 232, USB, LAN, Bluetooth) direkt aus dem Speicher des Datenloggers.
  - Anschluss des Wechselspeichers (z. B. SD-Karte) direkt am Computer
  - Übertragung der Daten per Funk
- Die Auswertung der Daten erfolgt entweder mit Hilfe einer speziellen Software oder aber die Daten werden direkt vom Datenlogger in ein anzeigbares Datenformat (z. B. PDF-Format) aufbereitet.
- Über die Schnittstelle ⑥ erfolgt auch die Konfiguration des Datenloggers (Start und Ende der Messung, Messintervalle, usw.).
- Die Energieversorgung erfolgt in der Regel über ein Netzteil und/oder ist über Batterien gepuffert.

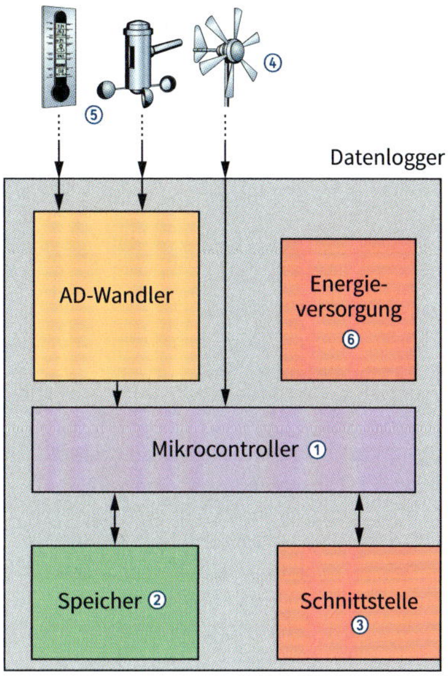


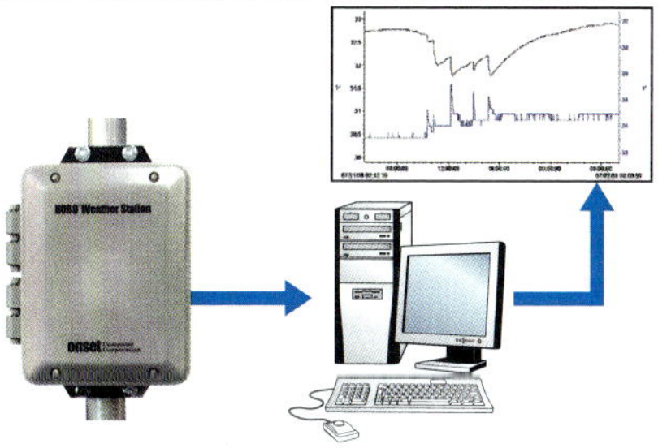

## Auswahlkriterien

**Messwerterfassung**
- Anzahl der Messkanäle
- Speichergröße
- Auflösung der Analogmesswerte
- Größe der Messintervalle
- Messgenauigkeit
- Größe des Messbereiches

**Geräteeigenschaften**
- Art der Energieversorgung
- Abmessungen
- Art des Speichers
- Schnittstelle
- Standardisierte Eingänge
- Schutzart

**Datenauswertung**
- Alarmausgänge vorhanden
- Möglichkeit zur Fernabfrage
- Präzise interne Uhr
- Art der Datenauswertung
- ISO-Zertifizierung

## Einsatzbereiche

- Klimaüberwachung
- Medikamentenüberwachung
- Überwachung der Kühlkette
- Feuchtigkeitsmessung (z. B. Schadensanalyse)
- Elektrische Größen (Spannung, Stromstärke, elektrische Arbeit)
- Druck-, Licht-, Bewegungsmessungen
- Schallmessungen
- Beschleunigungsmessung (z. B. Erschütterungen)
- Umweltmessungen (z. B. CO, $CO_2$, UV)
- Positionsmessungen (GPS-Daten)
- Sporadisch auftretende Fehler analysieren
- Auswertung eines Datenstromes zur Fehleranalyse

## Datenauswertung

- Die Auswertung und Analyse der Daten erfolgt mit speziellen Softwareprogrammen, die z. B. den Verlauf der Messwerte über die Zeit darstellen.
- Über- bzw. Unterschreitung von Grenzwerten lassen sich so einfach anzeigen und dokumentieren.

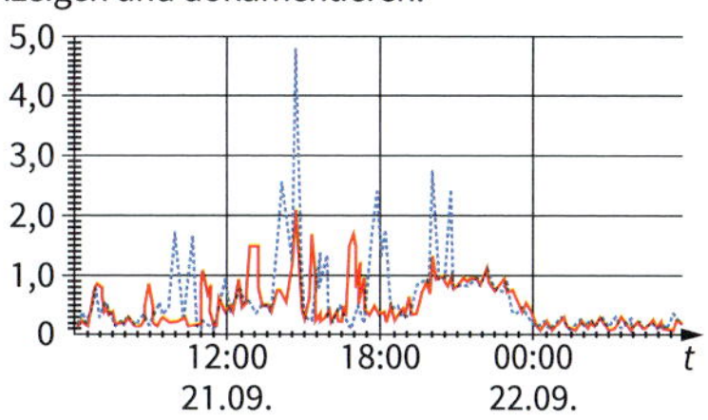

## Entwicklung

- Bussystem zur externen parallelen Datenübertragung z. B. zwischen Messgeräten und Computern
- Das Bussystem ist durch die IEEE 488.1 sowie IEC 488.2 standardisiert
- Zur Gewährleistung der Systemkompatibilität kommunizieren die Messgeräte mit standardisierten Befehlen nach **SCPI** (**S**tandard **C**ommands for **P**rogrammable **I**nstrumentation).

## Schnittstelle

24-poliger GPIB Centronics Steckverbinder

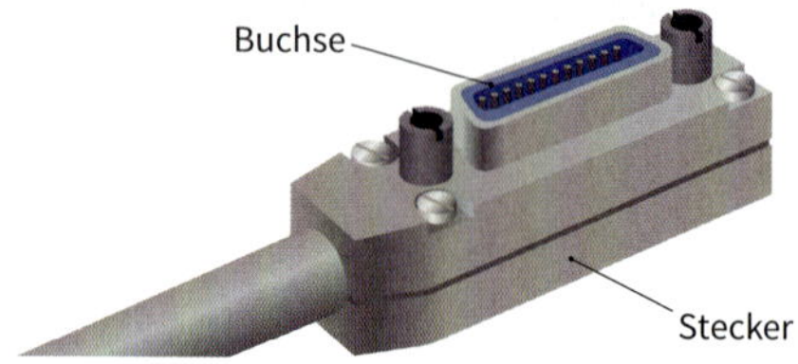


## Aufbau

- Maximal 15 Geräte können an einen Controller angeschlossen werden.
- 8-Bit paralleler Datenbus
- Signalleitungen zur Kommunikationssteuerung
- Signalpegel: TTL (negative Logik)
- Jedem Gerät wird eine von 30 Adressen zugewiesen (per DIP-Schalter oder Firmware).
- Nur ein Gerät (Talker) ist gleichzeitig sendeberechtigt und sendet an die übrigen Geräte (Listener). Der Controller steuert die Kommunikation.
- Übertragungsgeschwindigkeit: max. 1 MByte/s (max. 8 MByte/s mit High-Speed GPIB (HS488))
- Das langsamste Gerät bestimmt die Übertragungsgeschwindigkeit.
- Die Kommunikation zwischen den Geräten erfolgt über ein 3-Phasen-Handshake: Bereit – Daten gültig – Daten akzeptiert
- Die GPIB-Leitungen sind in der Regel mit einer stapelbaren Steckerausführung erhältlich. Hiermit wird das Durchschleifen von einem Gerät zum nächsten erleichtert, z. B. wenn das Gerät nicht über zwei Anschlüsse verfügt.
- Die Geräte können als Bus- ①, Sternnetz ② oder als Kombination aus beiden aufgebaut werden.

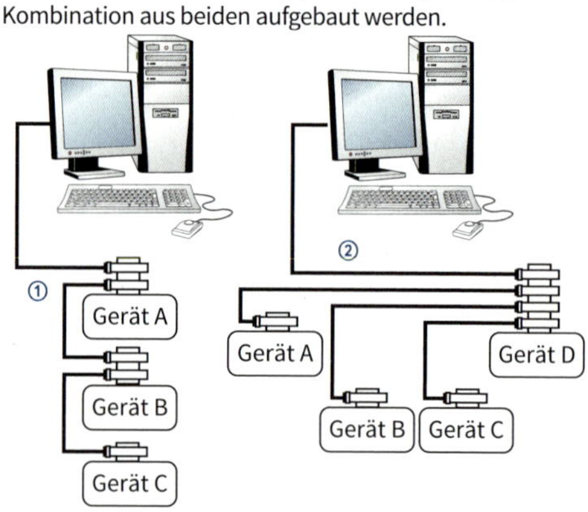


- Leitungslänge zwischen
  - den Geräten ≤ 2 m
  - Controller und Gerät ≤ 20 m

## Pinbelegung

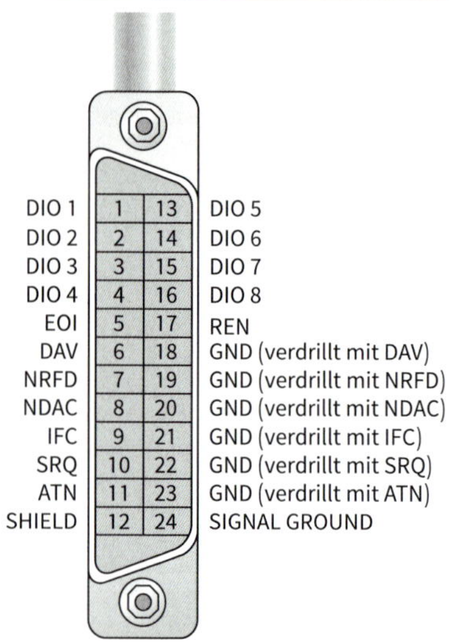


Die Leitung besteht aus 24 paarweise verdrillten Einzeladern.

| Signal[1)] | Name | Beschreibung | Gruppe |
|---|---|---|---|
| DIO 1 – DIO 8 | Data In/Out | acht Datenleitungen | Daten |
| NRFD | Not Ready for Data | Der Listener teilt mit, dass die Daten auf DIO 1 bis DIO 8 noch nicht verarbeitet werden können. | |
| DAV | Data Valid | Daten auf DIO 1 bis DIO 8 sind gültig; wird vom Talker gesetzt. | Handshake |
| NDAC | Not Data Accepted | | |
| ATN | Attention | Mit diesem Signal wird die Übertragung eines Kommandos (z. B. Adresse) auf den Datenleitungen angezeigt. | |
| EOI | End of Identify | Zeigt das Ende einer Nachricht an | |
| IFC | Interface Clear | Der Controller setzt den Bus zurück | Protokoll |
| REN | Remote Enable | Der Remote-Modus wird vom Controller freigegeben. | |
| SRQ | Service Request | Busteilnehmer teilen dem Controller einen Übertragungswunsch mit. | |

1) Signale in negativer Logik mit Standard TTL-Pegel

## Entwicklung

- **PXI** (**P**CI e**X**tensions for **I**nstrumentation) ist ein offener Industriestandard, der die seit 1998 ständig wachsenden Anforderungen an komplexe Mess- und Automatisierungssysteme erfüllt.
- Die Geräte basieren als PXI-Module auf dem Standard CompactPCI bzw. als PXI-Express-Module auf CompactPCI Express-Standard.
- Die **PXISA** (**PXI S**ystem **A**lliance) ist ein Industriekonsortium zur Förderung der PXI-Spezifikation sowie zur Überwachung der Kompatibilität.

## PXI-Peripherie-Module

- Analoge/Digitale Ein- und Ausgänge
- Oszilloskope und Multimeter
- Datenerfassungsgeräte
- Signalgeneratoren
- Schaltfunktionen

## Modulgrößen

- 6 Höheneinheiten (233,35 mm x 160 mm)
- 3 Höheneinheiten (100 mm x 160 mm)

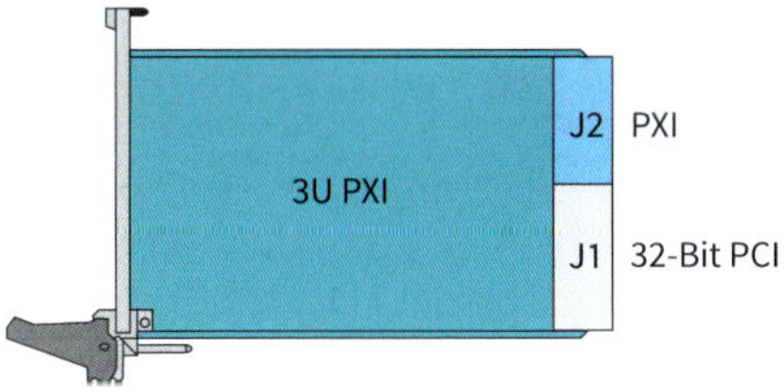


## Hardwarearchitektur

- Eine PXI-System besteht aus folgenden Komponenten:
  - Chassis ①
  - System-Controller ②
  - PXI-Peripheriemodul ③
- Das Chassis ist ein genormtes mechanisches Gehäuse zur Aufnahme von 4 bis maximal 18 Modulen.
- Auf dem ersten Steckplatz ganz links ⚠ befindet sich der System-Controller.
- Die Ansteuerung des Systems erfolgt entweder über einen externen Rechner oder über einen im System integrierten Controller.
- Über eine spezielles MXI-4-Verbindungsmodul (Measurement extensions for Instrumentation) können mehrere Chassis miteinander verbunden werden.
- Das Chassis und die PXI-Module werden in der Bauform 6U und 3U gefertigt (6 bzw. 3 Höheneinheiten).

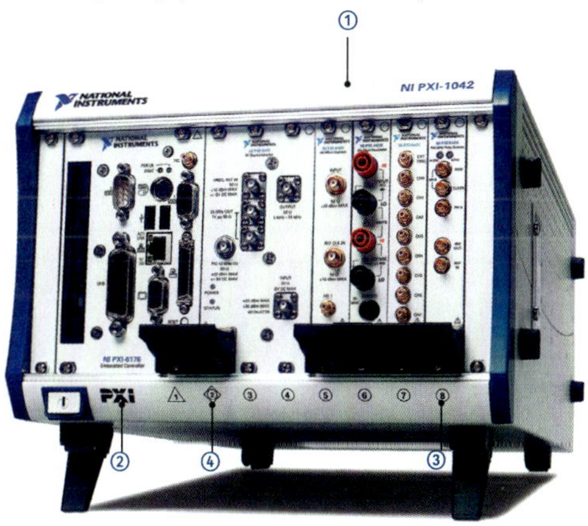


## Elektrische Eigenschaften

- Der **PXI-Backplane** auf der Rückseite beinhaltet
  - die Verbindung des PCI-Bus sowie
  - die Synchronisation und Kommunikation der Module.
- Bestandteile der PXI-Backplane:
  - **System-Referenz-Takt**
    Er wird zur Synchronisation mehrerer Module verwendet. Die Taktfrequenz ist vom Chassis abhängig. Die Genauigkeit kann durch den Einsatz eines Star-Trigger-Moduls erhöht werden.
  - **PCI-Bus**
    Kompatibel zum PCI-Bus im Desktop-PC. Hier sind jedoch sieben anstatt drei Peripherieslots in jedem Bus-Segment möglich.
  - **Local Bus**
    13 Busleitungen, die zur Kommunikation benachbarter PXI-Module miteinander dienen. Die maximal zulässige Messspannung liegt bei 42 V.

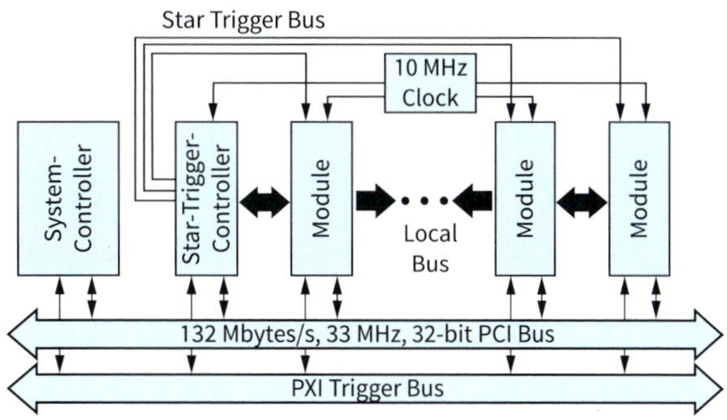


  - **PXI-Trigger Bus**
    8 Triggerleitungen zur Synchronisation der Module untereinander (z. B. Master an Slave Messmodul).
  - **Star-Trigger Bus**
    Unabhängige Triggerleitung zu jedem Steckplatz zur High-Speed-Synchronisation. Dazu ist ein zusätzliches spezielles Modul im Star-Trigger-Steckplatz ◈② ④ erforderlich.

## Eigenschaften

- LabVIEW ist eine grafische Programmierumgebung zur Erstellung von Prüf-, Mess- und Regelungsanwendungen.
- Die Programmierung erfolgt mit Hilfe einer grafischen datenflussorientierten Programmierumgebung.
- Das Programm gliedert sich in ein **Frontpanel** (Benutzeroberfläche) und ein **Blockdiagramm** (Datenflussmodell).
- Die Anbindung der Messgeräte an die Software LabVIEW erfolgt entweder mit Hilfe spezieller Treiber oder dem direkten Zugriff über die unterstützten Schnittstellen (z. B. GPIB).

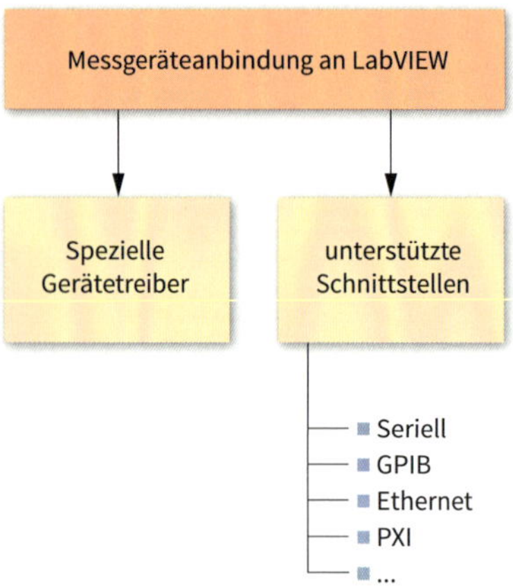


## Anwendungsbereiche

- Datenerfassung und Signalverarbeitung
- Gerätesteuerung
- Automatisierte Prüf- und Validierungssysteme
- Industrielle Mess-, Steuer- und Regelungssysteme
- Motorsteuerung
- Datenüberwachung und Alarmierung

## Vorteile

- Grafische Programmierung mit Hilfe von Funktionsblöcken
- Umfangreiche Unterstützung von Messgeräten
- Unterstützung zahlreicher Schnittstellen (z. B. RS232, USB, GPIB)
- Integration unterschiedlicher I/O-Funktionen
- Unterstützung von Desktop- (z. B. Windows, Linux, Mac) und Echtzeitbetriebssystemen (z. B. VxWorks)
- Bibliotheken mit erweiterten Analyse- und Darstellungsfunktionen, z. B.:

– Signalverlauf

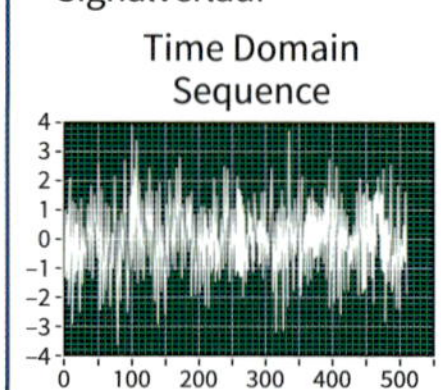


– Fourieranalyse

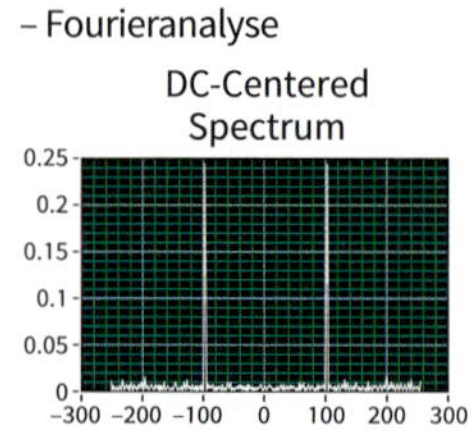


## Programmoberfläche

**Blockdiagramm**

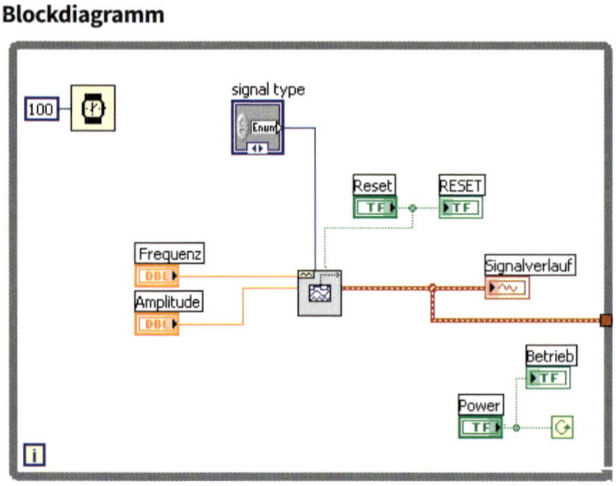

**Funktionspalette** mit den verfügbaren Funktionen, z. B.
- Programmstrukturen
- Datenerfassung
- Instrument I/O
- Mathematische Funktionen

**Frontpanel eines virtuellen Messgerätes**

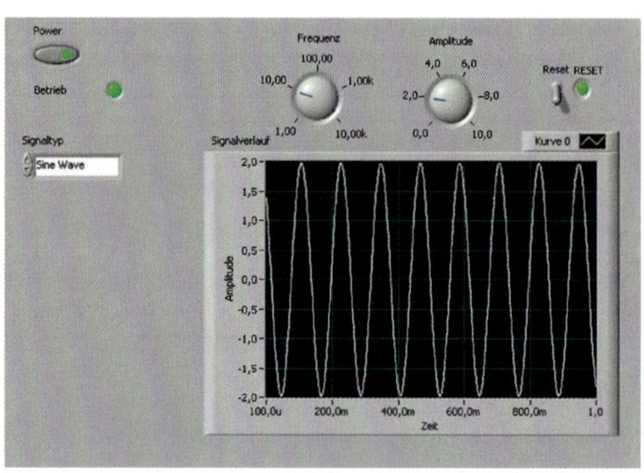


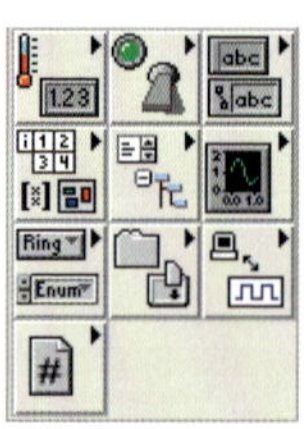

**Elementepalette** mit den verfügbaren Bedien- und Anzeigeelemente, z. B.
- Schalter
- LED
- Drehregler
- Kurvendiagramme

# Logikanalysator
## Logic Analyzer

### Merkmale

- Logikanalysatoren zeichnen eine Vielzahl digitaler Signale parallel auf.
- Sie dienen zur Analyse von Betriebsabläufen in digitalen Schaltungen (Mikrocomputern).
- Ein Logikanalysator besteht aus aktiven Tastköpfen, Triggereinstellung, Aufzeichnungsspeicher, Referenzspeicher und Anzeigeeinrichtung.
- Signale an den Tastköpfen werden zeitlich nacheinander in den Aufzeichnungsspeicher geschrieben.
- **Synchrone Taktung:** Das Taktsignal wird der zu prüfenden Schaltung entnommen, z. B. Signal **ALE** (**A**ddress **L**atch **E**nable) beim Mikrocomputer.
  Es dient zum Überprüfen des ordnungsgemäßen Programmablaufes im Mikrocomputer.
- **Asynchrone Taktung:** Taktsignal wird vom Logikanalysator zur Verfügung gestellt.
- Das Taktsignal muss höher sein als die höchste vorkommende Signalfrequenz.
- Logikanalysatoren werden zum Überprüfen des zeitlichen Signalverlaufs und der Zeitdifferenzen zwischen einzelnen Signalen (Hardware-Analyse) verwendet.
- Die Triggereinrichtung erlaubt eine Auswahl bestimmter Ereignisse, ob deren Erscheinen aufgezeichnet werden soll oder durch bestimmte weitere Triggerbedingungen aktiviert werden sollen.
- Die Signalaufzeichnung erfolgt im Transitional-Verfahren (Signale nur im Speicher abgelegt, wenn Änderung des Eingangssignales vorliegt)
- Der Referenzspeicher wird zur Vergleichsmessung verwendet.
- Die Darstellung der Signale erfolgenals Timing-, Hexadezimal-, Oktal- oder Binär-Diagramme.
- Über entsprechende Ergänzungen können Signale in disassemblierter Form dargestellt werden.

#### Blockschaltbild

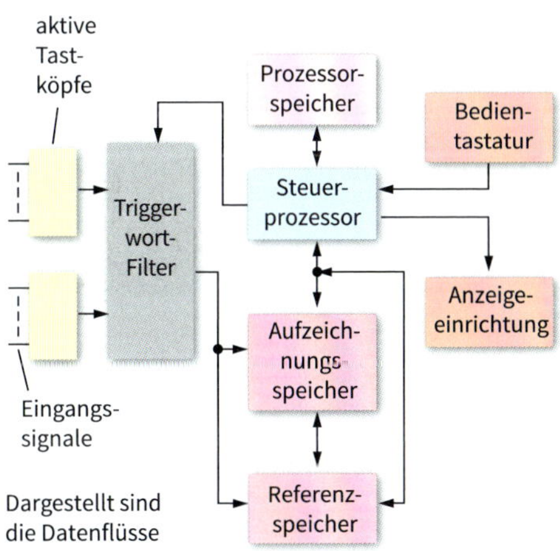


#### Signalabtastung

Asynchron

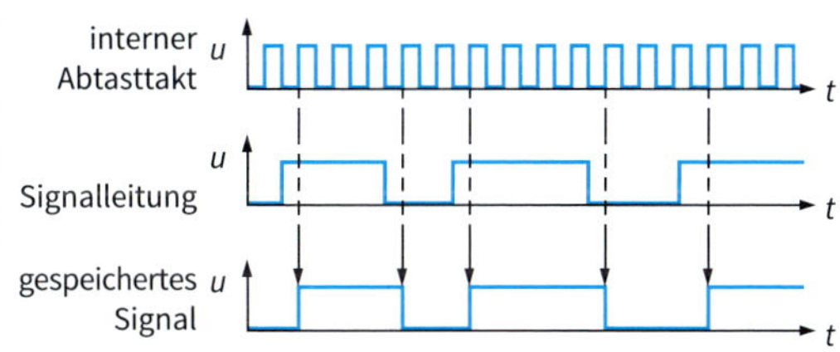


Synchron

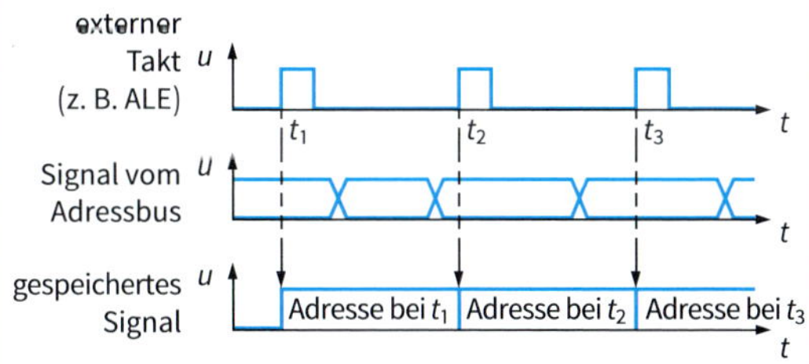


# Signalgenerator
## Signal Generator

#### Digital

Merkmale

- Signalgeneratoren werden verwendet zur Simulation von digitalen Schaltungen oder zum Erzeugen von digitalen Signalfolgen.
- Die Datenfolge ist programmierbar über eine Eingabetastatur oder serielle Schnittstelle mittels Steuerkommandos.
- Die Datenausgabe wird von der Ablaufsteuerung überwacht.
- Möglich sind Einzelimpulse (Pulsbreite einstellbar), Impulsfolgen mit einmaliger oder wiederholter Ausgabe (seriell oder parallel).

Aufbau

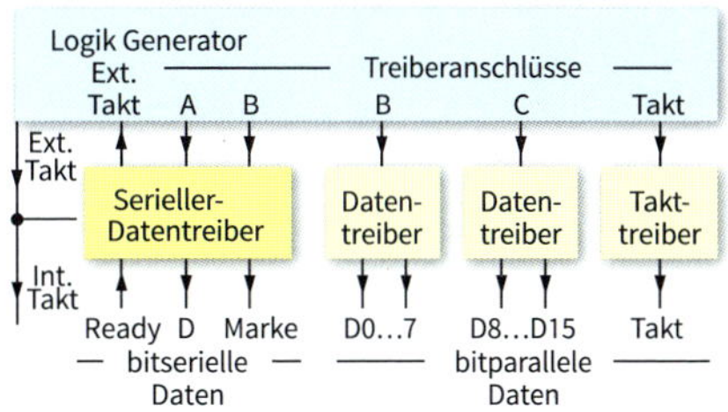

## Merkmale

- Umweltprüfungen werden in Form von **Umweltsimulationen** für Komponenten, Geräte und Systeme druchgeführt und dienen zum Nachweiß der
  - **Funktionsfähigkeit** (Entwicklungsbereich) und
  - **Langzeittauglichkeit** (praktischer Einsatz)

  unter bestimmten, definierten Umweltbedingungen.
- Die Inhalte und Vorgehensweisen für die Umweltsimulationen sind abhängig vom geplanten Einsatzfall der technischen Einrichtung (z. B. ortfester/mobiler Einsatz).
- Die Definition der Umweltanforderungen ist somit ein fester Bestandteil der Produktentwicklung und wird bei der Lastenhefterstellung mit berücksichtigt.
- Die Teststrategie für komplette Geräte wird dabei unterschieden nach
  - **HALT** (**H**ighly **A**ccelerated **L**ife **T**est: hoch beschleunigter Lebensdauer Test) und
  - **HASS** (**H**ighly **A**ccelerated **S**tress **S**creen hoch beschleunigter Belastungstest).
- Der HALT-Test wird in der Phase der Produktentwicklung eingesetzt und identifiziert die Funktions- und Zerstörungsgrenzen des Prüflings. Damit werden die schwächsten Komponenten, die zum Ausfall des Prüflings führen, identifiziert und können im Redesign geändert werden.
- Der HASS-Test wird in der Phase der Produktendkontrolle zur Überprüfung der Einhaltung der Grenzwerte verwendet.
- Die Grenzwerte entsprechen dabei den Werten, bei denen im HALT-Test noch das ordnungsgemäße Funktionieren des Prüflings gewährleistet ist.
- Normen, nach denen die Prüfungen durchgeführt werden, sind unter anderem die DIN EN 60068.

## Prüfbereiche

**Klimatische Prüfung**
DIN EN 60068-2-1 Prüfung A: Kälte
DIN EN 60068-2-2 Prüfung B: Trockene Wärme
DIN EN 60068-2-14 Prüfung N: Temperaturwechsel

**Mechanische Prüfung**
DIN EN 60068-2-6 Prüfung Fc: Schwingen, sinusförmig
DIN EN 60068-2-64 Prüfung Fh: Schwingen, Breitbandrauschen (digital geregelt) und Leitfaden
DIN EN 60068-2-75 Prüfung Eh: Hammerprüfungen

**Chemische Prüfung**
IEC/EN/DIN EN 60068-2-11 – Salznebel
IEC/EN/DIN EN 60068-2-42 – Schwefeldioxid

**Biologische Prüfung**
DIN EN 10993-1 2008 Biologische Beurteilung von Medizinprodukten – Teil 1: Beurteilung und Prüfung

**Brandverhalten**
IEC 60332-3-24 /DIN VDE 0472 – Teil 804 C): Brandfortleitung am Kabelbündel

## HALT-Test

- Alle betriebsrelevanten Funktionen werden während des Testlaufs überwacht.
- Die **Intensität** der Prüfungen wird **stufenweise** erhöht.
- Kontrolliert werden dabei z. B.
  - Änderung der Eingangsspannung
  - Änderung der Ausgangsbelastung
  - Ein-/Ausschalten der Netzspannung
- **Stufentemperaturprüfung** testet die Betriebsgrenzwerte zunächst mit Kältebelastung und danach mit Wärmebelastung (falls möglich bis zur Zerstörung).
- **Schneller Temperaturwechsel** realisiert extreme Temperaturwechsel mit bis 80 K/min. Die Grenzwerte liegen innerhalb der Betriebsgrenzwerte (5 K).
- **Schwingprüfungen** regen den Prüfling mit 2 Hz bis 10 kHz auf einem Schwingprüfstand in sechs Achsen gleichzeitig an (stochastisches Breitbandrauschen; Beschleunigung mit stufenweiser Erhöhung um $5 \cdot g_{rms}$[1)]). Damit werden sowohl massenintensive Bauelemente (z. B. SMD) als auch kleine Bauelemente erfasst.
- **Kombinationsprüfungen** realisieren gleichzeitig rauschförmiges Schwingen und extreme Temperaturwechsel (künstliche Alterung des Prüflings).

[1)] = root-mean-square acceleration (Effektive Beschleunigung)

## Temperatur- und Klimaprüfschrank

Technische Daten

| | |
|---|---|
| Temperaturbereich | −42 °C ... +180 °C |
| | −72 °C ... +180 °C |
| Aufheizgeschwindigkeiten | 3,0 ... 4,0 K/min |
| Abkühlgeschwindigkeiten | 2,3 ... 4,0 K/min |
| Temperaturänderung linear | 1,0 K/min |
| Maximale Wärmekompensation | 1500 ... 4200 W |
| **Leistungsdaten für Klimaprüfungen** | |
| Temperaturbereich | +10 °C ... +95 °C |
| Taupunkttemperatur | +4 °C ... +94 °C |
| Feuchtebereich | 10 ... 98 % relat. F. |
| Maximale Wärmekompensation | 400 ... 500 W |

**Kombinierte Vibrationsprüfung mit schnellem Temperaturwechsel**

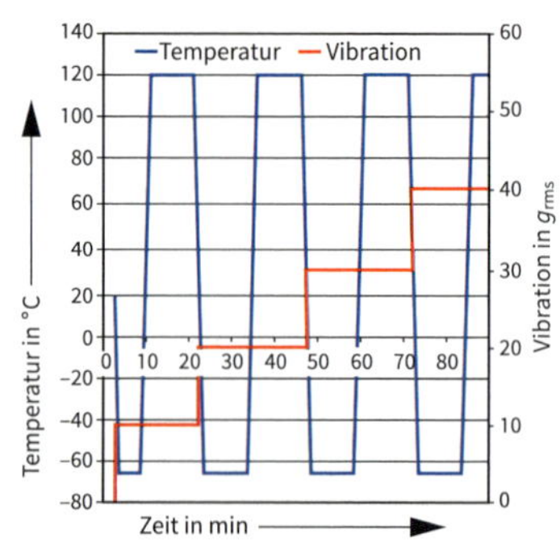

## Verwendete Literatur

Hinweis: Die Nummern der verwendeten Literatur entsprechen den Symbolnummern der Kapitel 1, 2 und 6 (Beispiel: 10)

### zu Kapitel 1:


1) Aus: Bentin, Margit u. a.: Handbuch Büromanagement, 2. Auflage, Braunschweig 2018, S. 488
2) Aus: Bentin, Margit u. a.: Handbuch für Industriekaufleute 9. Auflage, Braunschweig 2021, S. 63
3) Nach: Böker, Jürgen u. a.: Wirtschaftspolitik/Wirtschaftsordnung, 3. Auflage, Darmstadt 2005, S. 15
4) Aus: Gießler, Rainer: Die Sozialstruktur Deutschlands, 7., grundlegend überarbeitete Auflage, Wiesbaden 2015, S. 10
Mit aktueller Ergänzung, aus: Statistisches Bundesamt, Statistisches Jahrbuch 2019, Wiesbaden, S. 674
5) Nach: Brockhaus Enzyklopädie in 24 Bänden, Dritter Band, 19. Auflage, Mannheim 1987, S. 231
6) Aus: Bundesverband deutscher Banken (Hrsg.): Schul/Bank, Wirtschaft, Materialien für den Unterricht, Köln 1994, S. 1.2/4
7) Aus: Herber, Hans/Engel, Bernd: Volkswirtschaftslehre für Bankkaufleute, 6. Neubearbeitete Auflage, Wiesbaden 1994, S. 3f.
8) Aus: Wamper, Horst: Betriebliche Organisationslehre, Büroorganisation, Automatisierte Datenverarbeitung, 6. Auflage, Köln, München 2002, S. 13
9) Aus: Wamper, Horst: Betriebliche Organisationslehre, Büroorganisation, Automatisierte Datenverarbeitung, 6. Auflage, Köln, München 2002, S. 27
10) Nach: Heinrich, Lutz J./Lehner, Franz: Informationsmanagement, 8. Auflage, München und Wien 2005, S. 199 ff. und Strahinger, Susanne: in: www.oldenbourg.de/8080/wi-enzyklopaedie/lexikon/is-management/Software-Projektmanagement/Projektorganisation/index.html/ (eingesehen 24.09.2012)
11) Nach: Wamper, Horst: Betriebliche Organisationslehre, Büroorganisation, Automatisierte Datenverarbeitung, 6. Auflage, Köln, München 2002, S. 50
12) Aus: Bentin, Margit u. a.: Handbuch für Industriekaufleute 9. Auflage, Braunschweig 2021, S. 68
13) Aus: Wöhe, Günther/Döring, Ulrich: Einführung in die Allgemeine Betriebswirtschaftslehre, 23. Auflage, München 2008, S. 94
14) Aus: IT-Ausbildung, Lernfelder und Kernkompetenzen. Der Betrieb und sein Umfeld, Geschäftsprozesse und betriebliche Organisation, Informationsquellen und Arbeitsmethoden, Band 1, 2. Auflage, Bremen 2003, S. 63
15) Aus: IT-Ausbildung, Lernfelder und Kernkompetenzen. Der Betrieb und sein Umfeld, Geschäftsprozesse und betriebliche Organisation, Informationsquellen und Arbeitsmethoden, Band 1, 2. Auflage, Bremen 2003, S. 71
16) Aus: Berner, Steffen u. a.: Betriebswirtschaftslehre der Unternehmung, 25. Auflage, Haan-Gruiten 2010, S. 202
17) Nach: Berner, Steffen u. a.: Betriebswirtschaftslehre der Unternehmung, 25. Auflage, Haan-Gruiten 2010, S. 205
18) Aus: Staud, Josef: Geschäftsprozessanalyse, Ereignisgesteuerte Prozessketten und objektorientierte Geschäftsprozessmodellierung für Betriebswirtschaftliche Standardsoftware, 3. Aufl., Berlin, Heidelberg, New York, Springer Verlag, 2006, S. 9
19) Nach: IT-Ausbildung, Lernfelder und Kernkompetenzen. Der Betrieb und sein Umfeld, Geschäftsprozesse und betriebliche Organisation, Informationsquellen und Arbeitsmethoden, Band 1, 2. Auflage, Bremen 2003, S. 58
20) Nach: Staud, Josef: Geschäftsprozessanalyse, Ereignisgesteuerte Prozessketten und objektorientierte Geschäftsprozessmodellierung für Betriebswirtschaftliche Standardsoftware, 3. Aufl., Berlin, Heidelberg, New York, Springer Verlag, 2006, S. 11
21) Aus: Steinbuch, Pitter A.: Prozessorganisation - Business Reengineering Beispiel R/3, hrsg. v. Pitter A. Steinbuch, Ludwigshafen (Rhein), Kiehl 1998, S. 153
22) Nach: Scheer, August Wilhelm: ARIS - Vom Geschäftsprozess zum Anwendungssystem, 4. Auflage, Berlin, Heidelberg, New York 2001, S. 56 f.
23) Nach: Scheer, August Wilhelm/Zimmermann, Volker: Geschäftsprozessmanagement und integrierte Informationssysteme, in: Töpfer, Armin (Hrsg.): Geschäftsprozesse analysiert & optimiert, Neuwied, Kriftel, Berlin, Hermann Luchterhand Verlag 1996, S. 278 ff.
24) Aus: Steinbuch, Pitter A.: Prozessorganisation - Business Reengineering Beispiel R/3, hrsg. v. Pitter A. Steinbuch, Ludwigshafen (Rhein), Kiehl 1998, S. 98
25) Aus: Scheer, August Wilhelm: ARIS - Vom Geschäftsprozess zum Anwendungssystem, 4. Auflage, Berlin, Heidelberg, New York 2001, S. 41
26) Nach: Hansen, Hans Robert/Neumann, Gustaf: Wirtschaftsinformatik 1, 10. Auflage, Stuttgart 2009, S. 283 ff.
27) Nach: Hansen, Hans Robert/Neumann, Gustaf: Wirtschaftsinformatik 1, 10. Auflage, Stuttgart 2009, S. 310 ff.
28) Aus: Hansen, Hans Robert/Neumann, Gustaf: Wirtschaftsinformatik 1, 10. Auflage, Stuttgart 2009, S. 287 ff.
29) Nach: Hansen, Hans Robert/Neumann, Gustaf: Wirtschaftsinformatik 1, 10. Auflage, Stuttgart 2009, S. 329 ff.
30) Aus: Steinbuch, Pitter A.: Prozessorganisation - Business Reengineering Beispiel R/3, hrsg. v. Pitter A. Steinbuch, Ludwigshafen (Rhein), Kiehl 1998, S. 339
31) Nach: Steinbuch, Pitter A.: Prozessorganisation - Business Reengineering Beispiel R/3, hrsg. v. Pitter A. Steinbuch, Ludwigshafen (Rhein), Kiehl 1998, S. 345
32) Nach: Steinbuch, Pitter A.: Prozessorganisation - Business Reengineering Beispiel R/3, hrsg. v. Pitter A. Steinbuch, Ludwigshafen (Rhein), Kiehl 1998, S. 117
33) Aus: Steinbuch, Pitter A.: Prozessorganisation - Business Reengineering Beispiel R/3, hrsg. v. Pitter A. Steinbuch, Ludwigshafen (Rhein), Kiehl 1998, S. 119
34) Aus: Steinbuch, Pitter A.: Prozessorganisation - Business Reengineering Beispiel R/3, hrsg. v. Pitter A. Steinbuch, Ludwigshafen (Rhein), Kiehl 1998, S. 120
35) Aus: Steinbuch, Pitter A.: Prozessorganisation - Business Reengineering Beispiel R/3, hrsg. v. Pitter A. Steinbuch, Ludwigshafen (Rhein), Kiehl 1998, S. 324 f.
36) Nach: Bidlingmaier, Johannes: Marketing, Bd. 1, Reinbek, Rowohlt 1973, S. 15
37) Aus: Bazan, Hans-Jürgen u. a.: Handbuch für Kaufleute im Groß- und Außenhandel, 4. Auflage, Braunschweig 2014, S. 435
38) Aus: Hill, Wilhelm/Rieser, Ignaz: Marketing-Management, 2. durchgesehene Aufl., Bern, Stuttgart, Wien 1993, S. 111 f.
39) Aus: Hill, Wilhelm/Rieser, Ignaz: Marketing-Management, 2. durchgesehene Aufl., Bern, Stuttgart, Wien 1993, S. 177
40) Nach: Bentin, Margit u. a.: Handlungsorientierte Materialien in Wirtschaft und Verwaltung, Absatz/Marketing, Lehrerband, 3. Aufl., Braunschweig 2009, S. 122
41) Aus: Bentin, Margit u. a.: Handbuch für Industriekaufleute 9. Auflage, Braunschweig 2021, S. 427
42) Aus: Kotler, Philip u. a.: Marketing der Zukunft. Mit „Sense and Response" zu mehr Wachstum und Gewinn, Campus Verlag, Frankfurt/Main 2002, S. 145
43) Aus: Bentin, Margit u. a.: Handbuch für Industriekaufleute 9. Auflage, Braunschweig 2021, S. 96
44) Aus: Raab, Gerhard/Lorbacher, Nicole: Customer Relationship Management. Aufbau dauerhafter und profitabler Kundenbeziehungen. I. H. Sauer-Verlag GmbH, Heidelberg 2002, S. 20
45) Aus: Bentin, Margit u. a.: Handbuch für Industriekaufleute 9. Auflage, Braunschweig 2021, S. 96
46) Nach: Bentin, Margit u. a.: Handlungsorientierte Materialien in Wirtschaft und Verwaltung, Absatz/Marketing, 4. durchgesehene Aufl., Braunschweig 2009, S. 60 f.
47) Mit Genehmigung der Volkswagen AG
48) Aus: Bentin, Margit u. a.: Handbuch für Bürokaufleute, 6. Aufl., Braunschweig 2011, S. 143 f.
49) Aus: Bentin, Margit u. a.: Handbuch für Industriekaufleute 9. Auflage, Braunschweig 2021, S. 34
50) Aus: Bentin, Margit u. a.: Handbuch für Industriekaufleute 9. Auflage, Braunschweig 2021, S. 35
51) Aus: Bentin, Margit u. a.: Handbuch für Industriekaufleute 9. Auflage, Braunschweig 2021, S. 36
52) Nach: Bazan, Hans-Jürgen u. a.: Handbuch Verkäufer/-innen, Kaufleute im Einzelhandel, 6. Auflage, Braunschweig 2018, S. 405
53) Aus: https://www.bitkom.org/Bitkom/Ueber-uns, eingesehen: 27.10.2021
54) Nach: Erich Schmidt Verlag, Zahlenbilder Nr. 240010
55) Aus: Bundesverband deutscher Banken (Hrsg.): Schul/Bank, Wirtschaft, Materialien für den Unterricht, Köln 1994, S. 1.6/3
56) Aus: Bundesverband deutscher Banken (Hrsg.): Schul/Bank, Wirtschaft, Materialien für den Unterricht, Köln 1994, S. 1.2/4

57) Aus: Bentin, Margit u. a.: Handbuch für Industriekaufleute 9. Auflage, Braunschweig 2021, S. 39
58) Aus: Bentin, Margit u. a.: Handbuch für Industriekaufleute 9. Auflage, Braunschweig 2021, S. 38
59) Aus: Bentin, Margit u. a.: Handbuch für Industriekaufleute 9. Auflage, Braunschweig 2021, S. 477
60) Nach: Jahrmann, Ulrich: Finanzierung, Darstellung, Kontrollfragen, Fälle und Lösungen, 3. Aufl.,Herne, Berlin 1996, S. 24 und S. 447
61) Aus: Bentin, Margit u. a.: Handbuch für Industriekaufleute 9. Auflage, Braunschweig 2021, S. 478
62) + 63) + 64) Aus: Bentin, Margit u. a.: Handbuch für Industriekaufleute 9. Auflage, Braunschweig 2021, S. 473
65) Aus: Bentin, Margit u. a.: Handbuch für Industriekaufleute 9. Auflage, Braunschweig 2021, S. 289 f.
66) Aus: Bentin, Margit u. a.: Handbuch für Industriekaufleute 9. Auflage, Braunschweig 2021, S. 460
67) Aus: Bentin, Margit u. a.: Handbuch für Bürokaufleute, 6. Aufl., Braunschweig 2011, S. 14
68) Aus: Bentin, Margit u. a.: Handbuch für Bürokaufleute, 6. Aufl., Braunschweig 2011, S. 15
69) Aus: Bentin, Margit u. a.: Handbuch für Bürokaufleute, 6. Aufl., Braunschweig 2011, S. 16
70) Aus: Bentin, Margit u. a.: Handbuch für Bürokaufleute, 6. Aufl., Braunschweig 2011, S. 19
71) Aus: Bentin, Margit u. a.: Handbuch für Bürokaufleute, 6. Aufl., Braunschweig 2011, S. 17
72) Aus: Bentin, Margit u. a.: Handbuch für Bürokaufleute, 6. Aufl., Braunschweig 2011, S. 18
73) Aus: Bentin, Margit u. a.: Handbuch für Industriekaufleute 9. Auflage, Braunschweig 2021, S. 599
74) Aus: Bentin, Margit u. a.: Handbuch für Industriekaufleute 9. Auflage, Braunschweig 2021, S. 599 f.
75) Aus: Bentin, Margit u. a.: Handbuch für Industriekaufleute 9. Auflage, Braunschweig 2021, S. 605
76) Aus: Bentin, Margit u. a.: Handbuch für Industriekaufleute 9. Auflage, Braunschweig 2021, S. 604
77) Aus: Bentin, Margit u. a.: Handbuch für Industriekaufleute 9. Auflage, Braunschweig 2021, S. 587
78) Aus: Bentin, Margit u. a.: Handbuch für Industriekaufleute 9. Auflage, Braunschweig 2021, S. 596

## zu Kapitel 2:

1) Aus: Bentin, Margit u. a.: Handbuch für Industriekaufleute 9. Auflage, Braunschweig 2021, S. 428
2) Aus: Theis, Hans-Joachim: Handbuch Handelsmarketing: Band 1, Frankfurt am Main 2007, S. 257
3) Aus: Bentin, Margit u. a.: Handlungsorientierte Materialien in Wirtschaft und Verwaltung, Beschaffungsprozess, 5. Aufl., Braunschweig 2012, S. 18
4) Aus: Bentin, Margit u. a.: Handbuch Büromanagement, 2. Auflage, Braunschweig 2018, S. 104
5) Aus: Bentin, Margit u. a.: Handbuch für Industriekaufleute 9. Auflage, Braunschweig 2021, S. 617
6) Aus: Gaik, Petra u. a.: Warenbeschaffung im Einzelhandel, 2. Auflage, Darmstadt 2002, S. 35
7) Aus: Gaik, Petra u. a.: Warenbeschaffung im Einzelhandel, 2. Auflage, Darmstadt 2002, S. 34
8) Aus: Bentin, Margit u. a.: Handlungsorientierte Materialien in Wirtschaft und Verwaltung, Beschaffungsprozess, 5. Aufl., Braunschweig 2012, S. 27
9) Nach: Gaik, Petra u. a.: Warenbeschaffung im Einzelhandel, 2. Auflage, Darmstadt 2002, S. 33
10) Aus: Bentin, Margit u. a.: Handbuch für Industriekaufleute 9. Auflage, Braunschweig 2021, S. 187
11) Aus: Bentin, Margit u. a.: Handbuch für Industriekaufleute 9. Auflage, Braunschweig 2021, S. 262
12) Aus: Bentin, Margit u. a.: Handbuch für Industriekaufleute 9. Auflage, Braunschweig 2021, S. 263
13) Aus: Bentin, Margit u. a.: Handbuch Büromanagement, 2. Auflage, Braunschweig 2018, S. 381
14) Aus: Bentin, Margit u. a.: Handbuch Büromanagement, 2. Auflage, Braunschweig 2018, S. 382
15) Aus: Bentin, Margit u. a.: Handbuch Büromanagement, 2. Auflage, Braunschweig 2018, S. 386 f.
16) Nach: Bentin, Margit u. a.: Handlungsorientierte Materialien in Wirtschaft und Verwaltung, Beschaffungsprozess, Lehrerband, 3. Aufl., Braunschweig 2012, S. 126
17) Aus: Bentin, Margit u. a.: Handlungsorientierte Materialien in Wirtschaft und Verwaltung, Beschaffungsprozess, 5. Aufl., Braunschweig 2012, S. 40
18) Aus: Bentin, Margit u. a.: Handlungsorientierte Materialien in Wirtschaft und Verwaltung, Beschaffungsprozess, 5. Aufl., Braunschweig 2012, S. 42
19) Aus: Bentin, Margit u. a.: Handbuch für Industriekaufleute 9. Auflage, Braunschweig 2021, S. 255
20) Nach: Bentin, Margit u. a.: Handlungsorientierte Materialien in Wirtschaft und Verwaltung, Beschaffungsprozess, Lehrerband, 3. Aufl., Braunschweig 2012, S. 129
21) Aus: Bentin, Margit u. a.: Handlungsorientierte Materialien in Wirtschaft und Verwaltung, Beschaffungsprozess, 5. Aufl., Braunschweig 2012, S. 55
22) Aus: Bentin, Margit u. a.: Handlungsorientierte Materialien in Wirtschaft und Verwaltung, Beschaffungsprozess, Lehrerband, 3. Aufl., Braunschweig 2012, S. 140
23) Aus: Bentin, Margit u. a.: Handbuch für Industriekaufleute 9. Auflage, Braunschweig 2021, S. 300
24) Aus: Bentin, Margit u. a.: Handbuch für Industriekaufleute 9. Auflage, Braunschweig 2021, S. 301

## zu Kapitel 6:

1) Aus: Wiese, Beate: Service Level Agreement (SLA), amazon Poland, Wroclaw 2016, S. 20

## Symbole



## A

## C

## F

## I

## J



## K

## L

## N

## O



## P

## Q

## S

## T

## U

## W

# Bildquellenverzeichnis
## List of Picture Reference

|ABB, Friedberg: © 2021 482.9. |ABB STOTZ-KONTAKT GmbH, Heidelberg: 693.3, 693.4, 693.5, 693.6, 693.7, 693.8, 693.9; © 2021 691.1, 691.2. |Alamy Stock Photo (RMB), Abingdon/Oxfordshire: jeremy sutton-hibbert 299.4. |Balluff GmbH, Neuhausen a.d.F.: 467.3. |BC GmbH Verlags- und Medien-, Forschungs- und Beratungsgesellschaft, Ingelheim: 148.8, 148.9, 151.1, 151.2, 151.3, 151.4, 151.5, 151.6, 151.7, 151.8, 151.9, 151.10, 151.11, 155.1, 155.4, 155.5, 155.6, 155.7, 155.8, 155.9, 155.10, 155.11, 155.12, 155.13, 155.14, 155.15, 155.16, 155.17, 155.18, 155.19, 155.20, 155.21, 287.1, 287.2, 287.3, 287.4, 287.5, 660.3, 660.4, 660.5, 688.2, 688.3, 688.4, 688.5. |Beckhoff Automation GmbH & Co. KG, Verl: 456.1. |Bergmoser + Höller Verlag AG, Aachen: Zahlenbilder 82.1, 84.1. |Bildredaktion1, G. Schneider-Alb, Berlin: Bildredaktion1, G. Schneider-Alb., Berlin 258.1, 258.4. |Bitkom, Berlin: 19.1, 20.1, 20.2. |BRADY GmbH, SETON Division, Egelsbach: 157.8. |Brandenburger Kabelwerk GmbH, Zehdenick: 663.6. |Bundesministerium für Wirtschaft und Klimaschutz, Berlin: 160.1, 160.2, 160.3. |Bundesvereinigung der Deutschen Arbeitgeberverbände (BDA), Berlin: 57.2. |Burgarella, Claudio, Köln: 175.4. |Christlicher Gewerkschaftsbund Deutschlands (CGB), Berlin: 57.5. |Datacolor AG Europe, Dietlikon: 266.5. |dbb beamtenbund und tarifunion, Berlin: 57.4. |deckermedia GbR, Rostock: 644.1, 644.2. |DEHN SE + Co KG, Neumarkt: 681.4. |Deutsche Gesetzliche Unfallversicherung e.V. (DGUV), Berlin: 147.4. |Deutsche Gesetzliche Unfallversicherung e.V. / DGUV e.V., Sankt Augustin: 157.2. |Deutsche Rentenversicherung Bund, Berlin: 68.1, 68.2. |Deutscher Gewerkschaftsbund (DGB), Berlin: 57.3. |Di Gaspare, Michele (Bild und Technik Agentur für technische Grafik und Visualisierung), Bergheim: 608.3. |DIGITUS® by ASSMANN Electronic GmbH, Lüdenscheid: 428.3, 428.4. |dreamstime.com, Brentwood: Modestil 535.1. |Druwe & Polastri, Cremlingen/Weddel: 654.2, 658.7. |DVB Project Office: DVB and the DVB logos are trademarks of the DVB Project 197.1, 197.2, 197.3. |Dzieia, Michael Dr., Darmstadt: 694.1, 694.3. |EKF Elektronik GmbH, Hamm: 171.3, 171.4. |Ethernet POWERLINK Standardization Group, Fredersdorf: 457.1. |Europäische Kommission, Berlin: 1995-2020 157.18. |Fluke Corporation: Bild mit freundlicher Genehmigung von Fluke Networks. 425.3, 425.4, 425.7, 425.10. |fotolia.com, New York: bogdandimages 259.1; Fotimmz 587.1; goodluz 541.1; jacobx 164.2; Merzlyakova, Natalia 382.1; photo 5000 667.1; Sergeyeva, Hellen 368.2; T. Michel 148.7; thodonal 254.3; wittybear 299.6. |Fraunhofer-Institut für Zuverlässigkeit und Mikrointegration IZM, Berlin: 125.1. |furukawa electric, London: 428.2. |Future Mindset 2050 GmbH, Gehrden: 176.2, 176.5, 179.4, 179.5, 267.2, 267.4, 267.6, 267.7, 267.8, 267.9, 267.10, 267.11. |Gehrke Sales GmbH, Düsseldorf: 572.1. |goobay®, Braunschweig: 259.2. |Gossen Metrawatt GmbH, Nürnberg: 709.2, 709.3. |Gustav Hensel GmbH & Co. KG, Lennestadt: 680.2. |hager.de, Blieskastel: 668.1, 680.3; hager.de 692.4. |Heinrich Klar Schilder- u. Etikettenfabrik GmbH & Co. KG, Wuppertal: 147.2, 147.3, 150.2, 155.2, 660.1, 660.2. |Heise Medien GmbH & Co. KG, Hannover: 298.1. |Helukabel GmbH, Hemmingen: 232.1, 663.1, 663.2, 663.3, 663.4, 663.5, 663.7, 663.8, 663.9, 663.10, 663.11, 664.1, 664.2, 664.3, 664.4, 664.5, 664.6, 664.7, 664.8, 664.9, 664.10, 665.2, 665.4, 665.6, 665.7, 665.9, 665.10, 665.11. |Hewlett Packard Enterprise, Böblingen: 619.1, 619.2, 619.3. |Hild, Claudia, Angelburg: 89.1. |HP Deutschland GmbH, Böblingen: 165.2. |Hübscher, Heinrich, Lüneburg: 175.2, 256.1, 257.1, 477.3, 477.4, 477.5, 477.6, 478.3, 654.9. |Industrieverband Büro und Arbeitswelt (IBA), Wiesbaden: 158.1. |InfoTip Service GmbH, Bochum: 198.3. |International Electrotechnical Commission®, Geneva: 157.5. |iStockphoto.com, Calgary: chokmoso 420.3; Hugnoi 260.5; Thermchai 498.2; Tocarciuc Dumitru 299.3; tunart 267.3, 267.5, 267.12, 267.13, 493.1, 493.2; Vlad Exp 498.1; WiktorD 534.6. |KAISER GmbH & Co. KG, Schalksmühle: 671.1, 671.2, 671.3, 671.4, 671.5, 671.6, 684.1, 684.2, 684.3, 684.4, 684.5, 684.7, 684.8, 684.9, 684.10, 684.11, 684.12. |Kerlink, Thorigne-Fouillard: 225.3. |Klaue, Jürgen, Bad Kreuznach: 666.2. |KNIPEX-Werk C. Gustav Putsch KG, Wuppertal: 428.5. |KWS Electronic Test Equipment GmbH, Großkarolinenfeld: 200.3. |LaserSoft Imaging AG, Kiel: 266.1, 266.3. |Lithos, Wolfenbüttel: 7.1, 7.2, 8.1, 8.2, 8.3, 8.4, 8.5, 8.6, 8.7, 9.1, 9.2, 9.3, 9.4, 10.1, 10.2, 12.1, 14.1, 14.2, 15.1, 15.2, 16.1, 16.2, 17.1, 18.1, 18.2, 19.2, 21.1, 22.1, 23.1, 24.1, 24.2, 25.1, 26.1, 27.1, 28.1, 28.2, 29.1, 29.2, 29.3, 29.4, 29.5, 29.6, 30.1, 30.2, 30.3, 31.1, 31.2, 31.3, 31.4, 32.1, 32.2, 32.3, 32.4, 34.1, 34.2, 34.3, 35.1, 35.2, 36.1, 36.2, 37.1, 38.1, 39.1, 39.2, 39.3, 40.1, 40.2, 41.1, 42.1, 42.2, 43.1, 44.1, 44.2, 45.1, 45.2, 45.3, 46.1, 47.1, 48.1, 49.1, 49.2, 51.1, 51.2, 52.1, 53.1, 54.1, 56.1, 57.1, 58.1, 59.1, 59.2, 59.3, 59.4, 59.5, 59.6, 60.1, 60.2, 61.1, 61.2, 69.1, 72.1, 72.2, 73.1, 73.2, 73.3, 73.4, 74.1, 75.1, 77.1, 77.2, 83.1, 99.1, 101.1, 101.2, 103.1, 108.1, 111.1, 111.2, 111.3, 114.1, 117.1, 117.2, 118.1, 119.1, 120.1, 121.1, 121.2, 121.3, 122.1, 123.1, 123.2, 123.3, 124.1, 124.2, 126.1, 126.3, 127.1, 127.2, 127.3, 129.1, 130.1, 130.2, 130.3, 130.4, 131.1, 132.1, 132.2, 132.3, 133.2, 136.1, 136.2, 137.1, 137.2, 138.1, 138.2, 139.1, 141.1, 141.2, 141.3, 141.4, 141.5, 141.6, 141.7, 141.8, 141.9, 141.10, 141.11, 142.1, 142.2, 143.1, 143.2, 143.3, 143.4, 143.5, 143.6, 144.1, 145.1, 145.2, 145.3, 146.1, 147.1, 148.1, 148.6, 148.10, 150.1, 152.1, 152.2, 152.3, 153.1, 155.3, 156.5, 156.7, 156.8, 156.9, 157.13, 157.14, 157.15, 157.16, 157.17, 158.4, 162.1, 163.1, 163.2, 163.3, 163.4, 163.5, 164.1, 164.3, 165.1, 165.4, 166.1, 166.2, 166.3, 166.4, 166.5, 166.6, 166.7, 166.8, 166.9, 166.10, 166.11, 166.12, 166.13, 166.14, 167.1, 167.2, 167.3, 167.4, 167.5, 168.1, 168.2, 169.1, 170.1, 170.2, 171.2, 172.1, 172.2, 172.3, 172.5, 173.1, 173.2, 173.3, 174.1, 174.2, 174.3, 174.4, 174.5, 175.1, 175.3, 176.1, 176.3, 176.4, 176.6, 176.7, 177.1, 177.2, 177.3, 177.4, 178.1, 178.3, 178.4, 178.5, 179.1, 179.2, 179.3, 180.1, 180.2, 181.1, 181.2, 181.3, 182.1, 182.2, 182.3, 183.1, 183.2, 183.3, 184.1, 184.2, 185.1, 185.2, 185.3, 185.4, 186.1, 186.2, 186.3, 188.1, 188.2, 189.1, 189.2, 189.3, 189.4, 189.5, 189.6, 189.7, 189.8, 189.9, 189.10, 189.11, 189.12, 190.1, 190.2, 190.3, 190.4, 190.5, 190.6, 190.7, 190.8, 190.9, 191.3, 191.4, 191.5, 191.6, 191.7, 192.1, 192.2, 192.3, 192.4, 192.5, 192.6, 193.1, 193.2, 193.3, 193.4, 193.5, 194.1, 195.1, 195.2, 195.3, 195.4, 195.5, 195.6, 196.1, 199.1, 199.2, 200.1, 200.2, 200.4, 201.1, 201.2, 201.3, 201.4, 201.5, 202.1, 202.2, 202.3, 203.1, 203.2, 203.3, 203.4, 203.5, 204.1, 204.2, 205.1, 206.1, 206.2, 206.3, 207.1, 207.2, 207.3, 207.4, 207.5, 207.6, 208.1, 208.2, 208.3, 209.1, 209.2, 209.3, 210.1, 211.1, 212.1, 212.2, 213.1, 213.2, 213.3, 213.4, 213.5, 213.6, 213.7, 214.1, 216.1, 216.2, 216.3, 216.4, 216.5, 216.6, 217.1, 217.2, 217.3, 217.4, 217.6, 218.1, 218.2, 218.3, 218.4, 220.1, 221.1, 222.2, 222.3, 223.1, 223.2, 224.1, 225.1, 225.2, 226.1, 226.2, 226.3, 226.4, 226.5, 227.1, 227.2, 228.1, 229.1, 229.2, 230.1, 230.2, 230.3, 230.4, 231.1, 232.2, 234.1, 234.2, 234.3, 234.4, 234.5, 234.6, 234.7, 236.1, 236.2, 236.3, 236.4, 236.5, 236.6, 236.7, 236.8, 238.1, 238.2, 238.3, 238.4, 238.5, 238.6, 238.7, 238.8, 238.9, 238.10, 238.11, 239.1, 239.2, 239.3, 241.1, 242.1, 243.1, 243.2, 244.1, 244.2, 244.3, 244.4, 244.5, 244.6, 245.1, 245.2, 245.3, 246.1, 246.2, 246.3, 246.4, 246.5, 247.1, 247.2, 248.1, 248.2, 249.1, 249.2, 250.1, 250.2, 251.1, 251.2, 251.3, 252.1, 252.2, 252.3, 252.4, 253.1, 253.2, 254.1, 254.2, 257.2, 257.3, 257.4, 257.5, 257.6, 257.7, 257.8, 257.9, 257.10, 258.2, 258.3, 260.1, 260.2, 260.3, 260.4, 261.1, 261.2, 261.3, 262.1, 262.2, 263.1, 263.2, 263.3, 263.4, 264.1, 264.2, 264.3, 265.1, 265.2, 266.2, 267.1, 268.1, 268.2, 268.3, 268.4, 269.1, 269.2, 269.3, 269.4, 269.5, 270.1, 270.2, 270.3, 271.1, 271.2, 271.3, 271.4, 272.1, 272.2, 272.3, 272.4, 272.5, 274.1, 276.1, 277.1, 278.1, 280.1, 280.2, 281.1, 282.1, 282.2, 283.1, 283.2, 285.1, 285.2, 290.1, 290.2, 291.1, 291.2, 293.1, 293.2, 293.3, 294.1, 294.2, 294.3, 295.1, 297.1, 298.2, 299.1, 299.2, 299.5, 300.1, 301.1, 301.2, 301.3, 301.4, 302.1, 302.2, 304.1, 305.1, 307.1, 309.1, 309.2, 309.3, 309.4, 309.5, 309.6, 309.7, 309.8, 309.9, 309.10, 309.11, 309.12, 309.13, 309.14, 309.15, 309.16, 309.17, 309.18, 309.19, 310.1, 310.2, 310.3, 310.4, 310.5, 310.6, 310.7, 310.8, 310.9, 310.10, 310.11, 310.12, 310.13, 310.14, 312.1, 313.1, 314.1, 314.2, 314.3, 315.1, 316.1, 317.1, 318.1, 318.2, 319.1, 319.2, 320.1, 320.2, 321.1, 321.2, 321.3, 321.4, 321.5, 322.1, 323.1, 324.1, 324.2, 324.3, 325.1, 326.1, 326.2, 326.3, 328.1, 328.2, 328.3, 330.1, 330.2, 331.1, 331.2, 331.3, 332.1, 332.2, 332.3, 332.4, 332.5, 332.6, 334.1, 334.2, 334.3, 334.4, 335.1, 335.2, 336.1, 336.2, 336.3, 336.4, 339.1, 340.1, 349.1, 351.3, 351.4, 352.1, 352.2, 353.1, 353.2, 357.1, 358.1, 358.2, 358.3, 358.4, 358.5, 358.6, 358.7, 358.8, 358.9, 361.1, 364.1, 367.1, 368.1, 368.3, 369.1, 369.2, 372.1, 372.2, 373.1, 373.2, 373.3, 374.1, 375.1, 377.2, 377.3, 377.4, 377.5, 377.6, 377.7, 381.1, 383.1, 383.2, 384.1, 386.1, 390.1, 390.2, 390.3, 390.4, 391.1, 391.2, 391.3, 391.4, 392.1, 392.2, 392.3, 392.4, 392.5, 393.1, 394.1, 395.1, 396.1, 398.1, 398.2, 398.3, 399.2, 399.3, 400.1, 400.2, 402.1, 402.2, 403.1, 404.1, 404.2, 405.1, 406.1, 407.1, 408.1, 409.1, 410.1, 412.1, 413.1, 414.1, 415.1, 416.1, 416.2, 416.3, 417.1, 418.1, 419.1, 420.1, 420.2, 421.1, 421.2, 422.1, 423.1, 423.2, 424.1, 424.2, 425.1, 425.2, 425.5, 425.6, 425.8, 425.9, 426.1, 426.2, 426.3, 426.4, 426.5, 427.1, 428.1, 428.6, 428.7, 428.8, 429.1, 430.1, 431.1, 431.2, 432.1, 432.2, 432.3, 433.1, 434.1, 434.2, 435.1, 435.2, 437.1, 437.2, 440.1, 440.2, 441.1, 442.1, 443.1, 443.2, 444.1, 446.1, 446.2, 446.3, 446.4, 446.5, 446.6, 446.7, 446.8, 447.1, 447.2, 447.3, 447.4,

447.5, 447.6, 447.7, 447.8, 447.9, 447.10, 448.1, 448.2, 448.3, 448.4, 449.1, 449.2, 450.1, 450.2, 450.3, 451.1, 451.2, 452.1, 452.2, 452.3, 452.4, 452.5, 452.6, 452.7, 452.8, 452.9, 452.10, 452.11, 452.12, 452.13, 452.14, 453.1, 453.2, 454.1, 455.2, 455.3, 455.4, 456.2, 456.3, 457.2, 457.3, 458.2, 458.3, 458.4, 459.2, 460.2, 460.3, 461.2, 462.1, 462.2, 462.3, 463.1, 463.2, 463.3, 464.3, 464.4, 464.5, 464.6, 465.1, 466.1, 466.2, 466.3, 466.4, 466.5, 466.6, 466.7, 467.1, 467.2, 467.4, 467.5, 467.6, 467.7, 468.4, 468.10, 468.11, 469.1, 470.1, 470.2, 470.3, 470.4, 470.5, 471.1, 471.2, 471.3, 471.4, 471.5, 471.6, 471.7, 471.8, 471.9, 471.10, 471.11, 471.12, 471.13, 471.14, 471.15, 471.16, 471.17, 472.1, 472.2, 472.3, 472.4, 472.5, 472.6, 472.7, 472.8, 472.9, 472.10, 472.11, 472.12, 473.1, 473.2, 473.3, 473.4, 473.5, 473.6, 474.1, 475.1, 476.1, 477.2, 478.1, 478.2, 479.1, 479.2, 479.4, 480.1, 480.2, 481.1, 481.2, 481.3, 481.4, 481.5, 481.6, 481.7, 481.8, 481.9, 481.10, 481.11, 481.12, 481.13, 481.14, 481.15, 481.16, 481.17, 481.18, 481.19, 482.1, 482.2, 482.3, 482.4, 482.5, 482.6, 482.7, 482.8, 484.1, 486.1, 486.2, 486.3, 486.4, 486.5, 486.6, 486.7, 486.8, 487.1, 487.2, 487.3, 487.4, 487.5, 488.1, 488.2, 488.3, 488.4, 488.5, 489.1, 489.2, 489.3, 489.4, 490.1, 490.2, 491.1, 492.1, 492.2, 493.3, 493.4, 493.5, 493.6, 494.1, 494.2, 494.3, 495.1, 495.2, 495.3, 496.3, 496.4, 497.3, 497.4, 499.1, 499.2, 500.1, 501.1, 502.1, 502.2, 504.1, 504.2, 505.1, 505.2, 507.1, 507.2, 508.1, 508.2, 508.3, 508.4, 508.5, 509.1, 509.2, 511.1, 511.2, 511.3, 512.1, 512.2, 512.3, 513.1, 514.1, 514.2, 515.1, 515.2, 515.3, 516.1, 516.2, 517.1, 517.2, 518.1, 519.1, 519.2, 519.3, 520.1, 520.2, 520.3, 523.1, 524.1, 525.1, 526.1, 526.2, 526.3, 526.4, 527.1, 529.1, 530.1, 530.2, 531.1, 531.2, 531.3, 533.2, 533.3, 534.5, 535.2, 535.3, 535.4, 535.5, 535.6, 535.7, 535.8, 536.1, 536.2, 536.3, 536.4, 536.5, 536.6, 537.1, 537.2, 537.3, 538.1, 539.1, 539.2, 539.3, 540.1, 540.2, 541.2, 542.1, 542.2, 542.3, 542.4, 543.1, 546.1, 548.1, 548.2, 548.3, 548.4, 549.1, 551.1, 551.2, 552.1, 552.2, 553.1, 553.2, 554.1, 554.2, 555.1, 555.2, 555.3, 555.4, 555.5, 556.1, 556.2, 556.3, 556.4, 557.1, 557.2, 557.3, 557.4, 557.5, 558.1, 558.2, 558.3, 558.4, 558.5, 558.6, 558.7, 558.8, 558.9, 559.1, 559.2, 559.3, 560.1, 560.2, 560.3, 561.1, 561.2, 562.1, 562.2, 562.3, 562.4, 562.5, 562.6, 562.7, 562.8, 562.9, 563.1, 563.9, 564.1, 564.2, 564.3, 565.1, 566.1, 566.2, 566.3, 566.4, 566.5, 566.6, 566.7, 567.1, 567.2, 567.3, 567.4, 568.1, 568.2, 568.3, 568.4, 569.1, 569.2, 570.1, 571.1, 572.2, 572.3, 574.1, 575.1, 575.2, 575.3, 575.4, 576.1, 576.2, 576.3, 576.4, 576.5, 576.6, 576.7, 579.1, 579.2, 579.3, 579.4, 579.5, 581.1, 581.2, 582.1, 582.2, 583.1, 583.2, 584.1, 585.1, 585.2, 585.3, 589.1, 589.2, 591.1, 593.1, 594.1, 595.1, 596.1, 596.2, 597.1, 597.2, 598.1, 598.2, 598.3, 598.4, 600.1, 601.1, 601.2, 602.1, 602.2, 602.3, 602.4, 602.5, 603.1, 603.2, 603.3, 603.4, 604.1, 604.2, 604.3, 604.4, 605.2, 606.1, 606.2, 606.3, 607.1, 607.2, 608.1, 608.2, 608.4, 609.1, 609.2, 610.1, 611.1, 611.2, 611.3, 611.4, 615.2, 617.1, 620.1, 620.2, 620.3, 621.1, 621.2, 621.3, 621.4, 622.1, 622.2, 623.1, 623.2, 624.1, 624.2, 624.3, 624.4, 625.1, 625.2, 626.1, 629.1, 629.2, 631.1, 633.1, 633.2, 634.1, 635.1, 635.2, 638.1, 638.2, 638.3, 638.4, 638.5, 638.6, 639.1, 639.2, 639.3, 640.1, 640.2, 641.1, 641.2, 641.3, 643.1, 645.1, 645.2, 645.3, 645.4, 645.5, 645.6, 646.1, 646.2, 647.1, 648.1, 648.2, 648.3, 649.1, 649.2, 649.3, 649.4, 649.5, 649.6, 650.1, 650.2, 650.3, 650.4, 650.5, 650.6, 650.7, 650.8, 650.9, 650.10, 651.1, 651.2, 651.3, 651.4, 651.5, 651.6, 651.7, 652.1, 652.2, 652.3, 652.4, 653.1, 654.1, 654.3, 654.4, 654.5, 654.6, 654.7, 654.8, 654.10, 654.11, 655.1, 655.2, 655.3, 655.4, 656.1, 656.2, 656.3, 656.4, 656.5, 656.6, 656.7, 656.8, 656.9, 656.10, 656.11, 656.12, 656.13, 656.14, 656.15, 657.1, 658.1, 658.2, 658.3, 658.4, 658.5, 658.6, 659.1, 659.2, 659.3, 660.7, 661.1, 662.1, 665.1, 665.3, 665.5, 665.8, 665.12, 666.1, 667.4, 670.1, 670.2, 670.3, 670.4, 672.1, 672.2, 672.3, 673.1, 673.2, 673.3, 674.1, 674.2, 674.3, 674.4, 675.1, 675.2, 675.3, 675.4, 675.5, 675.6, 675.7, 675.8, 675.9, 675.10, 675.11, 675.12, 675.13, 675.14, 675.15, 675.16, 675.17, 675.18, 678.1, 678.2, 679.1, 680.1, 681.1, 681.2, 681.3, 682.1, 682.2, 682.3, 683.1, 683.2, 683.3, 683.4, 683.5, 683.6, 685.1, 685.2, 685.3, 686.1, 686.2, 686.3, 686.4, 687.1, 688.1, 688.6, 688.7, 688.8, 689.1, 689.2, 689.3, 690.1, 690.2, 690.3, 690.4, 690.5, 690.6, 690.7, 690.8, 690.9, 691.3, 691.4, 692.1, 692.2, 692.3, 692.5, 693.1, 693.2, 693.10, 693.11, 693.12, 695.1, 695.2, 695.3, 695.4, 696.2, 697.1, 698.1, 698.2, 698.3, 698.4, 698.5, 699.1, 700.1, 700.2, 701.1, 702.1, 702.2, 702.3, 702.4, 702.5, 702.6, 702.7, 702.8, 702.9, 704.1, 705.2, 705.3, 706.2, 708.1, 708.2, 708.3, 708.4, 708.5, 709.1, 710.1, 710.2, 710.3, 710.4, 712.1, 712.2, 712.3, 712.4, 712.5, 713.1, 713.2, 714.1, 714.2, 714.3, 715.2, 715.3, 715.4, 716.1, 716.2, 716.3, 716.4, 716.5, 716.6, 717.1, 717.2, 717.3, 717.4, 718.2. |Megger Germany GmbH, Baunach: 706.1, 706.3, 706.4. |MicroNova AG, Vierkirchen: 615.1. |Microsoft Deutschland GmbH, München: 255.1, 351.1, 351.2, 399.1; Used with permission from Microsoft. 496.2. |Mitsubishi Electric Europe B.V. , Bereich CC-Link Partner Association (CLPA) – Europe, Ratingen: 460.1. |National Instruments Germany, München: 715.1. |Nationales Europass Center (NEC) in der Nationalen Agentur Bildung für Europa beim Bundesinstitut für Berufsbildung (NA beim BIBB), Bonn: 64.1, 65.1, 65.2, 65.3. |OBO Bettermann Holding GmbH & Co. KG, Menden: 667.2, 667.3. |ODVA, Inc., Ann Arbor, Michigan: 455.1, 458.1. |PeakTech Prüf- und Messtechnik GmbH, Ahrensburg: 644.5. |Petersen, Hans-Joachim, Helmstedt: 171.1, 219.1, 219.2, 219.3, 219.4, 234.8, 234.9, 376.1, 377.1, 479.3, 479.5, 479.6, 479.7, 670.5, 670.6, 670.7. |PHOENIX CONTACT GmbH & Co. KG, Blomberg: 696.1. |Picture-Alliance GmbH, Frankfurt a.M.: dpa-infografik 62.1, 68.3, 87.1; dpa-infografik GmbH 68.4. |PULS GmbH, München: 644.4. |QuickTime: 496.1. |R&M (www.rdm.com), Wetzikon: 422.2. |RAL gGmbH, Bonn: 158.2, 158.3. |Rathgeber, Carsten, Petersberg: 217.5, 359.1, 359.2, 378.1, 379.1, 379.2, 563.2, 563.3, 563.4, 563.5, 563.6, 563.7, 563.8, 563.10, 563.11. |Robert Bosch Power Tools GmbH, Leinfelden-Echterdingen: Foto: Bosch 705.1. |Rohde & Schwarz GmbH & Co. KG, München: 711.1. |Sercos International e. V., Kreuzwertheim: 461.1. |Shutterstock.com, New York: Kardashev, Sergei 685.4; Krasyuk, Volodymyr 477.1; Martynyuk, Ivan 178.2; Monkey Business Images 405.2; New Africa 497.1; Oleksandr, Marynchenko 685.6; Popov, Andrey 497.2; Rawpixel.com 126.2; Rozhnovsky, Den 129.2, 129.4; spaxiax 129.3, 129.5. |SICK AG, Waldkirch: 468.1, 468.2, 468.3, 468.5, 468.6, 468.7, 468.8, 468.9. |Siemens AG, München: 464.1, 464.2; 2021, Alle Rechte vorbehalten 191.1, 191.2; ©Siemens AG 694.2. |stock.adobe.com, Dublin: Aliaksandra 668.4; Anatoly 537.4; Artem 133.1; Barker, Andrew 184.3; bilderzwerg 660.6; Dan74 165.5; deagreez 128.2; Digital Storm 480.3; Dmitry 222.1; elenabsl 612.1; Gudellaphoto 165.3; Jaroon Ittiwannapong 266.4; Kaltenbach, Tobias 685.5; Kharkin, Vyacheslav 668.2; markus_marb 156.1, 156.2, 156.3, 156.4, 156.6; matitadigitale 308.1; Michel, T. 148.2, 148.3, 148.4, 148.5; Monopoly919 605.1; MuzzyCo 266.6; nicescene 610.2; Pixelot 150.1; puhhha Titel, Titel; riccardomojana 459.1; simeonvd 534.2; Studio KIVI 458.5; Tactic, Max 668.3; tanvirshafi 172.4; Tsvetina 157.12; ustas 198.1, 198.2; venithepooh 149.1; WavebreakMediaMicro 13.1; xartproduction 128.1. |Tandberg Data GmbH, Dortmund: 533.1. |TCO Development, Stockholm: 158.5. |TDK-Lambda Germany GmbH, Achern: 644.3. |TREND NETWORKS, Ismaning: 424.3. |TÜV Rheinland AG, Köln: ID Nr. 1000000000, www.tuv.com 157.6. |TÜV SÜD AG, München: 157.11. |U.S. Environmental Protection Agency, ENERGY STAR program: ENERGY STAR 159.1. |VDE Prüf- und Zertifizierungsinstitut GmbH, Offenbach: 157.1, 157.3, 157.4, 157.7, 157.9, 157.10. |WAGO GmbH & Co. KG, Minden: Alle Rechte bei WAGO, eine Weiternutzung der Abbildung ist unzulässig. 669.1, 669.2, 669.3, 669.4. |WEFEX®, Solingen: 684.6. |Weiss Technik GmbH, Reiskirchen: 718.1. |Western Digital UK Limited - SanDisk, Bad Homburg: 534.1, 534.3, 534.4. |© Endress+Hauser, Reinach: 586.1.

# Grundlagen des kaufmännischen Rechnens
## Basics of Commercial Arithmetics

## Dreisatzrechnung

**Dreisatz mit geradem (direktem) Verhältnis:** (je mehr …, desto mehr …; je weniger …, desto weniger …)
Beispiel: 120 m Netzwerkkabel kosten 162,00 €, wie viel € kosten 37 m?

| | |
|---|---|
| 1. Bedingungssatz: 120 m ≙ 162,00 €<br>2. Fragesatz: 37 m ≙ $x$ € | Werte mit gleicher Bezeichnung immer übereinander schreiben, zum Beispiel 120 m und 37 m, die gesuchte Größe (hier: $x$ €) immer unten rechts aufführen |
| 3. Bruchsatz (Antwortsatz): $x = \frac{163\text{ €} \cdot 37\text{ m}}{120\text{ m}}$<br>$x = 49{,}95$ € | ▪ x vor das Gleichheitszeichen setzen<br>▪ Wert über dem $x$ immer auf den Bruchstrich (162, 00 €)<br>▪ Überlegen, ob der Wert der gesuchten Größe ($x$ €) größer oder kleiner als im Bedingungssatz angegeben (162 €) werden muss.<br>▪ Wird der $x$-Wert kleiner, muss der kleinere der beiden verbliebenen Werte (120 m und 37 m) auf den Bruchstrich (37 m), der größere (120 m) unter den Bruchstrich. |

**Dreisatz mit ungeradem (indirektem) Verhältnis:** (je mehr …, desto weniger …; je weniger …, desto mehr …)
Beispiel: Die Inventur dauerte bisher 5 Tage mit 9 Mitarbeitern. Wie viele Tage würden 6 Mitarbeiter benötigen?

| | |
|---|---|
| 1. Bedingungssatz: 9 M ≙ 5 Tage<br>2. Fragesatz: 6 M ≙ $x$ Tage<br>3. Bruchsatz (Antwortsatz): $x = \frac{5\text{ Tage} \cdot 9\text{ M}}{6\text{ M}}$<br>$x = 7{,}5$ Tage | Hier gelten die gleichen Aussagen wie beim Dreisatz mit geradem Verhältnis. Da der $x$-Wert größer werden muss als im Bedingungssatz angegeben, gehört der größere der verbliebenen Werte (9 M und 6 M) auf den Bruchstrich (9 M), der kleinere (6 M) unter den Bruchstrich. |

## Prozentrechnung

Rechengrößen: Grundwert ($Gw$), Prozentwert ($Pw$), Prozentsatz ($Ps$)

| Berechnung des **Prozentwertes**: | Berechnung des **Prozentsatzes**: | Berechnung des **Grundwertes**: |
|---|---|---|
| $Pw = \frac{Gw \cdot Ps}{100}$ | $Ps = \frac{Pw \cdot 100}{Gw}$ | $Gw = \frac{Pw \cdot 100}{Ps}$ |

## Zinsrechnung

| Rechengrößen der Zinsrechnung: | Kapital ($K$) | Zinssatz ($p$) | Zinsen ($Z$) | Zinszeitraum in Jahren ($j$), Monaten ($m$) oder Tagen ($t$) |
|---|---|---|---|---|
| entsprechen in der Prozentrechnung: | Grundwert ($Gw$) | Prozentsatz ($Ps$) | Prozentwert ($Pw$) | – |

Berechnung der **Jahreszinsen**: (gegeben sind $K$, $p$ und $j$) $Z = \frac{K \cdot p \cdot j}{100}$

Berechnung der **Monatszinsen**: (gegeben sind $K$, $p$ und $m$) $Z = \frac{K \cdot p \cdot m}{100 \cdot 12\text{ (Monate)}}$

Berechnung der **Tageszinsen**: (gegeben sind $K$, $p$ und $t$) $Z = \frac{K \cdot p \cdot t}{100 \cdot 360\text{ (Tage)}}$

**Deutsche Zinsmethode**:

- Das Jahr wird mit 360 Tagen, jeder Monat mit 30 Tagen gerechnet.
- Fällt das Ende des Zinszeitraums auf das Ende des Monats Februar, wird der Februar mit 28 Tagen, im Schaltjahr mit 29 Tagen gerechnet.
- Beim Zählen der Zinstage wird der erste Kalendertag mitgezählt, der letzte nicht.

Berechnung des **Kapitals**: (gegeben sind $Z$, $p$ und $t$) $K = \frac{Z \cdot 100 \cdot 360}{p \cdot t}$

Berechnung des **Zinssatzes**: (gegeben sind $Z$, $K$ und $t$) $p = \frac{Z \cdot 100 \cdot 360}{K \cdot t}$

Berechnung des **Zinszeitraums**: (gegeben sind $Z$, $K$ und $p$) $t = \frac{Z \cdot 100 \cdot 360}{K \cdot p}$

Ermittlung der Formeln für $K$, $p$ und $t$ durch **Auflösung der Tageszinsformel**, z. B. nach K:

Beide Seiten der Gleichung mit 100 · 360 multiplizieren und die rechte Seite durch 100 · 360 kürzen ⇒

$Z \cdot 100 \cdot 360 = K \cdot p \cdot t$

Beide Seiten durch $p \cdot t$ dividieren und die rechte Seite durch $p \cdot t$ kürzen ⇒

$\frac{Z \cdot 100 \cdot 360}{p \cdot t} = K$; analog für $p$ und $t$ verfahren

## Chronologie der Informationstheorie und -technik
### Chronology of Information-Theory and -Technology

| | |
|---|---|
| 60 v. Chr. | **Cäsar**-Verschlüsselung**code**: Beginn der Kryptologie |
| 16. Jh. n. Chr. | Polyalphabetische Verschlüsselung (nach **Vigenère**) |
| 1617 | Idee für einen Rechenschieber (**Napier**) |
| 1641 | Rechenmaschine nach dem Zählrad-Prinzip (**Pascal**) |
| 1679 | Analysen zum Dualsystem von **Leibniz** |
| 1805 | Webmaschinensteuerung mit Lochstreifen (**Jacquard**) |
| 1833 | Rechenmaschine mit Lochkarten (**Babbage**) |
| 1834 | Elektromagnetischer Telegraf (**Gauß/Weber**) |
| 1847 | Boolesche Algebra (G. **Boole**) |
| 1861 | Entdeckung des Telefonprinzips durch J. Ph. **Reis** |
| 1864 | J. C. **Maxwell** formuliert die elektromagnetischen Gesetze |
| 1876 | Erster funktionsfähiger Fernsprecher durch A. G. **Bell** |
| 1879 | „*Begriffsschrift*" von G. **Frege** |
| 1886 | Elektrische Lochkartenmaschine (H. **Hollerith**) |
| 1887 | Entdeckung der elektromagnetischen Wellen durch **Hertz** |
| 1895 | Erste Radio-Antenne (A. S. **Popow**) |
| 1897 | Entwicklung der Braun'schen Röhre (F. **Braun**) |
| 1901 | Erste drahtlose Datenübertragung (Atlantik) |
| 1908 | Erstes Wählamt in Deutschland |
| 1924 | Systemtheorie in der Nachrichtentechnik (K. **Küpfmüller**) |
| 1931 | Unvollständigkeitssätze von K. **Gödel** |
| 1933 | Frequenzmodulation (E. H. **Armstrong**, J. R. **Carson** (1922)) |
| 1936 | Automatenmodell nach A. M. **Turing** |
| 1936 | **Church'sche These:** Turing-Automat und Algorithmen |
| 1937 | K. **Zuse** entwickelt einen Relais-Rechner (Z1) |
| 1937 | **PCM** (**P**uls **C**ode **M**odulation) von A. H. **Reeves** entwickelt |
| 1937 | **Laplace**-Transformation (G. **Doetsch**) |
| 1937 | **Fourier**-Transfomation i. d. Nachrichtentechnik (N. **Wiener**) |
| 1939 | **Abtasttheorem** von H. **Raabe**/C. **Shannon** |
| 1940er Jahre | Universalprogrammierbarer Rechner (K. **Zuse**) |
| 1944 | Rechnerarchitekturprinzip durch J. v. **Neumann** |
| 1946 | **ENIAC**: erster kommerzieller Universalrechner |
| 1946 | Flussdiagrammdarstellung (H. **Goldstine**/J. v. **Neumann**) |
| 1948 | N. **Wiener**/A. M. **Turing** begründen die Kybernetik |
| 1948 | Erfindung des Transistors (**Brattain, Barden, Shockley**) |
| 1948 | Informationstheorie nach C. **Shannon** |
| 1950 | Präziser Algorithmus-Begriff (**Markoff**) |
| 1952 | **Chomsky:** Konzeption der formalen Sprachen |
| 1954 | Ausarbeitung von **FORTRAN** (**Backus**) |
| 1956 | **A**rtificial **I**ntelligence (**AI**) Carthy/Minsky/Rochester/Shannon |
| 1957 | Serienfertigung von Elektronenrechnern (USA) |
| 1960 | Erster Nachrichtensatellit (USA: **Echo I**) |
| 1960er Jahre | Vernetzung von Computern; Protokollwelt TCP/IP |
| 1963 | PAL-Farbfernsehprinzip (W. **Bruch**) |
| 1968 | Einführung von integrierten Schaltkreisen |
| 1969 | Erste UNIX-Version |
| 1970er Jahre | Erster verwendbarer Mikroprozessor (T. **Hoff**) |
| 1970 | Algorithmische Informationstheorie (Chaitin ...) |
| 1971 | Entwicklung des Mikroprozessors (Intel 4004) |
| 1971 | Strukturierte Programmierung (E. **Dijkstra** (1930–2002)) |
| 1972 | Entwicklung der Programmiersprache **C** (D. M. **Ritchie**) |
| 1972 | Erste objektorientierte Sprache: **Smalltalk** |
| 1976 | Data Encryption Standard (**DES**) |
| 1977 | Public-Key-Algorithmus (**RSA**) |
| 1980er Jahre | Erste DOS-Version (86er DOS) |
| 1983 | Das „Internet" entsteht; ISO-OSI-Modell |
| 1983 | Grafische Benutzeroberfläche beim PC (GUI) |
| 1984 | F. **Cohen**: Softwarevirus entwickelt |
| 1985 | CD-ROM (**Fa. Philips** und **Sony**) |
| 1986 | Zero-Knowledge-Verfahren (**Fiat-Shamir**) |
| 1989 | ISDN |
| 1990er Jahre | Entwicklung von **Java** |
| 1990 | WWW-Browser (T. **Berners-Lee**) |
| 1991 | Linux |
| 1991 | **PGP** (**P**retty **G**ood **P**rivacy von P. R. **Zimmermann**) |
| 1993 | Euro-ISDN; MPEG-1 |
| 1994 | Faktorisierungsalgorithmus für Quantencomputer (**Shor**) |
| 1996 | MPEG-2; DVD; BDSG in Deutschland (8 Gebote) |
| 2001 | Neues BDSG in Deutschland (8 Gebote) |
| 2002 | **AES** (**A**dvanced **E**ncryption **S**tandard) – 128-Bit-Code |
| 2006 | Web 2.0; Web-Wissenschaft (T. **Berners-Lee** et al.) |
| Seit 2007 | erste kommerzielle Geräte zur Nutzung der Quantenverschlüsselungstechnik |
| 2010 | W32.Stuxnet – Computerwurm: weltweite Beeinträchtigung von Industrieanlagen |
| 2011 | Schrittweise Einführung und Nutzung von IPv6 |
| Seit 2011 | Entdeckung von vielfältigen gravierenden Sicherheitslücken bei MS BS-, MS Office-, Adobe-Produkten etc. |
| 2013 | E. **Snowden**: Enthüllung von NSA-Spionageaktivitäten (Prism, Stellar Wind, Echelon) |
| 2015 | Grundsätze der Informationssicherung Industrie 4.0; Web 2.0 |
| 2016 | EU-DSGVO |
| 2017 | Netz G5 in Deutschland (Ausbau) |
| 2018 | Internet der Dinge (IoT) |
| 2019 | Erster (echter) Quantenrechner von **Google** |
| 2021 | Windows 11; Quantenrechner auf Silizium-Basis |

## Chronologie der Wirtschaftstheorie und Gesellschaft
### Chronology of Economic-Theory and Society

| | |
|---|---|
| 1494 | L. **Pacioli** entwickelt die „Doppelte Buchhaltung" |
| 1516 | „Utopia" von T. **Mores** |
| 1776 | Industrielle Verwendung der Dampfkraft (James **Watt**) |
| 1798 | **Malthus** - Theorie zur Bevölkerungszunahme |
| 1883 | Gesetz über die Krankenversicherung in Deutschland |
| 1889 | Gesetz über Alters- und Invaliditätsversicherung |
| 1910 | Scientific Management von F.W. **Taylor**: Taylorismus |
| 1914–1918 | **Erster Weltkrieg** |
| 1924 | „**Re**ichsausschuss **f**ür **A**rbeitszeitermittlung" (**REFA**) |
| 1929 | **Weltwirtschaftskrise** |
| 1939–1945 | **Zweiter Weltkrieg** |
| 1962 | „Learning by Doing" - K. J. **Arrow** (Nobelpreis 1972) |
| 1972 | „Die Grenzen des Wachstums" – „**Club of Rome**" |
| 1989 | 9. November „Maueröffnung" in Deutschland |
| 1990 | 3. Oktober – Beitritt der DDR zur BRD |
| 1999 | Europäische Zentralbank (**EZB**) nimmt ihre Arbeit auf |
| 2001 | 11. September – Terroranschlag in New York |
| 2002 | Euro (€) wird Zahlungsmittel |
| 2003 | Irak-Krieg |
| 2008 | Ernsthafte weltweite Finanzmarktkrise |
| Seit 2008 | Aufnahmen in Deutschland für google street view |
| 2010 | 1. November – Elektronischer Personalausweis |
| 2014 | Drohnen im Versandhandel, bei kriegerischen Aktivitäten, in der Landwirtschaft |
| 2014 | Konflikte/Kriege: Syrien, Ukraine etc. |
| 2015 | Flüchtlingskrise in Europa |
| 2020 | GB-Brexit (EU-Austritt); Coronavirus-Pandemie |